中華民族紀元年表

彭 建 方 編 著

文史哲出版社印行

《中華民族紀元年表》增訂三版序言

《中華民族紀年表》民國 95 年(2006)問世以來，求精益求精，不時奔走海峽兩岸各大小城市圖書館、書店、書攤，向學者、專家、友人求教請益，發掘不少寶藏，薈萃精華，相繼納入新編《中華民族紀年表》之中。

邃古書契未興，竹簡紀事，鳳毛麟角，物罕見難．春秋緯發為「古皇十紀」，伏犧神農之事，後世學者樂於探隱．春秋獲麟歲月後，分為十紀：一曰九頭紀，即人皇氏；其二曰五龍紀，五姓；其三曰攝提紀，五十九姓；其四曰合雒雜紀，四姓；其五曰連通紀，六姓；其六曰敍命紀，四姓；其七曰循蜚紀，廿二氏；其八曰因提紀，十三氏；其九曰禪通紀，十八氏；其十曰疏仡紀，自黃帝以迄有周，皆包入斯紀之中，史事變遷，亦惟此紀為繁而且著．宋劉恕謂「諸儒各稱上古，名號年代，世遠書亡，其存者參差乖背，且復煩而無用。」

我國尚古西周共和以前，帝王紀年，異說紛紜，帝堯以前以緯書為主，修史始魯隱，刪書首唐堯．劉恕『通鑑外紀』，金履祥『綱目前編』，唐堯迄共和前一年，劉金二氏之說，下列『汲冢紀年』，各按年繫事．正史紀年表者，周共和行政元年(西元前 841 年)，始有較確切的編年紀事，《太史公書三代世表》，漢書《藝文志》六藝略春秋家，有《太古以來年紀》，數術略有《古來帝王年譜」五卷，班固《漢書律歷志》，漢劉歆《三統歷》，皇甫謐《帝王世紀》，皆有各代君主歷年記錄，邵雍《皇極經世書》，宋司馬光、劉恕為《資治通鑑外紀》，明宋濂、王禕主修《元史》，陳仁錫的《皇明世法錄》，焦竑的《國史獻徵錄》，陳瞻著有《宋史元史紀事本末》，張鑑著有《西夏紀事本末》，清康熙時《歷代紀事年表》，阮福續纂《明年表》，蔣良騏、王先謙的《六朝、十朝東華錄》，錢大昕的《廿二史考異》，趙翼的《廿二史箚記》。

秦前不按年隸事，漢晉以後，曠年不記事，或所記非關世局之大事，世家與年表多有不同，歷家推算歷元所起，非謂古代真實歷年．睽各年表紀事常有上下年代各別，史實記載互異，難於権稽，惟就各史稽考，異中求同，取其多數認同者從之，以不失真諦。

年表紀事著作甚多，較突出者：齊召南《歷代帝王年表》、陳慶麒《中國大事年表》、傅運森《世界大事年表》、何畏《黃帝紀年表》、柏楊《中國歷史年表》、戴逸、龔書鐸、鞠德源《萬年歷譜》、蒯世炳《新編中外歷史大系手冊》、郭廷以《近代中國史綱》、高文德《中國民族史人物辭典》、賈新民《中國大事年表》、李崇智《中國歷代年號考》、日本東京三省堂發行之《模範世界最新年表》等，都屬珍貴難得史料，均擇精髓，擷納表中。

百年來，世事譎變，飽經憂患，帝王制度慶幸終結，惟共和民主誕生，軍閥割據，干戈連綿，列強蠶食，國勢日漸衰弱，尤以日本狂妄，遐思併吞中國，意霸全球，幸八年浴血抗戰勝利，日本無條件投降，國家慶幸重生。

戰禍傾息，國家急待重建、百姓安居樂業喘息之際，何其不幸，國、共兄弟鬩牆，箕豆相煎，烽火又起，政權轉移，中華人民共和國誕生，中華民國政府轉遷台灣，兩岸對峙．骨肉分離，今日晨曦曙光初現，切期民族共和，消弭成見，攜手合作，突顯華夏光輝，鰲頭環宇。

《中華民族紀年表》以「世紀」為單元，耶蘇紀年為紀年，按歷代王朝名稱、國號、年別，依序編列．藉鑑史學先賢巨著，搜攬新近出版先賢新著，按實摘記．其中評述不一，編者非「奉旨修經」，而是持平客觀，沒有阿諛，亦無偏頗，實事求是．血淚交織，字字珠璣，殷以為鑑。

再版時，承蒙高齡九十耆宿彭伯良宗長鼎力襄助，兩岸奔波，提供大陸省、縣地方志、書刊，校對修改，功不可沒；北京彭祜珊家兄、及湖南株洲潘一帆內姪，代為蒐購諸多史料，輾轉寄來台灣，由衷感激．復蒙文史哲出版社彭正雄宗親社長，熱誠斧正、修改、發行，股肱相助，衷心銘感，均此深致謝忱。

此次三版，為求小冊精益求精，又行走兩岸各大小書店，街頭巷尾書攤，天助自助，又找到不少罕見史料，經再重予修輯整理。深感中華歷史，學海無涯，史料浩瀚，只是洛陽紙貴，編幅有限，無法盡納其詞，只能簡略摘錄要旨，遺珠之憾，有待後人賡續。

編者薄學，天假餘年，以所學電腦，彈指神功，自編自導，長年伏案，日以繼夜，孜孜不輟，方使成書·余時年八十有九，油盡燈枯，時不我與·竭盡心志，擷史成書，期留墨跡，啟發來者，犬馬之勞，魚魯亥豕，疏漏難免，尚祈不吝賜教指正。

彭 建 方　　謹識

原藉：　湖南省瀏陽市官橋鄉梅村灣
客居：　台北市和平東路一段 55 巷 1 弄 8 號 19 樓
電話：　02-2395-2231
E-mail：cf.pen@msa.hinet.net
中華民國 104 年（2015）4 月 14 日

彭建方　彭正雄　彭伯良

中華民族紀元年表

目　　次

中華紀元探溯

概 說

佛家有「佛誕紀年」，簡稱「佛曆」· 佛曆元年，為黃紀 2155 年戊午，民國前 2454 年，西元前 543 年，相當於我國東周景王姬貴二年。

回教有「回曆紀年」，簡稱「回曆」· 回曆元年，為黃紀 3319 年壬午，民國前 1290 年，西元 622 年，相當於我國唐高祖李淵的武德五年。

歐洲西方國家有「基督紀年」，亦稱「西曆紀元」，簡稱「西曆」、「西元」、「公元」· 西曆元年，為黃紀 2698 年辛酉，民國前 1911 年，相當於我國西漢平帝劉衍的元始元年。

日本有「皇室紀年」，簡稱「皇紀」· 皇紀元年，亦即日本神武天皇開國元年，為黃紀 2038 年辛酉，民國前 2571 年，西元前 660 年，相當於我國東周姬閬 17 年。

韓國有「檀君紀年」，簡稱「檀紀」。檀紀元年，亦即韓國檀君桓王儉開國元年，為黃紀 365 年戊辰，民國前 4244 年，西元前 2333 年，相當於我國陶唐氏帝堯姬放勳 25 年。

各紀元年表共同特色，均各為其歷史的源頭定「點」，在記載與說法上都表露了一致的特點作為。我中華民族，自許文化精邃，歷史悠久，從有信史三千年以還，似乎很少有為我中華民族歷史的源頭，做過深入尋根的追溯。

我國上古歷史，在西周共和元年庚申以前，少有實質資料可以依憑，遂致先賢時彥述說分岐，學者多以神話傳聞目之 · 黃帝元年，有丁巳、癸亥、甲子、丁亥、庚寅、丙子、己丑、及辛丑諸說，前五者巳見行文於世，後三者惜乎不見成書 · 我國信史班班可考者垂三千年，前此祇緣年代悠遠，遺跡久湮，故後來之述古者，對黃帝建元之始，各尋憑藉以抒己見，是所以干支互異，迄無統一之定論。

根據董作賓先生所著「中國年曆簡譜」，殷盤庚 18 年(董著 15 年)丁巳(山西人民出版 1986 年七月出版「萬年歷譜」35 頁記載與董氏相同)正月辛丑、初一日甲申之前一天為起算點；再以紀日干支周向上逆推，獲得證實「四甲紀元」的存在，取得數據上支持的證明，確定黃帝元年為甲子年・然今史家立論，仍有不同觀點，各家異說，迄無定論，治史者莫知適從，是為我中華民族發展史上憾事。

柢固則生長，根深則視久，窮根究本探源溯流之任，端在後人踵武發揚；古史難稽者，後人徵信之，古說紛紜者，今人當審一之，庶幾認知枝何處發，身從笞處來之義・歲月悠悠，往者巳矣，使無干支紀事之法制，何以索其建元；苟佚炎帝諸侯咸進委命之遺文，又何以彰其盛德。

古神話時代

（節摘柏楊中國歷史年表、何畏黃帝紀年表、戴逸、龔書鐸中國通史、鞠德源萬年曆譜）

國號王朝	紀　要
盤　古	盤古之論，起自雜書，恍惚之辭，難為信史，相傳盤古開天地，為中國人始祖． 太初天渾沌如雞蛋，盤古生其中，天地開闢，陽清為天，陰濁為地，天日高一丈，地日厚一丈，如此一萬八千歲，天極高，地極厚，盤古古極長．其死也，頭為五嶽，目為日月，脂膏為江海，毛髮為草木，泣為江河，氣為風，聲為雷，瞳為電，喜為晴，怒為陰． 三國時代吳國徐整三五歷記(藝文類聚卷一及太平御覽卷二引)「天地渾沌如雞孵子，盤古生其中．一萬八千歲，天地開闢，陽清為天，陰濁為地；盤古在其中，一日九變，神於天，堅於地；天日高一丈，地日厚一丈，盤古日長一丈．如此一萬八千歲，天數極高，地數極長．」 五運歷年紀（繹史引）「首生盤古，垂死化身，氣成風雲，聲為雷霆，左眼為日，右眼為月，四肢五體為四極五嶽，血液為江河，筋脈為地理，肌肉為田土，髮髭為星辰，皮毛為草木，齒骨為金石，精髓為金玉，汗流為雨澤，身之諸蟲，因風所感，化為黎甿」． 淮南子覽冥訓「往古之時，四極廢，九州裂，天不兼覆，地不周載，火爁炎而不滅，水浩洋而不息，猛獸食顓民，鷙鳥攫老弱，於是女媧鍊五色以補蒼天，斷鼇足以立四極，殺黑龍以齊冀州，積蘆灰以止滔水．蒼天補，四極正．滔水涸，冀州平．狡蟲死，顓民生」．
三皇五帝	三皇：1.史記秦本紀： 天皇 地皇 人皇 2.戰國時代(燧人氏、有巢氏、伏羲氏、神農氏、黃帝)： 一、伏羲，神農，燧人． 二、伏羲，神農，祝融． 三、伏羲，女媧，神農． 四、宓羲，女媧，神農 五、伏羲，神農，黃帝． 3.今史學家： 天皇(燧人氏,因為火為陽,在天.) 地皇(神農氏，因神農悉地力，在地) 人皇(伏羲氏以人事紀) 五帝：1.黃帝，顓頊，帝嚳，帝堯，帝舜． 2.伏羲，神農，黃帝，帝堯，帝舜． 3.伏羲(太昊)，神農(炎帝)，黃帝，少昊，顓頊． 4.少昊，顓頊，高辛(帝嚳)，堯.舜． 5.帝堯，帝舜，夏禹，商湯，周文王． 6.顓頊，帝嚳，堯,舜，禹
天皇氏	
地皇氏	一姓十一人，興於熊耳龍門山，定星辰，卜晝夜，以 30 日為 1 月．世為酋長一千年，或云八千年，或云一萬一千年.
人皇氏	弟兄九人，各 300 歲，世為酋長 45,600 年．
有巢氏	時中國人皆穴居，教人構木為巢，在樹上架屋，躲避禽獸蟲蛇的侵害，有屋可居．
燧人氏	鑽木取火，教人熟食，避臭去毒，減少疫病．
伏羲氏	編織繩索，製作網子，教人捕魚打獵；又畫八卦，造書契，制嫁．娶月龍作為官名．
女媧氏	時四極廢，九州裂，天崩，女媧氏斷鼇足以立四極，煉五色石以補天．

國號王朝	紀要
神農氏	教民製造耕作器具，播種五穀，作陶器斧斤，因被推為中國元首．傳位八代至榆罔．有熊部落入侵，戢於阪泉之野(山西運城附近)，三戰而後敗亡．
五帝	黃帝、顓頊、帝嚳、堯、舜，自漢代以來，都尊稱為五帝

物分時代 (約紀元前 800 萬年～前 2070 年)

時期	紀要
古猿人時代	古 800 萬年前雲南臘瑪古猿化石，到 300 萬年前湖北南方古猿的牙齒化石，直到 170 萬年前的元謀人化石，這是最早期人類進化軌跡． 80 萬年陝西藍田人是最早直立行的人類．
舊石器時代	約 170 萬年~1 萬年前.其進化史可分為： 早期：元謀猿人、藍田猿人及其文化、北京猿人及其文化、金牛山文;化． 中期：大荔人、丁樽人及其文化、許家窰人、馬垻人、長陽人 晚期：薩拉烏蘇文化、小南海文化、峙峪文化、山頂洞人及文化、柳江人、資陽人 我國考古學家把人類起源至農業出現以前這一時期,名之為「舊石器時代」人類體質演進變化上,經歷「直立人」、「早期智人」、「晚期智人」階段,漸漸由猿人進化,由簡單石器製、演進成骨器磨光技術、鑽孔技術、鑽木取火,人類社會出現宗教和藝術. 50 萬年前北京周口店的北京猿人已經懂得製作簡單生產工具，製造石器捕獵動物，採擷植物果實．距今 40 萬年左右 1919 地質調查，在河北房山縣周口店發現北京猿人頭骨化石，判定為 40 萬年． 10 萬年前的大荔人和許家窯人，為智慧過度時期．山西、河北、內蒙古、寧夏等地都出土了舊石器時的石器，山西丁村的三棱尖狀器，是其中典型的代表．
新石器時代	西元前 3000 年至 5000 年開始，文化發展依地區分可分為： 黃河上游：中期有仰韶文化、馬家窰文化,晚期有半山馬廠文化、齊家文化. 黃河中游：早期有裴李崗文化、中共有仰韶文化、晚共有龍山文化. 黃河下游：中期大汶口文化、晚共有龍山文化. 長江下游：中期有青蓮崗文化、晚期有良渚文化. 長江中游：中期有屈家嶺文化、晚期有龍山文化. 北方草原：細石器文化 農耕畜牧比漁獵採擷開始進化，有花紋斑爛的彩陶和黑陶文明象徵．仰紹文化和龍山文化，從黃河和長江流域，成為中國史前文化兩大主流． 母系氏族社會為主調的新石器時代逐漸形成,房屋建構規模,墓葬方法儀式,鬼魂、祖先、和生殖崇拜的原始宗教開始萌芽,求生工具製造,已逐漸略具雛型輪廓.
銅器初期	西元前 2000 年以上
動物起源應提前數千萬年	〔法新社巴黎 2009.2.4 電摘要〕一種用來測定埋藏在阿曼沉積岩中的化石年代的新技術揭示，海綿動物(最原始的一種動物有機體)早在 6.35 億年前就活躍在那裡．阿曼的海綿動物屬於尋常的海綿綱，占現存所有海綿動物的 90%以上． 19 世紀中葉，動物界(也稱後生動物界)出現時間的最早證據來自 5.4 億年前所謂的寒武生物多樣性大爆炸．最近幾年，各種各樣的化石碎片被發現，這些化石實際上已將動物界的出現時間提前了大約數百萬年．此次發現將動物界出現時間提前得更早，至新元古代末期大冰期後期．
史前人類化石 CT 掃瞄	〔路透社休斯敦 2009.26.電摘要〕奧斯汀得克薩斯大學科研小組與埃塞俄比政府聯合完成對〔露西〕80 片骨骼首次高分貝 CT 掃瞄，瞭解了〔露西〕骨骼的組合形成，具人類祖先化石已經有 320 萬年的歷史．〔露西〕是一具〔南方古猿〕(史前人類的一種)，世界上最最著名的類猿原始人類化石，保存得最好．

時　期	紀　要
150 萬年前古人類祖先腳印與現代人相似	〔法新社華盛頓 2009.2.26 電摘要〕人類學家在肯尼亞發現距今 150 萬年的遠古化石腳印，證明我們的祖先像現在人類一樣行走的最古老證據·這些腳印是在靠近肯尼亞北部伊萊雷特的兩個沉積層發現的，展現本質上類似現代人的足部解剖結構· 研究人員說，這些腳印來自東非直立人，一種身體比例與現代人相似的原始人類，腿長臂短，足弓短趾，與人類相似雙足行走能力·腳印提供軟組織形態和結構方面信息，這些在骨骼化石中通常都沒有·

人類進化史略

人文演進	紀　要	公元前
遠古森林猿	1956~1957 年發現化石,1958 年鑑定年代	1400 萬年
陸豐拉瑪猿		800 萬年
蝴蝶拉瑪猿	在小河村蝴蝶樑子發現	300~400 萬年
東方猿人	在竹棚村豹子洞箐 1986 年一中學女生發現牙齒化石	250 萬年
西侯度遺址	山西省芮城縣西侯度文化遺址,位於黃河中游左岸高出河面約 170 餘公尺.石製遺物有用石英岩、脈石英、火山岩加工成的刮削器、砍砸器、尖狀器、石核、石片等物.	180 萬年
元謀人	170 萬年前,雲南元謀一帶,榛莽叢生,為亞熱帶草原和森林,爪蹄獸、枝角鹿等第三世紀殘存動物在這裡出沒.再晚有桑氏狗、馬、鹿等獸類,元謀人捕食.河湖沉積地層裡,發現古生物化石存在. 1956 年在雲南元謀縣湖沼的堆積裡發現兩顆猿人門齒化石.已經知道用火,並能用石片製造砍砸工具.1972 年河北陽原縣泥河灣出土的石器,也是屬於這個時候.	170 萬年
藍田人	1963、64 年在陝西省藍田縣(西安東南約 40 公里秦嶺山脈北麓,埧河北岸)發現女低平前額上隆起粗壯眉脊骨,下顎骨及頭蓋骨人,比北京人還原始.使用石器有石核、剝片、削器、尖頭器、礫石、石球等.藍田人食糧是獼猴、劍齒虎、劍齒象、中國貘、野豬、鹿、馬、牛、羊.	80-75 萬年
北京人	在北京市南 54 公里周家口店龍骨山發現.出土的古生物和猿人骨骸化石及石器甚多.使用的石器有砍砸,器、刮削器、尖狀器.北京猿人洞有四十多個男女骨頭及大量火燒灰燼,似有互梘溝通的語言,成為早期人類社會.	70-20 萬年
龍潭人	安徽省和縣龍潭洞的猿人.	30-40 萬年
馬埧人	生活廣東曲江馬壩圩獅子岩洞穴一帶,發現頂骨前囟處厚度頭骨比忠京人薄,前額高.	前 10 萬年
丁村人	山西省汾河襄汾丁村一帶有人骨化石,牙齒,頂骨較薄,有某些特徵已接近現代的蒙古人種.知道製造工具甚多.在溫和濕潤,有縱橫河流活動,有魚類和軟體動物遺存.	,,
長陽人	生活在湖北省長陽一帶,上頜骨不像猿人顯著向前突出.	,,
新人或真人	體質己發展到和現代人很相似了.	,,
柳江人麒麟人	生活在廣西省柳江一帶,手腳具備了現代人四肢形式.	,,
山頂洞人	在北京周口店山頂洞遺址一帶,發現脊椎動物化石貯藏食物生活用品,有男女老幼個體,體質特徵接近現代蒙古人種,但也有個別其他人種的特徵..	前 2-1 萬年
扎賚諾爾人	在黑龍江省滿州里一帶	前 1 萬年
資陽人	在四川省資陽縣一帶	前 7000 年

人文演進	紀　　要	公元前
河套人	在內蒙古伊克昭盟黃河套地區,有駝鳥蛋殼製成的裝飾品.	,,
山頂洞人	北京周口店龍骨山山頂洞發現的,己具原始石器外,並己有弓箭或標槍獵武器.骨針骨錐,縫製衣服,不用赤裸身體.有白色鑽孔小石珠,穿孔獸牙貝殼魚骨等裝飾品.	,,
裴李崗文化	1977 年在河南新鄭裴李崗發現,早期新石器有陶器,及飼養牲畜出現.有房基、窯穴、墓地等村落遺遺跡.作物有粟,家畜有豬、狗、雞、牛.以木製弓及骨製箭為狩臘工具.被稱為「前仰韶」時期新石器文化,中國原始農業興起.	前 5500 年
磁山文化	河北武安早期新石器時代,有陶器、牲畜、種粟.	前 4 千年
河姆渡文化	長江流域下游地區浙江餘姚有新石器、骨、木、骨耜、木構建築、種稻、牲畜牛豬出現.骨器製作有耜、鏃、魚鏢、哨、鋸、匕等器物.居住用栽樁架板杆欄式建築	前 5-3.3 千年
仰韶文化	仰紹文化東到河南,西達甘肅、青海,南到湖北,北達河套等地區.均發掘出美麗手製泥質紅質紅陶和夾砂紅陶,繪製有動植物和幾何圖案.發源於半坡類型的仰韶文化,慢慢形成廟底溝類型.1921 年瑞典地質考古學者安特生在河南省澠池縣仰韶村發現美麗彩陶器皿.圖案以裝飾為主.分佈關中、晉南、豫西,長城內外、河北、甘肅、青海、寧夏六盤山以東的黃河流域,遺物中常見彩陶,為母系繁榮時期.又可分中原仰韶文化與甘肅仰韶文化.居住有半地下式與平地式兩種,屋頂蓋茅草,墻壁塗粘土,木為骨架主柱架頂.	前 4~3.6 千年
廟底溝文化	在河南省三門峽市發現,有高度鋤耕農業,有石庖刀石鏟,主要的是農業生產穀物粟.	,,
半坡文化	今陝西安東河東岸半坡村,半坡類型石、骨、角、陶製成的耕種、收割禾穗石刀、石斧、石鏟等器物,有細泥紅陶與夾褐陶,甕罐瓶盆盤碗杯,住有圓或方形建築遺址,房間有貯藏窖穴.陝西西安屬仰韶文化母系氏族公社種粟飼豬彩陶圖案中有原始文字.	前 5-4.3 千年
姜寨文化	陝西臨潼屬仰韶文化母系氏族公社,出現存在年代最早的黃銅片.	,,
馬家濱文化	崧澤上海青浦屬馬家演文化,種秈稻.江蘇吳縣草洼山種粳稻.出現年代最早的野生葛纖維織物殘片.	,,
大汶口文化	黃河下游地區 1959 年發掘於山東泰安縣大汶口而得名.山東寧陽堡頭村、及泰安縣大汶口一帶有遺址,分佈山東、蘇皖北部、豫東遼東半島,從母系社會中經父系社會,直到氏族解體,為龍山文化的前期.器物有紅陶黑陶白陶彩陶杯壺,圖樣有幾何紋樣,卷雲文孤線文綱文等.農具有石鏟、鹿角鋤、木質耒、耜.種植耐旱作物,	前 4.3-2.5 千年
良渚文化	1936 年首次在浙江餘姚杭良渚鎮發現,分布大湖周圍東至海邊,西至南京鎮江一帶.浙江吳興錢山漾遺址有船槳、絲ㄩ質物品出土.上海松江廣富林遺址有犁形工具出土.石器農具磨製精細,農作物、養蠶、紡織品很多.陶器、玉器繪製等工藝品頗具特色.	前 5.3-4.3 千年
紅山文化	紅山文化是中國北方新石器時代文化重要代表,1935 年在內蒙古赤峰的紅山發掘而得名.分佈遼寧、內蒙古、河北交界處,有彩陶、石器、精美玉器.發現大量石刀、石磨、磨棒、收割加工用具.方形半地穴居,有石砌建築,神廟等.畜牧漁獵技術相當進步.	前 3.5 千年
屈家嶺文化	1955-56 年在湖北京山屈家嶺發現,江漢平原為主,原始農業種稻、飼豬、養狗等.	,,
龍山文化	龍山文化在山東和江蘇地區,以黑陶為特徵,一個新而高度的文明 1929 年吳金鼎氏在山東章丘龍山鎮城子崖發現,分佈黃河下游海河流域及遼寧等地.以灰陶為主,沿海黑陶.父系氏族公社時期,農牧業已發達.	前-2000 年
馬家窰文化	首次在甘肅臨洮馬家窰發現,集中顯示甘青地區原始文化,分佈於洮	前-3.3-2 千年

人文演進	紀要	公元前
	河、大夏河、青海湟水流域.具備製陶、彩繪、燒窯技術,製陶規模相當發達,創造燦爛彩陶文化,石器、陶器,旱地農業比較發達,生產粟、黍為主.飼養牛羊豬狗雞家禽;漁獵次之. 馬家窰出現銅刀和銅碎塊等最早青銅製品.反映當時母系氏族社會向父系氏族社會過度情況.	
西藏卡窰文化	是中國目前發現海拔最高、經度最西的一處石器時代遺址.位於瀾滄江上游、西藏昌都城東南卡若村西,可分為早、晚兩期.房屋遺址以半地穴式或地面營建的草拌泥牆建築,平面呈圓形、方形、長形.屋頂鋪排椽木,塗抹黏土而成.晚期房屋半地穴式石牆,鑠石粘貼坑壁壘砌,週圍有柱洞,建築技術獨特.遺物中有打石器、細石器、磨石器、及骨刀、骨錐、骨針、骨飾.陶器有罐、缽、盆、小平底器.飼養豬、牛等家畜.	前-3.3-2 千年
齊家文化	甘肅廣河齊家坪一帶,分佈洮河、大夏河、渭水上游、清海湟水流域,已出現紅銅、青銅器物,晚期約在夏朝更為普及. 反映父系氏族社會,出現階級分,化產生原始軍事民主制.種植粟等農作物,生活穩定,有石器、骨器、石鐮、石刀、石斧、石磨盤、石磨棒、石杵等.家畜有豬、羊、狗、牛、馬等.製陶、紡織、及冶銅業獨具特色.當時已有貧富差距,社會地位高低之分,男子居統治地位,產生了階級和軍事民主萌芽.	前 2 千年
青蓮崗文化	1951 年在江蘇淮安縣青蓮崗發現,包括淮河下游到長江下游沿海地區.有磨製石器孔斧石鑿多孔石庖刀,文樣有刻文劃文壓文附加文鏤孔等.	
辛店文化		
寺窪文化		
唐汪文化		
夏朝與二里頭文化	主要發現區域在山西南部，及河南西部地區偃師縣二里頭遺址·文化的特色有： 出土了一大型宮殿基址，為大型夯土建築，有正殿、廊廡、中庭，已具有中國建築宮殿雛形，估計需時十工日才可完成，足見當時國家強大的政治力·發現不少玉器，玉器製作精美，除做裝飾品外，也作為殉葬及表徵身份的地方的禮器之用·發現不少青銅器，青銅器主要用途是做為國家統治象徵的禮器與兵器之用，顯示了當時國家已經是一個高度發展的政治實體，而且是維持軍政融合，祭祀與政治一體的權力組織·玉器、青銅器與陶器上的線條與裝飾，已有著東山當高超的藝術成就·	
有巢氏	開始教民築巢而居,以避野獸蟲害.	年代不詳
燧人氏	鑽木取火,教人熟食.	
伏羲氏	相傳與女媧氏兄妹婚配,為人類先祖,漢畫中下半身多作蛇形,為龍鳳圖騰.相傳教人結網澤漁生產,為太昊東夷風姓首領.	

人類進化年表

年　代	紀要
約前 800 餘萬年	雲南省臘瑪古蹟
約前 170 萬年	雲南元謀人
約前 80 萬年	陝西藍田人
約前 47 萬年	北京人屬舊石時代期階段. 貴州觀音洞遺址,是長江以南最大的舊石器時代文化
約前 20 萬年	遼寧營口金牛山猿人
約前 10 萬年	一·廣東曲江馬壩,中國舊石器文化時代中早期智人的代表之一.

	二・中西陽高許家窯遺址有石器萬件噸計的動物骨骼,是中國舊石器中期最大的遺址. 三・中西汾河流域丁村等遺址,是中國石器時代中期文化的一個典型遺址.
約前 5 萬年	寧夏靈武水洞溝遺址和內蒙古烏旗薩拉烏蘇河沿岸遺址,是中國最早發掘的舊石器時代遺址.
約前 3 萬年	山西朔縣峪文化,屬於細小石器文化.
約前 1 萬 9 千年	接近現代的山頂洞人.
約前 1 萬 7 千年	一・內蒙古呼和浩特東郊大窯村舊石器時代晚 4 滑製造場遺址. 二・台灣南部左鎮人,迄今為止在台灣發現的最古老人類化石.
約前 8 千年	一・陝西大荔沙苑文化遺址,發現有使用痕跡的石器. 二・山西懷仁鵝毛口遺址,發現迄今為止中國最早的農具. 三・廣東南海西樵山石器製造場遺址.

中國遠古人類文明

名　　稱	距今年代	發現時間	遺　跡　地　點	特　　　色
巫山人	204 萬年	1985 年	重慶巫山龍骨坡	有人工打擊痕跡的石器是目前亞洲發現最早人類。
元謀人	170 萬年	1965 年 5 月	雲南元謀上那蚌村	石英岩人工打製的刮削器、疑似有人類用火的痕跡。
北京人	50 萬年	1929 年 12 月	北京周口店龍骨山北坡	懂得選取岩石製作武器或原始生產工具從事勞動。
山頂洞人	1 萬 8 千年	1933 年	北京周口店田園洞	用骨針和骨錐縫製獸皮當作衣物，並掌握製火技術。
甑皮岩人	1 萬 2 千年	1965 年 6 月	桂林甑皮岩	推估是現代華南人和東南亞人祖先之一。

資料來源：《蘋果》資料室　　　　　（2006.6.13 蘋果日報 AA4）

訊塘埔文化 距今 3500 至 4500 年

大約處於新石器時代中期的訊唐埔文化，是由考古學家劉益昌在七年前所發現、提出，並接續大坌坑文化晚期逐漸演化發展而來的地方性文化。

劉益昌根據台灣各地遺址調查與遺物分析結果，判斷台灣北部區域在大坌坑文化之後，應該有一層與中南部同為繩紋紅陶文化的牛罵頭、牛稠子文化相對等的史前文化存在，分佈區域約在基隆到淡水間的北海岸、關渡以下的淡水河河岸，與台北盆地的北側斜坡。

訊塘埔文化年代約距今三千五百至四千五百年，主要特色是陶質遺物多半為褐色的繩紋陶，但因保存狀況不良，表面常常出現風化脫落現象，露出粗糙的坯裡。

石器方面，雖只有石鋒、石鑿、打製與磨製石斧、凹石、石槌、石刀等較少量的石器，但因為有石刀等石製農具出現，顯示當時應有相當程度的農業發展。

（2007.3.27 自由時報 A12 記者鄭學庸）

史前文化時代

朝代	史書			朱堯倫考證			備註
	西元前	皇主	在位	起始年	皇主	文化時代	
有巢氏				1.5 萬年		以長江 游仙人洞文化為代表	
燧人氏		91		-9600 年		彭頭山文化年代相同	
伏羲氏	-4754~-3494	16	1260	-6753 年	20	桂林甑陂崖文化為代表	列 17 餢 1261 年
神農氏	-3493~-2674	8	820	-5215 年	8	由鄂北丘陵到黃淮平原	皆稱炎帝
黃　帝	-2673~-2356	5	318	-4696 年		黃淮平原為主	黃帝在位 100 年
堯　舜				-4356 年			
夏　禹				-4204 年	7+2		
商　湯				-3765 年	28	(-3750 年起,30 主)	
周　武				-3133 起	10	到周共和元年-2480	

黃帝前紀事

(節摘章嶔中華通史)

三皇立論至春秋，凡 227 萬 6 千餘年，紀事「古皇十紀」

項次	紀事	姓氏	概說
一	九龍紀	人皇氏	九頭紀者,以人皇一姓九頭,頭即人,古語質,如今人獸魚鳥,均以頭計.九頭紀畢,有五龍紀起.
二	五龍紀	5 姓	五龍紀者,以有皇伯、皇仲、皇叔、皇季、皇少五主名之.路史所謂「龍德而正中」即如此.五龍紀畢而攝提紀起.
三	攝提紀	59 姓	
四	合洛紀	4 姓	攝提紀以後,曰合雒、連通、敍命,事跡不概見,即君名亦無可考證.而路史之所謂合雒乘蜚鹿以理,連通乘蜚麟以理,敍命駕六龍而治者,即可示尚古想像民初游獵之情.
五	連通紀	6 姓	以上四紀畢,而循蜚紀起.
六	序命紀	4 姓	
七	循飛紀	22 氏	循蜚紀者,其時代之下於前之六紀.御世之君,凡廿二位,各有主名：1 鉅靈 2 句彊 3 譙明 4 涿光 5 鉤陳 6 黃神 7 巨神 8 犂靈 9 大騩 10 鬼騩 11 弇茲 12 泰逢 13 冉相 14 蓋盈 15 大敦 16 雲陽 17 巫常 18 泰壹 19 空桑 20 神民 21 倚帝 22 次民.
八	因提紀	13 氏	時代在七世紀,之御世之君,各有主名,治跡亦多論述.因提凡十三世：1 辰放亦日皇次,人民不知蔽體教民衣皮 2 蜀山 3 豗傀 4 渾沌 5 東戶 6 皇覃 7 啓統 8 吉夷 9 几蘧 10 豨韋 11 有巢,亦曰大巢民無居地,教民構巢 12 燧人,人不知熟食,教民用火 13 庸成.自辰放玉庸成,其傳世共 68 代.
九	禪通紀	18 氏	包括循蜚以後黃帝以上諸代而言.傳系次序,論述不一. 惟禪通紀較之前八紀,史事有散見古書,逐漸有較完備記載,但諸家學說,因此分岐.
十	疏仡紀		

黃帝前通鑑外紀原注之說 (節摘章嶔中華通史)

次第	路史前後紀	通鑑前三皇紀	通鑑外紀包犧以來紀原注
1	史皇氏	軒轅氏(非黃帝軒轅氏)	包犧氏
2	柏皇氏	祝融氏	女媧氏
3	中皇氏	太昊伏羲氏	大庭氏
4	大庭氏	史皇氏	柏皇氏
5	栗陸氏	柏皇氏	中央氏
6	昜連氏	中央氏	栗陸氏
7	軒轅氏(非軒轅氏)	大庭氏	驪連氏
8	赫胥氏	栗陸氏	赫胥氏
9	葛天氏	昆連氏	尊盧氏
10	尊盧氏	赫胥氏	混沌氏
11	祝誦氏	葛天氏	皞英氏
12	昊英氏	尊盧氏	有巢氏(非人皇後之有巢氏)
13	有巢氏(非人皇後之有巢氏)	昊英氏	朱襄氏
14	朱襄氏	有巢氏(非人皇後之有巢氏)	葛天氏
15	陰康氏	朱襄氏	陰康氏
16	無懷氏	陰康氏	無懷氏
17	太昊伏羲氏	無懷氏	神農氏
18	女皇氏	女皇氏	帝臨魁
19	炎帝神農氏	炎帝神農氏	帝承
20	炎帝柱	帝臨魁	帝明
21	炎帝慶甲	帝承	帝直
22	炎帝臨	帝明	帝釐
23	炎帝承	帝宜	帝哀
24	炎帝魁	帝來	帝榆罔
25	炎帝明	帝裏	
26	炎帝直	帝榆罔	
27	炎帝釐		
28	炎帝居		
29	炎帝節莖		
30	炎帝克		
31	炎帝戲		
32	炎帝參盧(榆罔)		

按上表三書順序,各不相符.外紀莊子論列古皇,於大庭氏以下,敍在包犧之先;史紀封禪書,敍無懷氏在亦包犧之上;路史輕仍前說,遂謂大庭以下諸主,悉居包犧之前.不知莊子史記兩書,偏於證事,而非專述系.其述系者,莫如帝王世紀為明.其謂大庭以下諸氏,皆襲包犧之號,則固明認包犧以降,然後有大庭以次之各君.世紀而上,其可估又莫如漢書古今人表.而人表分列,大庭諸氏,亦俱次於包犧之後.從而知之,世紀非一家之私言,不能以為中古晚出之書而忽之.抑如前編三皇之所列,女皇反次於無懷.所謂女皇,雖未明指女媧,而自世紀考證,女媧一號女希,是為女皇.則女媧之於女皇,非二人.且古者女子稱皇,僅有女媧一氏.女媧與太昊同母,前編五帝紀已明.而三皇紀所序,乃獨列女皇於無懷之後.包犧一系,興三皇二紀,序各不同,;其紀三皇,包犧以後,由史皇及柏皇,最終為女皇.其紀五帝,包犧以後,由女媧及柏皇,最終為共工.於包犧全系之順序,尚不能自為一致之編列.蓋包犧以來史實,非盡屬傳疑者,今觀外紀原注之所論列,其順序多不戾於古書.上述順序,為歷主傳系之要,略明其梗概。

伏羲(包犧)氏王朝(傳16君歷1260年)(節摘何畏年表及章嶔通史)

世代	帝王			在位年數	起訖			通鑑輯覽之順序	附記
	王朝	帝號	姓名		黃紀前	干支	西元前		
1	伏羲氏	太昊羲皇	風方牙(蒼牙)	131	1744-1614	庚申-庚午	4441-4311	太昊伏羲氏	史前時代
2	女媧氏	女希氏女皇	雲包媧	130	1613-1484	辛未-庚辰	4310-4181	女媧氏	
3	伏羲氏	大庭氏			1483	辛巳-	4180-	柏皇氏	一日朱顏氏
4	伏羲氏	柏皇氏						中央氏	
5	伏羲氏	中央氏						大庭氏	一日中皇氏
6	伏羲氏	栗陸氏						栗陸氏	一日栗陸氏
7	伏羲氏	驪連氏						驪連氏	一日昆連氏
8	伏羲氏	赫胥氏						渾沌氏	一日赫蘇氏
9	伏羲氏	尊盧氏						赫盧氏	
10	伏羲氏	渾沌氏						尊盧氏	一日混敦氏
11	伏羲氏	昊英氏						昊英氏	一日子英氏
12	伏羲氏	有巢氏						有巢氏	非燧人氏前之有巢氏
13	伏羲氏	朱襄氏						朱襄氏	一日子襄氏
14	伏羲氏	葛天氏						葛天氏	
15	伏羲氏	陰康氏						陰康氏	
16	伏羲氏	無懷氏			-485	-己未	-3182	無懷氏	
合計			16君	1260	1744-485	庚申-己未	4441-3182		16君歷1260年

伏犧氏王朝

朝代	帝王	族	姓	名、字或廟號諡	籍	在位			紀要
						年數	干支	紀元前	
1	包犧氏太昊羲皇	漢	風	方牙(蒼牙)	通鑑外紀生成紀今甘肅秦縣	131	庚申至庚午	-4441至-4311	庚寅西元前-4471.10.4.生於甘肅今秦縣原名成紀庚申-4441 登基-4311 卒壽161歲葬陳今河南淮寧縣北
2	女媧氏女希氏女皇		風路史作靈	雲包媧		130	辛未至庚辰	-4310至-4181	生歿無考辛未西元前-4310繼位至庚辰西元-前4181 年崩葬今山西趙城縣
3	大庭氏		路史作大庭氏又日朱顏氏				辛巳	-4180	大庭氏辛巳繼位生歿無考
4	柏皇氏		路史姓柏	名芝 莊子作柏皇					
5	中央氏			路史作中黃中皇					
6	栗陸氏			路史作栗陸					
7	驪連氏			莊子作驪畜					

朝代	帝王	族	姓	名、字 或廟號諡	籍	在位			紀要
						年數	干支	紀元前	
				一曰昆連氏					
8	赫胥氏			金樓子作赫蘇一曰作赫蘇氏					路史曰葬朝陽今地不詳
9	尊盧氏			金樓子作宗盧一曰赫盧氏					路史曰葬藍田今陝西藍田縣
10	混沌氏			莊子作混沌一曰混敦氏					
11	皞英氏			帝王世紀作昊英					
12	有巢氏								非燧人氏前之有巢氏
13	朱襄氏								一曰子襄氏
14	葛天氏								
15	陰康氏								
16	無懷氏						己未	-3182	
計	16君					1260			庚申～己未 (-4441~-3182+1)

神農氏王朝 (傳 8 君　歷 520 年)(摘錄何畏編著黃帝紀年表)

世代	帝王			在位年數	起訖			通鑑輯覽之順序	附記
	王朝	帝號	姓名		黃紀前	干支	紀元前		
1	神農氏	炎帝 農皇	姜軌(石年)	140	497-358	丁未-丙寅	3194-3055	炎帝神農氏	史前時代
2	神農氏	炎帝	姜臨魁	80	357-278	丁卯-丙戌	3054-2975	帝臨魁	章嶔 在位 60 年
3	神農氏	炎帝	姜承	60	277-218	丁亥-丙戌	2974-2915	帝承	6 年
4	神農氏	炎帝	姜明	49	217-169	丁亥-乙亥	2914-2866	帝明	以下在位年相同
5	神農氏	炎帝	姜直	45	168-124	丙子-庚申	2865-2821	帝宜	
6	神農氏	炎帝	姜釐	48	123-76	辛酉-戊申	2820-2773	帝來	一曰帝克
7	神農氏	炎帝	姜哀	43	75-33	己酉-辛卯	2772-2730	帝裏	一曰帝居
8	神農氏	炎帝	姜榆罔	55	32-黃紀	壬辰-丙	2729-2675	帝榆罔	參盧(榆罔)
合計			8 位君王	520	497-黃紀	丁未-丙戌	3194-2675	8 位君主	

追溯黃帝紀元前人類為游牧生存，是為包犧氏全系．包犧之世，耕稼未興，生民群聚而居，游獵漁牧不足以供食，群相爭食，因有酋長誕生，帝皇之業，乃由斯而漸舉，此即包犧之所以得名．包犧古書曰伏犧，蓋取其德伏物，教人取牲畜供庖廚．包犧在位，庶政初興，教民佃漁畜牧，生而謀食充飢．包犧德政：

一、養民：原民臥則呿呿，起則吁吁，飢則求食，飽則棄餘，茹毛飲血，衣蔽樹葉毛皮，教以畜牲漁獵庖廚，網罟漁牧，民食漸次形成．

二、序民：民初憧憧終日，不知歲序，包犧立周天歷度，刱為日月列星分度之法，由是「甲歷」之作．日主晝，月主夜，日月相逐，積 365 晝夜而為「歲」，因而知時序，立年歲，民事肇現端倪．

三、理民：群居首領自生，包犧始名官，有六佐，庶政賴之以理，或曰龍紀官，實為太昊．包犧治規，業謀興刱，紀官以龍，非無可議，惟包犧當日，有分職之可徵，民治始漸臻發展．

四、牖民：包犧仰觀天象，俯察法於地，中視萬物之宜，始啓楔形符號以紀事物，即世儒所謂「始作八卦，因而重之，而爻象以備．」一以象天，一以象地，一「- -」相錯而象天地以內應有之事物．簡略易記，於是民智漸萌．

五、育民：民初知母而不知有父，知愛而不知禮，男女配偶出於掠奪，包犧始興嫁娶，以儷皮為禮，洇以成婚．

六、和民：民初糾葛無道德制裁，性情乖暴，包犧斷桐象琴，絚桑象瑟，繩絲為絃，鼓樂調民氣，制繭絲織遮體，石作斧皿，斷木成器，民性始漸和鳴．

神農氏王朝 (10 個世代合計 632 年八君在位 520 年)

勗其	石年		祖名	帝王			在位			紀要
	世	代		王朝	帝號	姓名	年數	干支	紀元前	
1	一	0	開派始祖少典	伏羲氏第16君無懷氏王朝	炎帝	少典始於烈山曰烈山氏又名厲山氏		壬辰	-3329 出生	中華民族開派始祖少典國君,生於壬辰西元前-3329 年,卒歿無考.本源錄云:世為諸侯.另據五帝三代記,自殷以前,諸侯不可得而譜,25 歲丙辰西元前-3305 年長子石年出生,以子為貴崇農皇,從此中華民族以農立國,次子勗其,嗣少典國君,世為諸侯,曰二世,世系完整.

勗其	石年		祖名	帝王			在位			紀要
勗其	世	代		王朝	帝號	姓名	年數	干支	紀元前	
2	二	1	少典次子 勗其	神農氏	炎帝	少典長子 姜軌 (石年)	140	甲申- 癸卯	-3305 出生 -3277~-3138	神農氏炎帝第一代丙辰(-3305)生,29 歲甲申(-3277)登基元年,至癸卯(-3138)崩,在位 140 年壽 168 歲, 本源錄云曰二世(炎帝 1-8 代止)
3	三	2	勗其之子 炎居	神農氏	炎帝	石年長子 姜臨魁	80	甲辰- 癸亥	-3137~-3058	神農氏炎帝第二代甲辰(-3137)繼位,至癸亥(-3058)崩在位 80 年,生年無考,時因子明尚年幼,欲擇賢而立,知其七叔柱有子慶甲賢能,擢拔其嗣為帝,繼承帝位.本源錄云,曰三世二代.
4	四	3	炎居之子 節並	神農氏	炎帝	七叔之子 姜承 (慶甲)	60	甲子- 癸亥	-3057~-2998	神農氏炎帝第三代甲子(-3057)繼位,至癸亥(-2998)在位 60 年,祇修自勤,克紹祖武,仍歸政於明,生歿無考. 本源錄云,曰四世三代.
		4		神農氏	炎帝	臨魁之子 姜明	49	甲子- 壬子	-2997~-2949	神農氏炎帝第四代甲子(-2997)登基元年至壬子(-2949)在位 49 年,出生無考.本源錄曰四世四代.
5	五	5	節並之子 戲器	神農氏	炎帝	明之子 姜直(帝宜)	45	癸丑- 丁酉	-2948~-2904	神農氏炎帝第五代癸丑(-2948)繼位至丁酉(-2904)在位 45 年崩出生無考. 本源錄曰五世.
6	六	6	戲器之子 祝庸	神農氏	炎帝	直之子 姜釐 (帝來)	48	戊戌- 乙酉	-2903~-2856	神農氏炎帝第六代戊戌(-2903)繼位,至乙酉(-2856)在位 48 年崩出生無考. 本源錄曰六世
7	七	7	祝庸之子 共工	神農氏	炎帝	釐之子 姜哀(帝裏) (又曰帝裏)	43	丙戌- 戊辰	-2855~-2813	神農氏炎帝第七代丙戌(-2855)繼位元年至戊辰(-2813)在位 43 年崩,出生無考本源錄曰七世,子一節莖.
8	八		共工次子 勾龍			節莖		戊辰- 己巳	-2813~-2752	哀帝之子節莖,不在帝位,生卒無考.本源錄云曰八世.生子二:長子克,次子戲,生子器,是為小立四月殂.
9	九		勾龍長子 噎鳴			克				節莖長子克,生卒無考, 本源錄云曰九世.克生子參盧.
10	十	8	勗其九世孫 啟昆	神農氏	炎帝	克之子 姜榆罔 (參盧)	55	己巳- 癸亥	-2752~-2698	神農氏炎帝第八代榆罔己巳(-2752)登基元年至癸亥(-2698)在位 55 年崩,出生無考. 本源錄云曰十世止.後世無考.
11			啟昆之子 黃帝							
合計				8 位君主(朝代) 10 個世系			520	壬辰 癸亥	合計 632 年.632 年減去在位 520 年尚餘 113 年乃 1、8、9 世三代不在帝位年數.平均每個世代 37 年.	

註：

一、依據何畏先生編著的「黃帝紀年表」、柏楊先生的「中國歷史年表」、及台灣書局「歷代統紀表冊(卷 1~5)」印行廿一史、三代表、太史公曰、五帝三代之記尚矣,自殷以前「諸侯不可得而譜」,周以來乃頗可著,孔子因史文春秋紀年正時、日、月,蓋其詳哉.

二、歷代中外史學家論著,中華民族黃帝登基元年甲子西元前-2697,「中華彭氏源流譜」中「紀年表」指出黃帝出生於癸巳西元前-2728 年是炎帝榆罔在位 25 年.黃帝 31 歲癸亥西元前-2698 年即是炎帝榆罔在位 55 年崩.次年黃帝 32 歲甲子西元前-2697 年登基元年,在位 100 年,至癸卯西元前-2598 年崩,壽高 131 歲.(2728-2598+1)

三、依此往上向前推演,證明歷代經史譜牒、史書、本源錄、神仙通鑑、湖南青山中一堂彭氏敦睦譜、隴西源流圖卷一至卷四記載,中華民族開派始祖少典國君一世,出生於壬辰西元前-3329 年,至清朝宣統三年辛亥西元 1911 年孫中山先生推翻滿清,建立民國,總計 5241 年,史載歷歷,節節可考,肯定中華民族歷史悠久正確。

四、依據章嶔著「中華通史」，臨魁在位 60 年，帝承在位 6 年，而何畏「黃帝紀年表」及彭伯良著述：臨魁在位 80 年,帝承在位 60 年，兩者有別·

依歷史記載推算伏羲氏與神農氏年代

(彭伯良 2005.6.18 編撰)

一、伏羲氏王朝(傳 16 君歷 1260 年)

1.伏羲氏第一代太昊羲皇：
庚寅西元前 4471 年出生庚申西元前 4441 年登基,登基時 31 歲(4471 - 4441 = 30 + 1 =31 歲)·庚午西元前 4311 年卒，在位 131 年(4441-4311+1)，享壽 161 歲(4471-4311+1)

2.伏羲氏第二代媧氏出生無考，辛未西元前 4310 年登基，庚辰西元前 4181 年讓位,，在位 130 年(4310-4181+1)

3.第三代大庭氏(朱顏氏)出生無考，辛巳繼位西元前 4180 年

4.第四代至第 15 代均無考.

5.伏羲氏王朝第 16 代無懷氏己未歲西元前-3182 年止.神農氏王朝第 1 代炎帝姜軌(石年)之父少典氏原為伏羲氏王朝第 16 代無懷氏諸侯.

二、神農氏王朝(傳 8 君 歷 520 年)

1.伏羲氏王朝傳至 16 代無懷氏止(己未-3182 年)·神農氏王朝第一代炎帝姜軌(石年)(甲申-3277)登基,上兩朝代涵接(-3277 ~ -3182+1)差距 108 年，原因是由北向南遷徙另立朝代之故.如少典出生干支壬辰西元前-3329 年，其子石年出生干支為丙辰西元前-3305 年·

2.又據湖南青山彭敦睦譜，及彭氏源流通譜記載，神農氏炎帝第一代石年至第八代榆罔(參盧)應該是第二世至第十世·為何只列八代之原因，其中第八世哀之長子節莖，生子二：長子克，次子戲，綱鑑補云：皆不在位，第九世節莖長子克，也不在位之故·第十世克子－參盧即帝榆罔·

3.少典為中華民族開派始祖一世，生於干支壬辰西元前-3329 年，為伏羲氏第 16 代王朝無懷氏諸侯，而無懷氏王朝止於西元前-3182 年，故以 3329-3182=148 年·證明神農氏王朝計有 10 世，其中有 1~8~9 世三代沒有在帝位的年數·

4.黃帝癸巳西元前-2728 生，是炎帝榆罔，在位 25 年·黃帝時年 31 歲(癸亥-2698)·炎帝榆罔在位 55 年崩，時黃帝 32 歲，甲子 (-2697) 登基，在位 100 年(-2698~-2598)、(2728-2598+1=131 歲).

禪通紀

序	國號	元首	世	代	在位年數	本紀積年	紀 元 前		附註
1	史皇氏	1	1	1	642	642	58140	57499-58140	
2	栢皇氏		1	20	12817	13459	57498	44682-57498	
3	中皇氏		1	4	2563	16022	44681	42119-44681	
4	大庭氏		1	5	3204	19226	42118	38915-42118	
5	栗陸氏		1	5	3204	22430	38914	35711-38914	
6	昆連氏		1	11	7049	29479	35710	28662-35710	
7	軒轅氏		1	3	1923	31402	28661	26739-28661	
8	赫胥氏		1	1	641	32043	26738	26098-26738	
9	葛天氏		1	4	2563	34606	26097	23535-26097	
10	尊盧氏		1	5	3204	37810	23534	20331-23534	
11	祝誦氏		1	2	1282	39092	20330	19049-20330	
12	昊英氏		1	9	5768	44860	19048	13281-19048	
13	有巢氏		1	7	4486	49346	13280	8795-13280	
14	朱襄氏		1	3	1923	51269	8794	6872-8794	
15	陰康氏		1	2	1282	52551	6871	5590-6871	
16	無懷氏		1	6	3845	56396	5589	1745-5589	
17	伏羲氏		1	16	1247	57643	1744	498-1744	
18	神農氏		1	8	497	58140	497	-1-497	
	合計		18	112	58140				

疏仡紀

序	國號	元 首	世	代	在位(年)	本紀積年	民前	附 註
1	有熊氏	黃帝姬軒轅	1	1	100	1	-4608	
2	金天氏	少昊己摯	1	1	84	101	-4508	
3	高陽氏	玄帝姬顓頊	1	1	78	185	-4424	
4	高辛氏	帝嚳姬岌	2	2	78	263	-4346	
5	陶唐氏	帝堯姬放勳姬	1	1	102	341	-4268	
6	有虞氏	帝舜姚重華	1	1	50	443	-4166	
7	夏后氏	后禹姒文命	4	5	59	493	-4116	
8	,,	后姒相后羿	1	1	7(中絕)	552	-4057	
9	,,	后寒浞	1	1	60(中絕)	560	-4049	
10	,,	后姒少康	10	12	313	619	-3990	
11	商	王子天乙	10	16	365	932	-3677	
12	殷(商)	帝盤庚子旬	8	12	279	1297		
13	西周	武王姬發	9	10	281	1576		
14	,,	共和行政	共	公	14(註)	1857	-2752	
15	,,	宣王姬靜	2	2	57	1871	-2738	
16	東周	平王姬宜臼	21	28	515	1928	-2681	東周合計 515 年
17	秦	昭襄王嬴稷	6	6	49	2443	-2166	秦合計 49 年
18	西楚(漢)	霸王項羽	1	1	4	2492	-2117	漢合 230 年

序	國號	元首	世	代	在位(年)	本紀積年	民前	附註
19	西漢	高帝劉邦	11	15	210	2496	-2113	
20	新	帝王莽	1	1	16(中絕)	2706	-1903	
21	東漢	光武帝劉秀	8	14	195	2722	-1887	東漢合計 195 年
22	魏	文帝曹丕	3	5	45	2917	-1692	魏合計 45 年
23	西晉	武帝司馬炎	4	5	52	2962	-1647	西晉 52 年東晉 103 年宋 59 年
24	東晉	元帝司馬睿	4	11	103	3014	-1595	
25	宋	武帝劉裕	4	9	59	3117	-1492	
26	齊	高帝蕭道成	4	7	23	3176	-1433	
27	梁	武帝蕭衍	5	9	55	3199	-1410	
28	陳	正帝陳霸先	3	5	32	3254	-1355	
29	隋	文帝楊堅	4	5	29	3286	-1323	
30	唐(前唐)	高祖李淵	3	3	72	3315	-1294	
31	南周	武則天武曌	1	1	15	3387	-1222	前 1228~1208 武則天改國號南周
32	唐(中唐)	中宗李顯	11	19	202	3402	-1207	
33	後梁(五代)	太祖朱溫(全忠)	2	3	16	3604	-1005	
34	後唐(五代)	莊宗李存勗	2	4	13	3633	-976	
35	後晉	高祖石敬瑭	2	2	11			
36	後漢	高祖劉作遠	3	6	4	3644	965	
37	後周	太祖郭威	3	3	9	3648	961	
38	北宋	太祖趙匡胤	8	9	167	3657	952	南北宋合計 320 年
39	南宋	高宗趙構	7	10	152	3824	785	6 世 11 代
40	元	世祖忽必烈	7	13	88	3974	635	
41	明	太祖朱元璋	12	16	276	4065	544	
42	清	世祖福臨	9	10	268	4341	268	
43	中華民國	總統孫文			1912 年始	4609		蔣中正嚴家淦蔣經國李登輝陳水扁馬英
44	中華人民共和國	主席毛澤東			1949 年始			劉少奇董必武朱德葉劍英李先稔楊尚昆江澤民胡錦濤習近平

史分時期

朝代		首都	紀元	開國帝王	衰亡帝王	世次	在位	紀要
黃帝			前-2697－-2206					
夏朝		陽城都安	西前 2205－-1767	夏禹王	夏桀王	17	471	
商朝		初都亳	西前 1766－-1123	商湯王	商紂王	31	622	自放桀於南巢起
西周		鎬	西前 1122－-771	周武王(姬發)	周幽王	12	351	
東周		洛陽	西前 770－256 (-256-221 為潤位)	周平王	周赧王	26	515 35	東周 515 年閏位 35 年
秦朝		咸陽	西前 255－-207	秦始皇(贏政)	子嬰	3	15	自統 16 國稱帝
西漢		長安	西元前 206~ 西元 24	高祖 劉邦	孺子嬰	12	114 閏 13	前 206 至新莽稱帝,8 年王莽稱帝至 25 年劉秀稱帝
東漢		洛陽	西元 25－-219	光武帝 劉秀	獻帝	12	196	
三國	魏	洛陽	西元 220－-265	文帝 曹丕	曹奐	5	46	
	蜀	成都	西元 221－-264	昭烈帝 劉備	後主(禪)	2	43	
	吳	建業	西元 212－-280	大帝 孫權	孫皓	4	59	

朝代		首都	紀元	開國帝王	衰亡帝王	世次	在位	紀要
西晉		洛陽	西元 265－-316	武帝 司馬炎	愍帝	4	52	
東晉		建康	西元 317－-420	元帝 司馬睿	安帝	11	103	
南朝	宋	建康	西元 420－-419	武帝 劉 裕	順帝	8	60	
	齊	建康	西元 479－-501	高帝 蕭道成	和帝	7	23	
	梁	建康	西元 502－-556	武帝 蕭 衍	敬帝	4	55	
	陳	建康	西元 557－-588	武帝 陳霸先	後主	5	32	西梁三傳年數在外
北朝	北魏	洛陽	西元 386－-534	道武帝 (拓跋珪)	孝武帝(修)	11	149	
	西魏	長安	西元 534－-557	文帝(寶炟)	恭帝(廓)	3	24	
	東魏	鄴	西元 534-－-550	孝靜帝(善見)	善見	1	17	
	北齊	鄴	西元 550－-577	文宣帝(高洋)	幼主(恒)	6	28	
	北周	長安	西元 557－-581	愍帝(宇文覺)	靜帝(闡)	5	32	
隋		長安	西元 589－-617	文帝 楊 堅	恭帝(侗)	4	29	楊堅篡 周唐 618~689 位 72 年 南周 690~704 位 15 年
唐		長安	西元 705－906	高祖 李 淵	昭宣帝	20	202	
五代	後梁	汴	西元 907－922	太祖 朱全忠	末帝 填	2	16	
	後唐	洛陽	西元 923－935	莊宗 李存勗	廢帝從珂	4	13	
	後晉	汴	西元 936－946	高祖 石敬瑭	出帝重貴	2	11	
	後漢	汴	西元 947－950	高祖 劉知遠	隱帝承祐	2	4	
	後周	汴	西元 951－959	太祖 郭 威	恭帝宗訓	3	9	
北宋		汴	西元 960－1126	太祖 趙匡胤	欽宗	9	167	
南宋		臨安	西元 1127－1279	高宗 趙 構	帝昺	9	152	
遼		臨潢	西元 916－1125	太祖 阿保機	天祚帝	9	210	
金		燕汴	西元 1115－1234	太祖 阿骨打	哀宗	9	120	
元		大都	西元 1280－1367	世祖 忽必烈	順帝	10	88	
明朝		金陵北京	西元 1368－1843	太祖 朱元璋	莊烈帝	16	276	
清朝		北京	西元 1644－1911	世祖 福 臨	宣統溥儀	6	268	
中華民國		南京	西元 1912 (民國元年)	總統 孫中山				民國 38 年(1949) 遷移台灣
中華人民共和國		北京	西元 1949－	主席 毛澤東				

古代封建體制的形成 (商代王朝)

文化遺址	偃師商城，鄭州商城，安陽殷墟		
王位繼承制度	初期(湯-~康丁): 父死子繼制和兄終弟及制並行 後期(康丁~紂王): 父死子繼制(嫡長繼承制自此成為中國歷朝王位繼承制的主流)		
商朝國家機構	職位	功能	例子
	相	商朝最高的官吏,常在商王的左右,是協助商王決策人物	伊尹(湯)傳說(武丁)
	卿士	高級官吏,但與相不同,相有具體職務,卿士則無	伊尹(仲王)
	三公	不是常職,只是一種尊貴職稱.	周文王(紂王)
	百官 1.多尹 2.作冊史	掌理各種具體事物的官吏,不但擔任祭祀、農業、土木營造、而且還統率軍隊.	

		同時掌管冊命,檔案,文書等工作
商朝諸侯	分級	分成侯、伯、子、男等級,如周文王在商紂時被封為西伯
	諸侯的義務	定期向商王納貢,負擔勞役,奉命征伐.
	諸侯權利義務	1.商王有保護諸侯的義務 2.當諸侯不服從商王命令時,會遭到處罰,或是到討伐.
商代社會結構	身份	權利與義務
	國王	商代最高統制者享有很大權力,不僅是政治經濟的袖,也是神間的宗教領袖.直接統治的區域,在約今河南山東河北南部,及淮河以北的安徽江蘇地區.動員的人力,從偃師,鄭州兩商城的規模來看,估計若使用一萬民力,約需十幾年才完工,由此可見商王的權力,但在調遣軍隊,統治地方等相關事務,上商王仍需透過氏族組織來進行間接統治.
	貴族	貴族之中分有高低,有的貴族握有很大的權力,甚至能掌握商王的廢立,左右政局.
	平民	要參加農田耕作,服傜役,兵役,並參加宗族集會,或宗教祭祀活動.
	奴隸	最低下階層,來源: 戰爭的俘虜,下層平民因債務而淪為奴隸,犯罪刑徒轉為奴隸 奴隸的命運悲慘,從事家庭勞動農業生產外,很多被擄獲的奴隸成為祭祀時犧牲的祭品,其地位與牛羊相同.更悲慘的,有些奴隸死後骨骼被用作為骨器材料.
	曆法	1 年為 12 個月,月有大小,大月 30 日,小月 29 日,並知置閏.發明用天干地支來記日.
	藝術成就	表現在青銅器及玉石的雕刻.
	甲骨文	是中國目前所知道的最早文字,它的字形已擺脫了圖畫形式,而使用線條符號的書寫原則,並已具備了中國「六書」的造字原則.

中國絕對年代紀年表 (黃帝甲子接周共和) 節摘自朱堯倫資料

0	1	2	3	4	5	6	7	8	9	10
朝代帝號	主數	總年數	甲子屆數	甲子(幹支)紀年	絕對年代紀元前	帝帝紀年(何畏)	通鑑外記(宋劉恕)	中國歷譜(董作賓)	中外歷代大事年表	中外歷代大事年表
炎帝	8									
		542			5215	1				
黃帝	5	340 349	0	甲子	4696	24	-23	-23	1	1
		317	$0\frac{23}{60}$	丁亥	4673	341	1	1	24	24
唐堯	1	100+2	$5\frac{40}{60}$	甲辰	4356	365	-24	-24	1	1
		100	$6\frac{4}{60}$	戊辰	4332	433	1	1	25	25
虞舜	1	48+2	$7\frac{22}{60}$	丙戌	4254	465	-22	-22	1	1
		50	$7\frac{44}{60}$	戊申	4232	493	1	1	23	23
夏禹	17+2	439	$8\frac{12}{60}$	丙子	4204	515	-22	-22	1	1
		432	$8\frac{34}{60}$	戊戌	4182	932	1	1	6	6
商湯	28	644	$15\frac{31}{60}$	乙未	3765	947	-15	-15	-1	-18
		629	$15\frac{46}{60}$	庚戌	3750	1576	1	1	15	33

周武	10	292	$26\frac{3}{60}$	丁卯	3133		-12	-12	-14	1
		281	$26\frac{15}{60}$	己卯	3121		1	-11	-1	13
周共和			$30\frac{56}{60}$	庚申	2840	1857	1	1	1	1

註：

一、絕對年代，以 2001.1. 0 時為起點. 2001 化 1 1999 紀元前 1.

二、年代重複的多，如黃炎重叠 24 年，湯桀重 16 年,武紂重 12 年，清末民初，多有重叠。

三、干支記年年數、各個皇帝、王在位年數，多與總年數不符．列舜為顓頊子，相差二百歲以上，禹為黃帝五世系，差 412 歲(四庫全書)。

中華民族甲子與黃帝干支西曆對照表

甲子	黃帝	紀前	備　註	甲子	黃帝	紀前	備　註	甲子	黃帝	紀元	備　註
1		5517		51	4	2517	少昊 81 年	101	54	484	齊武帝 2 年
2		5457		52	5	2457	顓頊 57 年	102	55	544	梁武帝 10 年
3		5397		53	6	2397	帝嚳 39 年	103	56	604	隋文帝楊堅 16 年
4		5337		54	7	2337	唐堯 21 年	104	57	664	唐高祖 15 年
5		5277		55	8	2277	唐堯 81 年	105	58	724	唐玄宗 12 年
6		5217		56	9	2217	唐舜 39 年	106	59	784	唐德宗 5 年
7		5157		57	10	2157	夏后仲康 3 年	107	60	844	唐武宗 4 年
8		5097		58	11	2097	夏有窮氏 22 年	108	61	904	唐昭宗元年
9		5037		59	12	2037	夏后槐 4 年	109	62	964	北宋太祖 5 年
10		4977		60	13	1977	夏后不降 4 年	110	63	1024	北宋仁宗 2 年
11		4917		61	14	1917	夏后扁 5 年	111	64	1084	北宋神宗 17 年
12		4857		62	15	1857	夏后孔甲 23 年	112	65	1144	南宋高宗 18 年
13		4797		63	16	1797	夏后癸 22 年	113	66	1204	南宋寧宗 10 年
14		4737		64	17	1737	商王太甲 5 年	114	67	1264	南宋理宗 40 年
15		4677		65	18	1677	商王太庚 15 年	115	68	1324	元泰定帝元年
16		4617		66	19	1617	商王大戊 21 年	116	69	1384	明太祖洪武 17 年
17		4557		67	20	1557	商王仲丁 6 年	117	70	1444	明英宗 9 年
18		4497		6	21	1497	商王祖辛 10 年	118	71	1504	明孝宗 17 年
19		4437		69	22	1437	商王祖丁 29 年	119	72	1564	明世宗 43 年
20		4377		70	23	1377	殷玉盤庚 25 年	120	73	1624	明熹宗 4 年
21		4317		71	24	1317	殷王武丁 8 年	121	74	1684	清聖祖 23 年
22		4257		72	25	1257	殷王祖甲 2 年	122	75	1744	清高宗 9 年
23		4197		73	26	1197	殷王武乙 2 年	123	76	1804	清仁宗 9 年
24		4137		74	27	1137	殷王辛 18 年	124	77	1864	清穆宗 3 年
25		4077		75	28	1077	西周康王 2 年	125	78	1924	中華民國 13 年
26		4017		76	29	1017	西周昭王 36 年	126	79	1984	中華民國 73 年
27		3957		77	30	957	西周穆王 45 年	127	80	2044	中華民國 133 年
28		3897		78	31	897	西周孝王 13 年	128	81	2104	
29		3837		79	32	837	西周共和 5 年	129	82	2164	
30		3777		80	33	777	西周幽王 5 年	130	83	2244	
31		3717		81	34	717	東周桓王 3 年	131	84	2284	
32		3657		82	35	657	東周惠王 20 年	132	85	2344	
33		3597		83	36	597	東周定王 10 年	133	86	2404	

甲子	黃帝	紀前	備　註	甲子	黃帝	紀前	備　註	甲子	黃帝	紀元	備　註
34		3537		84	37	537	東周景王 8 年	134	87	2464	
35		3477		85	38	477	東周敬王 43 年	135	88	2524	
36		3417		86	39	417	東周威王 9 年	136	89	2584	
37		3357		87	40	357	東周顯王 12 年	137	90	2644	
38		3297		88	41	297	東周赧王 18 年	138	91	2704	
39		3237		89	42	237	秦始皇 10 年	139	92	2764	
40		3177		90	43	177	西漢文帝 3 年	140	93	2824	
41		3117		91	44	-117	西漢武帝 24 年	141	94	2884	
42		3057		92	45	-57	西漢宣帝 17 年	142	95	2944	
43		2997		93	46	西元 4	西漢平帝 4 年	143	96	3004	
44		2937		94	47	64	東漢明帝 7 年	144	97	3064	
45		2877		95	48	124	東漢安帝 18 年	145	98	3124	
46		2817		96	49	184	東漢靈帝 17 年	146	99	3184	
47		2757		97	50	244	魏帝齊王 5 年	147	100	3244	
48	黃帝 1	2697		98	51	304	西晉惠帝 15 年	148	101	3304	
49	2	2637		99	52	364	東晉哀帝 2 年	149	102	3364	
50	3	2577		100	53	424	宋文帝元年	150	103	3424	

計算式：

黃帝元年第一個甲子西元前-2697 年至西元 1984 年是黃帝第 79 個甲子又 19 年·

即：　(-2757+1984)除 60 = 79 個甲子，或 126–47 = 79 個甲子·

例 1:　(-2757 + 1924) – 1 ÷ 60 = 781 個甲子

2:　(-2757 - -2157) ÷ 60 = 10 個甲子

3:　(2044 – 1924) ÷ 60 = 2 個甲子

中國主要朝代紀年及得名

朝代	年　代	備　註
三 皇	不詳	傳說遠古帝王，即天皇、地皇、人皇·
五 帝	約西元前 26-22 世紀	傳說中上古帝王，即黃帝、顓頊、帝嚳、堯、舜·
夏	約西元前 21-16 世紀	夏后氏部落的後代「禹」的兒子啟把他建立的第一奴隸制國家定名為「夏」·
商	約西元前 16-11 世紀	商祖先是契，部落名稱·國商，最早居住地叫商(今河南商丘)·契在第 14 代孫湯滅夏，定國為「商」·商湯第 10 代孫盤庚把都城遷到殷(今河南安陽小屯)，所以商又叫「殷商·」
周	約西元前 11 世紀-前 256 年	周的先祖是后稷，傳到古公但父時，定居周源(今陝西岐山)·到西元前 11 世紀武王滅商後，國名定為「周」·
春 秋	約西元前 770-前 476 年	西元前 770 年魯孝公 27 年、齊庄公 25 年、晉文侯 11 年、秦襄公 8 年、熊若敖 21 年、宋戴公 30 年· 春秋開始 (-722)至 (-481 年) 終·
戰 國	西元前-475 ~ -221 年	西元前 475 年秦歷共公 2 年、楚惠王 14 年、燕獻公 18 年、齊平公 6 年，戰國開始(-403)至(-221) 終·
秦	前-221 ~ -206 年	秦先祖是伯益的後代，戰國時，孝王賜給養馬有功的非字以嬴姓，又把今甘肅張家江、川東一帶，封給嬴非子·後代秦襄公立周后，取名「秦國」·史家以秦王紀年·秦王政 26 年(蒯 221 年,完成統一，稱始皇帝)·

朝代	年　代	備　註
漢	前-206 ~ -220 年	劉邦以前曾被封為漢王，他打敗項羽，定都長安，國定名為「漢」·
新	西元 9 ~ 23	王莽原是漢朝新都侯，代漢稱帝後，把國改稱為「新」·
三 國	220 ~ 80	一. 魏，曹操曾被封為魏王，他兒子曹丕稱帝後，用「魏」作國號· 二. 蜀，劉備自以為漢中靖王的後代，把國號定為「漢」，國都定在蜀(今四川成都)，又稱「蜀」· 三. 吳，孫權稱帝的地方建業(今南京)，是古代的吳地，取國號叫「吳」·
晉	265 ~ 420	司馬炎的父親司馬昭，曾作魏國的晉王，所以司馬炎稱帝後把國號叫「晉」·
南北朝	420 ~- 89	
隋	581 ~ 617	北國的隋國公楊堅奪取政權建立朝,因忌諱「隨」有追隨的意思，不合尊嚴，改掉「隨」字為「隋」·
唐	618 ~ 907	隋朝太原留守李淵在長安稱帝，由于他曾經世襲過唐國公稱號，所以把「唐」作國號·
五 代	907~ 960	即後梁、後唐、後晉、後漢、後周·後晉出帝即位未改元·後漢高祖即位，仍用後晉高祖年號，稱天福 12 年·後漢隱帝即位未改元·後周世宋、恭帝都未改元·
十 國	902 ~ 979	即吳、前蜀、吳越、楚、閩、南漢、荊南、後蜀、南唐、北漢·閩 943 年王廷政在建洲稱帝，國號「殷」，945 年復國號「閩」· 楚有六個國君，碑馬殷的年數不詳·
宋	960 ~ 1279	趙匡胤在陳橋兵變，黃袍加身，前禁軍統領兼宋州節度使，稱帝後，把國號定為「宋」·
元	1206 ~ 1368	忽必烈即位稱帝，先是沒有國號，到忽必烈玉元 8 年(1271)時，採納大臣劉秉忠建議，取易經「大哉乾元」之意，把國號定為「大元」·
明	1368 ~ 1644	朱元章參加農民起義，曾接受小明王韓林儿的官職和領導，稱帝後就用「明」作國號·
清	1616 ~ 1911	努爾哈赤統一女真建立後金，1636 年他兒子皇太極即位，改後金為「清」(清從水，古人以北為水，以南為火，意思是水滅火)· 1644 年入關，奪取明朝天下，改女真為滿州(辛亥革命後簡稱滿族)·
中華民國	1912 ~	孫中山推翻滿清建立「中華民國」· 1949 年國共內戰，國民政府失敗，中華民國退守台灣.
中華人民共 和 國	1949 ~	中華兄弟鬩牆，國共不和，發生內戰，毛澤東 1949 年取得大陸政權，1949 年 10 月 1 日成立「中華人民共和國」

曆　法

「夏曆」與「農曆」

夏禹王在公元 **2205** 年頒佈施行「律曆」，百姓叫之「夏曆」或「農曆」，「夏曆」乃夏朝頒佈，「農曆」為農事所用，另有叫「陰曆」、「陽曆」的・據陸綜達著「說文解字通論」引許慎「說文解字」:『陽曆以太陽為準，陰于以太陰月亮為準』；以太陽為準者，即地球圍繞太陽公轉一週為一歲，合計 **365・2422** 日，以月亮為準者，月亮圍繞地球時呈現出一圓一缺為一月，合 **29・53059** 日，**12** 個月為一年，一年只有 **364** 或 **365** 天・歲較年餘出 **10** 天以上，出現陽曆與陰曆的矛盾，帶來農業生產極大的不便・為解決曆法與季節和時令的矛盾，古人用「置潤」的辦法，把陽曆比陰曆多出的天數累計起來，隔幾年置一閏月，所以許慎說是「餘分之明」，有人名之曰「陰陽曆」・

「萬年曆譜」(一)　　摘錄　王立興 1986.7.

天文學家和史學家有一個期的年代學(或曰年歷學)問題，習用的解決辦法是查檢一些兼注公歷日期的中歷朔閏表，或一些最近二千年間逐日中西歷日對照表・

從古到今，能逐日排比〔朝代、帝號、年號、年份、月朔干支、日干支〕的中國史日，大體不足三千年・再往上推，則帝王紀元〔年數〕爭議未定・有幸的是自殷商就有干支紀〔日〕，東漢採用干支紀〔年〕，隋唐出現干支紀〔節氣月〕和〔十二辰〕，一整干支紀時制度，延用至今，不斷不亂・歷代編歷本的史官，都一律用干支制度，上推到千百萬年前的歷元，起算其後的積年和積日，倒也井然有序・

國際通用的所謂公歷，即基督教會用的歷法，其上元是後來教徒們假設的所謂耶穌降生的那一年・在公元 1582 年 10 月以前，按儒略上推往上古，在 1582 年 10 月以後，改按格勒哥里歷下算未來，而不管西方各國歷代實際行用的歷本如何・由於公歷所用這兩種法的各月中天數和置閏日規律都簡單易記，天文學家用它計算積日，歷史學家用它排比各國史實，都能收到眉目清楚的效果・因此，到本世紀初大多數國家陸續採用這一公歷，代替本國的地方性歷法・

把中國干支紀日的長曆，與公曆日期的長曆，逐年逐日對照，好似「公制尺度」與「英制尺度」，備的長尺一樣，凡是列在〔對照表〕長尺的史日，其相互對應的中曆日期和公曆日期，一覽便知・如果每一天占尺長三毫米，每年占尺長 3x365 又四分之一毫米，約 1.1 米・如往上推五千年，則「對照尺」總長應為 5,500 公尺・長尺對的形式，顯然太長而不適用・如剪裁成短尺，貼成冊頁，裝訂成書，也就是坊間的一些「中西曆日對照表」・這種曆表的部頭也，大，頁數很多・

近年來已有個別學者試在「曆日對照表」中探索中西曆某些具有周期性的現象，加以利用，繪製出供檢索中西曆日用的轉盤(一日曆盤)・只要知道某一特定史日的中曆日期和公曆日期，將兩個轉盤的該「史日」點互相對齊，則在該史日前後若干天內的逐日對照表，全可在兩個轉盤上一覽無餘・根據不同特性設計出的轉盤，形式不同，用法也各異，但其追其求的目標，則都是想把沉重的大型對照表，化為輕便的薄盤・這項目標是能夠實現的・已看到的李天賜「公元干支紀日紀年速查盤」和鞠德源的「萬年曆盤」等，就是物證・不過無論是編曆譜，或造曆盤，都很困難，要求作者曆學根底深厚，科研態度嚴謹，還要頗具巧思，才可獲得能供實用的曆盤或曆譜・

工作困難主要在於：

一・ 共和以前帝王紀年文獻不足，劉歆又曾和私改古史曆譜，損夏益周・古史年代尚有待發展考訂・

二・春秋各國諸曆并行，多數失傳，後世每逢割據局面，曆法也是紛亂難稽・
三・傳世的各種「曆經」多有訛脫，尚有待校補探究・
四・史官編曆，或有誤推，或對新曆陽奉陰違，仍遵舊曆演算・雖有當時「曆經」，不保證按〔曆經〕復現的，就是當時亦有錯的曆本・
五・戰亂時官曆未能普及，私賣民間小曆的朔閏，每有分岐(此例唐宋均曾出現)・
六・為了占星需要，或為了阿諛奉承，閏月可以挪移，朔日不妨進退，當時不見記載的人為因素，令人不能盡知・
七・官曆分日在夜半，而民間分日在昧爽，下半夜出現的天象紀錄日期可差一日・若在朔晦，可差一月・合朔如在下半夜，分日不同，可使下月內日期全錯一天・
八・中國與西洋不但有時區早遲現象，又有分日在正午或在黃昏之別，使中外天象紀錄日期，或差一日・有上述種種困難，即便精研古今中外現存的各種曆法，並利用天象來紀錄考核史日，從而編制出的最精審的曆盤曆譜，也不能說將來有一天，考古發掘的古代某年曆本，與此曆盤譜核對，完全若何符節，朔閏干支一天也不差・因此，研制供查檢中西曆日換算所需要的工具，是吃力不討好的工作・只有願意為科學研究服務，任勞任怨的學者才肯幹・

「萬年歷譜」(二)　轉摘　李學勤 1986.12.

中國有綿延悠久的歷史，有繁多浩瀚的史籍・重視歷史，是我國民族優良傳統，以致大月的外國著作把中國人稱作「歷史的民族」・德國哲人黑格爾就此更有發揮・講歷史不能離開時間範疇，從而我國年表之學素稱發達・很多人將年表追溯到「史記」・史記書中有「三代世表」、「十二諸侯年表」、「六國年表」、「秦楚之際月表」，其體例實取自前人，如司馬遷所述“歷人其年月，數家隆不神運，譜牒獨記世謚”・「史記」兼採眾長，遂為史家樹立楷楷・由此可見，年表之學確是源遠流長・

近代學者對古曆法及年代學的研究，在許多地方超過前代，不僅依據傳世文獻，而且對地下出土的甲骨文、金文、簡帛、以及石刻等大關材料，作為深入研析，得出不少新的觀點和推論・在此基礎上編製的一些年表，為研究中國歷史文化必備資料・正如萬國鼎先生「中國歷史紀年表」重編敍所說，一部好的年表，是從事研究、教學、歷史、地理、考古、和其他學科的必要參考，也是文物、圖書館、檔案館、博物館、文化館、和編輯等方面工作者，不能缺少的工具書・

由於中國歷史久遠，朝代的遞嬗，曆法的更替，不同文化的影響，都非常繁複，欲求年表豐富完備，能適合各種讀者的需要，勢必大量編幅・事實上有的年表厚如字典，只能庋架上，不便於手頭攜帶，反過來，要使年表輕便簡明，就不能不減少內容，影響使用的便利，兩難如何兼顧，不知費過多少人的心血・

鞠德源的〔萬年曆譜〕和〔萬年曆盤〕，正是為克服上述難點而創造的・他若千年來潛心於年表之學，吸取前人各項成就，借鑑國內有關書籍的經驗・獨辟蹊徑，化表為盤，堪稱匠心獨運，利用旋轉的圖盤來馭繁就簡，本為我國古代的發明，其原始或可上推到數術家的式盤・『周禮・大史』所云「抱天時」，“天時”便是不種式盤，足見其起源之早・歷代不同類的式盤，或用木，或用銅，或用牙制造，曾為羅盤的出現準備了條件・過去雖有人試把轉血移用於曆法推算，但適用範圍比較小・像「萬年曆盤」這種包羅宏富，具備多樣功能的，實為前所未見・

上面提到的「中國歷史年表」敘，專門討論到怎樣處理共和以前年代的問題，這個問題，鞠德源「萬年曆譜」也必然踫到・如該書敘所說，重構上古年代有好多困難，這些困難現在仍未消除・應當說明，當前通用共和以前相當公元前若干年的說法，包括夏、商兩代的起迄和周代的初元，都只是一種假說・以武王伐紂之年為例，國內外異說多達幾十種，還沒有那一種為眾所公認・如果在某些問題上過分拘泥夏，商等絕對年代，就沒有足够的根據・……

「萬年歷譜」(三)　摘錄　鞠德源 (山西人民出版社)

中華曆法，起源甚古，歷代所造曆本，共百餘部，愈修愈密，影響頗為深遠．它是我國人民對人類文明所作的重要貢獻之一．研和利用中華曆法的成就和經驗，對於發展當代的文化學術具有重要的意義．

〔曆盤〕與〔曆法〕各有所長，既密切相聯，互相輔佐，又可單獨使用．〔曆盤〕為星盤式，檢查年代範優於〔曆譜〕,〔曆譜〕為書本式，既有對他書之借鑒和吸收，也可發展改進，查檢範圍短於〔曆盤〕，兩者均按緊縮密集方法，用最少編幅，包容了中華五千年的主要曆法項目．使用干支紀日、紀月、紀年、和紀時，是中華曆法的特創造．巧妙利用公元紀年、干支紀年、紀日、干支序數、中曆日序、公曆日序等周期關係，使之互為條件，相互驗證，以求達到一“盤”多用，一“譜”多能，迅速通來目的．

「萬年歷計算公式」可以速算　(2007.3.27.中國時報)

（年 ＋ 年／4＋ 年／400－ 年／100＋ 月日天數 －1）／7＝XX……餘．(該餘數為星期幾)　註：分數和商數均取整數其中（年 ＋ 年／4＋ 年／400－ 年／100 ）／7＝XX……餘．　(餘數為該年 1 月 1 日星期數)但是月日天數有規則：

月日天數	平年	閏年	月日天數	平年	閏年	例：2005 年(平年)10 月 1 日是星期幾？
一月	0+日數	0+日數	七月	6+日數	0+日數	【年+年／4+年／400+年／100+月日天數-1】／7
二月	3+日數	3+日數	八月	2+日數	3+日數	=【2005+2005／4+年／100+月日天數-7）／7
三月	3+日數	4+日數	九月	5+日數	6+日數	=【2005+2005/4+2005/400-2005/100+(0+1)-1】／7
四月	6+日數	0+日數	十月	0+日數	1+日數	=【2005+501+5-20+1-1】／7
五月	1+日數	2+日數	十一月	3+日數	4+日數	= 2491／7
六月	4+日數	5+日數	十二月	5+日數	6+日數	= XX……6　即該年 10 月 1 日為星期六

五帝、唐虞、夏、商、周三代年世　(節摘萬年萬曆)

【萬年萬曆】「曆譜」及「曆盤」以年、世可考者為依據，仍列黃帝於五帝之首，黃帝元年，採用兩說：

一．齊召南「歷代帝王年表」丁巳(公元前 2704)至於帝摯九年丁卯說．

二．董作賓「中國年曆總書」丁亥(公元 2674)說同盟會推定黃帝元年為癸亥(公元前 2698)本【萬年萬曆】未採此說

五帝之年

自黃帝元年(公元前 **2704** 或 **2674**)玉於帝九年丁卯(公元蒯 **334**)共計 **371** 年或 **341** 年．按董作賓據皇甫謐「帝王世紀」所作的「世」與「年」的劃分，則如下表所列：

五帝世次	黃　帝	少 昊	顓 頊	帝 嚳	帝 摯
建元干支	戊　辰	丁 卯	辛 卯	己 酉	己 未
在位年限	100 年	84 年	78 年	70 年	9 年
起迄年代(西元前)	**2674-2575**	**2574-2491**	**2490-2413**	**2412-2343**	**2342-2334**

唐虞之年

唐虞之年，鄭樵「通志」定為堯在位 **100** 年，舜在位 **50** 年．董作賓據鄭氏之說，撰有「堯典天文曆法新證」一篇，進一步證實鄭說正確．自帝堯元年戊辰(公元前 **2333**)至帝舜 **50** 年丁酉(公元前 **2184**)共 **150** 年，茲列表如右：

唐虞世次	帝 堯	帝 舜
建元干支	戊 辰	戊 申
在位年限	**100** 年	**50** 年
起迄年代	**BC23333-2334**	**BC2233-2184**

夏代之年

夏代之年，史學家意見分岐，主要在總年與王年的劃分界限線上，夏代總年有三種異說：

夏代總年	夏年之異說	文獻依據	今人綜此說者
	471 年	古本(竹書紀年)	王國維
	432 年	漢劉歆(三統世經)	董作賓
	439 年	宋邵雍(皇極經世)	朱文鑫、史襄哉、劉大白

夏代王年

夏帝系世次	1	2	3	4	5	僭位	6	7	8	9	10	11	12	13	14	15	16	17
王　名	禹	啟	太康	中康	相	寒浞	少康	杼	槐	芒	泄	不降	扃	廑	孔甲	皋	發	履癸
本譜今定	**7**	**10**	**29**	**13**	**28**	**40**	**22**	**17**	**26**	**18**	**16**	**59**	**21**	**20**	**31**	**11**	**13**	**51**
帝王世紀	**7**	**10**	**29**	?	?	?	?	**17**	**26**	?	**16**	?	**21**	**20**	?	?	?	**51**
通志及外紀	**9**	**9**	**29**	**13**	**28**	**32**	**21**	**17**	**26**	**18**	**16**	**59**	**21**	**20**	**31**	**11**	**13**	**15**
經世及前編	**8**	**9**	**29**	**13**	**28**	**39**	**22**	**17**	**26**	**18**	**16**	**59**	**21**	**21**	**31**	**11**	**19**	**25**
董譜建元干支公元紀年	戊戌	乙巳	乙卯	甲申	丁酉	乙丑	己巳	丁卯	甲申	庚戌	戊辰	甲申	癸未	甲辰	甲子	乙末	丙午	己未
	2183	**2176**	**2166**	**2137**	**2124**	**2096**	**2056**	**2034**	**2017**	**1991**	**1973**	**1957**	**1898**	**1877**	**1857**	**1826**	**1815**	**1802**
施之敏所定建元干支及王年	壬子	癸亥	癸未	己丑	戊戌	丙午	丙午	己巳	戊子	壬申	辛未	己亥	戊戌	己未	己巳	庚辰	乙酉	壬辰-壬戌
	8	**16**	**4**	**7**	**28**	**(40)**	**21**	**17**	**40**	**58**	**25**	**59**	**18**	**8**	**9**	**3**	**7**	**31**
	2169	**2158**	**2138**	**2132**	**2123**	**2115**	**2055**	**2032**	**2013**	**1969**	**1910**	**1882**	**1823**	**1802**	**1792**	**1781**	**1776**	**1769-1739**

＊施之敏「史記夏本紀校注」(十四)，載台北「大陸雜志」第 60 卷第 4 期.編著按此文所列之建元干支，附以公元前紀年，用以證夏年起壬子終壬戌之年，共 4 31 年(其中包括寒浞(羿)篡相 40 年)．

董氏所定之夏年，主要依據中康日食．天文學家奧伯爾子(**oppoler**)與朱文鑫安中國古文獻最早之記錄所推的日食之年為中康元年甲申歲九月(壬申)朔日,即公元前 **2137** 年 **10** 月 **22** 日．所以董氏「中國年曆總譜」第 27-29 頁)．

殷商之年

殷商總年，數字相差甚遠，有 **500** 年與 **600** 年兩說：〔漢書，律曆志〕下：“自伐桀至武王伐紂，**629**

歲，故傳曰六百"·"凡殷世繼嗣 **31** 王,**629** 歲"董氏考定為 **640** 年：商年自成湯元年庚戌(公元前 **1751**)至盤庚 **14** 年丙辰(公元前 **1385**)共 **273** 年·董氏考定之商年，所據為「尚書·伊訓篇」太甲元年 **12** 月乙酉朔，改正「三統世經」之推算，作為新的例證之一·其餘則採用舊說，以足總年之數·考定之殷年，依據甲骨卜辭研究之結果·董氏所定的殷商王年表，主要參考宋人的著錄，計有「太平御覽」、「皇極經世」、「通鑑外紀」、「通志」等書·並與本「竹書紀年」相對照·茲照原表轉抄錄如下：

殷商王年表 (一)

殷商各王	董譜考定	太平御覽	皇極經世	通鑑外紀	今本竹書紀年	附記
湯太乙唐	13	13(3)	13	13	12(1)	(1)不計伐桀之年
外丙	(2 年列入太甲年)	2(2)		2	2	(2)引「史記」
仲壬	(4 年列入太甲年)	4(2)		4	4	
太甲	12	33(3)	33	33	12	(3)引「帝王世紀」
沃丁	29	?	29	29	19	
太庚	25	25(3)	25	25	5	
小甲	17	17	36	17(4)	17	(4)外紀「帝王世紀」57 年
雍己	12	12	12	13	12	
太戊	75	75	75	75	75	
仲丁	11	11	13	11	9	
外壬	15	15	15	15	10	
河亶甲戈甲	9	9	9	9	9	
祖乙	20	19	20	19	20	
祖辛	16	16	15	16	14	
沃甲羌甲	25	25	25	20	5	
祖丁	32	32	32	32	9	
南庚	25	29	25	29	6	
陽甲虎甲	17	17	7	7	4	
盤庚	14(28)(5)	28	28	28	28	(5)盤庚 28 年商,殷年 14 年
	以上為商年，共 **367** 年					

殷商王年表 (二)

殷商各王	董譜考定	太平御覽	皇極經世	通鑑外紀	今本竹書紀年	附記
盤庚	14(28)					
小辛	21	21	21	21	3	
小乙	10	28	28	21	10	
武丁	59	59	59	59	59	
祖庚	7	7	7	7	11	
祖甲	33	16	33	16	33	
廩辛	6	6	6	6	4	
康丁	8	31	21	6(6)	8	(6)「外紀」引「帝王世紀」作 23 年
武乙	4	?	4	4	35	「通志」弔作 11 年共有 6 種異說
文丁文武丁	13	3	3	3	13	
帝乙	35	37(3)	37	37	9	(7[鬻子]作 52 年,史家載 11 年為周
帝辛	63(52)(7)	32	32	33	52	年故有 52 年說
	以上為殷年,荃 **73** 年;殷商總年為 **640** 年.					

董作賓指出：上表武乙之 35 年，當是帝乙之年，誤排入之·而帝乙、帝辛，在卜辭中均有 20 祀以上之記載·又據「祀譜」之排列，乙、辛年祀，密相銜接，皆其堅證，殷商之際，有犬牙相錯之 11 年，年曆連續之 120 年．

周代之年

周共和以下，年、世均無甚問題，各家看法比較一致或相近，而對共和以前的年、世異說繁多，至今聚訟未定，令人莫衷一是．各家爭執關鍵，是對文王、武王受命及武王伐紂的年代，及月相的考定．

周代總年，有 **11** 家異說，**828**、**867**、**802**、**861**、**796**、**810**、**811**、**775**、**772**、**820**、**856**(董作賓考定)．演繹變化，迄今竟達二十餘種以上，為了便於瞭解各家之說，供查檢周代王年者參考，茲列如下：

周年之始古今異說表

異說	周年之始起			起武王伐紂之年			止共和元年庚申 BC841	周總年止赧王 59 年乙巳 BC256	考定者論述
	周文武受命之年	干支	BC		干支	BC	BC	BC	
1	文王受命	戊午	1083	伐紂	辛未	1070	242	828	殷曆
2	武王立	己卯	1122	11	甲午	1047	261	802	竹書紀年(古本)
		庚辰	1121						
3	文王受命(9 年	甲午	1047	11	甲午	1047	261	802	(史記)清林春浦(太超辰推出)
4	文王受命	丁卯	1134	13	(辛未)己卯	1122	281	867	漢.劉歆(世經)(依太歲超辰推出)
5	文王受命	壬申	1129	13	乙酉	1116	275	861	晉.皇甫謐(帝王世紀)
6	武王成君	己卯	1122	11	庚寅	1111	281	867	唐.一行(大衍曆議)
7	武王元年	丁卯	1134	13	己卯	1122	281	867	宋.邵雍(皇極經世)
8	文王為西伯元年	丁卯	1134		己卯	1122	281	867	宋.劉恕(通鑑外紀)
9	文王受命元年	丁卯	1134	13	己卯	1122	281	867	宋.鄭樵(通志)
10	武王元年	丁卯	1134	13	己卯	1122	281	867	元.金履祥(通鑑前編)
					(丁亥)丙申	1165	224	810	清.姚文田(周初年月日歲星考)(歲星紀年)
					(辛未)己卯	1122	281	861	吳其昌(金文曆朔疏證)1934(太歲超辰依劉歆說)
11	文王受命	乙丑	1076		乙亥	1066	225	811	日木.新城新藏(周初之年代)漢譯文刊清華學校研究院(國學論叢)第二卷一號
12	文王受命元年	辛丑	1040	11	辛亥	1030	189	775	丁山(周武王克殷日曆)1940
					甲寅	1027	199	772	雷海宗(殷周年代考)1931 年
					丙寅	1075	234	820	唐蘭(中國古代歷史上的年代問題)1955 年
					甲寅	1027	199	772	陳梦家(西周年代考)
					甲寅	1027	199	772	瑞典.高本漢(殷代兵器與工具)

異說	周年之始起			起武王伐紂之年			止共和元年庚申BC841	周總年止赧王59年乙巳BC256	考定者論述
	周文武受命之年	干支	BC		干支	BC	BC	BC	
					癸亥	1018			周法高(商年代的商確期)
13	武王即位 武王元年	己卯 庚辰	1122 1121	11	庚寅	1111	281	856	董作賓(武王伐紂年月日今考)、(中國年曆總譜)
		丙辰	1025						勞干(周初年代問題與月相問題新看法)1974
			1029						黃寶權,陳華新(周武王克殷年代考)載(中國歷史文獻研究集刊)第一集
			1057						張玉哲,張培瑜(殷周天象和征商年代)載(江漢學刊)1986年第一期

周共和以前王年各家異說表

西周各王	古本紀年	史記	御覽引史記	帝王世紀	通鑑外記	皇極經世	今本紀年	新城新藏	吳其昌	丁由	陳梦家	董作賓	榮孟源	張汝舟
武王	—	3	—	7	7	7	6	3	7	3	3	7	3	2
成王(周公攝政	—	—	—	7	7	7	7	7	7	7	-	7	7,32	37
成王親政	-	-	-	30	3030	30	30	30	30	12	20	30		
康王	-	-	-	25	26	26	26	26	26	26	20	26	29	26
昭王	-	-	-	51	51	51	19	24	51	19	19	18	19	35
穆王	-	55	55	55	55	55	55	55	55	37	38	41	54	55
恭王	-	-	-	20	10	12	12	12	20	18	20	16	16	15
懿王	-	-	25	20	25	25	25	25	17	20	10	12	16	18
孝王	-	-	15	-	15	15	9	15	15	7	10	30	11	25
夷王	-	-	-	16	15	16	8	12	16	3	30	46	12	15
历王	-	37	37	-	40	37	12	16	37	37	16	37	30	37
自受命至穆王	100	-	-	133 (穆元)	133 (穆元)	133	100 (穆元)	100	121	-	100 (穆末)	100 (穆末)	共和 15	14
武王至共和	-	-	-	-	281	281	209	225	281	189	186	27	宣王 45	46
克殷年	Bc1111	-	-	-	1122	1122	1050	1066	1122	1030	1027	1111	商王 11	11

商代天文曆法

夏時已有曆法，出於夏代的「夏小正」，透過觀察授時的方法進行編制自然曆‧至商，大規模祭和占卜，要求準確的祭祀時間和祭祀週期·當時農業進步，氣候對農業、畜牧、狩獵，影響至大·商人以觀測天象來掌氣候的變化，使得商代曆法有很大進步·商代曆法迄今已知較為完整的最早曆法，分陰·陽曆·

一·陽曆以地球繞太陽一週，即 365 又 1/4 日為一回歸年，故又稱「分四曆」·

二·陰曆以月亮繞地球一週，廿九或三十日為一朔望月·商用干支記日，數字記月·月有大小之分，大月三十日，小月廿九日·十二個朔望月為一個民歷年·它與回歸年有差數，所以陰陽曆在若干年內置閏，閏月置於年終，稱為十三個月·季節與月份有大體固定的關係·商代每月分為三旬，每旬為十日，卜辭中常有卜旬的記載，又有「春」、「秋」之稱·一天之內，分為若干段時刻，天明為明，以後大大采、大食·中午為中日，以後有昃、小食、小采·旦為日初出之時，朝與大采相當，暮為日將落之時·對於年歲，除稱「歲」、「祀」之外，也稱「年」。

禮記五行月令

四時五行	春	夏	中央	秋	冬	備註
五行	木	土	土	金	水	戰國時代燕國鄒衍以「吹律候氣」替燕國人定下種黍的季節·王夢鷗先認為太平御覽 842 引劉向別錄說：「鄒衍在燕，有谷地美而寒，不生五穀，鄒子居之，吹律而溫至，生黍到今，名黍谷焉」·說明鄒衍明於曆術，而「吹律」正是古代「律術」上所有的「候氣」的方法·「陰陽」「五行」是兩種觀念，「陰陽」是統轄天地、晝夜、男女等自然現象，以及尊卑、動靜、剛柔等抽象觀念·「五行」是以金、木、水、火、土五種物質與其作用統轄時令、方向、神靈、音律、服色、食物、臭味、道德等，以至於帝王的系統，和國家的制度·「陰陽學說」企圖用陰陽兩氣的矛盾與變化，來解釋事物的變化·「五行學說」是企圖以金、木、水、火、土來說明所有事物在現實中複雜多端的形態·禮記禮運篇，曾把四時(即四季)、十二月、五聲、六律、十二管、五味、六和、十二食、五色、六章、十二衣和五行相配合，而禮記月令篇更廣泛地把各類事物，歸納在五行的系統當中·如左表：
四方	東	南	中	西	北	
十日	甲乙	丙丁	戊己	庚辛	壬癸	
五帝	太皞	炎帝	黃帝	少皞	顓頊	
五神	句芒	祝融	后土	蓐收	玄冥	
五蟲	鱗	羽	倮	毛	羽	
五音	角	徵	宮	商		
十二律	大夾姑 鍾洗	中蕤林 呂賓鐘		夷南無 則呂射	應黃大 鐘鐘呂	
五數	八	九	五	七	六	
五味	酸	苦	甘	辛	鹹	
五臭	羶	焦	香	腥	朽	
五祀	戶	竈	中霤	門	行	
五祀祭賜	脾	肺	心	肝	腎	
明堂	青陽	明堂	太廟	總章	玄堂	
五色	青	赤	黃	白	黑	
五穀	麥	菽	稷	麻	黍	
五牲	羊	雞	牛	犬	彘	

陰、陽曆區分概說

地球繞太陽一週，曆時 365 天 6 時 9 分 9 秒·自春分回至第二年春分，須 365 日 40 分 46 秒，是謂歲實·蓋春

分點逐漸西行，故歲實際較地球週天之時刻為短，相差 20 分 23 秒，是為歲差，自正月初一日至次年正月初一日，謂之年·授時之要，首在節氣，必年長與歲實相等，庶春秋之代謝有常，然一年之內，不能有奇零時數，故以 365 天為平年·每年所餘 5 時 48 分 46 秒，積至四年約滿一日，故每過三年，加增一日為潤年，但四年之閏餘僅 23 時 15 分 4 秒，今閏一日未免過多，所過多之 44 分 56 秒，積至 25 閏，約得四分之三日，故每滿百年廢一閏，至四百年久又不廢·如是每四年置一閏，而每 400 年日減三閏，平均計算，每年得 365 日 5 時 49 分 12 秒，須三千年後始有二日之差，置閏之法，為便利之故，取西曆紀元計算，凡西曆年數之可以四除盡者，悉為閏年，惟世紀紀年則不閏·世紀年之世紀數，可以四除盡者，則仍以為閏年·例如 1912 年、1916 年、1932 年等，皆為閏年，1800 年、1900 年則不閏，1600 年、2000

年則仍為閏年．至年之首日，則據閏法推算而定，實與節氣天象無關，此陽曆年法之概略。

陽曆每年分 12 個月，其日數自定，七月以前，單月皆 31 日，而雙月則 30 日，八月以後，雙月皆 31 日，而單月則 30 日，二月平年 28 日，閏年 29 日。

以前曆代之曆法，雖制作各異，為法不一，然其要旨則同，無異於陽曆者，則在月法、新曆之月，僅為年之段，與晦朔弦望無關，故其日數可以規定．陰曆之月，乃以日月合朔之日為首，二次合朔相距約 29 日有半，故月之日數，或為 30，因月法之不同，年法亦異，年以近立春之朔日為始，一年之內，月數不能有奇零，積之三年，己少 33 日，故每三年須置一閏月．再積二年，又少 25 日，亦可置一閏．平均計算，每 19 年須置七閏，一月之內，尋常有一節一氣，然每一節氣之氣者，取用以為閏月，此陰陽之大概也。

「史記、五帝紀」從黃帝開始，用伏犧甲曆，「史記」僅記“黃帝合晝夜為日”“以甲子紀日”．知伏犧作甲曆，以 12 支紀月．春秋戰時代，流行 12 支紀月．「顧炎武、日知錄」魯隱公六年冬，宋人取長葛，傳作秋．月建酉，周冬殷宋秋．孔子春秋用周曆，建子，酉月為十月、冬．周封微子後代于宋，以祀殷．建丑，酉月為九月、秋．殷以十干(甲乙丙丁戊己….壬癸)紀日，十日為旬．

秦滅六國，嚴禁六國文字，人民不識秦字，但盛行口傳「伏犧十月曆」，即「彝族十月太陽曆」．「周易、系詞」、「司馬光、通鑑」、「邢雲路、古今律曆考」、及「四庫全書」787-110 頁，對伏犧文化、天文曆數，都有具體敘述．

干支溯源 (一)

古時候沒有時鐘，作息時間都是「日出而作，日入而息」，耕田下種插秧農作，均一概以觀測天文氣象，訂定出 24 個季節而行為準則．我們還看到後人以竹竿插在有太陽的地上，竹影與竹竿垂直成一直線時，這個時刻就是「正午」，亦即是現在時鐘的正 12 點．旋演生成「干支」，古人以干支用以紀年、紀月、紀日、紀時．最初使用干支的是日的單位名稱，到了東漢光武建武之後，才用於紀年、紀月、紀時，現在我們常見到聽到的，是年和時的紀用為多．

從事天文、地理、算命八字、卜卦術、地理風水、羅盤等，都一定用干支來推算．所謂八字就是年、月、日、時的干支代名詞，以陰曆(農曆)為計算標據．「天干」是『甲、乙、丙、丁、戊、己、庚、辛』十干，「地支」是『子、丑、寅、卯、辰、巳、午、未、申、酉、戌、亥』十二支；各依順序排列而成．據傳干支的意義是取樹木之幹枝，因而大可稱「幹」．【史記正義釋注】載：「黃帝受策，大撓造甲子，容成造曆」．【劇恕外傳】謂「干支相傳為天皇氏所創，黃帝命大撓氏以天干配地支，以作甲子」之說．天皇氏創干支見於佚史逸聞，難以佐證．至於甲子相配紀日，出於黃帝時大撓氏正史所載，應毋庸存疑．

「六十年花甲子」配合循環使用，是用「天干」的十干，和「地支」的十二支，「天干」前，「地支」後，以干、支的首字互相配合，1「甲子」、2「乙丑」、3「丙寅」、4「丁卯」……以此類推，到第 10 次是「癸酉」．天干十干已輪序用畢後，再從頭繼續以「甲」配地支尚未輪到的戌，接著「乙配亥」、「丙配子」、「丁配丑」……如此輪配對組合成六十次，「六十年花甲子」輪配了以後，再重而複始重新配對組合，形成另一個「六十年花甲子」，如斯一直輪配下去．

關於「紀月」方面，是依據【爾雅、釋天篇】：「十月為陽，十一月為辜，十二月為涂……」之說，因為陽生之後，革故取新，十月建亥，為地支之末，新以十一月又稱子月，十二月為丑月，翌年正月為寅月，二月為卯月……如此順延下去，到十月亥月，重新再開始．這是多少年來大家公認的，可是古代也會有異議．

至於「紀日」之說，今日的皇(農)曆書上，每天日子上還註明干支的名稱；但是六十天一循環，沒有一定準則來幫助記憶，反而不如某月某日來得方便，因此「紀月」「紀日」的干支，在時間的推展下，便逐漸棄置不用了．

「紀時」是將十二地支順序排列，對照現代時鐘 24 小時，等距離分配兩周；每兩小時為一支，如我們常講的「半夜子時」．子時就是從 23 點到翌日凌晨一點鐘．如此扭轉下去，一點到三點是丑時，三點到五點是寅時…晝夜交替，周而復始；地支定名與現代時鐘相互印證，是容易辨識記牢，一目瞭然的．

自古伏羲太陽曆，黃帝陰陽調曆，顓頊月象曆，堯典北斗曆，均係以干支訂曆．紀元前-4656 年，黃帝頒行「陰陽調曆」，合晝夜為日，西元前-4696 年啟用甲子紀歲、紀月、紀日、紀時，與現行農民曆相接，未曾間斷．漢代已知 1800 年前，伏羲巳用 60 甲子紀歲，用 12 支配 12 辰紀月．用甲子紀日，甲骨文亦用．春秋戰國時，各國年月日混亂，周曆建子，殷裔宋、用殷曆、建丑，夏裔杞、用夏曆、建寅，分別以子月、丑月、寅月為正月．流行以干支紀月紀日．

孔子春秋敘事(-2721~-2480)，魯隱公元年己未歲到魯哀公 14 年庚申歲，242 年間日 37 次，其中三次無干支日，34 次日蝕干支日，與歐洲日儒略日，完全符合，安陽甲骨文日干支日亦同．胡適之曾致函美籍英人德效騫查對，全對，僅安陽與歐洲時差 7.5 小時．

最初制定干支紀年、紀月、紀日、紀時，是在黃河中、下游流域，當時的天文理念與簡陋的設備，人民能以目測天象而定時辰，有此成就，值得驕傲．今日我們看到干支紀年，大多在皇曆、史書、國畫、書法、創作、與古典詩詞，發表的藝壇人士之手，他們珍惜傳統，將干支容納藝術中，激發思古之幽情，令人欽佩謹仰，可是現今的文學創作與文書敘述，卻是罕見干支。

干支說 (二)

	一	二	三	四	五	六	七	八	九	十	十一	十二
十天干	甲	乙	丙	丁	戊	己	庚	辛	壬	癸		
十二地支	子	丑	寅	卯	辰	巳	午	未	申	酉	戌	亥
十二生肖	鼠	牛	虎	兔	龍	蛇	馬	羊	猴	雞	狗	豬

我國早在黃帝公元前 **2697** 年建國時，即以十大干(甲乙丙丁戊己庚辛壬癸)，與十二地支(子丑寅卯巳午未申酉戌亥)，輪流相配來紀年．配完一次地支 **12** 年叫做「紀」，配完五次地支 **60** 年叫做「一個甲子」．如此周而復始，從公元前 **2697** 年到公元 **1924** 年(民國 **13** 年)，總共是 **78** 個甲子．

干支，是天干地支的簡稱，干支傳之巳久，其緣起由於計數，雖與天象曆法輿地及文字息息相關，而實上與天象曆法及輿地無絲亮實質的關係，充其量衹是一種「紀數」和「紀方位」的符號而巳．與其關係最密切的應該是文字，它可能就是我國最古老的原始文字一部份，雖然形式的結構巳經變更．綱鑑易知錄云「天皇氏繼盤古氏以治，澹泊無為，而俗自化始制干支之名，以定歲(年月日時)之所在」.

十干曰閼逢、旃蒙，…..．十二支曰困敦、赤奮若…..．又云：「地皇氏繼天皇氏以治，爰定三辰，辨時辰，分晝夜，以三十日為一月」．又云「太昊伏羲氏德合於上下，天應以鳥哭文章，地應以龍馬負圖；於是仰觀象于天，俯觀法于地，中觀萬物之宜，始畫八卦，以通神明之德．作書契，以代結繩之政，使天下義理必歸文字，天下文字必歸六書，作甲歷，定四時，起于甲寅，支干相配為十二辰，六甲而天道周矣．歲以是紀而年不亂(紀年)，月以是紀而時不易(紀月)，晝夜以是紀而人知度(配日與紀時)，東西南北以是紀而方不惑(紀方)位．

爾雅云：「太歲在甲曰閼逢，在乙曰旃蒙…是謂歲陽．太歲在寅曰攝提格，在卯曰單閼….是謂歲陰」．又云：「月在甲曰畢，在乙曰橘，…是謂月陽．正月為陬，二月為如，….是謂月名」．路史後紀一注：「漢曆志，伏羲有甲子元曆，是太昊巳有甲子」．又後紀三注：「神農之曆，自曰太初，非漢之太初也」．

干支紀事，不單衹是年、月、日、時計的紀事，紀錄古往今來縱直向時間的軌跡，而且還是紀事於前南，後北，左東，右西，上上下下，方向的空間指標，所以干支紀事一詞的本質，應該說是時間與空間兩者綜合的紀錄者．我國古代曆法上紀歲的「太歲」，也稱之為「歲星」，月陽月名星宮等稱，均是來自天象觀測的星座或方位的專用名詞，同時地支使用干支標示時間與方位而簡化其稱謂；原用的專用名詞不很彰明的替代以干支之名，而使用上卻隱寓著干支之實．關於干支標示或紀事於時間空間的關係，概括三正交錯的因素，列舉圖表以替代重三複四的說明．

干支說 (三)

干支是天干地支的簡稱，干支傳之巳久，其緣起由於計數，雖與天象、曆法、輿地、及文字息息相關，而實上與天象曆法及輿地無絲亮實質的關係，充其量衹是一種「紀數」和「紀方位」的符號而巳．與其關係最密切的應該是文字，它可能就是我國最古老的原始文字一部份，雖然形式的結構巳經變更．綱鑑易知錄云：「天皇氏繼盤古氏以治，澹泊無為，而俗自化；始制干支之名，以定歲(年月日時)之所在」.

十干曰閼逢、旃蒙，…..．十二支曰困敦、赤奮若…..．又云：「地皇氏繼天皇氏以治，爰定三辰，是分晝夜，以 30 日為一月」‧又云「太昊伏羲氏德合於上下，天應以鳥哭文章，地應以龍馬負圖；於是仰觀象于天，俯觀法于地，中觀萬物之宜，始畫八卦，以通神明之德‧作書契，以代結繩之政，使天下義理必歸文字，天下文字必歸六書，作甲歷，定四時，起于甲寅，支干相配為十二辰，六甲而天道周矣‧歲以是紀而年不亂(紀年)，月以是紀而時不易(紀月)，晝夜以是紀而人知度(配日與紀時)，東西南北以是紀而方不惑(紀方)位‧

爾雅云：「太歲在甲曰閼逢，在乙曰旃蒙…是謂歲陽‧太歲在寅曰攝提格，在卯曰單閼，…是謂歲陰」‧又云：「月在甲曰畢，在乙曰橘，…是謂月陽‧正月為陬，二月為如…是謂月名」‧

路史後紀一注「漢曆志，伏羲有甲子元曆，是太昊巳有甲子」‧又後紀三注「神農之曆，自曰太初非漢之太初也」‧

干支紀事，不單祇是年、月、日、時計的紀事，紀錄古往今來縱直向時間的軌跡，而且還是紀事於前南，後北，左東，右西，上上下下，方向的空間指標，所以干支紀事一詞的本質，應該說是時間與空間兩者綜合的紀錄者‧

我國古代曆法上紀歲的「太歲」，也稱之為「歲星」，月陽月名星宮等稱，均是來自天象觀測的星座或方位的專用名詞，同時地使用干支標示時間與方位而簡化其稱謂；原用的專用名詞雖不很彰明的替代以干支之名，而使用上卻隱寓著干支之實‧

關於干支標示或紀事於時間空間的關係，概括三正交錯的因素，列舉圖表以替代重三複四的說明‧

歲陽、歲陰、月陽、月名、星宮、與干支名稱比照表

天	干	甲	乙	丙	丁	戊	己	庚	辛	壬	癸		
歲陽	爾雅	閼逢	旃蒙	柔兆	強圉	著雍	屠維	上章	重光	玄黓	昭陽		
	史記	焉逢(淹逢)	端蒙	游兆	疆圉	徒維	祝	商横	昭陽	横艾	尚章		
月陽	爾雅	畢	橘	修	圉	厲	則	窒	塞	終	極		
地	支	子	丑	寅	卯	辰	巳	午	未	申	酉	戌	亥
歲陰	爾雅	困敦	赤奮若	攝提格	單閼	執徐	大荒落	敦牂	協洽	涒灘	作噩	閹茂	大淵獻
	史記	同	同	同	亶余	同	同	同	汁洽	同	同	淹茂	同
月名	爾雅	辜	涂	陬	如	病	余	皐	且	相	壯	玄	陽
星	宮	玄枵	星紀	析木	大火	壽星	鶉尾	鶉火	鶉首	實沈	大梁	降婁	娵觜

月序、月名、及三正交錯比照表

以太陽為準之節歲				以太陰月為準之曆年				備考
月序	季月名	建月名	爾雅月名	夏正月序	商正月序	周正月序	秦正月序	秦正不入三正
正月	孟春	端月 寅	陬	正月	二月	三月	四月	
二月	仲春	花月 卯	如	二月	三月	四月	五月	
三月	季春	桐月 辰	寎	三月	四月	五月	六月	
四月	孟夏	梅月 巳	余	四月	五月	六月	七月	
五月	仲夏	蒲月 午	皐	五月	六月	七月	八月	
六月	季夏	荔月 未	且	六月	七月	八月	九月	
七月	孟秋	瓜月 申	相	七月	八月	九月	十月	
八月	仲秋	桂月 酉	壯	八月	九月	十月	十一月	
九月	季秋	菊月 戌	玄	九月	十月	十一月	十二月	
十月	孟冬	陽月 亥	陽	十月	十一月	十二月	正月	
十一月	仲冬	葭月 子	辜	十一月	十二月	正月	二月	
十二月	季冬	臘月 丑	涂	十二月	正月	二月	三月	

天干地支次序表

	甲	乙	丙	丁	戊	己	庚	辛	壬	癸
一	**1**	**2**	**3**	**4**	**5**	**6**	**7**	**8**	**9**	**10**
	甲子	乙丑	丙寅	丁卯	戊辰	己巳	庚午	辛未	壬申	癸酉
二	**11**	**12**	**13**	**14**	**15**	**16**	**17**	**18**	**19**	**20**
	甲戌	乙亥	丙子	丁丑	戊寅	己卯	庚辰	辛巳	壬午	癸未
三	**21**	**22**	**23**	**24**	**25**	**26**	**27**	**28**	**29**	**30**
	甲申	乙酉	丙戌	丁亥	戊子	己丑	庚寅	辛卯	壬辰	癸巳
四	**31**	**32**	**33**	**34**	**35**	**36**	**37**	**38**	**39**	**40**

	甲	乙	丙	丁	戊	己	庚	辛	壬	癸
	甲午	乙未	丙申	丁酉	戊戌	己亥	庚子	辛丑	壬寅	癸卯
五	**41**	**42**	**43**	**44**	**45**	**46**	**47**	**48**	**49**	**50**
	甲辰	乙巳	丙午	丁未	戊申	己酉	庚戌	辛亥	壬子	癸丑
六	**51**	**52**	**53**	**54**	**55**	**56**	**57**	**58**	**59**	**60**
	甲寅	乙卯	丙辰	丁巳	戊午	己未	庚申	辛酉	壬戌	癸亥

干支紀時與時辰

2300	至	0100	甲子	丙子	戊子	庚子	壬子
0100	至	0300	乙丑	丁丑	己丑	辛丑	癸丑
0300	至	0500	丙寅	戊寅	庚寅	壬寅	甲寅
0500	至	0700	丁卯	己卯	辛卯	癸卯	乙卯
0700	至	0900	戊辰	庚辰	壬辰	甲辰	丙辰
0900	至	1100	己巳	辛巳	癸巳	乙巳	丁巳
1100	至	1300	庚午	壬午	甲午	丙午	戊午
1300	至	1500	辛未	癸未	乙未	丁未	己未
1500	至	1700	壬申	甲申	丙申	戊申	庚申
1700	至	1900	癸酉	乙酉	丁酉	己酉	辛酉
1900	至	2100	甲戌	丙戌	戊戌	庚戌	壬戌
2100	至	2300	乙亥	丁亥	己亥	辛亥	癸亥

地	支		古俗稱語			
子	時	2300	子初	0000	子正	夜半
丑	時	0100	丑初	0200	丑正	雞鳴
寅	時	0300	寅初	0400	寅正	平旦
卯	時	0500	卯初	0600	卯正	日出
辰	時	0700	辰初	0800	辰正	食時
巳	時	0900	巳初	1000	巳正	隅中
午	時	1100	午初	1200	午正	日中
未	時	1300	未初	1400	未正	日昳
申	時	1500	申初	1600	申正	哺食
酉	時	1700	酉初	1800	酉正	日入
戌	時	1900	戌初	2000	正	黃昏
亥	時	2100	亥初	2200	亥正	人定

陽曆節氣表 (陽曆節氣有一定之月惟有相差一日)

節氣	日期	節氣	日期	節氣	日期	節氣	日期	節氣	日期	節氣	日期
立春	2月4或5日	雨水	2月19或20日	驚蟄	3月6或7日	春分	3月21或22日	清明	4月5或6日	穀雨	4月20或21日
立夏	5月6或7日	小滿	5月21或22日	芒種	6月6或7日	夏至	6月21或22日	小暑	7月7或8日	大暑	7月23或24日
立秋	8月8或9日	處暑	8月24或25日	白露	9月8或9日	秋分	9月23或24日	寒露	10月8或9日	霜降	10月23或24日
立春	11月7或8日	小雪	11月22或23日	大雪	11月7或8日	冬至	12月22或23日	小寒	1月6或7日	大寒	1月21或22日

農歷月令

月份	月令	別　　名	備　　註
一月	正月	初月、瑞月、嘉月、芳月、華歲、春玉、早春、孟春	古人「正」作為一年依始故稱正月·
二月	杏月	鶯月、如月、孟春、仲春·	
三月	桃月	季春、暮春、晚春·	
四月	余月	槐月、孟夏、初夏·	取萬物生長，枝葉舒張之意·
五月	榴月	蒲月、仲夏·	
六月	荷月	季月、伏月·	
七月	巧月	凉月、霜月、孟秋、初秋·	七月七日民間女子向織女星乞求留巧而得名
八月	桂月	螢月、仲秋、巳秋·	
九月	菊月	玄月、咏月、季秋、晚秋、暮秋·	
十月	陽月	開冬、孟冬·	舊時按陰陽學說十月屬陰，特稱陽月以求吉·此時入冬寒冷，故曰冬月·
十一月	喜月	寒月、雪月、仲冬·	取陽氣復生，革故布新之說·
十二月	臘月	除月、冰月、季月·	古代年終實行臘祭而得名·
附 註	每季第一個月曰「孟」，第二個月為「仲」，第三個月稱「季」·農曆每月初一稱「朔」，十五稱「望」，十六稱「既望」，月末稱「晦」·		

陰曆月序與朔日干支序數

西元前代	干支	帝號	年數	陰曆月序與朔日干支序數												西曆元旦干支序數	今年天數	儒略周日(每年1月1日午正上距儒略周元日正午之積日)	
				1	2	3	4	5	6	7	8	9	10	11	12				
1384	丁巳	(殷)盤庚	15	1	2	3	4	5	6	7	8	9	10	11	12	8	355	121	5918
				21	51	20	50	19	49	18	48	17	47	17	46				
1383	戊午		16	1	2	3	4	5	5	6	7	8	9	10	11	13	354		6283
				16	45	15	44	14	43	13	42	12	41	11	40				
1382	己未		17	12	1	2	3	4	5	5	6	7	8	9	11_{35}	11	384		6648
				10	39	9	39	8	38	7	37	6	36	5	12_{4}	18			
1381	庚申		18	1	2	3	4	5	6	7	8	9	10	11	12	23	354		7013
				34	3	33	2	32	1	31	1	30	60	29	59				
1380	辛酉		19	12	1	2	3	4	5	6	7	8	9	10	11	29	355		7379
				28	58	27	57	26	56	25	55	24	54	24	53				
1379	壬戌		20	12	1	2	3	4	5	6	7	8	9	10	11_{47}	34	383		7744
				23	52	22	51	21	50	20	49	19	48	18	12_{17}				
1378	癸亥		21	1	2	3	4	5	6	7	8	9	10	10	11	39	355		8109
				46	16	46	15	45	14	44	13	43	12	42	11				
1377	甲子		22	12	1	2	3	4	5	6	7	8	9	10	11_{6}	44	384		8474
				41	10	40	9	39	9	38	8	37	7	36	12_{35}				
1376	乙丑		23	1	2	3	4	5	6	7	8	9	10	11	12	50	354		8840
				5	34	4	33	3	32	2	31	1	31	60	30				

西元前代	干支	帝號	年數	陰曆月序與朔日干支序數												西曆元旦干支序數	今年天數	儒略周日(每年1月1日午正上距儒略周元日正午之積日)	
				1	2	3	4	5	6	7	8	9	10	11	12				
1375	丙寅		24	1	2	3	4	5	6	7	7	8	9	10	**11**	55	354		9205
				59	29	58	28	57	27	56	26	55	25	54	**24**				
1374	丁卯		25	12	1	2	3	4	5	6	7	8	9	10	11_{18}	60	384		9570
				53	23	53	22	52	21	51	20	50	19	49	12_{48}				
1373	戊辰		26	1	2	3	4	5	6	7	8	9	10	11	12	[5]	355		9935
				17	47	16	46	16	45	15	44	14	43	13	42				
1372	己巳		27	1	1	2	3	4	5	6	7	8	9	10	11	11	354	122	0301
				12	41	11	40	10	39	9	38	8	38	7	37				
1371	庚午		28	12	1	2	3	4	5	6	7	8	9	10	11_{31}	16	384		0666
				6	36	5	35	4	34	3	33	2	32	1	12_{1}				
1370	辛未	小辛	1	1	2	3	4	5	6	7	8	9	10	11	12	21	354		1031
				30	60	29	59	28	58	27	57	26	56	25	55				

閏月 節錄楚戈的「今年的閏月」

世人多使用陽曆(太陽曆)，世界各地華人，則遵用農曆(農民曆)，又叫太陰曆，簡稱陰曆，古時月相稱太陰也·

根據月亮來制定曆法，是因為「月相」的週期比較明確，較太陽冬短夏長，東昇地每年略有偏差，較易把握·每月有月圓、月缺、上弦、下弦，發現缺圓的週期規律，總在三十天左右，於是把三十天折半，把每月十五放在月圓之夜，然後向上向下分配一月的時間，以十二個月為一個大週期，每月的上弦下弦是小週期·

每月的週期大約三十天，但並不完全固定是三十天，其間有些微差額·人們將它分成一月、一年，是人文的事，與日、月本身都無關，是為人類計日、計時，要去將就天象，物理的天象不可能去管人的如何？

月亮繞地球的小週期，數學上實際是二九，五三０五八八天，和整數三十有一點差距，一年下來，平均差十天又廿一小時，人們便用集中的整數作閏月閏年，來調整其間的差距，但每月十五月圓，是中國太陰曆永遠的定點原則·所以每三年要開一個月，五年再閏，十九年七閏·

對於月亮的盈虧，古人也把它像生物一樣視為有生有死·所以月叫月魄，魄字的本體是白，古代諸侯最高者也稱白(金文、甲文)，後人稱「伯」，伯又通霸，諸侯稱霸也就是稱伯和白·白、伯、霸三字通用·商周銅器、銘文稱圓月為「生霸」或「既生霸」·「死霸」、「既死霸」是指初一那天所作；的事蹟·初三是「初吉」，「既生霸」是每月十二、十三，「既望」是滿月，這是三千年前的語言·對於這一點，詩人屈原在「天問」中向天問曰：「夜光何德，死則又育？」所以月魄是沒有生死的，「不死藥」的神話由此而來·

整個來說，曆法是東夷鳥圖騰族，因觀察鳥類的習性，與天象配合而發明的學問·鳥中的雞，清晨司晨，中什都會鳴叫報時·每年三月三日燕子飛回舊巢，秋天雁鴨也一定報到，所以「左傳、昭公十七年」西元前五二五年郯子說：「少昊之立也，鳳鳥適至，故紀於鳥(官名)....鳳氏歷正也.....」·歷正，也就是管曆法的歷正·鳳鳥適至是恰好趕上，表示鳳鳥不是雞，就是候鳥，按杜注云「鳳鳥知天時」·所以月曆所依據的「月相」，也就是鳥族的神話·狩獵畜牧時代，並不需要十二節氣，只從候鳥理解春秋二季就夠了，所以夏商都還沒有四季，孔子作春秋，便是以春秋二季的日子來紀事·農業鼎盛時，才依需要而產生了四季及十二個節氣的日子，因之節氣是人文的劃分·故依月亮所產生的曆法，是農業時代的歷法；月神也是鳥族後來所誕生的產物·對於天象之崇拜也是為鳥神之昇華·「山海經，大荒西經」說：有女子方浴月·帝俊妻常義，生月十有二，此始浴之·帝俊，即帝舜，他是拜很美麗的鵕為圖騰，俊鳥應即鳳鳥，他太太才會生下與陰曆有關的月亮寶寶「十月二」個，十二月為一年，所以鳳鳥才能作少昊氏的「歷正」·

「此始浴之」是指漢代的畫象紋壁畫，以月亮寶寶沐浴為題材的神話，自此中國人一年為十二個

「月」，而不說多少「日」子·由此可知，常娥就是月媽媽常羲·因羲字從戈「我」，常羲當然也是常娥·她沒有偷不死藥，只是回到女兒處長住，月兒長生不死，「死則又育」·何以名為「常羲」·羲是鳥族殷人，在三千年前發明了新武器銅戈，在當時所向披靡，天下無敵，不但擊潰了夏王朝，其勢力遠達四川、廣州、福建、湖南、江西、長江下游，西達山西，東至於海，都有殷式銅器出土，超乎歷史家的想像·銅戈為橫扎武器，一擊不中猶可順勢一勾，把敵人勾倒，所以又稱「勾(句)兵」·於是鳥族以人造物的銅戈自豪，而以戈作為人稱的「我」、「我戈」加美字而成「羲」·「羲」是工具崇拜之美稱，鳥族的一支遂以戈我為氏，以羲為名·這是太陰曆的由來，反映在民族神話上·直到今日凡中國人都過太陰的農曆新年，不過外國人稱「中曆」，中國人的曆法，如同我們稱「西曆」一般·

當然，曆法不止是以月計算時間，也包括星星、太陽、及一切天文·古代叫負責曆法職業的人為「天官」，現在叫「天文學家」，所以太陽也是鳥族「戈我」氏神話·「山海經·大荒南經」記載：【東海之外，甘水之間，有羲和之國·有女子名曰羲和，方浴日子甘淵，羲和者，帝俊之妻，生十日】·這神話是「東海之外」，殷商是東部沿海的東夷之氏族·羲也是帝俊之妻生了一個太陽寶寶，因陰曆以十日為一旬，一個月是上、中、下三旬·有意思的是古人以一月的上旬為上浣，中旬為中浣，下旬為下浣，浣也是浣洗，可見語言是配合羲和浴(浣)日的神話而來·常羲與羲和的丈夫都是帝俊，則太陽月亮便是同父異母的兄妹了，常羲、羲和，也都是「戈我」氏的姐妹·

「大荒南經」說：【下有湯谷，湯谷有扶桑，十月所浴·在黑齒(國)北，居水中，有大木(當然是扶桑)，九日居下枝，一日居上枝·】 湯谷是浴日浴月的總名，所以商湯名曰湯，湯也是昜(陽)·這十位太陽神，九位居下枝休息，一位居上枝待命，一等月姊西沉，便接班從東方昇起，一日之計便開始了，在天空運行，溫暖大地，使萬物生長·

關於太陽的神話，詩人也有疑問：「出自湯谷，次于濛汜，自明及晦，所行幾里？」(天問)濛汜是太陽西沉濛濛朧朧的水域，上述神話皆未言明跑了多少里，大概只有現在的電腦可以算出來吧？

清明節掃墓考

清明為我國慎終追遠，不忘祖德的節日，自古以來迄今仍在施行，歷史悠久，源遠流長·清明既指節氣，又指節日；清明是我國農曆廿四個節氣中的第五個節氣，作為節日·溯矧古時「寒食」，冬至後第一０五天為寒食節，恰在清明的前一天·往昔每逢寒食節，家家戶戶不舉煙火燒飯，吃冷食·第二天是清明，子孫上墳焚香點燭燒紙，跪拜祭祖，修墳添土，追思懷念先人，這些風俗是春秋時代流傳下來至今·

相傳春秋戰國時期，晉獻公的兒子重耳，為躲避後母驪姬的迫害，由介子推等大臣陪同逃亡他地，歷盡千辛萬苦·有一次，他們到魏國時吃不上飯，介子推割肉奉親，忍痛割下自己腿上的肉，煮給重耳吃·十九年後，重耳回國，做了晉國的國君，即晉文公·他論功行賞，大封功臣，卻獨忘了對他忠貞不二的介子推·待人提醒，重耳想起此事，派人敦請時，介子推避而不見，晉文公親自登門去請，方知介子推已背著老母躲藏，遠去綿山，派人上山搜尋，亦未得·晉文公知道介子推很孝順，於是放火燒山，料其準會背著老母跑出來·殊不知大火燒了三天三夜，介子推母子仍不見蹤影，然在一株殘枯柳樹下，發現介子推的脊樑，堵著大柳樹洞，洞內藏著他留下的一塊衣襟，上面用鮮血寫著幾行血字：「割肉奉母盡丹，但願主公常清明；柳下做鬼終不見，強似伴君故諫臣；倘若主公心有我，憶我之時常自省；臣在九泉心無愧，勤政清明復清明」·晉文公看了十分感動，放聲痛哭，將他母子安葬在綿山，改綿山為介山，並立廟紀念·為了銘記介子推，晉文公下令把介子推被燒死那天定為「寒食節」，每年這天嚴禁烟火燒飯，吃冷食·第三年寒食節，晉文公率群臣到介山祭祀介子推，發現那株乾枯已死柳樹，發芽生枝，死而復活，便給那株柳樹賜名「清明柳」，規定從寒食到清明，人人都要祭祀介子推·

漢朝，寒食節定為清明前三天，唐朝改為清明前一天，唐代以前，清明還未為一個獨立的節日，大約唐代起，漸將寒食節與清明節兩相混淆，將寒食掃墓混為清明掃墓，清明逐漸代替了寒食節·唐代中葉，將清明掃墓「編八五禮，永為定式」·到明、清時期清明掃墓，日更為民間重視，為慎終追遠之日，代代相傳，沿襲至今·

中西日曆星期推算年曆譜例 (節摘何畏編著黃帝紀年表)

甲子		1			(3)西元前
		(1)黃帝紀年			
		有熊氏			
		(6)朝代			
		有熊國君(姬軒轅)			
		(7)帝號 (8)姓名			
4608		元			2017
(4)民國		(9)年數			(5)儒略周日
甲子	一	甲子	12	23	73-6325
(1)天文明	(2)太陰月	(3)朔日干支	(1)太陽月	(2)日序	(3)儒略周日
	20	癸未	1	1	6344
	(4)陽曆元旦				
乙丑	二	癸巳	1	11	6354
丙寅	三	癸亥	2	10	6384
丁卯	四	壬辰	3	10	6413
戊辰	五	壬戌	4	9	6443
己巳	六	辛卯	5	8	6472
庚午	七	辛酉	6	7	6502
辛未	八	庚寅	7	6	6531
壬申	九	庚申	8	5	6561
癸酉	十	己丑	9	3	6590
甲戌	十一	己未	10	1	6620
乙亥	十二	戊子	11	1	6649
		(5)全年日數	354		

年世欄

此欄之上中、上左、上右、下左、下右，均係表示紀年之尺度·

(1)黃帝紀年：係依據我中華民族開國國始祖黃帝姬軒轅元年為起點逐代向下遞傳之紀年法簡稱「黃紀」·

(2)干支紀年：為我民族「中國曆」之紀年法，與干支紀月、干支紀日、及干支紀時，四者併為稱為「干支紀事」，創始於黃帝，歷代遞傳到今天，廣佈我國毗鄰國家，為今日地球表面上人類使用最古老廣泛的紀年法·以甲子始，玉癸亥終；輪轉銜接，生生不息，黃帝元年當為「甲子」·

(3)西元前：為西曆紀元之紀年長尺，用「史家年」向上逆推，黃帝元年當為「西元前 2697 年」.

(4)民國前: 為中華民國創立的，以遜清宣統三年辛亥為民國前一年，向上逆推之紀年法；黃帝元年當為「民國前 4608 年」，亦有稱之為「民元前」者·欲計算自黃帝元年到今年的總年數，衹要以 4608 加入民國年數即得·

(5)儒略周年：為西歐各國學者，研究古代歷史計算史日的最長尺度，係法國史學家史加利澤氏 Jesephns Justus Scaliger (4540-1609)所創擬；史氏運用儒略曆，上推至西元前 4713 年，定為「儒略周日」制的元年，此種曆制，與前述年曆譜例「西曆月日欄」內所列之儒略周日，具有密切關聯·

(6)朝代：自黃帝元年甲子迄自盤庚十七年丙辰，其間自黃帝、少昊、顓頊、帝嚳、帝□、唐堯、虞舜、夏禹、以及商殷各代，均按序標明列入·

(7)帝號：包含上述各朝代帝王之尊號或廟號，取其簡明稱謂者載列之·惟黃帝紀年 1-25 年，姬軒轅尚係群氏(諸侯)身份之有熊國君，並非元氏(共主)，故不列其尊號

(8)姓名：帝王姓名已見諸傳述者，擇其通行者列之，其有更易者，僅帝摯及帝堯·
(9)年數：殷商前後尚無「年號」之制，胥以帝號計年，其數序即其秉政之在位年序數·

中國曆月日

(1) 天文月： 此為每一太陽年分為12段之月名，以干支之名命，每五年循環一次，所據24個節氣之分配·中曆原本就是「中國曆」的簡稱，是種陰曆、陽曆加上干支三者結合而成的「陰陽干支三合曆」·換句話，說中曆是于種「陽曆為體，陰曆為用，干支紀事(紀數或計數)」，非常繁複而又非常科學的曆法·所謂「天文月」，就是「太陽月」，也就是我國民間所習稱的「節氣月」·地支加上天干，為別每五年天文月名稱的不同，實則仍以12支為主；所以陰曆的閏月，沒有配賦干支名稱，其理由就是利用閏月來補歲實(太陽年)不足的原故；如本年一月為甲子，即天文月之「子月」·
(2) 太陰月： 太陰月係以月亮的盈虧為主，自朔(陰曆月之初一日)，至晦(陰曆月之末一日)為一個月，亦有稱之為「朔望月」者，以數序為月名；本年「一月」為建立於天文月之「子月」，稱之為「建子」·「建子」為中國曆曆法中的「三正」問題·此稱「一月」者，在殷代祖甲之前均以「一月」稱每年之首月，祖甲之後稱每之首月為「正月」，讀如政；秦避始皇之諱，讀如征，沿襲至今·
(3) 朔日干支： 朔日干支即月之初一日的干支名稱，此干支名稱其不固定，亦為我國古文化異彩之一·用甲子、乙丑、以至壬戌、癸亥等十天干與12地支配合構成的60干支，分別用作紀年、紀月、紀日、紀時的短尺，自遠古以至近今，為不干擾曆法推算作業之外，而獨立紀錄年、月、日、時、數序的方法·
分辨太陰月為大月30天或小月29天方法·舉本年「一月」為例可視下一個月之朔日干支，其天干與本月相同者本月為大月，相異者本月為小月·此「一月」朔日為甲子，下月「二月」朔日為癸巳，日干有異，故本月為小月29日·又如二月癸巳朔，三月癸亥朔，因日干相同故二月為大月30日，餘類推·
(4) 陽曆元旦：此為本年亦西元前2697年之元旦，相當於本年中曆甲子年陰曆一月之20日，干支紀日之「日干支」為癸未·
(5) 全年日數：依中曆計之本年為平年，無閏月合計為12個太陰月，分計大月六個小月六個總計354天·

西曆月日

本黃帝紀年表曆譜之西曆日，係採用「儒略周日」制虛擬之曆日，並非儒略愷撒(Julius ,Caesar 100-44 B>C.)所制定之「儒略」，故西曆部份與羅馬實用者略有差異·
(1) 太陽月： 即西曆依一太陽年分為12分之1，各有月名，見普通之之曆表·此月為西元前2698年之12月，英文月名稱之之為December.
(2) 日序： 此為中曆甲子年建子之一月，朔日干支亦為甲子，亦即黃帝元年(甲子年)一月(甲子月)初一日(甲子日)，相當於西元前2698年12月之13日，此13日即為陽曆12月之日序·
(3) 儒略周日： 由於古代中外所用之曆法與紀年法非常繁雜，而且屢有變更，使研究歷史者甚難推算出兩史事實相距之日數，及其發生事實距今已歷多少日數，至於各國史日之相互比較尤艱難·西元1582年，史加利澤氏創「儒略周日制」，可與各曆相互排比推算，其目的在於官曆之外，作為一種獨立的紀錄日序方法，定名為儒略周·其法頗類似我國之干支紀日惟干支紀日僅以60日為一周，而儒略周則以7980年為一周，如換算為日數，則一個儒略周的日數，當為2,914,695日(7,980X365.25日)，故儒略周日法實為紀日的最長尺度·儒略周日的訂定，係根據以365.25日為一年，亦即前述之「儒略周年」·28年為一「會」，19年為一「章」，15年為一「律會」，三會相乘得7,980年，即為一個「儒略周」·儒略周日法，始自西元前-4713年1月1日之正午為「0」日，相當於我國干支紀事的癸丑日；晋正午為「1」日，相當於干支紀事的甲寅日·今採用之為紀日最長尺度，不啻借用我國「干支紀事」，賦予每一日編號以一個日名稱，故每一編號日之劃分，皆完仕按照中曆為主·一晝一夜為一日，應自中夜子時為始，相當現代時間的「0」時，至次一日中夜子時為一日，活而用之，與干支紀日略同·

「兩千年中西曆轉換」資料庫介紹

邱展毅

編按：「兩千年中西曆轉換」目前已開放給網路上所有使用者使用，其位置放在中央研究院首頁(Home Page)下的「研究成果及各式資訊」內(URL 為 http://www.sinica.edu.tw/ftms/luso.htm)，歡迎有興趣者上線使用。

前言

對文史方面的研究人員而言，可能經常需要使用中曆與西曆的對照資料，而目前可以提供中西曆對照的工具，不外乎各種萬年曆對照表或中西曆對照表等工具書。這些書少則一、二百頁，多則上千頁，既不便於攜帶，更不易快速查詢。此外，這些工具書所提供的資料可能並不十分完整，或只能在圖書館內查閱，而無法滿足立即查詢的需求。

生活在網路與通訊快速發展的資訊時代，若能在網路上快速取得中西曆對照資料，相信是許多人所企盼的。「兩千年中西曆轉換」即是在這股資訊浪潮衝擊下的產物，它協助我們快速而方便的取得完整的中西曆對照資料。根據我們的瞭解，這可能是目前涵蓋期間最長久，提供訊息最完整的中西曆轉換程式。其轉換的範圍由西元元年（西漢平帝元始一年）至西元兩千年（民國八十九年），所具備的功能除了可直接由西曆日期查詢對應的中曆朝代、帝號、年號、年干支、年、月、日等資訊外，亦可直接以中曆之朝代、帝號、年號、年干支、日干支・・・等資料查詢對應的西曆日期。除了上述的功能之外，我們特別在兩千年中西曆轉換程式中加入中西對照的「月曆功能」【註一】。希望這個程式除了對文史方面的研究人員有所助益外，亦能滿足其他對中西曆轉換有興趣者的需求。

製作緣起

由於在協助經濟所王業鍵院士處理清代糧價清單的過程中，需要將明朝末年至清朝末年這段期間的中曆日期對照為西曆日期。且由於清代糧價清單在中曆日期部份需使用「朝代」、「帝號」、「年號」、「年干支」等資料，而目前電腦上並無這類的工具可供使用，因而著手進行中西曆轉換程式的開發工作。

當設計中西曆轉換程式時，我們認為與其僅侷限於清代兩、三百年之間，不如擴充其架構，以整個中國歷史期間為標的。這麼做程式的複雜度並不會增加太多，且資料結構幾乎不需再做調整。因此，我們先依據薛仲三、歐陽頤兩位先生所編著的「兩千年中西曆對照表」建立基本的對照資料，並暫將本程式命名為「兩千年中西曆轉換」。

中國曆與西洋曆的規則

撰寫中西曆轉換程式時，有必要對中國曆法與西洋曆法的運算規則與特例作進一步的瞭解，以期能正確的推算出中西曆對應的日期。以下分別說明程式中所使用的運算規則，並介紹幾個中國曆與西洋曆的特例。

一、西洋曆的運算規則

西洋曆的計算規則較為單純，主要的重點為閏年的計算。其運算規則為：「西元年被 4 整除且不被 100 整除，或被 400 整除者即為閏年」。此一運算規則是現代人日常生活中耳熟能詳的，且經常在許多計算機程式語言的書中被引用。不過，可能少有人注意到西洋曆中存在的特例（受皇帝、教皇・・・等因素的影響），且上述閏年的運算規則亦不是一開始就是如此，而是經過校正調整而來的。根據「兩千年中西曆對照表」的說法，西曆有下列特例：

1. 西曆 4 年（該年為閏年：被 4 整除且不被 100 整除），因羅馬皇帝「奧古斯都帝」停閏，故該年二月只有 28 天，而非 29 天。
2. 教皇「格勒哥里第十三」改曆，以西元 1582 年 10 月 5 日為 15 日，中間略過 10 天，亦即西元 1582 年少了 10/5-10/14 這十天。
3. 西元 1582 年以前的閏年計算規則：「被 4 整除者即為閏年」。所以，西元 100 年、200 年、300 年・・・、1400 年、1500 年皆為閏年。
4. 西元 1582 年以後的閏年計算規則，即現今大家耳熟能詳的「被 4 整除且不被 100 整除，或被 400 整除者」。例如，西元 1700 年、1800 年、1900 年皆不是閏年，而西元 16 年、1984 年、1996 年皆為閏年。

上述西洋曆的特例情況，在兩千年中西曆轉換程式中已能正確處理。不過有一個事件必須在此提出說明：

在 UNIX 上有一個很方便的西曆日期查詢工　具－－cal 指令，在其 manual page 內有一個注意事項，特別說明西曆 1752 年 9 月因為閏年校正的關係，將西元 1752 年 9 月 3 日改為 9 月 14 日，使得該月份少了 11 天。讀者可以在 UNIX 上輸入下列指令「cal 9 1752」，即可得到下列結果：

September 1752

Sun	*Mon*	*Tue*	*Wed*	*Thu*	*Fri*	*Sat*
		1	*2*	*14*	*15*	*16*
17	*18*	*19*	*20*	*21*	*22*	*23*
24	*25*	*26*	*27*	*28*	*29*	*30*

這個情況顯然和「兩千年中西曆對照表」的講法有出入，兩者雖然都有十一天的校正，但分佈時間及校正原因則不同。關於這個問題，我們很希望有文獻資料可以查證，為何會存在這個差異？若有讀者先進知道這個緣由，亦期盼能為筆者解惑。

二、中國曆的運算規則

中國曆法注重日、月的運行，日蝕與月蝕的推算，五大行星的出沒等，可說是一部融合陽曆與陰曆精華，且十分精確的天文曆法【註二】。

中國曆法必須依據二十四節氣（與太陽及農作物生長息息相關）、朔望・・・等要素作推算。由於推算規則我們並不十分清楚，且因中國古代封建王朝的更迭、年號的變化及許多複雜政治因素的影響，使得中國曆存在許多特殊情形，必須在程式中以特例的方式處理。基於這些因素，在處理中曆部份時，我們並不採取規則推算的方式，改以基本資料配合精簡的資料結構，來完成中曆資料轉換的功能。

以下是我們所整理出從西曆 1 年至西曆 2000 年，這段期間所對應的中國曆之特例情形：

1.王莽以西漢孺子嬰初始元年 12 月為其始建國元年的正月，故西漢孺子嬰初始元年少 12 月（該年只有 1-11 月）。

2.西漢淮陽王更始元年，以王莽地皇 4 年 11 月為其更始元年之 10 月，因此西漢淮陽王更始元年有兩個 10 月（中西曆轉換程式以閏 10 月來處理第二個 10 月）。

3.前魏明帝景初元年，以該年之 3 月為 4 月，故是年無 3 月；至景初三年復寅正，因此前魏明帝景初三年有兩個 12 月(中西曆轉換程式以閏 12 月來處理第二個 12 月）。

4.唐武后（武則天）載初一年，以該年之 11 月為其天授元年的歲首，因此，唐武后載初元年只有 10 個月（缺 11、12 兩個月）。

5.唐武后久視一年 10 月復寅正，因此該年有兩個 11 月及兩個 12 月。

6.唐肅宗上元二年，以該年之 11 月為寶應元年之歲首，故上元二年只有 10 個月，而寶應元年有兩個 11 月及兩個 12 月。

除了上述之特例外，由於中國之年代久遠，歷經了多次朝代的分合更迭，因而有所謂的分裂時代（例如：春秋五霸、戰國七雄、三國之魏蜀吳、五代十國・・・）與統一時代（例如：唐、宋、元、明、清）之分。傳統史學家以分裂時代的某個王朝為正統（可能有爭議？），兩千年中西曆轉換程式循例以「兩千年中西曆對照表」一書之正統朝代為依據（例如該書視三國時代之魏為正統）。

程式架構與資料結構兩千年中西曆轉換程式，由三個主要的程式模組所組成，分別為「基本對照資料」、「中西曆轉換核心程式」及「Web 介面程式(HTML 與 CGI)」，茲分述如下：

一、基本對照資料

兩千年中西曆資料的對應，若不謹慎思考日期對應的資料結構，可能會耗費大量的磁碟及記憶體空間。如此，不僅造成空間的浪費，更有可能因大量輸出入時間的延遲，而使得程式執行的效率不彰。下例是一個很直覺但佔用較多記憶體空間的方法：

【方法】直接記錄中曆月日及西曆月日的對應。

【範例】中曆：清遜帝宣統三年（歲次辛亥）10 月 10 日→西曆：西元 1911 年 11 月 30 日。

【使用空間】使用 2 個位元組（byte）的短整數(short integer)變數來儲存中曆月、日（10 月 10 日）及西曆月、日（11 月 30 日）則兩千年的中西曆資料約需使用 6MB（4*2*365*2000）的記憶體空間。

基於上述理由，我們仔細評估該以何種資料結構來表示中西曆日期的對應關係，下圖即是我們使用的結構：

月	日	閏幾月	1	2	3	4	5	6	7	8	9	10	11	12	13

上圖記錄每個中曆年的相關資料，圖中共有 **16** 個欄位，前兩個欄位（月、日）為中曆每年的第一天所對應的西曆日期；第三個欄位(閏幾月)說明該中曆年那一個月為閏月；最後十三個欄位，分別表示各個中曆月份（含閏月)是大月(**30** 天)或小月(**29** 天)。若每個欄位皆以 **2** 個位元組的短整數變數來儲存，需使用 **64KB(2*16*2000)**的記憶空間，較之前的方法(**6MB**)節省了甚多的空間。

由上圖的資料結構中，讀者也許會覺得奇怪，為何不用記錄「年」這個資料？原因很簡單，由於中西曆之間存在一對一的年序對應關係，可以直接將西元年視為中曆年序。所有的中曆對照資料依年序自小而大排列，在這個排列順序上已經隱含了年序的概念。排除年序的結果，導致每筆資料經過程式轉換後，可以擺入 **4bytes** 的空間內，非常便於程式的操作。我們只需知道中西曆轉換的起始對照日期（起始西曆年、月、日、星期及對應的起始中曆年干支、日干支）【註三】，即可依每筆記錄的大小月及閏月資料，逐年往後推算出各中曆年的第一天所對應的西曆日期。例如，兩千年中西曆轉換由西漢平帝元始一年一月一日（西元元年 **2** 月 **11** 日星期六）開始記錄，則其對應的資料結構如下：

2	11	0	1	0	1	0	1	0	1	1	0	1	0	1	0
2	1	8	0	1	0	1	0	1	0	1	0	1	0	1	1
2	20	0	0	1	0	1	0	1	0	1	0	1	0	1	0
2	5	0	1	1	0	0	1	0	0	1	0	1	1	0	0

「基本對照資料」建立程式，就是要將資料輸入者依上述資料結構所輸入的每一筆記錄（一筆記錄儲存一個中曆年資料），以一個 **32** 位元的整數(**integer**)變數來儲存，以節省更多的記憶體空間。下圖即是以一個 **32** 位元的整數來記錄中曆（農曆）民國 **84** 年與西曆日期的對照關係：

1	31	8	0	1	1	0	1	0	1	1	0	0	1	0	

上圖中，前兩個欄位分別以 **4** 個位元（可儲存數字 **0~15**）及 **5** 個位元（可儲存數字 **0~31**）來儲存中曆年的第一天所對應的西曆月日；第三個欄位以 **4** 個位元（可儲存數字 **0~15**）來記錄中曆年第幾個月為閏月（此例為閏八月）；第 **4** 到第 **16** 個欄位分別以一個位元（**0** 或 **1**）來表示各個月是大月（以 **1** 表示）或小月（以 **0** 表示）。如此，共使用了 **26** 個位元，尚餘 **6** 個位元可供未來彈性使用。使用這個結構來儲存二千年中西曆對照資料，僅需使用 **8KB(4*2000)**的記憶空間，不僅經濟實惠，更留給程式更多擴充的彈性。

除了上述資料結構外，還需要兩個表格以提供較完整的中西曆對照資料，這兩個表格為「朝代表」及「朝代年號表」。「朝代表」為中國每個朝代編號，供「朝代年號表」使用；而朝代年號表則記錄各個皇帝使用了那些年號及各個年號的起迄時間。稍後在「操作範例」中，讀者可以清楚的看出這兩個表格所提供的訊息。

二、中西曆轉換核心程式

這個部分是整個中西曆轉換的核心部分，由兩個主要的軟體元件構成，一為負責西曆日期差運算的元件，另一個元件負責中曆轉西曆及西曆轉中曆的相關細節。茲分別說明這兩個元件的功能：

1. 西曆日期差運算

這是一個獨立的軟體元件，它的主要功能如下：

(1).由給定的日期往前或往後推算下一個日期。例如，**1995** 年 **2** 月 **28** 日往後 **30** 天為 **1995** 年 **3** 月 **30** 日，而 **1995** 年 **3** 月 **30** 日往前 **30** 天為 **1995** 年 **2** 月 **28** 日。

(2).求算二個日期間相差的天數。

例如：**1909** 年 **1** 月 **22** 日至 **1912** 年 **2** 月 **18** 日共經過了 **1122** 天（清朝最後一個皇帝溥儀在位的天數）。

(3) .求算某個月份的最後一天為幾號。

例如：西元 **1996** 年 **2** 月的最後一天為 **29** 號，西元 **1997** 年 **2** 月的最後一天為 **28** 號。

2. 中西曆互轉

這個元件架在「西曆日期差運算」元件之上，配合「朝代表」、「朝代年號表」及上一節所介紹的「中西曆對照基本資料」，完成中曆轉西曆及西曆轉中曆的功能。例如：查詢「清光緒甲午年」，所得到的結果為「西元 **1894** 年 **2** 月 **6** 日至西元 **1895** 年 **1** 月 **25** 日」；查詢「西元 **27** 年 **4** 月 **1** 日」，所得到的結果為「東漢光武帝建武三年歲次丁亥閏二月六日」。

三、**Web 介面程式與 CGI 程式**

兩千年中西曆轉換程式設計之初，除了設計中西曆轉換「核心程式」供清代糧價清單使用外，亦考慮將此功能開放到網路上，供文史研究人員及有興趣的使用者使用。而目前正值全球資訊網（**WorldWide Web**）盛行之時，圖形化的操作環境乃是時勢所趨。因此我們選用 **HTML(Hyper Text Markup Language)**製作圖形化的輸入介面，並配合 **CGI**（**Common Getway Connection**）程式，將中西曆轉換的結果，以圖形及表格的方式來顯示。

程式語言

兩千年中西曆轉換程式是以 **C++**程式語言撰寫而成，此程式可以說是由一組獨立的軟體元件所組裝出來的產品。撰寫這支程式時，也正是 **Java** 程式語言席捲整個資訊與電子世界之時。**Java** 由原先被認為只是用來撰寫網路上小程式（**applet**）的語言，蛻變為一個完整的程式語言。據悉，**Java** 程式語言曾針對 **C++**語言的缺點提出許多改良，且在個體導向（**Object-Oriented**）程式設計方面似乎又表現得較 **C++**語言更為淋漓盡致。因此筆者在撰寫本文前，曾試著將兩千年中西曆轉換程式之部份模組以 **Java** 程式語言改寫，並完成測試與執行。個人深覺只要具有 **C++**語言程式設計經驗者，若能掌握住個體導向程式設計的觀念，要進入 **Java** 語言「程式設計」的領域，應該是一件輕鬆愉快的事！

操作範例

【圖一】即是「兩千年中西曆轉換」之輸入畫面。圖中清楚的切割為上下兩個區塊。上面的區塊為「西曆轉中曆」功能；下面的區塊為「中曆轉西曆」功能。這兩個功能皆提供兩種輸出結果，一為文字模式，另一種為表格模式（選取輸入畫面中的「顯示月曆」功能），讀者可視需求選擇所需的功能。

【範例一】查詢西元 **1023** 年 **1** 月所對應的中曆日期。

只要在「西曆轉中曆」輸入畫面中，輸入西曆年、月資料，並選取「顯示月曆」功能，即可得到【圖二】中西曆對照表格。由於西曆一個月通常都會跨二個中曆月份，使得同一個月可能存在朝代更換、年號變更、歲次（年干支）改變等情形，故在圖二上方加上說明文字，用來說明中西曆朝代、帝號、年號、歲次等對應關係。例如，本例中以兩列文字說明西元 **1023** 年 **1** 月 **1** 日（星期二）相當於「宋真宗乾興 **1** 年歲次壬戌 **12** 月 **7** 日」；西元 **1023** 年 **1** 月 **25** 日（星期五）相當於「宋仁宗天聖 **1** 年歲次癸亥 **1** 月 **1** 日」。

【範例二】查詢東漢光武帝建武丁亥年對應的西曆日期。

【圖三】即為以中曆為主軸的中西對照月曆。由表格中可以清楚的看出東漢光武帝建武丁亥年相當於建武三年，該年閏二月且於 **11** 月 **15** 日跨入西元 **28** 年。

【範例三】查詢東漢光武帝建武三年閏二月對應的西曆日期。

由【圖四】可以清楚的看出東漢光武帝建武三年閏二月與西曆日期的對應關係。例如：東漢光武帝建武三年閏二月六日相當於西元 27 年 4 月 1 日。

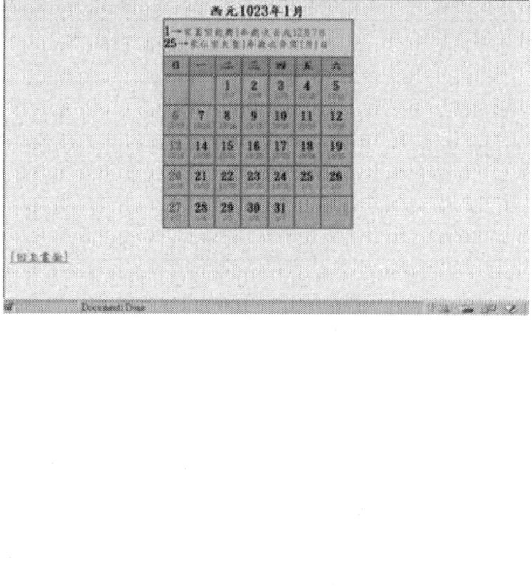

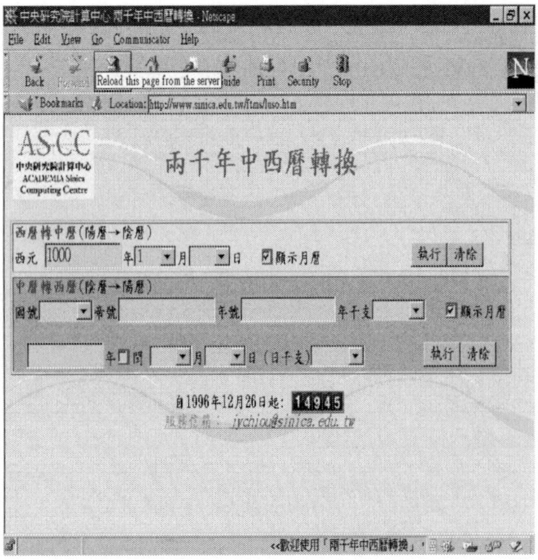

圖三　中曆為主軸的對照年曆

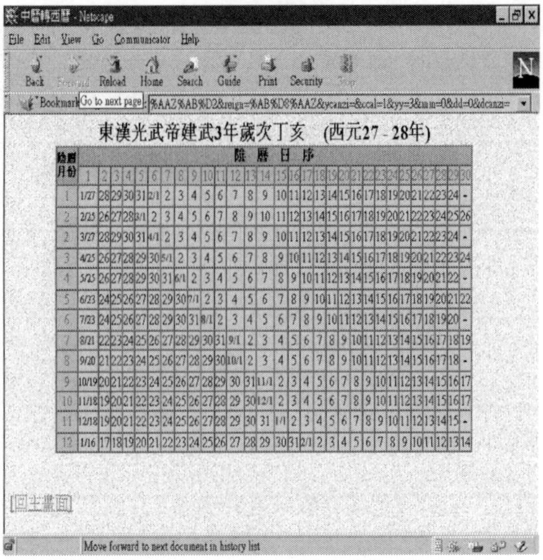

圖四　東漢光武帝年曆

結語

看完上述的介紹後，您是否已迫不急待的想要上網一窺究竟，享受暢遊古今中西曆轉換的樂趣？您可以查一查自己及親朋好友的出生日期（國曆或農曆），並確定一下自己是星期幾出生的？甚至您也可以拿著族譜依著「兩千年中西曆轉換」仔細對照增補一番。當然如果您是一位專業的文史研究學者，更希望這個程式對您的研究工作能有所幫助。

下一階段，我們計畫將「兩千年中西曆轉換」擴充為可以處理中國所有可考日期與西曆日期之間的轉換。例如，可以查詢商朝盤庚遷殷所對應的西曆日期，或西元前 1000 年相當於中國那個朝代、在位皇帝是誰、是那個年號、歲次（年干支）為何……等等，當然中國各分裂王朝的曆法與日期推算亦是我們努力的重點。希望能製作一個功能完整的中西曆轉換程式，更希望讀者先進能多多提供寶貴的意見，以期對文史研究能有更具體的貢獻。

古代曆法 (節摘萬年曆譜)

生霸死霸之月相解釋

中國古典經傳及周初到春秋之間的青銅器銘文，常用生霸、死霸、哉生明、既生霸、既旁生霸、哉生魄、旁死魄等月相標示日期，對上述月相的解釋，便涉及到中國最古的曆法·

中國最古的曆法為黃帝、顓頊、夏、殷、周、魯六曆，而六曆之書早已２亡佚，其詳細內容不可稽考·「漢書·律曆志」說古六曆遭戰國及秦而亡，漢存六曆，雖詳於五紀之論，皆秦漢之際假托之作·今人探究古曆，主要依據「周書」紀事及周代青銅銘文，並參考「漢書·律曆志」、「世經」、「尚書」、和吳闓生集釋「古金文錄」等書有關月日干支紀錄·但自戰國以來，劉歆以下，對「周書」等書和周代銘文古曆法的詮釋，至今未有定論·各家異說，主要糾纏在對「武成篇」“唯一月壬辰旁死霸”史日之考定和解釋上·因為這一點是探究周初曆法和周初年代的關鍵所在，兩千多年來的探討疑難，亦多源於此點·茲特就各家詮解列表如下：

生霸死霸月相各家異說表

古名 姓名	初吉	死霸	既死霸	生霸	既生霸	哉生霸	旁生霸	既旁生霸	旁死霸	旁;死魄	哉生明	魄	朏	既望	既望生霸	哉生魄	既生魄	資料來源
劉　歆		朔		望		15日	16日		2日									「漢書」(世經)
孔安國										2日	3日		3日	15		16日	16至月末	偽(孔氏傳)
																2日		後漢書,王莽傳
			朔		望	15日		滿月翌日	2日				3日	滿月				(漢書,律曆志)
孔穎達										2日	3日		3日	16日		16日	16日以後	尚書正義
										2日	3日						16日	鄉飲酒義
馬融												3日						尚書.康誥注
許慎	大月二日小月三日																	說文解字
王應麟										2日	3日		3日			16日		六經天文篇
段玉裁				望						2日		大月二日 小月三日						說文解字注
俞樾			(1)一日 (2)朔 (3)		15日	3日 望	16日	17日	既死霸 次日	2日					望之 二日			1.尚書正義 2.劉歆三統術異義 3.(枚氏古文偽義)見(曲

古名 姓名	初吉	死霸	既死霸	生霸	既生霸	哉生霸	旁生霸	既旁生霸	旁死霸	旁;死魄	哉生明	魄	朏	既望	既望生霸	哉生魄	既生魄	資料來源
										2日	3日					16日	15日	國雜纂)卷 10
王國維	1-7、8日		23日至晦		89日至 145日	23日至 78日		10-145日	25日至 晦						15,6－ -22,3日			觀堂集林・ 生霸死霸考
新城 新藏	承大月2－8日 承小月3－9日			23－2日 24－1日	9－15日 10－16日										16－22日 17－23日			東洋天文學史研究，吉初之年代
趙曾儔			晦30日	朔一日	望15日	16日	3日	17日	18日	2日				3日	16日			史學雜誌・月霸論
板島忠夫	朔			光的缺		光的充實	光的始出	既旁生霸翌日	旁死霸之次日						光的始出	15或16日		（生霸死霸與周初之年代）載（支那曆法起源考）
劉朝陽	初吉新解：月初旬之吉日							旁哉新解：　旁生霸＝方生霸＝霸始生霸＝朏 哉生霸＝再生霸（哉＝才）										周初曆法考.文化研究所專刊
岑仲勉	1－7，8日			23-30日		8-15日									16-23日			何謂生霸死霸博東方雜志 41 卷 20 號
黎東方	1－7，8日			2425-月底		89-1516日									1617-2324日			青銅器銘文中之年代學資料
勞幹	1-3或4日		19-2223日			4-6,7日									14-1617日			周初年代問題與月相問載勞幹學術論文集

董作賓	日之定點	月之形相	人之意象	易為吉語	太陽月中之日次	※	周金文中生死霸考 中國年曆總譜 董作賓先生全集甲篇
	第一定點	既死霸（光霸死盡）	朔（月死後蘇）	初吉＊月吉(易無為始)	初一日	金文中習見	
	第二定點	旁死霸（近於死霸之日）	朏（月光生出）		初二、三日		
		哉生（初生光霸之日）	望（日月相望）		十五日		
	第三定點	既生霸（光霸生滿）	既望(已過望日)		十六、七、八日		
	第四定點	旁生霸（近於生霸之日）					

鄭天杰	古名	今譯	相對名詞	月相	在曆月中位置	相當數序日期(以朔日為初一日)	備　註	參考資料
	既死霸	既蝕白	朔		生(盈)分月起點	初一日	一.初吉為月初旬(1-10日)之吉日 二.人見月,為何視而見之太陽月,係採自黎東明先生所用之名詞 三.人見月之起點為哉生霸即月初生明猶太曆及回曆皆以月之初生明為初一日中國曆則以月朔為初一日 四.設以人見月之哉生霸為起點,則月之終點,可為初一或初二日.	(周初曆法與周初年代)載台北(中學匯刊)第 11 期
	哉生霸	才生白	朏		人見月起點	初二、初三		
	旁生霸	溥生白	望		生霸(盈)分月終點	十四、十五、十六、十七		
	既旁生霸	既溥生白	既望		死霸(虧)分月起點	十五、十六、十七、十八		
	既生霸	既生白	既望		死霸(虧)分月起點	(同上)		
	旁霸	溥蝕白	晦		死霸(虧)分月終點	廿九、三十		

月建與置閏之法

古代天文之月名，借月十二支，即十二個時辰，後世冠以十干，成為「干支紀月」之名，「萬年曆譜」去天文月(節氣月)，但仍需知道天文月之月名代表節氣，中氣之所在．中必須借用公曆月日，可使用儒略曆，並可換算成格勒哥里曆，即可求得較準確之節氣，相差不得超過一日．

建月需先明白三正問題，所謂「正」是指歲首正月，如夏正，正月建寅；殷正，正月建丑；周正，正月建子；秦正，正月建亥，以十月為歲首・閏月稱後九月，春秋時代，晉用夏正，魯早年仍殷正，魯早年仍用殷正，至僖公九年(周襄王元 BC651)始改周正，以建子為正月，「萬年曆譜」用周正・新莽用殷正，唐武則天及肅宗用周正・此「月建」問題，均發生在改朝易代之際，重新釐訂「政治月」的開始，其目的是為了「易民之視」・

三正、月建、季節對照表

月建	子	丑	寅	卯	辰	巳	午	未	申	酉	戌	亥	據「史記,曆書」(漢書.律曆志)及(漢書藝文志)
夏正	11月 冬	12月 冬	正月 春	2月 春	3月 春	4月 夏	5月 夏	6月 夏	7月 秋	8月 秋	9月 秋	10月 冬	黃帝以前，建寅；顓頊曆，建寅；夏曆，建寅・太初以後正月，必含兩水・
殷正	12月 冬	正月 春	2月 春	3月 春	4月 夏	5月 夏	6月 夏	7月 秋	8月 秋	9月 秋	10月 冬	11月 冬	殷曆，以建丑之月為歲首，相當於夏曆十二月・
周正	正月 春	2月 春	3月 春	4月 夏	5月 夏	6月 夏	7月 秋	8月 秋	9月 秋	10月 冬	11月 冬	12月 冬	黃帝曆，建子；魯曆，建子・周正月必含「冬至」
秦正	2月 冬 (11)	3月 春 (12)	4月 春 (正)	5月 春 (2)	6月 春 (3)	7月 夏 (4)	8月 夏 (5)	9月 夏 (6)	10月 秋 (7)	11月 秋 (8)	12月 秋 (9)	正月 冬 (10)	秦曆及太初元年(BC104)以之漢曆,以建亥為正月・「萬年曆譜」於漢太初以前，皆用亥正・括號內之(10)(11)(12)等月系劉義叟，汪日楨所定之夏正月數・

註：陳垣「二十史朔表」、高平子「史日長編」均依夏正為次序・於每年十月之上加一粗線，以為標誌・閏在歲末，謂後九月・「萬年曆譜」從董作賓之說均改為閏十二月・

古代之月建，以天象為根據，因此具有科學基礎・所謂斗建，就是以北斗之柄在初昏時所指的方向確定的・「史記・曆書」說的「隨斗柄所指建十二月」，即是此意・公元前四千年至前一千年間，北斗星處於恒顯圈內，距北天極特近，每天晚上初昏時刻均可見到・古人很早就發現不同季節的初昏時刻，斗柄的指向是有不同變化的・因此，以斗柄的指向作為季節標志・「鶡冠子」說：『斗柄東指，天下皆春，斗柄南指，天下皆夏，斗柄西指，天下皆秋，斗柄北指，天下皆冬』・春秋戰國時期，人們為了斗柄指示的方向與月建密合，分周天為十二次，以十二辰名之：正北為子，北偏東為丑，東偏北為寅，正東為卯，辰、巳、午、未、申、酉、戌、亥，各以次占一方位・例如：夏正十一月黃昏時斗柄指北方子，十二月、正月指東北方丑、寅，二月指東方卯，三月指東南方辰，….十月指西北方亥，下一個十一月又回到北方子(參見「夏正」十二辰方位表)・

中曆(又稱夏曆，俗稱農曆)依四季寒暑定年，以冬至為歲元，從冬至到冬至為一歲；月為合朔月，亦叫朔望月，或太陰月；日為太陽日・從殷商至現在三千多年來，均以干支紀日・並據「堯典」所定“期三百有六旬有六日，以閏定四時，成歲”之原則，調整太陽年時序，所以這種曆法是一種陰陽合曆，並不是純大陰曆；高平子先生稱之為「陰陽干支三合曆」・

中曆之年為太陽年，年長 365.2422 日，稱為歲實・一年之中又依攄太在黃道上運行一週 360 度之位置平分 24 等分為 12 個節月(即十二個太陽月)，每一節月又分為二氣，開始之點為「節氣」，在節月之中點為「中氣」，全年共 24 個節氣，每一節或，中為 15..2178751 日.從節至節或從中至中,共為 30.4375 日・是謂“恒氣”這個長度較一朔望月(29.3 日至 29.7 日之間，平均 29.53 日)，僅長 0.91 日，故經過月或 32 個月，出現一個沒有中氣之月・這個月份即定為〔閏月〕・這種置閏法稱為「半氣法」・用平氣法計算春分和秋分，與實際上的春分和秋分相差 2 日和 3 日・按實際上的春分和秋分，調整 24 個節氣的時刻，稱為「定氣法」・所謂定氣法，是從冬至點開始，將黃道分作 24 等分・從而自節至節，從中至中，等間隔地分為 30 度・因為太陽每日在黃道上運行速度的變化，從一個中氣至下一個中氣的 30 度，太陽運行的時間也不相同・太陽速度加速時為 29 日餘，從中至中運動，太陽行遲時需要 31 日餘・所以從一個中氣到下一個中氣的長度，較一個月的長度還長・其差之積當那個月出現不含中氣之月時，此月即置為閏月・古人久知定氣定朔之法，主要在曆法計算(交食、測影)中使用・而在日用曆譜上一直使平氣，直到清初才開始使用定氣，定朔之法・

24 節氣，是以子丑寅卯辰巳午未申酉戌亥等十二支為序，名為節氣月，含有「冬至」中的月稱為子月，以十二支為的月又稱為十二建月・用夏曆的分法，將十二建月定為春、夏、秋、冬四季，每季又分為孟、仲、季三個月，節氣之初點稱為「四立」: 立春、立夏、立秋、立冬；季節的中點叫做「分至」: 春分、夏至、秋分、冬至・茲將太陽年各季節、建月、節氣、與太陽黃經度對照現行格勒哥里曆月日列表如下：

月建(天文月)	子(11 月)	丑(12 月)	寅(1 月)	卯(2 月)	辰(3 月)	巳(4 月)	午(5 月)	未(6 月)	申(7 月)	酉(8 月)	戌(9 月)	亥(10 月)
節　氣	大雪(11 月節)	小寒(12 月節)	立春(正月節)	驚蟄(2 月節)	清明(3 月節)	立夏(4 月節)	芒種(5 月節)	小暑(6 月節)	立秋(7 月節)	白露(8 月節)	寒露(9 月節)	立冬(10 月節)
現行曆日期	12 月 7 或 8 日	1 月 5 或 6 日	2 月 4 或 5 日	3 月 5 或 6 日	4 月 4 或 5 日	5 月 6 或 7 日	6 月 5 或 6 日	7 月 7 或 8 日	8 月 7 或 8 日	9 月 7 或 8 日	10 月 8 或 9 日	11 月 7 或 8 日
太陽黃經度	255	285	315	345	15	45	75	105	135	165	195	225
中　氣	冬至(11 月中)	大寒(12 月中)	雨水(正月中)	春分(2 月中)	穀雨(3 月中)	小滿(4 月中)	夏至(5 月中)	大暑(6 月中)	處暑(7 月中)	秋分(8 月中)	霜降(9 月中)	小雪(10 月中)
現行曆日期	12 月 22 或 23 日	1 月 20 或 21 日	2 月 19 或 20 日	3 月 21 或 22 日	4 月 20 或 21 日	5 月 21 或 22 日	6 月 21 或 22 日	7 月 23 或 24 日	8 月 23 或 24 日	9 月 23 或 24 日	10 月 23 或 24 日	11 月 22 或 23 日
太陽黃經度	270	300	330	0	30	60	90	120	150	180	210	240
四　季	仲冬	季冬	孟春	仲春	季春	孟夏	仲夏	季夏	孟秋	仲秋	季秋	孟冬

註：一・太陽接連兩次通過春分點的時間叫做回歸年，通常叫做太陽年・它皂年長為 365.24219879 日，即 365 日時 48 分 46 秒.

二. 求閏月之法，定用無中氣的月・即中氣在晦(陽曆月終)，則閏後月：中氣在朔，則閏前月・若無中氣之月，即定為閏月・民間算法，用去年陽曆「冬至」「晦」的天數，平氣月＝30.4369 天，平朔月＝29.5306 天，相差 0.9063 天・每過完一個平朔月，中氣向移近 0.9063 天・如冬玉到晦日，餘 M 天，須經過($\frac{M}{0.9}$)個朝望月之後,中氣正好移到晦日・下一個月，無中氣，應是閏月・因為其間有一個月是去年的十二月，剩餘的月數($\frac{M}{0.9}-1$)全在今年・如 M=9，則今年九月中氣在晦日，其後一月無中氣，就是閏月(關於民間小曆)一文載(科學史文集)第 10 輯.

太陽曆法是據太陽月亮之盈虧計月，每一太陽月(朔望月)長為 29.530588 日，稱為朔策・此長是從朔至朔的平均數,實際上是在從 29.3 日至 29.7 日左右之間變動著.使用平均長約 29.5306 日推算每月的朔日，叫做平朔・平朔法在曆日的安排上，通常大月小月相間，例如今月為小月 29 日，下則則為大月 30 日，再下一個月又為 29 日・因為平均朔望月之長為 29.5 日，其零數 0.030588 日之積，大約 33 個月即超過一日，所以每相隔 17 個月或 15 個月，就有一次接連兩個大月・小月稱為「小建(小盡)」大月稱為「大建(大盡)」・

中曆以 12 太陽月為一曆年，此曆之年較太陽年之歲實(365.24219879=365 日 5 時 48 分 46.0 秒)約短 11 日左右，故若干年中設置閏月加以調整季節・有閏月之曆年為 13 個曆月・殷代前期以 13 月作為閏月，以均仍按 12 月定名，如遇閏月則重復前月之序數・

太陽太陽曆，一年之長，歲實為 365.24220 日,一月的長度，朔策 29.530588 日，將歲實與朔策的長度對照起來，求其最小的公倍數，就是 19 年(太陽年)，稱為章，一章之中有 235 個月(太陽月)，其日數和 19 太陽年的日數幾乎相同，兩者僅差 0.0864 日・

所以，每一太陽年含有 235 ÷ 19 = $12\frac{7}{19}$ 太陽日；235 太陽月 = 12 月 × 19 + 7 月 = 12 月 × 12 + 13 月 × 7，因此，19 年之中有 7 次 13 個月之年，有 12 次 12 個月之年・這樣的曆法，一年之長，平均為 354 日或 355 日，閏年為 384 日或 383 日・一年的平均長和一月的平均長就成為：

古人測算並不十分精密，測得之朔策和歲實不密合天行；為求合天，須隨時測影(冬至日影)證太陽年，以交食證太陽月(日食朔，月食望)兩千多年來曾有數十次修正，以便獲得一種合天的朔策和歲實・月球接連兩次合朔或兩次望(滿月)的間隔時間，叫做太陽月或朔望月，它相當於 29.530588 日，即 29 日 12 時 44 分 3 秒.

二十四節在曆書上的應用 「以清雍正十年(AD1732)歲壬子時憲書為例」

月建	朔日干支	干支序數	陰曆	陽曆						陰曆	陽　曆					
正月大	己未	56	9日	2月4日	丁卯	申正	2刻3分	立春	正月節	24日	2月19日	壬午	午正	2刻	雨水	正月中
二月小	己丑	26	9日	3月5日	丁酉	午初	初刻4分	驚執	二月節	24日	3月20日	壬子	午正	2刻12分	春分	二月中
三月大	戊午	55	10日	4月4日	丁卯	酉初	2刻11分	清明	三月節	26日	4月20日	癸未	丑正	初刻3分	穀雨	三月中
四月小	戊子	25	11日	5月5日	戊戌	未初	2刻8分	立夏	四月節	27日	5月21日	甲寅	寅正	初刻1分	小滿	四月中
五月小	丁巳	54	13日	6月5日	己巳	戌正	2刻5分	芒種	五月節	29日	6月21日	乙酉	未正	2刻3分	夏至	五月中
閏五月大	丙戌	23	16日	7月7日	辛丑	巳初	初刻2分	小暑	六月節							
六月小	丙辰	53	2日	7月23日	丁巳	寅初	初刻5分	大暑	六月中	17日	8月7日	壬申	戌初	3刻4分	立秋	七月節
七月大	乙酉	22	4日	8月23日	戊子	巳正	1刻18分	處暑	七月中	19日	9月7日	癸卯	刻正	一刻	白露	八月節
八月大	乙卯	52	5日	9月23日	己未	卯正	3刻6分	秋分	八月中	20日	10月8日	甲戌	午正	初刻4分	寒露	九月節
九月大	乙酉	22	5日	10月23日	己丑	未初	3刻8分	霜降	九月中	20日	11月7日	甲辰	午正	2刻6分	立冬	十月節
十月小	乙卯	52	5日	11月22日	己未	辰正	2刻9分	小雪	十月中	20日	12月7日	甲戌	丑正	2刻10分	大雪	十一月節
十一月大	甲申	21	5日	12月21日	戊子	戌初	1刻9分	冬至	十一月中	20日	1月5日 (AD1733)	癸卯	午正	2刻13分	小寒	十二月節
十二月小	甲寅	51	5日	1月20日	戊午	寅正	1刻10分	大寒	十二月中	19日	2月3日	壬申	亥正	1刻7分	立春	正月節

一. 本表係照雍正十年(AD1732)時憲書整理編制，基本保持原有項目與格式·
二. 干支序數，與陰曆日期對照的公曆日期，均係編者後加·
三. 用「萬年曆譜」或「萬年曆盤」檢查中曆與公曆相互對應日期，可以此表作為參考，熟檢查中曆朔日、干支序數，公曆(格勒曆)日期，以及節、中之關係
四. 通過此表所列之朔日干支與序數，作前後月比較，可以迅速判斷月建大小；干支上一字同者為大，異者為小，或者序數個位同者為大，異者為小·

「曆盤」、「曆譜」所涉及的若干曆法問題

「曆盤」用於從公曆月日查檢所對　應的中曆干支，或者中曆日干支查檢所對應的公曆月日，均相當簡便迅速·然而中曆某月某日查檢所對應的公曆月日，或者從中曆某月某日查檢所對應的某月日干支，卻不易速檢·這是因為中曆上的節氣有進有退，月建上有大月小月和閏月，前後各曆的算法和朔安排不盡相同，所以月序和日序，半出人為，變化不定·它不像干支六十為一周期，固定有序，周而復始，不間亦不重複·所以要從根本上解決查檢各代的中曆日序，僅有一種(曆盤)是很難滿足多方面的查檢需要的·為了滿足人　們在科學研究，學習工作，和日常生活中的多種查檢需要，特編製「萬年曆譜」，作為「曆盤」的姊妹篇·並於「曆譜」上附設「萬年曆譜」速檢盤，借助此盤可以檢核「曆譜」中任何一年的全月日·

一．公元年代

相傳耶穌降生之歲，為西曆紀元之始・自西元後 1582 年以來，世界各國相繼採用，故稱公元或公曆・「萬年曆譜」首列公元年代，與中國干支紀年、王朝紀年(稱朝年)配列編排・凡從公元紀年查干支紀年或朝年數，可以接查閱「萬年曆譜」・如欲速檢公元年所對應的干支紀年或朝年，可以直接查「曆盤」，也可以通過計算，然後查檢「曆盤」上大圓盤內的干支序數，各種方法可以隨意選擇・

二．干支紀年、歲星紀年、與太歲紀年

甲子紀年始於東漢章帝元和二年(AD84).這是一種獨立的科學的尺度，自成體系，不受改朝換帝的影響，用 60 花甲子連續編排紀年，可以向前向後銜接不斷，以至無窮，甚為方便・它與干支紀日，同是研究中國歷史的重要工具・

干支使用之前，有所謂歲星紀年，我國古人把五星中的木星稱為歲星，以歲星繞日約 12 年為一周天，分周天為 12 「次」,並以歲星所在之「次」為紀年標準・如春秋(國語)「歲在星紀」、「歲在鶉火」之類・還有所謂太歲在寅曰攝提格，在卯曰單閼，在辰曰執徐等十二名，60 歲為一週，略與 60 甲子相當，而又不同於干支・劉歆「三統曆」始創「歲星超辰法」，測得每 144 年，歲星行天 145 次，即每 144 年歲星要超過一「次」.據今人測得歲星大約８４年(又一說 86 年)就超過一「次」・因為歲星紀年，12 年一周，並不準確，所以用此法不過秦漢之際二百餘年・按「歲星超辰法」，歲星(木星)從西向東轉，即右旋，其方向和順序與 12 個時辰恰好相反，一歲易一辰，歲星每超一辰，即與太歲歲次相差一辰・太歲從東向西轉，即左旋・

歲星紀年、太歲紀年、是中國古代兼綜史歷兩家紀年之紀年・自古以來，討論古代紀年之學者皆以此為糾紛蘊結之處，迄無定論・　宋劉羲叟編「資治通鑑目錄」，將歲陽(十干)歲陰(十二支)配列編制，作為系統的太歲紀年年表，後世文人亦多仿效，應用相當廣泛・為了便利閱讀古史及整理古籍，在「萬年曆譜」中按照陽歲陰之關系，並對照十干及十二支配列編製成表，查檢者按照歲陽歲名及序數檢索，便可迅速查得所大太歲紀年・

歲	十干	甲	乙	丙	丁	戊	己	庚	辛	壬	癸		
陽	(爾雅)	閼逢	旃蒙	柔兆	強圉	著雍	屠維	上章	重光	玄	昭陽		
表	(史記)	焉逢	端蒙	游兆	強梧	徒維	祝犁	商横	昭陽	横文	尚章		
歲	十二支	子	丑	寅	卯	辰	巳	午	未	申	酉	戌	亥
陰	(爾雅)	困敦	赤奮若	攝提格	單閼	執徐	大荒落	敦	協洽	.灘	作噩	閹茂	大淵獻
表	(史記)	同上	同上	同上	同上	同上	同上	同上	同上	同上	同上	淹茂	同上

三．干支紀日與干紀時

干支紀日相傳最古，遠在殷商以前，是世界上起源最早行用最久的紀日法・據董作賓考證，從商代武丁 29 年 12 月 15 日(有閏 13 月的一年)的月食庚申(公元前 1311 年 11 月 23 日)算起直到現在，計 3290 餘年，從沒有間斷錯誤過・所謂干支紀日，共用了 22 個字，配列成 60 個不同的日名・「十干」甲乙丙丁戊己庚辛壬癸，「十二支」子丑寅卯辰巳午未申酉戌亥・「甲子表」亦稱「干支表」，早在三千年前甲骨文中就已經形成・干支紀日法，是一種絕對獨立系統，不受任何曆法上年月日之影響・因此它是史學考證年代最重要的基礎・

十二辰紀時早於漢，干支紀月晚於漢，月支與時支加上天干，是從隋唐算命術發展起來的・古來各民族多用十二兽紀年、紀月、紀日、紀時，不用天干・漢族用干支紀日是特殊的，但漢族民間用十二生肖紀歲數，即是不用天干紀年、紀月、紀時的遺跡・

關於日的長短，在不同時代有不同的起算方法，一夜一晝一日・日的開始，最早以日起算・夏以平旦為日始，殷以鷄鳴為日始，周以夜半為日始・日與夜的長短不一樣，按「禮記・月令」的說法，仲春月、仲秋月為「日夜分」，仲夏月為日長夜短，仲冬月為日短夜長・

董作賓著	晝							夜				
殷(武丁)	明	大采	大食	中日	昃	小食	小采					
殷(祖甲)	明	朝	大食	中日	昃	小食	暮	昏	昧		曦	
周	日出	食時	隅中	中日	日昃	晡時	日入	黃昏	人定	夜半	鷄鳴	平旦
漢	卯	辰	巳	午	未	申	酉	戌	亥	子	丑	寅
現行時	5-7	7-9	9-11	11-13	13-15	15-17	17-19	19-21	21-23	23-1	1-3	3-5

陳梦家考定的時辰表

假定時辰	六 卯	八 辰	一0 巳	十二 午	十四 未	十六 申	十八 酉	廿四 亥
武丁卜辭	三明 日明	大采 大食	蓋日	中日	昃	小食	小采	夕
武丁以後卜辭	妹旦	朝 大食		中日	昃	郭兮 郭兮	暮 昏落日	夕
文獻資料	昧，爽 旦 旦明	朝 大采 蚤食	隅	日中 正中	昃 小還	下昃 大還 晡時	夕,黃昏,定昏,夜 少采 旦人	

四季晝夜時表

四季		晝(刻)	夜(刻)	時　節	增減時刻
春	春分	55	45	春分到夏至晝漸長	增 9 刻半
夏	夏至	65	35	夏至到秋分晝漸短	減 9 刻半
秋	秋分	55	45	秋分到冬至晝漸短	減 10 刻半
冬	冬至	35	65	冬至到春分晝漸長	增 10 刻半

五更時刻表

夜間	五夜	五更	現行時
黃昏	甲夜	一更	19-21
人定	乙夜	二更	21-23
夜半	丙夜	三更	23-1
鷄鳴	丁夜	四更	1-3
平旦	戊夜	五更	3-5

中國古代使用日　和漏壺測定晝夜時辰古制一日定為百刻，一年四季有晝夜長短的變化晝夜之刻漏也有不同的劃分方法．

清初引用西洋曆法，一晝分為 24 小時，每小時四刻，每刻 15 分鐘，一晝夜共 96 刻．按一晝夜分為 12 個時辰，每個時辰 8 刻，故一個時辰等於 2 個小時．

曆用時每辰又有初、正之分，而民用時只用 12 個時辰．以子時為例，子初為 23 時 0 分，子正為 0 時 0 分．從 23 時 0 分到翌日 1 時 0 分止.依此類推.

四．干支紀月

干支紀月，晚於干支紀日．有學者稱，干支紀月始於春秋時代，有的說始於漢代，因為那时已有某月建子，某月建丑名義，用子丑寅卯等 12 個時辰與 12 個月份相配，作為月建之名的代稱．干支紀月，只是多一種區別，便於記憶和掌握．大體是五年一周，周而復始．舊日區別月建，以夏正建為主．有口訣：「甲、己之年丙作首，乙、庚之歲戊為頭，丙、辛便向庚寅起，丁、壬、壬寅順水流，惟有戊癸何處起，正月應向甲寅求」．按此口訣，分別寫出如右邊狀況：

甲年	己年	正月	丙寅
戊年	癸年	正月	甲寅
乙年	庚年	正月	戊寅
丙年	辛年	正月	庚寅
丁年	壬年	正月	壬寅

五．建除與 28 宿在中國曆書上的應用

古代和近代曆書中，常用「建、除、滿、平、定、執、破、危、成、收、開、閉」12 個字，依序注於太陰月的日序，及子丑寅卯等 12 個時辰之下，凡遇節氣，即於次日重復一字，中氣則不重復．自漢代起，於每月的紀日干支下，注有「建」字；自唐以下，曆書中全標注建除、辰滿、巳平、午定、未執、申破、酉危、戌成、亥收、子開、丑閉．從清時憲書上可以看出，凡「建」字均輪值於含有子丑寅卯等日名干支之下．兩個節氣之間的「建」字所對應的日干支即為「太陽月」之月名．例如，雍正十年時憲書，立春正月節為陰曆正月初九日，其下個節氣驚執二月節為二月初九日．在此期間有正月二十日之「戊寅」及二月初二日之「庚寅」，據此可以知道陰曆自正月初九日起二月初八日止為太陽月之「建寅」月．應該指出，曆本逐日加注「建除」等 12 字，是供選擇吉日，避開凶日而注的．古代建除家(星命家)在天盤地盤上，一個標 12「日辰」,一個標「建除」12 字，按月建何支，就把建除盤上建字對齊該支，全節氣月中逐日按日支何字，查得建除某字，即定該日吉凶，是簡單最原始的選擇吉日法．曆本上編列建除等字與編曆無關，然而它卻寄生於曆本之上，並且被應用於迷信活動．但是，因為建除等字在曆本上的編排有一定的循環規律，所以可以借助它了解太陰月與太陽月之相互關係．

雍正十年時憲書建除式

正月大	合朔戊正	己未	初一	火	(昂)	破	陽曆 1 月 27 日	
建壬寅	2刻5分	庚申	初二	木	華	危	28 日	
		辛酉	初三	木	參	成	29 日	
		壬戌	初四	水	觜	收	30 日	
		癸亥	初五	水	井	開	31 日	
		甲子	初六	金	鬼	閉	陽曆 2 月 1 日	
		乙丑	初七	金	柳	建	2 日	
		丙寅	初八	火	(星)	除	3 日	
		丁卯	初九	火	張	除	4 日立春	正月節
		戊辰	初十	木	翼	滿	5 日	
		己巳	十一	木	軫	平	6 日	
		庚午	十二	土	角	定	7 日	
		辛未	十三	土	元	執	8 日	
		壬申	十四	金	氐	破	9 日	
		癸酉	十五	金	(房)	危	10 日	
		甲戌	十六	火	心	成	11 日	
		乙亥	十七	火	尾	收	12 日	
		丙子	十八	水	箕	開	二月小建癸卯	

		丁丑	十九	水	斗	閉	14 日	
		戊寅	二十	土	牛	建	15 日	
		己卯	廿一	土	女	除	16 日	
		庚辰	廿二	金	(虛)	滿	17 日	
		辛巳	廿三	金	危	平	18 日	
		壬午	廿四	木	室	定	19 日	
		癸未	廿五	木	壁	執	20 日	
		甲申	廿六	水	奎	破	21 日	
		乙酉	廿七	水	婁	危	22 日	
		丙戌	廿八	土	胃	成	23 日	
		丁亥	廿九	土	(昂)	收	24 日	
		戊子	三十	火	畢	開	25 日	
		己丑	初一	火	參	閉	26 日	
		庚寅	初二	木	觜	建	27 日	
		辛卯	初三	水	井	除	28 日	
		壬辰	初四	水	鬼	滿	29 日	
		癸巳	初五	水	柳	平	陽曆 3 月 1 日	
		甲午	初六	金	(星)	定	2 日	

		乙未	初七	金	張	執	3日	
		丙申	初八	火	翼	破	4日	
		丁酉	初九	火	軫	破	5日驚執二月節	

		戊戌	初十	木	角	危	6日	

星期與二十八宿對照表

在此曆書上配有28宿，輪值於日干支之中，它以28宿代表28日，一宿值一日，周而復始，宿名有圈者為星期　日．此項「28宿」與「七曜」紀日法，確與編曆有關，由西域傳來．中國用十干，十二支組成「干支」，用以紀日．西域用28宿、7曜組合成「宿曜」，用來紀日(根據「宿曜」定其吉凶的還有「宿曜經」傳來)．中國28宿以宿為首，西域28宿以昂宿為首．7曜日以日曜為首．宿曜組合昂宿與日曜同時值日．角宿輪值於星期四．按宿名方位和7曜列表如次：

	星　期	四	五	六	日	一	二	三
	曜　日	木	金	土	日	月	火	水
28宿	東方七宿	角	元	氐	房	心	尾	箕
	北方七宿	斗	牛	女	虛	危	室	壁
	西方七宿	奎	婁	胃	昴	畢	觜	參
	南方七宿	井	鬼	柳	星	張	翼	軫

六．儒略曆在「曆譜」與「曆盤」上的應用

儒略曆是由羅馬大政治家儒略．愷撒(G　aius Julius Caesar)主持制定的．在遠征埃及發現當地的曆法比較簡便，在亞歷山大城召集天文學家製定新曆，並決定從羅馬紀元709年，相當於公元前45年1月1日(漢元帝初元三年乙亥11月29日庚辰)實行．而在愷撒改歷之前，羅馬曆是很不完善的．按愷撒的規定，儒略曆平年365天，每隔三年設一閏年為366天;平均每年長度為365.25日．但是在實行以後，誤為「每三年設一閏年」，結果從公元前42年至公元前9年，在36年中多置閏3天．這個錯誤直到奧古斯都(Augustus)即位以後才下令改正．即從公元前8年至公元4年停止置閏3次，而從公元8年開始每四年設一閏年．與此同時，還決定調整各月；的天數．即：一、三、五、七、、十、十二各月均為31日，四、六、九、十一各月均為30日；二月平年28日，閏年29日．

七．格勒哥里曆

格勒哥里曆，是由羅馬教皇格勒哥里13m世於公元1582年製定的一種太陽曆，即當今通行之公．曆一年12個月的分配是1、3、5、7、8、10、12等月各31日，4、6、9、11等月各30日，二月，平年為28日，閏年為29日，皆與儒略曆相同．惟儒曆之長(歲實)為365.25日，較一回歸年（太陽年）之長度365日5時48分46秒(365.2422日)長11分4秒(0.0078日)，128年相差1日，400年約差3日(11 X $\frac{14}{60}$ X400=4493n=3日2時53分)，致使春分逐漸提早，儒略曆製定時代，春分在3月25日，十六世紀後期，春分日竟提前10日，變成3月11日，而不在公元325年尼斯宗教議(Nicene Council)所定之3月21日了．教皇格勒哥里決定於1582年10月4日之銷去10日,以10月5日為10月15日，但星期次不變，仍然連續計算．並且決定改變置閏法，凡公元年數能被4除盡之年仍為閏年，而逢百數之年(世紀年)不能被400除盡之年皆非閏年．能被4除盡之年,如1600、2000、24000等年，仍為閏年，而1700、1800、1900、2100、2200等年，均不能被400除盡，皆非閏年．自此次修正之後，幾與天合．曆年的平均長為為 $\frac{365x303+366x97}{400}$ ＝365.2425日，但與現時1回歸年(太陽年)之長(歲實)相比較，則為365.2425日－365.24220日＝0.00030日，仍略嫌其長，一萬年約長3日．格勒哥里曆優於東西方各國陽曆，故被各國相繼採用，我國於1912年正式宣佈採用此曆．

八．儒略曆與格勒哥里曆之換算

黃伯祿(中西朔日對照表)、高平子(史日長編)、董作賓(中國年曆總譜)，皆以公元後 1 年 1 月 1 日為干支「丁丑」日(序數 14)，萬年曆譜從之．陳垣(二十史朔閏表)、薛仲三等(兩千年中西曆對照表)，以公元 1 年 1 月 1 日為干支「戊寅」日(序數 15)，並以公元 4 年為失閏之年．

儒略曆		格勒哥里曆	例:儒略曆－格勒曆	
自	至	改正值(日)	年 月 日	月、日
BC2300.2.28.	BC2201.2.29	－19	BC2201.2.29.	2 月 10 日
BC2200.2.28.	BC2001.2.29	－18	BC2001.2.29	2.11.
BC2000.2.28	BC1901.2.29.	－17	BC1901.2.29.	2.12.
BC1900.2.28.	BC1801.2.29.	－16	BC1801.2.29.	2.13.
BC1800.2.28.	BC1701.2.29.	－15	BC1701.2.29.	2.14.
BC1700.2.28..	BC1501.2.29	－14	BC1501.2.29.	2.15.
BC1500.2.28.	BC1401.2.29.	－13	BC1401.2.29.	2.16.
BC1400.2.28.	BC1301.2.29.	－12	BC1301.2.29.	2.17.
BC1300.2.28.	BC1101.2.29.	－11	BC1101.2.29.	2.18.
BC1100.2.28.	BC1001.2.29.	－10	BC1001.2.29.	2.19.
BC1000.2.28.	BC901.2.29.	－9	BC901.2.29.	2.20.
BC900.2.28.	BC701.2.29.	－8	BC701.2.29.	2.21.
BC700.2.28.	BC601.2.29.	－7	BC601.2.29.	2.22.
BC600.2.28.	BC501.2.29.	－6	BC501.2.29.	2.23.
BC500.2.28.	BC301.2.29.	－5	BC301.2.29.	2.24.
BC300.2.28.	BC201.2.29.	－4	BC201.2.29.	2.25.
BC200.2.28.	BC101.2.29.	－3	BC101.2.29.	2.26.
BC100.2.28.	BC1.2.29.	－2	BC1.2.29.	2.27.
AD100.2.29.	AD200.2.28.	－1	AD100.2.29.	2.28.
AD200.2.29.	AD300.2.28.	0 日		
AD300.2.29.	AD500.2.28.	＋1	AD500.2.28.	3.1.

儒略曆		格勒哥里曆	例:儒略曆－格勒曆	
自	至	改正值(日)	年 月 日	月、日
AD500.2.29.	AD600.2.28.	＋2	AD600.2.28.	3.2.
AD6002.29.	AD700.2.28.	＋3	AD700.2.28.	3.3.
AD700.2.29.	AD 900.2.28.	＋4	AD900.2.28.	3.4.
AD900.2.29.	AD1000.2.28.	＋5	AD1000.2.28.	3.5.
AD1000.2.29.	AD1100.2.28.	＋6	AD1100.2.28.	3.6.
AD1100.2.29	AD1300.2.28.	＋7	AD1300.2.28.	3.7.
AD1300.2.29.	AD1400.2.28.	＋8	AD1400.2.28.	3.8.
AD1400.2.29.	AD1500.2.28.	＋9	AD1500.2.28.	3.9.
AD1500.2.29.	AD1700.2.28.	＋10	AD1700.2.28.	3.10.
AD1700.2.29.	AD1800.2.28.	＋11	AD1800.2.28.	3.11.
AD1800.2.29.	AD1900.2.28.	＋12	AD1900.2.28.	3.12.
AD1900.2.29.	AD2100.2.28.	＋13	AD2100.2.28.	3.13.
AD2100.2.29.	AD2200.2.28.	＋14	AD2200.2.28.	3.14.
AD2200.2.29.	AD2300.2.28.	＋15	AD2300.2.28.	3.15.

格勒哥里曆		儒略曆	例：格勒曆－儒略曆	
自	至			
AD1500.3.1.	AD1700.2.28.	－10	AD1500.3.1.	2.20.
AD1700.3.1.	AD1800.2.28.	－11	AD1700.3.1.	2.19.
AD1800.3.1.	AD1900.2.28.	－12	AD1800.3.1.	2.18.

朔是指月球黃經與太陽經相同的時刻．此時此刻，月球處於太陽與地球之間，幾乎和太陽同起同落，朝向地球的一面照不同到太陽，故從地球看不見月亮．望是指月球黃經與太陽黃經相差 180 度的時刻．此時此刻，地球處於太陽與月亮的中間，月球朝向地球的一面，受到太陽光的照射，故月球呈現光亮的圓形，稱為滿月或望月．從朔到朔，或從望到望的時間間隔，稱為一個朔望月，約為 29.53059 日，取近似值為 29.5 日．月相和月齡的對應關係，其狀如次：

月 齡	3	5	7	上弦(7.4)	9	11	13	滿月(14.8)
日月黃經差(度)	37	61	85	90	110	134	159	180
亮 度	0.7	2.6	6.8	8.3	16	30	58	100
月 齡	滿月(14.8)	17	19	21	下弦(22.1)	24	26	28
日月黃經差(度)	180	153	128	104	90	67	43	19
亮 度	100	49	26	13	7.8	3.6	1.1	0.2

AD1900.3.1.	AD2100.2.28.	－13	AD1900.3.1.	2.17.
AD2100.3.1.	AD2200.2.28.	－14	AD2100.3.1.	2.16.
AD2200.3.1.	AD2300.2.28.	－15	AD2200.3.1.	2.15.
AD2300.3.1.	AD2500.2.28.	－16	AD2300.3.1.	2.14.

九．朔望月計算法

由於月球繞地球和地球太陽的軌道運行，都是不均勻的，因此，每兩次朔望間的時間也是不相等的，最長與最短之間約差 13 個小時．在曆日的安排中，通常大小月相間，經過 15-17 個月，連接有兩個大月．按時等分 24 個節氣，稱為「平氣」．根據平均朔望月推算出來的朔，叫作「平朔」．按照日月運行的不均勻性對平朔進行改正，使之得到真實的朔，稱為「定朔」．我國從春秋戰國時代到唐初，使用平氣、平朔．從唐初到明末，使用平氣、定朔．清代從順治二年(AD1645)才使用定氣、定朔.

我國的中曆日期和月齡基本相符，而公曆則不存在這種關係．為了便於推算陰曆(農曆)日公曆日期，特將 Duncan 的「朔日速算表」摘要如下：
Duncan 的「朔日速算表」，原載於 1980 年 2 月 Sky and Telescope 125 .其算法是：設世紀年為 A．公元年數的個位數和 10 位數為 B，月數為 C，A+B+C 之和，如不過 29.5 日或 59.1 日，即以此數定為朔日，如果超過時，則減去 29.5 日或 59.1 日，所得之差數即為朔日．依此表計算，所得之日數，其誤差不能超過加減 1．如求望日即為 A+B+C＋14.8，其餘算法同前．按中曆月份一般遲於公曆月份一個月，故可以按中曆遲後之月份判斷．如公曆 10 月某日為朔日，當視為中曆 9 月之朔日．但是，當遇到農曆有閏月之年，其閏月(不含)以前之數月，常與公曆月份成同月關係，故當按同月之月朔判斷，閏月(含閏)以後各月,均當按遲於公曆月份判斷．

朔日速算表

世紀年	A	年	B	世紀年	A	年	B	世紀年	A	年	B	世紀年	A	年	B
1600	13.5	00	0.0	7	27.0	13	6.4			26	12.8			39	19.3
1700	18.9	01	18.8	8	25.5	14	25.3			27	2.2			40	7.6
1800	24.2	02	8.3	9	24.0	15	14.7			28	20.1			41	26.5
1900	0.0	03	27.2	10	23.6	16	3.1			29	9.5			42	15.9
2000	4.3	04	15.5	11	22.1	17	22.0			30	28.4			43	5.3
2100	9.7	05	4.9	12	21.6	18	11.3			31	17.7			44	23.2
月	C	06	23.8	閏年 1 月 2 月之 C＋1		19	0.7			32	6.1			45	12.5
1	1.3	0.7	13.2			20	18.6			33	25.0			46	1.9
2	29.3	08	1.5			21	8.0			34	14.4			47	20.8
3	1.3	09	20.4			22	26.9			35	3.7			48	9.2
4	29.4	10	9.8			23	16.2			36	21.6			49	28.1
5	28.9	11	28.7			24	4.6			37	11.0			50	17.4
6	27.4	12	17.1			25	23.5			38	0.4			51	6.8

世紀年	A	年	B
		52	24.7
		53	14.1
		54	3.4
		55	22.3
		56	10.7
		57	0.1
		58	19.0
		59	8.3
		60	26.2
		61	15.6
		62	5.0
		63	23.0
		64	12.2

世紀年	A	年	B
		65	1.6
		66	20.5
		67	9.9
		68	27.8
		69	17.1
		70	6.5
		71	25.4
		72	13.8
		73	3.1
		74	22.0
		75	11.4
		76	29.3
		77	18.7

世紀年	A	年	B
		78	8.0
		79	26.9
		80	15.3
		81	4.6
		82	23.5
		83	12.9
		84	1.3
		85	20.2
		86	9.5
		87	28.4
		88	16.8
		89	6.2
		90	25.1

世紀年	A	年	B
		91	14.4
		92	2.8
		93	21.7
		94	11.1
		95	0.4
		96	18.3
		97	7.7
		98	26.6
		99	16.0

註：　閏年１月２月之Ｃ須 ＋1

例：求公元 1986 年 2 月的朔日：設 1900 年為 A＝0.0　86 年為 B＝9.5　2 月為 C＝29.3　A+B+C = 38.8　38.8 － 29.5＝9.3　故 2 月 9 日為朔日即為正月初一日

十．儒略周日(Julian day)

公元 1629 年法國年代學之父史家利澤(Joseph Justus Scaliger)創制一種曆法，作為獨立的連續不間斷的紀日長尺．其法較我國的干支日法為優，干支紀日以 60 日為 1 週，而儒略周日則以 7980 年為一週，稱為儒略周(julian Period)．兩者相較，前者為紀日之短尺，後者可稱紀日之長尺．所以「儒略周日」(簡稱儒略日簡寫作 J.D.)．儒略日是以史家年公元前 4713 年 1 月 1 日(曆家年為 4712 年 1 月 1 日)為曆元(起算點)的積日法，每日從世界 12 時為始，時刻由日的「０」數表示，此法被天文學和年代學所廣泛使用．

年代學上有「會、章、律會」三個重要的時期，「會」為太陽周期(Solar cycle)即 4x7＝28 年，某日的儒略曆日和星期(曜日)為同一周期．會起於公元前 9 年．「章」為太陰周期(Lunar cycle)即 19 年，235 個望月，故某日的儒略曆日和月的相成為同一周期，設章之首年 1 月 1 日合朔，則每後 19 年遇 1 月 1 日亦必合朔．又諸合朔在某月某日，則後一章必與前一章相同．章為公元前 432 年雅典天文學家麥冬所定故稱「麥冬章」．公元前 1 年為一章之始．四章(4x19＝76 年)為 1 蔀．係加里波所定，故名「加里波蔀」．「律會」羅馬君士坦丁皇帝征稅額核定更正周期，以 15 年為 1 期訂定財產價值，以備課稅之律，律會始於公元前 3 世紀．

公元 5 世紀維克托里埃(Victorinus)以會和章的最小公倍數 28x19＝532 年的周期作為復活節的周期，而史加利澤氏又加進了律會，並以會、章、律會三者的最小公倍數 28x19x15＝７９８０年的周期作為「儒略周期」．公元前 1 年正相當於會的第 9 年，章的第 1 年，律會的第 3 年，所以向前探尋會、章、律會之曆元，則同起於公元前 4713 年即 4713＝28x168+9＝19x248+1＝15x314+3．

應當說明一點，儒略曆是由羅馬皇帝儒略．凱撒(Julius Caesar)的敕令而得此稱，而儒略日、儒略周期，則是史加利澤以其父之名(Julius Caesar Scaliger)命名的．公元前 4713 年為會、章、律會同起之曆元，以以年 1 月 1 日正午(最初以亞力山大港之曆時，現在以格林威治之曆時為準)為儒略日之曆元，儒略日為 0.0 日，相當於中國干支癸丑日，2 日正午為 1 日，相當甲寅．「萬年曆譜」隨中國曆法活用，殷以前以明為始，周以後以夜半為始，而日數相同．

1973 年 8 月，國際天文學聯會第 15 屆大會決定將儒略日減去 2400000.5，稱為約化儒略日(MJD)．並以 1858 年 11 月 17 日格林威治時間「０」時作為約化儒略日之曆元(MJD=J.D.＝240000.5)・儒略日為研究古代歷史和古代天文學最為有效的科學工具，例如：計算重大歷史事件的總天數，某人生卒年的總天數，銀行按日計算利息的天數，或經過若干較長的日期以後，推算將某年某月某日等等，只須查算起點與迄點之儒略日數並相減即得・或將起點之儒略日數加上日期，即可求得將來之年月・計算儒略周日有許多方法大都比較繁瑣不甚簡便，為了便於文史學者天文學者以及廣大3讀者的利用計算，特編「簡易儒略日速算表」如下：

儒略周日簡易速算表(表一)

年	日		改正值
-3000	62	5308	+24
-2900	66	1833	+23
-2800	69	8358	+23
-2700	73	4883	+22
-2600	77	1408	+21
-2500	80	7933	+20
-2400	84	4458	+20
2300	88	0983	+19
-2200	91	7508	+18
-2100	95	4033	+17
-2000	99	0558	+17
-1900	102	7083	+16

年	日		改正值
-1800	106	3608	+15
-1700	110	0133	+14
-1600	113	6658	+14
-1500	117	3183	+13
-1400	120	9708	+12
-1300	124	6233	+11
-1200	128	2758	+11
-1100	131	9283	+10
-1000	135	5808	+9
-900	139	2333	+8
-800	142	8858	+8
-700	146	5383	+7

年	日		改正值
-600	150	1908	+6
-500	153	8433	+5
-400	157	4958	+5
-300	161	1483	+4
-200	164	8008	+3
-100	168	4533	+2
-0	172	1058	+2
0	172	1424	
100	175	7583	+1
200	179	4108	0
300	183	0633	-1
400	186	7158	-1

年	日		改正值
500	190	3683	-2
600	194	0208	-3
700	197	6733	-4
800	201	3258	-4
900	204	9783	-5
1000	208	6308	-6
1100	212	2833	-7
1200	215	9358	-7
1300	219	5883	-8
1400	223	2408	-9
1500	226	8933	-10
*	230	5448	-10

年	日		改正值
1600			
1700	234	1972	-11
1800	237	8496	-12
1900	241	5020	-13
2000	245	1545	-13
2100	248	8069	-14
2200	252	4593	-15
2300	256	1117	-16
2400	259	7642	-16
2500	263	4166	-17

儒略周日簡易速算表(表二)

年	日
0	＊0或−1
1	365
2	730
3	1095
4	1460
5	1826
6	2191
7	2556
8	2921
9	3287

年	日
10	3652
11	4017
12	4382
13	4748
14	5113
15	5478
16	5843
17	6209
18	6574
19	6939

年	日
20	7304
21	7670
22	8035
23	8400
24	8765
25	9131
26	9496
27	9861
28	10226
29	10592

年	日
30	10597
31	11322
32	11637
33	12053
34	12418
35	12783
36	13418
37	13514
38	13879
39	14244

年	日
40	14609
41	14975
42	15340
43	15705
44	16070
45	16346
46	16801
47	17166
48	17531
49	17897

年	日
50	18262
51	18627
52	18992
53	19358
54	19723
55	20088
56	20453
57	20819
58	21184
59	21549

年	日
60	21914
61	22280
62	22645
63	23010
64	23375
65	23741
66	24106
67	24471
68	24836
69	25202

年	日
70	25567
71	25932
72	26297
73	26663
74	27208
75	27393

年	日
76	27758
77	28124
78	28489
79	28854
80	29219
81	29585

年	日
82	29950
83	30315
84	30680
85	31046
86	31411
87	31776

年	日
88	32141
89	32507
90	32872
91	33237
92	33602
93	33968

年	日
94	34333
95	34698
96	35063
97	35429
98	35794
99	36159

年	日

「０」

閏年為「１」

例三.　平年為

儒略周日簡易速算表(表三)

時	間	平年	閏年
月	日	日	日
1	0	0	0
	10	10	10
	20	20	20
2	0	31	31
	10	41	41
	20	51	51
3	0	59	60
	10	69	70

時	間	平年	閏年
月	日	日	日
	20	79	80
4	0	90	91
	10	100	101
	20	110	111
5	0	120	121
	10	130	131
	20	140	141
6	0	151	152

時	間	平年	閏年
月	日	日	日
	10	161	162
	20	171	172
7	0	181	182
	10	191	192
	20	201	202
8	0	212	213
	10	222	223
	20	232	233

時	間	平年	閏年
月	日	日	日
9	0	243	244
	10	253	254
	20	263	264
10	0	273	274
	10	283	284
	20	293	294
11	0	304	305
	10	314	315

時	間	平年	閏年
月	日	日	日
	20	324	325
12	0	334	335
	10	344	345
	20	354	355

一・上表儒略日是按曆家年從公元前－4712 年 1 月 1 日起算之積日，公元 1599 年以前為儒略曆，1600 年以後為格勒哥里曆，其儒略日皆可從表中求得・公元前年數，依曆家例用負號，元年之有「０」年，０年之前則為－１年，例如公元前－4712 年，即為史家之公元前 4713 年，兩者只差１年・

二・如將公元 1500 年以前各年變成格勒哥里曆，或將公元 1600 年以後各年變成儒略曆，須照表１世年右側所書之值改正・

三・求儒略日之對應日干支，即將儒略日加 50 並除以 60，所得之餘數１為甲子，２為乙丑，３為丙寅……６０為癸亥・儒略日數除以７，然後按餘查表即可查得星期序數・

儒略日星期表

星期一	星期二	星期三	星期四	星期五	星期六	星期日
Manday	Tuesday	Wednesday	Thursday	Friday	Satruday	Sunday
月	火	水	木	金	土	日
0	1	2	3	4	5	6

以「儒略周日」求取「干支日」名法

以既知之儒略周日數，用 60 除之，按所得餘數檢視下列檢查表即得(儒略周日干支日名檢查表)

0	1	2	3	4	5	6	7	8	9	10
癸丑	甲寅	乙卯	丙辰	丁巳	戊午	己未	庚申	辛酉	壬戌	癸亥
	11	12	13	14	15	16	17	18	19	20
	甲子	乙丑	丙寅	丁卯	戊辰	己巳	庚午	辛未	壬申	癸酉

註：本年曆簡譜，因有一個「失落的六天」問題存在，其儒略周日數為 86-0558 至 86-0563，為替代那失去的六天而未獲得干支命名，所以上述推算求取干支日名的方法，限於黃紀 341 年甲辰帝堯元年一月初一日(86-0564)以下可以適用，仍然維持董

	21	22	23	24	25	26	27	28	29	30
	甲戌	乙亥	丙子	丁丑	戊寅	己卯	庚辰	辛巳	壬午	癸未
	31	32	33	34	35	36	37	38	39	40
	甲申	乙酉	丙戌	丁亥	戊子	己丑	庚寅	辛卯	壬辰	癸巳
	41	42	43	44	45	46	47	48	49	50
	甲午	乙未	丙申	丁酉	戊戌	己亥	庚子	辛丑	壬寅	癸卯
	51	52	53	54	55	56	57	58	59	
	甲辰	乙巳	丙午	丁未	戊申	己酉	庚戌	辛亥	壬子	

作賓先生的推算檢查準則・自黃紀 340 年卯□8 年 12 月 29 日(86-0557)起向上延伸至「0」日，必須按照既知的儒略周日數，除以 60，以其餘數再加上一個「6」，再以得數檢視上表即得・由這一少去六個(天)干支的影響，促使西元前－4713 年 1 月 1 日的干支名稱，也得相對退後六個干支，稱謂而改稱己，「1」日的干支，亦須改稱為庚申・

如黃帝元年元旦的儒略周日編號為 73-6325，以 60 除 5 再加上「6」得數為 11 按 11 檢查上表，即得干支名稱為「甲子」，與陰曆的正朔相應・但自黃帝紀年 341 年甲辰(帝堯元年)的元旦日向下，祇須以 60 除儒略周日編號數的餘數，檢查上表即可，毋須再上加一個「6」的數目・

丁儒略周日求取星期法

檢查星期，亦可借用儒略周日編號，以既知的編號數用七除之，餘數再加上「6」，其得數大於 7，則須減去 7，以其差數檢查下表即可・但這只限於黃帝紀年 1 年 1 日到黃帝紀年 340 年的除夕日・自黃帝紀年 340 年的元旦日起，向下延展的每一天，都不必再加 6 的數目・

0	1	2	3	4	5	6
星期一(月)	星期二(火)	星期三(水)	星期四(木)	星期五(金)	星期六(土)	星期日(日)

茲按上列儒略日計算表和從儒略日查檢「干支」、「星期」之方法，分別舉例如下

例三. 魯隱公 3 年 2 月己巳,為公元前 720 年 2 月 20 日,求儒略周日 表 1 －700 年 1465383 表 2 20 年 減 7304 1458079 表 3 2 月 22 日 加 53 按史家年計算 加 365 1458497 減去多算之日數 減 1 儒略日(J.D.)為 1458496	例二.魯桓公 3 年 7 月壬辰日全食相當於公元前 709 年 7 月 17 日,求儒略日. 表 1 －700 年 1465383 表 2 9 年 減 3287 表 3 7 月 17 日 加 199 1462295 按史家年計算 加 365 1462660 減去多算之日數 減 1 儒略日(J.D.)為 1462659	例三.伊斯蘭教陰曆元年元旦,相當於公元 622 年 7 月 16 日,求儒略日 表 1 －600 年 1940208 表 2 22 年 8035 表 3 7 月 16 日 加 199 1462295 按史家年計算 加 197 儒略日(J.D.)為 1948440	例四:由儒略周日數求日干支 將儒略日數加 50,然後除以 60,其餘數 1 為甲子, 2 為乙丑,3 為丙寅…;餘數是 0 時,紀日干支為癸亥. (1) 求 1985 年 11 月 25 日儒略日數的紀日干支. 查表和計算,知儒略日數為:2446395 按求日干支法: $\frac{2446395+50}{60}$ =(40774)…5(戊辰)	例四(2): 求 1921 年 7 月 1 日儒略日數的日干支 查表計算,知儒略日數為: 表 1 1900 年 2415020 表 2 21 年 7670 表 3 7 月 1 日 加 199 1462295 按史家年計算 加 182 儒略日(J.D.)為 2422872
例五.從儒略日數求星期序數求(J.D.) 2422872 是星期幾？ 2422872÷7＝(346124)……餘 4 得「儒略日星期表」4 為星期五	例六.求公元 1582 年 10 月 4 日的儒略日數 表 1 1500 年 2268933 表 2 82 年 29950 表 3 10 月 4 日 加 277 2299160 1582 年 10 月 4 日儒略日數如上.	例七:求公元 1582 年 10 月 15 日之儒略日數 表 1 1500 年 2268933 表 2 82 年 29950 表 3 10 月 15 日 加 288 依改曆減日 減 10 1982.10.15.儒略日數為 2299161	例八:求公元 1949 年 10 月 1 日至 1985 年 10 月 1 日,共經曆多少天 依表計算 1985.10.1.J.D. 2446340 依表計算 1949.10.1.J.D.減 2433191 1949.10.1.-1985.10.1.經 13149(日)	

十一．回曆在(曆譜)上的應用

「回曆」是伊斯蘭教的陰曆，亦稱穆罕默德曆．它是以穆罕默德從加城遷至地那之翌日為曆元，相當於儒略公元 622 年 7 月 16 日(格勒曆 7 月 19 日)，唐武德五年壬午，六月三日(癸丑)．「回曆」純屬太陰曆，不置閏月，以太陰月 12 個月為 1 年．12 個朔望為 354.3672 日，一個望日為 29.53.6 日，與回歸年的長度相接近，兩者相差 11 天，故每年之元旦無定時，積 32.3 年，即比中、西曆多 1 年．

「回曆」月法，以見新月為月首，不以實朔為首，故其月首日期，常在中曆月朔２、３日後．每月日數：單月大盡，各 30 日，雙月小盡，各 29 日．每隔 2、3 年置一閏月於 12 月之末，故平年 354 日、閏年 355 日．回曆以 30 年為一周，其中平年 19，閏年 11．其閏年安排是：每周之第 2、5、7、10、13、16、18、21、24、26、29 等年，皆為閏年．判斷回曆是否閏年，亦很簡單，將回曆紀年用 30 除，其餘數與上列之年數同者，即為閏年，不同者即為平年．

「回曆」與「公曆」的換算，首先要將回曆日期換算成公曆日期．

按儒略曆曆年平均長度為 365.25 日，格勒曆曆年平均長度為 365.2425 日．而回曆曆年之平均長度為 354.3667 日，與公曆曆年平均度相比，則為 $\frac{354.3667}{365.2425}=0.970223$．

按回曆元年元旦為格勒哥里曆公元 622 年 7 月 19 日，換算成年則為 622.5479 年．若求回曆某年元旦所對應的公曆年日期，可按下列算式計算：

622.5479+0.970223(Y－1)或(621.5777+0.970223y)

例　：求回曆 1407 年元旦是公曆幾年幾月幾日？　621.5777+0.970223x1407＝1986.6814(年)　將年的小數換算成天數及幾月幾日: 0.6814x365＝248.711(日)．查「公曆年中積日表」248 日為 9 月 5 日，而 0.711 日為 17 時 3 分 50 秒，故應算做 1 天，為 9 月 6 日．故算得回曆 1407 年元旦為公曆 1986 年 9 月 6 日．求得回曆歲首元旦日所對應的公曆日期以後，便可進一步計回曆一年中任何一天所對應的公曆日鈅．在利用「公曆年中積日表」時，須注意對應公曆年是平年或閏年，及公曆月份之大小．「萬年曆譜」從公元 622 年唐武德 5 年起編入回曆，迄於公元 2000 年．回曆元年寫作１，二年寫作 2……；遇回曆有閏日之年，於年數旁加點，如閏 5 年寫作「5.」．回曆元旦日皆用阿拉伯數字表示如(6)3，即表示回曆元旦相於中曆 6 月 3 日．利用上述公式計算回曆元旦日所對應；的公曆日期，往往會有一天；的出入．如果利用七曜加以核對，可以得到準確的日數．

回曆平年 354(日)÷7(日)＝50(星期)……餘 4 日；回曆閏年 355 日÷7＝50(星期)…5 日．依回曆 30 年之周期總積日 10631(日)÷7(日)＝1518(星期)……餘 5 日．自從回曆元年元旦確定為星期五以來，星期之制一直是以 7 日為周，回曆年是以 30 年為一周，循環往復所以每隔 210 年，回曆各日所對應之星期序數也完全相同．按照上述變化規律，編製回曆紀年元旦日對應七曜(星期)日序如次：

總年七曜							餘年			
0日	1月	2火	3水	4木	5金	6上				
1	6	4	2	日	5	3	0	8		
3	5	1	6	4	2	日	1	9	17	25
2	日	5	3	1	6	4	2*	10*	18*	26*
日	5	3	1	6	4	2	3	11	19	27
4	2	日	5	3	1	6	4	12	20	28
1	6	4	2	日	5	3	5*	13*	21*	29*
6	4	2	日	5	3	1	6	14	22	
3	1	6	4	2	日	5	7*	15	23	
日	5	3	1	6	4	2		16*	24*	

說　明

一.有*號者為回曆閏年.
二.回曆紀年除以 30,所得商數稱為總年其餘為餘年.
三.餘年所在橫格,與總年七曜所在豎直格相交處,即為回曆某年元旦所對應的日曜之序數.
四.回曆每天;的開始時間從日落起算,所以計算回曆日曜亦常有錯後一日之差.若按儒略日計算七曜之法,仍可取得相同之結果.

例:求回曆 1407 年元旦日的日曜：
1407÷30＝46(總年)…餘年　46÷7＝……餘 4　查表餘年 27 與總年七曜 4 相交處為金曜日星期五．按前舉求回曆 1407 年元旦所對應的公曆年月日一例中，已經證明此年元旦日為公元 1986 年 9 月 6 日，換算成儒略周日為 2446680 日，以 7 除之餘 5，查前「儒略周日期表佑為星期六．由此可證，按回曆直接計算七曜常有錯後 1 日之差」

公曆年中各月積日表（「無點」平年各月積日，「有點」為閏年各月積日）

月日	1	1.	2	2.	3	3.	4	4.	5	5.	6	6.	7	7.	8	8.	9	9.	10	10.	11	11.	12	12.	月日
1	1	1	32	32	60	61	91	92	121	122	152	153	182	183	213	214	244	245	274	275	305	306	335	336	1
2	2	2	33	33	61	62	92	93	122	123	153	154	183	184	214	215	245	246	275	276	306	307	336	337	2
3	3	3	34	34	62	63	93	94	123	124	154	155	184	185	215	216	246	247	276	277	307	308	337	338	3
4	4	4	35	35	63	64	94	95	124	125	155	156	185	186	216	217	247	248	277	278	308	309	338	339	4
5	5	5	36	36	64	65	95	96	125	126	156	157	186	187	217	218	248	249	278	279	309	310	339	340	5
6	6	6	37	37	65	66	96	97	126	127	157	158	187	188	218	219	249	250	279	280	310	311	340	341	6
7	7	7	38	38	66	67	97	98	127	128	158	159	188	189	219	220	250	251	280	281	311	312	341	342	7
8	8	8	39	39	67	68	98	99	128	129	159	160	189	190	220	221	251	252	281	282	312	313	342	343	8
9	9	9	40	40	68	69	99	100	129	130	160	161	190	191	221	222	252	253	282	283	313	314	343	344	9
10	10	10	41	41	69	70	100	101	130	131	161	162	191	192	222	223	253	254	283	284	314	315	344	345	10
11	11	11	42	42	70	71	101	102	131	132	162	163	192	193	223	224	254	255	284	285	315	316	345	346	11
12	12	12	43	43	71	72	102	103	132	133	163	164	193	194	224	225	255	256	285	286	316	317	346	347	12
13	13	13	44	44	72	73	103	104	133	134	164	165	194	195	225	226	256	257	286	287	317	318	347	348	13
14	14	14	45	45	73	74	104	105	134	135	165	166	195	196	226	227	257	258	287	288	318	319	348	349	14
15	15	15	46	46	74	75	105	106	135	136	166	167	196	197	227	228	258	259	288	289	319	320	349	350	15
16	16	16	47	47	75	76	106	107	136	137	167	168	197	198	228	229	259	260	289	290	320	321	350	351	16
17	17	17	48	48	76	77	107	108	137	138	168	169	198	199	229	230	260	261	290	291	321	322	351	352	17
18	18	18	49	49	77	78	108	109	138	139	169	170	199	200	230	231	261	262	291	292	322	323	352	353	18
19	19	19	50	50	78	79	109	110	139	140	170	171	200	201	231	232	262	263	292	293	323	324	353	354	19
20	20	20	51	51	79	80	110	111	140	141	171	172	201	202	232	233	263	264	293	294	324	325	354	355	20
21	21	21	52	52	80	81	111	112	141	142	172	173	202	203	233	234	264	265	294	295	325	326	355	356	21
22	22	22	53	53	81	82	112	113	142	143	173	174	203	204	234	235	265	266	295	296	326	327	356	357	22

月日	1	1.	2	2.	3	3.	4	4.	5	5.	6	6.	7	7.	8	8.	9	9.	10	10.	11	11.	12	12.	月日
23	23	23	54	54	82	83	113	114	143	144	174	175	204	205	235	236	266	267	296	297	327	328	357	358	23
24	24	24	55	55	83	84	114	115	144	145	175	176	205	206	236	237	267	268	297	298	328	329	358	359	24
25	25	25	56	56	84	85	115	116	145	146	176	177	206	207	237	238	268	269	298	299	329	330	359	360	25
26	26	26	57	57	85	86	116	117	146	147	177	178	207	208	238	239	269	270	299	300	330	331	360	361	26
27	27	27	58	58	86	87	117	118	147	148	178	179	208	209	239	240	270	271	300	301	331	332	361	362	27
28	28	28	59	59	87	88	118	119	148	149	179	180	209	210	240	241	271	272	301	302	332	333	362	363	28
29	29	29		60	88	89	119	120	149	150	180	181	210	211	241	242	272	273	302	303	333	334	363	364	29
30	30	30			89	90	120	121	150	151	181	182	211	212	242	243	273	274	303	304	334	335	364	365	30
31	31	31			90	91			151	152			212	213	243	244			304	305			365	366	31

「西元、干支」配合的優點　彭建方

平常我們翻閱歷史書籍、看電視「大陸尋奇」、「算八字看命」、「地理風水」，都離不開「天干、地支」，當看到、或者聽到「某朝代皇帝年號及干支年份」，都感覺會非常困惑，一頭霧水，不知究竟是那一年？離現在有多久年？「算命」的話，只要報「出生年月日及時辰」，算命師即可立即查算出你的「干支八字」，然而看歷史書刊，觀歷史電視劇，報導的多是「朝代年月」、或「甲子年月」，則無法得知究竟是多少年？一般不懂「六十年花甲子」的人，要另外專門去查對「紀元年表」，兩相對照才知道，豈不是太麻煩了一點·

幾十年來，大家習慣了用「民國紀元」，習以為常用「中華民國 X 年 X 月 X 日」，然而對大陸通信，或是與外國人文書來往，則不卜要寫「民國紀年」、抑是寫「西元紀年」的好？倘若與大陸親友通信、尤其是與大陸政府機關官員通信或訂立合同契約，如果你寫「中華民國」多少年，似乎「政治氣味」濃厚，無形中會引起對方的不悅，因之常在「民國紀元」和「西洋紀元」之間，猶豫不決·為了減少困擾，近年來似乎改用「西洋紀元」的多，在社會上很普遍，避免了「民國紀元」政治性上的尷尬，象徵不愉快的往日政權·

最好的紀年法是我們老祖宗發明的「天干地支」,干支以天地為座標，不夾帶任何人為勢力，有始無終，循環往復，沒有比這種記年法視野更寬廣而不染色彩了·不過，這種圓形時間，和現代人的直線時間觀相扞格，習慣線性時間的我們，必然要加問，這是「民國第 X 個甲子年」？

如果以「西元」替代「皇帝年號」、「民國紀元」，配合「干支」，相互對照，寫歷史、著述、記錄往事文書，讀者、聽者，應都會一目了然·尤其對算命運「八字」的人，更是方便·至於著述，有人用「西元」，或者用「公元」，那都無關重要，中外皆通·

「西元」是以基督降生時間為始點，如配合「天干、地支」，兩者同時記載，即可清楚知道歷史真實的年代，無庸再去推算「黃帝甲子」多少年，可以明晰看出確切的年代時間，豈不是更為妥切，所以「中華紀元年表」以「干支、西元」兩相配合「紀事」，可以知道歷史上每一年代發生的重大事故。

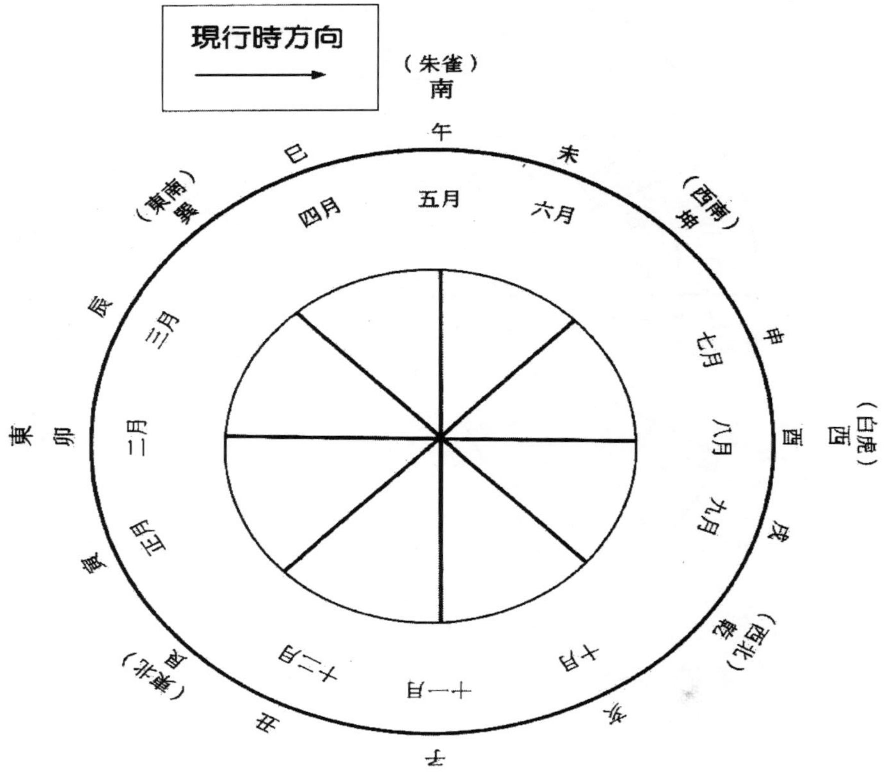
現行時方向
（朱雀）
南
午
未
（西南）
坤
申
酉
西
（白虎）
戌
（西北）
乾
亥
子
丑
（東北）
艮
寅
卯
東
辰
（東南）
巽
巳
五月
六月
七月
八月
九月
十月
十一月
十二月
正月
二月
三月
四月

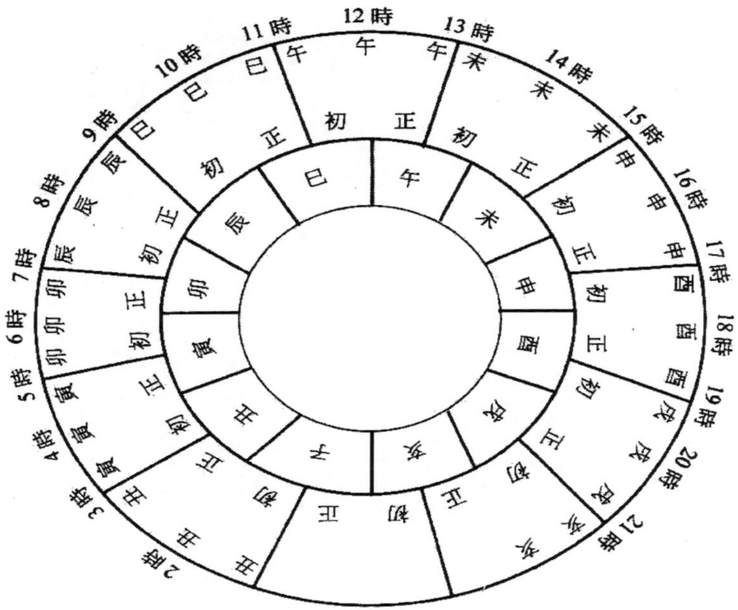
11時
12時
13時
14時
15時
16時
17時
18時
19時
20時
21時
2時
3時
4時
5時
6時
7時
8時
9時
10時
初
正
子
丑
寅
卯
辰
巳
午
未
申
酉
戌
亥

歲星太歲圖式
[旋右(歲星)]

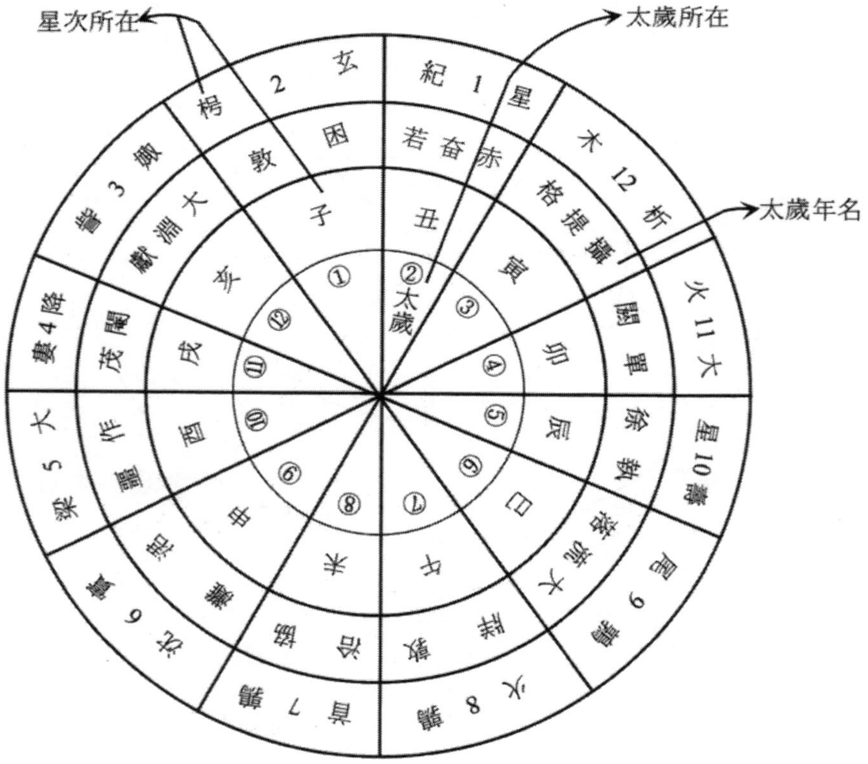
星次所在
太歲所在
太歲年名

陰陽曆
日期干支推算盤
上層盤：推算陽曆日期用。
中層盤：推算陰曆日期用。
下層盤：爲干支組合及其序數。
使用方法：以求取黃帝元年三月十五日之干支名稱及陽曆日期爲例。
1.先以下層盤取黃帝元年三月的朔日干支「癸亥」爲基點。
2.其次推動中層盤，取「1」對準癸亥，表示癸亥日爲「初一日」。
3.再推動上層盤，取據證換列右欄之2月10日，以「10」對準癸亥。
4.順序檢查中層盤「15」之上下，得知黃帝元年三月十五日爲陽曆之2697年2月24日，其干支名稱爲丁丑。

歷代帝王傳承

(節摘章嶔著「中華通史」)

朝代	帝王	君主數	在位	紀元	君主
	包犧至無懷氏	16	1260		1 包犧氏 2 女媧氏 3 大庭氏 4 柏皇氏 5 中央氏 6 栗陸氏 7 驪連氏 8 赫胥氏 9 尊盧氏 10、混沌氏 11 皞英氏 12 有巢氏 13 朱襄氏 14 葛天氏 15 陰康氏 16 無懷氏
	神農至榆罔	8	520		1 神農氏 2 帝臨魁 3 帝承 4 帝明 5 帝直 6 帝釐 7 帝哀 8 帝榆罔.
	黃帝至舜	7	489	-4608~-4509	1 黃帝軒轅 2 金天氏(昌意)摯 3 高陽氏(橋極)顓頊 4 高辛氏嚳 5 帝摯 6 堯陶唐氏(窮蟬、敬康、芒、橋牛、彭腹)伊耆放勳 7 舜有虞氏姚重華
夏	大禹至履癸	17	440	-4116~-3677	1 夏后氏禹 2 后啓 3 后太康 4 后仲康 5 后相 6 后少康 7 后杼 8 后槐 9 后芒 10 后泄 11 后不降 12 后扃 13 后廑 14 后孔甲 15 后皋 16 后發 17 后癸.
商	成湯至受辛	30	647	-3676~-3033	1 商王成湯(太丁)履宇 2 本外丙 3 本仲壬 4 太甲 5 王沃丁 6 王太庚 7 王小甲 8 王雍己 9 王太戊 10 王仲丁 11 王外壬 12 王河亶甲 13 王祖乙 14 王祖辛 15 王沃甲 16 王祖丁 17 王南庚 18 王陽甲 19 王盤庚 20 王小辛 21 王小乙 22 王武丁 23 王祖庚 24 王祖甲 25 王廩辛 26 王庚丁 27 王武乙 28 王太丁 29 王帝乙 30 王受辛.
周	武王至赧王	37	866	-3032~-2167	1 周武王發 2 成王誦 3 康王釗 4 昭王瑕 5 穆王滿 6 共王翳 7 懿王 8 孝王辟方 9 夷王變漢 10 厲王胡 11 宣王靖 12 幽王涅 13 平王(洩父)宜臼 14 桓王林 15 莊王佗 16 僖王胡齊 17 惠王閬世 18 襄王鄭 19 頃王壬臣 20 匡王班 21 定王瑜 22 簡王夷 23 靈王泄心 24 景王貴 25 悼王猛 26 敬王[匄 27 元王仁世 28 貞定王介 29 哀王去疾 30 思王叔襲 31 考王嵬 32 威烈王午 33 安王驕 34 烈王喜 35 顯王扁 36 慎靚王定揚 37 赧王延.
秦	始皇至子嬰	3	15	-2132~2117	1 秦始皇帝正世 2 二世皇帝胡亥 3 秦王嬰嬰廣
漢	高祖至獻帝(含東漢)	25	405	-2117~-1692	1 漢高祖劉邦 2 惠帝劉盈 3 文帝劉恆 4 景帝劉啓 5 武帝劉徹 6 昭帝(太子據皇孫進)劉弗陵 7 宣帝劉詢 8 元帝奭 9 成帝劉驁 10 哀帝(定陶王康)劉欣 11 平帝(中山王興)劉衍 12 孺子嬰(淮陽王欽「廣成侯勳」廣戚侯顯)劉嬰 13 東漢光武帝劉秀 14 明帝劉莊 15 章帝劉炟 16 和帝劉肇 17 殤帝劉隆 18 安帝(清河王慶)劉祜 19 順帝劉保 20 沖帝劉炳 21 質帝(千乘王伉樂安王寵渤海王)劉纘 22 恒帝(河間王開□吾侯昌共)劉志 23 靈帝(解瀆亭侯淑長)劉宏 24 少帝劉辨 25 獻帝劉協
吳	大帝至景帝	4	52	-1690~-1632	1 吳大帝孫權 2 廢帝孫亮 3 景帝孫休 4 歸命侯(南陽王和)孫皓
蜀	昭烈帝後主	2	43	-1691~-1649	1 蜀漢昭烈帝劉備字玄德 2 後帝劉禪
魏	文帝至廢帝	5	46	-1692~-1647	1 魏文帝曹丕 2 明帝曹叡 3 廢帝曹芳 4 廢帝(東海王霖)曹髦 5 元帝(燕王宇)曹奐
晉	武帝至恭帝	15	156	-1647~-1492	1 晉武帝司馬炎 2 惠帝司馬衷 3 懷帝(吳王晏)司馬熾 4 愍帝司馬業 5 東晉元帝司馬睿 6 明帝司馬 7 成帝司馬衍 8 康帝司馬岳 9 穆帝司馬冉 10 哀帝司馬丕 11 廢帝司馬奕 12 簡文帝司馬昱 13 孝武帝司馬曜 14 安帝司馬德 16 恭帝司馬德文
南朝-宋	武帝至順帝	8	59	-1492~-1433	1 宋武帝劉裕 2 少帝劉義符 3 文帝劉義隆 4 孝武帝劉駿 5 前廢帝劉子業 6 明帝劉彧 7 廢帝劉昱 8 順帝劉準.
齊	高帝至和帝	7	23	-1433~-1410	1 齊高帝蕭道成 2 武帝蕭賾 3 鬱林王蕭昭業 4 海陵王蕭昭文 5 明帝蕭鸞 6 廢帝蕭寶卷 7 和帝蕭寶融
梁	武帝至敬帝	4	53	-1410~-1355	1 梁武帝蕭衍 2 簡文帝蕭綱 3 孝元帝蕭繹 4 敬帝蕭方智
陳	武帝至後帝	5	33	-2355~1323	1 陳武帝陳霸先 2 文帝(始興王道譚)陳蒨 3 廢帝陳伯宗 4 宣帝陳頊 5 後主陳叔寶

朝代	帝王	君主數	在位	紀元	君主
北朝-後魏(含西魏東魏)	漢武帝一恭帝一東魏	15	172	-1526~-1355	1 後魏道武帝拓跋珪 2 明元帝拓跋嗣 3 太武帝拓跋燾 4 文成帝(太子晃)拓跋濬 5 獻文帝拓跋弘 6 孝文帝元宏 7 宣武帝元恪 8 孝明帝元詡 9 孝莊帝(彭城王勰)元子攸 10 節閔帝(廣陵王羽)元恭 11 西魏寧武帝(廣平王懷)元脩 12 文帝(京兆王愉)元寶炬 13 廢帝元欽 14 恭帝拓跋廓 15 東魏孝靜帝(清河王懌亶)元善見
北齊	文宣帝至幼主	6	28	-1362~-1335	1 文宣帝高澤 2 廢帝高殷 3 孝昭帝高演 4 武成帝高湛 5 後主高緯 6 幼主高恆
後周	孝愍帝至靜帝	5	25	-1355~-1331	1 後主孝愍帝 2 明帝 3 武帝 4 宣帝 5 靜帝
隋	文帝至恭帝	3	39	-1331~-1294	1 隋文帝楊堅 2 煬帝(太子昭)楊廣一 3 恭帝楊侑
唐	高祖至哀宗	20	290	-1294~-1006	1 唐高祖李淵 2 太宗李世民 3 高宗李治 4 中宗李哲 5 睿宗李旦 6 玄宗李隆基 7 肅宗李亨初 8 代宗李裕初 9 德宗李適 10 順宗李誦 11 順宗李純 12 穆宗李恆 13 敬宗李湛 14 文宗李昂初 15 武宗李炎初 16 宣宗李忱初 17 懿宗李漼 18 僖宗李儇 19 昭宗李曄 20 哀宗李祝
五代-後梁	太祖至末帝	2	87	-1005~-986	1 後梁太祖朱晃 2 明帝朱瑱
後唐	太祖至廢帝	4	30	-989~ -976	1 後唐莊宗李存勖 2 明宗李亶 3 愍宗李厚 4 廢帝李珂
後晉	高祖出帝	2	91	-976~-966	1 後晉高祖石敬瑭 2 出帝(宋王石敬儒)石重貴
後漢	高祖隱帝	2	4	-965~-962	1 後漢高祖劉暠 2 隱帝李承祐
後周	太祖至恭帝	3	9	-961~-953	1 後周太祖郭威 2 世宗郭榮(原姓柴改姓郭)3 恭帝郭宗訓
宋	太祖至帝昺	18	320	-952~-633	1 宋太祖趙匡胤 2 太宗趙炅 3 真宗趙恆 4 仁宗趙禎 5 英宗趙曙 6 神宗趙頊 7 哲宗趙煦 8 徽宗趙佶 9 欽宗趙桓 10 南宋高宗趙構 11 南宋孝宗趙瑗 12 光宗趙惇 13 寧宗趙擴 14 理宗趙均 15 度宗趙祺 16 恭帝趙□17 端宗趙昰 18 帝昺趙昺
遼	太祖至天祚帝	9	210	-1005~-789	1 遼太祖耶律億 2 太宗耶律德光 3 世宗耶律阮小 4 穆宗耶律璟 5 景宗耶律賢 6 聖宗耶律隆緒 7 興宗耶律宗真 8 道宗耶律洪基 9 天祚帝耶律延禧
金	太祖至哀宗	9	122	-797~-678	1 金太祖完顏旻 2 太宗完顏晟 3 熙宗完顏亶 4 廢帝完顏亮 5 世宗完顏雍 6 章宗完顏璟 7 後廢帝完顏永濟 8 宣宗完顏珣 9 哀帝完顏守緒
元	太祖至順帝	14	155	-706~-545	1 元太祖鄂特特穆津 2 太宗鄂特遲格德依 3 定宗鄂特庫裕克 4 憲宗鄂特孟克 5 世宗鄂特呼必賽 6 成宗鄂特特穆爾 7 武宗鄂特哈尚 8 仁宗鄂特阿裕里爾巴 9 英宗鄂特碩迪巴拉 10 泰定帝鄂特伊蘇特穆爾 11 明帝鄂特和實拉 12 文宗鄂特圖卜特穆爾 13 寧宗鄂特伊埒哲伯 14 順帝鄂特托歡特穆爾.
明	太祖至永曆帝	19	277	–544~-251	1 明太祖朱元璋 2 惠帝朱允炆 3 成祖朱棣 4 仁宗朱高熾 5 宣宗朱瞻基 6 英宗朱祈鎮 7 景帝朱庁鈺 8 憲宗朱見深 9 孝宗朱祐樘 10 武宗朱厚照 11 世宗朱厚熜 12 穆宗朱載垕 13 神宗朱翊鈞 14 光宗朱常洛 15 熹宗朱由校 16 愍帝朱由檢 17 聖安帝(福王常洵)朱由崧 18 思文帝(唐王碩熿)朱聿鍵 19 永曆帝(桂王常瀛)朱由榔
清	太祖至宣統	12	296	-296~-1	1 清太祖努爾哈赤 2 太宗皇太極 3 世祖福臨 4 世祖玄燁 5 世宗胤禛 6 高宗弘曆 7 仁宗顒琰 8 宣宗旻寧 9 文宗奕詝 10 穆宗淳 11 德宗載湉(醇王交讓)12 宣統(醇王載灃)溥儀
中華民國	孫中山				孫中山、袁世凱、黎元洪、馮國璋、徐世昌、林森、蔣中正、李宗仁、蔣中正、嚴家淦、蔣經國、李登輝、陳水扁、馬英九
中華人民共和國	毛澤東				毛澤東、劉少奇、董必武、朱德、葉劍英、李先念、楊尚昆、江澤民、胡錦濤、

紀元年前帝王紀要

朝	帝王	族	姓	名及字或廟號諡	籍	輩	后	子	在位年數	始年	終年	國號	西元前	年齡	死由	陵地	附考
包犧系16主	1包犧氏	漢	風	漢書古今人表作密羲或作袍羲而皇前編伏羲異名甚多	通鑑外紀生成紀今甘肅秦縣				外紀原注100年或116年但他書有115年							葬陳今河南淮寧縣北	包羲以後傳系次序本外紀
	2女媧氏	漢	風路史作靈	路史女媧氏□熓亦日女希		伏羲之女弟			外記原注230年							葬今山西趙城縣其他見於山東河南二省者各一	
	3大庭氏	漢	路史作大氏														大庭後傳系雖本外紀兼以古今人表為序
	4柏皇氏	漢	路史曰姓柏	莊子作柏皇路史曰名芝													
	5中央氏	漢		路史作中黃中皇													
	6栗陸氏	漢		路史作栗睦													
	7驪連氏	漢		莊子作驪畜路史驪作麗或作鼈													
	8赫胥氏	漢		金樓子作赫蘇												路史曰葬朝陽今地不詳	
	9尊盧氏	漢		金樓子作宗盧												路史曰葬藍田今陝西藍田縣	
	10混沌氏	漢		莊子作混沌史亦作效													
	11皞英氏	漢		帝王世紀作昊英													
	12有巢氏	漢															
	13朱襄氏	漢															
	14葛天氏	漢															
	15陰康氏	漢															
	16無懷氏	漢															

朝	帝王	族	姓	名及字或廟號諡	籍	輩	后	子	在位年數	始年	終年	國號	西元前	年齡	死由	陵地	附考
神農	1石年 神農氏	漢	姜	路史曰名軌名石年異名甚多	外紀長於姜水當在今陝西寶雞縣	少典子	外紀原注農納莽水氏女曰聽談生玄魁	臨魁	外紀原注120年或云140年							葬茶鄉今湖南茶陵州	神農以後傳系序仍本外紀
	2臨魁	漢		路史分臨魁為二人一曰帝臨一曰帝魁		神農子		承	外紀原注60年或云80年								
	3承	漢				臨魁子		明	外紀原注六年或云60年								
	4明	漢				承子		直	处外紀原注49年								
	5直	漢		通鑑前編作帝宜		明子		釐	外紀原注45年								
	6釐	漢		帝王世作帝來		直子		衰	外紀原注48年								
	7哀	漢		帝王世紀作帝衰前作帝裏				榆罔前編帝裏生節莖節莖生克及戲節克戲不在帝位克生子榆罔立	外紀原注45年								
	8榆罔	漢		路史炎帝參盧是曰榆罔按參盧當為榆罔之名		哀子			外紀原注55年	己巳	癸亥		西**-2752 -2698**				
黃帝	1黃帝 姬軒轅	漢	公孫又姓姬	軒轅氏外紀黃帝名軒轅路史曰名荼一名軒字玄律異名甚多依據古「本源錄」黃帝血緣為：少典－勗其－炎居－節並－戲器－祝庸－共	外紀生壽邱今山東曲阜縣	少典之子韋昭曰少典之裔子	嫘祖(元妃)	元囂即少昊昌意(嫘祖出)休清輝九彭蒼林禺陽(他妃出) 今推數甲子以百年為斷	外紀原注100年或云110年	甲子	癸卯		西**-2698 -2598**	外紀原注**300**歲		葬格山今陝西中部縣北	榆罔在位25年黃帝一歲黃帝年31歲西元前4608年登基

朝	帝王	族	姓	名及字或廟號諡	籍	輩	后	子	在位年數	始年	終年	國號	西元前	年齡	死由	陵地	附考
				工－勾龍－噎鳴－啟昆－黃帝													
	2少昊 昌意 金天氏	漢	路史曰紀姓	名摯亦曰少昊外紀原注一曰帝路中亦作少昊		黃帝子		倍伐般	外紀原注八十四年	甲辰	丁卯		西-2517 -2434	外紀原注三百歲		葬雲陽今山東曲阜縣東北	
	3顓頊 顓畜 橋極 高陽氏	漢	姬	顓頊路史作顓畜		昌意子	路史顓頊娶鄒屠氏勝憤氏	窮蟬路史鄒屠氏生禹祖又因夢而生八子世謂八凱	外紀原注 78 年	戊辰	乙酉		西-2513 -2436	外紀原注 81 歲或曰 91 歲		葬濮陽今直隸開州	
	4帝嚳 高辛氏	漢	姬	嚳路史曰字亡斤史記三代年表亦作倍)		少昊孫	有邰氏(元妃)	棄(有邰氏出)契堯摯(他妃出)路史注謂次妃有陬氏因夢而生八子世謂八元	外紀原注 75 年或云 63 年前編作 70 年推數甲子以 70 年為斷	丙戌	乙未		西-2435 -2366	外紀原注 100 歲或 159 歲		葬頓邱今山東清豐縣西南	
	5帝摯	漢	姬	路史以為不應與其曾祖同名故從盧		嚳子		玄元	外紀原注九年	丙申	癸卯		西-2365 -2558				
堯	6堯(放勳) 陶唐氏－窮蟬－敬康－芒－－橋牛－彭腹	漢	姬或曰姓伊耆	堯名放勳	路史堯生於母家伊侯之國後徙耆故號伊耆	嚳子	女皇	丹朱(女皇出)堯有庶子大人皆不肖	百年	甲辰 喪 甲申	癸未 乙酉		出生 西-2357 -2258 在位 西-2257 -2256	外紀原注或作 116 年或作 117 或作 118 年		葬穀林伐山東濮州	
舜	7舜 有虞氏	漢	姚	舜名重華	外紀生堯墟今山東濮州附近	顓頊五世孫	娥皇女英	商均(女英出)	50 年	丙戌 喪 甲戌	癸酉 乙亥		出生 西-2255 -2208 在位 西-2207 -2206	外紀原注為百歲或云 105 歲或 113 歲	南巡沒	葬九疑今湖南道州北	女英本次妃明與娥皇同嫁故特列入
夏禹	1夏后禹	漢	姒	禹史紀曰名文命外紀原注禹字高密	外紀生石紐今四川汶	鯀子顓頊之後	塗山氏	啟均(塗山氏出)	9 年今推數子子實止	丙子	癸未		西-2205 -2198	外紀原注年百歲	東南巡沒	葬會稽今浙江紹縣	夏之台

朝	帝 王	族	姓	名及字或廟號諡	籍	輩	后	子	在位年數	始年	終年	國號	西元前	年 齡	死 由	陵 地	附 考
					山縣西				8年								
	2夏啟后	漢	姒	路史帝啟曰曾亦曰建帝王世紀亦作余		禹子		太康又九五人	9年	甲申	王辰		西-2197 -2189	路史啟年91歲			
	3夏太康	漢	姒			啟子			29年	癸巳	辛酉		西-2188 -2160				
	4夏仲康	漢	姒	吳越春秋亦作仲盧		太康弟		相	13年	王戌	甲戌		西-2159 -2147				
	5夏帝相	漢	姒	外紀原作相安		仲康子	有緡氏	少康(有緡氏出)	28年	乙亥	王寅		西-2146 -2119				
	6寒 浞									癸卯	辛巳		西-2118 -2080				
	7夏少康	漢	姒			相子	二姚	杼無余	22年	王午	癸卯		西-2079 -2058				
	8夏 杼	漢	姒	外紀原注一作予竹書記年附注作帝字路史作伯一曰杼曼是為帝 與前編作季杼		少康子		槐	17年	甲辰	庚申		西-2057 -2041				
	9夏槐帝	漢	姒	帝王世紀作芬或作祖武或作魁竹書記年附作芬 發		杼		芒	20年	辛酉	丙戌		西-2040 -2015				
	10夏芒帝	漢	姒	路史作芒一曰和竹書紀年前注或曰荒帝		槐子		泄	18年	丁亥	甲辰		西-2014 -1997				
	11夏泄帝	漢	姒	帝王世紀作泄路史作洩		芒子		不降局	16年	乙巳	庚申		西-1996 -1981				
	12夏不降	漢	姒	帝王世記作帝降外紀原注一作江成		泄子		孔甲	59年	辛酉	己未		西-1980 -1922				
	13夏 扃	漢	姒	帝王世紀作喬路史號曰高陽		不降弟		廑	21年	庚申	庚辰		西-1921 -1901				
	14夏 廑	漢	姒	帝王世紀作廣一名頊或曰董江或作廑竹書記年一名𢹏甲		扃子			21年	辛巳	辛丑		西 1900 -1880				
	15夏孔甲	漢	姒	路史以為𢹏甲		不降子		皋	31年	王寅	王申		西-1879 -1849				
	16夏 皋	漢	姒	帝王世紀一名皋苟		孔甲		發	11年	發西	發未		西-1848				

朝	帝　王	族	姓	名及字或廟號諡	籍	輩	后	子	在位年數	始年	終年	國號	西元前	年齡	死　由	陵　地	附　考
				竹書紀年曰帝昊史亦作簡昊		子							-1838				
	17夏 發	漢	姒	外紀原注一作敬竹書記年一名后敬或曰發惠路史亦作敬發		皋子		癸	19年	甲申	壬寅		西-1837 -1819				
	18夏 桀	漢	姒	桀史作履癸		發子	妹喜(元妃)	路史注桀放三年死子獯□妻桀之眾妾居北野謂之匈奴	53年	癸卯	甲午		西-1818 -1767				
商	1商王成湯(太丁)	漢	子	名履字天乙竹書紀年湯有七名史號武王1	外記湯居託亳今河南偃師縣西	契十三世孫父曰主癸	有辛氏	太丁外丙仲壬太庚	12年	頁乙未	丁未	成湯	西-1766 -1754				
	2本外丙	漢								乙亥	癸卯	商汰29年	西-1726 -1698				
	3本仲壬	漢															
	4太甲	漢	子	外紀作祖甲史記稱為太宗竹書紀年名至		大丁子			33年	戊申	庚辰		西-1753 -1721			續漢郡國志姓弔皇賢葬濟南歷城山上	史記湯沒後列外丙仲壬其說頗久今推算甲子仍從前編以外丙仲壬之名附見焉
	5王沃丁	漢	子	竹書紀年名絢		大甲子			29年	辛巳	己酉		西-1720 -1692				
										甲辰	戊辰	商庚25年	西-1697 -1673				
	6王太庚	漢	子	竹書紀年作小庚名辦		沃丁弟		小甲雍巳太戊	25年	庚戌	甲戌		西-1691 -1667				
	7王小甲	漢	子	竹書紀年名高		太庚子史記三代世表以小甲為大庚弟			17 年	乙亥	辛卯		西-1666 - 1650				

朝	帝王	族	姓	名及字或廟號諡	籍	輩	后	子	在位年數	始年	終年	國號	西元前	年齡	死由	陵地	附考
	8王雍己	漢	子	竹書紀年名由		小甲弟			12年	壬辰	癸卯		西-1649 -1638				
	9王太戊	漢	子	竹書紀年名密史記稱為中宗		小甲弟		仲丁外壬河亶甲	75年	甲辰	戊午		西-1637 -1563				葬內黃東南今河南黃縣
	10王仲丁	漢	子	王書紀年名莊		太戊子			13年	己未	辛未		西-1562 -2550				
	11王外壬	漢	子	竹書紀年名發		仲丁第			15年	壬申	丙戌		西-1549 -1535				
	12王河亶甲	漢	子	竹書紀年名整		外壬弟			9年	丁亥	乙未		西-1534 -1526			宋史禮志葬相州今河南安陽縣	
	13王祖乙	漢	子	竹書紀年名滕帝王世紀亦作帝乙		河亶甲子		祖沃甲	19年	丙申	甲寅		西-1525 -1507				
	14王祖辛	漢	子	竹書紀年名旦		祖乙子		祖丁	16年	乙卯	庚午		西-1506 -1491				
	15王沃甲	漢	子	竹書紀年作開甲名踰		祖辛弟		南庚	25年	辛未	乙未		西-1490 -1466				
	16王祖丁	漢	子	竹書紀年名新		祖辛子		陽甲盤庚小辛小乙	32年	丙申	丁卯		西-1465 -1434				
	17王南庚	漢	子	竹書紀年名更		沃甲子			25年	戊辰	壬辰		西-1433 -1409				
	18王陽甲	漢	子	竹書紀年名和		祖丁子			7年	癸巳	己亥		西-1408 -1402				
	19王盤庚	漢	子	竹書紀年名旬國語亦作殷庚		陽甲弟			28年	庚子	丁卯		西-1401 -1374				
	20王小辛	漢	子	竹書紀年名頌		盤庚弟			21年	戊辰	戊子		西-1373 -1353				
	21王小乙	漢	子	竹書紀年名斂		小辛弟		武丁	28年	己丑	丙辰		西-1352 -1325				
	22王武丁	漢	子	竹書紀年名昭中大記稱為高宗		小乙子		祖庚祖甲	59年	丁巳	乙卯		西-1324 -1266				
	23王祖庚	漢	子	竹書紀年名曜		武丁子			7年	丙辰	壬辰		西-1265 -1259				
	24王祖甲	漢	子	竹書紀年名載外記原注一作辛甲		祖庚弟		廩辛庚丁	33年	癸亥	乙未		西-1258 -1226				
	25王廩辛	漢	子	竹書紀作馮辛名先		祖甲子			6年	丙申	辛丑		西-1225 -1220				

朝	帝王	族	姓	名及字或廟號謚	籍	輩	后	子	在位年數	始年	終年	國號	西元前	年齡	死由	陵地	附考
	26王庚丁	漢	子	竹書紀年名囂		祖甲弟		武乙	21年	壬寅	壬戌		西-1219 -1199				
	27王武乙	漢	子	竹書紀年名瞿		庚丁子		太丁	4年	癸丑`	丙寅		西-1198 -1195				
	28王太丁	漢	子	竹書紀年亦作文丁名托		武乙子		帝乙	3年	丁卯	乙巳		西-1194 -1192				
	29王帝乙	漢	子	竹書紀年名羨外紀作乙原注一作辛乙		太丁子		辛啟呂氏春秋紂同母三人長曰微子啟次子曰仲衍三曰受德乃紂	37年	庚午	丙午		西-1191 -1155				
	30王受辛	漢	子	紂竹書紀年名受沈約注即紂也呂氏春秋亦作受德通鑑前編作辛		帝乙子	妲己	武庚	33年	丁未	戊寅		西-1154 -1123		興武兵敗自焚死		殷亡
周	1周武王 姬 發	漢	姬	名發 棄初封仰後世屢遷至昌遷程遷豐在今西省內		棄之後父曰昌是為文王	邑姜	成王誦唐叔(邑姜出)	6年	己卯	乙酉		西-1122 -1116	禮記年93竹竹紀年54歲		葬畢今陝西咸陽縣下同	周之始
	2周成王	漢	姬	名誦		武王子		康王釗	37年	丙戌	壬戌		西-1115 -1079			葬畢	
	3周康王	漢	姬	名釗		成王子		昭王瑕	26年	癸亥	戊子		西-1078 -1053	外紀原注57年		葬畢	
	4周昭王	漢	姬	名瑕		康王子	房后	穆王滿(房后出)	51年	己丑	乙卯		西-1052 -1002		南巡反濟漢而溺發病死	清一統志昭陵在河布南郢封縣少室山	
	5周穆王	漢	姬	名滿史記亦作繆王		昭王子		共王翳扈	55年	庚辰	甲戌		西-1001 -947	史記年105歲		葬陝西今長安縣	
	6周共王	漢	姬	名翳扈世本作伊扈		穆王子		懿王□	12年	乙亥	丙戌		西-946 -935	外記原注年84歲		葬陝西今咸陽縣	
	7周懿王	漢	姬	名□竹書紀年作堅		共王子		九王燮	12年	丁亥	辛亥		西-934 -910	外紀原注年50			
	8周孝王	漢	姬	名辟方		共王弟			十五年	壬子	丙寅		西-909 -895				

朝	帝王	族	姓	名及字或廟號謚	籍	輩	后	子	在位年數	始年	終年	國號	西元前	年齡	死由	陵地	附考
	9周夷王	漢	姬	名燮漢書古今人表作楷		懿王子		厲王朝	16年	丁卯	壬午		西-894 -879				
	10周厲王	漢	姬	名胡竹書紀年約注又稱粉王		夷王子		宣王靖	51年	癸未	癸酉		西-878 -842		死於□今山西霍縣	太平寰宇紀王葬霍邑縣東今霍州	厲王自卅年出居於□後14年皆為周召共和行政時代
	11周宣王	漢	姬	名靖史記作靜		厲王子	姜后	幽王涅	46年	甲戌	己未		西-827 -782				
	12周幽王	漢	姬	名涅史記作宮涅集解引徐廣曰一作生		宣王子	申后褒姒	宜臼(申后出)伯服(褒姒出)	11年	庚申	庚午		西-781 -771		為犬戎所弒	葬陝西臨潼縣東北	
	13周平王(洩父)	漢	姬	名宜臼		幽王子		洩父	51年	辛未	辛酉		西-770 -720				
	14周桓王 姬林	漢	姬	名林		平王孫	紀季姜	莊王佗王子克	23年	壬戌	甲申		西-719 -697			太平還字紀王葬河南澠池縣	
	15周莊王 姬佗	漢	姬	名佗		桓王子		僖王胡齊王子頹	15年	乙酉	己亥		西-696 -682				
	16周僖王 姬胡齊	漢	姬	名胡齊史記竹書紀年均作釐王		莊王子		惠王閬	5年	庚子	己巳		西-681 -652				
	17周惠王	漢	姬	名閬世本名毋涼竹書紀年亦作閬		僖王子	陳媯	襄王鄭王子帶	25年	乙巳	己巳		西-676 -652				
	18周襄王 姬鄭	漢	姬	名鄭		惠王子	魏后(狄女)	頃王任臣	33年	庚午	壬寅		西-651 -619				
	19周頃王 姬王臣	漢	姬	名王臣史記吉今人表作王臣		襄王子		匡王班定王瑜	6年	癸卯	戊申		西-618 -613				
	20周匡王 姬班	漢	姬	名班		匡王弟			6年	己酉	甲寅		西-612 -607				
	21周定王 姬瑜	漢	姬	名瑜		匡王弟	姜后	簡王夷	21年	乙卯	乙亥		西-606 -586				
	22周簡王 姬夷	漢	姬	名夷		定王子		靈王泄心	14年	丙子	己丑		西-585 -572				
	23周靈王 姬泄心	漢	姬	名泄心竹書紀年徐文清箋王生而有頾亦稱頾王周語韋注亦作大心		簡王子	姜后	太子晉景王貴王子佞夫	27年	庚寅	丙辰		西-571 -545				
	24周景王 姬貴	漢	姬	名貴		靈王子	穆后	太子壽悼王猛敬王忙王子朝	25年	丁巳	辛巳		西-544 -520				
	25周悼王	漢	姬	名猛		景王			6月	辛巳	辛巳		西-520				

朝	帝王	族	姓	名及字或廟號諡	籍	輩	后	子	在位年數	始年	終年	國號	西元前	年齡	死由	陵地	附考
						子							-520				
	26周敬王 姬 匄	漢	姬	名忙史記竹書紀年均作丏		悼王弟		元王仁	44年	壬午	甲子		西-519 -477			水經洛水注王河南三王陵	
	27周元王 姬 仁	漢	姬	名仁世本作赤``		敬王子		貞定王介	7年	丙寅	壬申		西-476 -469				
	28貞定王 姬 介	漢	姬	名介史記作定王史記志疑周不應有兩定王歷觀古書所引多作貞定則固兩字諡		元王子		哀王去疾思王叔襲考王嵬	28年	癸酉	庚子		西-468 -441				
	29周哀王	漢	姬	名去疾		貞定王子			3月	庚子	庚子		西-441 -		為思王襲所害死		
	30周思王	漢	姬	名叔襲					5月	庚子	庚子		西-441				
	31周考王	漢	姬	名嵬漢書古今人表亦作考哲王		思王弟		威烈王午	15年	辛丑	乙卯		西-440 -426				
	32威烈王 姬 午	漢	姬	名午		考王子		安王驕	24年	丙辰	己卯		西-425 402		水經穀水注王葬洛陽城內東北隅		
	33周安王 姬 驕	漢	姬	名驕漢書古今人表亦作元安王名□		威烈王子		烈王喜顯王扁	26年	庚辰	乙巳		西-401 -376				
	34周烈王 姬 喜	漢	姬	名喜漢書古今人表亦作夷烈王		威烈王子			7年	丙午	壬子		西-375 -369				
	35周顯王 姬 扁	漢	姬	名扁漢書古今人表亦作顯聖王		烈王子		慎靚王定	48年	癸丑	庚子		西-368 -321				
	36周靚王 姬 定	漢	姬	名定楊子法言作順		顯王子		赧王延	6年	辛丑	丙午		西-320 -315				
	37周赧王 姬 延	漢	姬	名延竹書紀年作隱王世本亦作赧王		慎靚王子			59年	丁未	乙巳		西-314 -256				
秦	秦昭襄王 嬴 稷									丙午	庚戌		西-255 -251				
	莊襄王 嬴異人									辛亥	甲寅		西-250 -247				
	1秦始皇帝 嬴 政	漢	嬴	名正世本作政政母為呂不姬故班固亦稱為呂政	先世代為秦王	伯益之裔莊襄王子		二世皇帝胡亥長子扶蘇公子十二人將閭昆弟三人公子高具見史記	自統一至死凡12年	乙卯	辛卯		西-246 - 210	年50	東巡死沙邱今直隸平鄉縣	葬驪山今陝西臨潼縣附近	秦一統之始

朝	帝王	族	姓	名及字或廟號諡	籍	輩	后	子	在位年數	始年	終年	國號	西元前	年齡	死由	陵地	附考
						楚之子		皆為始皇子又史記引趙高言帝有二十餘子是始皇之子尚不止上列之數也									
	2秦二世皇帝 嬴亥	漢	嬴	名胡亥		始皇帝之子			3年	壬辰	甲午		西 **209** **-207**	年 23	趙高使兵偪之二世自殺	葬杜南宜春苑中今陝西咸寧縣南	
	某 3秦王嬰	漢	嬴	名嬰廣弘明集引陶公年紀亦曰殤帝		二世兄弟		史記子嬰與其子二人謀此為子嬰有子 之據	46日	乙未	乙未		西**-206**				秦亡趙高既害二世謂今六國復位立為王如故便故子嬰無帝號
西漢	1漢高祖 劉邦	漢	劉	名邦字季廟號太祖王先謙漢書補注謂季亦名也故項岱云高祖小字季即位易名邦	沛豐邑中里人今江蘇豐縣	太公子	呂后	惠帝盈(呂后出)齊王肥文帝恆趙王如意淮南王長趙王友趙王恢燕王建(他妃出)以共八人	12年	乙未	丙午		西**-206** **-195**	年 53		葬長陵今陝西咸陽縣東	漢之始
	2惠帝 劉盈	漢	劉	名盈		高帝次子	張后	少帝某少帝弘淮陽王強淮陽王武恆山王不疑恆山王朝人他人子呂后名之為惠帝子以上共六人	7年	丁未	癸丑		西**-194** **-188**	年 24		葬安今陝西咸陽縣東北	
	3少帝 劉恭 劉弘			呂后臨朝						甲寅	辛酉		西**-187** **-180**				
	4文帝 劉恒	漢	劉	名恆廟號太宗		高帝中子	竇后	景帝啟梁王(竇后出)梁王參梁王揖(粲妃出)以上共四人	23年	壬戌 戊寅	丁丑 甲申		西**-179** **-164** 西**-163** **-157**	年 64		葬霸陵今陝西咸寧縣東	惠帝癸丑以後呂氏稱制八載故中缺八年
	5景帝 劉啟	漢	劉	名啟 分前中後 前西元前一五六至一五0 中西元前一四九至一四四		文帝長子	薄后 王后	武帝徹(王后出)臨江王榮臨江王閼河閭王德魯王餘江都王非膠西王端長沙王發趙王彭祖中山王勝	16年	乙酉	庚子		西**-156** **-141**	年 48		葬陽陵今陝西高陵縣西南	

朝	帝　王	族	姓	名及字或廟號諡	籍	輩	后	子	在位年數	始年	終年	國號	西元前	年 齡	死　由	陵　地	附　考
				後西元前一四三至一四一				廣川王越膠東王寄清河王乘常山王舜共十四人									
	6武 帝 劉 徹 建 元	漢	劉	名徹廟號世宗		景帝第十子	陳后 衛后	太子據(衛后出)昭帝弗王旦廣陵王胥昌邑王髆王宏(他妃出)以上共六人	54 年	辛丑	甲午		西-140 -87	年 71		葬茂陵今陝西興平縣東	
	7昭 帝 太子據 皇孫進	漢	劉	名弗陵		武帝第六子	上官后		13 年	乙未	丙午		西-86 -74	年 23		葬平陵今陝西咸陽縣東北	
	宣 帝	漢	劉	初名病已後改名詢字次卿廟號中宗		武帝曾孫	許后 廣后 王后	元帝奭(許后出)淮陽王欽楚王囂東平王宇中山王竟(他妃出)以上共五人		戊申	壬申		西-73 -49	年 43		葬杜陵今陝西咸陽縣東南	
	8元 帝 劉奭初元	漢	劉	名奭廟號高宗		宣帝長子	王后	成帝驁(王后出)定陶王康中山王興(他妃出)	16 年	癸酉	戊子		西-48 -33	年 43		葬渭陵今西咸陽縣東北	
	9成 帝	漢	劉	名驁字大孫		元帝長子	許后 趙后		26 年	己丑	甲寅		西-32 -7	年 46		葬延陵今陝西咸陽西北	
	10哀 帝劉 欣 (定陶王康)	漢	劉	名欣		元帝孫	傅后		6 年	乙卯	庚申		西-6 -1	年 26		葬義陵今陝西咸陽縣西	紀元前 1911-1912=-1

紀元年後帝王紀要

朝	帝王	族	姓	名及字或廟號諡	籍	輩	后	子	在位年數	始年	終年	國號	民國前	西元	年齡	死由	陵地	附考
西漢	11西漢平帝 劉衎(中山王興)	漢	劉	初名箕子後改名衍廟號元宗		元帝孫	王后		5年	辛酉	乙丑		-1911至-1907年	西紀1 5	年14	為王莽所害死	葬康陵今陝西咸陽縣西	紀元後 1912-1911=1
	12孺子嬰 淮陽王(欽廣戚候勳)廣戚候顯	漢	劉	名嬰		宣帝玄孫			3年	丙寅	戊辰		-1906至-1904年	西 6 8	年2歲	王莽立之後被廢年方五歲至建武元年為更始兵所殺以甲子推之蓋廿一歲也		西漢亡
東漢	13㈠東漢光武帝	漢	劉	名秀字文叔廟號世祖		高祖九世孫父欽	郭后 陰后	東海王欽沛王濟南王康阜陵王延中山王焉(郭后出)明帝莊東平王蒼廣陵王荊臨淮公衡瑯琊王京(陰后出)桂王英他妃出以共十一人	33年	乙酉	丁巳		-1887至-1855年	西25 57	年62	葬原陵今河南孟津縣西		自孺子嬰戊辰後王莽稱號者十五載更始稱號者二載故中缺十六年東漢之始
	14㈡明帝	漢	劉	名莊廟號顯宗		光武第四子	馬后	章帝炟梁王暢千乘王建建陳王羨彭城王恭梁成王黨下邳王衍淮陽王昺濟陰王長(他妃出)以上共九人	18年	戊午	乙亥		-1854至-1837年	西58 75	年48	葬顯節陵今河南洛陽東南		
	15㈢章帝	漢	劉	名炟廟號肅宗		明帝第五子	竇后	清河王慶和帝肇濟北王壽河間王開千乘王伉平春王王城陽王淑□宗萬歲(他妃出)上共八人	13年	丙子	戊子		-1836至-1824年	西76 88	年33	葬敬陵今河南洛陽縣東南		
	16㈣和帝	漢	劉	名肇廟號穆宗		章帝第四子	陰后 鄧后	平原王勝殤帝隆(他妃出)	77年	乙丑	乙巳		-1823至-1807年	西89 105	年27		葬順陵今河南洛陽東南	
	17㈤殤帝	漢	劉	名隆		和帝少			8月	丙午	丙午		-1806年	西106	年2歲		葬康陵今	

朝	帝王	族	姓	名及字或廟號諡	籍	輩	后	子	在位年數	始年	終年	國號	民國前	西元	年齡	死由	陵地	附考
						子											河南洛陽東南	
	18㈥安帝清河王慶	漢	劉	名祜廟號恭		章帝孫	閻后	順帝保(他妃出)	19年	丁未	乙丑		-1805至-1787年	西107 125	年32		葬恭陵今河南洛陽東南	
	19㈦順帝	漢	劉	名保廟號敬宗		安帝子	梁后	沖帝炳(他妃出)	19年	丙寅	甲申		-1786至-1768年	西126 144	年30		葬憲陵今河南洛陽東南	
	20㈧沖帝	漢	劉	名炳		順帝子			5月	乙酉	乙酉		-1767年	西145	年3歲		葬懷陵今河南洛陽東南	
	21㈨質帝千乘王伉樂安王寵渤海王	漢	劉	名纘		章帝玄孫			1年	丙戌	丙戌		-1766年	西146	年3歲	為梁冀所害死	葬靜陵今河南洛陽東南	
	22㈩恒帝河間王開蠡吾侯昌共	漢	劉	名志廟號威宗		章帝曾孫	梁后郭后竇后		21年	丁亥	丁未		-1765至-1745年	西147 167	年36		葬宣陵今河南洛陽東北	
	23㈩靈帝(解瀆亭侯長)	漢	劉	名宏		章帝玄孫	宋后何后	少帝辮(何后出)獻帝協(他妃出)	22年	戊申	己巳		-1744至-1723年	西168 189	年34		葬文陵今河南洛陽西北	
	24㈩少帝	漢	劉	名辮卓廢之諡曰懷		靈帝長子			5月	己巳	己巳		-1723年	西189	年18	為董卓害死	董卓葬之故中常侍趙忠誠壙之	
	25㈩獻帝	漢	劉	名協		靈帝次子	伏后曹后	後漢書云太子早卒孫康立此為獻帝有子之徵惟其名未詳	32年	己巳	庚子		-1723至-1692年	西189 220	讓後12年沒年54歲		葬禪陵今河南修武縣北	東漢亡
魏	1魏文帝	漢	曹	名丕字子桓廟號高祖	譙人今安徽亳州	漢曹參後父操	甄后郭后	明帝叡(甄后出)贊王協北海王□東武陽王鑒東海王霖元成王禮鄲鄲王□清河王貢廣平王儼(他妃出)以上共九人	7年	庚子	丙午		-1692至-1686年	西220 226	年40		葬首陽今河南偃師縣	三國之始
	2明帝	漢	曹	名叡字元仲廟號烈祖		文帝子	毛后郭后	廢帝芳秦王詢(皆養子)	13年	丁未	己未		-1685至-1673年	西227 239	年35		葬高平陵今河南孟	

朝	帝王	族	姓	名及字或廟號諡	籍	輩	后	子	在位年數	始年	終年	國號	民國前	西元	年齡	死由	陵地	附考
																	津縣	
	3廢帝	漢	曹	名芳字蘭卿後隆封齊王晉初諡曰厲公		明帝養子	甄后 張后 王后		15年	庚申	甲戌		-1672至-1658年	西240 254	被廢後20年沒年43			
	4廢帝 東海王甕	漢	曹	名髦字彥真後被廢為庶人		文帝孫			7年	甲戌	庚辰		-1658至-1652年	西254 260		為司馬昭黨人所害死	葬河南今洛陽縣西北	
	5元帝 (燕王宇)	漢	曹	初名璜後更名奐字景明禪降名陳留王		文帝從子	卞后		6年	庚辰	乙酉		-1652至-1647年	西260 265	讓國後38年沒年58		葬蔣陵今江蘇江寧縣	
吳	1吳大帝	漢	孫	名權字仲謀廟號太祖	富春人今浙江富陽縣	孫武之後父堅	潘后	太子登景帝休廢帝亮建昌侯慮南陽王和魯王霸齊王奮(他妃出)共七人	31年	壬寅	壬申		-1690至-1660年	西222 252			三國志注晉戴顒葬之賴鄉地未詳	
	2廢帝	漢	孫	名亮字子明後降封會稽王		大帝少子	全后		7年	壬申	戊寅		-1660至-1654年	西252 258	被廢後2年自殺年16		葬定陵今安徽當塗縣東	
	3景帝	漢	孫	名休字子弘		大帝第六子	朱后	豫章王靈汝南王虞梁王詛陳王寇(他妃出)以上共四人	7年	戊寅	甲申		-1654至-1648年	西258 263	年30		三國志注葬河南縣界	
	4歸命侯 南陽王和	漢	孫	名皓字元宗一名彭祖字皓宗		大帝孫	滕后	三國志皓降晉後太子瑾拜中郎諸子為郎者拜郎中此為歸命侯多子之徵惟其名未詳	17年	甲申	庚子		-1648至-1632年	西263 280	降晉後3年沒年42			
蜀漢	1蜀漢昭烈王	漢	劉	名備字玄德	涿人今直隸涿州	景帝之後父弘	甘后 吳后	後帝禪(甘后出) 魯王永梁王理(他妃出)	3年	辛丑	癸卯		-1691至-1689年	西221 223	年63		葬惠陵今四川華陽縣西南	
	2後帝	漢	劉	名禪字公嗣降魏後封安樂公			張后 張后	太子璿諸子瑤琮纘諶詢璩(他妃出)	41年	癸卯	癸未		-1689至-1649年、	西223 263	降魏後8年沒年60			三國畢
晉	1①晉武帝	漢	司馬	名炎字安世廟號世祖	溫縣孝敬里今河南溫縣	祖懿父昭	楊后 楊后	惠帝衷昆陵王軌秦王柬(楊武后出)渤海王恢(楊氏悼后出)渤海淮南王允吳王晏城陽王景楚王瑋長沙王乂代王清河王	26年	乙酉	庚戌		-1647至-1622年	西265 289	年55		葬峻陽今可南洛縣北	晉之始.

朝	帝王	族	姓	名及字或廟號諡	籍	輩	后	子	在位年數	始年	終年	國號	民國前	西元	年齡	死由	陵地	附考
								城陽王憲東海王祇始平王成都王穎懷帝熾新王該　汝陰王譏及其休八人均(他妃出)以廿六人.										
	2②惠帝	漢	司馬	名衷字正度		武帝次子	賈后羊后	太子遹(他妃出)	17年	庚戌	丙寅		-1622至-1606年	西289 306	年48		葬大陽陵今河南洛陽縣	
	3③懷帝(吳王晏)	漢	司馬	名熾字豐度後降劉曜封阿公又封會稽郡公		武帝第廿五子	梁后	太子詮(他妃出)	5年	丁卯	辛未		-1605至-1601年	西307 311	降劉曜後1年被殺年30	為劉曜所害死		
	4④愍帝	漢	司馬	名業字彥旗後降劉曜封懷安侯		武帝孫			5年	壬申	丙子		-1600至-1596年	西312 316	降劉曜1年被殺年18	為劉曜所害死		
東晉	5❶東晉元帝	漢	司馬	名睿字景文廟號中宗		曾祖父懿父覲	虞后	明帝紹簡文帝昱瑯琊王沖武陵王晞瑯琊王裒(他妃出)以上共六人	6年	丁丑	壬午		-1595至-1590年	西317 322	年41		葬建平陵今江蘇水寧縣	東晉之始
	6❷明帝	漢	司馬	名紹字道畿廟號肅宗		元帝長子	庾后	成帝衍 康帝岳(庾后出)	3年	癸未	乙酉		-1589至-1587年	西323 325	年72		葬武平陵今江寧縣下同	
	7❸成帝	漢	司馬	名衍字世根廟號顯宗		明帝長子	杜后	哀帝丕 廢帝奕(他妃出)	17年	丙戌	壬寅		-1586至-1570年	西326 342	年22		葬興平陵	
	8❹康帝	漢	司馬	名岳字世同		明帝次子	諸后	穆帝聃(當為諸后出惟晉書未明言毋氏)	2年	癸卯	甲辰		-1569至-1568年	西343 344	年22		葬崇平陵	
	9❺穆帝	漢	司馬	名聃字彭祖廟號孝宗		康帝子	何后		17年	乙巳	辛酉		-1567至-1551年	西345 361	年19		葬永平陵	
	10❻哀帝	漢	司馬	名丕字千齡		成帝長子	王后		4年	壬戌	乙丑		-1550至-1547年	西362 365	年25		葬安平陵	
	11❼廢帝	漢	司馬	名奕字正齡後被廢為東海王又降封海西公		哀帝弟	庾后	晉書海西公有三男此為廢帝有子之徵惟其名未詳	6年	丙寅	辛未		-1546至-1541年	西366 371	被廢後15年沒年39		葬吳陵今江蘇吳縣	
	12❽簡文帝	漢	司馬	名昱字道萬廟號太宗		元帝少子	王后	皇子道生俞生(王后出)孝武曜會稽王道子臨川王郁皇子朱生天流(他妃出)共七	2年	辛未	壬申		-1541至-1540年	西371 372	年53		葬高平陵今江寧縣下同	

朝	帝王	族	姓	名及字或廟號諡	籍	輩	后	子	在位年數	始年	終年	國號	民國前	西元	年齡	死由	陵地	附考
								人										
	13❾孝武帝	漢	司馬	名曜字昌明廟號烈宗		簡文帝第三子	王后	安帝德宗恭帝德文(他妃出)	24年	癸酉	丙申		-1539至-1516年	西373 396	年35	為張妃所害死	葬隆平陵	
	14❿安帝	漢	司馬	名德文字德宗		孝武帝子	王后		22年	丁酉	戊午		-1515至-1494年	西 397 418	年37		葬休平陵	
	15⓫恭帝	漢	司馬	名德文未德文後被廢為靈陵王		安帝弟	諸后		2年	己未	庚申		-1493至-1492年	西419 420	被廢後2年遇害年36	為劉裕所害死	葬沖平陵	
宋	1宋武帝(宋高祖)	漢	劉	名裕字德興小字寄奴廟號高祖	彭城綏里人今江蘇彭城縣	漢高帝弟楚王之後父翹	臧后	少帝義符文帝義隆靈陵王義真彭城王義康江夏王義恭南郡王義宣衡陽王義季(他妃出)以上共七人	2年	庚申	壬戌		-1492至-1490年	西420 422	年60		葬初寧陵今江蘇江寧縣	南北朝之始南朝一
	2少帝	漢	劉	名義符字車兵		武帝長子	司馬后		2年	癸亥	甲子		-1489至-1488年	西423 424	年19	為徐羨之等所害死		
	3文帝(宋太祖)	漢	劉	名義隆小字車兒廟號太祖		武帝第三子	袁后	太子劭(袁后出)孝武帝駿明帝彧始興王濬建平王宏南平王鑠盧陵王紹竟陵正誕晉熙王昶東海王禕武昌王渾始安王休仁山陽王休祐海陵王休茂鄱陽王休業臨慶王休倩新野王夷父桂陽王休範巴陵王休基(他妃出)以上共十九人	30年	甲子	癸巳		-1488至-1459年	西424 453	年46	為太子邵所害死	葬長寧陵今寧江縣下同	
	4孝武帝(宋世祖)	漢	劉	名駿字休龍小字道民廟號世祖		文帝第三子	王后	廢帝子業豫章王子當(王后出)始平王子鸞永嘉王子仁晉安王小勛松滋王子房安陸王子綏臨海王子預作安王子真昭陵王子羽淮南王子孟南平王子產廬陵王子興南海王子師	11年	甲午	甲辰		-1458至-1448年	西454 464	年35		葬長寧陵	

朝	帝王	族	姓	名及字或廟號諡	籍	輩	后	子	在位年數	始年	終年	國號	民國前	西元	年齡	死由	陵地	附考
								淮南王子霄東平王子嗣子子鳳子元子深子悅子衡子況子文子雍子趨子期(他妃出)共廿八人										
	5前廢帝	漢	劉	名字業小字法師		孝武帝長子	何后		1年	乙巳	乙巳		-1447年	西465	年17	為壽寂之等所害死	葬龍山今江寧縣	
	6明帝(宋太宗)	漢	劉	名或字休炳小字榮期廟太宗		文帝第十一子	王后	後廢帝昱順帝準晉王隨陽王翽新興王高邵陵王友江夏王濟始建王禧武陵王贊白王子法良智並皇子某(他妃出)以上共十二人	8年	丙午	癸丑		-1446至-1439年	西466 473	年34		葬高寧陵今江寧縣	
	7廢帝	漢	劉	名昱字德融小字慧廬後追廢為蒼梧王		明帝長子	江后		5年	癸丑	丁巳		-1439至-1435年	西473 477	年15	為蕭道成害死	葬秣陵郊壇西今江寧縣	
	8順帝	漢	劉	名準字仲謀小字智觀後被廢為汝陰王		明帝三子	謝后		3年	丁巳	己未		-1435至-1433年	西477 479	年13	為蕭道成所害死	葬遂寧陵今江寧縣	
齊	1齊高帝(齊太祖)	漢	蕭	名道成字伯紹小字闘將廟號太祖	南蘭陵人今江蘇武進縣	漢蕭何之後父承之	劉后	武帝賾豫章王嶷(劉后出)武陵王曄安成王暠始興王鑑宜都王水夏王鏗河東王鉉臨川王映長沙王晃鄱陽王鏘晉熙王逑桂陽王□衡陽王鈞南平王銳又其四子失名(他妃出)以上共十九人	4年	己未	壬戌		-1433至-1430年	西479 482	年55		葬大安陵當在今武進縣境	
	2武帝太子常懋	漢	蕭	名□字宣遠小名龍兒廟號世祖		高帝長子	裴后	太子常懋竟陵王子良(裴后出)廬陵王子卿魚侈侯子響安陵王子敬建安王子真臨賀王子岳晉安王子懋衡陽王子峻隨郡王子隆西安王子明永陽王岷南海王	11年	癸亥	癸酉		-1429至-1419年	西483 493	年54		葬長安陵今丹陽縣	

朝	帝王	族	姓	名及字或廟號諡	籍	輩	后	子	在位年數	始年	終年	國號	民國前	西元	年齡	死由	陵地	附考
								子罕巴陵王子倫邵陵王子貞西陽王子文南康王子琳後郡王子夏湘東王子建又其他失名(他妃出)上共廿三人										
	3 懋林王	漢	蕭	名昭業字元尚小名法身		高帝孫			1 年	甲戌	甲戌		-1418 年	西 494	年 22	為蕭鸞所害死		
	4 海陵王	漢	蕭	名昭文字季尚後諡曰恭		高帝孫			4 月	甲戌	甲戌		-1418 年	西	年 15	為蕭鸞所害死		
	5 明 帝 (始安王道生)	漢	蕭	名鸞字景栖小字玄度廟號高宗		高帝從子	劉后	廢帝寶卷江夏王寶元鄱陽王寶寅和帝寶融(劉后出)巴陵王寶義晉熙王寶嵩廬陵王寶源邵陵王寶修桂陽王寶貞又其他二子失名(他妃出)上共十一人	5 年	甲戌	戊寅		-1418 至 -1414 年	西 494 498	年 40		葬興安陵今江蘇丹陽縣	
	6 廢 帝	漢	蕭	名寶卷字智藏後被廢為涪陵王追封東昏侯		明帝次子	褚后	太子誦(他妃出)	3 年	己卯	辛巳		-1413 至 -1411 年	西 499 501	年 19	年十九為寶融所害死	今江丹陽縣東	
	7 和 帝	漢	蕭	名寶融字智後被廢為巴陵王		明帝第八子	王后		2 年	辛巳	壬午		-1411 至 -1410 年	西 501 502	年 15	為蕭衍所害死	葬恭安陵	
梁	1 梁武帝	漢	蕭	名衍字叔小字練兒廟號高祖	南蘭陵中都里今江蘇武進人	漢蕭何之後父順之	郗后	太子統簡文帝綱孝元帝繹廬陵王豫章王棕南康王績邵陵王綸武陵王紀(他妃出)以上共八人	48 年	壬午	己巳		-1410 至 -1363 年	西 502 549	年 82	為侯景所偪餓死	葬脩陵今江蘇丹陽縣下同	南朝三
	2 簡文帝	漢	蕭	名綱字世纘小字六通廟號太宗		武帝第三子	王后	太子太器南郡王大連(王后出)南海王大臨安陸王大春瀏陽王大雅新與王大武寧王大盛義安王大昕紋建王大川西陽王大鈞建平王大球臨川王大穎桂陽王大成汝南王大封樂	2 年	庚午	立未		-1362 至 -1361 年	西 550 551	年 49	為侯景害死	葬莊陵	

朝	帝王	族	姓	名及字或廟號諡	籍	輩	后	子	在位年數	始年	終年	國號	民國前	西元	年齡	死由	陵地	附考
								安王大圜皇子大訓(他妃出)共十七人										
	3孝元帝	漢	蕭	名繹字世成小字七符廟號世祖		武帝第七子		敬帝方智太子方矩世子方等方請始安王方略（他妃出）餘皆失名	3年	壬申	甲戌		-1360至-1358年	西551 554	年47	為蕭所害死	秘澤門外今湖北江陵縣陳文帝時改葬江寧舊陵	
	4敬帝	漢	蕭	名方智字慧相小字法真禪陳後為江陰王		元帝第九年	王后		3年	乙亥	丁丑		-1357至-1355年	西555 557	年16	為陳霸先所害;死		
	5①後梁宣(太子統)	漢	蕭	名登字理孫廟號中宗		武帝孫	王后	皇子巋(王后出)明帝歸皇子岌巖岑(他妃出)	8年	乙亥	壬午		-1357至-1350年	西555 562	年40		葬平陵	都於江陵為西魏周隋庸之國後為隋滅
	6②明帝	漢	蕭	名巋字仁遠廟號世宗		宣帝子	某后	末帝琮皇子瓛(他妃出)	24年	壬己	乙巳		-1350至-1327年	西562 585	年40		葬顯陵	
	7③末帝	漢	蕭	名琮字溫文降隋封國公		明帝子			2年	丙午	丁未		-1326至-1325年	西586 587				
陳	1陳武帝	漢	陳	名霸先字興國小字法生廟號高祖	吳興長城下數里人今浙江吳縣	漢陳寔後父文讚	錢后 章后	世子克衡陽王昌(他妃出)陳書言昌為帝之六子可佑武帝之子二人惟其名未詳	4年	丁丑	庚辰		-1255至-1252年、	西657 660	年57		葬萬安陵今江蘇江寧縣	南朝四
	2文帝(始興王道譚)	漢	陳	名蒨字子華廟號世祖		武帝從子	沈后	廢帝伯宗始興王伯茂(沈后出)永陽王伯智桂陽王伯謀鄱陽王伯山晉安王伯恭新安王伯周衡陽王伯信廬陵王伯仁江夏王伯義武王伯禮餘二子失名(他妃出)以上共十三人	7年	庚辰	丙戌		-1352至-1346年	西660 566	年45		葬永寧陵今寧縣	
	3廢帝	漢	陳	名伯宗字奉業小字藥王後被廢為臨海王		世祖長子	王后	臨海王至澤(王后出)	2年	丁亥	戊子		-1345至-1344年	西567 568	年19			
	4宣帝	漢	陳	名頊字紹世小字師利廟號高宗		武帝從子	柳后	後主叔寶(柳后出)始興王叔陵沙車王叔獻豫章王叔英長王叔堅宜都王叔明建	14年	己丑	壬寅		-1343至-1330年	西569 582	年40		葬顯寧陵今江蘇江寧縣	

朝	帝王	族	姓	名及字或廟號諡	籍	輩	后	子	在位年數	始年	終年	國號	民國前	西元	年齡	死由	陵地	附考
								安王叔卿新蔡王叔齊晉熙王叔文義陽王叔達新會王叔坦正武昌王王叔虞湘東王叔平海陵王叔儉南郡王叔澄岳山王叔彥太原王叔匡淮南王叔彪巴山王叔賀始興王叔蕣陽王叔儼岳陽王叔臨賀王叔敖江　陵王叔興陽山王叔西陽王叔新興王叔純巴東王叔謨臨海王叔顯新　寧王叔隆新昌王叔阪隆子叔□叔忠叔泓叔訓叔;武叔;叔封又二子失名(他妃出)共四十二人										
	5後主	漢	陳	名叔寶字元秀小字黃奴降隋後卒長城縣公諡曰煬		宣帝長子	沈后	太子深會稽王莊南海王叆錢塘王恬吳興王濟南平王嶷永嘉王彥邵陵王競信義王祗東陽王佺吳興王允皇子總觀明網統充洽韜綽威辦(他妃出)以上共廿二人	7年	癸卯	己酉		-1329至-1323年	西583 589	降隋後15年歿年52		葬河南洛陽之芒山	以上南朝畢
後魏	1後魏道武帝	鮮卑	拓跋	名珪 廟號太祖	先世居盛樂王代盛樂今山西歸化城南	祖什翼健父實格	慕容后 劉后	明元帝嗣（劉后出）清河王紹陽平王熙河南河　王曜廣平王建京兆王黎河間王脩長樂王處父皇子運聰(他妃出)上共十人	24年	丙午	己酉		-1526至-1503年	西386 409	年39	為清河王紹所害死	葬盛樂金陵或曰陵在雲中今山西懷仁縣	北朝一
	2明元帝	鮮卑	拓跋	名嗣字木末 廟號太宗		漢武帝長子	姚后 杜后	太武帝燾(杜后出)樂平王丕樂安王範永	16年	己酉	甲子		-1503至-1488年	西409 464	年30		葬雲中金今山西懷	

朝	帝王	族	姓	名及字或廟號諡	籍	輩	后	子	在位年數	始年	終年	國號	民國前	西元	年齡	死由	陵地	附考
								昌安定王彌建寧王崇新興王俊(他妃出)以上共十一人									仁縣下同	
	3大武帝	鮮卑	拓跋	名壽 廟號世祖		明元帝長子	赫連后 賀后	太子興(賀后出)晉王伏羅東平王翰臨淮王譚廣陽王建閔南安王余皇子金兒貓兒;虎顛龍(他妃出)上共十一人	29年	甲子	壬辰		-1488至-1460年	西424 452	年45	為近侍愛所害死	葬雲中金陵	
	4文成帝(太子晃)	鮮卑	拓跋	名濬 廟號高宗		太武帝孫	馮后 李后	獻文帝弘(李后出)安樂王長樂廣川王郁王簡河間王若安若安豐王猛韓王安平(他妃出)以上共七人	15年	壬辰	丙午		-1460至-1446年	西452 466	年26		葬雲中金陵	
	5獻文帝	鮮卑	拓跋	名弘字民 廟號顯祖		文帝長子	李后(廢后)(幽后)	孝文帝宏(李后出)趙郡王幹高陽王雍彭城王□咸陽王禧廣陵王羽北海王詳(他妃出)以上共七人	6年	丙午	辛亥		-1446至-1441年	西466 471	禪位後5年歿年32		葬雲中金陵	
	6孝文帝	鮮卑	改姓元	名宏 廟號高祖		獻文帝長子	林后 馮后 高后	太子恂(林后出)宣武帝恪平王(懷高后出)京兆王愉河王懌汝南王悅皇子桃(他妃出)以上共七人	30年	辛亥	庚辰		-1441至-1412年	西471 500	年33		葬長陵今河南汝州東南	
	7宣武帝	鮮卑	元	名恪 廟號世宗		孝文帝次子	于后 高后 胡后	皇子某(高后出)孝明帝詡(胡后出)	16年	庚辰	乙未		-1412至-1397年	西500 515	年23		葬景陵	
	8孝明帝	鮮卑	元	名詡 廟號肅宗		宣武帝次子	胡后		13年	丙申	戊申		-1396至-1384年	西516 528	年19	為胡太后所害死	葬定陵	
	9孝莊帝 彭城王勰	鮮卑	元	名字攸 廟號敬宗		獻文帝孫	爾朱后		3年	戊申	庚戌		-1384至-1382年	西528 530	年14	為爾朱所害死	葬靜陵	
	10節閔帝 廣陵王羽	鮮卑	元	名脩字孝則魏書亦稱出帝		獻文帝孫		渤海(王他妃出)	1年	辛亥	辛亥		-1381年間	西531	年35	為高歡所害死		
	11西魏孝武帝 廣平王懷	鮮卑	元	名脩字孝則魏書亦稱出帝		孝文帝孫	高后		3年	壬子	甲寅		-1380至-1378年	西532 534	年25	為字文泰所害死	葬永陵今陝西富平縣下同	
	12文帝	鮮	元	名寶炬		孝文帝	乙弗	廢帝欽武都王戊(乙	16年	乙卯	庚午		-1377至	西535	年45		葬永陵	

朝	帝王	族	姓	名及字或廟號諡	籍	輩	后	子	在位年數	始年	終年	國號	民國前	西元	年齡	死由	陵地	附考
	京兆王愉	卑				孫	后郁久閭后	弗后出)恭帝廓(他妃出)北史乙弗后生男女十二人多早夭可知文帝之子不止此三人惟其名未詳					-1362年	550				
	13 廢帝	鮮卑	元	名欽		文帝長子	字文后		3年	辛未	癸酉		-1361至-1359年	西551 553	年16	為字文泰所害死	葬永陵	
	14 恭帝	鮮卑	復姓拓跋	名廓讓位後降封宋公		文帝四子	若干后		4年	甲戌	丁丑		-1358至-1355年	西554 557	年21	為字文護所害死		
	15 東魏孝靜帝 清河王懌亶	鮮卑	元	名善見讓位後封中山王		孝文帝曾孫	高后	宜陽王景植皇子長仁(他妃出)	17年	甲寅	庚午		-1378至-1362年	西534 550	年28	讓位後二年為高洋所害死	葬漳西崗	
北齊	16 北齊文宣帝 北齊6主	漢	高	名洋字子進廟號顯祖	渤海脩人今山東晉州境	父歡	李后	廢帝殷太原王紹德(李后出)范陽王紹義西河王紹化隴西王紹廉(他妃出)共五人	10年	庚午	己卯		-1362至-1353年	西550 559	年31		葬武寧陵高歡陵在河南臨漳縣南此當與歡陵相近	
	17 廢帝	漢	高	名殷字正道小名道人後被廢為濟南王諡閔悼		文宣帝子			1年	庚辰	同年庚辰		-1352年	西560	年15	為高演所害死	葬武寧陵西北	
	18 孝昭帝	漢	高	名演字延安		文宣帝弟	元后	樂陵王百年(元后出)襄城王亮汝南王彥理始平王彥德城陽王彥基定陽王彥康汝陽王彥忠(他妃出)以上共七人	2年	庚辰	辛巳		-1352至-1351年	西560 561	年27		葬文靜陵	
	19 武成帝	漢	高	名湛		孝昭帝弟	胡后	後主緯瑯琊王儼(胡后出)南陽王綽齊安王廓北平王貞高平王仁英淮南王仁光西河王仁機東平王邕穎川王仁儉安樂王仁雅丹陽王仁直東海王仁謙(他妃出)共十三人	5年	辛巳	乙酉		-1350至-1347年	西562 565	禪位後4年歿年32		葬永平陵	

朝	帝王	族	姓	名及字或廟號諡	籍	輩	后	子	在位年數	始年	終年	國號	民國前	西元	年齡	死由	陵地	附考
	20 後主	漢	高	名緯字仁綱		武成帝長子	斛律后胡后穆后	幼主恆(穆后出)東平王恪皇子善德買德質錢(他妃出)以上共五人	13 年	乙酉	丁酉		-1347 至 -1335 年	西 565 577	年 26			
	21 幼主	漢	高	名恆		後主長子			1 月	丁酉	丁酉		-1335 年	西 577	年 9 歲		葬長安北原今陝西咸陽縣	
後周	22 後主 孝愍帝	鮮卑	宇文	名覺字陀羅尼後被廢為洛陽公	先世居代	父泰	元后		1 年	丁丑	丁丑		-1355 年	西 560	年 16	為宇文護所害死	葬靜陵宇文泰陵陝西富平縣北此當與泰陵相近	
	23 明帝	鮮卑	宇文	名毓小名統萬突廟號世祖		孝愍帝弟	獨孤后	畢王賢酆王貞宋王實(他妃出)	4 年	丁丑	庚辰		-1355 至 -1352 年	西 557 560	年 27	為宇文護所害死	葬昭陵	
	24 武帝	鮮卑	宇文	名邕字彌羅突廟號高祖		明帝弟	阿史那后李后	宣帝□漢王贊(李后出)秦王贄曹王允道王充荊王元蔡王光(他妃出)以上共五人	18 年	辛巳	戊戌		-1351 至 -1334 年	西 561 578			葬孝陵	
	25 宣帝	鮮卑	宇文	名□字乾伯		武帝長子	楊后朱后陳后元后尉遲后	靜帝闡(朱后出)鄴王衎郢王術(他妃出)	1 年	己亥	同年己亥		-1333 年	西 579	禪位後 1 年歿年 22		葬定陵	
	26 靜帝	鮮卑	宇文	名闡初名衍讓位後降封介公		宣帝長子	司馬后		3 年	己亥	辛丑		-1333 至 -1331 年	西 579 581	年 9 歲	為楊堅所害	葬定陵	以上北朝畢南北朝終
隋	太祖楊忠																	
	1 高祖 楊堅 隋文帝	漢	楊	名堅字那羅延廟號高祖	宏農華陰人今陝西華陰縣	漢楊震之後父忠	獨孤后	煬帝廣房陵王勇秦王俊蜀王秀漢王諒(獨孤后出)	24 年	辛丑	甲子	開皇元年	-1331 至 -1308 年	西 581 604	年 64		葬泰陵今陝西武功縣	隋之始
	2 世祖 楊廣 隋煬帝	漢	楊	名廣一名英小字阿□		文帝次子	蕭后	太子昭齊王□(蕭后出)趙王杲(他妃出)	13 年	乙丑	丁丑		-1307 至 -1295 年	西 605 617	年 50	為宇文化及所害	初葬江都縣西唐改葬雷塘今江蘇江都縣東北	
	3 恭帝	漢	楊	名侑讓國後封□公		煬帝孫			2 年	丁丑	戊寅		-1295 至	西 617	讓國後 2		隋亡	越王侗亦太子昭

朝	帝王	族	姓	名及字或廟號諡	籍	輩	后	子	在位年數	始年	終年	國號	民國前	西元	年齡	死由	陵地	附考
													-1294年	618	年歿年15			之子王世充立之東都亦諡恭帝今以隋書本紀不列故表內從闕
唐	1唐高祖李淵	漢	李	名淵字叔德玄宗時上尊號神堯大聖大光孝皇帝	隴西成紀人今甘肅秦安縣	西涼李□之後祖虎父昺	竇后	太子建成太宗世民衛王元霸巢王元吉(竇后出)楚王智雲豐王元亨徐王元禮道王元慶韓王元嘉魯王靈□彭王元則□王元軌虢王鳳荊王元景漢王元昌鄧王元裕江王元祥舒王元名密王元曉鄭王元懿滕王元嬰周王元芳(他妃出)以上共廿一人	9年	戊寅	丙戌	武德1-8年	-1294至-1286年	西618 626	禪位後10年歿年72		葬獻陵今陝西三原縣東南	唐之始
	2唐太宗李世民	漢	李	名世民玄宗時上尊號文武大聖大廣孝皇帝		高祖次子	長孫后	高宗治常山王承乾濮王泰(長孫后)吳王恪蜀王愔齊王祐越王貞江王囂紀王慎趙王福蔣王惲曹王明楚王寬代王簡(他妃出)以上共十四年	23年	丁亥	己酉	貞觀廿三年	-1285至-1263年	西627 649	年52		葬昭陵今陝西醴泉縣東北	唐以前君主簡稱多用諡號至唐始用廟號
	3唐高宗李治	漢	李	名治字為善玄宗時諡天皇大聖大弘孝皇帝		太宗第九子	王后武后	少帝弘太子賢中宗哲睿宗旦(武后出)許王素節燕王忠原王孝澤王上金(他妃出)以上共八人	34年	庚戌	乙卯	永徽六年	-1262至-1229年	西650 683	年56		葬乾陵今陝西乾縣西北	
	4中宗	漢	李	名哲初名顯玄宗時諡大和大聖大昭孝皇帝		高宗第七子	趙后韋后	太子重潤(韋后出)譙王重福太子重俊溫王重茂(他妃出)以上共四人	前後7年	甲申	己丑	嗣聖	-1228年-1223	西684 689	年55		葬定陵今陝西富平縣西北	
	5睿宗李旦	漢	李	名旦玄宗時諡元貞大聖大興孝皇帝		高宗第八子	劉后竇后	太子憲(劉后出)玄宗隆基(竇后出)隋王隆悌皇子業範撝(他妃出)以上共六人	3年	庚戌	王子	天授二年	-1222至-1221年	西690 691	禪位後4年歿年55		葬橋陵今陝西蒲城縣	

朝	帝王	族	姓	名及字或廟號諡	籍	輩	后	子	在位年數	始年	終年	國號	民國前	西元	年齡	死由	陵地	附考
	6玄宗 李隆基	漢	李	名隆基諡至道大聖大明孝皇帝		睿宗第三子	王后 武后 楊后	夏王一懷王敏壽王瑁盛王琦(武后出)肅宗亨(楊后出)儀王璲棣王琰鄂王瑤永王璘涼王璿汴王璥穎王□延王玢濟王環信王瑝陳王珪光王居義王玭豐王珙恆王瑱太子琮瑛琬又其七子失名(他妃出)以上共三十人	45年	壬子	乙未	如意元年	-1200年 -1157年	西712 755	禪位後7年歿年77		葬泰陵今陝西蒲城縣東北	
	7肅宗 李亨	漢	李	名亨初名璵諡文明武德大聖大宣孝皇帝		玄宗第三子	張后 吳后	太子□定玉佋(張后出)代宗豫(吳后出)兗王僴召王偲襄王僙彭王僅杞王倕涇王侹越王孫衛王佖鄆王榮皇子倓僖(他妃出)以上共十四人	7年	丙申	癸卯	至德二年	-1156至 -1150年	西756 762	年53		葬建陵今陝西醴泉縣北	
	8代宗 李豫	漢	李	名豫初名俶諡睿文孝武皇帝		肅宗太子	獨孤后沈后	韓王迥(獨孤后出)德宗适(沈后出)太子邈均王遐睦王述丹王愉恩王連簡王遘益王迺隋王迅荊王選蜀王遡忻王造韶王暹嘉王運端王遇循王遹恭王通原王逵雅王逸(他妃出)以上共二十人	17年	癸卯	己未	廣德二年	-1149至 -1133年	西763 779	年52		葬元陵今陝西富平縣西北	
	9德宗 李适	漢	李	名适諡神武孝文皇帝		代宗太子	王后	順宗誦(王后出)通王諶虔王諒肅王祥資王謙代王諲昭王誡欽王諤珍王諴(他妃出)太子謜舒王誼(二人為繼子)以上共十一人	26年	己未	甲午	建中四年	-1133至 -1107年	西778 805	年64		葬崇陵今陝西涇陽縣	
	10順宗 李誦	漢	李	名誦諡宏道大聖大安孝皇帝		德宗太子	王后	憲宗純福王綰(王后出)郯王經宋王結郇	8月	乙酉	同年乙酉	永貞元年	-1107年	西805	禪位後1年歿年46		葬豐陵今陝西富平	

朝	帝王	族	姓	名及字或廟號諡	籍	輩	后	子	在位年數	始年	終年	國號	民國前	西元	年齡	死由	陵地	附考
								王綜岳王緄衡王絢均王緯□王縱莒王紓密王綢集王緗冀王綠邵王約和王綺會王纁珍王繕撫王紘桂王綸袁王紳翼王綽蘄王緝欽王續(他妃出)以上共二十一人									縣東北	
	11憲宗李純	漢	李	名純宣宗時諡昭文章武大聖至神孝皇帝		順帝太子	郭后鄭后	穆宗慎(郭后出)宣宗忱澧王惲深王悰洋王忻絳王悟建王恪鄜王憬瓊王悅沔王恂婺王懌茂王愔淄王協衡王憺澶王□棣王惴彭王惕信王□榮王□皇子寧(他妃出)以上共二十人	15年	丙戌	庚子	元和15年	-1106至-1092年	西806 820	年43	為宦官陳弘志所害死	葬景陵今陝西蒲城縣南	
	12穆宗李恒	漢	李	名恆諡睿聖文惠孝皇帝		憲宗第三子	王后蕭后韋后	敬宗諶(王后出)文宗昂(蕭后出)武宗炎(韋后出)皇子湊安王溶(他妃出)以上共五人	5年	庚子	甲辰	長慶四年	-1092至-1088年	西820 824	年30	服方士金丹死	葬光陵今陝西蒲城縣北	
	13敬宗李湛	漢	李	名諶諡睿武昭烈孝皇帝		穆宗太子		皇子普陳王成美梁王休復襄王執中紀王言揚(他紀出)以上共五人	3年	乙巳	丙午	寶曆二年	-1087至-1086年	西825 826	年19	為宦官蘇佐明所害死	葬莊陵今陝西三原縣西北	
	14文宗李昂	漢	李	名昂初名涵諡元聖昭獻皇帝		穆宗次子		皇子永蔣王宗儉(他妃出)	14年	丁未	庚申	太和九年	-1085至-1072年	西827 840	年33		葬章陵今陝西富平縣西北	
	15武宗李炎	漢	李	名炎初名□諡至道昭肅孝皇帝		穆宗第五子		杞王峻益王峴兗王岐德王嶧昌王嵯(他妃出)以上共五人	6年	辛酉	丙寅	會昌六年	-1071至-1066年	西841 846	年33		葬端陵今陝西三原縣東	
	16宣宗李忱	漢	李	名忱初名怡懿宗時諡元聖至明成武獻文睿章仁神聰懿道大孝皇帝		憲宗第十三子	□后	懿宗□(□后出)皇子漢□王滋慶王沂濮王澤鄂王潤懷王洽昭王汭康王汶廣王	13年	丁卯	己卯		-1065至-1053年	西846 858	年50	服方士金丹死	葬貞陵今陝西涇陽縣	

朝	帝王	族	姓	名及字或廟號諡	籍	輩	后	子	在位年數	始年	終年	國號	民國前	西元	年齡	死由	陵地	附考
								漋衛王灌(他妃出)以上共十一人										
	17懿宗 李漼	漢	李	名□初名溫諡睿文昭聖恭惠孝皇帝		宣宗太子	王后 王后	僖宗儇(王惠安后出)昭宗曄(王恭憲后出)魏王□涼王健蜀王佶威王□吉王保睦王倚(他妃出)以上共八人	14年	庚辰	癸巳		-1052至-1039年	西859 872	年41		葬簡陵今陝西富平縣西北	
	18僖宗 李儇	漢	李	名儇初名儼諡惠聖恭定孝皇帝		懿宗第五子		建王震益王陞(他妃出)	15年	甲午	戊申		-1038至-1024年	西873 887	年27		葬靖陵今陝西乾州城東	
	19昭宗 李曄	漢	李	名曄初名傑又名敏諡聖穆景文孝皇帝		懿宗第六子	何后	德王裕哀帝祝(何后出)棣王祤虔王禊沂王禋遂王禕景王祕祁王祺雅王禛瓊王祥瑞王禎豐王祁和王福登王禧嘉王祜穎王禔蔡王祐(他妃出)以上共十七人	15年	己酉	癸亥		-1023至-1009年	西888 902	年38	為朱晃所害死	葬和陵今河南偃師縣南	
	20哀帝	漢	李	名祝初名祚後唐明宗時追諡昭宣光烈孝廟號景宗		昭宗第九子			3年	甲子	丙寅		-1008至-1006年	西903 905	禪位後2年遇害年17	為朱晃所害死	葬溫陵今山東定陶縣	唐亡
後梁	1太祖 朱溫	漢	朱	名晃初名溫唐賜名全忠諡神武元聖孝帝	宋州碭山什溝里人今江蘇碭山縣	父誠	張后	末帝瑱(張后出)郴王友裕博王友文郢王友珪福王友璋智王友雍建王友徽康王友孜(他妃)出以上共八人	6年	丁卯	壬申		-1005至-1000年	西907 912	年61	為子友珪所害死	葬宣陵今洛陽縣城東	五代之始 五代一
	2任帝 朱友貞	漢	朱	名瑱初名友貞		太祖第三子			11年	癸酉	癸未		-999至-989年	西913 923	年36	為其下所害死		
後唐	1莊宗	沙陀	(原姓朱邪唐賜姓李)	名存勖諡光聖神旼孝皇帝	其先出西突厥自號沙陀	祖國昌父克用	劉后	皇子繼岌(劉后出)皇子繼流繼嵩繼繼嶢(妃)出以上共五人	4年	癸未	丙戌		-989至-987年	西923 925	年43	其下作亂為流矢所中死	葬雍陵今河南新安縣	五代二
	2明宗	沙	李	名亶初名嗣源胡名□		克用養	曹后	秦王從榮愍帝從厚	8年	丙戌	癸巳		-986至	西926	年67		葬徽陵今	

朝	帝　王	族	姓	名及字或廟號諡	籍	輩	后	子	在位年數	始年	終年	國號	民國前	西　元	年　齡	死　由	陵　地	附　考
	李嗣源	陀		佶烈諡聖德和武欽帝		子	夏后 魏后	(夏后出)潞王從珂(魏后出隨嫁明宗)許王從益皇子從璟從璨(他妃出)以上共六人.					-979 年	933			洛陽縣城東北	
	3 愍　宗	沙陀	李	名從厚		明宗第三子	孔后		5 月	甲午	甲午		-978 年間	西 934	年 22	為從珂所害死	葬徽陵南	
	4 廢　帝	沙陀	李(本姓王改姓李)	名從珂	太平山人嗣明宗後	明宗養子	劉后	皇子重吉重美(他妃出)	3 年	由午	丙申		-978 至 976 年	西 934 936	年 51	石敬瑭兵起自焚死	葬徽陵南	
後晉	1 高　祖 石敬瑭	沙陀	石	名敬瑭諡聖文武明德孝皇帝	世出西夷與沙陀同族	父臬捩雞	李后	楚王重信（李后出）王重英壽王重義剡王重允□王重進陳王重杲皇子重睿(他妃出)共七人	6 年	丙申	辛丑		-976 至 -971 年	西 936 941	年 52		葬顯陵今河南宜陽縣	五代三
	2 出　帝 (宋王石敬儒)	沙陀	石	名重貴		高祖從子	馮后	皇子延煦延寶(他妃出)	5 年	王寅	丙午		-970 至 -966 年	西 942 946	年 34	為契丹所執死於龍今车天開縣		
後漢	1 後滿迴 祖	沙;陀	劉	名暠初名佑遠諡睿文昭肅孝皇帝	其先為沙陀部人後居太原	父琠	李后	隱帝承祐(李后出)魏王承訓陳王承勳(他妃出)	2 年	丁未	戊申		-965 至 -964 年	西 947 948	年 54		葬睿陵今河南登封縣	五代四
	2 隱　帝	沙陀	劉	名承祐		高祖次子			3 年	戊申	庚戌		-964 至 -962 年	西 948 950	年 20	郭威兵起為亂兵所死	葬穎陵今河南禹州	
後周	1 太　祖 郭　威	漢	郭	名威諡聖神恭肅文武孝皇帝	邢州堯山人今隸唐山縣	自稱周□父後公簡	柴后	郯王侗紀王信(他妃出)世宗榮(養子)	4 年	辛亥	甲寅		-961 至 -958 年	西 951 954	年 51		嵩陵今河南新鄭縣	五代五
	2 世　宗	漢	本姓柴改姓郭	名榮諡睿武孝文皇帝	邢州龍岡人伐直隸台縣西南	太祖養子	劉后 符后 (宣懿)符后	恭帝宗訓皇子宜哥熙讓熙謹熙誨又二子皆失名(他妃出)以上共七人	5 年	乙卯	己未		-957 至 -953 年	西 955 959	年 39		葬慶陵今河南鄭州下同	

朝	帝王	族	姓	名及字或廟號諡	籍	輩	后	子	在位年數	始年	終年	國號	民國前	西元	年齡	死由	陵地	附考
	3恭帝	漢	郭	名郭宗訓		世宗第四子			6月	己未	己未		-953年間	西959	禪國後14年歿年21		葬順陵	五代畢
宋	1宋太祖 趙匡胤	漢	趙	名趙匡胤真宗時加諡啟運立極英武睿文神德聖功至明大孝皇帝	涿人今宜隸涿州	父弘殷	賀后 王后 宋后	滕王德秀魏王德昭舒王休(賀后出)楚王德芳(王后出)以上共四人	17年	庚申	丙子	建隆	-952至-936年	西960 976	年50		葬永昌陵今河南鞏縣西南下同	宋之始
	2太宗 趙光義	漢	趙	名炅初名匡又改賜光義諡神万聖德文武皇帝		太祖弟	尹后 李后(元德明德) 符后	楚王元佐真宗恆(李后出)皇子元僖商王元份安王元傑王元得曹王元稱鎮王元儼代國公(他妃出)以上共九人	22年	丙子	丁酉		-936至-915年	西976 998	年59		葬永熙陵	
	3真宗 趙恒	漢	趙	名恆初名元侃仁宗時諡膺符稽古神功讓德文明武定章聖元孝皇帝		太宗第三子	潘后 郭后 劉后 李后 楊后	周王祐(郭后出)仁宗禎(李后出)溫王褆昌王祇信王祉欽王庌(他妃出)以上共六人	25年	戊戌	壬戌		-914至-890年	西998 1022	年55		葬永定陵	葬永熙陵
	4仁宗 趙禎	漢	趙	名禎初名益諡體天法道極万全德神文聖武睿哲明孝皇帝		真宗第六子	郭后 曹后 張后(溫城)	豫王昕褒王昉鄂王曦(他妃出)	41年	癸亥	癸卯		-889至-849年	西1023 1063	年53		葬永陵	
	5英宗 趙曙 商王元份濮王元讓	漢	趙	名曙初名宗實諡體乾應　歷隆万盛憲文肅武睿聖宣孝帝		太宗曾孫	高后	神宗頊吳王顥潤王頫益不頵(高后出)	4年	甲辰	丁未		-848至-845年	西1064 1067	年36		葬永厚陵	
	6神宗 趙頊	漢	趙	名頊初名仲鍼諡紹天法古運德建功英文烈武欽仁聖孝皇帝		英宗太子	向后 朱后 陳后	哲宗煦楚王似(朱出)徽宗佶(陳后出)成王俻褒王褒儀王偉惠王僅冀王澗徐王倜吳土佖燕王吳　越王偲豫王价唐王俊(他妃出)以上共十四人	18年	戊申	乙丑		-844至-827年	西1068 1085	年38		葬永裕陵	
	7哲宗 趙煦	漢	趙	名煦初名傭徽宗時諡憲元繼道顯德定功文睿武齊聖昭孝皇帝		神宗第六子	孟后 劉后	王子懋昭(劉后出)	15年	丙寅	庚辰		-826至-812年	西1086 1100	年25		葬永泰陵	
	8徽宗	漢	趙	名佶後傳位太子為教		神宗第	王后	欽宗桓(王后出)高宗	25年	辛巳	乙巳		-811至	西1101	禪位後11	為金所執	歸葬永祐	

朝	帝王	族	姓	名及字或廟號諡	籍	輩	后	子	在位年數	始年	終年	國號	民國前	西元	年齡	死由	陵地	附考
	趙佶			主道君太上皇帝既又為金所執封昏德公高宗時諡體神合道駿烈遜公聖文仁德憲莊顯孝皇帝		十一子	劉后(明達)劉后(明節)韋后	構(韋后出)益王棫祈王模信王榛(劉后出)建安王英嘉國公椅英國公楒(劉后出)兗王檉鄆王楷刑王楫肅王樞景王杞濟王栩王材莘王植華原王朴徐王棣沂王王共和王栻漢王椿安康王握廣平王楗陳國公機相國公梴嬴國公越溫國公棟義國公桐昌國公柄潤國公樅(他妃出)以上共卅一人					-787 年	1125	年歿年 54	死於五國城據滿州源流考今吉林三姓地辺有五國舊城	陵今浙江紹縣	
	9 欽宗	漢	趙	名桓高宗時諡為恭文順德仁孝皇帝		徽宗太子	朱后	太子諶少子訓(朱后出)	2 年	丙午	丁未		-786 至 -785 年	西 1126 1127	北遷後 34 年歿年 64	同上	金人葬之永獻陵今河南鞏縣附近	
南宋	10①南宋高宗	漢	趙	名構字德基光宗時諡受命中興全功至德聖神武文昭仁憲孝皇帝		徽宗第九子	刑后吳后	太子博(他妃出)	36 年	丁未	壬午		-785 至 -750 年	西 1127 1162	禪住後 5 年年 81		葬永思陵今浙江興縣下同	
	11②孝宗趙伯琮	漢	趙	名昚初名瑗又名瑋字元永寧宗時諡統同道冠德昭功哲文神武明聖成孝皇帝		太祖七世孫大偁	部后夏后謝后	皇子楷魏王愷光宗；惇邵王恪(郭后出)	27 年	癸未	己酉		-749 至 -723 年	西 1163 1189	禪位後 5 年歿年 68		葬永阜陵	
	12③光宗趙惇	漢	趙	名惇寧宗時道憲仁明功茂德文順武聖哲慈孝皇帝		孝宗第三子	李后	皇子挺寧宗擴(李后出)	5 年	庚戌	甲寅		-722 至 -718 年	西 1190 1194	禪位後年歿年 54		葬永崇陵	
	13④寧宗趙擴	漢	趙	名擴理宗時諡法天備道純德茂功仁文哲武理容恭孝皇帝		灿宗次子	韓后楊后	兗王竣王坦郢王增華王坰(韓后出)順王圻申王遮肅王胡邳王坻皇子某(他妃出)以上共九人	30 年	乙卯	甲申		-717 至 -688 年	西 1195 1224	年 57		葬永茂陵	
	14⑤理宗趙貴誠	漢	趙	名均初名貴誠諡建備德大功復興烈文仁武聖明安孝皇帝		太祖十世孫父希櫨	謝后		40 年	乙酉	甲子		-687 至 -648 年	西 1225 1264	年 60		葬永穆陵	

朝	帝王	族	姓	名及字或廟號諡	籍	輩	后	子	在位年數	始年	終年	國號	民國前	西元	年齡	死由	陵地	附考
	15⑥度宗福王與芮	漢	趙	名堪初台孟改賜名孜諡端文明武京孝皇帝		理宗從子	全后	恭帝顯(全后出)端宗昰帝昺(他妃出)	10年	乙丑	甲戌		-647至-638年	西1265 1274	年35		葬永紹陵	
	16⑦恭宗	漢	趙	名顯元封瀛國公端宗即位尊為孝恭懿聖皇帝		宗太子			2年	乙亥	丙子		-637至-636年	西1275 1276	即位年5歲後降元至英宗時歿			
	17⑧端宗	漢	趙	名昰諡裕文昭武皇帝		度宗子			3年	丙子	戊寅		-636至-634年	西1276 1278	年11		葬永福陵今廣東新會縣	
	18⑨帝昺	漢	趙	名昺		度宗子			2年	戊寅	己卯		-634至-633年	西1278 1279	年9歲		葬廣東海濱	宋亡
遼	1遼太祖耶律阿保機	契丹	耶律	名億字安巴堅小字多爾濟興宗時大聖大明神烈天皇帝	德勒部轄垃里鍋林鄉耶律穆魯人	父撒剌的	蕭后	讓帝位太祖德光皇子魯呼(蕭后出)皇子雅爾葛(他妃出)以期共四人	20年	丁卯	丙戌		-1005至-986年	西907 926	年50		葬祖陵今奉天錦州附下同	遼之始時為後梁太祖開平元年
	2太宗耶律德光	契丹	耶律	名德光德謹小字耀庫濟興宗時諡孝武惠文皇帝		太祖第二子	蕭后	穆宗璟齊王雅斯哈(蕭后出)皇子天德王迪里越王必舒(他妃出)以上共五人	22年	丙戌			-986至-965年	西926 947	年46		葬懷陵	
	3世宗耶律兀欲讓國皇帝倍	契丹	耶律	名阮小字烏靈聖宗時諡孝和莊憲皇帝		太祖孫	蕭后	景帝賢勒布(蕭后出)寧王札穆(他妃出1)丹國志世宗有六子可知世宗之子不止三人惟其名未詳	5年	丁未	辛亥		-965至-961年	西947 951	年34	為察克所害死	葬醫巫閭山今奉天廣寧縣西	
	4穆宗	契丹	耶律	名環小字舒魯興宗時諡孝安敬正皇帝		太宗長子	蕭后		18年	辛亥	戊辰		-961至-944年	西951 968	年39	為胥格所害死	附葬懷陵	
	5景宗耶律賢	契丹	耶律	名賢字賢寧小明房興宗時孝成康靖皇帝		世宗次子	蕭后	聖宗隆緒晉王隆慶齊王隆祐(蕭后出)皇子孳師奴1(他妃出)以上共四人	14年	己巳	壬午		-943至-930年	西969 982	年35		葬乾陵今奉天錦州附近	
	6聖宗耶律隆緒	契丹	耶律	名隆緒小字文殊奴興宗時諡文武大孝宣皇帝		景宗長子	蕭后	秦王重元興宗宗真(蕭后出)燕王武格皇子格爾混同2王海吉勒柳城郡王布古德(他妃出)契丹國志聖宗有子八人可佑聖	49年	癸未	辛未		-929至-881年	西983 1031	年61		葬慶陵在臨潢西北下同	

朝	帝王	族	姓	名及字或廟號謚	籍	輩	后	子	在位年數	始年	終年	國號	民國前	西元	年齡	死由	陵地	附考
								宗之子尚不止此數惟　其餘二子名不詳										
	7興宗 耶律宗真	契丹	耶律	名宗真字雅布濟小字濟古爾道宗時謚神聖孝章皇帝		聖宗長子	蕭后	道宗洪基宋王和囉噶秦王阿林(蕭后出)	24年	辛未	甲午		-881至-858年	西1031 1054	年40		葬慶陵	
	8道宗 耶律洪基	契丹	耶律	名洪基字納琳小字札拉謚仁聖大孝文皇帝		興宗長子	蕭后	順宗濬(蕭后出)	46年	乙未	庚辰		-857至-812年	西1055 1100	年70		葬慶陵	
	9任 (天祚帝) 耶律延禧 (順宗濬)	契丹	耶律	名禧延寧小字阿古後為金所執降封海濱王又改豫王		道宗孫	唐古后費糜后赫舍后布薩后	晉王額魯溫梁王雅里燕王培魯趙王錫詡秦王定許王寧（休妃）出以上共六人	23年	辛巳	癸卯		-811至-789年	西1101 1123	降金後死年54		葬乾陵傍	遼亡
金	1金太祖	女真	完顏	名旻本名阿周達熙宗時謚應乾興運昭德定功睿神莊孝仁明大聖武元皇帝	世居女真之完部	父合理博	唐古后費糜后舍哩后薩后	皇子宗峻豐王烏里趙王宗傑(唐古后出)遼王宗幹(費糜后出)宋王宗望陳王宗□潘王額魯欽(赫舍哩后出)皇子宗堯幽王鄂爾多(布薩后出)梁王宗弼衛王宗強曹王宗敏紀王錫訥埒息王寧嘉莒王雅遜任王威赫鄴王幹渾(他妃)出以上共十七人	9年	乙未	癸卯		-797至-789年	西1115 1123	年56		葬睿陵今順天房山縣下同	金之始
	2太宗	女真	完顏	名晟本名烏寄邁後謚體元應運世德昭功惠仁文烈皇帝		太祖弟	唐古后	宋王宗磐幽王宗周代王宗雅虞王阿里布滕王呼沙呼薛王宗懿陳王宗本翼王呼蘭豐王宗美耶王神士門霍王哈必蘇蔡王沃里畢王宗哲徐王宗順(他妃出)以上共十四人	12年	癸卯	甲寅		-789至-778年	西1123 1134	年41		葬恭陵	
	3熙宗	女	完顏	名亶本名喇廢帝即位		太孫	費糜	子濟安(費糜后出)	14年	乙卯	戊辰		-777至	西1135	年31	完顏亮所	葬思陵	

朝	帝王	族	姓	名及字或廟號諡	籍	輩	后	子	在位年數	始年	終年	國號	民國前	西元	年齡	死由	陵地	附考
	景帝宗峻	真		隆為東王世宗時諡宏基纘武莊孝成皇帝			后	魏王道濟(他妃出)					-764 年	1148		害死		
	4 廢帝 遼王宗幹	女真	完顏	名亮字功本名費古納世宗時降封海陵郡王諡曰煬		太祖孫	圖克坦后	皇子光英(圖克坦后)崇王元壽滕王舒廣博宿王舒蘇叩(他妃出)以上四人	12 年	己巳	庚辰		-763 至 -752 年	西 1149 1160	年 40	為其下所害死	葬大房山西南	
	5 世宗 睿宗宗	女真	完顏	名雍本名烏祿帝宗即位諡為光天興運文德武功聖明仁孝皇帝		太祖孫	烏凌阿后	宗趙王蘇尼越王薩(烏凌阿后)後廢帝永濟王永忠越王永万鄭王永蹈潞王永德豫王永成□王永升(他妃出)以上共十人	29 年	辛巳	己酉		--751 至 -723 年	西 1161 1189	年 67		葬興陵	
	6 章宗 顯宗允恭	女真	完顏	名璟小字瑪達格後廢帝時諡憲天光運仁文義武神聖英孝皇帝		世宗孫	富察后	絳王洪裕(察后出)葛王德里荊王洪靖榮王洪衍壽王洪輝(他妃出)以上共六人	19 年	庚戌	戊辰		--722 至 --704 年	西 1190 1208	年 41		葬道陵	
	7 後廢帝	女真	完顏	名永濟又名元濟子字興勝宣宗即位降封東海郡王後追復衛王諡曰超		世宗第七子	圖克坦后	胙王從恪皇子琚瑄珑又二子失名(他妃出)以上共六人	5 年	己巳	癸酉		--703 至 --699 年	西 1209 1213		為呼沙呼所害死		
	8 宣宗	女真	完顏	名珣賜名從喜哀帝即位諡繼天興統述道勤仁英武聖孝皇帝		章宗子	(溫敦)王王后(明惠)王后	哀宗守緒皇子玄(齡王后出)荊王守純皇子守忠(他妃出)以上共四人	11 年	癸酉	癸未		--699 至 --689 年	西 1213 1223	年 61		葬德陵	
	9 哀宗	女真	完顏	名守緒初名守禮又名寧嘉蘇		宣宗第三子	圖克坦后		11 年	甲申	甲午		--688 至 --678 年	西 1224 1234	未元兵入自縊死			
元	1 元太祖 鐵木真 成吉思汗	蒙古	郭特	名特穆津始稱成吉思汗皇帝武宗時諡法天啟運聖武皇帝	蒙古都人	父伊蘇克	源吉里后	太宗鍔格依皇子卓沁察罕台圖類(源吉里后出)皇子烏拉齊科爾戳(他妃出)共六人	22 年	丙寅	丁亥		--706 至 --685 年	西 1206 1227	年 66		葬起輦鉛地在漠北	蒙古之始
	2 太宗 窩闊台	蒙古	郭特	名諤格德依諡文皇帝		太祖第三子	尼瑪察后	定宗庫裕克皇子奎庫春徹爾(尼瑪后出)皇子哈斯坦默埒(他妃出)以上共七人	13 年	己丑	辛丑		--683 至 --671 年	西 1229 1241	年 56		葬起輦谷	辛丑後無君者四

朝	帝　王	族	姓	名及字或廟號諡	籍	輩	后	子	在位年數	始年	終年	國號	民國前	西　元	年　齡	死　由	陵　地	附　考
	3定　宗 貴　由	蒙古	郭特	名庫裕克諡簡平皇帝		太宗長子	烏拉海錫后	皇子諾畢呼察和和(他妃出)	3年	丙午	戊申		--666至--664年	西1246 1248	年43		起輦車谷	戊申後無君者二年
	4憲　宗 蒙　哥 睿宗圖類	蒙古	郭特	名孟克諡桓肅皇帝		太祖孫	鴻吉里后	皇子巴爾圖烏蘇岱永隆喇實錫里濟都(他妃出)以上共五人	9年	辛亥	己未		--661至--653年	西1251 1259	年52		葬起輦谷	
	5世　祖 忽必烈	蒙古	郭特	名呼必賚諡聖;德神功文武皇帝國語曰色辰皇帝		太祖孫	源吉哩后 源吉哩后(昭睿順聖)徽仁裕聖)	太子珍戩(源吉哩后)皇子多爾濟安西王莽噶拉北安王諾木罕雲南王和克齊寧王庫庫楚南王托歡皇子阿噶齊和塔特穆爾(他妃出)以上共十人	35年	庚申	甲午		--652至--618年	西1260 1294	年80		葬起輦谷	蒙古改元之始
	6成　宗 鐵木兒 裕宗珍戩	蒙古	郭特	名特爾諡欽明廣孝皇帝國語曰謂勒哲圖皇帝		世祖孫	源吉后巴約特后	皇子德(源吉哩后出)	13年	乙未	丁未		--617至--605年	西1295 1307	年42		葬起輦谷	
	7武　宗 順宗達爾瑪巴北	蒙古	郭特	名尚仁惠宣孝皇帝國語曰庫裕克皇帝		世祖曾孫	源吉哩后	明宗和實文宗圖卜特穆爾(他妃出)	4年	戊申	辛亥		--604至--600年	西1308 1312	年31		葬起輦谷	
	8仁　宗 愛育黎八力拔達	蒙古	郭特	名阿紛里爾巴巴制刺諡聖文欽孝皇帝國語曰布延圖皇帝		武宗弟	源吉后	英宗迪巴(鴻吉哩后出)安王溫都遜布(他妃出)	9年	王子	庚申		--600至--592年	西1312 1320	年36		葬起輦谷	
	9英　宗	蒙古	郭特	名碩迪巴拉諡睿聖文孝皇帝國語曰格根皇帝		仁宗子	伊寄哩后		3年	辛酉	癸亥		--591至--589年	西1321 1323	年21		葬起輦谷	
	10秦定帝 顯宗噶瑪拉	蒙古	郭特	名伊蘇特穆爾無廟諡		世祖曾孫	鴻吉后	晉王巴瑪爾藏布皇子勒濟雅巴錫錫允丹藏布(他妃出)以上共四人	5年	甲子	戊辰		--588至--584年	西1324 1328	年36		葬起輦谷	
	11明　宗 和世□	蒙古	郭特	名和實拉諡翼獻恭丈孝皇帝國語曰呼圖克圖皇帝		武宗長子	班布爾實后瑪里達后	寧宗伊埒哲伯(班布爾實后出)順帝托歡特穆爾(瑪里達出)	8月	乙巳	乙巳		--583年	西1329	年30		葬起輦谷	
	12文　宗	蒙	郭特	名圖卜特穆爾諡神明		武宗次	鴻吉	皇子喇特納遠喇雅	3年	乙巳	辛未		--583至	西1329	年29		葬起輦谷	

朝	帝　王	族	姓	名及字或廟號諡	籍	輩	后	子	在位年數	始年	終年	國號	民國前	西　元	年　齡	死　由	陵　地	附　考
		古		元李皇帝國語曰濟雅圖皇帝		子	哩后	克特古斯(鴻吉里后出)皇子太平納(他妃出)					--581 年	1331				
	13寧　宗	蒙古	郭特	名伊埒哲伯諡沖聖嗣孝皇帝		明宗次子			4 月	壬申	壬申		--580 年	西 1332	年 7 歲		葬起輦谷	
	14順　帝	蒙古	郭特	名托歡特穆爾明初諡為順帝元臣諡為惠宗		明宗長子	欽察后鴻吉哩后奇后	子阿裕錫哩達(喇奇后出)又二子失名(他妃出)	35 年	癸酉	丁未		--579 至 --545 年	西 1333 1367	元亡後 2 年歿年 51			
明	1 明太祖 朱元璋	漢	朱	名元璋字國瑞世宗時諡開天行道肇紀立極大聖至神仁文武授德成功高皇帝	濠州鍾禹人今安徽富陽縣東	父世珍	馬后	太子標秦王樉晉王㭎成祖棣周王橚(馬后出)楚王楨齊王榑潭王梓魯王檀蜀王椿代王桂谷王橞湘王柏遼王慶王栴寧王權岷王楩韓王松瀋王模唐王桱郢王棟伊王㰘肅王英趙王杞安王楹皇子(他妃出)	31 年	戊申	戊寅		--544 至 --514 年	西 1368 1398	年 71		葬孝陵今江蘇江寧縣	明之始
	2 惠　帝 興宗標	漢	朱	名允炆清高宗時諡恭閔老皇帝		太祖孫	馬后	皇子文奎文圭(馬后出)	4 年	己卯	壬午-		--513 至 --510 年	西 1399 1402		燕兵南下帝不知所終		
	3 成　祖 朱　棣	漢	朱	名棣世宗時諡啟天弘道高明肇運聖武神功;純仁至孝文皇帝		太祖第四子	徐后	仁宗高熾漢王高煦趙王高燧(徐后出)皇子高爔(他妃出)以上共四人	22 年	癸未	甲辰		--509 至 --488 年	西 1403 1424	年 65	北征歸歿於途	葬陵今順天府昌平州下同	
	4 仁　宗 朱高熾	漢	朱	名高熾諡敬天體道純誠至德弘文欽;武章聖達孝昭皇帝		成祖長子	張后	宣宗瞻基越王瞻墉襄王瞻墡(張后出)鄭王瞻埈王瞻垠淮王瞻墺荊王瞻堈滕王瞻塏梁王瞻洎王瞻埏(他妃出)以上共十人	1 年	乙己	乙巳		--487 年	西 1425	年 48		葬獻陵	
	5 宣　宗 朱瞻基	漢	朱	名瞻基諡憲天崇道英明神聖欽文昭武寬仁		仁宗長子	胡后 孫后	英宗祈鎮(孫后出)景帝祁鈺(吳后出)	10 年	丙午	乙卯		--486 至 --477 年	西 1426 1435	年 38		葬景陵	明史后妃傳孫后本無子陰取宮人

朝	帝　王	族	姓	名及字或廟號謚	籍	輩	后	子	在位年數	始年	終年	國號	民國前	西　元	年　齡	死　由	陵　地	附　考
				孝皇帝			吳后											子為己子即英宗英生母人卒無知者
	6英宗 朱祁鎮	漢	朱	名祁鎮謚法天立道仁明誠敬昭文憲武至德廣孝睿皇帝		宣宗次子	錢后 周后	憲宗見深崇王見澤(周后出)德王見潾吉王浚忻王見治許王見秀王見澍徽王見沛皇子見湜(他妃出)以上共九人	前後共22年	前丙辰 後丙子	己巳 甲申		--476至--463年 --455至--448年	西1436 1449 西1457 1464	年38		葬裕陵	
	7景帝 朱祁鈺	漢	朱	名鈺英宗復位廢為郕王謚曰戾憲宗時改謚恭仁定景皇帝		宣宗次子	汪后 杭后	皇子見濟(杭后出)	7年	庚午	丙子		--462至--456年	西1450 1456	年30		葬西山憲宗時始繕為陵	
	8憲宗	漢	朱	名見深初台見濬謚繼天凝道誠明仁敬崇文肅武德聖孝純皇帝		英宗長子	吳后 王后 紀后 邵后	孝宗祐樘(紀后出)興獻帝祐杬岐王祐棆雍王祐枟(邵后出)益王祐檳衡王祐楎汝王祐梈壽王祐榰涇王祐橓申王祐楷榮王祐樞皇子祐極又二子失名(他妃出)共十四人	23年	乙酉	丁未		--447至--425年	西1465 1487	年41		葬茂陵	
	9孝宗 朱見深	漢	朱	名祐樘謚達天明道純誠中正聖文神武至仁大德敬皇帝		憲宗第三子	張后	武宗厚照蔚王厚煒(張后出)	18年	戊申	乙丑		--424至--407年	西1488 1505	年36		葬泰陵	
	10武宗 朱祐樘	漢	朱	名照謚承天達道英肅睿哲昭德顯功弘文思孝毅皇帝		孝宗長子	夏后		16年	丙寅	辛巳		--406至--391年	西1506 1521	年31		葬康陵	
	11世宗 興獻帝祐杬	漢	朱	名厚熜謚欽天履道英毅神聖宣文廣武洪仁大孝肅皇帝		憲宗孫	陳后 張后 方后 杜后	穆宗載垕(杜后出)景王載圳穎王載𪉖戚王𪉷薊王載櫃均王載城皇子載壑(他妃出)共八人	45年	壬午	丙寅		--390至--346年	西1522 1566	年60		葬永陵	
	12穆宗 朱載垕	漢	朱	名垕謚契天隆道淵懿寬顯文光武純德弘孝莊皇帝		世宗第三子	(孝字)李后陳后(孝懿)李	神宗翊鈞潞王翊鏐(孝宗李后出)皇子翊釴(孝懿李后)出王翊鈴(他妃出)以上共四人	6年	丁卯	壬申		--345至--340年	西1567 1572	年36		葬昭陵	

朝	帝 王	族	姓	名及字或廟號諡	籍	輩	后	子	在位年數	始年	終年	國號	民國前	西 元	年 齡	死 由	陵 地	附 考
							后											
	13神 宗 朱翊鈞	漢	朱	名翊鈞諡範天合道哲肅敦簡光文章武安仁止孝皇帝		穆宗第三子	(孝端)王后(孝靖)王后	光宗常(孝孝靖王后出)福王常洵沅王常治端王常浩惠王常潤桂王常瀛王常淑永思王常溥(他妃出)以上共八人	48年	癸酉	庚申	萬曆34年	--339至--292年	西1573 1620	年58		葬定陵	
	14光 宗 朱常洛	漢	朱	名常洛諡崇天契道英睿恭純憲文景武淵仁懿孝貞皇帝		神宗長子	郭后王后劉后	熹宗由校簡 王由樨(王后出)愍帝由檢(劉后出)齊王由楫懷王由模湘王由栩惠王由橰(他妃出)以上共七人	1月	庚申	庚申		--292年	西1620	年39		葬慶陵	
	15熹 宗	漢	朱	名由校諡達闡道敦孝篤友章文襄武靖穆莊勤愍皇帝		光宗長子	張后	皇子慈焴慈炅慈然(他妃出)	7年	辛酉	丁卯		--291至--285年	西1621 1627	年23		葬德陵	
	16愍 帝	漢	朱	名由檢明諡思宗後又改殷宗又改咸宗清諡懷宗後改欽宗守道敬儉寬文襄武體仁玫致孝莊烈愍皇帝		光宗第五子	周后	太子慈烺懷王慈烜定王炯(周后出)永王慈炤悼王慈煥又二子失名(他妃出)以上共七人	17年	戊辰	甲申		--284至--268年	西1628 1644	年35	流寇陷京師自縊死	葬思陵	
	17①聖安帝 福王常洵	漢	朱	名由崧思女即位尊為聖安皇帝後粵中諡為安宗簡皇帝		神宗孫			2年	甲申	乙酉		--268至--267年	西1644 1645		為清所執死北京		
	18②思文帝 唐王碩熿	漢	朱	名聿鍵小字長壽粵中尊為思文皇帝後諡紹宗襄帝		太祖八世孫	曾后		2年	乙酉	丙戌		--267至--266年	西1645 1646		為清所執死福州		
	19③永曆帝 桂王常瀛	漢	朱	名由榔諡		神宗孫	王后	皇子慈楦(王后出)	15年	丙戌	辛丑		--266至--251年	西1646 1661		為清所執死於雲南	葬雲南城北	明亡
清	1清太祖 弩爾哈赤	滿州	愛新覺羅	名弩爾哈赤高宗時諡承天廣運聖德神功肇起極仁孝睿武端毅久安弘文定業高皇帝	先世起長白山		葉赫納喇后	太宗皇太極(葉赫喇后出)禮王代善饒王阿巴泰睿王多爾袞豫王多鐸皇子褚英阿拜湯古代塔拜巴布太巴布海阿濟絲墓布莽古爾泰德格	11年	丙辰	丙寅		--296至--286年	西1616 1626	年68		葬福陵故盛京城東北	滿州之始

朝	帝王	族	姓	名及字或廟號諡	籍	輩	后	子	在位年數	始年	終年	國號	民國前	西元	年齡	死由	陵地	附考
								類費揚古（他妃出）以上共十四人										
	2太宗皇太極	滿州	愛新覺羅	名太皇極高宗時諡應天興國弘德章武寬溫仁聖爾孝敬敏昭定隆道顯功文皇帝		太宗第八子	博爾濟吉特后	世祖福臨(博爾濟吉特后出)肅王豪格裕王碩塞襄王特穆博困爾皇子洛格輅博會葉布舒高塞舒皇子某(他妃)出以上共十一从人	17年	丁卯	癸未		--285至--269年	西1627 1643	年52		葬昭陵故盛京城西	
	3世祖福臨	滿州	愛新覺羅	名福臨高宗時諡體天隆運定統、建極英睿欽文顯大德弘功至仁純孝章皇帝		太宗第九子	博爾濟吉特后	榮王某(博爾濟吉特后出)聖祖玄(佟佳后出)恭王常純王隆禧皇子紐紐福全寄授永幹(他妃出)以上共八人	18年	甲申	辛丑		--268至--251年	西1644 1661	年24		葬孝陵今直隸遵化州下同	
	4聖祖玄燁	滿州	愛新覺羅	名玄燁高宗時諡合天弘運文武睿哲恭儉寬裕孝敬誠信中和功德大成仁皇帝		世祖第三子	赫舍后鈕祜祿后佟佳后后	理王允皇子承祜(赫舍哩后出)世宗胤禛王子允祚恂郡王允福(雅后出)誠郡王允祉恆王允祺王允祐履王允祹怡王允祥莊王允祿愉郡王允福困王允禮郡王允禧王允祕皇皇子允禔承慶瑞賽音察揮長華長生允禧允滋允禩允俄允祄允禝允幾允禹允禝(他妃出)以上共廿五人	61年	壬寅	壬寅		--250至--199年	西1662 1713	年69		葬景陵	
	5世宗胤禛	滿州	愛新覺羅	名胤祺高宗時諡敬天昌運建中表正文武英明寬仁信毅大孝至誠憲皇帝		聖祖第四子	納喇后烏雅后	端王弘暉(納喇后出)高宗弘曆(烏雅后出) 恭王弘晝恭郡王弘瞻懷王福惠皇子弘時弘盼弘昀福祖福沛(他妃出)共十人	13年	癸卯	乙卯		--189至--177年	西1723 1735	年59		葬泰陵伐直隸易州	
	6高宗	滿	愛新	名弘曆諡法天隆運至		世宗第	富察	皇子端慧永璉永瑞	60年	丙辰	乙卯		--176至	西1736	禪位後4		葬裕今直	

朝	帝王	族	姓	名及字或廟號諡	籍	輩	后	子	在位年數	始年	終年	國號	民國前	西元	年齡	死由	陵地	附考
	弘曆	州	覺羅	誠先覺體元立極敷文奮武孝慈神聖純皇帝		四子	后納喇魏后	(皇子端慧后出)皇子永(琪納喇后出)仁宗顒琰皇子永璐永璘(魏后出)定王永琪循郡一璋質王永瑢履郡王永珹儀郡王永璇成王永環榮王永琪又二子失名(他妃出)以上共十七人					--117年	1795	年歿年89		隸遵化州	
	7仁宗顒琰	滿州	愛新覺羅	名顒琰諡受天興運敷化猷崇文經中孝恭欽儉端敏英哲睿皇帝		高宗第十五子	喜塔喇后鈕祜祿后	宣宗旻寧(喜塔喇后出)皇子緜德惇郡緜愷端 王綿忻惠王緜倫(他妃出)以上共五人	25年	丙辰	庚辰		-116至--192年	西1796 1720	年61		葬昌陵今直隸易州下同	
	8宣宗綿寧	滿州	愛新覺羅	名旼寧諡天符運立中體正至文聖武智勇仁儉忠勤字敬成皇帝		仁宗第二子	佳后鈕祜祿后	文宗奕[illegible](鈕祜祿后出)邵玉奕瑄恭王奕祈醇王交[illegible]皇子	30年	辛巳	庚戌		--91至--62年	西1821 1850	年69		葬墓陵	
	9文宗奕□	滿州	愛新覺羅	名交訂諡協大翊運中垂謨勳德振武聖孝淵恭端从仁寬敏顯帝王		宣宗第四子	薩克達后鈕祜祿后那拉后	宗淳皇子棋2(那拉后出)	11年	辛亥	辛酉		--61至---51年	西1851 1861	年31		葬定陵今直遵化州下同	
	10穆宗	滿州	愛新覺羅	名載淳諡繼天開運受中居正保大定功聖智誠孝信敏恭寬毅皇帝		文宗長	阿魯特后		13年	王戌	甲戌		--50至--38年	西1862 1874	年19		葬墓陵	
	11德宗	滿州	愛新覺羅	名湘諡回天崇運大中至正經文緯武仁孝睿智端儉寬節京皇帝		宣宗孫	那拉后		34年	乙亥	戊申		--37至--4年	西1875 1908	年38		葬崇陵今易州	
	12宣統帝醇王載灃(溥儀)	滿州	愛新覺羅	名溥儀		宣宗曾孫			3年	己酉	辛亥	宣統3年	民前--3至民國元年	西1909 1911				清亡

中華民國

元首	籍貫	生歿	在位	妻室	子女	附註
孫中山	廣東中山	1866.11.12-1925.3.12.	1911- 1912	盧慕貞、陳粹芬、宋慶齡	子：孫科	
袁世凱	河南項城	1859-1916	1912-			
黎元洪	湖北黃陂	1864-1928	1913 - 1916			
馮國璋		1857-1919	1917			
徐世昌			1918 - 1921			
黎元洪	湖北黃陂	1864-1928	1922			
段祺瑞	安徽合肥	1865-1936				
蔣中正	浙江奉化	1887.10.31.-1975.4.5.	1928 - 1974.	毛福海、姚冶誠、陳潔如、宋美齡	子：蔣經國、蔣偉國	
林　森	福建		1932 - 1942			
李宗仁	廣西臨桂	1891.8.13.-1965.	1949 -1949	郭德潔		
嚴家淦	江蘇吳縣	1905.10.23.-1993	1974 - 1977	劉期純	子：嚴雋泰	
蔣經國	浙江奉化	1910.4.27.-1988.1.13.	1978 - 1992	蔣方良	子：蔣孝文、蔣孝武、蔣孝勇　女：蔣孝剛。子：蔣孝嚴、蔣孝慈	
李登輝	台灣台北	1923.1.15.-	1992 - 2000	曾文惠		
陳水扁	台灣台南	1951.2.18.-	2000 - 2008	吳淑珍	子：陳致中　女：陳幸妤	
馬英九	湖南湘潭	1951.7.13-	2008 - 2016	周美青	女：馬唯中、馬元中	

中華人民共和國

主席	籍貫	生歿	在位	妻室	子女
毛澤東	湖南湘潭	1893.12.26.~ 1976.9.9.	1949－1959	羅一秀、楊開慧、江青、	子：毛岸英、
劉少奇	湖南寧鄉	1898.11.24.-1969.11.12.	1959－1972	何葆貞、謝飛、王前、王健、王光美	子：劉允斌劉允諾劉允真劉源　女：劉愛琴劉濤劉平平劉亭亭劉瀟瀟
董必武			1972－1976		
朱　德		1886.12.1.-1976.7.6.	1976－1978	劉從珍、蕭淑芳、陳玉珍、賀稚番、伍若蘭、康克清	子：朱琦　女：朱敏
葉劍英	廣東	1897-1986	1978－1983		
李先稔		1909-	1983－1988		
楊尚昆			1988－1992		
江澤民		1926-	1992－2003		
胡錦濤		1942-	2003－2012		
習近平		1953-	2012－		
11					

歷代帝王年齡及死因分析表

年齡階層		結構		死亡原因				
				自原死亡		意外死亡		本階
分期	歲數	人數	%	人數	%	人數	%	層%
銀髮期	80 以上	2	0.9	1	0.6	1	1.6	
	71-80	3	1.4	3	1.9	0	0	
	66-70	12	5.5	12	7.6	0	0	
	61-65	8	3.7	7	4.5	1	1.6	
	小計	25	11.5	23	14.6	2	3.3	8.0
中壯期	56-60	14	6.4	13	8.3	1	1.6	
	51-55	22	10.1	21	13.4	1	1.6	
	46-50	14	6.4	9	5.7	5	8.2	

年齡階層		結構		死亡原因				
				自原死亡		意外死亡		本階
分期	歲數	人數	%	人數	%	人數	%	層%
	41-45	19	8.7	16	10.2	3	5.0	
	小計	69	31.6	59	37.6	10	16.4	14.5
少壯期	36-40	18	8.3	10	6.4	8	13.1	
	31-35	25	11.5	19	12.1	6	9.8	
	26-30	21	9.6	17	10.8	4	6.6	
	21-25	15	6.9	9	5.7	6	9.8	
	小計	79	36.3	55	35.0	24	39.3	30.4

年齡階層		結構		死亡原因				
				自原死亡		意外死亡		本階
分期	歲數	人數	%	人數	%	人數	%	層%
童幼期	16-20	19	8.7	6	3.8	13	31.3	
	11-15	9	4.1	8	5.0	1	1.6	
	1-10	7	3.2	3	2.0	4	6.6	
	小計	35	16.0	17	10.8	18	29.5	51.4
無考		10	4.6	3	2.0	7	11.5	不計
合計		218	100	157	100	61	100	28.0

秦以來各朝帝王嵩壽錄

節摘孫覺軒著 (該資料與其他著述有別)

年　齡	人數	帝　王　元　首
80 歲以上	7 人	89 歲: 清高宗乾隆弘曆、中華民國總統蔣中正、 86 歲: 梁武帝蕭衍 82 歲: 女皇武則天武瞾、中華人民共和國主席毛澤東、 81 歲: 南宋高宗趙構 80 歲: 元世祖忽必烈
70 歲以上	9	79 歲: 唐明皇李隆基 77 歲: 中華民國總統蔣經國 72 歲: 中華人民共和國主席劉少奇 71 歲: 漢武帝劉徹、東吳大帝孫權、明太祖朱元璋 70 歲: 唐高祖李淵、遼道宗耶律洪基、夏仁宗李仁孝
60 歲以上	27	68 歲: 南宋孝宗趙伯琮、清太祖努爾哈赤、清聖祖康熙玄燁、清宣宗道光旻寧、後漢明帝李嗣源 67 歲: 金世宗完顏雍 66 歲: 蜀漢後主劉禪、元太祖成吉思汗鐵木真. 65 歲: 明成祖朱棣 64 歲: 唐德宗李適、西夏神宗李遵頊. 63 歲: 蜀漢昭烈帝劉備. 62 歲: 漢高祖劉邦、新朝新帝王莽、東漢光武帝劉秀、隋文帝楊堅 61 歲: 後梁太祖朱溫、遼聖宗耶律隆緒、金太宗完顏晟、金宣宗完顏珣、清仁宗嘉慶帝顒琰、清宣統溥儀. 60 歲: 南朝劉宋武帝劉裕、宋太宗趙匡義、南宋理宗趙昀、明世宗朱厚熜、中華民國總統孫中山、
50 歲以上	33	58 歲: 清世宗雍正胤禎. 57 歲: 南朝陳武帝陳霸先、南宋寧宗趙擴 56 歲: 唐高宗李治、唐睿宗李旦、南朝齊高帝蕭道成、西夏崇宗李乾順、元太宗窩闊台 55 歲: 西晉武帝司馬炎、唐中宗李顯、唐睿宗李旦、後唐末帝李從珂、宋真宗趙恒、遼太祖耶律保機. 54 歲: 宋仁宗趙禎、南宋光宗趙淳、南朝蕭齊武帝蕭頤、後漢高祖劉知遠、 53 歲: 東晉簡文帝司馬昱、南朝陳宣帝陳頊、 52 歲: 唐太宗李世民、唐肅宗李亨、唐代宗李豫、清太宗皇太極、金太祖阿骨打、遼天祚帝耶延禧 51 歲: 元順帝妥懽帖睦爾、後晉兒皇帝石敬瑭、後周太祖郭威、 50 歲: 秦始皇趙政、隋煬帝楊廣、唐景宗李枕、宋太祖趙匡胤、

年齡	人數	帝王元首
40 歲以上	37	49 歲: 明仁宗朱高熾、南朝梁簡文帝蕭鋼、 48 歲: 漢景帝劉啟、西晉惠帝司馬衷、 47 歲: 漢文帝劉恒、東漢明帝劉庄、東晉元帝司馬睿、南朝劉宋文帝劉義隆、南朝梁元帝蕭釋、南朝齊明帝蕭鸞、 46 歲: 唐順帝李誦、遼太宗耶律德光、西夏景宗李元昊、西夏獻宗李德旺、明穆宗朱載后、明神宗朱翊鈞、宋徽宗趙佶、 45 歲: 漢成帝劉鰲、北魏太武帝拔熹、南朝陳文帝陳倩、西魏文帝元寶炬、明魯王朱以海、 43 歲: 漢元帝劉爽、東漢章帝劉炟、唐憲宗李純、元定宗貴由、 42 歲: 漢宣帝劉詢、元成宗鐵穆耳、後唐莊宗李存勛、元憲宗蒙哥、 41 歲: 東漢獻帝(禪害)、唐懿宗李漼、金章宗完顏璟、明憲宗朱見琛、 40 歲: 曹魏文帝曹丕、遼興宗耶律宗真、金廢宗海陵王完顏亮
30 歲以上	47	39 歲: 北魏道武帝拓拔珪、後周世宗柴榮、遼穆宗耶律璟、 38 歲: 唐昭宗李曄、宋英宗趙曙、明宣宗朱瞻基、明英宗朱祁鎮、清德宗光緒、 37 歲: 東晉安帝司馬德宗、南朝陳后主陳叔寶 36 歲: 東漢桓帝劉志、東晉恭帝司馬德文、北魏文成帝拓拔睿、北周武帝宇文邕、後梁末帝朱友貞、宋神宗趙頊、元仁宗愛育黎拔力笹達、元泰定帝也孫鐵木耳、明光宗朱常洛、 35 歲: 魏明曹睿、朝劉宋孝武帝劉駿、遼景宗耶律賢、 34 歲: 東漢靈帝劉宏、遼世宗耶律阮、明思宗崇禎朱由檢、 33 歲: 東漢安帝劉祐、北魏孝文帝拓拔元宏、北魏宣帝武元恪、唐文宗李昂、唐武宗李炎、南宋度宗趙禥、 32 歲: 北魏明元帝拓拔嗣、北齊武成帝高湛、 31 歲: 北齊文宣帝高洋、金熙宗完顏亶、元武宗海山、明武宗正德朱厚照、清文宗咸豐奕寧、 30 歲: 東漢順帝劉保、東吳景帝孫休、南朝劉宋明帝劉彧、唐穆宗李恒、西夏桓宗李純祐、元明宗和世𤧓、明代宗朱祁鈺、東晉孝;武帝司馬曜(?)、
20 歲以上	36	29 歲: 西晉懷帝司馬熾、元文宗圖鐵木耳、 28 歲: 東魏孝靜帝元善見、宋欽宗趙桓、 27 歲: 東漢和帝劉肇、東晉明帝司馬紹、南朝陳廢帝陳伯琮、北齊孝昭帝高演、北周明帝宇文毓、唐僖宗李儇、唐僖宗李儇、 26 歲: 西漢哀帝劉欣、西夏惠宗李秉常、 25 歲: 東晉哀帝司馬丕、北魏節閔帝元恭、北魏孝武帝元修、 24 歲: 秦二世胡亥、漢惠帝劉盈、北魏孝莊帝元子攸、清世祖順治福臨、 23 歲: 東晉康帝司馬岳、北魏獻文帝拓弘、北魏長廣王元曄、宋哲宗趙煦、明熹宗朱校、 22 歲: 曹魏齊王曹芳、東晉成帝司馬衍、南朝廢帝蕭昭業、北齊後主高緯、北周宣帝宇文贇、 21 歲: 漢昭帝劉弗陵、曹魏元帝曹奐、後唐閔帝李從厚、後漢隱帝劉承祐、西夏毅宗李諒祚、元英宗碩德八刺、 20 歲: 曹魏高鄉公曹髦、
10 歲以上	21	19 歲: 東晉隱帝司馬聃、南朝劉末少帝劉義符、南朝齊昏侯蕭卷、北魏孝明帝元詡、北魏安定王元朗、清穆宗同治、 18 歲: 西晉愍帝司馬鄴、唐敬帝李湛、

年　齡	人數	帝　王　元　首
		17 歲: 南朝劉宋廢帝劉子業、 16 歲: 東吳廢孫亮、南朝梁敬帝蕭方智、北周孝閔帝宇文覺、 15 歲: 東漢少帝劉辯、 南朝劉宋后廢帝劉昱、南朝齊海陵王蕭昭文、隋恭帝楊侑、唐哀帝李祝、 14 歲: 西漢平帝劉衍、 13 歲: 南朝劉宋順帝劉准、唐觴帝李重茂、 11 歲: 南宋端宗趙昰、
10 歲以下	8	9 歲: 東漢質帝劉讚、南宋衛王趙昺、北周帝宇文闡 8 歲: 北齊幼主高恒 7 歲: 元寧宗懿麟質班 3 歲: 東漢沖帝劉炳 2 歲: 東漢殤帝劉隆
年齡不詳	29	秦王子嬰、西漢少帝劉恭、西漢后少帝劉弘、西漢廢帝劉賀、西漢孺子劉嬰、東漢少帝劉懿、東吳末帝孫皓、東晉廢帝司馬奕、南朝蕭梁豫章王蕭棟、南朝蕭梁貞陽侯蕭淵明、北齊廢帝高殷、北齊安德王高延宗、西魏廢元欽、西魏恭帝元廓禪、隋越王楊侗廢、後梁朱友珪、後晉石重貴、後周恭帝柴宗訓、南宋恭帝趙顯、金后廢帝完顏永濟廢、金哀宗顏守緒、金末帝完顏承麟、西夏襄宗李安全、夏末主李晛降、元少帝阿叔吉巴、明惠帝朱久炆、明福王朱由崧、明唐王朱聿鍵、明桂王朱由榔.

歷代帝王紀要

上古疑年唐虞三代歷年一覽 節摘陳慶麒中國大事年表

世　系	年　代	備　註
一·十紀三皇總表		舊有一年分隸兩代之說,今皆不取.餘編仿此. 列表自黃帝起迄秦始皇 25 年止.共和以前,概為疑年. 首列緯書說,帝堯以降,用劉恕通鑑外紀說.惟以不能分年紀事 沿用通行之綱目前編,繫年記事. 下列汲冢紀年說,逐年繫事,以存異說.其詳別具說中.
二·黃帝軒轅氏	1520~1720	
三·少昊金天氏	500~400	
四·顓頊高陽氏	350	
五·帝嚳高辛氏	400	
六·唐帝堯虞帝舜	156 或 154	
七·夏	432 或 471	
八·商	629 或 644 或 508	
九·周	867 或 795(西元前 1122~-256)	
十·秦	未統一前 34 年(西元前 255~222 年)	

十紀總表 (節摘陳慶麒中國大事年表)

類　別	年代	備　註
一·九頭紀	276000	易緯乾鑿度春秋緯元命苞皆言自開闢至獲麟 276 萬歲分為十紀續漢書律歷志引蔡邕議唐孔穎達禮記正義引同.
二·五龍紀	276000	(通鑑外紀)或云 273600 年,一云 730600 年
三·攝提紀(括提 72 姓)	276000	(外紀)6149520 年,一云 649525 年
四·合雒紀(3 姓)	276000	(外紀)6040 年,一云 6,030 年
五·連通紀(6 姓)	276000	(外紀)32,000 年
六·序命紀(4 姓)	276000	(外紀)40,000 年
七·循蜚紀	276000	(外紀)或以為十紀自燧人以下.一云伏羲前六紀後三紀疏訖紀自黃帝為始.
八·因提紀	276000	(竊按此皆鄭玄之說)外紀引或說云.伏羲至無懷 57,782 年.
九·禪通紀	276000	列子伏羲以來 30 餘萬歲.
十·疏仡紀(流訖疏訖)	276000	傳說自黃帝迄魯哀公 14 年,但按諸家所論最多不過六千餘年.
唐司馬貞補史記三皇本紀引春秋緯:自開闢至獲麟凡 3,276,000 年,分為十紀凡 70,600 年.自來以為偽脫.似與列子說近.		

三皇

	三　皇	尊號	備　註
	燧皇	天皇	276 萬餘年前(按當在數十萬年前) 三皇燧人氏,出生於黃帝紀年前乙卯 1809 年、民國前 6417 年、公元前 4506 年。 易緯通卦驗遂皇始出握機矩.鄭玄注云,遂皇,謂遂人,在伏羲前始王天下者.又六藝論(亦鄭作)云：政教之所生,自人皇初起,人皇即遂皇.(禮記正義引之). 六藝論又云：遂皇之後歷六紀,91 代至伏羲,始作十二言之教,方叔機注曰:九頭紀一.五龍紀五.攝提紀 72,合雒紀三,連通紀六,凡 91 代,或云 187 代(禮記正義引.通鑑外紀亦引之.)
		地皇	
		人皇	(外紀)人皇兄弟九人,依山川土地之勢,財度為九州,各居其一,而為之長.遂人上觀星辰,下察五木,鑽木為火,炮生為熱.養人利性,避臭去惡,遂天之意. 人皇兄弟九人,各三百歲,或云各一百歲.156 代,合 45,600 年,謂之九頭紀. 或云兄弟各 160 代. 遂人有天下百餘代八萬年,或云 12,000 年,又引皇甫謐王世紀曰:燧人氏沒,包犧氏代之.自天皇至燧皇 91 代 1,082,760 年. (外紀又引云:天皇地皇人皇九人分具天下.是天皇地皇包於人皇之中).

	三　皇	尊 號	備　　註
	太昊伏羲氏	羲皇	百餘萬年前？30 餘萬年前？6 萬餘年前？2 萬餘年前？民前 6271 年 (外紀)有聖德象日月之明故曰大昊.木德王天下故為風姓.作網罟以教佃漁故曰伏羲(又曰庖羲).(使民伏而化之,故曰伏羲)都陳,畫八卦,教民佃漁畜牧,作甲歷,以龍紀官為龍師而龍石,制嫁娶以儷皮為禮,造琴瑟,五十絃.崩葬於陳.在位 110 年,一作 115 年,傳 15 世. (讖周古史考)伏羲以次有三姓至女媧 諸氏名號莊子胠篋多有之,且敍於伏羲神農之前. 三皇二太昊伏羲氏族：伏羲氏元年為歲次甲申黃帝紀年前 1780 年（民國前 6388 年、公元前 4477 年。）至末代無懷氏，黃帝紀年前歲次癸未 521 年（民國前 5129 年、公元前 3218 年。）太昊伏羲氏相傳十六代，計一二六０年。 伏羲氏元年為歲次甲申黃帝紀年前 1780 年（民國前 6388 年、公元前 4477 年。）至末代無懷氏，黃帝紀年前歲次癸未 521 年（民國前 5129 年、公元前 3218 年。）太昊伏羲氏相傳十六代，計 1260 年。
		一 女媧氏	女媧以下 50 姓至神農.(春秋緯文耀鉤)　女媧以下至神農 72 姓.
		二 柏皇氏	
		三 中央氏	
		四 大庭氏	
		五 栗陸氏	
		六 驪連氏	
		七 渾沌氏	
		八 赫胥氏	
		九 尊盧氏	
		十 昊英氏	
		十一有巢氏	
		十二朱襄氏	
		十三葛天,氏	
		十四陰康氏	
		十五無懷氏	自伏羲至無懷 1,260 年,或云 57,782 年. 女媧至無懷襲號 1,150 年或云 17,787 年,或云 16,080 年.
	炎帝神農氏		數十萬年前,或曰 6986 年前或曰 5011 年前 (外紀)起於歷山亦號歷山氏,長於姜水以姜為姓,火德王天下故曰炎帝,以火紀官為火師而火名.都陳,遷曲阜,制大九州,初藝五穀教民稼穡,日中為市始立廛,制醫藥作本草,夙沙氏來歸,補逐氏來歸,崩於湖南長沙之茶鄉,葬茶陵.在位 120 年云 140 年,傳 8 世 426 年或曰 520 年或曰 380 年,尸子云 70 世有天下呂氏春秋作 17 世、8 世之名號. 三皇三炎帝神農氏：神農氏元年歲次甲申（黃帝紀年前 520 年、民國前 5128 年、公元前 3217 年。）至歲次癸未（黃帝紀年前 1 年、民國前 4609 年、公元前 2698 年。）炎帝神農氏相傳十代八帝，計 520 年，每代平均年齡為 52 年。 三皇三炎帝神農氏、黃帝軒轅氏、唐堯、虞舜、夏、商、周、秦、漢、魏、晉、宋、齊、梁、陳、隋、唐、五代（後梁、後唐、後晉、後漢、後周)、宋、元、明、清、中華民國。副統帝王之蜀、吳、元魏、北齊、北周、遼、西夏、金等、或五胡十六國及五代時的十國等則未列入本表。 神農氏元年歲次甲申（黃帝紀年前 520 年、民國前 5128 年、公元前 3217 年。）至歲次癸未（黃帝紀年前 1 年、民國前 4609 年、公元前 2698 年。）炎帝神農氏相傳十代八帝，計 520 年，每代平均年齡為 52 年。 中華民族炎黃姓氏總始祖少典氏：少典氏生於黃帝紀年前歲次丙子 588 年（民國前 5196 年、公元前 3285 年。）

黃帝紀元前

古史相傳，黃帝亦少典之後，神農為同族·生於軒轅之邱(河南新鄭之境)，故名軒轅·長於姬水，故姬姓·神農氏衰，諸侯相伐，暴弱百姓，蚩尤氏尤甚·軒轅習用天戈，諸侯皆朝向而從，時神農氏欲侵祲諸侯，軒轅順諸侯之所歸，與榆罔三戰於阪泉(河北涿縣城東)捷勝得志·據史記本文，阪泉之役，謂是黃帝與炎帝之戰，炎帝之果為榆罔與否，記無明文，由是後人對此，疑瀆論據有二·

一、以史記本文之炎帝爲榆罔

由清崔述之說，引史記五帝本紀，軒轅之時，神農氏世衰，諸侯相伐，暴弱百姓，而神農氏不能征諸侯，又安能侵陵諸侯？既云世衰矣，又何三戰然後得志？且前文言衰，凡兩稱神農氏，皆不言炎帝·後文言征戰，凡兩稱炎帝，皆不言神農氏·然則與黃帝戰者自炎帝，與神農氏無涉·其後又云諸侯咸尊軒轅為天子，代神農氏，又不言炎帝，然則帝於黃帝之前者，自神農氏與炎帝無涉，此以炎帝為非榆罔之說·

二、以史記本文之炎帝爲稱蚩尤

由清梁玉繩之說，引周書嘗解蚩尤攻逐赤帝於涿鹿，黃帝乃執蚩尤殺之·左傳僖公 25 年，黃帝戰阪泉之兆，亦指蚩尤·然則阪泉之戰，即涿鹿之戰，是軒轅勤王之師，而非有兩事·故逸周書稱蚩尤曰阪泉氏·斯為碻證·始緣炎帝世衰，諸侯不享，軒轅征之而來賓，為炎帝征也·既因蚩尤謀逆，炎帝蒙塵，軒轅徵師以誅之，為炎帝誅也(以上稱炎帝玉繩均指榆罔言之)·紀中兩炎帝，俱蚩尤之誤，路史後紀云：「蚩尤，姜姓，炎帝之裔，逐帝自立，僭號炎帝」當是因此致誤·此以炎帝為稱蚩尤之說·

綜論二家所說，要謂黃帝未嘗與榆罔交兵，抑謂黃帝與榆罔交兵，實為後世史學家之誤·吾人今日，懸想榆罔之禪讓，則由黃帝征伐·而古史中固無有謂榆罔為遜位，豈是時蚩尤已滅榆罔·而黃帝之位，乃繼自蚩尤，而非繼自榆罔？然據逸周書之文以觀，僅言蚩尤逐帝而非謂滅帝·且原文於蚩尤逐帝之後，復言赤帝大懾，乃說黃帝執蚩尤之於中原·而此則崔氏之說，己於前引之·今按史記本文，黃帝與炎帝，三戰然後得志，所謂「志」者，蓋月中國之志而言·即使炎帝為當日之別一君主，而史記於擒殺蚩尤之下文，宜逕曰代炎帝，而不必謂代神農·如謂神農既衰，黃帝不必三戰，則當日黃帝以諸侯而征君主，勝負之數得前知？三戰而克，亦理之常，未可疑議，今蚩尤攻滅榆罔之事，徵古之史，既不見有明文，而炎帝之果榆罔與否，後世又多異論·

繼阪泉役而起者，則有涿鹿(今河北涿縣)之戰·蚩尤者，亦當日諸侯之一，軒轅既勝榆罔，蚩尤興師作亂而不用命，軒轅乃徵諸侯，與蚩尤交兵於涿鹿之野，累戰而擒蚩尤，殺於中冀，中國大服，或曰阪泉涿鹿，地壤接近，黃帝戰榆罔、戰蚩尤，何以必在同一區域之內？不知此固易解讀·據史記以觀，是軒轅既勝榆罔罔阪泉之地，必受治於軒轅·而蚩尤作亂，必向軒轅所在之地行師，於是阪泉一役以後，遂有涿鹿之兵·黃帝以蚩尤之強，故先徵師諸侯以備·蚩尤之亂定而涿鹿遂成為都邑·然則都陳徒魯之神農氏，何以至於榆罔之世而又在阪泉？不知此又易解之事也·再據史記觀，「蚩尤最為暴，莫能伐」之下，即云「炎帝欲侵陵諸侯」可知當日蚩尤之為虐，即君主亦莫可如何；故古史有謂榆罔避蚩尤之亂而至涿鹿之與阪泉，地壤相接·軒轅勝榆罔而又克蚩尤，戰地之同符，固其所也·

阪泉涿鹿之戰定，於是諸侯尊軒轅為天子，代神農氏，是為黃帝·「黃」者中和美色，尊帝之德，故以美色稱·近人猶有以「黃」為種別之徵，而稱帝為黃色種人之肇祖者·

黃帝世紀(西元前-2698~-2208 民國紀元前-4608~-4509)7 君、7 帝·立國約 491 年建都河南新鄭 亡於夏

王朝	廟 號	尊 號	帝 王	即位	去位	父	備 註
黃帝	黃帝	有熊氏	姬軒轅	-2697	-2598	啟昆	黃帝在位 100 年,子少昊,亦稱金天氏.國號少昊
	少昊	金天氏	己摯(青陽)	-2598	-2515	姬軒轅	少昊窮桑登帝位,都曲阜,歷 84 年沒,同母弟昌意之子顓頊代之.
	玄帝	高陽氏	姬顓項	-2515	-2437	昌意	顓項生於若水,亦號高陽氏,都帝邱(河北濮縣縣)在位 78 年沒,少昊孫蟜極之子嚳代之.
	俈帝(嚳)	高辛氏	姬 夋	-2437	-2367	蟜極	嚳為黃帝曾孫,號高辛氏,都亳(河南偃師縣)在位 75 年沒,子摯代之,
			姬 摯	-2367	-2358	姬夋	摯治事無道,為諸侯所廢,僅 9 年而堯嗣位.
唐	堯帝		伊放勳(伊祁)	-2357	-2258	姬夋	
虞	舜帝		姚重華	-2255	-2208	瞽叟	

註：有他書載,少昊非金天,顓項非高陽,嚳非高辛,各為一人,而其世系,並非出於黃帝之後.少昊且不直繼黃帝,顓項與嚳其承接之

帝系,亦必前後不能相及.國語云:「少皞之衰,九黎亂德顓頊受之.」少昊既衰,顓頊乃興,是顓頊與少昊不相及也.又左傳云:「高陽氏有才子八人,此十六族者,世濟其美,不隕其名,以至於堯.」即謂高陽高辛為顓頊與嚳,是至堯時已數世而分數族.則堯與二代亦相及.春秋以緯以少昊傳 8 世 500 年,或云 10 世 400 年.顓頊傳 9 世 350 年,或云 8 世 548 年.嚳傳 10 世 400 年.其傳世與年數,今雖無得考證,要必有影響之可探尋,故有 10 世 9 世之異論.然.而今日日縣疑唐虞以前之世,少昊、顓頊、嚳三系繼承之際,其間所歷尚有何主？即緯書好異,亦不能歷證其人.而諸古書,多以少昊顓頊嚳三君為一貫,故困唐虞以之史,異說紛紜,若欲一一考本真,徵論古說之未足全憑,即彼自謂考見本真者,又安必世儒之不薄為目論.

一世	二世	三世	四世	五世	六世	七世	八世	九世	備　註
一黃帝	二少昊	蟜極	四 嚳	五 摯 六 堯					此為世系略表,堯舜隨附計得人 14,君主凡 7.
	(昌意)	三顓頊	(窮蟬)	(敬隸)	(勾芒)	(橋牛)	(瞽瞍)	七 舜	

夏(-2205~-1766) 19 君、19 帝　立國 440 年　建都山西夏縣　亡於商

王朝	廟號	尊　號	帝　王	籍　貫	今省縣	即位	去位	父									
夏	禹帝		姒文命	廣柔	四川汶川	-2205	-2198	姒鯀									
			姒　啟			-2198	-2189	姒文命									
			姒太康			-2189	-2160	姒啟									
			姒仲康			-2160	-2147	姒啟									
			姒　相			-2147	-2145	姒仲康									
			后　羿	鉏邑	河南浚縣	-2145	-2138										
			寒浞(猗)	寒國	山東濰坊	-2138	-2079										
			姒少康			-2079	-2058	姒相									
			姒　杼			-2058	-2041	姒少康									
			姒槐(芬)			-2041	-2015	姒杼									
			姒芒(荒)			-2015	1997	姒槐									
			姒　泄			-1997	-1981	姒芒									
			姒不降			-1981	-1922	姒泄									
			姒　扃			-1922	-1901	姒泄									
			姒廑(胤甲)			-1901	-1880	姒扃									
			姒孔甲			-1880	-1849	姒不降									
			姒皋(昊)			-1849	-1838	姒孔甲									
			姒發(敬)			-1838	-1819	姒皋									
	桀帝		姒履癸			-1819	-1766	姒發									
			后　羿	鉏邑	河南浚縣												
			寒　浞	寒國	山東濰坊												

「中華通史-章嶔著」自禹至桀,歷 17 主,440 年(羿浞代夏年數並列).

世	1	2	3	4	5	6	7	8	9	10	11	12	13	14	15	16	17
帝名	禹	啓	太康	仲康	相	少康	杼	槐	芒	泄	不降	扃	廑	孔甲	皋	發	履癸

商(-1783~1122) (31 任君、31 帝　立國 662 年　建都河南商丘　亡於周)

1 湯－**2** 大丁－**3** 外丙－**4** 中壬－**5** 大甲－**6** 沃丁－**7** 大庚－**8** 小甲－**9** 雍己－**10** 大戊－**11** 中丁－**12** 外壬－**13** 河亶甲－**14** 祖乙－**15** 祖辛－**16** 沃甲－**17** 祖丁－**18** 南庚－**19** 陽甲－**20** 盤庚－**21** 小辛－**22** 小乙－**23** 武丁－**24** 祖庚－**25** 祖甲－**26** 廩辛－**27** 康丁－**28** 武乙－**29** 文丁－**30** 帝乙－**31** 帝辛(紂)

王朝	廟號	尊　號	帝　王	籍　貫	今省縣	即位	去位	父									
商		成湯	子天乙(履)	商邑	河南商丘	-1783	-1754	子主癸									
			子外丙(勝)			-1754	-1752	子天乙									
			子仲壬			-1752	-1748	子天乙									

王朝	廟號	尊號	帝王	籍貫	今省縣	即位	去位	父									
			伊 尹			-1748	-1741										
	太宗		子太甲(至)			-1741	-1721	子天乙									
			子沃丁(絢)			-1721	-1692	子太甲									
			子太庚(辨)			-1692	-1667	子太甲									
			子小甲(高)			-1667	-1650	子太庚									
			子雍己(伷)			-1650	-1638	子太庚									
	中宗		子太戊(密)			-1638	-1563	子太庚									
			子仲丁(莊)			-1563	-1550	子太戊									
			子外壬(發)			-1550	-1535	子太戊									
			子河 甲(整)			-1535	-1526	子太戊									
			子祖乙(滕)			-1526	-1507	子河 甲									
			子祖辛(旦)			-1507	-1491	子祖乙									
			子沃甲(踰)			-1491	-1466	子祖乙									
			子祖丁(新)			-1466	1434	子祖辛									
			子南庚(更)			-1434	-1409	子沃甲									
			子陽甲(和)			-1409	-1402	子祖乙									
殷			子盤庚(旬)			-1402	-1374	子祖乙									
			子小辛(頌)			-1374	-1353	子祖乙									
			子小乙(斂)			-1353	-1325	子祖乙									
			子武丁(昭)			-1325	-1266	子小乙									
			子祖庚(曜)			-1266	-1259	子武丁									
			子祖甲(載)			-1259	-1226	子武丁									
			子廩辛(先)			-1226	-1220	子祖甲									
			子庚丁(囂)			-1220	-1199	子祖甲									
			子武乙(瞿)			-1199	-1195	子庚丁									
			子太丁(托)			-1195	-1182	子武乙									
			子乙(羨)			-1182	-1155	子太丁									
		紂帝	子辛(受)			-1155	-1122	子乙									
			伊 尹														

周 (-1134~-256)(43 任君、40 王 立國 879 年 建都陝西西安 亡於秦)

王朝	廟號	尊號	帝王	籍貫	今省縣	即位	去位	父									
周		嚳帝	姬 夋	岐山	陝西岐山												
		后稷	姬棄					姬夋									
			姬不窋					姬棄									
			姬鞠					姬不窋									
			姬公劉					姬鞠									
		古公太王	姬 父				-1231	八世祖公劉									
		王季	姬季歷			-1231	-1184	姬 父									
		文王	姬昌			-1184	-1135	姬季歷									
		武王	姬發	岐山	陝西岐山	-1134	-1116	姬昌									
		成王	姬誦			-1116	-1079	姬發									
		康王	姬釗			-1079	-1053	姬誦									
		昭王	姬瑕			-1053	-1002	姬釗									
		穆王	姬滿			-1002	-947	姬瑕									
		共王	姬伊扈			-947	-935	姬滿									

王朝	廟號	尊　號	帝　王	籍　貫	今省縣	即位	去位	父									
		懿王	姬堅			-935	-910	姬伊扈									
		孝王	姬辟方			-910	-895	姬滿									
		夷王	姬燮			-895	-879	姬堅									
		厲王	姬胡			-879	-842	姬燮									
		共和				-841	-828										
		宣王	姬靖(靜長)			-828	-782	姬胡									
		幽王	姬宮涅(涅)			-782	-771	姬靖									
	東周	平王	姬宜臼			-771	-720	姬宮涅									
		桓王	姬林			-720	-697	姬洩父									
		莊王	姬佗			-697	-682	姬林									
		釐王僖王	姬胡齊			-682	-677	姬佗									
		惠王	姬閬			-677	-675	姬胡齊									
			姬頽			-675	-673	姬佗									
		襄王	姬鄭			-653	-636	姬閬									
			姬帶			-636	-635	姬閬									
			姬鄭			-635	-635										
		頃王	姬王臣			-619	-613	姬鄭									
		匡王	姬班			-613	-607	姬王臣									
		定王	姬瑜			-607	-586	姬王臣									
		簡王	姬夷			-586	-572	姬夷									
		靈王	姬泄心			-572	-545	姬夷									
		景王	姬貴			-545	-520	姬泄心									
		悼王	姬猛			-520	-520	姬貴									
		敬王	姬匄			-520	-519	姬貴									
			姬朝			-519	-516	姬貴									
			姬匄			-516	-516	姬貴									
		元王	姬仁			-477	-469	姬匄									
		貞定王	姬介			-469	-441	姬仁									
		哀王	姬去疾			-441	-441	姬介									
		思王	姬叔襲			-441	-441	姬介									
		孝王	姬槐(嵬)			-441	-426	姬介									
		威烈王	姬午			-426	-402	姬槐									
		安王	姬驕			-402	-376	姬午									
		烈王	姬喜			-376	-369	姬驕									
		顯王	姬扁			-369	-321	姬驕									
		慎靚王	姬定			-321	-315	姬扁									
		赧王	姬延			--315	-256	姬定									
楚			熊通	丹陽	湖北秭歸												

吳(-586~-473)(7 任君、7 王 立國 114 年 建都江蘇蘇州 亡於越)

王朝	廟號	尊　號	帝　王	籍　貫	今省縣	即位	去位	父									
吳		勾吳	姬太伯					姬　父									
			姬仲雍(吳)					姬　父									
		吳伯	吳周章					吳叔達									
			吳熊逐					吳周章									
			吳柯相					吳熊逐									

王朝	廟號	尊　號	帝　王	籍　貫	今省縣	即位	去位	父									
			吳彊鳩夷					吳柯相									
			吳餘橋夷吾					吳彊鳩夷									
			吳柯盧					吳餘橋夷吾									
			吳周繇					吳周盧									
			吳屈羽					吳周繇									
			吳夷吾					吳屈羽									
			吳禽處					吳夷吾									
			吳轉					吳禽處									
			吳頗高					吳轉									
			吳句卑					吳頗高									
			吳去齊					吳句卑									
		吳王	吳壽夢(乘)	梅里	江蘇錫山	-586	-561	吳去齊									
		吳王	吳諸樊(謁、遏)			-561	-548	吳夢壽									
		吳王	吳餘祭			-548	-544	吳壽夢									
		吳王	吳夷昧			-544	-527	吳壽夢									
		吳王	吳僚(州于)			-527	-515	吳夷昧									
		闔盧	吳光			-515	-496	吳諸樊									
		吳王	吳夫差			-496	-473	吳波									

越「於越」(春秋時代)(~497~333)(7 君、7 王　立國 165 年　建都山東膠南 亡於楚)

王朝	廟號	尊　號	帝　王	籍　貫	今省縣	即位	去位	父									
越			姒少康														
			姒允常														
		菼執	姒勾踐	會稽	浙江紹興	-497	-465	姒允常									
			姒鼫興(興夷、鹿郢)			-465	-459	姒勾踐									
		盲姑	姒不壽			-459	-449	姒鼫與									
			姒翁(朱句)			-449	-412	姒不壽									
			姒翳(授)			-412	-377	姒翁									
		莽安	姒之侯(無余)			-375	-365	姒翳									
			姒無彊(搜、無顓)			-365	-333	姒之侯									

楚(戰國時代)(-741~-223)(26 任君、26 王 立國 519 年 建都湖北江陵 亡於秦)

王朝	廟號	尊　號	帝　王	籍　貫	今省縣	即位	去位	父							
		楚子	熊繹					熊狂							
			熊勇			847	838	熊延							
			熊嚴			838	828	熊延							
			熊霜			828	822	熊嚴							
			熊紃			822	800	熊嚴							
			熊咢			800	791	熊紃							
		若敖	熊儀			791	764	熊咢							
		霄敖	熊坎			764	758	熊儀							
		蚡冒(厲王)	熊			758	741	熊坎							
		武王	熊通			741	690	熊坎							

王朝	廟號	尊 號	帝 王	籍 貫	今省縣	即位	去位	父							
		文王	熊貲			690	675.6.15	熊通							
		杜敖堵敖	熊艱			675	672	熊貲							
		成王	熊頵			672	626.10.18	熊貲							
		穆王	商臣			626	614	熊頵							
		莊王	侶(旅)			614	591.7.7	商臣							
		共王	審			591	560.9.14	侶							
		康王	昭			560	545.12	審							
		郟敖	麇			545	541.11.4	麇							
		靈王	圍			541	529.4	審							
		初王	比			529.4	529.5.17	審							
		平王	棄疾			529.5.18.	516.9.9	審							
		昭王	軫(壬)			516	489.7.16	棄疾							
		惠王	章			489	432	軫							
		簡王	仲			432	408	章							
		聲王	當			408	402	仲							
		悼王	疑			402	381	當							
		肅王	臧			381	370	疑							
		宣王	良夫			370	340	疑							
		威王	商			340	329	良夫							
		懷王	槐			329	299	商							
		頃襄王	橫			299	264	槐							
		考烈王	完			264	238	橫							
		幽王	悍			238	228	完							
		哀王	猶			228.2	228.3	完							
		楚王	負芻			228	223	完							

齊(戰國時代)(-359~-221)(5任君、5王 立國139年 建都:山東淄博 亡於秦)

王朝	廟號	尊 號	帝 王	籍 貫	今省縣	即位	去位	父									
王朝	廟號	尊 號	帝 王	籍 貫	今省縣	即位	去位	父									
齊		敬仲	陳完(田)					嬀佗									
		成子	田恒(常)					田乞									
		襄子	田盤(壁)					田恒									
		莊子	田白(伯)					田盤									
		太公	田和			-413	-388										
			田剡			-388	-378	田和									
		桓公	田午			-378	-359	田剡									
		威王	田因齊	安平	山東淄博	-359	-320	田午									
		宣王	田辟疆			-320	-301	田因齊									
		湣王東帝	田地			-301	-284	田辟疆									
		襄王	田法章			-283	-265	田地									
		齊王	田建			-265	-221	田法章									

魏「梁」(戰國時代)(-369~-225)(6任君、6王 立國145年 建都: 山西夏縣 亡於秦)

王朝	廟號	尊 號	帝 王	籍 貫	今省縣	即位	去位	父									
魏		畢公	畢高														

王朝	廟號	尊 號	帝 王	籍 貫	今省縣	即位	去位	父									
(梁)		桓子	魏駒														
		文侯	魏斯			-446	-397	祖父魏駒									
		武侯	魏擊			-397	-371	魏斯									
		惠王	魏罃	魏邑	山西芮城	-369	-319	魏擊									
		襄王	魏嗣			-319	-296	魏罃									
		昭王	魏遬			-296	-277	魏嗣									
		安釐王	魏圉			-277	-243	魏遬									
		景湣王	魏增			-243	-228	魏圉									
		魏王	魏假			-228	-225	魏增									

韓 (戰國時代)(-333~-230)(5任君、5王 立國104年 建都: 河南新鄭 亡於秦)

王朝	廟號	尊 號	帝 王	籍 貫	今省縣	即位	去位	父									
韓		獻子	韓厥	韓原	陝西韓城												
		康子	韓虎														
		武子	韓啟章			-425	-409	韓虎									
		景侯	韓虔			-409	-400	韓啟章									
		烈侯	韓取			-400	-387	韓虔									
		文侯				-387	-377	韓取									
		哀侯				-377	-371	文侯									
		莊侯懿侯	韓若山			-371	-359	哀侯									
		昭侯				-359	-333	韓若山									
		威侯宣惠王				-333	-312	昭侯									
		襄王	韓倉			-312	-296	宣惠王									
		釐王	韓咎			-296	-273	韓倉									
		桓惠王				-273	-239	韓咎									
		韓王	韓安			-239	-230	桓惠王									

燕 (戰國時代)(-333~-314)(8任君、8王 立國111年 建都: 北京 亡於秦)

王朝	廟號	尊 號	帝 王	籍 貫	今省縣	即位	去位	父									
燕		召公	姬奭	薊城	北京	-1122	-1053	姬昌									
		惠侯				-865	-827										
		釐侯	姬莊			-827	-791	惠侯									
		頃侯				-791	-767	姬莊									
		哀侯				-767	-765	頃侯									
		鄭侯				-765	-729	哀侯									
		穆侯繆侯				-729	-711	鄭侯									
		宣侯				-711	-698	穆侯									
		桓侯				-698	-691										
		莊公				-691	-658	桓侯									
		襄公				-658	-618										
		桓公				-618	-602										
		宣公				-602	-587										
		昭公				-587	-574										
		武公				-574	-555										
		文公				-555	-549										

王朝	廟號	尊 號	帝 王	籍 貫	今省縣	即位	去位	父									
		懿公				-549	-545										
		簡公	姬欸			-545	-539	懿公									
		悼公				-535	-529										
		共公				-529	-524	悼公									
		平公				-524	-505										
		惠公				-505	493										
		獻公				-493	-465	惠公									
		孝公				-465	-450										
		成公	姬載			--450	-434										
		湣公				-434	-403										
		釐公				-403	-373	湣公									
		桓公				-373	-362	釐公									
		文公				-362	-333	桓公									
		易王				-333	-321	文公									
		燕王	姬噲			-321	-316	易王									
		燕王	子之			-316	-314										
		昭王	姬平			-312	-279	姬噲									
		惠王	姬樂資			-279	-272	姬平									
		武成王				-272	-258	姬樂資									
		孝王				-258	-255	武成王									
		燕王	姬喜			-255	-222	孝王									

趙 (戰國時代)(-326~-222)(6 任君、6 王　立國 105 年　建都:河北邯鄲亡於秦)

王朝	廟號	尊 號	帝 王	籍 貫	今省縣	即位	去位	父									
趙			造父														
		簡子	趙鞅				-476										
		襄子	趙無卹			-475	-425	趙鞅									
		獻侯	趙浣			-425	-425	趙周									
		桓子	趙嘉			-425	-424	趙鞅									
			趙浣			-424	-409										
		烈侯	趙藉			-409	-400	趙浣									
		武侯				-400	-387	趙浣									
		敬侯	趙章			-387	-375	趙籍									
		成侯	趙種			-375	-350	趙章									
		肅侯	趙語			-350	-356	趙種									
		武靈王主父	趙雍	耿邑	山西河津	-326	-299	趙語									
		惠文王	趙何			-299	-266	趙雍									
		孝成王	趙丹			-266	-245	趙何									
		悼襄王	趙偃			-245	-236	趙偃									
		幽繆王	趙遷			-236	-228	趙偃									
		代王	趙嘉			-228	-222	趙偃									

宋「桀宋」(戰國時代)(-329~-286)(1 任君、1 王　立國 44 年　建都河南商丘　亡於秦)

王朝	廟號	尊 號	帝 王	籍 貫	今省縣	即位	去位	父									
宋		微子	子啟					子乙									

王朝	廟號	尊 號	帝 王	籍 貫	今省縣	即位	去位	父									
		微仲	子衍					子乙									
		宋公	子稽					子衍									
		丁公	子申					子稽									
		湣公	子共					子申									
		煬公	子熙					子申									
		厲公	子鮒祀					子共									
		釐公	子舉			-859	-832	子鮒祀									
		惠公	子覸			-831	-801	子舉									
		哀公				-801	-800	子覸									
		戴公				-800	-766	哀公									
		武公	子司空			-766	-748	戴公									
		宣公	子力			-748	-729	子司空									
		穆公	子和			-729	-720	子司空									
		殤公	子與夷			-720	-710	子力									
		莊公	子馮			-710	-692	子和									
		閔公	子捷			-692	-682	子馮									
			子游			-682	-682										
		桓公	子禦說			-682	-651	子馮									
		襄公	子滋甫			-651	-637	子禦說									
		成公	子王臣			-637	-620	子滋甫									
			子禦			-620	620	子滋甫									
		昭公	子杵臼			-620	-611	子王臣									
		文公	子鮑			-611	-589	子王臣									
		共公	子瑕(固)			-589	-576	子鮑									
		平公	子成			-576	-532	子瑕									
		元公	子佐			-532	-517	子成									
		景公	子欒(頭曼)			-517	-469	子佐									
			子啟			-469	-469	子周									
		昭公	子得			-469	-404	子周									
		悼公	子購由			-404	-396	子得									
		休公	子田			-396	-373	子購由									
		辟公桓公	子辟兵			-373	-370	子田									
		宋公	子剔成			-370	329	子辟兵									
		康王	宋偃	睢陽	河南商丘	-329	-286	子辟兵									

秦 (-338-206)(8 任君、6 王 2 帝　立國 573 年　建都: 陝西咸陽　亡於楚)

王朝	廟號	尊 號	帝 王	籍 貫	今省縣	即位	去位	父									
秦			非子					大駱									
		秦仲				-844	-822	曾祖父非子									
		莊公	嬴也			-822	-778	秦仲									
		襄公				-778	-766	嬴也									
		文公				-766	-716	襄公									
		竫公						文公									
		寧公				-716	-704	竫公									
		出子				-704	-698	寧公									
		武公				-698	-678	寧公									

王朝	廟號	尊 號	帝 王	籍 貫	今省縣	即位	去位	父									
		德公				-678	-676	寧公									
		宣公				-676	-664	德公									
		成公				-664	-660	德公									
		穆公	贏任好			-660	-621	德公									
		康公	贏罃			-621	-609	贏任好									
		共公	贏稻			-609	-605	贏罃									
		桓公	贏榮			-605	-577	贏稻									
		景公	贏后			-577	-537	贏榮									
		哀公				-537	-501	贏后									
		夷公						哀公									
		惠公				-501	-492	夷公									
		悼公				-492	-477	惠公									
		厲公	贏剌			-477	-443	悼公									
		躁公				--443	-429	贏剌									
		懷公				-429	-425	贏剌									
		靈公	贏肅			-425	-415	昭子									
		簡公	贏悼子			-415	-400	懷公									
		惠公				-400	-387	贏悼子									
		出公				-387	-385	惠公									
		獻公	贏師隰			-385	-36	贏肅									
		孝公	贏渠梁			-362	-338	贏師隰									
		惠王	贏駟			-388	-311	贏渠梁									
		武王	贏 泗	秦邑	甘肅隴西	-311	-307	贏蕩									
		昭襄王西帝	贏稷			-307	-251	贏駟									
		孝文王	贏柱			-251	-250	贏稷									
		莊襄王	贏異人(楚)			-250	-247	贏柱									
		始皇帝	贏政			-247	-210	贏異人									
		二世皇帝	贏胡亥			-210	-207	贏政									
		秦王	贏嬰			-207	-206	父贏扶蘇 叔贏胡亥									

楚「西楚」(-206~-202)(1 任君、1 王　立國 5 年　建都: 江蘇徐州　亡於西漢)

王朝	廟號	尊 號	帝 王	籍 貫	今省縣	即位	去位	父								
西楚		霸王	項 羽	下相	安徽淮北	-206.2	-202.12	祖父項燕 叔父項梁								

漢「西漢」(西元前-206~西元 9)(15 任君、15 帝　立國 215 年　建都陝西西安　亡於新)

王朝	廟號	尊 號	帝 王	籍 貫	今省縣	即位	去位	父								
西漢		太上皇	劉執嘉													
		高皇帝	劉 邦	泗水沛縣	江蘇豐縣	-206	-195	劉執嘉								
		孝惠皇帝	劉盈			-195	-188	劉邦								
		前少帝	劉恭			-188	184	劉盈								
		後少帝	劉弘(義)			-184	-180	劉盈								
	太宗	孝文皇帝	劉恒			-180	-157	劉邦								
		孝景皇帝	劉啟			-157	-141	劉恒								

王朝	廟號	尊號	帝王	籍貫	今省縣	即位	去位	父								
	世宗	孝武皇帝	劉徹			-141	-87	劉啟								
		孝昭皇帝	劉弗陵			-87	-74	劉徹								
		廢帝昌邑王海昏侯	劉賀			-74.6	-74.6	劉徹								
	中宗	孝宣皇帝	劉病已(詢)			-74.7	-49	曾祖父劉徹 祖父劉據 父劉進								
	高宗	孝元皇帝	劉奭			-49	-33	劉病已								
	統宗	孝成皇帝	劉驁			-33.6	-7.3	劉奭								
		孝哀皇帝	劉欣			-7.4	-1.6	劉奭								
	元宗	孝平皇帝	劉箕子(衎)			-1.9	後5.12	劉奭								
		少帝孺子	劉嬰			後6.3	後9.1	劉顯								

新 (9~23)(1任君、1帝　立國15年　建都: 陝西西安　亡於玄漢)

王朝	廟號	尊號	帝王	籍貫	今省縣	即位	去位	父								
新			王莽	魏郡元城	河北大名	9.1	23.10	王政君								

漢「玄漢」(23~25)(1任君、1帝　立國3年　建都: 陝西西安　亡於赤眉)

王朝	廟號	尊號	帝王	籍貫	今省縣	即位	去位	父								
玄漢		淮陽王	劉玄	南陽春陵	湖北棗陽	23.2	25.10	劉子張								

成家 (25~36)(1任君、1帝 立國12年 建都四川成都 於東漢)

王朝	廟號	尊號	帝王	籍貫	今省縣	即位	去位	父								
成家			公孫述	京兆茂陵	陝西興平	25.4	36.11	公孫仁								

漢「東漢」(25~220)(14君、14帝　立國196年　建都: 河南洛陽　亡於曹魏)

王朝	廟號	尊號	帝王	籍貫	今省縣	即位	去位	父								
東漢			劉發													
	世祖	光武皇帝	劉秀	南陽春陵	湖北棗陽	25.6	57.2	劉欽								
	顯宗	孝明皇帝	劉莊(陽)			57.2	75.8	劉秀								
	肅宗	孝章皇帝	劉炟			75.8	88.1	劉莊								
	穆宗	孝和皇帝	劉肇			105	106	劉肇								
		孝德皇	劉慶					劉炟								
	恭宗	孝安皇帝	劉祜			106	125	劉慶								
		北鄉侯少帝	劉懿			125	125	劉炟								
	敬宗	孝順皇帝	劉保			125	144	劉祜								
		孝沖皇帝	劉炳			144	145	劉保								
		孝質皇帝	劉纘			145	146	劉炟								
		孝穆皇	劉開					劉炟								
		孝崇皇	劉翼					劉開								
	威宗	孝桓皇帝	劉志			146	167	劉翼								
		孝元皇	劉淑					劉開								
		孝仁皇	劉萇					劉淑								
		孝靈皇帝	劉宏			168	189	劉萇								

王朝	廟號	尊 號	帝 王	籍 貫	今省縣	即位	去位	父								
		少帝弘農王	劉辯			189.4	189.9	劉宏								
		孝獻皇帝	劉協			189.9	220	劉宏								

魏「曹魏」 (220~265)(5任君、5帝 立國46年 建都河南洛陽 亡於晉)

朝代	廟號	尊號	帝 王	籍 貫	今省縣	即位	去位	父					
曹魏		太皇帝	曹嵩					曹騰					
	太祖	武皇帝	曹操					曹嵩					
	世祖	文皇帝	曹丕	沛郡譙縣	安徽亳州	220	226.5	曹操					
	烈祖	明皇帝	曹叡			226	239.1	曹丕					
		邵陵厲公.齊王	曹芳			239.1	254.9	曾祖父曹操 祖父曹彰父曹楷					
		高貴鄉公	曹髦			254.1	260.4	曹丕					
		常道鄉公,陳留王元皇帝	曹奐			260.5	265						

漢「蜀漢」 (221~263)(2任君、2帝 立國43年 建都四川成都 亡於曹魏)

朝代	廟號	尊號	帝 王	籍 貫	今省縣	即位	去位	父					
蜀漢		昭烈皇帝	劉備	涿郡涿縣	河北涿州	221.4	223.4	劉弘					
		後主.孝懷皇帝	劉禪			223.4	263	劉備					

吳「東吳」 (三國時代)(222~280)(4任君、4帝 立國59年 建都江蘇南京 亡於晉)

朝代	廟號	尊號	帝 王	籍 貫	今省縣	即位	去位	父					
東吳	始祖	武烈皇帝	孫堅										
		長沙桓王	孫策										
	太祖	大皇帝	孫權	吳郡富春	浙江富陽	222	252	孫堅					
		候官侯.會稽王	孫亮			252	258	孫權					
		景皇帝	孫休			258	264	孫權					
		文皇帝	孫和										
		鳥程侯.歸命侯	孫皓			264	280	孫和					

晉 (265~420)(17任君 16帝 立國156年 建都河南洛陽 亡於南宋)

朝代	廟號	尊號	帝 王	籍 貫	今省縣	即位	去位	父					
晉	高祖	宣皇帝	司馬懿					司馬防					
	世宗	景皇帝	司馬師					司馬懿					
	太祖	文皇帝	司馬昭										
西晉	世祖	西晉世祖武皇帝	司馬炎	河內溫縣	河南溫縣	265	290	司馬昭					
		孝惠皇帝	司馬衷			290	301	司馬炎					
		趙王	司馬倫			301.1	301.4	司馬懿					
			司馬衷			301.4	306						
		孝懷皇帝	司馬熾			306	311	司馬炎					
		孝愍皇帝	司馬業			313	316	司馬炎					
東晉	中宗	元皇帝	司馬睿			317	322	司馬覲					
	肅宗	明皇帝	司馬紹			322	325	司馬睿					

朝代	廟號	尊號	帝 王	籍 貫	今省縣	即位	去位	父					
	顯宗	成皇帝	司馬衍			325	342	司馬紹					
		康皇帝	司馬岳			342	344	司馬紹					
	孝宗	穆皇帝	司馬聃			344	361	司馬岳					
		哀皇帝	司馬丕			361	365	司馬衍					
		海西公.廢帝	司馬奕			365	371	司馬衍					
		簡文皇帝	司馬昱			371	372	司馬睿					
	烈宗	孝武皇帝	司馬曜(昌明)			372	396	司馬昱					
		安皇帝	司馬德宗			396	418	司馬曜					
		恭皇帝	司馬德文			418	420	司馬曜					

成漢 (五胡亂華 19 國)(304~347)(5 任君 5 帝 立國 44 年 建都四川成都 亡於晉)

朝代	廟號	尊號	帝 王	籍 貫	今省縣	即位	去位	父					
成漢	始祖	景皇帝	李特					李慕					
	太宗	武皇帝	李雄	略陽	甘肅天水	304	334	李特					
		哀皇帝	李班			334	334	李蕩					
		幽公.隱皇帝	李期			334	338	李雄					
		獻皇帝	李驤					李慕					
	中宗	昭文皇帝	李壽			338	343	李驤					
		末主.歸義侯	李勢			343	347	李壽					

漢趙「前趙」 (五胡亂華 19 國)(304~329)(5 任君 5 帝 立國 26 年 建都山西臨汾 亡於後趙)

朝代	廟號	尊號	帝 王	籍 貫	今省縣	即位	去位	父					
漢趙	高祖	光文皇帝	劉淵	匈奴	西河美稷	304	310	劉豹					
(前趙)		梁王	劉和			310	310	劉淵					
	烈宗	昭武皇帝	劉聰			310	318	劉淵					
		隱皇帝	劉粲			318.7	318.8	劉聰					
		景皇帝	劉亮										
		獻皇帝	劉廣					劉亮					
		懿皇帝	劉防					劉廣					
		宣成皇帝	劉綠					劉防					
			劉曜					劉綠					

趙「後趙」 (五胡亂華 19 國)(319~351)(7 任君 7 帝 立國 33 年 建都河北邢台 亡於冉魏)

朝代	廟號	尊號	帝 王	籍 貫	今省縣	即位	去位	父					
趙		宣皇帝	石邪										
(後趙)	世宗	元皇帝	石周(周曷朱)					石邪					
	高祖	明皇帝	石勒	上黨武鄉	山西榆社	319	333	石周					
		海陽王	石弘(大雅)			333	334	石勒					
	太宗	孝皇帝	石冦覓					石匐邪					
	太祖	武皇帝	石虎(季龍)			334	349	石寇覓					
		譙王	石世			349	349	石虎					
		彭城王	石遵			349	349	石虎					
		義陽王	石鑒			349	350	石虎					
		趙王	石祗			350	351	石虎					

魏「冉魏」(五胡亂華 19 國)(350~352)(1 任君 1 帝 立國 3 年 建都河北臨漳 亡於前燕)

朝代	廟號	尊號	帝 王	籍 貫	今省縣	即位	去位	父					
魏		元皇帝	冉隆										
(冉魏)	烈祖	高皇帝	冉瞻					冉隆					
		悼武天王	冉閔	魏郡內黃	河南內黃	350	352	冉瞻					

秦「前秦」(五胡亂華 19 國)(351~394)(6 任君 6 帝 立國 44 年 建都陝西西安 亡於西秦)

朝代	廟號	尊號	帝 王	籍 貫	今省縣	即位	去位	父					
秦	太祖	惠武皇帝	苻洪					苻懷歸					
(前秦)	高祖	景明皇帝	苻健	略陽	甘肅天水	351	355	苻洪					
		厲王	苻生			355	357	苻健					
		文桓皇帝	苻雄					苻洪					
	世祖	宣昭皇帝	苻堅堅			357	385	苻雄					
		哀平皇帝	苻丕			385	386	苻堅					
	太宗	高皇帝	苻登			386	394	苻敞					
			苻崇			394	394	苻登					

秦「後秦」(五胡亂華 19 國)(384~417)(3 任君 3 帝 立國 34 年 建都陝西西安 亡於晉)

朝代	廟號	尊 號	帝 王	籍 貫	今省縣	即位	去位	父					
後秦	始祖	景元皇帝	姚弋仲					柯迴					
		魏武王	姚襄					姚弋仲					
	太祖	武昭皇帝	姚萇	南安赤亭	甘肅隴西	384	393	姚弋					
	高祖	文桓皇帝	姚興			394	416	姚萇					
			姚泓			416	417	姚興					

秦「西秦」(五胡亂華 19 國)(385~400)(4 任君 4 王 立國 39 年 建都甘肅蘭州 亡於胡夏)

朝代	廟號	尊 號	帝 王	籍 貫	今省縣	即位	去位	父					
西秦	烈祖	宣烈王	乞伏國仁	隴西高平	寧夏固原	385	388	乞伏司繁					
	高祖	武元王	乞伏乾歸			388	400	乞伏司繁					
		國亡 8 年(401~408)											
			乞伏乾歸			409	412						
	太祖	文昭王	乞伏熾磐			412	428	乞伏乾歸					
			乞伏暮末			428	431	乞伏熾磐					

燕「前燕」(五胡亂華 19 國)(337~370)(3 任君 1 王 2 帝 立國 34 年 建都河北臨漳 亡於前秦)

朝代	廟號	尊 號	帝 王	籍 貫	今省縣	即位	去位	父					
燕	高祖	武宣皇帝	慕容廆					慕容涉歸					
(前燕)	太祖	文明王,文明皇帝	慕容皝	昌黎棘城	遼寧義縣	337	348	慕容廆					
	烈祖	景昭皇帝	慕容儁			348	360	慕容皝					
		幽皇帝	慕容暐			360	370	慕容儁					

燕「後燕」(五胡亂華 19 國)(384~407)(4 任君 4 帝 立國 24 年 建都河北定州 亡於北燕)

朝代	廟號	尊 號	帝 王	籍 貫	今省縣	即位	去位	父					

後燕	世祖	武成皇帝	慕容垂	昌黎棘城	遼寧義縣	384	396	慕容皝					
	烈宗	惠愍皇帝	慕容寶			396	398	慕容垂					
	中宗	昭武皇帝	慕容盛			398	401	慕容寶					
		昭文皇帝	慕容熙			401	407	慕容垂					

燕「西燕」(五胡亂華 19 國)(384~394)(7 任君 3 王 4 帝 立國 11 年 建都山西長子 亡於後燕)

朝代	廟號	尊號	帝王	籍貫	今省縣	即位	去位	父					
西燕		濟北王	慕容泓	昌黎棘城	遼寧義縣	384.3	384.6	慕容儁					
		威皇帝	慕容沖			384.6	386.2	慕容儁					
		燕王	段 隨			386.2	386.3						
		燕王	慕容顗			386.3	386.3	慕容桓					
			慕容瑤(望)			386.3	386.3	慕容沖					
			慕容忠			386.3	386.6	慕容泓					
			慕容永			386.9	394.8	族兄慕容儁					

燕「南燕」(五胡亂華 19 國)(398~410)(2 任君 2 帝 立國 13 年 建都山東青州 亡於晉)

朝代	廟號	尊號	帝王	籍貫	今省縣	即位	去位	父					
南燕	世宗	獻武皇帝	慕容德	昌黎棘城	遼寧義縣	398.1	405.7	慕容皝					
		穆皇帝	慕容納					慕容皝					
			慕容超			405.7	410.2	慕容納					

燕「北燕」(五胡亂華 19 國)(407~436)(3 任君 3 帝 立國 30 年 建都遼寧朝陽 亡於北魏)

朝代	廟號	尊號	帝王	籍貫	今省縣	即位	去位	父					
北燕		惠懿皇帝	高雲(慕容雲)	高麗	朝鮮	407.7	409.10	高拔					
		元皇帝	馮和										
		宣皇帝	馮安					馮和					
	太祖	文成皇帝	馮跋(文起)	長樂信都	河北冀州	409.10	430.9	馮安					
		昭成皇帝	馮弘(文通)			430.9	436.5	馮安					

蜀「西蜀」(五胡亂華 19 國)(405~413)(1 任君 1 王 立國 9 年 建都四川成都 亡於晉)

朝代	廟號	尊號	帝王	籍貫	今省縣	即位	去位	父					
西蜀			譙縱	巴西	四川閬中	405.2	413.7	祖父譙獻之					

涼「前涼」(五胡亂華 19 國)(320~376)(7 任君 7 王 立國 57 年 建都甘肅武威 亡於前秦)

朝代	廟號	尊號	帝王	籍貫	今省縣	即位	去位	父					
涼	太祖	武王	張軌		甘肅武威	301	314.5	張溫					
(前涼)	高祖	明王	張寔			314.5	320.5	張軌					
	太宗	成王	張茂	安定烏氏	甘肅涇川	320.5	324.5	張軌					
	世祖	文王	張駿			324.5	346.5	張寔					
	世宗	桓王	張重華			346.5	353.11	張駿					
		哀王	張曜靈			353.11	353.12	張重華					
		威王	張祚			354.1	355.9	張駿					

		沖王	張玄靚			355.9	363.8	張重華						
		悼公	張天錫			363.8	376.8	張駿						

涼「後涼」 (五胡亂華 19 國)(386~403)(4 任君 4 王 立國 18 年 建都甘肅武威 亡於後秦)

朝代	廟號	尊號	帝王	籍貫	今省縣	即位	去位	父						
後涼		景昭皇帝	呂婆樓		甘肅武威									
	太祖	懿武皇帝	呂光	略陽	甘肅天水	386.9	399.12	呂婆樓						
		隱王	呂紹			399.12	399.12	呂光						
		靈皇帝	呂纂			399.13	401.2	呂光						
		文皇帝	呂寶					呂婆樓						
		建康公	呂隆			401.2	403.8	呂寶						

涼「南涼」 (五胡亂華 19 國)(397~414)(3 任君 3 王 立國 18 年 建都青海樂都 亡於西秦)

朝代	廟號	尊號	帝王	籍貫	今省縣	即位	去位	父						
南涼	烈祖	武王	禿髮烏孤	河西	甘肅永登	397.1	399.8	禿髮思復鞬						
		康王	禿髮利鹿孤			397.1	399.8	禿髮思復鞬						
		景王	禿髮傉檀			402.3	414.7	禿髮思復鞬						

涼「北涼」 (五胡亂華 19 國)(397~439)(3 任君 3 王 立國 43 年 建都甘肅武威 亡於北魏)

朝代	廟號	尊號	帝王	籍貫	今省縣	即位	去位	父						
北涼		涼王	段業	京兆	陝西西安	397.5	401.5							
		武宣王	沮渠蒙遜	臨松盧水	甘肅張掖	401.6	433.4	沮渠法弘						
		哀王	沮渠茂虔			433.4	439.9	沮渠蒙遜						

涼「西涼」 (五胡亂華 19 國)(400~421)(3 任君 3 王 立國 22 年 建都甘肅酒泉 亡於北涼)

朝代	廟號	尊號	帝王	籍貫	今省縣	即位	去位	父						
西涼		景王	李弇											
		簡王	李昶					李弇						
	太祖	武昭王	李暠	隴西成紀	甘肅秦安	400.11	417.2	李昶						
		後主	李歆			417.2	420.7	李暠						
			李恂			420.9	421.3	李暠						

夏「胡夏」 (五胡亂華 19 國)(407~431)(3 任君 3 帝 立國 25 年 建都陝西邊北 亡於吐谷渾)

朝代	廟號	尊號	帝王	籍貫	今省縣	即位	去位	父						
夏		元皇帝	劉訓兒											
(胡夏)		景皇帝	劉武					劉訓兒						
		宣皇帝	劉豹子					劉武						
	太祖	桓皇帝	劉衛辰					劉豹子						
	世祖	武烈帝	赫連勃勃	朔方	內蒙伊克	407.6	425.8	劉衛辰						

			(劉勃勃)		昭盟								
		昌泰王	赫連昌			425.8	428.2	赫連勃勃					
		平原王	赫連定			428.2	431.6	赫連勃勃					

宋「南宋」(南北朝)(420~479)(9 任君 9 帝 立國 60 年 建都江蘇南京 亡於南齊)

朝代	廟號	尊　　號	帝 王	籍　貫	今省縣	即位	去位	父					
宋		孝穆皇帝	劉翹		江蘇南京								
(南宋)	高祖	武皇帝	劉裕	丹徒京口	江蘇鎮江	420.6	422.5	劉翹					
		少帝.營陽王	劉義符			422.5	424.5	劉裕					
	中宗	太祖景皇帝.文皇帝	劉義隆			424.8	453.2	劉裕					
		元凶	劉劭			453.4	44.5	劉義隆					
	世祖	孝武皇帝	劉駿			453.4	464.5	劉義雄					
		前廢帝	劉子業			464.5	465.10	劉駿					
	太宗	明皇帝	劉彧			465.10	472.4	劉義隆					
		後廢帝.蒼梧王	劉昱			472.4	477.6	劉彧					
		順皇帝	劉準			477.6	479.4	祖父劉義隆劉休範					

齊「南齊」(南北朝)(479~502)(7 任君 7 帝 立國 24 年 建都江蘇南京 亡於南梁)

朝代	廟號	尊　　號	帝 王	籍　貫	今省縣	即位	去位	父					
齊		宣皇帝	蕭承之		江蘇南京			蕭樂子					
(南齊)	太祖	高皇帝	蕭道成	南蘭陵	江蘇常州	479.4	482.3	蕭承子					
	世祖	武皇帝	蕭賾			482.3	493.7	蕭道成					
	世宗	文皇帝	蕭長懋					蕭賾					
		鬱林王	蕭昭業			493.7	494.7	蕭長懋					
		海陵王	蕭昭文			494.7	194.10	蕭長懋					
		景皇	蕭道生					蕭承之					
	高宗	明皇帝	蕭鸞			494.10	498.7	蕭道生					
		東昏侯	蕭寶卷			498.7	501.12	蕭鸞					
		和皇帝	蕭寶融			501.3	502.4	蕭鸞					

梁「南梁」(南北朝)(502~587)(9 任君 9 帝 立國 86 年 建都江蘇南京 亡於隋)

朝代	廟號	尊　　號	帝 王	籍　貫	今省縣	即位	去位	父					
梁	太祖	文皇帝	蕭順之					蕭道賜					
(南梁)	高祖	武皇帝	蕭衍	南蘭陵	江蘇常州	502.4	549.5	蕭順之					
	太宗	簡文皇帝	蕭綱			549.5	551.8	蕭衍					
	高宗	昭明皇帝	蕭統					蕭統					
		安皇帝	蕭歡					蕭統					
		豫章王	蕭棟			551.8	551.11	蕭歡					
	世祖	孝元皇帝	蕭繹			552.11	554.11	蕭衍					
		貞陽侯.閔皇帝	蕭淵明			555.5	555.9	蕭懿					
		敬皇帝	蕭方智			555.10	557.10	蕭繹					

朝代	廟號	尊　號	帝王	籍貫	今省縣	即位	去位	父					
西梁	中宗	宣皇帝	蕭詧			555.1	562.2	蕭統					
	世宗	孝明皇帝	蕭巋			562.2	585.5	蕭詧					
		孝靖皇帝	蕭琮			585.5	587.9	蕭巋					

陳(南北朝)(557~589)(5 任君 5 帝 立國 33 年 建都江蘇南京 亡於隋)

朝代	廟號	尊　號	帝王	籍貫	今省縣	即位	去位	父					
陳	太祖	景皇帝	陳文讚		江蘇南京								
	高祖	武皇帝	陳霸先	長城	浙江長興	557.10	559.6	陳文讚					
	世祖	文皇帝	陳蒨			559.6	566.4	陳道譚					
		少帝.臨海王.廢帝	陳伯宗			566.4	568.11	陳蒨					
	高宗	文宗孝宣皇帝	陳頊			568.11	582.1	陳道譚					
		後主	陳叔寶			582.1	589.1	陳頊					

魏「北魏」「後魏」「元魏」(南北朝)(386~556)(18 任君 19 帝 立國 171 年 建都河南洛陽 亡於北齊、北周)

朝代	廟號	尊　號	帝王	籍貫	今省縣	即位	去位	父					
魏	始祖	神元皇帝	拓拔力微			220	277	拓拔詰汾					
		文皇帝	拓拔沙漠汗					拓拔力微					
		章皇帝	拓拔悉鹿			277	286	拓拔力微					
		平皇帝	拓拔綽			286	293	拓拔力微					
		思皇帝	拓拔弗			293	294	拓拔沙漠汗					
		昭皇帝	拓拔祿官			294	307	拓拔力微					
		桓皇帝	拓拔猗㐌			295	305	拓拔沙漠汗					
		穆皇帝	拓拔猗盧			307	316.3	拓拔沙漠汗					
	太祖	平文皇帝	拓拔鬱律			316	321	拓拔弗					
		惠皇帝	拓拔賀傉			321	325	拓拔猗㐌					
		煬皇帝	拓拔翳槐			325	327	拓拔猗㐌					
		烈皇帝	拓拔什翼犍			338	376.12	拓拔鬱律					
		獻明皇帝	拓拔寔					拓拔什翼犍					
北魏	烈祖	太祖道武皇帝	拓拔珪	盛樂	內蒙和林格爾	386.1	409.10	拓拔寔					
	太宗	明元皇帝	拓拔嗣			409.10	423.11	拓拔珪					
	世祖	太武皇帝	拓拔燾			423.11	452.2	拓拔嗣					
		南安王	拓拔余			452.2	452.10	拓拔燾					
	恭宗	景穆皇帝	拓拔晃					拓拔燾					
	高宗	文成皇帝	拓拔濬			452.10	465.5	拓拔晃					
	顯祖	獻文皇帝	拓拔弘			465.5	471.8	拓拔濬					
	高祖	孝文皇帝	元宏			471.8	499.4	拓拔弘					
	世宗	宣武皇帝	元恪			499.4	515.1	元宏					
	肅宗	孝明皇帝	元詡			515.1	528.2	元恪					
		臨洮王.幼主	元釗			528.2	528.4	元寶暉					
	肅宗	文穆皇帝	元勰					拓拔弘					

朝代	廟號	尊　　號	帝 王	籍　貫	今省縣	即位	去位	父					
	敬宗	孝莊皇帝	元子攸			528.4	530.12	元勰					
		東海王.長廣王	元曄			530.10	531.3	元怡					
		前廢帝節閔皇帝廣陵王	元恭			531.3	532.4	元羽					
		後廢帝.安定王	元朗			531.10	532.4	元融					
		武穆皇帝	元懷					元宏					
		孝武皇帝.出帝	元修			532.4	534.12	元懷					
東魏		孝靜皇帝	元善見			534.10	550.5	元					
		文景皇帝	元愉					元宏					
西魏		文皇帝	元寶炬			535.1	551.1	元愉					
		廢帝	元欽			551.3	554.1	元寶炬					
		恭帝	拓拔廓			554.1	556.12	元寶炬					

齊「北齊」 (南北朝)(550~577)(6 任君 6 帝 立國 28 年 建都河北臨漳 亡於北周)

朝代	廟號	尊　　號	帝 王	籍　貫	今省縣	即位	去位	父					
齊		文穆皇帝	高樹		河北臨漳			高謐					
(北齊)	高祖	神武皇帝	高歡					高樹					
	世宗	文襄皇帝	高澄					高歡					
	顯祖	文宣皇帝	高洋	勃海蓨縣	河北景縣	550.5	559.10	高歡					
		廢帝	高殷			559.10	560.8	高洋					
	肅宗	孝昭皇帝	高演			560.8	561.11	高歡					
	世祖	武成皇帝	高湛			561.11	565.4	高歡					
		後主.無上皇	高緯			565.4	577.1	高湛					
		幼主.宗國天王	高恒			577.1	577.1	高緯					

周「北周」 (南北朝)(557~581)(5 任君 5 帝 立國 25 年 建都陝西西安 亡於隋)

朝代	廟號	尊　　號	帝 王	籍　貫	今省縣	即位	去位	父					
周		德皇帝	宇文肱		陝西西安			宇文韜					
(北周)	太祖	文皇帝	宇文泰	代郡武川	內蒙武川			宇文肱					
		孝閔皇帝	宇文覺			557.1	557.8	宇文泰					
	世宗	明皇帝	宇文毓			557.8	560.4	宇文泰					
	高祖	武皇帝	宇文邕			560.4	578.6	宇文泰					
		宣皇帝.天元皇帝	宇文贇			578.6	579.2	宇文邕					
		靜皇帝	宇文闡			579.2	581.2	宇文贇					

隋 (581~619)(5 任君 5 帝 立國 39 年 建都陝西西安 亡於鄭)

朝代	廟號	尊　　號	帝 王	籍　貫	今省縣	即位	去位	父					
隋		皇高祖太原府君	楊惠嘏		陝西西安			楊元壽					
		皇曾祖康王	楊烈					楊惠嘏					
		皇祖獻王	楊禎					楊烈					
	太祖	武元皇帝	楊忠					楊禎					
	高祖	文皇帝	楊堅	恒農華陰	陝西華陰	581.2	604.7	楊忠					
	世祖	明皇帝.煬皇帝	楊廣			604.7	618.3	楊堅					
	世宗	孝成皇帝	楊昭					楊廣					
		恭皇帝	楊侑			617.11	618.5	楊昭					
			楊浩			618.3	618.9	楊俊					

		恭皇帝	楊侑			618.5	619.4	楊昭					

唐 (618~690)(25 任君 22 帝 立國 276 年 建都陜西西安 亡於後梁)

朝代	廟號	尊號	帝王	籍貫	今省縣	即位	去位	父					
唐		德明皇帝	臯陶		陜西西安								
	聖祖	玄元皇帝	李耳										
		興聖皇帝	李暠										
	獻祖	宣皇帝	李熙					李重耳					
	懿祖	光皇帝	李天賜					李熙					
	太祖	景皇帝	李虎					李天賜					
	世祖	元皇帝	李昞					李虎					
	高祖	神堯大聖大光孝皇帝	李淵	武川	內蒙武川	618.5	626.8	李昞					
	太宗	文武大聖大廣孝皇帝	李世民			626.8	649.5	李淵					
	高宗	天皇大聖大弘孝皇帝	李治			649.6	683.12	李世民					
	中宗	太和大聖大昭孝皇帝	李顯(哲)			683.12	684.2	李治					
	睿宗	玄真大聖大興孝皇帝	李旦(輪)			684.2	690.9	李治					
		國亡 14 年(691-704)											
			李顯			705.1	710.6						
		少皇帝.殤皇帝	李重茂			710.6	710.6	李顯					
			李旦			710.6	712.8						
	玄宗	至道大聖大明孝皇帝	李隆基			712.8	756.7	李旦					
	肅宗	文明武德大聖大宣孝皇帝	李亨			756.7	762.4	李隆基					
	代宗	睿文孝皇帝	李豫(俶)			762.4	779.5	李亨					
	德宗	神武孝文皇帝	李适			779.5	805.1	李豫					
	順宗	至德弘道大聖大安孝皇帝	李誦			805.1	805.8	李适					
	憲宗	昭文章武大聖至神孝皇帝	李純			805.8	820.1	李誦					
	穆宗	睿聖文惠孝皇帝	李恒(宥)			820.1	824.1	李純					
	敬宗	睿武昭愍孝皇帝	李湛			824.1	826.12	李恒					
	文宗	元聖昭孝皇帝	李昂(涵)			826.12	840.1	李恒					
	武宗	至道昭肅孝皇帝	李炎(瀍)			840.1	846.3	李恒					
	宣宗	元聖至明成武獻文睿智章仁神聰懿道大孝皇帝	李忱(怡)			846.3	859.6	李純					
	懿宗	昭聖恭惠孝皇帝	李漼(溫)			859.6	873.7	李忱					
	僖宗	惠聖恭定孝皇帝	李儇(儼)			873.7	888.3	李漼					
	昭宗	聖穆景文孝皇帝	李曄(傑,敏)			888.3	900.11	李漼					
			李裕			900.11	901.1	李曄					
			李曄			901.1	904.8						
	景宗	昭宣光烈孝皇帝哀帝	李柷			904.8	907.4	李曄					

周「南周」(690~705)(1 任君 1 帝 立國 16 年 建都河南洛陽 亡於唐)

朝代	廟號	尊號	帝王	籍貫	今省縣	即位	去位	父					
周		文皇帝	姬昌		河南洛陽			姬歷					
(南周)	睿祖	康皇帝	姬武					姬宜臼					
	嚴祖	成皇帝	武克巳										
	肅祖	章敬皇帝	武居常					武克己					
	烈祖	昭安皇帝	武儉					武居常					

	顯祖	文穆皇帝	武華					武儉					
	太祖	孝明高皇帝	武士彠					武華					
		則天大聖皇帝	武照	井州文水	山西文水	690.9	705.1	武士彠					

梁「後梁」(五代)(907~923)(3 任君 3 帝 立國 17 年 建都河南開封 亡於後唐)

朝代	廟號	尊號	帝王	籍貫	今省縣	即位	去位	父					
梁	肅祖	宣元皇帝	朱黯										
(後梁)	敬祖	光獻皇帝	朱茂琳					朱黯					
	憲祖	昭武皇帝	朱信										
	太祖	神武元聖孝皇帝	朱溫	宋州碭山	安徽碭山	907.4	912.6	朱誠					
		郢王	朱友珪			912.6	913.2	朱溫					
		均王.末帝	朱友貞			913.2	923.10	朱溫					

唐「後唐」(五代)(923~936)(4 任君 4 帝 立國 14 年 建都河南洛陽 亡於後晉)

朝代	廟號	尊號	帝王	籍貫	今省縣	即位	去位	父					
唐	懿祖	昭烈皇帝	朱耶執					朱耶盡忠					
(後唐)	獻祖	文皇帝	李國昌					朱耶執宜					
	太祖	武皇帝	李克用					李國昌					
	莊宗	光聖神閔孝皇帝	李存勗	太原	山西太原	923.4	926.4	李克用					
	惠祖	孝恭皇帝	李聿										
	毅祖	孝質皇帝	李教					李聿					
	烈祖	孝靖皇帝	李琰					李教					
	德祖	孝成皇帝	李霓					李琰					
	明宗	聖德和武欽孝皇帝	李嗣源			926.4	933.11	李霓					
		閔皇帝	李從厚			933.12	934.4	李嗣源					
		潞王.末帝	李從珂	鎮州平山	河北平山	934.4	936.11	李嗣源					

晉「後晉」(五代)(936~946) 2 任君 2 帝 立國 11 年 建都河南開封 亡於遼

朝代	廟號	尊號	帝王	籍貫	今省縣	即位	去位	父					
晉	靖祖	孝安皇帝	石璟										
(後晉)	肅祖	孝簡皇帝	石郴					石璟					
	睿祖	孝平皇帝	石翌					石郴					
	憲祖	孝元皇帝	石紹雍					石翌					
	高祖	聖文章武明德孝皇帝	石敬瑭	太原	山西太原	936.11	942.6	石紹雍					
		少帝.出帝	石重貴			942.6	946.12	石敬儒					

漢「後漢」(五代)(947~979)(6 任君 6 帝 立國 33 年 建都河南開封 亡於宋)

朝代	廟號	尊號	帝王	籍貫	今省縣	即位	去位	父					
漢	文祖	明元皇帝	劉湍										
(後漢)	德祖	恭僖皇帝	劉昂					劉湍					
	翼祖	昭獻皇帝	劉僎					劉昂					
	顯祖	章聖皇帝	劉琠					劉僎					
	高祖	睿文聖武昭肅孝皇帝	劉知遠	太原	山西太原	947.2	948.1	劉琠					
		隱皇帝	劉承祐			948.2	950.11	劉知遠					
北漢	世祖	神武皇帝	劉崇			951.1	954.11	劉琠					

朝代	廟號	尊　　號	帝 王	籍　貫	今省縣	即位	去位	父					
	睿宗	孝和皇帝	劉承鈞			954.11	968.7	劉崇					
			劉繼恩			968.7	968.9	義父劉承鈞 生父薛釗					
			劉繼元			968.9	979.5	義父劉承均					

周「後周」(五代)(951~960)(3 任君 3 帝 立國 10 年 建都河南開封 亡於宋)

朝代	廟號	尊　　號	帝 王	籍　貫	今省縣	即位	去位	父					
周	信祖	睿和皇帝	郭璟										
(後周)	僖祖	明憲皇帝	郭諶					郭璟					
	義祖	翼順皇帝	郭蘊					郭諶					
	慶祖	章肅皇帝	郭簡					郭蘊					
	太祖	聖神恭肅文武孝皇帝	郭威	邢州堯山	河北隆堯	951.1	954.1	郭簡					
	世宗	睿武文皇帝	郭榮			954.1	959.6	義父郭威 生父柴守禮					
		恭皇帝	郭宗訓			959.6	960.1	郭榮					

岐(五代 11 國)(907~924)(1 任君 1 王 立國 18 年 建都陜西鳳翔 亡於後唐)

朝代	廟號	尊　　號	帝 王	籍　貫	今省縣	即位	去位	父					
岐			宋端		陜西鳳翔			宋鐸					
岐		忠敬王	李茂貞	深州博野	河北蠡縣	907.4	924.4	宋端					

楚「南楚」(五代 11 國)(907~951)(6 任君 6 王 立國 45 年 建都湖南長沙 亡於南唐)

朝代	廟號	尊　　號	帝 王	籍　貫	今省縣	即位	去位	父					
南楚		文肅王	馬筠										
		莊穆王	馬正					馬筠					
		景莊	馬元豐					馬正					
		武穆王	馬殷	許州鄢陵	河南鄢陵	907.4	930.11	馬元豐					
		衡陽王	馬希聲			930.11	932.7	馬殷					
		文昭王	馬希範			932.8	947.5	馬殷					
			馬希廣			947.5	950.12	馬殷					
		恭孝王	馬希萼			950.12	951.9	馬殷					
			馬希崇			951.9	951.10	馬殷					

吳越(五代 11 國)(907~978) (5 任君 5 王 立國 72 年 建都浙江杭州 亡於宋)

朝代	廟號	尊　　號	帝 王	籍　貫	今省縣	即位	去位	父					
吳越	太祖	武肅王	錢鏐	杭州臨安	浙江臨安	907.5	932.3	錢寬					
	世宗	文穆王	錢傳瓘			932.2	941.8	錢鏐					
	成宗	忠獻王	錢弘佐			941.8	947.6	錢傳瓘					
		忠遜王	錢弘倧			947.6	947.12	錢傳瓘					

		忠懿王	錢弘俶			947.12	978.4	錢傳瓘					

蜀「前蜀」(五代 11 國)(907~925)（2 任君 2 帝 立國 19 年 建都四川成都 亡於後唐）

朝代	廟號	尊　　號	帝 王	籍　貫	今省縣	即位	去位	父					
蜀			王金										
(前蜀)	高祖	神武聖文孝德明惠皇帝	王建	許州舞陽	河南舞陽	907.9	918.6	王金					
		聖德明孝皇帝	王衍(宗衍)			918.6	925.11	王建					

蜀「後蜀」(五代 11 國)(934~965)（2 任君 2 帝 立國 32 年 建都四川成都 亡於宋）

朝代	廟號	尊　　號	帝 王	籍　貫	今省縣	即位	去位	父					
後蜀	高祖	文武聖德英烈明孝皇帝	孟知祥	邢州龍崗	河北邢台	934.1	934.7	孟道					
		睿文英武仁聖明孝皇帝	孟仁贊	邢州龍崗	河北邢台	934.7	965.1	孟知祥					

吳「南吳」(五代 11 國)(910~937)（2 任君 1 王 1 帝 立國 28 年 建都江蘇揚州 亡於南唐）

朝代	廟號	尊　　號	帝 王	籍　貫	今省縣	即位	去位	父					
吳	太祖	武皇帝	楊行密					楊怤					
(南吳)	烈宗	景皇帝	楊渥					楊行密					
	高祖	宣皇帝	楊渭(降演)	廬州合肥	安徽合肥	910.2	920.4	楊行密					
		高尚思玄弘古讓皇帝	楊溥			920.6	937.10	楊行密					

燕「桀燕」(五代 11 國)(911~913)（1 任君 1 帝 立國 3 年 建都北京 亡於後唐）

朝代	廟號	尊　　號	帝 王	籍　貫	今省縣	即位	去位	父					
燕			劉仁恭		廣東廣州			劉晟					
(桀燕)			劉守光	深州樂壽	河北獻縣	911.8	913.12	劉仁恭					

漢「南漢」「越漢」(五代 11 國)(917~971)（4 任君 4 帝 立國 55 年 建都廣東廣州 亡於宋）

朝代	廟號	尊　　號	帝 王	籍　貫	今省縣	即位	去位	父					
漢	太祖	文皇帝	劉安仁										
(南漢)	代祖	聖武皇帝	劉謙					劉安仁					
	烈宗	襄皇帝	劉隱					劉謙					
	高祖	天皇大帝	劉巖	蔡州上蔡	河南上蔡	917.8	942.4	劉謙					
		殤皇帝	劉弘度			942.4	943.3	劉巖					
	中宗	文武光聖明孝皇帝	劉弘熙			943.3	958.8	劉巖					
		恩赦侯	劉繼興			958.8	971.2	劉弘熙					

南平「荊南」(五代 11 國)(924~963)（5 任君 5 王 立國 40 年 建都:湖北江陵 亡於宋）

朝代	廟號	尊　　號	帝 王	籍　貫	今省縣	即位	去位	父					
南平		武信王	高季昌	陝州峽石	河南三門峽	924.3	928.12	義父朱友讓					
(荊南)		文獻王	高從誨			928.12	948.11	高季昌					
		貞懿王	高保融			948.11	960.8	高從誨					
			高保勳			960.8	962.11	高從誨					

			高繼沖			962.11	963.2	高保融						

閩 (五代 11 國)(933~945)（5 任君 5 帝 立國 13 年 建都福建福州 亡於南唐）

朝代	廟號	尊號	帝王	籍貫	今省縣	即位	去位	父						
閩			王恁					王蘊玉						
			王潮					王恁						
	太祖	昭武孝皇帝	王審知					王恁						
	惠宗	齊肅明孝皇帝	王延鈞	光州固始	河南固始	933.1	935.10	王審知						
	康宗	聖神英睿文明廣武應道大強孝皇帝	王繼鵬(昶)			935.10	939.7	王延鈞						
	景宗	睿文廣武明聖元德隆道大孝皇帝	王延羲(曦)			939.7	944.3	王審知						
			朱文進			944.3	944.12							
	殷	富沙王	王延政			943.2	945.8	王審知						

唐「南唐」(五代 11 國)(937~975)（3 任君 3 帝 立國 39 年 建都江蘇南京 亡於宋）

朝代	廟號	尊號	帝王	籍貫	今省縣	即位	去位	父						
唐	定宗	孝靖皇帝	李恪					李世民						
(南唐)	成宗	孝平皇帝	李超					李恪						
	惠宗	孝安皇帝	李志					李超						
	慶宗	孝德皇帝	李榮					李志						
	太祖	義祖忠武皇帝	徐溫											
	烈祖	光文肅武孝高帝	徐知誥(李昇)	徐州	江蘇徐州	937.10	943.2	義父徐溫						
	元宗	明道崇德文宣孝皇帝	李璟(徐景通)			943.6	961.6	徐知誥(李昇)						
		後主	李煜(徐從嘉)			961.6	975.11	李璟						

遼「契丹」(916~1125)（9 任君 9 帝 立國 303 年 建都內蒙巴林左旗 亡於金）

朝代	廟號	尊號	帝王	籍貫	今省縣	即位	去位	父						
遼	肅祖	昭烈皇帝	耶律耨里思					耶律頦領父						
(契丹)	懿祖	莊敬皇帝	耶律薩剌德					耶律耨里思						
	玄祖	簡獻皇帝	耶律勻德實					耶律薩剌德						
	德祖	宣簡皇帝	耶律撒剌的					耶律勻德實						
	太祖	大聖大明神烈天皇帝	耶律阿保機	迭剌部(祖州)	內蒙巴林左旗	916	926	耶律撒剌的						
	太宗	孝武惠文皇帝	耶律德光			927.11	947.4	耶律阿保機						
	義宗	讓國皇帝.文獻欽義皇帝	耶律突欲					耶律阿保機						
	世宗	孝和莊憲皇帝	耶律兀欲			947.5	951.9	耶律突欲						
	穆宗	孝安敬正皇帝	耶律述律			951.9	969.2	耶律德光						
	景宗	孝成康靖皇帝	耶律賢			969.2	982.9	耶律兀欲						
	聖宗	文武大孝宣皇帝	耶律隆緒			982.9	1031.6	耶律賢						
	興宗	神聖孝章皇帝	耶律宗真			1031.6	1055.8	耶律隆緒						
	道宗	仁聖大孝文皇帝	耶律洪基			1055.8	1101.1	耶律宗真						
	順宗	大孝順聖皇帝	耶律濬											
		天祚皇帝	耶律延禧			1101.1	1125.2	耶律濬						
西遼	德宗	天祐皇帝.菊兒汗	耶律大石			1125	1144	耶律阿保機						
		感天皇后	蕭塔不烟			1144	1151	夫耶律大石						
	仁宗		耶律夷列			1151	1164	耶律大石						

朝代	廟號	尊號	帝王	籍貫	今省縣	即位	去位	父					
		承天皇后	耶律布沙堪			1164	1178	耶律大石					
			耶律直魯古			1178	1212	耶律夷列					
			屈出律	乃蠻部	蒙古	1212	1218	乃蠻太陽汗					

宋 (960~1279)（20 任君 19 帝 立國 320 年 建都河南開封 亡於元）

朝代	廟號	尊號	帝王	籍貫	今省縣	即位	去位	父					
宋	僖祖	文獻皇帝	趙朓										
	順祖	惠元皇帝	趙珽					趙朓					
	翼祖	簡恭皇帝	趙敬					趙珽					
	宣祖	武昭皇帝	趙弘殷					趙敬					
	太祖	啟運立極英武睿文神德聖功至明大孝皇帝	趙匡胤	涿州涿縣	河北涿州	960.1	976.10	趙弘殷					
	太宗	神功聖德文武皇帝	趙光義			976.10	997.3	趙弘殷					
	真宗	應符稽古神功讓德文明武定聖章元孝皇帝	趙恒			997.3	1022.3	趙光義					
	仁宗	體天法道極功全德神文聖武睿哲明孝皇帝	趙受益			1022.2	1063.3	趙恒					
	英宗	體乾應曆隆功盛德憲文肅武睿聖宣孝皇帝	趙宗實			1063.4	1067.1	趙光義					
	神宗	紹天法古運德建功英文烈武欽仁聖孝皇帝	趙頊			1067.1	1085.3	趙宗實					
	哲宗	憲元繼道顯德定功欽文睿武齊聖昭孝皇帝	趙煦			1085.3	1100.1	趙頊					
	徽宗	體神合道駿烈遜功聖文仁德慈憲顯孝皇帝	趙佶			1100.1	1125.12	趙頊					
	欽宗	恭文順德仁孝皇帝	趙桓			1125.12	1127.4	趙佶					
南宋	高宗	受命中興全功至德聖神武文昭仁憲孝皇帝	趙構			1127.5	1129.3	趙佶					
			趙旉			1129.3	1129.4	趙構					
			趙構			1129.4	1162.6	趙佶					
	孝宗	紹統同道冠德昭功哲文神武明聖成孝皇帝	趙伯琮			1162.6	1189.2	趙匡胤					
	光宗	循道憲仁明功茂德溫文順武聖哲慈孝皇帝	趙惇			1189.2	1194.7	趙伯琮					
	寧宗	法天備道純德茂功仁文哲武聖睿恭孝皇帝	趙擴			1197.7	1224.8	趙惇					
	理宗	建道備德大功復興烈文仁武聖明安孝皇帝	趙貴誠			1224.8	1264.10	趙匡胤					
	度宗	端文明武景孝皇帝	趙孟啟			1264.10	1274.7	趙希					
		孝恭懿聖皇帝瀛國公	趙□			1274.7	1276.2	趙孟啟					
	端宗	裕文昭武愍孝皇帝益王	趙昰			1276.5	1278.4	趙孟啟					
		衛王.廣王	趙昺			1278.4	1279.2	趙孟啟					

夏「西夏」 (1032~1227)（10 任君 10 帝 立國 196 年 建都寧夏銀川 亡於蒙古）

朝代	廟號	尊號	帝王	籍貫	今省縣	即位	去位	父					
夏			拓拔彝興		寧夏銀川								

			李光睿					拓拔彝興					
			李繼筠					李光睿					
			李繼奉					李光睿					
	太祖	神武皇帝	李繼遷					李光睿					
	太宗	光聖皇帝	李德明			1004.1	1032.11	李繼遷					
	景宗	武烈皇帝	李元昊	夏州	陝西靖邊	1032.11	1048.1	李德明					
	毅宗	昭英皇帝	李諒祚			1048.4	1067.12	李元昊					
	惠宗	康靖皇帝	李秉常			1067.12	1086.7	李諒祚					
	崇宗	聖文皇帝	李乾順			1086.7	1139.6	李秉常					
	仁宗	聖德皇帝	李仁孝			1139.6	1193.9	李乾順					
	桓宗	昭簡皇帝	李純佑			1193.9	1206.1	李仁孝					
	襄宗	敬穆皇帝	李安全			1206.1	1211.8	李乾順					
	神宗	英文皇帝	李遵頊			1211.8	1223.12	李彥宗					
	獻宗		李德旺			1223.12	1226.7	李德旺					
		南平王	李晛			1226.7	1227.6	李德旺					

金(1115~1234)（10 任君 10 帝 立國 120 年 建都黑龍江阿城 亡於蒙古）

朝代	廟號	尊　　號	帝王	籍　貫	今省縣	即位	去位	父					
金	始祖	懿憲景元皇帝	完顏涵普										
		淵穆玄德皇帝	完顏烏魯					完顏涵普					
		和靖慶安皇帝	完顏跋海					完顏烏魯					
	獻祖	純烈定昭皇帝	完顏綏可					完顏跋海					
	昭祖	武惠成襄皇帝	完顏石魯					完顏綏可					
	景祖	英烈惠桓皇帝	完顏烏古迺					完顏石魯					
	世祖	神武聖肅皇帝	完顏劾里本					完顏烏古迺					
	肅宗	明睿穆憲皇帝	完顏頗剌淑					完顏烏古迺					
	穆宗	仁祖順章孝平皇帝	完顏盈歌					完顏烏古迺					
	康宗	獻敏恭簡皇帝	完顏烏雅束					完顏劾里本					
	太祖	應乾興運昭德定功仁明莊孝大聖武元皇帝	完顏旻(阿骨打)	黑水府	黑龍江阿城	1115.1	1123.8	完顏劾里本					
	太宗	體元應運世德昭功哲惠仁聖文烈皇帝	完顏晟(吳乞買)			1123.8	1135.1	完顏劾里本					
	徽宗	景宣皇帝	完顏宗峻										
	熙宗	弘基纘武莊靖孝成皇帝	完顏			1136.1	1149.12	完顏宗峻					
	德宗	憲古弘道文昭武烈章孝睿明皇帝明肅皇帝	完顏宗幹										
		聖文神武皇帝海陵王	完顏亮			1149.12	1161.11	完顏宗幹					
	睿宗	立德顯仁啟聖廣運文武簡肅皇帝	完顏宗堯					完顏旻					
	世宗	光天興運文德武功聖明仁孝皇帝	完顏雍			1161.11	1189.1	完顏宗堯					
	顯宗	體道弘仁英文睿德光孝皇帝	完顏允恭										
	章宗	憲天光運仁文義武神聖英孝皇帝	完顏璟			1189.1	1208.11	完顏允恭					
		衛紹王	完顏允濟			1208.11	1213.8	完顏雍					
	宣宗	繼天興統述道勤仁英	完顏珣			1213.8	1223.12	完顏允恭					

朝代	廟號	尊　　號	帝 王	籍　貫	今省縣	即位	去位	父					
		武聖孝皇帝											
	哀宗	義宗	完顏守緒			1223.12	1234.1	完顏珣					
			完顏承麟			1234.1	1234.1						

齊「劉齊」(1130~1137)(1 任君 1 帝 立國 8 年 建都河南開封 亡於金)

朝代	廟號	尊　　號	帝 王	籍　貫	今省縣	即位	去位	父					
劉齊			劉　豫	景州阜城	河北阜城	1130.7	1137.11	劉					

元「蒙古」(1206~1381)(20 任君 2 后 17 帝 立國 176 年 建都蒙古哈爾和林,北京 亡於明)

朝代	廟號	尊　　號	帝 王	籍　貫	今省縣	即位	去位	父
元	烈祖	神元皇帝	奇渥溫也速該	乞顏部	蒙哈爾和林			
	太祖	法天啟運聖武皇帝成吉思汗	奇渥溫鐵木真			1206.1	1227.7	也速該
	太宗	英文皇帝木亦堅可汗	奇渥溫窩闊台			1229.8	1241.11	鐵木真
		昭慈皇后	乃馬真朵列格捏			1241.11	1246.7	窩闊台
	定宗	簡平皇帝	奇渥溫貴由			1246.7	1248.3	窩闊台
		欽淑皇后	斡兀立海迷失			1248.3	1251.6	夫 貴由
	睿宗	仁聖景襄皇帝	奇渥溫拖雷					鐵木真
	憲宗	桓肅皇帝	奇渥溫蒙哥			1251.6	1259.7	拖雷
	世祖	聖德神功文武皇帝薛禪可汗	奇渥溫忽必烈			1260.3	1294.1	拖雷
	裕宗	文惠明孝皇帝	奇渥溫真金					忽必烈
	成宗	欽明廣孝皇帝完者篤可汗	奇渥溫鐵木兒			1294.4	1307.1	真金
	順宗	昭聖衍孝皇帝	奇渥溫荷麻八拉					真金
	武宗	仁惠孝宣皇曲律可汗	奇渥溫海山			1307.5	1311.1	荷剌麻八拉
	仁宗	聖文欽孝皇帝普顏篤可汗	奇渥溫愛育黎拔力八達			1311.3	1320.1	荷剌麻八拉
	英宗	睿聖文孝皇帝格堅可汗	奇渥溫碩德八剌			1320.3	1323.8	愛育黎拔力八達
	顯宗	光聖仁孝皇帝	奇渥溫甘麻拉					
		泰定皇帝	奇渥溫也孫鐵木兒			1323.9	1328.7	甘麻拉
		少帝	奇渥溫阿速吉八			1328.8	1328.10	也孫鐵木兒
	文宗	聖明元孝皇帝札牙篤可汗	奇渥溫圖鐵木兒			1328.9	1329.2	海山
	明宗	翼獻景孝皇帝護都篤可汗	奇渥溫和世㻋			1329.1	1329.8	海山
			奇渥溫圖鐵木兒			1329.8	1332.10	
	寧宗	沖聖嗣孝皇帝	奇渥溫懿璘質班			1332.10	1332.11	和世㻋
	惠宗	必里克圖可汗	奇渥溫脫懽鐵木兒			1333.6	1370.4	和世㻋
	昭宗	必里克圖可汗	奇渥溫愛猷識理達臘			1370.4	1378.4	脫懽鐵木兒
		烏薩哈爾可汗	奇渥溫脫古思鐵木兒			1378	1387	脫懽鐵木兒

天完(元末四國)(1351~1360)(1 任君 1 帝 立國 10 年 建都湖北浠水 亡於陳漢)

朝代	廟號	尊　　號	帝 王	籍　貫	今省縣	即位	去位	父					
天完			徐壽輝	羅田	湖北羅田	1351.8	1360.5						

宋「韓宋」(元末四國)(1351~1366)（1 任君 1 帝 立國 12 年 建都安徽壽縣 亡於明）

朝代	廟號	尊　　號	帝 王	籍 貫	今省縣	即位	去位	父					
韓宋			韓林兒	欒城	河北欒城	1355.2	1366.12	韓山童					

漢「陳漢」(元末四國)(1360~1364)（2 任君 2 帝 立國 5 年 建都湖北武漢 亡於韓宋）

朝代	廟號	尊　　號	帝 王	籍 貫	今省縣	即位	去位	父					
陳漢			陳友諒	沔陽	湖北仙桃	1360.5	1363.8	陳普才					
			陳理			1363.8	1364.2	陳友諒					

夏「明夏」(元末四國)(1362~1371)（2 任君 2 帝 立國 10 年 建都四川重慶 亡於明）

朝代	廟號	尊　　號	帝 王	籍 貫	今省縣	即位	去位	父					
明夏			明玉珍	隨州	湖北隨州	1362.3	1366.2						
			明昇			1366.2	1371.6	明玉珍					

明 (1368~1661)（20 任君 19 帝 立國 294 年 建都江蘇南京 亡於清）

朝代	廟號	尊　　號	帝 王	籍 貫	今省縣	即位	去位	父					
明	德祖	元皇帝	朱										
	懿祖	恒皇帝	朱										
	熙祖	裕皇帝	朱										
	仁祖	淳皇帝	朱世珍										
	太祖	開天行道肇紀立極大聖至神仁文義武俊德成功高皇帝	朱元璋	濠州鍾離	安徽鳳陽	1368.1	1398.4	朱世珍					
	興宗	孝康皇帝	朱標					朱元璋					
		恭閔惠皇帝	朱允炆			1398.5	1402.6	朱標					
	太宗	成祖啟天弘道高明肇運聖武神功純仁至孝文皇帝	朱棣			1402.6	1424.7	朱元璋					
	仁宗	敬天體道純誠至德弘文欽武章聖達孝昭皇帝	朱高熾			1424.8	1425.6	朱棣					
	宣宗	憲天崇道英明神聖欽天昭武寬仁純孝章皇帝	朱瞻基			1425.6	1435.1	朱高熾					
	英宗	法天立道仁明誠敬昭文憲武至德廣孝睿皇帝	朱祁鎮			1435.1	1449.8	朱瞻基					
		恭仁康定景皇帝	朱祁鈺			1449.9	1457.2	朱瞻基					
			朱祁鎮			1457.1	1464.1						
	憲宗	繼天凝道誠明仁敬崇文肅武宏德聖孝純皇帝	朱見深			1464.1	1487.8	朱祁鎮					
	孝宗	達天明道純識中正聖文神武至仁大德敬皇帝	朱祐樘			1487.9	1505.5	朱見深					
	武宗	承天達道英肅睿哲昭德顯功弘文思孝毅皇帝	朱厚照			1505.5	1521.3	朱祐樘					
	睿宗	興獻皇帝	朱祐杬										

朝代	廟號	尊號	帝王	籍貫	今省縣	即位	去位	父					
	世宗	欽天履道英毅神聖宣文廣武洪仁大孝肅皇帝	朱厚熜			1521.4	1566.12	朱祐杬					
	穆宗	契天隆道淵懿寬仁顯文光武純德弘孝莊皇帝	朱載垕			1566.12	1572.5	朱厚熜					
	神宗	範天合道哲肅敦簡光文章武安仁止孝顯皇帝	朱翊鈞			1572.6	1620.7	朱載垕					
	光宗	崇天契道英睿恭純憲文景武淵仁懿孝貞皇帝	朱常洛			1620.8	160.9	朱翊鈞					
	熹宗	達天闡道敦孝篤友章文襄武靖穆莊勤勤悊皇帝	朱由校			1620.9	1627.8	朱常洛					
	殷宗	思宗懷宗守道敬儉寬文襄武體仁玫孝莊烈愍皇帝	朱由檢			1627.8	1644.3	朱常洛					
	安宗	聖安簡皇帝赧皇帝福王	朱由崧			1644.5	1645.5	朱翊鈞					
	紹宗	思文襄皇帝.唐王	朱聿鍵			1645.6	1646.9	九世祖朱元璋					
		桂王.永明王	朱由榔			1646.11	1661.12	朱常瀛					

清 (1616~1911)（12 任君 1 可汗 11 帝 立國 296 年 建都北京 亡於中華民國）

朝代	廟號	尊號	帝王	籍貫	今省縣	即位	去位	父			
清	肇祖	原皇帝	孟哥帖木兒		北京						
	興祖	直皇帝	福滿					錫寶齊篇古			
	景祖	翼皇帝	覺昌安					福滿			
	顯祖	宣皇帝	塔克世					覺昌安			
	太祖	承天廣運聖德功肇紀立極仁孝睿武弘文定業高皇帝	努爾哈赤	建州	遼寧新賓	1616	1626	塔克世			
	太宗	應天興國宏德彰武寬溫仁聖睿孝文皇帝	皇太極			1627	1643	努爾哈赤			
	成宗	義皇帝	多爾袞					努爾哈赤			
	世祖	禮天隆運定統建極英睿欽文顯武大德宏功至仁純孝皇帝	福臨			1643.8	1661.1	皇太極			
	聖祖	合天弘運文武睿哲恭儉寬裕孝敬誠信功德大成仁皇帝	玄燁			1661.1	1722.11	福臨			
	世宗	敬天昌運建中表正文武英明寬仁信義大至誠憲皇帝	胤禛			1722.11	1735.8	玄燁			
	高宗	法天隆運至誠先覺體元立極敷文奮武欽明孝慈神聖純皇	弘曆			1735.8	1796.12	胤禛			
	仁宗	受天興運敷化綏猷崇文經武孝恭勤儉端敏英哲睿皇帝	顒琰(永)			1796.1	1820.7	弘曆			
	宣宗	效天符運立中體正至文聖武智仁慈儉勤孝敏寬成皇帝	綿寧(旻)			1820.8	1850.1	顒琰			
	文宗	協天翊運執中垂謨懋德振武聖孝淵恭端仁寬敏顯皇帝	奕詝			1850.1	1861.7	綿寧			
	穆宗	繼天開運受中居正保大定功聖智誠孝信敏恭寬毅皇帝	載淳			1861.10	1874.12	奕詝			
	德宗	同天崇運大中至正經文緯武仁孝睿智端儉寬勤景皇帝	載湉			1874.12	1908.10	綿寧			
			溥儀	建州	遼寧新賓	1908.11	1911.12	父 載灃			

太平天國 (1851~1864)（2 任君 2 王 立國 14 年 建都江蘇南京 亡於清）

朝代	廟號	尊　　號	帝 王	籍 貫	今省縣	即位	去位	父					
太平天國		太平天國	洪秀全	廣東花縣	廣東花都	1851.8	1864.5	洪競揚					
			洪天貴福			1864.5	1864.8	洪秀全					

滿洲帝國 (1932~1945)（1 任君 1 帝 立國 14 年 建都吉林長春 亡於中華民國(日本投降)）

朝代	廟號	尊　　號	帝 王	籍 貫	今省縣	即位	去位	父					
			溥儀	建州	遼寧新賓	1908.11	1911.12	曾祖父綿寧 祖父 奕譞 父 載澧					

中華民國 (西元 1912~) 建都 南京

任	元首	籍貫	即位	卸任	備註
1	孫中山	廣東中山翠亨村	1911		
	袁世凱		1912		
	黎元洪		1913	1916	
	馮國璋		1917	1917	
	徐世昌		1918	1921	
	黎元洪		1922		
	高凌蔚		1923		
	曹　焜		1823		
	黃　郛		1924		
	段琪瑞		1924		
	顏惠慶		1926		
	杜錫珪		1926		
	顧維鈞		1926		
	張作霖		1927		
	蔣中正	浙江奉化溪口	1928		
	林　森		1932		
	蔣中正	浙江奉化溪口	1943		
	李宗仁	廣西	1949		
	蔣中正	浙江奉化溪口	1950		
	嚴家淦	浙江	1975	1978.5.20	
	蔣經國	浙江奉化溪口	1978.5.20	1992.1.15	
	李登輝	台灣淡水三芝	1992.1.15	2000.5.20	
	陳水扁	台灣台南官田	2000.5.20	2008.5.20	
	馬英九	湖南湘潭	2008.5.20	2016.5.20.	

中華人民共和國 (西元 1949.10.1~　　) 建都 北京

任數	國家主席				總書記				國務院總理			
	主席	籍貫	生歿	任期	總書記	籍貫	生歿	任期	總理	籍貫	生歿	任期
1	毛澤東	湖南湘潭		1939.10.1	毛澤東	湖南湘潭			周恩來	安徽淮安		
2	劉少奇	湖南寧鄉		1959-1972					周恩來	安徽淮安		
3	董必武		1886-1975	1972-1976					周恩來	安徽淮安		
4	朱　德	四川儀隴		1976-1978					周恩來	安徽淮安		
5	葉劍英	廣東梅縣		1978-1983					周恩來	安徽淮安		
6	李先稔		1909	1983-1988					周恩來	安徽淮安		
7	王　震	湖南瀏陽	1908-						鄧小平	四川廣安		
8	楊尚昆			1988-1993	胡耀邦	湖南瀏陽	1915-1989	1981-1987	趙紫揚	河南滑縣	1919-2005	1980-1987
9	江澤民	江蘇揚州	1926.8.17	1992-2004	趙紫揚	河南滑縣	1919-2005	1987-1989	李　鵬	四川筠連	1928--	
10	胡錦濤	安徽		2004-2012	江澤民	江蘇揚州			朱鎔基	湖南長沙	1928.-	
11	習近平	陝西富平	1953.6.-		胡錦濤	安徽			溫家寶	天津市	1942.9.-	
12					習近平	陝西富平			李克強	安徽定遠	1955.-	

中國歷代帝王年號

(摘自中國歷代年號考、中國歷史演義全集)

西元前 206 年劉邦滅秦,敗項羽即帝位,史稱西漢(或前漢),西元 8 年為王莽所滅,共歷 12 帝,漢武帝以前,帝王無年號

朝代	帝　王	年　號	年號期間(西元)
西漢	漢武帝 劉 徹	建元	前 140~前 135
		元光	前 134~前 129
		元朔	前 128~前 123
		元狩	前 122~前 117
		元鼎	前 116~前 111
		元封	前 110~前 105
		太初	前 104~前 101
		天漢	前 100~前 97
		太始	前 96~前 93
		征和	前 92~前 89
		後元	前 88~前 87
	漢昭帝 劉弗陵	始元	前 86~前 81
		元鳳	前 80~前 75
		元平	前 74
	漢宣帝 劉 詢	本始	前 73~前 70
		地節	前 69~前 66
		元康	前 65~前 61.2
		神爵	前 61.2~前 58
		五鳳	前 57~前 54
		甘露	前 53~前 50
		黃龍	前 49
	漢元帝 劉 奭	初元	前 48~前 44
		永光	前 43~前 39
		建昭	前 38~前 34
		竟寧	前 33
	漢成帝 劉 驁	建始	前 32~前 29
		河平	前 28~前 25
		陽朔	蒯 24~前 21
		鴻嘉	前 20~前 17
		永始	前 16~前 13
		元延	前 12~前 9
		綏和	前 8~前 7
	漢哀帝 劉 欣	建平	前 6~前 3
		元壽	前 2~前 1
	漢平帝 劉 衎	元始	1~5
	孺子 劉 嬰	居攝	6~7
		初始	8~9
新	新皇帝 王 莽	始建國	9~13
		天鳳	14~19
		地皇	20~23.9
	劉 玄	更始	23.2.~25.9.

朝代	帝　王	年　號	年號期間(西元)
西漢	隗 囂	漢復	23.7~34.10.
	公孫述	龍興	25.4~36.11.
	劉盆子	建世	25.6~27(閏正月)
東漢	漢光武帝 劉秀	建武	25.6~56.4
		中元	56.4~57
	漢明帝 劉 莊	永平	58~75
	漢章帝 劉 炟	建初	76~84.8.
		元和	84.8.~87.7.
		章和	87.7.~88
	漢和帝 劉 肇	永元	89~105.3.
		元興	105.4~12 月
	漢殤帝 劉 隆	延平	106
	漢安帝 劉 祐	永初	107~113
		元初	114~120.4.
		永寧	120.4.~121.6.
		建光	121~122
		延光	122.3.~125
	漢順帝 劉 保	永建	126~132.3
		陽嘉	132.3~136
		永和	136~142
		漢安	142~144.4.
		建康	144.4.~12 月
	漢沖帝 劉 炳	永憙	145
	漢質帝 劉 纘	本初	146
	漢桓帝 劉 志	建和	147~149
		和平	150~151
		元嘉	151~153.5
		永興	153.5.~154
		永壽	155~158.6.
		延熹	158~166
		永康	167~12 月
	漢靈帝 劉 宏	建寧	168~172.5.
		熹平	172.5.~178.3.
		光和	178.3.~184
		中平	184.12.~189
	漢獻帝 劉 協	初平	190~193
		興平	194~195
		建安	196~220.2.
※	漢少帝 劉 辯	光熹	189.4.~8 月
		昭寧	189.8.~9 月
		永漢	189.9.~12 月

朝代	帝　王	年　號	年號期間(西元)
東漢	靈帝　劉宏	中平	189.12 月
魏	魏文帝 曹丕	延康	220.3.~10 月
	張曼成	神上	
三國	魏文帝 曹丕	黃初	220.10.~226
魏	魏明帝 曹叡	太和	227~233.1
		青龍	233.2.~237.2.
		景初	237.3.~239
	魏齊王 曹芳	正始	240~249.4.
		嘉平	240.4.~254.10.
	魏少帝 曹髦	正元	254.10.~256.5.
		甘露	256.6.~260.5.
	魏元帝 曹奐	景元	260.6.~264.5
		咸熙	264.5.~265
	公孫淵叛自稱燕王	紹漢	237.7.~238.8.
蜀	昭烈帝 劉備	章武	221.4.~223
	後主　劉禪	建興	223.5.~237
		延熙	238~257
		景耀	258~263.7
		炎興	263.8.~11 月
東吳	大帝孫權	黃武	222.10.~229.4.
		黃龍	229.4.~231
		嘉禾	232~238.8.
		赤烏	238.8.~251.4.
		太元	251.5.~252.1.
		神鳳	252.2.~3 月
東吳	會稽王 孫亮	建興	252.4.~253
		五鳳	254~256.10.
		太平	256.10.~258.10
東吳	景帝 孫休	永安	258.10.~264.6.
東吳	末帝(烏程侯)孫皓	元興	264.7.~265.3.
		甘露	265.4.~266.7.
		寶鼎	266.8.~269.9.
		建衡	269.10.~271.
		鳳凰	272~274
		天冊	275~276.6.
		天璽	276.7.~12 月
		天紀	277~280.3.
西晉	晉武帝 司馬炎	泰始	265.12.~274
		咸寧	275~280.4.
		太康	280.4.~289.
		太熙	290.1.~4 月
西晉	晉惠帝 司馬衷	永熙	290.4.~12 月
		永平	291.1.~3 月
		元康	291~299
		永康	300~301

朝代	帝　王	年　號	年號期間(西元)
		永寧	301.4.~302.11.
		太安	302.12.~303.
西晉	晉惠帝 司馬衷	永興	304.12.~306.6.
		光熙	306.6.~12 月
	晉懷帝 司馬熾	永嘉	307~313.4.
	晉愍帝 司馬鄴	建興	313.4.~317.3.
	趙廞	太平	300.12.~301.1.
	趙王　司馬倫	建始	301.1.~4 月
	劉尼　張昌	神鳳	303.5.~8 月
東晉	晉元帝 司馬睿	建武	317.3.~318.3.
		大興	318.3.~321.
		永昌	322~323.2.
	晉明帝 司馬紹	太寧	323.3.~326.1.
	晉成帝 司馬衍	咸和	326.2.~334.
		咸康	335~342
	晉康帝 司馬岳	建元	343~344
	晉穆帝 司馬聃	永和	345~356
		升平	357~361
	晉哀帝 司馬丕	隆和	362~363.2.
		興寧	363.2.~365.
	晉廢帝 司馬奕	太和	366~371.11.
	晉簡文帝司馬昱	咸安	371.11.~372.
	晉孝武帝司馬曜	寧康	373~375
		太元	376~396
	晉安帝 司馬德宗	隆安	397~401
		元興	402~404
		大亨	402.3.~12 月
		義熙	405~418
	晉恭帝司馬德文	元熙	419~420.6.
	南陽王 司馬保	建康	319.4.~320.5.
	李弘　李金銀	鳳凰	370.8.~9 月
	桓玄	永始	403.12.~404.5.
	桓謙	天康	404~405.2.
前趙	劉淵	元熙	304.10.~308.9.
		永鳳	308.10.~309.4.
		河瑞	309.5.~310.6.
	劉聰	光興	310.7.~311.5.
		嘉平	311.6.~315.2.
	劉聰	建元	315.3.~316.10.
		麟嘉	316.11.~318.6.
	劉粲	漢昌	318.7.~9 月
	劉曜	光初	318.10.~329.8.
後趙	石勒	太和	328~330
	李期	玉恒	335~338.3.
前趙	昭文帝 李壽	漢興	338.4.~343.

朝代	帝　　王	年　號	年號期間(西元)
	李勢	太和	344~346.9.
	李勢	嘉寧	346.10.~347.3.
前涼	張寔	建興	317~320.5.
	張茂	建興	320.6.~324.4.
	張駿	建興	324.5.~346.4.
	張重華	建興	346.5.~353.
	張祚	和平	354~355.9.
	張玄靚	建興	355.9.~361.11.
	張天錫	升平	363.8.~376.8.
	張大豫	颺凰	386.2.~11 月
後趙	石勒	太和	328.2.~330.8.
		建平	320.9.~333.
	石弘	延熙	334~
	石虎	建武	335~348
		太寧	349~
	石鑒	青龍	350.1.~閏 2 月
	石祗	永寧	350.3.~351.4.
	(冉魏)冉閔	永興	350.2~352.4
	侯子光(李子揚)	龍興	327.7.~
前燕	慕容皝	燕元	348
	慕容儁	元璽	352.11.~357.1.
		光壽	357.2.~359.
	慕容暐	建熙	360~370.11.
前秦	苻健	皇始	351~355.5.
	苻生	壽光	355.6.~357.5.
	苻堅	永興	357.6.~359.5.
	王猛	甘露	359.6..~364.
	王猛	建元	365~385.7.
	符丕	太安	385.8.~386.10.
	符登	太初	386.11.~394.6.
	符崇	延初	394.7.~11 月
	張琚	建昌	352.1.~5 月
	張育	黑龍	374.6.~9 月
	竇衝	元光	393.6.~394.7.
後秦	姚萇	白雀	384.4.~386.4.
		建初	386.4.~394.4.
	姚興	皇初	394.5.~399.9.
		弘始	399.9.~416.1.
	姚泓	永和	416.2.~417.8.
後燕	慕容垂	燕元	384~386.2.
		建興	386.2.~396.4.
	慕容寶	永康	396.4.~398.4.
	慕容盛	建平	398.10.~12 月
		長樂	399~401.7.
後燕	慕容熙	光始	401.8.~406.

朝代	帝　　王	年　號	年號期間(西元)
		建始	407.1.~7 月
	翟遼	建光	388.2.~391.10.
後燕	翟釗	定鼎	391.10.~392.6.
	慕容詳	建始	397.5.~7 月
	慕容麟	延平	397.7.~10 月
		青龍	398.4.~7 月
西燕	慕容泓	燕興	384.4.~12 月
	慕容沖	更始	385~386.2.
	段隨	昌平	386.2.~3 月
	慕容顗	建明	386.3.~
	慕容瑤	建平	386.3 月~
	慕容忠	建武	386.3~9 月
	慕容永	中興	386.10.~394.8.
西秦	乞伏國仁	建義	386.9.~388.6.
	乞伏乾歸	太初	388.6.~400.7.
		更始	409.7.~412.8.
	乞伏熾磐	永康	412.8.~419.
		建弘	420~428.5.
	乞伏暮末	永弘	428.5.~431.1.
後涼	呂光	太安	386.10.~389.1.
		麟嘉	389.2.~396.6.
		龍飛	396.6.~399.
後涼	呂纂	咸寧	399.12.~403.8.
南涼	禿髮烏孤	太初	397~399
	禿髮利鹿孤	建和	400~402.3.
	禿髮傉檀	弘昌	402.3.~404.2.
		嘉平	408.11.~414.7.
南燕	慕容德	建平	400~405.11.
	慕容超	太上	405.11.~410.2.
西涼	李暠	庚子	400.11.~404.
		建初	405~417.2.
	李歆	嘉興	417.2.~420.7.
	李恂	永建	420.10.~421.3.
夏	赫連勃勃	龍升	407.6.~413.2.
	天王	鳳翔	413.3.~418.10.
	胡夏天王	昌武	418.11.~419.1.
夏	赫連勃勃	真興	419.2.~425.7.
	赫連昌	承光	425.8.~428.2.
	赫連定	勝光	428.2.~431.6.
北燕	高雲	正始	407.7.~409.10.
	馮跋	太平	409.10.~430.
北燕	馮宏	太興	431~436.5.
北涼	段業	神璽	397.5.~399.1.
		天璽	399.2.~401.5.
	祖渠蒙遜	永安	401.6.~412.10.

朝代	帝　王	年　號	年號期間(西元)
		玄始	412.11.~428.
		承玄	428.6.~431.
北涼	祖渠蒙遜	義和	431.6.~433.4.
	沮渠茂虔	永和	433.4.~439.9.
	沮渠無諱	真君	440~451
宋	宋武帝 劉裕	永初	420.6.~422.
	宋少帝 劉義符	景平	423~424.8.
	宋文帝 劉義隆	元嘉	424.8.~453.
	宋孝武帝 劉駿	孝建	454~456
		大明	457~464
	前廢帝劉子業	永光	465.1.~8 月
		景和	465.8.~11 月
	宋明帝 劉 彧	泰始	465.12.~471.
		泰豫	472.~
	宋後廢帝 劉昱	元徽	473~477.7.
	宋順帝 劉準	昇明	477.7.~479.4.
	趙廣 程道養	泰始	432~437.4.
	楊難當	建義	436.3.~442.閏 5
	文帝太子劉劭	太初	453.2.~5 月
	魯爽	建平	454.2.~6 月
	武昌王 劉渾	永光	454.7.~
	晉安王劉子勛	義嘉	466.1.~8 月
齊	齊高帝 蕭道成	建元	479.4.~482.
	齊武帝 蕭 賾	永明	483~493
	鬱林王蕭昭業	隆昌	494.1.~7 月
	海陵王蕭昭文	延興	494.7.~10 月
	齊明帝 蕭 鸞	建武	494.10.~498.4.
		永泰	498.4.~12 月
	齊東昏侯 蕭寶卷	永元	499~501.3.
	齊和帝 蕭寶融	中興	501.3.~502.3.
	唐寓之	興平	486~
	雍道晞	建義	500.2.~3 月
梁	梁武帝 蕭 衍	天監	502.4.~519
		普通	520~527.3.
		大通	527.3.~529.9.
		中大通	529.10.~534
		大同	535~546.4.
梁		中大同	546.4.~547.4.
		太清	547.4.~549.
	梁簡文帝 蕭綱	大寶	550~551
		天正	551
	梁元帝 蕭繹	承聖	552~555
	梁敬帝 蕭方智	紹泰	555~556
		太平	556
	梁永嘉王 蕭莊	天啓	558.3.~560.2.

朝代	帝　王	年　號	年號期間(西元)
後梁	梁宣帝 蕭詧	大定	555~562.1.
	梁明帝 蕭巋	天保	562~585
	梁莒公 蕭琮	廣運	586~587.9.
陳	陳武帝 陳霸先	永定	557.10.~559
	陳文帝 陳蒨	天嘉	560~566.2.
		天康	566.2.~12 月
	陳廢帝 陳伯宗	光大	567~568
	陳宣帝 陳頊	太建	569~582
	陳後主 陳叔寶	至德	583~586
		禎明	587~589.1.
北魏	拓跋什翼犍	建國	338.11.~376.
	道武帝拓跋珪	登國	386~396.6.
		皇始	396.7.~398.
		天興	398.12.~400.10.
		天賜	404.10.~409.10.
	明元帝 拓跋嗣	永興	409.閏 10.~413
		神瑞	414~416.4.
		泰常	416.4.~423.
	太武帝 拓跋燾	始光	424~428.1.
		神鼎	428.2.~431.
		延和	432~435.1.
		太延	435~440.6.
		太平真君	440.6.~451.6.
		正平	451.6.~452.2.
	南安王拓跋余	承平	452.2.~10 月
	文成帝拓跋濬	興安	452.10.~454.7.
		興光	454.7.~455.6.
		太安	455.6.~459.
		和平	460~465
	獻文帝拓跋弘	天安	466~467.8.
		皇興	467.8.~471.8.
	孝文帝 元宏	延興	471.8.~476.6.
		承明	476.6.~12 月
		太和	477~499
	宣武帝 元恪	景明	500~504.1.
		正始	504~508.8.
		永平	508.8.~512.4.
		延昌	512.4.~515.
	孝明帝 元詡	熙平	516~518.2.
		神龜	518.2.~520.7.
		正光	520.7.~525.6.
		孝昌	525.6.~528.1.
		武泰	528.1.~4 月
	孝莊帝元子攸	建義	528.4.~9 月
		永安	528.9.~530.10.

朝代	帝　　王	年　號	年號期間(西元)
	長廣王 元曄	建明	530.10.~531.2.
	節閔帝 元恭	普泰	531.2.~10 月
北魏	安定王 元朗	中興	531.10.~532.4.
	孝武帝 元修	太昌	532.4.~12 月
		永興	532.12.~
		永熙	532.12.~534.
	白亞栗斯 劉虎	建平	415.3.~416.9.
	司馬小君	聖君	471~
	樊素安	正始	504~508
	呂苟兒王法智	建明	506.1.~
	陳瞻	聖明	506.1.~7 月
	京兆王 元愉	建平	508.8.~9 月
	法慶	大乘	?
	破六韓拔陵	真王	523.3.~525.6.
	莫折念生	天建	524.6.~527.9.
	元法僧	天啟	525.1.~3 月
	杜洛周	真王	525.8.~528.2.
	劉蠡升	神嘉	525.12.~535.3.
	鮮于脩禮	魯興	526.1.~8 月
	陳雙熾	始建	?
	葛榮	廣安	526.9.~528.9.
	劉獲 鄭辯	天授	527.7.~
	蕭寶寅	隆緒	527.10.~528.1.
	邢杲	天統	528.6.~529.4.
	萬俟醜奴	神獸	528.7.~530.4.
	劉舉	皇武	?
	北海王 元顥	孝基	529.4.~5 月
		建武	529.5.~閏 6 月
	汝南王 元悅	更興	530.6.~532.
東魏	孝靜帝元善見	天平	534.10.~537.
		元象	538~539.11.
		興和	539.11.~542.
		武定	543~550.5.
	王迢觸曹貳龍	平都	536.9.~
西魏	文帝 元寶炬	大統	535~551
	廢帝 元欽	乾明	?
北齊	文宣帝 高洋	天保	550.5.~559.
	廢帝　高殷	乾明	560.1.~8 月
	孝昭帝 高演	皇建	560.8.~561.11.
	武成帝 高湛	太寧	561.11.~562.4.
北齊		河清	562.4.~565.4.
	後主 高緯	天統	565.4.~569.
		武平	570~576
		隆化	576.12.~
	安德王高延宗	德化	576.12.~

朝代	帝　　王	年　號	年號期間(西元)
	幼主 高恒	承化	577.1.~3 月
	范陽王高紹義	武平	578~
北周	明帝 宇文毓	武成	559.8.~560.
	武帝 宇文邕	保定	561~565
		天和	566~572.3.
		建德	572.3.~578.3.
		宣政	578.3.~12 月
	宣帝 宇文贇	大成	579.1.~2 月
	靜帝 宇文衍	大象	579.2.~580.
		大定	581.1.~2 月
	劉沒鐸	石平	577.11.~
	柔然	永康	464~484
	伏名敦可汗豆崙	太平	485~491
	候其伏代庫者可汗 那蓋	太安	492~505
	佗汗可汗 伏圖	始平	506~
	豆羅伏跋豆伐可汗 醜奴	建昌	508~520
高昌	闞首歸	建初	489~491
	麴嘉	承平	502~510
		義熙	511~523
	麴堅	章和	531~548
	麴玄喜	永平	549~550
	麴□	和平	551~554
	麴乾固	延昌	561~601
	麴伯雅	延和	602~613
	麴□	義和	614~619
	麴伯雅	重光	620.2.~623
	麴仗泰	延壽	624~640
		甘露	?
		白雀	?
隋	隋文帝　楊 堅	開皇	581.2.~600
		仁壽	601~604
	隋煬帝　楊 廣	大業	605~618.3.
	隋恭帝　楊 侑	義寧	617.11.~618.5.
	隋越王　楊 侗	皇泰	618.5.~619.4.
	隋向海明	白鳥	613.12.~
隋	劉迦倫	大世	614.5.~
	朱粲	昌達	15.12.~619.閏 2
	操師乞	始興	616.12.~
	林士弘	太平	616.12.~622.10.
	竇建德	丁丑	617~618.11.
		五鳳	618.11.~621.5.
	李密	永平	617.2.~618.
	劉武周	天興	617.3.~620.4.
	梁師都	永隆	617.3.~628.4.
	郭子和	正平	617.3.~618.7.

朝代	帝　王	年　號	年號期間(西元)
	薛舉	秦興	617.4.~618.11.
	蕭銑	鳴鳳	617.10.~621.10.
隋	曹武徹	通聖	617.12.~
唐	唐高祖 李 淵	武德	618.5.~626.
	唐太宗 李世民	貞觀	627~649
	唐高宗 李 治	永徽	650~655
		顯慶	656~661.3.
		龍朔	661.3.~663.
		麟德	664~665
		乾封	666~668.3.
		總章	668.2.~670.2.
		咸亨	670.3.~674.8.
		上元	674.8.~676.11.
		儀鳳	676.11.~679.6.
		調露	679.6.~680.8.
		永隆	679.6.~681.9.
		開耀	681.9.~682.2.
		永淳	682.2.~683.
		弘道	683.12.~
	唐中宗　李 哲	嗣聖	684.1.~2 月
	唐睿宗　李 旦	文明	684.2.~8 月
	武則天后 武 曌	光宅	684.9.~12 月
		垂拱	685~688
		永昌	689.1.~11 月
		載初	689.11.~690.8.
		天授	690.9.~692.3.
		如意	692.4.~9 月
		長壽	692.9.~694.5.
		延載	694.5.~12 月
		證聖	695.1.~9 月
		天冊萬歲	695.9~11 月
		萬歲登封	695.12.~696.3.
		萬歲通天	696.3.~697.9.
		神功	697.9.~12 月
		聖曆	698~700.5.
	武則天后 武 曌	久視	700.5.~701.1.
		大足	701.1.~10 月
		長安	701.10.~704.
	唐中宗　李 哲	神龍	705~707.9.
		景龍	707.9.~710.6.
	唐睿宗　李 旦	景雲	710~712
		太極	712~713
	唐殤帝 李重茂	唐隆	710.6.~7 月
	唐睿宗 李 旦	景雲	710.7.~712.1.
		太極	712.1.~4 月

朝代	帝　王	年　號	年號期間(西元)
		延和	712.5.~8 月
	唐玄宗 李隆基	先天	712.8.~713.11.
唐		開元	713.12.~741.
		天寶	742~756.7.
	唐肅宗 李 亨	至德	756.7.~758.2.
		乾元	758.2.~760.閏 4
		上元	760 閏 4~761.9.
		寶應	762.4.~763.6.
	唐代宗 李 豫	廣德	763.7.~764.
		永泰	765~766.11.
		大曆	766.11.~779.
	唐德宗 李 適	建中	780~783
		興元	784~
		貞元	785~805.8.
	唐順宗 李 誦	永貞	805.8.~
	唐憲宗 李 純	元和	806~820
	唐穆宗 李 恒	長慶	821~824
	唐敬宗 李 湛	寶曆	825~827.2.
	唐文宗 李 昂	太和	827.2.~835.
		開成	836~840
	唐武宗李炎(瀍)	會昌	841~846
	唐宣宗 李 忱	大中	847.~860.10.
	唐懿宗 李 漼	咸通	860.11.~874.11.
	唐僖宗 李 儇	乾符	874.11.~879.
		廣明	880~881.7.
		中和	881.7.~885.3.
		光啓	885.3.~888.1.
		文德	888.2.~12 月
	唐昭宗 李 曄	龍紀	889~
		大順	890~891
		景福	892~893
		乾寧	894~898.8.
		光化	898.8.~901.3.
		天復	901.4.~904.閏 4
	唐昭宗 李 柷	天祐	904.閏 4~907.3
	唐哀帝李柷(李祚)		
	唐宇文忠及	天壽	618.9.~619.3.
	唐李軌	安樂	618.11.~619.5.
	高開道	始興	618.12.~624.2.
	高曇晟	法輪	618.12.~
	王世充	開明	619.4.~621.5.
	沈法興	延康	619.9.~620.
	李子通	明政	619.9.~621.11.
	安慶緒	載初	757.1.~9 月
		天成	757.10.~759.3.

朝代	帝　　王	年　號	年號期間(西元)
	史思明	應天	759.1.~3 月
		順天	759.4.~761.3.
唐	史朝義	顯聖	761.3.~763.1.
	段子璋	黃龍	761.3.~5 月
	李珍	正德	761~
	袁晁	寶應	762.8.~763.4.
	朱泚	應天	783.10.~12 月
		天皇	784.1.~6 月
	李希烈	武成	784~786.4.
	黃巢	王霸	878.2.~880.11.
		金統	880.12.~884.6.
	襄王 李熅	建貞	886.10.~12 月
	董昌	羅平	895.2.~896.5.
	濮王 李□	大壽	?
吐蕃	可黎可足贊普	彝泰	815~838
于闐	李聖天(尉遲烏僧波)	同慶	912~966
	尉遲蘇拉	天尊	967~977
	尉遲達磨	中興	978~985
	尉遲僧伽羅摩	天興	986~999
	[渤海]文王大欽茂	大興	738~794
		寶曆	774~？
	「渤海」成王大華嶼	中興	794~
	「渤海」康王大嵩璘	正曆	795~809
	「渤海」定王大元瑜	永德	810~812
	「渤海」僖王大言義	朱雀	813~817
	「渤海」簡王大明忠	太始	818~
	「渤海」宣王大仁秀	建興	819~830
	「渤海」宣王大彝震	咸和	831~857
	[東丹]人皇王耶律倍	甘露	926~936
	[定安]烏元明	元興	976~
	[南詔]閣羅鳳	贊普鍾	752~768
		長壽	769~779
	[南詔]異牟尋	見龍	780~783
		上元	784~？
		元封	？~808
	[南詔]尋閣勸	應道	809~
	[南詔]勸利晟	全義	816~819
		大豐	820~823
	[南詔]勸豐祐	保和	824~839
		天善	840~859
于闐	[南詔]世隆	建極	860~？
		法堯	？~877
	[大封民]隆舜	貞明	878~？
		承智	?
		大同	？~888

朝代	帝　　王	年　號	年號期間(西元)
		嵯耶	889~897
	[大封民]舜化貞	中興	897~902
于闐	[大長和]鄭買嗣	安國	903~909
	[大長和]鄭仁旻	始元	910~？
	[大長和]鄭仁旻	天瑞景星	?
		安和	?
		貞祐	?
		初曆	?
		孝治	?
	[大長和]鄭隆亶	天應	927~
	[大天興]趙善政	尊聖	928~929
	[大義寧]楊干真	興聖	903~
		大明	931~937
		鼎新	?
		光聖	?
	[大理]段思平	文德	938~？
		神武	？~944
	[大理]段思英	文經	945~
	[大理]段思良	至治	946~951
	[大理]段思聰	明德	952~？
		廣德	？~967
		順德	968~
	[大理]段素順	明政	969~985
	[大理]段素英	廣明	986~？
		明應	?
		明統	?
		明聖	?
		明德	?
		明治	?
		明法	?
		廣德	?
		明運	？~1009
	[大理]段素廉	明啓	1010~1022
		乾興	?
于闐	[大理]段素隆	明通	1023~1026
	[大理]段素真	正治	1027~1041
	[大理]段素興	聖明	1042~？
		天明	？~1044
	[大理]段廉	保安	1045~1052
		正安	1053~？
		正德	?
		保德	？~1074
		太安	?
		明侯	?
	[大理]段連義	上德	1076~

朝代	帝　　王	年　號	年號期間(西元)
		廣安	1077~1080
	[大理]段壽輝	上明	1081~？
	[大理]段正明	保立	1082~？
		建安	？
		天祐	？~1094
	[大理]高昇泰	上治	1095~？
	[後理]段正淳	天授	1096
		開明	1097~1102
		天政	1103~1104
		文安	1105~1108
	[後理]段祥興	道隆	1239~1251
	[後理]段興智	天定	1252~1254
		利正	？
		興正	？
	段思曠	順德	
	高觀音隆	興正	
	高觀音自	至德	
		大本	
		鍾元	
		隆德	
		永道	
後梁	太祖朱溫(朱全忠)	開平	907.4.~911.4.
		乾化	911.5.~913.1.
	郢王　朱友珪	鳳曆	913.1.~2月
	末帝　朱友貞	乾化	913.2.~915.10.
		貞明	915.10.~921.4.
		龍德	921.5.~923.10.
	後梁劉守光	應天	911.8.~913.11.
後唐	莊宗　李存勗	同光	923.4.~926.4.
	明宗　李嗣源	天成	926.4.~930.2.
		長興	930~933
	愍帝　李從厚	應順	934.1.~4月
	後唐末帝李從珂	清泰	934.4.~936閏11
後晉	高祖　石敬瑭	天福	936.11.~944.6.
後晉	出帝　石重貴	開運	944.7.~946.
	高祖劉知遠(劉暠)	天福	947~
	隱帝　劉承祐	乾祐	948.2.~950.
後周	太祖　郭威	廣順	951~953
	世宗　郭(柴)榮	顯德	954~959.5.
	恭帝　郭宗訓	顯德	959.6.~960.1.
吳	楊行密	天復	902.3.~904.
唐	李柷	天祐	904~907
南吳	楊隆演	武義	919.4.~921.1.
	楊溥	順義	921.2.~927.10.
		乾貞	927.11.~929.10.

朝代	帝　　王	年　號	年號期間(西元)
		大和	929.11.935.8.
		天祚	935.9.~937.10.
南唐	李昇	昇元	937.10.~943.2.
	李璟	保大	943.3.~957
	李璟	中興	958.1.~2月
		交泰	958.3.~5月
後周	郭柴榮	顯德	954.5.~960.
		建隆	960~961
	李煜	建隆	961.7.~963.11.
南唐		乾德	963.11.~968.11.
		開寶	968.11.~975.11.
吳越	錢鏐	天祐	907.5.~
		天寶	908~912
後梁		鳳曆	913.1.~
		乾化	911.2.~915.10.
南楚		貞明	915.11.~921.4.
		龍德	921.5.~923.
吳越		寶大	924~925
		寶正	926~931
		廣初	？
		正明	？
	錢傳瓘	長興	932.4.~933.
後唐		應順	934~
		清泰	934.4.~936.11.
吳越		天福	936.11.~941.
	錢弘佐	天福	941.9.~944.6.
		開運	944.7.~946
	錢弘倧	天福	947~
	錢弘俶	乾祐	948~950
		廣順	951~953
		顯德	954~960.1.
後周	趙匡胤	建隆	960~963.11.
北宋	趙匡胤	乾德	963.11.~968.11.
		開寶	968.11.~976.
	趙光義	太平興國	976.12.~978.5.
南楚	馬殷	天成	927.6.~930.
	馬希聲	長興	930.11.~932.6.
	馬希範	長興	932.7.~933.
後唐	李從厚	應順	934.1.~4月
	李從珂	清泰	934.4.~936.11.
後晉	石敬塘	天福	936.11.~944.6.
	石重貴	開運	944.7.~946.
南楚	馬希廣	天福	947.4.~
		乾祐	948~950.11.
	馬希萼	保大	950.12.~951.11.

朝代	帝　　王	年　號	年號期間(西元)
閩王	王審知	開平	909.4.~911.4.
		乾化	911.5.~915.7.
		貞明	915.11.~921.4.
		龍德	921.5.~923.3.
後唐	後唐、南楚、南平	同光	923.4.~925.
閩王	王延翰	天成	926~
	王延鈞	天成	926.12.~930.2.
		長興	930.2.~932.
		龍啓	933~934
		永和	935~936.2.
	王昶	通文	936.3.~939.7.
	王延曦	永隆	939.閏 7.~943.1.
閩殷	王延政	天德	943.2.~945.8.
大越	劉巖	乾亨	917.7.~925.11.
南漢		白龍	925.12.~928.2.
		大有	928.3.~942.3.
	劉玢	光天	942.4.~943.3.
	劉晟	應乾	943.3.~11 月
		乾和	943.11.~958.7.
	劉鋹	大寶	958.8.~971.2.
	張遇賢	永樂	942.7.~943.10.
前蜀	王建	天復	907.9.~
		武成	908~910
		永平	911~915
		通正	916
漢	(改國號為漢)	天漢	917
前蜀	王建	光天	918
	王宗衍	乾德	919~924
		咸康	925.1.~11 月
後蜀	孟知祥	明德	934.4.~937.
	孟昶	廣政	938~965.1.
	荊南(南平)		
後漢	劉崇	乾祐	951~954.10.
	劉承鈞	乾祐	954.11.~956.
		天會	957~973
	劉繼恩	廣運	974~979.5.
北宋	宋太祖 趙匡胤	建隆	960~963.11.
		乾德	963.11.~968.11.
		開寶	968.11.~976.
	宋太宗 趙光義	太平興國	976.12.~984.11.
		雍熙	984.11.~987.
		端拱	988~989
		淳化	990~994
		至道	995~997
	宋真宗　趙 恒	咸平	998~1003

朝代	帝　　王	年　號	年號期間(西元)
		景德	1004!1007
		大中祥符	1008~1016
		天禧	1017~1021
		乾興	1022~
	宋仁宗　趙 禎	天聖	1023~1032.11.
		明道	1032.11.~1033
		景佑	1034~1038.11.
		寶元	1038.11~1040.2.
		康定	1040.2.~1041.11
		慶曆	1041.11.~1048
		皇祐	1049~1054.3.
		至和	1054.3~1056.9
		嘉祐	1056.9.~1063.
	宋英宗　趙 曙	治平	1064~1067
	宋神宗　趙 頊	熙寧	1068~1077
		元豐	1078~1085
	宋哲宗　趙 煦	元祐	108~1094
		紹聖	1094~1098
		元符	1098~1100
	宋徽宗　趙 佶	建中靖國	1101~1101
		崇寧	1102~1106
		大觀	1107~1110
		政和	1111~1117
		重和	1118~1119
		宣和	1119~1125
	宋欽宗　趙 桓	靖康	1126~1126
	儂智高	景瑞	1049~1052.4.
		啓曆	1052.5~1053.1
		端懿	?
		大曆	?
	趙諗	隆興	
	方臘	永樂	1120.11.~1121.4
南宋	宋高宗 趙 構	建炎	1127.5.~1130.
		紹興	1131~1162
	宋孝宗 趙 眘	隆興	1163~1164
		乾道	1165~1173
		淳熙	1174~1189
	宋光宗 趙 惇	紹熙	1190~1194
	宋寧宗 趙 擴	慶元	1195~1200
		嘉泰	1201~1204
		開禧	1205~1207
		嘉定	1208~1224
	宋理宗 趙 昀	寶慶	1225~1227
		紹定	1228~1233
		端平	1234~1236

朝代	帝　王	年　號	年號期間(西元)
		嘉熙	1237~1240
		淳祐	1241~1252
		寶祐	1253~1258
		開慶	1259~
		景定	1260~1264
	宋度宗 趙 禥	咸淳	1265~1274
	宋恭帝 趙 顯	,咸淳	1275~1276.4.
	宋端宗 趙 昰	咸淳	1276.5.~1278.4.
	衛王 趙昺	至元	1278.5.~1279.2.
	元懿太子 趙專	明受	1129.3.~4 月
	鍾相	天載	1130.2.~3 月
	李合戊 雷進	正法	?
	雷進	人知	?
	李婆備	太平	?
	劉豫	阜昌	1131~1137.11.
	楊么	大聖天王	1133.4.~1135.6.
		庚戌	?
	王法恩	羅平	1141.6.~
	阿謝	乾貞	1176
	李接	羅平	1179.6.~10 月
	吳曦	轉運	1207.1.~2 月
	廖森	重德	1229~
	陳萬	天戰	?
	李子揚	龍興	?
	徐真一	天定	?
遼	太祖耶律阿保機	神冊	916.12.~922.1.
契丹	太宗 耶律德光	天贊	922.2.~926.2.
		天顯	927.2.!937.
		會同	937.11.~947.1.
遼	世宗 耶律阮	天祿	947.9.~951.9.
	穆宗 耶律璟	應曆	951.9.~969.2.
	景宗 耶律賢	保寧	969.2.~979.11.
		乾亨	979.11.~983.6.
	聖宗 耶律隆緒	統和	983.6.~1012.10
		開泰	1012.11.~11 月
		太平	1021.11.~1031.6
	興宗 耶律宗真	景福	1031.6.~1032.11
		重熙	1032.11~1055.8.
	道宗 耶律洪基	清寧	1055.8.~1064.
		咸雍	1065~1074
		大康	1075~1084
		大安	1085~1094
		壽昌	1095~1101
	天祚帝耶律延禧	乾統	1101~1110
		天慶	1111~1120

朝代	帝　王	年　號	年號期間(西元)
		保大	1121~1125
	[北遼]宣宗耶律淳	建福	1122.3.~6 月
	[北遼]蕭德妃普賢女	德興	1122.6.~12 月
	[北遼]梁王耶律雅里	神曆	1123.5.~10 月
	大延琳	天慶	1029.8.~1030.8.
遼	高永昌	隆基	1116.1.~4 月
	回離保	天復	1123.1.~8 月
	蕭幹	天嗣	1123~
西遼	德宗 耶律大石	延慶	1124.2.~1133.
		康國	1134~1143
	感天后 塔不煙	咸清	1144~1150
	仁宗 耶律夷列	紹興	1151~1163
	承天后耶律共連完	崇福	1164~1177
		皇德	?
		重德	?
	末主耶律直魯古	天禧	1178~1211
西夏	景宗 李元昊	顯道	1032~1034.6.
		開運	1034.7~
		廣運	1034.8.~1035.
		大慶	1036.12.~1037
		天授禮法延祚	1038.10.~1049
		廣熙	?
		廣民	?
		延嗣寧國	1049~
		天祐垂聖	1050~1052
		福聖承道	1053~1056
		奲都	1057~1062
		拱化	1063~1067
	惠宗 李秉常	乾道	1068~1069
		天賜禮盛國慶	1070~1074
		大安	1075~1085
		天安禮定	1086.1.~7 月
		西安	?
	崇宗 李順乾	天儀治平	1087.~1090.
		天祐民安	1091~1098
		永安	1099~1100
		貞觀	1101~1114
		雍寧	1115~1119
		元德	1120~1126.3.
		正德	1127.4.~1134.
		大德	1135~1139
	仁宗 李仁基	大慶	1140~1143
		人慶	1144~1148
		天盛	1149~1169
		乾祐	1170~1193

朝代	帝　王	年　號	年號期間(西元)
	桓宗 李純祐	天慶	1194~1206.1.
	襄宗 李安全	應天	1206~1209
西夏		皇建	1210~1211.8.
	神宗 李遵頊	光定	1211.8.~1223
	獻宗 李德旺	乾定	1223.12.~1226.7
	末主 李晛	寶義	1226.7.~1227.6.
		寶慶	?
		廣僖	?
		清平	?
金	太祖 完顏阿骨	收國	1115~1116
		天輔	1117~1123.9.
	太宗 完顏晟	天會	1123.9.~1137.
	熙宗 完顏亶	眷	1138~1140
		天德	1149.12.~1153.3
		金貞	1153.3.~1156.1.
		正隆	1156.2.~1161.10
	世宗 完顏雍	大定	1161.10.~1189
		興慶	?
	章宗 完顏璟	明昌	1190~1195.11.
		承安	1196..~1200
		泰和	1201~1208
		天定	?
	衛紹王 完顏永濟	大安	1209~1211
		崇慶	1212~1213.4.
		至寧	1213.5.~9月
	宣宗 完顏珣	貞祐	1213.9.~1217.9.
		興定	1217.9.~1222.8.
		元光	1222.8.~1223.
	哀宗 完顏守緒	正大	1234~1231
		開興	1232.1.~4月
		天興	1232.4.~1234.1.
	末帝 完顏承麟	盛昌	?
	熬羅孛極烈	天興	1147.~
	濰王 完顏允文	天統	?
	移剌窩斡	天正	1161.12.~
	德壽 陁鎖	身聖	1196.10.~
遼	遼王 耶律留哥	元統	1213.3.~1216.
	劉永昌	天賜	1214~
	楊安兒	天順	1214.5.~12月
	蒲鮮萬奴	天泰	1215.10.~1223
		大同	1234~1233.9.
	張致	興隆	1216~1217
	郝定	順天	1216~
	耶斯不	天威	1216~
	乞奴	天祐	

朝代	帝　王	年　號	年號期間(西元)
	金山	天德	1216~
元	元世祖 忽必烈	中統	1260.5.~1264.8
元		至元	1264.8.~1294.
	元成宗 鐵木耳	元貞	1295.~1297.2.
		大德	1297.2.~1307.
	元武宗 海 山	至大	1308~1311
	仁宗愛育黎拔力八達	皇慶	1312~1313
		延祐	1314~1320
	元英宗 碩德八剌	至治	1321~1323
	泰定帝也孫鐵木兒	泰定	1324~1328.2.
		致和	1328.2.~8月
	天順帝 阿速吉八	天順	1328.9.~
	元明宗 和世	天歷	1328.9~1328.9.
	元文宗 圖帖睦爾	天歷	1328.9.~1330.5.
		至順	1330.5.~1333.10
	元順帝妥懽帖睦爾	元統	1333.10.~1335.11
		至元	1335.11.~1340
		至正	1341~1370
	[北元]昭宗愛猷識里達臘	宣光	1371~1378.
	[北元]後主脫古斯帖木兒	天光	1379.~1387.
	杜可用	萬乘	1280.4.~
	陳吊眼	昌捸	1281~
	林桂方 趙良鈐	延廣	1283.3.~
	黃華	祥興	?
	楊鎮龍	安定	1289.2.~10月
	陳空崖	正治	1297~
	朱光卿	赤符	1337.1.~7月
	徐壽輝	治平	1351.10.~1355
		太平	1356~1358.7.
		天啓	1358.8.~1359.3.
		天定	359.4.~1360閏5
	趙普勝	正朔	?
	張士誠	天祐	1354~1357.8.
	韓林兒	龍鳳	1355.2.~1366.
		興定	?
	陳友諒	大義	1360.5.~12月
		大定	1361~1363.8.
	陳理	德壽	1363.9.~1364.2.
	明玉珍	天統	1363~1366
	明昇	開熙	1367~1371.6.
	元仁宗愛育黎拔力八達	皇慶	
		延祐	
明	太祖 朱元璋	洪武	1368~1398
	惠帝 朱允炆	建文	1399~1402
	成祖 朱 棣	永樂	1403~1424

朝代	帝　　王	年　號	年號期間(西元)
	仁宗 朱高熾	洪熙	1425~
	宣宗 朱瞻基	宣德	1426~1435
明	英宗 朱祁鎮	正統	1436~1449
	景宗 朱祁鈺	景泰	1450~1456
	英宗 朱祁鎮	天順	1457~1464
	憲宗 朱見深	成化	1465~1487
	孝宗 朱祐樘	弘治	1488~1505
	武宗 朱厚照	正德	1506~1521
	世宗 朱厚熜	嘉靖	1522~1566
	穆宗 朱載垕	隆慶	1567~1572
	神宗 朱翊鈞	萬曆	1573~1620.7.
	光宗 朱常洛	泰昌	1620.8.~12 月
	熹宗 朱由校	天啓	1621~1627
	思宗 朱由檢	崇禎	1628~1644.3.
	[南明]福王朱由崧	弘光	1645.1.~5 月
	[南明]唐王朱聿鍵	隆武	1645 閏 6~1646.8
	[南明]唐王朱聿粵	紹武	1646.11~12 月
	[南明]魯王朱以海	庚寅	?
	[南明]韓王朱亶脊	定武	1646~1663
	[南明]桂王朱由榔	永曆	1647~1661
	[南明]淮王朱常清	東武	1648~
	彭玉琳	天定	1386~
	田九成 王金剛奴	龍鳳	1397~
	陳鑑胡	泰定	1448~1449
	黃蕭養	東陽	1449.9.~1450.
	朱徽煠	玄元	1451~
	瓦剌王 也先	添元	1453~1457
	李珍	天順	1456
	王斌	天繡	1457~?
	李添保	武烈	?
	劉通	德勝	1465~1466 閏 3
明	曹甫	明正	?
	朱宸濠	順德	1519.6.~7 月
	段鋹	平定	?
		大順	?
	田斌	天淵	1546~
	張璉	造曆	?
		龍飛	?
	蔡伯貫	大寶	1565.12.~1566.1
	李新	洪武	1619.4.~
	李文	真混	1619.12.~
	奢崇明	瑞應	1621.9.~
	萬俟德	玄靜	1622~
	徐鴻儒	大成興勝	1622.5.~10 月
	張惟元	永興	1628~

朝代	帝　　王	年　號	年號期間(西元)
	高迎祥	興武	1635~
	張普薇	天運	1637~
	李自成	永昌	1644~1645.5.
	張獻忠	義武	?
		大順	1644.11.~1646
	馬相	圓明大寶	
	省悟	宏閔	
	明本	湧安	?
清	清太祖 努爾哈赤	天命	1616~1626
	清太宗 皇太極	天聰	1627~1636.3.
		崇德	163634.~1643.
	世祖 福臨	順治	1644~1661
	清聖祖 玄燁	康熙	1662~1722
	清世宗 胤禎	雍正	1723~1735
	清高宗 弘曆	乾隆	1736~1795
	清仁宗 顒琰	嘉慶	1796~1820
	清宣宗 旻寧	道光	1821~1850
	清文宗 奕詝	咸豐	1851~1861.7.
	清穆宗 載淳	祺祥	1861.7.~12 月
		同治	1862~1874
	德清宗 載湉	光緒	1875~1908
	清末帝 溥儀	宣統	1909~1911
	秦尚行	重興	1644~
	劉守分	天定	1644~
	宮文彩	永昌	1644~1645
	胡守龍	清光	1645~
	蔣爾恉	中興	1647~
	王光代	永曆	1647~
	張華山	隆武	?
	孫可望	興朝	?
	東明起義軍	天正	1648~
	蕭惟堂	天順	1661~
	王耀祖	大慶	1665.4.~
	楊起隆	廣德	1673~1680
	吳三桂	昭武	1678.3.~8 月
		利用	?
	吳世璠	洪化	1678.8.~1681.10
	耿精忠	裕民	?
	魏枝葉	文興	1704~
	李天極 朱六非	元興	?
	錢寶通	永興	1708~
	張念一 朱永祚	天德	1708~
	朱一貴	永和	1721.5.~6 月
	林爽文	天運	1786.11.~
		順天	1787~1788.1.

朝代	帝　　王	年　號	年號期間(西元)
	陳周全	天運	1795.3.~
	黎樹	萬利	1797~
	王大叔	大慶	1797.2.~
	朱毛俚	晏朝	1814~
	張丙	天運	1832.11.~1833.1
	洪秀全	太平天國	1851~1864
	林萬青	天德	1851~
	李明先	洪順	1853.5.~
清	黃威	天德	1853~
	劉麗川	天運	1853.8.~1855.1.
	楊龍喜	江漢	1854~
	陳開	洪德	1855~1864
	李永和 藍朝鼎	順天	1860~1864
	宋繼鵬	天縱	1860~1863
	朱明月 劉儀順	嗣統	1864~

朝代	帝　　王	年　號	年號期間(西元)
		華漢	?
		江漢	?
	唐景崧 丘逢甲	永清	1895.5.~
	洪全福	大明國	1902~
	龔存台	漢德	1906~
	中華民國 察都	通志	1915~
	中華帝國 袁世凱	洪憲	1916~
	偽滿洲國 溥 儀	大同	1932~1934
		康德	1934~1945
中華民國	孫中山		1912.1.1.~
中華人民共和國	毛澤東		1949.10.1.~

歷代帝王壽命與在位年數

摘錄孫覺軒著

朝代	帝　　王	生　　歿	在位時間	享壽	在位
秦	秦始皇	前-259~-210	前 262~-210	50	12
	胡亥	前-230~-207	前 210~-207	24	4
	子嬰	不詳~207.8.	前 207~-207		45 天
西漢	漢高祖劉邦	前-256~-195	前 202~195	62	8
	漢惠帝劉盈	前-211~-188	前 195~-188	24	8
	漢少帝劉恭		前 184~180		4
	漢後少帝劉弘		前 180-		4
	西漢文帝劉恒	前-202~-157	前 180-157	46	23
	西漢景帝劉啟	前-188~-141	前 157-141	48	17
	西漢武帝劉徹	前 156~-87	前 140~87	71	54
	西漢昭帝劉弗陵	前-94~-74	前-85~-74	21	13
	西漢天皇劉賀	前？~-74	前？~74		
	西漢宣帝詢	前-90~-49	前 90~-49	42	25
	西漢元帝劉奭	前-76~-33	前 48~-33	43	16
	西漢成帝劉驁	前-51~-7	前 32~-7	45	26
	西漢哀帝劉欣	前-27~-1	前-7~-1	26	6
	西漢平帝劉衍	前-8~西元 5	西元 1~5	14	5
	孺子劉嬰	西元 4~8	4~8	5	3
新朝	新帝王莽	前 45~西元 23	8~23	62	15
東漢	光武帝劉秀	前-6~西元 57	25~57	62	33
	明帝劉莊	西元 28~75	57~75	47	18
	章帝劉炟	45~88	76~88	43	13
	和帝劉肇	78~105	88~105	27	17
	殤帝劉隆	105~107	105~107	2	2
	安帝劉祜	93~125	107~125	33	19
	少帝劉懿	不詳~125	125~125		7 月
	順帝劉保	115~144	125~144	30	19

朝代	帝　　王	生　　歿	在位時間	享壽	在位
	沖帝劉炳	142~145	144~145	3	4 月
	質帝劉纘	137~146	145~145	9	6 月
	桓帝劉志	132~167	146~167	36	21
	靈帝劉宏	156~189	168~189	34	22
	又一少帝劉辯	175~189	189~189	15	5 月
	獻帝劉協	180~220	189~220	41	31
三國	魏文帝曹丕	186~226	220~226	40	7
	魏明帝曹叡	205~239	227~239	35	13
	齊王曹芳	232~254	239~254	22	15
	高貴鄉公曹髦	240~260	240~260	20	6
	魏元帝曹奐	245~265	260~265	21	5
蜀漢	昭烈帝劉備	161~223	221~223	63	2
	後主孝懷帝劉禪	206~271	222~263	66	41
孫吳	吳大帝孫權	182~252	222~252	71	30
	廢帝孫亮	243~258	252~258	16	7
	景帝孫休	235~264	258~264	30	7
	亡國皇帝孫皓	不詳-280	264~280		17
西晉	晉武帝司馬炎	236~290	265~290	55	25
	晉惠帝司馬衷	259~307	290~306	49	17
	晉懷帝司馬熾	284~313	306~313	29	7
	晉愍帝司馬鄴	300~316	313~316	18	4
東晉	元帝司馬睿	276~322	317~322	47	6
	明帝司馬紹	299~325	323~325	27	3
	成帝司馬衍	321~342	326~342	23	17
	康帝司馬岳	322~344	343~344	23	2
	穆帝司馬聃	343~361	345~361	19	17
	哀帝司馬丕	341~365	361~365	25	4

朝代	帝　　王	生　　歿	在位時間	享壽	在位
	廢帝(海西公)司馬奕	不詳~371	366~371		5
	簡文帝司馬昱	320~372	371~372	53	8月
	孝武帝司馬曜	362~396	383~396	35	24
	安帝司馬德宗	382~418	396~418	37	22
	晉恭帝司馬德文	385~421	418~420	36	2
南朝	宋武帝劉裕	362~422	420~422	60	2
	宋少帝劉義符	406~424	422~415	19	3
	宋文帝劉義隆	407~453	424~453	47	30
	宋孝武帝劉駿	403~464	453~464	35	11
	宋前廢帝劉子業	449~465	464~465	17	1
	宋明帝劉彧	439~472	465~472	34	7
	後廢帝劉昱	462~477	472~472	15	5
	宋順帝劉淮	467~479	477~479	13	3
蕭齊	齊高帝蕭道成	427~481	479~481	56	4
	齊武帝蕭賾	440~493	483~493	54	11
	廢帝蕭昭業	473~494	493~494	22	1
	廢帝蕭昭文	480~494	494~494	15	3月
	齊明帝蕭鸞	452~498	494~498	47	5
	東昏侯蕭寶卷	483~501	499~501	19	3
	齊和帝寶融	498~501	501~501.4	4	1
蕭梁	梁武帝蕭衍	464~549	502~549	86	46
	梁簡文帝蕭綱	503~551	550~551	49	2
	梁豫章王蕭棟	551~552	551~552	2	7月
	梁元帝蕭繹	508~555	552~554	47	3
	梁貞陽侯蕭淵明	不詳-555	555~555.9		4月
	梁敬帝蕭方智	542~558	555~557	16	2
陳	武帝陳霸先	503~559	557~559	57	3
	文帝陳蒨	522~566	560~566	45	7
	廢帝陳伯宗	542~568	567~568	27	2
	宣帝陳頊	530~582	569~582	53	14
	後主陳叔寶	553~589	583~589	37	7
北魏	北魏道武拓拔珪	371~409	386~409	39	24
	明元帝拓拔嗣	392~423	409~423	32	15
	太武帝拓拔燾	408~452	424~452	45	29
	文成帝拓拔濬	430~-465	452~465	36	14
	獻文帝拓拔弘	454~476	466~476	23	11
北魏	孝文帝拓拔元宏	467~499	471~499	33	29
	宣武帝元恪	483~515	500~515	33	16
	孝明帝元詡	510~529	516~528	19	12
	孝莊帝元子攸	507~530	528~530	24	3
	長廣王元曄	508~531	530~531	24	2
	節閔帝元恭	508~532	531~532	25	1.2
	安定王元朗	513~531	531~531.4	19	6月
	孝武帝元修	510~534	532~534	25	3
東魏	孝靜帝元善見	524~551	534~550	28	17
北齊	文宣帝高洋	529~559	550~559	31	10
	廢帝濟南王高殷	生歿不詳	560~561		1

朝代	帝　　王	生　　歿	在位時間	享壽	在位
	孝昭帝高演	535~561	560~561	27	1.1
	武帝高湛	537~568	561~565	32	5
	後主高緯	556~576	565~576	21	12
	安德王高延宗	生歿不詳	576~577.1		1月
	幼主高恒	570~591	577~577.1	22	0.1
西魏	文帝元寶炬	507~551	535~551	45	17
	廢帝元欽	不詳-557	552~554		3
	恭帝元廓	不詳~557	554~557.1		3
北周	孝閔帝宇文覺	542~557	557~557.1	16	0.9
	明帝宇文毓	534~560	557~560	27	4
	武帝宇文邕	543~578	561~578	36	18
	宣帝宇文贇	559~580	578~579	22	8月
	靜帝宇文闡	573~581	579~581	9	2
隋	隋文帝楊堅	541~604	581~604	64	24
	隋煬帝楊廣	569~618	604~618	50	14
	隋恭帝楊侑	605~619	617~618	15	1
	隋越王楊侗	不詳~619	618~619		1
唐	唐高祖李淵	566~635	618~626	70	9
	唐太宗李世民	598~649	627~649	52	23
	唐高宗 李治	628~683	650~683	56	34
	武曌 武則天	624~705	684~704	82	21
	唐中宗 李顯	656~710	705~710	55	6
	唐殤宗李重茂	697~710	710~710.7	14	1月
	唐睿宗 李旦	662~716	710~712	55	2
	唐玄宗李隆基	685~762	712~762	78	44
	唐肅宗 李亨	711~762	756~761	52	6
	唐代示 李豫	728~779	763~779	51	17
	唐德宗 李適	742~805	780~805	64	26
	唐順宗 李誦	761~807	805~806	46	8月
	唐憲宗 李純	778~820	806~820	43	15
	唐穆宗 李恒	795~824	820~824	30	4
	唐敬宗 李湛	809~827	825~827	19	3
	唐文宗 李昂	808~840	827~840	33	14
	唐代宗 李炎	814~846	841~846	33	6
唐	唐宣宗 李枕	810~859	847~859	50	13
	唐懿宗 李漼	833~873	860~874	41	15
	唐僖宗 李儇	862~888	874~888	27	15
	唐昭宗 李曄	867~904	889~904	38	16
	唐哀帝 李柷	893~908	904~907	16	4
五代	後梁太祖朱全忠	852~912	907~912	61	6
後梁	弒父帝朱友珪	不詳-913	912~913		8月
	後梁末帝朱友貞	888~923	913~923	36	10
後唐	莊宗 李存勗	885~926	923~926	42	3
	明帝 李嗣源	866~933	926~933	68	8
	閔帝 李從厚	913~934	933~934	21	4月
	末帝 李從珂	884~936	934~936	53	3
後晉	高祖兒石敬瑭	892~942	936~942	51	6

朝代	帝　王	生　歿	在位時間	享壽	在位
	孫皇帝石重貴	不詳~946	942~946		5
後漢	高祖 劉知遠	895~948	947~948	54	1
	隱帝 劉承祐	931~951	948~950	21	3
後周	太祖 郭威	904~954	951~954	51	4
	世宗 郭柴榮	921~959	954~959	39	6
	恭帝 柴宗訓	953~不詳	959~960		6月
北宋	宋太祖趙匡胤	927~976	960~976	50	17
	宋太宗趙匡義	937~997	976~997	61	22
	宋真宗 趙恒	968~1022	998~1022	55	25
	宋仁宗 趙禎	1010~1063	1023-1063	54	41
	宋英宗 趙曙	1030~1067	1064-1067	38	4
	宋神宗 趙頊	1047~1085	1068-1085	39	18
	宋哲宗 趙煦	1077~1100	1086-1100	24	15
	宋徽宗 趙佶	1082~不詳	1101-1125		25
	宋欽宗 趙桓	1100~1127	1125-1127	27	2
南宋	南宋高宗趙構	1107~1187	1127-1162	81	36
	南宋孝宗趙伯琮	1127~1194	1163-1190	68	27
	南宋光宗趙惇	1147~1200	1190-1194	54	4
	南宋寧宗趙擴	1168~1224	1195-1224	57	30
	南宋理宗趙昀	1205~1264	1225-1264	60	40
	南宋度宗趙禥	1242~1274	1265-1274	33	10
	南宋恭帝趙顯	1271~不詳	1274-1276		2
	南宋端宗趙昰	1267~1278	1276-1278	12	2
	南宋衛王趙昺	1270~1279	1278-1279	10	10月
遼	太祖耶律阿寶機	872~926	916-926	55	11
	太宗耶律德光	902~947	927-947	46	21
	世宗耶律阮	918~951	947-951	34	4
	穆宗耶律璟	931~969	952-969	39	18
	景宗耶律賢	948~982	969-982	35	14
	聖宗耶律隆緒	971~1031	983-1031	61	48
	興宗耶律宗真	1016~1055	1031-1055	40	24
	道宗耶律洪基	1032~1101	1055-1101	70	46
	天祚帝耶律延禧	1075~1126	1101-1125	52	24
金	太祖顏阿骨打	1068~1123	1115-1122	56	9
	太宗顏晟	1075~1135	1123-1135	61	13
	熙宗顏亶	1119~1149	1135-1149	31	14
	廢帝完顏亮	1122~1161	1149-1161	40	13
金	世宗完顏雍	1123~1189	1161-1189	67	29
	章宗完顏	1168~1208	1189-1208	41	19
	廢帝完顏永濟	不詳~1213	1208-1213		5
	宣宗完顏洵	1163~1223	1213-1223	61	11
	哀宗完顏守緒	不詳~1234	1223-1234		11
	末帝完顏承麟	不詳	1234-1234		
西夏	景帝 李元昊	1003~1048	1038-1048	46	11
	毅宗 李諒祚	1047~1067	1048-1067	21	20
	惠宗 李秉常	1060~1086	1068-1086	27	18
	崇宗 李乾順	1084~1139	1086-1139	56	53

朝代	帝　王	生　歿	在位時間	享壽	在位
	仁宗 李仁孝	1124~1193	1139-1193	70	55
	桓宗 李純祐	1187~1206	1193-1206	20	13
	襄宗 李安全	1206~1211	1206-1211	5	5
	神宗 李遵頊	1163~1226	1211-1223	64	12
	獻宗 李德旺	1181~1226	1223-1226	46	4
	末帝 李 晛	不詳~1226	1226-1227		1
元	太祖成吉思汗	1162~1227	1206-1227	66	22
	太宗 窩闊台	1186~1241	1229-1241	56	13
	定宗 貴由	1206~1248	1246-1248	43	2
	憲宗 蒙哥	1218~1259	1251-1259	42	9
	世祖 忽必烈	1215~1294	1260-1294	80	35
	成宗 鐵穆耳	1266~1307	1294-1307	42	13
	武宗 海山	1281~1311	1307-1311	31	4
	愛育黎拔力八達	1285~1320	1311-1320	36	9
	英宗碩德八喇	1303~1323	1320-1323	21	3
	泰定帝也孫鐵木兒	1293~1328	1324-1328	36	5
	少帝阿叔吉巴	1320~1328	1328-1328	8	2月
	明宗 和世㻋	1300~1329	1329-1329	30	8月
	文宗圖帖睦爾	1304~1332	1329-1332	29	4
	寧宗懿璘質班	1326~1332	1332-1332	7	43天
	順帝懽帖睦爾	1320~1370	1333-1368	51	35
明	太祖 朱元璋	1328~1398	1368-1398	71	31
	惠帝 朱允炆	1377~1402	1398-1402	25	4
	成祖 朱棣	1360~1424	1402-1424	65	22
	仁宗 朱高熾	1377~1425	1424-1424	49	10月
	宣宗 朱瞻基	1398~1435	1425-1435	38	10
	英宗 朱祁鎮	1427~1464	1435-1464	38	23
	代宗 朱祁鈺	1428~1457	1449-1457	30	8
	憲宗 朱見深	1447~1487	1464-1487	41	23
	孝宗 朱祐樘	1470~1505	1487-1505	36	18
	武宗 朱厚照	1491~1521	1505-1521	31	16
	世宗 朱原熜	1507~1566	1521-1566	60	45
	穆宗 朱載垕	1527~1572	1566-1572	46	6
	神宗 朱翊鈞	1562~1620	1572-1620	59	48
	光宗 朱常洛	1585~1621	1620-1620	36	29天
	熹宗 朱由校	1605~1627	1620-1627	23	7
	思宗 朱由檢	1610~1644	1627-1644	35	17
	福王安宗朱由崧	不詳~1645	1644-1644		1
明	魯王 朱以海	1618~1662	1645-1662	45	17
	唐王 朱聿鍵	不詳-1646	1644-1646		
	桂王 朱由榔	不詳-1662	1646-1662		17
清	太祖努爾哈赤	1559~1626	1616-1626	68	11
	太宗 皇太極	1592~1643	1626-1643	52	17
	世祖順治福臨	1638~1661	1644-1661	24	18
	聖祖康熙玄燁	1654~1722	1661-1722	69	61
	世宗雍正胤禛	1678~1735	1722-1735	58	13
	高宗乾隆弘曆	1711~1799	1735-1799	89	60

朝代	帝　　王	生　　歿	在位時間	享壽	在位
	仁宗嘉慶顒琰	1760~1820	1795-1820	61	25
	宣宗道光旻寧	1782~1850	1821-1850	69	30
清	文宗咸豐奕詝	1831~1861	1851-1861	31	11
	穆宗同治載淳	1856~1874	1861-1874	19	14
	德宗光緒載湉	1871~1908	1875-1908	38	34
	末帝宣統溥儀	1906~1967	1909-1911	62	3
中華民國	孫中山	1866.11.12 ~1925.3.12	1912-1925		60
	袁世凱	1859~1916	1912-		
	張　勳	1854~1923			
	黎元洪	1864-1928			
	段祺瑞	1865~1936			
	馮國璋	1857-1919			
	徐世昌				
	曹　錕	~1938.5.17	1923-1924		
	張作霖	1875~1928			
	林　森	1867~1943			
	蔣中正	1887~1975	1925-1975	89	50
	李宗仁	1891~1969	1949-1949	79	
	嚴家淦	1905~1993	1975-		
	蔣經國	1910~1988	-1988	79	
	李登輝	1923.1.15—	1988-2001		12
	陳水扁	1951.2.18—	2001-2008		8
	馬英九	1950.7.13—	2008—		

朝代	帝　　王	生　　歿	在位時間	享壽	在位
中華人民共和國	毛澤東	1893.12.26. ~1976.9.9.	1949-1976	84	
	劉少奇	1898~1969		72	
	華國鋒	1921~2008	1976-1982		
	鄧小平	1904~1997.		92	
	董必武				
	朱　德	1886~1976			
	葉劍英	1897~1986			
	李先稔	1909~	1983-1988		
	楊尚昆		1988-1993		
	胡耀邦	1915~1989	1982-1988		
	趙紫陽	1919~2005	1980-1989		
	江澤民	1926—	1992-2004		
	胡錦濤	1942—	2004-2012		
	習近平	1953—	2013—		

不平等條約

條約名稱	訂約國	時間	條約要點
尼布楚條約 (黑龍江界約)	俄	**1689**	1689.9.7.中俄簽訂【尼布楚條約】,計八條.，其要點： 一・以格爾畢齊河為界,上流循大興安嶺至海,嶺南屬中國,嶺北屬俄國 二・俄人退出雅克薩 三・為逋逃互不索回，今後不得收納，應拏獲送還・ 四・自由交易・
恰克圖條約	俄	**1727**	劃定烏得河中立地,規定送外交文書人,由恰克圖行走,計 11 款
恰克圖市約	俄	**1792**	規定瓦市及人民交涉會審辦法,計 5 款.
中英廣州和約	英	**1841**	中國被迫簽訂賠償英軍的「廣州和約」
南京條約 (萬年和約)	英	**1842**	鴉片案林則徐被謫戍伊犁.奕經攻敵不克,英軍北陷入乍浦上海鎮江迫江寧,清命耆英等與英使濮鼎查議和,1842.8.29.簽訂鴉片戰爭[江寧條約]亦即【南京條約】凡 13 款,其要旨： 一. 規定兩國永存和平,人民互相友睦. 二. 開放五口(廣州、廈門、福州、寧波、上海)通商,英國得派領事駐紮並與地方官公文來往.允許英商寄居貿易. 三. 割讓香港島給英國,由英治理.. 四. 賠償英國 2,100 萬兩(鴉片價 600 萬兩,商欠 300 萬兩,軍費 1200 萬兩) 五. 釋放被囚禁的英國人. 六. 戰爭期間與英人來往之中國人恩准免罪. 七. 秉公議定稅則，兩國往來公文用平等方式・ 八. 英國駐中國總管大臣與中國大臣,無論京內京外者,可以公文來往 九 賠款未付清和所議五口未開放通商前英軍暫駐舟山群島及鼓浪嶼. 十. 規定條約兩國君主批准並換文以昭信守. 9 月耆英與英國樸鼎換文,又訂「江南善後章程」(解決通商與稅則問題) 一.今後再有商欠,官方不代償還. 二.通商限於五口 三.海防聽中國整備 四.英國在中國兵船庄有限制. 五.中英人民如涉及訴訟,應明定章程. 六.英人歸英國自理,華民由中國訊究. 七.英國不得庇匿奸民逃犯
五口通商章程	英	**1843**	根據南京條約規定通商納稅等事,計 15 條.
中美通商望廈條約	美	**1844**	規定利益均霑,完納稅課,貨物轉運等事,計 34 條.
中法修好黃埔條約	法	**1844**	大致與美約相同,計 35 款
瑞典挪威廣東條約	瑞	**1847**	五口通商,完納稅課,訴訟辦法等事,計 33 款.
中俄伊達通商條約	俄	**1851**	俄國在伊犂、塔爾巴哈台陸通商規程,計 17 款
中俄璦琿條約	俄	**1858**	5.28.中俄簽訂【璦琿條約】俄迫割黑龍江以北土地,強入黑龍江等三處只准中國行船・俄使至北京換約並議界.俄置阿穆爾省及東海濱省.
中英天津條約	英	**1858**	6.26 簽訂【中英天津條約】各國公使入駐北京，外人內地遊覽，加開營口、煙台、汕頭、瓊州、台灣淡水口岸，長江開放通商，確定領事裁判權，修改稅則，賠英四百萬兩，法國二百萬兩・
中俄天津條約	俄	**1858**	定七處海口通商,派領事官及兵船至各通商海口,及勘邊界計 12 款
中美天津條約	美	**1858**	英法聯軍議和,美亦要求訂立,規定在通商口居住利益均霑計 30 款
中英天津條約	英	**1858**	英法聯軍議和,開埠通商納稅賠款事,計 56 條

條約名稱	訂約國	時間	條約要點
中法天津條約	法	**1858**	大致與英約相同,計 42 款
中俄北京條約	俄	**1859**	一. 黑龍江下流至烏蘇里河合流處,南岸屬於中國,北岸歸俄..自烏蘇里河口而南,上至興凱湖,二國以烏蘇里及松阿察二河為界,西屬中國,東屬俄國.自松阿察河白稜河等迄於圖們江,西屬中國,東屬俄國.. 二. 西疆勘界,指明順山嶺大河,及華官所在卡倫為界,塔爾巴哈台伊犂所屬巴克圖卡倫迤西之地. 三. 中國開放喀什噶爾至新疆之要地,並許俄商於庫倫張家口銷售零星貨物,俄於喀什噶爾庫倫得設領事. 四. 兩國邊地長官平住來.俄商享受陸路上貿易之特殊權利.
中英北京條約(天津續約)	英	**1860**	1860.7.27 中英法戰爭又起,10.18.燒圓明園,清戰敗,照 1858 年原約外,增加賠款四百萬兩,割九龍,及天津通商計 9 款
中法北京條約(天津續約)	法	**1860**	增加賠款、天津通商、和船鈔等事,計 10 款
中俄北京條約	俄	**1860**	英法聯軍北上議和,俄要求各口通商居住及利益均霑,計 15 款.
中德天津條約	德	**1861**	援例五口通商要求在各口通商納稅,控訴及利益均霑計 42 款
中俄陸通路商程	俄	**1862**	按天津條約,酌議將陸路通商及稅務條款免稅完稅事,計 21 款
中葡萄牙通商條約	葡	**1862**	在各口通商設領事官,控訴審訊,完稅納課等事計 54 款未互換約
中丹麥通商條約	麥	**1863**	由英使介紹訂約,規定通納稅訴訟等事,計 55 款.
中荷蘭天津條約	荷	**1863**	派領事來華,各口通商,保護教民,控案訊斷辦法及船貨 16 款
中、西班牙通商條約	西	**1864**	英助規定派使領館,各口通商,呈控審訊,船貨完稅等,計 52 款
中、比通商條約	比	**1865**	設使領館,各口通商,呈控審訊,船貨完稅等,利益均霑等計 47 款
中、義通商條約	義	**1866**	法翻澤官代辦設使領館官各口通商准雇華工船貨納稅等計 55 款.
中美續增條約	美	**1868**	中美兩國通商互利事項,計 8 款
中俄改訂陸路通商章程	俄	**1869**	改訂前次章程,重新規定內地通商納稅等事,計 22 款.
中奧新修條規	奧	**1869**	由英使代辦立約,設使館官,各口通商,船貨進出納稅等事,計 45 款
中日修好條約	日	**1871**	指定口岸通商等事,計 18 款.附通商章程 33 款.
中、秘魯通商條約	秘	**1874**	互派使領及通商事宜,計 19 款.附華工之會議專條及照會二件.
中英煙台條約	英	**1876**	英在雲南被戕議定三端 16 款.優待往來開埠通商,允英入藏測鐵路
中、日【日韓江華條約】	日	**1876**	一. 認朝鮮為獨立自主國,與日本平等,彼此互派公使. 二. 朝鮮開仁川元山為商埠. 三. 朝鮮沿海各境,准日人自由測量.
中俄【里華幾亞條約】	俄	**1879**	償俄軍費五百萬盧布,割霍爾果斯河以西二萬平方公里,及特克斯河流域二萬平方公里與俄
中美北京續修條約	美	**1880**	保護華工在美事,計四款.
中美另立條款	美	**1880**	與前約同時訂立,互禁鴉片,發展貿易,納稅及訴訟辦法事,計 4 款.
中俄伊犂事件改訂【聖彼得堡條約】	俄	**1881**	新約七條,俄歸還伊犁及特克斯河流域,清償俄軍費九百萬盧布,但仍割霍爾果斯河以西與俄,及陸路貿易 20 款,陸路通商 17 款.
中、巴西通商條約	巴	**1881**	互派使館官及貿易事項,計 17 款.互相優待酬報,同霑限制. 首創兩國互惠條約,前所未有.
中、俄簽訂科塔條約	俄	**1883**	中俄勘定齋桑湖以東邊界,外蒙科布多與新疆塔城間邊界,面積三萬平方公里齋桑湖地區,劃歸給蘇俄
中英煙台約續增專條	英	**1885**	聲明煙台條約第三端,鴉片應完正稅釐金辦法,計 10 款
中法越南新約(李福協定)	法	**1885**	悉依 1884 年李福協定,法自治灣撤退,不索賠償,中國撤出諒山,承認安南為法保護國. 開放蒙自、龍州等商埠,西南各省建築鐵路,應由法商承包.邊境貿易減稅等計 10 款.
中日天津條約	日	**1885**	李鴻章與日伊藤博文商議對於朝鮮善後問題,簽訂中日天津條約：

條約名稱	訂約國	時間	條約要點
			一.中日兩國駐紮朝鮮之軍隊各自撤退回國. 二.朝鮮練兵,中日兩國均不派教練官. 三.將來朝鮮有事,兩國或一國如須派兵,須先行文知照.
中法「越南條約」	法	1885	1885.6.中法簽訂「越南條約」 一.法軍不得過北圻,中國亦不派兵往北圻 二.中國承認法國與越南所訂條約. 三.訂立北圻與雲南、廣東、廣西各省陸上通商章程. 四.中國將來在越南修築鐵路時,向法國人商辦(非法國人獨享) 五.法國退出台灣澎湖.
中英緬甸條約	英	1886	承認英有緬甸政權,緬甸每十年進貢中國,中緬會勘邊界,英停止派員入藏,計 5 款.中國允許英國在緬甸秉政,正式兼併緬甸..
中英藏印條約	英	1890	劃分藏哲邊界,承認哲孟雄為英保護國,游牧通商交涉三端另 8 款
中英續議藏印條約	英	1893	根據前約議定,規定游牧、通商、交涉等事,計 9 款.
中英續議滇緬界約商約(又名緬甸續約)	英	1894	根據 1886 年甸條約,劃定邊界及通商等事.計 20 款. 以尖高山(雲南騰衝西北)為中緬邊界,規定孟連江洪兩地,不得讓與他國
中、法訂約:	法	1894	一. 中國割讓猛烏烏得. 二. 中國滇粵桂省開礦,應先向法國商辦,並許安南鐵路造至中國境內 三. 思茅安南互接電線 四. 中國允許承辦龍州鎮南關鐵路,沿線得設電線.承辦期 36 年
中美協訂限禁華工條約	美	1894	中美協訂【限禁華工條約】華工十年內不得進入美國.以十年為期,1904.12 月期滿,中國宣布禁約終止,美國不理.中國抵制外貨,以和平方式反抗外力壓迫.
中日馬關條約	日	1895	中日朝鮮戰爭戰敗,議定朝鮮獨立,割遼東半島台灣澎湖等,賠款二億兩.及重訂商約,准許加開商埠,內地行輪,內地購貨運貨,及得在內地從事工藝製造.計 11 款
中日通商行船條約	日	1896	日可通商貿易製造,完納稅項,利益均霑等事,計 29 條.
中、俄密約	俄	1896	俄以三百萬盧布賄賂李鴻章與俄簽訂【中俄密約】:兩國對日本攻守同盟 15 年,准「華俄道勝銀行」修築「中東鐵路」、「東清鐵路」、「允俄於吉林黑龍江連接造鐵路直通海參威」計六款
中、英續議緬甸條約	英	1897	2 月中英續議緬甸條約 18 款成: 一.緬約:中國讓地與英,促進商業,建築鐵路與緬甸鐵路連接. 二.專約:西江開放梧州三水江根墟三口,外輪得箱香港駛往梧州,途中得於江門甘竹灘慶府德慶州停泊,上下客貨.
中德膠澳租借條約	德	1898	俄德法三國干涉日本歸還遼東半島,德以兵艦強佔膠州灣以為報酬,中國被迫同意租借,為期 99 年,計三端 10 款.
中俄旅順大連租借條約	俄	1898	中俄簽訂「旅順大連租借條約」期限 25 年,俄國修中東鐵路支線由哈爾濱至旅順,沿途由俄駐兵保護.
中英租借威海衛專條	英	1898	英以德俄均勢強租威海衛 25 年停泊軍艦,計 1 款. 又以法租廣州灣英擴展香港租界.
各國內港行輪章程		1898	准許各國外商享有內河航行權,計九款.
修改長江通商章程		1898	1862 年曾訂長江通商章程,本年由總稅務司赫德與各公使新訂沿長江各口岸貿易事,計 10 款.
英、德、俄、法強迫租約	英德俄法	1898	與英國簽訂條約： 一.借款以海關常關收入及釐鹽稅為擔保. 二.允許英國建築鐵路直達長江. 三.中國允許不讓揚子江流域予他國. 四.中國開放大連灣南寧湘潭為商港. 五.內河可行駛小輪船.

條約名稱	訂約國	時間	條約要點
			六.通商口岸免去釐金. 七.准許外商享有內河航行權,開岳州三都澳秦皇島為商埠. 4 月與英國簽訂威海衛租借條約.期限 25 年.又租九龍半島,復擴香港租界 5 月英國福公司(Peking Syndicate)亦與山西務局訂立山西採礦敷設鐵路合同.一個月後,又與河南豫豐公司訂立河南採礦章程. 兩年後四川煤鐵礦由英法合辦 6.9.中英簽訂「展拓香港界址專條」將新界租借給英國. 與德國簽訂條約 2 月與德國簽訂【膠澳租界條約】期限 99 年,強租膠州灣.山東鐵路礦產,悉歸德國承辦. 德國取得山東沿鐵路的礦權,江西萍鄉煤礦亦由德國借款開採. 與俄國簽訂條約： 3 月與俄國簽訂旅順大連租界條約,期限 25 年,俄國修中東鐵路支線,由哈爾濱至旅順,沿途由俄駐兵保護. 5 月蘇聯華俄道勝銀行與山西商務局訂立石家莊至山西太原鐵路合同.
法租借廣州灣條約	法	1899	「中法廣州灣租界約」5.6.法強租廣州灣,11.16.簽約,租期 99 年.法國人並得自廣州灣建築鐵路至雷州.約定雲南廣西兩省不得割讓他國.
中、墨西哥通商條約	墨	1899	互派使領通商酬報專條,方能與他國利益均霑,禁止沿岸貿易 20 款
北京媾和條約(辛丑和約)	11 國	1901	德奧比西班牙法英義日本蘭俄等 11 國,因義和團亂八國聯軍入北京議定,遣使謝罪,賠款四億五仟萬兩.劃定使館區,削平大沽通海砲台,准許外國在北京至山海關一帶駐兵,重訂商約,計 12 款.
中英通商新約(馬凱條約)	英	1902	議定裁釐加稅辦法,及增開通商口岸,計 16 款
英日「同盟條約」	英日	1902	1.30.同盟條約簽字,強調維持中國與朝鮮的獨立柔領土完整,共保英日在中韓的利益.引起俄國大為不滿,而有【東三省交收條約】
中俄【東三省撤兵條約】		1902.	.中俄訂【東三省撤兵條約】俄進駐東三省軍隊在十八個月內,分三期撤返俄國.俄許以二萬兩巨款賄王文韶,一萬兩賄其他人員,在條約中註明「再無變亂,亦無其他國家牽制.」為撤退先決條件,俄國一直拒絕履行.
中俄正太鐵路借款約	俄	1902	中俄簽訂正太鐵路借款合約
中美續通商行船條約	美	1903	條款與英約大致相同,計 17 款.
中日通商行船續約	日	1903	大致與美約相同,計 13 款
「拉薩條約」及「藏印續約」	英	1903	1903 年印度兵入藏,19043.5.達賴對英宣戰,敗走青海再轉庫倫 8.3.英軍入拉薩,9.7.西藏與英訂立和約：開商埠,英軍留春丕,削砲,台賠款 50 萬兩,非經英許可,不得糹土地路電礦產讓與外國,稅收貨物金銀不得抵押. 中國不承認「拉薩條約」1906.4.27.訂「藏印續約」拉薩條約作為附約,英允不佔領西藏土地及干涉藏政.英俄協議,互認中國在藏宗主權.1908.4.20.中英再訂「藏印通商章程」.1909.12 月達賴返回西藏 1910.2 月,川軍抵拉薩,達賴第二次出奔,中國不以其走變更西藏現存制度.
「續訂通商行船條約」亦即馬凱條約	美日	1903	10.8.中國分與美、日訂「續訂通商行船條約」(馬凱條約)： 1.美約所定稅率與上馬凱條約相同,日約未有明. 2.內河及商業便利擴大,外國輪船可於西江十餘處搭客,開放廣東之惠州長江之安慶,長沙,萬縣,東北之瀋,安東,大東溝及北京為商埠. 3.給外人以投資便利,准華、洋合股經商,妥訂礦務章程,製定國幣,統一度量衡.
中葡新訂商約	葡	1904	根據辛丑和約議訂,納稅辦法,澳門行駛輪船,商船進出內地製造等 20 款
中英拉薩條約	英	1904	1904.9.7.中英簽訂拉薩條約：西藏為英國獨占勢力範圍,開江孜、噶大克、亞東為商埠,英國在商埠派駐官員,賠償英國兵費五十萬英磅,拆毀自印度邊界至江孜、拉薩的防禦工事.

條約名稱	訂約國	時間	條約要點
日、俄【樸資茅斯條約】	日俄	1905	日俄【樸資茅斯條約】有損我國政權. 一. 俄國承認日本在朝鮮的優越地位 二. 日俄兩國同時在東三省撤兵 三. 俄國把旅順大連租讓權轉予日本 四. 俄國將長春至旅順鐵路及附近礦權轉讓日本 五. 俄割庫頁島南部與日本.
中日簽訂「東三省事宜條約」	日	1905.12.22	日本對於【樸資茅斯條約】認為所得不多,轉向中國勒索 一. 中國承認日本取得原屬俄國權益 二. 在東北加開商埠 16 處 三. 安東至奉天鐵路由日本經營 15 年 四. 中國同意組織中日木植公司合採鴨綠江右岸木材
新訂中英藏印條約(附英藏條約)	英	1906	英允不佔併藏境及干涉其政權,中國亦不准他國干涉藏政.劃定邊界,開商埠.承認 1904 年英藏所訂條約,為本約附約,計六款.英國承認中國有西藏主權
中、瑞典通商條約	瑞	1908	規定互派使領,通商等事,計 17 款.
各國會議禁煙條約		1909	由美國發起,邀多國在上海會議,一致主張禁煙,議訂辦法,計 9 款.
中日東三省五案交涉條約	日	1909	中國如造新法路,先與日本商量.中國允許日本保留大石橋至營口支線.商訂撫順煙台兩礦外,由中日會辦京奉路展造至奉天城根 7 款中國允許日本吉長鐵路延展至朝鮮會寧,安奉鐵路由日本改造,開吉林東南四處為商埠,韓人照舊墾居.
圖們江中韓國界條約	日	1909	中日認月圖們江為中韓國界,開放商埠四處,計 7 款.
俄強迫中國承認之條款(無確定名稱)	俄	1911	俄陳兵邊境,強迫中國承認條款: 兩國境百里內無稅貿易,俄取得法權,俄人在蒙古新疆可自由轉移,設置領事,購地建屋等事,共 6 款 1921 年蘇俄強佔外蒙
「外蒙古獨立」	俄	1911	俄國一手主使趁武昌起義兵亂,乘機宣佈建立「大蒙古獨立帝國」
「中俄協約」	俄	1913	1913.5.20.簽訂俄國承認蒙古為中國領土完全的一部分,中國答應不變更外蒙古的地方自治制度.允許蒙古有組織軍隊及警察之權,允許外蒙古有拒絕非蒙古人向其境內移民之權,俄國在外蒙古居於調處之地位.此使中國在外蒙古的利權盡失.因國人反對.重新協議,於
日本建滿、蒙五鐵路案	日	1913	10 月袁世凱政府秘密接受日本建滿蒙五鐵路：四平街至洮南,開源至海龍,長春至洮南,海龍至吉林.
中英在印度西姆拉(Simla)與西藏代表草約	英	1914	中英在印度西姆拉(Simla)與西藏代表達成草約,英國承認中國對西藏的宗主權,中國承認外藏的的自治權,中國不干涉西藏內政,不在西藏駐軍,不派官員, 不移民,中國雖未在草約上簽字,英國則繼續控制西藏,直至 1933 年達賴逝世,中國在西藏的地位始漸恢復.
中日新約(日本強迫簽訂之廿一條喪權辱國條約)	日	1915	1.18.日本向袁世凱提出五號 21 條要求,其重點： 一號四條：要求中國政府允計日本繼承德國在山東的各種權益. 二號七條：要求在旅順大連南滿東蒙的越權利. 三號二條：要求與中國合辦漢冶萍公司. 四號一條：要求中國所有港灣及島嶼不得割讓或租借給他國· 五號七條：要求中國政府聘日本為政治軍事財政顧問,要求與中國共同管理中國重要地區的警察. 5.9.袁世凱承認日本嚴苛喪權辱國 21 條,人稱「五九國恥紀念日」 25 日中日簽訂「中日新約」承認「廿一條」談判結果： 一. 中國承認日本繼承德國在山東的一切權利,允借款建造煙台至濰縣鐵路,山東加開商埠,境內及沿海島嶼策借或讓與他國. 二. 中國允許將旅順、大連租借期,南滿、安奉兩鐵路管理期均延長為 99 年.日人得在南滿商租土地,居住往來,經營商、工、農業,得在東蒙與

條約名稱	訂約國	時間	條約要點
			華人合辦農工商業,允於東蒙開置商埠,允日本在南滿採礦,允借日款建造南滿、東蒙鐵路.允在南滿聘日人為政治、財政、軍事、警察顧問教官. 三. 中國允與日本合辦漢冶萍公司. 四. 中國不准他國在福建設造船所、軍用貯煤所、海軍基地、及其他軍事設施.對於中國沿海港灣島嶼概不讓與或租與他國之事,袁世凱已先以宣布.
中日「民四條約」	日	**1915**	5 月 25 日中日「民四條約」在北京簽訂包括「中日關于南滿洲及東部內蒙古之條約」「中日關于山東省之條約」另附換文 13 件.
中俄蒙協約	俄	**1915**	1915.6.7.中俄蒙協約,規定承認外蒙古的自治權,外蒙古承認中國宗主權
中、俄「呼倫貝爾條約」	俄	**1915**	11.16.俄國與袁世凱政府簽訂「呼倫貝爾條約」將黑龍江省西部呼倫貝爾區改為特別自治區,中國不得干預內政,不得駐軍及征稅.
中、法「金佛案協訂」	法	**1921**	「金佛案」法國以中法合辦的中法實業銀行倒閉,要求與北洋政府訂立密約,以退還部分庚子賠款恢復中法實業銀行為餌,要求中國以金佛印償付庚款,使中國多付關銀 8,000 餘萬兩.消息傳出,全國反對.法國聯合其他列強,脅迫段祺瑞于 1925 年 4 月簽訂「中法協訂」接受法國要求.
中日塘沽協定	日	**1933**	5.31.中日在塘沽簽立華北停戰協定,史稱【塘沽協定】劃冀東廿二縣為非武裝區,並就通車、通郵、以及於長城線設置稅關等問題與日本成立協定.
開羅會議宣言」(原文)		**1943. 12.3.**	【三國軍事人員關於今後攻日本之計畫,已獲得一致意見,三盟國決以無保留之海陸空軍力,以打擊其殘暴之敵人,此種壓力之增加業已在望.三大盟國因遏阻懲罰日本之侵略,乃出於戰爭.三大盟國之目的不在謀取自己之利益,亦從未計其國土之展拓.他們的目的在剝奪日本在 1914 年以後所占得之太平洋各島嶼.所有日本竊奪之中國一切土地,亦應予剔除.三盟國念及朝鮮人民久受奴隸待遇,應使朝鮮在相當時期內,享得自由與獨立.根據以上所認定之目的及聯合國其他一致之精神,三大盟國將堅忍進進行重大而長期之戰爭,必達到日本無條件投降而後已.】
開羅會議	中英美	**1943**	日本在 1914 年以後，所佔得之太平洋各島嶼所有日本竊奪之中國一切土地，如滿洲、臺灣、澎湖，均應由中華民國恢復之。日本因貪慾武力所佔取之土地，亦應予剔除。三盟國念及朝鮮人民久受奴隸待遇，應使朝鮮在相當時期內，享得自由與獨立。根據以上所認定之目的及聯合國其他一致之精神，三大盟國將堅忍進行重大而長期之戰爭，必達到日本無條件投降而後已。 中華民國國民政府主席：蔣中正 美利堅合眾國總統：羅斯福 不列顛王國首相：邱吉爾 公元 1943 年 12 月 3 日分別在重慶華府倫敦同時公佈。 「開羅宣言」於美國國務院公報稱為「**Statement on Conference of President Roosevelt、Generalissimo Chiang Kai-Shek、Prime Minister hurchill,Cairo,December 1,1943**」(1943 年 12 月 1 日羅斯福總統、蔣介石委員長和邱吉爾首相在開羅會議的聲明)，因此正式名稱應為「開羅聲明」。開羅聲明談到：在戰爭結束後，日本從中國「竊取」的領土，包括台灣與澎湖，都要歸還中國。這一點又為二年後的「波茨坦宣言」所確認。因此，中國的國共雙方都主張中國依開羅聲明取得台灣主權。基本上，中國的國、共雙方都將開羅聲明視為尚方寶劍，強調它具有高度的法律約束力，認為其法律效力有如條約一般，中國依開羅聲明取得台灣主權。
「中蘇友好同盟條約」協議要點	中 蘇	**1944**	一. 兩國協同對日作戰. 二. 互尊主權與領土完整,不干涉內政. 三. 戰後彼此給予一切可能的經濟的援助.

條約名稱	訂約國	時間	條約要點
			四. 條約有效期為 30 年.(以上為正文) 五. 蘇俄同意予中國中央政府,即國民政府以道義、軍需品、及其他物資援助. 六. 蘇俄承認中國在東三省之充分主權,並尊重其領土及行政之完整. 七. 蘇俄對於最近新疆事變,無干涉中國內政之意 八. 如外蒙古依公民投票,證實其獨立願望,中國當予承認.蘇俄聲明尊重其政治獨立與土地完整.(以上為換文) 九. 中東鐵路、南滿鐵路合併為中國長春鐵路,歸中俄共有共管,中國擔任保護,其支線與附屬事業及土地為中國所有. 十. 大連開闢為自由港,行政權屬於中國, 十一. 旅順作為中俄共用的海軍基地.設立中俄軍事委員會,蘇俄負擔保護之責,民事行屬於中國. 十二. 俄軍入滿洲後,中國國民政府派員在已收復之領土設立行政機關.(以上為協定) 十三. 蘇俄聲明,日本投降後三星期內,蘇俄軍隊開始撤退,三個月完成.(以上為記錄)
雅爾達密約	英美蘇	**1945**	1945 年 2 月 4 日至 2 月 11 日，羅斯福、邱吉爾與史達林三人於黑海雅爾達舉行會議，三國簽訂了「雅爾達密約」，主要內容： 一・ 設大連為國際性商港，蘇俄享有優先利益 二・ 租借旅順軍港於蘇俄 三・ 確保蘇俄於滿州之優先利益 四・ 中東、南滿鐵路由中俄合營 五・ 維持外蒙古獨立 6 月 15 日，赫爾利(Patrick J.Hurley)奉命將「雅爾達密約」告知蔣中正，並且希望能由中國直接與蘇俄談判・ 6 月 27 日，行政院長兼外交部長宋子文前往莫斯科與俄交涉訂約之事。之後王世杰繼任外長，會同宋子文再度與俄談判。8 月 14 日，雙方簽訂「中俄友好同盟條約」，有效其間為三十年。主要內容如下： 1. 外蒙古(蒙古人民共和國)的現狀須予維持。 2. 對 1904 年由於日本背信攻擊(日俄戰爭)所受侵害的帝俄舊有權利，應予恢復如左： (a)庫頁島南部及其鄰近的一切島嶼均須歸還蘇俄； (b)維護蘇俄在大連商港的優先權益，並使該港國際化；同時恢復旅順港口俄國海軍基地的租借權； (c)中蘇設立公司共同經營合辦中長鐵路、南滿鐵路，並保障蘇俄的優先利益。同時維護中華民國在滿州完整的主權。 3.千島群島讓與蘇俄。 4.上述有關外蒙古及東北的港灣與鐵路等協議，須徵求蔣中正之同意，羅斯福總統依史達林之通知，採取取得其同意之措施。 5.中蘇共同抗日 6.於日本投降後三周內撤走駐守滿州之部隊 7.中國允許旅順、大連為俄國的海、空軍基地 8.承認俄國對於南、北滿鐵路以及相關附屬事業的所有權 9. 承認外蒙獨立
波茨坦會議		**1945**	Potsdam Conference 西元 1945 年 7 月 17 日～8 月 2 日 在第二次世界大戰中，德國投降後在柏林郊外波茨坦舉行的盟國會議。杜魯門、史達林和邱吉爾（後被艾德禮取代）聚首討論恢復歐洲和平、德國和奧地利戰後管理、賠款、東歐政治和領土計畫以及繼續對日本作戰等問

條約名稱	訂約國	時間	條約要點
			題。在會議中，法國得到許可參與德國的管理，德國和波蘭邊境被重新劃分，史達林拒絕讓西方勢力干涉他對東歐的控制。
中蘇友好條約	俄	1945	14 日中蘇友好同盟條約始由王世杰宋子文與莫洛夫簽字. (1)該約有效期間 30 年 (2)中蘇共同抗日,蘇俄支持蔣中正為中國領袖,不援助他的敵人 (3)日本投降三週後自滿洲撤兵,二至三個月內完成. (4)中國允許旅順大連租為俄國海空軍基地. 開大連為國際商港,保障蘇俄在該港;的優越利益 (5)允許俄國對南北滿鐵路其附屬事業的所有權 (6)承認外蒙獨立 其他(與我國無關事項)： (A)恢復蘇俄 1904 年被日本侵害的權利 (B)庫頁島南部及附近島嶼 (C)千島群島應歸蘇俄
中共與莫斯科簽定「莫斯科協定」	俄	1948	未經國民政府同意,中共自行與莫斯科簽定「莫斯科協定」: (1)中國領土內的礦權,應優先給予蘇俄開採. (2)蘇俄有權在東北與新疆駐紮軍隊. (3)如果第三次世界大戰爆發時,中國紅軍應依靠蘇俄軍隊作戰. (4)蘇俄承擔建立蘇俄與中共聯合的空軍力量. (5)中共擴大組織,遠東共黨情報局設於中國. (6)如果歐洲發生包含蘇俄在內的戰爭,中共應派遣遠征軍十萬及勞工一百萬人,支援蘇從事戰爭. (7)蘇俄允諾儘速裝備並訓練中國紅軍十一個師. 這個協定簽字後,蘇俄即將美國在二次大戰期中援助它的 103 億美元武器的三分之一運入東北,林彪因此有整師的砲兵和坦克部隊.
1851.9.8.舊金山和約與 1952.4.28.中日和約		1951.	舊金山和約 1951 年 9 月 8 日簽字。第 2 條(b)規定，日本放棄台灣和澎湖的一切權利。1952 年 4 月 28 日正式生效。该合约主要是為了解決第二次世界大戰後國日本的地位問題,合约的第二條聲明日本承認朝鮮獨立、放棄台湾、澎湖、千島群島、庫頁島、南沙群島、西沙群島等島嶼的主權.舊金山和約簽字時中華民國沒有代表參加． 1952 年 4 月 28 日，中、日兩國簽定了「中華民國與日本國間和平條約」，簽署人是中華民國外交部部長葉公超及日本的大藏大臣河田烈，這是一項正式的國際條約．條約中日本向中華民國宣布放棄對台灣及澎湖的主權．從條約生效那一天開始，台灣才真正還給了中華民國．中日和約根本就是舊金山和約的延伸．以所有權狀而言，1985 年以前台灣所有權狀所有人是「清政府」，馬關條約簽訂之後，台灣的所有權狀上所有人就改為「日本國」；1952 年 4 月 28 日之後，則已經改為「中華民國」，延續到今天，台灣根本不存在「主權未定」的問題．但 1978 年日本與中華人民共和國簽定了「中日友好和平條約」後，日本與中華民國在 1952 年簽定的和約就沒有意義了，但日本沒有權利「處分」台灣的主權，所以日本與中華人民共和國簽訂的和約中，隻字未提台灣問題．
中美共同防禦條約		1954	1954.11.2.美國務卿杜勒斯與中華民國政府外交部長葉公超，在華盛頓簽定『美華（蔣）共同防禦條約』。 **第一條**（紛爭的和平解決，禁止行使武力） 締約國約定基於聯合國憲章，以危害國際和平、安全及正義的和平手段來解決自國被捲入的國際紛爭，並在其國際關係上，不以與聯合國的目的不兩立的方法來以武力威脅或行使武力。 **第二條**（防衛力發展） 締約國為了更加有效的達成此條約的目的，由自

條約名稱	訂約國	時間	條約要點
			助及互助援助，單獨及共同，維持且發展對締約的領土保全及政治安定的來自外界武力攻擊及共產主義者的破壞活動的，個別的及集團的抵抗能力。 **第三條**（互和協力） 締約國約定為了強化自由的諸制度並促進經濟進步及社會福利，而互相協力，並為了達成這些目的個別的及共同的繼續努力。 **第四條**（協議） 締約國關於實施此條約，透過自國外交部長或其代理隨時進行協議。 **第五條**（對武力攻擊的行動） 各締約國認為在西太平洋地區對任何一方締約國領城的武力攻擊，即危害自國的和平及安全，且基於自國憲法手續，宣言為了對付共同的危險而行動。 前述的武力攻擊及因此所採取的措置，得立即報告聯合國安全理事會。上述措置，安全理事會若恢復和平及安全，及為維持和平及安全採取必要措置時，得終止之。 **第六條**（領土、領域的範圍） 第二條及第五條所規定的適用上，所謂『領土』及『領域』中華民國是指台灣及澎湖諸島，北美合眾國是指在其管轄下的西太平洋屬領諸島。第二條及第五條的規定，也適用於互相同意所決定的其他領域。 **第七條**（美軍的配備） 關於在台灣與澎湖諸島及共周圍，為了防禦所必要的美國陸軍、空軍及海軍、基於互相同意所決定，中華民國政府許諾其配備的權利，美國政府予以接受。 **第八條**（聯合國的關係） 此條約，對維持基於聯合國憲章的權利及義務或國際和平及安全的聯合國的責任、，給予任何影響，同時不可解釋為給予任何影響。第九條（批准，效力發生） 此條約，必須由美國及中華民國，根據各自憲法上的手續予以批准。此條約，兩國在台北交換批准書時，同時發效力。 **第九條**（有效期限） 此條約有效期限，定為無期限。若有任何一方締約國通告他方締約國時，可以使此條約在一年後終止。 同時，這條約在同年十二月十日，經過杜勒斯與葉公超的左列『交換文書』，表明此條約是屬於防禦性的，並且蔣家政權若要行使武力時，必須預先與美國協議，即： 【鑑於對這些地在國府管轄下的任何武力行使，將會影響對方締約國。這種武力行使，必以具有明確屬於行使自衛的固有權利之緊急行動為條件，雙方同意認為是屬於共同協議的問題】。

蘇俄侵佔中國領土

年 代	條 約	中 國 喪 失 土 地	大約面積 (㎞ ^{2})	備 註
1858	瑷琿條約	黑龍江以[北,外興安領嶺以南	640,000	
1860	中俄北京條約	烏蘇里江以東	340,000	
1864	塔城條約	新疆西北	580,000	
1881	聖彼得堡條約	霍爾果斯河以西	20,000	
1883	科塔條約	外蒙科布多與新疆齋桑湖以東邊界	30,000	約台灣土地面積大
合計			1,610,000	

中華民族紀元年表

西曆紀元年前

朝代	帝　王	國號	干支	紀元前	紀　事
			甲子	-5577	
			乙丑	-5576	
			丙寅	-5575	
			丁卯	-5574	
			戊辰	-5573	
			己巳	-5572	
			庚午	-5571	
			辛未	-5570	
			壬申	-5569	
			癸酉	-5568	
			甲戌	-5567	
			乙亥	-5566	
			丙子	-5565	
			丁丑	-5564	
			戊寅	-5563	
			己卯	-5562	
			庚辰	-5561	
			辛巳	-5560	
			壬午	-5559	
			癸未	-5558	
			甲申	-5557	
			乙酉	-5556	
			丙戌	-5555	
			丁亥	-5554	
			戊子	-5553	
			己丑	-5552-	
			庚寅	-5551	
			辛卯	-5550	
			壬辰	-5549	
			癸巳	-5548	
			甲午	-5547	
			乙未	-5546	
			丙申	-5545	
			丁酉	-5544	
			戊戌	-5543	
			己亥	-5542	
			庚子	-5541	
			辛丑	-5540	
			壬寅	-5539	
			癸卯	-5538	
			甲辰	-5537	

朝代	帝　王	國號	干支	紀元前	紀　事
			乙巳	-5536	
			丙午	-5535	
			丁未	-5534	
			戊申	-5533	
			己酉	-5532	
			庚戌	-5531	
			辛亥	-5530	
			壬子	-5529	
			癸丑	-5528	
			甲寅	-5527	
			乙卯	-5526	
			丙辰	-5525	
			丁巳	-5524	
			戊午	-5523	
			己未	-5522	
			庚申	–5521	
			辛酉	-5520	
			壬戌	-5519	
			癸亥	-5518	
			甲子	-5517	
			乙丑	-5516	
			丙寅	-5515	
			丁卯	-5514	
			戊辰	-5513	
			己巳	-5512	
			庚午	-5511	
			辛未	-5510	
			壬申	-5509	
			癸酉	-5508	
			甲戌	-5507	
			乙亥	-5506	
			丙子	-5505	
			丁丑	-5504	
			戊寅	-5503	
			己卯	-5502	
			庚辰	-5501	
			辛巳	-5500	
			壬午	-5499	
			癸未	-5498	
			甲申	-5497	
			乙酉	-5496	
			丙戌	-5495	
			丁亥	-5494	
			戊子	-5493	
			己丑	-5492	
			庚寅	-5491	
			辛卯	-5490	

朝代	帝　　王	國號	干支	紀元前	紀　　　　事
			壬辰	-5489	
			癸巳	-5488	
			甲午	-5487	
			乙未	-5486	
			丙申	-5485	
			丁酉	-5484	
			戊戌	-5483	
			己亥	-5482	
			庚子	-5481	
			辛丑	-5480	
			壬寅	-5479	
			癸卯	-5478	
			甲辰	-5477	
			乙巳	-5476	
			丙午	-5475	
			丁未	-5474	
			戊申	-5473	
			己酉	-5472	
			庚戌	-5471	
			辛亥	-5470	
			壬子	-5469	
			癸丑	-5468	
			甲寅	-5467	
			乙卯	-5466	
			丙辰	-5465	
			丁巳	-5464	
			戊午	-5463	
			己未	-5462	
			庚申	-5461	
			辛酉	-5460	
			壬戌	-5459	
			癸亥	-5458	
			甲子	-5457	
			乙丑	-5456	
			丙寅	-5455	
			丁卯	-5454	
			戊辰	-5453	
			己巳	-5452	
			庚午	-5451	
			辛未	-5450	
			壬申	-5449	
			癸酉	-5448	
			甲戌	-5447	
			乙亥	-5446	
			丙子	-5445	
			丁丑	-5444	
			戊寅	-5443	

朝代	帝　王	國號	干支	紀元前	紀　事
			己卯	-5442	
			庚辰	-5441	
			辛巳	-5440	
			壬午	-5439	
			癸未	-5438	
			甲申	-5437	
			乙酉	-5436	
			丙戌	-5435	
			丁亥	-5434	
			戊子	-5433	
			己丑	-5432	
			庚寅	-5431	
			辛卯	-5430	
			壬辰	-5429	
			癸巳	-5428	
			甲午	-5427	
			乙未	-5426	
			丙申	-5425	
			丁酉	-5424	
			戊戌	-5423	
			己亥	-5422	
			庚子	-5421	
			辛丑	-5420	
			壬寅	-5419	
			癸卯	-5418	
			甲辰	-5417	
			乙巳	-5416	
			丙午	-5415	
			丁未	-5414	
			戊申	-5413	
			己酉	-5412	
			庚戌	-5411	
			辛亥	-5410	
			壬子	-5409	
			癸丑	-5408	
			甲寅	-5407	
			乙卯	-5406	
			丙辰	-5405	
			丁巳	-5404	
			戊午	-5403	
			己未	-5402	
			庚申	-5401	
			辛酉	-5400	
			壬戌	-5399	
			癸亥	-5398	
			甲子	-5397	
			乙丑	-5396	

朝代	帝王	國號	干支	紀元前	紀事
			丙寅	-5395	
			丁卯	-5394	
			戊辰	-5393	
			己巳	-5392	
			庚午	-5391	
			辛未	-5390	
			壬申	-5389	
			癸酉	-5388	
			甲戌	-5387	
			乙亥	-5386	
			丙子	-5385	
			丁丑	-5384	
			戊寅	-5383	
			己卯	-5382	
			庚辰	-5381	
			辛巳	-5380	
			壬午	-5379	
			癸未	-5378	
			甲申	-5377	
			乙酉	-5376	
			丙戌	-5375	
			丁亥	-5374	
			戊子	-5373	
			己丑	-5372	
			庚寅	-5371	
			辛卯	-5370	
			壬辰	-5369	
			癸巳	-5368	
			甲午	-5367	
			乙未	-5366	
			丙申	-5365	
			丁酉	-5364	
			戊戌	-5363	
			已亥	-5362	
			庚子	-5361	
			辛丑	-5360	
			壬寅	-5359	
			癸卯	-5358	
			甲辰	-5357	
			乙巳	-5356	
			丙午	-5355	
			丁未	-5354	
			戊申	-5353	
			己酉	-5352	
			庚戌	-5351	
			辛亥	-5350	
			壬子	-5349	

朝代	帝　　王	國號	干支	紀元前	紀　　事
			癸丑	-5348	
			甲寅	-5347	
			乙卯	-5346	
			丙辰	-5345	
			丁巳	-5344	
			戊午	-5343	
			己未	-5342	
			庚申	-5341	
			辛酉	-5340	
			壬戌	-5339	
			癸亥	-5338	
			甲子	-5337	
			乙丑	-5336	
			丙寅	-5335	
			丁卯	-5334	
			戊辰	-5333	
			己巳	-5332	
			庚午	-5331	
			辛未	-5330	
			壬申	-5329	
			癸酉	-5328	
			甲戌	-5327	
			乙亥	-5326	
			丙子	-5325	
			丁丑	-5324	
			戊寅	-5323	
			己卯	-5322	
			庚辰	-5321	
			辛巳	-5320	
			壬午	-5319	
			癸未	-5318	
			甲申	-5317	
			乙酉	-5316	
			丙戌	-5315	
			丁亥	-5314	
			戊子	-5313	
			己丑	-5312	
			庚寅	-5311	
			辛卯	-5310	
			壬辰	-5309	
			癸巳	-5308	
			甲午	-5307	
			乙未	-5306	
			丙申	-5305	
			丁酉	-5304	
			戊戌	-5303	
			已亥	-5302	

朝代	帝　　王	國號	干支	紀元前	紀　　　　事
			庚子	**-5301**	
			辛丑	**-5300**	
			壬寅	**-5299**	
			癸卯	**-5298**	
			甲辰	**-5297**	
			乙巳	**-5296**	
			丙午	**-5295**	
			丁未	**-5294**	
			戊申	**-5293**	
			己酉	**-5292**	
			庚戌	**-5291**	
			辛亥	**-5290**	
			壬子	**-5289**	
			癸丑	**-5288**	
			甲寅	**-5287**	
			乙卯	**-5286**	
			丙辰	**-5285**	
			丁巳	**-5284**	
			戊午	**-5283**	
			己未	**-5282**	
			庚申	**-5281**	
			辛酉	**-5280**	
			壬戌	**-5279**	
			癸亥	**-5278**	
			甲子	**-5277**	
			乙丑	**-5276**	
			丙寅	**-5275**	
			丁卯	**-5274**	
			戊辰	**-5273**	
			己巳	**-5272**	
			庚午	**-5271**	
			辛未	**-5270**	
			壬申	**-5269**	
			癸酉	**-5268**	
			甲戌	**-5267**	
			乙亥	**-5266**	
			丙子	**-5265**	
			丁丑	**-5264**	
			戊寅	**-5263**	
			己卯	**-5262**	
			庚辰	**-5261**	
			辛巳	**-5260**	
			壬午	**-5259**	
			癸未	**-5258**	
			甲申	**-5257**	
			乙酉	**-5256**	
			丙戌	**-5255**	

朝代	帝　王	國號	干支	紀元前	紀　事
			丁亥	-5254	
			戊子	-5253	
			己丑	-5252	
			庚寅	-5251	
			辛卯	-5250	
			壬辰	-5249	
			癸巳	-5248	
			甲午	-5247	
			乙未	-5246	
			丙申	-5245	
			丁酉	-5244	
			戊戌	-5243	
			己亥	-5242	
			庚子	-5241	
			辛丑	-5240	
			壬寅	-5239	
			癸卯	-5238	
			甲辰	-5237	
			乙巳	-5236	
			丙午	-5235	
			丁未	-5234	
			戊申	-5233	
			己酉	-5232	
			庚戌	-5231	
			辛亥	-5230	
			壬子	-5229	
			癸丑	-5228	
			甲寅	-5227	
			乙卯	-5226	
			丙辰	-5225	
			丁巳	-5224	
			戊午	-5223	
			己未	-5222	
			庚申	-5221	
			辛酉	-5220	
			壬戌	-5219	
			癸亥	-5218	
			甲子	-5217	
			乙丑	-5216	
			丙寅	-5215	
			丁卯	-5214	
			戊辰	-5213	
			己巳	-5212	
			庚午	-5211	
			辛未	-5210	
			壬申	-5209	
			癸酉	-5208	

朝代	帝　王	國號	干支	紀元前	紀　事
			甲戌	-5207	
			乙亥	-5206	
			丙子	-5205	
			丁丑	-5204	
			戊寅	-5203	
			己卯	-5202	
			庚辰	-5201	
			辛巳	-5200	
			壬午	-5199	
			癸未	-5198	
			甲申	-5197	
			乙酉	-5196	
			丙戌	-5195	
			丁亥	-5194	
			戊子	-5193	
			己丑	-5192	
			庚寅	-5191	
			辛卯	-5190	
			壬辰	-5189	
			癸巳	-5188	
			甲午	-5187	
			乙未	-5186	
			丙申	-5185	
			丁酉	-5184	
			戊戌	-5183	
			已亥	-5182	
			庚子	-5181	
			辛丑	-5180	
			壬寅	-5179	
			癸卯	-5178	
			甲辰	-5177	
			乙巳	-5176	
			丙午	-5175	
			丁未	-5174	
			戊申	-5173	
			己酉	-5172	
			庚戌	-5171	
			辛亥	-5170	
			壬子	-5169	
			癸丑	-5168	
			甲寅	-5167	
			乙卯	-5166	
			丙辰	-5165	
			丁巳	-5164	
			戊午	-5163	
			己未	-5162	
			庚申	-5161	

朝代	帝　　王	國號	干支	紀元前	紀　　事
			辛酉	**-5160**	
			壬戌	**-5159**	
			癸亥	**-5158**	
			甲子	**-5157**	
			乙丑	**-5156**	
			丙寅	**-5155**	
			丁卯	**-5154**	
			戊辰	**-5153**	
			己巳	**-5152**	
			庚午	**-5151**	
			辛未	**-5150**	
			壬申	**-5149**	
			癸酉	**-5148**	
			甲戌	**-5147**	
			乙亥	**-5146**	
			丙子	**-5145**	
			丁丑	**-5144**	
			戊寅	**-5143**	
			己卯	**-5142**	
			庚辰	**-5141**	春秋緯命歷敍說：黃帝元年(民國前 7014 年)(自此至帝嚳止紀事不能繫年)少典氏之子,生帝於軒轅之丘,故曰軒轅氏.國於有熊,亦曰有熊氏,長於陳水,以姬為姓,有土德之瑞,故曰黃帝(黃又為中央之色),都涿鹿之阿. 神農氏德衰,諸侯蚩尤作亂,帝徽師諸侯,與蚩戰涿鹿之野,戮之,諸侯尊帝為天子,以雲紀官,立六相暨史官(倉頡為左史沮誦為右史)制六書,制陳法,立占天官,命大撓作甲子,作蓋天及調歷,定算數,造律呂作雲門大卷之樂.命曰咸池,作冕旒,命揮作弓,夷牟作矢,命共鼓化狐作舟楫,邑夷作車,始服牛乘馬,作合宮,作內經,元紀嫘祖始教民蠶,畫野分州,經土設井. 命胡曹、伯余作衣裳,命赤冀、雍父作杵臼,作棺槨,采首山之銅鑄三鼎,鼎成而崩於荊山之陽,葬橋山.在位百年,傳十世,1520 年,或曰傳 13 世 1072 年,或云 18 代,(玄孫帝魁)有子 25 年,得姓者 14 人：祁、己、滕、葴、任、荀、嬉、姞、嬛、依、二姬、二酉. (通鑑外紀說)劉道原氏於上古帝王歷年標曰疑年本未以為信史然按甲子排列便於檢尋茲輒取之為表. 綱目前編說：綱目前編依邵雍皇極經世書編年其排比甲子始於堯之元年甲辰帝摯以前皆係逆推今人為推合黃帝元年甲子計減帝摯為年竊所不取.
			辛巳	**-5140**	
			壬午	**-5139**	
			癸未	**-5138**	
			甲申	**-5137**	
			乙酉	**-5136**	
			丙戌	**-5135**	
			丁亥	**-5134**	
			戊子	**-5133**	
			己丑	**-5132**	
			庚寅	**-5131**	
			辛卯	**-5130**	
			壬辰	**-5129**	

朝代	帝　　王	國號	干支	紀元前	紀　　事
			癸巳	-5128	
			甲午	-5127	
			乙未	-5126	
			丙申	-5125	
			丁酉	-5124	
			戊戌	-5123	
			己亥	-5122	
			庚子	-5121	
			辛丑	-5120	
			壬寅	-5119	
			癸卯	-5118	
			甲辰	-5117	
			乙巳	-5116	
			丙午	-5115	
			丁未	-5114	
			戊申	-5113	
			己酉	-5112	
			庚戌	-5111	
			辛亥	-5110	
			壬子	-5109	
			癸丑	-5108	
			甲寅	-5107	
			乙卯	-5106	
			丙辰	-5105	
			丁巳	-5104	
			戊午	-5103	
			己未	-5102	
			庚申	-5101	
			辛酉	-5100	
			壬戌	-5099	
			癸亥	-5098	
			甲子	-5097	
			乙丑	-5096	
			丙寅	-5095	
			丁卯	-5094	
			戊辰	-5093	
			己巳	-5092	
			庚午	-5091	
			辛未	-5090	
			壬申	-5089	
			癸酉	-5088	
			甲戌	-5087	
			乙亥	-5086	
			丙子	-5085	
			丁丑	-5084	
			戊寅	-5083	
			己卯	-5082	

朝代	帝　王	國號	干支	紀元前	紀　事
			庚辰	-5081	
			辛巳	-5080	
			壬午	-5079	
			癸未	-5078	
			甲申	-5077	
			乙酉	-5076	
			丙戌	-5075	
			丁亥	-5074	
			戊子	-5073	
			己丑	-5072	
			庚寅	-5071	
			辛卯	-5070	
			壬辰	-5069	
			癸巳	-5068	
			甲午	-5067	
			乙未	-5066	
			丙申	-5065	
			丁酉	-5064	
			戊戌	-5063	
			已亥	-5062	
			庚子	-5061	
			辛丑	-5060	
			壬寅	-5059	
			癸卯	-5058	
			甲辰	-5057	
			乙巳	-5056	
			丙午	-5055	
			丁未	-5054	
			戊申	-5053	
			己酉	-5052	
			庚戌	-5051	
			辛亥	-5050	
			壬子	-5049	
			癸丑	-5048	
			甲寅	-5047	
			乙卯	-5046	
			丙辰	-5045	
			丁巳	-5044	
			戊午	-5043	
			己未	-5042	
			庚申	-5041	
			辛酉	-5040	
			壬戌	-5039	
			癸亥	-5038	
			甲子	-5037	
			乙丑	-5036	
			丙寅	-5035	

朝代	帝　　王	國號	干支	紀元前	紀　　　　事
			丁卯	-5034	
			戊辰	-5033	
			己巳	-5032	
			庚午	-5031	
			辛未	-5030	
			壬申	-5029	
			癸酉	-5028	
			甲戌	-5027	
			乙亥	-5026	
			丙子	-5025	
			丁丑	-5024	
			戊寅	-5023	
			己卯	-5022	
			庚辰	-5021	
			辛巳	-5020	
			壬午	-5019	
			癸未	-5018	
			甲申	-5017	
			乙酉	-5016	
			丙戌	-5015	
			丁亥	-5014	
			戊子	-5013	
			己丑	-5012	
			庚寅	-5011	
			辛卯	-5010	
			壬辰	-5009	
			癸巳	-5008	
			甲午	-5007	
			乙未	-5006	
			丙申	-5005	
			丁酉	-5004	
			戊戌	-5003	
			已亥	-5002	
			庚子	-5001	
			辛丑	-5000	
			壬寅	-4999	
			癸卯	-4998	
			甲辰	-4997	
			乙巳	-4996	
			丙午	-4995	
			丁未	-4994	
			戊申	-4993	
			己酉	-4992	
			庚戌	-4991	
			辛亥	-4990	
			壬子	-4989	
			癸丑	-4988	

朝代	帝王	國號	干支	紀元前	紀事
			甲寅	-4987	
			乙卯	-4986	
			丙辰	-4985	
			丁巳	-4984	
			戊午	-4983	
			己未	-4982	
			庚申	-4981	
			辛酉	-4980	
			壬戌	-4979	
			癸亥	-4978	
			甲子	-4977	
			乙丑	-4976	
			丙寅	-4975	
			丁卯	-4974	
			戊辰	-4973	
			己巳	-4972	
			庚午	-4971	
			辛未	-4970	
			壬申	-4969	
			癸酉	-4968	
			甲戌	-4967	
			乙亥	-4966	
			丙子	-4965	
			丁丑	-4964	
			戊寅	-4963	
			己卯	-4962	
			庚辰	-4961	
			辛巳	-4960	
			壬午	-4959	
			癸未	-4958	
			甲申	-4957	
			乙酉	-4956	
			丙戌	-4955	
			丁亥	-4954	
			戊子	-4953	
			己丑	-4952	
			庚寅	-4951	
			辛卯	-4950	
			壬辰	-4949	
			癸巳	-4948	
			甲午	-4947	
			乙未	-4946	
			丙申	-4945	
			丁酉	-4944	
			戊戌	-4943	
			已亥	-4942	
			庚子	-4941	

朝代	帝王	國號	干支	紀元前	紀事
			辛丑	-4940	
			壬寅	-4939	
			癸卯	-4938	
			甲辰	-4937	
			乙巳	-4936	
			丙午	-4935	
			丁未	-4934	
			戊申	-4933	
			己酉	-4932	
			庚戌	-4931	
			辛亥	-4930	
			壬子	-4929	
			癸丑	-4928	
			甲寅	-4927	
			乙卯	-4926	
			丙辰	-4925	
			丁巳	-4924	
			戊午	-4923	
			己未	-4922	
			庚申	-4921	
			辛酉	-4920	
			壬戌	-4919	
			癸亥	-4918	
			甲子	-4917	
			乙丑	-4916	
			丙寅	-4915	
			丁卯	-4914	
			戊辰	-4913	
			己巳	-4912	
			庚午	-4911	
			辛未	-4910	
			壬申	-4909	
			癸酉	-4908	
			甲戌	-4907	
			乙亥	-4906	
			丙子	-4905	
			丁丑	-4904	
			戊寅	-4903	
			己卯	-4902	
			庚辰	-4901	
			辛巳	-4900	
			壬午	-4899	
			癸未	-4898	
			甲申	-4897	
			乙酉	-4896	
			丙戌	-4895	
			丁亥	-4894	

朝代	帝王	國號	干支	紀元前	紀事
			戊子	-4893	
			己丑	-4892	
			庚寅	-4891	
			辛卯	-4890	
			壬辰	-4889	
			癸巳	-4888	
			甲午	-4887	
			乙未	-4886	
			丙申	-4885	
			丁酉	-4884	
			戊戌	-4883	
			己亥	-4882	
			庚子	-4881	
			辛丑	-4880	
			壬寅	-4879	
			癸卯	-4878	
			甲辰	-4877	
			乙巳	-4876	
			丙午	-4875	
			丁未	-4874	
			戊申	-4873	
			己酉	-4872	
			庚戌	-4871	
			辛亥	-4870	
			壬子	-4869	
			癸丑	-4868	
			甲寅	-4867	
			乙卯	-4866	
			丙辰	-4865	
			丁巳	-4864	
			戊午	-4863	
			己未	-4862	
			庚申	-4861	
			辛酉	-4860	
			壬戌	-4859	
			癸亥	-4858	
			甲子	-4857	
			乙丑	-4856	
			丙寅	-4855	
			丁卯	-4854	
			戊辰	-4853	
			己巳	-4852	
			庚午	-4851	
			辛未	-4850	
			壬申	-4849	
			癸酉	-4848	
			甲戌	-4847	

朝代	帝　王	國號	干支	紀元前	紀　事
			乙亥	-4846	
			丙子	-4845	
			丁丑	-4844	
			戊寅	-4843	
			己卯	-4842	
			庚辰	-4841	
			辛巳	-4840	
			壬午	-4839	
			癸未	-4838	
			甲申	-4837	
			乙酉	-4836	
			丙戌	-4835	
			丁亥	-4834	
			戊子	-4833	
			己丑	-4832	
			庚寅	-4831	
			辛卯	-4830	
			壬辰	-4829	
			癸巳	-4828	
			甲午	-4827	
			乙未	-4826	
			丙申	-4825	
			丁酉	-4824	
			戊戌	-4823	
			已亥	-4822	
			庚子	-4821	
			辛丑	-4820	
			壬寅	-4819	
			癸卯	-4818	
			甲辰	-4817	
			乙巳	-4816	
			丙午	-4815	
			丁未	-4814	
			戊申	-4813	
			己酉	-4812	
			庚戌	-4811	
			辛亥	-4810	
			壬子	-4809	
			癸丑	-4808	
			甲寅	-4807	
			乙卯	-4806	
			丙辰	-4805	
			丁巳	-4804	
			戊午	-4803	
			己未	-4802	
			庚申	-4801	
			辛酉	-4800	

朝代	帝　　王	國號	干支	紀元前	紀　　　事
			壬戌	-4799	
			癸亥	-4798	
			甲子	-4797	
			乙丑	-4796	
			丙寅	-4795	
			丁卯	-4794	
			戊辰	-4793	
			己巳	-4792	
			庚午	-4791	
			辛未	-4790	
			壬申	-4789	
			癸酉	-4788	
			甲戌	-4787	
			乙亥	-4786	
			丙子	-4785	
			丁丑	-4784	
			戊寅	-4783	
			己卯	-4782	
			庚辰	-4781	
			辛巳	-4780	
			壬午	-4779	
			癸未	-4778	
			甲申	-4777	
			乙酉	-4776	
			丙戌	-4775	
			丁亥	-4774	
			戊子	-4773	
			己丑	-4772	
			庚寅	-4771	
			辛卯	-4770	
			壬辰	-4769	
			癸巳	-4768	
			甲午	-4767	
			乙未	-4766	
			丙申	-4765	
			丁酉	-4764	
			戊戌	-4763	
			已亥	-4762	
			庚子	-4761	
			辛丑	-4760	
			壬寅	-4759	
			癸卯	-4758	
			甲辰	-4757	依據史書：伏羲氏朝代自西元前-4757~前-3494,皇主 16,在位計 1261 年
			乙巳	-4756	
			丙午	-4755	
			丁未	-4754	
			戊申	-4753	

朝代	帝　　王	國號	干支	紀元前	紀　　　　事
			己酉	-4752	
			庚戌	-4751	
			辛亥	-4750	
			壬子	-4749	
			癸丑	-4748	
			甲寅	-4747	
			乙卯	-4746	
			丙辰	-4745	
			丁巳	-4744	
			戊午	-4743	
			己未	-4742	
			庚申	-4741	
			辛酉	-4740	
			壬戌	-4739	
			癸亥	-4738	
			甲子	-4737	
			乙丑	-4736	
			丙寅	-4735	
			丁卯	-4734	
			戊辰	-4733	
			己巳	-4732	
			庚午	-4731	
			辛未	-4730	
			壬申	-4729	
			癸酉	-4728	
			甲戌	-4727	
			乙亥	-4726	
			丙子	-4725	
			丁丑	-4724	
			戊寅	-4723	
			己卯	-4722	
			庚辰	-4721	
			辛巳	-4720	
			壬午	-4719	
			癸未	-4718	
			甲申	-4717	
			乙酉	-4716	
			丙戌	-4715	
			丁亥	-4714	
			戊子	-4713	羅馬教廷頒行「現行陽曆」
			己丑	-4712	
			庚寅	-4711	
			辛卯	-4710	
			壬辰	-4709	
			癸巳	-4708	
			甲午	-4707	
			乙未	-4706	

朝代	帝　　王	國號	干支	紀元前	紀　　事
			丙申	-4705	
			丁酉	-4704	
			戊戌	-4703	
			已亥	-4702	
			庚子	-4701	
			辛丑	-4700	
			壬寅	-4699	
			癸卯	-4698	
			甲辰	-4697	
			乙巳	-4696	
			丙午	-4695	
			丁未	-4694	
			戊申	-4693	
			己酉	-4692	
			庚戌	-4691	
			辛亥	-4690	
			壬子	-4689	
			癸丑	-4688	
			甲寅	-4687	
			乙卯	-4686	
			丙辰	-4685	
			丁巳	-4684	
			戊午	-4683	
			己未	-4682	
			庚申	-4681	
			辛酉	-4680	
			壬戌	-4679	
			癸亥	-4678	
			甲子	-4677	
			乙丑	-4676	
			丙寅	-4675	
			丁卯	-4674	
			戊辰	-4673	
			己巳	-4672	
			庚午	-4671	
			辛未	-4670	
			壬申	-4669	
			癸酉	-4668	
			甲戌	-4667	
			乙亥	-4666	
			丙子	-4665	
			丁丑	-4664	
			戊寅	-4663	
			己卯	-4662	
			庚辰	-4661	
			辛巳	-4660	
			壬午	-4659	

朝代	帝　王	國號	干支	紀元前	紀　事
			癸未	-4658	
			甲申	-4657	
			乙酉	-4656	
			丙戌	-4655	
			丁亥	-4654	
			戊子	-4653	
			己丑	-4652	
			庚寅	-4651	
			辛卯	-4650	
			壬辰	-4649	
			癸巳	-4648	
			甲午	-4647	
			乙未	-4646	
			丙申	-4645	
			丁酉	-4644	
			戊戌	-4643	
			己亥	-4642	
			庚子	-4641	緯書或說：黃帝元年(民國前 6466 年)傳 1072 年
			辛丑	-4640	
			壬寅	-4639	
			癸卯	-4638	
			甲辰	-4637	
			乙巳	-4636	
			丙午	-4635	
			丁未	-4634	
			戊申	-4633	
			己酉	-4632	
			庚戌	-4631	
			辛亥	-4630	
			壬子	-4629	
			癸丑	-4628	
			甲寅	-4627	
			乙卯	-4626	
			丙辰	-4625	
			丁巳	-4624	
			戊午	-4623	
			己未	-4622	
			庚申	-4621	
			辛酉	-4620	
			壬戌	-4619	
			癸亥	-4618	
			甲子	-4617	
			乙丑	-4616	
			丙寅	-4615	
			丁卯	-4614	
			戊辰	-4613	
			己巳	-4612	

朝代	帝　　王	國號	干支	紀元前	紀　　事
			庚午	-4611	
			辛未	-4610	
			壬申	-4609	
			癸酉	-4608	
			甲戌	-4607	
			乙亥	-4606	
			丙子	-4605	
			丁丑	-4604	
			戊寅	-4603	
			己卯	-4602	
			庚辰	-4601	
			辛巳	-4600	
			壬午	-4599	
			癸未	-4598	
			甲申	-4597	
			乙酉	-4596	
			丙戌	-4595	
			丁亥	-4594	
			戊子	-4593	
			己丑	-4592	
			庚寅	-4591	
			辛卯	-4590	
			壬辰	-4589	
			癸巳	-4588	
			甲午	-4587	
			乙未	-4586	
			丙申	-4585	
			丁酉	-4584	
			戊戌	-4583	
			已亥	-4582	
			庚子	-4581	
			辛丑	-4580	
			壬寅	-4579	
			癸卯	-4578	
			甲辰	-4577	
			乙巳	-4576	
			丙午	-4575	
三皇	燧人伏羲神農		丁未	-4574	中央圖書館 375、7893 檔案:尚古三皇時期共 1260 年燧人氏伏羲氏神農氏
			戊申	-4573	
			己酉	-4572	
			庚戌	-4571	
			辛亥	-4570	
			壬子	-4569	
			癸丑	-4568	
			甲寅	-4567	
			乙卯	-4566	
			丙辰	-4565	

朝代	帝　　王	國號	干支	紀元前	紀　　事
			丁巳	**-4564**	
			戊午	**-4563**	
			己未	**-4562**	
			庚申	**-4561**	
			辛酉	**-4560**	
			壬戌	**-4559**	
			癸亥	**-4558**	
			甲子	**-4557**	
			乙丑	**-4556**	
			丙寅	**-4555**	
			丁卯	**-4554**	
			戊辰	**-4553**	
			己巳	**-4552**	
			庚午	**-4551**	
			辛未	**-4550**	
			壬申	**-4549**	
			癸酉	**-4548**	
			甲戌	**-4547**	
			乙亥	**-4546**	
			丙子	**-4545**	
			丁丑	**-4544**	
			戊寅	**-4543**	
			己卯	**-4542**	
			庚辰	**-4541**	【綱目前編說】太昊元年(傳 15 世 1260 年)
			辛巳	**-4540**	
			壬午	**-4539**	
			癸未	**-4538**	
			甲申	**-4537**	
			乙酉	**-4536**	
			丙戌	**-4535**	
			丁亥	**-4534**	
			戊子	**-4533**	
			己丑	**-4532**	
			庚寅	**-4531**	
			辛卯	**-4530**	
			壬辰	**-4529**	
			癸巳	**-4528**	
			甲午	**-4527**	
			乙未	**-4526**	
			丙申	**-4525**	
			丁酉	**-4524**	
			戊戌	**-4523**	
			已亥	**-4522**	
			庚子	**-4521**	
			辛丑	**-4520**	
			壬寅	**-4519**	
			癸卯	**-4518**	

朝代	帝　　王	國號	干支	紀元前	紀　　事
			甲辰	-4517	
			乙巳	-4516	
			丙午	-4515	
			丁未	-4514	
			戊申	-4513	
			己酉	-4512	
			庚戌	-4511	
			辛亥	-4510	
			壬子	-4509	
			癸丑	-4508	
			甲寅	-4507	
			乙卯	-4506	
			丙辰	-4505	
			丁巳	-4504	
			戊午	-4503	
			己未	-4502	
			庚申	-4501	
			辛酉	-4500	
			壬戌	-4499	
			癸亥	-4498	
			甲子	-4497	
			乙丑	-4496	
			丙寅	-4495	
			丁卯	-4494	
			戊辰	-4493	
			己巳	-4492	
			庚午	-4491	
			辛未	-4490	
			壬申	-4489	
			癸酉	-4488	
			甲戌	-4487	
			乙亥	-4486	
			丙子	-4485	
			丁丑	-4484	
			戊寅	-4483	
			己卯	-4482	
			庚辰	-4481	
			辛巳	-4480	
			壬午	-4479	
			癸未	-4478	
			甲申	-4477	
			乙酉	-4476	
			丙戌	-4475	
			丁亥	-4474	
			戊子	-4473	
			己丑	-4472	

朝代	帝　　王	國號	干支	紀元前	紀　　事
一代	風方牙 (蒼牙)	史前 時代	庚寅	**-4471**	三皇之二太昊伏羲氏王朝第一位君主太昊伏羲皇,名方牙,字蒼牙.今甘肅秦縣(原名成紀)人.出生於庚寅歲西元前-4471 年十月初四日,歿於西元前~-4311 年,壽高 161 歲.在位 131 年.中華民族有 6483 年悠久歷史(西元前-4471 加上現今西元 2011)　(本源錄、神仙通鑑 16 君 1260 年)
			辛卯	**-4470**	
			壬辰	**-4469**	
			癸巳	**-4468**	
			甲午	**-4467**	
			乙未	**-4466**	
			丙申	**-4465**	
			丁酉	**-4464**	
			戊戌	**-4463**	
			已亥	**-4462**	
			庚子	**-4461**	
			辛丑	**-4460**	
			壬寅	**-4459**	
			癸卯	**-4458**	
			甲辰	**-4457**	
			乙巳	**-4456**	
			丙午	**-4455**	
			丁未	**-4454**	
			戊申	**-4453**	
			己酉	**-4452**	
			庚戌	**-4451**	
			辛亥	**-4450**	
			壬子	**-4449**	
			癸丑	**-4448**	
			甲寅	**-4447**	
			乙卯	**-4446**	
			丙辰	**-4445**	
			丁巳	**-4444**	
			戊午	**-4443**	
			己未	**-4442**	
一代	太昊伏羲氏 風方牙(蒼牙)	史前 時代 **1**	庚申	**-4441**	太昊伏羲氏 31 歲即位,-4311 年崩在位 131 年. 路史後紀一注三墳云:伏羲庚寅生庚申即位伏羲氏王朝總年數為 1260 年・綱目前編說: 庚辰太昊元年(傳 15 世 1260 年)其最後一任君主為無懷氏.無懷氏末年己未,為西元前-3182 年止,時為神農氏王朝第一任君主炎帝姜軌・石年在位 96 年. 通鑑外紀說:傳 15 世 1260 年. 辛巳 太昊元年(110 年)
		2	辛酉	**-4440**	
		3	壬戌	**-4439**	
		4	癸亥	**-4438**	
		5	甲子	**-4437**	
		6	乙丑	**-4436**	
		7	丙寅	**-4435**	
		8	丁卯	**-4434**	
		9	戊辰	**-4433**	
		10	己巳	**-4432**	

朝代	帝　　王	國號	干支	紀元前	紀　　事
		11	庚午	-4431	
		12	辛未	-4430	
		13	壬申	-4429	
		14	癸酉	-4428	
		15	甲戌	-4427	
		16	乙亥	-4426	
		17	丙子	-4425	
		18	丁丑	-4424	
		19	戊寅	-4423	
		20	己卯	-4422	
		21	庚辰	-4421	
		22	辛巳	-4420	
		23	壬午	-4419	
		24	癸未	-4418	
		25	甲申	-4417	
		26	乙酉	-4416	
		27	丙戌	-4415	
		28	丁亥	-4414	
		29	戊子	-4413	
		30	己丑	-4412	
		31	庚寅	-4411	
		32	辛卯	-4410	
		33	壬辰	-4409	
		34	癸巳	-4408	
		35	甲午	-4407	
		36	乙未	-4406	
		37	丙申	-4405	
		38	丁酉	-4404	
		39	戊戌	-4403	
		40	已亥	-4402	
		41	庚子	-4401	
		42	辛丑	-4400	
		43	壬寅	-4399	
		44	癸卯	-4398	
		45	甲辰	-4397	
		46	乙巳	-4396	
		47	丙午	-4395	
		48	丁未	-4394	
		49	戊申	-4393	
		50	己酉	-4392	
		51	庚戌	-4391	
		52	辛亥	-4390	
		53	壬子	-4389	
		54	癸丑	-4388	
		55	甲寅	-4387	
		56	乙卯	-4386	
		57	丙辰	-4385	

朝代	帝　王	國號	干支	紀元前	紀　事
		58	丁巳	-4384	
		59	戊午	-4383	
		60	己未	-4382	
		61	庚申	-4381	
		62	辛酉	-4380	
		63	壬戌	-4379	
		64	癸亥	-4378	
		65	甲子	-4377	
		66	乙丑	-4376	
		67	丙寅	-4375	
		68	丁卯	-4374	
		69	戊辰	-4373	
		70	己巳	-4372	
		71	庚午	-4371	
		72	辛未	-4370	
		73	壬申	-4369	
		74	癸酉	-4368	
		75	甲戌	-4367	
		76	乙亥	-4366	
		77	丙子	-4365	
		78	丁丑	-4364	
		79	戊寅	-4363	
		80	己卯	-4362	
		81	庚辰	-4361	
		82	辛巳	-4360	
		83	壬午	-4359	
		84	癸未	-4358	
		85	甲申	-4357	
		86	乙酉	-4356	
		87	丙戌	-4355	
		88	丁亥	-4354	
		89	戊子	-4353	
		90	己丑	-4352	
		91	庚寅	-4351	
		92	辛卯	-4350	
		93	壬辰	-4349	
		94	癸巳	-4348	
		95	甲午	-4347	
		96	乙未	-4346	
		97	丙申	-4345	
		98	丁酉	-4344	
		99	戊戌	-4343	
		100	已亥	-4342	
		101	庚子	-4341	「通鑑外紀說」辛未 女媧元年(傳 130 年)
		102	辛丑	-4340	
		103	壬寅	-4339	
		104	癸卯	-4338	

朝代	帝　　王	國號	干支	紀元前	紀　　　　事
		105	甲辰	-4337	
		106	乙巳	-4336	
		107	丙午	-4335	
		108	丁未	-4334	
		109	戊申	-4333	
		110	己酉	-4332	
		111	庚戌	-4331	
		112	辛亥	-4330	
		113	壬子	-4329	
		114	癸丑	-4328	
		115	甲寅	-4327	
		116	乙卯	-4326	
		117	丙辰	-4325	
		118	丁巳	-4324	
		119	戊午	-4323	
		120	己未	-4322	
		121	庚申	-4321	
		122	辛酉	-4320	
		123	壬戌	-4319	
		124	癸亥	-4318	
		125	甲子	-4317	
		126	乙丑	-4316	
		127	丙寅	-4315	
		128	丁卯	-4314	
		129	戊辰	-4313	
		130	己巳	-4312	
一代	風方牙(蒼牙)	131	庚午	-4311	西元`-前 4310 年前為史前時期. 太昊伏羲氏在位 131 年崩殂,享壽 161 歲
二代	立希氏雲包媧 女媧氏	中前時期 1	辛未	-4310	一・通鑑外紀一注包犧氏沒,女媧氏代位,號女帝,是為女皇,元年辛未.女媧氏女皇在位 130 年(-4310 至-4181 年崩).通鑑外紀又云伏羲氏在位 110 年,通鑑輯覽云 115 年,路史後紀 164 年,似均不足取信. 二・按伏羲氏元年庚申,至女媧氏元年辛未,凡 132 個年干支,故伏羲氏在位年數應為 130 年.
		2	壬申	-4309	
		3	癸酉	-4308	
		4	甲戌	-4307	
		5	乙亥	-4306	顓頊長子駱明，子一鯀，名白馬，字熙，汶山廣柔人，帝堯封於崇，謂之崇伯，葬羽潭・娶有莘氏之女曰修已，子一禹，名文命，字高密，以堯五十五載西元前-2303 年戊戌六月六日生禹於於僰道之石紐鄉，在四川龍安石泉縣南一里・ 堯封夏伯，佐舜平治水土為司空，卒於西元前-2918 年，壽高 106 歲・ 後為夏后氏，以金德王都安邑，今山西平陽府夏縣，在位 27 年祀，壽 100 歲，崩於會稽，葬會稽山・鯀禹用天干紀日，十日為旬，不用 60 甲子紀日・禹時已應用數學、規矩、測量技術.
		6	丙子	-4305	
		7	丁丑	-4304	
		8	戊寅	-4303	
		9	己卯	-4302	

朝代	帝　　王	國號	干支	紀元前	紀　　　　事
		10	庚辰	-4301	
		11	辛巳	-4300	
		12	壬午	-4299	
		13	癸未	-4298	
		14	甲申	-4297	
		15	乙酉	-4296	
		16	丙戌	-4295	
		17	丁亥	-4294	
		18	戊子	-4293	
		19	己丑	-4292	
		20	庚寅	-4291	
		21	辛卯	-4290	
		22	壬辰	-4289	
		23	癸巳	-4288	
		24	甲午	-4287	
		25	乙未	-4286	
		26	丙申	-4285	
		27	丁酉	-4284	
		28	戊戌	-4283	
		29	已亥	-4282	
		30	庚子	-4281	
		31	辛丑	-4280	
		32	壬寅	-4279	
		33	癸卯	-4278	
		34	甲辰	-4277	
		35	乙巳	-4276	
		36	丙午	-4275	
		37	丁未	-4274	
		38	戊申	-4273	
		39	己酉	-4272	
		40	庚戌	-4271	
		41	辛亥	-4270	
		42	壬子	-4269	
		43	癸丑	-4268	
		44	甲寅	-4267	
		45	乙卯	-4266	
		46	丙辰	-4265	
		47	丁巳	-4264	
		48	戊午	-4263	
		49	己未	-4262	
		50	庚申	-4261	
		51	辛酉	-4260	
		52	壬戌	-4259	
		53	癸亥	-4258	
		54	甲子	-4257	
		55	乙丑	-4256	
		56	丙寅	-4255	

朝代	帝　　王	國號	干支	紀元前	紀　　　　事
		57	丁卯	-4254	
		58	戊辰	-4253	
		59	己巳	-4252	
		60	庚午	-4251	
		61	辛未	-4250	
		62	壬申	-4249	
		63	癸酉	-4248	
		64	甲戌	-4247	
		65	乙亥	-4246	
		66	丙子	-4245	
		67	丁丑	-4244	
		68	戊寅	-4243	
		69	己卯	-4242	
		70	庚辰	-4241	
		71	辛巳	-4240	
		72	壬午	-4239	
		73	癸未	-4238	
		74	甲申	-4237	
		75	乙酉	-4236	
		76	丙戌	-4235	
		77	丁亥	-4234	
		78	戊子	-4233	
		79	己丑	-4232	
		80	庚寅	-4231	
		81	辛卯	-4230	
		82	壬辰	-4229	
		83	癸巳	-4228	
		84	甲午	-4227	
		85	乙未	-4226	
		86	丙申	-4225	
		87	丁酉	-4224	
		88	戊戌	-4223	
		89	已亥	-4222	
		90	庚子	-4221	
		91	辛丑	-4220	
		92	壬寅	-4219	
		93	癸卯	-4218	
		94	甲辰	-4217	
		95	乙巳	-4216	
		96	丙午	-4215	
		97	丁未	-4214	
		98	戊申	-4213	
		99	己酉	-4212	
		100	庚戌	-4211	
		101	辛亥	-4210	
		102	壬子	-4209	
		103	癸丑	-4208	

朝代	帝　　王	國號	干支	紀元前	紀　　　　事
		104	甲寅	**-4207**	
		105	乙卯	**-4206**	
		106	丙辰	**-4205**	
		107	丁巳	**-4204**	
		108	戊午	**-4203**	
		109	己未	**-4202**	
		110	庚申	**-4201**	
		111	辛酉	**-4200**	
		112	壬戌	**-4199**	
		113	癸亥	**-4198**	
		114	甲子	**-4197**	
		115	乙丑	**-4196**	
		116	丙寅	**-4195**	
		117	丁卯	**-4194**	
		118	戊辰	**-4193**	
		119	己巳	**-4192**	
		120	庚午	**-4191**	
		121	辛未	**-4190**	
		122	壬申	**-4189**	
		123	癸酉	**-4188**	
		124	甲戌	**-4187**	
		125	乙亥	**-4186**	
		126	丙子	**-4185**	
		127	丁丑	**-4184**	
		128	戊寅	**-4183**	
		129	己卯	**-4182**	
二代	女希氏雲包媧	**130**	庚辰	**-4181**	女媧氏女皇在位 130 年崩殂,出生無考,兩王在位合計 261 年.通鑑輯,柏皇,氏一日朱顏氏,在位元年西元-前 80 年,餘無考.「依據路史後紀一注:三墳云: 第 1 代　伏羲氏 西元前-4181 至-4471 年庚寅至庚午-4311 年在位 131 年. 第 2 代　女媧氏 西元前-4310 年辛未至庚辰西元前-4181 年在位 130 年 第 3 代　大庭氏 西元前-4180 年 第 4 代　柏皇氏 第 5 代　中皇氏　第 6 代　栗陸氏 第 7 代　驪連氏　一日昆連氏　第 8 代　渾沌氏　一曰赫蘇氏 第 9 代　赫廬氏　第 10 代　尊盧氏　一曰混敦氏 第 11 代　吳英氏　一日子英氏　第 12 代　有巢氏(非燧人氏以前有巢氏) 第 13 代　朱襄氏　一日子襄氏　第 14 代　葛天氏 第 15 代　蔭康氏　第 16 代　無懷氏
二代	女希氏雲包媧				註: 一. 第 1 代伏羲氏(-4441 庚午至-4181 年庚辰」.至第 2 代女媧氏崩殂止合計 261 年,以伏羲王朝傳 16 君,歷 260 年,至-3182 年止,其後尚有 14 君,合計 999 年自第三代大庭氏至第 16 代無懷氏止. 二.上自第 3 代西元前-4180 辛巳在位元年至西元前-3182 年己未止.
三代	大庭氏		辛巳	**-4180**	大庭氏(一曰朱顏氏)繼位
			壬午	**-4179**	
			癸未	**-4178**	
			甲申	**-4177**	
			乙酉	**-4176**	
			丙戌	**-4175**	

朝代	帝　　王	國號	干支	紀元前	紀　　事
			丁亥	-4174	
			戊子	-4173	
			己丑	-4172	
			庚寅	-4171	
			辛卯	-4170	
			壬辰	-4169	
			癸巳	-4168	
			甲午	-4167	
			乙未	-4166	
			丙申	-4165	
			丁酉	-4164	
			戊戌	-4163	
			己亥	-4162	
			庚子	-4161	
			辛丑	-4160	
			壬寅	-4159	
			癸卯	-4158	
			甲辰	-4157	
			乙巳	-4156	
			丙午	-4155	
			丁未	-4154	
			戊申	-4153	
			己酉	-4152	
			庚戌	-4151	
			辛亥	-4150	
			壬子	-4149	
			癸丑	-4148	
			甲寅	-4147	
			乙卯	-4146	
			丙辰	-4145	
			丁巳	-4144	
			戊午	-4143	
			己未	-4142	
			庚申	-4141	
			辛酉	-4140	
			壬戌	-4139	
			癸亥	-4138	
			甲子	-4137	
			乙丑	-4136	
			丙寅	-4135	
			丁卯	-4134	
			戊辰	-4133	
			己巳	-4132	
			庚午	-4131	
			辛未	-4130	
			壬申	-4129	
			癸酉	-4128	

朝代	帝　　王	國號	干支	紀元前	紀　　事
			甲戌	-4127	
			乙亥	-4126	
			丙子	-4125	
			丁丑	-4124	
			戊寅	-4123	
			己卯	-4122	
			庚辰	-4121	
			辛巳	-4120	
			壬午	-4119	
			癸未	-4118	
			甲申	-4117	
			乙酉	-4116	
			丙戌	-4115	
			丁亥	-4114	
			戊子	-4113	
			己丑	-4112	
			庚寅	-4111	
			辛卯	-4110	
			壬辰	-4109	
			癸巳	-4108	
			甲午	-4107	
			乙未	-4106	
			丙申	-4105	
			丁酉	-4104	
			戊戌	-4103	
			已亥	-4102	
			庚子	-4101	
			辛丑	-4100	
			壬寅	-4099	
			癸卯	-4098	
			甲辰	-4097	
			乙巳	-4096	
			丙午	-4095	
			丁未	-4094	
			戊申	-4093	
			己酉	-4092	
			庚戌	-4091	
			辛亥	-4090	
			壬子	-4089	
			癸丑	-4088	
			甲寅	-4087	
			乙卯	-4086	
			丙辰	-4085	
			丁巳	-4084	
			戊午	-4083	
			己未	-4082	
			庚申	-4081	

朝代	帝　　王	國號	干支	紀元前	紀　　事
			辛酉	-4080	
			壬戌	-4079	
			癸亥	-4078	
			甲子	-4077	
			乙丑	-4076	
			丙寅	-4075	
			丁卯	-4074	
			戊辰	-4073	
			己巳	-4072	
			庚午	-4071	
			辛未	-4070	
			壬申	-4069	
			癸酉	-4068	
			甲戌	-4067	
			乙亥	-4066	
			丙子	-4065	
			丁丑	-4064	
			戊寅	-4063	
			己卯	-4062	
			庚辰	-4061	
			辛巳	-4060	
			壬午	-4059	
			癸未	-4058	
			甲申	-4057	
			乙酉	-4056	
			丙戌	-4055	
			丁亥	-4054	
			戊子	-4053	
			己丑	-4052	
			庚寅	-4051	
			辛卯	-4050	
			壬辰	-4049	
			癸巳	-4048	
			甲午	-4047	
			乙未	-4046	
			丙申	-4045	
			丁酉	-4044	
			戊戌	-4043	
			已亥	-4042	
			庚子	-4041	
			辛丑	-4040	
			壬寅	-4039	
			癸卯	-4038	
			甲辰	-4037	
			乙巳	-4036	
			丙午	-4035	
			丁未	-4034	

朝代	帝　　王	國號	干支	紀元前	紀　　事
			戊申	-4033	
			己酉	-4032	
			庚戌	-4031	
			辛亥	-4030	
			壬子	-4029	
			癸丑	-4028	
			甲寅	-4027	
			乙卯	-4026	
			丙辰	-4025	
			丁巳	-4024	
			戊午	-4023	
			己未	-4022	
			庚申	-4021	
			辛酉	-4020	
			壬戌	-4019	
			癸亥	-4018	
			甲子	-4017	
			乙丑	-4016	
			丙寅	-4015	
			丁卯	-4014	
			戊辰	-4013	
			己巳	-4012	
			庚午	-4011	
			辛未	-4010	
			壬申	-4009	
			癸酉	-4008	
			甲戌	-4007	
			乙亥	-4006	
			丙子	-4005	
			丁丑	-4004	
			戊寅	-4003	
			己卯	-4002	
			庚辰	-4001	
			辛巳	-4000	
			壬午	-3999	
			癸未	-3998	
			甲申	-3997	
			乙酉	-3996	
			丙戌	-3995	
			丁亥	-3994	
			戊子	-3993	
			己丑	-3992	
			庚寅	-3991	
			辛卯	-3990	
			壬辰	-3989	
			癸巳	-3988	
			甲午	-3987	

朝代	帝　　王	國號	干支	紀元前	紀　　事
			乙未	-3986	
			丙申	-3985	
			丁酉	-3984	
			戊戌	-3983	
			己亥	-3982	
			庚子	-3981	
			辛丑	-3980	
			壬寅	-3979	
			癸卯	-3978	
			甲辰	-3977	
			乙巳	-3976	
			丙午	-3975	
			丁未	-3974	
			戊申	-3973	
			己酉	-3972	
			庚戌	-3971	
			辛亥	-3970	
			壬子	-3969	
			癸丑	-3968	
			甲寅	-3967	
			乙卯	-3966	
			丙辰	-3965	
			丁巳	-3964	
			戊午	-3963	
			己未	-3962	
			庚申	-3961	
			辛酉	-3960	
			壬戌	-3959	
			癸亥	-3958	
			甲子	-3957	
			乙丑	-3956	
			丙寅	-3955	
			丁卯	-3954	
			戊辰	-3953	
			己巳	-3952	
			庚午	-3951	
			辛未	-3950	
			壬申	-3949	
			癸酉	-3948	
			甲戌	-3947	
			乙亥	-3946	
			丙子	-3945	
			丁丑	-3944	
			戊寅	-3943	
			己卯	-3942	
			庚辰	-3941	
			辛巳	-3940	

朝代	帝　　王	國號	干支	紀元前	紀　　事
			壬午	**-3939**	
			癸未	**-3938**	
			甲申	**-3937**	
			乙酉	**-3936**	
			丙戌	**-3935**	
			丁亥	**-3934**	
			戊子	**-3933**	
			己丑	**-3932**	
			庚寅	**-3931**	
			辛卯	**-3930**	
			壬辰	**-3929**	
			癸巳	**-3928**	
			甲午	**-3927**	
			乙未	**-3926**	
			丙申	**-3925**	
			丁酉	**-3924**	
			戊戌	**-3923**	
			已亥	**-3922**	
			庚子	**-3921**	
			辛丑	**-3920**	
			壬寅	**-3919**	
			癸卯	**-3918**	
			甲辰	**-3917**	
			乙巳	**-3916**	
			丙午	**-3915**	
			丁未	**-3914**	
			戊申	**-3913**	
			己酉	**-3912**	
			庚戌	**-3911**	
			辛亥	**-3910**	
			壬子	**-3909**	
			癸丑	**-3908**	
			甲寅	**-3907**	
			乙卯	**-3906**	
			丙辰	**-3905**	
			丁巳	**-3904**	
			戊午	**-3903**	
			己未	**-3902**	
			庚申	**-3901**	
			辛酉	**-3900**	
			壬戌	**3899**	
			癸亥	**-3898**	
			甲子	**-3897**	
			乙丑	**-3896**	
			丙寅	**-3895**	
			丁卯	**-3894**	
			戊辰	**-3893**	

朝代	帝王	國號	干支	紀元前	紀事
			己巳	-3892	
			庚午	-3891	
			辛未	-3890	
			壬申	-3889	
			癸酉	-3888	
			甲戌	-3887	
			乙亥	-3886	
			丙子	-3885	
			丁丑	-3884	
			戊寅	-3883	
			己卯	-3882	
			庚辰	-3881	
			辛巳	-3880	
			壬午	-3879	
			癸未	-3878	
			甲申	-3877	
			乙酉	-3876	
			丙戌	-3875	
			丁亥	-3874	
			戊子	-3873	
			己丑	-3872	
			庚寅	-3871	
			辛卯	-3870	
			壬辰	-3869	
			癸巳	-3868	
			甲午	-3867	
			乙未	-3866	
			丙申	-3865	
			丁酉	-3864	
			戊戌	-3863	
			已亥	-3862	
			庚子	-3861	
			辛丑	-3860	
			壬寅	-3859	
			癸卯	-3858	
			甲辰	-3857	
			乙巳	-3856	
			丙午	-3855	
			丁未	-3854	
			戊申	-3853	
			己酉	-3852	
			庚戌	-3851	
			辛亥	-3850	
			壬子	-3849	
			癸丑	-3848	
			甲寅	-3847	
			乙卯	-3846	

朝代	帝　王	國號	干支	紀元前	紀　事
			丙辰	-3845	
			丁巳	-3844	
			戊午	-3843	
			己未	-3842	
			庚申	-3841	
			辛酉	-3840	
			壬戌	-3839	
			癸亥	-3838	
			甲子	-3837	
			乙丑	-3836	
			丙寅	-3835	
			丁卯	-3834	
			戊辰	-3833	
			己巳	-3832	
			庚午	-3831	
			辛未	-3830	
			壬申	-3829	
			癸酉	-3828	
			甲戌	-3827	
			乙亥	-3826	
			丙子	-3825	
			丁丑	-3824	
			戊寅	-3823	
			己卯	-3822	
			庚辰	-3821	
			辛巳	-3820	
			壬午	-3819	
			癸未	-3818	
			甲申	-3817	
			乙酉	-3816	
			丙戌	-3815	
			丁亥	-3814	
			戊子	-3813	
			己丑	-3812	
			庚寅	-3811	
			辛卯	-3810	
			壬辰	-3809	
			癸巳	-3808	
			甲午	-3807	
			乙未	-3806	
			丙申	-3805	
			丁酉	-3804	
			戊戌	-3803	
			已亥	-3802	
			庚子	-3801	
			辛丑	-3800	
			壬寅	-3799	

朝代	帝　王	國號	干支	紀元前	紀　事
			癸卯	-3798	
			甲辰	-3797	
			乙巳	-3796	
			丙午	-3795	
			丁未	-3794	
			戊申	-3793	
			己酉	-3792	
			庚戌	-3791	
			辛亥	-3790	
			壬子	-3789	
			癸丑	-3788	
			甲寅	-3787	
			乙卯	-3786	
			丙辰	-3785	
			丁巳	-3784	
			戊午	-3783	
			己未	-3782	
			庚申	-3781	
			辛酉	-3780	
			壬戌	-3779	
			癸亥	-3778	
			甲子	-3777	
			乙丑	-3776	
			丙寅	-3775	
			丁卯	-3774	
			戊辰	-3773	
			己巳	-3772	
			庚午	-3771	
			辛未	-3770	
			壬申	-3769	
			癸酉	-3768	
			甲戌	-3767	
			乙亥	-3766	
			丙子	-3765	
			丁丑	-3764	
			戊寅	-3763	
			己卯	-3762	
			庚辰	-3761	
			辛巳	-3760	
			壬午	-3759	
			癸未	-3758	
			甲申	-3757	
			乙酉	-3756	
			丙戌	-3755	
			丁亥	-3754	
			戊子	-3753	
			己丑	-3752	

朝代	帝　　王	國號	干支	紀元前	紀　　　　事
			庚寅	-3751	
			辛卯	-3750	
			壬辰	-3749	
			癸巳	-3748	
			甲午	-3747	
			乙未	-3746	
			丙申	-3745	
			丁酉	-3744	
			戊戌	-3743	
			已亥	-3742	
			庚子	-3741	
			辛丑	-3740	
			壬寅	-3739	
			癸卯	-3738	
			甲辰	-3737	
			乙巳	-3736	
			丙午	-3735	
			丁未	-3734	
			戊申	-3733	
			己酉	-3732	
			庚戌	-3731	
			辛亥	-3730	
			壬子	-3729	
			癸丑	-3728	
			甲寅	-3727	
			乙卯	-3726	
			丙辰	-3725	
			丁巳	-3724	
			戊午	-3723	
			己未	-3722	
			庚申	-3721	
			辛酉	-3720	
			壬戌	-3719	
			癸亥	-3718	
			甲子	-3717	
			乙丑	-3716	
			丙寅	-3715	
			丁卯	-3714	
			戊辰	-3713	
			己巳	-3712	
			庚午	-3711	
			辛未	-3710	
			壬申	-3709	
			癸酉	-3708	
			甲戌	-3707	
			乙亥	-3706	
			丙子	-3705	

朝代	帝　　王	國號	干支	紀元前	紀　　事
			丁丑	-3704	
			戊寅	-3703	
			己卯	-3702	
			庚辰	-3701	
			辛巳	-3700	
			壬午	-3699	
			癸未	-3698	
			甲申	-3697	
			乙酉	-3696	
			丙戌	-3695	
			丁亥	-3694	
			戊子	-3693	
			己丑	-3692	
			庚寅	-3691	
			辛卯	-3690	
			壬辰	-3689	
			癸巳	-3688	
			甲午	-3687	
			乙未	-3686	
			丙申	-3685	
			丁酉	-3684	
			戊戌	-3683	
			已亥	-3682	
			庚子	-3681	
			辛丑	-3680	
			壬寅	-3679	
			癸卯	-3678	
			甲辰	-3677	
			乙巳	-3676	
			丙午	-3675	
			丁未	-3674	
			戊申	-3673	
			己酉	-3672	
			庚戌	-3671	
			辛亥	-3670	
			壬子	-3669	
			癸丑	-3668	
			甲寅	-3667	
			乙卯	-3666	
			丙辰	-3665	
			丁巳	-3664	
			戊午	-3663	
			己未	-3662	
			庚申	-3661	
			辛酉	-3660	
			壬戌	-3659	
			癸亥	-3658	

朝代	帝　　王	國號	干支	紀元前	紀　　事
			甲子	**-3657**	
			乙丑	**-3656**	
			丙寅	**-3655**	
			丁卯	**-3654**	
			戊辰	**-3653**	
			己巳	**-3652**	
			庚午	**-3651**	
			辛未	**-3650**	
			壬申	**-3649**	
			癸酉	**-3648**	
			甲戌	**-3647**	
			乙亥	**-3646**	
			丙子	**-3645**	
			丁丑	**-3644**	
			戊寅	**-3643**	
			己卯	**-3642**	
少昊		少昊 **1**	庚辰	**-3641**	【春秋命歷敍說】 黃帝 1520 年,少昊元年(民元前 5494 年)名摯,又曰清陽,已姓, 黃帝之後,自窮桑登位,以金德王天下,故曰金天氏.都曲阜,以鳥紀官,有五鳥五鳩五雉九扈之屬.作大淵之樂,能修太昊之德,故曰少昊.在位 84 年而崩,葬於曲阜,傳 8 世 500 年,亦有云傳 10 世傳 400 年. 【緯書或說】少皐元年(民元前 5394 年)經考證應屬不正確
			辛巳	**-3640**	
			壬午	**-3639**	
			癸未	**-3638**	
			甲申	**-3637**	
			乙酉	**-3636**	
			丙戌	**-3635**	
			丁亥	**-3634**	
			戊子	**-3633**	
			己丑	**-3632**	
			庚寅	**-3631**	
			辛卯	**-3630**	
			壬辰	**-3629**	
			癸巳	**-3628**	
			甲午	**-3627**	
			乙未	**-3626**	
			丙申	**-3625**	
			丁酉	**-3624**	
			戊戌	**-3623**	
			已亥	**-3622**	
			庚子	**-3621**	
			辛丑	**-3620**	
			壬寅	**-3619**	
			癸卯	**-3618**	
			甲辰	**-3617**	
			乙巳	**-3616**	

朝代	帝　　王	國號	干支	紀元前	紀　　事
			丙午	-3615	
			丁未	-3614	
			戊申	-3613	
			己酉	-3612	
			庚戌	-3611	
			辛亥	-3610	
			壬子	-3609	
			癸丑	-3608	
			甲寅	-3607	
			乙卯	-3606	
			丙辰	-3605	
			丁巳	-3604	
			戊午	-3603	
			己未	-3602	
			庚申	-3601	
			辛酉	-3600	
			壬戌	-3599	
			癸亥	-3598	
			甲子	-3597	
			乙丑	-3596	
			丙寅	-3595	
			丁卯	-3594	
			戊辰	-3593	
			己巳	-3592	
			庚午	-3591	
			辛未	-3590	
			壬申	-3589	
			癸酉	-3588	
			甲戌	-3587	
			乙亥	-3586	
			丙子	-3585	
			丁丑	-3584	
			戊寅	-3583	
			己卯	-3582	
			庚辰	-3581	
			辛巳	-3580	
			壬午	-3579	

中華民族鼻祖

朝代	帝　　王	國號	干支	紀前	紀　　　　事
			癸未	-3578	
			甲申	-3577	
			乙酉	-3576	
			丙戌	-3575	
			丁亥	-3574	
			戊子	-3573	
			己丑	-3572	
			庚寅	-3571	
			辛卯	-3570	
			壬辰	-3569	
			癸巳	-3568	
			甲午	-3567	
			乙未	-3566	
			丙申	-3565	
			丁酉	-3564	
			戊戌	-3563	
			己亥	-3562	
			庚子	-3561	
			辛丑	-3560	
			壬寅	-3559	
			癸卯	-3558	
			甲辰	-3557	
			乙巳	-3556	
			丙午	-3555	
			丁未	-3554	
			戊申	-3553	
			己酉	-3552	
			庚戌	-3551	
			辛亥	-3550	
			壬子	-3549	
			癸丑	-3548	
			甲寅	-3547	
			乙卯	-3546	
			丙辰	-3545	
			丁巳	-3544	
			戊午	-3543	
			己未	-3542	
			庚申	-3541	
			辛酉	-3540	
			壬戌	-3539	
			癸亥	-3538	
			甲子	-3537	
			乙丑	-3536	
			丙寅	-3535	
			丁卯	-3534	
			戊辰	-3533	
			己巳	-3532	

朝代	帝　　王	國號	干支	紀前	紀　　事
			庚午	-3531	
			辛未	-3530	
			壬申	-3529	
			癹酉	-3528	
			甲戌	-3527	
			乙亥	-3526	
			丙子	-3525	
			丁丑	-3524	
			戊寅	-3523	
			己卯	-3522	
			庚辰	-3521	
			辛巳	-3520	
			壬午	-3519	
			癹未	-3518	
			甲申	-3517	
			乙酉	-3516	
			丙戌	-3515	
			丁亥	-3514	
			戊子	-3513	
			己丑	-3512	
			庚寅	-3511	
			辛卯	-3510	
			任辰	-3509	
			癹巳	-3508	
			甲午	-3507	
			乙未	-3506	
			丙申	-3505	
			丁酉	-3504	
			戊戌	-3503	
			已亥	-3502	
			庚子	-3501	
			辛丑	-3500	古印度立國
			壬寅	-3499	
			癹卯	-3498	
			甲辰	-3497	
			乙巳	-3496	
			丙午	-3495	
			丁未	-3494	
			戊申	-3493	
			己酉	-3492	
			庚戌	-3491	
			辛亥	-3490	
			壬子	-3489	
			癹丑	-3488	
			甲寅	-3487	
			乙卯	-3486	
			丙辰	-3485	

朝代	帝　　王	國號	干支	紀前	紀　　事
			丁巳	-3484	
			戊午	-3483	
			己未	-3482	
			庚申	-3481	
			辛酉	-3480	
			壬戌	-3479	
			癸亥	-3478	
			甲子	-3477	
			乙丑	-3476	
			丙寅	-3475	
			丁卯	-3474	
			戊辰	-3473	
			己巳	-3472	
			庚午	-3471	
			辛未	-3470	
			壬申	-3469	
			癸酉	-3468	
			甲戌	-3467	
			乙亥	-3466	
			丙子	-3465	
			丁丑	-3464	
			戊寅	-3463	
			己卯	-3462	
			庚辰	-3461	
			辛巳	-3460	
			壬午	-3459	
			癸未	-3458	
			甲申	-3457	
			乙酉	-3456	
			丙戌	-3455	
			丁亥	-3454	
			戊子	-3453	
			己丑	-3452	
			庚寅	-3451	
			辛卯	-3450	
			壬辰	-3449	
			癸巳	-3448	
			甲午	-3447	
			乙未	-3446	
			丙申	-3445	
			丁酉	-3444	
			戊戌	-3443	
			已亥	-3442	
			庚子	-3441	
			辛丑	-3440	
			壬寅	-3439	
			癸卯	-3438	

朝代	帝　　王	國號	干支	紀前	紀　　　　事
			甲辰	-3437	
			乙巳	-3436	
			丙午	-3435	
			丁未	-3434	
			戊申	-3433	
			己酉	-3432	
			庚戌	-3431	
			辛亥	-3430	
			壬子	-3429	
			癸丑	-3428	
			甲寅	-3427	
			乙卯	-3426	
			丙辰	-3425	
			丁巳	-3424	
			戊午	-3423	
			己未	-3422	
			庚申	-3421	
			辛酉	-3420	
			壬戌	-3419	
			癸亥	-3418	
			甲子	-3417	
			乙丑	-3416	
			丙寅	-3415	
			丁卯	-3414	
			戊辰	-3413	
			己巳	-3412	
			庚午	-3411	
			辛未	-3410	
			壬申	-3409	
			癸酉	-3408	
			甲戌	-3407	
			乙亥	-3406	
			丙子	-3405	
			丁丑	-3404	
			戊寅	-3403	
			己卯	-3402	
			庚辰	-3401	
			辛巳	-3400	
			壬午	-3399	
			癸未	-3398	
			甲申	-3397	
			乙酉	-3396	
			丙戌	-3395	
			丁亥	-3394	
			戊子	-3393	
			己丑	-3392	
			庚寅	-3391	

朝代	帝　　王	國號	干支	紀前	紀　　事
			辛卯	-3390	
			任辰	-3389	
			癸巳	-3388	
			甲午	-3387	
			乙未	-3386	
			丙申	-3385	
			丁酉	-3384	
			戊戌	-3383	
			已亥	-3382	
			庚子	-3381	
			辛丑	-3380	
			王寅	-3379	
			癸卯	-3378	
			甲辰	-3377	
			乙巳	-3376	
			丙午	-3375	
			丁未	-3374	
			戊申	-3373	
			己酉	-3372	
			庚戌	-3371	
			辛亥	-3370	
			王子	-3369	
			癸丑	-3368	
			甲寅	-3367	
			乙卯	-3366	
			丙辰	-3365	
			丁巳	-3364	
			戊午	-3363	
			己未	-3362	
			庚申	-3361	
			辛酉	-3360	
			王戌	-3359	
			癸亥	-3358	
			甲子	-3357	
			乙丑	-3356	
			丙寅	-3355	
			丁卯	-3354	
			戊辰	-3353	
			己巳	-3352	
			庚午	-3351	
			辛未	-3350	
			王申	-3349	
			癸酉	-3348	
			甲戌	-3347	
			乙亥	-3346	
			丙子	-3345	
			丁丑	-3344	

朝代	帝　　王	國號	干支	紀前	紀　　　　事
			戊寅	**-3343**	
			己卯	**-3342**	
			庚辰	**-3341**	
			辛巳	**-3340**	
			壬午	**-3339**	
			癸未	**-3338**	
			甲申	**-3337**	
			乙酉	**-3336**	
			丙戌	**-3335**	
			丁亥	**-3334**	
			戊子	**-3333**	
			己丑	**-3332**	
			庚寅	**-3331**	
			辛卯	**-3330**	
少典 一世	開派始祖 少 典		壬辰	**-3329**	中華民族開派始祖少典國君一世出生,伏羲氏時諸侯,又稱厲山氏、廬山氏、烈山氏、繼稱農皇.中華民族自此以農立國. 本源錄云: 伏羲氏時諸侯. 神仙通鑑云: 始本於烈山,在湖廣隨縣北四十里,曰烈山氏,後遷徙厲山. 皇甫謐曰: 厲山,今隨之厲鄉也,曰厲山氏,又曰少典氏,或云少典國君.以子為貴,稱農皇.子二: 石年、勗其
			癸巳	**-3328**	
			甲午	**-3327**	
			乙未	**-3326**	
			丙申	**-3325**	
			丁酉	**-3324**	
			戊戌	**-3323**	
			已亥	**-3322**	
			庚子	**-3321**	
			辛丑	**-3320**	
			壬寅	**-3319**	
			癸卯	**-3318**	
			甲辰	**-3317**	
			乙巳	**-3316**	
			丙午	**-3315**	
			丁未	**-3314**	
			戊申	**-3313**	
			己酉	**-3312**	
			庚戌	**-3311**	
			辛亥	**-3310**	
			壬子	**-3309**	
			癸丑	**-3308**	
			甲寅	**-3307**	
			乙卯	**-3306**	
二世	石年(炎帝) 神農氏 1 代		丙辰	**-3305**	少典長子石年生於丙辰(**-3305~-3138**)姓伊祈育於姜水故以姜為姓,名軌又名百年為第一代故稱炎帝神農氏 29 歲甲申登基(**-3277**)在位 **140** 年壽 **168**
			丁巳	**-3304**	
			戊午	**-3303**	

朝代	帝王	國號	干支	紀前	紀事
			己未	**-3302**	
			庚申	**-3301**	
			辛酉	**-3300**	
			壬戌	**-3299**	
			癸亥	**-3298**	
			甲子	**-3297**	
			乙丑	**-3296**	
			丙寅	**-3295**	
			丁卯	**-3294**	
			戊辰	**-3293**	
			己巳	**-3292**	
			庚午	**-3291**	
			辛未	**-3290**	
			壬申	**-3289**	
			癸酉	**-3288**	
			甲戌	**-3287**	
			乙亥	**-3286**	
			丙子	**-3285**	
			丁丑	**-3284**	
			戊寅	**-3283**	
			己卯	**-3282**	
			庚辰	**-3281**	
			辛巳	**-3280**	
			壬午	**-3279**	
			癸未	**-3278**	
一世	神農氏炎帝 姜軌(石年)1 代	**1**	甲申	**-3277**	神農氏炎帝第 1 代姜軌(石年)登基,在位 **140** 年(**-3277~-3138**)癸卯崩,享壽 **168** 歲. 神農氏王朝(傳八君主歷 520 年)其中西元－2817～－2752 年中間有 61 年是八世節莖九世克不在帝位之年數· 神農氏世代計 10 世合計 632 年,帝王八代在位 520 年,其中 1、8、9 三世不在位 113 年之故(3329 – 2698) + 1 = 632

世代	帝王			在位年數	起訖	
	王朝	帝號	帝名		干支	西元前
一	神農氏	炎帝	姜軌	**140**	甲申-癸卯	**-3277~-3138**
二	"	"	姜臨魁	**80**	甲辰-癸亥	**-3137~-3058**
三	"	"	姜承	**60**	甲子-癸亥	**-3057~-2998**
四	"	"	姜明	**49**	甲子-壬子	**-2997~-2949**
五	"	"	姜直	**45**	癸丑-丁酉	**-2948~-2904**
六	"	"	姜釐	**48**	戊戌-乙酉	**-2903~-2856**
七	"	"	美哀	**43**	丙戌-戊辰	**-2855~-2813**
八	"	"	姜榆罔	**55**	己巳-癸亥	**-2752~-2698**
合計			**8** 位君主	**520**		

朝代	帝王	國號	干支	紀前	紀事
		2	乙酉	**-3276**	
		3	丙戌	**-3275**	
		4	丁亥	**-3274**	
		5	戊子	**-3273**	
		6	己丑	**-3272**	

朝代	帝　　王	國號	干支	紀前	紀　　事
		7	庚寅	-3271	
		8	辛卯	-3270	
		9	壬辰	-3269	
		10	癸巳	-3268	
		11	甲午	-3267	
		12	乙未	-3266	
		13	丙申	-3265	
		14	丁酉	-3264	
		15	戊戌	-3263	
		16	已亥	-3262	
		17	庚子	-3261	
		18	辛丑	-3260	
		19	壬寅	-3259	
		20	癸卯	-3258	
		21	甲辰	-3257	
		22	乙巳	-3256	
		23	丙午	-3255	
		24	丁未	-3254	
		25	戊申	-3253	
		26	己酉	-3252	
		27	庚戌	-3251	
		28	辛亥	-3250	
		29	壬子	-3249	
		30	癸丑	-3248	
		31	甲寅	-3247	
		32	乙卯	-3246	
		33	丙辰	-3245	
		34	丁巳	-3244	
		35	戊午	-3243	
		36	己未	-3242	
		37	庚申	-3241	
		38	辛酉	-3240	
		39	壬戌	-3239	
		40	癸亥	-3238	
		41	甲子	-3237	
		42	乙丑	-3236	
		43	丙寅	-3235	
		44	丁卯	-3234	
		45	戊辰	-3233	
		46	己巳	-3232	
		47	庚午	-3231	
		48	辛未	-3230	
		49	壬申	-3229	
		50	癸酉	-3228	
		51	甲戌	-3227	
		52	乙亥	-3226	
		53	丙子	-3225	

朝代	帝　王	國號	干支	紀前	紀　事
		54	丁丑	-3224	
		55	戊寅	-3223	
		56	己卯	-3222	
		57	庚辰	-3221	
		58	辛巳	-3220	
		59	壬午	-3219	
		60	癸未	-3218	
		61	甲申	-3217	
		62	乙酉	-3216	
		63	丙戌	-3215	
		64	丁亥	-3214	
		65	戊子	-3213	
		66	己丑	-3212	
		67	庚寅	-3211	
		68	辛卯	-3210	
		69	壬辰	-3209	
		70	癸巳	-3208	【綱目前編說】神農元年
		71	甲午	-3207	
		72	乙未	-3206	
		73	丙申	-3205	
		74	丁酉	-3204	
		75	戊戌	-3203	
		76	已亥	-3202	
		77	庚子	-3201	
		78	辛丑	-3200	
		79	壬寅	-3199	
		80	癸卯	-3198	
		81	甲辰	-3197	
		82	乙巳	-3196	
		83	丙午	-3195	
		84	丁未	-3194	
		85	戊申	-3193	
		86	己酉	-3192	
		87	庚戌	-3191	
		88	辛亥	-3190	
		89	壬子	-3189	
		90	癸丑	-3188	
		91	甲寅	-3187	
		92	乙卯	-3186	
		93	丙辰	-3185	
		94	丁巳	-3184	
		95	戊午	-3183	
		96	己未	-3182	伏羲氏王朝第 16 朝代無懷氏止
		97	庚申	-3181	
		98	辛酉	-3180	
		99	壬戌	-3179	
		100	癸亥	-3178	

朝代	帝　　王	國號	干支	紀前	紀　　　　事
		101	甲子	-3177	
		102	乙丑	-3176	
		103	丙寅	-3175	
		104	丁卯	-3174	
		105	戊辰	-3173	
		106	己巳	-3172	
		107	庚午	-3171	
		108	辛未	-3170	
		109	壬申	-3169	
		110	癸酉	-3168	
		111	甲戌	-3167	
		112	乙亥	-3166	
		113	丙子	-3165	
		114	丁丑	-3164	
		115	戊寅	-3163	
		116	己卯	-3162	
		117	庚辰	-3161	
		118	辛巳	-3160	
		119	壬午	-3159	
		120	癸未	-3158	
		121	甲申	-3157	
		122	乙酉	-3156	
		123	丙戌	-3155	
		124	丁亥	-3154	
		125	戊子	-3153	
		126	己丑	-3152	
		127	庚寅	-3151	
		128	辛卯	-3150	
		129	壬辰	-3149	
		130	癸巳	-3148	
		131	甲午	-3147	
		132	乙未	-3146	
		133	丙申	-3145	
		134	丁酉	-3144	
		135	戊戌	-3143	
		136	已亥	-3142	
		137	庚子	-3141	【綱目前編說】神農 68 年
		138	辛丑	-3140	
		139	壬寅	-3139	
		140	癸卯	-3138	神農氏炎帝石年二世第一代姜軌崩於湖南茶陵之景陽山，在位 140 年，壽高 168 歲(-3277~ -3138)．
三世	神農氏炎帝臨魁(第 2 代)	1	甲辰	-3137	神農氏三世第二代姜臨魁繼位(-3137 ~ -3058),在位 80 年.
		2	乙巳	-3136	
		3	丙午	-3135	
		4	丁未	-3134	
		5	戊申	-3133	

朝代	帝　　王	國號	干支	紀前	紀　　事
		6	己酉	-3132	
		7	庚戌	-3131	
		8	辛亥	-3130	
		9	壬子	-3129	
		10	癸丑	-3128	
		11	甲寅	-3127	
		12	乙卯	-3126	
		13	丙辰	-3125	
		14	丁巳	-3124	
		15	戊午	-3123	
		16	己未	-3122	
		17	庚申	-3121	
		18	辛酉	-3120	
		19	壬戌	-3119	
		20	癸亥	-3118	
		21	甲子	-3117	
		22	乙丑	-3116	
		23	丙寅	-3115	
		24	丁卯	-3114	
		25	戊辰	-3113	
		26	己巳	-3112	
		27	庚午	-3111	
		28	辛未	-3110	
		29	壬申	-3109	
		30	癸酉	-3108	
		31	甲戌	-3107	
		32	乙亥	-3106	
		33	丙子	-3015	
		34	丁丑	-3104	
		35	戊寅	-3103	
		36	己卯	-3102	
		37	庚辰	-3101	【通鑑外紀說】太昊 1260 年 【綱目前編說】神農 108 年
		38	辛巳	-3100	【通鑑外紀說】神農元年
		39	壬午	-3099	
		40	癸未	-3098	
		41	甲申	-3097	
		42	乙酉	-3096	
		43	丙戌	-3095	
		44	丁亥	-3094	
		45	戊子	-3093	
		46	己丑	-3092	
		47	庚寅	-3091	
		48	辛卯	-3090	
		49	壬辰	-3089	
		50	癸巳	-3088	
		51	甲午	-3087	

朝代	帝　　王	國號	干支	紀前	紀　　　事
		52	乙未	**-3086**	
		53	丙申	**-3085**	
		54	丁酉	**-3084**	
		55	戊戌	**-3083**	
		56	已亥	**-3082**	
		57	庚子	**-3081**	
		58	辛丑	**-3080**	
		59	壬寅	**-3079**	
		60	癸卯	**-3078**	
		61	甲辰	**-3077**	
		62	乙巳	**-3076**	
		63	丙午	**-3075**	
		64	丁未	**-3074**	
		65	戊申	**-3073**	
		66	己酉	**-3072**	
		67	庚戌	**-3071**	
		68	辛亥	**-3070**	
		69	壬子	**-3069**	
		70	癸丑	**-3068**	【綱目前編說】帝臨魁元年
		71	甲寅	**-3067**	
		72	乙卯	**-3066**	
		73	丙辰	**-3065**	
		74	丁巳	**-3064**	
		75	戊午	**-3063**	
		76	己未	**-3062**	
		77	庚申	**-3061**	
		78	辛酉	**-3060**	
		79	壬戌	**-3059**	
		80	癸亥	**-3058**	臨魁崩，在位 80 年(-3137~ -3058)· 子明年幼，擇侄慶甲為帝·
四世	神農氏炎帝 姜承(慶甲)3 代	**1**	甲子	**-3057**	神農氏四世第三代姜承繼位(-3057~ -2998)，在位 60 年. 慶甲祗修自勤，克紹祖武，在位 60 年甲子至癸亥，歸政臨魁之子「明」
		2	乙丑	**-3056**	
		3	丙寅	**-3055**	
		4	丁卯	**-3054**	
		5	戊辰	**-3053**	
		6	己巳	**-3052**	
		7	庚午	**-3051**	
		8	辛未	**-3050**	
		9	壬申	**-3049**	
		10	癸酉	**-3048**	
		11	甲戌	**-3047**	
		12	乙亥	**-3046**	
		13	丙子	**-3045**	
		14	丁丑	**-3044**	
		15	戊寅	**-3043**	
		16	己卯	**-3042**	
		17	庚辰	**-3041**	

朝代	帝　　王	國號	干支	紀前	紀　　事
		18	辛巳	-3040	
		19	壬午	-3039	
		20	癸未	-3038	
		21	甲申	-3037	
		22	乙酉	-3036	
		23	丙戌	-3035	
		24	丁亥	-3034	
		25	戊子	-3033	
		26	己丑	-3032	
		27	庚寅	-3031	
		28	辛卯	-3030	
		29	任辰	-3029	
		30	癸巳	-3028	
		31	甲午	-3027	
		32	乙未	-3026	
		33	丙申	-3025	
		34	丁酉	-3024	
		35	戊戌	-3023	
		36	已亥	-3022	
		37	庚子	-3021	
		38	辛丑	-3020	
		39	壬寅	-3019	
		40	癸卯	-3018	
		41	甲辰	-3017	
		42	乙巳	-3016	
		43	丙午	-3015	
		44	丁未	-3014	
		45	戊申	-3013	
		46	己酉	-3012	
		47	庚戌	-3011	
		48	辛亥	-3010	
		49	壬子	-3009	
		50	癸丑	-3008	
		51	甲寅	-3007	
		52	乙卯	-3006	
		53	丙辰	-3005	
		54	丁巳	-3004	
		55	戊午	-3003	
		56	己未	-3002	
		57	庚申	-3001	
		58	辛酉	-3000	古巴比倫立國為人類帶來漢謨拉比法典和楔形文字
		59	壬戌	-2999	
		60	癸亥	-2998	姜承(慶甲)在位 60 年,歸政於明(-3057~-2998)
四世	神農氏炎帝 姜明第四代	1	甲子	-2997	神農氏四世第四代姜明(臨魁之子)繼位(-2997~ -2949)在位 49 年
		2	乙丑	-2996	
		3	丙寅	-2995	

朝代	帝　　王	國號	干支	紀前	紀　　　　事
		4	丁卯	-2994	
		5	戊辰	-2993	
		6	己巳	-2992	
		7	庚午	-2991	
		8	辛未	-2990	
		9	壬申	-2989	
		10	癸酉	-2988	【綱目前編說】帝承元年
		11	甲戌	-2987	
		12	乙亥	-2986	
		13	丙子	-2985	
		14	丁丑	-2984	
		15	戊寅	-2983	
		16	己卯	-2982	
		17	庚辰	-2981	【通鑑外記說】神農 120 年　帝臨魁元年
		18	辛巳	-2980	
		19	壬午	-2979	
		20	癸未	-2978	
		21	甲申	-2977	
		22	乙酉	-2976	
		23	丙戌	-2975	
		24	丁亥	-2974	
		25	戊子	-2973	
		26	己丑	-2972	
		27	庚寅	-2971	
		28	辛卯	-2970	
		29	任辰	-2969	
		30	癸巳	-2968	
		31	甲午	-2967	
		32	乙未	-2966	
		33	丙申	-2965	
		34	丁酉	-2964	
		35	戊戌	-2963	
		36	已亥	-2962	
		37	庚子	-2961	
		38	辛丑	-2960	
		39	壬寅	-2959	
		40	癸卯	-2958	
		41	甲辰	-2957	
		42	乙巳	-2956	
		43	丙午	-2955	
		44	丁未	-2954	
		45	戊申	-2953	
		46	己酉	-2952	
		47	庚戌	-2951	
		48	辛亥	-2950	
		49	壬子	-2949	姜明在位 49 年,由子姜直繼位(-2997~-2949)

朝代	帝　　王	國號	干支	紀前	紀　　事
五世	神農氏炎帝姜直5代	1	癸丑	-2948	神農氏五世五代姜直繼位(-2948)在位145年
		2	甲寅	-2947	
		3	乙卯	-2946	
		4	丙辰	-2945	
		5	丁巳	-2944	
		6	戊午	-2943	
		7	己未	-2942	
		8	庚申	-2941	【綱目前編說】帝承48年
		9	辛酉	-2940	
		10	壬戌	-2939	
		11	癸亥	-2938	
		12	甲子	-2937	.
		13	乙丑	-2936	
		14	丙寅	-2935	
		15	丁卯	-2934	
		16	戊辰	-2933	
		17	己巳	-2932	
		18	庚午	-2931	
		19	辛未	-2930	
		20	壬申	-2929	【綱目前編說】帝承60年
		21	癸酉	-2928	【綱目前編說】帝明元年
		22	甲戌	-2927	
		23	乙亥	-2926	
		24	丙子	-2925	
		25	丁丑	-2924	
		26	戊寅	-2923	
		27	己卯	-2922	
		28	庚辰	-2921	【通鑑外紀說】帝臨魁60年
		29	辛巳	-2920	【通鑑外紀說】帝承元年
		30	壬午	-2919	
		31	癸未	-2918	
		32	甲申	-2917	
		33	乙酉	-2916	
		34	丙戌	-2915	
		35	丁亥	-2914	【通鑑外紀說】帝明元年
		36	戊子	-2913	
		37	己丑	-2912	
		38	庚寅	-2911	
		39	辛卯	-2910	
		40	壬辰	-2909	
		41	癸巳	-2908	
		42	甲午	-2907	
		43	乙未	-2906	
		44	丙申	-2905	
		45	丁酉	-2904	姜直在位45年(-2948~-2904)由子姜釐繼位.

朝代	帝　　王	國號	干支	紀前	紀　　　　事
六世	神農氏炎帝 姜釐第 6 代	1	戊戌	-2903	神農氏六世第六代姜釐繼位(-2903 ~ -2856)，在位 48 年.
		2	已亥	-2902	
		3	庚子	-2901	
		4	辛丑	-2900	
		5	壬寅	-2899	
		6	癸卯	-2898	
		7	甲辰	-2897	
		8	乙巳	-2896	
		9	丙午	-2895	
		10	丁未	-2894	
		11	戊申	-2893	
		12	己酉	-2892	
		13	庚戌	-2891	
		14	辛亥	-2890	
		15	壬子	-2889	明帝在位 49 年崩
		16	癸丑	-2888	神農氏五世第五代姜直繼位(-2948 ~ -2904)，在位 45 年.
		17	甲寅	-2887	
		18	乙卯	-2886	
		19	丙辰	-2885	
		20	丁巳	-2884	
		21	戊午	-2883	
		22	己未	-2882	
		23	庚申	-2881	
		24	辛酉	-2880	【綱目前編說】帝宜元年
		25	壬戌	-2879	
		26	癸亥	-2878	
		27	甲子	-2877	
		28	乙丑	-2876	
		29	丙寅	-2875	
		30	丁卯	-2874	
		31	戊辰	-2873	
		32	己巳	-2872	
		33	庚午	-2871	
		34	辛未	-2870	
		35	壬申	-2869	
		36	癸酉	-2868	
		37	甲戌	-2867	
		38	乙亥	-2866	
		39	丙子	-2865	
		40	丁丑	-2864	
		41	戊寅	-2863	
		42	己卯	-2862	【通鑑外紀說】帝直元年
		43	庚辰	-2861	
		44	辛巳	-2860	
		45	壬午	-2859	
		46	癸未	-2858	

朝代	帝　　王	國號	干支	紀前	紀　　事
		47	甲申	-2857	
		48	乙酉	-2856	姜釐在位 48 年(-2903~-2856)由子姜哀繼位.
七世	神農氏炎帝姜哀(第 7 代)	1	丙戌	-2855	神農氏七世第七代姜哀繼位(-2855 ~ -2813)，在位 43 年. 哀子節莖,子二：長子克、次子戲,皆不在位. 八世節莖長字克,次子戲亦皆未立,九世克子參盧即帝榆罔
		2	丁亥	-2854	
		3	戊子	-2853	
		4	己丑	-2852	
		5	庚寅	-2851	
		6	辛卯	-2850	
		7	任辰	-2849	
		8	癸巳	-2848	
		9	甲午	-2847	
		10	乙未	-2846	
		11	丙申	-2845	
		12	丁酉	-2844	
		13	戊戌	-2843	
		14	已亥	-2842	
		15	庚子	-2841	
		16	辛丑	-2840	
		17	壬寅	-2839	
		18	癸卯	-2838	
		19	甲辰	-2837	
		20	乙巳	-2836	
		21	丙午	-2835	
		22	丁未	-2834	【綱目前編說】帝來元年
		23	戊申	-2833	
		24	己酉	-2832	
		25	庚戌	-2831	
		26	辛亥	-2830	
		27	壬子	-2829	
		28	癸丑	-2828	
		29	甲寅	-2827	
		30	乙卯	-2826	
		31	丙辰	-2825	
		32	丁巳	-2824	
		33	戊午	-2823	
		34	己未	-2822	
		35	庚申	-2821	【通鑑外紀說】帝直 45 年
		36	辛酉	-2820	【通鑑外紀說】帝釐元年
		37	壬戌	-2819	
		38	癸亥	-2818	
		39	甲子	-2817	
		40	乙丑	-2816	
		41	丙寅	-2815	
		42	丁卯	-2814	

朝代	帝　　王	國號	干支	紀前	紀　　事
		43	戊辰	-2813	姜哀(-2855~-2813)在位 43 年.哀帝長子節莖曰八世,次子克戲,皆不在帝位 節莖子二:長子克曰九世,次子戲,曰九世,皆未立而殂,計二世共 62 年 (-2813~-2752+1). 九世戲，生子器，是為小帝，立四月殂·
八世	神農氏炎帝 姜哀(第 8 代)	1	己巳	-2812	
		2	庚午	-2811	
		3	辛未	-2810	
		4	王申	-2809	
		5	癸酉	-2808	
		6	甲戌	-2807	
		7	乙亥	-2806	
		8	丙子	-2805	
		9	丁丑	-2804	
		10	戊寅	-2803	
		11	己卯	-2802	
		12	庚辰	-2801	
		13	辛巳	-2800	
		14	王午	-2799	
		15	癸未	-2798	
		16	甲申	-2797	
		17	乙酉	-2796	
		18	丙戌	-2795	.
		19	丁亥	-2794	
		20	戊子	-2793	
		21	己丑	-2792	
		22	庚寅	-2791	
		23	辛卯	-2790	
		24	王辰	-2789	
		25	癸巳	-2788	
		26	甲午	-2787	
		27	乙未	-2786	【綱目前編說】帝釐元年
		28	丙申	-2785	
		29	丁酉	-2784	
		30	戊戌	2783	
		31	已亥	-2782	
		32	庚子	-2781	【通鑑外紀說】帝釐 48 年
		33	辛丑	-2780	
		34	王寅	-2779	
		35	癸卯	-2778	
		36	甲辰	-2777	
		37	乙巳	-2776	
		38	丙午	-2775	
		39	丁未	-2774	
		40	戊申	-2773	
		41	己酉	-2772	
		42	庚戌	-2771	

朝代	帝　　王	國號	干支	紀前	紀　　　　事
		43	辛亥	-2770	
		44	壬子	-2769	
		45	癸丑	-2768	
		46	甲寅	-2767	
		47	乙卯	-2766	
		48	丙辰	-2765	
		49	丁巳	-2764	
		50	戊午	-2763	
		51	己未	-2762	【通鑑外紀說】帝哀元年
		52	庚申	-2761	
		53	辛酉	-2760	
		54	壬戌	-2759	
		55	癸亥	-2758	
		56	甲子	-2757	
		57	乙丑	-2756	
		58	丙寅	-2755	
		59	丁卯	-2754	
		60	戊辰	-2753	【綱目前編說】帝榆罔元年
十世	神農氏炎帝榆罔(第 8 代)	1	己巳	-2752	神農氏炎帝十世第八代榆罔繼位元年(-2752 ~ -2698).在位 55 年
		2	庚午	-2751	
		3	辛未	-2750	
		4	壬申	-2749	
		5	癸酉	-2748	
		6	甲戌	-2747	
		7	乙亥	-2746	
		8	丙子	-2745	
		9	丁丑	-2744	
		10	戊寅	-2743	
		11	己卯	-2742	
	顓頊 350 年 帝嚳 1 年	12	庚辰	-2741	通鑑：姬姓,黃帝子玄囂之裔孫(或謂少昊子蟜極之子誤)受封於辛,故曰高辛氏.一名炎,都於亳.使重黎誅共工,又誅重黎,以其弟吳回為重黎.使重帥師伐有鄶,滅之.序三辰以固民,丹丘之國來貢,在位 63 年,(有曰 70 年又作 75 年)葬於頓丘,傳八世,400 年.或云:帝元妃姜嫄生棄,其後為周,次妃簡狄生契,其後為商.三妃生堯,四妃常儀生摯,摯立九年,荒淫無度,諸侯廢之而立堯,其說不足信. 【外紀說】帝哀 43 年
		13	辛巳	-2740	
		14	壬午	-2739	
		15	癸未	-2738	
		16	甲申	-2737	
		17	乙酉	-2736	
		18	丙戌	-2735	
		19	丁亥	-2734	
		20	戊子	-2733	
		21	己丑	-2732	
		22	庚寅	-2731	

朝代	帝　王	國號	干支	紀前	紀　事
		23	辛卯	**-2730**	
		24	壬辰	**-2729**	
	神農氏炎帝 (榆姬第八代)	**25**	癸巳	**-2728** 民國前 **4639**	黃帝(前-2728~-2598)民國前 4639 年農曆二月初二日(多種傳說：三月初三日、三月十八日酉時、三月廿三日卯時、九月十八日辰時、九月廿六日辰時)．前-2598 年,崩於荊山之陽,葬橋山.有子 25,女 1,得姓者 14 人. 少典 1 世之 11 世嗣孫.黃帝出生,名姬軒轅.姓公孫字玄律名白荼號自然. 綱鑑補云名姬軒轅,炎帝姜榆罔在位 **25** 年.
		26	甲午	**-2727**	
		27	乙未	**-2726**	
		28	丙申	**-2725**	
		29	丁酉	**-2724**	
		30	戊戌	**-2723**	
		31	已亥	**-2722**	【外紀說】帝榆罔元年
		32	庚子	**-2721**	
		33	辛丑	**-2720**	
		34	壬寅	**-2719**	
		35	癸卯	**-2718**	
		36	甲辰	**-2717**	
		37	乙巳	**-2716**	
		38	丙午	**-2715**	
		39	丁未	**-2714**	
		40	戊申	**-2713**	
		41	己酉	**-2712**	
		42	庚戌	**-2711**	
		43	辛亥	**-2710**	
		44	壬子	**-2709**	
		45	癸丑	**-2708**	
		46	甲寅	**-2707**	
		47	乙卯	**-2706**	
		48	丙辰	**-2705**	
		49	丁巳	**-2704**	
		50	戊午	**-2703**	
		51	己未	**-2702**	
		52	庚申	**-2701**	【前編說】榆罔 55 年
		53	辛酉	**-2700**	
		54	壬戌	**-2699**	
		55	癸亥	**-2698**	神農氏炎帝第八代榆罔(-2752 ~-2698)在位 55 年． 次年黃帝改正建子,奪去甲子、乙丑兩個月,當年有閏,故實有 11 個月. 【前編說】黃帝元年(民元前 4609 年)

<table>
<tr><th>朝代</th><th>帝　王</th><th>國號</th><th>干支</th><th>紀前</th><th>紀　事</th></tr>
<tr><td>黃帝</td><td>(軒轅氏登基)</td><td>黃帝 1</td><td>甲子</td><td>-2697
民國前
4608</td><td>黃帝軒轅氏誕生,少典之子, 時播百穀,有土德之瑞,故號黃帝.神農氏有熊氏有熊國君姬軒登基,在位 100 年(甲子至癸卯,西元前-2697~-2598)崩於荊山之陽,葬橋山.傳十世 1520 年,或曰傳 13 世 1072 年,或云傳 18 代.有子 25、女 1,得姓者 14 人.西陵氏嫘祖為黃帝正妃,生二子:玄囂、昌意.
祁己滕葴任荀嬉姞嬛依二姬二酉.(玄孫帝魁)。
黃帝改正建子.當年 12 個月.黃帝 32 歲
黃帝治天下法乎中庸，重道義,紀人倫,萬物,講信篤仁,法令昭明,上下交融,功濟人生,澤被後世,為天下景仰。
相傳黃帝與神農氏後裔炎帝大戰獲勝,又打敗蚩尤,成為部落的共主.黃帝時代有許多重要發明,如衣冠、舟車、指南車等·
相傳唐、虞、夏、商、殷、周等國是黃帝的後裔所建,故黃帝被尊稱為中華文化共同的祖先·
黃帝是三皇之一,五帝之首.在炎帝後期,黃帝於亂世起兵,以德歸正天下,九戰蚩尤於涿鹿之野,三戰炎帝於阪泉,結束了遠古戰爭.
黃帝定都有熊,致力於各部落的繁榮與發展。
一. 選賢任能,設官司職,治理天下,劃野分州,計田設井,教民因時播種五谷蔬菜,馴養畜禽.
二. 命大撓制定天干地支,用來計算年月日,從此中國有了年月日的計算,稱之為“黃帝歷”或黃曆,後有詩曰：“炎國喪寶，黃曆開睿”
.三. 命容成製作蓋天（渾天儀之類）,觀察天象.使羲和佔日,常儀佔月,臾區占星宿;命隸首作算數,制定度量衡之制,用來計量物之輕重,長短多寡;命倉頡製作象形文字.
四. 命寧封為陶正,製作釜、甑、碗、碟，進一步完備人們的飲食器物;
五. 命赤將為木正,共鼓、化弧刳木為舟,剡木為楫,邑夷作大輅,揮作弓,夷牟作矢,雍父作杵、臼;命伶倫定律呂,十二個音階,制成各種樂器.
六. 命榮猿鑄十二鐘,以和五音.
七. 命元妃嫘祖教民養蠶制絲,供作衣料;伯余製作衣裳和鞋子。黃帝作冕垂旒充纊,定玄衣黃裳衣服之制.建軍築宮室,與岐伯、雷公探討醫藥之學
八. 命俞跗、岐伯、雷公察明堂，究息脈；巫彭、桐君處方餌,防治疾病,尊為中華民族的祖先。
製訂紀年甲子時辰：以十大天干(甲乙兩丁戊己庚辛壬癸)與十二地支(子丑寅卯辰巳午未申酉戌亥),輪流相配來紀年.配完一次地支叫做「一紀」,配完五次地支六十年,叫做「一個甲子」·
自紀元前－2697 年至紀元 1984 年止有 79 個甲子·計算公式為：
-2757+1984) – 1 ÷ 60 = 79 個甲子(1984 減去紀元前和紀元重叠 1 年)
今年為黃帝第 1 個甲子
<table>
<tr><th>歲次</th><th>西元紀元前</th><th>民國紀元前</th><th>資　料　來　源</th></tr>
<tr><td>丁巳</td><td>-2704</td><td>-4615</td><td>歷代帝王年表(齊兆南)</td></tr>
<tr><td>癸亥</td><td>-2698</td><td>-4609</td><td>御批歷代通鑑輯覽(劉大白)</td></tr>
<tr><td>甲子</td><td>-2697</td><td>-4608~-4509</td><td>中華通史(章嶔)辭海年表</td></tr>
<tr><td>丁亥</td><td>-2674</td><td>-4585</td><td>資治通鑑外紀(,劉恕)</td></tr>
<tr><td>己丑</td><td>-2492</td><td>-4403</td><td>歷代紀元編</td></tr>
<tr><td>癸亥</td><td>-2698~-2208</td><td></td><td>網路電訊</td></tr>
</table></td></tr>
<tr><td></td><td></td><td>2</td><td>乙丑</td><td>-2696</td><td></td></tr>
<tr><td></td><td></td><td>3</td><td>丙寅</td><td>-2695</td><td></td></tr>
<tr><td></td><td></td><td>4</td><td>丁卯</td><td>-2694</td><td></td></tr>
<tr><td></td><td></td><td>5</td><td>戊辰</td><td>-2693</td><td></td></tr>
<tr><td></td><td></td><td>6</td><td>己巳</td><td>-2692</td><td></td></tr>
</table>

朝代	帝　　王	國號	干支	紀前	紀　　　　事
黃帝	軒轅	7	庚午	-2691	
		8	辛未	-2690	
		9	壬申	-2689	
		10	癸酉	-2688	
		11	甲戌	-2687	
		12	乙亥	-2686	
		13	丙子	-2685	
		14	丁丑	-2684	
		15	戊寅	-2683	
		16	己卯	-2682	
		17	庚辰	-2681	少典 1 世之 12 世嗣孫黃帝長子昌意出生,名庚字白陽,因父長於姬水以姬為姓,降居若水在四川雅州,子三韓流(乾荒)、順道、悃 【外紀說】榆罔 55 年
		18	辛巳	-2680	
		19	壬午	-2679	
		20	癸未	-2678	少典 1 世之 12 世嗣孫黃帝次子玄囂降居江水,名己摯.周書作名質,字青陽,子七:倍代、蟜極、般、重、該、修、熙.
		21	甲申	-2677	
		22	乙酉	-2676	
		23	丙戌	-2675	
		24	丁亥	-2674	摯紀元　【外紀說】黃帝元年
		25	戊子	-2673	
		26	己丑	-2672	有熊氏黃帝姬軒轅(元氏)
		27	庚寅	-2671	
		28	辛卯	-2670	
		29	壬辰	-2669	黃帝 60 歲
		30	癸巳	-2668	
		31	甲午	-2667	
		32	乙未	-2666	
		33	丙申	-2665	
		34	丁酉	-2664	
		35	戊戌	-2663	
		36	已亥	-2662	【外紀說】黃帝元年
		37	庚子	-2661	
		38	辛丑	-2660	
		39	壬寅	-2659	
		40	癸卯	-2658	
		41	甲辰	-2657	
		42	乙巳	-2656	
		43	丙午	-2655	
		44	丁未	-2654	
		45	戊申	-2653	
		46	己酉	-2652	
		47	庚戌	-2651	
		48	辛亥	-2650	
		49	壬子	-2649	
黃帝	軒轅	50	癸丑	-2648	

朝代	帝　　王	國號	干支	紀前	紀　　事
		51	甲寅	-2647	
		52	乙卯	-2646	
		53	丙辰	-2645	
		54	丁巳	-2644	
		55	戊午	-2643	
		56	己未	-2642	
		57	庚申	-2641	
		58	辛酉	-2640	
		59	壬戌	-2639	
		60	癸亥	-2638	黃帝在位 60 年,當年黃帝 91 歲
		61	甲子	-2637	
		62	乙丑	-2636	
		63	丙寅	-2635	
		64	丁卯	-2634	
		65	戊辰	-2633	釋迦牟尼佛降臨
		66	己巳	-2632	
		67	庚午	-2631	
		68	辛未	-2630	
		69	壬申	-2629	
		70	癸酉	-2628	
		71	甲戌	-2627	
		72	乙亥	-2626	
		73	丙子	-2625	
		74	丁丑	-2624	
		75	戊寅	-2623	
		76	己卯	-2622	
		77	庚辰	-2621	
		78	辛巳	-2620	
		79	壬午	-2619	
		80	癸未	-2618	
		81	甲申	-2617	
		82	乙酉	-2616	
		83	丙戌	-2615	
		84	丁亥	-2614	
		85	戊子	-2613	
		86	己丑	-2612	
		87	庚寅	-2611	
		88	辛卯	-2610	
		89	任辰	-2609	
		90	癸巳	-2608	
		91	甲午	-2607	
		92	乙未	-2606	
		93	丙申	-2605	
		94	丁酉	-2604	
		95	戊戌	-2603	
		96	已亥	-2602	
黃帝	軒轅	97	庚子	-2601	

朝代	帝　　王	國號	干支	紀前	紀　　　　事
		98	辛丑	-2600	
		99	壬寅	-2599	黃帝在位 99 年,當年 130 歲
		100	癸卯	-2598 民國前 509	民國前 4509 年,次子少昊改正建丑,移入甲子月,當年有閏,實有 14 個月. 有熊部落酋長姬軒轅,代神農部落酋長榆罔為中國元首(共主),尊稱「黃帝」. 與苗族酋長蚩尤大戰於涿鹿之野(山西運城蚩尤村),蚩尤作大霧,姬軒轅作指南車,遂擒蚩尤. 黃帝用雲作官名,用甲子以記年,並發明耕種器具、舟車、貨幣、衣裳、教民墾殖漁獵. 妻嫘祖教民種桑養蠶. 蒼頡發明象形文字,為中國方塊字之始. 姬軒轅在位 100 年,壽 131 歲,卒葬橋山(陝西黃陵). 黃帝崩次子己摯嗣位尊稱少昊(-2598 至-2514),建都曲阜用鳥作為官名.
少昊	金天氏少昊己摯 (少典 1 世之 12 世孫	少昊 1	甲辰	-2597	少昊金天氏己摯,為黃帝(姬軒轅)次子玄囂金天氏少昊金天部落酋長登基(-2597 至-2514)在位 84 年,居於曲阜,少昊改正建丑.當年實有 12 個月. 青陽氏邑於窮桑故曰窮桑國於青陽國號青陽氏都今湖南長沙以金德王天下改號金天氏能修太昊之法故曰少昊自窮桑徙都曲阜·
		2	乙巳	-2596	
		3	丙午	-2595	
		4	丁未	-2594	
		5	戊申	-2593	
		6	己酉	-2592	
		7	庚戌	-2591	
		8	辛亥	-2590	
		9	壬子	-2589	
		10	癸丑	-2588	
		11	甲寅	-2587	
		12	乙卯	-2586	
		13	丙辰	-2585	
		14	丁巳	-2584	
		15	戊午	-2583	
		16	己未	-2582	
		17	庚申	-2581	
		18	辛酉	-2580	
		19	壬戌	-2579	
		20	癸亥	-2578	
		21	甲子	-2577	
		22	乙丑	-2576	
		23	丙寅	-2575	
		24	丁卯	-2574	
		25	戊辰	-2573	
		26	己巳	-2572	
		27	庚午	-2571	
		28	辛未	-2570	
		29	壬申	-2569	
		30	癸酉	-2568	顓頊 1 年【新編中外歷史大系手冊】顓頊 1 年黃帝孫 顓頊(高陽氏))(-2450~-2372)都高陽(河南)
		31	甲戌	-2567	顓頊　2 年
		32	乙亥	-2566	3 年

朝代	帝　　王	國號	干支	紀前	紀　　　　　事
少昊	金天氏少昊己摯	少昊 33	丙子	-2565	顓頊　4 年
		34	丁丑	-2564	5 年
		35	戊寅	-2563	6 年
		36	己卯	-2562	7 年
		37	庚辰	-2561	8 年
		38	辛巳	-2560	9 年
		39	壬午	-2559	10 年
		40	癸未	-2558	11 年
		41	甲申	-2557	12 年
		42	乙酉	-2556	13 年
		43	丙戌	-2555	14 年
		44	丁亥	-2554	15 年
		45	戊子	-2553	16 年
		46	己丑	-2552	17 年
		47	庚寅	-2551	18 年
		48	辛卯	-2550	19 年
		49	任辰	-2549	20 年
		50	癸巳	-2548	21 年
		51	甲午	-2547	22 年
		52	乙未	-2546	23 年
		53	丙申	-2545	24 年
		54	丁酉	-2544	25 年
		55	戊戌	-2543	26 年
		56	已亥	-2542	27 年
		57	庚子	-2541	28 年
		58	辛丑	-2540	29 年
		59	壬寅	-2539	30 年
		60	癸卯	-2538	31 年
		61	甲辰	-2537	32 年
		62	乙巳	-2536	33 年
		63	丙午	-2535	34 年
		64	丁未	-2534	35 年顓頊出生(-2534~-2437)昌意次子,享壽 98 歲,號高陽在位 78 年
		65	戊申	-2533	36 年
		66	己酉	-2532	37 年
		67	庚戌	-2531	38 年
		68	辛亥	-2530	39 年
		69	壬子	-2529	40 年
		70	癸丑	-2528	41 年
		71	甲寅	-2527	42 年
		72	乙卯	-2526	43 年
		73	丙辰	-2525	44 年
		74	丁巳	-2524	45 年顓頊 10 歲佐叔父玄囂金天氏少昊己摯治理國事．
		75	戊午	-2523	46 年
		76	己未	-2522	47 年
		77	庚申	-2521	48 年
		78	辛酉	-2520	49 年
		79	壬戌	-2519	50 年

朝代	帝　　王	國號	干支	紀前	紀　　　　事
少昊	金天氏/少昊已摯	少昊 80	癸亥	-2518	顓頊 51 年
		81	甲子	-2517	52 年
		82	乙丑	-2516	53 年
		83	丙寅	-2515	54 年　姬顓頊為姬軒轅之孫,高陽部落酋長.繼少昊己摯為中國元首,尊稱「玄帝」
		84	丁卯	-2514	55 年　次年顓項改正建寅,移入癸丑月,當年有閏,故實有 14 個月.玄囂巳摯帝崩,壽高 165 歲
顓頊	高陽氏 顓項	顓項 1	戊辰	-2513	56 年.　顓項高陽氏,係軒轅黃帝之孫,改正建寅.當年有 12 個月,高陽部落酋長,尊稱玄帝,在位 78 年. 姬顓項元年以水德王紹金天氏為天子,初國高陽故城,故號高陽氏.
		2	己巳	-2512	57 年
		3	庚午	-2511	58 年
		4	辛未	-2510	59 年
		5	壬申	-2509	60 年
		6	癸酉	-2508	61 年
		7	甲戌	-2507	62 年
		8	乙亥	-2506	63 年
		9	丙子	-2505	64 年
		10	丁丑	-2504	65 年
		11	戊寅	-2503	66 年
		12	己卯	-2502	67 年
		13	庚辰	-2501	68 年
		14	辛巳	-2500	69 年
		15	壬午	-2499	70 年
		16	癸未	-2498	71 年
		17	甲申	-2497	72 年
		18	乙酉	-2496	73 年
		19	丙戌	-2495	74 年
		20	丁亥	-2494	75 年
		21	戊子	-2493	76 年
		22	己丑	-2492	77 年
		23	庚寅	-2491	78 年
		24	辛卯	-2490	帝嚳 1 年　【外紀說】
		25	壬辰	-2489	2 年
		26	癸巳	-2488	3 年
		27	甲午	-2487	4 年
		28	乙未	-2486	5 年
		29	丙申	-2485	6 年
		30	丁酉	-2484	帝嚳 7 年
		31	戊戌	-2483	8 年
		32	已亥	-2482	9 年
		33	庚子	-2481	10 年
		34	辛丑	-2480	11 年
		35	壬寅	-2479	12 年
		36	癸卯	-2478	13 年
		37	甲辰	-2477	14 年
		38	乙巳	-2476	15 年

朝代	帝　王	國號	干支	紀前	紀　事
顓頊	高陽氏 顓頊	顓頊 39	丙午	-2475	16 年
		40	丁未	-2474	17 年
		41	戊申	-2473	18 年
		42	己酉	-2472	19 年
		43	庚戌	-2471	20 年　以少典 1 世之 14 世孫蟜極之子帝嚳,名俊,又名岌出生.
		44	辛亥	-2470	21 年
		45	壬子	-2469	22 年
		46	癸丑	-2468	23 年
		47	甲寅	-2467	24 年
		48	乙卯	-2466	25 年
		49	丙辰	-2465	26 年
		50	丁巳	-2464	27 年
		51	戊午	-2463	28 年
		52	己未	-2462	29 年
		53	庚申	-2461	30 年
		54	辛酉	-2460	31 年
		55	壬戌	-2459	32 年
		56	癸亥	-2458	33 年
		57	甲子	-2457	34 年
		58	乙丑	-2456	35 年
		59	丙寅	-2455	36 年
		60	丁卯	-2454	37 年
		61	戊辰	-2453	38 年
		62	己巳	-2452	39 年
		63	庚午	-2451	40 年
		64	辛未	-2450	41 年
		65	壬申	-2449	42 年
		66	癸酉	-2448	43 年
		67	甲戌	-2447	44 年
		68	乙亥	-2446	45 年
		69	丙子	-2445	46 年
		70	丁丑	-2444	47 年
		71	戊寅	-2443	48 年
		72	己卯	-2442	49 年　帝嚳年三十以水德王代高陽氏為天子.
		73	庚辰	-2441	50 年
		74	辛巳	-2440	51 年
		75	壬午	-2439	52 年
		76	癸未	-2438	53 年
		77	甲申	-2437	54 年姬夋為姬軒轅曾孫,高辛部落酋長,繼玄帝姬顓頊為中國元首,尊稱嚳帝
		78	乙酉	-2436	55 年帝嚳高陽氏玄帝在位 78 年崩,壽高 99 歲 (民國前-4347 年)
帝嚳	高辛氏	帝嚳 1	丙戌	-2435	56 年帝嚳高辛氏名浚, 姬軒轅曾孫,少昊之孫,在位 70 年,為高辛部落酋長尊稱嚳帝
		2	丁亥	-2434	57 年
		3	戊子	-2433	58 年
		4	己丑	-2432	59 年
		5	庚寅	-2431	60 年

朝代	帝　　王	國號	干支	紀前	紀　　　　事
帝嚳	高辛氏	帝嚳 6	辛卯	-2430	61 年
		7	壬辰	-2429	62 年
		8	癸巳	-2428	63 年
		9	甲午	-2427	64 年
		10	乙未	-2426	65 年
		11	丙申	-2425	66 年
		12	丁酉	-2424	67 年
		13	戊戌	-2423	50 年
		14	已亥	-2422	51 年
		15	庚子	-2421	52 年
		16	辛丑	-2420	53 年 帝使重帥師滅有鄶
		17	壬寅	-2419	54 年
		18	癸卯	-2418	55 年
		19	甲辰	-2417	56 年
		20	乙巳	-2416	57 年
		21	丙午	-2415	58 年
		22	丁未	-2414	59 年
		23	戊申	-2413	60 年
		24	己酉	-2412	61 年
		25	庚戌	-2411	62 年
		26	辛亥	-2410	63 年
		27	壬子	-2409	64 年
		28	癸丑	-2408	65 年
		29	甲寅	-2407	66 年
		30	乙卯	-2406	67 年
		31	丙辰	-2405	68 年
		32	丁巳	-2404	69 年
		33	戊午	-2403	70 年
		34	己未	-2402	帝摯　元年【外紀說】
		35	庚申	-2401	2 年
		36	辛酉	-2400	3 年
		37	壬戌	-2399	4 年
		38	癸亥	-2398	5 年
		39	甲子	-2397	6 年
		40	乙丑	-2396	7 年
		41	丙寅	-2395	8 年
		42	丁卯	-2394	9 年
		43	戊辰	-2393	10 年
		44	己巳	-2392	11 年
		45	庚午	-2391	12 年
		46	辛未	-2390	13 年
		47	壬申	-2389	14 年
		48	癸酉	-2388	少昊　元年【外紀說】
		49	甲戌	-2387	2 年
		50	乙亥	-2386	3 年
		51	丙子	-2385	4 年
		52	丁丑	-2384	5 年

朝代	帝　王	國號	干支	紀前	紀　事
帝嚳	高辛氏	帝嚳 53	戊寅	-2383	6 年
		54	己卯	-2382	7 年
		55	庚辰	-2381	8 年
		56	辛巳	-2380	9 年
		57	壬午	-2379	10 年
		58	癸未	-2378	11 年
		59	甲申	-2377	12 年
		60	乙酉	-2376	13 年
		61	丙戌	-2375	14 年
		62	丁亥	-2374	15 年 **堯**(前-2374~-2257)帝嚳次子陶唐氏帝堯放勳出生(比彭祖-2338 年出生年長 36 歲)
		63	戊子	-2373	16 年
		64	己丑	-2372	17 年【新編中外歷史大系手冊】黃帝曾孫帝嚳(高辛氏)(-2372~-2297)
		65	庚寅	-2371	18 年
		66	辛卯	-2370	19 年
		67	壬辰	-2369	20 年
		68	癸巳	-2368	21 年
		69	甲午	-2367	22 年 姬摯為嚳帝姬夋子,嗣位為中國元首.不孚民望,諸部落酋長廢之,另推選唐部落酋長伊祈放勳繼任中國元首,尊稱「唐堯帝」
		70	乙未	-2366	23 年 高辛氏帝嚳崩,享壽 106 歲(**-2471** 至**-2366**)
帝摯	高辛氏	帝摯 1	丙申	-2365	24 年 高辛氏帝嚳之四子,帝摯在位 9 年(**-2365** 至**-2358**)諸侯廢之而立帝堯(民國前 **4277** 年)
		2	丁酉	-2364	25 年
		3	戊戌	-2363	26 年 堯放勳年十二,佐帝摯受封於陶.
		4	已亥	-2362	27 年
		5	庚子	-2361	28 年
		6	辛丑	-2360	29 年
		7	壬寅	-2359	30 年
		8	癸卯	-2358	31 年
堯	陶唐氏 伊祁放勳	堯 1	甲辰	-2357	32 年 帝名放勳,帝嚳四子, 荒淫不孚民望,諸部酋長廢帝摯,,另推唐部落酋長伊祁放勳為元首,尊稱唐堯帝(-2357 至-2258)在位 100 年,禪位舜.壽 117 歲. 堯帝名放勳,生於-2374 年,以火德王都平陽.眉有八彩.其仁如天,其智如神.生子名丹,二女,長曰娥皇,次曰女英.皆舜妻,丹朱不肖,始禪位於舜.在位 72 年.
		2	乙巳	-2356	33 年
		3	丙午	-2355	34 年
		4	丁未	-2354	35 年
		5	戊申	-2353	36 年
		6	己酉	-2352	37 年
		7	庚戌	-2351	38 年
		8	辛亥	-2350	39 年
		9	壬子	-2349	40 年
		10	癸丑	-2348	41 年
		11	甲寅	-2347	42 年
		12	乙卯	-2346	43 年
		13	丙辰	-2345	44 年
		14	丁巳	-2344	45 年

<table>
<tr><th>朝代</th><th>帝　　王</th><th>國號</th><th>干支</th><th>紀前</th><th>紀　　　　事</th></tr>
<tr><td></td><td></td><td>15</td><td>戊午</td><td>-2343</td><td>46 年</td></tr>
<tr><td>堯</td><td>陶唐氏</td><td>堯 16</td><td>己未</td><td>-2342</td><td>47 年</td></tr>
<tr><td></td><td></td><td>17</td><td>庚申</td><td>-2341</td><td>48 年　【君主紀元】堯二年,置閏法,以三百六旬又六日成歲. 置諫鼓,立謗水,五年, 越裳氏來朝, 十二年巡方嶽</td></tr>
<tr><td></td><td></td><td>18</td><td>辛酉</td><td>-2340</td><td>49 年</td></tr>
<tr><td></td><td></td><td>19</td><td>壬戌</td><td>-2339</td><td>50 年</td></tr>
<tr><td></td><td></td><td>20</td><td>癸亥</td><td>-2338</td><td>彭祖名籛鏗生於山西臨汾癸亥(-2338)農曆十一月初一日子時,西周昭王三年辛卯西元前-1050 年夏六月初三日仙逝,壽高 1289 歲(-2338 減-1050)
彭祖父陸終氏為唐陶氏帝堯之將領山西臨汾郡衛戌伯侯.娶鬼方氏部落領袖胞妹女嬇氏為妻,父病去世.妻懷胎三年未分娩,經通士法醫剖左肋脅產六子,三子彭祖(籛鏗),三歲喪母,遭犬戎之亂流離西域,鬼方氏得悉其妹棄世,即起雄師破臨汾城擄走年六歲彭祖往由陝西境部落撫養,母舅鬼方氏教以武功.旋拜尹壽道長為師,悟得〔導引術〕尹壽歸真,返回中原.途遇仙人道長收為徒弟,十年習得「氣功養生術」「調鼎術」.堯帝病,彭祖以「雉羹湯」侍奉,導引術練身,迅速病癒.堯帝喻鎮守銅山北隅一墟鼓邑(今徐州),彭祖寓教於民,築「遠古城廓」國泰民安,-2290 年堯帝御賜以國為姓「大彭國」封彭祖武安君,時年 49 歲.
彭祖 49 妻 54 子,分別 28 姓,較普通可見者有彭祖、彭、籛、錢、豕韋、禿、名、諸暨、防、風、既......等・長生不老「八百長春」，人們謹仰尊稱其為【彭祖】彭祖世代，各說不一，茲約略分錄如次：
<table>
<tr><td rowspan="2">彭祖世代</td><td>少典 11</td><td>12</td><td>13</td><td>14</td><td>15</td><td>16</td><td>17</td><td>18</td><td>19</td></tr>
<tr><td>黃帝 1</td><td>2</td><td>3</td><td>4</td><td>5</td><td>6</td><td>7</td><td>8</td><td>9</td></tr>
<tr><td>大戴禮記</td><td>黃帝</td><td>昌意</td><td>顓頊</td><td>老童</td><td>吳回</td><td>陸終</td><td>彭祖</td><td></td><td></td></tr>
<tr><td>史記楚世家</td><td>黃帝</td><td>昌意</td><td>顓頊</td><td>稱</td><td>卷章</td><td>吳回</td><td>陸終</td><td>彭祖</td><td></td></tr>
<tr><td>籛 治 冰</td><td>黃帝</td><td>昌意</td><td>乾荒</td><td>顓頊</td><td>稱</td><td>卷章</td><td>吳回</td><td>陸終</td><td>彭祖</td></tr>
</table>
注: 13 世昌意長子韓流,神仙通鑑云:毋昌僕善執婦道,生長子乾荒於濮之上流,乃日韓流..</td></tr>
<tr><td></td><td></td><td>21</td><td>甲子</td><td>-2337</td><td>少昊 52 年　皇甫曰以堯之 21 年甲子生舜</td></tr>
<tr><td></td><td></td><td>22</td><td>乙丑</td><td>-2336</td><td>53 年　彭祖三歲時母鬼方氏領袖之妹女嬇氏姚墟病逝</td></tr>
<tr><td></td><td></td><td>23</td><td>丙寅</td><td>-2335</td><td>54 年</td></tr>
<tr><td></td><td></td><td>24</td><td>丁卯</td><td>-2334</td><td>55 年</td></tr>
<tr><td></td><td></td><td>25</td><td>戊辰</td><td>-2333</td><td>56 年　彭祖六歲,鬼方氏聞悉其妹女嬇氏棄世,即起雄師擄走甫方六歲彭祖往鬼方氏領域,添在母舅與外甥關係,彭祖在其地成長中,幸遇尹壽道長,拜為師,承指導禪定法門學習. 彭祖苦修精練,悟得竅門,修成正果,開創運氣引導功,旋繼母鬼方氏逝世,彭祖返回中原,承師秘袂,採藥煉丹,研究養生法濟世
韓國檀君桓王儉開國元年(黃紀 365 年民國前 4244 年)
(外紀堯元年,戊辰後於前編 24 年)在民國前 4244 年</td></tr>
<tr><td></td><td></td><td>26</td><td>己巳</td><td>-2332</td><td>57 年</td></tr>
<tr><td></td><td></td><td>27</td><td>庚午</td><td>-2331</td><td>58 年</td></tr>
<tr><td></td><td></td><td>28</td><td>辛未</td><td>-2330</td><td>59 年</td></tr>
<tr><td></td><td></td><td>29</td><td>壬申</td><td>-2329</td><td>60 年</td></tr>
<tr><td></td><td></td><td>30</td><td>癸酉</td><td>-2328</td><td>61 年</td></tr>
<tr><td></td><td></td><td>31</td><td>甲戌</td><td>-2327</td><td>62 年</td></tr>
<tr><td></td><td></td><td>32</td><td>乙亥</td><td>-2326</td><td>63 年</td></tr>
<tr><td></td><td></td><td>33</td><td>丙子</td><td>-2325</td><td>64 年</td></tr>
<tr><td></td><td></td><td>34</td><td>丁丑</td><td>-2324</td><td>少昊 65 年</td></tr>
</table>

朝代	帝　王	國號	干支	紀前	紀　事
		35	戊寅	-2323	66 年
		36	己卯	-2322	67 年
堯	陶唐氏伊祁放勳	37	庚辰	-2321	68 年 虞舜生
		38	辛巳	-2320	69 年
		39	壬午	-2319	70 年 (路史載)堯王午歲生舜
		40	癸未	-2318	71 年
		41	甲申	-2317	72 年 (通鑑前編)舜帝出生,於公元前-2255 登基,時年 63 歲.
		42	乙酉	-2316	73 年
		43	丙戌	-2315	74 年
		44	丁亥	-2314	75 年
		45	戊子	-2313	76 年
		46	己丑	-2312	77 年
		47	庚寅	-2311	78 年
		48	辛卯	-2310	79 年
		49	壬辰	-2309	80 年
		50	癸巳	-2308	81 年 遊於廣衢,聞童歌及老人擊壤之歌.
		51	甲午	-2307	82 年
		52	乙未	-2306	83 年
		53	丙申	-2305	84 年
		54	丁酉	-2304	85 年
		55	戊戌	-2303	86 年 禹帝鯀之子,紀元前-2303 年 6 月 6 日,出生四川龍安石泉縣石紐鄉禹治水有功,被推舉為部落聯盟領袖.三苗,死後兒子啟繼位,建立「家天下」世襲制度,開創歷史上第一個王朝.
		56	已亥	-2302	87 年
		57	庚子	-2301	高陽氏 1 年
		58	辛丑	-2300	2 年
		59	壬寅	-2299	3 年
		60	癸卯	-2298	4 年 舜以孝聞
		61	甲辰	-2297	5 年 唐堯(放勳)(陶唐氏)都平陽(山西)(-2297~-2179)黃河氾濫成災,帝命夏部落酋長姒鯀治水.
		62	乙巳	-2296	6 年
		63	丙午	-2295	7 年
		64	丁未	-2294	8 年
		65	戊申	-2293	9 年
		66	己酉	-2292	10 年
		67	庚戌	-2291	11 年 舉舜登庸 舜舉八愷八元和五典 舜賓於四門
		68	辛亥	-2290	12 年 帝堯時年 85 歲臥病於大彭山,彭祖 49 歲親往醫治調理病癒
		69	壬子	-2289	13 年
		70	癸丑	-2288	14 年 夏啟出生姒啟帝,舉舜登庸,舜舉八愷八元和五典 帝使四岳錫虞舜命
		71	甲寅	-2287	15 年 舜賓於四門 姒鯀治水不成,被殺.
		72	乙卯	-2286	16 年 舜攝位殛鯀於羽山,放驩兜於崇山.姒鯀子姒文命(夏禹)治水.
		73	丙辰	-2285	17 年 舜受終於文祖,齋七政,舉群祀巡狩 唐部落酋長姚重攝政
		74	丁巳	-2284	18 年 流共於幽州
		75	戊午	-2283	19 年 帝命司空禹治河
		76	己未	-2282	20 年 竄三苗於三危 制五刑
		77	庚申	-2281	21 年 作大章之樂

朝代	帝 王	國號	干支	紀前	紀 事
		78	辛酉	**-2280**	22 年 神龜出於洛
		79	壬戌	**-2279**	23 年
堯	陶唐氏伊祁放勳	堯 **80**	癸亥	**-2278**	高陽氏 24 年 禹治水成功.
		81	甲子	**-2277**	25 年 分十二州封諸侯
		82	乙丑	**-2276**	26 年
		83	丙寅	**-2275**	27 年
		84	丁卯	**-2274**	28 年
		85	戊辰	**-2273**	29 年
		86	己巳	**-2272**	30 年
		87	庚午	**-2271**	31 年
		88	辛未	**-2270**	32 年
		89	壬申	**-2269**	33 年
		90	癸酉	**-2268**	34 年
		91	甲戌	**-2267**	35 年
		92	乙亥	**-2266**	36 年
		93	丙子	**-2265**	37 年
		94	丁丑	**-2264**	38 年
		95	戊寅	**-2263**	39 年
		96	己卯	**-2262**	40 年
		97	庚辰	**-2261**	41 年 司空巡十二州
		98	辛巳	**-2260**	42 年
		99	壬午	**-2259**	43 年
		100	癸未	**-2258**	44 年 帝崩於成陽.陶唐氏伊祁放勳在位 100 年,壽 117 歲崩(-2374 至 -2258)葬穀林 彭祖時年 81 歲
	舜避堯喪	**1**	甲申	**-2257**	45 年 舜避堯喪,堯之子即位
		2	乙酉	**-2256**	46 年 次年帝舜改正建子,奪去戊子己丑兩個月,當年有閏,故實有 11 個月. 舜避堯喪
舜	舜帝 姚重華	虞舜 **1**	丙戌	**-2255**	高陽氏 47 年 諸部落酋長推選虞部落酋長姚重華為中國元首,尊稱「虞舜帝」帝堯在位為公元前-2357~-2255 年. 帝舜改正建子,當年有 12 個月.諸部落推選虞部落酋長姚重華為中國元首,尊稱虞舜帝,在位 48 年(紀元前-2255~-2208 卒). 舜帝有虞氏,顓頊帝之曾孫,姓姚.以土德王,都蒲阪.名重華.目有重瞳,生子商均,亦田商均不肖,禪位於禹.西巡狩.崩於蒼梧之野.在位 61 年. 堯舜禪讓自古以來為人所歌頌,並把禪讓政治當作是政治的理想.堯舜時代的國家型態,剛剛步入部落聯盟的共主,由各個部落首舉而來.虞舜時代,有專司工程營造的禹,管理農事生產的棄,負責人民教化的契,掌理刑罰的皋陶等行政組織,顯然已具備了國家的雛形.
		2	丁亥	**-2254**	高陽氏 48 年 都蒲坂 命九官 封堯子朱於丹水
		3	戊子	**-2253**	49 年 建學考績
		4	己丑	**-2252**	50 年
		5	庚寅	**-2251**	51 年 作九韶樂高陽
		6	辛卯	**-2250**	52 年 巡狩
		7	壬辰	**-2249**	53 年
		8	癸巳	**-2248**	54 年
		9	甲午	**-2247**	55 年
		10	乙未	**-2246**	56 年
		11	丙申	**-2245**	57 年

朝代	帝　　王	國號	干支	紀前	紀　　　　事
		12	丁酉	-2244	58 年
		13	戊戌	-2243	59 年
舜	舜帝 姚重華	舜 14	已亥	-2242	60 年　卿雲見
		15	庚子	-2241	61 年
		16	辛丑	-2240	62 年
		17	壬寅	-2239	63 年
		18	癸卯	-2238	64 年
		19	甲辰	-2237	65 年
		20	乙巳	-2236	66 年
		21	丙午	-2235	67 年
		22	丁未	-2234	68 年
		23	戊申	-2233	69 年
		24	己酉	-2232	70 年
		25	庚戌	-2231	71 年　肅慎國(大興安嶺以東至海)進貢楛矢石弩
		26	辛亥	-2230	72 年
		27	壬子	-2229	73 年
		28	癸丑	-2228	74 年
		29	甲寅	-2227	75 年
		30	乙卯	-2226	76 年
		31	丙辰	-2225	77 年
		32	丁巳	-2224	78 年　命禹攝位
		33	戊午	-2223	79 年　禹受命於神宗(神仙通鑑云) 舜帝命彭祖(116 歲)濬川水定十二州之界,設十二牧,伯以守之,為養民之官.
		34	己未	-2222	80 年
		35	庚申	-2221	81 年
		36	辛酉	-2220	高辛氏 元年　征服三苗
		37	壬戌	-2219	2 年
		38	癸亥	-2218	3 年
		39	甲子	-2217	4 年
		40	乙丑	-2216	5 年
		41	丙寅	-2215	6 年
		42	丁卯	-2214	7 年
		43	戊辰	-2213	8 年
		44	己巳	-2212	9 年
		45	庚午	-2211	10 年
		46	辛未	-2210	11 年
		47	壬申	-2209	12 年
		48	癸酉	-2208	13 年　舜帝姚重華崩於蒼梧葬零陵,諸部落三年未推元首.壽 110 歲, 舜帝在位 50 年.
	禹避舜喪	1	甲戌	-2207	14 年　禹避舜喪
		2	乙亥	-2206	15 年　次年夏后禹改正建寅,移戊子,己丑兩個月,故實有 14 個月. 禹避舜喪

朝代	帝王	國號	干支	紀前	紀事
夏	一任帝禹 姒文命	夏禹 1	丙子	**-2205**	高辛氏 16 年 姒文命繼承姚重華位,於紀元-前 205 年建立夏王朝,稱為禹帝.禹姓姒,字高密,名文命,孫伯鯀之子.生於石紐鄉(四川汶川縣石紐山),長於西羌,明導山決川之法,佐舜仕堯,平洪水有功,征服三苗.及舜即位,以禹為司空,賜姓曰姒,封為夏伯.受舜禪位,有中國,不稱帝而稱王,世以夏揖讓禪為君,故褒曰夏后.又重其世,故以氏係之,稱曰夏后氏.建夏王朝,尊稱夏禹帝,定都安邑(山西夏縣). 禹作樂曰「大夏樂」頒歷曰「夏時」(以建寅月為歲首,當年有 12 個月.自漢至清,皆用此曆).以金德王,人統寅正,疏九河,鑄九鼎,制貢法,後將下傳子名啓.夏禹不傳賢而傳子啓,家天下也,啓賢能,乃伐有扈. 似文命將中國劃分為九州：冀州(河北平原與山西高原)、兗州(黃河與濟水之間)、青州(山東半島)、徐州(河淮平原)、豫州(中原)、雍州(關中與隴西)、梁州(秦嶺以南與四川盆地)、揚州(長江下游)、荊州(長江中游) 紀元前 2198 姒文命卒葬會稽山陰(河南伊川).禹在位(-2205~-2198)在位 8 年壽 106 歲.子姒啓繼位.
		2	丁丑	**-2204**	高辛氏 17 年 皋陶卒以益為相
		3	戊寅	**-2203**	18 年 考功
		4	己卯	**-2202**	19 年 鑄九鼎
		5	庚辰	**-2201**	20 年 會諸侯於塗山
		6	辛巳	**-2200**	21 年
		7	壬午	**-2199**	22 年
		8	癸未	**-2198**	高辛氏 23 年 會諸侯於會稽戮阮風氏,防風氏後至,乃殺之.帝行未還而夏禹帝姒文命卒,葬於會稽(河南伊川)之山陰.諸部落推選任益為帝,夏禹帝姒文命子姒啟不服.(前-2303~-2198,壽 106 歲)
夏	二任帝任益 姒 啟	姒啓 1	甲申	**-2197**	高辛氏 24 年 夏后啟似啟即位在位 9 年(西元-2197 至-2189 年). 大饗諸侯于鈞台
		2	乙酉	**-2196**	高辛氏 25 年 伯益歸就國.代有扈,戰於甘,而作甘誓,卒滅有扈,諸侯咸服
		3	丙戌	**-2195**	高辛氏 26 年 姒啟殺任益,繼任為帝,有扈部落(渭水中下)起兵反抗,姒啓攻之戰於甘邑(陝西戶縣)有扈部落潰敗.中國推選制度由是終結,家天下自此開始. 大享於鈞台 伐有扈作甘誓
		4	丁亥	**-2194**	高辛氏 27 年 (神仙通鑑)夏啓推諸臣中惟大彭賢能博古延至京師委以政事大彭任之不辭,時年 145 歲.
		5	戊子	**-2193**	高辛氏 28 年
		6	己丑	**-2192**	29 年
		7	庚寅	**-2191**	30 年
		8	辛卯	**-2190**	31 年 帝使孟涂如巴涖訟,在位 9 年歿,子太康嗣立
		9	壬辰	**-2189**	32 年 夏二任帝姒啟卒,壽 100 歲(2288 - 2189)后羿立子姒太康繼位. 序九辯九歌
夏	三任帝 姒太康	太康 1	癸巳	**-2188**	33 年 帝居斟鄩,羿亦入居斟鄩,帝遂為困,內亂始作.在位 29 年卒夏后太康姒太康西元前-2188 至-2160 年,其弟仲康嗣位 王不恤黎民咸貳
		2	甲午	**-2187**	34 年
		3	乙未	**-2186**	35 年
		4	丙申	**-2185**	36 年
		5	丁酉	**-2184**	37 年
		6	戊戌	**-2183**	38 年
		7	己亥	**-2182**	39 年
		8	庚子	**-2181**	40 年

朝代	帝　王	國號	干支	紀前	紀　　事
夏	三任帝姒太康	太康 **9**	辛丑	**-2180**	41 年
		10	壬寅	**-2179**	42 年【新編中外歷史大系手冊】虞舜(重華)都蒲板(-2179~-2140)
		11	癸卯	**-2178**	43 年
		12	甲辰	**-2177**	44 年
		13	乙巳	**-2176**	45 年
		14	丙午	**-2175**	高辛氏　46 年
		15	丁未	**-2174**	47 年
		16	戊申	**-2173**	48 年　征西河.
		17	己酉	**-2172**	49 年
		18	庚戌	**-2171**	50 年
		19	辛亥	**-2170**	51 年　王畋於洛表　窮羿拒王於河　王居陽夏五子作歌
		20	壬子	**-2169**	52 年
		21	癸丑	**-2168**	53 年
		22	甲寅	**-2167**	54 年
		23	乙卯	**-2166**	55 年
		24	丙辰	**-2165**	56 年
		25	丁巳	**-2164**	57 年
		26	戊午	**-2163**	58 年
		27	己未	**-2162**	59 年
		28	庚申	**-2161**	60 年
		29	辛酉	**-2160**	61 年　夏三任帝姒太康暴虐,有窮部落酋長后羿逐之,姒太康奔斟鄩(河南登封)其弟仲康嗣位
夏	四任帝姒仲康	仲康 **1**	壬戌	**-2159**	62 年　帝居斟鄩,政多出於羿,在位 13 年(-2159~-2147)姒仲康西元子相立,為羿所偪,徙商邱. 命胤侯掌六師
		2	癸亥	**-2158**	63 年　命胤侯征羲和
		3	甲子	**-2157**	64 年　羿滅伯封　帝摯居喪 1 年
		4	乙丑	**-2156**	65 年　帝摯居喪 2 年
		5	丙寅	**-2455**	66 年　帝摯居喪 3 年　命胤侯征羲和.
		6	丁卯	**-2154**	帝摯 元年　帝即位居冀　錫昆吾命作伯
		7	戊辰	**-2153**	2 年
		8	己巳	**-2152**	3 年
		9	庚午	**-2151**	4 年
		10	辛未	**-2150**	5 年
		11	壬申	**-2149**	6 年
		12	癸酉	**-2148**	7 年
		13	甲戌	**-2147**	8 年
夏	五任帝姒相	姒相 **1**	乙亥	**-2146**	9 年　帝即位於商,征淮夷,在位 7 年(-2146 ~ -2140)
		2	丙子	**-2145**	唐堯元年
		3	丁丑	**-2144**	2 年
		4	戊寅	**-2143**	3 年
		5	己卯	**-2142**	4 年　徙都商丘　征畎夷
		6	庚辰	**-2141**	5 年　初巡狩四岳
		7	辛巳	**-2140**	6 年　后羿再逐夏五任帝姒相,姒相奔斟灌(河南清豐)后羿繼任為帝.
夏	六任帝 后羿	**1**	壬午	**-2139**	7 年　寒浞殺夏六任帝后羿,繼任為帝.寒浞娶后羿妻子,生二子姒太康早逝,姒相戰役中被殺妻子生下遺腹子姒少康 仲康之子西元前-2146 至-2119 年在位 28 年
		2	癸未	**-2138**	8 年　畎夷來賓

朝代	帝　　王	國號	干支	紀前	紀　　　　事
夏	六任帝 后 羿	后羿 **3**	甲申	**-2137**	9 年
		4	乙酉	**-2136**	10 年
		5	丙戌	**-2135**	11 年
		6	丁亥	**-2134**	12 年　初治兵
		7	戊子	**-2133**	13 年
		8	己丑	**-2132**	14 年　商侯相士作乘馬,遂遷於商邱.
		9	庚寅	**2131**	15 年
		10	辛卯	**-2130**	16 年　渠搜氏來賓
		11	壬辰	**-2129**	唐堯 17 年
		12	癸巳	**-2128**	18 年
		13	甲午	**-2127**	19 年　寒浞滅戈
		14	乙未	**-2126**	20 年
		15	丙申	**-2125**	21 年
		16	丁酉	**-2124**	22 年
		17	戊戌	**-2123**	23 年
		18	已亥	**-2122**	24 年
		19	庚子	**-2121**	25 年　寒浞使其子澆滅斟灌
		20	辛丑	**-2120**	26 年　澆伏斟鄩滅之
		21	壬寅	**-2119**	27 年　寒浞使其子弒帝篡位,在位 28 年,夏祚頻於中絕.幸丘后有緡氏方妊,逃於有仍而生少康,四十餘年後漸復夏祀.
夏	七任帝有窮氏寒浞(猗浞)	寒浞 **1**	癸卯	**-2118**	28 年　寒浞滅斟灌殺姒相.姒相妻緡奔有仍(山東濟寧)生遺腹子姒少康.　湘之子復夏祀西元前-2118 至-2080 年.
		2	甲辰	**-2117**	29 年　后緡生少康於有仍　　焦僥氏來朝貢沒羽
		3	乙巳	**-2116**	30 年
		4	丙午	**-2115**	31 年
		5	丁未	**-2114**	32 年
		6	戊申	**-2113**	33 年
		7	己酉	**-2112**	34 年
		8	庚戌	**-2111**	35 年
		9	辛亥	**-2110**	36 年
		10	壬子	**-2109**	37 年
		11	癸丑	**-2108**	38 年
		12	甲寅	**-2107**	39 年
		13	乙卯	**-2106**	40 年
		14	丙辰	**-2105**	41 年　景星見於冀
		15	丁巳	**-2104**	42 年
		16	戊午	**-2103**	43 年
		17	己未	**-2102**	44 年
		18	庚申	**-2101**	45 年
		19	辛酉	**-2100**	46 年
		20	壬戌	**-2099**	47 年
		21	癸亥	**-2098**	48 年
		22	甲子	**-2097**	49 年　夏后少康即位前之 188 年・自有仍奔虞
		23	乙丑	**-2096**	50 年　帝遊於首山
		24	丙寅	**-2095**	51 年　【新編中外歷史大系手冊】子啓(-2095~-2085)
		25	丁卯	**-2094**	52 年

朝代	帝　　王	國號	干支	紀前	紀　　事
夏	七任帝有窮氏寒浞(猗浞)	寒浞 26	戊辰	-2093	53 年　帝祭於洛
		27	己巳	-2092	54 年
		28	庚午	-2091	55 年
		29	辛未	-2090	56 年
		30	壬申	-2089	57 年
		31	癸酉	-2088	58 年　使后稷放子朱於丹水
		32	甲戌	-2087	59 年
		33	乙亥	-2086	60 年
		34	丙子	-2085	61 年　太康 (-2085~-2057)命崇伯鯀
		35	丁丑	-2084	62 年
		36	戊寅	-2083	63 年
		37	己卯	-2082	唐堯 64 年
		38	庚辰	-2081	65 年
		39	辛巳	-2080	66 年
夏	第八任帝姒少康	少康 1	壬午	-2079	67 年　伯靡殺寒浞,少康即位,歸安邑,夏治復舉,史稱「**少康中興**」(-2079~-2058 年)德政復田稷之官,商侯冥治河.為周商肇基之始,後遷於原(河南濟源). 靡誅寒浞立王誅浞子澆及磕方夷來貢
		2	癸未	-2078	唐堯 68 年
		3	甲申	-2077	69 年　靡誅寒浞立王　王誅浞子澆及醢　方夷來貢唐堯 50 年
		4	乙酉	-2076	70 年　使四岳錫虞舜命
		5	丙戌	-2075	71 年
		6	丁亥	-2074	72 年
		7	戊子	-2073	73 年
		8	己丑	-2072	74 年
		9	庚寅	-2071	75 年
		10	辛卯	-2070	76 年
		11	壬辰	-2069	77 年
		12	癸巳	-2068	78 年
		13	甲午	-2067	79 年
		14	乙未	-2066	80 年
		15	丙申	-2065	81 年
		16	丁酉	-2064	82 年
		17	戊戌	-2063	83 年
		18	已亥	-2062	84 年
		19	庚子	-2061	85 年
		20	辛丑	-2060	86 年
		21	壬寅	-2059	87 年
		22	癸卯	-2058	88 年　封庶子無余於越,號無余.在位 22 年,王崩子杼立.復行君主「世襲制度」
夏	九任帝姒后杼	后杼 1	甲辰	-2057	89 年　少康之子夏后杼姒杼即位在位 17 年(-2057~-2041)子槐繼立.
		2	乙巳	-2056	90 年　仲康 (-2056~-2044)太康弟,羲和涵滔廢時亂日,胤往征之,作胤征書序.,在位 13 年【新編中外歷史大系手冊】
		3	丙午	-2055	91 年
		4	丁未	-2054	92 年
		5	戊申	-2053	93 年　征東海伐三壽(外紀少康元年丙午)
		6	己酉	-2052	94 年

朝代	帝　　王	國號	干支	紀前	紀　　　　事
		7	庚戌	**-2051**	95 年
夏	九任帝姒杼	后杼 **8**	辛亥	**-2050**	96 年
		9	壬子	**-2049**	97 年
		10	癸丑	**-2048**	98 年
		11	甲寅	**-2047**	99 年
		12	乙卯	**-2046**	100 年
		13	丙辰	**-2045**	堯喪 1 年　亞圉(一作根圉)之子冥(為)夢,子一振,漢書作垓.
		14	丁巳	**-2044**	堯喪 2 年
		15	戊午	**-2043**	堯喪 3 年　相(-2043~-2016)仲康子,即位居商丘.征淮夷,風夷,黃夷.自太康以來,夏政凌亂,相徙商丘.又為有過氏澆所滅.在位 28 年.相死後,夏祀中絕者 40 年【新編中外歷史大系手冊】子相　居帝丘(河南濮陽)、斟灌(山東觀城)『一說相亡於有過氏澆,祀中絕 40 年,少康有窮氏復國』
		16	己未	**-2042**	虞舜　元年　帝即位居冀作大韶之樂
		17	庚申	**-2041**	2 年　王崩子槐立
夏	十任帝 后槐杼之子	后槐 **1**	辛酉	**-2040**	3 年　夏后槐姒槐,杼之子即位(-2040~-2015 年)在位 17 年.槐在位 26 年.子芒嗣立.　命皋陶作刑.東方九夷全服,封昆吾氏子於蘇.
		2	壬戌	**-2039**	4 年
		3	癸亥	**-2038**	5 年
		4	甲子	**-2037**	6 年
		5	乙丑	**-2036**	7 年
		6	丙寅	**-2035**	8 年
		7	丁卯	**-2034**	9 年　西王母來朝
		8	戊辰	**-2033**	10 年
		9	己巳	**-2032**	11 年
		10	庚午	**-2031**	12 年
		11	辛未	**-2030**	13 年
		12	壬申	**-2029**	14 年　卿雲見　命禹攝政
		13	癸酉	**-2028**	15 年　帝命夏后有事於太室
		14	甲戌	**-2027**	16 年　渠搜氏來賓
		15	乙亥	**-2026**	17 年
		16	丙子	**-2025**	18 年
		17	丁丑	**-2024**	19 年
		18	戊寅	**-2023**	20 年
		19	己卯	**-2022**	21 年
		20	庚辰	**-2021**	22 年
		21	辛巳	**-2020**	23 年
		22	壬午	**-2019**	24 年
		23	癸未	**-2018**	25 年　息慎氏來朝貢弓矢
		24	甲申	**-2017**	26 年
		25	乙酉	**-2016**	27 年
		26	丙戌	**-2015**	28 年　少康(-2015~1995)帝相之子,滅有窮氏,恢復夏國在位 21 年　王崩子芒立　【新編中外歷史大系手冊】
夏	11 任帝　姒芒	后芒 **1**	丁亥	**-2014**	29 年　芒帝為杼之子,夏后芒姒芒西元前-2014 至-1997 年在位 18 年
		2	戊子	**-2013**	30 年
		3	己丑	**-2012**	31 年　以玄圭賓於河乃東狩於海
		4	庚寅	**-2011**	32 年　命夏后總師　遂陟方岳

朝代	帝　　王	國號	干支	紀前	紀　　事
		5	辛卯	-2010	33 年
		6	壬辰	-2009	34 年
		7	癸巳	-2008	35 年
		8	甲午	-2007	36 年
		9	乙未	-2006	37 年
夏	11 任帝 姒芒	姒芒 10	丙申	-2005	38 年
		11	丁酉	-2004	39 年
		12	戊戌	-2003	40 年
		13	已亥	-2001	41 年
		14	庚子	-2001	42 年 玄都氏來朝貢寶玉
		15	辛丑	-2000	43 年 【新編歷史大系手冊】越國 位于今浙江及江蘇,都紹興,又遷山東諸城,夏禹之後,少康之庶子無余封于越. 姒姓.(前 20 世紀~-334 無余至弟無疆)-334 年亡于楚.
		16	壬寅	-1999	44 年 【新編歷史大系手冊】杼,居原(河南濟源)、老邱(-1999~1977)
		17	癸卯	-1998	45 年
		18	甲辰	-1997	46 年 姒茫繼父政,善馭夷人,在位 18 年崩,子泄立. 先後征服畎夷、白夷、赤夷、玄夷、風夷、陽夷.
夏	12 任帝 姒泄	后泄 1	乙巳	-1996	47 年 泄帝即位,其為芒帝之子,在位 16 年(-1996~-1981) 加六夷爵命
		2	丙午	-1995	48 年 有易殺殷侯子亥
		3	丁未	-1994	49 年 杼,少康子,帝居鳴條,五年遷於老丘,在位 17 年..
		4	戊申	-1993	50 年 帝陟
		5	己酉	-1992	舜喪 1 年 禹避舜之子
		6	庚戌	-1991	2 年
		7	辛亥	-1990	3 年
		8	壬子	-1989	帝禹 1 年 帝即位於冀 頒夏時於邦國
		9	癸丑	-1988	2 年 禹之子啟殺伯益奪得王位(-1988~-1979),傳統的「禪讓」制度從此破壞,夏部落同姓邦國有扈氏起兵反對戰敗,邦國首領到陽翟朝會,啟在鈞台(今河南禹州)召開諸侯大會,歷史上稱「鈞臺之享」啟鞏固王位,世襲制度確立.
		10	甲寅	-1987	3 年 皋陶薨
		11	乙卯	-1986	4 年
		12	丙辰	-1985	5 年 巡狩 會諸侯於塗山
		13	丁巳	-1984	6 年
		14	戊午	-1983	7 年
		15	己未	-1982	8 年 會諸侯於會稽 殺防風氏　八月帝陟於會稽
		16	庚申	-1981	9 年 泄王崩在位 16 年,子不降立　殷侯徵以河伯之師伐有易
夏	13 任帝姒不降	不降 1	辛酉	-1980	10 年 泄之子,夏后不降即位(-1980~-1922)在位 59 年,遜位於弟扃 首伐九苑
		2	壬戌	-1979	11 年
		3	癸亥	-1978	帝啓 元年 帝即位於夏邑 大饗諸侯於鈞台 諸侯從帝
		4	甲子	-1977	2 年 槐 (-1977~1952)在位 26 年,杼子,三年九夷來朝, 歸於冀 伯益出就國 伐有扈大戰於甘 【新編中外歷史大系手冊】
		5	乙丑	-1976	3 年
		6	丙寅	-1975	4 年 伐九苑之戎
		7	丁卯	-1974	5 年
		8	戊辰	-1973	6 年 伯益薨祠之

朝代	帝　王	國號	干支	紀前	紀　事
		9	己巳	-1972	7年
		10	庚午	-1971	8年　帝使孟涂如巴蒞訟
		11	辛未	-1970	9年
		12	壬申	-1969	10年　帝巡狩舞九韶於天穆之野
		13	癸酉	-1968	11年　放王季子武觀於西河
		14	甲戌	-1967	12年
夏	13任帝姒不降	不降15	乙亥	-1966	13年
		16	丙子	-1965	14年
		17	丁丑	-1964	15年　武觀以西河叛　彭伯壽征西河武觀來觀
		18	戊寅	-1963	16年　陟
		19	己卯	-1962	17年
		20	庚辰	-1961	18年
		21	辛巳	-1960	19年
		22	壬午	-1959	20年
		23	癸未	-1958	太康元年　帝即位居斟鄩畋於洛表羿入居斟鄩
		24	甲申	-1957	2年
		25	乙酉	-1956	3年
		26	丙戌	-1955	4年　帝陟
		27	丁亥	-1954	5年
		28	戊子	-1953	6年
		29	己丑	-1952	帝仲康元年　帝即位居斟鄩
		30	庚寅	-1951	2年　芒 (-1951~-1934) 槐子,在位18年.
		31	辛卯	-1950	3年
		32	壬辰	-1949	4年
		33	癸巳	-1948	帝仲康 5年　秋九月庚戌朔日食 命胤侯征業和
		34	甲午	-1947	6年　錫昆吾命作伯
		35	乙未	-1946	7年　世子相出居商丘依邳侯
		36	丙申	-1945	8年
		37	丁酉	-1944	9年
		38	戊戌	-1943	帝相 元年　帝即位居商征風夷及黃夷
		39	已亥	-1942	2年
		40	庚子	-1941	3年　征風夷及黃夷
		41	辛丑	-1940	4年
		42	壬寅	-1939	5年
		43	癸卯	-1938	帝相6年 前-1938~-1936年羿、浞生亂.夏啟死後,子太康繼位.太康兄弟五人爭奪王位變亂,太康死,子仲康立.仲康死,子相立.此時族中有窮氏首領后羿(又稱夷羿)趁夏內亂攻入夏都,奪取王位,號稱帝羿.不修政事,又為東九族伯明氏寒浞所殺,自立為帝,奪羿妻,命子殲夏同斟灌與斟鄩,追殺夏帝相,相妻躲入母家有仍氏(今山東金鄉境),生夏帝遺子少康.
		44	甲辰	-1937	帝相　7年　于夷來朝
		45	乙巳	-1936	8年　寒浞殺羿使其子澆居戈
		46	丙午	-1935	9年　帝居於斟灌
		47	丁未	-1934	10年
		48	戊申	-1933	11年　泄 (1933~-1918)芒子,在位16年
		49	己酉	-1932	12年
		50	庚戌	-1931	13年
		51	辛亥	-1930	14年

朝代	帝　　王	國號	干支	紀前	紀　　　　事
		52	壬子	**-1929**	15 年　商侯相士遷商丘
		53	癸丑	**-1928**	16 年
		54	甲寅	**-1927**	17 年
		55	乙卯	**-1926**	18 年
		56	丙辰	**-1925**	19 年
		57	丁巳	**-1924**	20 年　寒浞滅戈
夏	13 任帝姒不降	不降 **58**	戊午	**-1923**	21 年
		59	己未	**-1922**	帝相 22 年　王崩弟扃立,開內禪之始
夏	14 任帝 姒扃	后扃 **1**	庚申	**-1921**	23 年　扃為泄之子(又曰泄之弟),(-1921~-1901)在位 21 年　帝相 23 年
		2	辛酉	**-1920**	24 年
		3	壬戌	**-1919**	25 年
		4	癸亥	**-1918**	26 年　寒浞使澆滅斟灌
		5	甲子	**-1917**	27 年　不降(-1917-1859)泄子,六年伐九苑在位 59 年,澆滅斟鄩
		6	乙丑	**-1916**	28 年　寒浞使澆弒帝　后緡歸於有仍　靡奔鬲
		7	丙寅	**-1915**	少康 1 歲　后緡生少康
		8	丁卯	**-1914**	2 歲
		9	戊辰	**-1913**	3 歲
		10	己巳	**-1912**	4 歲
		11	庚午	**-1911**	5 歲　帝兄不降沒 猶太教新舊教派鬥爭,以謀反罪名將耶蘇緝捕至羅馬駐猶總督 彼拉多廣場,釘上十字架上活活被釘死.葬耶路撒冷北海境地 丘陵,繞以城壁,距地中海 33 公里.推算時於西元前-1911 年
		12	辛未	**-1910**	6 歲
		13	壬申	**-1909**	7 歲
		14	癸酉	**-1908**	8 歲
		15	甲戌	**-1907**	9 歲
		16	乙亥	**-1906**	10 歲
		17	丙子	**-1905**	少康　11 歲
		18	丁丑	**-1904**	12 歲
		19	戊寅	**-1903**	13 歲
		20	己卯	**-1902**	14 歲
		21	庚辰	**-1901**	15 歲　王崩在位 21 年,子廑嗣立　　天有妖孽,十太陽並出.
夏	15 任帝	后廑 **1**	辛巳	**-1900**	16 歲　夏后廑即位,在位 21 年(-1900~-1880)居於西河
		2	壬午	**-1899**	17 歲
		3	癸未	**-1898**	18 歲
		4	甲申	**-1897**	19 歲　昆吾氏遷於許
		5	乙酉	**-1896**	20 歲　少康自有仍奔虞
		6	丙戌	**-1895**	21 歲
		7	丁亥	**-1894**	22 歲
		8	戊子	**-1893**	23 歲
		9	己丑	**-1892**	24 歲
		10	庚寅	**-1891**	25 歲
		11	辛卯	**-1890**	26 歲
		12	壬辰	**-1889**	27 歲　后廑帝在位 21 年卒 不降之子孔甲繼立
		13	癸巳	**-1888**	28 歲
		14	甲午	**-1887**	29 歲
		15	乙未	**-1886**	30 歲

朝代	帝　王	國號	干支	紀前	紀　事
		16	丙申	-1885	31 歲
		17	丁酉	-1884	32 歲
		18	戊戌	-1883	33 歲
		19	已亥	-1882	34 歲
		20	庚子	-1881	35 歲
		21	辛丑	-1880	36 歲　王崩　不降之子孔甲嗣位
夏	16 任帝后孔甲	孔甲 1	壬寅	-1879	37 歲　不降之子夏后孔甲(廢豕韋氏)(-1879~-1849)在位 31 年　子皋嗣立,居西河,廢豕韋,以劉累代之.　彭祖 460 歲.
		2	癸卯	-1878	38 歲　以劉累為御龍氏　采首山鐵鑄劍　伯靡自鬲伐浞　杼滅戈
		3	甲辰	-1877	39 歲　伯靡自鬲伐浞　少康使女艾殺澆　杼滅戈
		4	乙巳	-1876	40 歲　靡殺寒浞　少康自綸歸於夏邑　諸侯來朝賓虞公
		5	丙午	-1875	少康　元年　帝即位　諸侯來朝賓虞公
		6	丁未	-1874	2 年　方夷來朝
		7	戊申	-1873	3 年　復田稷
		8	己酉	-1872	4 年
		9	庚戌	-1871	5 年
		10	辛亥	-1870	6 年
		11	壬子	-1869	7 年
		12	癸丑	-1868	8 年
		13	甲寅	-1867	9 年
		14	乙卯	-1866	10 年
		15	丙辰	-1865	11 年　使商侯治河
		16	丁巳	-1864	12 年
		17	戊午	-1863	13 年
		18	己未	-1862	14 年
		19	庚申	-1861	15 年
		20	辛酉	-1860	16 年
		21	壬戌	-1859	17 年
		22	癸亥	-1858	少康　18 年　扃 (-1858~-1838)又名禺,不降弟,在位 21 年,遷於原
		23	甲子	-1857	19 年
		24	乙丑	-1856	20 年
		25	丙寅	-1855	21 年　陟
		26	丁卯	-1854	22 年
		27	戊辰	-1853	23 年　天乙出生,後為成湯都亳,在位 13 年壽 100 歲.
		28	己巳	-1852	帝杼　1 年　商湯生
		29	庚午	-1851	2 年
		30	辛未	-1850	3 年
		31	壬申	-1849	4 年　王崩　子皋嗣位
夏	17 任帝 后 皋	后皋 1	癸酉	-1848	5 年　孔甲之子夏后皋姒皋即位(豕韋氏復國)(-1848~-1838)在位 11 年　子發立. 彭祖 491 歲,在商為賢臣守藏史,大彭為商伯.
		2	甲戌	-1847	6 年　自原遷於老丘
		3	乙亥	-1846	7 年
		4	丙子	-1845	8 年
		5	丁丑	-1844	9 年　征於東海及三壽得一狐九尾
		6	戊寅	-1843	10 年

朝代	帝　王	國號	干支	紀前	紀　事
		7	己卯	-1842	11 年
		8	庚辰	-1841	12 年
		9	辛巳	-1840	13 年
		10	壬午	-1839	14 年
		11	癸未	-1838	15 年　王崩 子癸立
夏	18 任帝 姒 發	后發 1	甲申	-1837	16 年　廑,帝扃子,后發即位,廑 (-1837~-1817)皋之子,(-1838~-1819)在位 21 年,子癸嗣立,世稱為桀. 商侯冥死於河
夏	18 任帝 姒 發	2	乙酉	-1836	17 年
		3	丙戌	-1835	18 年
		4	丁亥	-1834	19 年
		5	戊子	-1833	20 年
		6	己丑	-1832	帝芬 元年
		7	庚寅	-1831	2 年
		8	辛卯	-1830	3 年　九夷來御
		9	壬辰	-1829	4 年
		10	癸巳	-1828	5 年
		11	甲午	-1827	6 年
		12	乙未	-1826	7 年
		13	丙申	-1825	8 年
		14	丁酉	-1824	9 年
		15	戊戌	-1823	10 年
		16	已亥	-1822	11 年
		17	庚子	-1821	12 年
		18	辛丑	-1820	13 年
		19	壬寅	-1819	14 年　王崩,子姒履癸立(夏朝最後一位君主)
夏	19 任帝 姒履癸 (桀)	后桀 1	癸卯	-1818	15 年　發之子,世稱為桀(-1818~-1767)在位 52 年.夏桀(履癸)暴虐享樂:一惑女寵,二奢事營建,三縻費飲食,四枉戮忠良. 姒履癸居斟鄩,後遷河南.築傾宮,將百姓財產征斂殆盡,人民不滿,被商湯所滅,放逐南巢,**夏朝滅亡**.
		2	甲辰	-1817	16 年　洛伯用興馮夷關
		3	乙巳	-1816	17 年　孔甲(-1816~-1786)在位 31 年.,不降子.居西河好方術鬼神事,淫亂,夏又衰,諸侯叛之. 孔甲好豢龍,畋於東陽萁山,作破斧之歌,為東音之始, 孔甲有盤盂銘篇.
		4	丙午	-1815	18 年
		5	丁未	-1814	帝芬 19 年
		6	戊申	-1813	20 年
		7	己酉	-1812	21 年
		8	庚戌	-1811	22 年
		9	辛亥	-1810	23 年
		10	壬子	-1809	24 年
		11	癸丑	-1808	25 年
		12	甲寅	-1807	26 年
		13	乙卯	-1806	27 年
		14	丙辰	-1805	28 年
		15	丁巳	-1804	29 年

朝代	帝　　王	國號	干支	紀前	紀　　　事
		16	戊午	-1803	30 年
		17	己未	-1802	31 年
		18	庚申	-1801	32 年
		19	辛酉	-1800	33 年　封昆吾氏子於有蘇
		20	壬戌	-1799	34 年
		21	癸亥	-1798	35 年　周部落酋長劉遷於豳邑(陝西旬邑)
		22	甲子	-1797	36 年　公劉遷於豳
		23	乙丑	-1796	37 年
		24	丙寅	-1795	38 年
		25	丁卯	-1794	39 年
夏	19 任帝 姒履癸 (桀)	后桀 26	戊辰	-1793	40 年　夏桀后(后癸)姒履癸 公劉遷於豳
		27	己巳	-1792	41 年
		28	庚午	-1791	42 年
		29	辛未	-1790	43 年
		30	壬申	-1789	44 年　帝陟　子芒立
		31	癸酉	-1788	帝芒 1 年
		32	甲戌	-1787	2 年
		33	乙亥	-1786	3 年　姒履癸伐蒙山(山東蒙陰)有施部落,俘其女妹喜為妃.築傾宮.後又伐岷山,岷山莊王亦進其二女琬、琰,棄妹喜於洛,又傾宮飾瑤台以居琬、琰,陳諫者即殺之,人心咸二.
		34	丙子	-1785	4 年　皋(1785~1775),孔甲子,在位 11 年,皋墓在殺.
		35	丁丑	-1784	5 年　主癸虁(契公後裔)天乙之父,攻葛部落(河南寧陵) 商湯嗣為諸侯始居亳
夏 商	19 任帝姒履桀 商 湯	36 商湯 1	戊寅	-1783	6 年　湯居南亳,帝名履,帝嚳子契之後裔.商湯征葛,降荊滅溫取韋顧.
		2	己卯	-1782	7 年　商湯進伊尹
		3	庚辰	-1781	8 年
		4	辛巳	-1780	9 年　夏 19 任帝(桀)姒履癸
		5	壬午	-1779	10 年　伊尹復歸於亳
		6	癸未	-1778	11 年
		7	甲申	-1777	12 年　姒履癸囚子天乙於夏台,尋釋之.
		8	乙酉	-1776	13 年
		9	丙戌	-1775	14 年
		10	丁亥	-1774	15 年　發 (-1774~-1764)(在位 11 年)又曰發惠,皋子.諸侯賓於王門,再保墉會於上池,諸夷入舞.
		11	戊子	-1773	16 年
		12	己丑	-1772	17 年
		太甲 1	庚寅	-1771	18 年　湯又名成湯,武湯. 湯征伐自葛,載始,十一征而天下無獻 湯滅韋,顧,昆吾諸國,最後滅夏. 伊尹相湯,以王天下. 仲虺居薛以為湯左.　湯都亳　湯即位 17 年滅夏,踐天子位 13 年崩
		1	辛卯	-1770	19 年
		2	壬辰	-1769	20 年　桀會諸侯於有仍 有緡氏叛攻克之
		3	癸巳	-1768	21 年　太史令終古奔商帝芒

朝代	帝　　王	國號	干支	紀前	紀　　　事
		4	甲午	-1767	22 年　姒履癸無道殺諫臣關龍逢,夏王朝亡.立國 440 年. 子天乙繼任為帝,建立商王朝,尊號「商湯帝」建都亳邑(山東曹縣). 湯伐桀,桀奔山東陶縣,又破於焦門(安徽亳州)被獲,沒於亭山(安徽和縣),夏亡. 次年商湯改正建丑,奪去丁丑月,當年有閏,故仍實有 12 個月. 殺諫臣關龍逢 自禹至桀,凡 440 年(羿浞代夏年數並列).其世次為：

1世	2	3	4	5	6	7	8	9	10
禹	啓	太康	仲康	相	后羿	寒浞	少康	后杼	后槐
2205	2197	2188	2159	2146	2137	2118	2079	2057	2040
11	**12**	**13**	**14**	**15**	**16**	**17**	**18**	**19**	
芒	泄	不降	姒扃	后廑	孔甲	后皋	后發	桀	
2014	1996	1980	1921	1900	1879	1848	1837	1818	

商 殷 周

朝代	帝　王	國號	干支	紀前	紀事
商	一任帝(湯) 子天乙	**1**	乙未	**-1766**	帝芒 23 年　商,湯王姓子,名履,契 14 代孫.放桀而有天下,都西亳(山東曹縣).國號曰商,尊號「商湯帝」以水德王,地統丑正.釋囚夏台,改年曰祀. 子姓名殷一曰天乙契之後(-1766~-1754)在位 13 年.商湯改正建丑,當年有 12 個月. 彭祖 573 歲　大旱七年,煎沙爛石,洛水枯竭.商一任帝子天乙遣人持三足鼎,祝祭山川.
		2	丙申	**-1765**	24 年　伐昆吾遂攻鳴條　桀奔南巢　夏亡　相伊尹仲虺
		3	丁酉	**-1764**	25 年　大旱
		4	戊戌	**-1763**	26 年　桀(履癸) (-1763~1712)夏桀不顧修德而暴虐,百姓弗堪.居斟尋(河南).湯修德,諸侯皆歸心湯,湯率諸侯伐桀,桀死於亭山,亡于商朝,在位 52 年.夏從禹至桀 17 君,14 世夏自禹至桀亡國,凡 471 年.
		5	已亥	**-1762**	27 年　鑄金幣
		6	庚子	**-1761**	28 年
		7	辛丑	**-1760**	29 年　禱於桑林得雨
		8	壬寅	**-1759**	30 年　商侯遷於殷外丙監國
		9	癸卯	**-1758**	31 年
		10	甲辰	**-1757**	32 年　仲壬監國　商侯遷於殷
		11	乙巳	**-1756**	33 年
		12	丙午	**-1755**	34 年　遷九鼎於西亳　帝在位 30 年卒　子太丁之子太甲繼位
商	二任帝子外丙	外丙 **1**	丁未	**-1754**	35 年　商王太甲子至(伊尹攝攻)天乙在位 13 年崩,壽 100 歲,葬汾陰.
		2	戊申	**-1753**	36 年　商王太甲子至.湯孫(-1753 至-1721)年在位 33 年.(子巠伊尹攝政)　伊尹奉王見於祖　王居桐宮
商	三任帝子仲壬	仲壬 **1**	己酉	**-1752**	37 年　子任伊尹為卿士攝政　王在桐宮
		2	庚戌	**-1751**	38 年　子巠伊尹攝政　太甲 1 年,放太甲於桐
		3	辛亥	**-1750**	39 年
		4	壬子	**-1749**	40 年
商	四任帝　伊尹	伊尹 **1**	癸丑	**-1748**	41 年　三任帝子仲王逝世,伊尹放逐子天乙嫡孫子太甲於桐邑(山西萬榮),而自坐王位,繼任為帝
		2	甲寅	**-1747**	42 年
		3	乙卯	**-1746**	43 年
		4	丙辰	**-1745**	44 年
		5	丁巳	**-1744**	45 年
		6	戊午	**-1743**	46 年
		7	己未	**-1742**	47 年
商	五任帝子太甲	太甲 **1**	庚申	**-1741**	48 年　子太甲由桐邑起兵襲殺伊尹,繼任為帝.伊尹奉王見於祖王居桐官太甲在位 33 年沒,克紹先人之業,故稱太宗.傳子沃丁,在位 29 年歿(章嶔中華通史太甲在位 33 年沒).
		2	辛酉	**-1740**	49 年　王在桐宮
		3	壬戌	**-1739**	50 年　伊尹奉王歸亳　以伊尹為保衡　伊尹告歸

朝代	帝王	國號	干支	紀前	紀事
		4	癸亥	-1738	51 年
		5	甲子	-1737	52 年 第 17 個甲子，商王大甲 17 年·
		6	乙丑	-1736	53 年
		7	丙寅	-1735	54 年
		8	丁卯	-1734	55 年
		9	戊辰	-1733	56 年
		10	己巳	-1732	57 年
		11	庚午	-1731	58 年
		12	辛未	-1730	帝泄 元年 即位
		13	壬申	-1729	2 年
商	五任帝子太甲	14	癸酉	-1728	帝泄 3 年
		15	甲戌	-1727	4 年
		16	乙亥	-1726	5 年
		17	丙子	-1725	6 年
		18	丁丑	-1724	7 年
		19	戊寅	-1723	8 年
		20	己卯	-1722	9 年
		21	庚辰	-1721	10 年 王崩 廟號太宗 子沃丁立
商	六任帝子沃丁	沃丁 1	辛巳	-1720 民國前 3631	11 年 商王沃丁子絢,太甲之子西元前-1720 至-1692 年在位 29 年弟太康立,商代傳系兄終弟及之例自此始殷侯子亥賓於有易,有易殺而放之. 命卿士咎單相 在位 29 年 弟太康立
		2	壬午	-1719	12 年
		3	癸未	-1718	13 年
		4	甲申	-1717	14 年
		5	乙酉	-1716	15 年 殷侯微伐有易殺其君綿臣
		6	丙戌	-1715	16 年
		7	丁亥	-1714	17 年
		8	戊子	-1713	18 年 保衡伊尹薨 以咎單為相
		9	己丑	-1712	19 年
		10	庚寅	-1711	20 年 湯(成湯、武湯、天乙履)(-1711~-1699)命畎夷白夷赤夷玄夷風夷黃夷商朝姓子,滅夏桀建國,湯即位 17 年而滅夏.踐天子住 13 年崩.都亳(河南商邱)(-1711~-1066)
		11	辛卯	-1710	21 年
		12	壬辰	-1709	22 年
		13	癸巳	-1708	23 年
		14	甲午	-1707	24 年
		15	乙未	-1706	25 年
		16	丙申	-1705	帝不降 元年 帝即位
		17	丁酉	-1704	2 年
		18	戊戌	-1703	3 年
		19	已亥	-1702	4 年
		20	庚子	-1701	5 年
		21	辛丑	-1700	6 年 伐九苑
		22	壬寅	-1699	7 年
		23	癸卯	-1698	8 年 外丙 (-1698~-1697)湯子,太乙弟,伊尹為卿士,在位 2 年,湯崩,太子太丁未立而卒,乃立太丁之弟太丙.
		24	甲辰	-1697	9 年 商王沃丁子絢(外紀沃丁元年壬寅)

朝代	帝　　王	國號	干支	紀前	紀　　事
		25	乙巳	**-1696**	10年　仲王(-1696~-1666),外丙弟,在位4年死,以伊尹為卿士.
		26	丙午	**-1695**	11年
		27	丁未	**-1694**	12年
		28	戊申	**-1693**	13年
		29	己酉	**-1692**	14年 太甲,,太丁之子,湯嫡長孫,又稱太宗,太甲立3年,暴虐不明,伊尹放之於桐,太甲悔過伊尹迎太甲而授之政.太甲修政,商中興,號曰太宗,一曰祖甲.王崩弟太庚立 【新編歷史大系手冊】太宗太甲(-1692~-1659)
商	七任帝子太庚	太庚 **1**	庚戌	**-1691**	帝不降 15年 商王太庚子辨,沃丁弟(-1691-1667)在位25年　子小甲繼立
		2	辛亥	**-1690**	16年
		3	壬子	**-1689**	17年
		4	癸丑	**-1688**	18年
		5	甲寅	**-1687**	19年
		6	乙卯	**-1686**	20年
		7	丙辰	**-1685**	21年
		8	丁巳	**-1684**	帝不降 22年
		9	戊午	**-1683**	23年
		10	己未	**-1682**	24年
		11	庚申	**-1681**	25年
		12	辛酉	**-1680**	26年
		13	壬戌	**-1679**	27年
		14	癸亥	**-1678**	28年
		15	甲子	**-1677**	29年
商	七任帝子太康	**16**	乙丑	**-1676**	30年
		17	丙寅	**-1675**	31年
		18	丁卯	**-1674**	32年
		19	戊辰	**-1673**	33年
		20	己巳	**-1672**	34年
		21	庚午	**-1671**	35年　殷滅皮氏
		22	辛未	**-1670**	36年
		23	壬申	**-1669**	37年
		24	癸酉	**-1668**	38年
		25	甲戌	**-1667**	39年
商	八任帝子小甲	小甲 **1**	乙亥	**-1666**	40年　商王小甲子高太康之子西元前-1666至-1650年在位17年
		2	丙子	**-1665**	41年　太甲(-1665~-1660)
		3	丁丑	**-1664**	42年
		4	戊寅	**-1663**	43年
		5	己卯	**-1662**	44年
		6	庚辰	**-1661**	45年
		7	辛巳	**-1660**	46年
		8	壬午	**-1659**	47年　沃丁(-1659~-1631),太甲子,名絢,帝沃丁之時伊尹卒,葬之於亳,在位29年.
		9	癸未	**-1658**	48年
		10	甲申	**-1657**	49年
		11	乙酉	**-1656**	50年
		12	丙戌	**-1655**	51年
		13	丁亥	**-1654**	52年

朝代	帝 王	國號	干支	紀前	紀 事
		14	戊子	-1653	53 年
		15	己丑	-1652	54 年
		16	庚寅	-1651	55 年 王崩 弟雍己立
		17	辛卯	-1650	56 年 商王朝八任帝子小甲在位 17 年卒,九任帝弟雍己繼位
商	九任帝 雍己	雍己 1	壬辰	-1649	57 年 帝不能綱紀,庶政號令不行,商衰,小甲弟子佃(-1649~-1638)在位 12 年,其弟太戊立
		2	癸巳	-1648	58 年
		3	甲午	-1647	59 年 商王雍己子佃,遜位於弟扃
		4	乙未	-1646	帝扃 元年 扃即位
		5	丙申	-1645	2 年
		6	丁酉	-1644	3 年
		7	戊戌	-1643	4 年
		8	己亥	-1642	5 年
		9	庚子	-1641	6 年
		10	辛丑	-1640	7 年
		11	壬寅	-1639	8 年
		12	癸卯	-1638	帝扃 9 年 王崩 弟太戊立
商	10 任帝子 子太戊	大戊 1	甲辰	-1637	10 年 大戊東密,雍己之弟(-1637~-1563)在位 75 年 以伊陟臣扈為相 巫咸佐之桑穀共生於朝 帝不降陟
		2	乙巳	-1636	11 年
		3	丙午	-1635	12 年 諸侯畢朝
		4	丁未	-1634	13 年
		5	戊申	-1633	14 年
		6	己酉	-1632	15 年
		7	庚戌	-1631	16 年
		8	辛亥	-1630	17 年 太庚(-1630~1606),沃丁弟,又作小庚辨,在位 25 年.
		9	壬子	-1629	18 年 帝陟
		10	癸丑	-1628	19 年
		11	甲寅	-1627	20 年
		12	乙卯	-1626	帝廑 元年 帝廑即位居西河
		13	丙辰	-1625	2 年
		14	丁巳	-1624	3 年
		15	戊午	-1623	4 年 作西音
		16	己未	-1622	5 年
		17	庚申	-1621	6 年 商王太戊 22 年
		18	辛酉	-1620	7 年
		19	壬戌	-1619	8 年 十日並出帝陟
		20	癸亥	1618	9 年
		21	甲子	-1617	10 年
		22	乙丑	-1616	孔甲元年 孔甲即位居西河 使劉累豢龍廢豕韋氏
		23	丙寅	-1615	2 年
		24	丁卯	-1614	3 年 畋於萯山
		25	戊辰	-1613	4 年
		26	己巳	-1612	5 年 作東音
		27	庚午	-1611	6 年
		28	辛未	-1610	7 年 河南鄭州發現早期城市遺址,面積約 25 平方公里.
		29	壬申	-1609	8 年

朝代	帝　王	國號	干支	紀前	紀　事
		30	癸酉	-1608	9年　帝陟殷侯復歸於商丘
※		31	甲戌	-1607	
		32	乙亥	-1606	
		33	丙子	-1605	小甲(高)(-1605~-1570)太庚子,在位36年
		34	丁丑	-1604	
		35	戊寅	-1603	
		36	己卯	-1602	
		37	庚辰	-1601	帝昊元年　使豕韋氏復國
		38	辛巳	-1600	帝昊2年　夏桀無道,眾叛親離,湯(又名成湯、或成唐,甲骨文稱他為大乙)滅夏建商,都於亳. 夏從啟至桀共16王、13代,約歷471年. 商(-1600~-1046)奴隸社會、甲骨文、青銅技術,在中國文化學術史上最顯著. 商帝王世系：湯、一外丙、一仲壬、一太甲、一沃丁、一太庚、一小甲、一雍己、一太戊、一仲丁、一沃甲、一祖丁、一南庚、一陽甲、一盤庚(遷殷後)、一小辛、一小乙、武丁、祖庚、一祖甲、一廩辛、一康丁、武乙、太丁(文丁)、帝乙、帝辛(紂).
		39	壬午	-1599	帝昊 3年　陟
商	10任帝子子太戊	40	癸未	-1598	帝昊 4年
		41	甲申	-1597	5年
		42	乙酉	-1596	帝發　元年 帝發即位　諸侯賓於王門
		43	丙戌	-1595	2年
		44	丁亥	-1594	3年
		45	戊子	-1593	4年
		46	己丑	-1592	5年
		47	庚寅	-1591	6年
商	10任帝子子太戊	48	辛卯	-1590	7年帝陟
		49	壬辰	-1589	帝癸桀 元年　桀即位居斟鄩
		50	癸巳	-1588	2年
		51	甲午	-1587	3年　畎夷入於岐以叛
		52	乙未	-1586	4年
		53	丙申	-1585	5年
		54	丁酉	-1584	6年　岐踵戎來賓
		55	戊戌	-1583	7年
		56	已亥	-1582	8年
		57	庚子	-1581	9年
		58	辛丑	-1580	10年　地震伊洛竭
		59	壬寅	-1579	11年　命諸侯於仍有緡氏逃歸遂滅有緡
		60	癸卯	-1578	12年
		61	甲辰	-1577	13年　遷於河南始作傕　遠方重譯而至者76國,九夷西戎來賓,諸侯咸朝,帝在位75年卒,子丁嗣立
		62	乙巳	-1576	14年　扁伐岷山
		63	丙午	-1575	15年　商侯履於亳
		64	丁未	-1574	16年
		65	戊申	-1573	17年　商使伊尹入朝
		66	己酉	-1572	18年　**彭祖**時年767歲而不衰,故號老彭
		67	庚戌	-1571	19年
		68	辛亥	-1570	20年　伊尹歸於商

朝代	帝　　王	國號	干支	紀前	紀　　事
		69	壬子	**-1569**	21 年　雍己(名伷)(-1569~-1558) 小甲弟.雍己之時,商道衰,諸侯或不朝,在位 12 年, 商師克有洛　荊降商
		70	癸丑	**-1568**	22 年　商侯履來朝囚之於夏台
		71	甲寅	**-1567**	23 年　釋商侯履　諸侯遂賓於商
		72	乙卯	**-1566**	24 年
		73	丙辰	**-1565**	25 年
		74	丁巳	**-1564**	26 年　商滅溫
		75	戊午	**-1563**	27 年　王崩葬河北
商	11 任帝仲丁子莊	仲丁 **1**	己未	**-1562**	28 年　仲丁子莊,太戊之子,西元前-1562 至-1550 年在位 13 年 昆吾伐商　商會諸侯於景亳　自亳遷於囂　取之遂征顧
		2	庚申	**-1561**	29 年
		3	辛酉	**-1560**	30 年　殺關龍逢商征昆吾
		4	壬戌	**-1559**	31 年　商克昆吾夏師敗於鳴條,桀被放於南巢夏亡
※		**5**	癸亥	**-1558**	商陽履 1 年　商陽即位居亮　始屋夏社
		6	甲子	**-1557**	2 年　太戊(-1557~-1483) 雍己弟,亦稱中宗,在位 75 年.伊陟為相,商道復興,諸侯歸之,自亳邑遷都囂邑(河南滎陽)　征藍夷 大旱氐羌來賓
		7	乙丑	**-1556**	3 年　大旱　禁弦歌舞　夏桀卒於亭山
		8	丙寅	**-1555**	4 年　大旱　鑄金幣
商	11 任帝子莊	**9**	丁卯	**-1554**	商陽履 5 年　大旱
		10	戊辰	**-1553**	6 年　大旱
		11	己巳	**-1552**	7 年　王禱於桑林雨
		12	庚午	**-1551**	8 年　作大濩樂　初巡狩　定獻令
		13	辛未	**-1550**	9 年　在位 13 年王崩,其弟外任立　國政不治內亂
商	12 任帝外壬子發	外壬 **1**	壬申	**-1549**	10 年　商王外壬子發即位　仲丁弟(-1549~-1535)在位 15 年　姺人、邳人叛　遷九鼎於商邑
		2	癸酉	**-1548**	11 年
		3	甲戌	**-1547**	12 年　陟
商	12 任帝外壬子發	**4**	乙亥	**-1546**	外丙勝　元年　即位居亳　命卿伊尹
		5	丙子	**-1545**	2 年　陟
		6	丁丑	**-1544**	仲丁庸元年　即位居亳　命卿伊尹
		7	戊寅	**-1543**	2 年
		8	己卯	**-1542**	3 年
		9	庚辰	**-1541**	4 年　商老臣伊尹為開功臣(中國史上第一位名臣)立太丁之子成湯嫡長孫太甲繼位,驕橫殘暴亂,;貪圖享樂,伊尹將太甲囚禁於桐宮(今河南偃師)代行攝政.太甲悔過,施行仁義,伊尹迎之復位,果然政通人和,諸侯歸順,百姓安居樂業.太甲死後,伊尹作「太甲訓」,頌揚太甲,尊為太宗.
		10	辛巳	**-1540**	大甲至 1 年　即位居亳　命卿伊尹
		11	壬午	**-1539**	2 年
		12	癸未	**-1538**	3 年
		13	甲申	**-1537**	4 年
		14	乙酉	**-1536**	5 年
		15	丙戌	**-1535**	6 年　王崩　弟河亶甲立
商	13 任帝河亶甲	河亶甲 **1**	丁亥	**-1534**	7 年　伊尹卒立其子伊陟伊奮　自囂邑遷都相邑(河南內黃)　征藍夷 商王河亶甲子整外壬弟(-1534~-1526)在位 9 年
		2	戊子	**-1533**	8 年

朝代	帝王	國號	干支	紀前	紀事
		3	己丑	**-1532**	9 年 彭伯克邳
		4	庚寅	**-1531**	10 年 大饗於太廟初祀方明
		5	辛卯	**-1530**	11 年 姺人來賓 帝在位 9 年,子祖乙繼立 少典 39 世彭克率長子欽保討伐班方有功班方伯.
		6	壬辰	**-1529**	12 年 陟
※		**7**	癸巳	**-1528**	沃丁絢 元年 王即位居亮命卿士咎單
		8	甲午	**-1527**	2 年 王崩子祖乙立
		9	乙未	**-1526**	3 年
商	14 任帝 祖乙	祖乙 **1**	丙申	**-1525**	4 年 自相邑遷都耿邑(河南溫縣) 命彭伯韋伯都耿巫賢佐之,諸侯賓服 彭祖 814 歲枹樸子云:人中有老彭,猶木中之有松 河亶甲子(-1525~-1507)在位 19 年,商王祖乙立
		2	丁酉	**-1524**	5 年 耿為水所圮,又遷於邢.
		3	戊戌	**-1523**	6 年
		4	已亥	**-1522**	7 年
		5	庚子	**-1521**	8 年 祀保衡(伊尹)
		6	辛丑	**-1520**	9 年
		7	壬寅	**-1519**	10 年
		8	癸卯	**-1518**	11 年
		9	甲辰	**-1517**	12 年 自耿邑遷都刑邑(河北刑台)
		10	乙巳	**-1516**	沃丁絢 13 年
		11	丙午	**-1515**	14 年
		12	丁未	**-1514**	15 年
		13	戊申	**-1513**	16 年
		14	己酉	**-1512**	17 年
		15	庚戌	**-1511**	18 年
		16	辛亥	**-1510**	19 年 陟
		17	壬子	**-1509**	小康辨 元年 王即位居亳
		18	癸丑	**-1508**	2 年
		19	甲寅	**-1507**	3 年 帝在位 19 年王崩,子祖辛嗣立
商	15 任帝子祖辛	**1**	乙卯	**-1506**	4 年 祖辛子旦,祖乙之子(-1506~-1691)在位 16 年弟沃甲嗣立,居亳
		2	丙辰	**-1505**	5 年 陟
		3	丁巳	**-1504**	小甲高 元年 王即位居亳
		4	戊午	**-1503**	2 年
		5	己未	**-1502**	3 年
		6	庚申	**-1501**	4 年
		7	辛酉	**-1500**	5 年
		8	壬戌	**-1499**	6 年
		9	癸亥	**-1498**	7 年
		10	甲子	**-1497**	8 年
		11	乙丑	**-1496**	9 年
		12	丙寅	**-1495**	10 年
		13	丁卯	**-1494**	11 年
		14	戊辰	**-1493**	12 年
		15	己巳	**-1492**	13 年
		16	庚午	**-1491**	14 年
商	16 任帝子沃甲	沃甲 **1**	辛未	**-1490**	15 年 沃甲為祖辛之弟,在位 25 年.侄祖丁嗣立 國內亂,傳系更紛.
		2	壬申	**-1489**	16 年

朝代	帝　　王	國號	干支	紀前	紀　　事
		3	癸酉	-1488	17 年
		4	甲戌	-1487	雍己伷 元年 王即位居亳
		5	乙亥	-1486	2 年
		6	丙子	-1485	3 年
		7	丁丑	-1484	4 年
		8	戊寅	-1483	5 年
		9	己卯	-1482	6 年 仲丁(-1482~-1472) 太戊子,元年自亳遷於囂,征藍夷,在位 11 年,居囂(河南滎陽)
		10	庚辰	-1481	7 年
		11	辛巳	-1480	8 年
		12	壬午	-1479	9 年
		13	癸未	-1478	10 年
		14	甲申	-1477	11 年
※		15	乙酉	-1476	大戊密 元年 王即立居亮命卿士伊陟臣扈
		16	丙戌	-1475	2 年
		17	丁亥	-1474	3 年
		18	戊子	-1473	4 年
		19	己丑	-1472	5 年
		20	庚寅	-1471	6 年 外壬(-1471~-1457),仲丁弟,在位 15 年
		21	辛卯	-1470	7 年 有桑穀生朝
		22	任辰	-1469	大戊密 8 年
		23	癸巳	-1468	9 年
		24	甲午	-1467	10 年
		25	乙未	-1466	11 年 王崩 國亂 祖辛之子祖丁立
商	17 任帝子祖丁	祖丁 1	丙申	-1465	12 年 祖丁子新,祖辛之子(-1465 至-1434)在位 32 年,沃甲之子南庚立,從兄弟之例開
		2	丁酉	-1464	13 年
		3	戊戌	-1463	14 年
		4	已亥	-1462	15 年
		5	庚子	-1461	16 年
		6	辛丑	-1460	17 年 命巫威禱於山川
		7	王寅	-1459	18 年
		8	癸卯	-1458	19 年
		9	甲辰	-1457	20 年
		10	乙巳	-1456	21 年 河亶甲,名整(-1456~-1448),外壬弟,自囂遷相(河南),.河亶甲時,商復衰,,河亶甲征藍夷,再征班方,在位 9 年.
		11	丙午	-1455	22 年
		12	丁未	-1454	23 年
		13	戊申	-1453	24 年
		14	己酉	-1452	25 年
		15	庚戌	-1451	26 年 西戎來賓 王使王孟聘西戎
		16	辛亥	-1450	27 年
		17	壬子	-1449	28 年
		18	癸丑	-1448	29 年
		19	甲寅	-1447	30 年 祖乙,名勝(-1447~-1429)商王祖丁子,是為中宗,河亶甲子,巫賢任職,商復興,遷於耿,新居耿(山西河津)邢(河北)在位 19 年
		20	乙卯	-1446	31 年 命費侯中衍為車正

朝代	帝　　王	國號	干支	紀前	紀　　事
		21	丙辰	-1445	32 年
		22	丁巳	-1444	33 年
		23	戊午	-1443	34 年
		24	己未	-1442	35 年　作寅車
		25	庚申	-1441	36 年
		26	辛酉	-1440	37 年
		27	王戌	-1439	38 年
		28	癸亥	-1438	39 年
		29	甲子	-1437	40 年
		30	乙丑	-1436	41 年
		31	丙寅	-1435	42 年
		32	丁卯	-1434	43 年　王崩 沃甲之子南庚立
商	18 任帝子南庚	南庚 1	戊辰	-1433	44 年　南庚(子更)沃甲之子(-1433~-1409)在位 25 年兄弟繼承又始於此.遷於奄,子祖丁之子陽甲立
		2	己巳	-1432	45 年
		3	庚午	-1431	46 年　大有年
		4	辛未	-1430	47 年
		5	王申	-1429	48 年
		6	癸酉	-1428	49 年　祖辛(-1428~-1413)祖乙子,在位 16 年.
		7	甲戌	-1427	50 年
		8	乙亥	-1426	51 年
		9	丙子	-1425	52 年
		10	丁丑	-1424	大戊密 53 年
		11	戊寅	-1423	54 年
		12	己卯	-1422	55 年
		13	庚辰	-1421	56 年
		14	辛巳	-1420	57 年
		15	王午	-1419	58 年　城蒲姑
		16	癸未	-1418	59 年
		17	甲申	-1417	60 年
		18	乙酉	-1416	61 年　九夷來賓
		19	丙戌	-1415	62 年
		20	丁亥	-1414	63 年
		21	戊子	-1413	64 年
商	18 任帝子南庚	22	己丑	-1412	65 年　沃甲(名庚) (-1412~-1393) 名踰,居庇祖辛弟,在位 20 年
		23	庚寅	-1411	66 年
		24	辛卯	-1410	67 年
		25	任辰	-1409	68 年　王崩 祖乙之子陽甲立
商	19 任帝子陽甲	陽甲 1	癸巳	-1408	69 年　帝在位 7 年,弟盤庚立,商王陽甲子和,祖丁之子(-1408~-1402)
		2	甲午	-1407	70 年
		3	乙未	-1406	71 年
		4	丙申	-1405	72 年
		5	丁酉	-1404	73 年
		6	戊戌	-1403	74 年
		7	已亥	-1402	75 年　王崩,弟盤庚立
殷	20 任帝子盤庚	盤庚 1	庚子	-1401	仲丁莊元年　盤庚子旬陽甲弟(-1401~-1347)年在位 28 年.自邢邑遷都殷邑(河南安陽),因稱國號曰殷(五遷)　王即位自亳遷於囂

朝代	帝　　王	國號	干支	紀前	紀　　　事
		2	辛丑	-1400	2年
		3	壬寅	-1399	3年
		4	癸卯	-1398	4年
		5	甲辰	-1397	5年
		6	乙巳	-1396	6年　征蠻夷
		7	丙午	-1395	7年
		8	丁未	-1394	8年
		9	戊申	-1393	9年　陟
		10	己酉	-1392	外壬發元年　祖丁(-1392~-1361)祖辛子,王即位居庇　邳人銑人叛
		11	庚戌	-1391	2年
		12	辛亥	-1390	3年
		13	壬子	-1389	4年
		14	癸丑	-1388	5年　自奄遷於北蒙,改號曰殷,諸侯咸朝,湯治復振.帝在位28年卒,弟小辛立.
		15	甲寅	-1387	6年
		16	乙卯	-1386	7年
		17	丙辰	-1385	8年
		18	丁巳	-1384	9年
		19	戊午	-1383	10年
		20	己未	-1382	河亶甲整元年　王即位自囂遷於相
		21	庚申	-1381	2年
		22	辛酉	-1380	3年　彭伯克邳
		23	壬戌	-1379	河亶甲整4年　征藍夷
		24	癸亥	-1378	5年　姺人入於班彭伯韋伯伐班方姺人來賓
		25	甲子	-1377	6年
		26	乙丑	-1376	7年
		27	丙寅	-1375	8年
		28	丁卯	-1374	9年　王崩,弟小辛立　陟
殷	21任帝子小辛	小辛 1	戊辰	-1373	祖乙滕 元年　殷王小辛子頌,盤庚弟,(-1373~-1353)在位21年,弟小乙立 王即位 自相遷於耿 殷道復衰 王即位自相遷於耿
		2	己巳	-1372	2年　圯於耿,自相遷於庇
		3	庚午	-1371	3年　命卿士巫賢
		4	辛未	-1370	4年
		5	壬申	-1369	5年
		6	癸酉	-1368	6年
		7	甲戌	-1367	7年
		8	乙亥	-1366	8年　城庇
		9	丙子	-1365	9年
		10	丁丑	-1364	10年
		11	戊寅	-1363	11年
		12	己卯	-1362	12年
		13	庚辰	-1361	13年
		14	辛巳	-1360	14年　南庚(名庚) (-1360~-1332)沃甲子,名更,自庇遷居奄,在位29年
		15	壬午	-1359	15年　命邠侯高圉

朝代	帝　王	國號	干支	紀前	紀事
		16	癸未	-1358	16 年
		17	甲申	-1357	17 年
		18	乙酉	-1356	18 年
		19	丙戌	-1355	19 年　陟
		20	丁亥	-1354	祖辛旦 元年　王即位居庇
		21	戊子	-1353	2 年　王崩,弟小乙立
殷	22 任帝子小乙	小乙 1	己丑	-1352	3 年　殷王小乙歛.小辛弟,(-1352~-1325).在位 28 年. 子武丁立 王即位居庇 朝綱不振周部落酋長古公姬賈父,自豳邑(陝西彬縣)遷岐邑(陝西岐山)王即位居庇
		2	庚寅	-1351	4年　30世代公祖即太公卒,公祖太公之子古公亶父即太王殷小己薨
		3	辛卯	-1350	5 年　命卿士巫賢
		4	壬辰	-1349	6 年
		5	癸巳	-1348	7 年
		6	甲午	-1347	8 年
		7	乙未	-1346	9 年
		8	丙申	-1345	10 年
		9	丁酉	-1344	11 年
		10	戊戌	-1343	12 年
		11	己亥	-1342	13 年
		12	庚子	-1341	14 年
		13	辛丑	-1340	開甲踰 元年　王即位居庇
		14	壬寅	-1339	2 年　彭祖入蜀,今四川彭縣,時年 999 歲
		15	癸卯	-1338	3 年
		16	甲辰	-1337	4 年
		17	乙巳	-1336	5 年　王陟
		18	丙午	-1335	祖丁新 元年　王即位居庇
		19	丁未	-1334	2 年
		20	戊申	-1333	3 年
		21	己酉	-1332	4 年
		22	庚戌	-1331	5 年　陽甲(名和甲)(-1331~-1325)祖丁子,商自仲丁以來,至於陽甲,商衰,諸侯不至.在位 7 年.
		23	辛亥	-1330	6 年
		24	壬子	-1329	7 年
		25	癸丑	-1328	8 年
		26	甲寅	-1327	9 年　豳亶父遷於岐
		27	乙卯	-1326	南庚更　元年　王即位於庇　豳亶父遷於岐
		28	丙辰	-1325	2 年　王崩 子武丁立
殷	23 殷王 (高宗)武丁	武丁 1	丁巳	-1324	3 年　盤庚,名旬,(-1324~-1297)陽甲弟,任帝高宗子武丁,小乙之子,(-1324~-1266)盤庚遷於殷,商自是稱殷,盤庚遷於殷,士民嗟怨,作盤庚三箭,盤庚復學,諸侯來朝,在位 28 年.(至子祖祖庚立在位 59 年)　帝即位命卿士甘盤 王宅憂以甘盤為相賢能,內外無患,商道再興.為賢明之主. 與大戊盤庚齊譽. 盤庚(名旬)居殷(河南安陽)商朝從此稱殷
		2	戊午	-1323	4 年

朝代	帝　　王	國號	干支	紀前	紀　　事
		3	己未	-1322	5年　得傅說為相命總百官春學於說少典1世之45世列公之子東侯,從帝武丁,伐鬼方. 彭祖於殷王武丁子昭繼位後,薦彭祖入朝,武丁以厚幣召彭祖於雲母山,用為大夫,掌古史籍,;惟諮以先聖賢之事,每稱疾閒居,殷王欲得彭祖養生術,陰謀獨佔失望,殷王欲加害之,乃去,不知去向,後聞人於流沙國西見之.
		4	庚申	-1321	6年　陟
		5	辛酉	-1320	陽甲和元年　王即位居奄
		6	壬戌	-1319	2年　命傳說為相,而國大治.
		7	癸亥	-1318	3年　西征丹山戎
		8	甲子	-1317	4年
		9	乙丑	-1316	盤庚旬元年　王即位居奄
		10	丙寅	-1315	2年
		11	丁卯	-1314	3年
		12	戊辰	-1313	4年
		13	己巳	-1312	5年　從商建國至盤庚執政,四次遷都,約-1312~-1285年,陽甲死,弟盤庚繼位,為王室糾紛,從奄(今山東曲阜)遷都至殷(今河南安陽西北),直至商紂滅亡,歷8代12王計273年.
		14	庚午	-1311	6年
		15	辛未	-1310	7年　應侯來朝
		16	壬申	-1309	8年
		17	癸酉	-1308	9年
		18	甲戌	-1307	10年
		19	乙亥	-1306	11年
		20	丙子	-1305	12年
		21	丁丑	-1304	13年
		22	戊寅	-1303	14年
		23	己卯	-1302	15年
		24	庚辰	-1301	16年　營殷邑
		25	辛巳	-1300	17年　王子孝己卒於野. 盤庚遷殷(-1300~1046)為商後期都城,政治改革,社會穩定,經濟文化發展. 自奄遷於北蒙曰殷
		26	壬午	-1299	盤庚旬18年　營殷邑
		27	癸未	-1298	19年
		28	甲申	-1297	20年　命邠侯亞圉
		29	乙酉	-1296	21年　小辛,名頌(-1296~-1276)盤庚弟,在位21年
		30	丙戌	-1295	22年
		31	丁亥	-1294	23年
		32	戊子	-1293	24年
		33	己丑	-1292	25年　彤日有雉雊於鼎
		34	庚寅	-1291	26年　殷23任帝子武丁親率軍攻鬼方(山西),三年征服. 氐羌來賓
		35	辛卯	-1290	27年
		36	壬辰	-1289	28年
殷	23殷王 武丁	37	癸巳	-1288	小辛頌元年　王即位居殷
		38	甲午	-1287	2年
		39	乙未	-1286	3年　陟　【新編歷史大系手冊】小辛(名頌)(-1296~-1275)

朝代	帝　　王	國號	干支	紀前	紀　　事
		40	丙申	-1285	小乙斂元年　王即位居殷
		41	丁酉	-1284	2年　少典1世32世季歷即王季出生(古公亶父三子)帝乙命為侯伯年30歲(-1235)
		42	戊戌	-1283	3年
		43	己亥	-1282	4年　彭祖籛鏗,堯時舉用,歷夏商,封于大彭,大彭國日益強盛,功高震主,殷武丁妒忌,聯合各氏國併吞大彭,**大彭國亡**. 時彭祖1057歲,居四川彭山 王即位居殷
		44	庚子	-1281	5年
		45	辛丑	-1280	6年　命世子武丁居於河學於甘盤
		46	壬寅	-1279	7年
		47	癸卯	-1278	8年
		48	甲辰	-1277	9年
		49	乙巳	-1276	10年
		50	丙午	-1275	武丁昭　元年　小乙(名斂)(-1275~-1255)小辛弟,王即位居殷,在位21年.命卿士於甘盤　征豕韋
		51	丁未	-1274	2年
		52	戊申	-1273	3年
		53	己酉	-1272	4年
		54	庚戌	-1271	5年
		55	辛亥	-1270	6年
		56	壬子	-1269	7年
		57	癸丑	-1268	8年　命卿士傳說視學養老
		58	甲寅	-1267	9年　王崩,葬西華 廟號高宗
		59	乙卯	-1266	10年　帝在位59年,商政大興,遠擴邊疆,後世稱美,歿後子祖庚立
殷	24殷王祖庚殷子曜	祖庚 1	丙辰	-1265	11年　武丁之子,(-1265~-1259)在位7年卒,弟祖甲立
		2	丁巳	-1264	12年
		3	戊午	-1263	13年　報祀上甲微
		4	己未	-1262	14年
		5	庚申	-1261	15年
		6	辛酉	-1260	16年
		7	壬戌	-1259	17年　王崩　弟祖甲立
殷	25殷王祖甲殷子載	祖甲 1	癸亥	-1258	18年　祖甲殷子載,祖庚弟,(-1258~-1226)在位33年習於淫亂朝政衰落歿後廩辛嗣立.
		2	甲子	-1257	武丁昭19年
		3	乙丑	-1256	20年
		4	丙寅	-1255	21年
		5	丁卯	-1254	22年　武丁(-1254~-1196)號高宗,小乙子,武丁即位,三年不語,政事決定於冢宰.武丁舉傳說於版築之間,任以為相,國大治.武丁對鬼方用兵三年,始勝.武丁伐土方,攻荊楚,在位59年.
		6	戊辰	-1253	23年
		7	己巳	-1252	24年
		8	庚午	-1251	25年

朝代	帝　王	國號	干支	紀前	紀　事
殷	25 殷王祖甲 殷子載	**9**	辛未	**-1250**	26 年　西元前-1250 年代以後,青銅文化繁榮、甲骨文鼎盛、三星堆青銅人像、商代天文曆法學. (-1250~1192)武丁求賢,破格重用奴隸出身的為相,國力強盛,討平舌方,消滅土方,深入荊楚、江漢流域,大彭和豕韋均為商朝諸侯國.河　甲以勢拒絕納貢,武丁征服,勢力至西北東南,急速擴張,史稱「武丁中興」. 王子孝己卒於野
		10	壬申	**-1249**	27 年
		11	癸酉	**-1248**	28 年
		12	甲戌	**-1247**	29 年
		13	乙亥	**-1246**	30 年　商王祖丁子新
		14	丙子	**-1245**	31 年　命費侯中衍為車正
		15	丁丑	**-1244**	32 年　伐鬼方次於荊
		16	戊寅	**-1243**	33 年
		17	己卯	**-1242**	34 年　克鬼方氏羌來賓
		18	庚辰	**-1241**	35 年
		19	辛巳	**-1240**	36 年
		20	壬午	**-1239**	37 年
		21	癸未	**-1238**	38 年
		22	甲申	**-1237**	39 年
		23	乙酉	**-1236**	40 年
		24	丙戌	**-1235**	41 年　少典 1 世之 32 世季歷,帝乙命為侯伯,年 50 歲.
		25	丁亥	**-1234**	42 年
		26	戊子	**-1233**	43 年
		27	己丑	**-1232**	44 年　王師滅大彭
		28	庚寅	**-1231**	45 年　周部落酋長古公姬亶父卒,子姬季歷繼位.
		29	辛卯	**-1230**	46 年
		30	任辰	**-1229**	47 年
		31	癸巳	**-1228**	48 年
		32	甲午	**-1227**	49 年
		33	乙未	**-1226**	50 年　王崩子廩立
殷	26 任帝子廩辛 殷子先	廩辛 **1**	丙申	**-1225**	51 年　廩辛殷子先,祖甲之子(前-1225 至-1220 年)在位 6 年弟庚丁立武丁昭 50 年征豕韋克之
		2	丁酉	**-1224**	52 年
		3	戊戌	**-1223**	53 年
		4	己亥	**-1222**	54 年
		5	庚子	**-1221**	55 年
		6	辛丑	**-1220**	56 年　商王朝 26 任帝子廩辛逝世,27 任帝子庚丁繼位 希伯來部落酋長摩西率族人自埃及出走,於西奈山宣佈十誡,立猶太教,人類另一神教開始.
殷	27 任帝子庚丁 殷子囂	庚丁 **1**	壬寅	**-1219**	武丁昭　57 年　庚丁殷子囂廩辛弟,(-1219~-1199)在位 21 年　子武乙嗣立
		2	癸卯	**-1218**	58 年
		3	甲辰	**-1217**	59 年　陟
		4	乙巳	**-1216**	祖庚曜　元年　即位居作高宗之訓
		5	丙午	**-1215**	2 年
		6	丁未	**-1214**	3 年

朝代	帝　　王	國號	干支	紀前	紀　　　　事
		7	戊申	**-1213**	4年
殷	27任帝子殷子嚣	**8**	己酉	**-1212**	5年
		9	庚戌	**-1211**	6年
		10	辛亥	**-1210**	7年
		11	壬子	**-1209**	8年 命卿士傳說視學養老
		12	癸丑	**-1208**	9年 王崩,葬西華 廟號高宗
		13	甲寅	**-1207**	10年
		14	乙卯	**-1206**	11年 陟
		15	丙辰	**-1205**	祖甲載1年 王即位居殷
		16	丁巳	**-1204**	2年
		17	戊午	**-1203**	3年
		18	己未	**-1202**	4年
		19	庚申	**-1201**	5年
		20	辛酉	**-1200**	6年
		21	壬戌	**-1199**	7年 王崩子武乙立
殷	28任帝子武乙 殷子瞿	武乙 **1**	癸亥	**-1198**	8年 武乙(子瞿)庚丁之子,(-1198~-1195)在位4年,子太丁嗣立.行事無道,政事衰落,殷朝不蹶不復興.爾後殷之亡,於斯兆始. 周姬季歷赴朝歌晉見,子武乙帝贈土地30里、玉十榖、馬八匹. 姬季歷攻西方鬼戎,俘王20.
		2	甲子	**-1197**	9年 遷都河北
		3	乙丑	**-1196**	10年
		4	丙寅	**-1195**	11年 祖庚(名躍)(-1195~-1189),武丁子,在位7年 王畋於河震,死子太丁立
殷	29任帝子太丁 殷子託	太丁 **1**	丁卯	**-1194**	12年 殷王太丁(子託)武乙之子(-1194~-1192)在位 3 年卒,子帝乙嗣立. 自沫復遷河北.
		2	戊辰	**-1193**	13年
		3	己巳	**-1192**	14年 王崩 子帝乙立 征西戎
		4	庚午	**-1191**	15年 殷王帝乙(子羨)太丁之子,(-1191~-1155)在位37年卒,子受辛嗣立. 殷命周公季歷為牧師,即西伯. 復自河北遷於沫.
		5	辛未	**-1190**	16年
		6	壬申	**-1189**	17年 王即位居殷
		7	癸酉	**-1188**	18年 祖甲(名載)(-1188~-1156)祖庚弟,祖甲能保惠庶民,不敢侮鰥,寡,享國33年,帝甲淫亂,殷復衰.
		8	甲戌	**-1187**	19年
		9	乙亥	**-1186**	20年
		10	丙子	**-1185**	21年 周公季歷卒,世子昌嗣為西伯
		11	丁丑	**-1184**	22年 殷殺32世代季歷,享壽100歲 子姬昌嗣位
		12	戊寅	**-1183**	23年
殷	三十任帝子乙	**1**	己卯	**-1182**	24年
		2	庚辰	**-1181**	25年
		3	辛巳	**-1180**	26年 重作湯刑
		4	壬午	**-1179**	祖甲載 27年

朝代	帝　王	國號	干支	紀前	紀事
		5	癸未	-1178	28年
		6	甲申	-1177	29年　命王子囂王子良
		7	乙酉	-1176	30年
		8	丙戌	-1175	31年
		9	丁亥	-1174	32年
		10	戊子	-1173	33年
		11	己丑	-1172	馮辛先　1年　王即位居殷
殷	三十任帝子乙	12	庚寅	-1171	2年
		13	辛卯	-1170	3年
		14	壬辰	-1169	4年　文王昌之次子發即武王出生
		15	癸巳	-1168	庚丁囂　1年　王即位居殷
		16	甲午	-1167	2年
		17	乙未	-1166	3年　西伯昌生子發
		18	丙申	-1165	4年
		19	丁酉	-1164	5年
		20	戊戌	-1163	6年
		21	已亥	-1162	7年
		22	庚子	-1161	8年　陟
		23	辛丑	-1160	武乙瞿　1年　王即位居殷 邠遷於岐周
		24	壬寅	-1159	2年
		25	癸卯	-1158	3年　自殷遷於河北命周公亶父賜以岐邑
		26	甲辰	-1157	4年
		27	乙巳	-1156	5年　稟辛(名先)(-1154~-1150)
		28	丙午	-1155	6年　王崩, 子辛立
殷	卌一任帝(紂) (王受辛)子辛	受辛 1	丁未	-1154	7年　稟辛,,名先,,祖甲子,在位6年 紂,受辛,帝乙之子(-1154~-1123)在位32年 受辛資辨捷洽,聞見甚敏,材力過人,佑足以拒諫,言過飾非,以為天下皆出於己下,世號為「紂」.不德之政日衰,周朝勢成,諸侯漸棄殷而歸周,周武王滅之,**殷亡**. 始為象著箕子見而嗟嘆 命九侯周侯鄂侯 自成湯至受辛,歷主30,凡647年. 「中華通史」世次： 1成湯　2太丁(2外丙　3仲壬)　4太甲　5沃丁 6太庚　7小甲　8雍己　9大戊　10仲丁 11外壬　12河亶甲　13祖乙　14祖辛　15沃甲 16祖丁　17南庚　18陽甲　19盤庚　20小辛 21小乙　22武丁　23祖庚　24祖甲　25稟辛 26庚丁　27武乙　28太丁　29帝乙　30受辛。
		2	戊申	-1153	8年
		3	己酉	-1152	9年
		4	庚戌	-1151	10年
		5	辛亥	-1150	11年
		6	壬子	-1149	12年
		7	癸丑	-1148	13年　庚丁(-1148~-1144)稟辛弟,在位6年,

朝代	帝　　王	國號	干支	紀前	紀　　事
		8	甲寅	-1147	14年　殷31任帝子辛伐有蘇部落(河南溫縣)俘其女妲己為妃.
		9	乙卯	-1146	15年
		10	丙辰	-1145	16年
		11	丁巳	-1144	17年　子辛囚周姬昌西伯於羑里(河南湯陰) 自河北遷於沫
		12	戊午	-1143	18年　武乙(-1143~1140)庚丁子,周王季歷來朝,周王季伐西落鬼戎. 武乙無道,獵於河渭之間,為暴震死,在位4年
		13	己未	-1142	19年　釋姬昌西伯賜弓矢斧鉞惠征伐
		14	庚申	-1141	20年
殷	31任帝(紂)子辛	15	辛酉	-1140	武乙瞿21年　周公亶父薨
		16	壬戌	-1139	22年　太丁(又號文丁)(-1139~1137) 虞芮質成於周 西伯伐密須
		17	癸亥	-1138	23年　太丁,又號文丁.武乙子,文丁殺周王季歷.三年,洹水一日三絕. 太丁之時,季歷復攻燕京之戎,戎人大敗周師.在位3年 .西伯得呂尚於渭陽
		18	甲子	-1137	24年　西伯伐密須 周師伐程戰於畢克之
		19	乙丑	-1136	25年　帝乙 (-1136~1100)太丁子,二年,周人伐商. 十年征夷方,征孟方. 帝乙之時,殷益衰.帝乙徙居朝歌(河南淇縣)都之.其子紂仍都之.在位37年 西伯伐崇作豐邑徙都自岐邑遷酆邑(陝西西安)
		20	丙寅	-1135	26年　西伯姬昌卒,世子發嗣立, 姬繼任酋長
		21	丁卯	-1134	27年
		22	戊辰	-1133	28年
		23	己巳	-1132	29年
		24	庚午	-1131	30年　少典1世之51世圭公長子咸公,官賢大夫,諫其君紂王不聽,投水而死,葬陝西鄜州宜君縣城八十里彭村.
		25	辛未	-1130	31年
		26	壬申	-1129	32年　周師伐義渠獲其君
		27	癸酉	-1128	33年　少典1世之52世咸公長子遵,官先行係2介牌關陣亡.即彭祖之35世發之長子誦出生,即西周成王
		28	甲戌	-1127	34年　周公季來朝王賜地三十里十瑴馬十匹
		29	乙亥	-1126	35年　少典1世之52世咸公次子祖壽字紹賢,兗州侯係孟津河陣亡,子一寶雲. 季歷伐西洛鬼戎 王田河渭大雷震死
		30	丙子	-1125	
		31	丁丑	-1124	文丁托1年　西北伐戡黎 .
		32	戊寅	-1123	2年　子辛殺少師比侯子干,囚太師箕子微子出奔,王即位居殷. 殷朝31位帝王受辛止計644年

朝代	帝　王	國號	干支	紀前	紀	事
西周	周一任王(武) 西周武王 姬發 (周王朝)	周武王 1	己卯	**-1122**	3 年	周武王姓姬誦,后稷 15 代孫,文王之子,為西伯遂革殷命,(-1122~-1116)在位 7 年. 因紂無道,觀兵孟津,白魚入舟,誅紂而有天下,以木德王.建都鎬京 周部落殷姬發起兵抗暴,子受辛(紂帝)兵敗,引火自焚而死,**殷亡,立國 662 年.** 蘇妲己聽聞兵敗,即時自殺. 姬姓子孫不狂不惑者,皆賜爵裂土.姬發繼任中國元首,改稱王,**建周王朝**,尊號武王.周代之始.共 37 主 867 年. 子受辛叔父子胥餘,於子受辛兵敗時逃往朝鮮半島,建立朝鮮第一個王朝,稱箕子王朝,亦曰「箕子朝鮮」.
		2	庚辰	**-1121**	4 年	封箕子於朝鮮
		3	辛巳	**-1120**	5 年	周自酆邑遷都鎬京(陝西西安) 西旅貢獒 肅慎氏貢矢 王不豫 周公禱於祖考乃愈 周公克余無之戎命為牧師
		4	壬午	**-1119**	6 年	周作程邑
		5	癸未	**-1118**	7 年	
		6	甲申	**-1117**	8 年	箕子來朝　　周公克始呼之戎
		7	乙酉	**-1116**	9 年	姬發卒,子成王姬誦嗣位.在位 7 年壽 94 歲. 周成王年幼,周公姬旦以冢宰總百官攝政,葬武王於畢,封伯禽於魯
周	周二任王(成) 姬誦	成王 1	丙戌	**-1115**	10 年	誦在位 37 年 姬誦叔管侯姬鮮、蔡侯姬度、霍侯姬處,及殷遺民首領子武庚等起兵叛, 周公旦為冢宰東征. 周公伐繄徙之戎獻捷 王殺周公季歷
周	周 2 任王姬誦	2	丁亥	**-1114**	11 年	姬旦殺子武庚、姬鮮,放逐姬度,貶姬處為平民. 徐奄淮夷叛
		3	戊子	**-1113**	12 年	姬旦討平「姬鮮、姬發、姬處三監」姬處被廢為中國歷中上第一個平民王師滅殷,秋迎周公於東武庚管蔡叛討平之封微子 姬旦凱旋鎬京(陝西西安)
		4	己丑	**-1112**	文丁托 13 年	周武王改正建子,奪去丙子月,當年有閏,故仍實有 12 個月.周公作立正,王伐淮夷踐奄.姬誦封叔姬封為康侯,弟姬虞為唐侯.
		5	庚寅	**-1111**	14 年	遷殷民於洛邑 蒐於岐陽 周武王改正建子當年有 12 個月.
		6	辛卯	**-1110**	帝乙蕤元年	正百官 制禮作樂 越裳氏來朝 王即位居殷 王即位居殷 大蒐於岐陽
		7	壬辰	**-1109**	2 年	姬旦於郟鄏(洛陽金谷園)築城,謂之東都「王城」,又於洛水之北築城,謂之「成周」(洛陽東白馬寺東二城相距約二十里) 姬旦新奴隸遷到黃河以南,洛水以北地區洛陽 姬旦歸政於姬誦
		8	癸巳	**-1108**	3 年	三月周公誥殷士於殷邑封蔡叔子於蔡 王命南仲拒昆夷城朔方

朝代	帝　　王	國號	干支	紀前	紀　　　　　　　　　事
		9	甲午	-1107	4年　姬誦剝奪姬旦權力,姬旦奔魯國,投奔兒子姬伯禽.
		10	乙未	-1106	5年　王遊於卷阿 召公作詩 王命唐叔虞為侯 越裳氏來賓
		11	丙申	-1105	6年　姬旦逝世 周公作無逸 周公薨 命君陳治東都洛邑成
		12	丁酉	-1104	7年
		13	戊戌	-1103	8年
		14	已亥	-1102	9年　洛邑告成
		15	庚子	-1101	帝受1年
		16	辛丑	-1100	2年
		17	壬寅	-1099	3年　紂(-1099~-1067) 又名辛,號帝辛,帝乙子.　紂伐人方.　作炮烙之刑.　寵妲己,惟其言是聽,荒於酒色,不理政事,廢棄祭祀,收容四方之罪犯逃逋,以之為大夫卿士,暴虐百姓.　內史向摯出奔周.　殷之賢人微子啟去殷,箕子佯狂為奴,比千因諫被殺.　周武王遂率諸侯伐紂,戰於牧野.紂兵敗,走鹿台,自焚死.殷亡.紂在位33年國滅,受辛(紂)亡于周.　凡殷繼嗣31王,629年.【史記集解引古本竹書紀年,殷凡29王496年】
		18	癸卯	-1098	4年　大蒐於黎作炮烙之刑
		19	甲辰	-1097	5年　築南單之台
		20	乙巳	-1096	6年
		21	丙午	-1095	7年　周文公薨於豐
		22	丁未	-1094	8年
		23	戊申	-1093	9年　王師伐有蘇獲妲己以歸作瓊台
		24	己酉	-1092	10年
		25	庚戌	-1091	11年　王大會諸侯於東都 四夷來賓 帝在位37年子劍立是為康王
		26	辛亥	-1090	12年　大會諸侯於東都
		27	壬子	-1089	13年　姬誦大會諸侯於王城,四方蠻族來朝.
		28	癸丑	-1088	14年
		29	甲寅	-1087	15年
		30	乙卯	-1086	16年
		31	丙辰	-1085	17年　西伯伐翟
		32	丁巳	-1084	18年
		33	戊午	-1083	19年
		34	己未	-1082	20年
		35	庚申	-1081	21年　諸侯朝周 伯夷叔齊自孤竹歸周
		36	辛酉	-1080	22年
		37	壬戌	-1079	23年　姬誦卒,子康王姬釗嗣位.誦在位37年壽50歲. 囚西伯於羑里

朝代	帝　　王	國號	干支	紀前	紀　　事
西周	周 3 西周康王姬釗	康王 **1**	癸亥	**-1078**	24 年　四月姬誦王崩,子康王姬釗嗣位. 西周康王姬釗,成王之子(-1078~-1053)在位 26 年 諸侯集王城朝覲
		2	甲子	**-1077**	25 年　朝於豐宮
		3	乙丑	**-1076**	26 年　吉帝於先王
		4	丙寅	**-1075**	27 年
		5	丁卯	**-1074**	28 年
西周	3 任西周康王姬釗	**6**	戊辰	**-1073**	帝受 29 年　釋西伯諸侯逆之歸於程 齊太公薨
		7	己巳	**-1072**	30 年　西伯諸侯入貢
		8	庚午	**-1071**	31 年　西伯治兵於畢得呂尚以為師
		9	辛未	**-1070**	32 年　密人侵院西伯伐密
		10	壬申	**-1069**	33 年　密人降周遂遷於岐 命西伯得專征伐
		11	癸酉	**-1068**	34 年　周取耆及邗遂伐崇崇人降周冬昆夷侵周
		12	甲戌	**-1067**	35 年　六月命畢公保釐東郊　西伯自程遷於豐
		13	乙亥	**-1066**	36 年　周武王 11 年(-1066~-1027) 周武王名發,姬姓,文王昌子,唐侯姬虞改國名為晉　周朝西周,滅殷建國,都鎬(西安)(-1066~1064)
		14	丙子	**-1065**	37 年　周武王 12 年 封弟叔鮮於管,叔度於蔡,叔處於霍. 立紂子武庚祿父為諸侯以治殷遺民,使管蔡霍監之.　又封弟叔旦於魯而相周.是為周公.又封弟叔振鐸於曹,封弟叔武於成.　又封師尚父於齊..　周作辟雍 **魯國** 位于山東西部河南中部,都河南魯山,後遷山東曲阜.周武王代商後,封弟周公姬旦于魯,侯爵,周公旦在朝輔政,魯國由子伯禽治理,姓姬(-1065~-249 周公姬旦至子頃公仇) **蔡國** 位于今河東南部上蔡縣西南,周武王代商後封弟度于蔡,伯爵,後改侯爵,姬姓.(-1065~-447 蔡度叔至子侯齊) **曹國** 位于今山東西南部,都荷澤,周武王代商後,封弟叔振鐸于曹,伯爵,姬姓(-1065~-487 曹叔振鐸至子曹伯陽) **齊國** 位于今山東東部,都臨淄,周武王代商後,封師尚父姜望于齊,侯爵,姜姓,是為姜齊.-391 年為田氏所代,是為田齊.(-1065~-221 太公姜望至子康公貸-391 亡于田氏) **田齊國**-386 年被周王封為諸侯,-359 年稱王,太公田和至-221 年亡于秦. **燕國** 位于今河北北部,都今北京,周武王代商後,封召公奭于北燕,侯爵,姬姓.-333 年稱王.約(-1065~-222 召康公奭至子王喜) **杞國** 位于今河南杞縣一帶,周武王代商後,求夏禹之後,得東樓,公封于杞,以奉夏杞.-707 遷淳于城(山東安丘)-646 再遷緣城(山東昌欒東南 30 公里)-544 遷返淳于城,姒姓.(約-1065~-445 東樓公至子簡公春)-445 亡于楚.
		15	丁丑	**-1064**	帝受 38 年 周武王 13 年 武王訪於箕子,箕子為陳洪範.　武王久病不癒,旋死.享壽 54 歲. 【新編歷史大系手冊】成王誦(叔周公旦攝政 7 年)(-1064~-1027)

朝代	帝　　王	國號	干支	紀前	紀　　　　事
		16	戊寅	**-1063**	39 年 周成王元年 成王名誦,武王子,武王死,成王幼,周公當國聽政,七年還政於成王..封周公子伯禽於魯. 魯公姬伯禽卒,子考公姬酋嗣位 大夫辛甲出奔周
		17	己卯	**-1062**	40 年 周成王 2 年 周作靈台 周公東征,討管蔡霍武庚.
		18	庚辰	**-1061**	41 年 周成王 3 年 周公平三監之亂,殺武庚,管叔,囚蔡叔,放霍叔.又續向東方用兵,滅等五十餘國,驅飛廉於海隅而戮之.周之勢力東至於海.
		19	辛巳	**-1060**	帝受 42 年 周成王 4 年 周公既殺武庚,乃封殷後微子啟於宋,以治殷之遺民.分康叔以殷民七族,封於衛,其地在黃河淇河間,是商都之廢墟. 周公廣封親戚,以為室屏藩,立 71 國,姬姓居 53. 西伯發即位 受丹書於呂尚 【新編歷史大系手冊】 **衛國** 位于今河南北部,河北南部,都河南濮陽.周武王代商後,封弟康叔封于衛,伯爵後改侯爵.姓姬.(-1060~-209 康叔封至子君角) **宋國** 位于今河南東部及山東江蘇安徽邊區,都商丘.商朝亡後,周封商紂王子武庚祿父為諸侯,西元-前 063 武庚叛周,-1061 平定,殺武庚,乃封紂兄兄微子啓于宋.公爵,子姓.(-1060~-286 微子啓至弟康王偃) **陳國** 位于今河南東部淮陽,周武王代商後,求帝舜之後人,封于陳,侯爵,媯姓.約(-1060~-478 胡公滿至子泯公越)-478 年亡于楚. **晉國** 位于今山東及河北西部,都絳城.周武王封弟唐叔虞于晉,侯爵,姬姓.約(-1060~-376 唐叔虞至子公俱酒) **楚國** 今湖北秭歸縣附近為原封地,後拓地到湖北淅江東北部,河南中部江蘇湖南及山東南部,疆土為侯國中最大,都今湖北江陵.子爵,芈姓,-741 年稱王.約(-1060~-223 熊繹至兄王負刍).亡于秦. **吳國** 位于今江蘇無錫蘇州地區,都無錫梅里.周太王之子太伯及仲雍,為讓國給弟季正及其子文王昌,乃奔吳,建句吳,-586 年稱王(前 11 世紀至-473 太伯至夫差)
西周	3 任西周康王姬釗	**20**	壬午	**-1059**	帝受 43 年 周成王 5 年 周公營成周(洛邑)為周之東都. 遷殷民於洛邑.
		21	癸未	**-1058**	44 年 周成王 6 年 周公制禮作樂,大蒐於岐陽. 西伯發伐黎
		22	甲申	**-1057**	45 年 周成王 7 年 周公還政於成王.
		23	乙酉	**-1056**	46 年 周文王卒.相傳文王被殷紂拘,演〔周易〕成 64 卦
		24	丙戌	**-1055**	47 年 內史向摯出奔周 召康公薨
		25	丁亥	**-1054**	48 年
		26	戊子	**-1053**	49 年 康王姬釗公在位 26 年卒,子昭王姬瑕嗣位. 內史向摯出奔周
西周	4 任西周昭王姬瑕	昭王瑕 **1**	己丑	**-1052**	50 年 西周昭王姬瑕西元前**-1052** 至**-1002** 年在位 **51** 年 王道缺徵周始衰
		2	庚寅	**-1051**	51 年 王伐殷敗之牧野 殷亡立受子祿父 作大武樂 囚箕子比干微子出奔 周師渡孟津而還

朝代	帝　　王	國號	干支	紀前	紀　　事
		3	辛卯	-1050	周武王發 1年 彭祖歿(西周昭王三年西元前-1050.6.3.)享壽(-2338 減去--1050)1289歲. 伐殷敗之於牧野 殷亡立受子祿父 作大武樂
		4	任辰	-1049	2年
		5	癸巳	-1048	3年 孟津觀兵 王有疾 周公禱於作金縢 王病愈
		6	甲午	-1047	4年 肅慎來貢 巡狩方岳誥於沬邑 遷九鼎於洛
		7	乙未	-1046	5年 武王伐紂,「牧野之戰」紂王登上鹿台自焚而死,商朝滅亡.周武王封邦建國.建立周朝(-1046~-771)史稱西周.以宗法分封諸侯治國,血緣保證各個權力階層嫡長子式世襲制度.「三公」太師、太傅、太保扶佐天子.井田制與奴隸制.農業、染織、釀造、燒製、冶煉進步.以貨易貨經濟發展,相當發達. 箕子來朝王師滅蒲姑
		8	丙申	-1045	6年 安撫殷民,分封諸侯. 王崩
		9	丁酉	-1044	成王誦 1年 王即位 武庚(祿父)叛 周公居東
		10	戊戌	-1043	2年 武王去世,太子誦即位,是為周成王.
		11	已亥	-1042	3年 周成王太子誦即位,周公輔政,引發「三叔(周公三個弟弟:管叔、蔡叔、 霍叔)」叛亂(-1042~-996)康王以「息民政策」達到西夷賓服,海內晏然,囹圄空處,刑罰不用.史稱「成康之治」. 滅殷遷殷民於衛 遂伐奄滅蒲姑
		12	庚子	-1041	4年 王在奄遷其君於蒲姑 王至自奄遷殷民於洛
		13	辛丑	-1040	成王誦 5年 大蒐於岐陽
		14	王寅	-1039	6年 周成王與周公平定三叔叛亂成功,二次分封. 周公復政於王
		15	癸卯	-1038	7年 召康公如洛度邑 周公城東都 王始親政 命遷庶殷於魯滅唐
		16	甲辰	-1037	8年 肅慎氏來朝王使榮伯錫命 魯公子濯弒其君滓而自立 周昭王姬瑕攻楚,遇大兕(一角青色野牛)
		17	乙巳	-1036	9年 封弟叔虞為唐侯 越裳氏來朝
		18	丙午	-1035	10年 王命周文公治東都 周成王臨政,周公旦失權逃亡楚地,周公不追究而回國,但失意死亡
		19	丁未	-1034	11年 周朝四仕王姬瑕親征長江流域蠻族,六萬大軍全軍覆沒
		20	戊申	-1033	12年
		21	己酉	-1032	13年
		22	庚戌	-1031	14年 洛邑告成
		23	辛亥	-1030	15年
		24	王子	-1029	16年
		25	癸丑	-1028	17年 少典一世之58世孫自明出家修道,拜杜沖為師,壽170餘歲
		26	甲寅	-1027	成王誦 18年 周成王37年 周成王病篤,召太保奭,芮伯,彤伯,畢公,衛侯,毛公等至御前,命立太子釗.成王死,立釗為王,是為康王,【漢書律歷志引周公在位7年,成王在位30年,合計37年】 王如洛邑定鼎

朝代	帝王	國號	干支	紀前	紀事
		27	乙卯	-1026	19年 周康王元年 康王釗(-1026~-1001) 成王長子,釋喪冕作誥申戒諸侯.天下安寧,刑措四十餘年不用. 王巡狩侯甸方岳召康公從歸周
		28	丙辰	-1025	20年
		29	丁巳	-1024	21年 周文公薨
		30	戊午	-1023	22年
		31	己未	-1022	23年
		32	庚申	-1021	24年 周康王6年 越人來朝 齊太公望死
西周	4任西周昭王姬瑕	33	辛酉	-1020	25年 王大會諸侯於東都四夷來朝周成王病亡,太子釗即位,是為康王.
		34	壬戌	-1019	26年
		35	癸亥	-1018	27年 周康王9年 晉侯建造華美宮室,康王批責.
		36	甲子	-1017	28年
		37	乙丑	-1016	29年
		38	丙寅	-1015	30年 離戎來朝
		39	丁卯	-1014	31年 康王命畢公治理成周.
		40	戊辰	-1013	32年
		41	己巳	-1012	33年 王遊於卷阿康公從
		42	庚午	-1011	34年 周康王16年 魯侯伯禽卒,
		43	辛未	-1010	35年
		44	壬申	-1009	36年
		45	癸酉	-1008	37年 王崩 子釗立
		46	甲戌	-1007	康王釗 1年 王即位命召康公總百官,諸侯朝於豐
		47	乙亥	-1006	2年
		48	丙子	-1005	3年 定樂歌 吉禘於先王
		49	丁丑	-1004	4年
		50	戊寅	-1003	5年
		51	己卯	-1002	6年 康王下令討伐鬼方. 齊公公望薨 姬瑕再攻楚,回軍途中渡漢水溺死,在位51年,子穆王姬滿嗣位是為穆王
西周	5任西周穆王姬滿	穆王 1	庚辰	-1001	7年 滿能治國,得千里馬造父為御,好逸豫,週遊天下,歷一萬里.築祇宮,命辛伯餘靡 在位55年
		2	辛巳	-1000	8年 昭王瑕 (-1000~-977)姬滿命大臣呂侯制定刑法,史稱「呂刑」中國第一部成文法典
		3	壬午	-999	9年 命君牙為大司徒伯國為太僕正 唐遷於晉
		4	癸未	-998	10年
		5	甲申	-997	11年
		6	乙酉	-996	12年 夏王如豐錫畢公命 徐子誕來朝,錫命為伯.
		7	丙戌	-995	13年

朝代	帝　　王	國號	干支	紀前	紀　　事
		8	丁亥	**-994**	14 年
		9	戊子	**-993**	15 年
		10	己丑	**-992**	16 年　錫齊侯伋命 王南巡至廬山
		11	庚寅	**-991**	17 年
		12	辛卯	**-990**	18 年　周穆王姬滿攻犬戎,俘其五王,及四白狼,四白鹿.
		13	任辰	**-989**	19 年　祭公從王西征,西戎來賓
		14	癸巳	**-988**	20 年　征崑崙
		15	甲午	**-987**	21 年
		16	乙未	**-986**	康王釗　22 年　王西巡狩 徐戎叛王歸征克之封造父
		17	丙申	**-985**	23 年　周昭王征討荊楚,凱旋而歸「宗周鐘」記載戰績輝煌召康公薨
		18	丁酉	**-984**	24 年　召康公薨
		19	戊戌	**-983**	25 年
		20	已亥	**-982**	26 年　王崩 姬芇命呂侯作刑法,史稱呂
		21	庚子	**-981**	昭王假 1 年
		22	辛丑	**-980**	2 年
西周	5 任西周穆王姬滿	**23**	壬寅	**-979**	3 年
		24	癸卯	**-978**	4 年
		25	甲辰	**-977**	5 年　周昭王再次南征,因「膠舟」溺死漢水,周朝勢力自此衰落.
		26	乙巳	**-976**	6 年　穆王滿 (-976~-922) 周昭王子滿即位,是為穆王.　王錫郇命
		27	丙午	**-975**	7 年
		28	丁未	**-974**	8 年
		29	戊申	**-973**	9 年
		30	己酉	**-972**	10 年
		31	庚戌	**-971**	11 年
		32	辛亥	**-970**	12 年
		33	壬子	**-969**	13 年
		34	癸丑	**-968**	14 年　秋魯人弒其加宰
		35	甲寅	**-967**	15 年　征犬戎
		36	乙卯	**-966**	16 年　伐楚涉漢獲大兕
		37	丙辰	**-965**	17 年　王南征至於九江,遂伐越.
		38	丁巳	**-964**	18 年
		39	戊午	**-963**	19 年　祭公宰伯從王伐楚喪六師於漢王崩
		40	己未	**-962**	穆王滿 1 年　穆王西征,到達青海一帶. 王即位築祇宮於南鄭
		41	庚申	**-961**	2 年
		42	辛酉	**-960**	3 年
		43	壬戌	**-959**	4 年穆王再次西征,到達新疆崑崙一帶,與當時部落首領西王母相見.
		44	癸亥	**-958**	5 年
		45	甲子	**-957**	6 年　徐子誕來朝命為伯
		46	乙丑	**-956**	7 年

朝代	帝王	國號	干支	紀前	紀事
		47	丙寅	-955	8年 北唐來朝 獻驪馬是生騄耳
		48	丁卯	-954	9年
		49	戊辰	-953	10年
		50	己巳	-952	11年 命卿士祭公謀父 姬滿命呂侯作刑法,史稱呂刑
		51	庚午	-951	12年 王北巡遂征犬戎 姬滿命呂侯作刑法,史稱呂刑.
		52	辛未	-950	13年 祭公從王西征次於陽紆西戎來朝徐戎侵洛
		53	壬申	-949	14年 王歸宗周 王帥楚子伐徐戎克之
		54	癸酉	-948	15年
		55	甲戌	-947	16年 姬滿崩於祇官在位56年,子共王姬伊扈嗣位 王封造父於趙
西周	6任西周王姬翳扈	共王 1	乙亥	-946	17年 西周共王姬翳扈,穆玉之子,(-946~-935)在位12年,是為翳王 王西征至昆侖見西王母西王母來朝
		2	丙子	-945	18年 王居祇宮諸侯來朝 帝在位56年,子囏立,是為懿王,
西周	6任西周王姬翳扈	3	丁丑	-944	穆王滿19年 周共王姬伊扈游涇水,密國(甘肅靈台)君主康公隨從,有二美女奔康公,康公未獻於姬伊扈,姬伊扈乃滅密國.
		4	戊寅	-943	20年 王師伐密,滅之.
		5	己卯	-942	21年 祭公謀父薨
		6	庚辰	-941	22年
		7	辛巳	-940	23年
		8	壬午	-939	24年
		9	癸未	-938	25年
		10	甲申	-937	26年
		11	乙酉	-936	27年 穆王滿
		12	丙戌	-935	28年 姬伊扈卒,子懿王姬囏(姬堅)嗣位
西周	7任西周懿王姬囏堅	懿王 1	丁亥	-934	29年 周王姬翳扈共王之子,西元前-934至-910年在位25年.共王弟辟立,是為孝王 徙都於槐里
		2	戊子	-933	30年
		3	己丑	-932	31年
		4	庚寅	-931	32年
		5	辛卯	-930	33年
		6	任辰	-929	34年
		7	癸巳	-928	35年 西戎攻鎬京(陝西西安) 毛伯遷敗荊人於徐
		8	甲午	-927	36年
		9	乙未	-926	37年 伐楚 大起九師東至九江遂伐越荊來賓
		10	丙申	-925	38年
		11	丁酉	-924	39年 王會諸侯於塗山
		12	戊戌	-923	40年
		13	已亥	-922	41年 翟部落攻岐邑
		14	庚子	-921	42年 共王扈(-921~-910)
		15	辛丑	-920	43年

朝代	帝　　王	國號	干支	紀前	紀　　事
		16	壬寅	-919	44 年　器物與土地交換,以致西周以來井田制開始崩潰.
		17	癸卯	-918	45 年
		18	甲辰	-917	46 年
		19	乙巳	-916	47 年
		20	丙午	-915	48 年
		21	丁未	-914	49 年
		22	戊申	-913	50 年　周懿王姬堅信讒言,烹哀公姜不辰.
		23	己酉	-912	51 年　作呂刑　命甫侯於豐
		24	庚戌	-911	52 年
		25	辛亥	-910	53 年　姬堅卒,叔姬辟方嗣位,是為孝王.
西周	8 任西周孝王 姬辟方	孝王 1	壬子	-909	54 年　懿王囏(-909~-885) 8 任王(孝)姬辟方共王弟(-909~-895)周之世系,多由父傳子,至辟方,例絕,辟方於囏為叔,非獨異於天下,而且乖於上傳,通周代傳廿七君中,惟此一主.辟方在位 15 年歿.懿王子燮立.是為夷王. 共王 繄扈 元年 王即位 王崩於祇宮　申國(河南南陽)攻西戎
		2	癸丑	-908	55 年　王崩於祇宮
		3	甲寅	-907	共王繄扈　1 年　王即
		4	乙卯	-906	2 年
		5	丙辰	-905	3 年
		6	丁巳	-904	4 年　王師滅密
		7	戊午	-903	共王繄扈　5 年　天降大雹,牛馬死,江漢俱凍
		8	己未	-902	6 年
		9	庚申	-901	7 年
		10	辛酉	-900	8 年
		11	壬戌	-899	9 年
		12	癸亥	-898	10 年
		13	甲子	-897	11 年　周封非子於秦邑(犬丘,甘肅天水)　汀漢冰　共王繄扈帝在位 15 年,懿王之子燮立,是為夷王.
		14	乙丑	-896	12 年　王崩
西周	8 任西周孝王 姬辟方	15	丙寅	-895	懿王堅 1 年　姬辟方卒,從孫姬燮嗣位,是為夷王 【新編歷史大系手冊】孝王辟方(-885~870)
西周	9 任西周夷王 姬燮	夷王 1	丁卯	-894	2 年　燮為懿王之子(-894~-879)在位 16 年,子胡立,是為厲王 覲禮廢　王下堂見諸侯
		2	戊辰	-893	3 年　命虢公伐太原戎
		3	己巳	-892	4 年　王致諸侯烹齊哀公於鼎.
		4	庚午	-891	5 年
		5	辛未	-890	6 年
		6	壬申	-889	7 年　西戎侵鎬
		7	癸酉	-888	8 年　虢公攻太原戎.獲馬千匹
		8	甲戌	-887	9 年　楚子熊渠伐庸揚粵至於鄂
		9	乙亥	-886	10 年
		10	丙子	-885	11 年
		11	丁丑	-884	12 年　孝方辟方(-884~-870)
		12	戊寅	-883	13 年　翟人侵岐
		13	己卯	-882	14 年
		14	庚辰	-881	15 年　.王自宗周遷於槐里
		15	辛巳	-880	16 年

朝代	帝　　王	國號	干支	紀前	紀　　事
		16	壬午	-879	17 年　姬燮卒,子厲王姬胡嗣位
西周	10 任西周厲王姬胡	厲王 1	癸未	-878	18 年　西周厲王姬胡即位,夷王之子(-878~-842 年)在位 37 年.周厲王期間,作夷宮,災荒頻繁民不聊生,周勢日衰,貴族沉於酒色,舉國怨怒,以巫術殺戮,-841 國人暴亂王暴虐詩人作刺,厲王被趕,「共和」統治開始.
		2	甲申	-877	19 年　少典一世之世孫彭自明,諱宗,字法先,老君遣仙官迎為太清真人,治赤城宮,享壽 172 歲.
		3	乙酉	-876	20 年　淮夷侵洛陽,虢仲擊之,不能勝.
		4	丙戌	-875	21 年　虢公北伐犬戎敗績
		5	丁亥	-874	22 年
		6	戊子	-873	23 年
		7	己丑	-872	24 年
		8	庚寅	-871	25 年　王崩
		9	辛卯	-870	孝王辟方 1 年　孝王即位　命申侯伐西戎
		10	壬辰	-869	2 年　懿王燮(-869~-858)
		11	癸巳	-868	3 年
		12	甲午	-867	4 年
		13	乙未	-866	5 年　西戎來獻馬
		14	丙申	-865	6 年
		15	丁酉	-864	7 年
		16	戊戌	-863	孝王辟方 8 年　周封衛頃伯為侯
		17	已亥	-862	9 年　王陟
		18	庚子	-861	夷王燮 1 年
		19	辛丑	-860	2 年　齊公子山弒其君靜而自立
		20	壬寅	-859	3 年　王致諸侯　烹齊哀公於鼎
		21	癸卯	-858	4 年　周厲王即位
		22	甲辰	-857	5 年　歷王胡(-857~-842)
		23	乙巳	-856	6 年　齊胡公姜弟姜山殺兄自立,是為獻公,國都自營丘遷臨(山東昌樂)遷至臨菑(山東淄東)
西周	10 任西周厲王姬胡	24	丙午	-855	7 年　虢公伐太原之戎　至俞泉　獲馬千匹
		25	丁未	-854	8 年　王陟
		26	戊申	-853	厲王胡 1 年　王即位　作夷宮命卿士榮夷公
		27	己酉	-852	2 年　厲王令虢仲討伐淮夷,無功而返.
		28	庚戌	-851	3 年　淮夷侵洛　王命虢公長父伐之不克
		29	辛亥	-850	4 年
		30	壬子	-849	5 年
		31	癸丑	-848	6 年　以戎夷公為卿士
		32	甲寅	-847	7 年　厲王親征淮夷.
		33	乙卯	-846	8 年　初監謗　芮良父戒百官於朝
		34	丙辰	-845	9 年　周厲王姬古暴虐,國人謗怨,姬胡遣國巫師,使糾察謗怨者,告即殺戮,人再敢言,道路以目.
		35	丁巳	-844	10 年　周厲王『專利』強行宣佈山林田澤為王所有,引起民怨.
		36	戊午	-843	11 年　西戎入於犬丘
		37	己未	-842	12 年　周王亂政,國人暴動逐姬胡奔彘邑(山西霍州)召公周公共同攝政不另置君史稱「共和」 王亡奔彘,國人圍王宮,殺召穆公之子

朝代	帝　　王	國號	干支	紀前	紀　　　　事
西周	周共和	共和 1	庚申	-841	武王至周公　14 年　伯禽至春秋　384 年　武王至春秋　400 年 西周末至春秋 48 年　武王至西周末 352 年　魯真公濞 15 年, 齊武公壽 10 年　晉靖侯宜臼 18 年　秦秦仲 4 年 楚熊勇 7 年　厲王胡 13 年 周公、召公攝政. 中國開始有信史. 晉靖侯姬宜臼卒,子釐侯姬司徒嗣位. 西周年數各說不一,多以西元前-841 年至終於~771 年(幽王 31 年).春秋始于西元前-772 年,是西周之終至春秋之始.中間有 48 年.中國有確切紀年之始. 「共和」共治,中國開始有信史.晉靖侯姬宜臼卒,子釐侯姬司徒嗣位. 宣王年少,大臣共和行政(或曰周召二公共理國事,或曰共伯和攝行天子事) 西周共和(-841~-829)周厲王暴虐無道被逐,這年亦稱共和元年.
		2	辛酉	-840	晉釐侯 1 年 宣王居召公宮 玁狁侵宗周西鄙 召穆帥師追莉蠻於洛 衛釐侯司徒元年
		3	壬戌	-839	
		4	癸亥	-838	蔡武侯卒,子夷侯嗣位 楚部落酋長羋勇卒,弟羋熊嚴嗣位
		5	甲子	-837	楚熊嚴 1 年　蔡夷侯 1 年
		6	乙丑	-836	
		7	丙寅	-835	曹夷伯曹喜卒,弟幽伯曹彊嗣位
		8	丁卯	-834	曹幽伯 1 年
		9	戊辰	-833	
		10	己巳	-832	陳幽公嬀寧卒,子釐公嬀孝嗣位　大旱
		11	庚午	-831	陳釐公 1 年　宋釐公子舉卒,子惠公子覸嗣位
西周	周共和	12	辛未	-830	宋惠公 1 年
		13	壬申	-829	
		14	癸酉	-828	周宣王即位,周共和政治歷時 14 年,至 828 年結束. 周厲王姬胡卒於彘邑,子宣王姬靖嗣位,是為宣王,以復周制,共和時代結束. 楚部落酋長羋熊嚴卒,子羋熊霜嗣位. 周宣王以周召二公為輔,征討玁狁、淮夷等,四方安定,稱「宣王中興」
西周	周宣王 姬靖	1	甲戌	-827	楚熊霜 1 年 宣王靜(-828~-783) 宣王中興,厲王之子周宣王即位在位 46 年.改革政治,以周定公、召穆公二相為輔,任用尹吉甫、仲山甫等賢臣,效法先王遺風,「不藉千畝」召公平淮夷, 燕惠侯卒,子釐侯姬莊嗣位.命秦仲為秦國君主是戴伯
		2	乙亥	-826	燕釐侯 1 年　錫大師皇父司馬休父命
		3	丙子	-825	魯武公 1 年　曹戴伯 1 年 宣王命大夫秦仲伐戎 齊武公姜壽卒,子厲公姜無忌嗣位
		4	丁丑	-824	齊厲 1 年 宣王命蹶父如韓 韓侯來朝 秦仲攻伐西戎,敗死. 周宣王召其子莊統兵七千,破西戎.
		5	戊寅	-823	晉釐侯姬司徒卒,子獻侯姬籍嗣位 周宣王征討玁狁和淮夷,伐方叔,伐荊蠻..

朝代	帝　王	國號	干支	紀前	紀　事
		6	己卯	-822	晉獻侯 1 年 西戎殺秦國君主秦仲,子贏嗣位,是為莊公 楚部落酋長羋熊霜卒,弟羋熊紃嗣位 宣王討西戎、徐,方召穆公討淮夷,四方安定,周室中興.
		7	庚辰	-821	秦莊公元年　楚熊徇元年 王錫申伯命　王命仲山甫城齊
		8	辛巳	-820	初考室
		9	壬午	-819	巡狩東都遂狩于甫 王會諸侯於東都
		10	癸未	-818	魯慎公姬濞卒,弟武公姬敖嗣位
西周	周宣王 姬靖	11	甲申	-817	
		12	乙酉	-816	魯武來朝,以二子括與見 魯武公姬敖卒,子懿公姬戲嗣位. 齊厲公姜無忌暴虐,為國人攻殺,其子文公姜赤嗣位 王 命立戲 召穆諫不聽
		13	丙戌	-815	魯懿公 1 年　齊文公 1 年 齊文公誅殺参與殺害厲公者 70 人.
		14	丁亥	-814	
		15	戊子	-813	衛釐侯卒,子衛餘嗣位,衛餘弟衛和殺兄嗣位,是為武公
		16	己丑	-812	衛武公 1 年 晉獻侯姬籍卒,子穆侯姬弗生嗣位,自曲沃(山西聞喜)遷都於絳城(山西翼城)
		17	庚寅	-811	晉穆侯 1 年
		18	辛卯	-810	蔡夷侯卒,子僖侯蔡所事嗣位
		19	任辰	-809	蔡釐侯 1 年
		20	癸巳	-808	
		21	甲午	-807	魯公子伯御弒其君戲 魯公子姬伯御與國人攻殺國君懿公姬戲嗣位
		22	乙未	-806	魯孝公稱元年　鄭桓公友元年 周宣王姬封弟姬友於鄭邑,是為鄭桓公. 伯爵,都咸林(陝西華縣) 【新編歷史大系手冊】鄭國 位于今河南中部,都新鄭,周宣王封弟友于鄭, 侯爵,姬姓.(-806~-376 桓公友至弟康公乙)-376 年亡于韓.
		23	丙申	-805	晉穆侯姬弗生條部落,敗歸, .侯伐條夫人生長子姬仇
		24	丁酉	-804	齊文公姜赤卒,子成公姜說嗣位
		25	戊戌	-803	齊成公說元年 大旱 王禱於郊廟遂雨
		26	已亥	-802	晉穆侯姬弗生攻千畝(山西介林)生次子姬成師.名子仇之弟曰成師
西周	周宣王 姬靖	27	庚子	-801	宋惠公子覸卒,子哀公嗣位.
		28	辛丑	-800	宋哀公 1 年　卒後子戴公嗣位. 楚部落酋長羋熊紃卒,子羋熊咢嗣位
		29	王寅	-799	宋戴公 1 年　楚熊鄂 1 年 初不籍千畝□文公諫不聽
		30	癸卯	-798	有免任在鎬京奔舞
		31	甲辰	-797	周宣王討太原(寧夏固)戎部落不勝.
		32	乙巳	-796	魯孝公 1 年　西周宣土姬靖,宣公討伐魯伐魯誅伯御立孝公姬稱. 陳釐公媯孝卒,子武公媯靈嗣位 曹戴伯曹蘇卒,子惠伯曹兕嗣位 誅邾婁顏

朝代	帝　　王	國號	干支	紀前	紀　　事
		33	丙午	-795	陳武公 1 年　曹惠伯 1 年 齊成公姜說卒,子莊公姜購嗣位 王師伐太原之戎不克
		34	丁未	-794	齊莊公贖 1 年 大夫尹吉甫卒軍北攻獫狁部落
		35	戊申	-793	
		36	己酉	-792	討伐條戎()山西中條山)奔戎,敗箒.
		37	庚戌	-791	燕釐侯姬莊卒,子頃侯嗣位 楚部落酋長芈熊咢卒,子芈熊儀嗣位是為若敖
		38	辛亥	-790	楚若敖([熊儀)元年　燕頃侯 1 年 王師及晉侯伐條戎奔戎王師敗績
		39	壬子	-789	周宣王伐姜戎敗於千畝(山西介休) 伐申戎,破之. 調查太原(寧夏固原)戶口,民心浮動.
		40	癸丑	-788	宣王「不藉千畝」放寬對山林川澤控制.料民於太原, 晉敗北戎(河北中西部)於汾邑(山臨汾) 隰戎(山西襄汾)滅姜侯之邑
		41	甲寅	-787	周攻申戎,大勝.
		42	乙卯	-786	
		43	丙辰	-785	宣王殺大臣杜伯,人心不服,開始渙散.其子隰叔出奔晉,晉穆侯卒,弟殤叔自立,太子仇出奔. 晉穆侯姬弗生卒,弟殤叔嗣位,太子姬仇出奔.
		44	丁巳	-784	晉殤叔元年
		45	戊午	-783	
		46	己未	-782	幽王(-782)亡于戎周宣王姬靖誣殺大夫杜伯,左儒殉死.姬靖卒,子幽王姬宮嗣位.
西周	幽王　姬宮	1	庚申	-781	周幽王宮湦(-781~-771 年)湦錫太師尹氏命 廢申后及太子宜臼,而以褒姒為后,立姒子伯服為太子.宜臼奔申, 湦 求申遣未遂,起兵, 為犬戎所害,死於驪山(陝西臨潼).在位 11 年. 陳武公媯靈卒,子夷公媯說嗣位.晉前太子姬仇,逐國君殤叔嗣位,是為文侯.
		2	辛酉	-780	晉文侯仇元年 陳夷公年 初增賦　褒 國以女褒姒獻於周幽王姬宮湦 · 晉文侯同王子多父伐鄭,克之. 兩大災難：三川(涇水渭水洛水)乾涸.涇渭洛竭,其次為岐山崩裂,
		3	壬戌	-779	周幽王命伯士率師伐六濟之戎兵敗,伯士戰死. 周幽王納褒姒,褒姒年 14,姬宮湦沈溺嬖愛,以烽火戲諸侯,博其一笑..
		4	癸亥	-778	秦人伐西戎 陳夷公媯說卒,弟平公媯燮嗣位 秦莊公贏也卒,子襄公嗣位
		5	甲子	-777	秦襄公元年　陳平公 1 年 廢申后及太子,宜臼出奔申,以褒姒為后,皇父作都於向.
		6	乙丑	-776	西元前-776 年 9 月 6 日日蝕,「詩經」記載是世界最早最確切的記錄. 周伯士攻六濟戎,兵敗,伯士被殺. 四方蠻族交侵,西戎擄秦襄公兄贏父 秦還其邑於汧邑(陝西隴縣南).
		7	丙寅	-775	

朝代	帝　　王	國號	干支	紀前	紀　　　事
		8	丁卯	-774	周幽王廢申后與太子宜臼,立褒姒為后. 立褒子伯服為太子. 王賜司徒鄭伯多父命,
西周	幽王　姬宮	9	戊辰	-773	姬宮涅廢掉申后,又把申后所生的太子姬宜臼貶為平民 以褒姒為后 宜臼出奔申國(河南南陽)　申 侯聘西戎及鄫 鄭國自咸林(陝西華縣)遷於穎河以北,黃河以南之地(河南新鄭)
		10	己巳	-772	春秋始於魯隱公元年即西元前-772 年 幽王與諸侯在中太室山(中獄嵩山)集會,派兵討伐申國.
		11	庚午	-771	姬宮涅計劃攻申,申侯與犬戎攻鎬京,殺姬宮幽王於驪山下,在位 11 年.擄褒姒,周幽王姬宮涅寵愛褒似,廢申后及太子宜臼,臣卿反對,王朝分裂**西周亡**(-841~-771). 諸侯立太子姬宜臼為君,是為平王.遷都洛陽,史稱**東周**. 虢公郭翰另立王子姬余臣為君,是為攜王;周王朝分列 鄭桓公姬友戰死驪山,子武公姬掘突嗣位.形成兩王並立. 【新編歷史大系手冊】携王余臣　並立 (-771~-750) 秦國　位于陝西,都咸陽,-884 年周孝王封蜚子于秦-771 年始列為諸,嬴姓.(-771~-221 襄公至子始皇帝政).-221 年消滅諸侯國,統一全國稱始皇帝,建秦王朝.
東周	周平王 姬宜臼	1	辛未	-770	鄭武公 1 年　周平王元年　周攜王元年　周平王姬宜臼 【春秋時期】(-722~-481)(另一說-770-720)魯隱公元年至魯哀公 14 年 【戰國時期】(-403~-221)從周威烈王 23 年到秦王政統一六國為止. 東周帝王世系表：平王姬宜臼(-770~-720)－桓王姬林(-719~-697)－莊王姬佗(-696~-682)－釐王姬胡齊(-681~-677)－惠王姬閬(-676~-652)－襄王姬鄭(-651~-619)－頃王姬王臣(-618~-613)－匡王姬班(-612~-67)－定王姬瑜(-606~-586)－簡王姬夷(-585~-572)－靈王姬泄心(-517~-545)－景王姬貴(-544~-520)－悼王姬猛(-520~-)－敬王姬匄(-519~-476)－元王姬仁(-475~-469)－貞定王姬介(-468~-441)－哀王姬去疾(-441)－思王姬叔(-441)－考王姬嵬(-440~-420)－威烈王姬午(-425~-402)－安王姬驕(-401~-376)－烈王姬喜(-375~-369)－顯王姬扁(-368~-321)－慎靚王姬定(-320~-315)－赧王姬延(-314~-256) **春秋戰國時代**(-770~-221),前後大約 550 年,史稱**【東周】**. 第二說為(-770~-453),一般叫做東　周子平王宜臼 幽王之子平王姬宜臼,西元前-770 至-720 年遷都雒邑(今河南洛陽-770~-256)由晉文侯襄公鄭武公衛武公等護送,史稱**東周,** 東周分春秋和戰兩個時期.文化發達,百家爭鳴,紀綱不修,法度不振,干戈逐日爭雄,遊說之徒,紛紜而起,詩降為風,周室衰微.,其有自來.. 周平王以岐之西地賜秦,秦列諸侯. 周東遷仰賴晉鄭二國,以鄭伯為王卿士. 周平王東遷之始,是為春秋,孔子絕筆之後,號曰戰國, 此時: 五霸(齊桓公、晉文公、秦穆公、宋襄公、楚莊王) 七雄(咸陽秦王襄郢、楚王營邱、齊王幽州、燕昭王穎川、韓王邯鄲、趙王大梁、梁惠王),各霸據一方.
		2	壬申	-769	周平王 2 年　　周攜王 2 年 秦作西時嗣白帝,賜秦晉以邠岐之田 邢侯大破北戎. 魯孝公姬稱卒,子惠公姬弗湟嗣位. 醫緩,春秋戰國秦國名醫,晉景公求醫,斷不可醫,掉到糞坑溺死「**病入膏盲**」 醫和,春秋戰國秦國名醫,其姓不可考.因其人隨和遂以名之.

朝代	帝　　王	國號	干支	紀前	紀　　事
		3	癸酉	-768	周平王 3 年　周攜王 3 年　魯惠公弗生元年 王錫司徒鄭伯掘突命
		4	甲戌	-767	周平王 4 年　周攜王 4 年 鄭滅車虢,燕頃侯卒,子哀侯嗣位
		5	乙亥	-766	周平王 5 年　周攜王 5 年　秦文公 1 年　宋武公 1 年 宋戴公卒子武公子司空嗣位 秦襄公帥師伐戎率於畽秦襄公卒,子文公嗣位
		6	丙子	-765	周平王 6 年 周攜王 6 年　秦文公元年 燕哀侯卒,子鄭侯嗣位 鄭遷於溱洧
東周	平王 姬宜臼	7	丁丑	-764	周平王 7 年 周攜王 7 年 燕鄭侯 1 年 楚若敖芈熊儀卒,子霄敖芈熊坎嗣位
		8	戊寅	-763	周平王 8 年　周攜王 8 年　楚寧王元年　楚霄敖 1 年 鄭武公姬掘突誣殺大夫關其思襲滅胡國(河南漯河)
		9	己卯	-762	周平王 9 年　周攜王 9 年 蔡僖気蔡所事卒子共侯蔡興嗣位 秦自汧邑(陝西隴縣)遷都郿邑(陝西郿縣)
		10	庚辰	-761	周平王 10 年　周攜王 10 年　蔡共侯 1 年 秦東遷渭之會
		11	辛巳	-760	周平王 11 年　周攜王 11 年 蔡共侯蔡興卒子戴侯嗣位 曹惠伯曹兕卒子曹石甫嗣位,其叔曹武殺之嗣位是為繆公
		12	壬午	-759	周平王 12 年　周攜王 12 年　蔡戴侯 1 年　曹穆公 1 年
		13	癸未	-758	周平王 13 年　周攜王 13 年 衛武公衛和卒,子莊公楊嗣位　楚霄敖芈熊坎卒,小蚡冒芈熊眴嗣位
		14	甲申	-757	周平王 14 年　周攜王 14 年　楚蚡冒元年　衛莊公楊元年 曹繆公曹武公卒子桓公曹終生嗣位　晉人滅韓
		15	乙酉	-756	周平王 15 年　周攜王 15 年　曹桓公 1 年　秦作峙
		16	丙戌	-755	周平王 16 年　周攜王 16 年 陳平公嬀變卒,子文公嬀圉嗣位
		17	丁亥	-754	周平王 17 年　周攜王 17 年　陳文公 1 年
		18	戊子	-753	周平王 18 元年　周攜王 18 年 秦敗戎師於岐來歸岐東之田　秦設史官記事始有信史 4.21.意大利羅慕路斯與雷穆斯兄弟在帕拉蒂尼山建「羅馬城」
		19	己丑	-752	周平王 19 年　周攜王 19 年　王師戍申
		20	庚寅	-751	周平王 20 年　周攜王 20 年 晉文侯殺王子余臣,秦取岐西地 杞武公嗣位 杞國始有信史
		21	辛卯	-750	周平王 21 年　周攜王 21 年 蔡戴侯卒,子宣侯蔡措父嗣位.秦文公攻西戎,收復岐以東周政失地.晉文侯姬仇攻殺周攜王姬余臣,中國再統一.
		22	任辰	-749	周平王 22 年　蔡宣侯 1 年
		23	癸巳	-748	周平王 23 年 宋武公子司空卒,子宣公子力嗣位
		24	甲午	-747	周平王 24 年　宋宣公 1 年　秦作陳寶祠

朝代	帝　　王	國號	干支	紀前	紀　　事
		25	乙未	-746	周平王 25 年 秦開始用族誅刑罰立誅三族之刑,禍延中國二千餘年.召侯封叔成師於曲沃 晉文侯姬仇卒,子昭侯姬伯嗣位,自絳城遷都翼城(山西翼城) 晉文侯薨,秦取岐西地
		26	丙申	-745	周平王 26 年　晉昭侯元年　晉昭侯 1 年 晉昭侯姬伯封其叔姬成師於曲沃(山西聞喜)是為桓叔,曲沃大於晉都翼城. 陳文公嬀圉卒,子桓公嬀鮑嗣位.
		27	丁酉	-744	周平王 27 年　陳桓公 1 年 鄭武公姬掘突卒,子莊公姬寤生嗣位.
		28	戊戌	-743	周平王 28 年　鄭莊公年 鄭莊公姬寤生封弟姬段於京邑(河南榮陽)謂之京城太叔.
		29	已亥	-742	周平王 29 年
		30	庚子	-741	周平王 30 年 楚蚡冒芈熊眴卒,弟芈熊通殺太子嗣位.是為武王,楚王國建立(西元前-741 至-223 年).
東周	平王 姬宜臼	31	辛丑	-740	周平王 31 年　楚武王熊通元年
		32	壬寅	-739	周平王 32 年　晉孝侯元年 晉大臣潘父弒國君昭侯姬伯,迎立曲沃桓叔姬成師. 晉人殺潘父,立姬伯子姬平,是為孝侯,
		33	癸卯	-738	周平王 33 年　楚人侵申
		34	甲辰	-737	周平王 34 年
		35	乙巳	-736	周平王 35 年
		36	丙午	-735	周平王 36 年　衛莊公衛楊卒,子桓公衛完嗣位
		37	丁未	-734	周平王 37 年　衛桓公完元年
		38	戊申	-733	周平王 38 年　衛桓公衛兀弟衛吁出奔
		39	己酉	-732	周平王 39 年
		40	庚戌	-731	周平王 40 年　齊莊公姜購卒,子僖公姜祿甫嗣位. 晉曲沃桓叔姬師卒,子莊伯姬鱓嗣位..
		41	辛亥	-730	周平王 41 年　齊僖公祿父元年　齊釐公 1 年
		42	壬子	-729	周平王 42 年　燕鄭侯卒,子繆侯嗣位.　穴宣公子力卒弟穆公子和嗣位 赤狄攻晉都翼城(山西翼城)
		43	癸丑	-728	周平王 43 年　宋穆公 1 年　燕穆侯 1 年
		44	甲寅	-727	周平王 44 年
		45	乙卯	-726	周平王 45 年
		46	丙辰	-725	周平王 46 年 管仲(前-725~-645)安徽穎上人,齊國名臣,對鮑叔牙尊「生我者父母,知我者鮑叔牙」兩人交情甚篤,並稱「管鮑之交」治國「尊王攘夷」「寧丟土地,不失信」建立土地私有化,稅收,常備軍..幫助齊桓公完成霸業.尊稱「仲父」
		47	丁巳	-724	周平王 47 年　晉國「曲沃之亂」晉曲沃莊伯入翼弒晉孝侯姬平,晉人立其子姬郄為國君,是為鄂侯(孝侯子)姬鱓退返曲沃(山西聞喜).
		48	戊午	-723	周平王 48 年　晉鄂侯元年 魯惠公姬弗湟卒,子隱公姬息姑嗣位.

<table>
<tr><th>朝代</th><th>帝　　王</th><th>國號</th><th>干支</th><th>紀前</th><th>紀　　　　事</th></tr>
<tr><td></td><td></td><td>49</td><td>己未</td><td>-722</td><td>周平王 49 年　秦文公 44 年　曹桓公 35 年　杞武公 29 年　蔡宣侯 28 年
陳桓公 23 年　鄭莊公 22 年　楚武王 19 年　衛桓公 13 年　齊僖公 9 年
宋穆公 7 年　燕繆侯 7 年　晉鄂侯 2 年　魯隱公元年
春秋戰國時代開始(西元前-722 至-481 年)凡 242 年.
春秋出現五個霸主叫「春秋五霸」：齊桓公、宋襄公、晉文公、秦穆公、楚莊 .另說是：齊桓公、晉文公、楚莊王、吳王闔、越王勾踐.
魯國孔子編「春秋」是中國現存先秦期籍中年代最早的編年體史書
春秋車戰極盛,分攻、守兩種. 記事始于此年
鄭伯克段於鄢.鄭國共叔段之亂.共叔段為鄭武公次子,母欲立為太子不允.攻鄭兵敗逃鄢.
鄭莊公平定共叔段叛亂之後,國力不斷增強
衛國發生州吁之亂</td></tr>
<tr><td></td><td></td><td>50</td><td>庚申</td><td>-721</td><td>周平王 50 年　秦文公 45 年　曹桓公 36 年　杞武公 30 年　蔡宣侯 29 年
陳桓公 24 年　鄭莊公 23 年　楚武王 20 年　衛桓公 14 年　齊僖公 10 年
宋穆公 8 年　燕繆侯 8 年　晉鄂侯 3 年　魯隱公 2 年
莒國(山東莒縣)君主娶向國(莒縣)君主女向姜,向姜歸不返,莒攻向,擄向姜還.敗歸
鄭因姬滑在衛,攻衛.
冬齊侯鄭伯盟於石門.
周更弱,戎部落紛起.
三月庚戌王崩,孫林立,鄭祭足入寇,</td></tr>
<tr><td>東周</td><td>平王 姬宜臼</td><td>51</td><td>辛酉</td><td>-720</td><td>周攜王 51 年　秦文公 46 年　曹桓公 37 年　杞武公 31 年　蔡宣侯 30 年
陳桓公 25 年　鄭莊公 24 年　楚武王 21 年　衛桓公 15 年　齊僖公 11 年
宋穆公 9 年　燕繆侯 9 年　晉鄂侯 4 年　魯隱公 3 年
中國人乘法口訣表已被譜遍使用.
周鄭交惡,鄭國崛起.
春秋時代五霸：自西元前-720 年至前-70 年
<table><tr><th>五霸國</th><th>創業霸主</th><th>霸權起訖(西元前)</th><th>稱霸時間</th></tr><tr><td>一. 齊國</td><td>國君姜小白</td><td>前-720~-750 年代</td><td>40</td></tr><tr><td>二. 晉國</td><td>國君姬重耳</td><td>前-760~-510 年代</td><td>160</td></tr><tr><td>三. 秦國</td><td>國君嬴任好</td><td>前-750~--70 年代</td><td>30</td></tr><tr><td>四. 楚王國</td><td>國王羋侶</td><td>前-790~-690 年代</td><td>110</td></tr><tr><td>五. 吳王國</td><td>國王吳光</td><td>前-690~-510 年代</td><td>30</td></tr></table>周平王姬宜臼卒,子桓王姬林嗣位.
周桓王姬林任虢國君主政,鄭莊公姬寤怒,命大夫祭足率軍割溫邑(河南溫縣)麥田.秋又割取成周(河南洛陽)高粱,周與鄭國交惡.
宋穆公子和卒,子子馮出奔鄭國,帝在位 51 年卒,孫林立,是為桓王,侄殤公子與夷嗣位.
【新編歷史大系手冊】平王孫桓王林(-720~-697)</td></tr>
<tr><td>東周</td><td>周桓王 姬林
-719 至-697 年
在位 23 年</td><td>1</td><td>壬戌</td><td>-719</td><td>周桓王元年　秦文公 47 年　曹桓公 38 年　杞武公 32 年　蔡宣侯 31 年
陳桓公 26 年　鄭莊公 25 年　楚武王 22 年　衛桓公 16 年　齊僖公 12 年
燕繆侯 10 年　晉鄂侯 5 年　魯隱公 4 年　宋殤公興夷元年
衛國(河南淇縣)政變,衛國國君衛完,為弟衛州吁所殺篡位
即春衛州吁弒其君完,秋九月衛人殺州吁,冬 12 月衛人殺州吁立晉.
莊伯以曲沃叛伐翼,翼侯敗之.宋以子馮在鄭,與陳蔡衛四國聯攻鄭五日始還</td></tr>
</table>

朝代	帝王	國號	干支	紀前	紀事
		2	癸亥	-718	周桓王 2 年 秦文公 48 年 曹桓公 39 年 杞武公 33 年 蔡宣侯 32 年 陳桓公 27 年 鄭莊公 26 年 楚武王 23 年 齊僖公 13 年 燕繆侯 11 年 晉鄂侯 6 年 魯隱公 5 年 宋殤公 2 年 衛宣公元年 晉曲沃(山西聞喜)莊伯姬鱓聯鄭刑攻翼城,晉鄂侯卒立其子姬光為晉國君 宋佔邾國(山東鄒地)邾向鄭求援,宋圍鄭長葛(河南長葛)
		3	甲子	-717	周桓王 3 年 秦文公 49 年 曹桓公 40 年 杞武公 34 年 蔡宣侯 33 年 陳桓公 28 年 鄭莊公 27 年 楚武王 24 年 齊僖公 14 年 燕繆侯 12 年 魯隱公 6 年 宋殤公 3 年 衛宣公 2 年 晉哀侯元年 晉迎鄂侯姬郄歸,居於鄂邑(山西鄉寧) 鄭報復攻陳(河南南陽) 冬京師饑,鄭伯入朝. 鄭莊公姬寤朝見周桓王姬林,未獲禮遇.
		4	乙丑	-716	周桓王 4 年 秦文公 50 年 曹桓公 41 年 杞武公 35 年 蔡宣侯 34 年 陳桓公 29 年 鄭莊公 28 年 楚武王 25 年 齊僖公 15 年 燕繆侯 13 年 魯隱公 7 年 宋殤公 4 年 衛宣公 3 年 晉哀侯 2 年 秦文公卒,寧公嬴立嗣位. 宋鄭和解 陳鄭和解盟於鄭 冬使凡伯聘於魯戎伐之於楚丘以歸,曲沃莊伯卒,子武公稱立
		5	丙寅	-715	周桓王 5 年 曹桓公 42 年 杞武公 36 年 蔡宣侯 35 年 陳桓公 30 年 鄭莊公 29 年 楚武王 26 年 齊僖公 16 年 燕繆侯 14 年 魯隱公 8 年 宋殤公 5 年 衛宣公 4 年 晉哀侯 3 年 秦寧公元年 蔡宣侯蔡措父卒,子桓侯蔡封人嗣位 宋殤公子與夷,齊僖公姜祿甫,衛宣衛晉,盟於瓦屋(河南新)以消除怨仇 春鄭以祊易魯許田,以訪易許田,以忌父為卿士,秋宋公齊侯衛侯盟瓦屋
東周	周桓王 姬林	6	丁卯	-714	周桓王 6 年 曹桓公 43 年 杞武公 37 年 陳桓公 31 年 鄭莊公 30 年 楚武王 27 年 齊僖公 17 年 燕繆侯 15 年 魯隱公 9 年 宋殤公 6 年 衛宣公 5 年 晉哀侯 4 年 秦寧公 2 年 蔡桓侯元年 姬寤生以姬林名通知魯國魯隱公姬息姑與齊僖公姜祿甫會於防邑(山東金鄉)共謀用兵 北戎(山西)攻鄭敗 秦寧公嬴立自郿邑(陝西郿縣)都平陽(陝西眉縣)攻亳戎蕩社(西安)部落
		7	戊辰	-713	周桓王 7 年 曹桓公 44 年 杞武公 38 年 陳桓公 32 年 鄭莊公 31 年 楚武王 28 年 齊僖公 18 年 燕繆侯 16 年 魯隱公 10 年 宋殤公 7 年 衛宣公 6 年 晉哀侯 5 年 秦寧公 3 年 蔡桓侯 2 年 夏鄭伯以王命會齊侯魯侯伐宋 魯鄭齊三國聯合攻宋
		8	己巳	-712	周桓王 8 年 曹桓公 45 年 杞武公 39 年 陳桓公 33 年 鄭莊公 32 年 楚武王 29 年 齊僖公 19 年 燕繆侯 17 年 魯隱公 11 年 宋殤公 8 年 衛宣公 7 年 晉哀侯 6 年 秦寧公 4 年 蔡桓侯 3 年 魯國(山東曲阜)政變,國君姬息姑父親姬弗湟逝世,嫡子姬允為一嬰兒,庶子姬息姑忠厚,為奸臣姬翬陰謀讒言獻計,殺姬息姑奪位.. 秋鄭取許,冬魯公子弒其君息而立軌
		9	庚午	-711	周桓王 9 年 曹桓公 46 年 杞武公 40 年 陳桓公 34 年 鄭莊公 33 年 楚武王 30 年 齊僖公 20 年 燕繆侯 18 年 宋殤公 9 年 衛宣公 8 年 晉哀侯 7 年 秦寧公 5 年 蔡桓侯 4 年 魯桓公元年 夏魯侯鄭伯盟於越 魯國大水 燕繆侯卒子宣侯嗣位 魯桓公姬允、鄭莊公姬寤生會盟於越邑(山東曹縣),鄭將璧玉以及祊田(山東費縣)交換魯之許田(河南許昌)

朝代	帝王	國號	干支	紀前	紀事
		10	辛未	**-710**	周桓王 10 年 曹桓公 47 年 杞武公 41 年 陳桓公 35 年 鄭莊公 34 年 楚武王 31 年 齊僖公 21 年 宋殤公 10 年 衛宣公 9 年 晉哀侯 8 年 秦寧公 6 年 蔡桓侯 5 年 魯桓公 2 年 燕宣侯元年 宋公侯馮元年 宋國(河南商丘)政變,宋華督弒其君子興夷及其大夫孔父嘉,奪其妻 魯侯齊侯鄭伯陳侯會稷以平宋亂 子馮任華督為相,中國以「相」『宰相』主政,自此開始 晉哀侯姬光侵曲沃武公姬稱所屬陘庭(山侯馬)田,爭執激烈
		11	壬申	**-709**	周桓王 11 年 曹桓公 48 年 杞武公 42 年 陳桓公 36 年 鄭莊公 35 年 楚武王 32 年 齊僖公 22 年 衛宣公 10 年 晉哀侯 9 年 秦寧公 7 年 蔡桓侯 6 年 魯桓公 3 年 燕宣侯 2 年 宋莊公元年 晉小子侯元年 晉曲沃武公獲哀侯,晉人立哀侯子是為小子侯 姬萬多妾其母姜氏逐姬萬
		12	癸酉	**-708**	周桓王 12 年 曹桓公 49 年 杞武公 43 年 陳桓公 37 年 鄭莊公 36 年 楚武王 33 年 齊僖公 23 年 衛宣公 11 年 秦寧公 8 年 蔡桓侯 7 年 魯桓公 4 年 燕宣侯 3 年 宋莊公 2 年 晉小子侯元年 晉曲沃武公姬稱殺哀侯姬光 周秦聯圍魏,將芮伯姬萬帶回秦國
		13	甲戌	**-707**	周桓王 13 年 曹桓公 50 年 杞武公 44 年 陳桓公 38 年 鄭莊公 37 年 楚武王 34 年 齊僖公 24 年 衛宣公 12 年 秦寧公 9 年 蔡桓侯 8 年 魯桓公 5 年 燕宣侯 4 年 宋莊公 3 年 晉小子侯 2 年 周桓王與鄭莊公交戰,周天子姬林親伐鄭國姬寤生大敗,身受重傷狼狽而回. 春秋時期「禮崩樂壞」威信喪失,裂土而侯,戰爭不息爭霸天下.. 蔡人衛人從王伐鄭王師敗績 陳桓媯鮑卒,弟媯佗殺太子媯免嗣位
		14	乙亥	**-706**	周桓王 14 年 曹桓公 51 年 杞武公 45 年 鄭莊公 38 年 楚武王 35 年 齊僖公 25 年 衛宣公 13 年 秦寧公 10 年 蔡桓侯 9 年 魯桓公 6 年 燕宣侯 5 年 宋莊公 4 年 晉小子侯 3 年 陳厲公元年 晉侯緡元年 夏北戎伐齊鄭世子救之遂敗戎師 陳殺陳侯媯佗立其侄媯躍是厲公.
東周	周桓王 姬林	**15**	丙子	**-705**	周桓王 15 年 曹桓公 52 年 杞武公 46 年 鄭莊公 39 年 楚武王 36 年 齊僖公 26 年 衛宣公 14 年 秦寧公 11 年 蔡桓侯 10 年 魯桓公 7 年 燕宣侯 6 年 宋莊公 5 年 晉小子侯 4 年 陳厲公 2 年 秋遷盟向之民於郟,冬曲沃誘殺晉小子侯
		16	丁丑	**-704**	周桓王 16 年 曹桓公 53 年 杞武公 47 年 鄭莊公 40 年 楚武王 37 年 齊僖公 27 年 衛宣公 15 年 秦寧公 12 年 蔡桓侯 11 年 魯桓公 8 年 燕宣侯 7 年 宋莊公 6 年 陳厲公 3 年 晉姬緡元年 酋長羋熊通攻漢水東岸隨國(湖北隨州)隨國大敗建立楚王國. 楚文化有三： 一 是荊楚部族本身文化,崇尚禮儀宗教,帶巫術神秘氣息; 二 是中原華夏文化影響. 三 是楚地域內外各民族文化的影響. 楚國稱王 秦寧公嬴立卒,立出子嗣位 楚子熊通僭稱王,冬王命虢仲伐曲沃立晉侯之弟緡於晉
		17	戊寅	**-703**	周桓王 17 年 曹桓公 54 年 鄭莊公 41 年 楚武王 38 年 齊僖公 28 年 衛宣公 16 年 蔡桓侯 12 年 魯桓公 9 年 燕宣侯 8 年 宋莊公 7 年 陳厲公 4 年 晉姬緡 2 年 秦出子元年 杞靖公元年 秦出公元年 楚及巴伐鄧 虢國、芮國、梁國、賈國、荀國五國聯軍討曲沃武公姬稱
		18	己卯	**-702**	周桓王 18 年 曹桓公 55 年 鄭莊公 42 年 楚武王 39 年 齊僖公 29 年 衛宣公 17 年 蔡桓侯 13 年 魯桓公 10 年 燕宣侯 9 年 宋莊公 8 年 陳厲公 5 年 晉姬緡 3 年 秦出子 2 年 杞靖公 2 年 曹桓公曹終生卒,子莊公曹射姑嗣位 鄭齊衛三國聯攻魯郎邑 虢公郭仲向周桓王姬林譖害詹父,幸免,遂討虢,郭仲亡虞國(山東平陸)

朝代	帝王	國號	干支	紀前	紀事
		19	庚辰	-701	周桓王 19 年 鄭莊公 43 年 楚武王 40 年 齊僖公 30 年 衛宣公 18 年 蔡桓侯 14 年 魯桓公 11 年 燕宣侯 10 年 宋莊公 9 年 陳厲公 6 年 晉姬緡 4 年 秦出子 3 年 杞靖公 3 年 曹莊公元年 鄭莊公與齊、衛、宋等大國結盟,儼然是諸侯霸王,史稱『鄭莊小霸』鄭莊公在春秋紛爭中脫穎而出.開春秋霸王之先聲,是春秋最早期有生色政治家. 鄭伯姬寤生卒子姬忽立,突自宋入鄭姬忽出奔姬忽弟驅兄嗣位是為厲公
		20	辛巳	-700	周桓王 20 年 楚武王 41 年 齊僖公 31 年 衛宣公 19 年 蔡桓侯 15 年 魯桓公 12 始年 燕宣侯 11 年 宋莊公 10 年 陳厲公 7 年 晉姬緡 5 年 秦出子 4 年 杞靖公 4 年 曹莊公 2 年 鄭厲公元年 陳厲公嬀躍卒,弟莊公嬀林嗣位. 衛宣公衛晉卒,子惠公衛朔嗣位 魯桓公姬允欲為穴鄭二國和解. 楚攻絞國(湖北鄖縣)絞大敗,楚取得城下盟
		21	壬午	-699	周桓王 21 年 楚武王 42 年 齊僖公 32 年 蔡桓侯 16 年 魯桓公 13 年 燕宣侯 12 年 宋莊公 11 年 晉姬緡 6 年 秦出子 5 年 杞靖公 5 年 曹莊公 3 年 鄭厲公 2 年 陳莊公元年 衛惠公元年 楚屈瑕攻羅,驕無軍紀,羅與盧戎國聯軍迎戰,楚大敗,屈瑕自縊於荒谷(湖北) 宋因助鄭厲公姬突奪位有功,索酬不止,姬突不堪命,聯紀國魯國與宋衛燕齊決戰,未四國聯軍敗走.
		22	癸未	-698	周桓王 22 年 楚武王 43 年 齊僖公 33 年 蔡桓侯 17 年 魯桓公 14 年 燕宣侯 13 年 宋莊公 12 年 晉姬緡 7 年 秦出子 6 年 杞靖公 6 年 曹莊公 4 年 鄭厲公 3 年 陳莊公 2 年 衛惠公 2 年 齊侯姜祿甫卒子襄姜諸兒嗣位 燕宣侯卒桓侯嗣位 秦國諸臣使強盜襲殺嬴出子. 宋聯齊、蔡、衛、陳攻鄭,報復前仇.
東周	周桓王 姬林	23	甲申	-697	周桓王 23 年 楚武王 44 年 蔡桓侯 18 年 魯桓公 15 年 宋莊公 13 年 晉姬緡 8 年 杞靖公 7 年 曹莊公 5 年 鄭厲公 4 年 陳莊公 3 年 衛惠公 3 年 秦武公元年 齊襄公元年 燕桓侯元年 周桓王派家父到魯國求車 . 鄭國大臣仲逐國君姬突,迎立姬忽復位. 周桓公姬林卒,子莊姬佗嗣位,是為莊王 乙末王崩子佗立,鄭伯突出奔蔡忽復歸鄭 宋、衛、魯、陳四國會盟於袳邑(安徽渦陽)聯合攻鄭,欲使姬突復位,敗還. 【新編歷史大系手冊】子庄王陀(-697~-682)
東周	東周莊王姬佗 -696 至-682 年 在位 15 年	1	乙酉	-696	周莊王元年 楚武王 45 年 蔡桓侯 19 年 魯桓公 16 年 宋莊公 14 年 晉姬緡 9 年 杞靖公 8 年 曹莊公 6 年 陳莊公 4 年 衛惠公 4 年 秦武公 2 年 齊襄公 2 年 燕桓侯 2 年 鄭昭公元年 衛侯朔出奔齊 衛國諸公子逐國君衛朔,立其弟衛黔牟. 宋、衛、魯、陳、蔡五國聯合攻鄭國,仍不能勝
		2	丙戌	-695	周莊王 2 年 楚武王 46 年 蔡桓侯 20 年 魯桓公 17 年 宋莊公 15 年 晉姬緡 10 年 杞靖公 9 年 曹莊公 7 年 陳莊公 5 年 秦武公 3 年 齊襄公 3 年 燕桓侯 3 年 鄭昭公 2 年 衛黔牟元年 鄭國高渠彌弒其君忽,立子亹(亦曰立其弟姬亹) 蔡桓侯蔡封人卒,弟哀侯蔡獻舞嗣位 鄭高渠彌殺昭公姬忽,立其弟 秦武公討庶長三父等殺出子之罪,屠其族. 宋邾互爭邊界,宋約魯聯攻邾
		3	丁亥	-694	周莊王 3 年 楚武王 47 年 魯桓公 18 年 宋莊公 16 年 晉姬緡 11 年 杞靖公 10 年 曹莊公 8 年 陳莊公 6 年 秦武公 4 年 齊襄公 4 年 燕桓侯 4 年 衛黔牟 2 年 蔡哀侯元年 鄭姬亹元年 魯國君姬允赴齊國,侯與夫人如齊,被齊侯諸兒殺魯侯, 鄭國君姬亹去齊赴會,被齊國姜諸兒所殺,鄭子亹祭仲立子儀,殺周公黑肩.

朝代	帝　　王	國號	干支	紀前	紀　　　　　事
		4	戊子	-693	周莊王4年　楚武王48年　宋莊公17年　晉姬緡12年　杞靖公11年 曹莊公9年　陳莊公7年　秦武公5年　齊襄公5年　燕桓侯5年 衛黔牟3年　蔡哀侯2年　魯莊公元年　鄭姬嬰元年 莊王時,周公黑肩謀弒莊王,扶立王子克,事機不密被殺. 冬使榮叔錫魯桓公命,王姬歸於齊.　陳莊公媯林卒,弟宣公媯杵臼嗣位
		5	己丑	-692	周莊王5年　楚武王49年　宋莊公18年　晉姬緡13年　杞靖公12年 曹莊公10年　秦武公6年　齊襄公6年　燕桓侯6年　衛黔牟4年 蔡哀侯3年　魯莊公2年　鄭姬嬰2年　陳宣公元年 宋莊公子馮卒,子閔公子捷嗣位
		6	庚寅	-691	周莊王6年　楚武王50年　晉姬緡14年　杞靖公13年　曹莊公11年 秦武公7年　齊襄公7年　燕桓侯7年　衛黔牟5年　蔡哀侯4年 魯莊公3年　鄭姬嬰3年　陳宣公2年　宋閔公元年 秋紀季以酅入齊　齊、魯攻衛　燕桓侯卒,子莊公嗣位　紀君主弟姜季叛
		7	辛卯	-690	周莊王7年　楚武王51年　晉姬緡15年　杞靖公14年　曹莊公12年 秦武公8年　齊襄公8年　衛黔牟6年　蔡哀侯5年　魯莊公4年 鄭姬嬰4年　陳宣公3年　宋閔公2年　燕莊公元年 夏紀侯大去其國　周莊王姬佗召隨侯責其尊楚為王,隨侯遂背楚 楚武王羋熊通攻隨,卒於軍子文王羋熊貲嗣位,自丹陽遷都郢都(湖北,江陵) 齊滅紀國,紀君出奔不返.　楚始都郢
		8	任辰	-689	衛惠公復國　周莊元年(衛惠公四年)衛國內亂,惠公逃奔齊國,齊襄公聯合 魯、宋、陳、蔡等國伐衛,688年6月衛惠公返國.　郳國(山東)曹犁朝覲魯 周莊王8年　晉姬緡16年　杞靖公15年　曹莊公13年　秦武公9年 齊襄公9年　衛黔牟7年　蔡哀侯6年　魯莊公5年　鄭姬嬰5年 陳宣公4年　宋閔公3年　燕莊公2年　楚文王元年
東周	東周莊王姬佗	9	癸巳	-688	周莊王9年　晉姬緡17年　杞靖公16年　曹莊公14年　秦武公10年 齊襄公10年　衛黔牟8年　蔡哀侯7年　魯莊公6年　鄭姬嬰6年 陳宣公5年　宋閔公4年　燕莊公3年　楚文王2年 齊宋陳魯蔡五國聯軍送前任國君衛朔返國復位,現任國君衛黔牟逃亡. 春王使子突救衛,夏朔復自立為衛侯
		10	甲午	-687	周莊王10年　晉姬緡18年　杞靖公17年　曹莊公15年　衛惠公13年 秦武公11年　齊襄公11年　蔡哀侯8年　魯莊公7年　鄭姬嬰7年 陳宣公6年　宋閔公5年　燕莊公4年　楚文王3年　魯國大水
		11	乙未	-686	周莊王11年　晉姬緡19年　杞靖公18年　曹莊公16年　衛惠公14年 秦武公12年　齊襄公12年　蔡哀侯9年　魯莊公8年　鄭姬嬰8年 陳宣公7年　宋閔公6年　燕莊公5年　楚文王4年 齊國連稱殺國君姜諸兒,立公子姜無知. 發生公孫無知內亂,襄公被殺.齊亂,管仲、召忽奉公子糾奔魯,鮑叔牙、奉公子小白奔莒,後來公子小白回齊,繼承君位,是為齊桓公.
		12	丙申	-685	周莊王12年　晉姬緡20年　杞靖公19年　曹莊公17年　衛惠公15年 秦武公13年　蔡哀侯10年　魯莊公9年　鄭姬嬰9年　陳宣公8年 宋閔公7年　燕莊公6年　楚文王5年　齊桓公元年 齊國雍廩殺國君姜無知,立子子姜小白.　齊、魯發生乾時之戰. 管仲為相輔佐齊桓公.政治推行國、野分減的參國伍鄙之制,經濟實行租稅改革,推行農業手工業,管理主張禮法並用. 春秋五霸中最先立霸業的是齊國的桓公(-685~-643)

朝代	帝王	國號	干支	紀前	紀事
		13	丁酉	**-684**	周莊王 13 年 晉姬緡 21 年 杞靖公 20 年 曹莊公 18 年 衛惠公 16 年 秦武公 14 年 蔡哀侯 11 年 魯莊公 10 年 鄭姬嬰 10 年 陳宣公 9 年 宋閔公 8 年 燕莊公 7 年 楚文王 6 年 齊桓公 2 年 楚王國擄蔡國君獻舞,不久釋回. 齊滅譚 齊國魯莊公發『長勺之戰』,以少勝多,以弱胖多,乘丘之戰.又稱「魯莊公、曹劌論戰」. 楚敗蔡師於莘,以蔡侯獻舞為歸,齊滅譚.
		14	戊戌	**-683**	周莊王 14 年 晉姬緡 22 年 杞靖公 21 年 曹莊公 19 年 衛惠公 17 年 秦武公 15 年 蔡哀侯 12 年 魯莊公 11 年 鄭姬嬰 11 年 陳宣公 10 年 宋閔公 9 年 燕莊公 8 年 楚文王 7 年 齊桓公 3 年 宋攻魯再敗 魯釋南宮長萬返宋,宋閔公子捷謔謿「吾初敬君,今君乃魯國囚犯,不再敬君」
		15	已亥	**-682**	周莊王 15 年 晉姬緡 23 年 杞靖公 22 年 曹莊公 20 年 衛惠公 18 年 秦武公 16 年 蔡哀侯 13 年 魯莊公 12 年 鄭姬嬰 12 年 陳宣公 11 年 宋閔公 10 年 燕莊公 9 年 楚文王 8 年 齊桓公 4 年 宋國發生南宮之亂.南宮萬殺國君子捷,立子子游.諸公子又殺子游,立公子子禦說,子胡齊立,是為僖王桓公 南宮長萬奔陳,宋引渡歸,斬為肉醬. 【新編歷史大系手冊】子厘王胡齊(-682~-677)
東周	周僖王 姬胡齊(釐王)	**1**	庚子	**-681**	周僖王元年 晉姬緡 24 年 紀靖公 23 年 曹莊公 21 年 衛惠公 19 年 秦武公 17 年 蔡哀侯 14 年 魯莊公 13 年 鄭姬嬰 13 年 陳宣公 12 年 燕莊公 10 年 楚文王 9 年 齊桓公 5 年 宋桓公元年(管仲為相) 齊桓公與周室結親,迎娶周莊王之女共姬.以『尊王』取得各諸侯支持. 齊桓公稱霸. 東周僖王姬胡齊 前-681 至-677 年,在位 5 年 齊會諸侯於北杏以平宋亂,夏齊人滅遂, 魯侯曹沫劫盟,迫齊桓公還侵占魯國地,會齊侯盟於柯曹劫之,反所亡地
東周	周僖王 姬胡齊(釐王)	**2**	辛丑	**-680**	周僖王 2 年 晉姬緡 25 年 曹莊公 22 年 衛惠公 20 年 秦武公 18 年 蔡哀侯 15 年 魯莊公 14 年 鄭姬嬰 14 年 陳宣公 13 年 燕莊公 11 年 楚文王 10 年 齊桓公 6 年 宋桓公 2 年 杷共公元年 鄭國傅瑕殺國君姬嬰,迎立前被罷黜的姬突復位. 諸侯伐宋,齊來請師,夏王命單伯會伐宋,夏紀侯大去其國.鄭伯突復歸於鄭 子,儀為傅瑕所弒,單伯會齊宋衛鄭諸國之君於鄄.
		3	壬寅	**-679**	周僖王 3 年 晉姬緡 26 年 曹莊公 23 年 鄭厲公 22 年 衛惠公 21 年 秦武公 19 年 蔡哀侯 16 年 魯莊公 15 年 陳宣公 14 年 燕莊公 12 年 楚文王 11 年 齊桓公 7 年 宋桓公 3 年 杞共公 2 年 齊、宋、陳、衛、鄭會於鄄(山東鄄城)齊桓公稱霸.此後晉文公楚莊公吳王 闔閭越王勾踐相繼稱霸,史稱〔**春秋五霸**〕晉國姬稱起兵殺國君姬緡,自立.
		4	癸卯	**-678**	周僖王 4 年 晉武公 38 年 曹莊公 24 年 鄭厲公 23 年 衛惠公 22 年 秦武公 20 年 蔡哀侯 17 年 魯莊公 16 年 陳宣公 15 年 燕莊公 13 年 楚文王 12 年 齊桓公 8 年 宋桓公 4 年 杞共公 3 年 秦武公卒,用 66 個活人殉葬. 曲沃伯稱伐晉侯緡滅之,命稱為晉侯, 夏宋齊衛伐鄭,諸侯同盟於幽,楚滅鄧.
		5	甲辰	**-677**	周僖王 5 年 晉武公 39 年 曹莊公 25 年 鄭厲公 24 年 衛惠公 23 年 蔡哀侯 18 年 魯莊公 17 年 陳宣公 16 年 燕莊公 14 年 楚文王 13 年 齊桓公 9 年 宋桓公 5 年 杞共公 4 年 秦德公元年 王崩,太子閬立,秦徙都雍,楚熊貲卒. 周僖王姬胡齊卒,子惠王姬閬嗣立 【新編歷史大系手冊】子惠王閬(-677~-652)

朝代	帝　　王	國號	干支	紀前	紀　　　　事
東周	惠王 姬閬	1	乙巳	-676	周惠王元年　曹莊公 26 年　鄭厲公 25 年　衛惠公 24 年　蔡哀侯 19 年 魯莊公 18 年　陳宣公 17 年　燕莊公 15 年　楚文王 14 年　齊桓公 10 年 宋桓公 6 年　杞共公 5 年　秦德公 2 年　晉獻公元年　楚堵敖囏 1 年 虢公晉侯來朝,納陳媯為后　秦德公卒子宣公嗣位
		2	丙午	-675	周惠王 2 年　曹莊公 27 年　鄭厲公 26 年　衛惠公 25 年　蔡哀侯 20 年 魯莊公 19 年　陳宣公 18 年　燕莊公 16 年　楚文王 15 年　齊桓公 11 年 宋桓公 7 年　杞共公 6 年　晉獻公 2 年　秦宣公元年 周王國王子姬頹起兵逐國王姬閬,自立. 惠王時,王子頹篡位自立.,惠王逃走,兩年後,鄭厲公殺王子頹,惠王復位.
		3	丁未	-674	周姬頹元年　曹莊公 28 年　鄭厲公 27 年　衛惠公 26 年　魯莊公 20 年 陳宣公 19 年　燕莊公 17 年　齊桓公 12 年　宋桓公 8 年　杞共公 7 年 晉獻公 3 年　秦宣公 2 年　蔡穆侯元年　楚杜敖元年 鄭國安置周惠王姬閬居櫟城(河南禹州)
		4	戊申	-673	周姬頹 2 年　曹莊公 29 年　鄭厲公 28 年　衛惠公 27 年　魯莊公 21 年 陳宣公 20 年　燕莊公 18 年　齊桓公 13 年　宋桓公 9 年　杞共公 8 年 周惠王 4 年　晉獻公 4 年　蔡穆侯 2 年　楚杜敖 2 年 周王國,鄭、虢二國聯軍攻姬頹洛陽,強送周惠王姬閬復位,殺姬頹及五大夫. 鄭厲公姬突卒子文公姬捷嗣位　杞共公卒,子惠公嗣位.
		5	己酉	-672	周惠王 5 年　曹莊公 30 年　衛惠公 28 年　魯莊公 22 年　陳宣公 21 年 燕莊公 19 年　齊桓公 14 年　宋桓公 10 年　晉獻公 5 年　秦宣公 4 年 蔡穆侯 3 年　楚杜敖 3 年　鄭文公元年　杞惠公元年 楚王國羋熊頵殺國王羋熊艱,自立.晉獻公姬詭諸滅驪戎,俘驪姬及妹為夫人 陳宣公媯杵臼殺其子媯御寇,厲公媯佗子媯完奔齊國.楚熊惲弒其君而自立,
		6	庚戌	-671	周惠王 6 年　曹莊公 31 年　衛惠公 29 年　魯莊公 23 年　陳宣公 22 年 燕莊公 20 年　齊桓公 15 年　宋桓公 11 年　晉獻公 6 年　秦宣公 5 年 蔡穆侯 4 年　鄭文公 2 年　杞惠公 2 年　成王元年 楚成王羋熊頵獻地賜之胙　曹莊公曹射姑卒,子僖公曹夷嗣位
東周	惠王 姬閬	7	辛亥	-670	周惠王 7 年　衛惠公 30 年　魯莊公 24 年　陳宣公 23 年　燕莊公 21 年 齊桓公 16 年　宋桓公 12 年　晉獻公 7 年　秦宣公 6 年　蔡穆侯 5 年 鄭文公 3 年　杞惠公 3 年　楚成王 2 年　曹僖公元年 晉士蔿誣殺桓叔莊伯後游氏二子.告獻公姬詭諸曰「不過二年,君必無患」 戎部落攻曹,擄僖公曹夷,尋釋歸國. 紅漆桓公廟柱,雕刻屋椽,呈現新的建築
		8	壬子	-669	周惠王 8 年　衛惠公 31 年　魯莊公 25 年　陳宣公 24 年　燕莊公 22 年 齊桓公 17 年　宋桓公 13 年　晉獻公 8 年　秦宣公 7 年　蔡穆侯 6 年 鄭文公 4 年　杞惠公 4 年　楚成王 3 年　曹僖公 2 年 晉獻公姬詭集桓叔莊伯後裔公子於聚城(山西絳縣)侯盡殺羣公子(桓莊族) 衛惠公衛朔卒,子懿公衛赤嗣位
		9	癸丑	-668	周惠王 9 年　魯莊公 26 年　陳宣公 25 年　燕莊公 23 年　齊桓公 18 年 宋桓公 14 年　晉獻公 9 年　秦宣公 8 年　蔡穆侯 7 年　鄭文公 5 年 杞惠公 5 年　楚成王 4 年　曹僖公 3 年　衛懿公元年 晉大司空士蔿修築絳城(山西翼城)擴建宮殿　晉殘餘公子奔虢,虢發兵攻晉
		10	甲寅	-667	周惠王 10 年　魯莊公 27 年　陳宣公 26 年　燕莊公 24 年　齊桓公 19 年 宋桓公 15 年　晉獻公 10 年　秦宣公 9 年　蔡穆侯 8 年　鄭文公 6 年 杞惠公 6 年　楚成王 5 年　曹僖公 4 年　衛懿公 2 年 齊桓公姜小白、魯莊公姬同、宋桓公禦說、陳宣公媯杵臼、鄭交公姬捷等 諸侯會盟於幽陳鄭皆服於齊.

朝代	帝王	國號	干支	紀前	紀事
		11	乙卯	-666	齊人奉王命伐衛衛敗,晉使太子申居曲沃,楚伐鄭齊宋魯救鄭. 周惠王 11 年 魯莊公 28 年 陳宣公 27 年 燕莊公 25 年 齊桓公 20 年 宋桓公 16 年 晉獻公 11 年 秦宣公 10 年 蔡穆侯 9 年 鄭文公 7 年 杞惠公 7 年 楚成王 6 年 曹僖公 5 年 衛懿公 3 年
		12	丙辰	-665	周惠王 12 年 魯莊公 29 年 陳宣公 28 年 燕莊公 26 年 齊桓公 21 年 宋桓公 17 年 晉獻公 12 年 秦宣公 11 年 蔡穆侯 10 年 鄭文公 8 年 杞惠公 8 年 楚成王 7 年 曹僖公 6 年 衛懿公 4 年 鄭侵許國 周姬皮樊邑(河南濟源)叛
		13	丁巳	-664	周惠王 13 年 魯莊公 30 年 陳宣公 29 年 燕莊公 27 年 齊桓公 22 年 宋桓公 18 年 晉獻公 13 年 秦宣公 12 年 蔡穆侯 11 年 鄭文公 9 年 杞惠公 9 年 楚成王 8 年 曹僖公 7 年 衛懿公 5 年 王命虢公討樊,皮夏四月執之歸於京師,齊人伐山戎,楚殺令尹子元以鬭穀於菟為令尹. 北方山戎部落進攻燕國(北京)
		14	戊午	-663	周惠王 14 年 魯莊公 31 年 陳宣公 30 年 燕莊公 28 年 齊桓公 23 年 宋桓公 19 年 晉獻公 14 年 蔡穆侯 12 年 鄭文公 10 年 杞惠公 10 年 楚成王 9 年 曹僖公 8 年 衛懿公 6 年 秦成公元年 齊桓公發丘救燕,攻伐山戎,割地獻物. 齊攻莒國(山東莒縣)
		15	己未	-662	周惠王 15 年 魯莊公 32 年 陳宣公 31 年 燕莊公 29 年 齊桓公 24 年 宋桓公 20 年 晉獻公 15 年 蔡穆侯 13 年 鄭文公 11 年 杞惠公 11 年 楚成王 10 年 曹僖公 9 年 衛懿公 7 年 秦成公 2 年 魯莊公姬同有兄一人姬慶父,弟二人姬牙姬友.姬同疾,其弟姬牙欲立姬慶. 父姬友為姬同同母弟,乃毒殺姬牙,姬同卒,子姬般嗣位 魯莊公病逝.立子開為君,即為魯閔公.
		16	庚申	-661	周惠王 16 年 陳宣公 32 年 燕莊公 30 年 齊桓公 25 年 宋桓公 21 年 晉獻公 16 年 蔡穆侯 14 年 鄭文公 12 年 杞惠公 12 年楚成王 11 年 衛懿公 8 年 秦成公 3 年 魯閔公元年 曹昭公元年 晉滅耿霍魏 封趙於耿,封畢萬於魏. 晉任趙夙為耿大夫,畢萬為魏大夫
東周	惠王 姬閬	17	辛酉	-660	周惠王 17 年 陳宣公 33 年 燕莊公 31 年 齊桓公 26 年 宋桓公 22 年 晉獻公 17 年 蔡穆侯 15 年 鄭文公 13 年 杞惠公 13 年 楚成王 12 年 衛懿公 9 年 秦成公 4 年 魯閔公 2 年 曹昭公 2 年 衛戴公 1 年 魯國姬慶父殺國君姬啓欲自立,國人反抗,迫使慶父逃奔莒國. 流亡季友得以返魯,並立公子申為君,是為僖公. 季友財貨求莒國遣返慶父,並迫慶父自殺. 衛國狄部落攻殺衛國(河南淇縣)國君衛赤 齊桓公安衛 日本神武天皇開國元年,黃紀 2038 年,民國前 2571 年.
		18	壬戌	-659	周惠王 18 年 陳宣公 34 年 燕莊公 32 年 齊桓公 27 年 宋桓公 23 年 晉獻公 18 年 蔡穆侯 16 年 鄭文公 14 年 杞惠公 14 年 楚成王 13 年 曹昭公 3 年 魯僖公元年 秦穆公元年 衛文公元年 狄侵邢國(河北邢台),諸侯救邢逐狄人,夏刑遷夷儀諸侯城之, 楚人伐鄭,諸侯盟於犖救鄭 秦穆公用蹇叔、百里奚與其子孟明視,國益強.
		19	癸亥	-658	周惠王 19 年 陳宣公 35 年 燕莊公 33 年 齊桓公 28 年 宋桓公 24 年 晉獻公 19 年 蔡穆侯 17 年 鄭文公 15 年 杞惠公 15 年 楚成王 14 年 曹昭公 4 年 魯僖公 2 年 秦穆公 2 年 衛文公 2 年 諸侯城丘復衛晉人人滅下陽, 齊宋江黃盟於貫,楚人伐鄭. 晉獻公用荀息計「假虞滅虢」擴大疆域

朝代	帝　　王	國號	干支	紀前	紀　　　事
		20	甲子	-657	周惠王 20 年　陳宣公 36 年　齊桓公 29 年　宋桓公 25 年　晉獻公 20 年 蔡穆侯 18 年　鄭文公 16 年　杞惠公 16 年　楚成王 15 年　曹昭公 5 年 魯僖公 3 年　秦穆公 3 年　衛文公 3 年　燕襄公元年 楚人伐鄭
		21	乙丑	-656	周惠王 21 年　陳宣公 37 年　齊桓公 30 年　宋桓公 26 年　晉獻公 21 年 蔡穆侯 19 年　鄭文公 17 年　杞惠公 17 年　楚成王 16 年　曹昭公 6 年 魯僖公 4 年　秦穆公 4 年　衛文公 4 年　燕襄公 2 年 齊率諸侯侵蔡遂伐楚,楚大夫屈完來,諸侯與之盟,於召陵,諸侯之師伐陳.
		22	丙寅	-655	周惠王 22 年　陳宣公 38 年　齊桓公 31 年　宋桓公 27 年　晉獻公 22 年 蔡穆侯 20 年　鄭文公 18 年　杞惠公 18 年　楚成王 17 年　曹昭公 7 年 魯僖公 5 年　秦穆公 5 年　衛文公 5 年　燕襄公 3 年 晉侯殺太子申生,諸侯會王世子於首止以定位,鄭伯逃歸不盟,　楚人滅弦, 晉滅虢遂,再滅虞.　測知冬至時日,確定回歸年長度,提供定量數據.
		23	丁卯	-654	周惠王 23 年　陳宣公 39 年　齊桓公 32 年　宋桓公 28 年　晉獻公 23 年 蔡穆侯 21 年　鄭文公 19 年　楚成王 18 年　曹昭公 8 年　魯僖公 6 年 秦穆公 6 年　衛文公 6 年　燕襄公 4 年　杞成公元年 諸侯伐鄭,楚人圍許救鄭,諸侯救許,許屈伏於楚. 晉滅虢、虞.把百里奚為媵臣派到秦國.秦穆公重用百里奚為『五羖大夫』
		24	戊辰	-653	周惠王 24 年　陳宣公 40 年　齊桓公 33 年　宋桓公 29 年　晉獻公 24 年 蔡穆侯 22 年　鄭文公 20 年　楚成王 19 年　曹昭公 9 年　魯僖公 7 年 秦穆公 7 年　衛文公 7 年　燕襄公 5 年　杞成公 2 年 齊人伐鄭,　諸侯及鄭世子華盟於寧母　冬潤十二月王崩.
		25	己巳	-652	周惠王 25 年　陳宣公 41 年　齊桓公 34 年　宋桓公 30 年　晉獻公 25 年 蔡穆侯 23 年　鄭文公 21 年　楚成王 20 年　魯僖公 8 年　秦穆公 8 年 衛文公 8 年　燕襄公 6 年　杞成公 3 年　曹共公元年 帝在位 25 年卒,子鄭立,襄王.　諸侯盟於洮,謀王室也, 惠王死,子鄭即位,是為襄王而後發喪 鄭伯乞盟　夏狄代替.
東周	周襄王　姬鄭 -651 至-620 年 在位 33 年	1	庚午	-651	周襄王元年　陳宣公 42 年　齊桓公 35 年　宋桓公 31 年　晉獻公 26 年 蔡穆侯 24 年　鄭文公 22 年　楚成王 21 年　魯僖公 9 年　秦穆公 9 年 衛文公 9 年　燕襄公 7 年　杞成公 4 年　曹共公 2 年 齊桓公大會諸侯於葵丘(今河南蘭考)訂立盟約.確立中原霸主地位 晉獻公卒,子奚齊立.　秦兵護送晉公子夷吾回國,是為晉惠公. 里克殺國君姬奚齊,由姬奚齊之弟姬卓子繼位.里克殺卓子.
東周	周襄王　姬鄭	2	辛未	-650	周襄王 2 年　陳宣公 43 年　齊桓公 36 年　蔡穆侯 25 年　鄭文公 23 年 楚成王 22 年　魯僖公 10 年　秦穆公 10 年　衛文公 10 年　燕襄公 8 年 杞成公 5 年　曹共公 3 年　宋襄公元年　晉惠公元年 狄滅誠溫　晉里克弒君,卓又殺大夫荀息,　夏周公忌父王子黨會齊秦立, 會齊秦立晉侯夷吾　晉殺里克,
		3	壬申	-649	周襄王 3 年　陳宣公 44 年　齊桓公 37 年　蔡穆侯 26 年　鄭文公 24 年 楚成王 23 年　魯僖公 11 年　秦穆公 11 年　衛文公 11 年　燕襄公 9 年 杞成公 6 年　曹共公 4 年　宋襄公 2 年　晉惠公 2 年 楊拒泉伊雒之戎入寇王城(王子帶召之)秦晉伐戎救周　晉侯來平戎,楚伐黃.
		4	癸酉	-648	周襄王 4 年　陳宣公 45 年　齊桓公 38 年　蔡穆侯 27 年　鄭文公 25 年 楚成王 24 年　魯僖公 12 年　秦穆公 12 年　衛文公 12 年　燕襄公 10 年 杞成公 7 年　曹共公 5 年　宋襄公 3 年　晉惠公 3 年 楚滅黃　以戎難故討王子帶　子帶奔齊　齊侯使來平戎.

朝代	帝　王	國號	干支	紀前	紀　事
		5	蚁戌	-647	周襄王 5 年　齊桓公 39 年　蔡穆侯 28 年　鄭文公 26 年　楚成王 25 年 魯僖公 13 年　秦穆公 13 年　衛文公 13 年　燕襄公 11 年　杞成公 8 年 曹共公 6 年　宋襄公 4 年　晉惠公 4 年　陳穆公元年 狄侵衛　齊使仲孫湫來　淮夷病杞齊侯會諸侯於鹹,且謀王室　晉饑 諸侯戎王城
		6	乙亥	-646	周襄王 6 年　齊桓公 40 年　蔡穆侯 29 年　鄭文公 27 年　楚成王 26 年 魯僖公 14 年　秦穆公 14 年　衛文公 14 年　燕襄公 12 年　杞成公 9 年 曹共公 7 年　宋襄公 5 年　晉惠公 5 年　陳穆公 2 年
		7	丙子	-645	周襄王 7 年　齊桓公 41 年　鄭文公 28 年　楚成王 27 年　魯僖公 15 年 秦穆公 15 年　衛文公 15 年　燕襄公 13 年　杞成公 10 年　曹共公 8 年 宋襄公 6 年　晉惠公 6 年　陳穆公 3 年　蔡莊侯元年 楚人伐徐　諸侯盟於牡丘遂次於匡諸侯之大夫救徐　齊大夫管夷吾卒 晉秦戰於韓　秦伯獲習侯　王命將伯釋晉侯,晉侯歸國. 管仲逝世,名夷吾,字仲,穎上(安徽穎上)人,生年不可考.傑出的政治家.死前 推薦鮑叔繼位,桓公未用,而用易牙、開方、豎刁,齊政益亂.
		8	丁丑	-644	周襄王 8 年　齊桓公 42 年　鄭文公 29 年　楚成王 28 年　魯僖公 16 年 秦穆公 16 年　衛文公 16 年　燕襄公 14 年　杞成公 11 年　曹共公 9 年 宋襄公 7 年　晉惠公 7 年　陳穆公 4 年　蔡莊侯 2 年 諸侯會於淮 鮑叔牙(?~-644)齊國大夫,知人善用,推薦管仲為齊國相..
		9	戊寅	-643	周襄王 9 年　齊桓公 43 年　鄭文公 30 年　楚成王 29 年　魯僖公 17 年 秦穆公 17 年　衛文公 17 年　燕襄公 15 年　杞成公 12 年　曹共公 10 年 宋襄公 8 年　晉惠公 8 年　陳穆公 5 年　蔡莊侯 3 年 魯滅項 齊桓公卒,公子無虧立　群公子爭立　國大亂　易牙立公子無虧. 宋伐齊,公昭,國人懼,殺無虧,昭立為孝公 齊諸侯互鬥國君姜小白餓死,殺太子姜昭,立另一兒子姜無虧繼位
		10	己卯	-642	周襄王 10 年　鄭文公 31 年　楚成王 30 年　魯僖公 18 年　秦穆公 18 年 衛文公 18 年　燕襄公 16 年　杞成公 13 年　曹共公 11 年　宋襄公 9 年 晉惠公 9 年　陳穆公 6 年　蔡莊侯 4 年　齊孝公元年 宋曹衛邾伐齊　齊人殺姜無虧　鄭伯始朝楚 宋敗齊師立孝公姜昭回國　結束數年動亂.
		11	庚辰	-641	周襄王 11 年　鄭文公 32 年　楚成王 31 年　魯僖公 19 年　秦穆公 19 年 衛文公 19 年　燕襄公 17 年　杞成公 14 年　曹共公 12 年　宋襄公 10 年 晉惠公 10 年　陳穆公 7 年　蔡莊侯 5 年　齊孝公 2 年 滕國姬嬰齊到曹國會盟,遲到,宋國囚禁,旋釋放. 陳魯蔡楚鄭盟於齊　梁亡 宋曹邾盟於曹南,鄫子會盟於邾,宋公使邾人殺以祭祖,
東周	周襄王 姬鄭	12	辛巳	-640	周襄王 12 年　鄭文公 33 年　楚成王 32 年　魯僖公 20 年　秦穆公 20 年 衛文公 20 年　燕襄公 18 年　杞成公 15 年　曹共公 13 年　宋襄公 11 年 晉惠公 11 年　陳穆公 8 年　蔡莊侯 6 年　齊孝公 3 年 齊狄盟於邢　隨叛楚　楚伐隨.
		13	壬午	-639	周襄王 13 年　鄭文公 34 年　楚成王 33 年　魯僖公 21 年　秦穆公 21 年 衛文公 21 年　燕襄公 19 年　杞成公 16 年　曹共公 14 年　宋襄公 12 年 晉惠公 12 年　陳穆公 9 年　蔡莊侯 7 年　齊孝公 4 年 宋齊楚盟於鹿上　宋楚陳蔡鄭許曹會於盂　楚執宋公以伐宋,冬釋宋公.

朝代	帝　　王	國號	干支	紀前	紀　　事
		14	癸未	-638	周襄王 14 年　鄭文公 35 年　楚成王 34 年　魯僖公 22 年　秦穆公 22 年 衛文公 22 年　燕襄公 20 年　杞成公 17 年　曹共公 15 年　宋襄公 13 年 晉惠公 13 年　陳穆公 10 年　蔡莊侯 8 年　齊孝公 5 年 鄭伯如楚　宋公伐鄭　秦晉遷陸渾之戎於伊川　宋楚戰於泓水,宋敗.
		15	甲申	-637	周襄王 15 年　鄭文公 36 年　楚成王 35 年　魯僖公 23 年　秦穆公 23 年 衛文公 23 年　燕襄公 21 年　杞成公 18 年　曹共公 16 年　宋襄公 14 年 晉惠公 14 年　陳穆公 11 年　蔡莊侯 9 年　齊孝公 6 年 宋襄公、晉惠公卒　懷公圉立. 姬夷吾逝世　王命狄伐鄭,王子帶誘狄伐王
		16	乙酉	-636	周襄王 16 年　鄭文公 37 年　楚成王 36 年　魯僖公 24 年　秦穆公 24 年 衛文公 24 年　燕襄公 22 年　曹共公 17 年　陳穆公 12 年　蔡莊侯 10 年 齊孝公 7 年　周姬帶元年　宋成公元年　晉懷公元年　杞桓公元年 晉公子姬重耳自秦入晉殺懷公姬圉自立,是為晉公　王錫晉侯命 狄伐鄭　王出居於鄭.　周王國姬帶逐姬鄭,自立
		17	丙戌	-635	襄王 17 年　鄭文公 38 年　楚成王 37 年　魯僖公 25 年　秦穆公 25 年 衛文公 25 年　燕襄公 23 年　曹共公 18 年　陳穆公 13 年　蔡莊侯 11 年 齊孝公 8 年　周姬帶 2 年　宋成公 2 年　杞桓公 2 年　晉文公元年 衛侯燬滅刑　晉侯送王入於王城　周王國姬鄭得晉國相助,攻殺姬帶,復位. 襄王時,王子帶謀亂沒成,逃往齊國,十年後終於奪得王位,襄王奔鄭 衛侯燬滅刑　晉侯送王入於王城,晉文公殺王子帶,才又復位,賜晉陽樊田.
		18	丁亥	-634	周襄王 18 年　鄭文公 39 年　楚成王 38 年　魯僖公 26 年　秦穆公 26 年 燕襄公 24 年　曹共公 19 年　陳穆公 14 年　蔡莊侯 12 年　齊孝公 9 年 宋成公 3 年　杞桓公 3 年　晉文公 2 年　衛成公元年 楚人滅夔
		19	戊子	-633	周襄王 19 年　鄭文公 40 年　楚成王 39 年　魯僖公 27 年　秦穆公 27 年 燕襄公 25 年　曹共公 20 年　陳穆公 15 年　蔡莊侯 13 年　齊孝公 10 年 宋成公 4 年　杞桓公 4 年　晉文公 3 年　衛成公 2 年 楚帥陳鄭許圍宋晉侯亦往盟於宋
		20	己丑	-632	周襄王 20 年　鄭文公 41 年　楚成王 40 年　魯僖公 28 年　秦穆公 28 年 燕襄公 26 年　曹共公 21 年　陳穆公 16 年　蔡莊侯 14 年　宋成公 5 年 杞桓公 5 年　晉文公 4 年　衛成公 3 年　齊昭公元年 楚攻宋,晉與齊秦聯救宋,城濮(山東濮縣)大戰,約定「退避三舍」楚稱霸 晉、齊、魯、宋、鄭、蔡、莒、衛諸侯盟於踐土(河南原陽)晉文公稱霸. 晉國曹國曹襄,旋釋放. 晉侯侵曹伐衛　晉敗楚師於城濮　晉侯朝王 鄭出奔楚,命弟武繼位乞和　諸侯會於溫　王狩於河陽諸侯來朝
		21	庚寅	-631	周襄王 21 年　鄭文公 42 年　楚成王 41 年　魯僖公 29 年　秦穆公 29 年 燕襄公 27 年　曹共公 22 年　蔡莊侯 15 年　宋成公 6 年　杞桓公 6 年 晉文公 5 年　齊昭公 2 年　陳共公元年　衛衛瑕元年 王子虎會諸侯於翟泉
東周	周襄王 姬鄭	22	辛卯	-630	周襄王 22 年　鄭文公 43 年　楚成王 42 年　魯僖公 30 年　秦穆公 30 年 燕襄公 28 年　曹共公 23 年　蔡莊侯 16 年　宋成公 7 年　杞桓公 7 年 晉文公 6 年　衛成公 5 年　齊昭公 3 年　陳共公 2 年 晉秦圍鄭,鄭燭之武說服秦退兵,晉亦隨退,史稱「燭之武之退秦師」 冬使宰周公聘魯　魯公子遂入聘.　衛鄭返國,殺衛瑕,復位. 大月氏人侵阿敍利亞,並取得阿斯卡隆,已勒斯坦及腓尼基舉兵抗阿敍利亞.
		23	任辰	-629	周襄王 23 年　鄭文公 44 年　楚成王 43 年　魯僖公 31 年　秦穆公 31 年 燕襄公 29 年　曹共公 24 年　蔡莊侯 17 年　宋成公 8 年　杞桓公 8 年 晉文公 7 年　衛成公 6 年　齊昭公 4 年　陳共公 3 年 晉作五軍　衛遷於帝丘.

朝代	帝　王	國號	干支	紀前	紀　事
		24	癸巳	**-628**	周襄王 24 年　鄭文公 45 年　楚成王 44 年　魯僖公 32 年　秦穆公 32 年 燕襄公 30 年　曹共公 25 年　蔡莊侯 18 年　宋成公 9 年　杞桓公 9 年 晉文公 8 年　衛成公 7 年　齊昭公 5 年　陳共公 4 年 晉文公姬重耳逝世
		25	甲午	**-627**	周襄王 25 年　楚成王 45 年　魯僖公 33 年　秦穆公 33 年　燕襄公 31 年 曹共公 26 年　蔡莊侯 19 年　宋成公 10 年　杞桓公 10 年　衛成公 8 年 齊昭公 6 年　陳共公 5 年　鄭穆公元年　晉襄公元年 秦嬴任好攻鄭國,鄭商弦高犒偷襲秦軍,並通知鄭,秦以為鄭有備,滅滑而還. 晉與姜戎在崤山埋伏,大敗秦師.
		26	乙未	**-626**	周襄王 26 年　楚成王 46 年　秦穆公 34 年　燕襄公 32 年　曹共公 27 年 蔡莊侯 20 年　宋成公 11 年　杞桓公 11 年　衛成公 9 年　齊昭公 7 年 陳共公 6 年　鄭穆公 2 年　晉襄公 2 年　魯文公元年 夏使毛伯錫魯侯命魯叔孫得臣來拜命　晉侯來朝於溫伐衛 秦穆公稱霸西戎. 楚芈商臣殺公芈熊頵,自立.　大月氐人侵波斯
		27	丙申	**-625**	周襄王 27 年　秦穆公 35 年　燕襄公 33 年　曹共公 28 年　蔡莊侯 21 年 宋成公 12 年　杞桓公 12 年　衛成公 10 年　齊昭公 8 年　陳共公 7 年 鄭穆公 3 年　晉襄公 3 年　魯文公 2 年　楚穆王元年 孟明攻晉欲報崤之役,敗於晉.　晉士穀會諸侯盟於垂隴,晉討衛.
		28	丁酉	**-624**	周襄王 28 年　秦穆公 36 年　燕襄公 34 年　曹共公 29 年　蔡莊侯 22 年 宋成公 13 年　杞桓公 13 年　衛成公 11 年　齊昭公 9 年　陳共公 8 年 鄭穆公 4 年　晉襄公 4 年　魯文公 3 年　楚穆王 2 年 秦伯伐晉遂霸西戎　王錫秦伯命　百里孟明攻晉國
		29	戊戌	**-623**	周襄王 29 年　秦穆公 37 年　燕襄公 35 年　曹共公 30 年　蔡莊侯 23 年 宋成公 14 年　杞桓公 14 年　衛成公 12 年　齊昭公 10 年　陳共公 9 年 鄭穆公 5 年　晉襄公 5 年　魯文公 4 年　楚穆王 3 年 秦穆公用大臣由余之計,攻伐西戎大勝,稱霸西戎. 楚人滅江　命秦伯任好為西方侯伯
		30	已亥	**-622**	周襄王 30 年　秦穆公 38 年　燕襄公 36 年　曹共公 31 年　蔡莊侯 24 年 宋成公 15 年　杞桓公 15 年　衛成公 13 年　齊昭公 11 年　陳共公 10 年 鄭穆公 6 年　晉襄公 6 年　魯文公 5 年　楚穆王 4 年 楚人滅六客
		31	庚子	**-621**	周襄王 31 年　秦穆公 39 年　燕襄公 37 年　曹共公 32 年　蔡莊侯 25 年 宋成公 16 年　杞桓公 16 年　衛成公 14 年　齊昭公 12 年　陳共公 11 年 鄭穆公 7 年　晉襄公 7 年　魯文公 6 年　楚穆王 5 年 秦穆公、晉襄公相嬴任好卒.
東周	周襄王 姬鄭	**32**	辛丑	**-620**	周襄王 32 年　燕襄公 38 年　曹共公 33 年　蔡莊侯 26 年　宋成公 17 年 杞桓公 17 年　衛成公 15 年　齊昭公 13 年　陳共公 12 年　鄭穆公 8 年 魯文公 7 年　楚穆王 6 年　秦康公元年　晉靈公元年 魯取須句　晉秦戰於令狐　晉先蔑奔榛.　宋殺國君子禦,立子杵臼.
		33	壬寅	**-619**	周襄王 33 年　燕襄公 39 年　曹共公 34 年　蔡莊侯 27 年　杞桓公 18 年 衛成公 16 年　齊昭公 14 年　陳共公 13 年　鄭穆公 9 年　魯文公 8 年 楚穆王 7 年　秦康公 2 年　晉靈公 2 年　宋昭公元年 襄王派毛伯到晉國求金. 魯使叔孫得臣來葬襄王 王在位 33 年崩,子王臣, 是為頃王　【新編歷史大系手冊】子頃王王臣(-619~--613)
東周	周頃王 王臣 -618 至-613 年 在位 6 年	**1**	癸卯	**-618**	周頃王元年　燕襄公 40 年　曹共公 35 年　蔡莊侯 28 年　杞桓公 19 年 衛成公 17 年　齊昭公 15 年　陳共公 14 年　鄭穆公 10 年　魯文公 9 年 楚穆王 8 年　秦康公 3 年　晉靈公 3 年　宋昭公 2 年 使毛伯如魯求金,魯使叔孫得臣來葬襄王 楚伐鄭,晉率諸侯救鄭, 夏楚侵陳

朝代	帝　　王	國號	干支	紀前	紀　　事
		2	甲辰	-617	周頃王 2 年　蔡莊侯 29 年　杞桓公 20 年　衛成公 18 年　齊昭公 16 年 陳共公 15 年　鄭穆公 11 年　魯文公 10 年　楚穆王 9 年　秦康公 4 年 晉靈公 4 年　宋昭公 3 年　燕桓公元年　曹文公元年 夏秦伐晉　狄侵宋.
		3	乙巳	-616	周頃王 3 年　蔡莊侯 30 年　杞桓公 21 年　衛成公 19 年　齊昭公 17 年 陳共公 16 年　鄭穆公 12 年　魯文公 11 年　楚穆王 10 年　秦康公 5 年 晉靈公 5 年　宋昭公 4 年　燕桓公 2 年　曹文公 2 年 叔孫得臣敗狄於鹹　獲長狄僑如.
		4	丙午	-615	周頃王 4 年　蔡莊侯 31 年　杞桓公 22 年　衛成公 20 年　齊昭公 18 年 陳共公 17 年　鄭穆公 13 年　魯文公 12 年　楚穆王 11 年　秦康公 6 年 晉靈公 6 年　宋昭公 5 年　燕桓公 3 年　曹文公 3 年 晉秦戰於河曲
		5	丁未	-614	周頃王 5 年　蔡莊侯 32 年　杞桓公 23 年　衛成公 21 年　齊昭公 19 年 陳共公 18 年　鄭穆公 14 年　魯文公 13 年　楚穆王 12 年　秦康公 7 年 晉靈公 7 年　宋昭公 6 年　燕桓公 4 年　曹文公 4 年 第六任王芈侶即位
		6	戊申	-613	周頃王 6 年　蔡莊侯 33 年　杞桓公 24 年　衛成公 22 年　齊昭公 20 年 鄭穆公 15 年　魯文公 14 年　秦康公 8 年　晉靈公 8 年　宋昭公 7 年 燕桓公 5 年　曹文公 5 年　陳靈公元年　楚莊王元年 王崩,子班立　周公閱與王孫蘇爭政不赴於諸侯　齊公子商人弒其君舍. 齊姜商人殺國加姜舍,自立.帝在位 6 年卒,子班立是為匡王　慧星出現有星 孛人于北斗,這是世界第一對哈雷慧星的正式記錄 【新編歷史大系手冊】子匡王班(-613~-607)
東周	東周匡王姬班	1	己酉	-612	周匡王元年　蔡莊侯 34 年　杞桓公 25 年　衛成公 23 年　鄭穆公 16 年 魯文公 15 年　秦康公 9 年　晉靈公 9 年　宋昭公 8 年　燕桓公 6 年　曹 文公 6 年　陳靈公 2 年　楚莊王 2 年　齊懿公元年 諸侯盟藍扈將伐齊　齊賂晉侯不果伐.
		2	庚戌	-611	周匡王 2 年　杞桓公 26 年　衛成公 24 年　鄭穆公 17 年　魯文公 16 年 秦康公 10 年　晉靈公 10 年　宋昭公 9 年　燕桓公 7 年　曹文公 7 年 陳靈公 3 年　楚莊王 3 年　齊懿公 2 年　蔡文侯元年 宋人弒其君昭公子杵臼　楚大饑戎伐之申息北門不啓　立他弟子鮑.
		3	辛亥	-610	周匡王 3 年　杞桓公 27 年　衛成公 25 年　鄭穆公 18 年　魯文公 17 年 秦康公 11 年　晉靈公 11 年　燕桓公 8 年　曹文公 8 年　陳靈公 4 年 楚莊王 4 年　齊懿公 3 年　蔡文侯 2 年　宋文公元年 諸侯之大夫伐宋,仍立文公而還.
東周	東周匡王姬班	4	壬子	-609	周匡王 4 年　杞桓公 28 年　衛成公 26 年　鄭穆公 19 年　魯文公 18 年 秦康公 12 年　晉靈公 12 年　燕桓公 9 年　曹文公 9 年　陳靈公 5 年 楚莊王 5 年　齊懿公 4 年　蔡文侯 3 年　宋文公 2 年 齊人弒其君商人,立姜元. 魯文公卒,公子遂弒子赤及公子視立俀(倭),莒己 弒國君公庶其,後逃亡魯國,立己季佗
		5	癸丑	-608	周匡王 5 年　杞桓公 29 年　衛成公 27 年　鄭穆公 20 年　晉靈公 13 年 燕桓公 10 年　曹文公 10 年　陳靈公 6 年　楚莊王 6 年　蔡文侯 4 年 宋文公 3 年　魯宣公元年　秦共公元年　齊惠公元年 楚莊王大舉伐陳、宋.　楚王稱霸.

朝代	帝　王	國號	干支	紀前	紀事
		6	甲寅	-607	周匡王 6 年　杞桓公 30 年　衛成公 28 年　鄭穆公 21 年　晉靈公 14 年 燕桓公 11 年　曹文公 11 年　陳靈公 7 年　楚莊王 7 年　蔡文侯 5 年 宋文公 4 年　魯宣公 2 年　秦共公 2 年　齊惠公 2 年 晉趙穿殺姬夷皋,立姬黑臀.　晉趙盾弒其君夷皋　匡王在位 6 年崩弟瑜立,是為定王　宋鄭戰於大棘,宋師敗,宋將華元被擄..
東周	周定王 姬瑜 -606 至-586 年 在位 21 年	1	乙卯	-606	周定王元年　杞桓公 31 年　衛成公 29 年　鄭穆公 22 年　燕桓公 12 年 曹文公 12 年　陳靈公 8 年　楚莊王 8 年　蔡文侯 6 年　宋文公 5 年 魯宣公 3 年　秦共公 3 年　齊惠公 3 年　晉成公元年 楚莊王經東周都城洛邑閱兵威脅周定王,藉看夏禹鑄九鼎攻之王孫滿計「在德不在鼎」策退.　楚定王伐陸渾之戎觀兵於王畿王使王孫滿勞之
		2	丙辰	-605	周定王 2 年　杞桓公 32 年　衛成公 30 年　燕桓公 13 年　曹文公 13 年 陳靈公 9 年　楚莊王 9 年　蔡文侯 7 年　宋文公 6 年　魯宣公 4 年 秦共公 4 年　齊惠公 4 年　晉成公 2 年　鄭靈公元年 鄭公子姬歸生弒殺姬夷,立姬堅　楚殺關椒
		3	丁巳	-604	周定王 3 年　杞桓公 33 年　衛成公 31 年　燕桓公 14 年　曹文公 14 年 陳靈公 10 年　楚莊王 10 年　蔡文侯 8 年　宋文公 7 年　魯宣公 5 年 齊惠公 5 年　晉成公 3 年　秦桓公元年　鄭襄公元年 老子李耳誕生
		4	戊午	-603	周定王 4 年　杞桓公 34 年　衛成公 32 年　燕桓公 15 年　曹文公 15 年 陳靈公 11 年　楚莊王 11 年　蔡文侯 9 年　宋文公 8 年　魯宣公 6 年 齊惠公 6 年　晉成公 4 年　秦桓公 2 年　鄭襄公 2 年 晉趙盾,衛孫免,因陳附楚聯合攻陳　楚攻鄭,取城下盟而還 赤狄(山西長治)攻晉,圍懷邑(河南武陟)及懷邑(河南溫縣)
		5	己未	-602	周定王 5 年　杞桓公 35 年　衛成公 33 年　燕桓公 16 年　曹文公 16 年 陳靈公 12 年　楚莊王 12 年　蔡文侯 10 年　宋文公 9 年　魯宣公 7 年 齊惠公 7 年　晉成公 5 年　秦桓公 3 年　鄭襄公 3 年 黃河第一次大改道，黃河原從今河南武陟東北流到浚縣西,折北流至河北平鄉北,向東北流,分為「九河」,最北一支為幹流,在今天津南入海,即「禹貢河」.改道後,自今河南滑縣附近向東,至南濮陽西,轉北上,在山東冠縣北,折向東流,到茌平以北,折而北流,經德州,漸向東北,經河北滄州,東北流至原河口以南,在今黃驊以北入海.　諸侯會於黑壤(山西沁水)　燕桓公卒,宣公嗣位
		6	庚申	-601	周定王 6 年　杞桓公 36 年　衛成公 34 年　曹文公 17 年　陳靈公 13 年 楚莊王 13 年　蔡文侯 11 年　宋文公 10 年　魯宣公 8 年　齊惠公 8 年 晉成公 6 年　秦桓公 4 年　鄭襄公 4 年　燕宣公元年 使單子聘於宋　遂自陳聘楚　白狄與晉攻秦　楚滅舒蓼國　吳越盟誓而還
		7	辛酉	-600	周定王 7 年　杞桓公 37 年　衛成公 35 年　曹文公 18 年　陳靈公 14 年 楚莊王 14 年　蔡文侯 12 年　宋文公 11 年　魯宣公 9 年　齊惠公 9 年 晉成公 7 年　秦桓公 5 年　鄭襄公 5 年　燕宣公 2 年 夏魯仲孫蔑入聘,晉荀林父伐陳　諸侯會於扈　晉荀林伐陳
東周	周定王 姬瑜	8	壬戌	-599	周定王 8 年　杞桓公 38 年　曹文公 19 年　陳靈公 15 年　楚莊王 15 年 蔡文侯 13 年　宋文公 12 年　魯宣公 10 年　齊惠公 10 年　秦桓公 6 年 鄭襄公 6 年　燕宣公 3 年　晉景公元年　衛穆公元年 陳夏徵舒弒其君偽平國,子嬀午逃奔晉　使王季子聘魯　齊歸濟田於魯 齊惠公姜元卒,子頃公姜無野嗣位　宋攻滕　鄭附楚　晉宋衛曹聯攻鄭降
		9	癸亥	-598	周定王 9 年　杞桓公 39 年　曹文公 20 年　楚莊王 16 年　蔡文侯 14 年 宋文公 13 年　魯宣公 11 年　秦桓公 7 年　鄭襄公 7 年　燕宣公 4 年 晉景公 2 年　衛穆公 2 年　陳成公元年　齊頃公元年 楚陳鄭盟於長陵　楚殺陳夏徵舒楚子入陳,逐陳國嬀午,旋准復位.

朝代	帝　　王	國號	干支	紀前	紀　　事
		10	甲子	-597	周定王 10 年 杞桓公 40 年 曹文公 21 年 楚莊王 17 年 蔡文侯 15 年 宋文公 14 年 魯宣公 12 年 秦桓公 8 年 鄭襄公 8 年 燕宣公 5 年 晉景公 3 年 衛穆公 3 年 陳成公 2 年 齊頃公 2 年 楚軍征戰綿延. 楚圍攻鄭,鄭伯肉袒牽羊謝罪請降. 楚敗晉師於邲. 晉荀林父及楚戰於邲.,晉敗,楚大勝. 楚滅蕭. 公孫杵臼(?~-597)與程嬰「程嬰捨子,公孫杵臼捨命」兩人合謀營救趙氏孤兒.晉屠岸賈殺趙朔,盡屠趙氏家族,趙朔友程嬰匿趙朔孤子趙武於山中.長大終如願復仇
		11	乙丑	-596	周定王 11 年 杞桓公 41 年 曹文公 22 年 楚莊王 18 年 蔡文侯 16 年 宋文公 15 年 魯宣公 13 年 秦桓公 9 年 鄭襄公 9 年 燕宣公 6 年 晉景公 4 年 衛穆公 4 年 陳成公 3 年 齊頃公 3 年 莒恃晉不事齊,齊攻莒. 楚以宋去歲救蕭,攻宋. 赤狄攻晉至清原(山西)
		12	丙寅	-595	周定王 12 年 杞桓公 42 年 曹文公 23 年 楚莊王 19 年 蔡文侯 17 年 宋文公 16 年 魯宣公 14 年 秦桓公 10 年 鄭襄公 10 年 燕宣公 7 年 晉景公 5 年 衛穆公 5 年 陳成公 4 年 齊頃公 4 年 曹文公曹壽卒,子宣公曹廬嗣位 衛殺孔達,求解於晉宋 楚遣申無畏使齊 確立七閏之法
		13	丁卯	-594	周定王 13 年 杞桓公 43 年 楚莊王 20 年 蔡文侯 18 年 宋文公 17 年 魯宣公 15 年 秦桓公 11 年 鄭襄公 11 年 燕宣公 8 年 晉景公 6 年 衛穆公 6 年 陳成公 5 年 齊頃公 5 年 曹宣公元年 玄囂巳摯帝崩壽高 164 歲. 魯國實行初稅畝,按田多少徵稅,春秋時井田制崩潰,私田日盛,增加國家財富,又「作丘甲」增加軍賦,,私田大量出現,形成新的封建土地制度.
		14	戊辰	-593	周定王 14 年 杞桓公 44 年 楚莊王 21 年 蔡文侯 19 年 宋文公 18 年 魯宣公 16 年 秦桓公 12 年 鄭襄公 12 年 燕宣公 9 年 晉景公 7 年 衛穆公 7 年 陳成公 6 年 齊頃公 6 年 曹宣公 2 年 顓頊高陽氏玄帝在位 78 年.姬顓頊元年紹金氏. 晉獻狄俘,晉侯使士會入聘
		15	己巳	-592	周定王 15 年 杞桓公 45 年 楚莊王 22 年 蔡文侯 20 年 宋文公 19 年 魯宣公 17 年 秦桓公 13 年 鄭襄公 13 年 燕宣公 10 年 晉景公 8 年 衛穆公 8 年 陳成公 7 年 齊頃公 7 年 曹宣公 3 年 晉魯衛曹邾同盟於斷道(山西沁縣). 蔡文侯蔡申卒,子景侯蔡固嗣位
		16	庚午	-591	周定王 16 年 杞桓公 46 年 楚莊王 23 年 宋文公 20 年 魯宣公 18 年 秦桓公 14 年 鄭襄公 14 年 燕宣公 11 年 晉景公 9 年 衛穆公 9 年 陳成公 8 年 齊頃公 8 年 曹宣公 4 年 蔡景侯元年 邾國(山東鄒城南)殺鄫國國君 楚莊王芈侶卒,子共王芈審嗣位 魯宣公姬倭卒,子成公姬黑肱嗣位
		17	辛未	-590	周定王 17 年 杞桓公 47 年 宋文公 21 年 秦桓公 15 年 鄭襄公 15 年 燕宣公 12 年 晉景公 10 年 衛穆公 10 年 陳成公 9 年 齊頃公 9 年 曹宣公 5 年 蔡景侯 2 年 魯成公元年 楚共王元年 魯作丘甲 魯作丘甲 周劉康攻茅戎(山西平陸,敗於徐吾(平陸西))
東周	周定王 姬瑜	18	壬申	-589	周定王 18 年 杞桓公 48 年 宋文公 22 年 秦桓公 16 年 鄭襄公 16 年 燕宣公 13 年 晉景公 11 年 衛穆公 11 年 陳成公 10 年 齊頃公 10 年 曹宣公 6 年 蔡景侯 3 年 魯成公 2 年 楚共王 2 年 晉齊發生鞍之戰 宋文公子鮑卒,子共公子瑕嗣位 楚芈嬰齊約齊、秦、宋、衛等 13 國諸侯會盟於蜀邑(山東泰安)楚霸權益固 晉敗秦師

朝代	帝　　王	國號	干支	紀前	紀　　　事
		19	癸酉	**-588**	周定王 19 年　杞桓公 49 年　秦桓公 17 年　鄭襄公 17 年　燕宣公 14 年 晉景公 12 年　陳成公 11 年　齊頃公 11 年　曹宣公 7 年　蔡景侯 4 年 魯成公 3 年　楚共王 3 年　宋共公元年　衛定公元年　晉作六軍 晉由三軍擴建為六軍　晉聯魯宋衛曹攻鄭,以報邲水之敗,鄭敗聯軍於丘輿
		20	甲戌	**-587**	周定王 20 年　杞桓公 50 年　秦桓公 18 年　鄭襄公 18 年　燕宣公 15 年 晉景公 13 年　陳成公 12 年　齊頃公 12 年　曹宣公 8 年　蔡景侯 5 年 魯成公 4 年　楚共王 4 年　宋共公 2 年　衛定公 2 年 鄭襄公姬堅卒,子悼公姬費嗣位　燕宣公卒,昭公嗣位 鄭攻許,晉救許攻鄭楚共王羋審救鄭　魯成公訪晉君,晉景公不禮.
		21	乙亥	**-586**	周定王 21 年　杞桓公 51 年　秦桓公 19 年　晉景公 14 年　陳成公 13 年 齊頃公 13 年　曹宣公 9 年　蔡景侯 6 年　魯成公 5 年　楚共王 5 年 宋共公 3 年　衛定公 3 年　鄭悼公元年　燕昭公元年　吳壽夢元年 帝在位 21 年卒,子夷立,是為簡王　吳部落酋長吳壽夢稱王,建吳王國. 首次弭兵之會楚國約集八國，晉國也約集齊、魯等八國諸侯盟於蟲牢(今河南封丘北)兵弭戰亂,彼此疲乏,後經宋使華元斡旋促成楚、晉兵弭相會兵　夏梁山崩 十二月諸侯同盟於蟲牢. 【新編歷史大系手冊】子簡王夷(-586~-572)
東周	周簡王 姬夷 -585 至-572 年 在位 14 年	**1**	丙子	**-585**	周簡王元年　杞桓公 52 年　秦桓公 20 年　晉景公 15 年　陳成公 14 年 齊頃公14年　曹宣公10年　蔡景侯7年　魯成公6年　楚共王6年 宋共公 4 年　衛定公 4 年　鄭悼公 2 年　燕昭公 2 年　吳壽夢 2 年 晉自絳城遷於新田(山西侯馬)　吳子乘來朝　吳子壽夢始稱王
		2	丁丑	**-584**	周簡王 2 年　杞桓公 53 年　秦桓公 21 年　晉景公 16 年　陳成公 15 年 齊頃公 15 年　曹宣公 11 年　蔡景侯 8 年　魯成公 7 年　楚共王 7 年 宋共公 5 年　衛定公 5 年　燕昭公 3 年　吳壽夢 3 年　鄭成公元年 巫臣從晉使吳,教吳車戰吳國興起. 傳說周文王伯父太伯、仲雍奔荊蠻創建吳國. 吳、晉修好,冶造兵器精良,馳名天下,吳成為軍事強國. 吳伐郯　吳入州來 吳攻楚,讓楚國子重,子反〔一歲奔命〕 楚屈巫奔晉,楚屠屈巫宗族,屈巫遣其子屈庸赴吳,教吳騎射,導使攻楚
		3	戊寅	**-583**	周簡王 3 年　杞桓公 54 年　秦桓公 22 年　晉景公 17 年　陳成公 16 年 齊頃公 16 年　曹宣公 12 年　蔡景侯 9 年　魯成公 8 年　楚共王 8 年 晉殺大夫趙同趙括　晉欒書攻蔡,獲楚大申驪　晉魯以郯附吳,聯合攻郯
		4	己卯	**-582**	周簡王 4 年　杞桓公 55 年　秦桓公 23 年　晉景公 18 年　陳成公 17 年 齊頃公 17 年　曹宣公 13 年　蔡景侯 10 年　魯成公 9 年　楚共王 9 年 宋共公 7 年　衛定公 7 年　燕昭公 5 年　吳壽夢 5 年　鄭成公 3 年 諸侯盟於蒲 晉執鄭國君姬睔,立其庶兄姬繻 齊頃公姜無野卒子靈公嗣位 鄭成公往晉國被懷疑親近楚國,遭扣留. 秦桓公與外族白狄侵攻晉國
		5	庚辰	**-581**	周簡王 5 年　杞桓公 56 年　秦桓公 24 年　晉景公 19 年　陳成公 18 年 曹宣公 14 年　蔡景侯 11 年　魯成公 10 年　楚共王 10 年　宋共公 8 年 衛定公 8 年　燕昭公 6 年　吳壽夢 6 年　鄭成公 4 年　齊靈公元年 晉魯宋齊衛曹會諸侯伐鄭 殺姬繻 晉國驅姬髡,送姬睔回國復位 晉景公姬孺卒,子厲公姬壽曼嗣位

朝代	帝　　王	國號	干支	紀前	紀　　　事
東周	周簡王 姬夷	6	辛巳	-580	周簡王 6 年　杞桓公 57 年　秦桓公 25 年　陳成公 19 年　曹宣公 15 年 蔡景侯 12 年　魯成公 11 年　楚共王 11 年　宋共公 9 年　衛定公 9 年 燕昭公 7 年　吳壽夢 7 年　鄭成公 5 年　齊靈公 2 年　晉厲公元年 命王季子單子取郟田於晉 宋華元如楚又如晉合晉楚之成 秦晉為成秦伯不渡河歸而背盟. 周姬楚與姬伯輿爭政不勝,出奔晉
		7	壬午	-579	周簡王 7 年　杞桓公 58 年　秦桓公 26 年　陳成公 20 年　曹宣公 16 年 蔡景侯 13 年　魯成公 12 年　楚共王 12 年　宋共公 10 年　衛定公 10 年 燕昭公 8 年　吳壽夢 8 年　鄭成公 6 年　齊靈公 3 年　晉厲公 2 年 宋華元成功聯合晉士燮會楚羋罷許偃盟於宋西門之外曰「凡晉楚無相加伐,同恤災危」是為第一次弭兵之會 白狄(山西陝西交界)乘晉與宋盟攻晉,晉大敗之於交剛
		8	癸未	-578	周簡王 8 年　杞桓公 59 年　秦桓公 27 年　陳成公 21 年　曹宣公 17 年 蔡景侯 14 年　魯成公 13 年　楚共王 13 年　宋共公 11 年　衛定公 11 年 燕昭公 9 年　吳壽夢 9 年　鄭成公 7 年　齊靈公 4 年　晉厲公 3 年 魯侯來朝　晉會諸侯伐秦,晉呂相有絕秦之書 曹宣公卒庶子曹負芻殺太子嗣位,是為成公 晉厲公姬壽曼與秦絕交,與齊魯未衛鄭曹邾滕合攻秦大勝
		9	甲申	-577	周簡王 9 年　杞桓公 60 年　秦桓公 28 年　陳成公 22 年　蔡景侯 15 年 魯成公 14 年　楚共王 14 年　宋共公 12 年　衛定公 12 年　燕昭公 10 年 吳壽夢 10 年　鄭成公 8 年　齊靈公 5 年　晉厲公 4 年　曹成公元年 衛定公衛臧卒子獻公衛衎嗣位　秦桓公嬴榮卒,子景公嬴后嗣位 鄭兩次攻許,許乞和,定界而還
		10	乙酉	-576	周簡王 10 年　杞桓公 61 年　陳成公 23 年　蔡景侯 16 年　魯成公 15 年 楚共王 15 年　宋共公 13 年　燕昭公 11 年　吳壽夢 11 年　鄭成公 9 年 齊靈公 6 年　晉厲公 5 年　曹成公 2 年　秦景公元年　衛獻公元年 諸侯同盟於戚 晉會魯衛鄭宋齊邾曹諸侯於戚邑擒曹成公曹負芻送周審訊,周不敢專斷,再送晉,明年放. 宋共公子瑕卒,子平公子成嗣位 臣內訌,五大夫魚石、向為人、鱗朱、向帶、魚府奔楚
		11	丙戌	-575	周簡王 11 年　杞桓公 62 年　陳成公 24 年　蔡景侯 17 年　魯成公 16 年 楚共王 16 年　燕昭公 12 年　吳壽夢 12 年　鄭成公 10 年　齊靈公 7 年 晉厲公 6 年　曹成公 3 年　秦景公 2 年　衛獻公 2 年　宋平公元年 晉及楚鄭戰於鄢陵,晉勝楚敗.　諸侯伐鄭命尹子會之 滕交公姬繡卒,子成公姬原嗣位　遣曹成曹負芻歸國復位 楚賄鄭,鄭再背晉附楚　晉攻鄭,楚救鄭敗
		12	丁亥	-574	周簡王 12 年　杞桓公 63 年　陳成公 25 年　蔡景侯 18 年　魯成公 17 年 楚共王 17 年　燕昭公 13 年　吳壽夢 13 年　鄭成公 11 年　齊靈公 8 年 晉厲公 7 年　曹成公 4 年　秦景公 3 年　衛獻公 3 年　宋平公 2 年 尹子單子會諸侯伐鄭,　乙酉同盟於柯陵　燕昭公卒武公嗣位 單子復會諸侯伐鄭,晉殺大夫郤錡郤犨郤至　邾定曹貜且卒子宣公曹牼嗣位
		13	戊子	-573	周簡王 13 年　杞桓公 64 年　陳成公 26 年　蔡景侯 19 年　魯成公 18 年 楚共王 18 年　吳壽夢 14 年　鄭成公 12 年　齊靈公 9 年　晉厲公 8 年 曹成公 5 年　秦景公 4 年　衛獻公 4 年　宋平公 3 年　燕武公元年 晉欒書中行偃弒其君厲公姬壽曼,迎悼公姬周立之 魯成公姬黑肱卒子襄公姬午嗣位.

朝代	帝　　王	國號	干支	紀前	紀　　　　　　　　　　事
		14	己丑	**-572**	周簡王 14 年　杞桓公 65 年　陳成公 27 年　蔡景侯 20 年　楚共王 19 年 吳壽夢 15 年　鄭成公 13 年　齊靈公 10 年　曹成公 6 年　秦景公 5 年 衛獻公 5 年　宋平公 4 年　燕武公 2 年　魯襄公元年　晉悼公元年 晉會諸侯之大夫圍宋彭城,為宋討魚石故也 周簡王姬夷在位 14 年崩,子姬泄心嗣位,是為靈王(-572~-545)
東周	周靈王姬泄心 -571 至-545 年 在位 27 年	**1**	庚寅	**-571**	周靈王元年　杞桓公 66 年　陳成公 28 年　蔡景侯 21 年　楚共王 20 年 吳壽夢 16 年 鄭成公 14 年　齊靈公 11 年　曹成公 7 年　秦景公 6 年 衛獻公 6 年　宋平公 5 年　燕武公 3 年　魯襄公 2 年　晉悼公 2 年 **老子** (-571 年農曆 2 月 15 日~-471 年) 姓李名耳,出生於河南省鹿邑縣.道學家的創始人,「道德經」開創哲學思想. 鄭成公姬睔卒,子僖公姬髡頑嗣位 晉會諸侯之大夫於戚,冬又會於戚送城虎牢以逼鄭.鄭請降
	-	**2**	辛卯	**-570**	周靈王 2 年　杞桓公 67 年　陳成公 29 年　蔡景侯 22 年　楚共王 21 年 吳壽夢 17 年　齊靈公 12 年　曹成公 8 年　秦景公 7 年　衛獻公 7 年 宋平公 6 年　燕武公 4 年　魯襄公 3 年　晉悼公 3 年　鄭僖公元年 楚伐吳,吳又伐楚 晉與諸侯同盟於雞澤　鄭來會　晉伐許.
		3	任辰	**-569**	周靈王 3 年　杞桓公 68 年　陳成公 30 年　蔡景侯 23 年　楚共王 22 年 吳壽夢 18 年　齊靈公 13 年　曹成公 9 年　秦景公 8 年　衛獻公 8 年 宋平公 7 年　燕武公 5 年　魯襄公 4 年　晉悼公 4 年　鄭僖公 2 年 晉魏絳與諸戎和盟 陳成公嬀午卒子哀公嬀弱嗣位
		4	癸巳	**-568**	周靈王 4 年　杞桓公 69 年　蔡景侯 24 年　楚共王 23 年　吳壽夢 19 年 齊靈公 14 年 曹成公 10 年　秦景公 9 年　衛獻公 9 年　宋平公 8 年 燕武公 6 年　魯襄公 5 年　晉悼公 5 年　鄭僖公 3 年　陳哀公元年 晉會諸侯於戚冬戍陳　楚伐陳,晉會諸侯救之.　陳叛楚,乃楚芈辛貪酷無厭
		5	甲午	**-567**	周靈王 5 年　杞桓公 70 年　蔡景侯 25 年　楚共王 24 年　吳壽夢 20 年 齊靈公 15 年 曹成公 11 年　秦景公 10 年　衛獻公 10 年　宋平公 9 年 燕武公 7 年　魯襄公 6 年　晉悼公 6 年　鄭僖公 4 年　陳哀公 2 年 杞桓公姒姑容卒,子孝公姒匄嗣位　莒滅鄫　齊滅萊(山東平度)
		6	乙未	**-566**	周靈王 6 年　蔡景侯 26 年　楚共王 25 年　吳壽夢 21 年　齊靈公 16 年 曹成公 12 年 秦景公 11 年　衛獻公 11 年　宋平公 10 年　燕武公 8 年 魯襄公 7 年　晉悼公 7 年　鄭僖公 5 年　陳哀公 3 年　杞孝公元年 姬騑殺姬髡頑,立子姬嘉是為簡公　楚令尹芈貞攻陳　晉會諸侯救陳
		7	丙申	**-565**	周靈王 7 年　蔡景侯 27 年　楚共王 26 年　吳壽夢 22 年　齊靈公 17 年 曹成公 13 年 秦景公 12 年　衛獻公 12 年　宋平公 11 年　燕武公 9 年 魯襄公 8 年　晉悼公 8 年　陳哀公 4 年　杞孝公 2 年　鄭簡公元年 晉悼公恢復霸業　鄭攻蔡,擄蔡燮獻捷於晉　楚令尹芈貞攻鄭鄭乞和附楚
		8	丁酉	**-564**	周靈王 8 年　蔡景侯 28 年　楚共王 27 年　吳壽夢 23 年　齊靈公 18 年 曹成公 14 年 秦景公 13 年　衛獻公 13 年　宋平公 12 年　燕武公 10 年 魯襄公 9 年　晉悼公 9 年　陳哀公 5 年　杞孝公 3 年　鄭簡公 2 年 左傳有「一星終也」語.星指歲星,即今木星.劃周天為星紀、玄枵、諏訾、降婁、大梁、實沉、鶉首、鶉火、鶉尾、壽星、大火、折木等 12 星,以為木星一年行一次,12 年滿一周天,故稱 12 年為「一星終」,用以紀年. 與今日測木星周(即公轉週期)數值 11.86 年相近.證明春秋時代對歲星、天璽、赤道等天文學已有深刻的認識. 晉會諸侯同盟於戲伐鄭,鄭乞和再叛楚附晉,盟於戲邑(河南滎陽)楚聞鄭叛立即攻鄭,鄭再叛晉附楚.

朝代	帝　王	國號	干支	紀前	紀　事
		9	戊戌	**-563**	周靈王 9 年　蔡景侯 29 年　楚共王 28 年　吳壽夢 24 年　齊靈公 19 年 曹成公 15 年　秦景公 14 年　衛獻公 14 年　宋平公 13 年　燕武公 11 年 魯襄公 10 年　晉悼公 10 年　陳哀公 6 年　杞孝公 4 年　鄭簡公 3 年 王叔陳生與伯爭政,晉使士匄來平之. 晉滅偪陽國(山東棗莊南) 楚令尹芈貞、鄭姬耳圍宋,衛救宋,鄭皇耳擊衛大敗,皇耳被擄. 楚鄭聯攻宋,轉攻魯陷蕭邑(安徽蕭縣) 晉會諸侯伐鄭　鄭內亂,姬騑、姬國、姬耳被殺 晉聯攻進屯虎牢,鄭乞和,　楚令尹芈貞救鄭,晉聯軍不敢戰,向楚乞和而退.
東周	周靈王姬泄心	**10**	已亥	**-562**	周靈王 10 年　蔡景侯 30 年　楚共王 29 年　吳壽夢 25 年　齊靈公 20 年 曹成公 16 年　秦景公 15 年　衛獻公 15 年　宋平公 14 年　燕武公 12 年 魯襄公 11 年　晉悼公 11 年　陳哀公 7 年　杞孝公 5 年　鄭簡公 4 年 魯建立三軍,三桓各統一軍,魯國遂分裂為三　晉會諸侯伐鄭,秋同盟亳城北, 復文襄之業　楚鄭伐宋 晉會諸侯復伐鄭　會於蕭魚
		11	庚子	**-561**	周靈王 11 年　蔡景侯 31 年　楚共王 30 年　吳壽夢 26 年　齊靈公 21 年 曹成公 17 年　秦景公 16 年　衛獻公 16 年　宋平公 15 年　燕武公 13 年 魯襄公 12 年　晉悼公 12 年　陳哀公 8 年　杞孝公 6 年　鄭簡公 5 年 吳王吳壽夢卒,子吳諸樊嗣位　楚令尹芈貞、秦庶長贏無地聯攻宋報晉取鄭 老子(前-561.2.15.~-467)河南歸德人,倡「**道德經**」
		12	辛丑	**-560**	周靈王 12 年　蔡景侯 32 年　楚共王 31 年　齊靈公 22 年　曹成公 18 年 秦景公 17 年　衛獻公 17 年　宋平公 16 年　燕武公 14 年　魯襄公 13 年 晉悼公 13 年　陳哀公 9 年　杞孝公 7 年　鄭簡公 6 年　吳諸樊元年 吳發生皋舟之戰　晉復三軍　邿國(山東濟寧)內亂,國分裂為三,魯乘機滅之 楚共王芈審卒,子康王芈昭嗣位　吳攻楚,吳大敗,王子吳黨被擄　吳遷蘇州
		13	壬寅	**-559**	周靈王 13 年　蔡景侯 33 年　齊靈公 23 年　曹成公 19 年　秦景公 18 年 衛獻公 18 年　宋平公 17 年　燕武公 15 年　魯襄公 14 年　晉悼公 14 年 陳哀公 10 年　杞孝公 8 年　鄭簡公 7 年　吳諸樊 2 年　楚康王元年 諸侯會吳於向　楚吳皋舟之戰,晉、齊、宋、鄭、衛等國大夫會吳大夫於鐘 離(今安徽鳳陽東),吳人從皋舟險道對楚軍攔腰截擊,楚敗,公子宜谷被俘. 孫林父逐獻公衛衎,立穆公衛遫孫衛秋是為殤公.　衛衎奔齊. 諸侯會吳於向,四月伐秦,衛侯出奔齊.
		14	癸卯	**-558**	周靈王 14 年　蔡景侯 34 年　齊靈公 24 年　曹成公 20 年　秦景公 19 年 宋平公 18 年　燕武公 16 年　魯襄公 15 年　晉悼公 15 年　陳哀公 11 年 杞孝公 9 年　鄭簡公 8 年　吳諸樊 3 年　楚康王 2 年　衛殤公元年 **釋迦牟尼佛祖(前-558~-478 或-483)**.「聖道教義」釋迦牟尼佛俗姓喬答摩俗, 號悉達多,西元前釋迦牟尼出年於古印度北部尼泊爾迦毗羅國淨飯王兒子, 年 25 結婚二子,29 歲發現民瘼疾苦,回宮聚財濟施,苦思救世,遂棄王族進入 東方藍摩國苦修.西元前-478 年功德圓,安祥盤坐槃於菩提下成佛,聖壽 (-558~-478)80 晉悼公姬周卒子平公彪嗣立.
		15	甲辰	**-557**	周靈王 15 年　蔡景侯 35 年　齊靈公 25 年　曹成公 21 年　秦景公 20 年 宋平公 19 年　燕武公 17 年　魯襄公 16 年　陳哀公 12 年　杞孝公 10 年 鄭簡公 9 年　吳諸樊 4 年　楚康王 3 年　衛殤公 2 年　晉平公元年 晉會諸侯於溴梁(河南濟源)囚邾曹牼及莒犁比公.

朝代	帝　　王	國號	干支	紀前	紀　　事
		16	乙巳	**-556**	周靈王 16 年　蔡景侯 36 年　齊靈公 26 年　曹成公 22 年　秦景公 21 年 宋平公 20 年　燕武公 18 年　魯襄公 17 年　陳哀公 13 年　杞孝公 11 年 鄭簡公 10 年　吳諸樊 5 年　楚康王 4 年　衛殤公 3 年　晉平公 2 年 邾宣公曹牼卒,子悼公曹華嗣位　陳輕宋,宋莊朝攻陳擄陳嬀卬.
		17	丙午	**-555**	周靈王 17 年　蔡景侯 37 年　齊靈公 27 年　曹成公 23 年　秦景公 22 年 宋平公 21 年　燕武公 19 年　魯襄公 18 年　陳哀公 14 年　杞孝公 12 年 鄭簡公 11 年　吳諸樊 6 年　楚康王 5 年　衛殤公 4 年　晉平公 3 年 晉會諸侯同圍齊　楚公子伐鄭.　燕武公卒,文公嗣位 曹成公曹負芻卒子武公曹滕嗣位
東周	周靈王姬泄心	**18**	丁未	**-554**	周靈王 18 年　蔡景侯 38 年　齊靈公 28 年　秦景公 23 年　宋平公 22 年 魯襄公 19 年　陳哀公 15 年　杞孝公 13 年　鄭簡公 12 年　吳諸樊 7 年 楚康王 6 年　衛殤公 5 年　晉平公 4 年　燕文公元年　曹武公元年 晉聯諸侯攻齊還,與諸侯盟於祝柯(山東濟南),囚邾悼公曹華,報復累次侵魯 齊靈公姜環卒,子莊公姜光嗣位,殺其庶母戎子,曝屍於朝.　夙沙衛擄高唐 (山東禹城)叛,城破被殺.　鄭任用公孫僑為大夫.
		19	戊申	**-553**	周靈王 19 年　蔡景侯 39 年　秦景公 24 年　宋平公 23 年　魯襄公 20 年 陳哀公 16 年　杞孝公 14 年　鄭簡公 13 年　吳諸樊 8 年　楚康王 7 年 衛殤公 6 年　晉平公 5 年　燕文公 2 年　曹武公 2 年　齊莊公元年 諸侯盟於澶淵, 齊服晉　魯仲孫速攻邾國,報復屢次侵邊.
		20	己酉	**-552**	周靈王 20 年　蔡景侯 40 年　秦景公 25 年　宋平公 24 年　魯襄公 21 年 陳哀公 17 年　杞孝公 15 年　鄭簡公 14 年　吳諸樊 9 年　楚康王 8 年 衛殤公 7 年　晉平公 6 年　燕文公 3 年　曹武公 3 年　齊莊公 2 年. 晉欒盈出奔楚　邾曹庶其據漆邑閭丘(山東鄒城)降魯 晉大夫欒盈被其母祁氏及舅父士鞅誣陷,被逐出晉國,奔楚.
		21	庚戌	**-551**	周靈王 21 年　蔡景侯 41 年　秦景公 26 年　宋平公 25 年　魯襄公 22 年 陳哀公 18 年　杞孝公 16 年　鄭簡公 15 年　吳諸樊 10 年　楚康王 9 年 衛殤公 8 年　晉平公 7 年　燕文公 4 年　曹武公 4 年　齊莊公 3 年 **孔子**(-551.9.28.~-479.4.11.)享壽 73 歲,名丘,字仲尼,魯國人,生於魯平鄉陬邑 (山東曲阜東南),生父叔梁孔紇,曾在魯國任軍官,逝世很早,孔丘是遺腹子 16、17 歲喪母,20 歲以後曾任「季吏」、「乘田」歿葬魯城泗上,弟子皆服喪 三年.唯子貢盧於冢上凡六年.
		22	辛亥	**-550**	周靈王 22 年　蔡景侯 42 年　秦景公 27 年　宋平公 26 年　魯襄公 23 年 陳哀公 19 年　杞孝公 17 年　鄭簡公 16 年　吳諸樊 11 年　楚康王 10 年 衛殤公 9 年　晉平公 8 年　燕文公 5 年　曹武公 5 年　齊莊公 4 年 晉欒盈潛返晉曲沃(山聞喜)攻晉,大敗.晉攻陷曲沃, 殺欒盈並屠欒氏族黨 齊乘晉內亂伐衛,再攻晉　杞孝公姒忙卒,弟文公姒益姑嗣位 魯內亂臧孫奔邾(山東鄒城)　齊莊公姜光攻莒,莒城頹,莒乞和
		23	壬子	**-549**	周靈王 23 年　蔡景侯 43 年　秦景公 28 年　宋平公 27 年　魯襄公 24 年 陳哀公 20 年　鄭簡公 17 年　吳諸樊 12 年　楚康王 11 年　衛殤公 10 年 晉平公 9 年　燕文公 6 年　曹武公 6 年　齊莊公 5 年　杞文公元年 孔子三歲,聖叔梁紇卒,葬於魯東防山 楚伐吳　鄭朝晉　楚陳蔡許伐鄭　燕文公卒,懿公嗣位 魯仲孫羯攻齊　楚芈昭攻吳,無功而返. 宋會諸侯攻齊,適大雨,軍不能進. 楚會蔡、陳、許攻鄭救齊,晉聯軍救鄭.

朝代	帝王	國號	干支	紀前	紀事
		24	癸丑	**-548**	周靈王 24 年　蔡景侯 44 年　秦景公 29 年　宋平公 28 年　魯襄公 25 年 陳哀公 21 年　鄭簡公 18 年　吳諸樊 13 年　楚康王 12 年　衛殤公 11 年 晉平公 10 年　曹武公 7 年　齊莊公 6 年　杞文公 2 年　燕懿公元年 孔子四歲,在魯國. 崔杼殺齊莊公姜光,立其弟姜杵臼　齊崔杼攻魯 吳王吳諸樊卒,弟吳餘祭嗣位. 晉會諸侯攻齊,齊乞和. 楚滅舒鳩(安徽舒城)
		25	甲寅	**-547**	周靈王 25 年　蔡景侯 45 年　秦景公 30 年　宋平公 29 年　魯襄公 26 年 陳哀公 22 年　鄭簡公 19 年　楚康王 13 年　衛殤公 12 年　晉平公 11 年 曹武公 8 年　杞文公 3 年　燕懿公 2 年　齊景公元年　吳餘祭元年 衛寧喜弒其君殤公衛秋,迎立獻公衛衎復位,孫林父叛,降晉　楚伐鄭 晉會魯鄭宋曹於澶淵(河南濮陽)囚衛衎.齊姜杵臼、鄭姬嘉為請,又獻女於晉,方釋歸. 許靈公姜寧赴楚請兵攻鄭,卒於楚,子悼公姜買嗣位,楚殇兵攻鄭 冉耕(前-547-)字伯牛,孔子學生,德行哲人,很器重他,惜得惡疾早逝,
東周	周靈王姬泄心	**26**	乙卯	**-546**	周靈王 26 年　蔡景侯 46 年　秦景公 31 年　衛獻公 31 年　宋平公 30 年 魯襄公 27 年　陳哀公 23 年　鄭簡公 20 年　楚康王 14 年　晉平公 12 年 曹武公 10 年　杞文公 5 年　燕懿公 3 年　齊景公 2 年　吳餘祭 3 年 孔子六歲,為兒嬉戲,嘗陳俎豆,設禮容. 齊慶封屠崔杼族,崔杼自縊慶封專政 晉楚弭兵,40 年,戰爭轉至南方,.衛殺寧喜. 宋向戌提弭兵之議,聯晉楚齊秦等十四國諸侯之大夫結盟於宋.
		27	丙辰	**-545**	周靈王 27 年　蔡景侯 47 年　秦景公 32 年　衛獻公 32 年　宋平公 31 年 魯襄公 28 年　陳哀公 24 年　鄭簡公 21 年　楚康王 15 年　晉平公 13 年 曹武公 9 年　杞文公 4 年　燕懿公 4 年　齊景公 3 年　吳餘祭 2 年 周靈王姬泄心在位 27 年卒,子姬貴嗣位,是為景王 燕懿公卒,子簡公姬款嗣位. 靈王在位 27 年崩,,次子貴立,是為景王.　齊慶封奔魯 孔子七歲,弟子顏路生.
東周	周景王 姬貴 -544 至-520 年 在位 25 年	**1**	丁巳	**-544**	周景王元年　蔡景侯 48 年　秦景公 33 年　衛獻公 33 年　宋平公 32 年 魯襄公 29 年　陳哀公 25 年　鄭簡公 22 年　晉平公 14 年　曹武公 11 年 杞文公 6 年　齊景公 4 年　吳餘祭 4 年　楚郟敖元年　燕簡公元年 孔子八歲,弟子冉耕生. 吳季札週遊列國,深得各國公卿大夫敬佩.. (西元前-544~前-520)周晏王問樂於令州鳩,按六陽六陰列舉「黃鐘、大呂、太簇、夾鐘、姑洗、仲呂、蕤賓、林鐘、夷則、南呂、無射、應鐘等 12 個律名」創始音樂玄妙的旋律..與美國、希臘、德國有不同的特徵,為人追求. 吳王吳餘祭為守閣人弒殺,立弟吳夷昧繼位. 衛衎卒,子襄公衛惡嗣 吳王子吳季札歷聘諮國. 杞國(山東昌樂)再遷都淳于城(山東安丘)
		2	戊午	**-543**	周景王 2 年　蔡景侯 49 年　秦景公 34 年　宋平公 33 年　魯襄公 30 年 陳哀公 26 年　鄭簡公 23 年　晉平公 15 年　曹武公 12 年　杞文公 7 年 齊景公 5 年　楚郟敖 2 年　燕簡公 2 年　衛襄公元年　吳夷昧元年 佛家「**佛誕紀年**」簡稱佛曆元年, 黃紀 2155 年,民國前 2454 年 蔡世子班殺其君蔡固自立.王殺弟佞夫各國大夫會澶,淵謀邮 宋災鄭相子產

朝代	帝　王	國號	干支	紀前	紀　事
		3	己未	**-542**	周景王 3 年　秦景公 35 年　宋平公 34 年　魯襄公 31 年　陳哀公 27 年 鄭簡公 24 年　晉平公 16 年　曹武公 13 年　杞文公 8 年　齊景公 6 年 楚郟敖 3 年　燕簡公 3 年　衛襄公 2 年　吳夷昧 2 年　蔡靈侯元年 孔子十歲,弟子仲由生. 鄭子產不毀鄉校,使民可議論時政. 子路(仲由、季路)(前-542--480)魯國人.孔子得意門生,事親至孝,性格爽朗 魯襄公姬午卒子姬午嗣位,為季孫宿所殺,另子昭公姬裯位. 莒犁比公己密州暴虐,先立子己振輿為太子既而廢之,己展輿遂殺父嗣位,其弟己去疾奔母國齊國.
		4	庚申	**-541**	周景王 4 年　秦景公 36 年　宋平公 35 年　陳哀公 28 年　鄭簡公 25 年 晉平公 17 年　曹武公 14 年　杞文公 9 年　齊景公 7 年　楚郟敖 4 年 燕簡公 4 年　衛襄公 3 年　吳夷昧 3 年　蔡靈侯 2 年　魯昭公元年 晉趙武楚公子圍會諸侯之大夫於虢, 尋宋之盟 晉荀吳敗狄於太原 楚子欒為公子圍所殺,公子比奔晉,圍自立,己去疾逐己展輿,自立. 芈圍殺姬野,立弟姬裯 邾悼公曹華卒莊公曹穿嗣位 楚王芈麇臥病王子芈圍入問疾,縊殺芈麇,芈圍嗣位是為靈王
東周	周景王 姬貴	**5**	辛酉	**-540**	周景王 5 年　秦景公 37 年　宋平公 36 年　陳哀公 29 年　鄭簡公 26 年 晉平公 18 年　曹武公 15 年　杞文公 10 年　齊景公 8 年　燕簡公 5 年 衛襄公 4 年　吳夷昧 4 年　蔡靈侯 3 年　魯昭公 2 年　楚靈王元年 孔子 12 歲,弟子漆雕開生. 鄭公夫公黑欲奪權,謀泄,自殺
		6	壬戌	**-539**	周景王 6 年　秦景公 38 年　宋平公 37 年　陳哀公 30 年　鄭簡公 27 年 晉平公 19 年　曹武公 16 年　杞文公 11 年　齊景公 9 年　燕簡公 6 年 衛襄公 5 年　吳夷昧 5 年　蔡靈侯 4 年　魯昭公 3 年　楚靈王 2 年 滕成公姬原卒,子悼公姬寧嗣位 燕簡公姬款多嬖寵,欲使其嬖人執政,諸大夫殺嬖,逐姬款,奔齊國,立姬悼公
		7	癸亥	**-538**	周景王 7 年　秦景公 39 年　宋平公 38 年　陳哀公 31 年　鄭簡公 28 年 晉平公 20 年　曹武公 17 年　杞文公 12 年　齊景公 10 年　燕簡公 7 年 衛襄公 6 年　吳夷昧 6 年　蔡靈侯 5 年　魯昭公 4 年　楚靈王 3 年 楚靈王始會諸侯於申 執徐子以伐吳,,殺慶封遂滅賴 吳伐楚　鄭作丘賦.
		8	甲子	**-537**	周景王 8 年　秦景公 40 年　宋平公 39 年　陳哀公 32 年　鄭簡公 29 年 晉平公 21 年　曹武公 18 年　杞文公 13 年　齊景公 11 年　燕簡公 8 年 衛襄公 7 年　吳夷昧 7 年　蔡靈侯 6 年　魯昭公 5 年　楚靈王 4 年 孔子 15 歲,子曰:「吾十有五而志於學」 魯內亂叔孫氏殺其家臣豎牛 秦景公嬴后卒,子哀公嗣位 楚率諸侯伐吳.
		9	乙丑	**-536**	周景王 9 年　宋平公 40 年　陳哀公 33 年　鄭簡公 30 年　晉平公 22 年 曹武公 19 年　杞文公 14 年　齊景公 12 年　燕簡公 9 年　衛襄公 8 年 吳夷昧 8 年　蔡靈侯 7 年　魯昭公 6 年　楚靈王 5 年　秦哀公元年 子騫(損閔)(-536-487 前)子門十哲之一. 寡言穩重,問口語中肯 杞文公姒益姑卒弟平公姒郁釐嗣位楚攻徐,吳救徐 齊侯伐北燕.鄭將刑法條文鑄於鼎上,刊布成文法,晉叔向致書鄭公孫僑責之

朝代	帝　　王	國號	干支	紀前	紀　　　　事
		10	丙寅	**-535**	周景王 10 年　宋平公 41 年　陳哀公 34 年　鄭簡公 31 年　晉平公 23 年 曹武公 20 年　齊景公 13 年　衛襄公 9 年　吳夷昧 9 年　蔡靈侯 8 年 魯昭公 7 年　楚靈王 6 年　秦哀公 2 年　燕悼公元年　杞平公元年 衛襄公衛惡卒,子靈公衛元嗣位 燕賄齊拒簡公姬款另立悼,公齊軍退 孫子(-535~？)姓孫名武,字長卿.,著有「**孫子兵法**」他的作戰名言「知彼知己,百戰不殆;攻其不備,出其不意;兵無常勢,水無常形」 孫臏,山東陽谷縣人,生歿不詳,孫臏學藝超人,為人嫉妒,被龐涓迫害成殘廢,孫臏為齊威王用兵取勝,龐涓兵敗臣服.

東周秦西漢

朝代	帝　　王	國號	干支	紀前	紀　　　　　事
東周	周景王 姬貴	11	丁卯	-534	周景王 11 年　宋平公 42 年　陳哀公 35 年　鄭簡公 32 年　晉平公 24 年 曹武公 21 年　齊景公 14 年　吳夷昧 10 年　蔡靈侯 9 年　魯昭公 8 年 楚靈王 7 年　秦哀公 3 年　燕悼公 2 年　杞平公 2 年　衛靈公元年 陳哀公嬀弱三子: 太子嬀偃師, 次子嬀留, 三子嬀勝. 又有二弟: 嬀招嬀過.嬀招嬀過殺嬀偃而立嬀留,嬀弱自縊死.招復歸罪於嬀過,殺過楚師滅陳,**陳亡**
		12	戊辰	-533	周景王 12 年　宋平公 43 年　鄭簡公 33 年　晉平公 25 年　曹武公 22 年 齊景公 15 年　吳夷昧 11 年　蔡靈侯 10 年　魯昭公 9 年　楚靈王 8 年 秦哀公 4 年　燕悼公 3 年　杞平公 3 年　衛靈公 2 年 孔子 19 歲,娶妻宋丌官氏. 使詹伯如晉　晉使成來教閻田　楚遷許於夷. 魯,宋,鄭,衛四國大夫會楚王於陳
		13	己巳	-532	周景王 13 年　宋平公 44 年　鄭簡公 34 年　晉平公 26 年　曹武公 23 年 齊景公 16 年　吳夷昧 12 年　蔡靈侯 11 年　魯昭公 10 年　楚靈王 9 年 秦哀公 5 年　燕悼公 4 年　杞平公 4 年　衛靈公 3 年 孔子 20 歲,生子鯉字伯魚.仕於魯為委吏. 齊欒施高彊奔魯　陳氏在齊始大　魯季孫意如攻莒,殺俘虜祭亳社 宋平公子成卒,子元公子佐嗣位　晉平公姬彪卒,子昭公姬夷嗣位
		14	庚午	-531	周景王 14 年　鄭簡公 35 年　曹武公 24 年　齊景公 17 年　吳夷昧 13 年 蔡靈侯 12 年　魯昭公 11 年　楚靈王 10 年　秦哀公 6 年　燕悼公 5 年 杞平公 5 年　衛靈公 4 年　宋元公元年　晉昭公元年 孔子 21 歲,為乘田(司職吏). 楚王羋圍誘殺蔡侯般,蔡亡.　楚殺蔡太子蔡友岡山(河南上蔡) 楚使公子棄疾為蔡公　許再遷白羽(河南西峽) 吳王餘祭卒,弟餘味立 滅許,胡,沈,道,房,申,遷之荊
		15	辛未	-530	周景王 15 年　鄭簡公 36 年　曹武公 25 年　齊景公 18 年　吳夷昧 14 年 魯昭公 12 年　楚靈王 11 年　秦哀公 7 年　燕悼公 6 年　杞平公 6 年 衛靈公 5 年　宋元公 2 年　晉昭公 2 年. 齊高偃納北燕伯於陽 原伯絞奔甘人殺甘公過 伐鮮虞 鄭簡公姬嘉卒子定公姬寧嗣位 楚五大夫攻徐國 魯昭公如晉朝嗣君,晉以魯伐莒,違背盟約,拒之,至黃河而歸 晉詐稱與齊會帥出兵東進,遂滅肥國(河北藁) 楚伐徐,民疲於役,怨王

朝代	帝　　王	國號	干支	紀前	紀　　事
		16	壬申	**-529**	周景王 16 年　曹武公 26 年　齊景公 19 年　吳夷昧 15 年　魯昭公 13 年 楚靈王 12 年　秦哀公 8 年　燕悼公 7 年　杞平公 7 年　衛靈公 6 年 宋元公 3 年　晉昭公 3 年　陳惠公元年　蔡平侯元年　鄭定公元年 芈棄疾政變,楚靈王芈圍自縊 楚公子比自晉歸楚,弒其君於乾谿,公子棄疾殺公子比而自立為楚平王,晉會諸侯於平丘,陳侯吳蔡侯盧復其國,吳滅洲來. 燕悼公卒,子共公嗣位 許國再遷葉邑(河南葉縣) 晉治兵於邾南,甲車四千乘,合諸侯尽平丘. 因魯前伐邾,莒,不准與盟. 吳滅州來
		17	癸酉	**-528**	周景王 17 年　曹武公 27 年　齊景公 20 年　吳夷昧 16 年　魯昭公 14 年 秦哀公 9 年　杞平公 8 年　衛靈公 7 年　宋元公 4 年　晉昭公 4 年 陳惠公 2 年　蔡平侯 2 年　鄭定公 2 年　楚平王元年　燕共公元年 孔子 24 歲,聖母顏氏夫人卒,合葬於防山. 逐己立他叔父己庚輿 魯季孫氏家臣南蒯以費叛,費人逐之,南蒯奔齊. 莒著丘公己去疾卒,子郊公己狂嗣位諸公子逐之,立己去疾弟己庚輿,是為共公,己狂奔齊國 曹武公曹滕卒,子平公曹須嗣位.　楚平王滅楚養兵之族
		18	甲戌	**-527**	周景王 18 年　齊景公 21 年　吳夷昧 17 年　魯昭公 15 年　秦哀公 10 年 杞平公 9 年　衛靈公 8 年　宋元公 5 年　晉昭公 5 年　陳惠公 3 年 蔡平侯 3 年　鄭定公 3 年　楚平王 2 年　燕共公 2 年　曹平公元年 吳子末卒,季札讓國,吳人立夷末之子僚. 晉荀吳伐鮮虞取鼓.
東周	周景王 姬貴	**19**	乙亥	**-526**	周景王 19 年　齊景公 22 年　魯昭公 16 年　秦哀公 11 年　杞平公 10 年 衛靈公 9 年　宋元公 6 年　晉昭公 6 年　陳惠公 4 年　蔡平侯 4 年 鄭定公 4 年　楚平王 3 年　燕共公 3 年　曹平公 2 年　吳吳僚元年 孔子 26 歲,母喪既祥,五百彈琴而不成聲,十日成笙歌. 齊侯伐徐　徐子,郯人,莒人,與齊侯盟於蒲隧. 楚王誘殺戎蠻子嘉　齊景公姜杵臼攻徐國,徐乞和. 晉昭公姬夷卒子頃公姬去疾嗣位　六卿強,公室卑.
		20	丙子	**-525**	周景王 20 年　齊景公 23 年　魯昭公 17 年　秦哀公 12 年　杞平公 11 年 衛靈公 10 年　宋元公 7 年　陳惠公 5 年　蔡平侯 5 年　鄭定公 5 年 楚平王 4 年　燕共公 4 年　曹平公 3 年　吳吳僚 2 年　晉頃公元年 釋迦牟尼開始講道,立僧人之制,並設佛教. 孔子 27 歲,郯子來朝,魯人叔昭子問官,對曰:吾祖也,我知之,往見郯子而學焉.既而告人曰:天子失官,學在四夷.猶信.是年弟子原憲生. 子邾子朝魯,郯子朝魯.　晉滅陸渾之戎.　吳伐楚戰於長岸 吳攻楚互有勝負　晉荀吳滅陸渾(河南盧氏)戎部落,陸渾奔楚

朝代	帝　　王	國號	干支	紀前	紀　　　　事
		21	丁丑	**-524**	周景王 21 年　齊景公 24 年　魯昭公 18 年　秦哀公 13 年　杞平公 12 年 衛靈公 11 年　宋元公 8 年　陳惠公 6 年　蔡平侯 6 年　鄭定公 6 年 楚平王 5 年　燕共公 5 年　曹平公 4 年　吳吳僚 3 年　晉頃公 2 年 孔子 28 歲,子謂子產,有君子之道四焉.其行亡而恭,其事上也敬,其養我也惠,其使民也義　周鑄大錢 許遷於析 曹平公曹須卒,子悼公曹午嗣位 燕共公卒平公嗣位　楚再遷許白羽(楚地河南西峽) 鄅人藉稻,邾人襲鄅,入鄅城,盡俘以歸, 楚遷訐於白羽　周景王鑄大錢
		22	戊寅	**-523**	周景王 22 年　齊景公 25 年　魯昭公 19 年　秦哀公 14 年　杞平公 13 年 衛靈公 12 年　宋元公 9 年　陳惠公 7 年　蔡平侯 7 年　鄭定公 7 年 楚平王 6 年　吳吳僚 4 年　晉頃公 3 年　燕平公元年　曹悼公元年 孔子 29 歲,學鼓琴師襄子. 宋伐邾,盡歸鄅俘 邾人,郳人,徐人,與宋人盟於蟲 許世子止殺其君買(悼公) 楚城父(河南寶豐)命太子芈建出鎮 齊高發帥師伐莒,莒共公己輿出奔紀　楚攻吳
		23	己卯	**-522**	周景王 23 年　齊景公 26 年　魯昭公 20 年　秦哀公 15 年　杞平公 14 年 衛靈公 13 年　宋元公 10 年　陳惠公 8 年　蔡平侯 8 年　鄭定公 8 年 楚平王 7 年　吳吳僚 5 年　晉頃公 4 年　燕平公 2 年　曹悼公 2 年 孔子 30 歲曰:「吾三十而立」孔子至京師,既而歸. 冉雍(前-522-?)孔子弟子,為人敦厚,氣度寬宏.. 子我(宰子、予我)孔子門生,十哲之一.擅長言詞, 子有(冉求、冉有)(前-522-?)孔子弟子,多才多藝,性格謙遜,長於政事. 大思想教育家孔子、老子與「道德經」、孫武與「孫子兵法」鼎盛 楚平王信費無極讒言,欲誅太子建,楚太子建奔宋,楚王殺其傅伍奢子尚,,伍子胥奔吳,為其謀而致霸業. 宋亂鄭大夫公孫僑卒　子蔡朱嗣位　周景姬貴鑄大鐘 蔡平侯卒,靈侯之孫東國殺平侯子而自立,是為悼侯
		24	庚辰	**-521**	周景王 24 年　齊景公 27 年　魯昭公 21 年　秦哀公 16 年　杞平公 15 年 衛靈公 14 年　宋元公 11 年　陳惠公 9 年　鄭定公 9 年　楚平王 8 年 吳吳僚 6 年　晉頃公 5 年　燕平公 3 年　曹悼公 3 年　蔡蔡朱元年 蔡悼侯元年 孔子 31 歲,弟子高榮、巫馬施、密不齊生. 景王鑄無射鐘,單穆公(旗)不聽.　宋華亥,向寧,華定,復入宋南里以叛.華登以吳師援之,未師敗.晉,齊,衛師救宋,大敗華師,圍之於南里. 蔡逐蔡,朱立靈侯蔡般孫蔡東國,是為悼侯,皆楚費無極受賄之謀.
		25	辛巳	**-520**	周景王 25 年　齊景公 28 年　魯昭公 22 年　秦哀公 17 年　杞平公 16 年 衛靈公 15 年　宋元公 12 年　陳惠公 10 年　鄭定公 10 年　楚平王 9 年 吳吳僚 7 年　晉頃公 6 年　燕平公 4 年　曹悼公 4 年　蔡悼侯 2 年 孔子 32 歲,弟子端木子賜生,宰予生. 子貢(前-520—446)孔子得意門生,十哲之一.孔子稱『瑚璉之器』『受業身通』 宋華亥,向寧,華定,出奔楚　王子猛卒, 鼓背晉鮮虞,晉滅鼓 周景王卒在位 25 年,母弟敬王姬匄嗣位.是敬王(-520~-477)王室亂,劉子子奉王猛居皇.晉帥師來助,王猛入王城子悼王猛弟敬王匄

朝代	帝　　王	國號	干支	紀前	紀　　事
東周	周敬王 姬匄 -519 至-477 年 在位 43 年	1	壬午	-519	周敬王元年　齊景公 29 年　魯昭公 23 年　秦哀公 18 年　杞平公 17 年 衛靈公 16 年　宋元公 13 年　陳惠公 11 年　鄭定公 11 年　楚平王 10 年 吳吳僚 8 年　晉頃公 7 年　燕平王 5 年　曹悼公 5 年　蔡悼侯 3 年 周姬朝元年 孔子 33 歲,弟子公西赤生. 王子朝入於尹, 王避居狄泉,尹氏立王子朝. 敬王時,尹文公奉王子朝為王,敬王出奔,五年後,晉國派兵將敬王送回王城, 王子朝出奔. 姬朝逐姬匄,自立. 逐己庚輿,迎立前國君己狂 吳入鄖,取楚太子建母與其寶器以歸
		2	癸未	-518	周敬王 2 年　齊景公 30 年　魯昭公 24 年　秦哀公 19 年　杞平公 18 年 衛靈公 17 年　宋元公 14 年　陳惠公 12 年　鄭定公 12 年　楚平王 11 年 吳吳僚 9 年　晉頃公 8 年　燕平王 6 年　曹悼公 6 年　周姬朝 2 年 蔡昭侯元年 子有(有若、汴伯)(前-518--458)孔子弟子『先賢有子』從容合節,先王之道. 楚侵吳,至於圉陽而還,吳師遂滅巢與鍾離 杞平公姒郁釐卒,子悼公姒成嗣位. 楚屠卑梁,吳亦屠鍾離,並滅巢國(安徽巢湖)
		3	甲申	-517	周敬王 3 年　齊景公 31 年　魯昭公 25 年　秦哀公 20 年　衛靈公 18 年 宋元公 15 年　陳惠公 13 年　鄭定公 13 年　楚平王 12 年　吳吳僚 10 年 晉頃公 9 年　燕平王 7 年　曹悼公 7 年　周姬朝 3 年　蔡昭侯 2 年 杞悼公元年 孔子 35 歲以前未常出國門一步,是年適齊. 魯侯居鄆. 大夫會於黃父謀王室　魯侯伐季孫意如不克九月奔齊. 魯大旱 魯昭公姬裯與郈氏臧氏起兵攻季孫意如,三桓攻姬裯,姬裯敗奔齊 未元公子佐卒,子景公子欒嗣位　齊攻魯圍(山東)鄆城 范蠡(前-517~-)與文種獻計,協助勾踐滅吳王夫差,勾踐得霸業,難以共富貴, 「飛鳥盡,良弓藏,狡兔;,走狗烹」難以久留,不辭而去.
		4	乙酉	-516	周敬王 4 年　齊景公 32 年　魯昭公 26 年　秦哀公 21 年　衛靈公 19 年 陳惠公 14 年　鄭定公 14 年　楚平王 13 年　吳吳僚 11 年　晉頃公 10 年 燕平王 8 年　曹悼公 8 年　周姬朝 4 年　蔡昭侯 3 年　杞悼公 2 年 宋景公元年 孔子 36 歲,在齊聞韶,三月不知肉味.　周室二王並立,周敬王進入成周. 晉趙鞅納王,王入於成周,尹氏召氏毛伯奉王子朝奔楚,並以周之典籍行. 晉逐周王姬朝,迎前國王姬匄復位　王徙都成周
		5	丙戌	-515	周敬王 5 年　齊景公 33 年　魯昭公 27 年　秦哀公 22 年　衛靈公 20 年 陳惠公 15 年　鄭定公 15 年　吳吳僚 12 年　晉頃公 11 年　燕平王 9 年 曹悼公 9 年　蔡昭侯 4 年　杞悼公 3 年　宋景公 2 年　楚昭王元年 孔子 37 歲,自齊返魯,吳延陵季子聘於上國,季子之子死,孔子往觀其葬,曰延 陵季子其合乎禮矣.孔子返魯以後,五十歲以前不曾入仕而教授,弟子受益也 吳公子光設宴刺殺吳王僚,光自立是為吳王闔閭.　諸侯之大夫會於扈令,戌 成周,謀納魯侯晉士鞅取貨於季孫不果納,諸侯戌成周. 曹午被宋國囚死,其弟曹野繼位

朝代	帝　　王	國號	干支	紀前	紀　　　事
		6	丁亥	-514	周敬王 6 年　齊景公 34 年　魯昭公 28 年　秦哀公 23 年　衛靈公 21 年 陳惠公 16 年　鄭定公 16 年　晉頃公 12 年　燕平王 10 年　蔡昭侯 5 年 杞悼公 4 年　宋景公 3 年　楚昭王 2 年　曹聲公元年　吳闔廬元年 吳王闔閭重用伍子胥 晉殺祁盈及祁盈及羊舌食我,盡屠祁氏及羊舌氏,分二氏之田為十縣 鄭定公姬寧卒子獻公姬蠆嗣位　吳光遣要離殺吳僚之子吳慶忌
		7	戊子	-513	周敬王 7 年　齊景公 35 年　魯昭公 29 年　秦哀公 24 年　衛靈公 22 年 陳惠公 17 年　晉頃公 13 年　燕平王 11 年　蔡昭侯 6 年　杞悼公 5 年 宋景公 4 年　楚昭王 3 年　曹聲公 2 年　吳闔廬 2 年　鄭獻公元年 孔子 39 歲,弟子子頻淵生. 魯昭公姬禂由齊奔晉,居乾侯城(河北成安) 周殺召伯盈,尹氏固及原伯魯之子. 晉趙鞅荀寅鑄鼎,刻士匄所著法律條文,史稱刑鼎..孔丘責之曰「晉將亡矣, 民將尊重鼎,而不尊重權貴,權貴將何仗恃.貴賤不再有秩序,何以立國」
東周	周敬王 姬匄	8	己丑	-512	周敬王 8 年　齊景公 36 年　魯昭公 30 年　秦哀公 25 年　衛靈公 23 年 陳惠公 18 年　晉頃公 14 年　燕平王 12 年　蔡昭侯 7 年　杞悼公 6 年 宋景公 5 年　楚昭王 4 年　曹聲公 3 年　吳闔廬 3 年　鄭獻公 2 年 孔子 40 歲,曰:「吾四十而不惑」.陽貨欲見孔子,孔子不見.是年弟子澹滅明 生 吳滅鍾吾及徐,徐子章羽奔楚,吳遂謀攻楚,聽伍員之謀,楚始疲於奔命. 吳公子掩餘,公子燭庸奔楚,楚封之間吳 晉頃公姬去疾卒,子定公姬午嗣位,晉益弱六卿益強 兵學家孫武以孫子兵法上奉吳王吳光　吳滅徐,君主嬴章羽奔楚,吳滅鍾吾
		9	庚寅	-511	周敬王 9 年　齊景公 37 年　魯昭公 31 年　秦哀公 26 年　衛靈公 24 年 陳惠公 19 年　燕平王 13 年　蔡昭侯 8 年　杞悼公 7 年　宋景公 6 年 楚昭王 5 年　曹聲公 4 年　吳闔廬 4 年　鄭獻公 3 年　晉定公元年 孔子 41 歲,在川上曰:「逝世如斯矣,不舍晝夜」 魯季孫意如會晉荀躒於適歷. 獻公任穀卒,子襄公任定嗣位. 吳王闔閭用伍子胥謀伐楚,楚軍疲於奔命. 此時楚王已死,伍子胥為報父仇將楚王屍體挖出,鞭屍三日
		10	辛卯	-510	周敬王 10 年　齊景公 38 年　魯昭公 32 年　秦哀公 27 年　衛靈公 25 年 陳惠公 20 年　燕平王 14 年　蔡昭侯 9 年　杞悼公 8 年　宋景公 7 年 楚昭王 6 年　曹聲公 5 年　吳闔廬 5 年　鄭獻公 4 年　晉定公 2 年 吳伐越　諸侯之大夫城成周. 魯昭公卒於乾侯季孫意如,廢世子立公子宋,是為定公 曹公子曹通,殺其侄國君聲公曹野,嗣位,是為隱公
		11	任辰	-509	周敬王 11 年　魯昭公 32 年　秦哀公 28 年　衛靈公 26 年　陳惠公 21 年 燕平公 15 年　蔡昭侯 10 年　杞悼公 9 年　宋景公 8 年　楚昭王 7 年 吳闔廬 6 年　鄭獻公 5 年　晉定公 3 年　魯定公元年　曹隱公元年 楚王國囚蔡國國君蔡申,三年才釋放.　魯昭公姬禂弟姬宋嗣位,是為定公
		12	癸巳	-508	周敬王 12 年　*齊景公 40 年　秦哀公 29 年　衛靈公 27 年　陳惠公 22 年 燕平公 16 年　蔡昭侯 11 年　杞悼公 10 年　宋景公 9 年　楚昭王 8 年 吳闔廬 7 年　鄭獻公 6 年　晉定公 4 年　魯定公 2 年　曹隱公 2 年 盜殺羣伯　桐國(安徽桐城)叛楚 楚令尹芈囊瓦攻吳吳潛軍攻楚陷之擄芈繫

朝代	帝　　王	國號	干支	紀前	紀　　　　事
		13	甲午	**-507**	周敬王 13 年　齊景公 41 年　秦哀公 30 年　衛靈公 28 年　陳惠公 23 年 燕平公 17 年　蔡昭侯 12 年　杞悼公 11 年　宋景公 10 年　楚昭王 9 年 吳闔廬 8 年　鄭獻公 7 年　晉定公 5 年　魯定公 3 年　曹隱公 3 年 孔子 45 歲,弟子卜商生. 楚王國囚唐國國君唐成侯,不久釋放. 邾莊公曹穿怒九射姑欲捕未遂,怒不慎墜火爐中膚爛灼死,子隱公曹益嗣位
		14	乙未	**-506**	周敬王 14 年　齊景公 42 年　秦哀公 31 年　衛靈公 29 年　陳惠公 24 年 燕平公 18 年　蔡昭侯 13 年　杞悼公 12 年　宋景公 11 年　楚昭王 10 年 吳闔廬 9 年　鄭獻公 8 年　晉定公 6 年　魯定公 4 年　曹隱公 4 年 孔子 46 歲修春秋與左丘明如周,觀書於周史,欹器亦見周廟.問禮於老子. 子游(言游、言偃)(前-506-443)孔子弟子,能行禮樂之道,善長詩書禮樂文章. 劉子會諸侯召陵謀伐楚　蔡滅沈　吳蔡及楚戰柏舉,楚敗　吳王闔閭用伍 子胥計謀,孫武率兵在柏舉(湖北麻城)破楚入楚都郢.. 楚昭王出奔隨 吳王國逐楚王芈軫. 曹露殺曹通,自立. 姒遇殺姒乞,自立.
		15	丙申	**-505**	周敬王 15 年　齊景公 43 年　秦哀公 32 年　衛靈公 30 年　燕平公 19 年 蔡昭侯 14 年　宋景公 12 年　楚昭王 11 年　吳闔廬 10 年　鄭獻公 9 年 晉定公 7 年　魯定公 5 年　陳懷公元年　曹靖公元年　杞僖公元年 孔子 47 歲在周,夏秋之間返魯.弟子曾參、樊須生. 王人殺子朝於楚,楚入吳,楚申包胥以秦師救楚,吳敗還　楚昭王歸國還郢 魯大夫季孫之家臣陽虎專政.　周敬王姬匄遣人赴楚刺殺王子姬朝 **曾子**(前-505.10.12.~-435)山東平邑人,孔子弟子,相傳「大學」「孝經」為其 所著.後世尊稱他為「宗聖」孔子逝,若父喪而無服,守孔子墓.
東周	東周敬王姬匄	**16**	丁酉	**-504**	周敬王 16 年　齊景公 44 年　秦哀公 33 年　衛靈公 31 年　蔡昭侯 15 年 宋景公 13 年　楚昭王 12 年　吳闔廬 11 年　鄭獻公 10 年　晉定公 8 年 魯定公 6 年　陳懷公 2 年　曹靖公 2 年　杞僖公 2 年　燕惠公元年 鄭游速滅許以許斯歸　吳敗楚,楚遷都郡　王子朝之徒儋翩作亂,王處於姑獲. 鄭國逐周王姬匄,明年返國復位.　鄭乘楚敗攻許國擄許君姜斯,許國亡.
		17	戊戌	**-503**	周敬王 17 年　齊景公 45 年　秦哀公 34 年　衛靈公 32 年　蔡昭侯 16 年 宋景公 14 年　楚昭王 13 年　吳闔廬 12 年　鄭獻公 11 年　晉定公 9 年 魯定公 7 年　陳懷公 3 年　曹靖公 3 年　杞僖公 3 年　燕惠公 2 年 子張(顓孫師)(前-503-447)孔子弟子,『言忠信,行篤敬』『言寡尤,行寡悔』 儋翩入於儀栗以叛　單子劉子敗尹氏於窮谷 單劉逆王於鄭氏,晉大夫藉秦送王王入王城.
		18	已亥	**-502**	周敬王 18 年　齊景公 46 年　秦哀公 35 年　衛靈公 33 年　蔡昭侯 17 年 宋景公 15 年　楚昭王 14 年　吳闔廬 13 年　鄭獻公 12 年　晉定公 10 年 魯定公 8 年　陳懷公 4 年　曹靖公 4 年　杞僖公 4 年　燕惠公 3 年 孔子 55 歲,曰:「吾五十而知天命」與魯國君臣政見不合,離開魯國,開始週 遊列國,14 年中先後到了衛、陳、曹、宋、鄭、蔡六個諸侯國家. 陳國君嬀柳被吳王國囚死,兒子嬀越繼位.　季孫斯攻陽虎,陽虎逃亡.
		19	庚子	**-501**	周敬王 19 年　齊景公 47 年　秦哀公 36 年　衛靈公 34 年　蔡昭侯 18 年 宋景公 16 年　楚昭王 15 年　吳闔廬 14 年　鄭獻公 13 年　晉定公 11 年 魯定公 9 年　杞僖公 5 年　燕惠公 4 年　陳湣公元年　曹曹陽元年 孔子 51 歲,初仕中都(山東汶上)宰.魯國姬宋與齊國姜杵臼在夾谷(山東新 泰)會晤,孔子以禮儀被為姬宋賓相　鄭大夫鄧析著刑法於竹簡,稱竹刑 鄭獻公姬蠆卒子聲公姬勝嗣位　秦哀公卒孫惠公嗣位

朝代	帝　　王	國號	干支	紀前	紀　　　　事
		20	辛丑	**-500**	周敬王 20 年　齊景公 48 年　衛靈公 35 年　蔡昭侯 19 年　宋景公 17 年 楚昭王 16 年　吳闔廬 15 年　晉定公 12 年　魯定公 10 年　杞僖公 6 年 燕惠公 5 年　陳湣公 2 年　曹曹陽 2 年　秦惠公元年　鄭聲公元年 孔子 52 歲作「詩經」約在前-500 年,其中詩歌 305 篇,另有南陔、白華、華黍、由庚、崇丘、由儀六篇.分風、雅、頌三部分. 孔子相.魯以孔子為司空,繼為司寇.　夏魯侯會齊侯於夾谷 齊人欲劫魯定公,遭孔子斥退,歸鄆,讓龜陰之田. 晏嬰(晏子)(?~ 前-500)山東萊州人,外交家,思想家,「晏子能明其所欲,景公能行其所善」
		21	壬寅	**-499**	周敬王 21 年　齊景公 49 年　衛靈公 36 年　蔡昭侯 20 年　宋景公 18 年 楚昭王 17 年　吳闔廬 16 年　晉定公 13 年　魯定公 11 年　杞僖公 7 年 燕惠公 6 年　陳湣公 3 年　曹曹陽 3 年　秦惠公 2 年　鄭聲公 2 年 孔子 53 歲,由中都宰為司空. 宋公子子辰子仲佗子地據蕭(安徽蕭縣)叛　魯與鄭結盟,魯從此叛晉.
		22	癸卯	**-498**	周敬王 22 年　齊景公 50 年　衛靈公 37 年　蔡昭侯 21 年　宋景公 19 年 楚昭王 18 年　吳闔廬 17 年　晉定公 14 年　魯定公 12 年　杞僖公 8 年 燕惠公 7 年　陳湣公 4 年　曹曹陽 4 年　秦惠公 3 年　鄭聲公 3 年 孔子 54 歲,由司空為大司寇.言於定公使仲由為季氏宰,齊人饋魯,女樂. 孔子建議三桓拆除都城,以求魯國重振久己失去權威,這是著名的「墮三都運動」,後來仲孫家反對欲重建,孔子建議姬宋討伐大敗,這是孔子的大挫折 孔子在魯國遭到冷遇,開始週遊列國. 夏魯墮郈及費冬圍成弗克墮 魯仲由為季氏宰,將墮三都,叔孫帥師墮郈,季孫仲孫帥師墮費.將角成.孟孫氏臣公斂處不墮,定公圍城,弗克. 齊饋魯女樂,孔子去魯適衛.
		23	甲辰	**-497**	周敬王 23 年　齊景公 51 年　衛靈公 38 年　蔡昭侯 22 年　宋景公 20 年 楚昭王 19 年　吳闔廬 18 年　晉定公 15 年　魯定公 13 年　杞僖公 9 年 燕惠公 8 年　陳湣公 5 年　曹曹陽 5 年　秦惠公 4 年　鄭聲公 4 年 孔子 55 歲,由大司寇攝相事,齊饋女樂,膰肉不至,不脫冕而行.乃作猗蘭之操. 離開魯國去衛國,關始週遊列國. 越王勾踐建越國(-497 至-333)　夏晉卿爭權　趙鞅入晉陽以叛　趙鞅還晉 薛國貴族殺國君任比,立任夷.
東周	東周敬王姬匄	**24**	乙巳	**-496**	周敬王 24 年　齊景公 52 年　衛靈公 39 年　蔡昭侯 23 年　宋景公 21 年 楚昭王 20 年　吳闔廬 19 年　晉定公 16 年　魯定公 14 年　杞僖公 10 年 燕惠公 9 年　陳湣公 6 年　曹曹陽 6 年　秦惠公 5 年　鄭聲公 5 年 孔子 56 歲,被國君姬宋賞識,任命為宰相(攝相事)正法反對三桓首腦少正.卯.到君主主持對天公大典分祭肉時,三桓故意不分給孔子,孔子受辱離去流亡到衛國.　去魯適衛.孔子之宋,自宋適陳陳過匡,匡人圍之.　孔子自衛適陳 吳王闔閭攻越戰死.子夫差即位,立志報仇,在夫椒(今浙江紹興)打敗越軍. 吳王闔閭得知越王勾踐父親允常去世,興兵攻越,戰敗而死. 楚滅頓　越敗吳　闔閭傷卒　秋衛蒯聵出奔宋
		25	丙午	**-495**	周敬王 25 年　齊景公 53 年　衛靈公 40 年　蔡昭侯 24 年　宋景公 22 年 楚昭王 21 年　晉定公 17 年　魯定公 15 年　杞僖公 11 年　燕惠公 10 年 陳湣公 7 年　曹曹陽 7 年　秦惠公 6 年　鄭聲公 6 年　吳夫差元年 孔子 57 歲,見南子,亦以見衛君夫婦對夫子之敬愛也.過曹如宋,自宋適陳. 魯定公姬宋卒子哀公姬蔣嗣位.

朝代	帝王	國號	干支	紀前	紀事
		26	丁未	**-494**	周敬王 26 年　齊景公 54 年　衛靈公 41 年　蔡昭侯 25 年　宋景公 23 年 楚昭王 22 年　晉定公 18 年　杞僖公 12 年　燕惠公 11 年　陳湣公 8 年 曹曹陽 8 年　秦惠公 7 年　鄭聲公 7 年　吳夫差 2 年　魯哀公元年 孔子 58 歲,去陳復返衛　吳王夫差敗越,越王勾踐使求和. 吳王夫差為報父仇,在夫椒(浙江紹興)攻越,擄越王姒,勾踐逃入會稽,向吳夫差役求和,禮卑辭服,伍子胥力諫,吳王不聽. 勾踐用范蠡、文種整飭內政,十年生聚,臥薪嚐膽,終於滅吳. 衛齊鮮虞聯攻晉陷棘蒲(河北)
		27	戊申	**-493**	周敬王 27 年　齊景公 55 年　衛靈公 42 年　蔡昭侯 26 年　宋景公 24 年 楚昭王 23 年　晉定公 19 年　杞僖公 13 年　燕惠公 12 年　陳湣公 9 年 曹曹陽 9 年　秦惠公 8 年　鄭聲公 8 年　吳夫差 3 年　魯哀公 2 年 孔子 59 歲,衛靈公老,怠於政不用孔子,去衛適陳.　衛元侯卒　魯趙鞅納世子蒯聵於戚　蔡遷於州來　燕惠公卒,子獻公嗣位
		28	己酉	**-492**	周敬王 28 年　齊景公 56 年　蔡昭侯 27 年　宋景公 25 年　楚昭王 24 年 晉定公 20 年　杞僖公 14 年　陳湣公 10 年　曹曹陽 10 年　秦惠公 9 年 鄭聲公 9 年　吳夫差 4 年　魯哀公 3 年　燕獻公元年　衛出公元年 孔子適宋,與弟子習禮於大樹之下 孔子 60 歲,在陳.弟子子思子生. 以晉趙鞅來言殺萇弘　晉趙鞅克朝歌 周誣殺萇弘.　秦惠公卒,子悼公嗣位.
		29	庚戌	**-491**	周敬王 29 年　齊景公 57 年　蔡昭侯 28 年　宋景公 26 年　楚昭王 25 年 晉定公 21 年　杞僖公 15 年　陳湣公 11 年　曹曹陽 11 年　鄭聲公 10 年 吳夫差 5 年　魯哀公 4 年　燕獻公 2 年　衛出公 2 年　秦悼公元年 孔子 61 歲,夏日陳適蔡　吳王夫差回國,廣納賢士,遣越王姒勾踐回越. 夏晉人執戎蠻子歸楚 蔡大夫殺蔡昭侯而,立其子蔡朔是為成侯. 吳王吳夫差遣越王姒勾踐歸越　齊攻晉　晉趙鞅圍邯鄲 楚攻蠻,戎蠻子赤奔晉,晉人執戎蠻子赤歸於楚,楚俘其民. 秦惠公卒,子悼公立
		30	辛亥	**-490**	周敬王 30 年　齊景公 58 年　宋景公 27 年　楚昭王 26 年　晉定公 22 年 杞僖公 16 年　陳湣公 12 年　曹曹陽 12 年　鄭聲公 11 年　吳夫差 6 年 魯哀公 5 年　燕獻公 3 年　衛出公 3 年　秦悼公 2 年　蔡成侯元年 孔子 62 歲自蔡如葉.葉公問政. 趙鞅敗范中行,范中行奔齊. 齊景公姜杵臼卒,少子孺公姜荼嗣位 晉陷柏人,士吉射、荀鑿奔齊,范氏、中行氏全族盡逐出晉國 晉趙鞅攻衛,報復衛助范氏、中行氏.
		31	壬子	**-489**	周敬王 31 年　宋景公 28 年　楚昭王 27 年　晉定公 23 年　杞僖公 17 年 陳湣公 13 年　曹曹陽 13 年　鄭聲公 12 年　吳夫差 7 年　魯哀公 6 年 燕獻公 4 年　衛出公 4 年　秦悼公 3 年　蔡成侯 2 年　齊孺公元年 孔子 63 歲自陳如蔡.絕糧陳蔡之間.如楚至衛, 楚昭王使聘孔子,孔子不行. 楚昭王卒子惠王芈章嗣位 齊陽生入於齊 田乞弒其孺子荼,立他兄姜陽生

朝代	帝　王	國號	干支	紀前	紀　事
東周	東周敬王姬匄	**32**	癸丑	**-488**	周敬王 32 年　宋景公 29 年　晉定公 24 年　杞僖公 18 年　陳湣公 14 年 曹曹陽 14 年　鄭聲公 13 年　吳夫差 8 年　魯哀公 7 年　燕獻公 5 年 衛出公 5 年　秦悼公 4 年　蔡成侯 3 年　楚惠王元年　齊悼公元年 孔子 64 歲,子貢仕魯而使吳.子路仕衛而治蒲. 魯國擄曹益,明年才釋放. 吳王夫差與魯哀公姬蔣會於鄫城(山東蒼山) 曹陽謀圖霸業,叛晉而仇宋
		33	甲寅	**-487**	周敬王 33 年　宋景公 30 年　晉定公 25 年　杞僖公 19 年　陳湣公 15 年 曹曹陽 15 年　鄭聲公 14 年　吳夫差 9 年　魯哀公 8 年　燕獻公 6 年 衛出公 6 年　秦悼公 5 年　蔡成侯 4 年　楚惠王 2 年　齊悼公 2 年 孔子 65 歲,倦遊思歸. 宋擄曹陽、公孫彊,殺之曹國亡. 吳國囚邾國曹益,立其子曹革. 杞僖公姒過卒,子閔公姒維嗣位
		34	乙卯	**-486**	周敬王 34 年　宋景公 31 年　晉定公 26 年　陳湣公 16 年　鄭聲公 15 年 吳夫差 10 年　魯哀公 9 年　燕獻公 7 年　衛出公 7 年　秦悼公 6 年 蔡成侯 5 年　楚惠王 3 年　齊悼公 3 年　杞閔公元年 孔子 66 歲夫人丌官氏卒. 吳城邗溝通江淮 吳鑿邗溝,使淮河與長江相通 吳王闔閭伐越,吳王戰死,子夫差即位,誓報父仇.
		35	丙辰	**-485**	周敬王 35 年　宋景公 32 年　晉定公 27 年　陳湣公 17 年　鄭聲公 16 年 吳夫差 11 年　魯哀公 10 年　燕獻公 8 年　衛出公 8 年　秦悼公 7 年 蔡成侯 6 年　楚惠王 4 年　齊悼公 4 年　杞閔公 2 年 孔子 67 歲,伯魚之母死,期年猶哭. 子路治蒲三年,孔子過之,入其境,善哉由也,恭敬信矣. 宋滅曹 薛惠公任夷卒 越王姒勾踐獻美女西施鄭旦給吳王夫差.　魯侯會吳伐齊 齊鮑牧牧殺國加悼姜陽生,立其子姜壬,是為簡公 楚芈結攻陳,吳季札救陳,告芈結「兩國國君不務德行,而力爭盟邦,人民何罪,我先退軍,使君成名」即還
		36	丁巳	**-484**	周敬王 36 年　宋景公 33 年　晉定公 28 年　陳湣公 18 年　鄭聲公 17 年 吳夫差 12 年　魯哀公 11 年　燕獻公 9 年　衛出公 9 年　秦悼公 8 年 蔡成侯 7 年　楚惠王 5 年　杞閔公 3 年　齊簡公元年 孔子 68 歲在衛,季康子迎孔子,孔子在外流亡 13 年(前-496~-484)自衛反魯定居.作丘陵之歌. 編纂「易經、春秋、詩經、書經(尚書)、禮經」 孔子自衛返魯 魯季孫氏欲田賦,訪於孔子,孔子止之,不聽. 周藏室史李耳棄職西行,至函谷關,著道德經五千言而去. 伍子胥(?~前`-484)智助吳王夫差打敗越王勾踐,不求進取,貪圖安樂,納西施,歌舞戀賤歡樂之中,伍子胥苦諫不成,反賜劍令伍子胥自殺 吳王夫差開邗溝,通長江淮河為我國最古的運河 齊國書伐魯,魯會吳伐齊,戰於艾陵齊敗 滕隱公姬毋卒

朝代	帝　　王	國號	干支	紀前	紀　　　　事
		37	戊午	**-483**	孔子69歲,子伯魚卒.　魯用田賦　魯侯會吳 周敬王37年　宋景公34年　晉定公29年　陳湣公19年　鄭聲公18年 吳夫差13年　魯哀公12年　燕獻公10年　衛出公10年　秦悼公9年 蔡成侯8年　楚惠王6年　杞閔公4年　齊簡公2年 釋迦牟尼逝世 吳王吳夫差、衛出公衛輒,會於鄖城(江蘇如皋)衛曾殺吳使者且姚,吳夫差國輒,尋又釋歸放. 魯用田賦　魯侯會吳,魯侯衛侯,宋公於鄖,　宋攻鄭
		38	己未	**-482**	周敬王38年　宋景公35年　晉定公30年　陳湣公20年　鄭聲公19年 吳夫差14年　魯哀公13年　燕獻公11年　衛出公11年　秦悼公10年 蔡成侯9年　楚惠王7年　杞閔公5年　齊簡公3年 孔子70歲曰:「吾七而於心所欲,不逾距」時在魯,哀公館焉.公自作階,孔子自賓階井堂,立待公命,以席問政. 魯哀公會單平公,晉定公,吳王夫差於黃池. 越王姒勾踐乘機大舉攻吳,焚吳都姑蘇,擒吳太子吳友,吳王向越乞和殺吳太子友,吳子遣使來告,晉侯吳子爭.勾踐為伯,諸侯之長,稱霸. 吳與晉爭先歃血,吳王先歃血, 吳與越和. 鄭敗宋師於嵒
東周	東周敬王姬匄	**39**	庚申	**-481**	周敬王39年　宋景公36年　晉定公31年　陳湣公21年　鄭聲公20年 吳夫差15年　魯哀公14年　燕獻公12年　衛出公12年　秦悼公11年 蔡成侯10年　楚惠王8年　杞閔公6年　齊簡公4年 孔子71歲,西狩獲麟.歌之,作春秋絕筆. 顏回卒　宰我死.　莒郊公己狂卒 魯哀公姬蔣田獵狩獲麒麟　齊田恒弒其君姜壬,立他弟姜驁,是為平公. 齊陳恒殺其君簡公而立簡公弟驁,是為平公,陳恒專國政. 魯國春秋,相傳是孔子理隨即絕筆於是年.因此,春秋時代亦即止於是年. 春秋時代結束(西元前-722至-481止)共242年　〔春秋〕編年紀事止

戰國時期

朝代	帝　　王	國號	干支	紀前	紀　　　　事
		40	辛酉	**-480**	周敬王40年　宋景公37年　晉定公32年　陳湣公22年　鄭聲公21年 吳夫差16年　魯哀公15年　燕獻公13年　衛出公13年　秦悼公12年 蔡成侯11年　楚惠王9年　杞閔公7年　齊平公元年 孔子72歲,仲由死,孔子哭,子路於平庭,有人弔焉,而夫子拜之. **戰國時代開始**(前-480至-221)共260年 吳王夫差在黃池(今河南封丘南)會集北方諸侯,越王勾踐虛出兵大敗吳軍. 衛出公衛輒父衛蒯聵謀潛返衛孔俚及渾良夫立是為莊公其子出公奔魯國. 衛蒯聵因衛渾良夫,孔伯姬,自戚入衛,劫孔俚以以逐其子出公輒而自立,是為莊公.輒奔魯,又奔齊..

<table>
<tr><th>朝代</th><th>帝　王</th><th>國號</th><th>干支</th><th>紀前</th><th>紀　　　　　事</th></tr>
<tr><td></td><td></td><td>41</td><td>壬戌</td><td>-479</td><td>周敬王 41 年　宋景公 38 年　晉定公 33 年　陳湣公 23 年　鄭聲公 22 年
吳夫差 17 年　魯哀公 16 年　燕獻公 14 年　秦悼公 13 年　蔡成侯 12 年
楚惠王 10 年　杞閔公 8 年　齊平公 2 年　衛莊公元年
孔子於前 551~前-479 年編著〔論語〕〔左傳〕編年記事止於孔子逝世之年
孔子(孔丘)73 歲逝世(-551.8.27~-479.4.11.農曆 2 月 18 日),葬魯城北泗上.
魯哀公作誄文悼孔子,弟子服喪六年始離.孔子著述繁多,人稱「十翼」(書傳、禮傳、為易、彖辭、象辭、系辭、序卦、說卦、雜卦、文言).弟子及魯人往從冢而家者百有餘家,因命曰「孔里」至今人仰是中國一顆瑰麗明珠.
墨子,名翟,魯國人,生歿不詳,約生於(-479~-486),死於(-390~-376)另說生卒
時有「諸子百家思想」
<table>
<tr><th>百家</th><th>創始人</th><th>諸子主要著作</th></tr>
<tr><td>儒家</td><td>孔子 崇古思想</td><td>論語,大學,中庸,孟子,左氏春秋,盧氏春秋,李氏春秋,春秋公羊傳,春秋穀傳,荀子,景子,公孫尼子,寧越,曾子,徐子,子思子,世子,芈子,宓子,羊子,魯仲連子,王孫子,漆雕子.</td></tr>
<tr><td>道家</td><td>李耳 退讓思想</td><td>老子(道德經),關尹子,莊子,列子,文子,鶡冠子,□子,力牧,公子牟,黔婁子,田子,捷子,長盧子,黃帝君臣,鄭長者,王狄子.</td></tr>
<tr><td>墨家</td><td>墨翟 博愛思想</td><td>墨子,田俅子,我子,隨巢子,胡非子.</td></tr>
<tr><td>法家</td><td>李悝 法治思想</td><td>法經,管子,商君書,韓非子,申子,李子,處子,慎子</td></tr>
<tr><td>名家</td><td>惠施 邏輯方法</td><td>惠子.鄧忻子公孫龍子黃公毛公尹文字成公生.</td></tr>
<tr><td>兵家</td><td>孫臏 軍事思想</td><td>孫子兵法,司馬兵法.</td></tr>
<tr><td>陰陽家</td><td>鄒衍 玄學思想</td><td>鄒子馮促子黃帝泰索杜文公關丘子周伯南公.</td></tr>
<tr><td>縱橫家</td><td>蘇秦 外交技術</td><td>蘇子,張子,關子,蒯子,鬼谷子,零陵,令信.</td></tr>
<tr><td>雜家</td><td>呂不韋綜合思想</td><td>呂氏春秋,尸子,淮南子,尉繚子.</td></tr>
<tr><td>農家</td><td>許行 農業技術</td><td>神農,黔老.</td></tr>
<tr><td>小說家</td><td>屈原 文學著作</td><td>離騷,九辯,.神女,高唐.</td></tr>
</table>
墨子(前-479~-381)思想家,政治家,主張「兼愛,非攻.」「尚賢,尚同」「節葬,節用」「天志,明鬼,非命,非樂,」「千字文」中記載「墨悲絲染」現有「墨子」五十三篇,由各代門生逐漸增補而.
衛莊公衛蒯聵返國,遂逐孔悝,孔悝載其母奔宋國.
楚臼公芈勝怨惠王芈章不擊鄭以報其父芈建之仇,起兵攻芈章,兵敗自殺.
衛世子蒯聵自戚入於衛輒出奔齊
楚白公孫勝作亂,殺尹子西與子期於朝.葉公子高帥國人攻白公勝,白公勝自縊死.</td></tr>
<tr><td>東周</td><td>東周敬王姬匄</td><td>42</td><td>癸亥</td><td>-478</td><td>周敬王 42 年　宋景公 39 年　晉定公 34 年　陳湣公 24 年　鄭聲公 23 年
吳夫差 18 年　魯哀公 17 年　燕獻公 15 年　秦悼公 14 年　蔡成侯 13 年
楚惠王 11 年　杞閔公 9 年　齊平公 3 年　衛莊公 2 年
釋迦牟尼佛盤坐,槃菩提下成佛,壽(-558~-478)80 秋壽 80 歲
越子伐吳敗之於笠澤
楚伐陳
晉趙鞅伐衛,衛人出其君蒯聵及晉平
「孔廟」建於山東曲阜現存建築乃明、清兩代所建.面積 327.5 畝,南北長 1,120 公尺,東西寬 200 公尺,倣皇宮之制,九進院落,有三殿、一閣、一壇、三祠、兩廡、兩堂、兩齋等共 466 間,1443 年立「大成至聖文宣王墓」碑.
楚王國殺陳國嬀越,陳國亡.
貴族殺衛前聵,立公子衛般師, 齊國問罪,又將般師捉去,立子衛起.
國公子奻闕路殺奻維,自立</td></tr>
</table>

朝代	帝　王	國號	干支	紀前	紀　　　事
		43	甲子	**-477-**	周敬王 43 年　宋景公 40 年　晉定公 35 年　鄭聲公 24 年　吳夫差 19 年 魯哀公 18 年　燕獻公 16 年　秦悼公 15 年　蔡成侯 14 年　楚惠王 12 年 齊平公 4 年　衛莊公 2 年　衛衛起元年　杞哀公元年 史記書王崩　衛國石圃逐衛起,,三年罷黜復位. 巴攻楚敗　衛石圃逐衛輒 秦悼公卒子厲公贏刺嗣位 周敬王姬匄卒,子元王姬仁嗣位 【新編歷史大系手冊】子元王仁(-477~-469)
東周	東周元王姬仁	**1**	乙丑	**-476**	周元王元年　宋景公 41 年　晉定公 36 年　鄭聲公 25 年　吳夫差 20 年 魯哀公 19 年　燕獻公 17 年　衛出公 17 年　蔡成侯 15 年　楚惠王 13 年 齊平公 5 年　杞哀公 2 年　秦厲公元年 越王勾踐再次伐吳. 周敬王在位,44 年崩,子仁立,是為元王. 越攻楚,楚追越至冥邑(安徽廣德)不及還
		2	丙寅	**-475**	周元王 2 年　宋景公 42 年　晉定公 37 年　鄭聲公 26 年　吳夫差 21 年 魯哀公 20 年　燕獻公 18 年　衛出公 18 年　蔡成侯 16 年　楚惠王 14 年 齊平公 6 年　杞哀公 3 年　秦厲公 2 年 戰國時期(**-475~-221**)(齊、楚、燕、韓、趙、魏、秦七國),秦統一全國. 越圍吳、晉.　荀瑔伐鄭　晉殺代國國君,代國亡. 晉趙簡子趙鞅卒子襄子趙無卹嗣位　晉定公姬午卒,子出公姬錯嗣位
		3	丁卯	**-474**	周元王 3 年　宋景公 43 年　鄭聲公 27 年　吳夫差 22 年　魯哀公 21 年 燕獻公 19 年　衛出公 19 年　蔡成侯 17 年　楚惠王 15 年　齊平公 7 年 杞哀公 4 年　秦厲公 3 年　晉出公元年 晉趙無恤滅代 齊平公姜驁、 郳桓公曹革、 魯哀公姬蔣會盟於顧邑(山東)
		4	戊辰	**-473**	周元王 4 年　宋景公 44 年　鄭聲公 28 年　吳夫差 23 年　魯哀公 22 年 燕獻公 20 年　衛出公 20 年　蔡成侯 18 年　楚惠王 16 年　齊平公 8 年 杞哀公 5 年　秦厲公 4 年　晉出公 2 年 越大舉攻吳,吳不敵,吳王夫差自殺,**吳亡**,立國 114 年.勾踐稱霸.五霸結束.功臣范蠡以越王勾踐可共患難,不可共安樂離去. 越王致貢於周,周元王使人賜勾踐胙,命為伯,越以淮上地與楚,歸吳所侵宋地於宋,以泗東地與魯,越遂稱　諸侯. 被罷黜的曹益,逐兒子國君曹革,復位.
		5	己巳	**-472**	周元王 5 年　宋景公 45 年　鄭聲公 29 年　魯哀公 23 年　燕獻公 21 年 衛出公 21 年　蔡成侯 19 年　楚惠王 17 年　齊平公 9 年　杞哀公 6 年 秦厲公 5 年　晉出公 3 年 晉佑伯荀瑤攻齊,敗齊於黎丘(山東濟陽) 魯侯使叔青聘越,越使諸鞅赴魯報聘. 蔡成侯蔡朔卒,子聲侯蔡產嗣位 文種(?~-472)與范蠡以「伐吳七術」助越王姒勾踐滅吳復國,事成難以容人,不聽范蠡衷言相勸,終遭勾踐誣殺.
		6	庚午	**-471**	周元王 6 年　宋景公 46 年　鄭聲公 30 年　魯哀公 24 年　燕獻公 22 年 衛出公 22 年　楚惠王 18 年　齊平公 10 年　杞哀公 7 年　秦厲公 6 年 晉出公 4 年　蔡聲侯元年 越王國郳隱公曹益復位後,暴虐如故,越發兵囚之,立其子曹何,曹何亦暴虐 魯哀公姬蔣立其妾為夫人,立妾子姬荊為太子,貴族強烈反對,國人惡之. 魯哀公\朝於越.

朝代	帝　王	國號	干支	紀前	紀　事
東周	東周元王姬仁	7	辛未	-470	周元王 7 年　宋景公 47 年　鄭聲公 31 年　魯哀公 25 年　燕獻公 23 年 衛出公 23 年　楚惠王 19 年　齊平公 11 年　杞哀公 8 年　秦厲公 7 年 晉出公 5 年　蔡聲侯 2 年 衛出公衛輒凶暴,大夫褚師比逐之,衛輒出奔宋,使求救於越. 褚師比逐衛輒,明年,立子衛黔 魯哀公歸自越,與三家相惡.
		8	壬申	-469	周元王 8 年　宋景公 48 年　鄭聲公 32 年　魯哀公 26 年　燕獻公 24 年 衛出公 24 年　楚惠王 20 年　齊平公 12 年　杞哀公 9 年　秦厲公 8 年 晉出公 6 年　蔡聲侯 3 年 宋公頭曼卒　越宋魯聯合強送衛輒返國,衛軍屢敗無奈,盛怒開城以待,衛輒不敢入.衛遂立公子衛黔,是為悼公.　朩景公子欒卒,無子,族孫子啓嗣位,諸大夫予以驅逐,子啓奔楚,其兄子得嗣位,是為昭公. 周元王姬仁在位 7 年卒,子姬介嗣位是為貞定王　宋公頭曼卒 【新編歷史大系手冊】子貞定王介(又定王)子哀王去疾弟思王叔(-469~441)
東周	周貞定王姬介 -468 至-441 年 在位 28 年	1	癸酉	-468	周貞定王元年　鄭聲公 33 年　魯哀公 27 年　燕獻公 25 年　楚惠王 21 年 齊平公 13 年　杞哀公 10 年　秦厲公 9 年　晉出公 7 年　蔡聲侯 4 年 宋昭公元年　衛悼公元年 魯侯將藉越之助之去三桓,不克,被逼出奔於越. 夏晉荀瑤伐鄭　齊陳桓救之,晉師還.　魯侯如越卒於有山氏　三桓逐姬蔣,立子姬寧.　越王姒勾踐將首都遷往琅琊(山東膠南)築觀台以望東海
		2	甲戌	-467	周貞定王 2 年　鄭聲公 34 年　燕獻公 26 年　楚惠王 22 年　齊平公 14 年 杞哀公 11 年　秦厲公 10 年　晉出公 8 年　蔡聲侯 5 年　宋昭公 2 年 衛悼公 2 年　魯悼公元年 老子逝世,享壽 95 歲
		3	乙亥	-466	周貞定王 3 年　鄭聲公 35 年　燕獻公 27 年　楚惠王 23 年　齊平公 15 年 杞哀公 12 年　秦厲公 11 年　晉出公 9 年　蔡聲侯 6 年　宋昭公 3 年 衛悼公 3 年　魯悼公 2 年
		4	丙子	-465	周貞定王 4 年　鄭聲公 36 年　燕獻公 28 年　楚惠王 24 年　齊平公 16 年 杞哀公 13 年　秦厲公 12 年　晉出公 10 年　蔡聲侯 7 年　宋昭公 4 年 衛悼公 4 年　魯悼公 3 年 越王姒勾踐卒.子姒鼫與嗣位　燕獻公卒,孝公嗣位
		5	丁丑	-464	周貞定王 5 年　鄭聲公 37 年　楚惠王 25 年　齊平公 17 年　杞哀公 14 年 秦厲公 13 年　晉出公 11 年　蔡聲侯 8 年　宋昭公 5 年　衛悼公 5 年 魯悼公 4 年　燕孝公元年 晉大夫知伯荀瑤率軍攻鄭
		6	戊寅	-463	周貞定王 6 年　鄭聲公 38 年　楚惠王 26 年　齊平公 18 年　杞哀公 15 年 秦厲公 14 年　晉出公 12 年　蔡聲侯 9 年　宋昭公 6 年　衛悼公 6 年 魯悼公 5 年　燕孝公 2 年 晉荀瑤趙無恤圍鄭　鄭聲公姬勝卒,子哀公姬易嗣位 晉人,楚人聘秦.　河邑於扈
		7	己卯	-462	周貞定王 7 年　楚惠王 27 年　齊平公 19 年　杞哀公 16 年　秦厲公 15 年 晉出公 13 年　蔡聲侯 10 年　宋昭公 7 年　衛悼公 7 年　魯悼公 6 年 燕孝公 3 年　鄭哀公元年 晉荀城高梁
		8	庚辰	-461	周貞定王 8 年　楚惠王 28 年　齊平公 20 年　杞哀公 17 年　秦厲公 16 年 晉出公 14 年　蔡聲侯 11 年　宋昭公 8 年　衛悼公 8 年　魯悼公 7 年 燕孝公 4 年　鄭哀公 2 年 秦塹阿旁,攻大荔國(陝西大荔)陷其王城,補修龐戲城.

朝代	帝　王	國號	干支	紀前	紀　事
東周	周貞定王姬介	9	辛巳	-460	周貞定王 9 年　楚惠王 29 年　齊平公 21 年　杞哀公 18 年　秦厲公 17 年 晉出公 15 年　蔡聲侯 12 年　宋昭公 9 年　衛悼公 9 年　魯悼公 8 年 燕孝公 5 年　鄭哀公 3 年
		10	壬午	-459	周貞定王 10 年　楚惠王 30 年　齊平公 22 年　杞哀公 19 年　秦厲公 18 年 晉出公 16 年　蔡聲侯 13 年　宋昭公 10 年　衛悼公 10 年　魯悼公 9 年 燕孝公 6 年　鄭哀公 4 年 越王姒鹿郢與卒,子姒不壽嗣位,是為盲姑.
		11	癸未	-458	周貞定王 11 年　楚惠王 31 年　齊平公 23 年　杞哀公 20 年　秦厲公 19 年 晉出公 17 年　蔡聲侯 14 年　宋昭公 11 年　衛悼公 11 年　魯悼公 10 年 燕孝公 7 年　鄭哀公 5 年 晉荀瑤與趙無恤魏駒攻晉侯,晉侯奔齊荀瑤立哀公專政　杞閼路卒姒漱嗣位 晉四卿逐姬錯,姬錯奔齊死於逃亡途中,立族弟姬驕繼位是為哀公. 智伯和韓趙魏,瓜分范氏和中行氏土地
		12	甲申	-457	周貞定王 12 年　楚惠王 32 年　齊平公 24 年　秦厲公 20 年　蔡聲侯 15 年 宋昭公 12 年　衛悼公 12 年　魯悼公 11 年　燕孝公 8 年　鄭哀公 6 年 晉哀公元年　杞出公元年 晉荀瑤襲衛不克還　蔡聲侯蔡產卒,子元侯嗣位　晉趙無卹滅代
		13	乙酉	-456	周貞定王 13 年　楚惠王 33 年　齊平公 25 年　秦厲公 21 年　宋昭公 13 年 衛悼公 13 年　魯悼公 12 年　燕孝公 9 年　鄭哀公 7 年　晉哀公 2 年 杞出公 2 年　蔡元侯元年 齊平公姜鷔卒子宣公姜積嗣位 晉荀瑤向趙無卹求割地,不允乃與韓魏魏聯攻,趙無卹奔晉陽(山西太原)
		14	丙戌	-455	周貞定王 14 年　楚惠王 34 年　秦厲公 22 年　宋昭公 14 年　衛悼公 14 年 魯悼公 13 年　燕孝公 10 年　鄭哀公 8 年　晉哀公 3 年　杞出公 3 年 蔡元侯 2 年　齊宣公元年 鄭人殺國君哀公姬易立,姬易伯父姬丑,是為共公.. 晉國卿大夫知氏強盛如願向韓、魏索取土地得逞,又向趙索地,趙聯韓魏攻晉,知氏大敗.原侵土地為三國瓜分.
		15	丁亥	-454	周貞定王 15 年　楚惠王 35 年　秦厲公 23 年　宋昭公 15 年　衛悼公 15 年 魯悼公 14 年　燕孝公 11 年　晉哀公 4 年　杞出公 4 年　蔡元侯 3 年 齊宣公 2 年　鄭共公元年 晉大夫知、韓、魏聯圍晉陽,引汾水灌城,僅皮之差,未能淹沒. 韓康子、趙襄子、魏桓子聯合殺智伯,併吞其土地.
		16	戊子	-453	周貞定王 16 年　楚惠王 36 年　秦厲公 24 年　宋昭公 16 年　衛悼公 16 年 魯悼公 15 年　燕孝公 12 年　晉哀公 5 年　杞出公 5 年　蔡元侯 4 年 齊宣公 3 年　鄭共公 2 年 趙襄子、韓康子、魏桓子連合殺害智伯,三家瓜分晉土地,共執朝政,是為「三晉」 晉大夫趙無恤與魏駒韓虎反攻荀瑤滅之　戰國時代第二說時代(453~-221)
		17	己丑	-452	周貞定王 17 年　楚惠王 37 年　秦厲公 25 年　宋昭公 17 年　衛悼公 17 年 魯悼公 16 年　燕孝公 13 年　晉哀公 6 年　杞出公 6 年　蔡元侯 5 年 齊宣公 4 年　鄭共公 3 年 晉出公卒,立昭公之孫敬公　晉大夫知氏殘餘知開奔秦
		18	庚寅	-451	周貞定王 18 年　楚惠王 38 年　秦厲公 26 年　宋昭公 18 年　衛悼公 18 年 魯悼公 17 年　燕孝公 14 年　晉哀公 7 年　杞出公 7 年　蔡元侯 6 年 齊宣公 5 年　鄭共公 4 年 衛悼公衛黔卒,子敬公衛弗嗣位 蔡元侯卒,子蔡齊嗣位

朝代	帝　王	國號	干支	紀前	紀　事
		19	辛卯	-450	周貞定王 19 年　楚惠王 39 年　秦厲公 27 年　宋昭公 19 年　魯悼公 18 年 燕孝公 15 年　晉哀公 8 年　杞出公 8 年　齊宣公 6 年　鄭共公 5 年 蔡蔡齊元年　衛敬公元年 燕孝公卒,成公姬載嗣位
東周	周貞定王姬介	20	任辰	-449	周貞定王 20 年　楚惠王 40 年　秦厲公 28 年　宋昭公 20 年　魯悼公 19 年 晉哀公 9 年　杞出公 9 年　齊宣公 7 年　鄭共公 6 年　蔡蔡齊 2 年 衛敬公 2 年　燕公成元年 越子不壽見殺朱勾(王翁)立
		21	癸巳	-448	周貞定王 21 年　楚惠王 41 年　秦厲公 29 年　宋昭公 21 年　魯悼公 20 年 晉哀公 10 年　杞出公 10 年　齊宣公 8 年　鄭共公 7 年　蔡蔡齊 3 年 衛敬公 3 年　燕成公 2 年 晉大夫知氏殘餘知寬,率其族人奔秦
		22	甲午	-447	周貞定王 22 年　楚惠王 42 年　秦厲公 30 年　宋昭公 22 年　魯悼公 21 年 晉哀公 11 年　杞出公 11 年　齊宣公 9 年　鄭共公 8 年　蔡蔡齊 4 年 衛敬公 4 年　燕成公 3 年 楚滅蔡,蔡侯齊出奔,蔡國亡.
		23	乙未	-446	周貞定王 23 年　楚惠王 43 年　秦厲公 31 年　宋昭公 23 年　魯悼公 22 年 晉哀公 12 年　杞出公 12 年　齊宣公 10 年　鄭共公 9 年　衛敬公 5 年 燕成公 4 年 杞出公姒敕卒,子簡公姒春嗣位 晉大夫魏桓子魏駒卒子文侯魏斯嗣位
		24	丙申	-445	周貞定王 24 年　楚惠王 44 年　秦厲公 32 年　宋昭公 24 年　魯悼公 23 年 晉哀公 13 年　齊宣公 11 年　鄭共公 10 年　衛敬公 6 年　燕成公 5 年 杞簡公元年　楚攻杞(山東安丘),杞國亡. 魏文侯即位,禮賢下士,以李悝為相, 其撰著[法經]盡地力之教,平糴法,食有勞而祿有功,奪淫民之祿以來四方之士,使魏強盛. 楚國復盛：春秋晚期楚國被吳國打敗,國力日衰,-473 年越滅吳,楚開始復興,-447 年楚滅蔡國,國勢力升.-445 年滅姒姓的杞,又與秦國修好,派兵東征擴展領土玉泗水以上,盡佔有江、淮以北地區,楚復為有影響大國而復盛.
		25	丁酉	-444	周貞定王 25 年　楚惠王 45 年　秦厲公 33 年　宋昭公 25 年　魯悼公 24 年 晉哀公 14 年　齊宣公 12 年　鄭共公 11 年　衛敬公 7 年　燕成公 6 年 晉大夫韓、魏,共滅伊洛陰戎,自此中國無蠻族.　秦國擄義渠
		26	戊戌	-443	周貞定王 26 年　楚惠王 46 年　秦厲公 34 年　宋昭公 26 年　魯悼公 25 年 晉哀公 15 年　齊宣公 13 年　鄭共公 12 年　衛敬公 8 年　燕成公 7 年 厲公嬴刺卒,子躁公嗣位
		27	已亥	-442	周貞定王 27 年　楚惠王 47 年　宋昭公 27 年　魯悼公 26 年　晉哀公 16 年 齊宣公 14 年　鄭共公 13 年　衛敬公 9 年　燕成公 8 年　秦躁公元年
		28	庚子	-441	周貞定王 28 年　楚惠王 48 年　宋昭公 28 年　魯悼公 27 年　晉哀公 17 年 齊宣公 15 年　鄭共公 14 年　衛敬公 10 年　燕成公 9 年　秦躁公 2 年 周貞定王姬介在位 28 年卒長子去疾嗣位是為哀王,後三月為弟叔襲殺姬去疾立自立,是為思王. 其少弟姬嵬又殺姬叔襲自立,是為考王. 封弟揭於河南續周公之職居王城 【新編歷史大系手冊】弟考王嵬(-441~-426)
東周	哀王去疾 思王叔襲考王嵬 -440 至-426 年 在位 15 年	1	辛丑	-440	周考王元年　楚惠王 49 年　宋昭公 29 年　魯悼公 28 年　晉哀公 18 年 齊宣公 16 年　鄭共公 15 年　衛敬公 11 年　燕成公 10 年　秦躁公 3 年 晉哀公姬驕卒,子幽公姬柳嗣位,晉政府權力僅及絳城(山西侯馬)曲沃(山西聞喜)二城,餘皆入韓,趙魏三家.國君有名無實,心懷畏懼,反赴三家朝覲.

朝代	帝　王	國號	干支	紀前	紀　事
		2	壬寅	-439	周考王 2 年　楚惠王 50 年　宋昭公 30 年　魯悼公 29 年　齊宣公 17 年 鄭共公 16 年　衛敬公 12 年　燕成公 11 年　秦躁公 4 年　晉幽公元年 周考王姬嵬封其弟姬揭於王城(洛陽西金谷園)為河南桓公亦稱西周桓公. 晉幽公在位期間除絳、曲沃外,其餘均被韓、趙、魏兼併.
		3	癸卯	-438	周考王 3 年　楚惠王 51 年　宋昭公 31 年　魯悼公 30 年　齊宣公 18 年 鄭共公 17 年　衛敬公 13 年　燕成公 12 年　秦躁公 5 年　晉幽公 2 年
東周	哀王　去疾 思王　叔襲	4	甲辰	-437	周考王 4 年　楚惠王 52 年　宋昭公 32 年　魯悼公 31 年　齊宣公 19 年 鄭共公 18 年　衛敬公 14 年　燕成公 13 年　秦躁公 6 年　晉幽公 3 年 晉侯朝於韓魏趙三家
		5	乙巳	-436	周考王 5 年　楚惠王 53 年　宋昭公 33 年　魯悼公 32 年　齊宣公 20 年 鄭共公 19 年　衛敬公 15 年　燕成公 14 年　秦躁公 7 年　晉幽公 4 年
		6	丙午	-435	周考王 6 年　楚惠王 54 年　宋昭公 34 年　魯悼公 33 年　齊宣公 21 年 鄭共公 20 年　衛敬公 16 年　燕成公 15 年　秦躁公 8 年　晉幽公 5 年
		7	丁未	-434	周考王 7 年　楚惠王 55 年　宋昭公 35 年　魯悼公 34 年　齊宣公 22 年 鄭共公 21 年　衛敬公 17 年　燕成公 16 年　秦躁公 9 年　晉幽公 6 年 燕成公姬載卒湣公嗣位
		8	戊申	-433	周考王 8 年　楚惠王 56 年　宋昭公 36 年　魯悼公 35 年　齊宣公 23 年 鄭共公 22 年　衛敬公 18 年　秦躁公 10 年　晉幽公 7 年　燕湣公元年 楚自鄀城(湖北鍾祥)還都郢都(湖北江陵)　曾(隨)侯乙卒
		9	己酉	-432	周考王 9 年　楚惠王 57 年　宋昭公 37 年　魯悼公 36 年　齊宣公 24 年 鄭共公 23 年　衛敬公 19 年　秦躁公 11 年　晉幽公 8 年　燕湣公 2 年 衛敬公衛弗卒,子昭公衛糾嗣位,微弱如 小侯,隸屬於晉 楚惠王芈章卒子簡王芈仲嗣位
東周	哀王　去疾 思王　叔襲	10	庚戌	-431	周考王 10 年　宋昭公 38 年　魯悼公 37 年　齊宣公 25 年　鄭共公 24 年 秦躁公 12 年　晉幽公 9 年　燕湣公 3 年　楚簡王元年　衛昭公元年. 楚攻莒(山東莒縣),莒國亡　魯悼公姬寧卒子元公姬嘉嗣位
		11	辛亥	-430	周考王 11 年　宋昭公 39 年　齊宣公 26 年　鄭共公 25 年　秦躁公 13 年 晉幽公 10 年　燕湣公 4 年　楚簡王 2 年　衛昭公 2 年　魯元公元年 義渠國攻秦,軍至渭水之南
		12	壬子	-429	周考王 12 年　宋昭公 40 年　齊宣公 27 年　鄭共公 26 年　秦躁公 14 年 晉幽公 11 年　燕湣公 5 年　楚簡王 3 年　衛昭公 3 年　魯元公 2 年 秦躁公卒弟懷公嗣位
		13	癸丑	-428	周考王 13 年　宋昭公 41 年　齊宣公 28 年　鄭共公 27 年　晉幽公 12 年 燕湣公 6 年　楚簡王 4 年　衛昭公 4 年　魯元公 3 年　秦懷公元年
		14	甲寅	-427	魯季孫會晉幽公於丘楚　晉大夫季俚行平糴法 周考王 14 年　宋昭公 42 年　齊宣公 29 年　鄭共公 28 年　晉幽公 13 年 燕湣公 7 年　楚簡王 5 年　衛昭公 5 年　魯元公 4 年　秦懷公 2 年
		15	乙卯	-426	周考王 15 年　宋昭公 43 年　齊宣公 30 年　鄭共公 29 年　晉幽公 14 年 燕湣公 8 年　楚簡王 6 年　衛昭公 6 年　魯元公 5 年　秦懷公 3 年 周考王姬嵬在位 15 年卒,子姬午嗣位是為威烈王 衛衛亹殺國君昭公衛糾自立是為懷公. 河南惠公自封少小班於鞏以秦王號東周　河南號西周 【新編歷史大系手冊】子烈王午 (-426~-402) (戰國時期-403~-221)
東周	周威烈王姬午 (-425~-402)	1	丙辰	-425	周威烈王元年 宋昭公 44 年　齊宣公 31 年　鄭共公 30 年　晉幽公 15 年 燕湣公 9 年　楚簡王 7 年　魯元公 6 年　秦懷公 4 年　衛懷公元年 秦國大臣攻嬴懷公,嬴懷公自殺,他孫嬴肅繼.　晉大夫趙襄子趙無恤卒侄孫趙浣嗣位是為獻侯,建都中牟(河南鶴壁).其弟趙嘉逐獻侯趙浣自立,是為趙桓子.遷都代邑(河北蔚縣)　晉韓康子韓虎卒,子武子韓啓章嗣位 魏桓子卒

朝代	帝　王	國號	干支	紀前	紀　　事
		2	丁巳	-424	周威烈王 2 年 宋昭公 45 年 齊宣公 32 年 鄭共公 31 年 晉幽公 16 年 燕湣公 10 年 楚簡王 8 年 魯元公 7 年 衛懷公 2 年 秦靈公元年 晉趙桓子趙嘉卒國人殺其子迎立趙浣. 鄭共公姬丑卒,子幽公姬巳嗣位
		3	戊午	-423	周威烈王 3 年 宋昭公 46 年 齊宣公 33 年 晉幽公 17 年 燕湣公 11 年 楚簡王 9 年 魯元公 8 年 衛懷公 3 年 秦靈公 2 年 鄭幽公元年 晉韓啓章伐鄭殺幽公姬己,鄭人立其弟繻公姬駘繼位,
東周	周威烈王姬午	4	己未	-422	周威烈王 4 年 宋昭公 47 年 齊宣公 34 年 晉幽公 18 年 燕湣公 12 年 楚簡王 10 年 魯元公 9 年 衛懷公 4 年 秦靈公 3 年 鄭繻公元年 晉幽公姬柳妻秦嬴殺其夫國君姬柳,立他子烈姬止嗣位.
		5	庚申	-421	周威烈王 5 年 宋昭公 48 年 齊宣公 35 年 燕湣公 13 年 楚簡王 11 年 魯元公 10 年 衛懷公 5 年 秦靈公 4 年 鄭繻公 2 年 晉烈公元年 晉韓武子韓啓章築都城平陽(山西臨汾) 趙獻侯趙浣築泫氏城(山西高平)
		6	辛酉	-420	周威烈王 6 年 宋昭公 49 年 齊宣公 36 年 燕湣公 14 年 楚簡王 12 年 魯元公 11 年 衛懷公 6 年 秦靈公 5 年 鄭繻公 3 年 晉烈公 2 年 晉大夫秦嬴賊殺幽於高寢之上,魏斯立公子止.
		7	壬戌	-419	周威烈王 7 年 宋昭公 50 年 齊宣公 37 年 燕湣公 15 年 楚簡王 13 年 魯元公 12 年 衛懷公 7 年 秦靈公 6 年 鄭繻公 4 年 晉烈公 3 年 趙獻子城泫氏 韓武子都平陽 晉魏文侯魏斯築少梁城(陝西韓城)
		8	癸亥	-418	周威烈王 8 年 宋昭公 51 年 齊宣公 38 年 燕湣公 16 年 楚簡王 14 年 魯元公 13 年 衛懷公 8 年 秦靈公 7 年 鄭繻公 5 年 晉烈公 4 年 越滅郯(竹書紀年在 12 年) 秦攻晉魏境,戰於少梁
東周	周威烈王姬午	9	甲子	-417-	周威烈王 9 年 宋昭公 52 年 齊宣公 39 年 燕湣公 17 年 楚簡王 15 年 魯元公 14 年 衛懷公 9 年 秦靈公 8 年 鄭繻公 6 年 晉烈公 5 年 秦初以君主妻河 楚人伐魏 齊攻晉夫趙境,圍平邑(河南南樂)
		10	乙丑	-416	周威烈王 10 年 宋昭公 53 年 齊宣公 40 年 燕湣公 18 年 楚簡王 16 年 魯元公 15 年 衛懷公 10 年 秦靈公 9 年 鄭繻公 7 年 晉烈公 6 年 魏文侯出兵平晉亂 晉魏氏地鄴城(河北臨漳)令西門豹,革河伯婦改良水利
		11	丙寅	-415	周威烈王 11 年 宋昭公 54 年 齊宣公 41 年 燕湣公 19 年 楚簡王 17 年 魯元公 16 年 衛懷公 11 年 秦靈公 10 年 鄭繻公 8 年 晉烈公 7 年 越滅滕 秦靈公卒,其季父簡公嬴悼子立. 衛國衛頹殺衛亹,自立.是為慎公
		12	丁卯	-414	周威烈王 12 年 宋昭公 55 年 齊宣公 42 年 燕湣公 20 年 楚簡王 18 年 魯元公 17 年 鄭繻公 9 年 晉烈公 8 年 秦簡公元年 衛慎公元年 西周桓公姬揭卒,子威公嗣位 越滅郯(山東郯城)擄郯君已鴣 中山國(古虞國,河北定州)武公即位.中山始見於史.
		13	戊辰	-413	周威烈王 13 年 宋昭公 56 年 齊宣公 43 年 燕湣公 21 年 楚簡王 19 年 魯元公 18 年 鄭繻公 10 年 晉烈公 9 年 秦簡公 2 年 衛慎公 2 年 晉河岸崩 齊田莊子田白卒,子太公田和嗣位
		14	己巳	-412	周威烈王 14 年 宋昭公 57 年 齊宣公 44 年 燕湣公 22 年 楚簡王 20 年 魯元公 19 年 鄭繻公 11 年 晉烈公 10 年 秦簡公 3 年 衛慎公 3 年 晉魏斯始行平糶法 越王姒翁朱勾卒,子姬翳立.
		15	庚午	-411	晉趙獻侯趙浣攻齊,克平邑,築城. 周威烈王 15 年 宋昭公 58 年 齊宣公 45 年 燕湣公 23 年 楚簡王 21 年 魯元公 20 年 鄭繻公 12 年 晉烈公 11 年 秦簡公 4 年 衛慎公 4 年
		16	辛未	-410	周威烈王 16 年 宋昭公 59 年 齊宣公 46 年 燕湣公 24 年 楚簡王 22 年 魯元公 21 年 鄭繻公 13 年 晉烈公 12 年 秦簡公 5 年 衛慎公 5 年 晉韓啓章趙浣伐齊入其長城 魯姬嘉卒,子穆公姬顯嗣位

朝代	帝　王	國號	干支	紀前	紀　　事
		17	壬申	**-409**	周威烈王 17 年 宋昭公 60 年 齊宣公 47 年 燕湣公 25 年 楚簡王 23 年 鄭繻公 14 年 晉烈公 13 年 秦簡公 6 年 衛慎公 6 年 魯穆公元年 魯木公以儀休為相 魏文侯伐鄭 秦初令吏帶劍 田悼子卒田布殺其大夫 公孫孺,公孫孺以廩丘叛於趙. 晉趙獻侯趙浣卒,子烈侯趙籍嗣位
東周	周威烈王姬午	**18**	癸酉	**-408**	周威烈王 18 年 宋昭公 61 年 齊宣公 48 年 燕湣公 26 年 楚簡王 24 年 鄭繻公 15 年 晉烈公 14 年 秦簡公 7 年 衛慎公 7 年 魯穆公 2 年 魏取河西設郡. 晉魏文侯滅中山國 楚簡王羋仲卒,子聲王羋當嗣位 晉景侯韓虔攻秦,築汾陰(山西萬榮)、(陝西)郃陽二城
		19	甲戌	**-407**	周威烈王 19 年 宋昭公 62 年 齊宣公 49 年 燕湣公 27 年 鄭繻公 16 年 晉烈公 15 年 秦簡公 8 年 衛慎公 8 年 魯穆公 3 年 楚聲王元年 晉魏斯受經於孔子弟子卜商 齊田和伐魏 鄭攻晉韓境敗韓於負黍(河南登封) **扁鵲**(前-407.4.28.~-310)春秋戰國時代名醫,著「難經」「內經」「外經」長於婦科,五官科,兒科.
		20	乙亥	**-406**	周威烈王 20 年 宋昭公 63 年 齊宣公 50 年 燕湣公 28 年 鄭繻公 17 年 晉烈公 16 年 秦簡公 9 年 衛慎公 9 年 魯穆公 4 年 楚聲王 2 年 魏文侯任李悝改革：經濟「盡地力之教」、「平糴法」,政治「食有勞而祿有功」,軍事「武卒」制度,編「法經」,使魏國很快強富. 邾國改稱鄒國(山東鄒城)
		21	丙子	**-405**	周威烈王 21 年 宋昭公 64 年 齊宣公 51 年 燕湣公 29 年 鄭繻公 18 年 晉烈公 17 年 秦簡公 10 年 衛慎公 10 年 魯穆公 5 年 楚聲王 3 年 晉魏斯以魏成為相,吳起為將. 齊宣公姜積卒,子康公姜貸嗣位,益弱.
		22	丁丑	**-404**	周威烈王 22 年 宋昭公 65 年 燕湣公 30 年 鄭繻公 19 年 晉烈公 18 年 秦簡公 11 年 衛慎公 11 年 魯穆公 6 年 楚聲王 4 年 齊康公元年 宋昭公子得卒,子悼公子購由嗣位
		23	戊寅	**-403**	周威烈王 23 年 魏文侯 44 年 燕湣公 31 年 鄭繻公 20 年 晉烈公 19 年 秦簡公 12 年 衛慎公 12 年 魯穆公 7 年 韓景侯 6 年 趙烈侯 6 年 楚聲王 5 年 齊康公 2 年 宋悼公元年 戰國時代開始(**-403~-221**) 有韓氏、趙氏、魏氏、知氏、範氏、中行氏六卿封侯.,後來晉國大地為韓、趙、魏三家割據,-404 三晉伐齊,.周天子正式冊使韓虔、魏斯、趙籍為諸侯,成為三個獨立諸侯國,史稱「三家分晉」. **《資治通鑑》**今年起開始編輯. 韓國位于今山西南部河南中部,都今河南新鄭,原為晉國大夫,周威烈王賜為諸侯,姬姓.(-403~-230 景侯虔至子王安)-230 亡于秦. 趙國 位于今山西北部陝西東部及河北中部,都邯鄲,原為晉大夫,周烈王賜為諸侯,嬴姓,與秦同祖.(-403~-222 列侯籍至兄代王嘉). 周威烈王命韓虔、魏斯、趙籍為諸侯,史稱「三家分晉」【戰國時代】開始 魏國位于今 山西河南一帶,都今山西夏縣,後遷河南開封.原為晉大夫,周烈王賜為諸侯.姬姓.(-403~-222 文侯魏斯至子王假)-222 年亡于秦.
		24	己卯	**-402**	周威烈王 24 年 魏文侯 45 年 鄭繻公 21 年 晉烈公 20 年 秦簡公 13 年 衛慎公 13 年 魯穆公 8 年 韓景侯 7 年 趙烈侯 7 年 楚聲王 6 年 齊康公 3 年 宋悼公 2 年 燕僖公元年 王崩,子驕立. 楚聲王羋當為盜所殺,子悼王羋疑嗣位 周威烈王姬午在位 24 年卒,子姬驕嗣位,是為安王.

朝代	帝　王	國號	干支	紀前	紀　事
東周	周安王 姬驕 -401 至-376 年 在位 26 年	1	庚辰	-401	周安王元年　魏文侯 46 年　鄭繻公 22 年　晉烈公 21 年　秦簡公 14 年 衛慎公 14 年　魯穆公 9 年　韓景侯 8 年　趙烈侯 8 年　齊康公 4 年 宋悼公 3 年　燕釐公 2 年　楚悼王元年 秦攻魏至陽狐(山西桓曲)
		2	辛巳	-400	周安王 2 年　魏文侯 47 年　鄭繻公 23 年　晉烈公 22 年　秦簡公 15 年 衛慎公 15 年 魯穆公 10 年　韓景侯 9 年　趙烈侯 9 年　齊康公 5 年 宋悼公 4 年　燕釐公 3 年　楚悼王 2 年 魏韓趙聯攻楚兵至桑丘(山東濟南) 鄭攻韓,圍陽翟(河南禹州) 韓景侯虔卒子烈侯韓取嗣位 趙烈侯趙籍卒,弟武侯嗣位 秦簡公嬴悼子卒,子惠公嗣位.
東周	周安王 姬驕	3	壬午	-399	周安王 3 年　魏文侯 48 年　鄭繻公 24 年　晉烈公 23 年　衛慎公 16 年 魯穆公 11 年　齊康公 6 年　宋悼公 5 年　燕釐公 4 年　楚悼王 3 年 秦惠公元年　韓烈侯元年　趙武侯元年 虢山崩,壅河 周王子姬定奔晉 希臘哲學家蘇格拉底為政敵迫害服毒自殺(西元前-469 至-399)
		4	癸未	-398	周安王 4 年　魏文侯 49 年　鄭繻公 25 年　晉烈公 24 年　衛慎公 17 年 魯穆公 12 年　齊康公 7 年　宋悼公 6 年　燕釐公 5 年　楚悼王 4 年 秦惠公 2 年　韓烈侯 2 年　趙武侯 2 年　楚攻鄭,鄭殺其相駟子陽
		5	甲申	-397	周安王 5 年　魏文侯 50 年　鄭繻公 26 年　晉烈公 25 年　衛慎公 18 年 魯穆公 13 年　齊康公 8 年　宋悼公 7 年　燕釐公 6 年　楚悼王 5 年 秦惠公 3 年　韓烈侯 3 年　趙武侯 3 年 盜殺韓相俠累 韓嚴遂使聶政刺殺韓相韓傀(俠累) 魏斯卒,子武侯魏擊立
		6	乙酉	-396	周安王 6 年　鄭繻公 27 年　晉烈公 26 年　衛慎公 19 年　魯穆公 14 年 齊康公 9 年　宋悼公 8 年　燕釐公 7 年　楚悼王 6 年　秦惠公 4 年 韓烈侯 4 年　趙武侯 4 年　魏武侯元年 魏文侯任用吳起.為戰國名將,吃穿與士卒相同,臥不設席,行不騎乘. 鄭伯殺其相駟子陽,子陽之黨弒鄭伯立其弟乙. 宋悼公子購由卒子休公子田嗣位
		7	丙戌	-395	周安王 7 年　晉烈公 27 年　衛慎公 20 年　魯穆公 15 年　齊康公 10 年 燕釐公 8 年　楚悼王 7 年　秦惠公 5 年　韓烈侯 5 年　趙武侯 5 年 魏武侯 2 年　鄭康公元年　宋休公元年 秦攻緜諸
		8	丁亥	-394	周安王 8 年　晉烈公 28 年　衛慎公 21 年　魯穆公 16 年　齊康公 11 年 燕釐公 9 年　楚悼王 8 年　秦惠公 6 年　韓烈侯 6 年　趙武侯 6 年 魏武侯 3 年　鄭康公 2 年　宋休公 2 年 齊攻魯陷最城　鄭負黍(河南登封)叛鄭,降韓.
		9	戊子	-393	周安王 9 年　晉烈公 29 年　衛慎公 22 年　魯穆公 17 年　齊康公 12 年 燕釐公 10 年　楚悼王 9 年　秦惠公 7 年　韓烈侯 7 年　趙武侯 7 年 魏武侯 4 年　鄭康公 3 年　宋休公 3 年 魏攻鄭城酸棗　楚攻韓,取負黍　魏欺秦於注 晉烈公姬止卒,子孝公姬傾立.(紀年為桓公)
		10	己丑	-392	周安王 10 年　衛慎公 23 年　魯穆公 18 年　齊康公 13 年　燕釐公 11 年 楚悼王 10 年　秦惠公 8 年　韓烈侯 8 年　趙武侯 8 年　魏武侯 5 年 鄭康公 4 年　宋休公 4 年　晉孝公元年

朝代	帝　王	國號	干支	紀前	紀　　　事
		11	庚寅	-391	周安王 11 年　衛慎公 24 年　魯穆公 19 年　齊康公 14 年　燕釐公 12 年 楚悼王 11 年　秦惠公 9 年　韓烈侯 9 年　趙武侯 9 年　魏武侯 6 年 鄭康公 5 年　宋休公 5 年　晉孝公 2 年 齊田和遷國君康公姜貸於黃海之濱使食一城,以奉姜氏祀. 齊與晉命相同 三晉聯攻楚大敗其於大梁(今河南開封)、榆關(今河南中牟縣)楚向秦求援 楚厚賂秦,與秦和. 秦伐韓宜陽,取六邑.
		12	辛卯	-390	周安王 12 年　衛慎公 25 年　魯穆公 20 年　齊康公 15 年　燕釐公 13 年 楚悼王 12 年　秦惠公 10 年　韓烈侯 10 年　趙武侯 10 年　魏武侯 7 年 鄭康公 6 年　宋休公 6 年　晉孝公 3 年 孟子名軻鄒人(山東鄒縣)生卒不詳,約大約生卒於(-390~-305) 秦魏戰於武城(陝西華縣) 齊攻魏陷襄陵(河南睢縣) 齊攻魯敗於平陸(魯) 吳起自魏奔楚,楚悼王任命為楚相,明法審令,旨在強兵,使楚國強盛. 商鞅(前-390~-338)法家,兵家,事秦變法,頒「墾草令」,實行伍連坐法,廢除世卿世祿,建立二十等軍功爵制.「功高蓋主」不容於秦惠文君,自嘆「作法自斃」遭「車裂」之刑,五馬分屍而死.
東周	周安王 姬驕	13	壬辰	-389	周安王 13 年　衛慎公 26 年　齊太公 24 年　魯穆公 21 年　齊康公 16 年 燕釐公 14 年　楚悼王 13 年　秦惠公 11 年　韓烈侯 11 年　趙武侯 11 年 魏武侯 8 年　鄭康公 7 年　宋休公 7 年　晉孝公 4 年 齊田和賄賂周國王姬驕,握升田和為齊國國加,放逐原來國君姜貸. 齊田和會魏楚衛於濁澤(河南新鄭)　周姬驕封田和為封侯,仍用為國號.
		14	癸巳	-388	周安王 14 年　衛慎公 27 年　齊太公 25 年　魯穆公 22 年　齊康公 17 年 燕釐公 15 年　楚悼王 14 年　秦惠公 12 年　韓烈侯 12 年　趙武侯 12 年 魏武侯 9 年　鄭康公 8 年　宋休公 8 年　晉孝公 5 年 齊田和卒,子田郯嗣位
		15	甲午	-387	周安王 15 年　衛慎公 28 年　魯穆公 23 年　齊康公 18 年　燕釐公 16 年 楚悼王 15 年　秦惠公 13 年　韓烈侯 13 年　趙武侯 13 年　魏武侯 10 年 鄭康公 9 年　宋休公 9 年　晉孝公 6 年　齊田剡元年 魏文侯魏斯卒 吳起奔楚,楚以為相 趙武侯卒,侄敬侯趙章嗣位 韓烈侯韓取卒子文侯嗣位 秦惠公卒,子出公嗣位 魏吳起被讒奔楚,為尹令
		16	乙未	-386	周安王 16 年　衛慎公 29 年　魯穆公 24 年　齊康公 19 年　燕釐公 17 年 楚悼王 16 年　魏武侯 11 年　鄭康公 10 年　宋休公 10 年　晉孝公 7 年 齊田剡 2 年　秦出公元年　韓文侯元年　趙敬侯元年 周安王封齊國田和為諸侯,是曰田齊,史稱「田氏萬寶」『田氏篡齊』 魏襲趙邯鄲不克.
		17	丙申	-385	周安王 17 年　衛慎公 30 年　魯穆公 25 年　齊康公 20 年　燕釐公 18 年 楚悼王 17 年　魏武侯 12 年　鄭康公 11 年　宋休公 11 年　晉孝公 8 年 齊田剡 3 年　秦出公 2 年　韓文侯 2 年　趙敬侯 2 年 吳起主持楚國變法,壓抑貴族,集權中央,「明法申令」封君三代取消爵祿,提出「萬甲兵以時爭于天下」,但貴族怨恨,待楚悼死,吳起被車裂肢而死. 秦庶長改弑其君及其君母.,迎立公子嬴師隰,是為獻公.

朝代	帝　王	國號	干支	紀前	紀　事
		18	丁酉	**-384**	周安王 18 年　衛慎公 31 年　魯穆公 26 年　齊康公 21 年　燕釐公 19 年 楚悼王 18 年　魏武侯 13 年　鄭康公 12 年　宋休公 12 年　晉孝公 9 年 齊田剡 4 年　韓文侯 3 年　趙敬侯 3 年　秦獻公元年 楚悼王舉吳起為相,國兵強. 希臘哲學家亞里士多德出生(西元前-384 至-322)
		19	戊戌	**-383**	周安王 19 年　衛慎公 32 年　魯穆公 27 年　齊康公 22 年　燕釐公 20 年 楚悼王 19 年　魏武侯 14 年　鄭康公 13 年　宋休公 13 年　晉孝公 10 年 齊田剡 5 年　韓文侯 4 年　趙敬侯 4 年　秦獻公 2 年 魏攻趙敗趙軍於免台 秦築櫟陽城(陝西臨潼)自雍城(陝西鳳翔)遷都
		20	已亥	**-382**	周安王 20 年　衛慎公 33 年　魯穆公 28 年　齊康公 23 年　燕釐公 21 年 楚悼王 20 年　魏武侯 15 年　鄭康公 14 年　宋休公 14 年　晉孝公 11 年 齊田剡 6 年　韓文侯 5 年　趙敬侯 5 年　秦獻公 3 年
		21	庚子	**-381**	周安王 21 年 衛慎公 34 年 魯穆公 29 年 齊康公 24 年燕釐公 22 年 楚悼王 21 年 魏武侯 16 年 鄭康公 15 年 宋休公 15 年晉孝公 12 年 齊田剡 7 年　韓文侯 6 年　趙敬侯 6 年　秦獻公 4 年 楚悼芈疑卒子肅王芈臧嗣位 宗室大臣殺吳起. 楚吳起公正嚴,明疏無能貴族,撫養戰士,楚強. 魏攻占楚國魯陽(今河南魯山)稱霸中原
東周	周安王 姬驕	**22**	辛丑	**-380**	周安王 22 年　衛慎公 35 年　魯穆公 30 年　齊康公 25 年　燕釐公 23 年 魏武侯 17 年　鄭康公 16 年　宋休公 16 年　晉孝公 13 年　齊田剡 8 年 韓文侯 7 年　趙敬侯 7 年　秦獻公 5 年　楚肅王元年
		23	壬寅	**-379**	周安王 23 年　衛慎公 36 年　魯穆公 31 年　齊康公 26 年　燕釐公 24 年 魏武侯 18 年　鄭康公 17 年　宋休公 17 年　晉孝公 14 年　齊田剡 9 年 韓文侯 8 年　趙敬侯 8 年　秦獻公 6 年　楚肅王 2 年 越國國勢日弱,放棄琅琊首都南遷會稽城(浙江紹興)　趙遷於吳,田氏並齊. 被放逐原齊國君姜貸逝世,姜姓齊國滅亡.
		24	癸卯	**-378**	周安王 24 年　衛慎公 37 年　魯穆公 32 年　燕釐公 25 年　魏武侯 19 年 鄭康公 18 年　宋休公 18 年　晉孝公 15 年　齊田剡 10 年　韓文侯 9 年 趙敬侯 9 年　秦獻公 7 年　楚肅王 3 年 齊威王革除惡勢力,勵精圖治,官吏兢兢業業,.人盡心盡力,為戰國七雄之首 狄敗魏於澮水(山西翼城) 魏韓趙攻齊至靈丘(山東茌平) 晉孝公姬傾卒子靖公姬俱酒嗣位 齊田剡卒,子桓公田午嗣位
		25	甲辰	**-377**	周安王 25 年　衛慎公 38 年　魯穆公 33 年　燕釐公 26 年 魏武侯 20 年 鄭康公 19 年　宋休公 19 年　韓文侯 10 年　趙敬侯 10 年　秦獻公 8 年 楚肅王 4 年　齊桓公元年　晉靖公元年 蜀攻楚茲方(四川奉節)楚築扞關(奉節縣)禦蜀 穆公姬顯卒,子共公姬奮立 韓文侯卒,子哀侯嗣位
		26	乙巳	**-376**	周安王 26 年　衛慎公 39 年　燕釐公 27 年　魏武侯 21 年　鄭康公 20 年 宋休公 20 年　趙敬侯 11 年　秦獻公 9 年　楚肅王 5 年　齊桓公 2 年 晉靖公 2 年　魯共公元年　韓哀侯元年 韓、趙、魏三國共廢晉君主靖公姬俱酒為庶民,瓜分其地,**晉國滅亡**. 周安王姬驕在位 26 年卒,子姬喜嗣位,是為烈王 越太子諸咎弒其君翳,越人殺諸咎立孚錯枝為君 【新編歷史大系手冊】子烈王喜(-376~-369)

朝代	帝　王	國號	干支	紀前	紀　事
東周	周烈王 姬喜 -375 至-369 年 在位 7 年	1	丙午	-375	周烈王元年 衛慎公 40 年 燕釐公 28 年 魏武侯 22 年 鄭康公 21 年 宋休公 21 年 趙敬侯 12 年 秦獻公 10 年 楚肅王 6 年 齊桓公 3 年 魯共公 2 年 韓哀侯 2 年 韓攻鄭國首府新鄭(河南新鄭)陷落,滅鄭自陽翟徙都之,鄭國滅亡 越大夫寺區定亂立初無余是為莽安(王之侯) 趙敬侯趙章卒子成侯趙種嗣位
		2	丁未	-374	周烈王 2 年 衛慎公 41 年 燕釐公 29 年 魏武侯 23 年 宋休公 22 年 秦獻公 11 年 楚肅王 7 年 齊桓公 4 年 魯共公 3 年 韓哀侯 3 年 趙成侯元年 秦徙都櫟陽,自是漸強.
		3	戊申	-373	周烈王 3 年 衛慎公 42 年 燕釐公 30 年 魏武侯 24 年 宋休公 23 年 秦獻公 12 年 楚肅王 8 年 齊桓公 5 年 魯共公 4 年 韓哀侯 4 年 趙成侯 2 年 燕攻齊於林狐(河北鹽山) 魏攻齊軍至博陵(山東茌平) 燕釐公卒子桓公嗣位 衛慎公衛頹卒子聲公衛訓嗣位
		4	己酉	-372	周烈王 4 年 魏武侯 25 年 秦獻公 13 年 楚肅王 9 年 齊桓公 6 年 魯共公 5 年 韓哀侯 5 年 趙成侯 3 年 宋辟公元年 燕桓公元年 衛聲公元年 孟軻生於鄒(-372 年 4 月至-289)享壽 84 歲 趙攻衛,旋魏攻趙於北藺(豫)
東周	周烈王 姬喜	5	庚戌	-371	周烈王 5 年 魏武侯 26 年 秦獻公 14 年 楚肅王 10 年 齊桓公 7 年 魯共公 6 年 韓哀侯 6 年 趙成侯 4 年 宋辟公 2 年 燕桓公 2 年 衛聲公 2 年 韓相嚴遂殺國君哀侯,立其子莊侯韓若山. 秦趙戰,秦敗 魏攻楚陷魯陽 魏武侯魏擊卒,太子魏罃與公子魏緩爭立,國大亂.
		6	辛亥	-370	周烈王 6 年 秦獻公 15 年 楚肅王 11 年 齊桓公 8 年 魯共公 7 年 趙成侯 5 年 宋辟公 3 年 燕桓公 3 年 衛聲公 3 年 魏惠王元年 韓莊侯元年 齊王入朝 韓共侯趙成侯遷晉桓公於屯留. 楚肅王羋臧卒弟宣王羋良夫立 宋辟公子辟兵卒子子剔成嗣位 齊封即墨大夫,烹阿邑(山東東阿)大夫 齊桓公田午赴洛陽朝覲周烈王姬喜.時周權力沒落,周王幾被遺忘.
		7	壬子	-369	周烈王 7 年 秦獻公 16 年 齊桓公 9 年 魯共公 8 年 趙成侯 6 年 燕桓公 4 年 衛聲公 4 年 魏惠王 2 年 韓莊侯 2 年 宋剔元年 楚宣王元年 莊子出生,名周,宋國蒙人(河南安徽交界處),(-369~-286) 韓魏伐趙圍安邑. 周烈王姬喜在位 7 年卒,弟姬扁嗣位,是為顯王 魏王錯奔韓 韓趙乘魏亂攻魏圍魏都安邑(山西夏縣) 趙欲殺太子魏罃,立公子魏緩,韓欲分地,二國不和,先後退軍.魏罃遂殺魏緩 嗣位是為惠王 【新編歷史大系手冊】弟顯王扁(-369~-321)
東周	周顯王 姬扁 (-368~-321 年) 在位 48 年	顯王 1	癸丑	-368	周顯王元年 秦獻公 17 年 齊桓公 10 年 魯共公 9 年 趙成侯 7 年 燕桓公 5 年 衛聲公 5 年 魏惠王 3 年 韓莊侯 3 年 宋剔成 2 年 楚宣王 2 年 東周顯王 姬扁(-368~-321 年)在位 48 年 齊伐趙,趙獻長城以和 秦獻公嬴師隰封子嬴向為藍田君 趙攻齊,至長城(山東中部)

朝代	帝王	國號	干支	紀前	紀事
		2	甲寅	-367	周顯王 2 年　秦獻公 18 年　齊桓公 11 年　魯共公 10 年　趙成侯 8 年 燕桓公 6 年　衛聲公 6 年　魏惠王 4 年　韓莊侯 4 年　宋剔成 3 年 楚宣王 3 年 周王畿土地分裂為東周、西周兩小國. 羅馬共和國護民官李錫尼為平民利益制定法典,限制貴族及富人利息及土地,史稱李錫尼法典.
		3	乙卯	-366	周顯王 3 年　秦獻公 19 年　齊桓公 12 年　魯共公 11 年　趙成侯 9 年 燕桓公 7 年　衛聲公 7 年　魏惠王 5 年　韓莊侯 5 年　宋剔成 4 年 楚宣王 4 年 秦獻公結束內亂,大肆改革,到-361 年秦孝公「修德行武,平亂求賢,賑濟孤寡,獎掖將士」,四方入秦,變法奠定復興基礎. 魏韓二國君會於宅陽(河南鄭州))聯攻秦,敗於洛陽
		4	丙辰	-365	周顯王 4 年　秦獻公 20 年　齊桓公 13 年　魯共公 12 年　趙成侯 10 年 燕桓公 8 年　衛聲公 8 年　魏惠王 6 年　韓莊侯 6 年　宋剔成 5 年 楚宣王 5 年 莊周(-365~290)又說(-369~-286),老子宋國蒙(今河南商丘縣東北人),戰國時著名哲學家.道家學派,老子鄙夷權貴,崇尚自由,與老子並稱「老莊」. 魏徙都大梁 越寺區弟弒其君莽安次無顧立 魏攻宋,陷儀台(河南盧城)
東周	周顯王 姬扁	5	丁巳	-364	周顯王 5 年　秦獻公 21 年　齊桓公 14 年　魯共公 13 年　趙成侯 11 年 燕桓公 9 年　衛聲公 9 年　魏惠王 7 年　韓莊侯 7 年　宋剔成 6 年 楚宣王 6 年 秦獻公攻魏,韓趙救魏,三國聯軍大敗於石門(山西運城) 王賜以黼黻之服
		6	戊午	-363	周顯王 6 年　秦獻公 22 年　齊桓公 15 年　魯共公 14 年　趙成侯 12 年 燕桓公 10 年　衛聲公 10 年　魏惠王 8 年　韓莊侯 8 年　宋剔成 7 年 楚宣王 7 年
		7	己未	-362	周顯王 7 年　秦獻公 23 年　齊桓公 16 年　魯共公 15 年　趙成侯 13 年 燕桓公 11 年　衛聲公 11 年　魏惠王 9 年　韓莊侯 9 年　宋剔成 8 年 楚宣王 8 年 秦敗韓於西山　秦攻魏擊敗於少梁(陝西韓城) 秦獻公卒,子渠梁立,是為孝公 衛聲公衛訓卒,子成侯衛速嗣位 燕桓公卒,文公嗣位 衛聲卒,子成侯不逝立 秦獻公嬴師隰卒,子孝公嬴渠梁嗣位
		8	庚申	-361	周顯王 8 年　齊桓公 17 年　魯共公 16 年　趙成侯 14 年　魏惠王 10 年 韓莊侯 10 年　宋剔成 9 年　楚宣王 9 年　秦孝公元年　燕文公元年 衛成侯元年 魏、韓、趙調整國境,魏開運河.　魏鞅入秦 秦孝公即位 秦孝公嬴渠梁下令求賢衛公孫鞅自衛入秦 歷史上兩政治家秦王嬴渠梁、及法學家公孫鞅(衛國人),廣徵天下賢才 秦孝公攻魏圍陝,　秦攻戎,　魏攻趙,取皮牢
		9	辛酉	-360	周顯王 9 年　齊桓公 18 年　魯共公 17 年　趙成侯 15 年　魏惠王 11 年 韓莊侯 11 年　宋剔成 10 年　楚宣王 10 年　秦孝公 2 年　燕文公 2 年 衛成侯 2 年 東周惠公傑卒　天子致文武胙於秦伯　秦舉衛鞅為左庶長

朝代	帝　王	國號	干支	紀前	紀　事
		10	壬戌	-359	周顯王 10 年　齊桓公 19 年　魯共公 18 年　趙成侯 16 年　魏惠王 12 年 韓莊侯 12 年　宋剔成 11 年　楚宣王 11 年　秦孝公 3 年　燕文公 3 年 衛成侯 3 年 秦孝公任用商鞅為左庶長,在秦國開始變法.尊戰士,務耕織,開霸業之基 魏使龍賈築長城於西邊. 韓莊韓若山卒子昭侯嗣位 齊桓公田午卒,子威王田因齊嗣位.
		11	癸亥	-358	周顯王 11 年　魯共公 19 年　趙成侯 17 年　魏惠王 13 年　宋剔成 12 年 楚宣王 12 年　秦孝公 4 年　燕文公 4 年　衛成侯 4 年　齊威王元年 韓昭侯元年 秦韓於戰於西山(熊耳山)韓敗退　齊任鄒忌為相
		12	甲子	-357	周顯王 12 年　魯共公 20 年　趙成侯 18 年　魏惠王 14 年　宋剔成 13 年 楚宣王 13 年　秦孝公 5 年　燕文公 5 年　衛成侯 5 年　齊威王 2 年 韓昭侯 2 年 越子無顓卒是為菼蠋卯次無疆立　韓魏二國君會於鄗邑(河北柏鄉)
		13	乙丑	-356	周顯王 13 年　魯共公 21 年　趙成侯 19 年　魏惠王 15 年　宋剔成 14 年 楚宣王 14 年　秦孝公 6 年　燕文公 6 年　衛成侯 6 年　齊威王 3 年 韓昭侯 3 年 魏惠王始稱王 趙燕二國君主會於阿城(山東陽穀) 趙齊宋三君主會於平陸(山東汶上) 商鞅(約-390~-338)第一次變法,凡九次.著重「令民為什伍,重農抑商,獎勵耕織,獎勵軍功,燔詩書而明法令,統一度量衡,廢分封,行縣制,廢除井田制」
東周	周顯王 姬扁	14	丙寅	-355	周顯王 14 年　魯共公 22 年　趙成侯 20 年　魏惠王 16 年　宋剔成 15 年 楚宣王 15 年　秦孝公 7 年　燕文公 7 年　衛成侯 7 年　齊威王 4 年 韓昭侯 4 年 齊魏會田於郊縣　魏惠王魏罃問齊威王田因齊有何國寶,田因齊曰「我有四臣,使守四疆,乃國之寶」秦魏二國君主會於杜平　魯共公姬奮卒子姬毛嗣位
		15	丁卯	-354	周顯王 15 年　趙成侯 21 年　魏惠王 17 年　宋剔成 16 年　楚宣王 16 年 秦孝公 8 年　燕文公 8 年　衛成侯 8 年　齊威王 5 年　韓昭侯 5 年 魯康公元年 魏伐趙圍邯鄲(山西太原),趙告急於齊　秦敗魏於陝西澄城,陷陝西韓城
		16	戊辰	-353	周顯王 16 年　趙成侯 22 年　魏惠王 18 年　宋剔成 17 年　楚宣王 17 年 秦孝公 9 年　燕文公 9 年　衛成侯 9 年　齊威王 6 年　韓昭侯 6 年 魯康公 2 年 魏破趙邯鄲.齊以田忌為將,孫臏為軍師,採圍魏救趙戰術,在豫長垣敗魏 魏克邯鄲還及齊戰敗績　韓侵東周
		17	己巳	-352	周顯王 17 年　趙成侯 23 年　魏惠王 19 年　宋剔成 18 年　宣王 18 年 秦孝公 10 年　燕文公 10 年　衛成侯 10 年　齊威王 7 年　韓昭侯 7 年 魯康公 3 年 秦用商鞅變法,國勢驟強,建立霸權,各國震懼.　魏破趙邯鄲.　齊威王稱王 齊以田忌為將,孫臏為軍師,採「圍魏救趙」計,在桂陵(河南長垣)敗魏.
		18	庚午	-351	周顯王 18 年　趙成侯 24 年　魏惠王 20 年　宋剔成 19 年　楚宣王 19 年 秦孝公 11 年　燕文公 11 年　衛成侯 11 年　齊威王 8 年　韓昭侯 8 年 魯康公 4 年 韓以申不害為相,主張君主重權按職授官.對百姓無為而治.重術法勢治國. 秦以大良造衛鞅攻魏,陷固陽(綏遠九原城東北)

朝代	帝　王	國號	干支	紀前	紀　　事
		19	辛未	**-350**	周顯王 19 年　趙成侯 25 年　魏惠王 21 年　宋剔成 20 年　楚宣王 20 年 秦孝公 12 年　燕文公 12 年　衛成侯 12 年　齊威王 9 年　韓昭侯 9 年 魯康公 5 年 商鞅變法:「開阡陌封疆」,推行縣治,設縣令、縣丞、縣尉.加強中央封建統治,實施賦稅制和俸祿制,按人口徵收軍賦.國力大升,成為統一六國條件. 公孫鞅將秦國首府從櫟陽(陝西臨潼)遷到咸陽(陝西咸陽) 秦自櫟陽(陝西臨潼)遷都咸陽　廢井田　趙成侯趙種卒子肅侯趙語嗣位
		20	壬申	**-349**	周顯王 20 年　魏惠王 22 年　宋剔成 21 年　楚宣王 21 年　秦孝公 13 年 燕文公 13 年　衛成侯 13 年　齊威王 10 年　韓昭侯 10 年　魯康公 6 年 趙肅侯元年 趙自晉陽(山太原)遷都(河北)鄴鄲　秦國推行二十等爵位
		21	癸酉	**-348**	周顯王 21 年　魏惠王 23 年　宋剔成 22 年　楚宣王 22 年　秦孝公 14 年 燕文公 14 年　衛成侯 14 年　齊威王 11 年　韓昭侯 11 年　魯康公 7 年 趙肅侯 2 年 秦行新賦稅法
		22	甲戌	**-347**	周顯王 22 年　魏惠王 24 年　宋剔成 23 年　楚宣王 23 年　秦孝公 15 年 燕文公 15 年　衛成侯 15 年　齊威王 12 年　韓昭侯 12 年　魯康公 8 年 趙肅侯 3 年 趙公子趙范叛,起兵襲鄴鄲,敗死.
		23	乙亥	**-346**	周顯王 23 年　魏惠王 25 年　宋剔成 24 年　楚宣王 24 年　秦孝公 16 年 燕文公 16 年　衛成侯 16 年　齊威王 13 年　韓昭侯 13 年　魯康公 9 年 趙肅侯 4 年 衛貶號曰侯臣屬魏韓趙秦孝公會諸侯於逢澤 魯康公毛卒子景公姬偃嗣位
東周	周顯王 姬扁	**24**	丙子	**-345**	周顯王 24 年　魏惠王 26 年　宋剔成 25 年　楚宣王 25 年　秦孝公 17 年 燕文公 17 年　衛成侯 17 年　齊威王 14 年　韓昭侯 14 年　趙肅侯 5 年 魯景公元年
		25	丁丑	**-344**	周顯王 25 年　魏惠王 27 年　宋剔成 26 年　楚宣王 26 年　秦孝公 18 年 燕文公 18 年　衛成侯 18 年　齊威王 15 年　韓昭侯 15 年　趙肅侯 6 年 魯景公 2 年 魏惠王稱夏王　秦孝公會諸侯於京師
		26	戊寅	**-343**	周顯王 26 年　魏惠王 28 年　宋剔成 27 年　楚宣王 27 年　秦孝公 19 年 燕文公 19 年　衛成侯 19 年　齊威王 16 年　韓昭侯 16 年　趙肅侯 7 年 魯景公 3 年 周顯王姬扁晉封秦孝公嬴渠梁為「西伯」各國君主皆致賀 秦使公子少官率諸侯來朝　秦益強大,　天子致伯　諸侯畢為賀
		27	己卯	**-342**	周顯王 27 年　魏惠王 29 年　宋剔成 28 年　楚宣王 28 年　秦孝公 20 年 燕文公 20 年　衛成侯 20 年　齊威王 17 年　韓昭侯 17 年　趙肅侯 8 年 魯景公 4 年 齊威王以田忌、田嬰為將,孫臏為師,起兵圍魏救趙,齊魏馬陵之戰,魏軍敗. 齊宣王立 秦會諸侯於逢澤以朝天子
		28	庚辰	**-341**	周顯王 28 年　魏惠王 30 年　宋剔成 29 年　楚宣王 29 年　秦孝公 21 年 燕文公 21 年　衛成侯 21 年　齊威王 18 年　韓昭侯 18 年　趙肅侯 9 年 魯景公 5 年 魏伐韓,齊孫臏伐魏以救韓,殺其將龐涓,擄太子申,魏師大敗,魏將龐涓自殺.. 齊相鄒忌誣田忌謀反致奔楚

朝代	帝　王	國號	干支	紀前	紀　事
		29	辛巳	-340	周顯王 29 年　魏惠王 31 年　宋剔成 30 年　楚宣王 30 年　秦孝公 22 年　燕文公 22 年　衛成侯 22 年　齊威王 19 年　韓昭侯 19 年　趙肅侯 10 年　魯景公 6 年 屈原(前-340~-278)湖北秭縣樂平里.楚武王熊通之子屈瑕後代,政治家和文學家,懷憂國事,累次進諫不納,悲憤作「離騷,天問,招魂,哀郢」頃襄王將其逐出郢都,放逐江南,眼見秦攻楚,眼見亡國在即,含淚投汨羅江而死. 秦衛鞅伐魏,誘執其將公子卬敗之.魏獻河西地於秦. 衛鞅會齊趙敗魏,擄魏卬,魏割黃河以西地求和　秦封鞅商縣地,號商君 楚宣王羋良卒,子威王羋商嗣位
		30	壬午	-339	周顯王 30 年　魏惠王 32 年　宋剔成 31 年　秦孝公 23 年　燕文公 23 年　衛成侯 23 年　齊威王 20 年　韓昭侯 20 年　趙肅侯 11 年　魯景公 7 年　楚威王元年 秦與魏戰岸門
		31	癸未	-338	周顯王 31 年　魏惠王 33 年　宋剔成 32 年　秦孝公 24 年　燕文公 24 年　衛成侯 24 年　齊威王 21 年　韓昭侯 21 年　趙肅侯 12 年　魯景公 8 年　楚威王 2 年. 秦孝公卒子駟立,是為惠文王.　秦車裂商鞅滅其家 嬴渠梁逝世,兒子嬴駟繼位
		32	甲申	-337	周顯王 32 年　魏惠王 34 年　宋剔成 33 年　燕文公 25 年　衛成侯 25 年　齊威王 22 年　韓昭侯 22 年　趙肅侯 13 年　魯景公 9 年　楚威王 3 年　秦惠王元年 蘇秦以連棋策略遊說秦惠王嬴駟,嬴駟不納,蘇秦返家,妻不停織布,嫂不為煮飯　韓相不害卒
		33	乙酉	-336	周顯王 33 年　魏惠王 35 年　宋剔成 34 年　燕文公 26 年　衛成侯 26 年　齊威王 23 年　韓昭侯 23 年　趙肅侯 14 年　魯景公 10 年　楚威王 4 年　秦惠王 2 年 致賀於秦　鄒人孟軻至魏
東周	周顯王 姬扁	34	丙戌	-335	周顯王 34 年　魏惠王 36 年　宋剔成 35 年　燕文公 27 年　衛成侯 27 年　齊威王 24 年　韓昭侯 24 年　趙肅侯 15 年　魯景公 11 年　楚威王 5 年　秦惠王 3 年 秦拔韓宜陽　趙語封蘇秦為武安君
		35	丁亥	-334	周顯王 35 年　宋剔成 36 年　燕文公 28 年　衛成侯 28 年　齊威王 25 年　韓昭侯 25 年　趙肅侯 16 年　魯景公 12 年　楚威王 6 年　秦惠王 4 年　魏惠王後元元年 齊威王田因齊、魏惠王魏罃,用惠施計聯齊,與齊威王會於徐州(山東滕州),互尊稱王,史稱『會徐州相王』. 建齊王國與魏王國. 越王似無疆攻楚,大敗,身死國亡,立國 164 年. 蘇秦合縱拒秦
		36	戊子	-333	周顯王 36 年　宋剔成 37 年　燕文公 29 年　衛成侯 29 年　齊威王 26 年　韓昭侯 26 年　趙肅侯 17 年　魯景公 13 年　楚威王 7 年　秦惠王 5 年　魏惠王後元 2 年 蘇秦以合縱對抗策遊說列國,佩燕、趙、韓、魏、齊、楚六國相印,魏張儀以連橫和解策略遊說秦惠王嬴駟,嬴駟正悔失去蘇秦,乃用張儀為客卿. 韓昭侯卒,子威侯嗣位. 燕文公卒,子易王嗣位. 偉成侯衛速卒,子平侯嗣. 楚齊徐州之戰,趙築長城.

朝代	帝　王	國號	干支	紀前	紀　　事
		37	己丑	-332	周顯王 37 年 宋剔成 38 年 齊威王 27 年 趙肅侯 18 年 魯景公 14 年 楚威王 8 年 秦惠王 6 年 魏惠王後元 3 年 韓威侯元年 燕易王元年 衛平侯元年 秦國向魏國表示讓步,秦以齊魏之師伐趙,蘇秦恐出使燕國,蘇秦離趙,合縱對抗約瓦解. 趙決河水灌敵軍,齊魏軍始退. 齊攻燕,陷十邑,既而歸還.
		38	庚寅	-331	周顯王 38 年 宋剔成 39 年 齊威王 28 年 肅侯 19 年 魯景公 15 年 楚威王 9 年 秦惠王 7 年 魏惠王後元 4 年 韓威侯 2 年 燕易王 2 年 衛平侯 2 年 宋國君主本姓子,約在此時改姓宋. 建亞歷山大帝國(西元前-331 至-323)
		39	辛卯	-330	周顯王 39 年 宋剔成 40 年 齊威王 29 年 趙肅侯 20 年 魯景公 16 年 楚威王 10 年 秦惠王 8 年 魏惠王後元 5 年 韓威侯 3 年 燕易王 3 年 衛平侯 3 年 秦攻魏,圍焦城(河南三門峽西)、曲沃(河南三門峽西南),魏盡割黃河以西地 波斯王大流士三世為叛將柏蘇斯刺殺於騾車中,波斯帝國亡(西元前-539 至-330)立國 210 年
		40	壬辰	-329	周顯王 40 年 宋剔成 41 年 齊威王 30 年 趙肅侯 21 年 魯景公 17 年 楚威王 11 年 秦惠王 9 年 魏惠王後元 6 年 韓威侯 4 年 燕易王 4 年 衛平侯 4 年 秦攻魏,陷汾陰(山西萬榮)、皮氏(山西河津)、焦城、曲沃. 楚威王羋商卒,子懷王羋槐嗣位. 宋公子宋偃起兵叛,國君宋剔成奔齊,宋偃嗣位,是為康王
		41	癸巳	-328	周顯王 41 年 齊威王 31 年 趙肅侯 22 年 魯景公 18 年 秦惠王 10 年 魏惠王後元 7 年 韓威侯 5 年 燕易王 5 年 衛平侯 5 年 宋康王元年 楚懷王元年 秦任張儀為相,『連橫』伐魏取蒲陽,既而歸之魏,魏盡入上郡地於秦.六國割地妥協以事秦國. 秦攻趙
		42	甲午	-327	周顯王 42 年 齊威王 32 年 趙肅侯 23 年 魯景公 19 年 秦惠王 11 年 魏惠王後元 8 年 韓威侯 6 年 燕易王 6 年 衛平侯 6 年 宋康王 2 年 楚懷王 2 年 秦滅義渠國(甘肅西峰),置義渠縣. 秦歸焦城、曲沃於魏.
東周	周顯王 姬扁	43	乙未	-326	周顯王 43 年 齊威王 33 年 趙肅侯 24 年 魯景公 20 年 秦惠王 12 年 魏惠王後元 9 年 韓威侯 7 年 燕易王 7 年 衛平侯 7 年 宋康王 3 年 楚懷王 3 年 趙肅侯趙語卒,子武靈王趙雍嗣位. 魏惠王魏罃與魏威侯會於巫沙.
		44	丙申	-325	周顯王 44 年 齊威王 34 年 魯景公 21 年 秦惠王 13 年 魏惠王後元 10 年 韓威侯 8 年 燕易王 8 年 衛平侯 8 年 宋康王 4 年 楚懷王 4 年 趙武靈王元年 衛平侯卒,子嗣君嗣位. 秦惠王嬴駟正式稱王. 齊元帥田肦,攻趙都邯鄲,擒趙大將韓舉,佔領平邑(河北南樂東北)、新城(山西聞喜東).
		45	丁酉	-324	周顯王 45 年 齊威王 35 年 魯景公 22 年 魏惠王後元 11 年 韓威侯 9 年 燕易王 9 年 宋康王 5 年 楚懷王 5 年 趙武靈王 2 年 秦惠王元年 衛嗣君元年 秦相張儀攻魏,陷陝城(河南三門峽). 燕相蘇秦私通前任國君文公夫人,易王偵知,蘇秦恐,蘇秦自燕奔齊,齊任為客卿.

朝代	帝　王	國號	干支	紀前	紀　事
		46	戊戌	-323	周顯王 46 年　齊威王 36 年　魯景公 23 年 魏惠王後元 12 年衛嗣君 2 年 韓宣惠王 10 年 燕易王 10 年　宋康王 6 年　楚懷王 6 年　趙武靈王 3 年 秦惠王 2 年 魏、韓、趙、燕、中山,採取「五國相王」行動聯合抗秦. 秦相張儀與齊相楚令尹會於齧桑(江蘇沛縣西南).韓、燕同時宣佈稱王,各建韓王國、燕易王稱王
東周	周顯王 姬扁	47	已亥	-322	周顯王 47 年 齊威王 37 年 魯景公 24 年　魏惠王後元 13 年 衛嗣君 3 年 韓宣惠王 11 年 燕易王 11 年　宋康王 7 年　楚懷王 7 年　趙武靈王 4 年 秦惠王 3 年 秦相張儀赴魏,任魏相.推行連橫政策.　秦攻魏,陷曲沃、平周(山西介休) 秦等六國盡稱王　惟趙獨未改稱
		48	庚子	-321	周顯王 48 年 齊威王 38 年 魯景公 25 年 魏惠王後元 14 年韓宣惠王 12 年 燕易王 12 年 宋康王 8 年　楚懷王 8 年　趙武靈王 5 年　秦惠王 4 年 衛嗣君 4 年 周顯王姬扁卒,子慎靚王姬定嗣位. 齊相田嬰卒,子田文嗣位,是為孟嘗君. 【新編歷史大系手冊】子慎靚王定(-321~-315)
東周	慎觀王 姬定 (-320 至-315) 在位 6 年	1	辛丑	-320	周慎觀王元年 齊威王 39 年魯景公 26 年魏惠王後元 15 年 韓宣惠王 13 年 宋康王 9 年　楚懷王 9 年 趙武靈王 6 年 秦惠王 5 年　衛嗣君 5 年 燕姬噲元年 周慎觀王姬定(-320 至-315)在位 6 年 魏更貶號曰君 齊威王田因齊卒,子宣王田辟疆嗣位. 衛益微弱不敢稱侯,自貶號稱君.遊說家孟軻見魏惠王魏罃,魏罃曰:【叟不遠千里而來,亦將有以利吾國乎】孟軻曰:【王何必曰利,亦有仁義而已矣】. 孫臏卒,著有〔孫臏兵法〕
		2	壬寅	-319	周慎靚王 2 年 魯景公 27 年 魏惠王後元 16 年韓宣惠王 14 年宋康王 10 年 楚懷王 10 年　趙武靈王 7 年 秦惠王 6 年　衛嗣君 6 年　燕姬噲 2 年 齊宣王元年 孟軻適齊 秦攻韓,陷(河南)鄢陵. 魏惠王魏罃卒,子襄王魏嗣嗣位. 孟柯見魏嗣,出語人曰:「望之不似人君」 秦攻韓陷河南鄢陵
東周	慎觀王 姬定	3	癸卯	-318	趙武靈王 8 年 秦惠王 7 年　衛嗣君 7 年　燕姬噲 3 年　齊宣王 2 年 魏襄王元年 周慎靚王 3 年 魯景公 28 年 韓宣惠王 15 年　宋康王 11 年 楚懷王 11 年 魏、趙、韓、楚、燕五國合縱攻秦,不勝而歸.　宋國君主宋偃自立為王,建宋王國. 各國均地廣兵強,混戰日益慘烈. 周、衛二國皆彈丸之地,無人理睬 燕噲將君主位讓給相國子之
		4	甲辰	-317	周慎靚王 4 年 魯景公 29 年 韓宣惠王 16 年 宋康王 12 年　楚懷王 12 年 趙武靈王 9 年 秦惠王 8 年　衛嗣君 8 年　燕姬噲 4 年　齊宣王 3 年 魏襄王 2 年 魏相張儀返秦,復任秦相.　秦大敗韓師於脩魚,斬首八萬.　魏請成於秦 魏相張儀返秦,復任秦相.　魯景公姬偃卒,子平公姬旅嗣位. 孟母親(?~-317)孟子的母親,為教養兒子(孟子)勵志敦品向學,絲絲相扣,時念於茲,為選擇敦品勵學環境,「孟母三遷」,「言必信,行必果」「身教重於言教」「殺豚不欺子」造就了孟子仁義禮智信的高品格.

朝代	帝王	國號	干支	紀前	紀事
		5	乙巳	-316	周慎靚王5年 韓宣惠王17年 宋康王13年 楚懷王13年 趙武靈王10年 秦惠王9年 衛嗣君9年 燕姬噲5年 齊宣王4年 魏襄王3年 魯平公元年 燕王姬噲讓位於其相子之. 秦司馬錯攻蜀國(四川成都),蜀王開明死,蜀亡. 魏遷都大梁(今河南開封)
		6	丙午	-315	周慎覲王6年 韓宣惠王18年 宋康王14年 楚懷王14年 趙武靈王11年 秦惠王10年 衛嗣君10年 齊宣王5年 魏襄王4年 魯平公2年 燕子之元年 周慎覲王姬定在位6年崩,子延立,是為赧王. 趙國君趙雍宣佈稱王建國.
東周	赧王 姬延	1	丁未	-314	韓宣惠王19年 宋康王15年 楚懷王15年 趙武靈王12年 秦惠王11年 衛嗣君11年 齊宣王6年 魏襄王5年 魯平公3年 燕子之2年 周赧王元年 燕國子之殺太子平、市被.齊宣王乘燕內亂攻取燕,殺子之與噲,燕人反抗,齊退兵.趙送燕公子回國即位,是為燕昭王. 周赧王姬延(-314~-256年)在位59年 秦敗韓於岸門(山西河津),趙遣太子入秦為人質. 孟軻去齊 燕飢,齊伐燕取之,醢子之,殺王姬噲,燕遂滅. 趙聞燕亡,即立燕公子姬職為燕王,遣大將樂池送之返國. 秦封王子嬴通為蜀侯,命陳莊為相,時蠻戎尚強,秦移民萬戶於蜀.
		2	戊申	-313	韓宣惠王20年 宋康王16年 楚懷王16年 趙武靈王13年 秦惠王12年 衛嗣君12年 齊宣王7年 魏襄王6年 魯平公4年 周赧王2年 秦伐趙,陷藺城(山西離石西),擄趙大將莊豹. 秦相張儀訪楚,說楚懷王芈槐與齊斷絕邦交,許歸還商於佔地六百里,然僅割六里,芈槐大怒,楚屈匄伐秦. 荀子(前-313~-238)襄王時代傑出老師,主張「明於天人之分」「師化之法,禮義之道」.著作「荀子集解」「荀子柬書」最為人稱道,
		3	己酉	-312	韓宣惠王21年 宋康王17年 楚懷王17年 趙武靈王14年 秦惠王13年 衛嗣君13年 齊宣王8年 魏襄王7年 魯平公5年 周赧王3年 燕昭王元年 張儀破齊楚之盟. 楚伐秦大敗,擄楚大將屈匄,楚衰.漢中遂秦有 燕人立太子姬平為君,是為昭王.驅齊軍復國用樂毅為亞卿主持國政.韓宣惠王卒子襄王韓倉嗣位
		4	庚戌	-311	宋康王18年 楚懷王18年 趙武靈王15年 秦惠王14年 衛嗣君14年 齊宣王9年 魏襄王8年 魯平公6年 周赧王4年 燕昭王2年 韓襄王元年 秦屬蜀相陳莊叛,殺蜀侯嬴通. 秦惠王嬴駟卒,子武王嬴蕩嗣位. 秦相張儀以連橫(聯秦)遊說楚、韓、齊、趙、燕五國,均聽命.
		5	辛亥	-310	宋康王19年 楚懷王19年 趙武靈王16年 衛嗣君15年 齊宣王10年 魏襄王9年 魯平公7年 周赧王5年 燕昭王3年 韓襄王2年 秦武王元年 魏復任張儀為相. 秦甘茂誅蜀相陳莊. 秦王嬴蕩與魏襄王魏嗣會於臨晉. 張儀(前-310~)春秋戰國時縱橫家, 秦用其為相「連橫合縱」「一怒而諸侯懼,安居而天下熄」國盛民強,秦惠王卒,子秦武王嗣位,兩人有隙罷官他去.
東周	赧王 姬延	6	壬子	-309	宋康王20年 楚懷王20年 趙武靈王17年 衛嗣君16年 齊宣王11年 魏襄王10年 魯平公8年 周赧王6年 燕昭王4年 韓襄王3年 秦武王2年 秦分設左右丞相,初置丞相以樗里疾甘茂為之,甘茂為左右丞相. 張儀死於魏. 秦王封子揮為蜀侯 韓相南公揭卒,樗疾相韓

朝代	帝　王	國號	干支	紀前	紀　事
		7	癸丑	-308	宋康王 21 年　楚懷王 21 年　趙武靈王 18 年　衛嗣君 17 年　齊宣王 12 年　魏襄王 11 年　魯平公 9 年　周赧王 7 年　燕昭王 5 年　韓襄王 4 年　秦武王 3 年 秦任樗里子嬴疾為左丞相,甘茂為右丞相.**是中國有丞相之始.** 秦甘茂伐韓於宜陽. 秦封王子嬴煇為蜀侯.
		8	甲寅	-307	宋康王 22 年　楚懷王 22 年　趙武靈王 19 年　衛嗣君 18 年　齊宣王 13 年　魏襄王 12 年　魯平公 10 年　周赧王 8 年　燕昭王 6 年　韓襄王 5 年　秦武王 4 年 秦甘茂陷韓(河南)宜陽. 秦武王嬴蕩赴洛陽,觀周太廟,舉鼎絕脈而死,弟昭襄嬴稷嗣位.母羋氏治國事,舅魏冉為將軍. 趙武靈王趙雍下令廢棄中華民族固有服裝,改穿胡人服裝,廢棄軍中笨車輛,改為騎馬,守舊勢力譁然.
		9	乙卯	-306	宋康王 23 年　楚懷王 23 年　趙武靈王 20 年　衛嗣君 19 年　齊宣王 14 年　魏襄王 13 年　魯平公 11 年　周赧王 9 年　燕昭王 7 年　韓襄王 6 年　秦昭襄王元年 秦右丞相甘茂懼讒言奔齊. 楚、齊、韓三國再訂合縱抗秦盟約 趙發兵拓境,北至寧葭(河北獲鹿),西至榆中(內蒙古東勝). 趙武靈王略中山及胡地.
		10	丙辰	-305	宋康王 24 年　楚懷王 24 年　趙武靈王 21 年　衛嗣君 20 年　齊宣王 15 年　魏襄王 14 年　魯平公 12 年　周赧王 10 年　燕昭王 8 年　韓襄王 7 年　秦昭襄王 2 年 秦魏冉定丙亂封穰王侯　沭胥之國來朝,是為佛法進入中國之始. 楚背齊事秦　趙攻中山國,中山割四邑求和. 秦穰侯魏冉殺惠文后及諸王子. 魯仲連(前-305~-245)山東茌平縣人,遊說名士,不出任官職,成為策士.
		11	丁巳	-304	宋康王 25 年　楚懷王 25 年　趙武靈王 22 年　衛嗣君 21 年　齊宣王 16 年　魏襄王 15 年　魯平公 13 年　周赧王 11 年　燕昭王 9 年　韓襄王 8 年　秦昭襄王 3 年 秦楚盟於黃棘　秦復楚上庸.　秦將侵地上庸(湖北竹山)還楚. 秦昭襄王嬴稷與楚懷王羋槐,盟於黃棘(河南南陽). **孟子卒**
		12	戊午	-303	宋康王 26 年　楚懷王 26 年　趙武靈王 23 年　衛嗣君 22 年　齊宣王 17 年　魏襄王 16 年　魯平公 14 年　周赧王 12 年　燕昭王 10 年　韓襄王 9 年　秦昭襄王 4 年 齊韓魏伐楚,楚使太子質於秦,秦救之. 秦攻魏救楚,陷蒲阪、陽春、封陵 秦再攻韓,陷武遂(山西垣曲)
		13	己未	-302	宋康王 27 年　楚懷王 27 年　趙武靈王 24 年　衛嗣君 23 年　齊宣王 18 年　魏襄王 17 年　魯平公 15 年　周赧王 13 年　燕昭王 11 年　韓襄王 10 年　秦昭襄王 5 年 魏朝於秦 秦昭襄王嬴稷、魏襄王魏嗣、韓太子韓嬰會於臨晉(陝西大荔). 秦以侵地蒲阪還魏,抗秦合縱盟約又瓦解. 楚太子羋橫自秦逃歸. 趙武靈王實行胡服騎射

朝代	帝　王	國號	干支	紀前	紀　　　事
東周	赧王　姬延	**14**	庚申	**-301**	宋康王 28 年　楚懷王 28 年　趙武靈王 25 年　衛嗣君 24 年　齊宣王 19 年 魏襄王 18 年　魯平公 16 年　周赧王 14 年　燕昭王 12 年　韓襄王 11 年 秦昭襄王 6 年 秦、齊、魏、韓四國攻楚,敗楚軍於重丘(河南泌陽),殺楚大將唐昧. 秦蜀侯嬴煇被誣進毒,秦遣大司馬錯擊殺之. 趙惠后卒. 齊宣王田辟彊卒,子湣王田地嗣位. 秦尋攻韓.佔穰城(河南鄧州).
		15	辛酉	**-300**	宋康王 29 年　楚懷王 29 年　趙武靈王 26 年　衛嗣君 25 年　魏襄王 19 年 魯平公 17 年　周赧王 15 年　燕昭王 13 年　韓襄王 12 年　秦昭襄王 7 年 齊湣王元年 秦攻楚,殺楚大將景缺,陷河南襄城,楚遣太子羋棋入齊為人質. 秦丞相樗里子嬴疾卒,樓緩繼為丞相.
		16	壬戌	**-299**	宋康王 30 年　楚懷王 30 年　趙武靈王 27 年　衛嗣君 26 年　魏襄王 20 年 魯平公 18 年　周赧王 16 年　燕昭王 14 年　韓襄王 13 年　秦昭襄王 8 年 齊湣王 2 年 秦劫持楚懷王羋槐至咸陽,迫割地,羋槐怒拒,乃留不使返.楚立羋橫為太子 趙武靈王趙雍,傳位於少子惠文王趙何,自稱主父,-295 年困死沙丘. 秦任齊孟嘗君田文為秦丞相.遭軟禁,以雞鳴狗盜方式逃脫. **屈原**,楚大夫屢次向國王羋蘭進諫,皆不見從,被貶逐,憂愁幽思,發憤抒情作「離騷」、「天問」、「招魂」、「哀郢」.於五月初五日,將石頭綁在身上,投湖南汨羅江自殺. 民間每年端午節以包粽子、划龍舟來紀念他. 趙武靈王廢太子章而禪位給少子何,自號主父
		17	癸亥	**-298**	宋康王 31 年　衛嗣君 27 年　魏襄王 21 年　魯平公 19 年　周赧王 17 年 燕昭王 15 年　韓襄王 14 年　秦昭襄王 9 年　齊湣王 3 年　楚頃襄王元年 趙惠文王元年 秦昭襄王欲殺田文逃歸齊. 趙王封弟趙勝為平原君. 齊韓魏伐秦敗其軍於函谷,秦割河東三城以和. 哲學家公孫龍始創「白馬非馬」之說 孟嘗君逃回齊國.戰國四君子「趙平原君、齊孟嘗君、魏信陵君、楚春申君」
		18	甲子	**-297**	宋康王 32 年　衛嗣君 28 年　魏襄王 22 年　魯平公 20 年　周赧王 18 年 燕昭王 16 年　韓襄王 15 年　秦昭襄王 10 年　齊湣王 4 年　楚頃襄王 2 年 趙惠文王 2 年 楚懷王羋槐自秦逃趙,不敢收,再奔魏,秦追逮獲. 魯平公姬旅卒子姬賈嗣位 趙封公子勝為平原君
		19	乙丑	**-296**	宋康王 33 年　衛嗣君 29 年　魏襄王 23 年　周赧王 19 年　燕昭王 17 年 韓襄王 16 年　秦昭襄王 11 年　齊湣王 5 年　楚頃襄王 3 年　趙惠文王 3 年 魯湣公元年 屈原 45 歲被流放江南,經洞庭湖沅江、湘江,徙居湖南湘陰汨羅江畔 楚懷王羋槐卒於秦.楚人憐之,楚南公曰「楚雖三戶,亡秦必楚」楚與秦絕. 趙封公子章為大安陽君,使田不禮相之. 魏襄王魏嗣卒,子昭王魏遬嗣位. 韓襄王韓倉逝,子釐王韓咎嗣位. 齊、魏、韓合縱攻秦. 韓非(前-296~--233)法家,思想家.唯物主義哲學家,其代表作「孤憤,說難,奸劫弒臣顯學,五蠹」

朝代	帝　王	國號	干支	紀前	紀　事
		20	丙寅	-295	宋康王 34 年　衛嗣君 30 年　周赧王 20 年　燕昭王 18 年　秦昭襄王 12 年 齊湣王 6 年　楚頃襄王 4 年　趙惠文王 4 年　魯湣公 2 年　魏昭王元年 韓釐王元年 趙滅中山. 秦命穰侯魏冉為丞相. 趙雍長子趙章作亂,兵敗被殺.子趙成李兌懼後患,圍趙雍於宮,趙雍餓死.
		21	丁卯	-294	宋康王 35 年　衛嗣君 31 年　周赧王 21 年　燕昭王 19 年　秦昭襄王 13 年 齊湣王 7 年　楚頃襄王 5 年　趙惠文王 5 年　魯湣公 3 年　魏昭王 2 年 韓釐王 2 年
東周	赧王　姬延	22	戊辰	-293	宋康王 36 年　衛嗣君 32 年　周赧王 22 年　燕昭王 20 年　秦昭襄王 14 年 齊湣王 8 年　楚頃襄王 6 年　趙惠文王 6 年　魯湣公 4 年　魏昭王 3 年 韓釐王 3 年 韓、魏攻秦,秦任白起為元帥,戰於伊闕,大敗韓魏,敗之,拔五城,擄韓公孫喜.
		23	己巳	-292	宋康王 37 年　衛嗣君 33 年　周赧王 23 年　燕昭王 21 年　秦昭襄王 15 年 齊湣王 9 年　楚頃襄王 7 年　趙惠文王 7 年　魯湣公 5 年　魏昭王 4 年 韓釐王 4 年 楚君迎婦於秦
		24	庚午	-291	宋康王 38 年　衛嗣君 34 年　周赧王 24 年　燕昭王 22 年　秦昭襄王 16 年 齊湣王 10 年　楚頃襄王 8 年　趙惠文王 8 年　魯湣公 6 年　魏昭王 5 年 韓釐王 5 年 秦攻韓,陷宛城(河南南陽)
		25	辛未	-290	宋康王 39 年　衛嗣君 35 年　周赧王 25 年　燕昭王 23 年　秦昭襄王 17 年 齊湣王 11 年　楚頃襄王 9 年　趙惠文王 9 年　魯湣公 7 年　魏昭王 6 年 韓釐王 6 年 東周君如秦　魏割河東地四百里,韓割武遂地二百里與秦. 呂不韋(前-290~-235)河南濮陽人,政治家,尊稱「仲父」編「呂氏春秋」
		26	壬申	-289	宋康王 40 年　衛嗣君 36 年　周赧王 26 年　燕昭王 24 年　秦昭襄王 18 年 齊湣王 12 年　楚頃襄王 10 年　趙惠文王 10 年　魯湣公 8 年　魏昭王 7 年 韓釐王 7 年 孟軻卒(-372 至-289)享壽 84 歲　秦白起、司馬錯攻魏至軹城(河南)陷 61 邑
		27	癸酉	-288	宋康王 41 年　衛嗣君 37 年　周赧王 27 年　燕昭王 25 年　秦昭襄王 19 年 齊湣王 13 年　楚頃襄王 11 年　趙惠文王 11 年　魯湣公 9 年　魏昭王 8 年 韓釐王 8 年 秦昭襄王嬴稷稱西帝,尊齊湣王田地為東帝.　尋皆棄帝號,恢復稱王. 蘇秦聯合五國合縱反秦,迫使秦廢帝號.　南北聯合抗秦稱『合縱』
		28	甲戌	-287	宋康王 42 年　衛嗣君 38 年　周赧王 28 年　燕昭王 26 年　秦昭襄王 20 年 齊湣王 14 年　楚頃襄王 12 年　趙惠文王 12 年　魯湣公 10 年　魏昭王 9 年 韓釐王 9 年 蘇秦合縱趙、齊、楚、魏、韓五國攻秦. 秦攻魏,陷新垣(山西)及曲陽(河南)
		29	乙亥	-286	宋康王 43 年　衛嗣君 39 年　周赧王 29 年　燕昭王 27 年　秦昭襄王 21 年 齊湣王 15 年　楚頃襄王 13 年　趙惠文王 13 年　魯湣公 11 年　魏昭王 10 年 韓釐王 10 年 齊攻宋,宋康王宋王偃無道,兵潰齊文閔王滅之,被殺,**宋亡**,立國 44 年. 秦攻魏,魏獻秦安邑(山西)求和.秦盡驅安邑人入魏,僅據其城.
		30	丙子	-285	衛嗣君 40 年　周赧王 30 年　燕昭王 28 年　秦昭襄王 22 年　齊湣王 16 年 楚頃襄王 14 年　趙惠文王 14 年　魯湣公 12 年　魏昭王 11 年　韓釐王 11 年 秦楚會於宛城(河南南陽) 秦趙會於山西中陽. 秦大將蒙武攻齊,陷九城.

朝代	帝　王	國號	干支	紀前	紀　　　事
		31	丁丑	-284	衛嗣君 41 年 周赧王 31 年 燕昭王 29 年 秦昭襄王 23 年 齊湣王 17 年 楚頃襄王 15 年 趙惠文王 15 年 魯湣公 13 年 魏昭王 12 年 韓釐王 12 年 燕昭王以樂毅為上將軍,聯秦韓趙魏五國伐齊,齊王田地出走,其相淖齒弒之 秦、魏、韓會於周都洛陽　六國自相殘殺　墨人奉田單為將抗燕 蘇秦(?~-前 284)河南洛陽人,戰國時名縱橫家,
		32	戊寅	-283	衛嗣君 42 年 周赧王 32 年 燕昭王 30 年 秦昭襄王 24 年 楚頃襄王 16 年 趙惠文王 16 年 魯湣公 14 年 魏昭王 13 年 韓釐王 13 年 齊襄王元年 樂毅圍即墨一年 秦昭襄王嬴稷向趙國索和氏璧,聲稱用十五城交換.趙遣舍人藺相如執璧赴秦,見秦無誠意,完璧而歸. 齊人討殺淖齒,立太子田法章為王,是為襄王. 魏嗣君卒,子懷君嗣位.
東周	赧王　姬延	33	己卯	-282	周赧王 33 年 燕昭王 31 年 秦昭襄王 25 年 楚頃襄王 17 年趙惠文王 17 年 魯湣公 15 年 魏昭王 14 年 韓釐王 14 年 齊襄王 2 年 衛懷君元年 樂毅圍即墨二年 秦攻趙,陷兩城.
		34	庚辰	-281	周赧王 34 年 燕昭王 32 年 秦昭襄王 26 年 楚頃襄王 18 年趙惠文王 18 年 魯湣公 16 年 魏昭王 15 年 韓釐王 15 年 齊襄王 3 年 衛懷君 2 年 樂毅圍即墨三年 楚謀入寇,王使東周武公喻止之. 秦再攻趙,陷石城(河北).
		35	辛巳	-280	趙良殺趙王武臣,趙相張耳及陳餘收趙兵數萬人,擊走趙良,立趙王室之後趙歇為趙王,都於信都(河北省冀縣) 周赧王 35 年 燕昭王 33 年 秦昭襄王 27 年 楚頃襄王 19 年趙惠文王 19 年 魯湣公 17 年 魏昭王 16 年 韓釐王 16 年 齊襄王 4 年 衛懷君 3 年 樂毅圍即墨四年. 秦伐趙及楚,楚割漢水上庸(湖北)求和. 李斯(?~-280),河南上蔡人,事秦掌司法廷尉,臣相,協助秦始皇統一六國,統一貨幣,整理文字,趙高污陷李斯謀反,獄中忍受不了刑罰,認罪處死.
		36	壬午	-279	周赧王 36 年 燕昭王 34 年 秦昭襄王 28 年 楚頃襄王 20 年趙惠文王 20 年 魯湣公 18 年 魏昭王 17 年 韓釐王 17 年 齊襄王 5 年 衛懷君 4 年 燕昭王姬平卒,子姬樂繼位　秦趙會於澠池,藺相如冒死不屈,使趙王不受辱,得封上卿.. 廉頗不服,藺相如退讓,廉頗負荊請罪,致將相和　樂毅奔趙 齊田單襲破燕軍,盡復齊地　趙封樂毅為望諸君 趙任藺相如為相 田文卒 樂毅圍即墨五年即墨田單施離間計姬樂資困使騎劫代樂毅為將樂毅奔趙. 田單用火牛反攻,斬騎劫,大破燕軍,盡復七十城,迎襄王田法章臨淄 齊魏滅食邑薛國(山東微山) 齊孟嘗君田文卒,魏齊乘其喪,共滅其食邑薛國
		37	癸未	-278	周赧王 37 年 秦昭襄王 29 年 楚頃襄王 21 年 趙惠文王 21 年魯湣公 19 年 魏昭王 18 年 韓釐王 18 年 齊襄王 6 年 衛懷君 5 年 燕惠王元年 秦攻楚,取郢都(湖北江陵),燒先王墳墓夷陵(湖北宜昌),楚遷都陳丘(河南). 屈原懷憂喪志,憂心忡忡作『懷沙』大志不展投汨羅江自盡.63 歲著楚辭、離騷,廣為人傳.
		38	甲申	-277	周赧王 38 年 秦昭襄王 30 年 楚頃襄王 22 年 趙惠文王 22 年魯湣公 20 年 魏昭王 19 年 韓釐王 19 年 齊襄王 7 年 衛懷君 6 年 燕惠王 2 年 魏這王魏遫卒,子安釐王魏圉嗣位. 魏封公子無忌為信陵君. 秦置黔中郡 范增(前-277~-204)安徽巢湖市人,為項羽謀士為所倚重,尊稱「亞父」獻策關中消滅劉邦勢力,不從,鴻門宴刺殺劉邦,優柔寡斷失去良機,「願賜骸骨歸卒伍」歸鄉途中背疽發作病死.

朝代	帝　王	國號	干支	紀前	紀　事
		39	乙酉	-276	周赧王 39 年 秦昭襄王 31 年 楚頃襄王 23 年 趙惠文王 23 年魯湣公 21 年 韓釐王 20 年 齊襄王 8 年 衛懷君 7 年 燕惠王 3 年 魏安釐王元年 秦武安君白起攻魏陷兩城. 楚頃襄王羋橫收復江南十邑. 魏安釐王魏圉封弟魏無忌為信陵君
		40	丙戌	-275	周赧王 40 年 秦昭襄王 32 年 楚頃襄王 24 年 趙惠文王 24 年魯湣公 22 年 韓釐王 21 年 齊襄王 9 年 衛懷君 8 年 燕惠王 4 年 魏安釐王 2 年 魏割溫城(河南溫縣)八城與秦. 秦穰侯魏冉再攻魏,韓遣大將暴鳶救魏,魏冉大破韓軍,斬首四萬圍大梁.
		41	丁亥	-274	周赧王 41 年 秦昭襄王 33 年 楚頃襄王 25 年 趙惠文王 25 年魯湣公 23 年 韓釐王 22 年 齊襄王 10 年 衛懷君 9 年 燕惠王 5 年 魏安釐王 3 年 秦穰侯魏冉再攻魏,陷四城. 魯湣公姬賈卒,子頃公姬讎嗣位.
		42	戊子	-273	周赧王 42 年 秦昭襄王 34 年 楚頃襄王 26 年 趙惠文王 26 年韓釐王 23 年 齊襄王 11 年 衛懷君 10 年 燕惠王 6 年 魏安釐王 4 年 魯頃公元年 趙魏伐韓華陽(河南新鄭),秦救韓,大破其軍,魏割南陽(河南修武)於秦求和. 秦又敗趙軍,沉趙兵於黃河 韓釐王韓咎卒子桓王嗣位
		43	己丑	-272	周赧王 43 年 秦昭襄王 35 年 楚頃襄王 27 年 趙惠文王 27 年齊襄王 12 年 衛懷君 11 年 燕惠王 7 年 魏安釐王 5 年 魯頃公 2 年 韓桓惠王元年 楚太子完質於秦 燕惠王姬樂資卒,子武成王嗣位. 秦置南陽郡
東周	赧王　姬延	44	庚寅	-271	周赧王 44 年 秦昭襄王 36 年 楚頃襄王 28 年 趙惠文王 28 年齊襄王 13 年 衛懷君 12 年 魏安釐王 6 年 魯頃公 3 年 韓桓惠王 2 年 燕武成王元年 趙相藺相如攻齊,軍至平邑(河南南樂)
		45	辛卯	-270	周赧王 45 年 秦昭襄王 37 年 楚頃襄王 29 年 趙惠文王 29 年齊襄王 14 年 衛懷君 13 年 魏安釐王 7 年 魯頃公 4 年 韓桓惠王 3 年 燕武成王 2 年 秦任魏國人范睢為客卿獻〔遠交近攻〕之策 秦攻趙,圍閼與(山西和順),趙奢救之,大敗秦軍 秦任魏國人范睢為客卿..
		46	任辰	-269	秦再攻趙閼與,不勝而歸. 羅馬共和國鑄造銀幣,世界以銀為幣自此開始 周赧王 46 年 秦昭襄王 38 年 楚頃襄王 30 年 趙惠文王 30 年齊襄王 15 年 衛懷君 14 年 魏安釐王 8 年 魯頃公 5 年 韓桓惠王 4 年 燕武成王 3 年.
		47	癸巳	-268	周赧王 47 年 秦昭襄王 39 年 楚頃襄王 31 年 趙惠文王 31 年齊襄王 16 年 衛懷君 15 年 魏安釐王 9 年 魯頃公 6 年 韓桓惠王 5 年 燕武成王 4 年 秦攻魏,陷懷城(河南武陟) 秦使五大夫綰伐魏,拔懷.
		48	甲午	-267	周赧王 48 年 秦昭襄王 40 年 楚頃襄王 32 年 趙惠文王 32 年齊襄王 17 年 衛懷君 16 年 魏安釐王 10 年 魯頃公 7 年 韓桓惠王 6 年 燕武成王 5 年 秦悼太子為質於魏,死於魏,歸葬芷陽
		49	乙未	-266	趙惠文王趙何卒,子孝成王趙丹嗣位,任趙勝為相.廢其母逐魏冉. 周赧王 49 年 秦昭襄王 41 年 楚頃襄王 33 年 趙惠文王 33 年齊襄王 18 年 衛懷君 17 年 魏安釐王 11 年 魯頃公 8 年 韓桓惠王 7 年燕武成王 6 年 秦任范睢為丞相,封應侯,向魏索其仇家魏相魏齊,魏齊大恐慌,棄官奔趙,匿 平原君趙勝家. .
		50	丙申	-265	周赧王 50 年 秦昭襄王 42 年 楚頃襄王 34 年 齊襄王 19 年 衛懷君 18 年 魏安釐王 12 年 魯頃公 9 年 韓桓惠王 8 年 燕武成王 7 年 趙孝成王元年 秦伐趙,齊救郤之. 秦攻趙,陷三城,趙左師觸聾說太后遣少子長安君入齊為人質,齊遂發兵救 趙,秦軍始退. 齊趙合攻燕,陷中人(山西中陽)再攻韓陷注人(河南汝州). 齊襄王田法章卒,子田建嗣位,年少,母太后聽政.

朝代	帝　王	國號	干支	紀前	紀　事
		51	丁酉	**-264**	周赧王 51 年 秦昭襄王 43 年 楚頃襄王 35 年 衛懷君 19 年魏安釐王 13 年 魯頃公 10 年 韓桓惠王 9 年 燕武成王 8 年 趙孝成王 2 年 齊田建元年 楚頃襄王芈橫卒子考烈王芈完嗣位,任黃歇為相,封春申君. 秦攻韓佔領南陽
		52	戊戌	**-263**	周赧王 52 年 秦昭襄王 44 年 衛懷君 20 年 魏安釐王 14 年 魯頃公 11 年 韓桓惠王 10 年 燕武成王 9 年 趙孝成王 3 年 齊田建 2 年 楚考烈王元年 楚太子完自秦逃歸 楚王橫卒,完立 以黃歇為相 楚考烈王封黃歇春申君 秦武安君白起攻韓,陷南陽(河南修武以西),絕大行山道.
		53	已亥	**-262**	周赧王 53 年 秦昭襄王 45 年 衛懷君 21 年 魏安釐王 15 年 魯頃公 12 年 韓桓惠王 11 年 燕武成王 10 年 趙孝成王 4 年 齊田建 3 年 楚考烈王 2 年 秦自起伐韓拔野王(河南沁陽),將韓國王跟北方領土上黨郡(山西長子)隔斷 上黨降趙
		54	庚子	**-261**	周赧王 54 年 秦昭襄王 46 年 衛懷君 22 年 魏安釐王 16 年 魯頃公 13 年 韓桓惠王 12 年 燕武成王 11 年 趙孝成王 5 年 齊田建 4 年 楚考烈王 3 年 秦王如南鄭　秦攻韓緱氏藺,拔之 趙仗廉頗拒秦於長平
		55	辛丑	**-260**	周赧王 55 年 秦昭襄王 47 年 衛懷君 23 年 魏安釐王 17 年 魯頃公 14 年 韓桓惠王 13 年 燕武成王 12 年 趙孝成王 6 年 齊田建 5 年 楚考烈王 4 年 秦攻趙,趙廉頗守拒,秦用范雎離間計,製造謠言『秦國不怕廉頗,只怕趙恬』 趙王中計,改任趙括為將,趙括為趙國名將趙奢之子.趙奢只會紙上談兵. 長平之戰，趙敗.秦殺趙括,趙降 40 萬趙驚
東周	赧王　姬延	**56**	壬寅	**-259**	周赧王 56 年 秦昭襄王 48 年 衛懷君 24 年 魏安釐王 18 年 魯頃公 15 年 韓桓惠王 14 年 燕武成王 13 年 趙孝成王 7 年 齊田建 6 年 楚考烈王 5 年 **秦始皇**(西元前-259~-210)出生,姓趙名政,13 歲即秦王位,22 歲親政,24 歲逼 死亞父呂不韋,39 歲滅韓魏楚燕趙齊六國,稱始皇帝.廢封建,修長城,禦匈奴,, 拓馳道,設驛站,鑿靈渠,疏運河,語同文,統一度量衡,功不可沒.但焚書坑儒, 嚴刑峻法偶語棄市,鎮壓異己,則為惡政.派徐福率金童玉女渡海訪仙,尋採 長生不死藥,一去不返,杳無音信.於西元前-210 年病死沙丘(今河北刑台). 秦拔趙武安皮牢 定太原上黨 韓趙又割地予秦以和 魏以孔斌為相尋病免 秦嬴稷代報范睢之仇,誘趙相平原君入趙趙勝赴秦然後囚之,索魏齊交換.魏 齊由趙再奔魏,無人敢予收留,窘困自殺.趙斬其首獻秦相范睢,秦始釋趙勝 還.門客**毛遂自荐**說服了楚王,楚派春申君、魏派晉鄙救趙,秦恫拔魏後攻魏
		57	癸卯	**-258**	周赧王 57 年 秦昭襄王 49 年 衛懷君 25 年 魏安釐王 19 年 魯頃公 16 年 韓桓惠王 15 年 燕武成王 14 年 趙孝成王 8 年 齊田建 7 年 楚考烈王 6 年 秦圍趙邯鄲,.魏信陵君用侯嬴計殺晉鄙,大敗秦軍「竊符救趙」 趙公子勝乞楚師黃歇救趙 魏公子無忌襲殺晉鄙,奪軍救趙 燕武成王卒,子孝王嗣位.
		58	甲辰	**-257**	周赧王 58 年 秦昭襄王 50 年 衛懷君 26 年 魏安釐王 20 年 魯頃公 17 年 韓桓惠王 16 年 趙孝成王 9 年 齊田建 8 年 楚考烈王 7 年 燕孝王元年 秦命殺白起攻趙,白起以病不肯行,乃殺白起 魏公子信陵君無忌大破秦軍邯鄲下,秦將鄭安平二萬人降趙. 秦太子異人之子得呂不韋之助自趙逃歸,秦嬴異人改名嬴楚. 蕭何(前-257~-193)江蘇豐縣人,識時務,知人善用,具管理長才,協助劉邦入咸 陽,殺項羽、韓信,建立漢高祖政權,劉邦猜忌遭入獄,幸脫免殺機.

<table>
<tr><th>朝代</th><th>帝　王</th><th>國號</th><th>干支</th><th>紀前</th><th>紀　　　事</th></tr>
<tr><td></td><td></td><td>59</td><td>乙巳</td><td>-256</td><td>周赧王 59 年 秦昭襄王 51 年 衛懷君 27 年 魏安釐王 21 年 魯頃公 18 年 韓桓惠王 17 年 趙孝成王 10 年 齊田建 9 年 楚考烈王 8 年 燕孝王 2 年
秦伐韓趙,周赧王姬延與燕楚密謀聯合討秦.秦入寇,西周君入獻秦地,擄姬延入秦,既而釋歸. 周赧王姬延尋卒,秦滅西周王畿,東周亡,立國 879 年..
秦昭襄王改正建亥,奪去丁亥月,故實有 11 個月.
【中華通史(章嶔)】周朝自武王發至赧王延,歷主 37,凡 868 年, 世次如下：<table>
<tr><td>1 武王發</td><td>2 成王誦</td><td>3 康王釗</td><td>4 昭王瑕</td><td>5 穆王滿</td><td>6 共王繄扈</td></tr>
<tr><td>7 懿王囏</td><td>8 孝王辟方</td><td>9 夷王燮</td><td>10 厲王胡</td><td>11 宣王靖</td><td>12 幽王涅</td></tr>
<tr><td>13 平王宜臼</td><td>14 桓王林</td><td>15 莊王佗</td><td>16 僖王胡齊</td><td>17 惠王閬</td><td>18 襄王鄭</td></tr>
<tr><td>19 頃王壬臣</td><td>20 匡王班</td><td>21 定王瑜</td><td>22 簡王夷</td><td>23 靈王泄心</td><td>24 景王貴</td></tr>
<tr><td>25 悼王猛</td><td>26 敬王匄</td><td>27 元王仁</td><td>28 貞定王介</td><td>29 哀王去疾</td><td>30 思王叔襲</td></tr>
<tr><td>31 考王嵬</td><td>32 威烈王午</td><td>33 安王驕</td><td>34 烈王喜</td><td>35 顯王扁</td><td>36 慎靚王定</td></tr>
<tr><td>37 赧王延</td><td></td><td></td><td></td><td></td><td></td></tr>
</table>劉邦(-256~-195)又稱沛公,字季,沛縣(今江蘇沛縣)人,率三千子弟抗秦「以布衣提三尺劍有天下」用蕭何、張良、韓信功臣,西元前-202 年擊敗項羽稱帝,統一中國,史稱漢高祖.定都長安,在位 8 年,享壽 62 歲</td></tr>
<tr><td>秦</td><td>昭襄王 嬴稷
(-255 至-251)
在位 5 年</td><td>1</td><td>丙午</td><td>-255</td><td>秦昭襄王 52 年 衛懷君 28 年 魏安釐王 22 年 魯頃公 19 年韓桓惠王 18 年 趙孝成王 11 年 齊田建 10 年 楚考烈王 9 年 燕孝王 3 年
伯翳佐舜賜姓嬴,有非子為周孝王主馬,分土為附庸,是為秦氏.
秦滅西周,西周亡.
秦昭襄王嬴稷改正建亥,當年有 12 個月.
秦范睢辭相,蔡澤繼任相國.數月亦免職　楚以荀況為蘭陵縣(山東蒼山)令
楚取魯地封魯君於莒城(山東莒縣)　燕孝王卒,子姬喜嗣位.</td></tr>
<tr><td></td><td></td><td>2</td><td>丁未</td><td>-254</td><td>秦昭襄王 53 年 衛懷君 29 年 魏安釐王 23 年 魯頃公 20 年韓桓惠王 19 年 趙孝成王 12 年 齊田建 11 年 楚考烈王 10 年 燕姬喜元年
秦攻魏陷吳城(山西平陸)魏降為屬國.
魏國盡聯秦,韓桓惠王赴秦朝覲.</td></tr>
<tr><td>秦</td><td>昭襄王 嬴稷</td><td>3</td><td>戊申</td><td>-253</td><td>秦昭襄王 54 年 衛懷君 30 年 魏安釐王 24 年 魯頃公 21 年韓桓惠王 20 年 趙孝成王 13 年 齊田建 12 年 楚考烈王 11 年 燕姬喜 2 年
天下皆服於秦</td></tr>
<tr><td></td><td></td><td>4</td><td>己酉</td><td>-252</td><td>秦昭襄王 55 年 衛懷君 31 年 魏安釐王 25 年 魯頃公 22 年韓桓惠王 21 年 趙孝成王 14 年 齊田建 13 年 楚考烈王 12 年 燕姬喜 3 年
衛懷君赴魏朝覲,魏執而殺之,立其弟元君.</td></tr>
<tr><td>秦</td><td>昭襄王 嬴稷
孝文王 嬴柱
在位三日</td><td>5</td><td>庚戌</td><td>-251</td><td>秦昭襄王 56 年 魏安釐王 26 年魯頃公 23 年韓桓惠王 22 年趙孝成王 15 年 齊田建 14 年　楚考烈王 13 年　燕姬喜 4 年　衛元君元年
秦昭襄王嬴稷卒在位 5 年,子孝文王嬴柱嗣位.
李冰修四川都江堰水利工程.由魚嘴(分水)、飛沙堰(溢流,排沙)、寶瓶口(引水工程)主體工程組成.　燕伐趙,燕敗之,栗腹被殺
趙平原君趙勝卒</td></tr>
<tr><td>秦</td><td>莊襄王嬴異人
-250 至-247 年
在位 4 年</td><td>1</td><td>辛亥</td><td>-250</td><td>魏安釐王 27 年 韓桓惠王 23 年 秦孝成王 16 年 齊田建 15 年衛元君 2 年 楚考烈王 14 年 燕姬喜 5 年　　秦孝文王元年
秦孝文王即位三日卒,子莊襄王嬴異人嗣位.
燕伐齊,陷山東聊城,齊攻取之.</td></tr>
<tr><td></td><td></td><td>2</td><td>壬子</td><td>-249</td><td>魏安釐王 28 年 魯頃公 25 年 韓桓惠王 24 年 秦孝成王 17 年齊田建 16 年 楚考烈王 15 年 燕姬喜 6 年　衛元君 3 年　　秦莊襄王元年
秦莊襄王任呂不韋為相國,封文信侯.
東周君與諸侯謀攻秦,秦兵滅之遷東周君於陽人聚(河南汝州西北),東周亡.
楚遷魯頃公姬讎於卞縣(山東泗水)為民,魯亡.</td></tr>
</table>

朝代	帝　王	國號	干支	紀前	紀　事
		3	癸丑	**-248**	魏安釐王 29 年 韓桓惠王 25 年 秦孝成王 18 年 齊田建 18 年衛元君 4 年 楚考烈王 17 年　燕姬喜 7 年　　秦莊襄王 2 年 秦攻趙,陷榆次狼孟等 37 城.　置太原郡 楚於吳國姑蘇(江蘇蘇州)故墟築城作陪都.
		4	甲寅	**-247**	魏安釐王 30 年 韓桓惠王 26 年 秦孝成王 19 年 齊田建 17 年衛元君 5 年 楚考烈王 16 年 燕姬喜 8 年　　秦莊襄王 3 年. 秦莊襄王嬴異人卒,子始皇帝嬴政嗣位,年 13,呂不韋專權,號稱「亞父」 秦伐魏,信陵君公子無忌率五國師敗之,追至函谷而還. 秦離間魏圉,奪魏無忌兵權
秦	秦始皇 嬴政 -246 至 210 年 在位 37 年	秦始皇 **1**	乙卯	**-246**	秦始皇元年　 魏安釐王 31 年　韓桓惠王 27 年　秦孝成王 20 年 齊田建 19 年　楚考烈王 18 年　燕姬喜 9 年　　衛元君 6 年 秦始皇嬴政 13 歲即皇位,22 歲親政,24 歲逼死亞父呂不韋,39 歲滅六國.統一中國 國政悉決於文信侯呂不韋 秦用韓國水工鄭國鑿涇水,築渠三百里,名鄭國渠,從此秦益富強..
		2	丙辰	**-245**	秦始皇 2 年 魏安釐王 32 年 韓桓惠王 28 年 趙孝成王 21 年 齊田建 20 年 楚考烈王 19 年 燕姬喜 10 年 衛元君 7 年 趙孝成王趙丹,任廉頗代理相國.趙丹尋卒,子悼襄王趙偃嗣位,使樂乘代廉頗,廉頗奔魏,楚使人邀之,任為大將,後卒於楚.
		3	丁巳	**-244**	秦始皇 3 年 魏安釐王 33 年 韓桓惠王 29 年 齊田建 21 年 楚考烈王 20 年 燕姬喜 11 年 衛元君 8 年　　趙悼襄王元年 秦攻韓陷 12 城　　魏公子信陵君無忌卒 趙用李牧為將攻燕,陷武遂方城.
秦	秦始皇 嬴政	**4**	戊午	**-243**	秦始皇 4 年　　魏安釐王 34 年 韓桓惠王 30 年　齊田建 22 年 楚考烈王 21 年　燕姬喜 12 年　　衛元君 9 年　　趙悼襄王 2 年 秦蝗疫,令百姓納粟千石,拜爵一級,中國賣官制度自此開始. 秦伐魏陷鳴城有詭. 魏安釐王魏圉卒,子景湣王魏增嗣位 (-243~-211)西域沙門寶利房等 18 人齎佛經來咸陽,秦始皇投之於獄.
		5	己未	**-242**	秦始皇 5 年　韓桓惠王 31 年 齊田建 23 年 楚考烈王 22 年　燕姬喜 13 年 衛元君 10 年 趙悼襄王 3 年　魏景湣王 1 年 秦取魏二十城置東郡,諸國患秦益深. 燕乘趙疲憊數慘敗於秦,廉頗又出奔,遣劇辛攻趙.趙龐煖拒之,斬劇辛,俘燕軍二軍.
		6	庚申	**-241**	秦始皇 6 年　韓桓惠王 32 年 齊田建 24 年 楚考烈王 23 年 燕姬喜 14 年 衛元君 11 年 趙悼襄王 4 年　魏景湣王 2 年 楚趙魏韓衛合盟伐秦,至函谷,皆敗走. 楚遷都壽春　衛徙居野王苟延殘喘
		7	辛酉	**-240**	秦始皇 7 年　韓桓惠王 33 年 齊田建 25 年 楚考烈王 24 年　燕姬喜 15 年 衛元君 12 年 趙悼襄王 5 年　魏景湣王 3 年 秦相呂不韋著呂氏春秋.　秦伐魏取汲縣(河南衛輝).
		8	壬戌	**-239**	秦始皇 8 年　　韓桓惠王 34 年 齊田建 26 年 楚考烈王 25 年 燕姬喜 16 年 衛元君 13 年　趙悼襄王 6 年　魏景湣王 4 年 韓桓惠王卒,子韓安嗣位.
		9	癸亥	**-238**	秦始皇 9 年　　齊田建 27 年　楚考烈王 26 年 燕姬喜 17 年 衛元君 14 年 趙悼襄王 7 年 魏景湣王 5 年 韓韓安元年 荀子言彭(-313~-338)壽 76 歲 秦太后姘夫長信侯嫪毒作亂,伏誅,夷三族.秦王遷其母於雍. 楚考烈王羋完后李氏之兄李園殺春申君黃歇. 楚王羋完卒,子幽王羋悍嗣位.

朝代	帝　王	國號	干支	紀前	紀　事
		10	甲子	**-237**	秦始皇 10 年　齊田建 28 年　燕姬喜 18 年 衛元君 15 年 趙悼襄王 8 年 魏景湣王 6 年　韓韓安 2 年　楚幽王元年 秦嬴政 23 歲不滿文信侯呂不韋專權,將其免相. 秦對李斯下逐客令,客卿李斯上書言客不負於秦,秦乃取消逐客令.秦用李斯議,遣間諜攜大量金玉,離間諸國君臣.
		11	乙丑	**-236**	秦始皇 11 年　齊田建 29 年　燕姬喜 19 年　衛元君 16 年　趙悼襄王 9 年 魏景湣王 7 年 韓韓安 3 年　楚幽王 2 年 秦攻燕又伐趙,取九城. 趙悼襄王趙偃卒,子幽繆王趙遷嗣位.
		12	丙寅	**-235**	秦始皇 12 年　齊田建 30 年　燕姬喜 20 年　衛元君 17 年　魏景湣王 8 年 韓韓安 4 年　楚幽王 3 年　趙幽繆王元年 呂不韋(~-235),濮陽人戰國末年秦國為相,編纂「呂氏春秋」,尊稱「仲父」-239 年成書,全書分 12 紀、8 覽、6 論,共 61 篇(今缺一篇),20 萬字,自認「備天地萬物古今之事」　秦文信侯呂不韋為秦王嬴政所逼自殺.
		13	丁卯	**-234**	秦始皇 13 年　齊田建 31 年　燕姬喜 21 年　衛元君 18 年　魏景湣王 9 年 韓韓安 5 年　楚幽王 4 年　趙幽繆王 2 年 秦伐趙,為其將李牧所敗.趙封李牧為武安君.
		14	戊辰	**-233**	秦始皇 14 年　齊田建 32 年　燕姬喜 22 年　衛元君 19 年 魏景湣王 10 年 韓韓安 6 年　楚幽王 5 年　趙幽繆王 3 年 秦王嬴政讀韓公子韓非書,至為欽敬,慕作之人,邀韓非入見,李斯譖其終不忠於秦,嬴政意殺,李斯派人送毒給韓非,被迫服毒身亡. 秦取趙三城. 韓稱臣於秦
秦	秦始皇 嬴政	**15**	己巳	**-232**	秦始皇 15 年　齊田建 33 年　燕姬喜 23 年　衛元君 20 年 魏景湣王 11 年 韓韓安 7 年　楚幽王 6 年　趙幽繆王 4 年 三國東吳嘉禾元年國孫權統治六年(-232 ~ -227) 秦大舉伐趙,遇趙大將李牧不敢戰而還.　燕太子丹自秦亡命而歸. 項羽(前-232~-202)身高八尺二寸,力能扛鼎,才氣過人.「破釜沉舟」百戰百勝,惟沒善用謀士范增,計失咸陽,鴻門宴無果,灞上失策,終結烏水拔劍自刎.
		16	庚午	**-231**	秦始皇 16 年　齊田建 34 年　燕姬喜 24 年 衛元君 21 年　魏景湣王 12 年 韓韓安 8 年　楚幽王 7 年　趙幽繆王 5 年 韓割獻南陽地(河南修武)於秦
		17	辛未	**-230**	秦始皇 17 年　齊田建 35 年　燕姬喜 25 年　衛元君 22 年 魏景湣王 13 年 韓韓安 9 年　楚幽王 8 年　趙幽繆王 6 年 秦二世胡亥(-230~-207)西元前-210 年趙高謀脅李斯屈從扶蘇奪位,前-207 年被趙高逼死,年 24 歲,在位 4 年　內史滕虜韓王後,乃置穎川郡 秦攻韓,擄韓王韓安,**韓亡**,立國 104 年　衛元君卒,子衛角嗣位. 韓信(前-230~-196)江蘇淮安人,「王侯將相」一人全任,「國士無雙,功高無二,略不出世」「悔恨不聽噲通之言」終被劉邦處死.
		18	壬申	**-229**	秦始皇 18 年　齊田建 36 年　燕姬喜 26 年　魏景湣王 14 年 楚幽王 9 年 趙幽繆王 7 年 衛衛角元年 秦王翦伐趙,趙李牧迎戰,秦患李牧,賄趙郭開離間李牧謀反,趙遷殺李牧
		19	癸酉	**-228**	秦始皇 19 年　齊田建 37 年 燕姬喜 27 年　魏景湣王 15 年　楚幽王 10 年 趙幽繆王 8 年 衛衛角 2 年 趙殺李牧,秦聞李牧死大喜,立即攻趙,擄趙幽繆王趙遷 趙遷兄趙嘉自立為代王　魏景湣王魏增卒,子魏假嗣位 楚幽王芈悍卒,弟哀王芈郝嗣位,其兄芈負芻殺之,自立為王 楚幽王芈悍卒,弟哀王芈郝嗣位,其兄芈負芻殺之自立 秦將王翦破趙軍滅趙.趙公子嘉奔代,稱代王.

朝代	帝王	國號	干支	紀前	紀事
		20	甲戌	-227	秦始皇 20 年 齊田建 38 年 燕姬喜 28 年 衛衛角 3 年 楚負芻元年 魏魏假元年 趙代王元年 荊軻(?~-227)齊國慶氏後裔,秦滅衛後逃亡到燕,改姓荊軻.燕太子姬丹怨秦,遣荊軻到咸陽(陝西咸陽)刺秦王嬴政不中,荊軻失手被殺. 秦攻燕趙,被燕、趙聯軍所敗. 墨翟與「墨子」、莊周與「莊子」興盛民間.
		21	乙亥	-226	秦始皇 21 年 齊田建 39 年 燕姬喜 29 年 衛衛角 4 年 楚負芻 2 年 魏魏假 2 年 趙代王 2 年 秦將王翦伐陷燕都薊城(北京),燕王走遼東,殺太子丹求和,秦不許. 秦遣李信伐楚
		22	丙子	-225	秦始皇 22 年 齊田建 40 年 燕姬喜 30 年 衛衛角 5 年 楚負芻 3 年 魏魏假 3 年 趙代王 3 年 秦將王賁滅魏,引水灌魏都大梁(河南開封)魏王魏假降,秦殺之,**魏亡**,立國 145 年. 楚人大敗李信軍,信走還,秦王遣王翦率軍六十萬再攻楚.
		23	丁丑	-224	秦始皇 23 年 齊田建 41 年 燕姬喜 31 年 衛衛角 6 年 楚負芻 4 年 趙代王 4 年 秦大將王翦大破楚軍,殺楚元帥項燕.**楚亡**.
		24	戊寅	-223	秦始皇 24 年 齊田建 42 年 燕姬喜 32 年 衛衛角 7 年 楚負芻 5 年 趙代王 5 年 秦大將王翦擄楚王羋負芻,**楚亡**,立國 519 年 秦收楚國故疆置楚郡.
秦	秦始皇 嬴政	25	己卯	-222	秦始皇 25 年 齊田建 43 年 燕姬喜 33 年 衛衛角 8 年 趙代王 6 年. 秦將王翦降服群蠻,定江南,置會稽郡(江蘇蘇州). 武王伐紂勝利建立周朝,將土地分封給親戚和有功功巨,形成許多諸侯 秦將王賁擄燕王姬喜,秦滅燕,**燕亡**,立國 111 年. 再伐代,王賁擄代王趙嘉,**趙亡**,立國 105 年
		26	庚辰	-221	秦始皇 26 年 衛衛角 9 年 秦將王賁自燕代回軍,攻齊,齊宰相后勝矇蔽齊王田建降,**齊亡**,立國 139 年.衛僅一城,君如一縣令,臣服秦,秦統一中國,**戰國時代結束**(-480~-221)共 260 年.秦自統一中國稱帝,至王子嬰降漢,凡三世三君,歷 15 年(-221~-207)而亡 秦王嬴政政稱始皇帝,用李斯除諡法,廢封建,收兵器,實施三公九卿制及郡縣制,分全國為 36 郡,以秦曆為國曆(十月為歲首).遷天下 12 萬富豪至咸陽. 秦王嬴政初併天下,自以為德兼三皇,功高五帝,乃**更號曰皇帝**,命為制(天子所頒制度之命曰制),令為詔(天子布告臣民之令曰詔),自稱曰朕,**開創帝制**,自稱始皇帝,史稱「萬世開基」.

秦滅六國覆亡及其立國年數

順序	國別	亡國	立國	順序	國別	亡國	立國
1	韓	前 230	104	4	燕	前 222	111
2	魏	前 225	145	5	趙	前 222	105
3	楚	前 223	519	6	齊	前 221	139

朝代	帝王	國號	干支	紀前	紀事
		27	辛巳	-220	秦始皇 27 年 衛衛角 10 年 秦全國修築馳道,以咸陽為中心,東玉燕齊(今京地區及山東),南達吳楚(今江蘇與兩湖地區),北抵九原(今內蒙古包頭西北),西通隴西(甘肅臨洮),前-212 年築從九原至雲陽(今西淳化西北)成為完整交通網路.道邊種樹。 秦始皇北巡.

朝代	帝　王	國號	干支	紀前	紀　事
		28	壬午	-219	秦始皇 28 年　衛衛角 11 年 秦始皇率文武大臣儒生博士 70 人,到泰山頂立碑封禪,梁父山行禪禮. 琅琊台刻石,記述秦始始「器械一量,同書文字」、「功蓋五帝,澤及失馬」 二世元年,秦二世東行郡縣,於始皇立石旁刻大臣從者姓名,以彰始皇成功盛德.,復在旁刻詔書.至宋蘇軾為高密太守時,始皇刻石已泯滅不存,僅存二世加刻辭,世稱二世詔文,保存的琅琊台刻石. 秦始皇嬴政遣徐福率男女數千人入海求長生不老藥,徐福一去不返.有說溺死海中,有云到了蓬萊仙島即現在的日本定居,今日的日本人即其後裔.日本尊稱徐福為「司農耕神」和「醫藥神」沿海建有「徐福神社」,每年都有聲勢浩大的祭祀活動,可作見證.
		29	癸未	-218	秦始皇 29 年　衛衛角 12 年 秦始皇嬴政出遊陽武博浪沙(河南陽原)故韓國遺民張良令力士操大鐵錐狙擊,誤中副車.秦大搜索天下三日,不得凶手,登芝罘而返. 秦始皇派齊人徐福率童男玉女乘船自山東琅邪(今諸城東南)出海去神山島求取「長生不死藥」一去不返.直到今天,在和歌山宮町東南有蓬萊山、福墓,墓前石碑刻有「秦徐福墓」.日本佐賀縣金蘭山頂有祭祀徐福的「金蘭神社」,自公元前 2 世紀至今,每隔 50 年舉行一的祭典.
		30	甲申	-217	秦始皇 30 年　衛衛角 13 年 湖北云夢睡虎地 11 號墓內有大量秦簡,〔秦律〕最為重要(1975 年出土)
		31	乙酉	-216	秦始皇 31 年　衛衛角 14 年 更名臘嘉平 令黔首(百姓)自實田(自行陳報土地)
		32	丙戌	-215	秦始皇 32 年　衛衛角 15 年 秦始皇令蒙恬發兵 30 萬伐匈奴.促進大開發,及民族的融合 秦始皇命方士盧生自海外求取仙人長生不老藥還
秦	秦始皇 嬴政	33	丁亥	-214	秦始皇 33 年　衛衛角 16 年 秦任李斯為丞相. 修築**萬里長城**,將原秦、趙、燕舊時長城,隨地形修築連接.西起臨洮,東至遼東的萬里長城,成為中華民族文明悠久的象徵. 修**靈渠**：自廣西興安縣北開鑿一條連接湘水與漓水的運河，以「通糧道」全長 30 里,溝通江南長江水系和珠江水系,構思巧妙,故名「靈渠」. 大將蒙恬戰取匈奴黃河以南地(河套南)置 34 縣, 周家台發現〔曆譜〕
		34	戊子	-213	秦始皇 34 年　衛衛角 17 年 秦始皇**【焚書坑儒】**秦始皇在咸陽大群臣,博士淳于越指責群縣制,提出分封制,秦始皇交議,臣相李斯以歷代社會動亂,天子威遜,乃沒有統一的法律法規可循,以致諸侯並起,四海分裂,根源在儒家學說,人心思想混亂,建議秦始皇消滅私學,除「秦記、醫藥、卜筮、種樹」之外,史書一律燒毀,秦始皇採納李斯建議,大量文化典籍付之一炬.前 212 年以盧生、候生誹謗皇帝、妖言惑眾,牽連坑殺 460 多人.這是中國歷史上一大浩劫,摧毀中國古代文明,開了古代封建君主專制制度;的先河.
		35	己丑	-212	秦始皇 35 年　衛衛角 18 年 修建**阿房宮**,與**驪山陵**,後在渭河以南的上林苑(今陝西安西北三橋鎮南)建皇宮正殿.宮前立有 12 尊銅人,各重 24 萬斤.宮殿均以磁石為門,有懷刃隱甲人入宮,即被吸住.週圍建閣道至南山,連通各宮室.南山頂建一宮闕,作為阿房宮大門,又造複道,從阿皇宮通到水北岸,達於咸陽. 「方士事件」嬴政流血鎮壓,侯生,盧生逃走. 秦始皇坑殺儒生長子扶蘇勸諫,秦始皇大怒,使至上郡監蒙恬軍

朝代	帝 王	國號	干支	紀前	紀 事
		36	庚寅	**-211**	秦始皇 36 年 衛衛角 19 年 星隕東郡,至地為石,或刻其上曰「始皇死而地分」盡殺石旁居民,燔其石. 盧生與方士侯生懼不死藥終不可得,相與譏議始皇帝後亡去.咸陽多附其說,秦始皇聞之大怒,遣御史按問,牽引 460 餘人,盡阬之.史稱**「焚書阬儒」** 劉邦為沛縣亭長,送往驪山沿途死亡眾多,率壯士逃亡山澤之間. 西漢惠帝劉盈(-211~-235)出生 17 歲(-195)嗣帝位,在位 8 年,得年 24 歲.
		37	辛卯	**-210**	秦始皇 37 年 衛衛角 20 年 秦始皇帝嬴政病死沙丘(今河北平鄉東北),趙高、李斯合謀更改遺詔,立少子二世嬴胡亥嗣位,殺其兄嬴扶蘇、蒙恬.史稱「**沙丘之變**」. 秦始皇葬驪山,今陝西臨潼市東 5 公里的晏寨鄉,南靠驪山,北臨渭水,陵西有燒窯、製石、和堆放磚瓦材料處及刑徒墓地,陵東為大型兵馬俑坑. 1974 年發掘出來兵馬俑塑造有指揮官、武士、步兵、騎兵、車兵、弓弩手等,形體高大魁梧,高約 1.95 公尺以上,造形生動、形象逼真.盔甲甲片上的甲釘和甲片之間連接的甲帶,類型分明彩繪顏色有:朱紅、祿、粉祿、紫、藍、中黃、橘黃、灰、褐、黑、白.眉目鬚髮呈黑色,面目、手足塗朱紅色. 秦始皇渡錢塘江時,項羽前往觀看,曰:彼可取而代之. 徐福(?~-210)秦始皇求**長生不老藥**,派徐福帶數千童男童女往蓬萊、方丈、瀛洲三島求仙單,船漂流到日本九州,留下不歸,相傳日本古代渡來豪族即 1 為其後代.
秦	秦二世 嬴亥 (-209 至-207) 在位 3 年	**1**	壬辰	**-209**	秦二世元年 張楚王陳勝元年 趙王武臣元年 齊王田儋元年 燕王韓廣元年 魏王魏咎元年 沛公劉邦元年 衛衛 21 年 秦廢衛君衛角為民,**衛亡**. 故魏王子魏咎稱魏(河南開封)任周為相 秦二世帝嬴胡亥信任宦官趙高,凶虐無道,天下大亂,群雄反抗. 陳勝、吳廣起義起義,巧設「魚腹丹書」「篝火狐鳴」製造起義輿論,聲言「大楚興,陳勝王」提出「王侯將相甯有種乎」. 吳廣入據陳縣(河南淮陽),陳勝稱張楚王,封吳廣為假王.陳勝驕傲自大,聽信讒言,誅殺故人,自相殘殺,最後陳勝、吳廣相繼被殺,起義終歸失敗. 劉邦在沛縣起兵,稱沛公. 項梁、項羽在吳(今江蘇蘇州)起義. 張楚大將武臣稱趙王,任張耳為右丞相.狄縣人田儋於古齊境起兵,稱齊王.
秦	秦二世 嬴亥 (-209 至-207) 在位 3 年	**2**	癸巳	**-208**	秦二世 2 年 張楚王陳勝 2 年 景駒元年 懷王羋心元年 趙王武臣 2 年 趙歇元年 齊王田儋 2 年 田假田市元年 燕王韓廣 2 年 魏王魏咎 2 年 魏豹元年 韓王韓成元年 沛公劉邦 2 年 趙高陷害,李斯遭腰斬,秦二世帝嬴胡亥不理朝政,聽信趙高專寵誣殺丞相李斯,滅三族,任趙高為丞相,專權橫霸. 陳勝死,義軍擁立楚懷王 深恐追責,在望夷宮密謀秦二世自殺,趙高立二世之侄子嬰,貶號為秦王. 李斯(?~-208)戰國末期楚上蔡(今河南上蔡縣人),著名政治家文學學家,協助秦始皇廢除分封制,推行郡縣制,反對「以古非今」,提議『焚書坑儒』,按秦始皇命令,統一文字、法律、貨幣、度量衡,建立各種歷史上有名的制度.. 項羽大敗秦兵.項羽、劉邦等擁立楚懷王孫心為王,號稱「楚懷王」立宋義為上將軍,項羽為次將,范增為末將,;遣劉邦伐秦,約定『先入關中者王之』 陳勝(?~-208)陳勝吳廣起義,「斬木為兵,揭竿為旗」佔領河南淮陽建「張楚」政權,與部下田 發生爭執被殺. 吳廣(?~-208)吳廣與陳勝屯戍漁陽,殺秦尉起義,建立「張楚」吳廣為假王,與田 意見不相容,被殺,後來田 被秦將章攻之其被殺.

朝代	帝　王	國號	干支	紀前	紀　事
		3	甲午	**-207**	秦二世 3 年　楚懷王芈心 2 年　趙王趙歇 2 年　齊王田市 2 年 燕王韓廣 3 年　魏王魏豹 2 年　韓王韓成 2 年　沛公劉邦 3 年 趙高(~207)原是秦朝一名宦官,透過各種關係做了秦丞相,從-208 年開始操縱朝政,趙高女婿閻樂殺秦二世帝嬴胡亥,去帝號,改稱秦王,立嬴嬰為秦王.被二世之侄子嬰用計殺趙高,滅其族. **鉅鹿大戰**,秦二世,楚懷王派宋義為上將軍,項羽為次將,范增為末將,率軍被秦兵圍困的趙國鉅鹿,項羽建議迅速引兵渡河出擊,宋義懼戰,項羽殺宋義,破釜舟,在巨鹿(河北平鄉)大破秦兵 20 萬,威震四方,成為統領諸侯上將軍. 11 月 14 日劉邦軍至霸上(即白鹿原,在長安東,霸水所經,故曰上)咸陽,秦王子嬰自縛出降,**秦朝遂亡**. 劉邦進入關中,與民約法三章,『殺人者死,傷人及盜抵罪』 自西元前-207 年至-202 年十二月為楚漢相爭時期 西楚王項羽冊封 19 個王國

封號	姓名	原來職位	封國首都	
			古地	今時地名
義帝	芈心	楚王	郴縣	湖南郴州
西魏王	魏豹	魏王	平陽	山西臨汾
韓王	韓成	韓王	陽翟	河南禹州
漢王	章邯	芈心的部將	南鄭	陝西漢中
雍王	章邯	韓將降項羽參加項羽軍西征	廢丘	陝西興平
塞王	司馬欣	立邯秘書長,參加項羽聯軍西征	櫟陽	陝西臨潼
翟王	董翳	辛邯部將,參加項羽軍西征	高奴	陝西延安
代王	趙歇	趙王	代縣	河北蔚縣
常山王	張耳	趙歇宰相參加項羽聯軍西征	襄國	河北邢台
河南王	申陽	張耳部將參加項羽聯軍西征	洛陽	河南洛陽
殷王	司馬卬	趙歇部將參加項羽聯軍西征	朝歌	河南淇縣
九江王	英布	項羽部將	六縣	安徽六安
衡山王	吳芮	百越土著酋長參加項羽軍西征	邾縣	湖北黃州
臨江王	共敖	芈心大臣攻南郡(湖北江陵)有功	江陵	湖北江陵
遼東王	韓廣	燕王	無終	天津薊縣
燕王	□茶	韓廣部將參加項羽聯軍西征	薊縣	北京
膠東王	田福	齊王	即墨	山東平度
齊王	田都	田福部將參加項羽聯軍西征	臨淄	山東淄博
濟北王	田安	項羽部將	博陽	山東泰安

西漢 (紀元前-206~西元 25 年)

西漢自漢高祖劉邦創業至平帝(西元前-206 年至西元 4 年)凡 10 世 11 君,210 年. 其帝王世系：
漢高祖劉邦：(-206~-195)－
惠帝劉盈： (-194~-188)－
高后呂雉： (-187~-180)－
文帝劉恒： (-179~-164)－後元(-163~-157)－
景帝劉啟： 前元(-156~-150)－中元(-149~-144)－後元(-143~-141)－
武帝劉徹： 建元(-140~-135)－元光(-134~-129)－元朔(-128~-123)－元狩(-122~-117)－元鼎(-116~-111)－元封(-110~-97)－太始(-96~-93)－征和(-92~-89)－後元(-88~87)－
昭帝劉弗陵：始元(-86~-80)－元鳳(-80~-75)－元平(-74)－
宣帝劉詢： 本始(-73~-70)－地節(-69~-66)－元康(-65~-61)－神爵(-61~-58)－五鳳(-57~-54)－甘露(-53~-50)－黃龍(-49)－元帝劉奭初元(-48~-44)－永光(-43~-39)－建昭(-38~-34)－建寧(-33)－
成帝劉驁： 建始(32~-29)－河平(28~-25)－陽朔(24~-21)－鴻喜(-20~-17)－永始(-16~-13)－元延(-12~-9)－綏和(-8~-7)－哀帝劉欣建平(-6~-3)－元壽(-2~-1)－
平帝劉衎： 元始(西元 1～5)－
孺子嬰(王莽攝政)：居攝(6~8)－初始(8~9)－
(新)王莽建國： (9~13)－天鳳(14~19)－地皇(20~23)－
更始帝劉玄： 更始(23~25)

朝代	帝　王	國號	干支	紀前	紀　事
西漢	漢高祖 劉邦	嬴亥 **4** 西漢 **1**	乙未	**-206**	秦嬴嬰元年　西楚霸王元年　西漢高祖元年　楚義帝芈心三年 趙王趙歇三年　齊王田市三年　田榮元年　燕王韓廣四年 魏王魏豹三年　韓王韓成三年　鄭昌元年 沛公劉邦,字季,堯帝後裔,沛縣人,布衣起兵,入關滅秦,建都陝西西安(-206~西元 4),秦王嬴嬰投降,**秦亡**.立國 133 年.劉邦建國,國號漢,是為漢高祖.征匈奴,通西域,朝政顯赫然猜忌心重,戮辱功臣,廣封宗室,士節無榮典,縱恣外戚為姤事.漢高祖廿八起兵,30 為帝,42 悉平群亂,62 歲身歿,在位 33 年.太子莊立,是為明帝. 任韓信為大將,叛西楚. 趙佗自立為南越武王 項羽抗秦,降秦兵二十餘萬人,入咸陽,燒阿房宮,稱楚霸王.史稱西楚.尊懷王心為義帝,命其遷都郴縣(湖南郴州).項羽建都彭城(江蘇徐州)分封 18 諸侯王,劉邦被封為漢王.分關中地封秦三降將,章鄞為雍王,司馬欣為塞王董翳為翟王. **鴻門宴**：劉邦平定關中,范增勸項羽攻函谷關討伐劉邦,項羽的伯父項伯與張良素有交情,當夜策馬密告張良,由項伯與張良巧設鴻門宴,劉邦親自來見項羽,席間范增三次舉起所玉玦,示意項羽殺劉邦.項羽猶豫不決,范增指使項羽堂弟項莊席前舞劍助興,意在殺劉邦,項伯見此也拔劍起舞,以自己身體保護劉邦.張良離席叫樊噲,攜劍盾闖入軍門,指責項羽要殺有功之人,劉邦故如廁,在樊噲等人護衛下,由小路逃逸回霸上,得以脫身. 【劉邦約法三章】殺人者死,傷人、盜抵罪.其餘秦苛法一律除.

朝代	帝　王	國號	干支	紀前	紀　事
		2	丙申	**-205**	西漢高祖 2 年　西楚霸王 2 年　楚義帝芈心 4 年　趙王趙歇 4 年 齊王田榮 2 年　田廣元年　　魏王魏豹 4 年 項羽弒義帝,**楚亡**.漢王以五諸侯兵入洛陽,為義帝發喪. 劉邦(前-256~前-195)任韓信為左丞相.劉邦東攻入項羽首都彭城(江蘇徐州),項羽兵敗,退至滎陽,兩軍相持. 漢王立太子盈　齊王田榮為民所殺,田廣嗣位　韓信破魏,擄魏王魏豹. **彭越**擁三萬餘兵歸漢,漢王以彭越為魏相國,統兵平定梁地漢王遂能入彭城楚漢對峙於滎陽 淳于意(倉公)(前-205~-150)精通醫術,為王公貴族治病得罪達官貴人被判到長安受刑,其女緹縈入京欲代父罪服刑,上書漢文皇帝,帝勉其孝行,免其罪,並納入己身官婢.
西漢	漢高祖 劉邦	**3**	丁酉	**-204**	西漢高祖 3 年　西楚霸王 3 年　趙王趙歇 5 年　齊王田廣 2 年 陳平以反間計使項羽懷疑范增,西楚亞父范增離去,途中病卒. 九江王英布歸漢,西楚攻漢,連陷滎陽成皋,漢王走渡河,令韓信伐齊. 韓信「明修棧道,暗渡陳倉」平定三秦,背水一戰,韓信大破趙軍,殺趙王趙歇.殺陳餘. 西楚亞父范增卒　翌年定齊 五月**彭越**破楚軍,下梁地,九月漢王復定梁地,**彭越走**.
		4	戊戌	**-203**	西漢高祖 4 年　西楚霸王 4 年　齊王田廣 3 年　田橫元年. 韓信殺西楚龍且擄齊王田廣. 英布背楚歸附漢王劉邦漢封韓信為齊王,封英布為淮南王. 項羽遣武涉游說韓信反漢三分天下,韓信拒絕. 項羽劉邦訂「鴻溝」之約嬴政開鑿運河為界,中分天下.「漢併天下瓦當」 張良、陳平勸漢王不養虎留遺後患,追擊項羽. 漢高祖劉邦為紀念「漢併天下」建立漢朝而作.　項羽圍劉邦于滎陽 陳平以反間計,使項羽懷疑范增,范增離去,途中生病死去.
		5	己亥	**-202**	西漢高祖 5 年　　西楚王 5 年　　齊王田橫 2 年 劉邦背叛鴻溝盟約,越界追擊項羽,戰於垓下(安徽靈璧東南),項羽突圍南走至烏江(今安徽和縣),陷於絕地.與虞姬訣別宴中飲酒悲歌「力拔山兮氣蓋世,時不利兮騅不逝;騅不逝兮可奈何,虞兮虞兮奈若何!」歌畢,舉劍自刎,年 31 歲,**西楚亡**,立國 5 年. 項羽草莽,妬賢嫉能,有功者害之,賢者疑之,戰勝而不予人功,得地而不予人利,此所以失天下.　劉邦稱帝,是為高祖,史稱**西漢**,中國統一. 西漢建都洛陽,納婁敬議,遷都長安(陝西西安),修建長安城(-202~-190)雄偉. 漢高祖休養生息,遣散軍隊回鄉封地免稅「食邑」.蕭何制訂「九章律」 漢高祖 30 多萬人,五次興建城,至西元前 190 年九月始成.長安城牆高 8 公尺,厚 16 公尺,土質純淨,夯實堅固,四周城門 12 座,城內九條主要街道,經緯相通,給水系統規劃嚴密,雄偉壯觀,規模空前.市區分宮殿、市場、作坊、平民住宅等區,未央宮北闕附近還有"蠻夷邸",用以作外國、少數民族首領、使者、商人.宋朝程大昌(1123-1195)著「雍錄」十卷,考證長安歷史地理沿革,共有地圖 32 幅,是現存最早的一部長安城歷史地圖文集. 西漢文帝劉恒(-202~157)生,漢高祖庶子,薄姬生,24 歲(-180)即帝位,在位 23 年得年 46 歲
		6	庚子	**-201**	劉邦偽以遊雲夢(湖北安陸南)誘捕楚王韓信,執歸長安,貶為淮陰侯. 劉邦分封異姓為王,但不信任,意欲剪除,首先以企圖謀反罪逮捕韓信,接著又以謀反罪**殺彭越**,並率兵征伐英布,逼使韓信、盧綰投奔匈奴,劉邦大封劉姓王室,加強中央對地方控制,為日後諸侯叛亂埋下禍根. 叔孫通為漢高祖制定朝儀

朝代	帝　王	國號	干支	紀前	紀　事
		7	辛丑	-200	劉邦攻韓王韓信,破其軍於銅鞮(山西沁縣南)韓信兵敗,逃入匈奴. 漢高祖率大軍擊匈奴,被圍於平城(今山西大同)白登山七日,用陳平計厚賄單于妻,始得解圍.　彭趙及彭越公長子綬榮,被仇人誣害. 長樂宮落成,儒生叔孫通制朝儀,威嚴繁瑣,群臣震恐.　徙都長安,置宗正官. 賈誼(前-200~-168)河南洛陽人,政論家,文學家,筆墨蒼勁,文采飛揚,詩詞歌賦,才華過人.賈誼被貶長沙太傅,作「弔屈原賦」「鵩鳥.賦」同病相憐被稱「屈賈之鄉」因哀傷過度,抑鬱而終. 晁錯(前-200~-154)漢景時提「削藩策」試圖改變漢初劉姓諸王割據,過於激烈,致吳王劉濞會七國,以「**誅晁錯,清君側**」起兵叛亂,漢景帝一察,聽信讒言,處死晁錯,叛亂始平.但七國並不退兵,漢景帝悔恨錯殺晁錯.「史記」「漢書志」都有記載.晁錯以「論守邊疏」「論貴粟疏」為著.
		8	壬寅	-199	漢禁商人不得衣錦,不得騎馬.　擊韓信餘寇過趙,趙將貫高欲為亂不果. 匈奴擾北方,漢採劉敬和親計.
西漢	漢高祖 劉邦	9	癸卯	-198	以蕭何為相國 彭越次子綬華因叔父趙及兄遇害奔淮陽避難 諸侯王朝於未央宮,遣劉敬使匈奴結和親,趙王張敖廢,徙代王為趙王.
		10	甲辰	-197	董仲舒(前-197~-104)廣川(今河北棗強東北)人,西漢思想家.論說「春秋」得失,建立宗教唯心主義思想體系,提出歷史循環三統,三正,人性三綱五常說.「三綱」君為臣綱,父為子綱,夫為妻綱.三條封建道德原則.,要求為臣、為子、為妻,必須絕對服從於君、父、夫.「五常」仁、義、禮、智、信. 太上皇崩,趙相國陳豨反,淮陰侯韓信與通謀,高帝遣兵討陳豨..
		11	乙巳	-196	韓信(-196)江蘇淮陰人,「跨下之辱」善於用兵, 著有「兵法」.楚漢爭中立赫赫戰功,劉邦封為楚王.　立長子為淮南王 漢欲除韓信誣謀反,蕭何、呂后執而誅殺韓信,屠三族. 彭越(?~-196)山東巨野縣人,西漢開國功臣,漢高祖劉邦擊賊陳豨,命彭越出征,彭越因病未詣,劉邦疑罪上,誣梁王彭越謀反,殺之,剁為肉醬. 改丞相為相國,以授蕭何,金印綠綬,其位至尊.蕭何薨,復以曹參.
			丙午	-195	漢高祖敗黥布軍於蘄(安徽宿縣南),黥布走死江南,漢高祖為流矢所中而亡. 漢高祖劉邦卒,太子劉盈嗣位,是為漢惠帝.呂太后專政. 立子建為燕王, 破布軍於蘄西,布走長沙,王誅之淮南平,帝過沛,復其民及豐,太尉周勃誅陳豨,過魯祀孔子,還宮下相國何於獄,尋赦之,燕王盧綰反,遣樊噲討之,詔以周勃代樊噲,陳平傳噲至長安.盧綰亡入匈奴.
西漢	惠帝 劉盈	1	丁未	-194	劉盈嗣位(-194 至-188 年)在位 7 年 漢高祖曾欲立戚夫人子劉如意為太子,宮后懷恨,呂雉殺劉邦愛姬戚夫人子趙王劉如意,並斷戚夫人手足,剜眼,醺聾耳,飲啞藥,置廁中,名曰「人彘」. 惠帝見大哭,不治事. 叔孫通卒,曾協助漢高祖制訂宮廷禮儀　徙淮陽王友為趙王,始長安. 攻朝鮮,滅箕氏王朝,建衛氏王朝,都王險(朝鮮平壤).辰都落析為三國：辰韓、弁韓、馬韓,時稱「三韓」.
		2	戊申	-193	漢高祖劉邦臨終時囑說,**蕭何死**,曹參可代為相國.蕭何於西元前-193 年 7 月病逝,沛縣人(今江蘇沛縣)人,輔佐劉邦得天下功臣,西漢賢相.孝惠帝年間去世. 曹參繼任為相,舉事無變更,一切均按蕭何制定的成法行事,曹參任相國三年而死,成績顯著,百姓民謠「蕭何為法,顜若畫一;曹參代之,守而勿失;載其清淨,民以寧一.」後世以「**蕭規曹隨**」喻照前人成規行事. 齊王肥來朝,太后欲殺之,.
		3	己酉	-192	呂后忍匈奴冒頓信辱與匈奴和親,　漢發男女十四萬人築長安城. 冒頓書辭極嫚,樊噲請擊之,以季布言止,,立閩越君搖為東海王,都東甌.

朝代	帝　王	國號	干支	紀前	紀　事
		4	庚戌	-191	漢惠帝劉盈娶甥女張嫣為后. 舉民孝弟力田者復其身 廢秦所訂〔挾書律.〕
		5	辛亥	-190	蕭何為法,覯若畫一,曹參代之,守而勿失,載其清靜,民以寧一 相國曹參薨,復稱丞相 歷時五年，漢遣十四萬五千人築長安城完工.城內面積 36 平方公里 惠帝仁弱,呂后擅權殘害戚夫人,惠帝觀之痛哭,飲酒消愁,在位 7 年而崩.
		6	壬子	-189	留侯張良卒.　周勃為太尉.178 年復置一丞相.太尉在漢代巳無實權. 中央官制置左、右丞相,　以王陵為右丞相,陳平為左丞相.
西漢	惠帝 劉盈	7	癸丑	-188	漢惠帝劉盈崩在位 7 年惠帝無子呂后立養子劉恭為少帝. 惠帝憤太皇太后呂雉毒死趙王如意.害死劉邦愛姬戚夫人,「人彘」砍手腳,挖眼睛,切耳朵,去喉嚨,憂憤而死,呂太后秉政,議立諸呂為王,王陵獨爭之,遂謝病罷. 西漢景帝劉啟(-188~141)生,32 歲(-157)嗣位,在位 17 年享年 48 歲
西漢	前少帝 劉恭 高后　呂雉	1	甲寅	-187	【呂后臨朝】漢高祖劉邦西元前-195 年四月病近,惠帝劉盈即位,呂后尊為太后,漸露野心,設計陷害毒死趙王如意將劉邦愛姬戚人人手腳砍斷,挖掘眼睛,柞掉耳朵啞喉嚨,囚住廁所裡,稱之為「人彘」,惠帝不恥所為,於西元前-188 年死於中央宮.惠帝與張皇后無子,取後宮美人之子作為惠帝之子立為太子繼位,史稱少帝. 筥后臨朝,想立呂姓諸侯為王,違反劉邦生前「非劉氏而王,天下共擊之」臣相,王陵反對被免相.(前-187 至-180 年在位 8 年),迫害消滅劉王侯,破壞漢朝體制,埋下內訌禍亂,釀成諸呂之亂. 置太傅,後省,哀帝時復.置平帝時,王莽輔政,又置太師、太保,皆金印紫綬,位在三公上,是為三帥. 廢秦所訂〔夷三族〕罪及〔妖言〕令 太傅位次太師,太保位次太傅.東漢中興,廢太師、太保,以為上公,備顧問,無常職,有勳德宿望重臣則授,之否則省.
		2	乙卯	-186	發行八銖錢.　張良卒 太后封齊王弟章為朱虛侯令入宿衛,　實施〔二年律令〕 恒山王不疑卒,立所養子為恒山王更名義,呂台卒嘉子嗣.
		3	丙辰	-185	夏江漢水溢患,秋伊洛水皆為水患. 張良(子房)(?~185)博浪沙刺秦王未遂,一心想報仇.獲「太史公法」助劉邦入咸陽建西漢立國,大業底定,劉邦剷除異己,追殺功臣,張良託病遠離求去.
西漢	西漢後少帝 劉 弘	4	丁巳	-184	太皇太后呂雉囚殺前少帝劉恭,立其弟恒山王劉弘,是為後少帝. 封女弟須奴為臨光侯　以朝為桓山王
		5	戊午	-183	西漢後少帝劉弘即位(呂后臨朝) 南越王趙佗叛稱帝都番禺(廣州)攻長沙. 淮陽王疆卒,立所養子武為淮陽王,遣兵擊南越
		6	己未	-182	長沙國軑侯利蒼夫人辛追,自西漢迄今三千餘年. 廢呂王嘉,立弟產為呂王.
		7	庚申	-181	太皇太后幽囚禁趙王劉友餓死. 徙梁王恢為趙王　　呂王產為梁王 封營陵侯澤為瑯琊王.自殺,立呂祿為趙王, 燕王建卒,太后殺其子,國除.
		8	辛酉	-180	呂太皇太后呂雉卒,廢劉弘,迎立劉邦庶子代王劉恒為帝,是為文帝. 諸大臣誣後少帝劉弘非惠帝劉盈子,殺之. 劉恒為人誠懇,信奉道教,行「**黃老政治**」.信守三教訓「一仁慈,二勤儉,三.別人沒做過的事不要去做」 太尉周勃、陳平、劉章等將呂雉家族和黨羽,全部斬除. 立呂通為燕王產為相國,居南軍，祿為上將軍,居北軍. 審食其為帝太傅.　　齊王襄發兵西討諸呂產仗灌嬰擊之 嬰留屯榮與齊連和　以宋昌為衛將軍

朝代	帝　王	國號	干支	紀前	紀　事
西漢	文帝 劉恒	1	壬戌	-179	**【文景之治】**(-179~-141)漢文帝劉恒(-202~-157),推行休養生息政策,重農業,輕徭賦,約法省禁,遣諸侯,對匈奴和親.漢文帝前-157 前去逝,劉啟即位,是為景帝,繼續文帝政策,削藩、平楚七國之亂,將諸侯任免官吏權力收歸中央,國世興隆,景帝-141 逝, 文、景二帝先後統治 39 年,國泰民安,史稱文景之治. 發明造紙術,多為麻紙.:浸漚,切碎,灰水浸,椿搗,洗滌,打槽,抄紙,揭紙成麻紙 以陳平、周勃為左右丞相　　廢秦所訂一人有罪,父母妻子同產相坐法. 陸賈使南越,趙佗去帝號稱王,臣屬中國. 淮南子言彭西漢淮南王劉安(-179~-122),淮南子言彭 立子啓為皇太子,竇氏為皇后,立趙幽王子遂為趙王,徙澤為燕王,陳平為左丞相,周勃為右丞相,灌嬰為太尉.
		2	癸亥	-178	陳平卒,周勃為丞相,詔舉賢良方正,立趙幽王子辟疆為河間王章為城陽王興居為濟北王子午為代北王參為太原王揖為梁王. 廢誹謗妖言法 田租減半.
		3	甲子	-177	秦始皇元年(-246)至西漢文帝三年(-177)天文學家記載木星、土星、金星的位置,依據湖南長沙馬王堆出土的帛書(五星占)中五大行星運行周期,早於西方一千多年. 丞相勃免,以灌嬰為丞相,罷太尉官. 匈奴入寇,遣嬰擊走之.濟北王興居反,遣太將軍柴武擊之,劉興居兵敗自殺. 以張釋之為廷尉..
		4	乙丑	-176	灌嬰卒,以張蒼為丞相,賈誼為長沙王太傅. 漢文帝劉恒誣絳侯周勃謀反,下獄,久始釋放.
		5	丙寅	-175	更造四銖錢 廢盜錢令. 徙代王武為淮陽王.
		6	丁卯	-174	淮南王劉長謀反,廢徙蜀道死. 匈奴冒頓死,子老上單于稽粥嗣位,復和親, 以賈誼為梁王太傅,上疏言治安大計.
		7	戊辰	-173	漢禁列侯太夫人夫人王子及吏二千石,對民不得擅自徵稅逮捕.
		8	己巳	-172	封淮南厲王劉長四子劉安等為侯爵.
		9	庚午	-171	大旱
		10	辛未	-170	漢文帝劉恒舅薄昭,殺政府使臣,劉恒命其自殺
		11	壬申	-169	梁王劉揖墮馬死. 從賈誼言徙淮陽王武為梁王. 匈奴寇狄道用太子家令晁策,募兵徙塞下實邊.
		12	癸酉	-168	漢文帝劉恒命民及捐糧於邊塞者,封爵免罪,是為漢王朝賣官之始. 賈誼卒其著有〔新書〕對秦亡國有深刻反思.
		13	甲戌	-167	少女淳于緹為父冤上書,漢文帝劉恒命廢除肉刑,均改為鞭背,然徒有輕刑之名,實更慘酷. 詔具親耕桑禮儀.,除祕祝,廢除田租稅.屯田分軍屯、民屯.
		14	乙亥	-166	匈奴入關,殺地都尉侯騎,至甘泉,遣張相如樂布擊走之. 以馮唐言救魏尚復為雲中守.
		15	丙子	-165	湖南長沙馬王堆漢墓出土文物記載西漢文帝西元前 16 年紀事 黃龍見成紀 如雍始郊五帝 親策賢良能直言極諫者,以鼂錯為中大夫.
西漢	文帝 劉恒	16	丁丑	-164	湖南長沙馬王堆漢墓出土文物西漢文帝西元前 16 年紀事記載「彭祖第三代即彭越之孫彭裘然,字成章」 郊祀五帝於渭陽,以新垣平為上大夫,分齊地立悼惠王子六人為王,分淮南地立厲王子三人為王. 以新垣平言更明年為元年,治汾陰廟欲祠九鼎出水.

朝代	帝　王	國號	干支	紀前	紀　事
西漢	文帝　劉恒	後元1	戊寅	-163	西漢文帝後元 1 年 新垣平以詐言伏誅 是後不親祠五帝 詔議可以佐百姓者.
		2	己卯	-162	復與匈奴和親. 丞相蒼免,以申屠嘉為丞相. 漢文帝劉恒嬖幸太中大夫鄧通,賞賜累鉅萬.
		3	庚辰	-161	匈奴老單于卒,子軍臣單于嗣位.
		4	辛巳	-160	赦天下免官奴婢為庶人行幸雍
		5	壬午	-159	行幸隴西 行幸雍 行幸代
		6	癸未	-158	劉恒再度賣官.　　帝親勞軍,發倉庾以振民,民得買爵.　大旱蝗災 擢周亞夫為中尉 劉恒再度賣官 匈奴寇上郡雲中,詔周亞夫等屯兵備之.
		7	甲申	-157	漢文帝劉恒在位 23 年卒,子劉啟嗣位,是為漢景帝.遺詔短喪三日皆釋服.葬霸陵.繼續推行文帝政策,平定七國之亂把諸侯任免官吏權力收歸中央,鞏回中央集權. 文帝臨囑太子『即有緩急,周亞夫真可任將兵』 長沙王著卒,無子,國除.異姓王國皆盡.
西漢	景帝 劉啟	前元1	乙酉	-156	漢文帝崩.漢景帝劉啓(-156~141),漢文帝之子,漢武帝之父,登基時年 32 歲. 尊高皇帝為太祖,孝文皇帝為太宗.　復收民田半租三十稅一 減笞刑五百為三百,三日為二百　以歐為廷尉.任晁錯為左內史. 遣御史大夫陶青至代下與匈奴和親
		2	丙戌	-155	立子六人為王 丞相嘉卒　　以陶青為丞相,鼂錯為御史大夫. 晁錯議削諸侯地,楚趙各一郡膠西六縣,竇嬰爭之不得,又議削吳. 令男子二十始傅
		3	丁亥	-154	【周亞夫平定七國之亂】劉邦大封同姓為王,景帝用晁錯「剌藩」,激怒群侯反對,吳、楚、趙、菑川、濟南、膠西、膠東七國兵叛,以”誅晁錯,清君側”起兵,劉啟乃殺晁錯,屠其族,以平七國之憤.向七國求和不許乃命周亞夫進擊,大破七國軍,鞏固削藩政策.楚王劉戊自殺,吳王劉濞奔閩越國(福建福州),閩越殺之,餘五國次第降,七國之亂平.
		4	戊子	-153	立子榮為皇太子,徹為膠東王. 以衡山王勃不從為膠東王,以衡山王不從吳楚反, 徙之為濟北王 .徙盧江王賜為衡山王. 復置諸關用傳出入
		5	己丑	-152	漢景帝劉啟遣公主嫁匈奴軍臣單于. 徙廣川王彭祖為趙王.
		6	庚寅	-151	廢皇后薄氏
		7	辛卯	-150	漢景帝劉啟廢太子劉榮為臨江王,其母栗姬恚恨死.立王夫人所生膠東王劉徹為太子. 丞相青免,任周亞夫為丞相. 任酷吏郅都為中尉,綽號蒼鷹.
		中元1	壬辰	-149	西漢景帝中元元年 地震

朝代	帝　王	國號	干支	紀前	紀　　　　事
西漢	景帝 劉啟	**2**	癸巳	**-148**	臨江王劉榮被誣侵祖廟下獄,欲上書,郅都不予,劉榮自殺,竇太后大怒陷郅都以危法,殺郅都. 更郡守為太守郡尉為都尉 梁王使人剌殺袁盎等十餘人. 匈奴攻擾燕地
		3	甲午	**-147**	丞相周亞夫免職.　夏旱禁酤酒
		4	乙未	**-146**	禁止高五尺九吋,齒未平的馬匹出關.
		5	丙申	**-145**	漢景帝劉啟命諸獄,雖依法律條文已經定罪,而人心不服者,得重審. 司馬遷(子長)(前-145~-86)陝西韓城人,史學家,文學家,思想家,因李陵獲罪,被處「腐刑(閹割)」『禍莫憯於欲利,悲莫痛於傷心,行莫醜於辱先,而詬莫大於宮刑,刑餘之人無所比數非一世也.』出獄寫傳體通史【史記】流傳後世.
		6	丁酉	**-144**	劉啟命更減笞法,300 為 200,200 為 100,自是被笞者始得全. 任酷吏寧成為中尉 定蓋法　　改諸官名 匈奴寇雁門(山西右玉)上郡(陝西榆林)漢吏卒 梁孝王劉武卒,封其五子均為,分地王其子五人.　.
西漢	景帝　劉啟	後元 **1**	戊戌	**-143**	西漢景帝後元元年. 劉啟誣周亞夫謀反,下獄,周亞夫絕食死. 詔治獄者務先寬.
		2	已亥	**-142**	詔戒二千石修職事. 匈奴攻雁門,太守馮敬戰死.
		3	庚子	**-141**	漢景帝劉啟崩在位 16 年,子劉徹嗣位,是為漢武帝.在位 54 年.施行「**酎金奪爵**」,結束諸侯強治,罷黜百家,獨尊儒術,派張騫出使西域.創立剌史制度,加強對地方督控制,削弱丞相權力,任用酷吏,嚴格刑法,建立察舉制度,設立太學,實施中央集權.治理黃河,興修水利,將冶鐵、煮鹽、鑄錢收歸官營;設立均輸、平準官、運輸官、貿易由公操控,平衡物價;實行算緡告緡,打擊富商大賈.對西南地區控制開發,統一南越,漢武帝為歷史上強盛朝代之一. 令郡國勸農桑.
西漢	漢武帝 劉徹	建元 **1**	辛丑	**-140**	武帝雄才大略,外開疆域,內興文治,提儒學,兼採法家治術.惟政在文帝后竇氏之手,竇氏-135 年崩後,才展示雄才大志. 漢武帝劉徹在宰相綰建議下,詔舉天下「賢良方正,直言極諫」人才. 董仲舒上「天人三策」,凡非五經之書,及孔丘之著,皆予禁絕,不准流傳,受到武帝賞識.自是罷黜百家,獨尊儒家. 董仲舒為江都相納議「凡非五經之書,柔孔丘之著,皆予禁絕,不准流傳」自是罷黜百家,獨尊儒家　　丞相衛綰奏罷所舉賢良治申韓蘇張之言者 丞相綰免以竇嬰為丞相,田蚡為太尉,趙綰為御史大夫,臧為郎中令迎申公為大中大夫.
		2	壬寅	**-139**	張騫應武帝劉徹召募出使大月氏,經南山北麓時為匈奴所俘,被囚 10 年,被迫娶妻生子,又經大宛、康居,終於到達大月氏.回國又再次率 300 人、上萬頭牛羊,和價值幾千萬的金帛貨物,出使西域烏孫國(今新疆伊犁河和伊塞克湖一帶),開始與漢友好,西域交通從此始相往來. 竇太后不喜儒術怒,趙綰、王臧下獄自殺.嬰蚡免官. 申公免歸　以衛青為太中大夫.　　淮南王安來朝　蒙古人征服大夏 復罷左、右丞相官職,其職權仍劃歸丞相,終西漢之世不復置.
		3	癸卯	**-138**	(西元前-138~-119)漢武帝兩次派張騫出使西域,前後 19 年,開啟中國與歐亞各國的陸地交通路線.中途曾為匈奴擄獲. 皇帝弟中山王勝(帝弟)來朝 閩越擊東甌,漢遣兵救之,徙民眾於江淮間.　大饑.
		4	甲辰	**-137**	南越王趙佗卒,孫文王趙胡嗣位.

朝代	帝　王	國號	干支	紀前	紀　　事
		5	乙巳	**-136**	漢武帝罷百家,獨尊儒術,以經術飾吏事, 廢三銖錢,行半兩錢. 置五經博士.尊詩、書、易、禮、春秋,把五經作為教育中心.
西漢	漢武帝 劉徹	**6**	丙午	**-135**	武帝前期政權,掌握在文帝后竇氏手,今年竇氏崩,武帝實現政治改革. 宰相趙綰自殺,竇太后去世,「黃老政治」無形中終止. 田蚡為丞相遣太子嬰齊入宿衛,及黯為主爵都尉. 漢武帝遣王恢出豫章、韓安國出會稽夾擊越. 閩越王國攻南越王國,漢武帝派唐蒙馳援,殺駱郢,在南越王國發現蜀郡(四川成都)的「枸杞醬」(今枸杞) 南越遣太子趙嬰齊入朝,充任漢武帝劉徹宿衛. 匈奴來請和親,王議擊之,御史大夫韓安國持不可,遂許和親. 出現使用土和炭測濕度的天秤裝置,為最早的測濕儀器
西漢	漢武帝 劉徹	元光 **1**	丁未	**-134**	用董仲舒言『天人三策』建議獨尊儒術.初令郡舉孝廉 設五經博士,儒家成為正統學術. 創郡國守相察舉制度,禁止官吏營商. 夏親策賢良文學,漢武帝劉徹親臨策試.. 建立察舉制度
		2	戊申	**-133**	始親祀廟遣方士求神仙,立太一祠. 採王恢計,遣間誘匈奴入塞未果恢 韓安國李廣等以三十萬人匿旁谷中之不獲,王恢自殺,匈奴遂絕和親,與中國決裂,歲歲入侵.
		3	己酉	**-132**	黃河相繼決堤頓丘(河南內黃)、又決濮陽瓠子(河南濮陽,),淹十六郡.從丞相田蚡言,不塞.　故燕相灌夫,宴席上語忤田蚡,漢武帝劉徹捕殺灌夫,誅族. 打通漢與滇的道路
		4	庚戌	**-131**	漢武帝殺魏其侯竇嬰 田蚡病卒
		5	辛亥	**-130**	皇后陳嬌氏因巫蠱罪被廢,御大夫張湯窮治其獄,殺三百餘人.劉徹握張湯為太中大夫,自此用法益酷. 詔張湯、趙禹定律令,用法自此始, 以公孫弘為博士 漢併南越國,發巴蜀民修道路,民驚\恐,遣中郎將司馬相如往安撫. 廢皇后陳嬌,御史張湯窮治其獄,殺三百餘人.劉徹擢張湯太中大夫用法益酷
		6	壬子	**-129**	大司農鄭當時興修水利,自長安南山至黃河開渭渠三百里. 匈奴入侵,漢武帝命衛青、公孫敖、公孫賀、李廣四路分擊匈奴,李廣兵敗,衛青大勝.. 張騫自匈奴逃至月氏大宛王國(阿富汗瓦齊拉巴德)
西漢	漢武帝 劉徹	元朔 **1**	癸丑	**-128**	劉徹立衛子夫為皇后. 張騫至大宛(中亞卡散賽城) 以主父偃嚴安徐樂為耶中定二千石不舉孝廉罪法　匈奴入寇,遣衛青、李廣反擊,擄殺數千人. 東夷薉君降,置蒼海郡
		2	甲寅	**-127**	漢武帝頒行『**推恩令**』,把諸侯王除以嫡長子繼承王位外,餘諸子在原封國封侯,新侯地郡管理，又頒左官定律、附益之法,凡仕諸侯者,不得再仕王朝. 邊郡屯田,屯兵戌守邊防,田卒農墾開渠築隄.設置朔方、五原郡. 張騫自月氏還,中途再被匈奴擄獲. 殺游俠郭解,又殺齊相主父偃,,屠其族
		3	乙卯	**-126**	張騫通西域前後 13 年,途中被匈奴扣留,逃至大宛,轉大月氏,歸途又遭匈奴俘留,張騫趁匈奴內亂逃回中國.以張騫為大中大夫. 公孫弘為御使大夫 張湯任廷尉,所治者即上級欲罪者,釋者即上級欲寬者
		4	丙辰	**-125**	匈奴九萬騎,分入代郡、定襄、上郡,殺擄數千人.

朝代	帝　王	國號	干支	紀前	紀　事
		5	丁巳	**-124**	武帝尊獎儒術,打破軍功封侯者始得為相慣例,丞相薛擇免,以公孫弘為丞相封平津侯,丞相封侯自此始.漢初;的軍人政治,漸為儒生所取代.為博士置弟子五十人補郎中文學掌故有秀才異等.奠定我國文治政府,的基礎. 鑄五銖錢統一通貨,榷鹽鐵酒酤,置均輸平準之官,創建年號,均為後世取法 封丞相公孫弘為平津侯,丞相封侯自此開始. 衛青擊匈奴大勝,旋匈奴反攻殺朱英
		6	戊午	**-123**	漢再賣官,劉徹命民得買爵及贖禁錮,免臧罪. 衛青出定襄擊匈奴.霍去病封冠軍侯,張騫封博望侯. 詔民得買爵贖罪置武爵十七級. 大司農國庫空竭 蘇建與趙信合擊單于戰敗趙信降
西漢	漢武帝 劉徹	元狩 **1**	己未	**-122**	淮南子言彭　祠五時獲一角獸以燎　始以天瑞紀元 西漢淮南王劉安謀反,事泄自殺(-179~-122),王后徐來王子劉爽皆斬,獄所牽連,殺數萬人. 遣張騫使西域始通滇國復事西南夷. 始以天瑞紀元 淮南王安衡山王賜有罪自殺. 立子據為太子.
		2	庚申	**-121**	丞相公孫弘卒,以李蔡為丞相,張湯為御史大夫. 霍去病擊匈奴至祁連山.李廣因傷亡多無賞. 匈奴渾邪王殺休屠王率眾降漢,招降於邊郡,設置武威、酒泉五屬國處之. 金城河西並南山至鹽澤空無寇,隴西.北地上郡得安.
西漢	漢武帝 劉徹	**3**	辛酉	**-120**	漢武帝置樂府,制樂譜,訓樂工,集民歌.限於財政支出,前 7 年漢哀帝撤銷. 在長安西南建昆明池教習水戰.　得神馬於渥桂水中作歌詩. 始榷鹽鐵收利於朝廷,禁止人民私營.獲利僅次於田租、賦稅. 匈奴寇右北平定襄,滅隴西北地上郡戍卒半,發謫吏.
		4	壬戌	**-119**	劉徹造白鹿皮幣,每張值四十萬,強迫王侯皇族購買. 銷毀半兩錢,更鑄三銖錢,私鑄者死. 實行鹽鐵專賣,禁止私營. 衛青、霍去病出擊匈奴漠北之戰,從此匈奴遠徙漠南無王庭. 衛青部前將軍李廣迷失道自殺.文成少翁伏誅. 酷吏義縱任右內史,王溫舒任中二千石.河南(洛陽)人卜式輸財助邊.
		5	癸亥	**-118**	廢三銖錢,重鑄五銖錢. 置司直一人,掌佐丞相舉不法.御史大夫有二丞,其一曰中丞,在殿中蘭臺,掌秘書圖籍,外督部制史,內領侍御史,受公卿章奏,舉劾百僚.更御史大夫為司空,別以御史中丞掌御史臺,以司隸校尉屬大司空,制舉不法.東漢時,三公府各置長史一人,下置諸曹,曹有掾、屬、令史、御屬. 丞相李蔡因罪下獄自殺 以汲黯為淮陽太守 徙天下姦猾吏民於邊疆. 司馬相如卒
		6	甲子	**-117**	霍去病卒 立皇子閎旦胥三人為王 作誥策 誅酷吏義縱. 酷吏張湯誣大農令顏異腹誹(即口雖不言,內心反對)被殺,自此有腹誹法.
西漢	漢武帝 劉徹	元鼎 **1**	乙丑	**-116**	遣張騫出使烏孫. 得鼎汾水上 赦天下,大酺五日 齊東王劉彭離劫殺謀財,廢為民.

朝代	帝　王	國號	干支	紀前	紀　事
		2	丙寅	**-115**	張騫第二次出使西域從烏孫返回漢朝,其副使遍行西域各國,**絲綢之路從此開始.**自此西域通,漢於渾邪王故地置酒泉、武威、張掖、敦煌四郡. 春祀柏梁台作承露盤.　酷吏張湯有罪自殺 丞相莊青翟下獄自死.　柏梁台作承露盤 置均輸禁郡國鑄錢　遣博士郎中等分循行郡國 詔於渾邪故地置酒泉武威二郡
		3	丁卯	**-114**	張騫卒 令民告緡者以其半予之. 匈奴伊稚單卒,子烏維單于嗣位. 關東郡國(函谷關以東,今河南山東等地)十餘郡國大飢荒,人自相食. 遷函谷關於新安縣,以故關為弘農縣 令民告緡者以其半予之
西漢	漢武帝 劉徹	**4**	戊辰	**-113**	**【金縷玉衣】**漢景帝劉啟之子劉勝,西元前-154 年立為中山王,在位 42 年,死於-113 年,諡靖王.其墓及其妻竇綰墓葬於河北滿城陵山,夫妻同墳異葬,出土文物中保存劉勝死時大量珍貴寶物,殮服「金縷玉衣」最為著名,為我國首見.外觀與人體一樣,分頭部、上衣、褲筒、 手套、鞋,全部由玉片拼成,月金絲聯綴.劉勝玉衣用玉片 2498 片,金絲 1100 克,竇綰玉衣用玉片 2160 片,金絲 700 克.玉片上鋸縫 0.僅毫米,鑽孔直徑 1 公釐左右,工藝精湛. 任方士(法術師)欒大為于利將軍,為漢武帝劉徹求不死藥. 以方士公孫卿為郎. 以兒寬為左內史. 南越明王趙嬰齊卒,子趙興嗣位,繆太后求舉國歸附中國,比內諸侯. 在汾陰脽上立后土祠,汾陰得大鼎,迎至甘泉薦郊廟. 至洛陽封周後姬嘉為周子南君　以方士欒大為五利將軍尚公主 分陰得大鼎,迎至甘泉薦郊廟　以方士公孫卿為郎　以兒寬為左內史
西漢	漢武帝 劉徹	**5**	己巳	**-112**	漢武帝劉徹遊崆峒山(甘肅平涼),隴西守供應不備自殺 於甘泉立泰一五帝祠壇,至親郊見自是三歲一次 南越相呂嘉不樂歸附中國,弒繆太后及國王趙興與漢使者,立趙建德為王,發兵征討,全軍敗沒.　從武威、酒泉劃出張掖、敦煌,為河西四郡. . 以石慶為丞相　賜卜式爵關內侯　欒大伏誅　西羌反
		6	庚午	**-111**	以卜式為御史大夫,自制封禪儀.　東越王騶餘善叛中國,自稱武帝. 西南夷叛中國,漢郭昌擊平.　置牂柯武都等五郡 分武威、酒泉地置張掖、敦煌二郡 楊僕路博德多率軍至番禺今廣州,在此地置南海等 9 郡. 漢唐蒙利用前開鑿之「巴郡蜀郡道」(巴蜀道)攻南越王國,且蘭王被殺 武帝止樓船將軍楊僕破越人于廣州,遣楊信使匈奴,信不使命.
西漢	漢武帝 劉徹	元封 **1**	辛未	**-110**	漢武帝劉徹出長城,登單于台,泰山封禪,追命即位以來年號,定今年為元封元年,**中國使用年號自此開始.** 帝出長城,登單于台勒兵而還. 以兒寬為御史大夫.　卜式貶. 東巡祭中嶽,遂如海求神仙　封泰山東北至碣石而 東越殺王餘善. 降徙其民於江淮間,閩地遂虛. 置平準賜桑弘爵左庶長..
		2	壬申	**-109**	塞黃河瓠子決口(-131 至-109 氾濫 24 年) 築宣防宮,導河北行二渠,復禹舊蹟 長安築通天台,遂於海上求神.封泰山東北至碣石而還.　作明堂於汶上 東越殺王餘春,徙民江淮. 酷吏杜周任中尉,一歲中擊詔獄者十萬餘人. 派使節涉何到朝鮮,說朝鮮衛右渠取消獨立,歸附中國. 漢武帝軍抵滇國,滇王降 置益州郡

朝代	帝　王	國號	干支	紀前	紀　　事
		3	癸酉	**-108**	漢武帝在(-108 及-105 年)分別舉行兩次盛大百戲表演集會,促進各民族文化藝術體育交流. 趙破奴攻車師國擄樓蘭國王.擊斬,朝鮮平,乃置四郡 樓船將軍楊僕、荀彘攻朝鮮陷王險城(朝鮮平壤),殺其王,朝鮮降,置樂浪(朝鮮平壤)、臨屯(朝鮮江陵)、玄菟(朝鮮咸興)真番(朝鮮信川)等四郡.朝鮮歸入中國版圖　　軍歸,荀彘坐爭功,被殺,楊僕廢為庶人. 司馬遷繼任父職為太史令.
		4	甲戌	**-107**	匈奴單于遣使來京師和親,病死長安,匈奴怒寇邊,留漢使路充國不遣.遣郭昌屯朔方.
		5	乙亥	**-106**	漢武帝置刺史監察制度,除三輔、三河、弘農七郡外,將全國分冀、幽、並、兗、徐、青、揚、荊、豫、益、涼、朔方、交趾等 13 州(郡),每州各置刺史一人,為一州監察長,每年八月巡視,省察治狀,斷理冤獄,六條問事,(一).強宗豪右,田宅逾制,以強凌弱,以眾暴寡.(二)二千石背公向私,侵漁百姓,(三)二千石不恤疑獄,肆意殺人,(四)二千石選置不平,苟阿所愛,蔽賢寵頑.(五)二千石子弟仗權勢,請托所監.(六)二千石阿附豪強,割損政令. 衛青卒　置十三州都刺史　詔舉茂材異等可為將相及使絕國者
		6	丙子	**-105**	匈奴烏維單死,子兒單于烏斯廬立. 滇王叛中國,漢遣大夏使臣被阻昆明郭昌進擊,斬首數十萬軍還其叛如故　. 宗至江都公主劉細君嫁烏孫王昆莫.昆莫卒,岑娶嗣位劉細君依俗再嫁岑娶.
西漢	漢武帝 劉徹	太初 **1**	丁丑	**-104**	頒**太初曆**,廢秦正而用夏正,以寅月為歲首,即今通行的**陰曆**(以正月為歲首秦及漢初均以十月為歲首).使用廿四節氣. 司馬遷撰修【史記】紀傳體通史,上起黃帝,下迄武帝太初四年西元前-101年,從貫 2600 餘年,凡 130 篇.計本紀 12 篇,表 10 篇,世家 30 篇,列傳 70 篇,總計 50 萬言.記載黃帝至漢武帝三千年史事,包括政治軍事經濟文學民族. 作建章宮　李廣利率軍攻大宛,求善馬.司馬遷卒後,亡其十篇,至元、成年間,褚少孫為補闕.　淮南子成書　酷吏王溫舒坐奸利,自殺,滅其族. 中原大蝗災. 董仲舒卒,其著有〔春秋繁露〕強調天人感應之說。 實施代田法,平準制度,農作用馬耕和牛耕.
西漢	漢武帝 劉徹	**2**	戊寅	**-103**	漢武帝改正建寅,當年有 12 個月.　　丞相慶卒,以公孫賀為丞相. 李廣利軍至郁成國不克,郁成王大破之,李廣利還屯敦煌.詔使遮玉止之.李廣利不敢入.　趙破匈奴率騎二萬擊之,匈奴出受降城,北迎匈奴. 左大都尉事泄被殺,匈奴出擊,中國全軍覆沒,趙破奴降匈奴.
		3	己卯	**-102**	光祿勳徐自為出五原築城障,匈奴入塞毀壞之,兒單于死,季父呴犁湖單于立 漢武帝劉徹大發兵援廣利攻大宛,大宛殺其王毋寡降降. 李廣利取善馬數十匹還,歸途滅郁成國,殺郁成王.
		4	庚辰	**-101**	封李廣利為海西侯　起明光宮 **司馬遷著《史記》書成**,記事上起黃帝,下迄武帝太初四年(西元前-101 年),凡 130 篇.計本紀 12,表 10 篇,世家 30 篇,列傳 70 篇,總計 50 萬言.司馬遷逝後,亡其 10 篇,至元、成間,褚少孫為補闕.史記稱太史公書或太史公記. 匈奴呴犁湖單于死,弟且鞮侯單于嗣位,將前羈留中國使臣遣返中國..
西漢	漢武帝 劉徹	天漢 **1**	辛巳	**-100**	西元前-101 年匈奴單于為與漢好,遣回被扣留的漢使路充國等人,西元前−100 年漢武帝回報善意,派蘇武、張勝、常惠等出使匈奴厚饋財物. 原降匈奴漢人虞常與張勝等人密謀劫持單于母親閼氏歸漢,事洩波及蘇武,不願受辱自殺未成.單于勸降不果囚幽禁蘇武於北海(貝加爾湖)地獄中,斷絕飲食,數日不死,匈奴以為神,將他流放邊遠(今貝加爾湖)無人煙地牧羊,西元前-81 年蘇武等 9 人始由漢迎接回國,蘇武在匈奴 19 年堅死不屈,後世崇仰. .

朝代	帝 王	國號	干支	紀前	紀 事
		2	壬午	-99	李廣利攻匈奴新疆天山,陷重圍,血戰始出,死二萬餘人. 別將李陵出居延(內蒙額濟納旗)至凌稽山兵敗,降匈奴. 郡國官吏殘酷,盜賊蜂起,劉徹頒「沈命法」(盜賊不發覺,發覺而遭逮捕不滿限額者,大小官均處死).法益酷,盜賊益多, 劉徹欲殺李陵全族,不滿司馬遷讚揚李陵史蹟,誣司馬遷包庇叛徒,囚獄腐刑(將生殖器割除).司馬遷忍辱負重,撰寫『**史記**』自紀元前 27 世紀黃帝姬軒轅,直至紀元前一年受刑之後.以二百餘人傳記,2,600 年間的人事變化和社會變動,以 52 萬餘字,寫成中國史籍珍寶,流傳後世不朽的「中國正史」.
		3	癸未	-98	行榷酒酤,禁止民間釀酒,由政府專釀專賣 東巡還祠常山 匈奴入雁門(山西右玉),雁門太守坐畏懼,斬.
		4	甲申	-97	劉徹命屠李陵家. 李廣秉等出四將軍出塞不利 立子髆為昌邑王 司馬遷所著史記,今年完成.
西漢	漢武帝 劉徹	太始 1	乙酉	-96	因杅將軍公孫敖,坐妻從事巫蠱,腰斬. 匈奴且鞮侯單于卒,子狐鹿孤單于立 徙豪傑於茂陵
		2	丙戌	-95	制金班諸侯王 築白渠
		3	丁亥	-94	子弗陵生 以江充為水衡都尉 東巡琅邪,浮海而還. 江充為直指繡衣使者
		4	戊子	-93	東巡祀明堂修封禪
西漢	漢武帝 劉徹	征和 1	己丑	-92	朱安世誣公孫敬與陽石公主私通,咒皇帝.巫蠱案起命江充為使者治巫蠱獄 一男帶劍入皇宮龍華門,捕之不獲,大搜上林苑,閉長安城門十一日,充將古巫捕掘民相誣以死者數萬人,巫蠱獄由是起.
		2	庚寅	-91	江充誣太子劉據從事巫蠱,劉據斬江充,起兵,兵敗自縊死,其母皇后衛子夫自殺,曾孫病已在襁中賴丙吉得全. 漢武帝命江充坐巫蠱,公孫賀父子死獄中,屠滅其家.諸邑公主陽石公主及長平侯衛伉,皆坐巫蠱死.
西漢	漢武帝 劉徹	3	辛卯	-90	丞相劉屈氂坐妻詛,腰斬,妻梟首. 西漢帝劉詢(-90~-49)生漢武帝曾孫,劉據之孫,在位 25 年享年 42 歲 李廣出征五原,漢武帝逮捕李廣妻下獄,李廣利正在乘勝追擊匈奴,聞家族以巫蠱下獄,遂降匈奴,劉徹屠其家族. 武帝寵信錦衣使者江充,其枉法不避權貴,冤害數萬人,又構陷太子,乃殺江充而反,兵敗走死湖縣(河南閿鄉縣),致太子母衛皇后自殺. 後高廟寢郎田千秋上書訟太子冤,武帝感動,悟江充之奸,拜為大鴻臚,族滅江充家.築思子宮於湖 大蝗災.
		4	任辰	-89	漢武帝劉徹下詔『輪台罪己』. 如東萊 耕於鉅定 還至泰山罷 方士侯神人者以田千秋為丞相,封富民侯. 以趙過為搜粟都尉 匈奴殺李廣利
西漢	漢武帝 劉徹	武帝後元 1 年	癸巳	-88	西漢武帝後元元年 侍中僕射馬何羅刺劉徹不中,被處死. 劉徹病危,欲立年方九歲劉弗陵為太子將來嗣位,而先將其母鉤戈夫人殺掉(子弗陵母). 劉徹云「我死後, 鉤戈夫人年輕貌美,才能精幹,她當皇太后後,一定為非作歹,重用她的家族,為避免後患呂雉故事重演,不得不如此」
		2	甲午	-87	漢武帝劉徹崩在位 54 年,托孤立劉弗陵為太子嗣位.年方 9 歲,是為昭帝. 大將軍霍光、金日磾、上官桀受遺詔輔政. 姊鄂邑長公主共養省中 光日禪桀共領尚書事 匈奴入朔方遣桀行北邊 絲綢之路

朝代	帝　王	國號	干支	紀前	紀　　事
西漢	昭帝 劉弗陵	始元 1	乙未	-86	劉弗陵(-94~-74)在位 13 年,享年 21 歲　霍光攝政 益州(雲南晉寧)廿四邑夷叛呂辟胡,募吏民擊之. 燕王旦謀反赦不治誅其黨羽　金日磾卒　遣使行郡國舉賢良問民疾苦.
		2	丙申	-85	封霍光博陸侯,上官桀安陽侯　以宗室劉辟疆劉長樂為光祿大夫 詔除今年田租　匈奴狐鹿姑單于死,子壺衍鞮單于立.
		3	丁酉	-84	鳳凰集東海遣使祀之
		4	戊戌	-83	漢昭帝劉弗陵娶左將軍上官桀孫女為皇后,年六歲. 以后父安為車騎將軍.　西南夷姑繒族及葉榆族叛,殺益州太守.遣兵擊之. 漢昭帝劉弗陵娶左將軍上官桀孫女為皇后,年六歲.
		5	已亥	-82	男子成方遂詣闕,詐稱衛太子,京兆尹雋不疑收問誅之.　詔罷儋耳真番郡. 大鴻臚田廣明擊西南夷,平之.　撤銷儋耳(海南儋州)、真番(朝鮮信川)郡
		6	庚子	-81	蘇武自匈奴釋放返歸中國(前-100~-81 凡 20 年) 以為典屬國 蘇武書函李陵,勸他一同回國.李陵覆信云「我當時所以不死,只是打算效法前輩英雄,有所作為.可是大志未成,全族被劉徹屠戮,老母都不能倖免.仰天捶胸,眼淚流盡,繼之泣血」忍辱負重的人,不可能為狂徒帝王禮諒. 漢武帝把私人壟斷的冶鐵煮鹽酒等收歸政府經營,久而生弊,激起民怨.特召「**鹽鐵會議**」.霍光主持下,取消酒專賣,「**罷榷酤官**」,部份地區停止鐵器專賣,其他政策不變,留下詳細紀錄,由桓寬整理成書,即現存的「鹽鐵論」 詔問賢良文學民間疾苦　杜延年勸霍光行孝文之政　光納之. 從賢良文學之議
西漢	漢武帝 劉徹	元鳳 1	辛丑	-80	徵有仁義者韓福等至長安賜帛遣歸　燕王旦謀反伏誅 鄂邑長公主、燕王劉旦、上官桀等謀反,事泄,屠上官族,鄂邑公主及劉旦自殺,,並族誅桑弘羊丁外人. 以張安世為右將軍,杜延年為太僕.. 匈奴入寇,遣兵擊之,獲甌脫王.
		2	壬寅	-79	赦天下　令郡國無斂今年馬口錢.
		3	癸卯	-78	泰山有大石自起立 上林有柳樹枯僵自起復生 遼東烏相反,遣范明友擊之. 匈奴入掖,漢軍破之,射殺犁汙王.　匈奴攻烏桓,漢范明友迎擊其逃逸. 范明友遂擊烏桓,斬六千人,擄三王.
		4	甲辰	-77	傅介子誘殺樓蘭王(今新疆若羌東北).王安歸親匈奴,屢殺漢朝使者,傅介子為樓蘭、龜茲兩國反覆無常應誅殺之,向霍光請纓,設宴誘殺樓蘭王,改國號為鄯善.封介子義陽侯. 始置伊循田官 漢昭帝劉弗陵冠年 17　臣相千秋卒
西漢	漢武帝 劉徹	5	乙巳	-76	西漢元帝劉奭(-76~-33)在位 16 年享年 43 歲.和蕃許嫁王昭君憤殺毛延壽 罷象郡轄區分郁林,牂柯.　紡織技術出現提花織布機.
		6	丙午	-75	築遼東(遼寧遼陽)玄菟(遼寧新賓)城 以楊敞為丞相 烏桓侵邊,范明友擊退.
西漢	宣帝 劉病已	元平 1	丁未	-74	漢昭帝劉弗陵崩在位 13 年,昭帝無子,霍光迎立武帝孫昌邑王賀為帝,在位 27 日,以荒淫昏亂為霍光所廢,立武帝曾孫劉病已後更名詢即位,是為宣帝. 渠生長民間好學喜遊俠.尊太后曰太皇太后侍御史嚴延年劾光廢立,后許氏.
西漢	宣帝 劉 詢	本始 1	戊申	-73	大將軍光請歸政不受　勿收田租賦　追謚戾太子戾夫人悼考(史王孫)悼后 宣帝深知民間疾苦.黃霸寬和召為廷尉正
		2	已酉	-72	尊孝武廟為世宗 大司農田延年有罪自殺 匈奴擊烏孫,田廣明常惠等擊之 漢議劉徹廟樂,長信少府夏侯勝言劉徹無德於民,乃逮夏侯勝下獄.烏孫和親
		3	庚戌	-71	封常惠為長羅侯　以韋賢為丞相,魏相為御史大夫,趙廣漢為京兆尹. 霍光妻霍顯毒弒皇后許氏　漢與烏孫王國合擊匈奴. 田廣明、田順擊匈奴無功,下獄,自殺.　霍光妻霍顯毒死許皇后
		4	辛亥	-70	漢宣帝劉病已立霍光女為皇后　郡國四十九郡同日發生地震,死六千人. 廣川王劉去殺其姬妾十餘人,或鉛汁灌口,或肢解,事發,自殺.
西漢	宣帝 劉詢	地節 1	壬子	-69	以于定國為廷尉 假郡國貧民田　詔許宗室自薪

朝代	帝　王	國號	干支	紀前	紀　事
		2	癸丑	-68	宣帝即位初,大司馬大將軍霍光獨綰大政,宣帝謙恭不問政事, -68 年霍光卒. 宣帝始親政事,勵精圖治,以張安世為大司馬車騎將軍領尚書事,光子禹為右將軍. 兄孫山為奉車都尉領尚書事 魏相為給事中相白去副封 漢朝名臣良吏,以宣帝時期為最多.政治既不迂緩,也不慘酷,為漢朝政治最好時代. 匈奴壼衍鞮死,弟虛閭權渠單于立. 霍光(子孟)(?~前-68)西漢政治家,霍去病同父異母弟弟.輔佐幼主「行伊尹霍光事」
		3	甲寅	-67	立子奭為太子 賜膠東相王成爵關內候,韋賢以老致仕魏相為丞相,丙吉為御史大夫,張安世為衛將軍,霍禹為大司馬.徙霍氏親戚為外官. 代以許史子弟. 廷尉史路溫舒上寬刑書. 代以許史子弟 因田其地 侍郎鄭吉擊破車師,烏貴王奔匈奴.匈奴另立兜莫為車師王,收餘眾東遷,漢因之屯墾其田..
		4	乙卯	-66	霍光遺孀霍顯及子大司馬霍禹謀反,事泄,伏誅,夷其族,廢皇霍氏. 以朱邑為大司農龔遂為水衡都尉. 詔有大父母父母者勿繇,又子匿父母孫匿大父母妻匿夫勿治. 詔滅天下鹽賈令郡國歲上繫囚掠笞及庾死者.
西漢	宣帝 劉詢	元康 1	丙辰	-65	追尊悼考曰皇考,立寢廟. 以尹翁歸為右扶風. 京兆尹趙廣漢腰斬. 新疆莎車故王弟叛呼屠徵殺其王及漢使臣自立為王 漢使臣衛侯馮奉世矯發諸國兵攻陷其都城,呼屠徵自殺. 以奉世為光祿大夫. 西域莎車國叛,擊平之. 龜茲王絳賓偕漢室公主到長安朝見漢皇帝劉詢
		2	丁巳	-64	立倢伃王氏為皇后,令母養太子, 以蕭望之為左馮翊. 詔二千石察官屬減獄不平者,郡國被疫者無出今年租. 漢將屯墾區撤銷退回天山以南,與渠犁合併 匈奴援車師屯田者,詔鄭吉還屯渠犂. 匈奴另立車師故太子軍宿為車師王.
		3	戊午	-63	封故昌邑王賀為海昏侯 丙吉等為列侯 疏廣疏受請老賜金遣歸. 以穎川太守黃霸守京兆尹,尋歸故官. 彭宣生(西元前-63.1.7. ~西元 15.10.15)享壽 78 歲. 子三：武、威、聖.
		4	己未	-62	尹翁歸卒 求高祖功臣子孫失侯者賜金復其家, 張安世卒. 河西(甘肅中部)諸羌族部落互相解仇,交質盟誓. 漢遣光祿大夫義渠安國行視邊兵.
西漢	宣帝 劉詢	神爵 1	庚申	-61	遣王褒求金馬碧雞之神 諫大夫王吉謝病歸 以張敞為京兆尹. 義渠安國殺諸羌酋長,先零羌楊玉叛,漢遣後將軍趙充國擊之. 充國王至金城度河,羌多降,辛武賢擊之,尋詔罷兵. 令充國屯田湟中(青海東北部).
		2	辛酉	-60	蘇武(?~-60)出使匈奴,漢使逃跑遭扣,在北海牧羊五、六年,擅編織魚網,矯正弓弩,因之受單于軒王器重,賜與衣物馬匹牲畜,漢朝與匈奴議和,蘇武始歸. 匈奴日逐王先賢撣率眾降漢. 漢宣帝因侍郎鄭吉在渠犁屯兵墾荒,鄭吉因破車師,斬楊玉,降日增,威震西域,總領南北兩道,被任為都護,漢自此設置「都護」.治烏坐城(新疆) 漢任命鄭吉為西域都護(總督) 總都護府設在烏壘王國(新疆輪台東北) 漢宣帝劉病已誣司隸校尉蓋寬饒求皇帝讓位,蓋寬饒自殺. 中西域立幕府督察卅六國 佛教經中亞傳入西漢
		3	壬戌	-59	丞相魏相卒,以丙吉為丞相 蕭望之為御史大夫益小吏俸以韓廷壽為左馮翊
		4	癸亥	-58	賜穎川太守黃霸爵關內侯 誅酷吏河南,太守嚴延年 匈奴握衍朐提單于暴虐好殺,國人另立呼韓邪單于,後兵敗自殺,右賢王另立屠耆單于.匈奴分裂為二,有二單于,國內大亂.
西漢	宣帝 劉詢	五鳳 1	甲子	-57	匈奴五單于爭立,國大亂 殺左馮翊韓廷壽 舉兵滅匈奴 蕭望之謂宜遣使弔問救災,彼必臣服,帝許之.

朝代	帝　王	國號	干支	紀前	紀　事
		2	乙丑	**-56**	左遷蕭望之為太子太傅　呼韓邪單于擊敗屠耆單于 復都單于庭 其兄左賢王自立為郅支單于　匈奴呼遬累單于來降 匈奴連年內戰,益衰,對中國至為恭順.
		3	丙寅	**-55**	丞相丙吉卒,以黃霸為丞相. 減天下口錢 置西河北地屬地以處理匈奴降者
		4	丁卯	**-54**	漢宣帝劉病已誣故平通侯楊惲大逆,楊惲斬.　廣陵王胥自殺. 耿壽昌以谷戰傷農糴三輔近郡穀供京師初置常平倉 匈奴呼韓邪單于稱臣 匈奴郅支單于攻呼韓邪單于,使南遁郅支單于入單于庭,匈奴始分南北二國.
西漢	宣帝 劉詢	甘露 **1**	戊辰	**-53**	免張敞官復以為冀州刺　史以韋元成為淮陽中尉 南匈奴呼韓邪單于、北匈奴郅支單于,俱向漢臣服,遣子入質. 烏孫國亂狂王被殺烏就屠自立為小昆彌,漢遣馮夫人立元貴靡為大昆彌
		2	己巳	**-52**	減民算三十　珠崖郡反遣兵擊之　趙充國卒　匈奴呼韓邪單于款塞請朝 減算錢每算減三十 王昭君(?~-52)湖北秭歸興山人,匈奴呼韓單來朝漢,要求和親,以結永盟,漢元帝召後宮嬪妃擇選,王昭君挺身而出慷慨應召,元帝見之貌美大驚,欲留之,但難於失信,捨之遠嫁匈奴,怒遷毛廷壽,斬之並沒收其家 產.
		3	庚午	**-51**	丞相霸卒,以于定國為丞相.　皇孫驁生　畫功臣於麒麟閣凡十一人 詔諸儒講五經同異於石渠閣 立梁丘易夏侯尚書穀梁春秋博士 南匈奴呼韓邪單于來朝,漢遣高昌侯董忠率兵送返,留屯匈奴.漢國勢極峯 楚公主劉解憂年老自烏孫歸中國
		4	辛未	**-50**	南匈奴、北匈奴分別遣使來中國朝覲,並進貢物.　漢待呼韓邪使加厚
		黃龍 **1**	壬申	**-49**	漢宣帝劉病已崩在位 25 年,子劉奭嗣位,是為元帝. 以史高為大司馬,蕭望之為前將軍,周堪為光祿大夫輔政領尚書事. 南匈奴呼韓邪單于、北匈奴郅支單于,分別遣使來朝進貢物,南北匈奴棄單于庭(蒙古哈爾和林),敗烏孫,滅烏揭、堅尼、丁零三國,都堅昆(西北利亞)
西漢	元帝 劉奭	初元 **1**	癸酉	**-48**	劉奭(-76~-33)優柔寡斷,沉緬聲色,少問政事,用宦官,揮霍無度,國窮財絀.帝. 立皇后王氏　以公田及苑振業貧民　以貢禹為諫大夫　罷宮館希幸者. 關東十一郡國大水饑人相食　漢於西域置戊己校尉屯田車師(新疆吐魯番)
		2	甲戌	**-47**	立子驁為皇太子　宦者弘恭石顯與史比高下. 隴西地震　關東大饑,人相食.　珠崖民眾因官吏壓詐,屢次反抗. 詔下蕭望之周堪及宗正劉更生於獄,皆貶為庶人. 賜蕭望之爵內侯給事中以周堪劉更生為中郎,尋下獄免,蕭望之自殺.
		3	乙亥	**-46**	罷珠崖郡　罷甘泉建章宮衛令就農 百官各省費條奏　以周堪為光祿勳,張猛為光祿大夫給事中. 漢在南越官吏貪暴,民六反,漢棄珠厓郡遷內地.大旱.
		4	丙子	**-45**	正月行幸甘泉郊泰畤,三月行幸河東祠后土
		5	丁丑	**-44**	以周子南君為周承休侯貢禹為御史大夫. 罷鹽鐵官常平倉及博士弟子員數　民有通一經者皆復 時僅三年又恢復筦権.　匈奴郅支單于怨漢不助 又以道遠殺漢使臣谷吉,走康居(中西突厥斯坦)結盟,數擊烏孫,
西漢	元帝 劉奭	永光 **1**	戊寅	**-43**	詔舉質樸敦厚有行者 詔光祿歲以此課第郎從官 丞相于定國免 殺賈捐之　以石顯譖左遷周堪張猛 南匈奴漸盛,不再畏郅支單于,遷歸單于庭(蒙古)
		2	己卯	**-42**	以韋元成為丞相,匡衡為光祿大夫 隴西羌叛,漢右將軍馮奉世平之留兵屯.賜奉世爵關內侯
		3	庚辰	**-41**	立子康為濟陽王(徙山陽復徙定陶). 以用度不足復鹽鐵官置博士弟子千人

朝代	帝　王	國號	干支	紀前	紀　　事
		4	辛巳	-40	宦官石顯誣大中大夫張猛有罪,張猛自殺 罷祖宗廟在郡國者
		5	壬午	-39	匡衡為太子少傅 黃河在(河北)清河、鳴犢口決堤.
西漢	元帝 劉奭	建昭 1	癸未	-38	帝如長楊射熊館
		2	甲申	-37	立子興為信都王(後徙中山) 殺魏郡太守京房 下御史中丞陳咸獄髡為城旦
		3	乙酉	-36	丞相韋元成卒,以匡衡為丞相 西域副都護陳湯,矯制發兵與都護甘延壽突擊襲康居,斬北匈奴郅支單于,傳首長安. 漢消滅郅支單于,協助呼韓邪單于重新統一匈奴
		4	丙戌	-35	以誅郅支赦天下告祠郊廟　藍田地震 陳湯上書漢,論擊北匈奴之故,曰「用以顯示萬里,凡冒犯中國者,雖遠必誅」
		5	丁亥	-34	赦天下 令公卿察吏不得覆案人民小罪興不急之務. 南匈奴呼韓邪單于聞郅支之死,欣喜且懼,上書請准其朝覲.
		竟寧 1	戊子	-33	劉奭崩在位 16 年,子劉驁嗣位,是為成帝.以元舅王鳳為大司馬大將軍輔政,領尚書事. 外戚王氏專權由此開始. 以召信臣為少府,甘延壽為義成侯陳湯爵內侯. 呼韓邪單于入朝覲見漢帝,漢元帝劉奭將宮女王嬙(王昭君)嫁之和親.漢帝劉奭不滿王昭君出塞和親　王嬙,字昭君,南郡秭歸(今湖北)人,呼韓邪單于封她為『寧胡閼氏』生子取名伊屠智牙師,長大封為右日逐王. 毛延壽隱瞞王昭君絕色美人畫像,下令將毛延壽斬殺.
西漢	成帝 劉驁	建始 1	己丑	-32	西漢成帝劉驁(-51~-7)生,在位 26 年享年 45 歲.前-32 年嗣位, 內用外戚執政,外用將帥守土,貪焚酒色,荒淫無度. 成帝母孝元王皇后,王皇后父王禁.王鳳即王禁嫡子,元帝之世,王禁以后父封陽平侯,王禁薨,王鳳嗣侯,成帝封同母弟王崇為安成侯,庶弟王譚,王商王立王根王逢皆賜爵關內候餘舅氏均為內侯.,王氏始盛. 作南北郊罷甘泉汾陰祠 石顯以罪免歸道死
		2	庚寅	-31	立皇后許氏　始親祠南郊　減天下算錢四十　大旱. 匈奴呼韓邪單于死,子復株累若鞮單于嗣位.依匈奴習俗,王昭君下嫁復株累單于(呼樟邪單于與大閼氏子),又生兩女. 元帝下詔將昭君出嫁年改『竟寧』
		3	辛卯	-30	宣公復入朝,官大司農光祿勳將軍丞相匡以罪免 策免大司馬車騎將軍許嘉. 專任王鳳. 丞相匡衡以罪免. 關中大雨長安亂
		4	壬辰	-29	漢成帝罷中書宦官,初置尚書員五人. 任王商為丞相 永為光祿大夫 王尊為京兆尹 召直言極諫之士對白虎殿谷永杜欽言咎在後宮 王鳳奏以陳湯為從事中郎 黃河決東郡(河南濮陽)金堤,灌四郡 32 縣,深三丈.
西漢	成帝 劉驁	河平 1	癸巳	-28	以王延世為河堤使者塞河決 詔百官陳過失 省律令減死刑 西漢『漢書』留下世界公認的關於太陽黑子的最早記錄

朝代	帝　王	國號	干支	紀前	紀　事
		2	甲午	-27	漢成帝自幼親倚王鳳,政無大小,無所自專,於是,郡國守相,刺史皆其其門. 劉驁悉封諸舅五人為列侯,王譚平阿侯、王商成都侯、王立紅陽侯、王根曲陽侯、王逢時高平侯,世謂之五侯 免京兆尹王尊官　　　　湖三老公乘興等訟冤 復以為徐州刺史 西夷相攻 以陳立為牂柯太守討平之 匈奴遣使朝獻 西夷相攻,陳立為牂柯太守討平之.
		3	乙未	-26	漢成帝命劉向校經書、諸子、詩賦.整理撰成『七略』是我國第一部書目.. 使謁者陳農求遺書於天下詔光祿大夫劉向(即更生)校之. 成帝時氾勝之所著『氾勝之書』是我國第一部完整之農學著作. 寫定『黃帝內經』為我國最早一部醫書. 佛教傳入中國 經學出現今古文之爭.　　向奏上洪範五行傳以諷. 帝心知其忠不能奪王氏權. 黃河決堤(山東)平原流入濟南.復命王延世作治,六月乃成.
		4	丙申	-25	詔收丞相王商印綬 商以[憂卒(王鳳陷之) 以張禹為丞相 南匈奴入朝
西漢	成帝 劉驁	陽朔 1	丁酉	-24	漢成帝劉驁誣京兆尹王章為夷狄下獄死(王鳳恨其直言) 以薛宣為左馮翊
		2	戊戌	-23	成帝以太后王鳳弟王音為御史大夫.王鳳氣勢益盛,郡守,國相,州刺史,皆王氏門下. 劉向上封事極言王氏盛必危劉氏,帝不能用
		3	已亥	-22	王鳳疾篤,臨沒,成帝問以後事.王鳳以五侯奢僭,而王音為人謹飭,薦王音以自代. 大將軍王鳳卒,乃以王音為大司馬車騎將軍輔政,封安陽侯.. 穎川鐵官徙申屠聖起義. 王譚位特進領城門兵. 穎川(河南禹州)鐵官徒申屠聖等一百十人起兵反,兵敗被殺
		4	庚子	-21	詔二千石勸勉農桑 以王駿為京兆尹.
西漢	成帝 劉驁	鴻嘉 1	辛丑	-20	劉驁開始遊狎微行 張禹罷,以薛宣為丞相 南匈奴復累若鞮單于卒,弟搜諧若鞮嗣位.
		2	壬寅	-19	飛雉集未央宮承明殿 下詔求直言
		3	癸卯	-18	王氏五侯有罪詣闕謝赦不誅 成帝寵趙飛燕,廢皇后許氏,殺許皇后姊許謁,專寵趙飛燕姊妹.
		4	甲辰	-17	渤海(河北滄州)、(河北)清河、信都(河北冀州),諸郡河水氾濫,灌 31 縣邑,淹沒官亭民舍四萬所. 劉驁欲觀九河故跡,不塞. 王譚卒 以趙護為廣漢太守討平賊鄭躬等 以王商為特進領城門兵

朝代	帝　王	國號	干支	紀前	紀　事
西漢	成帝 劉驁	永始 1	乙巳	-16	劉驁立趙飛燕為皇后,立皇后趙氏妹為昭儀, 封趙臨城陽侯 封王太后侄王莽為新都侯,代王根輔政. 王莽父王曼,早死,不及封侯.王莽群從兄弟皆將軍五侯子,侈靡相尚,獨王莽節恭儉,勤身博學,被服如儒生,外交英俊,內飭私行.伯父大將軍王鳳臥病,王莽侍疾,親嘗藥,亂首垢面,不解衣帶連月. 王鳳臨薨,以王莽託王后及成帝,當世名士皆為之延譽,由是名聲隆洽,傾其諸父.成帝始封王莽為新都侯 至是王后之族,凡九侯,五大司馬,外戚之盛,有其如此. 下諫大夫劉輔獄論為鬼神. 劉向著列女傳、新序、說苑三書成.
		2	丙午	-15	王音卒,其弟商代 以王商為大司馬衛將軍位特進領城門兵. 策免丞相宣御史大夫翟方進,復以方進為丞相,孔光為御史大夫. 侍中張放以罪左遷北地都尉.
		3	丁未	-14	復奉時汾陰五時陳寶祠 故南昌尉梅福上書極陳王氏將危社稷不報. 河南尉氏縣民樊並、山陽(山東鉅野)鐵官徒蘇令,分別起兵反兵敗,俱殺.
		4	戊申	-13	詔禁奢僭踰制 以何武為京兆尹
		元延 1	己酉	-12	有星孛於東井,帝求言,谷永言咎在後宮. 劉向請燕閒奏事不報. 王商卒,以王根為大司馬驃騎將軍 徵張放入侍中尋出之 故槐里令朱雲請斬佞臣安昌侯張禹,帝怒尋釋之. 匈奴搜諧若鞮單于卒,弟車牙若鞮單于嗣位
		2	庚戌	-11	烏孫內亂,大小昆彌被殺 遣中郎將段會宗誅烏孫太子番丘 康居遣子貢獻
		3	辛亥	-10	蜀郡泯山崩,壅江三日江水竭 帝校獵長楊射熊館 『再受命』之說風靡
		4	壬子	-9	中山王興定陶王欣來朝,定陶傅太后隨來,私賂趙后昭儀及王根,求以子入嗣
		綏和 1	癸丑	-8	王根久病危上疏姪王莽以自代,成帝任王莽為大司馬,繼王根輔政. 廢州刺史,改置州牧. 封孔吉為殷紹嘉侯與周承休侯俱進公爵 置三公官: 以丞相、大司馬、大司空為三公 詔大司馬置官屬,更御史大夫為大司空,皆金印紫綬,祿比丞相. 中山王興卒　　衛尉淳于長下獄死, 廢后許氏自殺. 匈奴車牙若鞮單于卒,以弟烏珠留若鞮單于嗣位.

朝代	帝　王	國號	干支	紀前	紀　事
西漢	成帝 劉驁	**2**	甲寅	**-7**	漢成帝劉驁崩(-51~-7)在位26年,無子,年45歲,傳位劉欣,元帝之庶孫定陶王之子,是為哀帝.. 母曰定陶丁姬.追尊定陶共王為皇.又尊共皇太后共皇后立皇后傅氏. 封丁明傅晏為列侯 詔劉歆典領五經. 丞相方進自殺,以孔光為丞相. 免王莽大司馬,以師丹為大司馬. 遣王根就國. 大司空何武免,以師丹代之 孔光、何武上限田之議. 詔能治河者.
西漢	哀帝 劉欣	建平 **1**	乙卯	**-6**	哀帝劉欣(-27~-1)年18歲,有「**斷袖之癖**」 哀帝劉欣沉迷酒色,死于未央宮,在位6年時年26歲 以傅喜為大司馬,免師丹為庶人.　宜公遷左將軍　以朱博為司空. 時冷褒殷猶上言共皇宜立廟京師,三公皆以不可.故免丹官復賜爵閭內侯.. 傅太后誣中山太后馮氏,令吏治之,中山太后及弟參皆自殺
		2	丙辰	**-5**	免博喜罷三公官,以朱博為御史大夫,復為丞相,八月自殺. 平當為丞相 丁明為大司馬衛將軍 免孔光為庶人. 廢州牧,更置州刺史. 復更大司空為御史大夫,去大司馬官屬,仍以冠將軍號. 詔共皇去定陶號立廟京師,尊共皇太后為帝太太后,共皇后為帝太后. 免師丹為庶人 遣王莽就國丁太后卒,改元太初更號陳聖劉太平皇帝. 罷誅待詔夏賀良等.
		3	丁巳	**-4**	丞相當卒,以王嘉為丞相. 東平王雲坐祠祭祝詛自殺. 任孫寵息夫躬因其告東平王有功故. 董賢貴幸詔將作為起大第北闕下 賜武庫禁兵上方珍寶 基督耶蘇出生(民國前1915年即西元前-4年)
		4	戊午	**-3**	關東民訛言無故驚走,以麻桿傳遞,云行西王母籌,聚會祠西王母,經廿六郡國至長安,至秋始還.封傅太后從弟商為汝昌侯,僕射鄭崇爭之殺崇. 司隸孫寶訟崇免為庶人. 劉欣嬖寵附馬都尉董賢為侯,權勢日盛. 左遷執金吾母將隆. 因諫寵董賢及乳母王阿. 諫大夫鮑宣切諫不用.
		元壽 **1**	己未	**-2**	以傅晏丁明並為大司馬,尋以日食罷晏就第. 傅太后崩 孫寵息夫躬以罪免 以鮑宣為司隸. 益封董賢二千戶. 王嘉切諫哀帝劉欣不從,遂殺丞相王嘉. 免丁明 以孔光為丞相,何武為前將軍. 以董賢為大司馬衛將軍,年僅廿二歲.

朝代	帝　王	國號	干支	紀前	紀　事
西漢	平帝 劉衍	**2**	庚申	**-1**	漢哀帝劉欣崩在位 6 年,無子,由叔父子方 9 歲劉衎(西元前-8~西元 5)嗣位,是為平帝,其父即成帝弟中山孝王劉興. 劉衎年少,朝政大權,全由王太后臨朝聽政,追貶漢成帝劉驁后趙飛燕及劉欣后傅氏號,後均自殺. 元后詔收董賢印綬,董賢自殺. 王太后召王莽為典喪事.太后以王莽為大司馬椽尚書事,執掌大權秉政. 王莽輔助幼主,自認功比周公.他欺上瞞下,大權獨攬. 迎中山王箕子為嗣 追貶傅太后丁太后號 策免何武公孫祿. 趙后傅后自殺,中山王即位 王太后臨朝 以孔光為太傅,馬宮為司徒. 三公分職. **彭宣**任光祿大夫司空封長平侯於山東濟南府,食錄千戶,誥加封金紫光祿大夫,加贈淮陽郡,公迺上印綬,乞骸骨歸鄉,賜黃金安車駟馬,十五年後薨,謚頃侯居淮陽陽夏(舊譜載贈明經學士謚文定). 復更置大司馬、大司徒、大司空為三公,改丞相為大司徒,御史大夫為大司空,賜大司馬印綬,置官屬,去將軍職,位在大司徒之上. 南匈奴烏珠留若鞮單于、烏孫大昆彌伊秩靡,分別來朝,時西域佩漢印綬者 376 人..

※ 西曆紀元前至此止

西曆紀元年後

西漢

(基督教舊約稱基督誕生之年即謂西元 1 年)

西漢、東漢世次表 (西元 1~219 年) (中華通史 章嶔)

一世	二世	三世	四世	五世	六世	七世	八世
1 **西漢**高祖劉邦	2 惠帝盈	少帝某					
		少帝弘					
	3 文帝恆	4 景帝啓	5 武帝徹	6 昭帝弗陵			
				戾太子據	史皇孫進		
			長沙定王發	舂陵節侯買	鬱林太守外	7 宣帝詢	8 元帝奭
							淮陽顯王欽
						鉅鹿都尉回	南頓令欽

九世	十世	十一世	十二世	十三世	十四世	十五世	十六世
9 成帝驁							
定陶共王康	10 哀帝欣						
中山孝王興	11 平帝衍						
廣戚煬侯勳	廣戚侯顯	12 孺子嬰					
(1)**東漢**光武帝秀	(2)明帝莊	(3)章帝炟	(4)和帝肇	(5)殤帝隆			
			濟北惠王壽	(7)少帝懿			
			清河孝王慶	(6)安帝祜	(8)順帝保	(9)沖帝炳	
			千乘貞王伉	樂安九王寵			
			河間孝王開	蠡吾侯翼	(11)桓帝志		
				解瀆亭侯淑	解瀆亭侯萇	(12)靈帝宏	(13)少帝辨
							(14)獻帝協

朝代	帝　　王	國號	干支	西 元	紀　　事
西漢	平帝 劉衍	元始 **1**	辛酉	**1**	哀帝崩.迎中山王劉箕子嗣位,是為平帝劉衍(西元 1-8 在位 8 年).孺子劉嬰 以孔光為太師,王舜為太保,王莽為太傅,號安漢公置羲和官. 拜帝母衛姬為中山孝王后. 封周公孔子後侯 益州蠻夷獻白雉. 王莽唆使公卿奏言太后年高,不宜親省小事,乃詔政事皆安漢公專決,惟封爵乃上聞.於是王莽籠絡百官,密致恩意,凡不合於己者則奏免之,權侔人主. 王莽自王鳳累世輔政,尚書九卿,州郡牧守,皆出其門,故王莽得資以為憑藉. 西曆紀元 1 年(民國前-1911 年)耶蘇基督在耶路撒路誕生,基督教信徒稱〔紀元〕年時黃紀 2698 年,,死葬北海丘陵,繞以城壁,距地中海 3 公里.
		2	壬戌	**2**	漢有郡國 103,墾田 8,270,536 頃,民戶 2,233,062 人口 59,594,978. 蝗蟲大旱、大蝗.　漢朝中絕 16 年　以甄豐為大司空　封宗室及功臣後 大夫龔勝邴漢罷歸. 王莽上書願獻錢百萬,田三十頃助給貧民,公卿仿效. 使頌四條於匈奴.　黃支國獻犀牛. 車師(新疆吉木薩爾)後王姑句、去胡來(新疆若羌)王唐兜,先後降匈奴.匈奴烏珠留若鞮單于執送中國,斬之.

朝代	帝　王	國號	干支	西元	紀　事
西漢	平帝 劉衎	3	癸亥	3	王莽以其女為平帝皇后,陰謀篡漢,殺其子王宇,屠漢平帝劉箕子生母衛太后之族,唯留衛太后一人.滅中山孝王后家,殺敬武公主及何武鮑宣等數百人.王立、王仁亦死 王莽奏定車服,吏民養生,送死,嫁娶,奴婢,四宅,器械等制度.立官稷,郡國,縣邑,鄉聚廿學官,校,學置經師一人,庠序置孝經師一人. 司隸鮑宜、前將軍何武等數百人不附王莽,王莽皆誣以有罪,殺之. 班彪(叔皮)(3-54)東漢史學家,補充「史記」作「史記後傳」65 篇,為「後漢書」奠定基礎,後漢書中有「班彪列傳」
		4	甲子	4	平帝劉衎詔以王莽加號曰「宰衡」位上公,賜王莽母號曰顯功君.於是王莽奏起明堂、辟雍、靈臺,為學者築舍萬區,網羅天下異能之士. 太保王舜及吏民頌王莽功德,加號王莽為「宰衡」 遣王惲等人觀天下風俗. 起明堂辟雍靈台　立樂經.　益博士員,經各五人 徵通一經及逸體,古書,天文,圖讖,鐘律,月令,兵法,史篇者,能治河者 分天下為 12 州,更公,卿,大夫,81 元士官名位次,及 12 州名,分界郡國所屬. 置西海郡(青海海晏) 定官名及 12 州界. 三官自鑄五銖錢,至是共成 280 億萬.
		5	乙丑	5	詔各郡國立宗師,以糾宗室子弟. 時王公、列侯、宗室、及吏民,上書頌王莽功德者前後 487,500 餘人, 詔加王莽九錫. 12 月,王莽毒弒 14 歲漢平帝劉箕子.迎立孺子劉嬰,自己攝政 王莽使其黨偽造符命,奏武功(陝西武功縣)於浚井時得白石,上有丹書,文曰「告安漢公莽為皇帝」.王太后心知其詐而不能禁止, 太皇太后徵宣帝玄孫,乃詔令王莽居攝作,祝祭自贊曰「假皇帝」臣民稱之為「攝皇帝」. 以平晏為司徒. 置郡國宗師以糾宗室 孔光卒,馬宮為太師王莽自加九錫封王惲等八為列侯發定陶共王母及丁姬冢 取璽綬
西漢	孺子　劉嬰	攝 1	丙寅	6	王莽稱居攝元年. 立漢宣帝玄孫劉嬰為皇太子,號曰「孺子」劉嬰年僅二歲.於西元 8 年被王莽廢為定安公,在位 3 年.. 太皇太后許王莽朝見臣民,稱「假皇帝」 創左輔,右弼,前疑,後丞之名,分別加於太師,太傅,太阿,太保四官之下.又置四少:少師,少傅,少阿,少保, 安樂侯劉崇反王莽起兵敗死
		2	丁卯	7	造錢幣,有錯刀,契刀,大錢三皿,與五鍾錢並行 禁列侯以下不得挾黃金,輸御受直. 東郡(河南濮陽)太守翟義討王莽,立宗室嚴鄉侯劉信為帝,移檄郡國,遠近大震.惜兵敗,翟義屍磔,劉信亡命失蹤. 三輔二十三縣豪族及人民紛紛起兵討王莽. 槐里(陝西興平)趙明、霍鴻起兵攻長安,王莽發兵鎮壓..
		3 初始 1	戊辰	8	王母莽死不服三年喪 太皇太后詔王莽奏事無言攝 置五等爵,以公,侯,伯,子,男,封擊反者功臣. 改關內侯為附城 三輔起兵,趙朋、霍鴻等起兵攻長安,王莽鎮壓平定. 期門郎張充等謀共殺王莽.立楚王,事敗被殺. 梓潼(四川梓潼)人哀章偽造「釕匱圖、金策書」獻莽,王莽乃據以篡漢,廢劉嬰為定安公,即皇帝位,正式稱帝,建**【新王朝】**改國號曰新,更號太皇太后為新室王母.

新王莽（西元 9-24 立國 16 年）

朝代	帝　王	國號	干支	西 元	紀　要
新	新帝 王莽	始建 1	己巳	9	王莽廢漢孺子劉嬰為定安公,**西漢亡**,立國 215 年. 定年號為「始建元年」 遣五威將王奇等分別赴各郡縣頒符四十二篇,命更印綬. 封拜輔臣,四輔,三公,四將之目 置大司馬,司允等官,大肆改內外官名及郡室官室之名 貶諸王侯號皆為公,四裔諸王皆為侯.. 罷錯刀,契刀,及五銖錢,更作大小錢二品,防私鑄,禁民不得挾銅炭. 復設井田,更天下田曰「王田」,奴婢曰「私屬」皆不得買賣. 男口不盈八而田過一井者,分餘田予九族,里黨,其無田者受田如制.. 置司命以司察上公以下 制五威將號 徐鄉侯劉快起兵反新討王莽不克死. 王莽正式自稱為真皇帝. 王莽有濃厚復古思想,正迎合當時政治思潮,其治禮、恭儉、博學、又深得儒生的擁戴,咸認為漢儒讓賢變法的理想人選.但其性迂執而泥古,即位後,乃稽古改制.其施政： 一.恢復封建,置諸侯及附城各 1800 員,以俟有功. 百官宮室郡縣多改名稱.首都長安改名常安. 二.變更官制,循古制改置官.以太師、太傅、國師、國將為四輔,位上公.大司馬、大司徒、大司空為三公.更始將軍、衛將軍、立國將軍為四將.四輔、三公、四將,凡十一公. 改官降漢王侯爵,立九廟以漢高為文祖廟. 三.土地改革,平均地權,均田限奴,令禁買賣田宅奴僕. 將全國田地收歸國有,名曰「王田」,奴婢曰「私屬」,皆不得買賣.一家人丁不滿八人,占田不得過一井(900 百畝),餘田分給宗族鄰里鄉黨,無田者由政府計口授田,每夫百畝. 四.六筦五均：鹽、酒、鐵、名山大澤、五均賒貨、錢布銅冶等六事皆歸國營,謂之「六筦」. 「五均」為賒貨錢物以贍百姓,故曰「五均賒貨」 五.改革貨幣：廢漢所鑄五銖錢及刀幣,另作錢幣曰寶貨.寶貨有五物、六名、廿八品. 發行一銖錢. 王莽(-45~23)篡漢建立新莽王朝.西元 23 年劉玄率綠林軍殺王莽傳首南陽. 百官室郡縣多改名稱. 首都長安改稱常安. 遣五威將王奇等十二人,分赴各郡縣頒符命四十二篇命更印綬.
		2	庚午	10	廢漢諸侯王為民,從國師公劉秀言立『五均』、『賒貸』、『六法』在長安洛陽等地設官管理市場,限制商人及高利貸牟利.『六筦』由國家控鹽、鐵、鑄錢、五均賒貸,不許私人經營.各以行業為貢. 第三次改革貨幣,鑄造大錢、契刀、錯刀、五銖錢,共為四品,一齊流通於市. 設錢府官、酒專賣、榷酒酤. 漢政府戊己校尉陳良、絡帶,殺新政府戊己校尉刁護,奔降匈奴.王莽改匈奴為降奴,遣立國將軍孫建率十二將分擊匈奴. 更作寶貨 甄豐自殺. 楊雄自投天祿閣下.
		3	辛未	11	王莽分國土人民為十五分道入寇,殺略吏民. 諸將在邊以兵未集不敢出擊,嚴尤切諫不聽,匈奴分道攻中國,殺略吏民,百姓流為盜賊,或死或逃,野有白骨. 迎龔勝為太子師友祭酒,勝不食卒.
		4	壬申	12	廢除王田私屬制,恢復人民買賣田地 以洛陽為東都,長安為西都. 西南夷殺牂大尹駱人犯邊

朝代	帝王	國號	干支	西元	紀要
新	新帝 王莽	5	癸酉	13	西漢太皇太后王氏卒 (新疆)焉耆叛中國,殺新政府所派都護但欽,西域中國勢力開始瓦解. 匈奴烏珠留若鞮單于卒,烏累若鞮單于嗣位.
		天鳳 1	甲戌	14	王莽創如之刑,悉燒殺之. 置卒正,連率,大尹,職如太守.又置州牧,部監 25 人; 分長安城旁六鄉,置帥各一人;分三輔為六尉郡,河內等六郡為隊郡; 改易官名,地名,分合郡縣,總為萬國. 四改幣制,實行金、銀、龜、貝,廢除大、小錢,改行貨布、貨泉二品. 秋置萬國 北邊大饑 人相食. 與匈奴和親. 遣平晏之洛陽相宅 匈奴執故漢降將陳良等 27 人付新,王莽創焚如之刑,悉燒殺之.
		2	乙亥	15	日中星見,民訛言黃龍死. 五原(內蒙包頭)代郡(河北蔚縣),民兵蜂起. 邯鄲北大雨.流殺數千家. 彭宣公元 15.10.15 辰時卒享壽 78 歲
		3	丙子	16	使賦吏祿俸,自 66 斛至萬斛,凡 15 等,歲有災害則酌減. 長平館西岸崩,堵涇水不流,群臣上壽祝賀,以為匈奴滅亡之兆. 王莽命井州(山西太原)牧宋弘擊匈奴,既至邊塞,不敢再進. 平蠻將軍馮茂擊西南夷句町兵敗下獄死.更遣更使將軍廉丹往擊,不克. 五威將王駿攻焉耆,戰死. 西域都護李崇還保龜茲(新亡,李崇亦卒,西域遂與中國絕)
		4	丁丑	17	郡買義和命士數人,督五均,六筦,以富賈為之. 申六筦之令,設科條防禁. 調上公以下有奴婢者,口出錢三千六百. 各地民亂紛起,臨淮人瓜田儀起於會稽長州; 荊州等地飢荒,在臨淮琅邪呂母及荊州綠林山叛亂,推王匡、王鳳為渠帥,馬武王常等從之,在綠林山(今湖北大洪山)起兵,史稱「**綠林軍**」. 南郡人張霸、羊夏羊牧等起義萬人, 鑄威土以壓兵 授諸侯茅土
		5	戊寅	18	王莽下令鼓勵吏告其將,奴告其主.吏致富者收其財以給軍. 楊雄卒. 樊崇在山東莒起義,號赤眉,史稱「**赤眉軍起義**」東海人刁子都起兵東海(山東郯城). 匈奴烏累若鞮單于卒.弟呼都而尸道皋若鞮單于嗣位.
		6	己卯	19	下書六年一改元. 大募丁男及死罪囚,吏民奴,名曰「豬突」「豨勇」以擊匈奴 廣徵具奇技可以攻匈奴者. 稅吏民,訾三十取一以充軍費. 令公卿以至吏民保養軍馬,以秩為差; 關東連年饑旱,盜竊益多.
新	新帝 王莽	地皇 1	庚辰	20	置前後左右中大司馬之位,命諸州牧至縣宰皆加大將軍,偏裨校尉之號. 長安城南起九廟,黃帝廟 40 方丈,高 17 丈,餘廟半之,功費百餘萬,工人死萬. 鉅鹿郡(河北平鄉)人馬適求謀起兵叛,謀殺莽不克,殺數千人,收郅惲繫獄..
		2	辛巳	21	王莽妻死 子臨謀殺王莽事泄自殺 毀漢高廟 南郡泰豐兵起. 綠林、赤眉起義.南郡(湖北江陵)人秦豐(山東)平原女子遲昭,先後起兵響應 犯私鑄錢者十萬餘人,男子檻車,女子徒步,至戍所則亂配夫婦.死六七萬人
		3	壬午	22	次年西漢淮陽王劉玄改正建寅,移入癸丑,故實有 13 個月. 關東饑,人相食 綠林兵遇疾疫,潰散.其帥王常竄入南郡,稱下江兵.王鳳、王匡竄入南陽,稱新市兵.平林(湖北隨州)人陳牧起兵,稱「平林兵」. 樊崇等用紅塗眉以為區別,稱「赤眉軍」 南陽人劉縯、劉秀,稱柱天都部,與新市兵平林兵會合,反王莽,希恢復漢室. 漢兵與甄阜梁丘賜不利,遂與下江兵合. 王莽更始將軍廉丹擊赤眉,戰於成昌(山東東平),軍潰,廉丹自殺.

朝代	帝　王	國號	干支	西 元	紀　要
西漢	淮陽王更始帝 劉玄	地皇 **4** 玄漢更始 **1**	癸未	**23**	隗囂復漢 1 年　漢帝劉望元年　漢帝王郎元年　淮南王李憲元年 上將軍隗囂漢復元年 王莽末年,天下紛擾大亂,劉縯、劉秀聚宗族起兵,與新市平林下江兵合,綠林軍諸將,擁立族兄西漢淮陽王劉玄為帝,國號漢,建號「更始」史稱**玄漢**,建都洛陽. 玄漢更始帝劉玄,漢景帝子,長沙定王發之後,受諸將擁立,在位 2 年,為赤眉所殺,光武詔封淮陽王. 劉玄,誣劉秀兄劉縯謀反,殺之. 劉歆,董忠等謀劫新皇帝降漢,事洩被發覺,劉歆自殺,董忠剉斬,誅族. 鍾武侯劉望汝南起兵,稱皇帝.終敗死. 更始帝封劉永為梁王 命劉秀行大司馬事,徇河北 河北卜者王郎據邯鄲,稱漢帝,發兵擊劉秀. 更始帝以劉縯為大司徒,新市、平林諸將忌劉縯威名,勸更始殺之. 劉秀在昆陽(今河南葉縣)大破王莽軍,史上有名的〔昆陽之戰〕. 綠林軍劉玄派大將申屠兵攻長安,王莽逃至漸台(在未央宮中),商人杜吳於漸台殺新皇帝,眾臠割之,傳首南陽宛市,**新朝滅亡**,立國 15 年. 時劉秀兵在外,聞劉縯死,馳還入謝,親自引過,更始慚愧,拜劉秀為破虜大將軍,封武信侯.
		更始帝 **2**	甲申	**24**	漢帝王郎二年　淮南王李憲二年　上將軍隗囂漢復二年 蜀王公孫述元年　楚黎王秦豐元年　周成王田戎元年 玄漢帝劉玄從洛陽遷都至長安.封功臣王者十餘人 大司馬劉秀破邯鄲,殺郎,更始帝封劉秀為蕭王徵詣行在,劉秀受爵,不就徵. 茂陵(陝西興平)公孫述大破更始帝兵於綿竹,據成都,自立為蜀王. 邔縣(湖北宜城)人秦豐起兵,稱黎王. 汝南人田戎起兵稱周成王,陷夷陵(湖北宜昌)。 赤眉軍西進關中,秦豐占黎丘,自稱『楚黎王』 劉秀兵入關
西漢	光武帝 劉秀	更始帝 **3** 建武 **1**	乙酉	**25**	成家公孫述龍興 1 年　劉盆子建世 1 年　淮南王李憲三年 楚黎王秦豐二年　周成王困戎二年　赤眉漢帝劉盆子建始元年 漢帝永元年　漢帝劉嬰元帝 漢王梁王劉永於睢陽(河南商丘)稱漢帝. 公孫述據四川成都稱帝(蜀王)國號成家.建元龍興. 赤眉大軍西攻,更始出走高陵,詔封為淮陽王,未幾更始降赤眉,帝都洛陽.,立赤眉軍立劉盆子為漢帝,陷長安,赤眉殺劉玄,**玄漢亡**,立國三年. 劉秀(-6~57)擊破羣盜,還軍至鄗(河北柏鄉縣北),受諸將勸進,即皇帝位,改元「建武」仍國號漢,是為**漢武帝**.「光武中興」在位 33 年享壽 62 歲. 赤眉軍入長安,更始帝出奔,部下多降赤眉.漢光武帝封更始帝為淮陽王. 漢光武帝入洛陽,定都. 東漢自光武帝中興,至獻帝為曹魏所篡,凡 8 世 14 君,195 年(25~219) 東漢光武帝,姓劉,名秀,字文叔,湖南長沙定王發之後.莽未起兵,人懷劉氏,即位鄗縣(河北柏鄉),都洛陽,直柔為治,深鑒前過,復興漢室,大赦改元建武,,史稱**【東漢】**兩漢 24 帝,439 年. 漢武帝善用黃老儒術,興建太學,修明禮樂,起明堂靈台辟雍.俗稱光武中興. 方萬以安定公嬰稱帝於臨淄,更始遣兵擊斬之. 更始淦大敗於弘農. 匈奴迎安定(寧夏固原)人盧芳入匈奴,封為漢帝.

東漢 (西元 25-220.立國 196 年)

帝王世系：
光武劉秀永建（25-26）建武中元(56-57)－
明帝劉莊永平(58-75)－
章帝劉炟建初(76-84)元初(84-87)章初(87-88)－
和帝劉肇永元(89-105)元興(105)－
殤帝劉隆延平(106)－
安帝劉祜永初(107-113)元初(114-120)永寧(120-121)建光(121-122)延光(122-125)－
順帝劉保永建(126-132)陽嘉(132-135)永初(136-141)漢安(142-144)建康(144)－
沖帝劉炳永嘉(145)－
質帝劉纘本初(146)－
桓帝劉志建初(147-149)和平(150)元嘉(151-153)永興(153-154)永壽(155-158)延熹(158-167)永康(167)－
靈帝劉宏建寧(168-172)熹平(172-178)光和(178-184)中平(184-189)－
獻帝劉協初平(190-193)興平(194-195)建安(196-220)延康(220)

朝代	帝　　王	國號	干支	西 元	紀　　要
東漢	光武帝 劉秀	更始 **3** 成家 **1** 建武 **1**	乙酉	**25**	淮南王李憲 3 年　楚黎王秦豐 2 年　周成王田戎 2 年　漢帝劉嬰元年 赤眉漢帝劉盆元年　漢帝劉永元年　子建始元年　玄漢更始 3 年 成家龍興元年　東漢建武元年 公孫述在成都稱帝,國號成家.,立國 12 年亡(西元 25-36). 劉邦後代玄漢蕭王劉秀(-6~57)叛,據鄗縣(河北柏鄉)稱帝,是為光武帝,國號亦曰漢,都洛陽,史稱**東漢**(25-220).劉秀(-6~57)在位 33 年享壽 62 歲,南陽蔡陽(今湖北棗陽西南)人,劉邦九世孫,在位(25-57),史稱**光武中興**. 赤眉西攻立劉盆子為漢帝,陷長安殺劉玄,**玄漢亡**,立國三年. 故玄漢梁王劉永於睢陽(河南商丘)稱漢帝. 光武帝雄才大略不及高帝,將帥謀臣才具不如韓、彭、良、平,但光武帝御下寬厚,功臣皆得始終保全,不像韓信、彭越等為漢高祖所誅滅. 匈奴迎安定(寧夏固原)人盧芳入匈奴,封為漢帝
		2	丙戌	**26**	成家龍興 2 年　東漢建武 2 年　淮南王李憲四年 楚黎王秦豐三年　周成王田戎三年　赤眉漢帝劉盆建始二年 漢帝劉永二年　帝孫登元年　武安王延岑元年 燕王彭寵元年 光武帝大封功臣　用孝廉為尚書郎 立郭氏為皇后,子彊為太子. 真定王謀稱帝,耿純殺之 東漢漁陽(北京密雲)太守彭寵據郡叛稱燕王. 赤眉軍棄長安西攻隴縣(甘肅張家川)兵敗復返長安,赤眉再棄長安引兵東歸 東漢大司馬吳漢略地南陽諸縣,所至殘暴. 破虜將軍鄧奉適請假返故鄉(河南新野)憤鄉里被蹂躪,遂叛,大破吳漢軍. 赤眉西略安定北地,敗鄧禹,復入長安.赤眉屢為延岑,王嘉所敗,死亡三十萬. 王嘉降漢 延岑反據漢中 公孫述擊取之 銅馬,青犢,尤來餘部,共立孫登為帝,頃登基,為部下所殺 遣馮異擊赤眉,及延岑於三輔.入關徵鄧禹還 赤眉東出,馮異敗之 三輔大饑人相食,城郭皆空 光武帝自西元 26~38 年,先後六次下詔免部分奴婢為庶人.

朝代	帝　王	國號	干支	西元	紀　要
東漢	光武帝 劉秀	3	丁亥	27	帝李憲元年 楚黎王秦豐 4 年 周成王田戎 4 年 赤眉漢帝劉盆子建始 3 年 成家龍興 3 年　東漢建武 3 年　　帝李憲元年　　楚黎王泰豐四年 漢帝劉永 3 年　武安王延岑 2 年　燕王彭寵 2 年　海西王董憲元年 周成王田戎 4 年　齊王張步元年　梁王劉紆元年 西元 25 年赤眉立劉盆子為帝,27 年東漢征西大將軍馮異擊赤眉於崤底,赤眉軍大敗,為劉秀所破,赤眉驚怖, 劉盆子等君臣遂降漢. 彭寵自稱燕王　馮異大破赤眉,破走延岑關中平 劉永將慶吾斬永降,永子紆復自立為梁王 李憲稱帝,遣來歙使隗囂. 人民饑餓,黃金一斤換豆五升.
		4	戊子	28	帝李憲 2 年　　楚黎王秦豐 5 年　武安王延岑 3 年　燕王彭寵 3 年 海西王董憲 2 年 齊王張步二年　　梁王劉紆二年　　周成王田戎 5 年 成家龍興 4 年　東漢建武 4 年 隗囂遣綏德將馬援,分別見成家帝公孫述及東漢帝劉秀. 鄧禹擊破延岑,岑奔蜀 耿弇擊破張豐 進攻彭寵 馬武王霸圍劉紆 帝如壽春遣馬成擊李憲.隗囂遣馬援入見 公孫述遣兵屯陳倉,隗囂遣兵助馮異擊破之.
		5	己丑	29	帝李憲 3 年　　楚黎王泰豐 6 年　周成王田戎 6 年　燕王彭寵 4 年 海西王董憲 3 年　齊王張步 3 年　　梁王劉紆 3 年　　成家龍興 5 年 東漢建武 5 年　　東平王龐萌元年　漢帝盧芳元年 彭寵為奴所殺 東漢建義將軍朱祐擊斬秦豐　五原(內蒙包頭)人李興、隨昱起兵,自匈奴迎盧芳入五原,據有五郡,稱漢帝.　夏竇融使來以為涼州牧 龐萌遁梁人斬劉紆降　耿弇大破張步　步斬蘇茂降　齊地平 郊趾牧及和郡皆內屬　詔處士周黨嚴光王良至京師　黨光不受官歸隱. 東漢初立大學　隗囂遣子入侍
		6	庚寅	30	成家龍興 6 年　東漢建武 6 年　帝李憲 4 年　　海西王董憲 4 年 東平王龐萌 2 年　漢帝盧芳 2 年　明寧王隗囂元年 恢復西漢『田租三十稅一制』成家封隗囂為朔寧王,隗囂叛,遣耿弇等伐隗囂公孫述諸將大敗,冬隗囂遣兵下隴,馮異祭遵擊破之.竇融內附以書勸隗囂,囂不聽,隗囂降蜀馮異擊破盧芳及匈奴北地上郡安定皆降併省郡國減吏員 馬成等拔舒 吳漢等拔朐. 斬董龐萌江淮山東悉平成家封隗囂為朔寧王 王莽時吏民淪為奴婢者皆免為庶人 杜詩發明水排「**用水力鼓風機**」,減少人力,提高冶金加氧功能. 班超(32-102)陝西咸陽人,父班彪,兄班固,妹班昭,全家文武雙全.班超平定西域匈奴有功.因病回朝.
		7	辛卯	31	成家龍興 7 年　東漢建武 7 年　漢帝盧芳 3 年　朔寧王隗囂 2 年 罷郡國輕車、騎士、材官、樓船士等,使還民伍. 李通為大司馬 公孫述封隗囂為朔寧王 隗囂寇安定 馮異祭遵擊卻之 盧芳遁朔方雲中二郡降.
		8	壬辰	32	成家龍興 8 年 東漢建武 8 年 漢帝盧芳 4 年 朔寧王隗囂 3 年 東漢光武帝劉秀親擊隗囂,而大後方穎川(河南禹州)盜起,劉秀還軍洛陽. 公孫述救隗囂,吳漢引兵下隴,復屯長安,祭遵留守汧,安定北地隴西復附囂 班固(32-102),東漢歷史學家,在前人劃分的陰陽、儒、墨、名、法、道六家學說之外,又分出農、縱橫、雜、小說四家,合為 10 家.編篡了「漢書藝文志」

朝代	帝　　王	國號	干支	西 元	紀　　　　要
東漢	光武帝 劉秀	9	癸巳	33	成家龍興 9 年　東漢建武 9 年　漢帝盧芳五年　朔寧王隗囂四年 隗囂卒,少子隗純嗣位. 成家翼江王田戎攻東漢,陷荊門、虎牙(二山均在湖北枝城,夾長江對峙). 東漢大司馬吳漢擊盧芳,匈奴救至,吳漢軍敗. 歙帥諸將討隗純絕於天水,詔朱祐王常等屯兵防備匈奴.
		10	甲午	34	成家龍興 10 年　東漢建武 10 年　漢帝盧芳 6 年　朔寧王陳純元年 吳漢等擊走盧芳將賈寬 夏馮異卒 隗純將高峻降 來歙等攻破落門,隗純降東漢. 王元奔蜀 隴右悉平 先零江寇金城 來歙擊破之
		11	乙未	35	成家龍興 11 年　東漢建武 11 年　漢帝盧芳 7 年. 東漢大舉攻成家,任中郎將來歙為元帥,陷下辨(甘肅成縣),成家帝公孫述遣刺客刺殺來歙,漢命征南大將軍岑彭代之, 公孫述復遣刺客刺殺岑彭.自將征蜀,次擊長安,大破蜀兵,王元降. 三次下詔不得妄殺或妄傷奴婢,不得虐待奴婢,又下令釋放奴婢
		12	丙申	36	成家龍興 12 年　東漢建武 12 年　漢帝盧芳 8 年 自赤眉兵敗後,群雄仍有割據者:如江淮、河南有劉永、秦豐、董憲、李憲、幽州有彭寵、山東有張步,涼州有竇融,井州有盧芳,益州有公孫述等,自西元 25-36 年,均先後為光武帝所平定. 東漢大司馬吳漢陷成都,公孫述戰死,吳漢擊殺,延岑以成都降蜀地,悉平,成家亡,立國 12 年) 吳漢盡屠公孫述將馬興,縱兵焚掠, 東漢統一中國.
		13	丁酉	37	東漢建武 13 年　漢帝盧芳 9 年 盧芳將隨昱據五原內地叛,盧芳奔匈奴,諸王皆降為公侯. 孔安為宋公姬常為衛公諸功臣皆增邑增封以竇融為大司馬,是歲中國統一安置功臣 365 人,但不讓擁有重兵功臣接近京城,對有功功臣封賞而不用.
		14	戊戌	38	大中大夫梁統請更定律不報. 會稽(江蘇蘇州)大疫. 莎車王、鄯善王,均遣使入朝中國,請設西域都護(總督),劉秀以中國新定,無力西顧,不許.
		15	已亥	39	詔令『州郡度田』州郡檢覆墾田戶石. 大司徒韓歆好直言,劉秀怒,免其官,復宣詔責罵,韓歆自殺. 封子輔等為公,張堪為漁陽太守馬成代杜茂治障塞,匈奴不敢犯
		16	庚子	40	河南尹張伋及郡守 10 餘人,因度田不實下獄死.　馬援奏復行五銖錢. 群盜起,詔許相斬除罪遂解散.　盧芳降,東漢封為代王(山西陽高). 交趾郡(越南北寧)女子徵側、徵貳叛,摺六十五城稱王.九真日南合浦響應
		17	辛丑	41	劉秀廢郭皇后,改立陰華麗華為皇后. 帝如章陵(以所生之春陵鄉為章陵縣),置酒樂. 以莎車王賢為漢大將軍奪都護印綬賢,郤又索還,改給大將軍印綬,莎車王請設西域都護,漢給大將軍印綬沙車王不滿,仍以大都護名移書諸國.
		18	壬寅	42	蜀郡(四川成都)守將史歆據成都叛,大司馬吳漢擊斬之. 伏波將軍馬援深入交趾擊徵側徵貳而死, 盧芳再叛,降匈奴出塞死.置州刺史罷州牧..
		19	癸卯	43	馬援斬徵側、徵貳,交趾平定.　廢太子劉疆為東海王,立其弟劉莊為太子. 原武(河南原陽)人單臣據城叛,兵敗被殺.　復置函谷關都尉 賜雒陽令董宣錢三十萬.帝如南頓賜復二歲
		20	甲辰	44	吳漢卒 匈奴寇上黨(山西長子)天水(甘肅甘谷)扶風(陝西興平),馬援擊之,詔屯襄國(河北邢台)以禦之. 代郡以東烏桓尤近塞五郡邊上蕭條,烏桓大盛
		21	乙巳	45	匈奴烏桓鮮卑屢連兵攻中國,馬援出擊谷外白山烏桓,邊陲蕭條,無復人跡,攻無功,鮮卑寇遼東太守祭肜擊走之.　莎車王賢驕橫欲併諸國. 車師等十八國遣子入侍請都護不許.匈奴始衰弱.　西域請設都護未許
		22	丙午	46	九月地震. 匈奴呼都而尸道皋若鞮單于卒,子烏達鞮侯單于嗣位,又卒,弟蒲奴單于嗣位. 烏桓乘匈奴衰弱出擊,北進數千里西域諸國不置都護附匈奴

朝代	帝　王	國號	干支	西 元	紀　要
東漢	光武帝 劉秀	23	丁未	47	武陵郡(湖南常德)蠻叛,武威將軍劉尚擊之敗沒,遣馬討之不克. 匈奴日逐王叛,蒲奴單于發兵擊,之見日逐王兵盛,不敢戰而歸.
		24	戊申	48	匈奴南邊八部,共立日逐王為呼韓邪單于,匈奴再度分裂為南北二國,南單于稱藩臣. 漢遣伏波將軍馬援征武陵蠻. 馬陵征武陵蠻.
		25	己酉	49	馬援卒於軍,詔收其印綬. 虎賁中郎將梁松誣陷,漢武帝怒,追奪新息侯印,馬家不敢歸葬.. 遼東徼外貊人鮮卑烏桓並入朝貢,烏桓大人郝旦降中國,東漢置烏桓校尉於上谷寧城(河北萬全)撫衛,太守祭彤在郡邊無寇警. 南單于擊卻北單于. 武陵蠻降
		26	庚戌	50	東漢約 50 初年形成「九章算術」共九章,分為 246 題、202 術. 增百官俸千石以上減於舊制,六百石以下增為舊制. 南匈奴內亂,遷呼韓邪單于居西河郡(內蒙準格爾旗西南)美稷(內蒙準格爾). 置匈奴中郎將撫衛領之,自是雲中五原朔方北地定襄雁門上谷代八郡民始歸本土.
		27	辛亥	51	詔三公去大名,改大司馬曰太尉,大司徒為司徒,大司空為司空. 北匈奴求和親不許,光武帝賜以繒帛.
		28	壬子	52	廢皇郭氏卒. 壽光侯劉鯉結客殺故式侯劉恭,劉秀命捕諸王賓客,死者千人. 以張佚為太子傅,桓榮為少傅. 國食二十九縣. 諸王俱就國,趙熹之議也. 徙魯王興為北海王,以魯益東海國食廿九縣.徙魯王興為北海王以魯益東海 北匈奴固請和親. 下三府議 司徒椽班彪謂且羈縻之,詔從其議 . 詔死罪囚皆芳下蠶室
		29	癸丑	53	
		30	甲寅	54	帝東巡 賈復卒 單于入漢稱臣, 史學家班彪卒,班彪續『史記』成『後傳』
		31	乙卯	55	封鮮卑於仇賁為王 五月水患
		32 建武中元 1	丙辰	56	劉秀封禪泰山,起明堂、靈台、辟雍.宣佈圖讖於天下.廣置五經博士及弟子員額,慎選經師宿儒以為公卿 倭國遣使來朝. 宣佈圖識于天下 以第五倫為會稽太守,二月東巡封泰山,四月還改元(東漢建武中元元年). 南匈奴呼韓邪單于卒,弟丘浮尤鞮單于嗣位
		2	丁巳	57	東漢光武帝劉秀崩,在位 33 年(前-6~57),由第四子劉莊嗣位,是為明帝. 以鄧禹為太傅,東平王蒼為驃騎將軍 遣馬武等討燒當羌掠隴西(甘肅臨洮) 南匈奴呼韓邪單于卒,弟丘浮尤鞮單于嗣位. 委奴國派使者來漢,光武帝贈「漢委奴國王」印,.為中國與日本往來之始.
東漢	明帝 劉莊	永平 1	戊午	58	劉莊(28~75)光武帝之子在位 18 年終年 48 歲.一生為國,體恤民情,興修水利,農村日榮,國家興盛.西元 67 年由天竺迎來佛像經典,在洛陽建白馬寺.佛教傳入中國.西元 73 年派班超出使西域,揚名南洋. 鄧禹卒 東海王疆卒 耿弇卒 捕擄將軍馬武擊燒當羌降 遼東(遼寧遼陽)太守祭彤討赤山烏桓,大破之,塞外震服,西自武威東至玄菟皆內附,邊無戰警,東漢悉行撤回沿邊屯兵.
		2	己未	59	明帝宗祀光武帝於堂,冠通天,衣日月,以朝公卿諸侯,登靈臺以望雲物袒割於辟雍之上,尊養三老五更,行饗射之禮. 王充著「論衡」吸取道家黃老學說天道「自然無為」.存目 85 篇,實存 84 篇,佚失「招致」一篇,評論是非,銓定輕重,批判虛妄之說的唯物主義無神論 臨辟雍行大射禮,十月行養老禮,禮畢引桓榮及弟子升堂上自為下說.諸儒執經問難圓橋門而觀聽者億萬人. 中山王焉就國. 帝如長安遣使者以中牢祀蕭何霍光,帝過式其墓 .南匈奴伊伐於慮鞮單于卒,醢僮尸逐侯鞮單于嗣位.

朝代	帝 王	國號	干支	西 元	紀 要
東漢	明帝 劉莊	3	庚申	60	東漢明帝劉莊思念中興功臣,命繪雲台 28 將圖像於南宮台,史稱雲台 28 將,後增四人. 立馬氏為皇后子炟為皇太子. 北宮以尚書鍾離意言罷之 賜荊刺史郭賀以三公服行部去襜帷.
		4	辛酉	61	納東平王蒼諫不至而還 梁松以罪下獄死 于真攻莎車王賢殺之,立其弟.
		5	壬戌	62	驃騎將軍東平王蒼固請罷歸藩 竇融卒 北匈奴攻五原雲中,南匈奴擊卻之 班超班固與母來洛陽.. **蔡倫**(62-121)字敬仲,桂陽(今湖南耒陽)人,公元 75 年入宮為官,87 年任尚方令,105 年發明造紙術,114 年封龍亭侯 121 年去世.葬在封地.
		6	癸亥	63	王雒山(廬江郡)出寶鼎 東漢明帝劉莊詔禁章奏浮詞 南匈奴醢僮尸逐侯鞮單于卒,丘除車林鞮單于嗣位,數日又卒,湖邪尸逐侯鞮單于嗣位. 班昭(63-103)女歷史學家,繼兄長班固完成〔漢書〕編纂,著{女誡}.
		7	甲子	64	班固(32-92)受明帝詔撰『漢書』,因竇憲事件 92 年死於獄中,年 61 歲,未完(天文志)部份,由班召和馬續受和帝之命繼續完成中國史學第一部斷代史巨著. 中國第一座佛寺白馬寺建成,明帝 64 年派蔡和往天竺求佛,67 年他們與天竺沙門帶著佛像佛經回洛陽,68 年建寺,天竺僧人翻譯佛經,為中國第一部佛典 太后崩 以宋均為尚書令 北匈奴請合市通商,東漢許之.
		8	乙丑	65	東漢明帝劉莊夢見金人.遣郎中蔡愔出使西域求佛書,天竺得佛書及沙門以來佛法自此始入中國 鄭眾為軍司馬 尼祿大肆虐殺基督教徒. 募死罪囚置度遼營及度遼將軍屯五原,曼柏以中郎將吳棠行將軍事,防南北匈奴交通. 北匈奴屢入侵,邊城晝閉.
		9	丙寅	66	減郡國死罪囚與妻子徙詣五原,朔方,聽便占籍,所在死者免其之父兄一人終身徵役.妻無父兄,賜其母錢六萬,並免其口算. 詔郡國以公田賜貧民 詔司隸校尉,部刺史歲考長吏殿最以聞. 明帝又為宗室、大臣、功臣及外戚立學舍,選高能博學者為經師以授業. 南匈奴遣子弟入中國太學 大有年
		10	丁卯	67	蔡愔偕西域僧歸,佛法從此傳入中國.建「白馬寺」 丁鴻為侍中 廣陵王劉荊有才能,喜文法,但性急胸窄妒忌,與兄不合謀反未遂自殺.
		11	戊辰	68	東平王蒼來朝. 天竺沙門來,始建佛寺
		12	己巳	69	哀牢(雲南西南部)夷內附 遣王景修汴渠堤此後黃河安流六百年之久.
		13	庚午	70	帝弟楚王英有罪,廢死. 楚王劉英坐刻文字素祥瑞 廢遷丹陽(安徽宣州)
		14	辛未	71	楚王劉英自殺. 劉莊窮治楚獄,牽連甚眾,用馬后及寒朗言,處死與放逐者千人,獄卒數千.
		15	壬申	72	漢明帝東巡至魯詣孔子宅,封子六人但食數縣.祠孔子及 72 弟子. 遣都尉耿秉竇固屯涼州規取白山伊吾地. 詔亡命自殊死以下得以縑贖.
		16	癸酉	73	班超(32-102)字仲升,扶風安陵(今陝西咸陽東人)父班彪,兄班固,妹班昭,投筆從戎出.西元 73 年班超等廿六人出使西域,進駐于真(新疆和田).平匈奴歸附,東漢重在西域設置都護和戊已校尉.西域與中國斷絕 41 年(23~73)至是復通. 東漢遣軍三路大舉攻北匈奴,顯親侯竇固出酒泉至天山,取伊吾盧(新疆哈密),留兵屯田,置宜都尉, 謁者僕射耿秉出張掖,至三木樓山. 太僕祭彤出高闕塞(內蒙臨河),無功下獄,出獄後死. 令郡國,中都死罪囚減死,屯朔方,煌,妻子自隨,父母,同產欲從者聽.

朝代	帝　王	國號	干支	西 元	紀　要
東漢	明帝 劉莊	**17**	甲戌	**74**	軍司馬班超擒疏勒王兜題,另立榆勒為王,進駐疏勒. 竇固出敦煌擊北匈奴,敗匈奴於蒲類海(新疆東北巴里坤湖),車師國(新疆吐魯番)降,東漢乃置西域都護及戊己校尉. 西域諸國遣子入侍 白狼等國入貢. 更立其故王子忠
		18	乙亥	**75**	東漢明帝劉莊崩在位 18 年,子劉炟嗣位,是為章帝. 以第五倫為司空. 北匈奴擊殺車師後王,復攻戊校尉耿恭駐地金蒲城(新疆吉木薩爾西北),恭擊卻之. 西域焉耆龜等國,攻殺都護陳睦,己校尉關寵駐地柳中城(新疆吐魯魯番東南).車師叛聯軍復攻金蒲城.與匈奴共圍耿恭 詔酒泉守段彭救之,以馬廖馬防馬光任衛尉等官.
東漢	章帝 劉炟	建初 **1**	丙子	**76**	劉炟(45~88)明帝之子在位 13 年,享年 43 歲儒術治國,未防矯情偽飾虛名,得寵流弊,埋下腐敗根. 酒泉太守段彭救西域,北匈奴敗走,車師再降中國.關寵卒,軍吏范羌以二千人救耿恭出. 劉炟下令撤銷西域都護及戊己校尉. 軍司馬班超返至于真,王侯以下號泣挽留,乃更還屯疏勒. 哀牢夷叛,郡兵擊斬之.
		2	丁丑	**77**	詔三公糾貴戚非法. 東漢棄西域伊吾盧(新疆哈密)屯田,北匈奴復據其地.永昌(雲南保山)等三郡兵,擊斬哀王. 詔齊國省冰紈方空縠. 安夷(青海平安)縣吏奪民妻,燒當羌再叛.
		3	戊寅	**78**	立皇后竇氏 車騎將馬防、長水校尉耿恭,擊平燒當羌. 耿恭因忤馬防,軍還,下獄免其官. 以馬防為車騎將軍. 罷治滹沱石臼河. 張衡(78-139),字平子,河南陽石橋鎮人,發明「**候風地動儀**」、「**漏水轉渾天儀**」他是著名的天文學家、政治家、文學家、畫家
		4	己卯	**79**	章帝性寬仁,篤於親親之道,廢除苛法,平徭簡賦,民賴其慶.用校書郎楊終議,大會羣儒於白虎觀,考詳羣經異同,作「白虎議奏」. 明德馬太后崩 立子慶為太子 封馬防等為列侯,以太后言皆就第 . 漢章帝劉炟以楊終言,詔會諸儒於白虎觀議「五經」異同,親臨裁決. 班超奉命編成「白虎通義」
		5	庚辰	**80**	班超(32-102)字仲升,外交家上平西域書,東漢遣假司馬徐幹率千餘人增援. 二月庚辰朔日食舉直言極諫,直言者補外官.
		6	辛巳	**81**	以鄧彪為太尉 廉范為蜀郡太守. 廬江太守王景修復芍陂,徑百里,溉田頃
		7	壬午	**82**	廢太子劉慶為清河王,其母宋貴人見惡於竇后,自殺. 后養梁貴人生子肇,立劉肇為太子. 沛王輔等來朝. 詔沛及濟南東平中山四王贊拜不名,升殿拜帝答之,三月各歸國. 詔留東平王於京師. 東平王蒼歸國
		8	癸未	**83**	竇皇后誣太子劉肇生母梁貴人父梁竦惡逆,梁竦死於獄中,梁貴人卒. 東漢擢班超為西域將兵長史.
東漢	章帝 劉炟	**9** 元和 **1**	甲申	**84**	募人無田欲徙他地者,給公田以耕,免五年租,三年算.其得欲還鄉者,勿禁. 疏勒王榆勒叛,班超另立成大為王. 議首舉法,禁治獄慘酷. 禁鹽鐵私煮鑄除妖惡禁錮者.孔僖為關台令吏, 毛義鄭均穀各千斛. 除妖惡惡錮者.
		2	乙酉	**85**	潛夫言彭(王符約公元 85~162 年東漢哲學家字節信) 賜民胎養穀弁俗吏矯飾者 行四分曆. 至魯祀孔子至東平祠獻王蒼陵. 南匈奴湖邪尸逐侯鞮單于卒,伊屠於閭鞮單于嗣位, 南匈奴大敗北匈奴於涿邪山,北匈奴日衰乃遠徙.
		3	丙戌	**86**	詔嬰兒無本親及有子不能養者廩給之. 太尉鄭弘以言竇憲自繫獄出之前卒燒當羌反,班超誘斬疏勒王榆勒詐降,班超斬之.侍中曹褒定漢禮. 嬰兒無本親屬及有子不能養者廩給之 太尉鄭弘以言竇憲自繫獄之而卒. 侍中曹褒定漢禮. 迷當羌叛,隴西(甘肅臨洮)太守張紆擊平之.

朝代	帝　王	國號	干支	西元	紀　要
東漢	章帝 劉炟	4 章和 1	丁亥	87	袁安為司徒,任隗為司空. 鮮卑擊斬北單于 羌叛 張紆誘斬迷吾等八百人,迷吾子迷唐再叛,張紆不能制. 鮮卑攻北北匈奴,斬優留單于,北匈奴大亂,五十八都來降 曹褒奏上制度百五十篇　班超擊降莎車.
		2	戊子	88	東漢章帝劉炟崩,子劉肇嗣位,是為和帝,年 13 歲,竇太后臨朝,其兄竇憲專政.使刺客殺謁者韓紆,及都鄉侯劉暢,事發,竇憲請擊北匈奴贖死. 鄧訓代張紆為護羌校尉擊羌破之.　以鄧彪為傅錄尚書　遺詔罷鹽鐵之禁 章帝時班超出使西域,播聲教於異邦,揚國威於遠域.可惜章帝英年早逝,時年僅 32 歲,否;則對漢朝的貢獻必更大. 光武、章三朝培養而成的優良士風,卻成為支持漢朝的砥柱,他漢朝政權,不致立即分崩瓦解.
東漢	和帝 劉肇	永元 1	己丑	89	劉肇(78~105),章帝之子,在位 17 年,享年 27 歲.竇太后臨朝聽政,用外戚竇憲掌權,國盛民強,劉肇嫉妒逼竇自殺,重用宦官,消滅外戚勢力. 車騎將軍竇憲位三公之上,大破北匈奴於稽落山(蒙古古爾班察汗山),出塞三千餘里;登燕然山(蒙古中部杭愛山),中護軍班班刻石紀功而還. 鄧訓迷唐羌,屠殺慘烈,迷唐羌收殘眾西奔千餘里. 東漢自和帝以後,天子大都幼冲即位,且多夭絕嗣,不得不選宗室子入繼,故安帝、少帝、質帝、桓帝、靈帝,皆由藩侯入立. 由於天子年幼,章帝皇后竇氏、安帝皇后閻氏、順帝皇后梁氏、桓帝皇后竇氏、靈帝皇后何氏,皆以太后臨朝,委政於父兄,而外戚由是擅權,專恣驕橫,宦官與外戚爭權,禍患不巳.
		2	庚寅	90	詔封竇憲及其弟篤、景、瓌為列侯,竇憲獨不受封.其秋,竇憲出鎮涼州. 竇憲遣兵復取伊吾盧(新疆哈密)屯田地　車師遣子入侍 北匈奴月氏氏來朝,竇憲遣使迎之,復遣兵擊破之.竇憲遣副尉閻礱,復取西域伊吾盧(新疆哈密)屯田地. 和帝與宦官鄭眾議,收竇憲大將軍印,改封冠軍侯,待其到封國後,迫其自殺
		3	辛卯	91	竇憲擊北匈奴,出塞五千餘里,威名益著.擊潰北匈奴而降,北單于西奔,輾轉侵入黑海北岸,歐州人大遷移,影響歐洲歷史發展北匈奴來朝 班超任西域都護騎都尉
		4	任辰	92	竇憲還京師,和帝劉肇惡竇憲專權,大殺其黨,逼竇憲自殺. 論功行賞,任鉤盾令(宮廷官)鄭眾為大長秋,中國宦官用事自此開始. 洛陽令种競私憾逮班固,囚死獄中(33-92). 護羌校尉聶尚招降迷唐,復叛攻金城塞(甘肅蘭州). 中國立北匈奴右谷蠡王於除鞬當北單于. 班固死於獄中(32-92)字孟堅,東漢史學家.修撰『漢書』未成而死.
		5	癸巳	93	北匈奴叛,王輔追擊斬除鞬單于,滅其眾. 鮮卑乘虛入國勢日強 南匈奴休蘭尸逐侯鞮單于卒,安國單于嗣位,與其左賢王師子、東漢遼將軍皇甫稜,及匈奴杜崇等,均不睦.
		6	甲午	94	南匈奴安國單于上書漢朝控告杜崇,杜崇斷其道,不得上聞,反上章言安國單于密結北匈奴降胡,欲殺左賢王師子.東漢遣朱徽安撫,並進兵殺安國單于,立師子為亭獨尸逐侯鞮單于.降不服,立日逐王逢侯為單于,渡沙漠北去. 班超西元 80 年上書漢章帝,今又發龜茲等八國兵攻焉耆,斬其王,立元孟為新王.西域五十餘國,悉納貢歸附中國.
		7	乙未	95	七月易陽地裂　九月京師地震.
		8	丙申	96	立皇后陰氏　南 匈奴右溫禺犢王叛,遣兵討殺之.　護羌校尉史充擊迷唐羌,兵敗,死數百人.
		9	丁酉	97	班超遣甘英出使羅馬、伊拉克、伊朗、波斯灣,至地中海,不敢渡而還. 竇太后死,追尊梁貴人為恭懷太后,梁氏始盛. 蔡倫造祕劍等器械 迷唐羌攻隴西,敗守軍.征西將軍劉尚擊之,迷唐引去.東漢傷亡多未能追殺

朝代	帝　王	國號	干支	西元	紀　要
東漢	和帝 劉肇	10	戊戌	98	以劉凱為郎　迷唐羌降,入居金城(甘肅永靖) 南匈奴亭獨尸逐侯鞮單于卒,子萬氏尸逐侯鞮單于嗣位.
		11	已亥	99	遣使循行稟貸
		12	庚子	100	迷唐羌饑窘,漢命返故居大小榆谷(青海尖札西),迷唐羌驚懼,復叛 秭歸山崩　許慎作『說文解字』提出『六書』說　『九章算術』成書
		13	辛丑	101	東漢和帝劉肇幸東觀,召見諸儒,賜魯丕衣冠.　古今大師賈逵卒 金城太守侯霸大破迷唐羌於允川,迷唐羌瓦解.鮮卑攻右北平(河北豐潤). 巫蠻許聖,以郡縣收稅不均,起兵叛,攻南郡(湖北江陵)
		14	壬寅	102	皇后陰氏廢死,立鄧訓女為皇后.　封宦官鄭眾為鄭鄉侯,宦官封侯始如此. 班超還洛陽,尋卒,計出使西域 30 年(西元 73-102 年)任尚繼任為西域都護. 安定(寧夏固原)燒何羌叛,郡兵擊滅之,復置西海郡(清海海晏)屯田龍耆(青海民和).荊州兵擊巫蠻,許聖降,遷其眾於江夏(湖北新洲).　討平巫蠻.
		15	癸卯	103	帝如章陵,詔大官勿受遠國珍羞.
		16	甲辰	104	詔貸貧民種糧 以徐防為司徒,陳寵為司空. 北匈奴逢侯單于遣使向漢稱臣,並請和親,東漢以其舊禮不備,不許. 復置遼東西部都尉官
		17 延興 1	乙巳	105	東漢和帝劉肇卒在位 17 年,長子勝有痼疾,而諸子多夭歿,和帝少子隆,生僅百餘日,養於民間,鄧皇后迎立為皇太子,即皇位,殤帝劉隆嗣位,鄧太后臨朝,委政於兄.大赦改元雒陽令卒王渙卒.高句麗寇遼東遼東太守耿夔擊破貊人. 蔡倫(61~121)以樹皮破布魚網,經過挫、搗、抄、烘加工,造成植物纖維紙..
東漢	殤帝 劉隆	延平 1	丙午	106	東漢殤帝劉隆(105~),生下百日,立為太子.登基僅八個月,風寒感冒病卒.太后迎章帝孫年僅 13 歲侄劉祜嗣位, 是為安帝,鄧太后仍臨朝. 以張禹為太傅,徐防為太尉參錄尚書,鄧騭為車騎將軍儀同三司.減用度,遣宮人,罷濫祀.實核傷害除其田租.舉隱選博士.清河王慶就國,特加殊禮. 鮮卑攻漁陽(北京密雲),殺太守張顯.西域都護任尚與諸國不和紛叛.攻任尚駐地疏勒城, 東漢任尚,段禧為都護,連兵數月,僅定龜茲.
東漢	安帝 劉祜	永初 1	丁未	107	劉祜(93~125)章帝孫在位 19 年,享年 33 歲 封鄧騭兄弟四人為侯,騭不辭不受.以魯恭為司徒.　太監蔡倫造紙成功 西域都護雖保龜茲,但道路隔絕,安帝劉祜命撤銷西域都護,棄伊吾盧及柳中屯田.燒當諸降羌(勒姐當煎滇零先零鍾鍾羌)分佈諸郡縣,貪官污吏所虐,紛叛,揭竿攻政府兵,中國半壁河山,又陷大亂.　日本遣使來朝
		2	戊申	108	鄧騭進位大將軍輔政,位望益尊.　五月大旱太后錄囚. 遣使稟貸冀兗流民並從樊準言以公田賦與貧民. 車騎將軍鄧騭擊滇零羌,漢軍大敗,死八千人.湟中(清海東部湟水流域)諸縣,粟每石萬錢,人民死亡累累. 滇零潛據北地(寧夏吳忠)稱皇帝,東攻三輔(長安扶風馮翊),南攻益州(四川),校尉梁慬破走之..
		3	己酉	109	令吏民入錢穀拜爵有差.洛陽及四十一郡國雨洛陽井州涼州大饑,民相食. 南匈奴萬氏尸逐侯鞮單于入朝中國,見民生凋疲,遂叛. 南匈奴與烏桓鮮卑合攻五原,中國軍大敗.　海寇張伯路攻掠沿海九郡. 匈奴復圍匈奴中郎將耿种駐地美稷(內蒙準格爾旗).
		4	庚戌	110	遣御史中丞王宗青刺史張雄討張伯路 南匈奴圍美稷數月不克 大司農何熙,中郎將龐雄援軍至,萬氏尸逐侯鞮單于見漢軍強盛,大怖,歸降.東漢待之如昔.大將軍鄧騭以羌亂日熾,欲棄涼州(甘肅張家川),郎中虞詡力爭不可. 滇零、先零羌先後攻褒中(陝西漢中西北),政府軍敗,死三千餘人.
		5	辛亥	111	先零羌將攻河東(山西夏縣),兵至河內(河南武陟),百姓渡黃河南奔,首都洛陽震動.青州(山東淄博)刺史法雄,擊斬海寇張伯路.漢陽(甘肅甘谷)人杜琦據上邽(甘肅天水)起兵反.蝗災,八郡國大水,兵災,百姓流離分散,死亡多.

朝代	帝　王	國號	干支	西元	紀　要
東漢	安帝 劉祜	6	壬子	112	十州蝗災又旱. 滇零病卒,子零昌嗣位,據丁溪城(寧夏吳忠南). 封建武功臣,杜季貢為將軍.
		7	癸丑	113	太后率大臣命婦謁宗廟　地震 侯霸擊先零羌別部牢羌於安定(寧夏固原)
		永初 8 元初 1	甲寅	114	日南地斥百餘里　遣兵屯河以備羌,羌號多掠漢中斷隴道.涼州(甘肅張家川)刺史皮揚侯霸破羌於狄道(甘肅岷縣),兵敗死八百餘人. 明年號多降於校尉龐參
		2	乙卯	115	立皇后閻氏,后妒忌殺後宮李氏,(因生皇子保),太后久不歸政,杜根成翊世俱以切諫抵罪.　鄧太后任虞詡為武都太守.大破羌. 遼東鮮卑攻無慮(遼寧北鎮).屯騎校尉班雄征西將軍馬鈞,護羌校尉龐参,合擊羌帝零昌,大敗,死三千　河南洛陽等 19 郡國蝗災,洛陽乾旱. 修西門豹所分漳水為支渠以灌溉民田.詔三輔,上黨,趙國太原各修舊渠.
		3	丙辰	116	蒼梧蠻武陵蠻先後叛,兵敗俱降　度遼將軍鄧遵率南匈奴擊破零昌.. 中郎將任尚擊零昌,克北地(寧夏吳忠)殺零昌妻. 初聽大臣行三年喪.
		4	丁巳	117	司空袁敞以失鄧氏旨自殺　以李郃為司空　任尚募羌酋號封,刺殺零昌,復擊先零羌,戰於富平(甘肅吳忠)黃河岸,大破之,羌皆降散. 越嶲(四川西昌)蠻夷以郡縣賦稅煩數,酋長封離率眾叛.
		5	戊午	118	永昌(雲南保山)益州(雲南晉寧)蜀郡(四川成都)夷,俱叛應封離,眾三十萬.焚掠二十餘縣,骸骨遍野,千里無人. 度遼將軍鄧遵募羌酋雕何刺殺零昌羌同種酋長狼莫,諸羌瓦解,自燒當諸降羌叛,十二年間(107-118),至此始平. 然涼(甘肅地區)并(山西地區)二州,一片荒蕪,民不聊生. 鮮俾寇上谷. 詔封遵為武陽侯任尚與鄧遵爭功,鄧遵為鄧太后堂弟,漢安帝劉祜遂斬任尚.檻車徵尚棄市.
		6	己未	119	鮮卑攻馬城(河北懷安)要塞,鄧遵及南匈奴擊破之. 益州刺史張喬擊諸叛夷,大破之,斬首三萬,封離恐,請降. 甘肅敦煌太守曹宗遣長史索班復屯伊吾盧(新疆哈密),車師國前王(新疆吐魯番),及鄯善國(新疆若羌)復降中國.
		7 永寧 1	庚申	120	立子保為皇太子,楊震為司徒. 北匈奴與車師後(新疆吉木薩爾)軍就,攻殺索班. 鄯善求救中國,東漢用軍司馬班勇議,於敦煌置西域副校尉,然不能出兵. 沈氏羌叛,攻張掖,馬賢破之,歸降.馬賢出塞擊之,燒當羌燒何種乘虛復攻張掖. 洛陽及 33 郡國大水..
		2 建光 1	辛酉	121	鄧太后崩,安帝親政,追封考妣及尊母耿氏為甘陵大貴人.諸宦官及乳母王聖用事.閻皇后兄弟顯等任諸卿、校尉,掌管禁兵. 安帝劉祜誣其曾謀廢立,西平侯鄧廣宗、西華侯鄧忠、河南尹鄧豹、度遼將軍鄧遵、將作大匠鄧暢、上蔡侯鄧騭,先後自殺. 劉祜又封宦官李閏、江京為侯. 內外勾結並為奢虐.
東漢	安帝 劉祜 少帝 劉懿	2 延光 1	壬戌	122	遣宦官及乳母及王聖母女詣甘陵,所過二千石至拜聖母女車下. 鮮卑數萬攻雁門定襄太原. 燒當諸叛羌饑困,向漢陽太守耿种降. 夫餘遣兵救玄菟擊敗高句麗兵遣貢獻.　汝南黃憲卒
		2	癸亥	123	封乳母王聖為野王君. 以楊震為太尉. 震言變倖當裁不聽. 耿寶閻顯俱薦私人於震.震不用耿閻俱怨之. 聘處士周燮馮良不至. 北匈奴與車師攻河西(甘肅),欲復閉玉門陽關,棄絕西域.納敦煌太守張璫議欲保河西,必先保西域.乃遣班勇任西域長史率兵屯柳中(新疆吐魯番東南). 詔選三署郎及吏人通『古文尚書』『毛詩』『穀梁春秋』人才.

朝代	帝　　王	國號	干支	西 元	紀　　　　要
東漢	少帝 劉懿	3	甲子	124	王聖樊豐江京與閻皇后共構陷太子劉保廢為濟陰王. 班勇擊走北匈奴車師者西域復通. 樊豐等擅發穀材木起冢舍. 太尉楊震切諫宦官樊豐,樊豐反誣太尉楊震怨望,詔免官,楊震自殺. 南匈奴萬氏尸逐侯鞮單于卒,弟烏稽侯尸逐鞮單于嗣位.
		4	乙丑	125	東漢安帝劉祜南巡,至河南葉縣病卒,在立 19 年閻皇后以安帝子劉保非己所生,與閻顯兄弟,及江京樊豐等謀,捨劉保(在位 7 個月)迎立北鄉侯劉懿為帝,是為少帝.少帝自立百餘日崩,閻后臨朝,閻顯為車騎將軍.劉懿尋卒.閻顯與太后謀立他人,宦官孫程、王康、王國等逼李閏,迎立濟陰王劉保,是為順帝.尋殺閻顯,囚閻太后離宮,封孫程等十九人為侯. 西域長史班勇發鄯善疏勒車師前後諸國兵,擊車師後部,擒王軍就及北匈奴持節使臣至索班死處斬之
東漢	順帝 劉保	永建 1	丙寅	126	東漢順帝劉保(115~144)為安帝之子在位 19 年得年 30 歲.　閻太后崩 隴西(甘肅臨洮)鍾羌叛,護羌校尉馬賢擊之於臨洮,斬首千餘,鍾羌降.　鮮卑攻南匈奴,又攻代郡,殺太守李超,漢沿邊屯兵. 西域長史班勇故王子加特奴為車師後王,大敗北匈奴呼衍王呼衍王,自是車師境內無敵跡.. 司隸校尉虞詡彈劾中常侍張妨等,張妨泣訴順帝,乃逮虞詡囚禁,張妨必欲殺之,浮陽侯孫程力救,始得出. 宦官之勢熾.
		2	丁卯	127	追尊母李氏為皇后. 班勇與敦煌太守張朗分攻焉耆者,張朗先期擊伐焉耆降.兩相爭功,班勇下獄與張朗俱免官. 聘處士樊英為五官中郎將. 鄭玄(127-200)字成,山東高密人,精通天文曆學 以處士楊厚黃瓊為議郎.
		3	戊辰	128	鮮卑攻漁陽(北京密雲)南匈奴烏稽侯尸逐鞮單于卒去持若尸逐就單于嗣位.
		4	己巳	129	帝冠　桂陽獻大珠還之 從處翻言復安定北地上郡,遂令諸郡儲粟周數年
		5	庚午	130	班超孫班始,娶東漢順帝劉保姑陰城公主,公主驕淫無道,班始積忿殺公主,班始腰斬,同母兄弟皆斬首. 疏勒王遣侍子及大宛莎車王皆遣使貢獻.
		6	辛未	131	在伊吾盧(新疆哈密)置伊吾司馬再開屯田. 從翟酺言：更修太學,築學舍 240 房,1850 室,增補博士弟子員額,學風復甦.
東漢	順帝 劉保	7 陽嘉 1	壬申	132	立后梁氏以后父商為執金言吾.　　護烏桓校尉耿煜遣烏桓擊鮮卑大勝. 從中書令左雄言,郡國舉薦孝廉限 40 歲以上,自是牧守莫敢輕舉. 揚州(安徽和縣)人章河起兵攻掠四十九縣,殺害官吏. 張衡發明〔**地動儀**〕可測地震方位,符合物理原理..
		2	癸酉	133	封乳母宋娥為山陽君,梁商子裔為襄邑侯.左雄切諫商讓還冀侯　地震未幾京師地坼　詔引敦朴士、馬融、張衡對策以李固為第一. 遣阿母還舍.　諸常侍謝罪. 以固為議郎, 宦者飛章陷章陷固,久之得釋.
		3	甲戌	134	尚書周舉請去大臣貪佞者 免司徒劉琦司空劉扶 張衡請禁圖讖.　校尉馬續擊破鍾羌
		4	乙亥	135	東漢順帝劉保聽中官得以養子襲爵.御史張綱言宦官言太盛不省.任梁皇后父梁商為大將軍,商辟李固為從事中郎.　馬賢大破鍾羌.

朝代	帝　王	國號	干支	西元	紀　要
東漢	順帝 劉保	5 永和 1	丙子	136	梁商子梁冀任河南尹,縱暴. 洛陽令放言於梁商 梁商責梁冀,梁冀遣人刺殺呂放,宣稱係其仇家加害. 而命呂放弟呂禹繼任洛陽令,屠滅可疑仇家宗親. 武陵(湖南常德)太守奏准增徵蠻夷租賦,諸蠻夷不堪負擔,殺宮吏叛. 以王龔為太尉龔言宦官專恣狀 帝怒李固奏記,梁商救之,事乃釋.
		2	丁丑	137	武陵蠻圍充縣(湖南桑植),武陵太守李進戡平. 嶺南象林蠻(越南維川)叛.
		3	戊寅	138	任祝良為九真(越南清化)太守,張喬為交趾(越南北寧)太守,招降象林蠻寇. 詔舉武猛堪任將帥者. 燒當羌那離攻金城(甘肅隴西),護羌校尉馬賢戡平.
		4	己卯	139	中常侍張逵欲殺大將軍梁商及中常侍曹騰,誣其陰謀廢立,矯詔捕曹騰,漢順帝劉保怒,誅張逵及其黨. 馬賢斬燒當羌那離等. 科學家文學家張衡卒,其善屬文通六藝天文曆算,曾作渾天儀,著有『靈憲』
		5	庚辰	140	南匈奴句龍王及右賢王叛,合兵攻城邑.匈奴中郎將陳龜責去持若尸逐就單于不制下,逼令與左賢王自殺,餘眾悉叛.吾斯車紐等反,度遼將軍馬續招降之. 句龍王吾斯立車紐為單于,攻破京兆(陝西西安)虎牙營,掠井.幽涼冀四州.漢順帝遣匈奴中郎將張耽擊之,車紐單于降,吾斯逃遁,仍寇邊不已. 涼州(甘肅張家川)刺史劉秉、井州(山西太原)刺史來機俱天性慘虐,且凍、傅離諸羌紛叛. 會稽太守馬臻築鏡湖塘,灌溉九千餘農田.
		6	辛巳	141	征西將軍馬賢擊且凍羌,兵敗被殺,東西羌大合. 鞏唐羌兵入三輔,燒皇帝陵墓及園林. 車騎將軍張喬屯兵衛三輔. 大將軍梁商卒,梁冀弟梁不疑繼任河南尹. 徙荊州刺史李固為泰山太守. 盜賊並散. 徙荊刺史李固為泰山太守.
東漢	順帝 劉保	7 漢安 1	壬午	142	詔舉賢良方正能探賾索隱者. 遣八使臣分巡郡縣. 光祿大夫張綱埋車輪於洛陽都亭,彈劾梁冀專權貪恣,順帝劉保知其直不能用. 杜喬奏李固政第一,召為將作大匠. 以張綱為廣陵太守 罕羌降. 詔選武猛任將校者
		2	癸未	143	南匈奴單于虛位三年(140-143),東漢順帝立其守義王為呼蘭若尸逐就單于. 匈奴中郎將馬實,遣人刺殺龍句王吾斯(元年秋又反). 張綱卒. 黃瓊奏請選舉增孝悌及能從政為四科
		3 建康 1	甲申	144	東漢順帝劉保在位 19 年崩,子劉炳(142~145)嗣位,是為沖帝,年二歲在位 4 個月.梁太后臨朝,以李固為太尉錄尚書事. 九江(安徽定遠)范容據歷陽(安徽和縣)叛,楊州刺史尹耀擊之兵敗被殺. 九江人馬勉擄當塗山(安徽懷遠)稱帝.
東漢	沖帝 劉炳	永嘉 1	乙酉	145	東漢沖帝劉炳崩,梁太后及弟梁冀貪立幼王,力排清河王劉蒜,立勃海孝王子劉纘嗣位.年方 8 歲,是質帝. 西羌叛亂經年,多盜軍需以珍寶行賄不恤軍事,士卒不得其死,白骨相望於野. 左馮翊(陝西高陵)梁並,以恩信招誘,諸羌紛降隴石(甘肅)復平. 九江都尉滕撫擊斬范容,馬勉. 廣陵張嬰反,滕撫討斬之. **華陀**(145-208)今安徽亳縣人,手術無麻醉藥而服「麻沸散」刀後縫合塗上藥膏,即自行而癒,被譽稱「外科鼻祖」他精於內科,外科,婦科,兒科,針炙等,行醫濟世.時人以為仙.
東漢	質帝 劉纘	本初 1	丙戌	146	東漢質帝劉纘(137~)即位,聰慧大將軍梁冀惡之,使左右毒死.時年 8 歲在位 6 個月.迎蠡吾侯劉志嗣位,是為桓帝.年僅 15 歲,梁太后仍臨朝,追尊本生祖父. 胡廣為司徒,趙戒為司空.

朝代	帝　王	國號	干支	西 元	紀　要
東漢	桓帝 劉志	建和 1	丁亥	**147**	劉志(132~167)章帝曾孫,在位 21 年,享年 36 歲,梁太后仍朝.. 清河人劉文謀立清河王蒜為天子,事洩,劉文被誅,清河王蒜貶爵為侯,徙桂陽(治郴,湖南郴縣)自殺.梁冀誣李固與劉文通謀,下獄按治,太后詔赦之,梁冀畏李固名德終為己害,復捕下獄,死於獄中. 以杜喬為太尉. 益封梁冀及其子弟宦官劉廣等皆為列侯. 梁冀譖免杜喬官. 梁冀誣清河王劉蒜謀反,劉蒜自殺.又誣前太尉李固,杜喬,與劉蒜通謀,俱囚死獄中. 南匈奴呼蘭若尸逐就單于卒,伊陵尸就單于,車兒嗣位.
		2	戊子	**148**	改清河為甘陵. 安息僧安世高至洛陽
		3	己丑	**149**	詔舉賢良方正能直言極諫之士. 荀淑卒.
		和平 1	庚寅	**150**	梁太后歸政於桓帝,越一月,梁太后崩, 東漢桓帝劉志受制於大將軍梁冀,仍不能親政. 封梁冀妻孫壽為襄城王. **張仲景**(150-219)河南鎮平縣人,東漢名醫,勤求古訓,博採眾方,著有素問,陰陽大論,胎臚藥錄,平脈辨證,傷寒雜病論.其醫術與醫理,為後後所謹仰.
東漢	桓帝 劉志	2 元嘉 1	辛卯	**151**	梁冀任其子梁胤為河南尹,年 16. 尚書張陵劾梁冀罪,詔以俸贖,加梁冀殊禮增封四縣地賜以甲第. 詔舉獨行之士 武梁祠畫像作於是年. 詔梁專橫,詔其入朝不趨,劍履上殿,謁贊不名,每朝會,與三公絕席,十日一入平尚書事.梁冀威行內外,四方調發,歲時貢獻,善者先輸梁冀,次進天子.百官遷召,皆先詣梁冀謝恩,然後敢詣尚書,於是桓帝心不能平. 書法家鐘繇(151-230)生,字元常,穎川長社(今河南長葛)人,世為儒學大族.
		2	壬辰	**152**	西域長史王敬殺于真(新疆和田)王于真人殺王敬,立故王子安國為王. 地震.
東漢	桓帝 劉志	3 永興 1	癸巳	**153**	卅二郡國蝗,河水溢,人民饑窮,流亡數十萬戶. 以朱穆為冀州刺史. 尋徵下獄. 輸作左校.
		2	甲午	**154**	東漢桓帝劉志封乳母子馬初為列侯. 泰山琅邪(山東臨沂)盜起,公孫舉起兵叛,殺官吏.
東漢	桓帝 劉志	永壽 1	乙未	**155**	司隸(河南洛陽)及冀州(河北高邑)饑,人相食. 河南南陽水患. 南匈奴左薁鞬台耆等叛,漢安定屬國都尉張奐討平.以張奐為北中郎將. 曹操出生(155~220)
		2	丙申	**156**	中郎將段穎擊公孫舉,斬之. 鮮卑檀石槐寇雲中,以李膺為度遼將軍.
		3	丁酉	**157**	居風(越南清化北)令貪暴無度,縣民朱達與蠻夷同叛,攻九真(越南清化),太守兒戰死. 湖南長沙蠻叛,攻益陽. 京師蝗害. 全國有戶數 10,677,960. 人口 56,486,856 人
東漢	桓帝 劉志	延熹 1	戊戌	**158**	太史令陳授言咎在梁冀,梁冀殺陳授. 南匈奴諸部同叛,與烏桓連兵攻沿邊九郡,北中郎將張奐潛與烏桓和解,擊斬諸部渠帥,其眾悉降.

朝代	帝 王	國號	干支	西 元	紀 要
東漢	桓帝 劉志	**2**	已亥	**159**	梁后崩,立后郭氏 東漢桓帝劉志年 28 歲. 梁冀專橫不讓桓帝親政,桓帝乃與宦官唐衡、左悺、徐璜、具瑗、單超五人共謀,起兵圍梁冀宅第,逼梁冀及妻孫壽自殺,梁孫二族不分老幼悉斬盡殺絕 桓帝封五宦官為侯,中常侍侯覽獻綢緞五千匹,亦封侯.又封小黃門劉普趙忠等八人為侯,從此宦官干政,朝廷大權旁落盡歸宦官. 徵處士徐姜肱等皆不至.以陳蕃為光祿勳楊秉為河南尹,宦官超為車騎將軍.
		3	庚子	**160**	宦官單超卒,尚餘四侯時語「左回天,具獨坐,徐臥虎,唐兩墮」更為橫暴,兄弟姻戚均任地方官,刻虐百姓,與盜無異,民不堪命,民變蜂起. 西羌(燒當,燒何,當煎,勒姐等)復叛,攻張掖.護羌校尉段熲擊之,羌眾悉降.
		4	辛丑	**161**	東漢桓帝劉志以劉桓為太尉,命減王侯半租及百官俸,賣關內侯以下官. 以劉寵為司空. 西羌又叛,涼州刺史郭同歸罪護羌校尉段熲,下獄免官. 遣中郎將皇甫規擊,西羌平.
		5	壬寅	**162**	武陵蠻又叛,馮緄擊之,斬首四千,受降十餘萬,悉平. 沈氏羌叛.攻張掖,酒泉,皇甫規擊降,涼州道復通. 皇甫規不與宦官交往,宦官共誣其賄賂群羌,故令其假降,下獄,發配左校為徒,會赦得出. 論輸左校 桂陽艾縣賊作亂. 關羽(162-220)山西運城人,早年因罪亡命投奔劉備,與劉備張飛三結義,助劉備功高無缺,惜麥城兵敗,被擒殺.
		6	癸卯	**163**	鮮卑寇遼東,武陵蠻復叛,太守陳舉討平. 宦官素惡馮緄,誣以軍還盜賊復發,免官. 景興楊秉共奏免中官子弟為牧者五十餘人. 以周景為司空,張象為度遼將軍,皇甫規為使匈奴中郎將,段熲為護羌校尉. 尚書朱穆卒. 漢命張奂任度遼將軍,皇甫規任匈奴中郎將,段熲任護羌校尉.
		7	甲辰	**164**	桓帝劉志南巡,車騎萬計,民怨沸騰.劉志誣殺前侍中寇榮. 黃瓊卒. 荊州刺史度尚擊平桂陽艾縣城. 段熲擊破當前羌
		8	乙巳	**165**	廢鄧皇后幽殺之,立竇貴人為皇后,以后父為武為槐里侯.李膺為司隸校尉. 太尉楊秉劾免中常侍侯覽. 司隸校尉韓縯劾左悺具瑗,悺自殺 ,瑗貶楊秉卒 北海(山東昌樂)太守羊元贓污狼藉,河南洛陽尹李膺提彈劾,發配校為徒. 羊元行賄宦官,李膺反坐,發配左校為徒.賴大臣力救任司隸校尉. 荊州(湖南漢壽)兵朱盖叛,陷桂陽(湖南郴州)攻零陵(湖南永州),太守陳球固守,中郎將度尚救至,斬朱蓋. 段熲擊西羌,進兵窮追,斬首二萬三千人,降者萬餘部落.
		9	丙午	**166**	衛士張成教子殺人,為李膺逮捕,獲赦免,竟為李膺所殺.張成精占侯之術,見知於宦官及桓帝,宦官唆張成占卜上書誣李膺結交朋黨,誹謗朝廷,疑亂風俗,桓帝怒詔逮捕李膺等二百餘人下獄,黨人獄起,宦官威振天下. 『**黨錮之禍**』禁黨人歸田里,禁錮終身.大規模政治鬥爭 鮮卑檀石槐日強,劉志遣使封其為王,欲與和親,檀石槐拒之. 中國與古羅馬建交.古羅馬安東尼朝皇帝馬可奧理略(161-180)派使者經埃及印度洋到達中國漢朝日南郡登陸,北赴洛陽,開創中國古羅馬直接交通.

朝代	帝 王	國號	干支	西 元	紀 要
東漢	靈帝 劉宏	永康 1	丁未	167	桓帝劉志崩在位 21 年,竇皇后臨朝.迎章帝子河間孝王開之曾孫解瀆亭侯劉宏嗣位,是為靈帝. 城門校尉竇武等上書救李膺,李膺獄詞多涉宦官子弟,宦官懼,適有日蝕,乃以天變為詞,悉赦免出獄,惟書名政府,禁錮終身,史稱「黨錮」. 先零羌寇三輔,張奐平之. 段熲擊破東羌 張奐遣司馬董卓擊破羌.
東漢	靈帝 劉宏	2 建寧 1	戊申	168	竇太后立解瀆亭侯劉宏(156~188)為帝,章帝玄孫,是為靈帝.在位 22 年.享年 34 歲. 竇太后臨朝,竇武任大將軍,陳蕃為太尉輔政.竇武、陳蕃等謀誅宦官,事敗被殺. 封宦官曹節、王甫等六人為列侯,另十一人為關內侯, 烏桓大人樓難,丘力居等均稱王.宦官益橫.逼使竇武及竇后交出玉璽. 劉宏遷竇太后於南宮. 靈帝昏庸無能,成為宦官傀儡 耽情酒色,任縱宦官張榜賣官,殘害百姓,爆發「**黃巾動亂**」
		2	己酉	169	「**黨錮之禍**」漢末清議之風反宦官盛行,宦官反撲,侯覽、曹節誣〔鉤黨〕謀反,捕殺李膺、杜密、范滂、荀昱等百餘人,禁錮遷徙數百人,造成第二次黨錮之禍. 護羌校尉段熲擊餘羌,斬渠帥以下一萬九千人,東羌悉平. 青蛇見御座上,詔公卿言事,張奐訟武蕃忠貞,詔切責之. 諸常侍以劉囂為司空. 段熲平東羌封新盟侯.
		3	庚戌	170	徵段熲為侍中. 扶風(陝西興平)人孟佗傾產與宦官朋結,被任為涼州(甘肅張家川)刺史. 濟南賊起攻東平陵.
		4	辛亥	171	立皇后宋氏. 劉宏帝始朝太后於南宮. 大赦下,唯黨人不赦.
東漢	靈帝 劉宏	5 熹平 1	壬子	172	竇太后憂卒. 朱雀闕言〔天下大亂,曹節王甫幽殺太后〕段熲追捕,太學生下獄者千餘人. 太傅胡廣卒,宦官侯覽有罪自殺. 司隸校尉劉猛論輸左校 宦官王甫向勃海王劉悝索賄不遂,誣以謀反,劉悝自殺,妃妾子女百餘人皆死於獄. 段熲與張奐有隙欲害,張奐哀請得免. 宦官王甫向勃海王劉悝索賄不遂,誣以謀,反劉悝自殺,妃妾子女一百餘人皆死於獄. 會稽(浙江紹興)人許生起兵句章(浙江寧波西北)稱帝. 南匈奴車兒單于卒,子屠特若尸逐就單于嗣位,
		2	癸丑	173	以中常侍唐衡弟珍為司空. 鮮卑連年寇邊攻幽州(北京)
		3	甲寅	174	吳郡司馬孫堅討斬會稽賊許生. 鮮卑攻北地(陝西耀縣)并州(山西太原)
		4	乙卯	175	諸儒正五經文字,議郎蔡邕用古文、篆、隸三體書寫,刻碑立於洛陽太學門外,是為「熹平石經」我國最早的官定經本. 鮮卑寇幽州(北京). 出現『水碓』,及提水工具『翻車』『渴烏』 周瑜(175-210)安徽廬江縣人, 「曲有誤,周郎顧」好大喜功,可惜智不及諸葛亮,自嘆「既生瑜,何生亮」之語.
		5	丙辰	176	永昌(雲南保山)太守曹鸞上書赦黨人,東漢靈帝劉宏怒逮下獄掠死. 嚴查黨人門生故吏父子兄弟,在位者悉撤職禁錮五屬.

朝代	帝　王	國號	干支	西元	紀　要
東漢	靈帝 劉宏	6	丁巳	177	詔市賈小人相聚為宜陵孝子已給太子舍人者悉改為丞尉.用蔡邕言,待詔鴻都門下者數十人. 侍中祭酒樂松等,多引趨勢之士陳閭里小事,帝待以不次之位. 遣夏育田晏臧旻攻鮮卑,漢軍大敗,死二萬餘人,三將檻車下獄免官. 趙苞破匈奴.
東漢	靈帝 劉宏	7 光和 1	戊午	178	廢宋后. 靈帝劉宏前為解瀆亭侯時,常苦貧困,及為帝,每嘆前任桓帝劉志不佑作家居,於是下令賣官,於西邸置官府,二千石二千萬,四百石四百萬.又私令左右賣公卿,公千萬,卿五百萬. 段熲以貨得太尉. 王甫敗自殺. 置鴻都門學樂松等圖像立讚.陽球諫不省. 以中常侍張奉弟熲為太尉. 蔡邕以諫得罪徒朔方. 南匈奴屠特若尸逐就單于卒,子呼徵單于嗣位.
		2	己未	179	張修斬南匈奴呼徵單于,更立右賢王羌渠為單于,張修檻車徵還處死. 司隸校尉陽球奏宦官王甫與太尉段熲罪惡,王甫死於杖下,段熲自殺. 陽球復誅曹節,事泄,曹節恐,言於劉宏,遷陽球為衛尉. 司徒劉郃、陳球復欲誅曹節,事又泄,曹節誣以謀反,劉郃陳球陽球,均下獄死. 封中常侍呂疆為都鄉侯不受.
		3	庚申	180	貴人何氏生子辯,東漢靈帝劉宏立何貴人為皇后,任其兄何進為侍中. 王美人生子協,后殺美人,帝怒欲廢后,中官解之. 作寧圭靈昆苑. 蒼梧桂陽賊攻零陵太守楊琁戡平.
		4	辛酉	181	諸葛亮出生(181-234)名孔明,琅琊陽都(山東沂南縣)人.三國輔佐名臣 鮮卑大人檀石槐卒,子和連嗣位,才不及父,劫轉衰. 交趾梁龍反,朱儁擊斬之作列肆於後宮.
		5	壬戌	182	東漢命公卿糾舉刺史二千石為害者,宦官子弟雖貪殘狼藉皆不敢問.而有政績者反奏免廿六人. 吏民紛赴洛陽陳訴,東漢靈帝劉宏無奈,悉用廿六人為議郎. 司徒陳耽言其狂.
		6	癸亥	183	鉅鹿人張角密謀起義,傳言「蒼天已死,黃天當立,歲在甲子,天下大吉」 置圃囿署以宦者為令. 大旱
東漢	靈帝 劉宏	7 中平 1	甲子	184	【黃巾之亂】張角上書誣變,提出『蒼天已死,黃天當立,歲在甲子,天下大吉』凡信奉太平道者皆殺之,張角知事敗,晨夜馳敕,皆裹黃巾為標幟,故時人稱之為「**黃巾賊**」.黃巾起義,張角、張寶、張梁兄弟三人 184.3.5.起兵叛,置卅六方,稱天公、地公、人公將軍,天下響應.漢相繼遣盧植、董卓征討不克,再遣皇甫嵩伐之,斬人公將軍張梁,旋張角卒,斬首傳洛陽.復斬地公將軍張寶,黃巾賊破散. 王允破黃巾賊群,張讓賓客通書奏,張讓誣王允有罪,檻車徵還下獄. 東漢靈帝劉宏懼黨人與黃巾合,大赦黨人,凡徙邊者皆放還鄉里,惟張角不赦.【黨錮之禍】前後二十年(西元 166-184)至此始解.,而國事衰頹不可為. 巴郡(四川重慶)人張修叛,稱五斗米教. 北地(寧夏吳忠)先零羌叛,立北宮伯玉為將軍,殺護羌校尉冷徵. 河首據枹平(甘肅臨夏)稱平漢,王西元 214 年亡于東漢宋建(184~214) 漢末名醫:張仲景(傷寒雜病論)、華陀(麻醉藥) 東漢魏伯陽以鍊丹經驗,編著『周易參同契』這是最古老煉丹書籍.

朝代	帝　　王	國號	干支	西 元	紀　　　　要
東漢	靈帝 劉宏	**2**	乙丑	**185**	造萬金堂於西園,儲公私錢帛. 東漢靈帝劉宏常言「張常侍是我父,趙常侍是我母」宦官益凶. 張讓趙忠平黃巾有功封列侯. 張讓向皇甫嵩索賄不得,誣其連戰無功免官. 殺劉陶陳耽. 張溫擊涼州賊邊章韓遂不利,董卓破之.
		3	丙寅	**186**	修南宮玉堂,鑄銅四人,黃鐘四,皆受二千斛. 又鑄天祿,蝦蟆,吐水轉之八官又作翻車,渴烏,用灑南北郊路. 江夏(湖北新州)兵趙慈反,殺河南南陽太守秦頡, 荊州(湖南漢壽)刺史王敏擊斬之
		4	丁卯	**187**	東漢靈帝劉宏僅,賣關內侯錢,達五百萬. 金城韓遂殺北宮伯玉,攻隴西,涼州刺史耿鄙擊之,中途兵變被殺. 泰山(山東泰安)太守張舉稱帝,與烏桓聯盟,眾十萬,屯肥如(河北遷安).
		5	戊辰	**188**	改州刺史為牧,以劉焉為益州牧,劉虞為幽州牧. 置西園八校尉:上軍校尉,中軍校尉,下軍校尉,典軍尉,助軍左校尉,助軍右校尉,左校尉,右校尉等.宦官蹇碩為上軍校尉,袁紹,曹操等七校尉,均隸蹇碩. 黃巾馬相緜竹(四川德陽)稱帝. 南匈奴殺羌渠單于,子持至尸逐侯單于嗣位.
東漢	靈帝 劉宏 少帝 劉辯 獻帝 劉協	中平 **6** 光熹 **1** 昭寧 **1** 永漢 **1**	己巳	**189**	東漢靈帝劉宏在位 21 年崩,子少帝劉辯(175~190)嗣位,何太后臨朝.在位僅 5 個月年僅 15 歲.董卓迎立其弟劉協(180~220)繼位為帝,是為獻帝,在位 31 年享年 41 歲. 大將軍何進放逐劉生母董太后於河間(河北獻縣),驃騎將軍董重自殺. 何進召董卓殺宦官,宦官張讓等殺何進,董卓廢帝立陳留王,弒何太后,自為相國.. 董卓自領丞相,掌握大權,濫使淫威,草菅人命,被司徒王允施美人計刺殺,中原大亂,獻帝飽受顛沛. 曹操平黃巾之亂有功,董卓封他官他嫌官小不就逃亡,起兵討伐董卓.西元 196 年率兵入朝,遷獻帝于許昌,操任司徒,自此歸政曹氏,挾天子以令諸侯.220 年曹操卒,同年 10 月獻帝禪位碑於河南襄域,王朗文、梁鵠書、鍾繇鐫字,史稱「三絕碑」. 曹丕篡漢,改國號魏,史稱曹魏,**漢亡.**
東漢	獻帝 劉協	初平 **1**	庚午	**190**	關東(谷關以東河南山東等地)州郡紛起兵討董卓,諸共推勃海(河北南皮)太守袁紹為盟主. 董卓迫東漢獻帝劉協遷都長安.殺少帝劉辯.劉協,殺京師富室,沒其財物,悉驅百姓西徙.又焚官府民居,發諸陵,公卿墓. 曹丕篡位失國 董卓弒弘農王 董卓毀五銖錢,又鎔銅人,銅馬,鐘鐻之屬,更鑄小錢,穀會一斛萬錢. 董卓自立為遼東侯,平州牧. 董卓以公孫度為遼東太守,度至遼東,東西擴地,分立遼,中遼郡,越海收東萊諸縣,置營州刺史,自立為遼東侯,平州牧. 以王允為司徒　　殺伍瓊周毖　　燒洛陽宮廟 發諸帝陵 董卓殺袁隗,滅其家 長沙太守孫堅討袁術據南陽表堅領豫州刺史,以劉表為荊州刺史驍騎校尉 曹操起兵陳留,西攻董卓,敗於滎陽汴水,兵戰不克 遼東 據江東形同獨立(190~238)公孫度(190~204)子公孫康(204~228)弟公恭(228)康子公孫淵.237 年稱燕王,238 年于魏朝(228~238)

朝代	帝　　王	國號	干支	西 元	紀　　要
東漢	獻帝 劉協	2	辛未	191	關東諸將奉劉虞為帝,虞不受. 擢董卓為太師, 孫堅攻董卓,入洛陽,得傳國玉璽.,回軍攻荊州(湖北襄樊)牧劉表,為其將黃祖射死. 冀州(河北高邑)牧韓馥讓位於袁紹.袁紹奏薦曹操為東郡(河南濮陽)太守. 奮武將軍公孫瓚攻袁紹,任劉備為(山東)平原相. 河南尹朱儁起兵討董卓.
		3	壬申	192	袁術使孫堅擊劉表,表軍射殺之.　袁紹大破公孫瓚於界橋(河北威縣). 董卓部將李傕、郭汜、樊稠等求赦,王允不許,遂叛,攻陷長安,殺王允. 獻帝病癒上朝,王允事先寫誅董卓詔書交呂布,董卓一上朝便被呂布刺死., 呂布走出關　司徒王允使呂布殺董卓　詔允錄尚書事 布為奮威將軍共秉朝政 曹操於濟北擊敗黃巾,俘士卒三十餘萬,男女百餘萬,收其精銳,號青州兵,入據兗州. 李傕郭汜等犯關,傕汜稱將軍專政. 獻帝臥病初愈,會群臣於未央殿.董卓入朝,至宮掖門,為呂布所殺. 曹植(192-232)字子建,曹丕之弟,詩歌冠首,名著有白馬篇名都篇吁嗟篇等.
		4	癸酉	193	袁術進兵封丘,曹操破之,袁術走壽春自領揚州事. 袁術以子譚為青州刺史 徐州牧陶謙所部殺曹操父曹嵩,曹操攻陶謙,坑殺百姓數十萬人於泗水(山東濟寧),陶謙退屯郯縣(山東郯城),曹操圍之. 幽州牧劉虞攻公孫瓚兵敗被殺.
東漢	獻帝 劉協	興平 1	甲戌	194	山東平原相劉備救陶謙,曹操適食盡退軍, 劉備繼任徐州刺史. 陶謙奏薦劉備為豫州(安徽亳州)刺史. 曹操復攻陶謙,陳留太守張邈叛曹操,潛引奮威將軍呂布任兗州(山東金鄉)牧,曹操反攻不勝退屯(山東)鄄城. 李傕郭汜樊稠共攬朝政喜怒無常陶謙卒, 左將軍袁術屯壽春(安徽壽縣),任孫堅子孫策為懷義校尉.
		2	乙亥	195	曹操攻山東定陶,呂布兵敗,東奔徐州(江蘇睢寧)降劉備. 曹操進圍雍丘(河南杞縣),張邈為部下所殺. 長安亂起,李傕忌樊稠勇而得眾,殺之. 郭汜疑李傕圖己,於是勒兵相攻. 李傕劫持獻帝劉協,郭汜劫眾大臣公卿,車騎將軍張濟斡旋,送獻帝東歸弘農(河南靈寶).既行,張濟李傕郭汜反悔合兵追擊,欲再劫獻帝,獻帝急奔駐白波帥李樂營,進至安邑(山西夏縣). 孫策連陷曲阿吳郡始有江東. 袁紹攻公孫瓚,公孫瓚退保易京(河北雄縣),袁紹軍圍之. 南匈奴持至尸逐侯單于卒,弟呼廚泉單于嗣位.
東漢	獻帝 劉協	3 建安 1	丙子	196	曹操「挾天子以令諸侯」迎獻帝於許縣,戰官渡,破烏桓,滅袁紹. 獻帝劉協由安邑回洛陽,宮室燒盡,百官饑乏,自出樑樵,餓死牆壁間,或為士兵所殺. 曹操率兵入朝,遷劉協都(河南)許昌,自任司空.自此政歸曹氏. 袁術攻劉備,呂布叛劉備,乘虛襲擄徐州,劉備還擊,兵敗,遂降呂布,呂布稱徐州牧.劉備屯江蘇沛縣. 張濟由長安南下攻穰城(河南鄧州)中流矢死侄張繡領其眾降荊州牧劉表,屯宛城(河南南陽). 江夏(湖北新洲)太守黃祖殺彌衡 (196-220)建安風骨,聚集孔融、陳琳、王粲、徐幹、阮瑀、應瑒、劉楨,史稱建安七子,主導文壇,獨具文學風格..

朝代	帝　　王	國號	干支	西 元	紀　　要
東漢	獻帝 劉協	2	丁丑	197	袁術據壽春(安徽壽縣)稱帝,國號仲家. 孫策乃與袁術絕交 曹操擊張繡降,納張繡妻,張繡怒叛,殺曹操長子曹昂..
		3	戊寅	198	袁紹將軍段煨討李傕九三族. 呂布與袁術合攻劉備,劉備潰奔曹操, 曹操擊呂布,攻下邳,呂布降,仍被斬. 孫策貢方物,獻帝劉協授孫策為討逆將軍,封吳侯. 袁紹攻公孫瓚不克書信請求,欲釋慽和解,又不答. 袁紹圍之益急.
		4	己卯	199	袁紹攻破易京,公孫瓚窘困自焚死. 袁紹既滅公孫瓚,志驕,欲攻曹操,曹操大軍屯官渡(河南中牟東北)擊之. 袁紹謀許,曹操率兵迎紹,進至黎陽,分兵駐守官渡. 袁術窮奢不能自立,歸帝號於兄袁紹,欲往冀州,劉備迎擊,不得過,復返壽春,於道途中嘔血而死. 張繡降曹操,授揚武將軍,復置鹽官. 徒司歸鎗弘農. 孫策取廬江豫章. 劉備稱得董承所傳衣帶.據守徐州.
		5	庚辰	200	曹操破劉備於徐州,還軍許下,關羽敗走麥城. 官渡之戰,車騎將軍董承與左將軍劉備密謀殺曹操,事泄,曹操殺董承,發兵攻劉備,陷下邳(江蘇睢寧),**擒關羽被俘**,勸降不從,關羽以出戰斬顏良作為條件,戰勝曹操釋放回,忠義遠揚. 劉表攻下長沙零陵桂陽. 張魯擴漢中. 劉備奔袁紹,袁紹攻曹操,戰於官渡(河南中牟東北),袁紹謀士許攸投曹操,袁紹大敗.越二年袁紹薨.袁紹三子：長子袁譚鎮青州,子袁熙鎮幽州,幼子袁尚繼袁紹鎮冀州.甥高幹鎮井州. 袁紹死,諸子不睦,互相攻擊,相繼為曹操所滅. 孫策卒,曹操授孫策弟孫權為討虜將軍代領其軍. 漢經學集大成者鄭玄卒,其融合古文今學,編注經書,成為解釋古代經書津梁
		6	辛巳	201	曹操擊袁紹,戰於倉亭,袁紹再潰.曹操還軍擊劉備於汝南(河南平輿),劉備奔荊州(湖北襄樊),投劉表,屯河南新野. 孫權據壽春　　張魯取巴郡. 袁紹命長子袁潭任青州刺史,次子袁熙任幽州刺史,甥高幹任井州(山西太原)刺史.
		7	壬午	202	袁紹數次兵敗羞憤嘔血死,幼子袁尚繼任冀州(河北臨漳)牧長子袁譚出屯黎陽,曹操攻敗之. 袁尚遣將徇河東鍾繇擊敗之. 袁尚袁譚連兵拒曹操. 劉備於葉南敗曹操 曹操令孫權以子為人質,孫權用周瑜計拒不受命.
		8	癸未	203	孫權平定山越、建安(福建建甌)、漢興(浙江湖州)、南平(福建),安定東吳. 文姬歸漢:曹操以玄玉璽贖回流落匈奴 12 年才女蔡琰,博學精音律,作「悲憤詩」「胡十八拍」哀婉動人,如泣如訴,,長篇抒情詩,媲美「離騷」. 袁氏兄弟內鬨,袁譚攻袁尚,兵敗,退屯(河北)南皮. 袁尚反攻大破之,袁譚奔(山東)平原.遣使降曹操,求救. 曹操進軍黎陽(河南浚縣),袁尚乃返河北鄴城 曹操擊劉表

朝代	帝 王	國號	干支	西 元	紀 要
東漢	獻帝 劉協	9	甲申	204	袁尚復攻袁譚,曹操乘虛攻鄴城,袁尚還戰,大敗,奔幽州投袁熙. 曹操平定冀州入鄴城,自領冀州牧. 袁譚收袁尚殘兵,叛曹操. 高幹以并州降曹操. 曹操攻拔平原遼東太守公孫度卒,子康襲行郡事. 丹陽(安徽宣州)大都督媯覽殺太守孫翊,孫翊妻誘殺媯覽. 漢重釐稅制,廢口稅,征戶調,北魏行均田,授田課稅,至隋唐而變為租庸調.
		10	乙酉	205	曹操攻南皮,斬袁譚. 幽州(北京)將吏逐刺史袁熙,迎降曹操 袁熙袁尚奔烏桓. 并州(山西太原)刺史高幹叛曹操. 冀青幽井四州皆為曹操有. 以荀悅為侍中. 高幹復叛.
		11	丙戌	206	曹操攻井州,斬高幹.幽(北京)、青(山東平原)、冀(河北臨漳)、并(山西太原)四州悉定. 仲長統為尚書郎. 袁尚、袁熙兄弟投奔烏桓. 烏 桓蹋頓寇邊. 曹操欲助袁尚袁譚兄弟復故地 曹操令鑿平虜泉二州渠以通運.
		12	丁亥	207	劉備新野求賢,三顧諸葛亮茅盧,在隆中(湖北襄樊西)拜見,諸葛亮獻計「東聯孫吳,西據荊益,南和夷越,北抗曹操」,立下汗馬功勞,「隆中對」策略致勝. 曹操到中石棧道褒谷,在河心巨石上題寫「衮雪」二字. 曹操攻烏桓,在白狼山大破之,斬烏桓王蹋頓. 曹操完全統一北方 袁熙、袁尚奔遼東,太守公孫康斬二人首獻曹操.
		13	戊子	208	罷三公官,置丞相,御史大夫,曹操自為丞相 孫權擊斬黃祖. 曹操殺孔融 劉表死,子琮嗣 東漢罷三公之官,復設丞相、御史大夫,任曹操為丞相,以司馬懿為文學掾. 曹操攻荊州牧劉表,八月劉表卒,子劉琮繼任. 曹操軍至新野,劉琮降. 劉備南奔江陵,曹操輕騎追及於當陽,劉備軍潰,投夏口太守劉琦. 曹操乘勝攻孫權,戰於赤壁(湖北蒲圻境長江西岸)曹操輕騎追滅劉備,及當陽長阪坡,劉備棄妻子,與諸葛亮趙雲張飛等走漢沖,與關羽會,劉琦前往接應劉備,至夏口抵禦曹操.劉備聯吳孫權抗曹,諸葛亮計請黃蓋用船裝柴草膏油詐降,點火直撲大敗曹軍於赤壁,是為**【赤壁之戰】**形成魏蜀吳三國鼎立. 曹操殺醫術鼻祖華佗.
		14	己丑	209	曹操開芍陂屯田 廬江陳蘭,梅成據鸞,曹操擊殺 周瑜破曹操,攻占江陵 孫權攻合肥曹操不克還軍.曹操軍合肥開芍陂屯田,留張遼等守之操軍還譙. 孫權大將周瑜攻江陵曹仁,曹仁棄城走., 孫權授周瑜南郡(湖北江陵)太守,屯江陵. 程普為江夏太守. 孫權任魯肅為奮武將軍. 劉琦卒, 孫權奏薦劉備任荊州牧,屯湖北公安,並以妹嫁劉備為妻. 管輅(209-256)三國平原郡人,以卜筮著名,能面相預測禍福吉兇,時人稱他為「神童」.三國志載管輅有很多神奇事蹟

朝代	帝　王	國號	干支	西 元	紀　要
東漢	獻帝 劉協	15	庚寅	210	周瑜卒,魯肅代之. 孫權納魯肅言,將荊州借與劉備,共禦曹操. 劉備以龐統為治中從事孫權以鴟為交州刺史. 曹操讓還三縣. 曹操下令求才,於鄴城(河北臨漳)建銅雀台,頒自明本志令. 阮籍(210-263)河南開封人,文學家,竹林七賢之一(阮籍,嵇康,山濤,劉伶,阮咸,向秀,王戎)著有大人先生傳,達莊論,世說新語,晉書.具獨特價值觀.
		16	辛卯	211	曹操以子丕為五官中郎將,為丞相副. 曹操遣鍾繇擊(陝西)漢中張魯,關中土著關中土著諸將疑懼,馬超韓遂等十部皆叛,陷長安潼關.曹操親擊,馬超韓遂軍潰奔涼州(甘肅張家川). 益州(四川成都)牧劉璋聞曹操西攻,內懼,遣使迎劉備,使北擊張魯以禦曹操.. 劉備留諸葛關羽守荊州(湖北江陵),自己率軍入蜀,北赴葭萌(四川廣元西南)劉璋請北擊張魯.
		17	任辰	212	曹操還鄴,自錫殊禮.夷馬騰族. 曹操擊孫權至濡須,侍中荀彧自殺. 孫權遷治建業(南京),夾濡須口(安徽無為東南)立塢(安徽含山),曹操進擊. 劉備據涪城,揚言救孫權,誘斬劉璋將楊懷高沛,自葭萌關回軍.
		18	癸巳	213	東漢獻帝劉協封曹操為魏公、丞相、兼冀州牧如故. 曹操引兵還,徙濱江郡縣,江西遂虛,以朱光屯皖,大開稻田,並十四州為九州. 曹操自命為魏公.加九錫,.封冀州十郡. 曹操納三女於帝. 劉璋遣吳懿等拒劉備,或敗或降,劉備遂攻雒縣(四川廣漢). 馬超率羌胡再起兵,陷涼州(甘肅張家川),涼州參軍楊阜擊之,殺刺史,馬超潰奔(陝西)漢中投張魯.
		19	甲午	214	曹操即位諸侯王上. 孫權使呂蒙攻破皖城.,獲朱光. 諸葛亮由荊州與張飛趙子雲溯長江而上連陷巴東(四川奉節)江州(四川重慶)犍為(四川彭山),與劉備會師成都,劉璋出降,佔益州,據巴蜀,自領益州牧.以諸葛亮為軍帥將軍. 馬超復由漢中奔益州(四川成都),投劉備. 劉備定蜀,得到益州.劉備與孫權爭奪荊州. 伏皇后謀殺曹操,事泄,被捕,曹操弒伏皇后及二皇子.
		20	乙未	215	曹操取漢中太守張魯降,以其將夏侯淵鎮守曹操擊張魯 韓遂為部屬所殺. 漢獻帝劉協立曹操之女為后. 孫權向劉備索荊州諸郡,劉備不許. 孫權逕置諸郡吏,關羽盡逐.之,孫權怒,遣(安徽)廬江太守呂蒙率軍接收,長沙桂陽(湖南郴州)俱降,唯零陵(湖南永州)不下. 劉備得益州急欲返(湖北)公安,命關羽擊之,會聞曹操攻漢中,恐益州有失,乃與孫權和解,以湘水為界,東歸孫權,西歸劉備. 關羽守江陵,魯肅克陸口. 孫權乘曹操用兵漢中,大舉攻合肥.蕩寇將軍張遼迎擊,戰於逍遙津(安徽合肥),孫權大潰. 劉備遣黃權擊降巴賨. 曹操遣張郃循三巴,劉備將張飛拒擊之.
		21	丙申	216	漢獻帝劉協封曹操為魏王.曹操殺其尚書崔琰.　魏以鍾繇為相國. 南匈奴呼廚泉單于自平陽(山西臨汾)入鄴城(河北臨漳)朝見魏王曹操,操留不遣.分其眾為五部,各立貴人為帥.選漢人為司馬以監督之 匈奴久居塞內,與漢居民同,不納賦租,人口滋蔓日繁.

朝代	帝　　王	國號	干支	西 元	紀　　要
東漢	獻帝 劉協	**22**	丁酉	**217**	孫權大將魯肅卒,派震威將軍呂蒙代鎮陸口(湖北嘉魚西南). 曹操擊孫權,孫權請降. 魏以丕為王太子,以華歆為御史大夫. 曹操設天子旌旗,車服,出入稱警蹕. 曹操再攻孫權,至濡須口(安徽無為東南),孫權遣使請降,曹操報使修好. 劉備進攻漢中,曹操遣曹洪拒之. 少府耿紀等謀結關羽挾獻帝以攻曹操
		23	戊戌	**218**	耿紀等起兵攻曹操長史王必,必擊殺之,皆夷三族. 劉備攻漢中(陝西),蕩寇將軍張郃屯平陽關,劉備不能進. 益發蜀兵. 少府耿紀韋晃太醫令吉水討曹操,不克死之. 曹操擊劉備至長安. 代郡、上谷、烏桓部落叛,曹操遣子曹彰擊破之.
		24	已亥	**219**	劉備以法正為謀, 破斬夏侯淵於定軍山 趙雲擊敗曹操兵,陽平關羽繞道攻定軍山(陝西勉縣南),攻取漢中,大將黃忠擊斬曹操都護將軍夏侯淵.. 劉備取漢中,自立為漢中王 關羽留慶仁守江陵,自率大軍攻樊城,斬立義將軍龐德,擒左將軍于禁.中原震動,專制荊州,治成都. 曹操議遷都以避其銳.. 軍司馬司馬懿請將江南地正式分封孫權,使從背後圖關羽,曹操認可. 曹操親擊劉備,自長安出斜谷(陝西太白),戰不利,退回長安. 孫權命定城校尉陸遜代呂蒙鎮陸口(湖北嘉魚). 陸遜作書頌關羽功德,表效忠自託之意關羽喜,盡撤長江防軍赴樊城. 呂蒙遂襲江陵,麋仁開城降.. 關羽圍樊城.孫權遣呂蒙襲據江陵,及關羽還軍,江陵已為吳軍所據,關羽及其將士妻子盡為吳軍所擄,關羽軍潰,退保麥城(湖北當陽東南),被呂蒙軍圍困兵潰,關羽潛突圍逃出,為孫權部將潘璋所擒,關羽、關平父子同被處死.荊州遂為吳有.關羽麥城被擒不降遭處死,即民間稱之**【關公走麥城】** 孫權擁有荊州之地,自建業(江蘇南京)遷治(湖北)公安.孫權上書曹操,自稱臣,曹操稱帝,曹操笑曰:「是兒欲置我於火爐之上」. 古名醫張仲景去世(150~219)著有「傷寒雜病論」

魏蜀吳三國

(西元 220~265~280)凡 61 年.

曹操

劉備

孫權

魏：文帝曹丕黃初(220-226)－明帝曹叡太和(227-233)青龍(233-237)景初(237-239)－齊王曹正始(240-249)嘉平(249-254)－高貴鄉公曹髦正元(254-256)甘露(256-260)－芳元帝曹奐景元(260-264)鹹熙(264-265)

蜀：昭烈帝劉備章武(220-226)－後主劉禪建興(223-237)延熙(238-257)景耀(258-263)炎興(263)

吳：大帝孫權黃武(222-229)黃龍(229-231)嘉禾(232-238)赤烏(238-251)太元(251-252)神鳳(252)－會稽王孫亮建興(252-253)五鳳(254-256)太平(256-258)－景帝孫休永安(258-264)－烏程侯孫皓元興(264-265)甘露(265-266)寶鼎(266-269)建衡(269-271)鳳凰(272-274)天冊(275-276)天璽(276)天紀(277-280)

朝代	帝　王	國號	干支	西元	紀　事
三國	魏文帝　曹丕 昭烈帝　劉備 東吳　孫權	建安 **25** 延康 **1** 黃初 **1**	庚子	**220**	魏文帝曹丕黃初元年 東漢獻帝劉協禪位於曹丕,**東漢亡**(25-220).立國 196 年. 東漢魏王曹操(155~220)薨崩,子曹丕(186~226)篡位稱帝,國號魏,都洛陽,在位 7 年 40 歲歿.改元延康.曹丕尊曹操為武皇帝,廟號太祖,曹丕養民屯田,「九品中正」選官,經濟繁榮,豐衣足食.唯不喜胞弟曹植,弟作「煮豆燃豆萁,豆在釜中泣,本是同根生,相煎何太急」嗣封曹植東阿王離京作罷 七月漢中將軍孟達與上庸(湖北竹山)副軍中郎將劉封有隙,孟達降東漢. 十月曹丕迫漢帝禪位,纂漢自立,國號魏,建元黃初,是為魏文帝,史稱曹魏. 曹丕許縣遷都洛陽,改相國為司徒,御史大夫為司空.元帝曹奐歷 45 年. 『建安詩歌』(220-233)代表人物: 曹操、曹植、孔融、陳琳、王粲、徐幹、阮瑀、應瑒、劉楨 【關羽麥城遇害】219 年 10 月，曹操欲自許遷都避關羽鋒芒，而孫權命呂蒙為主帥偷襲荊州，徐晃出戰擊敗圍困樊城的關羽軍隊。此時關羽知悉後方生變，乃南撤，但水軍仍然控制漢水。期間關羽不斷派遣使者前往呂蒙處，關羽軍隊家屬多在江陵，呂蒙刻意讓使者到城中傳遞家書，關羽軍因此漸漸潰散，往西退至麥城。220 年 1 月 23 日—2 月 21 日，關羽偽降，在城牆上立幡旗模仿人樣，藉機率數十騎出逃，遇潘璋部將馬忠埋伏，被擒，和關平、趙累於臨沮被斬殺。孫權將關羽首級送給曹操，曹操以諸侯之禮將其安葬於洛陽，通常認為即關林。孫權將關羽身軀以諸侯禮安葬於當陽，即關陵，也稱當陽大王冢。蜀漢則在成都為關羽建衣冠冢，即是成都關羽墓，以招魂祭祀。 董奉(220-280)三國名醫,他治病,無須饋禮,不取分文,與華佗,張仲景齊名為「建安三醫」福建山上有「漢董奉煉丹處」古跡,被人尊為「醫神」

朝代	帝　　王	國號	干支	西 元	紀　　事
		黃初 **2** 章武 **1**	辛丑	**221**	魏黃初 2 年　蜀漢昭烈帝劉備章武元年 東漢獻帝劉協被殺,漢中王劉備四川成都稱帝,國號漢,是為蜀漢昭烈帝.改元章武. 劉備(161~223)字玄德涿郡人,漢室宗親,識人善用,招賢納士,與關羽、張飛桃園結義,184 年平「黃巾」之亂有功,207 年「三顧茅蘆」得南陽諸葛孔明輔佐,208 年赤壁之戰佔領荊州,入川自領益州牧,219 年佔漢中自立為漢中王,造成魏、蜀、吳三國鼎立,221 年繼大漢法統,在成都稱帝,建立蜀漢王朝,改元章武.222 年進兵猇亭(湖北宜都)兵敗退守白帝(四川奉節)223 年託孤孔明後卒享壽 63 歲..諸葛亮為相(攝政 223~234)據四川雲南陝南等地,西元 263 亡于魏朝. 張飛(?~-221)(字益德),涿郡(今河北涿州)人,劉備,關羽,張飛桃園結義之一.梟勇善戰,酒醉睡帳內,為部下張達、范疆刺殺身亡. 劉備恥關羽敗沒被殺,伐孫權. 劉備進兵秭歸,孫權遣鎮西將軍陸遜迎戰. 孫權(182~252)字仲謀,吳郡富春人,208 年孫權劉備聯軍敗曹操大軍於赤壁,219 年襲江陵、麥城擒殺關羽,攻占荊州,222 年猇亭火燒劉備四十餘軍營,即帝位,國號吳,改元黃武.252 年病死,享壽 71 歲,在位 30 年 孫權自公安徙治湖北武昌. 孫權內懼,上表曹操稱臣,曹魏封孫權為吳王.　孫權立子登為太子. 魏置護鮮卑烏桓校尉.
		黃初 **3** 黃武 **1**	壬寅	**222**	曹魏黃初 3 年　蜀漢章武 2 年　東吳孫權黃武元年 劉備為報孫權殺關羽之仇,吳蜀猇之戰,劉備進兵至夷道(湖北枝城)猇亭,火燒四十餘營,蜀漢軍大潰,屍骸塞江而下.劉備退保白帝城(四川奉節) 孫權派使者鄭泉請和,劉備遣宗瑋回應. 曹魏徵孫權遣子入質,孫權拒絕,曹丕大怒,命征東大將軍曹休攻孫權. 孫權獨立,改元黃武,都江南建國號**吳**,都南京武昌,史稱東吳.領長江以南及越南一部,西元 280 年亡于西晉　曹休軍至洞口(安徽和縣) 劉禪(206~271)劉備之子,222 年,時 17 歲託孤諸葛亮,嗣皇帝位,234 年孔明卒於五丈原,終年 54 歲.姜維繼承亮業,263 年戰敗降魏,蜀漢亡,劉禪遷居洛陽,封為安樂公.司馬昭問其生活,劉禪答曰「**樂不思蜀**」在位 41 年享壽 66 歲
三國	魏文帝 曹丕 蜀漢王 劉備 劉禪 東吳國 孫權	黃初 **4** 建興 **1** 建興 **1**	癸卯	**223**	曹魏黃初 4 年　蜀漢章武 3 年　東吳黃武 2 年　蜀漢後后主劉禪建興元年 蜀漢昭烈帝劉備崩於永安行宮,白帝城托孤,卒後子孝懷帝劉禪嗣位,改元建興,丞相諸葛亮輔政.遣尚書鄧芝赴東吳和解修好. 蜀漢建寧(雲南曲靖),永昌(雲南保山),牂柯(貴州福泉),越巂(四川西昌)四郡叛,結蠻酋孟獲,四祉攻掠.　諸葛亮以新遭大喪,閉關息民.　曹休軍疫,撤退. 魏師攻濡須別,將攻江陵,不克引還. 「**黃鶴樓**」始建,三國時期孫權「以武治國而昌」故名「武昌」築城而守,在湖北武昌蛇山上建樓而望.因兵火頻仍,黃鶴樓屢建屢毀,1868 年建「清樓」毀於 18847 年.1981.10.重修,1985 年落成.「極目楚天舒」「不盡長江滾滾來」 **昔人已乘黃鶴去此地空餘黃鶴樓黃鶴一去不復返白雲千載空悠悠**
		5	甲辰	**224**	曹魏黃初 5 年　東吳黃武 3 年　蜀漢建興 2 年 曹魏文帝曹丕率軍攻東吳,適長江水漲,無法渡江而還. 魏立太學,置春秋穀梁博士.
		6	乙巳	**225**	曹魏黃初 6 年　東吳黃武 4 年　蜀漢建興 3 年 諸葛亮用馬謖計,七縱七擒孟獲,猶欲再縱,孟獲不去,曰:「南人不復反矣」平定南中,解除蜀漢南顧之憂,充實財政. 曹魏文帝曹丕再攻東吳,由淮水欲入長江,東吳嚴守固防,舟不能進.曹丕嘆曰:「天所以限南北也」因而還.撤退. 東吳以顧雍為丞相.

朝代	帝　　王	國號	干支	西元	紀　　　　事
		7	丙午	**226**	曹魏黃初 7 年　東吳黃武 5 年　蜀漢建興 4 年 魏文帝曹丕,字子桓,文學家,曹操次子,在洛陽病卒,在位 7 年子曹叡嗣位是為明帝司馬懿輔政.　曹丕弟曹植(192-232)是建安文學代表人物, 建安七子為:孔融,王粲,劉楨,陳琳,阮瑀,徐幹應瑒. 中都護李嚴移屯江州,吳令諸將屯田. 魏殺其執法鮑勛,免曹洪官. 徵處士管寧不至. 孫權圍魏江夏不克,又命諸葛謹和張霸困襄陽,皆未成功.
	魏明帝 曹叡	太和 **1**	丁未	**227**	東吳黃武 6 年　蜀漢建興 5 年　曹魏明帝太和元年 諸葛亮上書(前出師表)請攻曹魏,遂出軍,進屯漢中. 曹魏新城(湖北房縣)太守孟達密謀降蜀漢,司馬懿平定. 曹魏明帝曹叡(205~239)在位 13 年享年 35 歲.克守祖業,復行舊制,復行五銖錢,唯,恣意淫,大修宮苑,設八坊,選美女,雜役繁興,百姓怨苦.
		2	戊申	**228**	東吳黃武 7 年　蜀漢建興 6 年　曹魏太和 2 年 曹魏撫軍大將軍司馬懿襲新城,斬孟達. 諸葛亮北伐,兵出祁山天水南安安定三郡,叛魏響應.進至街亭(甘肅莊浪東),曹魏左將軍張郃迎擊,蜀漢軍大敗,諸葛亮退兵,斬馬謖. 東吳鄱陽(江西波陽)太守周魴向曹魏詐降,曹魏征東大將軍曹休往迎,至石亭(安徽潛山),中伏軍潰,曹休慚憤而死. 諸葛亮聞曹休敗,再上書(後出師表)請攻曹魏,進圍陳倉(陝西寶雞),不能進,糧盡引還.227~234 年六次出師祁山.
		3	己酉	**229**	東吳黃武 8 年　蜀漢建興 7 年　曹魏太和 3 年　東吳黃龍元年 蜀漢諸葛亮攻曹魏,陷武都(甘肅成縣)陰平(甘肅文縣)二郡,凱旋.復拜丞相. 孫權(182-252)於 229.4.13.在武昌稱帝,國號吳.改黃武 7 年為黃龍元年,是為吳大帝.自武昌(湖北鄂州)遷都建業(江蘇南京) 使上大將軍陸遜輔太子登守武昌. .東吳與漢使盟約中分天下. 魏制後嗣有由諸侯入奉大統者不得顧私親.魏制後嗣由諸侯入奉大統者不得顧私親. 魏立聽訟觀置律博士. 趙雲(子龍)(?~-229)河北正定人,趙雲在鄴城與劉備相識,同床而眠,相談志趣相投,遂投劉備麾下.驍勇無敵,
		4	庚戌	**230**	蜀漢建興 8 年　曹魏太和 4 年　東吳黃龍 2 年 東吳孫權派衛溫、諸葛直率甲士浮海探訪夷洲(台灣早年名稱)俘虜數千人. 諸葛直率軍到夷州(即今台灣),但未及　州,231 年回吳被處死. 曹魏大司馬曹真攻蜀漢,諸葛亮出屯(陝西) 成固以待,大雨兵不能進乃退. 魏立郎吏課試法,尚書諸葛誕等以罪免. 中國楷書大家鍾繇病逝(151-230)
三國	魏文帝 曹丕 蜀漢王 劉備 東吳國 孫權	**5**	辛亥	**231**	蜀漢建興 9 年　曹魏太和 5 年　東吳黃龍 3 年 東吳孫權派衛溫、諸葛直浮海還,不能至亶州,僅自夷州(琉球)俘數千人,士卒疾疫死八九千人,孫權怒殺衛溫.吳國沈瑩著「臨海水土」即記描述有此事 吳平武陵蠻 吳人誘敗魏軍於阜陵. 二月蜀漢諸葛亮再攻曹魏,軍至祈山(甘肅禮縣東北)製木牛流馬運糧,與曹魏司馬懿於上邽(甘肅天水)對壘,蜀漢軍糧盡退還. 五月諸葛亮在鹵城,殺其將張郃.　曹魏左將軍追擊,中伏而死.
		6	壬子	**232**	蜀漢建興 10 年　曹魏太和 6 年　東吳嘉禾元年 魏主東巡治許昌宮　吳遣使如遼東　徙其騎都尉虞翻於蒼梧. 東吳攻曹魏廬江(安徽縣西南)不克而還. 公孫淵據遼東　曹魏陳王曹植卒.

朝代	帝　　王	國號	干支	西元	紀　　　　事
	魏明帝 曹叡 蜀漢王 劉備 東吳國 孫權	太和 **7** 青龍 **1**	癸丑	**233**	蜀漢建興 11 年　曹魏太和 7 年　東吳嘉禾 2 年　曹魏青龍元年 遼東(遼寧遼陽)太守公孫淵奉表東吳大帝孫權稱臣,孫權大悅,為之大赦. 遣太常張彌率軍萬人,泛海至遼東,封公孫淵為燕王.公孫淵以東吳道遠不可恃,乃斬張彌,傳首洛陽,東吳軍全軍被擄. 曹魏封公孫淵為樂浪公. 魏以青龍見摩陂井中改元 諸葛亮以木牛運米集斜谷口,備天魏. 陳壽(233-297),四川南充市人作「**三國誌**」
		2	甲寅	**234**	蜀漢建興 12 年　東吳嘉禾 3 年　曹魏青龍 2 年 二月諸葛亮攻曹魏,進軍渭南,魏司馬懿背渭水相拒,閉不出戰.諸葛亮送以巾幗婦人服,司馬懿仍不出戰,諸葛亮始分兵屯田. 三月漢獻帝薨 八月諸葛亮積勞成疾,病逝軍中. 諸葛亮一生【科教嚴明,賞罰必信,無惡不懲,無善不顯,至於吏不容姦,人懷自厲,道不拾遺,強不侵弱,風化肅然.撫百姓,示儀軌,約官職,從權制,開誠心,布公道.盡忠益時,考雖雠必賞,犯法怠慢者雖親必罰,服罪輸情者雖重必釋,遊辭巧飾者輕必戮】 蜀漢前將軍魏延,與長史楊儀互攻,楊儀誣魏延謀反,斬魏延. 五月吳擊魏,魏主自將擊卻之. 長史楊儀引兵還. 以蔣琬為尚書令吳懿督漢中. 孫權攻曹魏合肥,不克引還.
		3	乙卯	**235**	蜀漢建興 13 年　東吳嘉禾 4 年　曹魏青龍 3 年 馬鈞發明「指南車」,字德衡、扶風(今陝西興平)人,利用差動齒輪機械原理製作雙輪單轅車,上立一木人,車啟動時,木人手指南方的「指南車」 軍師楊儀有罪徙漢嘉自殺. 蜀漢任蔣琬為大將軍,費禕為尚書令. 魏治洛陽宮. 魏立養子芳為齊王. 魏張掖涌石負圖.
		4	丙辰	**236**	蜀漢建興 14 年　東吳嘉禾 5 年　曹魏青龍 4 年 東吳元老張昭卒. 東吳發行大錢,一文當五百文. 魏司空陳羣卒,魏令公卿舉才德兼備之士.
		景初 **1**	丁巳	**237**	蜀漢建興 15 年　東吳嘉禾 6 年　曹魏青龍 5 年　曹魏景初元年 曹魏明帝曹叡自定死後廟號為烈祖,萬世不毀. 魏以黃龍見改以建丑月為正月.陳矯為司徒 魏鑄銅人起土山於芳林園. 魏高堂隆卒 魏作考課法不果行. 東吳諸葛恪平丹陽諸賊以為威北將軍屯皖口. 遼東太守公孫淵叛曹魏自稱燕王.
三國	魏明帝 曹叡 蜀漢王 劉備 東吳國 孫權	**2**	戊午	**238**	東吳嘉禾 7 年　曹魏景初 2 年　蜀漢延熙元年　東吳赤烏元年 中國文化大批傳入日本.促進日本古墳文化興起,代替彌生文化,推進日本史 魏遣太尉司馬懿伐燕攻遼東(遼寧遼陽),破襄平,斬公孫淵. 立子璿為皇太子,曹爽為大將軍.　蔣琬出屯漢中. 東吳鑄當十大錢,誅酷吏中書郎呂壹.
		3	己未	**239**	曹魏景初 3 年　蜀漢延熙 2 年　東吳赤烏 2 年 曹魏明帝曹叡在位 13 年卒,侄曹芳(232~254)嗣位是為廢帝,在位 15 年享年 22 歲.以誣荒淫為司馬師廢除,並絞殺張皇后. 司馬懿與大將軍曹爽共輔政.何晏為尚書,蔣琬為大司馬.吳遣呂岱屯武昌. 曹爽丁謐策,削司馬懿實權

朝代	帝　　王	國號	干支	西 元	紀　　　　事
	魏齊王 曹芳 蜀漢王 劉備 東吳國 孫權	正始 1	庚申	240	蜀漢延熙 3 年　東吳赤烏 3 年　曹魏正始元年 明帝養子在位 14 年 魏遣使日本. 正始名士服石(正始,魏曹芳年號, 西元 240-249)識士不滿朝政服用五石散. 司馬彪(約 240-306),著莊子注、九州春秋、續漢書,包括紀、志、傳. 張嶷平越嶲蠻夷 吳太子登卒 冬吳饑 何晏,王弼等研究老子,庄子,倡貴無論,開清談之風,世稱『正始之音』
		2	辛酉	241	蜀漢延熙 4 年　東吳赤烏 4 年　曹魏正始 2 年 魏立三體『正始石經』用古文小篆和漢隸字體刻尚書春秋左傳,約 27 碑. 東吳車騎軍朱然攻曹魏樊城(湖北襄樊)不克,撤退. 蔣琬徙屯涪 魏置淮南北屯田廣漕渠. 處士管寧卒於魏. 曹髦(241-260)字彥士,丕之孫.260.5.7.被司馬昭所殺.
		3	壬戌	242	蜀漢延熙 5 年　東吳赤烏 5 年　曹魏正始 3 年 蜀漢涼州刺史姜維領偏師自漢中徙屯涪縣(四川綿陽). 吳孫權立子孫和為太子,封四子孫霸為魯王..
		4	癸亥	243	蜀漢延熙 6 年　東吳赤烏 6 年　曹魏正始 4 年 遣王平督漢中 蜀蔣琬病篤,以費禕為大將軍.
		5	甲子	244	蜀漢延熙 7 年　東吳赤烏 7 年　曹魏正始 5 年 曹魏大將軍曹爽攻蜀漢,兵至(陝西)漢中,蜀漢大將軍費禕軍趨救,曹爽不進 吳以陸遜為丞相 董允守尚書令 以費禕兼益州刺史.
		6	乙丑	245	蜀漢延熙 8 年　東吳赤烏 8 年　曹魏正始 6 年 蜀漢孝懷帝劉禪信任宦官黃皓任為中常侍.大司馬蔣琬卒,帝始親政.董允卒 以陳祇為侍中,宦官黃皓為中常侍. 吳丞相陸遜卒
		7	丙寅	246	蜀漢延熙 9 年　東吳赤烏 9 年　曹魏正始 7 年 蜀蔣琬(字公琰湖南零陵湘鄉人)、董允字休昭(今湖北)相繼病逝,宦官黃皓 專橫蜀政,上討後主歡心.蒙蔽劉禪,下壓百官掠奪民財,操弄權柄,導致蜀亡. 魏曹爽專政,司馬懿稱病. 曹魏幽州(北京)刺史毌丘儉攻高句麗(吉林集安). 東吳任諸葛恪為大將軍　毌丘儉伐高句麗. 吳以步騭為丞相,姜維為衛將軍,與寶禕並錄尚書事.　吳分荊州為二郡.
		8	丁卯	247	蜀漢延熙 10 年　東吳赤烏 10 年　曹魏正始 8 年 吳孫權為佛教在建業(今南京)建寺塑像,三國時期大為盛行.從此始佛寺. 魏遷其太后於永寧宮,作太初宮. 曹爽專權,司馬懿不平有隙稱病不朝 雍,涼羌胡附漢反魏,漢姜維出戰右應之,與魏兵戰於洮西,胡王白虎文,治無 戴率部從姜維入蜀.
		9	戊辰	248	蜀漢延熙 11 年　東吳赤烏 11 年　曹魏正始 9 年 司馬懿稱病不問政事,曹爽獨專朝政. 費禕出屯漢中. 漢涪陵國民夷起事,鄧芝破之. 交趾,九真夷起事,吳交州刺史,安南校尉陸胤慰定之.

朝代	帝　　王	國號	干支	西 元	紀　　事
三國	魏齊王 曹芳 蜀漢王 劉備 東吳國 孫權	嘉平 **1**	己巳	**249**	蜀漢延熙 12 年　東吳赤烏 12 年　曹魏正始 10 年　曹魏嘉平元年 魏明帝曹叡去世,曹魏帝齊王曹芳祭明帝陵墓,城空,司馬懿矯稱奉郭太后詔,閉洛陽城門,勒兵擄武庫,發動高平陵政變篡位,誣曹爽罪惡,殺曹爽及何晏等,夷三族. 右將軍夏侯霸懼,降蜀漢,從此曹魏政權歸司馬氏. 司馬懿自為丞相專政,改元〔嘉平〕魏夏侯霸來奔. 漢姜維伐魏雍州不克. 蜀將姜維連年(249-258)對魏用兵,大損蜀國國力,蜀漢滅亡,已成不可避免.
		2	庚午	**250**	蜀漢延熙 13 年　東吳赤烏 13 年　曹魏嘉平 2 年 吳遣軍十萬作堂邑涂塘,淹北道以防魏. 魏王昶等分道攻吳. 東吳大帝孫權廢太子孫和為庶人,殺魯王孫霸及將軍朱據.立子孫亮為太子. 魏大破吳師於江陵.
		3	辛未	**251**	蜀漢延熙 14 年　東吳赤烏 14 年　曹魏嘉平 3 年　東吳太元元年 魏破吳江陵兵 魏王淩謀立楚王彪,事洩,司馬懿殺王淩及楚王彪遂置諸王公於鄴. 司馬懿窮治其事,相連者皆夷三族,賜王彪死,盡錄魏諸王公置鄴,使人監守,不得與人交關. 八月司馬懿卒,長子司馬師專魏.自為撫軍大將軍錄尚書事. 魏分南匈奴左部為二部,以弱其勢.又分出羌,胡之與民雜居. 吳命諸葛恪以大將軍領太子傅,統領國事. 費褘北屯漢壽以陳衹守尚書令.
	東吳　孫亮	**4**	壬申	**252**	蜀漢延熙 15 年　曹魏嘉平 4 年　東吳太元 2 年　東吳神鳳元年　建興元年. 魏司馬師為大將軍 吳改元神鳳 東吳大帝孫權卒,年 70 歲,追尊為吳大帝,子孫亮(243~258)繼位.以諸葛恪為太傅.侍中孫峻輔政.孫峻殺諸葛恪,封承相大將軍.256 年孫峻死,堂弟孫綝掌權,專橫暴戾,妄殺異己,孫亮不滿 258 年欲去之,,事洩孫綝廢孫亮,另立孫休時年 16 歲在位 7 年 曹魏大將軍王昶、胡遵、毌丘儉三道攻東吳,吳大傅諸葛恪迎擊大破魏軍
		5	癸酉	**253**	蜀漢延熙 16 年　曹魏嘉平 5 年　東吳建興 2 年 蜀漢大將軍費褘(郭循)為曹魏降將刺殺.魏追封修為列侯 以孫峻為丞相. 衛將軍姜維攻曹魏狄道(甘肅臨洮)糧盡引還. 東吳諸葛恪大舉攻曹魏,圍新城(安徽合肥)久不能克,適大暑,死傷塗地,,乃退,士卒傷病沿途死亡,或被曹魏斬俘.怨奴沸騰,然諸葛恪安然自若.武衛將軍孫峻乘眾怒,於宴席上斬諸葛恪,屠三族. 魏新興,雁門二郡為胡騷動.
	高貴鄉公曹髦 蜀漢王 劉備 東吳國 孫亮	正元 **1**	甲戌	**254**	蜀漢延熙 17 年　曹魏嘉平 6 年　曹魏正元元年　東吳五鳳元年 曹髦(240~260)文帝孫東海定王曹霖子,司馬師立為皇帝在位 6 年享年 20 歲. 曹髦暴戾,不甘任人擺布,又被司馬昭持劍逼封晉王,不勝懣忿,率宿衛討司馬昭,遭賈充迎戰,被太子舍人成刺死. 曹魏大將司馬師,誣中書令李豐、太常夏侯玄、張皇后父張輯等謀反,悉被斬,並廢張皇后. 漢姜維伐魏拔三縣.居於綿竹,繁縣 吳孫英謀殺孫峻,事洩,被殺. 魏司馬師廢魏帝為齊王 立高貴鄉公髦,改元正元

朝代	帝　　王	國號	干支	西 元	紀	事
	高貴鄉公曹髦 蜀漢王 劉備 東吳國 孫亮	**2**	乙亥	**255**	蜀漢延熙 18 年　曹魏正元 2 年　東吳五鳳 2 年 曹魏鎮東將軍毌丘儉、揚州(安徽壽縣)刺史文欽,起兵壽春(安徽壽縣)討司馬師,兵敗,毌丘儉被殺,文欽奔東吳. 司馬師破丘儉 司馬師卒,弟司馬昭自為大將軍輔政.錄尚事. 蜀漢姜維攻曹魏,曹魏雍州(陝西西安)刺史王經拒之,戰於洮西狄道,曹魏軍大敗,死萬人. 姜維進圍狄道(甘肅臨洮)不克而歸.	
		甘露 **1**	丙子	**256**	蜀漢延熙 19 年　曹魏正元 3 年　東吳五鳳 3 年 東吳太平元年　曹魏甘露元年 魏司馬昭服天子服. 魏主髦視學. 東吳丞相孫峻卒,族弟孫綝任武衛將軍輔政. 魏姜維伐魏,出祁山與魏鄧艾戰於段谷(甘肅天水)大敗. 驃騎將軍呂據、大司馬滕胤起兵討孫綝,兵敗被殺. 經學家王肅卒,其遍注群經,與鄭玄說,多所不同.	
		2	丁丑	**257**	蜀漢延熙 20 年　曹魏甘露 2 年　東吳太平 2 年 東吳孫亮始親政. 魏諸葛誕討司馬昭, 司馬昭奉魏帝曹髦命發兵圍揚州平定.王凌、毌丘儉、諸葛誕皆誅三族.. 蜀漢姜維乘虛攻魏,至沈嶺(陝西周至西南),曹魏鄧艾拒戰,姜維無法進.	
三國	高貴鄉公曹髦 蜀漢王 劉備 東吳　孫休	**3**	戊寅	**258**	蜀漢延熙 21 年　景耀元年　曹魏甘露 3 年　東吳太平 3 年　永安元年 曹魏軍破壽春(安徽壽縣),斬諸葛誕,屠三族.自為相國.. 蜀漢姜維聞諸葛誕死,引兵還. 東吳帝孫亮謀誅大將軍孫綝,事泄,孫綝勒兵廢孫亮,立琅邪王孫休(235~264)為帝,是為景帝,改元「永安」264 年聞司馬昭滅蜀後冊升晉王,伐吳篡魏,憂鬱成疾病死. 終年 30 歲在位 7 年. 孫休與丁奉等尋誘誅孫綝,封兄子皓為烏程侯.漢中兵屯漢壽守漢樂二城.	
		4	己卯	**259**	曹魏甘露 4 年　蜀漢景耀 2 年　東吳永安 2 年 魏主髦以黃龍見於寧陵井中作潛龍詩. 陳祗死以董厥為尚書令,諸葛瞻(諸葛亮子)為僕射. 陶侃(259-334)出身寒門,行事謹慎,凡事三思,見機行事,為時人後楷模.	
	魏元帝 曹奐 蜀漢王 劉備 東吳　孫休	**5** 景元 **1**	庚辰	**260**	曹魏甘露 5 年　蜀漢景耀 3 年　東吳永安 3 年　曹魏景元元年 魏帝髦討司馬昭,不克,死.司馬昭追廢之為庶人. 曹奐(245~265)曹操之孫,燕王曹宇之子,司馬昭立為帝,在位 5 年,享年 21 歲「司馬昭代魏之心路人皆知」.曹魏帝曹髦威權日下,不勝瀎忿,率殿中宿衛及官僮,親討司馬昭.司馬昭遣中護軍賈充迎戰,派太子舍人成濟弒殺曹髦死(好文學工書畫著春秋左氏傳音在位(241-260),並殺尚書王經,立燕王宇之子常道鄉公曹奐為帝,是為元帝,改元「景元」魏室名存實亡,屠城濟三族. 朱士行赴于闐求經,為中國最早求法西域的僧人. 吳作浦里塘	
		2	辛巳	**261**	魏景元 2 年　蜀景耀 4 年　吳永安 4 年 蜀漢景耀 4 年　東吳永安 4 年　曹魏景元 2 年 樂浪徼外韓,濊貊各率其屬向魏朝貢. 鮮卑索頭部大人拓跋力微率其子沙漠汗獻於魏,因留為質. 陸機(261-303)史學藝術造詣極盛一時,後人稱之為"太康之英" 董厥諸葛瞻為將軍,共平尚書事,樊建為尚書令. 鮮卑索頭赴曹魏朝覲..	

朝代	帝　　王	國號	干支	西 元	紀　　　　事
	魏元帝 曹奐 蜀漢王 劉備 東呉　孫休	**3**	壬午	**262**	魏景元 3 年　蜀景耀 5 年　呉永安 5 年 蜀漢景耀 5 年　東呉永安 5 年　曹魏景元 3 年 魏遼東郡肅真譯貢獻. 漢姜維攻洮陽(甘肅臨潭)不克,黃皓譖姜維於蜀漢孝懷帝劉禪,姜維懼屯田沓中(甘肅舟曲西北)不敢歸成都. 呉以濮陽為丞相 魏司馬昭殺康中會都督關中事
		4	癸未	**263**	魏景元 4 年　蜀景耀 6 年　蜀炎興元年　呉永安 6 年 蜀漢景耀 6 年　東呉永安 6 年　曹魏景元 4 年　蜀漢炎興元年 呉交趾民起事,郡吏呂興殺太守孫諝,九真,日南皆應. 奉詔在沔陽立故丞相諸葛亮廟. 司馬昭稱相國晉公受九錫. 曹魏大舉攻蜀漢,鄧艾出狄道,諸葛緒出武街橋頭,斷姜維路.鍾會出斜谷攻漢中.姜維回軍敗諸葛緒,入劍閣拒鍾會.鄧艾自陰平陷江油,斬諸葛瞻,成都驚死,蜀漢孝懷帝劉禪出降,**蜀漢亡**於魏,立國 43 年 姜維降鍾會,鍾會厚待之. 劉徽注「**九章算術**」運用齊同術、今有術、圖驗法、棋驗法等算法. 魏末年,文風鼎盛,嵇康,阮籍,山濤,向秀,劉伶,王戎,阮咸合稱「**竹林七賢**」集山陽(今河南修武)
	魏元帝 曹奐 東呉　孫皓	**5** 成熙 **1**	甲申	**264**	魏景元 5 年　魏咸熙元年　呉元興元年　東呉元興元年 東呉永安 7 年　曹魏景元 5 年　曹魏咸熙元年 魏鍾會誣構鄧艾罪,詔檻車徵艾.會矯詔起兵廢司馬昭,兵亂,殺會及姜維. 監軍衛瓘使人殺鄧艾於途. 呉交趾殺其太守以降魏 守將傅彤死之 姜維戰敗還守劍閣 呉來援未與敵遇而還. 司馬昭平蜀有功,曹魏封為晉公,進爵晉王,旋死. 遷漢帝劉禪於洛陽,封為安樂公. 魏兵浮海入呉句章,略長吏及男女二百餘人而還. 魏以呂興為安南將軍,都督交州諸軍事,霍戈為交趾太守,率兵助之,兵未至,與為部下所殺. 魏罷屯田官. 東呉景帝孫休卒,將其子孫靈託丞相濮陽興,濮陽興與左將軍張布議,因蜀漢新亡,宜立長君,乃迎烏程侯孫皓(?~280)為帝,頒優待詔令,體恤貧民,釋放宮女,然後粗暴驕奢猜忌沉溺酒色,慘遭殺害,呉國從此敗壞,走向滅亡.280 年晉軍直入武昌,再下建業,孫皓自縛降晉,**呉亡**,孫皓在位 17 年. 三國時期文藝學術興盛. 呉人沈瑩作「臨海水土志」記載「夷州(台灣)地理及居民生產生活情形」

西　晉 (西元 265-316)凡 37 年

武帝司馬炎　秦始(265-274)咸寧(275-280)太康(290-289)太熙(290)－
惠帝司馬衷　永熙(290)永平(291)元康(291-299)永康(300-301)永寧(301-302)太安(302-303)永安(304)建武(304)永安(304)永興(304-306)光熙(306)－
懷帝司馬熾　永嘉(307-303)－
愍帝司馬鄴　建興(313-316)
西晉自武帝泰始元年代魏,至愍帝建興四年為漢王劉聰所滅,凡三世四君,歷 52 年(25~316).若自太康元年滅吳,統一中國,至西晉亡,凡 37 年(280~316). 其世系：

宣帝司馬懿	景帝司馬師				
	文帝司馬昭	(1)武帝司馬炎(泰始,咸寧,太康)		(2)惠帝司馬衷(永熙,元康,永康,永寧,太安,永興光熙)	
				(秦王柬)	(4)愍帝司馬鄴 建興
				(3)懷帝司馬熾(永嘉)	

「八王之亂」中八王與晉朝皇室關係表

漢京兆尹司馬防	司馬懿(追諡宣帝)(排行第二)	司馬師(司馬懿長子追諡景帝)			
		司馬昭(司馬懿次子追諡文帝)	晉武帝司馬炎(司馬昭長子)	晉惠帝司馬衷(武帝次子 290-306)	
				楚隱王司馬瑋(武帝五子)	
				長沙厲王司馬乂(武帝六子)	
				吳孝王司馬晏(武帝 12 子)	晉愍帝司馬鄴(在位 313-317)
				成都王司馬穎(武帝 16 子)	
				晉懷帝司馬熾(武帝 25 子 306-313)	
			齊獻王司馬攸(司馬昭次子)	齊武閔王司馬冏	
		汝南文成王司馬亮(司馬懿四子)			
		瑯琊武王司馬子將(司馬懿五子)	瑯琊恭王司馬覲	晉元帝司馬睿(東晉始 318 稱帝)	
		趙王司馬倫(司馬懿九子)			
	安平獻王司馬孚(排行第三)	太原列王司馬子泉	河間王司馬顒		
	魏魯相東武城侯司馬馗(排行四)	高密文獻王司馬泰(司馬馗次子)	東海孝獻王司馬越		

朝代	帝王	國號	干支	西元	紀事
西晉	魏元帝 曹奐 晉武帝司馬炎 吳末帝 孫皓	咸熙 2 泰始 1	乙酉	265	曹魏咸熙 2 年 東吳元興 2 年 東吳甘露元年 西晉泰始元年 東吳帝孫皓殺景帝孫休妻朱皇后及長次二子.遷都武昌(湖北鄂州). 司馬昭卒,子司馬炎(236~290)繼位.廢曹魏元帝曹奐為陳留王,篡魏自立,**曹魏亡**,立國 46 年 265.12.11.司馬炎南郊設壇,燔柴告天,強迫魏帝曹奐退位,自稱皇帝,是為晉武帝.國號晉,史稱**西晉**(265~316).都洛陽長安,在位 25 年享年 55 歲. 追謚司馬懿為宣帝,司馬師為景帝,司馬昭為文帝.武帝統一國重要措施： (一)重劃州郡區域 (二)調整戶調賦稅 (三)重訂刑律 (四)削弱地方兵權 (五)除漢魏宗室禁錮,罷將吏質任,初置諫官. 司馬炎滅吳統一全國後,懈怠政事,日夜遊晏,貪婪淫奢,吏治敗壞,賄賂公行,縱容聚斂.支持舅父王愷與石崇比富,後宮美逾萬,選幸后妃,敗國傷民.
西晉	武帝 司馬炎	2	丙戌	266	東吳甘露 2 年 西晉泰始 2 年 東吳寶鼎元年 晉醫學家王叔於 266-282 撰成「脈經」,摘錄前醫學精華,奠定後世脈學基礎. 祖逖(266-321)在長江擊楫發誓「祖逖不能清中原而複濟者,有如大江.」 東吳孫皓惡人視己,群臣侍見,莫敢舉目.散騎常侍王蕃飲酒忤旨,殺之,東吳還都建業(江蘇南京). 2.4.三國時期曹奐被迫禪位於司馬炎,建立晉朝. 吳遣使如晉弔祭 晉主以疏終三年喪,不聽群臣易服膳之請. 陸凱為丞相.
		3	丁亥	267	西晉泰始 3 年 東吳寶鼎 2 年 吳帝孫皓在建業築昭明宮,耗資億萬. 晉立嫡長子衷為太子. 晉禁星氣讖緯之學 李密(224-287)作「陳情表」 晉武帝感動令郡供奉祖母直至劉氏去世.
		4	戊子	268	西晉泰始 4 年 東吳寶鼎 3 年 裴秀(268-271)主編「禹貢地域圖」中國最早的歷史地圖問世. 晉律令成 晉詔杜預為黜陟之課不果行 晉太后王氏殂,晉主素服終三年喪. 太保王祥卒. 律令成. 青(山東淄博)徐(江蘇徐州)兗(山東鄆城)豫(河南淮陽)四州水患
		5	己丑	269	西晉泰始 5 年 東吳寶鼎 4 年 東吳建衡元年 東吳左丞相陸凱卒,東吳帝孫皓素恨其切直,命遷逐其家於建安(福建建甌) 晉以羊祜督荊州軍事,以濟陰太守文立言錄用名臣子孫. 吳左丞陸凱卒.
		6	庚寅	270	西晉泰始 6 年 東吳建衡 2 年 吳以陸抗都督諸軍治樂鄉 南匈奴五部居井州(山西)日久,謂係漢王朝外孫,乃改姓劉. 西晉所屬鮮卑叛,秦州刺史胡烈擊之,鮮卑禿髮樹機能兵敗被殺. (270-309)大批漢人從朝鮮移居日本.
		7	辛卯	271	西晉泰始 7 年 東吳建衡 3 年 吳帝孫皓舉兵攻晉,晉遣屯壽春拒之,吳帥中道遇雪退兵. 晉安樂公劉禪卒. 吳復取交趾.
		8	壬辰	272	西晉泰始 8 年 東吳鳳凰元年 書法家衛夫人(272-349)名鑠,字茂漪,河東安邑(今山西夏縣)人,書法著稱. 東吳昭武將軍步闡據西陵(湖北宜昌)叛,鎮軍大將陸抗擊之,斬步闡. 晉羊祜等救之不及.東吳帝孫皓毒右丞相萬彧,不死,萬彧自殺. 晉太子衷納賈充女為妃.安平王孚卒 晉以王濬為益州刺史

朝代	帝　王	國號	干支	西 元	紀　事
西晉	武帝 司馬炎	**9**	癸巳	**273**	西晉泰始 9 年　東吳鳳凰 2 年 晉以鄧艾孫郎為郎中,選公卿女備六宮 東吳帝殺侍中韋昭,又逮中郎將陳聲,燒鋸其頭,投其屍於四望磯下(江蘇南京西北),
		10	甲午	**274**	西晉泰始 10 年　東吳鳳凰 3 年 東吳帝孫皓暴虐,連年殺忠臣良將.陸抗卒,以其子晏景玄機雲五人分將其兵 吳比三年大疫. 晉以山濤為吏部尚書,濤薦任嵆紹為祕書丞,曹芳卒.
		咸寧 **1**	乙未	**275**	東吳鳳凰 4 年　東吳天冊元年　西晉咸寧元年 晉武帝詔令以官奴婢代兵屯田種稻.穩定軍心,農業生產積極 東吳賀邵中風不能言,孫皓疑詐,拷掠數千,終不能,言乃燒鋸其頭,遷家於臨海.　鮮卑索頭酋長拓拔沙漠汗入朝西晉
		2	丙申	**276**	東吳天冊 2 年　西晉咸寧 2 年　東吳天璽元年 東吳造「天久神讖碑」碑文為皇象書,隸法入篆,1805 失火石毀. 東吳太守車浚公因旱請賑,孫皓認為收買民心斬之,尚書熊睦諫,孫皓亦殺之 王導(276-339),字茂弘,琅琊沂(今山東)人,歷任元、明、成三帝大司馬,丞相. 吳臨平湖開歷陽山石印封發 晉羊祜請伐吳 晉加祜征南大將軍 晉以楊后父駿為車騎將軍 晉立國子學,置國子祭酒及博士各一人,助教 15 人,為國家貴勢子弟遊學所.
		3	丁酉	**277**	西晉咸寧 3 年　東吳天紀元年 西晉詔遣諸王就國封功臣為公僕. 吳擊晉江夏汝南大略而還. 四子悉祿立 索頭拓跋力微死. 西晉豫、兗、徐、青、荊、益、梁七州大水
		4	戊戌	**278**	西晉咸寧 4 年　東吳天紀 2 年 東吳帝孫皓猜忌心重,更忌勝己者,殺中書令張尚. 晉羊祜入朝,旋卒,杜預代之. 以衛瓘為尚書令 詔不得獻奇技異服 以杜預為鎮南大將軍都督荊州. 水螟.
		5	已亥	**279**	西晉咸寧 5 年　東吳天紀 3 年 西晉汲郡人掘魏襄王魏嗣墓,塚竹書出土,得竹簡小篆古書十餘萬言,吏稱**【竹書紀年】**.整理出穆天子傳、竹書紀年、汲塚瑣語三部書. 武威太守馬隆擊斬鮮卑樹機能 晉以匈奴劉濟為左部帥. 晉大舉兵分六道伐吳,馬隆破樹機能斬之. 涼州平
		6 太康 **1**	庚子	**280**	西晉咸寧 6 年　東吳天紀 4 年　太康元年 西晉杜預、王濬率兵攻吳,兵至石頭(江蘇南京西北)吳丞相張悌迎戰死,吳帝孫皓面縛出降,賜孫爵歸命侯,**東吳亡.**晉武帝立國 59 年. 三國時代終(220-280)凡 61 年.西晉統一全國,置 19 州,撤銷州郡兵,大郡,武吏百人小郡五十人. 遣使至荊陽除苛政,封拜平吳功臣. 青州刺史胡威卒 . 陶璜山濤言兵不可去不聽 晉頒行戶調式制度,包括佔田制、課田制、戶調式、限田制、蔭親蔭客制等.
		2	辛丑	**281**	西晉武帝司馬炎自滅東吳,日夜宴遊,怠於政事,掖庭殆將萬人,選東吳宮女五千人進宮,常乘羊車,憑其所之,止便宴寢. 郭欽言徙戎長策不用.　歸命侯孫皓卒　鮮卑慕容涉歸寇昌黎

朝代	帝王	國號	干支	西元	紀事
西晉	武帝 司馬炎	**3**	壬寅	**282**	醫學家、歷史學皇甫謐去世. 嚴詢破慕容涉歸於昌,斬獲數萬. 鮮卑慕容涉歸寇昌黎(遼寧義縣)安北將軍嚴詢擊退. 張華都督幽州軍事. 東夷二十九國歸附,奉獻方物. 賈充死,以弟齊王攸為大司馬都督青州軍事.
		4	癸卯	**283**	齊王司馬攸怨憤發病卒 琅邪王伷卒,子覲嗣. 歸命侯孫皓卒. 河南洛陽及荊(湖北江陵)、揚(江蘇南京)等六州大水.
		5	甲辰	**284**	尚書左僕射劉毅請廢「九品中正制度」疏「上品無寒門,下品無士族」武帝未接受. 抱朴言彭：為東晉葛洪著(公元 284~364 年) 龍見武庫井中帝觀之有喜色,百官將賀,劉毅止之. 百濟國王遣阿直岐出使日本,日應神天皇留為皇子之師. 葛洪(284-363)江蘇人,晉朝**醫學家**,化學家,精於煉丹術,**製造火藥先師**
		6	乙巳	**285**	陳壽撰著**《三國志》** 尚書左僕射劉毅卒,以王渾為尚書左僕射. 鮮卑慕容部落酋長廆攻遼西(河北盧龍),幽州(北京)軍迎擊 百濟國王再遣博士王仁赴日本,贈論語十卷,千字文一卷,漢字自是傳入日本,日本亦自是始有文字.
		7	丙午	**286**	慕容廆攻遼東,扶餘王依慮子依羅求援於東夷校尉何龕,龕遣兵援之,擊敗慕容廆,遂復扶餘. 東夷十一國內附 司徒魏舒罷 鮮卑拓跋悉鹿死,弟綽立. 扶南等廿一,馬韓等十一個遣使奉獻..
		8	丁未	**287**	大廟殿陷,九月修繕. 南康平固縣吏李豐起事攻郡縣,自稱將軍. 匈奴都督大豆得一育鞠等帥種落萬一千五百口來降.
		9	戊申	**288**	東夷七國內附 星隕如雨 地震.
		10	己酉	**289**	東夷十一國內附 鮮卑慕容廆歸降,西晉授為鮮卑大都督.帝在位 25 年,子衷立,是為惠帝 廆以遼東僻遠,徙居徙河青山 以劉淵為匈奴北部都都尉. 東夷絕遠三十餘,西南夷二十餘國來獻. 奚軻男女十萬口來降 封子孫六人為王. 劉頌上言不聽. 遣諸王假節之國,督諸州軍事.
西晉	惠帝 司馬衷	永熙 **1**	庚戌	**290**	西晉太熙元年 西晉永熙元年 東夷七國朝貢 西晉武帝司馬炎卒,終年 55 歲,在位 25 年.子惠帝司馬衷(259~306)嗣位,在位 17 年,得年 48 歲. 太傅楊駿(武帝楊皇后之父)輔政,尊皇后為皇太后,立皇后賈南風,險悍多謀,暴戾妒忌,專權專政.淫亂驕橫..不懂政事,一昧享樂,依外公太傅楊駿輔政.政風敗壞,天下荒亂,百姓困苦. 幽斃楊太后(元后楊氏胞妹)誣殺司馬亮、司馬瑋及老臣衛瓘.299 年陷廣陵王遹太子造反,廢為平民,並殺其生母.,引發諸王混戰,自我骨肉相殘,史稱**「八王之亂」300 年**司馬輪廢殺賈后,306 年司馬越毒死惠帝司馬衷,另立武帝第 25 子司馬熾即帝位. 擢劉淵為匈奴五部大都督居離石. 琅邪王覲卒,子濬嗣,即東晉元帝.

朝代	帝　王	國號	干支	西元	紀　事
		元康 **1** 永平 **1**	辛亥	**291**	西晉永平元年　西晉元康元年 皇后賈南風謀殺太傅楊駿,廢楊太后,殺楊太后龐氏,屠三族,徵汝南王亮為太宰,與太保衛瓘錄尚書事.賈皇后不能恣意所為,誣司馬亮(八王之亂 **1**)、衛瓘謀反,下詔楚王司馬瑋(八王之亂 **2**)殺之.又恐司馬瑋居功難制,誣其矯詔,斬之,自是賈后專權,委任親黨. 以賈模張華裴頠為侍中並管機要. **八王之亂**(291~306)(司馬亮「291 年被殺」、司馬瑋、司馬倫、司馬冏、司馬乂、司馬穎、司馬顒、司馬越) 「**孔方兄**」(291-299)惠帝昏庸,貪污賄賂成風,唯錢為嗜.魯褒作「錢神論」錢為物「無德而尊,無勢而熱,排金門,而入紫闥」,危可使安,死可使活,貴可賤,生可使殺,是故忿爭非錢不勝,幽滯非錢不拔,怨仇非錢不解,令聞非錢不發…凡今之人,唯錢而已」還說錢「為世神寶,親之如兄,字曰孔.方失之則貧弱,得之則富昌」「錢無耳,可使鬼」此文廣為傳誦,「孔方兄」為錢同義語
		2	壬子	**292**	楊皇后被賈皇后囚於金墉城(洛陽東),賈皇后絕飲食餓死.
		3	癸丑	**293**	弘農雨雹深三尺
		4	甲寅	**294**	匈奴郝散攻上黨,殺長吏,後降,被殺. 司隸校尉傅咸卒 慕容廆徙居大棘城.
西晉	惠帝 司馬衷	**5**	乙卯	**295**	荊、揚、兗、豫、青、徐.六州大水. 關中(陝西中部)饑疫. 洛陽武庫大火,劉邦斬蛇劍、王莽首,以及累代珍寶俱焚. 索頭酋長祿官分其國為三部.使兄子猗㐌猗盧分統之.居上谷定襄代郡邊境.
		6	丙辰	**296**	秦(甘肅甘谷)、雍(陝西西安)二州氐羌部落悉叛,立氐部落酋長齊萬年為帝. 略陽(甘肅天水)氐部落酋長楊茂搜避齊萬年之亂,率民四千戶保仇池(甘肅南),地方百頃,四面高山千仞,羊腸小道,卅六迴始可上號稱氐王(296-506)
		7	丁巳	**297**	裴頠以時尚虛無,著崇有論以斥之 以王戎為司徒. 建威將軍周處及齊萬年戰敗死. 雍秦旱疫. 史學家陳壽卒,其著有『**三國志**』
		8	戊午	**298**	遣孟觀討齊萬年 關中荊、豫、徐、揚、冀(河北冀州)五州大水,連年飢荒,遣侍御史李苾慰勞漢川流民.
		9	己未	**299**	太子洗馬江統作「徙戎論」上書請遷匈奴出塞還其故地,以為戎、狄內遷引起矛盾,五古亂華之源,主張遷回本土,晉不能用. 左積弩將軍孟觀大破氐眾於中亭(陝西扶風東南),斬齊萬年. 賈皇后誣太子司馬遹謀反,廢為平民,並殺其母謝淑媛.
		永康 **1**	庚申	**300**	西晉永康元年 賈皇后為絕後患,殺司馬遹. 4.3.趙王司馬倫(八王之亂 **3**)稱為太子復仇,起兵殺司空張華、尚書僕射裴頠、侍中賈謐,廢賈皇后,囚於金墉城(洛陽東)逼飲金屑酒而死.自為相國. 立皇后羊氏.　立臨淮王臧為太孫.　淮南王允討趙王倫不克死. 以齊王冏為平東將軍屯許昌.益州(四川成都)刺史趙廞據成都叛.
		永康 **2** 永寧 **1**	辛酉	**301**	西晉永康 2 年　西晉建始元年　西晉永寧元年 趙王司馬倫廢西晉惠帝司馬衷篡位自立稱帝,遷都金墉城. 齊王司馬冏(八王之亂 **4**)及河間王穎顒起兵討伐殺之,惠帝司馬衷復位,誅司馬倫. 司馬冏輔政,穎顒各還鎮. 略陽(甘肅天水)流民部落酋長李特、李流起義斬廞,據成都.

朝代	帝　　王	國號	干支	西 元	紀　　　　事
		太安 **1**	壬戌	**302**	西晉永寧 2 年　西晉太安元年 李特稱大將軍,益州牧 立清河王覃為皇太子. 陳留王曹奐卒,諡元帝. 李特在蜀敗羅尚兵. 司馬冏稱帝驕奢擅權,眾不能忍,河間王顒,成都王穎等舉兵,長沙王司馬乂(八王之亂 **5**)殺齊王冏,冏黨皆夷三族,改元太安 鮮卑宇文文單于遣將攻慕容廆,敗績. 遼東孟光以眾數千家降於廆.
	惠帝　司馬衷 成漢　李 特	太安 **2** 建初 **1**	癸亥	**303**	西晉太安 2 年　建初 **1** 年 李特入成都少城,建元建初 河間王顒聯合益州(四川成都)刺史羅尚擊斬李特,其弟李流代其眾,李流卒,侄李雄代領其眾,驅羅尚,再擄成都. 義陽(河南新野)蠻張昌立劉尼為帝,攻樊城(湖北襄樊)殺新野王司馬歆. 成都王司馬穎(八王之亂 **6**)、河間王司馬顒(八王之亂 **7**)起兵討司馬乂. 司馬穎遣前將軍陸機攻洛陽兵敗,宦官孟玖誣陸機謀反,斬陸機,屠三族. 司馬遣都督張方進圍洛陽.. 王羲之(303-361)山東臨沂人,書法家,有「書聖」之稱,文學家,寫有「**蘭亭集序**」善草書,行書,楷書.
西晉	惠帝　司馬衷 成漢　李雄 漢　　劉淵	永安 **1** 建興 **1** 元熙 **1**	甲子	**304**	西晉太安 3 年　西云永安元年　西晉建武元年　西晉永興元年 成漢建興元年　漢趙元熙元年 東海王越殺長沙王 前趙國(319 年前名漢國)姓劉,西晉統治下,據華北建國,先後都离石,黎亭,臨汾,西安,匈奴族(304~329).光文帝劉淵 304 年稱王,308 年稱帝(304~310)昭武帝聰 316 滅西晉(310~318)帝曜(318~328)帝熙 329 年亡于後趙石勒 洛陽圍困長久,東海王司馬越(八王之亂 **8**)執司馬乂送張方,張方殺乂,掠洛陽返長安,自為丞相. 劉沈討顒敗死. 顒廢羊后太子覃. 司馬穎為皇太弟自為太宰雍州牧,嬖倖用事,大失眾望. 司馬越攻司馬穎,敗於蕩陰(河南湯縣)復羊后太子. 越兵敗走侍中嵇紹被殺,司馬衷被俘至鄴城(河北臨漳),司馬越奔下邳(江蘇睢寧). 張方復入京廢羊后太子. 劉淵自稱大單于 安北將軍王浚起兵攻鄴城,勢如破竹,司馬穎棄鄴城,奉司馬衷還洛陽,未行而軍驚潰,僅數十騎抵達. 荊州兵擊張昌,屠三族. 氐部落酋長李特子李雄在成都稱成都王(**19** 國之 **1**) 史稱**【成漢】**(西元 304-589)凡 386 年 大分裂時代開始(西元 304-589)凡 386 年. 匈奴貴族劉淵之父劉豹,為匈奴左賢王,在山西離石起兵,稱漢王建國,史稱**【漢趙】**(**19** 國之 **2**). 西晉司馬顒遣右將軍張方赴洛陽,挾司馬衷遷都長安,廢皇太弟司馬穎,立司馬熾為皇太弟. 「五胡亂華」開始
		永興 **2**	乙丑	**305**	西晉永興 2 年 成漢建興 2 年　漢趙元熙 2 年 東海王司馬越傳檄州郡,起兵討司馬顒. 成都王穎據洛陽,翌年敗死. 司馬穎故將公師藩寇趙魏.起兵河北,羯人石勒時被掠賣為奴,往投之. 司馬穎據洛陽,陳敏據江東.陶侃擊破之.

朝代	帝　　王	國號	干支	西 元	紀　　　　　　事
		永興 **3** 光熙 **1**	丙寅	**306**	西晉永興 3 年　成漢建興 3 年　漢趙元熙 3 年 西晉光熙元年　成漢晏平元年 帝在位 17 年崩,子熾立,是為懷帝. 成都王穎據洛陽敗死. 河間王被殺. 司馬顒兵屢為司馬越兵所敗,大懼,斬張方,送首請和,不許. 司馬越大將祁弘攻入長安,所部鮮卑軍大掠,殺二萬餘人,奉司馬衷還都洛陽,復羊后. 司馬顒奔太白山(陝西太白東),俟祁弘去,.再據長安. 成都王李雄稱帝,國號【**成.**】 司馬越為太傅,范陽王虓為司空鎮鄴 西晉兗州刺史茍晞擊斬公師藩. 西晉惠帝司馬衷中毒死,弟懷弟司馬熾嗣位即晉懷帝,自掌大權. 西晉司馬顒任司徒就徵至中途為南陽王司馬模所殺. 西晉右將軍陳敏於歷陽(安徽和縣)叛. **八王之亂結束** 左思卒,當時追求辭藻有三張(張載,張協,張亢)二陸(陸機,陸云)一左(左思)文學較有成就者當推左思.
西晉	懷帝　司馬熾	光熙 **2** 永嘉 **1**	丁卯	**307**	漢趙元熙 4 年　西晉光熙 2 年　成漢晏平 2 年　西晉永嘉元年 西晉懷帝司馬熾(284~313)在位 7 年時年 29 歲. 八王相殘,胡人乘機而入,劉淵、石勒以晉為敵,司馬越領兵對峙,311 年司馬越戰死頂城,歸葬郯城,由太尉領兵,至苦縣(河南;鹿邑)遭石勒包圍殲滅.晉大傷元氣.劉曜攻洛陽,俘懷帝司馬熾送平陽,史稱「永嘉之亂」313 年劉聰殺害. 西晉陳敏被其部將甘卓殺害.　盜王彌寇青徐　太傅越出鎮許昌 西晉琅邪王司馬睿鎮都楊州軍事守建業(南京).　盜汲桑石勒入鄴,殺新蔡王騰,復攻兗州,茍晞討破之,以琅邪王睿都督楊州鎮建業, 汲桑走死　石勒降漢趙,署為輔漢將軍.　以王衍為司徒 越自領兗州牧　徙茍晞青州　慕容廆自稱大單于.
		2	戊辰	**308**	漢趙元熙 5 年　成漢晏平 3 年　西晉永嘉 2 年　漢趙永鳳元年 漢趙王劉淵稱帝建漢,遷都蒲子(山西隰縣)稱帝,是漢光文帝.改元永鳳 1 年 太傅越殺清河王覃.　西晉山東變民王彌攻洛陽 張軌遣北宮純入衛擊破之奔降漢趙.　石勒寇魏汲頓丘 王彌入許昌,逼京師,敗投劉淵
		3	己巳	**309**	成漢晏平 4 年　西晉永嘉 3 年　漢趙河瑞元年 漢趙自蒲子遷都平陽(山西臨汾)　同年漢寇洛陽　以山簡都督荊湘等州事 西晉東海王司馬越誣中書監繆播等大臣謀反,悉殺之. 漢趙安東大將軍石勒、征東大將軍王彌、楚王劉聰,合攻西晉壺關(山西長治北),壺關降,劉聰復攻洛陽,不克.
		4	庚午	**310**	成漢晏平 5 年　西晉永嘉 4 年　漢趙河瑞 2 年　漢趙光興元年 漢趙文帝劉淵卒,子劉和嗣位殺諸王.弟楚王劉聰起兵殺劉和,即位,是為昭武帝. 漢烈宗劉聰光興 1 年 氐囚蒲洪自稱略陽公. 流民王如寇南陽附漢. 以拓跋猗盧為大單于封代公.　召天下兵入援.　漢石勒攻襄陽.　漢寇洛陽東海王越出討,石勒次於項.　幽、并、司、冀、秦、秦六州蝗害,西晉懷帝司馬熾往援,迄無至者　司馬越屯河南許昌,洛陽更空虛.

朝代	帝　王	國號	干支	西 元	紀　事
		5	辛未	311	成漢晏平6年西晉永嘉5年　漢趙光興2年　劉聰嘉平元年成李雄玉衡元年 漢寇青州苟晞敗走.　石勒陷夏　西晉(湖南)醴陵令杜弢叛據長沙. 琅邪王睿逐楊州都督周馥以王敦代之 東海王司馬越卒,以兵權付衍,苟晞為大將軍,為石勒追及敗越兵,殺王衍 永嘉之亂,趙漢呼延晏劉曜、王彌攻陷洛陽,俘晉懷帝,史稱「**永嘉之亂**」 司馬熾至平陽.又陷長安 劉聰降懷帝為會稽公 荀藩奉秦王業趨許昌 劉曜攻長安殺西晉南陽王司馬模. 漢趙石勒宴蓆斬王彌.　索琳破漢兵,迎秦王業入雍城　酋羌姚戈自稱扶風公.
		6	壬申	312	西晉永嘉6年　成漢玉衡2年　漢趙嘉平2年 司空荀藩等迎奉秦王業於長安 石勒據襄稱霸, 西晉無皇帝,無年號,史稱**西晉**永嘉六年,以便紀事. 漢趙昭武帝劉聰封所俘西晉懷帝司馬熾為會稽公. 西晉賈疋反攻長安,漢趙劉聰棄長安奔平陽,賈疋立秦王司馬業為皇太子,懷帝遇害,秦王鄴在長安即帝位,是為愍帝. 漢趙石勒陷西晉襄襄國(河北刑台)據為基地. 漢趙劉曜陷晉陽并州陷晉陽(山西太原) 西晉劉琨收殘兵,引代公拓拔猗盧擊擊敗漢趙,收復晉陽,然已殘破不居,劉琨遂屯(山西)陽曲.　酋羌姚戈仲自稱扶風公.
西晉	懷帝 司馬熾 愍帝 司馬鄴	永嘉7 建興1	癸酉	313	西晉永嘉7年　成漢玉衡3年　漢趙嘉平3年　西晉建興元年 劉聰大宴群臣飯飽酒酣時,命晉懷帝穿上青衣行酒取樂,讓晉朝故臣庚鋱,. 王　悲憤大哭,劉聰震怒.劉聰殺晉懷帝司馬熾,及舊臣十多人.全部遇害. 晉懷帝遇害,消息傳到長安,西晉皇太子司馬業(300~317)舉哀服喪,於長安稱帝,是為愍帝,在位4年享年18歲,復被劉曜執去. 漢趙石勒遣侄石虎陷西晉鄴城(河北臨漳),石虎鎮之 以琅琊王為左丞相,南陽王為右丞相 琅邪王以祖逖為豫州刺史.　西晉司馬睿命祖逖擊楫渡長江屯淮陽. 西晉愍帝司馬業命司馬睿攻漢趙,司馬睿以兵不足拒之. 漢趙中山王劉曜攻長安,西晉索綝迎擊,漢趙敗走.
	愍帝 司馬業 前涼　張 寔	建興2 永安1	甲戌	314	成漢玉衡4年　漢趙嘉平4年　西晉建興2年 梁州人張咸以州降成. 張軌稱涼州牧,史稱**前涼**. 張軌卒,子張寔繼位 漢趙鎮東大將軍石勒向西晉幽州大都督王浚詐降,並請親赴幽州(北京)上尊號,王浚大悅,未設防,石勒輕騎往襲取幽州,擒王浚殺之. 西晉所屬華北八州,石勒滅其七,僅并州(山西太原)尚存. 漢趙劉曜再攻長安,西晉索綝再擊退之.
	愍帝 司馬業 漢　劉　聰	建興3 建元1	乙亥	315	成漢玉衡5年　漢趙嘉平5年　西晉建興3年　漢趙建元元年 以琅邪王為丞相,南陽王為相國,劉琨為司空. 漢曹嶷取青州　漢立三后 晉以司馬睿為丞相,以王敦為鎮東大將軍. 西晉封代公拓拔猗盧為代王. 西晉武昌太守陶侃搬璧,受命討伐杜弢,克長沙,杜弢走死湘州平,平定湘州,立下大功.　丞相睿以王敦都督江揚等州軍事 王敦徙陶侃為廣州刺史 漢趙山東青州刺史曹嶷陷西晉青州全境.

朝代	帝　　王	國號	干支	西 元	紀　　　　事
		4	丙子	**316**	成漢玉衡 6 年　西晉建興 4 年　漢趙建元 2 年　漢趙麟嘉元年 代王猗盧為長子六修所弒 猗子普根殺六修而立,尋卒. 國人立鬱律 張寔遣兵入援. 漢趙中山王劉曜陷北地至涇陽,冬攻長安,城中糧盡,西晉愍帝司馬業出降,帝在位 4 年,**西晉滅亡.** 西晉共經歷司馬炎、司馬衷、司馬熾、司馬鄴四帝,歷時 52 年(265-316).而滅亡,進入五胡(匈奴,鮮卑,羯,氐,羌),十六國時期. 西晉并州(山西太原)長史李弘據井州降漢趙驃騎大將軍石勒. 西晉井州刺史劉琨奔薊縣(北京),投幽州刺史段匹磾. 丞相睿移檄北征 劉曜封帝為懷安侯.・五胡興衰： 一・ 晉、趙、成漢鼎立：西晉亡後,中原迭為前趙(前趙前身即漢.漢主劉聰為族弟劉曜所弒,劉曜即帝位,改國號曰【**趙**】是為前趙)、後趙所據,南方為東晉. 二・ 晉、燕、秦鼎立：石氏的後趙為冉魏尋為慕容燕所滅,而苻氏的前秦崛起於西方,南方仍為東晉. 三・ 晉、秦對峙：前秦主苻堅統一北方，與東晉成南北對峙之勢・ 四.・晉、燕、秦鼎立：肥水之戰以後,北方分裂,姚氏的後秦繼苻秦據有西方,中原迭為後燕、南燕所據,南方仍為東晉. 五・ 晉、魏、夏、涼並立：晉滅南燕,又滅後秦,既而退兵,北方又陷於分裂.拓魏據有北方,赫連夏據有關中,禿髮氏的南涼及沮渠氏的北涼迭據西北,復成列國分立形勢. 其後北方為拓跋魏所統一,東晉為劉裕所篡,五胡亂華時代於是結束,而進入**【南北朝】**時代.東晉與五胡之亂相終始,東晉時代的中原,即是**【五胡亂華】**的時代

東晉十六國 (西元 317-420)

帝王世系表：
元帝司馬睿建武(317-318)太興(318-321)永昌(322)－
明帝司馬紹永昌(322-323)太寧(323-325)－
成帝司馬衍太寧(325-326)咸和(326-334)咸康(335-342)－
康帝司馬嶽建元(343-344)－
穆帝司馬聃永和(345-356)升平(357-361)－
哀帝司馬丕隆和(362-363)興寧(363-365)－
廢帝司馬奕太和(366-371)－
簡文帝司馬昱咸安(371-372)－
孝武帝司馬德宗隆安(397-401)元興(402-404)義熙(405-418)－
恭帝司馬德文元熙(419-420)
東晉自元帝繼統至恭帝滅亡,凡 4 世 11 君,歷 103 年(317~419)

(1)元帝(建武,太興,永昌)	(2)明帝(太寧)	(3)成帝(咸和,康)	(6)哀帝(隆和,興寧)
			(7)廢帝(太和)
		(4)康帝(建元)	(5)穆帝(永和,升平)
	(8)簡文帝(咸安)	(9)孝武帝(寧康,太元)	(10)安帝(隆安,元興,義熙)
			(11)恭帝(元熙)

朝代	帝　王	國號	干支	西 元	紀　事
東晉	元帝　司馬睿 317~383 年 東晉十六國 東晉(317~420)	建武 **1**	丁丑	**317**	成漢玉衡 7 年　東晉建興 5 年　漢趙麟嘉 2 年　西晉建武元年 漢趙昭武劉聰出獵,命所俘西晉愍帝司馬業執戟前導,又使其行酒洗盃,入廁,又命其蓋,西晉舊臣痛哭,劉聰大怒,於平陽斬司馬鄴. 劉聰弒愍帝遇害,琅邪王司馬睿(276~322) 稱帝,都建業,是為晉元帝,史稱**東晉**(317~420)成偏安之局,亡於宋國劉裕,在位 6 年享年 47 歲. 司馬睿延續晉朝國祚,以王導為丞相,王敦(王導兄)為大將軍 漢趙相國劉粲誣皇太弟劉乂謀反,殺之. 河南王吐谷渾卒. 琅邪王睿即晉王位於建康,改元建武 以慕容廆都督遼左雜夷流民諸軍事,大單于. 豫州刺史祖逖進據譙城,經營北伐.　豫章太守周訪大破社會 金門縣志：金門之有人口,始自東晉中原多故五胡亂華(公元 317~420 年東晉十六國)避亂入居.唐置馬區,守築埭田,元闢鹽場,明設千戶,歷代繁增,考各姓宗譜,宋明兩朝代來者尤盛,
	元帝　司馬睿 漢　劉　粲 前趙　劉曜	建武 **2** 漢昌 **1** 光初 **1** 太興 **1**	戊寅	**318**	成漢玉衡 8 年　東晉建武 2 年　漢趙麟嘉 2 年　東晉太興元年 漢趙漢昌元年　漢趙光初元年　漢劉曜光初 1 年 東晉王司馬睿聞司馬業死,遂稱帝,是為元帝. 以子紹為皇太子 張寔遣使上表. 東晉幽州(北京)刺史段匹磾疑劉琨圖己,殺之. 漢趙昭武帝劉聰卒,子隱帝劉粲嗣位. 大將軍靳準殺劉粲,皇族劉氏男女,無少長皆斬之. 劉聰卒,子劉粲立,之後被殺.中山王劉曜聞亂,自長安發兵討靳準,捕靳氏男女,無少長亦皆斬之,劉曜即帝位. 劉曜立於赤壁石勒為趙公族誅靳氏 勒拔平陽 祝英台(318-419)浙江上虞人,女扮男裝赴杭州求學,路途巧遇梁山伯,結拜為兄弟,同窗數載,梁山伯不識祝英台為女兒身,誤失婚期,梁山伯含恨而死,祝英台撞墳殉情..

朝代	帝　王	國號	干支	西 元	紀　事
		2	己卯	**319**	成漢玉衡 9 年　東晉太興 2 年　漢趙光初 2 年　後趙趙王元年 泰山太守徐龕稱兗州刺史,大掠濟,岱. 漢改號趙劉曜遷都長安,改國號為趙,史稱**前趙**,石勒稱趙王. 南陽王保自稱晉王改元建康 祖逖討陳川石勒拒之. 浚儀泰山陷於石勒 幽州陷於石勒. 周訪討斬杜曾以為荊州刺史王敦自領之. 漢趙帝劉曜改國號曰趙,史稱【前趙】封大司馬石勒為趙王,尋又疑將圖己,斬來使. 石勒怒叛,據襄國(河北刑台)稱趙王,史稱【**後趙**】(19 國之 3).勒令採舊律作辛亥制度.置律學祭酒官. 蒲洪降於石勒 慕容廆敗宇文氏取遼東.
東晉	元帝　司馬睿	**3**	庚辰	**320**	成漢玉衡 10 年　東晉太興 3 年　漢趙光初 3 年　後趙趙王 2 年 前涼永元元年 以慕容戌為平州刺史. 西晉張寔為巫師所殺,弟張茂領眾,稱平西公涼州牧,史稱**前涼**(19 國之 4). 趙立太學 趙兵退走,祖逖進屯雍丘 周訪卒以甘卓為梁州刺史 以譙王丞為湘州刺史. 風流宰相謝安,字安石,從容杜奸謀,宴清群寇,成為一代名相. 漢趙境內羌羯盡叛,東騎大將軍游子遠擊平之. 謝安(320-385.8.23.)浙江紹興人,「肥水之戰」擊敗符堅 80 萬大軍.
		4	辛巳	**321**	成漢玉衡 11 年　東晉太興 4 年　漢趙光初 4 年　後趙趙王 3 年前涼永元 2 年 後趙中山公石虎陷幽冀并州,段匹磾死之. 以戴淵都督司豫劉隗都督青徐諸軍事 王導為司空錄尚書事 東晉豫州(安徽亳州)刺史祖逖卒,弟祖約繼任. 代王鬱律被弒,子賀嗣立. 王羲之(321~379)有書聖美名,中國書法家之一
東晉	明帝　閏	永昌 **1**	壬午	**322**	成漢玉衡 12 年　漢趙光初 5 年　後趙趙王 4 年　前涼永元 3 年東晉永昌元年 王敦反晉,譙王丞甘卓討之,敦寇長沙,據石頭,殺戴淵、周顗,自為丞相. 甘卓還襄陽攻陷長沙,殺譙王承. 後趙拔泰山殺徐龕　後趙寇譙祖約退屯壽春. 東晉元帝司馬睿為王敦勢力不能制憂憤而崩,太子司馬紹嗣位,是為晉明帝. 王導輔政王效第一次舉兵.
東晉	明帝　司馬紹	永昌 **2** 太寧 **1**	癸未	**323**	成漢玉衡 13 年　漢趙光初 6 年　後趙趙王 5 年　前涼永元 4 年 東晉永昌 2 年　東晉太寧元年 司馬紹(299~325)有膽略,作事果斷,324 年平定王敦動亂,325 年暴死,在位 3 年享 27 歲 王導為司徒,庾亮為中書令 石勒寇彭城下邳　卞敦退保盱眙　立后庾氏 敦表以郗鑒為尚書令 成漢太傅李驤陷東晉越巂(四川西昌)、漢嘉(四川名山). 東晉大將軍王敦自武昌進屯姑孰(安徽當塗),兼揚州(江蘇南京)牧. 後趙中山公石虎陷廣固(山東青州),殺安東將軍曹嶷,青州(山東半島)盡入後趙 漢趙帝劉曜親攻前涼、平西公張茂降,封張茂為涼. 敦以兄含督江西軍

朝代	帝　　王	國號	干支	西 元	紀　　　　事
	明帝 司馬昭 前涼 張 駿	太寧 2 太元 1	甲申	324	成漢玉衡 14 年 漢趙光初 7 年 後趙趙王 6 年 東晉太寧 2 年前涼太元元年 東莞東海陷於石勒 明帝任王導為大都督,與溫嶠、郁鑒討王敦,王敦復反晉,遣王含、錢鳳率兵攻建康. 東晉王敦再起兵攻首都建康(江蘇南京),尋病卒,侄王應代領眾,兵敗被殺,並殺其黨錢鳳、沈充,至江寧,帝親征破之. 東晉丞相王敦誣從事中郎周嵩謀反,殺之.並殺會稽內史周札. 後趙司州(河北刑台)刺史石生擊漢趙新安(河南澠池),斬太守尹平. 前涼成王張茂卒,子文王張駿嗣位 代王賀傉徙居東木根山. 慧遠(334-416)廬山弘法.
東晉	明帝 司馬昭 前涼 張 駿	3	乙酉	325	成漢玉衡 15 年 漢趙光初 8 年 後趙趙王 7 年 東晉太寧 3 年 前涼太元 2 年 立子衍太子 以陶侃督荊湘等州軍事 七月東晉明帝司馬昭崩,子馬衍嗣位,是為成帝,時年五歲,庾太后臨朝稱制. 司徒王導、中書令庾亮、卞壼輔政. 石勒取趙司徐兗四州地. 代王賀傉卒,弟紇那立. 漢趙中山王劉岳擊後趙司州刺史石生,後趙中山公石虎來救,戰於洛陽城北,漢趙軍大敗,劉岳被擒. 漢趙帝劉曜援軍無故夜驚,士卒奔潰,狼狽撤退.
東晉	明帝 司馬紹 成帝 司馬衍	太寧 4 咸和 1	丙戌	326	成漢玉衡 16 年 漢趙光初 9 年 後趙趙王 8 年 東晉太寧 4 年前涼太元 3 年 東晉成帝司馬衍(311~342)明帝之子在位 17 年享年 23 歲 326 年五歲嗣位,庾太后臨朝,司徒主導,國舅中書令庾亮專橫,導致蘇叛亂幸陶侃平定,尚書令卡壼輔政.成帝生活節儉,史有佳評.342 年病死. 以郁鑒為徐州刺史,溫嶠都督江州王舒為會稽內史. 東晉中書令庾亮誣南頓王司馬宗謀反,殺之. 後趙石聰攻東晉壽春,東晉豫州刺史祖約請救,東晉不為出兵,歷陽(安徽和縣)內史蘇峻遣軍赴援,擊退石聰. 溫嶠都督江州 後趙石勒令王波典定九流,始立秀才、孝廉試經之制. 東晉實施『土斷』整頓僑人入籍.
		2	丁亥	327	成漢玉衡 17 年 漢趙光初 10 年 後趙趙王 9 年前涼太元 4 年東晉咸和 2 年 寧州秀才龐遣起兵攻李雄. 劉曜攻仇池,掠三千餘戶,張駿攻劉曜秦州,大敗,曜兵進入令居,降斬數萬,張駿河地皆失. 蘇峻、祖約反,陷姑塾.東晉中書令庾亮忌歷陽內史蘇峻,徵調為大司農,去其兵權. 蘇峻遂與祖約共叛,陷姑孰(安徽當塗),軍至建康(江蘇南京)城下.庾亮討之,桓彝入援. 趙取河南地..
東晉	成帝 司馬衍 後趙 石 勒	咸和 3 太和 1	戊子	328	成漢玉衡 18 年 漢趙光初 11 年 前涼太元 5 年東晉咸和 3 年後趙太和元年 後趙國 石勒滅前趙建國,領長江以北及陝西等地,都襄國(今刑),羯族明帝石勒 330 年稱天王(328~352)351 年亡于魏國冉閔. 溫嶠入援至尋陽,卞壼討峻戰敗死. 東晉蘇峻陷建康,庾亮奔尋陽,庾太后憂卒,峻犯闕屯於湖. 陶侃討峻,進攻建康,峻遷帝於石頭. 郁鑒王舒入援,桓彝為峻所殺,侃嶠追擊峻,蘇峻墮馬被殺. 後趙石虎攻漢趙,漢趙帝劉曜迎擊,大敗之,圍金墉城(陽東),襄國(河北刑台)大震後趙王石勒親救金墉,戰於洛陽城下,俘殺劉曜,漢趙軍大潰. 東晉、前涼、成漢、前趙、後趙形成並存局面.

朝代	帝　王	國號	干支	西元	紀　事
		4	己丑	329	成漢玉衡 19 年　漢趙光初 12 年　前涼太元 6 年　東晉咸和 4 年 後趙太和 2 年 **漢趙亡**,立國 26 年.　東晉平定蘇峻、祖約之亂 趙胤拔歷陽,東晉豫州(安徽壽縣)刺史祖約率奔後趙. 後趙有華北之地. 漢趙皇太子劉熙棄守後趙取長安,劉熙奔上邽(甘肅天水). 諸軍誅蘇峻弟逸 陶侃郗鑒溫嶠進官有差　四月溫嶠卒 南陽王劉胤反攻長安,後趙中山公石虎進擊,陷上邽,盡殺漢趙皇太子劉熙王公以下三千人,**漢趙亡**,立國 26 年
		5	庚寅	330	成漢玉衡 20 年　前涼太元 7 年　東晉咸和 5 年　後趙太和 3 年 後趙建平元年 後趙斬祖約,屠其親屬百餘人,後趙王石勒建趙稱帝,改元建平,是為明帝. 以陶侃鎮武昌　趙寇襄陽 虞喜發現天文學上的歲差.
東晉	後趙　石 勒	6	辛卯	331	成漢玉衡 21 年　前涼太元 8 年　東晉咸和 6 年　後趙建平 2 年 後趙舉賢良方正起明堂辟雍靈台,
		7	任辰	332	成漢玉衡 22 年　前涼太元 9 年　東晉咸和 7 年　後趙建平 3 年 陶侃遣宣攻後趙,拔襄陽(湖北襄樊)遂鎮之.
東晉	成帝 司馬衍 後趙 石　弘	咸和 8 延熙 1	癸巳	333	成漢玉衡 23 年　前涼太元 10 年　東晉咸和 8 年　後趙建平 4 年 後趙遣使赴東晉修好,東晉焚其國書,焚其幣　東晉遼東公慕容戌卒,子石弘嗣位 中山王石虎自為丞相,殺劉太后、彭城王石堪、河東王石生,全國怖. 後趙明帝石勒卒,子石弘嗣位. 仇池王楊難敵卒 子毅稱藩.
東晉	成帝　司馬衍 成漢　李 班	咸和 9 玉桓 24	甲午	334	成漢玉衡 24 年　前涼太元 11 年　東晉咸和 9 年　後趙延熙元年 以張駿為征西大將軍 . 陶侃卒,石虎篡立 以庾亮江荊 成漢武帝李雄卒,侄哀帝李班嗣位 車騎將軍李越殺李班,立李雄子李期為帝. 後趙帝石弘自送璽綬與石虎,請讓位,石虎不受.尋囚石弘與其生母程太后,皆殺之,自稱攝天王
	成帝　司馬衍 後趙　石 虎 成漢　李 期	咸康 1 建武 1 玉衡 1	乙未	335	前涼太元 12 年　東晉咸康元年　成漢玉恒元年　後趙建武元年 親勒兵戒嚴 石虎遷都於鄴,南遊臨江而還 趙徙治鄴 張駿上疏請北伐. 後趙佛風鼎盛,建造佛寺 9,800 多所. 前涼收服西域.
		2	丙申	336	前涼太元 13 年　東晉咸康 2 年　成漢玉恒 2 年　後趙建武 2 年 立皇后杜氏 趙作太武殿於襄國東西宮於鄴.
	成帝 司馬衍 前燕王慕容皝	3	丁酉	337	前涼太元 14 年　前燕文明王 4 年東晉咸康 3 年成漢玉恒 3 年後趙建武 3 年 後趙攝天王石虎自稱天王,殺其子石邃,併其男女卅六人,同埋一棺. 仇池公楊初殺毅臣趙 東晉遼公慕容皝稱燕王,是為文明王,建都棘城(遼寧義縣),然即位己四年,史稱**前燕**.(19 國之 5)

朝代	帝　　王	國號	干支	西 元	紀　　事
	成帝 司馬衍 成漢 李 壽 拓跋什翼犍	咸康 **4** 漢興 **1**	戊戌	**338**	前涼太元 15 年 前燕文明王 5 年 東晉咸康 4 年 成漢玉恒 4 年 後趙建武 4 年 成漢漢興元年 建國元年 後趙石虎與慕容皝合攻段遼,段遼軍敗,奔密雲山(北京密北). 石虎以慕皝不待會師即退,大怒,進圍棘城(遼寧義縣)不克,引退中伏,後趙兵潰,唯冉閔軍全 成漢帝李期驕虐,漢王李壽起兵廢之,李期自殺,李壽稱帝,是為昭文帝,改國號為**漢**. 以王導丞相 王代王翳槐卒,弟什翼犍嗣立. 拓跋翼犍即位代王,始用年號,稱建國元年 符堅(338-385.10.16.)「肥水之戰」馭軍 80 萬,敗於謝安之手,中流矢受傷,單騎逃遁到淮北,方獲喘息之地.
		5	已亥	**339**	前涼太元 16 年 前燕文明王 6 年 東晉咸康 5 年 成漢玉恒 4 年 後趙建武 5 年 成漢漢興 2 年 庾亮請伐趙詔諭止之 王導卒 郗鑒卒 以蔡謨代之. 後趙大都督夔安攻東晉,陷邾城(湖北黃州)及長江以北東晉軍悉潰. 前燕文明王慕容皝遣長史劉翔,赴東晉請加封.
		6	庚子	**340**	前涼太元 17 年 前燕文明王 7 年東晉咸康 6 年後趙建武 6 年成漢漢興 3 年 庾亮卒,以何充為中書令,庾翼都督江荊 代始徙都雲中 漢趙通使 趙伐燕,燕拒之 前燕文明王慕容皝攻後趙,至薊城(北京).
		7	辛丑	**341**	前涼太元 18 年 前燕文明王 8 年東晉咸康 7 年後趙建武 7 年成漢漢興 4 年 前燕長史劉翔抵東晉建康(江蘇南京),東晉冊封慕容皝為燕王. 代築盛樂城東晉大夫驕奢縱酒,無恢復中原之志,劉翔贈言勉勵.
東晉	成帝 司馬衍	**8**	壬寅	**342**	前涼太元 19 年 前燕文明王 9 年 東晉咸康 8 年 後趙建武 8 年 成漢漢興 5 年 東晉成帝司馬衍在位 17 年卒,弟琅邪王康帝司馬岳嗣位,是為康帝. 燕還都龍城 慕容皝擊高句驪入丸都 立后褚氏 前燕自棘城遷都龍城(遼寧朝陽)築台觀四十所,在洛陽長安築宮室. 又欲攻東晉,損兵折將,民生疾苦,百姓賣子供軍需,自縊者多.
	康帝 司馬岳	建元 **1**	癸卯	**343**	前涼太元 20 年 前燕文明王 10 年 後趙建武 9 年 成漢漢興 6 年 東晉建元元年 成漢昭文帝李壽卒,子李勢嗣位.帝母弟在位 2 年. 東晉康帝司馬岳(322~344)成帝之弟,舅庾冰、庾翼輔政,在位二年享年 23 歲 詔議經略中原庾翼表遣桓宣伐趙 庾翼移屯襄陽以翼都督征討軍事 庾冰都督荊江 何充為楊州刺史
	康帝 司馬岳 成漢 李 勢	建元 **2** 太和 **1**	甲辰	**344**	前涼太元 21 年 前燕文明王 11 年 後趙建武 10 年 東晉建元 2 年 成漢太和元年 東晉康帝司馬岳卒,子穆帝司馬聃嗣位,年僅二歲,褚太后抱之臨朝. 前燕攻宇文部落,酋長宇文逸 庾翼為軍事都督,圖中原. 豆歸兵敗,走死沙漠,宇文部自此散亡. 後趙天王石虎斬中書監王波及其四子,以應呈變. 顧愷之(344-405),東晉繪畫代表人物

朝代	帝　王	國號	干支	西 元	紀　事
	穆帝 司馬聃	永和 **1**	乙巳	**345**	前涼太元 22 年　前燕文明王 12 年　後趙建武 11 年　成漢太和 2 年 東晉永和元年 穆帝司馬聃(343~361)兩歲嗣位,褚太后臨朝,桓溫北伐.在位 17 年享年 19 歲 以會稽王昱為輔軍大將軍錄尚書六條事事　庾翼卒,桓溫代之而鎮江陵. 以桓溫都督荊溫梁等州 張駿自稱汝王 趙以姚戈仲為冠軍大將軍　後趙天王石虎建獵場,廣袤千里 發廿六萬民工修洛陽宮　郡縣多奪人妻殺其夫,死亡三千餘人. 百姓多叛,責守令綏撫無效,殺五十餘人..
	穆帝 司馬聃 前涼 張重華	永和 **2** 永樂 **1**	丙午	**346**	前涼太元 23 年 前燕文明王 13 年　後趙建武 12 年　成漢太和 3 年 東晉永和 2 年　成漢嘉寧元年　前涼永樂云年 前涼文王張駿卒,子桓王張重華嗣位. 以顧和為尚書令,殷浩為揚州刺史. 張駿卒,子重華立 桓溫伐漢 成漢太保李奕叛,攻成都,中流矢死,眾潰. 後趙涼州(甘肅天水)刺史麻秋攻前涼,陷金城(甘肅蘭州) 桓溫伐蜀(成漢),翌年滅成漢.進位征西大將軍,遙制朝政.晉以殷浩奪桓溫權
		永和 **3**	丁未	**347**	前燕文明王 14 年　後趙建武 13 年　東晉永和 3 年　成漢嘉寧 2 年 前涼永樂 2 年 東晉安西將軍桓溫伐蜀,攻成漢,擄成漢帝李勢降,**成漢亡**,立國 44 年. 後趙軍進圍前涼枹罕(甘肅臨夏),前涼謝艾天破之. 後趙涼州刺史麻秋再攻姑臧(甘肅武城)謝艾復大破之. 然金城終不能復. 楊初稱藩 東晉佔巴蜀後,透迴張氏前涼政權,與拜占廷建交. 以張重華為西平公,楊初為仇池公. 後趙佛教和尚言:「胡運當滅,中國當興」 後趙天王石虎築華林苑以厭之.
		4	戊申	**348**	前燕文明王 15 年　後趙建武 14 年 東晉永和 4 年　前涼永樂 3 年 前燕文明王慕容皝卒,子慕容儁嗣位. 加桓溫征西大將軍 後太子石宣殺其弟秦公石韜,石虎大奴縛石宣,拔髮抽舌,使登梯,繩貫雙頰, 斷其足,砍眼剜腸,縱火燒死.,又殺其妻子官屬宦官投水
	穆帝 司馬聃 後趙 石 虎 後趙 石 遵 前燕 慕容儁	永和 **5** 太寧 **1** **1** **1**	己酉	**349**	東晉永和 5 年　前涼永樂 4 年　後趙太寧元年　前燕燕王元年 後趙天王石虎稱帝,是為太祖,尋卒,子石世嗣位.彭城王石遵殺石世,即位.輔 國大將軍冉閔復殺石遵,立義陽王石鑒為帝. 石鑒弒遵自立,忌冉閔遣兵攻之,冉閔反攻,因胡羯不附己,乃頒令中外,盡屠 胡羯,男女少壯悉斬. 燕慕容儁立,石虎死,諸子爭立. 東晉征北大將褚裒聞後趙亂,發兵聲討,後趙南討大都督李農迎擊,褚裒大敗 而還.　張重華自稱涼王　秦雍流民蒲洪為主
東晉	穆帝 司馬聃 後趙 石 鑒 後趙 石 祇 後趙 冉 閔	永和 **6** 青龍 **1** 永寧 **1** 永興 **1**	庚戌	**350**	東晉永和 6 年　前涼永樂 5 年　前燕燕王 2 年　後趙青龍元年 後趙永寧元年　冉魏永興元年 後趙帝石鑒欲誅石虎養孫冉閔,冉閔殺之稱帝,國號魏.,史稱**冉魏**(19 國之 6) 建都鄴城(河北臨漳)(350~352). 石祗稱趙帝 後趙新興王石祇奔襄國(河北邢台)稱帝. 前燕王慕容儁攻後趙,陷薊城(北 京),還都. 段部落酋長段龕乘後趙亂,引眾南下,據廣固(山東青州),稱齊王. 氐部落酋長符洪稱三秦王,為降將麻秋毒死.
	穆帝 司馬聃 前秦 苻 健	永和 **7** 始皇 **1**	辛亥	**351**	東晉永和 7 年　前涼永樂 6 年　前燕燕王 3 年　後趙永寧 2 年 冉魏永興 2 年　前秦皇始元年(351~394) 後趙帝石祇去帝號,稱趙王,為下屬所殺,**後趙亡**.立國 33 年. 景明帝符健(317-355)陷長安,自稱大秦天王,建都長安,國號秦,史稱**前秦** 394 年亡于西秦乞伏乾歸(351~394)(19 國之 7).

朝代	帝 王	國號	干支	西 元	紀 事
東晉	穆帝 司馬聃 前燕慕容儁	永和 8 元璽 1	壬子	352	東晉永和 8 年 前涼永樂 7 年 前燕燕王 4 年 冉魏永興 3 年 前秦皇始 2 年 前燕元璽元年 前秦天王苻健稱帝,是為景明帝. 前燕太原王慕容恪攻冉魏,生擒冉閔,斬之,**冉魏亡**,立國三國. 前燕王慕容稱帝,是為景昭帝,都於鄴.. 東晉殷浩乘中原大亂北伐,進屯壽春(安徽壽縣). 張遇據許昌降秦 姚戈仲死子襄降詔屯譙城. 謝尚伐秦敗還.
	穆帝 司馬聃	永和 9	癸丑	353	東晉永和 9 年 前涼永樂 8 年 前秦皇始 3 年 前燕元璽 2 年前涼桓王張重華卒,子哀王張曜靈嗣位,叔長寧侯張祚廢之,嗣位,是為威王. 東晉殷浩北,秦姚襄反擊,殷浩大敗走譙城. 桓溫上表免殷浩官,收其兵權,復歸桓溫. 姚襄移屯盱眙. 謝倘督淮南 開鑿敦煌石窟中莫高窟,又名千洞.窟中有 469 窟,二千多塑像. 王羲之(303-361)、謝安等 41 人於會稽山陰內的蘭亭聚集飲酒賦詩,各抒情懷,集頁成冊,由王羲之作「**蘭亭集序**」文筆清新疏朗,名傳後世.其子王獻之(343-387)也擅書法神品
	穆帝 司馬聃 前涼 張 祚	永和 10 和平 1	甲寅	354	東晉永和 10 年 前秦皇始 4 年 前燕元璽 3 年 前涼和平元年 殷浩因北伐失敗罪廢為庶人徙信安 王述為揚州刺史 東晉桓溫攻前秦,因缺糧退兵,前秦大敗. 桓溫再進灞上(西安東)不利引退,三輔皆降 姚襄叛降燕 秦苻健弟符雄死
	穆帝 司馬聃 前秦 苻 生 前涼 張玄靚	永和 11 壽光 1 太始 1	乙卯	355	前涼建興 43 年 東晉永和 11 年 前秦皇始 5 年 前燕元璽 4 年 前涼和平 2 年 前秦壽光元年 前涼太始元年 景明帝苻健卒,子苻生嗣位,暴虐凶殘,殺丞相雷弱兒及其九子廿七孫.又殺梁皇后以下嬪妃大臣,截肢拉胸,鋸頭剖腹. 前涼威王張祚無道,眾叛,為趙長所殺,侄沖王張玄靚嗣位. 姚襄據許昌 謝尚鎮壽春.
東晉	穆帝 司馬聃	永和 12	丙辰	356	前涼建興 44 年 東晉永和 12 年 前燕元璽 5 年 前秦壽光 2 年 前涼太始 2 年 前燕慕容恪伐齊,齊王段龕降燕 前秦帝符生殺王墮,又殺辛牢. 東晉桓溫討姚襄,收復洛陽,奏請還都,穆帝不納,東晉懼不敢應. 桓恩軍還,所收復地域又盡陷於胡.
	穆帝 司馬聃	升平 1	丁巳	357	前涼建興 45 年 前燕元璽 6 年 前秦壽光 3 年 東晉升平元年 前燕光壽元年 前秦永興元年 帝寇太后歸政秦斬姚襄,弟萇以眾降秦 前秦帝苻生暴虐,東海王苻堅殺之繼位,去帝號,稱天王.前燕還都鄴城(河北臨漳)作銅雀台 秦王符堅以王猛為前秦尚書左丞相輔政. 秦張平降燕,秦擊張平降之
		2	戊午	358	前涼建興 46 年 東晉升平 2 年 前燕光壽 2 年 前秦永興 2 年 以謝萬監司豫軍事 燕陷河南地 東晉荀羨攻山茌(山東長),前燕賈堅死之 前燕軍尋反政,荀羨敗還. 以郗曇督徐兗軍事 燕使慕容垂守遼東.

朝代	帝　王	國號	干支	西元	紀　事
	穆帝 司馬聃 前秦 苻 堅	升平 3 甘露 1	己未	359	前涼建興 47 年　東晉升平 3 年　前燕光壽 3 年　前秦永興 3 年 前秦甘露元年 東晉諸葛攸攻前燕兵敗. 謝萬郗曇復伐之曇,因病引還,萬眾潰,免為庶人. 秦以王猛兼司隸校尉始專任國政.
	穆帝 司馬聃 前燕 慕容暐	升平 4 建熙 1	庚申	360	前涼建興 48 年 東晉升平 4 年 前燕光壽 4 年 前秦甘露 2 年前燕建熙元年 前燕景昭帝慕容卒,子幽帝慕容暐嗣位. 慕容恪為太宰 桓溫以謝安為征西司馬 匈奴劉衛辰降代.
東晉	穆帝 司馬聃	升平 5	辛酉	361	前涼建興 49 年　東晉升平 5 年　前涼升平 5 年　前秦甘露 3 年 前燕建熙 2 年 東晉穆帝司馬聃在位 17 年卒,成帝長子琅邪王哀帝司馬丕嗣位,是為哀帝. 前涼張邕殺宋澄,張天錫殺張邕　詔以張玄靚為涼州刺史西平公 秦滅張平 秦舉四科　衛辰叛降於代. 王羲之卒
	哀帝 司馬丕	隆和 1	壬戌	362	東晉升平 6 年　前秦甘露 4 年　前燕熙建熙 3 年　東晉隆和元年 前涼隆和元年 東晉哀帝司馬丕(341~365)成帝之子,褚太后迎立繼位,守舊無大志,苟安江南,誤信方士服長生不老藥發病,365 年死於西堂,在位 4 年,僅 25 歲. 減田租畝收二升 以庾希為徐兗刺史,袁真監豫司等州軍事 前[燕呂護攻洛陽,東晉庾希助守,呂護中流矢卒,桓溫往援,前燕軍退屯野王(河南沁陽) 桓溫又上疏請遷洛陽
	哀帝 司馬丕 前涼 張天錫	隆和 2 興寧 1	癸亥	363	前秦甘露 5 年　前燕建熙 4 年　東晉隆和 2 年　前涼隆和 2 年 東晉興寧元年　前涼太清元年 桓溫為侍中、大司馬、都督中外諸軍錄尚書事 前涼張天錫遣兵夜入宮,殺其侄沖王張玄靚,即位. 朱斌克許昌
東晉	哀帝 司馬丕 前涼 張天錫	2	甲子	364	前秦甘露 6 年　前燕建熙 5 年　東晉興寧 2 年　前涼太清 2 年 桓溫任宰相,荊揚二州刺史.行大閱戶口令所在土斷法,廢僑郡,平戶籍,納僑寄於稅戶之中,於是賦稅大增,國以富饒,史稱「庚戌土斷」 以王述為尚書令 加桓溫為揚州牧 前燕陷東晉許昌復攻洛陽,東晉守將陳祐,以救許昌為名引軍逃,留沈勁守城
東晉	哀帝 司馬丕 前秦 苻 堅	興寧 3 建元 1	乙丑	365	前秦甘露 7 年　前燕建熙 6 年　東晉興寧 3 年　前涼太清 3 年 前秦建元元年 東晉哀帝司馬丕在位 4 年崩,弟琅邪王司馬奕嗣位,是廢帝.,後廢之. 桓溫被任命為大司馬、都督中外諸軍事、錄尚書事. 陶淵(365-427)名潛,又名元亮,字淵明,潯柴桑(今江西九江)人,作「桃花源記」 溫移鎮姑孰 以弟豁監荊揚州軍事 前燕陷洛擒沈勁殺之 東晉司馬勳叛,稱成都王,率軍入劍閣南下,攻成都. 手印菩薩－一道安江南弘法,大講「般若經」創僧儀規範. 陶淵明(365-427)於 392 年作五柳先生傳,405 年歸去來辭,不為五斗米折腰.

朝代	帝　王	國號	干支	西 元	紀　事
東晉	廢帝 司馬奕	太和 1	丙寅	366	前燕建熙 7 年　前涼太清 4 年　前秦建元 2 年　東晉太和元年 哀帝母弟在位 5 年東晉廢帝司馬奕 秦寇荊州　燕寇兗州　南陽叛附於燕　代向秦入貢 廢帝司馬奕(?~370)褚太后迎立嗣位.在位 5 年.司馬桓溫、司馬昱扎持朝政,帝無施事.大司馬桓溫每臥床撫枕曰「既不能流芳百世,亦當遺臭萬年」以當年皇帝不能人道四孟二妃私生孩子為名,取得褚太后同意掉司馬奕,降為西公,立丞相會稽王司馬昱為新君, 以會稽王昱為丞相錄尚書事加殊禮　東晉朱序擊擒司馬勳斬之 開敦煌莫高窟,此後北魏至元朝續有開發,為世界有名藝術作品.
		2	丁卯	367	前燕建熙 8 年　前涼太清 5 年　前秦建元 3 年　東晉太和 2 年 前燕慕容恪卒　郗愔都督徐兗州軍事　冬代王什翼犍擊匈奴劉衛辰走奔秦 前秦苻柳據蒲阪(山西永濟)、苻雙據上邽(甘肅天水)、苻瘦據陝城(河南三門峽)、苻武據安定(甘肅涇川),同起兵叛.
		3	戊辰	368	前燕建熙 9 年　前涼太清 6 年　前秦建元 4 年　東晉太和 3 年 前秦苻瘦據陝城降前燕,請兵接應.　加桓溫殊禮位在諸侯王上 前秦大懼,而前燕太傅慕容不出兵,前秦遂擊斬四叛.
		4	己巳	369	前燕建熙 10 年　前涼太清 7 年　前秦建元 5 年　東晉太和 4 年 桓溫大舉伐前燕,秦人救之　溫桓與前燕戰於枋頭大敗 慕容垂奔前秦,前秦任為冠軍將軍,封賓徒侯 前秦向前燕索虎牢(河南榮陽西北)未遂,符堅攻燕
		5	庚午	370	前燕建熙 11 年　前涼太清 8 年　前秦建元 6 年　東晉太和 5 年 帝在位 6 年,為溫廢,後迎立會稽王昱,是為簡文帝.. 秦王苻堅遣兵滅燕,擒前燕帝慕容暐,**前燕亡**,立國 34 年.
東晉	簡文帝司馬昱	咸安 1	辛未	371	前涼太清 9 年　前秦建元 7 年　東晉太和 6 年　東晉咸安元年 謝安為尚書,王坦之為侍中. 桓溫拔壽春　誅袁真之子瑾　秦克仇池執楊纂歸　吐谷渾貢秦 桓溫廢帝司馬奕廢為海西公,立會稽王司馬昱(320~)為帝是為簡文帝. 簡文帝庸碌無為,執政僅八個月,匆匆病死,享年 53 歲 簡文帝以桓溫為丞相,軍國大事,一以委之. 前涼向前秦稱臣,前秦封張天錫為西平公
		2	壬申	372	前涼太清 10 年　前秦建元 8 年　東晉咸安 2 年 東晉簡文帝司馬昱在位 2 年卒,子孝武帝司馬曜嗣位,是孝武帝. 秦命關東禮送經藝士 秦以王猛為丞相,符融為冀州牧 秦加王猛都督軍事
東晉	孝武帝司馬曜	寧康 1	癸酉	373	前涼太清 11 年　前秦建元 9 年 東晉康寧元年簡文帝崩,孝武帝司馬曜(362~396)嗣位.在位 24 年享年 35 歲. 謝安秉政,令侄謝玄練兵於京口,為建康北衛,號北府兵.「**肥水之戰**」擊敗符堅(338-385). 396 年戲弄張貴人,乘帝酒醉用棉被將其捂死. 東晉大司馬桓溫卒,子桓玄嗣南郡公　桓沖都督揚豫江州軍事 皇太后臨朝　王彪之為倘書令謝安為僕射. 前秦陷東晉梁州(陝西漢中)益州(四川成都) 高句麗朝於秦
		2	甲戌	374	前涼太清 12 年　前秦建元 10 年　東晉康寧 2 年 謝安總尚書　以王坦之都督徐兗等州　匈奴征服阿蘭聊
		3	乙亥	375	前涼太清 13 年　前秦建元 11 年　東晉康寧 3 年 王坦之卒　以桓沖為徐州刺史謝安領揚州　以徐邈為中書舍人 秦置聽訟觀禁老莊圖讖之學　匈奴敗日耳曼彼之人民潰征.

朝代	帝　　王	國號	干支	西 元	紀　　　　事
東晉	孝武帝司馬曜	太元 **1**	丙子	**376**	前涼太清 14 年　前秦建元 12 年　東晉康寧 4 年　東晉太元元年 太后歸政,以謝安為中書尚書事　詔除度田收租之制 前秦攻前涼,軍至姑臧,張天錫戰敗出降,**前涼亡**,立國 57 年　前秦統一北方. 代王拓拔什翼犍為其子拓拔實君所殺,前秦乘勢**滅代國**(內蒙和林格爾)為二郡,與東晉以淮水為界,南北對峙.　氐人符堅統一北方
		2	丁丑	**377**	前秦建元 13 年　東晉太元 2 年 以朱序為梁州刺史鎮襄陽　桓沖都督江荊　謝安督揚豫 謝元監江北軍事 謝玄為南兗州刺史籌組新軍,劉牢之為參軍.兵士精銳,人稱「北府兵」. 高句麗(吉林集安)、新羅(朝鮮慶州)、百濟(朝鮮扶餘)、西南夷,皆向秦朝貢
		3	戊寅	**378**	前秦建元 14 年　東晉太元 3 年 前秦攻東晉襄陽(湖北襄樊),寇梁州,陷南陽遣兵分道寇盱眙彭城魏興
		4	己卯	**379**	前秦建元 15 年　東晉太元 4 年 前秦陷襄陽,擒東晉朱序 秦陷魏興 秦陷盱眙進圍三河謝玄連戰破走之
		5	庚辰	**380**	前秦建元 16 年　東晉太元 5 年 秦立教武堂,以謝安為衛將軍與桓沖並開府儀同三司,以符融為中書監都督諸軍錄尚書事 符丕為冀州牧,符暉為豫州牧
		6	辛巳	**381**	前秦建元 17 年　東晉太元 6 年 在殿內立佛精舍 秦寇東晉,桓沖擊破之,遂拔管城,獲其將閻振吳仲 東夷西域六十二國朝貢於秦
		7	壬午	**382**	前秦建元 18 年　東晉太元 7 年 前秦命呂光西征. 呂光破龜茲建後涼.
		8	癸未	**383**	前秦建元 19 年 東晉太元 8 年 桓沖伐秦 前秦天王符堅,不顧群臣反對,大舉攻東晉,謝安以弟謝石為都督,謝玄為前鋒,將北府兵破前秦之軍於淝水,大破秦兵,符融被殺,符堅中流矢,大敗,逃到洛陽史稱秦晉**【淝水之戰】**殺符融. 秦乞伏國慕容垂皆叛,垂與丁零翟斌合..
東晉	孝武帝司馬曜 後燕 慕容垂 西燕 慕容泓 後秦　姚 萇	太元 **9** 燕元 **1** 燕興 **1** 白雀 **1**	甲申	**384**	前秦建元 20 年　東晉太元 9 年　後燕燕王元年　西燕燕興元年(384~394) 後秦白雀元年(384~417) 前秦北地刺史慕容泓鮮卑族,據陝西山西一部獨立建國,都長予(山長子)建西燕,稱燕濟北王,史稱**【西燕】**(384~394)(19 國之 9).尋為其將所殺,立前燕皇太子慕容沖為帝,是為威帝. 肥水之戰後,桓沖、謝安相繼去世.孝武帝崩,安帝立.以桓溫子桓玄為荊、江二州刺史,都督荊、司、雍、秦、梁、益、寧、江八州. 慕容泓據華容,慕容沖據平陽 秦符叡擊泓敗死 前秦符堅遣符叡、姚萇攻西燕兵敗,符叡被殺.姚萇懼,奔渭北牧馬地,稱秦王,史稱**【後秦】**(384~417)亡于東晉(19 國之 10). 秦擊破慕容沖,沖走華陰泓進逼長安. 鮮卑慕容垂脫離符堅,自稱燕王,建立燕國,史稱**後燕**.殺翟斌 羌姚萇在渭北自稱萬年秦王,史稱後秦. 符堅擊敗姚萇. 謝玄取秦河南,遣劉牢之救鄴　前秦呂光破龜茲,降者三十餘國. 桓玄起兵入建康,殺元顯,廢安帝為平固王,自立為楚帝,尋為劉裕所平,桓玄篡立凡八旬而亡.於是劉裕取代桓氏而執朝權..

朝代	帝　王	國號	干支	西元	紀　事
東晉	孝武帝司馬曜 前秦　苻丕 西燕　慕容沖 西秦乞伏國仁	太元 10 太安 1 更始 1 建義 1	乙酉	385	前秦建元 21 年　東晉太元 10 年　後燕燕王 2 年　西燕燕興 2 年 後秦白雀 2 年　前秦太安元年　西燕更始元年　西秦建義元年(385-431) 西漢威帝圍長安,符堅至五將山(陝西岐山北),為後秦王姚萇俘獲,縊死新平(陝西彬縣)新佛寺,子長樂公苻丕聞訊,於晉陽(山西太原)即位是為哀平帝. 後燕王慕容垂陷前秦中山(河北定州),定都. 西秦姓乞伏,鮮卑族,前秦統治下,據甘肅西南部建國,都金城(今蘭州)前秦前將乞伏國仁稱單于,都勇士堡(甘肅榆中西南部),史稱**西秦**(385~431)西元431 年亡于夏(19 國之 11). 後秦俘秦昭帝符堅被殺,其子丕繼立.　謝安死 謝靈運(385-433)陳郡陽夏(今河南太康)人,東晉名將謝玄之孫,博通經史.
	孝武帝司馬曜 前秦　苻登 後燕　慕容垂 後秦　姚萇 北魏道武帝 拓跋珪 後涼　呂光 西燕　段隨 西燕　慕容顗 西燕　慕容瑤 西燕　慕容忠 西燕　慕容永	太元 11 太初 1 建興 1 建初 1 登國 1 太安 1 昌平 1 建明 1 建平 1 建武 1 中興 1	丙戌	386	東晉太元 11 年　後燕燕王 3 年　後秦白雀 3 年　前秦太安 2 年 西燕更始 2 年　西秦建義 2 年　前秦太初元年　後燕建興元年 西燕昌平元年　西燕建明元年　西燕建平元年　西燕建武元年 西燕中興元年　北魏登國元年　後涼太安元年 拓拔部落酋長拓拔珪(371~409)稱代王尋改稱魏王,398 年稱帝史稱**北魏**.(386-556)性情凶暴,嗜殺降俘,游牧而務農民,慘苛無恩,被兒子拓拔殺死,在位 24 年終年 39 歲.. 西元 534 年分裂為東西魏. 後燕王慕容垂於中山(河北定州)稱帝,是為武成帝 西燕威帝慕容沖據長安懼後燕不敢東歸,鮮卑人感怨殺之,立段隨為西燕王,棄長安東歸.段隨尋為部下所殺,立慕容顗為王,尋又被殺,立慕容瑤為帝,尋又被殺,立慕容忠為帝,尋被殺,再立慕容永為帝,東進至山西長子,遂定都., 前秦哀平帝符丕為東晉馮該擊殺,南安王符登聞訊,於南安(甘肅隴西)即位,是為高帝.　後秦姚萇入據長安稱帝,是為武昭帝. 西秦遷都苑川(甘肅蘭州東),乞伏國仁稱苑川王. 前秦呂光征西域還,至姑臧(甘肅武威)為符堅發喪,自稱涼州牧、酒泉公,史稱**後涼(386~403)亡于秦**(19 國之 12).
		太元 12	丁亥	387	東晉太元 12 年　西秦建義 3 年　前秦太初 2 年　後燕建興 2 年 西燕中興 2 年　後秦建初 2 年　北魏登國 2 年　後涼太安 2 年 後秦武昭帝姚萇遣兵攻秦,殺其將徐嵩,挖掘前秦王符堅墳墓鞭屍,裸其體,裹以荊棘葬之. 朱序為青兗刺史鎮淮陰 立子德宗為太子 燕有秦之青兗徐三州　拓跋珪以燕師擊破劉顯.
東晉	孝武帝司馬曜 西秦乞伏乾歸	太元 13 太初 1	戊子	388	魏使入聘燕 秦符登自朝那引兵還時 與姚萇戰互有勝負數月始解 東晉太元 13 年　西秦建義 4 年　前秦太初 3 年　後燕建興 3 年 西燕中興 3 年　後秦建初 3 年　北魏登國 3 年　後涼太安 3 年 西秦太初元年 東晉成帝李壽在位,改國號漢,史稱**【漢】** 西秦苑川王乞伏國仁卒,弟乞伏乾歸嗣位,稱河南王.遷都金城(蘭州) 謝玄卒朱序代鎮洛陽 譙王恬都督兗冀軍事鎮淮陰
	孝武帝司馬曜 後涼　呂光	太元 14 麟嘉 1	己丑	389	東晉太元 14 年 前秦太初 4 年 後燕建興 4 年 西燕中興 4 年後秦建初 4 年 北魏登國 4 年　後涼太安 4 年　西秦太初 2 年　後涼麟嘉元年 後梁呂光自稱三河王是為**後涼** 秦符登擊安定姚萇擊破之前秦屢戰勝後秦,後秦武昭帝姚萇懼,以為係符堅神助,雕符堅木像祭禱曰:「臣兄姚襄囑臣報仇,新平(陝西彬縣)之禍,臣行兄命,非臣罪也.今為陛下立像,乞勿追過」. 久之戰仍不利,軍每夜數驚,乃斬木像.

朝代	帝王	國號	干支	西元	紀事
東晉	孝武帝司馬曜	太元 **15**	庚寅	**390**	東晉太元 15 年　前秦太初 5 年　後燕建興 5 年　西燕中興 5 年 後秦建初 5 年　北魏登國 5 年　西秦太初 3 年　後涼麟嘉 2 年 西燕主永寇洛陽 朱序擊走之,還擊翟遼又走之. 王恭都督青兗等州. 西燕與東晉,前秦與後秦,北魏與其北境鄰國柔然,連年戰亂,赤地千里.
		16	辛卯	**391**	東晉太元 16 年　前秦太初 6 年　後燕建興 6 年　西燕中興 6 年 後秦建初 6 年　北魏登國 6 年　西秦太初 4 年　後涼麟嘉 3 年 北魏王拓珪遣弟拓拔觚赴後燕朝覲進貢,後燕武成帝慕容垂衰老,子弟用事,向拓拔觚索取良馬,拓拔珪不與,拓拔觚遂不得歸. 北 魏後絕交. 秦主登伐姚萇,萇敗. 魏王珪擊破柔然,徙之雲中 北魏擊匈奴酋長劉衛辰,陷所居悅跋城(內蒙伊金霍洛旗),劉衛辰出奔,被部下所殺,少子劉勃逃奔後秦,諸部悉降魏.
		17	任辰	**392**	東晉太元 17 年　前秦太初 7 年　後燕建興 7 年　西燕中興 7 年 後秦建初 7 年　北魏登國 7 年　西秦太初 5 年　後涼麟嘉 4 年 燕主垂擊翟釗,釗奔西燕 以殷仲堪都督荊益寧州軍事 立子德文為琅邪王,徙道子為會稽王 符登攻姚萇安定兵敗,退屯雍.
		18	癸巳	**393**	東晉太元 18 年　前秦太初 8 年　後燕建興 8 年　西燕中興 8 年 後秦建初 8 年　北魏登國 8 年　西秦太初 6 年　後涼麟嘉 5 年 後秦武帝姚萇卒,子興立.攻付登　燕主垂攻西燕
	孝武帝司馬曜 前秦 苻 崇 後秦 姚 興	太元 **19** 延初 **1** 皇初 **1**	甲午	**394**	東晉太元 19 年　前秦太初 9 年　後燕建興 9 年　西燕中興 9 年 後秦建初 9 年　北魏登國 9 年　西秦太初 7 年　後涼麟嘉 6 年 後秦皇太子姚興即帝位,是為文桓帝. 前秦高帝苻登聞姚萇卒,大舉攻後秦,戰敗被殺,子苻崇於湟中(青海)即位.西秦遣兵逐之,符崇反攻,戰死,**前秦亡**,立國 44 年. 後燕武成帝慕容垂擊西燕,擒燕帝慕容水,斬之,**西燕亡**,立國 11 年. 西秦乞伏歸稱秦王 開鑿麥積山石窟(394-416).窟龕 194 個,泥塑石雕七千餘尊.
東晉	孝武帝司馬曜	太元 **20**	乙未	**395**	東晉太元 20 年　後燕建興 10 年　北魏登國 10 年　西秦太初 8 年 後涼麟嘉 7 年　後秦皇初 2 年 以丹陽尹王雅領太子少傅防道子 後燕太子慕容寶擊北魏,直抵黃河,不敢渡,燒船夜遁,北魏尾隨,大敗之於參合坡(山西陽高),北燕大潰,慕容寶單騎奔免,北魏盡坑後燕降卒.
	孝武帝司馬曜 後燕 慕容寶 北魏道武帝拓跋珪 後涼 莒光	太元 **21** 永康 **1** 皇始 **1** 龍飛 **1**	丙申	**396**	東晉太元 21 年　後燕建興 11 年　北魏登國 11 年　西秦太初 9 年 後涼麟嘉 8 年　後秦皇初 3 年　後燕永康元年　北魏皇始元年 後涼龍飛元年 後燕武成帝慕容垂親擊北魏,軍至參合陂,見積骸如山,軍皆慟哭,慕容垂慚臥病,尋卒,子慕容寶嗣位.是為惠愍帝 東晉孝武帝司馬曜戲謂之曰「汝以年當廢矣,吾屬意年輕女孩」,張貴人恚,夜用棉被悶殺司馬曜,子安帝司馬德宗嗣位,是為安帝. 北魏乘後燕喪,大舉進攻,後燕南境除中山(河北定州)鄴城(河北臨漳)信都(河北冀州)外,悉入北魏. 燕主垂襲克魏平城,還死於上谷,子寶立弒其母段氏 呂光自稱涼天王 八月魏擊燕,慕容農拒戰敗走,魏遂取并州

朝代	帝　王	國號	干支	西元	紀　事
東晉	安帝司馬德宗 南涼禿發烏孤 北涼 段 業 後燕慕容詳 後燕慕容麟	隆安 **1** 太初 **1** 神璽 **1** 建始 **1** 延平 **1**	丁酉	**397**	西秦太初 10 年　後秦皇初 4 年　後燕永康 2 年　北魏皇始 2 年 後涼龍飛 2 年　東晉隆安元年　南涼太初元年　北涼神璽元年 東晉安帝司馬德宗孝武之子在位 22 年 北魏陷信都,圍中山,後燕惠愍帝慕容寶棄中山奔薊城(北京),再奔龍城(遼寧朝陽). 慕容詳據中山,稱皇帝,改元建始. 慕容麟殺慕容詳,稱皇帝,改元延平. 東晉王恭、殷仲堪作亂 東晉僕射王國寶建威將軍王緒,依附會稽王司馬道子,窮凶貪污. 兗徐二州刺史王恭起兵討之,司馬道子懼,殺王國寶王緒,王恭始罷兵. 鮮卑部落酋長禿髮烏孤,鮮卑族,於後涼統治下,取涼之金城據肅中青海東部獨立,都湟(青海湟中)稱西平王,史稱**南涼**(397~414)亡于西秦(19 國之 13). 匈部落酋長沮渠男成,匈奴族,叛後涼,據甘肅獨立,陷建康(甘肅肅南),立建康太守段業為建康公,史稱**北涼**(397~439)亡於北魏(19 國之 14).
東晉	安帝司馬德宗 後燕慕容盛 南燕慕容德 北魏道武帝 拓跋珪	隆安 **2** 建平 **1** **1** 年 天興 **1**	戊戌	**398**	西秦太初 11 年　後秦皇初 5 年　後燕永康 3 年　北魏皇始 3 年 後涼龍飛 3 年　東晉隆安 2 年　南涼太初 2 年　北涼神璽 2 年 後燕建平元年　南燕燕王元年　北魏天興元年 以王愉都督江豫州,王恭、殷仲堪、桓玄反,陷江州.. 後燕范陽王慕容德(更名備德),鮮卑族,棄鄴城南奔據山東河南滑台建國,都廣固(山東益都)稱燕王史稱**【南燕】**(398~410)亡於東晉(19 國之 15) 後燕惠愍帝慕容寶自龍城攻北魏不成返龍城,軍變,再奔慕容德,聞其巳稱王,懼而北返. 尚書蘭汗遣使夾迎,慕容寶遂再還龍城,既至,蘭汗殺之. 子慕容盛襲斬蘭汗,即帝位,是為昭武帝. 北魏王拓拔珪稱帝,是為魏道武帝,改國號曰**【魏】**還都平城(山西大同)是為北魏道武帝 南涼禿髮烏孤稱武威王. 東晉王恭再討譙王司馬休之,部將劉牢之內叛,擒王恭送建康(江蘇南京)斬. 妖人孫泰作亂誅之,其兄子恩逃 增國子太學生員至三千人.明元帝改國子為中書學,立教授博士 范曄(蔚宗)(398-445)政治家史學家,無神論者,撰編「後漢書」.有人將司馬彪「續漢書八志 30 卷與之合刊」成今天的「後漢書」(班昭繼兄長班固死後完成).「後漢書」與「史記」「漢書」合稱「四史」.
東晉	安帝司馬德宗 後燕慕容盛 後秦姚興 北涼段業 後涼呂光 後涼呂纂	隆安 **3** 長樂 **1** 弘始 **1** 天璽 **1** 承康 **1** 咸寧 **1**	己亥	**399**	西秦太初 12 年　後秦皇初 6 年　後涼龍飛 4 年　東晉隆安 3 年 南涼太初 3 年　北涼神璽 3 年　後燕建平 2 年　南燕燕王 2 年 北魏天興 2 年　後燕長樂元年　後秦弘始元年　後涼咸寧元年 北涼天璽元年 北涼西平王段業稱涼王. 南燕王慕容德攻陷廣固(山東青州)定都. 南涼武王禿髮烏孤卒,弟禿髮利鹿孤嗣位,遷都西平(青海西寧). 桓玄舉兵殺殷仲堪、楊佺期後秦文桓帝姚興以災異屢見,改稱天王. 以元顯錄尚書事 太原公呂纂殺呂紹繼位. 東晉道教首領孫恩起兵,劉牢迎擊大破之. 後涼天王呂光卒,子隱王呂紹嗣位. 北魏道武帝置五經博士,命郡縣搜羅書籍,匯集平城. 名僧法顯長安出發,西行往天竺求經.412 年返回,寫成佛國記,又名法顯傳.

朝代	帝　　王	國號	干支	西 元	紀　　事
	安帝司馬德宗 南涼禿發利鹿孤 南燕慕容德 西涼李暠	隆安 **4** 建和 **1** 建平 **1** 庚子 **1**	庚子	**400**	西秦太初 13 年　東晉隆安 4 年　南涼太初 4 年　北涼神璽 3 年 後燕建平 2 年　南燕燕王 3 年　北魏天興 3 年　後燕長樂 2 年 後秦弘始 2 年　後涼咸寧 2 年　北涼天璽 2 年　南涼建和元年 南燕建平元年　西涼庚子元年 西秦王乞伏乾歸攻後秦,大敗,降後秦,**西秦亡**. 孫恩起兵被劉恩敗逃海上 南燕王慕容德改稱帝,是獻武帝. 後燕昭武帝慕容盛改稱天王. 晉桓玄都督八州八郡軍事,領二州刺史.據長江上游. 以元顯都督楊豫等十六州軍事 隴西李暠,漢族,叛北涼,被眾舉為敦煌太守,後稱涼公,據甘肅西;北獨立,領有新疆等地,都敦煌,酒泉,史稱**西涼**(400~421)亡於北涼(19 國之 16).
	安帝司馬德宗 後涼呂隆 後燕慕容熙 北涼沮渠蒙遜	隆安 **5** 神鼎 **1** 光始 **1** 永安 **1**	辛丑	**401**	東晉隆安 5 年　北魏天興 4 年　後燕長樂 3 年　後秦弘始 3 年 後涼咸寧 3 年　北涼天璽 3 年　南涼建和 2 年　南燕建平 2 年 西涼庚子 2 年　後燕光始元年　後涼神鼎元年　北涼永安元年 北涼為盧水胡人沮渠蒙遜所建,都張掖. 南涼禿髮利鹿孤稱河西王. 後涼呂超殺呂纂,立族弟呂隆嗣位. 北涼王段業誣沮渠男成謀反殺之,其弟沮渠蒙遜叛,殺段業繼位,稱張掖公. 後燕慕容盛為其臣段璣所殺,太后立慕容熙嗣位,並討殺段璣. 秦圍涼涼降. 孫恩沿長江至丹徒(鎮江),為劉裕擊敗,沿海南走. 鳩摩羅什被皇后迎至長安,譯經達 74 部.
東晉	安帝司馬德宗 南涼禿發傉檀	元興 **1** 弘昌 **1**	壬寅	**402**	東晉隆安 6 年 北魏天興 5 年 後秦弘始 4 年 南涼建和 3 年 南燕建平 3 年 西涼庚子 3 年 後燕光始 2 年 後涼神鼎 2 年 北涼永安 2 年 東晉元興元年 東晉大亨元年 南涼弘昌元年 法顯西行,越過蔥嶺進入印度,學習印文,求經律,抄經文,413 年回國. 東晉司馬元顯討桓玄,桓玄擒司馬元顯,斬之,復毒殺其父司馬道子,奪劉牢之兵權,劉牢之欲叛,將士不從,自縊死. 南涼禿髮利鹿孤卒,弟禿髮傉檀嗣位,稱涼王. 後秦姚興攻北魏敗績. 孫恩攻臨海,敗死,妹夫盧循收其眾.
		元興 **2**	癸卯	**403**	北魏天興 6 年 後秦弘始 5 年 南燕建平 4 年 西涼庚子 4 年 後燕光始 3 年 後涼神鼎 3 年 北涼永安 3 年 東晉元興 2 年 南涼弘昌 2 年 桓玄永始元年 南涼北涼攻後涼,**後涼亡**,立國 18 年. 桓玄為相國　東晉安帝司馬德宗讓位於桓玄,桓玄(369-404)篡位,國號**楚**,封司馬德宗為平固王. 毛璩討桓玄. 劉義慶(403-444)南朝宋小說家,彭城(今江蘇徐州)人.著「世說新語」
東晉	安帝司馬德宗	**3**	甲辰	**404**	北魏天興 7 年　後秦弘始 6 年　南涼弘始 6 年　南燕建平 5 年 西涼庚子 5 年　後燕光始 4 年　後涼神鼎 3 年　北涼永安 4 年 東晉元興 3 年　南涼弘昌 3 年　北魏天賜元年　桓玄永始 2 年 東晉劉裕起兵討桓玄,桓玄挾東晉安帝司馬德宗奔還江陵,為馮遷所殺. 桓振陷江陵,劉毅等討之大敗 安帝復位　拓跋設王、公、侯、伯四爵,置散官 5 等,品級自第 5 至 9.又宗室置宗師,八國置大師小師,州群也置師,以辦宗黨,舉人才. 盧循陷番禺,自稱平南將軍 南涼禿髮傉檀畏後秦強盛,去年號,向後秦朝覲.

朝代	帝王	國號	干支	西元	紀事
	安帝司馬德宗 南燕慕容超 西涼李暠	義熙 **1** 太上 **1** 建初 **1**	乙巳	**405**	後秦弘始 7 年　南涼弘始 7 年　南燕建平 6 年　西涼庚子 6 年 後燕光始 5 年　北涼永安 5 年　東晉元興 4 年　北魏天賜 2 年 東晉義熙元年　南燕太上元年　西涼建初元年　西蜀蜀王元年 東晉劉裕陷江陵,殺桓玄餘黨,迎東晉安帝司馬德宗還建康(南京)復位,帝至建康除拜功臣,以劉裕為十六州都督鎮京口,以盧循為廣州刺史. 劉裕求和於秦,得南鄉等十二郡 東晉譙縱起兵叛,殺毛璩,據成都,稱成都王,史稱**西蜀**(19 國之 17). 南燕獻武帝慕容德卒,侄慕容超嗣位. 後秦姚興尊僧鳩摩羅什為國師,譯佛經二百餘卷郡縣化之,事佛者十室而九
		義熙 **2**	丙午	**406**	後秦弘始 8 年 南涼弘始 8 年 後燕光始 6 年 北涼永安 6 年 北魏天賜 3 年 東晉義熙 2 年 南燕太上 2 年 西涼建初 2 年 西蜀蜀王 2 年 秦以禿髮傉檀為涼州刺史鎮姑臧 乞伏乾歸如秦 封賞功臣有差
	安帝司馬德宗 夏赫連勃勃 後燕慕容熙 北燕高雲	義熙 **3** 龍升 **1** 建始 **1** 正始 **1**	丁未	**407**	後秦弘始 9 年 南涼弘始 9 年 北涼永安 7 年 北魏天賜 4 年 東晉義熙 3 年 南燕太上 3 年 西涼建初 3 年 西蜀蜀王 3 年 後燕建始元年 胡夏龍升元年 北燕正始元年 劉裕殺殷仲文及桓胤夷其族 後秦與北魏通和後秦劉勃勃,匈奴族,鎮朔方(內蒙杭錦旗北黃河南岸)因父劉衛辰為北魏所殺.起兵叛,據陝北內蒙一部分獨立,都統萬(陝西橫山),稱大夏天王,史稱**胡夏**(407~431)亡於吐谷渾(19 國之 18) 後燕慕容熙葬其后符氏,步行三十里,馮跋起兵,立夕陽公高雲為帝,是為惠懿帝.擒慕容熙斬之,**後燕亡**,立國廿四年 北燕先姓高,後姓馮,滅後燕建國,據冀東遼南,都和龍(遼寧朝陽)天王高雲國號仍稱燕,史稱**北燕**(407~438)(19 國之 19).
	安帝司馬德宗 南涼禿發 檀	義熙 **4** 嘉平 **1**	戊申	**408**	後秦弘始 10 年　南涼弘始 10 年　北涼永安 8 年　北魏天賜 5 年 東晉義熙 4 年　南燕太上 4 年　西涼建初 4 年　西蜀蜀王 4 年 胡夏龍升 2 年　北燕正始 2 年　南涼嘉平元年 劉裕自為揚州刺史錄尚書事 譙縱稱藩於秦 秦遣兵襲南涼及夏皆敗. 南涼禿髮傉檀見後秦衰,復建年號. 東晉攻西蜀,西蜀譙道福拒之東晉食盡引還
東晉 北魏	安帝司馬德宗 西秦乞伏乾歸 明元帝拓跋嗣 北燕　馮跋	義熙 **5** 更始 **1** 永興 **1** 太平 **1**	己酉	**409**	後秦弘始 11 年 西蜀弘始 11 年 北涼永安 9 年北魏天賜 6 年東晉義熙 5 年 南燕太上 5 年 西涼建初 5 年 西蜀蜀王 5 年 胡夏龍升 3 年北燕正始 3 年 南涼嘉平 2 年 西秦更始元年 北魏永興元年 北燕太平元年 後秦封譙縱為蜀王,西蜀用後秦年號 東晉劉裕攻南燕,圍廣固(山東青州) 西秦乞伏乾歸見後秦勢日衰,自長安逃回,仍稱秦王,西秦復國. 北魏惠懿帝高雲為寵臣離班刺殺,馮跋誅離班,嗣位,是為文成帝. 北魏道武帝拓拔珪無道,將子拓拔紹倒懸井中,垂死始牽出,因其生母賀夫人郤殺之,拓拔紹遂殺拓拔珪.其兄齊王拓拔嗣(392~423)起兵斬拓拔紹及生母賀夫人,嗣位,是為明元帝.採「八公」議政,移民山東解決冰霜乾旱缺糧,攻打宋國,形成南北對峙,在位 15 年享年 32 歲.
東晉	安帝司馬德宗	義熙 **6**	庚戌	**410**	後秦弘始 12 年　西蜀弘始 12 年　北涼永安 10 年　東晉義熙 6 年 南燕太上 6 年　西涼建初 6 年　胡夏龍升 4 年　南涼嘉平 3 年 西秦更始 2 年　北魏永興 2 年　北燕太平 2 年　南燕亡,立國 13 年. 東晉劉裕擒南燕帝慕容超斬之,**南燕亡**,立國 13 年.並殺南燕王公以下數千 東晉盧循趁劉裕攻南燕,起兵郤攻建康,何無忌拒之兵敗被殺.盧循長驅直入,劉裕急返建康,遣孫處往擊,盧循兵潰,收殘兵退還廣州. 南涼遷都樂都

朝代	帝　王	國號	干支	西元	紀　事
		義熙 **7**	辛亥	**411**	西秦王乞伏乾歸向後秦稱臣,後秦封為河南王 北燕求婚馮跋以女嫁之. 後秦弘始 13 年 西蜀弘始 13 年北涼永安 11 年東晉義熙 7 年西涼建初 7 年 胡夏龍升 5 年 南涼嘉平 4 年 西秦更始 3 年 北魏永興 3 年北燕太平 3 年 西秦復降秦姚興命群臣舉賢才 斬徐道覆 劉裕自為太尉中書監 盧循走交州刺史杜慧度擊斬之,孫恩、盧循之亂平定.. 北涼攻南涼,陷姑臧(甘肅武威)
	安帝司馬德宗 北涼沮渠茛遜 西秦乞伏磐	義熙 **8** 玄始 **1** 永康 **1**	壬子	**412**	後秦弘始 14 年 西蜀弘始 14 年 北涼永安 12 年 東晉義熙 8 年 西涼建初 8 年 胡夏龍升 6 年 南涼嘉平 5 年 西秦更始 4 年 北魏永興 4 年 北燕太平 4 年 西秦永康元年 北涼玄始元年 劉毅都督荊寧秦雍軍事 沮渠蒙遜稱河西王,改元玄始 西秦乞伏乾歸為侄乞伏公府所殺,子乞伏熾磐嗣位,自稱河南王,遷都枹罕(甘肅臨夏),擒乞伏公府,車裂以殉. 東晉劉裕攻荊州,殺劉毅. 涼遷都姑臧(甘肅武威) 遣益州刺史朱齡石伐蜀
	安帝司馬德宗 夏赫連勃勃	義熙 **9** 鳳翔 **1**	癸丑	**413**	後秦弘始 15 年 西蜀弘始 15 年 東晉義熙 9 年 西涼建初 9 年 胡夏龍升 7 年 南涼嘉平 6 年 北魏永興 5 年 北燕太平 5 年 西秦永康 2 年 北涼玄始 2 年 胡夏龍翔元年 劉裕還建都,殺豫州刺史諸葛長民 詔申土斷之法並省流寓郡縣 東晉攻西蜀,西蜀王投譙道福不成,自縊死,西蜀亡,立國 9 年. 以齡石監梁秦州六郡軍事 後秦之隴西降於西秦 胡夏天王劉勃勃築統萬城(陝西靖邊北白城子),蒸土為牆,錐入一寸,則斬築者.城築好後,「聯方統一天下,君臨萬邦」,故名「統萬」.
	安帝司馬德宗 北魏明元帝拓跋嗣	義熙 **10** 神瑞 **1**	甲寅	**414**	後秦弘始 16 年 東晉義熙 10 年 西涼建初 10 年 南涼嘉平 7 年 北燕太平 6 年 西秦永康 3 年 北涼玄始 3 年 胡夏龍翔 2 年 北魏神瑞元年 南涼亡,立國 18 年. 劉裕廢譙王文思為庶人 西秦襲滅南涼毒殺禿髮傉檀,南涼亡,立國十八年 西秦乞伏乾歸稱秦王 魏遣于什門如燕
		11	乙卯	**415**	後秦弘始 17 年 東晉義熙 11 年 西涼建初 11 年 北燕太平 7 年 西秦永康 4 年 北涼玄始 4 年 胡夏龍翔 3 年 北魏神瑞 2 年 東晉劉裕攻荊州,司馬休之拒之兵敗奔後秦 劉裕自加殊禮 北涼上表求內附 北涼取西涼之廣武 寇謙之改革道教,後世稱作北天師道.
	安帝司馬德宗 後秦姚泓 北魏明元帝 拓跋嗣	義熙 **12** 永和 **1** 泰常 **1**	丙辰	**416**	後秦弘始 18 年 東晉義熙 12 年 西涼建初 12 年 北燕太平 8 年 西秦永康 5 年 北涼玄始 5 年 胡夏龍翔 4 年 北魏神瑞 3 年 後秦永和元年 北魏泰常元年 東晉劉裕自加都督廿二州軍事 秦姚弼姚愔作亂殺之 後秦姚興卒,子姚弘嗣位稱帝. 檀道濟克洛陽 西秦求內附. 劉裕大舉攻後秦,後秦諸子爭位內戰日烈,無暇對外

朝代	帝　王	國號	干支	西 元	紀　事
東晉	安帝司馬德宗 西涼李歆	義熙 13 嘉興 1	丁巳	417	東晉義熙 13 年　西涼建初 13 年　西秦永康 6 年　北涼玄始 6 年 胡夏龍翔 5 年　北魏神瑞 3 年　後秦永和 2 年　北魏泰常 2 年 西涼嘉興元年 西涼李暠死子李歆嗣位,大興土木,屢征民役. 劉裕引水軍發彭城 王鎮惡克秦潼關,破魏軍於河上. 劉穆之卒 劉裕入長安執姚泓送建康斬之**後秦亡**,立國 34 年　夏人進據安定. 劉裕威名急欲篡位,任劉義真為安將軍,太尉諮議參軍王修為安西長史,征虜將軍王鎮惡為安西馬,龍驤將軍沈田子為中兵參軍留鎮長安,自己返建康(江蘇南京).劉裕以功為相國,封宋公.
	安帝司馬德宗	14	戊午	418	東晉義熙 14 年　北燕太平 10 年　西秦永康 7 年　北涼玄始 7 年 胡夏龍翔 6 年　北魏泰常 3 年　西涼嘉興 2 年　胡夏昌武元年 東晉封劉裕為相國、宋公、九錫之命. 東晉留駐倀安諸將互相殘殺 胡夏王赫連勃勃入長安,稱帝,是為武烈帝. 東晉劉裕以讖云「昌明之後尚有二帝」乃毒死東晉安帝司馬德宗,立其弟司馬德文,是為恭帝.
	恭帝司馬德文 夏赫連勃勃	元熙 1 昌武 1	己未	419	北燕太平 11 年　西秦永康 8 年　北涼玄始 8 年　北魏泰常 4 年 西涼嘉興 3 年　胡夏昌武 2 年　東晉元熙元年　胡夏真興元年 劉裕立安帝胞司馬德文(385~420)為帝,420 年被士兵捂死,在位 2 年享年 36 歲.封劉裕為宋王,篡位階梯巳備. 恭帝在位 2 年,劉裕廢之 夏赫連勃勃還統萬,改元真興. 晉宗室司馬楚之等攻金城,
東晉 南宋	恭帝司馬德文 西秦乞伏熾磐 西涼　李恂 宋武帝 劉裕	元熙 2 建弘 1 永建 1 永初 1	庚申	420	東晉恭帝司馬德文讓位於劉裕,**東晉亡**,東西晉共計立國 156 年史稱**【南宋】**.是為宋武帝. 西秦乞伏熾磐改元建弘 司馬氏在魏者多被害,平城豪桀牽連坐族誅者數十家. 劉裕稱皇帝,建元永初曆,廢晉帝為零陵王,**晉亡**.改秦始曆為永初曆. 南宋開始,相繼經歷宋、齊、粱、陳四個朝代. 北涼擊西涼都城酒泉,李歆大敗,弟李恂自殺身死,**西涼亡**. 宋僧曇無謁等二十五人入印度.

南北朝 (西元 420-589) 計 169 年

宋：武帝劉裕永初(420-422)－少帝劉義符景平(423-424)－文帝劉義隆元嘉(424-453)－孝武帝劉駿孝建(454-456)大明(457-464)－前廢帝劉子業永光(465)景和(465)－明帝劉□泰始(465-471)泰豫(472)－後廢帝劉昱元徽(473-477)－順帝劉準昇明(478)

齊：高帝蕭道成建元(478-482)－武帝蕭賾永明(483-493)－鬱林王蕭昭業隆昌(494)－海陵王蕭昭文延興(494)－明帝蕭鸞建武(494-497)永泰(498)－東昏侯蕭寶卷永元(499-501)－和帝蕭寶融中興(501-502)

梁：武帝蕭衍天監(502-519)大通(527-529)中大通(529-534)大同(535-546)中大同(547)太清(547-549)－簡文帝蕭綱大寶(550-551)－元帝蕭繹承聖(552-555)－敬帝蕭方智紹泰(555-556)太平(556-557)

陳：武帝陳霸先永定(557-559)－文帝陳蒨天嘉(560-566)天康(566)－廢帝陳伯宗光大(567-568)－宣帝陳頊太建(569-582)－後主陳叔寶至德(583-586)禎明(587-589)

北魏：道武帝拓跋珪登國(386-396)皇始(396-398)天興(398-404)天賜(404-409)－明元帝拓跋嗣永興(409-413)神瑞(414-416)泰常(416-423)－太武帝拓跋燾始光(424-428)神□(428-431)延和(432-434)太延(435-440)太平真君(440-451)正平(451-452)－南安王拓跋余永平(452)－文成帝拓跋濬興安(452-454)興光(454-455)太安(455-459)和平(460-465)－獻文帝拓弘天安(466-467)皇興(467-471)－孝文帝元宏延興(471-476)承明(476)太和(477-499)－宣武帝元宏恪景明(500-503)正始(504-508)永平(508-512)延昌(512-515)－孝明帝元詡熙平(516-518)神龜(518-520)正光(520-525)孝昌(525-527)武泰(528)－孝莊帝元子攸建義(528)永安(528-530)－長廣王元曄建明(530-531)－節閔帝元恭普泰(531-532)－安定王元朗中興(531-532)－孝武帝元太昌(532)永興(532)永熙(532-534)
註：北魏自道武帝建國至孝帝,凡 9 世 13 君,歷 148 年(386~534)，此後　分裂為東魏、西魏．

東魏：孝靜帝元善見天平(534-537)元象(538-539)興和(539-542)武定(543-550)

西魏：文帝元寶炬大統(535-551)－廢帝元欽大統(552-554)－恭帝元廓(554-556)

北齊：文宣帝高洋天保(550-559)－廢帝高殷乾明(560)－孝昭帝高演皇建(560-561)－武成帝高湛太寧(561-562)河清(562-565)－後主高緯天統(565-569)武平(570-576)隆化(576)－幼主高恒承光(577)

北周：孝閔帝宇文覺(557)－明帝宇文毓(557-559)武成(559-560)－武帝宇文邕保定(561-565)天和(566-572)建德(572-578)宣政(578)－宣帝宇文贇大成(579)－靜帝宇文闡大象(579-580)大定(581)

朝代	帝　王	國號	干支	西 元	紀　要
宋	武帝　劉裕 北魏明元帝 拓跋嗣	永初 **1** 泰常 **5**	庚申	**420**	北燕太平 12 年　西秦永康 9 年　北涼玄始 9 年　北魏泰常 5 年 西涼嘉興 4 年　東晉元熙 2 年　胡夏真興 2 年　南宋永初元年 西秦建弘元年　西涼永建元年 東晉恭帝司馬德文讓位於劉裕(363-422),京口(今江蘇鎮江)人,**晉亡**.立國 156 年. 劉裕(362~422)即位,是為武帝.國號宋,史稱**南宋**.京口(江蘇鎮江)人,出身寒微,小意人,開明節儉,用寒人掌政,改變門閥壟斷,集權中央,寵信實才,實行土斷法,減輕賦稅,赦免奴役士兵,在位 3 年(西元 420-478)至宋順帝止共 59 年 北涼欲攻西涼,揚言攻西秦,既至,潛師而還. 西涼李歆攻北涼,大敗,李歆被殺,北涼軍陷甘肅酒泉. 李歆弟李恂在敦煌嗣位. 立義符為太子.
		2	辛酉	**421**	北燕太平 13 年　北涼玄始 10 年　北魏泰常 6 年　胡夏真興 3 年 南宋永初 2 年　西秦建弘 2 年　西涼永建 2 年 宋帝親試秀才,孝廉. 宋禁以金銀塗器物,喪車用銅釘 宋殺零陵王,諡曰恭皇帝,開「禪讓」亡位者被殺之禍. 宋以沮渠蒙遜為涼州刺史. 北涼圍敦煌,用水灌城,西涼公李恂乞降不許,自殺,**西涼亡**,立國 22 年. 毀淫祠　弒零陵王　弒晉恭帝　謝瞻卒

朝代	帝　王	國號	干支	西 元	紀　要
		3	王戌	**422**	北燕太平 14 年　北涼玄始 11 年　北魏泰常 7 年　胡夏真興 4 年 南宋永初 3 年　西秦建弘 3 年 南宋武帝劉裕卒,子劉義符(406~422)17 歲嗣位,是為少帝,童心未泯,不理朝政.廢為營陽王.尋予殺害,年僅 19 歲.424 年迎立武三子劉義隆為帝. 宋整頓國子學　封仇池氏王楊盛為武都王. 北魏大舉攻南宋陷滑台泰山高平虎年　謝晦輔政 魏明元帝建立太子監國制. 封楊盛為武都王　徐羨之傅亮謝晦輔政 魏立子燾為太子監國　魏司空奚斤來侵取青兗諸郡,命檀道濟拒之,
宋	少帝 劉義符	景平 **1**	癸亥	**423**	北燕太平 15 年　北涼玄始 12 年　北魏泰常 8 年　胡夏真興 5 年 西秦建弘 4 年　南宋景平元年 北魏明元帝拓拔嗣在位 2 年為徐羨之廢旋弒,子,.迎立都王義隆,是為文帝. 崇奉道士寇謙之,設天師道場,道教鼎盛.　魏于栗磾攻金墉魏以為豫州刺史 魏太宗明元帝拓跋嗣死,子燾嗣,是為世祖太武皇帝 魏築長城自城至五原二千餘里 西秦入貢於魏　魏拔虎牢取司豫諸郡
	少帝 劉義符 文帝 劉義隆 北魏太武帝 拓跋燾	景平 **2** 元嘉 **1** 始光 **1**	甲子	**424**	北燕太平 16 年　北涼玄始 13 年　胡夏真興 6 年　西秦建弘 5 年 南宋景平 2 年　南宋元嘉元年　北魏始光元年 武帝之子在位 30 年武帝之子 少帝劉義符遭徐羨之廢之尋遭弒殺迎立劉義隆(407~453),是為文帝,在位 30 年享年 47 歲,官清吏治,國富民強,史稱「元嘉之治」453 年被太子劉劭弒殺. 柔然侵魏,魏伐之.　吐谷渾王阿柴死,弟慕璝立　宕昌貢魏 北魏太武帝拓拔燾(408~452)滅胡夏,終結五胡亂華 136 年(304~424)京師平城(今山西大同)禁佛門,沙門還俗,製五色玻璃.在位 29 年享年 29 年
		元嘉 **2**	乙丑	**425**	北燕太平 17 年　北涼玄始 14 年　胡夏真興 7 年　西秦建弘 6 年 南宋元嘉 2 年　北魏始光 2 年　胡夏承光元年 魏來聘　武都王盛卒,子元立.　胡夏武烈帝赫連勃勃卒,子赫連昌嗣位. 魏大舉攻柔然,柔然北逸.
		3	丙寅	**426**	北燕太平 18 年　北涼玄始 15 年　西秦建弘 7 年　南宋元嘉 3 年 北魏始光 3 年　胡夏承光 2 年 南宋文帝召檀道濟入朝,藉劉義隆兵追殺少帝劉義符之罪,徐羨之自縊,傅亮斬於市.謝晦反兵敗,欲奔北魏中途被擒送建康斬首. 北魏拓拔燾攻胡夏統萬取蒲及長安. 以謝靈運為祕書監顏延之為中書侍郎
		4	丁卯	**427**	北燕太平 19 年　北涼玄始 16 年　西泰建弘 8 年　南宋元嘉 4 年 北魏始光 4 年　胡夏承光 3 年 北魏太武帝拓拔燾再攻胡夏,取統萬,胡夏帝赫連昌奔上邽(甘肅天水) 陶潛卒　魏封楊元為濟南王. 高句驪西元前-37 年建國,長壽王 427 年建都平壤,隋文帝封高陽為高麗王
	文帝 劉義隆 北魏太武帝拓跋燾 夏赫連定 西秦乞伏暮末 北京沮渠蒙遜	元嘉 **5** 神麃 **1** 勝光 **1** 永弘 **1** 承玄 **1**	戊辰	**428**	北燕太平 20 年　北涼玄始 17 年　西泰建弘 9 年　南宋元嘉 5 年 北魏始光 5 年　胡夏承光 4 年　西秦永弘元年　北魏神鼎元年 北涼承玄元年　胡夏勝光元年 北魏攻上邽,胡夏赫連昌出戰被擒,弟赫連定嗣位　胡夏復取長安. 西秦文昭王乞伏熾磐卒,子乞伏暮末嗣位.
		元嘉 **6**	己巳	**429**	北燕太平 21 年　南宋元嘉 6 年　西秦永弘 2 年　北魏神鼎 2 年 北涼承玄 2 年　胡夏勝光 2 年 以義康為司徒,錄尚書事,與王弘共輔政　以義恭都督荊湘等州 立子劭為太子　西秦還都定連(甘肅臨夏東南) 北魏擊柔然俘斬無數追至涿邪山而還,柔然紇升蓋可汗北奔.　楊元卒 弟難當廢其子保宗自立　魏以崔浩為撫軍大將

朝代	帝　王	國號	干支	西 元	紀　要
		7	庚午	**430**	北燕太平 22 年　南宋元嘉 7 年　西秦永弘 3 年　北魏神鼎 3 年 北涼承玄 3 年　胡夏勝光 3 年 南宋文帝劉義隆遣到彥之伐魏,魏退屯河北,到彥之遂取洛陽虎牢滑石碻磝,東至潼關沿黃河置守.冬季,黃河冰結,北魏反攻,南宋軍潰復失河南地. 馮跋卒弟弘殺其太子翼自立. 北燕文成帝跋病死,弟馮弘率兵入宮,馮跋驚死,馮弘即位,是為昭成帝. 北魏太武帝拓拔燾親攻平涼,胡夏帝赫連定奔上邽(甘肅天水) 西秦王乞伏伏暮末為北涼所逼,降北魏,至南安(甘肅隴西),庫結來迎,後悔,庫結即還軍. 宋文帝討北魏,魏敗無糧,以堆沙上覆米糧豐之計,檀道濟唱籌量沙退魏.
宋	文帝 劉義隆 北燕馮弘 北涼沮渠蒙遜	元嘉 **8** 太興 **1** 義和 **1**	辛未	**431**	南宋元嘉 8 年　西秦永弘 4 年　北魏神鼎 4 年　北涼承玄 4 年 胡夏勝光 4 年　北涼義和元年　北燕大興元年 胡夏攻西秦,西秦乞伏暮末出降,被殺,**西秦亡**,立國 39 年(385-431) 胡夏畏北魏裏脅西秦欲擊北涼奪地,方渡河,吐谷渾王暮容瞶邀擊,擒赫連定滅夏,**胡夏亡**(407-431),立國 25 年.共三主. 宋秘書監謝靈運造四部目錄,收書 64,582 卷.
	文帝 劉義隆 北魏太武帝拓跋燾	元嘉 **9** 延和 **1**	壬申	**432**	南宋元嘉 9 年　北涼義和 2 年　北燕大興 2 年　北魏延和元年 吐谷渾送赫連定於北魏,北魏斬之.　王弘卒　魏人來聘 益州趙廣作亂 裴方明討之 魏主攻燕圍和龍,引還.
	文帝 劉義隆 北涼沮渠牧犍	元嘉 **10** 永和 **1**	癸酉	**433**	南宋元嘉 10 年　北涼義和 3 年　北燕大興 3 年　北魏延和 2 年 北涼永和元年 北涼沮渠蒙遜卒,子沮渠茂虔嗣位. 謝靈運雲遊被誤認山賊,貶謫被殺.
		11	甲戌	**434**	南宋元嘉 11 年　北燕大興 4 年　北魏延和 3 年　北涼永和 2 年 北燕向北魏乞和,先拒後許,要北燕太子為質,北燕昭成帝馮弘不遣,魏攻燕
	文帝 劉義隆 北魏太武帝拓跋燾	元嘉 **12** 太延 **1**	乙亥	**435**	南宋元嘉 12 年　北燕大興 5 年　北魏延和 4 年　北涼永和 3 年 北魏太延元年 北燕屢為北魏所敗,轉向南宋稱臣奉貢,南宋封北燕昭成帝馮弘為燕王,實無助. 蠕蠕、西域諸國、及鄯善向魏朝貢,魏遣使西域. 宋丹陽尹蕭摹之呈請限制造塔寺,及鑄銅佛像
		13	丙子	**436**	南宋元嘉 13 年　北燕大興 6 年　北涼永和 4 年　北魏太延 2 年 北燕亡,立國 30 年. 南宋文帝劉義隆忌恨檀道濟宿將,誣反,斬之. 北魏大舉攻北燕,北燕帝馮弘密命高句麗來迎,俟高句麗兵至,焚龍城宮殿,北魏安西將古弼酒醉,止軍追擊,北燕昭成帝馮弘遂入高句麗.**北燕亡**,立國 30 年 魏攻楊難當於上邽降 宋鑄渾儀,以水轉之,昏明中星,與天相應.
		14	丁丑	**437**	南宋元嘉 14 年　北涼永和 5 年　北魏太延 3 年 魏詔吏民告守令罪 西域 16 國向魏朝貢 涼遣子質魏又來入貢 北魏太武帝拓拔燾圖北涼,將妹武威公主嫁北涼哀王沮渠茂虔.
		15	戊寅	**438**	南宋元嘉 15 年　北涼永和 6 年　北魏太延 4 年 前北燕昭成帝馮弘在高句麗仍作威作福,高句麗併其子俱殺之. 以吐谷渾慕利延為隴西王,立四學以何尚之何天謝元雷次宗分主玄,史,文,儒四科.

朝代	帝　王	國號	干支	西元	紀　要
		16	己卯	**439**	南宋元嘉 16 年　北涼永和 7 年　北魏太延 5 年 魏太武帝拓拔燾征北涼,北涼哀王沮渠茂虔出降,**北涼亡**,立國 43 年. 五胡亂華 19 國時代終止(西元 304-439)凡 136 年.中國統一. 北魏統一北方，與宋形成南北二朝對峙形勢,史家以此作為【南北朝時代】開始,至隋滅陳,凡 151 年. (西元 439-589) 以義季都督荊湘等州　魏主還平城令崔浩高允修國史.
宋	文帝 劉義隆 太平真君	元嘉 **17** **1**	庚辰	**440**	南宋元嘉 17 年　北魏太延 6 年　北魏太平真君元年 南宋文帝劉義隆弟劉義康總攬朝政自謂至親不存君臣禮,劉義隆忌貶為江州(江西九江)刺史,殺其黨領軍劉湛,司徒長史劉斌.劉義恭為司徒錄尚書事. 北魏沮渠無諱陷魏酒泉. 道士寇謙之向魏太武帝獻「神書」魏因之改元「太平真君」
		18	辛巳	**441**	南宋元嘉 18 年　北魏太平真君 2 年 南宋以義康都督江交廣州軍事 北魏沮渠無諱據酒泉叛,奚眷擊之,城中糧盡,沮渠無諱西奔流沙
	文帝 劉義隆	元嘉 **19**	壬午	**442**	南宋元嘉 19 年　北魏太平真君 3 年 魏主受符籙 宋討平楊難當 李暠孫寶據燉煌附魏. 北魏沮渠無諱陷鄯善(新疆若羌)高昌(新疆吐魯番),屠城.遣使向南宋稱臣南宋寺為河西王
宋	文帝 劉義隆 北涼沮渠無諱	元嘉 **20** 承平 **1**	癸未	**443**	南宋元嘉 20 年　北魏太平真君 4 年 北魏殺武郡王楊保宗取仇池地,攻柔然,柔然遠遁 宋以楊文德為武都王 西晉滅亡. 宗炳卒,所撰〔畫水水序〕是我國古代最早的山水畫論.
		元嘉 **21** 承平 **2**	甲申	**444**	南宋元嘉 21 年　北魏太平真君 5 年 北魏太武帝滅佛禁教有私養沙門(和尚)者處死.佛圖形像及胡經,擊破焚燒,沙門無少長皆坑之門誅.並禁私立學校,違者教師處死,主持人殺全家. 北魏命太子晃總百揆,殺尚書令劉絜,屠三族. 李寶朝魏,魏留之 宋以義季為兗州刺史,義宣為荊州刺史
	文帝 劉義隆 北涼沮渠安同	**22** 承平 **3**	乙酉	**445**	南宋元嘉 22 年　北魏太平真君 6 年 宋以武陵王駿為雍州刺史 宋殺後漢書作者史學家范曄 廢義康為庶人徙安成都郡 北魏蓋吳叛掠臨晉北魏章直擊之,蓋吳掠長安叔孫拔擊之,蓋吳人多勢盛,稱天台王,遣使赴建康(江蘇南京)南宋封為北地公,賜印 21 顆,使自行封官吏.
		23	丙戌	**446**	南宋元嘉 23 年　北魏太平真君 7 年 魏討盧水胡蓋吳蓋吳求於宋,宋發兵援之 北魏太武帝拓拔燾擊蓋吳,見佛寺有兵器,遂稱與蓋吳通,下令全國殺誅沙門,無分長少宅斬,焚燒禁廟(佛教三武之禍 1). 蓋吳據杏城為其叔所殺.
		24	丁亥	**447**	南宋元嘉 24 年　北魏太平真君 8 年 北魏殺降王北涼哀王沮渠茂虔　　宋衡陽王義季卒 宋以貨貴,製大錢,一當兩.
		25	戊子	**448**	南宋元嘉 25 年　北魏太平真君 9 年 魏以楊文德據葭廬伐之,楊文德走還 宋以武陵王駿為徐州刺史 魏攻焉耆,焉耆王奔龜茲,魏攻龜茲,平西域

朝代	帝　　王	國號	干支	西 元	紀　　要
		26	己丑	**449**	南宋元嘉 26 年　北魏太平真君 10 年 宋以隨王誕為雍州刺史 北魏太武帝拓拔燾征柔然,出塞外,柔然遁走.
		27	庚寅	**450**	南宋元嘉 27 年　北魏太平真君 11 年 北魏國史之獄(崔浩、高允共修「國記」遭誣謀反,族誅同宗,史謂崔浩之獄) 南宋文帝劉義隆侵魏,取碻磝滑台.王元謨退走　宋嚴守江及魏平 魏大舉攻宋,南下兵臨滑台.於瓜步(江蘇六合)建行宮.劉義隆登石頭城(南京西)北望,面有憂色.
宋 北魏	文帝 劉義隆 太武帝拓跋燾	元嘉 **28** 正平 **1**	辛卯	**451**	南宋元嘉 28 年　北魏太平真君 12 年　北魏正平元年 北魏攻盱眙,破南宋六州之地,殺傷無數屍與城平,赤地千里不見人煙.南宋太子臧質固守不克,師還. 宋青州民司馬順則起事,攻梁鄒,自稱齊王,沙門司馬百年應之,稱安定王. 裴松之卒,以注〔三國志〕聞名,稱〔裴注〕 宋主殺弟義康　宋令民遭寇者稅調 魏改元正平　更定律令　魏太子晃卒　宋魏復通好　宋以王僧綽為侍中 宋魏互遣使修聘　宋徙彭城流民於瓜步,江西流民於姑孰共萬餘家
		元嘉 **29** 正平 **2**	任辰	**452**	南宋元嘉 29 年　北魏正平 2 年　北魏承平元年　北魏興安元年 北魏宦官宗愛殺太武帝拓拔燾,立其子南安王拓拔余,尋又遭殺,羽林郎中劉尼殺宗愛,立皇太孫拓拔濬(430~465),是為文成帝在位 14 年得年 36 歲. 南宋文帝劉義隆乘北魏內亂北伐,進圍碻磝(山東茌平),北魏軍自地道潛出,南宋大敗而退..
	文帝 劉義隆 孝武帝 劉 劭	元嘉 **30** 太初 **1**	癸巳	**453**	南宋元嘉 30 年　北魏興安 2 年　南宋太初元年 南宋皇太子劉劭與女巫嚴道育相結,咒父速死,劉義隆得知欲廢,劉劭乘夜入宮弒父嗣位.文帝劉義隆在位 30 年. 劉劭又殺袁淑、徐湛之、江湛.繼欲殺劉駿.時劉駿任江州(江西九江)刺史,起兵討劉劭,陷台城(皇城),劉劭躲入井中,被拖出斬首,稱帝是為孝武帝(430~464)在位 11 年時年 35 歲.. 中央集權,誅殺宗室大臣,殘暴狠毒,累收賦稅,百姓困苦賣兒鬻女,投河自縊四起.殺王僧綽 宋主殺弟劉鑠及劉渾　討平廣州之亂
宋	孝武帝 劉 駿	孝建 **1**	甲午	**454**	北魏興安 3 年　南宋孝建元年　北魏興光元年 宋孝武帝劉駿文帝之子在位 11 年 南宋臧質立劉義宣為帝.據湖北江陵,兵敗,俱被殺. 宋置東揚州郢州省錄尚書事官 宋建孔子廟,制同諸侯
		2	乙未	**455**	南宋孝建 2 年　北魏興光 2 年　北魏太安元年 宋罷沈廢之 宋裁減王侯車服器用制度,削弱王侯,向親王不得稱「臣」僅能稱稱「下官」
		3	丙申	**456**	南宋孝建 3 年　北魏太安 2 年 陶弘景(456-536)注「本草經注」「名醫別錄」記載 730 種藥物. 魏立貴人馮氏為氏為后,立子弘為太子 宋以愍為豫州刺史 魏以源賀為冀州刺史 宋顏延之卒
宋	孝武帝 劉 駿	大明 **1**	丁酉	**457**	北魏太安 3 年　南宋大明元年 魏侵宋破兗州而去 宋以竟陵王誕為南兗刺史,劉延為南徐州刺史 宋復親民官公田 宋行土斷,將雍州諸僑郡縣,三郡十六縣併為一郡,將流民編入戶籍.

朝代	帝　王	國號	干支	西 元	紀　要
		2	戊戌	458	北魏太安 4 年　南宋大明 2 年 南宋孝武帝劉駿誣殺中書令王僧達 以謝莊顧覬之為吏部尚書,戴法興戴明寶巢尚之為中書令魏設酒禁置候官 北魏文成帝拓拔濬征柔然,柔然處羅可汗遠遁 魏設酒禁,又置內外侯官以察百官,增律條. 魏以高允為中書令 魏侵宋滑口為顏師伯所敗 宋復郡縣縣舊秩並祿俸.於吏部置二尚書以分其權. 宋南彭城民高闍,沙門曇標謀起事,被殺,因汰沙門.
		3	已亥	459	北魏太安 5 年　南宋大明 3 年 宋竟陵王誕據廣陵抗命,遣兵擊之,克廣陵,屠男口三千餘,女子充軍賞,殺誕. 南宋孝武帝劉駿奢淫暴虐,誣殺竟陵王誕,東揚州刺史顏竣 上林苑
		4	庚子	460	南宋大明 4 年　北魏和平元年 魏伐吐魯番,吐魯番柔然攻陷高昌(新疆吐魯番)立闞伯周為高昌王建國傳二世,在位 1 年,於 491 年被高車所滅. 宋殺廬陵內史周期,以顏師伯為侍中 魏在平城武州塞(山西大同西北)開鑿雲崗石窟,至 494 年完成.
		5	辛丑	461	南宋大明 5 年　北魏和平 2 年 南宋劉休茂叛,參軍尹玄慶起兵生擒斬之 宋制民戶歲輸布四匹. 詔士族與工商戶為婚者,皆補將吏,士族多避役逃亡為亂. 魏祭百神,始復羣祠. 立明堂 禁士族雜婚 以第八子子鸞為南徐刺史
		6	壬寅	462	南宋大明 6 年　北魏和平 3 年 南宋孝武帝劉駿制沙門致敬人主,策孝廉秀才於中堂 殺沈懷文 殷淑儀卒
宋	孝武帝 劉 駿	7	癸卯	463	南宋大明 7 年　北魏和平 4 年 南宋孝武帝劉駿大修宮殿懷祖父劉裕 宋策高麗長壽王為車騎大將軍,開府儀同三,司. 蔡興宗袁粲為吏部尚書 魏使聘宋
宋	廢帝 劉子業 柔然受羅部真可汗	大明 8 永康 1	甲辰	464	南宋大明 8 年　北魏和平 5 年 南宋孝武帝劉駿在位 11 年卒,子劉子業(449~465)嗣位,是為前廢帝在位 1 年年 17 歲. 以蔡興宗為新昌太守,王元謨為南徐州刺史　廢宋太后王氏 柔然處羅可汗死,子受羅部真殅汗立,改元永康,率眾擾魏,敗還.
	廢帝 劉子業 明帝 劉 彧	永光 1 景和 1 泰始 1	乙巳	465	北魏和平 6 年　南宋永光元年　南宋景和元年　南宋泰始元年 南宋廢帝劉子業昏暴,為壽寂之追斬,叔湘東王劉彧(439~472)嗣位,是為明帝,在 7 年終 34 歲.疑心病重,殘殺骨肉,淫樂縱慾,體弱借種生子. 北魏文成帝拓拔濬卒,子拓拔弘嗣位是為獻文帝. 宋聽民鑄錢,錢質益劣,有鵝眼,綖環之目,物價踴貴,斗米萬錢.旋罷二鍾錢,禁鵝眼,綖環錢. 宋湘東王彧主衣院佃夫等殺宋帝,擁彧即位,改元泰始,是為太宗明皇帝. 劉勰(約 465~?)寫成**【文心雕龍】**

朝代	帝 王	國號	干支	西元	紀 要
	明帝 劉 彧 獻文帝拓跋弘	泰始 2 天安 1	丙午	466	南宋泰始 2 年 北魏天安元年 南宋劉子勛據江州稱帝,劉休仁擊斬之(劉子勛為明帝劉駿子,廿八子盡死) 北魏獻文帝(454~476)年 13 即位,太后臨朝 471 年傳位給子拓拔宏在位 6 年享年 23 歲. 魏文明太后臨朝稱制. 南宋薛安都據彭城(江蘇徐州)降北魏 北魏立郡學,置博士,助教,生員. 鮑照卒,其採用七言體作詩是發展七言詩重要階段. 【水經注】記述 137 條河流,禹貢山川澤地 60 條,中國第一部河道水系著作,酈道元(466 或 472-527 待考)用「水經」考察河道變遷,與城市興廢等地理.
宋	前廢帝劉子業	泰始 3 皇興 1	丁未	467	南宋泰始 3 年 北魏天安 2 年 北魏皇興元年 南宋明帝劉彧數攻彭城俱敗,北魏追擊取宋淮河以北四州及豫州同州一部 北魏於天宮寺鑄大佛,高 43 尺,用銅 10 萬斤,黃金 600 斤
		泰始 4	戊申	468	南宋泰始 4 年 北魏皇興 2 年 北魏攻南宋,宋劉勔擊退, 宋失東徐兗州,劉勔敗魏於許昌 宋以蕭道成為南兗州刺史,阮佃夫為游擊將軍
		5	己酉	469	南宋泰始 5 年 北魏皇 3 年 魏宋修好 魏立三等輸租法除其雜糧 立子宏為太子 陷宋東陽 南宋殺兄盧江王禕
		6	庚戌	470	南宋泰始 6 年 北魏皇興 4 年 南宋平臨海賊田流 立總明觀 置祭酒一人,儒玄文史學士各十人 王景文為尚書左僕射揚州刺史,蕭道成為黃門侍郎,尋復遠鎮淮陰 柔然侵魏,魏敗之
宋 北魏	前廢帝劉子業 孝文帝 拓拔元宏	泰始 7 延興 1	辛亥	471	南宋泰始 7 年 北魏皇興 5 年 北魏延興元年 南宋明帝劉彧猜忌暴虐,誣殺劉休仁劉休祐劉休若,僅劉休範愚劣得存. 以袁粲為尚書令,褚淵為左僕射,蕭道成為散騎常侍 侵魏敗退 討破勒勒 文明太后改革 北魏獻文帝拓拔弘傳位子拓拔元宏(467-499)是為孝文帝漢化還都,改拓拔姓為元姓,禁止鮮卑族同姓結婚,社會融洽,經濟繁榮在位 29 年享年 33 歲
	前廢帝劉子業 后廢帝 劉昱	泰豫 1	壬子	472	北魏延興 2 年 南宋泰豫元年 南宋明帝劉彧病篤,疑慮死後皇后兄王景文主理朝政而殺之立子劉昱嗣位. 袁粲、褚淵輔政,阮佃夫、王道隆掌權. 以王準為楊州刺史;沈攸之都督荊襄八州軍事 柔然連年侵魏 魏有祠祀 1,075 所,歲用牲畜 75,500.
	后廢帝 劉昱	元徽 1	癸丑	473	北魏延興 3 年 南宋元徽元年 宋後廢帝劉昱(462~477)明帝之子,年少好嬉戲,不理朝政,為蕭道成唆命楊玉夫殺殺,在位 4 年僅 15 歲 武都王楊僧嗣卒,弟文度立降魏. 魏以孔子後為崇聖大夫,給十戶供洒掃. 魏詔守令勸農事除盜賊 魏討降吐谷渾 魏置河南六州賦法 魏詔河南六州民,戶收絹一匹,綿一斤,租三十石. 宋顧長康,何翌之表上所撰諫林十二卷 王儉表上所撰七志三十卷..
		2	甲寅	474	北魏延興 4 年 南宋元徽 2 年 南宋江州刺史桂陽王劉休範於江州(江西九江)叛反,攻建康(江蘇南京),蕭道成擊斬之. 宋以蕭道成為中領軍 魏罷門房之誅 柔然侵魏敦煌魏擊敗之

朝代	帝　　王	國號	干支	西 元	紀　　　　要
		3	乙卯	**475**	北魏延興 5 年　南宋元徽 3 年 宋以張敬兒都督雍梁二州 魏禁殺牛馬
		4	丙辰	**476**	北魏延興 6 年　南宋元徽 4 年　北魏承明元年 北魏馮太后馮氏因太上皇拓拔弘殺其情夫李奕,深恨之,遂毒死拓拔弘.魏獻文帝卒,馮太后臨朝. 南宋建平王劉景素據京口(江蘇鎮江)叛,驍騎將軍任農夫擊斬之.
宋	順帝 劉準	昇明 **1**	丁巳	**477**	南宋元徽 5 年　北魏太和元年　南宋昇明元年 南宋廢帝劉昱嗜殺喜怒無常,尚書左僕射蕭道成唆使劉昱近侍楊玉夫伺劉昱入寢,斬弒,立劉昱弟安成王劉準(467~479)是為順帝,明帝第三子,11 歲即帝位,在位 2 年享年 13 歲. 禪於齊 蕭道成使人殺宋帝,自為司空領尚書貶為蒼梧王.立安成王準,改元昇明,蕭道成錄尚書事 南宋荊州刺史沈攸之於江陵起兵討蕭道成,. 宋司徒粲等據石頭城反蕭道成,敗死. 魏斬楊文度以其弟文宏為武鄙王 477-499 年間魏碑書法風格勁健
		2	戊午	**478**	北魏太和 2 年　南宋昇明 2 年 宋進蕭道成為太尉,都督南徐等十六州諸軍事. 蕭道成殺南兗州刺史黃回. 宋以蕭道成假黃鉞,大都督中外諸軍事,太傅,揚州牧. 南宋沈攸之攻郢州不克,至魯山軍士潰散,沈修之自縊死. 魏禁皇族,貴戚瓯士民與普通百姓為婚. 魏太后殺李惠　宋王僧虔請定樂從之. 北魏末年,賈思勰著〔齊民要術〕是我國現存第一部軔整的農書.

齊、梁、陳

朝代	帝　王	國號	干支	西元	紀要
齊	高帝 蕭道成	建元 **1**	己未	**479**	北魏太和 3 年　南宋昇明 3 年　南齊建元元年 宋以蕭道成為相國,總百揆,封齊公,加九錫. 蕭道成(427-482)逼宋順帝劉準讓位,宋亡(420-478),改元嘉曆為建元曆立國 59 年. 蕭道為齊太祖高帝,國號齊,史稱南齊在位 4 年(479-501)享年 56 歲. 廢宋帝為汝陰王,,繼殺之, 殺劉準及南宋劉姓皇族. 追諡順帝,502 年亡於梁蕭衍 魏罷候官,定律令.齊授倭王武為鎮東大將軍 齊得竹簡科斗書
		建元 **2**	庚申	**480**	北魏太和 4 年　南齊建元 2 年 北魏攻南齊壽陽(安徽壽縣)不克,南齊常元真據城降北魏. 齊制病囚診治法　檢定民籍　以姪鸞為郢州刺史. 齊改三巴校尉為巴州刺史,以鎮群蠻.
		3	辛酉	**481**	北魏太和 5 年　南齊建元 3 年 齊罷南蠻校尉官 魏侵齊,齊敗之角城又敗淮陽 魏平徐兗州以薛虎子為徐州刺史.行屯田法.
		4	壬戌	**482**	北魏太和 6 年　南齊建元 4 年 南齊高帝蕭道成死在位 4 年,子蕭賾嗣位,是為齊世祖武帝(440~493)在位 11 年享年 54 歲 齊罷國子學 褚淵王儉輔政 齊褚淵卒 魏以李崇為荊州刺史
齊	齊武帝 蕭頤	永明 **1**	癸亥	**483**	北魏太和 7 年　南齊建元 5 年　南齊永明元年 齊詔郡縣長任期,以滿三年為限 用寒人典掌機要,百姓生息相依蕭頤誣荀伯玉垣崇祖謀反殺之,又殺張敬之 齊復郡縣官田秩遷代以小滿為陽,以王僧虔為特進光祿大夫.
		2	甲子	**484**	北魏太和 8 年　南齊永明 2 年 北魏開國 99 年自是開始實施〔班祿〕〔百官俸祿制〕增戶調帛三匹,穀二斛九斗,調外帛二匹,嚴贓污之罰.. 齊以竟陵王為司徒,茹法亮為中書舍人,長沙王晃為中書監,始興王鑑為益州刺史.
	齊武帝 蕭頤 柔然伏名敦可汗	永明 **3** 太平 **1**	乙丑	**485**	北魏太和 9 年　南齊永明 3 年 北魏孝文帝推行均田制,有桑田,露田之別,計丁授田. 封諸弟為王,梁永為宕昌王 魏令諸王入館受學 魏焚圖讖,祕緯,私藏者死,又禁讖諱巫覡,卜筮之不經者. 齊復立國學,釋奠孔子用上公禮.　齊以王儉領國子酒,
		4	丙寅	**486**	北魏太和 10 年　南齊永明 4 年 北魏主服兗冕,魏武都王楊從起卒種人集始立,以李沖言置三長(五家一鄰鄰有鄰長,五鄰一里,里有里長,五里一黨黨有黨長) 魏定民戶籍,魏置五等公爵.　作明堂辟雍　民官依戶給俸 改中書學曰國子學 分置州郡廿五州在河南十三州在河北. 齊討平富陽賊唐寓之,

朝代	帝　　王	國號	干支	西 元	紀　　要
		5	丁卯	**487**	北魏太和 11 年　南齊永明 5 年 魏重修國書,改編年為紀,傳,表,志. 北魏定樂章,魏高允卒,魏令有司賑貸宮人罷未作,魏擊敗柔然高車阿伏至西羅西走立自為王. 齊敗魏師取舞陽
		6	戊辰	**488**	北魏太和 12 年　南齊永明 6 年 北魏開鑿古陽洞,魏攻百濟(朝鮮扶餘)敗,召群臣言事李彪陳安民之術悉從沈約撰成〔宋書〕
		7	己巳	**489**	北魏太和 13 年　南齊永明 7 年 齊王儉卒,以張緒領楊州中正江斅為都官尚書.　魏聘齊,齊聘魏.
		8	庚午	**490**	北魏太和 14 年　南齊永明 8 年 南齊巴東王蕭子響於荊州殺八使臣,衛尉胡諧之擒蕭子響,斬首.齊議鑄錢不果行　北魏文明太后卒馮氏卒.孝文帝親政.
		9	辛未	**491**	北魏太和 15 年　南齊永明 9 年 魏主始聽政,更定律令親決疑獄,魏正祀典,祀圜丘明堂.北魏遣員外散騎常侍李彪赴南齊修好 齊修律書成.
	柔然伏代庫者可汗	永明 **10** 太安 **1**	壬申	**492**	北魏太和 16 年　南齊永明 10 年 魏祀明堂修古帝王聖人之祀,魏主行養老禮.吐谷遣子朝魏　齊豫章王嶷卒齊命太子家令沈約修宋書. 蕭衍的父親因對朝廷憂懼而死.
齊	齊武帝 蕭頤 鬱林王蕭昭業	太安 **11**	癸酉	**493**	北魏太和 17 年　南齊永明 11 年 南齊昭明太子蕭長懋卒.其父南齊武帝蕭頤亦卒,蕭長懋子蕭昭業(473~494)嗣位在位 1 年享年 22 歲.,荒淫亂倫,不問朝政,以竟陵王子良太傅蕭鸞為尚書令.旋篡位自立,是為明帝　齊殺王融, 北魏孝文帝拓拔守以平城(山西大同)地寒,盛暑落雪,風沙常起,欲遷都洛陽,乃營洛陽宮室,開始推行漢化政策. 魏立子恂為太子下令大發兵侵齊
	鬱林王蕭昭業 海陵王蕭昭文 明帝　蕭　鸞	隆昌 **1** 延興 **1** 建武 **1**	甲戌	**494**	北魏太和 18 年　南齊延興元年　　南齊建武元年 南齊西昌王殺蕭昭業,立其弟新安王蕭昭文(480~)尋廢之,自立為明帝,是為齊明帝,改元建武.立皇子蕭寶卷為太子. 蕭鸞(452~501)在位 5 年享年 47 歲.毒死蕭昭文.殘暴屠戮功臣,血殘骨肉,齊竟王子良以憂卒.齊蕭鸞殺高武子孫 北魏孝文帝改革,遷都洛陽,主張漢化,親祭孔子,改革官制禁胡服鮮卑語. 開鑿龍門石窟,古陽洞、賓陽三洞、蓮花洞. 繼承雲岡石窟藝術風格.
		2	乙亥	**495**	北魏太和 19 年　南齊建武 2 年 **少林寺**：天竺僧人佛陀到中國,擅長禪法,得到北魏孝文帝禮遇，於北魏太和 19 年(495)為他在少室密茂山林中敕造寺廟,供給衣食，名為「少林寺」· 孝昌三年(527)禪宗初祖菩提達摩到少林寺中傳授佛法,面壁九年,傳法慧可,此後師傳不絕.達摩長期打坐修煉,創造「少林拳法」.北周建德三年(574),武帝禁佛,寺宇被毀,大象年間重建,改名「陟岵寺」,隋代恢復舊名.唐初少林寺十三棍僧救唐王,立下戰功,為少林寺博得「天下第一名剎」名號. 魏禁胡語,求遺書,興學校,班品令,賜官服,行太和五銖錢. 魏帝如魯城,親祀孔子,封孔子後裔為崇聖侯. 魏改用長尺,大斗,依漢律曆志. 魏立國子,大學,四門小學於洛陽. 魏六宮百官遷於洛陽

朝代	帝 王	國號	干支	西 元	紀 要
		3	丙子	**496**	北魏太和 20 年 南齊建武 3 年 北魏孝文帝拓拔宏下昭改姓,皇族拓拔改為元氏,貴族及功臣改為長孫,達奚改為奚.元宏效法漢人,重門第,重訂氏族等級,范陽盧氏、清河崔氏、榮陽鄭氏、太原王氏、趙氏及隴西李氏是為五大姓.置常平倉 魏廢太子恂反對遷都,密謀回平城被黜.魏史穆泰陸叡謀反,任城王澄討平.
		4	丁丑	**497**	北魏太和 21 年 南齊建武 4 年 魏立子元恪為太子. 魏侵齊,攻南陽不克.魏伐氐克武興以李崇為梁州刺史.魏至新野敗齊兵於沔北. 齊伐魏太倉口為魏所敗.
		永泰 **1**	戊寅	**498**	北魏太和 22 年 南齊建武 5 年 南齊永泰元年 蕭鸞盡殺高帝、武帝子孫,齊王敬則反會稽至西河敗死. 南齊明帝蕭鸞在位 11 年卒,子蕭寶卷嗣位. 齊以蕭衍為雍州刺史. 高車叛魏,魏主引兵還討降之 蕭寶卷大誅朝臣,人心慌亂,蕭衍籌備起事..
齊	東昏侯蕭寶卷	永元 **1**	己卯	**499**	北魏太和 23 年 南齊永元元年 南齊廢帝東昏侯蕭寶卷(483~501)昏暴殺徐孝嗣蕭坦之劉暄.誣蕭懿反斬,蕭衍冤死.在位 2 年得年 19 歲 蕭遙光王敬則陳顯達先後起兵叛,軍敗皆被殺. 北魏孝文帝元宏崩於穀塘原太子宣武帝元恪嗣位,是為宣武帝..
		2	庚辰	**500**	北魏太和 24 年 南齊永元 2 年 北魏景明元年 殺尚書令蕭懿 南齊裴叔業懼誅,據壽陽(南徽壽縣)降魏,蕭寶卷遣崔慧景往討,崔慧景得兵權還攻台城(皇城)宮門皆閉,蕭寶卷恐慌,召蕭懿救援,崔慧景軍潰,為漁人殺.亂平,蕭寶卷誣蕭懿謀反,斬首.蕭懿弟蕭衍遂叛起兵襄陽,蕭穎胄起兵江陵.奉江夏王寶元逼建康兵敗皆死,齊攻魏大敗失淮南地,陳伯之遁還. 北魏宣武帝元恪立(483~515)賣官貪風盛,興佛建寺,在位 16 年享年 33 歲 科學家祖沖之卒,他將圓周率精確到小數點後七位數. 河南築義市石窟始于北魏武帝景明年間(500-503) 魏휯鹽池之禁
齊	和帝 蕭寶融	中興 **1**	辛巳	**501**	南齊永元 3 年 北魏景明 2 年 南齊中興元年 . 蕭衍於江陵立南康王蕭寶融為南齊帝是為和帝.蕭寶融(498~502)明帝之子在位 1 年禪位於梁. 王珍國潛兵入宮,斬蕭寶卷,執首獻蕭衍,**齊亡**. 蕭衍入建康(南京)自稱梁王.追廢帝為東昏侯,自為大司馬專齊政.又殺寶融而自立為武帝,改號稱**梁** 魏發民五萬築洛陽城坊,四旬而罷. 「蕭統(501-531)文選」,30 卷,514 題,為研先秦至梁代數百年文學重要文獻 劉勰撰〔文心雕龍〕 鍾嶸撰成〔詩品〕
梁	武帝 蕭 衍	天監 **1**	壬午	**502**	北魏景明 3 年 南齊中興 2 年 南梁天監元年 南齊和帝蕭寶融讓位於蕭衍,南齊亡,立國 24 年.蕭衍(464~549)稱帝,是為武帝,國號梁,史稱南梁.在位 48 年(502~556)在位 55 年享壽 86 歲. 蕭衍殺蕭寶. 南齊蕭寶寅陳伯之先後奔魏 梁主立子統為太子.梁定正雅樂.
		天監 **2**	癸未	**503**	北魏景明 4 年 南梁天監 2 年 南梁原鄉令為奸吏所誣,下獄當死,其子吉玢年十五,撾登聞鼓乞代父命,百般拷掠,均不異辭,乃赦其父罪. 梁頒新律 以謝朏為司徒. 魏以蕭寶寅為齊王,以彭城王勰為太師. 魏都督元英侵梁

朝代	帝　　王	國號	干支	西 元	紀　　要
		3	甲申	504	北魏景明 5 年　南梁天監 3 年　北魏正始元年 南梁襲魏壽陽不克 梁義陽降魏 北魏攻梁鍾離梁遣兵救之敗績　魏立元英為中山王　魏在北邊築九城 魏以地方學校大盛,修國學.　　修律令
		4	乙酉	505	南梁天監 4 年　北魏正始 2 年 南梁置五經博士各一人弟子員通明者除吏,又於州郡立學 立孔子廟 南梁臨川王蕭宏柳英攻魏,進屯洛口(安徽懷遠). 梁漢中太守夏侯道遷叛降魏　北魏邢巒攻南梁,取梁州十四郡地.
	武帝　蕭 衍 柔然佗汗可	天監 5 始平 1	丙戌	506	南梁天監 5 年　北魏正始 3 年 北魏建武將軍傅豎眼攻陷仇池(甘肅西和南),置武興鎮,尋改東益州.仇池亡(296-506)割據 211 年. 魏罷鹽池之禁 魏遣中山王英拒梁師. 魏兵圍鍾離 陳伯之自魏復歸於梁　梁臨川王宏逃歸 梁取魏宿豫梁城小峴合肥等城
		天監 6	丁亥	507	南梁天監 6 年　北魏正始 4 年 南梁豫州(安徽合肥)刺史韋叡救鍾離,大敗北魏軍,斬及投水死者十餘萬人. 元英蕭寶寅名免死為民. 梁馮翊七郡附於魏
		7	戊子	508	南梁天監 7 年　北魏正始 5 年　北魏永平元年 蕭繹(508-554)「職貢圖」描繪外族人物與風土人情,又稱「番客入朝圖」 北魏宣武帝元恪誣其叔彭城王元勰謀反殺之. 魏主講佛書作永明閑居寺. 梁大啓庠序,廣延貴冑子弟入學,學風轉盛,至陳大亂後,疆土日削,學校又衰
		8	己丑	509	南梁天監 8 年　北魏永平 2 年 魏元恪於乾式殿親講維摩詰經,建永明閑居寺,房屋千餘幢,全國寺廟一萬三千餘間,佛教大行.
		9	庚寅	510	南梁天監 9 年　北魏永平 3 年 南梁行大明曆 魏主視學 魏鑄五銖錢.
		10	辛卯	511	南梁天監 10 年　北魏永平 4 年 南梁武帝蕭衍,用法緩於權,急於平民,皇族朝士有犯罪者,皆屈法以免.而平民有罪者,則治之如法.其緣坐則老弱亦不免,一人逃亡,舉家下獄. 南梁朐山叛降魏,梁遣兵圍朐山,取之. 魏禁天文學
		天監 11 延昌 1	任辰	512	南梁天監 11 年　北魏永平 5 年　北魏延昌元年 北魏傳統,立太子即殺其母. 魏以高肇為司徒,清河王懌為司空. 魏宣武帝元恪立子元詡為太子,始不殺母胡貴嬪 南梁修五禮成行之.
梁	武帝　蕭 衍 柔然佗汗可	天監 12	癸巳	513	南梁天監 12 年　北魏延昌 2 年 北魏名將李崇抗水壽陽地區大雨淹城豫州刺史裴絢逃降梁李崇討伐擊敗 南梁侍中沈約為武帝蕭衍詰責,憂怖死. 梁鬱州降附魏討平之 沈約卒,其與謝朓(464~499)等創作〔永明體〕中國詩歌開始走向格律化.
		13	甲午	514	南梁天監 13 年　北魏延昌 3 年 南梁武帝蕭衍命築壩阻淮水,欲灌北魏壽陽(安徽壽縣),發民夫戰士二十萬人,南起浮山(安徽五河),北岸迄巉石,分道築堤,合於中流. 魏高肇侵梁益州

朝代	帝　王	國號	干支	西 元	紀　要
		14	乙未	**515**	南梁天監 14 年　北魏延昌 4 年 北魏宣武帝元恪卒,子孝明帝元詡嗣位,年方六歲.,是為孝明帝,胡太后臨朝.魏于忠專政殺殺司徒高肇,廢高太后,尊元詡生母胡貴嬪為太后,臨朝.胡太后復妹夫元乂爵,仍為江陽王.魏誅王顯以高陽王雍任城王澄同總國政. 六月魏冀州沙門法慶,自稱大乘,以歸伯為十住菩薩,平魔軍司,定漢王,所至毀寺,殺僧,焚經,燒像,九月敗死. 慧思禪師(515-577)河南上蔡人,創立「法華經」「立誓願文」「隨自意三味」「大乘止觀法門」南北朝佛教禪師,天台宗二祖,
梁 北魏	武帝　蕭衍 孝明帝 元詡	天監 **15** 熙平 **1**	丙申	**516**	南梁天監 15 年　北魏熙平元年 南梁淮水大壩成,長九里,寬 150 尺,軍壘列居壩上.入秋,淮水暴漲,壩崩聲如雷,聞三百里,沿淮村鎮十餘萬人,悉漂流入海. 梁築淮堰城 北魏孝明帝元詡(510~528)胡太后臨朝,專權靡亂明帝欲除反被毒死在位 12 年 19 歲.胡太后於洛陽建永寧寺,伊闕口(洛陽南)建石窟寺.今河南鞏縣石窟,(516-518)開鑿至永熙(532-534),北魏雕刻藝術高峰.建第一座立佛頭像
		16	丁酉	**517**	南梁天監 16 年　北魏熙平 2 年 南梁罷宗廟牲牢薦以蔬果　梁詔宗廟祭品以麵代牲 魏禁雞眼,鐶鑿諸小錢　詔代都士民未南遷者聽留居為永業.
		天監 **17** 神龜 **1**	戊戌	**518**	北魏熙平 17 年　北魏熙平 3 年　北魏神龜元年 魏太后胡氏殺其故太后高氏. 南梁司徒臨川王宏有罪免尋復其位. 魏遣宋雲與比邱慧生如西域求佛經. 魏補刻熹平石經　復鹽池之禁 中國和台灣開始往來始於隋朝 518-618 年間,當時台灣叫做「東鯷」在後漢隋書「東夷傳」中記載.:「會稽海外有東鯷,分為二十多國,劃分為夷洲(現台灣)、澶洲(現澎湖)」 隋書「流球傳」記載,「流球國四面環海,從福建安郡東邊出發,坐船要五天才能到達,陸地多山洞,土人部落驍勇善戰」
		18	已亥	**519**	南梁天監 18 年　北魏神龜 2 年 北魏張彝子張仲禹主銓敘甄選,排斥武人,不得入流.羽林虎賁千餘人焚其宅,拽張彝下堂,極意捶辱,投其子張始均於火,父子俱死,張仲禹重傷逃免. 北魏吏部尚書崔亮始立停年格　魏任城王澄卒　魏減百官祿
梁	武帝 蕭衍	普通 **1**	庚子	**520**	北魏神龜 3 年　南梁普通元年　北魏正光元年 南天竺高僧菩提達摩從西天禪宗 27 祖般若多羅受心法,自稱 28 祖.520 年北魏嵩、洛等地傳法,後世尊東土禪宗始祖,禪宗衣缽相傳,至六祖慧能,融入儒家思想,禪宗成為中國式的佛教大宗. 北魏清河王元懌貌美,胡太后逼與通姦,元乂寺寵驕恣,元懌每裁以法,元大乃殺元懌,囚胡太后於北宮宣光殿,孝明帝元詡亦不得見.中山王元熙於鄴城(河北臨漳)起兵討元乂,兵敗被殺,弟元略奔南梁. 梁袁叡卒　柔然內亂,阿那瓌可汗奔北魏,魏封為柔然王
		2	辛丑	**521**	南梁普通 2 年　北魏正光 2 年 南梁置給孤獨園,收養窮民, 以裴邃為豫州刺史. 魏分柔然為二國
		3	壬寅	**522**	南梁普通 3 年　北魏正光 3 年 北魏行正光曆. 南梁西豐侯正德奔魏,既而逃歸. 梁武帝篤信佛教,郭祖深上書直陳其弊,請減佛事,梁武帝不從. 魏宋雲與僧惠生西域取佛經 170 回到洛陽.

朝代	帝　王	國號	干支	西元	紀　要
梁	武帝 蕭 衍	**4**	癸卯	**523**	南梁普通 4 年　北魏正光 4 年 「六鎮之亂」北魏元孚宣慰阿那瓌可汗,阿那瓌不再臣服,拘元孚,引兵南掠抵平城(山西大同)始釋歸.李崇擊,之阿那瓌北遁. 北魏元乂執政,貪厭無道,人人思亂 龍門山佛龕部分完成,耗工十八萬三千餘工. 魏詔七十致仕者給半祿. 柔然侵邊,懷荒(河北張北)鎮民請糧,鎮將于景不許,民忿,殺于景叛,北魏沃野鎮民破六韓拔陵亦殺鎮將叛,引兵四掠.北魏自是衰亂.
		5	甲辰	**524**	南梁普通 5 年　北魏正光 5 年 北魏武川撫冥懷朔柔玄禦夷六鎮各族人民起義. 敕勒亦叛酋長胡琛稱高平王.　豳涼秦營諸州民變蜂起,烽火滿天. 梁趁魏內亂,派兵伐魏,屢勝.
		普通 **6**	乙巳	**525**	南梁普通 6 年　北魏正光 6 年　北魏孝昌元年 彌勒造像佛座石刻線畫,人物衣裝牛馬轎車,描刻技藝精湛. 北魏胡太后復臨朝,殺元乂,任用元順鄭儼等,胡太后與孫儼及徐紇通姦,二人恃寵傾權國事日衰. 南梁豫章王蕭綜自認係南齊帝蕭寶卷遺腹子,奔降北魏.　西部鐵勒降魏
		7	丙午	**526**	南梁普通 7 年　北魏孝昌 2 年 北魏末年,北方六鎮起義,葛榮建齊,建元廣安. 元略還歸魏　魏爾朱榮執肆州刺史,以爾朱羽生代之.北魏鮮于修禮叛,為部下所殺,葛榮代領其眾.破六韓拔陵誘斬胡琛,胡琛大將万俟醜奴代領其眾,屯高平.州郡變亂相繼,互相攻殺,境內幾無淨土. 魏預徵六年租調,罷百官給酒肉,稅邸店,入市者納一錢.
		普通 **8** 大通 **1**	丁未	**527**	南梁普通 8 年　北魏孝昌 3 年　北魏大通元年 南梁武帝蕭衍第一次捨身同泰寺四日,大赦. 天竺僧達摩至廣州.　南梁克魏廣陵,陳慶之克魏渦陽. 北魏葛榮陷殷州冀州,西討大都督蕭寶寅殺酈道元,據長安叛,稱帝,國號齊. 酈道元被殺,其著有地理名著〔**水經注**〕
梁 北魏	武帝 蕭 衍 孝莊帝元子攸	大通 **2** 建義 **1** 永安 **1**	戊申	**528**	北魏孝昌 4 年 南梁大通 2 年 北魏武泰元年 北魏建義元年 北魏永安元年 蕭寶寅為其將所攻,攜子奔高(寧夏固原),投萬俟醜奴,萬俟醜奴稱帝,任蕭寶寅為太傅. 北魏孝明帝元詡年漸長,惡母胡太后所為,密詔爾朱榮「發動河陰之變」誅孫儼徐紇,脅胡太后.胡太后毒死元詡,立臨洮王世子元釗為帝,年三月,爾朱榮遂立長樂王元子攸(507~530)為帝,是為孝莊帝.在位 3 年享年 24 歲 沈太后及幼主入洛陽 自晉陽(山西太原)攻洛陽,執胡太后及元釗沉入黃河. 魏獻文帝孫北海王顥避爾朱榮之亂,自奔梁. 魏元悅、元顥奔梁葛榮南攻鄴城(河北臨漳)爾朱榮擒之斬於洛陽自稱大丞相. 南梁武帝蕭衍乘北魏大亂,立降王元顥為魏王,遣陳慶之率軍護送還國. 禪宗世系 達摩 (?-528),二祖慧可(487-593),三祖僧璨(?-606),四祖道信(580-651),五祖弘忍(602-675),六祖惠能(638-713)
		大通 **3** 中大通 **1**	己酉	**529**	南梁大通 3 年　北魏永安 2 年　南梁中大通元年 南梁陳慶之陷北魏睢陽(河南商丘),元顥遂稱北魏帝. 北魏孝莊帝元子攸渡黃河奔河內郡(河南沁陽),元顥入洛陽稱帝,.爾朱榮反攻,元顥兵潰被殺. 陳慶之削髮為沙門,間道還南梁,所率軍全沒. 南梁武帝蕭衍第二次捨身同泰 73 日,素床瓦器,親自灑掃,群臣以錢一億萬奉贖皇帝菩薩.

朝代	帝　王	國號	干支	西元	紀　要
梁 北魏	武帝 蕭 衍 長廣王 元曄	中大通 2 建明 1	庚戌	530	南梁中大通 2 年　北魏永安 3 年　北魏建明元年 北魏爾朱天光擊擒万俟醜奴蕭寶寅殺之. 北魏爾朱榮專制朝政,孝莊帝元子攸懲河陰(河南孟津)之屠,恐難自保,乘爾朱榮入宮,斬之. 爾朱世隆燒西陽門出,收兵,立長廣王元曄(508~321)為帝在位 2 年 23 歲. 爾朱榮姪兒爾朱兆攻陷洛陽,執元子攸,送晉陽(山西太原),縊死於三佛寺. 爾朱兆弒帝使高歡統六鎮.
梁 北魏	武帝 蕭 衍 節閔帝 元恭 安定王 元朗 高昌　麴堅	中大通 3 普泰 1 中興 1 章和 1	辛亥	531	南梁中大通 3 年　北魏建明 2 年　北魏普泰元年　北魏中興元年 北魏爾朱世隆以元曄皇族血統疏遠,廢之,另立廣陵王元恭(508~532)為帝,是為節閔帝,高歡攻洛陽,廢殺元恭,在位 1 年終年 25 歲 北魏冀州刺史高歡起兵討爾朱氏,立勃海太守元朗(513~532)為帝,是為後廢帝在位 6 個月終年 19 歲.　. 南梁昭明帝太子蕭統卒,立子綱為太子.主持編定〔文選〕 封統子三人為王
梁 北魏	武帝　蕭衍 孝武帝 元修	中大通 4 太昌 1 永興 1 永熙 1	壬子	532	南梁中大通 4 年　北魏普泰 2 年　北魏中興 2 年　北魏太昌元年 北魏永興元年　北魏永熙元年 魏高歡攻入洛陽,囚節閔帝元恭,復以元朗皇族血統疏遠,廢之,另立平陽王元修(510~535)為帝,是為孝武帝,在位 3 年時年 25 歲. 高歡自任丞相.元修既即位,殺前任三帝元曄、元朗、元恭.
	武帝 蕭 衍	中大通 5	癸丑	533	南梁中大通 5 年　北魏永熙 2 年 賈思勰(533-544)著「齊民要術」農書,統合秦漢以來農學名著 北魏竇泰攻秀容(山西朔州)爾朱兆兵潰自縊死,爾朱氏全滅. 魏誅高乾高敖曹奔晉陽　魏青州人耿翔降梁 北魏孝武帝元修忌高歡以賀拔岳為雍州刺使相互勾結.
梁 東魏	武帝 蕭 衍 孝靜帝元善見	中大通 6 天平 1	甲寅	534	南梁中大通 6 年　北魏永熙 3 年　東魏天平元年 北魏分裂為東西魏.東西魏併立.東魏為高歡把持,西魏為宇文泰控制. 高歡與宇文泰戰於洛陽邙山,西魏宇文泰大敗. 北魏分裂為東魏、西魏。 高歡至洛陽,立清河王世子元善見(524~550)為帝是為孝靜帝,遷都鄴城(河北臨漳)史稱**【東魏.】**在位 17 年時年 28 歲 550 年讓位高洋,**東魏亡**. 魏賀拔岳被侯莫陳悅所殺.宇文泰殺悅.元修閨門無禮,從妹明月公主等不得嫁者三人,宇文泰使人殺明月公主.元修怒,欲殺宇文泰,宇文泰乃殺元修. 東魏(534-550)年間響堂山鑿窟建寺,成為北齊諸帝陵墓. 此時〔敕勒歌〕〔木蘭辭〕等北方樂府民歌代表作。
梁 西魏	武帝 蕭 衍 文帝 元寶炬	大同 1 大統 1	乙卯	535	南梁大同元年　東魏天平 2 年　西魏大統元年 北魏大將軍宇文泰立南陽王元寶炬(507~551)為帝,稱文帝,在位 17 年終年 45 歲,史稱**西魏**(北魏 534 年分裂為二)自為都督中外諸軍事安定公.以蘇綽為行台左丞　高歡以次子洋作為太原公 魏作新制廿四條 西魏孝文帝孫文帝寶炬,都長安,536 年亡于北周宇文覺(535~556)
		大同 2	丙辰	536	南梁大同 2 年　東魏天平 3 年　西魏大統 2 年 東魏高歡襲取西魏夏州(陝西靖邊北),魏涼州亦叛附於魏. 高歡遣世子澄入鄴輔政為尚書令 東 魏行台侯景侵梁陳慶之敗之 西魏大饑,人相食,餓死者眾.
		3	丁巳	537	南梁大同 3 年　東魏天平 4 年　西魏大統 3 年 西魏宇文泰破東魏高歡伐兵「沙苑之戰」高歡將竇泰自殺,東魏軍大震,高歡引兵還,宇文泰乘勝取東魏河南諸郡. 南梁修長干寺阿育王塔 梁以武陵.王紀為益州刺史.

朝代	帝　　王	國號	干支	西 元	紀　　　　要
	武帝 蕭 衍 東魏孝靜帝元善見	大同 4 元象 1	戊午	538	南梁大同 4 年　東魏天平 5 年　西魏大統 4 年　東魏元象元年 東魏圍金墉城(洛陽西北)西魏宇文泰救之斬高敖曹,東魏軍大潰. 魏長安亂宇文泰討平之. 高歡拔金墉. 東魏改停年格 東魏以民多避役出家,禁擅立佛寺 智顗法師(538-597)湖北潛江人,著有法華玄義,摩阿止觀,小止觀.
		大同 5 興和 1	己未	539	南梁大同 5 年　西魏大統 5 年　東魏元象 2 年　東魏興和元年 東魏行興光曆　魏制禮樂　南梁以何敬容為尚書令　梁分諸州為五品
		6	庚申	540	南梁大同 6 年　西魏大統 6 年　東魏興和 2 年 南梁轄 107 州,然有州名無土地或蠻荒之民一村落即一州,有名無實. 柔然侵魏　吐谷渾遣使如東魏.
		7	辛酉	541	南梁大同 7 年　西魏大統 7 年　東魏興和 3 年 魏省官員置屯田頒六條　東魏頒麟趾格
梁	武帝 蕭 衍	8	壬戌	542	南梁大同 8 年　西魏大統 8 年　東魏興和 4 年 東魏高歡攻西魏玉壁(山西稷山)不克. 東魏以侯景為河南大行台 南梁安成妖人作亂,江州司馬王僧辯討平之　梁盧子略作亂,陳霸先討平之
		9	癸亥	543	南梁大同 9 年　西魏大統 9 年　東魏武定元年 宇文泰創建府兵制,創置六軍,相襲周制,每軍 12,500 人,為最早的「府兵制」. 西魏徙氐豪四千人並部落於華州. 東魏高仲密據虎牢(河南滎陽西北)叛降西魏,西魏宇文泰進軍接應,東魏高歡迎擊,戰於邙山(洛陽北)西魏大敗.東魏復取虎牢. 東魏歡於肆州北山築長城,西自馬陵,東至土墱,44 日罷.
		10	甲子	544	南梁大同 10 年　西魏大統 10 年 東魏武定 2 年 東魏授高歡子高澄為大將軍,頒行量衡新制,括戶均賦　南梁何敬容以罪免
		11	乙丑	545	南梁大同 11 年　西魏大統 11 年 東魏武定 3 年 東魏儀同爾朱文暢謀殺高歡,事洩,死. 突厥興起,西魏遣使其國,始與中國通. 魏宇文泰命蘇綽作大誥　梁討斬李賁 西魏詔令皆仿大誥體 梁將陳霸先大破李賁.
		大同 12 中大同 1	丙寅	546	南梁大同 12 年　西魏大統 12 年 東魏武定 4 年　南梁中大同元年 南梁武帝蕭衍第三次捨身同泰寺,公卿以錢億萬奉贖皇帝菩薩. 同泰浮圖災復作之 梁以邵陵王綸守南徐州,以岳陽王詧守雍州 東魏高歡圍魏玉壁,韋孝寬拒之不克.　魏蘇綽卒
		中大同 2 太清 1	丁卯	547	南梁中大同 2 年　西魏大統 13 年 東魏武定 5 年　南梁太清元年 南梁武帝蕭衍第四次捨身同泰寺,公卿同樣以錢億萬奉贖皇帝菩薩. 東魏丞相高歡卒子高澄繼任將軍,俘陽侯蕭淵明.梁以湘東王繹為荊州刺史. 魏河南大行臺侯景據河南附西魏,尋又降南梁.南梁武帝蕭衍封侯景為河南王,發兵攻東魏,東魏慕容紹討侯景,戰於彭城(江蘇徐州)南梁軍潰,蕭淵明被東魏生擒.,梁武帝即以侯景為南豫州牧,鎮壽春.
梁	臨賀王蕭正德	正平 1 太清 2	戊辰	548	西魏大統 14 年 東魏武定 6 年　南梁太清 2 年 「侯景之亂」東魏攻侯景,侯景軍潰奔梁,南梁帝蕭衍任侯景為豫州牧.侯景詐作東魏高澄致蕭衍書,請以蕭淵明交換侯景,蕭衍報書「淵明日至,侯景夕返」侯景大怒遂叛,陷歷陽(安徽和縣),蕭衍遣蕭正德拒之,蕭正德叛反為嚮導,侯景渡長江,立蕭正德為南梁帝,進圍台城(皇城),大敗邵陵王綸兵.

朝代	帝　王	國號	干支	西 元	紀　要
	臨賀王蕭正德 高昌麴玄喜	太清 3 永平 1	己巳	**549**	南梁太清 3 年　西魏大統 15 年 東魏武定 7 年 南梁侯景陷台城,蕭衍任其為大丞相.侯景廢蕭正德為大司馬. 叛軍攻入建康梁武帝蕭衍被困餓死,子簡文帝蕭綱嗣位. 湘東王繹自稱大都督 東魏高澄為其僕蘭京所殺,弟高洋繼位 梁湘東王與兄子詧互攻,詧附於魏陳先討侯景 東魏陷西魏穎川(河南長葛)執西魏王思政.. 東魏孝靜帝以澄為相國,封齊王.其秋,高澄至鄴謀魏禪,為其膳奴蘭京所弒.. 高洋聞變,將兵平亂,繼高澄執魏政,移鎮晉陽..
南梁 北齊	簡文帝 蕭綱 文宣帝 高洋	大寶 1 天寶 1	庚午	**550**	西魏大統 16 年　東魏武定 8 年　北齊天保元年　南梁大寶元年 東魏孝靜帝元善見讓位於齊王高洋(529~559)稱帝,**東魏亡**(534~550),是為文宣帝,國號齊,史稱【北齊】(550~577).與北周併立.都鄴(今河南臨漳),577 亡于北周 高洋在位 10 年得年 31 歲. 蕭綱(503~551)武帝第三子,無權無自由,廢為晉安王,遭殺害,在位 2 年 49 歲 南梁封侯景先為相國,封漢王,加稱宇宙大將軍 湘東王蕭繹攻河東王蕭譽於湖南長沙,斬蕭譽.再攻邵陵王蕭綸於郢州(湖北武漢),蕭綸出奔. 蕭詧出兵救蕭譽,敗還,據襄陽降西魏,西魏封蕭詧為梁王. .
南梁 西魏	簡文帝　蕭綱 豫章王　蕭棟 高昌麴 廢帝　元欽	大寶 2 天正 1 和平 1 1 年	辛未	**551**	西魏大統 17 年 北齊天保 2 年　南梁大寶 2 年　南天正元年 侯景戰敗被殺.駐守江陵蕭繹在江陵自立為帝. 西魏文帝元寶炬因酗酒而崩,子元欽(?~554)嗣位,是為廢帝,不滿宇文泰專權,圖謀被泄,反被廢掉送雍鴆殺而死,在位 3 年 楊愔獨綰大政 南梁漢王侯景廢簡文帝蕭綱,尋殺之,立豫章王蕭棟(?~551)為帝,侯景廢之,陳霸破侯景殺之,王僧辦入建康,尋殺蕭棟.
南梁 北齊	武陵王蕭紀 元帝 蕭 繹	天正 2 承聖 1	壬申	**552**	西魏元欽元年　北齊天保 3 年　南梁承聖元年 南梁王僧辯、陳霸先擊敗候景殺之.候景之亂,白骨遍野,十室九空,田地荒蕪. 蕭繹(508~554)於江陵(湖北江陵)稱帝是孝元帝.為本世紀六暴君之一,在位 3 年享年 47 歲. 武陵王蕭紀於成都稱帝. 齊伐庫莫溪,俘四千人 突厥土門殺柔然頭兵可汗自號伊利可汗,建突厥汗國
	元帝 蕭 繹	承聖 2 天正 3	癸酉	**553**	南梁承聖 2 年　北齊天保 4 年　西魏元欽 2 年 齊鑄常平五銖錢 南梁武陵王紀伐江陵,魏伐成都救之. 梁殺武陵王紀 成都降魏 魏尉遲迴陷成都,西魏遂有益州之地.
北齊 西魏	元帝 蕭 繹 恭帝 元 廓	承聖 3 1 年	甲戌	**554**	南梁承聖 3 年　北齊天保 5 年　西魏元欽 3 年　西魏恭帝元年 西魏帝元欽密謀誅太師宇文泰,事泄,反被宇文泰殺,立其弟齊王元廓(?~557),在位 3 年 魏作九命九秩之典梁主於龍光寺講老子 梁詧引西攻江陵,魏于謹陷江陵,取襄陽,徙詧於江陵以兵守之.元帝被殺. 梁以王琳為廣州刺史,王僧辯陳霸先奉晉王方智稱帝 西魏以荊州之地予梁王詧,大掠江陵,虜數萬人為奴婢,屠老弱,王僧辯,陳霸先等共奉梁晉安王方智為太宰,承制,還建康. 魏收撰成〔魏書〕 梁元帝燒圖書十四萬卷.

朝代	帝　　王	國號	干支	西元	紀　　　　要
南梁 後梁	高昌麴寶茂 貞陽侯蕭淵明 敬帝 蕭方智 宣帝 蕭詧	建昌 **1** 天成 **1** 紹泰 **1** 大定 **1**	乙亥	**555**	南梁承聖 4 年　北齊天保 6 年　西魏恭帝 2 年　南梁天成元年 南梁紹泰元年　南梁大定元年 西魏攻滅蕭繹,立梁王蕭詧為傀儡皇帝,是為宣帝,都江陵,史稱「**後梁**」. 北齊帝高洋遣兵南梁蕭淵明(?~555)建都(南京)王僧辯迎立為帝是為閔帝. 北齊宣帝下令滅道教,令道士剃髮為沙門. 陳霸先不滿殺王僧辯,廢蕭淵明,立晉安王蕭方智(542~557)為南梁帝,是為敬帝,在位 3 年.僅 16 歲. 陳霸先專政. 齊以道士為沙門. 伊利可汗兒子木杆可汗攻柔然汗國,以後沒有消,息柔然汗國立國約 154 亡.
		紹泰 **2** 太平 **1**	丙子	**556**	南梁紹泰 2 年 北齊天保 7 年 西魏恭帝 3 年 南梁大定 2 年 南梁太平元年 北齊援蕭淵明,南梁陳霸先迎擊,擒蕭軌,北齊軍大敗. 陳霸先自為丞相錄尚書事 北齊文宣帝高洋殘暴 西魏太師宇文泰卒,子宇文覺繼位,年十五,族兄宇文護執政,命西魏恭帝拓拔廓讓位,拓拔廓遂出宮.**北魏亡,**立國 171 年 魏建六官(天官冢宰,地官大司徒,春官大宗伯,夏官大司馬,秋官大司寇,冬官大司空),上置三孤(太師,太傅,太保).以宇文泰為大冢宰. 宇文泰薨,世子宇文覺嗣位,晉爵周公.
陳 北周	敬帝 蕭方智 武帝 陳霸先 閔帝 宇文覺 明帝 宇文毓	太平 **2** 永定 **1** **1** 年 **1** 年	丁丑	**557**	南梁太平 2 年　北齊天保 8 年　南梁大定 3 年 北周閔帝元年　北周明帝元年　陳永定元年 陳霸先自稱皇帝,廢梁帝,翌弒之. 宇文覺(542~557)廢魏恭帝,自立為周天王,國號北周,自稱天王,史稱【**北周**】(556~581),後追謚周孝閔帝.仍委政於宇文護,封晉公.西元 581 年亡于隋朝. 晉公宇文護專權,殺宇文覺,宇文毓(534~560)嗣位.在位 4 年得年 27 歲. 南梁敬帝蕭方智讓位於陳霸先(503~559)稱帝,**梁亡**,是為武帝,國號【**陳**】在位 3 年享 57 歲,亡於隋朝楊堅. **南朝終結** 周宇文護廢孝閔帝,立宇文毓,是為明帝.
		2	戊寅	**558**	北齊天保 9 年　南梁大定 4 年 北周明帝 2 年 陳永定 2 年 周宇文護弒愍而立宇文毓為天王,即明帝. 北齊立蕭莊為南 梁帝,都郢州(湖北武漢),任王琳為大將軍. 北齊文宣帝高洋暴虐,殺其弟高浚高渙高渙,及尉子輝. 齊常山王演錄尚書事 滅百官俸
陳 北周 北齊	武帝 陳霸先 明帝 宇文毓 廢帝 高殷	永定 **3** 武成 **1**	己卯	**559**	北齊天保 10 年 南梁大定 5 年 北周明帝 3 年 北周武成元年 陳永定 3 年 周王親政,始稱帝 北齊文宣帝高洋殺林鄧高德政,又屠皇族元氏,或祖曾為王,或身當顯貴,皆斬於市.高洋尋卒,子高殷(?~560)嗣位,是為廢帝. 陳武帝陳霸先卒,侄文帝陳蒨嗣位.北周天王宇文毓稱帝是為明帝.
陳 北齊	文帝　陳蒨 廢帝　高殷 孝昭帝　高演	天嘉 **1** 乾明 **1** 皇建 **1**	庚辰	**560**	北齊天保 10 年 南梁大定 5 年 北周明帝 3 年 北周武成元年 陳永定 3 年 南梁大定 6 年 北周武成 2 年　北齊乾明元年 北齊皇建元年 陳天嘉元年 武帝卒其姪臨川王文帝陳蒨(522~566)武帝道譚之子,在位 7 年,享年 45 歲. 北周明帝宇文毓有膽識,晉公宇文護甚憚之,毒宇文毓死,魯公宇文邕嗣是為武帝. 楊愔奏以長廣王湛鎮晉陽,常山王演錄尚書事. 北齊太皇太后婁氏廢廢帝高殷,立常山王高演(535~531)為帝是為孝昭帝.在位 1 年 1 個月,得年 27 歲,演尋殺高殷.

朝代	帝王	國號	干支	西元	紀要
陳 北周	文帝 陳蒨 武帝 宇文邕 武成帝 高湛	天嘉 2 保定 1 太寧 1	辛巳	561	南梁大定 7 年 北齊皇建二年 太寧元年 北周保定元年 陳天嘉 2 年 北周武帝宇文邕(543~578)殺宇文護,富民強兵修水利滅佛僧尼還俗在位 18 年 終年 36 歲 北齊孝昭帝高演崩,弟武成帝高湛(537~568)嗣位.在位 4 年得年 32 歲 琳為揚州刺史 陳立鹽賦榷酤法周宇文護自加都督中外軍事周制十二丁兵
陳 後梁	文帝 陳蒨 明帝 蕭巋	天嘉 3 天寶 1	壬午	562	南梁大定 8 年 北齊太寧 2 年 北周保定 2 年 南梁天保元年 河清元年 陳天嘉 3 年 南梁宣帝蕭詧卒,子孝明帝蕭巋嗣位. 陳安成王頊自周歸國 陳閩州(福建福州)刺史陳寶應叛司空侯安都大破之.
陳	文帝 陳蒨	天寶 4	癸未	563	北周保定 3 年 南梁天保 2 年 北齊河清 2 年 陳天嘉 4 年 陳侯安都驕慢,陳文帝陳蒨誣謀反斬之. 周頒大律 北周及突厥聯兵侵齊
		5	甲申	564	北周保定 4 年 南梁天保 3 年 北齊河清 3 年 陳天嘉 5 年 北齊與北周突厥戰,北周大敗. 北周宇文護再攻北齊,又敗. 周初令 周封李昞為唐公 陳章昭達擊叛將陳寶應,擒斬之. 北齊頒律令制田賦 山東大水饑荒,死者不可勝計.
陳 北齊	文帝 陳蒨 後主 高緯	天寶 6 天統 1	乙酉	565	北周保定 5 年 南梁天保 4 年 北齊河清 4 年 北齊天統元年 陳天嘉 6 年 北齊武成帝高湛傳位於子高緯(556~576),是為齊後主,在位 12 年時年 21 歲
陳 北周	文帝 陳蒨 武帝 宇文邕	天康 1 天和 1	丙戌	566	北周保定 6 年 南梁天保 5 年 北齊天統 2 年 北齊天和元年 陳天康元年 陳天嘉 7 年 陳文帝陳蒨在位 7 年卒,子少帝陳伯宗嗣位,以安成王陳頊為司徒輔政.,錄尚書事,乃專政行廢立 齊始用士人為縣令
陳	廢帝 陳伯宗	光大 1	丁亥	567	南梁天保 6 年 北齊天統 3 年 北周天和 2 年 陳天康 2 年 陳光大元年 廢帝(臨海王)陳伯宗(542~568)皇叔頊輔政,專權獨斷,在位 2 年,時年 27 歲 陳大臣內鬥,陳頊殺劉師知到仲舉. 湘州華皎據長沙降南梁,南梁與北周出兵赴援 陳吳黴明攻之,敗梁周取長沙,華皎奔江陵. 陳以孔英哲為奉聖亭侯,奉孔子祀 北齊山東大水飢荒. 北齊高湛逮祖珽,下光州(山東萊州)地窖獄,用煙薰其雙目失眠.
		2	戊子	568	南梁天保 7 年 北齊天統 4 年 北周天和 3 年 陳光大 2 年 陳安成王陳頊誣少帝陳伯宗與華皎通謀廢之為臨海王.稱帝即位在殺始興王伯茂 北齊太上皇高湛卒 周隋公楊忠卒子楊堅;襲爵.
陳	宣帝 陳頊	光大 3 太建 1	己丑	569	南梁天保 8 年 北齊天統 5 年 北周天和 4 年 陳光大 3 年 陳太建元年 陳安成王陳頊(530~582)自稱皇帝,是為宣帝. 位 14 年享年 53 歲 陳廣州刺史歐陽紇叛 北周齊公宇文憲攻北齊,圍河南宜陽. 齊以陸令萱為女侍中 陳與周復通好 齊和士開等奸臣掌權,時人稱「八貴」
陳 北齊	宣帝 陳頊 後主 高緯	太建 2 武平 1	庚寅	570	南梁天保 9 年 北周天和 5 年 北齊武平元年 陳太建 2 年 北齊斛律光救宜陽,北周軍退. 陳章昭達擊歐陽紇,擒斬之.回軍攻南梁圍江陵,周人救之,陳軍敗還. 封楊春太守馮僕母為石龍太夫人. 穆罕默德出生(570-632 年)麥加城加希姆族後裔,610 年創建回教,立可蘭經

朝代	帝　王	國號	干支	西元	紀　要
		3	辛卯	571	南梁天保 10 年 北周天和 6 年 北齊武平 2 年 陳太建 3 年 北齊帝高緯囚其生母胡太后. 齊斛律光敗周韋孝寬於汾北 齊段韶克周定陽獲楊敷 齊瑯邪王儼殺其尚書令和士開 齊帝殺儼 李靖(571-649.7.2.)文武兼備軍事家,善用兵,長於謀略,輔佐唐太宗建國,旌奇建功.
陳 北周	宣帝 陳 頊 武帝 宇文邕	太建 4 建德 1	壬辰	572	南梁天保 11 年 北周天和 7 年 北齊武平 3 年 北周建德元年 陳太建 4 年 北周宇文護專權,入宮朝叱奴太后,武帝宇文邕出其不意,以玉珽自後擊斬之,自是武帝始親政.以弟憲為大冢宰. 以祖珽知騎兵外兵事. 齊撰修文殿御覽成 北齊帝高緯誣左丞相律光謀反,屠其族. 周武帝誅殺宇文護及其諸子,改元建德. 齊殺丞相斛律光. 北周武帝宇文邕聞,之幸其死,為之大赦. 北周令西魏時所擄南梁江陵民為奴者,悉釋為民. 突厥木汗可汗死,分立東西二汗,呈分裂之象..
		5	癸巳	573	南梁天保 12 年 北齊武平 4 年 北周建德 2 年 陳太建 5 年 北齊置文林館,李德林顏之推同判館事撰修文殿御覽 齊以高那肱、穆提婆、韓長鸞共執朝政,號稱「三貴」北齊帝高緯誣侍中張雕崔季舒謀反斬之. 祖珽為北徐州刺史. 陳吳明徹都督征討諸軍,大舉攻齊,連克數十城,戍,下壽陽.幾盡復江北及淮,泗諸地. 周太子贇納楊堅女為妃 陳克齊殺王琳取徐州
		6	甲午	574	南梁天保 13 年 北齊武平 5 年 北周建德 3 年 陳太建 6 年 高思好以清君側為名,舉兵,未幾敗. 齊遣使弔周太后之喪. 北周武帝武文邕下詔令禁止佛、道二門宗教,摧毀經像,命令沙門道士還俗為民.至隋朝方恢復兩教,尤以佛教極盛一時. 變鑄五行大布錢,一當十,與布泉並行. 周令齊公憲等皆進爵為王 陳以孔奐為吏部尚書
陳	宣帝 陳 頊	太建 7	乙未	575	南梁天保 14 年 北齊武平 6 年 北周建德 4 年 陳太建 7 年 周使伊婁謙如齊齊人留之 陳主焚文錦於龍門 周大舉伐齊克河陰 攻金墉不克 齊始增關市諸稅,開酒禁. 齊寵臣穆提婆與韓長鸞把朝政,號稱「二貴」

朝代	帝　　王	國號	干支	西 元	紀　　　　要
陳 北齊	宣帝 陳 頊 後主 高緯 安德王高延宗	太建 **8** 隆化 **1** 德昌 **1**	丙申	**576**	南梁天保 15 年 北齊武平 7 年 北周建德 5 年 北齊隆化元年 陳太建 8 年 周攻吐谷渾,無功而還. 北周武帝宇文邕攻北齊，北齊敗奔晉陽(山西太原)齊後主逃鄴都. 齊改元隆化,於晉陽稱帝後又改元德昌. 北周圍晉陽,高緯佔鄴城(河北臨漳)陷晉陽,擒北齊安德王高延宗在位 1 個月 齊董峻,鄭元偉等上甲寅元,曆
陳 北齊	宣帝 陳頊 幼主 高恒 范陽王高紹義	太建 **9** 承光 **1** 武平 **1**	丁酉	**577**	南梁天保 16 年 北周建德 6 年 北齊隆化 2 年 北齊承化元年 陳太建 9 年 北周滅北齊,統一北方.北齊後主高緯禪位於幼主高恒(570~578),自稱無上皇.高緯死時年迮 22 歲. 北周陷鄴城,後主高緯攜幼主東走青州逃亡,欲奔陳,北周軍追擒之,**北齊亡**,立國 28 年.北周統一中國北部 北周滅北齊,宣帝欲乘機以圖恢復,遣將北伐,周軍敗之於清口(清水入淮之口)周軍乘勝伐陳 北周封高緯為溫公,旋誣謀反,盡屠高氏皇族 南北朝時五嶽開發. 南北朝石窟寺院壁畫
陳 北周	宣帝 陳 頊 武帝宇 文邕 靜帝宇 文衍 宣帝 宇文贇	太建 **10** 大成 **1** 大象 **1**	戊戌	**578**	南梁天保 17 年 北周建德 7 年 北周宣政元年 陳太建 10 年 周改元宣政 北周武帝宇文邕伐突厥征途中重病而還,徐逝.子宣帝宇文贇嗣位(559-580),在位 8 個月時年 22 歲昏暴猜忌,誣其叔齊王宇文憲謀反殺之.傳位七歲兒子宇文闡.立后楊氏,以后父堅為上柱國大司馬 陳吳明徹攻彭城(江蘇徐州)急北周王軌馳援,大破陳軍,擒吳明徹.
北周	靜帝 宇文闡	**11**	已亥	**579**	南梁天保 18 年 北周大成元年 北周大象元年 陳太建 11 年 江北地盡為周有 北周宣帝宇文贇誣王軌謀反殺之. 北周作刑經聖制 北周盡取陳江北之地,與陳隔江而守. 復佛道像 禁天下婦女施脂粉 . 周始服漢魏衣冠朝賀,改元大成. 周以刑書要制太重,廢之,尋又頒刑經聖制,益嚴酷. 周以洛陽為東京,發山東兵治宮室,常役者四萬人. 周宣帝自稱天元皇帝,改元大象,傳位太子闡,是為靜皇帝. 周發山東居民修長城 周弛造佛及尊像之禁. 周鑄永通萬國錢 周帝崩,楊堅受遺詔輔政,自為相國,晉爵隋王 宇文贇傳位於子靜帝宇文闡,自稱天元帝. 北周靜帝宇文闡(573~582)外公楊堅輔政禪位楊堅,**北周亡**,在位 2 年時 9 歲 房玄齡(579-648.8.18.)山東淄博人,「玄武之變」與杜如晦助唐太宗嗣位,善謀略但作事優柔寡斷.明達吏治,「當國,夙夜勤強,任公竭節,不一物有失,」

朝代	帝　　王	國號	干支	西 元	紀　　　　要
		12	庚子	**580**	南梁天保 19 年　北周大象 2 年　陳太建 12 年 周稅入市者人一錢 北周天元帝宇文贇周宣帝崩,子靜帝宇文闡年幼,楊太后父隋公楊堅出任左丞相輔政,百官總己以聽. 周復行佛道二教 相州(河北臨漳)總管尉遲消難,起兵討楊堅,兵敗,尉遲迥自殺,司馬消難奔陳. 宇文贇荒淫過度,22 歲身亡,他岳父楊堅於 581 年從孤兒寡婦手中,輕易把政權接到手中. 隋文帝恢復佛教道教,凡是舊沙門,道士都可重新入寺,觀傳教. 魏徵(580.-643.2.11.)生性耿直, 進諫皇帝「兼聽則明, 偏信則暗」「君舟也, 民水也, 水能庫舟, 亦能覆舟.」唐太宗極為倚重,魏徵死,皇帝悲慟之極,謂侍臣「人以銅為鏡, 可以正衣冠, 以古為鏡, 可以見興替, 以人為鏡, 可以知得失, 魏徵歿, 朕亡一鏡矣!」
陳 隋	宣帝 陳頊 隋文帝 楊堅	太建 **13** 開皇 **1**	辛丑	**581**	北周靜帝宇文闡讓位於隋王楊堅篡周自立,**陳亡**,立國 25 年. 周相國隋王楊堅即位,是為隋文帝,國號**【隋】**改元開皇(581~618)亡於唐朝李淵. 隋除北周六官

隋 (西元 **581-618.**)

帝王世系：隋文帝楊堅開皇(589-604)－隋煬帝楊廣大業(605-617)－陳義寧(617-618)

朝代	帝　　王	國號	干支	西 元	紀　　要
陳 隋	宣 帝　陳頊 隋文帝 楊堅	太建 **13** 開皇 **1**	辛丑	**581**	南梁天保 20 年 北周大定元年 隋開皇元年　　陳太建 13 年  北周靜帝宇文闡讓位於隋王楊堅篡周自立,**北周亡**,立國 25 年(581~618). 致之周帝介公. 楊堅即位,是為隋文帝,國號【隋】改元開皇.亡於唐朝李淵. 隋文帝楊堅,小字那羅延,華陰人,漢楊震之後裔.魏恭帝賜姓普六茄氏,廢靜帝而自立,以火德王,建都長安,始服黃,589 年滅陳國,602 年滅越南后李南帝帝李佛子. 隋文帝善政,躬行節儉,清吏治,普查戶口,設倉儲糧,改官制,依漢魏舊制.鑄五銖錢,頒新律,建三省六部制.減賦役,放散樂,禁雜戲, 五月殺介公 立后獨孤氏,子勇為太子,封宇文闡為介公,尋殺之,盡屠宇文氏皇族. 任民任意出家,大造經像,佛教大為盛行,民間佛書多於六經數十百倍. 隋文帝世代有 3792 個寺廟,僧尼 23 萬,寫經 46 藏共 32,08 卷.修治舊經 3853 部,新佛像 106,580 尊,修治舊佛像 1,508,940 尊.隋煬帝也修治舊經 612 藏,29,000 餘部.翻譯經 90 部,515 卷. 隋醫學名著：脈經、針方、明堂人形圖、諸病源候論、古今驗方錄.
		2	壬寅	**582**	南梁天保 21 年 隋開皇 2 年　陳太建 14 年 隋文帝築新都於龍首山,命名「大興城」(陝西西安)包括宮城皇城及外郭城 頒布均田令 實施租庸調法. 陳宣帝陳頊在位 14 年崩,子陳叔寶後主嗣位,史稱【陳後主】並請和於隋 陳後主陳叔寶驕奢淫逸,西元 584 年後不理朝政歷史上有名昏庸君主.陳宣帝死,隋遣使弔唁. 突厥入武威,大掠,六畜幾盡,隋起兵敗郤 隋罷江陵總管,後梁帝始得專制其國.
		3	癸卯	**583**	南梁天保 22 年 隋開皇 3 年　陳至德元年 陳後主陳叔寶,宣帝之子在位 7 年隋滅之 隋遷新都於大興(陝西西安). 減丁役制　減調役　弛酒鹽禁　詔求遺書　禁上元燃燈遊戲. 罷郡為州,沿河設置黎陽、河陽、常平、廣通倉,運粟以供長安. 遷新都　更定新律,凡 12 卷,五百條.免死罪八十一條 募丁運米於衛,陝,華三州,分置陽,常平,廣通倉,轉漕東方粟米以給長安. 隋衛王楊爽大敗突厥於白道(內蒙呼和浩特北)分為東、西突厥兩部.突厥遣使於隋. 徐陵文學家死

朝代	帝　王	國號	干支	西元	紀　要
		4	甲辰	584	南梁天保23年 隋開皇4年 陳至德2年 隋行甲子元曆, 隋文帝命宇文愷率領水工,自大興城(西安)至潼關,開鑿「廣通渠」三百餘里. 隋文帝不喜歡詞華,下詔「天下公私文翰,並宜實錄」. 南梁孝明帝蕭巋入隋朝觀 陳帝陳叔寶築臨春結綺望仙三閣,貴妃張麗華與宦官江總孔範內外相結,朝政日亂. 突厥達頭可汗請降於隋,兩國和親. 陳以江總為僕射宮人,袁大捨等為女學士. 令軍人士人皆納稅
		5	乙巳	585	南梁天保24年 隋開皇5年 陳至德3年 南梁孝明帝蕭巋卒,子孝靖帝蕭琮嗣位. 隋頒五禮,置義倉,築長城. 陳殺中書通事舍人傅縡. 突厥沙鉢略可汗朝隋. 尉遲恭(585-658.12.26.)山西朔城人,唐朝大將,「玄武之變」建功最大朝廷有獎均分償部屬. 頒行新修五禮　置義倉　檢覆戶籍　立輸籍法 發丁三萬築長城,東至河,西至綏州,凡七百里.
		6	丙午	586	隋開皇6年　南梁廣運元年　陳至德4年 隋發民夫十五萬,於朔方(陝西靖邊北白城子)築數十城. 吐谷渾子訶請降於隋,隋弗納. 党項羌降於隋
隋	隋文帝 楊堅	7	丁未	587	隋開皇7年 南梁廣運2年 陳禎明元年 隋發民夫十萬築修長城　開揚州山陽瀆以通漕運. 南梁安平王蕭巖懼降陳.隋遂廢梁,南梁亡,立國86年. 隋文帝徵南梁孝靖帝蕭琮入宮朝,廢為莒公後梁亡 高麗國王高陽死,其子高元繼立.
		8	戊申	588	隋開皇8年　陳禎明2年　陳自557~588計32年 陳帝陳叔寶廢太子陳胤,立張貴妃子陳深為太子. 隋以晉王楊廣為尚書令,督軍大舉伐陳,隋師臨江. 陳帝陳叔寶謂齊周來均毀,不為備 高麗王高元寇遼西,隋文帝討伐,高;麗王震於隋朝聲勢,上表「遼東糞土之臣元」隋方告罷兵.
		9	己酉	589	隋開皇9年　陳禎明3年 隋文帝滅陳,後主與張麗華投於景陽殿井中,為隋軍所殺.**陳亡**,立國33年. 大分裂時代終(西元304-589年)凡286年,隋統一中國, 封陳叔寶為長城公. 詔定雅樂　置鄉正里長　除毀兵仗. 封賀岳弼為宋公,韓擒虎為上柱國,江總袁憲等為開府儀同三司. 修五禮(吉凶軍賓嘉)
		10	庚戌	590	取消「坊兵制」擴大「府兵制」詔軍人悉屬州縣,墾田籍帳,一與民同. 制民年五十免役收庸.　開府置官屬 江南民眾不習隋政法令,陳故有地民一時悉叛,越公楊素擊平之. 以馮盎為高州刺史,沈氏為譙國夫人.
		11	辛亥	591	制州縣佐史,三年一代,不得重任. 殺母弟滕王瓚. 吐谷渾向隋稱臣.

朝代	帝　王	國號	干支	西 元	紀　要
		12	壬子	592	隋文帝下詔,諸州死囚不得在當地處決,需送大理寺覆按,送尚書奏請裁定. 詔河北,河東田租三分減一,兵減半,功調全免. 遣使均田 楊素為僕射,高熲等掌朝政 賀岳弼除名
		13	癸丑	593	隋文帝楊堅於岐州普潤(陝西麟遊)築仁壽宮,劃山填谷,辛勞死人萬計. 禁藏讖緯,廢像遺經,悉令雕撰. 允突厥突利可汗婚娶隋朝公主. 隋文帝詔「人間有撰集國史否人物者皆令禁絕」從此歷朝國史都改為官修 修訂雅樂,銷毀前代金石樂,以息異議..
		14	甲寅	594	詔行制樂,禁民間流行音樂. 樂師萬寶常餓死. 廢公廨錢制,公卿以下始給職田 詔州縣佐吏三年一代,不得連任. 以蘇威為納言 詔高仁英,蕭琮,陳叔寶,修其宗祀官給器物.
		15	乙卯	595	仁壽宮建成.民夫卻死傷遍地,楊焚除. 盜邊糧一升以上者斬,沒籍.. 禁私藏私造兵器 鑿底柱以暢河運 文武官以四代受考 東巡祀泰山 焚相州所貢綾文布
		16	丙辰	596	令工商人士不得為官. 決死罪者三奏然後行刑. 九品以上妻,五品以上妾,夫亡不得改嫁. 光化公主妻嫁吐谷渾世伏可汗 玄奘生(596-664 年) 玄奘 13 歲出家為僧俗姓陳,洛偃師人,出生於儒學世家,629 年 8 月唐僧玄奘到印度天竺學習佛經 17 年,645 年從印度攜回 657 部梵文佛經回長安,受到唐太宗李世民的盛情迎接.玄奘精通梵、漢文,翻譯經論 775 部、1235 典,耗時一年並撰寫「大唐西域記」. 道宣法師(596-667)浙江湖州人,鑽研律學,四方參學,著有四分律刪補行事鈔
隋	隋文帝 楊堅	17	丁巳	597	行張冑曆　突厥突利可汗迎娶隋公主,突厥都藍可汗不朝貢. 楊堅令盜一錢以上者棄命,三人共盜一瓜三人皆斬,行旅晚起早宿天下懍懍. 遣使萬歲討平南寧蠻 高麗遣使來朝 高麗王高湯卒,子高元繼立. 周法尚討平桂州俚帥之亂 吐谷渾亂,可汗世伏被殺,另立其弟伏允. 殺虞慶則
		18	戊午	598	令五官五品以上,志行修謹，清平幹濟二科舉人,期以才德取代文章取士. 高麗寇遼西,楊堅遣楊諒攻高麗,敗歸,無功而返. 南寧蠻復反除史萬歲名
		19	己未	599	以牛弘為吏部尚書 妻以宗女義成公 突厥投降中國. 隋立突利可汗為意利豆啟民可汗　達頭自立為步迦可汗(西突厥) 突厥都藍大可汗為部下所殺,達頭可汗繼位為大可汗. 楊堅誣涼州總管王世勣謀反,殺之.

朝代	帝王	國號	干支	西元	紀要
		20	庚申	600	皇太子楊勇性寬厚稍奢,楊堅不喜,又多寵姬,獨孤皇后遺不喜,次子楊廣奸險,矯飾忠孝,佯惡聲色,與越公楊素密謀奪嫡,誣楊勇謀反,楊堅怒,囚楊勇,廢為庶人,立楊廣為太子. 突厥達頭可汗犯塞,史萬歲平之. 殺太平公史萬歲 隋文帝修築西苑(河南洛陽西面),徵求奇材異石,嘉木異草. 焚毀佛道神像 **玄奘**(600-664)俗名陳名禕,618 年辭官隱居,潛心鑽佛,往西域印度取經,帶回舍利子 150 粒,佛像 7 尊,佛經 657 部,圓寂葬白鹿原靈經寺
		仁壽 1	辛酉	601	江蘇南京棲霞寺大佛右側建「舍利塔」八面五層,高 5 公尺,全部用白石構成,仿木結構. 遣十六使巡省風俗 廢太學,四門,及州縣學,只留國子生 70 人. 改國子學為太學 楊素破步迦可汗,漠南自此不受突厥攻掠.
		2	壬戌	602	601 年突厥侵略邊界,602 年楊素大破突厥,沙漠以南無敵蹤. 獨孤皇后卒.著作郎王劭上書,稱獨孤皇后為妙善菩薩化身,事證符驗. 廢蜀王秀為庶人. 修訂五禮,隋文帝不喜儒學,而重視禮樂,
		3	癸亥	603	龍門王通獻策不報 突厥步迦可汗部大亂,十餘部叛,歸附啟民可汗,步迦可汗逃往吐谷渾. 突厥啓民可汗歸國,東突厥始盛.
		4	甲子	604	楊廣(569~618)弒父自立,隋文帝楊堅臥病仁壽宮(陝西麟遊),次子楊廣與左僕射楊素侍疾.陳夫人出更衣,楊廣逼姦,陳夫人拒之,得免,陳夫人向楊堅泣曰:太子無禮,楊堅大怒,命召楊勇,欲廢楊廣.楊廣與楊素密屏左右,遣張衡入,執楊堅拉殺之弒父,隨文帝楊堅在位 24 年而卒..是夜楊廣即命陳夫人侍寢.翌日楊廣即位,是為隋煬帝.在位 14 年時年 50 歲. 先遣人馳赴長安斬楊勇. 定洛陽為東都. 楊諒起兵討楊廣,楊素迎擊,楊諒投降,囚死. 隋煬帝發丁男數十萬掘塹,自龍門東接長平,汲郡,抵臨清關,渡河至浚儀,襄城,達於上洛,以置關防. 於伊洛(今洛陽)遠郊挖掘長壕,營建東都,606 年建成.週圍長 55 里. 日本於 604、607、608、614 年四次派遣使者入隋. 除婦人及奴婢部曲之課,男子 22 歲成丁.

朝代	帝　　王	國號	干支	西 元	紀　　　　要
隋	隋煬帝 楊廣	大業 **1**	乙丑	**605**	隋煬帝楊廣營建顯仁宮(河南宜陽縣).洛陽築西苑,廣三百里,建十六院,每院以四品夫主之,每於月夜以從宮女數千以遊.復營建洛陽城顯仁宮,日民夫二百萬人,徵天下奇材異石,珍禽怪獸以實之. 開鑿「大運河」「邗溝(淮河與長江之間)」「通濟渠(黃河與淮河之間)」,自長安至江都,連成運河.沿河置離宮四十餘所.江南建龍舟,遊江都.舳艫相接二百里,騎兵兩岸,所過州縣,皆令獻食. 建「國清寺」(581-600)於浙江天台縣城北 5 公里天台山南麓 605 年 賜額「國清寺」中國佛教天台宗發源地. 隋征「梵志」在此設三個郡： 一. 比景(越南順化) 二. 林邑(中圻廣南) 三. 海陰(金蘭灣) 隋退兵後,梵志又得故地,但遣使入朝謝罪. 李春等造成趙州橋. 隋煬帝第一次從洛陽乘龍舟出遊江都(江蘇楊州) 在東京造西苑,極盡奢華. 李春等建造『趙州橋』橫跨河北趙縣,又名(安濟橋)橋身空靈蒼勁藝術美觀
隋	隋煬帝 楊廣	**2**	丙寅	**606**	確立科舉制度,徵天下散樂,建進士科. 太子昭卒 楊素卒 封孫三人為王 定輿服儀衛制度,務為華盛,役五十萬人,費巨資. 隋於鞏縣(河南鞏義)東南置洛口倉,穿三千窖,容八千石.又於洛陽置回洛倉,穿三百窖. 重定律令,設立進士科,科舉制度,用以選拔人才,任用官吏　. 置洛口倉,容二千餘萬石,回洛倉,容二百餘萬石. 建東京洛陽城完成. 括州郡樂工,雜技為樂戶,散樂大集東京. 隋煬帝出遊江都後返洛陽 令何稠等人營造車輿儀仗,課州縣送羽毛作為儀仗裝飾. 楊素(？-606)今陝西華陰縣人,與高穎等編定「隋律」.參與廢勇立廣陰謀
		3	丁卯	**607**	鑿太行山娘子關險隘,開太原(山西太原)到;華北御道 開漁陽郡(天津薊縣)到榆林(內蒙托克托)御道.　始建進士科,為科舉之始 楊廣在太原建晉陽宮. 楊廣北遊出塞耀兵威至涿郡(北京),東突厥啟民可汗王庭,可汗朝覲,楊廣大悅,賜錦帛二千萬匹.從太原返洛陽. 徵萬餘民工築長城,榆林到紫河(內蒙和林格爾)兩旨完畢,死者十什五六. 征發河北男丁鑿太行山,達於井州,以通馳道. 隋煬帝派朱寬、何蠻入海訪求異俗,到流求國,言語不通,帶了島民回國.608 年朱寬又奉令渡海,招降「流求國」無功而返. 詔定十科舉人 頒定律 改州為郡 更定官制 度量衡依古式 中日官方交往, 日本派小野妹子大使,鞍作福為通譯,攜國書出使中國.

朝代	帝　王	國號	干支	西元	紀　要
		4	戊辰	**608**	楊廣命發民夫軍工百萬人開運河,穿「永濟渠」北自涿郡,中引沁水,南入黃河.又連衡河到北京運河. 發丁二十萬築長城,自榆谷而東. 征郡縣鷹師,至者萬餘人. 封孔子後為紹聖侯 煬帝祠桓山,西域十餘國均來助祭. 楊廣北遊五原(內蒙五原)出巡長城. 於汾水(山西陽曲東北寧武南管涔山上),築汾陽宮. 日本遣使到隋,隋煬帝派文林郎裴世清與小野妹子偕至日本,日本皇太子及諸臣隆重禮服接待,舉國歡迎. 小野妹子等再使隋,學生四人,僧八人等來隋. 征郡縣鷹師至者萬餘人. 吐谷渾被鐵勒所破,降隋不成而西走,隋取其地.
		5	己巳	**609**	大開屯田.中國面積東西 9,300 里,南北 14,800 里,隋王朝之盛,達於頂峰. 禁民間兵器,鐵叉,搭鉤,鑽刀,等之類皆禁之. 煬帝至張掖高昌王麴伯雅及伊吾吐屯等以得厚略,相率朝見,以吐屯設所獻地為西海,河源,鄯善,且末四郡遣罪人戍之. 命將鎮積石,開屯田,捍禦吐谷渾,通通西域之路 立吐谷渾可汗伏允質子順為可汗. 煬帝至東都 楊廣忌薛道衡才華,誣以謀反殺之. 從洛陽赴長安,出遊浩亹川(青海門源)、張掖(甘肅張掖) 詔天下均田 改東京為東都 東突厥啓民可汗卒,子始畢可汗嗣位 日本小野妹子回唐,其學生,僧人多停留中國,至三十年之久.
		6	庚午	**610**	隋煬帝開「江南運河」,自京口(江蘇鎮江)至餘杭(浙江杭州)長八百里,廣十餘丈,南遊會稽(浙江紹興)南北大運河貫通. 第二次從洛乘龍舟出遊江都 隋煬帝再派陳稜、張鎮州率上萬大軍攻流球,殺渴刺兒,俘虜男女數千而回. 楊廣徵高麗國王明年於涿郡(北京)朝覲. 隋煬帝派陳稜征流求(當地平埔番稱鹿港為流求),在台灣鹿港登陸. 素冠練衣數十人,焚香持花,自稱彌勒佛,入自建國門,圖起事,皆被殺,株連千餘家 奉使招流求者殺其王,俘萬七千餘人回. 以所征散樂配太常,置博士弟子以相傳授,樂工至三萬餘人. 課富人買馬,簡閱器杖. 巢元方奉命主編『諸病源候論』為中國第病因症候學專著.
		7	辛未	**611**	隋煬帝於東萊(山東萊州)海口造海船三百艘征高麗. 煬帝至臨朔宮,徵天下兵會涿郡.煬帝徵用民伕無度,士卒死亡過半,田疇荒蕪,洪水大飢,天下民怨騷動.農民起義. 煬乘龍舟從江都沿運河北上出遊涿郡,再回洛陽 宣佈高句麗王國罪狀,徵全國兵集中涿郡,全國糧食集中遼西郡(遼寧義縣.) 山東河南大水,淹沒三十餘郡.
		8	壬申	**612**	隋煬帝楊廣統領 113 萬大軍親征高麗,全軍覆沒,狼狽班師,大敗而歸.. 煬帝渡遼水(遼河)圍遼東城(遼寧遼陽),還至東都. 宇文述等軍大敗於薩水,喪三十餘萬人,所獲資械不可勝計. 煬帝詔班師,以所得高句麗地置遼東都郡 以宗女妻高昌王麴伯雅.

朝代	帝　王	國號	干支	西 元	紀　要
		9	癸酉	613	隋煬帝再次徵兵到涿中,親征高麗,因楊玄感反叛敗死放棄,無果而歸. 湯玄感(楊素之子)反,攻東都不克.煬帝聞訊而返. 楊玄感攻洛隆敗死.
		10	甲戌	614	再乘龍舟出遊涿郡.　　　　楊素子楊玄感被殺 煬帝往涿郡,沿途士兵多逃亡　楊廣三征高麗,,高麗疲困乞和,始還長安. 全國民變,各地起義軍四起抗隋. 扶風唐弼稱王,以李弘芝為帝. 延安劉迦論自稱皇王　離石胡劉苗王稱天子. 日本遣犬上御田鍬使隋
		11	乙亥	615	楊廣赴汾陽宮(山西寧武西南)避暑,北遊雁門時, 東突厥發兵圍攻箭及御前楊廣抱幼子楊杲而泣,遣使求救義成公主,始解圍. 隋煬帝命江南重造龍舟將士憤怨.民變兵變日有所聞 隋任李淵為山西、河東撫慰使,鎮壓起義軍民.
隋	隋煬帝　楊廣	大業 12	丙子	616	元興王操師乞始興元年 煬帝在毗陵(江蘇常州)建華麗宮苑所作毗陵宮,壯麗勝過東部西苑, 雁門翟松於靈丘起事. 東海盧公暹起事,保蒼山. 楚帝林士弘太平元年 煬帝幸江都,江南龍舟製成,隋煬帝楊廣第三次遊江都楊,建節尉任宗諫阻,反遭杖殺.王愛仁再諫,斬之. 張金稱陷平恩,武安,鉅鹿,清河等縣, 魏刀兒別將甄翟兒攻太原. 高涼通守洗瑤徹起事,嶺南溪洞多應之. 時民饑無食,採食樹皮樹葉,諸物皆盡,民怨沸騰,民變益熾,鄱陽操師起事,號元興王,建元始興,陷豫章,旋敗死. 李密起兵瓦崗(河南滑縣東南)、羅藝起兵涿郡(北京市)、竇建德、杜伏威等形成強大起義軍,林士弘代統其眾,稱皇帝,國號楚,建元太平.取九江,臨川,南康,宜春等郡.張金稱,高士達敗死,龐建德統其殘部,號將軍. 格謙敗死,,勃海高開道統其殘部,攻掠燕地. 涿郡虎賁郎將羅藝據郡,號幽總管. 以李淵為太留守,破甄翟兒.. 宇文述卒
隋 (前唐)	隋煬帝　楊廣 隋恭帝　楊侑	大業 13 義寧 1	丁丑	617	隋大業 13 年　義寧元年　楚帝林士弘太平二年　夏王竇建德丁丑元年 魏公李密永平元年　定楊可汗劉武周天興元年　梁帝梁師都永隆元年 永樂王郭子和正平元年　秦帝薛仁果秦興元年　梁王蕭銑鳴鳳元年 楊廣無道,徵境內寡婦、處女集於宮中,恣將士擇取. 李淵叛,陷長安,立代王楊侑(605~619)為帝,是為恭帝,在位 1 年,得年 15 歲.禪位於唐,自任大丞相,封唐王. 各地群英四處起兵反隋：李密略河南攻東都誘殺翟讓 薛舉起兵隴西、李淵起兵太原克長安、竇建德、杜伏威、徐圓朗、劉武周、梁師都、郭子和等義軍頻起據地, 義軍大敗隋軍,隋朝已陷土崩瓦解,趨於亡國. 王世充敗於李密,劉長恭軍被翟讓之瓦崗軍(河南滑縣境內)擊敗逃回洛陽. 翟讓自認才智不及李密,推李[密為王,尊李密為魏公. 李淵見天下已亂,起兵攻長安,自稱大將軍,命長子李建成率左軍,次子李世民率右軍,四子李元吉留守太原.一舉攻入長安,尊代王侑為皇帝,是為隋恭帝,而自為大丞相,封唐王.

朝代	帝　王	國號	干支	西元	紀　要
隋 (前唐) 唐	隋煬帝 楊廣 隋恭帝 楊侑 唐高祖 李淵	大業 **14** 義寧 **2** 武德 **1**	戊寅	**618**	隋大業 14 年　楚帝林士弘太平三年 定楊可汗劉武周天興二年　梁帝梁師都永隆二年 永樂王郭子和正平二年　秦帝薛仁果秦興二年 梁王蕭銑鳴鳳二年　魏公李密永平二年 許帝宇文化及天壽元年　楚帝朱粲昌達元年乘帝 高曇晟法輪元年　梁帝李軌元年 燕王高開道始興元年　夏王竇建德五鳳元年　隋皇泰元年 隋煬帝楊廣荒淫無度,天下大亂,無心北歸,欲移都丹陽(江蘇南京)偷生,部屬多屬關心中家人,歸心急切,紛紛逃亡.宇文化及趁亂率兵趁勢攻入宮中活擒隋煬帝楊廣. 時云「隋煬帝楊廣罪孽,罄南山之竹,罪無窮,決東海之波,流惡難盡」隋煬帝,易服逃到西閣被叛官捕獲,求飲毒自殺不許,4 月 10 日自解巾帶受縛絞縊. 隋煬帝死後,立秦王楊佶為帝,盡屠楊氏皇族. 隋越王楊侗稱帝,李淵(566~635)廢隋恭帝楊侑自立稱帝,是為唐高祖國號【唐】改元武德.在位 9 年享壽 70 歲. 宇文化及(？-619)隋代郡武川(今內蒙古)人,隋煬帝死後,立秦王楊浩為帝,自任大承相. 至魏縣(河北大名西)派人毒死楊佶,自立為帝,國號許,改元天壽.李密等農民起義軍叛唐,盛彥師活捉,在今河北河間處死. 竇建德自稱長樂王,定都樂壽,國號【夏】 高開道據漁陽(河北薊縣),自稱燕王,都漁陽. 蕭銑(南北朝南朝梁武帝蕭衍後裔)據巴陵(湖南岳陽)稱帝,都江陵. 全國各地起義英豪各自劃地為王,諸如： 林士宏據豫章(江西南昌)稱楚帝 杜伏威據歷陽(安徽和縣)稱吳王 沈法興據毗陵(江蘇武進)稱梁王 李子通據餘杭(浙江杭州),稱吳帝 羅藝據幽州(北平),稱幽州總管 劉武周據馬邑(山西朔縣),稱定楊可汗. 梁師都據朔方(綏遠),稱梁帝 薛舉據金城(甘肅蘭州)稱秦帝 唐武德元年郭子和據榆林(內蒙古克托縣)稱永樂王 李淵受禪,自稱帝.都長安,定律令.. 李軌據武威(甘肅武威)稱河西大涼王 越王楊侗在洛陽,稱皇帝,改元皇泰. 隋亡,唐高祖李淵一統天下

唐

西元 **618-690**、**705-907.**立國 **276** 年)
唐朝帝王世系

1. 高祖李淵武德(618-626)－
2. 太宗李世民貞觀(627-649)
3. 高宗李治永徽(650-655)顯慶(656-661)龍朔(661-663)麟德(664-665)乾封(666-668)總章(668-670)咸亨(670-674)上元(674-676)儀鳳(676-679)調露(679-680)永隆(680-681)開耀(681-682)永淳(682-683)弘道(683)－
4. 中宗李顯嗣聖(684)神農(705-707)景龍(707-710)－
5. 睿宗李旦文明(684)景雲(710-711)太極(712)延和(712)－
6. 武后武曌光宅(684)垂拱(685-688)永昌(689)載初(690)天授(690-692)如意(692)長壽(692-694)延載(694)證聖(695
7. 天冊萬歲(695-696)萬歲登封(696)萬歲通天(696-697)神功(697)聖曆(698-700)久視(700)大足(701)長安(701-704)－
8. 少帝李重茂唐隆(710)－
9. 玄宗李隆基先天(712-713)開元(713-741)天寶(742-756)－
10. 肅宗李亨至德(756-758)乾元(758-760)上元(760-761)－
11. 代宗李豫寶應(762-763)廣德(763-764)永泰(765-766)大曆(766-779)－
12. 德宗李適建中(780-783)興元(784)貞元(785-805)－
13. 順宗李誦永貞(805)－
14. 憲宗李純元和(806-820)－
15. 穆宗李恒長慶(821-824)－
16. 敬宗李湛寶曆(825-826)－
17. 文宗李昂寶曆(826-827)太和(827-835)開成(836-840)－
18. 武宗李炎會昌(841-846)－
19. 宣宗李忱大中(847-859)－
20. 懿宗李漼大中(859-860)咸通(860-873)－
21. 僖宗李儇咸通(873-874)乾符(874-879)廣明(880-881)中和(881-885)(光啟)(885-888)文德(888)－
22. 昭宗李曄龍紀(889)大順(890-891)景福(892-893)乾寧(894-898)光化(898-901)天複(901-904)天祐(904)
23. 李裕(900-901)
24. 李曄(901-904)
25. 哀帝李祝天祐(904-907)

一世	二世	三世	四世	五世	六世	七世
1 唐高祖李淵	2 唐太宗李世民	3 唐高宗李治	4 唐中宗李哲			
			5 唐睿宗李旦	6 唐玄宗李隆基	7 唐肅宗李亨	8 唐代宗李豫
八世	九世	十世	十一世	十二世	十三世	十四世
9 唐德宗李适	10 唐順帝李誦	11 唐憲宗李純	12 唐穆宗李恆	13 唐敬宗李湛		
				14 唐文宗李昂		
				15 唐武宗李炎		
			16 唐宣宗李忱	17 唐懿宗李隺	18 唐僖宗李儇	
					19 唐昭宗李曄	20 唐哀帝李祝

朝代	帝　王	國號	干支	西 元	紀　要
唐	唐高祖 李淵	武德 1	戊寅	**618**	隋大業 14 年　隋義寧 2 年　隋皇泰元年 唐武德元年　楚帝林士弘太平三年　夏王竇建德五鳳元年 魏公李密永平二年　定楊可汗劉武周天興二年　梁帝梁師都永隆二年 永樂王郭子和正平二年　秦帝薛仁果秦興二年　梁王蕭銑鳴鳳二年 許帝宇文化及天壽元年　楚帝朱粲昌達元年　乘帝高曇晟法輪元年 梁帝李軌元年 燕王高開道始興元年江都兵變,隋煬帝被殺,宇化及改立煬帝侄兒王楊浩為帝,反予毒殺篡位稱帝,國號許. 李淵廢隋恭帝楊侑稱帝,國號唐.建都長安,在位 9 年(618-626).唐高祖李淵(566~635),字叔德,成紀人,西涼公李吶之子,三世襲封,仕隋功高,進爵唐王,大起仁義之師,剪除隋世暴亂,創造三百年鴻基,恭帝禪而有天下. 李軌稱涼帝不從唐命,619 年為部將所擒,於是唐滅涼.河西五郡併入唐境. 蕭銑稱帝,性褊狹,大臣多被殺,李靖攻江陵,蕭銑投降,梁全境全入唐朝領域.
		2	己卯	**619**	隋皇泰 2 年　唐武德 2 年　楚帝林士弘太平四年　夏王竇建德五鳳二年 定楊可汗劉武周天興三年　梁帝梁師都永隆三年　梁王蕭銑鳴鳳三年 許帝宇文化及天壽二年　梁帝李軌二年　楚帝朱粲昌達二年 燕王高開道始興二年　鄭帝王世充開明元年　梁王沈法興延康元 吳帝李子通明政元年 隋左僕射王世充廢隋帝楊侗,弒之,**隋亡**,立國 39 年.王世充稱帝,國號鄭. 隋恭帝侑薨　夏王竇建德斬宇文化及　朱粲敗降唐　唐擊殺涼王軌河西平 劉武周南侵,奪取井州(山西中部太原一帶), 晉州(山臨汾)、絳州(山西新絳) 澮州(山西翼城)原李淵在山西根據地盡為劉武周所拔.唐高祖聞報,甚懼. 唐初訂租(有田則有租)、庸(有身則有市)、調(有家則調)法.五年後與均田制同時頒行.後均田制改"以人丁為本" 租庸調法廢弛. 唐置十二軍　下令國子學周公,建孔子廟,依四時節令祭祀,廣求人才.　李子通即皇帝位,國號吳 涼安興貴俘李軌向唐投降,唐斬李軌.　劉;武周派宋金剛攻唐井州,敗唐軍 秦王世民渡河屯兵,與宋金剛相持.　唐封徐圓朗為魯國公　沈法興稱梁王
		3	庚辰	**620**	唐武德三年　楚帝林士弘太平五年　夏王竇建德五鳳三年 定楊可汗劉武周天興四年　梁帝梁師都永隆四年　梁王蕭銑鳴鳳四年 燕王高開道始興三年　鄭帝王世充開明二年　梁王沈法興延康二年 吳帝李子通明政二年 唐改官名　立老子廟　高開道降唐 李世民擊宋金剛,宋金剛奔東突厥被殺　又大敗劉武周,奔東突厥被殺 唐秦王督師伐鄭王世充,所屬河南州縣相繼降唐　鄭使如夏乞師 吳主子通擊京口,杜伏威擊之,李子通敗走擊梁　梁王興走死 竇建德俘獲之李世勣脫逃歸國.　竇建德自稱夏王(五鳳三年) 自稱燕王高開道向唐投降,唐高祖授蔚州總管,封北平郡王,並賜李姓. 東突厥處羅汗卒,弟頡利可汗嗣位.另立始畢可汗子什缽苾為突利可汗.
		4	辛巳	**621**	唐武德四年　楚帝林士弘太平六年　夏王竇建德五鳳四年 梁帝梁師都永隆五年　梁王蕭銑鳴鳳五年　燕王高開道始興四年 鄭帝王世充開明三年　吳帝李子通明政三年 王世允降,唐兵入洛陽 唐廢五銖錢,改行開元通寶錢,嚴禁鑄私錢. 李世民被加號天策上將,陝東道大行台. 網羅文學之士;如杜如晦、房玄齡、盧世南、孔穎達人,稱十八學士 唐李世民戰俘竇建德,降洛陽王世充,竇建德被殺,部將劉黑闥復起河北. 趙郡王李孝恭擊蕭銑,楚王杜伏威擊李子通,蕭銑與李子通皆降,送長安囚 . 兗州徐圓朗反,響應劉黑闥,自稱魯王.

朝代	帝　王	國號	干支	西 元	紀　要
唐	唐高祖 李淵	**5**	壬午	**622**	唐武德五年　楚帝林士弘太平七年　梁帝梁師都永隆六年 燕王高開道始興五年　漢東王劉黑闥天造元年 回教主穆罕默德卒,壽 63 歲,葬麥加聖地.回教有「回曆紀年」簡稱「回曆」 時黃紀 3319 年民國前 1290 年 劉黑闥自稱漢東王,秦王世民破之於洛水,劉黑闥奔突厥,遣太子建成擊黑闥 秦王世民擊徐圓朗 杜伏威入朝　馮盎來降　楚主林子弘卒,其眾星散.
		6	癸未	**623**	唐武德六年　梁帝梁師都永隆七年　燕王高開道始興六年 漢東王劉黑闥天造二年　元帥王摩沙進通元年　宋帝輔公祏天明元年 唐高祖詔拜楊;恭仁吏部尚書兼中書令 幽州總管羅藝入朝 唐太子李建成大破劉黑闥,劉奔饒州(河北饒陽),執之降唐,斬於洛州(河北) 林邑遣使入貢 輔公祐起兵反唐,在丹陽稱宋帝.屯田井州 徐圓朗卒　留學日本唐僧回國
		7	甲申	**624**	唐武德七年　梁帝梁師都永隆八年 燕王高開道始興七年　宋帝輔公祏乾德元年 唐置大中正 頒新制,官制、戶籍法、定均田制、租庸、州縣學調法新律令. 趙郡王李孝恭擊輔公祏,陷丹陽(南京市),斬之. 高開道將張金稱斬高開道 慶州都督楊文幹反,遣秦王世討平 唐李孝恭李靖李勣分擊輔公祏,其棄丹陽出走,被殺.淮南江南全入唐朝領域 **武則天** 14 歲受唐太宗寵愛,召選入宮,封才人,26 歲寄身長安感業寺為尼,29 歲再次入宮,嬌媚風華,禮讓謙遜,晉封昭儀,33 歲李治冊封為皇后,常替皇帝處理朝政,648 年 61 歲以太后臨朝聽政.置睿宗李旦於別殿,毒死長子李弘,流放次子李賢,廢三子李顯(為黃台詩:種瓜黃台下,瓜熟子離離,一摘使瓜好,再摘使瓜稀.三摘猶為可,四摘抱蔓歸,而遭逼自縊)西元 690 年 67 歲正式即皇帝位,在位 21 年(690~705)壽高 82 歲(624~705) 以高麗王建武為遼東王 突厥入寇擊之,
		8	乙酉	**625**	唐武德 8 年　梁帝梁師都永隆 9 年 唐頒行新律令,施行租庸調法. 東突厥頡利可汗請和而還. 詔許突厥吐谷渾互市 突厥寇邊,唐遣張瑾禦之,全軍覆沒,後任王道宗敗之,
		9	丙戌	**626**	唐武德 9 年　梁帝梁師都永隆 10 年 6.4.「**玄武門之變**」秦王李世民與兄李建成李元吉不和,伏兵殺死皇太子李建成、四弟李元吉.自居太上皇. 高祖自稱太上皇,傳位太子李世民(589~649),是為唐太宗,在位 23 年(626~649)終年 52 歲. 立妃長孫氏為皇后,中山王李承乾為皇太子. 以魏徵、王珪為諫議大夫,放宮女三千餘人. 修訂大唐雅樂 駱賓(626-684)浙江義烏人,有神童之稱,名作『南京篇』討武曌檄舉兵失蹤 渭水之盟－突厥失信攻唐大敗,雙方在便橋上殺白馬,訂立盟約,謂渭水之盟 禁妄立妖祠及雜占之術 置弘文館,選人充學士 定功臣實封之制

朝代	帝王	國號	干支	西元	紀要
唐	唐太宗李世民	貞觀 **1**	丁亥	**627**	唐貞觀元年　梁帝梁師都永隆 11 年 唐貞觀之治(627-649 年)是中國歷史上少見的盛世,唐太宗知人善任, 制諫官隨宰相入閣議事，廣納諫言.社會繁榮,萬民歸心,被稱為『**貞觀之治**』 分設十道(關內道,河南道,河東道,河北道,山南道,隴右道,淮南道江南道,劍南道,嶺南道)此是地理上區分,非行政上區域,無設官員.只罷黜使觀風俗使. 命吏部四時選集併省吏員 643,歷史上罕見太平盛世,在位 23 年 更定律令.寬絞刑 50 條為加役流 大併省州縣,分全國為十道 重教育,命國子監國子酒(大學校長)孔穎達確定五經為必讀之書 一. 詩經:　毛詩正義(詩經、書經、易經為三經)　二..書經:　尚書正義 三. 易經: 周易正義　四. 春秋: 左傳正義、公羊正義、穀梁正義(三傳). 五. 禮經: 儀禮正義、周禮正義、禮記正義.(三禮) 薛延陀、回紇、拔野古等脫離突厥統治,但紛亂不已.. 玄奘(唐僧、唐三藏)犯禁離開長安出國西行求佛法,至高昌(新疆吐魯番), 高昌王麴文泰禮待.帶回佛教經典小乘、大乘
唐	唐太宗李世民	貞觀 **2**	戊子	**628**	唐貞觀 2 年　梁帝梁師都永隆 12 年 祖孝孫奏「大唐雅樂」12 月各順其律,旋相為官,制定 12 樂,總 32 曲,84 調. 夏州劉旻擊梁師於朔(陝西靖邊北白城子),東突厥來救,大敗,梁師都為其侄所殺,唐於地置廈州,群雄悉平.全國完全統一. 唐擊敗突厥,突利可汗降中國.立薛延改夷男為真珠可汗 自 611 年至 628 年止民變領袖紛被新興的唐朝所滅,其名如下：

年代	民變領袖	註記
611	王薄、孫祖安、竇建德、張金稱	楊廣集中涿郡徵
613	白瑜娑、孟海公、楊玄感、朱燮、杜伏威	糧集中遼西郡
614	李弘芝	東征
615	李子通、朱粲	始畢可汗圍楊廣
616	李密、杜士弘、高開道、徐圓朗、梁師都、劉武周	楊廣遊江都
617	郭子和、薛舉、李淵、李軌、蕭銑、	楊廣在江都衍遊
618	宇文化及	楊廣被絞死
619	王世充、劉季真、宋金剛	隋朝亡,唐建國
620	楊政道	
621	劉黑闥	

朝代	帝王	國號	干支	西元	紀要
					祖孝孫奏上唐雅樂　放宮女三千餘人
		3	己丑	**629**	**玄奘為消除佛法分岐,決定西行前往天竺取經.645 年攜回 657 梵文佛經.** 以房玄齡為左僕射,杜如晦為右僕射,以尚書右丞魏徵守秘書監. 命李靖統諸軍討突厥,東突厥入朝.　地方各州設置醫學 中國人自塞外歸及四夷降附者 120 餘萬人
		4	庚寅	**630**	「**貞觀之治**」全國豐收,百姓悉歸田里,米每斗僅 34 錢,一歲中死刑方 29 人,州縣村落,夜不閉戶,旅不再帶糧,取給於道,史稱「貞觀之治」. 杜如晦卒　詔地方州、縣學建孔廟 唐太宗命顏師古考定五經「周易、尚書、毛詩、禮記、左傳」的經文. 李靖、李勣大破東突厥,頡利可汗被俘,東突厥亡.西北族君尊太宗為天可汗 定品官服色　禁笞背之刑 日本遣犬上御田入唐,是為第一次遣唐使 杜如晦卒
		5	辛卯	**631**	仁壽宮改稱九成宮(陝西麟遊境)隋末漢人多為突厥掠為奴婢唐贖回八萬人 玄奘至印度摩揭陀王國(恒河南),入那爛陀寺,受教於戒賢大師苦學(西元 631-635)　唐太宗將隋朝高麗之戰死「京觀」(高塚)骸骨遷回中原祭拜安葬

朝代	帝　王	國號	干支	西 元	紀　要
		6	壬辰	632	群臣請封禪不許. 唐太宗親審死刑囚犯,無逃跑者,太宗赦免全部死刑犯. 阿拉伯帝國元首穆罕默德 6 月 8 日.在麥地那去逝(571-632)年 62 歲.無子,政府設「哈利發」(教主、先知、代表,君王之意)為元首. 唐遣使偕日使去日本
		7	癸巳	633	宴元武門奏七德九功舞,以魏徵(580-634)為侍中,造「渾天儀」, 以長孫無忌為司空王珪罷 頒佈「新定五經」於天下. 將直太史、將士郎李淳風鑄造之渾天黃道儀,放置於;凝暉閣. 赦死囚 390 人
		8	甲午	634	建大明宮,位今陝西西安北龍首原上,原名永安宮,與太極宮興慶宮稱「三內」以李靖等十三人為黜陟大使,分行天下. 以李靖為特進 吐谷渾寇李靖討之分國中為十部,號十姓部落
		9	乙未	635	太上皇崩　李靖大破吐谷渾,伏允可汗縊死磧中.　景教(基督教的一支)傳入中國,教士阿羅本抵長安 唐立慕容順為王,尋被殺,子諾曷鉢嗣位,唐遣侯君集統軍為之定亂. 盧照鄰(635-689)著釋病文、五悲文,因久病不癒投水死
		10	丙申	636	唐建南北衙,改革府兵制.改統軍為折衝都尉、副為果毅都尉.諸府改稱折衝府,以衛士 1,200 人為上府,1,000 人為中府,800 人為下府.統兵官每府設折衝都尉一人,左、右果毅都尉各一人,府兵的編制:300 人為一團,團有校尉;50 人為一隊,隊有隊正;10 人為一火,火有火長.民年 60 免役. 置府 634 皇后長孫氏崩　以荊王元景等為諸州都督　命統軍別將為折衝果毅都尉 朱俱波甘棠遣使入貢.　將房玄齡、魏徵所著五代史、隋書典藏祕閣 基督教約於此時傳入中國
		11	丁酉	637	故荊州都督武士彠女武昭,年 14,有姿色,李世民納入後宮,封為才人 頒房玄齡等修訂新律令.詔行新禮,子孫世襲 以吳王恪等為諸州都督,荊王景張孫無忌等為諸州刺史..
唐	唐太宗李世民	12	戊戌	638	佛祖慧能,又名惠能(638-713),俗家姓盧,原籍范陽(今北京城西南)三歲喪父,遷居南海,24 歲到湖北黃梅東山寺投五祖弘忍法師修行.飽覽經書,博學多聞,提偈「身是菩提樹,心如明鏡台,時時勤拂拭,莫使惹塵埃」同時請人代筆題偈「菩提本無樹,明鏡亦非台,本來無一物,何處惹塵埃」五祖弘忍看見覺得慧能「無相」破「有相」以「頓悟」破「漸悟」宣揚直指人心,見性成佛,其「空無觀」比神秀徹底,即將衣缽傳給了「六祖慧能」 五祖弘忍以袈裟圍一方塊之地,六祖跪地,弘忍傳授心法禪宗法統,從釋迦牟尼佛一直到弘忍大師三十幾代傳承,『六祖壇經』裡列有西天四七、東土二三這樣的傳承關係. 慧能返回廣東藏匿 15 年,到西元 676 年正月初八日到廣州法性寺(今光孝寺)才公開露面,在開元寺(今大梵寺)講經,西元 713 年慧能在家鄉新興縣國恩寺圓寂,享壽 76 歲.次年真身遷回曹溪,供奉塔中,西元 696 年武則天女皇為「表朕之精誠」特地遣中書舍人給慧能賜送水晶缽盂,磨衲袈裟,白氈等物.詔書尊崇「恨不趨陪下位,側奉聆音,傾求出離之源,高步妙峰之頂」 唐憲宗追諡慧能為「大鑒禪師」 宋太宗加諡為「大鑒真空禪師」 仁宗加諡為「大鑒真空普覺禪師」最後神宗加諡為「大鑒真空普覺圓明禪師」. 虞世南(558-638),浙江餘姚人,唐四大書法家之一,碑帖「孔子廟碑」傳世. 唐頒世族志　贈隋忠臣堯君素為蒲州刺史　以馬周為中書舍人 建大奉寺 吐蕃(西藏)王弄贊發兵擊吐谷渾.大敗之又攻中國松州(新疆松潘)不克始退.
		13	已亥	639	停襲封刺史　設置常平倉儲蓄糧食 停諸王,功臣子孫世襲刺史之令 唐命東突厥立可汗李思摩為伏利苾可汗統舊眾. 高昌(新疆吐魯番)國王麴文泰屢遏絕西域貢使,唐遣吏部尚書侯君集擊之

朝代	帝王	國號	干支	西元	紀要
		14	庚子	640	詔更定喪服制 高昌王麴文泰聞唐軍將至,憂卒,子麴智盛嗣位,兵敗出降,高昌亡. 唐於交河城置安西都護府,並將弘化文成公主妻與吐谷渾王諾曷缽和親. 楊弘禮扈從太宗征遼東,領軍出擊,太宗稱之. 流鬼國入貢
		15	辛丑	641	文成公主遠嫁吐蕃,贊普喜,興革舊俗,遣子弟至長安入國學. 命呂才刊定陰陽雜書 唐與吐蕃和親,將文成公主嫁吐蕃王弄贊.惡其國人塗面遣子弟赴中國入學. 李世勣為兵部尚書,薛延陀攻突厥李世勣討平之. 歐陽詢(556-641) 卒書法家歐體也稱「率更體」與盧世南褚遂良薛稷並稱唐四大書法家.
		16	壬寅	642	摩揭陀國王阿薩姆尊中國高僧玄奘為上賓.請玄奘為論主 魏王泰上括地志 以魏徵為太子太師 禁罰為避賦役傷殘肢體 西突厥寇伊州,唐郭孝恪擊敗之. 封皇太子李建成為隱太子,弟李元吉為巢剌王 高麗淵蓋蘇文殺高麗王高建武,立故王侄高藏為王,自任莫離支(宰相). 命孔穎達顏師古等撰五經疏成書,稱為正義.653 年頒行「五經正義」於全國.
		17	癸卯	643	玄奘離印度東歸,戒日王於缽羅耶迦開「無遮大會」75 日餞行. 魏徵(580-643)卒,諍諫皇帝「君好比舟,民好比水;水能載舟,水能覆舟」其死唐太宗哭曰:「人以銅為鏡,可以正衣冠」「古為鏡,可以見興替,以人為鏡,可以知得失.魏徵歿,朕亡一鏡矣」. 太子李承乾凶頑,又與弟魏王李泰有隙,恐被廢,與吏部尚書侯君集密謀殺父,事泄,李承乾廢為平民,囚右領府,侯君處斬,立晉王李治為太子. 貶魏王泰為郡王,蕭瑀李世勣同中書門下三品. 李世民命圖畫「凌煙閣 24 功臣像」獲知李孝恭是宗室,長孫無忌是妻兒,柴紹是妹婿,高士廉是舅丈人,長孫順德是叔丈人, 殷開山劉弘基等是太原起兵老將,其餘多是太原起兵後羅致的.如蕭瑀,房玄齡等. 643~645 征高麗無功而返.　新羅乞伐高麗諭止之. 拂菻國(大秦,即東羅馬帝國)遣使來唐朝
唐	唐太宗李世民	18	甲辰	644	以劉洎為侍中,岑文本馬周為中書令,褚遂良為黃門侍郎參預朝政. 如洛陽命房元齡鎮守 唐太宗親征高麗,命房玄齡留守.以張亮李世勣分統諸軍,突厥徙居河南,安都護郭孝恪擊焉耆,擄焉耆王龍騎支. 李思摩入朝
		19	乙巳	645	皇后太后位掌實權　唐太宗親征遼東,無功而返.　殺劉洎　岑文本卒 玄奘去天竺學佛取經 657 部自印度返抵長安(西元 627-645 年)共 19 年,於弘福寺翻譯佛經.
		20	丙午	646	唐太宗主撰修「晉書」記事 265-420 年合西晉東晉 11 帝,共 156 年史. 敕勒諸部請內屬自製詩刻石於靈州. 薛延陀屢侵邊,李道宗擊之,多彌可汗逃,為回紇所殺.立真珠可汗侄咄摩支為可汗,唐軍追至鬱督軍山(蒙古杭愛山)咄摩支出降,薛延陀遂亡. 日本孝德天皇始用中國式年號記年,一切模仿中國,史稱「大化改革」
		21	丁未	647	以牛進達李世勣為行軍大總管伐高麗,牛進達拔石城還 李素立為燕然都護 回紇諸部落酋長入朝,唐就地分置六府七州,各以其酋長為都督刺史,然大酋長吐迷度對內仍可稱可汗. 突厥車鼻可汗入貢 唐發兵攻龜茲

朝代	帝王	國號	干支	西元	紀要
		22	戊申	**648**	房玄齡、馬周卒 褚遂良為相 作帝範以賜太子 民間謠云「女主武王代有天下」,左武衛將軍李君羨乳名「五娘」,又為武安人,李世民惡之,誣以謀反殺之.又欲盡殺疑似者,太史李淳風諫始止. 薛萬伏高麗 遣王元策使天竺(印度)執其王阿羅那順以還 阿史那社爾擊擒龜茲王布失畢,立其弟葉護為王 奚契丹內屬 突厥車鼻可汗入貢. 設安西四鎮,控制西域
唐	唐太宗李世民 唐高宗 李治	**23**	己酉	**649**	唐太宗李世民在位 23 年卒,52 歲子李治(628~683)嗣位,是為唐高宗. 唐高宗名李治,唐太宗李世民第九子,初封為晉王.太宗共 14 子,正妻文德皇后長孫氏生三子,長子李承乾,立為太子;四子李泰,封為濮王(後改封為魏王),七子李治,封晉王,在位 34 年終年 56 歲. 唐太宗親撰『帝範』與太子李治,承認自己非完人,也有不當之舉.臨終叮囑喪事從簡,令長孫無忌、褚遂良等輔佐太子,為唐朝盡心盡力.病逝於翠微宮. 太子李治即位,為高宗.高宗多病,皇后武則天垂簾聽政,逐漸撐握大權. 太子李承乾.,聰敏好色,嬉戲不讀詩書,.濮王李泰,好士愛文學,為太宗寵愛.李泰有奪嫡之心.與李承乾各樹黨羽,漸生嫌隙.唐太宗見情,641 年特以魏徵為太子師.魏徵死後,太子荒唐行為更甚,曾陰謀刺殺魏王李泰.643 年,有告太子李承乾謀反,驗實廢李承乾為庶人.唐太宗意欲立魏王李泰為太子,但褚遂良諫「前事不遠,足以為鑒願先措置晉王李治,始得安全」. 晉王李治有仁孝之稱,但較懦弱,才智較差,太宗本不屬意,想立吳王李恪,恪是太宗第三子,母楊氏,是隋煬帝的女兒,才德兼修,但為長孫無忌竭力反對,太宗取消該念. 太尉長孫無忌及中書令褚遂良輔政. 才人武昭(武則天)隨眾妃嬪入感業寺廟為尼. 王勃(649-676)字子安,今山西河津人,有神童之稱.作「**滕王閣序**」膾炙人口 最古老天文圖在 649-684 年之間唐朝發現,從北斗七星識別方向. 李靖死
唐	唐高宗 李治	永徽 **1**	庚戌	**650**	唐永徽元年,唐太宗李世民之子在位 34 年. 立妃王氏為后 以褚遂良為同州刺史 高侃擊擒突厥車鼻可汗. 瑤池都督、沙林羅葉護阿史那賀魯叛,自稱可汗,掌控西域. 唐王朝宦官橫暴,且有兵權,造成中國第二次宦官時代,皇帝被宦官和軍閥(藩鎮)隨意處置,地方政府各據一方,互相征伐,殺人如麻,赤地千里,全國一片蕭條,是一個大黑暗時代. 楊炯(650-?)陝西人,代表作『從軍行』激昂豪邁,富愛國情操,卻負才自傲 王勃(650-676)山西河津人,名詩人,他的名作「滕王閣序」落霞與孤鶩齊飛,水共長天一色,言留後世,.人評他五言絕是舒寫悲涼,洗削流調,究其才力,自是唐人開山祖
唐	唐高宗 李治	**2**	辛亥	**651**	回教傳入中國 立皇后王氏 唐高宗令撰「永徽律」分律、令、格、式四種,共 500 條.分名例律、衛禁律、職制律、戶婚律、廄庫律、擅興律、賊盜律、鬥訟律、詐偽律、雜律、捕亡律、斷獄律等 12 篇.廢玉華宮為佛寺. 長孫無忌等上刪定律令 西突厥賀魯叛,自立為缽羅可汗寇庭州,詔梁建方討平之.
		3	壬子	**652**	高宗又令作解釋律文的疏議 12 篇 30 卷,集唐法律大成法典. 立子李忠為太子 玄奘法師奏請造浮圖. 589、648、652 年建「慈恩寺大雁塔」為保存玄奘由印度帶回佛經,相繼擴建. 梁建方等大敗賀魯之黨處月朱邪於牢山.

朝代	帝　王	國號	干支	西 元	紀　要
		4	癸丑	**653**	頒佈「唐律疏議」「五經正義」作為經科考試依據 房遺愛及高陽公主謀反伏誅. 遂殺荊王元景吳王恪,流宇文節等 日本遣古士長丹等入唐,凡 121 人僧人,留學生等 14 人;復遣高田根磨等入唐,亦 120 人,僧人 2,在經薩摩國時船破溺死.
唐	唐高宗 李治	**5**	甲寅	**654**	唐高宗李治赴感業寺進香,見武昭(武則天)貌美,密囑留髮,王皇無子,而蕭淑妃有子且有寵,思以問之,遂引武昭入宮,時年 31,武氏聰敏伶俐,巧慧權術,屈意事皇后,得高宗寵愛,封為昭儀(唐制,宮中后妃以下有三夫人、九嬪. 九嬪之名有:昭儀、昭容、昭華、修儀、修容、修華、充儀、充容、充華). 皇子李賢出生(昭儀武氏所生,後被追諡為章懷太子) 築長安外郭 日本遣高向玄理等入唐,是為第三次遣唐使
		6	乙卯	**655**	武昭誣王皇后及蕭淑妃謀逆「謀行鴆毒」被廢囚之,先各杖一百,斷去手足,投酒缸中,數日而死. 唐高宗李治立武昭(武則天)為皇后. 太尉褚遂良力諫,貶為潭州(湖南長沙)都督.　李義府參政
唐	唐高宗 李治	**7** 顯慶 **1**	丙辰	**656**	唐永徽 7 年　唐顯慶元年 廢皇太子李忠為梁王,改立代王李弘為太子(武皇后生) 改年號顯慶 設置算學　贈武士彠司徒賜爵周國公 中書侍郎李義甫附武昭,擢為參知政事,李義甫外溫內險,笑力藏刀. 「隋書成稿」其中「東夷列傳」內載有關於「流求國」的記錄. 太尉長孫無忌進獻唐高宗有關史官撰寫之梁、陳、齊、周、隋五代史志 30 卷(分禮儀志、音樂志、律曆志、天文志、五行志、食貨志、刑法志、百官志、地理志、經籍志,後隨入隋書中)
		2	丁巳	**657**	帝隔日視事　貶韓瑗來濟褚遂良為邊垂刺史　滅西突厥統治中晉 蘇定方為行軍總管討擒沙鉢洛可汗,於其地置濛池崑陵二都護府.
		3	戊午	**658**	詔行新禮 廢書學、算學、律學.　貶杜正倫李義甫為遠州刺史, 褚遂良(596-658),浙江杭州人,直言敢諫,受唐太宗償識,武則天貶憂憤而死. 楊胄攻龜茲王國,立素稽為龜茲王　以高昌故地為西州
		4	己未	**659**	頒行「新修本草」包括本草正文、藥圖、圖經三部份,計 54 卷. 唐高宗親自策試舉人,其中張九齡、郭待封等五人突出,最為優異.. 太宗之弟李元嬰建「滕王閣」675 年重修,王勃作「**滕王閣序**」 武昭誣尉長孫無忌,其弟長孫銓長孫恩涼州刺史趙持滿及王皇后舅柳爽等謀反,悉殺之. 褚遂良已死,殺其子. 趙瑗亦死,剖棺,自是武昭干預朝政. 日本遣坂合部石布等入唐,是為第四次遣唐使.
		5	庚申	**660**	唐高宗李治染風眩疾不能視事,百官奏事,委由武昭(武則天 624-705)裁決,權威日尊.武則天登基稱帝,改國號唐為周. 廢梁王忠為庶人　遣定方等伐百濟降之.　唐於地置五都督府..
		6 龍朔 **1**	辛酉	**661**	唐顯慶 6 年 唐龍朔元年 遣兵部尚書任雅相,契苾何力,蘇定方為三行軍總管攻高句麗,圍京都(朝鮮)平壤,　任雅相死於軍中.　百濟王國滅亡,立國 681 年
		2	壬戌	**662**	唐改官名府名:門下省為東台,侍中為左相.中書省為西台,中書令為右相.尚書省為中台,僕射為匡政.　高麗,久圍不下,引兵還. 鐵勒九姓屢侵邊,鄭仁泰薛仁貴擊之,其大敗,遇雪引還.又遣契苾何力擊之,鐵勒九姓敗,始降.　唐高宗命道士、女冠(女道士)、僧尼等對父母應禮奉
		3	癸亥	**663**	以李義府為右相　詔鄭仁泰等分屯涼鄯備吐蕃. 孫仁師劉仁軌攻百濟,百濟王扶餘豐引日本入援,兵敗遁走,奔向高句麗,百濟國亡.並敗倭國國救兵.

朝代	帝　王	國號	干支	西 元	紀　要
		麟德 1	甲子	664	**玄奘卒**(西元 596-664 年)撰有『大唐西域記』 唐高宗李治每臨朝視事,武昭即垂簾於後,中外稱為「二聖」 武昭誣西台侍郎上官儀劉祥道謀反,殺之.罷梁王忠賜死 以殷王旭輪遙為單于大都護
		2	乙丑	665	行麟德曆　車駕發東都 武后以將行封禪禮,表請參與奠獻;詔禪社首以后為亞獻. 日本遣守大石等送唐使郭務悰等回國,因便入唐,是為第五次遣唐使.
唐	唐高宗 李治	3 乾封 1	丙寅	666	唐麟德 3 年 唐乾封元年 唐高宗李治封禪於泰山,至曲阜,祀孔子,尊為太師;至亳州尊老子為太上元元皇帝 皇后殺其從兄二人　劉仁軌為右相　改鑄乾封泉寶錢 遣李勣任遼東道行軍大總管擊高句麗., 高句麗淵蓋蘇文卒,諸子互攻,長子泉男生為子泉男建所驅,向中國求救,遣
唐	唐高宗 李治	2	丁卯	667	唐乾封 2 年 李勣拔高麗 17 城,鴨綠江險不得渡,唐竄元萬頃於嶺南(廣東) 停用流通乾通乾封錢,恢復使用開元通寶錢 日本遣伊吉博德送唐使,是為日本第六次遣唐使.
唐	唐高宗 李治	3 總章 1	戊辰	668	唐乾封 3 年　唐總章元年 唐平定高句麗,強渡鴨綠江,攻陷平壤,高句王國(朝鮮)國王高蔵被俘立國 705 年而亡. 高句麗降,而亡.　在高麗故地設置安東都護府 以右相劉仁軌為遼東道副大總管.
		2	己巳	669	唐總章 2 年 李勣卒(594-669),唐名將,今山東鄭城西南人.618 年隨李密降唐,封曹國公. 玄奘墓塔為玄奘埋骨之處,建於長安縣杜曲之東少陵原畔興教寺內. 定明堂制度,銓注法. 以張文瓘李敬元並同三品 改瀚海都護為安北都護 日本遣河內鯨入入唐,是為第七次遣唐使
唐	唐高宗 李治	總章 3 咸亨 1	庚午	670	唐總章 3 年　唐咸亨元年 詔官名復舊 吐蕃大舉入侵陷西域 18 州唐罷安西四鎮薛仁貴郭待封統軍攻之,大敗而歸. 敕突厥酋長子弟給事東宮.　發生嚴重旱災、霜災、和蟲災,忙於運糧賑災 王燾(670-755)陝西郿縣人,唐代名醫,蒐集醫書上自神農,下及唐世,著「外台秘要」「諸病源候論」 天文學家、數學家李淳風卒.
		2	辛未	671	唐咸亨 2 年 僧義淨如天竺求佛經 唐使郭務悰等六百人至日本 尋禮樂之士　甲午朔日食
		3	壬申	672	唐咸亨 3 年 吐谷渾畏吐蕃強盛,東遷中國安樂州(寧夏中衛).其故地(青海省)悉為吐蕃所有,吐谷渾汗國亡. 整個汗國潰散.　吐蕃使入貢　許敬宗卒
		4	癸酉	673	唐咸亨 4 年 詔劉仁軌等修改國史 皇太子李弘納妃及新宮 畫家閻立本卒,畫作有職貢圖、歷代帝王圖等. 張九齡(673-740)唐玄宗開元時宰相,著有「感遇」「望月懷遠」名作.

朝代	帝　　王	國號	干支	西 元	紀　　　　要
		5 上元 **1**	甲戌	**674**	唐咸亨 5 年　唐上元元年 唐高宗李治稱天皇,武昭(武則天)稱天后,群臣並稱二聖.表行便十二條.「一.勸農桑,薄賦徭.二.給復三輔地,三.息兵,以道德化天下,四.南北中尚禁浮巧,五.省功費,力役,六,廣言路,七.杜讒口,八.王公以下皆習老子,九.父在,為母服齊衰三年,十.上元前勳官已告身者,無追核,十一.京官八品上以,宜量加俸祿,十二.百官任事久,才高位下者,得進;階申滯.」 武承嗣為周國公 以劉仁軌為雞林道大總統管伐新羅.
		2	乙亥	**675**	太子李弘,武昭所生長子,仁孝謙恭,蕭良娣二女義陽、宣城二公主,因母故,囚於內庭,年逾三十不能嫁,李弘見之驚惻,奏請成婚,武昭怒,毒死李弘,立其弟雍王李賢為太子.　劉仁軌大破新羅之眾於七重城.
唐	唐高宗 李治	**3** 儀鳳 **1**	丙子	**676**	唐上元 3 年　唐儀鳳元年 皇太子李賢「註釋後漢書」成書. 行南選法,凡桂,廣,交,黔四府官銓選　遣京官往其地注擬 將安東都護移至遼東 遣使詣桂廣交黔等都督府注擬 以狄仁傑為侍御史 駐平壤軍退到遼東(遼寧遼陽)新羅王國統一朝鮮的中部和南部,與中國為鄰
		2	丁丑	**677**	以高藏為朝鮮王扶餘隆為帶方王　　移安東護府於新城以統之 後藏以謀叛召還死 隆亦不敢返舊地　高氏扶餘氏皆亡 124 世景直公(明遠公之子)望日出生
		3	戊寅	**678**	百官四夷朝天后於光顧門　昭告學習「五經」外須研習「道德經」 以李敬為河道大總管　　　李敬元與吐蕃戰敗績 吐蕃侵邊不已,李敬玄擊之,大敗.劉審禮深入,李敬玄不敢救,劉審禮被俘擄. 張九齡(678-740)廣東韶關人,著名詩人,從小善詩文,曾作宰相,正直賢明,不避利害,敢於諫言,曾劾安祿山野心,提醒唐玄宗「千秋金鑑錄」帝甚嘉美.
唐	唐高宗 李治	**4** 調露 **1**	己卯	**679**	唐儀鳳 4 年　唐調露元年 命太子賢監國留王方翼於焉耆築碎葉城(中亞托克馬) 遣裴行儉立波斯主那泥熟匐為可汗　單于大都護府(內蒙和林格爾)長史蕭嗣業擊之,大敗. 裴行儉襲執西突厥阿史那都支以歸　單于突厥反寇定州　改元調露
唐	唐高宗 李治	調露 **2** 永隆 **1**	庚辰	**680**	唐調露 2 年　唐永隆元年 武昭(武則天)聽信讒言,廢己所生次子李賢為平民,立三子李哲為皇太子 裴行儉擊東突厥,大破之於黑山(內蒙),阿史那泥熟匐可汗為其下所殺. 是時唐疆域萬里,北抵突厥,南鄰天竺. 考功員外郎劉思立始奏重視的明經、進士兩科,讀經、史一部,並加考帖經. 改元永隆
		2 開耀 **1**	辛巳	**681**	唐永隆 2 年　唐開耀元年 宴百官及命婦於麟德殿 太平公主適薛紹 劉仁軌為太子少傅. 東突厥俟裴行儉軍還,阿史那伏念又稱可汗,裴行儉再擊擒阿史那伏念殺之. 何仙姑(681.8.8.-707.3.7.)中國名間八仙之一(鍾離權,張果老,鐵枴犂,呂洞賓,曹國舅,韓湘子,藍采和,何仙姑,)唯一女性,容貌如仙,經常手持荷花,呂洞收為弟子,賜與伀桃或仙棗,食之成仙,命之為何仙姑,兼具仙女,道姑,和女巫.
		2 永淳 **1**	壬午	**682**	唐開耀 2 年　唐永淳元年 李哲生李重照高宗立為皇太孫,希望太子,太孫名義既定,以保李家的帝位. 裴行儉卒　西突厥寇井州王方翼薛仁貴大破之. 關中先水災後旱蝗害,疾疫,米每斗銀四百兩,死者相枕,人相食. 孫思邈(581-682)卒今陝西耀縣人,唐代名醫師,著備急千金要方、千金翼方.

朝代	帝　王	國號	干支	西元	紀　要
唐	唐中宗 李哲	永淳 2 弘道 1	癸未	**683**	唐永淳 2 年　唐弘道元年 唐高宗李治崩,在位 24 年,子李哲嗣位,是為中宗(683-684)改元弘道,尊武昭為皇太后. 武則天臨朝,廢中宗為廬陵王,而立幼子李旦,是為睿宗.內史裴炎輔政. 突厥寇蔚州豐州　都督崔智辨被擒 張遂(一行)(683-727) 僧人,河南南樂縣人,天文數學家編「**大衍曆**」發明「**天文測量儀器**」,
唐	中宗 李 顯 睿宗 李 旦 武則天	嗣聖 1 文明 1 光宅 1	甲申	**684**	唐嗣聖元年　唐文明元年　唐光宅元年 李哲初立,欲命韋皇后父韋玄貞為侍中,又欲授乳母之子五品官,內史裴炎諫,李哲怒,武昭遂集百官,廢李哲為廬陵王立四子豫王李旦為帝是為睿宗,居於別殿不使問政事,武昭臨朝稱制天綬元年為國號為周,稱皇帝在位 11 年 徐敬業駱賓王討武昭,被李孝逸擊斬之. 太后殺故太子賢,遷帝於房州又於均州. 立武氏七廟,宰相裴炎諫阻,被殺,程務挺欲救,亦被殺,並殺王方翼. 根據印度曆法改訂〔光宅歷〕 易旗幟及八品以下服色,改東部為神都,又改官名.
		垂拱 1	乙酉	**685**	唐垂拱元年 朝堂設登聞鼓及肺石,有播鼓立石者,令御中受狀以聞. 武昭(武則天)遷廬陵王李哲於房州(湖北房縣).武昭寵幸賣藥人馮小寶,使削髮為僧,改名懷義,任白馬寺主,以便入宮幃. 令內外九品以上及百姓皆得自舉
		2	丙戌	**686**	唐垂拱二年 武昭(武則天)知人心不服,大肆誅戮以立威,命告密者,臣下不得過問,皆給驛馬,直抵御前,不實者不罪. 太后歸政於豫王旦,尋復稱制.狄仁傑為冬官侍郎置銅匭受密奏,周興來俊臣索元禮,均治詔獄,訊囚酷法,作大枷「定百脈」「突地吼」「死猪愁」「求破家」「反是實」等,刑訊「鳳凰展翅」「驢駒拔橛」「仙人獻果」「玉女登梯」等,囚無不望風誣伏. 李孝逸破徐敬業威名甚著武昭貶為施州(湖北恩施)刺史.
		3	丁亥	**687**	唐垂拱三年 孫過庭(646-691)寫「書譜」 武昭殺劉褘之又誣李孝逸謀反,減死除名,貶死(海南)儋州. 突厥寇朔州擊敗
		4	戊子	**688**	唐垂拱四年 太后毀乾元殿作明堂,加號聖母神皇,拜洛受圖,作天堂. 狄仁傑奏焚滛祠. 武昭誣太子通事舍人郝象賢、韓王李嘉、魯王李靈夔、黃公李譔、常樂公主、東莞公李融、霍王李元軌、江都王李緒等謀反,悉殺之. 琅邪王李沖、越王李貞,先後起兵討武昭,俱兵敗被殺.
周	武則天	永昌 1 載初 1	己丑	**689**	唐垂拱 5 年　唐永昌元年 南周則天皇帝武曌改正建子,奪去丙子,丁丑個月,當年有閏,故實有 11 個月. 太后服袞冕大享萬象神宮,始用周正太后自名曌改詔曰制,除唐宗室屬籍. 武昭(武則天)命馮小寶為新平軍大總管,出擊東突厥至紫河,不見敵而還. 武昭相繼殺汝南李煒、鄱陽王李愼、紀王李慎、東王李續、嗣鄭王李敬、尚書魏玄同、彭州長史劉易從、右武衛大將軍黑齒之、天官侍郎鄧玄挺等 宗秦客改造天地等 12 字以獻,頒行之.武后自名望,改詔日制. 少典一世之 24 世明遠公之子景直公出生 孟浩然(689-740)湖北襄陽人,唐朝著名詩人,題材多是山水田園和隱逸.開唐山水詩詞先聲,名作有秋登萬山寄張五,過故人莊,春曉,孟浩然集等.

朝代	帝王	國號	干支	西元	紀要
	武則天	載初 **2** 天授 **1**	庚寅	**690**	唐載初元年　南周天授元年 僧法明等獻偽造『大雲經』四卷說「太后乃彌勒佛下生,當代唐為閻浮提主」;武則天頒大雲經於全國,令諸州縣建大雲寺.旋唐睿宗等上表請改國號,武則天順從眾議,宣佈改國號為【**周**】即帝位,稱「聖神皇帝」改姓武氏. 武昭廢其子唐睿宗李旦為皇嗣,唐王朝亡. 武昭(武則天)(624-705)在位 21 年享年 82 歲稱帝,國號周,史稱**南周**(690-704)在位 15 年 七廟以豫王旦為皇嗣 改姓武氏 武昭殺唐豫章王李亶、澤王李上金、南安王李穎、唐恒州刺史裴貞、勝州都督王安仁、故太子李賢之子二人、唐李氏皇族及忠貞大臣,滅絕殆盡. 侍御史侯思止、游擊將軍王弘義,更競為酷刑, 告密者紛紛,朝士人人自危,置獄麗景門,內入是獄者,非死不得出,王弘義呼之為『例竟門』,人人震怖. 武則天頒佈大雲經於全國,並令州縣建大雲寺. 武后親策貢士,殿試自此始. 僧法明等撰大雲經上之,謂武后為彌勒下生,當代唐為主,制頒天下. 為追善唐高宗,在隋煬帝舊宅建大薦福寺,這即是有名的「小雁塔」
		2	辛卯	**691**	南周天授二年 周流其右丞相周興於嶺南 狄仁傑(607-700)字懷英,太原人,拜相..重民生,革弊政,妥善處理戎夏關係. 「請君入甕」周興(？-691)之作,囚犯入甕週燒炭炙之,後禍延及己「入甕」 武則天姑見忠心賣力,發配嶺南,道上被仇家所殺. 武昭暴虐盡殺忠臣　　升釋教于道教之上
		3 長壽 **1**	壬辰	**692**	南周天授 3 年　南周如意元年　南周長壽元年 周貶狄仁傑魏元忠等為縣令,禁天下屠殺採捕,罷左相武承嗣,以李昭德為相. 周遣王孝傑大破吐蕃,收復安西四鎮.復置安西四鎮.
		2	癸巳	**693**	南周長壽 2 年 武昭(武則天)自封尊號「金輪聖神皇帝」. 作七寶金輪置殿庭　　以婁師德為相 大殺諸道流人 武昭殺皇嗣李旦妻劉妃竇妃及蘇幹 令宰相撰時政記,月送史舘,. 罷舉人習老子,更習武后所撰臣軌. 詩人楊炯卒,其與王勃盧照鄰駱賓王並稱〔初唐四傑〕
		3 延載 **1**	甲午	**694**	南周長壽 3 年　南周延載元年 武昭(武則天)自封尊號,稱「越古金輪聖神皇帝」改元延載.鑄天樞 明堂火 酷吏來俊臣坐贓貶同州(陝西大荔)參軍 王弘義罪流瓊州(海南定安),詐稱奉詔還為胡元禮杖殺 東突厥攻靈州(寧夏靈武)馮小寶擊之,軍未發突厥退.
		證聖 **1** 天冊萬歲 **1** 萬歲登封 **1**	乙未	**695**	南周證聖元年　南周天冊萬歲元年 武昭(武則天)自封「天冊金輪大聖皇帝」尊號,稱「慈氏越古金輪聖神皇帝」改元「天冊萬歲」 明堂大火,,再建明堂 周僧懷義被誅 周武攸緒棄官隱嵩山 馮小寶驕恣,武昭使武攸寧撲殺之. 白馬寺主馮小寶.恃內寵,驕恣,武昭使建昌王武攸率壯士撲殺之.
		萬歲登封 **2** 萬歲通天 **1**	丙申	**696**	南周天冊萬歲 2 年　南周萬歲登封元年　南周萬歲通天元年 新明堂成名曰通天宮,改元`「萬歲通天」 契丹寇營州涼州冀州,周兵擊之大敗. 周以狄仁傑為魏州刺史.姚元崇為夏官侍官郎 張易之昌宗兄弟用事.

朝代	帝　　王	國號	干支	西 元	紀　　　　要
周	武則天	萬歲通天 2 神功 1	丁酉	**697**	尚乘奉御張易之年少貌美,武昭愛幸之,與其弟張昌宗俱入侍宮幃權傾朝野. 王孝傑與契丹戰敗死 周遣武懿宗婁師德擊契丹無功,後軍潰. 狄仁傑為相 置員外官數千人 南周萬歲通天元年 南周神功元年 郭子儀(697-781)山西汾陽人,政治家,軍事家,平安史之亂功臣.為官歷玄,肅,代,德四帝.兩度擔任宰相.
		聖曆 1	戊戌	**698**	南周聖曆元年 武昭(武則天)召其子李哲返洛陽,命皇嗣李旦遜位,立李哲為太子,改名李顯. 武則天以親侄武承(？-698)為相,李昭德密陳武則天,恐謀位而罷官,怨恨而死.武三思想做太子,常叫人對武則天說「自古天子未有以異姓為嗣者」狄仁對她說「姑姪之與母子孰親？陛下立子,則千秋萬歲後,配食太廟,承繼無窮;立姪,則未聞姪為天子而祔姑於廟者也.」又云「王者以四海為家,四海之內,孰為臣妾,何者不為陛下家事！君為元首,臣為股肱,義同一體,況臣備位宰相,豈得不預知乎」又勸太后召還廬陵王(中宗),後來;武則天納狄仁建議,立廬陵王李顯為皇太子. 武承嗣恨不得為太子,怏怏不樂而病死 以狄仁傑言召帝還東都 河北道元帥狄仁傑副之討默啜 睿宗辭位 以豫王旦為相王 王昌齡(698-756)山西太原人,有「詩家天子」「詩家夫子」「開天聖手」美譽,,
		2	已亥	**699**	南周聖曆 2 年 取消唐睿宗的皇嗣名號,改為相王.. 武昭(武則天)時年 76 歲,慮死後諸武滅絕,命太子李顯、相王李旦、太平公主、與定王武攸暨,於明堂告天地為盟誓,刻於鐵券,藏於史館 默啜立其弟姪為左右廂察,子匐俱為拓西可汗 婁師德卒 高句麗王國亡後 30 年流亡的大祚榮靺結合建立渤海王國
		3 久視 1	庚子	**700**	南周聖曆 3 年 南周久視元年 南周則天皇帝武曌復正建寅,移入戊子,己丑兩個月,當年有閏,實有 15 個月. 武后去「天冊金輪大聖」之號, 改元久視 周以張易之為奉宸令 遣李楷固等擊平契丹餘黨 狄仁傑卒 吐蕃攻涼州敗
		大足 1 長安 1	辛丑	**701**	南周久視 2 年 南周大足元年 南周長安元年 南周則天皇改正建寅.當年有 12 個月.行制迄今. 張易之專權,出入宮幃不禁,武昭孫李重潤,與妹永泰郡主主婿魏王武延基等竊議其事,張易訴告武昭,悉令自殺. 郭元振為涼州都督拓境千五百里. 日本遣粟田真人等入唐,是為日本第八次遣唐使 李白(701-762)字太白,號青蓮居士,甘肅泰安人,人稱「詩仙」「詩俠」「酒仙」「謫仙人」等稱呼,李白坐舟船飲酒賞月,下水撈月溺死安徽.他留有名詩「吟詩作賦北窗裡,萬言不值一杯水.」「抽刀斷水水更流,舉杯消愁愁復愁」「我本不棄世,世人自棄我.」「且樂生前不杯酒,何須身後千載名.」 王維(701-761)字摩詰,山西祁縣人,詩書畫都很有名,但以畫著稱人評價風致標格特出,山谷鬱盤,雲水飛動,意出塞外,怪生筆端.
		2	壬寅	**702**	南周長安 2 年 設北庭都護府于庭州,統轄天山北路 設武舉. 按設監獄
		3	癸卯	**703**	南周長安 3 年 「孔子廟碑」虞世南撰並書,未幾被毀,武后命相王旦 703 年重刻,正書. 張昌宗誣魏元忠謀反,武昭怒貶魏元忠為高要(廣東肇慶)縣尉,流張說嶺南. 安祿山(703-757)以討楊國忠,清君側(楊貴妃)名起兵,攻陷北京,為其子所殺

朝代	帝 王	國號	干支	西 元	紀 要
		4	甲辰	704	南周長安 4 年 武后患病不能臨朝,張易之、張昌宗隨侍在側.宰相張柬之趁機擁中宗復位 周復作大像 以張柬之為相 張昌宗下獄既而赦之 7 月武則天以楊再思為內史
唐	唐中宗 李顯 (復位)	長安 5 神龍 1	乙巳	705	南周神龍元年 唐神龍元年 南周帝武昭臥疾,居迎仙宮長生殿,同平章事張柬之,崔玄暐,司刑少卿桓彥範,相王府司馬袁恕己,中台右丞敬暉,率羽林軍赴東宮迎太子李顯,自玄武門斬關而入,廊下殺張易之張昌宗於廊下,入長生殿,廢武昭,遷之於上陽宮.武昭(武則天) (660~705.11.)被迫讓位李顯,尋卒**南周**立國 16 年亡,總共 45 年李顯(656~710)稱帝,在位 6 年終年 55 歲改國號**【唐】**復國.都長安.韋皇后亦復立,與李顯同出朝聽政,如武昭當年一般.昏庸闇弱,對擁他復位群臣不信任,對武家無忌.710 年被韋后及女安樂公主合謀藥毒死. 帝加尊號日應天皇帝,韋后曰順天皇后,武后死,遺制去帝號,稱武則天大聖皇后. 韋皇后與梁王武三思私通,諸武權威復振,乃封張柬之為漢陽王,崔玄暐為南陽王,敬暉為平陽,王時稱五王,悉罷政事,奪其權,朝政盡歸武三思.
唐	唐中宗 李顯	2	丙午	706	唐神龍 3 年 太平安樂公主為李顯幼女,恃寵驕恣,賣官爵,勢傾朝野,或自寫詔令,掩其文,令父署名,李顯笑而從之.自請為皇太女,李顯不允,亦不責. 各開府置官屬,置十道巡察使,委之察吏,撫人,薦賢,直獄,二年一代. 大置員外官,凡二千餘人 寧承基殺韋后兄弟四人,命廣州都督討之,殺其部眾殆盡. 立衛王重俊為皇太子. 貶張柬之崔元諱敬暉桓彥範袁恕己為遠州司馬 武三思惡誣張柬之等五王謀大逆,流之於惡地.張柬之等二人尋死,張柬之矯詔殺其餘三人.
		3 景龍 1	丁未	707	唐神龍 3 年 唐景龍元年 安樂公主與婿武崇訓恒凌侮太子李重俊,呼之為奴,李受辱起兵斬武崇訓及其父武三思,尋兵潰,被殺. 帝加尊號曰應天神龍皇帝,韋后曰順天翊聖皇后.改元景龍. 吐蕃遣使來唐,唐以金城公主嫁吐蕃贊普 張仁愿大破突厥
		2	戊申	708	唐景龍 2 年 安樂公主再嫁右衛將軍武延秀,安樂公主與韋皇后妹郕國夫人, 安樂公主昐容上官婉兒等,依恃權勢,得錢三十萬,即別降墨敕斜封官凡數萬人,科封付中書省授官凡數千人,,時謂「科封官」 朔方總官張仁愿築三受降城,置修文館學士,以公卿善為文者充其選.. 突厥犯塞,遣兵禦之立為可汗. 突騎施娑葛憤宰相宗楚客受賄相圖,自立為可汗,殺唐使者,遣兵分四道入,陷長安. 景直公登進士第官太常博士晉禮部侍郎誥封金紫光祿大夫.一子『雲』
		3	己酉	709	唐景龍 3 年 突騎施娑葛請降,拜欽化可汗賜名守忠. 河南巡察使請改食實封者收租之制,不從.時食實封者凡百四十餘家,應出封戶者凡 54 州,丁絹百二十餘餘萬匹,過於太府所徵. 明遠公以子景直貴,例授吏部侍郎,誥封金紫大夫. 顏真卿(709-785.8.23.)字清臣,書法家.祖籍山東臨沂,後居今陝西西安,

朝代	帝　王	國號	干支	西元	紀　要
唐	唐少帝李重茂 唐睿宗 李 旦	景龍 **4** 景雲 **1**	庚戌	**710**	唐景龍 4 年　唐唐隆元年　唐景雲元年 金城公主和蕃,下嫁吐蕃王棄隸蹜贊(棄宗弄讚的孫子).帶去雜伎龜茲樂隊 許州司兵參軍燕欽融上書,言韋后淫亂,宗楚客等圖危宗社,楚客矯制殺之.帝不悅,后等懼. 安樂公主欲韋后臨朝,己為皇太女,合謀毒殺唐中宗李顯,子少帝李重茂嗣位.唐王朝亡,韋皇后臨朝.韋后毒殺中宗,李旦子李隆基起兵攻皇宮,宮衛兵應之,韋后惶惑入飛騎營,殺韋后,擁立睿宗,太平公主命李重茂(697~710)讓位皇叔李旦(662~716),再稱帝.昏懦無能,712 年讓位太子李隆基. 李重福討李旦敗被殺　宋璟姚元之並相 唐始置節度使.,然後來節度使擁兵自重,不受調官,乃至起兵叛亂種下禍根. 睿宗罷「貴婦專權斜封書」 薛訥為幽州節度經略大使 王冰(710-805)唐代名醫,著有次注黃帝內經,又稱「重廣補注黃帝內經素問」 梅妃(江采蘋)(710-756)精通樂理,能歌善舞,貌美才氣高,成為唐玄宗寵妃,後因有楊貴妃出現而失寵.
		景雲 **2**	辛亥	**711**	唐景雲 2 年 命太子監國以宋王成器為同州刺史　安置太平公主於蒲州.旋還京師　出宋璟姚元之於外　以韋安石李日知為相　置十道按察使 韋安石郭元振等罷官以劉幽求魏知古崔湜陸象先為相.
		景雲 **3** 太極 **1** 延和 **1**	壬子	**712**	唐景雲 3 年　唐太極元年　唐延和元年　唐先天元年 唐睿宗李旦傳位於子玄宗李隆基(685-762)自稱太上皇.是為玄宗大赦天下.改元先天 杜甫(712-770)字子美,號少陸野老,湖北襄陽人,名詩人,憂國憂民,成名作有「月夜」「悲陳陶」「悲青阪」「春望」「哀江頭」「新安吏」「潼關吏」「石壕吏」「新婚別」「垂老別」「無家別」「枯棕」「病桔」「茅屋為秋風所破歌」,最後病死湘江一小船上憂國憂民,病死湘江之上
唐	唐玄宗李隆基 (唐明皇)	太極 **2** 開元 **1**	癸丑	**713**	唐先天 2 年　唐開元元年. 唐玄宗李隆基(685~762)在位 44 年享壽 78 歲.帝加尊號為「開元神武皇帝」.改元開元.　改官名,雍,洛二州皆為府. 玄宗與其姑太平公主素有嫌隙,太平公主恃太上李旦勢,宰相七人,五出其門,陰謀廢立,李隆基大捕太平公主黨斬之,太平公主自殺. 唐玄宗驪山講武,貶抑功臣,起用姚崇為宰相,改元開元.後遭罷黜又姚崇復相.716 年被貶為開府儀同三司.　唐冊封大祚榮為渤海郡王 唐玄宗明皇李隆基勵精圖治,國運昌隆,史譽「**開元之治**」(713-741)惜晚年驕奢昏潰,導致安史叛亂殺玉環慘劇. 誅蕭至忠崔湜等　姚崇為宰相　以高力士為右監門將軍知內侍省事 姚元之同書門中下三品　改官名 被奉為禪宗六祖慧能卒,他開創了禪宗南宗,著有〔壇經〕
唐	唐玄宗李隆基	**2**	甲寅	**714**	唐在廣州設置市舶司,管理海外貿易,持續七百多年. 左右教坊,敕諸州修常平倉法,罷員外檢校官,焚珠玉錦繡,作興慶宮花萼樓勤政樓.　以周慶立為「市帕使」 唐玄宗改革奢靡風俗下令「乘輿服御,金銀器玩,宜令有司銷毀,以供軍國之用;珠玉、錦繡,焚於殿前,后妃以下,皆毋得服珠玉錦繡」 有才識者為京官,有政蹟者永為恒式,罷太常掌俗樂,置左右教坊以司之. 選樂工教法典於梨園,還妓女置宜春院. 沙汰僧尼,還俗者萬二千人.　罷員外,試,檢校官. 立次子郢王嗣謙為皇太子 遣薛訥擊敗契丹,亦破吐蕃入寇.

朝代	帝　　王	國號	干支	西 元	紀　　　　要
		3	乙卯	**715**	以薛訥為涼州大總官郭虔瓘為朔州大總官備突厥　置侍讀官以馬懷褚無量為之　張孝嵩定西域大食等八國請降 玄宗立趙麗妃所生郢王嗣謙為太子,嗣後趙麗妃失寵,愛上武攸止的女兒武惠妃,產生皇后、太子、愛情三者矛盾現象.因群臣反對,武惠妃未封為皇后 彭構雲(715.1.14.-767.11.29.)彭祖 108 世, 彭氏江西始祖,唐中宗時禮部侍郎通經史,曉易義,知天文,精研陰陽圖書諸說.注有通元經解,不求宦達,辭歸里.五子：東里(涇)、南華(治)、西華(北叟)、中理(滋)．
		4	丙辰	**716**	太上皇睿宗崩　姚崇罷　宋璟蘇相 拔曳固斬突厥默啜可汗,其兄毗伽可汗嗣位 畫家李思訓卒，與其子昭道均擅畫山水，世稱大李將軍、小李將軍。
		5	丁巳	**717**	以明堂乾元殿　詔訪書　復舊官名,令吏官隨宰相入侍,群臣對仗奏事 訪求逸書,乾元殿編校,
		6	戊午	**718**	禁惡錢重二銖四分始得流通　始加賦以給官俸 令州縣歲　行鄉飲酒禮　逐漸廢除府兵制
		7	己未	**719**	敕五服並從禮傳 楊貴妃(太真,玉環)(719.6.22.-756.8.15.)四川江堰人,身材豐滿,膚如凝霜,16歲嫁給唐玄宗李瑁,唐玄宗寵愛召入後宮,反成為李瑁的庶母,沉溺酒色荒廢朝政,安祿山以清君側亂起,朝軍逼使唐玄宗棄;賜楊貴妃縊死於佛堂梨樹下
		8	庚申	**720**	宋璟蘇　罷源乾曜張嘉貞相 突厥寇涼州,楊敬述遣兵擊之敗績
		9	辛酉	**721**	玄宗詔僧再訂新曆法及黃道游儀　改蒲州為河中府置中都 玄宗悉心革弊,以宇文融為勸農使,清查逃亡戶口和籍外田地. 在沿邊各地陸續設置十大兵鎮,其最高長官叫「節度使」 罷中都 姚崇卒 張說相 王君為河西隴右節度大使 劉子玄卒 元行沖上『群書四錄』凡書 48,669 卷。
		10	壬戌	**722**	府兵制解體,罷諸衛府兵,改為召募,中國兵農自此分別. 張說領朔方節度使 博州河決命蕭嵩等治之 安南亂,遣內侍楊思勗討平之　北庭節度使張孝嵩大破吐蕃
		11	癸亥	**723**	置麗正書院養文學之士　改政事堂為中書門下　原府置北都　張嘉貞罷 以京兆、蒲、同、岐、華、潞之府兵與壯丁從兵,為「長從宿衛」 設置麗正院修書學士,在光順門外建書. 唐玄宗注重醫學,置博士一員,階品同錄事.名醫有許胤宗、張文仲、李虔縱、韋慈藏、孟詵、孫思邈等. 孫思邈(723-)醫術精湛有藥王之稱,著有「千金方」30 卷,官方編有「新修本草」整理一千多年藥物,徵集實物標本繪製成圖,成為一部圖文並茂的藥物學巨著共 53 卷,藥物 844 種,為中國第一部藥學大辭典.
		12	甲子	**724**	僧一行,姓張,名遂,魏州昌樂(山東昌樂)人,著有開元大衍曆經.實際測定子午線(地球;的經度線)長度,發明「覆矩圖」及「大衍曆」測日食和晝夜長短.因而唐玄宗派人到全國各地進行天文觀測. 制選台閣名臣為諸州刺史　楊思勗為輔國大將軍 宇文融為御史中丞　東都群臣請封禪
		13	乙丑	**725**	唐玄宗李隆基封禪泰山　詔酷吏來俊臣等卅二人之子孫永遠禁錮 更「集仙殿」為「集賢殿」　彩色釉陶的製作與唐三彩. 更名「長從宿衛」為「彍騎」　選諸司長官為諸州刺史 以宇文融兼戶部侍郎　命宰相餞於洛濱 作水運渾儀及地平令儀成.　帝封泰山,禪社首 僧一行主持世界上第一次對子午綫長度的測量,他是第一位發現恆星位置變動的天文學家.

朝代	帝　　王	國號	干支	西 元	紀　　　　要
唐	唐玄宗李隆基	14	丙寅	726	儲光羲今江蘇丹陽人,山水田詩不得意隱居終南山,安史之亂被俘貶死嶺南. 命張說修五禮,旋張說罷　李 元紘相　杜暹相 唐玄宗在黑水靺鞨設置黑水都督府.
		15	丁卯	727	李隆基以親王得帝位,然忌親王掌權,於苑城外建十王宅,以居皇子, 由宦官主之,自是親王不出行官職,王府宮屬,但歲時通名起居.後又建百孫院. 王君㚟於南海西擊破吐蕃,七月王君㚟被殺 蕭嵩為河西節大使 蘇頲卒
		16	戊辰	728	行開元大衍曆,立長征兵分番酭動法 宇文融充九河使 張說兼集賢院學士
		17	己巳	729	限明經進士及第每歲無過百人 宇文融裴元庭相 宇文融為汝州刺使
		18	庚午	730	令百官休日選勝行樂 秦用循資格 裴光庭為吏部尚書　王浚帥十八總管討契丹,浚竟不行. 吐魯番遣使入貢.
		19	辛未	731	開元之治(713~741)政治安寧,經濟繁榮,國威遠播,唐朝貞觀之後第二盛世
		20	壬申	732	蕭嵩等編成「大唐開元禮」150 券　　以詩書賜吐魯　置公廟
		21	癸酉	733	分天下為 15 道置棌訪使,以六條察事. 兩畿領以御史中丞,餘擇刺史領之 裴光庭卒　韓休相 宋璟致仕歸東都蕭嵩韓休罷 武后崇佛,而唐睿宗、玄宗偏向道教,下令淘汰僧尼,設玄元皇帝宮(京稱玄元官,州稱紫極宮),後西京改為太清宮,東京改為為微宮,親自註解老子道德經. 陸羽(733-804),字鴻漸,號季疵,今湖北天門人,760 年隱居今江湖州,著茶經
		22	甲戌	734	以李林甫為宰相直至 752 年死,其人專權獻媚,妬賢忌才,錮蔽玄宗耳目,玄宗諫諍路絕,賢臣張九齡被排斥、李適之、李邕陷害,皆其所為,導致安史之亂. 以侍中裴耀卿為江淮、河南轉運使,督運漕米,鑿漕渠 18 里以避三門之險,三歲凡運米 700 萬斛,省僦車 30 萬緡.. 張守珪大破契丹 禁京城匄置病坊
		23	乙亥	735	冊壽王妃楊氏(元倓女) 日本吉備真備私自唐返回日本.
		24	丙子	736	始敕禮部侍郎掌貢舉 中書令張九齡諫不聽,上千秋金鑑錄,為李林甫所譖,罷為右丞相,自是李林甫兼中書令牛仙客相.
		25	丁丑	737	李隆基誣其子李瑛李瑤李琚等謀反,悉殺之. 武惠妃卒　宋璟卒 置玄學博士 貶張九齡為荊州長史 以刑措不用賜林甫仙客爵為公 彭構雲袁州刺史,家遷江西袁州,避天寶之難，遷江右．
		26	戊寅	738	立天下州縣皆立學 立忠王璵為太子改名亨 南詔首領皮邏閣併六詔為南詔后唐玄宗封為雲南王,賜名蒙歸羲,居太和城
		27	己卯	739	追謚孔子為文王始南面,贈弟子為公侯伯 貶張守珪為括州刺史 南詔定都太和城. 蓋嘉運擊擒突騎施可汗骨啜 吐蕃入寇禦之
		28	庚辰	740	張九齡卒　詩人孟浩然卒. 立那史那昕為西突厥十姓可汗 唐有 321 州,1,572 縣,8,412,871 戶,18,143,609 人.

朝代	帝　王	國號	干支	西元	紀　要
		29	辛巳	741	立賑饑法　以安祿山為營州都督 寧王卒追謚日讓皇帝 吐蕃陷石堡城 以長安洛陽和地方各州,設置玄元皇帝廟及崇玄學,每年舉行考試.
唐	唐玄宗李隆基	天寶 1	壬午	742	唐王朝直轄州三百廿一,邊疆羈縻州八百,海內晏安庶,行者萬里,不恃兵器,為唐王朝極盛時期.　追崇老子為玄元皇帝,享於新廟 享元元皇於新廟 改官名並改州為郡　韋堅為江淮租庸轉運使. 玄宗命安祿山為平盧節度使.安祿山本是營州(熱河朝陽)的雜胡(西域胡人與突厥的混血)初名阿犖山,母親是女巫,父死,母再嫁給突厥的安延偃.部落破散,與延偃兄長兒子安思順逃歸幽州(范陽)節度使張守珪的麾下任討擊使,因而冒姓安氏,名祿山.其為人狡黠,因通曉六種蕃語,玄宗乃命他為平盧節度使.744 年命他兼范陽節度使,747 年又兼任御史大夫,750 年兼河道采訪處置使兼河東,他一人身兼平盧、范陽、河東三鎮節度使.,為唐朝第一人. 韓幹,陝西西安人,工繪馬,(742-756)頗負盛名. 在中國居住十年的日本高僧榮睿、普照等從洛陽玉揚洲,訪謁鑑真(揚州江陽人,俗姓淳于,十四歲出家為僧),恭請鑑真東渡日本傳弁弘法,
		2	癸未	743	追尊玄元皇帝為大聖祖玄元皇帝　將崇玄學改為崇玄館,博士稱為學士. 安祿山入朝　轉運使韋堅引瀣水作廣運潭成. 鑑真和尚, 743-750 年五次東渡日本失敗.
		3	甲申	744	改年曰載　安祿山入朝兼范陽(北)節度使.　突厥亂 李隆基悅其子李瑁之妻楊玉環,令先出家為女道士,號太真,再潛迎入宮,宮中稱娘子.另為李瑁安排娶韋昭訓之女.　冊封回紇骨力裴羅為懷仁可汗 詩人賀知章卒,其與包融張旭張若虛幾人號稱〔吳中四傑〕。
		4	乙酉	745	玄宗李隆基自寵愛的武惠妃死後,抑鬱寡歡,後見壽王瑁的妃子楊氏貌美,請出為道士,暗中進宮,745 年冊封楊玉環為貴妃(719-756),今山西永濟人,三姊皆於長安賜第,都封國夫人,賜第京師,堂兄銛、錡也因而顯貴.冊壽王妃韋氏 以朔方節度使王忠嗣兼河東節使　安祿山敗契丹 突厥亂
		5	丙戌	746	貶韋賢為縉雲太守,王忠嗣為河西隴右朔方河東節度使,李適之罷 宰相李林甫嫉妒強勝自己者,數興大獄,皆令酷吏吉溫鞠之,死流者甚眾. 陳希烈相大破吐蕃於青海積石
		6	丁亥	747	安祿山入朝兼御史大夫,出入禁中,李隆基使其認楊貴妃為母,並與楊貴妃三姊及族兄敘為兄弟.　帝如驪山溫泉名其宮曰【華清】 廢除絞斬條 以哥舒翰為隴右節度使 高仙芝為安西四鎮節度使 以天下貢物賜李林甫 李林甫誣裴復敦李邕皇甫惟明韋堅李適李霅楊慎矜張瑞等謀反,盡斬殺之 王忠嗣以功名日盛,遭李林甫忌妒,王忠嗣言安祿山必反,忤李林甫,李藉吐蕃戰事,誣告王忠嗣有逆,貶其為漢陽太守.
		7	戊子	748	封楊貴妃三姊為韓國夫子、虢國夫人、秦國夫人,勢傾天下 賜安祿山鐵券 哥舒翰築神威軍應龍城 以高力士為驃騎大將軍 楊釗判度支事
		8	己丑	749	李林甫廢徵兵,折衝府徒有官吏而無士卒.官吏又歷年不遷,士大夫恥為,之子弟為武官者,父兄均不齒.精兵皆聚西北北邊南境及國內,悉無武備. 帥群臣觀左藏賜楊釗金紫 可舒翰攻吐蕃石堡城,冬吐蕃入寇戍者盡沒.
		9	庚寅	750	賜安祿山爵東平郡王,兼河北採訪處置使. 賜楊名國忠 張虔陀誣南詔王閣羅鳳謀反,閣羅鳳忿叛,斬張虔陀,陷雲南卅一州.　高仙芝擊石國(中亞)大敗.

朝代	帝　王	國號	干支	西 元	紀　要
		10	辛卯	751	為安祿山起第於親仁坊,安祿山兼河南節度使,安祿山攻契丹大敗. 鮮于仲通討南詔蠻敗績,制復募兵擊之　高仙芝擊大食敗績 鮮于通擊南詔,南詔請降,不許,戰於西瀰河(雲南大理)大敗,楊國忠掩敗狀,封領劍南節度使 唐「怛邏(羅)斯之役」大敗,被俘唐兵有會造紙者,因之造之術西傳.
		11	壬辰	752	改吏兵刑為文武憲三部 唐玄宗疏解李林甫與楊國忠之間嫌隙仇恨.12 月李林甫死 右相李林甫卒,楊貴妃兄楊國忠繼任右相,兼四十餘使,公卿不恥. 安祿山擊契丹,後誘降突厥,降將阿布思部落. 兵精甲天下.
		12	癸巳	753	中國時強大,自長安西行一萬二千里始至國境,門戶相望桑麻掩野天下富庶 楊國忠安祿山互有嫌隙,楊國忠屢言安祿山謀反,李隆基不聽. 鑑真(688-763),揚州江陽人,東渡日本.成功,受到隆重歡迎.754 四月為武聖天皇等授戒,755 年又在東大寺壇院授具足戒.同日本建唐禪院,使鑑真居住.763 年五月鑑真和尚圓寂於招提寺.對日本醫藥建築雕塑等具重要影響
		13	甲午	754	楊國忠等屢進諫安祿山將造反,玄宗召安祿山,其膺命而至,玄宗更信任. 安祿山入朝,加左僕射,返歸范陽.　李宓擊南詔反敗被擒,楊國忠隱瞞不奏. 武則天授戒　　構雲公 754.7.13.謝檄表
		14	乙未	755	【安祿山史思明之亂】(755~763)楊國忠向玄宗李隆基進讒言捕殺賓客,安祿山懼,起兵十五萬討楊國忠.勢如破竹,渡黃河陷洛陽.遣高仙芝拒守,邊令誠誣高仙芝封常清謀反,李隆基怒斬二人,任哥翰為兵馬副元帥,退屯潼關. 彭構雲公之五子中理,諱滋公出生
唐	唐肅宗 李亨	天寶 15 至德 1	丙申	756	唐天寶 15 年　　唐至德元年 安祿山洛陽稱帝,國號**燕**.唐名將哥舒翰伐安祿山兵敗於潼關被縛送安祿山. 「**馬嵬坡兵變**」安祿山攻佔潼關,唐玄宗奔蜀,馬嵬將士飢餓兵變,殺楊國忠.迫唐玄宗命高力士在佛堂弔死楊貴妃,縊殺之. 太子李亨(711~762)在靈武即位,是為肅宗.遵李隆基為太上皇在位 6 年 52 歲 李亨遣僕固懷恩赴回紇請兵,唯數不多. 土蕃與回紇聯兵壓境,郭子儀單騎出使回紇說服反戈敗吐蕃.助唐收復長安. 唐末(756-907)壁畫驕奢淫逸,沉享樂,藝術不思進取.
		2	丁酉	757	唐至德 2 年　燕帝安祿山聖武 2 年　　安慶緒天成元年. 燕帝安祿山兩眼全盲,欲立幼子安慶恩為太子,長子安慶緒常懼死,與宦官李兒弒殺,安祿山身亡,長子安慶緒嗣位. 張巡抗安祿山攻睢陽,兵敗糧絕,殺愛妾以待士兵,張巡臨死,大義凜然. 唐與回紇軍收復長安洛陽.　回紇之亂,郭子儀收復長安洛陽. 史思明叛反,唐李光弼挖地道還擊,俘斬叛軍計.唐太上皇李隆基返長安. 宦官李輔國,名忠,少為閹奴,安史之亂,李輔國勸李亨至朔方復興有功亨即帝位,獲信掌權..李豫即皇位,削奪李輔國軍權,又唆使人殺李輔國.
		3 乾元 1	戊戌	758	唐至德 3 年　　唐乾元元年　　燕帝安慶緒天成 2 年 唐命郭子儀李光弼等九節度使討安慶緒. 史思明先降而復叛. 唐肅宗李亨任烏承恩為范陽節度副使,使圖,史思明,事泄,史思明殺烏承恩,叛.郭子儀李光弼合便鄴城(河北臨漳),史思明發范陽兵救鄴城,陷魏州(河北大名).屠三萬人. 立成王俶為皇太子更名豫　　禪宗『荷澤大師』神會卒 李輔國兼太僕卿 停采訪使改黜陟使為觀察使
		2	已亥	759	唐乾元二年 燕帝安慶緒天成 3 年　史思明順天元年 史思明軍至鄴城,大敗唐軍. 燕帝安慶緒見史思明謝圍,史思明責其殺父之罪,斬之.史思明即位(順天 759,應天 761)陷汴州(河南開封)遷都范陽(北京) 詩人杜甫因安史之亂偕家人入蜀在浣花溪畔建茅屋以居,共三年九個月. 日本遣藤源清河等 99 人使唐,是為日本第 12 次遣唐使.

朝代	帝　王	國號	干支	西元	紀　要
		3 上元 1	庚子	760	唐乾元 3 年　唐上元元年　燕帝史思明順天 2 年 吳道子(686-760),今河南禹州人,玄宗召入宮中擔任宮廷畫家,聲名廣播. 郭子儀領邠寧鄜坊節度使,統諸道兵定河北魚朝恩沮之不果行. 劉晏為戶部侍郎充度支鑄錢鹽鐵等使 李輔國遷太上皇於西內 劉展叛,田神功擊之
		2	辛丑	761	唐上元 2 年　燕帝史思明應天元年　燕帝史朝義顯聖元年 安祿山命史思明經略河北,偽裝降唐,758 年史思明殺恩再反,759 年史思明自稱大聖燕王帝,761 年被其子史朝義所殺稱帝,遷都洛陽 以建子月為歲首 李光弼敗於邙山河陽懷州皆陷　加李輔國途部尚書　始朝太上皇於西內 詩人畫家王維卒,人稱『詩中有畫,畫中有詩』. 日本遣仲石伴等入唐,獻牛角 7,800 隻,因船壞未行,是為日本第 13 次遣唐使
		寶應 1	壬寅	762	唐肅宗元年　唐寶應元年　燕帝史朝義顯聖 2 年 唐太上皇李隆基在位 7 年卒,太子代宗李豫(李俶)(728~779)嗣位是為代宗,在位 17 年終年 52 歲..　唐肅宗李亨尋亦卒. 平定安史之亂,藩鎮割據加劇,盛唐優勢不再.　回紇入洛陽 李輔國弒張皇后,為司空中書令　盜殺李輔國 賜郭子儀爵汾陽王鎮河東 元載相 李光弼使田神功大破史朝義,史奔莫州(河北任丘). 日本遣中臣鷹主等入唐,又因故未行,是為日本第 14 次遣唐使 詩人李白(701-762)四川江油人, 醉逝
唐	唐代宗 李豫	寶應 2 廣德 1	癸卯	763	唐寶應 2 年　唐廣德元年　燕帝史朝義顯聖 3 年 史朝義自縊,餘黨投降.「安史之亂」始平.755~763 歷經玄宗、肅宗、代宗三朝,共八年」叛亂首領有安祿山、安慶緒、史思,明、史朝義四人. 吐蕃入長安,立李承宏為帝,大掠而去,長安城空. 元載專權,顏真卿反對,古遭貶至今湖北宜昌.. 日本唐招提寺,鑑真在日本 10 年在 763 年圓寂,葬日本奈良唐招提寺,年 76.
		2	甲辰	764	立雍王適為太子　李豫令郭子儀為關內河沺副元帥 命顏真卿宣[慰方行營 劉晏相兼度支等使　薛嵩田承嗣李懷仙為河北諸鎮節度使 郭子儀平吐蕃 辛雲京駱奉仙魚朝恩共誣僕固恩謀反,僕固懷恩不能堪,遂叛.　李光弼死 在長江重慶涪陵建石魚,北長江心白鶴樑石刻標誌.1685 年刻清代雙魚圖.
		永泰 1	乙巳	765	講仁王經 李懷玉逐侯希逸詔以為平盧留後賜名正己 僕固恩引回紇、吐蕃萬軍入寇,途遇暴疾,僕固懷恩死於寧夏青銅峽. 郭子儀逐吐蕃,與回紇盟誓 詩人高適卒,其擅作邊塞詩,與岑參齊名.
		2 大曆 1	丙午	766	唐永泰 2 年　唐大曆元年 以劉晏第五琦分理天下財賦 魚朝恩判國子監事 貶顏真卿
		2	丁未	767	魚朝恩作章敬寺 郭子儀入朝 周智光凶暴抗命唐太宗命郭子儀殺之. 『大曆十才子』李端,盧綸,吉中孚,韓翃,錢起,司空曙,苗發,塾娟,耿湋,夏侯審 彭氏江西始祖構雲公卒(715.1.15-767.11.29)享年 53 歲
		3	戊申	768	追謚弟齊王倓為承天皇帝 幽州兵馬使朱希彩殺盧龍節度使李懷仙,並接位 韓愈(768-824)生,字退之,今河南孟縣人,郡望昌黎,文詩並茂,,散文雄奇奔放, 　氣勢充沛,曲折變化,明快流暢,尤以祭十二郎文,名傳今世.
		4	己酉	769	郭子儀徙鎮邠州　寵勛作亂,平之.
		5	庚戌	770	詩人杜甫卒(西元 712-770 年)字子美,號少陸野老,祖籍湖北襄陽. 宦官魚朝恩驕橫,代宗禁中款宴群臣,宴罷留之議事,周皓左右擒朝恩殺之. 罷茂支轉運常平鹽鐵等使,委宰相領之　以李泌為江西觀察判官
		6	辛亥	771	以李栖筠為御史大夫 韓滉判度支 彭伉公出生,中理(滋公)長子,少典 127 世

朝代	帝 王	國號	干支	西 元	紀 要
		7	壬子	772	盧龍節度孔目官李懷瑗殺節度使朱希彩,擁立副使朱泚,唐任朱泚為節度使 白居易(772-846),字樂天,祖籍太原,後遷居下邽(今陝西渭南),晚年自號香山居士.807 年白居易為翰林學士,815 年被貶任江州司馬.806 年他作出寫實流傳後代不朽的詩篇有「**長恨歌**」「**琵琶行**」留傳千古 劉禹錫(772-842),洛陽人,字夢得,思想家,文學家.生前與劉白同名.
		8	癸丑	773	吐蕃寇涇邠,郭子遣朔方兵馬使渾瑊拒之,大敗. 柳宗元(773-819),字子厚,今山西永濟人,文學家,史學家,哲學家,書法家.其「捕蛇者說」文與「柳公權字帖」廣泛流傳後世.
		9	甲寅	774	郭子儀入朝 盧龍(北京)節度使朱泚入朝,由其弟朱滔繼任節度使.
		10	乙卯	775	魏博(河北大名)節度使田承嗣屢侵鄰近,屢敗.代宗遣李寶臣贈絹慰勉,馬承倩不滿,詬詈,李寶臣悔,與田承嗣通,倒戈擊盧龍節度使朱滔,朱滔潰走,兵還 日本遣小野一根等入唐,中途船壞,石根溺死,是為日本第 15 次遣唐使.
		11	丙辰	776	田承嗣上表謝罪,李豫赦免其罪 汴宋(河南開封)軍亂,李靈曜擊之,斬李靈曜 彭中理(滋公)三子儀公 776.10.6.生
		12	丁巳	777	安史之亂平定,藩鎮割據,組成「邪兵」橫行到唐朝滅亡.李正己據十五州,田承嗣據七州,李寶臣據七州,梁崇義據六州,官爵甲兵賦稅刑殺,各自為政. 楊綰拜相改革,官祿公平,整頓兵制. 元載驕橫貪縱,李豫囚之命自盡.
		13	戊午	778	回紇寇太原,代州都督張光晟擊破之. 柳公權(778-865),字誠慧,京兆華原人,書法著稱. 日本遣布勢清直等送唐使回國,是為日本第 16 次遣唐使.
		14	己未	779	唐代宗李豫在位 17 年卒,子德宗李適嗣位(779-805)是為德宗. 尊郭子儀為尚父,奪其兵權. 「周家樣」派畫仕女.首創「水月觀音」 賈島(779-843)字浪仙,今北京人,早年出家,仕途不暢,苦吟成癖.一吟淚流.
唐	唐德宗 李適	建中 1	庚申	780	唐建中元年 李適(742~805)代宗之子在位 25 年享壽 64 歲,尊郭子儀為尚父,加太尉兼中書令.釋兵權,將領其地,裁抑藩鎮而姑息優容. 楊炎誣左僕射劉宴謀反,劉宴縊死 楊炎推行〔兩稅法〕不論土戶客戶,按居地統計,不分中丁,按貧富劃徵稅,田畝稅以土地為準,廢除租庸雜船等名目,稅額全入兩稅.沿用後世數百年.
		2	辛酉	781	唐帝德宗李適即位,欲振權威,可難如願,二鎮與魏博(河北大名)節度使田悅連兵叛.李適命擊之,李希烈擊梁崇義,梁兵敗自殺. 楊炎、盧杞相. 郭子儀、李寶成、李正己卒. 立『大秦景教流行中國碑』 成德李惟嶽、淄青李納、魏博田悅等河朔藩鎮叛唐. 郭子儀(？-781)去逝,滑州鄭縣人,名臣良將,戰功顯赫,功蓋天下 779 年唐德宗李適尊為尚書,加封太尉
		3	壬戌	782	馬燧等大破田悅,朱滔王武俊反救田悅,詔李懷光討之 朱滔張孝忠破李惟岳王武俊並斬之 朱滔田悅王武俊李納皆自稱王 李希烈自稱天下都元帥
		4	癸亥	783	唐建中 4 年 秦帝朱泚應天元年 漢帝朱泚天皇元年 楚帝李希烈武成元年 行稅間架除陌錢法 詔頻真卿宣慰李希烈,發沍原等道兵討李希烈,兵入長安,唐德宗李適奔奉天(陝西乾縣). 立太尉朱泚為帝,國號秦,圍奉天.李適告急李懷光,星夜馳援,朱泚解圍去. 盧杞慮李懷光圖已,命不必入覲,飭攻長安,李懷光千里救主,為人所排,意怏怏,屯兵不進. 貶盧杞 陸贄為考功郎中

朝代	帝王	國號	干支	西元	紀要
		興元 1	甲子	784	唐興元元年　漢帝朱泚天皇元年　楚帝李希烈武成元年 唐德宗李適大赦 然朱泚改國為【漢】李希烈自恃兵強於許州(河南許昌)稱帝,國號【楚】李懷光叛,與朱泚聯合.唐德宗李適自奉天再奔梁州(陜西漢中)田緒殺田悅自任節度使李晟反攻克長安朱泚出奔欲投吐蕃內叛將殺之. 七月唐德宗李適返長安,猜忌諸將,用宦官竇文場為神策左廂兵馬使,王希鑒為神策右廂兵馬使,自此宦官掌禁軍,不可復奪,直迄唐王朝亡. 蝗災,大飢. 書法家顏真卿遇害,代表作有家廟碑,麻姑仙壇記,書法端莊雄偉世稱〔顏體〕
		貞元 1	乙丑	785	唐貞元元年　楚帝李希烈武成二年 河中(山西永濟)節度使渾瑊擊李懷光,圍河中,李懷光自殺. 朱滔病卒,劉怦繼盧龍節度使,尋亦卒,唐命其子劉濟為節度使. 罷討淮西兵 書法家懷素卒,其以草書知名,號狂草,與孫過庭,張旭並稱『草書三大家』
		2	丙寅	786	唐貞元 2 年　楚帝李希烈武成 3 年 楚帝李希烈屢戰不利,將陳仙奇毒殺之,唐任陳山奇為淮西節度使,兵馬使吳少誠復殺陳仙奇,唐再任吳少誠為節度使. 吐蕃入寇,李晟擊破之 李晟入朝
		3	丁卯	787	張延賞相,旋李泌相. 馬燧為司徒兼侍中 雲南王異牟尋因韋皋請內附 李晟為太尉能鎮 吐蕃請與中國在平涼川(甘肅平涼),盟畢即歸還鹽(陜西定邊)夏(陜西靖邊北)二州.唐遣河中節度使渾瑊赴會,將盟,吐蕃兵起,盡擄官兵,渾瑊單騎逃免.吐蕃進掠隴州(陜西隴縣),傷亡;.. 募戍卒屯田京師 回紇求和親許之 大稔詔所在和糴.
		4	戊辰	788	唐用李泌謀與回紇和親,將咸安公主嫁回紇合骨咄(天親)可汗,以弱吐蕃. 叵紇可汗改稱回紇為回鶻　雲南入貢 吐蕃寇西川,韋皋擊破之
		5	己巳	789	董晉竇参相　李泌卒
		6	庚午	790	回鶻忠貞可汗為下屬所殺 吐蕃陷安西北庭及沙陀亦降吐蕃　帷西州為唐守
		7	辛未	791	陵贄為兵部侍郎解內職 吐蕃攻靈州(寧夏靈武),回鶻擊敗之,將俘擄送唐.
唐	唐德宗 李适	貞元 8	王申	792	貶竇參.　趙憬陸贄相　裴延齡判度支 宣撫(河南開封)節度使劉玄佐卒,子劉士寧繼任 平盧(山東鄆城)節度使李納卒,子李師古繼任.
		9	癸酉	793	『稅茶』自此開征茶稅　再貶竇参尋賜死　李晟卒 賈耽盧邁同平章事　南詔異牟尋歸附唐. 宣武(河南開封)兵馬使李萬榮逐節度使劉士寧.
		10	甲戌	794	陸贄上疏切中時弊,德宗不快,加以裴延齡趙憬讒言,被貶為太子賓客. 南詔王異牟尋斬吐蕃使者,擊吐蕃於神川(金沙江),大破之,吐蕃從此轉弱.
		11	乙亥	795	橫海(河北滄州)兵馬使程懷信逐程直,唐程懷信繼任節度使 貶陸贄馬燧卒 懷素(?-785)今湖南長沙人,僧人,俗姓錢,字藏真,著名書法家
		12	丙子	796	以宦官為左、右神策護軍中尉,宦官掌握禁軍,終唐成為定制. 渾瑊王武俊兼中書令,韋皋為使相,餘鎮悉加檢校官. 竇文揚霍仙鳴為護軍中尉. 魏博(河北大名)節度使田緒卒,子田季安繼任. 裴廷齡死.
		13	丁丑	797	邠寧(陜西彬縣)節度使楊朝晟築方渠、合道、木波三城,以阻吐蕃入侵要道,擴地三百里. 以宦者為宮市使. 昝殷(797-859)唐名醫,以婦產科著稱,著有經效產寶,道養方,食醫心監,通曉藥物學

朝代	帝　王	國號	干支	西 元	紀　要
		14	戊寅	**798**	初置神策統軍 彰義(河南汝南)節度使吳少誠叛攻鄰境,貶陽城.
		15	己卯	**799**	宣武(河南開封)節度使留後陸長源刻薄驕傲,兵變,殺而寸割食之.韓全諒平之尋卒,以韓弘為節度使. 令諸道討吳少誠 渾瑊卒
		16	庚辰	**800**	唐帝德宗李适命韓全義討吳少誠,吳奔陳州(河南淮陽). 徐泗(江蘇徐州)節度使張建封卒,立其子張愔,李适不許,遣淮南(江蘇揚州)節度使杜佑擊之,杜佑大敗. 赦吳少誠.
		17	辛巳	**801**	成德(河北正定)節度使王武俊卒,子王士真繼任 韋皋大敗吐蕃,以韋皋為司徒南康王 杜佑寫成「通典」全書分九門二百券
		18	壬午	**802**	韋皋大敗吐蕃於維州,獲其將論莽熱.
		19	癸未	**803**	四川樂山大佛造成位於四川樂山東岷江、青衣江、大渡河三水交滙處棲鸞峰下,依凌雲山山崖開鑿而成.713 年動工,歷 90 年落成. 高郢鄭珣瑜相 貶監察御史韓愈為陽山令 日本遣藤源葛野磨等入唐,僧空海,最澄等同行,是為日本第 17 次遣唐使. 杜牧(803-852)寫「阿房宮賦」詩詞自成一格.擅長七律,感慨國事,借景抒情,既有思念親人,又有弔古攬勝之意.
		20	甲申	**804**	元稹(779-831)撰「鶯鶯傳」寫才子佳人,深受文人喜愛. 昭義節度使李長榮卒,以盧從史繼之 太子有疾
唐	唐順宗 李誦	貞元 **21** 永貞 **1**	乙酉	**805**	唐貞元 21 年　唐永貞元年 唐德宗李適卒在位 26 年,子李誦(761~805)嗣位是為順帝.8 個月後李誦疾篤終年 46 歲,傳位其子憲宗李純,是為憲宗,改元永貞,自稱太上皇.次年改元為元和.元和共 15 年(806~820)史稱「中興」時期 太子風疾失音,韋執誼相,王伾王叔文用事. 鄭餘慶相 鄭絪相 大赦罷進奉宮市五坊小兒 召陸贄閽城赴京師未至卒 以杜佑為度支等使,王叔文為副史 王叔文母喪去位 貶伾任王叔文柳宗元劉劉禹錫等 貶韋執誼. 日本僧最澄自唐回日本,天台宗自是傳入日本.
唐	唐憲宗 李 純	永貞 **2** 元和 **1**	丙戌	**806**	唐永貞 2 年　唐元和元年 永貞改革. 唐憲宗李純(778~820)順宗之子在位 15 年得年 43 歲　太上皇崩 西川(四川成都)節度使劉闢叛,高崇文討之,擒獲斬於獨柳之下. 以高崇文為西川節度使 平盧(山東東平)節度李師古卒,弟李師道繼任. 夏綏留後楊惠琳拒命討斬之　以李巽為度支鹽鐵轉運使 韓愈上諫佛被貶潮州.　摩尼僧偕來,置寺處之 日本僧空海自唐回日本,真言宗傳入日本.
唐	唐憲宗 李純	**2**	丁亥	**807**	白居易為翰林學士 杜佑至士　杜黃裳罷為河中節度使 武元衡李吉甫相 旋以武元衡西川度使,高崇文為邠寧節度使 鎮海(江蘇鎮江)節度使劉錡叛,張子良擒送長安腰斬
		元和 **3**	戊子	**808**	朝廷官員分庶民進士與山東世族兩陣營,互相爭鬥,是為「牛黨之爭」此乃憲宗策試種牛李黨禍.歷 40 年黨爭禍亂,黨禍始此.策士得牛僧孺李宗閔等李吉甫擯不用 沙陀部落叛吐蕃投中國,吐蕃追擊,沙陀酋長盡忠戰死,子朱邪執宜部抵靈州(寧夏靈武). 裴洎相　李吉甫罷　杜黃裳卒

朝代	帝　　王	國號	干支	西 元	紀　　　　要
		4	己丑	809	鄭絪罷　李蕃相　降繫囚蠲策稅出宮人絕進奉禁掠飨 成德(河北正定)節度使王士卒,子王承宗繼任 吳少誠卒,其將吳少陽殺吳少誠子,自任節度使.
		5	庚寅	810	盧從史與王承宗通,視吐承璀如嬰兒,突承璀伏兵盧從史送長安,王承宗上表謝. 劉總毒死其父劉濟,繼位盧龍(北京)節度使. 日本入唐僧靈仙奉唐帝勅譯經.
		6	辛卯	811	李吉甫相　李藩罷　李絳相
		7	壬辰	812	置振武天德營田　以崔羣為中書舍人　立遂王振恒為皇太子　吐蕃寇涇州 魏博節度使田季卒,田興逐田季安子田懷諫,自任節度使,舉鎮歸附於朝..
		8	癸巳	813	李吉甫編成「元和郡縣圖誌」從京兆府到隴右道,共 47 鎮,我國最早地方誌 武元衡相　徙受降城於天德軍 李進賢不恤士卒,兵變,屠其家,李進賢奔雲州(山西大同). 後遷鄭州,詩詞含蓄隱晦,捲入黨爭權德輿罷相　吐蕃作烏蘭橋於朔方,自是僡禦寇不暇. 李商隱(813-約 858),原藉河南沁陽,「傭書販春」曾為別人抄書掙錢. 「能為古文,不喜對.」他的「才論」「聖論」甚獲一般士大夫欣賞.
		9	甲午	814	李絳罷　張弘靖相　李吉甫卒　韋貫之相　吐突承璀為神策中尉 彰義(河南汝南)節度使吳少陽卒,子吳元濟繼任,發兵侵鄰境,屠河南舞陽,焚河南葉縣.
		10	乙未	815	白居易心擊民間疾苦,詩詞多諷刺權貴而遭嫉恨,被貶為江州司馬. 裴度相　以柳宗元為柳州刺史,劉禹錫為連州刺史. 淮西亂起,王承宗亦陰助之.韓弘為淮西諸軍都統 遣裴度宣慰淮西行營　唐憲宗討吳元濟不利,李師道王承宗與吳元濟通.李師道刺殺武元衡傷裴度首　唐憲宗討王承宗. 長行敕刪定為 30 卷,頒行之.
		11	丙申	816	太子李愬任唐鄧(河南泌;陽)節度使　李逢吉相　韋貫之罷 皇甫鎛判度支　唐以田弘正,詔討王承宗
		12	丁酉	817	崔羣相　李鄘相　李逢吉罷　裴度充淮西招討使,李愬夜擊蔡州擒吳元濟淮西平,送長安,斬於獨柳之下. 以宦者為館驛使.
		13	戊戌	818	下詔求力士,配長生之藥.　李鄘罷,李夷簡相 皇甫鎛程異相　　　　李泌為台州刺史 唐憲宗遣使至法門寺迎佛骨. 李師道王承宗敗,大懼.李師道獻沂(山東臨沂)密(山東諸城)海(江蘇連雲港)三州. 王承宗獻德、棣二州. 李師道尋悔,唐憲宗李純下令討之.
		14	己亥	819	遣中使迎佛骨至長安,留宮中三日,始送佛寺,刑部侍郎韓愈上表諫,唐憲宗李純怒貶韓愈為廣東潮州刺史. 令狐楚相 裴度出為河東節度使 平盧(山東東平)兵馬使劉悟斬李師道,出降.沂海(山東臨沂)觀使王遂殘暴無遠識,嚴刑為治,兵變,殺王遂. 分淄青十二州為三道,諸道支郡兵馬並令刺史領之. 劉悟為義成節度使　貶裴璘為江陵令　崔羣罷 柳宗元卒,其與韓愈(768~824)大力提倡〔古文運動〕

朝代	帝　王	國號	干支	西 元	紀　　要
唐	唐憲宗 李純	元和 **15**	庚子	**820**	唐憲宗李純為宦官陳弘志毒殺在位 15 年,梁守謙等立太子李恒嗣位是為穆宗(820-824)宦官開始廢立皇帝. 貶皇甫鎛 蕭俛段文昌相 令狐楚罷 成德(河北正定)節度使王承宗卒,唐穆宗李恒命田弘正為節度使. 王承元為義成節度使　吐蕃寇涇州 憲宗命人迎佛骨於陝西鳳翔,留宮中三日,以求福祉.韓愈「論佛骨表」上表論諫,被貶為潮州(廣東潮安)制史
	唐憲宗 李純 唐穆宗 李恒	元和 **16** 長慶 **1**	辛丑	**821**	唐元和 16 年　唐長慶元年 唐穆宗李桓(795~824)憲宗之子,在位 4 年,得年 30 歲. 蕭俛段文昌罷 盧龍(北京)節度使劉總出家為僧,張靖為節度使. 張弘靖傲慢弱將,兵變,立融為節度使. 成德(河北正定)兵馬使王庭湊殺節度使,田弘正,自任節度使.唐穆宗李恒命田弘正之子田布任魏博(河北大名)節度使,與諸道兵討王庭湊. 太和公主下嫁回鶻崇德可汗. 廣西柳州建「柳侯祠」,原名「羅池廟」封柳宗元為文惠侯,遂改柳侯祠. 長慶會盟,吐蕃為漢藏兩民族友好,在拉薩大昭寺建〔唐蕃會盟碑〕
		2	壬寅	**822**	唐帝穆宗李恒自即位後荒淫無度不事國事. 立景王湛為太子　元積相旋罷　裴度罷　李逄吉相 裴度為司空東京留守尋留輔政.　初行宣明曆 魏博(河北大名)節度使田布,因將不用命自殺,士卒雍史憲誠繼任之. 武寧(江蘇徐州)節度副使王智興逐節度使崔群,自任節度使. 王庭湊為成德節度使,詔韓愈宣慰其軍.
		3	癸卯	**823**	牛僧儒、李德裕黨爭開始,牛黨重科舉,對割據藩屬反對用兵,李黨反科舉,力主削藩伐叛,強化中央集權,形成牛、李黨爭. 牛僧儒相　韓愈為京兆尹,旋為吏部侍郎　裴度為山南西道節度使 唐蕃會盟碑刻成.安史之亂後,唐國勢日弱,吐蕃內亂頻繁,雙方會盟和好
		4	甲辰	**824**	唐穆宗李恒在位 4 年崩,子李湛嗣位(824-826)是為敬宗.李湛較其父尤荒谣遊幸無度,日與群小擊毬奏樂,久不臨朝,不知國政. 李程竇易直相　加裴度肸平章事 韓愈死
唐	唐敬宗 李湛	寶曆 **1**	乙巳	**825**	唐敬宗李湛(809~826),穆宗之子,夜獵還宮,酒酣被殺,在位 2 年得年 18 歲 牛僧儒罷　淅西觀察使李進裕獻丹扆六箴　鹽鐵使王進羡餘絹百萬匹. 昭義(山西長治)節度使劉悟卒,子劉從諫繼任之.
		2	丙午	**826**	唐敬宗李湛夜獵還宮遭蘇佐明狙殺,宦官劉克明矯詔立絳王李悟為帝.宦官王守澄發神策軍,捕蘇佐明劉克明等盡斬之,立江王李昂為帝,是為文宗. 裴度復相 罷修東都 盧龍軍亂殺朱克融 李載義為節度使 李程罷 李逄吉罷韋處厚相 王克澄殺悟立江王涵 即位更名昂
	唐敬宗 李湛 唐文宗 李昂	寶曆 **3** 太和 **1**	丁未	**827**	唐寶曆 3 年　唐太和元年 唐文宗李昂(808~840)勤政節儉,欲消除宦官勢力,格殺閹人,致有「甘露之變」宦官仇士良劫持文宗殺害,在位 14 年時年 33 歲. 調李同捷為兗海(山東兗州)節度使,李同捷據河北滄州不受命,李昂命討之.
		2	戊申	**828**	親策制舉人賢良方正劉蕡極斥宦官 放菁於外 裴休李郃杜牧等中第 討王庭湊 袁處厚卒路隋相

朝代	帝　王	國號	干支	西元	紀　要
		3	己酉	829	李宗閔復為相　敉王庭濟 李同捷降滄景平 推何進滔為留後,以為節度使 南詔攻陷成都,俘擄百工從此手工技巧,可比蜀於中.
		4	庚戌	830	牛僧儒復為相 宋申錫相 山南西道陝西漢中兵變,殺節度使李絳 溫造為帥討平之 命裴度平章國重事 李德裕為西川節度使. 彭輔公次子璸公(統記譜載名彬)出生(構雲－滋－倜－輔－璸)
唐	唐文宗 李昂	太和 5	辛亥	831	唐文宗李昂惡宦官猖亂,殺前二任帝之黨,猶密與宋申錫除左右,事泄,宦官王守澄誣宋申錫謀反,圖立漳王李湊為帝,李昂信之,貶宋申錫為開州(四川開縣)司馬,死於貶所. 吐蕃將杔怛謀以維州來降,牛僧儒建議不受詔 李德裕歸其人及其地於吐蕃 盧龍(北京)楊志誠逐節度使李載義,自任節度使.
		6	壬子	832	牛僧儒罷　昭義節度使劉從諫入朝 李德裕為兵部尚書
		7	癸丑	833	停進士試詩賦 唐文宗李昂命諸親王出閣,十六王宅縣主亦以時出嫁.自玄宗隆基幽閉血親,至上凡 121 年,然不果行. 遣劉從諫返鎮 李德裕相,鄭覃為御史大夫 王涯相兼三司使 以鄭注為右神策判官浸得帝信用. 少典一世之 129 世輔公三子璋公出生
		8	甲寅	834	盧龍(北京)兵變逐楊志誠立史元忠為節度使. 唐流楊志誠於嶺南,於道斬之 李宗閔相 李德裕出為鎮海節度使 王庭湊卒 王璠為尚書左丞.
		9	乙卯	835	宦官仇殺長安血流盈街横屍狼藉坊市惡少乘機報仇剽殺史稱「**甘露之變**」 舒元興李訓相　鄭覃李石相　李德裕為賓客分司,旋貶之. 賈餗相 仇士良為神策中尉 誅殺陳弘志王守澄. 宰相與鄭注謀誅宦官不克皆死. 黃巢(835-884)山東荷澤人,鹽幫首領,農民軍領袖,自立為帝,國號大齊.史稱〔**黃巢之亂**〕在山東萊蕪為部下林言所殺.
	唐文宗 李昂	開成 1	丙辰	836	大厘崇聖寺三塔 李固言相　劉從諫表請王涯寺罪名加檢校司徒 仇士良懼宰相稍能秉政. 日本遣藤原常嗣等入唐,共 650 餘人僧圓仁等 11 人同行,因颱風一再折回,直至 838 年始成行,是為日本第 18 次遣唐使.
		2	丁巳	837	國子監石經成 陳九行相 柳公權為諫議大夫 李固言罷 河陽(河南孟縣)節度使李泳以賄賂宦官得此高官,貪殘不法,兵變,逐之,殺其二子.

朝代	帝　王	國號	干支	西 元	紀　要
		3	戊午	838	太子永卒　楊嗣復李珏相 李石罷為荊南節度使 李宗閔為杭州刺使 吐蕃奚泰贊死,弟達磨立. 宦官仇士良使人刺宰相李石未遂,李石懼請辭,出任荊南節度使. 彭輔公五子珹公生(構雲－滋－侗－輔－珹)838.4.15.未時出生
		4	己未	839	立陳王成美為皇太子　裴度卒 鄭覃陳九夷行並罷
		5	庚申	840	唐文宗李昂在位 13 年卒,宦官仇士良魚弘志矯詔殺太子李成美立穎王李炎,是為武宗. 李德裕相(嗣復珏已早罷) 黠戛斯部落大破回鶻,回鶻潰散,嗢沒斯率殘部投奔中國,抵大德(蒙古烏拉特前旗東北).開始信奉伊斯蘭教. 魏博(河北大名)節度使何進滔卒,子何弘敬繼任.
唐	唐文宗 李昂 唐武宗 李炎	開成 6 會昌 1	辛酉	841	唐開成 6 年　唐會昌元年 唐武宗李炎(814~846)穆宗之子,毀佛像,拆寺廟,強制僧尼還俗,篤奉道教,服藥不當而死在位 6 年,得年 33 歲 詔群臣言國事無得乞留中 上受法籙於趙歸真　詔河東振武備回鶻 盧龍(北京)陳行恭殺史元忠,張絳又殺陳行恭. 雄武(天津薊縣)張仲武殺張絳,唐任其為節度使 回鶻嗢沒斯降中國,唐置於太原.另支烏介挾太和公主至天德
		2	壬戌	842	李紳、李讓夷相　柳公權太子詹事　白敏中為翰林學士　劉沔為河東節度使 吐蕃洛門川(甘肅隴西東南)討擊使死熱叛 文學家劉禹錫卒
		3	癸亥	843	崔鉉相　劉沔大破回鶻　石雄迎太和公主歸國　昭義(山西長治)節度使劉從諫卒,侄劉慎繼任,唐不許,子積自為留後,詔諸侯討之. 內侍仇士良致仕 盧鈞為昭義節度使 遣李回宣慰河北
		4	甲子	844	杜悰相議復河湟四鎮十八州 以趙歸真為道門教授先生 河東(山西太原)都將楊弁逐節度使李石,榆社駐軍擊斬楊弁. 昭義(山西長治)兵馬使郭誼斬劉積,屠其族,出降. 河中(山西永濟)節度使石雄入潞州(山西長治),執郭誼送長安斬之. 劉濛為幽邊使 削仇士良官爵 貶牛僧儒使 流李宗閔.
唐	唐武宗 李炎	5	乙丑	845	唐武宗李炎篤信道教,憎惡僧尼,下令毀佛寺 4,600 餘處,僅留長安洛各兩寺,及同(陝西大荔)華(陝西華縣)商(陝西商州)汝(河南汝州)等州各留一寺,寺僧不得超過二十人,僧尼還俗廿六萬餘人,佛家稱之為「會昌法難」,其與北魏太武帝、北周武帝的禁佛,合稱「**三武之禍**」又稱「會昌法難」 置備邊庫.
		6	丙寅	846	唐帝武宗李炎在位 6 年,服金丹卒,宦官於宮中密商定策,迎立皇太叔光王李忱,是為宣宗(846-873) 李德裕罷,白敏中相. 以牛僧儒為衡州長史,李宗閔為柳州司馬,尋卒. 僧尼回鶻烏介可汗為其相所弒,自後日衰. 白居易卒

朝代	帝　　王	國號	干支	西 元	紀　　要
唐	唐武宗 李炎 唐宣宗 李忱	會昌 7 大中 1	丁卯	847	唐會昌 7 年　唐大中元年 唐宣宗李忱(810~859)為憲宗之子,勤政事,墾荒種田,體恤民情,節儉治國,國家呈現太平景象,在位 13 年終年 50 歲 宣宗又恢復佛教,並殺勸武宗排佛道士劉玄靜等 12 人.敕復廢寺 李德裕為太子少保分司,旋貶為潮州司馬 令狐綯為考功郎中知制誥
		2	戊辰	848	太皇太后郭氏崩 周馬植相 貶李德裕為厓州司戶,尋卒.令狐綯為翰林學士
		3	己巳	849	盧龍(北京)節度使張仲武卒,子張直方繼任,殘虐,兵將變,慌逃長安,軍中立牙將周綝為節度使. 武寧(江蘇徐州)兵變,逐節度使李廓. 李德裕卒牛李爭息 克復河湟,吐蕃秦(甘肅)原(寧夏固原)威(寧夏中衛)三州七閣先來降 李德裕死於崖州,由是朋黨之爭漸平
		4	庚午	850	令狐綯相 盧龍(北京)節度周綝卒,軍中立押牙張允仲為節度使 西川節使杜倧取維州 貶馬植為常州刺史
		5	辛未	851	張義潮略定河湟十一州歸降唐,任張義為歸義節度使. 裴休為鹽鐵轉運使 白敏中充招討黨項都統制置使 吐蕃論恐熱入朝
		6	壬申	852	復禁私度僧尼 畢諴為邠寧節度使 裴休相 文學家杜牧卒
		7	癸酉	853	鄭光為右羽林統軍 定行刑折杖法
		8	甲戌	854	樵夫言命李行為海州刺史 詔雪王涯賈餗等
		9	乙亥	855	詔州縣作差科簿 成德(河北正定)節度使王元逵卒,其子王紹鼎繼任 浙東(浙江紹興)兵變逐李訥. 以渭上父老言命李君奭為懷州刺史 柳仲郢為鹽鐵轉運使
		10	丙子	856	鄭朗相 崔慎由相 裴休罷 以鄭穎為秘書監 回鶻龐特勒為懷遠可汗.
		11	丁丑	857	山西五台山西麓佛光寺建成 迎道士軒轅集於羅浮山 蕭鄴相 成德(河北正定)節度使王紹鼎卒弟王紹懿繼任 嶺南容管(廣西容縣)兵變逐經略使王球 魏暮罷為西川節度使

朝代	帝　　王	國號	干支	西 元	紀　　　　　　　　　　　　　要
		12	戊寅	858	日僧圓珍回國 劉瑑相旋卒 崔慎由罷 夏侯孜相 蔣伸相 王式為安南都護 嶺南軍亂,李承勛節度使討平之 湖南長沙兵變逐觀察使韓琮 江西南昌兵變,都將毛鶴逐觀察使鄭憲 宣歙(安徽宣州)兵變,都將康全泰逐觀察使鄭薰 李商隐卒
		13	己卯	859	唐帝宣宗李忱服長生藥卒在位 13 年,遺詔立三子夔王李滋,宦官王宗實廢李滋,迎立長子鄆王李漼,是為懿宗(859-873). 南詔王酋龍改國號大禮,稱帝. 蕭鄴罷,,杜審權相令狐綯罷 白敏中相 武寧(江蘇徐州)兵變逐康季榮 浙東民裘甫起兵叛,攻陷象山.
唐	唐宣宗 李忱 唐懿宗 李漼	大中 14 咸通 1	庚辰	860	唐大中 14 年　唐咸通元年 唐懿宗李漼(833~873),唐宣宗之子在位 14 年得年 41 歲 禁州縣科外收稅 浙東(浙江紹興)觀察使王式裘甫,擒送長安,斬之. 追復李德裕官爵贈左僕射 860~863 南蠻引南詔攻佔交趾 柳公權死
唐	唐懿宗 李漼	咸通 2	辛巳	861	白敏中罷杜悰相 大禮南蠻攻邕州(廣西南寧),大掠.
		3	壬午	862	置戒壇度僧尼 夏侯孜相 分嶺南東西二道以韋甫蔡京為節度使,為政慘苛,設炮烙之刑,兵變,蔡京逃竄 武寧(江蘇徐州)兵變逐溫璋,詔王式代之復定. 日本真釦法親王及從僧等乘唐商船入唐
		4	癸未	863	楊牧相 曹確相 杜權杜悰罷 大禮攻安南(越南)陷交趾(越南河內)蔡襲戰死
		5	甲申	864	路嚴相夏侯孜罷 加康承訓檢校右僕射,旋罷,以高駢為嶺南西道節度使 南詔寇寇邕州官軍敗沒
唐	唐懿宗 李漼	6	乙酉	865	宣宗生母太皇太后鄭氏崩 以宦官言任杜宣猷歙觀察使 日本僧宗叡等乘唐商船回日本
		7	丙戌	866	楊牧罷 高駢大破南紹蠻,復取交趾. 安南(越南河內)改安南都護為静海軍,任高駢為節度使. 吐蕃拓跋懷光斬論恐熱自是衰絕 成德(河北正定)節度使王紹懿卒,侄王景崇繼任 魏博(河北大名)節度使何弘敬卒,子何全皞繼任.
		8	丁亥	867	以樂工李可及為左威衛將軍
		9	戊子	868	印製「**金剛經**」徐泗(江蘇徐州)地區龐勛起義兵亂推龐勛為帥,北犯陷宿徐州囚殺觀察使崔彥曾,執尹戡,唐遣康承訓討伐,康承訓率沙陀三部落使朱邪心自隨.龐勛陷滁和州,唐攻泗州不克.

朝代	帝　　王	國號	干支	西 元	紀　　　　要
		10	己丑	**869**	龐勛自稱天冊將軍,康承訓擊斬之,泗州圍解,捕戍桂州卒親族悉斬之. 唐改朱邪赤心為李國昌,用為山西大同節度使. 陝虢(河南三門峽)觀察使崔蕘倨,民訴旱,民遂變,崔蕘逃民舍,民灌以尿.連陷四川犍為嘉州(四川樂山)
		11	庚寅	**870**	唐懿宗李漼女同昌公主卒,李漼哀痛不已,罪殺醫官韓宗劭等二十餘人,捕殺其族三百餘人,劉瞻諫阻,貶劉瞻驩州(越南榮市)司戶. 貶康承訓官 韋保衡相王鐸相 以徐州為感化軍 魏博(河北大名)節度使何全皞驕暴好殺,兵變,何袛皞逃,變兵立韓君雄為節度使. 光州(河南滿川)兵變,逐刺史李弱翁. 彭彥昭(870.3.8.-988.11.29.)(構雲－滋－倜－輔－玗－彥昭)五代後明宗官朝散大夫靜江軍節度使檢校太保大傅.唐天成 4 年己丑(929)同兄彥暉統兵十萬入江西,至後漢隱帝乾祐三年庚戌(950)年隱居沙溪..十五子：師庠、師連、師建、師奭、師遇、師旺、師孔、師簡、師服、師旦、師孟、師亮、師浩、師俊、師範·
		12	辛卯	**871**	路巖罷 劉鄴相 唐懿宗李漼幸安國寺設萬人齋.
		13	任辰	**872**	于倧罷趙隱相 盧龍(北京)節度使張允伸卒,張公素率軍奔喪,乘機逐張允伸子,自任節度使. 歸義節度使張義潮卒,以長史曹義全代之.
		14	癸巳	**873**	3.29 唐懿宗迎佛骨至法門寺,盛況空前,300 里路人馬車輛不絕於途. 7 月唐帝懿宗崩,在位 14 年,宦官左軍中尉劉行深、右軍中尉韓文約立少子普王李儇嗣位,是為僖宗. 貶韋保衡賜死 蕭倣相.
唐	唐懿宗 李漼 唐僖宗 李儇	咸通 **15** 乾符 **1**	甲午	**874**	唐僖宗李儇(862~888)在位 16 年得年 27 歲 唐朝自西元 806 年以來,皇室奢侈日甚,用兵不息,賦斂愈急,民不聊生. 河南濮州王仙芝率民起於河南長垣. 賜路巖死 劉瞻相旋卒 崔彥昭相 劉鄴罷鄭畋盧攜相 濮州人王仙芝黃巢起事作亂 日本遣人入唐求香藥.
唐	唐僖宗 李儇	**2**	乙未	**875**	唐僖宗李儼年 14 歲,專肆遊戲,政事悉委宦官田令孜為之,呼之阿父. 「**王仙芝之亂**」鹽商王仙芝作亂,黃巢起兵響應(875~884),陷濮曹州,宋威討之是為『**黃巢之亂**』. 王郢戰功彪炳,趙隱不給衣糧,申訴不理遂叛. 盧龍(北京)節度使張公素暴戾,李茂勳逐之,自任節度使. 蕭倣卒 李蔚相 高駢西川節度使,修復邛徠開大渡河諸城柵.
		3	丙申	**876**	令天下鄉村各置弓刀鼓板以備盜. 王鐸相崔彥昭罷 王仙芝陷河南汝州湖北郢州蘄州,與黃巢分為二軍. 宋威大破王仙芝沂州 盧龍節度使茂勳傳位其子李可舉 原州節度使史懷操貪暴兵變,逃走.
		4	丁酉	**877**	楊復光招降王仙芝,王仙芝遣尚君長洽降,宋威中途劫尚君長送長安斬之. 南詔酋龍死子法立. 陝虢兵變逐崔碣 鹽州兵變逐王承顏 河中兵變逐劉侔

朝代	帝　王	國號	干支	西 元	紀　要
		5	戊戌	**878**	黃巢攻安徽亳州,陷沂濮掠宋汴,寇宣州入浙東,眾多歸之,黃巢稱沖天大將軍,881 稱帝,都長安. 曾元裕破斬王仙芝 大同軍亂殺防禦使段文楚,李克用為留後,李克用父為振武(內蒙和林格爾)節度使,父子二人,分據兩鎮. 鄭畋盧攜罷豆盧瑑崔沆相　高駢為鎮海節度使
		6	已亥	**879**	黃巢陷潭州(湖北長沙),攻江陵,陷廣州.高駢大破黃巢趨嶺南,劉巨容大破黃巢於荊門,黃巢東走陷鄂州,掠饒信復振. 以高駢為淮南節度使 崔季康討李國昌兵變崔季康奔還變兵殺之. 王鐸罷盧攜相 彭軸(又名霽)子敬先,字后安,唐末約 879 年間,隨僖宗入蜀,居普州,今裔散居四川成都府新繁、華陽縣等
		廣明 **1**	庚子	**880**	黃巢陷洛陽潼關入長安稱大齊帝國皇帝,國號【齊】改元金統.唐僖宗李儇及高駢走興元. 僖宗奔;蜀,居錦竹 陳敬瑄為西川節度使,高駢為諸道行營都統 討李國昌李克用父子亡走韃靼
		2 中和 **1**	辛丑	**881**	帝去成都,收復長安,旋又失之. 壽州人王緒陷光州 文學家陸龜蒙卒 李國昌、李克用初叛唐,陳景思上書僖宗赦免,李克用破黃巢入長安有功,被詔授為同平章事,河東節度使. 鳳翔節度使軍亂鄭畋走蜀. 蕭遘王鐸相　加高駢東面都統,高駢不出兵,以鄭畋為都統,擊敗尚讓.
		2	壬寅	**882**	唐中和二年　齊帝黃巢金統三年 王鐸為都統,兵逼長安 罷高駢鹽鐵轉運使遂絕貢賦 劉漢宏寇杭州,董昌使錢鏐破之　朱溫叛黃巢以同州降唐 賜殆全忠以為招討副使　李克用趨河中,破黃巢,收復長安,取潞州,唐以其為雁門節度使.
		中和 **3**	癸卯	**883**	唐中和三年　齊帝黃巢金統四年 沙陀人李克用攻長安,勢如破竹黃巢焚長安宮室東走圍陳州(河南陽)長安居民無幾.黃巢取蔡州,節度使秦宗權降. 唐以安化長公主嫁南詔王隆舜. 李克用取潞州破黃巢,收復長安 田令孜罷宰相鄭畋 朱全忠為宣武節度使　成德節度使王景崇卒,子王鎔繼任. 魏博節度使韓簡攻鄆州不克,為部下所殺. 忠武大將鹿晏弘大掠河南鄧州洋州,陷興元逐節度使牛勗自任山南西道(陝西漢人)節度使.
		4	甲辰	**884**	唐中和四年　齊帝黃巢金統五年 黃巢軍潰散,在朱溫追擊下黃巢亡到狼虎谷(山東萊蕪)兵敗,黃巢自殺身亡 唐末農民起義失敗.唐朝國勢日衰,迅速衰亡,被朱全忠取代.
		5 光啟 **1**	乙巳	**885**	唐中和 5 年　唐光啟元年　秦宗權龍紀元年 秦宗權於蔡州稱帝,陷東都. 王緒為部下所執　王潮稱將軍 宦官田令孜遣朱玫李昌符攻河中節度使王重榮,李克用救之,大敗諸道兵,進逼長安,田令孜挾唐僖宗李儇奔鳳翔. 新羅人崔致遠著〔桂苑筆耕集〕

朝代	帝　　王	國號	干支	西 元	紀　　　要
		2	丙午	886	唐光啟二年　秦宗權龍紀二年　唐貞李熅建貞元年 李克用朱玫李昌符王重榮等皆表請誅田令孜,田令孜再挾唐僖宗李儇奔興元(陝西漢中), 朱玫立襄王李熅為帝,入長安. 唐僖宗李儇討斬朱玫, 僖宗回長安,秦宗權為患,下詔招撫,秦宗權悍戾益甚,899 年為朱全忠所殺. 田令孜自知不可為自救出任西川(成都)監軍使,依附西川節度使陳敬瑄.
唐	唐僖宗 李儇	3	丁未	887	唐光啟三年　秦宗權龍紀三年 高駢昏暴,用呂用之為巡察使呂滔虐尤甚,兵馬使畢師鐸起兵執高駢及子甥侄斬之.楊行密討畢師鐸,畢師鐸奔秦宗權將孫儒,孫儒斬畢師鐸,楊行密克揚州,斬呂用之. 朱全忠擊破秦完權,誅李昌符李茂貞,朱全忠為淮南節度使.
		4 文德 1	戊申	888	唐光啟四年　秦宗權龍紀四年　唐文德元年 唐帝僖宗李儇返長安,尋暴卒,在位 15 年,諸宦官立壽王李傑即位為帝,後改名李曄(867~904),是為昭宗.在位 17 年(888-904)得年 38 歲,**齊亡**於唐. 立壽王傑為皇太子. 以朱全忠為都統代時溥,楊行密為淮南留後. 孫儒陷揚州 楊行密奔還廬州 秦宗權將申叢內叛,執秦宗權降朱全忠斬之.
唐	唐昭宗 李曄	龍紀 1	己酉	889	唐龍紀元年 進朱全忠爵東平郡王 李克用拔磁洺殺孟方立 楊行密為宣歙觀察使 平盧(山東青州)節度使王敬武卒,子王師範繼任.
		大順 1	庚戌	890	唐大順元年 河東(山西太原)節度使李克用攻雲州(山西大同),朱全忠訴討之,唐昭宗李曄命張濬出任都招討使擊李克用,兵潰而返. 昭義殺李克恭朱全忠取潞州,李克用圍之,克潞州殺節度使孫揆. 王建取蜀州 官軍敗於李克用
		大順 2	辛亥	891	崔昭緯徐彥若相　　貶孔緯張濬　　恢李克用官爵,攻克雲州 孫儒攻宣州 王建逐韋昭度攻克成都,自稱留後. 宦官楊復恭專橫,昭宗命退休,其反走興元(陝西漢中),與義子龍劍(四川平武)楊守貞,及楊守忠,.楊守亮楊守厚同起兵叛.
唐	唐昭宗 李曄	3 景福 1	壬子	892	陝西鳳翔節度使楊茂貞攻楊復恭,陷興元,楊復恭及諸義子奔閬州(四川閬州).　以錢鏐為武勝軍防禦使　　楊行密斬孫儒送楊州,任淮南節度使. 以李克用義子存孝為刑洺滋節度使.
		2	癸丑	893	以李茂貞為為鳳翔兼山南西道節度使取興元 李克用攻王鎔,李匡威救之　　王建殺田令孜陳敬瑄 貶杜讓能韋昭度崔胤相　　　賜王行瑜號尚父. 宣武(河南開封)節度使朱全忠拔徐州,慼化(江蘇徐州)節度使溥自殺 王潮取福州 以錢鏐為鎮海節渡使 命王嗣周討李茂貞,李茂貞、王行瑜犯京師,控制朝廷.合拒官軍逃潰 河決厌次(今山東惠民)東北流至無棣東南,經馬谷小山,東流入海.
		乾寧 1	甲寅	894	李茂貞入朝　　李克用克刑州殺李存孝;攻克幽州(北京). 鄭綮相 盧龍節度使李匡籌奔河北滄州 楊復恭等伏誅 義昌(河北滄州)節度使盧彥威利用家財妓妾,殺李匡籌. 劉建峯馬殷入潭州(湖南長沙)殺鄧處訥

朝代	帝　　王	國號	干支	西 元	紀　　　　要
		2	乙卯	895	義勝(浙江紹興)節度使董昌稱帝,國號羅平. 命錢鏐討董昌.　秦宗權僭稱帝,李克用迫京師,帝奔鳳翔. 從李克用以劉仁恭為盧龍節度使 崔胤罷王摶相 孔緯相 王行瑜、李茂貞韓建以兵入京殺韋昭度李谿.李克用討李茂貞等,克邠州,王行瑜伏誅 . 晉李克用爵晉王 四川大足石刻北山石窟開工
		3	丙辰	896	武安(湖南長沙)節度使劉建鋒嗜酒,不事政事,長直兵陳贍妻美,劉建鋒私之,陳贍殺劉建鋒.諸將又殺陳贍,立都將馬殷為湖南節度使 錢鏐擊羅平帝董昌,圍越州(浙江紹興),董昌出降,執至杭州斬之.以錢鏐為鎮海鎮節度使 鳳翔節度使李茂貞攻長安,唐昭宗李曄奔華州,依鎮國(陝西華縣)節度使韓建,韓建竟和劉季述大殺唐宗室,李克用馳援,然部將劉仁恭叛,李克用兵力驟減不能勤王,天下大勢在朱全忠掌掌握中.. 王摶相 劉隱襲據廣州
唐	唐昭宗 李曄	4	丁巳	897	立德王裕為皇太子 朱全忠將龐師古陷鄆州(山東東平),擒天平節度使朱瑄,斬於汴州(河南開封) 朱全忠攻楊行密大敗 貶王建以李茂貞為川節度使 建茂貞皆不從命 討李茂貞復王建官 王潮卒弟審知代 南詔驃信舜化上書
唐	唐昭宗 李曄	5 光化 1	戊午	898	下詔罪己復李茂貞官爵 以朱全忠為宣[武宣義天平節度使 朱全忠敗李克用取刑洺磁二州 李罕之據潞州 王馬殷得潭邵二州
		2	己未	899	崔胤罷陸扆相 朱全忠攻河東大敗 李克用復取潞州 保義(河南三門峽)軍亂殺王拱,朱簡代之,立都將李璠為留後,都將朱簡又殺李璠,自任節度使,附於朱全忠,朱全忠數朱簡為義子,名朱友謙.
		3	庚申	900	唐昭宗李曄縱酒,喜怒無常,左右人人自危.於苑,獵於苑中,夜歸,手殺黃門侍人數人.宦官遂發難,劉季述、王仲先囚李曄於少陽院, 立太子李裕為帝 崔胤相 殺宰王摶 宦官劉季述囚帝,矯詔令太子嗣位,以帝為太上皇.
		4 天復 1	辛酉	901	宦官劉季述寺人發動政變,囚禁唐昭宗,廢太子為陳王,擁立太子李裕,宰相崔胤、左神指揮,封朱全忠東平王,李茂貞為岐王. 孫德超起兵將昭宗救出助其殺劉季述、王仲先,助唐帝昭宗李曄復位. 封陝西鳳翔節度使,李茂貞為岐王 以朱全忠為宣武宣義天平護國節度使 朱全忠大引兵向京舉攻李克用 長安大亂,宦官韓全誨等劫帝李曄奔鳳翔李茂貞.
		2	壬戌	902	封淮南節度使楊行密為吳王,鎮海節度使錢鏐為越王, 朱全忠圍鳳翔,李茂貞攻之反敗.李茂貞請和.

朝代	帝王	國號	干支	西元	紀要
		3	癸亥	**903**	李茂貞捕宦官韓全誨、張彥弘等斬之,與朱全忠和解,迎李曄返長安,發兵驅宦內侍省,盡屠之.149 年漫長的宦官時代(755-903)到此結束 封朱全忠為梁王. 西川節度使王建為蜀王 楚王馬殷陷江陵
唐	唐昭宗 李曄 唐哀帝 李柷	天復 **4** 天佑 **1**	甲子	**904**	唐天復 4 年 唐天祐元年 朱全忠(朱溫) (904-907).密奏唐昭宗指崔胤專權圖謀叛亂,昭宗貶其職, 朱全忠又密使朱友諒處死崔胤全家.朱全忠作亂毀宮室民宅,長安遂成廢墟,強迫李曄遷都洛陽.又命蔣玄暉、朱友恭、氏叔琮等,夜率兵入宮,弒昭宗,立輝王李祝(893~908)為帝,是為哀帝,又廢哀帝在位 3 年得 16 歲.. 朱全忠誣崔胤謀反,殺之,又殺朱友恭氏叔琮,以塞謗. 長安為中國首都長達 1,038 年的巨城,受到慘重破壞,從此喪失被選為首都 唐代陶瓷、茶業鼎盛 孫思邈〔丹經〕為原始火力配方,904 年楊行密利用法製〔飛火〕969 年 馮繼升等改進為火箭,試驗成功.
		2	乙丑	**905**	朱全忠命蔣玄暉邀李曄諸子德王李裕等,置酒宴於九曲池(洛陽城內)悉縊殺,之投屍池中. 朱全忠急於稱帝,厭惡蔣玄暉柳璨遲緩,誣以謀反殺之. 又誣唐哀帝李柷生母何太后與蔣玄暉私通,復殺何太后. 吳王楊行密卒,子楊渥繼位為弘農王(905-908).
		3	丙寅	**906**	以朱全忠為三司都制置使 王建立行台於蜀 朱全忠以高季昌為荊南留後 朱全忠攻河北滄州,劉仁恭發境內男丁拒之,然畏梁兵強,不敢救,乃向李克用求和,李克用遂南攻,陷潞州(山西長治), 昭義(山西長治)節度使丁會降李克用,朱全忠始解滄州圍. 宦官與韓建、李茂貞勾結扶持皇帝,宰相崔胤求助於朱全忠.昭宗恨宦官守道弼專橫,崔胤疏道朱全忠上表論道弼罪狀,賜道弼死.宦官劉季述不服,用兵幽禁昭宗,另立太子, 崔胤計殺劉季述,書召朱全忠入京,擊潰李茂貞,盡殺宦官.但崔胤亦被朱全忠所殺. 朱全忠攻毀長安,遷昭宗於洛陽,後弒昭宗,立李祝為皇帝,是為唐昭宣帝.907 年唐昭宣帝讓給朱全忠.朱全忠受禪稱帝,國號大業,是為梁太祖. 封唐昭宣帝為濟陰王. 中國文學史上黃金時期為： 漢賦、唐詩、宋詞、元曲、明清小說.唐詩甚受國人欣賞,文藝價值珍貴,唐朝滅亡,代表唐詩時期結束. 唐詩可分四個時期： 初唐 618~712 年,盛唐 713~762 年,中唐 763~782 年,晚唐 827~907 年,各有其不同特色表現. 唐中宗乙巳西元 705 年至唐昭宗丙寅 906 年,計 202 年加 72 年唐共 274 年
		4	丁卯	**907**	唐哀帝禪位於朱全忠,自立為帝,國號梁,,史稱**後梁**,建元開平,更名晃,是為梁太祖.改汴州曰開封府,為東都,以故東都洛陽為西都.改京兆府曰大安府,軍號佑國. 封唐帝為濟陰王,幽禁於曹州,明年遇害. 時惟河東,鳳翔,淮南稱天佑,西川稱天復年號,餘均稱臣於梁. 蜀王王建稱帝,建國號蜀,是為「十國前」蜀高祖 封馬殷為楚王,封劉隱大彭王, 「五代十國」時期,梁,吳,南唐,閩,吳越,楚,南漢,荊南,前蜀,後蜀.史稱『**十國**』
唐	唐昭宗 李曄 唐哀帝 李柷	**5**	戊辰	**908**	李克用死,子李存勗嗣為河東節度使,晉王.其弟克用流寧謀為亂,被殺. 梁太祖朱全忠殺濟陰王李祝,於是**唐朝亡**.

五代十國 (西元 907-960)

帝王世系表

後梁： 太祖朱溫開平(907-911)乾化(911-912)－末帝朱友貞乾化(913-915)貞明(915-921)龍德(921-923)－
後唐： 莊宗李存勖同光(923-926)－明宗李嗣源天成(926-930)長興(930-933)－閔帝李從厚應順(934)－
末帝李從珂清泰(934-936)－
後晉： 高祖石敬瑭天福(936-942)－出帝石重貴天福(942-944)開運(944-946)－
後漢： 高祖劉知遠天福(947)乾祐(948)－隱帝劉承祐乾祐(949-950)
後周： 太祖郭威廣順(951-953-)顯德(954)－世宗柴榮顯德(954-959)－恭帝柴宗訓顯德(959-960)

朝代	帝　　王	國號	干支	西 元	紀　　要
五代 後梁	後梁太祖 朱全忠(朱溫) 吳烈祖楊渥 前蜀高祖王建 楚馬殷 南漢劉隱 閩王審知 南平高季興	開平 **1** 天佑 **4** 天復 **7**	丁卯	**907**	前蜀天復 7 年　唐天祐 4 年　晉天祐 4 年　岐天祐 4 年 淮南天祐 4 年　南楚開平元年　吳越開平元年　後梁開平元年 後梁太祖朱全忠(朱溫)(852~912),碭山人,仕唐,昭封梁王,強迫唐哀帝李柷禪位於梁王朱全忠,唐亡,立國 276 年.朱全忠稱帝,更名晃,是為太祖,國號梁,史稱**後梁**.在位 6 年(907-923)年 61 歲.定都汴 廢唐昭宗帝為濟陰王. 朱溫殘暴淫亂倫無恥,,912 年被親生兒子朱友珪刺死 中國分裂,**五代十一國時代開始**(907-979)凡 73 年. 稱帝的有：蜀王(四川成都)王建稱帝,國號蜀,史稱**前蜀**. 淮南楊行密(852~905)的吳, 四川王建(852~905)的前蜀, 福建王審知(862~925)的閩, 廣東劉隱(874~911)的南漢, 稱王的有：浙江錢繆(852~932) 梁封錢鏐為吳越王, 湖南馬殷(852~930) 梁封武安(湖南長沙)節度使馬殷為楚王,史稱南楚王.,湖北高季興(858~928)的荊南等. 李克用、楊渥、李茂貞等堅貞仍用唐天祐年號,與梁敵對如昔,征伐不息. 盧龍劉仁恭為其子劉守光囚禁 淮南西川移檄興復唐室 高季昌為荊南節度使 契丹酋長按巴堅遣使於梁. 彭德顒公出生(908-974)
	後梁太祖朱溫 吳越武肅王錢鏐 前蜀高祖王建	開平 **2** 天寶 **1** 武成 **1**	戊辰	**908**	後梁開平 2 年　晉天祐 5 年　岐天祐 5 年　淮南天祐 5 年 前蜀天復 8 年　南楚開平 2 年　前蜀武成元年　吳越天寶元年 朱全忠弒殺濟陰王(唐昭宗李柷).　李克用卒,兒子李存勗嗣位. 弘農王楊渥驕奢,張顥徐溫共同謀殺楊渥.　封盧龍軍節度使為河間郡王 淮南將吏推楊隆演為節度使　華原賊溫韜發唐諸帝陵. 徐溫尋殺張顥,立楊渥弟楊隆演為弘農王. 文學家司空圖卒
	後梁太祖朱溫 吳迴祖楊隆演	開平 **3**	己巳	**909**	後梁開平 3 年　晉天祐 6 年　岐天祐 6 年　淮南天祐 6 年　南楚開平 3 年 前蜀武成 2 年　吳越天寶 2 年 梁遷都洛陽,大梁為東都　淮南徐溫自領昇州刺史 朱全忠誅王重師　封王審知為閩王,劉守光為燕王. 劉知俊降岐,岐王李茂貞用為中書令. 文學家羅隐卒

朝代	帝　王	國號	干支	西 元	紀　要
後梁	後梁太祖朱溫	4	庚午	910	後梁開平4年　晉天祐7年　岐天祐7年　南吳天祐7年　南楚開平4年 前蜀武成3年　吳越天寶3年 淮南(江蘇楊州)弘農王楊隆演稱吳王,史稱南吳.,仍用唐天祐年號 劉守文殺其兄劉守文 朱全忠疑王鎔與晉私通,遣王景仁發兵擊之事泄,王鎔向晉求救,晉王李存勗出援,與後梁對峙河北柏鄉
	後梁太祖朱溫 前蜀高祖王建 南漢劉龑立	5 永平1 乾化1	辛未	911	後梁開平5年　晉天祐8年　岐天祐8年　南吳天祐8年 吳越天寶4年 後梁乾化元年　前蜀永平元年 南楚乾化元年 燕王劉守光稱帝,國號燕,建都幽州(北京)史稱桀燕建年應天(五代十國以外的勢力).913年亡於後唐李存勗. 晉王大敗梁軍於柏鄉 晉以馮道為掌書記 劉隱卒子劉巖嗣位
	太祖　朱溫 郢王 朱友珪	乾化2	壬申	912	晉天祐9年　岐天祐9年　南吳天祐9年　吳越天寶5年 前蜀永平2年　桀燕應天2年　後梁乾化2年　南楚乾化2年 梁帝朱全忠病篤,其子朱友珪夜入宮弒父(在位7年)篡位稱帝. 朱溫誣朱友文謀反,斬之. 晉及鎮定兵伐幽州,梁救之反大敗而歸. 梁擊河中節度使朱謙降晉. 敬翔相
	郢王 朱友珪 末帝 朱友貞	鳳歷1 乾化3	癸酉	913	晉天祐10年 岐天祐10年 南吳天祐10年 吳越天寶6年 前蜀永平3年 桀燕應天3年 後梁乾化3年　南楚乾化3年　後梁鳳曆元年 朱友珪(?~913)弒父即位在位8個月,均王朱友貞討伐斬之即位,是為梁末帝. 朱友貞(888~923)政治腐敗,在位10年,得年36歲**梁亡** 梁封高季昌為渤海王 晉王李存勗攻桀燕陷幽州擒桀燕帝劉守光及其父劉仁恭,**桀燕亡**,立國三年
		4	甲戌	914	晉天祐11年　岐天祐11年　南吳天祐11年　吳越天寶7年 前蜀永平4年　後梁乾化4年　南楚乾化4年 晉王李存勗斬劉守光,復械劉仁恭至代州(山西代縣),刺其心,以血祭先王李克用墓,然後斬之. 鎮定推晉王為尚書令始建行台 南詔攻蜀蜀敗之
		乾化5 貞明1	乙亥	915	晉天祐12年　岐天祐12年　南吳天祐12年　吳越天寶8年 前蜀永平5年　後梁乾化5年　南楚貞明元年　後梁貞明元年 梁分相州,澶州,衛州,另置昭德軍,任賀德倫為天雄節度使,張筠為昭德節度使, 另遣劉鄩率兵懾之. 魏兵皆父子相承,族姻盤結,不願分徙,遂變,囚賀德倫,之求救於晉 晉王李存勗入魏州,兼天雄節度使. 劉鄩以晉精兵在魏州,太原必虛,潛兵西進. 吳徐溫出鎮潤州 留子知訓輔政 蜀取岐之成秦鳳州 英國劍橋大學創立於915年
		貞明2 神冊1	丙子	916	南楚貞明2年　遼太祖神冊1年 契丹(遼)太祖耶律阿保機稱帝,建元神冊. 耶律阿保機稱帝,國號契丹.

遼 (西元 **916-1218**)(又說 **916-1031**)

遼朝帝王世系表:

太祖耶律阿保機神冊(916-922)天贊(922-926)天顯(926-927)－

太宗耶律德光天顯(927-938)會同(938-947)同(947)－

世宗耶律阮天祿(947-951)－

穆宗耶律璟應曆(951-969)－

景宗耶律賢保寧(969-979)乾亨(979-982)－

聖宗耶律隆緒乾亨(982-983)統和(983-1012)開泰(1012-1021)太平(1021-1031)－

興宗耶律宗真景福(1031-1032)重熙(1032-1055)－

道宗耶律洪基清寧(1055-1064)咸雍(1065-1074)大康(1075-1084)大安(1085-1094)壽昌(1095-1101)－

天祚帝耶律延禧乾統(1101-1110)天慶(1111-1120)保大(1121-1125)

西遼歷主三,計 78 年.遼及西遼之世系如下：

一世	二世	三世	四世	五世	六世	七世	八世	九世	十世	十一世
1 遼太祖 耶律億	2 太宗 德光	4 穆宗 璟								
	東丹王 托允	3 世宗 阮	5 景宗 賢	6 聖宗 隆緒	7 興宗 宗真	道宗 洪基	8 太子 濬	9 天祚帝 延禧		
							西 遼	(1)德宗 達什	(2)仁宗 伊呼	(3)末主 卓勒古

朝代	帝王	國 號	干支	西元	紀 事
遼	遼太祖耶律億 前蜀高祖王建	神冊 **1** 通正 **1** 貞明 **2**	丙子	**916**	晉天祐 13 年 岐天祐 13 年 南吳天祐 13 年 吳越天寶 9 年 南楚貞明 2 年 後粱貞明 2 年 契丹神冊元年 前蜀通正元年 唐末,匈奴故地的契丹為胡服騎射之族,首領耶阿保機(872~926)在位 11 年終年 55 歲.統一八部稱帝(916~925),國號**契丹**,建元神冊.國人稱他為天皇帝(即遼太祖 907-926),遼(916-1218)建國 303 年.從 916 年開國到 1031 年遼共曆太祖,太宗,世宗,穆宗,景宗,聖宗 6 帝,這一時期遼發展興盛,,尤遼后蕭燕燕問政(969-1009), 遼極盛.時代,對外吸取漢人文化技術,創造契丹大字和契丹小字,制訂成文法典,仿漢實行科舉. 藩漢分制
	遼太祖耶律億 南漢高祖劉陟	貞明 **3** 天漢 **1** 乾亨 **1**	丁丑	**917**	晉天祐 14 年 岐天祐 14 年 南吳天祐 14 年 吳越天寶 10 年 南楚貞明 3 年 後梁貞明 3 年 契丹神冊 2 年 漢天漢元年 越乾亨元年 前蜀改國號為漢.南漢劉岩於唐亡時據廣東廣西建大越國稱帝都番禺(廣州)918 改名漢劉岩 917-942 清海節度使劉陟稱帝,建都廣州,國號大越.建元乾亨,國號**南漢**. 晉王李存勗,其父以醫卜為業,往投之,劉夫人恥其父家寒微,云已死,命笞其父於宮門,逐之.
	遼太祖耶律億 前蜀高祖王建	貞明 **4** 光天 **1**	戊寅	**918**	晉天祐 15 年 岐天祐 15 年 南吳天祐 15 年 吳越天寶 11 年 後粱貞明 4 年 南楚貞明 4 年 契丹神冊 3 年 南漢乾亨 2 年 前蜀光天元年 契丹太祖詔建孔子廟、佛寺、道觀. 前蜀國號為蜀前蜀帝高祖王建卒子王宗衍嗣位,建高麗國. 越改國號為漢,史稱南漢. 吳知訓為朱瑾所殺 徐溫以養子知誥代執吳玫 晉大舉伐梁,雙方喪士卒重

朝代	帝王	國號	干支	西元	紀事
遼	遼太祖耶律億 前蜀高祖王衍 吳高祖楊隆演	貞明 **5** 乾德 **1** 武義 **1**	己卯	**919**	晉天祐 16 年 岐天祐 16 年 吳越天寶 12 年 後梁貞明 5 年 南楚貞明 5 年 契丹神冊 4 年 南漢乾亨 3 年 前蜀乾德元年 南吳武義元年 晉以郭崇韜為中門副使 晉李存審於德勝(河南濮陽)南北築兩城.駐守 吳王隆演稱吳王,建國改元武義 吳越攻吳常州持久不下,雙方言和
	遼太祖耶律億	貞明 **6**	庚辰	**920**	晉天祐 17 年 岐天祐 17 年 吳越天寶 13 年 後梁貞明 6 年 南楚貞明 6 年 契丹神冊 5 年 南漢乾亨 4 年 前蜀乾德 2 年 南吳武義 2 年 南吳宣王楊隆演卒,弟丹陽公楊溥嗣位　梁朱友謙取同州,以河中降晉 蜀侵岐 南漢睿帝溥稱昊帝 920-937.937 亡於南唐徐知浩 趙王王鎔不恤政事,宦官石希蒙弄權,遊樂不返,李弘規諫不聽,使蘇漢衡斬石希蒙,王鎔怒且懼,遣子王昭祚殺李弘規及蘇漢衡等數十家,捕其黨治罪. 契丹制大字,詔頒行之,後又創小字.
	遼太祖耶律億 吳睿帝 楊溥	貞明 **7** 龍德 **1** 武義 **3** 順義 **1**	辛巳	**921**	晉天祐 18 年 岐天祐 18 年 吳越天寶 14 年 後梁貞明 7 年 契丹神冊 6 年 南漢乾亨 5 年 前蜀乾德 3 年 南吳武義 3 年 南吳順義元年 後梁龍德元年 南楚龍元年 晉鎮州兵變,張文禮弒王鎔及家族,而為成德(河北正定)節度使. 晉得傳國寶 成德節度留後符習擊張文禮,其子張瑾固守. 義武(河北定州)王都囚義父王處直,殺之,自任節度使,降於晉. 契丹攻幽州拔涿州,進侵義武,晉王救之.
遼	太祖　耶律億	龍德 **2** 天贊 **1**	壬午	**922**	晉天祐 19 年 岐天祐 19 年 吳越天寶 15 年 契丹神冊 7 年 南漢乾亨 6 年 前蜀乾德 4 年 南吳順義 2 年 南楚龍德 2 年 後梁龍德 2 年 契丹天贊元年 晉王大敗契丹,追至易州還.　梁襲晉魏州不克. 晉史建瑭李嗣昭均戰死鎮州 晉克鎮州殺張文禮子張處瑾 晉張承業卒 楚吳皆入貢 契丹太祖任次子堯骨(耶律德光)為天下兵馬大元帥.
遼 後唐	太祖 耶律億 莊宗 李存勗	龍德 **3** 同光 **1**	癸未	**923**	岐天祐 20 年 吳越天寶 16 年 南漢乾亨 7 年 前蜀乾德 5 年 南吳順義 3 年 契丹天贊 2 年 後梁龍德 3 年 後唐同光元年 南楚同光元年 南平同光元年 李存勗自楊瀏(山東東阿北)渡黃河,經鄆州(山東東平)攻大梁(河南開封),後梁軍迭潰,朱友貞自殺,段凝率軍降後唐,**後梁亡**,立國 17 年 李存勗(885~926)魏州(河北大名)稱帝,為後唐莊宗,國號唐,史稱**後唐**,建都洛陽.聽信讒言,殺害功臣,朝政紊亂,眾叛親離,為郭門高弒殺,在位 3 年 42 歲
後唐 吳越	莊宗 李存勗 武越王 錢鏐	同光 **2** 寶大 **1**	甲申	**924**	岐天祐 21 年 南漢乾亨 8 年　前蜀乾德 6 年 南吳順義 4 年 契丹天贊 3 年 後唐同光 2 年 南楚同光 2 年 南平同光 2 年 吳越寶大元年 李存勗立劉夫人為皇后,愛財民怨,用宦官為諸道監軍,仗劫爭權,諸將憤怒. 岐王李茂貞入貢,向後唐稱臣,改封秦王尋卒,授其子李繼儼為陝西鳳翔節度使,岐亡,立國 18 年. 後唐封荊南(湖北江陵)節度使高季昌為南平王,南平建國. 以伶人陳俊儲德源為刺史 孔謙為策庸使 李嗣源為蕃漢都總管 越入貢 彭構雲嗣旭湖郡侯彭瀫徙湖南長沙青山舖定居

朝代	帝王	國號	干支	西元	紀事
	莊宗 李存勗 前蜀後主王衍 南漢高祖劉奕 閩王延翰立 後蜀孟知祥	同光 **3** 咸康 **1** 白龍 **1**	乙酉	**925**	南漢乾亨 9 年 南吳順義 5 年 契丹天贊 4 年 後唐同光 3 年 南楚同光 3 年 南平同光 3 年 吳越寶大 2 年 前蜀咸康元年 南漢白龍元年 後唐李繼岌郭崇韜攻前蜀帝王宗衍,王宗衍出降,**前蜀亡**,立國 19 年. 作清暑樓 李嗣源為成德節度使,董璋為東川節度使,孟知祥為西川節度使. 閩王審知卒子延翰立 李存勗促郭崇韜還軍無禮,宦官語皇后殺郭崇韜 契丹太祖征渤海國
後唐 吳越 遼	莊宗 李存勗 明宗李嗣源(李亶) 武肅王 錢鏐 遼太祖耶律億 閩王鏻	同光 **4** 天成 1 寶正 **1** 天顯 **1**	丙戌	**926**	南吳順義 6 年 契丹天贊 5 年 後唐同光 4 年 南漢白龍 2 年 後唐天成元年 南楚天成元年 吳越寶正元年 南平天成元年 李存勗欲攻嗣源,郭從諫叛,李存勗中流矢卒.李嗣源入洛陽,殺劉后及諸王,殺孔謙廢租庸使自立為帝,是為後唐明宗. 後唐明帝李嗣源(866~933)出身微賤,驍勇善戰,知民苦,由監國而繼帝位,殺伶官,力求安定.在位 8 年終年 68 歲 惠帝璘稱帝 閩王潮據閩,子閩王王延翰稱閩王,建國都福州,刺史王延稟殺之,立王延鈞為節度使. 契丹滅勃海國,契丹改元天顯,將渤海國為東丹國.契丹耶律阿保機卒,次子耶律德光嗣位,是為契丹太宗
遼	明宗李嗣源(李亶) 遼太祖耶德光 吳睿帝 楊溥	天成 **2** 天顯 **2** 乾貞 **1**	丁亥	**927**	南吳順義 7 年 契丹天贊 6 年 南漢白龍 3 年 後唐天成 2 年 南楚天成 2 年 吳越寶正 2 年 南平天成 2 年 南吳乾貞元年 契丹天顯元年 南吳大丞相徐溫卒,吳王楊溥稱帝,是為讓帝. 楚唐末王馬殺(896-930)據湖南廣西,建國為楚王稱帝都潭州(湖南長沙) 遼太宗耶律德光(902~947)皇太后述律氏擁立,在位 21 年終年 46 歲. 馮道崔協相 楊溥稱帝 誅郭崇諫 吳丞相徐溫卒 契丹滅渤海使,並來修好 述律氏主持「選汗」德光即位,尊述律氏為應天皇太后.
	明宗李嗣源(李亶) 南漢高祖劉龔 南平高從誨立	天成 **3** 大有 **1**	戊子	**928**	南漢白龍 4 年 後唐天成 3 年 南楚天成 3 年 吳越寶正 3 年 南平天成 3 年 南吳乾貞 2 年 契丹天顯 2 年 南漢大有元年 南楚攻南漢,南楚大敗. 南吳攻南楚,許德勳大敗南吳,擒苗璘. 以子從榮為北都留守 王都反遼助之,遣王晏球等討破之.契丹救定州王晏球擊走之 誅盜溫韜 南平武信王高季興向南吳稱藩,高季興尋卒,子文成王高從誨嗣位
	明宗李嗣源(李亶) 吳睿帝 楊溥	天成 **4** 大和 **1**	己丑	**929**	後唐天成 4 年 南楚天成 4 年 吳越寶正 4 年 南平天成 4 年 南吳乾貞 3 年 契丹天顯 3 年 南漢大有 2 年 南吳太和元年 王晏球克定州,王都舉族自焚死,王晏球擒禿餒送大梁. 置緣邊市馬場 以子從榮為河南尹從厚為北都留守吳以徐佑誥兼中書令 南楚武穆王馬殷子馬希聲誣都軍判官高郁謀反,盡殺其族黨
	明宗李嗣源(李亶) 楚 馬希聲	天成 **5** 長興 **1**	庚寅	**930**	後唐天成 5 年 吳越寶正 5 年 契丹天顯 4 年 南漢大有 3 年 南吳太和 2 年 後唐長興元年 南楚長興元年 南平長興元年 後唐孟知祥,董璋聯兵叛,石敬瑭擊討數戰無功. 遼東丹王倍(突欲)來歸唐 河中軍亂,逐李從珂討平之南楚武穆王馬殷卒,子衡陽王馬希聲嗣位

朝代	帝王	國號	干支	西元	紀事
	明宗李嗣源(李亶) 吳越元瓘立 楚馬希范立	**2**	辛卯	**931**	吳越寶正 6 年 契丹天顯 5 年 南漢大有 4 年 南吳太和 3 年 後唐長興 2 年 南楚長興 2 年 南平長興 2 年 均田稅 唐明宗李嗣源以兩川之叛,歸罪於安重誨,命石敬瑭率兵遁歸,殺安重誨 節度使孟知祥上表謝罪,東川節度使董璋以家巳被屠,不服. 以李從珂為左衛大將軍,孟漢瓊為宣徽使 遣兩川將吏還諭本鎮 吳以徐知誥鎮金陵
		長興 **3**	壬辰	**932**	吳越寶正 7 年 契丹天顯 6 年 南漢大有 5 年 南吳太和 4 年 後唐長興 3 年 南楚長興 3 年 南平長興 3 年 後唐國子監(932-953)依石經文字製作九經(易、書、詩、周禮、儀禮、禮記、左傳、公羊傳、穀梁傳)雕版成書印賣. 南楚衡陽王馬希聲卒,弟文昭王馬希範嗣位. 後唐董璋襲成都,孟知祥迎戰斬之 從此併有兩川 吳越武肅王錢鏐卒,子文穆王錢傳瓘嗣位.
	明宗李嗣源(李亶) 閩太宗王鏻	長興 **4** 龍啟 **1**	癸巳	**933**	契丹天顯 7 年 南漢大有 6 年 南吳太和 5 年 後唐長興 4 年 南楚長興 4 年 南平長興 4 年 吳越長興 4 年 閩龍啟元年 後唐帝明宗李嗣源疾篤,子秦王李從榮起兵欲攻皇宮,皇臣使安從益斬之. 李嗣源卒,子閔帝李從厚嗣位,是為後唐閔帝. 立從珂為潞王,子從益為許王. 閩王王延鈞稱帝,是為惠宗,建都長樂府(福建福州),國號閩,改元龍啟. 任薛文傑為國計使. 李仁福卒 李仁福之子彝超嗣位 以孟知祥為蜀王
後唐 後蜀	閔帝 李從厚 末帝 李從珂 高祖 孟知祥	應順 **1** 清泰 **1** 明德 **1**	甲午	**934**	契丹天顯 8 年 南漢大有 7 年 南吳太和 6 年 後唐長興 5 年 閩龍啟 2 年 南楚清泰元年吳越清泰元年 南平清泰元年 後唐應順元年 後唐清泰元年 後蜀明德元年 蜀王孟知祥據川稱帝是為高祖國號蜀史稱**後蜀**定都成都,.尋卒子孟昶嗣位. 閔帝李從厚(913~934)在位 4 個月,年 21 歲.為王弘贄縊殺,李從珂(884~936)入洛陽,嗣位,改元清泰,是為後唐末帝姐夫石敬瑭叛自焚,在位 3 年 53 歲. 封高重誨馬希範錢元瓘為王 封從珂為河東、封敬瑭為成都節度使. 南吳蔣延徵攻閩,閩惠宗王延鈞遣王延宗薛文傑馳救,南吳兵退. 後唐朱弘昭,馮簪用事,忌李從珂,調之為河東節度使,李從珂憤懼,遂叛. 後唐高祖孟知祥卒,三子孟昶繼位,是為後蜀後主. 奈太君(934-1010)楊繼業之妻,「楊家將」浴血沙場,一門忠烈,全家留下孤寡婦孺.朝廷欽賜「楊門忠烈」扁額.
	末帝 李從珂 後蜀後主孟昶 吳睿帝 楊溥 閩太宗 王鏻	清泰 **2** 明德 **2** 天祚 **1** 永和 **1**	乙未	**935**	契丹天顯 9 年 南漢大有 8 年 南吳太和 7 年 南楚清泰 2 年 吳越清泰 2 年 南平清泰 2 年 後唐清泰 2 年 後蜀明德 2 年 南吳天祚元年 閩永和元年 閩惠宗王延鈞臥病,李倣認必死,使殺嬖倖百工院使李可殷. 王延鈞病癒詰質李可殷死狀,李倣大懼,引兵入宮弒王延鈞,子康宗昶嗣位. 後唐末帝李從珂 李彝超卒兄李彝殷代之 吳加徐知誥大元帥封齊王 孟知祥死,子昶繼之 契丹寇邊,命北面總管石敬瑭屯兵忻州,副總管張敬達屯代州

朝代	帝王	國 號	干支	西元	紀　　　　事
後晉	高祖 石敬瑭 閩康宗 王昶	天福 **1** 通文 **1**	丙申	**936**	契丹天顯 10 年　南漢大有 9 年　後唐清泰 3 年　後蜀明德 3 年 南吳天祚 2 年　閩永和 2 年　後晉天福元年　南楚天福元年 吳越天福元年　南平天福元年　閩通文元年 後唐河東節度使石敬瑭(890~942),以幽雲十六州為代價,向契丹德光稱臣,稱兒.換取援助,稱帝國號晉,史稱【**後晉**】都大梁,在位 6 年 51 歲 李從珂舉族自焚死,**後唐亡**,共傳四帝立國 14 年(923~936). 後唐成德節度使董溫琪貪暴斂財,以秘瓊為腹心,引兵攻石敬瑭,為契丹拘屠董溫琪家,埋於一塚,悉沒其財產,自任節度使.
後晉 南唐	高祖 石敬瑭 烈祖　李昪	天福 **2** 升元 **1**	丁酉	**937**	契丹天顯 11 年　南漢大有 10 年　後蜀明德 4 年南吳天祚 3 年後晉天福 2 年 南楚天福 2 年　吳越天福 2 年　南平天福 2 年　閩通文 2 年　南唐昇元年 遼會同元年 南吳徐知誥廢南吳帝楊溥讓位,**南吳亡**,立國 28 年,徐知誥自即帝位(937-943)是為烈祖,建都江寧(江蘇南京),國號唐,史稱**南唐.** 契丹改國號遼 徐知誥子中宗璟 943-961.子後主煜改國號江南,去帝號,稱國主.975 年亡於宋朝趙匡胤. 段思平建大理國,凡 22 主,317 年.　吳與契丹修好 李崧為相,桑維翰為樞密使　後晉遷都大梁(河南開封) 范延光反
後晉 後蜀 遼	高祖 石敬瑭 後蜀　孟　昶 太宗耶律德光	天福 **3** 廣政 **1** 會同 **1**	戊戌	**938**	南漢大有 11 年　後晉天福 3 年　南楚天福 3 年　吳越天福 3 年南平天福 3 年 閩通文 3 年　南唐昇元 2 年　遼會同 2 年　後蜀廣政元年 制民墾田三年外乃聽徭役 後晉高祖石敬瑭割讓 16 州給契丹.尊遼耶律德光為父皇帝,自稱兒皇帝.石敬堂,死後,其兄之子石重貴立,是為出帝.時耶律德年 37,石敬瑭 47. 楊光遠圍晉昌府不下,石敬瑭命赦免范延光罪,范延光紿出降 遼五京(上京,東京,南京,中京,西京)分立 石敬瑭獻燕雲十六州給契丹
後晉	高祖 石敬瑭 閩景宗 王曦	天福 **4** 永隆 **1**	已亥	**939**	南漢大有 12 年　後晉天福 4 年　南楚天福 4 年　吳越天福 4 年南平天福 4 年 閩通文 4 年　南唐昇元 3 年　遼會同 3 年　後蜀廣政 2 年　閩永隆元年 徐知誥改名李昪,改國號唐,史稱南唐.　廢樞機院 閩王曦弒主昶自立稱蕃屬閩景宗曦 939-944 以馮道守司徒兼侍中 閩帝康宗王繼鵬猜忌屠戮拱宸控鶴軍使連重遇殺之叔景宗王延羲嗣位.
		5	庚子	**940**	南漢大有 13 年　後晉天福 5 年　南楚天福 5 年　吳越天福 5 年南平天福 5 年 南唐昇元 4 年　遼會同 4 年　後蜀廣政 3 年　閩永隆 2 年 楚平群蠻在湖南溪州豎立銅柱(天福 5 年 7 月 18 日鑄「湘西溪州銅柱」940.8.9.鐫刻柱文,12.20.豎柱) 閩帝景宗王延羲驕滔苛暴,弟建州(福建建甌)刺史王政屢諫不聽,,大怒,遣親信鄴翹往藍其軍,王延政遂起兵叛. 後蜀趙崇祚編〔花間集〕收錄溫庭筠等十八家詞,是我國最早的詞總彙集 南唐在廬山建白鹿洞學堂,開書院講學之先河.
後晉	高祖 石敬瑭	**6**	辛丑	**941**	南漢大有 14 年　後晉天福 6 年　南楚天福 6 年　吳越天福 6 年南平天福 6 年 南唐昇元 5 年　遼會同 5 年　後蜀廣政 4 年　閩永隆 3 年 安重榮執遼使者上書請伐遼不許.安重榮叛,杜重威討之. 以劉知遠為北京留守 吳越文穆王錢傳瓘卒,子忠獻王錢弘嗣位 閩帝王延羲與王延政言和,封王延政為富沙王,繼又相攻,長樂府(福建福州)建州,暴屍如莽. 後晉安從進叛,高行周討之.　劉知遠招納吐谷渾自承福等徙之內地.

朝代	帝王	國號	干支	西元	紀事
後晉 南漢	高祖 石敬瑭 殤帝 劉 玢	天福 7 光天 1	壬寅	**942**	南漢大有 15 年 後晉天福 7 年 南楚天福 7 年 吳越天福 7 年南平天福 7 年 南唐昇元 6 年 遼會同 6 年 後蜀廣政 5 年 閩永隆 4 年 南漢光天元年 南漢帝高祖劉巖卒,子秦王劉弘度嗣位,是為殤帝. 後晉鎮州兵叛,杜重威入城,斬安重榮. 高行周陷襄州,安從進舉族自焚死 石敬瑭在位 7 年以兒子石重睿幼小,而擁侄兒石重貴(?~946)嗣位是為後晉出帝在位 4 年. 用景延廣議向遼告哀,稱孫不稱臣.「孫臣」名義之爭,爆發戰爭. 後晉帝高祖石敬瑭卒 遼帝太宗有意攻中國
後晉 南漢 南唐	出帝 石重貴 南漢宗 劉晟 元宗 李璟 閩王 延政	天福 8 應乾 1 乾和 1 保大 1 天德 1	癸卯	**943**	後晉天福 8 年 南楚天福 8 年 吳越天福 8 年 南平天福 8 年 南唐昇元 7 年 遼會同 7 年 後蜀廣政 6 年 閩永隆 5 年 東漢光天 2 年 南唐保大元年 東漢應乾元年 東漢乾和元年 殷天德元年南唐烈祖李昇卒,子元宗李璟嗣位. 閩富沙王王延政稱帝,建都建州國號殷. 楊光遠誘遼南侵 南漢殤帝劉弘度暴虐,遭劉弘熙刺殺即位,是為中宗. 南唐王李昇殂,子暻立 漢洪熙弒其主玢自立更名晟. 執遼使喬榮既而歸之 後晉旱蝗,大饑,南自長江,北至長城,原野山谷,城郭廬舍,蝗蟲皆滿,竹木葉俱盡,後晉遣使搜括民糧,民餓死數十萬人.
後晉	出帝 石重貴	天福 9 開運 1	甲辰	**944**	後晉天福 9 年 遼會同 8 年 後蜀廣政 7 年 閩永隆 6 年 南唐保大 2 年 南漢乾和 2 年 殷天德 2 年 後晉開運元年 南楚開運元年 吳越開運元年 南平開運元年 後蜀王孟昶作春聯,中國春聯開始出現. 遼趙鈞陷後晉貝州(河北清河),遼太宗耶律德光掠滄德深莫四州,燒殺千里. 後晉楊光遠叛,李守貞討之,遼遣兵援助大敗.後晉青州,楊光遠執其父出降. 閩帝景宗王延羲猜忌虐殺,朱文進不安殺王延羲,屠王氏家族.林仁翰復殺朱文進,降於殷. 誅楊光遠
後晉	出帝 石重貴	天福 10 開運 2	乙巳	**945**	會同 9 年 後蜀廣政 8 年 南唐保大 3 年 南漢乾和 3 年 閩天德 3 年 後晉開運 2 年 南楚開運 2 年 吳越開運 2 年 南平開運 2 年 南唐查文徽攻閩陷建州,王延政降,閩亡,立國 13 年. 遼大舉攻後晉,後晉皇甫遇敗之於相州(河南安陽)榆林店. 後晉符彥卿皇甫遇乘勢追擊破遼犯兵. 殷帝王延政改國號為閩,遣侄王繼昌鎮長樂府(福建福州). 李仁達殺王繼昌,立雪峰寺僧卓巖明為帝,尋殺之,奉表稱藩於南唐. 桑維翰罷 武宗信奉道教,沒收僧尼產業,下詔禁止道教以外的任何宗教. 福建頗具盛名福州「法海寺」(前名興福院)始建,2011.2.7.被火焚毀. 後晉官修〔唐書〕後稱〔舊唐書〕
		天福 11 開運 3	丙午	**946**	遼會同 10 年 後蜀廣政 9 年 南唐保大 4 年 南漢乾和 4 年 後晉開運 3 年 南楚開運 3 年 吳越開運 3 年 南平開運 3 年 遼遣張彥澤襲大梁(河南開封),石重貴欲自焚,為人所救,乃脫黃袍換素衫,奉表出降張彥澤囚之開封府,**後晉亡**,立國 11 年.(後晉 936 至 946 年合計 11 年) 南唐李仁達叛降後晉,復降吳越,乞救兵,吳越張筠救福州. 後晉出帝石重貴遣杜重威攻遼,遼帝太宗耶律德光迎戰,圍杜重威,許杜重威為帝,杜重威遂舉軍降,士卒奉命解甲,皆慟哭.

朝代	帝王	國號	干支	西元	紀　事
後漢 遼 吳越 楚	高祖　劉暠 (劉知遠) 太宗耶律德光 世宗 耶律丌 吳越　錢倧 吳越　錢俶 楚　馬希廣	天福 **12** 大同 **1** 天祿 **1**	丁未	**947**	後漢天福 12 年　南楚天福 12 年吳越天福 12 年遼會同 11 年後蜀廣政 10 年 南唐保大 5 年　南漢乾和 5 年　南平保大 5 年　遼大同元年　遼天祿元年 契丹耶律德光在開封稱帝，改國號為【**大遼**】改元大同. 遼太宗耶律德光攻汴京擄出帝而去,**晉亡**,凡二主,12 年(936~947).後封出帝石重貴為負義侯. 遼北歸,遼太宗耶律德光暴死,爭奪「橫渡之約」太后許立,由侄世宗耶律阮(丌欲)嗣位(918~951),在位 4 年終年 34 歲,改元天祿. 後晉劉知遠(895~948)入大梁,於山西太原稱帝,是為高祖,國號【**漢**】史稱**後漢**高祖,都大梁(開封),兩年後就死了,其子隱帝劉承祐(931~950)嗣位, 郭威受命輔政.. 南楚(湖南)文昭王馬希範卒,弟馬希廣嗣位. 吳越錢弘佐卒,弟錢弘倧嗣位.
後漢	高祖　劉暠 隱帝 劉承祐 南平高保融立	天福 **13** 乾祐 **1**	戊申	**948**	後漢天福 13 年　後蜀廣政 11 年　南唐保大 6 年　南漢乾和 6 年　遼天祿 2 年 後漢乾祐元年　南楚乾祐元年　吳越乾祐元年　南平乾祐元年 後漢高祖劉知遠卒,子隱帝劉承祐嗣位是為後漢隱帝,在位 3 年(948-950)年 20 歲年輕無治國方略,朝失賢臣,內亂紛起,逼迫大將郭威用兵,戰爭中為亂兵所殺. 後漢趙思綰據長安叛,郭從義討之 李守貞據河中叛,白文珂討之. 王景崇據鳳翔叛,趙暉討之. 南平文獻王高從誨前曾與後漢絕,繼再向後漢稱藩,尋卒, 子貞懿王高保融嗣位.
		2	己酉	**949**	後蜀廣政 12 年　南唐保大 7 年　南漢乾和 7 年　遼天祿 3 年 後漢乾祐 2 年　南楚乾祐 2 年　吳越乾祐 2 年　南平乾祐 2 年 前三叛犯： 一.後漢趙思綰據長安,殘暴好食人肝,面剖人腹取肝烹飪,食已盡而人尚未死.被圍城久,出降,復又思叛,被擒,屠誅於市. 二.李守貞據河中糧絕,舉家自焚. 三.王景崇據陝西鳳翔,聞二鎮已敗,亦舉家自焚. 三叛悉平. 南楚武平(湖南常德)節度使馬希萼以己為兄而不得立,起兵攻長沙,敗還.
後漢	高祖　劉 暠 隱帝 劉承祐 南平高保融立	**3**	庚戌	**950**	後蜀廣政 13 年　南唐保大 8 年　南漢乾和 8 年　遼天祿 4 年 後漢乾祐 3 年　南楚乾祐 3 年　吳越乾祐 3 年　南平乾祐 3 年 南楚馬希萼向南唐稱藩,誘辰州(湖南沅陵)蠻,再攻長沙,城陷,殺其弟楚王馬希廣,自立,是為南楚恭孝王. 後漢隱帝劉承祐,年二十,厭為輔政大臣所制,殺楊邠史弘肇王章等,復欲密殺郭威,郭威遂叛,劉承祐戰討兵敗,為亂兵所殺. 李太后臨朝,以高祖劉知遠弟劉崇子劉贇,時任武寧(江蘇徐州)節度使,可承大統,遣太師馮道往迎. 遼侵陷河北內丘,饒陽,李太后命郭威擊之,兵至澶州(河南濮陽),兵變,擁郭威為帝.建號為【周】是為周太祖,後漢亡,凡三主共 4 年(947~950) 郭威,邢州人(河南濮陽),即位後改元廣順,恭儉愛民,罷去四方貢獻,在位只三年就死了,養子柴榮即位,是為後周世宗. 劉贇至宋州(河南商丘),侍衛馬軍都指揮使郭崇威囚之. 彭彥昭歸隱江西吉安永豐縣明德鄉沙溪(後漢 4 年).

朝代	帝王	國 號	干支	西元	紀 事
後周 遼 北漢 楚	太祖 郭威 遼穆宗 律璟 世祖 劉旻 楚 馬希崇立	廣順 1 應歷 1 乾祐 4	辛亥	**951**	後蜀廣政 14 年 南唐保大 9 年 南漢乾和 9 年 遼天祿 5 年 後漢乾祐 4 年 後周廣順元年 南楚廣順元年 吳越廣順元年 南平廣順元年 遼應曆元年 **南楚亡**,立國 45 年. 郭威(904~954)入大梁(開封)稱帝是為高祖國號【周】史稱**後周**(951-959)在位 9 年 後漢河東節度使漢高祖弟劉崇以河東 12 州之地獨立,於山西太原稱帝,是為世祖,仍以漢為國號,稱**【北漢】**以別於嶺南的南漢. 攻晉州隰州不克引去.劉崇向遼稱臣,尊鑿世宗耶律丌欲為叔皇帝,自稱侄皇帝.請兵相助,兵不欲行, 燕王耶律述軋殺耶律丌欲.耶律德光子耶律述律嗣位,號天順皇帝,改元應曆,即為穆宗. 南楚恭孝王馬希萼猜忌,殺戮無度,馬步指揮使徐威起兵囚之,立其弟馬希崇為楚王馬希崇荒淫,徐威欲殺之自解,馬希崇察覺大懼,密向南唐請兵,南唐信州刺史邊鎬入長沙,盡遷馬氏宗族於江寧(江蘇南京),**南楚亡**,立國 45 年.
後周 遼 北漢 楚	太祖 郭威 遼穆宗 律璟 世祖 劉旻 楚 馬希崇立	廣順 2 乾祐 5	壬子	**952**	後蜀廣政 15 年 南唐保大 10 年 南漢乾和 10 年 後漢乾祐 5 年 後周廣順 2 年 吳越廣順 2 年 南平廣順 2 年 遼應曆 2 年 後周慕容彥超與後漢高祖劉知遠異父同母,不自安,起兵叛.昭武節度使曹英討之久不能克,周帝太祖郭威親征,慕容彥超投井死. 南唐武安(湖南長沙)節度使邊鎬昏懦無斷,會南唐武(湖南常德)節度使劉言入朝,劉言遂叛,起兵陷長杪,邊鎬奔金陵(江蘇南京),劉言盡復南楚故地,向後周稱藩,實則獨立為政. 遼穆宗(931~969)即皇位在位 18 年終年 39 歲.皇族(952~960)內亂,952 年世宗弟國等圖謀推翻穆宗,發覺處死.953 年李翳子宛等反,逮捕處死,959 年穆宗弟敵烈和耶律海思等謀反,遭捕恐於獄中.963 年穆宗大肆殺戮身邊服役,被廚師殺死于黑山游獵行宮,為一暴君,遼國中衰. 南唐開進士科
		廣順 3 乾祐 6	癸丑	**953**	後蜀廣政 16 年 南唐保大 11 年 南漢乾和 11 年 後漢乾祐 6 年 後周廣順 3 年 吳越廣順 3 年 南平廣順 3 年 遼應曆 3 年 唐制科舉 九經板成,蜀毌昭裔請其刻印九經. 武安(湖南長沙)節度使王逵襲朗州(湖南常德),執武平(湖南常德)節度使劉言,誣以謀反,殺之.以養子榮為開封尹封晉王. 王逵殺劉言.
後周	太祖 郭威 孝和帝劉承鈞	顯德 1 乾祐 7	甲寅	**954**	後蜀廣政 17 年 南唐保大 12 年 南漢乾和 12 年 後漢乾祐 7 年 遼應曆 4 年 後周顯德元年 吳越顯德元年 南平顯德元年 後周帝太祖郭威(904~954)卒,養子柴榮(921~959)嗣位,為周世宗.改元顯德.為人敦厚志氣恢宏,修黃淮水整頓朝綱,用賢才,撫流民,墾荒整軍,五代英主 後漢帝世祖劉崇卒,子睿宗劉承鈞嗣位. 與北漢戰於高平敗漢兵誅敗將 北漢主殂,子鈞立 簡閱軍募將士補宿衛 馮道死 五代十國繪畫興盛

朝代	帝王	國號	干支	西元	紀事
後周 北漢	世宗 郭柴榮 北漢睿宗劉鈞	顯德 **2** 乾祐 **8**	乙卯	**955**	後蜀廣政 18 年 南唐保大 13 年 南漢乾和 13 年 後漢乾祐 8 年 遼應曆 5 年 後周顯德 2 年 吳越顯德 2 年 南平顯德 2 年 使如夏州制舉令錄法 廢無額寺院禁私度僧尼 王朴為諫議大夫知開封府 後周伐後蜀,後蜀李廷珪拒之大敗,後周連取秦(甘肅秦安)成(甘肅成縣)階(甘肅武都)鳳(陝西鳳縣)四州. 遣李穀伐唐
		乾祐 **9** 顯德 **3**	丙辰	**956**	後蜀廣政 19 年 南唐保大 14 年 南漢乾和 14 年 後漢乾祐 9 年 遼應曆 6 年 後周顯德 3 年 吳越顯德 3 年 南平顯德 3 年 後蜀攻南唐,南唐大敗,劉彥貞被殺,後周連陷滁舒揚和等州,進攻壽州,久不能克,悉棄所取諸州,力圍壽州.南唐李景達救壽州. 南唐元宗李璟遣尹範赴泰州,遷南吳故讓帝楊溥之族於潤州(江蘇)尹延範悉斬楊氏六十餘人. 武平(湖南常德)節度使王逵攻南唐鄂州,岳州團練使潘叔嗣奉迎甚恭,而王逵左右求取無厭,不滿意,誣其謀反,王逵恕形於色,潘叔嗣恐,襲王逵殺之. 周行逢又殺叔嗣據湖南. 以周行逢為武平節度使 趙匡胤為殿前都指揮使
後周	世宗 郭柴榮 孝和帝劉承鈞	顯德 **4** 天會 **1**	丁巳	**957**	後蜀廣政 20 年 南唐保大 15 年 南漢乾和 15 年 遼應曆 7 年 後周顯德 4 年 吳越顯德 4 年 南平顯德 4 年 後漢天會元年 作刑統 疏汴水入五丈河. 王朴為樞密使 遼北漢合兵侵潞州,取唐濠泗 南唐壽州(安徽壽縣)城中糧盡,齊王李景達命永安(福建建甌)節度使許文鎮由淮水逆流而上,屯於八公山,築甬道抵壽州,欲運軍糧. 後周侍衛親軍都指揮使李重進邀擊,大破之. 後周世宗郭柴榮親征,復大破紫金山寨,窮追南唐兵. 李景達奔江寧(江蘇南京)壽州不能支,降於後周李穀罷
	世宗 郭柴榮 南漢 劉鋹 南唐元宗林璟	顯德 **5** 天會 **2** 大寶 **1** 中興 **1** 交泰 **1**	戊午	**958**	後蜀廣政 21 年 南唐保大 16 年 南漢乾和 15 年 遼應曆 8 年 後周顯德 5 年 吳越顯德 5 年 南平顯德 5 年 南唐顯德 5 年 後漢天會 2 年 南唐中興元年 南唐交泰元年 南漢大寶元年 南唐帝元宗李環聞後周兵已臨長江,大破唐師,唐盡獻北河地,方罷兵,上表稱藩,去帝號,復去年號,用**【後周】**年號. 後周世宗製「均田圖」頒各州地方節度使,實施「**均田制**」. 為南唐固守,悉於後周. 南漢帝中宗劉弘熙卒,子劉繼興嗣位. 時長江以北尚餘廬(安徽合肥)舒(安徽潛山)蘄(湖北蘄春)黃(湖北黃州)四州 南漢後主(大寶 958)(958-971) 971 亡於宋趙匡胤 楊延昭(958-1014)史上有名楊家將楊繼業第六子,追殺遼軍,戍守邊疆,防堵契丹功高.契丹把他當成天的六郎星宿(將星)下凡,故稱他為楊六郎.他之子楊文廣(?-1074)亦為名將有功,他的「德順軍」威震邊域.

朝代	帝王	國號	干支	西元	紀事
	恭帝 郭宗訓	顯德 6 天會 3	己未	**959**	後蜀廣政 22 年　遼應曆 9 年　後周顯德 6 年　吳越顯德 6 年 南平顯德 6 年　南唐顯德 6 年　後漢天會 3 年　南漢大寶 2 年 司馬光編纂的**《資治通鑑》**四百萬字成書(403~959) 後周帝世宗郭榮大舉攻遼,連陷莫(河北任丘)瀛(河北河間)雄(河北雄縣)霸(河北霸州)諸州,復欲攻幽州(北京),突然患病有疾,引軍還大梁(河南開封),帝尋卒,子恭帝郭宗訓(953~960)嗣位,是為恭帝,以趙匡胤為殿前都點檢,在位 7 個月,年方七歲趙匡胤篡位,**周亡** 南漢帝劉繼興暴虐忌才,謂知識者為「門外人」不得干預政事.或進士第一人,或僧,或道,可談者,皆須先下蠶室,處以宮刑,亦有自宮而進,或為免死而自宮者.
後周 北宋	恭帝 郭宗訓 南平 高保勗 太祖 趙匡胤	顯德 7 天會 4 建隆 1	庚申	**960**	後蜀廣政 23 年　遼應曆 10 年　後周顯德 7 年　後漢天會 4 年　南漢大寶 3 年 後蜀廣政 23 年　遼應曆 10 年　後周顯德 7 年　後漢天會 4 年　南漢大寶 3 年 宋建隆元年　南唐建隆元年　吳越建隆元年　南平建隆元年 後周世宗郭柴榮是一位優越武將,內政清明,並非敵視佛教,因目睹佛教過度浪費資財,乃限制佛寺,淘汰僧尼,這是歷史上最後一次排佛行動,與北魏太武帝、北周武帝、唐武宗,合稱「三武一宗,之難」 後周方賀正日,鎮州(河北正定)河北定州馳奏遼軍與後漢軍南下.命太尉殿前都點檢趙匡胤禦之. 世宗死後,恭帝即位,年僅 7 歲,聞契丹入寇, 960.2.3.趙匡胤進兵至陳橋(河南封丘東南),「**陳橋兵變**」擁趙匡胤為帝,黃袍加身引軍還大梁(河南開封),周恭帝郭宗訓遂讓帝位於趙匡胤,**後周亡**,立國 10 年. (959-960) 趙匡胤(927~976)在位 16 年終年 50 歲,謙恭約定： (一) 維持汴京治安 (二) 優待周恭帝和柴榮家宗室.趙匡胤方安然入京受禪即位,是為宋太祖,國號**【宋】**改元建隆. 後周昭義(山西長治)節度使李筠起兵討趙匡胤,入屯澤州(山晉城),趙匡胤圍之,城陷,筠籍焚死. 淮南(江蘇揚州)節度使重進繼起兵討趙匡胤,趙匡胤逕至江蘇揚州城下,即日攻陷,李重進舉族自焚死.　南平貞懿王高保融卒,弟高保勗嗣位. 趙匡胤知人善任,御將有術,治兵極嚴,善待部屬,有功不吝爵賞,英明識治,倡文治.保全功臣,豁達大度,氣量宏大,然趙匡胤能得帝位及治國功業,多得力於趙普之人進言善諫. 趙匡胤兄弟五人：趙光濟、趙匡胤、趙晉王、趙廷美、趙光贊 . 子四人：趙德秀、趙德昭、趙德林、趙德芳.

宋朝

(北宋 **960-1126** 凡七世九君歷 **167** 年)
(南宋 **1127-1279** 凡七世九君歷 **153** 年)
(南宋、北宋共 **320** 年)

北宋

帝王世系表

太祖趙匡胤建隆(960-963)乾德(963-968)開寶(968-976)－
太宗趙光義太平興國(976-984)雍熙(984-987)端拱(988-989)淳化(990-994)至道(995-997)－
真宗趙恒咸平(998-1003)景德(1004-1007)大中祥符(1008-1016)天禧(1017-1021)乾興(1022)－
仁宗趙禎天聖(1023-1032)明道(1032-1033)景祐(1034-1038)寶元(1038-1040)康定(1040-1041)慶曆(1041-1048)皇祐(1049-1054)至和(1054-1056)嘉祐(1056-1063)－
英宗趙曙治平(1064-1067)－
神宗趙頊熙寧(1068-1077)元豐(1078-1085)－
哲宗趙煦元祐(1086-1094)紹聖(1094-1098)元符(1098-1100)－
徽宗趙佶建中靖國(1101)崇寧(1102-1106)大觀(1107-1110)政和(1111-1118)重和(1118-1119)宣和(1119-1125)－
欽宗趙桓靖康(1126-1127)

宋室計傳 18 主,凡 329 年,其世系如下：

一世	二世	三世	四世	五世	六世	七世
	燕王德昭	冀王惟吉	廬江侯守度	嘉國公世括	房國公令稼	修武郎子奭
1北宋太祖趙匡胤 建隆,乾德,開寶	秦王德芳	英國公惟憲	新興侯從郁	華陰侯世將	房國公令稼	修武郎子奭
2太宗 光義 太平興國,雍熙,端拱,淳化,至道	3真宗 恆 咸平,景德,大中祥符,天禧,乾興	4仁宗 禎 天聖,明道,景祐,寶元,康定,慶曆,皇祐,至和,嘉祐				
	商恭靖王元份	濮安懿王允讓	5英宗 曙 治平	6神宗 頊 熙寧,元豐.	7哲宗 煦 元祐,紹聖,元符	
					8徽宗 佶 建中靖國,崇寧,大觀,政和,重和,宣和	9欽宗 桓 靖康
					慶國公令譮	秀王偁
						1南宋高宗構
八世	九世	十世	十一世	十二世	十三世	
益國公伯旴	越國公師意	榮王希瓐				
2南宋孝宗眘	3光宗惇	4寧宗擴				
			5南宋理宗昀			
			福王興芮	6南宋度宗禥	7恭帝□ 8端宗昰 9帝 昺	

朝代	帝　　王	國號	干支	西 元	紀　　　　　　　　　要
北宋	太祖 趙匡胤 遼穆宗耶律璟	建隆 1 應曆 10	庚申	**960**	宋建隆元年　　南唐建隆元年　　吳越建隆元年　　南平建隆元年 趙匡胤(927-976),河北涿州人,生於夾馬營,赤光滿室,異香經宿.人謂之香孩兒.長從世宗南征北伐,契丹入寇,以兵禦之,策動後周「**陳橋兵變**」篡周稱帝郭宗訓讓位,黃袍加身即位,是為宋太祖,建立**北宋**王朝(960~1126).計 167 年趙匡胤受印周禪建國都大梁(今河南開封).在位 16 年享年 50 歲. 趙匡胤廢除宰相坐議之禮.初事周世宗為殿前軍都點檢,歸德軍節度使,掌握禁軍,素得軍心,遂為軍士擁戴即帝位.結束五代混亂,開創統一政局,削弱方鎮權力,集權於朝廷.宋太祖措施:: 1.罷諸宿將兵權,代以資淺將領掌兵,於是軍士擁立宿將之事不復再見. 2.在京師集中全國精兵,削弱地方兵權,因之地方割據現象不復再生. 3.地方政權收歸朝廷,削弱方鎮權力,於是節度使,防禦使,刺使皆無實權,由朝臣出守列郡,稱知州事. 4.郡設通判,以守臣之權.平定地區政權,杜絕地方割據之效 5.斂收地方財賦納歸朝廷,郡歲用外不得擅自占留,地方無財匱,得以安定. 趙匡胤集權政策,謀出趙普,相繼擢為書記、樞密使、為相.趙善御將: 1.　位輕而任重,軍務皆可隨機處置,不從中御. 2.　久其任期,不輕遷走 3.　不節其財用 4.　既任之而不疑
		2	辛酉	**961**	後蜀廣政 24 年　　遼應曆 11 年　　後漢天會 5 年　　南漢大寶 4 年 宋建隆 2 年　　南唐建隆 2 年　　吳越建隆 2 年　　南平建隆 2 年 度民田　　修唐會要成　　嚴懲贓吏　　課民種植　　修三禮圖 遣使監輸民租 杜太后殂遺命傳弟 宋罷石守信等典禁兵 「**杯酒釋兵權**」趙匡胤召歸德(河南商丘南)節度使石守信等飲酒,兩相甚歡,酒酣時,摒除左右謂曰「人生如白駒過隙,所為富貴,不過欲多積金錢,厚自娛樂,使子孫不貧耳.卿等何不釋去兵權,出守大鎮,擇良田好宅買之,為子孫立永久之業,多玫歌兒舞女,日飲酒相歡,君臣之間,兩無猜忌,不亦善乎.」眾皆拜謝.明日,均稱疾罷兵權.自是兵權集中中央,將與兵不相習,擁兵作亂不易. 南唐帝元宗李以江[寧(江蘇南京)與宋僅隔長江,憂不易保,乃遷都江西南昌,李璟尋卒,子李煜嗣位,仍還都江寧. 嚴懲贓吏　　修成三禮圖　　裁汰老弱軍卒,置剩員以處退兵　　行新曆 停調民應郵傳役以代軍卒　　修周世宗實錄 寇準(961-1023.10.24.),字平仲,今陝西渭南人,北宋政治家,名宰相,促宋真宗御駕親征,登上澶州城門以示督戰,致使宋軍萬歲呼聲響傳數里,官兵氣勢如虹,而訂「澶淵之盟」寇準生活奢侈,夜宴笙歌,燃燭達旦,受王欽若等重臣排擠辭官,歸途病逝廣東雷州.欲將靈柩運回洛陽安葬,至湖北公安時,無錢暫厝,老百姓懷念寇準功德,以竹子插地,掛物祭祀,竹幡後生筍成林,民以其為神,立祠祭祀,視竹為「**相公竹**」
		3	壬戌	**962**	後蜀廣政 25 年　遼應曆 12 年　　後漢天會 6 年　　南漢大寶 5 年 宋建隆 3 年　　南唐建隆 3 年　　吳越建隆 3 年　　南平建隆 3 年 令大辟諸州不得專決　　趙普為樞密使　　擴建皇城　　禁州縣役僑居民 減竊盜刑　　復置書判拔萃科　　潑潞州民修太行道　　禁鎮將干涉民事 頒捕盜令　　判死罪者,委刑部詳覆 武平(湖南常德)節度使周行逢卒,子周保權繼任,年方 11. 衡州(湖南衡陽)刺史張文表起兵攻之,陷湖南長沙,周保權向宋乞援. 南平王高保勗卒,侄高繼沖嗣位.

	太祖 趙匡胤	乾德 1	癸亥	963	後蜀廣政 26 年 遼應曆 13 年 後漢天會 7 年 南漢大寶 6 年 宋建隆 4 年 宋乾德元年 南唐乾德元年 吳越乾德元年 南平乾德元年 文臣知州事,初置通州通判,以常參官知縣事. 北宋命慕容延釗軍討張文表. 時周保權遣楊師璠已攻陷湖南長沙,斬張文表.經湖北荊門,奇兵襲湖北江陵 南平王高繼沖倉皇出降,南平(荊南)亡,立國 40 年. 北宋軍趨朗州(湖南常德),擒周保權,湖南亦入宋版圖. 北宋自太祖至哲宗 963~1094 年,以制科取士凡 24 次,得士 42 人 963-975 年,北宋先後滅荊南,南唐等,統一南方. 發丁夫修河堤 蒐收圖書充實三館 諸州置通判 重鑿砥柱,三門 修成「五代會要」 頒刑統 禁公薦貢舉人 禁道州調民取朱砂 禁發民開銅礦 詔定諸州貢舉條對經史之法
北宋	太祖 趙匡胤	乾德 2	甲子	964	後蜀廣政 27 年 遼應曆 14 年 後漢天會 8 年 南漢大寶 7 年 宋乾德 2 年 南唐乾德 2 年 吳越乾德 2 年 頒刑統 復制舉賢長方正等科.詔著四時聽式. 改清源軍為平海軍 發丁夫鑿渠,自長社引濮水合閔河 置參知政事以副宰相 唐主募人為僧薛居正呂餘慶參知政事 宋王全斌伐後蜀 擢趙譜為相,趙匡胤即帝位中央集權、罷絀兵權,削弱方鎮之權,皆其獻策,擇善固執,善能回轉上意
		3	乙丑	965	後蜀廣政 28 年 遼應曆 15 年 後漢天會 9 年 南漢大寶 8 年 宋乾德 3 年 南唐乾德 3 年 吳越乾德 3 年 北宋遣兵入蜀,後主孟昶降,**後蜀亡**,立國 32 年. 設置諸路轉運使 宋軍擾民,擁全師雄為王,宋王全斌招撫,殺全師雄之族,納其愛女為妾,全師雄益怒,攻四川彭州,宋陷州城,悉屠殺之,全師雄逃.
		4	丙寅	966	遼應曆 16 年 後漢天會 10 年 南漢大寶 9 年 宋乾德 4 年 南唐乾德 4 年 吳越乾德 4 年 宋命人臣家不得私養宦官及閹童男,民間不得有宦官亦自此始. 後蜀全師雄卒,民變悉平. 宋求遺書 韃靼入貢 罷義倉 賜僧行勤等 157 人各錢三萬遊西域 罷場院羨餘賞格,並嚴禁耗外加徵 禁臣庶家私養宦者 立縣令佐勤墾植賞格.
		5	丁卯	967	遼應曆 17 年 後漢天會 11 年 南漢大寶 10 年 宋乾德 5 年 南唐乾德 5 年 吳越乾德 5 年 完成「舊五代史」 貶王全斌等官有差 定難節度使李彝興卒 復開陵井,鹽產量大增. 禁輕小惡錢及鐵鑞錢 停各州將銅像送京,並令勿毀,仍復崇奉.
		乾德 6 開寶 1	戊辰	968	遼應曆 18 年 後漢天會 12 年 南漢大寶 11 年 宋乾德 6 年 宋開寶元年 南唐開寶元年 吳越開寶元年後漢帝睿宗劉承鈞卒子劉繼恩嗣位. 侯霸榮俟其臥殺之,立劉繼元為帝 覆試進士 遼兵救北漢我師還 定制復試品官子弟應舉者 宋史館新定書目四卷 令送上供錢帛,舟車並從官給,勿以擾民.
北宋 遼	太祖 趙匡胤 景宗 耶律賢	開寶 2 保寧 1	己巳	969	遼應曆 19 年 後漢天會 13 年 南漢大寶 12 年 宋開寶 2 年 南唐開寶 2 年 吳越開寶 2 年 遼保寧元年 宋趙匡胤攻後漢,決汾水灌太原,終不能克弔軍還 罷王彥超 北漢誅郭無為 遼穆宗為近侍小哥等弒殺,耶律阮之,侄耶律賢(948~982)即位,即景宗,大膽改革,重用漢人,仿漢治國,推展農業,整頓軍務,使遼富裕在位 14 年終 35 歲. 令民典買田土者輸錢印契. 罷鳳翔節度使王彥超等為諸衛上將軍,自是諸藩鎮州漸多代以文吏.

北宋 遼	太祖 趙匡胤 景宗 耶律賢	3	庚午	970	後漢天會 14 年　南漢大寶 13 年　宋開寶 3 年 南唐開寶 3 年　吳越開寶 3 年　遼保寧 2 年 徵處士王昭素為國子博士　增省州縣官薪俸　整修前曆代帝王陵墓 宋攻南漢,潭州(湖南長沙)防 禦史潘美任都部署無將可用,後免用郭崇岳,無勇無謀,唯知昧鬼神祈福.. 在杭州錢塘江建「六和塔」(970-1163)　韓熙載卒 馮繼昇獻『**火制法**』 **畢昇**(約 970-1051)發明膠泥活字**印刷術,**
		4	辛未	971	後漢天會 15 年　南漢大寶 13 年　宋開寶 4 年 江南開寶 4 年　吳越開寶 4 年　遼保寧 3 年 宋潘美焚馬逕寨,克廣州,殺郭宗岳,南漢帝劉繼興出降,**南漢亡**,立國 55 年 南唐帝李煜聞宋滅南漢,大懼,奉表於宋,去國號,改稱**江南**國主. 河決澶州 殺南漢宦襲澄樞　李託封劉倀為恩赦侯　『開元釋教錄』刻全部佛教藏經 禁諸道州縣差攝官　革新重歛苛政,民納租皆用官斗.　復著內侍養子令
		5	壬申	972	後漢天會 16 年　宋開寶 5 年　江南開寶 5 年　吳越開寶 5 年　遼保寧 4 年 黃河氾濫河北大名決堤,又大飢.　江南主殺其南都留守林仁肇 禁僧道私習天文地理　令民輸贍軍錢,減百官俸
		6	癸酉	973	後漢天會 17 年　宋開寶 6 年　江南開寶 6 年　吳越開寶 6 年　遼保寧 5 年 葬周恭帝　封弟光義為晉王　交州丁璉入貢,封為交趾郡王 宋立科舉制度,御講武殿親試進士,自是殿試遂為常式.自有殿試,凡禮部試進士第 一謂之省元,殿試第一始稱狀元,而進士及第成為子門生. 修開寶通禮成　重定神農本草
		7	甲戌	974	宋開寶 7 年　吳越開寶 7 年　遼保寧 6 年　江南甲戌年　後漢廣運元年 宋遣曹彬大敗江南於采石(安徽馬鞍山西南)及白鷺洲(長江中沙洲) 以吳越王俶為昇州東南行營招撫制置使
		8	乙亥	975	宋開寶 8 年　吳越開寶 7 年　遼保寧 7 年　江南乙亥年　後漢廣運 2 年 宋軍圍江寧(江蘇南京),江南國主李煜與群臣宮門乞降,**南唐亡**,立國 39 年 科舉考試有省試、殿試,皇帝特准賜給官銜的叫「恩科」科舉制度進步.
北宋	太宗 趙光義	太平興國 1	丙子	976	宋開寶 9 年　遼保寧 8 年　後漢廣運 3 年　太平興國元年　吳越太平興國元 北宋帝太祖趙匡胤 976.10.20「燭影斧聲」在位 17 年病崩,弟趙光義(937~997)即帝位,是為太宗,改元太平興國.在位 22 年年 60.封弟廷美齊王兒子德昭武功郡王 曹彬為樞密使 吳越王俶來朝　起兵伐北漢,敗其兵於太原遼救之. 宋世四大書院.： 湖南長沙嶽麓山創建「嶽麓書院」.1015 年宋真宗賜額「嶽麓書院」歷經.999、1012、1015、1539 年幾度擴建,1904 年改為「湖南高等學堂」,後又改為「湖南高等師範學校」1926 年定「湖南大學」 「石鼓書院」在湖南衡陽石鼓山.宋太宗庄道中,邵人,李士真請於郡守創立. 「白鹿洞書院」江西廬山五老峯下,始建於南唐, 號「廬山國學」.宋太宗興國問,聚徒講誦至數千人,詔賜九經令諸生肄習.「應天府書院」 命楉徽之等編「文苑英華」一千券 遼詔諭史館學士,書皇后言亦稱「朕」暨「予」.
		2	丁丑	977	遼保寧 9 年　後漢廣運 4 年　宋太平興國 2 年　吳越太平興國 2 年 北宋編纂「四大部書」『太平御覽、冊府元龜、文苑英華、太平廣記』 河南登封縣太山下建「太室書院」1035 年更名「嵩陽書院」 帝更名炅　置江南榷茶場　初榷酒酤　增科學考試名額 廢江南鐵錢改鑄銅錢,禁民私採銅礦　禁江南小錢定 77 錢為一百 售舶來藥寶貨以濟國用　定礬法,禁私煮和販　置威勝將軍 藉藩鎮子弟補殿前承旨,不得再補牙校　罷節度使所領支郡

		3	戊寅	978	遼保寧 10 年　後漢廣運 5 年　宋太平興國 3 年　吳越太平興國 3 年 設崇文書院,藏書八萬卷　遼謀殺蕭思溫案發,高勳,女裏被處決. 吳越王錢弘俶入朝於宋,宋留之不使返國,錢弘俶大懼,上表盡獻其地,**吳越亡**,立國 72 年,南方割據政權至此全部削平. 『百家姓』在吳越成書
		4	己卯	979	遼保寧 11 年　後漢廣運 6 年　宋太平興國 4 年　遼乾亨元年 北宋滅北漢,北宋太宗趙光義攻後漢,圍太原,後漢帝劉繼元降,**後漢亡**,立國 33 年. 五代十一國時代至是終結(907-979)凡 73 年　宋帝完成統一. 趙光義乘滅後漢餘威轉軍攻遼,圍遼南京(北京),遼[遼惕隱(官名)耶律休格援至,戰於高梁河(北京西),宋軍大潰,趙光義中箭重傷,乘驢喠南遁,遼追至河 立崇文院藏書八萬卷　太祖之子武功郡王趙德昭,自刎而死　北涿州始止. 定難節度使李繼筠(克叡子)卒,弟繼捧嗣　太宗親征幽燕敗負傷而歸. 毀太原舊城,以榆次縣為井州徙其富民於西京.
		5	庚辰	980	宋太平興國 5 年　遼乾亨 2 年 定差役法,上四等戶量輕重輪差,下四等戶免除 楊業雁門關大敗遼兵,自將禦之,遼以耶律休哥為于越 修宋祖實錄成書 丁璉逝世,幼子丁璿被大臣黎桓囚禁. 交州亂,宋任侯仁寶為交州(越南河內)轉運使,孫全興為都部署,命攻交趾(越南河內).　安南黎氏篡位,**丁朝亡**
		6	辛巳	981	宋太平興國 6 年　遼乾亨 3 年 孫全興抗命,侯仁寶為降卒所殺,又逢炎瘴,人多死,引還. 宋逮孫全興下獄死 清苑界開徐河,雞距河,50 里入白河　罷湖州織羅女工 置差遣院考校京朝官勞績
		7	壬午	982	宋太平興國 7 年　遼乾亨 4 年 宋太宗趙光義誣弟趙廷美與盧多遜私通大逆不道,貶趙美為涪陵縣公,放流盧多遜於崖州(海南三). 遼景宗耶律賢死,子耶律隆緒奉遺詔嗣位,即聖宗,年十二,蕭太后攝政. 遼自 982-1103 崇佛傳播,其中以華嚴,密宗派最為昌盛. 李繼捧入朝宋,獻夏銀綏宥四州之地.其弟李繼遷叛走地斤澤. 置譯經院,令西僧譯佛經　行吳昭素所進乾元曆　諸州置農師
北宋 遼	太宗 趙光義 聖宗耶律隆緒	太平興國 8 統和 1	癸未	983	宋太平興國 8 年　遼乾亨 5 年　契丹統和元年 遼聖宗耶律隆緒(971~1031)在位 48 年享壽 64 歲.改國號為契丹.遼群臣上尊號曰昭聖皇帝,母后曰『皇太后』改元統和 仿漢制,科學取士,澶州訂盟安國 黎桓進貢謝罪,並呈丁璿同意讓位的奏章,請求冊封. 李穆呂蒙正參與政事.　罷曹彬 趙普罷相 宋　琪李昉同平章事 宋國史館李昉等編纂成**《太平御覽》**. 分三司為鹽鐵,戶部,度支三部.　鑄錢五十萬貫　置水陸發運使 選童子 50 人就譯院習梵學,梵字　日本僧
北宋	太宗 趙光義	雍熙 1	甲申	984	宋太平興國 9 年　契丹統和 2 年　宋雍熙元年. 日本僧奝然乘宋船來中國　華山隱士陳博入朝 宋將尹憲、曹光實破李繼遷退守黃羊平(陝西) 宋太宗趙光義弟趙廷美憂憤而死. 許群臣請封禪罷宋送李繼捧還,授夏州刺史,賜名趙保忠,使夏州尹襲擊李繼遷,破走之.　建安至淮澨中置二斗門以利漕運 建獨樂寺屬佛教寺院,在今天津薊縣城內.年建獨樂寺山門和觀音閣並整修 太宗召浦城 11 歲神童楊億就試闕下,試時賦五篇,下筆立成,太宗賞之. 開江南鹽禁　鑄五使印　廢嶺南採珠場

		2	乙酉	985	契丹統和 3 年　宋雍熙 2 年 北宋太宗廢其長子楚王趙元佐為庶人. 銀麟夏州悉內附　遼編纂字書 李繼遷誘殺曹光實襲據銀州(陝西榆林南),副將王侁擊走之. 禁邕管殺人祭鬼,及僧置妻妾
		3	丙戌	986	契丹統和 4 年　宋雍熙 3 年 楊繼業(?-986)北宋命曹彬田重進潘美分道伐遼,曹彬敗於岐溝,潘美命副將楊繼業出戰泣曰「請於此為左右翼,轉戰至此,即以步兵夾擊相救,不然無遺類矣」遂進,契丹伏擊,力戰至陳家谷(山西朔州南),望無一人,拊膺大慟,,被他的統帥所出賣,與其子俱被殺.楊繼業「楊家將」是中國抵抗遼國北方蠻族,表現得可歌可泣,為最傑出的將領.驍勇善戰和被出賣壯烈殉國,一門忠烈,在他與妻子佘太君無數戰役中事蹟,為後人追思. 遼大舉入犯,掠刑深德州　張齊賢敗之於代州　冊封黎桓為趾郡王
		4	丁亥	987	契丹統和 5 年　宋雍熙 4 年 置三班院以統供奉官,殿直,及殿前承旨 遣使募兵,諸州　將大舉伐遼.　宋給始百官實俸
	太宗 趙光義	端拱 1	戊子	988	契丹統和 6 年　宋雍熙 5 年　宋端拱元年 李昉罷相　趙普為太保兼侍中　呂蒙正相　除西藏鹽禁 契丹攻宋,入長城口,敗於唐河(河北唐縣境). 宋授李繼捧為定難(陝西靖邊北)軍節度使,賜名趙保忠,命圖李繼遷.
		2	己丑	989	契丹統和 7 年　宋端拱 2 年 范仲淹(989-1052)字希文,江蘇吳縣人,政治家,文學家,軍事家,教育家.力除時弊,政治革新, 明黜陟,抑僥幸,精貢舉,擇官學,均公田,厚農桑,修武備,減徭役,推恩信,重朝令,等革新時弊,聲言「先天下之憂而憂,後天下樂而樂」,作「**岳陽樓記**」名傳後世.. 契丹陷易州遷民於燕 尹繼倫大敗遼耶律休哥於徐河.
	太宗 趙光義	淳化 1	庚寅	990	契丹統和 8 年　宋淳化元年 趙普罷　詔貸江州義門陳兢粟　除江南,兩浙,嶺南漁禁 禁湖南,川峽,嶺殺人祀鬼　鑄淳化元寶錢　契丹封李繼遷為夏國王
		2	辛卯	991	契丹統和 9 年　宋淳化 2 年　趙保忠 置審刑院 李繼遷降宋,任為銀州觀察使,賜名趙保吉.　王沔陳恕呂蒙正罷 李昉張齊賢相　宋李繼捧、趙保忠叛降遼,契丹封為西平王 罷端州貢硯　置諸路提點刑獄
		3	壬辰	992	契丹統和 10 年　宋淳化 3 年 北宋設置翰林醫官院,掌管醫藥衛生政令,負責皇帝及眷屬治病醫藥機構. 科舉考試行糊名制　立磨勘院以考課中外官 分貨泉金帛為六庫,迭為受給　占城僧人淨戒獻於宋 宋太宗趙光義詔終南山隱士种放,其辭疾不赴. 趙普卒 編成『太平聖劑方』藥方 16,834 通. 『淳化秘圖法帖』滙集歷代書法珍品
		4	癸巳	993	契丹統和 11 年　宋淳化 4 年 置審官院 宋加徵賦稅,禁商旅買賣布帛,民怨,青城(四川都江堰西南)王小波李順謂「吾恨貧富不均,今為汝均之」起義.宋遣張玘擊之,王小波中流矢死,眾擁李順為主.　李昉等罷　呂蒙正復相　陳恕為三司總計使 以何承矩為河北屯田制置使廣開塘泊　張齊賢罷　呂端參知政事 廢沿江榷貨八務,任商買販　令大理詳決案牘送刑院,不必送刑部詳覆 置諸路茶鹽制置使　併點刑獄司於轉運司　置三司總計使 沿江海不靖,影響漕運,命官為管句江淮,浙都大發運,擘劃茶鹽事,以經理之.

		5	甲午	994	契丹統和 12 年　宋淳化 5 年 太宗第三子襄王趙元侃為開封尹.　寇準參政　李繼遷入貢 李順陷四川成都,王繼恩收復,擒李順磔死.　高麗請伐遼諭止之 宋李繼隆攻夏州,擒李繼捧,毀夏州城.　削趙保吉姓名,墮夏州城. 令轉運司輸轉租稅不得役民.　罷諸州榷酤
	太宗 趙光義	至道 1	乙未	995	契丹統和 13 年　宋至道元年 立趙元侃為皇太子更名恒. 李繼遷為鄜州節度使不受詔　宋破成都李順死 呂端任宰相,太宗謂其「大事不糊塗」「定議立真宗」謀略膽識冷靜. 呂蒙正罷,呂端相.　契丹攻宋,敗於子河汊(內蒙伊金霍洛旗). 令各州金穀,刑獄由通判,判官治理,節度使至刺使,勿與其事. 重造州縣二稅版籍　許民請佃曠土為永業　禁邊民與蕃戎婚娶.
北宋	太宗 趙光義	2	丙申	996	契丹統和 14 年　宋至道 2 年 遣李繼隆等討李繼遷,李繼遷攻宋靈州(寧夏靈武)久不能克,解圍去. 詔江,浙,閩有負人錢沒入男女者還其家. 鑄錢數十萬緡.
			丁酉	997	契丹統和 15 年　宋至道 3 年 北宋帝太宗趙光義在位 22 年卒,葬永熙陵.子真宗趙恒嗣位.是為真宗 在位 25 年.　罷江淮發運使 北宋封李繼遷為定難軍節度使,承認其割據地位. 分天下州軍為十五路　追復廷美秦王　復封元佐楚王
北宋	真宗 趙 恒	咸平 1	戊戌	998	契丹統和 16 年　宋咸平元年 北宋真宗趙恒(968~1022)嗣位,崇儒遵佛信道,與遼訂「**澶淵之盟**」貢遼歲幣絹 20 萬匹,白銀 10 萬兩,苟安一時.在位 25 年終年 55 歲 悉除諸路逋賦 張齊賢李沆相　遼契丹耶律休哥卒　四川發行『交子』是世界最早紙幣 修太宗實錄　獎勸種麻織布　置什馬司以估蕃部馬　宋新定編敕成
		2	已亥	999	契丹統和 17 年　宋咸平 2 年 曹彬卒 置翰林侍讀侍講學士令刑昺孫等校諸經經義　遼人寇宋溥濳不出 北宋在淅江杭州寧波設買「市舶司」管理外商經營,本國商船外貿課稅. 包拯(999.4.11.-1062.5.24.)安徽合肥人,少孝行名聞鄉里,為官治事「公正廉明,鐵面無私」貞忠直節,譽著朝廷.. 罷大通監鐵冶　治河屯水利
		3	庚子	1000	契丹統和 18 年　宋咸平 3 年 杭州靈隱寺岩壁彌勒佛一手按布袋一手持念,袒腹踞坐,笑顏逐開,宋代表作 范廷召敗丹於莫州 益州(成都)王均兵變,雷有終擊之,王均自縊死,入成都,屠殺餘眾,備極冤酷. 免湖南地稅,屋稅,枯骨稅,又減茶斤之數.　張齊賢罷. 改江南茶法　置群牧司以理馬政.　罷京畿均田稅 遼攻宋軍生擒康保裔,深入齊州(山東濟南)淄州(山東淄博)大京而歸.
		4	辛丑	1001	契丹統和 19 年　宋咸平 4 年 設置「龍圖閣」在崇文院內建史館,昭文館,集賢殿,合稱三館.負責收藏太宗御書,御製文集,各種典集,圖書,宗族名冊,譜牒,祥瑞之物. 「料敵塔」(1001-1055) 建成,作為監視情之用. 詔舉賢良方正能直言極諫者　汰冗吏頒九經於州縣學校 頒行儀天曆　分川,峽為益,利,梓,夔四路　賜諸州縣學校九經　購逸書 修續通典及校定周禮等正義成　籍陝西丁壯為保毅軍 以張齊賢為涇原經略使 李繼遷叛陷清遠軍 契丹梁王耶律隆慶攻宋,至威魯軍(山西左雲東北),逢兩王顯王超敗之.

		5	壬寅	**1002**	契丹統和 20 年　宋咸平 5 年 夏王李繼遷攻陷宋靈州(寧夏靈武).改名西平府 宋觀測到獅子座流星雨
		6	癸卯	**1003**	契丹統和 21 年　宋咸平 6 年 以六谷酋長潘羅支為朔方節度使　寇準代陳恕為三司使 王繼忠遼人戰兵敗被擄　禁士庶家私黥僮僕 命靜戎等軍並置方田,鑿河以遏敵兵 李繼遷攻西蕃(回鶻殘部),取西涼府(甘肅武威),六谷蕃部酋長潘羅支偽降,乘隙反擊,李繼遷中流矢亡,子李德明嗣位
		景德 1	甲辰	**1004**	契丹統和 22 年　宋景德元年 李沆卒　畢士安、寇準為相 遼國大舉攻宋,楊延昭率兵萬人追敵玉澶州,復至遼境,宋真宗會契丹,訂「**澶淵盟約**」為兄弟國,宋每年送契丹銀十萬兩,絹二十萬匹,自是中國與契丹自此 119 年無戰爭(1004-1122 宋先叛盟)
		2	乙巳	**1005**	契丹統和 23 年　宋景德 2 年 與遼和置國信司.　增置制六科　宋賀遼太后生辰厚禮　編『西昆酬唱集』 宋遼邊界恢復榷場蒙古皮毛換宋絹綢,彼此互利,保持宋、遼和平友好關係 宋國子監有書版十餘萬,經史皆具　鎮戎軍募弓箭手,邊防多仿行之
		3	丙午	**1006**	契丹統和 24 年　宋景德 3 年 黎桓逝世,子黎龍廷即位.　趙德明進表稱臣請降,宋詔以為定難節度使 置諸州常平倉　北宋與黨項訂立和約　以王欽若譖罷寇準知陝州 王旦相 宋記載觀測豺狼座超新星爆發,是世界天文學史上最早記錄. 命轉運使副及知州皆加勸農使衔 定江淮運米歲以六百萬石為額.歲收較咸平六年增萬,餘賦增萬餘.
		4	丁未	**1007**	契丹統和 25 年　宋景德 4 年. 罷西京榷酤　令酒稅取中數為額,爾後不得更議增課　置雜賣場 言祥瑞者大盛　減罷夔,賀,劍,隴,等 66 州歲貢物. 復置諸路提點刑獄　命百官俸給實錢,願折支化物者聽. 初詔禮部糊名考試舉人　遼城遼西為中京 宋劉家規嚴酷,陳進等眾怨殺之 宜州亂擁判官盧成均為南平王,逾三月始平定 歐陽修(1007-1072),號六一居士,江西永豐縣人.文史學家,朝廷重臣.早年支持范仲淹改革,晚年反對王安石變法,獨編「新五代史」,合編「新唐書」
北宋	真宗　趙恒	大中祥符 1	戊申	**1008**	契丹統和 26 年　宋景德 5 年　宋大中祥符元年 宋真宗於崇政殿告群臣驚見神人曰「來月當降天書大中祥符三篇」. 王欽若假造天書,皇城司奏云:左承天門屋之南角,有帛二丈,繫有一物隱約有字,始是天書.乃率群臣焚香拜望,大赦改元大中祥符,從此祥瑞紛起. 宋真宗趙恒以王旦為封禪大禮使,赴泰山封禪,舉行祭孔,舉國若狂,耗費 830 餘萬貫沉重負擔. 狄青(1008-1048)字漢臣,山西汾陽人.有遠略,善治軍.
		2	己酉	**1009**	契丹統和 27 年　宋大中祥符 2 年 宋封孔子弟子顏回等 72 人為公侯　封配享孔子廟左丘明等伯爵 築渠引金水河入京城　減鄜延路駐泊兵 遼承天太后崩,宋遣使弔慰,從此兩國皇帝太后死喪,互派使弔祭 遼韓德讓繼秉大政.　三司使丁謂上封禪祥瑞圖　昇州大水陝西旱蝗 蘇洵(1009.5.22.-1066.5.21.)四川眉山人,唐宋八大文學家之一,蘇軾,蘇轍之父,二字同登金榜,轟動帝都. 彭延年:史書北宋、南宋各有彭延年之人, 北宋彭延年,北宋真宗大中祥符二年己酉(1009)三月十七日子時.生 南宋彭延年,生於

		3	庚戌	1010	契丹統和 28 年　宋大中祥符 3 年 「應天府書院」在河南商邱縣城西北隅,曹誠建屋 150 間,藏書數千卷,聚徒講學,宋真宗賜額曰應天府書院..　宋修諸道圖經成共 1,566 卷 交州將李公蘊弑其主黎至忠入貢,詔封為交趾王 高麗康肇弑主王誦,立王弟王詢為高麗王,遼耶律隆緒起兵討康肇,至高麗銅州斬康肇.再陷開京,王詢出奔.　安南黎氏為李氏所篡,是為本朝
		4	辛亥	1011	契丹統和 29 年　宋大中祥符 4 年 宋帝祀汾陰后土.共用土木工 390 萬　北宋真宗西祀汾陰祭祀后土大赦. 命諸州建孔子廟　宋河決通利軍 韓德讓卒,遼聖宗始親政,翌年,改元開泰. 以向敏中等為五嶽奉冊使　呂蒙正卒　江淮大水
		5	壬子	1012	契丹統和 30 年　宋大中祥符 5 年　契丹開泰元年 立后劉氏 帝言聖主元朗降於延恩殿　取福建「占城稻」在江淮兩浙種植 賜杭州隱士林逋錢帛　以王旦兼玉清昭應宮史　高麗降遼
		6	癸丑	1013	宋大中祥符 6 年　契丹開泰 2 年 禁內臣出使干預公事　除農器稅　王若等獻「冊府元龜」天書於乾元殿 編成『冊府元龜』與『太平廣記』『太平御覽』『文苑英華』稱北宋四大書
		7	甲寅	1014	北宋大中祥符 7 年　契丹開泰 3 年 北宋各州縣獄多空.　如亳州謁老子於太清宮　以應天府為南京 王欽若陳堯叟免相　張齊賢卒　遼伐高麗大敗　高麗向宋進貢
		8	乙卯	1015	北宋大中符 8 年　契丹開泰 4 年 嶽麓書院山長周公式湖南湘陰人,獲宋真宗召見,御書賜**【嶽麓書院】**扁額,該書院始聞名於天下.　吐蕃唃斯羅請伐夏州不許　遼出兵高麗 嚴禁以金飾服玩　修后妃事迹成,賜名彤管懿範 崇文院秘閣藏書遭大火,命官提舉鈔書.
		9	丙辰	1016	北宋大中符 9 年　契丹開泰 5 年 未修兩朝國史成 遼聖宗為政,慎刑恤獄,常親自決獄錄囚,遣使至諸道平決獄訟,務使無冤,1016 年諸道獄空,有刑措之風.故遼聖宗之世,為遼政治清明時代. 大蝗彌覆郊野,遮雲蔽月,不見邊際.　遼東侵高麗,高麗派使議和續向遼進貢. 曹瑋敗吐蕃於伏羌砦　丁謂免　久旱不雨,蝗災肆虐,罷諸營建
	真宗　趙 恒	天禧 1	丁巳	1017	契丹開泰 6 年　北宋天禧元年 以王旦為太尉侍中王旦固辭 王旦罷,旋王旦卒 王欽若相 契丹攻高麗敗歸 理學創始人及太極圖說作者周敦頤出生,湖南道縣久佳鄉樓田村人 周敦頤(惇實、茂叔、濂溪)(1017-1073.7.24.)湖南道縣人,周瑜 29 世孫,教育家、理學家.孔孟之後,傳經之嗣.後輩學者多受其惠.
		2	戊午	1018	契丹開泰 7 年　北宋天禧 2 年 契丹攻高麗茶陀河大敗 遼以張儉為政事令 立子受益為皇太子更名禎 文同(1018-1079)字與可,今四川人,繪畫山水,尤擅墨竹.
		3	己未	1019	契丹開泰 8 年　北宋天禧 3 年 得天書於乾佑山 王欽若免　丁謂參政　大合道釋於天安殿 宋寇準為相,與丁謂會食,羹污寇準鬚,丁謂起替拂之寇準曰「參政乃國大臣,乃為長官拂鬚耶」丁謂大恨 司馬光(1019.11.7.-1086),字君實,山西夏縣人,政治家,史學家,文學家.首編**《通志》**續編**《資治通鑑》** 反對王安石變法,其為宰相時,罷黜新黨,盡廢新法,史稱「元祐更化」.

北宋	真宗　趙 恒	天禧 **4**	庚申	**1020**	契丹開泰 9 年　北宋天禧 4 年 宋開揚州古河以利漕運 宋改諸路提點刑獄為勸為農使副兼提點刑獄公事,凡農田事悉領之,嗣又改為提點刑獄兼勸農使副. 宋參知政事丁謂與翰林學士錢惟演共譖毀寇準,貶寇準為道州(湖南道縣)司馬(1022 復貶廣東雷州司馬)　向敏中卒　李迪丁謂相旋罷　高麗求成於遼 蘇頌(1020-1101)字子容,今福建人.造**天文儀器,水運儀象台**,撰新儀象法要. 張載(橫渠、子厚)(1020-1077)理學家,哲學家,教育家.理學開創者,對天文,曆算,農學,自然科學,軍事,涉獵甚廣有獨到見地.
		5	辛酉	**1021**	契丹開泰 10 年　北宋天禧 5 年　契丹太平元年 **王安石**(1021.12.18.-1086.5.21.)字介甫,號半山,今江西人.向宋仁宗上「言事書」提出變法,改革政治經濟,未得成功,郤在士大夫中獲得高譽.變法失敗,抑鬱成疾,病逝江寧府半山園. 貶王欽若　遼 立宗真為皇太子. 大食向遼請婚 吐蕃唃斯羅來降
北宋	真宗　趙 恒	乾興 **1**	壬戌	**1022**	契丹太平 2 年 北宋帝真宗卒在位 25 年,子仁宗趙禎嗣位.是為仁宗,年 13 嫡母劉太后臨朝.太后同御殿聽政 宋雷允恭築趙恒陵墓,擅自移穴,被杖死,丁謂坐貶為崖州(海南三亞)司馬.王曾相,呂九簡魯宗道參政. 劉攽(1022-1089)史學家,肋司馬光編輯「資治通鑑」為副主編之一.
北宋	仁宗　趙禎	天聖 **1**	癸亥	**1023**	契丹太平 3 年 北宋仁宗趙禎(1010~1063)為政恭儉寬仁,時包拯為監察御史,後知諫院,其危言正論,能容言納諫.用范仲淹,整惴金吏治,修水利,勸農業,兵農合一,立計置司罷榷茶鹽行貼射見錢法.益州設立交子務,紙幣交子屬貨幣性質,兌換流通,為最早紙幣國家.,惜晚年貪樂侈奢財政空竭,在位 41 年終年 54 歲 禁巫覡邪術　　王欽若復相　　寇準死於雷州貶所 晉祠位於山西太原市(1023-1032)屢加修葺.明清又加建塑像殿宇.
		2	甲子	**1024**	契丹太平 4 年 「茅山書院」江蘇句容縣茅山後.始建於宋真宗之世,1024 年宋仁宗賜學田三頃,後廢.　帝立后郭氏,至國子監謁孔子　**《眞宗實錄》**修成 令詔書摹印頒行　僧徒間或為盜,禁不得剃度曾犯真刑及紋身者
		3	乙丑	**1025**	契丹太平 5 年 幸御莊觀刈麥　王欽若卒　張知白相　張旻為樞密使,晏殊副使　羌民侵擾
		4	丙寅	**1026**	契丹太平 6 年 遼伐回鶻圍甘州兵敗還
		5	丁卯	**1027**	契丹太平 7 年 校定醫書,摹頒行.王惟一造針灸銅人,刻有人體手三陽,足三陽,手三陰,足三陰和任脈,督脈等 14 條經脈和 657 個腧穴.穴孔與身體內部相通,可供醫學身體檢驗用.　宋醫官院上所鑄銅人 宋發丁夫士卒六萬塞滑州決河 晏殊罷,夏竦為樞密副使　程琳為御史丞
		6	戊辰	**1028**	契丹太平 8 年 改諸路上供物科率法　罷戎,瀘諸州穀稅錢　宋河決澶州王楚婦 除福州民逋官莊錢　宋罷溫,鼎,廣等州貢柑 張知白卒　張士遜相　趙德明使其子元昊襲取回鶻甘州立為太子　西夏益強

		7	己巳	1029	契丹太平9年 復制舉諸科　設立武學考試　范仲淹通判河中 魯宗道卒　呂夷簡相　侍中遭利用罷,旋自殺　夏竦薛奎参政 玉清昭應宮災罷王曾 契丹東京(遼寧遼陽)故渤海王國地,契丹政虐,民不堪命,舍利軍詳隱(官名)大延琳反叛作亂,建號興遼.
		8	庚午	1030	契丹太平10年 宋新修國史成　復解鹽通商法　姜遵卒,以趙積為樞密副使 叛將楊詳世秘密降遼,趁夜打東京城南門,活擒大延琳,渤海亂平.
北宋 遼	仁宗　趙禎 興宗耶律宗真	天聖9 景福1	辛未	1031	契丹太平11年　契丹景福元年 宋置外官職田　弛兩川礬禁 遼聖宗耶律隆緒病故,子興宗耶律真(1016~1055)嗣位,即興宗.在位 24 年終年 40 歲.母蕭菩薩哥為太后,生母元妃蕭耨斤為太妃.攝政,誣蕭菩薩哥謀反,囚之於上京(內蒙巴林左旗),自號法天太后. 遣孔道輔等使遼 沈括(1031-1095)江蘇鎮江人,精通天文,數學,物理,化學,生物,地理,農業,醫學.撰**渾儀議,浮漏議,景表議.觀天象.提出「十二氣曆」**
北宋	仁宗　趙禎	天聖10 明道1	壬申	1032	契丹景福2年　契丹重熙元年　西夏顯道元年 北宋仁宗受益生母李宸妃卒.遺詔尊楊妃為皇太后,居宮中與皇帝同議國事 修三朝寶訓戒　改元明道 契丹太后蕭耨斤殺前后蕭菩薩哥,並屠其左右五十人. 夏王李德明卒,子李元昊嗣位,建都興慶(寧夏銀川)史稱**西夏**. 程顥(伯淳、明道)(1032-1085)北宋洛城伊川人,與其弟程頤世稱『二程』講學如坐春風, 劉恕(1032-1078)字道元,博聞強記,輔修「資治通鑑」 錢乙(1032-1113)字仲陽,今山東東平人,中醫兒科專家.著「小兒藥證真訣」
		明道2	癸酉	1033	契丹重熙2年　西夏顯道2年 宋劉太后卒,宋仁宗趙受益親政,始知其生母.李迪罷,尊楊太妃為太后. 追尊生母李氏為太后　廢皇后郭氏 改賦稅雜變之法　改淮南鹽法 夷簡復相　因勸祖仁宗廢后謫諫者孔道輔、范仲淹、呂夷、簡夏竦等罷黜 程頤(正叔)(1033-1107)河南人,與兄程顥共創『洛學』道學臉孔, 主張「學者須先識仁,仁者藹然與物同體,義,智,信,皆仁也.」
	仁宗　趙禎	景祐1	甲戌	1034	契丹重熙3年　西夏顯道3年　西夏開運元年　西夏廣運元年 仁宗冊立曹彬孫女為皇后,是為慈聖光獻曹皇后.仁宗三子：昉、昕、曦. 遼宮變亂耶律隆緒去世,其子契丹帝聖宗耶律宗真即位,年幼由蕭母耨斤聽政,殘殺仁德皇后宗室.及帝十九歲難制,謀廢立少子重光.事泄,耶律宗真囚其於慶州(內蒙巴林右旗北).立皇后曹氏 西夏王李元昊下禿髮令. 宋罷淮南,江,浙,荊湖發運使　戎卒分隸諸將
		2	乙亥	1035	契丹重熙4年　西夏廣運2年 命李照重定雅樂 作睦親宅以處宗室 廢后郭氏暴卒 宮育太宗曾孫宗實　李迪罷王曾相 唃斯羅大敗趙元昊於河湟 修中書總例成 范仲淹興建蘇州府學「嵩陽書院」位於河南登封縣太山下,始建於五代後周之世,997年宋太宗賜名太室書院,宋仁宗於1035年更名嵩陽書院

		3	丙子	**1036**	契丹重熙 5 年　西夏大慶元年 詔優給致仕官俸 復貼射茶法 置大示正司 給卿監及閣門使以上致仕官全俸 修景祐廣樂記成 貶范仲淹、歐陽修、余靖、尹洙戒群臣越職官事 西夏改革兵制,佔領敦煌.頒禿髮令,使西夏人與漢人有別,沿用漢禮樂制度 西夏王李元昊製夏國文字十二卷,夏人記事悉用之. 西攻回鶻,取瓜(甘肅安西)沙(甘肅敦煌)蘭(甘肅蘭州)三州,境域倍增.
		4	丁丑	**1037**	契丹重熙 6 年　西夏大慶 2 年 呂夷簡王曾罷　王隨陳堯佐相 遼封皇子洪基為梁王. 河東[地震死兩萬 詔戒三司不得復假貸　頒行禮部勻略　罷登萊買金場 蘇軾(1037-1101)字子瞻,今四川人,與其父蘇洵弟蘇轍,合稱「三蘇」在四川眉山建有「三蘇祠」,均在「唐宋八大家」之列.
南宋 西夏	仁宗　趙禎 天禮法延祚 景帝　李元昊	景祐 5 寶元 1 1 年	戊寅	**1038**	契丹重熙 7 年　西夏天授禮法延祚元年 西夏王李元昊(1003~1048)自稱大夏帝,為景宗.在位 11 年終年 46 歲倣北宋建立官制,兵制,服制.設「鐵冶務」造鎧甲.仿如漢字的西夏文,但無一字可識.有堆爛的西夏文化,計算歲月,崇拜天神.被子寧令以「廢母奪妻」恨弒殺死. 正月朔日食詔求直言　詳定禁書　編資善堂書籍 王隨陳堯佐免,張士遜章得象相 戒百官朋黨 王曾卒以夏竦范雍為十撫使經略夏州　加唃斯羅保順節度使
		2	己卯	**1039**	契丹重熙 8 年　西夏天授禮法延祚 2 年 削趙元昊賜姓官爵　詔省浮費　遼主迎其母歸 西夏入寇保安軍狄青擊敗之　整飭貢舉法 蘇轍(1039-1112)字子由,今四川人,和其兄代表「蜀學」北宋非主流派.
		寶元 3 康定 1	庚辰	**1040**	契丹重熙 9 年　西夏天授禮法延祚 3 年 「武經總要」為宋仁宗命曾公亮,丁度等編撰成書,論述軍隊制度,用兵,陣法,通信,偵察,地理,火藥配方.分別寫成武編,武備志.發展完善的攀城雲梯. 宋藉陝西,河北,河東,京東西等路民,為弓手,強壯 趙元昊寇延州　貶范雍　命韓琦安撫陝西晏殊知樞密事 張仕遜致仕呂夷簡復相　任福克白豹城　鄜延州將种世衡城青澗 西夏攻宋延州(陝西延安),陷金明寨,宋鄜延副部署劉平戰死,石元孫被擒. 宋命以夏竦經略陝西韓琦、范仲淹副之,兼任延州知州. 范仲淹善揚己,云「夏人相戒曰:『無以延州為意,今小范老子腹中自有數萬甲兵,不似大范老子可欺』」
北宋	仁宗　趙禎	康定 2 慶曆 1	辛巳	**1041**	契丹重熙 10 年　西夏天授禮法延祚 4 年 宋於河北置場,括市戰馬 宋於江,饒,池三州鑄小鐵錢三百萬貫,以給西師. 西夏攻宋豐州麟州府州均不能克. 宋命任福攻西夏遇伏兵戰死. 宋新修崇文總目成 宋改授韓琦為秦州(甘肅天水)知州,范仲淹(龍圖閣直學士)為慶州(甘肅慶陽)知州. 畢昇(1041~1048)發明活字印刷術

		2	壬午	1042	契丹重熙 11 年　西夏天授禮法延祚 5 年 復榷鹽法　置義勇軍　以大名府為北京　禁以金為服飾　置教授武學 遼派蕭特末,劉六符使宋,提領土要求,宋以富弼使遼, 宋增歲幣銀絹各十萬與契丹以和　宋夏潛商和議 宋命韓珂為陝西四路都部署,范仲淹為環慶路緣邊招討使. 鎮戎再度會戰,宋軍再度大敗,元昊寇鎮兵敗
		3	癸未	1043	契丹重熙 12 年　西夏天授禮法延祚 6 年 「**慶曆新政**」范仲淹與富弼上書「條陳十事:明黜陟,抑僥倖,精貢舉,擇官長,均公田,厚農桑,修武備,減徭役,減賞賜」宋仁宗全納.後被排斥,慶曆新政夭拆.更定磨勘法.　晏殊相夏竦為樞密使　韓琦為陝西宣撫使 范仲淹為樞密副使　遼洪基進封趙國王,知北南樞密院事.　宋王倫起兵叛,縣令李正己迎宴,宿於縣廳,翌日鼓樂送出城外,王倫尋軍敗被擒.宋光化軍韓綱兵變,宋逐韓綱 夏主李元昊遣使向宋求和,自稱男,稱宋帝為父,宋要以稱臣. 宋立四門學　罷武學　重定磨勘法　更定蔭子法　限職田
		4	甲申	1044	契丹重熙 13 年　西夏天授禮法延祚 7 年 宋詔天下州縣立行科舉新法　遼初修國史　杜衍相戒朋黨 宋與西夏慶曆和議,夏帝景宗李元昊向宋上誓書,稱男稱臣,奉宋年號,宋稱夏為國王, 不承認他是西夏皇帝.宋歲賜銀絹茶等二十萬.宋只承認李元昊為西夏國王,遼征西夏大敗,遼興宗僥倖逃脫,但駙馬都尉蕭胡睹被擒.後遼夏議和.元昊死後,諒祚即位,仍向遼稱藩. 宋令州縣皆立學　改貢舉法　修國朝會要成
		5	乙酉	1045	契丹重熙 14 年　西夏天授禮法延祚 8 年 罷科舉新法　賈昌朝相　陳執中相　汰諸路羸兵　罷京朝官用保任敍遷法 罷入粟備官　增貢舉解額,並行貢舉法　恢復磨勘,蔭子舊法 范仲淹因朋黨被罷,富弼、韓琦、歐陽修牽連亦遭罷黜
		6	丙戌	1046	契丹重熙 15 年　西夏天授禮法延祚 9 年 吳育為樞密副使　丁度參政　河北河東京東地震　高麗向遼朝貢
		7	丁亥	1047	契丹重熙 16 年　西夏天授禮法延祚 10 年 賈昌朝吳育罷　夏竦相,尋改樞密　文彥博參政 明鎬為河北安撫使　禁官吏收賦米加耗　高麗貢於契丹 宋貝州(河北清河)小校王言釋迦佛衰謝彌勒佛世,起兵陷貝州,稱安陽王. 蔡京(1047-1126) 字元長,福建人,會逢迎,善書畫.竊弄權柄,恣為奸利,誣陷忠良『六賊之首』
		8	戊子	1048	契丹重熙 17 年　西夏天授禮法延祚 11 年 西夏帝景宗李元昊卒,子毅宗李諒祚嗣位,年方一歲,母沒藏太后臨朝. 文彥博為河北宣撫使,明鎬副之　擒王則礫死　文彥博相 趙元昊死子諒祚立封夏國王夏竦免宋庠為樞密使 畢昇發明活字印刷術 宋改河東等地錢法　募河北饑民為軍　改河東,陝西鹽法 改河北沿邊入中糧草法
北宋 西夏	仁宗　趙 禎 毅宗　李諒祚	皇祐 1 延嗣寧國 1	己丑	1049	契丹重熙 18 年　西夏天授禮法延祚 12 年 李公麟(1049-1106)字伯時,今安徽人.長於「白描」繪畫.如「臨韋偃牧放圖」 陳執中罷宋宰相　汰諸路兵　放陝西鄉兵歸農三萬餘人,歲省錢 245 萬 廣源州變,宋儂智高與母阿儂據德安州稱帝,國號南天 契丹蕭惠攻西夏,蕭惠不及甲而走被追殺,幾不能脫,執李諒祚母歸.權臣沒藏氏弒殺寧哥令奪位,以年方兩歲西夏毅宗諒祚(1047~1067)繼位在 20 年 21 1049-1055 年以琉璃磚重建開封開寶寺塔,俗稱『鐵塔』

		2	庚寅	1050	契丹重熙 19 年　西夏天祐垂聖元年 更定雅樂　詔外戚毋得任二府　定選舉縣令法 詔后妃之家毋得除二府職任　西夏沒藏太后遣使赴契丹,乞依舊稱藩
		3	辛卯	1051	契丹重熙 20 年　西夏天祐垂聖 2 年 修皇祐方域圖志成　減漳,泉,興化丁米 詔州郡勿獻瑞物 宋庠免劉沆參政 文彥博免,龐籍相 夏竦卒吐蕃向遼朝貢
北宋	仁宗　趙禎	皇祐 4	壬辰	1052	契丹重熙 21 年　西夏天祐垂聖 3 年 范仲淹卒　宋知諫院包拯任龍圖閣直學士 南天帝儂智高上表於宋求內屬,宋拒之.更貢金函書,請宋邕州(廣西南寧)知州陳珙上聞,陳珙不為報.儂智高遂陷邕横貴龔梧封康諸州,旋陷廣州昭(廣西平樂)賓州(廣西賓陽),所至殘破.宋以狄青樞密副使,又以荊湖宣撫使討儂智高,無宦官監軍 以胡瑗為國子監直講 遼以洪基為天下兵馬大元帥.
		5	癸巳	1053	契丹重熙 22 年　西夏福聖承道元年 楊文廣從狄青平息廣南儂智高亂,擢知德順軍為廣西,鈐轄知宜邕二州. 狄青大敗儂智高,儂智高奔大理國(雲南大理),廣西安撫使余靖擒儂智高母阿儂,侄儂繼宗等(1055 年斬於大梁)狄青擢為樞密使 龐籍罷,陳執中梁適相 禁諸路轉運使抑勒民戶,多取羨餘.　定內侍額
		皇祐 6 至和 1	甲午	1054	契丹重熙 23 年　西夏福聖承道 2 年 張貴妃卒,追冊為溫成皇后 王德用知樞密 梁適罷,劉沆相　基督教會分裂 禁佣雇人與主人同居親為婚
北宋 遼	仁宗　趙禎 道宗耶律洪基	至和 2 清寧 1	乙未	1055	契丹重熙 24 年　西夏福聖承道 3 年　契丹清寧元年 改封孔子後裔為衍聖公　衙前法　李仲昌修六塔河　募弓箭手屯田 趙抃為侍御史　陳執中免　文彥博富弼相 遼興宗崩歿,諡孝章,廟號興宗.子道宗洪基 (1032~1101)即位46年壽70歲以重元為皇太叔,任天下兵馬大元帥.政治清明. 一.求直言極諫之士. 二.慎刑恤獄. 三.興學養士,提倡文治. 四.平抑賦稅,勸課農桑. 五.獎勵蕃漢通婚,消弭種族界限.惜晚年昏憒,用人不取其才有所任使,輒令群臣各擲骰子,以勝采者得之,由是刑政始亂.姑息為治,蕃夷諸部漸至跋扈.廣建佛寺,僧尼者眾,不事生產.
		至和 3 嘉祐 1	丙申	1056	西夏福聖承道 4 年　契丹清寧 2 年 北宋龍圖閣學士**包拯**(999-1062),字希仁,今安徽人.剛直不阿,清正廉潔,出任開封府知府(1056~1063),後任禦史中丞,三司使,樞密副使,卒於位,諡孝肅. 唐介知諫院 夏河決六塔 貶李仲昌 罷范鎮狄青王德用劉沆 韓琦知樞使 曾公亮參政　遼建應州佛宮寺釋迦塔.為我國最古老閣樓式木塔
北宋 西夏	仁宗　趙禎 毅宗 趙諒祚	嘉祐 2 䄙都 1	丁酉	1057	契丹清寧 3 年　西夏䄙都元年 設校正醫書局整理醫學文獻.　諸州置廣惠倉　詔間歲一舉士置明經科 遼刻「大般若經」等六百餘種.　歐陽修知貢舉,痛抑新體文 程頤張載朱光庭蘇軾蘇轍皆及弟　杜衍狄青卒　西夏於斷道塢擊敗宋軍
		3	戊戌	1058	契丹清寧 4 年　西夏䄙都 2 年 包拯為御史中丞　文彥博賈昌朝罷　韓琦為相 裁省冗費　罷三司領河渠司 **王安石**(1021~1086),字介甫,撫州臨川(江西臨川)人,登慶曆三年進士第,授簽書淮南判官,累遷提點江東刑獄.1058 年入為度支判官.其議論高奇,能以辯博濟其說,概然有矯世變俗之志,上萬言書,極言當世之務.培養人才,教之、養之、取之、任之皆得其道.
		4	已亥	1059	契丹清寧 5 年　西夏䄙都 3 年 更榷茶法　除猜防大臣條約　放宮人　召河南處士邵雍不至 遣官分往諸路均田　詔諸路提點刑獄皆兼提舉河渠公事

		5	庚子	1060	契丹清寧 6 年　西夏鞸都 4 年 置寬恤民力司 王安石為三司度支判官 遼置國子監 凌二股河 富弼母喪 歐陽修(1007-1072)樞密副使上新唐書,1061 参知政事.1067 罷政出知亳州.
		6	辛丑	1061	契丹清寧 7 年　西夏鞸都 5 年 包拯為北宋樞密副使　富弼為相 司馬光知諫院 王安石知制誥 曾公亮相 歐陽修参政　蘇頌編『圖經本草』收藥草 933 幅,為現存最早的版刻藥譜
		7	壬寅	1062	契丹清寧 8 年　西夏鞸都 6 年 仁宗立太宗孫濮安懿,王允讓第 13 子宗實為皇子,改名曙. 北宋樞密副使包拯薨於位 立宗實為皇子賜名曙 賜諸路錢助糴常平倉 遼刻契丹藏、房山石經完成,共 579 帙.　西夏向宋貢送馬匹,以求取九經
北宋	仁宗　趙禎	8	癸卯	1063	契丹清寧 9 年　西夏拱化元年 北宋仁宗趙受益在位 43 年崩,無子,立叔父趙元份子趙允讓之子,即堂侄趙宗實嗣位,改名曙,是為英宗. 英宗病曹太后權同聽政　立后高氏 以富弼為樞密使　帝疾瘳 遼主叔父光反,兵敗自殺. 遼平定皇室重元內亂 歐陽修編『集古錄』為我國最早研究金石銘刻的著述.
北宋	英宗　趙曙	治平 1	甲辰	1064	契丹清寧 10 年　　西夏拱化 2 年 北宋英宗趙曙(1030~1067),仁宗趙禎無子收養濮王之子趙宗實為子,賜名趙曙,由仁宗皇后撫育,「濮儀」之爭,政波蕩漾.在位 4 年終年 38 歲 曹太后還政於帝　加韓尚書右僕射　　竄內侍任守忠　　陝西民為義勇軍
北宋 遼	英宗　趙曙 道宗耶律洪基	治平 2 咸雍 1	乙巳	1065	西夏拱化 3 年　契丹咸雍元年 樞密院進新編機要文字 981 冊　頒行新編在京諸司庫務條式 行明天曆　修太常因革禮成 北宋英宗趙宗實「濮議」生父趙允讓之爭,司馬光王珪呂誨等以「為人後者為人子,不得復顧私親,應稱叔父仁宗趙受益為父,稱生父濮王趙允讓為伯」但史韓琦歐陽修等以「出繼之子,於所繼所生,皆稱父母,應稱生父濮王趙允讓為父」司馬光之黨洶洶,如對大敵. 富弼張昇罷,文彥博為樞密使呂公弼副　遼立梁王濬為皇太子.
		3	丙午	1066	西夏拱化 4 年　契丹咸雍 2 年 靈岩寺位於山東長清靈岩山,建於(357-359),1066 泥塑 32 像身.1874 年整修 蘇洵卒與其子蘇軾`(1037-1101)蘇轍(1039-1112),並稱三蘇 范純仁呂大防呂誨上表誣韓琦、歐陽修為奸邪,乞斬以謝天下,曹太后下詔命趙宗實稱生父趙允讓為父,范純仁等三人皆貶官. 詔尊濮王為親,立園廟 立子頊為太子 契丹復國號曰遼 夏人寇邊蔡挺擊走之 郭逵為陝西宣撫使 司馬光奉命編歷代君臣事蹟,後賜名【資治通鑑】
		4	丁未	1067	西夏拱化 5 年　契丹咸雍 3 年 北宋英宗趙宗實在位 4 年崩,子趙頊嗣位,是為神宗.立后向氏. 韓琦為司空兼侍中旋罷詔經略陝西,竄种諤 歐陽修罷政,出知亳州　王安石知江寧府後為翰林學士 司馬光為御史中丞　　种諤復綏州夏人叛.　西夏毅宗卒,子惠宗立
北宋 西夏	神宗　趙 頊 惠宗 李秉常	熙寧 1 乾道 1	戊申	1068	契丹咸雍 4 年　西夏乾道元年 北宋神宗趙頊(1047~1085)在位 18 年享年 38 歲. 實施富國強兵策略.軍事上:裁併禁兵,設軍器監、將兵法、保甲法、保馬法、宋省並廂兵,收效甚微. 初封太祖曾孫從式為安定郡王　以陳升之知樞密. 詔王安石知江寧府(南京),越數月召為翰林學士兼侍講,次入對 夏惠宗李秉常(1060~1086)8 歲嗣帝梁太后執政,在位 18 年時 26 歲.

		2	己酉	1069	遼咸雍5年(契丹改稱遼,後滅於金)　西夏乾道2年 王安石拜參知政事, 趙頊任命王安石為宰相,從事多種改革,建立各種制度： 一. 預算制度 二.政府儲蓄食糧制度. 三.政府貸款制度. 四.平抑物價制度 五. 清查漏稅耕地和整理田賦 六公平勞役制度 七..更新武器,國防現代化 八.加強人民基層組織. 九國防軍訓練,淘汏老弱殘兵 **王安石變法**(1069~1074),置三司條例司,為變法議政機構.新法次第施行. 頒青苗法、均輸法、募役法、市易法、常平給斂法. 富弼罷陳升之相 置諸路提學官
		3	庚戌	1070	遼咸雍6年　西夏天賜禮盛國慶元年 王安石拜相變法,保守派司馬光范鎮韓琦張方平程顥張戩趙抃等均上書反 對變法入高潮.,均貶為地方官.而新法賴地方官推行,百計沮之以實其言. 頒農田水利法、立保甲法
		4	辛亥	1071	遼咸雍7年　西夏天賜禮盛國慶2年 頒貢舉法、募役法、立太學生三舍法、罷詩賦及明經諸科、以經義論策試 進士、詔畿輔保丁習武事,每年農隙定期會試,宋朝開始全面推行新法 王韶(1030-1081)上「平戎策」
北宋	神宗　趙頊	5	壬子	1072	遼咸雍8年　西夏天賜禮盛國慶3年 頒市易法、行保馬法、方田均稅法、置熙河路.　沈括上三儀 子乾德嗣封建武學,選文武官知兵者為教授,習馬射、步射、兵書義策. 歐陽修(1007~1072)卒 置京師邏卒察謗時政者 南平王李日尊卒 富弼致仕 章惇任湖北察訪使 王韶擊敗吐蕃城 章惇降梅山峒蠻置安化縣.
		6	癸丑	1073	遼咸雍9年　西夏天賜禮盛國慶4年遼 置律學,軍器監法,初策武舉.開直河　王韶克河州,取吐蕃四城 文彥博攻新法,貶為地方官.　周敦頤卒　章惇討平南江蠻置沅州
		7	甲寅	1074	遼咸雍10年　西夏天賜禮盛國慶5年 詔權罷新法,王安石求去,貶為江寧(江蘇南京)知府. 韓絳相,呂惠卿參政,罷制科,立手實法,復新法 盧本討降瀘夷 監門鄭俠上流民圖 下鄭俠獄 宋遼劃分邊界,宋長城以北領土全部讓給遼　吐蕃木征圍河州王韶擊降之
		8	乙卯	1075	遼太康元年　西夏大安元年 王安石復相,宋神宗復召王安石任觀文殿大學士同平章事. 王安石撰三經新義頒於學官.　韓琦卒　呂惠卿免 詔韓縝如河東割地界遼　遼宣懿后被誣自盡.　交趾陷欽廉州　罷手實法
		9	丙辰	1076	遼太康2年　西夏大安2年 宋設置醫學：脈、針瘍、學習素問、難經、脈經、大經、小經、灸經. 王安石變法圖強,遭名彥司馬光、韓琦、富弼、文彥博、歐陽修、范純仁等 舊黨強烈反對,王安石辭去為相六年宰相,被罷絀為鎮南軍節度使,同平章事 判江寧府,自是不再復召. 王安石提拔的王韶大將為新任宰相司馬光指責「開邊生事」亦被免職貶謫 國王李乾德(李公蘊之孫)攻邕州(廣西南寧)屠戮全城,殺居民58,000餘人. 吳充王珪相 下溪州降遂城之 以郭逵為安南招討使,郭逵敗交趾於富良江.
		10	丁巳	1077	遼太康3年　西夏大安3年 王韶免 邵雍卒 張載卒(創關學)(正蒙)　遼耶律乙辛殺太子濬,廢為庶人.. 黃河澶州決堤,北流斷絕河道南徙,一合南清河入淮,一合北清河入海
北宋	神宗　趙頊	元豐1	戊午	1078	遼太康4年　西夏大安4年　宋元豐元年 宋封王安石為舒國公. 正定隆興寺(1078-1085)建成,有千手觀音銅像,成為 北方鉅剎.　以呂公著薛向同知樞密院事　議復肉刑以呂公著言不果行 宋大量開採及利煤礦.

		2	己未	1079	遼太康 5 年　西夏大安 5 年　宋元豐 2 年 御史李定誣蘇軾作詩誹謗下獄,尋釋之,貶為黃州團練副使,安置(湖北)黃州. 召程顥判武學院而罷之　蕭椎参政　太皇太后曹氏崩
		3	庚申	1080	遼太康 6 年　西夏大安 6 年　宋元豐 3 年 北宋神宗元豐改革官制,仿製「唐六典」頒佈三省,樞密,六曹官僚等制度.. 宋改封王安石為荊國公. 曾鞏(1019-1083)上書論宋財政 詔中書省詳定官制　秘書監劉几等定雅樂　定百官寄錄絡　章惇参政 以馮京為樞密使呂公著為副使 遼封皇孫延禧為梁王 高麗、于闐向宋進貢
			辛酉	1081	遼太康 7 年　西夏大安 7 年　宋元豐 4 年 宋神宗頒「武經七書」: 孫子兵法,吳子兵法,司馬法,六韜,尉繚子,黃石公三略,李衛公問對等七部兵書.　章惇免張璪参政　李憲不至靈州而還. 趙頊停止繳納財帛　築河堤自大名至瀛州　詔定選格　馮京罷孫固知樞密院　詔李憲會五路之師討之,孫固諫不聽.高遵裕等丕路兵潰. 神宗攻西夏大敗,耶律乙辛犯把禁品賣給外國罪被囚.遼張孝傑削爵為民乙辛被囚禁.遼道宗才知道皇太子耶律順宗是被誣陷而死,悔恨不已. 築河埸,自大名至瀛州.
北宋	神宗　趙頊	5	壬戌	1082	遼太康 8 年　西夏大安 8 年　宋元豐 5 年 宋改革官制,史稱「元豐官制」以階易官,制文官為 24 階以寄祿,稱「寄祿新格」令百,官各還本職,以正百官職守,中書省取旨,門下省審議,尚書省執行,悉仿唐法.武官未及改. 宋於銀州(陝西榆林南)築永樂城.宋夏樂城大戰,西夏攻佔永樂城(陝西米脂) 宋徽宗趙佶(1082-1135),北宋書法家,畫家.「瑞鶴圖卷」神態如丹頂鶴翱翔,仙鶴齊鳴.
		6	癸亥	1083	遼太康 9 年　西夏大安 9 年　宋元豐 6 年 李綱(1093-1140)字伯紀,福建邵武人.抗金名將,建祠奉祀,林則徐譽聯「進退一身關社稷,英靈千古鎮湖山」 西夏攻宋甘肅蘭州不克引還.　夏復來修好　劉摯劾罷李憲　富弼卒 文彥博致仕　北宋神宗遣楊景略出使高麗,為國王祭奠使,歸擢中書舍人
		7	甲子	1084	遼太康 10 年　西夏大 10 元年　宋元豐 7 年 北宋端明殿學士司馬光編撰**《資治通鑑》**成書,歷時 19 年.354 卷(有云 294 卷),上起周威列王 23 年三家分晉,下五代之末,凡 12 代.鑑前世之興衰,考當今之得失,足以懋稽古之盛德,躋無前之至治.一部編年史巨著. 詔以孟軻配食孔子荀況韓愈從祀.　西夏攻蘭州延州(延安)不克 李清照(1084.3.13.-約 1115.5.12.)山東濟南人,以詞稱世,兼工詩文,名女詞人,夫趙明誠,詩詞婉約、精巧、優美.南宋高宗建炎三年夫死時年 32 歲,身心重創,孤寂晚年,詞風突變,佳詞甚多,蒼涼、哀怨、悲憤.
		8	乙丑	1085	遼大女元年　西夏大安 11 年　宋元豐 8 年 宋神宗趙頊在位 18 年崩,子哲宗趙煦嗣位,是為哲宗,時年十歲,英宗后高氏臨朝攝政.　高太皇太后召司馬光為資政殿學士門下侍郎,舊黨悉進,罷廢除熙寧新法,反新法,罷保甲法,市易法,保馬法,盡逐新黨,起用舊黨,打擊王安石變法(1085~1093),史稱「元祐更化」. 張擇端(1085-1145)山東諸城人,北宋名畫家,其代表作「**清明上河圖**」「煙雨風雪圖」「西湖爭標圖」最為後世欣賞.為明代皇室收藏.

北宋 西夏	哲宗　趙煦 惠宗 李秉常 崇宗 李乾順	元祐 **1** 天安禮定 **1** 天儀治平 **1**	丙寅	**1086**	遼大安 2 年　西夏天安禮定元年 北宋哲宗趙煦(1077~1100),祖母高氏臨朝,罷新政,舊黨還朝.在位 15 年 23 歲 立十科舉士法,繼罷青苗法,免役法,復差役法.司馬光以凡新法悉行廢除. **王安石卒**,初封舒國公,改封荊,世稱王荊公.1094 年謚曰.文 1113 年追封舒王 王安石行誼甚佳,性強忮,事無可否,自信所見,執意不回.年少未達時,名動京師,性儉約,不好華腴,或衣垢不浣,面垢不洗,飲食瓢惡,一無所擇,世稱其賢. 司馬光拜相同年薨卒.司馬光字君實,封溫國公,謚文正,世稱司馬溫公.初以父任將作監主簿,舉進士.歷翰林學士兼侍讀學士、右諫議大夫、史館修撰.與神宗、王安石論新法,意見不合,以端明殿學士出知永興事,改判西京留守司御史台,又改提舉西京崇福宮,拜資政殿學士.門下侍郎,後擢為首相. 道宗召翰林學士講「五經」　呂公著相 章惇罷　范純仁同知樞密　起用文彥博韓維相　蘇軾為翰林學士 安置呂惠於建州 召程頤為崇政殿說書　遼皇孫延禧行「再生禮」. 夏崇宗李乾順(1084~1139)在位 53 年時 56 歲.依附遼金,推行蕃學 沈括撰成『夢溪筆談』
北宋	哲宗　趙煦	元祐 **2**	丁卯	**1087**	遼大安 3 年　西夏天儀治平元年 禁科舉用王氏經義及字說.罷試三經新義,仍試詩賦.　於泉州增設市舶司 北宋程頤門人右諫賈易,左正言朱光庭,劾蘇軾所出試題,訕謗朝,欲置之於死地.諫議大夫孔仲文程頤污下憸巧,為五鬼之科.於是舊黨分裂為三：洛黨以程頤為首,蜀黨以蘇軾為首,朔黨以劉摯為首,相互傾軋
		3	戊辰	**1088**	遼大安 4 年　西夏天儀治平 2 年 呂公著為司空同平章軍國事呂大防范純仁相范鎮卒 遼封李乾順為夏國王
		4	己巳	**1089**	遼大安 5 年　西夏天儀治平 3 年 分經義詩賦為兩科取士　罷明法科 呂公著卒 安置蔡確於新州 范純仁罷 西夏向宋朝貢
北宋	哲宗　趙煦	**5**	庚午	**1090**	遼大安 6 年　西夏天儀治平 4 年 宋自 1085 年司馬光等舊黨執政,專橫報復,新黨盡遭罷逐,人心不平. 文彥博致仕 孫固卒 梁燾劉安世朱光庭皆罷 以蘇轍為御史中丞 夏人來歸永樂之俘,詔以米脂等四砦地還夏,夏人益驕.
		6	辛未	**1091**	遼大安 7 年　西夏天祐民安元年 宋舊黨內鬥愈烈,蘇軾貶穎州(安徽阜陽)知州. 劉摯為相旋又罷 翰林學士承旨蘇軾罷　傅堯俞卒
		7	壬申	**1092**	遼大安 8 年　西夏天祐民安 2 年 立皇后孟氏　蘇頌相韓忠彥知樞密　召蘇軾為兵部尚書兼侍讀 遼女真節度使劾里鉢卒弟頗剌淑代　詔中大夫以上允佔永業田 呂大臨撰成『考古圖』這是我國最早有系的古器物圖錄.
		8	癸酉	**1093**	遼大安 9 年　西夏天祐民安 3 年 宋高太皇太后高氏崩,臨朝九年,悉罷新法,國事大壞,宋帝哲宗趙煦親政. 蘇頌罷　范純仁相　復章惇呂惠卿官　貶劉安世　遼僧刻佛經數千石
	哲宗　趙煦	元祐 **9** 紹聖 **1**	甲戌	**1094**	遼大安 10 年　西夏天祐民安 4 年 宋帝哲宗趙煦主變法,悉複行熙寧新法.仍以經義字說取士.追奪司馬光等謚 重修神宗實錄成　曾布請改元復致從之　章惇相,范純仁罷 鄧潤甫勸帝紹述　貶呂大防等官　　貶蘇軾　遼朝戰敗鞑靼
北宋 遼	哲宗　趙煦 道宗耶律洪基	元祐 **2** 壽昌 **1**	乙亥	**1095**	西夏天祐民安 5 年　遼壽昌元年 贈蔡確太師 常安民以論蔡京貶官 貶范純仁 北宋彭延年(1009~1095.8.3.)辰時卒壽 87 歲.
		元祐 **3**	丙子	**1096**	西夏天祐民安 6 年　遼壽昌 2 年 廢孟皇后,囚於瑤華宮,明年立婕妤為皇后　女真攻紇石烈部阿疎阿奔遼

		4	丁丑	**1097**	西夏天祐民安 7 年　遼壽昌 3 年 「同文館之獄」蔡渭上奏打擊舊黨,哲宗禁錮劉摯,梁燾的子孫,削王岩叟官 追貶司馬光呂公著等官,流呂九防劉摯范純仁等於嶺南,貶韓繼等三十人官 呂大防文彥博卒 以曾布知樞密 章瓷城平西夏
北宋 西夏	哲宗　趙煦 崇宗　趙乾順	紹聖 **5** 元符 **1** 永安 **1**	戊寅	**1098**	西夏天祐民安 8 年　遼壽昌 4 年 1098-1100 年間「羅盤西傳」 興同文館獄錮劉摯梁燾子孫於嶺南　以蔡京為翰林承旨安惇為御史中丞 章惇蔡卞請追廢宣仁太后不果行　西夏攻宋,章節擊敗之破夏獲其將不復振
		2	己卯	**1099**	遼壽昌 5 年　　西夏永安元年 詔諸州行三舍法 立皇后劉氏竄鄒浩 遼人為夏請和,宋許通好 北宋用指南針用於航海
北宋	哲宗　趙煦	3	庚辰	**1100**	遼壽昌 6 年　　西夏永安 2 年 宋帝哲宗趙煦崩在位 15 年,無子,弟趙佶為帝,是為徽宗.年 19,向太皇太后臨朝,復引舊黨排新黨.向太皇太后因疾還政,趙佶親政,再引用新黨.復孟后稱元祐皇后. 詔改元由是邪正並進 蔡卞章惇免 追復文彥博等官 蔡京免 曾布相 李誠重編「營造法式」建築設計規範手冊,工匠師承相傳經驗總結.
北宋 遼	徽宗　趙佶 天祚耶律延禧	建中靖國 **1** 乾統 **1**	辛巳	**1101**	遼壽昌 7 年　遼乾統元年　西夏貞觀元年　　宋建中靖國元年 北宋徽宗趙佶(1082~1145) 在位 25 年.太后臨朝,引舊黨排新黨,徽宗親政再引新黨,重用蔡京,尊孔孟,崇佛,修佛塔,建道觀,愛好書畫,聯金遼失策, 蔡京 1103 拜相,擅權誤國, 再詔改元 皇太后向氏崩　范純仁蘇軾卒 貶章惇為雷州司戶　罷陳瓘　復召蔡京為翰林承旨　復蔡卞刑恕等官 遼道宗耶律洪基死於混同江行宮,孫天祚帝耶律延禧(1075~1126)嗣位,尊號曰天祚皇帝,在位 24 年終年 52 歲.受金「違背壇州盟約」合兵夾擊,敗逃夾山(內蒙),為金俘獲,**遼亡** 鈞窰彩釉脫穎而出,不透明為乳濁釉,一枝獨秀,(1101-1118)最為昌盛, 張擇端創作『**清明上河圖**』
北宋 遼	徽宗　趙佶 天祚耶律延禧	崇寧 **1**	壬午	**1102**	遼乾統 2 年　　西夏貞觀 2 年 趙佶將舊黨宰相忠彥免職,任命蔡京為宰相(1102~1125 四度出任宰相). 宋禁舊黨司馬光等子孫留京都,定司馬光文彥博等 117 年為奸黨,由宋徽宗趙佶親書其名,刻立元祐黨籍石碑,立於端禮門. 北宋瓦子樂繁榮(1102-1110)倡音樂,影戲,傀儡,雜劇,說唱,說書,講史,文字劇. 蔡京 1102 年 7 月為相,1106 年 2 月罷為太乙宮使,1107 年 1 月再入相,官至太師,1109 年 6 月罷為太乙使,1110 年為御史所劾,出居杭州,1112 年 5 月復入相,總領三省,1120 年 6 月致仕,1124 年再起總領三省,1125 年罷.至是凡四居相位,執大政者幾二十年,得君之專可見. 梁紅玉(1102-1135)韓世忠繼室,抵抗金兵,身先士卒,金兀朮敗陣遁逃,

北宋	徽宗 趙佶	2	癸未	1103	遼乾統 3 年　　西夏貞觀 3 年 **岳飛**(1103~1142)字鵬舉,相州湯陰(今河南)人,能詩詞,善書法,文武全才,智勇兼備抗金名將,彪炳史冊.宋高宗書賜「精忠岳軍」,惜為奸臣秦檜害死.死後 20 年宋孝宗以禮改葬,鄂州建廟,37 年後賜謚武穆,70 年後宋寧宗追封為鄂王.岳飛墳在杭州西湖,後人憑弔忠魂聖地. 蔡京奏准於汴京端禮門立「黨人碑」御篆刻石,列舊黨文彥博以下 98 人,目為姦黨,頒於天下.又詔宗室不得與元祐姦黨為婚姻. 更鹽鈔法 始定選人階官 湖南辰谿蠻納土置靖州 童貫監洮西軍,收復湟州 遼完顏氏統一生女真各部號令.封耶律淳為越王
		3	甲申	1104	遼乾統 4 年　　西夏貞觀 4 年 宋重定元祐及元符末姦黨司馬光等 309 人名單,頒發州縣,刻石立黨人碑.圖熙豐功臣王安石等.以王安石配享孔子置書畫算學 鑄當十大錢九鼎 命方士魏漢律定樂, 天下坑冶金銀悉輸內藏 罷科舉法 王厚復鄯廓州 封蔡京公爵,以厚為武勝節度留後 建算學,習算法、天文、課試三舍法,略如太學.
		4	乙酉	1105	遼乾統 5 年　　西夏貞觀 5 年 宋徽宗趙佶喜花石,宦官薦蘇州朱勔領蘇州應奉局,淅中珍異進,舳艣相銜於淮水,號「花石綱」 以童貫為熙河蘭湟秦鳳路制置使 王江蠻內附招置懷遠軍復銀州 詔徙黨人近地 夏人寇沍原殺知鄯州高水年貶王厚 遼為夏請還侵地 詩人書法家黃庭堅卒,開創『江西詩派』影響深遠. 北宋後期,指南針已用于航海,南宋進一步使用『針盤導航』
		5	丙戌	1106	遼乾統 6 年　　西夏貞觀 6 年 宋詔求直言,毀奸黨碑,除奸黨之禁,復謫者仕籍　蔡京相免　許夏人平
	徽宗 趙佶	大觀 1	丁亥	1107	遼乾統 7 年　　西夏貞觀 7 年 立八行取士科　黃河清八百里 道為兵部尚書 涪州夷內附　蔡京復相,以其長子攸為龍圖閣學士兼侍讀 置黔南路加蔡京太尉,召王祖　以黎人地設置庭、孚二州
		2	戊子	1108	遼乾統 8 年　　西夏貞觀 8 年 受八寶於大慶殿赦 童貫復洮州加檢校司空 安化諸州蠻內附 遼封高麗王為三韓國公
		3	己丑	1109	遼乾統 9 年　　西夏貞觀 9 年 禮書成　　右正言陳禾論童貫謫之　蔡京相免 令以太師致仕留京　　宋訂立海商越界法 伊川先生程頤卒,與其兄明道先生程顥並稱『二程』開創『洛學』為北宋道學奠基學者.
		4	庚寅	1110	遼乾統 10 年　　西夏貞觀 10 年 立詞科兼茂科 貶太子少保出居杭州 張商英相　　　西夏向宋朝貢 併算學入太史局,畫學生入翰林畫學局,醫學生入太醫局.

	徽宗 趙佶	政和 **1**	辛卯	**1111**	西夏貞觀 11 年　遼天慶元年　宋政和 1 年 始圖燕　張商英罷 端明殿學士鄭允中為賀生辰使,童貫為副使前往,道經蘆溝,遇遼幽州人馬植,故中國人淪沒者,言有滅遼之策,童貫大奇,之載與俱歸,改姓名趙良嗣,獻策與女真部落結好,相約夾擊,遼無不亡.趙佶大喜,用為秘書丞.背盟之議自此始. 竄陳瓘於台州
		2	任辰	**1112**	西夏貞觀 12 年　遼天慶 2 年　宋政和 2 年 復行方田 更定官名 加童貫太尉　　恢 復蔡京太師 武官定武階為 52 階,廢尚書令、司徒、司空,以太尉為武階之首. 文官改三師為三公,為真相之任,另置少師、少傅、少保為三孤,為次相之任. 遼天祚帝釣魚混同江,阿骨打頭魚宴逆命.
北宋	徽宗 趙佶	政和 **3**	癸巳	**1113**	西夏貞觀 13 年　遼天慶 3 年　宋政和 3 年 宋徽宗趙佶尊崇道教,下詔仙經於天下,1118 年頒發「御注道德經」求僊經 追封王安石為舒王 頒新燕樂 賜方士王老志王仔昔先生號 女真酋長完顏烏雅束卒,弟完顏阿骨打嗣位,稱「都勃極烈」(總管).
	徽宗 趙佶 西夏崇宗趙乾順	政和 **4** 雍寧 **1**	甲午	**1114**	西夏貞觀 14 年　遼天慶 4 年　宋政和 3 年 置道階 26 級 新作延福宮成跨城 以童貫為陝西經略使討夏 女真阿骨打叛遼,取寧江州大敗遼蕭嗣先於混同江取賓解成三州兵始滿萬, 女真族完顏阿骨打起兵反江. 1115 年阿骨打即皇位,國號**大金**,建元收國,是為金太祖.

金 朝 (1115-1234)

帝王世系表

太祖完顏阿骨打收國(1115-1116)天輔(1117-1122)－
太宗完顏晟天會(1123-1134)－
熙宗完顏亶天會(1135-1137)天眷(1138-1140)皇統(1141-1149)－
海陵王完顏亮天德(1149-1153)貞元(1153-1156)正隆(1156-1161)－
世宗完顏雍大定(1161-1189)－
章宗完顏璟明昌(1190-1196)承安(1196-1200)泰和(1201-1208)－
衛王完顏永濟大安(1209-1211)崇慶(1212-1213)至寧(1213)－
宣宗完顏珣貞祐(1213-1217)興定(1217-1222)元光(1222-1223)－
哀宗完顏守緒正大(1224-1232)開興(1232)天興(1232-1233)－
末帝完顏承麟天興(1234)

朝代	帝 王	國號	干支	西元	紀 要
北宋 金	徽宗 趙佶 金太祖 完顏阿骨打	政和 **5**	乙未	**1115**	遼天慶 5 年 金收國元年 西夏雍寧元年 宋政和 5 年 金朝是由遼朝統治下松花江以北地區的「生女真」氏族部落發展壯大而來 女真酋長完顏阿骨打(1068~1123)稱帝,.在位 9 年終年 52 歲.以「荐枕」之恥 抗遼自主建立**金**朝稱帝是為金太祖,國號**金**.建元收國. 立子恒為太子 金太祖是女真族是滿族傑出人物.仿漢改制,造女真文字,與宋聯盟滅遼. 作明堂,三山河橋 以童貫領六路邊事 金取遼黃龍府 遼主親征金 金拒之 大敗之於護步答岡
		6	丙申	**1116**	遼天慶 6 年 金收國 2 年 西夏雍寧 2 年 宋政和 6 年 帝上徽號於天帝 立道學 賜方士林靈素號先生 以童貫為陝西兩河宣慰使冐州种師道克夏賊底河城 夏人寇涇原 宋封大理國王 遼東京(遼寧遼陽)留守蕭保先苛虐民變,斬之. 神將高永昌引兵據城稱帝,建國號元.金軍攻之斬高永昌.入遼陽. 西夏攻宋靖夏城(甘肅平涼境)穿地道入城,盡屠居民而去 .
		7	丁酉	**1117**	遼天慶 7 年 西夏雍寧 3 年 金天輔元年 宋政和 7 年 宋徽宗趙佶奉道教道籙院上表封為「教主道君皇帝」遼刻石經大碑 180 片 作萬歲山 誅方士王仔昔 以童貫領樞密 金取遼乾懿等八州 遼燕國王募自金地流亡飢民為兵,使之報怨於金,號「怨軍」.
北宋 金	徽宗 趙佶 太祖 完顏旻	重和 **1**	戊戌	**1118**	遼天慶 8 年 西夏雍寧 4 年 金天輔 2 年 宋政和 8 年 置裕民局尋罷之 作定命寶合前凡九寶 以王黼為尚書左丞,童貫為太保 遣馬政由登州(山東蓬萊)海道使金,約共攻遼,金遣使李慶善持國書報聘
北宋	徽宗 趙 佶	重和 **2** 宣和 **1**	已亥	**1119**	遼天慶 9 年 西夏雍寧 5 年 金天輔 3 年 宋重和 2 年 宋宣和元年 詔更寺院為宮觀宋江起義 金國勢日強,太祖頒行「女真字」用契丹字, 余深為太宰王黼為少宰占城入貢,封其主為王 召楊時為祕書郎 劉法與夏戰敗死 夏人來詔童貫罷兵,以為太傅 遼以金主為東懷國皇帝 **宋江**起事,出沒魯、濟、濮、鄆一帶,凡貪官污吏開風喪膽,傳云『**水滸傳**』 係以此役為藍本寫成
		宣和 **2** 元德 **10**	庚子	**1120**	遼天慶 10 年 金天輔 4 年 宋宣和 2 年 西夏元德元年 方臘(？-1121)又名十三,淅江淳安人起事,漆園遭官勒索起義.自稱「聖公」 宣和畫譜收錄魏晉至北宋畫譜。 劉完素(1120-1200)字守真,研究「素問」終生行醫,世稱「寒涼派」 放林靈素歸田里 遣趙良嗣使金,宋金訂盟,相約夾攻遼國. 加內侍梁師成太尉 睦州民方臘作亂,童貫討方臘 蔡京致仕 王黼為太宰 遼使與金議封冊禮金不許 金取遼上京

朝代	帝 王	國 號	干支	西元	紀 要
北宋 金	徽宗 趙佶 太宗 完顏晟	3	辛丑	**1121**	金天輔 5 年 宋宣和 3 年 西夏元德 2 年 遼保大元年 罷方田及州縣學三舍法 罷蘇杭應奉局 以張邦昌為中書侍郎 罷花石綱,逐朱勔,江南民大悅,遂斬方臘,復立應奉局,又起用朱勔,花石綱如故.見詔書自責之詞,大怒,黜董耘 封弟九子趙構為康王 淮南盜宋江以卅六人橫行河朔佑海州張叔夜擊降之. 童貫擊擒方臘加太師封楚國公 詔宦者李彥括民田於京東西路 遼天祚帝賜文妃自盡.文妃妹夫耶律余覩大懼,率軍降金
		4	壬寅	**1122**	金天輔 6 年 宋宣和 4 年 西夏元德 3 年 遼保大 2 年 童貫率軍攻打燕京戰敗.宋軍再敗於遼軍,金軍反取燕京(北京). 遼天祚帝出逃,賜晉王自盡. 金太祖完顏阿骨打親征蒙古,
		5	癸卯	**1123**	金天輔 7 年 宋宣和 5 年 西夏元德 4 年 遼保大 3 年 金天會元年 遼阿骨打死於回上京途中,遼吳乞買顏晟(1075~1135)即金皇帝位,是為金太宗.在位 13 年享壽 61 歲. 追南宋高宗趙構逃往建業杭州紹興寧波溫州至死. 蕭幹自立,號大奚皇帝.宋金簽訂友好條約: 一. 金以燕京、薊州、檀州、順州、景州、涿州、易州等七城交還予宋.. 二. 未每年向金進貢銀幣 20 萬兩、綢緞 20 萬匹、燕京賦稅代金 100 萬貫. 三. 雙方都不准招降納叛 四.宋一次付給金軍糧 20 萬石 金擊敗遼,遼主走雲中.金(1123-1137)東起嫩江,西到河套西曲之北,築國防一金長城 金將燕、涿、易、檀、順、景、薊等州歸宋. 王黼為太傅總領三省事 譚稹代童貫 金完頻阿骨打卒,弟完頻吳乞買嗣位
北宋 金	徽宗 趙佶 太宗 完顏晟	6	甲辰	**1124**	宋宣和 6 年 西夏元德 5 年 遼保大 4 年 金天會 2 年 譚稹罷復以童貫領樞密 王黼免 罷應奉司 詔蔡京復領三省事 西夏向金稱藩,金以地予之 金向宋索所許之糧不許 遼與金戰武州敗走陰山遼大石自立,置北南面官. 遼將耶律大石率所部西去,立國葱嶺東西之地,是為西遼.
		7	乙巳	**1125**	宋宣和 7 年 西夏元德 6 年 遼保大 5 年 金天會 3 年 西遼延慶元年 趙售叛盟毀約,遼帝耶律延禧被擒, 金大舉攻宋,追兵抵黃河,汴京大震,宋徽宗趙桓驚駭氣絕復甦,禪位皇太子趙桓,是為欽宗.尊徽宗為教主道君皇帝太上皇,居龍德宮. 遼天祚為金將婁室所獲,滿洲女真族建立金朝. **遼朝滅亡.** 宋太學生陳東等伏闕上書,稱蔡京王黼童貫梁師成李彥朱勔為六賊,乞誅之. 陸遊(1125-1210)字務觀,號放翁,越州山陰(今浙江紹興人)詩詞散文著稱.「飛霜掠面寒壓指,一寸丹心唯報國.」熱情奔放,愛國心隆的寫照.

朝代	帝　王	國 號	干支	西元	紀　　要
北宋 金	欽宗 趙桓 太宗　完顏晟	靖康 **1**	丙午	**1126**	西夏元德 7 年　金天會 4 年 北宋欽宗趙桓(1100~1127) 徽宗之子,在位 1 年,臨危受命嗣位,與金議和,被迫除奸,斬殺王黼,賜死李彥、梁師成.流放蔡京、童貫、朱勔等人,均被殺於流途中. 楊時為右諫議大夫兼侍講.金人破開封,1127 金兵擄徽、欽二帝父子,暨皇族后妃三千人.楊中父楊震,及子楊居中、楊執中與小曲祿戰于建寧,俱死於難., **北宋亡.** 李綱親征行營使守開封兵力聲勢壓倒金軍被迫退兵改圍,後李綱反遭貶官 金兵陷汴京,趙桓乞降,赴青城(河南開封南)金營,尊金帝為皇伯,自稱侄,許貢黃金一千萬錠,銀二千萬錠,絹帛二千萬匹,牛馬一萬頭,割黃河以北地於金,分遣使臣持詔書赴河北諭各州縣開城降. 北宋後期四大書法家：蘇東坡、黃庭堅(詩書隻絕)、米芾、蔡襄(1012-1067) 北宋繪畫鼎盛： **清明上河圖**(張擇端畫)、**墨竹圖卷**(文同畫)、**寒雀圖**卷(李迪作)、**瑞鶴圖卷**(趙佶作)、**雲景寒林圖**(範寬作)、**雲樹寒禽圖軸**、**臨韋偃牧放圖卷**、**汴京街市圖**(張擇端作)、**窠石平遠圖軸**.

南宋 (西元 **1127-1279** 年)

帝王世系表

高宗趙構建炎(1127-1130)紹興(1131-1162)－
孝宗趙愼眘隆興(1163-1164)乾道(1165-1173)淳熙(1174-1189)－
光宗趙惇紹熙(1190-1194)－
甯宗趙擴慶元(1195-1200)嘉泰(1201-1204)開禧(1205-1207)嘉定(1208-1224)－
理宗趙昀寶慶(1225-1227)紹定(1228-1233)端平(1234-1236)4 嘉熙(1237-1240)淳祐(1241-125
寶祐(1253-1258)開慶(1259)景定(1260-1264)－度宗趙禥咸淳(1265-1274)－恭帝趙□德祐(1275-1276)－端宗趙罡景炎(1276-1278)－趙昺祥興(1278-1279)

南宋自高宗繼統至恭帝國滅,凡 7 世 7 君,歷 150 年(1127~1176).至帝昺厓山覆亡,凡 9 君,歷 153 年(1127~1279)

註：西元 **1206~1279** 雖為南宋王朝,但元太祖成吉思汗已於 **1206** 年建蒙古國 **1271** 正名為「元」該期間為南宋與元(蒙)併存王朝,因將 **1206** 至 **1279** 年紀事列入元朝紀元內

朝代	帝　　王	國號	干支	西 元	紀　　要
南宋 金	高宗 趙構 太宗 完顏晟	靖康 **2** 建炎 **1** 天會 **5**	丁未	**1127**	金天會 5 年　宋靖康 2 年　西夏正德元年　宋建炎元年 1.19.「**靖康之變**」金攻克汴京,擄走宋欽宗和太上皇宋徽宗,**北宋至此滅亡.** 3 月金軍擒獲趙佶、趙桓. 4.1.金人脅徽宗、欽宗、皇后、太子、親王、妃嬪、宗戚、及大臣何桌、孫傳、張叔夜、秦檜等凡三千餘人北去,至燕京,封徽宗昏德公,欽宗為重昏侯,其餘親王、宗戚、士族怕充奴婢,供應役使. 金撤兵北歸軍民不再擁張邦昌,只得迎宋元祐皇后入宮垂簾聽政,並迎奉康王趙構即帝位,史稱『**南宋**』 5.1.康王趙構(1107~1187)宋徽宗第九子,受宋遺臣勸進,即帝位是為南宋高宗,改元建都臨安(杭州),尊元祐皇后為隆祐皇太后,在江南建立偏安王朝,在位 36 年,享壽 81 歲. 金廢宋徽宗、欽宗二帝為庶人,立張邦昌為帝,國號【**楚**】都金陵(南京),統轄黃河以南宋舊疆,歲納銀 15 萬兩,絹 15 萬匹於金. 高宗即位,勵精圖治,用李綱為相,宗澤為汴京留守,宗澤任與金充議和使,他反對議和被貶磁州知府,勵精圖治,擊退金兵.1128 年病逝 貶張邦昌於潭州,尋賜死. 金人以宋殺張邦昌為辭,分兵三道南侵. 南宋高宗趙構畏金兵聲勢,又怕欽宗南歸,岳飛戰功,成高宗憂患,1141 年用秦檜計,絞死岳飛父子,與金議和.1162 年讓位予族侄趙伯琮,自稱太上皇.
		2	戊申	**1128**	金天會 6 年　西夏正德 2 年　宋建炎 2 年 定詩賦經義試士法　金始撰國史金封宋徽宗為昏德侯、欽宗為重昏侯. 金陷宋長安中山濟南陝西及黃河以北地,破北京,悉為金所有. 兀朮犯東京宗澤敗之七月宗澤卒,杜充代之　劉豫知濟南府,劉豫旋叛降金 馬仲以論黃汪罪貶死　隆裕太后如杭州 鍾相(?-1130)湖南武陵人,以『等貴賤,均貧富』為口號,,要求農民在政治上平等,經濟均分,聚眾萬餘,建國號楚,佔鼎澧荊南潭峽等縣被孔彥舟俘獲被殺.

朝代	帝　　王	國號	干支	西 元	紀　　　　要
		3	己酉	**1129**	金天會7年　西夏正德3年　宋建炎3年　宋明受元年 金大舉南侵,宋高宗趙構由楊州逃杭州,時杭州發生苗傅、劉正彥政變,斬王淵,捕宦官殺之,逼高宗趙構退位,立其子趙敷為帝,年方三歲, 殺王淵逼帝傳位太子巽,四月帝復位　張浚為川陝荊湖宣慰使,誅苗劉. 孟太后臨朝,時呂頤張浚起兵勤王,至杭州城下,趙構復位,苗傅劉正彥遁走, 趙構赴建康,韓世忠擒苗傅劉正彥,磔死.　朱勝非免呂頤浩湘 趙構赴臨安(浙江杭州).金取臨安,趙構乘舟泛海奔定海(浙江山). 金兀術渡長江陷建康,帝走定海. 通判楊邦義被俘不屈而死. 張浚知樞密
南宋 金	高宗　趙 構 太宗　完顏晟	4	庚戌	**1130**	金天會8年　西夏正德4年　劉齊天會8年 金攻濟南,知濟南府劉豫降,金冊劉豫為子皇帝,國號**【齊】**,史稱劉齊. 1137年金又把它撤銷,將河地區直接併入金人版圖. 韓世忠大敗金兵丌朮於江中,丌朮走建康,復擊敗韓世忠　張浚退守興州 岳飛敗金兵於靜安　金徙二帝於五國城立劉豫為齊帝 黃天蕩大敗金軍兀朮率金軍從江南北撤金縱秦檜歸南宋. 使吳玠守和尚原 湖南鐘相(常德人)、楊麼起義.朝廷殘酷剝削,激起洞庭湖地區民反,最後失敗 **朱熹**(1130.9.15~1205.11.2.)字元晦,號晦庵,別號紫陽,生於江西婺源縣南劍尤溪鄭氏寓舍,理學家,辦書院,創立「閩學」「窮理致知」.遠傳朝鮮、日本\..1148年進士第,1151年任泉州同安縣主簿,1205年逝壽高76歲
		紹興 1	辛亥	**1131**	金天會9年　西夏正德5年　劉齊阜昌**元年　宋紹興元年** **宋用秦檜為參知政事拜相,旋任為右僕射**中書門下平章事,倡與金議和. 張浚為江淮招討使岳飛副之.兩人大破李成群盜遁. 吳玠吳璘大敗金丌朮於和尚原　金陷鞏洮諸州 張浚退屯閬州,張浚殺曲端　劉光世復楚州 遼耶律大石(1094-1143)殺北遼北院樞密蕭乙薛,自立為王稱帝,號延慶,重建遼朝,史稱西遼.
		2	壬子	**1132**	金天會10年　西夏正德6年　劉齊阜昌2年　宋紹興2年 育太祖後伯琮於宮中賜名瑗 頒戒石銘於州縣 秦檜主和,黃龜劾之,免秦檜相,永不復用,榜其罪狀於朝堂. 朱勝非復相　韓世忠拔建州(福建建甌),斬范汝為 呂頤浩都統江淮荊浙　劉豫徙汴李綱為湖廣宣撫使,旋罷. 岳飛平賀州(廣西賀縣),曹成潰奔邵州(湖南邵陽)遇韓世忠軍乃降 朱熹3歲,五月朱松舉家赴福建泉州石井鎮監稅任. 陸九齡(1132-1180)江西金溪縣人,知名心學學者,與陸九淵在鵝湖講學,號稱「鵝湖學派」應呂祖謙之邀,與陸九淵朱熹三人在江鵝湖山作學術辯論,史稱「鵝湖會」朱熹讚其「德義風流夙所欽」
		3	癸丑	**1133**	金天會11年　西夏正德7年　劉齊阜昌3年　宋紹興3年 復置博學宏詞科 呂頤浩免　李成陷京西六郡　丌朮和尚原 岳飛討平江廣羣盜以岳飛韓世忠劉光世王燮分屯沿江李橫復穎昌府,橫敗復陷.　劉豫攻陷湖北數郡,聲勢甚張,劉豫倚金為重,欲取宋地以媚金. 宋與劉齊劃長江為界 張栻(敬甫、南軒)(1133-1180)四川綿竹人.「張栻之學,亦出程式,既見朱熹,相與博約,進焉.」認理是世界的本源.

朝代	帝　王	國號	干支	西元	紀　要
		4	甲寅	**1134**	金天會 12 年　西夏正德 8 年　劉齊阜昌 4 年　宋紹興 4 年 命范沖重修神宗哲宗實錄　趙鼎相　張浚免居福州 以岳飛兼荊南制置使,岳飛攻劉齊,收復郢州隨州襄陽等地. 金與偽齊劉豫聯軍攻打南宋,韓世忠於大儀(江蘇儀徵北)大敗金兵,史稱「中興第一功」.金軍為韓世忠所扼,屯天長軍(江蘇天長)大雨雪,金軍乏食,會金太宗病篤,兀朮乃歸,劉豫軍亦退.. 吳玠兄弟大敗兀朮兵於仙人關蜀中始固　劉麟入寇
南宋 金	徽宗 趙 佶 熙宗 完顏亶	**5**	乙卯	**1135**	金天會 13 年　劉齊阜昌 5 年　宋紹興 5 年　西夏大德元年 宋前任帝徽宗趙佶死於荒涼的五國城(黑龍江依蘭)一棟破爛房屋土炕上 宋置總制司　金胡沙虎伐蒙古　岳飛在洞庭湖大破金兵. 金太宗病逝完顏亶(1119~1149)即位是為金熙宗,酗酒暴譟不仁,打殺臣僚,貴族爭權奪利在位 14 年終年 31 歲 推行漢官制度 召張浚還　帝還臨安鼎浚並相　李綱為江西安撫制置大使
		紹興 **6**	丙辰	**1136**	金天會 14 年　劉齊阜昌 6 年　宋紹興 6 年　西夏大德 2 年 劉齊三道攻宋,劉麟攻合肥,劉猊攻定遠,楊沂中屯藕塘,均敗退.宋高宗趙構命岳飛援,岳飛在岳陽目疾甚重,聞詔即行敗,趙構曰「劉麟敗不足喜,諸將知朝廷為可喜」致岳飛御書使還.　岳飛擊敗劉豫 張浚令張俊屯盱眙,韓世忠屯楚州,張浚撫師淮上,命劉光世等諸將分屯 以秦檜為行營留守　趙鼎罷
南宋 金	高宗 趙 構 熙宗 完顏亶	紹興 **7**	丁巳	**1137**	金天會 15 年　劉齊阜昌 7 年　宋紹興 7 年　西夏大德 3 年 岳飛入朝,趙構曰:「有臣如此,朕復何憂,進止之機,朕不中制」「中興之事,悉以委卿」四月岳飛乞終母喪遂還廬山,六月奉召還鄂. 張浚免,趙鼎復相 何蘇自金還,始聞上皇太后之喪,以王倫為奉迎梓宮使,王倫自金還復遣之 酈瓊叛殺呂祉降齊.劉齊帝軍屢, 劉豫幾戰失利金廢劉豫為蜀王,囚於金明池(汴京城西)**劉齊亡**,立國八年. 呂祖謙(伯恭)(1137-1181)安徽鳳台人,世稱「東萊先生」與朱熹張栻,時稱「東南三賢」開創「婺學」開浙東學派,編大事紀.與朱熹陸九淵有「鵝湖之會」
		8	戊午	**1138**	宋紹興 8 年　西夏大德 4 年　金大眷元年 宋高宗趙構改杭州為臨安,定都臨安,史稱【**南宋**】.用秦檜為右僕射同平章事兼樞密使,秦檜復相專政,力主和議,南宋向金朝稱臣. 貶胡銓　拜表稱臣於金　王倫復使金　金使張通古來言歸河南陝西地 金初用女真小字.以經義詞賦兩科取士,頒行官制 .
南宋 金 夏	高宗　趙 構 熙宗 完顏亶 仁宗 李仁孝	**9**	己未	**1139**	宋紹興 9 年　西夏大德 5 年　金大眷 2 年 宋以王倫為東京留守,使金,金人執之.　李世輔自夏來歸賜名顯忠　吳玠卒 金朝內訌,先誅蒲魯虎,旋撻懶因主持對宋議和而被殺.　蒙古擊敗金胡沙虎 西夏帝崇宗李順乾卒,仁宗李仁孝(1124~1193)嗣位在位 55 年壽 70 歲. 陸九淵(子靜)(1139~1193)南宋理學家,哲學家教育家,創「心學」著有「象山全集」他認為朱熹的「格物致知」過於「支離破碎」須尊「德性」.
		10	庚申	**1140**	宋紹興 10 年　金大眷 3 年　西夏大慶元年 岳飛於順昌大敗金兵,收復河南諸郡,又大破金兀朮於朱仙鎮. 秦檜計謀宋高宗趙構命岳飛班師回朝一日 12 金牌,岳飛憤惋泣曰「十年之力,廢於一旦」 兀朮率金軍復取河南陝西等地.修「金佛殿」兼採遼宋建築型式 「郾城之役」劉錡順昌以少勝多大敗金軍,

朝代	帝　王	國號	干支	西元	紀　要
		11	辛酉	**1141**	宋紹興 11 年 西夏大樓 2 年　金皇統元年 順昌大捷,**『紹興和議』**,宋金和約,宋對金稱臣　封韓世忠張俊為樞密使 **『岳飛遇害』**宋高宗罷岳飛樞密副使兵權,以武勝定國軍節度使充醴泉觀使,12 月秦檜誣岳飛謀反,謀殺害岳飛,11 月絞死於大理寺獄中風波亭,年 39. 岳飛知書傳,善待士,濟人之貧,用兵秋毫無犯,號為賢將,或問天下何時太平,岳飛曰「文臣不愛錢,武臣不惜死,天下平矣」岳飛題青泥市蕭寺壁云「雄氣堂堂貫斗牛,誓將直節報君讎;斬頑惡還車馬,不問登壇萬戶侯.」 楊存中劉錡等敗金兀術于柘皋,復廬州,　楊存中加檢校少保開府儀同三司.
		12	壬戌	**1142**	宋紹興 12 年　西夏大慶 3 年　金皇統 2 年 1.27.岳飛被奸臣秦檜在臨安毒死 宋金議和.宋稱臣,受金冊封為帝,歲貢 25 萬兩,絹 25 萬匹,每年賀金主生辰 金歸還徽宗太后及刑后之喪 帝生母韋氏亦金歸 封秦檜為魏國公加太師,自 1138~1155 秦檜獨相 18 年
		13	癸亥	**1143**	宋紹興 13 年　西夏大慶 4 年　金皇統 3 年 宋沒收錢塘縣(浙江杭州)岳飛宅,改為國子監. 西遼耶律大石死,廟號"德宗" 作太學,親書六經刻石太學,復置三館以養士　洪皓張邵朱弁自金還 朱熹 14 歲,父朱松逝於建安,生前託孤劉子羽,命朱熹稟學於武夷三先生:胡憲、劉勉之、劉子翬,入劉氏家塾.　金派遣使者來宋
		14	甲子	**1144**	宋紹興 14 年　金皇統 4 年　西夏人慶元年 初禁野史　何若請禁程頤之學 金人殺宋使王倫　宋金互派使者賀「正旦」
		15	乙丑	**1145**	宋紹興 15 年　金皇統 5 年　　西夏人慶 2 年 寬諸郡雜稅 放張浚於連州 宋平定譚友諒亂
南宋 金	高宗　趙 構 熙宗 完顏亶	**16**	丙寅	**1146**	宋紹興 16 年　金皇統 6 年　　西夏人慶 3 年 行籍田法　　金石丞相,韓企先卒　　金殺翰林學士宇文虛中　　金劉豫死 金使西遼為所殺　金擊蒙古不能克 金遣保壽赴蒙古冊立其酋長鄂羅貝勒為蒙古國王鄂羅貝勒不受,請和遭拒
		17	丁卯	**1147**	宋紹興 17 年　金皇統 7 年　　西夏人慶 4 年 金蒙議和,金割讓西平河以北 27 團寨給蒙古,進貢牛羊米豆綿絹貨物,休戰 田玨一派漢官失勢,被殺.兀朮領三省事,並仍舊為都元帥,領行台尚書省. 寬洪皓　趙鼎卒於吉陽軍中 金與蒙古訂和約,唯鄂羅勒稱「祖元皇叔」獨立如昔,金無可奈何,建元天興
		18	戊辰	**1148**	宋紹興 18 年　金皇統 8 年　　西夏人慶 5 年 金兀朮死. 金在今山西運城西南天寧寺開雕「大藏經」 金以完頻亮為相 宋任秦檜之子秦熺為知密院事　　竄胡銓於海南　　完成『大足石刻』 朱熹 19 歲春正月娶劉勉之長女劉清四,二月參加省試中舉.四月殿試中第五甲第 90 名賜同進士出身.
南宋 金	高宗　趙 構 廢帝 完顏亮	**19**	己巳	**1149**	宋紹興 19 年　金皇統 9 年　　西夏天盛元年　金天德元年 陳敷著成「農書」,與勝之書,齊民要術,王禎農書,農政全書,並列我國古農書 金帝熙宗完顏亶殺子完顏道濟,又殺弟完顏元(常勝),復殺妻斐滿皇后. 左丞相完顏亮(1122~1161)乘眾怨弒完顏亶篡位自立殺太子宗懿及宗室.. 廢前主為東昏王,封功臣赦天下改天德元年,在位 13 年終年 40 歲
		20	庚午	**1150**	宋紹興 20 年　金天德 2 年　　西夏天盛 2 年　　修成『天盛律令』 宋殿中軍士施全刺秦檜不中,磔死. 金帝完顏亮大殺宗室 金罷行台尚書省

朝代	帝　王	國號	干支	西元	紀　要
		21	辛未	1151	宋紹興 21 年　金天德 3 年　西夏天盛 3 年 韓世忠卒　金遷都燕京(今北京)　金設置國子監 金帝完顏亮大屠皇族,將其婦女納入後宮 朱熹 22 歲,三月赴臨安銓試中學,授左廸功郎,泉州同安縣主簿,待次.
		22	壬申	1152	宋紹興 22 年　金天德 4 年　西夏天盛 4 年 安平橋(1138-1152)建成跨越晉江南安兩縣海灣,全部花崗石砌成. 編管王庶之子於濟南　金主亮召葛王烏祿之妻烏林答氏入宮未至自殺
		23	癸酉	1153	宋紹興 23 年　金天德 5 年　西夏天盛 5 年　金貞元年 金海陵帝自上京遷都燕京,號中都大興府,改元貞元.以汴京為南京,去京之名,改中京為北京.　海陵帝威嚴多智,通中國經史,好中華衣冠,傾慕漢化. 朱熹 24 歲,秋七月至同安任縣主簿兼主縣學
		24	甲戌	1154	宋紹興 24 年　西夏天盛 6 年　金貞 2 年 以秦檜孫塤修實錄,加秦熺少傅封嘉國公　金帝完顏亮殺韓王完頻亨,納其諸宗姊妹於宮　金開始行錢鈔　西遼耶律依律死,其妹普速完權國事 趙孟頫(1254-1322)書法家,畫家,擅長山水,花鳥,人物,鞍馬,竹石
		25	乙亥	1155	宋紹興 25 年　西夏天盛 7 年　金貞 3 年 秦檜晉封為爵,是日夜卒　黜秦檜姻黨下　李清照卒其詞稱作『易安體』 趙鼎子汾於大理獄,旋釋徙　洪皓於袁州未至卒　復張浚胡寅等官 姜夔(1155-1221)字堯章,號白石道人,今江西波陽人,詩人,一生未作官. 「沈園情深」陸游、唐琬夫婦,父母反對離異,二人不期在沈園相遇作詞
		26	丙子	1156	宋紹興 26 年　西夏天盛 8 年　金貞 4 年　金正隆元年 金頒行新官制.　追復趙鼎等官　罷宰相兼樞密使職　沈該萬俟卨相 宋欽宗靖康帝卒於金　復貶張浚 光宗母曰成穆郭皇后薨.孝宗受禪,追冊為皇后.是為成恭夏皇后崩 朱熹 27 歲,五月被泉州府檄,尋訪收集境內先賢碑碣事傳,往金門島訪尋先賢陳淵事蹟,有「五月五日海上遇風雨作」及「次牧馬侯廟」諸詩有記.隨往金榜山(廈門島)尋訪唐名士陳黯遺跡,得其名裨正書校而序之.七月秩滿,乃寓梵天寺兼山閣.
南宋 金	高宗 趙 構 世宗 完顏雍	紹興 27	丁丑	1157	宋紹興 27 年　西夏天盛 9 年　金正隆 2 年 宋令國子監生及進士研習詩賦經義.　万俟卨死 湯退相 朱熹 28 歲,十月代者不至,以四考滿罷歸.
		28	戊寅	1158	宋紹興 28 年　西夏天盛 10 年　金正隆 3 年 金以李通為參政　以王剛中為四川制置使　金營汴宮
		29	己卯	1159	宋紹興 29 年　西夏天盛 11 年　金正隆 4 年 金造戰具,營建汴京,準備南伐　遣王輪使金還言和好無他意湯思退. 山東河北太行山等地居民不堪金暴弱起義.
		30	庚辰	1160	宋紹興 30 年　西夏天盛 12 年　金正隆 5 年 以普安郡王瑗為皇太子更名瑋進封建王 陳俊卿劾湯思退免 初行會子 金派兵鎮壓河北等地民變.

朝代	帝　王	國號	干支	西元	紀　要
		31	辛巳	1161	宋紹興 31 年　西夏天盛 13 年　金正隆 6 年　金大定元年 設置「會子務」紙幣,作現錢輸官,奠定南宋經濟秩序. 虞允文在採石擊敗金兵大捷 「耿京起義」濟南農民耿京、李鐵槍等不堪金朝繁重賦稅,揭竿而起. 「東京遼陽政變」完顏福壽與完顏謀衍在東京發動政變,擁完顏褒為帝. 金海陵自燕京南遷汴京,號稱百萬兵侵宋. 完顏雍(1123~1189) 稱帝在位 29 年壽 67.完顏亮敗於採石,為完顏元宜所殺革新儉樸,重農業,輕徭薄賦,社會安定,財經繁榮,被稱「小堯舜」. **【城南書院】**為張浚、張栻父子所建,現今蔡鍔南路城南西路口與天心閣路中間路邊有立碑曰「城南書院故址」,今「湖南第一師範學校」校址.昔日有麗澤堂、書樓、養蒙軒、月榭、卷雲亭、琮谷、高邱、納湖、聽雨舫、采菱舟等,稱長沙十景.公元 1167 年張栻與朱熹曾在此講學論道,張栻離開書院後漸廢,公元 1564 年長沙府推官翟台在此建學堂五間,萬歷年間復圯. 1745 年湖南巡府楊錫□在此天心閣下都司署舊址復建「城南書院」1822 年巡撫左輔將書院遷回原址,1903 年「城南書院」與「湖南師範館」合併,更名「湖南中路師範學堂」,即今**【湖南第一師範】**前身.
		32	壬午	1162	宋紹興 32 年　西夏天盛 14 年　金大定 2 年 南宋高宗趙構在位 36 年禪傳位於族侄孝宗趙伯琮(1127~1194)是為孝宗,在位 27 年,享壽 68,歲次年改元隆興. 立瑋為皇太子更名眘,傳位太子自稱太上皇帝,太子即位張浚為江淮宣撫使 蒙古成吉思汗生　　金降前帝亮為海郡王,諡曰煬. 金山東東平民耿京叛金,遣賈瑞辛棄疾奉表赴臨安,宋高宗趙構大喜,封耿京天平節度使,及二人返山東,耿京為張安國所殺降金,然張安國為耿京原屬辛棄疾擊縛獻宋,斬於臨安. 成吉思汗(1162-1227)名鐵木真建蒙古汗國征中亞古國花剌子,國跨歐亞.
南宋	孝宗 趙眘 (趙伯琮)	隆興 1	癸未	1163	西夏天盛 15 年　金大定 3 年 立夏賢妃為皇后,　史浩相　開府建康　史浩免 湯思退相 南宋孝宗趙伯琮(1127~1194)在位 27 年享年 68 歲. 下詔書雪岳飛冤,追復原有官爵,以禮改葬,加諡武穆。. 張浚為樞密使伐金兵敗潰於符離貶張浚,復以張浚都督江淮軍馬 金索還地及歲幣,還河池陝西地地,與金議和 宋曲端被誣陷謀反處死.以致 13 萬宋軍在符離(安徽宿州)被女真擊敗覆沒 猶太教在開封清真寺,猶太人完全漢化 s 以朱熹為武學博士
		2	甲申	1164	西夏天盛 16 年　金大定 4 年 金以女真文字譯經史　南宋與金議和訂立「隆興和議」 楊存中都督江淮軍務,節制諸軍　　張浚罷相
		乾道 1	乙酉	1165	西夏天盛 17 年　金大定 5 年 宋金二次議和,宋孝宗趙伯琮自稱侄皇帝,尊金帝世宗完顏雍為叔皇帝,二國行文稱國書.宋歲輸銀捐各 20 萬兩匹,金不稱詔,宋不稱奉表,歸被俘人,惟叛亡者不與.　陳康伯卒　　虞允文参政　　魏杞自金還　　洪适相
南宋	孝宗 趙眘	乾道 2	丙戌	1166	西夏天盛 18 年　金大定 6 年 置制國用司以宰相領之 修建康行宮　洪适免,葉顒魏相　罷兩浙路市帕司 金右丞相僕僕散忠義卒　楊存中卒,其子楊倓言慮合回避,改封和.

朝代	帝　　王	國號	干支	西 元	紀　　　　　　　　要
		3	丁亥	**1167**	西夏天盛 19 年　金大定 7 年 成恭夏皇后崩　　全真七子東遊傳教.形成一種社會力量. 朱熹 38 歲,自福建抵湖南長沙城南書院張栻寓所,二人在嶽麓書院和長沙城南書院講學論道,辯論「中和」之學,三日夜而不能合,盛況空前,以致「一時興馬之眾,飲池水立涸」.從此嶽麓書院名揚世人,院因人重,人為院名,書院因之成,朱熹、張栻同在獄麓書院、長沙城南書院講學論道,過化之地,獲後世學者敬慕,漸成為湖湘學派重鎮和文化中心. 吳璘卒　葉顒魏杞免　陳俊卿参政,劉珙同知樞密　金主之保州
		4	戊子	**1168**	西夏天盛 20 年　金大定 8 年 蔣芾相 劉珙罷　陳俊卿相 大閱茅灘 西夏任得敬約宋虞允文共謀擊吐蕃 西遼女后殺其柔魯不其　舅斡里剌殺之立耶律直魯古　蒙古汗也速該死 宋行社倉法
		5	己丑	**1169**	西夏天盛 21 年　金大定 9 年 用陳俊卿議措置兩淮屯田　王炎参政　召虞允文入為樞密使　以炎代之 虞允文為相　宋命女真人與諸色人公事相鬥,悉由女人審理 宋收換兩淮銅錢,以鐵錢及會子行使. 黃公望(1269-1354)江蘇蘇州常熟人,和吳鎮.倪瓚,王蒙為「元四大書家」
		6	庚寅	**1170**	金大定 10 年　　西夏乾祐元年 陳俊卿罷 金以宗敍参政 遣趙雄如金　王重陽創道教全真教 西夏宰相任得敬脅西夏帝仁宗李仁孝上表於金,分西南疆土於任得敬,另立一國.金不許,李仁孝遂殺任得敬.　高麗臣皓廢其君晛而自立
		7	辛卯	**1171**	金大定 11 年　　西夏乾祐 2 年 立子惇為太子　金葬宋九任帝欽宗趙桓於洛陽　金禁群臣饋敵 金人來聘 史書記載澎湖「肌體漆黑,語言不通」的外族飄洋而來,搶掠島莊稼迅速調兵來澎湖追捕,只及扣留亂中留下幾艘木舟.為了保護漁民,泉州知府在汪大猷在澎湖建屋二百間,留屯水軍,外族才不敢再來騷擾.　宋吳拱修復山河堰
		8	壬辰	**1172**	金大定 12 年　　西夏乾祐 3 年 宋改官制,改宰相之稱為左右丞相,左右僕射同中書門下平章事為左右丞相. 蕭之敏劾虞允文擅權不公,會虞允文薦諫官,宋孝宗趙伯琮不用,乃求去,再出任四川宣慰使 朱熹為煥章閣待制.宋儒提倡伊洛之學,號稱道學,朱熹為當時道學領袖.
		9	癸巳	**1173**	金大定 13 年　　西夏乾祐 4 年 金禁女真人用漢人姓.　梁克家罷,曾懷代之.　金復以會寧府為上京
南宋	孝宗 趙 昚	淳熙 **1**	甲午	**1174**	金大定 14 年　　西夏乾祐 5 年 宋虞允文卒　曾懷罷 以葉衡為右丞相兼樞密使　宋以李天祚為安南國王
		2	乙未	**1175**	金大定 15 年　　西夏乾祐 6 年 朱熹 46 歲與陸九淵在學術觀點上針鋒相對,呂東萊邀朱陸二人在鵝湖相會調和未果,反展開一場大論戰. 後人在此建鵝湖書院(江西鉛山鵝湖). 朱熹來金門原燕南書院遺址撰書「太極圖說」現懸掛浯江書院講堂.朱熹、張栻登嶽麓赫曦台聯句『泛舟長沙渚,振策湘山嶺;烟雲渺變化,宇宙窮高深;懷古壯士志,憂時君子心寄言塵中容,莽蒼誰能尋.』. 葉衡罷　以湯邦彥為金國申議使　贈趙鼎太傅追寺豐國公謚忠簡
南宋	孝宗 趙 昚	淳熙 **3**	丙申	**1176**	金大定 16 年　西夏乾祐 7 年 召朱熹(47 歲)為秘書郎不至　朱熹知南康軍奏復白鹿洞書院 金始置外府學及京府女真學　立謝貴妃為皇后,是為成肅謝皇后.
		4	丁酉	**1177**	金大定 17 年　西夏乾祐 8 年 高麗致貢於金　金葬宋遼宗室於廣寧舊陵　金免河北山東租稅

朝代	帝 王	國號	干支	西 元	紀 要
		5	戊戌	1178	金大定 18 年 西夏乾祐 9 年 朱熹 49 歲,八月以史浩推薦,差知南康軍,朱熹四辭不受. 侍御史謝廓然請禁以程頤王安石之說取士 西遼承天皇后被殺,直魯古繼位 史浩為右丞相,旋罷 王淮知樞密,趙雄參政,旋為右丞相. 宋民陳亮赴臨安上書,論光復國土之計,宋孝宗趙伯琮感動,欲榜朝堂,以勵群臣,用种放故事,將召上殿,倖臣曾覿知,之欲先相見,陳亮鄙其為人,踰牆逃,鉏覿慚怒,會諸大臣亦惡其言直,遂不得見而去.
		6	已亥	1179	金大定 19 年 西夏乾祐 10 年 朱熹 50 歲.宋倡科舉,官學漸盛,士為名利相率離去.朱熹在知南康軍(今江西),重修廬山白麓洞書院. 上疏請正君心.宋以朱熹提舉江西常平茶鹽. 宋李接聚眾起事,破鬱林,圍化州,十月敗死.
		7	庚子	1180	金大定 20 年 西夏乾祐 11 年 朱熹 51 歲. 白麓洞書院建成,制訂「白鹿洞書院學規」發佈「白鹿洞牒」,自任洞主,講學授徒,宣揚理學奠定「閩學」學派. 金降完顏亮為海陵庶人. 周必大參政 張栻卒 胡銓卒 宋接京西民間銅錢,行使鐵錢與會子.
		8	辛丑	1181	金大定 21 年 西夏乾祐 12 年 朱熹 52 歲提舉浙東常平茶鹽 宋下其社倉法於各路 詔內侍兼兵職 改左右僕射為左右丞相,廢侍中、中書令、尚書之名,遂為定制.與宰相同官異稱者有平章軍國重事、同平章軍國事、領三省事、平章軍國事. 王淮為右丞相兼樞密使 呂祖謙卒 趙雄罷 宋沈師攻汀州漳州十月敗死
		9	壬寅	1182	金大定 22 年 西夏乾祐 13 年 朱熹 53 歲,以為江淮提刑固辭 宋禁蕃帕買賣金銀
		10	癸卯	1183	金大定 23 年 西夏乾祐 14 年 朱熹 54 歲正月經始武夷山精舍於武夷山五曲大隱屏下,四月武夷精舍成,「四方士友來集」賦 12 紀其勝. 監察御史陳賈請禁道學 李燾續資治通鑑
		11	甲辰	1184	金大定 24 年 西夏乾祐 15 年 宴宗室於皇武殿歌女真本曲 金主如會寧免租稅 金帝完顏雍至上京. 宋改定刺配法
		12	乙巳	1185	金大定 25 年 西夏乾祐 16 年 金皇太子允恭薨,金世宗立允恭子原王璟為皇太孫 金主還燕 宋禁胡服
		13	丙午	1186	金大定 26 年 西夏乾祐 17 年 立允恭之子為皇太孫,講臣於秘書省,賜處士郭雍號頤正先生,留正簽樞密事 宋改汀州鹽法
		14	丁未	1187	金大定 27 年 西夏乾祐 18 年 宋太上皇高宗趙構崩,治喪三年.詔皇太子惇參決庶務,孝宗哀墓甚切,退居德壽宮,更重華宮. 周必大為右丞相 留正參政 遣使如金 金改完顏亶廟號為熙宗,禁女真人稱漢姓,學華人衣飾
		15	戊申	1188	金大定 28 年 西夏乾祐 19 年 朱熹 59 歲以為兵部郎官,林栗劾朱熹「本無學術,徒竊張載程緒餘,為浮誕宗主,謂之道學,所至則攜門生數人,習春秋戰國之態.」宋孝宗趙伯琮遂貶朱熹任江西提舉刑獄.,旋為崇政殿說書,朱熹辭 置補闕拾遺官 王淮罷 貶林栗

朝代	帝　王	國號	干支	西元	紀　要
南宋 金	孝宗 趙 眘 章宗 完顏璟	**16**	己酉	**1189**	金大定 29 年　西夏乾祐 20 年 宋孝宗趙伯琮在禪位其子趙惇,是為光宗,自稱太上皇是為光宗,.尊孝宗為尊壽皇聖帝.次年改元紹熙,立皇后李氏,廢補闕拾遺官,周必大留正同相 金世宗完顏雍病故,皇太孫完顏璟(1168~1208)即位,是為金章宗.在位 19,終年 41 歲.翌年改元明昌.喜愛漢文書法繪畫.征服韃靼,女真人與居民通婚. 蒙古成吉思汗帖木真被推為蒙古可汗,擊滅乃蠻國,統一大漠南北. 朱熹 60 歲,除江東路轉運副使,辭不赴任,改知漳州,辭不允,十二月拜命. 黃河三次決堤：1189 在曹州小堤北面決堤,1193 在衛州決堤.1194 在南京陽武故堤決堤. 蘆溝橋(又名廣利橋))(1189-1192)始建,長 266.5 公尺,寬 7.5 公尺,有 281 根欄杆,望柱刻仰覆蓮座,座下刻菏菜石墩,柱頂刻大小獅子 485 個. 日本 1937.7.7.在蘆溝橋藉故挑釁日兵失縱,引起七七事件八年抗日戰爭.
南宋 金	光宗 趙 惇 辛宗 完顏璟	紹熙 **1** 明昌 **1**	庚戌	**1190**	西夏乾祐 21 年　金明昌元年 南宋光宗趙惇(1147~1200),孝宗之子在位 5 年 享年 54 歲.對金求和,罷主戰官,與上皇失和,上皇病聞問,歿不喪,有失孝道,群臣憤慨不滿. 劉松年繪「中興四將圖」劉光世,韓世忠,張俊,岳飛. 朱熹 61 歲,寓居龍門長柄村,因偽學禁興,紫陽朱子避地居此.今長柄村朱子祠內墻壁嵌立王有樹撰書**《龍津書院杞典記》**.四月抵彰州到任. 御史劉光祖乞禁譏道學者　留正為左丞相,王藺為樞密使 金設置平倉,制科舉,宏詞科耶律楚材(1190-1244)字晉卿,精通天文地理律曆術數釋老醫卜,被蒙古俘. 金章宗時(1190-1208)董解元撰『西廂記諸宮調』被譽為『北曲之祖』 12 世紀末宋鼓子詞等說唱藝術形式流行,同時盛行山水畫、花鳥畫與宋代的『翰林國畫院』
		2	辛亥	**1191**	西夏乾祐 22 年　金明昌 2 年 朱熹 62 歲,二月以嗣子喪請祠,四月底辭職賦歸,五月底歸次建陽,寓居同繇橋,為鄭氏族譜撰寫序言. 宋置太醫局,命兩淮行義倉法.　金令女真字直譯華文,取消契丹文.
		3	壬子	**1192**	西夏乾祐 23 年　金明昌 3 年 朱熹 63 歲,六月武夷山考亭新居落成居之.　金令官民避姬旦,孔兵名諱 金封宮女李師兒為昭容,後進封為元妃,李氏一家自此貴幸無比.
南宋 金 夏	光宗 趙 惇 辛宗 完顏璟 桓宗 李純祐	**4**	癸丑	**1193**	西夏乾祐 24 年　金明昌 4 年 朱熹 64 歲,知潭州荊湖南路安撫使,辭,再辭. 以趙汝愚同知樞密院事 陳騤參政　　賜陳亮及第　　趙汝愚知樞密 金弛禁地許民耕種　　金胥持國參政與李妃表裡擅政 夏桓宗李純祐卒(1187~1206)在位 13 年年 30 歲.子李安全得羅太后支持篡位
		5	甲寅	**1194**	金明昌 5 年　　西夏天慶元年 宋太上皇孝宗趙伯琮崩,宋光宗趙惇疾篤,不能臨朝,又不能居喪.立太子嘉王趙擴(1168~1224)是為寧宗在位 30 年歲尊趙惇為太上皇.稱「紹熙內禪.」韓侂胄、趙汝愚政變,光宗被迫讓位予太子趙擴,是為寧宗,光宗為太上皇.次年改元慶元. 朱熹 65 歲,四月啓程至湖南潭洲(湖南長沙)上任,五月初至潭州,交割職事,六月修復嶽麓書院,親臨講學,七月修三閭大夫屈原祠,修築潭州城,重建湘西精舍,發布約束榜,明教化,整詞訟,戰姦吏,抑豪強.八月上狀辭召命,離潭州東歸.九月至錢塘,十月受詔進講大學,十一月回福建武夷山,復考亭. 留正遁,復召留正 趙汝愚為右拯相韓侂胄用事 金賽求遺書 黃河決金陽武

朝代	帝　王	國號	干支	西 元	紀　要
南宋	寧宗 趙 擴	慶元 1	乙卯	1195	金明昌 6 年　西夏天慶 2 年 趙汝愚罷相,韓侂冑專權.貶呂祖儉.余端禮為右丞相,京鏜知樞密 流太學生楊安中等六人　劉德秀乞考核邪正真偽 竄趙汝愚於永州 金以胥持國言罷其平章完顏守貞 宋李沐奏「趙汝愚以同姓為相,將不利於國家.」 吳太皇太后命趙汝愚出任福建福州知州.監察御史胡紘復誣其謀反,再竄趙汝愚於湖南永州安置. 宋左丞相劉德秀上疏請禁偽學:「邪正之辨,無過於偽與真彼口言先王之言,而身為市人所不為」道學與偽學自是合而為一 博士楊簡等連力爭,四月太學楊宏中等六上書諫,各送五百里外編營.
南宋	寧宗 趙 擴	慶元 2	丙辰	1196	西夏天慶 3 年　金承安元年 趙擴禁傳播道學,擔任祕閣修撰朱熹 67 歲.免除秘閣修撰官職.1202 年解禁 宋禁道學,稱之為偽學. 趙汝愚卒　京鏜相　謝深甫參政　罷御史黃黼　竄處士蔡元定
		3	丁巳	1197	西夏天慶 4 年　金承安 2 年 朱熹 68 歲,籍偽學之士朱熹趙汝愚呂祖泰蔡元定等凡 59 人. 不堪鹽法苛擾,廣東大溪島民入海起事,官軍盡屠島民　金免胥持國官 「慶元黨禁」歷時六年始開放黨禁.　貶留正　吏部侍郎黃由諫免其官
		4	戊午	1198	西夏天慶 5 年　金承安 3 年 朱熹 69 歲,宋置偽學黨籍,計留正,朱熹等凡 59 人. 太祖十世孫與愿於宮中賜名儆 加韓侂冑少傅封豫國公 詔嚴申偽學之禁　謝深甫知樞密　蒙古患禍益亟,金修壕塹禦之. 金章宗改革幣制,鑄造「承安寶貨」發行紙幣,銀錠 50 兩,有 1 至 10 兩五種
		5	己未	1199	西夏天慶 6 年　金承安 4 年 奪彭龜年等官　放劉光祖於房州　加韓侂冑太師封平原郡王　諸州大水 金設立「普濟院」以粥食救濟貧民 宋禁高麗,日本商人博易銅錢
		6	庚申	1200	西夏天慶 7 年　金承安 5 年 『金元四大,醫學家』之一劉完素卒,以寒涼藥劑治病效被稱為『寒涼派』 宋太上皇趙惇卒.　進楊次山之妹婉儀楊氏為妃. 朱熹 71 歲卒(1130.9.15-1200.3.9)十一月二日安葬於建陽縣唐石里之林谷.世稱程朱理學,影響後期最大的思想家.朱熹學說以【居敬】為主,主張【窮理致知】【反躬實說】.為宋朝理學極盛時代. 京鏜謝深甫相 陳自強簽書樞密 呂祖泰請誅韓侂冑,流之欽州,旋加為太傅
	寧宗 趙 擴	嘉泰 1	辛酉	1201	西夏天慶 8 年　金泰和元年　蒙古雞兒年 梁楷獨創減筆人物畫 1201-1204 年為畫院侍詔.乘舟入海被害. 乃蠻伏兵擒西遼主直魯古,**西遼亡** 宋京都臨安大火,焚民居五萬三千餘家 何澹罷,陳自強參政 以吳曦為興州都統制 程松同知樞密
		2	壬戌	1202	西夏天慶 9 年　金泰和 2 年　蒙古狗兒年 宋解偽道學之禁,追復趙汝愚為資政殿學士,韓侂冑任太師,蘇師旦任樞密都承旨,道學諸君之見在者均先後復位. 宋以商賈私販九朝通略等書.　禁坊間私史,有關國體者悉令銷毀 宋修慶元條法事類成　程松罷　立楊皇后
		3	癸亥	1203	西夏天慶 10 年　金泰和 3 年　蒙古豬兒年 造戰艦　罷同安等三監鑄錢　以兩淮交子 100 萬緡收民間鐵錢 謝深甫罷　陳自強相,許及之知樞密　增置襄陽騎卒

朝代	帝　　王	國號	干支	西 元	紀　　　　要
		4	甲子	1204	西夏天慶 11 年　金泰和 4 年　蒙古□兒年 上詔追封岳飛為鄂王,以勵軍心.　禁科舉請托 創國用司,命右丞相陳自強兼國信使　禁州縣私自藉詞沒收民產 韓侂胄謀攻,金辛棄疾入朝,亦言金必亂亡,韓侂胄用兵之意益銳. 許及之罷張孝伯參政,尋罷.
南宋 蒙古	寧宗 趙 擴 成吉思漢	開禧 1	乙丑	1205	西夏天慶 12 年　金泰和 5 年　蒙古牛兒年 宋辛棄疾卒錢象祖參政　河南備宋後即罷 遣使如金　邱崈為江淮宣撫使辭　永除兩浙身丁錢 置澉浦水軍　詔諸軍行軍保密,以備北伐. 武學生華岳乞斬韓侂胄竄建康,旋以韓侂胄平章軍國事.　金以僕散揆宣撫 袁樞卒,史學家,作通鑑紀事本末,獨創一體.
		開禧 2	丙寅	1206	金泰和 6 年　西夏應天元年　蒙古太祖元年 宋不宣而戰大舉攻金.京洛招撫使郭倪陷金泗州(江蘇盱眙北),韓侂胄聞得泗州,即請宋寧宗趙擴下詔北伐.然軍不能戰,郭倪續攻(安徽)宿州,大敗.建康都統李爽攻壽州(安徽鳳台),又大敗. 皇甫斌攻唐州(河南唐河)亦大敗.王大節攻蔡州(河南汝南)亦敗. 金九道反攻,宋軍兵潰南奔,遣使乞和,金兵始止. 宋金訂約.　宋吳曦據興元(陝西漢中)叛降金,金封其為蜀王. 西夏鎮夷郡王安全,廢西夏帝桓宗李純佑,自立為帝,是為襄宗. 蒙古酋長鐵木真擊乃蠻部落(蒙古西北部)滅之,於斡難河(鄂嫩河)諸部共上稱帝建立**蒙古國**,尊號曰「成吉思汗」即皇帝(意思是海洋皇帝)是為元太祖. 封子拖雷監國,至忽必烈汗建立帝國,國號元, 以和林為都,國力遠及中亞及歐洲,歷 3 世 5 主,凡 65 年(1206~1270) 元朝疆域包括中國,中亞,俄羅斯,烏克蘭,白俄羅斯,阿富汗,伊朗,中東東部,外高加索各國,都和林(今蒙古烏蘭托西南)(1206~1634)為中國歷史上疆域最大,國力取強的國家. 嚴禁坑戶毀錢為銅　嚴科舉迴避法　下納粟補官令
		3	丁卯	1207	金泰和 7 年　西夏應天 2 年　蒙古太祖 2 年 成吉思汗征西夏. 吳曦自稱蜀王,宋楊巨源起兵襲吳曦,斬之於臥室內.安丙奪其功,誣楊巨源謀反,殺之,忠義之士,莫不流涕.　豪放派詞人辛棄卒 宋韓侂胄遣方信儒赴金議和,金提一割兩淮,二增歲幣三歸金俘,四犒金軍,五縛送首謀,楊皇后憾韓侂胄,命楊次山與史彌遠共謀擒韓侂胄至玉津園殺之.　張慶代邱崈　葉適為江淮制置使　金僕射揆卒 使方信孺如金軍,尋貶,王柟如金　錢承祖為右丞相　史彌遠同知樞密
南宋 金	寧宗 趙 擴 廢帝完顏永濟	嘉定 1	戊辰	1208	金泰和 8 年　西夏應天 3 年　蒙古太祖 3 年 宋金三度議和,訂立「**嘉定和議**」金宋改為伯侄國,宋歲輸銀 30 萬兩,絹 30 萬匹,犒軍金 300 萬兩.金以所侵宋地歸宋.宋韓侂胄蘇師旦首送金,金懸二人首及畫像於燕京(北京)街市. 金章宗完顏璟死卒,金章宗無子,傳位叔父完顏永濟(?~1213)嗣位在位 5 年 宋任史彌遠為右丞相象祖尋罷 趙汝愚太師謚忠定　宋四川行當五大錢
		2	己巳	1209	西夏應天 4 年　蒙古太祖 4 年　金大安元年 金主永濟立　史彌遠母喪起復 宋沿江六州行鐵錢 成吉思汗再征西夏,西夏獻女察合公李嵬名為妃,請和. 許衡(仲平)(1209-1281)元代理學家,教育家.研究「儒家經典」與恂,郭守敬研定曆法.

朝代	帝　王	國號	干支	西元	紀　要
		3	庚午	1210	蒙古太祖5年　金大安2年　西夏皇建元年 鶴山書院落成,,魏了翁,又名鶴山,在四川邛峽城西白鶴山創建.因以名之. 立祚王從恪為皇太子. 夏侵金葭州金將慶山奴敗之　蒙古侵金西北邊 關漢卿(約1210-1300)作『**竇娥冤**』元曲四大家之首. 陸游逝(1125-1210)詩風清曠淡遠「死前恨不見中原」隱居山陰,寧靜簡樸
南宋 金 夏	寧宗 趙 擴 廢帝完顏永濟 襄宗 李安全	4	辛未	1211	蒙古太祖6年　金大安3年　西夏光定元年 蒙金交惡,蒙古攻金西京,金棄城遁,西北諸州盡失,蒙古居庸關劫掠.楊安兒在山東人反金.屈出律篡奪西遼政權. 禁兩浙,福建科折鹽酒. 西夏帝李安全(?~1211)篡位自立在位 5 年,皇侄李遵頊(1163~1226)政變,廢襄宗自立在位12年享壽64歲.　遼代陶瓷及雄偉壯麗遼塔稱譽世人.
		5	壬申	1212	蒙古太祖7年　西夏光定2年　金崇慶元年 西遼帝耶律直魯古出獵,其婿屈出律伏兵執之,而繼其位,尊之為太上皇. 耶律留哥起兵反金自立稱王.金宣宗勸降未遂,又統兵40萬討伐,均敗. 金放逐胡沙虎 安南王李龍翰死,婿陳日煛主國事 宋行兩浙倍役法　禁銅錢過江　罷沿海海船錢
南宋 金	寧宗　趙 擴 宣宗 完顏洵	6	癸酉	1213	蒙古太祖8年 西夏光定3年 金崇慶2年 金至寧元年 金貞祐元年胡沙虎殺金帝完顏永濟,立章宗庶兄珣(1163~1223)為帝,是為宣宗.在位11年61歲降永濟為東海郡侯.朮;虎高琪引兵還城殺胡沙虎.金以為副元帥. 夏取涇州 耶律留哥取京遼東州郡,自立為遼王,國號遼.　蒙古拔金河北東諸州郡 蒙古攻居庸關,金最精銳的主力部隊,全被殲滅.
南宋 金 蒙古	寧宗 趙 擴 宣宗 完顏洵 成吉思漢	嘉定7	甲戌	1214	蒙古太祖9年 西夏光定4年 金貞祐2年 金為蒙古所迫,自中都遷都河南開封,將岐國公主獻成吉思可汗金絹等乞和,達成妥協.. 扈術乣軍叛降蒙古,蒙古復圍燕,罷遺金歲幣取金遼西州郡 山東紅襖軍奮起抗金,益都楊安儿再舉反金,立官建制,改元天順其年冬敗死
		8	乙亥	1215	蒙古太祖10年 西夏光定5年 金貞祐3年 宋禁兩浙圍田 蒙古攻陷金中都,蒲鮮萬奴東京,金南遷汴京.未以金國勢削弱,遂絕歲幣 金僕散安貞斬楊安兒斬二祖,金兵救燕與蒙古兵在霸州相遇大潰,蒙古入燕,取金臨洮.蒙古攻金潼關不克,趨汴,金人敗之乃還.真德秀為江東轉運副使 忽必烈(1215-1294)成吉思汗之孫,元世祖,1279年滅南宋,統一中國
		9	丙子	1216	蒙古太祖11年 西夏光定6年 金貞祐4年 蒲鮮萬奴叛金自立,紅襖軍郝定自立為大漢皇帝.　蒙古入金黃河以南地
		10	丁丑	1217	蒙古太祖12年 西夏光定7年 金貞祐5年　金興定元年 宋以軍興,募人納粟補官 太祖成吉思汗鐵木真滅出律國(即江西). 金軍南下,分道入寇,遣趙純方等禦之,敗金兵於棗陽.　金南下侵宋,宋紅襖軍李全,李福配合作戰,大敗金兵. 蒙古以木華黎經略山南圍夏興州　夏帝出奔西涼
		11	戊寅	1218	蒙古太祖13年 西夏光定8年　金興定2年 西遼為蒙古所滅,遼亡,立國303年 元代澎湖設巡檢司.真文忠公文集「泉州永寧寨直望東洋1日1夜至彭湖」
		12	己卯	1219	蒙古太祖14年 西夏光定9年　金興定3年 宋興元軍士張福等起事作亂,以紅巾為號,是為紅巾軍. 金朝招納地主武裝,制兵三策:戰,和,守.招納各地地主武裝守土抗敵,效果好. 金渡淮河,游騎至長江,宋遣賈涉李全擊之,金大敗,自此再無力侵宋. 金右丞相朮虎高琪橫暴,奴殺其妻,又殺奴以滅口,金帝宣宗完顏珣斬之. 蒙古成吉思漢遠征西域.又遠征花剌子模. 1225年勝利班師回蒙古.

朝代	帝　　王	國號	干支	西 元	紀　　要
		13	庚辰	**1220**	蒙古太祖 15 年 西夏光定 10 年　金興定 4 年 寧宗無子,初養宗子與愿為嗣,賜名曮,既而立為太子,更台幬,又名詢,薨.是為景獻太子.寧宗復立宗室子貴和為皇子,賜名竑. 殺虎高琪,立守緒為皇太子. 金向蒙古乞和,成吉思可汗鐵木真命陝西地,降封金帝完顏珣為河南王,,不從,蒙古又陷山東濟南黃河以北地,悉為蒙古所有. 關漢卿(約 1220-1300),元曲四大家.
		14	辛巳	**1221**	蒙古太祖 16 年　西夏光定 11 年　金興定 5 年 金誣僕散安貞謀反,殺之,金良將自是殆盡.　立沂王為皇太子更名竑. 立貴誠為新沂王後　蒙古木華黎侵夏,夏與合兵取金陝西地.　通使蒙古.
		15	壬午	**1222**	蒙古太祖 17 年　西夏光定 12 年　金興定 6 年　金元光元年 進封子竑為濟國公史彌遠萌廢立意 宋命李全為保寧軍節度使兼東路真撫副使 蒙取金河,中取同州,平西域,滅回回國,進掠忻都,直逼印度
蒙 金 夏	成吉思汗 哀宗完顏守緒 獻宗 李德旺 末主　李 晛	**16**	癸未	**1223**	蒙古太祖 18 年 西夏光定 13 年　金元光 2 年　金乾定元年 蒙古成吉思汗鐵木真滅格魯吉晉國,速不台平欽察破俄羅斯聯軍. 金帝元顏珣病故,子哀宗顏守緒(?~1234)嗣位.敗走蔡自縊而死,在位 11 年. 西夏帝神宗李遵頊傳子獻宗李德旺(1181~1226)自稱太上皇在位 4 年 46 歲 末主李晛(?~1227)獻宗之弟在位 1 年,抗蒙犧牲白骨蔽野,糧盡草絕,降蒙被殺,**夏亡**. 『永嘉學派』集大成者葉適卒,著有『習學記言』
南宋 蒙古	理宗 趙 昀 成吉思漢	**17**	甲申	**1224**	蒙古太祖 19 年　西夏乾定 2 年　金正大元年 宋寧宗趙擴在位 30 年病篤,史彌遠稱立貴誠為皇子,賜名昀為帝,是為理宗.尊楊后為皇太后,同聽政.趙竑居湖州(淅江吳興),史彌遠遣人縊殺之.另立太祖後人趙貴誠為帝,是為理宗.次年改元寶慶. 建察合台國　蒙古請宋聯合滅金 西夏遣使與金議和,不再稱臣,往返國書,各用本國年號　宋與西夏修好
		寶慶 1	乙酉	**1225**	蒙古太祖 20 年 西夏乾定 3 年　金正大 2 年 南宋理宗趙昀(1205~1264)在位 40 年享壽 60 歲.怠於政事,昏庸腐敗,崇道學. 諸番志「泉有海島曰彭湖,隸晉江縣」可能是台灣的「昆舍耶」 蒙伐西夏 宋許國昏暴,李全屠許國全家,許國自縊,死李全返楚州(江蘇淮安)斬人平亂 史彌遠矯詔殺濟王 福建趙汝適著「諸番誌」有「琉球」、「批舍耶」等篇..「泉有海島曰澎湖,隸晉江縣」「真文忠公文集」言泉州「永寧寨…直望東洋一日一夜可至澎湖」澎湖文化中有 11000 多件宋元陶瓷,五代十國時期三千多件浙江瓷器 宋行大宋元寶錢　　理家家楊簡死
南宋 西夏	理宗 趙 昀 末主　趙晛	**寶慶 2** **乾定 1**	丙戌	**1226**	蒙古太祖 21 年 西夏乾定 4 年　金正大 3 年　西夏寶義元年 白樸(1226-1306),今山西河曲人.作牆頭馬上,和梧桐雨.反映統治荒淫無能. 西夏獻宗李德旺卒,弟末帝李晛嗣位 成吉思汗 6 月伐夏圍李全於青州 宋楚州軍亂
		3	丁亥	**1227**	蒙古太祖 22 年 金正大 4 年　西夏寶義 2 年 蒙古成吉思汗鐵木真滅西夏,**西夏亡**,立國 190 年(1038-1227). 將俄羅斯,烏克蘭,白俄羅斯等,分封孫拔都建金帳汗國. 將中亞封次子察合台,建察合台汗國.中國西北部中亞北部封三子窩闊台,建窩台汗國,為元太祖.成吉思汗鐵木真死於清水縣六盤山,第四子拖雷監國. 蒙古入關外諸隘鄭損逃歸追贈朱熹大師信國公李全以青州降蒙古,陷淮安
南宋	理宗 趙 昀	紹定 **1**	戊子	**1228**	金正大 5 年　蒙古拖雷監國元年 金將陳和尚大敗蒙古兵於大昌原　『金元四醫學家』張從正卒強(攻下法) 宋射陽湖浮居數萬家,結水寨以自保　禁諸州僚屬私役禁軍

朝代	帝王	國號	干支	西元	紀要
		2	己丑	1229	金正大 6 年 蒙古太宗元年 宋禁增收苗米多量斛面 禁額外配鹽於民 蒙古窩闊台即蒙古大汗位,是為太宗.蒙古語稱木亦堅可汗 蒙古始定算賦 以史天澤等為萬戶 分守中原
		3	庚寅	1230	金正大 7 年 蒙古太宗 2 年 宋帝理宗趙貴誠立謝氏為皇后 復趙范、趙葵節制鎮江滁州軍馬 宋飭改革賦稅,刑獄,差役,版藉四弊. 蒙古立十路課稅所 始用文臣 以李全為京東鎮撫,寇揚州. 蒙古西征
		4	辛卯	1231	金正大 8 年 蒙古太宗 3 年 郭守敬(1231-1316),今河北人,天文學家,水利工程專家.1280 與許衡合編「**授時曆**」確定一個月為 29.530593 日 趙范趙葵大敗李全,李全死,遂復淮安. 蒙古侵金,侵入仙人關 蒙古以耶律楚材為相 蜀口諸郡降於蒙古
		5	任辰	1232	金正大 9 年 蒙古太宗 4 年 金開興元年 金天興元年 楊后崩,次年諡日「恭聖仁烈皇后」 宋忠順軍帥孟珙屯棗陽,開渠灌溉農田萬頃. 蒙古大敗金援汴之師,攻陷洛陽,帝守緒出逃歸德.,金主奔河北 蒙古拖雷卒 孟珙屯棗陽 史嵩之為京湖制置使 陳和尚死
		6	癸巳	1233	蒙古太宗 5 年 金天興 2 年 崔立殺二相,以汴京降蒙古. 史彌遠死 以鄭清之為相 蒙古伐金,金兵大敗,取洛陽,金哀宗逃至蔡州,蒙古圍攻蔡州. 宋孟珙、江海兵至蔡州,與蒙古軍會師 . 蒙古修孔子廟,封孔子後裔襲衍聖公.在燕京建國子學.
南宋 金	理宗 趙 昀 末帝完顏承麟	端平 1	甲午	1234	蒙古太宗 6 年 金天興 3 年 金盛昌元年 金帝哀宗完顏守緒,蒙軍陷蔡州南城,體胖不便鞍馬馳奔,突圍不易,苦求完顏承麟繼位,不到一天,哀帝自縊,憤與蒙軍奮戰死,末帝身亡,**金朝亡**,立國 120 年 南宋叛盟,出兵收三京,敗還,宋元戰起. 宋禁毀銅錢作器皿 發展海上貿易
南宋 金	理宗 趙 昀 末帝完顏承麟	2	乙未	1235	蒙古太宗 7 年 窩闊台建和林城,命各支宗王長子或長孫領兵西征,術赤子拔都為統帥,遠掠波蘭、捷克、匈牙利、奧地利、和德國邊界. 蒙古建都和林 蒙古分三路大舉攻宋,宋蒙戰爭全面爆發.蒙古再陷宋沔州(陝西略陽)諸城 宋以會子貶值,物價日高,以度牒,敕告等准照價收買.
		3	丙申	1236	蒙古太宗 8 年 文天祥(1236-1283)字履善,號文山.江西廬陵人 1278 年抗元五坡嶺被俘,不降,作『正氣歌』示志. 蒙古西征在中亞會師 襄陽叛降蒙古 宋收復成都 陸秀夫(1236-1279)今江蘇人,1279 年元軍進攻厓山,兵急負趙昺皇帝投海死 宋理宗趙貴誠追悔叛盟,下詔罪已. 耶律楚材奏准定立中原賦稅制度.
南宋 蒙古	理宗 趙昀 成吉思汗	嘉熙 1	丁酉	1237	蒙古太宗 9 年 詔經筵進講朱熹通鑑綱目 臨安大火 魏了翁卒 蒙古平欽察諸郡 蒙古軍 1237、1240 年大破宋軍於夔州(四川奉節縣)(1939 年宋克夔州) 蒙古滅欽察諸部,陷莫斯科城. 陳自明著『婦女大全良方』

朝代	帝王	國號	干支	西元	紀要
		2	戊戌	1238	蒙古太宗 10 年 宋整頓鹽法,又拘催酒息租穀及沒官田米. 史嵩之参政督諸軍駐鄂州　孟珙為京湖制置使,復任郢州荊門軍 蒙古於燕京建太極書院　　元太宗詔令試諸道士,楊奐就試于東平 蒙古攻占波蘭、匈牙利.　　蒙古於燕京建太極書院傳習程朱理學
		3	已亥	1239	蒙古太宗 11 年 孟珙復襄陽,遣兵禦蒙古於蜀口　崔興之卒　蒙古陷成重慶,大掠而去 . 播州楊价命其子楊文與牌將趙暹率萬兵迎戰元兵于石洞峽,大破之.
		4	庚子	1240	蒙古太宗 12 年 孟珙為四川宣撫使,大舉屯田.　召史嵩之還,以杜杲制置沿江 蒙古復使王來檝,檝以憂和講不成而卒,送其柩歸國　蒙古張柔等分道入寇 蒙古滅基輔公國　　蒙古攻陷俄羅斯全國領土
	理宗 趙 昀	淳祐 1	辛丑	1241	蒙古太宗 13 年 詔周張二程與朱熹並從祀孔廟　黜王安石從祀 蒙古太帝窩闊台卒,乃馬真皇后臨朝. 蒙古西征至地中海,擊敗波蘭修士會聯軍,入普魯士,殺亨利大公.又攻拔匈牙利首都布達柏斯提/.聞太宗濶台台汗崩,乃撤兵東歸,回鎮欽察..
		2	壬寅	1242	蒙古乃馬真皇后 1 年 拔都軍至亞得里亞海東岸,全歐震驚,因窩闊台死而東返. 拔都建欽察汗國　　六皇后脫列哥那稱制.　　蒙古復攻蜀,孟珙禦之.
		3	癸卯	1243	蒙古乃馬真皇后 2 年 余玠為四川制置使　蒙古中書令耶律楚材卒　蒙古耐張柔分兵屯田於襄城 蒙古拔都以薩萊為都城,建立金帳汗國,又名欽察江國
		4	甲辰	1244	蒙古乃馬真皇后 3 年 呂文德為淮西招撫使　復起用史嵩之,詔嵩之終喪　太學生黃愷伯等上書論之不報　范鍾杜範相,並兼樞密.　孟珙知江陵府　　全真教編纂『道藏』
		5	乙巳	1245	蒙古乃馬真皇后 4 年 杜范卒　蒙古成吉思汗妻乃木真后魯姆蘇丹國　蒙古攻江蘇揚州大掠而去 黃道婆(約 1245-　)上海華涇鎮人,學習紡織「黎錦」,回鄉將錯妙,配色,綜線,黎錦技藝,傳授給當地婦女,烏泥涇人為感念她傳道技藝建「黃道廟」
		6	丙午	1246	蒙古定宗 1 年 蒙古窩濶台汗崩後第六年,立長子貴由為蒙古大汗,是為元定宗.宋孟珙卒,以賈似道為京湖制置使兼湖北江陵知府　　詔史嵩之致仕
		7	丁未	1247	蒙古定宗 2 年 鄭清之為太傅右丞相兼樞密使　　趙葵為樞密使督視江湖京湖軍馬. 貴由汗崩,由汗皇后海迷失監國.　　蒙古侵高麗　　吐蕃承歸屬蒙古
南宋	理宗 趙 昀	8	戊申	1248	蒙古定宗 3 年 蒙古帝定宗貴由死,海迷失皇后抱二任帝太宗窩台孫失烈門臨,諸王不服.
		9	已酉	1249	蒙古海迷失皇后 1 年 寶頂山摩崖造像完成,名僧趙智鳳主持 1179 年頂山壽寺摩崖造像 13 處一萬多尊軀像.　　宋任趙葵為右丞相兼樞密使　　嚴中外上書之禁 法醫學家宋慈死,所撰「洗冤集錄」為世界上最早的法醫專書.
		10	庚戌	1250	蒙古海迷失皇后 2 年 宋趙葵非科舉出身,「宰相須用讀書人」,遂免趙葵相,改授觀文殿大學士. 以賈似道為兩淮制置大使,李曾伯為京湖制置使　余玠出兵至興元而還 成吉思汗妻海迷失后滅中東贊吉王朝　馬致遠(約 1250-1321),曲狀元美譽, 福建泉州建開元寺雙塔,為中國古代最大石塔. 宋嚴查沿海私運銅錢並嚴偽造會子

朝代	帝　王	國號	干支	西 元	紀　要
		11	辛亥	**1251**	蒙古憲宗 1 年 蒙古拔都召開忽里勒台於西方,選立第一任帝太祖鐵木真之子拖雷長子蒙哥為大汗,是為元憲宗.追尊其父拖雷為睿宗 蒙哥鎮壓三王亂,命弟忽必列總領漠南漢地軍國重事,置經略於汴分兵屯田 『金四大醫學家』李杲卒創補中益氣,升陽益胃之說,稱『補土派』.
南宋 蒙古	理宗 趙昀 成吉思汗	**12**	壬子	**1252**	蒙古憲宗 2 年 蒙古蒙哥命弟忽必烈伐大理，另一皇旭烈兀第三次西征花子模 1252-1260 蒙古帝憲宗蒙哥遷乃馬真皇后於闊端之地,殺海皇后及失烈門之母.,囚失烈門於沒脫赤之地.　蒙古海都於鈋南北,建窩闊台汗國　忽必烈征大理
南宋	理宗 趙 昀	寶祐 **1**	癸丑	**1253**	蒙古憲宗 3 年 詔以興芮子禥為皇子封永嘉郡王　召余玠還,旋卒　余晦為四川制使 立趙祺為太子,擢楊棟為太子詹事,遷工部侍郎兼修國史 蒙旭烈兀征西,忽必烈陷大理城,大理王段智興出奔,**大理國亡**,降吐審..
		2	甲寅	**1254**	蒙古憲宗 4 年 趙子昂(1254-1322)號松雪,湖州人,元代畫家擅山水花鳥人物鞍馬無一不精 宋召余晦還,以李曾伯為四川宣撫使置司夔州 蒙古忽必烈以姚樞為京兆勸農使,廉希為京兆宣撫使.　張柔城亳州以通糧.
		3	乙卯	**1255**	蒙古憲宗 5 年 任仁發(1255-1327),今上海人.水利專家,著「水利法」疏濬吳松江. 宋右司諫丁大全,右正言陳大方,侍御史胡大昌,皆寅緣閻貴妃或官得官,時人目為「三不吠犬」.　董槐為右丞相　謝方叔卒 忽必烈徵許衡為京兆提學蒙古兀良哈台自吐蕃進攻諸蠻 西南夷悉降於蒙
		4	丙辰	**1256**	蒙古憲宗 6 年 文天祥進士及第 1259 年反對遷都,1276 年出任右丞相兼樞密使,1278 年被俘,1283 年忽必烈勸降不成,殺文天祥於大都. 以薄澤之為四川制置使治重慶　賈似道参政　程元鳳相 丁大全逐槐竄太學生陳宜中等於遠州 蒙古城桓州東灤水北龍岡為開平府 蒙古旭烈兀平定木剌夷,乘勢進攻波斯灣底格里斯河旁報達回教聖城,回教主首都. 拖雷子憲宗蒙可汗滅阿拉伯帝國拔斯王朝分封弟旭列兀建伊利汗國(伊朗)
		5	丁巳	**1257**	蒙古憲宗 7 年 賈似道知樞密　吳淵参政,淵未赴任卒.　蒙古攻,襄陽入其郛 蒙古兀良哈台屠交趾城班師　蒙古主罷忽必開府 蒙古攻安南,安南王敗走海上　蒙古主親征南宋,以阿裏不哥留守蒙古. 人元好問卒
		6	戊午	**1258**	蒙古憲宗 8 年 馬光祖為京湖制置使 賈似道為樞密使兼宣撫兩淮　程元鳳罷丁大全相 蒙古軍攻陷報達,回教主及回教徒數十萬人,大食阿跋斯王朝,至是而亡. 旭烈兀在阿姆河南,據有波斯、敍利亞、小亞細亞之地,建伊兒汗國. 蒙古大汗蒙哥兵分三咯,大舉進攻南宋.無功而返.兀良哈台由安南攻長沙 蒙古西域平大食諸國旭烈兀留鎮之.蒙古將李壇陷海州漣水免似道不問
南宋	理宗 趙 昀	開慶 **1**	己未	**1259**	蒙古憲宗 9 年 王堅在合州釣魚城打敗蒙軍,蒙哥死. 賈似道在鄂州,與忽必烈私訂和議.與蒙古劃江為界,奉幣請和,忽必烈許之. 賈似道拜右丞相恩寵,在理宗、度宗兩朝專權 15 年..蒙古帝憲宗蒙哥汗卒於合州城,立其弟阿里不哥為帝. 南宋發明突火槍

朝代	帝王	國號	干支	西元	紀要
南宋 蒙古	理宗 趙 昀 世祖 忽必烈	景定 1 中統 1	庚申	**1260**	蒙古中統 1 年 蒙古忽必烈至開平(內蒙正藍旗察哈爾省多倫縣)即大汗位稱帝(1260~1264) 即大汗策是為世祖. 建元中統,定官制 蒙古國以土蕃僧思巴為國師統釋教 皇弟阿里不哥不服,亦於和林(蒙古哈爾和林)稱帝. 中統寶鈔印行,1271 改國號元,1279 年滅南宋,統一全國. 宋理宗趙貴誠以賈似道功在國家,擢少師,尋太子太師. 忽必烈遣使郝經赴宋通和,賈似道恐事泄,囚郝經於真州(江蘇儀)忠勇營.
		景定 2	辛酉	**1261**	蒙古中統 2 年 宋賈似道排除異己,遭到陷害者有高達曹世雄劉整向士璧王堅趙葵史岩之 杜庶等人. 瀘州守將劉整懼怕遭陷害乃叛宋降蒙. 呂文德為四川宣撫使 蒙古聽儒士被俘贖為民 蒙古以史天澤為右丞相,主擊走阿里不哥北方定.
		3	壬戌	**1262**	蒙古中統 3 年 呂文德陷廬州,蒙古李璮以京東來歸. 蒙古使來歸. 蒙古史天鐸圍璮死之.以阿朮為征南都元帥,將李璮叛蒙降宋. 中書平辛政事王文統被牽連伏誅.李璮敗死, 遷楊棟禮部尚書, 以阿朮為征南都元帥 命阿令耍理財賦 加瑞明殿學士,參知政事. 旭烈兀擬攻埃及,金帳汗別里哥襲其後,旭烈兀大敗,從此二汗國交戰不休. 蒙古以郭守敬提舉諸路河渠,自是大興水利.
		4	癸亥	**1263**	蒙古中統 4 年 宋置公田所.括買公田,置官領之 從呂文德言置榷場樊城 蒙古以姚樞為中書左丞 以廉希憲為中書平章政事
		5	甲子	**1264**	蒙古中統 5 年 蒙古至元 1 年 宋理宗卒趙貴誠無子,立母弟榮王與芮之子趙孟啟為嗣,賜禥,10 月理宗崩, 禥立,是為度宗. 中外上書請罷公田賈似道求去留之 竄謝枋得 葉李蕭規詆賈似道議之遠州 行經界推排法 蒙古阿裏不哥降,詔改中統五年為至元元年,改燕京為中都,阿合馬超拜中書 平章政事,回人在朝的勢力大增. 忽必烈建都燕京(北京)改稱中都,改元至元
南宋	度宗 趙 禥	咸淳 1	乙丑	**1265**	蒙古至元 2 年 度宗禥成咸淳元年 南宋度宗趙禥(1242~1274),理宗同母弟福王興芮之子在位 10 年 33 歲 蒙古以安童為丞相 宋度宗趙孟啓加賈似道太師,封魏國公,稱之為〔師臣〕江萬里参政
		2	丙寅	**1266**	蒙古至元 3 年 蒙古設國用司,任回鶻人阿合瑪為國用使,專以橫征暴斂為事. 蒙古聘宋使臣月里思麻,死於宋獄. 以宋子貞為中書平章政事江萬里罷 蒙古派遣使節招降日本,日本龜山天皇不知天下尚有蒙古國,置之不予理會.
		3	丁卯	**1267**	蒙古至元 4 年 度宗趙禥進美人楊氏為淑妃 以賈似道平章軍國重事 葉夢鼎為右丞相 呂文煥知襄陽府 留夢烎知樞密 蒙古許衡以病還懷孟 呂文煥掌理襄陽府 蒙古阿杰利整入寇,呂文煥拒之 蒙古札馬魯丁製造中國第一個『地球儀』
		4	戊辰	**1268**	蒙古至元 5 年 宋行義役法 罷浙西公田莊,募民耕種,減租額什三 楊淑妃於四月生趙昰,恩及親屬幼節等 34 人各進有差. 忽必烈遣阿朮劉整發兵包圍湖北樊襄,呂文煥守備. 窩闊台孫海起兵與忽必烈爭汗位..
南宋	度宗 趙 禥	5	己巳	**1269**	蒙古至元 6 年 頒行蒙古新字「**八思巴創制的文字**」加號八思巴為大寶法王 葉夢鼎辭去蒙古史天澤益兵圍襄陽 蒙古伐高麗 李庭芝為兩淮制置大使 江萬里馬廷鸞相 襄陽圍急夏貴戰敗 呂文德卒

朝代	帝　王	國號	干支	西元	紀　要
		6	庚午	1270	蒙古至元 7 年 宋以李庭芝為京湖制置大使援襄陽,范文虎續援,兩軍俱不得發 詔許賈似道十日一朝 江萬里罷 蒙古廉希憲罷 蒙古立尚書省,以阿合馬為平章. 蒙古以許衡為中書左丞
南宋 元	度宗 趙禥 世祖 忽必烈	咸淳 7	辛未	1271	蒙古元至元 8 年 元世祖忽必烈建國,國號元(1271-1368)至順帝北走開平凡 6 世 11 君歷 97 年. 1279 滅南宋,1281 滅占城,1287 滅緬甸蒲甘朝,1294 滅印尼諫義里王朝,遷都大都(北京).1368 敗于明朝朱元璋,退居長城以北,元朝結束(1206~1368) 蒙古以許衡為集賢大學士兼國子祭酒 蒙古兵分道侵嘉定諸路 忽必烈將原屬於西夏、金、宋、大理四國土地,和蒙古本土,合併成元帝國 元將人民分為十級：(一)官、(二)吏(吏佐不能握升為官員)、(三)佛教僧侶.(四)道教道士、(五).醫生、(六)工(高級技術人員)、(七).匠(低級技術人員)(八).娼妓.、(九)儒(儒家道學家、(十).丐(乞丐) 妙應寺白塔建成.,作為文武百官習禮儀. 宋范文虎救襄陽,至鹿門山(湖北襄樊東南),元阿朮擊,之范文虎棄船甲奔逃 馬可波羅自歐洲啟程來華
		8	壬申	1272	蒙古元至元 9 年 蒙古炮擊襄陽(湖北襄樊)城樓,宋帝國門洞開,不久國亡. 元改首都中都(北京)為大都.罷中書省 宋遣使入元,元殺使者 李庭芝援襄樊兵敗,張順張貴戰死 馬廷鸞罷 封劉整為燕王 歐陽玄(1272~1357)字原功，湖南瀏陽人，延祐二年(1315)進士，授岳州路平江州同知．歷官國子博士、翰林待制兼國史院編修官、翰林直學學士國子祭酒、翰林學士承旨、遼宋金三史總裁官，特授湖廣行省右丞教仕．
		9	癸酉	1273	蒙古元至元 10 年 元軍陷樊城.襄陽守將呂文煥叛宋降元. 元立子金為太子 元許衡罷 置機速房於中書 李庭芝免 汪立信為荊湖制置使 降范文虎一官仍任職 以李庭芝夏貴為淮東西制置使 元代三大農書,宋作「農書」外,元有農桑輯要,勸農官,及王禎的「農書」
		10	甲戌	1274	蒙古元至元 11 年 宋度宗趙孟啟在位 10 年崩,子恭帝趙顯嗣位.年方四歲,是為恭帝.謝太皇太后臨朝聽政.封兄昰吉王,弟閔信王. 賈似道母喪詔起復視事 罷汪立信 宋稅貴戚,僧道田以供軍需. 元以伯顏為左丞相率軍大攻宋. 元劉秉忠卒 呂文煥劉整引導元兵,將多降 元世祖命蒙古、高麗兵二萬餘人渡海東征在日本肥前沿海登陸,大敗日軍,遇強風大浪,沉船無數,遂班回國. 元以矢盡無法補充引退. 忽必烈大舉侵宋,攻下漢陽、鄂州.

朝代	帝　王	國號	干支	西元	紀　要
南宋	恭宗 趙 顯	德祐 1	乙亥	1275	蒙古元至元 12 年　度宗之子在位 2 年　帝㬎德祐元年. 宋靳以下沿江諸州軍多望風納稅款於元. 宋賈似道督師於池州,使人向元請和被拒,尋大潰,奔揚州,遭罷職. 文天祥起兵勤王 張世傑率水軍與元軍戰於焦山大敗. 元兵進軍宋建康,平江,滁州,廣德等地皆降, 宋舟師與元戰焦山,大敗 與蒙古議和不成, 伯顏大軍渡江攻宋.佔領鄂州,1276 人進入臨安,宋宣詔受降,恭帝等押送大都.元軍克池州(安徽貴池縣) 「木棉康」賈似道兵救武昌,全軍覆滅,被貶循州,途中在在州木棉庵時被殺 宋罷公田給原主,令率租戶為兵. 南宋恭宗趙顯(1271~1278)在位 2 年 7 歲.皇太后謝氏臨朝,獨攬朝政. 馬哥波羅 1275 年隨父來到中國上都,後到大都.1295 年回義大利.1298 年擔任戰艦艦長,在威尼斯王國跟熱那亞王國戰,不幸被俘,在熱那亞監獄,口述在中國見聞,由朋友記錄下來,即今日聞名世界的「馬可孛遊記」
南宋 蒙古	恭宗 趙 顯 度宗 趙 昰 成吉思漢	德祐 2 景炎 1	丙子	1276	蒙古元至元 13 年　德祐 2 年　宋帝昰景炎元年 元軍入臨安,恭帝出降,宋謝太皇太后奉傳國璽,上表乞降,伯頻命遣宰相面議降事,宋右丞相陳宜中不敢赴任,棄職夜遁. 南宋端宗趙昰(1267~1278)終年 11 歲.由陸秀夫、陳宜中、張世傑擁立為帝 謝太皇太后命文天祥任右丞相往議,伯頻留之不遣.文天祥由元營逃歸. 宋益王趙於福州稱帝,是為端宗,年九歲生母楊太后臨朝,命文天祥陳宜中任左右丞相.陳宜中排斥,文天祥降為樞密使,赴外募兵. 元兵攻宋福州,宋帝端宗趙昰泛海奔福建泉州,泉州指揮使蒲壽庚叛,趙昰再奔廣東潮州.至惠州,奉表請降. 伯顏(1276-1340)定策兩朝,克清叛亂有功,,後被貶黜,中途病死.
		景炎 2	丁丑	1277	蒙古元至元 14 年　宋帝昰景炎 2 年 左丞相陳宜中,禮部侍郎陸秀夫,沿江置使張世傑會同奉二王入福州,立益王昰為帝,改元景炎.封弟昺為衛王,以陸秀夫張世傑簽書樞密院事. 文天祥敗走循州,自元營逃歸,以文天祥為右丞相,文天祥不拜.張世傑、文天祥復潮州江西地,旋文天祥兵敗於空坑(江西省永縣境),妻妾子女皆被擄. 宋營潰不成軍,廣東多陷於元,宋帝端宗趙昰奔秀山(廣東東莞虎門鎮),再奔占城(越南平定),復奔井澳(澳門外海中),颶風大作,舟破人溺,趙昰驚悸成疾,元兵尾追,再奔謝女峽(井澳南海中). 元征緬甸
	度宗 趙 昰 衛王 趙 昺	景炎 3 祥興 1	戊寅	1278	蒙古元至元 15 年　宋帝昰景炎 3 年　宋帝昺祥興元年 元兵破重慶,俘宋將趙珏,於是紹慶等州府皆降. 宋帝端宗趙昰至硇州,崩於硇洲(廣東湛江東南海中) 在位 3 年,立趙弟趙昺(1270~1278)嗣位,年方 8 歲,改元祥興,以陸秀夫為丞相,張世傑為樞密使, 封張世傑越國公,文天祥信國公,加少保.移駐新會海中厓山. 元將張弘攻厓山 文天祥請入朝優詔不許,上書陸秀夫「詔令皆諸公,豈得以游詞相拒」. 楊太后臨朝,陸秀夫、張世傑奉帝昺入厓山(今廣東新會東南海中)山中有海,兩對,其口如門,中月一港,勢頗寬廣,可泊舟.厓山一戰,宋軍大敗 文天祥兵敗走廣東海豐,至五坡嶺被張弘范所執,堅貞不屈,1282 年下令被殺死遇害.元西僧楊璉真加發宋紹興諸陵,義士唐珏竊取文天祥骸骨葬之. 收緬甸為藩屬.

朝代	帝王	國號	干支	西元	紀要
		祥興 **2**	己卯	**1279**	蒙古元至元 16 年　宋帝昺祥興 2 年 元軍攻破厓山,陸秀夫被圍,大勢已去,前途無望,自度不能脫,杖劍驅妻妾投海. 陸秀夫並謂皇帝趙昺曰「國事至此,陛下當為國死,皇帝屈辱已甚,陛下不可不再次受辱」陸秀夫背負昺帝趙顯投海殉國,**南宋亡**.趙昺在位 10 個月 楊太后聞趙昺已死,撫胸慟曰「我忍死間關至此者,為趙氏一塊肉耳,今無望矣」亦投海而死.　張世傑兵敗厓山.文天祥不降,被殺.其衣帶中有書贊云「孔曰成仁,孟曰取義,惟其義盡,所以仁至.讀聖賢書所學何事,而今而後庶幾無愧.」後世以文天祥,陸秀夫,張世傑為南宋末三傑. 張世傑謀入廣州,颶風大作,焚香祝曰:「今若此,豈天意耶」風濤愈急,張世傑跳海死,**南宋主、將皆亡**. 北宋、南宋 18 主,合計立國 329 年. 宋代重文輕武,絢麗多姿,瓷器、藝術、金屬工藝品、繪畫等,極盛一時.而今國亡,徒增追憶。

元 (蒙古)

蒙古(1206 - 1270) 元（1271 - 1368）

太祖鐵木真(1206-1227)－太宗窩闊台(1229-1241)－乃馬真後(1242-1246)－定宗貴由(1246-1249)－憲宗蒙哥(1251-1260)－世祖忽必烈中統(1260-1264)至元(1264-1294)－成宗鐵莫爾元貞(1295-1297)大德(1297-1307)－武宗海山至大(1308-1311)－仁宗愛育黎拔力八達皇慶(1312-1313)延祐(1314-1320)－英宗碩德八剌至治(1321-1323)－泰定帝也孫鐵木兒泰定(1323-1328)致和(1328)－天順帝阿速吉八天順(1328)－文宗圖帖睦爾天曆(1328-1330)至順(1330-1332)－明宗和世㻋天曆(1329)－寧宗懿璘質班至順(1332-1333)－惠宗(順帝)妥懽帖睦爾元統(1333-1335)至元(1335-1340)至正(1341-1368)

【中華通史章嶔】元自太祖特穆津至順帝托歡特穆爾,計傳 14 主,歷 145 年;自世祖呼必統一中國之起算,至托歡特穆爾北去,君臨漢土者,凡 89 年.其世次如下：

一世	二世	三世	四世	五世	六世	七世	八世
1 元太祖穆津	2 太宗諤格德依	3 定宗庫裕克					
	圖類	4 憲宗莽扣					
		5 世祖呼必賚扣	精吉木	6 成宗特穆爾			
				爾瑪巴拉	7 武宗海桑	12 文宗圖 卜特穆爾	
						11 明宗和 錫拉	
					8 仁宗阿裕 爾巴里巴 特喇	9 英宗碩迪 巴拉	
				噶瑪拉	10 泰定帝伊 遜特穆爾		13 寧宗額 淋沁巴勒
							14 順帝托 歡特穆爾

朝代	帝 王	國 號	干支	紀元	紀 元
元	太祖 鐵木真 成吉思汗		丙寅	**1206**	元太祖鐵木真成吉思汗生性深沉,胸懷才略,用兵如神,擊敗群雄,建立蒙古國,疆跨亞歐,分轄四大汗國,在位 **22** 年享壽 **66** 歲.
	太宗 窩闊台		己丑	**1229**	窩闊台(**1186~1241**)太祖三子,在位 **13** 年終年 **56** 歲
	定宗 貴 由		丙午	**1246**	定宗貴由(**1206~1248**)太宗長子,在位 **2** 年終年 **43** 歲
	憲宗 蒙 哥		辛亥	**1251**	憲宗蒙哥(**1218~1259**),為宋軍砲擊重傷,死於四川合川在位 **9** 年終年 **42** 歲.

朝代	帝　王	國號	干支	紀元	紀　　元
	世祖 忽必烈	至元 **17**	庚辰	**1280**	蒙古元至元 17 年　元世祖姓奇突溫,名忽必烈(1215~1294)在位 35 年享壽 80 歲,蒙古人 1260 年即汗位,1271 年以「大哉乾先」改蒙古為「大元帝國」1279 減南宋統一中國.建元帝國.. 遼金二國兵爭,世祖之孫鐵木耳,是為成宗,滅宋、遼、金.元朝蒙古政權,一昧戰爭貪污,搜括.勉強支持 70 年代,人民紛起抗暴,和尚出身的朱元璋削平群雄,將蒙古逐出中國,建立明王朝· 意大利馬哥孛羅由福建泉州進入中國. 頒鈔法,廢宋銅錢. 行授時歷 許衡致仕 遣都實探求黃河發源地,有泉百餘,清澈不可逼視,登山下望,燦若明星,因名火敦腦兒,華語[星宿海] 張宏範,姚樞,廉希憲,竇默卒. 元預備攻日本,特置日本行省(官署),任阿剌罕為右丞相,范文虎為左丞相,李庭為參知政事,張禧為平章政事. 元世祖忽必烈復命率軍十餘萬東征 遙授四川南道宣慰使楊文安參知政事,行川南道宣慰使. 郭守敬撰成『授時曆』 帝師八思巴卒,著『彰所知論』製八思巴文字. 吳鎮(1280-1354)畫風沉鬱清峻,擅畫水墨山水和墨竹郁茂景色,筆力雄勁.
元	世祖 忽必烈	**18**	辛巳	**1281**	蒙古元至元 18 年 遣皇太子行邊伯顏佐之,搜括江南戶口稅 嚴禁買賣人口　募民屯田　焚道書 元世祖忽必烈遣阿剌罕等大發兵取道高麗渡海至日本平壺島(長崎北)登陸,東伐日本,兵至平壺島(長崎以北)遇颱風而返.在五龍山(日本九州東北)攻日本,適遇颱風,全軍覆沒,大潰引還. 元世祖欲擬再度出師,群臣諫阻而止. 元於澎湖設巡檢司,隸屬福建同安 阿剌罕死於軍中,阿塔海代之,諸帥棄島而還,士卒死十萬餘人. 理學家教育家許衡卒,其奠定元國子學基礎並使朱子學定於一尊.
		至元 **19**	壬午	**1282**	蒙古元至元 19 年 嚴禁漢人私藏軍器 文天祥不降就義,臨刑作正氣歌.後人以文天祥,陸秀年,張世傑為宋代三傑 遣諸王相答吾兒繫緬 益都千戶王著殺左丞相阿合馬　索多征占城不克還 俱藍國入貢　　徵因為右贊善大夫尋辭歸　命朱清張煊掌海運 搜括雲南所產金　規措諸路鹽法　置內藏三庫,以宦者董其事
		20	癸未	**1283**	蒙古元至元 20 年 索都陷占城京都,占城王子補的退入山谷,斷元軍退路,元軍死戰,始得引還 元又征緬甸,陷江頭城(緬甸杰沙城)太公城(杰沙城南 80 里)緬甸王出奔. 元設萬戶府,任忙哥岱為總管,朱清為中萬竹,張瑞為千戶,專事海運. 申嚴私易金銀 定質子合,凡大官小弟皆遣赴京師. 詳定官吏銓選之制 立海運萬戶府二 歐陽玄(原功,圭齋,歐陽元)(1283-1357)湖南瀏陽人,善詞章,通理學,一生名著有「泰定帝實錄」「明宗實錄」「文宗實錄」「寧宗實錄」遼金宋三史「大平經國」「至正條格」「世經大典」「圭齋文集」「睽東記」

朝代	帝　王	國 號	干支	紀元	紀　元
		21	甲申	1284	蒙古元至元 21 年 忽必烈起用盧世榮理財. 元征占城,安南. 遣王積翁使日本未至,舟人殺之 遷宋宗室及官仕者於內地　鎮南王脫歡征占城　安童為相,盧世榮為右丞 禁私習及收匿私藏天文,圖讖,太乙,雷公式,七曜曆,推背圖,苗太監曆, 遣人分道測　影,日月交食　立平常倉. 令江南豪民僧道首實所侵官田
		22	乙酉	1285	蒙古元至元 22 年 立規所以興利　誅盧世榮　太子真金卒　胡三省『資治通鑑音注成書』 脫歡假道安南,其王不許,則擊敗陳日烜兵入城,安南王弟陳益稷降元,時雨 季,元軍大疫,安南追擊,元軍潰,李恒索都戰死. 發軍浚武清漕渠　增軍屯田　括京師荒田,令衛士屯種. 增濟州漕船役 立規措所以攏財利　令造船備攻日本　斂軍儲,理船舶,黥囚徙. 招私鹽販習海道者為水工,備攻日本,
		23	丙戌	1286	蒙古元至元 23 年 詔罷征日本　元封陳益稷為安南王 禁攜金銀銅錢出海　禁漢人持兵器　頒『農桑輯要』 元置尚書省,將中書省權移之　定省院部官屬　遣程文海訪求江南人才 關漢卿,白朴,馬致遠與元雜劇盛行 13 世紀末黃道婆在松江推廣紡織技術
		24	丁亥	1287	蒙古元至元 24 年 浚河西務漕渠 脫歡擊安南大破之,陳日烜棄城走於海　滅緬甸蒲甘朝 此時期,南洋群島諸國,馬蘭丹(麻六甲),蘇木都拉(蘇門答臘)等多向元朝貢. 復置尚書省以桑哥為平章 初置國子監　忽必烈推行省制　發行至元,寶鈔 設江南和路儒學提舉司　諸王乃顏反,帝親自征之　阿朮卒 遷上郛桑哥為右丞相　印尼諫義里王朝遷都大都(今北京) 宗王乃顏反叛,忽必烈親征,桑哥受命理財.
		25	戊子	1288	蒙古至元 25 年 元毀宋故宮為佛寺 置徵理司 詔皇孫鐵木耳再行邊 在南宋皇城上建佛寺 遣使鉤考諸路錢穀 徵宋臣謝枋得不至 立桑哥輔政碑 元攻安南陷敢喃堡,陳日烜入海,元軍乃還.陳日烜收殘兵據東關,斷元歸路, 元軍大,敗奧魯赤樊楫俱戰死,脫歡奔還.陳日烜遣使赴元獻金人代己罪.
		26	己丑	1289	元至元 26 年 天主教再傳中國,100 名教士來中國. 郭守敬主持大都天文台. 開會通河 元代文學以雜劇、散曲、南戲、元曲號稱四大家,享譽後世. 元窩闊台汗國一任汗海都攻漠北,忽必烈親征,陷和林(蒙古),留伯顏鎮守. 寧海楊鎮龍率眾起兵抗元,據玉山,國號大興,冬戰敗被擒而死.s 緬甸久為元軍所困不能支,上表向元帝稱臣,降為屬國.
		27	庚寅	1290	蒙古元至元 27 年 立興文署,掌經籍版　增置萬戶府分戍江南 安童罷　大地震,人民死傷數十萬人
元	元世祖忽必烈	28	辛卯	1291	蒙古元至元 28 年 確定行省制,權臣桑哥奸匿下獄斬,仆其德政碑,廢尚書省,併入中書省. 造惠河漕,由北京至通州運河.　罷江淮漕運併於海運 禁江淮豪民冒掛名府縣吏,藉圖免差賦　頒至元新格 奉派楊祥出海招降琉球,無功而返.　罷江南六提舉司歲輸棉布 徵安南王入朝

朝代	帝　王	國 號	干支	紀元	紀　　　　元
		29	任辰	**1292**	蒙古元至元 29 年 元大都建成,在北京長安街南,北城牆即現在的「土城」全城 11 門 元世祖派遣楊祥率軍渡海攻入爪哇,降葛郎(爪哇東部),又遣使招諭瑠球(台灣及琉球)歸入元朝版圖. 福建河南行省上書,請詔書用華語.　　發兵侵爪哇. 禁攜金銀入海　僧侶食鹽不增稅　　浚通州至大都漕河 高麗李桂自立,受明冊封,改國號朝鮮. 馬可波羅離中國西返抵威尼斯(1276-1295)
		30	癸巳	**1293**	蒙古元至元 30 年 命皇太孫鐵穆耳撫軍北邊.　京杭大理河全紵開通.　復議舉兵 汰冗員　詔邊軍屯田　安童卒　北邊呂伯,顏還,以玉青帖木兒代之. 攻爪哇,敗葛郎國,後遭突襲兵敗回國
		31	甲午	**1294**	蒙古元至元 31 年 元世祖忽必烈崩,在位 35 年,孫成宗鐵木兒(1266~1307)嗣位.世祖為英明君主,知人善用,以蒙古人主兵,回教人理財,漢人治國,兼容並蓄,接受漢化,為元朝極盛時代.　以玉昔帖木兒為太師,伯顏為太傅尋卒,月赤察兒為太保 罷伐安南兵　　還大都　　京杭大運河全線開通　　疏浚太湖,澱山湖 蘇天爵(1294-1352)今河北正定人,元名臣,撰編「元朝名臣事略」
	成宗 鐵木耳	元貞 **1**	乙未	**1295**	元元貞元年 鐵穆爾(1266-1307)元世祖忽必孫,成宗完者篤汗鐵木耳濡耳濡目在位 13 年 玉借帖木兒卒　釐正選法　馬哥波羅返抵威尼斯 黃道婆,今上海人,在(1295-1297)返回故鄉,傳授紡織,棉花加工等技術.
		2	丙申	**1296**	元元貞 2 年 詔諸王附馬毋輒罪官吏　不忽朮相　征民間馬牛羊,一百取一. 施耐庵(1296-1372)江蘇蘇州寫成**【水許傳】**
		3 大德 **1**	丁酉	**1297**	元元貞 3 年　元大德元年 禁附馬奪民田 海都據八郡鄰地,欽察指牀兀兒踰金山攻大敗於答魯忽河 福建省平章政事高興派省都撫張浩、福建省新軍萬戶率兵到流求,帶回 130 餘名土人　　封緬首領為國王 禁豪民,僧道,諸王,附馬等擅據礦炭山場
		2	戊戌	**1298**	罷中外土木之役　開鐵幡竿渠　召高麗王謜入朝 禁諸王,公主,附馬受人獻公私田地.
		3	已亥	**1299**	遣僧一山使日本　遣問民疾苦　以哈利哈孫為左丞相　省民出公田租 元皇兄甘麻拉之子海山出鎮漠北 置各路惠民局,擇良醫主之 禁海商與外國人從事人馬,兵仗貿易
		4	庚子	**1300**	元帝成宗鐵木兒允許雲南行省(官署)左丞劉深請攻八百媳婦(泰國清邁). 遣雲南平章薛超兀兒征緬緬 修復淮東漕渠 不忽木卒　關漢卿卒
		5	辛丑	**1301**	海都入寇走死,海都子察八兒繼統其眾,其勢遂衰.. 罷征東行省　劉深兵次順元　蠻酋宋隆濟等連兵反 詔移征緬兵伐金齒諸蠻海都與篤畦等大舉入犯,海山大破之　益海運糧 嘉興楊樞率致用院本船,浮海至今印渡洋貿易,往返三年 窩闊台汗國一任汗海都卒,子二任汗察八兒嗣位.劉國傑討宋隆濟及蛇郎 倪瓚(1301-1374)善疏簡畫,以真幽淡為趣.元四大畫家之一(黃公望、倪瓚、王蒙、吳鎮)

朝代	帝　王	國 號	干支	紀元	紀　　元
		6	壬寅	1302	海運萬戶朱清張瑄,富甲天下,江南僧石祖進誣以十罪,免二人官,尋斬之. 劉深引兵還　西南夷俱叛討平之 御史中丞陳天祥伐西南夷不報遂謝病去 宋隆濟攻貴州貴陽,劉深軍糧道斷,兵還遇伏,士卒死亡重.鐵木兒無奈,罷征八百媳婦.
元	成宗 鐵木耳	大德 7	癸卯	1303	哈剌哈孫為左丞相,阿忽台為右丞相. 遣使巡行天下　罷污吏冤獄 湖廣行省(官署)平章劉國傑擊蛇節宋隆濟,蛇節敗出降.宋隆濟遁走,劉深喪師辱國,斬於市.
		8	甲辰	1304	增置國子生　元成宗鐵木兒封皇侄海山為懷寧王 嘉興楊樞率致用院本船,再浮海玉波斯灣忽里模子貿易,往返六年. 命僧道經商者輸稅
		9	乙巳	1305	立子懷壽為皇太子,旋太子卒. 免道士賦稅　令兩淮豪民所占地輸稅 大都(北京)建天壽萬寧寺塑「歡喜佛」狀淫褻,伯牙吾皇后見之以帕遮面,命拆除. 鐵木兒有疾,伯牙吾皇后遣海山弟愛育黎拔力八達與母出居懷州(河南沁陽)
		10	丙午	1306	罷江南白雲宗都僧錄司　發河南十萬民工築河堤 遣高麗王課還國復置征東行省
		11	丁未	1307	元成宗鐵木兒卒,伯牙吾皇后與左丞相阿忽台謀立安西王阿答難.右丞相哈剌哈孫密遣使赴懷州迎愛育黎拔力八達至,囚伯牙吾皇后及阿答難,送上都(內蒙正藍旗).海山由漠北返至上都,殺伯牙吾皇后及阿答難,海山(1281~1311)即位,是為武宗.在位 4 年終 31 歲,立愛育黎拔力八達為皇太子 大都政變,　遣使求經籍 命印孝經賜儲王
	武宗 海 山	至大 1	戊申	1308	世祖孫在位 4 年.元武宗奇渥溫海山 1307-1311 侄武宗曲律汗海山 番僧橫暴,元帝武宗海山詔:「毆番僧者斷其手,詈番僧截其舌」 以阿沙不花為右丞相 皇子和世㻋請括河南田詔止之 天下屯田 太傅哈剌哈孫卒 月赤察兒進攻察八兒諸都 漠北悉平 窩闊汗國早已被察合台汗國併吞
		2	己酉	1309	頒行至大銀鈔　撥漢軍屯墾直沽田十萬頃 復置尚書省,改中書省為行尚書省. 質江南富民子為軍 八百媳婦擊邊境如故 弛酒禁,置酒課提舉司.
		3	庚戌	1310	宋濂(1310-1381)今浙江金華人.擔任元史編修,「辨奸錄」「大明日曆」「洪武寶訓」.1380 年古惟庸案發,其子宋璲,長孫宋慎相繼被斬,宋濂貶成都自縊 以李孟為平章政事同知樞密院事 尚書右丞相脫虎左脫丞相三寶奴等亂 元帝武宗海山誣武衛新軍都指揮使鄭阿兒思蘭謀反下獄,十七人斬. 察八兒入朝,自海都稱兵叛元,分裂幾 50 年,至是復歸統一. 海都子察八兒來朝 行至大銀鈔,一兩準金一錢,銀一兩,玉元鈔五貫. 重訂課稅法……訂海運都漕萬戶府制度 宋濂(景濂,潛溪)(1310.11.4.-1381.6.20.)浙江浦江縣人.朱元璋稱為「開國文臣之首」後因編修「元史」被明太祖謫死蜀地.

朝代	帝　王	國 號	干支	紀元	紀　　　元
		4	辛亥	1311	元武宗海山崩,在位 4 年,弟仁宗普顏篤汗愛逌黎拔力八達(1285~1320)嗣位是為仁宗在位 9 年(1311-1320),終年 36 歲.明年改元皇慶 漢化圖強,罷至大銀鈔,罷鑄銅錢,詔行科舉. 罷尚書省,誅脫虎脫等 以鐵木迭兒為右丞相,完澤李孟為平章. 召用舊臣 太子即位　 擊八百媳婦　 罷營繕停內降旨 禁民間製箔銷金,織金,　 僧侶有髮者,勒還民籍　 罷至大銀鈔,銅錢. 汪大淵(1311-1350)江西南昌人,著「島夷志略」1330-1339 兩次航澎湖琉球 劉伯溫(1311.7.1.-1375.6.16.)浙江文成縣人,性情奇邁,神智過人,人稱「人間半仙」有「神童之譽」為官嚴而惠愛,半隱居官場群雄之中.
元	元 仁宗 愛育黎拔力八達	皇慶 1	壬子	1312	元仁宗奇渥愛育黎拔力八達,武宗弟在位 9 年 飭左右勿僥倖乞加官 李孟罷,以張珪為平章政事
		2	癸丑	1313	詔行科舉　王禎著『農書』為中國第一部涵蓋全國范圍有系統的農學著作 元帝仁宗愛育黎拔力八達生母弘吉剌太后專權,寵倖張珪持正,責其違抗懿旨,杖之幾死,免官家居.
		延祐 1	甲寅	1314	詔定官民車服之制　　 立回回國子監 以趙世延參知政事　　 禁諸王,附馬,權豪增價買鹽. 清釐諸衛屯田　　　　 定官民車服之制 脫脫(1314-1355)蒙古族兒乞人,主編遼宋金史任都總裁官.
		2	乙卯	1315	使巡行天下問民疾苦 禁民煉鐵 印發「農桑輯要」　　　 贛州民蔡五九作亂擒斬之 分兩榜科舉,右榜供蒙古、色目人應考,左榜供漢人、南人應考. 立武宗子和世瑓為周王出鎮雲南昆明
		延祐 3	丙辰	1316	元階梯式滴漏,共有四壺:日壺,月壺,星壺,受水壺. 置遼陽金銀鐵冶提舉司 周王和世瑓至延安,奔金山(阿爾泰山),西北諸王咸附之 以趙孟為翰林學士承旨 立子碩德八剌為太子 太史令郭守敬卒 他是名天文,曆算,水利專家
		4	丁巳	1317	鐵木迭兒罷 弘吉剌太后倖臣右丞相鐵木迭兒貪虐,中外切齒,免官. 蒙古諸部貧乏,賣女民間為婢 命各縣置義倉 立廣州採金銀珠子都提舉司
		5	戊午	1318	寫金字佛經 增江南茶稅 術者趙子玉作亂誅之
		6	己未	1319	鐵木迭兒復任太子太師 詔太子參決朝政
元	元 仁宗 愛育黎拔八達	7	庚申	1320	元仁宗愛育黎拔力八達在位 9 年卒,皇太子碩德八剌(1303~1323)即位,是為英宗.在位 3 年終年 21 歲,明年改元至治. 鋒芒初展,位受朝廷讚譽,獨太皇太后及倖臣弘吉剌太后命鐵木迭兒不悅,復任右丞相,銳意報復,誣楊朵兒只,蕭拜柱,賀勝等違懿旨,悉殺之.英宗自上都南歸,駐驛南坡(內蒙正藍旗東北)被奸黨鐵失乘夜弒殺,,史稱「南坡之變」 平章黑驢御史大夫脫忒哈等謀反伏誅. 罷回回國子學 罷廣東採珠提舉司

朝代	帝王	國號	干支	紀元	紀元
	英宗碩德八剌	至治 1	辛酉	**1321**	元至治元年 元英宗奇渥溫碩德八剌,仁宗之子,在位 3 年. 殺監察御史觀音保等 遷武宗子,周王和世㻋弟圖鐵木兒於瓊州(海南瓊山) 遣咒師往牙濟,班十,二國取佛經 蒙古人多鬻子女於回回,漢人為奴婢,命官與贖還 帝師往西番受戒,賜金銀五千四百兩,帛萬疋,鈔五萬貫 冶銅五十萬鑄壽山寺佛像
		2	壬戌	**1322**	英宗實施新政.升任漢人為官,錄用儒士裁撤冗員, 禁華人不得執兵器,打獵及習武,但因英宗被刺而結束. 禁以金銀,絲綿,子女入海 行江南僧有妻者為民 鐵木迭兒卒 文學家書法家趙孟〇卒
		3	癸亥	**1323**	南坡事變,英宗為鐵失等所殺,也孫鐵木兒即帝位,為泰定帝. 泰定也孫鐵木耳汗(1323-1328). 1323~1332 十年更五帝 罷上都路金銀治 頒行大元通制 詔行助役法 追奪木迭兒官爵 御史大夫鐵失弒帝於上都之南坡及右丞相拜住諸王迎晉王也孫鐵木兒於北邊 即位於龍居河 鐵失等伏誅 鐵木迭兒及弘吉剌太皇后先後死 以拜住為右丞相 尊父甘麻剌為顯宗
	泰定帝也孫鐵木爾	泰定 1	甲子	**1324**	元泰定帝奇渥溫也孫鐵木爾(1293~1328),世祖孫,在位 5 年終年 36 歲 召圖鐵木兒由瓊州(海南)還大都(南京),封為懷王 立子阿速吉八為太子 遣使強取高麗女子
		2	乙丑	**1325**	遷懷王圖鐵木兒出居建康(江蘇南京) 頒道經 江南民貧僧富,命寺觀田非宋舊制,及賜者與民均役. 罷永興銀場,任民開採,以什二輸官 重申禁漢人藏兵器 革大臣兼領軍務 河溢汴梁 禁私藏圖讖 以民饑,募民入粟拜官 行區田法 頒救荒活民書
		3	丙寅	**1326**	禁西僧馳驛擾民 畿內河北山東饑荒 河決陽武 山東,湖廣官田分給民民耕墾,每人三頃.
		4	丁卯	**1327**	三宋書法家：宋克(1327-1387),宋璲(1344-1380),宋廣(生卒不詳) 禁僧道購買民田 郡縣不靖,定捕盜令 旱蝗災 通渭縣山崩 碉門地震 天金道山崩 鳳翔興元成都峽州江陵地震
	幼主阿速吉八 明宗 和世㻋 文宗圖帖睦爾	泰定 5 致和 1 天順 1 天曆 1	戊辰	**1328**	元泰定 5 年 元天歷元年 元致和元年 元天順元年 元泰定帝也孫鐵木兒卒,皇太子阿速吉八(1328.8.~10 月)嗣位,是為少帝.燕鐵木兒謀叛,暗中遭毒死,在位 8 個月,得年 30 歲..謀立王和世㻋,但其遠在金山不能即至,乃迎其;弟懷王圖鐵睦爾(1304~1332),至大都,稱帝是為文宗,在位 4 年終 29 歲.. 奇渥溫圖帖爾(1304~1332)武宗次子在位 5 年終年 29 歲 和世㻋軍還攻上都,城陷,少帝阿速吉八不知所終.明宗和世㻋(1300~1329)殺梁王王禪,左丞相倒拉沙.1329 年 8 月被其弟圖帖睦爾暗算中毒死,得年 30 歲,在位 8 個月. 朱元璋(1328-1398),皇覺寺僧人,1352 投身郭子興,以戰功由九夫長升為總管,1355 為左副元帥,1356 年郭子興死,以大元帥掌軍,攻下集慶,改為應天府.1363 打敗敗陳友諒,1364 年自稱吳王,1366 攻張士誠,把韓林兒溺死,1367 打敗張士誠 1368 在應天(今南京)稱帝,建立明朝,其後北伐大都, 懷王至大都即位,改元天曆,是為文宗 禁僧道匿商稅 護流民還鄉,其聚至千人者杖 陝西久旱,大饑,民相食. 罷河南鐵冶提舉司

朝代	帝　王	國 號	干支	紀元	紀　　元
	文宗圖帖睦爾	天曆 2	己巳	**1329**	周王和世瑓稱帝是為明宗.中毒暴卒,圖鐵木兒復位.立弟圖鐵木兒為皇太子 圖鐵木兒與燕鐵木兒奉皇帝可汗璽綬,北上迎和世瑓.和世瑓至旺忽察都,圖鐵木兒入見,飲宴,圖鐵木兒在酒中置毒,和世瑓中毒暴卒,圖鐵木兒聞哭聲,急馳還大都(北京)復位 修經世大典　改訂內外官遷調制　陝西,河南,江浙饑荒,民相食
		天曆 3 至順 1	庚午	**1330**	詔加孔子父母及顏曾思二封爵,尋以董仲舒從祀孔廟 蒙古忽思慧著「飲膳正要」 元立子阿剌忒納答剌為太子 立明宗子懿璘質班子為鄜王,雲南諸王禿反討之. 元文宗圖鐵木兒妻弘吉剌皇后,素與和世瑓妻八不沙皇后不睦,至是,推八不沙皇后角地爐中焚死. 圖鐵木兒播告天下,稱前帝和世瑓長子脫歡鐵木兒非親生子,黜脫歡鐵木兒出居靜江(廣西桂林). 燕鐵木兒任右丞相,專朝政,不設左丞相. 羅貫中(1330.-1400)山西太原人,著**【三國演義】**
		2	辛未	**1331**	編成「經世大典」 立廣教總管府,以掌僧尼之政 太子卒詔皇子古納答剌出居燕帖木兒家,以養燕帖木兒之子塔剌海為己子. 雲南發生動亂
元	寧宗懿璘質班	3	壬申	**1332**	元帝文宗圖鐵木兒卒,立前任帝明宗和世瑓幼子懿璘質班(1326~1332)為帝,是為寧宗.,弘吉剌皇后臨朝.在位 43 天得年七歲二月懿璘質班死,夕吉剌太后捨己子燕帖古思,遣使赴靜江(廣西桂林)立和世瑓長子脫歡鐵木兒為帝. 諸王月魯特穆爾謀反誅之. 製造**火銃**是世界最早的火銃.
	惠宗 妥歡鐵睦爾	至順 4 元統 1	癸酉	**1333**	元至順 4 年　元元統元年 燕鐵木兒卒,妥歡鐵木兒(1320~1370)即位,是為惠宗順帝.在位 35 年 51 歲..1308~1333 年更易八帝.娶燕鐵木兒女伯牙吾為皇后.燕鐵木兒子唐其劫[襲父爵為太平王 理學家吳澄卒與許衡並稱『南吳北許』 以伯顏為太師右丞相,封為秦王,撒敦為太傅左丞為榮王,唐其勢為太平王
		2	甲戌	**1334**	詔舉才堪守令者 湖廣河南水旱疫民饑 京師立鹽局,官自賣鹽 立湖廣兵屯田萬戶府
		3 至元 1	乙亥	**1335**	唐其勢發動政變失敗被伯顏誅,其弟答剌海亦被斬,並捕伯牙吾皇后,鴆死.. 元順帝在澎湖設立巡檢司 伯顏罷科舉 罷宋高麗滕女
		2	丙子	**1336**	江浙水旱蝗災饑荒
		3	丁丑	**1337**	廣東廣州朱光卿,河南信陽胡閏兒,四川合川韓法師,先後起兵叛,悉討平之 弛江浙諸處山澤之禁 禁漢人,南人,高麗人不得執兵器 以馬扎兒台為太保鎮北邊 在寧夏立皮貨所
		4	戊寅	**1338**	詔考覆郡縣官功過 袁州周子旺,福建漳州李志甫,起兵叛,尋皆敗死 立邦牙等處宣慰司
		5	己卯	**1339**	伯顏任大丞相,誣徹篤謀反,請斬,元順帝脫歡鐵木兒不允,伯顏逕命行刑. 重申,禁漢人,南人,高麗持兵器之禁

朝代	帝　王	國號	干支	紀元	紀　元
		6	庚辰	1340	1333~1340 年期間,明朝政落於伯顏之手,專權自恣,養侄脫脫為己子,命領兵窺宮廷.脫脫忠於元順帝,趁伯顏出獵,罷其相位,貶為河南行省左丞.伯顏至河南,復遷之於南恩州(廣東陽江縣),死於貶所. 順帝以脫脫知樞密院,進中書右丞相,錄軍國重事,盡除伯顏弊政,號稱賢相. 脫歡鐵木兒追究其父母和世瑓及八不沙皇后死因,逐弘吉剌太后出喀,囚於東安州(河北廊坊),尋卒.竄燕帖古思於高麗,中道殺之. 脫歡鐵木兒立高麗奇氏為第二皇后.
		至正 1	辛巳	1341	湖南道州何仁甫、山東、河北、燕南,民反. 杜本『敖氏傷寒金鏡錄』為我國現存第一部舌診專門著作.
		2	壬午	1342	廣西慶遠莫八起兵反 開金口河　大同饑荒人相食
		3	癸未	1343	脫脫奉敕纂修遼,,金,宋三史.以脫脫為總裁官,又修正條路,頒於天下. 河南衛輝,山西忻州諸地大飢,人相食. 開始整理遼、金、宋史
		4	甲申	1344	賀帷一為平章政事 右丞相脫脫辭官,阿魯圖任右丞相 完成遼史金史
		5	乙酉	1345	「六君子圖軸」元時倪瓚作　翰林學士巙巙卒　完成宋史 帷集賢詩講學士蘇天爵糾舉無所避,然竟以忤時相罷去
		6	丙戌	1346	居庸關過街塔建成,上建有塔,可行洞門,明代遭毀,後又重建. 福建連城羅天麟,及山東河南廣西民,起兵益眾.　阿魯圖罷　陝西饑
		7	丁亥	1347	右丞相別兒不花誣脫脫父太師馬札兒台有罪,竄馬札兒台於西寧州(青海西寧)安置,脫脫與父同竄. 以蓋苗為參知政事　別兒怯不花為右丞相旋罷 鐵木兒塔鐵為左丞相,旋以朵兒只為左丞相.繼以朵兒硷為右丞相,賀惟一為左丞相　鐵木見塔識卒
		8	戊子	1348	立行都水監於鄆城　以工部耶中賈魯為都水監 台州(浙江臨海)方國珍以販鹽為業,被誣與海盜通發兵捕之,遂聚眾起兵,朵兒只班擊之被擒,授方或珍定海(浙江寧波東北鎮海)尉方國珍官卑不受命.
		9	己丑	1349	「九峰雪霽圖軸」元時黃公望(1269-1354)作,字子久,號一峰,今江蘇人. 「元四家」黃公望,倪瓚,王蒙,吳鎮.醉心山水書畫,對明清文人書畫影響最大 朵兒只賀惟(太平)俱罷　汪大淵作「島夷誌略」記載台澎地區風土人情. 脫脫復任右丞相　命皇太子愛猷識理達臘漢人文字
		10	庚寅	1350	更改鈔法,鈔與錢並用,民間藏錢棄鈔,物價上漲,加速元經濟崩潰. 「竹譜圖冊」元代吳鎮作 方國珍,攻浙江溫州,民變益熾.
元	惠宗 妥歡貼睦爾	至正 11	辛卯	1351	天完治平元年 黃河決口六年擱置不修,為害數千里.詔修黃河故道,以賈魯為總治河防使 韓山童、劉福通以白蓮教起義,紅巾為號,稱紅軍.郭子興、方國珍、張士相繼響應 安徽蕭縣二彭大趙君用等起兵,爆發全國性大起義. 湖北蘄州徐壽輝起兵,建都蘄水(湖北浠水)稱帝,國號天完.
		12	壬辰	1352	天完治平 2 年 朱元璋於皇覺寺為僧,為亂兵逐,投郭子興,屢立戰功,郭子興妻以義女馬氏. 元泰不花擊方國珍,敗死.脫脫擊徐州斬李二還朝 彭大趙君用投郭子興察罕鐵木兒,李思齊起兵助元逐劉福通紅軍,元授察罕木兒為汝寧府(河南汝南)達魯花赤.

朝代	帝 王	國號	干支	紀元	紀 元
		13	癸巳	1353	天完治平 3 年 江蘇泰州張士誠反,建都江蘇高郵稱王,國號周. 江西王善起兵反 郭子興入安徽滁州稱滁陽王 彭早住(彭大子)稱魯淮王 趙君用據濠州稱永義王 元軍擊蘄水(湖北浠水)陷之,天完帝徐壽輝遁入黃梅山(湖北黃梅)
		14	甲午	1354	天完治平 4 年 內苑製龍舟 自製宮漏 哈麻進西番僧行祕密法作天魔舞 脫脫總督諸軍討張士誠,連戰皆捷,佞臣哈麻進譖,順帝聽信讒言惑,之命河南行省左丞太不花將,貶脫脫於江蘇淮安,又貶雲南大理,既而殺之. 張士誠高郵稱誠王國號大周.
		15	乙未	1355	天完治平 5 年 韓宋龍鳳元年 郭子興死,朱元璋為人英毅果斷,善撫御士卒,繼任都元帥. 脫脫被矯詔貶死.順帝大興文治,史稱「更化」被稱賢相,但反遭貶氣憤而死 元末農民起義反元武裝： 一.劉福通擁立韓山童兒子韓林兒為帝號小明王,都亳州,國號宋.改元龍鳳. 二.芝麻李,趙均用,郭子興等,郭子興父子相繼死亡,部屬皆歸朱元璋統率. 三.徐壽輝,舉兵起義,據蘄水為都,國號天完,自稱皇帝,改元治平. 四.陳友諒 1360 年殺徐壽輝,自稱皇帝,國號大義. 五.明玉珍原徐壽輝部,佔重慶成都等地聽說徐死自立為隴蜀王,議討陳友諒 六.張士誠及其弟攻佔泰州,據高郵,1954 年建國號大周,自稱誠王,改元天祐 劉福通迎立白蓮教故教主韓山童兒子韓林兒稱帝,建立韓宋帝國.
		16	丙申	1356	元至正 16 年 天完治平 6 年 韓宋龍鳳 2 年 元哈麻謀廢元順帝脫歡鐵木兒而立太子,事泄,哈麻杖死. 方國珍降元, 張士誠自高郵遷都平江(江蘇蘇州) 天完平章政事倪文俊陷漢陽 元授為海道漕軍萬戶 授朱元璋平章政事,攻陷集慶.建為首都,改為應天府,
		17	丁酉	1357	元至正 17 年 天完治平 7 年 韓宋龍鳳 3 年 韓宋大,舉攻元,朱元璋陷江蘇常州,擒張士誠弟張士德,張士誠大懼,降元,元授張士誠太尉 天完平章倪文俊欲殺徐壽輝,事泄,出奔,為部曲陳友諒所斬,徐壽輝乃任陳友諒為平章. 天完大將明玉珍攻四川,陷重慶,據成都有全蜀.
		18	戊戌	1358	元至正 18 年 天完治平 8 年 韓宋龍鳳 4 年 陳友諒陷安慶余闕死之 韓宋毛貴陷薊州(天津薊縣),兵至柳林,大都(北京)大震,元欲遷都,賀太平力持不可,遣劉哈利不花迎戰,韓宋軍不利,退還. 劉福通陷汴梁,迎韓宋帝韓林兒遷都.養陰派朱震亨醫學家卒主張因病製方, 韓宋朱元璋陷婺州, 陳友諒陷安徽安慶
		19	已亥	1359	元至正 19 年 天完治平 9 年 韓宋龍鳳 5 年 天完帝徐壽輝自漢陽遷都,陳友諒伏兵盡斬朝臣,自稱漢王,奉徐壽輝出居江州(江西九江)自是徐壽輝僅擁虛名,權箒陳友諒. 元授方國珍浙江行省平章 韓宋關先生陷陽 趙君用殺毛貴,毛貴部將續繼祖自遼陽還軍,殺趙君用 彭早住不知所終 元張士誠攻江陰,韓宋吳擊敗之.又攻建德,朱文忠擊敗之 高明卒所著『瑟琶記』是現存南戲劇本中的代表作.

朝代	帝　王	國號	干支	紀元	紀　　　　元
元	惠宗 妥歡貼睦爾	20	庚子	1360	元至正 20 年　天完治平 10 年　韓宋龍鳳 6 年　陳漢大義元年 陳友諒殺徐壽輝,**天完亡**,立國十年. 陳友諒稱帝,建都武昌國號**漢**,史稱**陳漢**帝國,改元大義. 元陽翟王阿魯輝帖木兒起兵北邊叛逼上都(內蒙正藍旗). 在澎湖設立巡檢司,隸屬福建省晉江縣.
		21	辛丑	1361	元至正 21 年　韓宋龍鳳 7 年　陳漢大定元年 朱元璋克江州,陳友諒走武昌 朱元璋立鹽法,茶法,置寶源局,鑄大中通寶錢.四百為一貫,四貫為一兩,四文為一錢. 察罕復山東田豐降,察罕為平章,阿魯輝伏誅
		22	壬寅	1362	元至正 22 年　韓宋龍鳳 8 年　陳漢大定 2 年　明夏天統元年 陝西李思齊張良弼等自相攻伐 明玉珍陷雲南自稱隴蜀王 田豐叛殺察罕 子擴廓代總軍,克益都斬田豐 山東復定引兵還河南 以朱元璋為平章不受 天完大將明玉珍宣佈獨立,遷駐重慶.稱武蜀王
		23	癸卯	1363	元至正 23 年　韓宋龍鳳 9 年　陳漢大定 3 年　明夏天統 2 年　陳漢德壽元年 朱元璋與陳友諒戰於鄱陽湖,陳友諒中流矢卒,子陳理嗣位,奉柩還武昌降. 朱元璋稱吳王殺太平　朱元璋改稅法,二十取一. 明玉珍在成都稱帝,國號夏. 張士誠殺劉福通
		24	甲辰	1364	元至正 24 年　韓宋龍鳳 10 年　明夏天統 3 年　陳漢德壽 2 年 朱元璋命部屬頌已功德,遂稱吳王,攻武昌,陳理降,**陳漢亡**.立國五年. 世稱張士誠為東吳,朱元璋為西吳. 詔以索羅為右丞相 張士誠逐朝廷官吏 索羅帖木兒舉兵入犯 太子出奔旋還宮率兵拒索羅敗復出奔
		25	乙巳	1365	元至正 25 年　韓宋龍鳳 11 年　明夏天統 4 年 太子命王保保發兵討孛羅鐵木兒幽二皇后,奇氏拒戰大敗 誅孛羅 孛羅帖木兒被殺皇太子還大都 封王保保為左丞相,封擴廓為河南王總諸道兵攻韓宋. 朱元璋令民依田畝多少栽桑,麻,木棉..買國子監.
		26	丙午	1366	元至正 26 年　韓宋龍鳳 12 年　明夏天統 5 年　明夏開熙元年 明夏帝太祖明玉珍卒,子明昇嗣位,年十歲,彭太后臨朝. 朱元璋迎韓宋帝韓林兒自滁州遷都應天(江蘇南京)至瓜(江蘇六合),命沉長江,**韓亡**,立國 11 年
		27	丁未	1367	元至正 27 年　明夏開熙 2 年　吳王朱元璋元年 朱元璋改應天為南京,攻擒張士誠,送往應天,自縊死,方國珍降. 是歲,始廢龍鳳年號,稱吳元年.遣其將湯和、廖永忠等分道南定福建廣東,徐達、常遇春統大軍北伐. 元削王保保左丞相官,退屯澤州(山西). 吳遣徐達北伐. 朱元璋文武科取士,立大撫軍院,命皇太子總天下兵馬, 罷擴廓官令諸將分

朝代	帝　王	國 號	干支	紀元	紀　　元
		至正 **28** 洪武 **1**	戊申	**1368**	朱元璋八月率軍北伐,入元順帝北走上都沙漠,明將徐達攻克大都,推翻元朝,應天稱帝,建立明朝,年號洪武,改國號明.建都南京是為明太祖.**元亡**.,歷史上稱為『北元』. 明詔徵賢才. 任李善良徐達為左右丞相　元代陶瓷、玉器、壁畫、元曲等,後人稱頌. 明太祖採納劉基「立軍衛法」,創立「衛所制」.1374 年重定兵衛之政,5,600 人為一衛,下分前後左右中五個千戶所,每個千戶所又由 10 個百戶所組成.百戶所是基層編制,共 112 人,設二個總旗,10 個小旗,管理和軍事訓練.1393 年定天下衛所,計有 17 個都司,一個留守司,329 個衛,65 個守衛千戶所,全國共有 180 餘萬軍隊. 明兵破延平,陳友諒自殺. 元罷大撫軍院,復王保保職.命與李思齊分禦明兵. 明兵入大都,尋改為北平府.自是元之中心勢力退至漠南. 明兵敗王保保,入太原,略定山西.

註：蒙古自西元 1206 建國，至 1381 年兵敗，元梁王把匝剌瓦爾密自殺，退出中國,立國計 176 年。

明

(西元 **1368-1644**.立國 **276** 年)

帝王世系表：

太祖朱元璋洪武(1368-1398)－ 惠帝朱允炆建文(1399-1402)－成祖朱棣永樂(1403-1424)－
仁宗朱高熾洪熙(1425)－
宣宗朱瞻基宣德(1426-1435)－ 英宗朱祁鎮正統(1436-1449)－代宗朱祁鈺景泰(1450-1457)
－憲宗朱見深成化(1465-1487)－孝宗朱樘弘治(1488-1505)－ 武宗朱厚照正德(1506-1521)
－世宗朱厚熜嘉靖(1522-1566)－穆宗朱載垕隆慶(1567-1572)－神宗朱翊鈞萬曆(1573-1620)
－光宗朱常洛泰昌(1620-)－熹宗朱由校天啟(1621-1627)－思宗朱由檢崇禎(1628-1644)

【中華通史章嶔】明自太祖朱元璋至莊烈帝由檢,李自成陷北京,一統之局絶,凡傳 16 主,歷 275 年;其後唐福桂三王繼立,又 16 年,共 19 主,凡 291 年,世系如下:

一世	二世	三世	四世	五世	六世
1 明太祖朱元璋	太子標	**2** 惠帝允炆			
	3 成祖棣	**4** 仁宗高熾	**5** 宗宗瞻基	**6** 英宗祁鎮	**8** 憲宗見深
	唐王桱	唐王瓊烴	唐王芝址	**7** 景帝祁鈺(本諡戾王)	唐王宇溫
				唐王彌鉗	唐王宙
七世	**八世**	**九世**	**十世**	**十一世**	**十二世**
9 孝宗祐樘	**10** 武宗厚照				
興獻王祐杬	**11** 世宗厚熜	**12** 穆宗載垕	**13** 神宗翊鈞	**14** 光宗常洛	**15** 熹宗由校
唐王宙栐	唐王碩熿	唐王器城	**18** 思文帝由鍵		**16** 莊烈帝由檢(本諡懷宗)
				福王常洵	**17** 聖安帝由崧
				桂王常瀛	**19** 永曆帝由榔

朝代	帝 王	國號	干支	西 元	紀 要
明	太祖 朱元璋	至正 **28** 洪武 **1**	戊申	**1368**	元至正 28 年 明夏開熙 3 年 朱元璋(1328~1398)字國瑞,濠州人,今江南鳳陽府,十七歲出家為僧,先世句容人,布衣起兵,拜劉伯溫為軍師,南征北討 18 年,滅群寇,驅元立國,改國號為明.建都北京,建元洪武,尚節儉,重農桑,中央集權,嚴飭吏治,興文字獄,具聖賢與暴君雙重性格,典詔獄權幽縶慘酷,為歷史上殺人最多皇帝之一,在位 31 年,享壽 71 歲 蒙古撤出大都(北京),元朝即行瓦解.所屬五個子國,窩闊台汗國早已被察合台汗國併吞(1308)、吐蕃宗教國自然脫幅(1381)、察合台汗國(1369)、伊爾汗國(1368)先後亡於帖木兒汗國, 朱元璋詔宋濂、王禕為總裁官纂修元史,1939 年修成本紀 37 卷、志 53 卷、表 6 卷、傳 63 卷.1370 年再次修史,完成本紀 10 卷、志 5 卷、表 2 卷、傳 36 卷,前後兩次共修成 210 卷.修史匆促,蒙漢文字不同,諸多錯誤,內容簡略. 明大將徐達修「居庸關」長城,歷時二百多年完成.東起鴨綠江,西達嘉峪關,全長 12,700 里.
		至正 **29** 洪武 **2**	己酉	**1369**	元至正 29 年 明夏開熙 4 年 帖木兒自立為可汗,世稱「蒙古汗國」,史稱「帖木兒汗國」. 詔修元史,定內侍官制,令全國府,州,縣設立學校,1375 年設社學教授民子弟,京城學校為國子監.封子、封臣、封諸子屏藩王室.分封 25 子和一從孫為王.1370 大封功臣. 倭寇侵山東 徐達陷陝西鳳翔,陝西行省平章李思齊奔甘肅臨洮徐達再攻臨洮,李思齊降. 常遇春卒,李文忠領其軍 詔令郡縣縣設立學校 解晉(1369-1415)進「太平十策」被彈劾,編有「**永樂大典**」「列女傳」名著

朝代	帝　王	國號	干支	西元	紀　要
明	太祖 朱元璋	至正 **30** 洪武	庚戌	**1370**	元至正 30 年　明夏開熙 5 年 置農司,興農桑,制定科舉,分文、武二科,考試分鄉試(舉人),會試(及格者可參加殿試),殿試(進士可授官).六年一大考,考中頭名者,稱狀元.武試則考技勇. 「元史成書」,記載成吉思汗至元順帝約 160 年間元朝史紀傳史書,共 210 卷.包括本紀 47 卷,志 58 卷,表 8 卷,列傳 97 卷, 元順帝脫歡鐵木兒卒於應昌,子昭宗愛猷識理職嗣位. 設科取士　封子九人為王　追封郭子興為王　封陳日熼為安南國王. 頒平定朔漠詔封賓的哩八剌為侯　徐達大破元擴廓兵於沈兒峪. 明左副將軍李文忠攻應昌,擒元皇子買的里八,元帝昭宗愛猷識理職奔和林
		4	辛亥	**1371**	明夏開熙 6 年　元宣光元年 鄭和(1371-1435)本姓馬,小名三寶,雲南人,回族.(1405-1433)七次下西洋. 李善長罷 以汪廣洋為右丞相,胡惟庸為左丞相,湯和為征西將軍,傅友德為征虜將軍. 朱元璋攻明夏,任中山侯湯和為征西將軍,水陸併進,圍四川重慶,明夏帝明昇出降.**明夏亡**,立國十年. 鄭和(1371-1434)雲南晉寧人,三保太監下西洋「三寶奴」,明成祖命其率領 240 多艘海船 27,700 多名船員,七次下南洋,訪問太平洋卅多個國家.
		5	壬子	**1372**	元宣光 2 年 明太祖朱元璋遷故漢帝陳理,明夏帝明昇,出居高麗,不知所終. 置茶馬司遣王禕諭元梁王巴匝剌瓦爾密於雲南被執死之 明分三路攻元,徐達攻和林,李文忠攻應昌,馮勝攻西涼(甘肅武威)金山,相繼兵敗,掠牛羊而還. 命鄧愈討湖南廣西蠻　安南陳叔明殺其王日熼而自立,入貢郤之 敕燕王府長史楊天顯出使琉球中山國，中山國遣使入朝謝恩，楊天顯奉詔題詩「日本扇」賜之
		6	癸丑	**1373**	元宣光 3 年 罷停科舉,改用薦舉取士.分為聰明正直、賢良方正、孝弟力田、儒士、孝廉、秀才、人才、耆民八大項目,被薦舉的送京師禮部,加以擢用.令有司察舉賢才 設六科給事中,掌參駁糾劾之事 命御史及按察使考察有司 定大明律 汪廣洋罷 胡惟庸為右丞相 陳為御史大夫 徐達等鎮山西北平 喇嘛格魯派創始人宗喀巴進藏求法,進行宗教改革,為黃教始祖.
		7	甲寅	**1374**	元宣光 4 年 修曲阜孔子廟　遣吳禎巡海備倭　都督藍玉拔興和　李文忠拔高州 遣賓的哩八剌北歸 高麗李仁任弒其王顓　設水軍四衛,罷市舶司,嚴海禁
		8	乙卯	**1375**	元宣光 5 年 頒行「大明寶鈔立鈔法」銅幣不夠用,印製「大明寶鈔」紙幣,與銅錢並用. 改立都指揮使司,設 13 個都司和 2 個行都司,都司設指揮使一人及其他官員 詔天下立社學　元河南王王保及擴廓帖木兒平卒 賜廖永忠死 劉基卒 遣吳雲使雲南為所殺 納克楚侵遼東敗之. 美國爆發「獨立戰爭」
		9	丙辰	**1376**	元宣光 6 年 明在登州建「蓬萊水城」有水門防波場,平浪台,燈樓等,防備倭寇騷擾. 明裁汰平章政事與參知政事,改元「行中書省」為「承宣布政使司」 「洪武四獄」(1376~1393)「空印案」「郭桓貪污案」「胡惟庸案」「藍玉案」 遣湯和鎮延安,又遣元臣蔡子英歸和林. 朱元璋下詔求直言,但葉居昇上書,諫諸王封疆過大請削藩,卻激怒被處死,自是無敢應詔上言者.

朝代	帝　　王	國號	干支	西 元	紀　　　　要
		10	丁巳	**1377**	元宣光 7 年 置通政使司 始遣御史巡按州縣 宋濂致仕 詔李善長李文忠議軍國重事 以胡惟庸、汪廣洋為左右丞相　遣鄧愈擊吐蕃平之
明	太祖 朱元璋	洪武 **11**	戊午	**1378**	元宣光 8 年 封子五人為王　元帝昭宗愛猷識理達臘卒,弟脫古思鐵木兒嗣位 在安徽鳳陽西南太平鄉建「明皇陵」. 遣僧宗泐使西域　內官呂玉詣其軍 楊仲明討五開叛蠻平之
		12	己未	**1379**	元天光元年 朱元璋誣右丞相汪廣洋毒死　誠意伯劉基竄海南,中途被縊死 遣沐英擊破洮州番　丁玉擊松州番平之　徵元臣伯顏子中不至飲鴆卒
		13	庚申	**1380**	元天光 2 年 朱元璋大開殺界,有人云丞相胡惟庸勾結日本在宴會殺朱元璋,明太祖殺胡惟庸,屠三族.　誅陳寧涂節等,罷中書省,廢丞相,置四輔官,改大都督府為中,左,右,前,後五軍都督府.　詔天下學校師生日納廩膳 沐英擊元將脫火赤等於額齊納路擒之 燕王棣之國 宋濂竄茂州道中卒
		14	辛酉	**1381**	元天光 3 年 明攻元,把匝剌瓦爾密自殺,蒙古全部退出中國(西元 1206-1381)凡 176 年. 雲南陷落,明統一中國(1381-1403)統制中國 118 年.,元再改國號為韃靼. 1616 年恢復原國號為蒙古.　元梁王走　普寧自殺 命各州府編制黃冊,管理戶政,賦役. 吐蕃宗教國自然脫幅,亡於帖木兒汗國.　定賦役籍 傅友德為征南將軍、藍王、沐英為左右將軍,率師三十萬征克雲南下曲靖.
		15	壬戌	**1382**	明太祖朱元璋設「**錦衣衛**」及「**鎮撫司**」掌皇帝侍衛及巡捕事宜,直轄皇帝. 設置錦衣衛,監獄益慘酷.民怨沸騰 1387 年廢除.　設都察院　復行科舉 設殿閣大學士,品位極低(後漸成宰相)　選僧侍諸王 國子學改稱「國子監」肄業四年,習禮、射、書、數等學,學生通稱「監生」,分舉監、貢監、蔭監.　李仕魯辭官歸田,被朱元璋捽搏死於階下 皇后馬氏崩　滅後理國都應天(南京) 「空印案」大興牢獄,「諸長吏死,佐貳榜一戍邊」 編「華九譯語」元早期無文字,蒙古語沒固定成書,朱元璋命用漢語譯成書 改御史台為都察院,置殿閣大學士.
		16	癸亥	**1383**	南京紫金山建明孝陵,朱元璋死後葬於此地. 天下學校歲貢士於京師 傅友德師還,沐英留鎮雲南. 復鳳陽臨淮世無所興
		17	甲子	**1384**	頒科舉條式 禁內官預外事　詔天下刑獄都察院刑部詳議大理寺覆讞奏決 李文忠卒　開封杞縣黃河決口 建州女真斡朵里都孟特穆(努爾哈赤先世祖)襲父爵為豆曼,為滿族興起之始
		18	乙丑	**1385**	「郭桓案」皇帝認為戶部長官作弊,六部侍郎以下皆死,官吏繫死者數萬人 思州(今貴州思縣)等地「洞蠻作亂」 朱元璋以『大誥』頒行天下,勒令每戶必備一本,次年頒行續編,三編 元開國功臣徐達卒(1353-1385)其智勇雙全治軍嚴明謙虛謹慎與屬同艱苦. 始選進士入翰林及為庶吉士定翰林官品員　遣使封高麗王㒒 吉州蠻亂,命楚王禎湯和討平之　平緬宣慰使思倫發反.
		19	丙寅	**1386**	營建南京紫禁城,奉天,華蓋,謹身三殿,和乾,清坤寧二宮.熠熠生輝,一大奇觀 詔有司存問高年 詔舉經明行修練達時務之士 濟助年高貧民,月給米肉酒,並賜爵為里士,社士,鄉士. 日本人貢,不許. 伊爾汗國亡於帖木兒汗國.

<table>
<tr><th>朝代</th><th>帝　王</th><th>國號</th><th>干支</th><th>西 元</th><th>紀　要</th></tr>
<tr><td></td><td></td><td>20</td><td>丁卯</td><td>1387</td><td>廢除錦衣衛,焚錦衣衛刑具,囚犯轉交刑部審理,內外獄全歸三法司審理.
命湯和築瀕海城防倭　以馮勝為征擄大將軍率師征納克楚,至金山,納克楚降.奉召還以藍玉代之,使攻和林(蒙古哈爾和林)
明廢澎湖巡檢司,將島上居民遷往福建省漳州、泉州.
編訂魚鱗圖冊,以登記土地.
金門始置守禦千戶所,江夏侯周德興築城,舊名浯洲.</td></tr>
<tr><td></td><td></td><td>21</td><td>戊辰</td><td>1388</td><td>明完成全國統一
勅天下衛所屯田
安南黎季犛弒其王煒.
沐英破走思倫發
藍玉襲破元古斯帖木兒於捕魚兒海,獲其子地保奴
高麗李成桂囚其王禑之子昌
越州蠻叛命沐英傅友德討之
元也速迭兒弒其主　　　　　戴進,字文進,淅江杭州人,畫壇行家第一.</td></tr>
<tr><td>明</td><td>太祖 朱元璋</td><td>洪武 22</td><td>己巳</td><td>1389</td><td>元帝脫古思鐵木兒為臣也速兒所殺,子思里圖嗣位.
改大宗正院為宗人府
置秦寧、朶顏、福餘三衛
湖廣千戶夏得忠作亂葉昇討誅之
遷周棣於雲南尋止之</td></tr>
<tr><td></td><td></td><td>23</td><td>庚午</td><td>1390</td><td>朱元璋性猜忌殘暴,云已死胡惟庸和同黨及太師李善長陰謀,屠戮二萬餘人.
手撰奸黨錄,附以李善長獄詞,播告天下
遣晉王燕王北伐,勸降乃兒不花.</td></tr>
<tr><td></td><td></td><td>24</td><td>辛未</td><td>1391</td><td>封子十人為王
命皇太子巡撫陝西
河原武決堤</td></tr>
<tr><td></td><td></td><td>25</td><td>壬申</td><td>1392</td><td>元帝思克卓里圖為其下屬所殺,弟額勒伯克嗣位.　改詹事院為所
皇太子標卒,立孫朱允炆為皇太孫　　以方孝孺為漢中教授
建昌衛指揮使伊嚕帖木兒叛藍玉討誅之　西平侯沐英卒
高麗李成桂逐其君瑤而自立,朝鮮徒都漢陽為朝鮮太祖改國號為朝鮮</td></tr>
<tr><td></td><td></td><td>26</td><td>癸酉</td><td>1393</td><td>確定明代官服：官員冠服，朝服，祭服，公服，常服．
命王棡燕王棣節制山西北平軍事　以鄭濟為左庶子王勳為右庶子
「藍玉案」朱元璋誣涼國公藍玉謀反,磔死,屠三族,獄詞引用「瓜蔓抄」法,族滅一萬五千人,凡一公,十三侯,二伯,慘烈驚人.朱元璋條列其罪,撰逆臣錄.
朱元璋殘暴屠殺機制刑事訴訟機構相互關係
<table>
<tr><th>司法官署</th><th>首長</th><th>職掌</th><th>設立時間</th><th>性質</th><th>註記</th></tr>
<tr><td>刑部</td><td>尚書</td><td>司法部</td><td></td><td rowspan="3">司法機構
(三法司)</td><td rowspan="3">司法系統</td></tr>
<tr><td>都察院</td><td>都御史</td><td>監察部</td><td></td></tr>
<tr><td>大理寺</td><td>大理寺卿</td><td>最高法院</td><td></td></tr>
<tr><td>錦衣衛</td><td>指揮使</td><td>調查逮捕</td><td>朱元璋</td><td rowspan="2">軍法機構</td><td rowspan="5">詔獄系統
(祕密警察)</td></tr>
<tr><td>錦衣衛鎮撫司</td><td>鎮撫使</td><td>案件審判</td><td>朱元璋</td></tr>
<tr><td>東廠</td><td>提督太監</td><td>調查逮捕</td><td>朱棣</td><td rowspan="3">宦官機構</td></tr>
<tr><td>西廠</td><td>提督太監</td><td>調查逮捕</td><td>朱見深</td></tr>
<tr><td>內廠</td><td>提督太監</td><td>調查逮捕</td><td>朱厚照</td></tr>
</table></td></tr>
<tr><td></td><td></td><td>27</td><td>甲戌</td><td>1394</td><td>1394-1475 藏醫出現南北學派
遣使修天下水利
朱元璋誣賜穎國公傅友德謀反,傅友德殺己二子,自刎死</td></tr>
<tr><td></td><td></td><td>28</td><td>乙亥</td><td>1395</td><td>朱元璋誣馮勝謀反,處死.
朱元璋命後世不許用黥,刺,刖,劓,閹割之,刑臣下敢以請者,置重典.命後嗣不許復立宰相,臣下敢以請者,置重典.再命後世有言變祖制者,以奸臣論.
越州蠻復叛沐春討平之　　都督楊文等討龍州
信國公湯和卒</td></tr>
<tr><td></td><td></td><td>29</td><td>丙子</td><td>1396</td><td>燕王朱棣巡邊,敗元軍於徹徹兒山及丌良哈禿城(內蒙東北)　大賚致仕武,陵
杜瓊(1396-1474)字用嘉,江蘇吳縣人,傳世作品「南村別墅圖冊」「友松圖」</td></tr>
</table>

朝代	帝　王	國號	干支	西元	紀　要
		30	丁丑	1397	明頒「大明律誥」策試禮部下第舉人 沔縣吏高福興作亂命耿炳文討誅之 左都御史楊靖為鄉人代改訴冤狀,朱元璋大怒,處死. 命楚王禎湘王柏討吉州叛蠻 平緬蠻刀幹孟逐其宣慰使思倫發詔沐春討之
明	太祖 朱元璋 惠帝 朱允炆	洪武 31	戊寅	1398	明太祖朱元璋崩在位 31 年 71 歲,葬孝陵.皇太孫朱允炆 22 歲嗣位,是為惠帝建文元年.朱元璋 26 子 命楊文從燕王棣郭定從遼王植備邊開平聽燕王節制 卓敬請徙封燕王於南昌不聽　召方孝孺官翰林院侍講　惠帝開始削藩 齊泰為兵部尚書,黃子澄為太常寺卿.周王橚有罪廢為庶人廢岷王楩為庶人. 元末明初羅貫中創作「三國志」、「三國演義」. 施耐庵創作『水滸傳』 1398~1402 建文改制,建文削藩.省刑減獄,均江淅田賦,調整政府機構.稱之「四載寬政解嚴霜」. 明為防倭寇入侵設「威海衛」1898 英強租威海衛,1900 年威海衛行政長官署屬英國殖民部,1930 年中國收回置威海衛行政區,直屬行政院 1987 年威海衛升為地級市.1996 年被聯合國評為全球改善人居環境範例城市之一 于謙(1398-1457)字廷益,錢塘人,任監察史,最後兵部尚書,改革軍制有功.1457 被誣殺害,留下「粉身碎骨渾不怕,要留清白在人間」名詩句.
明	惠帝 朱允炆	建文 1	己卯	1399	惠帝朱允炆(1377~1402),太祖太子朱標之子在位 4 年(1398-1402) **靖難之役**(1399~1402),朱允炆欲削奪燕王時,燕王朱棣叛至 1402 年始平定.
		2	庚辰	1400	元帝額勒伯克為其下屬所殺,手脫古思(坤鐵木兒)嗣位. 去帝號,稱可汗
		3	辛巳	1401	明惠帝朱允炆下詔復黃子澄原官,旋再下詔免齊泰黃子澄官,逐出南京. 朱棣聞齊泰黃子澄竄,上表稱臣,請罷兵.朱允炆亦下詔復其王爵,命先罷兵,而陰命諸將圖之.　平安攻北平不克　詔海股鎮淮安　燕朱棣大舉南犯
		4	壬午	1402	靖難之變,燕軍攻南京,建文帝下落不明,朱元璋第五子朱棣(1360-1425)推翻建文帝,自立為帝,即為明成祖.　成祖大殺惠帝親信臣民　北元去國號 創內閣制掌文案,綜理制誥,但閣臣在六部尚書之下僅五品,不設官屬後改之 7.20.帖木兒在安哥拉戰役打敗奧斯曼帝國,俘獲蘇丹耶塞特一世
明	成祖 朱 棣	永樂 1	癸未	1403	燕王朱棣 1399 年「靖難之役」入京師即帝位,是為成祖,改明年為永樂元年. 太祖之子在位 22 年(1402-1424)壽 65 歲. 改北平為北京. 任命宦官出鎮,及監京營軍,宦官成了巡視「欽差大臣」出鎮典兵朝廷耳目 改北平為北京. 元帝脫古思為其下所殺,鬼力赤鐵木兒嗣位,去帝稱可汗. 安南國相黎李犁殺國王陳日焜,盡屠陳氏,改名胡一元,自稱太上皇,立其子黎蒼為帝,國號虞.上書中國,云陳氏已絕,求權署國事,明朝知其詐許之,尋老撾(寮國)軍民宣慰司遣使護送安南王孫陳天平入朝.適逢黎季犁使亦至,見陳天平,皆下拜,真相乃泄.　1403-1424 創造景德鎮脫胎吹釉瓷器. 1403 年的《順風相送》書中所稱釣魚嶼和赤坎嶼,即今日「釣魚島和赤尾嶼」. 明朝浙江提督胡宗憲編纂的《**籌海圖編**》標明明朝海防管轄的沿海島嶼,其中就包括釣魚島及其附屬島嶼。日本是在 1895 年甲午戰爭期間才對釣魚島提出主權要求,並採取非法手段竊取了這些島嶼。 《開羅宣言》規定,日本必須將所竊取於中國的領土,包括東北、台灣、澎湖列島等在內的領土歸還中國.《波茨坦公告》也規定「開羅宣言之條件必將實施」表明日本必須將臺灣及釣魚島等附屬島嶼歸還中國。
		2	甲申	1404	明成祖設「奴兒幹衛」命官賜誥印冠帶襲衣鈔幣,黑龍江下游歸入明朝. 「文華寶鑒」成書,朱棣命將古嘉言善行作為法鑒,編輯成書. 始選進士為翰林院庶吉士 立子熾為皇太子 封高煦為漢王,高燧為趙王. 以僧道衍為太子少師 封哈恩克帖木兒為忠順王 籍長興侯耿炳文案,炳文自殺 明成祖朱棣誣李景隆謀反,下獄處死. 儒士朱季友上所著書,專斥周敦頤朱熹之流,朱棣怒曰「此儒者之賊也」杖之焚其書.

<table>
<tr><th>朝代</th><th>帝　王</th><th>國號</th><th>干支</th><th>西元</th><th>紀　要</th></tr>
<tr><td></td><td></td><td>3</td><td>乙酉</td><td>1405</td><td>鄭和,原姓馬,雲南人,世稱「三保太監」世奉回教,早年在燕王藩邸裡工作,在靖難之役中功,升為太監,賜姓鄭,氏三保是他的小名.出使西洋七次都由瀏河(江蘇太倉瀏河鎮)出發招諭各番國,歷時 27 年(1405~1433)
<table>
<tr><th>次</th><th>起訖年限</th><th>所到國家</th><th>註記</th></tr>
<tr><td>1</td><td>1405- 1407</td><td>占城,爪哇,蘇門答拉,錫蘭山,柯枝,舊港</td><td>1407 在舊港擒國王陳祖義,斬於南京</td></tr>
<tr><td>2</td><td>1408- 1411</td><td>占城,爪哇,滿拉加,蘇門答拉,翠蘭嶼,榜葛刺,錫蘭山,柯枝,古里</td><td>1409 在錫蘭擒國王亞烈苦奈兒,送南京,後釋放</td></tr>
<tr><td>3</td><td>1412- 1415</td><td>占城,闍婆,舊港,蘇門答拉,錫蘭山,甘巴里,柯枝,古里,忽魯謨斯,彭亨</td><td>1413 在蘇門答拉擒前王之子蘇幹刺,斬於北京</td></tr>
<tr><td>4</td><td>1416- 1419</td><td>占城,爪哇,滿拉加,蘇門答拉,渤尼,彭亨,溜山國,阿丹,忽魯謨斯,柯枝竹步</td><td></td></tr>
<tr><td>5</td><td>1421- 1423</td><td>占城,蘇門答拉,祖法兒,天方,木骨都束,竹步</td><td></td></tr>
<tr><td>6</td><td>1424- 1425</td><td>占城,舊港</td><td></td></tr>
<tr><td>7</td><td>1430 -1433</td><td>占城,爪哇,舊港,蘇門答拉,翠蘭嶼,錫蘭山,古里,忽魯謨斯,祖法兒,阿丹,天方,木骨都束,哇,暹羅</td><td></td></tr>
</table>
安南黎季犛遣使往中國謝罪,請王孫陳天平歸國,韃靼索和爾內屬,命趙王高燧居守北京,遣中官山壽帥師出靈州,殺附馬都尉海殷,沐晟討八百大甸降</td></tr>
<tr><td>明</td><td>成祖 朱 棣</td><td>永樂 4</td><td>丙戌</td><td>1406</td><td>營建北京紫禁城宮殿(1406~1420) 齊王榑有罪廢為庶人　置開原廣寧馬市
征南刖將軍中率兵送陳天平回國,黎季犛伏兵芹站,邀斬陳天平.明成朱棣大怒,遣成國公朱能新城侯張輔擊安南,朱能中途病卒,張輔渡富良江,連陷安南東西二都,黎季犛奔奇羅海口.　遣使日本.</td></tr>
<tr><td></td><td></td><td>5</td><td>丁亥</td><td>1407</td><td>解縉編《永樂大典》五年成書.這是古時規模最大的一部類書..
張輔擒黎季犛及子黎蒼送南京,滅越南胡朝設立交趾布政使司以統治,安南直隸中國版圖. 置交趾布政司以刑部尚書黃福鎮之
封西僧哈里瑪為大寶法王
皇后徐氏崩</td></tr>
<tr><td></td><td></td><td>6</td><td>戊子</td><td>1408</td><td>鄭和第二次出洋.駛錫蘭山(印度洋斯里卡)生擒國王亞烈苦奈兒,滅錫蘭甘波羅王朝(1407-1411 三寶太監第二次下西洋). 修建北京宮殿明成祖遷北京
安南陳王朝故將簡定不滿中國不立陳氏後代,聚眾起兵,稱日南王.明遣沐晟張輔擊之.　命柳升陳瑄率舟師沿海捕倭.　岷王楩有罪罷其官屬</td></tr>
<tr><td></td><td></td><td>7</td><td>己丑</td><td>1409</td><td>設奴兒幹都司,管轄黑龍江,精奇里江,烏蘇里江,松花江和庫頁島.　申茶禁
建「明十三陵」位於北京北 45 公里昌平縣天壽山下,明 13 個皇帝陵寢:明成祖的長陵,仁宗的獻陵,宣宗的景陵,英宗的裕陵,憲宗的茂陵,孝宗的泰陵,武宗的康陵,世宗的永陵,穆宗的昭陵,神宗的定陵,光宗的慶陵,熹宗的德陵,思宗昀思陵. 封衛拉特瑪哈木為順寧王,太平為賢義王,把禿孛羅為安樂王.
安南簡定稱太上皇,立陳季擴為帝,國號越.張輔擊擒簡定,陳季擴奔義安.
遣給事中那驥使韃靼為所殺　以邱福為征大將軍帥師征韃靼,敗沒.</td></tr>
<tr><td></td><td></td><td>8</td><td>庚寅</td><td>1410</td><td>成祖朱棣親征韃靼,擊敗阿魯台.
楊洪率所部隨成祖祖北征,至欽馬河,驍勇善戰.
安南陳季擴假降,意圖緩兵,中國任為交趾右布政使.</td></tr>
<tr><td></td><td></td><td>9</td><td>辛卯</td><td>1411</td><td>復修太祖實錄　封哈密免力脫木兒為忠義王
命工部尚書宋禮疏通濟州河,會通河與江蘇運河南北相聯大運河,停止海運.
凌祥符懸黃河故道　築海門捍潮堤　立長孫瞻基為皇太孫　解縉下獄</td></tr>
<tr><td></td><td></td><td>10</td><td>任辰</td><td>1412</td><td>鄭和率船至蘇門答臘擒王子蘇幹拉(1411-1415 三寶太監第三次下西洋)
勒邊將治濠垣 命侍講楊榮經略甘肅 殺浙江按察使周新</td></tr>
<tr><td></td><td></td><td>11</td><td>癸巳</td><td>1413</td><td>遷都北京 定死罪納贖例　置貴州布政使司　封阿嚕台為和寧王
帝如北京皇太孫從命皇太子監國　張輔攻安南陷順州,滅越南陳朝.
定死罪娋贖例:流徙以下許納贖,無力者發天壽山種樹.</td></tr>
</table>

朝代	帝　王	國號	干支	西 元	紀　要
		12	甲午	1414	命翰林學士胡廣等五經四書及宋儒性理等書　帝發北京皇太孫從 楊博以事繫獄,居獄十年,讀書不輟. 成祖親征瓦剌衛拉特,至忽蘭忽失溫大破南拉特兵,追至圖拉河瑪哈木特遁. 張輔攻安南,陷靈州,安南帝陳季擴奔老撾(寮國),追至南麼擒陳季擴,斬之.
		13	乙未	1415	解縉繫獄五年,朱棣偶閱囚及曰「解縉猶在耶」錦衣衛遂酒醉埋於雪中死. 開清江浦　瑪哈木特遣使入朝 罷海運 張輔出征交趾
		14	丙申	1416	鄭和第四次奉命出使西洋(1416-1419)占城古里爪哇滿拉加蘇門答臘南巫里錫蘭山等 19 國入貢. 命御史巡鹽　阿嚕台敗衛拉特來獻捷 召張輔還武當金殿建成,金殿在湖北武當山天柱峰頂端鎏金銅亭,殿內陳設均金飾. 開始營建北京城,分內城,皇城,紫禁城,皇城位於元城舊址,建造仿南京規制,1420 年完成,1421 年明正式遷都北京.明清兩代均有不同的重建擴建.
		15	丁酉	1417	蘇祿國王來朝,南歸病世,成祖按王禮祭葬,建陵莫,1418 年成祖親寫碑文. 帝北巡命皇太子監國 漢王高煦有罪徙封樂安州 谷王穗有罪廢為庶人
		16	戊戌	1418	李彬鎮交趾,馬騏監軍,橫征暴歛民亂,黎利起兵反. 姚廣孝死,胡廣卒.
明	成祖 朱 棣	永樂 17	已亥	1419	【喇嘛】教主「八思巴」十三世紀時封為蒙古國師,僧侶穿紅色袈娑,稱之「紅教」十四世紀青海西寧降生「宗喀巴」當紅教僧侶,蓄意改革,由「紅袈裟」改穿「黃色袈裟」禁止娶妻,以便全心全意宏揚佛法,被稱為「黃教」,「宗喀巴」有兩位門徒一名「達賴」、另名「班禪」是佛陀投胎,肉體雖死但會化身重生,靈魂轉生新的世界,永垂不滅.教主死後,先由「拉穆吹忠」四高僧誦經作法,尋覓化身「靈童」，迎回西藏拉薩，教育成長後,舉行「坐床大典」成為喇嘛教的正式教主. 「坐床」是坐在只有教主才可以坐的神祕寶床,有若皇帝登峯極典,莊嚴肅穆隆重.. 宗喀巴大師逝世,達賴繼承為喇嘛教教主,班禪以第門徒充當副教主. 倭寇遼東總兵官劉江擊破之
		18	庚子	1420	明成祖朱棣參照南京太廟建北京太廟,置戟門,正殿,寢殿,祧廟,置東廠,探聽大小情事,直聞於皇帝. 鑄成中國最大的『**永樂鐘**』 建「天壇祈年殿」成為帝王祭天祈穀祈雨之所,每年正月上辛日皇帝要到此舉行穀禮,祈求上天保佑五穀豐登. 山東蒲(濱州)民林二妻唐賽兒起義攻掠,衛青擊破之,唐賽兒逸去不知所終. 在南京設〔寶船廠〕造船,明成祖死後,仁宗下令停止製造寶船.宣宗即位又恢復寶船製造工作.為鄭和下西洋奠定基礎.
		19	辛丑	1421	鄭和第五次下西洋(1421-1422),出使甘巴里(印度城市) 明成祖遷都順天府(北京),以應天府為南京. 交趾總兵官李彬擊黎利,黎利敗奔老撾,老撾邊兵拒入境. 韃靼阿魯台勢漸復侵明邊,明帝成祖朱棣欲再出擊,夏原吉吳平方賓諫阻,朱棣怒,將夏原吉吳平下獄,方賓自縊死.s
		20	壬寅	1422	朱棣軍出獨石口(河北赤城北),經闊欒海(內蒙呼倫湖),至殺胡原,不見敵而還,移師征烏梁海..

朝代	帝　王	國號	干支	西 元	紀　要
		21	癸卯	1423	蘇門答臘島王施濟孫卒子施進卿嗣位, 鄭和六次下西洋(1423-1424)持印賜 朱棣攻韃靼阿魯,台韃靼王子也先上千率軍來降,封為忠勇王,乃班師.
		22	甲辰	1424	明成祖朱棣北征班師返京至榆木川途中病歿葬天壽山長陵.子朱高熾(1377~1425)即位改元為洪熙元年.是為二宗.僅五月病逝,享 49 歲,其子朱瞻基即位,是為宣宗. 釋夏原吉,復黃淮其官,後置三公三孤官. 召黃福於交趾以陳洽代之,鎮守 鄭和奉命出使舊港.
明	仁宗 朱高熾	洪熙 1	乙巳	1425	明帝仁宗朱高熾崩,葬獻陵.子宣宗朱瞻基嗣位,宣德元年.其叔漢王朱高煦據樂安(山東廣饒)起兵叛,亦稱「**靖難**」朱瞻基親征,朱高煦死,並斬諸子. 改定科舉名額,南京國子監及南直隸共 80 人,北京國子監及北直隸 50 人,會試取士百人,南方人 3/5,北方人 2/5.端重沉靜,年齡 25 歲以上者均可應試. 置巡撫官　楊溥入閣
明	宣宗 朱瞻基	宣德 1	丙午	1426	朱瞻基(1398~1435)仁宗之子在位 10 年(1425-1435)終年 38 歲 張瑛入閣 明王通征黎利,犂利大敗明軍,布政使陳戰,死戰勢逆轉 詔自今內官內使傳旨必覆奏始行 漢王朱高煦謀反,廢為庶人,「明宣宗炭火烤皇叔」處死. 王通兵敗於交趾應平,遣柳升征交趾.
		2	丁未	1427	柳升至鎮彝關倒馬坡大敗,,柳升中鏢死.兵潰,總兵官,王通懼,決意議和,赦黎利,罷交趾兵,與黎利立壇為盟,退軍,黎利稱安南王,中國遂失安南.. 沈周(1427-1509)字啟南,江蘇蘇州人,高潔人品,恬淡溫和,長於詩書畫寫意山水花鳥.技藝全面,功力渾樸.
明	宣宗 朱瞻基	3	戊申	1428	立子祁鎮為皇太子,作帝訓成.　廢皇后胡氏,立貴妃孫氏為皇后 贈恤交趾死事諸臣　明宣宗帝巡邊敗烏梁海之眾於寬河 皇帝命章奏先由閣臣審閱,用「小票」(小紙條)條擬意見,連同奏章併呈皇帝,是為「條旨」,內閣掌握實際政權由此開始.後演變為「票旨」、「閣票」 犂利遣使表稱安南,明赦免犂利罪,罷交趾布政使司,封陳暠為安南國王,自此安南世歸明朝藩屬,總計安南在明初直隸中國版圖凡 21 年 明在緬甸設麓川平緬甸宣慰司,英宗時改置隴川宣撫使司,緬甸奉表貢於明
		4	己酉	1429	設鈔關
		5	庚戌	1430	鄭和第七次下西洋(1430-1433),出使忽魯謨斯等十七國. 開平衛內遷獨石　夏原吉卒　擢郎中況鍾等九人為知府賜勅遣之 明宣宗朱瞻基生謁長陵之便下訪農村,知道農民疾苦,回宮寫下『**紀農**』
		6	辛亥	1431	命考察外百官自布政按察二司　命黎利權署安南國事.　金幼孜卒
		7	壬子	1432	衛所設儒學,擇地建學校,解決軍官子女讀書問題,參加鄉試.　施行『中鹽法』 作官箴戒百官　　揭豳鳳圖於殿壁　　賜司禮太監金英、范洪免死詔.
		8	癸丑	1433	西域貢麒麟　鄭和死於第七次下西洋回國途中.
		9	甲寅	1434	瓦剌王衛拉特托歡襲殺韃靼阿嚕台於穆納山 松潘番叛都督僉事方政討平巡邊至洗馬林還
		10	乙卯	1435	明宣宗朱瞻基在位 10 年崩,年 38,葬景陵,子英宗朱祁鎮(1427~1464)嗣位.以楊士奇、楊榮、楊溥輔政,時稱政壇「三楊」 時朱祁鎮方九歲,寵王振,王振遂擅作威福,明王朝宦官亂政自是始. 宦官王振任司禮監太監,自是宦官改稱太監,以示尊崇.　封弟祁鈺為郕王 罷十三布政司鎮守中官　　　楊浦入閣 詔天下衛所皆立學　　　以元儒吳澄從祀孔廟 江西作亂僉事彭森等討平之　阿爾台寇甘肅陳懋擊敗之　蹇義卒 解縉去世(1369~1435)一說(1369~1415)字大紳,江西吉水人,奉命編修「永樂大典」於 1407 年完成.

朝代	帝　王	國號	干支	西 元	紀　要
明	英宗 朱祈鎮	正統 1	丙辰	1436	英宗朱祈鎮宣宗之子,前後在位23年.終年38歲.平庸昏鈍,寵信宦官,受王振擺佈,北遊大同「土木之變」送還京師,閒居南宮. 英宗為蒙古汗國瓦剌部俘擄.后釋回 以賦稅折銀減少運輸壓力,倉庫儲存糧逐漸減少. 明代蘭茂(1397-1476),河南洛陽人,撰著「滇南本草」藥物專著. 置提督學校官 復聖賢後裔 徵金花銀入內承運庫 封黎利子麟為安南國王
		2	丁巳	1437	遣王驥經理甘肅邊務 以宋儒胡安國蔡沈真德秀從祀孔廟 雲南麓川(瑞麗)宣慰司思任起兵攻南甸州(雲南梁河) 建成『觀象台』
		3	戊午	1438	設大同馬市 逮天下逋逃工匠四千餘人 雲南思任孟養(緬甸莫寧)騰衝層城,稱麓川王(土語王為發)中國訛為思任發.
		4	己未	1439	京師大雨又地震 雲南黔國公沐晟擊思任敗懼罪暴卒,命其弟沐昂再擊. 瓦剌脫歡卒子也先繼位,自稱淮王 雜劇作家朱有燉卒
		5	庚申	1440	命曹愉曹鼐入內閣預機務　度僧道二萬餘人 河南僧楊行詐稱建文帝下錦衣衛獄尋死 楊榮回省掃墓,六月返京,七月卒於杭州武林驛,年七十. 沐昂擊麓川(雲南瑞麗),抵隴把(雲南隴川)大敗.
		6	辛酉	1441	明仁宗第九子梁莊王朱瞻洎去世,無嗣,葬湖北鍾祥市長灘,有王妃衛士陪葬 蔣貴為征蠻將軍,連克騰衝馬鞍山,大破思任,深入麓川,思任攜妻奔緬甸.
		7	壬戌	1442	朱元璋於官中立鐵碑,高三尺上鑄「宦官不干預政事」.太監王振命去之.王振矯旨任兵部侍郎徐晞為兵部尚書,任侄王山為錦衣衛指揮同知世襲. 遣戶部侍郎焦宏備倭　衛拉特遣使入貢
		8	癸亥	1443	朝鮮醫學家金禮蒙等寫「醫方類聚」 中國鑄針俞穴銅人像,有666處穴位 明北京「法海寺壁畫」建成,題為「帝釋梵天圖」刻護佛教諸護法神. 遣王驥蔣貴征麓川蠻 太監王振殺翰林院侍講劉球,又殺薛瑄李時勉張環忠
		9	甲子	1444	遣成國公朱勇等分兵四路擊烏梁海　擊敗兀良哈,其貢馬匹謝罪 陳循入閣 楊士奇卒,時年80歲　王驥入緬甸襲思任寨,擄其妻
		10	乙丑	1445	命天下學校考取附學生 苗衷高穀入閣　瓦 剌侵哈密,破兀良哈三衛 緬甸縛思任送中國,思任絕食垂死,王政斬之,以其首獻北京.
		11	丙寅	1446	予太監王振等錦衣衛世職 遣御史柳華討礦盜 楊溥卒年75歲
		12	丁卯	1447	楊洪以總兵鎮宣府,治敵戰至大將,諸部憚之,稱「楊王」 遷沙州衛之眾於山東 國子監祭酒李時勉致仕 奪英國公張輔田
		13	戊辰	1448	禁用銅錢 以宋儒楊時從孔祀廟 福建沙縣鄧茂鄧茂七起義(明年先後戰死) 雲南麓川思機又作亂,王驥擊之,思機戰死,眾又擁思任子思祿為王,終不能滅,王驥乃與思祿言和,許居孟養地,立石於金沙江為界.

朝代	帝　王	國號	干支	西 元	紀　要
明	英宗 朱祈鎮	14	己巳	1449	「**土木堡之變**」楊善隨英宗征瓦剌,攻至土木堡(河北懷來東)明軍大潰,英宗朱祈鎮被擄,楊善負傷,問道得脫.王振、張輔附馬都督尚書內閣學士等 50 多人皆死,明軍死傷慘重. 于謙等擁立英宗弟朱祁鈺(1428~1457)為帝是為景帝.以明年為景泰元年,尊朱祈鎮為太上皇,在位 8 年(1449-1457)終年 30 歲 瓦剌王也先大舉入侵中原. 明景帝詔各地儲王發箭反擊解圍 1435-1449 北京建成觀象台
明	代宗 朱祁鈺	景泰 1	庚午	1450	也先擒朱祁鎮挾以制,但屢戰不勝乃決議和.八月楊善出使瓦剌,迎英宗朱祁鎮自瓦剌回京,居南宮.. 朱祁鎮在瓦剌營對議和使臣李實曰「也先欲歸我,卿報朝廷,儻得歸,願為庶民,守祖宗陵墓足矣」又云「王振未敗時,群臣無肯言者,今日皆歸罪於我」
		2	辛未	1451	瓦剌王也先送朱祁鎮返並遣使議和,朱祁鋕拒之,也先乃稱天聖可汗. 遣衛拉特脫脫不花書　　也先弒其主脫脫不花. 遣都督僉事孫安守備獨石立團營命王一寧蕭鎡入閣 五月使楊洪鎮大將軍印;從子楊能、楊佔充左右參將,子楊俊為右都督,洪力辭不允,九月二日楊洪卒.
		3	壬申	1452	兵部尚書于謙創設團營制,改革京軍舊制,整肅軍紀.1457 英宗復辟被誣殺害 朱祁鈺立子朱見濟為皇太子　　詔錦衣衛官訪事　廢后汪氏立妃杭氏為后 命王文入閣　　建京城『隆福寺商貿店』 劉瑾(1452-1510)初為宮庭太監,與東宮太子日後武宗遊玩,深得寵愛,明孝宗崩;武宗朱厚照即位,劉瑾日漸顯赫,「劉瑾變法」營私舞弊,遭朱真鐇討伐,被判凌遲處死.
		4	癸酉	1453	令生員納粟入國子監　徐有貞為左僉都御史治沙灣決河　皇太子朱見濟卒
		5	甲戌	1454	減國子監生額　　瓦剌阿拉殺天聖可汗也先,脫脫不花子麻兒可兒立.
		6	乙亥	1455	以朱熹九世孫挺為翰林院五經博士世襲　徐有貞治沙灣決口成 以方瑛為平蠻將軍討湖廣叛苗　韃靼遣使入貢
		7	丙子	1456	皇后杭氏卒　　開封黃河決口
明	英宗 朱祈鎮	8 天順 1	丁丑	1457	明景宗朱祁鈺卒,立英宗朱祁鎮(重祚)(1457-1664) 「奪門之變」明英宗朱祁鎮復辟,改本年為天順元年.殺于謙王文等.廢朱祁鈺為郕王,尋薨罷團營.楊善、石亨、曹吉祥等以兵迎太上皇英宗于南宮,至奉天門,使英宗復位.史稱「奪門之變」改元天順　　大赦　　錄門功 任徐有貞為首相兼華蓋殿大學士. 立見深為皇太子封太監曹吉祥養子欽為伯 謫徐有貞李賢 釋建庶人文奎
		2	戊寅	1458	明二任帝朱允炆幼子朱文奎,自 1403 年囚於宮內,時方二歲,,今年已 56 歲,朱祁鎮命出宮,遣居安徽鳳陽,聽其婚娶,朱文奎既出,未幾卒,朱允炆遂絕後 復設巡撫官　　李賢請罷錦衣官校刺事不許.. 詔修一統志 徵江西處士吳興弼至授左諭德不拜
明	英宗 朱祈鎮	3	己卯	1459	1459~1461 曹石之變：英王重登帝位罷黜景有功曹吉祥石彪謀反,被拘殺 詔自今章奏勿用奪門事 諸冒功者黜之 詔霜後錄囚著為令 保喇犯安邊營 石彪及楊信擊敗之　　遣御史同內官採珠廣東　　方瑛大破東苗(即白苗)
		4	庚辰	1460	石亨家人告其謀反,逮石亨及其侄石彪下獄處死 釋徐有貞 韃靼分道入寇. 蘇州著名『留園』建成
		5	辛巳	1461	宦官曹吉祥與侄曹欽欲殺英宗朱祁鎮立曹祥為帝,事泄,張鏜討之,曹吉祥被逮,曹欽兵不得入宮,没井死,曹吉祥遭磔殺棄市,屠其家.
		6	壬午	1462	都督僉事,顏彪擊廣西猺破之 廣錦衣衛獄 韃靼侵陷河套,明稱之為「套寇」 孛來遣使入貢

朝代	帝　　王	國號	干支	西元	紀　　　　要
		7	癸未	1463	命陳文入閣　殺巡按御史李蕃韓祺　發兵攻廣西猺民 錦衣衛門達誣袁彬有罪欲殺,楊暄救之
		8	甲申	1464	明英宗朱祁鎮卒,子朱見深(1447~1487)嗣位,是為憲宗.遺詔罷宮妃殉葬裕陵.至此始廢殉葬俗.在位 23 年(1464~1487)終年 41 歲. 設立「皇莊」,憲宗沒收的太監曹古祥霸佔民地作宮中莊田. 始以內批授官放宮人復立團營　薛瑄卒
明	憲宗 朱見深	成化 1	乙酉	1465	明中期,土地兼併,連年饑荒,苛徵賦稅,廣西潯州(桂平)及湖南荊襄民變,黃旗起義劉通稱漢王,國號漢建元德勝,後劉通被俘遇害歷時 13 年(1453-1465)
		2	丙戌	1466	遣右都督李震討靖州曲破之　李賢以父喪起復修撰羅倫疏諫貶之 李賢卒 白圭擒劉千斤,送北京磔死. 劉通兵敗被俘處死
		3	丁亥	1467	明廷藉故將董山(猛哥帖木兒的次子)殺死,派李秉、趙輔統兵,血洗烟突山下董山屯寨,焚其巢寨房屋一空.董山三子：妥羅、妥謨、錫寶齊篇古. 瑪拉噶三上書求貢許之 召商輅復入閣 遣李瑾程信討四川山都掌蠻 杖謫翰林章懋黃仲昭檢討莊泉　韃靼內閧,孛來為毛里孩.所殺
		4	戊子	1468	明憲宗寵信番僧,給加封號「真人、高士」大國師. 誥命衣服飲食器用可與王侯相比.出入棕輿衛卒前導. 寧夏固原滿四據石城反,劉玉項忠擊之,斬滿四　陳文卒
		5	己丑	1469	萬安入閣 韓雍總督兩廣 毛里孩聯兀良哈三部犯延綏.
		6	庚寅	1470	唐寅(1470-1523),字伯虎,江蘇吳縣人.才氣橫溢,性格狂放,鬻文賣畫為生. 文徵明(1470-1559)號衡山居士,今江蘇蘇州人,「吳中四才子」長於詩書畫. 成吉思漢後裔巴圖蒙克自立為達延可汗. 河南新鄭民李鬍子起兵項忠擊之 大旱,飢民流入湖北江陵襄陽一帶深山,達九十餘萬人. 命撫寧侯朱永都御史王越等禦延綏
		7	辛卯	1471	制漕糧長運法,百姓運糧到江南水邊交兌,百姓補米作渡江費. 命刑部侍郎王恕總督河道 項忠擒李鬍子送北京斬之 項忠樹碑炫功,人稱「墮淚碑」
		8	任辰	1472	王守仁(王陽明)(1472-1528)字伯安,淅江餘姚人,理學家.1499 年中淮進士,官刑部和兵部主事,因忤劉瑾被貶貴州修文縣龍場驛丞 1528 年死於江西南安年 57.推行「知行合一」繼承陸九淵倡導「至理」「格物致知」 韃靼人侵延綏、固原等地.　豫征山西陝西河南明年賦　占城遣使告難
明		9	癸巳	1473	土魯番據哈密 鎮江太監李義殺指揮馬璋不問 王越襲寇於紅鹽池破之
		10	甲午	1474	築邊墻 王越總制三邊 罷韓雍 都督同知李文等進兵討土魯番不克引還 以湖廣採金歲役民夫萬,所得僅三十餘兩,命罷之. 少典 150 世孫彭景卿【修圈珠譜】(旭湖府君之 21 世世道三子光勝,字景卿).
		11	乙未	1475	改謚郕戾王為景皇帝 們都埒伽嘉色凌遣使入朝 韃靼酋長互相殘殺

朝代	帝　王	國號	干支	西元	紀　要
明	憲宗 朱見深	12	丙申	1476	明英宗第七子朱見浚封為吉王,就藩長沙. 商輅等進續實治通鑑綱目 原仔撫治荊襄流民　令太監汪直刺探情報 四川巡撫張瓚討灣溪蠻破之　尋命張瓚兼督松潘等諸軍務討叛番
		13	丁酉	1477	明憲宗朱見深設「西廠」以別「東廠」太監汪直領之,探刺外事,逕聞皇帝. 斥兵部尚書項忠為民　大學士商輅引疾歸
		14	戊戌	1478	汪直誣馬升擅禁農器,下獄,竄四川重慶.　復開遼東馬市　楊福行騙遭斬
		15	已亥	1479	方士李孜者為太帝寺丞　下兵部尚書馬文升於獄尋謫戍　汪直巡大同邊,境
		16	庚子	1480	俄國大公伊凡三世滅欽察汗國,俄國脫離脫蒙古獨立　王越擊韃靼破之 嚴嵩(1480-1567)字惟中,號介溪.江西分宜人.拉攏錦衣衛,操弄朝政收禮納賄,為所欲為.使政治黑暗,民心不安. 嚴嵩(1480.-1567)江西分宜人,「青銅宰相」權傾一時,操縱時政吞沒軍餉,廢馳軍備,反對者均遭陷害而死,終被罷絀,沒收家財,老年落魄,活活餓死.
		17	辛丑	1481	命司,禮監同法司錄囚　　寇犯宣府汪直王越率師破之
		18	壬寅	1482	罷西廠,貶汪直　　哈商復哈密城　　韃靼寇延綏官軍擊敗之
		19	癸卯	1483	陳道複(1483-1544)、徐渭(1521-1593)長他鳥畫,「竹陽青藤」稱名中國. 太監汪直惡尚銘,尚銘懼,潛以汪裤訴明帝憲宗朱見深,乃貶汪直為南京御馬監太監,遂失勢.　召陳獻章為翰林院檢討尋乞歸　　韃靼寇大同官軍敗績
		20	甲辰	1484	太監陳準任東廠提督,為人平恕清廉,中外皆安 下刑部外郎林俊及都督府經歷張黻於獄,尋釋之並謫官
		21	乙巳	1485	詔群臣言闕失　降李孜省等官繼曉為民　賑濟山東山西陝西河南四川災民 斥罷奉官五百人,未幾仍罪言者李俊盧瑤 復孜者等官,寵之愈甚
		22	丙午	1486	罷南京兵部尚書王恕(以時有諫爭)　　遣刑部侍郎何喬新勘播州土司訟 葡萄牙人地亞士沿非洲西岸航海至 1487 年抵好望角.　免除災區糧稅
		23	丁未	1487	明憲宗朱見深在位 22 年崩,子朱祐樘(1470~1505)嗣位,是為孝宗,改明年為弘治.得一箱內皆房中術,悉署「臣萬安進」 太監梁芳都督萬喜及李孜省等有罪減死謫戍　罷傳奉官　奪僧道封號 命徐溥劉健入閣　下梁芳李孜省於獄,李孜尋死.　邱濬進大學衍義補
明	孝宗 朱祐樘	弘治 1	戊申	1488	明憲宗朱見深之子朱祐樘嗣位,是為孝宗,在位 18 年(1487-1505)終年 36 歲.逮黜宦官奸邪,任用賢能,廣開言路,勤政愛民,史稱「弘治中興」.晚年沉迷齋醮禱祀. 封哈密衛左都督哈商為中順王　起用言事謫降諸臣　韃靼求貢 誅妖僧繼曉 土魯番殺忠順王哈商復擄哈密 陳鐸(1488-1521)字大聲,今江蘇丕縣人,樂王散曲家,精通音律,善彈琵琶..
		2	已酉	1489	劉吉誣湯鼎劉概妖言誹謗,下錦衣獄.劉吉為汪直黨,屢被劾,而屢進官,人呼為劉棉花,謂其命愈彈愈起也. 贈故少保于謙諡 將已死宦官田轉給百姓
		3	庚戌	1490	華燧(1439-1513)首創銅活字印書 令天下設豫備倉
		4	辛亥	1491	邱濬入閣 土魯番獻還哈密城
		5	壬子	1492	改開中鹽法為折色納銀法,商人到運司納銀領取鹽引,庫存累銀百餘萬. 停納粟例 更中鹽法 哥倫布航大西洋,發現美洲西印度群島.

朝代	帝　王	國號	干支	西元	紀　要
明	孝宗 朱祐樘	弘治 **6**	癸丑	**1493**	1492 年山東陽谷東黃河決口,氾濫成災,1493 年孝宗命劉大廈治理黃河 1495 年築堤 160 多里,黃河入海,潰決之患長時間未再發生. 錄常遇春李文忠鄧愈湯和裔世襲指揮使　吐魯番復據哈密
		7	甲寅	**1494**	巡撫貴州都御史鄧廷讚討平都勻苗 工侍郎徐貫經理蘇湖水利 韃靼小王子侵甘涼
		8	乙卯	**1495**	以宋儒楊時從祀孔廟　邱濬卒 命李東陽謝遷入閣 收復哈密
		9	丙辰	**1496**	刑部吏徐珪請革東廠黜為民
		10	丁巳	**1497**	明帝孝宗朱祐樘於文華殿召大學士徐溥劉健李東陽等議政事,並飲茶而退. 小王子寇潮河川指揮劉鋹等戰死 王越總制三邊軍務 韃靼小王子侵大同
		11	戊午	**1498**	葡萄牙達伽馬繞好望角,直至印度西岸古里. 王越襲小王子於賀蘭山破之
		12	己未	**1499**	夏前禮部主事楊循吉請復建文位號不從 貴州普安女酋長自號無敵天王
		13	庚申	**1500**	明孝宗更定刑部條例,廷杖詔獄等酷刑沒再發生,東廠,錦衣衛橫行減少. 和碩寇大同遊擊將軍王果擊之敗績　火篩、小王子犯大同 吳承恩(1500-1582),以去天竺取經為題材作**《西遊記》**
		14	辛酉	**1501**	帖木兒汗國亡(1369-1501)共 132 年 和碩及小王子兵犯,朱暉禦之,和碩等出河套 普安曲婦米魯作亂王軾擊之 韃靼韃延可汗大舉入寇,陷寧夏.
		15	壬戌	**1502**	「大明會典」成書　王軾破米魯斬之　瓊州黎亂 明時聞名**【彭氏會宗譜】**彭光勝(景卿)撰編 1520 年彭澤在甘肅蘭洲續編 **「湖南長沙演繹」**: 西元前-221 年置長沙郡,附廓湘縣;前-202 年改湘縣為臨湘縣;西元 10 年改臨縣為撫睦縣;25 年仍改撫睦縣為臨湘縣,並析縣東南地域醴陵縣;209 年湘縣東部地置瀏陽縣;507 年建陶真人廟于今朗朵鎮之臨湘山;589 年臨湘縣名長沙縣;是為長沙名縣之始;607 年瀏陽、醴陵兩縣並入長沙縣;621 年析長沙縣東南地域再置醴陵縣;708 年析長沙縣東部地域再置瀏陽縣;950 年析長沙縣東南境置龍喜縣(又名新喜),故城在今仙人市鄉鹿芝岭;963 年廢龍喜縣,置常豐縣,故城在今長沙市郊區東岸鄉;973 年常豐縣並入長沙縣;1098 年沙縣東南五鄉、湘潭縣兩鄉置善化縣,縣治與長沙縣同城;1314~1320 許熙載為官長沙,于朗梨寺設義學,熙載死後,義學學生立東崗書院以示紀念,後朝廷賜額,設教官,以為育才之地;1377 年善縣並長沙縣,13 年復置善化縣.1502 年艾旼監修「長沙縣志」刊行,為最早的長沙縣志. 1912 年長沙善化兩縣合歸長沙府,翌年 9 月裁府,長沙善化兩縣復為長沙縣 使用方格簇育蚕,出現填食肥育填鴨法..
		16	癸亥	**1503**	詔戶部覆議鹽法　賑濟兩京、浙江、山東、河南、湖廣等災區災民.
		17	甲子	**1504**	和碩入大同指揮鄭瑀戰死 置東西衛軍 復置起居住 罷南京蘇杭織造中官 吳承恩(1504-1582)江蘇淮安人,寫成**【西遊記】** 王實甫(?~?)北京人,編著名劇**【西廂記】**
		弘治 **18**	乙丑	**1505**	明帝孝宗朱祐樘崩,子朱厚照嗣位,是為武宗,改明年為正德元年.在位 16 年終年 31 歲.　宦 官劉瑾專權,殘害異己刻薄百姓.. 重用宦官「八虎」縱權,耽溺聲色犬馬,疏懶政事,昏庸腐朽,強淫民女,廣建皇室國庫金空,1521 死於豹房作樂 仇英(1505-1552)字實父,江蘇太倉人,後居蘇州,擅長山水人物,尤長臨摹.

朝代	帝　王	國號	干支	西 元	紀　要
明	武宗 朱厚照	正德 1	丙寅	1506	明武宗朱厚照(1491~1521)年幼貪戲,寵信宦官劉瑾等八人,群臣上書請誅,朱厚照不許,兵部主事王守仁(王陽明)疏諫,杖四十,貶貴州修文縣龍場驛丞 兵部尚書劉大夏罷　劉瑾掌司禮監　大學士劉健謝遷罷
		2	丁卯	1507	明榜奸黨謝遷劉健等姓名於朝堂,令群臣跪金水橋聽詔. 武宗營建豹房,常處其中,恣意淫樂. 劉瑾誣艾璞有罪,杖之幾死,貶海南島.又誣陶諧有罪,杖之貶肅州(甘肅酒泉). 敕各鎮守太監豫刑名政事 度僧道四萬人 楊廷和入閣 開浙閩川銀礦 明世宗嘉靖帝朱厚熜出生 楊一清得罪劉謹去官,其主持修邊牆事務停辦
		正德 3	戊辰	1508	設立內行廠,簡稱「**內廠**」以太監劉瑾領之.劉瑾執朝官三百餘人下獄. 逮前兵部尚書劉大夏及南京刑部尚書潘藩下獄,均遠竄.
		4	己巳	1509	小王子寇延綏 湖廣江西四川盜起
		5	庚午	1510	帝自稱大慶法王　安化王真鐇反遊擊將軍仇鉞討擒之　劉六『劉七起事 楊一清張永謀殺劉瑾,返抵北京,明帝朱厚照至東華門受俘飲宴,夜半,劉瑾先歸,張永出奏章,謂劉瑾激寧夏之變,且謀反簒位,武宗朱厚照大怒,親率軍捕劉瑾,磔遲處死,同黨伏誅.　曹元以罪免　霸州降盜劉六劉七叛
		6	辛未	1511	兵部侍郎陸完督邊兵討賊 楊慎會試第二,殿試狀元及第. 劉六攻河北文安
		7	壬申	1512	都御史彭澤咸寧伯仇鉞討平河南賊 陸完追賊於狼山平之 調宣府大同遼東延綏四鎮兵入京營 四川變民方四入貴州,兵敗被殺. 劉六劉七先後敗死 山西大同游擊將軍江彬凶殘有機智,賄宦官錢寧,得於豹房(宮內秘室)見明帝武宗朱厚照,帝大喜,收為義子,授方都督,留侍左右.
		8	癸酉	1513	朱厚照用宦官錢寧為錦衣衛指揮宦官張銳主東廠,威劫亦炟赫,人稱「廠衛」 四川民變入貴州湖廣,右都御史彭澤等平定(1509-1513). 吐魯番據哈密　韃靼小王子侵大同、萬全衛等地.　蘇州建『拙政園』
		9	甲戌	1514	乾清宮火營乾清宮加天下賦百萬.　右都御史彭澤提督甘肅軍務經營哈密 葡萄牙商船首次來我國廣東屯門珠江口澳門但不准上岸.獲明朝許可寄泊澳門,為歐洲人第一次自海上來到中國. 海瑞(1514-1587)號剛峰,摧強扶弱冒死上疏,遭罷官下獄,神宗即位復職,
明	武宗 朱厚照	10	乙亥	1515	遣太使劉允使烏斯藏　徐九齡敗死
		11	丙子	1516	錄自宮男子 3,400 人充海戶 王守仁為僉都御史巡撫南贛汀漳 葡船抵中國
	明	武宗 朱厚照	丁丑	1517	自稱總督軍務武大將軍總兵官 江彬言宣府(河北宣化)之樂搜民進御,朱厚照大悅,再赴山西大同,及還北京,封江彬平鹵伯. 葡萄牙人佛郎機故船隻至廣東要求通商.在廣州施放禮炮,人稱之為「佛郎機」1520~1753 年七次派使團來中國交涉澳門經營地位.1887 年獲正式承認.
		13	戊寅	1518	太皇太后王氏崩　帝自加封威武大師鎮國公朱壽 任江彬為威武副將軍,出居庸關,赴河北宣化. 王守仁(王陽明)平定江西盜賊 李時珍(1518-1593)編纂『本草綱目』包含 1,892 種藥物,綱目分明易辨. 葡人在南頭與屯門造屋築棚,剽劫商族掠人口等不法行為,經 1521 及 1522 兩次逐出,俘獲,砲統二十餘管,此為中國與歐國家初次戰爭.
		14	己卯	1519	寧王朱宸濠謀反,朱厚照收回寧王護衛,歸還所奪民田,寧王謀反失敗被俘., 王守仁(即王陽明)平定寧王朱宸濠叛逆有功,封為伯爵.. 葡萄牙人麥哲倫第一次環球航行歷時四年(1519-1522). 西班牙佔領墨西哥
		15	庚辰	1520	武宗朱厚照在淫樂豹房中崩殂. 漁於積水池遂有疾受江西俘 武宗誅宸濠.

朝代	帝　王	國號	干支	西元	紀　要
		16	辛巳	1521	朱厚照在位 16 年崩,葬康祾,無子迎立憲宗仔興獻王朱祐杬之子朱厚熜(1507~1566)即位厚熜與武宗厚照同輩,是為世宗,年號嘉靖在位 45 年壽 60· 三月楊廷和擁立世宗,並總理朝政定母蔣妃為興獻皇后,朱祐杬為興獻皇帝 革錦衣衛,仮監,局,寺,廠,司,庫旗校軍士匠役投充新役者,凡十四萬八千餘人 葡人麥哲倫率船隊橫渡太平洋發現菲律賓羣島,與土人作戰時陣亡.
明	世宗 朱厚熜	嘉靖 1	壬午	1522	明嘉靖元年憲宗孫興獻王祐抚之子在位 45 年 1521-1566 清寧宮火災之肇,從議稱伯父朱祐樘為父,伯母太后為母,去生父母「皇」字. 楊廷和乃上朱厚熜生父朱祐杬尊號為「興獻帝」生母蔣氏為「興國太后」 明在 1522-1620 年間對海域仍以〔海禁〕的方式處理,致使海盜坐大. 周嘉胄江蘇州人,研究裝潢工藝,1522-1620 年間著「裝潢志」昭顯傢俱特色 9.6.麥哲倫完成人類歷史首次環繞環球世界成功(西元 1519-1522) 葡人航至福建浙江在泉州福州寧波經商·
		2	癸未	1523	朱厚熜信奉道教,於乾清宮中建齋醮(設壇祈福).　廢市舶司,絕貿易. 彭澤任兵部尚書 日本貴使宗設,瑞佐在寧波爭貢. 明軍於廣東新會擊敗葡萄牙入侵,俘獲『佛郎機火炮』藉以改良鑄炮技術 遣內織染局官提督織造於蘇杭等五府. 唐寅死.
		3	甲申	1524	世宗追尊孝宗為「皇伯考」、興獻王為「本生皇考」、王妃為「本生王母」嗣下令去「本生」二字.更定大禮,稱孝宗為伯皇考、皇太后為皇伯母、興獻王為皇考、王妃為母,大禮爭議因而結束.　戍諫爭者於邊 以張璁桂萼為翰林學士方獻夫為侍講學士　大同兵變,巡撫張文錦遘害 三月楊慎父楊廷和以議大禮罷相歸,七月楊慎、豐熙二百人伏左門力諫,繫獄 190 人,楊慎遭廷杖,謫戍雲南永昌衛.
		4	乙酉	1525	作世廟　頒大禮集議於天下　免除順天、鳳陽等災區稅糧. 田州指揮岑猛叛詔都御史姚鎮討誅之 張居正(1525-1582)湖北江陵人,扶君佐政奉『帝鑑圖說』輔佐幼主改革功高
		5	丙戌	1526	定有司久任法　清復入閣　以龍虎山邵元節為真人
		6	丁亥	1527	廣西田州(田陽)民盧蘇王受起兵,明命兵部尚書王守仁討伐平定. 李贄(1527-1602)思想「異端」反封建,倡男女平等,1602 年死於獄中. 長沙吉王朱見浚去世,其孫朱厚繼王位,為吉定王.　安南莫氏篡位
		7	戊子	1528	頒明倫大典於天下 起王瓊為兵部尚書總制三邊 大學士謝遷罷 削前相楊廷和等籍 王守仁平斷藤峽猺. 抵廣西田州,盧蘇王受降授巡府 戚繼光(1528-1587)字元敬,山東蓬萊人,武將世家,平倭名將,1568 年以都督同知總理薊門,昌平,保定三鎮 16 年.並主持興建山海關以內北方明長城
		8	己丑	1529	王守仁(王陽明)卒　令除外戚世封　命桂萼入閣 張瑰桂萼罷,召瑰還.　楊一清罷
		9	庚寅	1530	更定孔廟祀典,尊孔子曰「至聖先師」　楊一清卒 在北京正陽,安定,朝陽,阜城四門之外,建圜丘,方澤,日壇,月壇,稱『四郊壇』
		10	辛卯	1531	更定廟祀遷祧德祖　以夏言為禮部尚書　桂萼罷　李時入閣 張孚敬入閣 罷鎮守浙江、兩廣、湖廣多處太監 “昆山腔”為聲曲,劇種,簡稱昆腔,昆曲,昆劇.1531-1541 成委婉細膩”水磨調”
		11	任辰	1532	復常遇春李文忠鄧愈湯和世爵 命方獻夫入閣　張孚敬罷　免川湖廣災糧
		12	癸巳	1533	釋奠於先師 召張孚敬復入閣 韃靼侵邊,大同總制劉源清駐陽和(山西陽高)命有同總兵李瑾禦之,兵變李瑾.劉源清大怒,遣兵殺掠,據大同,攻城不能下.
		13	甲午	1534	方獻夫罷 世宗逮劉源清下獄削籍,遣戶部侍郎張瓚代之,邊兵斬黃鎮出降..

朝代	帝　王	國號	干支	西 元	紀　要
明	世宗 朱厚熜	14	乙未	1535	遼東軍亂囚巡撫呂經　詔九卿釋會推巡撫官.張孚敬罷　鄢陵出現種植玉米 葡萄牙人買通明指揮黃慶,將市舶司移至今澳門.取得澳門貿易特權.
		15	丙申	1536	嚴嵩擢為禮部尚書兼翰林院學士,大索貨賄,御史桑喬劾之,嚴嵩懼,益貌為恭謹以媚.　嚴禁中佛殿　命夏言入閣　劉和為兵部侍郎總制三邊. 整飭茶馬法：以茶易馬,弊端叢生,朱厚熜下令整飭,貯茶不得超過二年,限額定馬,多開茶商行銷內地,榷半以備軍餉. 「神禦閣」建成改名「皇史宬」.每朝一櫃, 葡萄牙人認真經營澳門(當時屬廣東香山縣,名濠鏡).
		16	丁酉	1537	命右御史毛伯溫討越南
		17	戊戌	1538	尊獻皇帝號曰睿宗祔於太廟 命太監分往鎮守雲南、兩廣、四川等處.
		18	已亥	1539	起翟鑾為兵部尚書行邊　張孚敬卒 韃靼侵擾遼東、宣府、榆林 「嶽麓書院」中國四大書院之一,位於湖南長沙嶽麓山,976 年始建,1539 年長沙知府季本大力整修.成為"理學"和"心學"學派相爭之地.,名聲大噪.
		19	庚子	1540	授方士陶仲文為忠孝秉一真人,掌全國道教,加少保,禮部尚書,少傅殺太僕楊最　劉天和敗濟農於黃水苑斬其子小十王　台灣有跨族群大肚王國
		20	辛丑	1541	俺答汗犯邊,屠殺邊民 20 萬人,焚民房 8 萬多間,毀田十萬頃殺明將張世忠 置安南都統使司　夏言罷旋復入閣 楊爵上疏違帝意下獄長囚　郭勛下獄
		21	壬寅	1542	嚴嵩擢升為武英殿大學士,入直文淵閣,貪橫日甚.楊繼盛上奏嚴嵩十罪五奸,反招殺身之禍.夏言沮之,嚴嵩恨譖於朱厚熜,下詔免夏言官,嚴嵩方入閣參預機務 壬寅宮變亂,寧賓王氏,端妃曹氏主由楊金英等宮女用繩勒謀害明世宗,宮女張金蓮急報皇后解危,太醫許紳藥救,16 名宮女全部處死,史稱「壬寅宮變」 西班牙佔菲律賓宣佈為其領土(1542-1898)
		22	癸卯	1543	嚴嵩為武英殿大學士.嚴嵩入閣,周怡劾之,逮周怡下獄　又誣葉經謗帝杖死 達賴三世影響遍布全國.　韃靼達延汗卒,所部分裂為四　天體運動論問世 安南阮淦擁立黎寧為帝,重建大越國
		23	甲辰	1544	嚴嵩(1480-1567)字惟中,江西分市人,1542 任武英大學士,入閣參預機務,兼禮部尚書,竊權奪利,1544 年升任首輔,被稱「青詞宰相」政治紊亂. 加方士陶仲文少師　諸達入寇　韃靼小王小犯萬全,毀邊牆至完縣. 葡萄牙商船航經台灣附近海域,稱台灣島為 Formosa(美麗之島),此即台灣「福爾摩沙」的由來.　Lopo Homen 所繪地圖中台灣已被稱為 I.Fremosa
		24	乙巳	1545	夏言復入閣任華蓋殿大學士加少師.　建州女真犯遼東松子嶺 楊繼盛訴嚴嵩十大罪,繫獄三載.夏言發嚴嵩納賄事,嚴偕其子嚴世蕃長跪榻前泣謝,夏言遂不發,然嚴嵩心益恚恨.1567 年由穆宗立贈太常少卿謚「忠愍」
		25	丙午	1546	明廢市舶司(1523-1546) 日本貨物來華,多遭勒索,命朱紈擊之,與之通者處死,而官皆與之通,大譁,上訟,朱紈被捕自殺,倭寇勢益熾. 四川白草都亂,遣何卿充總兵官討平之　曾銑總督三邊軍務
		26	丁未	1547	諸達入貢拒之 莫斯科公國 1840 年大公伊凡四世伊凡稱沙皇,改國號為「俄羅斯」
		27	戊申	1548	曾銑、夏言先後被殺. 俺答犯大同
		28	己酉	1549	諸達寇宣府大同總兵官周尚文擊敗之 朵顏三衛犯遼東 倭寇浙東浙江巡撫朱紈因抗倭反遭誣陷革職,倭寇之患日烈.

朝代	帝王	國號	干支	西元	紀要
		29	庚戌	1550	「**庚戌之變**」韃靼俺答汗入侵,明總兵仇鸞不敢擊敵,任俺答攻城掠財,明重金求和,始從容出基嚴嵩當權誤國. 刑部郎中徐學詩劾嚴嵩,遭削籍. 顧憲成(1550-1612)字叔時,無錫人,東林書院講學,隱然自居稱「東林黨」 湯顯祖(1550-1616)字義仍,今江西臨川人,著名戲曲家,著有紫釵記,牡丹亭,南柯記,鄞鄲記,合稱「臨川四夢」又名「玉茗當四夢」.感傷悲劇情調. 義大利人利瑪竇(1550-1610)字西泰,1577 年航海東行,1582 年到澳門學習中文 1583 年傳教,,研究中國政治宗風俗,傳播西方自然科學,「西學東漸」.
					湯顯祖(1550.9.24.-1616.7.29.)戲劇作曲家,文學家,著有【牡丹亭】【論輔臣科臣疏】有中國莎士比亞之稱.
		30	辛亥	1551	錦衣衛經歷沈鍊疏嚴嵩,朱厚熜認詆大臣,反遭杖打,竄保安(陝西志丹) 大同宣府開馬市
		31	壬子	1552	築京師外城　置內府營　徐階入閣　王忬巡浙江備倭　仇鸞死詔戮其屍 倭寇汪直侵犯江浙沿海,史稱壬子之變 耶蘇會東方布教長方濟各前往中國,至廣東上川島而死. 耶蘇會成立,教皇議訂凡至中國傳教教者須通華語,輸入科學知識,利瑪竇謂上帝為天,許教徒祭祀祖先,禮敬孔子,信徒漸多.
		32	癸丑	1553	楊繼盛疏劾嚴嵩,遭下錦衣衛獄,杖一百,肉三觔,斷筋二條,囚於籠中,定紋刑. 拓城盜師尚詔作亂官軍討平之　韃靼入寇,郭都戰死,楊博固守,終不得入. 倭寇結寨於普陀山(浙江舟山),俞大猷擊,之汪直眾潰,流竄各地. 葡萄取得在壕鏡(今澳門)停船權.
		33	甲寅	1554	世宗朱厚熜命趙文華赴浙江祭祀東海海神,兼督軍務,趙文華陵侮將吏索賄 朔杖六科給事中于廷　命張經經略軍務討倭　葡萄牙人租澳門通商 羅伯歐蒙繪製的世界地圖中,首次繪出「福爾摩沙島」
		34	乙卯	1555	張經大敗倭寇有功,反被嚴嵩等陷害入獄致死. 董其昌(1555-1636)字玄宰,今上海松江人,開創松江畫派,盛極一時. 俄皇伊凡四世開始侵略鮮卑利亞.
		35	丙辰	1556	戚繼光鎮守寧波,紹興,台州,金華,組水軍,譽”戚家軍:3-6 千人,督兵有紀.倭寇犯境,江蘇民楊鈿、楊效等戰;死. 趙文華還京以胡宗憲總督軍務討倭,誘斬「倭寇」徐海,趙文華據為己,功召還北京,加少保.趙文華誣李默謗訕下獄拷死,再加趙文華工部尚書太子太保 1.20.中國歷史上陝西發生空前大地震,死亡 83 萬人之多.
		36	丁巳	1557	趙文華欲直結皇帝,密進藥酒方,嚴嵩大懼且恨,削趙文華職,竄其子於邊荒,胡宗憲誘斬「倭寇」汪直. 沈鍊竄保安(陝西志丹),授生徒為業,日詈嚴嵩,又責楊順屠殺難民,楊順遂誣以謀,反併其二子殺之. 達子辛愛圍大同右衛 葡萄牙人佔領麻六甲海峽後,1542 年航行日本,1557 年租賃澳門通商定居.1887 年始立約允其永遠管理,但不得讓與他國.1999 年回歸中國
		37	戊午	1558	吳時來張沖董傳策上奏章劾嚴嵩,俱下獄,廷杖,竄煙瘴地十年　寇圍甘州 倭寇犯浙江福建
明	世宗 朱厚熜	38	己未	1559	嚴嵩誣王忬邊吏陷城,斬於市　巡都御史李遂平江北倭　辛愛寇瀨河 滿州酋努爾哈赤(清太祖) (1559~1626.8.11.) 出生於明建州左蘇克滸河部赫圖阿拉一個中產階級之家.有 16 個妻、16 子、8 女. 努爾哈赤直系血親：猛爾帖木兒－充善－錫寶齊篇古－福滿－覺昌安－塔克世－努爾哈赤－(子 16)1 褚英、2 代善、3 阿拜、4 湯古代、5 莽古爾泰、6 塔拜、7 阿巴泰、8 皇太極、9 巴布,泰、10 德格類、11 巴布海、12 阿濟格、13 賴慕布、14 多爾袞、15 多鐸(多躲)、16 費揚古, (女)8
		39	庚申	1560	南京兵亂　殺總督糧儲侍郎黃懋官 以鄢懋卿總理鹽政 大同劉漢襲鹽州 遼東大飢　蒙古犯廣寧,大掠.　明薊遼總督兵部右侍郎王忬坐疆事死.

朝代	帝　王	國號	干支	西 元	紀　要
		40	辛酉	1561	戚繼光在台州海寧擊敗倭 袁煒入閣 范欽建『天一閣』 嚴嵩妻歐陽氏卒,子嚴世蕃不護喪歸. 方士藍道行以扶乩見幸,朱厚熜問「今天下何以不治」,對曰「賢不能住,不肖不能退,賢如徐階,不肖如嚴嵩」問「上玄何不殺之」對曰「留待皇帝正法」朱厚熜心動. 明以楊選總督薊遼. 吉澄為都察院右僉都御史巡撫遼東
		41	壬戌	1562	嚴嵩恃寵專權,殘害忠良,賣官鬻爵經鄒廬龍彈劾罷官,子嚴世蕃下獄 1567 年嚴嵩死抄家沒財. 分遣御史求方書 土默特寇東. 王之誥代吉澄巡遼東 建州浩結土蠻犯東州鳳凰,明副總兵黑春戰死. 明襲元朝「匠戶制度」將人戶分民,軍,匠三等,1562 年起,輪班匠一律徵,銀政府以銀雇工.輪班所名存實亡,到清朝正式結束. 倭寇犯境,福建民楊應卿、楊覓等三戰死. 徐光啟(1562-1633)字子先,上海人,跟利瑪竇學天文曆算火器等術,後習兵機屯田鹽策水,利兼通古今中外科學,拜相著農政全書,幾何原本泰西水法等.
		42	癸亥	1563	嚴世蕃竄廣東雷州,旋返故鄉江西分宜,大築館舍,橫暴如初,嚴嵩年老不能制.嚴嵩適逢大計(考核)京官,遂捕至北京下獄自殺. 戚繼光於福建大破倭寇.總督薊遼侍郎楊選以失事罪梟首示邊,由劉燾代之. 李成梁任陰山參將. 朱翊鈞生,後為萬曆帝. 俞大猷擊敗林道乾等海賊與倭寇,駐師澎湖,設澎湖巡檢司,唯離職後廢除.. 辛愛己爾(把都兒)入寇京師戒嚴,姜應熊擊敗之 明將澳門劃給葡萄牙
		43	甲子	1564	戚繼光、俞大猷、劉顯在福建「海豐大捷」大破平海倭寇,倭寇自是始息. 朱厚熜命逮嚴嵩之子嚴世蕃至北京下獄 明以劉應節為都察院右僉都御史
		44	乙丑	1565	戚繼光大敗吳平於詔安 葡萄牙人請求入貢 與西班牙通商 刑部都察院大理寺上疏謂嚴世蕃潛結日本及韃靼謀反,朱厚熜大怒,斬嚴世嵩,削籍,沒家產,嚴嵩寄食故舊以死. 張西銘為都察院右僉都御史巡撫遼東
		45	丙寅	1566	明世宗朱厚熜帝求長生不老術,普天挑選 8-13 童女四次進京,由方士陶仲文煉製「先天丹」藥丸服食長生,然服藥丸後,毒性發作暴亡在位 45 年,葬永慶. 子朱載垕(1527~1572)嗣位,是為穆宗改明年為隆慶元年 **【海瑞上疏】**戶部主事海瑞(1514-1587)上疏:「陛下即位初年,敬心箴一,冠履分辨,天下欣然望治.未久而妄念牽之,謂遐可得,一意修真,竭民脂膏,濫興土本,二十餘年,不視朝,法紀弛矣!數年推廣捐納事例,名器濫矣….陛下之誤多矣,其大端在於齋醮,齋醮所以求長生也,自古聖賢垂訓,修身立命,曰順受其正矣,未聞有所謂長生之說….陛下誠知齋醮無益,一旦翻然悔悟,日御正朝,與宰相侍從講求天下利害,洗數十年之積誤,使諸亦得洗數十年阿君之恥,天下何憂不治?萬事何憂不理?此在陛下一振作間而巳.釋此不為,而切切於輕舉度世,敝精勞神,以求之於繫風捕影,茫然不可知之域,臣見勞苦終身而無成也.」明世宗得疏大怒原想處死,聞巳備棺訣妻乃下獄論死,世宗 12 月崩逝,海瑞獲釋,升大理寺丞. 郭璞高拱入閣 辛愛犯萬全右衛馬芳擊敗
明	穆宗 朱載垕	隆慶 1	丁卯	1567	朱載垕逮捕道士,停止齋醮,革弊政,申明法紀,公正嚴明,鞏固邊防切中時弊,在位 6 年(1566~1572)終年 46 歲. 1567-1622 班禪博克多,尊號「班禪」為喇嘛主名號,地位次於達賴. 張居正為吏部左侍郎兼東閣大學士,預機務. 陳以勤入閣 高拱郭璞罷 明廷籲遼東巡按御史李叔和言,遼東總兵官在遼河冰合後移鎮遼陽. 招撫山東河南流民 王崇古總督三邊 發明種痘術,

朝代	帝 王	國號	干支	西 元	紀 要
明	穆宗 朱載垕	隆慶 2	戊辰	**1568**	立子朱翊鈞為皇太子 繼戚光為總理練兵都督同知鎮守薊門鎮守薊門 險山參將李成梁為遼陽總兵 譚綸為薊遼總督 徐階罷 馬芳襲辛愛於長水海子,又敗之於鞍予山 朱憲節在湖北江陵横暴,穆宗將其宅賜張居正 魏忠賢(1568.1628.12.11.)河北滄州人,自閹入宮為宦官,但未淨全身仍留一睪丸.結識朱由校奶媽客氏,極盡諂媚,甚得歡心,明熹宗朱由校即位,權傾一時,被賜「顧命元臣」.操弄權政,陷害林林黨群賢,崇禎帝朱由檢登基,錢嘉徵奏章彈劾,自知罪證請辭,上吊自殺.
		3	己巳	**1569**	以海瑞為僉都御史巡撫應天諸府 命廠衛刺部院事 倭寇曾一本被俘死 高拱復入閣兼掌吏部 方逢時為都察院右僉都御史巡撫遼東
		4	庚午	**1570**	罷京營總督分設三大將領之 宣大告警飭備邊 以李咸梁為遼東總兵官 劉應節總督遼 御史巡撫遼東 都察院右僉都御史方逢時調職,李秋代之,復以毛鋼代李秋為都察院右僉都 巴漢那吉內附(諸達孫) 俺答汗孫漢那吉英因未婚妻子遭奪,憤而向明投降
		5	辛未	**1571**	明封俺荅汗為順義王,每年進貢,不撓邊民,北方邊患緩和. 張學顏為都察院右僉都御史巡撫遼東 土蠻犯遼東,總兵官李成梁破之. 發兵討建州,斬汪柱等人 明薊、昌長城、敵臺工成. 詔雲南採辦珠寶 西班牙在菲列濱建馬尼刺城為貿易根據地 葡人佔領呂宋
		6	壬申	**1572**	明穆宗朱載垕卒,子朱翊鈞(1562~1620)嗣位,年方十歲.是為神宗.宦宮馮保用事,矯傳遺詔「大學士與司禮太監同受顧命」.廷臣大駭.高拱謀逐之,張居正泄之於馮保,馮保遂傳朱翊鈞生母李貴妃旨,免高拱官,即日回籍,於是張居正得專政. 張居正進帝鑒圖說 詔祀建文朝節諸臣於鄉有苗裔者錄 王臺千騎入州王杲寨. 遼東巡撫張學顏奏,建州王杲犯撫順,肆劫掠. 張居正(1525-1582)字叔大,今湖北江陵人,扶君整頓吏治邊防經濟輔政改革. 楊漣(1572-1625)東林黨人,以敢言著稱.因奏魏忠賢 24 罪狀疏,被錦衣衛詔獄,被閹黨陷害致死
明	神宗 朱翊鈞	萬曆 1	癸酉	**1573**	明神宗朱翊鈞,穆宗之子,慈聖皇太后臨朝,通達事理,重用張居正為相,勤政節儉,張居正死後,生活腐化,淫逸縱樂.20 年不議政事,在位 47 年,終年 58 歲. 男子王大臣持刀入宮下獄處,斬馮保欲藉以陷高拱,不果.. 方逢時任總督宣大軍務 四川都掌蠻平 朶顏長禿犯塞,戚繼光擊敗之 土蠻犯遼東,明軍死傷慘重. 鑄永樂大鐘(1573-1620),先置城內漢經廠,後移西郊萬壽寺,又移覺生寺. 葡萄牙人至中國者日多,中國政府租借澳門與之居住.
		2	甲戌	**1574**	王杲以明絕市,部眾坐困,遂大舉犯遼、瀋.明李成梁毀其巢穴,斬首一千餘級.後王杲走哈達,投王臺. 楊兆總督薊遼 詔內外官行久任法 淮陽河海並溢 馮夢龍(1574-1646)字猶龍,今江蘇蘇州人,明文學家戲曲家,著「三言」論世明言,警世通言,醒世恒言三部小說.刻畫人物世態之岐欽異拔新惆心戒目. 西班牙派代表來中國交涉通商權利. 林鳳自澎湖率船艦攻擊西班牙人占領下之呂(菲律賓) 秦良玉(1574-1648)有膽識,善騎射,著名女將,

朝代	帝　王	國號	干支	西 元	紀　要
明	神宗 朱翊鈞	**3**	乙亥	**1575**	王杲犯邊,為明軍所敗,投奔海西女真哈部王臺,王臺縛王杲以獻「磔於市」明授王臺為龍虎將軍.　築建遼東六邊堡 張居正為首輔,朝政一時清明,吏治也見整飭,然而 1582 年張居正死後,政風隨之改觀. 命日講官記注起居　徙遼東六堡　命張四維入閣 左光斗(1575-1625)安徽人,史可法的老師,明熹宗時,魏忠賢亂政,楊漣奏章揭發魏忠賢 24 罪狀,左光斗等 70 餘人大力支持,加奏彈劾魏忠賢斬罪,魏忠賢反誣楊漣左光斗等被捕下獄,遭酷刑迫害致死,身殉社稷.
		4	丙子	**1576**	開草灣河以利漕運 命司禮太監馮保同法司錄囚 詔戶部明年漕糧折收十之三 明於寬奠設倉、建學,並於永奠北互市,准市米、布、豬、鹽等物資交流.
		5	丁丑	**1577**	張居正父逝世,依禮教須辭官回家守喪三年,明神宗朱翊鈞准繼續供職.,輿論紛紛[批評. 吳中行趙用賢艾穆沈思孝交章劾其忘親貪位,俱廷丈竄邊. 梁夢龍總督薊遼,又以周詠為都察院右僉都御史巡撫遼東. 廣東羅旁叛猺平 譚綸卒
		6	戊寅	**1578**	明下令清丈全國土地與戶口調查. 總兵官李成梁擊土蠻有功,封為寧遠伯 張居正返湖北江陵葬父,尋還北京.　潘季馴總理河漕　高拱卒復其官 潘季馴(1521-1595)今浙江湖州人,河漕總督,著「黃河一覽」上疏(兩河經略疏)治理黃、淮兩河,一歲之間,兩河歸正,沙刷水深,海口大辟,四廬盡復,流移功業.此後數年,黃河無大患,漕運暢通. 【達賴喇嘛】稱號之始 李時珍(1518-1593)今湖北蘄春人,出生醫學世家,編「本草綱目」 劉宗周(1578-1645)浙江紹興人,哲學家,文學家,提倡「誠意」「慎獨」
		7	己卯	**1579**	潘季馴完成黃河淮河治理 張居正禁毀天下書院 禁講學 減均傜加派
		8	庚辰	**1580**	汰亢官　度民田畝　張居正乞罷慰留之.　俞大猷卒 迤東都督兀堂寇邊,李成梁擊敗之,額亦都始從之. 意大利傳教士利瑪竇至澳門 1583 年進入肇慶(廣東肇慶)1599 年到北京. 西班牙耶穌會教士往澳門,歸途遇颱風避抵台灣. 凌濛初(1580-1644)字玄房,今浙江湖州市人,小說家,著「二拍」歌頌愛情.
		9	辛巳	**1581**	張居正推行一條鞭法.請盡廢天下傜役,及諸司冒濫冗費.豪猾以是怨之. 明神宗朱翊鈞手詔褒張居正「精忠大勳,言則不盡,官不能酬」加柱國大師.張居正固辭. 土默特犯遼陽 副總兵曹簠敗績 吳兌總督薊遼 明以「燒荒一事,邊防要務」命薊、遼二鎮,派哨遠出燒荒. 蘇俄軍越過烏拉爾山,進入西伯利亞.
		10	壬午	**1582**	敍功晉張居正為太師,旋逝.張誠素為張居正及馮保所惡,斥外數年,至是返宮,譖謅張馮勾結,竇踰宮禁,朱翊鈞貶馮保於南京籍沒其家金銀寶鉅萬. 李成梁出塞破阿臺部.　命寧遠伯李梁世襲錦衣衛指揮使. 明以周詠總督薊遼,又以李松為遼東巡撫. 義大利人利瑪竇至澳門,1583 到肇慶,1601 年到北京.介紹算學、宇宙學、天文學、物理、製造、地理、設醫院等,將知識轉變為中國人的觀念.1610 年利瑪竇逝世,明神宗朱翊鈞萬曆欽賜葬地.

朝代	帝　王	國號	干支	西 元	紀　要
明	神宗 朱翊鈞	11	癸未	1583	追奪張居正官階　徐階卒 1 月明李成梁攻古勒寨時,努爾哈赤的祖父覺昌安和父親塔克世被誤殺. 5 月滿州酋努兒哈赤借報祖、父之仇為名,攻尼堪外蘭陷圖倫城復陷嘉班城,尼甚外蘭預知消息,携妻子逃遁至甲版入邊 努爾哈赤統一建州女真　明以兵部尚書張佳胤總督薊遼. 李松李成梁設「市圈計」伏兵中固城,誘斬葉赫貝勒清佳努、揚佳努千級 中國始創天主名稱,意大利羅明堅等創立第一個傳教院,利瑪竇在中國傳教. 「西遊記」作者吳承恩逝世,享壽 84 歲.當時施耐庵的水滸傳、羅貫中的三國演義、和吳承恩的西遊記,同為中國歷久不衰有名的小說文學作品.
		12	甲申	1584	以胡獻章胡居仁王守仁從祀孔廟　釋建文諸臣外親之謫戍者 羊可立劾張居正 1568 年陷害朱憲節 朱妻亦訟冤曰「遼王府金寶萬計,悉入張居正,」朱翊鈞乃張誠往江陵籍沒張居正家,尚未至,江陵縣令先期錮其門,子女避空室中,己餓死十餘人.長子張敬修不拷掠,自縊死.帝下詔,宣示張居正罪於天下,謂「當剖棺剹屍,姑免之」子侄悉竄煙瘴地. 袁崇煥(1584-1630)字元素,廣東東莞人,歷官遼東巡府,遏止金兵,1630 年明思宗中了皇太極反間計,自毀長城,將袁崇煥屈殺身亡..
		13	乙酉	1585	李成梁擊巴土兒綽哈大破之　以尚少卿領墾田督治京畿水田
		14	丙戌	1586	冊鄭氏為皇貴妃　松茂番平　明以真為參將,分守復州地方 以尼堪外蘭付予滿酋努兒哈赤殺之開撫順清河私口通互市. 1586.4 月西班牙制定征服中國的十一條條款
		15	丁亥	1587	蒙古「三娘子」受封忠順夫人,與明修好,促進蒙漢文化交流,終止戰爭. 努爾哈赤始定國政,立法制.在費阿拉「自中稱王」 詔撦力克襲封順義王 明以張國彥總督薊遼.　南京右都御史海瑞卒 遼東巡撫撫顧養謙奏言「努爾哈赤日驕」江南水江北山西陜西河南山東旱 利馬竇入南京 宋應星(1587-1661)字長庚,江奉新人，重生產技術,蒐集科技資料,名著有天工開物、卮言十種、畫音歸正、美利箋、觀象、樂律、野議、論氣、談天、思憐詩. 徐霞客(1587.1.15.-1641.3.8.)江蘇江陰人,地理學家,旅行家,遨遊天下,後人將所見所聞整理成利成【徐霞客遊記】
		16	戊子	1588	戚繼光卒享年 60 歲　起前尚書潘季馴為右都御史總督河道 遼東巡撫撫顧養謙奏言「努爾哈赤者,建州黠酋也,驍騎巳盈千」 努兒哈赤克定頻等部統一建州 徐霞客(1588-？)客遊天下,後人整理成「**徐霞客遊記**」歷史地理政治經濟 英國大破西班牙無敵艦隊.
		17	己丑	1589	朱翊開始不視朝凡 26 年,與群臣不見一面,至 1615 年「梃擊案」起始出一朝,而又入宮不出,至其死 31 年間(1589-1620)君臣僅一次對晤 免陞授官面謝自是視朝遂簡　明以郝傑為都察院右僉都御史巡撫遼東. 努兒哈赤收鴨綠江部,統一建州本部,他仍表示「忠於大明,心若金石」並斬木札河部頭人克五十以獻.明廷晉升他為都督僉事. 努爾哈赤分其兵為環刀軍、鐵鍾軍、川赤軍、和能射軍.
		18	庚寅	1590	大理評事雒於仁上酒色財氣四箴斥為民 清海酋火洛赤犯邊 命兵部尚書鄭雒經略邊防 努爾哈赤首次晉「進貢」受明廷宴賞.
		19	辛卯	1591	王錫爵罷　申時行許國罷 明命成遜速赴遼東任總督事 遼東總兵官李成梁罷,以楊紹勛代之. 努爾哈赤佔領長白山鴨綠江一帶

朝代	帝 王	國號	干支	西元	紀 要
明	神宗 朱翊鈞	**20**	壬辰	**1592**	1592~1598 年日本軍伐豐臣秀吉率大軍渡海入侵朝鮮，1598 年豐臣秀吉死時,日軍才撤退回國,前後七年中日戰爭,才告結束.明朝在這次戰役中,大喪國家元氣,直接影響以後四個世紀的中國歷史． 以李如松充海防倭總兵官救朝鮮 郝傑總督薊遼 10.25.努爾哈赤第八子皇太極誕生,為日後清太宗,哱拜據寧夏反 寧夏亂平 日本海盜侵擾台灣雞籠(基隆)、滬尾(淡水)等地 程大位寫〔**直指算法統宗**〕
		21	癸巳	**1593**	明李如松遣兵援朝鮮,攻日本於平壤、開城,克之後議和 召王錫爵復入閣 明以顧養謙總督薊遼,復命兼理朝鮮戎事 以尤繼先為遼東總兵官. 努兒哈赤敗扈倫長台山蒙古等九部聯軍,逐滅長白山部.第二次到京進貢 菲律賓呂宋西班牙人因利益衝突時常凌虐華人,華人憤而刺殺菲律賓總統,1603 年兵刃更為激烈,1639 至 1686 年三次仇殺,中國未盡保護僑民之責 日本豐臣秀吉派家臣原田孫七郎到台灣高砂國催促納貢未成. 洪承疇(1593.10.16.-1665.4.3.)明朝重臣,功勞最大,惟惜晚節不保降清,清高宗認為「洪承疇身為明朝重臣,大節有虧,列為貳臣.」 明朝人民起義抗暴重大人物：

年代	領導人	起兵地	年代	領導人	起兵地
1509	藍廷瑞	保寧(四川閬中)	**1553**	師尚詔	歸德(河南商丘)
1510	劉 六	文安(河北文安)	**1560**	張 璉	廣東饒平
	朱真鐇	寧夏(寧夏銀川)	**1572**	藍一清	廣東潮州
1519	朱宸濠	江西南昌	**1589**	劉汝國	安徽太湖
1526	岑 猛	田州(廣西田陽)	**1592**	哱 拜	寧夏銀川
1533	黃 鎮	山西大同	**1593**	楊應龍	播州(貴州遵義)
1543	楊金英	北京	**1636**	高迎祥	米脂縣

朝代	帝 王	國號	干支	西元	紀 要
		22	甲午	**1594**	皇長子朱常洛出閣講學 吏部郎中顧憲成削籍 命陳於陛沈一貫入閣 王錫爵罷 綽始犯鑿東總兵官董一元敗之 明任李宗城為正使,楊方亨為副使,赴日本封豐臣秀吉為日本王,給金印,委其大將長行為督僉事 孫鑛代顧養謙為薊遼經略 明以李化龍為都察院右僉都御史巡撫遼東.董一元為遼東總兵官.
		23	乙未	**1595**	復建文年號 青海酋永邵卜犯甘肅,參將達雲擊敗之 淮水溢浸泗州祖陵 努爾哈赤「保寨有功」晉封為龍虎將軍,視王臺時.表示忠順明廷,多次進貢 明遣使封豐臣秀吉為日本國王 黃河原分二道入海,經整治合一由南道經淮安東北入海.
		24	丙申	**1596**	中國派遣使節團往日本,參加豐臣秀吉冊封典禮. 李時珍編〔本草綱目〕 始派礦監稅使. 陳於陛卒 明革遼東總兵官董一元職,以王保代之. 播州楊應龍舉兵反明先川貴爭播州,楊應龍願赴蜀不赴黔,幾經齟齬,至是反 努爾哈赤推行「屯田制」明游擊胡大受遣余希元至建州,努爾哈赤以禮迎之

朝代	帝　王	國號	干支	西元	紀　要
		25	丁酉	1597	明與日本和議不成日本復攻朝鮮明出兵援救 以楊鎬為僉都御史經略朝鮮軍務 播州宣慰使楊應龍叛 以黎維潭為安南都統使 兵部侍郎邢玠為尚書,總督薊遼軍務 張思忠為都察院僉都御史巡遼東 楊鎬為經略,邢玠為總督,麻貴為總兵 努爾哈赤第三次到北京「進貢」 明增設澎湖游兵;1 總 4 哨,戢船 2 艘,目兵 800,春秋汛守.
		26	戊戌	1598	日本豐成秀吉在木阪逝世 土默特犯遼東 總兵官李如松出塞遇伏死,命其弟李如梅繼之. 李植為都察院右僉都御史巡撫遼東. 楊鎬在朝鮮棄帥,命回籍聽勘 明召回朝鮮兵,朝鮮事平.中日戰爭結束. 趙士禎仿魯迷鳥銃改良,裝備軍隊,廣泛使用. 倭遁去官軍分道追擊敗之朝鮮平 官軍襲浩爾齊於松山走之復其地 努爾哈赤.第四次進京朝貢,受泰寧侯陳良弼接待.
		27	已亥	1599	臨清民變, 武昌,漢陽民變. 遣中官覆天下積儲 武昌漢陽人民擊傷稅陳奉 以李化龍總督川湖貴州軍務征楊應龍 明稅監高准去開原,以尅剝激變. 努兒哈赤始開金銀礦及鐵冶. 取哈達 努兒哈赤致朝鮮文書中自稱「建州等處地方國王」 努爾哈赤創「滿文」滿族語言的一種符號是我國滿族發展史上一件大事, 滿語,屬阿爾泰語系.它主要分為三個語族： 一.阿爾泰語系突厥語族,包括:蒙古語、達幹爾語、布里亞特語、裕固語. 二.阿爾泰語滿語族：包括滿語、鄂溫克語、鄂倫春語、錫伯語、赫哲語等 三.滿族的先女真人,講的就是阿爾泰語系滿族語的語言.
		28	庚子	1600	六月官軍分八路計 24 萬,李化龍率師平播州,政克海國,楊應龍自焚死. 下給事中王德完於獄 兩畿盜起 耶穌會利瑪竇至京師. 明以趙楫為都察院右僉都御史巡撫遼東 煙草傳入我國 英國在印度設立〔東印度公司〕壟斷好望角以東各國的貿易權·.
		29	辛丑	1601	立王長子朱常洛為太子,封諸皇子朱常洵等為王,結束 16 年之久「國本之爭」 立子常洛為皇太子 武昌再次民變. 罷山西巡撫魏允貞 復似李成梁鎮遼東 努爾哈赤始建四旗制度,1 牛錄為 300 人,5 牛錄為一甲喇,5 甲喇為固山,每一固山有特定顏色旗幟,共 4 個固山,分紅,黃,藍,白四色旗幟.1615 年滿州擴軍為「八旗」前四旗前加「正」字,後四旗冠鑲黃,鑲白,鑲紅,鑲藍 4 個固山,共 8 個固山,稱「八旗制度」善戰剽悍.1756 定「八旗甲冑」大閱兵典禮服 明以萬世德總督薊遼　李成梁復任為遼東總兵官　復開馬、木二市. 利瑪竇獻自鳴鐘(坤輿萬國傳教圖)獲准在北京設立教堂 努爾哈赤第五次到北京「朝貢」　荷蘭人抵澳門, 史可法(1601.2.4.-1645.5.20.)李自成陷北京,崇禎帝自殺身亡,吳三桂引清兵入關,史可法採「聯虜平寇」然而清軍圍城,內無糧草,外無援軍,朝廷置若罔聞,自刎未遂被擄,多爾袞勸降不成,終於就義.

朝代	帝　王	國號	干支	西元	紀　要
明	神宗 朱翊鈞	萬曆 30	壬寅	1602	帝不豫召大學士沈一貫具詔除弊政及病瘳寢前詔 何爾鍵巡按遼東,後上「按遼御璫疏稿」30 疏 明總督薊遼右都御史萬世德死,以蹇達代之. 明巡撫遼東右都御史趙樹,以稅監高淮請開寧夏馬市、義州木市疏奏 陳第隨福建都司沈有容到澎湖剿寇 荷蘭 1602 年成立「東印度公司」派韋麻郎(W.V.Waerwi,j k)率領船隊航向中國,來華貿易. 利瑪竇在北京設立教堂. 明沈有容偵討倭寇侵東藩(泛指台灣)悉遭殲滅.福建連江人陳第著「閩海贈言」內記載甚詳.1617 年又來犯,在東蕃竹荽港(即竹塹) 被追剿 成立「聯合東印度公司」 李贄被害,著有『焚書』
		31	癸卯	1603	詔戶兵二部覈軍實 黜楚中尉華越為庶人 楚王朱華奎與族人朱華越互控「妖書」事起「續憂危宏議」出現,謂太子朱常洛將廢,拷使誣服,事始解 明遼東大福堡火,焚毀房舍軍器無算 明諸臣交章劾遼東稅監高淮罪五款 努爾哈赤自稱「建州等處地方國王」遷至赫圖阿拉(滿語興京,明稱,蠻子城) 菲律賓華僑二萬餘人,因商業糾紛,被西班牙人屠殺. 陳第作「東番記」
		32	甲辰	1604	明神宗朱翊鈞開濬河成 礫噉生光於市,但「妖書」實非其所作. 何震(？-1604)字主臣,今江西人,**篆刻家,治銅印**,玉印,小篆,繆篆,刀筆渾樸. 7.12.荷蘭人韋麻郎率船登陸澎湖,半商半軍,在娘馬宮(馬公)開洋貨攤. 8 月荷蘭人第一次襲據福建、澎湖,透過李錦等人,希望能與明朝官方通商.. 10.25.明朝派浯都司沈有容諭退韋麻郎,有石碑記錄,現存於天后宮. 11.18.明福建總兵施政派都司沈有容領兵到澎湖,嚴令禁止荷蘭與中國通商,並令韋麻郎立即撤離, 12.15.荷人被迫從澎湖撤走.馬公天后宮有『沈有容退紅毛番韋麻郎碑』 無錫建『東林書院』顧憲成、高攀龍等在此講學,品評人物,參與政治時謂之『東林黨』 日本德家川康時代建立日幕府實施『朱印船制度』,凡持有蓋有豐臣秀吉朱紅印章特許證的日本船隻,得從事海外貿易特權的船隻,稱「朱印船」,至1635 年廢止.貿易地區以台灣、澳門、東印度群島、馬來西亞等地為主. 法國在印度設東印度公司. 尚可喜(1604.8.25.-1676.12.4.)沈世奎意圖謀害尚可喜,事洩,尚遣使見多爾袞,皇太極大呼「天助我也」賜名「天助兵」軍鎮廣東,薨逝於廣州..
		33	乙巳	1605	皇長孫由校生 左都御史溫純罷 罷開礦以稅務歸有司但仍留中使 明遼陽副總兵應琪阻議棄寬甸等六堡無效,憤疾而死 努爾哈赤改進人參生產技術「以浸潤法為曬法」設風爐造箭鏃,炒鐵開金銀礦,大規模採礦冶煉,促進工業發達.
		34	丙午	1606	李自成(1606-)陝西延安米脂縣,1630 年跟隨高迎祥起義,號為闖將,1636 年高迎祥被俘死,李自成被推為「闖王」. 張獻忠(1606.9.18.-1647.1.2.)陝西定邊人,原與李自成合夥作亂,兩人意見分岐又分開.一時聲浩大,自稱元王,既稱大西皇帝,改元大順.清兵南下,張獻忠於鳳凰山多寶寺太陽河畔被殺身亡. 雲南民變,稅監楊榮杖死數千人,引起民變殺楊榮;明神宗朱翊鈞大怒,捕變民首賀世勛下獄處死. 汗」建元稱汗.有「射天之志」要奪取明統. 徐光啟與利瑪竇合作翻譯〔几何原本〕 朱載堉歷時 10 年刊刻完成『樂律全書』

朝代	帝　王	國號	干支	西 元	紀　要
明	神宗 朱翊鈞	萬曆 35	丁未	**1607**	陝西稅監梁永苛暴,誣滿朝薦劫貢,緹騎至長安,民變. 銀定歹成犯涼州官軍擊敗之 命于慎行李廷機葉向高入閣,于慎行卒 蠻陷武定努兒哈赤滅輝發 傅山(1607-1684)山西太原人,出家為道士,道號「真山」人稱「朱衣道人」因「甲什朱衣道人案」入獄,幸營救未死,雲遊四海,朝廷舉行科舉考試亦故躲避,康熙帝授予中書舍人官職,推託拒絕,終老林泉.
		36	戊申	**1608**	飭邊備(以喀爾喀諸部悉歸於後金) 李成梁罷 武定亂平, 桑顏入寇薊州京師戒嚴 遼東稅監高淮駐遼寧錦州,苛暴民變,高淮入逃入山海開. 金聖歎(1608-1661)點評「六才子書」原名人瑞,江蘇蘇州人,他封莊子,離騷,史記,杜詩,水滸,西廂為「六才子書」直取文心,略其形跡,伸其神理. 明大學士朱賡等言「建酋桀驁非常,旁近諸夷,多被吞併,恃強不貢」 明遼東前屯衛軍嘩,誓食稅監高淮肉,尋錦州、松山明軍復變,後召還高淮. 遼東巡撫趙楫、總兵官梁解任. 與遼東副將、撫順備御勒誓鐫碑,各守邊境 朵顏入寇薊州.　明薊遼總督蹇達死,以王象代之. 張悌為都察御史右僉都御史巡撫遼東　以杜松為遼東總兵官 努爾哈赤第六次到北京「朝貢」 徐弘祖連續旅遊 30 餘年,以日記撰成『徐霞客遊記』
		37	己酉	**1609**	江西、福建大水,山西大旱,山東大蝗,赤地千里,死二十餘萬人.葉圖陷大勝堡 葉向高請發言官章疏不報 遼東總兵官杜松解任回籍王威代之. 明兵部尚書李化龍援遼東按臣熊廷弼言謂「今為患最大,獨建奴」 努爾哈赤上書萬曆帝,請令朝鮮國王查出歸還散入其境的瓦爾喀民,從之. 荷蘭商船至澎湖,適逢汜汛兵戍守期,無法登陸離去. 日本德川家康江戶幕府首代將軍,命有馬晴信攻台,擄俘原住民,催促納貢. 8.21. 荷蘭利波塞展出人類第一次世界第一架望遠鏡..
		38	庚戌	**1610**	自嘉靖,隆慶以來,廷臣交攻指責,漸成朋黨.時顧憲成在東林書院講學,偶評時政,忌者遂名為**【東林黨】**.其在朝者尚有宣黨,崑黨,台諫中分齊,楚,浙三黨,多排擠東林黨. 利瑪竇死於北京. 南京大起排教運動 明以麻貴為遼東總兵官 楊鎬為右僉都御史,巡撫遼東. 努爾哈赤設漢幕千餘所,以防明兵. 李之藻參考利馬竇帶來西洋曆修訂舊曆. 黃宗羲(1610-1695)字太沖,淅江餘姚人,著「明儒學家宋元學案,明九待訪錄」署名〔蘭陵笑笑生〕著『**金瓶梅**』刊刻成書.刊校「水經注」糾正朱熹「壼說書」中錯誤.凡天文百算音律經史百家釋道農工等無不涉及有深入研究. 1.7.意大利物理學家、天文學家伽利略發現木星的衛星、土星光環太陽黑子、太陽自轉、金星和水星的盈虧現象、月球的周日和周月天平動、銀河是由無數顆恆星組成. 黃宗羲(太沖,梨洲)(1610-1695)浙江餘姚人,經學家,史學家,思想家,地理學家.天文曆算學家,與顧炎武,王夫之並稱三大思想家,浙東學派糾正朱熹注「孟子」刊校「水經注」批駁「分野說」提出「天下為主,君為客」「為天下,為萬民」「有治法,而後治人,革新政治,淨化社會」 鼇拜(1610-1669)滿洲黃旗人,清朝三代元勳,半生軍功顯赫,驍勇戰將,順治帝崩,康熙帝年幼即位,輔政權高,營私舞弊,群臣奏劾,停襲公爵.

朝代	帝　　王	國號	干支	西 元	紀　　　要
		39	辛亥	**1611**	給事中宋一桂,劾前吏部郎中顧憲成「講學東林,遙執朝政,結漕運總督李三才」李三才免官,東林黨議黨獄,東林黨爭,由是肇起.. 大計京官祭酒湯賓尹等降黜有差 諸大吏請罷榷稅以甦民命,不從. 明兵部奏「建州努爾哈赤初以車價遲貢,又以疆界停貢」 努爾哈赤第七次到北京「朝貢」受明頒給雙賞絹匹銀 努爾哈赤命對因貧窮沒有娶妻的千餘人,給布匹,資婚娶.
		40	壬子	**1612**	清攝政王多爾袞(1612-1650)努爾哈赤第 14 子愛新覺羅氏出生,1628 賜聰明王 1636 和碩睿親王,,清世祖即位為攝政王,,先後受封叔父攝政王,皇父攝政王.1650 墜馬病死.尊敬義皇帝,廟號成宗,順治帝不滿專權,奪爵,乾隆時恢復得的地位. 刑部尚書趙煥兼吏部 御史聯合上疏謂大臣政務廢馳誤國 李廷機罷 張承胤為遼東總兵官 兵部侍郎薛三才總管薊遼.　滿酋攻烏拉國烏拉國酋布占泰窮蹙謝過 吳三桂(1612.6.8.-1678.10.2.)遼寧遼陽人,吳三桂作亂,為妻妾陳圓圓被李自成擄走,引清兵入關,英雄多情氣短,李自成全家被殺.
		41	癸丑	**1613**	加淮揚田賦 詔布色圖襲封順義王 方從哲吳道南入閣 郭光復為都察院右僉都御史巡遼東. 努爾哈赤實施「牛彔屯田」每一牛彔出男丁十名,牛四隻,以充公差.令空曠地方墾田種糧食,增加數收穫,儲於糧庫. 滅烏拉國 顧炎武(1613-1682)原名絳,因清軍亂改名炎武,江蘇昆山人,著「日知錄」.生母何氏遭清軍砍斷右臂,嗣母王氏絕食而亡,命其終身不得事清.邀修明史婉拒,「果因有此舉,不為介之推逃,則為屈原之死矣」.康熙帝開博學鴻儒科相邀,顧炎武云「耿耿此心,始終不變」,以死堅拒推薦.「七十老翁何所求?正久一死,若必相逼,則以身殉之矣!」
明	神宗 朱翊鈞	萬曆 **42**	甲寅	**1614**	.皇太后李氏崩 福王常洵之國,就藩洛陽 葉向高罷相 皇太極娶蒙古科爾沁貝勒莽古思女博爾濟錦氏為妻,後清尊為孝端文皇后.
		43	乙卯	**1615**	極少上朝的皇帝朱翊鈞,今年終於勉強到金鑾殿亮相. **「梃擊案」**薊州張差持梃(棗木棍)闖入皇宮太子朱常洛慈慶宮擊傷守門太監李鑒,直闖前殿簷下被內宮韓本擒獲處決. 河套諸部犯延綏,官軍擊之,敗績,後杜松擊卻之. 明遼東總兵張承胤派官來建州,令還柴河,撫安和三岔等地. 滿酋努爾哈赤建八旗軍制:用黃、白、紅、藍四種顏色作旗幟.增添的四旗,將原來旗幟周圍邊再鑲上一條邊,黃、白、藍三色 1 幟鑲紅邊,紅色旗幟鑲白邊,於是成了八種不同的旗幟.行軍時,地廣,八旗並列,分八路;地狹,八旗合一路而行. 努爾哈赤將原建四旗改為八旗制度,並將軍紀、賞罰制度化.克城破敵功罪皆其實,有罪者,即至親不貰,必以法治;有功者,即仇怨不遺,必加升賞.設置理政,訂定審理程序. 再命按牛彔屯田. 努爾哈赤第八次往北京「朝貢」。.

朝代	帝　王	國號	干支	西 元	紀　要
明 後金	神宗 朱翊鈞 清太祖 努爾哈赤	萬曆 **44** 天命 **1**	丙辰	**1616**	後金天命元年 清太祖努爾哈赤(1559~1626)在赫圖阿拉稱汗,入關統治中國改國號金,史稱**後金**汗國,建都興京(遼寧新賓)後遷都東京(遼寧遼陽).上升殿,登御座,建元天命元年.在位 11 年享壽 68 歲. 鑄天命通寶錢「天命汗錢」,頒「計丁授田」令. 明神宗朱翊鈞下令驅除耶蘇會教士. 李維翰為都察院右僉都御史遼東巡撫 李維功為遼東總兵官 套虜犯延綏,總兵杜文煥破降之. 日本長崎代官村山等安奉德川家康幕府命令,派三、四千士兵分乘 13 艘船遠征台灣,中途因颱風遇難.
		萬曆 **45** 天命 **2**	丁巳	**1617**	後金天命 2 年 明神宗朱翊鈞久不視朝(1590-1617),群臣上疏悉留置不理,無所處分. 於是有齊黨楚黨浙黨之分,三足鼎峙,不問是非,唯察利害,傾軋日烈. 兵部左侍郎汪可受總督薊遼 杜松為新設山關總兵
		萬曆 **46** 天命 **3**	戊午	**1618**	後金天命 3 年 加天下田賦 滿州太祖努爾哈赤頒布「兵法之書」以「七大恨」為名,起兵叛明,1618.4.14.起開始攻明,進陷撫順. 頒「禁殺農奴法令」無故殺害農奴者,貝子以上罰「諸申十戶」貝子以下「則戮其身」. 明張承蔭追擊,後金回擊,明軍盡沒,張承蔭戰死.後金陷清河堡 起用楊鎬經略邊事 遼東巡撫李維翰移駐遼陽 明開海運,通餉遼東. 周永春為都察右僉都御史巡撫遼東 兵部右侍郎文球總督薊遼
		萬曆 **47** 天命 **4**	己未	**1619**	後金天命 4 年 金帝攻葉赫,取屯寨二十餘.楊鎬分四路攻金. 明朝楊鎬進攻後金薩爾滸(遼寧撫順東)大戰挫敗,後金兵長驅直入征討明朝.後金滅葉赫,統一扈倫四部.努爾哈赤取得薩爾滸大捷,輒敢建國,改元,稱朕.築駐界凡城. 金陷開元,總兵官馬林死之. 明李如楨為遼東總兵官. 熊廷弼為遼東經略 逮問遼東經略楊鎬 應熊廷弼請,以李懷信代李如柏為遼東總兵官 給事姚宗文閱遼東士馬 .察哈爾部林丹汗統兵四十萬蒙古國可汗函候三萬人後金汗國可汗爾哈赤,形如示威,溢於言表. 俄人取道蒙古來華,僅允通商.1656 及 1660 年兩次遣使來華,因不諳朝儀,不肯跪拜,表文矜誇,不遵正朔,均遭退卻. 荷蘭人在爪哇;的巴達維亞設立總督府壓迫華人,用滅絕種族手段獸性屠殺 徐光啟撰編『**農政全書**』 王夫子(1619-1692)字而農,湖南衡陽人.張獻忠招賢納士,拒不受聘,時局紊亂,抱劉越石之孤忠,隱居石船山,人稱「湘西草堂.」著書立說,稱船山先生

朝代	帝　王	國號	干支	西 元	紀　要
明 後金	神宗 朱翊鈞 光宗 朱常洛 清太祖 努爾哈赤	萬曆 **48** 泰昌 **1** 天命 **5**	庚申	**1620**	後金天命 5 年　明泰昌元年 明神宗朱翊鈞在位 47 年崩,葬定陵,子光宗朱常洛(1585~1620)8 月 1 日嗣位,是為光宗泰昌帝,庶母鄭貴妃以美女四人進御,光宗腹瀉,太監崔文升進呈瀉藥病情反而加劇,李可灼進服『紅丸』去世, 死於乾清宮,葬慶陵,御史王安舜彈劾李可灼充軍.魏忠賢翻案,李可灼免戍崔文才下獄史稱「**紅丸案**」 朱常洛長子朱由校(1605~1627)嗣位,為熹宗,改元天啟.在位 7 年終年 23 歲. 時庶母選侍尚居乾清宮(正宮)御史左光斗給事中楊漣上疏請移宮乃移噦鸞宮(**三移宮案**),黨愈演愈烈. 賜太監魏世忠蔭 封乳母客氏為奉聖夫人 遼東總兵李如柏聞逮自縊.李如楨下刑部獄.罷遼東經略熊廷弼袁應泰代之. 6 月努爾哈赤派兵去東海煮鹽,許灶戶不納公差,鼓勵煮鹽,解決食鹽問題. 英船育尼康號抵澳門,為英國船隻來華之始. 海盜顏思齊率其黨羽人居台灣
		天命 **6** 天啟 **1**	辛酉	**1621**	後金天命 6 年　明熹宗朱由校天啓 1 年 明熹宗朱由校,光宗之子,是為熹宗,改元天啓.在位 7 年.封乳母客氏為奉聖夫人,宦官魏忠賢與之通,權傾中外.魏忠賢矯詔殺王安起熊廷弼經略遼東,以張鶴鳴為兵部尚書 顏思齊在北港登陸據台灣,鄭芝龍附焉. 四川永寧土司奢崇受反 努爾哈赤建薩爾滸城,升殿對臣曰「君明乃成國,國治乃成君.至於君之下有王,王安即民安,民安即王安.故天作之君,君恩臣,臣敬君,禮也.」 3.13.攻陷瀋陽,築建遼陽新城,是為東京. 3.21.取遼陽. 7.14.頒「計丁授田」每一男子,種糧田五日,種棉田一日,均平分給.如隱匿男丁便得不到田.乞丐、和尚都分田.每三男丁種官田一日,每二十男丁中,徵一丁當兵,以一丁應公差. 努爾哈赤廢止明以戶徵賦舊制,實行按丁責制度.但其「強令剃髮」、「占房」「強迫遷民」、「清查糧食」、「徵發差役」加強控制, 施防止叛逃. 擢熊廷弼為兵部右侍郎,旋為兵部尚書兼右副都御史,經略遼東,駐山海關. 兵部尚書王象乾總督薊遼. 明擢毛文龍為副總兵,駐鎮江城.　後金攻陷撫順、遼陽、瀋陽. 荷蘭雷約率船隊占據台灣南部,此後長期騷擾我國東南沿海. 開始刊刻馮夢龍所著小說:三言,警世通言,醒世恒言,喻世明言,等小說
		天啟 **2** 天命 **7**	壬戌	**1622**	後金天命 7 年 明熹宗由校派人士往澳門請穌會教士製造銃砲.　增田賦 以孫承宗為兵部尚書,經略薊遼天津登萊軍　毛文龍為總兵 孫慎行追論前相方從哲進紅丸罪　山東白蓮教徒徐鴻儒作亂 貴州永西土司安邦彥反　命河以西漢民遷居河東地區. 明以王在晉為兵部尚書兼右副都御史袁崇煥為兵部主事 努爾哈赤頒行「八大貝勒共治國政」制度. 努爾哈赤設「蒙古旗」發布文書「北京應由女真與漢人輪換居住」 後金取西平堡,王化貞棄廣寧,與熊廷弼奔走入關,二人皆論死. 後金廢除「刺鼻耳之刑」加強法制,命翻譯「刑部會典」、「明會典」 7.11.荷蘭軍艦隊司令雷爺兒生(Comelis Reijersz)率艦 12 艘兵 1024 人佔領澎湖,進入馬公港,向明廷請求互市. 荷屬東印度公司(the Dutch East India Company)佔領澎湖,作為東亞貿易轉口基地. 德國耶穌會士湯若望來華

朝代	帝　王	國號	干支	西元	紀　要
明	熹宗 朱由校	天啟 **3**	癸亥	**1623**	後金天命 8 年
後金	清太祖	天命 **8**			**【東廠黨禍】**案御史周宗建疏詆司禮秉筆太監魏忠賢,於是「**黨禍**」萌生起.
	努爾哈赤				1624 年魏忠賢原名李進忠,熹宗即位,受命提督掌理**【東廠】**,用田爾耕許顯純等開始,歷史昏暗,廠衛橫行,括天下庫藏輸京師.3 月杭州兵變,5 月福寧兵變 6 月左副都御史楊漣疏劾魏忠賢 24 罪,明熹宗勉慰魏忠賢,反斥楊漣.於是台諫黃尊素,李應昇,魏大中相繼論列,且及客氏,而南北台省官攻魏忠賢呈疏,紛至沓來.國子祭酒蔡毅中又率監生千餘人請究魏忠賢罪狀,魏忠賢雖怒,尚未遽興大獄.熹宗僅傳旨切責.工部郎中萬燝劾呈魏忠賢,卻被廷杖而死,10 月吏部尚書趙南星,左都御史高攀龍,以忤魏忠賢,罷歸.11 月吏部侍郎陳于廷,左副都御史楊漣,左僉都御史左光斗皆以忤魏忠賢,削職為民.
					1625 年 2 月翰林院檢討丁乾學等八人,以譏諷魏忠賢,被削職為民.6 月將楊漣,左光斗,魏大中,袁化中,周朝瑞,顧大章等下獄,誣以受楊鎬,熊廷弼賄賂,楊漣等尋皆死.8 月焚天下東林黨講學書院.殺熊廷弼,傳首九邊.9 月熹宗賜魏忠賢「顧命元臣」印.10 月孫承宗, 吳寶賢以忤魏忠賢,罷職.下獄.11 月楊州知府劉鐸以譏諷魏忠賢下獄,死.12 月榜示東林黨人姓名.
					1926 年 2 月前應天巡撫周起元,及周宗建,黃尊素等以忤魏忠賢被逮繫,高攀龍聞訊投池死.蘇州以緹騎捕周順昌,民變後諸人皆死於獄.
					1627 年 7 月魏忠賢使人劾罷袁崇煥,仍以王之臣經理遼事.8 月熹宗崩,弟朱由檢嗣位,大力懲治閹黨,11 月安置魏忠賢於鳳陽,尋命逮治,治魏忠賢十大罪,魏忠賢聞訊,自縊死.肅清餘黨.
					重修光宗實錄
					閹黨顧秉謙魏廣徵入閣
					明加毛文龍署都督僉事平遼總兵官.
					張鳳翼代閻鳴泰為遼東巡撫
					明以趙南星為吏部尚書
					遣中官刺邊事
					遣太監為較事,刺邊情.
					川督朱燮元永寧
					明分別賜平遼總兵官毛文龍、馬世龍尚方寶劍
					始製作黃色火藥
					試焊接術
					令遼東新舊民戶房合住,糧合吃,田合耕.
					下令派夫役,牛車趕運右屯糧食.
					長興縣民吳野樵攻入署衙,殺官放囚,敗死.
					安邦彥敗援貴州官兵
					貴州巡撫王三善天安邦彥,遭遇伏擊殉職,副總兵官秦民屏以下四十餘人皆戰全軍覆歿.
					安南犯廣西
					金襲毛文龍於鎮江城,焚島中積聚.
					命朝鮮王李綜暫統國事,繼封李綜為朝鮮國王
					大貝勒代善殺義州漢民三千餘人.
					努爾哈赤強暴弱措施,「剃髮占房查糧差役等」人民紛起抗暴.
					荷蘭艦隊司令宋克(Martinus Sonck)自爪哇北進軍佔領澎湖.,時犯澳門、金門、廈門.明軍在廈門大敗荷蘭軍,直搗澎湖,荷人不敵而去,但福建政府同意荷蘭與台灣貿易.
					荷蘭人於大員(今台南市安平區)築木柵城.

朝代	帝　王	國號	干支	西 元	紀　　要
		天啟 **4** 天命 **9**	甲子	**1624**	後金天命 9 年 楊漣彈劾魏忠賢罪狀廿四條,皇帝不予置問,反責斥楊漣.東林黨與閹黨決裂 文淵閣大學士魏廣徵諂附魏忠賢,著天鑑錄、點將錄、同心錄,指東林黨為奸邪,閹黨為正人,據以擯除升擢. 杖殺萬爆,葉向高罷,罷黜趙南星、高攀龍 逮汪文言下鎮撫司獄,楊漣、左光斗等被殺,熊廷弼傳道九邊,忠臣良將,一時為之一空.　吳用先督薊遼. 明總兵馬文龍遣兵沿鴨綠江越長白山入輝發地,方被努爾哈赤擊敗 明袁崇煥築寧遠城工竣,偕總兵馬世龍東巡廣寧. 努爾哈赤命逐村逐戶清查遼民糧食,屠殺「無糧之人」 察哈爾林丹汗與後金汗國努爾哈赤結盟 8 月明朝命福建巡撫南居易率一萬多兵攻台灣,荷蘭部隊僅八百人不敵,擒高律 12 人,於暗澳(文澳)築天啟城,建炮台.華商李旦從幹旋雙方達成協議: 一.　荷蘭退出澎湖 二.　荷蘭退出澎湖後可佔領台灣,明朝沒有異議. 三.　准荷蘭與明通商,明商船可來往台灣、爪哇與荷蘭人交易 有此協議,荷蘭船艦轉向台灣海峽西南岸的鹿耳門進入台江,佔領鯤鯓(儲台南安平)從鯤鯓到台灣本島之間有羅列的七個小島,合稱七鯤鯓與陸地之間所形成的海域,稱為台江, 建立城堡.初名「奧倫治城」後來改為荷蘭的一州,命名「熱蘭遮城(Zeelandia)」即今「安平古堡」前身,荷蘭總督紮於此. 葡萄牙耶穌會士安德拉德抵阿里,為傳教士進入西藏之始. **【台灣開祖謎】**顏思齊在鄭成功出生這年率領三千多人來到台灣墾拓,應為最早來到台灣的人,隨後顏思齊義弟鄭芝龍,他的得力助手,亦帶領第二批一萬多人來到台灣. 顏思齊來台灣第二年捕獵時感染風寒驟逝,另說因打獵與土著衝突被殺,年僅 36 歲即亡.鄭芝龍繼任為領袖. 顏思齊來台墾拓事蹟,散見於「台灣通史」及部分「稗官野史」顏思齊死後墓地,位於台灣嘉義縣水上鄉與中埔鄉交界的三界埔尖山諸羅山上,墓高約十公尺的土坵,四周砌有 1.5 公尺的石牆圍繞,「坐西向東,後倚高山,前方正對廣濶的嘉南平原,左青龍,右白虎」為少見的風水寶地.墓穴正前方墓碑字跡,歲月侵蝕不可辨識,但石碑上方有一彎曲凹痕,相傳是鄭成功擊退荷蘭人後,親臨拜謁祭拜時所留刀劍痕跡,但該傳言不可考.墓穴證據之外,台灣還有紀念顏思齊開台遺蹟,如雲林白港「開台紀念碑、新港奉天宮廟誌」等,相傳當地的媽祖像是當年顏思齊部屬來台灣時,隨船恭奉迎接而來的. 顏思齊祖籍福建漳州,年輕時是裁縫師身懷武藝,因打死人躲避官府追緝,潛逃日本西海岸的平戶一帶,在當地結識鄭芝龍等旅日華人,結識從事海上貿易成富.個性豪爽,仗義疏財,為領袖人物,日本政府給予「甲螺」(小頭目)官職,因同情日人稅負繁重協助起義事洩,遭到日人追緝,又分乘 13 艘船流亡海外,輾轉經琉球來到台灣,在雲林海岸登陸墾殖,後來又派人回漳州、泉州招募三千餘人渡海來台,成為台灣最早「羅漢腳開台祖」 鄭成功(1624.8.27.-1663.6.23.)福建泉州人,父親鄭芝龍,母親日人田川氏.鄭芝龍早年浪蕩海域,縱橫東南亞,為海上霸王,亦商亦盜.生下鄭成功,七歲回到泉州,21 歲清軍入關,明朝滅亡,父親降清.鄭成功不滿棄學從軍,在泉州漳州一帶活動,起兵反清.1661 年攻佔台灣,荷蘭投降,放棄統治 21 年的統治.(1642-1662). 陳圓圓(1624-1681)江蘇武進人,歌舞技藝,貌美姿色誘人吳三桂納之為妾,李自成入北京,陳圓圓為李俘掠,吳三桂怒髮沖冠, 「大丈夫不能自保,其室何生為?」「慟哭六俱縞素,沖怒為紅顏」,引清軍入關,李自成敗走,殺死吳三桂之父全家 38 口,陳圓圓被奪回,吳三桂欲扶為正室,但陳不從,吳另娶,為一悍婦,欲陷害陳圓圓,陳得悉,逃逸削髮為尼,在五華山華國寺長齋唸佛,吳三桂死後,陳圓圓亦自溺佛寺於蓮花池中.身後葬於池側.

朝代	帝　王	國號	干支	西 元	紀　要
明 後金	熹宗 朱由校 清太祖 努爾哈赤	天啟 **5** 天命 **10**	乙丑	**1625**	後金天命 10 年 魏忠賢報復捕殺異己,汪文言、楊漣、左光斗、熊兆珖、魏大中、周朝瑞、顧大章、袁化中等下鎮撫司獄,酷刑(土囊壓身、鐵釘貫耳、出屍穴中、屍潰)於七月廿六日拷死.為歷史上最殘酷冤獄. 後金遷都瀋陽,是為盛京,遣將東海諸部. 熊廷弼 1623 被捕,1625 處斬 7 月大員長官宋克(Martinus Soneck)沒收日船生絲償還關稅 8 月明前經略熊廷弼慷慨赴市,銜冤而死,傳首九邊. 9 月明總兵馬世龍謀襲耀州,敗歿於柳河. 李旦在台灣逝世,其勢力由鄭芝龍接掌 顏思齊亦死於台灣 清太祖努爾哈赤、清太宗皇太極建「瀋陽故宮」現改為「瀋陽故宮博物院」 努爾哈赤頒「按丁編莊」男丁 13 人,牛 7 頭,編成一莊.田百日其中 20 日納官糧,80 日自己用.莊中男丁姓名,牛驢毛色,均記載上交村領催,轉大臣送呈 努爾哈赤命子皇太極娶蒙古科爾沁部貝勒桑之女博爾濟錦氏為妻,後清尊孝莊文皇后 荷蘭人開始於新港社赤崁建普羅民遮市街.包括荷蘭人的宿舍倉庫醫院及中國居民民房,然後開始向全島擴張,先後征服南部、中部、東部地區. 荷蘭法學家格勞秀士(Hugo Grotius)發表「論戰和之法」,形成「國際法」.1864 年傳入中國. 荷蘭駐台長官馬帝孫克強制規定,來台的日本商船須課徵 10%輸出稅,
明 清	熹宗 朱由校 太宗 皇太極	天啟 **6** 天命 **11**	丙寅	**1626**	後金天命 11 年 毀天下書院 榜示東林黨人名示天下 復崔呈秀官 明擢袁崇煥為右僉都御史巡撫遼東寧遠關外. 毛文龍襲鞍山薩爾滸被擊退 明以王之臣代高第為兵部尚書、經略. 以閻鳴泰為總督薊遼. 察哈爾部林可汗攻科爾沁部,後金汗國努爾哈赤率兵赴援. 努爾哈赤攻寧遠,被袁崇煥所敗,又攻明覺華島,焚其船隻糧草而還. 後金努爾哈赤攻寧遠城受傷,由清河返回瀋陽途中,至靉雞堡 1626.8.11.死去,大妃及二庶妃殉節.皇太極(1592~1643)即汗位.改明年為天聰元年.在位 17 年終年 52 歲 魏忠賢出奇制勝,擊敗皇太極, 袁崇煥在遼東抵抗金兵,皇太極以離間計借崇禎帝之手除掉勁敵袁崇換. 努爾哈赤死,子皇太極即位.1631 年於大凌可大破明軍,1636 年改國號大清,即帝位.1642 年勸降洪承疇,1643 年逝世. 清初四僧八大山人(1626-1705),石濤,髡殘,弘仁四人,感藉明亡之痛. 明再興文字獄,魏忠賢誣殺黃尊素、周順昌、周起元、高攀龍、繆昌期、周宗建、李應昇等下獄拷死. 明蘇杭織造太監李實為魏忠賢建「生祠」明熹宗朱由校題額曰「普德」 5.11.西班牙派十四艘船隊沿台灣東海岸北上,到台灣最東點,將此地命名為「三貂角(Santiago)」又至雞籠. 5.16.西班牙人於今基隆和平島舉行佔領儀式,開始建築雞籠「聖薩爾瓦多城」(San Salvador).進而取淡水,在雞籠和淡水之間各建一座教堂,作為據點.逐漸向附近地區擴張.原則上荷蘭人向北,西班牙人向南發展. 在台灣的荷蘭東印度公司與日木商船發扛貿易糾紛,爆發濱田彌兵衛事件

朝代	帝　　王	國號	干支	西 元	紀　　要
明 清	熹宗 朱由校 太宗 皇太極	天啟 **7** 天聰 **1**	丁卯	**1627**	後金天聰元年 明熹宗朱由校猝逝,在位 7 年,葬德陵,弟朱由檢(1610~1644)嗣位.是為明思宗.改明年為崇禎元年.在位 17 年終年 34 歲. 明思宗朱由檢繼位後,懲治閹黨,治魏忠賢 10 大罪,貶安徽鳳陽守陵,至河北阜城自縊死,奉聖夫人客氏魏良卿全家操斬.　袁崇煥罷,以王之臣代之 努爾哈赤第八子皇太極繼位,是為清太宗.後金皇太極改元天禧聰.後金伐高麗盟誓而還. 皇太極第二攻寧遠,被袁崇煥擊退.後人稱「錦寧大捷」 熹宗七年,為宦官最猖厥時期,滿佈天下,京城有 12 監、四司、八局,合稱 24 衙門;有 11 房、四廠、京營、皇城、諸門提督,以及東西廠等.京外省的有南京守備、湖廣承天府守備、13 省鎮守、提督織造、提督倉場、提督市舶,以及監軍、糧稅等臨時差遣,爪牙蛛織.. 明神宗萬曆帝朱翊鈞後期,二十幾年不御朝政,久病虧衰,高臥深宮,日與宮女太監廝混,主昏臣庸,宦寺當國,黨爭日烈腐敗至極,導致明朝提早衰亡 日本朱船船長濱田彌兵衛於 1626 年率船至台灣,與荷蘭人發生糾紛滯留台灣,1627 年偕新港社番 16 名及漢通事 2 名等「台灣代表」返回日本. 荷蘭首次派遣傳教士 Georgius Candidus 抵達台灣,至新港社傳教. 荷蘭任命奴易滋為第 3 任大員長官 明朝官員與荷蘭人合攻鄭芝龍,在銅山(今福東山)交戰.大敗而回.
明 清	思宗 朱由檢 太宗 皇太極	崇禎 **1** 天聰 **2**	戊辰	**1628**	後金天聰 2 年 明思宗朱由檢,光宗之子在位 16 年(1627-1644.) 明思宗朱由檢用袁崇煥任兵部尚書右副都御史,頒劍,督師薊遼,以禦後金. 陝西大飢荒, 高迎祥等在陝西起義,王嘉胤王左掛等隨之,延安人張獻忠從之,號八大王,1645 年敗死四川. 米脂人李自成飢不能忍,掠富家粟作亂號稱闖將 1645 年死於湖北　安塞馬賊高迎祥勢力強大,亂民支持,他自稱闖王. 張獻忠、李自成稱王響應,蔓延流寇愈眾,受災地區也愈來愈廣. 蒙古喀喇沁各部與皇太極會盟合力攻察哈爾. 西遼河流域的喀喇沁部,不堪壓迫,叛林丹汗,向後金努爾哈赤投降 7.3.日本人濱田彌兵衛俘獲荷蘭駐台灣長官 Nyutsoe 雙方簽訂和約,交換人質,7 日濱田離台返日.日本封閉平戶的荷蘭商館.即『濱田彌兵衛事件』 7 月西班人佔滬尾(淡水),建「聖多明哥城」(Fort San Domingo)今紅毛城. 8 月海寇鄭芝龍向明朝投降 尚友堂刊刻凌濛初所作『二拍』(初刻拍案惊奇)(二刻拍案惊奇)
		崇禎 **2** 天聰 **3**	己巳	**1629**	後金天聰 3 年 魏忠賢逆案伏誅. 滿桂孫祖壽戰死 荷蘭派遣普曼斯接任台灣總督 「崇禎曆法」用西洋修改「大統曆」西洋曆法 開始傳入中國,徐啟等上「條數曆法修正歲差疏」修正十事,1632 年呈曆書 5 批 137 卷,中西曆貫通. 毛文龍攻後金,每役必敗,袁崇煥將其斬之. 皇太極施反間計,言袁崇煥縱敵脅和,與後密約密謀叛逆.朱由檢大怒,捕袁崇煥下獄. 李自成等推高迎祥為闖王,李自成自稱闖將.流擊山西河南,闖軍入北京,滅明建大順國 1629-1645 後金大舉入犯,薄京城. 2 月努爾哈赤的梓宮葬於瀋陽石嘴頭山(天柱山),是為福陵,又稱東陵,廟號太祖.1662、1723、1736 年曆次加諡為「弘文定業高皇帝」

朝代	帝　王	國號	干支	西 元	紀　要
		崇禎 3 天聰 4	庚午	1630	後金天聰 4 年 增田賦 明磔袁崇煥於京,兄弟妻女流三千里. 溫體仁相 劉之輪戰沒 孫承宗復遵化等四城 民變蜂湧,王子順王嘉允神一元紛陷城鎮,遍陝西河南山西湖北四川等地. 李自成投奔不沾泥都起義軍,張獻忠起義於米脂十八寨.
明 清	思宗 朱由檢 太宗 皇太極	崇禎 4 天聰 5	辛未	1631	後金天聰 5 年 建小金瓦寺,1802 改鎏金銅,供奉護法神像,又名護法神殿. 後金始鑄紅夷大砲,後金陷大淩城定官部設六部. 延綏饑,遣御史吳甡賑之.　　曹文詔,敗賊於於河曲 復遣中官監視諸邊兵餉　　楊鶴遣戍以洪承疇總督三邊. 孔有德等反 西班牙在淡水建「玫瑰聖母堂」傳教士 Jatint Esquival 編著有「淡水語基督教理」及「淡水語辭典」
		崇禎 5 天聰 6	壬申	1632	後金天聰 6 年 第八任吉王朱由棟與桂王興建觀音、關岳等殿題大杰寺廟額,賜田 300 畝. 徐光啓相　太監曹化淳提督北京軍營戎政　明斬王化貞(1622-1632) 曹文紹等連賊於平涼慶陽　　流賊張獻忠寇山西 後金皇太極征服察哈爾,林丹汗大敗,向西逃亡. 皇太極命巴克什達海改進「老滿文」 西班牙人沿淡水河進入台北平原,進而佔蛤仔雞(今宜蘭)沿岸. 奴易滋因濱田彌兵衛事件,被引渡至日本謝罪. 『小麥育種移栽技術』『育種施肥技術』及太湖流域『桑基魚塘』已在此前出現.
明	思宗 朱由檢	崇禎 6 天聰 7	癸酉	1633	後金天聰 7 年 命曹文詔節制山陝諸將諸營,記兵將功罪討賊 流賊犯畿南河北,又渡河犯河南　官軍復登州孔有德降金 後金陷旅順　　黃龍死之　　尚可喜降後金 後金可汗皇太極陷明上莊堡(河北萬全北),縱掠至宣府,攻山西大同. 鄭維信(1633-1673)中國第一位往羅馬就讀哲學與神學,時年僅 12 歲半. 鄭芝龍在料羅灣大敗荷蘭軍艦 1633.2.-1639.7.日本德川幕府連續五次頒布〔鎖國令〕
		崇禎 7 天聰 8	甲戌	1634	後金天聰 8 年 陳奇瑜圍李自成於陝西漢中車廂峽,乞降,許之,各人給免死票回籍,及出峽復叛,勢不可制.思宗怒下陳奇瑜獄,以洪承疇代之. 賊自陝西犯河南 荷蘭入據台灣即建「熱蘭遮城」(今安平古堡)以為統治中心.內城北門刻有(T,CASTEEL ZEELANDIA1634)內城四角各有大砲五門,城垣以糖水、糯米汁調合蚵殼灰、細泥壘磚而成,各層都有通風孔、升降機、和螺旋梯等新穎設備,作長久佔領台灣之計. 1624 荷蘭入據台灣、1626 荷蘭人佔領基隆.、1642 荷蘭、西班牙為爭台灣發生戰爭,西班牙戰敗,荷蘭佔據台灣.、1661~1662 年荷蘭人為鄭成功所逐.荷助清軍攻鄭,並派使節上通中國,意圖獲得商業利益.. 1748 年清派水師駐守「熱蘭遮城」(今安平古堡) 1840 年鴉片戰爭爆發台灣「熱蘭遮城」(今安平古堡)改為「軍裝局」 1867 因樟腦糾紛,英軍攻占城堡,炸毀軍火庫.城堡化為烏有 1930 年將該堡改建洋樓,通稱(安平古堡)列為古蹟,改稱「台灣城殘蹟」 荷蘭出兵征服小琉球

朝代	帝　王	國號	干支	西 元	紀　要
明	思宗 朱由檢	崇禎 **8** 天聰 **9**	乙亥	**1635**	後金天聰 9 年 製定【新曆書儀器】推測實驗準確,貢獻最大的為湯若望,其因曆法舊派楊光先誣陷下獄,幸賴太皇太后之助,得以釋免,湯若望卒於 1666 年 李自成與張獻忠合流作亂,李自成被推為王,號闖王,出陝西潼關,分三道流竄,一入山西,一入湖北,一入河南.所向披靡,遂陷鳳陽,焚明帝祖墓, 明總兵曹文詔戰死. 清將蒙古降人從滿洲八旗中剔出,編成蒙古八旗,清太宗又擴編漢軍為八旗,到 1643 年八旗兵有滿、蒙、漢各八旗,共 24 旗的兵力. 察哈爾部林丹汗逃到青海湖,傷殘頗眾,不堪負荷,向後金汗國屈服 荷蘭人興築烏特勒支堡
明 清	思宗 朱由檢 太宗 皇太極	崇禎 **9** 崇德 **1** (莊四)	丙子	**1636**	清天聰 10 年 清崇德元年. 明吉王朱由棟去世,嫡子朱慈煃於崇禎 12 年繼位,為末代吉王(明代吉王共有八代九任). 清太宗征朝鮮. 孫傳庭擒闖王高迎祥,磔死. 變民推李自成為闖王.1644 攻入北京建大順國(永昌)1636-1645.改元崇德.遣兵迫北京, 皇太極征服朝鮮後金. 皇太極勝明軍稱帝,改國號**清**,是為清太宗.改本年為崇德元年.諱言女真,改稱「滿州」為族名,女真人悉改稱為滿洲人.取消「可汗」改稱「皇帝」取消自己中國姓氏「佟」改女真姓氏「愛新覺羅」 明陝西巡撫孫傳庭擒闖王高迎祥押送北京,磔死. 變民推李自成為闖王 陽瑪諾漢譯「聖經直解」1814 新約 1823 新舊約出版名「神天聖書」「聖經」 荷蘭征服台灣蕭壠社,大員附近 28 個番社,向聯合東印度公司宣示效忠.. 召開首次「地方集會」西班牙退出淡水. 荷蘭人在台灣南部魍港建築的碉堡完工 日本頒佈〔鎖國令〕失去對台灣旳影響力
		崇禎 **10** 崇德 **2**	丁丑	**1637**	清崇德 2 年 楊嗣昌為兵部尚書 熊文燦討賊 溫體仁罷相 . 朝鮮乞援於明,明困於民變不能救,朝鮮遂降清. 李自成入四川逼成都,張獻忠入湖北,老回回入安徽灊山 宋應星(1587-?)字長庚,江西奉新人,著「天工開物」認物為人工技巧所成 英人威忒(Capt.John Wedell)率領六隻船隊轉道澳門強行進入粵省內河,發生三次衝突,虎門砲台被毀,經葡調解,同意道歉,方允英人到廣州購貨. 荷蘭人至台灣台東卑南探金礦
明	明思宗朱由檢	崇禎 **11** 崇德 **3**	戊寅	**1638**	清崇德 3 年 洪承疇於潼關大破李自成,李自成走依張獻忠,張獻忠謀殺,李自成奔河南淅川老回營,臥疾半年,仍出流擊. 張獻忠被明總兵左良玉所破而投降,李自成連遭敗績,被困於豫、陝之間. 清多爾袞分道攻明,明盧象昇入衛主戰,楊嗣昌主和. 盧象昇全軍沒於嵩水橋 將管理蒙古諸部事務的蒙古衙門,改為理藩院.合六部與都察院為八衙門 荷蘭人進攻台灣華武壠社

朝代	帝　　王	國號	干支	西 元	紀　　　　要
		崇禎 **12** 崇德 **4**	己卯	**1639**	清崇德 4 年 明朱由楝嫡子朱慈煃襲封吉王,係末代吉王.開徵練餉. 張獻忠叛於湖北穀城,羅侯山連營應之,合兵西走.左良玉追擊中伏僅身免. 明大破李自成於函谷(河南三門峽西),李自成奔鄖陽(湖北鄖縣),從者數萬,聲威復振. 思宗帝親賜御劍贈行詩一章,委楹嗣昌督師討張獻忠. 熊文燦下獄論死 洪承疇總兵薊遼,清兵渡運河破濟南,上書請和不許. 清太宗攻明,圍北京. 俄進入原為中國領土的西北利亞,旋又去黑龍江發展.1685 年中俄時衝突. 西班牙人在菲律賓屠殺華僑二萬餘人 日本德川幕府的『鎖國政策』,日本與台灣之間貿易中斷.
		崇禎 **13** 崇德 **5**	庚辰	**1640**	清崇德 5 年 楊嗣昌督師擊變民,在湖北荊門立「大剿營」大破張獻忠於太平,張獻忠奔與汝才合陷四川,李自成走鄖縣入河南. 李自成結交李信和牛金星合作. 石硅女官秦良玉敗羅汝才於夔州 清兵更番出擾松杏寧錦間. 大陸連年饑荒戰亂,許多漢人從閩南廣東沿海一帶來到台灣者日多,鄭芝龍亦以船隻運送數萬饑民來台灣,並給每位移民「三金一牛」輔助拓殖,開墾土地,增加經濟利益,移民人數越來越多,形成對荷蘭人的威脅,荷蘭人開始徵收〔人頭稅〕1650 年再次提高人頭稅率,引起台灣人民的不滿.. 葡萄牙脫離西班牙獨立(1580-1640)凡 61 年 荷蘭開始實施「贌社制度」鄭芝龍與荷蘭人訂立貿易協定 蒲松齡(1640-1715)字留山,今山東淄博人,著**《聊齋志異》**
		崇禎 **14** 崇德 **6**	辛巳	**1641**	清崇德 6 年 薊遼總督洪承疇追勦張獻忠敗於開縣,張獻忠陷襄陽執襄王朱翊銘殺之 . 左良玉信陽擊潰張獻忠,走依李自成,李自成欲殺之,張獻忠奔安徽霍山. 李自成陷河南洛陽殺福王朱常洵剐死號「福祿酒」又陷河南南陽,殺唐王朱聿鎮,明總兵猛如虎戰死　　　耶蘇會教士湯若望編製新歷呈明思宗 楊嗣昌以連牛二藩自縊死 陝督傅宗龍兵潰死 清太宗攻錦州,破外城.
明 清	思宗 朱由檢 太宗　皇太極	崇禎 **16** 崇德 **8**	壬午	**1642**	清崇德 7 年 孫傳庭援開封 陝督汪喬年兵潰死 明清松錦大戰,清軍陷松山,洪承疇降清,直抵山海關,直抵兗州. 左良玉在朱仙鎮兵敗 明兵尚書陳新甲遣馬紹愉赴清議和不成反欲殺之,幸脫險逃返,明思宗朱由檢怒斬陳新甲. 李自成攻河南開封,決黃河堤,水灌之,城陷.復陷南陽,直;抵荊州(湖北江陵). 清兵破長城入薊州,連下八十餘城直抵衮州. 五世達賴推翻藏巴汗,形成三大領主的對藏統治. 努爾哈赤軍分滿洲八旗、蒙古八旗、漢軍八旗,荃 24 旗. 8 月 19 日荷蘭船艦開赴台灣雞籠,進攻西班牙人奪取『聖多明哥城』.西班牙人不敵,於 8 月 26 日退出台灣,因之荷蘭侵佔台灣 17 年之久. 荷軍又攻擊大波羅社及大武郡社. 1642.1.8.意大利數學、天文、物理學家伽利略逝世,享壽 78 歲.

朝代	帝　　王	國號	干支	西 元	紀　　　　要
明 清	思宗 朱由檢 太宗 皇太極 世祖 福 臨	崇禎 **16** 崇德 **8**	癸未	**1643**	清太宗皇太極(1592~1643)逝世,幼子福臨(1638~1661)即位,甫六歲尚在沖齡,兩叔父多爾滾、與濟爾哈朗為攝政王.治理國政.14 歲親政,奪多爾衮封典襲爵,是為清世祖,改明年為順治,在位 18 年終年 24 歲 李自成陷承天(湖北鍾祥)湖南常德,殺羅汝才,北上破潼關入西安、延安,建國,改西安為西京,國號大順.建元永昌. 張獻忠蘄州 左良玉兵變自武昌走九江,去蕪湖四十里而泊,尋安撫定之. 清推行均田免賦,劏富濟貧,廢八股,頒新曆,兵備戰,直逼明朝北京. 張獻忠破漢陽武昌,沈楚王朱華奎於江,散楚府金銀賑濟饑民,在湖北黃州稱西王,,入四川成都建大西國(文武 1643 大順 1644) 張獻忠懼李自成相逼棄武昌走湖南,破岳州, 張獻忠陷衡州,末代吉王朱慈煃由永州入廣西,寄居蒼梧次年去世 孫傳庭敗死 賜周延儒死 明出兵西藏襲殺藏巴汗,佔東部咯木(西康省境). 碩汗便以青海根據地,遙握西藏兵權,是青海蒙古之始. 清兵自山東攻掠入直隸,破順德,至懷柔,敗明八鎮兵達出塞
明 清	思宗 朱由檢 安宗 朱由崧 太宗 皇太極 世祖 福 臨	崇禎 **17** 永昌 **1** 順治 1	甲申	**1644**	崇禎帝朱由檢係熹宗之弟,熹宗無子,弟承兄業,決心圖治,振興朝綱,唯生性猜疑,急於求成;懲治魏忠賢,誅殺閹黨,不如意朝臣庭杖下獄,誣殺袁崇煥,國失干城.1642 年洪承疇兵敗降清,朝無良將,米脂人李自成,饑寒造反,張憲忠舉兵呼應,1644 年三月十九日李自成攻破北京,吳三桂救援不及,思宗吊死煤山,在位 17 年終年 34 歲. 『崇禎皇帝朱由檢末日記』 3.17.李自成陷北京 18 日夜,監視城防曹化淳大開城門,迎接李自成的順軍進城.崇禎帝朱由檢聞訊,立即命三子更衣出逃,逼周皇后自縊,劍砍長女安公主手臂,殺妃嬪,然後自換便服,王承恩等數十人出東華門,攜三眼槍至齊化門,朱純臣守將跪門迎接,但不肯開門;朱由檢奔安定門,守軍潰散,城門上鎖無人看守,命用斧劈開,時近拂曉,大火四起,李自成兵逼近,意欲逃亡未果,返回宮中. 19 日李自成於西安稱天王,國號【**順**】.自禹門(山西河津)渡黃河入山西,攻北京,明太監曹化淳獻彰義門投降, 4.25.【明崇禎帝朱由檢自縊煤山】三月十九日清晨親自鳴鐘召集百官,竟無一人回應,自知大勢巳去立即命三個兒子更衣出逃,逼周皇后自縊,拔劍將長女長平公主手臂斬斷,殺嬪妃,自換便服與太監王承恩入內苑,登上北京煤山(今景山),在衣襟上寫下遺詔:「朕自登極 17 載,逆賊直逼京師,朕雖薄德匪躬,上干天咎,然皆諸臣之罪也！朕死無面目見祖宗於地下.去朕冠冕,以髮覆面,任賊分裂朕屍,勿傷百姓一人！」以自帛自縊於壽皇亭樹下,披髮白衣,太監王承恩亦縊於前.帝崩,**明朝至此滅亡**. 楊廷鑒便服間道得脫歸江南. 明吳三桂入援,抵河北豐潤,李自成召之,吳三桂降. 吳三桂降後聞愛妾陳圓圓入宮,大憤,引清兵山海關,李自成擊之,吳三桂不能敵,遣使赴清師,清軍遂入山海關.李李自成大敗棄北京奔山西.明福王朱由崧於南京即位,是為安宗. 明朝致命為外患滿州,滿洲是東北女真部族的一部,明成祖所建州的一部份.1583 年,滿洲首長努爾哈齊以復仇為名起兵,先併女真諸郡,後敗世為朝屏障的扈倫四部,當他據有松花江、鴨綠江、圖門江、及遼東的若干城市

朝代	帝王	國號	干支	西元	紀要
明 清	思宗 朱由檢 安宗 朱由崧 太宗 皇太極 世祖 福臨	崇禎 **17** 永昌 **1** 順治 1	甲申	**1644**	1616 年,建元天命,國號「後金」清朝的基業從此興起,努爾哈齊是清史裡尊稱為清太祖的建國者. 李自成在西安稱王,國號大順,建元永昌,置大學士,尚書等官,復五等爵,定軍制軍律,檄告臣民. 張獻忠稱大西國王,建元大順,改成都為西京,設丞相等官,遣兵徇川中. 南明福王安宗朱由崧,1644.5.20.由宦官馬士英擁立在南京稱帝,改元弘光寵信奸佞,昏庸腐朽,排斥史可法、左良玉等忠義之士,國勢垂危之際,仍廣選民間美女作樂. 南明唐王朱聿鍵(?~1646)於朱由崧在南京稱帝同時,鄭芝龍、黃道周等人,立唐王朱聿鍵在福州稱帝,據守福建、兩廣、兩湖、江西、安徽等地區,虛心求治,甚有作為,頗有光復明朝希望.,奈官吏無能,實權操控在鄭芝龍手中,1646 年清兵攻福州,鄭芝龍降清,朱聿鍵被擄,隨即被殺. 多爾袞致書史可法勸降,史可法不從. 清世祖自瀋陽如北京,告天地,即皇帝位.頒時憲曆,免明加派三餉及其他貢差役,加多爾袞為叔父攝政王.濟爾哈朗為信義輔叔王. 清稽查近京無主莊田,分與諸王將士,於是圈地之事起,漢民失田廬者甚多. 俄人侵黑龍江,肆行殺戮. 荷蘭攻台灣凱達格蘭族,又南下攻大肚王國. **「台灣淡水紅毛城」**為四方形砲城,荷蘭人於 1644 年建成,命名「安東尼堡」1860 北京條約成為英國領事館,日本佔領台灣,二次大戰後交還英國.經六國管理.1972 年英國與中共建交,關閉領事館,轉交大英國協盟國澳洲代管,1972 年中華民國與澳洲斷交,再交與美國管理,1980 年中華民國收回,1982 年指定為台灣古蹟..
		崇禎 **18** 永昌 **2** 順治 **2**	乙酉	**1645**	李自成戰死 明安宗簡皇帝朱由崧,弘光元年, 明紹宗襄皇帝朱聿鍵隆武元年. 4 月多鐸兵圍揚州,勸降史可法不成,猛戰七晝夜,官兵全部殉職,史可法遇害. 清軍殺戮七天百姓死八十多萬人,史稱「揚州十日」 清軍渡江佔領南京,朱由崧在夜宴中當場被捕,押赴北京,百姓夾道唾罵,不久被殺. 6 月,南明魯王朱以海(1618~1662)在浙江紹興立監國政權,游走舟山群島,持續抵抗清軍,兩年後投靠鄭成功,居福建金門廈門之間,1662 年因哮喘病死,終年 45 歲,葬福建金門鼓崗. 閏 6 月明黃道周,鄭芝龍,等唐王朱聿鍵為紹宗襄皇帝,改福州為天興府,大行拜封.賜鄭芝龍子森國姓,名鄭成功. 同時張國維,張煌言等亦奉魯王朱以海監國於紹興. 清軍占南京,弘光政權覆滅. 清命各省地方官開具無主荒地實數 清禁旗人私收投漢人冒佔田宅,尋以莊頭橫行,嚴禁之. 清鑄錢充軍餉. 清令各府州縣選生員送國子監 清定鄉試法,尋舉行武鄉試 明弘光帝走蕪湖,被俘,明年死. 明潞王朱常淓降 清命洪承疇總督軍務,經營江南各省. 清除割腳筋法,頒科場事宜.並禁明宗室考舉貢生員,有官者解任. 清定歲給明宗室銀地. 清攻李自成,張獻忠,戰於蜀中,奉書降清. 明隆武帝兵攻江西及徽州,皆失利,大學士黃道周被俘,不屈,處死. 西藏班禪稱號始見諸史冊 荷蘭東印度公司派 Pieter Boong 上尉率兵偕商務員再度攻大肚王國,征服台南至淡水間各村社,設 13 個村社,大肚王與東印度公司簽約,表示臣服,依約定要參加南部地方會議,同年牛罵社、沙轆社與 Deredonsel 社獨立.

朝代	帝　王	國號	干支	西 元	紀　要
		崇禎 **19** 永昌 **3** 順治 **3**	丙戌	**1646**	明隆帝出駐延平,封鄭成功忠孝伯,掛招討大將軍印 鄭成功起兵南澳,仍用隆武年號 明開科取士,中者稱為萃士 明荊王等 11 王己降清,至是誣以謀反,皆殺之. 魯王走舟山. 明隆武帝走汀洲,清兵追俘捕擄,後死於福州. 明丁魁楚,瞿式　奉桂王朱由榔監國於肇慶. 明蘇觀生等立唐王朱聿粵於廣州,改元紹武, 桂王亦稱帝,改明年元為永曆,因之兩方治兵相攻. 明魯王自舟山至廈門,走長垣. 明永曆帝奔梧州 清定俸制 延緩鑄錢 清譯洪武寶訓成 清開始舉行會試,殿試,改明新進士授官法 清罷織造太監,削奪明故鄉官,生監名義,令納稅應差.清查錢糧數目,編造賦役全書. 清定錢七百文折銀一兩.收舊錢,只許崇禎錢通行. 清嚴禁白蓮,大成,混元,無為諸教. 清定地方官入覲考察之期.革鑾儀衛緝訪人役. 清兵入泉州,鄭芝龍叛明降清,其子鄭成功苦諫不聽,去之. 清兵下潮,惠,破廣州,紹武帝自殺,蘇觀生等死,明永曆帝奔梧州 南明桂王朱由榔(?~1662)於 11 月由瞿式耜、何騰蛟等擁立,在廣東肇慶即帝位,據守兩廣、雲貴、湖南、江西等地區,兵多將廣,唯優柔寡斷,膽小怕死,聞警即逃,受群臣挾制.1662 年逃至緬甸,被吳三桂索回,以弓弦絞死,在位 17 年號永曆,至此抗清勢力解體,**明朝正式滅亡**.

清

(西元 **1616-1911**.立國 **296** 年、或以 **1644-1911** 立國 **267** 年)

帝王世系：

清太祖愛新覺羅努爾哈赤(天命 1616~1626)－清太宗愛新覺羅皇太極(天聰 1627~1636.3.及崇德 1626.4.~1643)－清世祖愛新覺羅福臨(順治 1644~1661)－清聖祖愛新覺羅玄燁(康熙 1662~1722)－清世宗愛新覺羅胤禎(雍正 1723~1735)－清高宗愛新覺羅弘曆(乾隆 1736~1795)－清仁宗愛新覺羅顒琰(嘉慶 1796~1820)－清宣宗愛新覺羅旻寧(道光 1821~1850)－清文宗愛新覺羅奕詝(咸豐 1851~1861)－清穆宗愛新覺羅載淳(同治 1862~1874)－清德愛新覺羅載湉(光緒 1875~1908)－清愛新覺羅溥儀(宣統 1909~1911)－

註: 1616 年清太祖努爾哈赤入關統治中國稱汗,都北京,稱後金,1644 正式稱「清」王朝.傳 12 帝

朝代	帝　王	國號	干支	西元	紀　要
清	清世祖 愛新覺羅福臨	崇禎 **17** 順治 **1**	甲申	**1644**	明崇禎 17 年　順治元年 清順治元年(1644)建都北京,於宣統 3 年(1911)年遜位,清歷經 268 年. 闖王李自成奔陝西,於西安稱天王,國號順.稱西安為西京.後據北京.清軍追至九宮山(湖北通山東南)為村民誤殺.　張獻忠竄四川. 吳三桂得悉李自成即王位,決定向李自成投降,然獲知愛妾陳圓圓被宰相劉宗敏搶去,火冒三丈,反向清帝投降.詩人吳梅村曾為其作詩「痛哭六軍俱縞素,衝冠一怒為紅顏」 吳三桂引清兵入關.臨祖父努爾哈赤父皇太極.姓愛新覺羅滿族女真族山海關外獨立,正式建國,都北京,在位 18 年,**明朝覆滅.** 西元 1616 年女真部落酋長努爾哈赤於遼寧新賓,後改稱興京,稱可汗,國號金,史稱後金,1636 年後金可汗皇太極,又改國號為**清.** 清順治 1644-1662,史稱南明王朝.明思宗自縊煤山死亡,亡於大順國李自成 清定「八旗常備兵」,加上蒙古八旗,漢軍八旗,旋又建「綠營」,以綠色旗為標誌,逐漸成為清軍主力軍.. 俄侵黑龍江
	清世祖 福臨 明昭宗朱聿鍵 朱由榔	順治 **2** 隆武 **1**	乙酉	**1645**	明弘光元年　明隆武元年. 明末第一位明弘光帝安宗朱由崧. 清陷南京,斬殺 明末第二位朱聿鍵逃福建福州,鄭芝龍擁戴繼承朱由崧帝位,改元隆武,是為紹宗.在北境要塞仙霞關(浙江江山南)安徽婺源處,被清軍俘擄,斬於南京. 明末第三位朱由崧堂兄朱由榔在廣東肇慶即位,,1661 年逃入緬甸,被雲南昆明的吳三桂所獲絞刑而死.大明王朝立國 294 年滅亡. 明魯王朱以海於浙江紹興稱監國,相繼有唐王,桂王等明宗室後裔各自為政,爭權奪利,終被清軍消滅. 「揚州十日」1645.4 月史可法督師揚州,4.18 清軍圍城,史可法內無糧草,外無救兵,血疏告急,清廷置若罔聞.24 日清炮轟城內,25 日史可法拔劍自刎為屬勸阻,清勸降被拒,將其殺害.屠城十日,死難數十萬,是為「揚州十日」7-8 月清對奮勇抵抗的嘉定城三次大屠殺,城民投河屍橫遍地史稱「嘉定三屠」 福王黃得功皆死　　唐王聿鍵稱帝福州,建元隆武 馬士英阮大至逃入杭州　　左良玉子夢庚降於清　　黃道周死 清頒佈削髮令,嚴令漢人薙髮.　江南兵民紛起. 李自成兵敗由湖北蒲圻奔九宮山(湖北通山東南)自縊死. 清命洪承疇招撫江南　朝鮮向清入貢. 8 月唐王賜鄭成功朱姓,人稱「國姓爺」 荷蘭人設立漢人頭人(僑長 Cabesa)制

朝代	帝王	國號	干支	西元	紀要
清	清世祖 福臨	順治 **3**	丙戌	**1646**	明隆武 2 年　明監國元年. 清開科舉 明紹宗朱聿鍵移延平(福建南平),奔汀州(福建長汀),清軍至擒朱聿鍵,送福州斬之. 明瞿式耜、丁桂英等擁立神宗孫朱由榔於肇慶(廣東高要),改元永曆,稱桂王. 唐王朱聿於廣州稱帝,清軍陷廣州,朱聿自縊死. 清兵渡錢塘江攻魯王,魯王逃舟山. 張獻忠焚四川成都,出川北,欲入陝西,至四川,鹽亭與清清軍相遇,被殺. 鄭芝龍降清,子鄭成功哭諫不從,乃泛海走廈門.於南澳起兵反清.旋入台灣 3 月唐王封鄭成功為「忠孝伯」,掛「招討大元帥」印
	清世祖 福臨	順治 **4**	丁亥	**1647**	明永曆元年　明監國 2 年 清令敕批兼用滿漢字,清律成頒行之. 明永曆帝帝朱由榔奔廣西桂林,轉廣西全州,全州總兵劉承允劫朱由榔赴湖南武岡,自封為安國公,清軍陷武岡,劉承允剃髮投降,朱由榔又奔湖南靖州,再奔回廣西柳州,還桂林. 張獻忠敗亡,餘部殘存至 1661. 鄭成功父鄭芝龍變節不久,生母閩南清軍無道而死節,他感恩的唐王走死汀州,國恨家仇毅然棄文就武,以反清復明大義為號召,初期在泉州漳州同安等地活動. 鄭成功據鼓浪嶼抗清.
		5	戊子	**1648**	明永曆 2 年　明監國 3 年. 清特許滿漢通婚 晉升多爾袞為皇父攝政王 明永曆帝復有粵桂贛滇黔七省之地,驛肇慶. 明封鄭成功為威遠侯. 明帝朱由榔奔廣西南寧,去廣東肇慶.流遷頻仍,內岐分吳楚二黨,吳黨馬吉翔,慶陳邦傳,楚黨李元允文瞿式耜,互鬥死敵.朱由榔命盟於太廟,然不能解. 清山西大同總兵姜瓖起兵降明 幽禁肅親王豪格至死． 清將金聲桓以江西降桂王 李成棟以廣東降桂王 何騰蛟乘機回復湖南 台灣大肚王甘仔轄阿拉米(Camachat Aslane)駕崩,由其外甥甘仔轄馬洛(Camacht Maloe)獲選為繼任人選.
		6	己丑	**1649**	明永曆 3 年　明監國 4 年 清內定三院官制 清封孔有德、耿仲明、尚可喜為王. 取大同姜瓖死之 明封鄭成功為廣平公. 明魯王走居舟山. 清克南昌金聲桓死,又逼信豐李成棟死. 清爾哈朗取湖南何騰蛟死之 清豫親王多鐸死　清耿仲明於吉安自殺 荷蘭人在台灣麻豆社,赤崁設學校. 並在荷蘭購買 120 頭牛運來台灣,作為耕種與交通工具.

朝代	帝王	國號	干支	西元	紀要
		7	庚寅	1650	清順治7年　明永曆4年　明監國5年. 清攝政王多爾袞狩獵墜馬膝蓋受傷不治病逝,享年39歲.追尊誠敬義皇帝. 清軍陷廣東韶關,桂林, 明永曆帝朱由榔奔廣西梧州,再奔廣西南寧. 俄遠征雅克薩城,破索倫部
清	清世祖 福臨	8	辛卯	1651	明永曆5年　明監國6年 清世祖福臨順治親政 14 歲,宣示多爾袞罪狀,奪封典襲爵.並削其兄英親王阿濟格削爵賜死.到乾隆43年(1778)才得昭雪,「還復睿親王封號,追謚曰忠」 欽定科舉條例制定各直省鄉試考官條例及八旗舉制鉗制思想擴充官僚軍. 清兵攻浙江舟山,明監國朱以海奔福建金門,依附鄭成功.鄭成功取同安諸邦,魯王自去監國號. 鄭成功大將施琅營士兵犯法,鄭成馳令勿殺,施琅逕斬之,剃髮降清. 明永曆帝奔廣西. 清兵陷舟山,魯王遁入 鄭成功在崇武、漳等地用兵,大敗清兵,擄獲大批馬匹輜重,成立十營及設局督造盾牌火箭等武器. 施琅得罪鄭成功,投降清朝,被授以同安副將一職.　沈光文遇颱風飄至台灣 俄人進抵伯力,築雅克薩城.
		9	壬辰	1652	明永曆6年 明孫可望劫持明帝朱由榔由南寧赴安隆所(貴州安龍),形同囚犯. 明李定國克桂林,清孔有德自焚死.清尼堪自湖南衡陽擊李定國,中伏,戰死. 鄭成功克福建漳州,佔海澄,大敗陳錦明軍,獲大量衣甲馬匹彈藥,又連續擊敗清馬進寶援軍,及金勵萬餘騎兵.聲勢浩大.清改變「清剿」而用「招撫」 清命洪承疇經略湖廣雲貴　清殺北京大豪李三 清寧古塔軍擊俄人,失利. 8.6.~9.10.郭懷一率眾約四千人從新港麻豆蕭壠大目等地反抗荷蘭失敗,數千人被荷蘭人殘殺.史稱『郭懷一事件』
		10	癸巳	1653	明永曆7年 清定錢糧用一條鞭法 嚴申逃人法 定御史為二十員 制寺人官不得過四品 廢皇后博爾濟吉特氏為靜妃.. 冊董鄂氏為皇貴妃. 「清廷冊封達賴為西天大善自在佛」1652.12.15.達賴五世至京師謁見順治皇帝,1653.1.11-16,順治帝兩次宴達賴五世,賜金器彩緞鞍馬,2.20.達賴辭歸,4.22 順治帝遣禮部尚書覺羅郎球等寺封達賴五世為達喇嘛的金冊,金印.封達賴五世為「西天天善自在福所領天下釋教普通瓦赤喇怛喇達賴喇嘛」,達賴自此正式得到「達賴喇嘛」的稱號. 5 月清將金勵軍在海澄圍鄭成功,俱被襲擊敗退.鄭成功遣定西侯張名華率海軍入長江,陷京口(江蘇鎮江)而還,明桂王(永明王)封鄭成功為延平王. 普羅民遮城完工 清封德國耶穌教教士湯若望為通元教師 荷蘭人加強普羅民遮城(Provintia)今赤嵌樓工事

朝代	帝　王	國號	干支	西 元	紀　要
清	清世祖 福臨	順治 **11**	甲午	**1654**	明永曆 8 年 清皇三子玄曄,名愛新覺羅生(1654~1722)即康熙帝.8 歲即位,廟號清聖祖 行編審戶口法 停命婦更番入侍后妃例 鄭成功攻據舟山,清封為靖海將軍海澄公,鄭成功不受.清再遣葉成格,偕弟鄭渡往,許割(福建)福、興、漳、泉四府歸明,鄭成功再拒之.報父鄭芝龍書曰「萬一不幸兒唯有縞素復仇以結忠孝之局」清大怒錮鄭芝龍於高牆. 清孫可望劫持明永曆帝朱由榔於貴州安隆所. 清將耿繼茂移鎮桂林 清明安達里敗俄將斯特巴諾於松花江口,俄使來北京覘虛實.
		12	乙未	**1655**	明永曆 9 年 清世祖福臨於宮內十三衙門立鐵碑,嚴禁宦官干政. 清鄭親王濟爾哈朗卒 清兵再擊俄人於呼瑪爾,糧盡而退,廣東略定. 清軍大舉攻明,盡復湖南廣東之地,明李定國連敗,西走南寧. 鄭成功置官屬,有二館,二司,二局,及吏,戶,禮,兵,刑,工六官. 鄭成功 1 月收復仙游.5 月收舟山.、揭陽、普寧.. 清立內 13 衙門鐵牌,嚴禁宦官干政.頒大清「滿字律」 定貢例,歲進白駝一,白馬八,謂之「九白」 荷蘭使節戈義爾,晉見福臨皇帝,行三跪九叩重禮 沙俄遣使抵京,為沙俄使京之始.
		13	丙申	**1656**	明永曆 10 年 清軍入廣西南寧,逼近明帝朱由榔囚地貴州安隆所,李定國急擁永曆帝朱由榔直奔雲南 清撤各省守催錢糧滿官,令貪贓官吏籍收產業,停正滿官權開 免去大學士兼議政大臣職 1 月清命編通鑑全書,孝義衍義. 2 月清停福建鑄錢. 4 月鄭成功與清軍「圍頭海上之戰」大捷,清軍潰不成軍,慘敗而歸. 　鄭成功大將黃梧叛離,據海澄剃髮降清,閩安重鎮失守,羊山海面遇風等,延誤北征. 6 月清廷頒行「海禁政策」凡沿海口岸,不許船隻進入. 7 月鄭成功收復閩安,但攻福州不克. 11 月清禁白蓮教,聞香等教. 12 月鄭成功攻羅源等地,　清再招降鄭成功不成. 白晉 1656 年生於法國,1685 年法王路易 14 派隨法天主教團來華,1688 人抵北京,講授天文曆法醫學化學藥學等,頗受康熙賞識,1697 年帶康熙書回法國
		14	丁酉	**1657**	明永曆 11 年 1 月清禁投拜門生.清以滿人流於文弱,限制其生重考試,並禁代充兵役. 　鄭成功攻溫州.　明封鄭成功為延平郡王,賜上方寶劍,便宜從事. 4 月清流徙鄭成功之父鄭芝龍於寧古塔(黑龍江寧安),籍沒其家. 7 月鄭成功攻興化,下台州.清兵取閩安,鄭成功退守廈門 8 月孫可望反,舉兵犯滇都,李定國敗之於曲靖, 9 月清削孫可望官爵,10 月孫可望降清,封為義王. 12 月清命吳三桂攻雲南. 荷蘭人派何斌與鄭成功談判　清治科場獄　洪承疇奏請三路大舉攻桂王 清軍攻雲南,明秦王孫可望戌守,身邊大將白文選於陣前叛離,孫可望知人心已去,剃髮降清,清封為義王.

朝代	帝王	國號	干支	西元	紀要
清	清世祖 福臨	順治 15	戊戌	1658	明永曆 12 年 1 月明封鄭成功為延平郡王,賜尚方劍,便宜行事. 7 月清改定滿漢官品,改內三院為內閣. 置殿閣大學士 清重治科場獄 9 月鄭成功收復象山. 鄭成功大舉北伐,自崇明入長江,直趨南京.遇颱風,碎船數十,漂流七八千人,鄭成功子鄭濬鄭浴鄭溫皆溺死,乃引軍還.南明桂王封鄭成功為延平郡王 清三路攻雲南,明寧王李定國據雙汀口,大敗,明帝朱由榔奔永昌(雲南保山) 清兵敗俄人於松花江上游. 俄築尼布楚城
		16	已亥	1659	明永曆 13 年 1 月清兵入明滇都,永昌,明永曆帝走騰越.. 2 月明清兵大戰於潞江西磨盤山,明兵敗,清亦損兵折將甚巨,遂回師.明永曆帝已遁走緬甸. 3 月清命吳三桂鎮雲南,尚可喜鎮廣東,耿繼茂鎮四川.李定國鎮猛緬. 閏 3 月清申嚴誣告之禁 4.21.荷蘭人解除何斌的通事及徵稅職務,隨後何斌轉向投效鄭成功,並遊說鄭成功奪取台灣. 5 月緬人將明永曆帝移居者梗. 7 月鄭成功再大舉北伐,入長江,連陷江蘇瓜洲鎮江,攻南京旋敗退.東南大震.清郎廷佐皐詞請寬 30 日,繼以騎兵夾擊,鄭成功大敗退守福建廈門、金門.清殺明宗室朱義盛等人 9 月鄭成功攻崇明,不克. 10 月鄭成功至廈門,差使人赴緬甸,告敗於明永曆帝. 清攻雲南永昌,明永曆帝朱由榔奔緬甸,緬人置之赭𥒲.吳三桂入緬俘殺永曆帝. 12 月白文選移駐猛壤.
		17	庚子	1660	明永曆 14 年 1 月清禁官吏私交,私宴,慶賀,餽送.禁士子集會結社.訂盟. 定都統參領佐領等官名. 4 月白文選攻緬甸不克. 吳三桂請進兵攻緬甸 5 月清兵攻廈門,鄭成功不敵,卻之. 7 月寧古塔總管巴海奏破羅剎於費牙喀西部. 8 月清雅州守將郝承裔反正,逾八月敗死. 9 月安南國王黎維祺向清表陳貢物. 10 月清罷朝鮮貢鷹. 11 月明免江西 46 州縣去年旱災額賦. 清再敗俄軍. 耿繼茂移駐福建 1660 年法國商船至廣州,1698 年設置商務經理.
清	清世祖 福臨	18	辛丑	1661	明永曆 15 年 1.7.清世祖福臨卒,遺昭罪己, 9 日三子玄燁(1654~1722)嗣位,是為清聖祖,年號康熙.時年 8 歲,由四大臣:索尼、蘇克薩哈、遏必隆、鰲拜輔政. 1669 年免鰲拜職 1681 年平定三藩,1683 年收復台灣 1688 年國至天山南路、外蒙、青海,抵抗俄國,邊疆安定,治黃河,興文教,重科學,倡農耕,民富國強 1722 年病死.在位 61 年享壽 69 歲. 2 月清以宦官貪恣,裁罷十三衙門,復設內移府 復設三院

朝代	帝　王	國號	干支	西 元	紀　要
清	清世祖 福臨	**18**	辛丑	**1661**	清吳三桂攻緬甸,緬甸執明永曆帝朱由榔送吳三桂,**明亡**,立國 294 年. 2 月鄭成功在廈門召全部將領決定立即出兵台灣. 3 月鄭成功安排好全面軍事準備,並將大軍從廈門移駐金門. 4.4.普羅民遮城守將投降. 4.21.鄭成功率軍至澎湖,再攻台灣. 30 日鄭成功在鹿耳門登陸,荷蘭不敵請和退出,鄭成功遂據台灣. 5.2.鄭成功定台灣為東都,赤崁為承天府,置天興、萬年二縣,改大員為安平鎮.鄭成功命軍隊至各地屯墾. 清防止福建沿海居民協助鄭成功,下令遷移同安等縣八十餘人至內地 鄭成功與大肚王國發生衝突,鄭軍高凌被殺,楊祖中標槍死,鄭成功派黃安及陳瑞進攻,誘殺大肚王阿德狗讓,戰火遍及大肚社及至 Taurinap 等村.. 8 月清鑄康熙通寶錢 10 月清於寧古塔(黑龍亟寧江) 斬鄭芝龍,滅其族.並遷沿海居民於內地. 吳三桂攻緬甸 12.13.荷蘭揆一獻熱蘭遮城投降,荷蘭據佔台灣共 38 年,就此結束. 明史案, 莊廷鑨著,貶斥統治者清認反清,遂興大獄,凡刊刻銷售參與事者,均株連治罪.莊廷鑨早死,但家數人均被斬.,為清取大文字獄. 荷蘭人聽聞台東大武山之東有一座「大龜文王國」「黃金山城」欲借道屏東縣獅子鄉與台東縣達仁鄉 320 平方公里處,昔日排灣族山胞建立「大龜文王國」荷蘭派 500 餘兵借道採金,被山胞頭目邏伐尼耀及鳩冷二人率領家族三千多人反抗,最後荷蘭只剩三人存活,其餘不是戰死就是逃走.
清	清聖祖　玄燁	康熙 **1**	壬寅	**1662**	明永曆 16 年　　康熙(1662-1722)玄燁為世祖之子在位 61 年. 吳三桂在雲南以弓弦絞死明永曆帝朱由榔,焚其屍.**明朝滅亡**. 李定國據緬甸京棟力謀恢復,聞朱榔死,皆解體,李定國悲憤瀸卒. 清軍攻滅『夔東十三家軍』武裝抗清基本上遭到撲滅. 2.1. 鄭成功攻下熱蘭遮城,荷蘭人投降,**收復台灣,結束荷蘭(1642-1662)對台灣 38 年長期的統治** 9 日鄭成功佔領台灣,以明臣子職份,告於山川神祇,永遠效忠明室的心跡. 鄭成功部陳霸叛降於清 4 月吳三桂虐害明永曆帝,及其太子,其后妃公主皆送北京. 5.8.鄭成功猝逝,享年 39 歲.,子鄭經繼位. 6 月鄭經在廈門發喪嗣位,以周全斌為五軍都督,以陳永華為諮議參軍,馮錫範為侍衛. 明永曆帝被害 11 月鄭經抵台灣.　　明魯王死台灣
		2	癸卯	**1663**	明永曆 17 年 1 月鄭經得知桂王在雲南遇害,仍奉「永曆」年號,返回廈門. 寧靖王朱術桂抵達台灣,營府邸於赤崁,即今日台南大天后宮. 3 月荷蘭船至福建,求助攻台灣,並求貿易 4 月清准吳三桂在雲南鑄. 5.26.鄭經在金門大敗清兵及荷蘭聯軍. 6 月鄭泰被鄭經扣留,自殺.鄭經對五商十行的控制力大減. 鄉會試停止用八股,改用策論. 獄起誅殺甚眾 耿繼茂取廈門 文字獄結案 浙江湖州莊胤城私刻明史,獄起誅殺. 6.23.(農曆五月初八日)鄭成功在安平王城病逝,由同父異母世子鄭經嗣位. 8 月清改鄉會試八股文為策論表判. 10 月鄭經部下何義等叛降於清,鄭經兵攻海澄,不克. 清兵及荷蘭船攻佔廈門,金門,鄭經走台灣.

朝代	帝　王	國號	干支	西元	紀　要
		康熙 3	甲辰	**1664**	明永曆 18 年 1 月清裁會試副榜 2 月清禁督撫私設賞功將材,傳宣,聽用等材官. 3 月鄭經放棄閩南沿海各島金門、廈門,退守台灣,改東都為東寧,改天興、萬年 2 縣為州,厲行「遷界」嚴禁非利 派劉國軒往半線屯田威脅大肚王國 明遺臣張煌言被清趙匡臣斬於浙江杭州 5 月申禁州,縣私派. 6 月禁民間私市馬匹.　賜荷蘭王緞匹,銀兩. 10 月荷蘭船至閩安,候助攻台灣　楊督施攻台灣
清	清聖祖 玄燁	4	乙巳	**1665**	明永曆 19 年 明史獄起 仍用八股文取士 復給孤貧口糧　免順治十八年以前逋賦. 併各省督撫 令故明朱氏宗族易姓隱避者各回籍安生 三桂平水西酋 清大學士洪承疇卒 明鄭經在台灣台南興建「先師聖廟」並立「國學」 4 月施琅首次率軍進攻台灣,半途遇颱風折返. 8 月備修明史 9 月禁鈔關額外苛索 10 月鄭經部將朱英叛降於清 12 月禁督撫收受州,縣餽遺. 白進等人測量以畿輔水患地圖;1708 至 1717 年又測繪全國地圖,成為中國第一部測量的中國地圖**【皇輿全覽圖】**流傳二百餘年.
		5	丙午	**1666**	明永曆 20 年 令安南繳送所受明永曆帝敕印,否則絕其貢使. 鄭經在承天府寧南坊(台南市)建孔廟. 鑄造永曆錢 仿明制科考三年考一次 明朝末年,安南分裂為大越、廣南二國,大越為黎氏所建,都河內;廣南為阮氏所建,都順化.黎氏內附清廷繳送永曆帝敕玉印,清冊封黎維禧為安南國王 吳三桂平土酋之亂 奉准在滇東設流官 范文程卒 清輔政大臣鰲拜調換正白旗及黃旗所圈民地,殺害蘇納海朱昌祚王登聯等
		6	丁未	**1667**	明永曆 21 年 1 月廷遣使赴台灣招鄭經,未獲結果. 清聖祖玄燁 14 歲親政,四輔臣鰲拜橫傲跋扈,造罪名陷輔政功臣蘇克薩哈 部令詔各省例督撫管理從之 定徵收錢糧期陽 索尼卒 沈王甫等逆詩之獄起,死者頗眾. 吳三桂請解雲貴事務 鰲拜誣蘇克薩哈罪,絞死,諸子悉斬 索倫部酋長根忒木爾投俄. 荷蘭噶嘍吧王遣使來朝奉獻
清	清聖祖 玄燁	康熙 7	戊申	**1668**	明永曆 22 年 1 月清廷裁撤福建水師提督,盡焚沿海船艦,表示無意經營海上. 9 月荷蘭人自雞籠撤離　林圯遭水沙連原住民殺害. 命鄉會試停止策論,恢復八股取士　詔仍行跪奏禮　詔求精通天文占候者 修叩閣之例　令清理刑獄　裁湖廣總督 南懷仁言欽天監造曆謬誤,清命官員審理鑑定 定外國非貢期不許貿易.

朝代	帝　王	國號	干支	西 元	紀　要
		康熙 8	己酉	1669	明永曆 23 年 丁丑幸大學釋奠於孔子 裁直隸山東河南總督 甘文焜平雲南阿戎之亂 清康熙皇帝擒禁鰲拜及 13 黨羽專暴,削爵禁,抄家產.揭開「康盛世」 康熙帝宣布「更名田」亦稱「更名地」. 明代藩王庄田遍各地,明末戰亂,諸王宗室被殺被逐,喪亡殆盡.清廷 1668 年將其分別荒熟作價賣給農民,1669 年下令「將前明廢藩田產給予原種之人,改為民產,號為更名,永為世業.」 清禁旗人圈占民地 清欽天監正楊光因先曆法錯誤革職,用比利時人南懷仁為欽天監監副 清永禁旗人(女真人即滿洲人)圈佔民地(1644-1669 歷 26 年) 中國四大藥店之一『同仁堂』在北京開業.
清	清聖祖 玄燁	9	庚戌	1670	明永曆 24 年 滿漢官員品級劃一,禮儀享受均都齊一 設殿閣大學士 復設四川湖廣福建總督 遣使至尼布楚,命交逋逃. 葡人臥亞總督以葡王名義入貢,中國始正式允其通商. 5.7.英國人與鄭經通商,英船至東寧 7.27.鄭經王朝與英國就非正式通商條款達成 37 條協議. 鄭經部將林伯馨降清 劉國軒鎮壓斗尾龍岸番、沙轆社、大肚番,居民逃入水沙連.
		10	辛亥	1671	明永曆 25 年 清靖南王耿繼茂卒,子耿精忠襲,爵仍鎮福建. 罷衙門通事 魏俞介乞休命回籍調理 癸丑置日講官 御史趙琴請加官俸 罷民間養馬及以馬駕車之禁 袁江(1671-1746)字文濤,江蘇揚州人,精繪畫,獨樹風格的袁氏畫派..
		11	壬子	1672	明永曆 26 年 頒聖諭十六條　允福全等奏辭議政　康清王傑書等奏辭議政不允 稅糧以四斛作一石征收,從明年起依舊改為兩斛. 『松竹齋』改名『榮寶齋』在北京開業. 6.21.英國東印度公司商船抵安平.　8.22.與英國正式簽訂通商條款 13 條. 厄魯特噶爾丹請准遣使進貢
		12	癸丑	1673	明永曆 27 年 康熙帝下令撤藩,將吳三桂、耿精忠、尚可喜三藩撤除,其軍權、財政、及人事權均由朝廷收回,結束各自擁兵、獨霸封地、尾大不掉的局面. 吳三桂因清廷撤藩而發動叛亂「三藩之亂」(1673-1681)吳三桂,耿精忠,尚可喜三藩反清改國號為**周**,至 1681 三藩始平 「朱三太子案」楊起隆假崇禎皇帝三太子名京師起義,事洩被捕凌遲處死. 封暹羅國王,賜誥命銀印. 禁八旗奴僕隨主殉葬　令荒地開墾後,十年起徵科　禁民間養馬 命重修太宗實錄 廷議撤藩　停撤平南靖南二藩 殺巡府朱國治以明年為周元年 援孫廷齡為撫蠻將軍守廣西 沈光文設私塾,教育平埔族人

朝代	帝　王	國號	干支	西 元	紀　　要
清	清聖祖 玄燁	康熙 **13**	甲寅	**1674**	明永曆 28 年　周大元帥吳三桂元年 以造儀象成，　南懷仁鑄神威大炮,武裝部隊. 吳三桂兵陷湖南沅陵常德長秒衡陽. 耿精忠據福建起兵反清,鄭經助之.　湖北襄總楊來嘉據湖北穀城叛 廣西提督馬雄總兵馬義,陝西提督王輔臣,各率所部叛,先後起兵響應吳三桂,清大震. 清命尚之孝襲封平南王,　　殺吳三桂子吳應熊 吳三桂鑄錢『利用通寶』命部屬全部剪去頭髮辮子,改換漢裝,尚可喜之子尚之信在廣州起兵響應,形成『**三藩之亂**』1681 年清軍平定 5 月鄭經乘機攻佔廈門. 6 月鄭經入泉州, 10 月佔漳州
		14	乙卯	**1675**	明永曆 29 年　周大元帥吳三桂 2 年 立皇二子允礽為皇太子　封焞為朝鮮國王 王輔臣陷甘肅諸府縣及漢中　耿精忠告援於明鄭經,約共攻廣東,許諾福建漳州泉州為酬.及鄭經渡海峽與之合軍陷廣東惠州,耿精忠悔約,鄭經怒,回軍自攻陷漳州,清黃芳度投井死　　清封尚可喜為平南親王 鄭經失永定 蒙古察哈爾部反,討平之.揆一(C.E.S.)撰成「被遺誤的台灣」 英人到廈門通商
		15	丙辰	**1676**	明永曆 30 年　周大元帥吳三桂 3 年 尚之信囚其父尚可喜,起兵應吳三桂,尚可喜憤懣卒. 耿精忠降清 閩正修明史 鄭經兵敗福州,轉攻廣昌　　攻取邵武,並攻延平 清夏圖海敗吳三桂於甘肅平原,王輔臣降清. 康親王傑書率兵入閩,耿鄭失和,曾養性以溫州降,精忠亦降清 清仍以耿精忠為鎮將軍 俄遣使至北京獻方物
		16	丁巳	**1677**	明永曆 31 年　周大元帥吳三桂 4 年 略秀,買賣婦女,為首者絞刑. 靳輔治河,築堤疏浚導引黃河淮水入海. 設南書房簡張英高士奇等入供奉 吳三桂向向之信索餉,款十萬兩,尚之信悔. 尚之信降清,並受命討伐吳三桂 清軍襲廣東韶關,尚之信密奏乞降,清命其襲平南親王. 春勒爾錦進規湖南失利退守荊州,取漳州等地. 喇布等略定江西入廣東.準噶爾部併天山南路. 清軍陷泉州,入漳州,鄭經退保廈門,兵略泉州.部將劉國軒棄惠州..
		康熙 **17**	戊午	**1678**	明永曆 32 年　周帝吳三桂昭武元年　吳世璠洪化元年 詔修明史 清舉博學鴻儒科,七十一人應試 孫廷齡復投清吳三桂,遣世琮殺之 吳三桂在湖南長沙稱帝,國號周.僭號於衡州改元昭武,旋即死. 鄭經將劉國軒破海澄,長泰,漳平,其水軍亦攻廣東沿海. 鄭經兵略南安等縣,攻泉州.　傑書奏敗鄭兵於江東橋等處. 3.16.清廷重申遷界令,上起福州,下至詔安,遷徙居民,鄭經商業受嚴重打擊. 8 月吳三桂 67 歲死亡,孫吳世璠嗣位. 西洋國王阿豐素遣使進貢獅子

朝代	帝　王	國號	干支	西 元	紀　要
		康熙 **18**	己未	**1679**	明永曆 33 年　周帝吳世璠洪化 2 年 禁奴僕投充營伍挾制家長. 清試博學鴻儒 143 人於體仁閣,取 120 人一等彭遹孫,二等李泰來等五十人 詔徐元文等纂修明史定錢制 設錢法 12 條,每錢重一錢四分. 鄭經立鄭克壂為「監國」鄭經入閩海澄圍漳泉 清喇布統軍南攻,連陷湖南岳州長沙衡州.吳世璠奔貴州貴陽. 福建總督姚啟聖於漳州設「修來館」招降鄭經部眾. 鄭經兵江東橋等地,部將鄭奇降清
		19	庚申	**1680**	明永曆 34 年　周帝吳世璠洪化 3 年 清禁旗人私往外省挾詐囑托. 尚之信母舒氏胡氏告其忤逆,張永祥告其謀反,王國棟上表罪,尚之信弟憤王國棟賣己,誘殺之,清賴塔圍捕,斬尚之信尚之節兄弟. 清規定對外貿易的人叫「行商」,經營的公司叫「洋行」(核准 13 種類別洋行 1782 年洋行成永久性組織)洋行.之外尚有:通事、買辦、管店、司事、及工役等人.外國商務人住所及辦公處叫「商館(Factory)」 (the residence and office of the factor, the business agent).中國人稱「夷館」. 英國撤銷在台灣的商館. 英東印度公司在廣東設工廠. 鄭經戰清大敗,放棄內陸及金門、廈門,退守台灣東寧,10 萬大軍降清. 鄭經毀雞籠城,又西征失敗,2 月退守台灣. 青年革命家陳永華病逝. 年羹堯(1679-1726)翰林院學士,父為湖廣巡府,妹為雍親王側室,官至巡撫,鎮戍邊疆,多有戰功為雍正帝倚重,其權勢作威作福,招權納賄,排除異己,侵吞國帑殘平民,遭免職賜.
		20	辛酉	**1681**	明永曆 35 年　周帝吳世璠洪化 4 年 1.28.明延平郡王鄭經死, 30 日馮錫範殺鄭克壂,由子鄭克塽繼立,內部大亂 嚴禁通事詐欺外藩霸佔貿易. 撥發京倉米急濟蒙古飢餓災難 7.28.清廷以施琅為福建水師提督 清趙良棟攻雲南,吳世璠自殺,. 清破雲南昆明,吳世璠自殺,三藩之亂終,五將軍王貝勒貽誤軍機削爵治罪. 王世傑入墾竹塹(今台灣新竹)
清	清聖祖 玄燁	康熙 **21**	壬戌	**1682**	明永曆 36 年 重修太祖高皇高實錄.　纂修三朝聖訓及平定三藩方畧 清靖南王耿精忠為部將告其謀反,被捕凌遲梟斬磔死, 三藩『(耿精忠(耿仲明之孫)、尚可喜、吳世璠(吳三桂己死其孫)至是悉滅. 清封尚貞為琉球國中山王. 嚴禁漕糧私截　　減安南貢物 清部署對俄軍事,築城增兵,造船運糧. 湖北荊州人朱方旦刊刻秘書,大將軍勒爾錦題堂曰「聖人堂」,清逮之立斬. 西藏達賴五世死,第巴桑結秘不發喪. 清派彭春等偵察羅剎侵黑龍江事 雞籠山原住民叛亂,鄭克塽令通事招撫 顧炎武卒,其與黃宗羲王夫之並稱明末清初三大啟蒙思想家. 耿精忠(?-1682)吳三桂與耿精忠合兵入江西,邀台灣鄭經聲援,一時聲勢浩大,鄭經以耿精忠不遵約定,逕取漳州泉州,納耿軍降將官兵耿見大勢己去而降清.但被拘禁遭磔於市.

朝代	帝王	國號	干支	西元	紀要
		康熙 **22**	癸亥	**1683**	明永曆 37 年 潤 6 月清施琅戰船抵達澎湖攻台灣,鄭克塽出降,台灣遂入中國版圖,置台灣府,轄台灣、鳳山、諸羅三縣,澎湖設巡檢,置台廈兵道及總兵,屬福建省·添造京倉廠 81 座 6 月寧靖王與其 5 位姬妾自縊殉國(五妃廟) 8.18.清軍施琅攻台灣,鄭克塽降清,**延平國亡**(農曆八月十八日). 9.10.清廷封施琅為「靖海侯」 12.22.施琅上「台灣棄留疏」諫阻廷放棄台灣. 清封安南世子黎維正為安南國王. 諭邊疆提鎮宜常朝見 俄人匿居中國,清命與絕貿易,俄引軍自雅克薩城(黑龍江北岸)渡江攻璦琿(黑龍江黑河),中國兵船迎擊,俘俄六十餘萬人. 藏語文學繁榮,六世達賴倉洋喜措(1683-1705)著「倉洋喜措情歌」寓言書多
		23	甲子	**1684**	4 月**清施琅統一台灣**,設一府三縣即台灣府(設台南市)和台灣縣、鳳山縣(今高雄)諸羅縣(嘉義)三縣.,隸屬福建省.設「台灣鎮」下轄 10 營,總兵 1 名,副將 2 名,參將 2 名,游擊 8 名,守備 10 名,把總 40 名,班兵 10,000 名 台灣實施「編查流寓六部處分則例」清廷頒佈「渡台禁令」,但仍無法阻止閩、粵移民冒險渡過「黑水溝」來台灣. 允浙,閩,粵省百姓往海上貿易,捕魚　放鬆海禁,但火器不得出洋. 嚴禁分撥地畝時,圈占民田或以低劣地畝抵換良田. 允琉球送官生來國子監讀書. 准許民間開銅礦 建府城天妃廟,主祀「媽祖」 帝命纂修大清會典 琉球國遣陪臣子弟入監讀書許之 清聖祖康熙首次出巡,至 1707 年共六次南巡. 帝謁明太祖陵 取雅克薩附近田禾,命車臣汗絕俄人交易. 土謝圖汗攻殺札薩克圖汗,擄獲札薩克圖汗美麗姬妾和大批部屬.
		24	乙丑	**1685**	修政治典訓賦役全書 命靳輔于成龍來京議河工事務 明都統彭春攻俄雅克薩城,俄軍敗走尼布楚,中國軍毀雅克薩城而還,圖布爾青尋還築之. 海禁大開,在廣州、漳州、寧波、雲台山四地設有海關. 新墾田地永免圈占,禁圖強占民地,停止「圈地運動」 開放廣州作為商埠,葡萄牙、英、法、荷蘭、西班牙商船和商人,洶湧而至,在「台灣台南孔廟」設台灣府「儒學」 蔣毓英纂修「台灣府志」為台灣最早的地方志.
		25	丙寅	**1686**	清軍再圍雅克薩城,俄皇遣使請和,允之.　准荷蘭五年一貢,可由福建登陸 修成太祖高皇帝實錄及寶訓戒.　命修一統志,征訪遺書. 清在廣州設立洋行,又名「十三行」為官設 對外貿易商之始. 台灣陳辛反清,後又有諸羅吳球、劉卻二人舉事反清,可是都壯烈成仁犧牲 台灣諸羅縣設立新港、蕭壠、目君溜灣、麻豆四社「社學」鼓勵讀「三字經」「四書」「習字」 清朝下令『台灣駐兵丁,三年之中陸續更換』即所謂『班兵』 廣東客家人進入下淡水(今屏東平原)一帶墾殖.施世榜利濁水溪河水,築埤圳,灌溉,稱『八堡圳又稱厝圳』 俄派專人來中國北京請和,清康熙命閔明我前往回聘. 岳鍾琪(1686-1754)字東美,治軍嚴謹,逝後乾隆帝贊為「三朝武臣鉅擘」

朝代	帝王	國號	干支	西元	紀要
清	清聖祖 玄燁	康熙 26	丁卯	**1687**	帝木檢閱於蘆溝橋 俄分界使臣抵蒙古,要多羅至船楞格斯克,命薩布素撤兵回黑龍江 禁溜詞小說　停歲貢生廷試,舉人就教職者,亦免廷試. 禁各省提督,總兵官斂取兵丁,餽送兵部. 台灣正式舉辦「科舉」考試 黃慎(1687-1768)字恭壽,恭懋,號瘿瓢子,福建寧化人.人物畫,如絲綸圖等.
		27	戊辰	**1688**	革大學士明珠職. 葛爾丹攻入爾喀三部,眾投漠南降.　解雅克薩城圍 以伊犁為首都的準噶爾汗國向外蒙古喀爾喀部發動攻擊. 噶爾丹可汗由科布多(蒙古科布多)大敗外蒙古,歸順玄燁大帝, 禁婦女從夫死 琉球遣三人入國子監讀書. 停止四川解送白蠟. 高翔(1688-1753)字鳳同,揚州人,布衣終身,畫家如樊川水榭圖,彈指閣圖等. 為中國製曆、鑄造槍砲軍器居功最大的為比利時籍南懷仁,歿於 1688 年 郎世寧(1688-1766)義大利人,擅長繪畫.建築家曾參與圓明園建築.
		28	己巳	**1689**	9.7.中俄簽訂**【尼布楚條約】**此為中國與歐洲國家間所簽第一個條約. 一·以格爾畢齊河為界上流循大興安嶺至海嶺南屬中國嶺北屬俄· 二·俄人退出雅克薩 三·為逋逃互不索回，今後不得收納，應拏獲送還· 四·自由交易· 法政治學家孟德斯鳩(Baron de Montersquieu)(1689-1755)創「三權分立論」
		29	庚午	**1690**	大清會典成 康熙第一次出征,大敗俄軍於噶爾丹,烏蘭布通之戰.抵達克魯倫河下游,深入內蒙古,到烏蘭布通(內蒙克什克騰旗南)在外興安嶺等地豎立界碑 台灣廈道王效宗、總兵王化行將鄭氏庭園改建為「**開元寺**」 平定噶爾丹叛亂,加強對蒙古控制 停止禁止民間養馬禁令
		30	辛未	**1691**	清帝玄燁至蒙古多倫閱兵,蒙古三部可汗在古北口朝覲,命去舊號,改封「親王」「貝勒」等爵,外蒙古自是劃入中國版圖 「提督九門」城內屬步軍,城外屬巡捕三營,設提督九門步軍巡捕三營統領 禁止天主教傳教 譯成通鑑綱目
		31	壬申	**1692**	河道總督王新命以侵盜庫銀革職,復用新輔為河道總督,輔固辭不許,旋卒,賜諡文襄　立火器營. 康熙帝至至泉山閱兵,預備向葛爾丹進兵. 王夫之、陸隴其、靳輔卒
		32	癸酉	**1693**	以畿輔米價騰踊嚴禁造燒酒　命費揚古為安北將軍備噶爾丹 清商人陳文等乘船渡海來台灣,因遇風暴,船飄至岐萊(今花蓮)停留四年,為漢人首次至台灣花東地區. 俄使到京入貢,允俄人北京互市 鄭板橋(1693-1765),又名鄭燮字克柔,主畫蘭竹石松菊梅,意境幽遠.,
		33	甲戌	**1694**	清廷設台灣府隸福建省　高拱乾編成『台灣府志』 河道總督于成龍革職留任　命兵部右侍郎李光地解任守制 噶爾丹汗侵略喀爾喀　俄羅斯在北京設立使館 修甘肅邊牆 福祿特爾(1694-1770)著名許多文學作品,攻擊貴族僧侶等上流社會 法國圭斯尼(Quesnay1694-1774)重農學派,鼓吹經濟自由主義.

朝代	帝　王	國號	干支	西 元	紀　要
清	清聖祖 玄燁	康熙 34	乙亥	1695	巡視新河及海口運道 準噶爾可汗謀結內蒙古索土謝圖親王,清命再擊之 玄燁統禁軍中路出獨石口(河北赤城北),剋期進攻 台灣人賴科向諸羅縣呈報「崇爻八社」歸化清廷. 徐懷祖撰成「台灣隨筆」 黃宗羲卒
		35	丙子	1696	康熙第二次親征噶爾丹,昭莫多之戰大捷,降其諸部落.噶爾丹往西竄逃 河南夏邑彭家屏,出生於西元前-1757 年,因【**大彭統計**】字句犯上,加罪文字獄.清聖祖玄燁康熙皇帝福臨賜死. 台灣新港人吳球反清
		36	丁丑	1697	清帝再親征噶爾丹,噶爾丹服毒自殺身亡.外蒙古和噶爾丹轄下科布多、烏梁海兩大地區,面積 180 萬平方公里土地,自此納入中國版圖. 「康熙皇帝」書介紹康熙文治武功,品德性格生活愛好一書在法國巴黎出版 清設立玻璃廠,「博山玻璃」工藝精湛,風格別緻. 命各省及滿蒙漢軍,拔文行兼優生員,為拔貢生,送國子監. 令宗室子弟與滿州諸生一體應試. 郁永河赴台灣北投採硫礦,作「裨海紀遊」
		37	戊寅	1698	法國第一艘「海神」號船來到中國廣州. 閱漕河及要兒渡等堤岸 霸州等處開濬新賜名永定河 清帝五台山進香 以湖廣等九省米貴,禁燒酒. 郁永河撰成『裨海紀遊』
		38	己卯	1699	康熙帝玄燁奉母佟太后南遊至杭州 順天鄉考官李蟠姜宸英俱得罪 修濬永定河 停止浙江鑄錢 禁止第巴人貿易 孔尚任所寫名劇『桃花扇』上演,轟動一時,極為成功. 台灣通霄社番亂、北投社番亂
		39	庚辰	1700	清聖祖玄燁認為凡係皇族,何患無官,此後不准皇族應鄉會考試. 准河道總督張鵬翮奏封河神為金龍四大王 將湖廣陋弊八條立碑示禁.
		40	辛巳	1701	准直隸巡撫李光地奏裁永定河兵十千二百名 廣東連山猺人作亂殺副將林芳 永定河堤修建完成 吳敬梓(1701-1754)字敏軒,安徽全椒縣人著**《儒林外史》**.
		41	壬午	1702	調飭士子勒石大學 嵩祝連州平傜平亂,擒首事李貴等九人斬之 清聖祖玄燁赴五台山進香
		42	癸未	1703	黃、淮河堤修治十年粗成, 帝巡閱高家堰翟家垻等堤工 清聖祖福臨玄燁南遊杭州,北至塞外太原西安 熱河承德避暑山莊「熱河行宮」始建,1711 年康熙帝題「避暑山莊」門額 鎮竿(湖南鳳凰)紅苗叛,貴州提督李芳遠擊之,斬俘千人 廷恩賜免軍民年 70 以上者免一子徭役,80、90 以上者分賜絹,帛,米肉. 台灣孫元衡撰成『赤崁集』

朝代	帝　王	國號	干支	西 元	紀　要
		43	甲申	1704	清聖祖玄燁遣侍衛拉錫,探察黃河發源地拉錫至星宿海,歷時半年. 教皇令禁用天字及拜祖先.康熙捕之送往澳門. 鑄鑑斛,分發各省以齊糧制. 建立台灣第一所書院「崇文書院」 台灣江日昇撰成『台灣外記』 台灣諸羅縣築木柵為城 在左營舊城建城隍廟 命湖廣苗民通文墨者與漢人一起應試　頒布『標準鐵斛』統一全國量器
		44	乙酉	1705	以李光地為文淵閣大學士　康熙帝南巡 青海蒙古部立噶藏堅錯為達賴(真達賴)互鬥,和特部拉藏汗攻殺第巴桑結. 俄國派來華翰林院學習滿文、漢文、八旗子習俄文.雙方以拉丁文溝通.
		康熙 45	丙戌	1706	天津試開水田　各省設育嬰堂　嚴禁販賣大制錢 封拉藏為汗,並拘假達賴喇嘛 兩江總督阿山劾江寧知府陳鶴年貪酷特昭雪 命各省貪建立育嬰堂 封拉藏為汗並拘假達賴喇嘛赴京 富蘭克林(1706.1.17-1790.4.17.),美國科學家、政治家、天文學家,發明避雷針,主張廢奴隸制度,參與起草『美國獨立宣言』
		46	丁亥	1707	雲南李天極等偽託明裔作亂,擒斬之. 英格蘭與蘇格蘭合併,改稱「大不列顛王國」世仍稱英國. 羅馬教廷下令禁止天主教徒祭天祭孔,激怒康熙皇帝下令禁止天主教政策 俄宣佈佔領堪察加.
清	清聖祖 玄燁	47	戊子	1708	清玄燁帝有 35 子,各自招權黨奪皇太子位,而皇太子允礽素賢能,忽而癲暴,玄燁廢之,繼微聞諸子狀,因疑允礽狂病叩有他故,命窮治,之困得長子允禔令蒙古喇嘛巴漢格隆咒詛魔,八子自勒允禩與欄士張明德謀結,稱後必貴,圖立為太子.玄燁大怒,允禔革爵,允禩鎖拿,張明德立斬. 故明帝思宗朱由檢第三子朱慈煥,自明亡,世稱朱三太子,民間假其名為號召起義者,不佑凡幾,而朱慈煥流竄民間,貧困潦倒,改名張用觀,時年 76,攜子就山東兗州李方遠家為塾師,事露.康熙帝玄燁曰「朱某雖無謀反之事,未嘗無謀反之心」父子俱斬,妻女子媳一家自縊. 清文鑑 江日昇作「台灣外記」 墾殖戶陳賴章取得台北地區的「墾照」
		48	己丑	1709	玄燁命保奏可立為太子者,眾保奏八皇子允禩.玄燁追究先舉者,得大學士馬齊,革職拘禁.復立允礽為皇太子,斬巴漢格隆.康熙 51 年西元 1712 年再廢立允礽為皇太子 施琅撰成『靖浪紀事』 1709-1774 年修建**圓明園** 陳賴章是漢人在「大加蚋」「武勝灣」「大浪泵」今士林、中和、八里、關渡、觀音山等地大規模墾殖
		49	庚寅	1710	冊封六世達賴喇嘛 賑濟福建泉州府饑荒,命自明年起免天下錢糧,三年以內通免一周並命業主蠲免七分佃戶三分 **《康熙字典》**編成,張玉書,陳廷敬作「字彙」,張自烈編大型字典,1716 年成書,47043 個字. 命修滿蒙合壁清文鑑. 命八旗兵丁餉米計口支放,餘照時價銀給發. 周元文撰成『續修台灣府志』

朝代	帝　王	國號	干支	西 元	紀　要
		50	辛卯	**1711**	「江南科場案」清聖祖康熙興「**文字獄**」－戴名世著南山集,謂明末二帝朱由崧朱聿鍵千由榔應入明史,不應抹殺;方孝標滇黔聞,稱其記吳三桂事,考據確實;趙申喬書中句告訐.清帝玄炫命寸磔戴名世,全族皆斬.剉方孝標屍斬其子;金生死於獄.汪灝方苞作序,從寬免死(52 年始結案). 清詔命三年內分批免天下錢糧一年 土爾扈特來貢. 禁創建寺廟
		51	壬辰	**1712**	皇太子允礽癲暴日甚,玄燁復廢之,自是不言立太子,而諸皇子益烈. 清詔命今後滋生人丁永不加賦. 清派使團赴俄.　　與朝鮮定地界,立碑於小白山上. 圖理琛道經俄國,出使土爾扈特.　　宋儒朱熹位於大成殿十哲之次 明歲六旨萬壽特開鄉會恩科　　再廢皇太子允礽 始江南科場獄　　紅曲首領吳老化等降附. 命巡撫張伯行復任　　黜總督葛禮職 台灣知府周元文撰「重修台灣府志」
		康熙 **52**	癸巳	**1713**	諭言龜拜功大,給其一等男世職. 「南山集」結案,戴名世處死 康熙帝首建二廟「溥仁寺」和「溥善寺」 免除開礦之禁 諭大學士等文武試許其通融改試惟一次不中即著停止 左都御史趙中喬疏請立太子不許 教皇解散耶蘇會 清康熙帝冊封班禪額爾德尼,以後班禪轉世冊封,成為定制
		53	甲午	**1714**	從左都御史揆敍疏請禁各省提塘刷寫小報 禮部尚書王鴻緒進所撰明史列傳.命交明史館 查禁淫亂小說,毀書銷版,違者徙流有差 諭刑部寬獄囚　　不再征「人丁稅」 意大利宮廷畫家教士郎世寧來華. 耶穌會教士雷孝思(J,Begis)、馮秉正(Jos.de Malla)、德瑪諾(R.Hinderer)等人測繪台灣地形圖,並勘丈里數 33 天(4.18.~5.20.),完成部份『皇輿全覽圖』. 清廷定台灣以大甲溪為界,視淡水為化外之地,非有官照,人民不得私行.
清	清聖祖 玄燁	**54**	乙未	**1715**	曹雪芹(1715-1763)名霑,字夢阮,號芹輔、芹溪,祖籍遼陽. 革江,蘇巡撫張伯行職,旋令權倉場總督. 命肅州總兵路振聲駐防哈密 以厄魯特策妄喇布坦侵掠哈密命富寧安費揚古備之 遣傅爾丹等屯田哈密 準噶爾策妄喇布侵哈密,破之. 陳瓊出任福建巡撫 台灣平埔族原住民頭目阿穆,協助漢人開墾台中地方.
		55	丙申	**1716**	命蘇爾德經理圖呼魯克等處屯田 免安南貢犀角,象牙. 戶部議准御史董之燦奏嗣世民間買賣地畝其丁隨地輸課 戍兵布隆吉爾 免除行軍山西大同至甘肅洮州等地明年額賦. 策妄衲拉布坦可汗遣大將大策零敦多率奇兵襲西藏 東印度公司設立管理會 台灣炭里裡社土官阿穆請墾台中貓霧捒之荒地. 丁銀攤入地廟

朝代	帝　王	國號	干支	西 元	紀　要
		56	丁酉	**1717**	清禁天主教,除南懷仁照常外,嚴禁國人入教.　嚴查白蓮教 御纂周中易折中賜群臣　增兵戍噶斯口路　澎湖築城 台灣陳夢林撰成『諸羅縣志』 定商船出洋貨易法,除日本外,呂宋等地皆不准往. 梅準噶爾兵陷拉薩,殺拉藏可汗,執所立達賴六世幽之,西藏亂
		57	戊戌	**1718**	清封琉球王尚敬為中山王 清在西藏用兵,援兵敗於哈喇烏蘇河 . 授皇十四子允禵為撫遠大將軍,統軍征侵藏之準噶爾兵.1720 年將其逐出西藏,年羹堯為總督 . 朱天保奏請復立胤礽為皇太子,旋殺朱立保. 曹雪芹生(1718-1764)著「紅樓夢」渠名霑,字夢阮,號芹,芹溪,祖籍遼陽. 台灣新設「淡水營」守備 1 名統轄 500 名兵,駐防淡水.
		康熙 **58**	已亥	**1719**	頒布「皇輿全覽圖」 命許關羽後裔得以世襲博士 安南國王黎維正卒,封其世子黎維祹嗣安南國王. 俄遣使至北京改訂商約,清強其行跪拜禮,遭拒.　命截留江西湖廣漕米備荒 劉墉(1719-1804)諧稱「劉羅鍋」「劉駝子」山東諸誠人,政治人物,擅書法,官至太子太保.劉墉告發徐述夔「大明天子重相見,且把壺兒擱半邊」「明朝期振翮,一舉到清都.」被開棺戮;屍,孫輩徐食書等被處斬. 台灣彰化地區大租戶施世榜建築八堡圳,引濁水溪至二水,開拓東螺堡. 台灣八堡圳完工,為台灣最大水利工程.
		59	庚子	**1720**	清軍入拉薩, 岳鍾琪等平定西藏新呼畢勒釬封為達賴六世,命西寧都統延信護送入藏.在拉薩大昭寺立「平藏碑」撤消可汗稱號,土伯特國號,改稱西藏.西藏從此 160 萬平方公里的西藏(包括藏、衛、康)併入中國版圖. 任命故拉藏汗康濟乃當「前藏」最高執官(固山貝子,噶布倫),另一位僚屬頗羅乃當「後藏」最高執官(台吉,噶布倫),把喀木(四川省西部及西藏東部)巴塘(四川巴塘)以東,劃歸四川省. 留蒙兵二千以拉薩舊臣貝子康濟鼐掌藏台吉頗羅掌後藏 羅馬教廷二次重申不准天主教祭天祭孔,康熙怒詔禁止西洋人在中國傳教 冊封李昀為朝國王　俄遣使至京請訂商約不成. 李丕昱撰成『鳳山縣志』,陳文達、王禮撰成『台灣縣志』
清	清聖祖 玄燁	康熙 **60**	辛丑	**1721**	台灣知府王珍稅歛捕私伐山林木民悉斬. 「朱一貴反清」4.19.高雄鳳山黃殿等聚眾起兵,推朱一貴為首領,與羅漢卿等在羅漢內門(今高雄縣內門鄉)結盟, 杜君英隨響應,聚眾出擊攻下崗山塘,27 日官兵在赤山(今高雄縣鳳山)大敗,台灣全都淪陷, 文武官員逃往澎湖 5.1.朱一貴攻入府城,自立為「中興王」建國號「大明」年號「永和」府城.並且大封臣功.6.14.清廷令福建水師提督施世驃和南澳鎮總兵藍廷珍渡海平亂,閏 6.7.朱一貴在溝尾庄(嘉義縣太保)被捕押返北京凌遲處死.. 台灣下淡水地區廣東籍墾民組成「六堆」號稱「義民」,與福建墾民相互爭地鬥毆殘殺,是台灣首次出現的群居墾民分類械鬥 1721~1740 年英國人在中國購物,規定 94.9%用「金銀」,5.1%可貨物交換.
		61	壬寅	**1722**	清聖祖下令驅逐俄羅斯人,並斷絕通商.　定密封法 清康熙皇帝聖祖玄燁帝崩在位 61 年,1723 年葬景陵,享年 69 歲,胤禛即位,是為世宗. 康熙第四子胤禎善心計,體聖意,深得康熙好感,臨終奪嫡即位,稱雍正皇帝. 召滿漢文武大臣致仕人員年 65 歲以上 680 人,宴於乾清宮前名曰「千叟宴」

朝代	帝　王	國號	干支	西元	紀　要
清	清聖祖 玄燁	**61**	壬寅	**1722**	命諸王阿哥上一字改為允字 命修清聖祖仁皇帝實錄 清廷為治理台灣設「巡台御史」滿、漢各一人.後因巡台御史與福建巡撫為採米穀事兩相衝突,均遭到彈劾革職,至 1788(乾隆 53 年),廢止此制度.. 台灣首度劃定「番界」、築鳳山土城、台灣府建築木柵城牆、張達京被任命為岸裡社總通事. 朱一貴、李勇、吳外、陳印張阿山等人,被清兵五馬分屍裂賅慘死,親屬隨同罹難,朱一貴死後,鄉民封其為『台南州城隍綏靖侯』
清	清世宗 胤禎	雍正 **1**	癸卯	**1723**	清世宗愛新覺羅胤禎(1678~1735)聖祖之子,勤政愛民,查錢糧充車國庫,攤丁入畝,耗羨歸公,養廉罰貪,農業興旺,百姓安居樂業,國力強大,,1735 年驟死,傳云服食長生不老藥,又云為呂四娘刺殺在位 13 年終年 58 歲 攤丁入畝,又稱地丁合一,丁隨地起,改革賦役制度. 雍定秘密立儲,定「密封建儲法」密封置「正大光明」匾後,立皇四子弘曆為嗣子,.清海羅卜藏丹津發動叛亂,取消所封「王爵」「公爵」稱號,脫離中國主權關係.清遣年羹堯、岳鍾琪等平定,拘至 1755 年寬宥居京城不准擅出. 頒諭旨十一道調防督撫提鎮以下文武各官 申撤西藏駐防兵及西寧八旗兵設戍於察木多 追討皇后父費揚古為,一等公 封川陝總督年羹堯為三等公,征青海羅卜藏丹 除山西陝西教坊樂籍改業為良民 任命明史監修總裁各官 清除紹興府惰民丐籍 嚴禁天主教移教士於澳門. 命征訪績學之士興修明史 刻成律曆淵源 **台灣增設諸羅分縣為彰化**縣(縣治半線),置淡水廳、澎湖廳. 藍廷珍升任水師提督 台灣成立「台南三郊」商品深入農村,增加外銷,促進米、糖生產. 藍鼎元(1680-1733)福漳浦人,字玉霖,別字任庵,號鹿洲,作「東征集」 英國亞當斯密(Adam Smith1723-1790)著「國富論」近代經濟學鼻祖.
		2	甲辰	**1724**	清世宗允禛著「聖論廣訓」頒行天下 禁里長、甲首招攬代納錢糧,命儒戶、官戶、生監依例納糧/ 西寧郭隆寺喇嘛起應羅卜藏丹律,岳鍾琪等擊滅之. 續纂大清會典 世宗頒自製朋黨論 修寧夏渠 命內地所有衛所令併州縣 御製朋黨論頒賜群臣 全面推行『丁銀攤入地廟』 年羹堯平定清海,自是清海併入中國版圖 嚴禁百代賠州縣虧空錢糧,耗羨歸公與養廉銀： 補貼徵收賦稅損失,收入歸布政司,防官對民額外徵收. 命停捐例 郡王允禩革爵圈禁. 在西藏拉薩派駐大臣 封李昑為朝鮮國王 暹羅貢稻種,菓樹.並運米來廣州貿易. 郎世甯作「嵩獻英芝圖」 戴雲(1724-1777)字東原,今安徽屯溪人.協編**《四庫全書》**傑出思想科學家

朝代	帝　王	國號	干支	西 元	紀　要
清	清世宗　胤禛	3	乙巳	1725	清下令嚴禁鴉片.　　命八旗無產者受耕 停止竊賊人等割腳筋例　　修浙江杭州玉華亭海塘 雲南與安南定界　　嚴查私鑄錢幣 降郡王允經為固山貝子　　定土司承襲例 殺汪景祺(以作西征隨筆)　　新修律例成 王允祥等陳奏直隸水利營田宜命戶部議准辦理. 革貝子允禧爵 清世宗允禎忌年羹堯掌握兵權過重,誣密謀廢立,,革職,尋命其自盡,子年富立斬,十五歲以上之子,均充軍極邊煙瘴之地. 凡不滿帝語者處斬妻發為奴 台灣彰化鹿港「天后宮」始建 賜年羹堯自盡.
		4	丙午	1726	雲貴總督鄂爾泰奏請行改土歸流,雍正帝允令實行「**改土歸流**」 清世宗允禎帝加罪其弟允禩、允禟、允禵,革爵圈禁高牆.改允禩名為阿其那(豬),允禟為塞思(狗),二人尋皆毒,死屍骨無存.父遐齡,兄希光奪官免罪,子年富立斬. 禁用銅打造器物. 治理畿輔河道 不得私立儒戶.宦戶,包攬詭寄 立保甲法 嚴禁賭博,及售賣賭具,凡強盜者不論首從皆斬. 錢名世詩賦年羹堯平青海西藏有功,遭革職. 查嗣庭主考試題「維民所止」誣去「雍正」頭腳,革職下獄死. 汪景祺查嗣庭均浙江人,謂「浙江風俗澆漓」停正該省鄉會試,以示懲戒.. 台灣水沙連社骨宗反亂
		5	丁未	1727	中俄訂立【**恰克圖條約**】同勘邊界,訂約十一條,開蒙古恰克圖為商埠,劃烏得河中立地規定送外交文書人由恰克圖行走・　允俄學生教士來京. 清雍正帝設置駐藏行政長官大臣,全稱「欽差駐藏辦事大臣」又稱「欽命總理西藏事務大臣」 改台廈道為「台灣道」設澎湖廳,使台灣行政區變成一府四縣兩廳.府城大關帝廟列入祀典,成為「祀典武廟」. 嘉湖浮賦(蘇松於三年減免) 淡水營營盤移駐八里坌,清廷准許來台灣官員可以攜眷入台. 黃叔璥撰成『番俗六考』　　減命川陝滇遣兵入藏 平定西藏噶倫阿爾布巴叛亂.　清世宗詬殺舅父隆科多,禁錮終身 鄭汝魯進「河清頌」疑詞譏君革職,發揮長江堤岸工程效力 代命苗民姓氏 牛頓逝世,年 85 歲 葡萄牙國王派使臣亞勒散至北京,晉見胤禛皇帝亦行三跪九叩禮.
		6	戊申	1728	命復浙江鄉會試 授田文鏡河東總督管理河南山東二省事務 頗羅鼐擒阿爾布巴等 爆發「曾靜案」　命各省重修通志 郎世寧,意大利米蘭人,來中國傳教繪畫出一幅中國十大傳世名畫之一「百駿圖」流傳至今,現仍保存台灣故宮博物院,歷久不衰. 命西藏札薩克台吉頗羅鼐總管後藏並暫兼管前藏 台灣出現最早的「會黨」之諸羅縣「父母會」發生山豬毛社事件 法國在中國設立商館

朝代	帝　王	國號	干支	西元	紀　要
		7	己酉	1729	1729年開始禁食鴉片但未禁藥用鴉片.1810再申煙令.1842年鴉片戰爭中英訂南京條約. 廣西陸生楠著「通鑑論」評史籍,論封建處斬 方便西北用兵,設置軍機處.　頒行大義覺迷錄,刊佈天下. 命傅丹岳鐘琪伐準噶爾　曾靜遣徒張熙勸岳鍾琪舉事發覺,詔釋不問 戮呂留良呂葆中嚴鴻逵屍　荷蘭在廣州設東印度公司支店 廣東客家人簡嶽一族至拳山(今中正區公館及文山區)開墾,與當地凱達格族發生糾紛,,造成漢人數百人死亡,全族盡滅.(淡水廳志)
清	清世宗 胤禎	8	庚戌	1730	命傅丹岳鐘琪來京遣使往諭準噶爾 除常熟昭文丐戶籍 依刑部奏殺徐駿(以詩文稿內有譏訕語) 雲南烏蒙蠻猓作亂旋平 台灣淡水營守備改為「都司」
		9	辛亥	1731	傅爾丹敗於通和泊.　札薩克圖汗部碩駙策凌大敗準噶爾軍 清命三音諾顏部獨立,位其他三部之上,外蒙古遂分為四部. 1726~1731 清對雲貴湘三省苗疆實施「改土歸流」對邊防有安定作用 淡水同佑始駐竹塹,大甲溪以北歸淡水同知管理. 台灣「縣丞」改駐羅漢門.　佳里與巡檢由笨港移駐鹽水港. 下淡水縣丞由赤山移駐大崑麓. 台灣新設策港縣丞、萬丹縣丞、鹿仔港巡檢、貓霧捒巡檢、竹塹巡檢、八里坌巡檢. 中部原住民平埔族爆發抗官剝削,燒同知衙署「大甲西社番亂」事件,中部地區「熟番番社」紛紛響應.清廷福建總督郝玉麟派台灣鎮總兵玉郡來台剿辦,方告平息.由此動亂方引起朝廷對「番社」的重視
		10	壬子	1732	清設立「軍機處」取代議政王大臣會議,為清廷最高決策機構,加強皇權統制 .軍機大臣由皇帝在滿漢大學士、尚書、侍郎等官員中欽點. 清軍在光顯寺大敗噶爾丹策零,1739年議定以阿爾泰山為界劃清兩部牧界. 賞鄂爾泰改廣西雲貴蠻族土司大學士兼兵部尚書 清世宗允禎忌岳鍾琪終為華人,且為岳飛後裔,誣以不能料敵,革職,拘禁. 呂留良案結案.雍正繼位以後,屢次大興文字獄,尤以呂留良案歷時最久影響最大. 台灣發生鳳山吳福生反官事件;大甲西社抗清事件,**大肚王國滅亡**.
		11	癸丑	1733	大清會典成 命各直省設立書院 方苞為內閣學士 撤駐藏兵僅留數百人 詔在京大員及外省督撫會同學政薦舉博學鴻詞 令不得擅設牙行 清允禎命民間刊刻書籍時,不得諱避胡虜夷狄等字,以示滿洲人非胡虜夷狄許社倉濟急得變通辦理. 台灣「綠營」大幅擴編:新設「城守營」「北路營」參將改為副將.下轄中、左、右三營.南路營下增「下淡水營」淡水同知由彰化移駐新竹,防兵巡哨隨之而來. 張達京建築「貓霧捒圳」與岸裡社「割地換水」

朝代	帝　王	國號	干支	西 元	紀　要
		12	甲寅	1734	嚴禁各生童罷考　敕封黎帷祜為安南國王 召策凌等來京　降旨罷兵遣使諭準噶爾台噶爾丹策零 雲南、廣西開爐鑄錢　準噶爾請和, 厄魯特平定. 鄭信(1734-1782),廣東海市華富村人隨父鄭達(又名鄭鏞)去泰國,平亂有功767.12.28 歷史上第一個在泰國被擁為泰王,泰國五位大帝中之一位. 香妃(1734.10.11.-1788.5.24.)維吾族人,清乾隆皇帝愛妃,八國聯軍攻北京,慈禧太后倉促潛逃前,逼迫香妃跳井自殺而香消玉殞,乾隆含恨終身.
		13	乙卯	1735	呂四娘精劍,夜入宮,斬清世宗胤禛,子高宗弘曆(1711~1799)嗣位,是為高宗乾隆皇帝.弘曆公然叛父.查禁「大義覺迷錄」尊遺命以鄂爾泰張廷玉輔政 殺曾靜張熙　裁撤軍機處 纂修【明史】完成.明史、合本紀、志、表、列傳、目錄等,共 336 卷. 苗疆官吏征糧不善,貴州苗族復亂.命張廣泗為七省經略總理苗疆事務. 教王停止耶穌會士在華工作 台灣爆發「柳樹湳、登台庄生番殺人事件」
清	清高宗 弘曆	乾隆 1	丙辰	1736	清高宗弘曆,世宗之子 1795 年讓位,自稱太上皇但仍掌權至 1799 年. 「損益隨時,寬猛互濟」勵精圖治,史稱「康乾盛世」在位 60 年享壽 89 歲. 頒十三經廿一史於各省府州縣 軍機處改為總理處,旋復原. 頒工部見用營造尺式於各省 保舉賢良方正,引見考取博學鴻詞劉倫等十五人分授翰林院編檢討庶吉士(杭世駿齊召南均興焉) 令婦女年踰四十方准出嫁 禁旗人信教 收藏乾清宮「正天光明匾額」 張廣泗平定貴州苗亂
		2	丁巳	1737	修永定河堤工　續試博學鴻詞,續到者四人,授官有業. 恢復軍機處,任命滿大學士鄂爾泰及漢大學士張廷玉為軍機大臣. 安南國王維祐卒,清封其子黎維禕安南國王嗣位. 郎世寧.慧賢皇貴妃為乾隆妃子,高佳氏,滿人,1737 封妃,1745 皇貴妃,同年逝 俄人北京互市 黃叔璥撰成『台海使槎錄』. 雍正帝埋葬於易州泰陵地宮
		3	戊午	1738	定各省水旱災五分即准捐免例 發帑銀一百萬兩　命大理卿汪潅督辦修濬江南水利 貴州定番州苗滋事,總督張廣泗討平之. 台灣之福建泉州移民在台北艋舺興建「龍山寺」 章學誠(1738-1801)字實齋,浙江紹興人,史學家,著文史通義. 英國瓦特(Watt)(1738-1891)發蒸汽機
		4	己未	1739	清命仿朱子通鑑綱目義例纂明紀綱目,修「明史」(1645-1739)編成,歷時 95 年.惜其記事簡略,史事多有缺漏.　治允祿弘哲弘昇弘昌弘晈等罪 台灣台北艋舺龍寺落成,主祀「觀世音菩薩」 又創建府城「風神廟」 嚴禁溺女嬰及停屍不葬惡習風俗　查辦河南伊陽邪教案

<table>
<tr><th>朝代</th><th>帝　　王</th><th>國號</th><th>干支</th><th>西 元</th><th>紀　　　　要</th></tr>
<tr><td></td><td></td><td>乾隆 5</td><td>庚申</td><td>1740</td><td>大清律例及纂修大清一統志書成
命直隸山東山西湖南廣東省招商採煤
張廣泗辦湖南軍務,平定楚粵苗疆.
劃定喀爾喀部與準噶爾部疆界.
乾隆帝倡導研究理學
清廷賜裡社原住民「潘」姓.
荷蘭在印尼爪哇巴達維(雅加達)屠殺華人,血流成渠,史稱「紅河慘案」
華僑反抗在東南亞建立王國
<table>
<tr><th>華僑名</th><th>省籍</th><th>王國名稱</th><th>地　　區</th><th>消滅國</th></tr>
<tr><td>羅芳伯</td><td>廣東</td><td>芳伯國總統</td><td>婆羅洲(加里曼丹島)坤甸</td><td>荷蘭</td></tr>
<tr><td>吳元盛</td><td>廣東</td><td>戴燕國王</td><td>婆羅洲北部</td><td>荷蘭</td></tr>
<tr><td>張傑緒</td><td>廣東</td><td>國王</td><td>安波那島(納土納島)</td><td>瓦解</td></tr>
<tr><td>吳　陽</td><td>福建</td><td>王國</td><td>馬來半島</td><td>英國</td></tr>
<tr><td>鄭　昭</td><td>廣東</td><td>泰國國王</td><td>暹羅(泰國)</td><td>被殺</td></tr>
</table></td></tr>
<tr><td></td><td></td><td>6</td><td>辛酉</td><td>1741</td><td>禁武職干預民事 各省採訪元明以及國朝名人著作,不論刻本鈔本隨時進呈
乾隆舉行「木蘭秋獮大典」1752 年後每年一次,道光年間或勢日衰停止.
命鄂爾泰等勘永定河工
劉良璧總纂「重修福建、台灣府誌」
劉統勳疏請張廷玉訥親慎晚節
初舉木蘭秋獮</td></tr>
<tr><td>清</td><td>清世宗 胤禎</td><td>7</td><td>壬戌</td><td>1742</td><td>定選拔為 12 年 1 次例 停文武鄉會互試例 黃淮大水患,清廷大力賑濟災區
八旗漢軍有願改歸原籍者聽從其便
將鄂爾泰交部議處</td></tr>
<tr><td></td><td></td><td>8</td><td>癸亥</td><td>1743</td><td>考選御史試以時務策
纂修醫宗金鑑成
詔土田阡陌相連之處禁止種煙杭世駿以策中畛域不可太分語革職
合雷,英國天文學家 1705 發現彗星,於 1784.1.14.逝世.</td></tr>
<tr><td></td><td></td><td>9</td><td>甲子</td><td>1744</td><td>建「圓明三園」即圓明園,長春園,綺春園(萬壽園)三園合稱,位於北京西北郊,"三山五園":香山靜宜園,玉泉靜明園,萬壽山清漪園,圓明園,暢春園.347 公頃.1860 年為英法聯軍所毀.
雍正帝 1694 年建親王府,1725 建為雍和宮,1735 年改神御殿,1744 年建為喇嘛教寺院,成為清管理喇嘛教事務中心.
命刑部清理庶獄 命各省錢穀刑名年終彙報部
河南夏邑彭家屏會同湖南溶監景溪修「大彭統記」彭家屏因譜文字有損皇室被康熙賜死
增置海同知,訂立查驗進出洋船及在澳門夷人章程.</td></tr>
<tr><td></td><td></td><td>10</td><td>乙丑</td><td>1745</td><td>命會試改期三月永以為例
申諭各省學臣釐正文體
停止江南河工捐例
普免全國錢糧,命江南剔收漕積弊
禁用非刑具
貴州總督張廣泗請開赤水河以便川黔通從之
滇督張允隨奏開金沙江十五灘
準噶爾可汗策零卒子那札木兒嗣位.</td></tr>
</table>

朝代	帝　王	國號	干支	西 元	紀　　要
清	清世宗 胤禎	乾隆 11	丙寅	1746	詔普免各省錢糧一次 律呂正義後編書成 重修明通鑑綱目書成 免張廷玉每日入朝 四川上瞻下瞻土司肯班滾作亂川陝總督慶復擊平 乾隆皇帝下令不准福建廣東行教開堂之命.福建主教副主教士遇害,自後三十餘年,教士教徒被逮捕懲治者,時有所聞. 清攻小金川(四川金沙江上游),引起民亂,清派岳鍾琪往討,其入敵營說服莎羅投降.清封傅恆為一等公,岳鍾琪為三等公.. 八里坌巡檢移駐新庄 范咸等撰成「重修台灣府誌」
		12	丁卯	1747	准福建商民赴台灣販運米穀 禁喪葬演戲 四川大金川土司作亂,張廣泗勦平.四川停遣察官員. 禁紳士把持鄉里 禁販賣苗民子女 嚴禁商人典質米穀 命暫開奉天海運 改定金史譯言 『三希堂法帖』刊成
		13	戊辰	1748	定大學士三殿三閣制 皇太后率皇后東巡,至曲阜祭孔廟,至泰安府登岱,旋回德州. 皇后富察氏因諫帝觸怒賜死 命大學士訥親馳赴四川經略軍務 張廣泗訥親攻大金川累攻不下,弘曆帝斬張廣泗,命訥親自殺,起用岳鍾琪任四川提督,傅恒任經略大臣. 福建推行「族正制」遏止械鬥風氣及禁人民參加天主教 定刁民聚眾毆官,首從皆斬律 法人孟德斯鳩著立法、司法、行政三權分立學說
清	清高宗 弘曆	14	己巳	1749	傅恒與岳鍾琪攻大金川,莎羅出降,傅岳班師. 允大學士張廷玉致仕. 停川運捐例 大金川土司莎羅奔投降,大金川亂平定 『桐城派』古文的始祖方苞卒. 禁各省督撫餽送飲差 鄧世昌(1849.-1894.9.17.)字正卿,廣東番禺人, 14 歲考入福州船政學堂,歷任管帶、艦長、總兵加提督,清末海軍將領,赴英德接收致遠四艦艇,在甲午海戰中成仁,壯烈殉國.
		15	庚午	1750	清乾隆皇帝興建【頤和園】1895 年完成.三山五園,包括香山靜宜園,玉泉山靜明園,萬壽山清漪園,圓明園,暢春園.1860 年被法焚毀,1886 重建 1895 完成 1900 年八國聯軍入侵再次遭劫.翌年重修,成為今日的頤和園. 西藏郡王珠爾默特那木札叛亂,清傅清誘斬之,其黨復殺傅清,岳鍾琪統軍入藏會達賴擒其黨平定. 準噶爾可汗那木札爾凶暴,殺之,立達爾濟為可汗. 英國斯賓塞(Thomas Spence1750-1814)主張「土地是人類天賦的生存權」 和珅(1750.7.1.-1799.2.22.)滿洲正紅旗人,將幼女嫁給乾隆帝子豐紳殷德,成為皇親國戚,利用權勢職務,結黨營私,歛括錢財,乾隆庇護,及帝死,嘉慶帝嗣位,立即下旨革職下獄抄家,搜出白銀二至三千萬兩,被併吞土地千萬頃,數百房屋,約值 8~11 億兩白銀,其他黃金古現珍寶仍不計其數,嘉慶帝賜白綾令其自盡..

朝代	帝　　王	國號	干支	西 元	紀　　　要
清	清世宗 胤禎	乾隆 16	辛未	1751	清乾隆皇帝下江南,後又五下江南 停止各省知縣三年行取之例 禁苗人充補苗疆額兵. 令繪苗,瑤,黎,僮等族衣冠圖 「西藏善後章程」擬定對西藏政治軍事經濟進行重大改革. 緬甸遣使入貢 台灣設立水沙連、拳頭母「官庄」 台灣北路彰化縣兇番殺內凹莊柳樹湳兵民起肇事.
		17	壬申	1752	馬朝柱湖北羅田人,以復興明朝起義失敗 允協辦大學士吏部尚書梁師正奏請終養 岳鍾琪平定四川雜谷土司作亂 以孫嘉淦為吏部尚書協辦大學士 禁使用日本寬永錢,並禁商船攜帶進口.
		18	癸酉	1753	命偽造奏稿之撫州衛千總盧魯生凌遲處死,子錫齡錫榮均斬監侯 命八旗軍器三年一查 禁翻譯滿字小說 葡萄牙遣使來貢 準噶爾諸部互相攻伐 孫嘉淦卒
		19	甲戌	1754	儒林外史作者吳敬梓卒 以策楞為定邊左副將軍 命備師征準噶爾 準部阿睦爾納降封親王 嚴懲江蘇蓄髮優伶 策楞革職以班第為定邊左副將軍,尋召班第來京,以阿睦爾納暫署.. 吳敬梓(作儒林外史)卒　岳鍾琪卒
		20	乙亥	1755	殺湖南學政胡中藻,以著堅磨室詩鈔有句「一把心腸論濁清」 誣謗訕,立斬 諭禁滿人與漢人以文字唱和 平大小和卓叛亂,阿睦爾撒納附清,統一中國. 為慶祝乾隆帝六十大壽建「普寧寺」大乘閣內有高二十餘公尺現存最大木雕佛像.1760 年建「普佑寺」1764 年建「安遠廟」(俗稱伊犁廟).1766 年建「普樂寺」,1772「廣安寺」,1774 年建「殊像寺」,1780 年建「彌福壽之廟」 林秀俊開台北「大安圳」 英國東印度公司派洪任輝至浙江寧波,要求互市. 清令海上貿易限于廣州,禁止外商至江、浙、閩海關貿易. 琉球世子尚穆遣使入貢請封. 張廷玉、全祖望死
		21	丙子	1756	彭玉麟於光緒乾隆 21 年丙子紀元 1756 年旗蒙大淵覆嘉上澣衡陽彭玉麟撰書星沙彭氏宗祠試記.位於湖南省長沙市三泰街建彭氏族祠試.1938.11.12(戊寅 9 月 21 日子時)抗日戰爭,遭日軍飛機炸燬. 改定鄉會試法 清征準噶爾汗國,定西將軍策楞擊走;阿睦撒納逃奔哈薩克,復奔俄國,清取伊犁,阿睦爾撒納得天花而死. 弘曆革策楞職,命公達爾黨阿任定西將軍,兆為右副將軍赴援.青滾雜卜叛成袞扎布擊斬之, 阿睦撒納自哈薩克歸,屯於博羅塔拉河(新疆博樂)

朝代	帝　王	國號	干支	西 元	紀　要
清	清世宗 胤禛	乾隆 22	丁丑	1757	清平定準葛爾,統一天山北路及伊犁入中國版圖,清設立烏里雅蘇台將軍和科布多參贊大臣,掌管蒙古軍政大權. 在西北地區新疆設「伊犁將軍」. 更定保甲法 乾隆皇帝弘曆奉母鈕祜祿太后南遊(二次下江南)至杭州,河南生員段昌緒家存吳三桂文告處斬 退休布政使【彭家屏著「大彭統記」】清弘曆皇帝以名皆不缺筆失敬,斬段昌緒,命彭家屏自殺. 在浙海關採加稅辦法並宣佈洋船只准在廣州貿易,1579 年規定廣州為唯一合法通商口岸,成為固定章程. 大破準噶爾撒納走死. 哈薩克來附. 拒俄假道黑龍江運糧. 准呂宋船至廈門貿易. 令禁英商來浙互市. 暹羅遣使入貢 台北新莊地藏庵創建「大眾爺」
		23	戊寅	1758	回部大小和卓木之亂,命兆惠討之, 布魯特及塔什干來附. 雅爾哈善兵敗革職,旋誅之,命兆惠追擊,抵葉爾羌河,霍集占圍之,歷時三月. 改生員歲科試法 台灣竹塹社番賜姓「潘」 台灣道楊景素下令要求平埔族人「薙髮留辮」賜「漢姓」
		24	己卯	1759	清頒對西洋商人管制條例: 1. 夷商每年 5~10 月,才可到廣州貿易. 夷婦不准進入廣州 2..夷商在貿易期間,必須住在商館之內,不准攜帶武器,不准僱用中國僕婦 3. 貿易期間,夷商每月 8、18、28 日,才可到公園遊玩. 夷人不准坐轎. 4. 夷商不准直接晉見中國官員,有所請求時,應寫妥呈文請洋行代辦.. 5. 夷商不准到街上購買東西,不准探聽物價,不准買 國書籍. 禁浙絲出洋 清平定回部大小和卓之亂,統一南疆. 繪回部輿圖. 阿里袞率兵救兆惠,始得還阿克蘇,回亂平,浩罕等國來附,天山南路皆入中國版圖(弘曆十全武功之四) 準噶爾汗國只四年壽命覆亡,新疆 190 萬平方公里併入中國版圖. 悍之氣,失之於獷. 廣州成立唯一對外通商口岸 台灣新設南投縣丞 汪士慎(?-1759)字宗揚,號複堂,江蘇興化人,繪畫
		25	庚辰	1760	命烏魯木齊、伊犁屯田墾荒 天山南路恩清. 安集延、巴達克山入覲. 廓平喀山入覲. 廓爾喀部滅尼泊爾 授阿桂為都統總厘伊犁事務 郭錫瑠建成台北「五庄圳」為「瑠公圳」前身 台灣道楊素景在彰化、淡水番界上修築「土牛」 余文儀著手撰寫「續修台灣府志」 命在烏魯木齊、伊黎屯墾,及墾肅州邊外荒地. 限制入住四川人民人數.

朝代	帝　王	國號	干支	西 元	紀　要
		26	辛巳	1761	紫光閣落成 籌劃移民出關,創辦民屯 賜大學士傅恒以下畫像,諸功臣及文大臣蒙古王公大臣台吉等宴凡 170 人 命劉統勳為東閣大學士兼禮部尚書,以梁詩正為吏部尚書協辦大學士 弛貴州漢苗結婚之禁 潘敦仔出任岸裡社總通事. 鳳山縣丞萬丹改阿里港新港巡檢移駐斗門下淡水巡檢由大崑麓移駐崁頂 紅樓夢作者曹雪芹卒
清	清世宗 胤禎	27	壬午	1762	清世宗胤禎帝奉太后命南巡至海寧 設伊黎將軍明瑞充之. 坎巨提來附. 准英商買絲緞出口 荷蘭在廣州設商館
		28	癸未	1763	清撤藩,吳三桂憤怒極為不滿,起兵反清,建國號『周』. 授工部侍郎納世通為參贊大臣 駐喀什噶爾總理回疆事務 大學士史貽直梁師正卒 禁止在洞庭湖濱築圍開墾田地 台灣貢生胡焯猷設義學,建明志書院. 府城三郊重修水仙宮,作為三郊的總辦事處
		29	甲申	1764	重修大清一統志. 蒙邊俄人屢次滋事,恰克圖停止互市,中俄等於絕交. 湖南督撫奏請苗人與漢人通婚 布恰爾來附. 兆惠卒 賴宏典因文字正法 清代中葉,楊州八怪-羅聘、李方膺、李鱓、金農、黃慎(1687~1768)、鄭燮、高翔、汪士慎.寄情筆墨,描梅、蘭、竹、松、石,清高孤傲,隱喻當朝腐敗. 緬甸侵暹羅,取麥岐及塔發 曹雪芹(1718-1764)享 47 歲滿洲貴族作**《紅樓夢》**流傳千史,
		30	乙酉	1765	帝降旨申斥栓選升遷岐視漢人 新疆烏什回民作亂,因運送沙棗樹遭鞭打激起民反起義,命明瑞討平之. 命各省書院山長六年後著有成效者量予議敍 改山長曰院長 英人哈理佛士發明「瓊妮紡紗機」
		31	丙戌	1766	重修大清會典成. 皇后那拉氏崩,以妃禮葬之 緬甸入侵,攻九龍江(瀾滄江),雲南總督劉藻迎戰敗還遭貶,旋自殺,清命大學士楊應琚任雲南總督 令邊區土司及夷民一律薙髮留辮. 台灣新設南北路「理番同知」南路由「海防同知」兼任. 台灣余文儀鎮壓淡水攸武乃社
		32	丁亥	1767	楊應琚征緬甸不利賜死.任明瑞為雲南總督 齊周華文字案爆發 撤回湖南學政盧文弨交部議處革禮部侍郎齊召南職 西藏邊境的尼泊爾一部廓爾咯的賓附攻加德滿都,成為尼泊爾王,侵略鄰鄉. 清攻緬甸不利全軍覆沒. 清廷改台灣道為「台灣兵備道」

朝代	帝　王	國號	干支	西元	紀　要
		33	戊子	**1768**	台灣民黃教作亂 御批歷代通鑑輯覽成 明瑞攻緬軍急命爾登額往救,然屯兵不敢進,明瑞戰死,捕額爾登額,磔死.復命傅恒征緬甸. 民間喧傳匪偷剪髮辮,始於江浙延及直隸山東. 「割辮叫魂案」帝命各督府交部議 中俄恰克圖補約,復開市. 黃教四處劫掠「塘汛」,官兵搜捕半年,於次年三月擒獲.
清	清世宗 胤禎	**34**	己丑	**1769**	台灣亂人黃教被擒 乾隆帝興文字獄,命燬錢謙所著詩文集 傅恒攻緬甸,會暹羅(泰國)華人鄭昭起兵馬緬軍,建都於曼谷,緬甸遣使請和,傅恒欲其所佔木邦孟拱蠻暮三土司地,於銅壁關內,緬元帥眇旺模左右而去,僅定緬甸對中國行「表貢」禮. 英人瓦特發明蒸氣機 緬甸請和,傅恆班師 法國拿破侖出生 嘉義「吳鳳」遭原住民殺害,後人起「吳鳳廟」祭祀他.
		35	庚寅	**1770**	普免全國錢糧　帝諭滿漢督撫奏事一律稱臣. 諭各省輪捐之年勸諭業戶照蠲數十分之四減佃戶租 禁差兵丁私買人口　改定捐例 傅恆死 緬人來索木邦孟拱蠻暮三土司地,遣使諭之. 貝多芬(1770.12.16.-1827.3.26.)音樂家、小提琴師,以莫札特曲、悲愴奏鳴曲、第五、九交響曲等享譽世界. .
		36	辛卯	**1771**	清高宗東巡,謁孔林 大學士陳宏謀卒土爾扈特回歸祖國 命修遼金元三史.　緬甸滅暹羅.　土爾扈特來歸. 征討金川亂 命侍郎桂林為四川總督,大學士溫福自雲南進兵夾攻大小金川 厄魯特蒙古土爾扈特部由伏爾加河下游東歸伊犁.
		37	壬辰	**1772**	1772-1782 年修四庫全書,寓禁于修. 通飭購訪古今著作遺書 禁各省官吏延請本省幕友 桂林溫福分路夾攻大小金川,桂林兵敗革職,任阿桂為四川總督 烏魯木齊建城,駐兵屯田,設防建制,設烏魯木齊參贊一,領隊大臣一員,受伊犁將軍節制. 發生「小刀會」事件　再征小金川未克 詹天佑(1872.7.8.-1919.4.24.)安徽婺源人,中國第一位鐵路工程師
		38	癸巳	**1773**	清乾隆命編**《四庫全書》**以紀昀為總纂官 金川木困木大營陷福死之,授阿桂為定西將軍,又以明亮為定邊右副將軍,富德為參贊大臣在南路一同征勦.收復小川. 大學士劉統勳卒 將棚民列入人口統計 阿美德死,其子鐵木耳立,遷都於卡部爾 安南大亂,廣南(越南)阮文岳、阮文惠起兵,攻廣南王族,是新阮,別於廣南舊阮.後來阮文惠又攻河內,滅黎氏.安南向清求援,清高宗乃出兵討伐. 英國開始向中國輸入鴉片

朝代	帝 王	國號	干支	西 元	紀 要
清	清世宗 胤禎	乾隆 39	甲午	1774	清頒焚書令(1739-1781)銷毀 538 種共 13,862 部,到 1788 年尚嚴諭陸續搜禁 命刑部定聚眾結盟罪 太監高雲從以結識囑托官員被殺,牽連者貶革有差. 令各地查獻明末清初有違礙之書 命纂勒捕臨清逆賊紀略 命各省行保甲法 滋生人口永不加賦 命各督撫行保甲法 禁民間私藏鳥槍竹統鐵統 禁民間私製藤牌 山東居民王倫以邪教倡亂 浚修淮安河渠 白蓮教作亂清吏治不清,山東教民王倫以治病練拳號召黨徒起事,河南鹿邑、湖北荊州、陝西相繼作亂(1774~1893).欽差大臣舒赫德擊之,王倫潰死 英印派人至日喀則活動,英人頻繁進入西藏 美國獨立戰爭始 台灣余文儀**《續修台灣府志》**成書
		40	乙未	1775	和珅由三等侍衛超擢御前侍衛,副都統,後晉至首席大學士,領班軍機大臣. 阿桂平小金川亂,移師征大金川,索諾木逃往噶爾厓(括耳崖). 封禁廣西由村隘口, 禁止廣西游民出口貿易 停止內地查禁鳥槍 攻下大金川根據地勒烏圍. 暹羅王鄭昭由商船行文廣東,請給硫磺鐵炮,用以攻緬甸,令許購硫磺鐵鍋不准予炮,並言攻緬甸自行其事. 定刑奉天、山東沿海文武官失察,讓流民私行渡海, 安南請停沿邊互市,禁越界私行貿易 美國發生獨立戰爭(1775.4.19-1784.1.14.)開始至 1775 年結束
		41	丙申	1776	清弘曆帝命國史館編列貳臣傳,以洪承疇為首. 改定皇子皇孫輩份字,將來為帝之人的字. 國史立貳臣、逆臣傳 大金川亂平定 緬甸請求入貢. 開關互市 緬甸行文雲南請遣還前拘諸人,准予開關互市,如約進貢. 命阿桂赴雲南勘定邊界 追諡明季殉難及建文時死事諸臣 冊封朝鮮國王李禶 禁各省督撫除土貢外,不得進獻他物. 清任滿人和珅為軍機大臣,其結黨營私,弄權貪污,為中國歷史上最大貪污者經查獲後,乾隆皇帝「賜珅自盡,並籍家財入官」 清廷廢止官員不許攜眷來台灣規定.此時清廷已統治台灣 94 年. 台灣林石旻由烏石港北邊沿河上溯,成功進墾淇武蘭,為漢人入墾蘭陽平原最早者 北美大陸在費城會議,宣佈獨立建國名美利堅合眾國,發表獨立宣言任命華盛頓為總司令.

朝代	帝王	國號	干支	西元	紀要
清	清世宗 胤禎	**42**	丁酉	**1777**	命自戊戌年為始,普蠲天下錢糧,仍分三年輪免. 命阿桂等編纂滿洲源流考 江西新昌(宜豐)舉人王錫侯,刪改康熙字典,另刊字貫,凡例一篇,開列玄弘曆諸名,弘曆怒斬. 甘肅河州(臨夏)王伏林聚眾念經,總督勒爾謹遣兵捕斬之. 1.3.美國華盛頓率軍在普林斯擊敗英國軍隊. 暹羅頭目鄭信(又名昭,為華裔)遣使入貢. 戴震卒,其著有『孟子字義疏證』 台灣「知府」蔣元樞建「接官亭坊」
		43	戊戌	**1778**	清皇室秘密立儲成為定制 追復睿親王多爾袞封號追謚曰忠,並復豫親王多鐸等原封,復允禩允濟二人原名,又釋允禟之子弘晟圈禁. 命自庚子年始普免漕糧一次 文字獄戮徐述夔一柱樓詩中「清風不識字,何故亂翻書」「舉杯忽見明天子,且把壺拋半邊」、沈德潛詠黑牡丹詩「奪朱非正色,異種也稱王」剖棺剉屍子孫斬監候. 嚴辦山東冠縣義和拳滋事者 駐葉爾羌辦事大臣高樸以苦累回民,就地正法. 浚修衛河上游及汶水,但河溢祥符,又漫於儀封,考城. 暹羅破緬甸,鄭昭為暹羅國王 英王遣使來北京,中途船覆汨無音信. 法國承認美國獨立
		44	已亥	**1779**	弘曆命侍郎和珅為御前大臣,和珅用事自此開始.命和珅在御前大臣上學習行走定有殺一家數命者,悉按其所殺人數將兇父子照數定罪,多寡相當. 清朝重臣和坤因貪污罪被嘉慶皇帝抄家後,死於獄中. 智天豹以編造年號,被殺. 齊齊哈爾設官屯墾 英人克倫普吞發明紡棉機(改良瓊妮紡紗機) 再停哈克圖互市,明年重開. 恢復中俄貿易 楊露禪(1799-1872)河北永平人,楊氏太極拳奠基者,
		45	庚子	**1780**	清弘曆帝命四庫全書館編纂歷代職官表 清世宗胤禎南巡至海寧 普免全國漕糧一次 黃河引河成功 永定河洪水漫溢 汶水堤決 免山東歷城等處逋欠. 免山鈿牧廠地畝額銀有差. 「外八廟」建成,乾隆 70 大壽,西藏六世班禪來賀,清廷接待,承德建須彌福壽廟,廣緣寺,東西兩山麓有 12 座寺廟,分屬 8 座有喇嘛寺管轄,謂「外八廟」 乾隆帝遊青蓮島「烟雨樓」極度欣賞，分別於圓明園及避暑山莊各修一座「烟雨樓」並題金匾,其聯曰:「百尺起空濛,碧涵蓮島;八窗臨渺瀰,澄鴛湖」 西藏班禪額爾德尼入朝覲,患痘卒於北京. 英國印度總督派人向西藏班禪喇嘛商議印藏通商事宜,未成.

朝代	帝王	國號	干支	西元	紀要
清	清高宗 弘曆	46	辛丑	1781	清朝1660~1781年文字獄判重刑處斬剉屍者表列於下:

年份	皇帝	被害者	籍貫	被害罪狀
1660	福臨	劉正宗 張晉彥		詩集「將明之材」詭譎曖昧,難以解釋,劉正宗絞死,張晉彥作序處斬
1663	玄燁	莊廷鑨	浙江 湖州	著明史滿洲人不敬剖棺剉屍,其弟子孫及作人書商刻字工人,全部處斬,家屬為奴
1711	玄燁	戴名世	桐城	著南山集用明王朝年號,全族屠戮
		方孝標	桐城	滇黔紀聞記吳三桂事,剖棺剉屍兒孫處斬
1725	胤禎	汪景祺	杭州	著西征隨筆,云對玄燁不敬處斬,妻為奴
1726	胤禎	查嗣庭	浙江 海寧	主考題「維民所止」無胤禎年號,自殺剉屍,兒孫一律處斬,家屬竄邊疆
1727	胤禎	鄒汝魯		呈獻河清頌諷刺祖宗制度大逆不道革職
1729	胤禎	呂留良	浙江 桐鄉	著維止集責滿州人為夷狄.湘人曾靜看到深被感動.岳鍾琪是岳飛後裔,滿洲人是女真後裔,有不共戴天仇,呂留良處斬
	胤禎	謝濟世	廣西 全州	註解大學,用禮記見解,不用理學朱熹見解,認譭謗聖人,斬首,赴刑場赦免做苦工
	胤禎	陸生楠	廣西	著通鑑論,有譭謗帝王影射自己,處斬.
1730	胤禎	賈士芬	河南	老道士進宮治病咒語「天地聽我主持,鬼神歸我驅使」,帝大怒,立即斬首.
1735	弘曆 嘉慶	曾 靜 張 熙	湖南 靖州	胤禎逝世謠說被呂留孫女刺斃,弘曆把煌煌諭旨諾言一筆勾,銷曾靜張熙處斬
1753	弘曆	盧魯生		假宰相孫嘉淦名撰勸止弘曆南遊辭意悲痛,全國流傳,盧魯生磔死兩個兒子處斬,
1754	弘曆	世 臣	滿洲	詩「秋色招人懶上朝」帝以染漢人習氣,革職,發配黑龍江
1755	弘曆	胡中藻 鄂 昌	江西 滿洲	胡著堅磨生討鈔有一把丏腸論濁清,居心不良,處斬.鄂昌作詩唱和,稱蒙古人為胡兒,帝認自己為胡兒,詆譭,喪心病狂,自殺
1757	弘曆	彭家屛	江蘇 徐州	曾任浙江布政使,修「大彭統記」譜,凡弘曆字樣,沒有空格缺筆,弘曆認為不敬,賜死.
	弘曆	段昌緒	河南 夏邑	家裡收藏吳三桂叛徒檄文,被發現上有段昌緒讚許圈點,處斬
1764	弘曆	賴宏典		甘肅天水知州向京求升遷信「點將交兵,不失軍機」帝認明目張膽謀反,處斬.
1767	弘曆	齊周華	浙江 天台	因呂留良案被邊荒,期滿回家印行的文集,帝認多觸犯忌諱,下令磔死.
1777	弘曆	王錫侯	江西 宜豐	撰字貫書,帝認仿玄編撰康熙字典,冒犯唐突,過玄燁胤禎弘曆沒筆不敬處斬,書焚毀
1778	弘曆	徐述夔	江蘇 東台	著「一柱樓詩」中「清風不識字,何故亂翻書」「舉盃忽見明天子,且把壺兒擱一邊」認「壺兒」指「胡兒」誹謗,剖棺剉屍子孫斬
	弘曆	沈德潛	江蘇 長洲	詩集「黑牡丹有句:奪朱非正色,異種也稱王」沈巳死,命剖棺剉;屍.
1781	弘曆	尹嘉銓	河北 博野	著「古稀老人」書中有「為王者師」句,帝認狂妄悖謬處,命絞死之.

禁總督巡撫家人向屬員索取門包. 阿桂平定甘肅回教新舊教徒仇殺亂.

命將各省武職大小官員所有虛額名糧改歸養廉,另行挑補實額

暹羅鄭信(昭)遣使入貢,鄭昭去年被殺,子鄭華嗣位.

朝代	帝　王	國號	干支	西元	紀　要
清	清高宗 弘曆	**47**	壬寅	**1782**	**《四庫全書》**編纂成功(1773-1782)凡 3457 部 79070 卷存目 6766 部,93556 卷,前後繕寫七份,分藏北京宮中文淵閣、圓明園文源閣、熱河承德文津閣、瀋陽文溯閣、揚州文滙閣(大觀堂)、鎮江文宗閣(金山寺)、杭州文瀾閣(聖因寺)七處.深具歷史文化意義規模空前創舉鉅著.紀昀為總纂官 四庫全書史書記載不一,如戴逸,龔書鐸主編的記載「分藏北京文淵閣,文源閣,瀋陽文溯閣,承德文津閣,揚州文匯閣,鎮江文宗閣,杭州文瀾閣七處,書目 3461 種,79,3092 卷,36,000 冊,分經,史,子,集四部.」 准安徽學政朱筠條奏派員校覈永樂大典 御史錢灃奏劾山東巡撫國泰貪縱營私,帝命和珅往勘,錢灃得國泰私與和珅書奏之,國泰伏誅.和坤專權,貪污腐化,清政紀律開始廢馳. 鄭華自立為暹羅王　台灣彰化刺桐腳爆發「漳泉械鬥」
		48	癸卯	**1783**	命署工部尚書福康安軍機處行走 命黃河沿堤種柳,禁近堤取土. 俑國史館用貳臣傳例另編逆臣傳. 美國獨立戰爭(1775-1783)終止,英國戰敗,承認美國獨立. 台灣海峽**【釣魚台】** 一.日本在 1783 年印行的地圖上,標明釣魚台是中國的. 二.日本是在 1884 年假裝『發現』」了釣魚台,然後在 1895 年根據馬關條約取得台灣時,一併取得釣魚台. 三.中國的航海紀錄顯示釣魚台是中國的已有數世紀之久.
		49	甲辰	**1784**	清弘曆帝任命和珅任吏部尚書協辦大學士,封一等男.和珅饗用日專,而無志行,唯以貪斂為務.　乾隆皇帝南巡至海寧閱視塘工　清丈番界墾地 命阿桂福康安等勦平甘回亂.　革陝甘總督李侍堯職 清將台灣彰化鹿港設新港口,與福建蚶水對渡,為台灣中北部政治經濟重鎮 美國「中國皇后號」商船取道好望角到達廣州,此後關係頻仍. 「簌提休斯 Lady Hughes 」事件後英國決定今後英方犯罪人員不交付中國審訊.轉而希望獲得「治外法權」成為中外衝突主要導火線.
		50	乙巳	**1785**	續修大清一統志並遼金元三史國語解成 弘曆於乾清宮設「千叟宴」,六十歲以上入宴者三千人. 回酋燕起伯克等作亂命福康安赴阿克蘇安輯回眾 英卡特賴發明自動織布機　三停恰克圖互市　禁廣東洋商進呈貢品 林則徐(1785-1850)福建侯官人 1838 奉詔八天皇上召見,禁煙 237 萬多斤銷毀.後被撤充軍伊犁,1850 年太平天國起義重被起用,死於赴廣西途中.
		51	丙午	**1786**	台灣天地會(三合會)林爽文在彰化被擁為『盟主』改元『順天』創革命獨立王國.以駐竹塹王作為征北大元帥,王勳(王芬)為平海大將軍,劉懷清為知縣,劉士賢為北路海防同知.林爽文聚眾「天地會(三合會)」起事,莊大田隨後響應,陷彰化諸羅(嘉義),台灣知府孫景燧往捕,焚鄰近村莊以恍之,民皆怨怒.淡水同知潘凱遭生番殺害. 鹿港龍山寺落成,主祀「觀世音菩薩」 御史曹錫寶奏和珅家人劉全招搖撞騙,遭革職留任. 命和珅文華殿大學士兼吏部尚書.　封鄭昭子華為暹羅王. 暹羅後稱泰國,開國國王鄭昭,是中國廣東省海縣人,驅逐緬甸佔領後,為部將郤克里所殺.郤克里恐懼中國對鄭昭之死反應,改名鄭華,遣使入貢,清封為暹羅國王,於是暹羅成為中國藩屬.
		52	丁未	**1787**	林爽文反,鳳山莊大田亦起應,攻台灣府(台南),不克,浙閩總督常青福康安赴台灣督師.總兵柴大紀攻諸羅,林爽文圍之,柴大紀軍食盡則食地瓜花生,弘曆覽柴大紀奏章,為之淚下,加封柴大紀太子少保參贊大臣,封義勇一等伯,世襲罔替,改諸羅為嘉義.海蘭察援台灣 清命福康安赴台灣督辦軍務安南王黎維祁為阮文惠所逐,明年安南王來訴.

朝代	帝　　王	國號	干支	西 元	紀　　　　　要
清	清高宗 弘曆	乾隆 **53**	戊申	**1788**	禁州縣私立班館,私置刑具. 福康安等攻破林爽文,林爽文從容就義,台灣亂平.福安康忌柴大紀有功,誣淚縮,斬之.而擁兵不救及敗軍之將反獲升遷. 兩廣總督孫士毅征安南,先勝後敗,阮氏知國力不敵,更名光平,奉表乞降,送黎維祁歸復位,封為安南王,自是安南臣屬中國. 廓爾喀(尼泊爾)突發兵侵西藏,清派兵抵禦,又遷班禪於前藏,以安全. 緬甸入貢,乾隆遣返俘虜　莊大田被捕,福康安平定「林爽文之亂」 新設斗六門縣丞,原斗六門巡檢移大武壠,阿港縣丞移駐下淡水「阿猴」,下淡水巡檢移駐興隆里(今左營).　台北艋舺清水祖師廟落成. 孫中山祖父孫敬賢(1788-1849)誕生
		54	己酉	**1789**	唐朝時越南為中國藩屬,置安南都護府叛服無常明德中黎利叛明建大越國後降服為中國藩屬. 清征安南失利,撤兵議和.　阮文惠降,封為安南國王. 羅漢門縣丞與新庄巡檢互調,改為羅漢門巡檢,新庄縣丞. 7.14.法國大革命,發表「人權宣言」
		55	庚戌	**1790**	乾隆皇帝弘曆八十壽誕,普免全國錢糧.緬甸遣使賀壽,清封緬甸王孟雲為緬甸國王,暹羅(泰國)國王鄭華遣使賀壽. 台灣獅子等社人士入京祝壽. 安南國王阮光平親自入朝賀壽. [徽班進京]為安徽籍安慶藝人兼唱二簧,昆曲,,梆子,囉囉腔戲曲班社.被徵調進京為清高宗弘曆八旬壽誕,免全國錢糧,民俗獻唱,此後有三慶,四喜,啟秀,霓翠,和春,春台等進京演唱,形成『京劇』. 封孟雲為緬甸國王,確定緬甸為中國宗主國和藩屬關係 廓爾喀(尼泊爾)侵西藏,清高宗命福康安領兵擊破之.清廷禁止西藏與鄰國交通,提高駐藏大臣地位,使達賴與班禪平等.,西藏政須稟明駐藏大臣控制. 阮光平(文惠)入覲. 封緬甸酋孟雲為國王.
		56	辛亥	**1791**	抵抗廓爾喀侵藏　頒佈「欽定西藏善後章程」 命福康安海蘭察等征廓喀. 內閣學士尹壯圖奏督撫藉詞賠項之弊,帝怒,命大臣帶尹徒各省盤查,命革職治罪,旋又赦之. 庫倫辦事大臣松筠與俄方於恰克圖訂立市約,條文全由國擬定,互市如故. 尼泊爾攻陷日喀則,班禪逃到拉薩,尼泊爾將班禪宮中珍寶搶劫一空 清廷於台灣實行「屯番」制度 彰化縣爆發漳泉械鬥
		57	壬子	**1792**	清軍抵西藏,尼泊爾軍敗走. 廓爾喀請降 清乾隆帝頒佈『**金奔巴瓶制**』,以抽籤方式確定達賴,班禪大喇嘛的化身呼畢勒罕.將金奔巴瓶供奉在立薩大昭寺,內裝象牙籤數枚,遇呼畢勒罕去世將報出靈童出生年月日及名,名寫一籤,放入瓶內,焚香誦經七日由駐藏大臣會同大喇嘛等在眾人面前抽籤決定新的呼畢勒罕. 定西藏達賴喇嘛繼世法. 福康安抵西藏大敗爾喀軍,旋被支擊軍潰,請和,福康安引軍還弘曆命駐守. 弘曆撰十全記,誇耀十全武功：平準噶爾二,定回部一,掃金川二,靖台灣一,降緬甸一,降安南一,降廓爾喀二,自命十全老人. 台灣八里坌「濛水河口」與福五虎門(閩江口)通航. 法國革命第一共和國成立,判法王路易十六斬死斷頭台. 美人懷特尼發明軋棉花機. 法國國王路易十六處以死刑,宣佈法國為共和國.

朝代	帝　王	國號	干支	西元	紀　要
清	清高宗 弘曆	乾隆 58	癸丑	1793	英國馬戛爾尼(Lord Macartney)以大使身份到中國覲見,大臣囑行三跪九叩禮不得,乾隆許其覲英之禮朝見,待之頗厚,他提出的要求均遭拒絕 白蓮教劉之協擁小童王發生,假託朱明後裔圖謀起事,失敗被捕.但以白蓮教為首「白陽」「八卦」「紅陽」及天地會「三合」「三點」等多依託宗教儀範,從事「反清復明」活動. 安南國王阮光平卒,清封阮光瓚繼位 兩淮鹽運使柴禎移挪商人鹽課廿二萬兩,訊明正法. 命停捐例(貢監不停) 海蘭察卒 頒行『欽定西藏章程』改定達賴,班禪,用巴瓶抽簽法擇定.
		59	甲寅	1794	普免六十年全國漕糧一次 魏源(1794-1857)湖南邵陽人,著「海國圖志」世界地理歷史,提供海外知識 荷蘭使臣到北京.
		60	乙卯	1795	清立皇 15 子顒琰為皇太子,嘉慶皇帝即位,自為太上皇. 湘桂黔苗族民變,發難於貴州銅仁(1795~1806),「改土歸流」兵民相輔平息 福建虧空案閩浙總督伍拉納、福建巡撫浦霖處斬　普免國漕糧一次 「東南海患」安南王籌資財源，資助師船在海上掠奪.至 1806 年始平. 和珅毒死政敵錢灃,此後和珅大權在握,肆無禁忌,清廷政紀開始廢弛. 台灣鳳山陳光愛陳周全以天地會起事反清,攻克鹿港、彰化等地,終告失敗.
清	清仁宗 顒琰	嘉慶 1	丙辰	1796	清高宗乾隆帝弘曆傳位於其子顒琰(1760~1820)為帝,是為仁宗.自稱太上皇.在位 25 年(1795-1820)享壽 61 歲.. 勤理內政,逮捕貪官和珅,大快人心.屢減田賦,禁止鴉片進口.但 1835 年以後進口鴉片達四萬箱之多(每箱 100~120 斤). 湖北四川楚陝甘豫五省白蓮教作亂,大傷元氣,財政窘破. 福康安孫士毅和琳,皆卒於軍　舉行授受大典 吳沙福建漳浦人,1731 年生,1773 年移民來台,冒險進入「噶瑪蘭」(宜蘭平原)開墾. 前 1768 年漢人林漢生入墾被原住民殺害.台灣俗語「爬過三貂嶺,不想厝裡的某子」1812 年清廷將宜蘭設「噶瑪蘭廳」1875 年設宜蘭縣
		2	丁巳	1797	定分辦教匪法　大學士阿桂卒, 和珅獨秉政,斂財益見專橫. 劉墉為體仁閣大學士 畢沅卒 史學家王鳴盛卒,其著有『十七史商榷』
		3	戊午	1798	大破教徒於三坌河 白蓮教首領齊王氏姚之富均隕崖死 貴州苗亂平. 四川總督勒保誘捕白蓮教匪首王三槐送北京,仁宗顒琰親問之,王三槐訴官逼民反,顒琰惻然,參贊大臣額勒登保大破四川白蓮教擒首領羅其清斬之. 蔡牽在台灣劫掠,為閩浙總督魁倫緝捕
		4	己未	1799	清乾隆皇帝太上皇乾隆帝弘曆崩逝,葬裕陵,享年 89 歲.仁宗顒琰親政. 嘉慶帝逮捕和珅下獄訴 20 大罪,詔令自盡,抄沒家產八百兆兩.當時流言「和珅跌倒,嘉慶吃飽」 合州知州龔景瀚上堅壁清野議,經略大臣勒保是之,採行其策,教黨漸滅禁京城開設戲館　革洪亮吉編修職 封尚溫為琉球國王
		5	庚申	1800	安南攻台州(浙江臨海)李長庚擊礫之,將其印還安南 德楞泰敗川匪於馬蹄崗(四川江油東北),擒首領冉天元斬之蔡牽攻鹿耳門,海盜黃勝長攻八里坌 河南馬慧裕誘白蓮教首領劉之協降送北京磔死 朝鮮國王李算卒,清封其世子李玜為朝鮮朝國王 英人特文地克發明高壓引擎.　貝多芬完成第一首交響曲. 英合併愛爾蘭,改國名為「大不列顛與愛爾蘭聯合國(1800-1949)」

朝代	帝　　王	國號	干支	西 元	紀　　　　要
		6	辛酉	**1801**	貴州苗變,殺二千餘人.伊桑阿奪為己功事泄,被絞死 德楞泰破湖北白蓮教斬首領龍紹周 額勒登保破陝西白蓮教徒於劉家河擒首領張天倫. 史學家章學誠卒,其著有『文史通義』
清	清仁宗 顒琰	**7**	壬戌	**1802**	白蓮教軍首領樊人傑溺死,首領徐天德戰死,尤紹周從四川竄奔湖北竹溪,失利,白蓮教禍亂平息 廣東天地會起義 法國助阮福映攻殺阮光纘,統一安南,改稱越南.
		8	癸亥	**1803**	越南國定名,安南阮福映請封並請改國號為南越.命改為越南. 川楚教匪肅清. 命伊犁廣開屯田 浙江提督李長庚擊海盜於定海,僅以自免,降於閩督玉德,旋逸去. 西班牙人在中國傳教
		9	甲子	**1804**	白蓮教首領苟文潤等被擒,終告覆滅(西元 1796-1804)歷時九年. 浙江提督李長庚破海盜蔡牽.　　劉墉卒 彰化平埔族由潘賢文率遷至蛤仔難 蔡牽侵擾台灣鹿耳門,破清軍水師 法國拿破崙稱帝 1815 年為英俄打敗流放聖希列拉島 史學家錢大昕卒其著有『廿二史考異』
		10	乙丑	**1805**	清全國性大禁教,嚴禁西洋人刻書傳天主教. 訂稽查西洋書章程 修成皇朝詞林典故 兩廣總督那彥成招降海盜五千餘人被劾,遣戍伊犁. 台北大龍峒安宮落成,主祀「保存大帝」 蔡牽自稱鎮海王,攻占台灣鳳山 禁止俄船到廣州互市. 紀昀(?~1805)「四庫全書」總纂官.戴雲,戴逸,龔書鐸等協編.
		11	丙寅	**1806**	蔡牽攻台灣,浙閩水師提督李長庚在鹿耳門擊敗之 川陝「新兵」變：白蓮教亂,清募鄉勇戰守謂之「新兵」協議三年例餉之外加發每人每月鹽米銀五錢,三年後減為三錢.朱勳以未奉部文為由停發新兵每月米鹽銀四錢,引起寧陝新兵譁變,推陳達順蒲大芳為首抗爭.經擒陳達順,殺蒲大順後始平.參贊臣德楞泰革職,貶楊遇春為總兵,戍楊芳於伊犁. 四川綏定營達川新兵叛,勒保擊之,斬首領王得先,殺餘黨眾. 嚴禁蘇浙販米出洋　朱珪卒.英國經濟學家約翰穆勒主張「地租公有」 台北淡水發生漳泉械鬥
		12	丁卯	**1807**	陝西西鄉營新兵叛,西安將軍德楞泰擊之,斬首領周士貴. 浙閩總督阿林保爭功,欲貶抑水師提督李長庚擊敗蔡牽戰功. 清政府責阿林保,激怒阿林保檄促,李長庚再行出戰,李長庚悲憤在廣東黑水洋中追擒炮戰中陣亡. 禁漢人私入番地,及蒙古人改服番裝 申禁廷臣與諸交接　　封尚灝為琉球國王　　李長庚追擊蔡牽殉職 英國教士馬禮遜來,將基督教譯成新約,刊行中英字典,我國遂有基督教.
		13	戊辰	**1808**	1808-1814 年清編纂『全唐文』 沈復為隨員出使琉球國,沿途紀實,作「**海國記」明載釣魚台為中國領土.** 傅鼐奠定苗疆功加按察使銜 英防法國奪取葡屬澳門,戰艦進泊廣東香山雞頭洋,及廣州黃埔,清命離去,. 清革兩廣總督吳熊光職,遠戍伊犁. 台灣吳化等人將宜蘭開墾人員編製住民戶口清冊,至艋舺呈送閩浙總督方維甸,要求把蛤仔難編入清朝版圖.

朝代	帝　王	國號	干支	西元	紀　要
		14	己巳	1809	蔡牽在鹿耳門作惡,兩提督王得祿邱得功在定海(浙江舟山)合擊蔡牽,蔡牽知法網難逃,舉炮自裂其船沉沒溺死. 北路淡水擴編升格為艋岬營,新庄縣丞改為艋岬縣丞,鹿仔港巡檢移駐大甲 總兵許松年擊斃海盜朱濆 英達爾文(Charles Robert Darwin 1809-1882)誕生,創【**進化論**】.
		15	庚午	1810	在廣東虎門設水師提督,查禁鴉片. 嚴禁鴉片入京城 會試辦海運 海盜蔡牽餘黨張保向兩廣總督百齡投降 清允將蛤仔難歸入版圖,改稱「噶瑪蘭廳」,廳治設在五圍(今宜蘭市) 江南高堰山盱兩廳堤壩決 台灣羅漢門巡檢移駐蕃薯療
清	清仁宗 顒琰	16	辛未	1811	曾國藩(滌生)(1811.10.11-1872.2.4.)湖南湘鄉人.28 歲中進士,34 歲官禮部侍郎 1860.6.署理兩江總督,又兩月授命為欽差大臣督辦江南軍務.以「湘軍」平定太平天國.但不居功. 天理教徒兩百人沖入禁門,教徒於河南滑縣起義. 嚴禁外人入內地傳教,在京教士行動大加限制,出入派人跟隨,餘俱令回國. 顒琰帝走山西五山進香　傅鼐卒 巴拉圭脫離西班牙獨立
		17	壬申	1812	清嚴禁皇族與漢人通婚.　清官員令閒散旗人務農解決生計,帝不准. 申諭各省督撫嚴禁所屬私造非刑　洪秀全出生 命各省嚴查私造非刑. 清在台灣設立「噶蘭廳」「噶瑪蘭營」設通判一名,(駐五圍,今宜蘭市)楊廷理首任通判,另設縣丞一名,(頭圍今頭城鎮)巡檢一名,開發宜蘭羅東地區 左宗棠(季高)(1812-1885)字季高,湖南湘陰人,創辦福州船政局、福建海軍、海軍學校,平定俄英支持的阿古,收復新疆. 胡林翼(1812.7.14.-1861.9.30.)湖南益陽人,晚清中興名臣之一.湖廣巡撫,與湘軍戡平天平天國之亂,曾國藩云「林翼堅持之力,調和諸將之功,綜覆之才,皆臣所不逮,尤服其進德之猛」
		18	癸酉	1813	禁宋室覺羅與漢人為婚 浙江巡撫進生員鮑廷博所刻叢書第 26 集賞給舉人 天理教亂,李文成、林清為首以「奉天開道」為旗幟,發動癸酉變亂,殺知縣強克捷,攻皇宮,溫承惠馬瑜往勘之,教徒林清被擒磔死,李文成自焚,亂平. 陝西三才木工變亂. 孫中山父親孫達(1813-1888)誕生.
		19	甲戌	1814	訂整飭洋行及限制外洋商船章程. 嚴禁中國人為外國人服役,不得用洋式建築,店號不准用洋字,不得住「夷館」 從侍郎瓊奏復開捐例　河南捻匪作亂 陝西箱賊作亂. 限制英國商船,並查禁鴉片煙. 1814~1820 年,主教一人教士二人分別在成都長沙武昌正法,株連教徒甚多 史學家趙翼卒,著有『廿二史札記』 洪秀全生(1814-1862.)廣東花縣客家人,太平天國領袖,自稱〔天王〕
		20	乙亥	1815	兩廣總督蔣攸銛等奏定『禁鴉片章程 』頒御製官箴廿六章 段玉裁卒,著有『說文解字注』 查拏白蓮教餘裔 天主教士蘭月旺於湖南耒陽傳教,湖南巡撫巴哈布捕之,下獄絞死. 拿破崙敗於滑鐵盧,囚於聖赫雷那島 1821 年卒 德人俾斯麥(Karl Otto Eduard Leopold Von Bismarck1815.4.1.-1898.7.30)鐵血宰相,德國第一位「國家社會主義」者.

朝代	帝　王	國號	干支	西 元	紀　要
		21	丙子	**1816**	彭玉麟生(1816-1890)派名兆冬,字雪琴,諡封剛直.祖籍江西泰和,明洪熙乙巳 1425 年遷居湖南衡陽渣江.辦湘軍水師,平定太平天國有功,歷任水師提督,兩江總督,兵部尚書. 台灣官府將違法開墾埔里;的郭百年等人驅逐出山,是為「郭百年事件」 英人阿美士德來華,拒行三跪九叩禮,喜慶令英使亞默爾斯責令回國.並革理藩院尚書蘇楞額和世泰穆克登額等職. 阿根廷脫離西班牙獨立.
		22	丁丑	**1817**	雲南臨安邊外人高羅衣作亂,總督伯麟討平之 天津設水師 禁冒名頂替武試
		23	戊寅	**1818**	申禁州縣官等赴省干謁 廓爾喀人貢 馮子材(1818-1903)字南幹,號萃,亭廣東人,曾參加天地會起義,後在中法戰爭中,取得鎮南關大捷,打擊法軍的士氣至大. 馬克斯(1818.5.5.-1883.3.14.)馬克斯主義創始人,倡導無產階級革命. 郭嵩燾 (1818.4.11.-1891.7.18.)湖南湘陰人,晚清政治家外交家,湘軍創建人之一.出使英法欽差大臣,
		24	已卯	**1819**	清吏治敗壞,疆臣陶澍奏稱吏八弊：一.勒接交代,新官承認前任虧空.二.擅攤捐款.三.吏役更索規資.四.添辦給.五.壓荐幕友,貪食坐俸.六.濫送長隨,內通劣幕.七.需索無度.八.提省留,官進省後轉委他人,一年半載始令回任. 清禁止旗人抱養漢人子弟為嗣 七月黃河在豫東泛濫成災,永定河溢,命吳璥那彥寶馳往堵築,九月河漫口合龍
		25	庚辰	**1820**	清仁宗顒琰在位 25 年卒享壽 61 歲,子綿寧嗣位,是為宣宗,年號道光. 鑄道光通寶錢 新疆張格爾叛亂回部起事,1828 年被部屬出賣受磔刑. 楊秀清(1820-1856)初燒炭苦工,對太平天國建國頗具功勳. 沈葆楨(1820-1879)福建福州人,「同治中興」任船政大臣,南洋通商大臣,在福建馬尾設造船廠,1874 年日本攻打台灣,清廷派沈葆楨來台灣防務,設台北府,執行「蕃民漢化」墾殖開發,在台南安平鯤鯓設砲台,恒春築城牆,在台灣府建祠祀,
清	清宣宗　旻寧	道光 **1**	辛巳	**1821**	清宣宗愛新覺羅旻寧(1782~1850),仁宗之子在位 30 年(1820-1850)壽 68 歲. 鴉片輸人中國最多年,兩廣總督阮奏禁鴉片.1821-1839 年史家稱伶仃時代 1840 年鴉片戰爭,1842 年訂「南京條約」割地賠款,開五口通商 雲南永北廳屬夷人作亂,命總督慶保勦之,勦洗大姚拉古夷巢全境肅清,首領瞎眼老大就擒. 整飭漕政 美國水手毆死廣州民婦,依律處絞刑 封阮福晈為越南國王 墨西哥脫離西班牙獨立
		2	壬午	**1822**	洪仁玕(1822-1864)字益謙,廣東花縣人,金田起義,清廷追捕,撰「資政新篇」 命廣東嚴查出口洋船不准偷漏銀兩,並飭海關監督有無收受鴉片重稅據實奏聞申諭海口各關津嚴拿夾帶鴉片煙 將旗人抱養漢人之子為嗣者,另記冊檔,日後皆人民籍. 肅清青海番人蘊依等作亂 四川果洛克番人作亂討平. 台灣「噶瑪蘭」林永春反官 朱蔚事件

朝代	帝　　王	國號	干支	西 元	紀　　要
清	清宣宗　旻寧	道光 3	癸未	1823	訂定失察鴉片煙條例. 錢泳手抄「海國記」釣魚台為中國領土. 永定河決堤合龍　台灣竹塹鄭用錫中進士;,號為首位「開台進士」 12.2.美國總統門羅頒布「門羅主義」 李鴻章(1823-1901)安徽合肥人,字少荃,洋務派代表人物,曾國藩的學生,淮軍創始人,對內施政,對外談判,清朝舉足重輕的人物.他創辦「招商局」南京條約,將台灣割讓日本,即出自他之手.
		4	甲申	1824	命程含章會同蔣攸銛籌辦直隸河工 嚴禁幕友濫邀議敍　命毀蘇州五通祠 林平侯闢基隆三貂嶺道路 英國與緬甸開戰,二年後,緬甸割地請和. 曾國荃(沅甫)出生
		5	乙酉	1825	諭禁各獄卒凌虐監犯　　改訂宗室懲罰則例 查禁糧船水手設教斂錢 禁洞庭湖濱圈築私垸 新疆官吏淫暴,回民苦怨. 命大學士長齡為伊犂將軍,慶祥為參贊大臣,追討張格爾
		6	丙戌	1826	初次試行海運. 命林則徐興修江浙水利 『皇朝經世文編』輯成 台灣黃文潤作亂,旋平定. 中港黃斗乃(黃新英)廣東人閩粵械鬥率番人襲中港報私仇,閩浙總督孫爾準搜捕黃斗乃處死　台灣竹塹城改建石城 張格爾兵勇善戰,陷喀什噶爾城,慶祥迎擊大敗,自縊死.連陷英吉沙爾,葉爾羌,和闐,清命楊遇春、楊芳討之.
		7	丁亥	1827	伊犁將軍長齡陝西總督楊遇春擊張格爾連捷,復取喀什爾等四城, 回亂平,張格爾就擒
		8	戊子	1828	禁用外國錢幣　　長 齡等擒張格爾,回亂平. 封長齡二等公,楊芳三等侯. 容閎(1828-1912)中國第一位前往美國留學學生,1854 年耶魯大學畢業. 台灣淡水人吳全等進入;花蓮港開墾
		9	己丑	1829	命回子當阿渾者只准念習經典不准干預公事. 浩罕西南達爾瓦斯部來附.　　西藏徼外拉達克部長上奏表. 陳進成墾號進入大嵙崁(今桃園大溪)開墾 『皇清經解』成書
		10	庚寅	1830	通令各地嚴禁鴉片,定內地行銷鴉片章程　御史王禧慶奏請裁革州縣白役詔地方差役主繁者不得過八十名,依次遞減,所有白役概行禁革. 回疆復亂,楊遇春等剿之 清向浩罕索張格爾家屬不與,清乃絕其貿易. 浩罕國王摩訶末阿利迎張格爾兄玉素普,統軍入新疆攻喀什噶爾大掠.清命長齡楊遇春並為欽差大臣,赴新疆督辦軍務. 翁同龢(1830.5.19.-1904)字聲甫,號叔平,江蘇常熟人.光緒皇帝老師,,思想開放,贊成變法,「戊戌政變」失敗後,被革職.

朝代	帝　王	國號	干支	西 元	紀　要
		11	辛卯	1831	陳寶箴(1831-1900.7.22.)晚清維新派,平定苗亂,推行屯田制,開拓邊疆,興辦實業,「馬關條約」喪權辱國,痛哭「殆無國矣」,湖廣巡撫,兵部尚書,提「固畿輔,擇軍將,嚴津防,簡軍實,籌急款」等「兵事十六條」,因維護戊戌政變,被罪「招引姦邪」被革職,傳云慈禧太后密旨自盡「自縊而死」. 清廷查禁鴉片,定吸食者罪. 許浩罕通商. 新疆始行屯田法. 廣東黎匪滋事,命李鴻賓勦之,黎匪伏法,亂平. 禁沿邊民私種□粟 准兩江總督陶澍奏請改鹽綱引地法為粟鹽法. 湖民傜民自成村落,漢人勾結官吏肆虐,民怨,推湖南永州傜民趙金龍為首,焚河口,殺天地會眾,湖南江華知縣林先率兵清勦. 閩、粵人合資「金廣福墾號」設隘防番,向內山拓墾
清	清宣宗 旻寧	12	壬辰	1832	湖南傜人趙金龍作亂,提督海凌阿陣亡,盧坤討斬之 彭玉麟隨父母由安徽安慶回湖南衡陽. 廣東連州八排傜民叛,禧恩招降之 飭河南湖北等省會拏捻匪 英商查頓,馬地臣在廣州創辦「怡和洋行」又名「渣甸洋行」提供英國對華情報,1842 年由廣州移至香港. 諭粵查禁洋面私售鴉片躉船,及省河走私快艇 王念孫卒,著有『廣雅疏證』 台灣嘉義張丙起義反清,建號天運,設官分職,聚眾數萬人,清派大軍渡海來鎮壓.並實施禁偷渡,行清莊,嚴連坐,禁搬走,實力化導等 21 條.
		13	癸巳	1833	定禁止紋銀出洋條例 四川越巂(越西)夷民起兵,四川總督那彥寶平定,擒首領桑樹洛. 福建提督馬濟勝擒斬陳辦等天地會黨人,台灣動亂始平. 禁外官餽敬京官 英任命律勞卑為商務監督,用「仲裁與說服」原則解決英華外人爭端 王闓運(王秋)(1833-1916)湖南湘潭人,經史學家,先後在岳嶽書院,船山書院成都尊經書院講學,曾入曾國藩幕府,因意見不合而退出.名著有湘軍志,湘綺樓全書,「春秋公羊傳」.
		14	甲午	1834	義律來華,英國通過法案,自 1834.4.22 起廢止東印度公司對華貿易專利權 英艦闖入虎門,侵黃埔,清盧坤軍隊圍困英國商館,英艦不得不退回澳門. 台灣北路左營改制為「嘉義營」 淡水廳爆發閩粵械鬥,持續至道光二十年 吳全佑(1834-1902)清旗人,吳家太極拳奠基人.
		15	乙未	1835	慈禧太后(1835.10.10.-1908)葉赫那拉氏,滿洲正黃旗人,穆宗皇帝載淳生母,咸豐帝妃子,因生子載淳載淳繼位,被封為懿貴妃,後載淳即位同治皇帝,那拉氏晉寺為皇太后,稱聖母皇太后,1861 年發動立西政變,重簾聽政,掌握朝中實權,擢用曾國藩、李源章滅太平天國,平然軍,有”同光之治”譽光緒年 10 月 1908 年去逝..享壽 74 歲,安葬清東陵之定東陵. 大學士曹振鏞,盧坤卒 山西趙城縣教徒曹順等作亂平定 山東巡撫鍾祥奏英船駛入山東劉公島海面,派委員弁巡堵不准進口. 命沿海各省長官嚴飭所屬巡防堵截,嚴禁內地奸民交易接濟

朝代	帝　王	國號	干支	西 元	紀　要
		16	丙申	**1836**	慈禧太后葉赫那拉氏誕生(1836-1908),1851 年被甄選入宮,因生下咸豐帝唯一的兒子同治,而被冊封為懿貴妃.同治、光緒帝在位時,幾次垂簾聽政.. 湖南武岡傜民起兵,湖南巡撫訥爾經額平定,首領藍正樽被斬 命穆彰阿為武英殿大學士管理戶部 英派義律來華,第二年宣布與廣州斷絕交文來往,前往澳門. 奕劻(1836-1918)愛新覺羅氏,字輔廷,光緒 10 年(1884)慶郡,王主持總理衙門,理事 務大臣,光緒 29 年授軍機大臣. 劉銘傳(1836-1895)安徽合肥人,光緒 11 年(1885)由淮軍名將被任為台灣首任巡撫,,在台灣建設軍事為先,設海防,設海軍,設兵工廠,經濟建設,建鐵路,興水利,設海底電纜,發展電訊..「開山撫番」清丈土地,制賦稅,真是轟功偉業,福留台灣子民. 丁汝昌(1836-1895)字禹廷,安徽人.甲午戰爭,率艦隊重擊日本海軍,威海衛戰役失利,服毒自殺.
		17	丁酉	**1837**	四川馬及涼山夷亂,平定之. 楊遇春卒 命山東鹽務改歸巡撫管理 命沿海各省嚴密查禁白銀出口 張之洞(1837~1909)河北南皮人,創辦漢陽鐵廠、槍砲廠、織布局、並籌辦北京蘆溝橋至漢口鐵路. 查禁白銀出口 張蔭桓(1837-1900)外交家曾出使英美法德俄等國.與蘇聯簽訂旅川大連租地條約. 楊仁山(1837-1911)安徽石池州人,志在以佛教救中國,創立「金陵刻經處」建立祇洹精舍,中國第一所現代化的佛學教育機構.
		18	戊戌	**1838**	鴻臚寺卿黃爵滋奏請嚴禁鴉片,嚴禁雲南種植罌粟 林則徐上言禁煙,任林則徐為欽差大臣往廣東查辦海罌禁煙事務. 禁滿州婦女仿效漢女纏足 台灣鳳山知縣曹謹倡議建築「曹公圳」
清	清宣宗 旻寧	**19**	已亥	**1839**	清道光皇帝授林則徐欽差大臣到達廣州 全國紳響應禁煙運動 3.10. 清調林則徐為兩廣總督伊里布為兩江總督查獲英商鴉片 21,306 箱 19 日包圍外國商館,英商務監督查理義律具結保證以後英船不夾帶鴉片. 6.3,留下八箱鴉片作樣品外,其餘悉在虎門焚燬.並定禁煙律卅九條 湖南湘鄉曾紀澤出生. 鄧廷楨為閩浙總濬 英領義律砲擊中國水師,中英在九龍及穿鼻島兩度發生戰爭. 美亨利喬治(Henry George1839-1897)主張「土地國有」與「單一稅」 曾紀澤(1839-1890) 湖南湘鄉,.外交家,駐英法俄公使,簽定「中俄伊犁條約」「勘界議定書」中法戰爭談判,態度強硬,強調「中國先睡後醒論」. 洪鈞(1839-1893)江蘇吳縣人,外交史上傳奇人物,精通德英文,才華出眾,曾任德澳俄荷四國特命公使.改革中國電報字碼,節省龐大費用,
		20	庚子	**1840**	7.5. 爆發**【鴉片戰爭】**英派 16 艘兵艦,540 門砲,4 艘武裝汽船,27 艘運輸船,士兵 4 千.清廷革除林則徐職,派琦善為欽差大臣,與英議和,英軍南返. 清奕山啣命對英作戰為英所敗,奕山投降,與英訂立**【廣州和約】** 日人伊藤博文(1840-1909)曾四任日本內閣總理,陰謀侵略中國,發動甲午戰爭,簽訂馬關條約. 虛雲大師(蕭富民)(1840-1959)湖南湘鄉人,他籌辦中國佛教學會,在江西雲居山真如寺造田栽茶種果樹,闢花園,建立佛地,不遺餘力.

朝代	帝王	國號	干支	西元	紀要
		21	辛丑	1841	對英宣戰,英軍攻陷廣州廈門定海鎮海寧波等地,三元里人民抗英. 停泊雞籠的英籍艦納爾不達號被擊沉. 琦善與英義律訂【**穿鼻草約**】割香港,但商稅仍屬中國,賠款六百萬兩,兩國官吏平等. 琦善倔辱訂約遭捕革職查辦 命奕山赴粵 奕山經赴淅辦軍務. 台灣鎮達隆阿兵備道姚瑩敗英兵 廣州爆發三元里事 湖北崇陽縣鍾人杰,聚眾三千人,設立都督大元帥府,自稱鍾王,攻占崇陽通城,到次年始平定. 唐景崧(1841-1903)廣西桂林人,清派其為台灣布政使,巡撫,整飭軍事,派劉永福鎮守海防,編纂「台灣通志」.適甲午戰爭失敗台灣讓日本,丘逢甲等擁唐景淞為民主國總統.派劉永福為大將軍,年號「永清」.嗣日本攻陷基隆,唐棄職逃亡廈門,民主國立國不足十天,無疾而終.
		22	壬寅	1842	台灣姚瑩、達洪阿在淡水再敗英艦 鴉片案林則徐謫戍伊犁.奕經攻敵不克,英軍北陷乍浦上海鎮江迫江寧,清命耆英等與英使濮鼎查議和. 8.29.簽訂鴉片戰爭[江寧條約]亦即【**南京條約**】凡 13 款,其要旨： 一. 規定兩國永存和平,人民互相友睦. 二. 開放五口(廣州、廈門、福州、寧波、上海)通商,英國得派領事駐紮並與地方官公文來往.允許英商寄居貿易,英國可以派駐領事等官 三. 割讓香港島給英國,聽英治理.. 四. 賠償英國 2,100 萬兩(鴉片價 600 萬兩,商欠 300 萬兩,軍費 1200 萬兩 五. 釋放被囚禁的英國人. 六. 戰爭期間與英人來往之中國人恩准免罪. 七. 秉公議定稅則，兩國往來公文用平等方式· 八. 英國駐中國總管大臣與中國大臣,無論京內京外者,可以公文來往 九 賠款未付清和所議五口未開放通商前英軍暫駐舟山群島及鼓浪嶼. 十. 規定條約兩國君主批准並換文以昭信守. 9 月耆英與英國樸鼎換文,又訂「江南善後章程」(仍未解決通商與稅則問題) 一. 今後再有商欠,官方不代償還. 二. 通商限於五口 三. 海防聽中國整備 四, 英國在中國兵船庄有限制. 五. 中英人民如涉及訴訟,應明定章程. 六. 英人歸英國自理,華民由中國訊究.. 七. .英國不得庇匿奸民逃犯 各條約中均附有條約說明： 一. 英國人之間,或英囼人與中國人之間任何爭執,英國人不受中國司法審判,而由英官審判(領事裁判權). 二 英國軍艦可在五個商埠停泊,保護商民. 三. 英國在五個商埠,可以租地建屋(到 1846 年英在上海正式劃定區域,稱為租界在租界內,視同英國本土,中國不能行使主權以後各國紛紛仿效.中國國內遂又有國家) 四. 中國以後給與其;他國家任何利益,也應同時給與英國. 刊行魏源編的『海國圖志』 王先謙(益吾,葵園)(1842-1917)湖南長沙人,經史學家,反對梁啟超,康有為激進思想,曾嚴辭彈劾皇帝侍臣李蓮英.名著「漢書補注」「荀子、莊子集解」 伍廷芳(1842.7.30.-1922.6.23.)廣東新會人,外交家法學家,書法家,聖保羅書院畢業.留學英國,獲博士學位,具大律師資格.曾任外交部長,廣東省長

朝代	帝 王	國號	干支	西 元	紀 要
清	清宣宗 旻寧	**23**	癸卯	**1843**	1.25.清廷命耆英辦理廣東通商事宜 3.24.清廷寬免達洪阿、桃瑩罪職(英人控訴)旋即起用 10.8.中英訂**【虎門條約】**又稱「南京條約續約」耆英理廣東通商事務,訂中 中英簽訂五口通商稅則章程、納稅等事,旋又簽訂「**虎門條約**」. 英派德庇時為香港總督,允許華官管理香港之華人. 洪秀全與馮雲山於廣東花縣創立〔**拜上帝會**〕亦稱『**拜上帝教**』 釋鄧廷楨回籍旋命為署甘肅布政使 湖南武岡曾如炷曾以得,因扭米出境,聚眾戕官,據守洪崖洞,謀起事,旋被捕. 台灣縣民郭光侯等抗拒台灣縣開徵錢糧,聚眾抗議,遭官兵圍剿 洪協抗清
		24	甲辰	**1844**	7.3.中美簽訂「中美五口通商章程」條約又名「**望廈條約**」規定利益均霑 定納稅課貨物轉運等事.領事裁判權,中美人民涉訟,各歸所屬政府審訊 . 中法簽訂「**黃埔條約**」以英美條約享五口通商領事裁判權,最惠國待遇等 寧波、福州開埠. 湖南耒陽縣段陽二姓因抗糧千餘人,由陽大鵬統率進,攻縣城,經月始平. 台灣嘉義縣洪協、郭崇高、郭光侯等抗糧,聚眾二千餘人起事,旋被捕, 趙爾巽(1844-1927)東北奉天人,清史館長,曾任湖廣,東三省總督
		25	乙巳	**1845**	與比利時、丹麥通商,准依「五口通商章程」辦理 英逼蘇松太兵備道宮慕久訂「上海租地章程」取得劃特區域永租權成租界 命林則徐回京署理陝甘總督 西寧番人作亂 山東捻匪滋事,聚眾拒捕,與官兵對抗. 廣東土匪四起廣州一帶結黨數萬,如香山新會順德等處匪患,農民不安耕作 1 月台灣彰化地震,民倒塌四千餘間 6 月台灣南部颱風死亡 3 千餘人. 台灣台北人林國華建板橋林本源家弼益館
		26	丙午	**1846**	以林則徐為陝西巡撫　鄭祖琛為廣西巡撫　楊芳卒　鄧廷楨卒 容閎等人赴美留學,為中國第一批留學生. 雲南緬寧(臨滄)回人作亂,雲貴總督李星沅擊之,首領馬國海遁走. 陝西渭南回民作亂,渭南知縣余炳壽擊斬首領馬德全. 山東嶧縣蘭山等處,擄人勒索,盜劫,諭令勦捕. 廣東盜劫頻行諭令清查保甲 中國開放廣州許外人入城,激起民憤,與英議訂：一.英人緩入廣州.二. 英人 在外行走人不得欺凌,三.中國不得割讓舟山群島於他國,旋英交還定海. 姚瑩(1785-1852)著「康輶紀行」字石浦,安徽桐城人,著西藏疆理等書甚多 清廷拒絕准許台灣北路理番同知史密、巡道熊一本與閩浙總督劉韻珂等奏 請解除水沙連六社開墾禁令.

朝代	帝　王	國號	干支	西 元	紀　要
		27	丁未	1847	曾國藩任內閣大學士 湖南猺人雷再浩作亂,官軍討平之. 緬人擾邊 張格爾(1820)子弟加他漢等七人(七和卓木)舉兵入疆作亂平之 廣西洪秀全起事,先擒後釋. 與瑞典挪威訂廣東條約，規定五口通商，完納稅課，訴訟辦法等事． 中國第一個教案,天主教在上海徐家匯建立總部,建教堂藏書樓,民間反對,法強要上海縣府鎮壓始,成為中國近代第一個教案. 俄請通商塔爾巴哈台、伊犁、喀什噶爾,不許. 俄皇命木里斐岳幅為東部鮮卑利亞總督. 英人遊佛山,遭石擊,英輪船及九百士入黃埔江情勢危急,英提條件:一.二年後開放廣州.二.懲兇徒.三.英商得在河南建造貨棧.四.教士得建築禮拜堂. 上海爆發『徐家滙教案』為中國近代史第一個教案. 英船抵雞籠,勘查附近煤礦. 4 月閩浙總劉韻珂渡海來台巡視,將艋岬文甲書院更名為「學海書院」
清	清宣宗 旻寧	28	戊申	1848	俄國商船至上海,請在上海通商互市,兩江總督李星沅拒之,命其回航. 黃遵憲(1848-1905)字公度粵梅州人 1877 駐日公使參贊 1879 著[日本國志] 英國教士三人往青浦傳教,途中遇擊,英要求懲兇事件 廣西盜劫,有商船二十餘艘遭劫擄一萬餘金,著桂撫鄭祖琛查辦. 命兩廣湖南江西各督撫緝拿會匪,捕緝海盜　命查勘礦產　湖南曲亂 廣西教徒洪秀全起事被囚,尋釋之.　吳全拓墾花蓮之吳全城 李蓮英(1848-1911)河北大城縣人,13 歲入宮,原名李進喜,進宮 14 年後慈禧為他取名李蓮英,16 歲調慈禧跟前伺候,1879 年出任儲秀宮四品花翎總管,1900 年李蓮英 46 歲被賞戴二品頂戴化翎..慈禧 1908.10.22.死於北京西苑的儀鸞殿,李蓮英為其辦喪事守教三年,1910 年 2.2.離開生活了 51 年的皇宮,1911 年逝世時年 64 歲.
		29	己酉	1849	葡萄牙強佔澳門.並要求在廣州設領事未准. 英國香港總督派軍艦進入廣東珠江,要求准英人入城,鄉民聞訊十餘萬人夾岸反抗呼聲震天,英艦不敢觸犯眾怒引退.兩廣總督徐廣縉與英更定廣東通商條約,以嚴禁入城載入約中.宣宗綿寧喜賞徐廣縉子爵,撫葉名琛男爵. 俄國入侵黑龍江口和庫頁島. 廣東陽山英德等縣,匪徒滋事,命徐廣縉等剿辦. 廣西盜匪在廣東陽山毗連一帶滋事,都司鄧宗珩督兵追捕負傷斃命;匪擁有鐵炮,被官兵奪獲十二尊. 4.21.美國東度艦隊司令派遣船隻駛台.5.5.抵達雞籠,取得優質煤炭樣品,交涉在雞籠設置儲煤站. 法國在上海設立租界 封李昇為朝鮮國王 阮元卒 湖南新寧縣城被匪攻陷,戕殺知縣全家,經月始平定.

朝代	帝王	國號	干支	西元	紀要
		30	庚戌	**1850**	清宣宗綿寧帝崩在位 30 年,子奕詝嗣位,是為文宗,以明年為咸豐元年 奕詝革廣西巡撫鄭祖職,命林則徐為欽差大臣走廣西行至廣東普寧縣,病卒.續命李星沅馳赴廣西,以周天爵為廣西巡撫. 洪秀全在廣西桂平縣金田村起義,國號太平天國建都天京(南京)自稱天王(1851-1864) 嚴禁天主教士刻書,而神父傳教之熱忱未曾稍減. 湘撫馮德聲勦匪不力,諭令兩湖總督裕泰督兵會同廣西員弁進勦由湘竄桂之匪. 宣示穆彰阿耆英罪狀 3.26.英船艦駛入雞籠港,要求購買煤被拒, 3.30.離去 台灣道徐宗幹訂定「全台神民公約」六條 俄國佔領黑龍江口.戌俄人伊犂、塔爾巴台通商 柯劭忞(1850-1933)史學家,清翰林院清史總編修,京師大學總監督,撰「新元史」「春秋穀梁傳注」「文獻通考注」. 沈曾植(1850-1922)字子培,史學家,樸學宗師

太平天國 (西元 1851-1864.立國 14 年)

朝代	帝王	國號	干支	西元	紀事
清	清文宗 奕詝 洪秀全	咸豐 **1** 太平天國 **1**	辛亥	**1851**	咸豐 1 年　太平天國洪秀全 1 年 洪秀全陷永安(廣西蒙山)建太平天國(1851-1964)稱天德王,封楊秀清為東王,蕭朝貴為西王,馮雲山為南王,韋昌輝為北王,石達開為翼王. 太平天國頒行曆法、制度,史稱「永安建制」, 清廷重申台灣禁採煤礦、硫礦命令.　英國廈門領事巴至台灣雞籠視察 清文宗奕詝(1831~1861)宣宗之子,在位 11 年得年 31 歲. 己革職廣西巡撫祖琛及提督閔正鳳均發往新疆效力贖罪 清命大學士賽尚阿任欽差大臣,督湖南廣西軍務,召江忠源統鄉民團練為助(楚勇),以民兵攻變民,清勦洪秀全.　捻匪於河南、蘇北等地作亂. 中俄訂伊犂、塔爾巴哈台通商章程,規定俄人陸路通商規程 17 款 · 康德黎(1851-1926)曾任香港西醫書院教務長兼外科主任,是孫中山的恩師.
		2	壬子	**1852**	太平天國 2 年 撚軍起義,張樂行,龔得樹等人在安徽起義,時太平軍作亂,黃河決口助長撚軍壯大,成為另一支反清力量. 太平軍馮雲山蕭朝貴戰死,攻桂林未下,陷全州道州長沙益陽,在岳陽掘得吳三桂(1679)遺留軍械大炮,轉攻陷漢陽武昌,劫如破竹. 清責賽尚阿督戰不力逮其治罪,任徐廣縉為欽差大臣,兩湖大鎮相繼陷落,又逮治徐廣縉治罪,任何榮為欽差大臣. 時曾國藩母喪在湖南湘潭奔喪,清命在長沙招募民兵,辦理,團練,開始建湘軍(湘勇).曾國藩嗜殺,時人稱之為「曾剃頭」 李祺生續修「噶瑪蘭廳通志」付梓 侵略中國近百年的日本明治天皇睦仁(1852~1912)出生,1867 年即位,發動中日甲午戰爭,屠戮中國近一世紀.
		3	癸丑	**1853**	太平天國 3 年 太平軍由武昌東下,攻佔南京,定為天京.犯江西南昌.北進入直隸.西下湖北. 改用陽曆,七日為一禮拜,男女平等,禁販奴隸,禁納妾,禁婦女纏足. 太平天國頒「天朝田畝制度」以均田分地,改革土地制度等問題 1849 劉麗川創上海【小刀會】,1853 起義,擁護天平天國 1855;劉麗川戰死 太平天國軍猖旺,外國多同情助其防守,清照會英美法三國,請派遣軍艦往援 在楊州實施抽取「釐金」其他各省仿行,以濟軍　天地會在福建廣東起事 向榮於天京城外建江南大營,琦善於福州城外建江北大營 法神父馬賴(Auguste Chapdelaine)非法進入內地廣西西林縣傳教受阻,1856 年將其捕解至廣州斬首,屍分數段,棄之狗群.　俄佔領庫頁島(苦夷) 台灣縣人李石以「興漢滅滿」為號召起事,林恭響應,最後為清兵捕獲處死. 8.14.宜蘭吳磋、林汶英抗糧反官，噶瑪蘭通判董正官遇害. 淡水廳發生頂下郊拼,福建同安敗退,移居大稻埕. 張謇(1853.7.1.-1926.7.17.)江蘇海門人,清末狀,政治家,實業家,教育家,主張「實業救國」曾任實業總長,工商及農林總長,水利總裁.他的事業,包括當前罕有的油,紡織廠,墾殖事業,麵粉廠,資生冶廠,交通事業,辦學校等,可說實業事項樣樣都有.一位偉大的實業家.

朝代	帝 王	國號	干支	西 元	紀 事
		4	甲寅	**1854**	太平天國 4 年 曾國藩討太平軍,創建湘軍,編陸師 15 營,水師 10 營,官兵 17,000 人.戰船 240 艘,運輸船 200 餘隻. 法艦助戰,劉麗川黨羽佔據上海等縣城始下.允許華人同居於租界. 嚴復(1854-1921)字又陵,福建侯官人,留學英國. 任用英美法各一人管理上海海關,為外人管理海關之始.中俄克里米戰, 美國培理艦隊馬其頓號駛入雞籠,調查遭船難之美國人,並勘查雞籠煤礦 福建小刀會匪黃位竄入雞籠,被曾至明擊退,霧峰林文察在此役中嶄露頭角. 嚴復(1854-1921)字幾道,福建人.主張變法,所繹「天演論」物競天擇,優勝劣敗.引起後人很大影響.
清	清文宗 奕詝 洪秀全	**4**	甲寅	**1854**	第一個留美國耶魯大學學生容閎畢業,次,年回國. 英國人威妥瑪任上海海關稅務司長,自此開始外國管理中國海關制度. 張勳(1854.12.14.-1923.9.11.)江西奉新人,民初軍閥,「張勳復辟」與康有為等主張重建皇政,讓退位的溥儀恢復位稱帝,為段祺瑞「討逆軍」擊敗,亡命荷蘭使館.
清	清文宗 奕詝	**5**	乙卯	**1855**	太平天國 5 年 貴州苗亂起. 雲南永昌回酋杜文秀攻佔大理府.張樂行被推為盟主 回人漢人爭奪礦產,互相仇殺. 北伐之太平軍全數遭清軍殲滅 黃河改道,目儀封銅瓦廂決口,折入山東,奪大清河道流入渤海. 中俄勘邊會議,俄要求黑龍江,松花江左岸土地
		6	丙辰	**1856**	太平天國 6 年 太平天國諸王不和「內鬨」發生「天京事變」內亂,互相殘殺.楊秀清、韋昌輝死,石達開回京輔政,洪秀全猜忌 1857 走安慶,1863 在四川安順場大渡河全軍覆沒,石達開受酷刑而死. 廣州爆發亞羅船事件 東南天旱,飛蝗蔽天,食盡青草,北方亦然. 英國以逮捕海盜,挑起亞羅號事件,及法籍神父被殺,挑起第二次鴉片戰爭. 俄人在黑龍江占地駐軍. 湘軍胡林翼等部收復武昌. 美國威爾遜(Wilson,Woodrow1856.12.28-1924.2.3.)倡導「民族自決」 台灣艋岬青山宮創建,主祀「靈安尊王」 湖南彭麗崧,彭賡餘,彭恆圃會同纂編**《湖南青山彭氏敦睦譜》**.
		7	丁巳	**1857**	太平天國 7 年 香港人供給外人麵包,中置砒霜,幸早發現,未有死者.法葡美國提出抗議. 清仁宗奕詝立懿妃葉赫那拉為貴妃(即後之西太后) 阻俄使由庫倫進京.旋又阻俄使由天津海口進京.俄使到香港勾結英法公使. 英法聯軍攻佔廣州,七日後,總督葉名琛被擄. 清軍再立江南大營. 石達開遭洪秀全猜疑,憤而自天京率軍西走. 黃寬是中國第一位留學英國愛丁堡大學習醫,1857 年回國精於解剖學. 馮國璋(1857-1919)字華甫,曾去日本留學,回國協助袁世凱創辦北洋軍, 劉鶚(1857.10.18.-1909.8.23.)江蘇鎮江人作**【老殘遊記】【鐵雲藏龜】**

朝代	帝　王	國號	干支	西 元	紀　事
		8	戊午	1858	太平天國 8 年 5.28.中俄簽訂【璦琿條約】俄迫割黑龍江以北土地,強入黑龍江等三處只准中國行船．俄使至北京換約並議界. 俄置阿穆爾省及東海濱省. 6.1.訂【中俄天津條約】,定七處海口通商，派領事官及兵船至各通商海口，及查勘邊界等事． 8 日英人郇和(Robert Swinhoe)乘英艦抵台勘查煤礦. 26 日英法聯軍北上,攻占大沽砲台,揚言進軍北京,清廷被迫與俄、英、法、美四國簽訂【中英天津條約】各國公使入駐北京，外人內地遊覽，加開營口、煙台、汕頭、瓊州、台灣淡水口岸，長江開放通商，確定領事裁判權，修改稅則，賠英四百萬兩，法國二百萬兩． 和春與德興阿於天京城外、浦口建第二次江南、江北大營. 陳玉成與李秀成合破江北大營. 中英又簽訂通商章程,准鴉片納稅進口. 越南中法諒山之役;中英簽訂通商章程,准鴉片納稅進口. 康有為(1858-1927)字廣廈,號長素.廣東南海縣人,世以理學傳家,曾祖父式鵬,講學於鄉,稱醇儒,祖父贊修,為連州教諭,以功至廣西巡撫,父達初早逝,母勞氏,生子二人,長即有為,次廣仁.向光緒皇帝要求變法,「公車上書」參與百日維新失敗,逃亡日本. 中國在香港創辦『中外新報』 台中霧峰林家開始興建「宮保第」 釋月霞(1858-1917.11.30)湖北黃岡人,創辦僧教育會,大乘講習所,華嚴大學.
清	清文宗 奕詝	9	己未	1859	太平天國 9 年 清興「科場獄」御史孟傳金劾奏會試正官文淵閣大學士柏葰,所錄取舉人平齡試卷乃中途更換者,因斬柏葰及牽線行賄副考官程庭桂之子程炳采,竄程庭桂於邊. 石達開犯湖南,又攻桂林,不克入慶遠,折入廣東. 英艦攻大沽砲台,.僧格林沁於大沽破英、法聯軍,擊卻之 捻軍渡黃河攻山東定陶,河南東明,清袁甲三敗之,克臨淮關(安徽鳳陽) 太平天國頒佈「資政新篇」想效法西方改革政治經濟. 4.3.台北木稻埕霞海「城隍廟」落成 5.18.西班牙道明會教士郭德剛、何保祿抵台灣傳教 9.7.台灣淡水廳港仔嘴、加蚋仔、枋橋各地發漳泉械鬥,加蚋仔遭毀 13 日簽訂【北京條約】 袁世凱誕生(1859-1916)字慰亭號容庵,河南項城縣人,竊國大盜,百日維新,出賣維新變法志士,策謀光緒皇帝被囚禁瀛台,鎮壓義和團反清運動.清帝遜位,迫使孫中山臨時大總統讓位給他,與日本簽訂(廿一條)喪權辱國條約,1914 年利令智昏,企圖復辟稱帝,改元洪憲.夢想作皇帝,為蔡鍔等護法軍逼退,不三年被迫廢除,憂憤而;死. 法佔領越南西貢. 【蘇彝士運河】1859 年動工開鑿 1869 年完成通航. 英國在廣州招募華工 英法公使乘軍艦至天津換約,強行闖入大沽口,被僧格林沁擊退. 英國達文發表「物種原始」安人闡述生物演化理論,「生存競爭」「適者生存」「優勝劣敗」等觀念. 中俄北京會議,我否認曾批准璦琿條約,僅允將黑龍江空曠地借俄人居住. 聖多明哥會派遣神父弓台灣來傳教. 台灣陳維英中舉人

朝代	帝王	國號	干支	西元	紀事
清	清文宗 奕詝	**9**	己未	**1859**	袁世凱(1859.9.16.-1916.6.6.)河南項城人,從小投入吳長慶軍,隨軍赴韓國,甲午戰爭回天津,李鴻章舉薦小站練軍,採普魯士作風,戊戌政變,作兩面人,致七君子被殺,推翻滿清,迫使孫中山臨時大總統禪讓元首位,繼而想恢復帝制稱帝,失策被護國軍蔡鍔等起義推翻,皇帝夢不成,憂憤而死.
		10	庚申	**1860**	太平天國 10 年 八國聯軍陷北京,掠奪銀財寶,搬走珍貴文物,英使額額金下令**火燒【圓明園】**8.23 延燒至 25 日.簽訂**【北京條約】**英法賠款八百萬兩,割九龍與英,開天津通商口岸等九條,准外國教士在各地買地建屋,招募華工出洋.割英九龍半島南部. 又簽**【中俄北京條約】**規定在各口通商居住及利益均霑計 15 款.俄以調停英法和約有功,取得中國土地 98 萬平方公里,割烏蘇里河以東土地 **「中法條約」**開放南京,1860 年增加天津,長江以北海港,沿江要埠,長江口岸,鎮江、九江、漢口、.南京,亂平外商始來貿易. 『北京條約』規定台開放淡水及安平港為通商口岸,台灣經濟逐漸繁榮. 命曾國藩為兩江總督,並兼欽差大臣 李秀成陷杭州常州蘇州,猛攻清江南大營,清和春嘔血死,張國樑溺水死.以滿州人為主幹之軍隊,至此全覆. 太平軍在蘇州門內建「太平天國中王府」 陳玉成與李秀成合破江南大營,解除天京之圍 台灣濁水溪南岸雲林縣西螺、二崙、崙背等三個鄉鎮,分佈廖、李、鍾三姓村莊,因貧富嫉妒引起械鬥,歷時三年才平息. 9 月漳泉械鬥再起,漳人攻入新莊,波及大坪頂及桃仔遠園一帶. 台北景美建「集應廟」主祀「保儀尊王」 英國在台灣設立領事館、怡和洋行、及 DENT 洋行進駐台灣. 美人華爾在上海組「洋槍隊」1862 年改名"常勝軍"1864 被清廷解散. 汪康年(1860.-1911.11.14.)浙江錢塘江人,報人,在上海創中外日報,時務日報,京報,
清	清文宗 奕詝	**11**	辛酉	**1861**	太平天國 11 年 1.13.設立「總理衙門」,對外行使一切外交事務.1901 年改為「外務部」,辛亥革命後改為「外交部」.外國使節駐節北京. 清文宗奕詝帝在位 11 年於熱河駕崩,正后(後稱東太后慈安)無子,僅帝之寵妃那拉氏(後稱西太后慈禧)有一子載淳(1856~1874)年僅六歲,遺詔立為皇太子而即帝位.慈安、慈禧兩太后於養心殿垂簾聽政,改明年為同治年.以載垣肅順八大臣贊襄政務. 1874 年穆宗載淳死,無子,在位 14 年得年 19 歲. 慈禧太后發動**【辛酉政變】**初六命將載垣、端華、賜自盡,肅順斬首示眾,景壽等五革職遣戍.以奕訢為議政王. 曾國藩統轄蘇皖浙贛四省軍務. 左宗棠為淅江巡撫. 沈寶楨為江西巡撫. 彭玉麟為記名水師提督. 詹天佑(1861-1919)字眷誠,廣東人.耶魯大學建築科畢業,在京張鐵路總工程師,發明火車箱掛鈎,命名「詹天佑轉接器」對中國鐵路建設最有貢獻的人. 中德天津條約,五口通商,援例各口通商納稅利益均霑. 郇和由廈門簌艦抵打狗,轉至台灣府,於滬尾開設「海關」, 英領事館由台灣府遷屋滬尾. 新設全台釐金局,歸台灣道管轄. 台灣實施梓腦專賣制度

朝代	帝王	國號	干支	西元	紀事
清	清穆宗 載淳	同治 **1**	壬戌	**1862**	太平天國 12 年 文宗之子清穆宗愛新覺羅載淳在位 13 年(1861-1874) 中俄訂「**陸通路商程**」,按照天津條約,詳細酌議免稅完稅計 21 款. 中葡通商條約設領事官各口通商,控訴審訊,完納稅 54 款.未互換約. 創設「同文館」招收學生學習英、法、俄語.1867 年設館教授算術天文. 江西南昌開考,生童傳遞湖南公檄,詆毀教士,不敬祖宗,不分男女採生折割等事打毀教堂,官吏不肯保護. 李鴻章署江蘇江蘇巡撫 在租界設立「會審公廳」刑事則由英美德領事出席陪審陳說意見. 曾國荃彭玉麟圍攻南京太平軍 李秀成攻上海,華爾拒,之英法艦炮助戰,李秀成敗還. 曾國藩命李鴻章援蘇 太平軍陳玉成戰死 畿輔行堅壁清野法曾國荃圍江寧,擊退李秀成 法擊軍退曾國荃湘軍,是為「雨花,台之戰」 『京師同文館』成立,這是中國第一所培養外語人才的新式學堂 3.17.台灣彰化人戴潮春以「八卦會」「連和二屬」「協衷共濟」為號召黨羽數萬人 19 日攻克彰化鹿港嘉義等地,6.8.林向榮解嘉義之圍.翌年被擒處斬.同黨林日成於 1864 年在台中縣戰敗自焚而死. 7.18.淡水正式設關徵稅 9.22.美國林肯總統宣佈「解放黑人奴隸宣言」 上海發行申報(日報)為中國第份出版報紙 北京設立同文館(外國語文學校) 印光法師(1862.1.11.-1940.12.2.)陝西合陽縣人,患眼疾復明,感恩上蒼念佛,遠赴安徽參學,重建蘇州靈巖山寺道場,辦佛教慈幼院,監獄感化會
		2	癸亥	**1863**	太平天國 13 年 1 月義首蔡字攻牛罵頭 5 月台灣竹塹林占梅辦理「團練」,收復大甲. 9 月福陸路提督林文察帶兵返台鎮壓戴潮春之亂 12 月戴潮春被捕 石達開在四川被擒處死 減蘇松太三屬賦額 李鴻章克蘇州 李鴻章以款待太平軍降將汪安鈞等人殺害,引起英將領戈登不滿.而不助戰 雞籠開港設海關成為淡水子口. 太平軍內鬨,汪安鈞殺譚紹光向淮軍投降 中丹通商條約,規定通商納稅訴訟等事計 55 款. 中荷天津條約,派領事來華各口通商,保護教民,控案訊斷辦法船貨起落. 左宗棠收復淅東有功,升任閩浙總督. 曾國荃為浙江巡撫 美國總統林肯頒「釋奴令」解放黑奴. 命吉林黑龍江兩省將軍拒俄人烏蘇里江為界之請. 中國向英國購買軍艦七艘,運輸船一隻,駛行來上海,令歸曾國藩調遣. 僧格林沁勵捻大勝擒斬張洛行,殺苗沛霖 甘肅回兵亂雲南回民戕總督潘鐸 製定三角形飛龍戲珠旗為國旗(龍藍色,珠赤色,地黃色,1881 年改為長方形) 1863-1908 年英國人赫德任中國海關總稅務司長.

朝代	帝　王	國號	干支	西 元	紀　事
清	清穆宗　載淳	同治 **3**	甲子	**1864**	太平天國 14 年 太平天國天京(今南京)陷落.太平天國運動澈底失敗. 左宗棠克杭州,李鴻章克常州. 曾國荃克江寧,圍天京(江蘇南京)三年,城中糧盡,洪秀全知事不可為,憂憤成疾曰「吾以義拯同胞兄弟,今反為同胞兄弟所敗」1964.5.27.死,子洪福瑱嗣位,年十六,忠王李秀成輔政.曾國荃攻進天京,洪福瑱逃往江西廣信(上饒)遭擒,磔死南昌,李秀成被擒斬殺,太平天國亡(1851-1864). 東南亞及中國各地設立分行,"匯豐銀行倫敦最高委員會"為最高決策機構. 俄軍佔中亞塔什干,中俄於塔爾巴哈台訂西北界約.喪失 44 萬平方公里領土 新疆回族阿古柏叛亂,1865 入侵南疆,1867 年阿古柏成立「哲得沙爾王國」 中西通商條約,派使領官,各口通商,呈控審訊例,船貨完稅等事. 「匯豐銀行」在香港設立總行,該行又稱「香港上海銀行」在英國、日本、 新疆回民金相印作亂,據烏魯木齊反都統平瑞等死之　封李熙為朝鮮國王 清荊州將軍多隆擊陝西回亂,不幸中彈戰死 上海設立江南製造局(海軍兵工廠),又設譯書局.　廣州設立同文館 3 月林文察率軍圍剿小埔心(今彰化縣埤頭鄉內)陳弄 5 月打狗(高雄)及安平開港設海關 英籍稅司美里登(Meritens)要求開採煤礦,為福建巡接徐宗幹、台灣道丁曰健拒絕 黎元洪(1864-1928)字宋卿,湖北黃陂人.北洋水師學堂畢業,曾任北政府總統.19811　辛亥革命後立為湖北政府大都督.袁世凱稱帝,被封為「武義親王」1916 接任大總統,與國務總理段祺瑞發生「府院之爭」終被驅逐. 丘逢甲(1864-12.26.-1912.2.25.)台灣淡水人,詩人,教育家,甲午戰爭,馬關修約,台灣割日本,丘逢甲上書反對,「宰相有權能割地,孤臣無力可回天扁舟去作鴟夷子,回首河山意黯然」擁唐景崧建台灣民主國,但飛蛾撲火,不成.奔赴廣州,寓住萬木草堂,臨終遺言「葬須南向,吾不忘台灣也」. 齊白石(1864.1.1.-1957.9.16.)湖南湘潭人,雕刻書畫家,對詩,書,畫,篆刻頗有研究,創造自己一套書畫大膽風格「衰年變法」,

朝代	帝王	國號	干支	西元	紀事
		4	乙丑	**1865**	太平天國 15 年 彭玉麟辭官. 譚嗣同(1865-1898)字複生,號壯飛,湖南瀏陽人戊戌政變六君子之一遇害. 曾國藩為欽差大臣,進駐江蘇徐州,分設四鎮,直隸山東、河南軍務勦捻. 江南機器製造局在上海成立,這是近中國第一個大企業 李鴻章為兩江總督,練淮軍,興湘軍互為援助制捻. 新疆妥明稱清真王. 和卓于布士爾克(張格爾之子)陷喀什噶爾城,稱王,迪化回民作亂,戕官據城大殺漢人 在應州殲滅太平軍餘孽 四川發生第一次「西陽教案」法國傳教士被殺 9.20.曾國藩與李鴻章在上海創設「江南機器製造局」成立北洋海軍艦隊.惟到 1894 年中日戰爭,北洋海軍被日本摧毀. 北京設立總稅務司官署 上海設立「江南製造局」 中比通商條約設使領官各口通商,呈控審訊例,船貨完稅等事. 中法議定章程:中國許法置產權 英國在上海設立**【承審公堂】**外人茬華犯罪不歸華官審判,由承審公堂審理 英國長老會馬雅各開始在南部傳教 1907 年美國亦仿效設置法庭. 美國南北戰爭終止 1861-1865 美國統一. 4.14.美國林肯總統在華盛[頓福特院遭波特射殺身亡. 26 日刺殺林肯總統亡兇手約翰威爾克斯布斯,被警察擊斃. 7 月謠傳馬雅各(James L. Mazwell)取死人心肝治藥,憤怒民眾圍攻醫院. 10 月暴民萬金教會 12.18.美國憲法通過『廢除奴隸制度』 噶瑪蘭皮福祿械鬥 段祺瑞(1865-1936)字芝泉,安徽合肥人.北洋武備堂畢業,留學德國,皖系軍閥首領,1924 年曾擔任北洋政府臨時執政.「段琪瑞、馮國璋、王士珍」稱「北洋三傑」 吳敬恆(吳稚輝)(1865.5.25.-1953.10.30.)江蘇武進人,主張無政府主義,提倡國語注音與國語運動,創辦「公論報」擔任制憲代表主席,行憲日將「中華民國憲法」呈交給蔣中正總統.臨終吩咐火化後將骨灰撒入金門海域.

朝代	帝　王	國號	干支	西 元	紀　事
清	清穆宗　載淳	同治 **5**	丙寅	**1866**	孫中山〔1866.11.12(農曆 1866.10.16.)~1925.3.12.0930.〕廣東香山縣翠亨村人,領導十次革命,推翻滿清,創建中華民國,人稱國父.永垂千秋. 命曾國藩仍回兩江總督本任. 改授李鴻章為欽差大臣,辦勦捻事宜. 左宗棠奏准在福建福州馬尾設立「輪船製造局」,後改為〔馬尾船政學堂〕,奏聘法日意格、德克碑主其事,沈葆禎司之,這是中國近代第一所海軍學校. 命左宗棠為陝甘總督,擊回教變民. 左宗棠奏曰「台灣設郡,調兵更少,三年一換,額兵一萬四千,存者不及三分之一,水師向有船 96 號,今無一存」其地舊例禁止內地民人偷渡,台民私人入番地者治罪,其前往者多為姦[民,故有十年一大反,五年一小反之說.日本侵台後,沈葆楨奏准廢除前禁,漢人始得自由入台者眾多. 清製定大清國旗(黃龍旗) 派知縣斌椿率員去外國遊歷 西安將軍庫克泰督辦新疆軍務德興阿為贊 中義通商條約,設使官各口通商准雇華工船貨納稅 在福建福州設船政局,內設船政學堂,為中國第一所培養造船技術人才和海軍人才的學校. 朝鮮慘殺法國神父教民, 商請教皇遣使駐京,管理神父. 美國南北戰爭告終 英人杜德(John Dodd)在雞籠種茶.改善台灣茶葉產銷. 郇和在打狗哨船頭山上建英國領事館 宋嘉樹(1866.-1918.5.3.)廣東海南島人,藏身輪船到美國,美國萬德畢爾特大學畢業,娶妻倪桂珍,生三子:宋子文,宋子良,宋子安,三個女兒:宋靄齡,宋慶齡,宋美齡,均屬政治,外交,財政家,對國家有目大貢獻.革命時,宋嘉樹在南洋及美國,為孫中山募得鉅款,悉數交給孫中山.功勞至大. 吳研人(吳沃堯)(1866.5.29.-1910.10.10.)廣東佛山人,名著有【電數奇談】【九命奇冤】【二十年目睹之怪現狀】

朝代	帝　王	國號	干支	西 元	紀　事
		6	丁卯	1867	左宗棠為欽差大臣督辦陝甘軍務. 清將航權引港劃歸海關管理 清命整理倖存古舊書籍刊刻出版 捻匪相繼為鮑超劉松山於尹隆河及同州東,捻匪竄逾運河,東捻平. 回酋杜文秀圍攻雲南城. 美國早在 1847 年想染指台灣,派前任美國駐華公蒲安臣權充辦理中外交涉事務使臣,1867 年在台灣今恒春登陸,為高山族人擊退失敗. 美國駐廈門領事李仙舟,和原住民族長卓杞篤締結災難救助條約(南岬之盟)3.12.美船羅發號(Rover)在七星岩觸礁,船員棄船在龜仔角鼻山登岸,遭瑯嶠番人殺害.4 月美照會查辦土著襲擊船事.5.12.美艦登陸山報復,副艦長戢歿.6.12.美派軍艦來攻.8.13 台灣總兵劉明燈至瑯嶠車城,9.13.李仙德入瑯嶠番社議和,議定以後船隻失事應妥為救護. 湖南瀏陽哥老會首領姜守東聚眾起義,劫富濟貧,懲辦土豪烈紳. 俄使質詢新疆亂事. 以東浦寨為保護國 日本明治天皇即位,實施「明治維新」,改江戶為東京. 杜德試種烏龍茶 德記洋行在安平關設分店 長老教會李庥(Huge Ritchie)至打狗地區傳教. 丁曰健「治台必告錄」成書. 李維格(1867-1929)江蘇吳縣人,從日本回國,任「湘報」董事,江南製造局南洋公學提調,南洋公學派赴美國專研讀冶鐵鍊鋼,機器化學等專業.成立漢冶萍煤鐵廠礦公司,他出資捐建交通大學圖書館,以三分之一家財捐給東吳大學興建男生宿舍,宿舍收入獎勵科學研究. 唐才常(1868-1900)湖南瀏陽人,與譚嗣同共創「湖南學會」,與孫中山,梁啟超等辦「亞東時報」籌組「中國議會」「籌謀武裝擒王」「自立軍」,嗣因「漢口革命總機關」被清軍破獲,唐才常等被捕,在武昌就義.臨刑前作詩「七尺微軀酬故友,一腔熱血濺荒丘」. 李寶嘉(1867.-1906)江蘇武進人,作**【官場現形記】** 關漢卿(?-?)作**【竇娥冤】** 張元濟(1867-10.25.-1959.8.14.)浙江興海人,投資商務印書館,自任董事長,聘請蔡元培為所長,主持編定教科書,為中國首屆中央研究院院士.

朝代	帝　王	國號	干支	西 元	紀　事
清	清穆宗 載淳	**7**	戊辰	**1868**	左宗棠、李鴻章合力討平捻匪作亂. 左宗棠回師西安,專責清剿回亂. 在上海創辦『教會新報』(後改名萬國公報) 西捻軍總帥張總愚被清軍追擊奔走無路投水死. 陝西回教董福祥降清　申諭各省禁種罌粟 江南製造局製惠吉艦成功.,又向英國購買安瀾等六艦,;也駛運回國. 中美續簽「蒲安臣條約」中美通商互利事項　日本明治維新(1868~1912). 俄軍佔領撒馬兒罕,滅布爾.布哈拉汗為保護國 阿古柏帕夏與我通使. 英國要求免除釐金,內地開棧,中國允開放蕪湖溫州,通商口岸創設關棧.又 清派員來台灣基隆探勘煤礦 1.3.【日本明治維新】日本天皇明治發佈『王政復古大號令』恢復天皇親政,廢除幕府,成立新政府,進行一系列改革,日本從此走上資本主義路線,日漸強盛,向外侵略發展,尤以中國受害為甚.. 3.19.台灣高雄鳳山民眾拆毀英法西班牙長老教會教堂被毀「鳳山教案」. 4.2.教民莊風在鳳山縣左營被鄉民毆斃.英必騏麟(W.A.Pickering)在台中梧棲走私樟腦被鹿港同知扣留. 6.26.英國公使阿禮國(R.Alock)以鳳山教案為藉口,派海軍來台灣安平港. 10.18.福建興泉永道曾憲德與英國領事吉必勳(Joohn Gibson)商談樟腦事件及鳳山教案的善後問題. 10.12.英艦砲擊台南安平,毀軍裝局柔火藥局,江國珍等殉職. 13 日府城紳商交付英軍 4 萬元作為押,金英軍方同意停 9 戰. 揚州生童聚率打毀英人教堂醫院 孝定皇后(1868-1913)姓葉赫那拉;氏,慈禧太后的侄女,光緒 14 年立為皇后,光緒並不喜愛,常受到冷落. 陸皓東(1868.9.30.-1895.11.7.)廣東中山縣人,孫中山志友,創繪「青天白日旗」後為革命黨旗.籌劃廣州起義,事洩被捕,遭譚鍾麟下令處死. 林森(1868.3.16.-1943.8.1.)福建閩侯人,美國培元學校畢業,加入同盟會,辛亥革命成功,任臨時參議會主席,護法軍外交部長,1931 年任國民政府席主席至身逝. 蔡元培(1868.1.11.-1940.3.5.)浙江紹興人,革命家,教育家,政治家,將中國教育從封建時代帶到民主時,推行教育救國,與科學救國.鼓勵學生出國.擔任北京大學校長,力除革新,延聘新思想博學之士任教.

朝代	帝　王	國號	干支	西元	紀　事
		8	己巳	1869	慈禧所寵太監安德海奉命往廣東織造龍衣,招搖不法,為山東巡撫丁寶楨受東太后及同治皇帝密令執而殺之,慈禧雖不滿,但清朝祖制,太監不許擅自出京城,違者拿獲就地正法,西太后慈禧無如之何,因而兩太后嫌隙日深. 李鴻章奏請採購洋銅以資鑄通貨,派董恂崇厚辦理 丁寶楨奏捕斬太監安得海與澳國採購珠寶 席寶田敗苗教各匪克復貴州鎮遠府衛二城　貴州發生遵義教案毀炎帝廟 左宗棠於寧夏靈武大敗甘肅回教變民,逼近寧夏吳忠 「天津望海樓大教堂」由法國天主教會所建,"天津教案"被焚 1897 年重建 1900 年義和團運動再次被焚,1904 年第三次重建. 俄船再入黑龍江,中俄改訂陸路通商章程,重訂內地通商納稅等事.又訂科布多邊界博約誌、中俄里烏雅蘇台邊界博約誌. 蘇彝士運河 1859-1869 開建完成通航 清廷將陳少白(1869-1934)尤列(1865.2.22.-)楊鶴齡(1868.7.31-1934.8.29.)與孫中山為清「四大寇」. 清廷實施裁兵加餉,台灣的綠營兵被大幅裁減為 7,700 名　7.1.大南澳侵墾 章太炎(1869.1.12.-1936.6.14.)戊戌政變避居台灣,辦「台灣日日新報」發表「駁康有為論革命書」與孫文黃興汪精衛之「民報」意見不合,提倡光復轉入專心論學.進京邀袁世凱說理,袁拒與,章至華門大罵,遭囚禁於龍泉寺,在獄中仍講學著書. 陳少白(1869.7.20.-1934.12.23.)廣東新會人,陳少白,孫中山,楊鶴齡,尤列四人清稱「四大寇」與孫中山為結拜兄弟, 「六一六事變」後回家.北京逝世.
		9	庚午	1870	6.21.「天津教案」天津民眾焚教堂,打死法國駐天津領事,七國公使聯合抗議,李鴻章協談結案殺肇事者 15 人,21 人軍流,遣崇厚充任出使法國道歉. 兩江總督馬新貽被刺身亡,為清末四大奇案,之一. 陝西回亂平定. 擊陝甘回民劉錦棠陷金積堡,執首領馬化龍父子處斬. 李鴻章任命為直隸總督,(1895 年始去)創辦機器製造局,1874 年分設四廠. 日本遣使來華要求通商. 俄國列寧(Lenin1870.4.22-1924.1.21.)俄國共產黨締造者,亦主張「民族自決」、「民主集中制」 英設電報海線自香港至上海..言明不得在岸上設線,1871 年竣工 法蘭西 1870 年普法戰爭後成立第三共和,政制確定,內亂終止.
清	清穆宗 載淳	10	辛未	1871	光緒皇帝出生,患有肺病,身材瘦弱聰明.,好讀書. 1908 年崩 中日修好訂天津修約,指定口岸通商. 曾國藩、李鴻章奏請每年派幼童三十名留學美國,以四年為限,共 120 名,在美國肄業 15 年後回國. 越南匪徒擾諒山,清命馮子材馳師援越南. 11.6.琉球 66 人民乘船遇颶風飄至台灣南部東海岸八瑤灣,被牡丹社山胞殺死 54 名. 琉球為中國藩屬,自 1372 至清光緒初年,進貢中國.琉球 1854 與美國,1855 與法國,1959 與荷蘭分別訂約.然日皇下詔「廢藩改縣」將琉球劃歸鹿兒管轄 俄國乘新疆戰亂,佔領伊犁,言俟戰亂平定歸還,然言而信強佔,乘機拓土. 上海至倫敦間海底電纜線架設告成,　馬化龍降清反遭處死　俄占領伊犁 陸徵祥(1871.6.12.-1949.1.15.)上海人,神父,外交家,精通俄文駐荷蘭特命全權大使,瑞士公使,從事外交改革,提出「弱國無外交」口號, 曾樸(1871-1935)江蘇常熟人,代表作**【孽海花】**

朝代	帝 王	國號	干支	西 元	紀 事
		11	壬申	**1872**	曾國藩在兩江總督任內去世(1811.10.11-1872.2.4.))享年 62 歲 彭玉麟會同彭氏族人在湖南長沙三泰街建**【彭氏宗親試館】** 同治皇帝大婚,外國公使覲見〔跪拜禮〕議定〔公使先免冠，五鞠躬入覲〕 清成立**【輪船招商局】**李鴻章飭朱其昂等酌立招商章程二十餘條. 清派選學生赴美國留學.每年 30 人. 清軍攻陷大理,杜文秀自縊而死. 清廷請俄國交還伊犁,俄國以清廷無力保護伊犁,拒絕交還. 上海設招商局(公私合營客貨海運輪船公司) 俄使聲稱暫不交還伊犂. 俄與阿古柏帕夏訂約,承認其為土耳其領袖. 中日議改和約,日本將琉球廢國為藩,1879 年又廢藩為縣,改琉球為沖繩縣,視同內務省管轄 雲貴總督岑毓英部攻進大理,回首領杜文秀自殺,雲南回亂平. 左宗棠大軍西進,徐占彪攻肅州(甘肅酒泉)回匪. 安南亂起,中國出兵,邊境,法國迫越訂約越王有自主權開放紅江割讓六省. 「申報」1872.3.23.英國商人美查等四人在上海合資創刊.1909 中國席裕福(子佩)收購,1913 年轉讓史量才等人,1949.5.上海解放時停刊. 中國第一批官費留學生詹天佑等 30 人赴美留學. 2.1.馬偕擡達台灣北部傳教 5.22.日本通譯官水野遵從上海來台灣 7.28.鹿兒島縣参事大山綱良建議日本向台灣問罪 9.8.日本陸軍少佐樺山資紀到台灣調查 10.20.日本內閣會議決議出兵台灣 加拿大長老會馬偕抵達淡水,開始在北部傳教. 賽金花(曹夢蘭)(1872.10.9.-1936.12.4.)清兵部侍郎洪鈞以七千金購為侍妾,洪鈞出使德俄奥等國,正室夫人顧前往,命賽金花隨洪鈞前往,並誥命服飾給賽,因而賽成為公使夫人,在柏林,聖彼得堡,日內瓦等地週旋於上層社會之中.生有一女名德官.後嫁魏斯炅,魏死晚年貧困潦倒,而死,一生傳奇人物.,

朝代	帝王	國號	干支	西元	紀事
清	清穆宗 載淳	同治 **12**	癸酉	**1873**	東、西宮太后撤簾,同治帝親政.　清設立輪船招商局、鐵路局. 陝西回白彥虎入新疆.　岑毓英攻占騰越,平定雲南回亂. 貴州苗亂平. 甘肅回亂平. 日英俄美荷法六使臣覲見清穆宗皇帝.1873.6.29.外國使節覲見皇帝「以鞠躬代替跪拜禮」 梁啟超生(1873-1929)廣東新會人.「馬關條約」公車上書,辦報紙,變法圖存.袁世凱出賣六君子戊戌政變失敗,匿居日本梁呈「變法通義」辦「新民叢書」「新民叢報」與同盟會的「民報」展開論戰.推動君立憲,支持袁世凱. 徐錫麟(1873-1907)字伯蓀,浙江紹興人,光復會員,「徐錫麟、郭嵩燾、陳鼐、帥遠鐸」稱為「丁未四君子」革命思想家. 左宗棠肅清甘肅回匪徐占彪圍甘肅酒泉, 清劉錦棠陷清海樂都,左宗棠督戰,匪降亂平. 俄以基華為保護國.俄迫伊犂領隊總管出境. 法國將領安鄴攻占越南河內,清劉永福率黑旗軍在河內擊敗法軍,安鄴陣亡. 7.1.日本樺山資紀等由福州抵達台灣淡水,在台從事調查及蒐集情報四個月 日本大使副島種臣天津換約.日以台灣番民殺害琉球難民,中國答說**【台灣生番皆屬化外,非中國政教所及,其殺人與中國無關】**次年日派兵至台灣征討生番,中國派沈葆楨督兵入台,英國調停,中國賠償撫卹難民十萬兩,並且日日軍在台灣修治道路及建築房屋費四十萬兩,約束生番不再殺害航民, 在上海設立輪船運輸業『招商局』 同治載淳皇帝接見各國駐華使節,接受國書. 日始撤兵,無意中默認琉球為日本的屬邦.1879 年遂入日本一縣. 台灣台北縣板橋林家創設「大觀義學」 徐錫麟(1873-1907.7.7.)興辦大興學堂,槍殺安徽巡撫恩銘,與清軍激戰不敵被捕,凌遲致死.孫女徐乃錦為蔣經國長子蔣孝文之妻室.

朝代	帝　王	國號	干支	西 元	紀　事
		13	甲戌	**1874**	清同治帝穆宗載淳帝崩,族弟載湉嗣位,是為德宗,年 4 歲,兩太后鈕祜祿及那拉垂簾聽政.慈安太后 1874-1881.慈禧太后 1874--1908 1.13.同治皇帝剛及成年即死,阿魯特氏皇后無嗣(後受慈禧虐待服毒自盡)擁一年甫四歲載湉(光緒)為傀儡繼承大統,是為德宗.明年為光緒元年. 3.22.**【台灣番社牡丹事件】**日本派兵在台灣恒春登陸,進攻牡丹社、高士佛社.,雙方在石門大戰. 日本派陸軍中將西鄉從道為「台灣事務部都督」率兵在琅琦(恒春)登陸,進攻牡丹社,並在台東卑南一帶作屯田久留之計. 日本侵略台灣事件,英使威妥瑪調停,了結,付給日本 50 萬兩銀. 4.14.清廷命沈葆禎為「欽差總理灣及各國事務大臣」東渡,抗日軍、保台灣,辦理台灣海防,賠償日本五十萬兩 修理三海,睿智推動政治經濟文化,.成立墾民局、建船廠、辦學校,輔導閩、粵人士移民台灣.推動交通建設,改善台灣南北、東西交通.設三府七縣,擴大行政編制,鼓勵開墾,、開礦、發展魚牧、採礦、農業、茶業等經濟發展.1890 年建省.台灣之有今日,億載金城、八通關古道、延平郡王祠等,都是沈葆楨保台、開台、惠台功績. 7.25.沈葆楨籌建「億載金城(又名二鯤身砲台)」砲台,1875 年完工. 沈葆楨在台灣台南安平建〔**台灣億載金城**〕安放西洋大炮,1876 年竣工. 9.22.「**牡丹社事件**」中日雙方協議,中國承認生番所殺害者是「日本國屬民」放棄琉球.承認日本的軍事行動為「保民義舉」賠償軍費 50 萬兩,,日本則承諾自台灣撤兵. 11.30.邱吉爾(1874.11.30-1965.1.24.)第二次世界大戰舉足重輕英國首相. 中秘通商條約,互派使領及通商事宜. 法國用詭詐手段與越訂西貢條約,承認越南為獨立國,否認中國為宗主國. 一. 法國以王禮待遇安南國王,承認安南為獨立國. 二. 安南如有內亂外患,法國盡力援助,並供給安南各種軍械及需要人員. 三. 此後安南之外交事務,悉依法國指導. 四. 下交趾六州之地,割讓與法國. 五. 沿富長江至中國邊境之河道,允許法船自由航行. 法國與安南訂約後,1875 年通知中國,中國以安南為中國屬邦,,不予承認.安南仍向中國進貢兩次(1876-1880),1881 曾紀澤曾去巴黎向國抗議,但無結果. 上海法租因修路平毀寧波公墓,引起寧波人聚眾反抗法軍槍殺多名平民. 日本違約用兵,兵船游戈閩江口外. 禁各省私設釐卡 嚴禁京師私鑄錢幣 諭命奉天嚴加緝捕「馬賊」 命各省整理捕務 黃興(1874.10.25~1916.9.31)湖南湘鄉人,,與孫中山組織同盟會,奔走革命,推翻滿清,享年 43 歲歸葬湖南長沙嶽麓山雲麓峯下小月亮坪. 左宗棠平定陝甘回亂. 沈壽(1874.8.12.-1921.6.8.)江蘇吳人,原名沈雪芝,因以刺繡「無量壽福」字送慈禧太后.大悅回贈福壽兩字,贈他夫婦,故改名沈,壽.又以刺繡送義大利及英國皇后,獲展覽特別獎.其病危彌留時以「耶蘇像」送張謇.

朝代	帝　王	國號	干支	西元	紀　事
清	德宗 載湉	光緒 **1**	乙亥	**1875**	1.12.清廷命任沈葆楨負責經理台灣的「開山撫番」事務,2.13.沈葆楨抵台. 14 日清德宗愛新覺羅載湉(1871~1908)為帝,文宗弟,醇親王奕環之子,改元光緒,在位 34 年享壽 74 歲,載湉方四歲,由兩宮太后聽政.恭親王奕訢攝政 清命陝甘總督左宗棠為欽差大臣,督辦新疆軍務,1871 年規復新疆. 清廷派郭嵩燾出使英國,並決定派使節進駐其他外國,詔令推薦人選. 建立北洋艦隊,興辦海軍, 籌辦鐵甲兵船. 11.14.丁日昌繼任為福建巡撫 12.20.台灣地方行政區重劃,增設台北府、淡水縣、恆春縣、新竹縣、卑南廳、埔里社廳、基隆廳,改噶瑪蘭廳為宜蘭縣,全島共分為二府 8 縣 4 廳. 「**馬嘉理事件**」【又稱雲南事件】英駐華使館馬嘉理和柏郎率武裝擅自闖入雲南騰沖,民憤攔阻,馬嘉理開槍逞兇,群眾將馬嘉理及從打死,趕入緬甸.簽[煙台條約]懲兇賠款,允許英人開印藏交通,開放宜昌,蕪湖,溫州,北海為通商口岸. 台灣基隆籌建中國第一個使用機器開採的大型煤礦. 日俄妥協,俄取庫頁島,日得千島羣島. 日軍艦在朝鮮西岸江華島測量,戍兵發炮擊之日艦還砲應戰殺傷韓兵多名 與祕魯簽訂修交條約 英未得中國許可,建築上海吳淞間輕便鐵路,發生事故,中國以廿八兩贖回. 清廷取消內地渡台耕墾禁令,台灣全面開放.又增設台北府,轄淡水新竹宜蘭三縣及基隆廳,另恒春半島設恒春縣,東部設卑南廳,南投地區設埔裡社廳. 沈葆楨在台灣興建鐵路電報.完成橫貫台灣東西部的八通關古道.. 創行「萬國公報」協助華人瞭解國家大事 禁詞訟事件任意拘傳,羈留與案件無關緊要人員. 命各省招墾荒地,但禁書差需索. 海關初附郵政. 英國林樂知在上海千萬國公報. 華商成立「仁和保險公司」及「濟和保險公司」 張作霖(1875-1928)字雨亭,奉天省海城縣小窪村人.奉系軍閥,1928 為日本陰謀坐火車至皇姑屯 6 月 4 日被日本人炸斃. 郭嵩燾出使英國欽差大臣,中國派遣常駐各國公使自此開始. 秋瑾(1875-1907) 福建廈門人,祖籍浙江紹興人,字璿卿,號競雄,又稱鑑湖女俠,.1904 年赴日本求學,加入同盟會,1905 年回國,1906 年在上海創辦「中國女報」.1907 回紹興主持大通學堂,組織光復軍,與徐錫麟分頭準備起義,事泄於 7.14.被捕,1907.7.15.「秋風秋雨愁煞人」在紹興軒亭口就義,葬於孤山西麓.「先知先覺起風潮,慷慨捐軀帝制消;毓秀湖山埋俠骨,英靈萬古不孤寥」 陳天華(1875-1905.12.8.)湖南新化人,留學日本,組織拒俄義勇隊,從事反清活動,與黃興,宋教仁,等在長沙創立「華興會」加入同盟會,反對日本政府「取締清寒留日學生規則」兩派學生意見分歧,秋瑾與宋教仁等為代表主張全體學生罷學回國,一派以汪兆銘和胡漢民為代表,主張忍辱負重,繼續在日本求學,當時日本報紙「放縱卑列」,陳天華見留日學生不團結,悲憤之餘寫下「絕命書」跳海而死

朝代	帝　　王	國號	干支	西 元	紀　　　　　事
		2	丙子	**1876**	命議籌借洋款,及各省攤解餉銀以利左宗棠軍行. 為解決中英滇案,中英簽訂「**煙台條約**」開埠通商,優待往來,允英人藏專條. 准左宗棠借洋款一千萬兩為軍費. 左宗棠率大軍從蘭州西征新疆收復烏魯木齊新疆北路略定栽楊柳三千里,收復天山北路 英商怡和洋行修築淞滬鐵路,為中國有鐵路之始.兩江總濬沈葆以其破壞風水,令英商停修,英商不允,以廿八萬五千兩收購松滬鐵路,毀之. 創設「文報局」遞送總署及駐外公使往來之文件. 聘請德國兵營槍炮教練並選派人員赴德國學習軍械技術. 選派福建船政堂學生分赴英法等國學習製造船炮及駕駛技術. 在上海成立科技學校『格致書院』. 中國與日本訂【**日韓江華條約**】實際否定中國對韓國的主權 　一.認朝鮮為獨立自主國,與日本平等,彼此互派公使. 　二.朝鮮開仁川元山為商埠. 　三.朝鮮沿海各境,准日人自由測量. 李鴻章遣七人赴德學習軍事.沈葆楨遣學生赴法、英學習海軍造船等 派郭嵩燾為英國公使.　修築上海、吳淞間鐵路 中英【**煙台條約**】騰越番人殺害英人允英國赴西藏測路 英國柏爾發明電話 台灣基隆開始用機器採煤　台灣因『開山撫番』引起太魯閣事件. 丁日昌來台灣 珍妃(1876-1900)為光緒皇帝寵愛,被慈禧太后打入冷宮,逼跳宮中水井溺死 陳其美(1876-1916)留學日本警察學校時認識孫中山,,與蔣中正兩人為結拜兄弟,為支持孫中山,蔣中正最得力人士,不為袁世凱所容,被袁買通殺手刺殺在上海陳其美身亡. 張伯苓(1876.4.5.-1951.2.23.)天津人,教育家,美國哥倫比亞大學博士,在天津創辦南開大學,成立南開女子中學..
		3	丁丑	**1877**	良弼(1877-1912)字□臣,愛新覺羅氏,朝法廷少壯派代表,極力反對清與南方政府議和,於 1912 年被炸身亡. 鑄造銀元,代替傳統的幣制單位「兩」 左宗棠收復土魯蕃,平定新疆,白彥虎等遁入俄境. 協辦大學士沈桂芬與與西班牙公使伊巴里,訂【**古巴華工條約**】. 中國得英之助,與西班牙議定改良古巴華工待遇 16 款 中國在英國倫敦設立駐英使館　愛迪生發明留聲機 2.8.丁日昌奏請將上海淞滬鐵路拆除的材料運往台灣以供建鐵路之用 議訂古巴華工條約 向匯豐銀行借款 500 萬兩充供新疆軍費 台灣台南府城至高雄旗後的電報線完工,為中國最早自行架設的電話線. 台灣發生『大港口事件』 觀常公(運恕公次子,建方祖父)1877-1933.5.14 湖南瀏陽鎮頭楊眉人 張靜江(1877-1950.9.3.)張靜江吳稚輝李石曾蔡元培在法國創辦「世界社」 　孫中山革命時張靜江出資最多,1913 年蔣中正討袁失敗,避居張靜江家.蔣中正與陳潔如結婚,陳母反對,是張靜江從中攝合,後來蔣與宋美齡結婚,又是張靜江說服陳潔如與其離婚.張靜江與蔡元培陶玄李石曾在上海創辦「世界學校」,他籌建國際無線電台、煤礦公司、汽車公司、籌建江南鐵路淮南鐵路等,為實業鉅子,對國家貢獻頗巨. 廖仲愷(1877.4.23.-1925.8.20.)廣東惠州人,生於美國舊金山,隨孫中山亡命日本,反對袁世凱稱帝,參加護國軍,在廣東惠州會館遭人暗殺,

朝代	帝　　王	國號	干支	西 元	紀　　　　事
		4	戊寅	**1878**	日本掠琉球 左宗棠平定新疆十五年戰亂(1864-1878)至是悉定,天山南路亦復歸中國.清晉左宗棠為二等侯,劉錦棠為二等男.　遣崇厚出使俄國,商交還伊犁等事. 曾紀澤出使英、法國大臣 嚴禁私鑄錢幣及京師奸商操縱錢價. 向德國借款 250 萬馬克,用為海軍建設經費. 唐山設開平礦務局(煤礦) 在蘭州設立第一座機器紡織公司 法商在上海設寶昌絲織廠 國人自辦第一所新小學『正蒙書院』在上海創辦。 5 月孫中山 13 歲,隨侍母親去檀香山去長兄孫德彰家.. 6.19.『加禮宛事件』加禮等 7 社 原住民襲擊駐紮新城的清軍 9.1.福建巡撫吳贊誠渡海來台灣籌辦「剿撫生番」事宜. 黃炎培(1878.10.1.-1965.12.21.)中國民主同盟主要發起人之一.曾訪問延安與毛澤東會晤. 吳說「政怠宦成」「人亡政息」「求榮居辱」毛澤東答曰「民為政本,國為政體,新路在幄,是為民主.民主立國,人人盡責,唯政黨察於百姓,為黨方得盡心敬事,秉政施德,固不會蹈前車之覆,亦可免人亡政息之禍焉.」 連橫(連雅堂)(1878.2.17.-1936.6.28.)台灣台南人,在福建創辦「日日新聞」鼓吹排滿,因日本駐駐廈門領事館抗議而關閉.回台灣發行「台灣新聞」開始撰編「台灣通使」1914.1.31.呈請「恢復中國國籍」
清	清德宗 載湉	光緒 **5**	己卯	**1879**	日本併吞琉球改為沖繩縣,**琉球亡**. 允許朝鮮與各國通商 清總理各國事務衙門侍郎崇厚擅與俄訂中俄返還伊犁條約十八條世稱**【里華幾亞條約】**償俄五百萬盧布,割霍爾果斯河以西二萬平方公里,及特克斯河流域二萬平方公里與俄.朝野震駭,革崇厚職下獄,論斬,曾紀澤奏,始釋. 改派曾紀澤使俄,商改伊犁條約. 中法交涉事起.　阿富汗與英國締結條約 清同治皇帝(穆宗)及皇后安葬. 命丁汝昌會同沈葆楨籌辦海務 架設大沽、北塘砲台到天津電報線 在天津大沽間架設電線 英人在上海創設英文文匯報上海徐家滙天主堂創刊「益開錄」 沈葆楨卒 孫中山去意奧蘭尼學校(Lolani School)(1879.9-1882.7.27.)進修 康有為論學縱橫,不為八股所拘,與一般人思想有別,獨學於「白雲洞」 愛因斯坦(1879.3.14.-1955.4.18.)物理學家,創【相對論】影響深遠. 6.25.台灣生番所殺害者是「日本國屬民」放棄琉球. 台灣台北板橋林維源捐款 50 萬元,獲賞三品頭銜及一品封典.台灣民主國時被推舉為議長不就,避居廈門,日本人多次請他回台未遂,1905 年逝世 廢台北猛岬縣丞 于右任(1879.4.11.-1964.11.10.)陝西三原人,震旦公學後到日本,加人光復會同盟會曾辦「民呼日報」「民吁日報」「民立報」,被稱為「豎三民」,旋又辦「神州日報」倡導革命,參加護法運動,成立「陝西靖國軍」中華民國建國擔任監察長歷 34 年,逝世身無旁物,兩袖清風,生前囑咐蔣經國「計利當計天下利,求名應求萬年名」逝世葬陽明山國家公園.「葬我於高山兮,望我大陸」在至山主峰立三公尺于右任銅像,以資追念.

朝代	帝　　王	國號	干支	西 元	紀　　事
		6	庚辰	1880	左崇棠抵哈密備戰 左崇棠在新疆修渠,開墾,整稅,興學,建省等改革善後事宜.. 崇厚因里華幾亞條約案定斬監候,左宗棠奏釋始免. 崇厚革職,俄人大譁,增兵伊犁,遣軍艦至中國海面,聲言決裂.清改派遣曾紀澤為出使俄大臣,與劉錦棠赴俄修改前約 清准李鴻章設陸路電報線,各省次第興辦,惟獨湖南反對. 天津設水師學堂(海軍軍官學校) 曾紀澤.於俄照會法國,安南為中國屬國. 購買鐵甲兵船,在天津設水師學堂,,又設南北洋電報局. 與德改訂條約 劉銘傳奏請試辦清江浦至京師鐵路,尋以張驤劉錫鴻奏阻而罷. 中日談判琉琉問題年餘無結果而中止,李鴻章主借俄懾日. 俄兵船駛日本,勾結滋事,清加強海防. 中美續修條約,保護華工在美權益,規定互禁鴉片,納稅訴訟辦法. 命李鴻章籌辦直隸防務,曾國荃督辦山海關防務. 李鴻章創海軍,並於大沽設造船所. 李鴻章於山東嶧山設「中學煤礦公司」 劉銘傳請築台灣鐵路. 澈查招商局弊竇 蔡松坡(蔡鍔)1880.12.18(農曆 11.10)~1915.11.8(農曆 10.13)湖南邵陽人.日本士官學校畢業,反袁世凱稱帝,潛回雲南起義,致使袁世凱皇帝夢碎. 弘一法師(李叔同)(1880.10.23.-1941.10.13.)浙江平湖,名文濤,號廣候,漱同.出家後法名弘一.1905 年東渡日本習畫,專長油畫廣告畫,中國話劇創始人之一,1918 年,剃度為僧,法號弘一.他倡『念佛不忘救國,救國不忘念佛.』著作有弘一法師文鈔,前塵影事集,李廬詩錄,弘一大師歌曲集等. 柳詒徵(翼謀,希兆,知非)(1880.2.5.-1956.2.3.)江蘇鎮江丹徒人.史學家,古典文學家,圖書館學家.為現代儒學宗師,倡明儒學,大學教授,寫有「歷代史略」 趙恆惕(1880.1971.)湖南衡山人,湖南軍政首領,日本士官學校畢業,加入同盟會和黃興的鐵血丈夫團.研設「湖南憲法」推動聯省自治,鎮壓工農運動,下令通緝毛澤東,逮捕劉少奇,後予釋放,抗日戰爭任軍事委員會參議.勝利任湖南省臨時參議會主席,第一屆國大代表,總統資政.逝於台北. 譚廷闓(1880.1.25.-1930.9.22.)湖南茶陵人,曾任浙江、山西巡撫,工部尚書,閩浙、廣東總督,福州將軍.湖南咨議局長,參議院議長,三任湖南都督.國民政府主席,行政院長.與陳三立、譚復生並稱「湖湘三公子」, 賈景德(1880.-1960.10.25.)山西冰水人,晚清進士舉人,曾任山西政務廳長,警務處長,行政院副院長,考試院長,總統府資政. 弘一法師(李叔同)(1880.9.23.-1942.10.13.)浙江平湖人,學貫中西,才藝超人,藝術,音樂,裝璜設計,戲劇,無所不通,教育家,詩人,留學日本,東京美術專科學校主修油畫,兼修鋼琴,回國整理佛學,足遍江浙閩等地.

朝代	帝　　王	國號	干支	西 元	紀　　　　事
		7	辛巳	**1881**	左崇棠在甘肅辦織呢,修渠,蠶桑,種棉,淘金等建設 4.8.慈禧方病,慈安臨朝,午後忽傳東宮慈安太后猝死,.西宮慈禧獨攬政權.及後光緒年長,太后不歸政,干涉變法,光緒皇帝生命幾致不保. 中國籌建第一條「唐胥鐵路」自唐山至胥各莊線,全長約 15 公里後向東延伸至山海關,向西延伸到天津和北京. 曾紀澤赴俄,與俄訂**【聖彼得堡條約】**七條,俄歸還伊犁及特克斯河流域,清償俄軍費九百萬盧布,但仍割霍爾果斯河以西與俄,及陸路貿易通商事宜. 命劉錦棠為欽差大臣督辦新疆軍務 清在天津設「水師學堂」培養海軍人才,學習軍事科學文化知識. 駐英法俄使曾紀澤,向法國外交部聲明中國對越南有宗主權. 中巴通商條約,互派使官及貿易,相互優待利益酬報. 中日議分領琉球不諧 設開平礦務局,創設公司船赴英國貿易. 4.8.清廷調高岑毓英(1829-1889)廣西西林人為福建巡撫,劉璈為台灣道 7.18.「琛航」「永保」兩艘輪船開始航行福建與台灣之間 閏 7.18.岑毓英抵台灣,察看各地情形,決定建造「大甲溪橋」 與巴西訂約 將烏魯木齊撥與滿營弁,兵地畝屯種,以免坐食. 在旅順港口築炮台 在吉林設機器局製造軍火,將圍場放墾,並興辦礦務. 築成唐山至胥各莊鐵道.並試製小型火車頭. 架設上海天津間電線,並裝成上海策界區電話. 成立天津水師學堂. 瀋陽設立周善堂,內有預方天花,育嬰,及養老所. 李石曾(1881.5.29.-1973.9.30.)河北高縣人.長於漢學,留學法國,加入同盟會,李石曾蔡元培吳敬恆利用庚子賠款,在北京辦辦中法大學,李任董事長,蔡任校長.李後為北平大學師範大學校長.釐定「清宮善後委員會」草擬「故宮博物院組織大綱」「中央研究院組織法」 王寵惠(1881.10.10.-1958.3.15.)香港人,美國耶魯大學法學碩士,民法博士.政治家外交家法學家,歷任外交總長,曾任海牙國際法院常駐法官. 張敬堯(1881-1933.5.7.)安徽霍丘縣人,保定軍校畢業,參加袁世凱新軍,曾狙擊革命軍,討伐護國軍,佔領長沙,被吳佩孚趕走逃往湖北,轉而投靠張作霖.滿州國.回北京被刺客襲擊身亡. 鄭毓秀(1891.6.20.-1959.12.16.)廣東深圳人,革命家,政治家,法官,律師,留學法國,獲中國第一位法學博士,第一個當女法官,及法院院長. 林獻堂(1881.12.13.-1956.9.8.)台灣台中霧峰人，台灣自治領袖,稱「台灣議會之父」 魯迅(周樹人)(1881.9.25.-1936.10.19.)江蘇紹興人.文學家,作家,倡導木刻版畫,與宋慶齡,蔡元培,楊組成立「中國民權保障同盟」先後加入中國自由運動大同盟,左翼作家聯盟, 章士釗(1881.3.20.-1973.7.1.)湖南善化人,留學英國,將邏輯學引入中國,反對白話文,曾擔任過毛澤東的老師,國共內戰末期和談破裂,晚節不保,投向中共,有失信使誠信.

朝代	帝　王	國號	干支	西元	紀　事
清	清德宗 載湉	光緒8	壬午	**1882**	命修築湖南洞庭湖石堤以利旅行. 伊犂正式交收.中俄正式訂立**伊犂界約.、喀什葛爾界約。** 築旅順軍港船塢,又在上海設商辦織布局. 朝鮮發生動亂,中國出兵為之平定.日本妬忌,與朝鮮訂「濟物浦條約」日本使館得置兵備警,從此日本與中國皆駐軍漢城. 中國協助朝鮮訂立美韓商約,其後英德等國亦援例與朝鮮訂約通商. 中國與朝鮮訂立「商務章程」,其文字與精神均顯示兩者為宗屬關係. 日本軍部處心積慮陰謀提出「討伐清國策」『在南面佔領中國舟山群島、台灣、澎湖列島,進而向東亞擴張,即所謂的【**海洋政策**】;在北面先併吞朝鮮,再向中國東北進軍,從而征服全中國,稱霸亞洲,即所謂的【**大陸政策**】』這就是以後所謂的【**明治遺策**】 中法簽【**天津草約**】中法分界保護越南,以紅河為界,北岸由中國保護,南岸由法國保護 美國會為制止華人移民,通過「排華法案」直到 1943 年宋美齡奔走呼籲美國朝野人士正視,方得解除「排華法案」. 康有為入京赴順天鄉試,下第而歸. 宋教仁(1882-1913)字遁初,號漁父,湖南洮源人.1905 年參加同盟會,歷任南京臨時政府法制院院長,北京政府農林總長,國民黨改組;代理理事長,1913年在上海火車站被袁世凱雇人刺殺.. 馮玉祥(1882-1948)字煥章,安徽巢縣人.歷任國民政府軍總司令,行政院副院長,民革中央委員會委員兼政治委員會主席,1949 年回北平參加政治協商會議籌備工作途中遇難, 徐鴻在上海開設『同文書局　』 馬偕在台灣淡水設立牛津學堂 5.4.台灣「理學堂大書院」落成 上海成立領事團裁判所、電氣公司、開通上海南京間電報.、設電報商局、電信學堂 新疆建省 王正廷(1882.9.7.-1961.5.21.)浙江奉化白杜鄉人.曾任外交總長.財政總長.代理國務卿.與陸徵祥顧維鈞等參加巴黎和會,拒絕簽署「凡爾賽和約」任荷蘭海牙常設仲法院仲裁員,協勵解決中蘇諸多懸案. 宋教仁(1882.4.5.-1913.3.22.)湖南桃園人,為一精明能幹之人,與黃興結識變成摯友,共同在長沙創立「華興會」去日本會晤孫中山,成立「同盟會」革命成功推翻滿清,反對袁世凱,被暗殺,送滬寧鐵路醫院不治身死 蔡鍔(蔡松坡)(1882.12.18.-1916.11.8.)湖南邵陽人,留學日本,與唐才常一起回國建立「自立軍」起義失敗,再赴日本就日本士官學校,,回國在廣錮教練新軍,任臨時革命軍總司令,雲南都督.獲授「昭威將軍」袁世凱稱帝,逃出魔掌回雲南起義,宣佈雲南獨立,引起各方響應,逼使袁世凱放棄皇帝夢想. 馮玉祥(1882.9.26.-1948.9.1.)河北青縣人,北洋軍閥,有「倒戈將軍」之稱,脫離北洋軍系,編入「國民革命軍」抗日戰爭任第三、六戰區司令長官.曾獲青天白日勳章,赴美考察,抨擊蔣內戰政策,赴蘇聯訪問,搭乘蘇聯勝利號輪船回國,途中輪船起火,被煙燻窒息死於黑海.遺體在莫斯科焚化. 蔣百里(1882.9.2.-1938.11.4.)浙江杭州人,近代軍事戰略家,著有「國防論」 馬寅初(1882.6.24.-1982.5.10.)浙江紹興人,教育家,經濟學家,人口學家,獲國耶魯大學學士,哥倫比亞大學博士.在北大任經濟系主任,教務長,校長.浙江大學校長.先後擔任中央大學,中山大學,交通大學,東吳大學,陸軍大學等教授.提出「新人口理論」.

朝代	帝王	國號	干支	西元	紀事
清	清德宗 載湉	光緒8	壬午	**1882**	胡文虎(1882-1954.9.4.)福建永定人,生於緬甸,居住新加坡,為報業鉅子,計有星洲日報,星島日報,英文虎報,星滬日報,星光日報,星暹日報,前鋒日報.天聲日報.他還從事製藥事業,其萬金油,暢銷全世界.英國女皇授予「聖約翰救傷隊爵士」大陸解放後視其為「漢奸」凡在大陸報紙,一律查禁. 程潛(1882-1968.4.5.)長沙嶽麓書院,湖南武備學堂日本士官學校,歷任軍政要職,抗日頗有戰功,曾獲青天白日勳章.行憲競選中華民國首任副總統失敗,國共內戰情勢逆轉,與陳明仁宣佈接受共產黨和談協定,和平解放湖南,任中共中央委員,軍委會副主席,人大副委員長,湖南省長民革副主席.毛澤東曾北京中南海接待,親自為程潛操槳划船.文化大革命,周恩來保護,未受衝擊. 邵力子(1882.12.7.-1967.12.25.)早年加入同盟會,後和陳獨秀發起成立中國共產黨,任黃埔軍校秘書長,駐蘇聯大使.主張國共合作,擔任國共內戰和談代表,和談破裂留在北平.,臨陣叛離投向中共.
清	清德宗 載湉	9	癸未	**1883**	清廷為了宣示主權對越南的宗主權,與法國開戰,是為「中法戰爭」其「紙橋大捷」係清劉永福率黑旗軍攻河內,在紙橋大敗法軍,殺其主將李威利. 中法戰爭爆發,法軍占越南順化訂**【順化條約】**越南變為法保護國. 越南國王阮福昊否認該條約清駐越邊境劉永福屢敗法軍,後清廷與法國簽訂**【中法停戰協定】**中國打勝仗反屈辱求和. 議定: 一. 中國撤兵. 二. 安南開放保勝. 三. 保護安南共禦外寇 伊犂俄軍撤退. 中俄訂塔爾巴哈台西路界約. 1883 年春孫中山在檀香山奧阿厚學院(Oahu College)就讀.1883.11.孫中山在家鄉破除神像燒廟宇觸怒鄉人,被迫去香港.次年入中央書院就讀. 3.24.台灣恆春鵝鑾鼻燈塔落成啟用 12.12.「淡水女學堂」落成,首屆學生 34 人,全部是宜蘭平埔族人. 上海組織源昌機器五金廠 廣州九龍間電報開通 汪精衛(1883-1944)字兆銘,號季新,廣東三水人.加入同盟會,在中國國民黨中擔任常務委員兼軍事委員會主席,國父去逝,在武漢發動「七.一五」反革命政變,成立武漢國民政府,後與蔣介石合作.1940 年脫離日政府,出賣祖國,投奔日本,成為漢奸.1944 年死於日本東京.汪精衛與袁世凱兒子袁克定 1909 年當袁世凱面前叩頭結拜為兄弟. 閻錫山(1883-1966)字伯川,山西五台人.1905 加入同盟會,山西軍閥,抗日戰爭,曾任第二戰區司令官,1949 年 6 月任行政院長兼國防部長.1950 年聘為總統府資政,1960 年病逝,葬於陽明山,居屋捐贈國有. 陳儀(1883.5.3.-1950.6.18.)日本士官學校、日本陸軍大學畢業,參加光復會,回國歷任兵工署長,綏靖主任,台灣「二二八事件」時任行政長官,遭撤職轉調浙江省主席,時國共內戰,局勢逆轉,執筆致書時任京滬杭警備總司令湯恩伯,期圖一同起義投向共產黨.湯恩伯見事大將信轉呈蔣中正總統,立即遭押解入獄,囑寫悔過書,不從,由台灣軍事法庭判處死刑. 汪精衛(1883.5.4.-1944.11.10.)日本留學加入同盟會,七七抗日戰爭,政府軍節節敗退,局勢不樂觀,意圖求和,與蔣委員長意見相左,發表艷電奔走河內,另行建立南京偽政權,屈膝向日本求榮,終至客死他鄉日本東京..

朝代	帝王	國號	干支	西元	紀事
清	清德宗 載湉	光緒 **10**	甲申	**1884**	中法戰爭法佔越南諒山北寧大原興化,中法簽訂**【中法簡條約】**(李福協定). 一.法國保證不侵犯中國之邊境. 二.中國承認法國與安南所訂條約,駐屯北部安南之中國軍隊悉撤回中國. 三.法國不要求賠償軍費. 四.自後法與安南或結新約,或改正舊約,不插入有傷中國體面之詞. 五.由兩國再派全權委員,對於本約各款擬定詳約. 2 月改訂中國朝鮮通商辦法 3 月朝鮮東學黨之亂 「**法國侵**犯**台灣**」4.13.法國軍艦藉口購煤進入基隆港, 7.16.(閏 5.24.)清廷派劉銘傳來基隆督辦軍事防務.8.15.法艦砲轟基隆,從三沙灣登陸,清軍反擊,法軍敗退轉攻福州.10.2.法軍再犯基隆,在仙洞附近登陸,10.8.在淡水沙崙登陸失敗,法軍死三百餘人,俘擄 14 名.12.11.法軍自深澳坑登陸,犯月眉山,被林朝棟曹志忠軍擊退.1885.3.5.法軍再犯月眉山、深澳坑,雙方死傷慘重.31 日轉向進攻馬公,因為法軍在越南諒山大敗求和,4.4.清廷與法國簽訂和約.4.16.法國解除對治灣封鎖,6.21.撤離基隆.7.22.撤離澎湖,而法將軍將領孤拔則 6.11.死於澎湖. 4.14.孫中山入香港中央書院(後改皇仁書院).與盧慕貞結婚生子孫科二女.1891 年與革命伴侶陳粹芬在香港同居,後來轉往南洋經商,享年 87 歲 1914.10.25.在日本與宋慶齡結婚 「**湘軍苗栗卓蘭湘軍廟**」1884.6.15.中法戰爭(1883-1885)法人孤拔「哇爾艦隊」馬尾海戰,大破福建水師,砲擊台灣基隆,毀社島砲台,清劉銘傳率兵備道劉傲、湘軍總兵王詩正、提督孫閱華楊金龍等,派遣湘軍馳援,在基隆淡水大敗法軍.然淡水滬尾之戰失利,苗栗卓蘭詹其祝率眾支援,方擊退法軍.法孤拔在澎湖染病身亡.1885.4 月湘軍統領林朝棟、柳泰和率軍進駐苗栗卓蘭,建城築砦「湖南營」平亂 1886.7 月在大缺山什隻屋山下設置 15 門砲台,戰況激烈,傷亡慘重.1887.10 月撤兵回防.湘軍為保衛苗栗卓蘭社稷,武顯將軍劉少斌(湖南益陽人)殉難,三千餘官兵陣亡,屍骨遍野.1959 卓蘭地方熱心人士歐阿全、林昌盛、李木全等,收集遺留骸骨建「軍民廟」鐫匾「精忠千百年,猶在人間;往事昭昭億萬世,長傳宇內」1985.4.7.湘軍進駐卓蘭一百週年,9.13.(農曆七月廿九日)秋祭,台灣省主席黃杰書贈匾額「昭忠廟」從此易名「昭忠廟」1986.3.28.湘軍卓蘭殉難一百週年 1994 整建昭忠廟,2011 年完工,2012.1.1.興建「湘軍殉難忠靈塔」,戰史血跡,義魄忠魂不朽,長昭日月,永垂千秋. 7.3.法軍突襲馬尾港,福建水師全軍覆沒. 8.13.法軍於仙洞登陸,與曹志忠、林朝棟等在獅球嶺浜戰,法軍砲擊基隆淡水,封鎖台灣.法艦突襲福州,中國南洋艦隊全燬. 8.20.法軍砲艦猛轟滬尾,陸戰隊在沙崙灘登陸,被孫開華、張李成等擊退. 9 月中法在天津簽訂地開放屈辱條約. 10 月清派沈葆楨為福建巡撫經營台灣 法國與越南簽訂「法越和平條約」儀式上銷毀朝頒發的封冊及玉璽., 新疆正式建省,設縣,任劉錦棠為甘肅新疆巡撫,理新疆事宜. 軍機大臣恭親王奕訢等全遭罷黜.　　清廷興建台北城牆及五座城門 清淮軍劉銘傳,臨危受命,從安徽合肥赴台灣,抵抗入侵台灣法軍,1896 年得知清政府因鴉片戰爭將台灣割讓日本,憂憤而死. 中俄簽訂「**喀什爾西北界約**」. 朝鮮開化黨陰謀勾結日本奪取政權,但終失敗,是為「甲申事變」 日本派伊藤博文赴北京會商朝鮮善後事宜,朝鮮被迫與日本訂立漢城條約. [點石齋畫報]在上海創刊 1898 年停刊

朝代	帝　王	國號	干支	西 元	紀　　事
清	清德宗 載湉	光緒 **10**	甲申	**1884**	日人古賀辰四郎發現釣魚列島,日本主張釣魚台屬其領土,比中國沈復 1808 年作「海國記」(浮生六記卷五),晚 76 年.比錢泳「海國記」手抄本晚 61 年 新疆改建行省 『點石齋』創刊 鄭天錫(1884.8.30.-1970.1.30.)廣東中山人,法學家,外交家,香港皇仁書院,英國倫敦大學法學博士,英國倫敦格羅修斯協會成員.駐海牙國際法院法官,離職駐英國大使, 楊森(1884.2.20.-1977.5.15.)四川廣安縣人,四川陸軍速成學校畢業,加入滇軍,後加入國民革命軍,響應川人治川,任四川省長,貴州省主席,來台灣任中華體育協會理事長,中華奧林匹克委員會主席.因胃開刀病逝台北. 蘇曼殊(1884-19185.2.)廣東珠海人,文學家,留學日本,參加青年會,興中會.與孫中山鄭士良結識,主辦「香港中國日報」醉心佛學,剃度出家,到湖南長沙住永福寺,並在明德中學任教,學生有陳果夫等名人,,人稱「革命和尚」 張默君(1884.10.5.-1965.)湖南湘鄉人,教育家,女報人.上海聖約瑟女子書院畢業,美國哥倫比亞大學進修.倡辦紅十字會女子救護隊,創辦「大漢報」「神州女報」「神州女子學校」. 龍雲(1884.11.19.-1962.6.27.)雲南昭通人,策動「二六政變」迫使唐繼堯下台,當上雲南省主席,有「雲南王」之稱.抗戰時期,搶劫美國軍械,引起風波,美國不供應中國武器.國共內戰軟禁政府官員,投向中共,做國防委員會副主席,民革副主席,西南軍會副主席.

朝代	帝　王	國號	干支	西 元	紀　　事
清	清德宗 載湉	光緒 **11**	乙酉	**1885**	1.7.法軍宣布封鎖台灣全島 28 日法軍攻下獅球嶺,清軍退守基隆河南岸 2.15.法軍攻佔澎湖媽宮港 5.8.中法於天津達成和議, 10 日法軍將領孤拔病死澎湖 13 日劉璈被革職 6.9.**【中法越南新約】**越南 939~1427~1875 年一直是中國的藩屬,定期進貢.1862 年法國進兵越南,迫使訂立「西貢條約」1874 法國承認越南為「獨立國家」1883.8.「順化條約」越南自行承認法國為其「保護國」 1884.5.李鴻章與法國福祿諾達成「李福草約」 一. 中國撤出諒山,不過問法越條約事;二. 法不索兵費; 三. 中國允於邊境通商; 四. 三個月內派代表會商條約. 法國不滿草約內容再啟戰爭,清馮子材克諒山,大敗法軍.法要求議和 1885.6.中法簽訂「**越南條約**」,悉依 1884 年李福協定, 一. 法軍不得過北圻,中國亦不派兵往北圻 二. 中國承認法國與越南所訂條約.法國為越南保護國. 三. 開放蒙自、龍州等商埠,西南各省建築鐵路,應由法商承包.邊境貿易減稅訂立北圻與雲南、廣東、廣西各省陸上通商章程 四. 中國將來在越南修築鐵路時,向法國人商辦(非法人獨享) 五. 法國退出台灣、澎湖. 24 日法軍全部撤離台灣. 7.29.劉銘傳奏「條陳台澎善後事宜」摺,主張台灣的善後急務在於設防,練兵,清賦,撫等四事 9.5.清廷宣佈台灣建省,改福建巡撫為「福建台灣巡撫」劉銘傳為首任巡撫 21 日創立「長老教會中學」(今長榮中學),為台灣第一所私立中學 在台北設立軍械機器局 10.12.成立"海軍衙門"命醇親王總理,奕劻及李鴻章會同辦理,專責辦理洋務軍事經濟科技文化教等事務.1895.2 月又行裁撤. 清將台灣脫離福建省行政建省,並派劉銘傳為首任巡撫: 一· 整頓財政,清丈土地,重定賦則 二· 編艦隊,營建砲台,配置水雷. 三· 舉辦交通實業 : 1.興建鐵路,1891 年前完成基隆台北台南之間鐵路. 2.購買輪船八艘,航行上海香港,遠及南洋. 3. 電訊電線南北連接,遠及澎湖福州 4.開辦郵政、建商埠、設煤油局、購買機器開採煤礦、 5.農業提倡水利、種茶、棉花、養蠶,興辦工藝學堂,培養專門人才. 左宗棠卒,享年 74 歲(1811-1885). 左宗棠奏請統一事權,創設海軍衙門. 中英煙台續增專條,鴉片應完正稅釐公辦法. 李鴻章與日伊藤博文商議對於朝鮮善後問題,簽訂中日**【天津條約】**: 一.中日兩國駐紮朝鮮之軍隊各自撤退回國. 二.朝鮮練兵,中日兩國均不派教練官. 三.將來朝鮮有事,兩國或一國如須派兵,須先行文知照. 左宗棠奏准開鐵礦,造大炮固國防. 李鴻章奏准在天津設立武備學堂(陸軍軍官學校) 成立海軍衙門(海軍總司令部) 『台灣府教會報』創刊 設立「開平鐵路公司」 福州英華學校創設「中華基督教青年會」 中國招商局借款 20 萬兩銀與朝鮮

朝代	帝　王	國號	干支	西 元	紀　事
清	清德宗 載湉	光緒 **11**	乙酉	**1885**	宋嘉樹(1885年5月~?) 孫中山岳父在美國萬德畢爾特大學畢業,妻倪桂珍,生三男三女,依序為宋藹齡(孔祥熙)、宋慶齡(孫中山)、宋子文、宋美齡(蔣中正)、宋子良、宋子安. 陳介(1885-1951)湖南湘鄉人,日本東京帝大畢業,曾任駐德國,巴西,墨西哥,阿根廷等國大使.湖南長沙明德中學校長. 鄒容(1885.-1905.4.3.)重慶市人,留學日本,因剪去學生監督姚文甫髮辮,被迫回國,與章炳麟章一釗摯友創辦「革命報」宣言推翻滿清,號召人民起義,,被清通緝,鄒容主動投案,病死獄中,時年僅二十歲. 周作人(1885.1.16.-1967.5.6.)江蘇紹興人,文學家,「新潮社」主編,曾任北大東方語言文學系主任,東北文化協議會會長,中日文化協會理事,以漢奸罪被.判有期徒刑10年解放後在北京人民文學出版社工作,文革遭到拷打..

朝代	帝　　王	國號	干支	西元	紀　　　事
清	清德宗 載湉	光緒12	丙戌	1886	續修大清會典　開黑龍江漠河金礦　朱一新奏請豫防宦寺流弊
					越南脫離與中國藩屬關係而獨立
					【中英緬甸條約】承認英有緬甸政權,十年向中國進貢英停止派員入藏.
					【中俄訂琿春東界約】俄使向李鴻章保證不取朝鮮土地.
					【中法天津條約】越南各地中國可置地建屋,開設行棧,身家財產俱得保護.
					1.19.清廷派劉銘傳為台灣第一任巡撫就任.重劃行政區,加強防務,動清賦改賦,整頓財稅等政策之外,並積極行洋務.
					29 日德國奔馳公司出產世界第一輛【汽車】
					2.18.清廷命林維源幫辦台北開墾承撫番事務
					4 月台灣置省,開始「清賦」工作
					5.8.劉銘傳奏報過去半年間台灣中路及南路生番歸化 400 餘社,7 萬多人.
					9.16.劉銘傳進駐彰化大坪,督林朝棟、吳宏洛征过蘇魯、馬那邦等社原住民　劉銘傳創辦「撫墾局」「番學堂」「保甲制度」.
					(1886.12.1.-1976.7.6.)朱德,四川儀隴縣人.中共十八元帥之首.參加南昌起義、湖南秋收起義,二萬五千里長征,井崗山會師,在中共紅軍及解放軍中,首要人物,歷任旅師軍長解放軍總司令,元帥,軍委會副主席.人們都稱他『朱老總』
					孫中山考入廣州博濟醫院附屬南華醫學堂.
					重慶居民反對英美建築教堂,憤而燒教堂,搗毀英國領事館.
					台灣因『開山撫番』而引起『大科崁事件』
					辦黑龍江漠河金廠
					廣州設繅絲局
					上海華商設正裕麵粉廠
					成立武備學堂
					張東蓀(1886.12.9.-1973.6.2.)浙江杭州人.反袁世凱復辟,支持孫中山二次革命,為新聞雜誌界聞人.與梁啟超發起講學社,創刊「解放與改造」.當選民主同盟主任秘書,為國民參政員,參與傅作義和平解放北平談判,後控被向美國出賣中共情報,被關入秦城監獄,死於獄中.
					蔣夢麟(1886.1.20.-1964.6.19.)浙江餘姚人.教育家,美國柏克萊大學農學系又轉加州大學教育系獲博士學位.曾任浙江大學,北京大學校長.紅十字會長,行政院秘書長,行政院中國農村復興委員會委員長.石門水庫建設委員會主任委員.
					董必武(1886.3.5.-1975.4.2.)湖北黃安人,留學日本,參加辛亥革命,護法運動,創辦「武漢中學」,在武漢成立「湖北共產主義小組」參加共產黨全國第一次代表會議,二萬五千里長征,中共黨校校長,國務院副總理,人民法院院長.「中華人民共和國」代主席.
					林伯渠(林祖涵)(1886.3.20.-1960.5.20.)湖南臨澧人,公費留學日本,莫斯科山大學畢業,加入同盟會,由李大釗陳獨秀介紹加入共產黨,密謀逮捕蔣介石,因程潛反對未果.推進國共合作,曾任農民部長.中華人民共和國成立,進入史央政治局,任人民政府秘書長,全國人大副委員長.

朝代	帝　王	國號	干支	西 元	紀　事
清	清德宗 載湉	光緒 **13**	丁亥	**1887**	孫中山香港西醫書院畢業(1887.2-1892.7.23.) 德宗載親政,慈禧太后訓政. 興建大沽天津間鐵路,並於南洋各島設立領事.　中國設「拱北關」 張之洞奏瓊州黎山伐木墾田急務,及設南洋各島領事.鑄銀元抗外幣 各級考試酌收數學生童舉人,科取士 禁私藏洋槍,並訂用洋槍劫搶加等治罪條例. 在九龍、澳門設海關. 廣州成立水師學堂　　　　福州船廠成功造成鐵脇輪船. 開發熱河四道溝銅礦.　　　向德借款 500 萬馬克充海軍建設費. 英教會於武昌設博文書院,　蘇格蘭長老會於上海設廣學會 中國承認葡萄牙國對澳門有永久居住權. 中法訂立越南續議界務專條及商專條. 中葡訂通商和好條約 54 條,專款一條,葡可永遠管理澳門,但不得讓與他國. 澳門政府協助國徵收洋煙之稅. **【台灣建省】**下轄 3 府 1 州 5 廳 11 縣,新設首府台灣府,轄台灣,彰化,雲林,苗栗四縣和埔裏社廳.原台灣府改為台南府,轄安平(原台灣縣),嘉義(原諸羅縣),鳳山,恒春四縣和澎湖廳;台北府轄淡水,新竹,宜蘭三縣和基隆廳,南雅廳.另添設台東直隸州,由原卑南廳升置,轄花蓮港廳.這是台灣首建省,巡撫劉銘傳. 3 月劉銘傳在台灣台北創辦「西學堂」延聘洋人教學 3.24.清廷命邵友濂為台灣布政使 30 日劉銘傳奏請借款興建台灣鐵路 4.23.廷批准劉銘傳興建台灣鐵計劃案. 5.20. 在台北成立台灣鐵路總局.1894 年完成基隆至新竹間工程. 7.9.清廷任命吳宏洛為第一任澎湖總兵官. 8.23.連接福建福州和台灣虎尾海底電報線完工，建成四川至雲南電報綫。 籌建台灣基隆到新竹鐵路 9.8.更改台灣地方制度,全省劃分為 3 府 1 州 3 廳 11 縣 12.1.基隆煤礦經營不善,退回商股改為官辦. 台灣發生『中路開山事件』 [廣學會]由英美教士在上海創立原名"同文書會"1894 年改名[廣學會]. 蔣中正(介石) (1887.10.31~1975.4.5.農曆九月十五日)在浙江武嶺溪口鎮玉泰鹽舖樓上誕生,祖玉表公名之曰「瑞元」.留學日本,參加同盟會,奔走革命,國民革軍總司令,八年領導抗日,勝利後推行民主,當選中華民國總統. 張君勱(1887.1.18.-1969.2.23.)上海寶山人,留學日本,參加梁啟超「政聞社」國是會議.標榜「國家社會主義」發表「致毛澤東先生公開信」要求取消八路軍,新四軍,和陝甘寧邊區.代表政府參加簽署聯合國憲章.在印度加爾各答大學講學.美國史丹福大學研究. 林覺民(1887-1911)福建福州人,留學日本,加入同盟會,參加廣州起義被捕,從容就義.赴廣州前,曾寫了封「與新婚妻陳意映訣別書」情深意濃,言詞凄切,令人不忍足讀,感傷身世. 錢玄同(1887.9.12.-1939.1.17)浙江吳興人,日本早稻田大學畢業,文字學家,主張廢除漢字,.著有「文字學音篇」.對「經學」創建甚多,在「古史辨」討論上古歷史和儒家經書. 董顯光(1887.11.9.-1971.1.10.)浙江鄞縣人,名報人,作家,外交家,相繼就讀美國密蘇里大學與紐約哥倫比亞大學,普利斯新聞學院,曾任新聞局長,中國廣播公司總經理,中央日報董事長,訪問過美國羅斯福總統,司徒雷登,國務卿杜勒斯,曾任駐日本大使.

朝代	帝　王	國號	干支	西 元	紀　事
清	清德宗 載湉	**14**	戊子	**1888**	康有為首次上書清光緒皇帝變法 北洋海軍正式成軍 天津至唐山鐵路通車 張之洞籌設廣州織布紡紗官局,張督鄂後,又建湖北織布局. 1875 李鴻章督辦北洋海防,1855 成立海軍衙門,1888 年建立**【北洋海軍艦隊】**丁汝昌為提督.擁有 25 艘各類型艦船,但多係外國製造. 清那拉太后於北京萬壽山建「**頤和園**」動用海軍經費一千萬兩. 西藏地方軍與英軍發生武力衝突,是為「隆吐山之戰」 命升泰為駐藏大臣,辦理藏印邊務定中英西藏條約,英深入中國境亞東隘口 河南黃河決堤,死傷二百餘萬人. 中國棉花運往日本 2.10.劉銘傳在台灣創設電報、學堂、郵局,總局設於台北府城. 6.20.劉銘傳奏請在台灣設立西式學堂,並聘西方人士為教師 7 月劉銘傳清丈土地 開發熱河榆樹溝等地煤礦. 8.29.劉銘傳清理田租,地方官吏機歛財,彰化秀水庄由施九緞率領數百人以「官淚民變」為號召反抗, 9.22.由林朝棟率兵平定 吉林成荒務局總局辦理土地斟丈. 10.3.慈禧太后准奏李鴻章提呈〔北洋海軍章程〕 訂立中法滇越電線章程. 11.6.清廷同意劉銘傳將台灣鐵路改為官辦 12 月唐山至天津鐵路建成 清賦完成,查出大筆「隱田」實施「減四留六」措施.(大戶留六,四分小戶) 台灣發生『大莊事件』與『施九緞事件』 顧維鈞(1888.1.29.-1985.11.14.)江蘇太倉嘉定縣人,美國哥倫比亞大學法學博士,曾任外交總長長,財政總長,北洋政府國務總理,華盛頓會議代表駐美大使長達十年.回國,協助中美簽定台灣共同防禦條約 王雲五(1888.7.9.-1879.8.14.)廣東香山人,主持商務印書館十餘載,其著「四角號碼檢字法」享譽全國,知識廣博,人稱他為「活的百科全書」,其他著作有王雲五大辭典,萬有文庫,曾任考試院,行政院副院長. 杜月笙(1888.8.22.-1951.8.16.)上海浦東人,綠林人士,一生傳奇,資助革命,抗日戰爭,以「挺進軍」打游擊,立下汗馬功勞,進德修業,崇道尚義.互信互助,服務社會,效忠國家..

朝代	帝　王	國號	干支	西 元	紀　事
清	清德宗 載湉	**15**	己丑	**1889**	清德宗載湉親政,年十九歲,納慈禧姪女那拉氏為,后,.容貌平常,年齒長於皇帝,光緒則鍾情於瑾妃珍妃.大婚後雖曰親政,然事實慈禧仍操政權. 清每年由海軍撥銀三十萬兩作修建「頤和園」 張之洞興建蘆漢鐵路(蘆溝橋至漢口)破土動工 中俄訂東北電線相接條約.　萬國公報刊行. 命各省嚴緝盜賊拿辦訟棍. 第一家官辦上海機器織布局建成投入生產。 國人創立自辦天津總醫院 貴州開發威寧西良山銅礦 廣西設官蠶局以興絲利. 禁黑龍江招人墾荒. 英國倫敦設「中國協會」,上海等地設支會. 上海創立德華銀行 台灣黃南球與北埔姜家合組「廣泰成」墾號 8.7.劉銘傳為提高財政收入擬將基隆煤礦交由英商經營,清埕不准. 李鴻章在威海衛劉公島設立〔水師學堂〕,1890 年開學,由北洋海軍提督丁汝昌兼領,美國馬吉芬任教管理,由于甲午戰爭,1894 年 11 月停辦. 台灣發生『白阿社開山事件』 李四光(1889.10.26.-971.4.29.)湖北黃岡人,中國「地質學」之父,和古生物家.清工科進士.中央研究院士,中國科學院士, 唐生智(1889-1970.4.6.)湖南東安縣人,保定軍校,日本士官學校畢業,有「佛教將軍」之稱,抗日戰爭,力主戍守南京,危急時棄守,造成日本南京大屠殺軍民死亡三十餘萬人,留下血債,至今尚無挽回. 張群(1889.5.9.-1990.12.14.)四川華陽縣人,日本振武學堂畢業,與蔣中正同學,參加辛亥革命,護法討袁,畢生奉獻黨國,曾任同濟大學校長,四川、湖北省主席,外交部長,行政院長,總統府秘書長,獲得青天白日勳章. 翁文灝(1889.-1971.1.27.)浙江寧波人,比利時地質學博士,歷任北京清華大學教授校長,赴美德加拿大大學研究,行政院長.中共曾列他為戰犯,中華人民共和國成立,榮膺中國科學院院士,文革期間,受到特別保護, 谷正倫(1889.-1953.)貴州安順人, 日本振武學堂畢業,有「中國憲兵之父」美號,與谷正綱,谷正鼎為國民黨政要「三谷」之稱,曾任炮兵團長,憲兵學校校長,衛戍司令,憲兵司令,糧食部長等要職. 宋靄齡(1889.7.15.-1973.10.19.)海南島文昌人,美國威斯里安女子學院畢業,曾任孫中山秘書,與孔祥熙在日本結婚,抗日期間,與宋慶齡,宋美齡,組織婦女會,擔任「傷兵之友協會」會長.子女有:孔令儀,孔令侃,孔令俊(又名孔令偉),孔令傑. 蔡培火(1889.6.20.-1983.1.4.)台灣雲林北港人,學會拼音,自修台灣白話文,日文,漢文.擔任「台灣民報」發行人兼編輯,因推動「台灣議會設置請願運動」遭逮捕下獄.日本投降後,擔任中華民國紅十字會台灣分會會長,並創辦「捐血運動協會」 梅貽琦(1889.12.29.-1962.5.19.)美國伍斯特工科大學畢業,擔任南開大學最長久的校長,協助清華大學在台灣復校,後任教育部長,清華大學校長.籌辦清清原子科學研究所.擔任原子能委員會主任委員. 智光法師(1889.5.25.-1963.)江蘇泰縣人,主持「中國佛教整理委員會」,在台灣創辦「華嚴蓮社」,在台南大仙寺傳戒,為了紀念他建有「智光商業職業學校」. 李大釗(1889.10.29.-1927.4.28.)河北樂亭人,中國共產黨創始人之一,發起組織馬克斯學說研究會, 「三一八運動」被捕絞刑而

朝代	帝王	國號	干支	西元	紀事
清	清德宗 載湉	**16**	庚寅	**1890**	清德宗載湉生父醇親王奕譞薨 西藏大臣升泰與印度總督蘭士丹在孟加拉簽訂「**煙台條約續增專條**」及【**藏印條約**】八條,劃定藏哲邊界承認哲孟雄(錫金)為英國保護國.1893 年訂游牧通商交涉等 定各國使臣覲見例 1 月湖南修濬洞庭湖,並禁私墾淤沙. 中英印藏條約簽字 4 月廣東試鑄銀元及輔幣 5.8.劉銘傳挶准蔡應維等人所提「台灣煤礦官商合辦」案 8.22.劉銘傳因委託英商辦理基隆煤礦事件,遭受革職留任處分. 11 月旅順船塢竣工. 浚濬吳淞江口 四川修建長江縴線道路 張之洞創建漢陽兵工廠 上海成立機器織布局,又成立官商合辦恒豐紗廠 各通商口普設海關郵政 基督教布道大會設中國教育會,出版新書. 日本在上海設日清貿易研究所 劉銘傳招撫番社,三親絕城,蒙瘴涉險,不騎而徒,教漢文算學官話行禮儀 洋行實辦出身的李春生,出任台灣蠶桑局局長 湖北設大冶鐵工廠,漢陽設「兵工廠」 彭玉麟(75 歲)、曾國荃、曾紀澤相繼身亡 韓復榘(1890.1.25.-1938.1.24.)河北霸州人,投身馮玉祥軍,參加北伐,立有戰功,被任命為山東主席,成立山東自治區,不聽中央節制,抗日戰爭不力,擅自放棄濟南.韓復榘出席開封軍事會議時遭到逮捕,以違反命令遭到槍決. 陳布雷(1890.11.15.-1948.11.13.)浙江高等學校(浙大前身)畢業,為蔣中正貼心私人秘書,「商報」「四明日報」主編,教育廳長,教育部次長,設計委員會主任一生奉獻國家,無絲毫跡象下於 1948.11.13.服安眠藥自殺身亡. 何應欽(1890.4.2.-1987.10.21.)貴州興義人,日本士官學校畢業,黃埔軍校總教官,北伐時第一軍軍長,總司令,參謀總謀長,軍政部長,西安事變主張以武力討伐張學良,日本投降接授岡村寧次降書,後任國防部長.行政院長,中國大同盟會首任會長. 陳寅恪(1890.7.3.-1969.10.7.)湖南長沙人,歷史學家,古典文學家,語言學家.清華大學四大導師之一(其餘三人為梁啟超,王國維,趙元任),文化大革命遭到迫害,歷年著作文稿,多被洗劫. 張治中(1890.10.27.-1969.4.10.)安徽巢縣人,保定軍校,畢業,曾任黃埔軍校總隊長,擔任湖南省主席時,日軍進犯長沙,下令火燒長沙城,延燒一個星期之久,追查責任時,卻委罪警備司令酆悌,警察局長文重孚,省警備旅二團團長徐昆等三人,變成替罪糕羊,抗戰結束,調軍調小組,再轉任新疆省主席,國共和談任政府和談代表,談判破裂,倔膝變節投降,且宣佈脫離國民黨.,

朝代	帝　王	國號	干支	西元	紀　事
清	清德宗 載湉	**17**	辛卯	**1891**	清帝德宗載湉接見各國使節呈遞國書,由總理衙門官員引行【鞠躬禮】,形成覲見常禮例規. 德國始行保護本國神父,後以教案強據膠州灣. 俄建西伯利亞鐵路開工(1891-1902)以乞里雅賓斯克為起點,至海參威.全長4,498 公里. 俄侵帕米爾,議以為中英俄三國甌脫地. 哥老會教徒焚毀蕪湖丹陽武穴等處教堂,命各督撫速辦善後事宜,嚴拿哥老會教匪,長江哥老會舉事未成.提督聶士成平定. 1.21.劉銘傳因應台灣建設經費,開始徵收茶稅. 劉銘傳建設台北到基隆火車通車,兩年後又可通到新竹 3.27.劉銘傳終因派系鬥爭離職,多項建設計劃停頓. 10.24.邵友濂出任福建台灣巡撫 11.24.清建命唐景崧出任福建台灣布政使 各地水師北洋兵艦二十餘艘齊集旅順會操. 上海官商合辦機器紡織局 張之洞在湖北武昌設機器織布局 英法意比協商滇緬分界通商事宜 湖北發生「武穴教案」「宜昌教案」英法兵艦開至宜昌,威迫清廷速辦此案 熱河「金丹教起義」數萬人,旋予平定. 林汝梅設立「金恆勝」墾號,南庄地區製造樟腦 甘為霖創辦台灣第一所盲人學校「訓瞽堂」 邵友濂來台灣,擔任福建台灣巡撫 孫科(1891.10.20~1973.9.13.)孫中山先生與盧慕貞夫人所生之子,字哲生,廣東香山縣(中山縣)人 李宗仁(1891.8.13.農曆 7 月初 9 日~1969.1.30.)字德鄰,廣西省臨桂縣人桂系首領,曾任中華民國第一任副總統,國共內戰熾烈,以胃疾 1949.11.20.去香港 12 月 5 日.轉飛美國 1965.6.祕密由紐約轉蘇黎世回大陸,自干屈辱投共,1969.1.30.病逝世北京. 胡適(1891.12.17.~)五四運動倡導者,中國白話創始人,曾任北京大學校長,駐美大使,中央研究院院長. 饒毓泰(1891.12.1.-1968.10.16.)江西臨川人.考取公費留美,美國芝加哥、普林斯、耶魯等大學學士、碩礌士、博士、南開大學物理系創始人,有名學生有吳大猷、吳大任、郭永懷、馬仕駿、江澤涵、申又振、楊振寧、李政道等人.文化大革命遭到迫害,上吊自殺死亡. 戴傳賢(戴季陶)(1891.16.-1949.2.11.)浙江吳興人,日本師範學校,日本大學法律系畢業,在日本期間,與蔣中正私交甚好,參加上海「馬克斯研究會」起草「中國共產黨黨綱」中國馬克斯主義最早研究者之一.後因孫中山反對而退出.「中華民國國旗歌」作者,黃埔軍校成立,任政治部主任,中山大學校長,考試院長.國難當頭時,在廣州服安眠藥自殺身亡.「蔣緯國晚年著作」蔣緯國與戴安國乃同父異母兄弟關係. 孫科(1891.10.20.-1973.9.13.)字哲生,中華民國國父孫中山之子,母盧慕貞,隨祖母移居美國夏威夷,就讀美國加洲柏克萊大學,哥倫比亞大學,榮獲博士學位,曾三任廣州市長,東吳大學董事長,起草「五五憲章」,參與「中蘇文化協會」「中蘇互不侵犯條約」簽訂.代表與共產黨談判協商,曾任行政院長,立法院長,總統府資政.

朝代	帝　王	國號	干支	西元	紀　事
清	清德宗 載湉	**17**	辛卯	**1891**	張自忠(1891.8.11.-194.5.16.)山東臨縣人,北洋法政學堂,首先投向馮玉祥,部隊解編任師長,冀察政務委員,升軍長,集團軍司令,哈爾濱省主席,天津市長,一度宋哲元命令受邀訪問日本,被認為「漢奸」,抗日戰功彪漂,榮獲寶鼎勳章青天白日勳章,在湖北宜城戰役,壯烈殉職. 胡適(1891.12.17.-1962.2.24.)上海浦東人,教育家,外交家,提倡文學革命,推展白話文,曾任北大校長,駐美大使,中央研究院長, 蔣渭水(1891.2.8.-1931.8.5.)灣灣宜蘭人,民族運動者,加入同盟會,創立台灣文化協會與台灣民眾黨,日據時代因政治請願迭次被日本警拘禁,與林獻堂蔡培火等組織組織台灣地方自治聯盟.惜英年早逝,年僅 41 歲., 龔德柏(1891-1980)湖南瀘溪人,有名報人,其辦報敢言敢寫人稱「龔大砲」官費留學日本,受聘「中日通訊社」做編輯,兼上海「通報」東京通訊員,與成舍我合辦「世界日報晚報」「東方日報」任「中美通訊社」總編輯.抗日戰爭辦「救國日報」宣揚抗日行憲,被中共列為戰犯之一. 李宗仁(1891.8.13.-1969.1.30.)廣西桂林人,其與黃紹竑,白崇禧組成桂系軍隊,與中央抗衡,抗戰出任戰區司令長官.行憲競選副總統,,蔣中正總統下野,出任代總統,國共內戰危難之時,以胃病出走美國,請其回台灣回台灣復職又不從,遭到罷免,終向中共示好回到大陸,病死北京.,.

朝代	帝　王	國號	干支	西 元	紀　事
清	清德宗 載湉	光緒 **18**	壬辰	**1892**	孫文自香港英國醫師康德黎(James Cantlie)創辦的西醫學院畢業 頒國籍法 嚴禁私購軍火 禁濫用非刑 重修頤和園 慈銘奏治國之要 問敬銘卒 湖廣張之洞辦湖南長沙「滅鬼歌」及攻擊基督教「揭帖、圖畫」 大沽至欒州間鐵路築成 晉北大水災區二三千里,死者百餘萬人 雲南鎮邊地方新附之猓夷作亂,勦平,派薛福成督辦滇緬界線務. 廣東陽江三合會首領譚蓮青作亂,兩廣總督李瀚章擊斬之. 中俄訂立蒙古邊界電線相接合同. 俄侵帕米爾. 2.1.基隆開設「台灣金砂總局」暖暖、四腳亭、瑞芳、頂雙溪設分局 5.27.蔣師轍;應聘為台灣通志纂,擔任修志工作. 林豪主纂《澎湖廳志》成書 丈單發作業完成,撤銷「清賦局」 7 月孫中山在香港西醫書院畢業 華僑張弼士在山東烟台創辦張裕葡萄酒公司 台灣發生『山角湧開山事件』、『不力社事件』. 胡剛復(1892.3.24.-1966.2.19.)物理學家,教育家,將 X 光射線標識譜,吸收譜,和原子序數之間的規律擴展到 25 號至 34 號元素,並測定 X 射線頻率和光電子速度的關係,作出偉大貢獻. 劉伯承(1892.12.4.-1986.10.7.)重慶開縣.中共十大元帥之四.又名伯昭,綽號孝生.重慶軍政府將校學堂,參加中華革命黨北伐及詩袁護國戰爭,1926 年加入共產黨,參加八一南昌起義,相繼擔任軍政要職,紅軍校長師軍集團軍及野戰軍區司令,授予元帥軍銜,獲八一勳章,獨立自由勳章,一級解放軍勳章. 陳果夫(1892.10.5.-1951.8.25.)浙江烏程縣人,與其弟陳立夫,因陳其美與蔣中正為結拜兄弟關係,陳果夫陳立夫為其侄,特別受蔣中正照顧扶持.他「二陳」稱作「CC 派系」.負責國民黨組織,成立「國民黨政治學校」任教育長,並任江蘇省主席,因肺病去世,無嗣,陳立夫將長子陳澤安過繼給作嗣. 郭沫若(1892.11.16.-1978.6.12.)四川樂山人,文學家,詩人,史學家,古文字學家,考古學家,劇作家,甲骨文學家,社會活動家.曾任中國科學院院長,中共國務院副總理,全國人大副委員長,全國文聯主席.中國科大校長.曾任北伐軍總政治部主任,後寫有「討蔣介石檄文」參加「八一南昌起義」加入共產黨.1937 年由日本回國,去南京晉謁蔣介石,要求蔣原諒他從前事情.抗日戰爭擔任軍事委員會第三廳長.解放後,一改往日心態,任中共國務院副總理,中國科學院長,中國科學技術大學校長,世界和平委員會委員,中日友好協會準會長,和毛澤東詩詞唱和,高度讚頌毛澤東的詩詞和書法,並賦詩歌頌史達林 趙元任(1892.11.3.-1982.2.25.)江蘇常州人,美國馬薩諸塞州大學,哈佛大學,英國劍橋大學,中國語言學創始人,能英法德日西班牙漢多種方言,音樂.當選美國方言學會長. 郎靜山(1892.6.12.-1995.4.13.)浙江蘭溪人,攝影家,擅長寫實,集錦,人像,女性裸體等攝影,作品入選英國攝影沙龍,美國新聞處,

朝代	帝　王	國號	干支	西 元	紀　事
清	清德宗 載湉	光緒 **19**	癸巳	**1893**	北京至山海關鐵路完成 英法訂約承認暹羅為獨立國,不侵犯,禁向中國朝貢,自此與中國斷絕開係. 中法 1887 年會勘中越邊界,至是圖成,立約. 中英訂**【藏印續約】**九條,附**【藏印通商條約】**三條,自此西藏門戶大開,西藏亞東為商埠,藏人在哲孟雄游牧須遵守英所訂定之「游牧章程」辦理. 藏人堅拒開放亞東.　中俄訂管轄哈薩克等處條約 俄增兵新疆邊境.　梁啓超考得舉人 湖北設立織布廠、紡紗廠、製麻廠、繅絲廠、計釘廠、毡尼廠.大肆發展工商業,繁榮經濟. 張之洞在武昌設「自強學堂」,分外語,數學,自然科學,商業四科. 上海租界工部局收買上海電力公司. 1.6.邵友濂停止新竹以南鐵路建設計書 27 日宋慶齡(1893.1.27.-1981.5.29.)畢業美國衛斯理女子大學,1915 年與孫中山結婚,反蔣人士,後加入共產黨,臨終任中華人民共和國副主席 11 月台北至新竹段鐵路完工 胡傳出任「台東直隸州」知州 毛澤東(1893.12.26.~1976.9.9.)湖南湘潭韶山人,中共遵義會議後成為共產黨領導人,1949.10.1.中華人民共和國建國為國家主席. 顧頡剛(誦坤,銘堅)(1893-1980)史學家,民俗學創始者.著有「古史辨」 毛子水(德輔)(1893.2.25.-1988.5.1.)浙江衢州人.史學家,公費留德,「自由中國」報刊創刊人之一.台灣名教授. 左舜生(1893-1969.10.16.)湖南長沙人,政治家,史學家.長於詩詞歌賦,創辦「中華時報」「青年生活」「自由陣線」為青年黨主席,曾訪延安,國民參政會參議,國策顧問.曾任農林部長,著有黃興評傳,近代中日外交關係小史,等書 汪敬熙(1893.7.7.-1968.6.30.)山東歷城人,生理心理學家,美國普金斯大學博士.任教威斯康辛大學,普金斯大學.第一屆中央研究院士. 宋慶齡(1893.1.27.-1981.5.29.)海南文昌人,美國克拉波特文學校及衛斯理女子學院畢業,1913 年為孫中山秘書,旋兩人結婚,孫中山死後,傾向共產黨,呼籲中國人民「要建立民主法治的社會主義」臨死加入共產黨,並成為中華人民共和國副主席. 白崇禧(1893-1966.12.2.)廣西臨桂人,保定軍校畢業與李宗仁黃紹竑三人號稱「廣西三傑」與胡漢民,陳濟棠聯合反蔣中正,指揮台兒莊之戰大捷,居功至大,曾任戰區司令長官河北省主席,國防部長,行營主任. 楊虎城(1893.11.26.-1949.9.6.)陝西蒲城人,親自向孫中山申請加入國民黨,參加北伐,打敗過唐生智,任陝西省主席,與張學良「西安兵諫」,劫持蔣委員長時,力主槍殺,由於多方斡旋,蔣被釋放,楊虎城被囚禁,周恩來與諸多東北要人要求釋放不成,傳云在國共內戰危急時,遭殘忍殺害. 杜聰明(1893.8.25.-1896.2.25.)日本京都帝國大學醫學博士,曾任台大醫院學院教授,院長.創辦高雄醫學院.

朝代	帝　王	國號	干支	西元	紀　事
清	清德宗 載湉	光緒 **20**	甲午	**1894**	孫中山偕陸皓東至天津上書李鴻章,獻陳救國大計,李不採納. 孫中山回到廣州參加維新運動,經陸皓東介紹,認識宋嘉樹(宋慶齡的父親)孫告以「富國強兵之道,化民成俗之規」「以西人之法達致富國強兵之道」 1.15.邵友濂奏請台灣首府由台南移至台北.省會由橋孜圖改名為台北 8.1.「甲午戰爭爆發」日本向中國宣戰 13 日李鴻章命令招商局用五艘輪船運兵 12 營往增援平壤清軍,北洋艦隊提督殁汝昌率『定遠號』等 16 艘北洋艦隊護航. 18 日遭到日本海軍中將伊東祐亨之『松島號』等 12 艘日艦襲擊.丁汝昌果斷下令立予迎戰還擊.管帶鄧世昌率領之[致遠號]被日艦魚雷擊沉. 9.17.日軍艦在黃海大東溝海域海戰中,北洋戰艦損失五艘兵艦,死傷官兵千餘人,大批海軍菁英葬身海域,從此清廷北洋水師一蹶不振.此役中鄧世昌壯烈殉國. 10 月袁世凱小練兵稱[定武軍]共 10 營 4,750 人 1895 擴充為 7,300 人稱"新建陸軍",設步兵,炮兵,工兵學堂,擴充為六鎮(鎮相當現今部隊之師). 10.27(陽曆 11.24.)在檀香山創立興中會,1905 擴為中國革命同盟會. **「甲午戰爭」**(1894~1895)朝鮮成為日本的保護國.朝鮮東學黨之亂中日朝鮮之役,8 月日軍陷平壤 1894.8.17.中國北洋艦隊四艘兵艦被擊沉鄧世昌林永升林履中三艦長壯烈成仁.9.17.黃海之戰日本侵奪台灣澎湖琉球,攻佔遼東半島 10 月陷大連灣旅順.12 月陷威海衛 1881 年起築唐山至胥各莊鐵路,旋延南抵薊河邊閻莊, 1887 年又延長南接大沽北岸,北接山海關,再造大沽至天津鐵路,1894 年全部竣工通車 中英簽訂**【滇緬續約】**劃定邊界及通商,以尖高山(雲南騰衝西北)為中緬邊界,規定孟連江洪兩地,不得讓與他國 中法訂約: 一.　中國割讓猛烏烏得. 二.　中國雲南廣東廣西開礦,應先向法國商辦,並許安南鐵路造至中國境 三.　思茅安南互接電線 四.　中國允許承辦龍州鎮南關鐵路,沿線得設電線.承辦期 36 年 中美協訂**【限禁華工條約】**以十年為期,1904.12 月期滿,中國宣布禁約終止,美國不理中國抵制外貨,以和平方式反抗外力壓迫. 奕訢罷免 湖北成立紡紗局 四川重慶成立「盛昌火柴廠」 凌鴻勛(1894.4.15.-1981.8.15.)廣東番禺人,鐵道工程學家,南洋大學堂、上海工業專門學校(國立交通大學前身)畢業,曾任南洋大學校長,赴美國鋼鐵、橋樑公司實習,為中國鐵道建設先驅,隴海、粵漢、湘桂黔鐵路總工程司.譽為詹天佑之後「鐵路聖人」並任台灣中油公司董事長,交通大學在台灣復校,並為交大電子研究所籌備主任. 宋子文(1894.1.27.-1971.4.)廣東人,美國溫特比提大學畢業,獲神學證書,初為傳教士,再入哈佛大學,主要任職有財政部長,中央銀行行長,廣東省主席,行轅主任,外交部長, 行政院長,晚年定居美國舊金山,誤食魚骨,被梗噎而死. 丘念台(1894.3.11.-1967.1.12.)台灣台中人,日本東京帝大礦冶系畢業,曾任廣東省政府顧問,台灣民政廳長,監察委員.

朝代	帝　王	國號	干支	西 元	紀　事
清	清德宗 載湉	**20**	甲午	**1894**	梅蘭芳(1894.10.22.-1961.8.8.)江蘇泰州人,名京劇家,,以青衣花旦聞名,唱唸做打舞到劇本,服裝,都獨風格,形成「梅派」.到美國各大都市表演,都極受歡迎,獲美國波摩拿學院,南加洲大學授予榮譽博士學位.在北京設有「梅蘭芳紀念館」 吳石(1894.8.-1950.1.)福建福州人,保定軍校,日本陸軍大學畢業,與具共產黨員身份吳仲禧,何遂關係密切,即加入共產黨,吳石任國防政局長,及參謀次長時提供「淮海戰役」「獻我雙方兵力位置圖」等機密資料給共產黨..國共內戰末期吳石來台灣,號稱共產黨「密使一號」,又與共產黨潛伏來台地下共產黨員何遂何嘉父女與朱諶之,蔡孝幹連絡,將「台灣戰區戰略防禦圖」提供共產黨,因蔡孝幹被捕而暴露吳石身份,遭拘捕判處死刑.

朝代	帝　王	國號	干支	西 元	紀　事
清	清德宗 載湉	光緒 **21**	乙未	**1895**	1.30.日本海軍攻陷劉公島鹿嘴炮台,中國海岸上炮台盡失,火藥庫焚,守台清軍四十人全部陣亡,海軍將領丁汝昌、劉步蟾、楊用霖先後自盡. 2.20(陽曆 3.16.)興中會決定起義大討滿清,並決定採用青天白日革命軍旗. 21 日(農曆 1.27.)在香港成立興中會總會,黃詠商為會長,準備廣州起義 3.14.李鴻章赴日 3.19.與日相伊藤博文在春帆樓會晤 3.26.日軍佔領澎湖 4.17 清代表李鴻章與日本代表與伊藤博文在春帆樓簽訂喪權辱國「馬關條約」,清廷承認朝鮮獨立,割讓遼東半島、台灣、澎湖給日本,甲午戰爭結束.**【馬關條約】**概要內容： 一・中國承認朝鮮自主, 二・割讓台灣、澎湖、遼東半島給日本, 三・賠款二億兩, 四・重訂商約,准加開沙市重慶蘇州杭州商埠, 五・允許日本在商口設立工廠輸入機器,免征日本物品雜稅,交換俘虜,釋放日軍事間諜及涉案被捕的日人.准內地行輪,內地購貨運貨,及可在內地從事工藝製造. 六・日本享有領事裁判權・ 七・俄、德、法、向日提備忘錄,日本歸還遼東半島. 康有為第三次「公車上書」各省舉人上書論戰守之方自強之道. 梁起超在東京創立「強學會」不久即遭查禁 5.10 日日本任命海軍大將樺山資紀為台灣總督 23 日台灣居民反對中、日簽訂「馬關條約」割讓台灣給日本,成立 「台灣民主國」,發布「台灣民主國自主宣言」其中謂:「吾台民,誓不倭,與其事敵,寧願戰死.爰經會議決定,台灣全島自立,改建民主之國,官吏皆由民選,一切政務從公處置.....」 25 日推選唐景崧為總統、丘逢甲為副總統兼民兵司令官、內務部長俞明震、外交部長陳季同、國防部長李秉瑞、守備南部大將軍劉永福、議長林維源(他損了銀子沒有就任,就內渡大陸去了)年號「永清」,以「藍地黃虎旗」為國旗, 唐景崧就職文告：「.....全台士民不勝悲憤,當此無天可籲,無主可依,台民公議自立為民主之國」「惟是灣疆土,荷大清締造二百餘年,今雖自立為國,感念列聖舊恩,仍應恭奉正朔,遙做屏藩,氣脈相通,氣脈相通,無異中土.」 29 日近衛師團於澳底基隆貢寮海岸登陸,越過三貂嶺向基隆挺進,「台灣民主國」兵於瑞芳抵抗不敵,基隆不守. 6.2.李經方與樺山資紀完成交割. 4 日唐景崧在「萬急中」乘德商輪從淡水出走去廈門,距離就職僅 10 日,人稱「十日總統」 7 日日軍攻佔台北城 14 日日軍輕易進入台北 17 日日軍在台北舉行「始政式」典禮 22 日日軍攻破新竹城 伊澤修二創立「國語傳習所」 8.6.日總督府開始實施軍政管理 9 日尖筆山之役,楊載雲戰死 14 日曲粟失陷 28 日八卦山之役,彰化城失陷,吳湯興、吳彭年戰死

朝代	帝　王	國號	干支	西 元	紀　事
清	清德宗 載湉	光緒 **21**	乙未	**1895**	9.9.(陽曆 10.26.)國民革命軍在廣州第一次起義事洩失敗,陸皓東等人被捕殉難,孫中山逃亡海外,在日本橫濱,長崎,美國三藩市,越南河內,南洋,南非,台北先後成立興中會分會 10.19.劉永福潛回大陸 21 日台南失陷台灣民主國滅亡 28 日能久親王在台南病逝 12 月督練天津小站新軍 俄決定西北利亞鐵路穿過東三省計劃,並派員往東三省勘修接鐵路事宜. 華俄銀行成立法國內地教產屬於教會,私人不得購置.教士深入內地租買土地建築教堂,宣傳教義,設醫院,授生徒,影響中國至深且鉅. 甘肅新舊教派互鬥回亂甘肅提督董福祥剿平. 北京設立中央礦務局　　在湖北成立武備學堂 上海成立天足會　　英商在上海設立怡和紗廠 成立華俄道勝銀行 為籌對日戰費,向滙豐等銀行四次借款 500 萬鎊又銀 1,000 萬兩,又為付日賠款,向俄法等國借款 13,000 萬兩. 徐悲鴻圖(1895.7.19.-1953.9.26.)出生於江蘇宜興,原名徐壽康,法國留學習畫,倡寫實主義.素描藝術,為廿世紀畫界主流. 錢穆(思鍱,賓四)(1895.7.30.-1990.8.30.)江蘇無錫人.教育家,國內各有名大學教授,國外有任教馬來西亞大學教授,及美國耶魯大學講學並獲得其人文學名譽博士學位. 蔣廷黻(1895.12.17.-1965.10.9.)湖南邵陽楮埔人,美國奧柏林學院歷史系文學學士,歷任南開、清華等大學教授,任駐俄大使,駐聯合國常任代表,駐美大使.為保留中華民國在聯合國席位,以湖南人口音英文,力戰,殫盡其力. 沈宗瀚(1895.12.15.-1980.12.15.)浙江餘姚人,農業學家,美國喬治亞大學、康乃爾大學博士,長於植物遺傳育種技術,培育成「金大 2905 號小麥」優良品種.曾任中國農村復興委員會主任委員.促進國際農業合作,推展駐東南亞及非洲各國農業技術顧問團,與農耕隊,成效豐碩. 董作賓 (1895.3.20.-1963.11.23.)河南南陽人.殷商甲骨文學家. 林語堂(1895.101.10.-1976.3.26.)福建漳州人,文學家,語言學家,德國策比錫大學語言學博士,曾任北大英文系主任,廈門大學文學院長,編有「開明英文法,字典」「國語羅馬字注音」小說有武則天傳,蘇東坡傳,京華煙雲, 徐悲鴻(1895.7.19.-1953.9.26.)江蘇宜興人,畫家,美術教育家,擅長油畫,中國畫,花鳥,人物素描,著重寫實,傳達神情. 蕭同茲(1895-1973)湖南常德人,名報人,任中央通訊社社長二十餘年,世界新聞專科學校董事長,復興藝校董事長. 黃紹竑(1895-1966.8.31.)廣西容縣人,保定軍校畢業,任廣西省主席時,從事反蔣活動失利,離開桂系轉而投蔣,相繼任內政部長,浙江、湖北省主席,第三戰區司令長官.國共談判裂,變節轉而投共,文革遭到衝擊,以剃頭刀自殺而死. 傳作義(1895.6.27.-1974.4.19.)山西萬榮縣人,保定軍校畢業,曾任集團軍司令,綏遠,察哈爾省主席,華北剿匪司令守衛北平時,與周恩來、彭德懷會晤,旋與林彪、聶榮臻簽訂「會談紀要」於 1949.1.22.變節率 25 萬大軍轉向投入共產黨軍.導致北平不費一槍一彈和平解放. 馮友蘭(1895.12.4.-1990.11.26.)河南南陽人,美國哥倫比亞大學哲學博士,曾任燕京,中山,北大,清華,西南聯大學教授,大陸解放寫信給毛澤東「過去講封建哲學,幫了國民黨的忙,現在我決心改造思想,學習馬克斯主義」投共.

朝代	帝　　王	國號	干支	西元	紀　　　　事
清	清德宗 載湉	光緒 **22**	丙申	**1896**	1.1.台灣胡嘉猷陳秋菊林李成等人突襲台北,芝山岩學堂6位學務官員被殺. 中法協議:相互承認在雲南四川平等權利,開放口岸 2 月成立「大清郵政總局」加入萬國郵政總會,是中國自辦郵局之始. 為付日本償金,向英德借款一萬萬兩. 3.16.政府決定採用青天白日革命軍旗 (1896.3.22.-1969.6.9.)賀龍,湖南桑植縣洪家關人,中共十大元帥之五.湖南大飢荒時落草為寇,參加中華革命黨,第一次國共合作參加共產黨,加入八一南昌起義,二萬五千里長征,曾任團師軍長司令,軍委會副主席,國務院副總理.文化大革命,被扣大土匪,大軍閥帽子以『休息』保護『坐牢』,送到北京西郊山區,被關六年,失去自由.命喪西山. 30.日本公佈台灣「六三法」授權台灣總督,准其發布與法律同等權限的行政命令.是日本在台灣實行殖民統治的根本. 4.1.日本撤廢軍政,開設(台北、台中、台南)一廳(澎湖):台灣歸由拓務省管理. 日本實施『六三法』設立『撫墾署』處理原住民事務. 7 日成立「台灣鐵道會社」 5.18.開辦日木與台灣之間的定航路 6.2.日本桂太郎就任為台灣第二任總督　17 日發行「台灣新報」 7.1. 康有維湖北漢口創「強學會」刊行「強學報」張之洞連夜查封. 梁啓超於上海四馬路石路發行「時務報」鼓吹維新. 8 月在北京成立官商合辦鐵路總公司 在上海成立官商合辦「中國通商銀行」商股五百萬兩. 在北京成立「中央造幣廠」並設「國家銀行」 9.5.~9.17.(陽曆 10.11 至 10.23)孫中山在英國倫敦蒙難,為清駐英公使龔照瑗誘捕,囚於英倫敦使館,欲裝入木箱送回中國,事機泄露,英人康德黎、賀維、喬治柯爾等營救,10.23.獲釋脫險. 9.25.日人發布台灣「國語學校規則」 10.1.日本陸軍中將乃木希典就任台灣第三任總督 12 月以六百萬兩收回「大冶鐵礦」「漢陽鐵廠」私營. 日本輪船開始航行長江下游 派二人人赴日本留學,是中國派留學生赴日本之始. 英商在海成立「增裕麵粉公司」 嚴復翻譯「天演論」 總理衙門申明條約,告誡外國教士不得遇事生風,挾持地方官員,袒護無賴教民,並不可招收痞棍以為爪牙包攬詞訟欺侮良民., 『台灣賣卻論』在日本甚囂塵上, 台灣『鐵國山事件』引發雲林大屠殺. 中國鐵路公司,先開辦「蘆漢線」經費 1898.6 月與比利時訂借款合同 李鴻章與法在天津訂越南邊界通商章程. 俄帝尼古拉二世右冕,清派李鴻章往賀,俄以三百萬盧布賄賂,於聖彼得堡許景澄與俄簽訂**【中俄密約】**: 兩國對日本攻守同盟 15 年,准「華俄道勝銀行」修築「中東鐵路」、「東清鐵路」、「允俄於吉林黑龍江連接造鐵路直通海參威」計六款,旋訂立「東省鐵路公司合同」盛宣懷為督辦. 中日通商行船條約,規定通商貿易製造完納稅等事. 清德宗載湉請那拉太后停修頤和園,太后大怒,反大興土木修圓明園. 平定青海回亂,新疆軍破回軍於北大通營,又殲之於羅布淖爾. 台灣開發功臣劉銘傳逝世 四川實施〔改土歸流〕

朝代	帝　王	國號	干支	西 元	紀　事
清	清德宗 載湉	光緒 **22**	丙申	**1896**	彭德懷(1896-1974.11.29.)原名彭得華,號石穿.曾任中共抗美援朝人民志願軍總司令,國防部長,國務院副總理,頒授元帥軍銜,被毛澤東批判鬥爭含怨而死,後獲平反. 茅以昇(1896.1.9.-1989.11.12.)江蘇鎮江人.結構工程師,橋樑工程專家,力學開拓者,唐山工業專校後赴康乃爾大學、卡耐基理工學院,取得博士學位.回國在交通等大學擔任教授及校長,主持武漢大橋、重慶石皮坡長江大橋設計報編輯,他的著作很多,小說多帶有強烈浪漫主義色彩. 傅斯年(1896.3.26.-1950.12.20.)山東耶城人,教育家,英國倫敦大學,德國柏林大學,曾任北大代理校長,台灣大學校長,中山大學文學院長,中央研究院士,堅持「民族氣節」「正是非,辨忠奸」將學校自由風氣帶來台灣. 郁達夫(1896.12.7.-1945.9.17.)浙江富陽人,小說家,散文家,詩人.日本東京帝大畢業,與郭沫若共創「創造社」,在北大,武昌師大,安徽大學任教,星洲日 溥儒(1896.8.30.-1963.11.18.)正紅旗人,德國柏林大學天文學博士,生物學博士,韓國漢城大學榮譽博士,詩書畫齊名張大千,後人稱「南張北溥」精於琴棋書畫詩酒花,的美學. 陳之佛(1896.9.14.-1962)浙江紹興人,日本東京美術學校工藝圖案科畢業,擅長寫生構圖,用色等技巧. 盧漢(1896-1974.5.)雲南講武堂出身,娶雲南王龍雲表妹龍澤清結婚,,又傳盧漢與龍雲為同父異母兄弟.昆明學潮時,任雲南省主席時,鎮壓學生造成「七一五慘案」.1949.12.9.宣佈雲南獨立,變節倒戈.

朝代	帝　王	國號	干支	西元	紀　事
清	清德宗 載湉	光緒 **23**	丁酉	**1897**	天津設北學堂　康有為上書請變法　以翁同龢為戶部尚書協辦大學士 湖南創辦「時務學堂」延請梁啓超來湘講學,倡言變法自由,湘紳大譁. 山東發生「鉅野教案」亦稱「曹州教案」鉅野縣鄉民殺害德國傳教士二人, 德國侵佔強租膠州灣,租期 99 年.同時允許德國在山東境內修築鐵路礦權. 俄占領旅順、大連,並取得建南滿鐵路權,自此列強開始劃分勢力範圍. 朝鮮李熙稱帝改國號為大韓帝國 2 月中英續議緬甸條約 18 款成: 一. 緬約:中國讓地與英,促進商業,建築鐵路與緬甸鐵路連接. 二. 專約:西江開放梧州三水江根墟三口,外輪得箱香港駛往梧州,途中得於江門甘竹灘慶府德慶州停泊,上下客貨. 法國逼使中國發表申明,不得將海南島割讓他國 3 月成立「東清鐵路公司」 5 月受法國所迫,允許法國自南寧至百色、河口至至蒙自敷設鐵路,並在雲南廣東,廣西之礦有開採權. 日本公布台灣總督府官制,及台灣銀行法 日本規定台灣人『住民去就決定日』「國籍選擇日期」(1897.5.8.)到期 27 日日本更改台灣地方制度,設 6 縣(台北新竹台中嘉義台南鳳山)及 3 廳(宜蘭、台東、澎湖)　6.26.日人在台灣實施「三段警備制」 8 月孫中山在日本橫濱與日宮崎寅藏、平山周會晤,宮崎櫪力支援中國革命,並參與惠州之役.同盟會成立,獲任命為同盟會全權委員. 鑄銅圓,以補制錢之不足. 英商成立福公司,企圖攫得河南,山西開礦權. 10 月俄艦駛抵旅順,水兵登岸,恣意殺人 曹州民眾積怨殺害二名德國教士,德派兵艦佔領膠州灣,提出懲兇,撫恤,罷免山東巡撫李秉衡,租借膠州灣,敷設膠州灣至濟南鐵路,及沿線礦產開採權利苛刻要求. 11 月(陽曆 12 月)興中會在台灣台北成立台灣分會 12 月天津成立「北洋學堂」 張謇於南通州開官商合辦「大生紗廠」 參加在華盛頓召開之「萬國郵政公會」 國人在上海創立『中國商通銀行』 台灣爆發『高野孟矩事件』 林少貓領導抗日 雷震(1897.6.25.-1979.3.7.)浙江湖州長興人.留學日本,與胡適王世傑杭立武等人籌辦「自由中國」雜誌,雷震為實際負責人,曾以「擁蔣反共」立場宣揚社會,向蔣中正總統建言,撰寫「救亡圖存獻議」提出十大改革建議,批評時政,多為政府不滿,遭到勒令停刊.籌組「中國民主黨」遭到逮捕判刑. 戴運軌(1897.11.27.-1982.4.4.)浙江奉化人,物理學家,教育家,被譽「台灣物理之父」日本京都帝大畢業,在北平師大,中央,金陵,四川,台灣等大學任教.主持中央大學在台灣復校,在美國明尼蘇大學原子核子物理研究、柏克來大學輻射研究所名譽研究員.回國協助清華大學梅貽琦校長建立原子反應爐.為台灣大學籌建物理研究舘,對台灣物理發展有目大貢獻. 吳有訓(1897.4.2.-1977.11.30.)江西高安人,物理學家,教育家,美國芝加哥大學獲物理哲學博士,先後在哈佛大學及麻省理工學院研究,在江西,南京清華北大,交通等大學任教,培育有王淦昌,錢三強,錢偉長,鄧稼先,楊振寧,李政道,馮端等一流著名科學家.

朝代	帝王	國號	干支	西元	紀事
清	清德宗 載湉	**23**	丁酉	**1897**	盛世才(1897.1.8.-1970.7.13.)遼寧開原人,新疆軍閥,有「新疆王」之稱,曾去日本明治大學及陸軍大學深造.初在新疆為臨時督辦,後任新疆主席,以「實行民族平等,保障信教自由,澄清吏治,改良司法,整理財政,農林救濟,擴充教育,推行自治」為施政方針,頗有建樹.與蘇聯訂立協定,雙方關係密切,誘使盛世才加入共產黨.至其弟盛世麒及妻陳秀英遭共產黨暗殺,盛轉向投靠國民黨,隨政府來台灣,腦溢血逝世, 宋美齡(1897.3.5.-2003.10.24.)廣東文昌縣人,美國威斯里安女子學院畢業,1927 年與蔣中正結婚,輔佐有力,並代表去美國訪問,在美國國會演講,轟動一時.抗日戰爭,辦華興育幼院,勞軍縫戰袍,往前線服務,蔣中正總統逝世後移居美國. 俞大維(1897.12.2.-1993.7.8.)浙江紹興人,上海聖約翰大學,美國哈佛大學,德國柏林大學畢業,精於彈道學,對國防工業貢獻良多.獲得青天白日勳章. 戴笠(1897.5.28.-1946.3.17.)浙江江山人,黃埔六期,為蔣中正忠實信度,一位出沒無常,神奇人物,任「藍衣社」特務處長. 與美國合作成立「中美技術合作所」在抗日戰爭敵前敵後,累建奇功, 可惜南京戴山飛機失事,巨星墜落 鄭介民(1897.9.18.-1959.12.11.)陸軍大學將官班,軍統領導人物,曾任第二廳廳長,隨同蔣中正委員長參加「開羅會議」,國共和談.擔任馬歇爾主持「北平調停」處長,來台灣後任國防部次長,大陸工作處處長, 徐志摩(1897.1.15.-1931.11.19.)浙江海寧人,中國有名詩人,散文家,武俠小說家.一生追求「愛,自由,美」北大畢業,赴美國克拉克大學,又去紐約哥倫比亞大學,英國劍橋大學求學.與小說家張幼儀結婚,旋又離婚,與陸小曼結婚,曾在上海光華大學,東吳大學任教.乘飛機罹難,死時年僅 34 歲. 朱光潛(1897-1986)安徽桐城人,教育家,先後就讀英國愛殅堡大學,倫敦大學,法國巴黎大學,斯特拉斯堡大學,在四川大學,武漢大學擔任教授,文學院長.解放戰爭後留居大陸,任北京大學教授,應香港中文大學講學,聲明「我不是共產員,但是一個馬克思主義者溝通舊的唯心主義美學和馬克斯主義美學.他是我國最負盛名贏得崇高國際聲譽的美學大師.」 雷震(1897.6.25.-1979.3.7.)浙江長興人,政論家,報人,出版家,留學日本,獲蔣中正總信任提拔,擔任國民參政會秘書長,負責與各黨派人士溝通協調.後與胡適杭立武等辦「自由中國」「救亡圖存獻議」因言論偏激,被捕入獄 衛立煌(1897.2.16.-1960.1.17.)安徽合肥人,辛亥革命時曾充當孫中山衛士,曾任第一戰區司令官,河南省主席,遠征軍司令長官,其在東北剿匪總司令時,臨陣脫逃,帶著一群高級將領,與全家大小乘飛機到北平.旋轉往香港作寓公,以中共「告台灣袍澤書」為條件,離開香港秘密經廣州轉赴北平, 周佛海(1897.-1948.2.28.)湖南沅陵人,日本京都大學畢業,寧漢分裂支持支持汪精衛,抗戰時期隨汪精衛出走河,籌組「南京汪偽政權」,爾後透過戴笠,杜月笙「戴罪立」掩護政府地下工作人員,抗日勝利,在輿論壓力之下,以漢奸名義被捕入獄,判處死刑,後改判無期徒刑,.心臟病死於南京老虎橋監獄,「戴笠與抗戰」書中,證實周佛海在 1943 年即被戴笠吸收進入軍統,為政府派往汪偽政權臥底 張國燾(1897.11.26.-1979.12.3.)江西萍鄉人,中國共產黨發起人,北京大學理工預科,五四運動學聯主席領袖之一.中共中央政治局常委,長征時,張國燾主張南下,而中央堅持「北上路線」,意見相左,中央紅軍與紅四方面軍分裂張國燾遭剝奪了軍權,並遭到批判,藉祭黃帝之名,投奔國民黨,遭開除黨籍.政治環境變化,舉家遷來台灣,後又遷居加拿大,客死他鄉..

朝代	帝　王	國號	干支	西元	紀事
清	清德宗 載湉	光緒 **24**	戊戌	**1898**	1 月英國提出： 一.借款以常關收入及釐鹽稅作擔保 二.允許英國建築鐵路至長江. 三.允許不讓揚子江流域矛他國. 四.開放大連灣南寧湘潭為商港. 五.內河可行駛小輪船. 六.通商口岸免去釐金. 七.准許外商享有內河航行權,開岳州三都澳秦皇島為商埠. 2 月與德國簽訂**【膠澳租界條約】**期限 99 年,強租膠州灣.山東鐵路礦產,悉歸德國承辦. 俄國強租旅順口,大連灣,期限 25 年 26 日日人兒玉源太郎就任台灣第四任總督. . 宣布以後總稅務司皆委由英人,總郵局司皆委由法人辦理 11 日康有為上書〔應詔統籌全局〕 27 日清廷與俄國簽訂「**旅順大連租借條約**」期限 25 年,俄國修中東鐵路支線由哈爾濱至旅順,沿途由俄駐兵保護. 俄日簽訂朝鮮協定 28 日日本駐台灣總督兒玉源太郎、民政長官後藤新平就任. 日本在台灣設保甲制度、壯丁團,輔助警力之不足,實施『匪徒刑罰令』. 開始土地調查. 3 月法國強迫總理衙門宣布「雲南及兩廣等省不割讓與他國」 日本強迫總理衙門宣布「福建不割讓與他國」 英德對山東勢力範圍達成協議. 4.9.法國強迫租借廣州灣,期陽 99 年. 光緒皇帝下詔定國是,決定變法維新. 17 日德國宣布膠州灣為自由港 19 日英國宣布不侵犯德國在山東的權利,山東半島成為德國的勢力範圍 22 日日本要求將福建劃歸日本勢力範圍 24 日獲清廷許諾. 與美國合興公司簽訂「粵漢鐵路」由該公司承建合同.1900 年又續訂借款不得轉讓 開辦「京師大學堂」為北京大學的前身. 在上海創辦「女學報」為中國取早的婦女報紙. 與英國簽訂威海衛租借條約.期限 25 年.又租九龍半島,復擴香港租界 英商成立「中英公司」主要承攬鐵路借款. 英商福公司與山西商務局簽訂合約辦山西礦務. 5 月康有為立**【保國會】**上疏廢八股,變法維新,倡立「強學書局」「編譯學堂」載湉召見梁啓超,賞六品銜,辦理譯書局 清下詔振興農學 懸賞勵工各省大小書院全改為學校,省會設高等學,都城設中等學 州縣設小學 用西法練兵操演各省將軍總督巡撫,裁去. 軍隊空缺,陸海軍一律挑選精壯 改上海時務報為官報 刪改各衙門例案 北京立農工商局 裁撤詹事府,通政司,祿召見袁世凱擢為候補侍郎,專辦練兵事宜 台灣創設「台灣日日新報」

朝代	帝　王	國號	干支	西 元	紀　事
清	清德宗 載湉	光緒 **24**	戊戌	**1898**	5 月蘇聯華俄道勝銀行與山西商務局訂立石家莊至山西太原鐵路合同. 英國福公司(Peking Syndicate)與山西商務局訂立山西採礦敷設鐵路合同.一個月後,與河南豫豐公司訂立河南採礦章程. 四川煤鐵礦由英法合辦 德國取得山東沿鐵路的礦權,江西萍鄉煤礦亦由德國借款開採. 6 月改革科舉章程: 鄉會試頭場試歷史,政治;二場試時務,三場試四書五經, 命各省督撫勸導紳民發展農政,工藝,優獎創制新法. 以美國丁韙良為京師大學堂西學總教習. 公布內港輪船航行章程 9 日中英簽訂「展拓香港界址專約」將九龍半島新界租借給英國,租期 99 年 1997.6.30.始歸還中國.. 又強租威海衛,期限 25 年. 6.11.~9.21.清光緒皇帝詔定國是,變法自強,實施新政.至 9.21.為慈禧太后廢除,合計 103 天,史稱「戊戌政變、百日維新」 20 日日本變更台灣總督府官制:地方制度改為 3 縣(台北、台中、台南)及 3 廳(宜廳、台東、澎湖),下轄 44 辦務署.廢除「三段警備制」 30 日台灣總督府醫院正式定名為「台北病院」 7.3. 清德宗光緒皇帝下令在在北京開辦「京師大學堂」派吏部尚書孫家鼐管理,中華民國成立後改名為「北京大學.」 17 日台灣發布「台灣地籍規則」及「台灣土地調查規則」 19 日台灣法院三審制改為二審制 28 日發佈台灣「公學校」與「小學校」官制 8.6.光緒皇帝召見袁世凱,密令其舉兵消滅慈禧太后,而袁兩面手法出賣維新派,幫勵慈禧太后發動政變,將光緒皇帝囚禁於中南海的瀛台,而維新派嗣同等六人被處死. 慈嬉太后再行臨朝垂簾聽政. (4.23~8.6)**【戊戌政變】**百日維新，楊銳、林旭、劉光第、譚嗣同、楊深秀、康廣仁等六君子處死. 康有為奔走日本使館 張蔭桓貶竄新疆 革除翁同龢職,尋卒 擢楊銳等參預新政 密詔殺榮祿,袁世凱洩密 新政盡罷 開經濟特科　頒發昭信股票　廢八股文,考試改策謪　定科舉新章 開辦京師大學 令各省廣設學堂 清償日本賠款 31 日台灣總督府發佈「保甲條例」 9.5.台灣「土地調查局」正式運作,負責執行「土地調查.」 21 日戊戌政變 28 日清慈禧太后處死譚嗣同等六君子,戊戌政變結束. 10 月革除戶部尚書翁同酥職,交地方官管束 公布礦務,鐵路公共工程,分官辦,商辦,及官商合辦條法則. 創立上海阜豐機哭麵粉公司. 創立天津北洋硝皮廠 英法合資成立「隆興公司」攫得雲南礦產開採權. 吉林官帖(錢帖)局成立 日本大板商船初次航签長江. 11.5.台灣總督府發佈「匪徒刑罰令」 12.26.法國居里年婦發現比鈾的放射線還要強百萬倍的新元素『鐳』,獲得諾貝爾物理獎 美國長老會教士在煙台設聾啞學校 俄以租借之名,攫取中國遼東半島

朝代	帝　王	國號	干支	西 元	紀　　　　事
清	清德宗 載湉	光緒 **24**	戊戌	**1898**	嚴復譯『天演論』出版 中墨通商條約,互派使領通商酬報同霑利益,禁止沿岸貿易 美國支持西班牙屬地古巴(1542-1898 統治 357 年)獨立.割菲律賓與美國. 日本劃福建為勢力範圍 劉少奇(1898.11.24-1969.11.12.)湖南寧鄉人.族譜名紹選,字渭璜,曾留學蘇聯,回國結識毛澤東,成為共產黨革命伙伴,朝夕相隨,曾任共產黨多項要職,中華人民共和國副主席,國家主席. 周恩來(1898.3.5.-1976.1.8.)江蘇淮安人,字翔宇,又名伍豪,祖父做過淮安知縣,父親是地方小吏.南開中學大學畢業後,留學法國,,在法國巴黎加入共產黨,與鄧小平等為法國巴黎共產黨創始人之一,任青年團主任,回國任宣傳部長,政治部主任,中共中央副主席,國務院總理等要職,為毛澤東得力助手.生前周恩來曾說『死後不留骨灰,不建墓碑,遠離中南海.』1976.1.8.北京逝世 彭德懷(1898.10.24.-1974.11.29.)湖南湘潭人.中共十大元帥之二,號石穿,綽號鍾伢子、石穿.八歲輟學,砍柴換米加入唐生智軍,加入國民黨,參加北伐.南昌起義,加入共產黨,任軍委會副主席,韓戰爆發任志願軍總司令,韓戰結束回國任國務院副總理兼國防部長.『江西廬山會議』給毛澤東的萬言書,引起批鬥,被侮辱毆,打倒地,遭審訊二百多次,患直腸癌醫治無效,含冤去世, 葉劍英,原名宜偉, (1987.4.28.-1986.10.2..)字滄白,中共十大元帥之十.讀東山中學時,隨父親到新加坡越南,進入講武堂,及去蘇俄莫斯科中山大學特別班,曾任教黃埔軍校,並隨毛澤東去重慶參與國共和談,中華人民共和國成立曾任廣東省長廣州市長,　　毛澤東死後,四人幫奪權猖獗,支持華國鋒逮捕江青,姚文元,王洪文,張春橋. 陳誠(1898.1.4.-1965.3.5.)浙江青田人,保定軍校畢業,畢生追隨蔣中正,黃埔軍校擔任隊長教官,後任第六戰區司令長官,海軍總司令,參謀總長,台灣省主席,行政院長,中華民國副總統等職,初期來台灣頒布「戒嚴令」實施「土地改革」「三七五減租」「改革幣制發行新台幣」頗具成效,台灣老百姓非常感念.遺憾的是抗日戰爭勝利陳誠參謀總長任內,軍隊裁員失策,又國共內戰東北失利,當時立法院一片指責聲「殺陳誠以謝國人」提案. 毛人鳳(1898-1956.12.11.)浙江江山市人,復旦大學肄業,戴笠得力助手,在統計局,情報局任,處理諸多重大案件,曾獲寶鼎勳章,忠勇勳章,心臟病死後追贈二級上將. 朱自清(1898.11.22.-1948.8.12.)浙江東海縣人,現代詩人,散文作家,曾在英國研修文學與語言學.抗議美國扶日政策,並拒絕領取美援物資麵粉宣言,寫文章「別了司徒雷登」有云他是不吃美國救濟糧食餓死的. 黃君璧(1898.11.12.-1991.)廣東南海人,擅長畫山水通西畫,喜觀賞,收藏字畫,楚庭美術學院研究西畫,任廣州市立美術專科學校教務長,中央大學教授,主任,獲美國紐約聖若望大學獎章. 豐子愷(1898.11.9.-1975.9.15.)浙江崇德人,漫畫家,散文家,文學家,美術家,音樂教育家,上海中國畫院成立,擔任首任院長, 成舍我(1898.8.28.-1991.4.1.)湖南湘鄉人,著名報人,教育家,曾辦健報,民岩報,益世報,新青年,世界日報,民生報,台灣立報.先後創辦「北京新聞專校」「世新大學」 劉斐(1898-1983)湖南醴陵人,日本士官學校,日本陸軍大學畢業,曾任國防部軍令部第一廳長,軍令部次長.國共和談代表,和談破裂轉向留在北平投共

朝代	帝王	國號	干支	西元	紀事
清	清德宗 載湉	光緒 **24**	戊戌	**1898**	郭汝瑰,留學日本,1928 年在四川加入共產黨,潛伏蔣中正委員長身邊,抗日戰爭勝利,掌管全國各軍種編制,軍務署長,國防研究院副院長,「南京哭陵事件」即為其一手策劃造成.資遣現役軍官,致使社會混亂,後東北失利,淮海之戰,提供作戰情報,以致政府軍被殲滅,諸多將領被俘,皆其幕後策劃.內戰末期,率領 72 軍在宜演陣前叛逃投懷中共.. 康生(張宗可)(1898-1975.12.16.)山東諸城人,加入共產黨,與周恩來陳雲等負責情報工作.幫助毛澤東延安整風,紅色恐怖等各項運動,廬山會議助紂為虐,批鬥彭德懷,指責「劉志丹利用小說搞反黨活動」被迫害至死達六千多人,咸認為文化革命先聲.批鬥劉少奇等領導人物,當選中共中央副主席,名列毛澤東周恩來王洪文之後,最後死於癌症

朝代	帝 王	國號	干支	西 元	紀 事
清	清德宗 載湉	25	己亥	1899	1 月美國宣佈「**中國門戶開放政策**」旋以「海約翰通牒」9.6.向美國駐英俄德法大使訓令(美國後又通知日本及義大利)_,取得各國同意三項承諾,在各國「勢力範圍」或「租借地」以內,共同遵守： 1. 不干涉到通商口岸的商業活動,以及他國既得的利益 2 仍由中國政府照中國與各國協定的稅率徵收關稅 3. 各該國不得對其他國家徵高於對其本國為高的港口費和鐵路運費 2 月意大利派遣艦隊來華,設領事.要求租借浙江三門灣.其修至江西鐵路,則遭駁拒. 盛宣懷與英商怡和洋行修訂廣州九龍鐵路草約 3 月英俄成立協定,長江流域的鐵路由英國建築,長城以北的鐵路由俄建築. 22 日公佈「台灣事業公債法」 4.1.台灣創立「總督府醫學校」今日台灣大學醫學院的前身 26 日食鹽列入專賣 英俄協議劃分在華修築鐵路範圍,長江流域由英,長城以北由俄.分別敷軌, 5.6.「中法廣州灣租界約」法強租廣州灣,11.16.簽約,租期 99 年. 德國在山東設立礦山及鐵路公司 7 月頒定出洋留學章程 8 月訂立中韓通商章程 9.26.「台灣銀行」正式開業 10.2.創設「台北師範學校」 11 月興中會鄭士良畢永年等在香港成立「興漢會」孫中山任總會長. 8 日台灣成立總督府「鐵道部」 與墨西哥在華盛頓簽訂通商條約. 廣州,天津,北京裝設電話. 孫中山派陳少白走香港籌辦「中國日報」 12 月慈禧太后立端郡王子溥儁為大阿哥,謀廢德宗. 自廣州灣建築鐵路至雷州. 山東**義和拳團運動**首領朱紅燈以【**保清滅洋**】旗,掠教民數十家,清那拉太后支持,改名「義和團」引發全國騷動.10 月廣州游民殺法國官兵,法遣軍艦佔領廣州灣(廣東湛江),清無奈與法簽訂【廣州灣租借條約】7 條,限期 99 年.並約定雲南廣西兩省不得割讓他國. 袁世凱擊義和團,斬朱紅燈. 立載漪之子溥儀為阿哥有廢帝意 康有為梁超啟超在日本組保皇會. 唐才常上海召開「國會」(革命團體) 簽訂中俄勘分旅大租界專條. 又允俄以北京向北及東北築路優先權. 德軍在魯南焚掠. 英俄簽訂互認在華勢力範圍協定. 清抗議俄在東北派兵護路. 新疆巡撫與俄商辦金礦. 1899.2.捐出公共租界內「虹口」私產 25 畝作為「澄衷學校」校址 河南省安陽縣西北的小屯村發現甲骨文.西元 1899 開始即人蒐集、鑑定甲骨文,所用的甲骨文字約在 4,500 個左右,目前已經被識讀的約 1,700 字.具備了象形、指事、會意、形聲等四形式. 法商與華合辦福安公司,攫得開採四川礦權. 廷命湖北,廣東鑄銀圓,戶部,工部鑄當十大錢. 上海成立「保險協會」 英教會在漢口成立博學書院,在孝感成立痲瘋療養院.

朝代	帝王	國號	干支	西元	紀事
清	清德宗 載湉	**25**	己亥	**1899**	魏道明(1899.-1978.5.18.)江西九江人,法國巴黎大學法學博士,曾任南京特別市長,立法院副院長,台灣省主席,,外交部長,駐日大使,夫人鄭毓秀,為民國時代政治風流女性,曾參加暗殺攝政王袁世凱,良弼汪精衛等人事件.後續弦榮芙女士. 老舍(舒慶春)(1899.2.3.-1966.8.24.)滿洲紅旗人,小說家,文學家,劇作家,曾赴英國倫敦大學東方學院華語學系擔任講師,又在新加坡華僑中學任教.回國在齊魯大學,山東大學擔任教授,他寫的「茶館」贏得國際聲譽. 程天放(1899-1967.11.29.)江西新建縣人,教育家,多倫多大學博士,曾任安徽省教育廳長,代理省長,浙江大學,四川大學校長,中央政治學校教育長,駐德國大使,教育部長,考試院副院長. 馬廷英(1899.-1979.9.15.)遼寧連金人,地質學家,教育家,獲日本東北大學博士,擁有德日兩國博士學位,在中央大學,中央研究院擔任教授, 張大千(1899.5.10.-1983.4.2.)廣東番禺人,中國著名畫家,「大風堂」募倣敦煌壁畫,最為突出.其作品在巴黎,倫敦,瑞士日內瓦,阿根廷,美國,展出,被稱世界大畫家,曾與畢卡索會晤. 李苦禪(1899.1.11.-1983.6.11.)山東高唐縣人,中國畫畫家,探索中西合壁畫路線,以改革中國畫. 瞿秋白(1899.1.29.-1935.6.18.)江蘇宜興人,留學日本,同盟會會員,參加李大釗張崧年馬克斯研究會,當選中共中央政治局常委,蘇維埃大學校長,至香港途中,被國民黨宋希濂部截獲,在長汀中山公園刑場處死. 李立三(1899.11.18.-1967.6.22.)湖南醴陵人,初期為共產黨最高領導人,工運領袖,罷工總指揮,中共中央常委,秘書長,敵工部長,城工部長,文化大革命受到劉少奇案牽連,受到迫害,服安眠藥自殺身亡. 聶榮臻(1899.12.29.-1992.5.14.),四川重慶人.字福駢,綽號雙全.中共十大元帥之九.曾參加國民革命軍北伐,加入共產黨參加南昌廣州起義,百團大戰,.

朝代	帝王	國號	干支	西元	紀事
清	清德宗 載湉	光緒 **26**	庚子	**1900**	1.24.慈禧太后謀廢光緒皇帝未果. 25 日興中會在香港創辦「中國日報」出刊. 澳洲華僑馬應彪等在香港創辦「先施公司」開業. 清懸賞十萬兩銀,緝拿康有為等人. 中法成立郵政互寄協定 袁世凱與德山東鐵路公司訂立章程 2.6.台北中醫師黃玉階發起「台北天然足會」宣傳「解纏足」運動 劉坤一奏南通紗廠由官商合辦. 袁世凱與德國之山東鐵路公司訂立章程. 3 月義和團入河北,慈禧太后與士刑部尚書剛毅以下,官府奉迎不暇,義和團聲勢日熾.攻租界,殺洋人.尋攻蘆台公司殺洋人四人,法國抗議. 15 日台灣舉辦「揚文會」進士、舉人、秀才等 146 人與會. 25 日台灣守備隊編纂「台灣史料」成書 5.14.義和團湧入北京,英法俄諸國組織聯軍,由俄薛摩西亞率領援護使館,清廷下詔宣戰. 15.日使館書記官杉山彬在永定門遭武衛軍刺死,北京混亂,對外交通斷絕 21 日.聯軍陷大沽炮台 24 日德國公使克拉德赴總理各國事務衙門交涉.被載漪虎神營射殺. 25 日清廷下詔向各國宣戰.義和團勢益暴,屠殺十萬餘人,北京火光蔽天 30 日.劉坤一張之洞等與各國領事訂東南保護約款,拒奉宣戰詔書. 6.8.**八國聯軍**英美法德俄日意奧攻佔大沽天津.直隸提督聶士成陣亡. 俄國趁機佔領東三省,屠殺海蘭泡華人數萬人,陷營口黑龍江吉林瀋陽省城,是為中國東北首次淪陷種下後來俄染指東北禍根. 俄決定監理東三省原則,日勸將東三省問題歸入各國公約. 20 日台北淡水河堤防完工 唐才常在湖南,湖北,安徽,起事失敗. 7 月保皇黨唐才常等組「自立軍」7.28.在漢口起兵失敗,被捕遇害.. 4 日慈禧命斬反義和團派許景澄,袁昶.17 日斬徐用儀,書立山,聯元,立山. 12 日.八國聯軍「英、法、德、俄、美、日、意、奧」陷楊村(天津武清) 15 日蘇俄將以「璦琿條約」規定中國管轄的海蘭泡數千居民,趕往黑龍江邊,強令泅水, 17 日又往江東六十四屯,將村民趕至一大屋內焚斃,先後;死者達二千餘人,強佔我國江東六十四屯領土. 18 日八國聯軍陷北京通州(通縣).長江水師巡視李秉衡軍潰敗,吞金自殺. 20 日八國聯軍陷北京,縱火燒頤和園, 21 日.慈禧太后及德宗皇帝載湉奔西安,,臨行推珍妃墜井死.,留奕劻謀和清廷殺大臣許景澄,袁昶,聯元,立山,徐用儀等人. 8.14.八國聯軍一萬八千餘人攻占北京. 俄軍陷齊齊哈爾,黑龍江將軍壽山自殺,嗣佔東北三省. 閏 8.15.(陽曆 10.8.)鄭士良等國民革命在惠州第二次起義失敗 9 月瓦德西遣軍陷河北保定,捕殺直隸布政使廷雍. 6.史堅如謀炸兩廣總督德壽不中被捕遇害. 10.1.蘇俄趁八國聯軍進犯北京時,劫掠東北遼寧瀋陽三省淪入俄軍手中. 6 日興中會鄭士良在惠州起事不成,奔南洋,楊衢雲奔香港,兩廣總督德壽買通刺客陳林刺殺之,復殺陳林以滅口.. 奕劻李鴻章與十國(另加西班牙荷蘭)公使簽訂議和大綱十二條. 28 日台南至打狗間鐵路通車

朝代	帝　王	國號	干支	西 元	紀　事
清	清德宗 載湉	光緒 **26**	庚子	**1900**	11.8.蘇俄脅迫簽訂「奉天交地章程」 清派醇親王載灃,侍郎那桐分赴德,日道歉. 清前後殺各國指名之毓賢等大臣. 12 月下詔變法 10 日台灣三井財閥投資的「台灣製糖株式會社」創立 14 日德國物理學家普朗克在柏林發表「量子論」 德在膠州灣青島設造船廠. 英在上海設瑞容機器輪船工廠 英法在雲南四川之競爭,達成協議,互相讓步. 福建設造幣廠 江西試辦統稅 調李鴻章任直隸總督兼北洋大臣. 清命楊儒與俄國商議接收東三省事宜. 成立開平礦務公司並附設洋灰公司 陳立夫(1900.7.27.-2001.2.8.)浙江吳興人,天津北洋大學後赴美國匹茲堡大學冶礦採礦碩士.任蔣中正委員長秘書,深得信任.擔任國民黨中央組織部長,教育部長,八年抗日,主張大學內遷,北大清華南開三所大學改名「西南聯大」設立留英美印度各大學公費獎學金 50 名,每名每年各 1,500 美金,是為德政,頗受人讚許.國共內戰失利移居美國養雞,回台灣從事道德重整會,孔孟學會理事長,並擔任中國醫學院董事長,提升為大學.陳果夫陳立夫當管國民黨黨務,權傾一時,有「蔣家天下,陳家黨」之稱.陳立夫養生之道「養身在動,養心在靜,飲食有節,起居有時,物熟始食,水沸始飲,多食蔬菓,少食肉;頭部宜冷,足部宜暖,知足常樂,無求始安.」 孫立人(1900.12.8.-1990.11.19.)美國維吉尼亞軍校畢業,任遠征軍新中軍長時滇緬作戰,救出英軍數千人,打通滇緬公路,曾獲英王喬治六世國司令勳章,美國羅斯福總統豐功勳章,中國青天白日勳章.來台灣任陸軍訓練司令,保安司令,陸軍司令.因「郭廷亮案」遭判刑遭軟禁,後雖獲得平反,但年華己去., 黃百韜(1900-1948.11.22.)廣東梅縣人,陸軍大學特別班畢業,一篇論文得到何應欽賞識,任第一戰區參謀長,有卓越指揮能力,抗戰勝利成功招撫汪精衛一個軍,榮獲青天白日勳章,所屬兵團在國共內戰時被圍覆滅,黃百韜自殺 小鳳仙(朱筱鳳)(1900.8.1.-1954.3.)浙江錢塘江人.家庭變故被賣為娼,入北京八大胡同青樓「陝西巷雲吉班」.頗具姿色,略通翰墨,一雙慧眼,能辨識狎客人品,不趨炎附勢,巧遇蔡鍔,識時務,掩護蔡鍔逃離袁世凱眼目魔掌離開北京經天津去日本.蔡鍔逝世,哀痛輓聯「**九萬里南天鵬翼,直上扶搖,憐他憂患餘生,萍水相逢成一夢;十八載北地胭脂,自悲淪落,贏得英雄知己,桃花顏色亦千秋.**」 冰心(謝婉瑩)(1900.10.5.-1999.2.28.)小說家,文學家.燕京大學畢業後就讀美國威爾斯利女子大學(宋慶齡,宋美齡都曾就讀該校),回國任教燕京大學,清華大學.日本東京大學.文化大革命進入「牛棚」烈日遭受批鬥.

朝代	帝　王	國號	干支	西元	紀　事
清	清德宗 載湉	光緒 **27**	辛丑	**1901**	1.15.由「台灣慣習研究會」發行的「台灣慣習記事」創刊 27 日在台北「淡水舘」成立「台灣文庫」 王承堯等集資及前華俄銀行,組織華金利煤礦公司,開採撫順千金寨煤礦. 3.20.美傳教士來中國創辦「東吳大學」開學 設督辦政務處,承辦變通政制. 駐俄使臣楊儒奏與俄外部會商俄兵撤出東三省事宜. 命各省通籌庚子賠款. 5 月命駐外使臣咨送留洋學生回國,聽候任用. 6.1.台灣總督府成立「專賣局」統轄原樟腦局、鹽務局、製藥所統歸. 7.4.發佈「台灣公共埤圳規則」 24 日清廷改總理各國事務部,班列六部之前. 7.25-9.27.清大臣奕劻,李鴻章與英美俄德日法意奧西荷比等 11 國在北京簽訂喪權辱國**【辛丑條約】**結束庚子義和團事件,全文 12 條款,其要旨： 一.遣使謝罪 二.懲罰中國臣民. 三.賠款 4 億 5,000 萬兩白銀,以關稅鹽和常關稅擔保,分 39 年清償,年息四厘至 1940 年止,本息合計白銀 9 億 8,223 萬兩,稱為**【庚子賠款】** 四.在北京東交民巷設立使舘區,界內不准中國居住,由各國派兵駐守. 五.拆毀大沽炮台和北京至大沽沿途各砲台,准外兵進駐北京至山海關沿線 12 個戰略要地, 六.清政府在各點張貼上諭兩年,[永禁設立或加入與諸國仇敵之會,違者皆斬懲禍首及地方官員.各省官吏必須保護外國人,若有外國人被虐或被殺地區,停止文武各等考試五年. 七.將原來總理全國事務衙門改為外務部,其地位”班列六部之前” 八.重訂商約. 清命各自設武備學堂. 日本在上海設「同文書院」 8.29.清廢除鄉會試及歲科試,廢八股、廢武科. 慈禧太后與德宗自西安回北京. 命各省於省城及所屬府州府縣籌設高等,中學等,初等學堂.又命選學生出洋留學. 9.8. 董中慧主編「京話報」旬刊創刊,為北京最早的白話報刊. 11 日清責成劉坤一、張之洞、袁世凱辦好「武備學堂」 14 日清下興學詔,整頓京師大學堂,令各省城設大學堂,各府廳直隸州設中學堂,各州縣設小學堂,廣設蒙養學堂. 17 日八國聯軍退出北京 30 日提出〔糖業改良意見書〕 李鴻章死`1 10 月八國聯軍撤退後,西太后偕光緒皇帝從西安返回到北京. 詔通行使用銀圓,並鑄輔幣. 廢大哥溥儁. 訂定鼓勵學生向學章程. 25 日發佈「台灣舊慣調查規則」,設「臨時台灣舊慣調查會」 27 日舉行「台灣神社」鎮座式 11.7.李鴻章去世(1823~1901.11.7.)字少荃,安徽合肥人,道光進士.創中國淮軍、北洋海軍,主持外交事務多年.以袁世凱繼任直隸總督兼北洋大臣. 9 日台灣變更地方制度,廢除 3 縣及各辦務署,全台灣島分為 20 廳 美國合興公司開始修築廣州至三水鐵路. 為敷設塰台大沽海底電纜副線,向英國丹麥借款.

朝代	帝　王	國號	干支	西 元	紀　事
清	清德宗 載湉	光緒 **27**	辛丑	**1901**	12 月依張之洞等請,准許學生出國留學. 清准滿漢通婚,勸諭女子勿再纏足. 梁啟超等在日本創「新民叢報」宣傳君主立憲,與孫中山之興中會互相抨擊. 清定距離海關五十里內之常關,統歸海關管理. 美國教會在蘇州成立「東吳大學」 法修築完成越南河內至廣西龍州鐵路 英商在上海設老沙遜洋行,壟斷土地買賣,兼營出入口事業, 英美抗議中俄交涉,俄獨佔東三省經濟要求. 清懲處義和團罪首,設立會議政務處,改總理各國事務衙門為外交部, 推行新政,廢八股,科舉改試策論,各省書院改為學堂. 張謇首創中國第一家新式農墾企業「通海墾牧公司」 俄軍在黑龍江大肆屠殺中國居民,史稱「海蘭泡慘案」及「江東 64 屯慘案」 占領東北三省重要城市,及交通要道. 谷正綱(1901.4.30.-1993.12.11.)貴州安順人，德國柏林工業大學,蘇俄莫斯科中山大學畢業.與兄谷正倫,弟谷正鼎有「一門三中委」之稱.堅決反共成立「中國大陸災胞救濟總會」,任「世界反共聯盟」理事長,人稱「亞盟先生」各國譽為「反共鐵人」「世盟永久榮譽主席」 倫敦政治經濟學院專研國際關係經濟.做過「世界日報」總編輯,歷任國民革命軍中將秘書長,中央監察委員,國安會秘書長,駐西班牙大使,司法院長.國策顧問,總統府資政.遺囑「樹高千尺,落葉歸根,百年之後,歸葬故土」 黃少谷(1901.7.24.-1996.10.16.)湖南南縣麻可口鎮人,北京師範大學畢業,英國,做過立法院長等要職. 陳毅(1901.8.26.-1972.1.6.)四川樂至復興場張安村人.中共十大元帥之六.成都工業學校畢業後以勤工儉學赴法國留學,參與留法社會主義活動.回國參加共產黨,會同發動南昌及湖南秋收起義.解放後任上海市長,外交部長國務院副總理,軍委會副主席.獲授八一勳章,獨立自由勳章,解放勳章.文革時被劃成『二月逆流』死後毛澤東曾去參加追悼會. 徐向前(1901.11.8.-1990.9.21.)山西五台永安村人.字子敬,又名象謙.中共十大元帥之八.曾是黃埔一期,國民黨員,後經樊炳星楊德魁介紹加入共產黨.曾任師軍長司令,解放軍總參謀長,國務院副總理,國防部長,文革小組長,被下放勞動改造,肺結核去世. 梁思成(1901.4.20.-1972.1.9.)父親梁啟超,教育家,建築史學家,城市規劃專家,致力保護中國古建築文化遺產.與文學家林徽因結婚. 謝雪紅(1901.10.17.-1970.1.15.)台灣彰化人,共產黨員,鼓動二二八事件暴動,中共政協代表,文化大革命被打成右派,多次遭台灣民主自治同盟派批鬥 陳雪屏(1901.-1999.2.14.)江蘇宜興人,美國哥倫比亞大學心理學碩士,曾任北京大學,東北大學,台灣大學教授,訓導長,國民黨青年部長,台灣省教育廳長,考選部長,行政院秘書長,國建會主委,國策顧問,資政..

朝代	帝 王	國號	干支	西 元	紀 事
清	清德宗 載湉	光緒 **28**	壬寅	**1902**	1.7.清西太后因八國聯軍避難後,與光緒帝回師返京. 10 日清派張百熙任京師大學堂督學大臣,舉大學、制定「學堂章程」、改革科舉制度、京師大學正式成立.定預科三年,正科三年,卒業授予進士, 30 日.英日以其在中國利害相同,締結同盟條約.強調維持中國與朝鮮的獨立柔領土完整,共保英日在中韓的利益. 清改除滿漢不通婚禁令及「婦女解放腳」. 2.8.梁啟超在日本橫濱創辦「新民叢報」半月刊,倡立憲保皇,變法維新. 3 月與俄議定交收東三省條約. 盛宣懷奏請設勘礦公司,以保主權. 12.日本在台灣總督府宣布延長「六三法」有效期至 1905 年. 4.8.俄國對英日「同盟條約」佔盡中韓利益,大為不滿,因而產生中俄訂**【東三省撤兵條約】**俄進駐東三省軍隊在十八個月內,分三期撤返俄國.俄以二萬兩巨款賄王文韶,一萬兩賄其他人員,在條約中註明「再無變亂,亦無其他國家牽制.」為撤退先決條件,俄國一直拒絕履行. 中俄簽訂正太鐵路借款合約 27 日蔡元培、蔣智在上海發起成立「中國教育會」. 28 日美國參議院表決通過「擴大排華案」 外務部與戶部會訂開辦「印花稅」章程. 與英國諮商鐵路辦理情形. 5.13.清命沈家本、伍廷芳參酌各國法律,修訂一切現行律例. 25 日雲林歸順式,爆發屠殺事件. 人止關之役. 30 日日本在台灣殖民當局襲擊鳳山後壁林庄,抗日義軍首領林少貓等死難,日本殖民當局宣稱「掃蕩全島土匪告一段落」 上海人成立上海商業會議所(後改為上海總商會) 6.17.滿族人英斂之創辦「大公報」為中國發行最長久的報紙. 23 日英軍占領西藏邊境要地甲同未果,英印遂發動第二次侵藏戰爭. 張之洞兼督辦通商大臣. 7.6.台灣爆發「南庄事件」 頒行學堂章程,分大學堂,高等學堂,中學堂,小學堂,蒙養學堂. 8 月制訂新式陸軍營制餉章. 9.5.成立「續訂通商行船條約」(通稱馬凱條約):進口稅提高至 12%,出口稅 7%各國同意徵收(即裁釐加稅). 美國與清廷商討銀價及金本位問題. 10.17.清命各省定警務章程,辦理巡警 梁啟超創刊主編「新小說」期刊 11 月收回私營電報局,改歸官辦. 成立「北洋造幣廠」鑄造銀圓. 12.17.中國第一間大學北京京師大學堂開學 派員參加美國聖路易城博覽會. 蔡元培,章炳麟,徐;錫麟,秋瑾等創立「光復會」鼓吹革命. 在天津創辦「大公報」 英美在上海成立煙草公司. 美國花旗銀行,荷蘭銀行在上海成立分行. 上海工部局與電氣公司訂立開辦電車合同. 日本在湖南長沙成立汽船會社,行駛於漢口長沙之間. 英國教會在天津設新學書院. 成立華興麵粉公司. 廣西人民興起抗捐活動.聲勢浩大.

朝代	帝　王	國號	干支	西 元	紀　事
清	清德宗 載湉	光緒 **28**	壬寅	**1902**	清編纂中西律例,廢八股文程式,頒行學堂章程,收回全國電報局自辦 以吳汝綸為大學堂總教習 沈家本伍廷芳修訂法律 張之洞為督辦通商大臣,旋為兩江總督 袁世凱督辦津鎮鐵路 袁世凱張之洞伍廷芳會辦商務會 袁世凱設立中國第一所軍醫學校「天津;北洋軍醫學堂」,後更名「陸軍軍醫學校」1937 年遷至南京. 中英通商新約裁釐加稅辦法增加通商口岸 直隸省朝陽、湖南省郡陽與當地教會發生暴力衝突. 在天津創辦『大公報』 劉坤一(?~1902.10.7.)湖南新寧人,字峴庄.1855 年率領湖南團練與太平軍作戰.後任廣西布政使、江西巡撫、兩廣總督、兩江總督、南洋通商大臣.中日甲午戰爭中堅抵抗. 聶榮桓(1902.11.26.-1963.12.16.),名鎮慎,字雅懷,號宗人.中共十大元帥之七.參與秋收起義,百團大戰,遼西等有名戰役,曾與林彪部隊心腸硬,圍困長春城,斷絕供給食物,以致天上的鳥地上的樹皮樹葉統被拔去吃光,殘酷手段逼使被圍軍民投降.經統計老百姓死亡 12 萬人,軍人 15 萬人,這是歷史上少見的悲劇 薩本棟(1902.7.24.-1949.1.31.)福建閩縣人,美國史丹福大學,伍斯物理工學院博士擔任美國俄亥俄州立大學,清華大學教授,廈門大學校長,對廈門大學教學擴建有功,死後葬廈門大學南樓群. 周培源(1902.8.28.-1993.11.24.)江蘇宜興人,理論物理學家,流體力學家,獲美國芝加哥大學碩士,加州大學博士學位.普林斯研究院、德國萊比錫大學、和瑞士蘇世聯邦理工學院研究量子力學.曾任清華,北大教授校長. 鄭彥芬(1902.2.8.-1990.6.21.)廣東順德人,香港翠英英文學校、廣東高等師範學校,獲校長鄒魯賞識,加入國民黨,保送法國里昂中法大學統計師學位.回國出任中山大學法學院院長,統計長,司法行政部長,僑務委員會委員長,,文化大學教授. 余俊賢(1902.12.22.-1994.1.21.)廣東平遠人,廣東高私師範學校,中山大學畢業.赴南洋組織荷屬印尼總支部兼宣傳部長,回國任制憲國大代表,監察院長,資政. 黃杰(1902.10.2.-1995.1.14.)湖南長沙人,黃埔一期,能天善武,有儒將之稱,曾獲寶鼎勳章,青天白日勳章,國共內戰失利,率部隊由雲南進入越南,駐紮富國島,後由政府接送來台灣.曾任台北衛戍司令,陸軍總司令,台灣省主席,國防部長等職.. 邱清泉(1902.1.27.-1949.1.10)浙江永嘉縣人,留學德國工兵學校,柏林陸軍大學,治軍作戰獲頒四等寶鼎勳章,有「邱瘋子」綽號,奉命解除頑強圖謀異心龍雲軍政職務,國共內戰,兵團全部被覆滅,,自己引彈自戕. 沈從文(1902.12.28.-1988.5.10.)小說家,散文學家,考古學家.北京大學旁聽,練習寫作,只小學學歷,竟在西南聯大,武漢大學,北京大學擔任教授,因受郭沫若批判而封筆.

朝代	帝　王	國號	干支	西 元	紀　事
清	清德宗 載湉	光緒 **29**	癸卯	**1903**	1 月清准晉豐公司辦理山西礦務. 2 月命保護出洋回國華商. 派員赴日本調查金本位制. 修訂商律. 3.1.天主教馬相伯在上海徐家匯創辦「震旦學院」 外國紛紛設立郵局,清廷否定,但外國置若罔聞. 柯逢時奏辦「江西景德鎮瓷器公司」 4.8.留日女學生胡彬夏在東京成立「共愛會」 27 日上海各界人士在張園召開拒俄大會,在各地掀起反俄侵占東北浪潮 5 月張之洞、劉坤一上奏提議改良監獄.5 月刑部提出監獄改良方案,紛設「習藝所」1907 年 7 月設「模範監獄」1908 年聘日本小河滋次郎起草「大清監獄律草案」1910 年完成. 增改中葡條約. 日本輪船開始在長江航行. 6.1.章炳麟(1869~1936)發表「駁康有為論革命書」 30 日(農曆閏 5.6.)鄒容(1885~1905)四川巴縣(重慶)人著「革命軍」書,倡驅滿人,誅殺清帝載湉.章炳麟為之序,上海「蘇報」發行人陳範文介紹,會上海愛國學社於張園演說革命.清兩江總督魏光燾請租界工部局拘捕鄒容章炳麟,查封蘇報.公審判章炳麟鄒容各判刑三年二年,鄒容於 1905.2.29.出獄前一個月卒於獄中. 7.14.中東鐵路全線通車. 8 月嚴定銅元成色,禁鑄濫惡銅元. 9.7. 清成立商部 10.6.張之洞「奏請約東鼓勵出洋游學辦法章程」「鼓勵畢業生章程」凡取得留學文憑者,分別給以拔貢、舉人、進士、翰林,錄用為官. 8 日中國分與美、日訂約： 1.美約所定稅率與上馬凱條約相同,日約未有明. 2.內河及商業便利擴大,外國輪船可於西江十餘處搭客,開放廣東之惠州長江之安慶,長沙,萬縣,東北之瀋,安東,大東溝及北京為商埠. 3.給外人以投資便利,准華、洋合股經商,妥訂礦務章程,製定國幣,統一度量衡. 20 日中法簽訂「滇越鐵路章程」 11.14. 黃興在湖南長沙成立「華興會」推黃興為會長以「驅除韃虜,復興中華」為宗旨. 15 日日俄宣戰,俄侵佔東北.取消東三省撤兵.另提新要求. 台灣創立「鹽水港製糖會社」 清設「練兵處」訓練新軍,全國分卅六鎮,鎮下設協,協下設標,標下設營,營下設隊,隊下設排,排下設棚,每棚士兵十四人. 清又設「商部」 京師大學堂學生召開拒俄大會.命榮慶會同張百熙管理大學堂 考取經濟特科袁家穀等廿七名 盛宣懷會同袁世凱議商約 載振袁世凱伍廷芳訂商法 張之洞盛宣懷定滬寧路籌借英款條約 國民黨在日本東京設立軍事學校,驅除韃虜,恢復中華,創立民國,平均地權,以民族民權民生為目標. 12 月頒定「欽定大清商法」 大冶鐵礦向日本借款. 制定銀行章程. 黃興,宋教仁等組織「華興會」圖起革命. 「革命軍」刊作者鄒容死於監獄.

朝代	帝　王	國號	干支	西元	紀　事
清	清德宗 載湉	光緒 **29**	癸卯	**1903**	【印度入藏】1903.12.10.印度入藏,1904.3.5.達賴對英宣戰,敗走青海再轉庫倫 8.3.英軍入拉薩,9.7.西藏與英訂立和約開商埠英軍留春丕削砲台賠款 50 萬兩非經英許可,不得將修路電力礦產讓與外國,稅收貨物金銀不得抵押.中國不承認「拉薩條約」1906.4.27.訂「藏印續約」拉薩條約作為附約,英允不佔領西藏土地及干涉藏政.英俄協議,互認中國在藏宗主權.1908.4.20.中英再訂「藏印通商章程」1909.12 月達賴返回西藏 1910.2 月,川軍抵拉薩,達賴第二次出奔,中國不變更西藏現存制度. 12 月天津電報總局改由官辦,該局係 1880 年創設,1882 年改官督商辦企業.1902 年直隸總督,收歸國有,1911 年將各省電報均收歸中央管轄.. 清在中央設練兵處,奕劻為總理,袁世凱會辦,各省設督公所,改編為軍隊 俄軍拒絕按約定期陽自東北撤兵,上海北京東京等地紛紛出現反俄風潮,要求政府出兵抗俄. 清建烟台海軍學校,謝葆璋任校長(他的女兒即著名女作家謝冰心) 英國發動第二次侵藏戰爭，佔領亞東、春丕、及帕里地區，最後占拉薩。 中國第一所幼稚園在武昌設立 上海成立光復會. 中葡增改條約九款 中美續議通商行船條約.中日續議通商行船條約. 廣西匪亂革王之春蘇元春職 榮祿死 京師大學堂添設醫學實業館,1905 年改建為醫學館.,1906 年改為京師專門醫學堂,分習中西醫學,1907 年停辦. 上海商務印書館設置編譯書局,張元培為所長,計劃編輯小學教科書. 劉健群(1903.-1972.)貴州遵義人,貴州省立專門學校肄業,早年知遇何應欽,投靠蔣中正,歷任中央官校教官,行營辦公廳主任,參加「復興社」來台灣曾任立法院長.辭職後續任立法委員, 谷正鼎(1903.-1974)貴州安順人,蘇聯莫斯科中山大學畢業,早期加入國民黨,曾任軍政治部主任,中央組織部長,及汪精衛偽政府行政院長, 吳國楨(1903.10.21.-1984.6.6.)湖北建始縣人,清華大學畢業,赴美國格林內爾學院獲經濟碩士,普林斯頓大政治學博士.曾任湖北省財政局長,漢口、重慶市長,蔣中正機要秘書,台灣省主席,與中央意見不合辭職,去美國,擔任「芝加哥論報報」顧問,及阿姆斯特朗大學教授直到退休. 倪文亞(1903.3.2.-2006.6.3.)浙江樂清人,哥倫比亞大學碩士,中華民國立法委員,立法院長,蔣中正總去世,當時國民黨內八大老「倪文亞,黃少谷,謝東閔,李國鼎,蔣彥士,袁守謙,辜振甫,陳立夫」商量治理國事. 杭立武(1903.1.26-1991.2.26.)浙江杭州人,美國威斯康辛大學,英國倫敦大學博士,歷任各國立大學教授,系主任,教育部長,駐泰國,寮國,菲律賓,希臘等國大使,創立中國人權協會. 張靈甫(1903.8.20-1947.7.16.)陝西西安人,北京大學歷史系,黃埔四期,因疑妻為地下工作人殺妻,坐「模範監獄」.南昌會戰右腿受傷,行動不便,被稱為「跛腳將軍」「模範軍人」「常勝將軍」惜國共內戰孟良崮之役,不幸陣亡 梁實秋(1903.1.6.-1987.11.23)北京人,文學家,教育家,美國科羅拉多泉學院,哈佛大學,獲英系哲學博士.先後任教東南大學,中央大學,.台灣師大學教授,文學院長,國立編繹館長,曾與魯迅論戰「文學的階級論與人性論」「第三種人」不同意魯訊的「文藝政策」. 陳明仁(1903.4.7.-1974.5.21.)湖南醴陵人,黃埔一期,曾任武漢警備司令,軍團司令,參加不少有名戰役,國共內戰東北四平街之役,戰功彪濡大勝共軍,名揚國內外,惟內戰末期,與程潛接受中共和平條件,「長沙和平解放」投向中共.授予上將軍銜,和一級解放勳章.

朝代	帝王	國號	干支	西元	紀事
清	清德宗 載湉	30	甲辰	1904	1.12.清與修京師觀象台 13 日清公布「學堂章程」(即癸卯學制)為中國廢除科舉後第一個正式施行的近代學制. 21 日清光緒帝詔行「大清商律」由「商人通則」與「公司律」組成 沈瑜慶奏請設局製定度量衡局.頒售全國各省. 中德簽訂內河輪船航行協定. 2.10.「日俄戰爭」爆發(1904.2.10.~1905.5.) 15 日成立「華興會」黃興任會長.11 月在湖南長沙起義失敗,流亡日本. 3 月加入萬國紅十字總會 公布公司註冊章程. 4.9.~1905 年日俄在中國利益衝突發生戰爭,日越鴨綠江入中國,陷遼寧鳳城金州圍旅順,占領大石橋營口牛莊海城.日俄於遼陽決戰,俄軍大敗.將旅順連租借權,和南滿鐵路(長春至旅順)的經營權讓給日本 俄京發生革命暴動. 公布公司註冊商標試辦章程 5.20.台灣總督府發布「大租權整理令」企圖消滅「一田多主」的現象 湖南、湖北、廣東三省要求廢除清政府與美國「美華合興公司」簽訂之「粵漢鐵路借款合同」掀起收回利權運動,1911 年遍及全國. 膠濟鐵路築成 6.12.立憲派成立「時報」1939.9.1.停刊.　在上海創刊「東方雜誌」 22 日英國由印度進兵攻陷拉薩.英軍迫西藏簽訂**【印藏新約】** 7.3.宋教仁、呂大森、劉靜庵在湖北武昌組成「科學補習所」進行「革命排滿」活動. 6 日英軍攻占西藏江孜,8.3.英軍攻占西藏接薩.9.7.簽訂「**拉薩條約**」 28 日清廷創立「大清宮報」 8.6.日總督府開始實施軍政管理 9 日尖筆山之役,楊載雲戰死 14 日曲栗失陷 28 日八卦山之役,彰化城失陷,吳湯興、吳彭年戰死 14 日.湖南瀏陽普跡「八月會」華興會長黃興派劉揆一張天華徐佛蘇陳福田等哥老會馬福益到普跡密會,策劃起義事宜. 9 月清改變兵制設:常備兵、續備兵、後備兵三種. 10.5 龔寶銓,蔡元培等在上海成立「光復會」光復漢族,還我河山. 10 日台灣陳中和創設「新興製糖會社」工廠落成 「丐籍墮民」視為良民,准其子弟入學 華興會黃興計謀在長沙起義失敗,馬福益被殺,黃興與宋教仁避走日本. 旋柳州起義亦失敗. 11.4.在台灣嘉義達邦社開設「第一所番童教育所」 6 日台灣嘉義發生 6.2 級地震,死亡 145 人,傷 158 人. 上海成立「光復會」蔡元培任會長,誓詞「光復漢族,還我山河,以身許國,功成身退」1905 年 8 月光復會併入「同盟會」1910 年 2 月因政見分岐,章炳麟、;陶成章等重組光復會,與孫中山的同盟會對抗. 清開奉天及安東為商埠 駐外使臣聯名電請變法,激勵人心. 中葡新訂商約,納稅澳門行輪商船進出內地製造 12.7.美國強迫清政府簽訂之「中美會訂限制來美華工保護寓美華人條款」期滿,旅美華僑十餘萬人要求清政府改約,遭美國拒絕,淚起中國各界反美運動.1905 年上海、廣州、天津等地,開始抵制美國貨物. 清頒〔奏定學堂章程〕「大清報律」 日本佔領旅順口

朝代	帝　王	國號	干支	西 元	紀　事
清	清德宗 載湉	光緒30	甲辰	1904	英人成立中華中央鐵路公司,專理浦信等鐵路事. 英人招募華工赴南非開礦. 上海工部局設華童學堂 英國教會在濟南設博物館,名廣智院. 上海女修士成立「安老園」 天津成立電車電燈公司. 黑龍江成立廣信公司,發行銀錢票. 孫文倡導之〔**興中會**〕與黃興領導之〔**華興會**〕在日本東京合併改為中國〔**同盟會**〕公.推孫文為總理,黃興為副總理.以「驅逐韃虜,恢復中華創立民國,平均地權」為宗旨・定「軍法之治」「約法之治」「憲法之治」三實行時期.革命黨自是始推出推翻專制口號. 陶成章、蔡元培在上海成立『**光復會**』 美國認定孫中山仇視中國革命的中國政府拘留在美國舊金山天使島,為華僑何盤照及洪門黃三德等人救出. 東方雜誌在上海創刊 開始使用無綫電報 京劇科班富連成社成立.雷喜福馬連良譚富英高盛麟袁世海等均此出出身 鄧小平(1904.8.22.-1997.2.19.)四川廣安人.原名鄧先聖,學名希賢,父親鄧文明,曾是哥老會首領.曾任警察局長,1926 年去世.鄧小平在廣安中小學畢業,以勤工儉學計劃去法國,後又轉去蘇聯.回國相繼擔任各不同要職.文化大革命遭到鬥爭,下放農村勞改,三起三落毛澤東病危時恢後國院院總理職務.他的改革開放政策,得使中共經濟日漸繁榮,國力日漸壯大,惟晚年天安門事件,引起爭論,功過歷史將有定論. 林徽茵(1904.6.10.-1955.4.1.)福建福州人,中華人民共和國國徽設計者,美國賓尼法尼亞大學美術學士,與聞一多,梁實秋,梁思成籌建「中華戲刻改進社」與建築學家梁思成結婚,對詩歌小說散文話劇劇本創作甚多,有「才女」之稱. 葉公超(1904.10.20.-1981.)江西九江人,四歲喪母,九歲父親去世,叔公葉恭綽撫養,參加五四運動,留學美國貝玆大學,又轉英國劍橋大學畢業.任北京清華大學,昆明西南聯大教授.外交部長,駐美大使,因外蒙入聯合國案遭到免職,回台擔任台灣大學教授,「怒寫竹,喜寫蘭」終其一生. 彭士量(1904.8.5.-1943.11.15.)湖南瀏陽人,黃埔四期陸軍大學,聰穎能幹,才能出眾,年輕即昇任師長,抗日戰爭湘西會戰,奉命鎮守石門,日軍日夜轟炸,援軍不繼,孤軍奮戰,不幸陣亡,政府追認中將,國葬湖南嶽忠列祠下駕鶴峯壽苑.中共列為革命烈士,兩岸忠烈祠均奉祀. 戴安瀾(1904.11.25.-1942.5.26.)安徽無為縣人,抗日滇緬戰爭,率領中國遠征軍頗具盛名 200 師,替代英軍防務,同古(東吁)之役大捷,贏得中外讚譽,惜遭遇戰中中彈負傷,病故緬甸茅邦村.政府為其舉行國葬. 連震東(1904.4.23.-1986.12.1.)台灣台南人,連雅常之子,連戰之父,日本慶應大學畢業,抗日勝利,接收台灣代表之一,當選國大代表,中央改造委員,台北縣長,台灣省民政廳長,內政部長,從事地方自治改革, 丁玲(蔣偉)(1904.10.12.-1986.3.4.)湖南臨澧縣人,文學家,散文學家,長沙周南女中畢業進入上海大學.再在北京大學就讀,參加共產黨,擔任「中國文藝協會」「解放日報」主編.擔任武漢大學,廈門大學教授.文革被劃成右派,下放,入監獄,受到各種迫害,後獲平反恢復黨籍與政治名譽. 巴金(李堯棠)(1904.11.25.-2005.10.17.)四川成都人,文學家,出版家,成都外語學校畢業,中國文聯副主席.國務院授予「人民作家」國際筆會會推為「世界七大文化名人」之一.

朝代	帝　　王	國號	干支	西 元	紀　　　　　　　　事
清	清德宗 載湉	光緒 **31**	乙巳	**1905**	1 月美國再提對華門戶開放政策,英法等國復表示支持. 台灣公佈番社調查結果,全島共 784 個番社,人數共 103,360 人 開濟南島為商埠. 2 月日軍在,奉天擊敗俄軍. 在各州縣以練新軍之名,直隸募集公債,暫借款與日本. 3.17.台灣嘉義發生強烈地震,1,100 多人喪生. 改江巡撫改為江北提督. 沈家本等奏請廢除凌遲梟首戮尸三項,死刑至斬決而止.蓋凌遲創於遼人,梟首始於秦,戮屍見於始本紀. 4.24.清刪除酷刑凌遲、梟首、戮尸、緣坐、及刺字諸項. 京漢鐵路南北兩線皆築成,進行修建黃河鐵橋事. 清時江南船塢從江南製造局中分立.中華民國成立後改稱江南造船所,1949 年後中共改稱江南造船廠. 美國制訂排斥華工法案,且苛待在美華僑,廣州上海及沿海各大商埠,紛起反美運動,抵制美貨. 5.13.日俄戰爭爆發,台灣全島及澎湖實施戒嚴, 7 月 7 日解除. 革命黨人在湖南起義失,敗黃興、宋教仁逃到日本. 因為要支付庚子鉅額賠款,清向英德等國借款. 6 月清派載澤等五大臣出洋考察憲政,遭吳樾投擲炸彈,而中止出發,吳樾當場被炸死. 初次考試出洋歸國學生,授翰林院職銜,及進士有差. 7 月台灣第一座發電廠(龜山發電所)完工 20 日.國父孫中山在日本東京創立**【同盟會】**9.8.成立香港、澳門、及廣州各地同盟分會.9.18.改組興中會為同盟會.11.26.在日本創辦「民報」正式揭諸「恢復中華、建立民國、平均地權」「民族、民權、民生三大主義」.公推孫中山為總理. 8 月天津成立造幣總廠. 成立戶部銀行,旋改稱度支銀行. 9.2.清廢除科舉制度,推廣學堂,設立學部,中國歷時一千三百年之科舉制度,自是廢除. 又設立巡警部,任徐世昌為尚書,各省綠營一律改為巡警. 5 日日俄**【樸資茅斯條約】**有損我國政權. 一.　俄國承認日本在朝鮮的優越地位 二.　日俄兩國同時在東三省撤兵 三.　俄國把旅順大連租讓權轉予日本 四.　俄國將長春至旅順鐵路及附近礦權轉讓日本 五.　俄割庫頁島南部與日本. 中日「東三省事宜條約」日本對**【樸資茅斯條約】**所得不多轉向中國勒索 一.　中國承認日本取得原屬俄國權益 二.　在東北加開商埠 16 處 三.　安東至奉天鐵路由日本經營 15 年 四.　中國同意組織中日木植公司合採鴨綠江右岸木材 五.　1906 年日本成立南滿鐵道株式會社,執行開發及殖民政策,並在旅順大連設立「關東州」都督府,從事軍事政治佈置. 「上海復旦大學」(1917 年正式改名)在上海江灣創立 美國與日本共營滿洲鐵路.已具績效,中途受外務大臣小村壽太郎反對而撤消合作.

朝代	帝　王	國號	干支	西 元	紀　事
清	清德宗 載湉	光緒 **31**	乙巳	**1905**	10.1.台灣彰化銀行正式開業 5 日清允外國人在內地設立學堂,無庸立案,而使外國學校遍布全國. 株洲至萍鄉鐵路建成 定銀幣以兩為單位,停鑄當十錢,改訂制錢成色. 11 月袁世凱孫寶琦奏請立憲,慈禧不得已,允准籌備君立憲.派鎮國公載澤戴鴻慈徐世昌端方紹英赴各國考察. 設學部 日俄和約,俄將南滿權益轉讓日本 11.26.中國同盟會在東京創刊「民報」,揭諸民族民權民生三大主義.是乃三民主義正式見諸文字之始. 台灣「經濟調查資料報告」出版 12.6.清廷設立學部,榮慶為尚書,國子監歸併學部. 8 日革命家陳天華湖南新化人,在日本投海自殺遺作有猛回頭、警世鐘. 22 日日本強迫清政府訂立中日「**中日會議東三省事宜條約及附約**」此為承認日俄「樸茨茅斯條約」日本由此獲得在東三省擴大通商,營建鐵路,經營租界等項權益. 日本頒佈「取締中國留學生規則」限制學生言行,部份學生憤而退學 日本在奉天成立本溪湖煤鐵公司. 日本建成安奉輕便鐵路、道清鐵路 重慶濬川源銀行,初由官民合辦,二年後民股撤退. 上海成立英華人壽保險公司 美國教會在上海成立聖約翰大學. 張之洞在武昌設存古學堂. 中德協議中國稅收應提撥二成交與德國作為地租,並設無稅區 日俄戰爭日在瀋陽大敗俄軍,馬海峽殲俄艦,在朝鮮設置朝鮮總督府.中日訂立東三省事宜條約,承認俄國讓與日本各項權利,並加開東三省商埠 美國拒絕簽訂改善華工待遇新約,上海總商會發動抵制美貨運動. 嚴家淦(1905.10.23.-1993.12.24.)江蘇吳縣人,上海聖約翰大學畢業,為人和善,謙恭有禮,曾任台灣財政廳長,省政府主席,中華民國副總統,及總統,急流勇退,提名蔣經國繼選總統.

朝代	帝　王	國號	干支	西元	紀　事
清	清德宗 載湉	光緒 **32**	丙午	**1906**	2.26.江西南昌縣民因知縣(即縣長)江召棠遭法國傳教士刺傷,激怒民情,憤而燒教堂,殺害英、法教士 9 人,史稱「南昌教案」 劉靜庵在武昌建立「日知會」因參與江西萍鄉、湖南瀏陽、醴陵起義,為張之洞捕拿,日知會遭到破壞. 清制定留學生資格辦法. 作部訂銀圓流通限制辦法. 禁止買賣人口,原有奴婢一律以雇工論,凡有關奴婢修款,一律廢除. 3.13.台灣總督府為進一步防範反日組織活動,公布「台灣浮浪者取締規則」 學部宣布以忠君,尊孔,尚忠,尚武,尚實為教育宗旨. 4 月蔣中正東渡日本,肄業東京清華學校,冬返國. 10 日台灣〔六三法〕改為〔三一法〕 16 日蘆漢鐵路全線通車,定名為「京漢鐵路」 27 日中英「續訂藏印條約」挽回中國在西藏的大部分主權. 5.23.日本陸軍大將佐久間左馬太就 任台灣第五任總督 清頒行「破產律」、「商律」 設稅務處,掌理海關行政事宜. 頒全國鐵路購地章程. 6.13.北京「貴胄學堂」開學,規定必清宗室八旗子可入學. 訂定川漢、粵漢鐵路官督民辦,招股興建. 7 月清設立「編譯圖書局」,此為中國編教科書之始 整理各省造幣廠 中日合辦營口正隆銀行,實權全操在日人手中. 31 日日本改旅順、大連租界地為「關東州」設「關東總督」 9 月「京師法律學堂」開學 改巡警部為民政部,戶部為度支部,兵部為陸軍部,暫轄海軍,刑部為法部,理藩院為理藩部,大理寺為大理院,商部改稱農工商部,增設郵傳部,詹事府併入翰林院. 10 月改各省之學政為提學使.司學校事.整修府州縣各學校。並於於各州縣設立勸學所 黃興於湖南瀏陽,萍鄉,萬載,分別三路起義,事洩失敗,劉道一遇害,黃興再避走日本., 日本在東北成立〔滿州鐵道株式會社〕. 11.8.清頒「釐訂官制諭」 21 日清廷頒〔嚴禁鴉片章程〕 29 日同盟會蕭克昌、龔春台在江西萍鄉及湖南瀏陽醴陵起義,傳檄驅逐韃虜,宣告推翻滿清專制,建立共和失敗.清命江西臬司秦炳直統諸省軍進擊,大舉清鄉,屠殺平民一萬數千餘人. 台灣「明治製糖株式會社」創立 溥儀出生(1906-1967)清末代皇帝,1908 即位,1912 退位,1917 張勳使其復位,但只 12 天.1924 被馮玉祥趕出北京,1934 日本成立偽滿洲國為皇帝,1945 年日本投降被蘇聯俘擄,1950 年回國,1958 年中共釋放,1967 年病逝北京,年 61 歲 12.2.孫中山在東京民報闡明「五權憲法」. 同盟會制革命方略行動方針. 4 日湖南瀏陽縣龔春台在同盟會策劃下,以「中華人民革命軍先鋒隊都督」名義,在湖南瀏陽、醴陵、江西萍鄉三縣交界麻石舉行「萍瀏醴起義」. 16 日上海紳商設立「預備立憲公會」 「大日本製糖株式會社」創立 華僑集資修築潮汕鐵路

朝代	帝 王	國號	干支	西 元	紀 事
清	清德宗 載湉	光緒 **32**	丙午	**1906**	立憲運動,風起雲湧,上海成立公會,湖南、湖北、廣東、及江南各省,相繼成立立憲分會 江南製造局附設之造船廠,脫離隸屬關係,單獨營業, 甘肅成立〔官錢局〕後改官錢號. 先後成立造紙廠:上海龍華造紙廠、廣東官紙印刷局、濟南濼濾造紙廠. 新加坡華僑在上海成立〔四海通銀行〕專營僑匯. 英商在上海合組耶造船廠,專營輪船及機械之製造 英商在漢口成立〔電氣公司〕 日本分別在鐵嶺成立〔滿州製粉會社〕及瀋陽設置〔東亞煙草分會社〕 比利時在北京等地設〔華比銀行分行〕 法國東方輪船公司船隻始航於長江。 美商「大來洋行」分在上海等地設「大來洋行分行」經營航運. 美教會成立「瀘江大學」 湖南瀏陽,醴陵,萍鄉六千餘人參加同盟會,並武裝起義, 英美六個教會合創「協和醫學校」後改名「北平協和醫學院」 清宣佈教育宗旨：一忠君,二尊孔 清改兵部為陸軍部,將兵處併入軍諮處、海軍處.設京師內外城總廳 清廷在保定設立「陸軍軍官學堂」後易名「保定陸軍軍官學校」 【中英藏印續約】以英藏媾和條約(1904 年)為附約,英承認中國有西藏主權. 日本成立「南滿鐵路株式會社」,施行殖民政策.日又設置關東督府. 清停派赴日留日學生. 蔣介石赴日本唸軍校 法國政教分離,放棄保護東方他國之神,父教士平民相處甚善. 美教會在上海創辦「滬江大學」 留日醫學學生創設「中國醫藥學會」發行「醫藥學報」雜誌 潘裕昆(1906.8.4-1982.10.28.)湖南瀏陽人,黃埔四期,與高魁元,中共林彪為同期同班同學,感情最好,緬甸作戰,與美國史迪威將軍私交甚好,孫立人調任時,接替孫立人新一軍軍長之職,內戰最激烈時,中央用專機接回北京回到南京述職,他在長沙第一師範讀書時,毛澤東為其老師,潘裕昆跳皮搗蛋,常指著你潘裕昆說「你這細伢子太跳皮了」 胡蘭(1906.2.28.-1981.7.25.)浙江紹興人,名作家張愛玲丈夫,名作【禪是一枝花】 釋印順(張鹿芹)(1906.3.12.-2005.6.4.)浙江杭州人,佛教思想家,被譽「玄奘第一人」發行佛法概論.獲日本大正大學博士學位. 王貫英(1906-1998.12.15.)山東人,平民教育家,「現代的武順」,以一個拾荒者,搜集人家丟棄的書刊,並將微薄拾荒所得收入,購買書籍,在他家地下室成立「貫英圖書館」,供人覽閱,後台北市政府將古亭圖書館,更名為「王貫英紀念圖書館」,在館內設立「王貫英紀念室」陳列有王貫英所獲獎狀,及王貫英銅像.

朝代	帝 王	國號	干支	西 元	紀 事
清	清德宗 載湉	光緒 **33**	丁未	**1907**	1.1.台灣「三一法」(關於應該在台灣施行的法令之法律)開始生效 秋瑾在上海創辦「中國女報」 楊度在日本東京創辦「中國新報」 成立〔浙江興業銀行〕兼營浙江省鐵路事業. 2 月興建廣九(廣州至深圳)鐵路經費無著,向英商貸款. 度支部計劃行金本位. 3.8.清公布「女子小學堂章程」、「女子師範學堂章程」女子取得平等教育 成立民營〔六河溝煤礦公司〕 4.2.于右任在上海創辦「神州日報」 23 日清廷設「官報局」 改東三省為行省,設總督,奉天,吉林,黑龍江,各設巡撫. 日本迫訂修建〔新奉鐵路〕及〔吉長鐵路〕協定。 5.22.(農曆 4.11.)革命黨余丑、陳海波、許雪秋等,於廣東潮州起兵,陷塞城,清軍以開花炮擊之,失敗. 度支部訂新銀幣成色章程，決定廢〔兩〕改〔圓〕. 6.2.(農曆 4.22.)革命黨陳純、鄧子瑜於廣東惠州七女湖起兵,陷泰尾三達諸村,清李準擊之,陳純奔香港. 15 日美國將庚子賠款中的 10,785,286 美元作為中國發展文化教育事業 22 日中國留法學生同盟會員張靜江、李石曾等人在巴黎創辦「新世紀」 29 日京奉鐵路全線通車 7.6.(農曆 5.26.)革命黨徐錫麟任安徽巡警學堂會辦,乘閱操時以手槍擊斃安徽巡撫恩銘,徐錫麟被逮,剖心以祭恩銘. 13 日(農曆 6.4.)命革命黨人秋瑾,任紹興大通女校校長,紹興人胡道南告密,謂其密藏軍火,浙江巡撫張曾訊發兵逮捕,嚴訊,秋瑾僅書「秋風秋雨秋煞人」七字,既無軍火,乃以其曾作「革命歌」,斬於軒亭口. 同盟會在欽州,廉州起義,為清兵所敗,旋攻進鎮南關,與清軍激戰七晝夜,彈盡軍疲,退入越南.. 23 日張之洞奉准在湖北武昌創「存古學堂」倡導「古論經」 清廷下詔〔滿漢平等〕用人行政不分〔畛域〕企圖藉以緩和革命情緒. 8.19.日本藉口派兵進駐延吉,在龍井村設朝統監府間島派出所. 20 日同盟會陳楚楠等在新加坡創辦「中興日報」 籌立〔資政院〕以為議院基礎.論籌旗民生計,購置田產,以為裁免口糧之準備. 9.1(農曆 7.24..)革命黨王和順廣東廣西欽州起兵,稱中華國民軍都督,陷防城(廣西防城港),攻靈山清軍無果,以致至潰散,王和順奔越南,餘部梁建率領進入十萬大山 草修成〔新刑律〕 設資政院,命溥淪任資政院總裁,溥淪年僅二十,輿論大譁. 各省籌設〔諮議局〕 改考察政治館為憲政編查館 各省壽旗丁生計 設總督巡撫,創設「審判廳」為中國行政司法分立之始,法官獨立先聲. 命農工商部制定度量衡暫行章程。 10.17.梁啟超、徐佛蘇、蔣智由、麥夢華、張君勱等三百餘人,在日本東京組織「政聞社」,在上海創辦「政論」刊;物.宣傳君主立憲,設立議會. 成立北洋〔灤州煤礦公司〕 11 月孫文、黃興等革命軍攻鎮南關,起義失敗,退入安南. 郵傳部設官商合辦〔交通銀行〕 15 日台灣爆發蔡清琳領導的「北埔事件」遭到日本殘酷鎮壓.

朝代	帝　王	國號	干支	西元	紀　事
清	清德宗 載湉	光緒 **33**	丁未	**1907**	旋台灣又發生〔枕頭山事件〕 12.1.(農曆 10.26.))黃明堂於廣西鎮南關起義(第六次起義), 8 日奉准設立「交通銀行」 (1907.12.5.-1971.9.13.)林彪,湖北黃岡縣迴龍山人,中共十大元帥之三. 原名林育蓉,字陽春,一字祚大,號育容,育榮,尤勇,春兒.父親林明卿,,參加秋收爆動,中日戰爭任師長,四平街之役失利,解放軍改編,任四戰區司令員,中共中央政治局委員,國務院副總理,國防部長,,一度成為毛澤東接班人.因欲暗疫毛澤東篡位,事機不密乘飛機逃走,墜毀在蒙古溫都爾汗,機上人員無一生還. 山西商民集資收回礦權　　鑄一文銅幣 訂定女子學堂辦法 建築完成京奉,正太,滬寧鐵路 孫中山至安南(越南),策劃指揮革命活動, 同盟會在福建潮州與詔安三合會在平縣起義失敗 同盟會又在饒平縣之黃岡惠州七女湖起義,亦無功. 奉天等省初行「產銷稅」 陝西成立「延長石油廠」 華僑簡照南兄弟成立「南洋兄弟煙草公司」 設〔鐵路總局〕 陳志群等在上海創辦「神州女報」提倡女學,扶植女權,開通風氣. 禁學生紳商干政,定政事結社條規. 改辦津鎮為津浦鐵路 御史趙啓霖奏劾親貴革職 以載澤為度支部尚書溥班為工商部尚書　改省官制,先由東三省實行. 中俄簽訂東清鐵路煤礦合同、吉林木植合同、黑龍江鐵路公司購地合同. 日俄簽訂密約,劃分南北滿界線,互相承認在朝鮮及外蒙之地位. 日法簽訂協定. 日本.在長春設立「火柴公司」 日本軍警侵入間島 日本數輪船公司聯合組成「日清汔船會社」由日政府津貼,用以與英美競爭在華航運事業. 中美簽訂第一次新法鐵路借款備忘錄,日本提出抗議. 英俄簽訂西藏協定 法國與比利時在上海、天津,設立「義品銀行上海分行」經營土地、建築物之投資. 創辦今日〔開南商工職學校〕 英人斯坦因自敦煌運走大批昂貴古文物. 吳大猷(1907.9.29.-2000.3.4.)廣東肇慶高要縣人,美國密西根大學博士,從事「原子結構和線光體」研究,在西南聯大成立物理系,負責電磁學,量子力學教學,美國密西根大學擔任客座教授,哥倫比亞大學從事核子實驗講授「原子物理」,承中央研究院胡適院長力邀,在台灣成立「國家長期發展科學委員會」後任「國科會」主委,中央研究院長,協助台灣大學成立海洋研究所,船模實驗室,地震研究室,及交通,台大,成功大學電機系電子研究.完成台灣建立生物醫學研究所,分子生物研究所,統計學研究所,原子分子科學研究所.又曾受邀去大陸講學,會晤中共國家主席江澤民,國務院總理李鵬,在北京大學任榮譽教授,獲得南開大學名譽博士,在美國紐州立大學水牛城功成退休.

朝代	帝　　王	國號	干支	西 元	紀　　　事
清	清德宗 載湉	光緒 **33**	丁未	**1907**	高魁元(1907.3.26.-2012.5.7.)山東嶧縣人,黃埔四期,步兵學校畢業,來台灣任反共義士總隊長,戍守金門「古寧頭之役」頗具功勳,歷任陸軍總司令,總政治部主任,國防部長,並獲得青天白日勳章.105 歲方才去世. 高志航(1907.5.14.-1937.)遼寧通化,東北陸軍軍官學校教育班畢業,後被選派赴法國莫拉諾航空學校研習飛行,驅逐機專技,再去意大利考察航空一年,參加國際飛行表演,墨索里尼說「這樣的技術飛行員,在意大利是數一數二的」曾將隨身鋼筆手槍贈送給他.抗日戰爭,曾一次擊落日機兩架,全隊同日同時擊日機六架,惟惜忻口戰役,座機燃油耗盡,迫降時蹤撞城樓殉職 胡蝶(胡瑞華)(1907-1989.4.23.)上海中華電影學校首屆學員,表演突出,顯露才華,為當時一代巨星. 邵逸夫(1907.11.19.-2014.1.7.)浙江寧波,長住新加坡.電影鉅子,成立「邵氏兄弟電影公司」與「無線電視 TVB」合作,事業廣及東南各國.創立邵逸夫獎.

朝代	帝　王	國號	干支	西 元	紀　事
清	清德宗 載湉	光緒 **34**	戊申	**1908**	1.2.袁世凱罷職. 13 日清同意英德在北京簽訂「天津浦口鐵路借款 980 萬鎊合同」 度支部訂定銀行則例,分中央,普通,殖業,儲蓄等四大類銀行. 改度支銀行為大清銀行 2.5.清扣留澳門商人雇用日船「二辰丸」日本提出抗議,引起國人抵制日貨,日商損失慘重. 澳葡在九澳山築兵房,修馬路,經兩廣總督張人駿嚴拒才停止活動 盛宣傳合併大冶鐵山、漢陽製鐵廠、萍鄉煤礦,組成「漢冶萍煤鐵廠礦公司」 為修築滬杭甬鐵路,向英國借款. 銅元充斥,激動物價,命各省暫停鼓鑄. 廣東緝私海輪,截獲日本三辰丸船私運軍火,日本領事反要求我方懲辦緝私人員,並道歉謝罪,廣東大使應其所求,乃己.. 3.27.黃興為「中華國民軍南軍總司令」由越南起兵,兩次攻廣東欽州失敗,潰入十萬大山,走避越南(第七次起義) 簽訂「印藏通商章程」 4.20.台灣縱貫鐵路基隆至高雄全線通車 29 日黃明堂王和順在雲南河口起義,連獲勝利.但革命軍仍終失敗,潰入越南(第八次起義). 直隸大吏與德商訂立合辦井陘煤礦合同. 5.6.清准陸軍設立「陸軍警察」(即憲兵) 6 月京師大學堂優級師範科改為京師優級師範學堂,中國高等師範學校之始 頒各省諮議局章程及議員選舉章程. 7 月上海建築「新舞台」為中國近代第一個具有新式設備舞台的開始. 8.15.清准開辦大學,設立經學、法政、文學、醫科、格致、農科、工科、商科八門,開辦費 200 萬兩. 27 日清頒布「欽定憲法大綱」 9 月向英法銀行借款,用以收回京漢鐵路. 成立「天津眾商公估局」 10 月慈禧病篤,自知來日不多,立年僅三歲溥儀為帝. 14.清光緒皇帝載湉被慈禧命醫師下毒猝逝,清德宗卒姪溥儀(1906~1967)嗣位,明年改元宣統.以生父載灃為監國攝政王.后隆裕太后臨朝攝政在位 3 年.1967 年病死,終年 61 歲. 21 日酉時二刻三分光緒皇帝駕崩,以醇親王載灃之子溥儀入繼大統. 22 日慈禧太皇腹瀉不止,引發多種併發症,在南海鸞殿內安祥崩逝.命載灃為政王監國,改明年為宣統元年. 熊成基任安徽安慶馬炮營隊官起事,被清軍擊潰,奔黑龍江哈爾濱 清慈禧太后崩世,享壽 73 歲(有云慈禧死於 1908.10.22) 慈禧 1852 年被選入宮,1861 年其子載淳即位,發動宮廷政變,改元同治垂簾聽政,1875 年光緒皇帝嗣位仍續其行聽政.身經甲午戰爭「馬關條約」1894.9.21.戊戌政變,幽禁光緒皇帝,八國聯軍,簽訂「辛丑條約」遺恨終身.晚年雖宣布「實行新政」「預備立憲」都未見效果. 11 月美國宣布退還子賠款,以此款用於對華文化活動,如成立清華學堂,培養留學美國學生. 命外務部尚書袁世凱開缺回籍養病. 12.2.溥儀到太廟祭祀列祖列宗,繼舉行他第一次登基大典 定清理地方財政章程 築成滬寧鐵路及南京鐵路 25 日清編設「禁衛軍」攝政王載灃自統之.貝勒載濤等司訓練.

朝代	帝　王	國號	干支	西元	紀　事
清	清德宗 載湉	光緒 **34**	戊申	**1908**	雲南官民合辦箇舊錫務公司.
					清命民營電線改為國營.
					日商在大連成立「日清製油(大豆油)株式會社」」
					陳其美介紹蔣中正加入同盟會
					中瑞通商條約互派使領通商.
					與日訂新奉,吉長鐵路借款續約.
					日美訂協定·
					美國萊特兄弟發明飛機.
					清詔預備立憲年限為九年,屆時召開國會
					贖還京漢鐵路
					北美青年會派遣一批美國體育專業人員來華,到北京、天津、上海、湖南等地青年會任體育幹事,另有進入高等學校體育科、系任教.
					台灣縱貫鐵路全線通車
					伍修權(1908.1.6.-1997.11.9.)湖北陽新人,軍事家,外交家,加入蘇聯共產黨,莫斯科大學,莫斯科步兵學校,回國籌建航空學校,海軍學校,駐南斯拉夫大使,文化大革命被關八年,出來參與審判「四人幫」,獲解放軍紅星榮譽章.
					沈劍虹(1908.7.2.-2007.7.12.)上海市虹口沈家灣人.為蔣中正委員長翻譯「蘇俄在中國」一書.在香港中國郵報,英文虎報,麗的呼聲工作七年,任新聞局長,出使駐澳大利亞大使,外交部長,駐美大使,中共與美建交,降下中華民國國旗回國,
					王炳南(1908.-1988.12.22.)陝西乾縣人,外交家,共產黨員,曾任駐波蘭大使.日內瓦會議秘書長.擔任中美大使級中方首席代表,外交部副部長.
					彭孟緝(1908.9.12.-1997.12.19.)湖北武昌人,黃埔五期,日本砲兵學校,曾任中國有名砲兵十團長,砲兵指揮官,高雄要塞司令.台灣保安司令,參謀總長駐泰國日本大使.惟「二二八事件」「澎湖七一三事件」「師大四六事件」「清鄉工作」遭人物議.引起爭論,現在當事人己死,蓋棺論定,功過自有歷史評價.
					謝東閔(1908.1.25.-2001.4.8.)台灣彰化人,國立中山大學政治系畢業.曾在福建漳州永安福州從事反日活動,中日戰爭結束,被派接收台灣船隊回台灣,曾任台灣省議會議長,台彎師範學院長,台灣省主席,創辦實踐家專,遭到台灣激進份子王幸男炸彈郵包,切除左手.受邀蔣經國之邀擔任中華民國第六任副總統.
					魏火曜(1908-1995.2.6.)台灣新竹人,日本京都帝大畢業.曾任台大醫學院教授,小兒科主任,院長,台大教務長.
					錢思亮(1908.1.9.-1983.9.15.)教育家,美國伊利諾大學理學碩士,哲學博士,曾擔任北大化學系主任,輔仁大學教授,台灣大學校長,中央研究院長,原子能委員會主任委員.

朝代	帝　王	國號	干支	西 元	紀　事
清	清宣統　溥儀	宣統 1	己酉	**1909**	1.2.清廷發佈擢用袁世凱為「軍機大臣、外務部尚書」 18 日清頒行「城鎮鄉地方自治章程」「府廳州縣[地方自治章程」「京師地方自治章程」均未及時實施,清廷即亡. 21 日清愛新覺羅溥儀(1906~1967)即帝位(1909~1912),更改年號為宣統元年.在位 3 年,壽 61 歲 清規定皇帝任海陸軍大元帥. 湖廣總督張之洞卒 設「軍諮處毓」期載濤管理之,並宣示海陸軍大元帥由攝政王等代 命載洵薩鎮冰籌辦海軍,巡視沿海各省武備,尋又赴歐考察海軍.. 頒行地方自治章程 頒行禁止鴉片條例 2.1.在上海召開萬國禁煙會議,英美等國均有參加.. 3.6.清廷詔諭實行「預備立憲,維新開始」之宗旨 5.15.于右任在上海創辦「民呼日報」,10 月 3 日又創刊「民吁日報」,11 月 9 日清判令永久停刊. 6.6.清廷與英法德三國訂「湖廣鐵路借款合同」 詔統一軍政 制定通行銀錢票暫行章程. 7 月清籌建海軍七年計劃(1909~1916),次年正式設立海軍部. 派載洵出洋考察海軍 頒資政院章程 與日本訂立奉天,吉林五案修款 日本強築安奉鐵路,激起北京,天津,及東北各地反日運動,抵制日貨. 滬杭甬鐵路上海至杭州通車. 8 月張之洞死 中日間島條約簽約. 9.1.各省諮議開會,12 月各省諮議局選舉,諮議代表於上海集會,聯合上書請速開國會,清詔嘉獎,但拒絕所請,必俟九年期滿. 中日在北京簽訂「圖們江中韓界務條款」以江為中韓兩國國界. 4 日中日簽訂「東三省交涉五案條款」、「圖們江中韓界務條款」、「間島修約」美國對此表示不滿. 28 日.在天津成立「中國地學會」,翌年創辦「地學雜誌」 張之洞去世(1837~1909),字孝達,號香濤,晃號抱冰.河北人,同治進士,倡導舊學為體,新學為用. 10.1.日人石板莊作於基隆開發「石板文庫」 2 日詹天佑設計的北京至張家口鐵路竣工通車,長 357 公里. 25 日台灣變更地方制度,原設 20 廳縮為 12 廳.總督府下新設「番務本署」 26 日盟會北方支部軍事部長彭家珍,刺殺良弼受重傷未死.29 日趙秉鈞薦中醫送上止痛藥酒,飲後一小時,暴斃. 朝鮮在上海各地設立朝鮮銀行支行 11.3.清在各省成立「南社」文學活動詩歌為主. 成立「國會請願同志會」各要紛起要求儘速召開國會運動 公布「法院編制法」定四級三審制. 12 月頒府州廳縣自治章程, 公布電話暫行章程. 京張鐵路通車,這是中國工程師詹天佑設計第一條鐵路. 浙江錢局改為浙江銀行,官商合資. 訂簡易識字學塾章程. 上海英商私設無線電,經交涉收歸上海電報局接管.

朝代	帝 王	國號	干支	西 元	紀 事
清	清宣統 溥儀	宣統 1	己酉	**1909**	日本成立東亞興業會社,專為對華借款投資事. 蘇俄在阿什河設糖廠 日本設小李油房. 美教會在武昌設立文華大學. 熊成基逝世. 首座國家圖書館『京師圖書館』在北京籌建. 清政府開始進行第一次全國人口調查,1910 年估計全國人口約 3.68 億人. 美國發起邀約各國在上海開會議定禁煙條約 中日簽訂間島協約及東三省五案協約：中國如造新鐵路,應先與日本商議. 中國允許日本保留大石橋至營口支線商定撫順煙台兩礦外由中日會辦,京奉路展造至奉天城城. 在上海成立「上海日報公會」 日本提出東三省六懸案. 中國允許日本吉長鐵路延展至朝鮮會寧,安奉鐵路由日本改造,開吉林東南四處為商埠,韓人照舊墾居. 中英訂定廣州龍鐵路合同 中美簽訂錦璦鐵路借款草約,日俄紛提抗議. 美國提議滿洲鐵路中立計劃 湖南反對鐵路借款 俄日反對美國滿洲鐵路中立計劃 粵人力爭粵漢鐵路商辦. 圖們江中韓界線條款認圖們江為中韓國界開放四處商埠 韓國安重根刺殺日本首相伊藤博文.. 宋任窮, (1909.7.11.-2005.1.8.) 1926 年加入共青團,任湖南瀏陽沖和農民協會長,特支書記.長征占遵義,曾任中共軍校校長,軍長,軍區司令,雲南省委,中共中央書記,工業部長,並獲八一勳章,自由獨立勳章,解放勳章.

朝代	帝　王	國號	干支	西 元	紀　事
清	清宣統 溥儀	宣統 **2**	庚戌	**1910**	蔣中正在日本振武學校卒業,升入高田陸軍第13師團野砲兵第19聯隊為士官候補生. 清成立「資政院」命纂憲法,各地督撫奏請立即籌組內閣,召開國會. 清准於宣統五年開設議院 頒新刑律暫行章程及幣制則例 頒布明年預算案 清設立海軍部,以載洵為大臣,又以蔭昌為陸軍大臣 革去達賴封號.達賴抵拉薩,致函北京英法俄英駐華公使,轉達英政府,反對中國軍隊西藏,清遣四川鍾穎率軍入藏,達賴無力抵抗,逃亡印度. 清命滿、漢文武諸臣,一律自稱為臣.滿員不得再自稱「奴才」 1.3.革命黨趙聲倪映典廣州起義,清水師提督李準擊,之倪映典死,遂敗(第九次起義).　台灣開始實施「五年理番計畫」 汪精衛等謀刺攝政王載灃,事洩被捕. 黃興策動廣州新軍倪映典等起義,無後援而失敗. 30日(陰曆2.30.)熊成基在哈爾濱圖謀除去滿清遣派出洋考察海軍大臣載[洵,受奸人出賣,謀刺不成,被捕遇害. 2.7.清頒布中國第一部近代義的「法院編制法」、著作權法『大清著作權律』 12日廣州新軍炮兵排長倪映典在廣州組織新軍起義失敗. 3月香港成立「香港中文大學」港督盧押兼任校長. 湖南長沙飢民起事,焚毀巡撫衙門及教堂,學校. 裁奉天巡撫 成立「北洋保商銀行」 滇越鐵路建成. 4.1.頒「大清新刑律」 度支部定幣制則例 公布造幣章程 台灣臨時「舊慣調查會編」(台灣私法)共3冊告成 21日台灣總督府公布「番務監視規則」 湖南長沙發生搶米風潮. 5.4.孫中山至日本,陳其美介紹蔣中正首次晉謁,傾談國事. 9日台灣總督發動「大嵙崁之役」對泰雅族大嵙崁番進行圍剿 24日清頒行「幣制則例」 中俄合資之「俄亞銀行」成立 山東萊陽人民起義反抗苛捐,遭鎮壓失敗,死傷甚眾. 各省置交涉使 制定印刷紙幣之印刷局章程. 6月日、俄再重新協定劃分滿洲勢力範圍 8月向英借款收回京漢鐵路. 為修補津浦鐵路再向英借款 29日日本併吞韓國(1392-1910),設朝鮮總督. 9月香港九廣鐵路通車,全長352.2公里. 10.3.清成立「資政院」 11日于右任在上海創辦「民主報」 27 日清向美國貸款改革幣制,及振興東三省實業.與美國簽訂幣制實業借款草約向美借款五千萬美元. 30日台灣公佈「台灣林野調查規則」 11月各省督撫及資政院請頒憲法,組織內閣,速開國會. 設海軍部,以貝勒載洵為海軍大臣.

朝代	帝　王	國號	干支	西 元	紀　事
清	清宣統 溥儀	宣統 **2**	庚戌	**1910**	11月美國聯合英德法三國組成四國銀行團,先後貸款給清政府1,600萬英鎊 中俄簽訂松花江自由行船章程 福建漳州至廈門鐵路築成. 美教會先後成立「金陵大學」及成都「華西協和大學」 清准蒙古人民移墾及,蒙漢通婚. 湖廣鐵路合同經各國銀行團簽字. 俄商兼併北滿問題. 俄使要求修訂1881年陸路通商章程,增設蒙古境內設領事館,清廷拒之. 外務部聲明維持中國東三省主權,各國機會均等,及開發東三省工商實業事 墨西哥發生反抗外國影響的革命. 1910 年日本把朝鮮合併,復在東北和蒙古活動,圖立滿人和蒙古王公在滿洲和蒙古建立新國. 首屆官商合辦商品博覽會－南洋勸業會在南京舉辦。 『小說月報』在上海創刊 華羅庚(1910.11.12.-1985.6.12.)江蘇金壇人,名數學家,中國解析數理論,典型群,矩陣幾何學,自守函數論,多元複變函數多方面創始人與奠基者.享譽國際,曾去日本講學.國人為了感念他,事物多以他的名字命名.如「華羅庚中學」「華羅庚定律」 蔣經國(1910.4.27.-1988.1.13.)浙江奉化人,留學蘇俄,與鄧小平同學,曾加入共產黨,在蘇聯工作期間,與芳娜結婚,生下蔣孝文,回國任贛南行政督察專員,有「蔣青天」美名,後青年軍政治部主任,來台灣任政治部主任,行政院國軍退除役軍人輔導委員會主任委,國防部長,行政院長,中華民國總統. 余紀忠(1910.4.16.-2002.4.9.)江蘇武進人,英國倫敦政經學院畢業,七七抗戰投筆從戎參加青年軍,大陸危急來台灣,創辦「中國時報」取捨由時,行藏在我.一位時建言者.伸張正義,關懷弱勢人群,從事社會事業.

朝代	帝王	國號	干支	西元	紀事
清	清宣統 溥儀	宣統 3	辛亥	1911	1 月台灣霧社原住民反抗日本,「日本第二次討伐霧社」軟硬兼施,邀請霧社頭目去日本觀光, 同日日本駐台灣總督府下令收繳地方槍枝火藥. 25 日清頒「新刑律(大清)總則、分則」 2 月革命黨汪兆銘、黃復生,炸攝政王載灃失敗被逮,處無期徒刑 溫生才槍殺廣州將軍孚琦,被捕處死. 設立川邊巴安康定二府及登科府 8 日台灣阿里山鐵路通車 11 日台灣黃玉階發起「斷髮不改裝會」 4.3.萬國防疫會在奉天省城舉行. 27 日(農曆 3.29 日) 世稱「**黃花岡之役**」黃興廣州黃花崗(第十次起義)起義失敗,72 烈士殉難(有云 86 人)安葬黃花崗,轟烈事蹟,震驚全世界. 黃興輓:酣戰春雲湛碧血,四百兆國字,愁看秋雨濕黃花. 廣州將軍孚琦被刺 29 日清華學堂正式開課. 清成立內閣,慶親王交劻任總理大臣,輿論譁,然稱為「皇族內閣」 郵傳部大臣盛宣懷奏請宣佈鐵路國有,反對者紛起. 郵傳部與英美德法銀行團訂立粵漢川漢鐵路借款.國父向四國銀行團交涉停止英借款. 頒令禁止栽種鴉片、吸食、輸入. 5.8.清頒新內閣官制,下設外務、民政、度支、學、陸軍、法、農工商、郵傳、理藩十部,稱之為「皇族內閣」 18 日汪詒年在上海創辦「時事新報」 「保路運動」湖南人力爭收路權,清令格殺勿論.四川亦力爭收路權,清王人文奏請恤遭斥 清廷將劃規民辦的川漢、粵漢鐵路收第國有.旋又將築權出賣英法;德美四國銀行團,激起湘鄂川粵人民反對,爆發保路運動. 6 月各省諮議局請另組責任內閣,清政府不許. 潤六月,革命黨陳敬嶽炸廣東水師提督李準僅傷右手及腰部,被處死. 蔡鍔撰編「曾國藩、胡林翼治兵語錄」 7 月四川力爭鐵路,罷市罷課,停納捐稅,要求川路商辦.清解散保路會,下令違者格殺勿論,並命端方率軍入川. 川督趙爾豐殺戮爭路人民,成都被圍. 26~30 日台灣豪雨成災,南北交通中斷. 8.3.湖北革命團體共會與當地新月車中的秘密革命組織社聯合,建立領導起義的機構. 文學社首領蔣翊武任總指揮, 共進會首領之孫武為參謀長. 19 日(新曆 10 月 10 日)武昌新軍因情況發生變化,湖北革命黨發動提前起義武昌起義,總督瑞澂逃上海,全國響應,各省紛紛宣布獨立.推黎元洪為都督,組織軍政府, 20 日清晨攻克總督衙門,起義軍占領武昌城. 21 日漢陽、漢口均告光復,落入革命軍手中 新軍協統黎元洪被推為都督,組織湖北軍政府,向全國宣告獨立. 24 日申報副刊「自由談」創刊 29 日「大陸報」在上海創刊 廣九鐵路從廣州至深圳全線通車.

朝代	帝　　王	國號	干支	西 元	紀　　　　事
清	清宣統 溥儀	宣統 **3**	辛亥	**1911**	9.1.湖南新軍變,宣佈獨立
					2 日江西九江新軍變,宣佈獨立
					4 日陝西新軍變,宣佈獨立
					6 日清命袁世凱擊革命黨
					8 日山西新軍變,宣佈獨立.駐灤州(河北灤縣)第 20 鎮統制張紹曾,第二混成協協統藍天蔚上電清政府提 12 條,要求立憲,清政府大懼,覆電悉允.
					9 日雲南新軍變,宣佈獨立
					10 日江西新軍變,宣佈獨立
					11 日清取消皇族內閣
					12 日清命袁世凱任內閣大臣
					13 日上海新軍變,宣佈獨立.清頒布憲法信條 19 條,解除黨禁,大赦政治犯.然各省革命軍紛紛宣佈獨立
					14 日江蘇浙江貴州三省同日新軍變,宣佈獨立
					17 日廣西新軍變,宣佈獨立
					18 日安徽廣東二省同日新軍變,宣佈獨立
					19 日福建新軍變,宣佈獨立
					21 日山東新軍變,宣佈獨立
					10.10. .(農曆 8.19).湖北革命黨人熊秉坤起義,清湖廣總督瑞澂,陸軍第八鎮統制張彪,棄武昌逃凂,革命軍推 21 混成協協統黎元洪為鄂軍都督,渡長江陷漢口漢陽,各國使節宣布中立,辛亥革命成功.〔辛亥革命〕武昌起義推翻滿清.清朝滅亡,皇帝世襲制度終止。
					11.日袁世凱唐紹儀與革命軍議和,停戰三日.
					12 日革命軍武昌義起義成功,江浙滬聯軍攻陷南京,成立共和政府.
					黎元洪以中華民國軍政府鄂省都督的名義,對外交涉,對漢口各國領事館發出照會 (與同盟會在東京成立時制訂之「中國革命同盟會革命方略」內容略同)：
					1. 所有中國在革命前與外國締訂之條約,皆繼續有效.
					2. 賠款與外債繼續負擔.
					3. 所有外國人既得權利一體保護
					4. 保護外人在革命占領區域內的生命及財產安全
					5. 所有清政府與各國所訂條約、所許各國權利、與各國所借國債,其事件成立於革命之後者,概不承認.
					6. 外人協助清政府者,以敵人看待
					7. 外人以軍用物資供應清政府者,予以沒收.
					武昌起義成功,蔣中正微服回國趕至上海.
					陳其美令蔣主持攻浙任務,擔任先鋒隊指揮官.
					蔣中正後擔任滬軍第五團團長,協助陳其美謀定全國.
					14 日胡石庵於漢口創辦「大漢報」
					15 日清政府與革命軍停戰延期 15 日.
					16 日清攝政王退位,辛亥革命成功建立中華民國,孫中山先生就任首任臨時大總統(1911-1912)宣佈共和政體,定國號為中華民國,改用陽曆.
					推翻滿清政府時,孫中山尚在美國,轉向英國交涉成功：
					1. 止絕對清廷一切貸款
					2. 制止日本協助清廷
					3.取消各英屬政府對他個人的放逐令,以便返國.
					中華民國國民政府在武昌創刊第一個機關報「中華民國公報」

朝代	帝王	國號	干支	西元	紀事
清	清宣統 溥儀	宣統 3	辛亥	1911	18 日英法俄德日各國使節宣佈(辛亥革命)中立 26 日孫中山在上海哈同花園宴會,清廷派李方行行刺,被陳英士、尹銳志、尹維峻警覺撻救脫險. 11.1.清皇族內閣辭職,清起用袁世凱為內閣總理大臣 5 日蔣中正率敢死隊進攻浙江撫署,光復杭州 10 日直奉魯豫鄂湘桂閩晉陝滇贛蜀蘇浙黔等 17 省代表齊集南京. 13 日同盟會在檳城召開會議.到會者有孫中山、黃興、胡漢民、趙聲等和華僑代表共 53 人. 16 日袁世凱入京就任總理大臣,組成清末第二任內閣. 12.1.外蒙古一部分王公僧侶宣告「獨立」在蘇俄扶持下正式成立「大蒙古國」活佛哲布尊丹巴任「大蒙古國皇帝」蘇俄派千餘人軍隊駐防,軍官 45 名,及各類「顧問」控制外蒙古. 18 日南北和議在上海召開,孫中山把臨時大總職位讓給袁世凱,袁世凱迫使帝退位,1912 年 2 月 15 日南北和議完成 20 日中俄簽訂「滿洲里界約」

清朝時期平民起義領袖：

年代	起義領袖	發生地	年代	起義領袖	發生地
1661	吳三桂	雲南貴州	**1803**	蔡牽	台灣海峽
	尚可喜	廣東廣西	**1806**	陳達順	陝西寧陝
	耿仲明	福建福州	**1807**	周士貴	陝西西鄉
1765	賴黑林拉	新疆烏什	**1813**	林清	北京大興黃村
1767		新疆昌吉		李文成	河南滑縣
1768	黃教	台灣鳳山		萬五	陝西岐山三才峽
1774	王倫	山東壽張	**1820**	張格爾	新疆喀什爾
1775	劉松	河南鹿邑	**1830**	王素普	新疆喀什噶爾
1777	王伏林	甘肅河州	**1831**	趙金龍	湖南永州
1781	蘇四十三	甘肅河州	**1846**	馬國海	雲南緬寧
1784	田五	甘肅馬家堡	**1847**	加他漢	新疆喀什噶爾
1786	林爽文	台灣彰化			
1793	劉之協	河南扶溝			
1795	石柳鄧	貴州銅仁			
1796	聶傑人	湖北枝江			
1796	王二槐	四川太平	**1921**	孫中山	湖北湖南廣東

東三省流行鼠疫

首次在中國奉天召開國際學術會議－萬國聯疫會議

英國陰謀唆使西藏獨立.

俄國陰謀操縱,趁武昌起義兵荒馬亂,無暇顧及外務,乘機宣佈建立「大蒙古獨立帝國」

外蒙古庫倫活佛宣佈獨立.

俄質詢蒙古新政,聲言將籌策對付方法.

拉薩兵變

俄國以最後通牒陳兵邊境,迫使中國承認兩國邊境百公里以內無稅貿易.

俄國取得法權在蒙古新疆可自由行動,數處設立領事,及准許俄人購地建屋

中華佛教總會在上海靜安寺成立,會長寄禪法師.為中國第一個全國統一佛教團體.

日向英美建議中國應維持清廷實行君主立憲.日使警告袁世凱,聲稱不承認中國改建共和.

朝代	帝　王	國號	干支	西元	紀　事
清	清宣統 溥儀	宣統 **3**	辛亥	**1911**	

清末皇帝溥儀始略：

時　間	紀　事
1906	溥儀出生,光緒皇帝侄兒,其父即醇親王載灃.
1909	繼帝位,溥儀時年 4 歲.
1911.11.4.	「攝政內閣」會議通過「優待清室條件五條」決議責令廢帝溥儀交出玉璽,即日出宮,其優待條件如下: 一.太清宣統皇帝,即日永遠廢除皇帝尊號,享有中華民國國民國民法律上之權利及義務. 二.本條件修正後,民國政府每年支出五十萬元,設立北京貧民工場,收容滿旗貧民. 三.清室即日移紫禁城,自由選擇住所,民國政府負責保護. 四.清室社稷之祭祀等項,民國政府設法處理之. 五.清室私產,仍歸私有,一切公產,民國政府沒收之.
1911.11.21.	瑜、瑾兩大妃從容收拾私物遷出.
	所有清宮財物珍寶,則由李煜瀛、易培基、莊蘊寬、吳敬恒等會同紹英,近支王公等,一一點收,組織「清宮保管委員會」劃分公私品.公者由國民政府組織特別機構保管,私者則歸還溥儀.
1911.12.26.	清隆裕太后及清帝溥儀宣告遜位,**清亡**
1917	張勳復辟,企圖恢復溥儀皇帝帝位,十二天曇花一現,旋即退位還宮.
1924.11.15.	馮玉祥派兵促其遷離紫禁城,搬進北府.
1932.8 月	日本策劃遠走吉林長春,就任滿州國,就任滿州國執政.定年號大同.
1934.3.1.	溥儀登基為「滿州國」康德皇帝,作為日本傀儡,受盡屈辱.
1945.	8 月日本戰敗投降,溥儀於逃亡通化路上,宣告退位. 9 月溥儀被蘇聯逮捕,押往赤塔.
1950	溥儀被遣送回國,擔任北京中山公園管理,旋釋放擔任中共政協委員.
1967	溥儀病死,享壽 61 歲.

錢學森(1911.12.11.-2009.10.31.)江蘇杭州,交通大學畢業,庚子賠款公費留美,麻省理工學院空氣動力學獲碩士學位,加州理工學院博士.研究火箭固體燃料結構屈曲,風洞的匯聚風斗之設計,赴德國研習火箭功能.領導美國太空火箭研究.領有加州大學傑出校友獎.因其了解科學機密太多,他申請回國不准,遭美國判刑.幾經名律師辯護,又中美日內瓦雙邊會談,美國為顧全和談氣氛,及促使和談成功,錢學森才獲得美國釋放回中國.成為原子彈,核子武器發展貢獻甚巨.

李建和(1911.4.3.-1971.9.2.)台灣新北市瑞芳人,台灣礦業鉅子,擁有海山煤礦,瑞芳煤礦,瑞三礦業,修建路,興煤礦學校,建寺廟,

中華民國

(西元 1912 ~ 迄今)

孫逸仙（中山）

黃　興

蔣介石（中正）

蔣經國

中華民國		紀元	干支	紀　　要
元 首	年號			
孫中山 袁世凱	**1**	**1912**	壬子	1.1. 辛亥革命武昌起義成功,中華民國南京政臨時政府成立,孫中山就任臨時大總統,國號「中華民國」改用陽曆.定都北京,頒布「中華民國臨時約法」. 國務院總理：唐紹儀、陸徵祥. 趙秉鈞(1912-1913) 蔣宋美齡父親宋嘉樹帶著女兒宋慶齡前來祝賀孫中山就任總統,聆聽他宣佈中華民國政府成立.北京的政府照樣運作,南、北兩方仍陷政治僵局. 海牙和平會議決議「禁運鴉片嗎啡」進入中國. 陸費達在上海創辦「中華書局」與商務印書館齊名為近代兩大出版公司 2 日中華民國政府發布「宣告各友邦書」承認滿清與各國締結的條約. 3 日黎元洪當選為副總統,黃興為陸軍總長黃鍾瑛任海軍總長,王寵惠任外交總長,陳錦濤任財政總長,湯壽潛任交通總長. 此一混合內閣並不健全,各省都督不盡聽命中央.武昌、上海革命黨人壁壘分明,上海方面以正自居,武昌方面以首義功高,而在中央未佔重要位置,憤憤不平,遇事立異. 4 日章炳麟等脫離同盟會,成立中華民國聯合會,在上海創辦「大共和日報」 14 日光復會領袖陶成章在上海廣慈醫院被刺身亡.人們多懷疑是陳其美指使蔣介石所為.後來毛思誠編著「民國 15 年以前之蔣介石先生」書中,承認不諱.且蔣介石在自撰「中正自述事略」「自白」坦陳所為. 15 日袁世凱權謀媚清,孫文電袁世凱,表示願意讓賢由袁世凱出任總統,條件是清宣統皇帝遜位.袁世凱同意與滿清劃清界線,接受共和. 16 日袁進見清隆裕,行至東華門外,革命黨人張光培、楊裕昌、黃之萌,拋擲炸彈,傷斃多人,袁世凱倖免,張等被捕遇害. 19 日政府頒發「普通教育暫行辦法通令」規定初小可男女同校,教科書須合乎民國宗旨,前小學讀經科,一律廢止. 28 日中華民國臨時參議院成立,議員為各省都督的代表。 2.2.公佈「法官考試條例」2 月 4~7 日舉行中華民國第一屆司法官考試 12 日清隆裕太后宣佈「宣統皇帝辭位懿旨」照會各國公使,清朝至此宣告終結,中國帝王專制政體從此廢除. 13 日孫中山請辭臨時大總統,舉袁世凱自代 14 日袁世凱被推為中華民國總統 15 日參議院選舉袁世凱為臨時總統.政府決遷移北京. 公佈臨時約法 孫文遵奉古代祭祖儀式,率眾到南京市郊明陵祭拜明太祖,報告革命已經成功,滿清已經覆亡. 19 政黨相繼成立,後經協議各不同政黨團體合併為「國民黨」如: (1) 由陳錦濤徐謙等發起的國民共進會在上海成立. (2) 合併於國民黨的國民公黨在上海成立,有王人文溫宗堯岑煊程德全等 (3) 共和實進會在上海成立,由王寵惠為領袖 (4) 其他的尚有共和黨民主黨保守黨國會同志會憲政公會政德會…. 公推孫中山、黃興、宋教仁、王寵惠、王人文、吳景濂等為理事,閻錫山、張繼、溫宗堯、陳錦濤、徐謙、景耀月、譚延闓等為參議 保守派的統一黨共和黨民主黨,後三黨合併為進步黨,繼續與國民黨對抗. 吳稚暉、李石曾、吳玉章等在北京成立「留法儉學會」 佛教寄禪法師在北京去世,追悼會上,太虛法師提出「教理革命、教制革命、教產革命」三大主張,倡導佛教革命,以追隨三民主義.

中華民國 元首	中華民國 年號	紀元	干支	紀要
袁世凱	**1**	**1912**	壬子	29 日北京發生兵變,天津、保定、通州、接連發生.有人稱,此為袁世凱所指使,事後變兵未受任何處分. 清朝設立之「大清銀行」改為「中國銀行」 政府發揚「民權」實行「文明訴訟辦法」華、洋人訴訟地位平等,確保公民上訴權,禁止刑訊逼供等行為. 3.3.同盟會為公開的政黨,選孫中山為總理,黃興、黎元洪為協理,宋教仁、胡漢民、汪兆銘為幹事. 各支部代表：廣東馮自由,武昌田桐,湖州蔣中正等. 唐紹儀任國務總理. 10 日袁世凱就任臨時大總統 湖南長沙善化學宮成立「聯合師範」,徐特立擔任校長,後更名「長沙師範」後來學校遷往長沙市荷花池. 11 日中華民國公佈「臨時約法」 13 日中華民國南京臨時政府改組,袁世凱提名唐紹儀為國務總理,袁系的趙秉鈞、段祺瑞、劉冠雄分任內務、陸軍、海軍總長,立憲派的熊希齡任財政總長、同盟會的王寵惠、蔡元培、宋教仁、陳其美分任司法、教育、農林、工商總長. 19 日女同盟會員唐群英等要求女子參政權.4 月 8 日南京成立「女子參政同盟會」 23 日台灣南投「三菱製紙會社」為竹林產權問題發生糾紛,日本強行將台灣嘉義、斗六、林圯埔(今南投竹山)山林沒收,引起劉乾、林啓楨不滿,發動反日運動,造成〔台灣林圯埔事件〕最後劉、林兩人皆被處死. 31 日臨時參議院討論,決定民國主權屬於國民全體,以參議院、總統、國務員行使統治權.人民一律平等,不分種族、階級、宗教,均在法律上享有身體、家宅、財產營業、言論、集會、結社、書信秘密、居住、遷移、信仰自由,有請願、陳訴、訴訟、任官、考試、選舉、被選舉權利,及納稅、服兵役義務. 4.1.孫中山宣佈自行解除臨時總統職務,黃興在南京留守,統轄南方各軍. 2 日臨時參議院議決,臨時政府遷設北京,南北統一. 由共和統一黨、國民共進會、政治談話會三個團體合併而成的「統一共和黨」四月在南京成立.推選蔡鍔、張鳳翽、王芝祥、孫毓筠、沈秉堃為總務幹事,殷汝驪、彭允彝等為常務幹事.景耀月、吳景濂等為參議. 8 日袁世凱召開第一屆國會. 21 日中華民國國務院成立 5.9.由統一黨、民社、民國公會、國民共進會、國民協進會、國民黨,聯合組成「共和黨」在上海成立.黎元洪為理事長. 京師大學建於 1898 年,更名為「北京大學」嚴復任校長. 中華佛教總會召開第一次全國代表大會. 29 日「共和、民主、統一」三黨正式合併為「進步黨」 6.1.「台灣總督府」新址動土開工 陸徵祥繼任參議院移北京開會 8 日政府公佈五色旗為國旗,十九星旗為陸軍旗,青天白日旗為海軍旗. 16 日國務院總理唐紹儀辭職出京,同盟會閣員繼之紛紛求去.趙秉鈞繼任國務總理. 27 日台灣爆發「土庫事件」 1906 年創辦之「陸軍軍官學堂」易名為「保定陸軍軍官學校」 7.10.~8.10.改革教育,規定「壬子學制」：小學四年,高小三年,中學四年,大學預科三年,本科三年或四年. 川督尹昌衡出征西藏,復封西藏達賴喇嘛 四川鐵路收歸國有

中華民國		紀元	干支	紀要
元首	年號			
袁世凱	**1**	**1912**	壬子	15日中國社會黨「新世界」第五期發表恩格斯「理想的社會主義與實行社會主義」
				30日日本明治天皇病逝,皇太子大正天皇繼位
				8.10. 公布「國會組織法」及「議員選舉法」
				24日孫文應袁世凱之邀北上入京,待以上賓之禮,與從未謀面的袁世凱謀面,相談數小時,兩人似乎認同共和理念和理想.
				25日中國同盟會、統一共和黨與其他革命組織三個小政黨,在北京湖廣會館擴大改組成立〔國民黨〕孫中山任理事長,黃興、宋教仁、王寵惠、吳景濂等為理事.
				中華工程師會成立,詹天佑為會長
				9月趙愛鈞任國務總理
				9日袁世凱請孫文督辦全國鐵路
				28日訂每年10月10日為中華民國國慶日
				袁世凱「改造大貸款」疑進入袁世凱私庫,南方舉兵反抗,遭袁枚平.
				孫文公開致電袁世凱要求他下野,以求南北和平治理.袁世凱拒絕.因而南京政府宣佈獨立.
				國民黨組織「討袁運動」成為「二次革命」袁派兵,鎮壓,孫文逃逸日本.
				10.22.教育部頒「專門學校令」、「大學令」、「大學學規」
				更量才接辦「申報」
				11月蘇俄與外蒙古私訂協約,中國朝野憤概.蘇俄駐華大使通向我國外交部抗議.
				任黃興督辦漢川鐵路
				3日中俄簽訂「俄蒙協約」規定俄國政府扶助蒙古保持現成立的自治秩序,輔助蒙古編練國民軍,不准中國軍隊進入蒙古境內,不准華人移殖蒙古
				袁世凱對國民黨發出警告,凡有倡言革命者,依法嚴辦.
				同日簽訂「商務專條」,規定俄人得在蒙古各地自由居住移動,俄商免納入口各稅,在蒙古享有礦產森林漁業等權利.
				湖南彭海鯤在長沙福臨舖古台創辦「開物農業學校」為湖南建立最早的農業學校.
				12.12.頒最早的「專利法」『暫行工藝品獎勵章程』
				15日袁世凱公佈「戒嚴法」
				25日台灣阿里山森林鐵路火車通車
				26日清隆裕太后、及清帝溥儀宣告退位,清亡.立國296年.中國歷時五千年帝王專制政體從此廢止. 政府公佈優待清室條件
				日俄私訂密約,將內蒙劃分為東、西兩部,東為日本勢力範圍,西為俄國勢力範圍,未視中國為主權國家.
				劉師復在廣州創設「晦鳴學社」、「心社」宣傳無政府主義
				北洋政府發行「民國公債」「短期國庫證券」「有獎公債」
				河南寶豐人白朗率領豫西一帶農民武裝起義,史稱「白朗起義」
				袁世凱在上海創辦機關報「亞細亞日報」
				中國私人資本和民族工業開始進入「黃金發展時期」
				袁家騮(1912.4.5.-2003.2.11.)河南安陽人,物理學家,科學家吳健雄博士的丈夫,祖父袁世凱,燕京大學畢業得美駐華大使司徒雷登之助,赴美國柏克萊大學就讀,在美國普林斯大學從事長期研究工作,在「中子來源」「高能質子加速器」「共振物理學」「宇宙線」「無電定向探測」「調頻雷達系統」等領域貢獻頗大.
				吳健雄(1912.5.31.-1997.2.16.)上海人,物理學家,科學家袁家騮的夫人,被譽「物理第一夫人」「核子研究女」「中國居里夫人」,中央大學畢業,入美國伯克利加州大學.對「B衰變」「宇稱不守恒」「穆斯堡爾效應」頗研究,獲得世界崇高地位伍爾夫物理獎,及英國愛丁堡皇家科學院院士,先後獲美國羅斯福,尼克遜,卡特,雷根總統,及中華民國蔣中正總統,中共總周恩來,鄧小平等偉人召見.中國諾貝爾獎得獎人楊振寧,李政道都是她的門生.

中華民國		紀元	干支	紀要
元首	年號			
袁世凱	**1**	**1912**	壬子	閻振興(1912.7.10.-2005.1.7.)河南汝南人,美國愛荷華大學博士,從事黃河流域河川水利工作,河南大學,台灣大學,成功大學,華大學,中山科學院教授院長校長教育部長, 錢偉長(1912.10.9.-2010.7.30.)江蘇無錫人,數學家,教育家,力學家.加拿大多倫多大學畢業.曾任西南聯大,上海大學,上海工業大學,暨南大學,南京大學,江南大學,教授校長.對物理力學,飛彈,航空太空有深入研究., 馬紀壯(1912-1998)海軍青島學校,參加過大陳島,南日島,東山島等戰役,戰功卓著.曾任海軍參謀長,總司令,國防部副部長,駐泰國大使,總統府秘書長,駐日本代表. 馬思聰(1912.5.7.-1987.5.20.)廣東海豐人,法國巴音樂學院畢業, 作曲家,名小提琴家,享譽國內外.

中華民國		紀元	干支	紀要
元首	年號			
黎元洪	**2**	**1913**	癸醜	1月黃興辭職 2日台灣第一條客運汽車通車(臺北至圓山間) 2.4.北京參議院、眾議院議員複選. 13日孫中山辭去臨時大總統職務,自上海至日本東京,袁世凱就任第一屆大總統. 孫中山與日本首相桂太郎共同發起「中日同盟會」 15日教育部召開「讀音統一會」擬定39個拼音字母 陳煥章在上海創刊「孔教會雜誌」 3.20.國民黨代理理事長宋教仁,湖南桃源人(1882~1913.3.20),因組政黨內閣為袁世凱不滿,在上海火車站被刺,二日後身亡,年方32歲.該案為洪述祖、趙秉鈞奉袁世凱命所為.洪述祖於1917年被捕,經審判後,於1919年處死. 22日康有為在上海創刊「不忍雜誌」尊孔復辟. 25日孫中山聞宋教仁被刺身亡,自日本趕回上海,欲起兵討袁,因黨內意見遷延蹉跎未果,袁世凱則調兵遣將,欲與國民黨對抗. 美國總統威爾遜(W.Wilson)以借款條件有損中國行政獨立,及門戶開放政策,宣布退出「六國銀行團」而僅「五國銀行團(英、法、德、俄、日)」 4.8.中國國民大會在北京召開第一屆國會,各國相繼承認中國 川邊告緊善後大借款成立,國會以未通過反對之. 進步黨成立,與國民黨對峙,反對民國. 20日台灣張火爐領導「大甲大湖起義,反對日本統治」 26日袁世凱北洋政府未經國會同意,向英、法、德、俄、日五國銀行團簽訂「善後借款合同」借款二千五百萬英鎊,以鹽稅、關稅作擔保,國民黨議員、省督參議院長聯合通電指為違法借款. 成立「中華全國道德總會」北京白靈觀方丈陳明霖任會長. 5月美國率先承認中華民國之後,各國次第承認中華民國. 20日中俄簽訂「中俄協約」俄國承認蒙古為中國領土完全的一部分,中國答應不變更外蒙古的地方自治制度.允許蒙古有組織軍隊及員警之權,允許外蒙古有拒絕非蒙古人向其境內移民權,俄國在外蒙古居於調處之地位. 29日中國共和黨、統一黨、民主黨合併而成「進步黨」主旨「國家主義」黎元理事長、梁啟超、張謇、熊希齡、湯化龍、孫武、伍廷芳等九人為理事. 6.9.袁世凱以反對「善後借款、不服從中央」之名,免除兩江總督李烈鈞、安徽都督柏文蔚、廣東都濬胡漢民之職務.並派兵進駐江西. 設立「地質研究所」丁文江任所長 7.12.李烈鈞在江西九江組織「討袁軍總司令部」 20日中國發生「第二次革命」黃興、李烈鈞分別在江西、江蘇、安徽、湖南等省宣佈獨立,宣言討袁 21日孫中山在上海發表宣言,勸袁世凱放棄帝制妄想,迅即辭職,避免戰禍. 湘洛樟鐵路收歸國有 香港政府為便管理中國居民,設立「華民政務司」 25日袁世凱部李純奪取湖口. 29日黃興離開南京,8.25.入南昌,9.1.南京為袁軍張勳佔領.上海討袁軍總司令陳其美屢攻南京不克,8.13.失敗. 8.6.安慶柏文蔚出走.福建孫道仁、湖南譚延闓宣布獨立. 袁世凱籲停止用兵,及各省省議會職權 孫中山與日本澀澤子爵協議創辦「中日實業有限公司」 9.1.袁世凱軍攻克南京,二次革命失敗,軍警監視國會,孫中山被迫流亡日本. 11日袁世凱命熊希齡為總理組成「名流內閣」梁啟超、孫寶琦、張謇等為閣員

中華民國 元首	年號	紀元	干支	紀要
黎元洪	**2**	**1913**	癸丑	27 日「孔教會」在山東曲阜召開第一次全國大會 孫中山總理在東京籌組「中華革命黨」 10 月蔣中正加入中華革命黨,東渡日本.獲得孫中山總理召見. 5 日袁世凱秘密接受日本籌建滿蒙五鐵路－四平街至洮南,開源至海龍,長春至洮南,海龍至吉林. 6 日袁世凱利用便衣警察與地痞流氓無賴組成之「公民團」包圍會場,強勢威脅國會選出袁世凱為大總統,黎元洪為副總統. 袁世凱大肆搜捕國民黨議員 10 日袁世凱就職國民政府總統. 13 日中、英、藏三方代表在印度西姆拉開會,討論「西藏問題」 台灣破獲「關帝廟事件」 31 日「天壇憲法草案」通過 香港政府禁用外國貨幣,包括中國銀元、銅幣. 11.4.袁世凱下令解散國民黨,並撤銷國民黨籍國會議員資格,強迫交還議員證書、徽章. 5 日中俄議訂「聲明文件」俄承認外蒙古為中國領土的一部份,北京政府承認外蒙古的「自治」及「俄蒙商務專條」1921 強占外蒙. 15 日袁世凱擅以諮詢「政治會議」代替國會,24 日袁批准「政治會議規則」1914 年 1 月 10 日袁世凱下令停止兩院現有議員職務. 20 日台灣爆發「苗栗羅福星事件」 北京成立「社會實進會」 中、英、藏三方代表在印度西姆拉(Simla)會議,依英國代表麥克馬洪(A>H>McMahon)的要求,1914.4.27.訂暫草約,分西藏為內外二部,以青海南部,及四川西部為內藏,其以南及以西為外藏,劃為自治區.7.2.英國逕與西藏簽訂正約並擴大,劃分藏、印東界,即所謂「麥克馬洪線」是後達賴東犯,西庫幾盡為所陷,西藏等於脫離中國. 12 月黎元洪入京 袁氏召開政治會議 2 日台灣爆發「東勢角事件」 18 日台灣發生「苗栗事件」抗日英雄羅福助起義,消息洩露在淡水被日本被捕殉難. 羅福助(1886~1914)字東亞,號國權,原籍廣東鎮平縣人,在印尼出生 一歲回到廣東,1903 年隨家人來台,居住苗栗牛稠莊.參加黃花崗之役,避走香港,1912 年再度來台組織革命黨,1913.9 月被破獲,計畫回大陸,12.18.在淡水被捕 1914.3.3.被處死刑.他留下遺言詩句『不死於家鄉,永為鄉人留念;卻死於台灣,永為台人留念』.為紀念他在苗栗大湖鄉忠烈祠右側之羅公岡山麓建有「昭忠塔」台灣光復後,奉祀臺北大直忠烈祠. 20 日臺灣縱貫鐵路通車 台灣「清國行政法」全部完成. 台灣公共運輸事業興起,1922 年成立「台灣汽車公司」1937 年經營公車路線已增至 14 條. 總理: 段祺瑞代之、7 月熊希齡任國務總理 熊寶琦代、 庫倫西藏私訂協約互認獨立. 中國向俄宣佈,凡蒙古與俄訂立條約概不承認 北洋政府創辦「北苑航空學校」學習飛行技術,為中國第一所航空學校,聘有法國教官. 羅振玉將收藏的甲骨文滙編成「殷虛書契」「殷虛書契菁華」「殷虛書契後編」「殷虛書契續編」等書 錢三強(1913.10.16.-1992.6.28.)浙江湖州吳興人,清華大學畢業,赴法國巴黎大學和法蘭西學院,研究原子核子化學物理研究, 獲博士學位.回國研究氫彈「兩彈一星」引導以後核子發展

中華民國		紀元	干支	紀要
元首	年號			
黎元洪	**2**	**1913**	癸丑	孫運璿(1913.-2006.2.13.)山東蓬萊人,哈爾濱工業大學畢業,赴美國進修.參與湖南湘潭湘江電廠籌建,七七抗日戰爭爆發,電廠鍋爐移至重慶後方,奉派任青海電廠廠長.抗日戰爭勝利,奉派來台灣,負責台灣電力公司修復供電系統,由處長而總工程師,升任台灣電力公司總經理,旋任交通部長,從事十大建設,任經濟部長,從事產業升級,及重工業發展,行政院長任內,操勞過度,以致腦溢血中風,失去言語與身軀活動能力,半身不遂,辭職淡出政壇,打亂了蔣經國總統接班計劃,2006.2.13.零時30分病逝台北榮民總醫院.享壽93歲. 趙聚鈺(1913-1981)湖南衡山人,復旦大學,陸軍步兵學校畢業,當時在學,組織義勇軍參加抗日戰爭任軍事委員會計,抗日勝利進入中央信託局,國共內戰危急時,協助中央銀行總裁俞鴻鈞將國庫黃金美鈔運來台灣,任中央信託局台灣經理.協助香港澳門廣州等內地外匯及政府人員轉輾來台灣.首創台灣保險制度.蔣經國任行政院國軍退除官兵輔導會主任委員時,延攬趙聚鈺來會擔秘書長,蔣經國轉任國防部長,繼任輔導會主任委員.設置橫貫公路旁福壽山清境武陵山地農場,與台灣各縣市平地農場,創建榮家,榮民醫院,農林漁牧工礦機構,使退役軍人生老病死,均有照顧,對社會安定,厥功至偉. 沈之岳(1913.2.18.-1994.2.24.)浙江仙居縣人,相繼畢業於上海復旦大學,延安抗日大學,中央警官學校.潛入中共延安核心組織,毛澤東說他「智勇雙全,治國有方,一事二主,兩邊無傷」.任情報站長,石牌訓練班主任,調查局長,成協助蔣經國辦理大陳島撤退一萬八千居來台灣. 王惕吾(1913.8.29.-1996.3.11.)浙江東陽人,創辦「聯合報」「民生報」「經濟日報」,又辦「歐洲日報」「泰國世界日報」「香港聯合報」「全民日報」「民族報」「美國世界日報」 葉明勳(1913.9.25.-2009.11.21.)福建浦城人,曾任中央通訊社社長,世新大學董事長,中央日報社長,新生報代董事長. 習仲勳(1913.10.15.-2002.5.24.)習近平之父,早年加入共青團,領導學生運動,在楊虎部做兵運工作,歷任陝甘游擊隊書記,及其蘇維埃政府主席.中央人民政府成立,任國務院秘書長,副總理,六四事件,同情民主訴求,強烈反對出兵鎮壓學生,並表示同情趙紫陽遭遇.,

中華民國		紀元	干支	紀要
元首	年號			
黎元洪	**3**	**1914**	甲寅	1.8.北洋政府公佈「全國水利局制」 1.10.袁世凱宣佈解散國會,制定「約法會議組織條例」由內閣制改為「變相的總統制」定名「中華民國約法」又名「新約法」 可謂「超級總統制」自行宣佈為「終身大總統」. 袁世凱宣佈停止參、眾兩院議員職務,一律資遣回籍. 白狼橫行豫、皖、鄂各地地方自治,最後白狼被捕就戮 2.7.北洋政府頒布「國幣條例」設立「幣製局」鑄發新銀幣,以純銀庫平六錢四分八厘為一個,上鐫袁世凱頭像(俗稱袁大頭銀元)統一全國銀幣的鑄造和流通. 趙秉鈞在天津督署被袁世凱毒害. 熊希齡辭去國務院總理,由孫寶琦兼代 28 日袁世凱下令解散各省議會 3 月約法會議成立 2 日北洋政府公佈「治安警察條例」 9 日設「清史館」趙爾巽為館長 15 日中華全國商會聯合會在上海舉行第一次會議. 24 日「西姆拉會議」英國麥克洪與西藏代表秘密換文方式,擅自劃定「中印東段邊界線」此線又稱「麥克馬洪線」將中印東段邊境地區 9 萬平公里的中國領土劃入印度版圖,歷年均未為中國政府承認. 31 日成立「平政院」受理簽政訴訟和理官吏違法行為之機關為中國第一個行政法院 4. 1.台灣長老教會創辦「淡水中學」 2 日北洋政府頒布「報紙條例」 5 日臺北圓山動物園開始營業 7 日台灣爆發「六甲事件」 中英在印度西姆拉(Simla)與西藏代表達成草約,英國承認中國對西藏的宗主權,中國承認西藏的的自治權,中國不干涉西藏內政,不在西藏駐軍,不派官員, 不移民,中國雖未在草約上簽字,英國則繼續控制西藏,直至 1933 年達賴逝世,中國在西藏的主權始逐漸恢復. 中法借款條約成立 5.1.袁世凱廢除「中華民國臨時約法」自立所謂「袁記憲法」同時廢止「國務院官制」 袁世凱又公佈「中華民國約法」新約法改責任內閣制為總統制,擴大總統職權 設參政院,黎元洪任院長 6 月參政院開會並代行立法院職權 裁撤各省都督,分任各省督理,執行省軍務. 孫中山任命蔣中正主持滬寧討袁軍,兼任第一路司令. 徐世昌任國務院卿(1914-1915) 陸徵祥 1915-1916 7 日台灣爆發羅臭頭領導的「六甲起義」反對日本殖民統治. 同日胡漢民在日本東京創辦「甲寅月刊」務陳時弊,樸實說理為宗旨 10 日孫中山在日本東京創辦「民國雜誌」 17 日台灣佐久間總督親自率領軍警清剿「太魯閣番之役」 8.19.結束 30 日討袁機關被破獲,蔣中正脫險赴日. 6.14.美國康乃耳大學留學的楊銓(杏佛)等發起成立「中國科學社」以提倡科學,鼓吹實學,審定名詞,傳播知識為宗旨,發展創刊科學雜誌,組織圖書館,設立生物研究所,為國家培育人才,貢獻很大. 1915 年創刊科學雜誌, 1918 年遷南京,1919 年組織圖書館,1922 年設立生物研究所. 1930 年遷上海 7.3.英國麥克洪與西藏代表倫興夏托拉單獨簽訂「西姆拉條約」對「所有外藏內政」「中英兩國均不加以干涉」「中國對於西藏不駐軍隊、不設文武官員、不辦殖[民事宜」中國政府均不予承認.

中華民國		紀元	干支	紀要
元首	年號			
黎元洪	**3**	**1914**	甲寅	7.8.孫中山在東京成立「中華革命黨」頒布中華革命黨章 39 條,定軍政訓政憲政時期會中為黨員誓約發生紛爭,其云【願犧牲一己之生命自由權利,附從孫先生再舉革命,務達民權民生兩主義,並創制五權憲法】黃興等對「附從孫先生」一詞表示異議,破壞民主共和精神,黨員是為主義而革命,不是為個人而革命,拒絕加入中華革命黨,即日離日赴美,其他李烈鈞譚人鳳、陳尚明等拒絕入黨,而各自走向分途發展的路線.中華革命黨於 1919 年 10 月解散. 京奧大使通告與塞國絕交 黃興與孫中山為改組「中華革命黨」意見不合,拒絕入黨,七月八日乘船離開日本赴美國(7.15.到達)考察,宣傳反袁世凱思想. 袁世凱圖謀復辟稱帝邀集昔日清時要津趙爾巽、錫良、李經義、寶熙、勞乃宣等任為參院參政.發表「共和正解」、「共和續解」「中華國」大肆宣傳. 20 日袁世凱公佈「糾彈法」、「行政訴訟法」 8.23.歐洲第一次世界大戰 1914-1918 爆發,中國宣佈中立 日本趁機出兵山東佔領青島濟南及膠濟鐵沿線,驅逐德國勢力.並向中國提出廿一條,確定日本在滿蒙和山東的勢力範圍及特殊利益,進一步控制漢冶萍公司及沿海各港口.時袁世凱圖謀稱帝承認廿一條. 15 日巴拿馬運河通航 9 月日本軍自山東龍口登岸攻青島 20 日制定中華革命黨革命方略,明定中華民國「青天白日滿地紅國旗」 10 月日本對德宣戰,強佔青島膠路,山東大部份淪陷,佔據鐵路礦產 25 日國父孫中山與宋慶齡在日本結婚 11.3.北洋政府公佈「森林法」 外蒙古與俄訂立借款條約 11 日日本內閣作出向袁世凱提出廿一條決議案 18 日河南濮陽黃河決口 22 日日人板垣退助來台灣為「同化會」催生 12.3.日召回駐華大使日置益回東京聽訓向袁世凱提出「廿一條」要旨. 4 日日置益由東京返回任所,對「廿一條」條文欲有所修正,但日首相加藤訓令日日置益,儘速向袁世凱交涉廿一條方案 同日,袁世凱公佈「出版法」 11 日國民會議代表主張「君主立憲」推袁世凱為皇帝.袁世凱翌日承受帝位. 20 日「台灣同化會」在臺北成立：林獻堂邀請日本阪桓退助來台灣,在臺北鐵路飯店創立「台灣同化會」作為日中關係橋樑.但日本駐台總督府認為台灣同化會別有目的,於 1915.1.23.以「妨害治安」為藉口,下令解散台灣同化會,1915.2.26.解散. 29 日袁世凱公佈「修正大總統選舉法」依該法總統任期 10 年,且可連任,繼任總統由現任總統推薦三人,書于「嘉禾金筒」密藏石寶,屆時交附選舉. 31 日袁世凱通令改 1916 年為「洪憲元年」 (1914.-1991.5.14.)江青,山東諸城人.又名李淑蒙、李雲鶴、藍萍.歌舞團及演電影,先後與俞啟威、唐納結婚.中共康生曲意安排與毛澤東認識同居,毛澤東約法三章,不准參政,不稱毛夫人,黨內稱江青同志..生一女李納,不惜羽毛,與張春橋、姚文元、王洪文結成『四人幫』毛澤東死後,欲奪取政權,被華國鋒逮捕入獄,判處死刑,保外就醫,自殺身亡. 開歸化城張家口多倫赤峯南龍口葫蘆島為商埠 加入萬國郵政會 皖路浙路收歸國有. 台灣發生「羅臭頭抗日事件」羅臭頭、羅陳、羅其才三首領見大勢已去,無法完成抗日,又不願向日本抗降,更不願被俘,三人乃同時壯烈自殺. 北洋政府頒布「公司條例」

中華民國		紀元	干支	紀　　要
元 首	年號			
黎元洪	**3**	**1914**	甲寅	黎玉璽(1914.5.28.-2003.2.19.)四川達縣人,海軍電雷學校畢業,曾參加抗日及國內戰多次海上戰役.金門炮戰,「轟雷行動」將美國八英吋巨炮安全運抵金門,反制中共炮轟金門.歷任兵艦艦長,海軍總司令,國防部參謀總長,總統府參軍長,戰略顧問,駐土耳其大使. 劉廣凱(1914.7.13.-1991.5.8.)遼寧人,青島海軍學校,國防大學畢業,擅長英文,加速海軍飛彈化.在海軍總司令任內,1965.8.6.「八六海戰」台灣幾艘主力戰艦遭中共擊沉,導致反攻大陸推行國光計劃澈底失敗,而引咎辭職. 吳清源(1914.6.12.-2.13.)福建福州人,僑居日本,後入日本籍,圍棋高手,七歲學棋有天才神童之稱.當時譽為「現代圍棋第一人」,及長勝日本最高棋手「十番棋」.

<table>
<tr><th colspan="2">中華民國</th><th rowspan="2">紀元</th><th rowspan="2">干支</th><th rowspan="2">紀　　　　要</th></tr>
<tr><th>元 首</th><th>年號</th></tr>
<tr><td>袁世凱</td><td>4</td><td>1915</td><td>乙卯</td><td>1.11.日本政府對中國「廿一條」陰謀計劃,向日方代表日置益發出最後訓令
18 日日置益將「廿一條」面交袁世凱,日本並以武力要脅恐赫手段,向袁世凱提出五號21 條無恥要求,其重點：
一號四條：1. 要求中國政府允許日本繼承德國在山東的各項權益.
2. 山東省內及其沿海土地島嶼不得讓與或租與他國.
3. 煙台或龍口至膠州鐵路,由日本建造;開山東省內主要城市為商埠.
二號七條：1. 要求中國承認日本在南滿、東蒙優越地位.
2. 旅順、大連租借期,及南滿、安兩鐵路管理期展至民國 79 年(1900).
3. 日本得在南滿、東蒙享有土地租借權、所有權,為蓋造商工業房廠及耕作之用,自由居住往來,經營商工礦業.
4. 中國如允他國在南滿、東蒙建造鐵路或向他國借款建造鐵路,或將稅課作抵向他國貸款、或聘用政治顧問、軍事、財政顧問、教習,皆須得日本同意.
5. 吉長鐵路歸日本管理.
三號二條：要求與中國合辦漢冶萍公司.凡屬於該公司各礦的附近礦山,不准他人開採.
四號一條：要求中國沿海所有港灣、及島嶼,概不得割讓或租借給他國家·
五號七條：1. 要求中國政府聘用日木人為政治、軍事、財政顧問,
2. 要求與中國共同管理中國重要地區的員警.
3. 中國所需軍械的半數以上,須向日本採辦,或由中日合辦軍械廠.
4. 中國允給內地所設醫院、寺院、學校以土地.所有權.
5. 中國允由日本建造武昌至九江、南昌至杭州、南昌至潮州鐵路.
6. 日本對於福建籌辦鐵路、礦山、整頓海口(船廠在內),有優先投資權.
5 月 9 日袁世凱為一己之私,圖謀儘速稱帝,屈服承認日本所提嚴苛喪權辱國 21 條條件,人稱「五九國恥紀念日」
22 日北平報紙刊出「廿一條喪權辱國」消息.全國譁然,
27 日袁世凱更易外交總長,以陸徵祥代孫寶琦為外交總長,為圖平息國人憤怒.
2.2.中日雙方正式談判「廿一條」中國代表陸徵祥、曹汝霖,日本代表日置益、小幡西吉.
3 日台灣公佈「中學校官制」公立台中學校核准成立
5 日中華醫學會在上海成立
3.12.公佈國民會議組織法　　　　日本侵佔奉天省瀋陽
(1915.3.27.-2005.12.24.)汪道涵,安徽明光市人.同盟會汪雨相之子,上海交通大學、光華大學畢業,獲美國塔夫茨大學頒與博士學位,曾任大學教授,上海市長等要職.
1993.4.29.『辜汪會談』促進兩岸交流,達成諸多共識,開啟破冰,厥功至偉.
4.1~15 日日本出兵三萬,開往南滿、山東、天津,軍艦在渤海遊走示威.
17 日中日「廿一條」談判爭執限入僵局,交涉停頓.
21 日袁世凱帝制,面對護憲強大壓力,被迫公佈「政府組織令」宣稱恢復「責任內閣制」
26 日恢復「廿一條」談判
中國銀行獲准在香港發行輔幣 300 萬元,
5.1.日本安東貞美就任台灣第六任總督
7 日日本對袁世凱「廿一條」下達最後通牒
9 日袁世凱接受日本廿一條不平等條約,人稱五月九日為「國恥日」
11 日美國照會中國、日本,如中、日成立有損美國及其人民;的在華條約權利、中國政治、或領土完整、及門戶開放放政策的協定,美國斷不承認,亦即所謂「不承認主義」.又謂:中日所訂任何條約,經中國承認,而對外人在華地位有變更者,美國將同樣享受其權益.
13 日北京向各國宣布交涉始末,謂中國之接受日本要求,乃出於無奈.</td></tr>
</table>

中華民國 元首	年號	紀元	干支	紀要
袁世凱	4	1915	乙卯	25日日本強迫中國在北京簽訂「廿一條」不平等「民四條約」(亦曰中日新約).包括「中日關于南滿洲及東部內蒙古之條約」、「中日關於山東省之條約」另附換文 13 文件.(內容詳見本紀元年表中國不平等條約) 26日河南濮陽黃河決口,8月5日再次決口 孫中山函日人大隈,請贊助倒袁. 8月孫中山又屢與犬養毅、頭山滿商談倒袁事. 6.7.「中俄蒙條約」簽字,外蒙古承認中國宗主權,庫倫活佛宣告取消外蒙古獨立.中國、蘇俄兩國承認外蒙自治,外蒙古為中國領土之一部份,冊封外蒙古活佛陳鑫任都護使庫倫辦事大員 9日日本駐台灣總督府圖書館正式開館 8.14.楊度等發起籌安會,鼓吹帝制. 各國勸阻緩更國體. 23日袁世凱授意楊度(1874~1931)、孫毓筠、嚴復、劉師培、李燮和、胡瑛等人組織「籌安會」主張君立憲,鼓吹復辟帝制. 9.6.台灣「噍吧哖事件」又名「西來庵事件、余清芳事件」以「大明慈悲國,義和團愚民方式,驅逐日本犬虜」為號召,七、八月間攻擊日本警察,反被日本殺害居民 866 人,主腦余清芳、羅俊、江定.在王萊莊(今台南楠西)山區藏匿數月先後被捕,遭處絞刑. 15日陳獨秀於上海創辦「青年雜誌」月刊,後改名「新青年」主要撰稿人有胡適、李大釗、陳獨秀、魯迅、錢玄同、劉半農、高一涵、周作人、易白沙、吳虞等人.「批評時政」『反對舊思想、舊文化』.次年陳去北京大學任教.6月因散佈反政府傳單,入獄數月,被釋後回上海. 19日梁士詒京發起「全國請願聯合會」贊成君主立憲,擁戴袁世凱為「中帝國皇帝」 10 袁世凱改組國會為憲政協進會主張君主立憲,各外國勸告緩更國體. 24日宋慶齡仰慕孫文救國理念,在女傭協助下,爬窗逃家到日本.孫文體會到她的意願,但惟恐易遭流言中傷,安排與元配夫人離婚. 25日孫文在一位日本名律師家與宋慶齡結婚.　商務印書館出版「辭源」 11.16.俄國與袁世凱政府簽訂「呼倫貝爾條約」將黑龍江省西部呼倫貝爾區改為特別自治區,中國不得幹預內政,不得駐軍及征稅. 17日袁世凱在北京公佈「著作權法」 (1915.11.20.-1989.4.15.)胡耀邦,湖南瀏陽西嶺鎮中和鄉蒼坊村人.幼年加入共產黨,曾任共青團員,書記,中共中央書記長、總書記等黨政要職,平實近人,深察民隱,1986 年天安門學生運動,到天安門親與學生群眾接觸,被鄧小平罷絀,1989.4.15.晨,突然心肌梗塞搶求無效病逝,享壽 74 歲. 12月代行立法院宣傳稱全國民意變更國體,推袁世凱為「中華帝國皇帝」. 5日 陳其美蔣中正等在上海策動肇和兵艦起義討袁 12日袁世凱恢復帝制稱帝,國號「中華帝國」.黃興派人促雲南護國軍起義討伐袁世凱 25日蔡鍔、唐繼堯、李烈鈞等首倡「反帝制運動」宣佈雲南獨立,成立「護國軍」舉兵討袁.相繼宣獨立省份有:1916.1.24.貴州獨立,3.15.廣西獨立 4.6.廣東獨立,4.12.浙江獨立,4.24.江西獨立,5.9.陝北獨立,5.12.四川電請袁世凱退位,5.25.福建獨立,5.27.湖南獨立,6.1.奉天中華革命黨人在西安宣佈獨立,幾 幾經波折,終於1916.3.27.袁世凱宣佈撤銷帝制,復任徐世昌為國務卿. 31日袁世凱不顧反對浪聲,悍然稱帝,下令翌年更改國號,將「中華民國」更改為「中華帝國」改元洪憲.唐繼堯、蔡鍔通電宣佈雲南獨立,護國軍護法維護共和國體 南海鐵路及京師環城鐵路竣工　開浦口為商埠 中俄訂定呼倫貝爾條約 台灣編著「番放慣習調查報告」　梅蘭芳創戲劇古裝新戲,如「嫦娥奔月」「天女撒花」 北洋政府公佈「寺廟管理法」、「遊民習藝所」 楊惠敏(1915.3.6.-1992.3.9.)江蘇鎮江人,國軍死守四行倉庫,楊惠敏將巨幅中華民國國旗冒著戰火危險送去冉冉升起,鼓舞民心士氣不小,.媒體大肆報導宣揚,楊惠敏愛國情操之名,家喻戶曉.

中華民國		紀元	干支	紀要
元首	年號			
袁世凱	**4**	**1915**	乙卯	蔣彥士(1915.2.27.-1998.7.2.)浙江杭州人,美國明尼蘇達大學農學博士,哲學博士,聖若望大學榮譽法學博士.在中國農村復興委員會任內,頗有建樹.後任總統府秘書長,外交部長,資政, 沈安娜(1915.11.-2010.6.16.)江蘇泰興人,1935 年參加共產黨,在周恩來創建保衛中央領導機關安全下工作,抗日戰爭,潛伏國民黨擔任蔣委員長私人秘書 12 年,未被發覺,直至上海解放,才脫離情報工作.轉行進入中共國家安全部到退休..

中華民國		紀元	干支	紀要
元首	年號			
袁世凱	**5**	**1916**	丙辰	1.1.袁世凱改總統府而在新華宮稱帝,改國號為〔中華帝國〕命曹錕、熊濟光等南下抵禦抗反袁世凱軍隊,訊息傳出後,西南各省紛紛相繼宣佈獨立,一致響應反袁. 3.22.袁世凱被迫取消帝制,撤銷洪憲年號,稱帝 **813** 天,**6** 月 **6** 日羞憤死於北京 5.9.黃興自美洲抵日本,旋即歸國. 孫中山發表「第二次討袁宣言」 18 日陳其美被袁世凱雇用兇手在上海法租界薩賽路 14 號寓所狙殺,年 40 歲 西南各省合組軍務院,唐繼堯、岑春煊、梁啓超等擔任撫軍,17 省代表齊集南京開會 6.6.袁世凱逝世(1895~1916).河南項城人,字慰亭,又慰庭,別號容庵,一生榮辱,遺恨終生. 7 日黎元洪繼任大總統(1916~1917),恢復元年約法,召集舊國會. 黃興由美國赴日本,為反袁世凱鬥爭籌款購買軍械,7.4.返回上海. 9 日孫中山發表規復約法宣言,恢復中華民國法統. 7.6.黎元洪復任總統,下令將各省軍事長官,由將軍改名為督軍,民政長官改稱為省長. 14 日護國軍運動結束,重新任命各省督軍省長,原設軍務院撤銷 8.1.黎元洪恢復國會,重行繼續開會,令各省召集省議會,中華民國法統於焉恢復. 14 日日軍在內蒙古裏木盟鄭家屯挑起糾紛,中日雙迮 20 餘人,8 月 20 日占領鄭家屯. 15 日湯化龍創辦「晨鐘日報」1918 年改為「晨報」 9.1.安福系機關報在北京創刊「公言報」林白水等主筆 總理段祺瑞(1916-1917)與黎元洪總統兩人有嫌隙,北洋系軍人倪嗣沖等組省聯合會 10.6. 蔣緯國出生〔1916.10.6.(農曆九月初十日)~1998.〕 10 日黃克強(黃興)(1874~1916)胃出血住院,31 日食道與胃靜脈屈張破裂出血(肝門靜脈高壓所致肝硬化併發症)在上海逝世,時年 43 歲.孫中山親自主持喪禮. 1917.4.15.國葬於湖南長沙嶽麓山雲麓峰下小月亮坪. 蔡鍔哀悼輓聯「以勇健開國,而寧靜持身,貫徹實行,是能創作一生者;曾送我海上,忽哭君天涯,驚起揮淚,難為臥病九州人.」 章太炎輓聯「無公乃無民國,有史必有斯人.」 1917.12.20.孫中山等祭悼黃興文：洞庭以南,奇才所並,岷江之北,再大棋庚.庚而農首,出言為屏;黃書噩夢,除惑解醒,曠三百年,遺茲典型. 曾胡特起,忝爾修生.烈烈黃君,允文伊武,愾是齊州,而戴索虜.內糾楚材,上告黃祖!趠行萬裏,瀛海奧阻,有械百梃,有眾一旅. 同盟初起,揉此兆民,義從薈集,鬱如雲屯.繫君材武,善揗軍人;智勇參會,叱粧揚塵,南暨赤道,西訖洮岷.束髮受書,悉為黨倫,乃臨番禺,深入其闉.死士七十,並命扣門,氣矜之隆,天下歸仁.赫赫黎公,振威江夏,寇如犬羊,義師弱寡; 彈丸雨注,渚宮為赭,君自南島,走集其野.堅守三旬,寇疲不暇,群帥反正,虜無扞者.南都草創,朔方假器,以彼屠夫,而歆帝制.僭志未伸,民亦小墍,林宋既鉏,戎心聿肆.秣陵興師,三方淩厲,雖知敗衄,新我民氣.江河異味,唯麥與秔,文化既別,旻為柔剛. 孰是中原,而忘國常. 如彼飛蠅,走熱去涼.方君得志,揚威武昌. 兵挫亡奔,詈語侊侊. 烏呼哀哉!飄飄驟雨,勢不終朝. 三歲克捷,亦覆其巢;遺孽未翦,俊[民蕭條.如何我君,既竭賢勞,曾不宿留,以靖桀梟. 國亡元老,江漢沮消!烏呼哀哉!亂流不激,善人緘齒,聞君彌留,不談國事.遺言滿牘,伊誰所志?烏呼哀哉!尚饗! 30 日馮國璋當選副總統 11.8.蔡鍔(1884~1916)11 月 7 日肺病在日本逝世,黃、蔡二人均安葬湖南長沙嶽麓山 12.5.留日學生在東京成立「丙辰學社」陳啟修為理事,楊棟材為副理事.1923 年 6 月易名為「中華學藝社」 開嵩嶼、鄭縣為商埠 日本在東三省增設員警派出所 日俄 1907、1910、1912、1916 年四次密約,將東北勢力劃分為南滿、北滿,南滿屬日本勢力範圍,北滿歸俄國勢力範圍.南北滿以琿春、鏡泊湖至松花江會流處為界線. 北方災荒,百姓無以為生,貧民應募赴法國作勞工,因而法國華工增加. 吳尊賢(1916.12.29.-1999.6.7.)台灣台南人,創設環球水泥公司,南台技術學院,萬通銀行,台灣大學發展基金會,畢生致力辦學,社會建設及慈善事業.

中華民國		紀元	干支	紀要
元首	年號			
馮國璋	**6**	**1917**	丁巳	1.1. 胡適發表「文學改良急議」主張以白話文代替文言文,白話文運動由是起. 4 日蔡元培任北京大學校長(1917~1923)他以思想自由學風,延攬真才實學名流學者,另聘請陳獨秀、李大釗、胡適、劉半農、周作人、魯迅等一批具有新思想、提倡新文化的新派人物.實行民主辦學,鼓勵學術研究,出版刊物和開展社團活動.北京大學原是由清末京師大學堂(創立於 1898 年)演變而來,初期學風頹廢,蔡元培 1912 年任教育總長,1917 年接任北大校長以後,蓄意改革,介紹西方文化,保存國粹,著重學術研究,培養自由思想,經數年努力,使北京大學氣象煥然一新,教員與學生常有獨立的見解和主張,對政治與社會發生目大的影響. 在上海成立「中華農學會」陳嶸為會長 2 月德國以海上封鎖向我外交部抗議.德國宣佈無限制使用潛水艇.中國則保持自主權. 21 日孫中山手著「民權初步」成書 蔣介石被任命為孫文軍事顧問 3.14.中國宣告對德國絕交 8.14.下令對德宣戰 5 月國務院將對德宣戰案送國會 21 日北洋系各省督軍以憲法問題請求解散國會. 黎元洪總統免除國務總理段祺瑞職務 倪嗣沖等宣告脫離中央 召張勳入京 6 月解散國會 兩廣宣言自主 7.1.張勳、康有為等擁溥儀復辟,舊國會解散,國務總理段祺瑞另組御用國會,黎元洪失去職位,7 月 6 日由馮國璋繼任. 12 日段祺瑞自馬廠進兵收復北京.黎元洪通電去職,馮國璋代總統(1917-1918) 段祺瑞攻入北京,溥儀宣佈退位.張勳復辟失敗 17 日段祺瑞拒絕恢復「臨時約法」和國會,孫中山乘軍艦由上海抵廣州,倡導護法,成立護法軍政府.1917.7.~1918.2.孫中山領導護法運動. 8 月練參戰軍 向日本大肆借款 14 日北京政府對德、奧宣戰. 25 日孫中山在廣東廣州召開國會非常會議 28 日財政總長梁啟超與日本橫濱正金銀行簽訂 1,000 萬日元借款合同.連續借款總計 14,500 萬元.主要用萬段祺瑞「武力統一用兵」向日本出讓東北、山東等地之鐵路、森林、礦產等權益. 9.1.廣州軍政府成立,選孫中山為大元帥,陸榮廷、唐繼堯為元帥. 10 日孫中山就任中華民國軍政府大元帥,倡導護法. 21 日孫中山通電辭大元帥,離粵取道汕頭去日本,於 1918.6.25.抵上海. 25 日中日簽訂「關於處理山東省各問題換文」日本由此擴大在東三省駐兵權、控制權、營路權. 10 月北伐,西南各省宣言護法,曹錕等主張息爭. 段祺瑞辭總理,王士珍任總理 馮國璋就任總統,總理相繼有伍廷芳代、李經義、段祺瑞、汪大燮、王士珍 護法戰爭開始 6 日段祺瑞為謀湖南以鎮兩廣,傅良佐為湖南督軍,並派徐定之、馮國璋赴湘.護法軍總司令程潛克長沙. 11.7.蘇俄十月革命,列寧領導武裝起義推翻俄皇帝國,建立蘇維埃政權. 吳稚暉編〔國音字典〕 毛澤東在湖南長沙設立「新民學會」 台灣南投「能高越嶺山道」施工,由南投霧社經春陽村、精英村、廬山部落、沿花蓮木瓜溪溪谷玉溪口初音(花蓮銅門),1918 年完工. 蒙匪攻陷呼倫貝爾,又犯洮南敗退

中華民國		紀元	干支	紀要
元首	年號			
馮國璋	**6**	**1917**	丁巳	貝律銘(1917.~)江蘇蘇州,移民美國,建築工程設計專家,負笈美國麻省理工學院,哈佛大學,所設及建築物遍及全世界,曾獲美國建築師學會「榮譽獎章」波士頓國際學院「金門獎」「湯瑪斯傑佛紀念獎章」「建築學金獎」並獲美國總統雷根頒藝術勳章,法蘭西藝術院士,日本「建築終身成就獎」 王大閎(1917.7.6.~)革命元勳王寵惠之子,哈佛大學畢業,名建築師,與貝律銘在美國同班同學.,名設計有登陸月球紀念碑. 錢驥(1917.-1983.8.28.)江蘇金壇縣人,科學家,中國第一顆人造衛星東方紅一號計劃總主持人,. 屠守鍔(1917.12.5.-2012.12.15.)美國麻省理工學院碩士,回國負責遠程洲際飛彈長征二號總設計師. 辜振甫(1917.1.6.-2005.1.3.)台灣鹿港人,祖籍福建惠安.父親辜顯榮,日據時代,台北帝大畢業,因參加台灣獨立運動坐牢,台灣光復水泥企業家,業餘好京劇.擔任台灣統一委員會委員,辜振甫與中共海協會會長汪道涵在新加坡會晤,舉行舉世矚目「辜汪會談」達成兩岸諸多重大事務,即蘇起所稱「九二共識」. 王永慶(1917.1.18.-2008.10.15.)台灣台北市人,家貧從小賣米為生,既而經營碾米廠,磚瓦廠,木材行生意,家境日漸好展,旋發展塑膠,石化事業,譽為「台灣經營之父」家財百億,從事社會福利事業,辦明志大學,長庚醫院,收容山地青年免費入學. 卜乃夫(無名氏)(1917.-2002.10.11.)江蘇南京人,名報人卜少夫之弟,小說家,其北極情畫,塔裡的女人,流行民間甚廣. 姚敏(1917.11.-1967.3.30.)浙江寧波人,作曲家,天性聰穎,會拉胡琴,唱京戲,與其妹姚莉常出現電視台,名作品有天長地久,大地回春,月下佳人.站在高崗上等, 王永慶(1917.1.18.-2008.10.15.)台灣台北新店人,貧苦茶農之家由賣米崛起,成為塑膠,石化公業鉅子事業遍國內外,辦明志大學,收留貧困學生,尤以原住民年輕學子,全部免費,畢業有工作,無後顧之憂,又辦長庚醫院,社會事業,為台灣鉅業之首.

中華民國		紀元	干支	紀要
元首	年號			
徐世昌	**7**	**1918**	戊午	1 月徐世昌就任總統(1918-1922) 南北戰事又起,曹錕、張懷芝等率兵南下. 2.1.中日合辦「中華滙業銀行」成立.1928 年 12 月北洋政府被推翻引起擠兌被迫停業. 北京政府與廣州軍政府在上海舉行和平談判. 3 月段祺瑞重任總理、代總理： 錢能訓(1918-1919)、龔心湛 中日〔海陸軍共同防敵軍事協定〕中日軍械借款簽約 共產國際在莫斯科成立 中國留美學生組建「中國工程學會」陳體誠為會長,翌年創刊「中國工程學會報」 4.5.日軍在海參崴登陸,繼之,謝曲諾夫、鄧尼金等紛紛等起兵,攻城掠地,成立政府. 14 日毛澤東、蔡和森等在長沙發起成立革命團體「新民學會」 15 日北平美術學校成立 5.3. 蔣宋美齡父親宋嘉樹逝世 孫中山辭職赴上海專著規劃國家經濟建設藍圖. 4 日北京五四運動,開啟民主先河. 廣東政學系與桂系軍閥聯合召開非常國會,通過「修正軍政府組織法案」以排斥孫中山,孫憤而辭去大元帥,指出「吾國之大患,莫大于武人之爭雄,南北如一丘之貉」旋離開廣州. 20 日軍政府改組,廣東非常國會選政務總裁 7 人 21 日孫中山辭去中華民國軍政府大元帥職務,離開返回上海. 30 日中日互換「中日共同防敵軍事協定」 魯迅發表〔狂人日記〕小說 6.3. 台灣林獻堂等人在日本東京發起「六三法撤廢運動」 5 日軍政府政務院成立,岑春煊為主席 孫文就職 30 日台灣「能高越嶺道路」竣工.日人為壓制抗日份子、布農族、泰雅族剽悍反日原住民而興建,1917 年興工,横越中央山脈「能高山」、「奇萊山」由花蓮銅門至南投霧社、廬山,全長 83 公里. 7.8.上海銀行公會成立 12 日新國會在北京集會 22 日日本陸軍中將明石元二郎就任第七任台灣總督 8.12.吳佩孚通電息爭,指斥北京政府 21 日吳佩孚通電請罷內戰. 9.4.徐世昌當選為總統(1918~1922) 9.28 日北政府與日本訂立濟順高徐鐵路預約 10.1.台灣中央山脈橫貫公路完成 馮、段均去職 徐世昌就任 以錢能調為國務總理 段祺瑞任全國邊防督辦 孫中山改組中華革命黨為中國國民黨. 11.11.第一次世界大戰結束,歐洲停戰,徐世昌下令停戰 全國和平聯合會在北京召開 武漢到長沙鐵路通車 12 日北京政府、廣州軍政府先後發布停戰令,南北戰爭暫時停止. 15 日李大釗演講「庶民的勝利」,旋又發表「布爾什維克主義的勝利」. 19 日傅斯年、羅家倫等發起組織「新潮」雜誌社. 12.30.孫中山手著「孫文學說」成書 蔣中正纂修宗譜,孫中山總理題字,公母王太夫人「廣慈博愛」 日本東京台灣留學生組成「啟發會」 詩人蘇曼殊逝世 中國科學社遷回國內 設立南京高師. 史明(1918.11.9.~)台灣士林人,日本早稻田大學學畢業,台灣獨立運動重要領袖之一,創台灣獨立會,著有「台灣人四百年史」為尋求台灣獨立,辦報紙,訓練運動人士,始終如一,未曾稍息.

中華民國		紀元	干支	紀要
元首	年號			
徐世昌	**8**	**1919**	己未	1 月巴黎和會開會,陸徵祥、顧維鈞、王正廷代表,未能在和會中爭取到收回山東權益(1898 年讓與德國,1914 年為日本所奪) 1 日北京大學學生創辦「新潮」刊物,參與人有羅家倫、傅斯年、顧頡剛、毛子水、江紹原、馮友蘭、朱自清、周作人等.它和「新青年」旨趣略同,提倡科學民主,主張個人自由,反對綱常名教,倡導客觀懷疑思想,反對主觀武斷思想. 4 日日本公佈「台灣教育令」 日本派田健治郎為駐台灣第八任總督府總督.11 月 24 日到職. 燕京大學聘任美國司徒雷登為校長. 2 月我代表發表中日密約 20 日南北議和代表在上海開會,商議停止內戰,終因意見難以統一,和約破裂. 3.2.共產國際會議(又稱第三國際)在莫斯科舉行代表大會. 15 日台灣林熊徵等創立「華南銀行」 台灣創辦「台灣電力株式會社」 『台灣總督府』新建工程落成.1910 年設計,1912.6.開始施工,1919.3.落成啓用.五層樓,主體平面呈「日」字型.正面寬 140 公尺,側面寬 85 公尺,中央塔高 60 公尺,占地 2100 坪. 27 日暗殺宋教仁兇手洪述祖被大理院判處絞刑. 31 日陳毅李富春等勤工儉學學生 26 人赴法,至 1920 年 8 月止赴法學生共 1,600 餘人 周作人在「新青年」宣傳創造無政府、無剝削、無強權、無體腦對立的理想社會,並組織「新村北京支部」引起國人各界關注 4.3.北京政府電飭全國各省,注意取締「俄國過激黨派」 6 日「每週評論」發表「共產黨宣言」 19 日台灣創立「農林專門學校」 24 日詹天佑去世(1861~1919)廣東南海人,鐵道專家. 5.4. 「**五四運動**」中國在巴黎和會協議失敗,激怒北京各校學生,高舉「還我主權」「還我青島」「頭可斷,青島不可失」「誅賣國賊曹汝霖、章宗祥、陸宗輿」「誓死不承認軍事協定」等標語演講,遊行示威,6 月 28 日中國出席巴黎和會代表亦堅拒「對德和約」簽字,得到勝利,史稱「五四運動」 9 日蔡元培辭北京大學校長職務,上海發起我國首次大規模罷工. 13 日南北議和代表辭職 15 日「新中國」月刊在北京創刊 23 日公佈「審理無約國人民民刑訴訟章程」 6.2.「新青年」第六卷第五號刊登「馬克思主義研究專號」出版,連載柯祖基的「馬氏資本論釋文」共 138 次. 6 月全國學生聯合會在上海成立,學校學生罷課,間有罷市、罷工者 8 日在上海創刊「星期評論」由戴傳賢、沈定一主編,研究社會問題及勞動問題,預防社會主義革命,其中沒共產主義的色彩. 10 日曹汝霖、章宗、陸宗輿錢能訓辭職 25 日「孫文學說」(心理建設)『知難行易』由上海強華書局發行 7 1.在北京成立「少年中國學會」但分為兩派,一派信奉共產主義,如毛澤東、李大釗、鄧中夏等,後來都成為共產堂員. 另一派信奉國家主義,如曾琦、李琪、左舜生、餘家菊、陳啓天等(後來組織「青年黨」). 14 日毛澤東在湖南長沙創刊「湘江評論」雜誌.發表「民眾大聯合」創刊詞 20 日胡適發表「多研究些問題,少談些『主義』」主張一點一滴的社會改革. 25 日蘇俄發布對華宣言,重申「廢除與日本、中國以前各協約國所締結的一切秘密條約」並聲明「蘇維埃政府已放棄沙皇政府從中國攫取的滿洲和其他地區,這些地區人民可隨自己意願選擇他想去的地方和所屬國家」 我國代表拒簽對德和約,但單獨對奧簽約

中華民國		紀元	干支	紀要
元首	年號			
徐世昌	**8**	**1919**	己未	8月中華革命黨改組為〔中國國民黨〕 孫文辭去總裁職務,發表〔孫文學說〕及〔建國方略〕 國民黨在上海創辦「建設」雜誌,廣設書局,由胡漢民、廖仲愷、朱執信、汪兆銘、戴傳賢等人主持,宣傳建國理想. 孫中山所撰的「建國大綱」即刊於首期. 1日台灣創立「台灣電力株式會社」 15日共產黨在上海創刊「勞動界」 19日台灣制定「台灣軍司令部條例」,明石總督就任第一任台灣軍司令官 20日成立「中國社會主義青年團」俞秀松擔任書記 9月共產黨成立外國語言學校(校長楊明齊,劉少奇曾入校研習俄文) 2日北京政府申令查禁「工人寶鑑」等七種無政府主義刊物 16日「覺悟社」周恩來、鄧穎超、郭隆真等出版「覺悟雜誌」 25日張伯苓創辦「私立南開大學」開學 北京新學會機關刊物「解放與改造」半月刊在上海創刊 10月共產黨成立「上海機器工會」作宣傳機關.10日又創刊「上海夥友」. 10日中華革命黨改稱為〔中國國民黨〕 外蒙古取消自主,徐樹錚赴庫倫冊封活佛 (1919.10.17.-2005.1.17.)趙紫陽,河南安陽市滑縣桑村鄉趙莊人.原名趙修業,13歲加入共產黨,由基層工作到任國務院總理,推進改革開放,打擊貪污,不遺餘力,咸認為是鄧小平接班人.天安門六四運動,走入群眾與示威遊行者溝通意見,遭到罷絀. 29日日本田健治郎出任第一位文官總督,以「內地延長主義」為政策 11.7.毛澤東等創「共產黨」月刊. 12.2.反軍閥反帝國主義運動,湖南長沙學生集會排斥日貨,受到軍隊鎮壓,重傷數十人.長沙學生聯合會乃發動驅逐湘督張敬堯,派代團前往北京上海廣州衡陽等地活動,至1920年直皖戰爭結束,張敬堯離湖南後始止. 共產黨以「友世畫報」為宣傳機關 「新青年」轉為中共宣傳機關,中共中央另辦有「華俄通訊社」 北洋政府曹汝霖遭彈劾免職 燕京大學成立,為美國在中國創辦的基督教高等學校,司徒雷登為首任校長. 國際航空條約簽字 代總理：龔心湛、靳雲鵬(1919-1920) 英國保工會議議決:我國勞動時間以海日10小時為原則 新成立的蘇俄政府宣佈放棄帝俄時代與滿清政府所訂一切不平等條約. 福州馬尾船廠開始製造水上飛機 日本在旅順成立「關東軍司令部」 郝柏村(1919.8.8.-)江蘇鹽城人,陸軍官校,炮兵學校,蘇聯火炮射擊技術訓練.歷任排連營團師長金門衛戍司令,總統侍衛長,陸軍總司令,國防部參謀總長,國防部長,行政院長等職.擔任閣揆時,與李登輝時任總統意見不合,又被有心人士,在國會議堂上高呼「郝柏村下台」郝不甘受辱,反高呼「中華民國萬歲,消滅台獨」毅然辭職.著有「郝柏村解讀蔣公記」與「蔣公抗戰日記」注釋. 陸鏗(1919-2008.6.22.)雲南保山人,名記者,因辦「新聞天地」下獄,受于右任,閻錫山營救獲釋,與胡菊人創辦「百姓」雜誌,

中華民國		紀元	干支	紀要
元首	年號			
徐世昌	**9**	**1920**	庚申	1.11.台灣旅日留學生蔡式穀、林呈祿、吳三連、蔡惠如、彭華英、林呈祿等為核心人物,發起組成「新民會」林獻堂、蔡惠如被公推為正副會長.「為增進台灣同胞之幸福,開始政治改革運動」創辦「台灣青年」雜誌. 同年又成立「東京台灣青年會」 12 日北京政府訓令廢止小學教科書使用文言文,國民學校分期作廢,採用國語. 20 日周恩來、鄧穎超等人在天津創立「覺悟」刊物,宣揚新思想、及各種社會主義. 北大國際共產黨人俄文系教授鮑立維發起「社會主義者同盟」,由陳獨秀領導,參加者甚為踴躍. 2 月陳獨秀秘密自北京來上海,與李大釗商討在中國成立共產黨組織問題 27 日北京大學招收女生,為中國大學招收女學生男女同校之始 唐繼堯為駐粵、滇軍統率問題,國民黨、桂系、政學系意見相爭.軍政府總伍廷芳、及參眾兩院議長林森、吳景濂相繼而去. 3.3.李大釗等在北京發起組織「馬克思主義學說研究會」 徐樹錚發起組織「經史學社」 吳佩孚得廣州軍政援助 60 萬元,開始撤防抵漢口,聲稱「順從民意,主張正義,消除奸惡,促成和平,力爭外交,一俟軍隊運輸完畢,即日揮戈北指」無異對段祺瑞的宣戰書 4.2.陳獨秀參加上海碼頭工人發起的「船務棧房工界聯合會」發表演說「勞動者的覺悟」 俄國勞農政府通牒放棄在華一切權利 收回俄租界 對德和約簽字 國際聯盟會第一次開會,我國當選國聯行政院非常會員 中國加入無線電報公會 萬國郵政大會通過撤廢在華客郵案 蘇俄派遣東方部書記吳廷康(維丁斯基)來華,策劃組織〔共產黨〕. 5.1. 陳獨秀、李漢俊、陳望道、施存統等,在上海成立「馬克斯主義研究會」集會提出「勞工萬歲」口號,通過「上海工人宣言」 吳佩孚撤退在湖南軍隊,主張開國民大會,趙恒惕佔領全部湖南省地方 20 日訂立中德協定,承認中國關係自主,並結束在中國的治外法權. 6 月陳獨秀、李漢俊、俞秀松、施存統、陳公培等開會商議決定成立共產黨組織,初步定名「社會共產黨」. 29 日中國加入國際聯盟 7 月曹錕、張作霖通電宣佈西北邊使徐樹錚罪狀 令免徐樹錚、吳佩孚職權 曹錕革職留任 段祺瑞對曹吳用兵 張作霖助曹皖系兵敗 段祺瑞下野 解散安福俱樂部 撤銷全國邊防督辦處 免曹吳處分 懲緝徐樹錚、曾毓雋等 14 日吳佩孚、段祺瑞敵對戰爭,段祺瑞在日本數年扶植下編練的數萬邊防軍,大半覆沒.把持北京政府的段祺現遭罷職失勢, 通緝徐樹錚、段芝貴、王揖唐等,均由日本使館收留,安福俱樂部解散,新國會消滅.代為而興的為曹錕張作霖 16 日台灣留日學生創辦「台灣青年」刊物 27 日台灣地方行政制度變更:全島劃分為 5 州 2 廳,下轄 3 市 47 郡 湖南省長兼湘軍總司令譚延闓宣布自治,號召「湘人治湘」、「創制省憲」.「本湘人救湘,湘人治湘之精神,采行民選省長制,以維湘局.」11 月譚延闓去職,由長趙恆惕繼任,剪除異己. 陳獨秀在「新青年雜誌」明確擁護「馬克思主義」 8.15.上海勞動界創辦「勞動週刊」共產主義小組宣傳馬克斯主義. 22 日在上海法租界老漁陽裏 2 號「新青年」編輯部,正式成立「中國共產黨」 在武昌撫院街董必武寓所,由劉伯垂主持成立「共產黨武漢支部」參加的人有:劉伯垂、董必武、張國恩、陳潭秋、鄭凱卿、包惠僧、趙子健等人. 上海建立「社會主義青年團」團員有羅亦農、劉少奇、任弼時等. 台灣蔡惠如到上海揭露日本在台灣的暴政及黑暗統治.喚起「台灣革命運動」. 吳宗憲著「中華民國憲法史前編」孫中山作序

中華民國		紀元	干支	紀要
元首	年號			
徐世昌	**9**	**1920**	庚申	9月陳獨秀創「新青年」,反對孔教、和資本主義,文章登上中國共產黨臨時中央刊物. 陳獨秀、李漢俊、沈定一、戴傳賢、李達、俞秀松、施存統等七人於上海發起組織中國共產黨,戴傳賢旋即退出,推陳獨秀為書記,向外發展組織. 中共向莫斯科會議派出代表譚平山. 中旬共產黨李大釗、張國燾等九人在北大成立中共北京支部. 月底,張國燾、鄧中夏、高尚德、譚平山等在北大組「社會主義青年團」李大釗等又組「馬克斯學說研究會」 中共在湖北劉芬、李漢俊、董必武、陳潭秋、項英等成立「武昌中共支部」,並組織「馬克斯學說研究會」「社會主義青年團」 16日毛澤東在湖南組織「馬克斯主義研究會湖南分會」、「湖南中共支部」.又先後與李大釗、陳獨秀有了直接接觸與聯系. 王盡美、鄧恩銘等在濟南成立馬克斯學說研究會,研習馬克斯主義. 21日朱執信遇難(1885~1920)名大符廣番禺人. 27日蘇俄重申第一次宣言再提出八項具體原則. 10.3.共產黨出版「勞動聲」,又辦「平民教育講演團」. 日本駐台灣總督府將台灣地方行政區劃為「台灣州制」、「台灣市制」、「台灣庄制」,州、廳之下設有47郡、3市、5支廳、263街庄、18區. 並更台灣地名,如「錫口改名松山」、「林圮改名竹山」、「阿公店改名岡山」、「艋舺改名萬華」、「打狗改名高雄」、「三角湧改名三峽」、「湳仔改名名間」、「茄冬腳改名花壇」、「鹹菜棚改名關西」、「噍吧哖改名玉井」等等. 12日羅素講學,宣傳社會主義. 新加坡華僑陳嘉庚捐400萬元創辦廈門大學 在巴黎成立「中國少年共產團」後改為「中國共產黨旅法支部」. 岑春煊等宣言解職孫文.但通告否認統一軍攻,岑春煊等出走. 11月國民黨決定「聯俄容共」至1924年間,成為超議會的政黨. 12日台灣連橫撰編之〔台灣通史〕出版 21日上海成立機器工會,相繼12月成立印刷工會 台灣員警飛行班基地在屏東飛機場落成 台灣顏雲年創立「台陽礦業株式會社」 22日中共譚平山在莫斯科會議上講話:「中國革命的任務是徹底擺脫帝國主義,把帝國主義從中國驅逐出去.」 29日孫中山回廣州恢復軍政府,繼續護法大業. 北京成立中共「社會主義青年團」武漢、長沙、廣州、天津相繼成立. 12月廣州重開政治會議 16日甘肅省海原縣8.5級地震,死亡23萬多人. 新青年雜誌被上海巡捕查封遷往廣州,19214月1日復刊 溥儀在各方壓力下,剪去頭髮辮子. 〔京、國語〕之爭,教育界以北京語言為「標準語音」的決議,在學校廣為推行新國語. 北京創辦「節育診所」成立「北平母親幸福委員會」 顧頡剛出版「古史辨」 代總理:薩鎮冰、靳雲鵬(1920-1921)、顏惠慶. 台灣「薩拉矛抗日事件」合流分所與捫岡駐所被襲擊. 台灣耆宿連橫(連雅堂)出版**『台灣通史』** 日本駐台總督府重劃台灣地方行政區域,將台灣西部十個廳改制為五個州,由北至南為臺北、新竹、台中、台南、高雄,東部則設花蓮港、台東兩廳 孔德成(19202.23.-2008.10.28.)山東曲阜人,孔子第77代孫,擔任大成至聖先師奉祀官,耶魯大學研究員.台灣大學授予博士學位.

<table>
<tr><th colspan="2">中華民國</th><th rowspan="2">紀元</th><th rowspan="2">干支</th><th rowspan="2">紀要</th></tr>
<tr><th>元首</th><th>年號</th></tr>
<tr><td>徐世昌</td><td>**10**</td><td>**1921**</td><td>辛酉</td><td>1 月孫文等宣言繼續和會
四國銀行團通告成立　接收德國歸還庚子年所刼走儀器　萬國郵約簽字
法國退還庚子賠款　九國公約簽字
中共毛澤東在湖南組織「俄羅斯研究會」「留俄勤工儉學會」參加活動者有何叔衡、夏曦、楊開慧等
8 日中美簽訂「中美無線電台協定」協助中國建設電台,並敷設弧形無線電發報機.
13 日中共湖南長沙成立「社會主義青年團」毛澤東任書記
中共惲代英、沈定一等分別在四川浙江天津太原開封西安重慶等地成立「馬克斯主義研究分會」,廣州先由陳獨秀擔任書記,後由譚平山繼任.陳公博負責組織工作,譚植棠負責宣傳,成員有袁振英、李季等.
30 日台灣林獻堂等人向日本帝國議會提出「設置台灣議會請願書」運動
2 月俄侵外蒙庫倫
13 日中共創「勞動與婦女」刊物
3 月俄陷恰克圖
13 日外蒙古建立〔郡主立憲政府〕並宣佈獨立.國民政府未予承認,並聲明予以譴責.
4 月湖南省完成「湖南省憲法草案」宣佈〔湖南省自治〕
1 日台灣總督府頒布「法三號」取代原來施行的「三一法」
7 日廣州非常國會通過中華民國政府組織大綱,選舉孫中山為非常大總統
17 日台灣台北至新店線鐵路完工通車
5.5 中華軍政府改組為正式政府,孫文在廣州就任非常大總統,提出「平均地權」與「節制資」提倡「國家社會主義」,宣佈青天白日滿地紅為中華民國國旗.
6 月川邊軍隊退守打箭爐　川邊藏人內犯
1 日台灣成立「台灣總督府評議會」任命 24 名評議員
14 日蔣中正母親王太夫人病卒,享年 58 歲.孫中山總理題「蔣母之墓」
29 日毛澤東、何叔衡代表長沙共產主義小組赴上海出席「中國共產黨第一次全國代表大會」
7.1.蘇聯策動馬林指導下,陳獨秀、李大釗等在上海成立「中國共產黨」會議代表 12 人毛澤東、何叔衡、張國燾、劉仁靜、李達、李漢俊、董必武、陳潭秋、王燼美、鄧恩、陳公博、周佛海.另有陳獨秀指派的代表包惠憎.推選陳獨秀為中央局書記,通過共產黨黨綱.規定奮鬥目標：以革命暴力推翻資產階級,建立勞動階級的國家,實行無產階級專政,沒收一切生產資料歸社會所有.
湖南長沙共產黨組織成員毛澤東、何叔衡、彭璜等人.創辦湖南自修大學,以圖傳播馬克斯列寧主義,培養革命幹部.
美國哈定召開太平洋會議,邀請我國參加.
俄國赤衛軍佔有之庫倫白黨恩琴被逐
23 日中國共產黨第一次全國代表大會在法租界望志路 106 號(現興業路 76 號)李漢俊之兄李書城的住宅內召開. 蘇聯派馬林、和吳廷康策動,出席代表 13 人計陳公博、包惠僧、李漢俊、李達、張國燾、劉仁靜、董必武、陳潭秋、毛澤東、何叔衡、鄧恩銘、王盡美、周佛海.宣佈正式成立【中國共產黨】選出陳獨秀為中央委員會書記.31 日在浙江嘉興南湖閉幕
共產黨成立旅歐支部有周恩來、蔡和森、趙世炎、李立三、陳毅、向警予、朱德、李富春、王若飛、陳延年、蔡暢、聶榮臻、李維漢、鄧小平等人
郭沫若、和鬱達夫合辦創成社　嚴復逝世
8 月在上海成立「中國勞動組合書記部」召開第一次全國勞大會,負責人張國燾鄧中夏任吳佩孚為兩湖巡閱使 趙恒惕主張先制省憲後定國憲 浙江公佈省憲
2 日台灣總督府創立「中央研究所」
9.1.中共中央在上海創辦「人民出版社」由李達主持.1923 年與青年社合併.</td></tr>
</table>

中華民國		紀元	干支	紀要
元首	年號			
徐世昌	**10**	**1921**	辛酉	同日又在上海成立「國聞通訊社」胡政之任總編輯,後創刊「國聞周報」
				15~22 日美國洛克菲勒基金會集資在北京創辦「協和醫學校」第一任校長為美國胡恒德(H.S.Houghton)
				10 月派施肇基、王寵惠、顧維鈞、伍朝樞出席太平洋會議
				10 日毛澤東在長沙建立「中共湖南支部」
				17 日「台灣文化協會」在台北大稻埕靜修女中創立林獻堂任總理,蔣渭水任專務理事
				27 日嚴復去世(1854~1921)字又陵,又字幾道,福建侯官人.
				11 月在華盛頓開會討論我國提出關稅自主等案.
				中德戰爭終止訂立條約,恢復邦交,德國放棄舊日享受之權利.
				12 日中國代表團參加華盛頓九國會議,中國提出各國應尊重中國「領土之完整及政治與行政之獨立」十項原則.次年 2 月 6 日簽訂中國問題的九國公約和關稅條約.
				台灣連雅堂完成「台灣通史」
				12~1922.2.6.中共在華盛頓發起召開一次新的國際會議,史稱〔華盛頓會議〕與會者有美、英、日、中、法、意、比、葡萄牙等九國
				12.23.成立「中華教育改進社」蔡元培、黃炎培、汪精衛、張伯苓等為董事.
				25 日中共湖南支部的織領導下,長沙萬餘工人學生市民遊行示威,反對帝國主義侵犯中國主權的「太平洋會議」
				蔣介石再婚,與陳潔如(英文名珍妮 Jennie 時年 13 歲蔣 32 歲)在上海大東飯店,由張靜江證婚舉行婚禮.(蔣介石原配毛福梅虔誠佛教己經出家,側室姚冶誠已接受五千元兩人分手)
				奉、皖、粵組結合直系,謀推孫中山、段祺瑞為正副總統,梁士詒為內閣總理,另組國會.
				瑞典人安特生(Adnderxson J. Gunnar)來`中國調查周口店猿人洞東側的鴿子堂洞窟.發現『北京人的發現演繹過程』
				1927-1937 之間把發現北京人骨猿人洞稱為第一地點
				1929.12.2.斐文中氏等人在北京市南西約 54 公里的周口店龍骨山首次發現北京猿人的頭蓋骨.
				1953 年設置周口店工作站重新整理現場,進行舊石器時代、中石器時代調查.
				1963~1964 年在陝西省藍田縣發現「藍田猿人」
				1965 年在雲南元謀縣湖沼的堆積裡發元謀猿人的門齒,距今約 170 萬年左右.
				華國鋒出生(1921~2008.8.20.)山西省交城縣人.毛澤東去世後繼任中共主席兼黨總書記 1976 年逮捕中共四人幫結束文化大革命有功,因與鄧小平政策相左辭職,2008 年逝世.
				日本對台灣「番族調查報告書」全部刊行完畢.
				「金佛案」法國以中法合辦的中法實業銀行倒閉,要求與北洋政府訂立密約,以退還部分庚子賠款恢復中法實業銀行為餌,要求中國以金佛印償付庚款,使中國多付關銀 8,000 餘萬兩.消息傳出,全國反對.法國聯合其他列強,脅迫段祺瑞於 1925 年 4 月簽訂「中法協訂」接受法國要求.
				秦孝儀(1921.2.11.-2007.1.5.)湖南衡東縣人,上海法商學院,美國俄克荷馬大學,獲人文科學博士,國共內戰危急時,時中華民國國璽由大陸帶來台灣,曾任台灣,中山,文化等大學教授,蔣中正總統病危時起草蔣公遺囑,及蔣公紀念歌詞.主持故宮博物院長 18 年.
				許歷農(1921.3.1.-)安徽貴池人,陸軍官校,三軍聯合大學畢業歷任青年軍排連長,及師軍長,軍團司令,政治戰學陸軍官校校長,後調國軍退役官兵輔導委員會主任委員,作事務實,平易近人,待部屬如手足,對退役榮民照顧無微不至,深得民心與愛戴.
				夏志清(1921.2.18.-2013.12.29.)江蘇吳縣人,文學評論家,滬江大學畢業,美國耶魯大學博士.在美國密西根大學,紐約州立大學,匹堡大學,紐約哥倫比亞大學擔任教授.退休後任名譽教授.獲洛克菲勒基金會贊助,由耶魯大學出版「中國現代小說史」.
				劉紹唐(1921.10.14.-2000.2.10.)西南聯大畢業,創設「傳記文學」雜誌,蒐集刊載古今名人事績,廣受讀者歡迎,延續至今不朽.

中華民國		紀元	干支	紀要
元首	年號			
徐世昌 黎元洪	**11**	**1922**	壬戌	1.1「湖南省憲」凡 13 章,141 條.一院制,省長由公民投票選任,省務院分設七司,司長對省議會負責,採用強迫教育義務兵制.省長仍是趙恆惕,省務院院長李劍農,湖南省是唯一具有自治形式的省份. 孫中山出兵北伐,誓師桂林. 中華民國各團體在上海開「國是會議」 美國華盛頓太平洋會議允許我國修正關稅 魯案在太平洋會議外,經受調停與日本協定簽字. 派王正廷督辦魯案善後事 各國以次撤去在華郵局 台灣實施「法三號」同時廢除「三一法」 4 日要求日本廢除「廿一條」解決山東問題,反對四國協定,國內紛紛抗議,掀起膠濟鐵路贖路問題和追究梁士詒責任運動. 5 日吳佩孚通電反奉系支持梁士詒內閣借日款贖路,斥之為「勾援結黨,賣國媚外」最後徐世昌被迫接受梁士詒辭職. 26 日北京政府財政部與國內外銀行團簽訂「9600 萬元鹽餘公債(時稱九六公債)」受到各界責難.吳佩孚通電「名為減息,實則竭源」 30 日台灣林獻堂等在日本發起第一次台灣議會設置「請願運動」向日本議會提出設立「台灣議會」直至 1934 年 9 月,願上書凡 12 次. 政治大學在;北京創刊「政法學報」 2.3.中國地質學會在北京成立. 4 日華盛頓會議上中日兩國代簽訂「解決山東懸案條約」及「附約」問題,美國居中協調,3 月 4 日徐世昌去電美國致謝 與俄赤塔兩政府協定中東路問題 6 日美、英、日、法、義、荷蘭、比利時、葡萄牙、及中國簽訂「九國公約」門戶開放,機會均等,各國不在中國某區域謀取或協助其本國人民謀取商務或經濟發展的優越權利,不剝奪他國人民的合法經營,不贊助在中國設立勢力範圍,或獨享機會的任何民間協定. 台灣修正「台灣教育令」除了普通學校、公學校以外,所有學校都依據日本內地學制實施. 20 日在北京成立「全國教育獨立運動會」發表「教育獨立宣言」謀求教育經費、制度、教育思想獨立,以使教育脫離政黨與宗教. 4 月孫文免除陳炯民公職,6.16.陳炯民叛變,炮擊觀音山,孫避居上海 1923.1 月陳炯民下野 張作霖、吳佩孚互相攻擊,張作霖兵敗退出山海關,11 月直奉成立「和約」 徐樹錚在福建延平設立建國軍政制置府,徐旋離開. 浙督盧永祥自行廢督,稱軍務善後督辦 1 日台灣開始實施日本、台灣「共學制」 23 日台灣總督府高等學校舉行開學典禮,為台灣最初的高等教育機關 5.5.中共在上海、北京、長沙、武昌、廣州、南京、天津、保定、唐山、塘沽、安慶、杭州、潮安、梧州、佛山、新會、肇慶等 17 個地區建立「社會主義青年團」組織. 5~10 日中國社會主義青年團第一次全國代表大會在廣州召開 9 日孫中山在韶關誓師北伐 6.2.徐世昌下野舊國會復在北京開會 3 日旅居法國、比利時、德國勤工儉學學生代表趙世炎、周恩來、李維漢、李富春、王若飛、劉伯堅、陳延年等,在法國巴黎建立旅歐中國少年共產黨,趙世炎擔任主席. 中共指出帝國主義是中國軍閥的支持者,其目的是「造成他們在中國的特殊勢力」「延長中國內亂,使中國永遠不能發展實業,永遠為消費國家,永達為他們的市場.」 11 日黎元洪受直系軍人推戴入京復任總統(1922-1923) 總理顏惠慶(吳佩孚等反對梁士詒組閣,梁士詒請假顏惠慶代)後有王寵惠、周自齊、顏惠慶、王寵惠代署、汪大燮署、王正廷代、高淩蔚(國務總理攝行總統)

中華民國		紀元	干支	紀要
元首	年號			
黎元洪	**11**	**1922**	壬戌	15日中共中央發表「中國共產黨對於時局的主張」 6.16.「陳烱明廣州叛變」,6.29.蔣中正遠來赴難, 在永豐艦謁孫中山,指揮對抗叛逆.孫中山、宋慶齡在艦長馮肇憲的護衛下,登上永豐艦(中山艦)避難55天(6.16~8.9) 化裝逃出.國父逝世,將永豐艦改名為中山艦以為紀念.26年後抗日戰爭被日本飛機炸沉1997年打撈上岸,經整修恢復原狀,現陳列漢口博物館. 7.16~23中共在杭州舉行第二次全國代表大會,陳獨秀、李大釗、蔡和森、向警予、鄧中夏、張國燾等二十餘人參加.反對軍閥,反對帝國主政治綱領正式加入共產國際,決定與國民黨組織聯合戰線. 〔中國共產黨〕正式成立：陳獨秀、李大釗、張國燾、李達、楊明齋、羅章龍、王盡美、許白昊、蔡和森、譚平山、李震瀛、施子統等,代表全黨195名黨員. 24日台灣總督府設置「史料編纂委員會」 歐陽竟無在南京成立「支那內學院」闡佛學,育才利世,收藏佛典50餘種300餘卷. 8.18.在南京成立「中國科學社生物研究所」秉志擔任所長 彭湃在廣東海豐建立最早的「農民協會」 範旭東在塘沽創辦「黃海化學工業研究社」社長孫穎川 蘇俄派越飛(Adolf A. Joffe)來華與孫中山、顧維鈞會談,發表國民黨政策宣言： 一. 民族自決,對內增進全國文化,對外謀求世界民族平等,改正條約,恢復國際關係的平等地位. 二. 為力謀社會經濟均等發展,限定私人土地所有權,制定工人保護法,徐謀勞資地位平等,改良農村組織,地主佃戶間之平等. 29~30.中共在杭州西湖舉行會議,國際共產馬林指示,要求中國共產黨員以個人身份加入國民黨. 9.5.中共在長沙成立〔長沙泥木工會〕任樹德擔任主任,易禮容任秘書. 6日毛澤東發表「長沙泥木工會章程」 19日黎元洪以王寵惠為內閣總理,主張「好人政治」人稱「好人政府」因北洋軍閥爭權,11月即被倒閣. 蘇俄代表越飛的軍事隨員格克將軍到達上海,與孫中山會談. 10月中共中央從上海遷到北京. 6日毛澤東、任樹德、易禮容領導下,長沙6000餘工人抗議不准增加工資罷工 11.2.北京政府公佈「學制系統改革案」建立新學制(壬戌學制)按規定小學六年(初級四年,高級二年),中學六年(初中、高中各三年),與中學平行的有師範學校和職業學校,大學四至六年,該學制綿延至今. 5~12.5.陳獨秀、劉仁靜、王俊等三人出席蘇俄莫斯科共產國際第四次代表大會. 14日長沙筆業300餘名工人罷工. 24日中共成立「筆業生產合作社」此是湖南工人最早組織的生產合作社 12.11~13.毛澤東、郭亮以「工團聯」正、副總幹事身份,向縣知事、省警廳長、政務廳長、省長請願,要求工人有集會、結社、罷工的權利,工會有代表工人向政府交涉的權利. 當時省、縣當局被迫同意. 16日杜聰明取得日本京都帝國大學醫學博士學位,成為台灣人第一位取得博士的人. 28日日據時代台灣總督府宣佈「治安警察法」1928年7月變更設置「高等員警」用以鎮壓台灣社會運動. 30日蘇維埃聯合共和國成立,簡稱「蘇聯」 奉天軍械廠擴建並改稱「東三省兵工廠」,九一八日本占領改為「奉天造兵所」1946年3月為國民政府接收. 在北京成立「中國社會學會」 胡適推行〔白話文運動〕 伍廷芳逝世 劉伯明逝世 楊振寧(1922.9.22.-)安徽合肥人,獲諾貝爾物理獎.

中華民國		紀元	干支	紀要
元首	年號			
高凌蔚 曹　焜	**12**	**1923**	癸亥	1.1.　國父孫中山發表「中國國民黨改革宣言」、「中國國民黨黨綱」. 中共在廣東海豐縣成立農會,彭湃任會長. 12 日共產國際作出「關于中國共產黨與國民黨的關係問題的決議」謂國民黨為現時中國唯一 26 日孫中山與蘇俄代表越飛簽署發表「孫文越飛聯合宣言」越飛為蘇俄駐華全權代表.雙方共認蘇維埃制度不能引用於中國,蘇俄願意贊助中國統一,並重申放棄帝俄時代由不平等條約規定的在華特權與利益. 蘇俄鮑羅廷奉蘇聯命令到中國出任廣東革命政府最高政治顧問和共產國際駐華代表,積極促成第一次國共合作. 陳炯明下野籌款,贖回膠濟鐵路及附屬財產 台灣「勸業銀行」臺北分行成立,跨足台灣金融界 美國奧斯邦在上海建立中國境內無線電廣播電台. 26 日孫中山與俄代表越飛在上海共同發表「孫文越飛聯合宣言」主張「聯俄容共」.西湖會議後,李大釗、陳獨秀、蔡和森、張國燾等首先加入國民黨.中國共產黨接受共產國際的建議作出黨內合作的決定是正確的. 蔣中正奉派赴俄報聘,並考察政治、黨務. 30 日台灣成立「台灣議會期成同盟會」 台灣『治警事件』為台灣人申請成立「台灣議會期成聯盟」2 月 21 日在東京成立,10 月 16 日台灣總督府以違反「治安警察法」逮捕數 10 人 8 月審判蔡培火、蔣渭水、蔡惠如、林呈祿等七人被判刑罰款,此事件稱為「治安警察法違反檢舉事件」稱稱「治警事件」. 2.1.京漢鐵路工人在鄭州成立「京漢鐵路總工會」被吳佩孚武力解散,逮捕中共李大釗. 4 日京漢鐵路全線罷工,吳佩孚下令復工命令. 7 日漢口、長辛店工人英法唆使吳佩孚軍警殺害三十餘人,造成「二七慘案」 河南鄭州鐵路工人罷工,50 餘人被打死,300 餘人被打傷. 由於「二七事件」蘇俄的聯吳佩孚努力失敗,中共與吳佩孚的關係破裂. 21 日月孫中山返回廣州,設大元帥府,復任大元帥,統率軍政. 實行「值百抽五新稅制」 香港爆發「沙田慘案」香港海員罷工,港英軍警開槍打死六人,打傷一百多人慘劇,3 月港英被迫同意增加海員工資,恢復工會. 27 日中國共產黨發表「吳佩孚慘殺京漢鐵路工人告工人階級與國民文件」 孫中山應香港總督(Sir Edward R. Stubbs)之邀赴宴,盼與英國修好.三月孫又與英國駐廣州總領事傑彌孫(Sir J.J. Jamiseson)會晤,商用英款開港、築路、願與香港政府會作.旋即派梁士詒代表孫去香港活動借款,建築鐵路. 3.1.孫中山在廣州組成大元帥府 3 日共產國際發表「京漢鐵路罷工工人流血事件告中國鐵路工人書」 10 日直系當政,北京政府宣佈廢除廿一條,公佈縣自治法並任沈鴻英督導.日本不肯取消廿一條,國民抵制日貨 12 日日本交還青島,但不肯放棄旅順、大連及其他權利. 4.1.孫中山的秘書陳友仁宣布孫的外交政策,希望英、美給以財政援助,用英、美專家致力建設. 北京軍警強迫國務院發餉 15 日台灣人在日本東京創 刊「台灣民報」1927..8.獲准遷至台灣發行.19324 月起改為「台灣日報」.1937 日本令廢止漢文版.1941 被迫「響應日本國策」再度改名為「興南新聞」1944.3.26.與其他報紙合併為「台灣新報」,「台灣新民報」次日發表「停刊之辭」結束了「台灣青年」 日本派內田嘉吉為第九任駐台灣總督

中華民國		紀元	干支	紀要
元首	年號			
高淩蔚 曹 焜	**12**	**1923**	癸亥	16日日本皇太子裕仁(後來登基為昭和天皇)抵達台灣,視察旅遊12天. 22日吳佩孚五十歲生辰(農曆三月初七日)康有為賀聯「牧野鷹揚,百歲功名纔半紀;洛陽虎視,八方風雲會中州」 25日陳獨秀發表「資產階級的革命與革命的資產階級」 5.1.蘇俄對孫中山外交政策談話深感不安來電,「願隨時予以必要援助」 5日津浦路通車,在臨城被匪劫持中外乘客勒索 孫中山討伐陳炯明不成,考慮今後動向,認為必須改弦更張,爭取外援. 中旬共產國際(第三國際)代表馬林抵達廣州,勸孫中山組國民黨,並向中共傳達共產國際關於中共應承認國民黨領導地位,防止其傾向軍閥帝國主義的意見.又與孫中山擬定派蔣介石率團赴蘇聯考察. 共產國際指示中共「三大」:「中國進行民族革命立反帝戰線之際,必須同時進行土地革命,沒收地主土地,沒收寺廟土地,無償分配」 6月湖南長沙市民與日輪搭客衝突,日兵鎗殺百姓,全市罷工、罷學、罷市. 黎元洪內閣辭職,公民團體迫使出京離職 高淩霨等宣告攝政 12~20日中國共產黨在廣州舉行第三次全國代表大會,在廣州召開.以國民革命運動為中心議題,採取合作形式同國民黨建立聯合戰綫,「共產黨員應加入國民黨」 26日北京故宮景福宮失火,焚毀房屋130餘間,損失四萬餘元. 國語月刊發表錢玄同「漢字改革」、趙元任「國語羅馬字研究」、黎錦熙「漢字革命運動前進的一條大路」文章. 在北京成立「中華平民教育促進會總會」除文盲,作新民,晏陽初任該會總幹事. 7月中共要求國民黨召開全國商會、工會、農會、學生會、及其他團體代表,舉行「國民會議」 8月孫中山任命譚延闓為湖省長兼湘軍總司令,討伐趙恒惕,兩相對峙40天 2日俄工任命鮑羅廷為孫中山的政治顧問. 16日 蔣中正赴俄考察軍事 20~25日中國社會主義青年團第二次全國代表大會在南京召開. 9.2.蘇俄派加拉罕來中國 蘇聯駐華代表加拉罕對報界發表聲明,對兩次宣「沒有獲得響應」表示遺憾,再次譴責沙皇俄國政府的對華政策,並表示蘇聯「對中國的興趣同過去沙皇俄國對中國的興趣和要求是根本不同的」 10.5.曹錕賄賂舊國會成功當選總統(1923.10.5-1924.9)並公佈憲法,直魯豫巡閱使曹錕入京就職總統職 高凌蔚任國務院總理攝行總統. 總理張紹曾高淩蔚 6日蘇俄駐北京代表加拉罕介紹的鮑羅廷(Michael Borodin)(1884~1953)抵廣州,作為蘇俄駐廣州的代表. 鮑羅廷見孫中山時表示:應允軍事物資援助的要求,強調中俄革命均為民族主義的奮鬥,蘇俄的成功,實得力於黨.國民黨的使命為完成中國統一與獨立,假以半年時間,可使廣州成國民黨的鞏固基地,,一、二年內革命精神將普及全國,但必須注意宣傳,動員民眾,推行軍中政治工作.孫中山大為所動. 9日國父孫中山以大元帥名義下令討伐曹錕,通緝賄選議員,並決定北伐. 蘇聯政府代表鮑羅廷,應孫中山邀請到達廣州 10日孫設置國民黨改組委員會,由鮑羅廷擬定改組方案 25日廖仲愷、李大釗、譚平山、及鮑羅廷顧問等國民黨改組特別會議在廣州召開. 28日國民黨臨時中央執行委員會成立,孫中山委任廖仲愷胡漢民和共產黨譚平山等九人為國民黨臨時中央執行委員,李大釗等五人為候補執行委員 國家主義者組成「中國國家主義青年黨」後改名「中國青年黨」

中華民國		紀元	干支	紀要
元首	年號			
高淩蔚 曹　焜	**12**	**1923**	癸亥	國民黨創設「上海大學」于右任、邵力子分任正、副校長,教授多為共產黨員:瞿秋白、蔡和森、鄧中夏、沈雁冰(茅盾),1925 年 6 月被租界工部局封閉. 11.1.中國共產黨在上海創辦「上海書店」1926 年 2 月被軍閥孫傳芳封閉. 蘇俄維經斯基再度來華,接替馬林擔任共產國際駐中國代表. 1923.11~1924.1.各地共產黨人都積極參加國民黨改組工作：如北京的李大釗，直隸的韓麟符、于方舟，湖南的毛澤東、何叔衡、夏曦，湖北的劉伯垂、廖乾五，山東的王盡美，浙江的宣中華，山西的王振翼等． 蘇俄鮑羅廷和廖仲愷起草一份「土地法」孫中山不同意立即公布,建議先與農民聯繫,傾聽他們的呼聲.旋提出「耕者有其田」的主張. 12 日孫中山發表「中國民黨改組宣言、黨綱草案、黨章程草案」 18 日台灣辜顯榮、林熊徵發起成立漢奸組織「台灣公益會」 20 日中國國民黨發表「中國國民黨黨綱草草案」建立「民有、民治、民享」的國家 24~25.中國共產黨三屆一中全會在上海召開.凡有國民黨組織的地,方中國共產黨員、社會主義青年團員「一併加入」凡國民黨無組織的地方,共產黨則為之建立.決定中國共產黨要通過黨團性質的秘密小組在國民黨內貫徹共產黨的綱領和政策,努力爭取「站在國民黨中心地位」 在中國共產黨的幫助下,國民黨旅支部正式成立,周恩來被委任為國民黨巴黎通訊處籌備員,聶榮臻、李富春等人也參加籌建國民黨巴黎通訊處. 28 日蔣中正參加共產國際執委會會議,蘇俄季諾維也夫在報告中認為三民主義只是「革命初期的政治口號」警告中國國民黨「不應用中國資本家階級的統治去取代外國帝國主義的統治.」蔣答辯說:「我們不是為資產階級而進行革命工作的」幾天後,共產國際主席團作出決議,要求國民黨人「不僅要消滅外國資本的殘酷剝削,而且也要消滅本國資本的殘酷剝削.」蔣中正在日記中批評其為「普泛不實,其自居於世界革命之中心,驕傲虛浮.」 共產國際通過「關于中國民族解放運動和國民黨問題的決議」 12.2.中國國家主義青年團在巴黎成立,1929 年改名中國青年黨. 台灣為「議會設置請願願運動與治警事事件」蔣渭水、蔡培火、蔡惠如、林呈祿、林幼春、陳逢源等人組織「台灣議會期成同盟會」 日本認為違反「治安警察法」12.16.日本大肆逮捕相關人士入獄. 13 日羅馬教皇庇護十一世確定湖北蒲圻為「國籍宗座監牧區」任命中國神父甫成和德為監牧,此舉係天主教中國化運動之開始 16 日日本取締台灣議會設置請願動的〔治安警察法違反事件〕簡稱『治警事件』 22 日中國社會主義青年團通告「社會主義青年團應該努力同國民黨合作,幫助國民黨改組」 23 日孫中山決定籌設「黃埔軍官學校」 孫中山發表「關於海關問題宣言」抗議英美干涉中國內政. 25 日中共中央發出「中央通告第 13 號」要求全體共產黨員積極參加國民黨改組工作,並部署參加改組工作的具體步驟,制定黨、團員統一行動方針. 中共「二大」提出合全國革新黨派,組織民主聯合戰線. 中共三屆一中全會提出:「我們須努力站在國民黨中心地位」 張君勱在清華大學講演人生觀,引起科學與玄學的論爭. 蔣母「慈庵」落成,蔣中正撰「慈庵記」,譚延闓書額,孫中山總理題匾「為國劬勞」「慈靈普照」 「三教聖道總會」成立 「北京道教慈善會」成立 法國古生物學家桑志華在內蒙古烏審旗薩拉烏蘇發現舊石器時代晚期遺址,被命名為「河套文化」

中華民國		紀元	干支	紀要
元首	年號			
高淩蔚 曹 焜	**12**	**1923**	癸亥	李登輝(1923.1.15.)台灣新北市三芝人,生父是日本人 Iwasato Masao,在台灣任刑警,生母江錦氏為台灣人,其父退休後回日本未將李登輝(日本名岩里政男)帶走,拜其好友李金龍為義父,後改名為李登輝. 就讀台灣高等學校,日本京都帝大農林經濟科,國立台灣大學農業經濟系,獲美國康乃爾大學經濟學博士,在農委會工作,經濟學者王作榮介紹加入國民黨,推薦給當時行政院長蔣經國入閣,任台灣省主席,蔣經國總統邀其作副總統,蔣經國逝世繼任為總統,主張兩峽岸「兩國論」「中國七塊論」導致兩岸情勢緊張,退休後不遵守諾言做「牧師」傳教,暗中推動「台灣獨立」. 李元簇(1923.9.24.)湖南平江人,政治大學法政系,西德波恩大學法學博士,司法官考試第一名,,為一公正無私法曹,曾任「掃蕩報」「青島日報」「中央日報」記者,投入司法界後,由蘭州,迪化,台灣地方法院推事,到高等法院法官,並在政治大學擔任教授,系主,及校長.教育部長,司法行政部長,建立台灣「審檢分隸制度」「政府賠償制度」「緊急拘捕權」,後任總統府秘書長,中華民國副總統,國策顧問,退休後隱居台灣苗栗,不問世事飴養天年. 李崇道(1923.10.2.-)江蘇蘇州人,美國康乃爾大學哲學博士,韓國國立全北大學榮譽法學博士,曾任台灣大學,中興大學教授,行政院農村復興委員會主任委員,中與大學校長.中央研究院副院長. 莊奴(王景羲)(1922.-)曾做過記者,編輯,能作曲,寫歌詞,如名歌星鄧麗君所唱的小城故事多,又見吹煙,甜密密,等親切動人歌曲,皆出自莊奴之手.

中華民國		紀元	干支	紀要
元首	年號			
黃 郭 段琪瑞	**13**	**1924**	甲子	1 月北京國會反對改選 20~30 日中國國民黨在廣州召開第一次全國代表大會,決定改組聯俄容共,國共第一次合作,宣佈主義及政綱,組建國民政府,訂定國旗制式. 中共出席代表有李大釗、譚平山、林祖涵、張國燾、瞿秋白、毛澤東、李立三.. 選舉中國國民黨中央執行委員,共產黨員有李大釗、譚平山、於樹德、毛澤東、林祖涵、瞿秋白、張國燾、于方舟、韓麟符、沈定一當選為中央執行委員或中央候補執行委員. 國民黨一屆一中全會,推選廖仲愷、譚平山、戴季陶為中央常務委員. 中央黨部各部門任重要職務的共產黨員有：組織部部長譚平山,農民部部長林祖涵,工人部秘書馮菊坡,農民部秘書彭湃,組織部秘書匏安. 列寧病逝. 共產黨員李大釗聲明加入國民黨. 21 日列寧,蘇俄第一個社會主義締造者逝世 24 日國父派蔣中正籌辦黃埔軍校 27 日國父開始宣揚述三民主義,訂定「聯俄容共」政策. 年初蘇俄鮑羅廷批評「國民黨不是反帝的」「缺乏足夠的民族主義色彩,和反帝精神」 2.7.全國鐵工人代表大會在北京秘密舉行,決議成立「全國鐵路總工會」 中國共產黨召開三屆二次執行委員會通過「同志們在國民黨工作及態度決議案」對國民黨腐敗分子近而遠之,避免不必要的衝突,態度上調和退讓.一切工作歸國民黨.李大釗從廣州回到北京,擔任國民黨北方地區的領導工作. 3.1.台灣「台警事件」蔣渭水、蔡培火等 14 名被起訴;8.18.獲判無罪,10.29.終審,蔡培火、蔣渭水判處 4 個月有期徒刑,林呈祿、陳逢源、蔡惠如等 5 名判處 3 個月有期徒刑. 4.1.「中央通訊社」在廣州成立. 12 日 公佈「國民政府建國大綱」 28 日奉天自成立「收回教育權運動委員會」反對日本在南滿自由設立學校,實行殖民教育 5.2.〔黃埔軍官軍校〕1924 建校,國父孫中山特任蔣中正為陸軍軍官學校校長 5 日黃埔軍校第一期學生 500 人,8 日開課.6 月 16 日開學,1924 年 11 月 30 日畢業. 1925 年東征統一廣東,1926 年北伐,1928 年統一全中國,1930 年 9 月黃埔軍校遷往南京. 在上海召開國民黨執委會大會會議,共產國際代表維經斯基出席會議. 9 日彭伯良出生「史學族譜專家」抗日戰爭投筆從戎,轉戰南北,駐防越南河內,勝利後奉派來台灣接收電訊,服務通訊界退休,從事史學譜牒研究,揚名國內外. 10~15.中共中央執行委員會在上海召開擴大會議 31 日北洋政府與蘇聯在北京簽訂「中俄解決懸安大綱協定」放棄一切有損中國條約、治外法權、租界、領事裁判權,同意中東鐵路由中國收回,尊重中國在外蒙之主權,兩國政府宣佈恢復外交關係. 6.16.黃埔軍官學校第一期學生 350 名,備取 120 名,舉行開學典禮,由孫中山先生主持,國共兩黨人士有五百多人參加.蔣中正任首任校長.共產黨周恩來、惲代英、葉劍英、聶榮臻等,分別擔任學校重要職務.1927 年黃埔軍校改名為『中央軍官學校』. 國民黨中央監察委員鄧澤如、張繼、謝持向國民黨中央執行委員會提出「彈劾共產黨案」借共產黨員在國民黨內設有『黨團』主張【絕對不宜黨中有黨】經中央執行委員會討論鄭重聲明「凡有革命勇決之心及信仰三民主義者,不問其平時屬何派別,本黨無不推誠延納,許其加入.對於規範黨員,不問其平日屬何派別,惟以其言論行動能否一依本黨之主義政綱及黨章為斷」

中華民國 元首	中華民國 年號	紀元	干支	紀要
黃郛 段琪瑞	**13**	**1924**	甲子	6.17~7.8.共產國際會議李大釗、王荷波、彭述之、劉清揚出席大會.指出共產黨必須保持徹底而絕對的獨立性. 17 日「上海台灣青年會」集會反對「台灣始政紀念」. 19 日北京政府通知各地郵局禁止郵寄「自治旬刊」、「陳獨秀演講錄」、「上海工會報告」、「勞動旬刊」、「榮工週刊」等刊物. 中俄協定成立,收回天津俄租界.　外蒙宣告自主 張作霖與加拉罕之代表簽訂「奉俄協定七條」 7 月外交部發表中德協約 3 日第一屆廣州農民運動講習所開學,彭湃擔任主任. 國民黨員張繼堅持反對國民黨「黨內有黨」 俄任加拉罕為駐華大使 15 日廣州沙面收千工人罷工,反對英、法帝國主義「不准中國人自由出入租的『新警律』」持續一個多月,最後居得勝利.組織工團軍.後發展組織「農民自衛軍」 8.7.孫中山發表「中國國民黨忠告日本國民宣言」. 23 日孫中山發表「耕者有其田」及「土地報價收買,徵收後分配給農民」. 黃埔第二期招生 600 人,1925 年 8 月畢業 國[民黨軍改為國民革命軍,第一軍由蔣中正擔任軍長 9 月浙蘇軍閥戰爭 18 日國父孫中山發表「北伐宣言」,蔣中正命為東征軍總指揮. 10 月孫中山平定廣州商團亂 23 日直奉戰起,盧永祥兵敗赴日,吳佩孚大敗於山海關 馮玉祥發動政變,組成國民軍,囚禁曹錕,推翻曹錕、吳佩孚控制的北京政府,潛回北京通電主和,迫曹錕去職,推皖系軍閥段祺瑞臨時執政.並電邀孫中山北上,共商和統一大業. 蔣經國赴莫斯科進入孫文大學 黃埔軍校成立軍校第一、二教導團 11.5. 政務院代行國務總理黃郛,修正「清室優待條件五條」 1. 清宣統廢除皇帝尊號,與中華民國國民在法律上享有同等一切權利. 2. 自本條件修正後,民國政府每年補助清室家用五十萬元,並特支出二百萬元開辦北京貧民工廠,盡先收容旗籍貧民. 3. 清室應按照原優待條件第三條,即日移宮廷門禁,以後得自由選擇住居,但民國政府仍負保護責任. 4. 清室之宗廟陵寢永遠奉祀,由民國酌設衛兵妥為保護. 5. 清室私產歸清室完全享有,政府當為其保護,其一切公產則應歸民國政府所有. 馮玉祥派鹿鍾麟帶兵入紫禁城,逼溥儀離宮,歷史上稱「逼宮事件」.溥儀離宮後搬往父親載澧住處,繼而逃進日本公使館. 10 日孫中山「北上宣言」主張召開國民會議,取消舊國會,廢除不平等條約,重申反對帝國主義和軍閥. 12 日美國駐中國代辦梅葉(Mayers)向國務院報告謂蘇俄對北京現政府的影響力至鉅. 13 日國父孫中山應邀北上共商國是,段祺瑞受張作霖、馮玉祥推戴入北京臨時執政(1924-1926). 黃郛 1924 國務院總理攝政,旋後代理總理有孫寶琦、顧維鈞代、顏惠慶、黃郛代.　吳佩孚下野 30 日台灣宜蘭線鐵路完工 31 日孫中山抱病抵達北京.以大元帥名義,頒布「工會條例 21 條」

中華民國		紀元	干支	紀　要
元首	年號			
黃　郭 段琪瑞	**13**	**1924**	甲子	12.7.中共中央、青年團、共產國際聯席會,決定成立「常設性」、「享有全權」的中共中央北方局(直隸、山西、山東、河南、內蒙、滿洲),李大釗任書記,譚平山任副書記. 12 日黃埔第三期招生 **2.289** 人.蔣中正校長勉勵「生活的目的,在增進全體人類之生活;生命的意義,在創造宇宙繼起之生命.」 1924-1926 台灣「二林事件」:林本源製糖會社在台中溪州二林的糖廠長期把價格壓比其他地方為低,引起蔗農不滿.1925 年 6 月農民組織「二林蔗農組合」爭取合法利益, 林本源製糖會社置之不理,會社在日本員警戒護下強收割甘蔗,激起公憤而發生衝突,最後蔗農赤手空拳在強權之下失敗收場. 日本派伊澤多喜為駐台灣第十任總督 查良鏞(1924.3.10.~)江蘇海寧人,英國劍橋大學博士,名小說家,其流行名間著名作品有神鵰俠侶,鹿鼎記,倚天屠龍記,書劍恩仇記,笑傲江湖等. 李麗華(1924.7.17.-)原籍河北,生於上海,有長青樹之稱,以主演「千里送京娘」「小鳳」一舉成名.息影與嚴俊結婚,移民美國.

中華民國		紀元	干支	紀要
元首	年號			
不設總理	**14**	**1925**	乙丑	1 月吳佩孚入鄂 奉軍南下 盧永祥張宗昌入南京
				7 日陳烱明俟國父孫中山北上,1.15.自潮汕西犯.1.30.軍事討伐.3.13.陳烱明敗逃
				11~22.中國共產黨在上海舉行第四次全國代表大會.
				25 日成立「黃埔軍校中國青年軍人聯合會」
				26 日國父孫中山在北京協和醫院因病開刀,診斷為患肝癌,群醫束手無策.
				26~30.中國社會主義青年團在上海召開第三次全國代表大會.
				2.1.廣東革命政府征討陳烱明
				國務院總理攝政：顏惠慶、杜錫珪、顧維鈞・賈德耀代、胡維德署、顏惠慶、杜錫珪代、顧維鈞代 潘復.
				段祺瑞召集之善後會議開會,國民黨通電不贊成,主張國民自製國民會議組織法
				外蒙古頒布新憲法
				23 日台灣原住民花岡一郎考入台中師範學校,成為第一位受師範教育的原住民.
				溥儀被馮玉祥逐出皇宮,在日本護送下,來到天津日本租界,先後在張園和園,渡過七年寓居生活.溥儀閒居期間,不忘恢復祖業,重登帝位,拉攏各派軍閥,及日本軍人政客,將日本視為復辟的「第一外來力量」
				馮玉祥向蘇俄訂購大批槍械,此後,蘇俄軍事顧問加入馮軍工作,軍火源源向馮的基地張家口輸送.,
				邵力子赴蘇俄時,蔣中正曾面囑他向斯大林轉達:「要第三國際直接領導中國國民黨,不要通過中國共產黨.」
				3.1.~4.16.中國共產黨與國民黨左派人士促成在北京召開全國代表大會.
				11 日台灣楊雲萍等出版「人人雜誌」
				12 日國父孫中山(1866~1925)上午 **09:30** 病逝北京,享壽 **60** 歲,胡漢民代理大元帥
				19 日國父孫中山靈柩移靈北京中央公園.
				吳佩孚移駐嶽州 四川川邊改為西康特別區域.
				趁國父逝世全國哀痛,滇軍總司令楊閔與段祺瑞勾結,圖謀占領廣州兵工廠.桂軍總司令劉震寰與雲南唐繼堯勾結圖謀廣西,公開攻擊國民黨.代理大元帥胡漢民命譚延闓率湘軍、朱培德之滇軍、黨軍教導團,由蔣中正任總指揮,擊潰滇桂叛軍.
				在北京成立全國各省工會聯合會
				4 月北政府公佈金佛郎案
				2 日國父孫中山靈柩暫厝北京西山碧雲寺.
				5.1.第二次全國勞動大會決定在廣州成立「中華全國總工會」1927 年遷武漢,1929 年遷上海,1931 年秋設「中華全國總工會蘇區中央局」1948 年恢復原名,並通過「中華全國總工會章程」
				段祺瑞設臨時參政院,並令籌備國民代表會議
				12 日台灣開始實施「治安維持法」
				16 日台灣桃園大圳竣工通水
				21 日東征軍奉命回師廣州,鎮壓平定桂系軍閥劉震寰、滇系軍閥楊希閔叛亂.
				30 日因支援工人顧正紅反上海工部徵收稅收,學生演講示威,日本開槍死傷數十人,後稱「**五卅慘案**」
				6.1.上海總工會成立,李立三任委員長,劉華任副委員長.
				臺北橋竣工
				23 日【六二三慘案】廣州工人集會罷工示威,英法軍開槍傷亡數百人,人稱「沙基慘案」
				中、日文化委員會議決議退還庚子賠款用途.
				28 日台灣李應章成立「二林庶農組合」為台灣農民運動之肇始
				7.1.廣州大元帥府改組為「中華民國國民政府」採委員制,與北政府絕交.汪精衛任國民政府主席,胡漢民任外交部部長,廖仲愷任財政部部長,許崇智任軍事部部長,宋子文

中華民國		紀元	干支	紀要
元首	年號			
不設總理	**14**	**1925**	乙丑	為財政部部長. 聘請鮑羅廷為高等顧問. 3 日國民政府成立「軍事委員會」汪精衛任主席,汪精衛、廖仲愷、蔣中正等八人為委員.8 月將所轄軍隊統一改編為「國民革命軍」 8 日廣州政府將黃埔軍校校軍大成為「國民革命軍第一軍,蔣介石任軍長」、「湘軍為第二軍譚延闓任軍長」、「滇軍為第三軍,朱培德任軍長」、「粵軍為四軍,李濟深任軍長」、「第五軍長李福林」,由周恩來、李富春、朱克靖、羅漢,分別擔任第一、二、三、四軍的副黨代表. 12 日廣州國民政府外交部長胡漢民痛斥外國帝主義製造五卅慘案、九江、漢口、青島、沙基等慘案. 23 日戴季陶版「國民革命與中國國民黨」攻擊馬克斯主義的階級鬥爭理論.8 月間,陳獨秀、瞿秋白、惲代英等人為文反駁 8.18.教育總長章士釗鎮壓北京女子師範大學學潮,鼓吹讀經,注重科學,反對白話文.北京大學評議會決議,北大與教育部脫離關係,11 月章被迫辭職. 20 日廖仲愷堅持孫中山三大政策,採取將廣東各地財政、民政統一收歸政府管理,為軍閥官僚惡勢力所不容,陰謀收買刺客於 8 月 20 日將廖仲愷殺害. 與該事件有牽連嫌疑之胡漢民,離開廣州,許崇智因處理廖案不力,被勸離粵赴滬,其主管之軍事權,由蔣介石接替. 廣州發生政變 奉系將領郭松齡倒戈,張作霖下野,旋兵敗被殺 26 日軍事委員會整編各軍為國民革命軍 9.19.山東黃花寺黃河決口,災民達 200 萬餘人. 28 日國民政府決定第次二東征,任命蔣中正為總指揮,周恩來為總政治部主任. 周恩來在東征軍隊中設立〔黨代表〕和〔政治部〕制定〔戰時政治宣傳大綱〕這種制度是中國歷史上沒有的,使軍隊一新耳目,呈現新氣象. 蔣中正發表演說:「三民主義是我們中國革命唯一的中心、唯一的主義.」 國立東南大學郭秉文校長職務被免除. 10 月中共中央在北京召開執委會議提:「中國共產黨是無;階級的指導者,民族解放運動的領袖的指導者,應當指示群眾以前進的道路」.強調北方地區工作的重要性,加強黨對北方國民革命運動的領導. 中共北方區委書記李大釗的指導下,以王若飛為書記,成立「中共豫陝區委」負責領導河南、陝西兩省黨的工作. 孫傳芳驅逐在蘇奉軍,吳佩孚助孫,奉軍北退. 李景林與國民軍戰敗退 5 日蔣中正委員長第二次征討陳炯明,14 日攻下惠州,全殲陳炯明精銳部隊 10 日「故宮博物院」在北京紫禁城成立 16 日直(孫傳芳)奉(張作霖)戰爭,奉軍敗退山東,直軍占領南京徐州,控制閩浙蘇皖贛 19 日中奧簽訂商業協定,奧國放棄所有不平等條款. 22 日台灣庶農與林本源製糖會社發生衝突,引發「二林事件」 26 日中、英、美、日、法等 13 國代表,在北京召開「關稅特別會議」討論增加附加稅、裁廢釐金和修訂中國關稅則等問題. 中國致公黨成立,前身是美洲洪門致公堂,改組為華僑政黨,1931 年在香港設立總部. 11. 15 日台灣簡吉、黃石順等人成立「鳳山農民組合」 23 日國民黨鄒魯、謝持、戴季陶等 14 人在北京西山碧雲寺召開「國民黨第一屆四中全國會」取消共產黨員在國民黨中黨籍等一系列反共反蘇決議. 12.5.蔣中正在「西山會議告同志書」三民主義可以「垂之百世,推之世界」 毛澤東在國民黨中央宣傳部負責主編「中國國民黨中央機關刊物」(政治周報)在廣州創刊 9 日賀衷寒繆武等在廣州成立「孫文主義學會」反對孫中山提出的「新三民主義」 台灣莊垂勝等人創辦「中央書局」

中華民國		紀元	干支	紀 要
元 首	年號			
不設元首	**15**	**1926**	丙寅	1.1.~19 日中國國民黨在廣州召開第二次全國代表大會,選舉林森、汪兆銘等為執行委員. 張作霖電吳佩孚合作,吳佩孚軍入河南,開始進行全國統一工作. 國民大會三分之一以上代表具有共產黨員身份,毛澤東是其其中之一.毛澤東原來在汪精衛兼任宣傳部部長時擔任副手,扶正主持宣傳部,負責編輯國民黨的刊物. 黃埔軍校改稱「中央軍事政治學校」,蔣中正仍任校長 續聘俄鮑羅廷為顧問,並懲戒西山會議分子. 調查法權會,到有英美法日意等國代表 台灣楊逵、許乃昌、蘇新等人在日本東京成立「台灣新文化學會」. 27 日蘇格蘭約翰貝爾德發明【電視】成為世界第一部大眾傳播媒介電器用品. 2.27.「中國生理學會」在北京成立,林可勝任會長,出版「中國生理學誌」 通電討馮玉祥 李景林、張宗昌聯吳攻馮 西北軍在大沽與日艦發生衝突 3.12.日本軍艦駛入大沽口,掩護奉軍進攻天津,炮轟國民軍,被國民軍擊退. 16 日日本聯合美、英等八個帝國主義國家,向北京政府提出除大沽口國防工事等無理要求,公然對中國施行武力恫赫. 18 日「三一八慘案」北京各團體代表向外交事務請願,被衛隊鎗殺多人,造成流血慘案 20 日中共趁廣州國民黨爭,中共黨員李之龍煽動中山艦叛變,迅即遭到蔣中正枚平制裁煽動者 27 日台灣花蓮至台東鐵路全線通車 4.1.北平「晨報詩刊」創刊,聞一多、徐志摩、饒孟侃、朱湘等人主辦.注重「新格式,新音節」的探討. 國民軍退出北京,段祺瑞下野,奉軍入京 中央黨政聯席會議,公推蔣中正為軍事委員會主席 共產黨破壞北伐,阻撓革命,中國國民黨通過「整理黨務案」 12 日〔四一二事件〕戴笠偵查共產黨潛伏破壞革命行動,沈振亞營長負責拘捕二十餘人.凡共黨份子,無一漏網. 26 日報人邵飄萍(1884!1926)撰文攻擊直奉軍,被張作霖殺害 中共豫陝區委在開封召開河南省農民代表大會,成立「河南省農[民協會」 5.3.中華職業教育社與中華教育改進社及中華平民教育促進會合併組成「聯合改進農村活董事會」形成村教育運動. 毛澤東在廣州接辦「第六屆農民運動講習所」開學 吳佩孚請顏惠慶執政,張氏反對,杜錫珪繼之 15 日國民黨第二屆二中全會在廣州舉行,通過「黨務整理案」隨後擔任國民黨中央部長的中共黨員全部被撤職. 20 日國民革命軍第七軍一部份與第四軍葉挺獨立團奉命入湖南,援助湖南省防軍第四師師長、湖南省代理省長唐生智,揭開北伐戰爭. 馮玉祥遠經蒙古前往莫斯科,獲得蘇俄軍火援助後返國. 6.5.國民政府特任蔣中正為國民革命軍總司令. 中國共產黨部造具加入國民黨黨員名冊送中央組織,俾消弭猜忌. 14 日台灣「蓬萊米」為日本駐台灣總督伊澤多喜命名 「曾文農民組合」成立 19 日中國國民黨張靜江、譚延闓、蔣中正、吳稚暉、顧孟餘,與中國共產黨瞿秋白、譚平山、張國燾,舉行聯席會議, 28 日「台灣農民組合」是由台灣簡吉、趙港、黃石順等人發起,走馬克斯主義路線,支持日本勞動農民黨,促進工農聯合,是日據時代最大的「農運組織」 7.4.國民黨發表「國民革命軍出師北伐宣言」

中華民國		紀元	干支	紀要
元首	年號			
不設元首	15	1926	丙寅	7 日陳獨秀發表「國民政府北伐」時機尚未成熟. 9 日 蔣中正就任國民革命軍總令,誓師北伐. 中共中央擴大會議「中國共產黨與國民黨關係」政治上表現應是獨立的 12 日國民革命軍攻克湖南長沙,唐生智歸附,在瀏陽整編為國民革命軍第八軍.再圖攻吳佩孚駐紮平江部隊. 12~18 日中共第四屆第二次會議在上海召開.黨應直接掌軍隊,實現建立政權. 17 日江澤民出生,江蘇楊州人.1989 年當選中共中央委員會總書記兼國家主席,2002 年卸職,,2005 年辭去軍委會主席 18 日北伐軍張發奎、陳銘樞在平江夾攻吳佩孚軍. 19 日葉挺以突擊隊配合攻擊,吳佩孚部將軍陸沄走投無路,拔槍自斃. 「中華文化教育基金董事會調查部」成立,1929 年改為「北平社會調查所」為中國第一個社會調查專門機構. 21 日廣州國民政府發布解除「香港封鎖四項辦法」 【北伐成成中華民國完成統一】1926 年建立「國民革命軍」5 月 21 日通過北伐案,6 月 5 日蔣中正被任命為國民革命軍總司令,7 月 1 日頒布北伐動員令,9 日北伐誓師,發動第一次北伐戰爭,國民革命軍分三路向北進軍,從廣州到武漢、南京、上海,使吳佩脬、孫傳芳的主力喪失殆盡.1928 年 2 月,國民革命軍第二次北伐,6 月攻入北京、天津,7 月「中華民國統一」告成,北伐結束. 8 月蔣中正致電廣州張靜江、譚延闓,要他們和鮑羅廷商量,在國民黨中央設立「土地制度委員會」研擬解決土地問題的辦法. 14 日「台灣總督府高等商業學校」改名為「臺北高等商業學校」 15 日馮玉祥與蘇俄成立軍械借款協定,總額 1,090 萬盧布,步槍 31,500 枝,子彈五千一百萬發.機關槍 272 挺,大砲 60 尊,砲彈五萬八千發,飛機 10 架. (1926.8.17.-)江澤民出生,江蘇楊州人,交通大學畢業,加入共產黨,赴莫斯科受訓,任動力工程師、科長、黨書記、上海市長,受鄧小平提拔任中共黨總書記、國家主席. 24 日張謇去世(1853~1926)字季直,號嗇庵,江蘇南通人,為中國近代實業家. 29 日英輪船在四川境內撞沉中國船隻,中國官兵溺斃數十人,萬縣駐軍扣留英國船隻. 30 日開明書店創辦 9.5. 英軍艦柯克捷夫號炮擊四川萬縣,死傷千人,財產損失千億元,史稱「萬縣慘案」11 月 23 日天津英租界當局將國民黨員移交張作霖,鮑羅廷以此為反英口實. 17 日馮玉祥宣佈將國民軍改為「國民革命軍」全體將士加入國民黨,參加北伐,是為「五原誓師」 毛澤東發表「國民革命與農民運動」指出「農民問題乃國民革命的中心問題」 10.1.~11 月中國首次組織「科學代表團」出席在日本東京召開的第三屆泛太平洋學術會議.會議決定以「中國科學社」為中國代表機關進入評議會 國民革命軍克武昌,生擒,劉玉春、陳嘉謨,至是佩孚軍部被消滅. 黃埔軍校第四期學生畢業 湖南、湖北爆發農村大革命. 10.1.~11.30.應萬國經度聯合測量委員會的邀請,中國青島觀象台參君聯測工作.翌年出版「萬國經度測量成報告書」 10 日北伐軍攻克武昌,吳佩孚軍隊幾全崩潰. 24 日中共在上海發動武裝起義,遭到失敗. 湖南、湖北爆發大規模爆動 11 月軍閥孫傳芳在江西九江、南昌軍力被殲滅平定 11.22~12.16.共產國際執行委員會舉行第七次擴大全會,蘇俄史大林在會上作了著名的「論中國革命前途」的報告,通過「關於中國問題決議案」 日本派缸山滿之進為第十一任駐台灣總督府總督

中華民國		紀元	干支	紀要
元首	年號			
不設元首	**15**	**1926**	丙寅	12.10.英駐華公使藍浦生(Miles Lampson) 與代理外交部長陳友仁會談,陳要求英國廢除不平條約,承認國民政府.藍浦生發表對華政策 16 條,表示同情中國革命.翌日武漢發生反英運動,1927.1.3.衝突擴大,1.4.民眾入租界予接管,九龍英租界,亦以同樣方式收回,時稱「革命外交」 11 日蘇俄忌廢英國與國民黨妥協,在武漢發動反英運動,鮑羅廷發表反英談話. 12 日中央聯席會議正式發動反英運動. 國民軍與革命軍合併,總司令部移設江西南昌. 張作霖自任安國軍總司令北伐 福建、江西均入國民政府 國民政府遷都武漢 閻錫山加入國民革命軍 莫斯科支援馮玉祥 600 萬盧布,協助他買槍、炮、飛機、彈藥,還派遣軍事及政治顧問到他的部隊.但馮玉祥不允許共產黨員在他的地區活動. 共產黨公然發傳單,煽惑群眾,大肆攻擊,誣蔣中正為新軍閥,高唱提黨權,在各地紛紛成立「總工會」:9.17.在漢口設立「中華全國總工會辦事處」10.10.漢口成立「湖北全省總工會」、12.1.湖南工團聯合會改組為「湖南全省總工會」 中共中央在漢口召開特別會議.中共中央軍事部改稱「中央軍事委員會」1931 年後又稱「中共中央革命軍事委員會」、「中國人民革命軍事委員會」 晏陽初主導的「中華平民教育促進會總會」在河北定縣開展鄉村建設實驗,設立辦事處.展開文化教育、生計教育、衛生教育、公民教育,響譽國際. 哈爾濱廣播電台開始播音,這是中國最早的官辦廣播電台. 中國地質週查所新生代研究室成立,這是 中國第一個從事新生代地質、古生物、和人類學研究的專門機構. 中日文化委員會改組為東方文化委員總會 總理:顏惠慶、杜錫珪、顧維鈞 (三人均國務總理攝行 1926) 李政道(1926.11.24.-)上海市人,獲諾貝爾物理獎, 歐陽位(1926.12.10.-)湖南瀏陽人,海軍官校,三軍戰爭學院將官班畢業,三度赴美受訓,歷任艦長,作戰司令,海軍官校長,海軍副總司令,陽明海運董事長.短小精幹,作事果敢正直,很受高層賞識.其任柳江艦長時,在劍門、章江兩艘戰艦遭中共海軍擊沉,胡嘉恆艦長殉職,海軍總司令遭調職後,出任極度危艱鉅任務,運送敵後工作人員登陸去大陸,沉著冷靜,機智制敵,圓滿達成任務,格外受獎外頒給勳章. 李翰祥(1926.4.18.-1996.12.17.)名導演,以導演歷史片聞名,如江山美人,梁山伯祝英台,火燒圓明園,垂簾聽政,火燒阿皇宮等,轟動東南亞各國.曾獲得金馬獎,

中華民國		紀元	干支	紀要
元首	年號			
不設元首	**16**	**1927**	丁卯	1.1.「寧漢分裂」汪精衛由日本回國,因容共關係,導致寧漢不和分裂. 上海成立公共租界臨時法院 北政府徵收海關附加稅,除日本外各國皆默認 北京政府免除總稅務安格聯職以易紈士代之 1~3 日武漢各界為國民政府遷都武漢和北伐勝利,舉行各種慶祝活動. 3 日武漢民眾在慶祝活動中,與英國水兵發生衝突,英水兵刺傷我民眾數十人,其中三人重傷造成「**一三慘案**」激起民憤二、三十萬人遊行示威,衝入英租界強烈抗議,交涉結果 2.19.英國允許將漢口、九江的租界交還中國 台灣文協分裂,連溫卿提新綱領 4 日示威羣眾強入英租界,英水兵及巡被迫撤退,租界由中國接管. 毛澤東由戴述人陪同分別到湖南湘潭、湘鄉、衡山、醴陵、長沙等各地鄉下考察農民運動,2 月 5 日返回長沙.寫成「湖南農,民運動考察報告」 閻錫山為國民革命軍北路總司令. 6 日九江英租界亦以相同方式收回. 英公使藍浦生主張以武力重占漢口租界,但英政府以在華海軍力不足,決定一面增兵上海,一與陳友仁談判. 16 日美國紐約萬國傳道總會主辦的廣州「私立嶺南大學」由中國收回辦理. 2.1.台灣總督府解散「黑色青年聯盟」44 名無政府主義者被捕 3 日彭建方出生.湖南省瀏陽縣人,國立廣西大學肄業、國立中興大學寄讀畢業,曾在日本、越南、泰國、菲律賓、馬來西亞、印尼等國,及國內從事農業工作十餘年,退休後編有「中華彭氏源流譜」、「中華紀元年表」、「千秋人物」「建方札記」等書 20 日中英簽訂〔收回九江英租界協定〕 浙江加入國民革命軍 中共中央發出通告,明確指出「現時蔣介石已成為右派反動勢力的中心」 22 日毛澤東考察長沙農民運動,在板倉坐談,詢問農民協會發展情況,闡釋孫中山先生「耕者有其田」發表「湖南農民運動考察報告」看出「左稚之病」有 50 畝地即為「土豪」穿長袍即為「劣紳」「有土皆豪,無紳不劣」口號,「超出法律之外.」當時鄉村已「陷於無政府狀態」,湖南農民運動是「無條理暴動」 國民政府主席譚延闓調停,中央黨部及國民政府終於遷鄂,但革命軍總政治部主任鄧演達領導反蔣運動益為激烈 3 月安徽南部加入革命軍 海軍贊助革命軍 國民政府收回漢潯租界 南京上海均加入革命軍 孫傳芳退駐江北 革命軍進抵江蘇 共產黨乘機在南京挑釁發生事案 監察委員吳敬恆檢舉共產派謀叛證據 9 日頒布「暫行反革命治罪法」凡反對國民黨、國民政府、和三民主義之言行,均定為反革命罪. 10 日武漢中央聯席會議成立之後,鮑羅廷跋扈囂張,獨斷獨行.蔣中正擬將中央黨部及國民政府暫駐南昌,要求停止中央聯席會議,等待中央執行委員會第三次全體會議(簡稱三中全會)解決.武漢拒絕,高呼「提高黨權」、「反對軍事獨裁」、「打倒新軍閥」公開反蔣. 17 日國民黨在漢口舉行「二屆三中全會」決議鞏固黨權,推翻軍事獨裁,鎮壓反革命,實行鄉村自治,召集省民會議,實現國家政權之民主化,贊助工農群眾運動,設立農政部、勞工部,堅持孫中山三大政策,和旨在加強黨的集體領導的一系列決議. 24 日革命軍進入南京成立〔南京國民政府〕寧漢分裂.北政府張作霖自任大元帥,並搜查蘇聯使館,拘捕共產黨李大釗等殺之 共產黨製造事端,士兵不聽節制,攻擊外國來歐美人士;包括領事館人員、傳教士,挑撥列強和革命軍之間衝突,傷亡軍民 2,000 餘人,造成「南京慘案」.

中華民國		紀元	干支	紀要
元首	年號			
不設元首	**16**	**1927**	丁卯	31 日康有為在青島去世(1858~1927)名祖詒,字廣度.號長素,又號更生.曾「公車上書」、組聖學會、強國會、保國會,張勳復辟、保皇會、孔教會、變法維新. 武漢國民政府發布「湖北省懲治土豪劣紳暫行條例」共 11 條. 新編第一師黨代表倪弼槍殺贛州工人領袖陳贊,左派要求懲兇,蔣中正則對倪袒護 上海新新公司建立「商業廣播電台」為中國第一家民營商業廣播電台. 4.1.汪精衛由德國回到上海,蔣介石向他提出「一是趕走鮑羅廷,一是分黨」外交均聽其指揮,本人專司軍令 5 日「汪精衛、陳獨秀聯合宣言」希望國、共兩黨黨員立即拋棄相互懷疑,不信任,不合作謠言,相互尊重,事事開誠佈公,協商進行,如弟兄般親密. 該宣言發布後,一部分共產黨員十分憤慨,周恩來尤表不滿,沒有積極意味 6 日政府突襲蘇聯使館，搜到大批文件，暴露中共與蘇聯祕密關係圖謀顛覆政府・中共李大釗等六十多黨員就住在蘇聯使館中。 4 月 1~7 日,湖南長沙農民協會召開第二次代表大會,通過減租、農民自衛、鄉村建設. 北政府搜索蘇俄公使館,發覺赤化文件多起,並拘李大釗等人. 國民黨寧漢分裂兩方不和　南京別組政府　山西加入革命軍 11 日〔國共第一次合作破裂〕蔣介石下令肅清上海激進份子. 12 日蔣介石在上海發動反革命政變,收繳工人糾察隊武器,捕殺工人和共產黨員.實行清黨. 「中國共產黨歷史」(第一卷 P204)記載：4 月 12 日淩晨,大批青幫武裝分子冒充工人,從租界沖出,向分駐上海總工會等處的工人糾察隊發動襲擊…到 4 月 15 日,上海工人 300 多人被殺,500 多人被捕,5,000 多人失蹤,這就是震驚中外的「四一二反革命政變」　又稱「蔣介石發動四一二反革命政變」是大革命從高潮走向失敗的轉折點.使中國政治風雲突變,造成革命聯合戰綫內部的巨大變動與分化. 莫斯科派出大批顧問到武漢陰謀鼓動工潮. 鮑羅廷對蔣介石發動宣傳攻擊「不先打倒蔣介石,革命絕不會成功」 16 日周恩來等致電中共中央,建議武漢迅速出兵討伐蔣介石. 17 日武漢國民黨中央發布命令,宣佈開除蔣介石黨籍,並免去其本兼各職. 列舉蔣介石 12 大罪狀,懸賞捉拿蔣介石,活捉獎金 25 萬兩殺死獎金 1 萬兩. 18 日國民政府奠都南京,發表「建都南京宣言」政府委員：蔣中正、胡漢民、張靜江、吳稚暉、李日曾、鄧澤如、蔡元培、李宗仁、何應欽、古應芬、蔚文柏、陳銘樞等,胡漢民為主席. 19 日武漢舉行第二次北伐誓師大會.26 日武漢國民政府任命馮玉祥為國民革命軍第二集團軍總司令.4~5 月上旬,北伐軍總指揮唐生智率軍沿京漢路及其兩側北上,馮玉祥率部由潼關出發向河南進軍.6.1.武漢國民政府的北伐軍與馮玉祥所在鄭州會師.第二次北伐結束. 20 日中共中央發表宣言,揭露「蔣介石業已變為國民革命公開的敵人」、「帝國主義的工具」、並提出「無產階級農民與中等階級的民主主義專政萬歲」的口號,號召革命人民為「推翻新軍閥蔣介石」、「打倒軍事專政」而鬥爭. 22 日共產國際駐中國代表團於漢口發表「譴責蔣介石民族的叛徒,帝國主義的工具.」 25 日武漢舉行 30 萬人的反蔣大會 27~5.9.中國共產黨在武漢舉行「第五,次全國代表大會」蘇俄羅易、多裏奧、維經斯基組成的共產國際代團參加大會.由譚延闓、徐謙、孫科組成的國民黨代表團到會祝賀,汪精衛應邀列席.陳獨秀作「政治與組織;的報告」分發瞿秋白針對陳獨秀、彭述之等人的機會主義理論和政策,寫成「中國革命中之爭論問題」書刊.

中華民國		紀元	干支	紀要
元首	年號			
張作霖	**16**	**1927**	丁卯	28 日中共李大釗被北洋政府以叛亂罪,處以絞刑. 閻錫山任國民軍北方總司令,對奉發生軍事行動 29 日湖南長沙農民協會易子義等聚集群眾集結待命欲襲擊長沙,中共黨中央採取「調解方針」下令取消這次革命行動. 蔣中正任命為中國國民黨中央黨務學校校長 日本田中義一伯爵首相向昭和天皇奏摺,「如欲征服世界,必先征服歐亞;要征服歐亞,必先征服中國;要征服中國,必先征服滿蒙」延續明治天皇時代「討伐清國策」 國民政府在煦園作為辦公處所,1937.12.13.南京淪陷,淪為日軍第 **16** 師團司令部 5.12.駐守宜昌之夏鬥寅師長率師東下,討伐共黨. 16 日莫斯科下令共產黨準備離開漢口,還派人攜帶來 15 萬元做撤退費. 史大林電令武裝兩萬人中共黨員,組織一支五萬人的兩湖農民大軍,奪取國民黨激進派控制的中執會. 17 日武漢國民革命軍獨立 14 師師長夏斗寅在宜昌叛變,被武漢衛戍司令葉挺校平. 18~30 日國際共產執委會在莫斯科召開「第八次全會」 21 日許克祥在長沙發動「馬日事變」 湖南第 39 軍軍長何健清剿農民協會」 28 日日本惟恐我國北伐成功壯大強盛,出兵突襲山東 6 月張作霖自為大元帥(1927-1928),任潘復為內閣總理 5 日武漢國民政府解除蘇聯顧問鮑羅廷和加倫等 140 餘人職務. 17 日台灣在「廣東革命青年團」也定 6 月 17 日為「國恥紀念日」 10~12 日汪精衛、唐生智、馮玉祥在鄭州會議,停止寧漢間對立會同蔣北伐 20~21 日馮玉祥在徐州與蔣介石等南京國民黨領導人會議,寧漢應在共同的基礎上繼續北伐.馮玉祥倒向蔣介石一邊,使蔣的地位大為加強,加速汪精衛公開反共步伐 26 日台灣簡吉、趙港等在台中組織「台灣農民組合第一次全島大會」 7.1.台灣文化協會分裂,部份人士別組成立「台灣民眾黨」 2 日「武漢政權」解散共產黨機關,通過取締共產黨案,國共正式分裂. 3 日台灣中壢農民掀起抗繳日本拓殖會社租穀,是謂「台灣第一次中壢事件」次年 8 月又發生農民反對日本員警逮農民組合幹部,遭到鎮壓,此謂「第二次中壢事件」 中共中央舉行擴大會議通過「國共兩黨關係決議案」 4 日中共中央政治局常委會議上,毛澤東提出農民武裝可以「上山」,或加入同黨有聯系的軍隊中去,以保存革命的力量. 10 日「台灣民眾黨」成立「確立民主政治,建設合理經濟組織,改除不合理社會制度」 12 日根據共產國際執行委員會的指示,中共中央改組,由張國燾、李維漢、周恩來、李立三、張太雷組成中央臨時常務委員會.陳獨秀從此離開中共中央最高領導崗位. 13 日中國共產黨全部退出國民黨組織. 14 日宋慶齡不肯投入南京政府,也不肯逃亡,發表聲明譴責蔣介石.選在「最惡劣的時機」抵達蘇聯.但史大林勸她回國,和蔣介石合作,她不接受,轉 到柏林居住,直到 1929.5.月才回到中國. 15 日汪精衛等的武漢「國民黨中央會議」通過取締共產黨案, 中共正式被逐出國民黨,國共正式分離.由國共兩黨合作發動的大革命宣告失敗. 國民黨懸賞三萬元緝拿鮑羅廷,鮑躲進宋子文寓所,直到他能安全秘密離開武漢.7.27.由武漢出發,經歷兩個月,穿過西北利亞沙漠回到俄國. 20 日「台灣民眾黨」成立,為台灣歷史上第一個本土政黨. 25 日日本首相奏呈日本天皇裕仁,陳述征服滿蒙、中國、和世界的總方針,史稱「田中奏摺」

中華民國		紀元	干支	紀要
元首	年號			
	16	**1927**	丁卯	8.1.「中共南起義」李立三、周恩來(江蘇淮安人,原籍浙江紹興,南開大學肄業)、彭湃等策動南昌暴動,賀龍、葉挺、朱德等搶劫銀行,搜括商店,拘殺國民黨人,經朱培德、張發奎部隊圍剿平定 中共紅軍訂「八一建軍節」 5日共產黨「南昌起義」失敗逃竄,隱匿山區. 毛澤東到長沙板倉,作農民土地問題調查,草擬「土地綱領」 7日共產黨在漢口召開「八七會議」決議開始武裝反抗國民政府,「政權是由槍桿子中取得的」以後要積極非常注意軍事.任命瞿秋白為時中央主要負責人 國民政府下令撤銷各地俄領事館之承認,停止俄國外交. 蔣中正下野 寧漢合作 10日台灣正式發行「台灣民報」 12日毛澤東以中共中央特派員身份從武漢回到長沙. 13日蔣中正通電辭職宣佈下野,辭去本兼各職.. 18日中共湖南省委在長沙召開會議湖南省委改組,彭公達任書記,毛澤東為委員. 19日武漢政府宣告訂25日遷都南京 20日汪精衛等六人赴九江準備與南京代表李宗仁等召開廬山會議,確定「寧漢合作」 22日宋慶齡赴莫斯科前重申孫中山聯俄、聯共、扶助農工三大政策.譴責「國民黨冒牌領袖危害了三大政策」 9.9.共產黨展開一系列「秋收暴動」在湖南瀏陽、江西萍鄉邊界發動農民起義 毛澤東指揮攻人瀏陽白沙於壕溪,9.16.攻克瀏陽縣,遭國民黨軍追襲敗退. 毛澤東在瀏陽文家市里學校召開「前敵委員會」退至湘贛邊境. 湖南長沙鐵路工人為配合「秋收起義」阻滯敵人,拆毀武漢鐵路撈刀河、大托鋪路段鐵軌,炸毀猴子石橋樑,砍斷沿路電線. 12日蔣中正由奉化轉上海. 16日「寧、漢、滬恢復合作」蔣中正、汪精衛相繼公開反共,國民黨寧、漢、滬三方面在南京召開聯席會議,推舉汪精衛、蔣中正、胡漢民、李宗仁、孫科、譚延闓等32人組成國民黨中央特別委員會,代行國民黨中央職權,宣佈原三派中央不再行職權,開除鄧演達、彭澤民黨籍 19日中共通過「左派國民黨」及蘇維埃口號問題決議案,用蘇維埃取代國民黨的旗幟. 21日汪精衛、唐生智、顧孟餘回漢口,反對「南京特別委員會」成立「武漢政治分會」,國民黨內部又發生分裂.10月寧漢雙方商談合作破裂,爆發寧漢戰爭. 27日蘇俄史達林對共產國際宣布,中共領導中國蘇維埃不再與國民黨聯合. 28日蔣中正自滬去日本考察 中共中央領導機關陸續遷住上海. 10.1. 國民政府頒布「訓政綱領」 中共在武漢設立「長江局」由羅亦農負責. 15日張作霖秘密與日本達成「滿蒙新五路協議」諒解,給予日本承包修建東北五條鐵路權利.由於國內外存在強大壓力,該協約延至次年5月方秘密簽訂. 27日開辦「台灣第一屆台灣展覽」 毛澤東先後湖南茶陵、寧崗、水新、遂川等縣建和恢復黨的組織,組織工農武裝 11.9~10.中共中央在上海召開臨時政治局擴大會議 中共彭湃的領導下建立「海陸豐人民蘇維埃政權」展開土地革命,實施耕者有其田. 10日蔣中正由日本回國 汪兆銘在廣州另成立政府 18日國民黨頒布「;懲治匪暫行條例」1936.8.31.再次頒行「懲治盜匪暫行條例」

中華民國 元首	年號	紀元	干支	紀要
	16	**1927**	丁卯	12.1.蔣中正與宋美齡在上海結婚,證婚人為蔡元培.蔣中正先後有婚姻關係者有毛福海、姚治誠、陳潔如、宋美齡. 5 日協和醫院教授加拿大籍前達,根據對奧地師丹斯基,和瑞典前林「周口店第一地點」發現的臼齒鑑定,認為是新類型古人類化石,定名為「中國猿人北京種」俗稱「北京人」 11 日中共張太雷、葉挺等人在廣州舉行武裝起義. 14 日南京政府蘇聯駐華構直參與中共的暴力鬥爭.撤銷蘇聯領事館和商業機. 26 日毛澤東、毛澤覃、陳伯鈞到湖南茶陵中瑤村宣揚共產主義. 27 日工農革命軍團長陳皓一率部叛變,毛澤東等追趕至湖口,逮捕陳皓等人回井岡山. 蕭友梅在上海成立「國立音樂院」 陶行知(1891~1946)在南京創辦「曉莊師範」積極推行農村教育,籌設〔中央研究院〕 星雲法師(李國深)(1927.8.19.-)江蘇江都人,棲霞山山寺具足大戒,常州天寧寺參學,入焦山佛學院就讀,在台灣美國各地建「佛光山寺」「佛光學會」「佛陀紀念館」「佛光大學」榮獲輔仁大學,中山大學,香港大學名譽博士.辦社會慈善事業,不遺餘力. 林洋港(1927.6.10.-2013.3.3.)人稱「阿港伯」,台灣大學畢業,曾任南投縣長,台灣省主席,司法院長,留下名言「司法像皇后的貞操,不容懷疑,」.他邀蔣緯國搭當競總統時,時李登輝總統邀請黨國七大老黃少谷,陳立夫,辜振甫,李國鼎,倪文亞,謝東閔,蔣彥士游說成功退選,結果李失言,林洋港上當遺憾終身. 彭建方(士賢)(1927.2.3.)湖南瀏陽人,國立廣西大學、中興大學、美國儒西斯學校畢業,曾在日本,越南,泰國,菲律賓,印尼,馬來西亞等國擔任農業顧問、及湄公河農業隊長,回國在行政院國軍退除役官兵輔導委員會工作,負責東西橫貫公路水土保持及榮民安置業務,「武陵農場」即為其首先發現,奉命開發而成.其平生編纂有中華民族紀元年表、千秋人物、中華彭氏源流譜、彭氏嫡系世系血脈源流表.

中華民國		紀元	干支	紀要
元首	年號			
林森 蔣中正	**17**	**1928**	戊辰	1.1. 蔣中正南京,復任革命軍總司令,立即召開軍事委員會議 蔣中正、周佛海、戴季陶、邵力子、陳果、陳佈雷等五人在上海創辦「新生命月刊」闡明三民主義理論,發揚三民主義精神. 4 日蔣中正由日本返國復職視事. 18 日及 4 月 2 日中共中央分別召開臨時政治局會議,研究召開六個問題.李維漢、任弼留守,鄧小平為留守中央秘書長 2 月國民黨中央委員南京會議,改組中央黨部,整理各地黨務,改組政府軍委員,完成北伐. 任命蔣中正、馮玉祥、閻錫山為一、二、三集團軍總司令.譚延闓等為國府委員. 設立中國建設委員會,在廣州、武漢、開封、太原、北平設立政治分會. 2 日成立「全國建設委員會」接管浙江長興煤礦、江蘇金陵電廠、戚墅堰電廠、與淮南煤礦和淮南鐵路. 19 日蔣渭水領導組成「台灣工友總聯盟」組成共 29 個團體,6,367 人. 改特別區為省. 停止春秋祀孔典禮 廣州中華民國大學定名為「中山大學」 3.17.日本在台灣創辦第一所「臺北帝國大學」為今日台灣大學的前身.第一任校長(當時稱總長)為日人幣原.學生以日本人子弟占絕大多數,台灣籍學生僅極稀罕的少數. 日本派川村竹治為駐台灣總督府第十二任總督 4.1.兩湖部隊編為第四集團軍,李宗仁為集團軍總司令. 決定津浦、京漢、京綏三路同時進攻. 台灣總督府設立〔台北帝國大學〕為現今〔台灣大學〕前身。 5 日朱德南昌起義失敗,經湖南安仁茶陵,與毛澤東會合,潰退進入井岡山 7 日蔣中正總司令發布北伐誓師詞,再舉北伐. 15 日「台灣共產黨」在上海成立，是台灣謝雪紅、林木順、翁澤生、林日高、潘欽信、陳來旺、張茂良等七人在上海法國租界一家照相館二樓成立.中共中央代表彭榮、朝鮮共黨代呂運亨也到會致意.選舉林木順為書記.台灣共產黨屬日本共產黨台灣民族支部,接受第三國際指揮.提出「政治大綱一三項基本口號」 一. 打倒總督專制政治——打倒日本帝國主義　二. 台灣人民獨立萬歲. 三. 建立台灣共和國　四. 廢除壓制工農惡法 五. 勞動七小時——不勞者不得食　六. 爭取罷工、結社、言論、出版等自由 七. 土地歸與貧農　八. 打倒封建殘餘勢力 九. 制定失業保險法　十. 反對鎮壓日、鮮無產階級的惡法. 十一. 擁護蘇維埃聯邦　十二. 擁護中國革命 十三. 反對新帝國主義戰爭. 19 日南京國民政府下令將「忠、孝、仁、愛、信、義、和、平」「格物、致知、正心、誠意、修身、齊家、治國、平天下」為道德標準. 28 日毛澤東與朱德起義軍在江西井岡山會師,組成工農革命軍第四軍. 5.3.【濟南慘案又名五三慘案】革命軍克濟南,日助張宗昌反抗,日軍挑釁強佔濟南,槍傷軍民多人,阻撓革命軍北伐.北伐軍繞道完成南北統一.1929.3.28.日兵始撤出濟南,張作霖宣佈停戰決定奉軍總退卻.馮玉祥閻錫山率部剿捷 白崇禧代李宗仁率第四集團軍北伐 18 日中共中央發出「中央通告第 47 號.關於在白色恐怖下黨組織的整頓發展和秘密工作」規定黨的組織形式要適應秘密環境. 31 日中共中央印發「秘密工作常識」作為各級黨組織和黨員秘密工作守則 6.3. 第三集團軍進入北京,張作霖回瀋陽. 國民革命軍光復北京

中華民國		紀元	干支	紀要
元首	年號			
林森 蔣中正	**17**	**1928**	戊辰	台灣成立「台灣總工會」後改組為「台灣勞動運動統一聯盟」 4 日奉軍首領張作霖(1875~1928)自北京乘專車返回東北,到達瀋陽皇姑屯,日本陰謀在京奉鐵路皇姑屯將張作霖炸斃,來迎的黑龍江督辦吳俊陞亦隨之被炸死. 17 日張學良秘密回到瀋陽,21 日為乃父發喪,7 月 4 日張學良就任東北三省保安總司令,局勢轉穩,日本關東軍陰謀未能得逞.12 月 29 日東北正式懸掛青天白日旗,國民政府任命張學良為東北邊防司令長官,發表奉天、吉林、黑龍江、熱河四省政府主席,改奉天省為遼寧省,全國統一. 國民政府進行研商租界權、關稅權、治外法權等. 更改北京為北平,並改直隸為河北省 解除蔣中正總司令職 9 日創設「中央研究院」蔡元培為首任院長 15 日國民政府發表修改不平等條約宣言 18~7.11.中共第六次全國代大會在蘇俄莫斯科召開.加強黨的組織,實行集體領導,肅清各種錯誤傾向,加強自身戰鬥力,及黨的無產階級化.周恩來為中央局常委會秘書長. 7 月國府任命各省政府委員 前大總統黎元洪卒 6 日蔣中正等人赴北平香山碧雲寺總理靈前舉行祭告典禮,由蔣中正主持,李宗仁、馮玉祥、閻錫山陪祭.蔣先生撫棺慟哭,熱淚如絲.馮、閻二襄祭也頻頻拭眼淚,狀至哀傷.李宗仁在一旁肅立,雖對總理靈柩表示哀悼,但並無哀傷之情. 10 日台灣林獻堂、蔣渭水等成立「台灣民眾黨」1930 年內部分裂 1931 年被迫解散 14 日台灣「建功神社」舉行鎮座儀式 22 日彭德懷、滕代遠在平江起義 28 日政府公佈「高級中學以上學校軍事教育方案」規定女生外,軍事教育為必修科目 在北平召開「北伐善後會議」參預會議的有蔣中正、馮玉祥、閻錫山、李濟深、蔡元培、張人傑、吳敬恆、李烈鈞、戴傳賢、李宗仁等十一人. 「李宗仁回憶錄」『蔣中正以蔣總司令名義通緝前曾歷任國務總理和執政的段琪瑞.段公年邁,隱居天津,不問政治已有五年,門生佈滿全國革命軍中將領均多呼段氏為「老師」某次李宗仁對蔣總司令說:段琪瑞不問政治已久,何必通緝他.蔣先生回答說,段為北洋軍閥的巨頭,不把他的威信打擊一下,對我們國民革命很有妨礙』 中共「平江起義」成立中國工農紅軍第五軍,下轄 13 師 1、4、7 三個團. 「李宗仁回憶錄」『【東北易幟】張學良派來邢仕廉、王維宙、徐祖詒三人來北平住在六國飯店十日接洽易幟,歸順中央事,蔣總司令因悉馮玉祥、閻錫山兩人與奉系張作霖有宿怨,主張剿平,舉棋不定久未接見,東北代表心有不悅,有意返回奉天覆命,徐祖詒先行離開北平轉赴天津.李宗仁知之,單獨往見蔣先生,分析對東北局勢,及前來代表受辱如亡國賤俘,憤慨難堪,幸廣西國會議員王季文前往慰留,敢保必有佳音相告.蔣先生聞訊,方立刻接見東北代表晤談,東北易幟大計,由是底定』 軍閥孫殿英盜拙慈禧陵寢,劈棺揚屍,掠走全部珍藏. 8.1.「中國國民黨中央執行委員會廣播電台」在南京正式播音. 中央執委決於年底撤銷政治分會 17 日清華學堂改為「國立清華大學」 同日,國民政府公佈「種痘條例」 台灣謝雪紅、林木順、翁澤生、陳其昌等成立「台灣共產黨」,其中多人具中共黨籍 9.2.中共中央政治局召開第一次常委會通過耐心細致的思想教育工,作 12 日台灣伊能嘉矩「台灣文化志」出版 26 日公佈蔡元培「國語羅馬字拼音法」 中央大學組織「中華自然科學社」1932 年 11 月創刊「科學世界」 10.1.在北平成立「靜生生物調查所」

中華民國 元首	年號	紀元	干支	紀要
林 森 蔣中正	**17**	**1928**	戊辰	3日中國國民黨制頒「訓政綱領」 日本組織「滿洲青年同盟」陰謀進行滿蒙獨立. 日本關東軍總部由大連移至瀋陽,企圖攫取滿洲為日本所有. 8 日國民政府設立五院,蔣中正為國民政府主席,譚延闓為行政院長,胡漢民為立法院長,王寵惠為司法院長,戴傳賢為考試院長,蔡元培為監察院長. 10日中華民國國民政府成立,蔣中正任國民政府主席,定都南京.譚延闓任行政院院長,胡漢民為立法院長,王寵惠為司法院長,戴傳賢為考試院長,蔡元培為監察院長. 13 日董作賓在河南安陽小屯村調查甲骨文出土情形,到目前為止發現十多萬片,知道甲骨文字將近五千單字. 成立「中央研究院歷史語言研究所」8 月派董作賓到安陽 14 日國民政府照美國,贊同加入非戰公約,並重申盡早修改不平等條約,和外國軍;隊從中國撤出等立場. 10 月毛澤東在江西寧同茅坪的步雲山主持召開湘贛邊界黨的第二次代表,大會通過毛澤東的「政治問題和邊界黨的任務」的決議.譚震林為書記,陳正人為副書記, 向忠發為中國共產黨總書記 1928~1931 (1928.10.23.-)朱鎔基,湖南長沙人,湖南長沙廣益中學、第一中學、清華大學畢業,曾任高級工程師,清大經管學院院長,中央銀行行長,國務院總理等職.作事精幹有魄力. 11.1.國民政府中央銀行開始營業 6 日政府「獎勵造林」 14~15 日紅軍召開黨的第六次代表大會,朱德德擔任書記. 22 日在美國「葉凱士天文臺」工作的張鈺哲,發現一顆小行星,定名「中華」小行星. 24 日中共「紅旗雜誌」在上海創刊 中國國民黨改組同志會在上海成立,簡稱「改組派」由汪精衛親信組成,陳公博任總部負責人,出版「革命評論」、「前進」雜誌,進行「倒蔣活動」 共產國際第七次會議決議： 一. 現階段的中國革命運動將無產階級、農民、及城市小資產階級的姞合,中共不僅要留在國民黨內,且應加入國民政府,加強無產階級的組織、訓練、及軍中政治工作,並武裝農民. 二. 必須打擊帝國主義在中國的勢力,取消不平等條約、收回租界,尚須從經濟上打擊帝國主義勢力的基礎. 12.11.彭德懷、騰代遠率部由湘鄂贛邊的平江、瀏陽地區到達井岡山,與紅四軍會師. 國民黨軍朱培德、何健、金漢鼎的指揮下,第三次圍剿中共井岡山根據地. 25 日台灣共產黨員林銳由日本回台,領導島內農民運動. 29 日張學良聯名通電宣佈東北易幟,改懸青天白日滿地紅國旗,全國統一. 中國關稅自主,英、美、法、荷、挪威、比利時、丹麥、義大利、葡萄牙、瑞典等10個國與我國簽訂關稅新約. 蔣介石與蘇聯斷絕外交關係後,自德國引進軍事顧問,取代俄國人. 新疆統治者楊增新盤據新疆 7 年,常於酒宴席上誅異己,對中央政府採「認廟不認神」主義,為部下所戕,政槿落歸金樹仁 1928 年 7 月 7 日新疆俄文法政專門學校校長樊耀南以同一方式殺楊增新,當日樊耀南又為民政廳長金樹仁所殺. 「著作協會」在上海成立,並發表宣言 湘贛邊界工農民主政府頒布「井崗山土地法」這是中共制定的第一個土地法. 考古學家吳金鼎在山東歷城縣龍山鎮子崖發現以磨光黑陶為顯著特徵的石器時代晚期遺址,後被命名為「龍山文化」 蔡元培支持下創設「杭州藝專」校長林鳳眠,及「中央大學美術系」系主徐悲鴻 國民政府內務部改名「內政部」

中華民國		紀元	干支	紀　　要
元 首	年號			
林 森 蔣中正	17	1928	戊辰	余光中(1928.9.9.-)文學家,現代詩人,廈門大學,台灣大學,外文系畢業,美國愛荷大學藝術碩士,對古典文學頗有研究,分別在台灣大學政治大學,中山大學,美國密西根大學,香港中文大學任教. 李嘉誠(1928.7.29.-)廣東潮洲人,香港商業鉅子,資助香港大學醫學院,加拿大多倫多聖米高醫院巨款,辦學,濟貧,貢獻甚大.

中華民國		紀元	干支	紀　要
元首	年號			
林　森 蔣中正	**18**	**1929**	己巳	1.1.國軍編遣會議,制定編遣辦法全國設八個編遣區,全國軍隊權力收歸歸國有. 在江西萍鄉成立「湘贛剿共總指揮部」何健任代總指揮官 4 日毛澤東前委書記在江西寧同縣柏露村召開軍政聯席會議,決定採取「攻勢的防禦」戰略.彭德懷、滕代遠留守井岡山,毛澤東、朱德、陳毅向贛南出擊.打破國民黨軍的「會剿」和經濟封鎖. 中共在湘鄂西地區成立「鶴峰縣蘇維埃政府」公佈「耕田農有法令」焚毀地主田契文約,實行土地革命. 8 日湖南省政府將茶陵列入重點「剿共」六縣之一. 10 日公佈「宣傳品審查條例」 2 月中國獲得關稅自主權,廢除釐金制度,釐定暫行稅則. 批准中德、中英關稅條約,非戰公約. 湖南省長何健率兩個旅進攻共產黨九隴山革命根據地,遊擊隊突圍進入茶陵和尚莊,建立遊擊區. 「**李宗仁回憶錄**」『武漢事變』是中央處心積慮要消滅第四集團軍所激起的.李宗仁所轄「桂系第四集團軍夏威、十八軍軍長陶鈞、十九軍軍長胡宗鐸」得悉中央以大批彈械接濟湖南省主席魯滌平,欲除滅其軍隊,事被夏、胡、陶發覺,掉入圈套,逼其「先下手為強,後下手遭殃」向對魯滌平採取軍事行動,予中央以違法亂紀「討伐」口實.李宗仁自知事態嚴重,化裝潛逃至上海法租界海格路的融圃.蔣先生派蔡元培、李石曾、吳稚暉、張江四位,並約同李濟深同來融圃與李宗仁協談,並勸李濟深入京作調人,四人擔保其安全,李濟深在諾言慫恿之下於 3 月 13 日自滬去京.蔣於 3 月 21 日公開將李濟深幽禁於湯山.四月初中央大軍西進,夏威病倒,李明瑞倒戈,劉峙軍隊兵不血刃進佔武漢,大勢已去,4 月 21 日聯合通電下野.一支對革命有特殊功勳的部隊,終以不能見容蔣氏而橫被摧殘. 12 日日本在台灣員警、特務在全島進行搜捕,逮捕文協、工會、農民組合幹部、進步人士千餘人,是謂「二一二事件」迫於輿論,嗣後陸續釋放. 21 日武漢政治分會突免除魯滌平湖南省府主席職務,由何健繼任. 國民政府頒布「度量衡法」 3 月令各地政治分會一律裁撤 15~29 中國國民黨在南京召開第三次全國代表大會,決定黨務要件,選第三屆中央執監委員,中央軍駐武漢,討伐背叛李宗仁等人.女子承繼財產案 17 日頒布「廢止舊醫以掃除醫事衛生之障礙案」激起全國各地醫藥界的反對而罷議 28 日南京政府與日本達成關于解決濟南慘案的換文. 爆發「蔣桂戰爭」李宗仁、白崇禧下野,戰爭結束. 29 日「台灣民報」改名為『台灣新民報』 4.16.教育部公佈「國民體育法」 20 日公佈「保障人權令」、「教育宗旨」. 英國進兵雲南之江心坡外部抗議 毛澤東制訂「土地法」沒收一切公共土地及地主階級的土地,自耕農的田地不沒收,富農多餘的土地要沒收,肯定按人口平均分配土地的原則. 5 月山東省政府主席孫良誠辭職撤兵回豫,國軍接管濟南青島 中央軍在河南征討馮玉祥,馮因部下反對下野 27 日政府軍警在哈爾濱的北滿鐵路機構搜查出俄國顛覆中國的活動文件. 「國民黨改組派」在上海成立「護黨救國大同盟」提出「打倒蔣介石,歡迎宋慶齡、汪精衛回國領導護黨救國」等口號.6 月組成護國軍,9 月 17 日張發奎首先舉兵反蔣,後反蔣部隊被擊敗,該運動終止. 6.1.國父孫中山靈櫬奉安於南京紫金山麓,名之為「中山陵」位於明陵上方,面向南方,俯

中華民國		紀元	干支	紀　　要
元首	年號			
林　森 蔣中正	**18**	**1929**	己巳	瞰壯闊景色,.訪客穿過三孔拱門,走過松柏夾道的一條路,刻「天下為公」四個大字的牌樓,然後開始爬登兩公里台階 392 個級,,分為 10 段,到達另一個三孔拱門,這裡有兩個西式銅獅座大香爐,,再往上爬,這裡有兩個西式銅獅和兩座巨大香爐.往上走途中有個寶塔一建物內有孫中山雕像,頂上國民黨旗,建築物牆面是白色花崗岩,屋頂為上了藍的磁磚,再繼往上,到大禮堂,地面上挖出又又深的圓形大理石凹室,有孫中山遺體石棺放置於此. 中國國民黨二中全會二次大會決議訓政期為六年 汪精衛通電全國,指責蔣介石處理國政有如家天下. 中共召開第六屆二中全會 7.7.日本接管北滿鐵路,11 月派兵進攻滿洲裏和洽爾濱,12 月中俄議和,中國允俄國恢復北滿的權利. 18 日蘇俄宣佈對我國斷交,我政府宣佈蘇俄在中國不法事實,及對俄交涉內情.10 月 12 日蘇聯佔領同江,國軍陣亡 300 餘人,軍官李泗亭拒降自殺,生還者僅八人. 26 日國民政府頒布「大學組織法」規定大學分國立、省立、市立、私立,具備三個學院以上者,始得為大學. 30 日日本石塚英藏接任台灣總督府第 13 任總督 31 日國民政府公佈「特種工業獎勵法」 8 月毛澤東、朱德在閩西擴大擾亂治安　　永定河大潰決　　西湖博覽會開幕 13 日中共中央發布「中央通告第 44 號－關於中國共產黨內反對派問題」號召全黨開展反對託派的鬥爭,清除託派骨幹份子. 中共中央宣傳部之下成立「中央文化工作委員會(簡稱文委)」由潘漢年負責 31 日中國與比利時簽訂協定收回天津比租界. 成立「中國童子軍司令部」1930 年 1 月 10 日何應欽就任童子軍司令,1934 年 4 月 4 日成立「中國童子軍總會」,蔣中正任會長. 9.1.公佈實施「傳染病預防條例施行細則」 9 日在北平成立「研究院」李煜瀛任院長,李書華任副院長 13 日提出實行「保甲制」作為最層行政組織,十戶為甲,十甲為保,1934 年全面實施. 30 日日本在台灣總督府彙編成編體裁的「台灣史料」 10 月中東鐵路撤換俄局長,蘇俄與我絕交出兵,對俄戰事失敗 10 日日本矢內原忠雄創辦「帝國主義下的台灣」刊行 21 日國民政府公佈「工會法」1930 年 6 月立法院通過「工會法施行細則」 11.15.中共開除陳獨秀中國共產黨黨籍 20 日中共召開鄂豫邊黨的第一次代表大會,徐朋為鄂豫邊特委書記. 唐生智擁護汪精衛反抗中央 12.2.裴文中在周口店發現「北京人」第一顆完整的頭蓋骨,確認「北京人」有力證據 11 日鄧小平「百色起義」 15 日陳獨秀等 81 人發表「我們的政治意見書」(托陳取消派綱領) 22 日中蘇代表在伯力達恢復邊境和平談判簽訂議定書,雙方立即撤兵停戰 撤銷中日文化事業總委員會及分會. 師昌彥建築師設計紫金山「中山陵」計劃竣工. 中共成立「右江蘇維埃政府」雷經天任主席 中共紅四軍黨的第九次代表大會在福建上杭古田召開(即古田會議)要用無產階級思想進行軍隊和黨的建設,保證黨員質量 (一)政治觀念沒有錯誤(包括階覺悟) (二)忠實

中華民國		紀元	干支	紀要
元首	年號			
林森 蔣中正	**18**	**1929**	己巳	(三)有犧牲精神,能積極工作 (四)沒有發洋財的觀念. 梁啓超逝世 唐生智在平漢鐵路沿線,稱兵叛變. 日據時代台灣總督府開始刊行〔台灣關係史料〕 申學庸(1929.10.5.-)四川江安人,名聲樂家,常歐美各國演唱考察,蜚聲國際,創辦台灣文化大學音樂系,精研蝴蝶夫人,杜蘭花朵,波西米亞人.

中華民國		紀元	干支	紀 要
元 首	年號			
林 森 蔣中正	**19**	**1930**	庚午	1 月唐生智下野,戰事結束. 6 日成立「考試院」正副院長由戴傳賢與孫科擔任.從此行政、立法、司法、考試、監察五院齊全,實行「五權獨立分制」的政治. 17 日英、美、法、荷、挪威、巴西等六國同意中國收回上海臨時法院.我國乃改組上海臨時法院為江蘇高等法院第二分院一所,及江蘇上海特區地區地方法院一所. 中共贛西特委成立,三軍軍長黃公略,政委劉士奇 2.1.海關以金單位徵稅 葫蘆島開港 國民政府頒授「青天白日勳章」及「一等大綬寶鼎勳章」給予蔣中正 李宗仁、白崇禧、黃紹雄等推閻錫山、馮玉祥、張學良為海陸空軍總司令 . 內戰又起,閻、馮等主張國民黨全體黨員投票解決 18 日美國羅亞爾天文台科萊特湯博發現『冥王星』 3 月中共贛西南、閩西蘇維埃政府相繼成立,曾山、鄧子恢分擔任政府主席. 2 日中共成立「中國左翼作家聯盟(簡稱左聯)」隨後有中國社會科學家、戲劇家、美術家、教育家、電影、音樂聯盟(分別稱社聯、劇、美聯、教聯) 15 日成立「郵政儲金滙業局」 17 日我國照會法國改革法租界公聽辦法,次年 7.18.與法國簽訂上海法租界內設中國法院協定. 4.1.閻錫山就任海陸空總司令職,副總司令：馮玉祥、李宗仁 中日關稅成立協定 全國教育會議決議公佈各要案 收回威海衛協定簽字 英國允許全數退還庚子賠款,中國允許英國保留劉公島十年 5 日中央下令討伐,中原大戰復熾. 10 日台灣嘉南大圳 1920 年 9 月開工 1930 年 4 月竣工通水啓用.南北長 90 公里東西寬 20 公里,灌溉面積 15 萬餘公頃.具灌溉、排水、防洪、防潮、等功能. 12 日台灣總督府成立「台灣臨時產業調查會」 18 日中英簽訂協定,收回威海衛租借地(唯劉公島續租 10 年) 中共成立「鄂豫皖特區蘇維埃政府」甘元景任主席. 5.20.中國社會科家聯盟在上海成立. 紅五軍五個縱隊調來湖南平江 中共成立「東江蘇維埃政府」陳魁亞為委員長. 6 月公佈土地法商標法 莫德惠就職中東鐵路督辦 京漢津浦隴海路戰事劇烈 闢香山唐家灣為無稅口岸,以 60 年為期,定名中山港. 3 日 第三集團軍進入北京,張作霖回瀋陽. 國民革命軍光復北京 4 日奉軍首領張作霖(1875~1928)自北京乘專車返回東北,到達瀋陽皇姑屯,日本陰謀在京奉鐵路皇姑屯將張作霖炸斃,來迎的黑龍江督辦吳俊陞亦隨之被炸死. 11 日召開中共中央政治局會議,通過李立三起草的『立三路線』「目前政治任務的決議」(即新的高潮與一省或幾省首勝)左傾冒險錯誤在中共中央取得統治地位 17 日張學良秘密回到瀋陽, 21 日張學良為乃父發喪, 30 日國民政府公布「土地法」

中華民國		紀元	干支	紀要
元首	年號			
林　森 蔣中正	**19**	**1930**	庚午	7.4.張學良就任東北三省保安總司令,局勢轉穩定. 13 日.「西山會議派」汪精衛、閻錫山、馮玉祥、陳公博等三十餘人聯合發表宣言,指責蔣介石背叛黨義,篡竊政權. 22 日紅三軍所轄 5 軍、8 軍在天嶽書院廣場舉行紀「平江起義」二週年. 國民黨有一整個團叛逃投向中共,加入地方上的農民自稱為「紅軍第五軍」 26 日紅三軍與國民黨軍在金井激戰,攻入長沙市,旋被夷平. 中共中央在北平開黨部擴大會議　在長沙朗梨市成立〔中共湖南長沙縣委員會〕 8 月中共紅 16 軍在湖南平江長壽街成立,隸屬紅三軍團,在湘鄂贛邊區活動.成立「贛東北革命委員會」方志敏為主席. 1 日湖南長沙湘江停舶之英、日軍艦炮擊長沙市. 7 日國民黨第二屆中央擴大會議在北平召開 11 日中共李立三主持政治局會議,通過「新的革命高潮與一省或幾省的首先勝利」決議組織全國中心城市武裝起義及集中兵力攻打中心城市的冒險計劃. 17 日台灣成立「台灣地方自治聯盟」林獻堂擔任顧問,蔡式穀、楊肇嘉擔任常務理事.主張確立民本主義,採取合法手段,爭支政治自由,與地方自治. 22 日中共紅三軍團和工農武裝在平江天嶽書院舉行攻打湖南長沙誓師大會 24 日中共紅一方面軍總部在湖南瀏陽永和鎮,分三路向長沙推進. 25 日毛澤東、朱德、彭德懷、滕代遠率紅一方面軍,與湖南瀏陽地方武裝革命軍配合,由湖南瀏陽永和出發,在瀏陽西鄉朗梨市東山螽斯港斑竹塘易家灣一帶佈置兵力. 30 日紅軍開始進攻長沙不克,傷亡 6000 餘人,撤退逃至湘潭轉江,西山區. 李立三「奉行革命必須始於城市中心工人的馬列主義理論」路綫失敗後,被中共中央政治局罷黜,貶往莫斯科. 9.9.「北平國民政府」成立,汪精衛出任國民政府主席. 23 日張學良率兵進關,占領京津,晉軍撤退,北平國民政府宣告結束. 張學良宣佈支持蔣介石,中央軍不刃進入北平,從而否定汪精衛的地位. 譚延闓逝世 蔣介石由景林堂(Young Allen MemorialChurch)江長川牧師主持受洗信奉基督教.斯時宋家三位女婿:孫中山、蔣介石、孔祥熙均信奉基督教. 台灣「三六九小報」創刊 台灣總督府開始實施「番地開調查」 15 日中共紅一方面軍攻長沙不克. 17 日中英簽約收回廈門英租界. 24~28 日中共在上海召開「第六屆三中全會」批評李立三對帝國主義和國民黨反革動統治崩潰的形勢作了不切實際的估量,對革命形勢發展的速度和革命力量的現狀作了過高的估量,對不平衡發展的規律觀察不清,不重視建立鞏固的根據地和擴大紅軍,忽視對大城市和產業中心區更廣大群眾的發展與組織.結束了「李立三路綫」 10 月閻錫山、馮玉祥下野, 辭去陸海空軍總司令職. 23 日蔣介石在上海接受基督教江長川牧師洗禮,正式成為基督教教徒. 24 日蔣介石受洗為基督教徒後,『蔣公日記』上寫: 「**主義為余政治行動之信仰.教義乃為余精神惟一之信仰.願從此以後.以基督為余模範.救人救世.永矢勿怠.**」 毛澤東夫人楊開慧在湖南長沙板倉被湖南省主席何健逮捕下獄. 中湘鄂西特委制定「土地問題決議案大綱」明確規定「土地國有」發揮了： 1. 階級關係發生劇烈變動,被壓迫的貧苦農民在政治上翻身,成為農村主人 2. 廣大無地少地的農民分得土地後,生產積極極為高漲,促進農業生產發展 3. 隨著農業生產的發展和苛捐雜稅的廢除,農民生活很快得到改善.

中華民國		紀元	干支	紀要
元首	年號			
林森 蔣中正	**19**	**1930**	庚午	27日「台灣霧社事件」霧社泰雅族山胞不堪日本長期暴虐,趁日本在霧社舉行佔領台灣30週年紀念大會「北白川宮能親王神社祭」馬赫坡社頭目莫那魯道率領群眾起義,狂殺日本134名,日本殘酷投擲糜爛性毒氣彈,山胞傷亡慘重,史稱「霧社事件」 11.14.楊開慧在湖南長沙被湖南省主席何健槍殺身亡. 12.6.蔣中正兼任教育部長,整頓學會,責令學生不得干政,嚴禁破壞法紀之學潮. 25日政府公佈國民代表選舉法第十一屆國際聯盟會開會 26日「民法典」編纂完成 商務印書館出版「辭源」續編,該書1915年出版1939年出合印本 中華書局發售「殿版廿四史」轉印「「百衲廿四史」」 12月毛澤東指示戰略戰術:「遊擊戰」中摻用「運動戰」遊擊戰是消極的、被動的、以躲避敵人為主;「運動戰」則是積極的、主動的、以戰勝敵人為主. 他的口訣: **敵進我退,敵駐我擾,敵疲我打,遊擊戰裡操勝算.** **大步進退,誘敵深入,集中兵力,運動戰中殲敵人.** 台灣成立「台灣總工會」後改組為「台灣勞動運動統一聯盟」 聖嚴法師(張志德)(1930.1.3.-2009.2.3.)江蘇南通縣人,佛學大師,教育家,創辦「法鼓山」弘揚佛法.原在大陸即出家,就讀上海大聖寺靜安寺佛學院,國共內戰無錢買機票來台灣,而參軍,成准尉軍官,因篤信佛學,1960 年退伍.,在基隆八堵海會寺,潛心研究佛學,後留學日本,獲博士學位,回台灣創建「法鼓山世界佛學教育園區」漢傳佛教. 袁隆平(1930.9.7.~)湖南長沙人,水稻育種專家,培育雜交水稻育種揚名世界,為聯合國糧農組顧問,被稱「雜交水稻之父」 彭聖思(1930.8.29.-)湖南湘陰人,農村子弟,由青年軍二等兵,參加平戰役,身陷赤窟,九死一生來到台灣,由軍官訓練班,入軍官外語學校,又考入國立師範大學,留學美國,獲得密蘇里達州立大學教育碩士,哲學博士,又得到聯邦 Title VII Fellow shsip 取得中英雙語教育博士,其二等兵,當上翻譯官,上校科長及教育副處長,留美獲得博士學位,在美國成立「中華民族文化促進會」回台灣接掌「湖南文獻」一生傳奇殊屬罕見.

中華民國		紀元	干支	紀要
元首	年號			
林　森 蔣中正	**20**	**1931**	辛未	1.1.公佈海關新稅則,恢復我國關稅自主權,實行裁撤釐金. 中共「全國總黨團決議案」指責”現在中央的領導完全破產,威信完全掃地”提出應”立即停止中央政治局的職權,由國際代表領導組織臨時中央機關,速即召集緊急會議” 中共中央又召集「中央會議(四中全會)」清算立三路綫,改組中共中央,以陳紹禹(1905~1974)為首的國際派當權.派項英、張國燾、夏曦分別主持江西、鄂豫皖、湘鄂蘇維埃區中央局,加強蘇維埃區及紅軍的領導. 按中共陳紹禹(王明)、秦邦憲(博古)、張聞天(洛甫)、沈澤民、陳昌浩、楊尚昆、王稼祥、夏曦等,曾留學蘇俄莫斯科「孫逸仙大學」受知於校長米夫,有「廿八個布爾什維克」之稱.此次中共中央委員會全體會議,米夫代表共產國際出席,力支持陳紹禹等.陳任中央常務委員、沈澤民任宣傳部長、張聞天任農民部長、向忠發續任中央總書記、周恩來續任軍事部長、秦邦憲任共產主義青年團總書記.遭國際派排斥的何孟雄、羅章龍另立中央.不久何被捕,由羅領導,終於失敗. 中國共產黨在湖南茶陵馬首創設「兵工廠」 5日台灣王敏川當選新文協中央委員長 7日中共在上海召開「第六屆四中全會」 10日中共召開「中央政治局會議」向忠發擔任常委會主席 中共成立「蘇區中央局中央革命軍事委員會」項英任主席,朱德、毛澤東任副主席,毛澤東兼任總政部主任. 中共在江西寧都小布成立「蘇區中央局」周恩來擔任書記. 16日日本駐台灣總督石塚英藏,因「霧社事件」引咎辭職.改派太田政弘為駐台彎總督府第十四任總督 國民政府宣布裁撤「厘金」制度,該厘金係1853年創設. 31日國民政府頒布「危害民國緊急治罪法」19329月4日停止使用. 2月共產黨在湖南茶陵寨下坪創辦「消費合作社」 8日蘇區中央發出的第9號明確指出:農民參加土地革命「不僅要取得土地使用權,主要的還要取得土地的所有權」 18日台灣民眾黨被日駐台總督府勒令解散 24日蔣中正與胡漢民會商「約法問題」胡謂約法無裨實際,仍主從緩制定,詞鋒嚴刻,蔣難容忍兩相衝突. 28日蔣中正責胡反對政府,勾結政敵,運動軍隊,破壞行政,阻撓約法.胡不稍讓,逐一駁斥,情緒激昂,蔣乃將胡幽禁於南京東郊湯山 中共中央「政治局會議」決定由毛東擔任中華蘇維埃共和國臨時中央政府主席. 3.1中國語言文字學會在上海成立,提倡用注音符號. 2日「軟禁胡漢民」國民黨中央臨時常會聲稱「胡漢民同志因積勞多病」「不足膺重要繁劇之任」辭去本兼各職,「無一發言,糊塗通過」國民會議得制定「憲法」即組織「憲法起草委員會」. 3日「華東日報」、「大公報」抨擊蔣介石「獨斷專行」「專制民主,誓不兩立」 5日廣州軍事當局陳濟棠電請蔣中正愛護胡漢民,以免內憂. 時在廣州國民政府文官長古應芬請辭,王寵惠、孫科留滬不歸,均為對蔣抗議. 廣西桂系軍人李宗仁、白崇禧乘機復返廣西,與廣東軍政聯合對抗政府. 9日溥儀(父親載灃,光緒之弟)就任偽滿國「皇帝」定年號「大同」並發表執政宣言.溥儀年幼,權力掌握在載灃和光緒的皇后隆裕手裡. 10日溥儀與日本訂立「日滿[密約」日本製訂「解決滿蒙戰爭計劃大綱」組織「全滿日人自主同盟」

中華民國		紀元	干支	紀要
元首	年號			
林森 蔣中正	**20**	**1931**	辛未	鼓吹滿蒙獨立,對滿蒙鐵路問題採強硬態度,策動以武力解決滿蒙問題.煽動河北「石友三叛變」合攻北平、天津. 中共中央發布「土地法草案」規定「地主不分田」「富農分壞田」政策 20 日國民政府進行開發西北,從事交通、人文、地理、地質、生物、人種等考察工作,蔡元培為理事長,團員蔡元培、戴季陶、吳稚暉、李石曾、陳布雷、翁文灝、竺可楨、李四光、朱家驊、秉志、傅斯年、楊銓、錢昌照、徐炳昶等學者專家深入勘察調查研究. 長春萬寶山韓僑與當地農民衝突,韓國國內發生排華運動. 4 月中共張國燾、陳昌浩、沈澤民自上海經漢口去鄂豫皖邊境,該三人均係國際派. 30 日中央監察委員鄧澤如、林森、蕭佛成、古應芬等四人通電彈劾蔣.汪兆銘與粵軍將領分別響應.南京方面元老和將領則紛起辯駁,交互電報指責. 歐亞航空開始自滬飛至滿洲裏線 中共政治局候補委員領導中央特科工作顧順章在武漢被捕叛變投向國民政府. 在南京成立「管理中英庚子款董事會」管理英國退還 1922 年 2 月庚子賠款. 莫德惠 1930 年 5 月抵莫斯科,與蘇聯談判贖回中東鐵路問題,蘇俄則要求先議通商及解決黑龍江、松花江航權,相持不下.會議終止.1931 年 4 月續開,未得任何結果,不久即行爆發「九一八事變」. 4 月~5.31.國民黨軍政部長何應欽任總司令,對中共發動第二次圍剿 5.1.中央銀行發行「關金券」1948 年 8 月廢止 日本南滿鐵路會社總裁內田康哉警告遼東省主席臧士毅,東北鐵路必須優先解決,否則日本少壯軍人將有所行動,因而相繼引發生「萬寶事件」「中村事件」. 3 日汪精衛、孫科、陳濟棠、李宗仁等反蔣派,在廣州成立「國民黨中央」和「國民政府」分庭抗禮. 陳濟棠以第八路;總指揮的名義率所部將領通電要求蔣「引退」 5 日國民代表大會議決議訓政時期約法及其他要案,在廣州召開非常會議,主張取消獨裁制,蔣中正下野 . 11 日桂系李宗仁、白崇禧、張發奎等全體將領通電,聲援陳濟棠等,「本軍業經下令動員」願與各方袍澤「趁時奮起,會師長江,底定金陵」 中共托派(無產者社派、我們的話派、十月社派、戰鬥社)在上海召開統一大會,以陳獨秀為書記的所謂「中國共產黨左派反對派」(又稱中國共產主義同盟或中國共產黨列寧主義左翼反對派).由於托陳取消派的主張脫離中國實際,內部派矛盾,所成立的統一組織很快就陷於分裂和癱瘓,並沒有對社會上產生重大的影響. 27 日反蔣的中央委員會在廣州召非常會議,自立政府. 28 日廣東國民政府成立.汪精衛、唐紹儀、孫科、鄒魯、陳友仁、許崇智、古應芬為常務委員,李宗仁唐生智許崇智陳濟棠為軍委會常委,宣稱討伐南京國民政府. 國民會議在南京召開,通過訓政時期約法,勸告廣東軍民擁護和平統一等案. 日本間諜中村震太郎大尉在我國東北遼寧洮南私行偵察活動被殺,日本石原提出強烈抗議,主張自行處理.陸軍大臣南坎次郎召開師團長會議,謂滿洲事態重大,軍人當善盡職責,必要時強迫中國屈服. 6.1.公佈「訓政時期」約法. 蔣中正赴江西清勦共產黨 西藏達賴以兵進占西康 日本參謀部陸軍步兵大尉中村震太郎在洮索地方調查,為興安屯墾部隊所槍殺. 台灣張維賢、楊木元等創立「民烽劇團」 13 日中共紅七軍李明瑞部突襲湖南安仁,在大石嶺擊斃地方保安人員 30 餘人. 15 日中共紅軍返回井岡山 25 日國立北平圖書館舉行落成典禮,7 月 1 日正式開館. 南京政府推胡漢民、李濟深為政治會議及國民政府委員,安撫廣州,化戾氣為祥和.

中華民國		紀元	干支	紀要
元首	年號			
林森 蔣中正	20	1931	辛未	中共中央政治局常務委員會主席總書記向忠發在上海被捕叛變,由陳紹禹繼任,1932年初,陳赴莫斯科,秦邦憲代之. 日本陸軍省與參謀本部擬成一「解決滿洲問題方案」關東軍軍加緊製造中國內亂. 7.8.中美簽訂「美麥借款合同」美國將45萬噸麥粉賒銷中國. 12日蔣中正致電張學良「現非對日作戰之時.以平定內亂為第一.」 23日國民政府通電全國「攘外應先安內.」 宋子文遭人暗殺未遂,然不幸宋母在四個小時後去世,是宋家很不幸的一天 長春萬寶山朝鮮僑農受日本軍警庇護,強掘水田,與當地農民發生衝突.朝鮮人民暴動,慘殺華僑. 7月~9.15.政府對中共蘇區發動第三次圍剿 長春郊外萬寶山發生國農民襲擊韓國農民事件,引起韓境反中國人的暴動 廣州政府下令討蔣中正. 粵、桂軍向湖南、江西進軍,蔣瀆決定迎擊. 國民政府對中共作第三次圍剿,中途「九一八事變」日本突襲瀋陽,無暇再對付共軍,圍剿工作因而停止 8月國民政府軍63師師長兼湘東反共清剿縱隊司令陳光,中,攻入茶陵蘇維埃區 5日台灣民族運動領袖蔣渭水病逝臺北醫院. 中旬,日本關東軍連續挑釁,張學良命令瀋陽部隊,謂「無論日本人如何尋事,均須萬分容忍,不與抵抗,以免事態擴大.」 國民政府釐訂「十大規模經濟建設計劃」 日本幣原命日總領事林久治郎向遼寧省主席臧士毅交涉「中村案」,張學良亦派人赴日本東京商談.日本南次郎宣稱,對「中村案」除武力報復外,別無他策,日本關東軍並積佈署 9.4.廣東討蔣軍入湘,兩相對峙,粵以釋放胡漢民和蔣介石下野為條件. 6日張學良命瀋陽軍方「無論日人如何尋釁,須萬分容忍,不與抵抗,以免事態擴大」 10日日本特務機關長土肥原二大佐眼見東北張學良歸順,中國統一,國民政府且進行收回租界權、關稅權、治外法權等各項權利,認如再不儘速佈署以武力謀取中國的利益權利,以後將無機會,由瀋陽回東京請示侵華機宜. 11日蔣中正命張學良避免與日本衝突. 日本昭和天皇飭令南次郎整頓關東軍風紀. 14日日本陸軍省、外務均接獲瀋陽密電「知事機緊迫,關東軍行動在即.」 15日日本南次郎派參謀本部作戰部長建川美次前往宣達「天皇詔誡」坂垣、石原獲悉後,決照預定計劃執行. 18日**【九一八事變】**日本建川抵瀋陽,晚上十時三十分,日本關東軍南滿鐵道守備隊,以中村事件陰謀炸毀瀋陽附近柳條溝鐵路,炮擊北大營,偷襲占領瀋陽延吉等處遼吉二省,由於東北軍及東北幾個省無設防,至12月底,東北地區幾盡為日本佔有.斯時東北邊防司令長官張學良、黑龍江省主席萬福麟在北平,吉林省主席張作相在遼西錦州,遼寧省主席臧式毅,東北邊防軍防軍司令長官公署參謀長榮臻事先皆無警覺.抱不抵抗主義毫無反響. 19日臧式毅、榮臻致電張學良司令請示,飭「切戒我軍勿亂動」自然就是「不抵抗」張學良在北京協和醫院召集東北幹部張學銘、于學忠等人會議,再次肯定「不抵抗主義」.是日日軍佔領瀋陽城軍營、兵工廠、飛機場、長春、營口、安東、遼陽等地失陷.20日佔長春,21日佔吉林. 日本若槻禮次郎再令關東軍退集南滿鐵路附近,不得進入北滿,不准擴大事件,並日本天皇制止.關東軍聲稱,如約束其行動,將於滿洲獨立,終以恐刺激蘇俄,暫不進佔哈爾賓. 時日本內閣虛無縹緲,無法控制強勢軍權,軍人不聽其指揮.

中華民國		紀元	干支	紀要
元首	年號			
林森 蔣中正	**20**	**1931**	辛未	21~24日上海、南京、天津、北平、漢口、青島、太原、蕪湖、長沙、重慶、桂林、汕頭等各界集會遊行請願,工人罷工,抵制日貨,拒絕對為日船卸貨. 李濟深、胡漢民獲釋,遠走避居香港. 22日中共發出「日本帝國主義強占滿洲事變的決議」反對日本帝國強盜戰爭暴行. 23日吳鐵城致電蔣委員長「瀋陽事件,漢卿兄等主張始終不抵抗,但以急速解決為妥」. 26日瞿秋白等所行的「漢字拉丁化」道路,在海参威召開【中國文字拉丁化第一次代表大會】正式通過【中國的拉丁化新文字方案】 國民黨通過「三民主義教育實施原則」 中共中央派王明駐共產國際代表團負責責人 共產國際批准由秦邦憲(博古)、張聞天(洛甫)、盧福場(翌年被捕叛變)等人在上海成立中共臨時中央政治局. 周恩來接任中央蘇維埃中央局書記. 10月中共召開湘贛省黨的第一次代表大會和第一次蘇維埃代表大會,湖南瀏陽王首道為省委書記,袁德生為省蘇維埃政府主席,形成湘贛根據地. 10日中共「查田運動」毛澤東起草「怎樣分析階級成份」: 1. 有無主要勞動力,是區別富農與地主的主要標準· 2. 富裕中農、與富農不同的地方,在於富裕中農一年剝削收入的分量,不超過其全家一年總收入的15% 3. 富農一年剝削收入的分量,則超過其全家一年總收入的15% 4. 明確指出土地鬥爭的階級路綫,是依靠雇農、貧農,聯合中農,剝奪富農,消滅地主的路綫. 東北相繼興起抗日義勇軍,領導人有馬占山、蘇炳文、李杜、丁超、王德林、馮占海、黃顯聲、唐聚五、鄧鐵梅等. 22日溥儀與文繡協議離婚 中共成立紅25軍,軍長曠繼勛,政委王平章,轄73、74、75師. 11. 1~5日中共中央代表團在瑞金召開會議,指出毛澤東「狹隘經驗論、富農路綫、和右傾機會主義、反對游擊主義」排除毛澤東在中共中央蘇區對黨和紅軍的正確領導地位. 7日中共公布「中華蘇維埃共和國憲法大綱」 「紅色中華通訊社」在江西瑞金成立,呼號CSR,向國內外播音. 7~20日中共「中華蘇維埃第一次全國代表大會」在瑞金葉坪村舉行.通過決議: 建立「中華蘇維埃共和國」毛澤東擔任主席. 通過土地法、勞動法、經濟政策. 溥儀在天津被日本挾持劫走,圖謀製造「偽滿傀儡組織」. 8~28日天津日租界日軍向中國軍警連續挑釁.史稱「天津事件」國軍進入維持治安29日國軍始行撤退. 12~23. 中國國民黨在南京召開第四次全國代表大會. 19日徐志摩(1897~1931.7.19.)浙江海寧人,因飛機失事去世. 蘇俄表示無意干預中、日「中村事件」因而日本關東軍肆意再行進攻洮昂綫路的嫩江橋,被黑龍江省主席馬占山擊敗,馬占山成了抗日英雄. 月底關東軍再攻,齊齊哈爾省城不守.12月19日陷山海關,1932年1月2日錦州失守,整個東北在一百天內全部淪陷. 25日中共在江西瑞金成立〔中華蘇維埃共和國(1931-1937)〕中華蘇維埃共和國臨時中央政府發布通令,中央革命軍事委員會領導人.主席朱德副主席王稼祥彭德懷. 中共中央革命軍事委員會任務: (一)統一紅軍編制, (二)加強紅軍中黨組織建設建立戰時政治工作,保證黨對紅軍的絕對領導.

中華民國		紀元	干支	紀　要
元首	年號			
林　森 蔣中正	20	1931	辛未	(三)不斷加強紅軍後勤建設,做好部隊供應 (四)加強地方武裝建設. 27日中共「中央執行委員會第一次會議」選舉: 中共中央執行委員會主席： 毛澤東　副主席：項英、張國燾 中共人民委員會主席：　毛澤東　副主席：項英、張國燾 中共陳紹禹(王明)代理中國共產黨總書記.秦邦憲(博古)為總負責人(1931~1935) 入冬以後,中共中央根據地以鄉為單位建立黨支部,在農村中建立黨小組. 12.7.中共紅軍第二十軍衝入吉安富田,驅逐江西蘇維埃政府,聲言反對毛澤東,擁護朱德、彭德懷、黃公略,共軍馳援,十餘日始平.毛澤東大殺反對派,指為A、B團,即反布爾什維克團(Anti-Bolshevik) 14日國民黨第26路軍17,00餘人,在參謀長趙博生(共產黨員)和高級軍官董堂、季振同、黃中嶽等人,以及秘密特別支部的領導下,在江西寧都起義. 15日國民政府改組,蔣中正辭去國民政府主席兼行政院長職務決心下野 各界人士如熊希齡、馬相伯、章炳麟、沈鈞儒、左舜生、黃炎培等60餘人,組成「中華民國國難救濟會」發表宣言通電,要求「立時解除黨禁,進行制憲」萬不宜複襲訓政之名,行專制之實. 17日北平、天津、上海、廣州、武漢、濟南、安徽等地學生,到南京遊行示威請願,要求政府出兵抗日. 19日上海文化界組織反帝抗日聯盟 21日日軍分三路進攻遼重鎮錦州,張學良仍無堅決抵抗行打算. 22日中國國民黨寧(蔣中正)、滬(汪精衛)、粵(胡漢民)三方代表在南京召開四屆一中全會,國民黨各派統一,並修改國民政府組織法,改組國民政府. 25日南京國民政府電令張學良「應盡力之所能柔,積極抵抗」東北軍始與日軍交手. 蔣介石被迫辭去國民政府主席及行政院院長職務. 28日京、滬(汪精衛派)、粵(胡漢民派)三方面組成之中央執行委員會議推選決定： 國民政府主席林森(1931-1943) 行政院長孫科. 蔣、汪、胡為中央執行委員會西南執行部、西南政務委員會、西南軍事委員會,事實上照舊獨立.1932年1月29日汪精衛任行政院長,宋子文副院長兼財政部長,蔣中正任軍事委員會委員長. 國民政府開始實行〔建國大綱〕的〔訓政時期計畫〕 國民政府設立「新聞檢查所」 廣西省政革新:李宗仁擔任第四集團軍總司令、白崇禧為副總司令、葉琪為總參謀長、廖磊為第七軍軍長、夏威為15軍軍長、黃旭初任廣西省主席. 國民政府大赦政治犯,惟共產黨員、及有賣國行為者不赦 國民政府成立監察院,于右任任院長 考試院舉行第一次高等考試 美國給予我國農貸麥子三萬噸. 號稱「自由人」、「第三種人」胡秋原、蘇汶(杜衡)等提倡「文藝自由」,指責左聯文學運動,獨霸文壇,而魯迅、瞿秋白、馮雪峰等則予以反駁,形成「文藝自由問題」論戰. 1931年三次圍剿共產黨: 1月第一次圍剿　6月第二次圍剿　7月第三次圍剿 旋發生九一八事變,及日本挾持溥儀赴東三省,進行獨立運動,等重大事故而停止圍剿行動..

中華民國		紀元	干支	紀要
元首	年號			
林森	**21**	**1932**	壬申	1.1 日廣州國民政府撤銷,重行改組,推選內閣官員： 林森任國民政府主席(1932~1943) 軍事委員會蔣中正任委員長兼參謀總長 行政院長孫科辭職,汪精衛繼任院長,宋子文任副院長兼財政部長 胡漢民不肯入京,孫科拒任立法院長職. 台灣郭秋等人出版「南音」 台灣第一位法學博士葉清耀自明治大學畢業 9 日日本幕後陰謀設立之偽滿州國在長春成立,溥儀就任偽滿州國總統. 日本派南弘為駐台灣總督府第十五任總督 中共臨時中央作出「關於鬥爭革命在一省與數省首先勝利的決議」,對革命形勢作了誇大的估計. 18 日日本幕後操縱在瀋陽召開滿州國會議,宣佈東北地區脫離中國獨立. 聯合國國際聯合調查團英、美、法、德、義代表來華調查滿州國真相 26 日蔣中正再度返京主持國家大政. 28 日**【一二八事變】**日本進攻上海淞滬, 強佔上海閘北, 19 路軍蔡廷鍇抵抗日軍不能取得勝利,訂「淞滬佔戰協定」劃上海為非駐軍事區. 29 日日軍轟炸商務印書館總廠 30 日「一二八事件」上海發生戰爭,南京國民政府遷都洛陽. 31 日上海滬西區 17 家日本紡紗廠四萬多工人發動大罷工長達二個月. 南京成立「中央農業實驗所」首任所長譚熙鴻,翌年改組,陳公博任所長,副所長錢天鶴負實際責任. 2.8.蔣委員長手令戴笠組織特務處,負責偵查外寇內奸陰謀活動.維護國家及領袖安全. 2.24.國聯(19 國委員會)召開特別大會,42 國贊成調查報告,惟日本反對,3.27.退出國聯 6 日蔣中正任軍事委員會委員長 9 日日本佔領東三省,陰謀操縱在吉林長春成立「偽滿州國 」(1932-1945)1934 年 3 月 1 日改稱「滿州帝國 」溥儀由「執政」改稱「皇帝」 12 日國民政府宣佈否認「滿州國」組織 中共「江口會議」為幾次戰役作評價,對毛澤東實行的戰略戰術進了錯誤的批評.臨時中央以要毛澤東主持臨時中央政府工作的名義調回後方,撤銷他所擔任紅一方面軍總政治委員的職務,改由周恩來兼任. 蔣介石政治地位陷入低潮,劉建群進言「黨的混亂,黨的無能,黨的墮落,不是個人出去問題,而是方法不當,制度不良,內容不實的問題」要解決這些問題,劉建群主張「保持黨的殼子,但在黨內打造一個組織專注全國老百姓,賦予內容,創造黨魂」 成立『藍衣社』後來正名「軍事委員會統計調查處」通稱(軍統)由戴笠主持. 14 日國際聯盟來華調查日本占領中國東北實況.0.1.提出「在不抵觸中國主權及行政完整下,將東三省自治方案」1933.2.24.討論時 42 票贊成,日本反對 3.27.日本抗議退出國聯. 20 日台灣巫永福、張文環、王白淵等人在東京成立「台灣藝術研究會」 「中國左翼新聞記者聯盟」在上海成立 中共成立「中華蘇維埃共和國國家銀行」毛澤民任行長,1934 年結束. 4.1.成立〔特務處〕開始辦公 7 日在洛陽召開國難會議議決長期抵抗日本「救災、綏靖、禦侮」等方案 12 日台灣大湖武裝抗日運動,日本大規模逮捕台灣人判刑.此段歷史小說家李喬寫「寒夜三部曲」 16 日開始疏導淮河工程 日本在東北成立「日滿土地開拓公司」

中華民國		紀元	干支	紀　　要
元 首	年號			
林森	**21**	**1932**	壬申	5.5.中、日在上海訂立「停戰協定」 7 日國民政府公布「國音常用字滙」以注音符號、國語羅馬字兩種記音法記音. 蔣介石自任鄂豫皖三省「剿匪總司令」 69 路軍赴福建勦共 廣東陳濟棠、與陳策衝突,旋被平定 日本派中川健藏為駐台灣總督府第十六任總督. 台灣蘇花公路通車(宜蘭蘇澳到花蓮) 6.4.軍事委員會通令「軍隊實施統一編制」 10 日左聯機關報「文學月報」在上海創刊 14 日在南京成立「國立編譯館」 15 日廬山會議,宣佈「攘外必先安內」政策 國民政府在漢口成立「剿匪總部」對中共實施第四次圍剿 7.14.蔣介石調動 30 萬大軍第四次圍剿鄂豫皖中共根據地.年底中共由陝西進到川北地區,開闢川陝邊區根據地. 8.4.「中國化學學會」在南京成立,陳裕光任會長 23 日「中國物理學會」在濟南清華大學成立,李書華為會長. 國民政府批准張學良辭職　　國民組織「廢止內戰大同盟」 中共在湖南平江、瀏陽、長沙縣成立「長沙縣瀏陽區蘇維埃政府」、 27~9.15.共產國際認為「在中國,已經有革命形勢」反帝鬥爭中應「採用下層統一戰綫策略」組織群眾,進行民族革命解放戰爭. 9.1.軍事委員會成立〔調查統計局〕,原特務處改編為調查統計局第二處. 山東省主席韓復渠,驅逐劉珍年. 15 日日本正式承認「滿州國」 日本在撫順平頂山一次集體屠殺三千多人. 陶行知在上海創辦「山海工子團」 22 日國聯理事會通告中、日勿擴大事態,協議撤兵. 10.2.國聯調查報告書提出,由中、日、東三省代表、中立國觀察員合組顧問委員會,共管東三省,設立「自治政府」,遭到全國反對. 中共紅三軍主力退出湘,鄂西根據地,經豫西南、陝南,沿川鄂邊境南下,12 月底到達湘邊的鶴峰地區. 19 日日本外相幣原為解決「九一八事變」案提出五項原則： 一. 中、日放棄侵略政策及行為. 二. 尊重領土完整 三. 取締妨害相互貿易自由及煽動國際仇恨的有組織運動. 四. 保護日人在滿洲的和平業務. 五. 尊重日本在滿洲的條約權益. 26 日台灣明治橋(今中山橋)新建工程完工 28 日頒布「法院組織法」 11.2.蔣中正、宋美齡在何健陪同下,由長沙來衡山視察黨務,並遊南嶽祝融峯、上封峯,捐銀圓 3000 元. 8 日「招商局」收歸國營 15 日國民黨四屆三中全會決定 1935 年 3 月召開國民大會議定「憲法」

中華民國		紀元	干支	紀要
元首	年號			
林森	**21**	**1932**	壬申	12.1.國民政府遷回南京 12 日中俄恢復邦交 29 日中國民權保障同盟在上海成立. 宋慶齡、蔡元培、楊杏佛等在上海發起組織「中國民權保障同盟」 蔣介石派兩名軍官赴德國考察納粹黨組織,「中國理想的未來,有什麼方法可以救中國」他在「藍衣社」演講:「法西斯是中國現在最需要的東西,是可以救中國的唯一一種精神.」 30 日「中國民權保障同盟」在上海成立 漢藏教理院在重慶成立 台灣「蘇花公路」宜蘭至花蓮臨海道路正式通車,全長約 120 公里 胡金銓(1932.4.29.-1997.1.14.)河北邯鄲人,李翰祥介紹入邵氏公司任演員兼編劇及助導,以導演大醉俠,龍門客棧聞名獲終身成就獎.,

中華民國		紀元	干支	紀 要
元 首	年號			
蔣中正	**22**	**1933**	癸酉	1.3.日軍攻熱河,佔山海關,陷長城. 8 日南城黃獅渡戰役中,五軍團副總指揮趙博生不幸犧牲. 15 日美國通告各國不承認偽滿洲國 17 日毛澤東、朱德發出停止內戰宣言. 毛澤東、項英、張國燾、朱德宣言發表「中國工農紅軍準備在三個條件下同任何武裝部隊訂立共同對日作戰的協定」: 1. 停止進攻蘇維埃區域 2. 保證民眾的民主權利(集會、結社、言論、罷工、出版之自由) 3. 武裝民眾創立武裝的義勇軍,以保衛中國及爭取中國的獨立統一與領土完整. 中共攸縣、衡山、湘潭、醴陵四縣邊區委員會負責人陳向民來衡山一帶展開活動. 21 日羅明寫了「對工作的幾點意見」認為紅軍應向敵人力量薄弱的地方發展,以鞏固和擴大閩西根據地.對國民黨正規軍不要硬打,要採取遊擊戰及運動戰.有計劃有步驟地擴大紅軍. 隨後臨時中央展開反對鄧小平、毛澤覃、謝唯俊、古柏的鬥爭,指責鄧小平為書記的中心縣委執行「純粹的防禦路綫」即「羅明路綫」展開鬥爭.這些鬥爭,實際上反對的以毛澤東為代表的正確主張,對於反對國民黨軍隊第五次圍剿的鬥爭,產生了極為不利的影響. 28 日「中國教育學會」在上海成立、「中國科學化運動協會」在南京成立. 修正「新聞檢查法」及「檢查標準」 2.1.成立「民眾教育委員會」 中共吳文裘(女)接替夫陳向民工作,11 月被叛徒出賣殉職. 兩廣組「西南國防委員會」妨礙統一· 23 日日軍開始進攻熱河 3.3.攻佔熱河,4 月越長城進迫北平.迫我簽訂「塘沽協定」 24 日國際聯盟以 40 比 1 票不承認「滿州國」日本奮而退出國際聯盟. 北平、天津、上海各界人士在北平集會,宣告成立「東北熱河後援協進會」抗日救國運動,日益成為全國各階層人民的共同呼聲。 26 日中共蘇維埃臨時中央政府決定在中央、省、縣三級設立國民經濟部. 3 月張學良因熱河失陷下野赴歐洲. 汪兆銘復出.宋子文為軍費問題,與蔣失和,孔祥熙代為行政院副院長兼財政部長. 中共創辦「馬克思共產主義學校」培養黨、政、工會的幹部. 中共在瑞金葉坪進行查田試點.6.1.發出「關于查田運動訓令」 25 日國民政府提出對中共革命根據地和游擊區實施「特種教育」澄清共產黨思想 國民政府調查統計局在南京成立無線電總台.1936 年開始空軍情報工作. 4.6.國民政府廢「兩」改「元」統一幣制. 「中華蘇維埃共和國瑞金中央人民政府」頒布「勞動法」工人有結社、集會、參加工會權利,規定工人工時、工資、勞動保護、社會保險、以及勞資糾紛處理辦法 12 日「新疆迪化政變」邊防督辦公署參謀長陳中等與白俄歸化軍指揮官巴平古特(Papengout)發動政變,驅逐金樹仁,擁劉文龍為省主席,盛世才為邊防督辦(盛世才遼寧人,曾在上海、廣東、日本習政治軍事).國民政府派參謀部次長黃慕松前往處理. 盛世才以未能取得新疆實權,聯合義勇軍擊敗馬仲英,誅除異己,幽禁黃慕松,南京承認他既得權位,盛世才愈為桀驁不馴.盛世才入主新疆後宣布反帝、親蘇、民主、民族平等政策.7 月蘇俄派秘密警察來迪化,成立全省政治總管理,1935.1.16.盛世才與蘇俄貿易公司訂立借款五百萬盧布合同,新疆軍事、政治、財政、經濟、交通、教育,悉歸俄人控制,如同蘇俄的殖民地.1938.9..盛世才到莫斯科,加入「聯共」申請在新疆施行蘇維埃制度,未獲同意. 5.7.日軍再越過長城, 21 日日軍佔領通州 15 日台灣帝國大學刊行「新港文書」

中華民國		紀元	干支	紀要
元首	年號			
蔣中正	**22**	**1933**	癸酉	26日馮玉祥在張家口成立「察哈爾民眾抗日同盟軍」實為反蔣,但失敗,方振武流亡香港,吉鴻昌潛回天津,1934.1.加入共產黨,11.9.被捕,11.24.在北平被處決. 29日「中美棉麥借款合同」在紐約簽字 31日中日簽立華北停戰協定,史稱**【塘沽協定】**劃冀東廿二縣為非武裝區,並就通車、通郵、以及於長城線設置稅關等問題與日本成立協定. 成立「軍事委員會南昌行營」強調「**三分軍事,七分政治**」處理中共問題 6.4.中美棉麥借款美金本千萬元成立. 7日國府通過「不承認滿州國辦法」 日、俄、偽滿舉行出售「中東鐵路」會議,我提嚴正抗議. 17日國民政府公布「兵役法」 7.9.「廬山軍官訓練團」前後三期訓練7,500餘人 15日台灣「福爾摩沙雜誌」創刊 國民政府指派江蘇常熟今張家港錦豐人,上海交通大學畢業陳一白舖築〔澄(江陰)巫(張家巫山)軍用公路〕長18公里,路寬9公尺,1934.1. 完工 8.20.廬山森林植物園成立 25日四川省茂縣7.5級地震,死亡慘重. 「中國植物學會」在重慶成立　中共成立「川、陝蘇維埃政府和西北革命委員會」 9月全國高中學生實施軍事訓練 國民政府對中共實施第五次圍剿 共產國際指派德國共產黨員軍事顧問蘇俄李德從上海來到江西瑞金,協助中共反圍剿行動. 20日盛世才、馬仲英於新疆再起戰爭. 10月蔣委員長在江西南昌召集「高級將領軍事會議」 2日台灣施乾創立「愛愛寮」收容乞丐 26日福建省政府及第19路軍代表同中華蘇維埃共和國臨時中央政府及工農紅軍代表在江西瑞金簽訂「反日反蔣的初步協定」很快被政府軍擊敗. 國民政府五次剿匪： 第一次剿匪: 在1930年底,動員10萬部隊 第二次剿匪: 在1931年5月動員兵力兩倍 第三次剿匪: 在緊接在第二次剿匪之後 第四次剿匪: 在1933年4月,動員兵力25萬大軍,打了六個月 第五次剿匪: 在1933年10月,動員90萬大軍,持續一年 中共為保存實力,展開著名的「長征」368天走了一萬公里,同行者約九萬名,趁著夜色漆黑突圍,先往南行,再折向西,又轉北.抵達延安. 毛澤東說他們穿越過「中國最長、最深、最危險的大河,走過最高、最險阻的山路,經過兇猛的土著區域,經過空曠的草原,經歷酷寒,也經歷風雪大雨」抵達延安,人數僅剩兩萬人及家小妻眷.周恩來路上患重病,還用擔架扛進延安. 台灣黃得時廖漢臣等創立「台灣文藝協會」主張以自由主義精神來創新台灣文學.1934年又組織「台灣文藝聯盟」可是「台灣文藝」雜誌在1936.8月停刊. 11.20.李濟琛、陳銘樞、蔡廷鍇、蔣鼐等勾結中共,在福建福州簽訂「閩西邊界交換條約」成立〔中華共和國人民革命政府〕(1933.11.20.-1934.1.13.)李濟深任主席,廢除國民黨,進行叛亂,對抗中央,史稱「閩變事件」迅即遭到枚平. 四川劉湘糾集20萬軍隊,對川陝根據地發動六路圍攻. 12月「中國農村經濟研究會」在上海成立 巴金在成都著「家」、「春」、「秋」三部曲. 中央將北平故宮重要古物南遷. 高錕(1933.11.4.)上海金山人,獲諾貝爾物理獎.

中華民國		紀元	干支	紀要
元首	年號			
蔣中正	**23**	**1934**	甲戌	1 月中共「第二次全國蘇維埃代表大會」推毛澤東為主席,秦邦憲為總書記. 1. 儘一切可能的和必須的經濟方面建設,集中經濟力量供給戰爭,改善生活 2. 發展農、工業,發展對外貿易,和發展合作社. 3. 根據地的經濟成分,是由國營事業、合作社事業、和私人事業三方面組成 4. 根據地財政政策基本方針,是從發展國民經濟來增加財政收入,貫澈節省 5. 對外貿易方針,首先為自給,其次才是出口,由國家直接經營各項必要商品 6. 必須關心群眾痛癢,真心實地為群眾謀利益,解決群眾實際生活問題(土地、勞動、穿衣、吃飯、住房、柴米、油鹽等問題) 16 日中央軍克福州,閩變平息. 15~18 日中共在江西瑞金召開「中共臨時中央第六屆五中全會」博古主持會議 1. 中國革命危機已到了新的尖銳階段 2. 我們已將工農革命民主專政推廣到中國重要部分的時候,實行社會主義將成為共產黨的基本任務. 3. 反對中間派別,在反帝運動和工人運動中只搞下層統一戰綫. 4. 在反對「主要危險的右傾機會主義」、「反對對右傾機會主義的調和態度」等口號下,在黨內和紅軍內繼續推行宗派主義的過火鬥爭和打擊政策. 20 日「偽滿洲國」宣布實行帝制,改稱皇帝,年號「康德」 22~2.1.中華蘇維埃第二次全國代表大會在瑞金召開.選舉毛澤東為中央行動委員會主席,項英、張聞天為人民委員會主席、朱德為中央革命軍事委員會主席. 成立「中國印刷學會」 2.7.中共成立「閩東蘇維埃政府」6 月成立「中共閩東臨時特委」9 月成立紅軍獨立師 19 日蔣中正委員長在南昌發起「新生活運動」提倡「禮、義、廉、恥」四維及「整齊、清潔、簡單、樸素」合乎禮義廉恥的生活 立法院通過「中華民國憲法草案」 製定「蒙古自治原則」 3.1.在日本人設計下「滿州國」改稱「滿州帝國」溥儀自稱「滿洲國」皇帝,舉行登基儀式,改元年號「康得」.實施野蠻法西斯文化專制統治,殘酷迫害屠殺抗日人民. 召開台灣社會教化協議會會議`. 4.1.中、土條約簽字 8 日中共頒布「懲治反革命條例」、「婚姻法」 17 日日本「天羽聲明」拒絕國際譴責對日本製造九一八事變提出新華北政策,聲稱「日本有決心完成維持東亞和平與秩序的使命」.反對中國的「以夷治夷」政策. 國民政府成立「資源委員會」 20 日中共提出「中華人民對日作戰基本綱領」亦稱「抗日救國六大綱領」 5.6.台灣台中創立「台灣文藝聯盟」賴和出任委員長 25 日「圖書雜誌審查委員會」在上海成立. 6.3.台灣日月潭發電廠第一期工程完工發電,相繼 1939.7.、1943.3.完成第二、三期工程 7. 6.台灣自治聯盟向日本內閣提出意見書 8.北平瀋陽鐵路通車 23 日中日在大連會議,商冀東問題 8.5.台灣銀行總行新建工程舉行開工典禮 11 日日本東京台灣同鄉會舉辦「鄉土訪問演奏會」 9.1.「紫金山天文台」落成,「中央研究院天文研究所」遷入新址. 2 日台灣林獻堂林呈祿蔡培火等 30 餘人會談,決定停止「台灣議會設置請願運動」 國民政府頒授蔣中正「一等大綬采玉勳章」 中共工農革命紅軍第七師在衡山湘潭從事遊擊戰,零陵梅山改編,策應紅軍長征.

中華民國		紀元	干支	紀要
元首	年號			
蔣中正	**23**	**1934**	甲戌	中共「李鐵夫」指出當前黨內的主要問題,是「左」傾空談和盲動主義,得到北方黨組織、團組織一些贊同和支持.但中共河北省委反對,展開「反李鐵夫路綫」鬥爭,將其壓抑下去,李鐵夫受到撤銷領導職務的處分. 在國民黨「五剿」圍攻下,中共中央根據地僅存瑞金、會昌、雩都、興國、寧都、石城、寧、長汀等縣的陝小地區,紅軍被迫撤離中央根據地 商務印館「影印四庫全書珍本初集」出版 10.5.中共潘漢年、何長工同陳濟棠的代表在尋鄔會談,達成就地停戰,互通情報,解除封鎖,相互通商和必要時相互借道等五項協議. 10 日中國工農紅軍長征 1936 年 10 月 1 日紅軍一、二、四方面軍在甘肅會寧縣和靜寧縣會合 2 萬 5 千里長征至此結束. 19 日故宮珠寶被原故宮博物院院長易培基盜換大珠 13,000 餘粒、寶石 3,200 餘塊,被法院起訴. 26 日中共紅三軍恢復紅二軍團番號,賀龍任紅六軍團軍團長,任弼時任政治委員,關向應任副政治委員,蕭克、王震任任紅六軍團軍團長、政治委員. 中共中央指稱： 1934.10.~1935.是中共紅軍和遊擊隊由正規戰向遊擊戰轉變的階段, 1935~1936 是堅持開展遊擊戰爭以保存、鞏固、發展紅軍、遊擊區階段. 1936~1937 是繼續遊擊戰爭向國共合作抗戰轉變的階段 「中國農村雜誌」在上海創刊 「中國國社會黨」成立 11.5. 台灣張深切等人創辦「台灣文藝雜誌」 10 日台灣創立「台陽美術協會」 汪吟龍發起成立「中華儒學研究會」 國民政府宣布實行「保甲制度」推行「管、教、養、衛」原則,1949 年廢止. 政府江西剿共,克瑞金,共軍大舉西走. 台灣成立美術協會 13 日史量才(1880~1934)因支持中國民主保障同盟,在浙江海寧被暗殺, 12.3.「偽滿政府」發布「集團部落建設文告」推行歸屯併戶,製造無人區和集團部落,受害的達 500 萬人. 10 日國民黨四屆五中全會在南京召開,通過「中央與地方權責綱要案」宣稱「攘外必先安內,雪恥端在自強,救亡圖存之工作,當充實國力,修明政治為先務」 12 日中共中央在湖南通道緊急會議,：張聞天、王稼祥、周恩來等支持毛澤東放棄北上,同紅二、紅六軍團會合轉為西向國民黨軍力量比較薄弱貴州開闢根據地.**(1934-1936)** 17 日大日本製糖與台灣新高製糖兩家公司簽訂合併草約 18 日中共中央政治局在貴州黎平舉行會議,通過「戰略方針的決定」 31 日中共中央政治局在猴場召開會議,決定以遵義為中心,從黔北然後轉向川南,創建川黔邊境新的根據地.剝奪了博古、李德的指揮權.1935.1.7.占領黔北重鎮遵義城. 「中國文化建設協會」會陳立夫創刊「文化建設雜誌」 「中國建設銀行公司」成立,董事長孔祥熙,總經理宋子文. 台灣陳進(1907~1998)入選 1934 年度帝展,成為台灣第一位獲此殊榮的女畫家 英國人巴克禮(Thomas Barclay 1849~1935)在台灣半個世紀傳教事業,返回英國. 英美烟草公司在中國上海設立「頤中烟草公司」 臺北帝國大學於 1934 年度增設「熱帶醫學研究所」致力於熱帶醫學研究. 沈從文著〔邊城〕 考古學家黃文弼著〔高昌陶集〕 朱起鳳編「辭通」由開明書局出版

中華民國		紀元	干支	紀　要
元 首	年號			
蔣中正	**23**	**1934**	甲戌	傅聰(1934.3.10.-)上海人,先後在義大利,蘇俄鋼琴家為師,分別得到羅馬尼亞,德國,波蘭鋼琴演奏獎項. 林黛(程月如)(1934.12.26.-1964.7.17.)廣西賓陽縣人,以演江山美人,不了情,貂蟬一炮而紅,名揚東南亞各國華僑,,紅極一時,當名望鼎盛時,惜開煤氣仰藥自殺,玉殞香沉,

中華民國		紀元	干支	紀要
元首	年號			
蔣中正	**24**	**1935**	乙亥	1月蔣中正任中央陸軍大學校長 4日日本關東軍會議扶植能夠「忠實貫澈日本要求的誠實的政權」 15~17日中共中央政治局在貴州遵義召開「**遵義會議**」由毛澤東、周恩來、王稼祥「三人團」全權指揮軍事,確立毛澤東在中共中央的地位. 台灣呂赫若發表處女作「牛車」 19日中共紅軍在危急情況下,迅速離開遵義,移師北上. 26日國民政府開會研商討論編製簡體字譜,及注音符號排列問題. 2.5.~13.中共要以「小遊擊隊形式有計劃的分散行動,環境有利則集合起來,不利又分散下去」「靈活機動,伏擊、襲擊,出奇制勝,是遊擊戰爭的基本原則」 國民軍在福建長汀縣戰役中,中共何叔衡突圍中戰死,瞿秋白被俘,6月18日就義. 3.22.偽滿州國在長春成立「大陸科學院」日本直木倫郎為院長. 臺灣極為艱難險阻的〔南投合歡山嶺穿越道路〕完工 蔣經國與白俄羅斯人芳娜(Faina)結婚,是年底蔣孝文出生,繼生孝武、孝勇、孝剛 23日蘇日簽訂「中東鐵路出讓合同」我國提出嚴重抗議. 4.1.「中國農民銀行」成立 21日台灣新竹、台中州發生大地震,受災人數高達35萬人. 22日國民政府公布「學位授予法」規定學位分「學士、碩士、博士」 「國防設計委員會」易名「資源委員會」蔣中正兼任委員長,翁文灝任秘書長,錢昌照任副秘書長,負責資源調查、開發和動員、重工業建設. 美國經濟考察團抵達上海 中英合組滇緬勘界委員會 5月中共湘鄂贛省委派李明秋、袁仲賢到湖南長沙銅官建立「中共湘江特委」 中共中央決定以中共河北省委為基礎,建立中共中央北方局. 4日上海「新生週刊」發表「閑話皇帝」被日本指為「侮辱天皇妨害邦交」 14日台灣成立「熱帶產業調查會」 29日日本藉口河北事件,向我國提出自河北撤軍等無理要求. 31日「中國博物館協會」在北京景山公園綺望樓成立,故宮博物院長馬衡為會長. 日本提出華北統治權,調動大批日軍入關,以武力要挾.簽訂「何梅協定」. 日本又策動「華北五省自治運動」在平津一帶進行軍事演習挑釁,政府委曲求全,指派宋元等籌設「冀察務委委員會」以滿足日本「華北政權特殊化」的要求. 6.5.日本四名特務在察哈爾省張北縣(今河北)被扣留,不久即行釋放.日本藉此逼迫中國達成「秦土協定」 10日國民政府頒布「申儆國民對於友邦務敦睦誼令」 27日秦德純與日本土肥原賢二簽訂「秦土協定」國民黨同意從察哈爾省撤退中國駐軍和國民黨部,解散抗日機關團體,「招聘」日人為軍事政治顧問 行政院修正通過「義務教育暫行辦法大綱」達成四年義務教育 7.6.日本藉口天津兩報人被暗殺,日駐華北司令梅津美治郎向華北軍政負責人何應欽提出「覺書」要求中國撤出華北黨部及軍隊.何應欽與日本梅津美治郎簽訂「何梅協定」取消北平、天津國民黨部,撤退軍隊,禁止全國抗日活動. 21日中共中央政治局在蘆花(今黑水城)召開會議,批評張國燾的錯誤. 中共中央長征到達陝北,多與中央取得連系須要大量幹部,1936.4.北方局決定,要被國民黨關押的一批共產黨員履行敵人規定的手續出獄.劉少奇上報中央.,6月中共中央批准,北方局營救大批黨的領導骨幹出獄,派往山西、河北、北平、天津等地領導革命鬥爭,加強貢獻中國革命和建設事業 中華民族革命同盟李濟深、陳銘樞、蔡廷鍇等在香港成立「抗日反蔣團體」以爭取民族獨立,樹立人民政權 25~27日「中國數學會」在上海成立.

中華民國		紀元	干支	紀　　要
元 首	年號			
蔣中正	**24**	**1935**	乙亥	8.1.中共草擬「中國蘇維埃政府、中國共產黨中央為抗日救國告全國同胞書」(即八一宣言)10.1.在法國巴黎出版的「救國報」上發表. 共產國際第七次代表大會在莫斯科召開. 薄一波在黨組織的營救下出獄,接受閻錫山邀請到山西太原做公開合法工作,擴大組織,成立「山西工作委員會」薄一波任書記,又派朱蘊山以中華民族革命同盟華北辦事處主任的身份與閻錫山會談建立關係. 旋中共又派張友漁、張經武赴綏遠,會見綏遠主席兼第 35 軍軍長傅作義,支持並推動該部抗日.以後連續有山東的韓復榘,四川的劉湘,廣東的陳濟棠,廣西的李宗仁、白崇禧,雲南的龍雲等地方實力派,也直接或間接地同中共中央或北方局有聯系,表示願意與共產黨聯合抗日,建立了關係. 朝鮮的共產主義者金日成、崔庸健、金策等,在九一八事變後即參加了中國一些地區的抗日救亡鬥爭. 17 日日本批准滿洲鐵在天津設立「興中公司」是日本壟斷華北地區經濟組織. 20 日中共召開「毛儿蓋沙窩會議」「兩河口會議」張國燾堅持紅軍應向川康發展的主張.毛澤東指出張國燾的意見是危險的退卻方針,重申北上抗日,創建陝甘革命根據地. 21 日中華民國國民政府公布第一批簡化字表 324 個漢字.9 月 3 日通令各省遵行. 9.7.「中央研究院評議會」成立,在南京召開第一次會議. 9 日中共張國燾拒絕執行中央北上方針 12 日中共中央政治局在甘肅省蘇俄邊界(今高吉)召開擴大會議,通過關於張國燾錯誤的決定.指出張國燾反對中央北上的戰略方針,堅持向川康藏邊境退卻的方針是錯誤的. 中共張國燾堅持南下同中央分道楊鑣後,中共中央在北上途中致電張國燾,命令他改變南下方針. 日本策劃華北「五省自治運動」 20 日「中國法學會」成立蔣中正為名譽會長,居正為理事長. 10.1.「中央信託局」成立,經營保險、儲蓄、和各種信託業務. 5 日張國燾公然在四川省理番縣卓木碉(今馬爾康縣足木腳)另立黨的「中央」、「中央政府」、「中央軍委」、「團中央」,宣佈「毛澤東、周恩來、博古、洛甫應撤銷工作,開除中央委員及黨籍,並下令通緝」 毛澤東至陝北與劉子丹、徐海東會合. 10 日台灣舉辦「施政四十年紀念博覽會」 11 月 28 日閉幕 22 日中共政治局會議,以保衛和擴大西北根據地,以陝、甘、晉三省為主要發展區域 日本外相廣田弘毅發表「廣田三原則」 (1) 中日親善,中國應取消一切抗日行為. (2) 經濟合作,工業日本,農業中國. (3) 中、日、滿共同防共,日軍得駐屯中國境內. 張學良部隊與紅軍發生戰爭 25 日台灣南迴公路竣工 11.1.北平天津廣大青年學生自治會發表「為抗日救國爭自由宣言」 3 日中共成立「中國工農紅軍西北革命軍事委員會」 4 日中華民國國民政府實施新貨幣政策,採行法幣,禁用銀幣,統一全國幣制. 汪精衛(兆銘)遇刺受傷 7 日中共中央機關到達陝甘根據地的中心安定縣(今子長縣)瓦窯堡.隨後即釋放糾正陝北肅反中的錯誤被捕的劉志丹、高崗.等一大批被錯誤拘捕的幹部,挽救了陝北的黨、紅軍、和革命根據地. 12 日中華民國第五次全國代表大會在南京召開

中華民國		紀元	干支	紀要
元首	年號			
蔣中正	**24**	**1935**	乙亥	13 日孫傳芳(1885.4.~1935.11.13.)被人刺殺去世,字馨遠,山東歷城人,北洋直系軍閥首領.1904 年畢業于北軍速成學堂步兵科,曾赴日本軍校進修. 「中共中央黨校」在延安建立.　發布「為日本帝國主義併吞華北及蔣介石出賣華北宣言」　中共紅二、紅六軍團從湖南桑植劉家坪地區出發開始戰略轉移,1936.1.中旬進入東石阡、鎮原、黃平地區. 18 日日本提出「廣田三原則」 22 日台灣歷史上舉行第一次地方(市、街、莊)議員選舉 25 日日本扶植漢奸殷汝耕在河北通縣成立「冀東防共自治政府」,割裂河北省政權,使成為日本的附庸. 28 日中共發表「中華蘇維埃共和國中央政府、中國工農紅軍革命軍事委員會抗日救國宣言」 12.5.美國務卿赫爾發表華北問題應遵守九國公約宣言. 張國燾要求中共中央「不得再冒黨中央名義」只能稱北方局,中華蘇維埃共和國中央政府、紅一軍也只能稱陝甘政府和北路軍. 6 日北平 15 所大中學校學生自治會發表「北平各校通電」譴責國民黨政府自九一八事變以來的妥協退讓政策,痛陳今日之中國「強敵已入腹心,偷息絕可得」、「今日而欲求生路,唯有動員全國抵抗之一途」 9 日北平學生發起「一二九運動」請願抗日愛國.沈鈞儒、章乃器等組織「抗日救國會」維護領土和主權 10 日北平各校學生宣佈實行全市總罷課 12 日沈鈞儒、馬相伯、鄒韜奮、章乃器等 280 人發表「上海文化界救國運動宣言」 16 日國民黨當局決定成立「冀察政務委員會」後,北平再次發動大規模示威遊行,國民黨當局被迫宣佈冀察政務委員會延期成立. 20 日中共共青團號召廣大青年:「把反日救國運動擴大起來，到工人中去，到農民中去,到商民中去,到軍隊中去.」 17~25 日中共中央在陝西安定縣(今子長)瓦窯堡召開政治局會議(瓦窯堡會議)通過毛澤東「論反對日本帝國主義的策略」「統一戰綫的最高組織形式是國防政府和抗日聯軍」強調「黨的領導權的取得,單靠工人階級中的活動是不夠的,共產黨員必須在農村中、兵士中、貧民中、小資產階級、與智識分子中,以致一切革命同盟者中,進行自己的活動.為這些群眾的切身利益而鬥爭,最大多數人民的利益的代表者,是全民族的代表者」 18 日閻錫山、馮玉祥分任軍事委員會副委員長. 27 日上海文化界救國會成立 蔣中正任行政院院長,將南京政府中的親日派骨幹大部分解職. 中共在瓦窯堡召開中央政治局會議以堅決的民族戰爭反日本帝國主義進攻中國,把國內戰爭同民族戰爭給合起來. 28 日「台灣新文學」雜誌創刊,日本禁止漢文新聞與刊物,1937 年 6 月 15 日被迫停刊 29 日中共中央政治局會議,劉少奇到華北主持工作,加強對反日學生運動及遊擊戰爭的領導,運用統一,戰綫策略,鞏固黨的秘密組織與公開工作結合.. 1935.12~1936 年夏,中共中央先後派汪鋒、張文彬、王世英、王炳南等人到楊虎城處商談聯合日本問題.楊虎城表示贊成互不侵犯,取消經濟封鎖,建立軍事聯絡,聯合抗日等主張,並同意張文彬作為紅軍代表駐西安. 國民黨先後在上海、南京、莫斯科秘密同中國共產黨人接觸. 1935.12.17.中國共產黨瓦窯堡會議確立了抗日民族統一戰線政策。 張聞天任中國共產黨總書記(1935~1937) 夏鼐等發掘殷墟 日本東亞考古學會在熱河赤峰紅山後發現新石器時代遺址,被命名為「紅山文化」

中華民國		紀元	干支	紀　　　　要
元 首	年號			
蔣中正	**24**	**1935**	乙亥	第十四世達賴喇嘛(1935.7.6.-)清海同仁縣人獲諾貝爾和平獎. 李敖(1935.4.25.~)哈爾濱人,台灣大學歷史系畢業,歷史學家,小說家,政論家,頭腦清晰,反應靈敏,能言善辯,社會評價不一.其著作著重歷史與人物評論.

中華民國		紀元	干支	紀要
元首	年號			
蔣中正	**25**	**1936**	丙子	1月國民政頒授蔣中正主席「一等大綬雲麾勳章」 1日「台灣新文學雜誌」創刊,由楊逵、楊愚負擯編輯 毛澤東、周恩來、彭德懷等聯名發出《紅軍為願意同東北軍聯合抗日致東北軍全體將士書》致書東北軍將領,希望共同協商,聯合抗日. 5日丁文江(1887.4.13~1936.1.5.)去世,字在君,江蘇泰興人,中國地質專家. 19日中共派李克農赴洛川,先後同東北軍67軍軍長王以哲和張學良會談. 20日國民政府公布「中醫條例」 21日日本外相廣田弘毅提出對華「三原則」並云中國政府對此業已「充分諒解」 (1) 中、日兩國積極親善提攜 (2) 中國承認「滿洲國」 (3) 中、日共同防共 22日中國外交部聲明否認曾接受「廣田三原則」 國民政府主席蔣中正與蘇聯駐華大使鮑格莫洛夫舉行會談,指稱紅軍承認中央政府的威望,服從中央命令指揮,保持當時軍隊編制參加抗日戰爭的條件下,可同共產黨談判. 中共政治局作出「中英關於張國燾同志成立第二「中央」的決定」責令立即取消他所立的「中央」、「中央政府」、「中央軍委」和「團中央」停止一切反黨活動,並決定在黨內公佈俄界會議通過的「中央關於張國燾同志的錯誤的決定.」 25日紅軍將領致書東北軍將領,希望共同協商,共同抗日. 28日上海各界救國聯合會成立,以沈鈞儒、章乃器、李公樸、陶行知、鄒韜奮、沙千里、王造時、史良等為執行委員,沈鈞儒為主席,組成執行委員會,統一領導上海的抗日救亡運動. 根據中共駐共產國際代表團的指示,撤銷中共滿州省委,成立南滿、東滿(後未正式成立)、吉東、松江(後成立是北滿臨時省委)四個省委和哈爾特委.失去了統一領導,不可避免給東北地區的抗日鬥爭帶來一些消極影響. 國民政府為清理舊公債,發行統一公債,以新債券調換舊債券,共發行14.6億元,年息6厘,還本期12~24年不等. 同年又發行「復興公債」3.4億元. 梁啟超「飲冰合集」40冊,由中華書局出版 2.1.中共在北平成立「中華民族解放先鋒隊(簡稱民先隊)」 中央紅軍開始東征抗日。在東北軍剿共與紅軍東征的戰役中，中國共產黨對東北軍被俘官兵進行了抗日教育，並予以釋放。 中共劉少奇抵達天津,強調要轉變黨在國民黨統治區內不適應抗戰需要的工作路綫,準備自己、準備群眾,為保衛平津、保衛華北而戰.聯合華北一切可能抗日的黨派、階層,建立抗日民族統一戰綫. 2日國民政府頒布「維持治 安緊急辦法」 10日中共駐國際代表團提出「為建立東北抗日聯軍總司令部草案」 20日中共以楊靖宇、王德泰、趙尚志、周保中等、和湯原遊擊隊,海倫遊擊隊的名義發表「東北抗日聯軍統一軍隊建制宣言」 中共抗日先鋒軍衝破閻錫山部隊防綫,渡過黃河. 中共秘密黨員董健吾(化名周繼吾)受宋慶齡派遣,與張子華到達陝西瓦窯堡,向中共遞交信訊,匯報情況. 26日東京少壯軍人暴動,戕殺藏相高橋是清等,襲擊首相岡田啓介官邸,軍部控制了中央政權,使中日關係更形複雜. 29日頒佈「兵役法」 國民政府成立「中央廣播事業指導委員會」

中華民國		紀元	干支	紀要
元 首	年號			
蔣中正	**25**	**1936**	丙子	蔣委員長發表〔敵呼？友呼？〕一文，勸告日本政府要平心靜氣，重視中日兩國〔兄弟之邦〕的友誼；如果逼得太甚，中國必將奮起而戰，必致於〔兩敗俱傷〕者，結果，〔坐收漁人之利〕者，必大有人在(意指蘇俄及國際共產黨)． 無奈日本執迷不悟，侵略野心愈厲，我國人民反日情緒愈熾，中共鼓燥群眾氣勢愈烈，而導致七七抗戰，形成中共假〔抗日〕之名，行〔內亂〕之實·． 3 月國民政府資源委員會製定「重工業五年建設計劃」興建冶金、化工、燃料、機械等企業. 4 日毛澤東、張聞天、彭德懷,提出同國民黨談判五點意見,希望儘速磋商： 1. 停止一切內戰,全國武裝不分紅白,一致抗日. 2. 組織國防政府與抗日聯軍. 3. 容許全國主力紅軍迅速集中河北,首先抵禦日寇邁進. 4. 釋放政治犯,容許政治自由. 5. 內政與經濟上實行初步與必要的改革. 劉長勝帶著共產國際七大決議、和「八一宣言」等文件,從蘇聯回到陝北 8~27 日中共晉西會議,專門討論同南京政府談判各項問題 12 日日、外蒙、與蘇聯訂互助協定 31 日中共紅 28 軍渡過黃河參戰 北平學聯黨團為悼念因參加抗日救亡運動被逮捕並折磨致死的愛國學生,舉行「抬棺遊行」遭到軍警鎮壓. 4 月張學良開始和中國共產黨秘密接觸。 5 日 劉少奇寫「論北平學生紀念郭清烈士的行動－給北平同志的一封信」 北平學聯發出「致宋哲元將軍的一封公開信」希望宋哲元支持學生愛國行動,合作抗日.學生們還與留駐華北的東北軍進行座談、聯歡等活動. 9 日 張學良飛延安會見周恩來,同行的有王以哲、劉鼎.舉行聯合抗日救國會談。雙方協議:「互不侵犯,互派代表,結成抗日同盟」. 周恩來謂: 中共願擁戴張學良領導反蔣抗日,可獲得蘇聯援助. 張學良則主張擁蔣抗日,要求中共取消紅軍名稱,納編國軍編制,共軍不得在軍中宣傳,停止一切鬥爭活動.不反抗政府,和攻擊領袖(蔣中正),政府可予中共活動自由,待抗日勝利後,承認中共為合法政黨. 周恩來同意聯蔣抗日,紅軍即可向後撤退. 張學良謂: 如實現諾言,可給予接濟(後贈送紅軍 50 萬元抗日經費). 毛澤東、彭德懷提出目前不應發布討蔣令,我們的旗幟是為討日,在停止內戰旗幟,實行一致抗日. 19 日「中國心理衛生協會」在南京中央大學成立. 29 日清華大學建造的直徑 5 英尺的風洞,正式運轉,同年又完成 15 英尺風洞設計. 5.5.公佈〔中華民國憲法草案〕史稱「五五憲草」 毛澤東、朱德發出「停戰議和一致抗日通電」不再稱蔣介石為賣國賊. 中共紅 28 軍軍長劉志丹作戰殉職犧牲. 12 日粵漢鐵路完成通車

中華民國		紀元	干支	紀　要
元 首	年號			
蔣中正	**25**	**1936**	丙子	毛澤東在陝北延川賈家坪召集軍事會議,討論與張學良合作事宜. 上海成立「全國學生救國聯合會」 胡漢民腦溢血逝世 (1879~1936.5.12.)字展堂,廣東廣州人.1911 年 11 月宣布「廣東獨立」被推為廣東都督.1912.1.任南京臨時政府總統府秘書長,後追隨孫中山參討袁護法運動,1924.1.在國民大會被選為中央執行委員,為國民黨右派.1925.8.月涉嫌暗殺廖仲愷案,而被迫出使蘇聯.1927 年南京政府成立,出任主席.其與蔣中正長期對立,胡漢民是兩廣地方反蔣派系首領之一. 15 日日本對宋哲元步步進逼,在華北大規增兵,第五師團河邊旅團部在北平設立.日軍在北平天津連續演習,飛機任意飛行.北平學生向宋哲元第 29 軍請願,宋哲元亦準備強硬對付日本,與日軍在大沽口衝突.東京聲言,中國如忽視日本的特殊地位,對華北將益更加嚴厲. 宋哲元第 29 軍亦大舉演習,穿過北平市區,各大學學生贈送大批慰問品. 18 日中成立「貨幣協定」 25 日中共中央發表「為創立全國各黨各派的抗日人民陣綫宣言」 中共御用之下所操縱之〔上海抗日救國大同盟〕發表宣言，提出〔停止內戰，一致抗日〕〔中國人不打中國人〕等口號·貌似愛國，而實際則為共產黨作掩護的曖昧團體 中共從瓦窯堡移駐保安. 27 日中共湖南工作委員會和湘、贛遊擊隊在湖南安仁潭灣召開聯席會議,成立「湘南軍政委員會和新的湘南特委,徐克全任軍政委員會主席,周禮任湘南特委書記」湘南遊擊大隊與湘贛遊擊隊合編為一個支隊,兩個大隊,安仁為第二大隊. 中共駐共產國際代表團潘漢年回國,擔任國共兩黨秘密談判聯絡代表. 30 日上海學生救國會發表宣言「擁護張學良停止剿共主張」 31 日全國各界救國聯合會在上海成立. 楊虎城與中共代表王世英達成互不侵犯,共同抗日的四項協定. 中共派遣幹部到張、楊部隊做工作,使紅軍、東北軍、十七路軍形成「三位一體」 6.1.6 爆發「六一事變」(亦稱兩廣事變)陳濟棠、李宗仁、白崇禧為桂系領導人,在廣州召開會議,以抗日為名,實際倒蔣,發表通電,呈請國民政府及中央黨部,通電全國,籲請國民政府領導抗日.成立「軍事委員會」和「抗日救國軍」宣佈要北上抗日反蔣,無疾而終.陳濟棠飛南昌投效中央,第一軍長餘漢謀在大庚嶺宣佈投順中央.香翰屏在潮州封金印,反對陳濟棠,陳乃跨台,而桂系李白二人仍控制廣西,盤據反抗.抗日戰爭興起,白崇禧立刻飛抵南京,效忠蔣委員長.李宗仁任第五戰區司令長官,白崇禧任軍委會副參謀總長,兼軍訓部部長,抗戰勝利,為第一任國防部長,他推荐建議劉斐(為章)為作戰次長, (劉為中共潛伏地下黨員),爾後劉斐投共,白崇禧負保薦不實責任,中央予以記過處分. 2 日陳濟棠、李宗仁致電南京中國國民黨中央執行委員會，請求准許粵桂部隊北上，聯合抗日。 20 日中共制定「關於東北軍工作的指導原則」 中共派鄧發赴新疆與新疆盛世才聯系, 中共展開對國民黨軍第 84 師師長高桂滋工作,毛澤東、周恩來、彭德懷寫信贊揚並提出雙方八項要求. 美國記者埃加、斯諾訪問陝北革命根據地.撰寫「紅照耀中國」 22 日陳濟棠等組國民革命抗日救國軍,為余漢謀等反對,爭端方息 7.4. 廣西空軍司令黃光銳率飛行員四十餘人,分駕數十架飛機投靠中央. 10 日國民黨召開五屆二中全會,蔣中正主席表示「對外交所抱的最低限度,就是保持領土、主權的完整」議組「國防會議」 中共紅二、紅四方面軍從甘孜出發,經阿埧、包座等地,越過雪山草地,

中華民國		紀元	干支	紀要
元首	年號			
蔣中正	**25**	**1936**	丙子	13日「李宗仁回憶錄」南京軍委會免除陳濟棠本兼各職,遺缺由余漢謀升任.中央聲明廣西維持現狀,李宗仁、白宗禧分任廣西正副綏靖主任. 李電中央表示願意就職. 孰知中央突然電令白崇禧立刻出洋考察,李宗仁調往中樞軍委會任職.這突然轉變,深感詫異.覆電「殊難遵命」.不久又覆電,改任白宗禧為浙江省主席,李宗仁為軍事委員會常務委員,桂局善後則由黃紹竑出任廣西綏靖主任,負責處理.均未能被接受. 蔣委員長以違命,乃命顧祝同、陳誠、何健等大軍向桂林進逼,劍拔弩張,在馮玉祥緩頰下,蔣決定採取和平解決方針,收回成命,各路大軍同時撤圍.九月中旬飛廣州,電召謁見,大家寒暄,言歸於好,共赴國難. 18日陳濟棠拂曉離穗去香港. 8月中國共產黨決定改『反蔣抗日』的方針為『逼蔣抗日』。 5日中共給北方局及河北省委的指示,對北方局的工作給予充分肯定.顧及全國在 學生軍隊農民等群眾,且能顧及到上海、西南、武漢等地黨的建立,均有較好的成績. 國民政府對中共提出新的四個條件： 1. 軍隊統一編制統一指揮,取消工農紅軍名 2. 政權統一,取消蘇維埃政府名義 3. 容納各派,集中全國人才. 4. 中共停止沒收地主土地政策 5. 日共軍騷擾川甘省各地 15日共產國際執委會書記處致電中共「我們認為,把蔣介石和日本侵略者相提並論是不對的.這個觀點在政治上是錯誤的.因為日本帝國主義是中國的主要敵人.在現階段一切都應服從於對日本帝主義的鬥爭,要真正武裝抗日還必須有蔣介石或他的絕大部分軍隊參加」為,此,應採取的方針是「停止紅軍與蔣介石軍隊間的軍事行動,同蔣軍達成聯合抗擊日本侵略者的具體協議,中國共產黨和紅軍首長必須正式向國民黨和蔣介石提出立即開始停戰談和簽訂共同對日作戰協定;的建議」 18日蔣委員長接見日使川越 22日國民政府軍事委員會收編中共軍隊為國民革命軍第八路軍. 日本指使在內蒙古製造的傀儡軍政府先後出兵進攻綏東和綏北地區,傅作義軍抵抗擊潰日、偽軍進犯,收復百靈廟和大廟等地,對抗日給予鼓舞. 25日中共函「中國國民黨中央委會」在抗日的大目標下,國共兩黨實行第二次合作強調「只有國共的合作,及同全國各黨各派各界的總合作才能真正的救亡圖存.」 29日得知國民黨特務逮捕中共秘書、東大學生代表、中共地下黨員宋黎和馬紹周、關沛蒼，張學良命譚海率衛隊營包圍和查抄陝西省黨部，即所謂「艷晚事件」。 9月日本大使川越茂與張群三次談判,日本要求共同防共、華北五省自治、國民政府須儘量聘用日本顧問,在中國全境實行經濟提攜,減低關稅,徹底取締排日,張群拒談. 中國共產黨與東北軍正式簽訂《抗日救國協定》雙方正式結束敵對狀態。 中共紅二、紅四方面軍到達甘肅南部. 2日「蔣桂議和」居正、程潛、朱培德攜帶蔣中正親筆信函飛往南寧,與李宗仁、白崇禧等人和談達成協議,「相見以誠,和衷共濟,共同抗日.」 日本駐小林躋造就任第十七任台灣總督 中共在香港成立「中共南方臨時工作委員會」 中共設立「上海臨時工作委員會」潘漢年任主任,馮雪峰為副主任. 毛澤東分別致函宋慶齡、蔡元培、邵力子、李濟深、李宗仁、白崇禧、蔣光鼐、蔡廷鍇等,請他們閱覽中國共產黨致國民黨的信,並希望他們利用各自的資望和地位,積極響應和推動統一戰綫的組織.

中華民國		紀元	干支	紀要
元首	年號			
蔣中正	**25**	**1936**	丙子	周恩來也先後致書蔣介石、陳立夫、陳果夫、曾養甫、胡宗南、陳誠、湯恩伯等,反復陳述「大敵當前,極應團結禦侮」希望蔣介石等「從過去之誤國政策抽身而出,進入于重新合作共同抗日之域.」 22 日中共發表「共赴國難宣言」向全國提出願意為實現三民主義而奮鬥. 中共中央派彭雪楓赴蘭州,攜帶毛澤東給國民黨甘肅省政府主席、東北軍第 51 軍軍長於學忠親筆信,雙方立即達成停戰,聯合抗日救國的願望. 彭德懷派朱瑞與東北軍騎兵第 6 師達成互不侵犯協議,而且發布給寧夏當局馬鴻逵、　馬鴻賓的停止內戰,共同抗日的提議書 中華蘇維埃共和國中央政府發表「對哥老會宣言」 22 日中共發表「共赴國難宣言」向全國提出願意為實現三民主義而奮鬥. 中共中央派彭雪楓赴蘭州,攜帶毛澤東給國民黨甘肅省政府主席、東北軍第 51 軍軍長於學忠親筆信,雙方立即達成停戰,聯合抗日救國的願望. 彭德懷派朱瑞與東北軍騎兵第 6 師達成互不侵犯協議,而且發布給寧夏當局馬鴻逵、馬鴻賓的停止內戰,共同抗日的提議書 中華蘇維埃共和國中央政府發表「對哥老會宣言」 23 日毛澤東致書蔡元培,請勸南京當局停止內戰,並附函致候宋慶齡、汪兆銘、胡適等人 25 日蔣委員長指示何應欽,謂日本陰謀與中國一戰,應速籌謀具體方案 10 月戴笠偵悉張學良有收容反動政客,縱任〔救國聯合會〕對學校及軍隊煽感鼓動，聯絡中共，欲以反日人民陣線領袖自居，以及東北軍 105 師師長張廷樞失踪,107 師通匪,楊虎城之 85 師 500 團放棄瓦窰堡等情報,密報蔣委員長,慎重考慮西安行. 8 日蔣委員長告日本駐華大使川越茂,「一切問題須以絕對平等及互尊領土主權與行政之完整為原則,從容協商」 22 日蔣介石委員長由南京飛抵西安,嚴令張學良、楊虎城進剿紅軍。張學良當面表示應聯共抗日,並提出一致停止內戰,一致抗日的要求,即遭蔣訓斥。 蔣隨將 30 個師調到鄭州為中心的平漢、隴海鐵路沿線,準備政打陝甘,挑起內戰 23 日日本駐屯軍司令田代皖一郎向宋哲元發出最後通牒「華北自治,中日經濟提攜」南京堅持不可. 29 日張學良飛洛陽為蔣介石祝壽，勸蔣聯共抗日，遭蔣怒斥。 11.23.國民政府逮捕「抗日救國聯合會」沈鈞儒、鄒韜奮、李公僕、王造時、章乃器、沙千里、史良等七人.史稱「七君子事件」至翌年 7 月才獲出獄. 德國與日本簽訂「反共產國際協定」 蔣經國申請加入蘇聯共產黨 國民政府決定移駐重慶,決心長期抗日. 27 日張學良上書蔣介石委員長，請纓抗戰，遭蔣嚴詞拒絕。 12.1.毛澤東、朱德、周恩來、張國燾等 19 人聯名寫信給蔣中正委員長,請當機立斷,要求允許中共參與救國共同抗日,化敵為友. 2 日張學良飛抵洛陽晉見蔣委員長，要求釋放抗日救國會「七君子」。 3 日張學良來洛陽,懇請蔣委員長去西安. 4 日蔣不顧左右勸阻去西安,向張學良、楊虎城提出兩個方案, (一)東北軍及楊虎城軍全部開往前線剿共. (二)分別調赴福建、安徽. 但都非張、楊所願,意. 5 日「台灣拓殖株式會社」正式開業 7 日張學良到華清池晉見蔣介石，陳訴停止剿共,一致抗日,再三苦諫,聲淚俱下,然而蔣介石嚴詞申斥,並怒拍桌子說「現在你就是拿槍把我打死我,我的剿共計劃也不能改變」在此情況下,張、楊別無其他選擇,是晚不得已密商「兵諫」

中華民國		紀元	干支	紀　　　　要
元 首	年號			
蔣中正	**25**	**1936**	丙子	9 日蔣中正再勉張學良部屬將領,謂剿共已至最後五分鐘階段. 當天西安學生遊行請願,中共組織大規模群眾遊行示威,紀念「一二·九」運動一周年。混亂中,特務軍警開槍打傷一名小學生,群眾非常激憤,決定到臨潼直接向蔣介石請願示威。 蔣介石聞訊,責令張學良制止學生運動,必要時可強行鎮壓開槍。 張學良接到命令,立即趕去與遊行隊伍協商,力勸學生回去。 東北大學學生高呼「中國人不打中國人！」「東北軍打回老家去，收復東北失地！」等口號。張學良見愛國學生,群情激憤,淚動表示「一星期內以實際行動答覆學生要求」。 10 日蔣介石委員長召開中央將領會議,正式通過發動第六次「剿共」計劃· 11 日晚上蔣委員長邀請張學良、楊虎城、蔣鼎文、陳誠、朱紹良等晚宴，席間，蔣宣佈蔣鼎文為西北剿匪軍前敵總司令,衛立煌為晉陜綏寧四省邊區總指揮等將領任命書。 是時,外面謠傳張學良將被罷絀,東北軍將進行改編. 同日夜張學良又再三番兩次向蔣委員長苦言進諫,遭蔣訓斥為「犯上作亂」兩人大吵一陣,爭持不下. 張、楊深感非實行「兵諫」事不可成,乃命令東北軍與第十七路軍分工合作執行任務,劉多荃負責指揮,白鳳翔、劉桂五、孫銘九等人執行搜捕領袖. 對隨扈工作人員住西安城內者,由十七路軍趙壽山指揮,宋文梅、孔從周、王勁哉等人負責包圍西京招待所、政府憲兵團、以及警察等機關. 當時蔣介石住在臨潼,隨行人員邵元沖、陳誠等二十餘人,住在西安城內京招待所,隨侍警衛中央憲兵團、和警察特勤人員住在城內. 12 月 12 日 05:30.拂曉,張學良部隊圍攻蔣的駐地臨潼,華清池四面槍響,蔣委員長爬越十英尺高牆,躲入附近山谷岩隙,翻越圍牆翻滾跌進溝壑中,背脊椎受到嚴重創傷,假牙掉落,被孫銘九等人搜獲劫持.當時天氣奇寒,蔣全身顫抖,憤怒大聲嚷喊「把我打死,一了百了吧!」孫銘九背負蔣下山,由一輛轎車接送至西安城內. 隨行 30 名侍衛全遭到槍殺,隨蔣來西安藍衣社人員及隨行親信幕僚、與西安中央高級文武官員十餘人,悉被拘留軟禁.50 架飛機和飛行員被接管扣留.邵元沖在逃竄時,被流彈射傷,流血過多致死.陳誠躲在貨物箱裡也被搜尋出來. 張學良、楊虎城等 18 位高級將領隨即連署發表「對時局通電」宣佈八項主張: (1) 改組南京政府,容納各黨各派. (2) 停止一切內戰 (3) 立即釋放上海被捕愛國領袖　　] (4) 釋放一切政治犯 (5) 開放民眾愛國運動 (6) 保障人民集會結社之政治自由 (7) 確實遵行孫總理遺囑 (8) 立即召開救國會議 事變當天,張學良同時致電蔣宋美齡夫人,及行政院副院長孔祥熙,聲稱「暫時請蔣委員長留駐西安,促其反省,決不會加以傷害」事變爆發後,張學良當夜也電告中共毛澤東和周恩來立獲復電,表示擬派周恩來前往西安商量大計. 「西安事變」發生後, 南京營求蔣委員長意見不一: 一.　主張討伐的以戴傳賢為最力, 二.　主張疏導和平解決的有孔祥熙、宋子文、陳果夫、陳立夫等人, 三.　主張軍事用兵者為何應欽等軍人部屬.

中華民國		紀元	干支	紀　要
元首	年號			
蔣中正	**25**	**1936**	丙子	四. 中央則一面央人渦漩,一面作軍事佈署.一面請張學良前任顧問澳洲人端納(W.H.Donald)飛西安渦漩勸說 13 日陳果夫請潘漢年轉告共產國際,如蔣不幸,中國失去領導,嚴重性極大. 另懷疑事變為蘇聯與中共共同策劃,電駐俄大使蔣廷黻,命其提出抗議. 中共中央舉行政治局常委擴大會議,討論西安事變問題. 14 日陳立夫再晤潘漢年,希望周恩來調解,設法救蔣. 蘇俄史大林電報由宋慶齡自上海轉到延安,中共的態度隨之改變,立即通知前去西安的周恩來. 彭德懷、任弼時認為應迅速停止內戰,發動抗日戰爭,爭取綏遠與傅作義 15 日楊虎城將蔣恭迎至自己住宅附近,詳為說明抗日計劃,蔣責張、楊魯莽. 中共紅軍將領聯名發表「關于西安事變致國民黨國民政府電」支持張學良、楊虎城提出的八項主張,反對親日派借機「討伐張楊」發動大規模內戰. 16 日張學良對西安市民大會發表演講,主張在蔣委員長領導下各黨派從事救國運動. 是日晚周恩來抵西安,張學良完全瞭解中共、蘇俄的主張. 毛澤東致電閻錫山,提出「時局應和平解決,萬不宜再起內戰」一宿返回南京 17 日周恩來隨張學良見蔣,態度謙恭誠懇,聲言中共決無不利於蔣意圖,希望大家化除成見,團結禦侮,擁蔣為全國領袖.蔣靜心細聽,認為和自己的希望符合,即親函令討逆軍總司令何應欽停止行動. 18 日周恩來提解決西安事變五項條件： 1. 召開抗日救國代表大會 2. 停止內戰,一致抗日 3. 展開人民抗日救國運動. 4. 釋放一切政治犯,實現孫中山先生的三大政策. 5. 自陝甘撤退「中央軍」援助晉綏抗日前綫,承認紅軍和西安方面的抗日要求. 19 日張學良電告上海倫敦「泰晤時報」記者,蔣已同意他的意見,蔣即可歸去. 中共中央召開政治局擴大會議,認為西安事變是為了要抗日救國而產生的,主張和平方式解決,反對新的內戰,中國共產黨同情張學良、楊虎城, 準備在軍事上、政治上給予積極的援助.發出「中央關于西安事變及我們的任務的指示」 20 日宋子文到西安,張學良要求先實行一二事,蔣仍不允,宋子文繼續調停,復返南京. 21 日根據周恩來與張學良、楊虎城商定的計劃,中共中華軍委主席團命令紅軍南下,協助東北軍和第 17 路月車抵抗南京政府軍隊的進攻. 22 日蔣宋美齡夫人、宋子文、戴笠等飛抵西安,勸蔣先設法離開西安,再言其他.戴笠則被張、楊囚禁. 23 日蔣夫人對張學良說「她願代蔣委員長承擔一切,蔣亦答應改組政府,停止剿共」 張學良與周恩來甚為滿意.最後達成六項條件： 1. 改組國民黨和國民政府,驅逐親日派,容納抗日分子. 2. 釋放上海愛國領袖,釋放一切政治犯,保證人民的自由權利. 3. 停止「剿共」政策,聯合紅軍抗日. 4. 召集各黨各派各界各軍的救國會議,決定抗日救亡方針. 5. 與同情中國抗日的國家合作. 6. 實行蔣委員長一貫之主張,及其他具體的救國辦法. 24 日周恩來向蔣夫人詳述中國革命問題及中共懷抱的煩悶.最後又說「國事如今日,捨委員長外實無第二人可為全國領導者.」「我等並非不信任蔣委員長救國之真誠,惟恨其不能迅速耳」蔣夫人稱道他頗明大義,識大體. 張學良主張立即送蔣委員長回南京,楊虎城堅決反對,張楊兩人之間忽有岐見,幾至決裂,周恩來力予勸解.

中華民國		紀元	干支	紀要
元首	年號			
蔣中正	**25**	**1936**	丙子	25 日上午蔣委員長與夫人一同接見周恩來,周再表示希望內戰停止.蔣夫人謂「中共如果有為民服務誠意,必須在政府領導下共同努力,方是正道…斷不應自相殘殺.內政問題應在政治上求解決,不應擅用武力.此為委員長一貫之主張.下午張學良護送蔣委員長離開西安飛洛陽,西安事變宣告結束,蔣委員長安全脫險. 26 日蔣委員長返抵南京,張學良隨同送行,表示一切責任由我自己一身承當. 一般評論:張學良突然隨蔣而去,胸襟坦蕩,世人至感驚愕.張學良雖未被處死罪,但判刑十年,雖即特赦,然管束軟禁數十年,來台灣數年,始獲解除禁令獲得自由,然而人已老矣. 張學良護送蔣回南京前,把東北軍的善後,託付給楊虎城和幕僚于學忠,以維護領袖形象,敦促履行抗日承諾,毅然去南京. 張學良軟禁在溪口時,寫信給楊虎城「凡利於國者,弟任何犧牲,在所不惜,盼勿專為我個人謀計」胸襟坦蕩. 27 日中共發出「中央關于蔣介石釋放的指示」繼續督促蔣介石實現承諾 28 日中共針對蔣介石 12 月 26 日發表歪曲西安事變真象的「對張楊的訓詞」發表「關　于蔣介石的聲明」批評蔣歪曲事實,要求履行諾言,如推遲諾言的實踐,則全國人民的革命浪潮勢將席捲蔣氏而去. 聯合報(101 年 5 月 12 日)副刊 D3 版史學家「西安會議記」概述： 西安事變時,中共尚在保安,而非延安,12 日晚間,消息傳來,毛澤東等人欣喜若狂.13 日下午四時,中共召開三百餘人會議,毛澤東高喊「**一九二七年四一一二事件以來.蔣介石所欠共產黨人的血債如山.現在清償的時候了.**」**接著表示「必須把蔣介石解送保安.交由人民公審,給予應得的制裁**」換言之主張「殺蔣」 12 月 14 日深夜,莫斯科共產國際電令,讓毛澤東只高興了兩天,批評中共是報復主義,內戰方針也是錯誤的. 斯大林非常明白蔣介石「不抗日」「向日本屈辱投降」,但蔣委員長必能領導中國抗日,斷不能犧牲於張、楊和中共手中,否則受害的是蘇聯.「西安事變」這是當時一般陰謀者,藉抗日之名,慫恿中國將領反對南京政府的理由.中共絕口不提,因為與它的宣傳出入太大了. 斯大林對張學良不悅,非自西安事變始,在此之前,他已否決張學良的加入共產黨,「西安叛亂」益使斯大林深信,張學良是麻煩的製造者. 中共是共國際的產兒,當時仍聽命於莫斯科,毛澤東因此只有屈從.西安事件和平收場,中共的軍事行動,以及「討論蔣介石先生的處置問題」都未派上用場,毛澤東的願望落空.由上各點可知,西安事變和平解決的關鍵人物是史大林,,而非毛澤東或周恩來,或其他人. 中共建立「廣州市委和香港工作委員會」 日本海軍陸戰隊在青島擅行登陸,我外交部提出嚴重抗議. 國民政府成立「航空委員會」〔防空總台〕陳一白為防空情報電台總台首任少將總台長,建立崇明、海州、溫州、杭州灣外桃花島、陳錢山、小洋山、大洋山十個監視台。 丁肇中(1936.1.27.-)獲諾貝爾物理獎. 李遠哲(1936.11.19.-)獲諾貝爾化學獎 方勵之(1936.2.12.-2012.4.6.)江蘇杭州人,天體物理學家,因「反對資產階級自由化」及致鄧小平公開信,呼籲請釋放民主人士魏京生,而被通緝,經美國大使協助逃亡,在美國亞利桑那州大學擔任教授.客死他鄉. 連戰(1936.8.27.-)台灣台南人,祖父連橫,父親連震東,書香子弟,美國芝加哥大學畢業,榮獲中山大學,韓國成均館大學,香港城市大學名譽博士.曾任交通部長,台灣省主席,駐薩爾瓦多大使,行政院長,中華民國副總統.,國民黨主席等職.

八年抗日戰爭

中華民國		紀元	干支	紀要
元首	年號			
蔣中正	26	**1937**	丁丑	1.1.「西安張學良事件(1936.12.12.)」政府指派任朱培德為審判長. 4 日 張學良(遼寧省台安縣人)西安事變,形成叛亂罪,被法庭判處十年徒刑,蔣中正委員長予以特赦,交軍事委員會看管,自此失去自由,形同軟禁. 分別居住溪口、貴州息烽、修文、乃至台灣 毛澤東為「西安事變」發表聲明:「要求蔣介石一改過去十年「錯誤政策」.要記得他能夠平安離開西安是共產黨(與涉及之將領)居中調停的結果.」 湖南瀏陽紅軍遊擊隊改稱「湘鄂贛人民抗日支隊」又稱新四軍第一支隊第一團,由傅秋濤、張正坤率領開赴江南抗日前綫. 5 日周恩來、楊虎城及東北軍及十七路軍高級將領,由楊虎城通電南京,抗議扣押張學良及重新挑起內戰.同時東北軍、十七路軍和紅軍組成聯軍,擬定共同作戰方案. 8 日中共中央發表「為號召和平停止內戰通電」 9 日常熟鹿苑公路段試行通車. 同日西安 10 萬軍民集會,反對內戰,呼籲和平. 為求團結,使四川劉湘、雲南龍雲、廣西白崇禧、山西閻錫山等,參加中央全會. 12 日楊虎城代表赴南京,商談善後事宜. 13 日中共中央機關由保安遷到延安 19 日共產國際就西事變指示要求改變把蔣介石與南京政府排斥在外建立統一戰線 20 日共產國際建議將蘇維埃制度改變為民主主義基礎上的人民革命制度. 21 日毛澤東、周恩來致電潘漢年,要求蔣委員長: 一. 和平解決後,不再有戰爭. 二.不執行剿共政策,保證紅軍最低限度給養. 三. 暫時容許一部分紅軍在陝南駐紮. 四. 令馬步芳停止進攻河西紅軍. 五. 親筆覆周恩來一信. 25 日毛、周再次致潘漢年,提出紅軍、地方武裝、游擊隊的伙食費、薪餉、購買費每月至少 120 萬元.二人並要求「蔣先生的手書」作為保證. 『蔣公日記』「對共匪要求規其經常經費與親筆函證,嚴斥甚妄,終止談判.」 29 日毛、周作出讓步再次致電潘漢年,電稱「為堅決贊助蔣先生方針和平解決西問題,並永遠停止內戰一致對外起見,」決放棄陝南駐兵要求,將徐海東部自商縣北撤. 『蔣公日記』「商縣之部隊如期向陝北撤退,以表示其投誠之意乎?」「對赤匪之處置應慎重考慮.彼於蘇俄既無接濟,而於主義又難實行,若其果有民族觀念,不忘為黃帝之裔,則於其窮無歸時收服之,未始非良機也.」 31 日周恩來葉劍英同東北軍及十七路軍召三方最高軍事會談,對南京採取和平方針. 「中國人民抗日軍事政治大學」在延年成立 周恩來向張聞天、毛澤東提出,承認國民黨在全國領導,但取消共產黨絕不可能,惟國民黨如能改組成民族革命聯盟性質時,則共產黨可整個加入這一聯盟. 2.1.蔣委員長決定邀周恩來於十日來杭州相見. 2 日東北少壯軍人,以張學良不能回來,遷怒東北高級將領及中共營救不力.戕殺軍長王以哲,動亂旋即枚平.中央軍入駐西安,楊虎城去職,張、楊集團解體. 西安事變事件中,邵元沖、黃乃華、蔣孝先等遇難 9 日顧祝同、張沖、賀衷寒、與中共代表周恩來、葉劍英、秦邦憲,開始在西安會談. 中共中央政治局在延安開會致電國民黨的五屆三中全會,提出四項保證: 一. 在全國範圍內停止推翻國民政府之武裝暴動方針. 二. 工農政府改名為中華民國特區政府,紅軍改名為國民革命軍,直接受南京中央政府與軍事委員會之指導. 三. 在特區政府區域內,實行普選的徹底民主制度.

中華民國		紀元	干支	紀要
元首	年號			
蔣中正	**26**	**1937**	丁丑	四. 停止沒收地主土地政策,堅決執行抗日民族統一戰線共同綱領. 國共開始分別在西安、杭州、廬山舉行雙方會談,國民黨代表有顧祝同、賀衷寒、張沖、宋子文,中共代表有周恩來、葉劍英、林伯渠、博古等人. 10 日中共致電國民黨賀西安事變和平解決,提出五點意見： (1)停止一切內戰,集中國力,一致對外. (2)保障言論、集會、結社自由,釋放一切政治犯. (3)召集各黨各派各界代表會議,集中全國人才,共同努力救國. (4)迅速完成對日抗戰準備工作. (5)改善人民生活. 同時提出四項保證： (1)停止推翻國民政府之武裝暴動方針. (2)蘇維埃政府改名為中華民國區政府,紅軍改名為國民革命軍,直接受南京政府與軍事委員會指導. (3)在特區內實施普選的民主制度 (4)停止沒收土地政策,執行抗日民族統一戰線之共同綱領 最後說：「我輩同為黃帝子孫,同為中華民族兒女,國難當前,惟有拋棄一切成見,親密合作,共同奔赴中華民族最後之偉大前程.」 蔣委員長針對中共所提四項保證、與五項要求,作出四點決定： 1. 徹底取銷其所謂「紅軍」及其他假借名義之武力. 2. 徹底取銷其所謂「蘇維埃攻府」及其他破壞統二之一切組織. 3. 根本停止其赤化宣傳. 4. 根本停止,階級鬥爭. 12 日蔣委員長宣佈開放言論,集中人才,赦免政治犯. 15~22 日國民黨五屆三中全會在南京召開提出兩大方針: 對外: 「領土主權之維護」 對內: 『和平統一,恢復孫中山的聯俄、聯共、扶助農工三大政策』聯合抗日,成立〔抗日民族統一戰線〕強調軍隊「必須統一編制,統一號令」「政權必須統一」向中共提出「取消紅軍,取消蘇維埃政府,停止赤化宣傳,停止階級鬥爭」等要求. 加強實施「國家計劃經濟」 反對汪精衛「剿共」政治決策 15 日「蔣公日記」今年之中國必須在日本偽親善及共匪假抗降之下穩定本國陣線,加強國力之充實也. 3 月 蔣委員長與美國大使會談召開太平洋各國和平會議 蔣宋美齡接受美爾斯勒大學哲學博士學位 3 日王寵惠代張群任外交部長發表談話「國家主權必須完整,國際關係必須以平等互惠為原則」 派孔祥熙為特使參加英王加冕典禮 12 日中共正式接受國民黨的「根絕赤禍」決議 18 日程潛參謀總長送呈蔣委員長發表「敵人戰略政略的實況和我軍抗戰獲勝的要道」 26 日周恩來由潘漢年陪同,到達杭州,和蔣委員長會談.周以書面向蔣提出共產黨方面承認的六項條件.如:「擁護三民主義及國民黨在中國的領導地位」「取消暴動、沒收地主土地政策、停止赤化運動」等.同時要求國民政府給予五項保證:「實現和平統一團結禦侮,停止剿共」「實現民權,釋放政治犯」「陝甘寧邊區成為整個行政區不能分割」「紅軍改編後須達四萬餘人,三個師以上必須設總部,國民黨不能派遣副佐及政訓人員等.」聲明中共擁蔣,係站在民族解放、民主自由、民生改善的共同奮鬥的綱領之上,決不能忍受投降、收編之誣蔑.

中華民國		紀元	干支	紀要
元首	年號			
蔣中正	**26**	**1937**	丁丑	蔣委員長認為中共有民族意識,革命精神,「表示共黨以寬大之意,使之知感.」 31 日中共中央政治局在延安召開擴大會議,揭發和批判張國燾事件造成的危害. 4.1.國民政府主席林森由何應欽陪同來湖南衡山南嶽遊覽. 蔣經國自蘇俄帶著俄國妻子蔣方良、及兒子蔣孝文回國.據說:蔣介石對蔣經國說了「歡迎回來,我兒,現在你必須見你的新母親」.蔣經國回答說「她不是我母親」,「希望見他真正的母親」以後蔣經國對蔣宋美齡多稱「夫人」. 日本駐台灣總督府下令「禁絕漢文」所有報章雜誌全部用日文編輯.有些仍緣用漢字的文學雜誌被迫停刊. 15 日中共發布「為鞏固國內和平,爭取民主權力,實現對日抗戰而鬥脈告全黨同志書」 25 日日本策動偽蒙進犯綏遠 「延安解放出版社」成立 1937.5.~1939.初.蔣委員長一直提議取消國民黨和共產黨,雙方共同組建一個新的政黨－國民革命同盟會. 5 月蔣中正委員長在湖南省長何健陪同下謁訪湖南衡山南嶽聖殿、祝融殿. 同日蔣宣佈解除何健湖南省長兼武裝部隊總司令職務,轉調內政部長. 3 日馮玉祥發表「實行中蘇聯盟、擴大愛國抗日運動、保障公民自由、組織並武裝民眾、立即停止『剿共』等軍等五項抗日救國綱領」 2~3 日中共召開蘇維埃區代表大會,通過毛澤東的「中國抗日民族統一戰線在目前階段的任務」報告. 1. 將國民黨一黨獨裁的政體,改變為各黨派各階級合作的民主政體. 2. 保證人民的言論、集會、結社自由. 3. 反對關門主義、冒險主義,爭取群眾建立廣泛抗日民族統一戰綫. 日軍在北寧鐵路沿綫以及豐台、蘆溝橋一帶頻繁進行實彈演習. 5.17~6.10.中共召開「中國共產黨白區工作會議」 英王加冕,,派孔祥熙赴英致賀 6 月日本近衛文磨組閣,強化戰爭體制,一昧企圖利用中國軟弱動搖,狂旺盲從以軍事短期內強佔降服整個中國. 15 日周恩來致電中共中央,報告蔣委員長在廬山的「最後表示」: 一. 成立國民革命同盟會,由蔣指定國民黨幹部若干人,共產黨推出同等數目的幹部組成,蔣為主席,有最後決定之權. 二. 兩黨一切對外行動及宣傳,統由同盟會討論決定,然後執行. 三. 同盟會在進行順利後,將來視情況許可擴大為國共兩黨分子合組之黨. 四. 同盟會在進行順利後,可代替共產黨與第三國發生關係. 「目前有關部分」紅軍可以改編為三個師,設政治訓練處指揮,陝甘寧邊區政府,由中央方面派正官長,邊區自己推舉副的,由林伯渠擔任,中共領袖須離開部隊等. 20 日蔣委員長寫下:「對共黨約束其宣傳,須根據三民主義為組織,須對團體公開,以生產、經濟、農村為對像.」 28 日日本關東軍司令部、朝鮮總督府、華駐屯軍司令部、滿鐵總裁等,在大連舉行積極侵華會議. 美國拒絕協助敉平動亂,中國轉向義大利求助,義派了 40 名飛行員,和 100 名機械師前來,教練飛行技術,設立工廠組裝飛機.中國向義大利訂購的軍機金額數百萬美元. 美國志願援華空軍陳納德將軍抵達中國 7 月廬山暑期訓練班開訓 4 日周恩來為中共中央起草「中國共產黨為公布國共合作宣言」 7 日日本在蘆溝橋附近演習,藉詞一名日本士兵失蹤尋釁,要求進宛平搜查. 夜晚 23:40 砲擊宛平城我國駐軍,蘆溝橋抗日戰爭因之爆發, 史稱「七七事變」 7.7.~8.4.平津作戰,宋哲元將軍擔任指揮官,四個師參與戰鬥.

中華民國		紀元	干支	紀 要
元 首	年號			
蔣中正	**26**	**1937**	丁丑	7.8.中日雙方協議,軍隊各返回原駐防地. 蔣委員長令宋哲元積極準備,就地抵抗,如果雙方談判,須不喪失絲毫主權. 中共向全國發出通電,實行全民族抗戰才是中國的出路,號召全民團結,築成民族統一戰綫堅固長城,抵抗日本的侵略. 9 日中美成立「白銀協定」. 日軍發動攻擊,政府派四個師向河北石家莊及保定集中. 又命行政院政務長何廉速返南京,請軍政部長何應欽積極備戰. 10 日蔣介石認為日軍挑釁,意在奪取蘆溝橋,「此為存亡關頭,萬不使失守也.」 中共周恩來、秦邦憲、林祖涵到廬山會商陝、甘、寧邊區地位及紅軍改編問題 11 日中國允撤退蘆溝橋及其附近駐軍,懲罰負責官員,日方表示遺憾.但暗中日本政府命令朝鮮及滿洲駐軍開往華北. 12 日蔣委員長得知日本關東軍已到天津,內閣宣言動員全國政界與產業界擁護閣議,感到「勢必擴大,不能避戰矣.」 當日下午與汪精衛商談時局.晚上,蔣介石委員長決定在永定河與滄保線作持久戰,嚴令制止與日方有妥協行為. 外交部聲明,任何解決衝突辦法,未經中央核准者,概屬無效.再令宋哲元全力抗戰,勿為敵人所欺.7.11.的協議絕不能了事. 日本參謀本部擬就作戰計劃,決擊潰北平、天津附近宋哲元軍. 14 日日軍在石家莊設行營.新任華北司令香月司要求撤退北平駐軍、冀察中央機構、藍衣社、CC 團、罷黜排日要人,徹底鎮壓共產黨活動,取締排日言論機關、學生運動、及學校與軍中的排日教育. 徐永昌致電軍政部長何應欽,主張「和平仍須努力求之」 15 日徐永昌致電閻錫山「請為和平運動」 『七七抗日戰爭爆發』日駐台灣總督府命令解散「台灣地方自治聯盟」. 中共送交國民黨「中國共產黨公布國共合作宣言」 朱德發表「實行對日抗戰」文「將一個持久的艱苦的抗戰」 台灣自治聯盟遭到解散,公開的政治結社活動消聲匿跡. 16 日英國駐華大使試圖幹旋,提議中日停止調兵,為日本所拒. 蔣委員長邀集各界人士 158 人舉行談話,討論「應戰宣言」.該『宣言』堅決地聲稱:「如果戰端一開,就是地無分南北,年無分老幼,無論何人,皆有守土抗戰之責任」該宣言發表時間,眾議不一. 蔣自已亦猶豫不定.是(16)日記云:「宣言對倭寇影響為利為害？應再研究.」 17 日蔣委員長日記;「倭寇使用不戰而屈之慣技暴露無餘,我必以戰而不屈之決心待之,或可制彼兇暴,消弭戰禍乎？」「我表示決心之文書,似已到時間！」 蔣中正委員長鄭重宣布【廬山談話】對日抗戰決心 蘆溝橋事變的推演,關係整個中國.此事能否結束,就是最後關頭的境界.事變能否不擴大為中日戰爭,全繫於日本的態度;和平希望絕續之關頭,全繫日本軍事行動.在和平根本絕望之前一秒鐘,我們還是希望和平. 蔣委員長接著申明四點： 一. 任何解決不得侵害中國主權與領土完整. 二. 冀察行政組織,不容不合法之改變. 三. 中央政府所派地方官吏,不能任人要求撤換. 四. 第 29 軍現在所駐地區,不能受任何約束. 18 日通過魏道明轉告外交部長王寵惠「在能容忍的情勢下,總向途徑為上計」.何應欽同意徐永昌的意見,建議徐向時在廬山的蔣介石委員長陳述. 19 日宋哲元一一接受

中華民國		紀元	干支	紀要
元首	年號			
蔣中正	**26**	**1937**	丁丑	蔣委員長決定排除阻力,公開發表「應戰宣言」「再不作倭寇迴旋之想,一意應戰矣」.『蔣公日記』「人之為危,阻不欲發,而我為轉危為安,獨在此舉.但此意既定,無論安危成敗,在所不計.」 當日決定核發戰鬥序列,並將『廬山宣言』改為「廬山談話」.「廬山談話」的措詞空前激烈,但是,蔣委員並沒有關閉「和平解決」大門,所以同時表示:「在和平根本絕望之前一秒鐘,我們還希望由和平的外交方法,求得處事的解決.」此後,隨着日本軍事行動的擴展,蔣委員長的抗戰決心亦逐漸堅決. 7月20日日軍砲轟宛平縣城及長辛店.宋撤除北平市內的防禦設施,請中央軍停止前進. 同日蔣返抵南京發表談話,這不能算是戰爭了結,惟有一致奮鬥,此後無局部解決之可能與妥協屈服之理. 21日徐永昌致電蔣委員長稱「對日如能容忍,總以努力容忍為是.蓋大戰一開,無論有無第三國加入,最好的結果是兩敗俱傷,但其後日本係工業國,容易恢復,我則反是,實有分不可收拾之危險.」 22日蔣委員長告全軍將士書「只有抗戰到底,與倭寇死拼.」 中共發表共赴國難宣言「抗日民族聯合戰線」倡言 (一)願為實現三民主義而奮鬥 (二)取消推翻國民黨的暴動政策 (三)取消蘇維埃政府 (四)取消紅軍名義及番號,編為「國民革命軍」,受國民政府軍事委員會統轄. 但僭設「陝甘寧邊區政府」擁兵割據. 自1937年抗日戰爭時期起,中共在陝北呈半獨立狀態 23日毛澤東發表「反對日本侵華的方針、辦法、和前途」一文 宋慶齡、何香凝倡議下,在上海組成婦女抗敵後援會 宋美齡在南京成立〔中國婦女慰勞自衛抗戰將士總會〕 25日中共中央決定,中(包括地方組織)可以在一的共同綱領和完全平等的原則之下,和國民黨組織國民革命同盟會、群眾運動委員會一類統一戰線組織.經過艱難的長期談判,國共兩黨重新攜手,形成第二次合作. 26日日軍佔奪佔平、津間的廊坊,惟進攻北平日軍則被我軍擊退. 27日日軍進逼北平附近通州四郊.蔣委員長日記「倭寇正攻北平,則大戰再能免.」「預備應戰與決戰之責任,願由一身負之.」 28日日軍猛攻南苑,第29軍副軍長佟麟閣、師長趙登禹陣亡.北平失守. 日本政府下令長江沿岸近三萬日本僑民撤離,顯示出異乎尋常的跡象. 29日北平失守後,宋哲元離開北平. 30日天津淪陷.蔣委員長日記云:「平津既陷,人民荼毒,至此卻不戰,亦不可得,否則國內必起分崩之禍.與其國內分崩,不如對倭抗戰.」 蔣委員長認為中國在沒有組織與準備下對日作戰,弱點很多,「以此應戰,危險實大」但日本「橫暴」「虛弱」「以理度之不難制勝」「為民族之人格與振興民族之精神,自有轉危為安,因禍得福之機.」 31日釋放「抗日救國會」沈鈞儒、鄒韜奮等七人. 8月國難當頭,以往不論與蔣有何意見,均摒除成見,各重要軍事領袖如閻錫山、白崇禧、劉湘、龍雲、中共朱德等,齊集南京,共商如何抗日. 中共根據共產國際指示,改取「聯蔣抗日」方針. 抗日戰爭失利,北京大學、清華大學、南開大學南遷,在湖南長沙將三所大學組成「西南聯合大學」文學院遷至衡山南嶽白龍潭,11月轉遷雲南昆明 1日中共指示紅軍遊擊隊可與國民黨地方當局談判「改變番號編制以取得合法地位」 2日蔣委員長密邀毛澤東、朱德、周恩來即飛南京,參加國防會議,毛澤東派朱德、周恩來、葉劍英前往.

中華民國		紀元	干支	紀要
元首	年號			
蔣中正	**26**	**1937**	丁丑	8 月 4 日張聞天與毛澤東商定,向蔣委員長提出:「總的戰略方針是攻勢防禦」「決不能是單純的防禦」「正規戰與游擊戰相配合」「發動人民的武裝自衛戰」等意見. 7 日召開國防會議,何應欽尚未將上海地區視為主戰場,財政開支,槍械、子彈勉強可供六個月之需,防禦工事未完成,空軍機械不足等.會中轉述胡適承認「滿洲國」主張,頗有譏刺,參謀總長程潛甚至指責胡適為「漢奸」.蔣委員長估計中日戰爭將是一場「持久」戰,戰期大約一年. 8 日日本以為奪取平津後,中國勢必屈服,訂「停戰條件」「國交調整綱要」準備談判. 9 日日本海軍陸戰隊大山勇夫中尉一名士兵驅車闖進虹橋機場挑釁,被哨兵擊斃.日本藉口要挾國軍撤出上海保安隊和拆除防禦工事並向上海增兵 朱德、周恩來抵南京,向國民黨提出「確立全國抗戰之戰略計劃及作戰原則案」 10 日日本台灣總督府宣布實施「事變特別稅令」 11 日朱德、周恩來、葉劍英參加軍事委員會軍政部談話會,分別提出戰略多項建議案 12 日中央設置「國防最高會議」推選蔣介石為陸海空軍統帥軍事委員會委員長 8.13~12.13.淞滬「八一三會戰」日本狂言「三個月亡華」.75 個師及 8 個旅參與作戰,由蔣委員長親自指揮. 14 日對日本肆意侵略中國,國民政府發表「自衛抗戰聲明書」決不放棄領土之任何部分,遇有侵略,惟有實行天賦之自衛權因應. 「淞滬會戰」８.14.中日首次空戰,陳一白指揮偵報日寇情報電訊精確,日機 13 架轟炸杭州,被擊落 6 架,空軍大捷,從此中國抗日戰爭正式作戰. 15 日『蔣公日記』:「倭寇空軍技術之拙劣,於此可以寒其膽矣!」國民政府航空委員會秘書長宋美齡提議,以後每年 8 月 14 日為中國「八一四空軍節」 8.18~10.28.蔣介石發表一連串談話;「敵攻我守,待其氣衰力竭,我即乘勝出擊」、「要固守陣地,堅忍不退,以深溝高壘厚壁,粉碎敵人進攻」、「雖至最後一兵一彈，亦必在陣中抗戰到底」、「要嚴密縱深配備，強固陣地工事」、「要不怕陣地毀械，不怕犧牲一切」 21 日中蘇簽訂「中、蘇訂互不侵犯條約」蘇聯允諾中國可不以現款購買蘇聯軍火. 22 日中共洛川會議決定「目前形勢與黨的任務」「抗日救國十大綱領」「土地政策」 25 日英駐華大使許閣森被日機炸傷. 中共紅軍改編為「國民革命軍第八路軍」朱德任總指揮,彭德懷任副總指揮,葉劍英任參謀長,左權任副參謀長,任弼時任政治部主任,鄧小平任政治部副主任. 八路軍下轄三個師: 115 師、120 師、129 師,分別師長為林彪、賀龍、劉伯承. 28 日蘇聯駐華大使鮑格洛夫奉召返國,曾和中國外交部長王寵惠談及蘇聯參戰的必要條件. 9 月我國向國聯遞送正式申訴書,控告日本擅自侵略中國. 1 日毛澤東在中共中央一級積極分子會議上提出:黨要從「現在地位」發展到「實力領導地位」,要在戰爭中建立「工農資產階級民主共和國,並準備過渡到社會主義」.他更著重提出,是「資產階級追隨無產階級,還是無產階級追隨資產階級」也就是「國民黨吸弔共產黨,還是共產黨吸引國民黨」的問題. 5 日周恩來、彭德懷、林彪、聶榮臻、徐向前、蕭克等赴山西太原,會見山西省主席趙戴文等人.協商中共軍進入山西後活動地區、指揮關係、作戰原則、及成立第二戰區各級戰地總動員委員會等事宜. 6 日中共改蘇維埃政府為邊區政府,擁有陝、甘、寧邊區 15 個縣,12 月又建立晉、冀、察邊區,以河北西北部為中心.1938 年建立淮南、淮北、蘇南、蘇北區.另有蘇、皖、豫、魯、鄂邊區,活動範圍包括湖南、浙江、廣東等地. 中共發表「共赴國難宣言」揚言願為實現三民主義而奮鬥,並停止一切暴動,取銷蘇維埃政府,取銷紅軍名義,受軍事委員會之統轄,待命出動.

<table>
<tr><th colspan="2">中華民國</th><th rowspan="2">紀元</th><th rowspan="2">干支</th><th rowspan="2">紀　　　　　要</th></tr>
<tr><th>元首</th><th>年號</th></tr>
<tr><td>蔣中正</td><td>26</td><td>1937</td><td>丁丑</td><td>9.12.~11.12.「太原會戰」國軍 33 個師、15 個旅,中共 3 個師參與作戰,由閻錫山擔任總指揮官.
21 日中共八路軍總部到達山西太原.
22 日「國共合作宣言」蔣委員長發表談話,承認中國共產黨的合法地位.宣告國共兩黨第一次合作.
23 日中國共產黨發表〔共赴國難宣言〕,向國民政府提出四項承諾：
一. 孫中山先生的三民主義為中國今日之必需,本黨願為其徹底實現而奮鬥.
二. 取消一切推翻國民黨政權的暴動政策及赤化運動,停止以暴動沒收地主土地的政策.
三. 取消現在的蘇維埃政府,實行民權政治,以期全國政權之統一.
四. 取消紅軍名義及番號,改編為國民革命軍,受國民政府軍事委員會之統轄,待命出動,擔任抗日前線之職責.
29 日毛澤東發表「國共兩黨統一戰線成立後中國革命的迫切任務」文件.
中共成立「中共中央東南分局」及「中共中央軍委新四月軍分會」項英任東南分局兼軍分會書記,陳毅任軍分會副書記.
國民政府將湘、贛、閩、粵、浙、鄂、豫、皖等八省邊界十多個地區的紅軍和游擊隊,改編為國民革命軍陸軍新編第四軍(簡稱新四軍),軍長葉挺、副軍長項英、參謀長張雲逸、副參謀長周子昆、政治部主任袁國平、副主任鄧子恢.
10 日台灣總督府設立「國民總動員本部」
12 日蔣宋美齡夫人向美國人廣播為砲火誤傷人員道歉,並呼籲國際社會伸出援手.
16~17 日毛澤東給八路軍電報指示自主擊戰,創造敵後根據地,堅持長期抗戰
21 日毛澤東致彭德懷電報,實施獨立自主遊擊戰(不是運動戰)
22 日中共中央通訊社發表「中共中央為公佈國共合作共赴國難宣言」
23 日蔣中正委員長發談話,肯定中共了中共的這個宣言.指出團結禦侮的必要,事實上承認了中國共產黨在全國的合法地位.標誌著國共兩黨第二次合作的正式形成.
25 日毛澤東指示整個華北工作應以遊擊戰爭為唯一方向,堅持廣泛有力的遊擊戰爭.
27 日台灣人軍伕首度被徵調遠赴中國戰場
28 日任命葉挺為國民革命軍陸軍新編第四軍軍長
10 月晉白、大白水之役,我第九軍軍長郝夢齡、及 54 師師長劉家騏殉國
謝晉元團長率領部屬駐守四行倉庫,掩護國軍轉進,時稱「八百壯士」
民主人士章伯鈞等人從香港回到南京,李濟深陳銘樞等擁護國共合作抗日
5 日美國總統發表「檢疫隔離」演說,美國對中日戰爭實施中立政策
12 日國民黨江西省主席熊式輝轉發蔣介石 10.6.電令: 鄂豫皖邊、湘鄂贛邊、贛粵邊、浙閩邊、閩西等紅軍遊擊隊,統交新四軍軍長葉挺調遣.
毛澤東向朱德率領第八路軍講話:
一. 中日戰爭是中國共產黨發展的絕好機會,我們的決策是：七分發展,二分應付(對國民黨),一分抗日.
二. 這一決策,可分為三個階段來實施：
第一階段　與國民黨妥協,以求生存發展.
第二階段　與國民黨取得力量平衡,而與之相持.
第三階段　深入華中各地,建立華中根據地,向國民黨反攻.
中共中央政治局關於〔抗戰前途及中國共產黨的路線〕的決議,又確定其工作方針為：
一. 擴大並加強統一戰線,將組織與活動,由祕密變為公開,由局部變為全面,為黨取得合法的地位.
二. 在中國政治上的決定力是武力要在抗戰過程中,儘量擴大黨的武裝力量,以為將來爭取政權的基礎.</td></tr>
</table>

中華民國		紀元	干支	紀要
元首	年號			
蔣中正	26	1937	丁丑	10.16.劉少奇發表「抗日遊擊戰爭中若干基本問題」 (一) 獨立自主的遊擊戰 (二) 抗日遊擊戰爭是廣大民眾的革命戰爭 (三) 實行軍民結合,軍政統一,抗日根據地,壯大革命力量,有根據地持久戰 18 日法國禁止通過印度運送軍用物資到中國 22 日蔣介石致電時在莫斯科的中國軍事代表團團長楊杰,詢問如「九國公約」簽字國會議失敗,中國決心軍事抵抗日本到底,蘇俄是否有參戰之決心與其日期. 11 月 10 日伏羅希洛夫在宴中國代表張沖時,要張歸國轉告蔣委員長:在中國抗戰到達生死關頭時,蘇俄當出兵,決不致坐視. 28 日德兩國駐華大使陶德曼兩次向中國轉達日本要求停戰和平條件: (1) 內蒙自治 (2) 擴大上海非軍事區 (3) 終止中國反日活動 (4) 中國有效制止共黨 (5) 擴大華北非軍事區,中國在此非軍事區享有行政權. 中共陳毅到達江西永新縣九隴山湘贛遊擊根據地,傳達國共合作一致抗日指示,通知譚餘保領導的遊擊隊下山整訓和改編 30 日蔣委員長致電伏羅希洛夫及斯大林表示感謝.電稱「中國今為民族生存與國際義務已竭盡其最後、最大之力量矣,且已玉不得已退守南京,惟待友邦蘇蘇俄實力應援,甚望先生當立斷,仗義興師.」當時蔣介石將蘇聯出兵看成挽救危局唯一希望. 12 月 5 日斯大林、伏羅希洛夫回電稱,必須在九國公約簽字國或其中大部份國家同意「共同應付日本侵略時」,蘇聯才可以出兵,同時還必須經過最高蘇維會議批准,該會議將在一個伴月或兩個月後舉行.此電蔣介石內心感到「蘇俄出兵已絕望」 國防最高委員會決議國民政府遷都重慶,11 月.20 日遷移. 1940.9.6 定重慶為陪都 11.3.布魯塞爾舉行九國公約會議(日本拒絕出席)要求與會國對日本採取積極具體制裁辦法,停止對日貸款,不提供軍需物資,但多數國家態度曖昧,中國首席代表顧維鈞表示:這是一次流產的國際會議. 6 日德國、日本、義大利訂立「反共公約」 德國宣佈承認「滿州國」撤離在華軍事顧問,禁止軍事物資輸入中國. 12 日日軍占領上海 17 日國民政府播遷至武漢. 20 日國民政府宣告由南京遷都重慶.「以最廣大之規模,從事更持久之戰鬥」 蔣委員長日記云「老派與文人動搖,主張求和,彼不知此時求和,乃為降服,而非和議也.」感歎道:「高級將領皆多落魄望和,投機取巧者更甚!若輩竟無革命精神,究不知其昔日倡言抗戰如是之易為何所據也!」 21 日國民政府由武再遷至四川重慶. 28 日日本央請德國駐華大使陶德曼出面調停中日停戰,在漢口會見孔祥熙,提出日本停戰議和七項條件: 1. 內蒙古自治,一切體制類似外蒙古. 2. 華北非武裝區擴大至平津鐵路以南. 3. 擴大上海的停戰區,由國際警察管制. 4. 停止排日. 5. 共同防共. 6. 降低日本貨的進口稅. 7. 尊重外國人在華權利.

中華民國		紀元	干支	紀要
元首	年號			
蔣中正	**26**	**1937**	丁丑	11月11日『蔣公日記』「控制共黨,勿使搗亂」「敵共產主義為第一對象,希冀利用本黨與本人為作劊子手,使我國內自相殘殺,成為第二之西班牙.此乃最為殘苛之悲境,應切戒而力避之.」 13日日本佔領南京,「實施屠城計大屠殺」慘無人道血腥屠殺軍民34餘萬餘人. 29日陳誠致電蔣委員長:「對倭作戰,貴在持久,而持久之原則,在以空間換取時間,對於一時之勝負與一地之得失,似不必過於憂慮,現在首都衛戍既然有專人負責,請公迅赴湘贛,統籌部署,制敵機先,實無滯留危城之必要也.」 中共王明陳雲康生從蘇聯回國到達延安.王明離開蘇聯,職務由王稼祥接任 台灣宜蘭礦工700餘人反抗日人壓迫發動爆動 蘇俄貸予中國五千萬美元購買飛機,蘇俄空軍志願隊「正義之劍」到達中國. 30日孔祥熙將日本議和條和致弢蔣委員長,認為陶曼出面調停,這是「天賜良機,絕不可失」,建議蔣「乘風轉舵」改變抗戰國策. 12月中共又增編江南共產黨遊擊隊為新四軍,葉挺、項英為正副軍長. 1日國民政府在重慶開始辦公. 台灣職會發表「正廳改善實施要項」企圖主導統一「正廳改善」運動 2日蔣委員長約見陶德曼,日記云「聯俄本為威脅倭寇.困有覺悟,則幾矣.」 3日「蔣公日記」接見蘇俄武官,其態度驕慢,蓋蘇助我抗日,乃使兩個敵人互打之利.益覺求人不如求己,國際間本為互相利用,唯利是視. 7日蔣委員長離開南京到江西日記「對倭政策,惟有抗戰到底,此外並無其他辦法」 9日『蔣公日記』「團結內部,為國相忍」「統一抗戰指揮,使共黨歸服,消除矛盾行動」 10日日軍向雨花台、紫金山等處進攻,南京情況危急. 蔣委員長思考對共產黨方針:「放任乎?統制乎?保守乎?」為顧全全局「應與共黨合作共同抗倭」「從速與共黨新一輪談判」. 13日【南京大屠殺】日軍占領南京後,日派遣軍司令官井石根和第六師團長谷壽夫的指揮下,對中國軍人及平民進行長達六個星期血腥大屠殺,紅十字會12月.22日開始收埋屍體,被害人共達30萬人以上. 這是日本帝國主義侵華慘無人道滔天罪行南京大屠殺是中國抗日戰爭初期侵華日軍在中華民國首都南京犯下的大規模屠殺、強姦以及縱火、搶劫等戰爭罪行與反人道罪行。日軍暴行主要集中在1937年12月13日攻陷當時中華民國首都南京開始一直到之後的6周,直到1938年2月南京的秩序才開始好轉。據第二次世界大戰結束後遠東國際軍事法庭和南京軍事法庭的有關判決和調查,在大屠殺中有30萬以上的中國平民和已經卸下武裝的戰俘被日軍殺害,約2萬中國婦女遭日軍姦淫,南京的三分之一被日軍縱火燒毀。 

中華民國		紀元	干支	紀要
元首	年號			
蔣中正	**26**	**1937**	丁丑	1945 年日本投降後，日本對於南京大屠殺有關資料的故意損毀和保密，如今已經難以估計南京大屠殺的具體死亡人數。1947 年遠東國際軍事法庭和南京軍事法庭認為南京大屠殺中有超過 20 萬的中國人被日軍殺害。在中國自 1947 年南京軍事法庭審判以來，普遍認為約有 30 萬人在大屠殺中遇難。在日本，日本政府承認「發生過殺害非戰鬥人員和掠奪等行為」，但對遇難人數則曖昧不清。日本學界對遇難人數的估計由數千到 30 萬不等，也有人認為南京大屠殺根本不存在。認為南京大屠殺不存在的觀點得到部分日本政商勢力的支持，此舉引起華人世界的強烈反感。對於南京大屠殺受害人數的爭論也成為了影響中日關係的重要歷史問題之一。 14 日汪精衛在北平成立〔偽政府〕 中共成立: 1. 東南分局: 由項英、曾山、陳毅等組成,項英任書記,曾山為副書記. 2. 中共中央軍委會新四軍軍分會: 項英任書記,陳毅任副書記 3. 中共同時將西安紅軍西北辦事處改為八路軍辦事處. 16 日「蔣公日記」與汪精衛談話,汪竟以第三者出組織掩護,亦即想與蔣委員演雙簧.顯見汪已動搖抗戰決心,蔣委員長明示:此乃不可能之事. 19 日軍事委員會在武昌制訂「第三期作戰計劃」規定:在持久戰的總則下,「以面的抵抗對敵之點或線的奪取,使不能達速戰速決之目的,而消疲憊之.」「硬性柔性相互配合,自力更生持久戰為目的,消耗敵之兵源及物資,使敵陷於困境,促其崩潰而指導作戰.」 21 日周恩來、王明、博古與蔣委員長在廬山會談,周提出國共兩黨關係委員會、兩黨共同綱領等,蔣表示:「所談甚好,照此做去,前途定見好轉.已告陳立夫等,同你們商量今後兩黨關係」.日記中寫道:「與共黨代表談組織事,此時對共黨應放寬,使之盡其所能也.」 12.25.中共宣言,鞏固國共兩黨真誠團結,擁護蔣委員長貫徹抗戰到底主張.陳紹禹駐武漢與國民黨聯絡,周恩來任國民政府軍事委員會政治部副部長. 王明起草「中國共產黨對時局宣言」強調鞏固國共兩黨合作的重要性方面是正確的,但未能把握統一戰綫中聯合與鬥爭的辨證統一. 德國駐華大使陶德曼聖誕拜訪蔣介石夫婦,攜來日本求和提議. 日軍在長江江上攻擊多艘英、美船艦,「帕奈號」被擊沉,傷亡數十人. 26 日成立「國共兩黨關係委員會」.陳立夫、劉健群、張沖、康澤為國民黨代表,周恩來、王明、博古、葉劍英為共產黨代表. 德國大使陶德轉來日方和平談判四項條件： 一. 中國政府放棄「親共、抗倭、反滿」政策,須與日滿共同防共. 二. 必要地區劃不駐兵區,立特殊組織. 三. 中與日、滿成立經濟合作. 四. 相當賠款,並附有兩條件. 1. 談判進行不停戰. 2. 須由我派員到其指定地點直接交涉. 蔣委員長「無從接受,亦無從考慮」,斷然予以拒絕. 27 日召開最高國防會議,多數人員主和,蔣委員長堅持不可,受到于右任等人譏笑批評 台灣成立大屯國立公園、太魯閣國立公園、新高阿里山國立公園. 28 日蔣委員長與汪精衛、孔祥熙、張群等人談話,聲稱「國民黨革命精神與三民主義,只有為中國求自由、平等,而不能降服於敵,訂立各種堪忍受之條件,以增加我國家與民族永遠之束縛.」南京失守,日本發動和平攻勢,挑戰蔣委員長抗戰到底的政策. 29 日蔣委員長對主和于右任、居正談話,說明「抗戰方針,不可變更」他說:「此種大難大節所關之事,必須以主義與本黨立場為前提也」 徵召台灣軍伕奉命赴中國戰場 臺北州開始實施「國語家庭」各地紛紛仿效推行. 日本在台灣之「抗日救國團慘案」300 餘人被捕，易炳漢等 25 人處死或病死獄中.

中華民國		紀元	干支	紀要
元首	年號			
蔣中正	**26**	**1937**	丁丑	張京育(1937.4.27.-)湖南湘潭人,教育家,美國哥倫比亞大學博士,曾任政治大學教授,校長,國際關係研究中心主任,行政院政務委員.俄羅斯研究所主任. 白先勇(1937.7.11.-)廣西臨桂縣人,父親白崇禧,兄弟姊妹九人,香港九龍喇沙書院,國立成功大學,台灣大學畢業,文學家,獲藝術創作碩士學位,在美國加州大學聖塔芭芭拉分校教授中國語文學. 證嚴法師(王錦雲)(1937.5.11.-)台灣台中清水鎮人,慈濟基金會創辦人,被稱「台灣德蕾莎」,辦慈濟醫院,慈濟大學,救助世界各國災難貧困人民.澤被全球.相繼獲得美國日本菲律賓非洲國家讚譽動章獎狀, 樂蒂(奚重儀)(1937.8.29.-1968.12.27.)上海浦東人,演「梁山伯祝英台」「紅樓夢」紅極一時,可能因電影排名,及與陳厚婚姻不順意而自殺,時年僅 31 歲.

中華民國 元首	中華民國 年號	紀元	干支	紀要
蔣中正	**27**	**1938**	戊寅	1 月蔣中正辭去行政院長職務,由副院長孔祥熙繼任 蔣委員長改組軍事委員會,按照第一次國共合作北伐軍的經驗設立政治部 部長陳誠　副部長周恩來. 下轄： 第一廳 廳長賀衷寒,掌管軍隊政治訓練及軍中黨務. 第二廳 廳長康澤,掌管民眾運動 第三廳 廳長郭沫若,掌管宣傳工作 總務廳 廳長趙志堯 秘書長 張厲生 召開軍事會議,八路軍朱德、彭德懷、林彪、賀龍、劉伯承等出席. 任命蔣經國為江西省保安處副處長 派孫科赴莫斯科商談中俄同盟,蘇俄反向日本提議解決兩國懸案,日本未加理睬. 中共湘、鄂、贛紅軍遊擊隊,改編為陸軍新編第四軍第一支隊第一團,陳毅任支隊司令員,李濤任支隊副司令員兼團長, 2 日蔣委員長接見陶德曼轉提日方所提和平條件,蔣嚴詞拒絕,決心「與其屈服而亡,不如戰敗而亡」 11 日中共發行「新華日華」 12 日孔祥熙、張群與外交部擬具四項答覆稿,明確拒絕日方條件. 13 日蔣委員長決定對共黨主張「消化而不可排斥」. 15 日孔祥熙委婉向陶德曼答覆,我方對日所提條件的看法. 陶德曼調停失敗,日本極為惱怒,日本政府聯席會議,決定否認「蔣政權」 16 日蔣委員長決定通知陶德曼:「如倭再提苛刻原則,則拒絕其轉達」 日本近衛內閣發表對華聲明表示「日本帝國政府今後不以中國國民政府為對手」 蔣委員長對此反映是:「此乃敵人無法之法,但有一笑而已.」此後政府即決定,蔣介石「下野」作為中日「和平」的必要條件. 17 日蔣委員長日記云:「拒絕倭寇媾和之條件,使主和者斷念,穩定內部矣.」 中國抗日救亡音樂統一戰線「中華全國歌咏協會」在武漢成立. 20 日中日斷交,駐日大使許世龍回國. 21 日中國國民黨五屆五中全會在重慶召開.會議決定組織「國防軍事委員會」蔣中正任委員長.確定「溶共、防共、限共、反共」的方針,成立「防共委員會」. 22 日蔣委員長親到開封與洛陽,拘辦韓復渠. 24 日國軍第三集團總司令兼山東省主席韓復渠作戰不力,抵抗命令,輕棄黃河與泰山防線,迭失要地,中央在河南開封下令逮捕韓復渠,在漢口進行軍法審判正法.. 25 日嚴寶禮創辦「文滙報」 26 日京蕪空戰,擊落日機 30 架 『蔣公日記』「其急欲造成唐紹儀為南京之傀儡者,亦無法中之一法也.」 30 日蔣委員長決定「容納各派組成大黨」 2 月中共陳毅部隊奉命開往皖南前綫抗日 德國宣佈承認偽滿洲國 7 日蔣委員長在武昌演講:「我們這次抗戰,是以廣大的土地,來和敵人決勝負;是以眾多的人口,來和敵人決生死.本來戰爭的勝負,就是決定空間與時間.我們有了敵人一時無法全部佔領的廣大土地,就此空間的條件,已足以制勝侵略的敵人.」「我們就是要以長久的時間,來固守廣大的空間,要以廣大的空間,來延長抗戰的時間,來消耗敵人的實力,爭取最後的勝利.」 10 日周恩來會見蔣委員長、陳立夫.蔣表示:為了「集中力量來應付當前關係國家民族生死存亡的大戰,國民黨竭誠盼望各黨各派能夠合而為一,實現舉國一致的意見, 確實作到團結一致.」又說:「我始終認定我要對外戰勝,要革命成功,就只能有一個黨,一個團體.」

中華民國		紀元	干支	紀要
元首	年號			
蔣中正	**27**	**1938**	戊寅	12 日「中國聯合準備銀行」成立並發行「聯銀券」 18 日武漢空戰擊落日機 14 架,中國大隊長李桂丹戰歿. 『蔣公日記』「上午與周恩來等共黨代表談話,此輩幼稚而無誠意,何能成事,但敗事有餘耳.」 22 日『蔣公日記』共黨問題應速進行解決,此其時也. 25 日國民政府頒布「青年訓練大綱」 蔣委員長接見蘇聯駐華大使,特別告訴他:「余對內主國共合併,對外擬與俄再進一步之合作」 27 日國民政府頒布「國立中學暫行規程」設置國立中學,收容戰區公私立中學及師範學校男女學生. 2.27~3.1.中共在延安政治局會議,王明作「目前抗戰形勢與如何繼續抗戰和爭取抗戰勝利」的報告. 毛澤東、張聞天等中央政治局委員認為王明右傾錯誤觀點: 1. 政治上:　過分強調統一戰綫的聯合,影響獨立自主原則的貫徹. 2. 軍事上:　對黨領導遊擊戰爭認識不足,不重視開展敵後根據地的鬥爭. 3. 組織上:不尊重、不服從以毛澤東為核心的中央領導. 國民政府在重慶設立「復興商業公司」控制經營桐油、偖鬃、生絲、羊毛等產品. 國共合作,周恩來出任國民政府軍事委員會政治部副部長.郭沫若任第三廳廳長. 3.1.中共中央致函蔣委員長及臨時全國代表大會全體代表,明確表示:「只許一黨合法存在,同時不承認其他黨派合法並存的辦法,既為事實所不許;取消現在一切黨派而合併為一黨組織的辦法,亦為事實所不能.」 2 日「晉察冀邊區銀行」成立. 5 日『蔣公日記』考慮對日作戰方略,我之對倭,在以廣大之空間土地,求得時間持久之勝利,積各路之小勝,而成全局之大勝. 6 日蔣委員長致電第二戰區司令長官閻錫山、副司令衛立煌,提出「化整為零」「分合進退」等作戰原則. 8 日中國名水利專家李儀祉(1882.2.20.~1938.3.8.)去世,字宜之,陝西蒲城人,曾主持渭河、淮河、黃河、長江等重大河川水利工程. 10 日「台兒庄戰役」日軍以第五、十師團三萬餘人投入戰爭,但損失慘重. 13 日『蔣公日記』「中國對倭抗戰,決非爭一時之勝負與得失,而為東亞千百世之禍福有關,故不惜任何犧牲,非達到此目的,終無戰亂終止之期.」 22 日蔣委員長訪問汪精衛,討論日本託意大利出面非正式調停中日戰爭一事. 『蔣公日記』「世人只知戰時痛苦,妄想速和,殊不知和後痛苦更甚於戰時,而況為屈服不得已之和乎?」 25 日『蔣公日記』「國民大會臨時大會決議與宣言如果有力,則其效果不惟可使敵適可而止,當能使敵知難而退也.」日記又云:「對共黨主感召而不主排斥.對各黨派主聯合,使之就範,而不加強制.」 26 日『蔣公日記』「團結黨內,統一國內,是對敵國最大之打擊」 27 日日軍主導汪精衛在南京成立偽傀儡「中華民國維新政府」,設置行政、立法、司法三院,分由梁鴻志、溫宗堯、許修直為院長. 同日,中共在漢口成立「中華全國文藝界抗敵協會」出版「抗戰文藝」刊物 28 日南京偽維新政府成立 加拿大共產黨諾爾曼.白求恩率領加拿大、美國援華醫療隊到達延安. 29 日蔣委員長在在武昌召開國民黨臨時全國代表大會時提出,大多主張在國民黨內設立總裁.『蔣公日記』「此時設立總裁,至少可表示本黨不妥協之決心,與敵以精神上之打擊」對共產黨:「採寬容態度,逐漸導之本黨以外各黨派人於法律之道.」

中華民國		紀元	干支	紀要
元首	年號			
蔣中正	**27**	**1938**	戊寅	3.29~4.1 中國國民黨在武昌召開臨時全國代表大會. (一)設總裁為黨魁,以蔣中正任之 (二)成立三民主義青年團為抗戰建國的基本力量 (三)成立國民參政會為戰時最高民意機構, (四)通過抗戰建國綱領. (1)確定三民主義為抗日及建國最高標準 (2)聯合國際反日力量 (3)充實民眾武力 (4)組織國民參政機關 (5)擴大戰時生產,發展農業經濟,嚴懲奸商壟斷居奇 (6)保障言論、出版、集會等自由權利,嚴懲漢奸. (7)推行戰時教育制度. 國民大會下設立國民參政會,邀請共產黨毛澤東、陳紹禹、秦邦憲、董必武、林伯渠、吳玉章、鄧穎超七人為國民參政會參政員. 國軍第 122 師師長王銘章在滕縣殉職 4.1. 國民黨臨時大會設立總裁,大會推選蔣中正為總裁,汪精衛為副總裁.汪因倔居於蔣之下,心情極度沮喪,頹唐見於外表形色. 同日,蔣委員長在「閉幕詞」中聲稱:「本黨同志要站在當政黨的地位,發揚這種固有的精神,寬宏大度,至公至正,在三民主義的最高原則之下,來接納各黨派人士,感應全國國民,使共循革命正道.」 2 日由清華大學、北京大學、南開大學組成「西南聯合大學」在湖南長沙成立 公佈「台灣農業義勇團」招募辦法, 4.26.前往上海,從事軍用蔬菜栽培工作 6 日國軍在台兒莊大捷,殲滅日軍 3 萬餘人. 張國燾寫出「我的錯誤」聲明書,秘密離開延安前往武漢,脫離中共. 9 日蔣委員長日記「此時可戰可和,應注重和局與準備」「敵國陰狠,講和時更增危機」 10 日「魯迅藝術學院」在陝西延安成立 14 日中共任弼時代表中共中央向共產國際提交「中國抗日戰爭的形勢與中國共產黨工作與任務」書面報告.5.17.他又在共產國際會議作了口頭報告 18 日中共中央宣佈開除張國燾的黨籍 21 日毛澤東、張聞天、劉沙奇共商指示八路軍進入平原區,展開游擊戰,創建和發展原抗日根據地. 29 日武漢空戰,擊落日機 21 架,中國損失 9 架,蘇俄損失 2 架. 「自由中國」雜誌在武漢創刊. 5.3.台灣總督府宣佈台灣實施「國家總動員法」 5 日中共中央「馬列學院」在延安成立,院長張聞天. 17 日曹錕(1862~1938)去世.字仲珊,直隶天津人.北洋軍閥直系首領.1923 年以五千銀元一票賄賂 590 位議員,當選大總統,1924 年 10 月被馮玉祥軟禁在中南海延慶樓,1927 年後長期寓居天津. 19 日我空軍二架飛機飛往日本,投擲傳單勸告日本人民,勿為軍閥利用. 日軍占領徐州　31 日武漢空戰,擊落日機 15 架. 26 日『蔣公日記』「不能引起世界大戰,恐不易使倭國失敗也.」 5.26.~6.3.毛澤東在延安抗日戰爭研究會發表演講,明確指出:「中國不會亡,但是也不能速勝.」「抗日戰爭是持久戰,將經過敵之戰略進攻,我之戰略防禦;敵之戰略保守,我之準備反攻;我之戰略反攻,敵之戰略退卻三個階段」 6.3~11.25「武漢會戰」有 106 個師、及 2 個旅參與作戰,由陳誠、李宗仁擔任指揮官 5 日開封不守. 9 日政府為阻緩抵制日軍勇猛攻擊,在鄭州以東的花園口黃河決堤,河南、安徽、江

中華民國		紀元	干支	紀要
元首	年號			
蔣中正	**27**	**1938**	戊寅	蘇等44縣地區淹水,89萬人罹難,1,200萬人無家可歸. 11日共產國際執委會主席團會議通過「關于中共代表報告的決議案」和「共產國際執委會主席團的決定」 中共中央決定王稼祥回國,由任弼時接替其工作 12日~7.5.日軍先後攻佔安慶、馬當、彭澤、湖口等沿江要塞. 14日宋慶齡在香港創立「保衛中國同盟」 27日在日本東京成立「華北開發股份有限公司」壟斷中國華北地區礦山、煤炭、製鐵、發電、交通運輸、紡織、麵粉等重要經濟部門. 蘇俄予中國五千萬美元軍火貸款,中國以錫銻水銀桐油羊毛生皮茶絲等值價償還 蔣委員長指令李宗仁在蘇北及兩淮地區展開「游擊」 7.5.德國留我國之軍事顧問奉召回國 6 日第一屆第一次國民參政會在漢口召開,實施「抗戰建國綱領」由全國各個抗日黨派,以及無黨派人士組成的國家最高咨詢機關.該會在947年5.20~6.2舉行第四屆第三次大會宣告結束. 9日「三民主義青年團」在武昌成立,蔣中正任團長.1947年9月將其併入國民黨. 國民政府公布「戰時圖書雜誌原稿審查辦法」 蔣委員長分析日本對華強硬原因,就是唐紹儀「希冀拆散我政府」 25日九江失守.　日本萱野長知到香港,與孔祥熙系統的賈存德與馬伯援談判. 27日蔣委員長日記「中倭戰事問題,實為國際問題,非有國際干涉,共同解決,則決不能了結.否則,直接講和,則中國危矣.」 8.1. 政府將「中華復興社特務處」併入軍事委員會調查統計局第二處,組成「軍統局」1946年改組為國防「保密局」賀耀祖、戴笠、鄭介民、毛人鳳等先後為負責人. 同日,胡文虎在香港創辦「星島日報」 15日國民政府頒布「懲治漢奸條例」 20 日武漢衛戍總司令部下令解散中國共產黨領下的「青年救國團」、「民族解放先鋒隊」、「蟻社」三個團體.　「中國工業合作協會」在漢口成立 28日淞滬戰場,羅店失陷,『蔣公日記』「近日戰局,漸轉劣勢」 31日吳淞失守,蔣委員長日記「我軍轉入被動地位矣」 下旬蔣委員長指導蕭振瀛和日本軍部特務和知鷹二進行和平談判 9.2.『蔣公日記』「戰略應盡其全力貫注一點,使敵進退維谷,以達我持久抗戰之目的」 副參謀總長白崇禧、作戰組長劉斐向蔣委員長提出,淞滬會戰應「適可而止」 10 日蔣委員長決定迅速制訂五年抗戰計劃,實行經濟政治黨軍教育社會各方面改造,自力更生,獨立作戰.研究抗戰階段,擬分消耗戰、防守戰、反攻三段 11日蔣委員長分析日本陸軍大臣皮垣征四郎對華政策之強硬原因在於「錯認我內部有分裂及強逼余下野之可能」,同時也由於「我內部文人態度曖昧與唐紹儀老奸之施弄陰謀.」日本特務土肥原到上海訪問唐紹儀說服唐起草了「和平救國宣言」 14日英代辦轉達,「日本要求劃漢口為安全區,並稱法國已同意」蔣委員長不接受. 27日蔣委員決定四項對日策略:「一.引其在南方戰場為主戰場、二,擊其一點、三.持久、四.由晉出擊」 28日國際聯盟通過「依盟約第16條制裁日本,但由各會員國自行決定」無約束力. 9.29~11.6.中國共產黨在延安召開擴大第六屆中央委員會第六全體會議.確定毛澤東在黨的領導地位.　提出馬克斯主義在中國具體化的任務. 29日毛澤東致函蔣委員長「先生領導全民進行空前偉大的民族革命戰爭,凡我國人無不崇仰.國共兩黨的長期團結,必能支持長期戰爭,敵雖兇頑,終必失敗」但毛澤東卻另密令部屬要利用抗日機會,求共黨發展,強調「七分擴張勢力,二分對付國民黨,一分抗日.」 30日唐紹儀一向反國民黨,日本常利用他企圖在在南京成立偽組織,卻在家中被刺殺.

中華民國		紀元	干支	紀　　要
元 首	年號			
蔣中正	**27**	**1938**	戊寅	31 日『蔣公日記』「實為革命黨除一大奸.此賊不除,漢奸更多,偽組織與倭寇更無忌憚矣.總理一生在政治上之大敵,我黨革命之障礙,以唐奸為最也.」唐被刺撲朔迷離 中共在延安成立創設「新哲會」 10 月初日本近衛首相及頭山滿均人到港協助,其談判對手改為軍統局在香港的工作人員鄭東山.萱野向鄭表示: 一.目前形勢甚迫,日本政府及人民均不願戰.如雙方開誠相見,不難覓取和平辦法. 二.萱野年高德重,中國各院院長均為其友,必能代表中央,並與彼有交誼之大員,如孔祥熙、張群、居正等前來談判,且須軍統局鄭介民陪同. 4 日周恩來會見蔣委員長,遞交毛澤東、王明函件,說明中共六中全會建議四點: 一. 停止兩黨的鬥爭. 二. 共產員可以加入國民黨,或今其一部分先行加入,如情形良好再全部加入. 三. 中共取消一切青年組織,其全體分子一律加入三民主義青年團. 四. 以上參加者,均保留其黨籍. 周恩來同時說,中共不在國民黨及其軍隊中發展組織. 8 日台灣高雄發生反戰暴動, 11 日六甲相繼發生暴動,被日本軍殺害 200 餘人,下獄者四、五百人. 12 日湖南省主席張治中為防止日軍進攻長沙,採取焦土抗戰,下令火燒長沙城,三天三夜始熄,三分之二城被燒燬,燒死二萬餘人,財產損失更不計其數. 14 日蔣委員長電蕭振瀛:「敵既在粵登陸,可知其毫無誠意,不可與之多談.」隨即決定將前此準備的「諒解」方案作廢. 15 日戴笠向蔣委員長請示:「茲事關係重大, 蕭振瀛所請先派鄭介民秘密赴港試與商談一節,是否可行,理合轉呈鑒核」.蔣委員長沒有批准,由杜石山與日方聯繫. 蔣委員長指示各戰區「避免決戰,保存實力,並爭取持久時間與消耗敵人」. 18 日何應欽指示:「日方所提『諒解』都是干涉中國內政,若行政不能獨立,無異等於亡國.萬不能承認,不必續談」 20 日「中國國際新聞社」在湖南長沙成立,胡愈之任社長.. 同日,國民政府實施「抗戰建國時期難童教養實施方案」 21 日廣州淪入日軍手中　蔣委員長云:「寧為玉碎,毋為瓦全,非下此決心,無以救國.」 25 日武漢淪陷,日軍以傷亡 10 萬人以上代價占領武漢. 國民政府自武漢撤退. 「新華日報」遷至重慶出版 26 日蔣委員長移衡山坐鎮「遵道而行,但到半途須努力;會心不遠,欲登絕頂莫辭勞」 27 日蔣委員長得悉日本同盟社宣傳電及板垣征四郎 26、27 兩日先後發好戰談話,認為「敵寇野心並未減殺,而且有緩與誘惑之狡計.」決定發表草擬中的「告全國國民書」以示決心. 28 日重慶行營主任張群來電:日本外相宇垣辭職,求和空氣己淡,必須我方持久戰,使敵益感疲乏,由英美聯合,形成國際中心力量,着手調停,才能實現「差強人意和之和平」.他說;「抗戰至現階段,決無拋棄立場,根本改變國策之理.」 美國實施「中立法」對日實施油、鐵禁運. 30 日蔣委員長命何應欽轉令蕭振瀛,停止和談,返回重慶. 致電孔祥熙、汪精衛、王寵惠,要他們考慮對日宣戰的利害問題. 31 日蔣委員長發表「告全國國民書」: 我國在抗戰之初,即決定持久抗戰,故一時之進退變化,絕不能動搖我抗戰之決心.惟其為全面戰爭,故戰區之擴大,早為我國人所預料,任何城市之得失,絕不能影響於抗戰之全局;亦正唯我之抗戰為全面長期之戰爭,故必須力取主動而避免被動.敵我之利害與短長,正相懸殊;我惟處處立主動地位,然後可以打擊其速決之企圖,消滅其其宰割之妄念。文末,蔣委員長號召國人「自今伊始,必須更哀戚,更悲壯、更刻苦、更勇猛奮進,以力於全面之戰爭與抗戰根據地充實,而造成最之勝利.」

中華民國		紀元	干支	紀　要
元 首	年號			
蔣中正	**27**	**1938**	戊寅	11.1.蔣委員長對「告全國國民書」「必使國國民知感,且使敵國知畏也.」 2 日「蔣公日記」「既知持久抗戰是民族唯一出路,為何復有徘徊遲疑？此心既決,毋再為群議所惑.」 3 日日本「近衛聲明」日本不以中國國民政府為談判對手.聲明如果「國民政府更換人事組織」參加「新秩序建設」「日方不予以拒絕」暗示「扶汪排蔣」方針. 4 日蔣百里(1882~1938)去世,名方震,號澹寧,浙江海寧人,軍事理論家,早年赴日本德國學習軍事.曾任保定軍校校長,曾因主張未為政府接受而舉槍自殺,幸被獲救.西安事變時,亦曾被囚.其代表作有「國防論」「蔣百里全集」 蔣委員長與英大使卡爾談話,「要求英國開放緬甸港口,供我外援物資進口」. 7~9 日蔣委員長在湖南長沙主持軍事會議,策定第二期抗戰戰略. 日本政府和財閥在上海成立「華中振興公司」壟斷華中地區礦業、水電、文通運輸、紡織、鹽業等重要經濟項目. 10 日日本飛機轟炸湖南瀏陽城,投彈 100 多顆,炸死及被機槍掃射死亡 800 餘人. 12 日日軍大舉進犯長沙. 13 日張治中誤解「焦土抗戰政策」電話指令長沙警備司令酆悌〔長沙焚城〕,大火一直燃燒到 14 日才熄滅，三分之二房舍焚燬，損失慘重,為抗戰中最大悲劇。 18 日『蔣公日記』「共黨教育與經驗是由其百年來秘密苦痛幽囚中所得之教訓而成,故其紀律最嚴,方法最精,組織最密,任何黨派所不及,因之其手段亦最毒,情義與道德掃地無餘.」 海思平、高宗武奉汪精衛之命與日人影佐禎昭、今井武夫在上海重光堂簽訂「日華協議記錄」等文件.『記錄』規定雙方的「合作」條件有「締結防共協定」「承認日本軍防共駐兵」「中國承認滿洲國」等六條.汪精衛發表聲明響應「與蔣介石斷絕關係」「見機成立新政府」 19 日蔣委員長為長沙大火震怒,令組軍事法庭,槍斃長沙警備司令酆悌、省警察局長文重孚、警備第二團長徐崑三人.19 日上午九時執行槍決，俞濟時為執行官、錢大鈞為監刑官・實際上長沙大火，省主席張治中與參謀長徐權應負最大責任・後有人作對聯諷刺,橫披「張惶失措」,「治績安在?兩大方案一把火」「中心何忍三顆人頭萬古冤」橫、上、下聯第一個字連起來為〔張治中〕. 20 日汪精衛代表高宗武、梅思平同日方代表影佐禎昭、今井武夫在上海秘密簽訂「日華協議記錄」等投降賣國文件. 22 日蔣委員長胞妹蔣瑞蓮逝世,夫竺芝珊,其子竺培風為外甥,空軍飛行員,蔣甚痛愛. 23 日廣州陷落 24~28 日蔣委員長在湖南衡山南嶽召開深具歷意義第一次軍事會議,與會者有第 3、4、9 戰區總司令長官顧祝同、余漢謀、陳誠、張發奎、薛岳、商震等師長以上將領,湘、贛、桂、閩四省主席張治中、熊式輝、黃旭初、劉建緒,參謀次長白崇禧、軍令部長徐永昌、辦公室主任賀耀祖、侍從室主任林蔚、中共應邀出席者:周恩來、葉劍英、李濤,閉幕時,郭沫若亦列席會議. 蔣委員長「南嶽會議宣言」即抗戰必勝之道,指引全軍民.亦即對敵國君民告誡 一. 以歷史、地理、文化、經濟、與事實,證明抗戰必勝. 二. 後期戰爭(平漢、粵漢線以西持久戰),易於前期(淞滬、武漢會戰). 三. 必須公理伸張,公法生效 四. 東亞大革命之目的(實即抗戰),在放韓國與台灣同胞,建設東亞新秩序. 五. 對九國公約與國際聯盟當先,盡其在我,為主義犧牲之價值. 六. 戰則死中求生,不戰則束手待亡,中途妥協,無異自殺,自取滅亡. 七. 塘沽協定以後,為生存條件最低之限度,不容保留,則存不如亡,不如同歸於盡.只要我能抗戰,不妥協,不訂任何條件,則最後勝利,自屬於我.

中華民國		紀元	干支	紀要
元首	年號			
蔣中正	**27**	**1938**	戊寅	八. 以現代戰爭,三等國家與一等國家能持久至 18 個月,尚不為敵戰勝,如此偉大民族,地廣人眾,與文化悠久如中國者,何患其不復興?民族意識與革命精神,已足證明,其能勝一切,中國絕不懼人併吞矣. 九. 對外求共存,對內求自存.凡協助我抗戰獨立,而能以平等待我者,中國必以患難之交待之,當永遠不忘其所措施,必以德報.若附和敵人妨礙我抗戰,而以惡意加我者,中國亦必以加於我者報之,中國所持者,唯國格與正義及公理,不惜與一切強權鬥爭,以求得真理之實現,與恩怨是非之分明. 25 日武漢淪陷後,我國軍政部門南遷至湖南長沙. 蔣委員長又在南獄主持軍事會議.此時中國戰略為「持久戰」、「消耗戰」節節抵抗,消耗並吸引日本兵力,保持自己有生主力,以「空間換時間」「磁鐵戰」使日本欲罷不能.破滅日本驕狂軍閥「速戰速決」三個月解決中國屈服的夢幻. 26 日日本謀和失敗,一面宣稱不以重慶國民政府為對手,一面製造偽政權予承認,以威脅我國. 27 日蔣委員長在「第二期抗戰之要旨」中提出:政治重於軍事,民眾重於士兵,精神重於物質,訓練重於作戰,情報重於判斷與想像,游擊重於正規戰等原則. 中共在延安舉行六屆六中全會,毛澤東講話:「蔣介石是民族領袖、是最高統帥.在國共兩黨裡面,國民黨是第一大黨,是居於領導和基幹的地位.」而且還說,「國民黨有三民主義歷史傳統,有孫中山和蔣介石前後這兩位偉大領袖.」 30 日設置「軍事委員會桂林行營」以白崇禧為主任,統籌西南抗戰. 12 月日本首相近衛提出「東亞新秩序」謬論 4 日設國民精神總動員推進會,鼓舞民心,抗戰到底.整頓軍紀,爭取民心. 5 日嚴禁青幫人員參加青年團,保持青年團之純潔.. 6 日日本陸軍省制定「對華處理方略」「應以恢復治安為根」、「運用謀略、政略,以武力為背景,消滅殘存抗日勢力」 8 日蔣委員長到達重慶.與周恩來談話: 蔣稱: 一. 跨黨不贊成,中共既行三民主義,最好合成一個組織. 二. 如果此點可談,擬約毛澤東面談. 三. 如全體做不到,可否以一分中共黨員加入國民而不跨黨. 周稱: 一. 中共實行三民主義,不僅因為這是抗戰的出路,而且這是到達社會主義的必由之路.國共終究是兩個黨,跨黨,我們不強求,如果認為時機未到,可採他法. 二. 加入國民黨,退出共產黨,不可能,也做不到. 三. 少數人退出共產黨加入國民黨,不僅失節,失信仰,而且於國有害無益. 蔣表示: 如果合併事不可能,就不必約毛澤東到西安會談. 9 日蔣委員長在重慶黃山官邸邀約孔祥熙、汪精衛、王寵惠、葉楚傖、朱家驊等人談話.汪精衛堅持對日主和,蔣反對,涇渭分明.「汪兆銘復激切言之,卒不納」 11 日約見美大使說明我國抗戰政策: 一. 中日戰爭,非美總統出面做公平之調解,中國絕不言和. 二. 中日能否有公道之和平,全視美國能否視此為其責任. 三. 中國必爭取為太平洋獨立自由之一國,期與美國共維世界和平. 四 深信在羅斯福總統任內,必能解決中日戰爭. 12 日蔣委員長邀約周恩來、王明、博古、吳玉章、董必武等人談話:力勸周等加入國民黨、為國家民族共同努力等.周等答以:「一個組織辦法做不到」「跨黨做不到」 15 日日本首相近衛文磨擬創設興亞院,號召日滿支協同體,建立東亞新秩序,實乃鑑於中日戰爭無法速結談和,乃製造南京新傀儡政府,成為日本的附庸.

中華民國		紀元	干支	紀要
元首	年號			
蔣中正	**27**	**1938**	戊寅	16 日日本成立〔興亞院〕加強對中國佔領區的統治.總裁由日本首相兼任,副總裁由外相、藏相、陸相、海相兼任.其目的在滅亡中國,蔣委員長喻為「中國斷頭台」. 17 日中美訂定「桐油借款協定 2,500 萬美元.」 日本特務土肥原到香港,邀蕭振瀛見面,蔣委員長指示:「不准蕭赴港」,「隨堅拒不理」.因之蕭振瀛與和知的談判中止,但日本對言一線索仍存期待. 18 日汪精衛上午九時多,以赴成都演講為名偕陳君璧、曾仲鳴潛離重慶飛抵昆明,次日轉飛越南河內.隨後有周佛海、陳公博、陶希聖叛逃 20 日中美白銀協定延長. 中英借款 50 萬英鎊成立 21 日汪精衛潛飛昆明,自武漢會戰後,汪積極主和,藉口不願與共黨合作,拂袖叛行.汪精衛 1926 年投共賣友,誓師北伐前,於 5 月 11 日祕密離開廣州赴法國. 22 日國民政府通過「修正戰時圖書雜誌審查原稿辦法」 日本近衛文磨第三次發表對華聲明： 一.「中日兩國調整關係之基本政策,徹底消滅抗日之國民政府, 二. 與新生之政權相提攜,以建立東亞新秩序.」 三. 建立東亞秩序,承認「滿州國」簽訂「日華防共」協定 23 日汪精衛出逃後致電蔣委員長謂「在渝兩次謁談,如對方提非亡國條件,宜及時謀和以救危亡而杜共禍.」 日本首相近衛文磨發表「東亞新秩序」「日滿支協同關係」之「近衛三原則」承認滿洲國、允許日軍在華北及內蒙駐兵、給予臣民特別開發上之便利. 25 日派宋子文赴英協商「中英貸款 45 萬英鎊協定」. 26 日蔣委長發表駁斥日本日本首相近衛文磨聲明.「東亞新秩序」「日滿支協同關係」乃在併吞中國,消滅民族」號召中國人民「認定目標,立定決心,愈艱苦,愈堅強,愈持久,愈奮勇,全國一心,繼續努力.」 27 日蔣委員長指派汪任行政院長時的副祕書長彭學沛赴日,勸汪放棄企圖赴歐,以至誠勸其勿作漢奸. 28 日汪精衛從河內致函蔣委員長,認為日方聲明三項,「實不能謂無覺悟」,要求蔣把握「不可再失之機」以之作為「和平談判之基礎而努力折衝」. 29 日汪兆銘發表艷電,主張中止抗戰,對日求和.「善鄰友好」「共同防共」「經濟提攜」三原則,以期恢復和平. 30 日河北大部淪陷日軍,彭德懷越界進入太行山以東,建立共黨地方政權,時與國民黨軍發生衝突,蔣委員長約見彭德懷,嚴令服從中央命令,勿破河北行政系統. 國民政府為應戰時經濟,實施「統購統銷、官收官買,運銷核准、限價、議議」等進行業務管制與價格管制.相繼公布「非常時期農礦工商管理條例」「加強管制物價方案」「糧食管理規則」等辦法 中共紅軍進入冀中、魯西,圍攻地方,攻擊河北、山東省政府. 中共中央出版機關「解放社」在延安成立 台灣共產黨領導的反日志士炸毀日軍「久留米油庫,日兵死傷 30 餘人 孫中山夫人宋慶齡成立「保衛中國同盟」這個組織成為中共赤區取得外界供應補足的重要來源.宋慶齡一再發表反對政府的言論,後來遷居香港.

中華民國		紀元	干支	紀要
元首	年號			
蔣中正	**28**	**1939**	己卯	1.3.汪精衛叛國組織「南京偽政府」被開除國民黨籍,並下令通緝. 美、英、法三國分別向日本遞交不承認「東亞新秩序」的照會 6日『蔣公日記』「共黨之猖狂日甚,彼或認為其時已到乎？」 8日『蔣公日記』「汪精衛無路可走,又想轉彎,卑劣已極,宜乎其無立足之地也.」 11日蔣委員長致電宋子文,派鄭彥芬到越南勸說汪精衛. 軍校精神教育,校中有副對聯「升官發財請走別路,貪生怕死莫入此門」 14日美重視西太平洋戰略,開始在關島正式設防. 16日蔣委員長在國民黨五屆五中全會演講「外蒙有自治之可能,而滿洲完全是中國人,絕對不能獨立.」接着解釋「抗戰到底」之『底』的意義. 共黨發展迅速,其勢已日洶. 中共中央南方局在重慶成立,周恩來任書記. 17日汪精衛的親信「南華日報」社長林柏生在香港被刺. 17~2.4日 在延年召開中共陝、甘、寧邊區第一屆參議會. 18日日本宣傳對英美以民族平等,貿易居住自由,原料均分之原則 20日蔣委員長又計劃派葉楚傖或陳立夫到越南勸說汪精衛. 派白崇禧赴雲南往訪龍雲,予以安撫,制止勿投向汪精衛. 21~30.國民黨五屆五中全會議決定設置「國防最高委員會」統一黨政軍指揮,蔣中正任委員長.並確定「容共」「防共」「限共」的方針. 22日「蔣公日記」蔣深入探討黨的缺點,觀察黨病態缺點： 一. 黨工官僚衙門化 二. 爭權奪利,不聽民眾呼聲. 三. 精神散漫,對內攻訐,對外招搖. 四. 基層空虛. 蔣委員長自我反省：「只問我心之公私是非，不計別人之恩怨利害，不自欺自餒，以修身養心自勉．」 23日日本以和平攻勢,提出建立「東亞新秩序」號召,企圖獨霸東亞,招致與英美利益衝突,因而美國宣布「關島設防」. 25日蔣委員長召俞大維回渝協助建設,俞原任軍政部兵工署長,美國哈佛畢業,留學德國,為彈道專家.他是曾國藩的外曾孫,對中國儒學思想與西方科學精神融會貫通. 27日日本近衛內閣下台,由平沼組閣.認為中華民族有獨特國民性、自尊、歷史文化. 28日劉少奇從延安到河南確山竹溝鎮,建立「中共中央中原局領導機關」劉少奇任書記.郭述申、朱理治、彭雪楓、鄭位三為委員. 30日國民黨五中全會決議設「國防最高委員會」蔣中正兼任委員長. 蔣委員長為汪精衛事,最後決定派汪老部下谷正鼎赴越南,同時送去護照和旅費五十萬元,勸汪去法國等地療養.谷轉達蔣的意見稱:「不要去上海、南京另搞組織,免得為敵所利用,造成嚴重後果」 31日台灣總督府告各地方政府,應慎重從事「寺廟整理」並尊重民意. 時國合作,召見共軍參謀長葉劍英. 2.2日中共中央在延安召開「生產動員大會」 6日我派機飛往日本投「宣傳彈.」 在湘西與廣西邊境寧遠,修建飛機場,有戰略價值. 10日日本占領海南島,對英美有最大威脅. 13日約見蘇俄大使,談新疆事務. 15日國民政府在湖南衡山南嶽開辦「西南遊擊幹部訓練班」蔣委員長兼主任,白崇禧、陳誠任副主任、湯恩伯任教育長、中共派葉劍英任副教育長.講授「游擊戰」

中華民國		紀元	干支	紀要
元 首	年號			
蔣中正	**28**	**1939**	己卯	19 日世界反侵略運動大會通過「援華制日案」 21 日著手籌備實施「耕者有其田政策」耕者有其田為民生主義核人的土地政策,如能在四川開始實施,推展普及西北西南及淪陷區,或能反制共黨在淪陷區的土地革命. 汪精衛南京偽組織外交部長陳籙,在上被我工作人員擊斃. 22 日擊斃漢奸李國杰. 23 日日本陸相在議會表示：目前軍事改為守勢,以消滅我淪陷游擊隊,安定後方為主 24 日召開兵役會議.研討徵兵制度,建立戶籍. 27 日英允借平衡匯兌 500 萬英鎊. 美國貸款中國:1939.2 月 2,500 萬美元,1940.4 月 2,000 萬美元,1941.1 月 5,000 萬美元. 28 日今宋子良(宋子文之弟)負責在國外採購武器,責其運購之戰車砲回國. 召訓四川中學以上校長,及縣長集訓. 蔣委員長往重慶沙坪壩,親自拜訪全國聞名「南開中學」創辦人教育家張伯苓. 3.4.蔣委員長致電杜石山「中日事變誠為兩國之不幸,萱野翁不辭奔勞,至深感佩.惟和平之基礎,必須建立於平等與互讓之基礎上,尤不能忽視盧溝橋事變前之中國現實狀態.日本方面,究竟有無和平誠意,並其和平基案如何,盼向萱翁切實詢明,佇候詳覆」 7 日日本尾崎行雄發表「反對軍閥侵略戰爭」,足見在日本軍閥淫威下有道勇氣人. 8 日英國提供中國 500 萬英鎊的借款,和 300 多萬英鎊信用貸款 9 日孫科與俄駐大使一同去莫斯科,討論新疆問題. 10 日日人萱野返港,告訴杜石山,新上任平沼首相、有田外相都瞭解蔣委員長的「偉大」,頭山滿準備親自來華與蔣會晤.中日之間應當「平等言和,恢復盧溝橋事變態」 蔣委員長召見張秉鈞、蔡文治.按張秉鈞為軍令部第三廳廳長,主管作戰,為此時優秀參謀人才.蔡文治,軍校九期畢業,曾留美,內戰時擔任馬歇爾主持軍調部參謀長. 12 日萱野提出,雙方政府代表可在軍艦上見面. 13 日蔣夫人宋美齡到香港指導談判. 台灣高雄農民一百餘人,反抗日本警察強拉軍夫而暴動失敗,600 餘人被殺. 17 日萱野、柳雲龍、杜石山商討會談條件,最初為九條,後經修改定為七條:一.平等互讓、二.領土完整主權獨立、三.恢復盧橋事變前狀態、四.撤兵、五.防共協定、六.經濟提攜、七.不追究維新政府、臨時政府人員的責任.關於滿洲,另議協定.宋美齡對七條、九條都有意見,批評說:「此種條件,能提出於國防會議耶！如能到領土完整、主權獨立八字,便符政府累次宣言.」 3.17~5.1.「江西南昌會戰」50 個師參與戰鬥,由陳誠擔任指揮官. 18 日杜石山七條電告蔣委員長 19 日蔣委員長覆電繼續進行,同時稱,得「領土完整,主權獨立」八字便可,餘請商量改刪.關於「防共協定」宋美齡及蔣委員長都表示,可以密約辦理. 21 日地下工作人員進入河內汪精衛住所開槍刺汪,誤殺汪的助手曾仲鳴. 刺汪不成,雲南省主席龍雲派警務處長李源謨去河內慰問汪精衛. 22 日『蔣公日記』派王魯翹往汪精衛住在河內行刺不中,被刺死者為曾仲鳴. 25 日在重慶舉辦「中央幹部訓練團」,王東原中將為教育長. 27 日日本央請蔣委員長前德國顧問塞克特上將東來謀和,蔣委員長認定絕不單獨議和,唯有召開國際會議,才能解決中日戰爭. 28 日汪精衛南京偽組織核心人物高宗武與周佛海,其周佛海與戴笠暗中有連繫.其後高宗武與陶希聖,深深悔悟,棄汪精衛重返抗戰陣營. 29 日小川平吉到港參加談判,行前致函萱野,此行得到首相平沼、外相有田、陸相伎垣、近衛、頭山滿等人支持.又稱「要求蔣介石派有權威代表到港談判」、「日本政府尚未確認蔣介石有和平誠意」、「日本要求國民政府改組」. 共軍在華北排國軍,肆無忌憚,假抗戰之名,在淪陷區發展組織,不以日軍為敵,而以國軍為戰對象,奪取國軍控制區.

中華民國		紀元	干支	紀要
元首	年號			
蔣中正	**28**	**1939**	己卯	國民政府相繼允許中共： (1)中共成立「陝甘寧邊區政府」「晉察冀綏邊區政府」 (2) 延攬毛澤東、周恩來、陳紹禹、秦邦憲、董必武、吳玉章、鄧穎超七名為國民政府參政員.派周恩來為軍事委員會政治部副主任,周恩來並為中共駐重慶代表. (3)允許中共在重慶新華日報發行書刊,開辦書店,及在重慶成都西安設辦事處. 國民政府在國防最高委員會下設立「精神總動員會」蔣中正任會長.公布「國民精神總動員綱領」及「精神總動員實施辦法」 30日汪精衛託李源謨帶親手書致龍雲,動員龍對「艷電」表態,允許回昆明活動,函稱:今已三月有餘矣,未知先生佈置如何？弟非有奢望,但能得先生毅然表示同意於(艷電)主張,弟當即來昆明,聲明以在野資格,貢其所見,以供政府及國人之參考.先生對弟,只須以軍警之力,保護生命之安全及不干涉言論行動之自由,如此已足.俟將來大局有所變化,再作第二步之進展計劃.如此則可以安雲南,安西南大局,安中華民國.弟之希望,實繫於此. 此函為特工人員截獲拍成照片,上報蔣委員長.派李根源、唐生智赴滇防堵. 4.1.~2.戴笠到香港云「此時我方與日本絕無和平可言」 2日戴笠致電蔣委員長:可否密派與小川認識之人來港,刺探小川對和平真實態度. 3 日杜石山也電蔣委員長催促. 4日「吾人必須苦撐一年,必待倭寇筋疲力盡,方得有和可言,此時決非其時也.」 中共發佈「抗戰時期施政綱領」強調團結抗日,發揚民主政治,採用直接普遍平等不記名的選舉制,增強人民的自治能力,確定私人財產所有權. 5日汪兆銘與日本簽訂「亡華協定」,汪兆銘自願作傀儡,,蓄意支持日本企圖併吞中國陰謀. 6日蔣委員長日記「敵求和之急與其對我屈服之情狀,可知其圖窮匕見,應付之方應特審慎」 日本萱野、小川在香港還曾約見大公報主筆張季鸞,日政界主和,軍主戰,如果「和」不了,日本會永久佔領半個中國.張答:中國以保衛國家為目的,一定拚命打 8日蔣委員長「在東亞新秩聲明之下,絕無和平之可言」 10日日本小川函蔣委員長「為東亞前途以及中日兩國百年大計而來,幸有教之.」 西康雲杉為製飛機材料,堅硬而輕,是當前最重要的物料. 13日蔣委員長覆小川電「小川先生本為余等生平所敬慕,但在兩國戰爭之中,不能派代表來港致敬.惟託其在港友人馬伯援君致意也.」(馬於4.14.突然去世) 14日蔣委員長「倭派小川探和,以平等互讓,領土完整,主權獨立三點為原則,而不言行完整,可笑.」 國民政府發行「建設公債」 蔣委員長研擬對付汪精衛辦法: 一. 對汪加以刑處分. 二. 向法國府交涉,汪精衛回國,或不允其離河內. 15日蔣委員長邀約葉傖、王世杰、陳布雷、張治中討論汪案. 英首相聲邀中國參加民主集團. 21日萱野、小川二人與杜石山見面,嚴厲批評桂向蔣報告不夠詳盡.「待命日久,仍無消息,似已成騎虎難下之勢,此應請蔣先生乾綱立斷,速下決心,想多相知,必不致難為朽也.」同時,日方釗積極宣揚,如在五月十日前不能和議的覆函,即成立偽組織. 22日唐生智與龍雲談話,說明汪善辯多變,生性涼薄,沒誠意忠奸不兩立. 24日唐龍再談,唐提:一.邀汪來滇但不作任何活動.二.在雲南發表汪函..三.呈報中央發表汪函. 龍雲同意發表談話,擁護領袖,指斥和議,;惟領袖之命是聽,不願提及汪函.

中華民國 元首	中華民國 年號	紀元	干支	紀要
蔣中正	**28**	**1939**	己卯	24 日蔣委員長在日記中明確寫道「拒絕小川等之求和」 25 日汪精衛在日本嚴密保護下,由河內到海防,秘密乘船前往上海.. 德派塞克特來華,試圖再探中日和平的可能性. 27 日蔣委員長覆電唐生智,尊重龍雲意見. 29 日重慶中央訓練團,召訓黨政軍高級幹部.此際中央軍校除本校在成都外,另在洛陽設洛陽分校,湖南武崗設第二分校,江西設第三分校,廣東設第四分校,昆明設第五分校,桂林設第六分校,西安設第七分校,各分校主任都是中將,畢業後令赴中訓團受訓 5.1.蔣委員長倡勉力行「國家至上、民族至上、軍事第一、勝利第一、意志集中、力量集中」三信條. 5.1.~20.「隨棗會戰」39 個師、2 個旅参戰,李宗仁擔任指揮官,國軍第 29 軍軍長陳安寶陣亡 2 日龍雲發表談話,「背離黨國,破壞統一,違反國策.」勸汪精衛「立下英斷,與敵人斷絕往來,命駕遠遊,暫資休憩,斬除一切葛籐,免為敵人播弄.」 「蔣公日記」抗戰進入持久消耗戰後,戰術以迂迴鑽隙,主動機動交替,避實擊虛,消耗敵人,故不可攻堅. 3 日日機四十餘架傍晚狂炸重慶,市民死 4,400 餘人,傷 3,100 餘人,房屋被毀 1,200 幢,明顯日本為打擊我國抗戰意志的迫切行動,益使國人同仇敵愾,鑄成「重慶精神」。 4 日抗戰期間,淪陷區失學青年,多受共黨宣傳奔向延安. 8 日召集黨政軍高級人員到中訓團受訓,梁寒操亦來渝受訓. 10 日「蔣公日記」有感於最近前方軍隊犧牲,後方民眾受戰亂痛苦,而共黨到處騷亂,官吏不能自拔,敵國無覺悟悔禍之意,國家處境更形艱難. 11 日日本小川通過杜石山再次致函蔣委員長,敘述自己多次「援助」中國.要求蔣當此難關,毅然不惑,快刀斬亂麻.「如蒙幸領鄙意,願派要員來港商議,倘足下以僕之赴渝為便,僕應偕萱挺渝,面聆大教,若不然者,則僕即去港歸國,一任局面如何惡化.」 12 日下午七時日機 27 架空襲重慶江北. 共黨「新華日報」免費分送各學校二萬五千里長征宣傳手冊,轟動一時. 16 日重慶派專機取走該函 19 日日本台灣總督府宣佈「皇民化、工業化、南進基化」等三大政策 中共中央在延安創辦「自然科學研究院」李富春任院長. 日、俄在滿、蒙邊境諾門坎,相互砲轟連續四個月. 21 日蔣委員長指示:「杜石山絕不准與小川來往」同時命將小川原函退回. 27 日杜石山遵命辦理.據戴笠報告:萱野除歎息外,默不出一言,小川則莞爾而笑,並調侃說:「僕此行,誠不出皮垣將軍之所料矣」 30 日興建川陝公路與康滇公路,乃抗戰基地以四川為中心,串連西北、西南基地的重要交通工程. 「蔣公日記」積極整頓四川,統一西南,鞏固後方基地,為今日首要.在四川實行地方自治,健全保甲,清查戶口,丈量土地,使國民黨員能深入並領導社會基層. 31 日日軍封鎖鼓浪嶼,檢查英法商船,宣布封鎖我海口,反英法民主陣營之措施. 6.2. 萱野、小川離港回日本. 3 日暹羅國名改為泰國,視我滇、桂、川、黔、與瓊州各部為兄弟民族.且以此為其民族固有土地,擴張領域,則西夷又圖侵略我國,應提高警覺,自立奮起. 6 日「蔣公日記」中國之人口、土地、歷史、文化,為東亞主體,無中國即無東亞.日本欲亡中國,唇齒寒,無異自相殘殺,此乃喚起日本軍閥覺悟之道理. 8 日「蔣公日記」國共矛盾日益加劇,由於中共口稱服從中央,共同抗戰,實乃自行其是,國民黨在敵後的鬥爭中,節節失敗,共黨勢力益張,而欲共黨取消其組織,乃不可能.抗戰大敵當前,對共黨則投鼠忌器,只能以未遵令退敵,不再談話應之。

中華民國		紀元	干支	紀要
元首	年號			
蔣中正	**28**	**1939**	己卯	9 日日本以三百萬兵力滿布中國,亦不能控制全土,即再以十倍兵力亦然,蓋中華民族之精神與意識,非武力所能強制. 10 日蔣中正委員長召見中共周恩來、葉劍英,規誡共軍,應信守諾言,服從中央命令,不得在各地製造事端. 11 日蔣委員長發表「告日人民書」對日本人民心戰喊話,意指中國亡,而日本亦必亡.鼓勵日本人民追問日本軍閥,此次戰爭目的究竟何在?何時可滅亡中國,始曰三個星期,繼曰三個月,再而半年到一年,現在已屆兩年,中國依然存在抗日,日本國力,苦樂安危已甚明顯,以此激起日本人民的厭戰情緒。對日本軍閥喊話,中日兩國唯有共存,乃能共榮,為求獨霸必至獨亡.放下屠刀立地成佛,苦海無邊,回頭是岸,日本武士道的精神皆可恢復,否則雖勝不武.中華民族以禮義為疆埸,化干、為玉帛,非武力所屈服。 日機分批空襲重慶、成都,傷亡七千五百餘人,日機被擊落 5 架. 日人興建台灣南投「萬大水庫」 任命蔣經國為江西省第四區行政督察專員兼保安司令,轄贛南各縣. 日軍佔領汕頭 13 日中蘇簽訂「貸款 1.5 萬美元三條約」以購買蘇聯軍火、汽油、和其他工業用油,中國以茶、鎢等售價償還. 周恩來要國民政府承認擴大的陝、甘、寧邊區及八路軍兵力,並解決河北問題.蔣命中共服從,否則決不遷就. 國民政府頒布「防制異黨活動辦法」及「異黨問題處理方案」實行軍事封鎖陝北. 17 日英法在新加坡開會,討論軍事合作問題,以中國參加與否為主題. 23 日共黨利用抗戰發展組織,擴充其控制地盤,指示中央政治學校畢業生,皆派往陝西. 26 日蘇俄史達林表示,願與我國締結軍事同盟.+ 7.7.蔣委員長發表「告全國軍民書」、「告日本民眾書」、「告友邦人士書」 蘇俄史達林給予中國一億五千萬美元貸款. 英國承認日軍在中國的戰爭行動,對「凡有妨害日軍達到上述目的之行動,英政府均無意加以贊助」意即默認日本對中國的侵略. 18 日中英平準基金對維持法幣值作用很大,基金用盡,停售外匯,英未再支持,蔣不滿. 23 日中德關係惡化,蔣電蔣緯國回國. 24 日燕京大學校長司徒雷登,日軍占領北平後,不敢侵犯燕大,司徒繞經美國到重慶,提供敵偽消息,彌足珍貴.日後司徒雷登為美國駐華大使. 30 日美國宣布「廢止美日商約」. 8.1.史達林致蔣委員長緘,稱「日本本身已失去平衡,諸凡舉動失常,神經錯亂的形象正在開始」 2 日德國希勒手令蔣緯國繼續留德,其意義或係尚望維持藕斷絲連的中德關係. 3 日暹羅加入防共協定. 5 日日本御前會議,原則加入德義同盟. 8 日八月三日日本陸軍三巨頭會議,今(八)日又五相會議,為加入德義同盟,日海軍反對,因海軍主張南進,寧願與美爭太平洋霸權,而不願攻俄爭取陸上霸權. 14 日孫科代表與俄簽定「中俄商約」,竟有俄國設在中國的機關,不受中國法律之裁判,是新的不平等條約,昔日列寧所宣布之革命真理全失. 26 日印度尼赫魯到重慶訪問. 28 日日本平沼內閣辭職,阿部信行繼任. 我駐法大使顧維鈞電稱: 法國已向我示意,英法與日本妥協,而勸我國與日本言和. 川政糾紛,鄧錫侯、潘文華反對王陵基出任四川省主席,幾兵戎相見,幸沉靜處理無事. 陳辭修驕矜,對青年團業務幾乎中斷.

中華民國		紀元	干支	紀要
元首	年號			
蔣中正	**28**	**1939**	己卯	9.1.德國於今日進攻波蘭,歐戰已啟. 法國在華軍事顧問撤退 7 日史達林來電:一未與日本談妥協,二對英、法、波關係如常. 9 日國民參政會開會,顯示各黨派支持政府精神. 9.12~10.13.「第一次長沙會戰」日軍侵犯湖南長沙、福臨鋪、金井、高橋、上杉市、瀏陽縣一帶,國軍 17 個軍 51 個師約 24 萬人參與戰鬥,指揮官為第九戰區代司令官薛岳,日軍兵力十萬人,指揮官岡村寧次,被殲滅日軍四萬餘人.人稱「長沙大捷」 13 日日本任西尾造為派遣軍總司令,統合華北、華中、華南指揮,而海津美治郎調任關東軍司令官. 15 日日俄衝突,今簽停戰協定. 16 日毛澤東宣布「人不犯我,我不犯人,人若犯我,我必犯人」的「反磨擦鬥爭」 19 日國民政府公布「縣各級組織綱要」實行「管教養衛合一」「政教合一」「三位一體」的新縣制 25 日台灣台中「梧棲港」(日本更名新高港)開工.1944 年更名為「台中港」 日本、蘇聯、蒙古、偽滿洲國在莫斯科簽訂「諾蒙坎停 戰協定」雙方各派代表二人組成委員會,勘定偽滿洲國與蒙古發生衝突[地帶邊界. 29 日司法院長王寵惠發表「外交可由美國調和」與政府抗戰到底政策不符,庸人自擾 10 月成立「三民主義青年團長沙分團」 中共潘漢年擔任「中共中央社會部副部長」負責組建華南情報局,統一領導港、澳、穗等地情報工作 1 日夜日機徹夜輪番疲勞轟炸遂寧及成都,整夜未解除警報 3 日日軍常利用漢口機場集結起飛轟炸重慶,我乃派九架重轟炸機轟炸口機場,阻止敵機運用.14 日又第二次轟炸漢口機場,爭取制空權. 9 日日本利用汪逆和談,組織偽政權,認為奇貨可居,孔祥熙亦有求和心理,遭到痛斥. 10 日台灣 300 餘人被征入伍的軍夫,在基隆港集中時暴動,殺害日軍 30 餘人攜械潛逃. 毛澤東發表「共產黨人」發刊詞 陳嘉庚發起「南洋華僑籌祖國難民總會」在新加坡成立. 日本在中國南京成立「中國派遣軍總司令部」 18 日嚴限閻錫山部必須留在山西境內,不可渡過黃河西岸到陝西. 19 日特派吳忠信(安徽合肥人)經印度往拉薩,主持西藏 14 世達賴喇嘛坐床大典. 24、25 兩日蔣委員長召見葉劍英,談國共摩擦問題,痛斥共黨之驕橫愚妄. 28 日日本皇族日軍參謀長閑院來中國華中、南京、上海、杭州、漢口視察. 29 日召集各省主席、黨政軍將高級領幹部、在南嶽召開軍事會議,檢討今後作戰方針. 蔣委員長指示：以後作戰應徹底變更,反守為攻,積極進取.會議決定東季攻勢策略 30 日西班牙承認偽滿,此乃德國希特勒支援佛朗哥在艱獲勝當選,予以回報. 轟炸山西運城 15 架飛機失事,未返蘭州及成都基地. 11.1.成立〔空軍幼校〕,從兒童起,由國家責培養飛行員· 3 日汪精衛到南京組織偽中央,與重慶對抗.此乃日本軍閥以汪偽政權,改變侵華戰爭形象,一面以華制華,一面以戰養戰.但日本政府內部意見不一,尚猶豫不決中. 5 日美國羅斯福總統親函蔣委員長,保證美國對華友好關係,決不改變. 6 日日軍宣傳開放長江、珠江、及在上海與各國交涉管道. 9 日中共反對五五憲草. 11.15~1940.2.26「抗日桂南會戰」25 個師參戰,白崇禧擔任指揮官 12 日國民黨五屆六中全會開幕 16 日日軍在廣東、廣西相鄰處北海附近登陸,威脅雲南龍雲,迫其附和汪精衛主和,分化抗戰陣營. 18 日蔣委員長在國民黨五屆六中全會上講話:

中華民國		紀元	干支	紀要
元首	年號			
蔣中正	**28**	**1939**	己卯	批判國民黨內要求變更抗戰建國方針,及早結束對日戰爭的錯誤思想.他說:「如果我們國家民族一天沒有得到獨立自由平等,抗戰就一天不能停止,而我們的犧牲奮鬥和努力,也就一刻不容鬆;懈,更絲毫不容有徘徊觀望、半途而廢的心理,幻想苟且和平!否則抗戰失敗,國家滅亡,我們就作了中華民族千古的罪人!所以現在如有人以為敵人已無法進犯,他的侵略之技已窮,我們可乘此機會與他講和,或者以為友邦都不可靠,不如自己早些設法和平,這就是陷入與汪精衛同樣錯誤危險的心理.」 蔣委員長主張:「一面堅持抗戰,一面抓緊建國,再要埋頭苦幹三五年,非獲得徹底的勝利和成功,使敵人根本放棄其侵略政策,決不能停戰言和.」 六中全會通過孔祥熙為行政院長,宋子文為財政部長. 19 日楊杰(楊耿光)提出異常意見,或係指英國與蘇聯擔任仲介,調解中日戰爭之時機. 20 日行政院成立「糧食部」實施徵糧,而財政部則管徵稅. 行政院改組,蔣委員長任行政院長,原院長孔祥熙任副院長. 21 日實施「軍糧餉劃分」分區逐次推行,俞飛鵬任軍委後方勤務部長. 23 日抗戰期間,物價高漲,伙食與副食不足,故令機關學校與駐軍,自行承養雞鴨、豬、牛、羊等,以增加營養. 日本作家尾崎談話,喻中國為大而精力稍損的大力士,日本為活潑精幹的小力士. 12 月蔣中正委員長在湖南衡山南嶽召開第二次軍事會議,檢討南昌會戰及第一次長沙會戰得失,策劃今後抗戰方略. 2 日湖南長沙成立「抗日自願兵營」 日機轟炸浙江溪口鎮蔣委員長故居公珂鄉樂亭,與報本堂皆被炸毀. 日軍飛機轟炸重慶、潼關、洛陽、襄陽、西安、宜昌、泉州、成都等地 柳州空戰擊落日機 8 架 崑崙之戰大捷,殲敵八千餘人,日軍氣焰受到重挫. 4 日吳佩孚(1874~1939)去世,字子玉,山東蓬萊人,北洋軍閥直系後期首領,先後入學開平武備學堂、保定陸軍速成學堂測量科.與張作霖合作大敗皖系定國軍,1924 年直直戰爭失敗,1926 年被中央北伐軍打垮,1939 年暴卒于北平. 9 日國際聯盟召開會議. 12 日蔣介石原配夫人毛福海被日本飛機炸死,其子蔣經國悲慟在墓碑刻字「以血洗血」誓言報仇. 13 日南京淪陷. 蔣委員長家鄉奉化溪口被炸,元配毛夫人遇難,令蔣經國回家處理. 15 日「晉犧盟」係山西省主席閻錫山命部屬薄一波(為共黨潛伏份子)組織山西省青年抗日犧牲同盟,組訓知識青年參加抗戰. 25 日薄一波背叛閻錫山投共.一夕之間,共軍戰力增加四、五萬人. 30 日汪精衛「南京偽政權」周佛海代表在上海簽訂「日支新關係調整綱要」密約: (1)日支滿三國提攜,以善鄰友好,共同防共,經濟提攜為原則. (2)日本派遣顧問於新中央政府,以協力於新建設. (3)為日支共同防共,日本軍隊得屯駐於華北及蒙疆各要地. (4)承認事變以來之既成事實,及隨情勢推移之事態存續. 同日,朱德通電,要求政府懲辦肇事禍首,取締反共邪說,證明共黨亂跡已顯,意在乘機充地盤,鞏固共區,深恐國軍進剿. 湖南大學校長胡庶華在衡山籌建「湘華鐵工廠」 「民族文化書院」在雲南大理成立,董事長陳布雷,院長張君勱. 毛澤東撰寫成「中國革命與中國共產黨」 毛澤東指示「對於頑固派鬥爭,必須堅決、徹底、乾淨、全部的消滅之」「不鬥則已,鬥則必勝」團結並不是停止一切鬥爭.特別命令新四軍放手擴大,建立根據地,培養幹部,事事與國民黨作對. 崔琦(1939.2.28.-)河南寶豐人,獲諾貝爾物理獎.

中華民國		紀元	干支	紀要
元首	年號			
蔣中正	**29**	**1940**	庚辰	1.1.全國實施新縣制度 為日本與汪精衛密約,蔣委員長發表「告全國軍民書」及「告友邦人士書」 2 日蔣委員長召見俄顧問,俄援我轟炸機九架,在零陵因俄駕駛不力,被敵炸毀七架. 4 日滇越鐵路為當時我僅有之國際通路,雲南主席始終不肯派兵保護. 11 日「蔣公日記」我空軍在抗戰前期犧牲殆盡,此際全賴俄援空軍,飛機、飛行、保養,全係俄人,訓練不足,戰志與紀律懈怠,故屢次損傷飛機,貽誤工作,認錯目標…… 13 日原亞洲司長高宗武,雖隨汪精衛投敵,但亦為我布置內間. 15 日國民政府「國際廣播電台(VOC)」開播 陸軍官校第六分校設在桂林,主任黃杰,黃埔一期. 毛澤東發表「新民主主義論」 蘇俄指責中國對國際聯盟取消蘇俄會員國案未投反對票,不理中國的請援要求. 16 日日本軍閥要求全權處理中國問題,以畑俊六為首相,不成,改由海軍米內光政組閣 18 日中共要求擴大其控制區,陝北特區以 12 縣為限. 20 日長江皖南砲兵誤擊美國船艦. 高宗武在香港發表「日汪密約」 21 日蔣委員長再次約見周恩來,重提國民黨與共產黨合併事,周再次明確答覆「不可能」.蔣要求周將此事再電延安請示,希望在國民黨五屆五中全會前得到答覆. 高宗武、陶希聖以汪的賣國求榮行為,不能苟同,公布其密約,重回抗日戰爭陣營, 22 日蔣委員長痛批朱德,國共摩擦日趨惡化. 24 日中共中央致電國民黨五中全會,說明兩合作「為現代中國之必然」,兩黨合併,「為根本原則所不許」.共產黨「絕不能放棄馬克斯主義之信仰,婉不能將共產黨的組織合併於其他任何政黨」. 26 日蔣委員長聲稱對共產黨「不遷就,不放任.」「用嚴正的態度來教育他,管理他,然可以溶化他,『以敵化友』這是中國國民黨現在最緊要的政策.」 29 日國民黨五屆五中全會在「宣言」中聲稱「吾人絕不願見領導革命之本黨發生二種黨籍之事實」,這是對中共所提「跨黨」意見的明確拒絕. 31 日朱德不遵從命令,北移在晉南豫北發展. 2 月蔣委員長接見蘇俄總顧問福爾根,指中共不法措施,影響戰局,及對中蘇之利害關係. 1 日葉楚傖擬具「對共產黨應取態度之原則」其中有一條「各戰區之國軍於暗中劃一境線,不許第十八集團軍部隊自由越境,若不服制止,即將消滅之」「默許各機關及淪陷區之國軍採取任方法肅清其內部之不良分子」…… 2 日「蔣公日記」閻錫山思想不堅定,游離三民主義與馬克斯主義之間,圖利共產黨,結果反為共黨所乘,其所組織「抗日犧牲同盟」12 個團,被薄一波一次帶領投共. 3 日「蔣公日記」國難方殷,軍閥所謀,皆唯私利.四川劉文輝態度與行動,出乎意外惡劣,應係在西康解散中央新訓兵團,是為劉拒絕中央勢力進入西唐之明證. 4 日美國抗議日軍轟炸滇越鐵路. 6 日日軍攻桂南,遺屍八千,我損失不大,只是李延年、姚純、葉肇、鄭作民幾將領下落不明. 9 日俄要求在迪化設驅逐機製造廠. 10 日日機又炸奉化溪口,企圖炸蔣經國,但他早已回贛州. 11 日日本駐台灣總督府修訂戶口規則,大力推行「民化政策」公佈「台籍人民改換日本姓名促進綱要」民間成立「更改姓名促進會」半強迫性要台灣人更改為日本姓名.此時李登輝改為「岩裏政男」. 12 日蔣委員長約周恩來談話 13 日此際遠東中日戰場與歐戰場,均呈沉靜狀態.日軍在中國戰場已放棄「速戰速決戰略」,在軍事無重大攻擊意圖,將精銳常備師團調回本土,扶植汪偽政權. 14 日美國會通過借華二千萬美元,聊勝於無,但政治意義值得重視..

中華民國		紀元	干支	紀要
元首	年號			
蔣中正	**29**	**1940**	庚辰	17「蔣公日記」英國與日本妥協趨勢易明,欲以天津白銀予日本,此應為英國依不平等條約,主管我關稅所存白銀,儲於天津租界.警告英使,英已破壞九國公約,及放棄在華北的條約權利,即助日侵華,而上海租界工部局,與偽市府交涉簽字,即為承認漢奸組織的行動. 20日「蔣公日記」國軍砲兵數量有限,不若日軍,每一個師團有一個砲兵聯隊,而國軍師屬無砲兵,軍亦無砲兵建制,全靠統帥部所轄砲兵隊臨時配屬支援.指示對砲兵的擴充與整頓. 22日蔣委員蒞臨柳州,日軍偵知,以敵機三十餘架分次以蔣為目標向防空洞投彈,時蔣委員長與侍衛長已入防空洞,幸免於難,衛士均無損傷. 28日蔣委員長約見共黨投誠之張國燾,積極網羅中共被開除的優秀份了. 29日俄政府間接示意對共黨的扶助.俄國素以兩手策略,蔣委員長親身體會受措最深. 3.1.蔣委員長兼任中央政治學校校長,與陸軍官校校長. 蘇俄表示,共黨問題不能解決,俄國不能予我接濟,要脅我對中共更予寬容發展,支援中共以抗日為名,行奪權之實. 3日「蔣公日記」國家人才難得,必須培養,新陳代謝,傳承發展,不可偏廢.喻俞大維是傑出兵學與科學家、彈道學家,時任兵工署長,為定大計的人才,雖然堅示入黨,其實是更忠誠的三民主義信徒. 5日蔡元培(1868.1.11.~1940)在香港逝世,享壽74歲.浙江紹興人,曾任教育總長、北京大學校長、中央研究院長. 美國宣佈不承認汪精衛偽政權. 6日抗戰進入持久消耗階段,歐戰爆發,但未與我抗戰合流,國際局勢更感孤立. 8日葉劍英為十八集團軍參謀長,來重慶參加國軍參謀長會議,說了一套歪理. 10日共黨此際行動,不遵守中央所劃定的作戰地,任意越界襲擊國軍,擴張地盤,令第一戰區司令長官衛立煌,以全力限制朱德部隊在長治、邯鄲路以北地區,不准其向南發展. 蔣委員長閱讀到中共129師政委張浩「中國共產黨的策略路線」談到「對革命頭子蔣介石,更是誓不兩立」「必須將眼光放大些,所以才與反動的各階層合作」『蔣公日記』「中共策略與路線」一書,幼稚卑劣,可歎!決定今後採取「融化共黨政策」 11日新疆主席盛世才與俄私訂合約,挾俄自重,設迪化飛機製造廠,俄並非為援我抗日 13日安排高宗武作內間,隨汪精衛投敵,其經杜月笙秘密攜回汪與日所訂密約內容.. 15日雲南龍雲始終對中央懷有二志,既不能除之,則必須予以安撫. 19日台灣成立「台灣革命團體同盟會」 21日日本派陳治平來求和,其條件亦如往昔,乃試探汪偽組織對蔣委員長的心理影響. 22日「蔣公日記」共黨半年來形勢洶湧,叛逆日顯,一面挾蘇聯以自重,一面乘敵寇深入,脅制政府,以為政府無可奈何 23日成都日前發生搶糧事件,查明乃共黨策動,共黨利用抗戰企圖奪取政權,不僅在淪陷區常偷襲國軍,甚至在大後方亦策動暴動,以加速國民政府的崩潰,其行為可誅. 24日「馬寅初事件」馬寅初乃敢言經濟學家,對抗戰的經濟政策多所批評,尤其攻擊孔祥最烈,不為蔣委員長所容. 29日汪精衛偽政權組織即將成立,故英美駐日大使回國,表示反對日偽組織之產生. 30日汪兆銘在南京成立偽組織,自任行政院長,兼代理主席.設立軍事委員會,組建和平救國軍達60萬人.政府聲明汪偽組織無效,明令通緝附逆首要漢奸陳公博等77名. 政府通令全國各省市建立抗戰陣亡忠烈祠,優待出征家屬,為死難民眾建坊,發揚民族精神 31日美、法宣布反對汪精衛偽組織.

中華民國		紀元	干支	紀要
元首	年號			
蔣中正	**29**	**1940**	庚辰	4.1.國民政府通令全國,尊稱孫中山先生為中華民國國父. 國民參政會討論「五五憲法草案」 美國向中國提供 2,000 萬美元借款 蘇俄駐華大使潘友新(A.S.Panuyaskkin)向蔣調解國共問題. 5 日設臨時性的國民參政會,除國民黨外,以中共、青年黨、國社黨、民主同盟、及社會賢達為主,雜音很多,必須有容忍雅量. 7 日孫中山夫人宋慶齡到達重慶,林森主席以茶會歡迎,蔣委員長亦有參加. 10 日宋藹齡、宋慶齡、宋美齡在重慶相晤,慰勞傷患,為抗戰時期佳話. 11 日在西安成立黃埔軍校第七分校,胡宗南任主任. 13 日蔣委員長約見周恩來夫人鄧穎超. 14 日國民黨秘密發布「限制異黨活動辦法」提出加強國民黨的意見十條,限制共產黨的意見十三條.國共兩黨關係轉入多事之秋. 16 日政府遷重慶後,為蔣委員長準備的官舍太奢華,有違抗儉樸抗戰生活旨意,蔣委員長拒絕遷入. 19 日長期抗戰,物資缺乏,日貨充斥,形成既需要又嚴禁的矛盾現象,政府有意成立貿易部或經濟作戰總部. 決定取消桂林行營,不考慮白崇禧的心理. 23 日蔣委員長在成都主持軍校 16 期畢業,及 17 期開學典禮,蔣夫人宋美齡、孫中山夫人宋慶齡、宋藹齡三姐妹亦到成都,蔣委員長以總理之禮待之,彼此相見甚歡. 26 日蔣委員長在往青城之中,與鄧錫侯談話,乃知辛亥革命當年「成都之變」實由於四川總督趙爾豐蠻橫無方,始捕耆紳,繼殺請願民眾,有以致之,以致湖北駐軍入川,武漢空虛,乃有「武漢雙十起義」,. 28 日宋氏三姐妹宋藹齡、宋慶齡、宋美齡由成都飛渝,蔣委員長親往送行. 英法在太平洋軍事基地,皆歸美國使用,為重要國際戰略,英法則全力專注歐洲. 29 日撤消西安(蔣鼎文)與桂林(白崇禧)兩個行營,另在西安設辦公廳,以賀耀祖為主任. 5.1~7.20.「棗宜會戰」國軍投入 53 個師、2 個旅,李宗仁擔任指揮官.173 師師長鍾毅為陣亡殉職.蔣委員長親自接其靈柩. 4 日四川面積大,物產豐富,人口眾多,古稱天府,但亦有「天下未亂蜀先亂,天下已治蜀未治」之語.民國以來,軍閥割據,抗戰軍興擇為基地,以重慶為抗戰司令台,但川政難以擺平,不得已蔣委員長自兼主席,仍感四川人民虛浮,社會黑暗,以蔣之威望,尚不能感格致治,其難可想而知, 5 日李宗仁與白崇禧對作戰指導不採積極行動,而以避戰保存實力為主. 8 日令朱德來重慶,但他抗命不來. 糧食生產為戰時經濟首要,故在四川整訓部隊,於農忙時令軍隊幫助農民耕種. 10 日「蔣公日記」日軍擬隔絕中條山與太行山,共黨在敵後坐視不理,誠漢奸之不如,共軍不服從中央命令擅自行動,反襲擊國軍. 12 日英邱吉爾臨危受命,接任英國首相. 15 日天津存銀,我國為所有權人,英駐華大使卡爾要求我國交出存銀,蔣委員長堅拒. 16 日抗日名將國軍第 33 集團軍總司令張自忠在鄂北宜城戰役中壯烈殉職,痛失良將第 173 師師長鍾毅陣亡 25 日俄國支持中共在華北的特殊地位,否則,不再接濟中國. 26 日越南局勢可能變化,趕運海防物資回國. 27 日台灣發生「瑞芳事件」李建興等人被捕. 30 日日機百餘架連續分批轟炸重慶、成都,死傷逾千人,擊落日機一架,我空軍無損. 31 日美國照會我國放棄不平等條款,另訂新約. 南洋華僑陳嘉庚率領慰問團到延安. 日外相有田稱:「當前國際局勢,頗為有利解決對華問題.」純為夢想.

中華民國		紀元	干支	紀　　　　要
元首	年號			
蔣中正	29	1940	庚辰	6.1.蔣委員長反省自勉「用人唯才,能否做到誅不避親,舉不避仇.」 湖北宜昌陷入日軍手中,襄陽失守,控制了我入川門戶. 4日歐戰正緊,我要求美俄接濟,皆淡然置之,而英法對我提議遠東合作,亦「謝」婉拒 8日長江險要江陵,日軍殫精竭慮,勢在必得,我江防軍總司令郭懺,轄35、75、91軍三個軍,調度失據,以致江陵失守,宜昌益威脅. 鄂西會戰第五戰區右翼集團軍,77軍馮治安,及55軍曹福林,皆不戰而潰,必須整頓. 10日蔣委員長巡視軍委會各部室:軍令部(徐永昌)、軍政部(何應欽)、軍訓部(白崇禧)、政治部(部長陳誠,副部長周恩來)、後方勤務部(俞飛鵬)、軍法執行總監部(鹿鍾麟)、及各次室機關.發現諸多作業缺失,迂腐敗壞可痛,甚為震怒,對參謀總長何應欽尤為不滿,感嘆「如此革命黨,國焉得不危」。 12日空軍空運隊駕駛員譚世昌,因個人因素駕機投奔汪偽政府. 日軍占領頗具戰略價值地位的宜昌,其可就近用驅逐機掩護轟炸機空襲重慶. 18軍固守宜昌,傷亡重大,我補給線延長,檢討宜昌失守原因: (一)江防部隊應李宗仁要求,抽調襄東地區部隊, (二)張自忠陣亡,所部潰散,涉及會戰指揮權的權責問題. 宜昌雖失,但機場在我砲兵射程內,命令趕建封鎖宜昌機場砲兵陣地. 14日法國軍隊自動放棄巴黎,可謂歐戰現階段法國已敗.而英國在歐陸的軍隊,絕無立足之餘地. 16日日機轟炸重慶中,擊落敵機五架,我機均安全無恙. 18日德國閃電戰術,法軍於六週內投降,英軍30萬棄甲,從敦克爾克撤退,為世界特變. 20日法國受敵威脅,日軍監視,封閉滇越鐵路中國運輸物資,中國通海口的交通全斷. 鄂西戰局,由狡攻改為持久戰,主力不宜用之過度,以保存戰力為首要. 美國增加40億美元擴充海軍,給日軍重大壓力. 21日法國投降,安南受威脅,宣布對我物資運輸停止. 24日日方向英國提出關閉滇緬公路和香港邊界,不僅要停止運輸武器和彈藥,其他如燃油(特別是汽油)、卡車、鐵路物資等,均在禁運之列. 26日安南受日軍要挾,阻斷滇越交通,如准日派檢查員,則無異法日共同對華侵略,我電抗議. 28日日軍宣佈封鎖香港. 29日「蔣公日記」歐戰法國投降後,助長日本侵華氣焰,而從建立「東亞新秩序」改以「東亞門羅主義」口號,意即歐洲人的歐洲,由德國稱霸歐洲,美洲人的美洲,由美國稱霸,而東亞人的東亞,由日本稱霸,歐洲、美洲、東亞,各不介入其內部問題,蔣委員長斥「東亞門羅主義」荒謬. 胡璉石牌大捷建功,榮獲青天白日勳章. 30日日本政府原擬發表「東亞羅主義宣言」,而今僅其外相,以非正式談話表達,應係知美國不會接受此項主張,而此際美國已放棄門羅主張. 7.1~8.國民黨召開五屆七中全會蔣總裁講話,中國外交方針是廣泛團結友國家,孤立日本 3日「蔣公日記」『在敵機轟炸之中,每一人無論男女老幼、上、下、貧富,不惟生活無定,生命亦不知所止,已刻不知午刻之生命何在,今日更不知明日生活如何.每一防空洞倒塌,死者少則數十人,多則數百人,以如此之苦痛,險惡之環境,而同胞並無怨言懼心,使余不知如何報答,而無虧於心安,但有感激心銘而已』這段話就是「重慶精神」具體說明了抗戰勝利的保證,中華民族復興的代價」永垂史冊。 5日美國羅斯福總統稱年底的歐洲必饑荒大亂,勸中國抗戰待機. 6日我國外交「對英、法盡力維持固有之關係」「對德、意表示積極改善邦交」 7日大公報主持人張季鸞,為日本通,蔣委員長常與討論對日政策問題. 8日蔣委員長應美國全國播公司之邀演說,強調中美兩國利害相關,美國應迅即採取行動,援華制日.

中華民國		紀元	干支	紀要
元首	年號			
蔣中正	**29**	**1940**	庚辰	10 日美國務院兩次正式對我表示遠東政策不變. 11 日鑑於山西薄一波犧盟事件,飭各戰幹團對黨員應徹底清查,有無共黨潛伏份子. 13 日蔣委員長發表「七七告全國青年書」、「七九告日本國民書」.告青青書必為中共所痛恨,乃當頭喝棒,中有反對馬克斯主義的含義,而不介意蘇聯感受. 15 日日本違反國際法,宣告封鎖福州三都澳、溫州、寧波各港口. 16 日英國屈服於日本要求,以停止滇緬交通,促進中日和平為宣傳,對我傷害很大. 17 日日本米內光政內閣倒台,由近衛文磨再行組閣.按近衛文磨為發動侵華戰禍首. 18 日英國首相邱吉聲明廢除對中國不平等條約. 英國順應日本要求,封鎖中國當時最重要的國際交通綫〔滇緬公路〕三個月,同時還中斷通過香港的對華物資運輸管道.對中國抗日造成嚴重損害 20 日美國國務卿反對英關閉滇緬路聲明. 美對日本汔油與廢鐵禁運,為對日本侵略行動的重大打擊. 28 日蔣委員長致電英國首相邱吉爾聲明「惟有中國戰勝並保持其獨立,英國遠東利益方能保存」要求英方為兩國利益,從速恢復緬甸運輸線. 新加坡僑領陳嘉庚,愛國而親共,在延安看不到國旗,甚為不滿,但其親共態度甚為明顯,蔣委員長仍約其餐敍.s 日軍實行「三光政策」殺光、燒光、搶光. 8 月蘇俄拒絕美國軍火假道海參威運華 1 日日本台灣總督府宣佈廢除台灣傳統習俗「中元節」 2 日日本近衛內閣外相松岡洋右提出「大東亞共榮圈」包括中國、朝鮮、印度支那、緬甸、馬來西亞、菲律賓、荷屬東印度、澳大利、新西蘭、英屬印度、阿富汗、太平洋諸島嶼.而 1938 年 12 月近衛聲明「承認滿洲國,共同防共,與徹底消滅抗日之國民政府」等項,在近衛新政綱中皆未提出. 5 日中國青年黨國家主義派曾琦,以中國比照法國辦法,閻錫山出面為中國的貝當,向日本投降,匪夷所思,蔣委員長痛斥中國政客卑劣至此,不知何以立國. 7 日我要求俄接濟飛機,俄竟明白拒絕. 8 日俄國拒絕美國援華機械,由海參威河道運往中國的建議,俄敵視我國政府已顯然. 10 日英國撤退駐津、平、滬軍隊,而美國則增兵來上海. 日本諜報人員和知鷹二,託希臘商人直接來信,內容無異乞降,乃知敵求和心切. 12 日日本求和花招無奇不有,近提議由皮垣征四郎陸相,親到長沙會晤蔣委員長,並以汪精衛同行為餌. 13 日蔣委員長發表「八一三書告」,堅持抗戰到底,故中共與俄國釋然,因彼等最怕我與日和談成功,不符他們的戰略利益 日本軍閥又指使胡鄂公、何世禎、張治平等求見謀和,蔣委員長一概拒絕. 19 日日機狂炸重慶市 香港英政府正式邀請中國派員赴香港,代為建立防空情報系統.陳一白率員負責建立對廣州、三灶島、海南島偵測站,組成廣東沿海防空情報網. 30 日蔣委員長智囊張季鸞,負有與日寇折衝使命,今提具體條件,最低限度與原則,並作囑絕勿遷就. 共軍朱德襲擊正太鐵路及同蒲路,予日軍以相當打擊與威脅,這是中共第一次的助戰. 魯西中共 18 集軍攻擊魯村山東省政府. 江南新四軍,乘江蘇省政府韓德主席率軍在江北與日軍作戰時,竟渡江襲擊江蘇省政府作戰基地, 泰興一帶,以致韓部遭受重大創傷.統帥部有鑒於事態嚴重,乃下令禁制.新四軍不僅不遵守命令,且企圖進兵涼滬杭三地帶.政府不得已,乃下令第三戰區司令長官顧祝同就地制裁,於 1941 年 1 月 6-14 日,將新四軍解散,1 月 17 日軍事委員會下令取消新四軍番號,並將新四軍軍長葉挺緝捕,交軍法審判.

中華民國 元首	中華民國 年號	紀元	干支	紀要
蔣中正	**29**	**1940**	庚辰	9.1.南京汪精衛偽組織成立,與日本簽訂條約,製造南京傀儡「國民政府」. 2 日林語堂致函蔣委員長：主張發動英、美、俄外交,達成抗日目的. 3 日「蔣公日記」韓德勤無能,與李長江通敵.淞滬會戰後,南京淪陷,但長江北岸我政權穩固,以韓德勤為江蘇省主席,率 89 軍固守江蘇北部,但韓與共黨鬥爭中著著失敗,最後江北完全為新四軍控制,韓被趕出江蘇.李長江曾任江蘇保安處長,至少掌三個保安團兵力,郤投効汪精衛偽陣營. 9.6.「蔣公日記」國民參政會參政員,除國民黨員外,大都為異議或中立份子,黃炎培為民主同盟,左傾親共,視為政客,以誹謗為直諒,而自視公平勞苦,當面侮人. 政府明令重慶為陪都. 蘇俄在新疆設立飛機製造廠,並駐兵哈密,侵進我國主權. 中共「新四軍」、「第十八集團軍」攻擊如皋、泰興、阜寧、東台一帶國軍. 「中共黨史」從周恩來、葉劍英報告中獲悉國民黨命顧祝同「掃蕩」長江南北新四軍命令. 中共中央軍委會電示葉挺、項英、劉少奇準備自衛行動. 11 日越南炸毀越南境內滇越鐵路 13 日日機襲渝,我空軍驅逐機迎戰損失 16 架飛機,為中日空戰以來最大損失.. 14 日蔣委員長召見英國駐華大使卡爾,商談中英美合作問題. 15 日汪精衛偽政權利用張治平,冒充我政府代表,欺騙日本,戰時爾虞我詐,無奇不有. 18 日蔣委員長發表「九一八」紀念文告,明確宣告「收回東北列為『抗戰到底』之『底』」 上海法租界拘留我國軍官兵,殺害十餘人,其卑劣無國格,令人切齒痛恨. 19 日國民政府軍事委員會何應欽、白崇禧電告中共朱德、彭德懷、葉挺,令黃河以南八路軍、新四軍於一個月內開赴黃河以北. 21 日江蘇省主席韓德勤,受中共新四軍壓迫而離開. 23 日日軍進侵越南. 27 日德、意、日三國在柏林簽訂軍事同盟條約,成立「軸心三國」同盟 28 日政府頒發「推行家庭教育辦法」 德、義、日三國結盟. 29 日蔣委員長日記:「東北被侵已足九年,但願為收回東北開始之日也」 30 日蔣委員長日記:「預期收回東北、台灣等地的文字時寫道:『以天意與最近時局之發展及上帝護祐中華,不負苦心人之意與力測之,自有可能.』」 31 日蔣委員長約見卡爾,提出中英兩國先訂同盟,而僅與美國成立「紳士協定」. 蔣委員長為平息四川軍閥內鬥自兼四川省主席,奠定抗戰建國基業. 10.6.美英成立太平洋協定,制裁日本. 10 日蔣委員長約見馮玉祥,字煥章,軍委會副委員長,擬送五名子女赴俄留學,殊以為怪,予以勸阻. 11 日上海偽市長傅宗耀被刺身亡,此乃對漢奸之警告. 中共不聽中央命令已久,共軍在江北黃橋偷襲圍攻國軍 89 軍,軍長李維陣亡,江蘇省主席韓德勤,被迫離開. 12 日美羅斯福總統演說,決援助被侵略國家.美國提供中國 2,500 美元的鎢砂借款. 中共在延安籌辦工農學校 13 日日機二十餘架轟炸重慶,被我防砲擊落 7 架. 18 日關閉三個月的滇緬路,今日重新開放. 史達林於深夜半,忽一電文給邵力子. 邱吉爾來電,滇緬公路恢復通車.

中華民國		紀元	干支	紀要
元首	年號			
蔣中正	**29**	**1940**	庚辰	19 日孫科與蔣委員長素有不同意見,抗戰軍興,孫科理應共赴國難,以立法院長身份應隨政府行動,但卻移居香港,現國際形勢對我好轉,且一旦太平洋戰爭發生,香港將不安全,故孫由香港回來重慶.大陸淪陷,孫亦未到台灣,直至國父百年誕紀念,台灣局勢穩定,始舉家來台灣.並任考試院長,以迄逝世. 22 日蔣委員長再致電給史達林,重申日本為中俄的共同敵人.史達林遊走於英、美、德、中、日之間,其外交政策,令人狐疑難解. 25 日史達林覆電,無俄日不侵犯條約意,蔣委員長存疑. 28 日德日對我施放和平空氣,於我對英美外交未始無益,國際外交爾虞我詐,對促使英美採取積極友好援助態度. 31 日中英美三國對日共同宣言,以九國公約為共同立場行之, 11.1 蔣委員長約見卡爾及美國駐華大使詹森,面交「中美英三國合作方案」其原則規定: 一. 認定中國之獨立自由為遠東的和平基礎,亦即太平洋整個秩序建立之基礎. 二. 堅持九國公約門戶開放與維護中國主權、領土、行政完整之原則. 三. 反對日本建設東亞新秩序或大東亞新秩序. 國民政府秘密派遣大公報主筆張季鸞赴香港,向日方傳達和平條件： 1. 在中國的日本軍隊全部撤兵 2. 撤銷承認汪兆銘在南京所建立的偽政權. 中共成立「華中總指揮部」葉挺任總指揮,劉少奇任政治委員,陳毅任副總指揮. 2 日「蔣公日記」黨內資深者,相互鬥爭,特別是胡漢民、汪精衛、閻錫山、馮玉祥,對國家與人民,及革命大業,損失匪淺. 5 日美國羅斯福當選第三任總統,關係世界安危,人心振奮.蔣委員長去電祝賀. 日本內閣通過「日、滿、華經濟建設綱要」 9 日蔣委員長上午與美大使談話,下午與英大使相晤,表明中英美三國合作方案. 美國總統羅斯福重申不承認汪偽政權,並正式宣佈將向中國貸款 1 億美元. 日本正式承認汪精衛偽政權,發表「日、滿、華共同宣言」並簽訂所謂「調整中日關係條約」 我外交部發表聲明「日、汪所訂非法條約無效.他國如有承認偽組織者,即與之絕交」 新四軍駐皖南部隊將開赴長江以北 10 日四川軍周成虎師長,有叛變之嫌,仍從寬處理.蔣委員長派張群,接替四川省主席. 12 日中共作出「關于開展邊區經濟建設的決定」提出「發展生產,保障供給」方針. 13 日雲南霑益有美國傳教士被殺,妨害中美合作至甚. 胡適之為學者大師,非職業外交官,不習於向他人低聲下氣,他使美對政府助益不多.凡重大事故,多交由宋子文以私人身份辦理. 日本御前會議,一致意見,決定結束中日戰爭 14 日政府釐訂「黃河以南剿滅共軍作戰計劃」 日本開御前會議,一致決定結束中日戰爭,但未見具體方案. 德國外長召見我駐德大使陳介,談中日和平,表示德國雖承認偽滿,並締結德義日三國同盟,但尚未與我絕交,仍保持友誼. 18 日陶希聖隨汪精衛赴日,洞悉日汪密約後,又回重慶. 19 日我駐德大使陳介電呈：德願保證中日將來和平條件之履行. 朱德、彭德懷電呈,對中央命令共軍,一律集中在黃河以北的抗議. 21 日經濟學家馬寅初，對抗戰經濟政策有所批評，尤指責孔祥熙失職，為蔣委員長不滿·中華人民共和國成立後,於 1951 年,被任為北京大學校長. 22 日政府下令中共軍隊於十一月底,撤至黃北,共軍不予理會,在全國發展其勢力. 23 日「蔣公日記」共黨坐大,抗命不撤至黃河以南,又孫科與馮玉祥可能意圖投共.今日之勢反勝於外患,心神憂慮,而阿斗糊塗與衝動,任由共黨指使而不覺,最為可痛

中華民國		紀元	干支	紀　　　要
元首	年號			
蔣中正	**29**	**1940**	庚辰	24日陳鐵報告：1937年忻口戰役後,衛立煌約同陳鐵加入共黨.又報告劉戡引用共黨與用小同鄉,蔣委員長認為係捕風作影,不予置信. 俄此際通知我國,繼續接濟武器,怕我與日本和談妥協. 27日日本長穀川清就任駐台灣總督府第十八任總督. 28日宋子文與胡適之來電,美國對我所提合作方案表示謝絕. 「蔣公日記」對中共18集團軍朱德,是否下令限駐河北,經研究後決定,待日承認汪精衛偽政權後再行發布,胡宗南對陝北的碉堡線已完成.此際負責日方聯絡談判者為錢新之,與日所談及其態度,仍以威脅為主,日本松岡洋右尤其荒唐,其惡劣猙獰形態畢露. 29日美國拒與我國合作建議,因以與英結盟緩議,而應商談實際援助的條款. 30日俄援我武器起運,這是俄對我友好的表示. 抗日中桂南戰役,日軍旅團長中村正雄陣亡. 12.1.美國給予我國信用貸款一億美元. 中共在延安成立「中國青年通訊社」 2日日本近衛文磨承認汪精衛偽政權. 3日錢新之為蔣委員長與日本接觸的私人代表.日內閣主和,軍部逼其承認汪,而停止. 石友三抗戰投機份子,通敵謀叛,楊全宇貪污,均伏誅就地正法,為抗戰陣營除一大患.,對軍事及經濟的影響必大. 6日馬寅初以受共黨包圍,造謠惑眾,破壞財政信用被捕,關押在憲兵司令部. 7日戰時糧食採公買公賣制度,以杜絕囤積操縱,獲取暴利,危害軍民. 朱德對中央命其集中河北抗日,來電拒絕. 石友三通敵謀叛,就地正法,為抗戰陣營除一大患. 9日對朱德、彭德懷,毅然下令命18集團軍向河北移動,新四軍亦必項離開皖南,調黃河以北,以後事實發展,是朱、彭抗.秘密命令顧祝同妥為部署在皖南「就地解決」 10日我國對英原要求貸款兩千萬英鎊,但英只承諾一千萬英鎊,蔣委員長拒絕接受. 「中共黨史」12月10日記載：何應欽、白崇禧密電第三戰區司令長官顧祝同、第32集團軍總司令上官雲相研訂「剿滅黃河以南匪軍作戰計劃」和「解決江南新四軍方案」 11日在江西贛州修建機場跑道,乃預期中美聯合作戰之用. 13日「蔣公日記」已令朱德18集團軍移駐河北,而江南新四軍如抗命拒絕北移,有化整為零,流竄江南的可能,故應予預防. 俄見美國對我貸款一億美元,竟要求我國以美貸購買俄武器,蔣委員長以世界古今,未有如此毒辣之國家,史達林終是中華民國的剋星. 14日英國貸款與我國. 20日蔣委員長約周恩來談話. 21日羅斯福總統對我態度積極,允借空中堡壘,按即B-17重轟炸機,在當時為最遠程轟炸機,其後為B-24與B-29取代,航程更遠. 30日美國羅斯福總統爐邊談話,予侵略者譴責. 「延安新華廣播電台」開始播音 中國銀行主辦「西北雍興公司」成立.興辦18個工廠,包括紡織、麵粉、機器、製藥、皮革、印刷、火柴等部門. 「蔣公日記」俄政府自去年(1940)以來,對我侮辱蔑視,干涉我內政,明白掩護共黨,而且在新疆設飛機場,侵犯我領土,不一而足. 高行健(1940.1.4.-)父親江蘇人母親浙江,移民美國,獲諾貝爾文學獎. 蔡義本(1940.3.23.-)台灣苗粟人,地震學家,建立台灣各都會區觀測地震網 賈慶林(1940.3.-),河北泊頭人.河北工學院畢業,曾任北京市長,市委書記,福建省領導.後任中共中央對台工作小組副組長.

中華民國		紀元	干支	紀　要
元首	年號			
蔣中正	**29**	**1940**	庚辰	李小龍(1940.11.27.-1973.7.20.)武術家,截拳道創始者,他曾學習西洋拳,洪拳,白鶴拳,功力拳,蔡李佛,太極拳,少林拳,譚腿,戳腳,節拳等多種拳術,融會貫通,變成李小龍式拳.他演電影精武門,猛龍過江,唐山大兄等電影,賣票房紀錄,震撼電影界,極受歡迎.惜心臟病突發,癲癇猝死,英年早逝.

中華民國		紀元	干支	紀要
元首	年號			
蔣中正	**30**	**1941**	辛巳	1.1.修築江西贛州飛機場跑道,爾後反攻日軍之用.

中共將零散長江以南的共軍集合編成新四軍,軍長葉挺,駐皖南.不聽中央命令,肆意行動,軍委會下令,命 18 集團及新四軍,均移駐黃河北岸河省省境。

國民政府開始實行按「田賦征實」規定「正副稅額每元折征稻穀兩鬥」1942 年每元增為 4 鬥.地主把原來的貨幣地租也改為實物地租,造成農民的沉重負擔.

3 日朱德 18 集團軍未遵令執行,靜觀其變.惟新四軍在長江南岸不動,則須研擬對策.

4 日中共新四軍軍部及所屬部隊奉命北移.

6 日美國羅斯福總統在國會演說,大力讚揚中國人民英勇抗日.派他的行政理居里(L. Currie)來華,盼促成國合作.

8 日中共新四軍公然攻擊國軍,顧祝同部圍剿鎮壓,生擒軍長葉挺及以下五千人,副軍長項英在逃,副參謀長周子昆突圍中遇害.此為國共第一次公開衝突 .同日在華蘇俄顧團長崔克夫(Vassily I. Chuikov)及潘友新勸蔣勿引起內戰.蔣答事變全為整頓軍紀,絕無其他問題.

13 日「蔣公日記」當此之時,我中央外交方針,幾乎全體主張聯德,而孫哲生、白崇禧等為尤烈.「若余當時不堅持,聽白健生等之言而違美聯德,則英美今日不僅不願與合作,其必聯倭以害我,我處極不利之地矣.撫今追往,健生等幼稚如故,實不勝為國家前途憂也.」

14 日「蔣公日記」第三戰區圍攻新四軍後,中共反而求饒放行.俄國增加對我飛機數量.

17 日新四軍『叛亂』政府宣佈取消「新四軍番號」葉挺交付「軍法審判」

俄外長突然辭停我邵大使當日晚宴,恩怨分明,應係對我處理新四軍無言抗議.

19 日俄對我解決新四軍表示驚異,希望此事勿擴大與持續

20 日毛澤東發表談話抗議襲擊新四軍,要求釋放葉挺,取消 1.17.反動命令.

毛澤東命令陳毅代理新四軍軍長,張雲逸為副軍長,劉少奇為軍政委員,賴傳為參謀長,鄧子恢為政治部主任

22~2.14.「豫南會戰」日軍進犯河南及皖北,我軍投入 23 個師,李宗仁擔任指揮官,大捷.

中印空運試飛成功,美國援華物資源源而來.

25 日新四軍新軍部在蘇北鹽城成立,將全軍擴編為七個師,和一個獨立旅.

師別	師　長	政治委員	師別	師　長	政治委員
一	粟　裕	劉　炎	五	李先念	李先念(兼)
二	張雲逸	鄭 位 三	六	譚震林	譚震林(兼)
三	黃克誠	黃克誠(兼)	七	張鼎丞	曾希聖
四	彭雪楓	彭雪楓(兼)	獨立旅	梁興初	羅華生

抗日戰爭中,日軍在河北潘家峪屠殺村民 1,237 人.人稱「潘家峪慘案」

28 日「蔣公日記」中共對政府心理,以為中央在抗日戰爭中,絕不敢制裁他,並以為俄援華武器未交付前,更不敢行動,有持無恐,放肆無忌,今之斷然處置,殊出中共意料.

日本近衛首相對議會引咎自責,中日戰爭陷入泥淖,無法自拔.

30 日陝甘邊區政府發布「關于停止法幣行使」另發行「邊幣」建立正的金融制度.

『台灣革命同盟』在重慶成立.

中共在陝甘寧邊區建立「三三制政權」包括共產黨員、進步份子、中間份子.

2 月美國總統行政助理居里(L. Currie)抵重慶,蔣告以中國抗戰,一為抵制日本侵略,一為阻止中國赤化.

1 日蔣委員長訪問印度:一.勸英印互讓合作.二.勸印多出兵出力.三.勸英允印自治.四.為將來中印合作基礎.五. 宣傳三民主義.

4 日蔣宋美齡夫人赴港治病,蔣經國、蔣緯國赴港拜見請安.

5 日美國羅斯福總統派特使居里來渝,瞭解中國情況.10 日蔣、居談話三小時.

20 日滇緬公路恢復通車,攸關抗戰國際支援物資的供應.

中華民國		紀元	干支	紀　　　　要
元 首	年號			
蔣中正	30	1941	辛巳	2.22~3.1.蔣委員長與居里會談,她熱心誠實可嘉,建議經濟政策,田賦應收歸中央. 28 日「蔣公日記」國際情勢對抗戰日趨有利,但絕不能使抗戰與內戰並存. 3.1.【中共黨史】蔣介石為平息「葉挺事件」緊急在重慶召開國民參政會第二屆會議,中共參政員拒絕參加. 2 日中共中央指示董必武、鄧穎超提出承認中共及民主黨派和陝甘寧邊區的合法地位,釋放皖南事變中所有被捕幹部戰士等 12 條要求,贏得中間勢力的擁護和支持,迫使蔣介石在參政會上表示「以後決無剿共的軍事」 3 日蔣委員長派沈士華為中國駐印專員. 4 日「蔣公日記」史達林一面以 250 架飛機及 200 門火砲援助中央,使抗戰力量不被日本擊敗,一面公然援助毛澤東,且有第三國際代表駐延安,使用兩面手法. 7 日美國羅斯福總統特使居里來重慶三星期,談話 12 次以上,每次 2--4 小時,情意懇切,出於肺腑,初受共黨矇混,領悟實情後,智慧明敏,超乎常人,應為一次成功的外交. 8 日中共董必武繼續為駐參政會參政員. 10 日參政會今日閉幕,但中共未出席本次會議,深感遺憾.毛澤東以黨的建設、武裝鬥爭、統一戰線,為三大法寶,認為國民參政會,為國民黨的統一戰線策略。 13 日香港張一麟等四百餘人為皖南事變致電林森、蔣介石,要求「凡屬抗戰部隊俱應加以優容保護.」 14 日蔣介石召請周恩來面談,應允提前解決國共同間問題,至此「葉挺」案浪潮打退 15 日美國軍火貸款國會通過,美國總統羅斯福正式聲明援華. 「上高會戰」國軍投入 11 個師,羅卓英擔任指揮官. 17 日蔣委員長約周恩來夫婦餐敍,意圖彌補中共未出席參政會兩黨緊張關係. 舉行「印度日」 19 日「中國民主同盟」在重慶成立.其中包含中華職業教育社、中國青年黨、中華民族解放行動委員會、國家社會黨、鄉村建設派、無黨派人士. 20 日蘇俄在迪化設飛機製造廠,而不允許我代表入廠,置我主權於不理,深感痛心. 22 日俄援飛機均為舊機,火砲亦然;美國援助我之武器,亦係舊品. 24~4.2.中國國民黨第八次代表大會開幕.要案為田賦收歸國有,經濟建設三年計畫. 日本駐美國大使野村吉三郎向美國國務卿赫爾提出中日停爭諒解方案日軍自中國撤退,不索賠償,協議門戶開放方針,重慶政府與南京政府合併,承認滿洲國.俟中國接受,日本願依據善鄰友好、共同防共、經濟合作三原則,直接與中國新政府商談具體和平事項.如重慶政府拒絕,美國不應再予援助.美國要求先確認各國主權與領土完整,不干涉他國內政,維護機會平等,不擾動太平洋現狀為原則. 美國羅斯福總統廣播演說,聲明一定要「援華到最後勝利為止」 「蔣公日記」「此後只要我能自強奮勉,則十年困難,四年苦鬥…不惟恢復國土已有把握,太平洋之和平,亦從此奠定,要在我之自力更生耳.」 4.1.「中美平準基金協定」在華盛頓簽訂 批准美國軍人可以辭職加入陳納德籌組的「美國志願空航空隊(飛虎隊)」協助中國對日本作戰. 羅斯福總統兩度提供我國價值 9,000 餘萬美元的軍用器材和武器彈藥 日、蘇簽訂「中立協議」日本承認「蒙古人民共和國」蘇俄承認「滿洲國」 湖南長沙當局散發中共至各地方政府學校「中共破壞抗戰實錄」 日本在台灣總督府廢除小學校、公學校,一律改稱「國民學校」 8 日中共在香港與黨外人士合作的「香港華商報」出版 13 日日蘇訂立「日蘇中立條約」蘇聯尊重滿州國的領土完和不可侵犯,這是對中國主權的侵害.中國政聲明,此條約對中國絕對無效.

中華民國		紀元	干支	紀要
元首	年號			
蔣中正	**30**	**1941**	辛巳	16日「蔣公日記」美援口惠而實不至,約見美使,痛詆財政部,不肯以平準基金整數交付之小器行為. 蘇俄外長莫洛托夫告知邵力子,俄日協定與中國抗戰無關,為欺人之話. 19日台灣成立「皇民奉公會」由總督長谷川清擔任總裁,積極推展「皇民洗腦活動」;想把台灣人奴化徹底同化為日本皇民,1945年6月17日解散. 中共在晉東鄂北,引導日軍攻擊國軍.在敵後中共可冒充漢奸,引導日軍攻擊國軍. 21日蔣委員長痛責第二戰區司令長官閻錫山,於日俄協議後,對抗戰失去信心,意圖與汪精衛偽軍及共軍聯繫,向敵後轉進,主張降敵求生. 22日日軍攻占浙江奉化蔣公故鄉. 24日上海四行倉庫孤軍奮戰團長謝晉元,為奸徒狙擊殞命,年37歲. 航空委員會東北籍譯員劉在勤,憤怒日俄條約承認偽滿而自殺. 27日英國以五百萬英鎊及美國五千萬美元平基金合約簽字. 5.3.日敵機六十餘架空襲重慶. 5.7~6.17.「晉南之役」我軍投入18個師,衛立煌擔任指揮官.國軍34師長公秉藩被俘,其餘第三軍軍長唐淮源,第27師師長王竣,副師長梁希賢,參謀長陳文杞,12師師長寸性奇,,均壯烈殉職.曾萬鍾集團軍被圍攻. 12日確定公務員家屬生活問題,子女及流亡學生就學,均採公費制度. 日本「廣知報」以武力解決中國問題已絕望,故主張縮短戰線,求與中國和談. 13日「蔣公日記」與英人田伯烈談話,孫中山夫人宋慶齡夫人無助於抗日,乃由於她親共的言行.雖係至親,而思想對立由來已久.不知國父如在世,是否能容孫夫人的親共思想。 15日中共在延安籌辦的「工農學校」舉行開學典禮 16.中共創刊「解放日報」.日機五十餘架襲重慶. 17日中共鄒韜主編的「大眾生活」在香港復刊 20日中共東南局與中原局合併改稱「中共中央華中局」、成立「第四軍軍分局」劉少奇為華中局書記,兼軍分局書記、及成立「中共中央西北局」 26日美國軍貸第二批五千萬美元,全為武器報價,而其第一批僅為原料,亦即正式以軍貸提供我武器。 27日蔣委員長痛責空軍將領毛邦初,近日新機18架被毀,斥其狡猾輕浮,其終於叛國 31日美國照會我國,願放棄「在華治外法權」羅斯福總統推薦拉鐵摩爾為我政治顧問 延安中共開始「整風運動」 6.5.日機夜襲重慶,校場口大隧道發生窒息慘案,市民死傷約3萬餘人. 美國派空軍司令、陸軍軍官陪同來華視察,是中美具體合作第一步. 6日日機對重慶晝夜連續輪番轟炸,重慶校場口18號防空洞口遭炸封閉,躲入防空洞的市民,窒息致死一千五百餘人,令人錐心刺骨難忘慘案.衛戍司令劉峙撤職. 中國工程師學會確定六月六日推定為「大禹誕生」為「中國工程師節」 7日毛澤東電胡宗南、衛立煌,甘言合作與解決國共過去糾紛.試探挑撥我內部意見.毫無誠意.依理,若誠意解決問題,應由周恩來代表,與中央談判。 10日中共「新華日報」在重慶發行,免費贈閱. 11日英允讓我美製驅逐機140架. 22日德國突然對蘇聯發動大規模侵略戰爭. 26日「蔣公日記」閻錫山不失其投機本質,企圖重慶、南京、延安似為新三國.閻對成敗看法,共黨為二分之一,汪為三分之一,國民黨只有六分之一,其心理則為不降共則降汪.無視往日利用共黨終為共黨所乘薄一波帶盟投共之教訓.因請閻山西同鄉徐永昌勸說,以冀挽救. 28日日圖分化我抗戰陣營,誘惑閻錫山投日,允以華北政權名義,與汪精衛平起平坐. 30日畢範宇隨美駐華大使司徒雷登見蔣委員長,斷言「軍事剿共必敗」。

中華民國		紀元	干支	紀要
元首	年號			
蔣中正	30	1941	辛巳	7.1. 德、意、羅馬尼亞宣佈承認汪偽組織,我宣佈對該幾國絕交. 中共中央政治局通過「關於增強黨性的決定」 2 日日本御前會議,決先建立「大東亞共榮圈」強化南進態勢,解決中國問題,不惜對英、美開戰,暫不加入德、義戰爭而以外交手段,防止美國參戰. 4 日英國聲明願「放棄在華治外法權」 英國提供中國 1,000 萬英鎊的借款和貸款. 美國總統羅斯福總統批准提供中國空軍裝備和人員. 5 日德、義、日三國同盟,今日始在馬簽訂. 12 日蘇俄總顧問探求赤塔直飛延安,為政府嚴拒.可知俄明助國民政府,暗助中共. 15 日「民俗台灣」發刊 22 日「蔣公日記」有感於國事之不能健全,在於事事不能上軌道,這是一個國家建設的基礎問題,須從政治制度、幹部教育、法律制度、以及普及教育.為發展經濟等根本. 26 日美國任命麥克亞瑟將軍為遠東戰區總司令. 8.1. 陳納德率美國志願航空隊來華,在雲南昆南成立「中國空軍美國志願隊」「飛虎隊」10 月開始在美國開始訓練,擁有飛機 125 架,駐紮緬甸等地.隊員月薪美金 750 元,擊落日機一架給獎金美金 5000 元,1942 年改組為美國第 14 航空隊,第 23 驅逐隊,陳納德將軍任美國駐華空軍司令. 4 日中央內定第五(杜聿明)與第六(甘麗初)兩個軍入滇. 蔣委員長號召知識青年從軍,數日即有十幾萬知識青年報名,報國熱忱可歌可泣. 7 日英國邱吉爾因歐陸失敗,受日本威脅關閉滇緬公路三個月,期間屆滿,重新開放. 8 日美國政府對中、日、德、義人民之存款解凍. 日敵機百餘架,零晨 2-3 時分三批夜襲渝,死傷慘重,而重慶市民堅苦、忍耐、,無怨無侮,乃「重慶精神」.中華民族精神真正代表,永垂史冊. 12 日美國羅斯福總統、與英國首相邱吉爾在大西西洋紐芬蘭島的軍艦上舉行會談,聯合發表「大西洋憲章」宣言. 日機日夜連續轟炸重慶,達一個星期之久. 13 日美軍事訪問團蒞華,這是中美軍事合作的開始.同時美亦派滇緬路考察團.英緬人欲推薦該路督辦,蔣委員長堅拒. 15 日美國羅斯福總統向國會報告「援助中華民國計畫」訓練中國空軍. 17 日英國在緬甸對美援物資,竟抽取通過稅,無異變相封鎖,我要求取消. 18 日蔣委員長發表「告抗戰將士第二書」主張「敵攻我守,待其氣衰力竭,我即乘勝出擊.」「要固守陣地,忍不退,以深溝高壘厚壁,粉碎敵人進攻.」 19 日西康省主席劉文輝,仍與汪精衛組織有通聯,我中央軍 36 師(師長宋希濂)調西昌,第五軍(杜聿明)到雲南,致康滇不穩情勢,消弭於無形. 日機炸四川「自流井」,但自流井產鹽,影響後方生計. 20 日蔣委員長得情報,金山衛有日本水兵登陸偵察,指令「嚴防」 22 日「蔣公日記」曾琦(中國青年黨)、張君邁(國社黨)梁漱溟(民主同盟),這些非國民黨政治人物,抗戰時都是國民參政要員,反對一黨專政,更反獨裁,指蔣是獨裁,甚為不滿可鄙. 美國對日本提出抗議,不許其對泰國、荷印、馬來西亞侵略,其中有不許經由越南侵入中國. 23~11.15.日本政府再三敦請美國,要求美國勸說中國對日戰爭媾和,承認東亞共榮圈經濟體系.未為中國接受 24 日張治中致蔣委員長及何應欽密電「連日敵機甚為活躍,全日在各處轟炸,毫無間斷,我軍日間幾無活動餘地,威脅甚大.」白崇禧也表示:「無制空權,仗無法打,我官兵日間因飛機不能動,欻間因探照燈亦不能動.長期抵抗,須另有打算.」

中華民國		紀元	干支	紀要
元首	年號			
蔣中正	**30**	**1941**	辛巳	淞滬之戰,國軍士氣旺盛,幾十萬部隊,層層設防,硬打死拼,傷亡慘重.蔣委員長自我檢討,認為「自己沒有在九國公約會議之前,早退兵於吳福線、嘉陣地,而於精疲力盡時,反再增兵堅持,竟使一敗塗地,不可收拾」,「此余太堅強之過也」.「堅強」是好事,但不顧條件,「堅強」太過,沒有任何靈活性,就是執拗了. 26日美國派軍事代表團來華,團長為馬格魯德少將. 9月實施「田賦徵實」 9.17~10.19.「第二次長沙會戰大捷」日軍進佔長沙、福臨鋪、金井、麻林橋、黃花市、朗梨市、青山鋪、撈刀河,國軍投入36個師,薛岳擔任指揮官,大舉殲滅日軍. 8日蔣委員長日記「主和意見派應竭力制止.」「時至今日,只有抗戰到底之一法.」 9日「蔣公日記」「除犧牲到底外,再無他路.主和之見,書生誤國之尤者,此時尚能議和乎!」 貴州修文札佐為我僅有較完善的訓練基地,主任龔愚,黃埔六期,後為步兵學校長. 12日美國總統羅斯福總統考慮軍事援華,先派遣陸海空三軍官,包括陸軍步砲裝甲兵等來華訪問,瞭解國軍實況. 1941.9.-1942.4.,航空委員會雲南壘允防空指揮部首長陳一白少將,與陳納德將軍飛虎隊合作偵測日機情報,共計擊落日機300多架,對抗戰貢獻最大. 18日蔣委員長發表「九一八文告」,明確宣示要收回東北. 中國民主政團同盟機關報－『光明報』在香港創刊 9.22.~10.1. 長沙第二次會戰 26日羅斯福總統下令自10.16.~起對日本實施制裁,禁運一切廢鐵 中共成立「中央學習研究組」毛澤東任組長,王稼祥任副組長. 27日日軍進犯瀏陽縣被殺害者逾千人,永安市躍龍市北盛倉普蹟鎮頭市受害最烈. 中共與四川劉文輝、雲南龍雲、南洋華僑陳嘉庚取得聯系,建立秘密電台. 「中央氣象局」在重慶成立,黃廈千任局長 10.11.美國派軍事代表團至重慶協助對日作戰 16日蔣委員長召開第三次南嶽軍事會議 日本以東條英機繼任首相 17日美國復興銀行董事長瓊斯表示:中國可接美國一億美元之借款. 日本近衛內閣辭職,由陸相東條英機組閣,完全由軍人主導之戰時內閣. 18日軍委會第一部作戰組估計日軍有在杭州登陸企圖,不致對上海有影響,幸張發奎警覺,以63師擔任乍浦、澉浦防務,以62師擔任全公亭、金山嘴防務.穩定了局面 22日「中美鎢砂借款合同」簽字,貸款額2,500萬美元. 26日國軍撤到蘇州河南岸後,浦東防務緊張發奎遂將第62師主力調防浦東,當地僅餘該師少數兵員,實力空虛. 27日美國國務卿赫發表演說:表示將繼續援助中國. 日本在台灣總督府召開「臨時經濟審議會」決定改變「農業台灣、工業日本」的現狀,朝向「農業南洋、工業台灣」目標邁進. 浙江大學物理學教授王淦昌「一個關于探測中微子的建議」獲得美國科學家證實 11月日軍飛機連續四天轟炸湖南瀏陽城鎮,傷亡32人. 1日日本軍大本營與內閣聯席會議,「中國問題,應由日本自行解決」 2日宋子文代表蔣委員長見美國羅斯福總統,承諾催英空軍助我作戰.美仍無對日開戰心意. 4日英國駐印度總督魏菲爾上將來重慶訪問,並隨派軍事代表團來訪. 5日日軍第10軍司令官柳川平助以三個半師團兵力,在艦炮掩護下,於杭州灣北岸的金山衛登陸.國軍62、79師反擊,並調來67軍支援,希望穩陣地. 白崇禧向蔣委員長建議,國軍應向吳福線後撤.

中華民國		紀元	干支	紀要
元首	年號			
蔣中正	**30**	**1941**	辛巳	11. 6. 蔣委員長日記「如我軍能站穩現有陣地,三日以後當無危險矣.」可惜67軍從河南來,尚未集中,即遭日軍各個擊破. 7日朱紹良、何應欽也提出「已到不能不後撤之時會」.蔣委員長權衡利害,認識到保存生力量的重要,日記云:「保持戰鬥力持久抗戰,與消失戰鬥力維持一時體相較,當以前為重也.」同時下令:國軍自上海蘇州河南岸撤退,但仍然擔心造成不良影響, 『蔣公日記』上痛苦寫道「蘇州河南岸以兵力用盡不能不令撤退,但並非為金山衛登陸之敵所牽動耳.惟藉此戰略關係退,使敵知我非為力盡而退,不敢窮追與再攻,是於將來之戰局有利,然於九國公約會議之影響必甚大也.」 後來蔣委員長認為忽視杭州灣北岸防衛是重大的戰略錯誤.他總結說:「由大場撤退至蘇州河南岸以後,易朱紹良,以張發奎為指揮官,使金山衛、乍浦一帶負責無人,而且不注重側背之重要,只意浦東之兵力不足,調金山天部移防浦東,乃使敵軍乘虛直入.此余戰略最大之失敗也.」 8日松江失陷. 10日美參議院通過修改中立法,是除去美國參君世界大戰的法律障礙. 11日國軍部隊撤出上海市.根據何應欽11.5.報告,淞滬戰役國軍死亡187,200人,約日軍四倍半(日方統計陣亡9,115名,負傷31,257名合計40,672名) 及至淞滬戰敗,主和之議再盛. 居正原杁堅決反對和議,力主逮捕胡適,此時轉而力主同方求和,並稱:「如無人敢簽字,彼願為之!」 「湘西會戰」日軍十萬兵力進犯湘西常德、桃源、石門一帶,73軍暫五師師長彭士量負責石門保衛戰,相持八晝夜,日軍受創,多次被擊退. 13日拂曉日軍飛機猛力轟炸,輪番衝擊,彭士量率軍奮戰,日軍未能得逞. 日軍自太湖南北同時西進,威脅南京,政府決計遷都,長抗戰. 『蔣公日記』「抗倭最後地區與基本線在粵漢、平漢兩路以西.」「抗倭之最大困難,當在最後五分鐘」「決心遷都重慶」 14日敵重點搶攻石門北面筆架山、大尖山、孫家大山等高地,彭士量率軍與敵肉搏戰,將士死傷遍地,防禦工事幾被全毀,入暮,敵機又復轟炸. 英國立緊急救濟會,以一百萬元英鎊救濟中國難民. 15日拂曉,彭士量部隊向西郊突擊,到新關以南岩門口,涉水而戰,不幸中彈,壯烈成仁,時年39歲.國民政府追贈為陸軍中將.彭士量湖南省瀏陽縣鎮頭市百星橋楊眉堂人,安葬南嶽衡山,中華人民共和國政府追認為抗日烈士. 日軍飛機在湖南常德、桃園,投下病疫桿菌炸彈. 美國羅斯福總統正式聲明,撤退在平、津、滬駐軍,命美僑撤退,證明美與日備戰. 17日日駐美大使來栖向美國羅斯福總統、國務卿赫表示,拒絕自中國撤退全部日軍. 19日任命唐生智為南京衛戍司令長官,劉興為副司令長官. 日軍進佔蘇州 21日參政會開會,民主同盟張瀾及國社黨張君勱,提出消黨治十條,. 22日蔣委員長以美國調停中日停戰草案不撤退在華日軍,仍有犧牲中國對日妥協之意,訓令駐美大使胡適,堅決反對. 24及25日美國務卿召集中英澳荷使節會議,有意放鬆對日經濟制裁,以謀妥協之意. 26日蔣委員長拜謁中山陵及將士公墓,歎惜道:「南京城不能守,然不能不守,對上、對下、對國、對民無以為懷矣」 26日太湖南岸的吳興失陷.蔣委員長痛悉錫澄線守軍撤退秩序不良,日記云:「不分步驟,全線盡撤,亦未得呈報,痛心澁極」 27日日本艦隊向夏威夷進發. 28日美日談判美國態度強化,與蔣委員長強硬表示有關,亦得力蔣夫人及宋子文之助 29日日軍侵佔宜興

中華民國		紀元	干支	紀要
元首	年號			
蔣中正	**30**	**1941**	辛巳	30 日日軍攻陷廣德 蔣委員長概歎道:「文人老朽,以軍事失利,皆倡和議,高級將領皆多餽望和,投機取巧者更甚.若輩毫無革命精神,究不知其昔時倡言抗戰如斯之易為何所據也.」 英國和美國政府同時聲明,不承認汪偽南京偽政府. 31 日美國羅斯福總統宣佈給與中國一億美元貸款. 12.1.江防要塞江陰失守. 早在日軍金山衛登陸之際,德國大使陶德曼受日本委託,向蔣委員長轉達日方媾和條件,「防共協定為主」蔣委員長「嚴詞拒絕」反對與日本議和,但不反對國際調停. 5 日軍進攻南京「外圍陣地」 6 日蔣委員長日記:「十年生聚,十年教訓,三年組織,三年準備」 7 日蔣委員長飛離南京,日記云:「人民受戰禍之痛苦,使之流離失所,生死莫卜,而軍隊又不肯稍加體恤愛護,慘目傷心,無逾於此.」「對倭政策,惟抗戰到底,外並無其他辦法.」勉勵自己「寧為戰敗而亡,毋為降敵而存。」 【日本偷襲珍珠港】美國太平洋艦隊幾乎全軍覆沒,炸毀飛機 270 架傷亡 3,400 人 8 日湯山失守 日本偷襲美國珍珠港,爆發太平洋戰爭 (1941-1945)美、英、澳大利亞對日宣戰.我國情報單位姜毅英女士中校,先日破譯到日軍將偷襲珍珠港密電,最高當局立即知會美國,但美國不採信而遭致珍珠港被炸重大損失的慘痛教訓.我政府為獎償姜毅英功績,將她由中校擢升為少將機要組長. 美國宣佈放棄在華特權. 9 日中國國民政府「對日宣戰文」、中國政府發表對「德義宣告立於戰爭地位文」 日軍逼近南京城牆,兩軍在光華門、雨花台、紫金山、中山門等處激戰. 10 日英國政府宣佈貸予中國「平衡基金借款」及「信用借款」各五百萬英鎊. 11 日蔣委員長指示:「如情勢不能,久持時,可相機撤退,以圖整理而期反攻」、「如能多守一日,即民族多加一層光彩.如能再守半月以上,則內外形勢必一大變,而我野戰軍亦可如期來應,不患敵軍之合圍矣」 12 日日軍猛攻,戰況激烈,大部軍隊突圍湧至江邊,極度混亂,被踏死者堆積如山. 13 日日軍攻陷南京,並佔九龍、香港. 15 日國民黨九中全會. 23 日中美英三國「東亞軍會議」在重慶舉行,中國將派陸空軍協助緬甸戰爭,美國負責供應戰略物資. 12.14~1942.1.15.「第三次中日長沙會戰大捷」國軍投入 36 個師,第九戰區司令長官薛岳擔任指揮官,戰果輝煌. 21 日英駐印度總督魏菲爾亦為遠東英軍總司令,與美軍事代表勃蘭德將軍見委員長 23 日第一次中英美三國軍事會議,英貪詐自私,毫無協同作戰誠意.我受盡輕侮 25 日香港英總督楊格向日軍投降.日本派陸軍中將矶谷為「香港總督」28 日陷澳門. 29 日羅斯福發表「[爐邊談話」宣稱「任何國家都不能對納粹姑息縱容」「現在就要不遺餘力地支持那些正在保衛自己並抗擊軸心國的國家」「我們必須成為民主制度的巨大兵工廠.」 31 日美總統羅斯福建議成立「中國戰區最高統帥部」請蔣中正委員長擔任最高統帥. 並表示;「凡能實際妥適盡力之事,必悉力以促其成.」 (1941.12.-)陳雲林,遼寧黑山人,北京農業大學畢業,擔任中共國務院台灣事務辦公室主任,擔任海峽兩岸關係協會會長. 中共實施「三三制」和「減租、減息、交租、交息」政策,展開大生產運動 中共成立「調查研究局」 我國遠征軍進入緬甸,協助英軍作戰. 台灣革命同盟發表宣言,號召臺灣同胞抗日.

中華民國		紀元	干支	紀要
元首	年號			
蔣中正	**30**	**1941**	辛巳	朱經武(1941.12.2.-)湖南芷江縣人,移民美國,物理學家,曾獲諾貝爾獎, 王金平(1941.3.17.-)台灣高雄路竹人,台灣師範大學畢業,經營食品工業,高雄白派林淵源支持下當選立法委員,從此平步青雲,扶搖直上,當上立法院院長. 許信良(1941.5.27.-)台灣桃園人,由國民黨培植,獲中山獎學金,留學英國愛丁堡大學.回國競選桃園縣長,造成「中壢暴動事件」而當選縣長,爾後參加「高雄美麗島事件」推動台灣人民革命,被捕下獄,當選民主進步黨主席,後又脫離民進黨,參選立法委員落選.又重民進黨. 施明德(1941.1.15.-)高雄市人,陸軍砲兵學校,涉入「台灣獨立聯盟」「高雄美麗島事年」被捕下獄,原判死刑,在國際壓力下改判無期徒刑,台灣解除戒嚴令,獲政府假釋,但其堅持「寧要尊嚴,不要赦免」,俟李登輝總統宣佈美麗島事件判決無效,才結束監獄生涯.後當選民進黨主席,參選高雄市長失敗,活躍各社會運動中.

中華民國		紀元	干支	紀要
元首	年號			
蔣中正	**31**	**1942**	壬午	1.1.中、美、英、蘇等 26 個國家(同盟國)在美國華盛頓簽訂「反侵略共同宣言」 我國聲明贊同美、英「大西洋憲章」原則 2 日我國遠征軍開入緬甸協同盟軍對日作戰.2.7.美軍事代表團長鄧尼斯奉命聲明,歡迎我遠征軍加入緬甸盟軍會同對日作戰. 中美英俄等 26 國發表共同宣言,對軸心國作戰,絕不單獨議和. 3 日同盟國組成最高區域統帥部及西南太平洋區統帥部 宋子文接替郭泰祺為外交部長. 美國羅斯福總統對宋子文表示:歡迎中國為四強之一,我國際地位一躍至高峰. 5 日聯合國成立「中國戰區總指揮部」(包括中國泰國、越南、緬甸)蔣中正為最高統帥,史廸威為參謀長. 日軍攻長沙敗象已露,99 軍軍長傅仲芳所屬 32 師梁漢明、99 師高魁元、197 師萬倚吾,快速輕裝襲擊岳陽,以斷日軍退路. 6 日美國羅斯福總統在國會演說,大力讚揚中國人民對抗日的勇敢毅力,給予中國貸款 5 億美元,英國也承諾給中國貸款 5,000 萬英鎊. 李玉堂,山東人,黃埔一期,時任第 10 軍軍長,守衛長沙有功,晉級調職. 7 日「蔣公日記」『太平洋戰爭爆發後,俄國完全停止對我援助,但對中共援助則更積極,竟由新疆送中共與俄員,未經我准許,飛抵蘭州,欲再飛延安,乃扣留人機,放空機回新疆,所有人員徒步回俄,以示懲戒.』此係史達林、毛澤東與蔣委員長關係變化 9 日「蔣公日記」昆明西南聯大學生示威遊行,反對孔祥熙,揑造醜化誣衊蔣夫人用牛奶洗澡、孔令偉二小姐囂張驕矜自大、馬寅初對孔祥熙經濟政策批評尤烈等. 13 日張君勱反對「五五憲章」最烈,蔣委員長囑張君勱之弟張公權勸之. 16 日日本駐台灣總督府公佈「陸軍志願兵訓所徒募集綱要」報名者有 42 萬人,甄選第一批「台灣特別志願兵」,多數被派住呂宋島、爪哇等地作戰. 20 日英美海軍部長均主張「先歐後亞」,邱吉爾訪華盛頓,要求美國主力集中大西洋. 21 日鎮守四行倉庫團長謝晉元被刺,發家屬二萬元,子女送遺族學校,由政府教養, 22 日我空軍軍機轟炸越南日軍陣地,投彈 20 餘噸. 28 日中共作出「抗日根據地土地政策的決定」 「蔣公日記」白崇禧仍對中央取中立態度,有時且帶譏刺與惡意批評. 29 日英政府歡迎蔣委員長訪印,其目的在藉蔣之口,說明日本的罪行. 30 日蔣委員長說「美英對於整個戰局與太平洋戰局,仍無具體整個之組織.」「彼輕蔑我國,可謂異甚,應嚴加責問」 2.1.英國催促我軍赴薩爾溫前線,冀期我國軍隊必須參加緬甸作戰. 毛澤東發出「整頓黨的作風」報告 2 日美英宣佈對華大批借款 4 日蔣中正委員長夫婦訪問印度.到達緬甸臘戍,這是蔣委員數十年來第一次出國. 5 日蔣委員長由臘戍抵達加爾各答. 6 日中共發出「如何執行土地政策決定的指示」 (1)減租減息政策是扶助農民減輕地主的封建剝削,保證農民政治經濟權利,藉以改善農民的生活. (2)現階段的土地政策減輕封建剝削,而不是消滅封建剝削,因此實行交租交息,保障地主的地權、財權、和人權. (3)承認資本主義生產方式是現時比較進步的生產方式,對富農則削弱其封建部分,鼓勵其資本主義部分的發展. 8 日日軍在新加坡西岸登陸,15 日新加坡英軍向日本投降. 緬甸英軍撤退比林河 9 日蔣委員長由加爾各答抵達新德里.寓於總督客舍,與英駐印總督魏菲爾將軍晤面.

中華民國		紀元	干支	紀要
元首	年號			
蔣中正	**31**	**1942**	壬午	10日晨英國駐華大使卡爾趕來轉達印總督林里資哥意見,要求蔣不要與甘地會面,以免抬高甘地其地位和聲望.當日乃訪印度總督林里資哥,傍晚與尼赫魯會談. 11日蔣委員長接見印度國民大會主席阿柴德、和執行委員尼赫魯. 12日英國邱吉爾首相來電,重申不可赴華達親訪甘地.蔣不高興回電,請不必「懸慮」 12、17、20三次蔣委員長與尼赫魯單獨會晤. 15日蔣委員長接甘地函、電略各一,痛感亡國者失去自由之苦,故決心與之謀面. 甘地對英人明言,如軸心國能助印度驅逐英人,彼可消極的表示滿意. 18日在加爾各答白拉爾公園會見甘地,在座者尚有尼赫魯. 19日蔣委員長認甘地惟知愛印度,有印度,而不知有世界及其他之人類也.此乃印度哲學與傳統精神所形成. 21日蔣委員長由印度返回國門昆明,發表「告別印度人民書」. 24日印度各報紙對蔣委員長離印告別書,一律歡迎與尊重,英政府亦甚尊重. 顧維鈞代表出席倫敦召開之「太平洋作戰會議」 中國援緬遠征軍組成,派第五、六兩個軍入緬甸助戰,歸新任中緬印戰區美軍總司令兼中國戰區參謀長史迪威(Joseph Stilwell)指揮.救出仁安羌被圍英軍五千餘人. 五月緬北滿德勒(Mandalay)、密支那(Myitckyina)、臘戌(Yenangyaung)及滇邊畹町、龍陵、騰衝梘繼失陷,為中國駐緬遠征軍收復,中國官兵戰歿13,000人,物資損失八百萬噸. 25日伊朗、埃及與我建立外交關係. 26日宋子文轉達美羅斯福總統,對蔣委員長印度觀察意見有同感. 3.1.蔣委員長蒞臨緬甸臘戌前線視察,接見緬督及印軍總司令.對前方戰況,英方祕匿不報 周恩來要求何應欽將共軍擴編為四軍十二師(實際早已超過)爭取軍事補給未果.周恩來返回延安. 3日蔣委員長派沈士華為中國駐印專員.17日舉行「印度日」 史迪威被任命為中國戰區參謀長,由加爾各答來臘戌,蔣委員長與史交談片後,飛渝 4日美國派駐中國戰區盟軍總部參謀長史迪威將軍抵達重慶就職.蔣委員長面諭副司令長官杜聿明對史迪威「絕對服從」 雲南省主席龍雲晉見蔣委員長,抱怨中央軍來了,雲南米貴了,一貫反中央軍態度.龍雲自大、跋扈、反動、傲慢態度未改. 6日蔣委員長與史迪威將軍第一次在重慶見面. 7日派海軍人員往英美艦隊併肩參戰,以獲取海戰經驗. 8日英軍棄仰光,中國遠征軍失去目標.蔣委員長日記「英軍怯弱,殊為可恥,以後我軍入緬部隊之戰略,應特加審慎,重新研討也.此時必須自固根基為第一,不可以外鶩國際不可靠之事物而自誤也.」 10日史迪威赴緬甸前夕,蔣委員長與之談話,聲稱「我軍入緬作戰能勝不能敗」 熊式輝率領軍事代表團赴美 仰光是美國援華物資轉運站,史迪威視之為「生命線」,認為「一旦失去仰光,供應線將被切斷」史迪威雄心勃勃迅速擬定計劃,準備推動中國遠征軍儘快南下收復仰光. 11日「蔣公日記」沈鈞儒是七君子之一的反政府人物,言論只有蘇聯,沒有中華民國. 蔣委員長召見中共原新四軍軍長葉挺. 派第五軍杜聿明為入緬總司令. 18日史迪威飛重慶,向蔣委員長提出建議,但蔣認為仰光瀕海,日軍具備海陸空軍三方面優勢,中國軍隊如無空軍和炮兵掩護,很難克復該地.蔣史二人進行激烈辯論. 『蔣公日記』批評史迪威「無作戰經驗,徒尚情感」「不顧基本與原則」 19日加拿大總理請蔣委員長知照印度領袖,並願邀約澳洲紐西蘭等,要求英國保障印度戰後自治領地位.蔣印度之行,已在英屬地引起共鳴.

中華民國		紀元	干支	紀要
元首	年號			
蔣中正	**31**	**1942**	壬午	19 日指派杜聿明赴緬甸普羅美英軍防地視察. 『蔣公日記』蔣分析緬甸戰場形勢,提出「目前應取守勢,切勿輕進以求僥倖.」蔣稱:如果再過一個月,防線平安無事,他將考慮進攻的問題.蔣要求史保證要讓第五六軍不打敗仗.但史表示無法辦到.史指蔣為「固執的傢伙」.在此期間,美方發表中國第 5、6 兩軍入緬作戰歸史迪威指揮.蔣認為「美國又發表我入緬軍之番號,無異詳報於敵軍,其可慮可危,未有如此事之甚者,寢食不安.」 19~7.20.國軍遠征軍第五軍第 200 師赴滇緬路作戰 21 日中美在華盛頓簽訂「中美五億美元借款協定」 命羅卓英為遠征軍司令長官赴緬指揮作戰,杜聿明為入緬軍總司令.史迪威為入緬最高指揮官,該史、羅、杜三人指揮權責不清,為作戰指揮大忌. 25 日遠征軍進入泰國對日作戰. 27 日緬甸英軍指揮官亞歷大訪問重慶,見蔣委員長聲稱,史迪威亦歸他指揮. 29 日第 5 軍 200 師戴安瀾部在緬甸同古血戰 12 天,殲敵五千餘人後,及時轉移,保存戰力.『蔣公日記』我第 200 師己放弃同古,自動轉進至葉蓮西之東南地區,與新二師取得聯繫,心竊自慰.敵軍遭此重大打擊,而我軍並無多損失,自動撤退,更足寒敵軍之談也.故此次放棄同古,乃達成余一貫之意圖也. 31 日史迪威對杜聿明抗命不滿,斥責編第 22 師師廖耀湘為「卑怯的雜種」和「十足的懦夫」憤而返渝.向蔣提出「深感權限不明,未能令出必行,反攻機會皆蹉跎坐失」要求蔣免去其兩人職務. 4.1.美國飛機自航空母艦起飛,初次轟炸日本東京,事後飛回浙江機場降落,事先未經連絡,飛機全毀. 蔣中正委員長接受英王致贈最高級榮譽武士大十字勳章. 日本開始向台灣募兵,實實「陸、海軍特別志願兵制度」參加「大東亞聖戰」 1 日史迪威有意向蔣「攤牌」自稱「發作了一番,言辭激烈」蔣極力忍耐. 2 日一.對緬戰事,既憂部下在國外過於犧牲,補充為難.又憂敗時喪失國威與軍譽. 二.史迪威動氣請辭,此與中美邦交有關.故決定約同回緬甸,予以全權,表示對彼誠意,使之勿加懷疑也. 中共實行「整風」反對主觀主義,打擊陳紹禹為首的國際派,整頓黨風,使馬克斯主義中國化,學習毛澤東思想,建立毛的一元領導.實行殺光、燒光、搶光「三光政策」. 5 日蔣委員長與史迪威、羅卓英同機飛緬甸北部臘戍. 6 日到美苗(眏謬),與史迪威及英,軍司令亞歷山大商談. 7 日蔣與史討論後,又與羅卓英、杜聿明、戴安瀾各將領談話,宣稱史迪威是「老闆」,有「提升、撤職、懲罰中國遠征軍任何一名軍的權力」、「他們應無條件服從命令」,這些做法,可以說給足史迪威的面子. 美援未如承諾,口惠而實不至,無異於他國袖手,仰人鼻息,必須自勉,自立自強自給自足. 8 日蔣委員長給孫立人師長曼德勒地圖,面示防守要略.與史迪威、羅卓英視察新築機場工程,發覺進度緩慢,『蔣公日記』史氏稱美苗機場 13 天可完工,欺騙我者也 政府平抑物價以安定人心,專賣米、鹽、煤、布等民生必須品,堅持限價,寧可政府賠錢賠本. 10 日蔣委員長由臘戍回昆明. 商請陳納德將軍空軍,支援我軍在緬作戰. 11 日蔣委員長特予召見上海四行倉庫謝晉元團鎮守劫難,逃出數人士兵. 18 日美國飛機由杜立特率領轟炸日本本土. 19 日史迪威回美述職,蔣委員長囑其向羅斯福總統報告,要求美國三個師參加攻緬. 反攻緬甸,英國根本無興趣,拒絕派海軍參加,縱使陸軍攻下仰光,而不能制海,仰光港口是死港,對中國國際通路無助.美國在太平洋島戰,無力他顧,目前攻緬僅紙上作業

中華民國		紀元	干支	紀要
元首	年號			
蔣中正	**31**	**1942**	壬午	蔣委員長電在美國爭取援助的宋子文,要求宋與羅斯福總統作「肺腑深談」 20日我遠征軍第5、6、66軍入緬佈防,第38師師長孫立人、及50師師長潘裕昆於緬甸仁安羌同古彥南羌馳援英軍,擊退頑強日軍、營救英軍七千餘人、救回被日本俘擄英美軍人及傳教士記者500餘人,尤以救出英軍司令亞歷山大將軍,嗣後孫立人、潘裕昆二將軍,分別獲得英皇頒贈至高榮譽勳章. 21日史迪威回美,要求陳納德同行,故陳見蔣委員長,請示回美任務,談話內容涉及史迪威愚拙疑忌. 24日美國馬歇爾對中國駐美軍代表團長熊式輝說：蔣委員長與史迪威意見不和，必要時可將其調回美國，另行派人接遞(後來改派魏德邁將軍來華)． 蔣委員長指示「國軍作戰以不離開緬境,機動而不與敵主力決戰,遲滯敵之發展」,守臘戌、密支那、八莫中緬邊境城市.但是史迪威和羅卓英醉心組織曼德勒會戰. 甘肅民變擴大,應係回教問題,如共黨不參與,則無大患,按回教不會與共黨合作. 25日國軍進入泰國與日軍作戰 派任宋子文為外交部長. 27日「蔣公日記」抗戰期間的宣傳,向來是共黨占優勢,諸如國共合作抗日後,在武漢即大肆進行二萬五千里長征的宣傳,軍委會政治部副部長為周恩來,主管文化藝術宣傳的是郭沫若,「新華日報」在重慶發行贈閱,戲劇諷刺執政黨及社會不公不義,富欺貧,強凌弱等病態,國民黨宣傳部門官僚化,毫借警覺性有所作為. 28日宋子文致電蔣委員長,擔心緬戰不利,將降低中國國際地位,影響美援爭取,要求與史迪威合作,聯合如實向美方提出報告.電稱:「史迪威親歷其境,利害相關,所知當更透徹,此事必能與我合作,設法使聯合國間明瞭真相.」 盛世才報告,俄領事正式書面聲明,駐哈密俄軍第八團與空軍,新錫礦與飛機製造廠,一律撤回. 29日國民政府頒布「國家總動員法」 駐新疆特派員吳澤湘向蔣委員長報告,稱俄國仍認外蒙為我國領土,全視我國將來實力如何而定. 中國先後提供美國7.47885億美元的桐油、錫礦、鎢礦產品,給英國提供了1.148億英鎊的農、礦產品. 5.1.緬甸曼德勒失陷 雲南壘允撤退,陳一白(化名何非光)轉移陣地,繼續與陳納德將軍協同作戰. 同日,中共中國派兵在延安之光華書店、綏德大眾書店,改名為「新華書店」 2日美方提議中國派兵員十萬人赴印度編練. 5日雲南保山為遠征軍長官司令部. 日本「大洋丸」遭美軍潛水艇擊沉,日軍八田與一殉難 日軍攻佔八莫,威脅中國遠征軍的歸國通道. 6日英軍放棄緬甸,史迪威下令中國遠征軍撤退,未請示自行逕赴印度蔣大為不滿. 宋子文再次致電蔣委員長,報告所聞史迪威在撤退過程中,拒坐飛機,率領副官步行的表現,稱讚史迪威「不失軍人本色」.電報提出,史迪威身負如空軍援華、中印空運、軍貨接濟等多重任務,要求蔣委員長命其自印回渝.但是,宋子文也親身感受到史迪威掌握美援物資分配大權所帶來的困難. 8日日本偷襲珍珠港,英在麻六甲兩艘主力艦被日軍擊沉. 英大使勸我青海軍隊勿進入西藏,其為掩飾英煽動藏人獨立,蔣委員長嚴詞拒絕. 11日日軍攻占洞庭湖邊湖南省安鄉與南縣,意在控制洞庭湖周邊產糧地區. 共軍陳毅在沂蒙山區形成基地. 13日英國邱吉爾首相率魏菲爾訪華府,發表演說,完全無視中國的貢獻.論國力,美國羅斯福是主帥,但真正決定戰略的是邱吉爾,羅無主見,完全受邱愚弄指使. 15日英美在華府會議,未邀我國派員參加,深表憂慮.

中華民國		紀元	干支	紀要
元首	年號			
蔣中正	**31**	**1942**	壬午	5.15.美國飛機轟炸日本東京、大坂等城市. 美國駐緬遠征軍總司令史迪威擅離職守,逕赴印度,以致緬甸戰爭失利. 中共成立「中央總學習委員會(簡稱總學委)」毛澤東任主任,康生任副主任. 5.15~9.6.「浙贛會戰」國軍投入 41 個師顧祝同擔任指揮官. 16 日太行山區,已為共軍所據. 17 日宋子文代表蔣委員長參加「英美聯合參謀會議」提出我方戰略意見. 盛世才在新疆聯俄自重,允許俄軍進駐哈密,又在迪化俄建飛機製造廠,允許共產黨在新疆活動,而史達林不准許盛加入共產黨.盛又殺了毛澤東的弟弟毛澤民,似聯俄又反共,終於投中央. 18 日蔣委員長要美國駐華軍事代表團團長馬格魯德轉告史迪威,「中國軍隊無退入印度之意」.在撤退過程中,遠征軍糧盡藥絕,飢病交迫,犧牲慘重.直到 7.25.杜聿明部隊趕到印度.入緬時,遠征軍官兵十萬人,至此,僅餘四萬人左右. 19 日宋子文致蔣委員長電稱: 一. 英人毫無進攻緬甸之意. 二. 「美軍部以史迪威有全權,每有所商請,輒以史迪威並未要求,為不負責壬推諉之詞.」宋子文再次要求蔣將史迪威調到重慶,「常依左右,遇事 隨時飭報,勿使遠駐印度,否則種種計劃進行愈感延滯.」 21 日宋子文電稱,羅斯福總統囑其告知蔣委員長,決於今冬進攻緬甸,並稱瞭解中國軍事、經濟艱難情形. 又云:英美軍事會議,邱吉爾突提「西藏獨立國」一詞,中國在此獲得英美空軍接濟之時,不宜對西藏用兵,並將中英美一月間加爾各答會議,共同進攻緬甸決議推翻,蔣委員長指為帝國主義真面目畢露.英國支持西藏數十年未變,干涉中國內政. 22 日莫斯科宣布,「共產國際已於 5.22.解散」此為欺騙民主國家的政治陰謀. 24 蔣委員長看第三國際宣布解散後,對其誠意持懷疑態度,乃對共產主義,尤其蘇聯對其主義的精神與信用,必根本動搖,認為共產國際改變方式,事實上絕非真正解散. 26 日我遠征軍第五軍 200 師師長戴安瀾,於 5.18.通過細公路時與日軍奮戰受傷,在孟密特北於 26 日不治殉職. 27 日反攻緬甸計畫,英拒派海軍,由陸軍沿海進攻,蔣委員長堅決反對,事實上等於放棄原反攻緬甸計畫. 鄂西戰場,俘獲日軍第五師團敵兵,均中國人.日本以中國人打中國人,深感痛心. 陳獨秀(1879~1942)去世,原名乾生,字仲甫,號突庵.兩度赴日留學,回國組織反清團體,相繼創辦青年雜誌、每周評論,1921 中國共產黨成立,被選為中央局書記.1929 年因與國際共際意見相左被開除黨籍.1932 年被捕入獄. 28 日遠征軍於蘭谿擊斃日軍酒井師團長 中國遠征軍入緬甸作戰,投入總兵力 40 萬人,傷亡近 20 萬人. 29 日美空軍重轟炸機隊不遵守命令,轟炸漢口機場、宜昌市區,不知對我國民愛護. 6.1. 駐緬機械化部隊 200 師師長戴安瀾重傷殉職. 2 日中美簽訂「中美抵抗侵略互助協定」 國軍通信裝備匱乏,命令本年內,每營必須裝備無線電機,團部裝備兩架. 盛世才電告:俄軍第八團兵一連,開入獨山子油礦,繳我警槍,外交部交涉,令其立退. 國府主席林森病重,失去語言能力.當時國府主席為虛位元首,不負實際政治責任. 4 日共黨的厲害,在以動人的口號,欺騙國人及外國人,尤其是天真的美國人. 史迪威自印度回重慶,向蔣委員長彙報,嚴厲批評遠征軍將領,腐化營私多不駐營內,羅卓英慌張擅逃「殊令人失望」「缺乏能力,缺乏膽略」「離前線太遠,無意親上前線」,甚至點名批評杜聿明「個性剛愎,不易應付」.蔣對此大不以為然「不知自反,而專事毀人利己」 史迪威向蔣委員長提出「印度藍姆伽訓練中國軍隊計劃」迅速得到蔣的批准

中華民國		紀元	干支	紀要
元首	年號			
蔣中正	**31**	**1942**	壬午	史迪威的政治顧問戴維斯多次在重慶訪問周恩來. 6.5.『蔣公日記』我軍在緬重大犧牲,責任全在史氏指揮無方,而彼乃毫不自承過失,反詆毀我級將領至此.當失敗之初,彼手足無措,只顧向印度逃命,置我軍於不顧,以致我第五軍至今尚未脫險.嗚呼！史迪威誠不知恥也. 俄外長莫洛托夫訪美,羅斯福總統建議中美英俄共同維持和平,解除軸心國武裝,莫無表情.俄對中國視若無睹,支援中共. 曾振鐸、陳頤鼎兩師長殉職身亡. 6日羅斯福總統邀約蔣委員長參加四巨頭會議,並擬先與蔣委員長單接觸,然後再開四巨頭會議.蔣委員長認為其參加,不過是陪襯,徒其虛名,於實無益,予以拒絕.按巨頭會議,必先由幕僚提出初步協商,議題為何,取得協議,方為具體. 7日周恩來與林彪來談共黨事,言毛澤東願來渝,蔣委員長覆函歡迎毛來渝面談. 12日美國陸軍部長史汀生約宋子文專談史迪威問題.史汀生表示:「史迪威為第一流戰將,美軍官中無出其右,故特派充當蔣公參謀長,但余等崇拜蔣委員長及愛護中國之熱切,不能以對史個人感情為比例,如蔣公以為史不適當,務請直言無隱,俾得更換其他將領,決不因此發生絲毫意見.」 16日蔣委員長對史迪威在緬甸作戰不利應由「軍法審判」念頭.「蔣公日記」「史迪威推諉責任,掩埋罪過,故不但毀壞他人名譽,誣衊我國將領,此應提議開軍法審判,使美國政能知史之不法與無禮也.」至此,蔣對史迪威印象可謂惡劣至極, 可是史迪威對蔣的印象也同樣也很糟糕.日記稱:「中國政府是一個建立在威恩兼施基礎上機構,掌握在一個無知、專橫、頑固的人手中.」 宋子文致電蔣委員長,建議蔣對史的意見向美方和盤托出,同時大膽對史迪威進行指揮,電稱:「文意鈞座願顧大局之苦心,為中外所共見,但如史迪威確不能共事,不妨此時乘機直說.」「鈞座似可表示,對史迪威固至信任,但對其見解當然不能事事俯從.如此一方面不傷感情,一方面可留他日地步.陸長等既自動有另調之意,且自總統以次,均認史為鈞座部屬地位,鈞座盡可照部屬指揮命令之,不必以上賓相待,但善為利用其地位,以推動美軍部充量之接濟.」 同日蔣委員長任命史迪威為「印度藍姆伽訓練中國軍隊計劃」訓練部隊的司令 史迪威受命到中國不久,即主張乘日軍「集結起來之前就動手」,雙方指揮中國遠征軍南下,進攻緬方海口城市仰光,而蔣委委員則主張「等待」,在日軍不再增援時再進攻.他認為,仰光瀕海,日軍擁有海陸空立體作戰優勢,由國軍隊只有在空軍和炮兵掩護下,才有取勝可能.二人之間因此發生激烈爭辯.此後史迪威對蔣委員長的惡感日深,如其日記:多次辱罵蔣為「頑固的傢伙」 6.18.「蔣仍同以前一樣」是「一條貪婪、偏執、忘恩負義的響尾蛇」. 7.12.「如此頑固,無知和極度忘恩負義」 13日「頑固、愚蠢、無知、不容他人、專橫、不講道理,無法說通、又貪婪無比.」 9.2.「很難想像一名軍人會蠢到這種程度」 25日「『花生米』要比我所想像的更加反覆無常和怪誕.」 史迪威因為藐視蔣,所以在日記中通稱蔣為「花生米」 17日美國政府正式通知,定於本年內提供我空軍 P-40 驅逐機三百架. 18日印度甘地致函蔣委員長,表明印度對抗戰立場,與對中國合作的期望,而要求英國撤退. 19日為實現耕者有其田,應設土地銀行,貸款佃購地. 24日邱吉爾訪美,羅斯福總統邀邱吉爾、宋子文會談,敷衍之詞,先歐後亞觀念不改. 26日史迪威將美國決定將駐印度第十航空隊調往埃及,而置我中國危急於不顧,蔣心殊憤激.史迪威密電美國軍部「利比亞戰事固緊張,但中國戰場狀況亦屬緊張」. 27日美國政略、戰略,無不隨英國轉移,是同盟國最大危機,尤以大陸亞洲戰場為然.

中華民國		紀元	干支	紀要
元首	年號			
蔣中正	**31**	**1942**	壬午	28日蘇俄表示,我中央軍接防河西走廊,對新疆不利,顯示蘇聯侵新疆野心, 29日蔣委員長向史迪威面交「手諭」: 一. 美國派三個師去印度與中國軍併肩作戰 二. 保持第一線飛機五百架. 三. 每月經過駝峰運送五千噸物資 7.1.宋美齡、周至柔、陳納德、史迪威會議,宋美齡要求史迪威將蔣委員長的「手諭」轉交給羅斯福總統.史當場拒絕,稱「超出我的職權範圍」 2日蔣委員長擬從美國撥給中國航公司的飛機轉撥兩架運機給中國空軍,遭到美國人員拒絕.史迪威向蔣致送「備忘錄」一面同意撥用飛機,另則聲稱自已是中國戰區參謀長,又是「美國總統代表」可以不接受蔣的命令. 同日蔣致電宋子文表示:「中國對租借物資之受予形同乞憐求施」,指責史迪威「以總統代表資格脅制統帥」,蔣強烈表示:史既在中國戰區內擔任參謀長,「則所有其他地位皆不能適用」. 外國記者與各國武官,到鄂西戰地考察,原對我抗戰悲觀心理完全改變,皆認我軍隊與民眾堅強,對勝利確有把握. 在恩施開軍事會議,檢討鄂西會戰,慶祝勝利,論功行賞. 3日『蔣公日記』史迪威「愚拙,言行虛妄,可謂無人格已極.」 4日『蔣公日記』「自覺慚愧,國勢貧弱,.所以遭此侮辱.」 美國支援中國抗日空軍「飛虎隊」在湖南長沙青山鋪上空擊落日本軍機,墜落長沙湘江水陸洲. 史迪威將軍自印度來渝謁見蔣委員長,任命其為駐軍司令官,說明聯軍參謀長之任務,對其棄緬軍入印,概予優容. 6日接羅斯福電約開羅會議.7.8.覆電贊成秋季會晤之約. 宋子文電蔣委員長,支持蔣撤換史迪威. 7日中共強調「全國軍民必須一致擁護蔣委員長領導抗戰」「必須遵照三民主義與抗戰建國綱領的原則改革內政」 美國總統羅斯福代表居里來華,就印度問題、中美合作事、反攻緬甸、與改善中、英邦等事,交換意見. 蔣委員長接受捷克總統致贈之最大十字動章. 9日蔣委員長再電宋子文,暫不表態:「先看美政府對史之來函如何處理,最好能由其自動召回也.」 12日美國陸軍部長史汀生約宋子文專談史迪威問題.史汀生表示:「史迪威為第一流戰將,美軍官中無出其右,故特派充當蔣公參謀長,但余等崇拜蔣委員長及愛護中國之熱切,不能以對史個人感情為比例,如蔣公以為史不適當,務請直言無隱,俾得更換其他將領,決不因此發生絲毫意見.」 羅斯福總統派安諾德的參謀長史萊曼少將,為第十航空隊長,負責中印空運,此際陳納德已為第14航空隊隊長,建議羅斯福總統升陳納德為中國戰區空軍參謀長,統一指揮中美空軍. 14日蘇聯對外蒙明目張膽,稱其為「蒙古共和國」慶祝其國慶,侵略我國領土野心顯著 16日蔣委員長對史迪威在緬甸作戰不利應由「軍法審判」念頭.指出「史迪威推諉責任,掩埋罪過,不但毀壞他人名譽,誣衊我國將領,此應提議開軍法審判,使美國政能知史之不法與無禮也.」至此,蔣對史迪威印象可謂惡劣至極, 可是史迪威對蔣的印象也壞透了,在其日記中稱:「中國政府是一個建立在威恩兼施基礎上的機構,掌握在一個無知、專橫、頑固的人手中.」 宋子文致電蔣委員長,建議蔣對史的意見向美方和盤托出,同時大膽對史迪威進行指揮,電稱:「文意鈞座願顧大局之苦心,為中外所共見,但如史迪威確不能共事

中華民國		紀元	干支	紀要
元首	年號			
蔣中正	**31**	**1942**	壬午	不妨此時乘機直說.」「鈞座似可表示,對史迪威固至信任,但對其見解當然不能事事俯從.如此一方面不傷感情,一方面可留他日地步.陸長等既自動有另調之意,且自總統以次,均認史為鈞座部屬地位,鈞座盡可照部屬指揮命令之,不必以上賓相待,但善為利用其地位,以推動美軍部充量之接濟.」 同日蔣委員長任命史迪威為「印度藍姆伽訓練中國軍隊計劃」訓練部隊的司令 史迪威受命到中國不久,即主張乘日軍「集結起來之前就動手」,雙方指揮中國遠征軍南下,進攻緬方海口城市仰光,而蔣委委員則主張「等待」,在日軍不再增援時再進攻.他認為,仰光瀕海,日軍擁有海陸空立體作戰優勢,由國軍隊只有在空軍和炮兵掩護下,才有取勝可能.二人之間因此發生激烈爭辯.此後史迪威對蔣委員長的惡感日深,如其日記: 蔣委員長任史迪威為中國駐印軍總指運,羅卓為副總指揮. 17 日羅斯福總統對蔣夫人說,西藏問題,如我不進占,則英國不致有所動作,故西藏問題勸我暫擱置.然蔣委員長對西藏主權,堅持不能妥協,暫時隱忍,盼其覺悟. 中共在陝北活動表現,既恐懼又啦喊,中央對中共既不能硬,又軟功夫亦無效,中共高明. 18 日蔣史談話,產生不再要求美援的想法,日記云:「英美對亞洲有色人種觀念,根本不易改變,非我國獨立奮鬥至百年之後,決難平等.」又云:「美國對我冷淡接濟事,不如不再要求,亦一對策也.」 美允我兩億美元現金,調濟我金融與經濟,為抗戰轉危為安的一件大事. 19 日史迪威向蔣委員長提交「反攻緬甸計劃」 倫敦「紀事報」民意調查,聯盟國家作戰貢獻最大者,稱中國僅 4~5%.此說明中國之抗戰,歐洲人瞭解知之甚少,我國宣傳顯然不夠. 21 日居里奉美國羅斯福總統之命,調解誤解,及探示中英同盟與英俄同盟性質之意見. 22 日美國羅斯福總統為向蔣委員長說明同盟國戰略,調解蔣史糾紛,派行政助理居里再次訪華.蔣批評同盟國戰略不當.居里問「是否將史迪威調回美國?」蔣答「由美國政府自定,不願參加意見也.」 英國日本通,皆在美國活動,操縱美國情報機關,排斥我國與美國的情報合作,無形中指導美國對華政策,最為可慮.對英國的陰謀,思之心悸. 23 日美國軍部向宋子文轉告羅斯福總統意見:「史為中國戰區參謀長,當聽命蔣委員長.同時史為美國駐渝租借法案代表,及國際軍事會議美國代表,當聽命美國,如蔣認有不便,可將職務分由兩人擔任.」宋認美方「語氣仍不免袒護」 同日宋子文再謁羅斯福總統,決定美國租借法案改由霍布金代表,史迪威成為「專屬參謀長」.「如蔣公仍以史為未妥,余當更換之,但美國幹練適當之軍官甚少,另覓妥員,確有相當困難.」 美國擬派軍事代表團來華,似應即是今後軍事顧問團. 25 日新疆歸回中央後,在迪化成立中央軍校第九分校. 蔣委員長再次與居里談話.更覺西人皆視華為次等民族,無不心存欺侮,可以進一步壓迫.美國所謂道義與平等為號召,其實其心理與方法無異於英國.他覺得「對帝國主義,應爭則爭」 賀龍、林伯渠向陝甘寧邊區黨政軍及縣級以上幹部密電,重申禁止「法幣」在邊區流通. 26 日接見朝鮮革命黨領袖金九,告知抗日戰爭勝利後,協助朝鮮獨立的主張, 蔣委員長兩次與居里長談,痛斥史迪威來函不敬,惡與美國軍部藐視與侮辱態度. 「對帝國主義者,無論為何國,其對被壓迫之國家,皆無誠意可言,非利用即高壓,抱可欺則欺,可侵則侵之心,吾人若一以克己復禮謙恭自持之道待之,適中其計謀矣」 同時蔣委員長致電宋子文,聲稱:如羅斯福總統仍肯定史迪威「備忘錄」,則宋可代表我自己向羅斯福總統表明:「取消中國戰區,我辭去中國戰區總司令職務.」

中華民國		紀元	干支	紀要
元首	年號			
蔣中正	**31**	**1942**	壬午	27日國民政府公布三屆參政名單,中共黨人有毛澤東、林祖涵、秦邦憲、陳紹禹、鄧穎超、董必武. 28日延安連續五天發表言論,攻擊中央,但中央以犯而不計較態度,不忍向其動武進剿,對共軍事防範外,一切從寬. 29日蔣委員長向羅斯福總統特使居里來華,提出具體要求,五百架飛機,每月空運五千噸物資來華. 30日宋子文致蔣委員長,要求趁乘居里在重慶期間,「凡不滿史迪威之種種事實,可向其直言無隱」 同日,蔣委員長與居里作第五次談話,居里提出「過渡辦法」聲稱不可讓史迪威太失體面,以免他回美國後反華,可讓史先赴印度,美國另派人來華暫代.蔣同意其「辦法」. 美國軍事評論家鮑爾溫,對中國軍事的惡意評論,乃英國與中共在中美之間惡意中傷之影響,使日本乘隙離間. 俄國請求我中央,准其派飛機往返延安,接其在延安記者與醫生回俄,並聲明不再派人替代.蓋俄在延安派有第三國際代表,及其他人員,乃至提供武器,及新疆直飛延安的航線,未經我同意不得飛行,又史達林宣布放棄第三國際,爭取美援而如此. 8.1.「蔣公日記」緬戰後,最大的教訓是,無論為敵為友,凡我應得之權利與地位,只有進取堅強,不可有絲毫退讓,我退則彼進,反視我懦弱可欺. 蔣委員長批准「反政緬甸計劃」表示「中國可由雲南出動15個師,要掌握制海權與制空權,一旦反攻,非勝不可,絕不能再承受第二次之失敗.」 3日蔣委員長與羅斯福總統代表居里談話,得知美國有人主張東北由國際共管,作為日本與蘇聯之間的「緩衝國」這對中國而言宛如「晴天霹靂」「國際無公道與是非可言,實足寒心」. 蔣委員長立即發表聲明:「中國東北為中國領土之一部分,絕無討論之餘地.此實為中國抗戰之基本意義.蓋我抗戰若非為收復東北失地,早可結束矣」 蔣委員長飛蘭州、西寧、張掖、武威視察戰地,並謁拜成吉思汗陵寢.並在興隆山召開軍事會報,鞏固國防. 4日. 蔣委員長對美國總統代表居里的談話,嚴正表達了中華民國的國格不容岐視,不受欺凌,中國對日抗戰,在求領土主權完整,不惜任何犧牲,其意乃對戰後國際共東北主張的駁斥. 訂定新疆問題處理程式,及收回主權要點. 救濟辦法大綱」 蔣宋美齡夫人飛新疆訪問新疆軍民. 5日蔣委員長與居里談話三小時,要點為: 一. 中國軍民經五年戰爭,實已疲困不堪,不免厭戰,而望和平. 二. 英俄對華歷史紀錄,中國人皆懷疑懼,如美國對我之態度不加體諒,則民眾對同盟組織更疑懼. 三. 整個東北為中國一部分,希望羅斯福總統早日聲明. 四. 空軍與空運必須如數完成. 6日「蔣公日記」與居里談話後,深感對外國不可稍有所求,有求則必受侮. 7日「蔣公日記」居里來華二旬,身負溝通中美聯盟關係重任,初則威脅與示惠並用,余則以毋固毋必待之,若始終強硬,則對羅斯福總統提輔助中國為四強之一政策, 亦將背棄初衷,乃對我最為不利. 8月上旬,史迪威赴印藍姆伽訓練基地,他提出,訓練人員「要中國士兵,不要中國軍官,尤其不要中國將領」,從美調來三百多名軍官,擬將駐印軍營長以上軍官均改由美國人擔任,受到中國將士強烈反對.而改為聯絡官派往各部隊.該批聯絡官權可直接調動營以下部隊,無須通知中國部隊長官,權力很大.

中華民國		紀元	干支	紀要
元首	年號			
蔣中正	**31**	**1942**	壬午	11 日邱吉爾表示有來渝訪問之意,表示對華之提攜,余以不敢接受此尊榮為由,置之不答,不表示意見,實即不歡迎. 18 日美國政府發聲明「承認東三省為中國領土」 蔣委員長與居里談話感到欣慰,日記云:「此乃由余對居里所提問題之一也.」 19 日國民政府公布「修正非常時期難民辦法」 20 日廖承志投共,廖為廖仲愷之子(原任黃埔軍校黨代表,1926 年被刺,其妻何香凝). 新疆省席盛世才反俄投向中央後,收回新疆外交權,及迪化飛機製造廠,令俄軍撤離新疆,設為第八戰區,派任朱紹良為司令,並赴迪化,肅清共黨, 23 日以茶會接見英美俄人士四十餘人. 28 日青海省主席馬步芳及馬步青晉見蔣委員長,蔣指示對藏政策,只要藏政歸中央,不受外人牽制,中央統治西藏,保障其宗教及生活自由,不被外國愚弄與束縛. 9 月毛澤東派林彪到西安晉謁蔣委員長,「兩黨應彼此接近打成一片,精誠合作,中共雖信奉共產主義,但決不能照馬恩列史之具體辦法在中國進行.雖彼此作風各異,吾人唯依三民主義與戰爭綱領努力,盼於委座(蔣)領導之下,以底最後成功.」 7 日毛澤東撰寫「一個極其重的政策」提出「根據地精兵簡政問題」. 史迪威將遠征軍第 38 師改為 10 個炮兵營,將原師長孫立人及廖耀湘等改任炮兵指揮或步兵指揮. 8 日蔣委員長在西安召開軍事會議,出席將領包括李宗仁、陳誠、孫連仲、蔣鼎文、王靖國等.一般對陳誠,都認為正直無私廉潔,但肚量較狹窄. 11 日美國對華態度漸次不好,緣由在我駐美人員作風太壞,然美來華軍事人員惡習昭彰,對我政策懷有成見與偏見,史迪威即其一例,其根本政策,仍待觀察. 12 日杜聿明致電蔣委員長:「國家軍制係我政府法定之建制,史迪威將軍擅權改制,實屬毀辱國體,損害主權.」 14 日英首相邱吉爾來電,對印度政策頑梗決心, (1942.9.15.-)溫家寶,天津人,父親溫瀛士,曾任牧師,學校老師校長.曾家寶北京地質學院畢業,分別任胡耀邦、趙紫陽中央總書記處辦公廳主任.六四天安門事件,曾隨同參與與示威群眾慰問及溝通意見,最後擔任國務院總理. 17 日新疆省主席盛世才在新疆逮捕陳潭秋、毛澤民、林基路等 160 餘人. 27 日美國羅斯福總統派威爾基為特使(9.27.~10.7.)由新入境來華訪問,蔣委員長與其談話「東北為中國領土之一部分,必須完全歸還中國.取消不平等條約.」 29 日宋美齡、朱紹良到迪化(今烏魯木齊)與盛世才商談. 10 月蔣委員長接見美國羅斯福代表威爾基,就太平洋局勢、戰後處理等問題交換意見. 並正告威爾基:東北與台灣均為中國領土,戰後必須歸還中國. 中國國民黨委員會議,指示對中國共產黨仍本寬大政策,冀期徹底覺悟. 10 日英、美兩國同時宣佈廢除在華治外法權,廢除對中國一切不平等條約. 13 日蔣委員長在西安接見林彪. 27 日加拿大、挪威、荷蘭等國相繼放棄在中國特權,與中國商訂新約. 10.19.~1943.1.14.中共召開「陝甘寧邊區高級幹部會議」 中共成立「西北財經辦事處」統一陝甘寧邊區和晉西北根據地的財工作. 30 日蔣委員長自兼行政院長,發表宋子文為外交部長.胡適為學者,未能發揮大使外交功能,改派職業外交官魏道明使美. 11 月毛澤東宣佈:整風不僅要弄清無產階級與非無產階級思想(半條心)而且要弄清革命與反革命(兩條心),要注意反特鬥爭. 2 日蔣宋美齡夫人任航空委員會秘書長,協調中美空軍合作貢獻甚大,授以一等軍事勳章,並授以名譽上將銜. 14 日英國議員來華訪問,乃表示邱吉爾已有所悟,重視我國地位. 16 日英國干涉西藏內政毫無改變,英國畏強欺弱,不可抬舉.

中華民國		紀元	干支	紀要
元首	年號			
蔣中正	**31**	**1942**	壬午	18日比利時通知我國放棄在華特權. 宋美齡應羅斯福總統之邀訪問美國,蔣交給夫人一份與美羅斯福總統談話要點: 一. 東三省旅順大連台灣琉球應歸還中國,當地海空軍根據地准許美國共同使用. 二. 越南由中美兩國共同扶助,十五年以內獨立. 三. 朝鮮應即獨立. 四. 泰國保持其獨立. 五. 印度在戰後須使其獨立.為顧全使英國體面,可有過渡時期過渡辦法,緬甸亦然 六. 明白宣佈南洋各民族訓政限,二十年內扶助其獨立. 七. 外蒙古歸還中國,是否自治,由中國自定. 八. 中俄問題與中共問題立場之說明. 宋美齡抵美後,蔣委員長「談話要點」符合羅斯福的戰後構想,受到羅斯福總統夫婦熱情接待,羅斯福提議先與蔣委員長「暢談」. 26日「黨歌」改「國歌」,蔣委員長主張將「吾黨」改為「中華」,惜未執行. 12.1.蔣委員長約見經濟學家馬寅初,蓋馬曾因批孔祥熙被軟禁,捐棄成見.請教經濟問題. 美國政府撥30個師的軍械裝備來華 11日史迪威來重慶與蔣委員長談話,竭力指責中國軍隊辦事遲緩,批評羅卓英「十大罪狀」蔣因以邱清泉代之,因邱脾氣暴躁,又改為鄭洞國. 16日中共林彪晉見蔣委員長. 17日政府通電全國,宣布實施限價辦法,規定所有物價,統以11.30.為准,次年1.15.實行. 18日日軍第11兵團長塚田攻及其高級軍官9人,乘飛機自南京飛漢口,在安徽太湖上空,被我軍擊落斃命. 21日拉鐵摩爾來報,羅斯福總統對蔣委員長關於太平洋之意見,與他構想完全相同. 28日反攻緬甸,以陳誠為遠征軍司令長官,羅卓英為副令長官. 30日有關中英新約,英國不僅不允交還九龍換文,且要聲明九龍在不平等條約之外.為顧全簽訂新約,口頭聲明,九龍問題將來再談,預留以後繼續談判之地步. 31日英如拒絕簽中英新約,我政府唯有自動宣布廢除不平條約,不承認英國在中國固有之權利,戰後我以軍力從日軍手中取回香港九龍,英雖狡獪,必無可奈何. 史達林在俄德戰爭緊張時刻,致函蔣中正委員長示好. 中共進行審查幹部工作反特鬥爭. 日人鷲巢敦哉主編的「台灣總督府員警沿革誌」完成刊行. 抗日戰爭,駐台日本總督府號召之台灣第一批志願兵入伍 胡錦濤(1952.12.-),安徽績溪人,曾祖父胡沇源,祖父胡炳衡,父親胡增珏,茶商,泰州中學畢業,考入清華大學.擔任中共總書記及國家主席時,導引兩岸實質交流,實現通航、通郵、通滙三通政策,曾與台灣連戰、宋楚瑜、郁慕明、吳伯雄等人舉行會談,. 宋楚瑜(1942.3.16~)湖南湘潭人,美國柏克萊分校國際關係碩士,又在加州羅拉大學進修.曾任新聞局長,國民黨秘書長,台省主席,競選總統失敗,組織「親民黨」擔任主席.以「搭橋之旅」多次訪問大陸.參選台北市長失敗,退出政壇. 張博雅(1942.10.5.-)台灣嘉義人,台灣大學,中國中醫大學,高雄醫學院,美國霍普金斯大學日本杏林大學博士曾作醫師,並任嘉義市長,內政部長,監察院長,一位才能博學女士. 尤清(1942.3.20.-)台灣台北市人,德國海德堡大學法學博士,曾任台北縣長、監察委、立法委員、駐德代表,民進黨主席. 林海峰(1942.5.6.-)浙江寧波人,旅居日本.九歲參加圍棋比賽,大勝對手46目半,震撼全場,台灣省主席周至柔資助赴日本學棋,棋藝不斷鑽升,獲日本本因坊頭銜,棋聖,棋院頒天元頭銜,享譽全日本.

中華民國		紀元	干支	紀要
元首	年號			
蔣中正	**32**	**1943**	癸未	1 月蔣中正就任國民政府主席(1943-1949) 3 日蔣委員長請蔣夫人轉告羅斯福總統,要求敦促英方派海軍協助,反攻緬甸. 5 日羅斯福覆電,英國不能派海軍協攻緬甸,因之遠征軍司令陳誠不主張急攻緬甸. 8 日電羅斯福總統,決心延期攻緬. 羅斯福、邱吉爾在北非卡薩蘭卡(卡港)會議,決定實施「安納吉姆」計劃 川藏公路正式通車 林彪在重慶兩次謁蔣,要求撤除對陝北邊區封鎖,接濟軍餉彈藥藥品均無結果. 11 日中美新約十時在華盛頓簽字、中英平等新約下午四時在重慶簽訂,11 時發表 一. 終止治外法權,領事裁判權, 二. 放棄上海及廈門公共租界, 天津州英租界, 三. 內河航行權,取消條約口岸,軍艦駛入中國領海權. 四. 取消外籍領事進入, 五. 取消海關稅務司必須為英人的規定, 六. 取消洋行管理海關行政權,沿海貿易權,. 七. 取消辛醜和約中所規定旳駐軍權及使館權. 但英國仍不肯放棄九龍租借地,中國聲明保留. 12 日國民政府發表「中美、中英平等新約告成告全國軍民書」 13~6.30.「鄂西會戰」國軍投入 41 個師,陳誠擔任指揮官. 14 日蔣委員長對西藏問題,予以高度自治,但外交、國防權統一於中央.冊封西藏領袖達賴喇嘛 14 世,派吳忠信主持坐床大典,1959 年達賴流亡印度. 泰國助日軍進犯雲南,被我軍擊退. 16 日汪精衛偽政權宣布對英美宣戰,並提供華工 60 萬人,編成勞工隊,供日軍驅使 史迪威暗中與中共接觸,擬使用八路軍反攻緬甸,蔣大為不滿,擬使離去. 25 日蔣委員長著手撰編「中國之命運」 27 日美國羅斯福總統與英國首相邱吉爾在北非卡薩布蘭加會議結束,主張先擊潰德國,然後擊敗日本,並致電蔣委員長表示,增加對華援助. 2.4.美國陸軍航空司令阿諾爾鑿軍補給司令薩默維爾、英國聯合參謀代表團團長迪爾到重慶,向蔣委員長通報「卡港會議」情況及 1943 年戰略. 6 日中國同意美國羅斯福總統、英國邱吉爾為打破日本對中國封鎖而提出的收復緬甸作戰計劃,即「安納吉姆計劃」 宋子文陪同美空軍總司令安諾晉見蔣委員長.蔣云中印美空軍組織,非為協助我抗戰,而為指揮我抗戰,中國戰區最高統帥權不完整,請其轉告羅斯福總統。 7 日羅斯福與邱吉爾在北非卡薩布蘭加舉行很重要高層戰略會議,內容對蔣委員長保密,事後英派迪爾元帥、美派安諾德上將來渝向蔣委員長簡報. 8 日蔣委員長同意英美方案,但要求英美方面增加空運與空軍,切實支援中國.談話中史迪威語帶輕蔑,可惡不敬. 9 日中英美三方印度加爾各答會議,一致同意實施「安納吉姆計劃」,以 1943.11 月~1945.5 月為入緬作戰期. 11 日台灣人張文環和日人西川滿、濱田隼雄獲得皇民奉公會文學獎. 12 日中共在美宣傳,國軍在西北集中大軍監視共軍,準備內戰,美加多人受騙. 15 日國民政府頒布「新聞記者法」 蔣委員長兼任中央大學校長,激起「擁護蔣委員長,反對蔣校長」浪潮 18 日蔣宋美齡應美國參、眾兩院邀請發表演說,受到熱烈歡迎,備受尊敬. 19 日日本來往台灣與日本之間高千穗高級郵輪,被美軍魚雷擊沉,輪船上,500 人罹難. 21 日美國羅斯福總統揚言,今後不再在海上逐島進攻,浪費時間,而利用中國為戰場,進攻日本本土.其明顯把中國當犧牲品,用心可痛. 24 日英國外相艾登在下院宣佈,英政府殷望蔣夫人訪英.兩天後,英國國王與王后通過

中華民國		紀元	干支	紀要
元首	年號			
蔣中正	**32**	**1943**	癸未	英國駐美大使哈利法克斯邀請宋美齡訪英,並在白金漢宮下榻.後因身體不適未果 26 日英王與后,正式令其駐美大使邀請蔣宋美齡夫人訪英. 蔣委員長向泰國軍民廣播,應以抗日自救、救世. 軍事委員會決重建遠征軍,以陳誠為司令官. 28 日「蔣公日記」聯合國中美英俄號稱四強,其實我國最弱,弱者遇拐子、流氓、土霸,須佑人非自強,任何人亦不能為助,無論為敵為友,皆屬俎上肉,應自警惕. 美國會對華租借案,定為對英的 25 分之 1(75%),對俄為 10 分之 1(20%),英國首要,俄國次之,我國再次之(5%).這是帝國主義面目,但我國始終未獲此數字的援助. 3.1.蔣委員長就任中央大學校長. 美國羅斯福總統與英國首相邱吉爾共商開闢歐洲第二戰場,暫緩反攻緬甸,建議由中國先行攻緬甸.7 月羅斯福總統派居裏來華晉謁蔣委員長,蔣同意反攻緬甸,惟須英國海陸軍配合,美國承諾給予充分空軍支援,加強空軍及空運. 中國戰區參謀長美國史迪威將軍,未經中國戰區總指揮蔣委員長同意,私自派戴維斯暗中與中共周恩來接觸,周恩來提議,美國派代常駐延安,史迪威企圖使用中共八路軍參戰,蔣委員長大為不滿. 蔣夫人打電話給蔣委員長,報告與羅斯福總統談話要點： 一. 要求飛機 500 架,羅斯福總統答應著手辦理,另運輸機 30 架,已囑安諾德辦理 二. 關於戰後問題,琉球群島、滿洲、及台灣歸還中國,香港主權應屬中國,但可劃定為自由港,戰後美國將在中國投資,供給機器助我建設. 4 日蔣委員長以中央大學校長身份,與學生中午會餐. 9 日孫科在常會罵沈鴻烈總動員會限價政策,沈不能忍受而辭職,蔣予以慰留.孫道歉. 10 日蔣中正委員長手著,陶希聖執筆的「中國之命運」正式發表出書. 陳誠與史迪威決在昆明設立訓練基地,分批輪訓後空運藍姆伽實習. 12 日接見美空軍總司令安諾德,要求美國提供援助,今羅斯福今天答復： 一. 美駐華空軍改為 14 航空隊,由陳納德任司令. 二. 14 航空隊飛機增至 500 架. 三. 空運隊增至 137 架,月運 4,000 噸. 14 日日本東條到南京,與汪精衛偽政權簽交還租界的偽約. 16 日日本主使,貴州苗民發暴動,幸經保安隊平定. 16~20 日中共在延安政治局會議決定:毛澤東為中央政局主席和中央書記處主席.毛澤東、劉少奇、任弼時組成中央書記處. 20 日在貴州設立發動機製造廠,並成立甲種工業學校,培高級幹部,奠定機械工業基礎. 21 日英國邱吉爾首相發表「先歐後亞」及排擠中國的演說. 26 日英國外相艾登在馬里蘭州議會演說他向中國保證「英國將協助中國對日本本進行作戰,直至獲得最後勝利而後已.」 28 日『蔣公日記』邱吉爾演說遺棄我中國,其對我侮辱可謂極矣,但此為其坦白肺腑之言,實於吾有益.其後艾登雖在美為其修正補充,不過更增英國虛偽欺詐之劣行而已.所謂「四強」之說,這是一種「虛譽」,邱吉爾無信,拐騙手段暴露無遺. 何應欽與周恩來會談,認為中共態度似未比以前惡劣. 29 日蔣委員長偕白崇禧軍訓部長赴貴州巡視,各兵科學校,包括交輜、通信、砲兵、防空等學校,對交輜學校最為不滿,囑慎選教育長人選. 29 日國民政府明定 3 月 29 日為「青年節」 「中國航空公司」成立 陶希聖執筆、蔣中正署名的「中國之命運」發表 周恩來會晤何應欽,提出四點要求：

中華民國		紀元	干支	紀要
元首	年號			
蔣中正	**32**	**1943**	癸未	(一) 中共取得合法地位, (二) 共軍編為四軍 12 師. (三) 陝、甘、寧邊區改為行政區,其他各區另行改組. (四) 抗日戰後,黃河以南共軍開入中央指定地. 何應欽重申 1940 年命令,八路軍編為 3 個軍 6 個師,5 個補充團,新四軍編為二師,一個月內開往黃河以北,改陝、甘、寧邊區為陝北行政區,歸陝西省政府指揮. 30 日蔣宋美齡夫人在舊金山答復記者:日本是直接攻擊美國的敵人,而德國僅是口頭反美,對美民眾心理會發生影響,站在美國的立場,應先打敗日本. 4.1 英國駐美大使面邀蔣夫人訪英... 台灣開始實施六年制義務教育,並設立國民學校. 3 日中共發布「關于繼續開展整風運動的決定」 12 日台灣創設「台中高等農林學校」,翌年改稱「台中農林專門學校」 15 日我國軍事代表團熊式輝一行,由英國返抵重慶. 21 日我國軍事代表團徐培根將軍一行抵達土耳其首都安哥拉訪問. 22 日我國飛行員首次參加盟國機群轟炸緬甸之日軍. 28 日中共為整肅內奸成立「反內奸鬥爭委員會」劉少奇任主任 「全國工業協會」在重慶成立 5 月蔣宋美齡夫人訪晤美國總統羅斯福商談反攻緬甸,加強中國空軍、與中印空運問題. 羅斯福總統批准參謀首長提出建議「擊敗日本的戰略計劃」 史達林發表談話,揚言解散莫斯科共產國際. 史迪威與飛虎隊陳納德之間在對日實施「空中攻擊」戰略問題上發生爭執. 5 日美國海陸空三方會議,邀請史迪威、陳納德、宋子文參加.宋支持陳,增強空軍力量,史則認為中國陸軍「不堪一戰」,宋評史,「對中國軍未免過於悲觀」. 同日晚,宋美齡謁羅斯福,,羅表示,擬將反緬甸計劃縮小為佔領緬北. 史迪威早就制定「有限度的進攻北緬的計劃」,但遭到蔣委員長否定. 11 日邱吉爾訪美國總統羅斯福,美國形成更強烈支持中國,重視太平洋戰場的輿詮. 12 日台灣實施海軍志願兵制度,截至 7 月底止,應徵者達 316,000 人. 17 日宋子文應邀出席聯合參謀長會議,陳述蔣的反對放棄攻緬.「蔣委員長決心,如不佔領緬南,斷其後路,必歸失敗,徒作無謂之犧牲.」但史迪威公開批評蔣「諸事猶豫,於戰略無一定見解」宋辯稱:「蔣曾任用蘇、德顧問,無不恪遵蔣委員長意旨」 18 日『蔣公日記』英人毫無進攻緬甸之意,史迪威之言詞對我軍污蔑輕侮,憂戚之至. 19 日邱吉爾在美國兩院演講,向中國討好,保證給予中國以「有效與立時之援助」 20 日羅斯福、邱吉爾華盛頓太平會議,宋子文應邀參加,席中邱宋為西藏「主權」舌戰 21 日太平洋軍事會議上,邱吉爾對卡會議及加爾各答會議攻緬事辯稱「當時只有計劃,並無決議」宋子文事後謁見羅斯福總統,重申進攻北緬計劃,羅要宋轉告蔣委員長「攻緬計劃,余有決心進行」 22 日『蔣公日記』美國史迪威之陷弄乃其總因,此人誠誤事不淺矣! 蘇聯「真理報」發表【宣布解散共產國際】的命令. 24 日晏陽初因平民教育與鄉村建設運動而被選為「現在世界具有革命性貢獻偉人」在美國紐約授予表揚狀,膺選的 10 人中包括愛因斯坦、杜威等人. 26 日中共發表「關于共產國際執委會主席團提出解散共產國際的決定」 國民政府公布「非常時期報社、通訊雜誌登記管制暫行辦法」 羅斯福總統將邱吉爾同意攻緬計劃通知書交給宋子文 27 日蔣委員長致電在美訪問宋美齡「近日戰況緊急,實由史迪威催促抽調精兵入滇,為敵所乘,史迪威所陷害也.」 29 日蔣委員長要宋子文提醒羅斯福,進攻北緬須海陸軍對仰光同時行動.

中華民國		紀元	干支	紀要
元首	年號			
蔣中正	**32**	**1943**	癸未	6.6.蔣委員長告訴在重慶的周恩來、林彪,如中共放棄邊區政府與軍隊,即予以合法地位. 軍事委員會將「河防大軍」調至陝、甘、寧邊區周圍,由胡宗南統一指揮. 13 日『蔣公日記』「對中共應付與方針如計進行,尚能虛心自如也.」沒透露具體內容,事實上,正在命令胡宗南悄悄地準備一項「閃電邊區」的軍事計劃.預定 7.28.進攻 18 日胡宗南在洛川召開軍事會議,預備分兵九路 34 萬兵力「閃擊延安」 國民政府提倡「機關學校化」寓訓練於工作. 蔣宋美齡夫人接受美國馬康城衛斯理學院贈予名譽法學博士學位 蔣宋美齡夫人赴加拿大訪問,應邀在加拿大國會發表演說. 台灣「雷灿南事件」他是台北高等學校學生密謀反日起義,事洩被捕,毒刑致死 21 日蔣捼員長再電宋美齡「史迪威彼之態度,是來脅中國,而非協助抗日,其結困與美國之熱忱援助及友愛精神相反.余為史對於一般軍官嚴加勸戒,令與合作.惟長此往,時時發誤會,則不勝防制之苦.故為作戰及大局計,深羅斯福總統明瞭此事真相與現狀,蓋甚恐其對華盛情將來失望,故不敢知而不言也.」 24 日戴維斯提出報告,主張接周恩來建議,向延安派駐觀察員. 27 日蔣委員長命外事局局長商震催史迪威關於海軍兵力等文件事,史稱,此文件不能交任任何人,繼而改稱,回去後,交商震代呈,但又非蔣所需要的海軍布署文件.. 28 日史迪威致函蔣委員長,列了一長串戰艦、重型巡洋艦、航空母艦、驅逐艦等,對海軍布署、後勤供應、訓練等準備工作,支吾其詞. 同日蔣委員長召見史迪威,當面加以批評.日記云:「此人之無常識、無人格,實難令想像者.」又云:「史之愚拙、頑劣、卑陋,實所罕有.美國有此軍官,而其長官馬歇爾且視為一寺人才,豈不怪哉!」 30 日『蔣公日記』凡弱國參戰,無論如何努力與犧牲,強國皆視為不能與彼相比.又以史迪威指揮我軍在緬甸戰役,彼不以我軍犧牲為英勇,總以我軍怯弱,而一以北洋軍閥舊日之軍官(隊)視也. 7 月蔣委員長為湖南南嶽「忠烈祠」竣工親筆題字 (1940~1943) 軍事委員會統計局「中央特種技術訓練班」在湖南衡山中梅橋開辦 「中美特種技術合作所」正式在重慶成立,戴笠任主任,美國海軍情報署梅洛樂斯中校任副主任.下設軍事、作戰、心理、情報、行動、氣象、交通運輸等九個組、和一個辦公室、一個總工程處.在重慶磁器口的渣滓洞、和白公館設有集中營,1945 年撤散. 相繼「中美特種技術訓練班」在湖南衡山南嶽楓木橋開班受訓. 「財政部查緝人員幹訓班」在湖南衡山縣城北街成立,班主任胡靖安. 譚延闓(字祖安)在故鄉茶陵高創辦「祖安中學」 蔣委員長接受美國羅斯福總統頒贈與『最高統帥勳章』 任命蔣經國為中央幹部學校校長 接見朝鮮革命黨領袖金九,表示全力協助朝鮮獨立 1 日〔中美特種技術合作所〕成立,戴笠任所長.至 1946.7.1.結束. 馬歇爾電詢史迪威有關撥用軍用物資汽油事. 2 日史迪威致宋美齡夫人函中透露,他希望是「擺脫『花生米』而又不致毀了整艘船」同時他明確寫道:「中國問題的藥方是除掉蔣介石.」「如果我們現在不採取行動,我們的在華特權將受到嚴重損害.中國也將無助於我氙的日努力,還會種下戰後中國大亂的種子.」他覺得,採取行動的機會來了. 3 日史迪威致電馬歇爾,要羅斯福致電蔣委員長,指出蔣過去輕視陸軍倚重空軍的錯誤,告以「劇變情勢應採劇烈手段」.史向馬明確表示「如我無實權,則不能擔任」 3 日在胡宗南身邊工作的中共地下黨員熊向暉將有關報緊急密報延安. 4 日朱德致電胡宗南,呼籲響應蔣委員長團結,避免內戰. 美國羅斯福總統致電蔣委員長,表示與蔣的相見「殊為重要」,建議選擇重慶與華盛頓的中途地點晤面.

中華民國		紀元	干支	紀要
元首	年號			
蔣中正	**32**	**1943**	癸未	6日馬歇爾備妥電稿及簽呈,上呈羅斯福總統,聲稱中國戰局已到了「須將中國軍權交與一個人物指揮抗日」的時候,而此人,則非史迪威莫屬.在馬歇爾等人的「壓力」下,羅斯福第二天即照馬擬電稿簽發,宣稱已升史為四星上將,要蔣從緬甸戰場召回史,讓他「統率全華軍與美軍」,並予以全部責任與權力. 劉少奇發表「清算黨內的孟塞維克主義思想」要學習毛澤東關于中國革命的學說,以毛澤東思想去清算黨內機會主義思想. 毛澤東致電蔣委員長、何應欽、徐永昌,呼籲團結,要求胡宗南部隊撤退.制止內戰 延安民眾大會聲稱保衛邊區 莫斯科指中國政府破壞國、共合作,企圖消滅共軍,內戰將起.蘇俄駐重慶大使館一再向美大使表示關懷,請國民政府軍停止砲擊陝北共軍陣地. 7日日本共產黨駐延安代表同野進(野参三1940年從莫斯科來到延安)發表(告日本士兵書)號召打倒日本帝國主義,建立日本人民政府. 8日中共中央發動「宣傳反擊」準備軍事力厘粉碎其可能攻擊,要求「動員當地輿論,並召集民眾會議」 9日延安三萬群眾緊急動員大會制止內戰,發動各地舉行群眾大會. 10日毛澤東電胡宗南,聲稱「若被攻擊,勢必自衛」 「閃電」行動還沒有付諸行動即行暴光,蔣委員長迫不得已命令胡宗南停止行動.改變進攻陝甘寧邊區的決心,內戰危機暫時解除. 10~14日中共分別在隴東、陝甘寧邊區、晉察冀邊區、太行分局等地區召開挽救危亡群眾大會,制止內戰,表示「如果頑固派敢來進攻,就堅決地消滅它」 11日蔣覆朱德,否認有調動軍隊,進攻關中囊形地區一事. 12日毛澤東為延安「解放日報」撰寫社論【質問國民黨】「消極抗日,積極反共.」 胡宗南下令撤退一個師及兩個軍部. 15日中共康生作出「搶救失足者」的報告. 中共通過「關于審查幹部的決定」 毛澤東提出「一個不殺,大部不抓,」政策 16日周恩來由重慶回延安參加「整風運動」周指出馬克思主義中國化.毛澤東的方向,就是中國共產黨的方向,毛澤東路線,就是中國布爾什維克路線. 18日『蔣公日記』中共對我陝北之準備,其所表現者為恐慌與叫喊,或能發生間接作用,能早就範.又云:對內政策,今日已有主動自在之運用餘地,實為數十年來所未能獲得之環境,尤其對共黨為然也. 21日『蔣公日記』中共七七在延安「解放日報」所發表之言論,其對我個人之污辱與黨政軍惡口痛罵,乃為從來所未有,已將其暴亂、謬妄、背叛之劣根性發洩盡淨.他分析:這是中共內部分岐,毛澤東處於困難時的一種策略:「可知其內部分岐,不能維繫,故毛澤東乃不得不用此製造我政府壓迫,以維繫其內部於一时策略,思之可憐可痛.」 23日蔣委員長發佈「勸告中共黨員書」說明對共黨政策,其內容大致如下: 一. 第三國際解散以後,期望中共能照其解散之要旨,真正成為忠於民族之國民,共同致力於反法西斯之戰爭. 二. 對中共方針,除軍令政令必須貫徹統一,不論任何名義,除有妨礙抗戰計劃擾亂社會行動之外,皆取寬大為懷一貫之方針,無不任其自由.中國之軍隊只有國民革命軍一個軍隊,中國之軍令只有國民政府軍事委員會之一個軍令. 27日美國撥交中華民國兩億美元購買黃金. 30日毛澤東指示防奸工作正確路綫:首長自己動手,領導骨幹與群相結合,一般號召與個別指導相結合,調查研究,分清是非輕重,爭取失足者,教育群眾 8月國民政府主席林森逝世 尼加拉瓜國會通過新移民法案,給予中國人民以各國人民同等待遇

中華民國		紀元	干支	紀要
元 首	年號			
蔣中正	**32**	**1943**	癸未	2 日毛澤東在中共中央政治局會議上講話,聲稱「此次反共高潮已被打退.」 6 日蘇聯塔斯社中國分社「中國內部發生嚴重問題」宣稱重慶政府中投降與失敗主義者要求解散中共軍隊,對日進行光榮議和,其結果可能促成內戰或日本之勝利. 同日,美國參謀總長馬歇爾也得消息:國民黨限中共於八月十五日之前「歸順」政府,否則「對付辦法」,急得馬歇爾立即派員向宋子文遞送急電稱:「現值我同盟國正應全力應付日本之時,如所報屬實,誠可焦慮,能否即設法避免種情事?」 蔣委員長接到宋報告,大為吃驚,日記稱:肯定此為「蘇俄對美造謠宣傳,欺世妄誕」「指斥中共為偽作假」「其罪惡甚於漢奸十倍」 早在開羅會議之前,史迪威即已起意謀殺蔣介石.根據美國戰略情報局資深官員艾夫勒(Carl F Eifler)上校寫作的『The Deadliest Colonel』一書記載. 1943.8.初至10 月末,他在中、緬、印戰區工作期間,曾被史迪威召到新德里,要求他準備一份暗殺蔣介石的計劃.過程如下:「史迪威直截了當對艾夫勒說,如果美國想要按照邏輯順序有條不紊地推進戰爭,那麼就必須除掉蔣介石.擺在史迪威面前最大的問題是:艾夫勒是否同意承擔此重任?他能否神鬼不知完成使命?對於這個要求,艾夫勒既不感到震驚,也未感到受寵若驚,或不知所措.他點了點頭回答說,他能找到除掉蔣介石的辦法.隨後,史迪威又強調說,整個暗殺事件不能使人懷疑到艾夫勒本人及他的隨從的頭上來.艾夫勒起身,向史迪威行過軍禮後,與其握手告別後匆忙離開了.」 艾夫勒接受任務之後,最初考慮派狙擊手暗殺,因怕被擒獲,決定實施投毒.「初步勾勒出一個暗殺計劃」.後來艾夫勒到華盛頓找上專家斯坦利接維爾(Stanley Lovell) 後,確定使用「肉毒菌毒素」它能麻痺並害中毒者的肺功能,使之迅速衰竭並最終攻人死亡;死後的屍體剖檢也不會發現任何中毒的痕跡. 據艾夫勒回憶,此後史迪威沒有再催問此事.直到 1944 年 5 月艾夫勒在史迪威的緬甸司令部與史相見,艾告訴史,已經找到一種方法,可以執行暗殺計劃,但史搖頭說,他對此已另有想法,並且決定在目前反對這樣做. 7 日『蔣公日記』共匪復亂,不能挽救,此時在我以延長至有利時機再加討伐,一面應積極準備,好在危機已過,匪亂不能妨礙我抗戰大局也. 8 日『蔣公日記』共匪非武力不能解決,惟減輕其程度而已. 11 日美國馬歇爾電詢宋子文「武力剿共,是非常荒謬的行為,勸我勿用力.」 『蔣公日記』國際事務爾虞我詐,不一而足.俄國包藏禍心,一方面發中國局勢嚴重,將啓國共內戰,一面對美國政府造謠,我限中共於八月十五日以前歸順中央,否則即行討伐.蘇俄與中共相互呼應,所謂「改散第三國際」完全為欺世. 12 日宋子文專程赴英談判反攻緬甸問題,毫無結果. 英對宋子文外交部長提「西藏已經自治之備忘錄」證明英對西藏 已不懷好心. 13 日『蔣公日記』共匪之制裁非在歐戰未了之前解決,則後患更大也. 「對共匪計劃,無時或忘」 14 日『蔣公日記』中共最近的宣傳,影響了美國人對中國抗戰的觀感,甚至連馬歇爾都相信其言,勸阻中央勿以武力剿共的荒謬行為.圖以實情說服羅斯福總統,謂『如中共猖獗則抗戰失敗,中國與亞洲皆淪為赤化,太平洋即無和平之日』使其知中共陰謀,及其背景之不可忽視.總之,有中共即無中國(中華民國). 8.15.「蔣公日記」張嘉璈(公權)政學系,其兄張君勱,國社黨,現行憲法起草人,張公權對蔣公進言,「領袖如何知人善任」,切中我病: 一. 政黨選各部部長及各省主席,以最有能力者充任. 二. 訓練一等少數真正傑出人才,親自導,不時面談. 三　左右有優賢,對人對事研究真相,不為流言所動. 中共中央通過「關于審查幹部的決定」

中華民國		紀元	干支	紀要
元首	年號			
蔣中正	32	1943	癸未	16 日派胡獻群往北非戰場觀察裝裝甲部隊作戰,回國報告心得,蔣委員長表示滿意. 18 日蔣委員長致電羅斯福、邱吉爾,告以雨季將過,不能再事遷移. 19 日「蔣公日記」歐美人士狡詐,為使者幾乎皆具偵探特性,外交人員皆有蒐集情報任務與能力,舉世皆然.故國家元首內心所思,不找使節,而直接由外交部人員提供. 20 日在裏約熱內盧簽訂「中巴友好條約」 21 日羅斯福與邱吉爾在魁北克舉行高峯會議,未邀請蔣委員長參加,深以為恥. 24 日羅、邱加拿大魁北克會議「宣言加強對日作戰,對中國作有效援助」.形式上對我國有利,但軍事上不能自主,為人操縱,隨人腳跟,不以為然. 羅、邱會議同時決定成立「東南亞戰區統帥部」以英國海軍中將蒙巴頓為統帥(旋升上將),史迪威為副統帥,無視中國的存在 邱吉爾在魁北克會議上講話:「吾人軍隊之生命,均係依照一切計畫而犧牲,絕不為任何政治問題,浪費寶貴之生命」.其帝國主義思想,唯利是圖,犧牲他人,達到自己政治目的 25 日『蔣公日記』應及早設法阻止英、美、俄陰謀,將台灣與東北在戰後由國際共管,尤以排斥俄介入. 中共問題,無根本消滅之法,但不能不有解決的方案.如果始終要用十軍以上兵力防剿陝北之匪區,則不如先搗毀延安巢穴,使之變成流寇,無立足餘地為上策. 25~27 日美機空襲武漢日軍,擊毀日本軍機 54 架. 蔣中正為「孔學」創刊題詞「孔道立國之本,如日麗中天,求諸古今,巍巍蕩蕩,孰為盛大,萬世而下,餉遺無窮」 國民政府宣告美報記者「政府決不用武力解決國共糾紛」同時外交部長宋子文在華盛頓告美國國務院「國民政府無意與中共決裂」 26 日未徵求我國同意,英國派蒙巴頓為東南亞戰區總司令,益見英國的專橫. 29 日羅斯福、邱吉平來電,只說對緬北攻擊計畫,而未有沿海登陸方略. 考慮宣布封鎖陝北,以示對中共懲罰,而傳聞汪精衛、閻錫山、毛澤東互通信使,則漢奸、軍閥、與共黨,沆瀣一氣. 30 日『蔣公日記』英國今日對香港與新加坡,不肯絲毫放棄,對美國要求,太平洋沿岸軍事基地共同使用之政策,已明白反對,英國之政治手段之毒辣與自私,令人痛恨,然亦不能不佩,其老練與實際行動也. 31 日英美放棄從印度登陸反攻緬甸,中國自不能單獨反攻.此際中國駐印軍兩個師,及砲、工、通、戰車等特種兵,共約三萬人,在印度比哈爾省蘭伽基地,完全配備美機械裝備整訓,即將完成. 9.1. 「蔣公日記」希望英美從「先歐後亞」戰略,改為「先亞後歐」 3 日蔣委員長與陳布雷、王世杰商量,提議由軍事委員會或政治部正式宣佈中共「罪狀」,使中外人士皆能瞭解其「奸謀」 4 日重慶黃山官邸會談徐永昌再次表示,對共黨「尚應敷衍」意見,逐漸為蔣接受.現階段對延安是圍而不剿. 今日國民黨第五屆十一中全會開幕,新疆省主席盛世才,與雲南省主席龍雲,均到重慶參加會議.蓋盛世才已加入俄共,成為附庸,新疆全部已入俄共囊中.龍雲與汪精衛互通聲息,已陷入寇偽陰謀之中,今日皆坦誠應召來渝,為統一團結表現. 9.5. 『蔣公日記』深感中共日形猖獗,決對邊區中共部隊進行「隔離」,不再承認其為中國軍隊,更不承認其為抗戰團體,預定解散第十八集團軍在重慶的辦事處,封閉中共在重的「新華日報」.同日召見胡宗南「研究對共方略」. 6 日『蔣公日記』指責中共「詆毀政府,造謠惑眾」已成為「獻寇變相之第五縱隊」應說明政府:「對中共無其他要求,只求其放棄割據地盤,服從軍令,遵命調赴前線,不再集中部隊,阻礙北戰場榆林於綏遠交通線,實踐其廿六年宣言,則中央仍予以一視同仁,不僅不忍棄絕,且必愛護有加.」另「第一.愛國自受分子,如能自拔來歸,

中華民國		紀元	干支	紀要
元首	年號			
蔣中正	**32**	**1943**	癸未	予以優容,並量才器使,俾得為國效命」「第二,對中共裡邊的『政府理喻德化,怕已失效』的『集團』人人可得而制裁之.」 美國赫利(Patrick J. Hurley)偕生產局長納爾孫(Donald Nelson)史迪威一同到達重慶. 蔣委員長命史迪威進攻緬邊境八德,期減輕日軍對滇西廣西壓力,史拒絕執行.史迪威向蔣委員長提出「備忘錄」建議調動中共第 18 集團軍及胡宗南、傅作義、鄧寶珊等部向山西出擊,這都觸犯蔣的大忌.「蔣公日記」此其必乃共匪所主使,而且其語義有威脅之意.且名為備忘錄,是將來制裁中共時,證明曲在於我之意.此史實一最卑劣、糊塗之小人！余不屑駁覆,乃置之不理,表示拒絕其干涉之意. 6~13 日中國國民黨召開第五屆十一全會,中央執行委員會議決定國民政府主席為陸海空大元帥.會中一致選舉蔣中正為國民政府主席,兼任行政院院長. 蔣委員長稱「中共問題純屬政治問題,應以政治方法解決」 國民黨中央執行委員全體會議決議,戰事結束後,一年內召開國民大會,制頒憲法,希望中共切實遵守諾言. 8 日『蔣公日記』對中共「不用武力討伐」仍採「勸戒方針」用「法紀制裁」想法. 一. 中共幹部之間、上下之間已經離心離德,只要持之以久,中共不攻自潰,如在此際討伐,反而促進其團結. 二. 對中共用兵「無異割雞而用牛刀,若持久不能解決,徒長匪焰而與敵以復活之機」 三. 今日中共,已非江西時期可比,只須「封鎖匪區,使之自縛陰乾ネ唯一方略.」 四. 中共的強項在宣傳,在希望美國干涉,吾人所最注意此一點. 義大利向盟國無條件投降. 美國史迪威向蔣委員長建議調動西北方面的國民黨和共產黨軍隊,進政山西、河南,襲擊平漢綫鐵路,進逼鄭州、武漢,扭轉對抗日軍局勢,未為接納. 宋子文鑑於英美聯軍對日政勢漸趨積極,認為有調整與英美軍事關係的必要,他設計最高級的組織,如華府的了兩項調整方案：聯合參謀團及支配軍械委員會,均應有中國代表. 國民參政會決議,組織「憲政實施協進會」及「經濟建設協進會」 (一)參加.供給中國的軍隊,由中國直接申請,毋須史迪威或其他駐中國的美國軍官過問. (二)史迪威撤調,同時改組中國戰區.以蔣委員長為最高統帥,美國將領為副統帥,以中國將領為參謀長,以美國將領充副參謀長,統帥部各處長、副處長均中美軍官分任. 9 日『蔣公日記』「英國侵略我國西藏之野心,絲毫未有變更」 10 日蔣委員長致電宋子文,指責史迪威「不知共產黨十來經過之歷史,更不明瞭最近共黨之內容及其陰謀之所在,徒聽共黨之煽惑,助長共黨之氣焰,殊為可歎！」 徐永昌打電話向蔣委員長說明對共軍宜緩用兵三點意見 11 日蔣委員長邀約三十餘人座談,表示:「中美英蘇四國協定未成,滇緬路尚未開通,貿然進攻,萬一不速戰速決被困,狀況更將惡劣,故目前仍以「避戰」為上,蔣提出三種處理三種方式」「曲線的對付」一.封鎖而嚴厲處分. 二.聲罪不致討. 三.一字不提, 『蔣公日記』如我進攻遷延不決,則匪勢更張,國際輿論對我更劣.如我能速戰速勝,則匪不過遷移地區,不能根本消除其匪黨,而我國內戰既起,復不能根本解決,則國家威信仍有損失.他決定,對邊區「圍而不剿」,「用側面而與非正式方法以制之」,「萬不宜公開或正面的方式應付也.」 12 日外交部長宋子文、軍政部長兼參謀總長何應欽、與赫爾利(Patrick J. Hurley)商定： (一)以史迪威任前敵總司令,如使用中共部隊,必先經蔣委員長核准. (二)在重慶設置美國委員會,管理租借物資,中國代表亦可出席.

中華民國 元首	中華民國 年號	紀元	干支	紀要
蔣中正	**32**	**1943**	癸未	13 日國民黨五屆第十一中全會「總報告」對中共問題主張「政治解決」,希望中共「實踐諾言,服從中央,使政令、軍令保持統一,意志力量得以集中,以求抗戰之勝利.」「不惜再三委曲求全,如以涵容,」「幡然自反」. 15 日史迪威再拒攻緬甸八莫,堅持由他控制租借物資,並有任命調度中國軍官全權,蔣不再過問戰事,否則他不接受新職,將建議美國政府退出中國.另電馬歇爾,謂蔣之欲撤回滇西遠征軍,意在保全實力,坐待美國擊敗日本.此時,遠征軍攻佔騰衝,再克龍陵,足可證明調回遠征軍保全實力之說荒謬. 16 日宋子文會見美國總統助理霍浦金斯,霍贊成宋所擬調整方案,並稱:在參加聯合參謀團及改組戰區大前提之下,更換史迪威輕而易舉,史汀生雖反對亦將無效,馬歇爾也不像以前那樣絕對維護史迪威. 美國羅斯福總統不顧蔣委員長身份,嚴電指斥滇西遠征軍不進,或竟撤回,打通滇緬公路的機會將完全喪失,蔣須負全責.唯即加強滇西軍的進攻,立授史迪威以指揮中國軍隊的全權.倘再延擱,將一切落空. 18 日史迪威將羅斯福總統電報面交蔣委員長.蔣以羅斯福總統態度惡劣,來電措詞荒謬,閱後置之不語. 19 日赫爾利請見,蔣亦拒絕接見. 20 日蔣委員長餞別納爾孫時,赫爾利亦在座,蔣謂羅斯福總統此舉,與美國民主立國歷史相違背,為美國傳統精神的污點,請納爾孫轉告,「以下三事絕不接受商量」 (一) 凡與三民主義不合之事. (二) 有損害中國主權之事. (三) 有損害中國國格及我個人人格之事.」 又謂中國軍民願為美國之朋友,亦願虛心學習,但絕不能為美國之奴隸. 當日,史迪威向蔣中正委員長建議,調動國、共兩黨軍隊共同進攻日軍,並要求將美援武器撥出一部份給共軍,未被接受. 東亞盟軍最高指揮官蒙巴頓勳爵抵重慶訪問時,蔣要求撤換史迪威遭拒. 22 日何應欽在國民黨第三屆參政會上報告,指出中共有襲擊中央軍情事,肆意攻擊政府及種鴉片,偽造法幣等情事,導致中共參政員董必武聲明,退出參政會. 24 日蔣委員長告訴赫爾利,對史迪威已失去最後希望與信心,不能使其擔負中國戰區及中美聯軍統率之任務. 25 日交以備忘錄「美國如遴派一位富有友誼合作精神的美國將領,為中美聯軍前敵總司令,擔任改組及主持後方勤務部,以接替史迪威,必竭誠歡迎.」 蔣委員長心意如羅斯福不從,即公開其來電,使天下及美國人民知其政治作風,勢將影響其政治生命. 另電在美國的孔祥熙,勿要求任何接濟,從速回國. 日空軍兵團長－中國盛孝中將等多人在廣東番禺墜機斃命. 26 日日機濫炸無辜:江西贛州兒童新村、蔣經國住宅,蔣孝文頭部受傷.又炸蔣家溪口,元配毛夫人罹難. 27 日蔣委員長約見國民黨幹部,聲明「絕不為任何壓力動搖,絕不受外人干涉.凡引外人言論自擾者,罪浮於漢奸」 史迪威電告馬歇爾:蔣無意對戰爭推進再作努力,意在榨取美金錢與軍火,無意建立民主政體、或與共黨組成聯合陣綫,已成為中國統一及抗日合作的主要障礙. 蘇俄特別發表英美俄會議,成立「政治軍事委員會」抹煞我國地位,打擊政府,其用意在使政府失信民心,而供中共宣傳. 29 日宋子文與羅斯福總統見面.事後,電蔣彙報「美方同意撤換史迪威,調中國戰區」 國民政府公布施行「社會救濟法」 30 日「湖南常德會戰」日軍 4 個師團進攻,美國第 14 航空隊助戰,常德失而復得,日軍全部潰退.唯我國軍三位師長彭士量、許國漳、孫明瑾相繼壯烈殉國.日軍師團長

中華民國		紀元	干支	紀要
元首	年號			
蔣中正	**32**	**1943**	癸未	赤鹿裏、滋田賴四郎被擊斃,殲敵四萬餘人. 東南亞盟軍總司令蒙巴頓將軍來渝晉謁蔣委員長,商討軍事合作等問題. 日本一再向盟國表示有求和之意,惟不願無條件投降. 「蔣公日記」建國之要:制度、法規;建設之要:規模計畫、人才組織、經費技術.尤以整體計畫為首要. 10.1.「中、美空軍聯合團」成立. 宋子文偕蒙巴頓及美國後勤長薩默維爾中將來華.薩默維爾是美方預定接史迪威職位的人.宋完全沒有料到,蔣委員長會中途改變主意. 2日蒙巴頓向蔣委員長轉呈邱吉爾致蔣密函及魁北克會議決議 5日美國羅斯福總統擬除史迪威的中國戰區參謀長之職,及管理租借物資之權,仍保留統率中國在緬甸軍隊及雲南遠征軍之權. 毛澤東亦要求國民黨與蔣委員長實踐諾言,實現民主政治,國共繼續合作,承認邊區和敵後抗日根據地的政權.恢復新四軍,撤包圍陝甘寧邊區的軍隊,廢止國民黨一黨專政,取消特務機關及特殊教育. 8日美國參議員羅素訪華,返美後發表反華議論,「蔣介石獨裁不民主」. 9日蔣委員長去電,歷數史迪威的不當,緬北的勝利不足以抵中國東戰場的損失,實不堪再肩負重任. 史迪威亦電馬歇爾,倘容蔣遂行其罷免主張,中國作戰潛力將一併消失. 赫爾利不以為然,謂史迪威的基本錯誤,是想壓服領導一個革命國家與優勢的敵人作戰七年的領袖,蔣並非不肯合作,中國問題可望解決.如支持史迪威,將失去蔣與中國,戰爭勢必延長,增加美國的人力物力的損失.應照蔣的提議,派一美國軍官在蔣的領導下指揮中國軍隊. 10日蔣中正委員長就任國民政府主席.國民黨「五屆十一中全會」決議國共問題,仍要「政治解決」毛澤東表示願意隨時恢復兩黨談判. 11日蔣委員長與宋子文談史迪威事,其後,蔣又和宋美齡談話. 『蔣公日記』「此史正卑劣之小人,無恥極矣!」 15日蔣委員長開始思考史迪威去留問題,一是去史之後的代替人選,一是撤換史迪威的可能性.美國參謀總長馬歇爾,非常袒護迪護史迪威,派陸軍供應司令索摩維爾來渝協商. 16日東南亞戰區司令蒙巴頓來訪,所屬海空軍在泰國越南登陸之條件: 一. 中國戰區改為東亞戰區. 二. 統帥由蔣委員長保薦. 三. 華盛頓成立「中英美聯合參謀團」. 四. 重慶成立「中英美作戰參謀會議」. 五. 由美國薦副統師一人. 10.17.美國薩默維爾將蔣委員長要求召回史迪威事告知蒙巴頓,蒙巴頓強烈反對.他說:如因指揮中國軍隊兩年之久的官員(史迪威),在軍事行動前夕被免職,無意於中國軍隊受挫.他委託薩默維爾將他的觀點轉達給蔣委員長. 薩默維爾來談史迪威去留事,約史迪威來談其往日錯誤,彼承認以後絕對服從,故對史去留,不堅持非換不可. 『蔣公日記』史迪威「承認錯誤」並表示「徹底改過」,於是蔣「允宥其過,再予以共事最後之機會」.蔣「反省錄」中寫道:「史迪威去留問題為本星期最重要之一事,宋子文力主去史,以快其意.余之既定方針,幾為所搖惑,最後卒能自動補救,允史悔改,重加任用.此乃中美國際關係與戰局影響一大轉機,乃知安危禍福全在最後五分鐘幾微之間也.」蔣覺得宋子文簡直壞極了:「自私與卑劣至此,實不能再為赦宥.如不速予去掉,則黨國之禍患將不堪設想矣.」

中華民國		紀元	干支	紀要
元首	年號			
蔣中正	**32**	**1943**	癸未	18 日蔣委員長召見宋子文,告以史迪威去留政策,宋聞自悔對蔣「太忠」,憤而表示以後不能為蔣「赴美再充代表」.蔣憤怒嚴厲斥責,令其即速滾蛋 同日下午,宋子文陪同蒙巴頓到黃山會見蔣委員長,蔣要宋美齡通知宋子文自動離開,否則寧可不與蒙巴頓相見.宋子文無奈,只能退出,蔣才與蒙巴頓會談. 「史迪威自述」史曾向宋靄齡宋美齡姊妹研究改革辦法－讓宋美齡代替何應欽出任軍政部長.互訂「攻守同盟」10 月 17 日宋美齡告訴史迪威聲稱宋靄齡認為「仍有個轉敗為勝的機會」史表示「不想呆在不受歡迎的地方」宋氏姊妹向史談起「中國和職責」要史「大度一些,堅持一下」「你的星正在升起」闖過這件事,你的地位就會比從前更為穩固.姊妹願代史見蔣說:假如史犯了錯,那也是由於誤解而非有意,史準備好會充分合作.史點頭同意.見到了蔣,史說:蔣改變了立場,演起了戲,竭力顯得態度和靄.他說了兩點: 一. 我應該明白總司令和參謀長的職責. 二. 我應該避免任何優越感,這全是廢話,但我有禮貌地聽着.蔣委員長說,在此條件下,我們可以和諧地再次繼續合作. 10 月 20 日宋靄齡向史迪威解釋解釋說:她只能在「她的血肉」(宋子文)並讓他來了個 180 度的大轉彎.她認為這是一個大勝利.未靄保證,史的地位,得到了很大的加強,將來不會再有進一步的攻擊. 史迪威去留問題,蔣委員長與宋子文兩人意見相左,史迪威的悔過恐非出於肺腑真心,今日史留下,當非宋子文之意.然宋子文自 1924 年起,蔣委員長即受宋諸多阻撓,宋甚至供蘇俄鮑羅廷驅策,與其共同打擊蔣委員長.1931 年,復以各種財政問題相要脅,以致不能不拘捕胡漢民,使黨國遭受空前禍患.18 日下午蒙巴頓來見,蔣委員長告知夫人,請宋子文先自行離開,始下樓見蒙巴頓,可見蔣、宋之間交惡之深. 19 日蔣委員長在重慶黃山官邸召開中英美三國關於反攻緬甸作戰計畫會議,英國蒙巴頓、美國供應司令索摩維爾中將及史迪威、我國何應欽等出席. 蒙巴頓要求將泰國、越南劃為他管轄的東亞戰區,蔣委員長未讓步同意. 史迪威對中國軍隊參與反攻緬甸的計劃作了介紹,給蔣委員長留下深刻印象.「史迪威日記」「花生米(指蔣介石)」現在又討人喜歡了.與之相應,蔣對史的印象也有改變. 晚上蔣委員長宴請蒙巴頓將軍舉杯祝英王與羅斯福總統健康,而未提邱吉爾,蒙巴頓感覺驚異,不一會,旋蔣委員長舉杯祝邱吉爾首相健康,蒙乃釋然.蓋邱非國家元首,不能與英王並提. 行政院組「日軍罪行調查委員會」 毛澤東指示要堅持「一個不殺,大部不抓」的原則 20 日在重慶簽訂「中比新約」 21 日美國索摩維爾中將對羅斯福總統有關此次中英美三國攻緬會議報告,先呈蔣委員長審閱,禮貌週到,與其初來見面時大不相同. 22 日英國蒙巴頓將軍要求交換中英美會議臨時紀錄,英大使館稱,蒙氏此行甚為滿足. 23 日「蔣公日記」提高人民生活水準:一.實施勞動保險,二.發行土地券,扶助自耕農,三.國民教育免費,四.普及公共衛生,五.鄉村公產歸保民大會,六.軍人及遺族撫邺 24 日美國眾議院通過,取消華人禁止移民案,此原為國恥與不平等條約,如參議院亦能通過,乃外交勝利. 莫斯科英美俄三國外長會議:主要討論戰後安全體制,美英主張四強(美英俄中)共同發宣言,但俄堅反對四強,而以三強為主. 一. 美國固守,歐洲各國政府由人民自擇之主張. 二. 第二(西歐)戰爭能告以大概,而不能告以定期. 『蔣公日記』宋子文橫暴、愚詐,觸余憤怒,實為近年所未有之現象,亦修養毫無成效之徵也,未免有慚!然子文奸詐卑鄙之情態不能不有此一舉.如果再容忍,則養癰遺患,公私兩敗!

中華民國		紀元	干支	紀要
元首	年號			
蔣中正	**32**	**1943**	癸未	26日通過四國宣言全文,中國外長未參加,故令傅秉常大使為全權代表簽字.其內容: 一. 關於義大利部份,根絕法西斯惡勢力,組成以民主為基礎的政府. 二. 關於奧地利,宣言鉅離德國獨立. 三. 關於懲治納粹暴行的行為. 28日羅斯福致電蔣委員長,振示自正在促成中、英、蘇、美同盟之團結,有許多問題,只有與蔣見面,才能得到「圓滿之解決」 30日抗日緬北中美聯合作戰,總指揮美國史迪威將軍、副總指揮中國駐印軍鄭洞國.汪精衛與日本在南京簽訂同盟條約,為兩國永遠親善. 31日「四強宣言」中、美、英、蘇四國協定在莫斯科簽字,發表共同對德、意、日作戰,至其無條件抗降為止. 11.2~26.日軍進犯湘西「常德會戰」我軍大捷. 6日「蔣公日記」宋子文夜郎自大,長惡不悛,二十年來,屢戒屢恕,終不能使之覺悟改過.野心難馴固矣,然余無感化之力,不能不自愧也. 9日中國派代表參加「盟國第一次救濟善後大會」成立「盟國善後救濟總署」 10日在重慶簽訂「中挪新約」 廣西桂林、柳州均告失守. 12日美派前陸軍部長赫爾利,為羅斯福總統私人代表來渝,向蔣委員長解釋羅斯福、邱吉爾、史達林會用意所在,不使蔣誤會,其苦心與誠意所在.與赫會談重申主張: 一. 大西洋憲章,應用於世界各民族的解釋. 二. 成立聯合國戰時組織. 三. 中國參加華盛頓參謀團. 四. 反攻緬甸必陸海並行,且以海軍準備完成時開始(但英國杳本不願從海上攻緬) 16日宋子安出面調解,要求蔣委員長召見宋子文,遭到蔣拒絕.日記云:「彼誠幼稚天真之人也.」 17日林森故主席今日安葬. 18日蔣主席偕夫人宋美齡飛往埃及開羅,參加同盟國首領「開羅會議」 19日下午六點半由阿科拉起飛,十時到喀拉蚩,住美空軍司令家中. 20日蔣委員長乘便視察我在喀拉蚩受訓空軍,晚十一時由喀拉蚩起飛往開羅. 21日七時半抵開羅機場,乘車到彌那區住所,下午英駐埃及大使藍浦生來見,謂邱吉爾已到,定五時半來見蔣委員長,蔣婉謝,並擬先往訪.六時三十分,偕王寵惠訪邱吉爾寓所,談話半小時,頗為融洽,比未見以前想像者較優. 22日十一時邱吉爾首相來見,交換意見主旨,是中英合作與戰後世界和平組織,邱主張有一個總組織,下分地區組織. 正午美國羅斯福總統抵達開羅, 羅斯福總統及助手霍普金斯於下午五時與蔣見面.二人「一見如故」.蔣感覺羅是「深沉有刻度的政治家」「有一種特殊的風度」下午,蔣委員長與夫人另設茶會招待馬歇爾、李海、琟普金斯.當晚,蔣委員長等待次日會議議程通告,從邱吉爾處得知,會議程序由英美參謀團安排,未考慮中國地位及提案.蔣委員長立即命令間接委婉通知羅斯福注意此點,當日深夜,羅斯福指示,會議為「中、美、英共同會議」重新安排程序. 美國軍部早密令史迪威「應利用一切機會統率中國軍隊」.11.22.史迪威隨蔣委員長參加開羅會議.準備與羅斯福總統談話資料「無論蔣介石作何承諾,我們如不將掌握中國軍隊之權,早獲明文規定,所有努力均將成為廢紙.」當日無機會提呈 蔣委員長參加開羅會議,準備與邱吉爾會談,其草擬的「對英要旨」第一條就是;「西藏問題勿再干涉.」 23日中英美三國首長會議, 11時舉行,由羅斯福總統主持,討論蒙巴頓北緬作戰方案.蔣委員長提出,盟軍進攻緬甸,海軍塵與陸軍同時發動.邱吉爾不能同意,但會中全

中華民國 元首	中華民國 年號	紀元	干支	紀要
蔣中正	**32**	**1943**	癸未	體人員均默認蔣的意見是「不二之理」「無不為之動容」 當晚七時半,蔣委員長應羅斯福之宴,二人面對面,坦誠相見,直談到到深夜 11 時,蔣委員長告辭,相約明日續談.當晚所談問題共十點: 一. 日本未來國體 二. 共產主義、帝國主義問題.,蔣表示贊同羅斯福對俄國共產主義的政策,祝賀其已取得步效果,希望羅對「英帝國帝主義亦能運用成功,以解放世界被壓迫之人類.」 三. 領土問題,東北四省、台灣、澎湖群島皆應歸還中國,琉球由國際機構委託中、美共管.. 四. 日本對華賠償問題. 五. 新疆及投資問題. 六. 俄國對日參戰問題. 七. 朝鮮獨立問題.蔣特別要求羅贊同這一主張. 八. 中美聯合參謀會議. 九. 安南問題.蔣委員長強烈主張戰後由中、美扶其獨立,並要求英國贊成. 十. 日本投降後,其三島駐兵監視問題.蔣首先提出,此事應由美國主持,如需中國協助亦可,但羅則堅決主張以中國為主體,蔣認為羅「有深意」,沒有明白表示可否. 24 日傍晚,霍普金斯將羅斯福所擬會議公報草案交宋美齡,徵求蔣的意見.蔣閱後,覺得羅稿完全依照昨晚自己所提「要旨」,對羅更為敬佩,「甚覺其對華之誠摯」精神,決非泛泛政治所能及也. 當晚,蔣委員長赴邱吉爾寓所參加晚宴,宴前,邱吉爾引蔣至地圖室,討論進攻緬甸日軍問題.蔣的感覺是邱吉爾的思想、精神、氣魄、人格,決不能與羅斯福同日而語,「狹隘浮滑,自私頑固八字盡之矣.」 「蔣公日記」史迪威態改變甚速,表現頗好,是亦感召之力乎?幸未為宋子文所脅制,否則,必得相反之惡果. 25 日羅斯福、邱吉爾、蔣委員長及夫人在羅斯福寓所合影照相. 下午四時羅斯福與蔣委員長再次談話,提出中美聯合參謀會議、中美政治委員會、發表公報之手續、第三個卅師武器之供給等問題.討論完畢,羅斯福歎息說:「令人痛苦者亦邱的問題」,「英國總不願中國為強國.」蔣委員長察覺,當時羅「頗有憂色」,「其情態比上次談話時更增親切也.」 上午十一時,邱吉爾首相與蒙巴頓將軍、艾登外相來訪,談反攻緬甸計畫,仍未得明許結論,四十分鐘後同赴羅斯福處照相. 照相中,蔣委員長再與羅斯福談中美聯合參謀、中美政治會議,與反攻緬甸計畫,羅對蔣委員長概嘆,現在最令人痛苦者就是邱吉爾首相,英國總不願中國成為強國. 日來與邱見面四次之多,其為英國式政治家,實不愧為盎格魯薩遜民族之典型人物,其精神人格及氣魄,絕不能與羅斯福同日可語.「狹隘浮滑,自私頑固」八字盡矣 同盟國空軍混合大隊,炸毀日軍駐台灣新竹機場飛機 47 架. 羅斯福與史迪威曾在開羅會議期間單獨談話,在場的尚有小羅斯福、妹夫鮑梯格、和霍普金斯.史迪威事先準備了一份與羅斯福的談話資料,直言不諱地表示要「掌中國軍隊之權」.該資料云: 「無論蔣介石作何承諾,我們如不將掌握中國軍隊之權,早獲明文規定,所有努力均將成為廢紙…統率之權,如不能擴及華軍之全部,亦必包括於中美之聯軍.我們如缺控制蔣介石之權力,則伊將使其幹部跟我們作梗.我以為中國軍政部應改組,何應欽應去職,第一批 30 師應由美軍官統率之.」 據記載:「史迪威將軍很流暢地、直率地、安靜地談着.他敍述他與蔣及蔣的總長何應欽將軍之間的困難;他回答詢問,很乾脆地判斷他有辦法來處理與對付這些困

中華民國		紀元	干支	紀要
元首	年號			
蔣中正	**32**	**1943**	癸未	難的.」談了一個多鐘頭,羅斯福對他在遠東方面所面臨的荊棘的道路表示深切的同情. 26 日晨,蔣委員長召集中美空運會議,發現美方主管人員「較前恭順」.蔣聽說其故在於羅昨晚召見部屬時,曾稱道蔣「偉大」. 上午　宋美齡會見羅斯福,提出對國給與中國經濟援助的大綱,羅表示同意. 正午　蔣委員長設宴招待美國海軍金上將,密交日本今年造船計劃,與金上將討.論太平今後作戰方略.金以先接近中國海口為惟一要務,蔣頗感安慰. 下午三時　委員長訪問斯福,談: 一.　對羅斯福應允給與中國經濟援助及貸款的好意表示感謝. 二.　外蒙古問題 三.　西藏問題 四.　(英國)海軍登陸(緬甸)日期.羅保證提前,僅邱吉爾一人尚未同意. 下午四時半邱吉爾、艾登、王寵惠等到會,討論公報.羅、邱、蔣三人均同意,待德黑蘭會議和與斯大林會後再行公佈.蔣向羅斯福懇辭告別. 「史迪威日記」路易斯 11 點來談計劃.他對『花生米』產了厭煩感,誰又不是呢？ 27 日中美英三國聯合公報確定「開羅會議宣言」,其主要內容： 一. 日本必須無條件投降. 二. 滿洲、台灣、澎湖歸還中國. .三. 朝鮮獨立. 28 日昨日九時,見北非聯軍總司令艾森豪將軍,下午二時遊金字塔及古蹟,十一時半,由開羅起飛,中午十二時半抵印度喀拉蚩. 29 日三時由喀拉蚩起飛,八時抵蘭溪,乘車一小時抵蘭伽中國駐印軍訓練基地,並集合部隊講話.原駐印軍由鄭洞國軍長指揮,但史迪威視鄭洞國若傀儡,不予絲毫權力,亦不令其至雷多前方指揮作戰. 30 日英國售予西藏當局步槍子彈五百萬發、山炮彈一千發.1944.2.月西藏地方當局又向英國訂購高射炮等武器. 31 日晚間抵印緬邊界,與孫立人、廖耀湘兩師長見面.談及雷多戰況,及駐印軍指揮權問題,多所不當,囑告史迪威,要照指示實施.深夜十二時登機離去回重慶. 28~12.1.美國總統羅斯福、英國首相邱吉爾、蘇聯委員長史達林三國領袖在德黑蘭舉行秘密會議,討論對德作戰的行動計劃問題,和戰後和平問題,協商決定英、美兩國應於 1944 年 5 月在歐洲開辟第二戰場. 「蔣公日記」依開羅會議的經驗,無論軍事、經濟、與政治,英國絕不犧牲其絲毫利益,以濟他人.對美國主張,亦絕有所遷就,以為報答中國、美國拯救英軍之表示,對中國之存亡生死,則更無關切,置之不顧,自私之心,實為帝國主義之標榜。 羅斯福總統言行誠懇,及其國民一般言論與精神,確有協助我國,造成獨立與平等地位之誠意. 12.1.開羅會議聲言此戰爭目的,在制止、懲罰日本的侵略,剝奪 1941 年以來日本奪佔的太平洋島嶼,東北四省、台灣、澎湖,歸還中國,並使朝鮮獨立,日本須無條件投降. 2 日日軍佔領貴州獨山,離貴陽僅 60 公里, 局勢險惡,人心惶惶,旋被國軍收復. 1943.12.2.~1944.1.5.「常德會戰」國軍投入 43 個師,薛岳、李宗仁、孫連仲共同指揮余程萬軍長偷生,臨陣脫逃(後經軍法審判刑二年),預十師師長孫明瑾、150 師師長許國璋、暫編第五師師長彭士量陣亡,副師長葛先才負傷.幸所失陣地全部復,日軍師團長赤鹿里及滋田賴四郎兩員,及官兵兩萬餘人陣亡. 3 日發佈「開羅會議宣言」原文： 【三國軍事人員關於今後攻日本之計畫,已獲得一致意見,三盟國決以無保留之海陸空軍力,以打擊其殘暴之敵人,此種壓力之增加業已在望.三大盟國因遏阻懲罰

中華民國		紀元	干支	紀要
元首	年號			
蔣中正	**32**	**1943**	癸未	日本之侵略,乃出於戰爭.三大盟國之目的不在謀取自己之利益,亦從未計其國土之展拓.他們的目的在剝奪日本在 1914 年以後所占得之太平洋各島嶼.所有日本竊奪之中國一切土地,亦應予剔除.三盟國念及朝鮮人民久受奴隸待遇,應使朝鮮在相當時期內,享得自由與獨立.根據以上所認定之目的及聯合國其他一致之精神,三大盟國將堅忍進進行重大而長期之戰爭,必達到日本無條件投降而後已.】 5 日美國羅斯福總統致電蔣委員長:謂英國海軍須先用於美德、義戰爭,不克夾擊緬甸日軍,詢以願否單獨反攻,或待至 1944 年 11 月同盟國在海上大舉能力之時吾可斷定非至明年(1944)秋季,決無實施之望」. 蔣委員長已預料「英國決不肯犧牲絲毫利益,以濟他人…羅斯福雖保證海軍在緬甸登岸,必與我陸軍一致行動,明知其不可能,而姑且信任之… 6 日史迪威見羅斯福總統,羅問史:「你以為能維持多長時間?」史答:「局勢很嚴重,日本人再來一次五月份的那種進攻就把他推翻」羅稱:「好吧.那我們就該找另外一個人或一群人繼續幹下去.」 7 日美國和哥斯達利加國會相繼通過「廢除岐視華人移民法案」 美國羅斯福總統來電,緬甸海軍登陸之艦艇,須先用於對德戰爭,故明春不能如期實施反攻緬甸計畫. 吾可斷定非至明年(1944)秋季,決無實施之望」. 蔣委員長已預料「英國決不肯犧牲絲毫利益,以濟他人…羅斯福雖保證海軍在緬甸登岸,必與我陸軍一致行動,明知其不可能,而姑且信任之… 8 日蔣委員長以〔一寸山河一寸血,十萬青年十萬軍〕號召智識青年從軍。 11 日美國總統祕書霍普金斯對蔣委員長言,美駐各國使節的報告,與事實完全相反,不是虛言,可知美國情報之幼稚. 12 日史迪威自開羅回重慶,途經昆明,與其助手多恩(Frank Dorn)上校談話,聲稱:在開羅奉口頭密令,準備一份「暗殺蔣介石計劃」.事後,始終沒有付諸車施.但是,史迪威愈來愈明確地認為「中國問題的藥方是除掉蔣介石」「他們所應該做的是打死大元帥和何應欽及這幫人中的其他人.」 18 日在古京簽訂「中古友好條約」 21 日羅斯福總統致電蔣委員長,對我空軍與空運增加之要求,表示拒絕;但要求中國駐滇部隊向北緬作戰,支援英美向印進攻,蔣仍然覺得沒有海軍從緬南配合,並登陸配合協助,乃是自取滅亡之道. 22 日美國總統羅斯福發表廣播演說,報告開羅會議之成就,讚揚蔣委員長「為一具有遠大眼光及剛毅精神之人物,對於今日及未來之各項問題,均有高度見解」 英國外相在下院報告開羅會議情形,讚揚蔣委員長「為中國偉大領袖,具有溫文儒雅之風,剛毅品格.蔣夫人有精闢見解,通譯天才,相助有功」 日本東條首相,謂今年為決定戰爭之期,蘇俄史達林恐其進攻,決撤退中國新疆境內之飛機製造廠礦廠,以免到時被中國沒收,銀礦考察團及駐哈密紅軍一併撤退必須予以改正. 12.23.蔣委員長覆電羅斯福,重申南北海陸同時發動的意見,批評「盟軍戰略置中國戰區不顧」聲稱中國駐印遠征已交給蒙巴頓、史迪威指揮,不能同意出動駐滇遠征軍. 宋子文向蔣委員長致送「悔過書」: 兩月以來,文獨居深念,咎戾誠多,痛悔何及.竊文之於鈞座,在義雖為僚屬,而恩實逾骨肉…而抗戰以後,…惟知「埋頭苦幹」秉承杓座指導,「為爭取勝利」竭其棉薄.無奈個性愚戇「任事勇銳,對於境之配合考慮」任事每欠週詳,甚或夙愛護過深,指事陳情,不免偏執,而流淚切,此誠文之粗謬,必賴鈞座之督教振發,而後始以化其頑鈍,亦即文於奉教之後,所以猛省痛悔,愈感鈞座琢磨之厚也.今文待罪之身,誠不敢妄有任合瀆請,一切進退行藏,均惟鈞命是聽,伏乞俯鑒愚誠,賜以明示,俾能擇善自處,稍解鈞座煩憂,則文此身雖蒙嚴譴,此心轉可略安,而曲予寬容,文無論處何地位,所以效忠圖報鈞座之志,尤必與天白日,同其貞恆,始終不渝.惶悚上陳伏祈垂察.敬叩鈞安.

中華民國		紀元	干支	紀要
元首	年號			
蔣中正	**32**	**1943**	癸未	「蔣公日記」司法必著制服,言語、態度必須威而不猛,所謂「正其衣冠,尊其瞻視」,使受害者得以盡情申訴,切不可有侮辱之言行.當時中國社會,仍留在清朝形態,打官司人民到了法庭,先叩頭下跪,稱聲大老爺在上;法官則威儀,令人不敢正視. 24 日『蔣公日記』自十月痛斥宋子文以後,始終不准其相見,昨日來函表示悔悟,求見迫切,余乃從親戚與內子之懇切要求,並為慰岳父母之靈,允於孔寓與之相見,當觀其以後事實如何,如果能真誠覺悟,則公私皆蒙其福矣. 25 日美國羅斯福總統廣播,開羅會議及德黑蘭會議的成就,並讚揚蔣委員長「為一具有遠大眼光,及剛毅精神之人物,且對於今日及未來之項問題,均有犀利之見解.」 26 日『蔣公日記』對宋子文訓斥以後,拒而不理已逾兩月.本週得其悔悟書,乃於聖誕前夕,念西安共同患難之關係,准予相見,以示寬容. 27 日英國蒙巴頓將軍將不能打通緬北交通,歸罪於我軍不能由滇西出擊.其無視邱吉爾首相拒派英國海軍協助,先占領安達曼群島及仰光以東海岸之責. 30 日蔣委員由開羅歸途經過印度藍姆伽視察鄭洞國部隊,與鄭洞國、廖耀湘、孫立人談話,稱史迪不願他們過問軍事,視之如傀儡不給指揮權,蔣委員長召見史迪威參謀長白克「據實用地圖指正其錯誤,並囑轉告史氏改正之.」 31 日『蔣公年末反省』本年修身之道進步較多,而暴戾傲慢之氣未能稍減,是為最羞污.對道藩、文白、哲生、辭修、子文、顯光、各種行態欠妥,尤為粗暴失態.而子文與辭修之驕橫跋扈,自應斥責,但其他同志不過愚拙無能,實為無心之過,是余指導無方之所致.乃不責己而責人,是為本年最大之慚。 可安慰者,廢除 1840 年鴉片戰爭百年來的不平等條約,出席開羅會議,確立四強之一的國際地位,終結四百年的帝國主義和殖民主義,恢復中國獨立自由,領土主權完整.並討論日本戰敗問題,達成收復失地,復興民族的使命。 劉兆玄(1943.5.10.~)湖南衡陽人,加拿大多倫多大學化學博士,回國任清華大學理學院長、校長,東吳大學校長,出任行政院長,因莫拉克颱風襲台造成數萬人家園受損,無家可箒而辭職,旋任國家文化總會長. 劉家昌(1943.4.13.-)哈爾濱人,著名音樂家,長於作曲作詞,曾演過電影,導演,製片.開過旅館,在香港舉行「往事只能回味」音樂會,反應熱烈.獲得「終身成就獎」

中華民國		紀元	干支	紀要
元首	年號			
蔣中正	**33**	**1944**	甲申	台灣蘇澳漁民七十餘人,因涉嫌與美國盟軍潛艇接觸而遭日軍拘捕,全部慘死監獄中. 蘇俄憂慮日本投降須退出在新疆飛機廠、礦廠,為免被中國沒收,故意誣指新疆盛世才對蘇俄非法措施及仇視行為,造成中國政府困擾. 蘇俄駐華大使潘友新回國,蘇俄軍事顧問團亦全部撤離回國. 1.1.英國蒙頓為反攻緬甸事,函電糾纏,派使誘惑,蔣委員長堅持拒絕其要求. 4 日國民政府令凡未設綏靖公署省份,都得設「省保安司令部」. 我國駐印緬遠征軍與美、英聯軍聯合反攻緬甸,我軍在緬甸胡康河谷奏捷. 11 日美軍轟炸高雄、鹽水等地日軍 14 日美國羅斯福總統應史迪威之請,連續敦促遠征軍進攻緬北,否則不予中國貸款,並以斷絕物資供應相脅迫.蔣委員長怒其藐視,堅決強硬對付. 「外蒙總理」札柯波爾抵莫斯科,可能商談雅爾達會議.蓋開羅會議,羅斯福表示,俄現占外蒙為防日,如日寇消滅,即西伯利亞無憂,外蒙應歸中國,中國亦不在外蒙移駐重兵,使俄安心. 15 日羅斯福再電蔣委員長,要求出動滇西部隊盡力配合蒙巴頓進逼緬甸. 16 日蔣委員長覆函,指美國對於借款,有如商業行為,有背同盟國交往之道,中國對於在華美軍費用,將不再負擔. 18 日國府公佈「中古條約」 20 日華盛頓異常激動,羅斯福勉以每月 2,500 萬美元供在華美軍之需,並將美元與法幣匯率比例提高. 毛澤東呼籲重開「國、共談判」 21 日「蔣公日記」蔣委員分析共黨各種措施： 共黨組織要素:　一.暴力,壓迫殘殺. 二.特務控制監視、束縛. 共黨訓練方針:　一.消滅民族性,發展世界性,毀滅本國歷史倫理(第三國際存在時 二.消滅人性,發展獸性,強分階級,行階級相爭. 共黨宣傳技倆:　一.欺騙國際,偽裝民主. 二.誣衊政府專制貪污,其最後目的,準備中央反攻時,要求反攻武力保障民主政權之口號,採取漸進政治攻勢,突變為全面動亂. 22 日美國財長摩根索(猶太人)致電孔祥熙,威脅誣衊,應為借款,以猶太人只知拜金,而不知世間有廉恥事. 俄非正式通知,其在新疆各航空站皆將撤退,果爾,則俄在遠東政策退讓之一證,歷史證明判斷錯誤. 23 日貴州各縣黨部,應負責收容醫治沿途病兵,與埋葬事宜. 覆邱吉爾電,英海軍擊沉德國戰鬥艦沙基爾豪斯號,派三艘戰鬥艦到印度洋,表示欣慰,望多派登陸艦東來,期實施對緬甸的反攻計畫. 26 日魏道明報告,在聽取羅斯福在德黑蘭與史達林會商外蒙問題,史答並不要外蒙. 安南屬中國戰區,蔣委員長表示無領土野心,但據羅斯福說,史達林不相信. 27 日羅斯福貸款問題覆電,未能接受我方要求,但在華美軍之用,及美國所需開支,美願以每月 2,500 萬美元,匯入中國帳戶. 29 日我國遠征軍肅清泰洛東北日軍. 國民政府頒授蔣委員長「一等大綬卿雲勳章」 毛澤東拒我駐延安參謀郭仲容來電,而派周恩來、朱德、林祖涵來渝,商討合作事 30 日看開羅及德黑蘭會議影片,史達林萎頽,羅斯福健康勝常. 新一軍緬北胡康河谷進展較速,日本完全喪失太平洋制空權. 中南美各國與我簽平等新約,建立邦交. 宋慶齡在英國報紙發表文章,誣衊政府為反動,以中共為民主,反對封鎖陝北,美國記者相呼應,亦拼命為中共作宣傳。

中華民國		紀元	干支	紀要
元首	年號			
蔣中正	**33**	**1944**	甲申	2 月雲南省主席龍雲冒充土匪,搶劫美國軍械,美國甚怒而一度不發中國武器. 1 日俄出新疆,乃外交大事,但俄人陰謀多端,對新疆恐未必罷手. 4 日我駐緬遠征軍攻佔台法加. 美國陸軍抵緬北,中美初次並肩作戰. 5 日俄國在獨子山油礦,願以平價讓我. 閻錫山要降敵叛國,與革命主義背道而馳. 10 日蔣委員長親自在湖南衡山南嶽召集第 3、4、6、9 各戰區高級將領,舉行「第四次軍事會議」這是預備反攻,爭取抗日最後勝利的一次會議. 12 日美太平洋海軍總司令尼米茲主張,反攻日本必須以中國為基地,其任務為護送美國陸空軍宜中國港口. 13 日羅斯福來電,欲派員到陝北、山西,偵察華北與東北敵情,其實為中共宣傳所蒙蔽.其實是美國武官幼稚無知,欲利用中共,助其武器,以作牽制國軍的陰謀. 16 日黔桂鐵路自獨山至都勻通車. 19 日共黨對美國朝野大事宣傳,鼓動美國干涉內政,強要求我政府同意准美國派視察團到延安,實地調查真相,撤除封鎖,使共黨取得與政府平等地位. 20 日共黨宣傳妙法,是中國抗戰全靠游擊隊,冒名貪功,直到今日,中共尚不肯公開討論抗戰歷史真相. 25 日日軍攻陷衡山日軍第六方面軍司令官岡村寧次在南嶽白龍潭設指揮所. 美國羅斯福總統向蔣委員長要求,由美國派員赴陝北,聯合政府運動亦漸揭開. 蔣委員長洞悉這是中共的攻勢,美國欲與中共接洽,使中共取得與政府平等地位,他認為問題雖然問題嚴重,只要時間延長,實力在握,仍可自申運用.然高級幕僚勸蔣趁戰時解決中共問題,不宜拖至戰後. 26 日美副總統華萊士及英首相邱吉爾,最近演講,均間接為共黨張目. 28 日成立「抗戰損失調查委員會」 增派新 33 師師長胡素,編入新一軍,作為駐印攻緬預備隊, 3.4.盟國空軍混合大隊轟炸海南島,炸毀日軍機 30 架. 6 日接見西藏代表,堅持西藏主權,嚴誡在印度購買武器,及擅派代表駐印. 7 日我國遠征軍與美軍攻克緬甸孟蘭, 10 日我國遠征軍與美聯軍在緬北部瓦魯班區、胡康區會師. 蘇俄與中共勾結,在新疆及陝北地區製造事端 美國紐約舉行「孫逸仙日」蔣委員長則向美國國民發表紀念國父廣播詞. 美國將華物資運往歐洲,蔣委員長告訴史迪威,在英軍未進之前,暫停攻擊.羅斯福總統再促進兵.決定派兩個軍駐新疆,收復主權. 11~19 日我軍在奇台東北方,於布爾根附剿匪,俄飛機十架,在我司令部上空掃射投彈,掩護哈匪,不許我軍進剿.掩護外蒙與哈薩克叛軍,向我阿山駐軍進政. 12 日中共「新華日報」社論,作擁護蔣委員長論調,其可能受俄指使,偽裝歸誠中央,以求謀合法地位與發言資格,牽制中央外交政策,奪取政權. 20 日羅斯福致電蔣委員長,說明形勢已經發到一個重要階段,要求滇西遠征軍前進玉騰衝及龍陵地區,以配合駐印軍奪取緬北重鎮密支那.當時蘇聯與外蒙軍入侵新疆,正與中國軍對峙. 英國報紙公開評論,中國不能列為強國之一,並謂中國並非大國,因大國的意義,非僅以土地人口之多寡為標準云. 24 日羅斯福總統強制我雲南部隊攻緬,並派員視察延安,實則為聯絡共黨,牽制中央政府,用心險詐,蔣委員長照理力拒,翌(25)日覆電婉拒. 25 日令魏道明返美,以最近會談各點,直接向羅斯福總統傳達蔣委員長的意志. 26 日英派魏亞特將軍來渝,要求我雲南部隊出擊,可知英美立場一致,既欲攻緬,又不派海空軍參與滇西與緬北駐印軍出擊,

中華民國		紀元	干支	紀要
元首	年號			
蔣中正	**33**	**1944**	甲申	27 日蔣委員長覆電羅斯福,中國已抗戰七年,國力、兵力均極感疲憊,在新疆未安定,中國正面臨戰場對日軍的防線未有把握之時,中國主力軍不可能由雲南發動攻勢. 當日,史迪威飛抵重慶,晉謁蔣委員長報告緬北軍情緊急,當即獲批准由滇西空運國軍第 14 師、第 50 師(師長潘裕昆)赴印作戰. 28 日史迪威來見,蔣委員長嘉勉其在緬北勝利,但對依租借法案到華的武器,其中砲兵必須照原意旨撥配,不能只限遠征軍. 30 日英國記者輿論對中國譏評,以中共不受中央之指揮為遺憾,而並無是非的分岐. 31 日俄大使向外交部稱,俄履行與外蒙同盟條約,因中國派機向外蒙轟炸,故俄國不得不派機協助.捏造事實,證明俄侵略外蒙的鐵證,事態嚴重,因向英美正式通告經過. 4.1.「蔣公日記」有感國勢之弱,民眾之愚,中國處事決策困難,我雖為四強之一,然國勢貧弱,對整個戰局,缺乏發言地位,而其他三國乃實強. 台灣合併所有報紙,成立「台灣新報」 4 日「中國滑翔總會」在重慶成立. 羅斯福再次要求滇西我國遠征軍佔領雲南騰衝、龍陵,並表不滿,不無牢騷顯示:「去年吾人裝備並訓練之遠征軍,現正可利用此機會展示戰力,共同作戰,否則似為無意義矣.」 中常會討論外蒙事中,親俄派孫科發言,中國外交非親俄必亡國,要求撤換盛世才,邵力子附和. 羅斯福來電嚴峻,催我滇西部隊進攻騰衝、龍陵.謂吾(美方)人裝備並訓練的部隊,吾人空運武器與供給教官為無意義. 5 日「蔣公日記」認美國羅斯福總統『其辭甚傲慢,為其自直接電以來之第一次.』他認為,現在尚非駁斥之時,應暫時忍耐,也不回答,以觀其後. 6 日宋美齡特約史迪威助手賀恩(Hearn)晤談,告以「此種壓迫蔣委員長的行動,實非中國所能忍受.」 7 日宋美齡致電史迪威,聲稱羅斯福致蔣委員長電文「如此措辭,余恐其將使吾人共同企求之目的未克達成.」希望向華府擬稿人說明,「當此緊要之際,應竭盡全力,以促使吾人共同勝利之早日來臨」 成立中央幹部學校,任蔣經國為教育長,培養幹部. 10 日馬歇爾下令暫時停撥華軍事物資,至滇西遠征出動時再予恢復.蔣委員長認為此可忍,熟不可忍,囑何應欽答覆美方:「中國抗戰與出擊,自有一定計劃,決不為美國武器之接濟與否所轉移.」 12 日毛澤東在延安高級幹部會議上傳達「幾個歷史問題的結論」 美國通訊社發表,美副總統華萊士即訪問中國,此乃新疆問題發生後,美對俄反響. 13 日「蔣公日記」美國駐華軍事機構,已奉華盛頓軍部命令,如我滇西部隊火向緬出擊,則其對華武器的接濟,即停止云.是可忍,熟不可忍?即囑何應欽總長,正告美軍當局,中國抗戰與出擊,自有一定之計畫,絕不為美國武器之接濟與否所轉移. 在美方壓力下,令滇西遠征軍於月底前完成作戰準備相機攻佔騰衝.策應密支那 14 日在渥太華簽訂「中加新新約」 4.15~6.10.抗日豫中會戰. 16 日東南亞盟軍總司令部移駐錫蘭之康提. 17~6.17.「河南豫中戰役」國軍參與 49 個師,蔣鼎文擔任指揮官. 17 日擬定怒江作戰計劃 中國國民黨在重慶成立「台灣調查委員會」 18 日豫北日軍南渡黃河,豫南日軍由平漢鐵路北犯,湯恩伯軍望風奔潰,幸陝西胡宗南軍力戰阻擊,日軍始未敢再行西進. 英國以準備開闢第二戰場為由,禁止外國人在英國境內發密碼及外交信袋,惟美國及俄國例外,將我國置於中立國之列,不准發密電,故意對華侮辱.

中華民國		紀元	干支	紀要
元首	年號			
蔣中正	**33**	**1944**	甲申	21日國軍第36集團軍總司令李家鈺在河南陝縣之役陣亡. 策應遠征軍緬甸軍事作戰計畫,滇西國軍強渡怒江,支援緬甸作戰. 中、美、英,共同發布建立「國際貨幣基金」聯合宣言 中共「整風」案,領導有關部門開始對「錯案進行甄別平反」並對受到冤的人員賠禮道歉. 22日核定滇西部隊出擊計畫,遠征軍渡怒江,進占高黎貢山,向龍棱、騰衝攻擊. 24日毛澤東說「整風搶救運動」許多是搞錯了的.非則非,今天要行脫帽禮,脫去給人戴錯的帽子,對受到傷害的同志敬禮賠不是. 中共中央書記處會議討論黨的歷史問題,統一五個方面的認識. 台灣帝國大學學生蔡忠恕密謀反日起義被捕,遭毒刑致死,牽連千人. 日本大本營以主力部隊進行一場貫通中國南北,聯絡南洋交通線,和摧毀美國空軍基地的大規模戰爭,終於達成使命. 美國來電,謂美國裝備遠征軍,乃為今日作戰之用,否則失其意義.馬歇爾且以停發遠征軍物資相迫. 5.1. 平漢鐵路失守,29師師長呂公良、副師長黃永淮、團長李尚武、李培芹皆陣亡. 2日中英簽訂「中英5,000萬英鎊借款協定」 4日國、共在西安談判,雙方代表: 中國共產黨代表:林伯渠, 國民政府代表: 張治中、王世傑. 中共堅持「求和和緩方針」 5日中央幹部學校開學. 遠征軍強渡緬甸薩爾溫江,進襲日軍,佔領茵康加唐. 國軍第36集團軍總司令李家鈺在陝西之役成仁. 蔣委員長日記中指孫科與中共勾結,美國從而助長,謀推翻政府. 6日印度甘地被釋放 11日遠征軍開始反攻怒江. 13日俄大使奉命回國養病,俄顧問撤退,實表示對華不滿. 政府為求政治解決中共問題,中央代表王世杰、張治中,與中共代表林祖涵,在西安會談,中共所提條件多不當: 一. 中共18集團軍與前新四軍,擴編為四個軍12師,服從軍委會命令,仍守原地抗戰,受在地司令長官指揮,抗戰勝利後,遵中央命令移動. 二. 陝甘寧邊區改為陝北行政區,直屬行政院,實行三民主義. 三. 予中共合法地位. 四. 中共當表示忠實實行四項諾言,擁護蔣委員長領導抗戰,並領導建國. 14日孫科在憲政座談會演講民族、政治、經濟三種自由,對時政多所指責.蔣斥其誣蔑政府,與中共合作,以俄人為後盾,意圖奪取國民政府主席. 日軍機首次夜襲昆明 15日中、美聯軍襲佔密芝那之日機場 日本強迫台北市民成立「挺進隊」保衛台灣 17日我駐印遠征軍攻占領密支那機場. 中共林伯渠偕王若飛抵重慶繼續進行談判,中共要求擴編十二個師外,並要求中共在全國有合法地位,撤除陝甘寧封鎖 20日國民黨召開五屆中委第十二次會議 21日羅斯福宣布,華萊士為代表前往中國.並稱將來世界,東亞將占一重要地位,不言中國.其主要目的為訪問延安,以牽制我中央政府. 23日中共忽提17條件,故美國態度對中共絕對有利.

中華民國		紀元	干支	紀要
元首	年號			
蔣中正	**33**	**1944**	甲申	25 日洛陽陷落 5.27~8.8.「長衡會戰」國軍投入 47 個師,薛岳擔任指揮官.6.19.長沙失守, 第 60 軍守衡陽 8 月衡陽淪陷.洛城、通城、公安相繼陷落日軍手中. 27 日蘇俄駐華大使潘友新回國,蘇俄軍事顧問團亦全部撤離. 蔣委員長警告國民黨幹部,謂今後半年內最為艱苦,須堅苦卓絕,作最後準備. 30 日政府舉行「全國行政會議」 五月底日軍開始向粵漢鐵路進攻,情況緊急,電召史迪威回渝商量,史迪威置而不答,蔣深感痛憤,日記中批評史「誠非以情義所能感」 6 月「蔣公日記」自我反省,深悔「去年既已決心解除史迪威其職,而復留用」的『失計』,批評自已用人辦事尚為環境所轉移,有關重要問題皆不能主動自決. 「史迪威日記」中國局勢相當糟糕.『花生米(指蔣委長)』將為他的愚蠢遲鈍付出重大代價.現在一切太晚了,他卻大叫了起來. 5 日 史迪威到重慶,蔣委員長要求史為陳納德十四航空隊增加汽油供應,史拒不加撥. 史在日記中說「他想要整個世界,但又什麼都不想吐出來」 周恩來要求國民政府中央實行民主,保障人民自由,實行地方自治等. 王世杰將「對中共問題解決之提示案」交中共代表林伯渠,以八路軍改編為十個師,集中由中央調遣. 6 日美、英聯合同盟軍在法國「諾曼第登陸」德國軍隊節節敗退,以致滅亡. 7 日中美混合空軍在飛行途中失事,損失轟炸機四架. 9 日中外報社美聯社、合眾社、路透社、塔斯社記者參觀團 21 人抵達延安採訪. 10 日國軍在滇西克復龍陵 日軍佔領湖南瀏陽多個鄉鎮,四處騷擾,姦淫擄掠,燒毀民屋,損失慘重. 15 日美軍在塞班登激激戰,傷亡慘重.7 月 25 日佔領全島 美軍第 20 轟炸機隊伍甫准將率超級堡壘轟炸日本九州,重創日本工業. 美國羅斯福總統又致電蔣委員長催促實行. 16 日美軍在馬里亞納群島中的塞班島,登陸成功. 19 日日軍攻陷湖南長沙市城 遠征軍攻克緬甸加邁、孟拱. 遠征軍進攻滇西龍陵區域時,日軍頑強抵抗鎮守不退.蔣委員長召見史迪威,命派飛機助戰,與增撥油料物資支援. 馬歇爾回覆,以同盟軍已入羅馬,諾曼第登陸成功,全神關注歐洲戰場.加以太平洋反攻順手,塞班島(Saipan)已經佔領,不必使用中國空軍基地,即可轟炸日本本土,中國的重要性愈形減低. 21 日美國副總統華萊士訪華, 聽取華策士意見: 一. 羅斯福總統絕不偏袒共黨,但望有一解決,言下之意彼似願從中調解. 二. 中俄問題,史達林對其駐俄大使面談,彼願美為媒介,改善與中國關係,但並非請仲裁. 調處國共問題,主要議題: (一) 勸蔣委員長對蘇俄讓步, (二) 蔣允將盛世才調離新疆. (三) 勸對中共讓步. 蔣委員長婉拒美方關于進行政治改革的建議.並要求美方史迪威將軍調回美國. 22 日與華策士談話要點: 一. 中英美軍在收復地區及占領區的行政協定,應交主權國行使. 二. 經濟問題,增加空運噸位. 三. 國際安全組織之下,成立太平洋或遠東區組織.

中華民國		紀元	干支	紀要
元首	年號			
蔣中正	**33**	**1944**	甲申	四. 中共問題,共軍應聽命中央,共區應行中央法令,共軍停止襲擊國軍,共軍不得受國際指揮(意即俄國). 23 日與華萊士談話,首在駁斥中共對美的虛偽宣傳,最後言及中共的陰謀: 一. 乘抗戰未勝利之前,圖謀奪取政權. 二. 抗戰失敗就是共黨的成功. 三. 破壞國民政府信用,使中國孤立,達成其俄國獨占的目的。 24 日「南京偽政權」汪精衛在湖南長沙成立日偽「湖南長沙縣政府」 與華萊士同赴白市驛機場,沿途談話,似以瞭解戰後如何處理與調解中共問題. 25 日華萊士對「中國之命運」一書,評為苛刻與狹小,甚為懷疑. 27 日我駐印遠征軍攻克孟拱. 28 日華萊士由成都來函,對中國形勢甚抱悲觀.華萊士轉達之意: 一. 對俄外交應積極進行,以免戰後更難. 二. 中美軍事合作須積極改正. 三. 現在國內戰況速即改善,其實日軍調關東軍南下.應與日俄妥協有關,亦與中俄關係惡化有關,壓力諸中國. 30 日宋子文陪同華萊士往昆明、桂林、成都,對宋子文言,此時中美兩國,無論軍事政治,應不分彼此,密切合作為當.所貢獻意見,皆極誠摯熱烈,並杢何惡意.沿途所看到軍隊,與美僑在華談話,感想印象,惡劣己極. 華萊士回國,受隨員范宣德(J.C. Vincent)及拉提摩的影響,分別致書： 一. 羅斯福總統,謂蔣無統治戰後中國的知識,中國應成立聯合政府. 二. 另致書給蔣委員長,勸採取新活力與新行動. 美國副總統華萊士來華訪問隨行人員謝偉思、與駐華美軍總司令部派遣美軍觀察組第一批人員,由巴雷德(David D Barrett)上校率領到達延安,設立觀察團,會晤毛澤東、朱德、周恩來等人. 8 月 7 日第二批人員隨之抵達. 謝偉思向國務院報告:認為國民黨己經死亡,中共為一新生政權,共軍遠較政府軍精壯.建議國務院策略「國民黨、共產黨、自由派共組聯合政府」稱道中共的成就和民主精神,中共並不反對美國在華利益.美國不必顧慮國民黨的態度,可直接裝備訓練共軍.國民黨需要美國方能生存,只有追求美國.要解決中國問題,必須注意共產黨、自由分子、地方人物.國民黨己失去人心,蔣固執偏狹,美國應停止支持蔣的政府,而與進步分子保持友誼,裝備地方部隊抗日. 黃山軍事會議,調整部隊,確立補給制度,整飭風紀,改善新兵待遇. 7.1.孔祥熙率團參加在布里敦森林召開 44 國的「國際貨幣金融會議」 國內輿論與美國在華記者,多對蔣不滿,百般侮蔑詆毀,同聲中傷. 張治中謂蔣委員長應可大膽放手,命史迪威統率華軍,美不致扶持中共. 王世杰認為蔣對當時局勢之處置不妥. 日軍圍攻衡陽,戰況激烈,方先覺沉著應戰. 2 日史迪威致宋美齡夫人函:「如果危機到了足以擺脫掉『[花米米』而又不致毀了整艘船的程度,那就值了」 3 日共黨代表林祖涵、拜張治中,與王雪艇探詢華萊士來渝訪華消息,並請張、王赴延安一談,張答以必須在重慶商談,解決後亦可赴延安視察. 4 日史迪威致電馬歇爾,報告中國戰場危機,要求羅斯福總統致電蔣委員長「以劇變形勢採刻烈手段」為理由,迫使蔣將對中國軍隊的指揮權交給自己. 6 日馬歇爾由李海簽呈羅斯福,聲稱「中國局勢近已頹落至可驚之程度」,「目下已到須將中國軍權交與一個人物指揮抗日,使生效果之時,環顧中國政府與其軍隊之中,尚無一人能夠綜持軍力以應日方之威脅,有之即是史迪威」

中華民國		紀元	干支	紀要
元首	年號			
蔣中正	**33**	**1944**	甲申	7.7. 美國羅斯福總統電告蔣委員長已升史迪威為上將,建議蔣將其從緬甸戰場召回,「置彼於閣下直屬之下,統率全部華軍及美軍,並予以全部任與權力,以調與指揮作戰」電文雖稱將史迪威置於蔣「直屬之下」實質上是架空蔣委員長,賦予史迪威以指揮全部中國軍隊的權力.這已超越純軍事範圍,介入中國內部的政治問題. 宋子文最先得知羅斯福要蔣委員長將全部軍隊指揮權交給史迪威的消息,因而急先致電霍浦金斯反對,電稱:「今天華盛頓又作了一項錯誤的決定,陸軍部要強迫蔣接受史迪威將軍」,「我個人可以無保留地向擔保,蔣委員長在這個題上決不會而且也不能屈服」. 美國分兩批派遣中緬印戰區美軍司令部謝維思等 18 人飛抵延安,與毛澤東、周恩來、朱德、葉劍英等人多次座談. 美空軍 B-29 轟炸機,由成都起飛,轟炸日本九州與左世保港. 8 日蔣委員長致電在美代表孔祥熙,要他轉呈羅斯福,聲稱「原則」贊成「必須有一準備時期」建議派私人代表來華,調整蔣與史之間的關係,增進中美合作. 「史迪威日記」云:「羅斯福給蔣委員長去電,喬治馬歇爾給我來電,他們在找的事情上一直在向他施加壓力.羅斯福要蔣介石給予我指揮的全權.」 11 日美國通知,俄國拒絕我參加協商戰後和平組織,其藉口則為俄未參加對日作戰. 美副總統華萊士招待記者,聲明中國中央軍事緊急,在強制蔣委員長交出指揮權. 孔祥熙副院長在美致電,囑轉告蔣委員長,美羅斯福總統必能對中國戰區始終負責,今日戰局只可言重要,而不能謂嚴重. 12 日華萊士回美後廣播,對中國無一句好話,只說中國人須內部統一,中俄無爭端,方能在戰後得到美國援助. 14 日戴季陶建言: 我軍校應加強國際作戰,與外軍事合作之教育. 15 日羅斯福覆電蔣委員長催促,表示形勢「需要有迅速之處置」,儘早向史迪威交權 16 日孔祥熙電「美仍要史迪威的指揮權」. 「蔣公日記」大罵「美帝國主義」聲稱「抗戰局勢,至今受美國如此之威脅,實為夢想所不及,而美帝國主義兇橫,竟有如此之甚者,更為意料所不及,彼既不允有一猶豫之時間,必欲強派史迪威為中國戰區之統帥,以統制我國.此何等事,如余不從其意,則將斷絕我接濟,或撤退其空軍與駐華之總部,不惟使我孤立,而且誘敵深入,圖中國之速亡,其計甚毒.」 17 日史迪威參謀主任費立斯送來羅斯福總統電報,「其中有對日戰爭,如不能努力,則將失中美繼續合作之機.」語帶威脅,不能不作最後獨力作戰之打算.羅斯福此電,「實際是華萊士訪華後的建議,中國政府倘能與中共商定,一在華北與日本有效作戰之實施辦法,則對中俄關係的促進,將得益甚多」但「美國未澈底瞭解實情,終有噬臍莫及」的一天. 18 日政府頒布「保障人民身體自由辦法」定 8 月 1 日起實施. 日本首相東條因對華戰爭失利引疚辭職,小磯國昭繼任首相.對中日戰爭已疲憊不堪難以支持,幾次請英、德轉達調解,均無結果,因直接試探採取消「南京汪精衛政體」為條件,直接向中國求和,仍未獲反應. 「衡陽保衛戰」自 6.28.包圍以來已 20 天.方先覺軍長電稱:守兵已傷亡殆盡,現在守衛兵力,皆為軍伕與雜役,故不能接應解圍友軍,攻擊不力. 20 日日本首相東條英機辭職,小磯國昭繼任. 22 日蔣委員長允將前線作戰部隊交史迪威指揮.至於共軍是否在內,須視其能否服從軍令而定.租借物資應中國分配,史迪威的統率職權應先商定. 駐華美軍司令部上校;包瑞德率領「美軍觀察組」(又稱迪克西使團)第一批成員抵達延安訪問,與毛澤東周恩來朱德會談,並到晉綏、晉察冀等抗日根據地考察. 此際,美國駐華文武各機關,幾乎全為共黨所包圍與利用.據魏道明大使電:「美政府以對俄竭力遷就,故其政策不惜遷就中共.」

中華民國		紀元	干支	紀要
元首	年號			
蔣中正	33	1944	甲申	23日蔣委員長兩電孔祥熙,要他當面向羅斯福詳細陳述:蔣對羅的主張「原則上表示接受而毫不躊躇」但實行上不可無「程序」,「須有一相當之準備時期」「應指前線作戰部隊」「指揮範圍與辦法,應另行規定」國家獨立自由尊嚴應籌於中國政府與最高統帥,但可授予史迪威「考監督之權」 26日蔣復於整軍會議中痛斥軍政敗壞,國際對中國印象惡劣. 山西閻錫山已與日本簽訂協定,前桂林行營主任李濟深,暗通美國史迪威,乘湖南戰局危急,準備設立新政府,迫蔣下野. 28日蔣委員長不同意以軍糧彌補軍費. 8.1.美國升史迪威將軍為上將. 中墨友好條約簽字 3日孫科企圖聯美、俄反蔣. 4日中美聯軍攻克緬北重鎮密支那 6日「蔣公日記」最近內外形勢之壓力日甚一日,尤以美國在精上無形之壓迫更甚.彼必欲強余無條件與共黨妥協,又欲余接受其以史迪威為總司令,此皆於情於理不能忍受之事. 8日「衡陽會戰」05:50電台斷電,血戰47晝夜,衡陽終陷落,擊斃敵軍66,000餘人. 【伊寧暴動】新疆伊犁鞏哈縣(今尼勒克縣)農牧民族反對國民黨軍隊獻馬發發動武裝暴動,得到維吾爾、哈薩克等族人民支持響應.11.7.伊寧暴動開始,11.12.成立臨時政府,建立軍隊(民族軍).伊犁、塔城、阿勒泰三區相繼連合,人稱「新疆三區革命」政府為平息動亂,撤銷新疆邊防督辦公署原督辦兼新疆省主席盛世才,改調農林部長吳忠信出任新疆主席 蔣委員長激起青年愛國,策劃『知識青年從軍』. 10日羅斯福致電蔣委員長,聲稱中國戰場形勢危急,授予史迪威全指揮權一事「必須立即行動」,同時提出,將派曾任陸軍部長、中東特使;的赫爾利為私人代表來華,調整蔣、史關係. 13日盛世才來電,中央在新疆重要人員及親信幹部,一律被其逮捕,連廚師與舊傭本家,以反動謀刺嫌疑逮捕,屬駭異驚人之事.逮捕人員之中,除其妹婿及盛五外,皆有被捕殺的可能,急召朱紹良商量對策. 14日蔣擬任命史迪威為「中國戰區統帥部參謀長兼中美聯軍前敵總司令」 15日派顧維鈞參加商討「戰後聯合國組織國際會議」 17日毛澤東在董必武給周恩來的電報上批示:應與張、左商各黨派聯合政府 21日中、英、美三國在美國華府巴頓橡樹園召開籌組設立戰後「國際和平機構」. 美民主黨參議員麥克勒提案,台灣由美國占領,其軍事委員會主委贊成,可知美國的對華態度日下. 22日日本台灣總督府宣布台灣進入戰時狀態. 蔣委員長約孫科(哲生)談話「美國有以孫科領導國家的問題.」 23日羅斯福致電蔣委員長,繼續催蔣儘早採取必措施,讓史迪威指揮中國軍隊電稱:「稽延之思考及審慎之部署,於此軍事嚴重之時,容有嚴重之後果.」同時,羅斯福也表示,正擬訂新程序,使史迪威不再負責撥發租撥發策借物資.這通電報,意在進一步催逼,但也所有讓步. 盛世才請辭新疆省主席,改派第八戰區司令長官朱紹良暫兼新疆省主席. 1875年俄以北庫頁島,交換日本南千島群島,今日美國以700萬美元買下俄阿拉斯加領土,含北千島群島與庫頁島. 24日美總統羅斯福派赫爾利少將為私人代表來華,實已代替大使任務. 25日盛世才頗順從,被任命為農林部長. 第四軍軍長張德能防守長沙,擅自撤退,被執行槍決. 28日孔祥熙來電轉述:「美羅斯福總統對之態度皆帶威脅,而以本黨左派份子動搖,與

中華民國		紀元	干支	紀　要
元 首	年號			
蔣中正	**33**	**1944**	甲申	英 國對華言論不利,欲第一步先奪指揮權,第二步準備撤退在渝美商,乃速謀倒蔣之勢.」蔣委員長以對美妥協政策已定,見怪不怪,其怪自敗. 最高國防會議,孫科等態度拙傲,戰爭期間及戰後,美國一意倒蔣,乃中美之共同悲劇,將付出慘痛代價. 29 日「蔣公日記」綜觀美方心理,一為利用蔣委員長為傀儡,二為犧牲中國陸軍,三以國為其工具,壓迫蔣就範. 30 日昨夜聞機房街運輸隊,困有虐待新兵之事,今晨率何應欽及兵役署長,親到現場視察病兵,與毒刑新兵,其痛如人間地獄,睹此情形,不禁痛憤難忍,乃將手杖對兵役署長及最惡劣之排長,當頭痛擊,並將其禁閉原病房,一嘗風味,以為殘忍者戒. 見美使高思,對中共、美政府方針之錯誤,必貽後悔,乃至為中美合作嚴果之起因,以警告之.按指羅斯福強迫中央政府,無條件與中共妥協. 31 日面對美國及中共壓迫,值此抗戰即將勝利之際,領導艱苦抗戰的領袖,拒絕交出指揮權,竟考慮辭職,實乃國家悲劇的開始. 美國對華現在的心理: 一. 利用中國陸軍打倒日本,以減少美軍傷亡. 二. 挾持其租借武器,要求蔣委員長交出指揮權. 三. 壓迫我政府,討好俄國及中共. 四. 必藉美保留四強地位. 9.1.毛澤東說明主張「聯合政府,三條政綱,可在答復張、王時提出」 日本在台灣強制實施「徵兵制度」女的被強徵作「慰安婦」共約 20 萬人 4 日號召知識青年從軍,成立十個師,以高品質士兵接收美援裝備,提高戰力堅強反攻 5 日第三屆國民參政會第三會議開幕.明示實施憲政的決心. 6 日第三屆第三次國民參政會在重慶召開, 7 日接見來華訪問的美國羅斯福總統特使赫爾利、納爾遜.按赫爾利來華前,曾經過俄國,與莫洛托夫見面,莫稱中共為冒牌共產黨,我國絕不支持.其實乃騙言. 見史迪威,開誠指導其今後指揮華軍要領. 8 日羅斯福總統以其座機,往巴西接蔣宋美齡夫人赴美. 10 日政府代表張治中答覆林祖涵,謂彼此意見距離之遠,實因中共的要求與時俱增. 美國羅斯福總統又來電:以中國對史迪威不當加以限制,命令須從速發表,如有稽延,將失去挽救中國的時機,中共並非史迪威的危險.至租借物資如何管理. 容後.美國羅斯福總統三度致電蔣委員長催促實行. 蔣委員長萬分憤怒,準備辭去中國戰區最高統帥職務,抗拒美國的壓力.他預料羅斯福總統不會同意,否則,美國須派百萬部隊來亞洲作戰犧牲. 蔣聞之盛怒.蔣委員長決定冒中、美關係之破裂,電請美國另派將領來華代替史迪 10 日美國羅斯福總統又來電:以中國對史迪威不當加以限制,命令須從速發表,如有稽延,將失去挽救中國的時機,中共並非史迪威的危險.至租借物資如何管理. 容後.美國羅斯福總統三度致電蔣委員長催促實行. 蔣委員長萬分憤怒,準備辭去中國戰區最高統帥職務,抗拒美國的壓力.他預料羅斯福總統不會同意,否則,美國須派百萬部隊來亞洲作戰犧牲. 蔣聞之盛怒.蔣委員長決定冒中、美關係之破裂,電請美國另派將領來華代替史迪威將軍職務. 史迪威拒絕調回在緬甸的衛立煌部隊以馳援桂柳作戰的指示,反要求調出「圍堵共黨之胡宗南部隊」南下赴援,有所爭執..史迪威身為軍人,竟然犯上邈視軍事統帥指揮作戰職權規範,不可原諒. 11 日白崇禧為保衛桂林計畫,將川黔中央軍盡數空運桂林,而置四川抗戰基地於不顧.,當然不能同意. 見史迪威,囑其速攻八莫,以策應滇西戰局,勿使敵第二師團反攻滇西戰略.

中華民國		紀元	干支	紀要
元首	年號			
蔣中正	**33**	**1944**	甲申	1944.9.10.~1945.1.1.「桂柳會戰」國軍投入39個師張發奎擔任指揮官. 9.9~11日宋子文、何應欽、赫爾利、史迪威、納爾遜會談,其間,宋子文根據蔣委員長指示,堅持美國策借物資到達中國後應交中國政府處理,聲稱「必須記任一個大國的尊」,但史迪威、赫爾利均反對.史迪威日記中說:「如果大元帥控制了分配權,我就完了.共產黨人將什麼也得不到,只有大元帥的親信才能得到物資,我的部隊(遠征軍)將只能去舔別人屁股」 11日美國羅斯福總統、與英國首相邱吉爾,在加拿大魁北克會議. 蔣委員長與赫爾利及高思司長談: 一. 盟國占領友邦國土時,行政主權之處理,美國不願有明確協定. 二. 為高思正式接見共黨代表,勸共黨注重統一之意義,蔣委員長囑慎重考慮. 12日日軍攻佔廣西全州,威脅桂林、柳州. 宋子文向蔣委員長報告「租借物資支配權」美方不讓出事,蔣稱:「此事非堅持不可」.同日赫爾利、納爾遜拜會蔣委員長「言詞雖婉但意甚嚴」.因之蔣甚感惱怒,萌生「獨立作戰」之念.日記云:「對余污辱欺妄,竟至此也.決與之據理抗爭,不能再事謙讓,並須預任獨立作戰之準備,以防萬一也.」 國民政府公布「社會救濟法施行細則」 13日赫爾利致電羅斯福總統,聲稱:「中國以劣勢裝備之弱國對其強大敵寇,抗戰至七年以上,尚不能使屈服,則美國對華交涉,決非用壓力與威脅所奏效.」他力勸羅斯福改變決定,另派能與蔣合作的年輕將領來華.電稱:「如我總統支持史迪威將軍,則將失去蔣委員長,甚至還可能失了中國.」 納爾遜(美國租借法案執行局長)建議我成立「生產局」派陳養甫為局長,以配合美援生產物資.蔣委員長認納爾遜見解高明,處事篤實. 14日赫爾利以史迪威不願將租借法案支配權交給蔣委員長,可痛之至.當堅持到底. 我駐緬遠征軍克復騰衝 15日赫爾利與史迪威目蔣委員長,史對全州戰事深表不滿,而對滇西戰事危急,要求我駐印軍應向八莫進攻,彼此相持一小時.最後蔣委員長聲明,如緬北部隊不能向八莫進攻,則我龍陵部隊撤回怒江東岸.史知不利只有服從蔣委員長. 中共林伯渠提出〔廢除國民黨專政,建立民主聯合政府〕 林祖涵向參政會報告談判經過,結論是必須將政府機的人事政策,迅速改弦更張,結束國民黨的一黨統治,組織聯合政府. 蔣委員長要求調回在緬甸衛立部隊保衛昆明,馳援桂柳戰爭不允,反要求調出「圍堵中共之胡宗南部隊」南下赴援,蔣、史兩人有所爭執.史迪威日記斥責蔣委員長為「瘋狂的小雜種」「一如既往的荒誕理由和愚蠢的戰略戢術觀念,他很難對付而又令人討厭.」事後,史又電告馬歇爾「缺乏適當的指揮,麻煩來自重慶的遙控最高當局」 16日美國駐華大使高斯對蔣委員長稱:「希望中國將來在和會中能代表中國與亞洲,不失為四強之一之資格」蔣聽了這段話以後,有如「利刃刺心」在「反省錄」中寫道:「若不自力更生,何以立國?何以雪恥?而史迪威之刁難輕侮,更令人難堪無已.」 日軍進犯湖南長沙白沙橋、脫甲橋、金井、高橋、路口,死亡600餘人. 湖南零陵陷敵,我第79軍軍長王甲本殉職 日軍攻桂林,逼貴州,威脅重慶,史迪威將軍再度建議調用共黨部隊,為蔣拒絕.史迪威為此勸請美國聯合參謀部轉知羅斯福總統,希望使蔣委員長把中國戰場的軍隊,包括共軍在內,都交由史迪威指揮. 17日美政府準備戰後,以十億美元助我經濟建設,其用意在內部競選,使蔣委員長應聘訪美,以增其聲望.

中華民國		紀元	干支	紀要
元首	年號			
蔣中正	**33**	**1944**	甲申	9.18.美國羅斯福總統電蔣委員長,威脅取消援助中國以支持史氏「不然則在政治上及軍事上種種之計劃,將因軍事之崩潰而完全消失」這通電報有如最後通牒.史稱讚說:「這一槍打中了這個小東西的太陽神經叢,然後穿透了他.這是徹底的一擊」 19 日蔣委員長正與赫爾利、宋子文、何應欽共商,擬派中迪威為前敵總司令,突史迪威持羅斯福電文求見,要求把軍事指揮權交出,否則蔣須對中國戰局惡化負責等語.措詞荒謬,是可忍?熟不可忍?對史指揮華軍,直言相告,不可能之理,不可民主及自由傳統精神,在歷史上留下污點. 『蔣公日記』實余平生最大之污點,亦為最近之國恥.「今年七七接美羅侮辱我國之電以後,余再二忍辱茹痛,至今已有三四次多,然而尚可忍也.今日接其九一八來電,其態度與精神之惡劣及措辭之荒謬,可謂極矣.」 美國羅斯福總統致電蔣委員長,聲稱現正頒發命令,即命史迪威回國. 20 日蔣委員長對赫爾利、納爾遜說:「中國軍民恐不能長此忍受美史等侮辱,殊為合作之障礙也.」 20~23 赫爾利與史迪威數度長談,史稱:與蔣兩人個性均極剛強,難免工作沒有衝突,今後願意接受蔣之命令.關於援華租借物資,赫批評史全面操控的做法,史同意今後全部交蔣支配.中問題,只能以客觀立場贊助中國政府解決. 21 日延安聲明,中共不能服從國民黨專制的政令,要談軍令、政令統一,必須改變現在國民黨所執行的軍事、政治、經濟、文化政策,徹底改造統帥部,由代表人民的人去掌握政令、軍令. 22 日『蔣公日記』史迪威陰謀,欲奪中國全部指揮權,竟置中美合作政策於不顧,使中國國格無存,軍譽掃地.如果此次撤史不成,則美國在東方必演成其帝國主義侵略之禍首.「此舉不僅救國,抑且救美矣.」 23 日後悔去秋已決定撤換史迪威,而收回成命.對羅斯福強脅我予史迪威指揮權,為 13 年,來所受國際之恥辱,未有如今日者,甚且亦未受日軍閥如此之侮辱與壓迫. 24 日美國總統私人代表赫爾與蔣委員長交換當前國際、經濟、戰後建設諸意見. 蔣謂:羅斯福關於將中國軍隊交史迪威指揮提議,出於好意,有利中國,但「軍隊乃國家命脈,而軍隊之指揮權,乃操國家生死存亡大大事」,自不能不慎重處理,蔣請赫爾利轉告羅斯福總統有三點不能稍不能稍事遷就: 一. 三民主義不能有所動搖,故不能任共產主義赤化中國. 二. 國家主權與尊嚴不能有所損失. 三. 國家與個人人格不能污辱,即不能接受強制式之合作也 蔣稱:已對史迪威「失去最後一分之希望與信心」,希望美國另派人員來華. 各民主黨派人士張瀾、沈鈞儒、馮玉祥、董必武等 500 餘人在重慶舉行會議,要求實行民主,結束國民黨一黨專政. 25 日蔣委員長與赫爾利談話,堅持三點: 一. 中國立國國本是三民主義,不能動搖,不能使共產主赤化中國. 二. 國家主權與尊嚴不能損失. 三. 國家與個人之人格不能侮辱,即不能接受強制性的合作. 命宋子文起草致赫爾利備忘錄,表示同意美方遴選將領一員為中美聯軍前敵總司令,兼任中國戰區參謀長. 26 日蔣委員長自知拒絕羅斯福意見,事關重大,中美關係有破裂之虞,準備恢復「獨立作戰」.並致在美國孔祥熙、宋美齡,聲稱羅斯福來電,「其措辭實不堪忍受,余對其電決置之不覆」「史迪威請從速撤換,以免阻礙今後之合作也.」 中美關係以撤換史迪威為首要,對羅斯福總統仍表推崇,不言其他,此意出自赫爾利,蔣委員長表示感謝.此人之性能與氣概,殊可佩也.

中華民國		紀元	干支	紀要
元首	年號			
蔣中正	**33**	**1944**	甲申	27日「蔣公日記」史迪威由印回渝,作有計劃、有系統威脅宣傳之荒謬言論,散佈渝市,使吾恐怖,可將華軍指揮權無條件交彼也.. 一曰 史已離渝回美 二曰 共黨要求其赴延安. 三曰 彼擬即飛延安 四曰 第十四航空大隊完全撤退 五曰 駐渝美軍總部人員全部撤退. 另一方面,美國之內對華軍之拙劣、紛亂等不堪之妄報,使其國人對華侮蔑,以為中國真絕望矣.尤以羅於上週五在記者席上對軍事不滿之表示,更見險惡用心,非達其統制中國之目的不可也.若不與之決鬥,何以遏制其野心與暴露其陰謀也! 28日蔣委員長致電孔祥熙,囑咐今後不可再向美國要求任何物資,以免為心輕視,並要求他迅速離美回國. 美國正式發佈史迪威回國命令. 英國首相邱吉爾在下議院報告:「余所必須引為遺憾者,即美國雖以過分的援助給予中國,該大國仍遭受嚴重之軍事挫敗。」軍委會發言予以駁斥,今日見英美各報,反響甚佳. 30日『蔣公反省錄』「美國態度之惡劣已至極點乎?過此惟有絕交之一途.」「萬不料聯盟戰爭,得此逆報與窘境」 蔣委員長召見美國駐華大使高思,謂美國不了解中共問題,中共缺乏信義,美國勸中國政府與中共妥協,適足以加強中共的頑抗,中共所提條件,不啻要求攻府投降. 高思建議由各黨派參加政府工作,共同決定並實施對日作戰計劃. 中共林祖涵責政府始終不願實行民主制度. 10.1. 美國在昆明設立「美國參謀大學謀班」,訓練中國軍官,課程以美國戰術思想為主. 宋慶齡、郭沫若、張瀾等72人發起追悼文化界愛國先進戰士鄒韜奮大會. 2日蔣委員與赫爾利晤談,說明俄始終不敢承認與中共之間的關係,俄對中國軍隊政治與社會,瞭解最為深切,不作一語批評與攻擊,其故何在?而美國則反其道而行,應深長研究反省,造成中美合作諸多遺憾.赫爾利深有所悟. 3日中共林祖涵致書張治中,堅持組織聯合政府,要求召開國是會議. 4日蔣委員長命黨祕書長吳鐵城與孫科懇談,孫自知悔悟,縱被免去立法院長職務,亦不離開重慶與國民黨,蔣委員並未免其職,孫科事件應到此為止. 5.毛澤東列舉實行民主政治,開放黨禁,承認中共領導的地方政府,及共軍防地外,並要求編共軍為16個師,分給同盟國援助中國的武器、藥品. 國民政府隨即應允編共軍為10個師,陝甘寧邊區須實行中央法令,中共可與其他政黨享同等待遇. 7日羅斯福總統致電蔣委員長電,接受赫爾利的備忘錄,同意蔣委員長的建議,同意撤換史迪威,解除其中國戰區參謀長職務,命不再負責租借物資事宜,但仍負中印空運之責.蔣委員長不以為然,應完全撤回史迪威一切職責。 宋子文陪同赫爾利見蔣委員長,蔣拒絕羅斯福建議,聲稱史迪威既不能服膺命令,又缺乏與中國合作精神,故無法再委以指揮中國戰區任何軍隊之名義與職務,要求美另派人員.蔣並擬就致赫爾利說明文稿和答覆羅斯福電稿,當場由宋子文口譯. 8日蔣委員長約陳布雷談話.陳認為應適可而止.蔣不贊成,表示「應以要求撤回為唯一目的」 同日孔祥熙致電蔣委員長,說明羅斯福召集美國陸海軍首腦商談,軍方對撤換史迪威頗多顧慮,馬歇爾又對史極為支持,史現升四星上將,與麥克阿瑟、艾森豪威爾權位相等,如另派他人,至為難得為理由,要求蔣令史辭去中國戰區參謀長職務,專心負責滇緬路聯軍軍事. 美國特使赫爾利(Patrick J. Hurley)飛延安,與毛澤東、周恩來、朱德等人進行三天會談.共同釐訂協定草案:

中華民國		紀元	干支	紀要
元首	年號			
蔣中正	**33**	**1944**	甲申	1. 國共兩黨應通力合作擊敗日本,致力中國復興工作. 2. 成立各黨派及無黨派的聯合政府與統帥部. 3. 實行民主改革,予人民自由. 4. 承認中國所有抗日的武裝力量,公平分配所有獲自友邦的軍事裝備. 5. 承認所有黨派的合法地位. 9 日羅斯福變更撤史仍負中印空運理由,其意要蔣委員長改變方針. 蔣委員長覆電羅斯福,要求調回史迪威另換他人.認為對美交涉已至最後關頭,做了最壞準備,不能不準備決裂,蔣自稱:「非至萬不得已,決不可為內外形勢惡劣之故而灰心下野以放棄我革命之責任也.」 晚間陳納德來見,謂史迪威已下令,美 14 航空隊在美者,半數以上停止工作,而允借的飛機,亦藉口延期不發.因史為在華美軍司令,有權指揮 14 航空隊,故對中國已採取杯葛措施. 10.10. 中國民主同盟發表「對抗戰最後階段的政治主張」要求立即結束一黨專政,建立各黨派之聯合政權,實行民主政治. 周恩來在延安對「如何解決(聯合政府)」發表談話: (一) 由各抗日黨派、軍隊、民眾團體按比例推選代表. (二) 國民政府於最近期間召開國是會議. (三) 在國是會議上,根據革命的三民主義的原則,通過切合時要,挽救危機的施政綱便. 各主要軍隊代表,成立聯合統帥部. (四) 各方代表制定的共同施政綱領的基礎上,成立各黨派的聯合政府 (五) 聯合政府有權改組統帥部,延納 (六) 聯合政府成立後,即著手籌備真正人民普選的國民大會,實施憲政. 赫爾利 10 日與毛澤東分別在協議書上簽字作證 「南京偽政府」抗日漢奸汪兆銘在東京病東京病逝,職務由陳公博代理. 美國政府任命赫爾利為駐華大使銜命: 1. 防止國民政府崩潰. 2. 支持蔣中正為中華民國的主席與軍隊的委員長 3. 使蔣委員長與美國司令官的關係和諧 4. 增進中國境內戰爭物資的生產,並防止經濟崩潰. 5. 為擊敗日本,統一中國境內一切軍事力量. 美國海空軍今日轟炸琉球島. 11 日史迪威的撤換,變成中美關的危機,向美國交涉已至取後關頭,羅斯福如不改變其主子態度,反而對中共袒護,留史壓蔣,則不能不準備決裂。 召開十萬青年從軍會議,商討具體辦法. 12 日美國從航空母艦起飛飛機轟炸台灣各大市鎮,前後千餘架次.連續三天. 13 日美駐華大使高斯會見宋子文,希望留住史迪威,聲稱撤換史將損害羅斯福的威信,宋向蔣委員長彙報,蔣雖感到形勢的「危險與惡劣」,但是還是不準備撤回決定. 赫爾利對宋子文說,史迪威事事欺騙他,自覺此人非撤換不可,羅斯福不撤換,渠則回美國.如羅、赫兩人合作,則撤史之舉延至美國大選之後實施亦可. 赫爾利派其副官私飛延安,一宵即回,手持兩包中國信件.未先向我方報告,亦必為美政府指示,此非赫爾利私通中共. 14 日蔣委員長與赫爾利,對撤換史迪威一事,兩人意見一致.赫以去留示羅,但撤換時機,表示可待大選之後;蔣委員長有所顧慮,蓋恐夜長夢多。 10.15. 赫爾利與宋子文見蔣委員長,出示羅斯福來電,要求蔣圈選美國提名中三人,可與蔣委員長合作者,再由羅斯福總統選定一人.當即與赫爾利商議,提名魏德邁、柏溫、及克勞治三人.

中華民國		紀元	干支	紀要
元首	年號			
蔣中正	**33**	**1944**	甲申	

史迪威奉召回美國,史在華期間對中共態度及指揮國軍等問題上,與蔣委員長意見各有不同主張,意見分岐.極端矛盾,無法履行職務而回國.

中、美、英、蘇四國同時公佈「聯合國組織草案」

17 日宋子文來談顧維鈞大使電,謂馬歇爾問旅順讓與俄國之意.蔣委員痛斥美國荒謬橫暴,欺善怕惡,此為明年雅爾達埋下危機.

19 日赫爾利持美羅斯福總統覆電,決召回史迪威將軍,改派魏德邁將軍(Albert C. Wdedemeyer)為中國戰區參謀長.對中國戰區前敵總司令作罷,並將中國戰區與印緬戰區分開,另派索爾頓中將為印緬戰區指揮官,指揮緬北作戰.

魏德邁將軍認為蔣委員長一直在四個戰場上作戰:「與日本作戰、與中共代表的蘇俄作戰、與軍閥及若干半獨立文武官員離心勢力作戰、與西方帝國主義,尤其是對英國作戰」又與美國一群在華府所謂遠東專家作戰.

魏德邁將軍向華府提的「魏德邁報告」敘述「史迪威、赫爾利與共產黨」文中,證實美國來華考察的戴維斯(John P.Jr.Davis)、謝偉士(John S.Service)、伊默生(John K.Emmerson)、盧登(Raymond P.Ludden)不斷提供歪曲的報告,偏袒中共,詆譭國民政府,史迪威竟欲裝備共軍,有推翻蔣委員長的意圖.

美國特使赫爾利在重慶與中共林伯渠、董必武就國共兩黨關係協談,結束一黨專政,成立聯合政府等問題,舉行會談.

20 日史迪威秘密離華,除赫爾利、何應欽之外,唯一到機場送行的是宋子文

美國特使赫爾利在重慶與中共林伯渠、董必武就國共兩黨關係協談,結束一黨專政,成立聯合政府等問題,舉行會談.

中、美、英、蘇四國同時公佈「聯合國組織草案」

24~27 日蔣委員長號召【一寸山河一寸血,十萬青年十萬軍】智識青年從軍運動,參軍者逾 125,500 人.編成青年軍 201 至 209 師九個師.蔣委員長親自指揮.編練總監羅卓英、政治部主任蔣經國. 主要師團級幹部均由蔣委員長親自遴選召見決定:

師別	師 長	副師長	參謀長	政治部主任	團 長
201	戴之奇	鄒軫善	王寓農	徐恒瀛	趙德樹、蕭西清、韓迪
202	羅澤闓	潘華國	方懋鍇	楊柏森	曹永湘、孫金銘、張止戈
203	鍾 彬	姚秉勛	趙秀崐	餘紀忠	林迺賓、黃煥榮、李培
204	覃異之	吳嘯亞	唐肇謨	劉炳黎	胡 一、黃綬申、藍嘯聲
205	劉安祺	劉樹勛	劉理雄	鍾煥臻	孟廣珍、張欽安、鄧文僖
206	楊 彬	蕭 勁	王果夫	謝仁釗	趙雲飛、蔣公敏、盛鍾嶽
207	方先覺	李修業	路羽飛	葛建時	張越群、龐宗儀、張維仁
208	黃珍吾	王晏清	賀 鋤	詹純鑑	王大鈞、王永樹、陸靜澄
209	溫鳴劍	喻英奇	唐名標	劉漢清	塗澄清、郭發鰲、顧蓉君

青年軍另有獨立團隊:

獨立團隊	所屬單位
教導團	教導一團、二團、三團、四團、五團、六團、七團
憲兵教導團	憲兵第三團、四團、五團、女青年工作隊
青年遠征軍	獨立第 1、3 團、631 團、632 團、傘兵教導團

1945 年八年浴血抗日戰爭勝利,青年軍奉命於 1946 年 6 月 3 日開始復員

復員人員中各按志願復職、復學、就業、留營.

復學青年,設有大學補習班,分發全國各公立大學,中學生則可進入各地青年中學.

就業者,設有專門技能職業訓練班受訓.留營者,可進入軍校進修.

16 日國民政府在重慶成立「戰時生產局」局長翁文灝,顧問納爾遜,1945 年撤銷.

21 日赫爾利向共產黨轉交國民黨商對 10 月 7 日協議.得到答覆旨意:

中華民國		紀元	干支	紀要
元首	年號			
蔣中正	**33**	**1944**	甲申	1. 堅持一黨專政 2. 否認人民軍隊和敵後抗日民主政權存在的三條「提示案」 3. 共產黨把軍隊和和敵後抗日民主政府全移交給政府後,方可取得「合法地位」然後挑選共產黨的高級軍官參加政府軍事委員會 22 日在華美軍司令部替赫爾利送行時,大受美軍人員責難,以赫爾利不能維持史迪威地位,而使美國在華的特殊地位完全喪失,美國新聞者亦多痛憤.由此堪足證明美軍向國內報導軍情,多是揑造我軍政謠言,撓亂視聽. 23 日今年我國雙十國慶,唯俄無賀電,其表示對世界遺棄中國的態度,實為中國的恥辱.其後又補來賀電,託線路故障,乃滑稽藉口. 24 日美國不願與我簽戰地行政主權協定,及俄國對旅順的野心,應予警惕. 25 日毛澤東在中共中央黨校的報告中指出:「搶救運動」的基本錯誤是缺乏週查研究和缺乏分別對待這兩點. 26 日羅斯福電,派魏德邁為中國戰區參謀官,未明言參謀長,此乃馬歇爾表示,不願派薦美軍官為參謀長,避免對戰區負責.蔣委員長仍付與參謀長名義.於 28 日發表. 28 日羅斯福總統決定召回史迪威,劃分中、緬、印戰區為二,以魏德邁(A.C.Wedemeyer) 29 日蔣中正委員長以中國戰區盟軍最高統帥發布命令:任命魏德邁(A.C.Weddemeyer)為中國戰區統帥部參謀長,索爾登(D.Z.Sultan)為中華民國駐印總指揮. 魏德邁將軍一心為中國服務,與蔣委員長相處融洽,蔣採行魏德邁的整軍計劃,除青年軍外,另編組 36 個攻擊師,9 個防禦師,分別在雲南、貴州、廣西、湖南湘西訓練,美國負責裝備給養,美軍官擔任教練. 30 日宋子文致宋子安電云:「此次史迪威撤調回國,兄佐助出力不少,蓋為糾正一年前歷史上之錯誤也.」 31 日『蔣公日記』「此實我中國解放之始也」「史迪威事件」至此告一段落 11 月蘇俄策動「伊寧事變」成立「土耳其斯坦人民共和國」1945.1 月紅軍助長叛亂攻佔伊犁全境,中國官兵四千餘戰歿,迪化局勢震盪不安. 日軍侵華總司令畑俊六由湖南衡陽到南嶽,轉達日本天皇詔書,擢升岡村寧次為「中國派遣軍總司令」 日軍陷長沙衡陽桂林柳州南寧,進逼貴州獨山,沿黔桂路深入貴州,威脅重慶. 7 日赫爾利飛延安,昨與蔣委員長交換意見,蔣請注意下列各點: 一. 不可予共黨宣傳資料. 二. 不可予其延宕時間, 三. 各種談話紀錄須詳細核對,不可使反噬. 11 日赫爾利調解中共問題,訂定基本條件: 一. 中央政府與中共合作,求得國內軍政統一,迅速擊敗日本,建設中國. 二. 中共軍隊應接受中央政府及軍委會的命令. 三. 中央政府及中共,擁護孫中山先生之主義,在中國建立民有、民治、民享政府 四. 中國僅只有一個中央政府,一個軍隊,共軍經中央政府編定後,享受與國軍相同之待遇. 五. 中央政府承認中國共產黨為合法政黨. 赫爾利訪延安後,帶回毛澤東簽字對策方案,蔣委員長非常不滿,毛所提案: 一. 中國政府、國民黨、共產黨一致合作,統一中國軍隊,盡速擊敗日本,建設中國. 二. 成立聯合政府,包括所有抗日政黨及無黨派代表.\ 三.立即宣布新主政策,軍委會改組為聯合軍委會. 四.聯合國民政府,擁護孫中山先生的主義. 五.聯合國民政府及聯合軍事委員會,承認所有抗日軍隊. 15 日英外相艾登演說,謂今後世界和平,全賴英美俄法四大強國維持,藐視我國. 23 日蔣委員長約周恩來晤面,其體態驕肆,已不如從前禮貌尊敬.蔣未接受其要求條件

中華民國 元首	中華民國 年號	紀元	干支	紀要
蔣中正	33	1944	甲申	周恩來致赫爾利文要點： 一. 釋放一切政治犯,如張學良、楊虎城、葉挺. 二. 撤退包圍陝甘寧邊區軍隊,及攻擊新四軍及華南抗日部隊之國民黨軍隊. 三. 取消一切壓迫及限制人民自由之法令. 四. 停止一切特務活動. 24 日蔣委員長執水美傳教士畢宇對蔣委員長言「中國絕不能亡於你手」鼓勵之詞. 赫爾利對王世杰商談共黨之態度,激怨憤怒,特加威脅與壓迫,暴露其真面目;羅斯福對孔祥熙之言輕侮,欺凌更加露骨. 26 日俄廣播,要迪化難民在其領使館避難,俄準備襲援與占領迪化,作有計畫之行動. 27 日英美在華記者及軍人,對我軍弱缺點,誇大不實其詞任意猜測,惡意宣傳,虛偽報導我軍凍餓病,有不堪一擊之敗象. 桂柳逆轉之際,薛岳擅占贛州機場,私求美援,欲接收美國空運武器.薛岳原為第九戰區司令長官,衡陽會戰後,局處湘南與贛南邊區,兵力大減,個性桀驁,對中央不滿所致. 12.1.國防最高委員會議決議：宋子文代理行政院長兼外交部長、宣傳部長王世杰、內政部長張厲生、軍政部長陳誠、海外部長梁寒操(未就職)由陳慶雲代理. 緬甸遠征軍克遮放 2 日獨山失守,戰況危急.魏德邁建議遷都昆明,蔣委員長「絕不離渝」魏亦不離重慶 6 日我軍克復三合縣 7 日世界「國際民航會」我國當選為理事 8 日美國攻擊硫磺島,掀起美日太平洋海戰；我駐緬北印遠征軍攻克八莫. 今晨,攻克獨山,日軍潰竄敗退,民心振奮. 10 日我駐緬遠征軍克復六寨、12 日我軍克復南丹城、13 日我軍克車阿. 11 日宋子文面陳蔣委員長,周恩來覆赫爾利信「拒絕調解」赫爾利眼擒淚水,蔣慰之. 12 日方先覺脫險來見蔣委員長,蔣悲喜交集,有隔世之感,預十師師長葛先才亦脫險. 14 日長江三峽水利工程開工 為統一軍事指揮權及整訓設立陸軍總司令部,以參謀總長何應欽兼任總司令. 國軍反攻貴州獨山告捷 18 日政府設立「救濟善後督辦總署」蔣廷黻任督辦 中、美聯合空軍大舉轟炸武漢 19 日毛澤東在接見美軍觀察組時嚴正指出:共產黨不能被雙手反綁著參加政府.如果美國要繼續支持蔣介石,那是美國的權利,但不管美國做什麼,蔣介石注定失敗的. 毛澤東、周恩來又致赫爾利函「願繼續商談國共合作事」蔣請其約周恩來來渝 20 日「十萬知識青年軍」今天開始報到入伍. 26 日蔣委員長與赫爾利談共黨問題,彼漸覺共黨驕矜虛偽,彼此誠摯相對.美國對中共的狡詐已逐漸醒悟. 27 日緬北我遠征軍克復壘允城 28 日赫爾利斡旋再度邀請周恩來到重慶談判 國民政府採行美國魏德邁將軍整軍計劃,編組 36 個攻擊師,9 個防禦師,分別在雲南、貴州、廣西、湘西訓練,美國負責裝備給養,美軍官擔任教練. 30 日日本安藤利吉就任駐台灣總督府第十九任總督兼台灣軍區司令官. 中共致赫爾利函,要求釋放張學良、楊虎城、以及其他被拘罪犯.毛周對致赫函,解釋錯誤,另附四修件,要脅政府先予實施. (一)取消邊區封鎖, (二)釋政政治犯, (三)取消限制人自由法令,(四)停止特務活動.

中華民國		紀元	干支	紀要
元首	年號			
蔣中正	**33**	**1944**	甲申	呂秀蓮(1944.6.6.-)台灣桃園人,美國伊利諾大學碩士,哈佛大學博士,從事台灣獨立活動,擔任美麗島雜誌社副社長,黨外候選人聯誼會會長,因美麗島事件被判入獄,出獄當選立法委員,後又競選桃園縣長成功,嗣與陳水扁搭當競選當選副總統.2001 年獲頒世界和平獎.

中華民國		紀元	干支	紀要
元首	年號			
蔣中正	**34**	**1945**	乙酉	1.1.蔣委員長發表元旦演說：宣佈召開「國民大會」、「頒布憲法」、「還政於民」 蔣委員長接受法國頒贈「光榮大勳章」. 美國赫爾利就任美國駐華大使 雷多公路自印度通車至雲南,駐印軍與遠征軍會師. 2日成立「戰時運輸管理局」俞飛鵬任局長. 江蘇省主席韓德勤辭職,王懋功繼任 5日美國政府自動撤回史迪威助手多恩.他為史迪威手下第一驕橫侮華的人,美將撤走,援華之誠意又進一步.多恩曾是受命暗殺欲將蔣從高空飛機摔下企圖謀殺者. 15日我滇西緬北國軍在猛卯會師,橫渡瑞麗河克南坎. 16日貴州省主席吳鼎昌特任為文官長,楊森接任省主席. 18日陳誠調任軍政部長 20日美國魏德邁將軍接任中國戰區參謀長. 國軍克復畹町. 21日中國遠征軍和中國駐印軍向滇西、緬北反攻,在畹町附近芒友會師. 24日中共周恩來抵達重慶,與國民政府宋子文、張治中展開第五次國共會談 26日宋子文、王世杰、周恩來、赫爾利再次舉行會談 27日參謀總長何應欽上將在芒友主持升旗典禮. 28日滇緬公路通車,美國首批裝備運輸車輛進入中國境內畹町. 蘇俄唆使暴民發動新疆伊寧事變 曲江陷落日軍 2.4.美、英、蘇三國領袖為求早日結束對日作戰,要求蘇聯對日參戰,在雅爾達舉行【雅爾達秘密會議】，損害中國權益. 9日中國戰區陸軍總司令部在雲南昆明成立.何應欽任總司令. 10日國共兩黨代表繼續談判 13日蔣委員長約見周恩來,表示組織聯合政府無異推翻政府,堅持有美國人參加的三人委員會來「整編中共軍隊」 15日周恩來發表聲明「談判毫無結果」 19日美國駐華大使赫爾利、和魏德邁一同返回美國,國共和談告一段落. 政府為配合「聯合國善後救濟總署」工作,分別在各地設置「善後救濟分署」展開日本侵略占領過收復區難民收容所、難童工讀、傷殘重建服務、供食站等業務. 「蔣公日記」此際,美國認為蔣委員長是不民主,並認為國民政府必須與中共合作,才能走向民主. 美軍在硫磺島登陸 21日美、英、蘇三國領袖簽訂【雅爾達密約】將中國出賣,損害我國東北權益. 一. 外蒙古(蒙古人民共和國)的現狀,予以維持. 二. 由日本1904年背信棄義進攻所破壞的俄國以前權益,須予以恢復.即: (1) 庫頁島南部及鄰近一切島嶼,須交還蘇聯. (2) 大連商港國際化,蘇聯在該港的優越權益須予保證.蘇聯之租用旅順港為海軍基地,也須予以恢復. (3) 對擔任通往大連之出路的中東鐵路和南滿鐵路,應設立一蘇中合作的公司,共同經營，經諒解蘇聯的優越權益須予保證,須保持滿洲的全部主權. 三. 千島群島須交予蘇聯. 3.3. 成立〔陸軍總部〕何應欽任總司令,衛立煌任副總司令.遠征軍長官部撤銷. 日本台灣總督府下令全台中學學生編成「防衛警備隊」抵抗美軍登陸. 日本首相小磯國昭因感日本對戰爭不堪負荷,託人向我國政謀和. 5日遠征軍攻克緬甸臘戌 9日英國鑑於中國遠征軍入緬,為營救英軍,損失重大,,欲以駐印軍之新一軍,協助其恢復殖民地,蔣委員長斷然拒絕.

中華民國		紀元	干支	紀　　要
元 首	年號			
蔣中正	**34**	**1945**	乙酉	3.9~5.12.湘西會戰大捷殲滅日軍逾萬人 10 日「蔣公日記」蔣委員長鄭重命令,國民黨報組織「調查統計局」,如未得其同意,不得在遠征軍設立組織. 12 日「蔣公日記」國父孫中山夫人宋慶齡,支援中共態度明顯,無法挽回.蔣委員長與孫夫人宋慶齡之間岐見,已無法消解. 宋慶齡說情,及俄國壓力之下,蔣委員長仍毅然拒絕派中共黨員任舊金山會議代表. 14 日政府召開黨政軍總檢討會議,定四月廿二日開會 3.21.~7.18.「豫西豫北會戰」國軍 50 個師,由胡宗南、劉峙共同指揮. 26 日美軍佔領硫磺島,又在琉球登陸,其指揮官為後來派來中國參謀長史迪威將軍. 日本透過蘇俄,希望結束戰爭. 中共王震、王首道率八路軍南下支隊(人民抗日救國軍)進駐湖南平江 27 日我國發表出席舊金山會議代表名單: 宋子文、顧維鈞、王寵惠、魏道明、胡適、吳貽芳、李璜、張君勱、董必武、胡霖等九人為代表. 28 日任劉國運為空軍總司令,航空學校一期,湖南衡陽人,來台曾任中將參謀次長,亦即前行政長劉兆玄的父親. 30 日中國遠征軍與英印軍在喬姆克會師 「蔣公日記」蔣委員長雖反共,但堅拒承認「滿洲國」與日本合作反共.汪精衛僭用青天白日滿地紅國旗,附上「和平反共建國」 日本引誘漢奸殷汝耕成立「冀東防共自治區」 4.1.美軍登陸琉球(沖繩島) 2 日　赫爾利在美國召開記者會,指責中國共產黨不同意召開「國民大會」不合作主張. 3 日美國國務卿斯退丁紐斯邀集中英蘇三國大使,舉行非常會議,商討舊金山大會組織與程序. 5 日在重慶簽訂「中瑞典新約」　　蘇聯宣布廢棄 1941 年日蘇中立條約 7 日日本最大戰艦「大和號」在沖繩海域被美軍艦擊沉,日本戰力大受創傷. 9 日中巴友好條約在巴京互換批准. 4.9~6.7.「湘西會戰」國軍投入 23 個師,何應欽擔任指揮官. 12 日美國羅斯福總統逝世,副總統杜魯門繼任. 中共在延安召開第七次全國代表大會,要求與國民黨組織聯合政府. 17 日美國赫爾利去莫斯科會晤史達林,說明美國對華政策為支持蔣的領導,建立統一自由與民主的政府,統一所有武力,擊敗日本.史達林表示同意,稱蔣為愛國志士.但美懷疑史達林誠意,訓令謂史達林對華政策,將依其利益而修改,應切實告訴蔣,在蘇俄參加遠東戰爭前,及早從事軍事政治;的統一. 20 日中共召開六屆七中全會,通過整風以統一全黨思想路線 23 日「蔣公日記」國民黨辦青年團,原本為培養黨的新血輪,其後竟成黨團對立互爭,反成黨的分裂源流,可悲! 軍委會副參謀總長兼軍訓部長,提軍事機構改革方案,建議撤銷軍委會,改為國防部 4.23~5.11.中共黨七大會議在延安楊家嶺舉行 24 日毛澤東發表長達四萬餘字「論聯合政府」論文 4.25~6.26.中美英蘇四國發起聯合國會議在舊金山召開.我國代表有宋子文、顧維鈞、王寵惠、魏道明、胡適、吳貽芳、李璜、張君勱、董必武、胡霖・顧問施肇基 28 日舊金山會議,乃為制定〔聯合國憲章〕,中美英俄四強國為發起國，俄堅持我國代表團中如無中共代表，則抵制舊金山會議・俟我代表團內容納中共代表後，俄方始發布該國代表・

中華民國		紀元	干支	紀　　　　要
元 首	年號			
蔣中正	**34**	**1945**	乙酉	28 日義大利總理墨索里尼被搶決,倒吊示眾 美國正式認定中共為武裝政黨,故不接濟其武器. 30 日德國首相希特勒與妻子愛娃在柏林自殺身亡,一星期後,德軍對盟國的抵抗崩潰. 日本在台灣全面實施「徵兵制度」 日本小磯首相辭職,令木貫太郎組閣,對蘇俄廢棄「日俄中立條約」仍抱幻想.. 5.2.盟軍攻佔柏林. 3 日紀念「五三慘案」1928 年日軍在濟南槍殺我外交特派員蔡公時, 4 日昆明等地各大學學生舉行大規模紀念「五四運動」集會遊行,要求成立民主聯合政府、和聯合統帥部,實行減租減息,改善人民生活. 5 日魏德邁依美觀點,要求國軍整編為 80 個師.斯時,中共已擁有一百萬以上武裝力量 5~21 日中國國民黨在重慶召開第六次全國代表會議..蔣委員長指派宋慶齡大會主席團之主席,誠摯謀求黨內團結. 9 日德國無條件投降. 10 日杜魯門總統聲明,無意毀滅或奴役日本人民,但日本應放下武器,無條件投降. 11 日國軍克復福州. 15 日國民黨修改黨章,設總裁,取消副總裁,由代會推選蔣委員長為總裁. 18 日盛世才統治新疆,早期投靠蘇俄,殘暴,樹敵甚多,毛澤東之弟毛澤民即為其槍斃.轉而又投共,後來來到台灣. 19 日國民黨六全大會,形成「黨」(陳果夫、陳立夫)「團」(陳誠)權力鬥爭,雖有威望蔣總裁坐鎮,猶不能消弭內爭. 5.20~8.22.「桂柳反攻作戰」國軍投入 20 個師,張發奎、湯恩伯共同指揮. 21 日國軍克河池、金城江 23 日英國首相邱吉爾辭職. 25 日美軍計畫在中國大陸本土登陸.當以杭州灣登陸最理想,首先攻占上海、南京.可避免長江以北海岸線,從蘇北、山東到渤海,大都中共所控制地區. 27 日國軍克南寧 28~31 日國民黨召開一中全會 29 日中荷平等互惠新約在倫敦簽字. 30 日國軍克賓陽. 31 日國民黨一中全會決議: 行政院蔣中正、孔祥熙正副院辭職,宋子文、翁文灝繼任 臺北市遭受美軍空襲,總督府亦受到波及. 台灣吳濁流撰成「亞細亞的孤兒」 6.4.中共向美誣指國軍,用美國援助之武器裝備,用於內戰,在浙江孝豐攻擊共軍. 日本前外務大臣廣田弘毅密晤東京蘇俄大使馬里克(Yakov Malik)尋求停戰 8 日美國依據「開羅會議宣言」准許韓國獨立. 蘇俄首倡聯合國安理會五常任理事國擁有「否決權」 美逮捕前駐華使館祕書謝維斯,為美己察覺美方外交官與共黨勾結. 15 日美國駐華大使赫爾利奉杜魯門總統之命將「雅爾達密約」內容通知中國,希望取得諒解,和蘇聯合作. 17 日日本國會授予內閣總理以天皇特權,似為其天皇授意,將由總理出面投降,以天皇與戰爭無關,預為天皇解除戰爭罪責之手段. 18 日國軍克浙東永嘉 19 日中共第七屆一中全會選舉毛澤東為中央委員會主席 20 日蔣委員長巡視駐紮四川綦江青年軍 202 師. 原 79 軍軍長陳牧農,長衡會戰時,衡陽失守,劃歸第四戰區指揮,防守全縣失敗,被司令長官張發奎槍斃.

中華民國		紀元	干支	紀要
元首	年號			
蔣中正	**34**	**1945**	乙酉	長沙第四次會戰,長沙失守,第四軍軍長張德能,為第九戰區司令長官薛岳所槍斃.第四軍原為張發奎的基本部隊,張德能能被槍斃,張發奎懷恨在心,所以藉口而槍斃陳牧農予以報復,蔣委員長對陳牧農家屬甚表關懷. 21 日宋子文由美返回重慶. 22 日昭和天皇命鈴木速與蘇俄商哈停戰. 23 日史迪威出任美國第十集團軍司令,與日軍在沖繩島作戰.8.2.蔣得知馬歇爾決定史迪威率第十軍由琉球來華登陸,史倡言「必先擊倒蔣以報去年之恨」,當晚,赫爾利拜會蔣委員長,蔣將「史迪威事備忘錄」交赫,囑其轉交杜魯門總統,拒絕史迪威再次來華. 25 日中、美、英、法、蘇同為聯合國理事國,享有〔否決權〕 26 日顧維鈞代表中國在「聯合國憲章」上簽字 湖南省主席薛岳辭職,由吳奇偉繼任. 河北省主席馬法武辭職,由孫連仲繼任. 27 日行政院長兼外交部長宋子文、及王世傑被派赴莫斯科談判訂約問題. 中、美、英、法、蘇等 50 國代表,在舊金山會議中,簽訂「聯合國憲章」 美軍進攻沖繩,完成「越島進攻」最後一戰. 日軍在沖繩戰役中用 2,390 餘架飛機進行自殺性的「特別攻擊」,以「大和號」率一批艦艇實行「艦隊特攻」,均遭慘敗. 30 日國軍克復柳州 7.1.國民政府參政員褚輔成、左舜生、傅斯年、黃炎培、冷遹、卓伯鈞等六人飛延安,與毛澤東會談「政治協商」問題.毛澤東要求蔣委員長取消 11 月召開之國民大會,而應先召集政治協商會議.並云「蔣先生以為天無二日,民無二王,我不信邪,偏要出兩個太陽給他看看.」不僅一定要與蔣一較高下,對於赫爾利的美國不以武器供給中共,只支持國民政府的談話,尤為憤慨說「我這幾條爛槍桿子既可同日本人打,也可以同美國人打.第一步我先把赫爾利趕走再說.」 毛澤東指出美國赫爾利代表的美國對華政策的危險性,助長了國民黨政府的反動,增大了中國內戰的危機.假如赫爾利政策繼續下去,美國政府將陷入中國反動派的又臭又深的糞坑裡拔不出腳來. 2 日「蔣公日記」謂第一師號稱天下第一師,為黃埔系最基本部隊.胡宗南任師長,蔣緯國當時自德國軍校回國,即派任第一師第一團第一營第一連連長. 6 日日本天皇命近衛磨為赴莫斯科特使,要求蘇俄出面調停結束戰爭,當時蘇俄尚未對日宣戰,顧慮將來不能分享對日戰爭成果,拒絕近衛前來,婉絕調停. 蔣委員長接受外蒙獨立條件,但中共問題未解決前,完成外蒙獨立手續,是失策的,嗣後表示後悔. 7 日中蘇談判外蒙獨立要點： (1) 根據雅爾達文字規定,為維持外蒙現狀,不能承認外蒙之獨立. (2) 美國表示,美國政府不能對雅爾達密約的文字作任何解釋. (3) 史大林的解釋.「現狀」即為正式承認〔獨立〕. 14 日美國第十四航空隊司令陳納德辭職 16 日美國在墨西哥洲首次試爆「Trinity 原子彈」成功.更加強對戰爭的信心. 日軍自廣西潰退入湖南瀏陽,經鎮頭市普蹟南市街唐家洲,經東鄉至江西. 17 日宋子文由蘇聯返回重慶. 國軍克復贛州 7.17~8.2.杜魯門、邱吉爾、史達林三巨頭在波茨坦開會決定設立中美英法蘇五國會議,歐戰結束占領德國,應使德國非軍國主義、民主化,肅清納粹主義,重建德國經濟. 18 日「蔣公日記」蘇俄希望中國不倒向英美,願與中國為友. 20 日參政會議閉幕 21 日孔祥熙之女孔令儀為美金公債弊案,蔣委員長深不以為然.

中華民國		紀元	干支	紀　　要
元 首	年號			
蔣中正	**34**	**1945**	乙酉	7.23 中共八路軍王震、王首道由長沙銅官靖港突破日軍防線,橫渡湘江轉進湘中 26日 中、美、英三國領袖蔣中正、杜魯門、邱吉爾發表對日作戰**【波茨坦宣言】**向日本提出最後通牒,要求日本無條件投降(蘇俄尚未對日宣戰).原譯全文如下：英、美、中三國政府領袖同意對日本發表公告促其立即無條件投降.公告原文 一．余等：美國總統、中國國民政府主席、及英國首相代表余等億萬國民,業經會商並同意對日本應予以一機會以結束此次戰爭 二．美國、英帝國、及中國之龐大陸海空部隊,業已增強多倍,其由西方調來之軍隊及空軍,即將予日本以最後之打擊,彼等之武力受所有聯合國之決心之支持及鼓勵,對日作戰,不至其停止抵抗不止. 三．德國無效困及無意識抵抗世界激起之自由人民之力量,所得之結果,彰彰在前,可為日本人民之殷鑒.此力量當其對付抵抗之納粹時,不得不將德國人民全體之土地工業及其生活方式摧殘殆盡.但現在集中對付日本之力量則較之更為龐大,不可衡量.吾等之軍力,加以吾人之堅決意志為後盾吾予以全部實施,必將使日本完全毀滅無可逃避而日本之本土亦必終歸全部毀滅. 四．時機業已到來,日本必須決定一途,其將繼續受其一意孤行計算錯誤,使日本帝國已陷於完全毀滅之境之軍人之統制,抑或走向理智之路． 五．以下為吾人之條件,吾人決不更改,亦無其休另一方式.猶豫遷延,更為吾人所容許． 六．欺騙及錯誤領導日本人民使其妄欲征服世界者之威權及勢力,必須永久剔除．蓋吾人堅持非將負責之窮兵黷武主義驅出世界,則和平安全及正義之新秩序,不可能建立． 七．直至如此之新秩序成立時,及直至日本製造戰爭之力量業已毀滅,而有確實可信之證據時,日本領土經盟國之指定,必須占領,俾吾人在此陳述之基本目的,得以完成. 八．開羅宣言之條件必將實施,而日本之主權必將限於本洲北海道九州四國及吾人所決定其可以領有小島在內. 九．日本軍隊在完全解除武裝以後,將被允許返回其家鄉,得有和平從事生產生活之機會. 吾人無意奴役日本民族,或消滅其國家,但對於戰爭人犯,包括虐待吾人俘虜者在內,將處以法律之裁判,日本政府必須將阻止日本人民民主趨勢之復興及增強之所有障礙予以消除,言論宗教及思想自由以及對於基本人權之重視必須成立. 吾人無意奴役日本民族,或消滅其國家,但對於戰爭人犯,包括虐待吾人俘虜者在內,將處以法律之裁判,日本政府必須將阻止日本人民民主趨勢之復興及增強之所有障礙予以消除,言論宗教及思想自由以及對於基本人權之重視必須成立. 十一.日本將被准許維持其經濟所必需及可以償付賠款所需要之工業,但可以使其重新武裝作戰之工業不在其內.為此目的,可准其獲得原料,以別於統制原料,日本最後參加國際貿易關係當可准許. 十二.上述目的達到及依據日本人民自一由表示之意志成立一傾向和平及負責之政府後,同盟國佔領軍隊當即撤退. 十三.吾人通告日本政府立即宣佈所有日本武裝部隊無條件投降,並對此種行動誠意,實行予以適當之各項保證,除此一途,日本即將迅速完全毀滅。 杜魯門　邱吉爾　蔣中正　(簽字)

中華民國		紀元	干支	紀要
元首	年號			
蔣中正	**34**	**1945**	乙酉	中國權益議題,其重點: 一. 依密約文字,外蒙古(人民共和國)現狀須予維持.雙方觀現狀的解釋不同.美國不願介入解釋.史達林要堅持照他的解釋,那就是中國放棄外蒙古權.宋子文的解雅爾達密約自 6.30 抵莫斯科,中經 7 月 2、7、9、10、11、12 日六次會談.其中有關釋,維持現況,就是擱置不談. 二. 大連商港國際化,其含義是什麼? 三. 關於旅順港問題,蔣委員長堅持共同使用,不可租借. 7.27. 國軍攻克桂林 29 日史達林向杜魯門建議,由美、英正式邀請蘇俄參戰. 30 日宋子文辭兼外交部長,由王世杰繼任. 農林部長盛世才辭職,以社會部長谷正綱兼任. 8.5. 「柏林英美俄三國會議」,由杜魯門、史達林、及英國工黨首相阿特里發波茨坦宣言,規定日本無條件投降,而此際蘇俄尚未對日宣戰. 行政院宋子文、外交部長王世杰等再度赴蘇俄 6 日 美國第一顆原子彈投擲日本廣島海軍基地 8 日蘇聯宣布對日作戰,次日蘇軍進入中國東北各省. 9 日美國第二顆原子彈投擲日本長崎,約七萬人死亡. 日本宣佈無條件投降日. 蘇聯向日本宣戰.派馬林諾夫斯基為統帥,進兵華北、東北.阻撓國軍接收 日本在東北儲備的軍用物資,及軍工業機械,均為蘇聯掠奪一空,其他軍隊武器裝備則轉交中共,為聶榮臻、林彪、賀龍等部隊所擄獲. 蔣委員長宣佈正式停戰 5 天,但毛澤東則宣佈對日「全面反攻」 10 日日本政府請降書由瑞士、及瑞典轉交同盟國,書中要求保留天皇制度. 美國陸軍部訓令在華美軍總司令魏德邁協助國民政府受降. 11 日美國代表中、美、英、蘇四國覆文同意日本無條件投降. 國民政府命令解放區軍民「就原地駐防待命」日軍、偽軍不得「擅自行動」而且命令日、偽軍「切實負責維地方治安」,抵抗人民軍受降 13 日廣東省主席李漢魂辭職,以羅卓英繼任. 北平市長秦德純另有任用免兼各職,以熊斌繼任. 上海市長俞鴻鈞另有任用,免兼各職,以錢大鈞繼任 特任周貽春為農林部長 特任谷正綱仍兼社會部長 朱德、彭德懷電蔣委員長,堅決拒絕政府 8.11.的錯誤命令. 14 日日本天皇敕令頒佈「終戰詔書」正式宣佈日本接受波茨坦宣言,無條件投降. 同盟軍統帥麥克亞瑟將軍指定中國戰區(東三省除外)及台灣、越南北部日軍向蔣中正委員長投降. 蔣委員長(7.14、20、23)連續三日電請毛澤東前來重慶共商國是,並敦請美國駐華大使赫爾利從中間旋.同時蘇聯史大林也致電毛澤東要求中共與國民黨進行談判 我國王世杰、宋子文與蘇聯莫洛托夫簽訂「中蘇友好同盟條約」 (1)該約有效期間 30 年 (2)中蘇共同抗日,蘇俄支持蔣中正為中國領袖,不援助他的敵人 (3)日本投降三週後自滿洲撤兵,二至三個月內完成. (4)中國允許旅順大連租為俄國海空軍基地. 開大連為國際商港,保障蘇俄在該港;的優越利益 (5)允許俄國對南北滿鐵路其附屬事業的所有權 (6)承認外蒙獨立

中華民國		紀元	干支	紀要
元首	年號			
蔣中正	**34**	**1945**	乙酉	其他與我國無關事項： (A)恢復蘇俄 1904 年被日本侵略所失去的權利 (B)庫頁島南部及附近島嶼、與千島群島,應歸蘇俄所有. 蘇聯隨即發表聲明:蘇聯同意予中國以道義上與軍品及其他物資之援助,此項援助當完全供給中國中央政府即國民政府.並確認,在東北「一俟收復區任何地方停止為直軍事行動之地帶時,中華民國國民政府即負管理公務之全權」 8.15.中共朱德致電日本派遣軍總司令岡村寧次要求日軍向中共投降,為岡村寧次所拒絕.中共朱德又以中國解放區總司令名義,致送美英俄駐華大使書帖： (1) 國民政府及其統帥部,在接受日偽投降與締結受降協定條約時,不能代表中國解放區. (2)中國解放區、中國淪陷區一切抗日的人民武裝力量,在延安總部指揮下,有權根據波茨宣言條款及同盟國規定的受降辦法,接受被我軍包圍的日、偽軍隊的投降,並收繳其武器資財. (3) 中國解放區、中國淪陷區的廣大人民及一切抗日的人民武裝力量, 有權派自己的代表,參加盟國接受敵國的投降和處理敵國的工作 (4) 中國解放區及一切抗日武裝力量,應有權選擇其自己的代表團,參加將來關於處理日本的和平會議及聯合國會議. (5) 為減少中國內戰危機,請美國站在中、美兩國人民的共同利益上,立刻停止對中國國民黨政府的租借法案的繼續執行,如因國民黨發動反對中國人民的全國規 模內戰,請勿予國民黨政府以援助. 中共電日本岡村寧次促日軍向華北華東華中華南(廣東)中共將領投降. 中、美、英、蘇正式宣佈,接受日本無條投降. 蔣中正主席發表「抗戰勝利告全國軍民及世界人士書」強調:「正義必然勝過強權」、「不以日本人民為敵」、「不念舊惡」、「與人為善」衹認日本軍閥為敵,不企圖報復,即所謂「以德報怨」. 【七七】八年抗日戰爭(1937~1945)總計 1. 戰役：一般戰鬥凡 38,931 次、主要戰役凡 1,117 次、大會戰凡 22 次. 2. 動員：正規軍與遊擊隊 550 萬人以上,9 個戰區、兩個遊擊區, 3. 徵兵：1,400 萬人,傷亡官兵 322 萬餘人, 4. 人民生命財產： 犧牲人員 3,500 萬以上、財產損失約 4,880 億美元、政府直接損失 310 億美元、間接經濟損失 5,000 億美元. 5. 繳獲日軍武器: 步兵輕武器 773,556 枝、火砲 12,446 門、彈藥 10,001,309 萬顆、車輛(戰車裝甲車卡車)33,804 輛、飛機(包括可用、待修、不堪用者)1,068 架. 台灣在割讓日本(1897~1945)期間,日本對台灣原住民壓榨清剿討伐「番務」概要:

年代	日本討伐番社	年代	日本討伐番社
1874.3.22.	牡丹番	1910.5.	宜蘭額阿根番
1897	太魯閣番	1912.1	北勢番
1902.10.	馬那番	1912.4	南投廳白狗社
1907.12.	南投番	1922.6	新竹宜蘭桃園廳番
1909.10.	楷洛機思番		

1874 年 4 月 14 日清廷飭令沈葆禎東渡保台灣

中華民國		紀元	干支	紀要
元首	年號			
蔣中正	**34**	**1945**	乙酉	台灣割讓日本以來,台灣同胞抗日義舉較大者有：

時間	反日運動簡要
1895.8.	台北大安庄吳得福等悉近衛師團將南下城內空虛預備襲取台北,消息洩漏,九人被捕.9月9日從容就義
1895.12	宜蘭林大北等憤倭侵台,起義圖恢復台澎,但師無訓練敗北
1896.1.	日本鎗殺台胞,劉德杓等起義反攻台北等地相持15個月失敗
1986.6.	簡義、河鐵等憤日人燒殺奮起反日連下林圯埔集集雲林斗六,日人誘降簡義,柯鐵病卒,日本誘降殺害台灣人260餘人
1896.7.	黃國鎮林添丁陳發等稱帝,建元「大靖」於嘉義台南番仔山
1897..5.	台北陳秋菊攻台北,詹振以下殉職者二百餘人
1898.3.	簡太獅、盧錦春、林李成、林火旺等遊擊艋舺,犧牲甚大.
1898.12	林少貓、鄭吉生林添福等殺日本辦務署長及警員多人,死數百人
1898.5.	陳發、林添福等佔領金山恒春等地,後敗被日本處刑1659人
1898.12	林少貓鄭吉生林添福等殺日本辦務署長及警員多人,死數百人
1901.3.	詹阿瑞葉新榮寺藉反抗樟腦食鹽專賣陷台中嘉義失敗死1900人
1907.11	蔡清琳等北埔事件,起義被捕二千人,處徒刑死者八百餘人.
1908.	台東七腳川番人反抗日本
1909	台東發生巴塱衛事件
1910	襲擊卡孔溪駐在所
1911	襲擊新竹廳合流分遣所
1912	林圯埔支廳下項林派出所受襲擊
1912.3.	林圯埔事件劉乾等聞國父革命成功, 於南投起而響應,不成,死之.
1912.5.	台南黃朝等藉神道立會革命遭破獲,處死及判徒刑者二百餘人.
1912.10	南投陳阿榮等紀念祖國國慶,計劃起事失敗,皆被處刑.
1913.3.	「苗栗事件」又稱西來庵事件羅福星苗栗起義被處死刑.命詞海外煙飛空一島,吾民今日賦同仇;犧牲血肉尋常事,莫怕輕生愛自由彈丸如雨砲如雷,喇叭聲聲戢鼓催;大好頭顱誰取去,何須馬革裹屍回
1913.3.	張火爐等南湖、大潮一帶助羅福星,事發被擒處絞刑.
1914	殺阿緱廳枋寮支廳下番人,殺日人20餘名
1914.5.	六甲事件,羅阿頸等於大埔響應羅福星,殺東勢日警,被捕處死獄中
1913.6.	李阿齊彭漢文陳天生等殺天埔六甲日警被處死刑,無期徒刑134人
1915.5.	余清芳等於台南西來庵策劃起義台北各地響應失敗被處死
193010.	霧社(1930.10.27)暴動殺日人警察20人逃亡260人下落不明17人
1941.3.	開闢高雄台東間公路強迫關山番人遷居突擊日警死7人傷20人
1945.8.	8.16日台灣發生治安維持會事件

中華民國		紀元	干支	紀要
元首	年號			
蔣中正	**34**	**1945**	乙酉	8.10.深夜 12 時中共朱德以延安總部總司令名義發佈第一號命令,要求敵軍「於一定時間內向我作戰部隊繳出全武裝」如「拒絕投降繳械,即應予以堅決消滅」 11 日蔣委員長約見美國大使赫爾利(Hurley,Patrick Jay)對杜魯門總統提出的諮詢意見作出答覆.蔣稱:自己一貫主張,日本國體由日本人民自選,至於要求天皇出面簽訂降書以及將日本置於聯軍統帥之下各條,完全同意總統的意見. 14 日蔣介石發電邀請毛澤東來重慶「共商大計」電云「倭寇投降,世界永久和平局面可期實現.舉凡國際、國內各種重要問題亟待解決,特請先生克日惠臨陪都,共同商討,事關國家大計,幸勿吝駕.」 16 日毛澤東為朱德起草致蔣介石的電文,提出六項要求.電文「朱德總司令本日午有一電給你,陳述敵方意見,待你表示意見後,我將考慮和你會見的問題」 17 日美國總統杜魯門簽署盟軍關於日軍受降第一號命令,聲稱所有在中國(東北除外)的日本陸海空軍,只能向國民黨政府及軍隊投降,不得向中國人民武裝力量繳械.同時美國用各種方法把國民黨軍隊緊急運往大城市和主要交通綫去接收. 中共朱德又向國民政府提出六項要求: (1)接受日、偽軍投降與締結受降協定和約時,須事先和解放區抗日人民武裝力量商得一致意見. (2)中國解放區淪陷區一切抗日人民武裝力量有權根據波茨坦宣言條款及同盟國規定受降辦法,接受所包圍的日偽軍投降,收繳其武器資材 (3)解放區及淪陷區人民抗日武裝力量,有權代表參加接受敵人的投降及處理敵人投降後的工作. (4)解放區及一切抗日武裝力量有權選出代表參加和平、及聯合國會議 (5)請蔣委員長制止內戰,其辦法是解放區軍隊所包圍的敵偽,由解放區軍隊接受投降,國民黨軍隊所包圍的敵偽,由國民黨軍隊接受投降. (6)立即召開各黨各派會議,成立民主的聯合政府,實行一切政治、經濟等民主改革 18 日日軍總司令岡村寧次秉承中、美兩國旨意,擬定「和平後對華處理綱要」規定日軍武器應「完全徹底地」交付國軍,拒絕向中軍隊投降. 20 日蔣介石再致毛澤東一電「抗戰八年,全國同胞日在水深火熱之中, 一旦解放,必須以安輯鼓舞之,未可嗟跎延誤. 大戰方告終結,內爭不容再有,深望足下體念國家之艱危,憫懷人民之疾苦,共同戮力,從事建設,.如何以建國之功收抗戰之果,甚有賴於先生之惠肷一行,共定大計.特再電奉邀,務請惠諾.」 21 日 日本派總參謀副長今井武夫一行八人抵達湖南芷江,接洽投降事宜. 中國陸軍總司令何應欽在湖南芷江接受了日本政府投降,關東軍向蘇俄投降 22 日毛澤東覆電蔣介石「茲為團結大計,特先派周恩來同志前來晉謁,到後希予接洽為懇」 23 日蔣介石再次發電邀請毛澤毛澤東「承派周恩來先生來渝洽商,玉為欣慰.惟目前各種重要問題,均待與先生面商,時機迫切,仍盼先生能與周恩先生惠然偕惠臨,.則重要問題方能迅速解決.茲已準備飛機迎迓,特再馳電速駕.」 斯大林兩次致電毛澤東,聲稱「中國不能再打內戰,要再打內戰,就可能把民族引向滅亡的危險的地步」.又稱:「蔣介石已再三邀請你去重慶協商國事,在此情況下,如果一拒絕,國際、國內各方面就不能理解了.如果打起內戰,戰爭的責任由誰承擔?你到重慶去同蔣會談,你的安全由美、蘇兩家負責.」毛澤東收到電報很不高興,斯大林是當時國際共產主義運動的最高指導者,毛澤東不能不尊重他的意見. 毛澤東主持中共中央政治局會議,討論同國共談判問題,提出和平、民主、團結口號,在會上說「我們要準備所有讓步取得合法地位,利手國會講壇去進攻.」「先派周恩來同志去,我出去時,決定劉少奇同志代理我的職務」

中華民國		紀元	干支	紀　要
元首	年號			
蔣中正	**34**	**1945**	乙酉	24日毛澤東覆電蔣介石「鄙人極願與先會見,商討和平建設大計,俟飛機到,恩來同志立即赴渝晉謁,弟亦準備隨即赴渝.晤教有期,此奉覆」 簽署「聯合國憲章」,中華民國為創始會員國,並為安理會常任理事國,否決權,中國正式成為世界五強之一. 25日毛澤東覆電魏德邁,對赫爾利來延安表示歡迎,聲稱願與周恩來、赫爾利同機飛渝 同日,毛澤東向劉伯承、鄧小平表示,要他們到前方放手打,不要擔心他在重慶的安全,你們打得越好,我越安全,談得越好. 蘇俄對日宣戰後,立即進兵東三省,外蒙軍入熱河察哈爾,為扶持中共,先將張家口讓交共軍. 中共中央發表「對目前時局的宣言」提出和平、民主、團結口號,建設獨立自由與富強的新中國.要求避免內戰,實現民主政治. 「汪精衛政權」宣佈解散,改組為「南京臨時政務委員會」辦理結束事宜 中共中委員會發表「對目前局勢的宣言」要求國民政府承認解放區的民選政府及抗日軍隊,制定八路軍,新四軍及華南抗日縱隊接受日軍投地區,公平合理的整編軍隊,承認各黨各派合法地位,召開各黨派及無黨派代表會議,成立民主聯合政府. 27日中國派副參謀長冷欣飛南京佈置投降一切事宜. 美國赫爾利和政府代表張治中飛延安會晤毛澤東 雲南主席龍雲煽動學生與軍隊衝突,傷亡二十餘人,國民政府軍入駐雲南昆明後,龍雲立即被遭到撤職. 抗日戰爭,泰國與越南原屬中國戰區,最高統帥為蔣委員長,.日本投降按理應由中國戰區統帥受降.但英美(主謀當是英國)竟將泰國與越南北緯16度以南劃歸東南亞戰區,其最高統帥為英國海軍上將蒙巴頓,而事先並未與蔣委員長作任何協商,蔣委員長委屈,只有忍受. 香港原在中國戰區統轄內,但日本投降,英國不但拒絕我軍受降,甚至蔣委員長派英軍官接收香港,僅為顧全中國面子,英亦拒絕.,因國軍遠在黔桂,無法與英軍海上搶先,而美國既屈從英國,蔣委員長只有痛憤,蓋國力弱也. 28日赫爾利與張治中陪同毛澤東(受史大林之命)、周恩來、王若飛等由延安飛抵重慶,與國民政府持續七個星期談判. 毛澤東初未應蔣委員長之請來渝,僅派周恩來來重慶,而後他終於來渝,抵達時,毛澤東穿藍灰色中山裝,腳穿黑色布鞋,一手揮著巴拿馬式帽子,微笑著走下飛機,舉世矚目的重慶談判主角.人謂毛澤東係受命於史大林之命,亦如西安事變時釋放蔣委員長,亦係受命於史大林. 當晚,蔣委員長在林園設宴招待毛澤東一行,特意將毛安在自自己的對座,以示「誠懇」.宴會後,又邀請毛澤東下榻林園. 中共「新華日報」發表中共中央委員長對目前時局六項要求： 一・承認解放區的民選政府和抗日軍隊,撤退[包圍與進攻解放區的軍隊.以實現立即和平,避免內戰. 二・劃定八路軍、新四軍、及華南抗日縱隊受日軍投降的地區,並給予他們以參加處理日本的一切工作權,以昭公允. 三・嚴懲漢奸,解散偽軍. 四・公平合理整編軍隊,辦理復員,減輕賦稅,以紓民困. 五・承認各黨派合法地位,取消一切妨礙人民集會結社言論、出版自由;的法令,取消特務機關,釋放愛國人犯. 六・立即召開各黨派及無黨派代表人物的會議,商討抗戰結束後的各項重大問題,規定民主施政綱領,成立舉國一致的民主聯合政府,並籌備自由無拘束的普選的國民大會.

中華民國		紀元	干支	紀要
元首	年號			
蔣中正	**34**	**1945**	乙酉	29日蔣宋美齡夫人離美返華,臨行前拜訪杜魯門總統,並在中國駐美大使館主持午餐會,馬歇爾將軍赴會,兩人有一段很長的對話. 蔣主席正式接見毛澤東,當晚政府派代表張群、張治中、王世傑、邵力子與中共代表周恩來、王若飛開始會談.初步交換意見. 毛澤東事先提出四項要求： (1) 重選國民大會代表,延後國民大會召開日期,修改國民大會組織法和五五憲法草案. (2) 共軍改編為24個師,中共中央及地方軍事人員,應參加軍事委員會及其他各部門工作,解放區民兵應一律編為自衛隊. (3) 陝甘寧邊區及熱河、察哈爾、河北、山東、山西五省,應委中共推選的人員為省政府主席及委員;綏遠、河南、江蘇、安徽、湖北、廣東六省,應委中共推選之人員為省政府副主席及委員.北平、青島、上海四特別市,應委中共推選的人員為副市長;東北各省,容許中共推選的人員參加行政. (4) 重劃受降地區,使中共參加受降工作. 『蔣公日記』承認外蒙獨立,心靈掙扎再三,澈夜難眠,最後作出痛苦決定.他原本初意 一. 換取完整接收東北. 二. 換取蘇俄不支持中共. 三. 中蘇友好,期求得到二十年和平建國時間. 歷史證明〔中蘇友好條約〕中國完全受騙．美國投下原子彈後，蘇俄即知日本必敗，立即參戰進軍東北,劫收重工業機器設備,轉移繳獲武器暗助共軍,孤立長春行營,阻我進軍東北、新疆,問題依舊支持叛軍. 蔣委員長在東北未完成接收前,卻先承認外蒙獨立?未獲任何交換利益,實乃重大失策,蔣委員長後悔莫及. 『蔣公日記』反省〔雅爾達密約〕如拖延置之不理，〔中蘇友好條約〕沒有正式簽字以後的情勢： (1) 蘇俄依約對日宣戰,逕自進占東北,則蘇俄成為強占東北的新侵略者,必為全中華民族所不能接受,並且民族大義會由抗日轉而抗俄,民氣傾向國民政府. (2) 蘇俄非法進入東北後,以繳獲日軍武器轉交中共軍,則中共成為勾結侵略者的新漢奸,亦如汪衛的投靠日本.中共不能以維護國家領土主權號召人民,在民族大義上,中共處於劣勢. (3) 美國豈能坐視蘇俄在遠東擴張而不支持國民政府?;應不會如此.美國唯有支援中華民國,以反制蘇俄. (4) 戰後初期,中華民國或未能收回東北,但不會承認外蒙獨立. (5) 由於蘇俄同時在新疆製造偽政權,再公然支持中共,則反俄反共的民族大義,將延續了抗戰精神. (6) 如於1945年日本投降後,隨即號召反共抗俄,則與1949年號召反共抗俄,其情勢完全不一樣了。 重慶談判自8.29~10.10.結束,經過四十餘天十餘次磋商,10.10.前夕達成12方面的協議,稱之為「雙十會談紀要」.毛澤東發表談話,認為談判有良好結果. 毛澤東並在參政會茶會上致詞：【今後當為和平發展和平建國的時代,必須團結統一,杜絕內爭,各黨派在國家一定方針與蔣主席領導之下,徹底實行三民主義,建設現代化的新中國,毛澤東並高呼「三民主義萬歲,蔣主席萬歲」】. 蔣委員長於抗日戰爭勝利後,宣示三項重大目標與迫切工作:一.首先恢復東三省領土、主權、及行政之完整.二.恢復台灣及澎湖的失土.三.恢復朝鮮獨立自由 受脅迫於「雅爾達密約」,中蘇友好條約簽字. 國民政府批准「聯合國憲章」 設置台灣省行政長官公署

<table>
<tr><th colspan="2">中華民國</th><th rowspan="2">紀元</th><th rowspan="2">干支</th><th rowspan="2">紀 要</th></tr>
<tr><th>元首</th><th>年號</th></tr>
<tr><td>蔣中正</td><td>34</td><td>1945</td><td>乙酉</td><td>明令東北三省劃分為: 遼寧安東吉林遼北松江合江黑龍江嫩江興安等九省
31 日國民政府任命熊式輝為駐長春東北行營主任
香港原在中國戰區統轄之內,但日本投降後,英國不但拒絕我軍受降,甚至由蔣委員長指派英軍官接收香港,僅為顧全中國的面子,英亦拒絕,無法與英軍由海上搶先,而美國屈從英國,蔣委員長只有痛憤,蓋國力弱不如人家,莫可奈何.
9.1. 頒佈「台灣省行政長官公署組織大綱」
2 日麥克阿瑟上將代表同盟國,在美國主力艦密蘇里號上,接受日本政府代表外相重光葵,及大本營參謀長梅津美次郎簽訂降書.我政府派軍令部部長徐永昌上將為代表,參加密蘇里艦;的受降簽字儀式,中國戰區由何應欽上將代表蔣委員長,受日本駐華遣軍總司令岡村寧次簽定降書,其時為九月九日上午九時。
政府定九月三日為勝利日,並定為軍人節.
美國在日本投擲原子彈翌日,蘇俄投機對日宣戰,進軍東北,所有日本在東北工廠、礦山等機器,蘇俄均視戰利品,凡重工業工廠的機械儀器,一概拆遷運回俄國.軍事彈藥武器,則移轉中共紅軍.
毛澤東透過周恩來、王岳飛向國民黨代表張群、張治中、邵力子提出 11 條談判要點,其主要內容為：
一. 確定和平建國方針,以和平、團結、[民主為統一的基礎,實現三民主義.
二. 擁護蔣主席之領導地位.
三. 承認各黨各派合法平等地位並長期合作,和平建國.
四. 承認解放區政權及抗日部隊.
五. 嚴懲漢奸,解散偽軍.
六. 重劃受降地區,(解放區抗日軍隊)參加受降工作.
七. 停止一切武裝衝突,今各部隊暫留原地待命.
八. 實行政治民主化,軍隊國家化,黨派平等合作.
九. 政治民主化之必要辦法：由國民政府召集各黨派及無黨代表人物的政治會議,各黨派參加政府,重選國民大會;由中共推薦山西、山東、河北、熱河、察哈爾五省主席、委員,及綏遠、河南、安徽、江蘇、湖北、廣東、六省副主席,;北平、天津、青島、上海四特別市副市長..
十. 軍隊國家化之必要辦法：公平合理的整的整編全國軍隊,分期實施;解放區部隊編成 16 個軍 48 個師,駐地集中於淮河流域及隴海路以北地區;中共參加軍委會及所屬各部工作;設北平行營及北方政治委員會,任中共人員為主任.
十一.黨派平等合作之必要辦法：釋放政治犯;保障各項自由,取消一切不合理禁令,取消特務機關.
蔣介石對毛澤東所提 11 條件反應,在九月三日日記云「余以極誠對彼,而彼竟利用余誠之言,反要求華北五省主席與北平行營主任皆要委任其人,並要編組其共軍 48 萬人,此倴提之 12 師之三倍,最後將吹 24 師為其基準數乎？共匪誠不可以理喻也.此事唯有賴帝力之成全矣！」
4 日蔣中正主席「慶祝抗戰勝利對全國同胞廣播」
頒令抗戰勝利免賦及停止徵兵一年,褒奬全體將士及褒揚殉難軍民.
國共商談實際問題,軍隊比例與地方政權問題
5 日毛澤東告大公報記者,內戰定可避免,國是以政治會議解決.但雙方問題相持不決.
日本呈遞降書前,日軍井津武夫少將先在湖南芷江晉見我國代表冷欣將軍接受投降指示訓令.
8 日蘇俄在東北收繳日本關東軍武器：擄獲日本戰俘 594,000 名,飛機 926 架,戰車 369 輛,裝甲車 35 輛,野砲 1,126 門,機槍 4,836 挺,步槍 300,000 枝,汽車 2,300 輛,騾馬 17,400 餘匹. 另倉庫存儲野砲 1,346 門,機槍 8,989 挺, 擲彈筒 11,052 具.汽車 3,078 輛,騾馬 104,700 餘匹,補給車輛 21,084 輛.</td></tr>
</table>

中華民國		紀元	干支	紀要
元首	年號			
蔣中正	**34**	**1945**	乙酉	8日『蔣公反省錄』毛澤東各種無理要求與不法行動,自受俄之主使,余亦惟有一意忍耐處之. 張群寫了一份書面文件回答中共「和平建國實行三民主義、擁護蔣主席領導地位、各黨派在法律面前平等」 9日日本派遣軍總司令岡村寧次在南京向中國陸軍總司令何應欽將軍呈獻【日軍降書】 中共王震率領紅軍第18集團軍獨立第一游擊支隊(簡稱359旅南下支隊)經過湖南茶陵北返, 11日『蔣公日記』余今日對俄、對共,惟有以「誠與敬」對之,未知能收效否? 12日陸軍總司令何應欽上將飭岡村寧次,取消「支那派遣軍總司令」名義,改稱「中國戰區日本官兵善後聯絡部長官」、日本代表投降部隊長之原有司令部改為「日本官兵善後聯絡官」,並規定各地區中國受降主官與日本投降主官名單. 蔣委員長約毛澤東、周恩來到林園共進午餐,日記云:余示以至誠與大公,允其所有困難無不為之解決,而彼尚要求編其28師之兵數耳! 13日囑毛澤東訪魏德邁 15日毛澤東近來從容不迫,拖延,等待美國政策之轉變期望國際共同干涉內攻也. 中共立「中央東北局」彭真為書記. 17日約毛澤東、哈雷照相談話.據張岳軍言,周恩來向其表示,前次毛對余所言,可減少其所提軍額之半數者,其實為指48師之數,已照其共匪總數減少一半之數也.果爾,則共匪誠不可與言也.以當時彼明言減少半數為半數為28師之數字也,其無信不誠有如此也. 劉少奇赴重慶與毛澤東、周恩來會晤,就調整戰略佈局問題進行磋商. 19日劉少奇提出「目前任務和戰略部署」指示「向北發展,向南防禦」 20日中國國民政府發佈「台灣省行政長官公署組織條例」 政府發出「管理收復區報紙通訊社雜誌電影廣播事業暫行辦法」訓令,全面接收日偽所有新聞機構、報紙、出版機構、及印刷所等文化機關. 『蔣公日記』「目前最大問題為毛澤東問題.國家存亡,革命成功,皆在於此.」「不能不為國相忍,導之德,望能感格也.」 21日「考慮共黨問題對國家禍福利害甚久,此時主動尚在於我,不患其作惡賣國,吾仍以理導之」「晚與哈雷談共黨問題,示以軍額最限為最大限為廿師,如其仍要求華北各省主席,則不再談矣.」 22日赫爾利、魏德邁啟程回美國 『蔣公反省錄』「中共陰謀與野心雖被阻制,但險象仍在,不可稍忽,事已到了最大限度,彼仍接受,則惟置不理,任其變化,以此時主動全在於我也.」 23日政府指派朱家驊、胡適、程天放、羅家倫、趙元任參「聯合國教育文化會議」 27日蔣委員長與宋美齡飛往西康省西昌 蔣委員長飛西昌途中,在飛機上讀到毛澤東回答路透社記者提問,毛澤東談到:「解放區已經擁有120萬人以上的軍隊和220萬人以上的民兵,除分佈華北各省與西北的陝甘寧邊區外,還分佈於江蘇、安徽、浙江、福建、河南、湖北、湖南、廣東各省」.毛澤東這談話勾起了蔣對中共所提十一條的回憶,也勾起了蔣鬱結在胸中對中共和毛澤東長期仇視.其實,蔣委員長的心目中,中共早已不是和國民黨並肩抗敵的戰友,而是「漢奸」、「叛逆」,毛澤東也不是他盛情相邀的貴賓,而是「罪魁禍首」.他在日記中憤憤地寫道「如欲不懲治漢奸,處理叛逆則已,否則非從懲治此害國殃民,勾敵構亂第一人之罪魁禍首,實無以折服軍民,澄清國本也.如此罪大惡極之禍首,猶不自後悔,而反要求編組120萬軍隊,割據隴海路以北七省市之地區,皆為其勢力範圍所有,政府一再勸導退讓,總不能饜其無窮之慾壑,如不加審治,何以對我為抗戰而死軍民在天之靈耶!」

中華民國		紀元	干支	紀要
元首	年號			
蔣中正	**34**	**1945**	乙酉	蔣委員長寫下中共危害國家,破壞國家之事實,要點「十一條罪行」. 一. 資抗戰之名義而行破壞抗戰之實. 二. 借民主之美名而施階級獨裁之陰謀 三. 違反四項諾言之事實與經過,欺民欺世,忘信背義,莫此為甚. 四. 藉民選之名義以行其擁兵自衛,割據地盤,奴辱民眾,破壞統一之實. 五. 破壞外交政策,捕殺盟軍官兵,阻礙聯軍行動,破壞國軍反攻計劃,詆毀英美參戰為帝國主義之戰爭,不僅反對政府聯合英美作戰,而且始終破壞中蘇國交之增進. 六. 勾結敵軍,通同漢奸,傾害國本,顛覆政府,以組織聯合政府為過渡手段,而達到其多數控制,成立第四國際專政之目的. 七. 企圖割據華北各省,盤熱察,隔絕中蘇聯絡,破壞中蘇聯盟,以期擾亂世界和平之建立. 八. 擅設軍事委員會名義,劫持第 18 集團軍,促使新四軍之叛變,反抗軍令,毅然以共產紅軍自稱. 九. 擅設延安所謂陝甘寧邊區府,割據地盤,反對中央政令,私發鈔票,擅征租稅,強種鴉片,私設關卡,與敵偽公開貿易,交換貨物,以濟敵軍,助長侵略,此即中共所謂對敵抗戰也. 十. 跡其宣傳,直接以攻訐政府,誣衊盟軍,間接以協助敵偽,毀滅國本,必欲中華民國 變成第四共產國際而後已. 十一.共軍所到之地,所謂民選政府之實情,: 甲. 信仰言論行動皆為絕對統制而無自由,否則即以反動漢奸與叛徒之罪而加以逮捕.傳教師絕對不能傳教,且不准其進入其民選區. 乙. 人民之納租、出捐、抽丁、派糧不惟因戰後而不奉令停止,且變本加厲,各種捐雜稅層出不窮,民不聊生,而抗戰期間到煽動人民,對政府抗糧役,以不出糧、不徵兵,且借各種神道邪教以愚惑民眾. 蔣委員長寫這些「罪狀」不是「無所為而為」,顯然是想「扣留懲辦毛澤東作準備」但是毛澤東由延安到重慶來的安全,事先有美國大使.赫爾利保證,又不敢得罪蘇聯,不能不慎重考慮影響後果. 28 日我國派第一方面軍接受在越南之日軍投降. 中共改編的第 18 集團軍和新 4 軍,納入國軍編制戰鬥行列,將 18 集團軍編入國軍第二戰區(司令長官閻錫山);新 4 軍編入第三戰區(司令長官顧祝同).但中共自設黨的軍事委員會,毛澤東任主席,實際指揮,形成國軍軍令不能統一. 政府軍事委員會命令新四軍,從皖南調往河以北,新四軍抗命,顧祝同乃予以解決,軍長葉挺被捕,五千多官兵被俘,逃出幹部轉往蘇北,將省主席韓德勤的 89 軍在黃橋擊潰,軍長李守維陣亡,韓德勤被迫離開蘇北,蘇北成為陝北的中共根據地. 陝、甘、寧邊區政府實為中共的中央政府.抗戰時期,所有中共控制的淪陷區,已行成獨立狀態,超出重慶國民政府管轄之外. 10.1.蔣委員長看到中共提出毛澤東來渝安全及赫爾利的保證的「公告稿」十分反感: 「蔣公日記」「此與會談全無關係,僅為其賊膽心虛之表示.彼全不思本國商談要由外人保證之恥.抔思合雷即使為其保證,亦已效也.蓋哈雷保證共黨統一團結提議者之安全,並未保證其通敵賣國反動派之生命.次此為內政問題,無論任何外人,不能干涉我政府對內亂犯之處治,而且哈雷回國之前對共黨聲明,國共問題全為中國之內政,不能如往日敵軍未投降時,可由其共同作戰之關係參加調解,今後應由中國雙方自動直解決也.」

中華民國		紀元	干支	紀要
元首	年號			
蔣中正	**34**	**1945**	乙酉	毛澤東自 8.28.抵渝,10.1.離渝,在重慶 43 天,他到重慶是以和逼戰為其指導方針. 蔣、毛共談話 11 次,餐會 5 次,談話最長時間為一小時,短則十分鐘.談話中,毛澤東表面上面容言詞和婉,偽裝接受蔣某些觀點,而內心則是老謀深算,堅定不移.至於周恩來,則是非國民黨任何人所能及的對手. 毛澤東在重慶一面聯絡〔第三勢力〕,做出和平姿態，另一面洞察國民黨的社會實情，策反國民黨內在危機，開展今後三個月〔邊談邊打〕的局面．以談助打,以談為輔,以打為謀的策略. 國共談判結果,其實是失敗的,雙方為掩飾失敗,而以〔雙十會談紀要〕公佈.吳稚輝最初反對公佈,老謀深算,.如公開破裂顯然對毛澤東也是不利,對國民黨而言,內外輿情亦不利,國民黨不願擔負談判破裂的罪名. 比利時自由大學,致贈蔣委員長名譽博士學位 10.2.共黨反盜為主,其到重慶,在軍事政治上作各種無理要求猶在其次,而且要將國民政府一切法令與組織根本推翻,不加承認,甚至實施憲政之日期與依法所選舉之國民大會亦欲徹底推翻重選,而代之以共黨之法令與組織,必使中國非依其主張,受其全都控制而成為純一共黨之中國,終不甘心. 台灣成立「台灣省行政長官公署」「警備司令部前進指揮所」處理日軍受降諸事. 國共會談第三階段結束 10.3.杜聿明部隊武裝解決雲南省主席龍雲違抗中央,被迫接任新職. 5 日『蔣公日記』故於此時應不必為俄多所瞻顧,積極肅清內奸,整頓內政,鞏固統一為第一.如其以此藉口,強佔我東北,擾亂我新疆,則彼干涉我內政,侵害我主權,否則仍使共匪餘孽搗亂邊疆,此乃彼一貫政策.不有此事,亦必不免也.余以為最多新疆暫失,東北未復而已,而本部之內,至少可以統一矣,此乃天予之時也. 6 日蘇俄藉口大連為運輸商品貨物之港口,拒絕我軍在大連登陸,阻撓我軍接收東北.卻暗中協助中共巧奪日軍降降物資. 「蔣公日記」對中共問題,鄭重考慮,示敢稍有孟浪.總不使內外有所藉口,或因此再起紛擾,最後惟有天是從也. 8 日蔣委員長宴請國民黨中常委討論國共「會談紀要」意見分岐,經葉楚傖與吳稚暉溝通,體念中央「仁至義盡」吳稚暉才同意公布. 9 日國共達成多項協議,國共簽訂「雙十會談紀要」中共稱之為「雙十協定」略以： (1)建國基本方針： (A)一致認為中國抗日戰爭業已勝利結束,和平建國的新階段即將開始,必須共同努力,以和平、民主、團結、統一為基礎,並在蔣主席領導之下長期合作,長期合作,堅決避免內戰,建設獨立、自由和富強的新中國,徹底實行三民主義. (B)蔣主席所倡導的軍隊國家化、政治民主化、及黨派平等合法,為達到和平建國自由的途徑 (2)政治民主化問題：一致認應迅速結束訓政實施憲政,由國民政府召開政治協商會議,邀集各黨派代表及社會賢達協商,討論和平建國方案及召開國民大會各項問題. (3)國民大會問題：關於國民大會代表、國民大會組織法、選舉法、及憲法草案等問題,未獲協議,雙方同意提交政治協商會議解決. (4)關於人民自由問題:一致認為政府應保障人民享受一切民主國家人民在平時應享受全部信仰、言論、出版、集會、結社之自由. (5)關於黨派合法問題：政府承認國民黨共產黨及無黨派在法律前平等合法地位. (6)關於特務機關問題：雙方同意政府嚴禁司法和員警以外機關拘捕審訊人民權. (7)關於政治犯問題：中共方面提出除漢奸以外的政治犯,政府應一律釋放. 政府方面表示：政府準備自動辦理,中共可將應釋放之人提出名單.

中華民國		紀元	干支	紀要
元首	年號			
蔣中正	**34**	**1945**	乙酉	(8)關於地方自治問題：雙方同意積極推行地方自治,實行由下而上的普選. (9)關於軍隊國家化問題：中共提出政府應整編全國軍隊，確定分區實施計劃，並重軍區，確定徵補制度,以謀軍令統一・在此計劃之下，中共願由現在有數目縮編為 24 個至 20 個師,並將應整編的部隊向隴海路以北及蘇北、皖北集中.政府方面表示,全國整編計劃正在進行,對於中共軍隊縮編為 20 個師可以考慮. (10)關於解放區政府問題：中共主張各解放區暫維現狀不變,留待憲法規定之民選省級政府實施後再行解決,政府認為政令統一必須提前實現雙方同意繼續商談. (11)關於奸偽問題：中共提出嚴懲漢奸,解散偽軍,.政府表示前者須依法律行之,後者須審慎辦理. (12)關於受降問題：中共提出重劃受降地區,參加受降工作. 國民政府表示,參加受降工作,在共軍已接受中央命令之後,自可考慮. 10.10. 即公佈發表「雙十會談紀要」,政府欲藉此循序漸進推行.但中共卻以「打打談談」策略運用. 蔣委員長發表雙十節廣播演說,揭諸 : 1. 經濟方面: 以農工業並重,以鐵路為建設中心. 2. 文化方面: 獎勵科學研究,保障學術自由. 3. 政治方面: 普及民權行使,鞏固憲政基礎. 蔣委員長以「雙十勝利勳章」授予「毛澤東、朱德、彭德懷、葉劍英、董必武、鄧穎超」 美國訂我國雙十節為「中國友誼日」 美國駐華大使赫爾利在華府宣稱:「敬佩蔣委員長為一無私心之愛國領袖,以睿智領導中國,實行國民革命,對日抗戰歷經八年之久」 孔祥熙飛越駝峯,帶了一百萬美元現鈔回到中國 毛澤東向蔣委員長告別.蔣問毛:「對國共合作辦法有無意見？」 「蔣公日記」「毛吞吐其辭,不作正面回答.」蔣對毛稱:「國共非徹底合作不可.否則不僅於國家不利,而且於共黨有害.」蔣繼稱:「余為共黨今日計,對國內政策應改變方針,即放棄軍隊與地盤觀念,而在政治上、經濟上競爭,此為共黨今後惟一之出路.第一期建設計劃如不能全國一致,努力完成,則國家必不能生存於今日之世界,而世界第三次戰爭亦必由此而起.如此吾人不僅對國家為罪人,而且對今後人類之禍福亦應負其責也.」 這段話,毛的反應,「蔣公日記」「彼口以為然」但蔣不大相信「未知困能動其心於萬一,但余之誠意或為彼所知乎？」 中午,蔣委員設宴款款待毛澤東 下午,周恩來、王若飛、王世杰、張群、邵力子、張治中在桂園客廳簽署「國共會談紀要」(簡稱雙十協定) 「雙十授勳」化干戈為玉帛,蔣委員長考慮再三,在受勳人員名單中,加進了毛澤東、朱德、彭德懷、葉劍英、董必武、鄧穎超.「蔣公日記」寫道「隻十節授勳,將中共朱毛姓名加入,使之安心,以彼等自知破壞抗戰,危害國家為有罪,惟恐政府發其罪狀,故亟欲抗戰有功表白於世,以蓋滔天罪惡.余乃將順其意以慰之,使其能有所感悟而為之悔改乎？然而難矣哉！」 晚上,毛澤東參加國慶祝酒會回到林園後,向蔣委員長提出: 一. 政治協商會議「以緩開為宜」待回延安召開解放區選代表會議後再定辦法. 二. 國民大會提早至明年召開亦可(但蔣早已宣布當年 11.12.召開) 11 日晨八時蔣委員長約毛澤東共進早餐,餐後,二人再次對談,蔣委員長堅決的口吻向毛澤東強調「所謂解放區問題,政府不能再有遷就,否則不能成為國家」 09:30 毛澤東由張治中陪同,到九龍坡機場飛返延安,陳誠代表蔣委員長機場送行,毛澤東發表簡短談話「中國問題是可以樂觀的,困難是有的,但是可以克服的.」

中華民國		紀元	干支	紀要
元首	年號			
蔣中正	**34**	**1945**	乙酉	10 月 12 日蔣委員長回想多日與毛澤東在重慶接觸,覺得共產黨的這位領袖不好對付,日記上云「共毛態度鬼怪,陰陽巨測,硬軟不定,綿裡藏針」. 『蔣反省錄』云「斷定其人決無成之可能,而亦不足妨礙我統一事業,任其變動,終不能跳出此掌一握之中,仍以治方法制之,使之不得不就範也.政治致曲.不能恃簡直耳」 「毛澤東去重慶前說」他去重慶「準備坐班房」「如果是軟禁,那倒不怕,正是要在那裡辦點事」他估計「國際壓力是不利於蔣的獨裁的,所以重慶可以去,必須去.」 熊式輝、張嘉璈、蔣經國飛抵長春. 10.13. 熊、張、蔣三人與蘇俄馬林諾夫斯基會談,協調蘇俄撤兵程序,蘇俄態度傲慢. 中共下令展開全面攻勢,謀求取得談判中獲較為優勝的地位. 15 日國民政府頒布「勘報災歉條例」 蘇俄馬林諾夫斯基對蔣經國說,以往幫助日本,現在投靠國民黨的東北人,須加注意意指不可錄用,結果使其對國民政府失望,轉投中共.日本雖然戰敗,不難死灰復燃,須預為防範,意即中國須與俄合作,防止日本再起. 17 日中華民國政府部隊和台灣長官公署人員到達台灣. 中蘇第二次會談: 一. 為海運兩軍在大連登陸,希望協助,早日修復山海關至瀋陽間之北寧鐵路. 二. 為先空運憲兵、警察至各大城市,並收編保安團隊. 三. 派員至主要城市視察. 四. 接收交通事業及滿洲國日本經營之工業. 接防.軍隊可由營口、葫蘆島登陸,惟蘇俄在此兩地無強大兵力. 蘇俄馬林諾夫斯基答稱: 中國應俟俄軍撤退後,再 毛澤東回到延安對幹部講話:〔解決邊區問題沒有解決,軍隊問題實際上也沒有解決,已達成的協議,只是紙上的東西,要使其成為現實的,還要經過很大的努力.解放區有一萬萬人民、百萬軍隊、兩百萬民兵,任何人都不敢小視,以往尚未被人消滅,何況現在人家來打,我就打.〕1937 年對國民黨讓步,實現了全國抗戰,這次雖讓出了南方若干地區,在北方則絕對不讓.軍隊縮減,但一枝槍,一粒子彈,都不能交出。 中共以「重慶商談原則」為藉口,從蘇俄在東北俘獲之武器裝備,迅速擴充部隊,侵佔二百多處城市,破壞交通. 19 日中蘇第三次會談: 熊式輝重提大連登陸要求.馬林諾夫斯基謂可轉達莫斯科. 20 日東北蘇俄軍開始撤軍 各地共軍大蠢動,在蘇北、魯南、豫北、冀南等地,均與國軍衝突. 國軍第 70 軍在基隆港登陸. 21 日俄不准國軍在大連登岸,亦不得設立航空站.惟營口葫蘆島在俄軍撤退前可登陸 22 日國民政府第 6、12 軍在高雄港登陸. 23 日美國總統杜魯門在國會演講指出:美國是現今歷史上最強盛的國家,負有領導世界的重大的責任. 24 日聯合國正式成立,總部設在紐約,日內瓦設有歐洲辦事處. 25 日駐台日軍安藤利吉大將向台灣省行政長官兼警備總司令陳儀呈遞投降書,台灣正式光復回到祖國懷抱,國民政府訂 10 月 25 日為「台灣光復節」. 周恩來離開重慶返回延安. 27 日國軍運兵船抵葫蘆島,遭共軍射擊. 張嘉璈往晤俄軍總部經濟顧問斯拉特科夫斯基(Sladkovsky),說明中國願與蘇俄在滿洲經濟合作,使成為兩國共同市場. 28 日「三民主義同志聯合會」在重慶成立.負責人譚平山、柳亞子、王昆仑.

中華民國		紀元	干支	紀要
元首	年號			
蔣中正	**34**	**1945**	乙酉	10.29.中蘇第四會談,馬林諾夫斯基答復: 一. 可保證營口登陸安全,但不能保證葫蘆島.錦州以南共軍為數不竹,俄方無力左右,亦不能在營口、錦州供給鐵路車輛運輸. 二. 空運先遣部隊至長春、瀋陽,須在俄軍撤退前三天開始,收編北方保安團隊,須在俄軍撤退之後. 蔣委員長邀宴過去曾有反蔣紀錄的將領：閻錫山、龍雲、白崇禧、唐生智、徐永昌、程潛等人,同桌共餐,蔣公深有所感. 中蘇訂立「長春協定」,蘇俄軍分三期撤退 30 日蘇俄部隊撤回俄國境內 大連為自由港,中國軍隊不能使用,國軍在秦皇島登陸 11.1.美國駐華大使赫爾利被迫辭職,說明辭職原因,深責美國職業外交家,不顧國家政策,勾通中共,破壞其對和平之努力. 中共發出指示：動員一切力量保衛解放區,鎮壓反革命,清算地主惡霸,加強農民減租退押,博取人民好感,增加工人待遇,激勵革命熱潮,發起民眾供給中共軍隊軍需品,並召集各軍事長官,舉行復員整軍會議. 中共另指示，把握適當時機鼓動風潮,加強地下組織,暗中支援各友好社團,擴大傳,避免硬拼,爭取中間分子,利用合法形式掩護,力求從為生存而鬥的基礎上,建立反賣國、反內戰、反獨裁、反特務活動恐怖的廣大組織陣線,提出「有理、有利、有節」的行動原則.以群眾作基礎,當前政經動亂煙幕作掩護,秘密地下進行合理鬥爭. 重慶出現反內戰團體,同時昆明有三萬學生在街頭遊行示威. 台灣省行政長官公署進行各項行政接收,另設立「接收委員會」負接收,另設立「接收委員會」負責產業接收. 4 日 中蘇第五次會談, 馬林諾夫斯基調: 一. 營口、葫蘆島俄軍已為中共八路軍逼走,俄軍若採取行動,必須調回軍隊,勢將延緩撤兵期限. 二. 鐵路尚在蘇俄統一軍運組織下,不能交收,中國軍隊儘可空運前來,即借用美國飛機亦不反對,但美人員不能在地面工作. 三. 東北日本工廠為蘇俄的戰利品. 5 日臺北帝國大學接收完畢,改組為「國立台灣大學」 6 日蘇俄掩護共軍佔領葫蘆島、營口、長春,公開活動,擴大叛亂.又先後僭設「安東省民主政府」及「蘇皖邊區政府」 蔣主席以蘇俄狡詐,東北問題非單獨中國的問題,召熊式輝返回重慶. 7 日馬林諾夫斯基告訴張嘉璈「此後工作為閣下之工作…閣下為有思想之人,必能解決一切.但望勿為金元所左右.」意即經濟問題須先解決,勿為美國所惑,並表示以戰利品作為經濟合作的俄方財產. 9 日蔣委員長在重慶召開軍事會議 14 日美國赫爾利發表聲明,責中共武裝部隊違背波茨坦宣言,及遠東盟軍統帥的日軍向國民政府投降的規定. 15 日國民大會在南京召開,通過「中華民國憲法」 國軍自秦皇島上登陸進佔山海關. 蔣主席下令撤退東北行營,指示張嘉璈,如尚有轉圜之望,可與蘇俄經濟合作. 蔣主席並致電美國杜魯門總統,責蘇俄違約背信,造成東北局勢紊亂,不僅危及中國領土完與統一,實已構成東亞和平與秩序的重大威脅.惟有中、美兩國積極與協調的行動,方能制止繼續惡化.

中華民國		紀元	干支	紀要
元首	年號			
蔣中正	**34**	**1945**	乙酉	11月17日蔣委員長指派東北行營主任熊式輝,東北保安司令長官杜聿明,兩人與東北均無地緣關係.而未命張學良接收東北為失策.如蔣委員長盡釋前嫌,毅然派張學良為東北行營主任,主持接數東北大任,以其地緣及歷史淵源關係,號召偽滿軍隊及東北同胞,應有一定的影響.局勢不致惡化到後來不可收拾的局面. 俄大使彼得羅夫照會我外交部,俄軍部隊得無制的空運部隊至長春、瀋陽,俄軍可緩一、二月撤退,以便協助中國政府在東北建立政權,目的在先解決經濟問題. 18日侵華日軍被解除武裝後,自塘沽、青島、上海輸送返回日本. 20日蘇俄馬林諾夫斯基正式提議組織「中俄合辦股份公司」經營前屬於滿洲國重工業株式會社及電業株式會社之事業. 23日張嘉璈告訴蘇俄馬林諾夫斯基,希望鐵路早日恢復,共軍撤離北[寧鐵路線,中國運兵五萬來東北,政治問題早解決,經濟工作可早日開始. 馬林諾夫斯基謂蘇俄絕對遵守中俄條約,俟國軍到達,瀋陽以南俄軍再行引退,中國可先空運軍隊前來,工業合作資本俄方不超過半數. 行政院長宋子文、外交部長王世杰以蘇難再予信任,深恐其獲得經濟權利,仍不許中國順利接收,則政府負責太大,反對以所謂戰利品作為合作投資,政治問題解決後,始可討論經濟問題. 25日西南聯合大學、雲南大學、中法大學、昆明大學、英語專校師生,於西內蒙古各盟旗代表會議在張家口召開,成立「內蒙古自治運動聯合會」 西南聯大草坪舉辦反內戰時事討論會,與軍警發生衝突. 周恩來飛返延安,國共會議停頓. 26~28日昆明各學校學生聯合罷課遊行示威,成立罷課聯合會,要求和平、民主、反對內戰、美軍回國、組織聯合政府、保障人民自由. 27日美國駐駐華大使赫爾利再發表聲明,抨擊國務院、重慶美國大使館、東京遠東盟軍總部的職業外交家對於他的努力,從中作梗蓄意破壞,致不能遂其所志,憤而辭職,. 杜魯門改以任命資深望重馬歇爾上將為駐華特使,調處國共爭端.並決定緩撤在華陸戰隊九萬人,加運國軍赴華北、東北,設置駐華軍事代表團,協助中國整軍. 28日中華民國政府發表告全國同胞書. 12.1.軍隊進入西南聯大、雲南大學等學校,搗毀校舍,毆打學生,投擲手榴彈,潘琰(共產黨員)李魯連、張華昌四名師生遇難,受傷者數十人,釀成震驚全國的「一二一慘案」. 張嘉璈與蔣經國同晤馬林諾夫斯基,要求空運一師來長春,陸運二師至瀋陽,並接收瀋陽、長春、哈爾濱. 馬林諾夫斯基表示異議,;惟謂經濟合作問題須早日解決. 9日張嘉璈據蔣主席來電,通知馬林諾夫斯基,允將撤兵日期展至明年二月一日.對於經濟問題,謂不動產與權利不能視戰利品. 馬林諾夫斯基謂過去東北為為反俄基地,俄方要求經濟合作,係為獲得本身安全,並不佔有土地,且可以部分工礦歸中國獨辦,第三國若為和平開發而有所經營,亦不反對,但對於破壞中俄友好的企圖,不能不有所警惕. 2~20日昆明民眾工商團體設置靈堂公祭潘、李、張烈士達15萬人次 15日美國總統杜魯門(Harry Ttrman)發表對華四點聲明,同時指派馬歇爾將軍(George C. Marshall)為特使,來華調停國共爭端. (1) 一個強大團結民主的中國,對世界和平,極其重要. (2) 國共雙方立即停止衝突,以和平談判的方法,調和內部紛爭. (3) 變更國民黨訓政制度,擴大政府基礎,網羅所有政治重要份子參加政府工作. (4)美國對於中國內亂,不作軍事干涉. (5)杜魯門總統訓令馬歇爾,告知中國政府,在中國未獲統一前,不能給予物資援助.

中華民國		紀元	干支	紀　　　要
元 首	年號			
蔣中正	**34**	**1945**	乙酉	12 月 16 日美、英、蘇三國外長在莫斯科會議,莫洛托夫提出,華北美軍問題,主張在華美軍、俄軍同時撤退.「真理報」說俄軍留駐滿洲,較任何外國軍隊留駐華北更有理由. 國共和談中共代表團抵達重慶,有周恩來、董必武、王若飛、葉劍英、吳玉章、陸定一、鄧穎超等七人. 「中國民主建國會」在重慶成立.負責人黃炎培、胡厥文、章乃器、施復亮等人 馬歇爾離開華府後,杜魯門總統發表聲明,闡述對華政策. (一) 希望國民政府與中共軍隊停止衝突,由主要政治分子代表共同參全國性會議,促成統一(即國共停戰,召開政治協商會議). (二)認國民政府為中國唯一合法政府,如其基礎擴大,容納其政治分子,必能促進中國之和平統一與民主改革,一黨訓政,似須修改(即改組國民黨府為聯合政府) (三) 共產黨自主軍隊的存在,實與中國政治團結背道而馳,在廣泛代議制的政府建之際,所有武裝部隊,應歸編國軍(即共軍改編為國軍) (四) 中國按照上述途徑向和平之道邁進之際,美國即協助國民政府從事建設,改善經濟,建立軍事體制(即美國給中國以經濟援助) (五) 重申有關開羅宣言、中俄同盟條約,東北歸中國,清除日本在華勢力.在華北之美國陸戰隊為協助國民政府解除收復區內之日軍武裝,並促使其撤退(即東北應交還中國) 21 日有「鐵血將軍」之稱的巴頓將軍去世 24 日羅馬天主教宗授予田耕莘樞機主教職銜. 25 日馬歇爾抵達重慶,聽取周恩來,羅隆基、張淵等人意見.隨即發表三項建議： (1) 國民政府與共黨應停止敵對行為. (2) 共軍吸收於國軍之內,按相對的實力而定比例. (3) 召集國民黨、共產黨、及各獨立派系,舉行全國性會議,以結束國民黨訓政,並建立聯合政府. 馬歇爾同時表示,國共雙方如果能夠達成協議,美國即給予中國五億美元經濟援助,否則即行作罷論. 美國在華成立「美國駐華軍事顧問團」 同日蔣經國以蔣主席私人身分赴莫斯科,與史達林兩次晤談,史達林表示： 一. 關於東北經濟問題,戰利品字樣取消,合辦企業不能分為若干公司,一切在撤軍前商談,撤兵後發表. 二. 希望中俄和平共處,贊成中俄美合作,但反對門戶開放政策,因為門戶開放為帝國主義的侵略手段. 三. 堅決反對第三者的勢力進入東北,中國應採取不偏不倚的獨立政策,如將美國勢力排出,由中俄合辦東北工業三十年,可命中共服從蔣主席的指導. 四. 美國如在中國有一兵一卒,東北問題即不能解決,美國如不在東北取得利益,蘇俄亦可作必要讓步. 五. 國民黨可與共產黨共存,無共產黨則國民黨將日趨腐化,有兩黨競賽,終必有一黨獲勝. 六. 中國佯與俄親善,暗實反共,如此無法永久. 七. 最後是希望蔣主席訪問莫斯科,或在中俄邊境相會. 蔣主席徵詢馬歇爾意見,馬歇爾說;如有助於中俄邦交,無不贊成.蔣主席以史達林一向反覆,如接受邀請,不僅難有所得,反影響中美關係,況中國正欲借美國之助解決東北問題,史達林的要求,斷斷不能接受. 中美英蘇等 11 國組成「遠東國際軍事法庭」在東京審判日本戰犯至 1948 年.

中華民國		紀元	干支	紀要
元首	年號			
蔣中正	**34**	**1945**	乙酉	12月27日美、英、蘇三國外長在莫斯科發表關於中國問題公報,宣稱在國民政府下,有一統民主之中國,國民政府各級機構中民主黨派之廣泛參與以及內部衝突之停止,均屬必要.公報重申「不干涉中國內部事務之政策」. 28日美、英、蘇三國外長公報,滿洲俄軍延至二月一日撤退,華北美軍俟在華日軍解除武裝並遣送回日本後撤退. 毛澤東命中共中央東北局,積極建立政治根據地,以群眾工作為中心,發動清算漢奸鬥爭,減租和增加工資運動,組織團體,建立黨核心和群眾武裝、人民政權. 30日「中國民主促進會」在上海成立.主要領導人馬叙倫、周建人等. 31日台灣行政長官陳儀在電台廣播「發揚中華民族精神,清除『日本帝國主義的』奴化思想為教育之目的」

國共鬩牆

中華民國		紀元	干支	紀要
元首	年號			
蔣中正	**35**	**1946**	丙戌	1 月聯合國首屆大會在英國倫敦舉行,我國當選安全理事會常任理事.聯合國大會以中、美、英、蘇、法五國語文為聯合國正式語文. 台灣設立「日產處理委員會」 5 日國共雙方代表初步達成停止國內軍事衝突的協議. 國民政府通告承認「外蒙古獨立」 6 日國民政府公告「召開全國政治協商會議辦法」蔣主席聘請之代表計國民黨 8 人、中國共產黨 7 人、中國青年黨 5 人、村治派 1 人、第三黨 1 人、無黨無派(即社會賢達)9 人.. 按青年黨時已與民主同盟分離,村治派與第三黨仍各自保持其組織,故屬民主同盟者共 7 人. 7 日「軍調小組」由政府代表張群、中共代表周恩來、美國馬歇爾將軍三人組成(軍調小組參謀長蔡文治中將),商討國共停止衝突,恢復交通. 10 日「軍調小組」三人簽訂停戰協定： (1) 國軍及共產黨領導下之部隊,自 1 月 13 日起立即停止一切戰鬥行動. (2) 除另外規定者外,軍事調動一律停止. (3) 破壞與阻礙一切交通線行動必須停止,所有阻礙交通線之障礙即拆除. (4) 為實行停戰協定,由國民政府、中共、美國各派代表一人在北平組成一軍事調處執行部.所有訓令及命令應由三方一致同意,以國民政府名義經軍事調處執行小組發布之. (5) 公開規定,並經政府與中共代表同意：第一節對於政府軍隊之開入東北或在東北境內調動,並不影響,惟每日應通知軍事調處執行部. 以上辦法當日分由國民政府蔣中正主席、中共中央執行委員會主席毛澤東下令所屬遵行. 國民政府與共先已同意的「政治協商會議」在停戰令發布的同一天開幕,參加的包括各黨各派及無黨無派代表 38 人. 蔣主席致詞:希望會議樹立民主楷模,宣布政府決定實施人民享有各種自由.各政黨一律平等,實行普選,釋放政治犯. 周恩來致詞: 謂應痛下決心,永遠使中國不再發生內戰,歡迎蔣主席關於保證人民權利的四項公布,青年黨、民主同盟、及無黨無派代表亦有相同表示. 際所謂「政治協商會議」不過有第三者參預的國、共談判.第三者的立場亦不盡相同,青年黨及三分之二的無黨無派代表,大致站在國民黨方面,主同盟(國家社會黨、救國會等)及三分歡一的無黨無派代表與中共一致. 10~19 日經過九次會議,決定重大議案,討論完畢. 未了之事分組續商. (1) 憲法草案、及軍事兩組首先達成協議, (2) 繼分為施政綱領、政府組織、國民大會三組. 10 日政治協商會議在重慶揭幕,由五方面代表組成,至 30 日閉幕. 其代表： 國 民 黨： 孫科張群吳鐵城陳立夫王世傑邵力子張厲生陳佈雷共 8 人 共 產 黨： 周恩來董必武吳玉章葉劍英鄧穎超王若飛陸定一共 7 人 民主同盟： 張瀾張君勱張東蓀沈鈞儒黃炎培梁漱溟張申府章伯鈞羅隆基 中國青年黨：曾琦陳啓天余家菊常乃悳楊永浚共 5 人 社會賢達： 邵從恩莫德惠王雲五傅斯年胡霖錢新之郭沫若李燭塵繆嘉銘 協商會議以「雙十會談紀要」為討論基礎,所獲原則性的協議有： (一)政府組織案：

中華民國		紀元	干支	紀要
元首	年號			
蔣中正	**35**	**1946**	丙戌	(1) 國民政府委員名額 40 人,由國民政府就中國國民黨內外人士選任之. (2) 國民政府委員一般議案,以出席委員之過半數通過之,國民政府委員會討論之案,其性質涉及施政綱領之變更者,須由出席委員三分之二贊成,始得決議. (3) 行政院部會長官及不管部會政務委員可由各黨派及無黨派人士參加. (4) 用政治方法解決政治糾紛.以保持國家之和平發展. (二) 關於和平建國綱領案： (1) 遵奉三民主義為建國之最高指導原則. (2) 全國力量在蔣主席領導之下,團結一致,建設統一自由民主之新中國. (3) 確認蔣主席所倡導之政治民主化、軍隊國家化、及黨派平等合法,為達到和平建國必由之途徑. (三) 軍事問題案： (1) 軍隊屬於國家. (2) 禁止一切黨派在軍隊內有公開或秘密的黨團活動. (3) 改組軍事委員會為國防部,隸屬於行政院;國防部內設一建軍委員會,由各方人士參加. (4) 軍事三人小組照原定計劃,儘速商定中共軍隊整編辦法. (四)關於國民大會案： (1)1946 年 5 月 5 日召開國民大會,第一屆國民大會之職權為制定憲法. (2)區域及職業代表 1200 名照舊,台灣及東北等新增區及職業代表 150 名 (3)增加黨派及社會賢達代表 700 名,其分配辦法另定之. (五)關於憲章修改原則案： 對國民政府在戰前公佈的「五五憲章」提出修改原則 12 項,並組織憲草審議委員會,根據修改原則,參酌各方提出的意見加以整理,制定「五五憲章修正案」. 11 日重慶民主團體各界人士成立「政治協商會議陪都各界協進會」要求政府開放政權,釋放政治犯,取消「特務組織」審判漢奸,保障人民基本權利 規定大學高中畢業生將集中實施軍訓一年中學畢業生接受軍訓一年後方准入學. 12 日中華民國行政院發佈訓令,台灣人民自 1945 年 10 月 25 日起,恢復中華民國國籍 14 日軍調小組執行部三委員,政府代表鄭介民、中共代表葉劍英、美國代表羅柏森(Wa;ter S. Roberson)調處執行部派四個停戰小組分赴各地區督察. 蘇俄軍包圍長春市保安團繳械陰謀讓中共軍進入長春市 16 日資源委員會張莘夫奉派前往撫順煤礦,在于寨站被共軍劫持,一行八人全遭搶殺. 19 日同盟國授權遠東盟軍最高統帥頒布特別通告,由中美蘇英等 11 國組成「遠東國際法庭」在東京審判日本戰犯. 20 日中共「解放日報」對於東北問題,主張成立地方性聯合政府,由東北人民及各黨派組成「東北政務委員會」撤銷行營及其所屬機構,籌備人民普選各級民意機構及各級政府首長. 25 日張嘉璈向蘇俄提出經濟合作方案,部分重要工礦,由兩國合辦,有關國家資源者,中國佔 51%,其他各佔半數. 斯拉特科夫斯基表示:為消除滿洲對蘇俄威脅,重要工礦電力均須合辦,否則無法接受中國辦法. 27 日周恩來飛返延安向毛澤東報告 28 日國防委員會取消「收復區新聞檢查辦法、廢止收復區報紙、通信社等管理辦法、廢除集會演說辦法」 30 日周恩來飛回重慶. 2.1.「政治協商會議」閉幕蔣主席致詞: 盼望大家守信負責,遵行協議外,說明軍隊整編為最大需要,軍令、軍制必須統一. 復告中外記者: 甚願各黨派永遠合作,全國人民相信中共必能切實作到軍隊國家化.「中共若不能放棄私有軍隊,則政治協商會議之努力均歸無效.」

中華民國		紀元	干支	紀　　　　　　　　要
元首	年號			
蔣中正	**35**	**1946**	丙戌	2.4.張嘉璈自長春抵重慶,蔣主席聽到他的報告,至為憤怒,謂「俄方不撤兵,吾方即不前進, 亦不談經濟合作,任其擱置再說」 5 日俄方擬藉故解除中國軍隊武裝,決定瀋陽俄軍未盡撤前,不派兵赴長春. 7 日張嘉璈回長春.與斯拉特科夫斯基會談,各提出最後方案： 張: 再指蘇俄撤兵計劃・ 馬: 如照中國辦法,剔供給軍用的煤礦、鐵廠、電廠,則根本不必談合作.中俄決不致作戰,但懼有狼披羊皮的外國勢力進入滿洲.俄軍留此為幫助中國完成接收工作.空運長春,及開入瀋陽的軍隊,決不能鞏固中國在滿洲之勢力,因第八路軍及;他武力號稱五十萬人,中國須自行解決. 張: 如經濟問題拖不決,東北秩序將始終不能恢復,而中國方案不能使此問題解決.張以馬的聲,有如最後通牒,決返重慶請示. 中共向黨內發出「關於目前形勢與任務的指示」 8 日周恩來、董必武向張嘉璈建議,東北問題應由政治方法解決,各黨派加入東北政治委員會,行營內由國共代表組織小組,就地解決軍事問題. 9 日軍調三人小組政府張治中、中共周恩來、美方馬歇爾集會 美國分別照會中國、蘇聯,稱有關滿洲經濟問題的協商,不得妨礙「門戶開放」及各國機會均等原則.美國務卿貝爾納斯稱「日人在滿洲財產的處置,應由同盟國遠東委員會決定」美國對俄聲明後,重慶爆發反蘇示威.東北問題上,美蘇矛盾日趨激烈. 10 日重慶各界人士在較場口舉行慶祝政協成功大會,發生鬥毆事件,郭沫若、李公樸、施復亮、章乃器等多人被打傷. 14 日軍調三人小組張治中、周恩來、馬歇爾舉行正會談,討論國共兩軍整編問題.25 日簽訂「軍隊整編及統編中共部隊為國軍之基本方案」 中共要求改組行營及各省政府,容納各黨派,承認抗日民主部隊及各省自治政府,限制國軍開入東北數量.國民黨如固執;武力解決方針,衝突將繼續發生. 美國賓州大學莫奇來博士與學生愛克特設計出世界第一台【計算機】 15 日北平出版界成立「出版聯合會」要求保障出版自由. 19 日俄大使彼得羅夫面告王世杰,如戰利品問題不能解決,則一切不能解決,並抗議反俄遊行示威. 20 日「河北難民返鄉請願團」糾集千餘人,搗毀軍調處執行部辦公室. 22 日大舉示威,高呼「俄軍必須立即撤退」「反對蘇俄新要求」「打倒帝國主義」,搗毀「新華日報」營業部. 25 日國防最高委員會開放外滙市場,將官價外滙率廢止,確定外滙美金降價為 2020 元. 27 日彼得羅夫抗議,指示威為有組織的舉動,且侮辱蘇俄最高領導人,中國政府應負責. 周恩來飛返延安報告 28 日美國務卿演說,不許用強迫或壓力侵略,亦反對用政治滲入,施行侵略.強國無權擅自駐兵於獨立國家,無權自解放區取財物.此種行為違犯聯合國憲章,必要時將使用武力衛護此憲章. 中法簽訂平等新約,法國放棄一切在華特權. 28~3.6.馬歇爾、張治中、周恩來為「和平觀察團」自重慶飛北平張家口、濟南、徐州、太原、歸綏、延安、漢口等地巡視,瞭解軍事調停狀況. 30 日周恩來飛回重慶 31 日政治協商會舉行第 10 次會議,通過下列決議後,即行閉幕. 決議案有：政府改組、和平施政綱領、軍事問題、國民大會、憲法草案 政治協商會議結果,國內外反映良好,紛加讚揚,中共尤為滿意,周恩來代表毛澤東及中共中央向馬歇爾致謝,面遞毛的感謝書函,延安各界盛贊會議獲得重大成果.蘇俄亦說停戰令及政治協商會議是中國民主政治的進步.

中華民國		紀元	干支	紀要
元首	年號			
蔣中正	**35**	**1946**	丙戌	3.1.軍調三人小組馬歇爾、張治中、周恩來飛華北巡視停戰,及恢復交通狀況分別會晤各地共軍高級將領. 3.1~17 日國民黨召開「第六屆二中全會」制定憲法,行政院向總統個人負責,不制定省憲.會中攻擊政治協商會議決議事項,及對中蘇友好同盟條約,通過： (一) 力謀中俄親善,遵守兩國友好同盟條約,迅速撤退東北蘇俄軍隊,由國民政府派兵接防 (二) 信守政治協商會議決議,並盼中共作實履行軍隊整編及統編中共部隊為國軍 (三) 依照孫中山之建國大綱、五權憲法基本原則,擬訂憲法草案. (四) 國民政府委員由國民政府主席提請國民黨中央執行委員會選任.大會宣言復申明如期召開國民大會,還政於民.亦即不能交與各黨各派.軍隊國家化,亦即中共不能擁有軍隊;國民政府委員由國民黨選任,亦即暫不放棄黨治. 4 日蘇俄答覆美國 2 月 9 日照會,說是中俄曾討論合組公司,開發前被日本關東用的部分企業,此種.企業,蘇俄認為戰利品,並非排斥他國,無害於門戶開放. 美國不同意蘇俄的觀點,雖不反對中俄商談,惟塵在中國管理滿洲行政之後.但美國政府終因人民深懼為中國問捲入戰爭,未再有堅定表示. 5~6 日軍調三人小組訪問延安,毛澤東調中共必用全力貫徹停戰、政治協商、整軍協定.馬歇爾深感欣慰. 5 日軍調小組議定「軍隊整編及中共部隊為國軍之基本方案」： (一) 根據方案決定具體辦法,由軍事調處執行部執行,限 18 個月完成. (二) 最高統帥撤免中共軍官,應由中共代表提名之軍官補缺. (三) 使用陸軍鎮壓國內騷亂,須經國民政府委員會同意. (四) 在第一期 12 個月內,政府軍整編為 90 個師,中共軍整編為 18 個師. 在第二期 6 個月內,政府軍整編為 50 個師,中共軍整編為 10 個師. (五) 第一期統編四個集團軍,每一集團軍由政府軍與中共軍各一軍編成. 第二期統編六個軍,每軍由政府軍與中共軍編成. (六) 各省保安部隊以 15,000 人為限. 依照停戰令,及政治協商會議決議,政府軍不得進入共區,中共得參加聯合政府. 對於軍隊整編、統編方案,共軍保持 1 與 5 之比例 毛澤東提議國民政府委員涉及施政綱領的議案,須三分之二委員贊成.全體 40 名委員,國民黨應予中共 8 名民主同盟 4 名.中共為保有否決權,要求與民主同盟合佔 13 名,國民黨不允,「新華日報」再三抨擊.蘇俄亦說國民黨反動分子支持「反俄運動」. 8 日王世杰告訴彼得羅夫,目前國內情形,無法再談經濟合作. 9 日美國麥克魯為團長,由 750 人組成的「美國駐華軍事顧問團」在南京成立.11 月擴大駐華美軍顧問人員 1 萬人左右,1949 年 1 月 27 日宣布「停止工作」. 11 日馬歇爾完成整軍方案,瞭解各地實際狀況後,對調解國共突衝滿懷信心,飛返華府述職,4 月 18 日返華. 中共趁馬歇爾離華,不顧停火協定在東北大肆展開攻勢.提出四項要求： (一) 要求政府改組東北行營及政治、經濟兩委員會與省政府,吸收東北「民主人士」及各各黨派. (二) 承認並整編東北的「民主聯軍」 (三) 承認東北各縣的「自治政府」 (四) 限制國民政府開入東北的部隊數量. 12 日蘇聯紅軍開始從瀋陽北撤回國. 14 日瀋陽俄軍全部撤走,事先並未通知中國政府,瀋陽南北共軍到處發動攻擊. 16 日馬歇爾告華盛頓記者,中國正努力和平團結,美國應以積極援助,建立一穩定政府. 17 日軍統局長戴笠坐飛機從青島回南京,在馬鞍山墜機殉職身亡(1897.4.27.~1946.3.17.). 蔣委員長哀輓「雄才冠群 英山河澄清仗汝績,奇禍從天降風雲變幻痛予心」 蔣委員長接受美國政府所贈中華民國最高統帥蔣委員長特等勳章,頌詞謂「蔣委員

中華民國		紀元	干支	紀要
元首	年號			
蔣中正	**35**	**1946**	丙戌	長領導被圍困之民族,以抵抗日本侵略者之狂攻,曾完成特殊之功績.又謂其勇氣策略與政治家風度,及不可動搖之最後勝利,必可報償其國人痛苦之信念.對於聯合國之成功,實有重大之貢獻」 我軍在越南、越北部隊與法軍交接防務協定簽字. 18日周恩來招待記者,指「國民黨第六屆二中全會」動搖違反了政治協商會議決議. 20日「第四屆第二次國民參政會」在重慶召開 21日長春俄軍開始後撤,但不准國軍進入. 23日中共共軍不惜以重大傷亡,阻止國民黨軍隊于四平街以南,以利談判 27日軍事三人小組達成關於派遣執行小調處東北內戰的協議. 蘇俄彼得羅夫將張嘉璈談經濟合作企業種類通知外交部,答復王世杰要求先協助國軍進入瀋陽以北;地區等事 台灣成立「台灣省編譯館」 28日中共發出「關于解放區經濟建設的指示」 30日蔣主席在參政會上說明政府今後工作,包括軍令、政令、召開國民大會,實施憲政. 4.1. 蔣主席在參政會上指出： (一) 政治協商會議並非制憲, (二) 訓政約法為國家大法,在憲法未頒行前,不能廢止, (三) 擴充國民政府組織在集中力量,並非翻國民政府基礎. (四) 東北主權行政必須完整,決不承認「民主聯軍」及民選政府. 2日台灣成立「台灣省國語推行委員會」 3日長春俄軍宣布自各地撤退日期,對國軍接防之事,彼得羅夫謂於可能範圍之內予以協助.蔣主席見對撤軍有所振現,允早日談判經濟合作問題. 4日周恩來針對蔣介石在國民參政會上的講話,對中外記者發表談話.指責國民黨破壞政治協商會議決議及停止衝突、恢復交通、軍隊整編、統編、協定.並謂停戰協定及政治會議的一切決議,應施用於東北. 6日中共「解放日報」發表「駁蔣介石」社論,毫不留情的抨擊詆譭,說他「喪失東北有罪,收復東北無功」「通敵賣國」大有不惜關閉談判之門之勢. 8日中共王若飛、秦邦憲、葉挺、鄧發等飛返延年途中,飛機失事,在山西興縣遇難. 9日國民政府公布「新公司法 13日外交部長王世杰向彼得羅夫說明合作原則與內容,所有日人財產均應賠償中國損失,蘇俄在合辦事業所佔股份,係中國所讓給,為彼得羅夫所拒. 14日長春俄軍撤離,共軍立即進攻. 15日台灣開始實施民選縣市參議員. 16日中蘇又一次談判,依然沒有達到協議,顯示和平接收己絕無可能. 18日共軍佔領長春. 同日.馬歇爾返抵重慶,立即致力「使東北戰爭不致延及華北」要求蔣主席下令停戰,共軍退出長春,國共均不同意. 美國宣佈停止對國民政府五億美元貸款 中共給各中央局指出:蔣介石表面願求妥協欺騙國人,暗中佈置軍事,陰謀甚大.望準備一切條件應付任何事變. 周恩來要求停戰,謂「如不停戰,中共即展開全面攻勢」 東北展開「四平街攻擊」 20日日本在台灣人員撤離結束 21日中共代表團聲明,鑑于「政協決議」「停戰協議」「整軍方案」遭到破壞,中共堅決拒絕參加「國民政府」組織,拒絕提交參加行院院之人選及國民大會人員名單. 23日中共公布「陝甘寧邊區憲法原則」 29日蔣中正委員長在東北召開軍官會議,部署戰事. 5.1.美國駐華司令部成立,美國吉倫上將及邁達克中將負責,官兵4,581人,其任務包括協助訓,部隊,幫助遣送日本僑民和戰俘,協助遠距離部隊調動. 台灣成立「台灣省參議會」

中華民國		紀元	干支	紀要
元首	年號			
蔣中正	**35**	**1946**	丙戌	中共中央再次提醒共產黨全黨:「國民黨擴大內戰外,現正準備發動全面內戰」必須充份準備,能夠於國民發動內戰時,堅決徹底粉碎之. 2 日二次世界戰被日軍徵往南洋作戰台灣兵吳振輝、郭啟章二人回台灣時帶回南洋鯽魚,繁殖成功,後大量生產,經以吳、郭兩人姓氏命名為「吳郭魚」 4 日中共發布「關於土地問題的指示」實現「耕者有其田」政策 「九三學社」在重慶成立.選出許德珩、孟憲章等 16 人為理事,侯外廬、黎錦熙等 8 人為監事. 中共發出「關于清算減租及土地問題的指示」 5 日國民政府遷回南京,並舉行還都大典. 原定召開國民代表大會,因中共及民盟反對而延遲,改為 1946.11.12.召開,但中共指出違反政治協商會議決定,指控為非法,延至 蔣委員長偕蔣經國、劉安祺、鍾彬蒞臨貴州麥家橋校閱青年軍 205 師(時 205 師師部及 615 團駐貴州修文,613 團駐貴陽,614 團駐麥家橋) 中共軍隊掘毀運河河堤,水患漫及江蘇及浙江兩省,損失慘重. 國府令撤銷軍事委員會軍政部等組織,改設國防部現代化軍制. 美國陸軍參謀長艾森豪威爾來華訪問 6 日蘇俄大使武官羅申奉莫斯科之命邀請蔣主席往莫斯科訪問,遭到婉辭.蔣謂如果接受今後外交只有依照俄共一貫策略,就是國共合作組織聯合政府,向蘇俄一面倒. 16 日杜聿明指揮國軍陳明仁部隊向四平街林彪共軍總攻. 19 日共軍自四平街敗退. 20 日南京、上海、蘇州、杭州等 16 個以上大專院校舉行「挽救教育危機聯合大遊行」 23 日國軍入長春 31 日日本以敕令廢止「台灣總督府」 6.1.國民政府頒佈第二次停戰令,滿期又延長八天. 「汪精衛偽政府」陳公博、褚民誼、薛大可三人判處死刑,陳君璧無期徒刑,1959.6.17.病死獄中.錢大櫆、繆斌等曾為政府工作,將功折罪免刑 5~7 日〔解放日報〕發表「美國應立即停止助長中國內戰」、「反對美國幫助屠殺東北人民」社論,不貸款給中國 美國駐華大使司徒雷登指責中共肆意攻擊美國政府,且涉及馬歇爾私人人身攻擊. 7 日共軍分四路向國軍進攻.並襲擊塘沽美軍軍火庫,美兵死亡 5 人傷 16 人,馬歇爾遷怒國民政府,建議杜魯門停止出售剩餘軍火予中國. 13 日上海十萬市民舉行反戰遊行,並推出馬敘倫等九人代表赴京請願. 中共軍在華北、華中、東北、青島、濟南等地,發動全面攻勢, 政府接受馬歇爾建議,延長停戰令時效至 6 月 30 日止. 18 日美國正式宣佈停止出售軍火給予中國. 馬歇爾請教知名報人胡霖對和平前景看法,胡霖提八點意見,要點是： 1. 臨時性的和平,甚至只是停火,都需要國際監督. 2. 美國人認為中共只是「土地改革者」錯了,胡霖引用一句中國俗諺強調這一點,他說「天下烏鴉一般黑」 3. 國共合組聯合攻府根本不會成功,那不啻是組織「德法聯合共和國」 19 日美國繼續援華,協助整編軍隊 60 個師,其中共軍 10 個師 22 日毛澤東公開指責美國援助國民政府為干涉中國內政,要求撤退在華美軍. 23 日中國民主促進會等組成上海人民團體聯合會代表去南京進行和平請願 改組新疆省政府,任命張治中兼省政府主席 28 日中共「解放日報」刊載「美國干涉中國內政紀要」美國裝備國軍 30 個軍,50 個師 7.1.美國總統發布「司徒雷登為駐華大使」

中華民國		紀元	干支	紀要
元首	年號			
蔣中正	**35**	**1946**	丙戌	7.1.〔中美技術合作所〕結束(1943.7.1~1946.7.1.) 中美合作所直屬中美雙方最高統帥部國家元首,戴笠代表中方出任所長, 美方派來中國參與工作者有梅樂斯將軍,貝樂利上校(參謀長),班乃特少校(副參謀長)等 505 人,技術人員及士兵 1,781 人,官兵共 2,284 人. 中美技術合作所訓練基地共有: 第一訓練班　設在徽州以南約 15 華里,離杭州之西約 90 華里之山中,離上海很近 第二訓練班　設在湖南衡山. 第三訓練班　設在河南臨汝 第四訓練班　設在綏遠陝壩 第五訓練班　設在陝西牛東 第六訓練班　設在福建華安 第七訓練班　設在福建東峰 第八訓練班　設在浙江溫州 第九訓練班　設在重慶快活谷 第十訓練班　設在貴州息烽 第十一訓練班　設在安徽阜陽 中美合作所工作戰果異常可觀,根處美方貝樂利上校發表功績有: (1)　擊斃敵人 2,679 人,傷 2,642 人,俘擄 508 人, (2)　破壞橋樑 183 座,舢板 158 雙,汽船 35 雙,飛機 1 架,火車箱 425 節,庫房 271 個,鐵路 303 段,機動機車 269 輛,營救聯合國飛行員 130 名. (3)　最顯著功績者: A. 國人熟知的我方偵獲提供美方情報〔日本偷擊珍珠港事件〕 B. 為中美合作所派往潛伏日本特務機關我方葉小姐,偵獲日本抗戰末期日本海軍殘餘四分之一戰艦兵力,隱藏在太平洋一地圖上無名的小島週圍,我方將該情報提供美軍最高當局大海軍,美軍偵察猛力轟炸,將日殘餘四分之一海軍艦艇,毀之殆盡.日本戰力已無法再支撐下去了. 3 日政府決定於 11 月 12 日召開國民大會,準備施行憲政,以抵制聯合政府. 7 日中共宣言主張重開政治協商會議,拒絕美國援助,抨擊美國對華政策. 國民政府亦不滿美國措施,認為美國過於偏袒中共. 14 日蔣主席憂心時局,飛往廬山靜思對策,馬歇爾不時自南京前往廬山會商,迄至 9.18.,往返共八次之多. 15 日聞一多在李公僕殉難追悼會演說後,在昆明街頭被暗殺身亡.留下五個未成年孩子 18 日馬歇爾偕新任美國駐華大使司徒雷登(原推薦魏德邁為駐華大使,因中共反對,改推燕京大學校長司徒雷登為大使)往廬山晉謁蔣主席.兩個月之內馬司八次飛行南京、廬山之間(7.18~20、27~30、8.3.~8.、15~20、23~27、8.30.~9.3.、9.6.~10.、13~17),竭盡謀求國共和平努力. 20 日中共發出「以自衛戰爭粉碎蔣介石的進攻,中國人民才能恢復和平」 24 日蔣委員長依據多方情報資訊,敦請吳大猷主持,並邀楊振寧、李政道、朱光亞等年輕物理學家,共同研製「中國原子彈計劃」,其經過情形: 一. 駐瑞典大使何鳳山報告蘇聯在研製原子彈消息:「據瑞典新聞社稱:莫斯科學院物理研究所,自 1934 年在卡普甲教授督導下,已完成分離原子試驗,正積極研究進行製告爆炸性原子彈」 二. 十天後,軍事委員會第二廳廳長鄭介民亦呈轉軍統局駐伊朗德黑蘭情報官黃安密電「據伊朗參謀本部密息,德國流亡科學家在喀爾巴阡山,造成新原子彈」 三. 1946 年 1 月北平行營主任李宗仁指出:日本在侵華戰爭期間,曾由陸軍省秘密派遣技術隊伍,到我國張家口地區採掘放射性原料,備用來開發原子武器.日本投降後,工作小組 30 餘人被中共逮捕,其餘全都隱姓埋名藏匿在北平.

中華民國 元首	中華民國 年號	紀元	干支	紀要
蔣中正	**35**	**1946**	丙戌	四. 1946 年 2 月 1 日李宗仁密呈蔣委員長,報告日本西田之人稱: (1) 日本陸軍省曾派來我國張家口地區 70 餘人,從事採取原子原料,日本投降後,約有 30 餘人投入中共,其餘人員均散居北平. (2) 該批日人曾在張家口取得一部份原子彈〔鈾〕原料,空運回日本.對察綏各地礦產,探查甚詳.兩地原子鈾之出產,僅百靈廟一處,年產鈾可達六噸. (3) 日本投降前,日本已裝有五部機器,開始研究原子彈,為美國發現,將該項機器全部破壞. (4) 該批技術人員,均在日本內地,概有詳細姓名住址. 五. 1946 年 6 月 1 日呂文貞電呈「留置日本人石原茂光是本研究原子彈專家之一,在受審訊時供稱,已在中國採集近五公斤的鈾原料.可製『酸化鐵原子彈』」 六. 兵工署副署長俞大維向蔣委員長保薦當時在西南聯大物理教授吳大猷主持研製原子彈計劃. 七. 1946 年 6 月成立「原子能研究委員會」西南聯大物理系主任鄭華熾、化學家曾昭倫、數學家華羅庚等成為研發原子彈的核心專家,參與研發工作. 八. 1947 年 4 月 21 日國防部長白崇禧呈准設立「原子物理研究所」 九. 1964 年 10 月中共研製成功第一枚原子彈. 24~26 在南京舉行「高等教育討論會」廢除大學導師制,設立訓育委員會,推進訓育工作. 29 日美國為迫使國民政府對中共讓步,開始施行對華禁運軍火 10 個月,空窗期無補給,削弱了政府軍戰力. 美國陸戰隊在天津與北平之間安平,遭共軍襲擊,死傷十餘人.馬歇爾為之震怒. 8 月毛澤東對美國記者說:蔣介石和他的支持者美國反動派都是〔紙老虎〕 中央政治學校與中央幹部學校合併為國立政治大學,蔣中正任校長. 5 日馬歇爾建議由國民政府代表 2 人、中共代表 2 人、美國代表 1 人組成 5 人會議.商談改組事宜. 6 日美國駐華大使司徒雷登轉達蔣介石提出五項政治談判條件給中共 10 日馬歇爾與司徒雷登發表聯合聲明,稱國共雙方條件相去甚遠,戰事已有不可控制之虞,無法達成停戰協定. 杜魯門函蔣主席,希望中國在一個真正民主政府之下,完成永久和平及穩定之經濟,否則將重定美國對華政策. 中共開始指名斥責馬歇爾不能保持公平不偏態度,中國內戰不能停止,馬氏不能辭其咎.延安總動員的號召,亦於此時播出. 毛澤東指美國準備反蘇俄戰爭,美國帝國主義只是紙老虎. 同日美國駐華大使司徒雷登指責中共肆意攻擊美國政府,且涉及馬歇爾私人,有失國際禮儀. 14 日蔣主席為打開和談僵局,發表文告： 1. 11 月 12 日必須召開民大會,擴大政治基礎. 2. 對於政治協商會議的協議必須遵守,盡力推行. 3. 擴大政府基礎,各黨派無黨派人士參加,務求迅速實現,化武裝政黨為和平政黨. 4. 停止衝突,必遵守原訂協議,忠實履行. 5. 政治紛爭, 遵守政治協商會議,採取政治解決方法. 6. 政府盡力解除和平威脅,保障人民生命財產. 18 日李公樸、聞一多追悼會場上,民主同盟張瀾被毆打成傷. 22 日周恩來表示願意參加五人會議,蔣主席允先商改組政府,不談政治協商會議決議,暫時擱置共軍後撤的要求.周表示同意. 時因中美簽訂「收售太平洋美軍剩餘物資合同」及國軍進佔熱承德,中共詆責美助蔣作戰.周恩來告馬歇爾,必須獲得實行停戰,乃撤回共軍後撤等要求的保證,始參加五人會議.

中華民國		紀元	干支	紀要
元首	年號			
蔣中正	**35**	**1946**	丙戌	29日台灣名間紳士林獻堂率致敬團赴南京 31日美國與中國簽訂「中美剩餘戰時財產出售協定」以1.75億美元給中國 9.3. 蔣主席接受馬歇爾建議,將「三人軍調小組」外成立「五人小組」 4日中共上海「羣眾週刊雜誌」被迫停刊 5日『蔣委員長日記』:國軍接連遭受嚴重挫敗,實乃指揮兵力運用錯誤: 一. 中共黨政在無軍隊掩護下,可以在地方生存,故共黨是以黨政掩護軍隊,而軍則可機動運用. 二. 國民黨正相反.所有黨政皆須軍隊保護,軍隊到哪裡,黨才在那裡生存,故國軍須處處防守,缺乏機動性. 三. 毛澤東的戰略是「傷十指不如斷一指」中共控制了戰爭面,故其軍隊可機動,徹底集中絕對優勢 14日司徒雷登建議軍事與政治問題同時商談,此時共軍在綏遠山西及蘇北連敗失利,中共希望停戰而政府拒絕.毛澤東命共軍集中兵力,各個殲滅國軍. 17日政府軍攻下蘇北共軍基地淮陰. 19日周恩來聲稱暫時退出南京五人談判,譴責美國政府,並謂中共決繼續作戰. 23日起上海各地遊行示威,要求美軍退出中國. 27日蔣主席同意軍事政治商談. 當時政府軍正向張家口前進,周恩來分函蔣與馬歇爾,謂如不停止對張家口的攻勢,即認為政府公開表示全面破裂. 30日周恩來向馬歇爾表示:政府如不停止對張家口的軍事行動,中共即認為政府已公開宣佈全面破裂. 內地方政權,由改組後之國民政府委員會解決等八點,俟中共同意,即下停止衝突令,分別召開五人、三人小組會議,協議軍隊駐地及整編事宜. 中共聲明必須承認停戰、政治協商兩協定的效力,但不提軍隊整編統編協定,秘密指示各級組織,以擴大地盤,製造恐佈,挑撥離間之工作要點. 蔣委員長發表「關於處理目前時局聲明」提出具體實施八項辦法.中共置若罔聞,完全拒絕調解. 蔣委員長接見台灣致敬團呈獻「國族幹城」錦旗,並獻陣亡將士家屬慰問金 『蔣公省思日記』: 一・戰略與戰術都環繞下列兩個主題在循環推演: (1) 在全軍不被敵人殲滅. (2) 破敵殲滅敵人 二. 毛澤東的戰略思想: (1) 不打無把握的仗(全軍). (2) 地失人在,有人有地,地在人失,人地皆失,(不固守城池,機動作戰,以有生力量為目標). (3) 傷十指不如斷一指,逐次徹底殲滅敵人有生力量 (4) 共軍機動作戰,「你到我家來,我到你家去」. 政府成立「瀋陽故宮博物院」. 10.1.馬歇爾以備忘錄致蔣中正主席,如停戰不能獲致協議,將終止調解工作. 蔣主席允許中共及民主同盟可共推國民政委員13名,如中共參加國民大會,實施整軍方案,共軍限期進入規定駐地,即停止軍事行動. 周恩來要求恢復1.13.及6.7.停戰令共軍關內外位置,無條件停止張家口攻勢,其他問題可經商談解決. 民主同盟、青年黨出面調解,建議停攻張家口,緩開國民大會,召開協商綜合小組. 政府軍佔領張家口. 10.4.馬歇爾向蔣主席表示,不能再參加談判,準備回國.並向雙方建議,政府停止進攻張家口十天,續行談判.

中華民國		紀元	干支	紀要
元首	年號			
蔣中正	**35**	**1946**	丙戌	6日政治談判已近破裂,馬歇爾亦作最後攤牌,曾三日不見蔣委員長,.而六日晉見,雙方氣氛至為尷尬. 9日馬歇爾往上海見周恩來,周恩來無談判誠意,只要求美國不要支援國民政府,要求美國自華撤兵. 12日國大召集令必須在10月12日以前下達. 此一主要政治會議,自政治協商會議1月10日召開後,迄無協議.在未與中共及各黨派協議前,發布了召集令,故馬歇爾及司徒雷登大使認為,是關閉政治協商之門. 馬歇爾質問蔣委員長,是否專用武力為工具達成政治之目的,如此絕不能成為民主.懷疑是否實現三民主義的民主政治,一直是美國與馬歇爾對蔣委員長的成見. 16日蔣主席提出恢復交通、華北、華中之國共軍暫駐現地,關內地方政權,由改組後之國民政府委員會解決等八點,俟中共同意,即下停止衝突令,召開五人會議,協議改組政府,召開三人會議,協議軍隊駐地及整編事宜. 中共中央聲明必須承認停戰、政治協商兩協定的效力,但不提軍隊整編及統編協定,這時因為共軍已大量擴充,不願照原協定統編. 19日周恩來在舉行紀念魯迅逝世10周年時說:只要和平有望,仍不放棄和平談判,即使被逼得進行全面自衛抵抗,也仍是為爭取獨立和平民主統一. 21日蔣主席偕夫人飛往臺灣臺北視察. 周恩來與第三方面代表自上海回南京,對16日的要求加以修改,現地停戰,關內外政權,均由改組後之國民政府處理,國民大會由政治協商會議解決. 23日蔣委員長第一次蒞臨台灣名勝日月潭 25日蔣委員長蒞臨台北參加光復台灣週年紀念大會. 11.1. 中央成立「合作金庫」 2日中共發表「召開國民大會不合政協之法」 蔣委員長聲明國民大會不再延期,但保留中共及其他黨派名額 4日中美簽訂「中美友好通商航條約」美國享有的經濟權利獨厚,違背平等互惠原則,影響政府聲譽. 美國復宣布,在中國大局改善之前不貸款與中國. 蘇俄莫斯科與延安詆責美國干預中國內政,指國民政府為美國利益出賣中國. 8日蔣主席頒布第三次停戰令.另聲明國民大會不再延期. 中共要求停開國民大會,政府宣布國民大會期三天舉行· 10日重慶和平促進會、民主建國會等21個團體聯合聲明,反對國民黨包辦國民大會. 11日中共延安總部正式發表聲明,要求停止「一黨包辦」的國民代大會.並將「侵入解放區」的軍隊撤走. 蔣主席仍作最後呼籲,希望中共在開會之前或開會期間,仍能提出其代表名單,參加會議,但中共迄採杯葛政策. 12日召開國民大會開會後,立即決定延會三天,以待中共及民主同盟代表出席,但無結果 14日張瀾發表談話表示「絕不參加一黨國大」 15日召開全國國民大會,立法院臨時院會通過「中華民國憲法草案修正案」. 中共及民主同盟拒不參加國民大會議. 16日周恩來在南京召開記者會,「國民黨單方面召開國大,破壞政協,和談之門已被關閉,中共代表即將撤回延安」 19日周恩來以籌開「解放區人民代表大會」率領鄧穎超、李維漢等15人飛回延安. 25日國民代表大會通過「中華民國憲法」 蔣委員長接受比利時列日大學哲學博士學位 中共發布總動員令,公然實施全面反抗,攻擊政府軍. 北平各大學學生上街遊行,高呼「為受辱女同學復仇,中國不需要美軍」 國民政府經濟形勢日趨惡化「反饑餓」風潮泛濫,工人要求「吃飽飯,有工作」全國怠工、罷工事件四起.

中華民國		紀元	干支	紀要
元首	年號			
蔣中正	**35**	**1946**	丙戌	30 日上海市攤販遊行示威包圍警局,全市公汽車、電車停駛,大部分商店停業. 31 日護送張學良至臺灣,軟禁在新竹井上溫泉 12.1.馬歇爾向蔣主席痛陳經濟軍事危機,共產黨力量非軍事行動可以殲滅,必須使之納入政府. 蔣主席謂共軍可望於 8~10 個月內全部殲滅,中國經濟以農村為基礎,無崩潰危險. 參謀總長陳誠稱「一年內肅清共軍」 3 日周恩來稱:如立即解散國民大會,恢復 1~.3 月之前駐軍位置,和談可行再開,對於是否願由美國繼續調處,避而不答. 6 日中共宣佈「共軍在各地己先發制人,奮鬥到底」,並在全國製造事端.策動反美運動. 12 日國民大會召開,中共抵制不派代表參加,實際上和談己經破裂,但雙方都不願宣佈破裂,承擔歷史責任. 18 日杜魯門總統宣佈繼續協助中國實現民主團結,俟和平恢復,將加緊援助中國復興. 19 日蔣委員長與馬歇爾相處極為緊張,且蔣對馬極為不滿,而深恐馬以破裂之責任在蔣委員長.今日美國政府公開宣言指責中共,蔣委員長稍覺寬慰. 24 日中共北大先修班職業學生沈從與結識巳久美皮爾遜在北平跑馬場野合,為事先埋伏中共人員捉姦,指為「美國人強姦中國人」藉機遊行示威.組織「全國學生抗暴聯合會」、「為敦促美國政府改變對華政策全國學生簽名運動」、「抵制美貨」、「反對美國扶植日本運動」 25 日國民大會正式通過「中華民國憲法」蔣委員長簽署頒布憲法命令. 蔣中正當選首任中華民國總統. 馬歇爾說:「可惜中共不肯參加國民大會,因為通過的這部憲法,國聯宣告解散似乎包含了中共想要的每一點.」 中國民主社會黨宣佈退出民主同盟. 馬歇爾應蔣主席之請發表對時局談話:指中共對政府之極端懷疑,政府軍人對剿共之樂觀估計,均犯錯誤.政府改組,應仍予中共及民主同盟以參加機會,新憲法須真正實行,少數黨應參加政府,仍盼政府與中共談判. 「中國石油公司」成立,接辦東北、台灣等地區日本所辦各項石油事業,隸屬資源委員會 「楊子建業公司」成立, 14 日張瀾發表談話表示「絕不參加一黨國大」 15 日召開全國國民大會,立法院臨時院會通過「中華民國憲法草案修正案」. 中共及民主同盟拒不參加國民大會議. 16 日周恩來在南京召開記者會,「國民黨單方面召開國大,破壞政協,和談之門己被關閉,中共代表即將撤回延安」 19 日周恩來以籌開「解放區人民代表大會」率領鄧穎超、李維漢等 15 人飛回延安. 台灣相繼發生:布袋事件、新營事件、員林事件。 謝長廷(1946.5.18.-)台灣新北市人,台灣大學,日本京都大學畢業,美國哈大學廿乃迪學院進修.曾任民進黨主席,行政院長.與陳水扁有「陳謝情結」之說.他主張兩岸應「兩憲一中」

中華民國 元首	年號	紀元	干支	紀要
蔣中正	**36**	**1947**	丁亥	1.1.國民政府公佈「中華民國憲法」訂 12 月 25 日為行憲紀念日. 蔣主席宣佈維護和平統一方針決不變更,中共問題仍以政治解決,政府決不關閉和談之門.政府人士向民主同盟、青年黨、民主社會黨表示,願與中共竭誠商談停止衝突、改組政府等問題,派張治中赴延安接洽恢復和談,立即公布停戰令,由司雷登通知中共中共答稱: 必須取消國民大會所制憲法,恢復一年前停戰時的軍事位置,如政府接受,和談可在南京恢復. 政府不允,惟仍望商談,下令現地停戰,整編軍隊,恢復交通,對於地方政權,願商合理解決辦法.中共猛抨擊,各地共軍大舉進攻. 5~8 日中共駐南京、上海、重慶和談代表及工作人員全部撤回延安,國民政府查封重慶「新華日報」國共和談完全破裂. 中共宣佈紅軍一律稱為「中國人民解放軍」 7 日美國特使馬歇爾調處國共和談失敗,返國接受杜魯門總統提名出任國務卿.司徒雷登大使形容蔣委員長與馬歇爾兩人最後一次會談「十分激動」,蔣委員長力挽馬歇爾留下來擔任他的最高顧問,「表示可以賦予馬歇爾本人具有的一切權力,保證與他徹底合作」.司徒雷登說:「馬歇爾深受感動」. 8 日馬歇爾離華最後一次談話報告,在飛機起飛一個小時後發布：謂中國和平的最大障礙為國、共兩黨的猜疑,最有力的中共反動集團,對於促成聯合政府的一切努力,無不加以反對,極端的共產黨人不惜任何手段,不顧人民當下的苦難,以達其顛覆國民政府的目的.挽救目前局勢,有賴於政府與少數黨中的自由及優秀分子組成一良好政府.國民大會已制定「民主憲法」.美國前任俄、駐法大使蒲立德(William Bulitt)的結論是：「從來沒有一個像他這樣傑出的軍人奉派執行如此沒有希望、又不明智的任務・」 馬歇爾調停國共內爭失敗,於學生運動反美聲中,悽然賦歸離華回國,調解國共問題完全失敗. 16 日國民政府央請司徒登轉告中共駐南京聯絡談判代表王炳南,希望派張治中攜帶帶「和平方案」赴延安商談恢復談判.中共要求必須滿足以下條件方可恢復和談: (一) 遵守停戰協定,恢復 1946 年 1 月 13 日雙方軍事位置. (二) 取消偽「國大」通過之「偽憲法」重新制定憲法. 20 日國民政府發表聲明: (一) 政府願派員赴延安,或請中共派員來南京商談或舉行圓桌會議. (二) 雙方下停戰令,就地停戰. (三) 整編軍及恢復交通. (四) 憲法實施前,對爭地區之地方政府,願商定公平合理之解決辦法,但拒絕中共提出的恢復和談之條件. 25 日中共中央宣傳部長陸定一發表聲明,認為上述四條件均係騙局. 29 日美駐華大使司徒雷登聲明,終止美國政府、與軍事三人小組、及軍事調處執行部的關係.美國的調處徹底失敗. 馬歇爾 1 月 8 日離華,回國後擔任美國國務卿,顯然對我國不利,其借款不成,對我國財政經濟影響甚大,導致最後軍事失敗.馬歇爾為第二次世界大戰軍事戰略重要決策者之一,其先歐後亞固無可厚非.而為減少美軍對日本作戰傷亡,竟出賣中華民國,與蘇俄簽訂雅爾達密約.他危害中華民國的責任,不低於羅斯福. 馬歇爾離華,中共公然聲明,拒絕與政府和談願望. 30 日國民政府宣佈: 解散軍事三人小組及北平軍事調處執行部. 美國照會蘇俄大連應即歸由中國管理,並恢復長春鐵路交通. 地方人士對熊式輝不滿, 2.1.法幣幣值狂貶,人心惶惶. 2 日原「中華民族解放行動委員會」更名為,「中國農工民主黨」

中華民國		紀元	干支	紀要
元首	年號			
蔣中正	**36**	**1947**	丁亥	8日俞鴻鈞奉命負責運送黃金到台灣.以作長治久安之計基金. 16日政府頒布「經濟緊急措施」實施「價格限額」 27日國民政府通知中共駐南京、上海、重慶等地工作代表全部撤離,國共談判宣告完全破裂 台灣發生**【二二八事件】** 臺灣設有「煙酒公賣局」統一煙酒產製銷業務,禁止私製及進口煙酒私營私賣. 27日專賣局緝私人員葉德根等六人到台北南京西路太平町巡搜,查獲小販寡婦林江邁販賣私煙,林婦跪地求饒,圍觀民眾幫同求情,緝私人員不予理會引起衝突.葉根德用槍管打傷林婦頭部流血,激起群眾憤怒請願、示威、罷工、罷市· 基隆方面：28日夜基隆部分群眾襲該市第一警察分局,搶奪警察槍支. 台北方面：3.1.晨,學生結合群眾佔領縣政府. 嘉義方面：中共台灣省工作委員會委員、武工部長張志忠領導下,民眾包圍警察局,收繳槍械. 3.2.日召開市民大會,接管電台,募集志願軍,成立台灣民聯軍,攻擊憲兵營、軍械庫、及水上飛機場、軍營. 3日接管市政府 台中方面：「二二八」事件前,建國工藝職校校長、老台共成員、中共台灣省工作會秘密黨員謝雪紅即收集廢鋼鐵,準備製造槍械,實行起義. 3.2.日謝雪紅召開市民大會,舉行示威. 4日接管警察局、憲兵隊、團管區司令部、軍械庫、廣播電台、電信局、專賣局等機構. 6日根據張志忠意見,成立「二七,部隊」開展武裝鬥爭. 高雄地區：3.3.下午八時開始掠奪警察局. 5日接受或佔領市內大部分軍政機關 六天騷亂幾遍台灣全省,台北火車站、公園、榮町永樂町、太平町、萬華、板橋、新竹、台中、嘉義、台南、台東、高雄、澎湖等地,到處蔓延.群眾包圍鐵路委員會,奪取駐警武器,駐警為了自衛開槍,致有死傷.一件小衝突,觸發國民政府接收台灣,因貪污腐敗,累積民怨的省籍衝突,蔓延全台灣,使原本單純的治安事件演變為社會運動,最終導致官民武裝衝突,國軍部隊鎮壓,傷亡千人以上,成為日後台灣獨立運動興起的重大誘因.該事件是共產黨陰謀策劃已久,潛伏台灣謝雪紅等人挑撥,散發傳單,張貼共產黨宣傳標語,引起非理性的打、砸、搶、燒等群眾爆動非法行為「狹隘地域觀念」「阿山(外省人)不講理」「豬仔太可惡」「台灣人趕快出來報來報仇」「打阿山」「結束國民黨一黨專政,立即實行台灣人民的民主自治」「組織民主聯合政府」等號召. 台灣省黨部主任委員李翼中呼籲「臨之以威,綏之以德」「二二八不幸事件之發生,,實由於官民情怠隔閡之所致」呼籲「政府以寬大為懷,人民以地方為重」使事件早日平息. 蔣總統對「二二八懷柔決策與措施」其日記所記: 「台灣暴民乘國軍離台,政府武力空虛之機,發動全省暴動,此實不測之禍亂,是亦人事不臧,公俠疏忽無智所致也.」 3.1.日記「台灣群眾為反對紙煙專賣等起而九殺內地各省同胞,其暴動地區已漸擴大,以軍隊調離台灣,是亦重要原因也.」 3.7.蔣總統確處理方針「自上月廿八日起,由台北起,袖台北至全台各縣市,對中央及外省人員與商民一毆擊,死傷已知者達數百人之多,陳公俠不事先預防,又不實報,及事至燎原,乃始求援,乃始求援,可歎！特派海陸軍赴台,增強兵力.此時共匪組織尚未深入,或易為力,惟無精兵可派,甚為顧慮.善後方策,尚未決定,現時台民初附,久受日寇奴化,遺忘祖國,故皆畏威而懷德也.」 3.9.蔣總統派國防部長白崇禧宣慰台灣.

中華民國 元首	年號	紀元	干支	紀要
蔣中正	36	1947	丁亥	10日嚴令留台軍政人員靜候中央派員處理,不得採取報復行動,以期全台同胞親愛團結,互助合作,要求台灣人民「深明大義,嚴守紀律」「明順逆,辨利害,徹底覺悟,自動取消非法組織,恢復地方秩序,台省同胞皆得早日安居樂業,完成新台灣建設.」 12日蔣總統得悉軍隊抵達台灣後,「警察及警備部軍士即施签報復手段,毆打及拘捕暴徒,台民恐慌異常」等情況後,立即批示同意侍從室所擬意見「飭陳總司令切實制止報復行為」 13日又得悉劉雨卿所部到台灣後,使用僅在內地流通的法幣,引起商民惡感,蔣總統也立即批示「飭劉師長糾正,通令所屬嚴守紀律,以爭取民眾」 同時,蔣總統並親筆手書,以極為嚴厲的口吻指示陳儀「請兄負責嚴禁軍政人員施行報復,否則以抗令論罪」陳儀將蔣的命令轉達各有關方面,這項指示以後,事變迅速平定. 14日蔣總統得知台中、嘉義、台東等地縣市長均已恢復辦公,使他感到「新復之地與邊省,全靠兵力維持」但是他仍然擔心軍隊擾民. 17日白崇禧奉蔣總統之命飛台宣撫,蔣經國、李翼中等偕行. 並宣佈台灣行政長官公署自即日起改為「台灣省政府」. 陳儀請辭去台灣行政長官職務 19日蔣總統又致電白崇禧,要他轉命劉雨卿,在追擊「殘匪」過程中,「應特別注重軍紀,萬不可檢拾居民一草一木,軍隊補給必須充分周到,勿使官債藉口敗壞紀律.」 27日白崇禧向台北中學以上學生訓示,宣稱對「盲從脅迫」參加件青年學生不究既往,「迅速復課讀書」保證各兵不再逮捕學生等等.。 4.1.白崇禧舉行記者會,聲稱逮捕人犯須合法手續,審理求公允迅速,重申對青年學生一律從寬免究,即使對「逃竄潛伏」的共產黨,只要繳械投誠,也從寬處理. 2日白崇禧返回南京 4.22日撤銷台灣行政長官公署改為台灣省政府,任命魏道明為台灣省政府主席 為平定「二二八動亂」3月9日劉雨卿奉命率21師146團及派軍艦兩艘赴基隆,又加派憲兵五營,特務一營,3月10日發佈戒嚴令,電令基降要塞司令史宏熹「凡屬主謀及暴徒首領,一律逮捕訊辦」12日電令高雄要塞司令彭孟緝「肅清奸偽分子」13日陳儀決定「開始行動」「凡與二二八嫌疑重大人士,不問姓名,當場槍決」至5月16日清鄉結束. 統計「二二八事件」傷亡人數根據「台灣財團法人二二八基金會」的補償記錄(2004.1.2..)本省人死亡673人,失蹤174人.其他羈押、徒刑、傷殘、健康名譽、財務損失,共1,237人,合計2,0804人. 依據警備司令部匯報資料外省人被害者,死亡或失蹤者,公務員72人,軍警130人,民眾383人,合計2,601人.公家財產損失一億四千台幣,私人財產損失四億七千萬台幣. 國民政府改組,蔣中正續任國民政府主席、孫科為副主席、張群為行政院長,國民政委員包含國民黨、青年黨、民主社會黨、及無黨派人士,算是一個聯合政府. 撤銷「國防最高委員會」 中國農工民主黨在上海成立. 黃金、美鈔猛漲,人心極端浮動.參政員傅斯年痛斥豪門資本,發表一篇轟動一時「宋子文非走開不可」文章.參政會要求處分宋子文. 3.1.宋子文以經濟情勢惡化而辭職,由蔣委員長自兼,可惜沒有得力的經濟助手,及經濟長才的協助,實為蔣委員長最大的痛苦. 東北保安司令杜聿明與新一軍軍長孫立人將軍因彼此作戰戰略思想相左,意見各有不同看法,私交情感不睦,孫立人將軍被調陸軍訓練司令部司令,新一軍軍長由50師師長潘裕昆中將遞升,李鴻為副軍長· 8日支援台灣平亂國軍登陸,展開鎮壓行動. 9日台灣警備總部下達「台灣戒嚴令」·

<table>
<tr><th colspan="2">中華民國</th><th rowspan="2">紀元</th><th rowspan="2">干支</th><th rowspan="2">紀　　要</th></tr>
<tr><th>元 首</th><th>年號</th></tr>
<tr><td>蔣中正</td><td>36</td><td>1947</td><td>丁亥</td><td>蔣委員長致陳儀函,對台暴亂,應採取「懷柔政策」.台灣警備司令部參謀長柯遠芬處理二二八事變失當,調職離開台灣.後來其為我國駐越南軍事代表團團長.
12 日台灣二二八事變中「二七部隊」退入中部山區
13 日國軍進攻延安,因潛伏國民政府內共諜事先通知毛澤東,毛及部隊得順利逃過劫難.據云毛澤東煙灰缸煙蒂火尚未熄滅,可見其為倉惶逃走·
18 日蔣委員長與胡適見面,胡為無黨派社會賢達,視為諍友,曾任國大代表、駐美大使、中央研究院院長,逝世後葬於台北南港,建立胡適紀念墓園.
19 日胡宗南部隊攻克中共盤據 13 年之久的巢穴延安,毛澤東倉惶逃走.
27 日國防部長白崇禧在台灣對全國廣播台灣事件經過.
國民黨召開三中全會,蔣中正宣布,與中共之間政治解決途徑絕望,.會中以對俄外交失敗、台灣「二二八事件」抨擊外交部長王世杰、及台灣行長官陳儀.
4.1.中國與葡萄牙新約換文
國民政府改組設「國務會議」由國民黨、青年黨、民社黨人士、及社會賢達,分任國民政府委員,推選蔣中正任國民政府主席,孫科任副主席.
行政院改組,張群為行政院長,青年黨、民社黨、社會賢達,均加入行政院.
10 日「蔣委員長日記」兩次交代身後事宜,以儉葬為心願,與夫人合葬.
18 日由於二二八事變,將台灣行政長官公署改名為〔台灣省政府〕 行政長官陳儀免職,魏道明擔任首任台灣省政府主席.
19 日國軍 49 旅為第二快速縱隊旅長李守正奉命由淇縣北進解圍未果,轉進至後崗,被劉伯承部所圍,李守正負傷被俘,全旅覆沒.
蘇俄答覆美國準備交還大連但拒絕我派兵接收旅順、大連,僅同意我組團考察.
蔣委員長接見韓國革命領袖李承晚,表示將盡力協助韓國獨立.
30 日薛岳由徐州綏靖公署撤換,黃紹原任浙江省主席,由陳儀取代,撤換黃振球聯勤總司令職.
時軍事經濟更為危急,學潮洶湧,部分參政員、立法委員主張恢復國共和談,參政會邀請中共參政員出席討論被拒.
5 月中共與民主同盟公開否認中華民國憲法及國民大會之合法性
任命夏斯武德為新疆省政府主席
7 日「蔣委員長日記」中共對於反進剿的戰爭已充分完成,並運用其總體戰的戰略思維,而國軍尚無此想法.諸如：
一. 共軍控制區嚴密組織,掌握基層農村,無任何反動亂,且能動員支前.而軍事方面機動,既可避免劣勢下決戰,又可乘機各個擊滅分離深入的國軍.在國軍後方,尤其大城鎮,可煽亂反戰,反飢餓社會運動,國際宣傳則使美國拒援國軍.
二. 國軍不僅在軍事方面累受挫敗,迄未完成任何殲滅效果;而政治、經濟、與社會,不僅不能動員支前,反而拖累國軍.
三. 戰爭短期無法結束,但後方政經情形,更不能支援內戰.
四. 抗戰與內戰最大之不同,在抗戰為民族戰爭,民族大義的認知下,人民可受任何苦難而無怨懟,但內戰則不然.
五. 中國為農業國家,90%以上為農村,而國民黨既具士大夫習氣,益具官僚習氣,不僅未能控制共區農村,且未能掌握政府區農村.為國共鬥爭中國民黨最大的致命傷.
14 日「蔣委員長日記」蔣委員長與參謀次長劉斐(為章)常共同研究戰局,而劉斐為潛伏共諜,則凡與他研究的計畫,均先為中共所知,豈有不敗之理.
17 日『蔣公日記』國軍對魯中第二階段的攻勢作戰中,整個大軍統帥的指揮程序,都是蔣委員長直接指揮,參謀總長及參謀本部的功能,以及戰區(綏署或徐州司令部)司令官、兵團司令、及第一線軍、師長間,對全盤戰略構想與個別任務,似無充分了解,自然不能協同一致.蔣委員長個別寫給第一線軍、師長指示,但其指示是否為戰區司令及兵團司令所瞭解,從而蔣委員長的整個作戰指導,「余之意圖與計畫」難以貫徹矣</td></tr>
</table>

中華民國		紀元	干支	紀要
元首	年號			
蔣中正	**36**	**1947**	丁亥	18日國軍74師師長張靈甫在孟良崮殉職,對中共攻勢戰略,可謂全盤失敗. 19日新一軍新30師之90團在長春外圍據點受共軍五萬圍攻,項團長陣亡 邇來糧食米價飛漲,學潮如排山倒海而來,「反飢餓」、「反迫害」運動,罷課請願.各地滋生.領導的是南京中央大學學生. 政府允將公費提高,風潮反愈洶湧,遍及南北.政府宣布維持治安臨時辦法,不准團體請願 20日南京、北平學生與警察衝突,數十人受傷,學生更為激動,定6月2日為「反飢俄、反內戰、反暴行日」要求政取消維持治安臨時辦法,懲辦「五二0事件」負責人，四出宣傳,軍警大舉逮捕.學生知難而退,中止6月2日的總罷課大遊行.軍警仍繼續高壓,武漢大學三名台灣學生喪命.重慶、廣州等地數百人被捕. 中共林彪、高崗、彭真、謝覺哉、李富春等,和蘇俄代表米高揚、康茲索諾夫、高爾金、哈爾根、巴布諾夫等,簽訂「哈爾濱協定」: (1) 蘇俄允諾在外交及軍事上全面支持中共. (2) 蘇俄與中共全面合作發展東北經濟. (3) 中共承諾蘇俄對東北陸路和空中交通享有特殊權利. (4) 蘇俄允諾經常供給中共軍飛機50架. (5) 蘇俄允許將繳收日軍之武器分兩期全部交給中共. (6) 蘇俄允許將東北由蘇俄控制之彈藥及軍用物資,評價售讓中共使用 (7) 中國紅軍在東北局勢緊急時可取道北韓退入俄境, (8) 國軍隊對東北一旦發動兩棲登陸攻勢時,蘇俄軍隊應秘密協助中國紅軍作戰. (9) 蘇俄允許中國紅軍在北韓建立空軍訓練站. (10) 中共應對蘇俄提供有關國民黨及美軍在中國行動之情報. (11) 中共應以東北物資包括棉花大豆以及其他戰略物資,除去本地所需用者外,全部供應蘇俄. (12) 蘇俄協助中共奪取新疆的控制權. (13) 遼寧安東等省特別區域,劃歸北韓軍駐軍,將來適當時期併入朝鮮. 中共前與蘇聯簽訂之「哈爾濱協定」計獲得50萬部隊裝備,及林彪在黑龍江所訓練的40萬新軍武器 22日孫立人將軍擄獲共軍作戰手冊呈交蔣委員長.蔣如獲至寶,用以研究「剿共手冊」. 71軍88師奉命由四平街北進化解懷德包圍,突遇共軍伏擊,師長韓增棟重傷殉職 6月國務會議接受參政會和平建議,中共廣播答覆,拒絕商談. 蒙古騎兵侵入我新疆北塔山,我向蘇俄及外蒙提嚴重抗議. 政府派員至大連、旅順視察,市內軍、警、行政皆由中共軍把持. 11日共軍圍攻四平街. 熊式輝報告國防部,謂「迭次會戰,軍力消耗,損失甚重,既無增援,而補充物資亦不足,且屬太遲…共軍軍力增加甚速,相去懸殊…反攻力量不足,分點固守亦不易…前途有不堪設想者」「遼東、遼南門戶洞開」「四平街圍攻甚烈」共軍火力反較我軍為強. 14日共軍攻入四平街市區,與守軍陳明仁部隊發生惡戰,遼南本溪不守,營口被圍.30日共軍被擊退去. 25日軍委會改組成國防部,撤換原海軍總司令陳紹寬, 而參謀總長陳誠兼任海軍總司令,實際由桂永清以代總司令身分負責. 29日青年團與國民黨職權常有對立,決定「黨團合併」 四平街之戰是國共交戰以來,動員兵力最多,規模最大最慘烈的一次會戰.可謂為國共內戰分水嶺,71軍軍長陳明仁,轄87、88、91、54四個師為主. 北進兵團杜聿明兼轄146、93、53、K1、207共九個師為主並有砲12團. 南進兵團：潘裕昆之新一軍50、新38、新30三個師為主. 30日中共劉、鄧大軍強渡黃河

中華民國		紀元	干支	紀要
元首	年號			
蔣中正	**36**	**1947**	丁亥	政府將「高山族」改稱為「山地同胞」 2 日「蔣中正日記」一城一地之進退,須最高統帥核定,並不符大軍指揮原則,最高統帥部應決定各戰區任務,其執行,尤其第一線的進退,應由戰區;指揮官全權負責,最高統帥不宜直接指示. 將近兩年以,來國軍進剿行動,在最高統帥與戰區總司令及第一線指揮官之間,存有指揮權責不清問題. 4 日國民政府通過「全國總動員戡平共匪叛變方案」共軍則全面反攻. 美國總統杜魯門派魏德邁將軍為特別代表,訪問中國、與韓國. 5 日國民政府公布「戡亂總動員令」 9 日杜魯門總統和馬歇爾決定派魏德邁到中國評估情勢. 14 日國民政府宣布「全國總動員,戡平共黨叛亂.」 24 日熊式輝說「若無生力軍增加,未來之危險,將甚於前者…兵源糧源俱竭…四平解圍近一月,新兵只到 2,400 人…共軍已訓練之新兵,陸續西來…著著爭先」 共軍全面進攻,劉伯承部隊自冀南、魯西渡過黃河,進向魯、豫間的政府區. 政府軍則攻佔華東解放軍的根據地魯中南麻. 8 月蔣委員長巡視延安 政府派朱世明為對日和約代表團首席代表 魏德邁將軍來華考察回華府之前發表談話:嚴厲指責政府軍事措施與軍官腐敗、貪婪.謂中國復興有待於振奮人心的領導者,徹底的、廣泛的,實施政治經濟改革,武力斷不能消滅共產主義. 魏德邁他回到美國向杜魯門總統提出二點建議： (一)是置東北於中、美、俄、英、法五國監護之下,或受聯合國託管. (一) 是以五年為期,由美國給中國以經濟援助,切實改革,而不捲入內戰. 杜魯門、馬歇爾對魏德邁建議均不接受.國民政府對魏德邁此行,開初寄以厚望,終不免反感.蔣懷疑美國有意迫他引退. 劉伯承部穿過豫東、豫南,直抵豫、鄂間的大別山,武漢戒嚴. 自晉南渡河的陳賡部隊,進入豫西,深入豫西南. 魯南陳毅部住入豫、皖間的淮河,再迫徐州. 9 月熊式輝一再求去,中央以陳誠代之.裁撤保安司令部長部.陳誠意氣飛揚豪望,聲言不許共軍有第六次攻勢. 18 日宋子文任廣東省主席 20 日「蔣中正日記」時機是戰略重要因素,從歷史過程看,此時不力促與日和約簽定,是交戰略的失策：此時簽訂和約,必明定台灣回歸中華民國主權,則免在舊金山和約中被排擠,以及中日台北簽訂;的和約中,日方依舊金山和約,只宣布放棄台灣主權,成為台灣地位未定的藉口.蘇俄提出: 一. 俄參加對日和約如起衝突,必為美俄間衝突,則反共內 二. 戰必與美俄衝突合一,對我有利. 三. 縱不致使美俄直接衝突,俄又何能加害於我更甚於今日者? 四. 如於 1947 年俄不參加對日和約,對我不但無損,反有益.若如蔣公預言,遠東和平因之破裂,中國不能獨力當其衝.其實當時國內沒有和平,何能企求國際和平?而國內戰爭,俄國支持中共為主要因素. 共軍向魯東進攻 10 月毛澤東以人民解放軍總部的名義,發表宣言,號召聯合工、農、兵、學、商各被壓迫階級,各人民團體,各民主黨派,各少數民族,各華僑,組成民族統一戰線,打倒蔣的獨裁政府,逮捕應辦內戰罪犯. 重行頒布中共解放軍三大紀律,八項注意.另由中共中央公佈土地法大綱,鼓勵人民參政、參軍、參戰,支援前線. 國民政府發行「金圓券」200 元金圓券兌黃金一市兩,4 元金圓券兌 1 美元,2 元金

中華民國		紀元	干支	紀要
元首	年號			
蔣中正	**36**	**1947**	丁亥	圓券兌 1 銀元.因大量發行金圓券,斯時內戰混亂通貨澎脹,民心不安 7 日民盟杜斌丞在西安慘遭殺害 10 日中共頒布「中國土地法大綱」 1. 廢除封建性及半封性剝削的土地制度,實行耕者有其田的土地制度. 2. 廢除一切地主的土地所有權 3. 廢除一切祠堂、廟宇、寺院、學校、機關、及團體的土地所有權. 4. 廢除鄉村中在土地制度改革以前的債務 5. 鄉中一切地主的土地及公地,由鄉村農會接收,連同鄉村中其他一切土地,按鄉村全部人口,不分男女老幼,統一平均分配,土地數量上多補少,質量上抽肥補瘦,使全鄉村人民均獲得相同的土地,並歸各人所有. 6. 鄉村農民大會及其選出的委員會,鄉村無地少地的農民所組的貧農團大會及選出的委員會,區、縣、省等農民代表大會,及其選出的委員會,為改革土地制度的合法執行機關. 毛澤東提出「依靠貧農,鞏固地聯合中農,消滅地主階級和舊式富農;的封建的和半封建的剝削制度」的土地改革總路綫. 25 日李萬居創辦「公論報」 26 日浙江大學學生自治會主席于子三被非法逮捕,29 日慘死獄中. 27 日國民政府宣布民盟為非法團體,民盟總部被迫解散. 28 日「中國民主同盟」由沈鈞儒等在香港重新樹幟,宣言與中國共產黨和其他民主黨派合作. 30 日「關稅貿易總協定」在日內瓦簽約,中國作為締約國之一協約上簽字. 浙江大學學生自治會主席被捕自殺,學潮又起,然已不似五月的嚴重. 蘇俄莫斯科宣佈：蘇俄、南斯拉夫、羅馬尼亞、保加利亞、匈牙利、波蘭、捷克、義大利、法國等九國共產黨,成立情報局. 林彪對長春地區及遼西,發動秋季攻勢,截斷鐵路交通,政府軍損失頗巨. 聶榮臻部在河北保定大破政府軍 11.4.「中美友好通商航海條約」在南京簽訂 美國馬歇爾宣布自 948 年起,以三億美元貸與中國,每月二千萬元,似有安撫之意. 司徒雷登說:中國政府有解體的象徵,不能望蔣充任領袖,號召民眾,恢復軍隊作意志 12 日台灣民主自治同盟在香港成立 21 日邱清泉徐埠會戰失敗自戕.胡璉則脫出重圍來金門. 政府辦理行憲國民大會代表選舉,絕大多數當選者,屬於國民黨的 CC 系,落選的青年黨、民社黨人,有絕食抗議,以死相爭者.政府強國民黨人退讓,又引起內部滋鬧. 共軍佔領石家莊 12.1.美國馬歇爾想利用張群倒蔣,可見蔣、馬勢不兩立情結.唯張群為蔣至友,忠貞不二,不為所動. 4 日『蔣公日記』俞大維時任交通部長,他與馬歇爾及魏德邁(均留德)相處甚洽,有關軍事對美交涉,均由俞大維負責.俞大維精通英文、德文,且係曾文正公外曾孫,對中國傳統儒學思想,具深厚戰略修養,如國共內戰時任國防部長,會提出正確的戰略思維,大陸軍事抑或不致崩潰. 12 月衛立煌調東北剿匪總司令. 政府為統一華軍事機構,五省軍隊悉歸華北剿匪總部指揮. 行政府會議通過「地方自治通則」 毛澤東指出：目前形勢是革命戰爭的轉折點,是一百年來帝國主義在發展到消滅的轉折點,是一個偉大的事變.15 個月前,預計打倒政府軍需要五年左右的時間,現在認為勝利已經在握,為期不在遠.意氣豪放,有如 1926 年北伐軍底定湖南時的蔣總司令 中共中央重新發布黨在土地革命戰爭時期的兩個檔案

中華民國 元首	中華民國 年號	紀元	干支	紀要
蔣中正	**36**	**1947**	丁亥	(一) 怎樣分析階級 (二) 關於土地鬥爭中一些問題的決定.1848.1.將任弼時寫的「關於土地改革中一些問題的報告」、與鄧小平寫的「關於新區工作問題的報告」轉發各地方政府及黨的基層機構 25 日國民政府公佈「中華民國憲法」. 國民政府公布「戡亂時期危害國家緊急治罪條例」 毛澤東在「目前形勢和我們的任務」提出十大軍事原則. 政府召回陳誠,以衛立煌為「東北剿匪總司令」 共軍劉伯承、陳毅、陳賡部隊佔領河南許昌等城市. 陝西彭德懷攻下延安以南各城.晉南賀龍部攻下運城. 蘇貞昌(1947.7.28.-)台灣屏東縣人,民主黨人,曾任屏東、台北縣長,行政院長,陳水扁總統府秘書長 林懷民(1947.2.19.-)台灣嘉義人,美國密蘇里大學新聞系碩士,愛荷華大學藝術碩士,創設現代舞「雲門舞集」揚名世界,全國十大傑出青年之一.獲香港演藝學院榮譽院士,亞洲諾貝爾獎,亞洲藝術家終生成就獎.在世界各國演出,盛名遠揚.

中華民國		紀元	干支	紀要
元首	年號			
蔣中正	**37**	**1948**	戊子	1.1. 中國國民黨革命委員會在香港成立.宋慶齡為榮譽主席,李濟涤為民革執行委員會主席,抨擊蔣介石是三民主義叛徒,是中華民族歷史最大罪人,把倒蔣和反帝作為民革的任務,通過「行動綱領」和「告本黨同志書」等文件. 中華民國開始實施憲政,正式進入民主憲政時代,還政於民,. 毛澤東揚言組織「亞洲共產國際」 香港政府下令拆除九龍城民房,激起民眾遊行示威 政府設立「東北剿匪總司令部」任命陳誠為剿匪總司令 全國各地同時投票選舉中華民國立法院第一屆立法委員 行政院決定各省設置保安司令部 7 日新五軍在瀋陽公主屯被共軍殲滅,軍長陳林達被俘. 49 軍 79 師在彰武,26 師在新立屯先後被殲 10 日蔣總統在瀋陽召集剿總司令陳誠、及師長以上「軍事會議」消除臨陣將帥不用命現象,及軍隊間嫌隙各執己見不合作情形,嚴肅軍紀統一指揮作戰.蔣總統加重語氣說「就整個局勢而言,我們無可諱言的是處處受制,著著失敗.萬一這次不能打出去,那麼來生再見」 政府作戰改採「分區防禦戰略」黃河以南分為 20 個綏靖區,時陳誠在東北飛揚跋扈,排除異己,不少國軍高級將領及政界人士,極度不滿,陳誠措施失當.前有「失業將領在南京紫金山國父孫中山靈前哭靈」,後有「立下遺囑血戰四平街 71 軍軍長陳明仁,剛因戰功獲頒青天白日勳章,隨即陳誠郤給撤職查辦處分」前後矛盾.國民大會紛紛要求法辦陳誠「殺陳誠以謝國人」 11 日東北行轅改組為東北剿共總令部, 陳誠調職,衛立煌任總司令. 21 日蔣中正總統宣佈引退,由副總統李宗仁代行總統職權. 在香港成立「國民黨革命委員會」主席李濟琛, 中央常務委員譚平山、何香凝、蔡廷鍇等,反對國民政府,反對美國干涉中國內政. 民主同盟在香港召開一屆三中全會,嚴厲譴責被迫害解散民主同盟組織 30 日印度甘地被刺身亡 傅作義在北平西南的淶水潰退. 上海同濟大學學生為反對開除學生,毆打上海市長. 2 月民主同盟逃香港份子附和中共,參加叛亂. 25 日中共頒布「關于新區土改要點的規定」九點原則. 28 日廖文毅、廖文奎在日本組織「台灣留學生會」 共軍佔遼陽、鞍山 上海舞廳舞女及職工為反對禁舞,搗毀上海市政府社會局,三百餘人被捕. 申新紗廠工人為工資問題佔據工廠,二百餘人被捕. 3 月國民政府以四億美元資產,交由中央銀行作為準備金,以穩定法幣價值. 8 日蔣總統下令將台灣的保安旅改為警備旅. 28 日國民政府召開行憲國民大會,蔣中正當選總統,覬覦副總統者多達六人,相爭不下經四次投票.李宗仁得償宿願.行政院長翁文灝,立法院正副院長科科、陳立夫. 劉伯承、陳毅、陳,賡部隊,縱橫豫中及豫、鄂之間. 共軍佔四平街、永吉. 胡宗南部隊在陝西宜川潰敗 4.2.美國參、眾兩院聯席會議通過「1948 年援華法案」4.63 億美元. 國民政府頒布「特種刑事法組織條例」與「特種刑事法庭審判條例」 5 日陳賡佔領洛陽 12 日台灣實施「三七五減租」 共軍又奪回延安,彭德懷進軍至涇水、渭水之間. 16 日蔣中正當選總統,覬覦副總統者有孫科、于右任、李宗仁、程潛、莫德惠、徐傅霖六人,紛爭不已,最後由李宗仁獲選.5.1.國民代表大會閉幕,5.20.總統副總統就職. 胡宗南於四月十六日主動放棄延安,共軍攻占寶雞.

中華民國		紀元	干支	紀要
元首	年號			
蔣中正	**37**	**1948**	戊子	19 日國民大會選舉總統,蔣中正以 2,430 票當選中華民國第一任總統.
				22 日延安又為解放軍攻克.
				29 日國民大會副總統選舉,李宗仁以 1,438 票較多數當選.
				「中華民國總工會」成立
				北平一部份學生為抗議解散學生聯合會,罷課遊行,另一部份學生則反罷課遊行.
				5.1.「五一勞動節」中共要求國民政府迅速召開新政治協商會議,成立民主聯合政府.
				8 日第一屆立法院集會,選舉孫科為院長,陳立夫為副院長.
				10 日國民政府公布「動員戡亂時期憲法臨時條款」
				12 日陳誠辭卸參謀總長職務,改由顧祝同接任.
				20 日蔣中正宣誓就任中華民國第一任總統.
				24 日翁文灝被任命為中華民國第一任行政院長.
				上海、南京、北平,街頭出現張貼污辱蔣中正總統漫畫.
				4 月中華民國正副總統選舉,李宗仁當選副總統.
				5 月原任國防部長白崇禧改調華中剿匪總司令,將「華中」一分為二:「華中戰區剿匪總司令白崇禧」「徐州戰區剿匪總司令劉峙」失去「守江必守淮」戰略價值,白犯顏向蔣諫陳「指揮權割裂」「中原大軍分割使用,將來必敗無疑大忌」未蒙採納
				6 月于右任當選監察院長,劉哲為副院長.
				提名王寵惠為司法院長、石志泉為副院長、張伯苓為考試院長、賈景德為副院長,均獲監察院投票同意.
				14 日蔣總統以軍事接連失敗,不得不將反共根據地建立於東南沿海了.
				15 日中共機關報「人民日報」創刊
				18 日劉伯承、陳毅攻入河南開封
				22 日豫東黃氾區會戰,開封陷落,66 師師長李仲莘陣亡
				美國駐華大使司徒雷登發表警告,倘繼續進行反美運動,可能導致不幸結果.
				7.3.中美簽訂「經濟援華協定」
				10 日蔣中正總裁應邀赴菲律賓訪問.
				中美成立雙邊協定,協助我國推行自助計劃
				中共成立「財政經濟部」任弼時任部長　山東兗州、湖北襄陽先後陷入共軍.
				美國成立援華運用委員會(Council on U.S. Aid)經濟援助一億七千五百萬美元,特別贈予(軍事援助)一億二千五百萬美元.
				陳毅攻佔山東兗州,陳賡攻佔湖北襄陽.閻錫山軍在晉中敗退,太原被圍.山東除了濟南、青島、煙台等城,東北除了長奉、瀋陽、錦州,幾盡為解放軍佔領.
				北平流亡學生,搗毀市議會,學生死九人,軍警死二人,北平戒嚴.
				8.5.中美在南京簽字成立「中國農村復興委員會」
				6 日蔣中正總統應邀訪問韓國.
				15 日大韓民國成立,李承晚任總統. 我國立即宣布承認大韓民國政府
				19 日頒佈「財政經濟緊急處分令」發行「**金圓券**」:
				(1)即日起發行金元券以代替法幣和東北流動券.金元券每元兌換法幣 300 萬元,東北流通券 30 萬元.發行總額為 20 億元.
				(2)限期收兌人民所有黃金、白銀、銀幣、和外匯.規定黃金、白銀、和外幣禁止在國內流通、買賣、或持有.黃金每市兩兌金元券 200 元,白銀每市兩兌金元券 3 元.銀幣每元兌金元券 2 元.美金每元兌金元券 4 元.除中央銀行外,其他銀行不得收兌或保管黃金、白銀、或外幣.
				(3)限期登記管理本國人民存放國外之外匯資產.規定所有中國人(華僑除外)均應於 1948.12.31.前向中央銀行申請報備登記外匯資產數量,並移存中央銀行保管.
				(4)整理財政並加強管理經濟.規定全國各地各種物品及勞務價格,應照 948.8.19.各該地價格,依兌換率折合金元券出售.由當地主管官署嚴格監督執行.在上海等都市實

中華民國		紀元	干支	紀要
元首	年號			
蔣中正	**37**	**1948**	戊子	行倉庫檢查,並登記其進出貨品.自金元券發行之起,所有按生活指數發給薪金辦法一律廢止.禁止封鎖工廠、罷工、怠工.上海和天證券交易所暫停營業. 1949 年 7 月 3 日發行「銀圓券」取代「金圓券」 23 日〔蔣委員長日記〕此際已體認到消滅中共為不可能,而以自力更生為生存之道的根本思維.縮短戰線,集中兵力,以期不能破敵,應求全軍之道. 司徒雷登建議美國務院設法使國、共停戰,劃分中國為若干地區,採聯邦制. 河南、山東流亡學生滋事大鬧教育部、行政院. 華北聯合大學與北方大學合併為「華北大學」吳玉章、范文瀾分任;正副校長. 9.1.台灣解放同盟廖文毅等向聯合國請願「託管台灣」 8~13 日中共在平山縣西柏坡村召開政治局會議. 9 日香港「文滙報」創刊 朝鮮民主主義人民共和國成立,金日成任首相 10 日蔣委員長約劉斐(為章)談剿共戰略. 劉斐 1898 年生,湖南醴陵人,西江講武堂及日本陸軍大學第六期,桂系將領. 根據中共資料,劉斐任廣州大本營中校副官時,秘密加入共產黨.潛伏國軍,一直升任中將作戰參謀次長,一切軍事戰略及軍事行動,隨即先期通知中共,國軍安能不敗. 9.12.~11.2.「遼瀋戰役」衛立煌指揮的國軍損失 47.2 萬人東野戰軍傷亡 6.9 萬人. 16~24 日山東濟南之役歷時 8 天,國軍損失 10.4 萬人.吳化文(曾為韓復渠舊屬,曾投降偽軍,戰後編入政府軍,頗受岐視)全師二萬餘人不戰而降. 山東省主席王耀武以下六萬餘人被俘,為政府的一次重大挫敗. 23~25 日中央研究院首次院士會議在南京召開. 26 日衛立煌任東北剿共總司令,並無一套戰略思想與主張,唯命是從.(東北行轅主任第一任熊式輝,第二任陳誠,第三任改為東北剿共總令部) 27 日王耀武失職指揮不當濟南失守,王耀武黃埔三期,抗戰期間任 73 軍軍長,防守湘西.後任第三方面軍司令(第一方面軍盧漢、第二方面軍張發奎、第四方面軍湯恩伯) 30 日收兌法幣及東北流通券.金元一元折合法幣三百萬元,東北流通券三十萬元金元二元折合銀幣一元,金元四元折合美鈔一元. 人民不得持有黃金、銀幣、白銀、外幣,均須於 12 月 31 日前兌換金圓券,並限期登記人民存放國外之外匯資產,所有物價以 8 月 19 日為準. 10.1 成立「中國農村復興委員會」 6 日中共成立「華北財經委員會」董必武任主任 15 日下午六時錦州被共軍攻陷, 19 日新七軍投共 16 日共軍佔領錦州,滇軍兩師叛變.東北剿匪副司令范漢傑以下七萬人被俘. 19 日長春失守,滇軍一個軍叛變. 21 日東北剿匪副總司令鄭洞國以下六萬餘人投降. 26 日金門大捷,殲滅來犯中共兩萬餘人. 「徐蚌會戰」(中共稱淮海戰役):共軍陳毅、劉伯承的華東中原兩野戰軍約 60 萬人,民兵 200 餘萬人.政府軍劉峙任徐州「剿匪」總司令杜聿明副司令指揮,以邱清泉、黃伯韜、黃維三個兵團為主力.11.6.戰鬥開始,共軍以「圍點打援」戰術,阻擊邱清泉兵團,國軍潰敗 11.22.黃伯韜自戕,11.30.放棄徐州,12.15.黃維部被殲.1949.1.10.杜聿明被俘,邱清泉自殺.損失慘重,喪失主要軍力. 27 日廖耀湘兵團被圍.衛立煌出走. 28 日國軍第九兵團司令廖耀湘、49 軍軍長鄭庭笈、新六軍軍長李濤、71 軍軍長向鳳武、許萬壽旅長等多名高級將領被中共俘獲. 30 日「瀋陽決戰」為蔣委員長個人的意志和決心,對軍、師長曾有不同意見未被採納,為一重大戰略錯誤.大勢已去,無力回天.

中華民國		紀元	干支	紀要
元首	年號			
蔣中正	**37**	**1948**	戊子	東北剿匪總司令衛立煌(云蔣總統手諭著衛立煌即刻下葫蘆島指揮)、東北剿總參謀長趙家驤、政委會副主席高惜冰、安東省主席董彥平、遼寧省主席王鐵漢、瀋陽市長董文琦、新編第一軍軍長潘裕昆、新編第三軍軍長龍天武、及隨行人員,由東塔機場乘飛機潛離. 衛立煌臨走留下一道命令「本總司令外出期間,所有在瀋陽的黨政軍事宜,完全由第八兵團司令周福成負責處理」 31 日政府放棄限價政策,糧食照市價交易,自由運銷紗布、煤、鹽、及其他日用品,由政府核本定價.但當時物價波動起伏太大,市場都難買到米精. 11.1.中共統一中國人民解放軍組織序列,分為野戰部隊、地方部隊、游擊部隊. 瀋陽在無組織沒有抵抗混亂情況下,共軍幾乎未鳴一槍,由北關長驅直入到達市區中心,瀋陽失落,周福成被俘. 翁文灝辭去行政院長職務,由孫科繼任院長,吳鐵城任副院長. 2 日遼瀋戰役結束 共軍重新編組：西北、中原、華東、華北、東北五個野戰軍分由彭德懷、劉伯承、陳毅、聶榮臻、林彪分任司令員,全部兵力超出三百萬人. 4~9 日國軍由葫蘆島大撤退,運走十多萬部隊及大量軍用物資 1948.11.6.~1949.1 月「徐蚌會戰」國共內戰最後勝負的決戰,為戰略上的失策,事先臚陳未蒙接納,而終被白崇禧言中,苦嚐歷史上最慘痛的戰果,國軍折損兵折將六十萬大軍,大傷元氣. 共軍即將渡江,南京不保,白崇禧連續致電蔣中正總統「亥敬、亥全」兩封電報: 「當今之勢,戰既不易,和亦困難,顧念時間迫促,稍縱即逝,鄙意似應迅速將謀和誠意轉告友邦,公之國人,使外力支持和平,民眾擁護和平.對方如果接受,藉此擺脫困境,創造新機,誠一舉兩利也.時不我與,懇請趁早英斷為禱.」 11 日政府准予人民持有金、銀、外幣,銀幣流通,金圓券存款兌換金、銀、黃金,每兩兌換金圓券一千元,白銀每兩兌換十五元,美鈔一元兌換金圓券三十元 金圓券發行不到三個月完全失敗.前此以金、銀外兌換金圓券的守法良民,為之破產,人民對政府失去信心,怨聲載道,加速大局崩潰. 13 日中央政治會議秘書長陳佈雷於南京自殺身亡. 22 日黃百韜被圍,向邱清泉求援不遂,全軍覆沒,黃伯韜被俘,拔槍自戕而死. 24 日蔣中正與蔣經國父子談時局,深感黨、政、軍幹部自私、無能、散漫、腐敗,已經不可救藥,如欲復興民族,重振旗鼓,必須捨現有基礎,「縮小範圍」,另外選擇一個「單純環境」,進行根本改造,另起爐灶. 『蔣公日記』寫下沉痛的話語「若要復興民族,重振革命旗鼓,能捨棄現有績業,另選單純環境,縮小範圍,根本改造,另起爐灶不為功,現局之成,敗不以為意矣.」 原駐湖南衡陽的葛先才部調往台灣. 28 日蔣宋美齡夫人飛美,商洽美援事宜. 30 日政府軍放棄徐州,劉峙南撤蚌埠,邱清泉、杜聿明退蘇豫,謀解救黃維被圍不果. 將海、空、聯勤各部遷粵,將陸軍大學和機械化部隊遷台 12.1.上海外灘全面戒備,從中國銀行搬出黃金經中山路直駛黃浦江「海星輪」開始將黃金運往台灣,總計約 464.9 萬兩,銀元 3,526.9 萬元這是國民政府渡過危險局面,穩定日後在台灣發行「新台幣」基金. 註：一. 資料來自中央銀行、大溪檔案、中國時報(2011.3.28.A5 版)、楊天石著「找尋真實的蔣介石(運台黃金約 700 萬兩)」等資料. 二. 黃金記載數字各有出入不同. 三. 其中 99 萬兩大部份用於國共內戰未能運來台灣,實際運台黃金約 260 萬兩. 四. 該批黃金現仍存放在臺北縣新店區新烏路「新園」日夜有軍警駐防看守.

中華民國 元首	中華民國 年號	紀元	干支	紀要
蔣中正	37	1948	戊子	運送台灣黃金數量、時間、及運送方式統計

次數	時間	起訖點	黃金(萬兩)	運送方式
1	1948.12.1	上海-基隆	260.4	海星輪
2	1949.1.1.	上海-廈門	57.3	海星輪、錫麟輪
3	1949.1~2.	上海-廈門	90.(99)	中基艦(艦長馮啟聰)
4	1949.2.7~9.	上海-台灣	60.0	中國航空、軍機
5	1949.5.19~6.5.	上海-台灣	19.5	軍艦
6			38.0	美國運台
7	1949.8.22	美國-台灣		大溪檔案 9.9 萬兩
8	1949.8.30.	美國-台灣		大溪檔案 9.9 萬兩
合計			525.2	數字記載各有出入

共軍隊改組為西北、中原、華東、東北四個野戰軍改稱第一、二、三、四野戰軍.

3 日江亞輪在上海觸水雷沉沒,遇難者逾三千人

4 日將原駐廣東的 154 師調往台灣.

7 日國民政府播遷台灣,孫科在南京被任命中華民國第 2 任行政院長.

9 日決定修金門、馬祖要塞

10 日聯合國通過「世界人權宣言」

21 日空軍 B24 轟炸機副駕駛三人叛逃,是空軍第一次叛逃的人員.

23 日司徒雷登續向國務院明白表示,可否請蔣退休,讓李宗仁或其他政治領袖領導繼續與共軍作戰,或停戰言和.馬歇爾仍主暫不過問.

抗日戰爭日本侵華東條英機等七人戰犯被判處死刑.

日本罪大惡極侵華甲級戰犯東條英機、土肥原賢二、廣田弘毅、板垣征四郎、木村兵太郎、松井石根、武藤章等七人,被遠東國際軍事法庭在東京巢鴨監獄執行絞刑.

24 日中國向聯合國提出「控告蘇俄違反中蘇條約侵華案」

白崇禧致蔣介石總統電報,要蔣迅速作對外、對內和談的布署,驅蔣態勢,咄咄逼人.緊接著,影響湖南長沙綏靖住任程潛、河南省政府主席張軫直接提出,要求「總統毅然下野」(摘自中共地下黨現形記第二輯第 111 頁)

25 日華中剿匪總司令白崇禧、湖南省主席程潛電請政府與中共和談,程潛並要求蔣總統下野.繼有河南省主席張軫、湖南、湖北、河南、廣西四省參議會議長,也通電要求蔣總統下野,俾便與中共和談.白崇禧、李宗仁主張和談.

中共宣布蔣中正以下 43 人為戰犯.

中共與莫斯科簽定「莫斯科協定」:

(1) 中國領土內的礦權,應優先給予蘇俄開採.

(2) 蘇俄有權在東北與新疆駐紮軍隊.

(3) 如果第三次世界大戰爆發時,中國紅軍應依靠蘇俄軍隊作戰.

(4) 蘇俄承擔建立蘇俄與中共聯合的空軍力量.

(5) 中共擴大組織,遠東共黨情報局設於中國.

(6) 如果歐洲發生包含蘇俄在內的戰爭,中共應派遣遠征軍十萬人及勞工一百萬人,支援蘇從事戰爭.

(7) 蘇俄允諾儘速裝備並訓練中國紅軍 11 個師.

這個協定簽字後,蘇俄即將美國二次大戰期中援助它的 103 億美元武器多運入東北送交中共,林彪即因此有整師的砲兵和坦克部隊

中華民國		紀元	干支	紀　要
元首	年號			
蔣中正	**37**	**1948**	戊子	25~28 日中共在陝北米脂縣楊家溝召開會議,毛澤東提出十大軍事原則： (1) 先打分散孤立之敵,後打集中和強大之敵. (2) 先取小城市、中等城市和廣大鄉村,後取大城市. (3) 以殲滅敵人有生力量為主要目標,不以保守或奪取城市或地方為主要目標.保守或奪取城市或地方,消滅敵人有生力量的結果,往往需要多次才能最後地保守或奪取之. (4) 每戰集中絕對優勢兵力一兩倍、三倍、四倍、有時甚至五倍、或六倍於敵之兵力,四面包圍敵人,力使全殲,不使漏網.在特殊情況下,則採取給敵以殲滅性打擊的方法,力求避免打那種得不償失的或得失相當的消耗戰. (5) 不打無準備之戰,不打無把握之戰. (6) 發揚勇敢戰鬥,不惜犧牲和連續作戰的作風. (7) 力求在運動中殲滅敵人.注重陣地遊擊戰術,爭取敵人的據點和城市. (8) 在攻戰問題上,一切敵人守備薄弱的地方或城市,堅決奪取之.一切敵人有中等程度的守備,而環境又許可加以奪取的據點和城市,相機奪取之.一切敵人守備強固的據點和城市,則等候條件成熟後奪取之. (9) 以俘敵人的全部武裝和大部人員補充自己.我軍力的來源主要在前線 (10) 善於利用兩個戰役的間隙,休息和整訓部隊. 白崇禧扣留長江船輸運,阻止中央部隊第二軍調往南京. 29 日任命陳誠為臺灣省政府主席. 30 日白崇禧又發出電報給蔣總統,逼蔣接受和談,否則他即採取以下三個措施： (摘自中共地下黨現形記第二輯第 111 頁) 1. 把華中所有軍隊全部交由李濟深指揮· 2. 1949 年 1 月 1 日起，華中地區停止使用金圓券· 3. 凡從重慶東運來的武器彈藥也將在武漢截留· 因而 1950 年 1 月 21 日致使蔣介石總統被迫宣布「引退」,由李宗仁代理總統. 1950 年 1 月 23 日蔣回到奉化溪口。 毛澤東稱蔣的元旦文告為「戰犯求和書」決心革命到底,將美帝逐出中國. 31 日俞鴻鈞向蔣總統報告:「國庫庫存黃金」已悉數運往台灣黃金 2,004,459.市兩、銀圓 1,000 箱(合美金 400 萬元).空運來台黃金未有記載,前中央信託局賀肇笏副局長即將押解 5 架飛機來台,在香港啓德機場待命.一星期之中一架飛美,復從美國運回台灣約 38 萬兩(據吳興鏞金檔案記載),四架飛臺北(黃金數量不詳),其他由峨嵋等軍艦運來台灣黃金數量則不明. 美國對中共軍力大肆擴張視而不見,反而強迫國民政府要改組政府組織形態,美援少而責難多,袖手旁觀,終使國民政府實力與聲望每況愈下,不僅喪失了與中共軍事對抗的力量,也喪失了與中共談和的條件. 國共內戰,其實是一場國際性的戰爭,中共不斷將國家權益讓與蘇俄,蘇俄則不斷給予中共武器裝備與外交支援.不僅將得自日本的武器轉交給中共,且提供運輸和顧問,煽動日軍戰俘攜械加入共軍對抗國軍. 翁啟惠(1948.8.3.-)台灣嘉義人,美國麻省理工學院博士,長於生物化學,尤對醣蛋白有特別研究貢獻社會,獲國際沃爾夫化學奬,曾任中央研院長. 游錫堃(1948.4.25.-)台灣宜蘭縣人,東海大學畢業,曾任省議員,宜蘭縣長,行政院長,民進黨主席.

中華民國 元首	中華民國 年號	紀元	干支	紀要
蔣中正	**38**	**1949**	己丑	1949年是中華民國國民政府在大陸完全崩潰瓦解的一年,大好河山易手,國民黨播遷台灣,老百姓紛紛逃難,或遠逸海外,海峽兩岸形成對峙. 1.1. 蔣總統發表「元旦文告」呼籲和平,相忍為國.團拜後,他約副總統李宗仁談話,表示自己「不能再幹下去了.」 毛澤東發表「將革命進行到底」新年獻詞 中共成立「全國新民主主義青年團」 白崇禧要求蔣總統辭職 3日中共透過廣播「拒絕和平呼籲」 4 日蔣總統察覺國勢蜩螗,大局一時難以挽回,竭盡心智,及早部署以台灣為最後基地,寄望將來扭轉乾坤,不顧自己身譽,決心下野.「御駕」親臨傅厚崗李宗仁官邸,登門拜訪李宗仁,商談引退事宜. 5日任命陳誠為台灣省政府主席 美駐華大使司徒雷登**(John Leighton Stuart)**的私人顧問傅涇波拜訪李宗仁「美駐華軍事代表團長巴大維**(David Barrentt)**將軍聞悉蔣總統有放棄大陸經營台灣計劃司徒雷登大使願知道李宗仁將軍的看法和意見」 6日中共華東野戰軍向杜聿明軍隊發動圍攻, 8日蔣總統派吳鐵城、黃紹竑在香港與中共和談,中共無意議和,卻要求國民政府投降. 外交部照會美、英、俄、法大使,期盼協助和談. 蔣總統命各將領勿因和平談判而誤放鬆抵抗. 白崇禧亦聲明,「應備戰以求和,勿求和而忘戰.」 11 日杜聿明部自 12 月 7 日在陳官莊被圍已一個月,五百萬民工挖壕溝困守,軍民眷屬,全賴空中補給維生. 孫元良、李彌部隊先後潰敗,幸兩人均突圍脫險, 戰爭失利,邱清泉自戕,杜聿明被俘 中共稱之「淮海戰役」,政府稱之「徐蚌會戰」大決戰,政府軍慘敗,損失 40 餘萬人. 14日中共提出八項荒謬逼降條件： (1)政府應即下令停戰. (2)廢止現行憲法. (3)成立民主聯合政府 (4)懲辦戰爭罪犯 (5)施行土地改革 (6)取消中美間的條約 (7)立即召開包括各黨各黨派的新政協會議 (8)釋放全國政治犯 15日中共發出「關于接收官僚資本企業的指示」 17日俞鴻鈞負責將大陸外匯、黃金、白銀搶運台灣. 朱紹良調任福建省主席. 19日美、英、俄、法四國謝絕幹旋. 行政院請中共先無條件停戰,再進行和談. 傅作義與中共達成「北平和平解放協議」中共不費一槍一彈進入北平. 21日蔣中正總統發表「引退」文告,宣佈相忍為國,自中華民國卅八年元月廿一日下野,由副總統李宗仁「代行總統職務」.同日下午,乘飛機去杭州 22日回到浙江奉化溪口,住在母親王采玉墓旁的慈庵裡 「李宗仁回憶錄」 1 月 21 日上午十時許,蔣中正先生召集在南京黨政軍高級人員在其官邸舉行緊急會議,與會人員黯然無聲,氣氛極為沉重.蔣先生聲音低沉,無限感傷,宣佈引退,回浙江溪口故居,由李宗仁副總統代行總統職權.

中華民國		紀元	干支	紀要
元首	年號			
蔣中正	**38**	**1949**	己丑	眾人聞言黯然流淚,谷正綱、陳慶雲、何浩若、洪友蘭、張道藩等,失聲痛哭,全場空氣萬分哀痛.CC 系少壯派社會部部長谷正綱,忽然忍淚起立大聲疾呼說「總裁不應退休,應繼續領導和共產黨作戰到底」. 蔣先生低沉語調說「事實已不可能,我已作此決定了」 隨即自衣袋裡掏出一紙已經擬好的文件,告訴我(李宗仁)說:「我今天就離開南京,你(李宗仁)立刻就職視事.這裡是一項我替你擬好的文告,你就來簽個字吧」. 在哀傷氣氛中,我不得不慷慨赴義似的,不假思索在「文告」上簽了名字.事後由張群轉交我(李宗仁)過目： 中正自元旦發表文告,倡導和平以來,全國同聲響應,一致擁護.乃時逾兼旬,戰事仍然未止,和平之目的不能達到,人民之塗炭曷其有極.為冀感格共黨,解人民倒懸於萬一,爰特依據中華民國憲法第 49 條「總統因故不能視事時,由副總統代行其職權」之規定,於本月廿一日起,由李副總統代行總統職權.務望全國軍民暨各級政府,共矢精誠,同心一德,翊贊李副總統,一致協力,促成永久之和平.中正畢生從事國民革命,服膺三民主義,自十五年由廣州北伐,以至完成統一,無時不以保衛民族,實現民主,康濟民生為職志,同時即認定必須確保和平,而後一切政治、經濟之改進,始有鞏固之基礎.故先後二十餘年,祇有對抗日本之戰堅持到底,此外對內有時不得已而用兵,均不惜個人犧牲一切,忍讓為國,往事斑斑,世所共見.假令共黨果能由此覺悟,罷戰言和,拯救人民於水火,保持國家之元氣,使領土主權克臻完整,歷史文化與社會秩序不受摧殘,人民生活與自由權秉確有保障,在此原則之下,以致和平之功,此固中正馨香祝禱以求者也。 事後李宗仁細看全文，覺得其文中有幾點不妥說:如不修正不可發表： 1. 文中無「引退」、「辭職」等字樣.21 日以後蔣先生究係何種身份.須在「於　本月廿一日起」一句之前,加「決身先引退」五字. 2. 蔣先生在離職前一再要我「繼任」絕未提到「代行」二字.根據憲法,今蔣總統不是「因故不能視事」,他是「辭職不再視事」. 2. 因之,副總統便不是「代行」,而是如蔣先生親口所說的「繼任」,所以我(李宗仁)主張將「於本月廿一日起由李副總統代行總統職權」一句改為「於本月廿一日起由李副總統繼任執行總統職權」 李宗仁把吳忠信、張治中、王寵惠找來談話說,我認為總統退職文告,如不經修正,決不發表.經張群以電話與蔣先生連絡,可遵照李副總統的意思修改文告,熟知次日早晨各報所登文告竟然仍是未修改前的舊稿. 這時我亦看到蔣先生替我(李宗仁)代擬的文告內容全文： 總統蔣公軫念國家之艱危．顧恤人民之痛苦．促成和平之早日實現．決然引退．宗仁依據中華民國憲法第 49 條之規定,代行總統職權,自揣庸愚,膺茲重任,曷勝惶恐.惟是宗仁追隨總統致力革命二十餘年,深知其處事持躬,悉以國家人民為重,而對於個人之進退出處,嚴謹光明,心志既決,不可移易.宗仁仰承督責,不容辭謝,惟有黽勉將事,效忠國家,冀使中樞之政務不墜,而總統救國救民之志業有成.所望我全體軍民抒誠合作,文武官吏各安職守,精誠團結,一德同心,本和平建國之方針,為民主自由而努力,國家民族實利賴之。 李宗仁細讀兩項文告,覺得蔣先生之為人,至此危急存亡之關頭,仍不忘權詐,一意把我作木偶任他把弄.最氣憤的是,廿一日晚間,吳忠信竟以國民政府祕書長的名義,照上兩項文告的原義,通令全國各級軍政和民意機關知照.通令上蓋有總統的大印,而我李宗仁這位總統竟一無所知.事情發展至此,我才了解,一切都已由蔣先生事先安排好了. 我(李宗仁)名不正,便不就職.許多國大代表和立法委員都為我(李宗仁)抱不平,紛紛要我(李宗仁)「速正大位」,不要做「代理總統」.白崇禧也打電話說出劉邦告訴韓信的老話「要做就做真皇帝,絕不要做假皇帝」。 蔣先生引退回到溪口，在故里建立七座電台,隨時可以指揮,一兵一卒調動,均完全聽命於蔣先生.對軍政大事控制嚴密.

中華民國		紀元	干支	紀要
元首	年號			
蔣中正	**38**	**1949**	己丑	李宗仁要求釋放張學良、楊虎城,和自台北提運金鈔回京等事,蔣先生卻又推託說,下野之人,不干預軍國大事,把責任推到陳誠頭上.但我(李宗仁)給陳誠的命令,蔣又授意陳誠置之不理. 蔣先生下野同日,手令提取中國銀行美金一千萬元,匯交當時在美國的軍購料委員會主任毛邦初,囑毛將該款以及毛氏手上的餘款,悉數自紐約中國銀行提出,改以毛氏私人名義存入美國銀行. 中共渡江前,李宗仁召開國防部「長江江防緊急會議」概要： 1. 事前由國防部作戰廳廳長蔡文治中將擬就〔守江計劃〕開會時提出討論 2. 江防主力應自南京向上下游延伸.因為這一段長江江面較狹窄,北岸支流多,共軍所徵集預備渡江的民船,多藏於這些河灣之內.至於江陰以下之長江江面極為寬闊,江北又無支流,共軍不易偷渡,可以不必用重兵防守.此一方案,何應欽、顧祝同、和我(李宗仁)都認為十分妥洽. 3 京滬衛戍總司令湯恩伯卻大不以為然,聲言這方案大違背總裁意旨.而應將江防軍主力集中於江陰以下,以上海為據點集中防守.至於江南下游,只留少數部隊以為應付,簡言之,便守上海而不守長江. 4. 蔡文治認為這是自殺政策,在戰略及戰術上均為下策.時湯恩伯為江防總司令,湯堅持守據點的計劃,並說「這是總裁的方案,我必須執行.」 5. 蔡文治說「就戰略、戰術來看,我想不論中外軍事家都不會認為放棄長江而守上海是正確的.現在代總統、何院長、顧參謀總長都同意我們作戰的方案,為什麼你獨持異議?」 6. 湯恩伯說「我不管別人,總裁吩咐怎麼做,便怎麼辦!」 蔡說「總裁已經下野了,你還拿大帽子來壓人,違抗參謀總長的作戰計劃,如果敵人過江,你能守得住上海嗎?」 7. 湯恩伯此時血脈僨張,完全失去常態,頓然把桌子一拍,大聲嘶吼道「你蔡文治是什麼東西?什麼守江不守江,我搶斃你再說」說著,把文件一推散落地上,衝出會場,揚長而去. 8. 蔡文治氣呼呼地把文件從地上檢起來說:「這還能幹下去?我辭職了！」 9. 我(李宗仁)望著何應欽、顧祝同二人說「這局面如何收拾」.何、顧二人也苦笑說「老總不答應,那又有什麼辦法,只有讓他垮呵!」所謂「老總」就是指蔣先生. 22日李宗仁代總統視事,認為三項緊迫眉睫任務： 1. 為著結束內戰,誠心同共產黨人舉行談判,以求和解. 2. 阻止共產黨人渡過長江,以求得體面的和平. 3. 尋求美援,以制止通貨澎脹. 李宗仁電邀李濟深、章伯器、張東蓀等,共同策動和平談判.邀請宋慶齡、黃炎培、張瀾等贊助和談. 對和平協商擬具五項措施： (1) 取消全國戒嚴令. (2) 用以對付政治犯之特種刑庭即予解散. (3) 釋放一切政治犯 (4) 取消管制報紙及定期刊物之法例. (5) 以中共所提八項和平條件為談判基礎. 「李宗仁回憶錄五個和談要點」: 1. 政府同意通過攻治方法解決一切國家問題. 2. 各方指派正式代表團,立即恢復和談. 3. 和談時期停止一切軍事行動 4. 今後國家重建工作按下列原進行,即組成民主政府、平均分配財富、軍隊國有化、全體人民自由生活. 5. 今後與外國的事務,按照民族平等,互相有利的原則進行.

中華民國		紀元	干支	紀要
元首	年號			
蔣中正	**38**	**1949**	己丑	李濟深、沈鈞儒、郭沫若、譚平山等 55 人聯名發表「對時局的意見」人民民主陣營之內,決無反對派立足之餘地,亦決不容許有中間路綫之存在.願在中共領導下,為推進中國革命和建設新中國而貢獻自己的力量. 23 日「華北剿匪總司令」傅作義與林彪訂立和平協議〔和不解放北平〕 24 日總理紀念週上,由居正擔任監誓,李宗仁舉行簡單宣誓儀式,就任代總統但孫科不承認,帶著殘餘的國民政府播遷到廣州. 27 日李宗仁通電毛澤東,接受中共八和平條件. 31 日解放軍不費一兵一彈,順利進入北平. 2.2.宋希濂在湖北恩施與湖南常德駐守,意圖鞏固川湘根據地.殊知湖南省主席程潛、警備司令陳明仁早已投共,和平解放長沙,宋希濂戰略思想功虧一簣. 3 日中共電台廣播,對談判作三點決定: (1) 談判日期定為四月一日開始 (2) 談判地點在北平. (3) 派周恩來、林伯渠、林彪、葉劍英、聶榮臻為和談代表. 4 日台灣省宣布實施「三七五減租」揭開「土地改革」序幕 5 日國民政府遷廣州辦公 12 日國史館館長戴傳賢在廣州逝世 13 日李宗仁請顏惠慶、章士釗等以和平使者名義飛北平,在石家莊會見毛澤東 24 日第二個人民代表團飛北平. 25 日中國海軍「重慶號」軍艦叛變 中共中央政治局等重要機關遷至北平 中華民國政府遷往廣州 「李宗仁回憶錄」蔣先生下野後幕後違法操縱,將浙江省政府主席陳儀撤職,這是京滬衛戍總司令湯恩伯親赴杭州,將陳儀拘押撤職的遺缺由湯恩伯第 75 軍周軍長接替. 3.8.國民政府孫科內閣總辭 12 日李宗仁向立法院提名新政府名單:行政院長何應欽,副院長賈景德,政務委員:張群、莫德惠、張治中、朱家驊,秘書長黃少谷,內政部長李漢魂,外交部長葉公超代財政部長劉攻芸,國防部長何應欽兼參謀總長顧祝同,經濟部長孫越崎,交通部長端木傑,教育部長杭立武,司法行政部長張知本,蒙藏委員長白雲悌,僑務委員長戴愧生,主計長龐松舟. 19 日巡洋艦重慶號六千餘噸,為我海軍最大戰艦.2.25.由吳淞口北駛叛逃投共,3.19.為政府以八架 B-24 轟炸機,將該艦於葫蘆島港炸沉. 23 日何應欽在南京被任命為第 3 任行政院長.派張治中、邵力子、黃紹竑等為和平代表,與中共談判.中共中央委員會議決,集中力量解決國民黨殘餘勢力. 中共在河北平山縣西柏坡召開「共產黨第七屆二中全會」 24 日中共「全國婦女第一次代表大會」在北平召開 25 日「中共中央」、「中國人民解放軍總部」、「新華社」由西柏坡村遷入北平. 26 日中共派周恩來等為和談代表. 4.1. 政府代表團邵力子、張治中、黃紹竑、彭昭賢、鍾天心,由南京飛北平. 中共「新華社」再三聲明,解放軍定要解放全國,要求南京政府向人民投降. 5 日國共和談會議:國民政府代表邵力子、張治中、黃紹竑、章士釗、李蒸、劉斐商訂和談五項基本原則: (1) 停戰須在和談以前實現. (2) 國體不容變更 (3) 修改憲法須依法家手續. (4) 人民的自由及生活方式必須保障. (5) 土地改革首先實行,但反對以暴力實行土地革命.

中華民國		紀元	干支	紀要
元首	年號			
蔣中正	**38**	**1949**	己丑	李宗仁切望能與中共「隔江分治」 北平中共廣播,解放軍正積極準備過江,依照八項條件實現和平. 4.6. 台灣爆發「四六事件」師範學校學生 200 餘人因醞釀學潮被捕. 13 日國共代表舉行正式會議: 中共代表周恩來、林伯渠、林彪、葉劍英、李維翰(後改為聶榮臻)提出和平協定八條廿四款 (1) 南京國民政府應負發動及執行內戰的責任,戰犯在原則上必須予以懲處 (2) 廢除「中華民國憲法」以新政治協商會議及民主聯合政府的決議處理國家及人民所當遵守的根本法. (3) 南京國民政府的一切法統應予廢除,在人民解放軍到達和接收的地區及在民主聯合政府成立以後,應即建立人民政府的民主法統. (4) 國民政府所屬一切武裝力量,均應依照民主原則,實行改為人民解放軍 (5) 凡屬南京國民政府時期倚仗政治權及豪門勢力而獲得或侵佔的官僚資本,企業及財產,應沒收為國家所有. (6) 農村方面,在解放軍到達或接收的地區實行減租減息之後分配土地,在解放軍尚未到達或接收的地區,國民政府應負責保護農民組織及活動. (7) 國民政府所訂的一切外交條約應交由民主聯合政府予以審查,其有出賣國家權利性質者應予廢除或修改. (8) 和平協定簽字後,南京國民政府應協助人民解放軍辦理各地的移交事項,待民主聯合政府成立後,國民政府宣告結束. 周恩來表示「就毛澤東原先的八點原則,再加上 24 條新要求,不容許討價還價」這些條件加總起來,等於是無條件全面投降. 毛澤東向國民黨代表團及全世界宣布,一旦爆發第三次世界大戰,中共將加入俄國,與美國一戰. 國民黨六人代團中其中有二人,一個是利用在北京的時間,爭取在中共新政權,能謀得一官半職,另一個則早已替中共秘密工作多年的劉斐,把國民黨代表團的一舉一動,向周恩彙報. 14 日台灣實施「三七五減租」「耕者有其田」政策 15 日中共和談所提八項廿四條條文內容略予修正,並限 4 月 20 日簽字. 政府拒絕接授,白崇禧反對更力,李宗仁請中共重新考慮. 政府求和目的,在保有長江以南,爭取美國援助,重整軍備. 中共定要摧毀國民黨,不令死灰復燃, 劉伯承第二野戰軍、陳毅第三野戰軍陳兵長江岸,準備南渡長江. 林彪第四野戰自平津南下,直逼武漢. 彭德懷的第一野戰軍、及賀龍部隊進向西安. 徐向前韶隊加緊圍攻太原. 17 日李宗仁致電蔣介石,請蔣介石復職. 20 日國民政府拒絕中共的要求,雙方和談破裂. 21 日毛澤東及朱德下令各野戰軍發動總攻. 共軍搶渡長江,南京江陰要塞司令戴戎光昧於五百根金條受賄叛變,江陰要塞巨炮轉向炮擊國軍江防艦隊,或沉或逃,共軍木船乃蔽水不戰渡過長江. 共軍渡江,全國人心惶惶,各地發生擠兌風潮,全國金融陷入崩潰. 共軍佔南昌,西趨湖南,沿平漢鐵路南下. 22 日和談破裂,國民政府派專機前往北平接和談代表回南京,不意國民政府代表邵力子、張治中、黃紹竑、章士釗、李蒸、劉斐等六位代表晚節不保,均留北平拒絕返回南京,依附中國共產黨.

中華民國 元首	中華民國 年號	紀元	干支	紀要
蔣中正	**38**	**1949**	己丑	5.2. 居正、閻錫山、白崇禧、李文範等飛桂林敦促李宗仁去廣州處理公務,作了一份「談話記錄」聲稱與其讓李宗仁「徒擁續位,無神實效」不如自請解除代總統職務,「仍由總統復位,負責處理一切,俾事權統一,命令貫徹」其實這份「談話記錄」是要求蔣介石交出權力,儘快出國. 3 日蔣介石見到了居正、閻錫山、白崇禧、李文範等四人「談話記錄」共軍進入杭州 4 日閻錫山專機飛滬,和蔣中正總裁先生長談三日. 5 日閻錫山返回桂林,說我們所要求各條件,蔣先生完全同意.希望暫居台灣. 6 日覆函行政院長何應欽,堅決拒絕出國.要他轉告李宗仁,請李「蒞臨廣州,領導政府」同函並說明,從今日起,只有遁世遠引,對於政治,一切不復聞問. 副院長朱家驊、與海南島軍政長官陳濟棠亦銜蔣之命來桂林相勸. 居正、閻錫山、李文範、朱家驊、陳濟棠五人與李宗仁磋商. 「李宗仁認為蔣聲稱不再過問政治是假話」何應欽要求辭去行政院長職務,李宗仁屬意居正繼任.蔣得訊,致電鄭彥棻等人阻止.視此為桂系「毀蔣」陰謀. 其後,李宗仁安排白崇禧出任國防部長,蔣介石認為助於桂系擴張軍權,極力反對. 「李宗仁回憶錄」要求我(李宗仁)飛穗重主中樞大政的先決六條方案.其大致內容 (1) 關於指揮權: 挽轉軍事頹勢,國防部有完整指揮權,蔣先生不得幕後指揮. (2) 關於人事權: 全國官吏任免,由總統暨行政院院依據憲法執行之,蔣不得干預. (3) 關於財政金融者: 中央金融企業等機構,概由行政院主管部會監督,任何人不得從中操縱,中央銀行運台存儲之銀元金鈔,須一律交出,支付軍政費用. (4) 關於行政範圍者: 各級政府須依據憲法規定,向總統及行政院院長分層負責,不得聽受任何個人指導,在穗之政府機關,,應率先奉行. (5) 關於黨政者: 國民黨只能依普通政黨規定,協助指導從政黨員,不得干涉政務鉗制政府. (6) 關於蔣先生出處: 希望蔣先生暫時出國赴美訪問,免礙軍政改革. 蔣中正總裁答復李所提條件: 對前五項無權過問,惟「必須出國」表示異議,謂「過去彼等主和,乃指我妨礙和平要求下野,今日和談失敗,又假我以牽制政府之罪,強我出國,並賦我以對外求援之責…國尚未亡,而置身無所,至於此極」 7 日蔣總裁乘靜江輪自復興島至舟山群島視察 8 日李宗仁自桂林飛抵廣州發表談話,聲明中共破壞和談,一意孤行,勉全國軍民,政府只有作戰到底. 9 日吳忠信在廣州危急之際訪問李宗仁,有無「知難而退」之意,李答「我不準備自行引退,如果蔣先生要復職,那就由他自己決定」 14 日蔣介石召見閻錫山,閻講話圓滑稱「人定勝天,希望蔣總裁對出處早下決心」 15 日漢口撤守. 白崇禧部隊撤退至湖南衡陽. 17 日武昌、漢陽失守 19 日甘介侯博士代表李宗仁代總統赴美呼籲美國援華. 20 日台灣省政府主席兼台灣省警備總司令陳誠宣佈「台灣地區戒嚴令」賀龍佔領西安 22 日南昌失守 23 日清晨南京撤守,緊急情況下李宗仁飛往桂林,不去政府遷往廣州處辦公. 晚上李宗仁在桂林文明路寓所與,廣西軍政領袖開時局談話會.廣西各界寫了一封建議書給他,上面簽名的有黃旭初、李任仁、黃樸心等(隨後白崇禧、夏威、李品仙等亦趕來桂林),建議書主旨： 1. 國民黨政權已至末日,積重難返,遲早必然崩潰,絕無挽回局勢的可能. 2. 廣西桂籍軍隊尚有二、三十萬人,據險而守,與中共作條件和談,中共投鼠忌器,可能接受. 3. 廣西一向與中央不睦,與民革主席李濟深友誼則極為深厚,亟宜運用李濟深聲望,居間斡旋,與中共謀和.

中華民國 元首	中華民國 年號	紀元	干支	紀要
蔣中正	**38**	**1949**	己丑	4. 廣西如想以實力與中共軍隊對抗,無異以卵擊石,目前應不惜一切,委曲求全,與中共妥協. 李宗仁代總統表示不能接受,主張隔江而治.中共表示無論和戰,共軍均須渡江.李表示對中共苛刻條件準備接受,國人多表憤慨,要求對李宗仁予以制裁 . 25 日蔣中正總統乘軍艦至滬,督導上海保衛戰 太原失守,代理山西省府主席梁敦厚以下五百人自殺,官兵七萬餘人被俘. 蔣總裁由舟山群飛臨馬公,再抵高雄. 26 日閻錫山、于右任、陳立夫、吳鐵城、朱家驊五代表携李宗仁函由廣州飛台北,晉謁蔣總裁,要求蔣總裁莅臨廣州,主持大計. 27 日蔣總裁於台南接見閻錫山、于右任等代表表示「只要於大局有益,可隨時赴廣州與李宗仁會晤,毋須其前來晉謁」 上海棄守 31 日台灣成立「生產事業管理委員會」「資源委員會」. 6 月美軍放棄青島基地,國軍撤退,青島陷落共軍 2 日蔣總裁決定「令後應以台灣防務為第一」立即召集軍事會議,解決兵員編組與部署巡防通信及交通等問題. 蔣總裁 4 日蔣總裁考慮建立「東南軍政督理委員會」或「監理團」自任主任,同時考慮以陳誠為閩台綏靖主任,由自己代理,並且致電胡適,勸他就任外交部長. 此時原任空軍總司令周至柔函蔣經國,對「總裁」越權指揮空軍幹部有所不滿一事,蔣見函表示「革命領袖」其地位與「總統」名義的存在無關,沒有「總統」名義,可以擺脫法律限制,對「革命軍隊」擁有「絕對無上之權力」. 12 日閻錫山在廣州被任命為第 4 任行政院長.並兼國防部長. 李宗仁代總統,流亡美國,後來由美國回大陸,病死北京. 美國 21 位參加參議員,聯名上書杜魯門總統,要求美國政府不承認中共政權,並對自由中國應予援助. 15 日台灣銀行實施幣制改革,發行「新台幣」舊台幣四萬元兌換新台幣 1 元 蔣總裁接獲宋美齡發自美國兩封函電謂「美國可能強佔台灣,承認中共」蔣頓時緊張.蓋因美國部分人士在當時中共在大陸軍事勢如破竹,深恐席捲大陸,台灣不保,墮入俄國勢力範圍,太平洋防務出現缺口,力謀出面管理,英國從旁慫恿,而有此說. 15~19 日中共在北平召開新政協籌備會第一次全體會議,毛澤東宣稱「民主聯合政府一經成立,它的工作重點將是肅清反動派的殘餘,鎮壓反動派的搗亂,盡一切可能,用極力量,從事人民事業的恢復和發展,同時恢復和發展人民的文化教育事業.」 大會選出毛澤東、朱德、李濟深等 21 人組成籌備會常務委員會.常務委員會推選毛澤東為主任,周恩來、李濟深、沈鈞儒、郭沫若、陳叔通為副主任,李維漢為秘書長(因病由林伯渠代理) 16 日「中國民主同盟」在北平創辦「光明日報」章伯鈞任社長,胡愈之任總編輯. 17 日蔣總裁與王世杰商談台灣地位及對美態度,未有決定. 18 日蔣總裁向美堅決表示「余必死守台灣,確保領土,盡我國民天職,決不能交還盟國」 20 日蔣總裁得到駐日本東京代表團電陳,「盟軍總部擬將台灣交盟軍總部或聯合國暫管」蔣立即電示代表團長朱世明,命他與麥克阿瑟元帥詳談,說明此議「絕對無法接受」既「違反中國國民心理」也與「中正本人自開羅會議爭回台澎之一貫努力與立場,根本相反」. 21 日台灣開始實施「懲治叛亂條例」及「肅清匪諜條例」後來人稱「白色恐怖」 26 日成立「黃河水利委員會」 29 日中國國民黨在台灣台北成立〔總裁辦公室〕 30 日毛澤東發表「論人民民主專政」向蘇俄一面倒.成立「中央廣播電台事業管理處」

中華民國		紀元	干支	紀要
元首	年號			
蔣中正	**38**	**1949**	己丑	7.1.蔣總裁在台北設置總裁辦公室.　全國各黨派領袖聯名發表「反共救國宣言」 毛澤東發表「論人民民主專政」說是中共的武器是馬克思、列寧主義,中國必須倒向社會主義一邊.中國需要實行人民民主專政,在共產黨領導下,團結工人階級、農民階級、城市小資產階級、和民族資產階級,共同專政,以工農聯盟為基,由新民主主義進到社會主義、和共產主義社會. 「中國新史學研究會」在北平成立.郭沫若任會長 4 日政府發行「銀元券」 8 日「中國新哲學研究會籌備會」在北平成立,李為任主席 10 日蔣中正應菲律賓總統季裏諾之邀,由台灣飛往碧瑤,會商反共聯盟事宜. 中共中央決定成立空軍 11 日南昌撤守 12 日蔣總裁飛福建福州一帶,布置防守戰略,再行飛返台南. 13 日台灣『七一三事件』又稱「山東流亡學生事件」當時國共內戰失利,山東省「聯合中學」學生向南撤退,張敏之校長率領抵達澎湖,投奔山東籍的防衛司令李振清.李振清司令與師長韓鳳儀為補充部隊兵力,於七月十三日在操場集合八千名學生,四周士兵持槍站崗,司令台上架設兩挺機槍,威逼學生編入部隊.當場師生提出抗議,學生剛開口,部隊即開槍射殺,或衝入學生群中用刺刀刺傷學生,學生見此場景,都嚇呆不再敢抗議,只好無言默默接受.張敏之、鄒鑑兩校長想盡辦法奔走搭救,但被誣蔑污指為『匪諜』張、鄒二校長、及劉永祥五名學生,於 1949 年 12 月在台北馬場町遭到槍斃,還傳聞有學生被裝入麻布袋投入海中私刑處決. 1950 年代該批入伍學生,獲准依意願退伍,兩千多女生與年幼者編入「防衛部子弟學校」後來學校遷往台灣員林,成立「員林實驗中學」,現在改為國立崇實高工(本文摘錄聯合報 100 年 7 月 14 日 A16 版). 1997 年高惠宇、葛雨琴、謝聰敏等跨黨派立委通過「戒嚴時期叛亂及匪諜案件和不當審判補償條例」被害人及家屬才獲得平反,2009 年政府在馬公觀音亭海邊建立紀念碑. 2011.7.13.國防部由副部長趙世璋陪同當年流亡學生後來升至將軍身歷事件的退役上將王文燮(國防部前副部長)、王若愚(海巡署前總司令)、李楨林(陸軍前總司令)等到澎湖「七一三事件紀念碑」獻花致祭,這是軍方首度面對六十二年前的不名譽事件,正式表示承認錯誤. 14 日美國協助中國對日抗戰第 14 航空隊(飛虎隊)司令陳納德將軍退休離華返回美國. 15 日「工人日報」在北平創刊 16 日國民黨中央在廣州組織非常委員會：除蔣中正、李宗仁之外,委員七人計孫科、閻錫山、張群、何應欽、于右任、朱家驊、陳立夫等人.秘書長洪蘭友、副秘書長程思遠,下設軍事政治財務三組,分由李文蘭、周遊、鄭介民、袁守謙、劉安祺、梁華盛、鄧文儀負責. 17 日福建福州失守. 19 日解放軍第四野戰軍第 118、119、120 師分別由江西進入湖南瀏陽,120 師最先進入瀏陽城,瀏陽縣獲得解放. 25 日湖南湘陰和平解放. 設「東南軍政長官公署」陳誠為東南軍政長官. 在廣州成立「中央非常委員會」蔣總裁任主席、李宗仁為副主席. 蘇俄違反「中蘇友好條約」及聯合國憲章,掠奪我東北財產,將武器供給中共紅軍,聯合國政治委員會通過,列入大會議程研究處理. 28 日李宗仁飛往台北,欲提升白崇禧擔任國防部長,為蔣中正拒絕. 8 月華國鋒、王衍鐸分別率工作團和解放軍先遣部隊入湖南湘陰建立人民政府 1 日蔣總裁自台北飛往浙江定海視察

中華民國 元首	中華民國 年號	紀元	干支	紀要
蔣中正	**38**	**1949**	己丑	1949.8.3~12.2.政府五次【台灣新台幣發行準備監理委員會】檢查公告

次數	公告日期	發行新台幣	準備黃金(十足市兩)	黃金折合新台幣
第1次	1949.8.5	78,434,149.80元	280,121.96	78,434,149.80元
第2次	9.5.	94,358,789,89元	336,995.67	94,358,789,.89元
第3次	10.5.	112,436,351.60元	401,558.39	112,436,351.60元
第4次	11.5.	121,769,449.35元	434,890.89	121,769,449.35元
第5次	12.5.	144,428,500.57元	515,816.74	144,428,500.57元
第9次	1950.4.5.		680,000.00	190,410,000.00元
第138次	1961.1.5.		4,949269.99公克	200,000,000.00元

4日湖南省政府主席兼長沙綏靖主任程潛、與第一兵團司令陳明仁通電「湖南長沙和平解放」

5日美國國務院發表「中美關係」**【白皮書】**.內附國務卿艾奇遜(Dean Acheson)致杜魯門總統函,謂中國反共政策失敗,由於中國政府無能,中共效忠蘇俄,致使中國人民慘遭以外國帝國主義利益為前提的政黨所壓制.

美國駐華大使司徒雷登離華返美.

6日蔣中正訪問韓國,自定海飛往鎮海,與李承晚總統會商反共聯盟等事宜.

8日蔣總裁飛返台北.

大陸政權轉移,中華民國政府搬遷台灣,暫時定都台北·

10日班禪十世,法名確吉堅贊,在塔爾寺舉行坐床典禮,按班禪字義,梵文是智慧的意思,學識淵博,深廣而言,額爾德尼是漢語中的尊稱.清康熙52年(1713),康熙皇帝正式冊封班禪五世羅桑意希為班禪額爾德尼,之後歷代班禪轉世要經過朝廷的正式冊封.

8.12.~9.16.中共新華社駁斥「美國同中國的關係白皮書」

16日江西贛縣為共軍所陷.

17日福州撤守

福建省主席朱紹良遭「撤職」由湯恩伯繼任兼綏靖公署主任

20日中共成立「中國法學研究院」沈鈞儒任院長.

23日蔣總裁自臺北飛廣州,與李宗仁、閻錫山、顧祝同、薛岳、余漢謀、劉安祺等會商保衛廣州計劃.

24日蔣總裁抵重慶,主持西南軍政人員會議,並令命李彌回雲南.

湖南劉建緒、李默庵、劉斐等五十六位高級將領,發表〔反蔣〕宣言.

26日蘭州失守

28日聯合國教科文組織中國委員會在北平成立

中共命令在華的外國通訊社停止業務

9月國軍由廣東、廣西分別撤往海南島、越南、瓊崖、及金門.

長治艦叛逃投共,在南京燕子磯附近海域被國軍空軍炸傷.

2日重慶市區大火,死傷千餘人,無家可歸者多至四、五萬人.

中共新政治協商會議改稱「中華人民共和國人民政治協商會議」

5日西寧失守

12日蔣總裁飛成都佈置軍事.

16日蔣總裁再回返重慶.

17日中共新政協籌備會召開第二次全體會議

19日郭寄嶠被迫辭去甘肅省主席,改由馬鴻逵繼任.

綏遠省主席董其武變節,綏遠省和平解放

中華民國		紀元	干支	紀要
元首	年號			
蔣中正 毛澤東	**38**	**1949**	己丑	21~30 日中共「中國人民政治協商會議第一屆全體會議」在北平召開. 22 日蔣總裁自重慶經昆明向駐軍將領指示機宜,旋經廣州飛返台北. 23 日銀川失守 24 日佔寧夏,數十年來據有甘、寧、青三省的回軍,全被消滅. 25 日新疆省主席包爾漢變節,新疆省和平解放 26 日蔣總裁與李宗仁代總統會商時局. 9.27 中共通過「中華人民共和國中國人民政府組織法」定都北平,易名北京 28 日中共將「紀年」採用『西元』定國旗為『五星紅旗』. 29 日中共通過「中國人民政治協商會議共同綱領」 30 日中華人民共和國中央人民代表大會選舉出國家最高級官員： 中華人民共和國中央人民政府暨中華人民共和國革命軍事委員會主席：毛澤東 中華人民共和國副主席： 朱德、劉少奇、宋慶齡、李濟深、張瀾、高崗 中華人民共和國委員： 陳毅、賀龍、葉劍英、林彪、彭德懷、劉伯承· 中華人民共和國人民解放軍總司令： 朱德 中華人民共和國最高人民法院院長： 沈鈞儒 中華人民共和國最高人民檢察署檢察長： 羅榮桓 10.1. 毛澤東在北京天安門宣布「中華人民共和國」成立. 大陸政權轉移,中華民國政府播遷台灣,國共分離, 兩岸形成對峙,「華夏分治」。

華夏分治

中華人民共和國成立

1949年10月1日

毛澤東

劉少奇

周恩來

朱　德

中華民國		中華人民共和國	紀元	干支	紀要
元首	年號				
蔣中正 李宗仁代	**38**	毛澤東 **1949-1976**	**1949**	己丑	10.1. 毛澤東(1893-1976) 任中華人民共和國主席(1949-1959)在北平天安門宣佈中華人民共和國成立,定五星旗為國旗,『義勇軍進行曲』為臨時國歌. 劉少奇(1898-1969)任副主席, 朱德任人民解放軍總司令. 周恩來(江蘇淮安人原籍浙江紹興 1898-1976)任國務院總理(1949-1976)、 2 日蘇俄承認中華人民共和國,我外交部發表聲明,斷絕與蘇俄邦交. 美國國務院發表聲明,繼續承認中華民國為中國唯一合法政府. 3 日蔣總裁飛往福建廈門佈置防務,旋返回臺北 6 日蔣總裁乘華聯輪赴廈門巡視 8 日衡陽、芷江、韶關失陷,共軍進入廣東. 9 日中共人民政治協商會議召開第一屆全國委員會第一次會議. 10 日中國文字改委員會成立 11 日蔣總裁、蔣經國飛定海巡視, 12 日國民政府自廣州遷往重慶. 13 日李宗仁自廣州出走桂林　共軍進入廣州. 14 日蔣總裁飛返臺北 廣州失守 15 日約李文範、馬超俊聚敍,馬、李談話「總裁如不復職,則軍心、民心無法挽救.」 18 日「總裁辦公室中央設計委員會議」研究總裁復職利害得失,與外界外應.結論是「不主動推進,等待李宗仁出於至誠,自動退職,以免內部分裂」 20 日中共進駐新疆迪化(烏魯木齊)　「中國人民保險公司」開業 21 日中共中央人民政府國務院宣告成立 23 日廣西省桂林失陷、 24~27 日「古寧頭大捷」中共解放軍 28、29 軍約二萬人渡海進犯金門古寧頭,全數遭到殲滅,俘獲共軍七千餘人,軍長朱紹清被俘. 11.1.中共成立「中國科學院」院長郭沫若,副院長陳伯達李四光陶孟和竺可楨. 3 日「李宗仁回憶錄」李宗仁飛昆明,雲南省政府主席盧漢鄭重向他說:「總統(指李宗仁),蔣介石要復職了.可否由我二人發電報給他,建議把國民政府遷到昆明來.等他一到昆明,我便把他扣押起來,一塊一塊割掉他,洩心頭之憤」.我(李宗仁)一聽此言,毛髮悚然,心想盧漢已經不穩了.將來他可能把蔣、我兩人都獻給中共去邀功呢!我強作鎮定,勸他說,這千萬做不得. 6 日國軍在金門與登步擊退共軍之勝利,為穩定台海之基礎. 9 日我國「中央航空公司」「中國航空公司」劉敬宜、陳卓琳在香港叛離. 13 日國民政府駐香港「資源委員會」員工叛離. 「李宗仁回憶錄」我 10.13.抵重慶,暫住歌樂山前林森故主席官邸,旋遷入城內,全係蔣嫡系部隊,我的命令不發絲毫效力,而蔣卻可為所欲為,全在他心腹監視之下.稍一不慎,即可失去自由. 吳忠信、張群、朱家驊等先後找我,不敢明言「勸蔣復職」,希望我拍電報請蔣先生來渝坐鎮,隱約要我「引退」參加他們「勸進」「如今政府重遷,國亡無日,他居然又企圖『復辟』置憲法於不顧,未免欺人太甚.再者,我覺得蔣政權的垮台,多半是由蔣先生玩弄國家名器,目無法統,一味獨裁孤行之所致.如今國已將亡,他仍至不悟.憲法既予我以總統職權,我決不能助紂為虐,違反憲法與一平民私相授受.我雖知道我反對亦無用,蔣必然要復出無疑,但是我維護國家名器的原則卻不能讓步.」

中華民國		中華人民共和國	紀元	干支	紀要
元首	年號				
蔣中正 李宗仁代	**38**	毛澤東 **1949-1976**	**1949**	己丑	14日李宗仁偕白崇禧飛往廣西南寧察看當時局勢 蔣總裁飛重慶,籌劃四川保衛戰,電邀李宗仁前往共商,李竟拒絕,並自行自昆明飛往南寧,20日李宗仁又自南寧飛香港,託詞謂胃疾赴美就醫. 蔣總裁聞訊,立即派居正、朱家驊、洪蘭友、鄭彥芬携蔣總裁親函趕往香港挽留,李宗仁拒絕,走意甚堅,獨行其是,於1950年1月5日逕自飛往美國.貽誤軍機,置國家大事而不顧. 胡適、雷震等創辦之「自由中國雜誌」首刊 15日貴陽失陷 美國共和黨參議員諾蘭夫婦,在我國危急患難之中,經台北飛重慶,與蔣總裁會晤. 16日李宗仁偕白崇禧飛往海南島視察,只陳濟棠與余漢謀部合計一萬人駐守劉安祺部隊調往台灣. 17日國防部由南京遷廣州,再由廣州遷重慶. 洪蘭友飛台與蔣詳談對「復行視事」的意見與態度.蔣明確表示：李宗仁的求退,並非心悅誠服,不過想擺脫責任而已.吳忠信則稱:研究復出問題,不應以李宗仁是否有誠意作為基準.蔣總裁非常欣賞吳的這一意見. 18日李宗仁自海口返南寧,胃病宿疾突發,便血不止,,來勢兇猛. 19日李宗仁發電報致行政院長閻錫山,囑其以責任內閣立場全權處理國政,我身染重病,須出國治療,一朝痊癒便立即返國,並請白崇禧向各方致意. 20日李宗仁自南寧飛香港,聲稱因病將赴美檢查身體, 從速施行手術決以最經濟之時間,力求體力恢復,俾今後得以全部精力與我軍民戰鬥他宣稱,治療期間「中樞軍政」由閻錫山負責「總統府」日常公務,由秘書長丘昌渭等負責. 蔣介石反對李宗仁飛港赴美,認為此行有三不妥： (一) 這是臨危棄職, (二) 香港當時是英國屬地,此行「將置國格於何地」 (三) 李對於飛後職權並無交待,仍將以「國家元首」的名義赴美.名為養病,實為求援. 蔣介石在日記中嚴厲批評說「廉恥,、國格為其掃地殆盡」 20日白崇禧飛重慶會見見蔣中正,報告李宗仁走香港消息,並商量如何支撐最後殘局.蔣對白崇禧有過一段對話:「回顧當年北伐出師,你當了我的參謀長,我們兩人精誠團結,合作無間,所以能夠取得全國統一;其後我們兩人分道揚鑣,以致同室操戈.及『七七』盧溝橋事變,我們兩人又攜手合作並肩作戰,終於獲致抗戰勝利.有了這些歷史教訓,使我個人深信今後局勢無論如何困難,只要我們兩人同心同德,徹底合作,則事尚有可為.」這番話說得痛切,合乎史實. 22日蔣中正總裁約見國民黨中央常委討論,決定派居正、朱家驊、洪蘭友、鄭彥芬為代表,持蔣親筆函赴港,探訪李病,勸其回國,蔣在函中保證,將以「充分權力」交給李宗仁. 蔣總裁乘太康艦在滬指揮湯恩伯部隊作戰. 蔣總裁與白崇禧談話,表示本人此時決不復職,李宗仁赴海外「有辱國家」必須剋日回渝,在商家對內對外大計後,未嘗不可贊同其出國. 胡適、雷震、殷海光等人在台灣創辦「自由中國」雜誌,因雷震言論偏激,不為當局所容,於1960年勒令停刊.後來雷震還遭受縲紲之災. 蔣中正以國民黨總裁身份發表告全國同胞書,重申戡亂決心.

中華民國		中華人民共和國	紀元	干支	紀要
元首	年號				
蔣中正 李宗仁代	**38**	毛澤東 **1949-1976**	**1949**	己丑	

國民政府遷台,實施「土地改革」政策,為穩定民生經濟物資,逐月發行「新台幣」以黃金做準備金,及「台幣限外臨時發行準備金(今稱外匯準備金)」

次別	時間	黃金準金	發行新台幣
1	38.8.5.	28 萬兩	7,800 萬元
2	38.9.5.	33.6 萬兩	9,400 萬元
3	38.10.5.	40 萬兩	1 億 1,234 萬元
4	38.11.5.	43.4 萬兩	1 億 2,176 萬元
5	38.12.5.	51.5 萬兩	1 億 4,412 萬元
9	39.4.5.	68 萬兩	1 億 9,041 萬元
10	50.1.5.	4,949,269.99 公克	2 億元

附註：該批外匯準備金黃金儲藏在臺北縣新店小格頭附近山洞

22 日共軍佔廣西桂林

23 日中共在湖南省常德成立「西南局」鄧小平任第一書記.

27 日美國國務院同意李宗仁赴美就醫,表示將予以便利,李宗仁決定以「代總統」身份赴美.他對朱家驊、洪蘭友二人說「本人具有『法統』地位,不受中常會決議約束」

中共軍佔領綦江,羅廣文棄軍逃跑

28 日蔣介石在林園的蓮亭寫下的感想「黨與國由總理一手創造,由中正一手完成,余愛此黨此國,甚於愛子,豈僅視如至寶而已.時至今日,由余養育完成之黨國,而由余毀滅之,此境此情,將何以堪！如果黨國果真絕望,則尚有此殘軀立足之餘地,其將有何面目見世乎！」有自殺「殉國」之念.

雷州半島失陷

29 日蔣總裁及國防部顧祝同總長指揮小組坐陣重慶山洞林園,入夜重慶陷入包圍,情況緊急,蔣經國護送蔣總裁愴促離開重慶官邸,逕自驅車前往白市驛機場過夜.

國民政府由重慶遷成都辦公. 蔣總裁臨時住在中央軍官學校

30 日晨六點蔣總裁飛抵成都,重慶失陷

12.1.閻錫山見蔣總裁,商談政府駐地及疏散方案.計劃必要時撤退到西昌

青年黨、民社黨、在台立法委員、國大代表,電請蔣總裁復行視事恢復總統職權.

2 日美國共和黨參議員諾蘭(William Knowland)由香港飛南寧與白崇禧會晤商討最後一批美援物資如何處置問題.斯時大陸情況己非常緊急,美援物資無用武之地.白崇禧建議諾蘭儘速離開中國.

朱家驊、洪蘭友持李宗仁覆函返渝,蔣總裁與閻錫山、張群二人商量,決在完成「法定手續」後,再作「復行視事」的準備.

3 日諾蘭乘原機返回香港.

國民黨中常會討論不決.蔣總裁說「或可從此不問軍政,任由李宗仁亡國,或者立即復位,行使職權.」蔣經國等不主張「速復」會議決議「短期內復位」閻錫山仍想致電李宗仁作最後努力「力疾歸國,挽救危局」

4 日白崇禧約吳忠信商談,仍企圖勸蔣、李二人妥協、合作,請蔣早日來渝領導,並託吳帶白親筆函給蔣,重申前議「李代總統」仍為「副總統」請蔣復出為「總統.」

白崇禧自大陸飛海口.

朱家驊、洪蘭友等人致電在成都的蔣總裁,聲稱前此「引退」的原因,早經消失,不能視事的理由,不復存在,時急事迫,要求蔣實現「李代總統」的「屢次誠懇表示」迅行復職,續執行「總統」職權.

同日成都「國民大會代表」以「全國聯誼會」的名義向蔣總裁請願.

中華民國		中華人民共和國	紀元	干支	紀要
元首	年號				
蔣中正 李宗仁代	**38**	毛澤東 1949-1976	**1949**	己丑	12.5. 李宗仁赴美手續及飛機包租均已辦妥,惟未知會政府,逕自決定,攜眷自香港直飛美國就醫. 中國青年黨代表陳啟天、民社黨代表蔣勻田二人致函蔣介石,要求他即時「復職」「明賞罰而正功罪,明派系而握賢能,尊友黨而重輿論,察民隱而蘇民困」. 6 日毛澤東乘火車前往蘇聯訪問, 7 日決定將國政府遷往台灣,在西昌設大本營,在成設防衛司令部.當晚即飛台 第一屆「國民代表大會代表」712 人在台北舉行會議,致電蔣總裁,聲稱時局已至「千鈞一髮之秋」,要蔣「俯順輿情,領導軍民共挽危局」. 同日,洪蘭友致電蔣總裁報告說「于右任與居正兩位院長都迫切希望蔣總裁『復職』. 雲南省主席盧漢魅共,蓄意媚共,反復無常,電請張群前往交談,盧甘心從逆,有意強制拘留張群不放,張群警覺巧計支離脫險. 8 日總統府、行政院等部會官員從成都飛抵台灣. 蔣總裁赴西昌巡視 李宗仁飛抵紐約,美國務院派員、及蔣廷黻均前往接機. 『李宗仁回憶錄』李由香港飛紐約,美國國務院派員迎接,我駐美大使顧維鈞、駐聯合國首席代表蔣廷黻亦去機場迎接.住入哥倫比亞大學附設的長老會醫院,施行手術割治十二指腸,情形十分良好,精神體力恢復甚速. 美國國務院得知我(李宗仁)病況,國務卿艾奇遜著人送來一函,約我(李宗仁)往華府一行,和杜魯門總統面商今後中美關係.該函原文下： 總統先生閣下: 欣聞貴體於動手術之後日趨康復,迅速復原,早慶勿藥,實所至禱.如貴恙痊癒後,有意來華府一行,余深盼能有此榮幸,為貴我兩相互利益,拜晤閣下一敘也.　　　艾奇遜 9 日雲南省主席盧漢、西康省主席劉文輝、西南軍政長官公署副長官鄧錫侯、潘文華分別在昆明、雅安等地聯名通電叛變投共. 10 日國民黨總裁蔣中正在大陸最後一日飛抵臺北.國民政府首都遷移台北. 張群脫離盧漢魔掌自昆明脫險抵達香港. 11 日國軍李彌部隊在華南作戰失利,越過中緬邊界進入緬甸.四年後,因緬甸政府向聯合國抗議,而撤回台灣約七千人. 由黃杰將軍率領由廣西轉進入泰國、越南者約五萬人,泰緬邊境者多滯留當地,以種鴉片為生,駐越南富國島者,後來多接運回國.. 馬歇爾離華後之對華政策,即為倒蔣援華,亦為李宗仁公然反蔣之國際因素.今李已失敗,美國之政策,乃不容台灣落入中共手中,提出「白吉爾備忘錄」 13 日任命吳國楨為台灣省政府主席兼保安總司令 16 日毛澤東訪問蘇聯抵達莫斯科,進行為期兩個月的訪問. 美國不容台灣落入中共手中,提出「白吉爾備忘錄」 21 日蔣總裁覆函青年黨領導人曾琦「自當仍本數十年革命精神,群策群力,挽回國運.」 22 日胡宗南隻身飛往海南島 25 日胡宗南未呈報即行擅自離開西昌,蔣總裁震怒,甚不諒解 26 日國民黨中央常委會議,一致同意蔣總裁「復位」時間意見不一. 28 日胡宗南在蔣總裁催迫下飛返西昌,部署作戰. 29 日顧祝同總長離開成都後,在海口處理西南殘局,轉視察西昌,已無能為力. 30 日白崇禧自海南島飛抵台灣.

中華民國		中華人民共和國	紀元	干支	紀要
元首	年號				
蔣中正 李宗仁代	**38**	毛澤東 **1949-1976**	**1949**	己丑	【自由中國運動】(第三勢力)1949 年 10 月 1 日，大陸山河變色，政權轉移，國勢垂危無力回天之際，蔡文治、李宗仁、張君勱、張發奎、毛森、及社會賢達張君勱等人士，在香港孕育「自由中國運動」，期求建立「自由新中國」，重返大陸，號召海內外及流亡海外精英志士，及韓戰投奔自由愛國者加入，一時風起雲湧，參加者眾，轟動國際，一般人稱之為「第三勢力」。 「自由中國運動」，實際負責人由蔡文治在日本東京主持，蔡湖北人，軍校九期，曾任國防部第三廳中將廳長、作戰次長，國共和談軍調三人小組參謀長(美國馬歇爾、國民黨張治中、中共周恩來)，在美國政府支援下，秘密組成「自由中國運動」F.C.M.(Free China Movement)，冀期「挽救國家危亡，建立新中國」，行動總部設在日本東京，昔日國父奔走革命在日本橫濱住所，下設人事、情報、作戰、訓練、補給等單位，各處首長皆為一時人選，為美國西點軍校、黃埔軍官學校優秀高級將領，如參謀長黎東明(化名)，英國皇家軍校畢業，「幹部學校」校長石文生，美國西點軍校畢業，其與當時塞班美軍司令為西點同期同學，人事處長黃將軍，黃埔一期，曾任空軍中將。 「自由中國運動」下設有「抵抗幹部學校」(Resist Movement Academy)，訓練基地在太平洋塞班島，校長石文生將軍，湖南長沙人，另設特種訓練及行動基地，分別在美國、日本、塞班、沖繩、香港、菲律賓、韓國、台灣等地，塞班基地指揮官為美國強生上校(Junson)，自由中國運動結束後，他曾來台灣，負責國軍在桃園龍潭傘兵訓練工作。 「抵抗幹部學校」分 Y、C、A、R、OC、M、E、D 等班，訓練時間期別不同，班名係按 DEMOCRACY 字母反向命名，有特殊任務者，則在各不同駐點，單獨個別訓練，教官全為美國第二次世界大戰、及韓戰作戰經驗豐富的美國軍官擔任，課程包含：游擊戰、情報戰、心理戰、政治作戰、新武器操作、水陸爆破、通訊技術、野外求生、空投跳傘、直升機起降、海上夜航、駕駛、體能訓練等項目。 結業後，按各人意願自行組成「行動小組」，研訂計畫，由中、美教官單一指導，再作更深入特種技術訓練，「行動計畫」經嚴密審查可行後，然後以飛機(U-2)空投所要去的地區、或由海上軍艦、魚船、商船、舢舨、及陸路等各不同方式，攜帶輕便武器、通訊器材、乾糧、錢幣等物資進入大陸，建立基地。 「自由中國運動」進行如火如荼，頗有建樹成績之際，1954 年 1 月美國艾森豪當選總統對華政策突然轉變，宣佈『自由中國運動』組織解散，由美國、台灣、及第三勢力負責人蔡文治三方面，在台灣協商，因之第三勢力即無形瓦解，「自由中國運動」由此胎死腹中。 1954 年 4 月 12 日起，開始按各人志願自由選擇，分別遣散去香港、台灣、及美國，「第三勢力」壽終正寢。 資遣來台灣者佔絕大多數，分別編入國防部大陸工作處大陸研究所、游擊幹部訓練班、國防部第二廳電訊訓練班，不願從事公職者，准予資遣自謀生活，去香港者，多屬經商者，極少數人去美國者，部份在美國五角大廈擔任顧問，自此火燒靈官廟，各散五方，「自由中國運動」第三勢力，煙消雲散，無疾而終，無影無縱消失掉了。

中華民國		中華人民共和國	紀元	干支	紀要
元首	年號				
蔣中正	**39**	毛澤東	**1950**	庚寅	1.3.蔣總裁決定開展「社會經濟運動」「兵農合一」「三七五減租」「耕者有其田」「社會性的民生主義政策－勞動有食,耕者有田」 5 日美國總統杜魯門、國務卿艾奇遜聲明,美國無意以軍事援助臺灣的國民政府,臺灣屬於中國,只儘力予以台灣經濟援助. 13 日宋美齡在美國為援助遊說一年之久,毫無結果,黯然返台. 國民政府駐香港招商局叛變,7.13.至 10.21.將 13 艘輪開往大陸. 18 日監察院致電李宗仁「於戰局危岌之際,遽離中樞,」「重洋遠隔,何能因事機,由此所造成之違法失職事件,其將何以辭其咎」 20 日周恩來赴莫斯科 21 日駱家輝(1950.1.21.-)在美國西雅圖出生,美籍華裔,耶魯大學、波士頓大學畢業曾任副檢察官,眾議員,華盛頓州長,商務部長,駐中華人民共和國大使.2014 年辭職. 22 日美國撥款 1.06 億美元援助駐台灣中華民國政府 24 日李宗仁從紐約哥倫比亞長會醫院會出院. 25 日蔣總裁派蔣經國飛赴西昌,勉胡宗南死守陣地.他並告訴胡宗南:「如台灣失陷,我必死於台灣,以盡我職責.」 26 日印度脫離英協獨立. 27 日行政院頒布「反共保民總體戰略綱要」 29 日李宗仁以「代總統」名義覆電「監察院」身體尚須休養,不能立即返台. 2.2.李宗仁再覆一電表示:在赴美就醫期間,除施行手術的幾天,均照常批閱來電,公佈命令,政務並未廢弛.留醫期間,曾與美國朝野「直接間接密取聯繫」爭取美援云云.蔣總裁看到電文,認為李宗仁「仍以政治、外交為兒戲,毫不負責自罪,無恥無賴」 【李宗仁回憶錄】我如貿然回台,則無異自投羅網,任其擺布.蔣的第一着是迫我『勸進』,等他『復正大位』之後,我將來的命運如何,就很難逆料了.以蔣先生過去對我銜恨之深,我一旦失去自由,恐欲求張漢卿(學良)第二也不可得了. 6 日吳三連出任台北市市長,原市長游彌堅遭罷免. 中共稱台灣政府 17 架飛機轟炸上海,上海電力公司遭到破壞. 12 日監察院開會,批評李宗仁企圖在美國主持「國事」於事實、法理,均不相符合.「拖延貽誤,無異自絕於國人」不願再與李宗仁作「文電之往還」此時居正仍同情李宗仁,認為監察院的電報「措辭等於彈斥」,「被利用作殺人刀」 14 日周恩來與蘇俄外長維辛斯基(Vyshinsky)簽訂三個外交文書： (1)「中蘇友好同盟互助條約」為期 30 年. (2) 蘇俄給中國三億美元貸款協定. (3) 蘇俄允許將長春鐵路移交中國,撤退旅順軍隊,大連行政權歸中國管轄協議旅順、大連、秦皇島、烟台、威海衛、青島、連雲港等地,作為蘇俄軍事根據地. 承認蒙古人民共和國已經獨立的現實 17 日毛澤東與周恩來離開莫斯科回北京 23 日國民黨中常會決議,恭請蔣中正總裁復行「總統」職權. 25 日監察院對前代總統李宗仁擅離職守提出彈劾案 31 日國民黨中常會決議除「使領館」工作人員及現在公職者外,「中央」各機關公務員、國民黨中央委員留在香港及外國者,限期回台,屆期不回,開除其職務,吊銷其護照,中央委員並開除其黨籍.

中華民國		中華人民共和國	紀元	干支	紀要
元首	年號				
蔣中正	**39**	毛澤東	**1950**	庚寅	2.4.台灣「中央日報」、「掃蕩報」、「中華日報」等報同時發表社論,指責李宗仁違背一個月歸國諾言,「萬里之外,怎樣遙控領導」「非常之事,必待非常之人,現實問題必求現實解決,只能放棄對李宗仁的希望,要求總裁『綰領國事,統率三軍』」 居正曾託女兒帶函給李宗仁私人曉以正義. 6日李宗仁覆居正:聲稱國民黨軍隊困守台灣與海南,而美國對蔣介石又成見「成見極深」暗示局勢仍非他收拾不可.函稱: 今國軍孤懸台瓊,既無餉械,復乏外援.聞美國政府對我總專成見極深,曾一再聲明,不以軍事援助台灣,今更公開嘲罵.在此情形下,吾黨負責同志應警惕國家之危亡,不再感情用事,權衡利害,改弦更張,以挽回既失之民心,俾友邦對我增加信心,樂於相助. 該函批評監察院別有用心,「醉翁之意,路人可知,.本黨廿餘年來政治暗潮中此種現象履見不鮮,固不足怪」他自並非貪戀權位,「代總統」一職早就幹不下去,也不想再幹,「國脈如縷,民不聊生,且政情複雜,積弊已深,雖思革新,與民更始,無奈障礙橫生,阻力重重,名為元首,實等傀儡,屍位素餐,有何留戀權位之足云!」 李宗仁稱「弟創口雖已平復,惟元大傷,尚須修養一個時期,現正與美國朝野接洽反共復國計劃.蓋美國對我府現狀措施表示不滿,然在反蘇政策下,並未棄中國.事在人為,宜群策群力以圖之.國家前,途尚大有可為也.」 2.14.居正、于右任、何應欽、閻錫山等九人致電李宗仁,要求他於二月廿四日「立法院」開會之前返台. 15日「國民大會代表」三百餘人簽名,提出罷免李宗仁書.李十分惱火,派私人代表甘介侯到華盛頓會見駐美大使顧維鈞,聲稱如果蔣停止誹謗,李就回台商討如何把權力交給他;如果蔣繼續和李搗亂,李自回擊的武器. 18日李宗仁覆電非常委員會及監察院諸人,仍以醫囑不能遠行為由理由拒絕 李宗仁此前已通過孔祥熙將同樣的意思轉告蔣介石 李宗仁堅持不肯回台灣,使部分原同情他的人失望 19日李宗仁再電邱昌渭,聲稱「個人地位無所留戀,惟必須採取合理合法途徑,以免違憲之咎.,國事至此,安可再生枝節,自暴弱點,以快敵人.」電謂: 希兄與各方接洽,從速尋求於憲法上說得過去之方法,仁自採納.若圖利用宣傳,肆意攻擊,則仁當依據憲法,公告中外,於國,於私誼,將兩蒙其害. 居正等在于右任宅聚會,討論李宗仁來電,居正認為「事已至此,只有不顧,奉化復職」　蔣總裁讀到李宗仁電報,認為李已經「廉恥道喪」不能再講「禮讓之道」決定「復位」 20日朱家驊、居正等「非常委員」上草山見蔣總裁,居正稱:「憲法」第四十九條,規定「總統因故不能視事時,由副總統代行其職權,現在不能視事的原因消滅,故障解除,即可視事.他以「民法」關於代理人的規定為例說明,「代理人不理,原委任收回自理,亦是當然之事」.居正的說明為蔣總裁「復職」找到了「法理」依據,得到與會諸人和蔣總裁的肯定. 21日國民黨中央委員舉行談話會,居正主席籲請蔣總裁依照中常會1949年11月27日臨時會議,繼續行使「總統」職權. 23日國民黨中央常務委員會決議,請蔣總統「復職」,同時盼「李宗仁副總統回台」「輔政」. 24日在台灣的全體立法委員簽名,要求蔣總統「復職」. 25日監察委員金維繫等六十餘人簽署劾李宗仁案,促請于右任開會審查.

中華民國		中華人民共和國	紀元	干支	紀要
元首	年號				
蔣中正	**39**	毛澤東	**1950**	庚寅	28日李宗仁寫信給蔣介石,哥倫比亞大學圖書館保存,英文本翻譯如下: 親愛的將軍,:我很遺憾,不得不告您一項消息,自我來美就醫以來,您周圍的那些不負責任的人就陰謀篡奪憲法賦予總統的權力.無論根據憲法原則或是根據人情,我都不能相信這些不斷來自不同渠道的報告. 我的健康;恢復期已滿,正在準備回國,出乎意料地從文件中得知,您宣佈將於三月一日恢復總統職位. 您應該記得,您於1949年1月21日引退後,我即根據憲法規定,接管總統職務.所「代」者為總統職統職權並非閣下個人.更進一步說,您自引退後,已經成為一個普通公民,和總統職權沒有任何關係.不經過國民大會選舉,您沒有合法的理由再次成為中國的總統.同樣,除非國民大會決定,授予我的權力,也不能由任何個人或任何政府機以合法理由廢除. 您的高壓的,獨裁的行為不能被憲法證明為正確,也不會為人民所贊同.在歷史的關鍵時刻,您的巨大的錯誤,將極大地影響我國的命運.袁世凱的下場將是您的殷鑒. 為了保護歷經許多困難而訂的憲法,我代表全體中國人民嚴重警告您,不要甘冒海外民主世界之大不韙. 李宗仁 又,依據中國憲法,如果現職人員必須辭去——在這樣的情況下,我沒有任何意見——法律沒有規定,引退的蔣介石總統可以復職,但是卻規定由行政院長執行總統職權三個月,在此期間,召集國民大會,選舉新總統. 我極不願意敘述下列情況:自我來美就醫以來,蔣介石將軍及其親密的追隨者,如著名的c.c.系利用我缺席的機會,陰謀奪我的政治權力.我一時不在國內成了cc系無理攻擊的藉口.然而,沒有一部憲法規定可以反對一時缺席國家元首.威爾遜總統有幾個月不在美國,逗留在戰後的歐洲.最近,菲律賓總統也像我一樣來美就醫. 不僅如此,我們是內閣制政府,總統只有有限的權力和責任.在總統缺席期間,政府和立法院、行政院可以很好地發揮作用.通向民主的道路沒有播撒玫瑰花.在中國,為民主而鬥爭的四十來,我們為引進法進行了兩次艱難的努力:一次,被想當皇帝的袁世凱破了;另一次,就是現在,將要被想成為獨裁者的蔣介石所破壞. 上週五,休養期已滿,我準備回國.於是,(您)選擇了這個時候來進行這一狡的冒險行動. 只有真正的民主思想才能有效地和正在擴展的共產主義潮流鬥爭.在我們和共產主義鬥爭的時候,這一對民主制度的完全背叛將引起深深的痛惜.作為中國的合法的國家元首,我有責任領導我國人民保衛我們的憲法. 同日,李宗仁還打了一封電報通知蔣介石,自己「準備回國」 3.1.蔣中正順應民情,為挽救危局,復行視事,繼續行使中華民國總統職權. 行政院院長閻錫山辭職,陳誠繼為第5任行政院長,王世杰為總統府秘書長,周至柔為參謀總長,蔣經國任國防部總政治部主任. 下午致電李宗仁「個人已復行視事,對代主國,政期間辛勞表示感謝,並望早日康復,在「代表中正」訪問美國朝野後,從速回台」 蔣總統揭示「施政重點」: 一. 在軍事上鞏固台灣基地,進圖光復大陸. 二. 在國際上先求自力更生,在聯合民主國家,共同反共. 三. 在經濟上提倡節約,獎勵生產,推行民生主義. 四. 在政治上保障民權,厲行法治.

中華民國		中華人民共和國	紀元	干支	紀要
元首	年號				
蔣中正	**39**	毛澤東	**1950**	庚寅	蔣總統在台北復職的當天下午,李宗仁在美國紐約舉行記者招待會,發表聲明(原文為英文)中文譯文為： 在中國為成為民主國家而鬥爭的時刻,傳來了一項不幸的、令人震驚的消息——台灣方面公告,蔣介石將軍已經宣佈「恢復」中國總統職位. 人們記得,1949 年 1 月,蔣介石將辭去總統職位,成為普通公民,他在引退後的兩個公開聲明中宣佈,五年中,他將不使自己捲入政治,也許將避開下屆總統選舉.(中國憲法規定總統任期六年)為什麼在這樣一個時刻,他認為適宜於使自己不經過選舉就成為總統,這是令人驚奇的. 這是荒謬的,超出想像的,一個普通公民能宣佈自己成為國家總統.這樣蔣介石將軍就向世界露了一個可悲的事實,作為獨裁者,他能將國家視為自己的私產,可以根據興致拋棄或者撿起. 蔣介石將軍引退時,我依照為人民所接受的中國新憲法的規定,被迫繼承這一空缺. 在美國,有過非常類似的情況,副總統杜魯門繼承了羅斯福的空缺,直到下屆選舉. 在中文裡,「代」的意義是指我的任職時間為從上屆選舉到下屆選舉,它永遠不能被解釋為,代替即將離職的己不再做任何事情的前任總統. 在民主的歷史上,蔣介石的復職是最嚴重的違法行為.他為了自己的目的,在他的聲明裡有意曲解了中國憲法第四十九款。 針對李宗仁的指責,司法院長王寵惠於三月二日出面向記者發表談話,,聲稱蔣總統當年只是「引退」,並非「辭職」即「退身一旁,看看將來怎樣」,現在和談失敗,引退之目的未達,不能視之原因亦已不復存在,因此,自可發表文告,重行視事,而「李代總統」的「代行」職權,也因此當然解除. 2 日下午美國杜魯門總統宴請李宗仁時,稱李為「總統」連「代」字也沒有用.宴會結束後杜魯門帶着李宗仁到小客廳談話,顧維鈞本欲跟進,卻被艾奇遜拉住.艾一面要和顧在廳談話,一面將甘介侯推進小客廳,讓他充當杜、李之間的翻譯.這一切,使李宗仁、甘介侯風光之至. 美國前駐華大使赫爾利發表演說,讚譽蔣中正總統為亞洲唯一卓越領袖. 美國參、眾兩院外交委員會,通過「五千萬美元援華案」 白宮新聞發佈官方聲明說：國務院收到了蔣介石復職的正式通知，美國承認是「中國政府」的首腦.又稱:杜魯門總統無意決定「誰是中國總統這一重要的外交問題」云云. 【李宗仁回憶錄】 「蔣先生已經復職視事」我(李宗仁)身體雖已大致復原,然大陸已全部淪陷,我如貿然回台灣,則無異自投羅網任其擺布.我一旦失去自由,恐欲求張漢卿(張學良)第二也不可得.個人犧牲不足惜然對國脈民命究有何補? 蔣先生三月一日復職,艾奇遜避開顧維鈞大使直接和我派的甘介侯接洽,由杜魯門發出請柬,約我(李宗仁)三月二日至白宮午餐. 我(李宗仁)自紐約乘車抵華府,隨即赴杜魯門宴客的白賴爾莊(Blair House)午餐.顧維鈞聞訊,也臨時飛來華府.宴席圓桌我坐在杜魯門間與艾奇遜之間,甘介侯坐於杜氏之左,美國防部長詹森與顧維鈞則坐於對面.杜氏致歡迎詞,按外交禮節應請顧維鈞大使翻譯,然杜氏一反常例,卻請甘介侯翻譯,席中未與顧氏交談一言. 飯後,杜魯門領我(李宗仁)至餐室隔壁的客廳之外一小客廳內,杜魯門和我傾談很久.他說他一切都了解,來日方長,勸我(李宗仁)務必暫時忍耐,並與他保持接觸.我知道杜魯門已決定應付現實環境,別的也就不必談了.

中華民國		中華人民共和國	紀元	干支	紀要
元首	年號				
蔣中正	**39**	毛澤東	**1950**	庚寅	27 日共軍攻佔政府軍在大陸據點西昌.胡宗南再次飛往海南島逃生. 28 日國軍從西康省西昌、雲南撤往中緬邊界,由李彌將軍指揮,後來一部份部隊撤運來台灣,一部份停留緬甸、泰國邊境. 4.4. 政府成立「大陸災胞救濟總會」 13 日中共通過「婚姻法」 解放軍佔領海南島. 至此,國軍西南夢碎,在大陸再無可守之地了. 14 日國民政府立法院修訂通過「懲治叛亂條例」 17 日國民政府成立「中華婦女反共抗俄聯合會」 20 日台灣成立「防衛司令部」孫立人擔任首任司令 26 日頒布「懲治叛亂條例」嚴格限制台灣民眾與大陸人民交往聯繫 29 日「中國人民救濟總會」在北京成立 「北京廣播電台」更名為「國際廣播電台」 5.1.「中華人民共和國婚姻法」公布實施 中共發出「關于整風的指示」 2 日國軍撤離海南島萬山群島,退守台灣金門、馬祖、澎湖. 美國總統杜魯門向國會保證中華民國在聯合國之合法地位. 9 日中共與瑞典建交 11 日中共與丹麥建交 16 日國軍主動撤退舟山群島,15 萬國軍及大量物資均安全轉運至台灣. 大陸救災總會空投大陸食米三十噸 中共發布「關于全國林業工作的指示」 6.1.中共稱「蔣經國委派李次白秘密前往大陸,試探國共和談問題」後因韓戰爆發而停止停止試探行動. 8 日中共與緬甸建交 6~9 日中國共產黨「第七屆中央委員會第三次全體會議」在北京召開. 17 日中共發布「關于救濟失業工人的指示」 20 日原浙江省主席陳儀以暗通中共策反罪名,被判死刑執行槍決. 25 日「韓戰爆發」北韓受蘇俄嗾使突然進攻南韓.掀起美中韓激烈的韓戰. 及爾後聯合國派兵參加作戰 27 日美國杜魯門總統發表「台灣海峽中立化」宣言: 1. 麥克阿瑟將軍為遠東盟軍統帥支持南韓作戰. 2. 第七艦隊防止任何對臺灣的攻擊,臺灣國民政府停止對大陸軍事行動. 28 日中共發表聲明,對美國第七艦隊駛入台灣海峽進行譴責和抗議. 中共頒布「中華人民共和國土地改革法」 29 日我國向美國表示願派三個師支援韓戰,並派顧維鈞向美國政府交涉. 中共頒布「中華人民共和國工會法」 30 日「中華人民共和國土地改革法」公布實施,1953 年基本結束. 1. 征收富農多餘土地和財產,改變為保存富農經濟. 2. 沒收地主在農村中的一切財產,變為只沒其「五大財產」即沒收地主的土地、耕畜、農具、多餘的糧食、及其在農村中多餘的房屋,但地主的其他財產不予沒收. 3. 增加了對小土地出租者的政策規定. 4. 土地改革法規定:革命軍人、烈士家屬、工人、職員、自由職業者、小販、以及因從事其休職業、或因缺乏勞動力而出租小量土地者,均不得以地主論.

中華民國		中華人民共和國	紀元	干支	紀要
元首	年號				
蔣中正	**39**	毛澤東	**1950**	庚寅	5. 每人平均所有土地數量不超過當地每人平均土地數量 200%者,均保留不動.超過此標準者,得征收其超過部分的土地. 6. 保護中農(包括富裕中農在內)的土地及其他財產不受侵犯. 美國國務卿艾奇遜宣稱「美國艦隊防護台灣,不涉及台灣地位」 7.1.台灣花蓮第一個縣投票選舉縣議員,開民主自由意志選舉先河. 2 日台灣開始實行「地方自治」. 22 日國民黨通「黨的改造方案」成立「改造委員會」「評議委員會」 中共對美國侵略台灣朝鮮發出「告台灣同胞書」 27 日湖南大通湖蓄洪墾殖工程完工,可蓄水 22 億立方公尺,減少長江中下游及洞庭湖沿岸水災. 28 日美國政府任命藍欽為中華民國大使,8 月 10 日抵台就職. 31 日美國遠東盟軍統帥麥克阿瑟將軍訪問台灣,與蔣中正總統協商中美軍事合作,防禦台灣等問題. 8.5.成立「中國國民黨中央改造委員會」勵行黨務改造.以陳誠、張其昀、張道藩、谷正綱、鄭彥芬、陳雪屏、胡健中、袁守謙、崔書琴、谷鳳翔、曾虛白、蔣經國、蕭自誠、沈昌煥、郭澄、連震東為中央改造委員會委員. 麥克阿瑟將軍訪問台灣發表聲明,略以「中美共同保衛台灣與軍事合作,包括台灣、澎湖,不得遭受軍事進攻,為余之責任與堅決之目的」 美國派遣參謀長福克斯為駐華聯絡組長 美國第 13 航空隊進駐台灣協防 中共軍隊進入西藏拉薩 11 日中共通過「關于獎勵有關生產的發明、技術改進、及合理化建議的決定」並發布「保障發明權與專利權暫行條例」 「四角號碼訢詞典」由商務印書館,出版 宋慶齡創辦「中國福利基金會」自任執行委員會主席. 9.6.「華福輪」由香港駛往台灣 14 日中共與瑞士建交 15 日尹仲容擔任生產事業管理委員會副主任委員. 台灣實施地方自治,全台灣劃分為 5 市 16 縣,進行多項地方公職選舉. 楊肇嘉(1892-1976)台中縣清水人,出任台灣省政府民政廳長 20 日美國海軍在公海上強行檢查中共商船 30 日中共針對韓戰事態日益嚴重,中共國務院總理周恩來發表談話「中國決不容忍外國侵略,也不聽任帝國主義對自己的鄰國肆行侵略而置之不理」 「中國經濟學會」在上海成立 10 月中共發動抗美援朝運動,鼓勵參軍組成〔志願軍〕30 萬人進入北韓 1 日蘇聯史大林致電毛澤東,建議中國派遣部隊援助朝鮮 2 日毛澤東復電給史大林,決定派遣志願軍入朝鮮作戰. 3 日「中國人民大學」成立 1~3 日金日成寫信及發電報兩次,請求中國政府出兵支援 8 日東北邊防軍組成中國人民志願軍,任命彭德懷為司令員兼政治委員. 周恩來飛蘇聯莫斯科,同史大林、莫洛托夫商談中國志願軍抗美援朝事宜 10 日中共頒布「關於糾正鎮壓反革命活動的右傾偏向的指示」開始鎮壓反革命運動,1952.10 月基本結束. 14 日中共發布「關于治理淮河的決定」

中華民國		中華人民共和國	紀元	干支	紀要
元首	年號				
蔣中正	**39**	毛澤東	**1950**	庚寅	19日中國人民志願軍從安東(今遼寧丹東)、長甸河口、集安(今屬吉林)、三個口岸,跨過鴨綠江,秘密進入朝鮮,正式開始抗美援朝戰爭,彭德懷擔任司令.1953年7月27日宣告停戰. 26日西藏解放,中共軍隊進駐拉薩 27日中共任弼時於北京病逝 28日中共與芬蘭建交 中共發布「鎮壓反革命運動的指示」 中共制訂「婚姻法」中國社會家庭生活發生重大變化 11月中共政務院頒布「城市郊區土地改革條例」 4日中共和各民主黨派聯合宣言「抗美援朝,保家衛國」 6日治淮委員會在蚌埠成立,曾山任主任. 8日中共公安部武裝警察部隊領導機構在北京成立. 16日中共照會印度「解放西藏是中國的內政,任何人都不得干涉」 12月美國共和黨領袖杜威等委員要求美國政府給予我國軍援,支援我軍事行動 蔣總統對「美國新聞及世界報導」說:「美國應採積極政策,援助遠東,撲滅赤禍,不宜再要求我國停止對大陸之攻擊.」 劉健群當選中華民國立法院院長,黃國書當選副院長 1日『蔣公日記』韓戰淚烈戰爭中,「杜魯門與美國朝野主張對中共使用原子彈,應設打破之」 蔣總統曾託人轉告美軍統帥麥克阿瑟:「韓戰挫折甚念,如需中國力之處,無不竭效勞,願共成敗.」但一聽到杜魯門有用原子彈對付中共的「考慮」,還是堅決反對,其原因,據『蔣公日記』自述,是因為覺得此法「不能生效,因其總禍根乃在俄國也.」 「人民出版社」在北京成立. 2日台灣省政府宣布自1951年開始將實施「公地放領」「扶植自耕農」 11日中共公布「革命烈士家屬、革命軍人家屬優待暫行條例」、「革命殘廢軍人優待撫恤暫行條例」、「革命工作人員傷亡褒恤暫行條例」、「民兵;民工傷亡撫恤暫行條例」 19日中共發出布告取締「一貫道」及所有幫會道門. 20日臺灣大學校長傅斯年腦溢血去逝,享年55歲. 28日中共發布「關于管制美國在華財產凍結美國在華存款的命令」1979年5月中共與美國達成「關于解決資產要求的協議」並於1982年前後陸續清償完畢. 29日中共通過「私營企業暫行條例」 中共在全國各地展開「三反」、「五反」、「鎮壓反革命」運動,利用低下層社會地痞、流氓、二流子、狗腿子,以殘酷慘無人道「聯席會、控訴會、公審會、鬥爭會」等方式拷問,搜括民間金銀財寶、槍枝武器、財物,大肆捕殺地方紳士、地主、土豪列紳、惡霸、幫會頭子、及曾在國民政府和國軍部隊任職過的官員,與所謂之「國特」. 農村中則開始「減租、退押」「清算鬥爭」「土地改革」多數地主多被關進監獄,婦孺兒童,掃地出門.將人民劃分各不同階級,亂扣「帽子」如地主、富農、中農、貧農、惡霸,分成紅五類、黑五類等,以階級鬥爭手段,清除異己.毛澤東提出鎮反工作方針要「穩、狠、準」. 國軍潛入大陸游擊隊人員,在大陸各地起事,大多失敗,陸續被中共處決. 馬英九(1950.7.13.~)湖南湘潭(又說衡山)人,美國紐約大學碩士,哈佛大學法學博士,當選中華民國總統,對兩岸關係主張「不統,不獨,不武」.積極推動兩岸經貿往來,發展民間往來.

中華民國		中華人民共和國	紀元	干支	紀要
元首	年號				
蔣中正	**39**	毛澤東	**1950**	庚寅	葉金川(1950.6.29.-)國立台灣大學公共衛生研究所碩士,美國哈佛大學流行病學碩士,曾任衛生署技正,技監,處長,署長,台北市副市長.台灣SARS期間,醫師護士多有感染,和平醫院封院,進入醫院協助搶救SARS病人. 郭台銘(1950.10.18.-)中國海事專科學校半工半讀畢業,由業務員,小型模具工廠,而成鴻海事業王國,業務遍全世界各國.因其弟死於癌症,其捐資各大醫院,與建研究室發展醫學,又從事社會慈善事業濟助,都不遺餘力,廣受其益..

中華民國		中華人民共和國	紀元	干支	紀要
元首	年號				
蔣中正	**40**	毛澤東	**1951**	辛卯	1.1.台灣日月潭成功實驗「人造雨」 國防部聯勤總司令部,為整軍建軍之意旨,改訂「補給到家」辦法. 我循日本要求,允許其派遣海外代表駐台. 聯合國大會美國代表葛羅斯聲明:「凡討論台灣之任何國際會議,如無中華民國政府參加,美國均不出席」 7日無黨籍台南人吳三連當選台北市第一任市長. 15日「中國人民解放軍軍事學院」在南京成立.劉伯承任院長兼政治委員 16日國民政府成立「行政院設計委員會」,以光復大陸為重建工作. 20日中共接收美國津貼的「私立協和醫學院」 2月聯合國大會政治委員會譴責中共為侵略者. 美國務卿杜勒斯,在東京訪問我駐日代表團何世禮團長交換對日和約意見 美國援韓盟軍統帥麥克阿瑟將軍,向美國聯合參謀首長聯席會議建議,以中華民國部隊用於韓國或其他地區. 美國國務院、國防部批准以五千萬美元軍援我國. 4日中共發布「關于沒收戰犯、漢奸、官僚資本家、反革命分子財產指示」 10日中美簽訂共同防衛相互助協定. 21日中共頒布「中華人民共和國懲治反革命條例」 1951.2.23及1953.1.26.中共相繼通過「中華人民共和國勞動保險條例細則修正草案」 3月麥克阿瑟將軍主張以韓境聯軍行動,渡過鴨綠江,擴展至中國大陸內部地區. 我外交部長葉公超聲明:不承認中共蘇俄簽訂之「鐵路聯運協定」 6日中共對國營企業實施經濟核算制管理. 17日四川資陽黃鱔溪出土「資陽人」頭骨化石. 23日中共通過「中華人民共和國暫行海關法」 4.11.美國盟軍總司令麥克亞瑟將軍,主張使用中華民國軍隊,及渡過鴨綠江,擴展戰爭至中國內陸,被杜魯門總統下令解除麥克阿瑟將軍一切職務,由李奇威上將繼任. 美國政府宣布對華政策不變,但反對使用中華民國軍隊參加韓戰. 美國防派遣軍事顧問團至台灣,協助加台灣防務,以抵抗任何中共之攻擊. 行政院「對日和約」覆文美國政府: 1. 中國政府本諸對日寬大政策,不堅持賠償要求,非完全放棄要求賠償. 2. 台灣、澎湖未來地位,開羅、波茨坦宣言中確切決定. 3. 對日本為本身防禦而重行武裝時,中國政府不予反對. 4. 中共對日和約上,無何權利. 12日國民政府公布「奢侈品買賣辦法」厲行戰時生活. 27日中共「中國青年報」創刊 5月美國總統杜魯門特別代表魏德邁訪華提出報告書. 美國在台灣成立「美軍事顧問團 MAAG」(Military Assistance Advisory Group),美國陸軍少將蔡斯(W.C.Chase)擔任首任美軍駐華顧問團團長. 美國前聯軍統帥麥克阿瑟將軍在參院外交委員會中讚譽蔣中正總統為遠東方面反共之偉大象徵,呼籲美國支持中華民國. 行政院會議通過:「台灣省放領公地扶助自耕農辦法」 1日中共中央發出「全黨全軍開展整風運動」指示:鞏固和發展黨的組織,加強黨和人民群眾的聯系,開展批評和自我批評等 2日美國軍事顧問團開始作業. 18日聯合國通過美國提案「對中國實行全面經濟封鎖」 21日中共和巴基斯坦建交

中華民國		中華人民共和國	紀元	干支	紀要
元首	年號				
蔣中正	**40**	毛澤東	**1951**	辛卯	23日中共與西藏簽訂「17條協議」西藏放棄獨立,中共允許「西藏自治」 30日中華民國立法院通過「台灣公地放領」辦法 6.1.中共號召,動員全國男女老少,和各階層人民開展捐獻飛機大炮運動 4日台灣「青年黨」進行改造 11日中共「中央民族學院」成立 18日蔣總統為對日和約問題,正告中外記者:我國對日抗戰最早,犧牲最大,貢獻最多,為聯合國承認之唯一合法政府.對日和約,如無中國參加,不獨對中國為不公平,抑且使對和約喪失其真實性,並在盟國共同作戰之歷史上,永留不可洗滌之錯誤,其責任之重,影響之大,加深遠東局勢之混亂,更種下世界未來之無窮禍根. 23日蘇聯駐聯合國安理會代表馬立克發表演說,朝鮮戰爭交戰雙方,應該談判停火與休戰,軍隊撤離38度綫. 25日立法院通「三七五減租政策條例」公布實施 30日韓戰遠東軍美國總司令李奇威發表聲明,同意進行停火談判. 7.1.中華人民共和國與朝鮮表示對韓戰同意舉行停戰談判 美國公布「對日和約修正案」 我外交部長葉公超為「對日和約修正案」未將我國列入簽字國,向美國政府提出嚴重抗議. 美國紐約州長杜威來台灣訪問,拜謁蔣中正總統交換遠東問題意見. 16日中共公安部公布「城市戶口管理暫行條例」 「中國史學會」成立,主席郭沫若,副主席吳玉章、范文瀾 8月行政院會議通過「台灣省土地改革辦法」推行「公地放領」 中共「大漢輪」船員起義來歸. 9.4.日本與美國等48國簽訂【**舊金山和約**】簽字.聲明放棄對台灣、澎湖主權 外交部葉公超告合眾社記者,中國願與日本簽訂雙邊和約,其條件必須與舊金山多邊和約之條件相同.並正告日本,勿與中共締約. 8日美國等48國與日本簽署舊金山和約,日本聲明放棄對台灣、澎湖主權. 18日周恩來聲明「舊金山會議簽訂的(對日和約)中國絕不承認」 10.1.中共施行「關于改革學制的決定」 外交部同意日本在台北設海外事務所. 25日韓戰停戰協定,由中共、美國、韓國三國在韓國板門店召開 26日中共人民解放軍進駐西藏拉薩 11.18.台灣投票選舉台灣省臨時議會議員共55名. 26日「中國人民保衛兒童委員會」在北京成立. 30日李友邦因匪諜案被捕,翌年滄決. 中共發出「關于在學中進行思想改造和組織清理工作指示」 12.1.台灣「臨時省議會」成立,黃朝琴、林頂立分任正、副議長. 中共中央發出「關於實行精兵簡政、增產節約、反對貪污、反對浪費、和反對官僚主義的決定」 中共在全國展開「三反」運動,1952.10月結束. 7日中共宣佈「反貪污、反浪費、反官療主義」三反政策. 11日台灣省第一屆臨時省議會成立. 26日中共政務院文化教育委員會議決定成立「中國文字改革研究委員會」 日本首相吉田茂向美國保證不承認「中共」並願與我訂立兩國正常關係條約 李彌部隊國軍反攻雲南省十多縣市,佔領一段時間後撤回緬甸

中華民國		中華人民共和國	紀元	干支	紀要
元首	年號				
蔣中正	**40**	毛澤東	**1951**	辛卯	陳水扁(1951.2.18.)台灣台南官田人,國立台灣大學法律畢業,台灣總統選舉,國民黨內部分裂,漁翁得利陳水扁當選總統,其不珍惜得來不易,貪污舞弊,謀求不法利益,所得贓款新台幣逾數十億,可以與清朝和珅貪瀆齊名,經起訴法院判刑 17 年,現正入監服刑中., 陳建仁(1951.6.6.-)流行病學家,中央研究院院士,曾任行政院衛生署署長.國科會主任委員.中央研究院副院長. 陳樹菊(1951.-)一個小菜販,長年吃素,將生意贏餘所得,投資興學,建圖書館,曾獲菲律濱「麥克塞塞獎」並將獎金又轉贈學校,及地方政府,展現出人類的光輝.,她不凡的慷慨 張藝謀(1951.11.14.-)陝西西安人,著名電影導演,獲美國波士頓大學、耶魯大學榮譽博士學位.所導演影片,多獲國際獎.

中華民國		中華人民共和國	紀元	干支	紀要
元首	年號				
蔣中正	**41**	毛澤東	**1952**	壬辰	1.1.毛澤東號召「反貪污、反浪費、反官僚主義的鬥爭」 日本政府宣布日本願依舊金山和約之原則與中華民國締結和約. 聯合國大會及政治委員會通過中華民國「控訴蘇俄違約案」 4日中共發出「三反運動」統一思想,統一認識,自我坦白,檢舉貪污行為. 5日毛澤東批准「軍事整編計劃」又中共發動「五反」揭發「五毒」運動 中共「中國文字改革研究委員會」召開成立大會 12日監察院彈劾前副總統李宗仁失職案 26日中共限期展開【五反】鬥爭的指示」「一.反行賄、二.反偷漏稅、三.反盜騙國家財產、四.反偷工減料、反盜竊經濟情報」五反運動. 2.3.中共發出「【三反】運動應和【整黨】運動結合進行」 11日聯合國大會通過505號決議,譴責蘇聯協助中國共產黨在國共內戰中,反叛中華民國政府. 20日中日和約在台北開始會商內容. 3月張道藩當選立法院院長　核准實施軍事主官任期制度 8日中共嚴重抗議美國駐韓部隊使用細菌武器屠殺中國人民,侵犯中國領空 11日中共公布「處理貪污、浪費、及克服官僚主義錯誤的若干規定」 21日宋慶齡、郭沫若、馬寅初等11人聯合發電,建議召開「亞洲及太平洋區域和平會議」6月3~6日及10月2~13日分別在北京召開. 4月監察院投票同意賈景德為考試院院長、羅家倫為副院長, 5日荊江分洪工程正式開工,6月20日竣工. 21日中共公布「中華人民共和國懲治貪污條例」 28日中華民國與日本簽訂「中日雙邊和約」由我國代表葉公超,與日本代表河田烈在臺北簽字,8月5日開始生效. 「三藩市和約」生效,日本承認朝鮮獨立,放棄台灣、澎湖等列島. 5月美國杜魯門總統拒絕中共所提強迫遣返韓戰戰俘之要求. 美國太平洋艦隊司令雷德福上將訪台稱:美國對台灣及菲律賓之協助,已劃規其總部. 10日香港「大公報」被香港英國當局勒令停刊. 6.6.毛澤東批示「打倒地主階級、官僚資產階級,對民族資產階級的政策,是團結改造的政策」 20日中華民國政府公布台灣「扶自耕農條例」 27日中共公布「管制反革命分子暫行辦法」及「國家工作人員公費醫療預防的指示」 7.1.由瑞典、法、英、意、巴西、俄組成之「調查韓戰中細菌戰事實國際科學委員會」在北京成立.錢三強任聯絡員. 蔣總統告美聯社記者:「對中共採積極措施,不會觸發世界大戰,反攻大陸,毋須外來人力及地面部隊之援助.」 中共穿越巴蜀的「成渝(成都到重慶)鐵路」(1950.6~1952.7.)通車 25日中共通過「關于勞動就業問題的決定」 8月正式批准「中日和平條約」 國民政府裁撤駐日表團, 張群代表赴日友好訪問 中共成立「地質部」李四光(1899~1971)擔任部長. 7日中共調整中央和地方人民政府機構. 9日中共發布「中華人民共和國民族區域自治實施綱要」 14日中共公布「受災農戶農業稅減免辦法」 17~9.22.周恩來訪問蘇俄,公布「中蘇關于中國長春鐵路移交給中華人民共和國公告」及兩國「關于延長共同使用中國旅順口海軍根據地期限換文」

中華民國		中華人民共和國	紀元	干支	紀要
元首	年號				
蔣中正	**41**	毛澤東	**1952**	壬辰	9月政府宣布「中蘇友好同盟條約」失效,並向聯合國提出「控蘇案」聯合國大會會議通過譴責蘇聯. 俄發表「中共蘇俄談判公報」俄軍繼續長駐旅順. 17日國民政府立法院審查通過「鼓勵華僑投資辦法」 中共提出「過渡時期總路綫」 10月蔣中正接受美國博俊大學贈與之名譽法學博士學位. 1日中共成立「中國新聞社」 7日中共飭令全國高等學校開設馬克斯列寧主義、毛澤東思想課程. 10日中國國民黨在臺北舉行第七次全國代表會議. 25日中共「三反」「五反」運動結束.(該運動自1951年開始歷經兩年結束) 31日台灣成立「中國青年反共救國團」蔣經國擔任主任. 中國農村復興委員會在農村推行「四健會」從事農村組織和教育方法 11.11.美國第一顆氫彈在太平洋試驗成功. 慶賀美國艾森豪威爾當選總統,尼克森當選副總統. 15日中共「國家計劃委員會」成立,高崗任主席,鄧子恢任副主席. 12月「年達」輪自香港起義,駛抵金門. 10日台灣制定「四年經濟發展計劃」 11日中共頒發「國民兵組織暫行條例」 16日台灣嚴禁學校使用日本語言與台灣話教學. 國軍反攻福建南日島成功,俘獲島上多名解放軍後,安全撤退. 26日1949年大陸失敗『蔣公寫下反省十三條』不怨天尤人,只戴罪補過,以求自贖.其要點如下: 一. 外交失敗: 世界上只有強權,毫無信義.蘇聯反覆無常,毒辣殘忍,美國有頭無尾,輕諾寡信.英國陰險狡詐,惟利是圖. 二. 軍事崩潰: 教育人事制度不健全,沒有中心思想,紀律蕩然,監察政工政訓失敗. 三. 組織不嚴、紀律鬆懈、黨內分裂、派系傾軋,中共滲透,盜竊製造謠言,瓦解軍心,是革命失敗的主因. 四. 金融政策失敗,是軍事崩潰的「總因」. 五. 民主憲政時期制度選舉等,錯學美國民主「束縛軍政,無法剿匪」 六. 本身的驕矜、憤懣、自恃、忙迫,不能澹敬虛心,全憑主觀行事,「輕浮躁急」 七. 幹部制度不立,幹部腐化自私,競相接收敵偽物資,瘋狂地掠奪財富,特別是「票子、房子、車子、金子、女子(五子登科)」 八. 自己個性太強,凡大小政策,無不自信自決,以致無人進言,不能集思廣益,折中至當.未能謀之於眾,以致鑄成大錯. 九. 不研究、不學習、不注重客觀、視為對自身的批評.「不能實事求是,精益求精,求深求實,做出科學決策.」 十. 用人過於寬大、寬容.「對人不校」「用人無方」.李濟深、陳銘樞、白崇禧、李宗仁「偽言偽行」發展成「軍事桂系及政治派系」「背黨叛國」「叛徒」「誤國」. 十一. 幹部誤國,管教不嚴,制度不立,未有嚴格監督.黨政機構守舊,腐化,只重做官,不注意實行三民主義. 十二. 無組織、無宣傳、無監察、無賞罰、無秘密、無偵察、不科學、不前進、無策略、無輕重. 十三. 未能「宣傳」社會經濟政策與民生主義.這是「唯一致命傷」. 28日台灣發生〔鹿窟事件〕 31日中共「改變分配制度」、「工資制度」

中華民國		中華人民共和國	紀元	干支	紀要
元首	年號				
蔣中正	**41**	毛澤東	**1952**	壬辰	許惠祐(1952.11.2.-)台灣南投縣人,政治大學博士,德國慕尼黑大學進修,司法人員特考及格.曾任法官,副教授,陸委會副主任委員,海巡署署長,國家安全局局長,

中華民國		中華人民共和國	紀元	干支	紀要
元首	年號				
蔣中正	**42**	毛澤東	**1953**	癸巳	1.1.國民政府開始實施第一次「四年經濟建設計畫」 中共開始執行「第一個五年計劃」 23 日台灣西螺大橋通車 26 日台灣公佈「實施耕者有其田條例」 台灣雲林跨越濁水溪的「西螺大橋」通車,全長 1,900 公尺 2.2.美國艾森豪總統對美國國會諮文,解除台灣中立化,第七艦隊廢除台灣海峽從事「中立巡邏」 25 日政府正式宣佈廢止「中蘇友好同盟條約」及其附件 3.1.中共公布「中華人民共和國選舉法」 美國相繼有空軍部長史巴茲、魏蘭上將,及韓境聯軍最高統帥克拉克將軍來訪,洽談中美軍事合作問題 美國民主黨領袖史蒂文生來訪.　　　蔣宋美齡夫人訪問美國 5 日蘇聯史大林逝世 4.10.吳國楨辭去台灣省政府主席. 流亡美國 24 日台灣省政府公佈「耕者有其田」實施辦法 5.9.~11 日「中國伊斯蘭教協會」在北京成立 5.30.~6.3.「中國佛教協會」在北京廣濟寺舉行成立大會. 6 月美援第一批噴射機飛抵台灣 8 日韓戰談判達成戰俘遣反協議 (1953.6.15-)習近平,在北京出生,祖籍陝西平縣,父親是中國共產黨元老習仲勳,文化大革命時,曾被下放到農村勞動,清華大學畢業,歷經重要職務有福建省委書記,省長,中國共產黨總書記,中華人民共和國主席.作事明快果斷,克苦耐勞,有魄力,低調沉穩,整肅貪瀆不遺餘力. 7 月美國太平洋艦隊新任司令史敦普上將訪華 16 日一萬餘名國軍襲福建東山島,17 日撤退,是為「東山島戰役」 25 日韓戰停戰,聯軍在板門店簽署協定,劃 38 度線分隔朝鮮和韓國非軍事區. 27 日「韓戰停戰協定」美國、中國、朝鮮在板門店簽字,韓戰結束.聯合國軍隊死亡 36,574 人,受傷 103,284 人. 8 月中共高崗、饒漱石進行反對劉少奇、周恩來活動,挑撥中央領導成員關係 11 日中共批准「衛生部修訂避孕與人工流產辦法」 17~9.22.周恩來、陳雲、李富春等訪問蘇聯. 19 日「中華人民共和國藥典」出版 9.10.~14 日國防部總政治部主任蔣經國應邀赴美訪問 26 日國畫大師徐悲鴻去世 10 月中共實施「糧食統購統銷」對油料、棉花、和棉布,實行「計劃收購」、和「供應」 14 日「上海印刷學校」創辦. 30 日國民黨元老吳敬恆逝世 11.8.~12 日美國副總統尼克森訪問中華民國 27 日韓國李承晚總統來訪 12 月美國參謀首長聯席會議主席雷德福上將,國務院主管遠東事務助理國務助卿勞勃森來台,協談進一步中美合作事宜. 台灣「南瀛文獻」創刊,由吳新榮擔任主編 中共作出「關於發展農業生產合作社的決議」全國展開農業合化運動 國軍反攻東山島失敗 31 日周恩來總理會見印度代表團,提出和平共處五項原則:「互相尊重領土完整、互不侵犯、互不干涉內政、平等互利、和平共處」

中華民國		中華人民共和國	紀元	干支	紀要
元首	年號				
蔣中正	**43**	毛澤東	**1954**	甲午	1 月蔣總統應邀參觀美國第七艦隊在台灣海峽之軍事演習 『1 月 23 日(123)自由日』韓國 14,209 人反共義士唾棄共產主義,幾經週折,終於由聯合國盟軍軍艦轉送來台灣,重獲自由,政府明定是日為「自由日」 25 日中共江青等四人幫,被判死刑. 2.6.~10.中國共產黨七屆四中全會在北京舉行 19 日中華民國國民代大會選舉蔣中正為總統,罷免李宗仁副總統職務, 26 日吳國楨事件引起爭議,3 月 17 日遭到撤銷吳國楨一切職務. 中共「高崗、饒漱石事件」 3.1.美國在馬紹爾群島試爆第一枚氫彈. 14 日內政部核定台灣九族原住民名稱:「泰雅、賽夏、布農、曹、魯凱、排灣、卑南、阿美、雅美」等九個名字. 4.1.美國氫彈試爆成功,威力相當 1500 萬噸 TNT. 25 日周恩來率領代團參加「日內瓦國際會議」簽訂「印度支那停戰協議」 5..20.蔣中正就任中華民國第二任總統,陳誠為副總統,張群為總統府秘書長,俞鴻鈞為行政院長, 6.3. 任命嚴家淦為臺灣省主席. 桂永清為參謀總長 美國總統艾森豪特使符立德上將來訪,協談中美相關問題. 我海軍在台灣海峽截獲蘇俄「陶甫斯」號油輪. 25~29 日中共周恩來應邀出訪印度、緬甸. 7.6. 台灣實施「外國人投資條例」 任命周至柔為國防會議秘書長 設置「光復大陸設計研究委員會」副總統陳誠兼任主任委員. 在台北成立「亞洲人民反共聯盟中華民國總會」 本年度開始實施「大專聯考」制度 7 日中華民國立法院通過「外國人投資條例」 17 日台灣成立「大陸設計委員會」陳誠兼主任 26 日中共首批飛機製造成功 31 日「亞洲反共同盟中國總會」成立,谷正綱任會長 8 月台灣公佈「實施都市平均地權條例」 10 日中共公布「外國僑民居留登記及居留證簽發暫行辦法」、「外國僑民旅行辦法」、「外國僑民出境暫行辦法」 9.3.中共為反對美國對台灣簽訂的「中美共同防禦條約」於 9 月 3 日下午 4~6 點大舉砲擊金門,即所謂之「金門炮戰」1979 年國防部長徐向前宣布完全停止炮擊 8 日美、英、法、新西蘭、澳大利亞、菲律賓、泰國、巴基斯坦等國建立「東南亞條約組織」該「東南亞防禦條約」簽訂,台灣未包括在內. 10 日美國國務卿杜勒斯、美國陸軍參謀長泰勒上將先後來訪,討論中美合作事宜. 蔣總統接受委內瑞拉共和國總統贈勳. 任命蔣經國為國防會議副秘書長 15~28 日中共在北京召開「第一屆全國人民代表大會第一次會議」 20 日中共公布「中華人民共和國憲法」 賈藍坡等人在山西襄汾丁村舊石器時代中期遺址發現三枚人類牙齒化石和各類脊椎動物化石. 艾森豪總統派蔣總統朋友史普霍華德報系老闆羅伊、霍華德(Roy Howard)來訪,力勸蔣總統從金門、馬祖撤軍,蔣總統嚴正聲稱,固守金門,關係台灣防務『不固金馬,國家將會沉淪.』

中華民國		中華人民共和國	紀元	干支	紀要
元首	年號				
蔣中正	**43**	毛澤東	**1954**	甲午	27日中共成立「中華人民共和國國務院」,替代「中央人民政府政務院」 28日中共成立「軍事委員會」毛澤東任主席,彭德懷主持日常工作. 中共公布「全國中民代表大會組織法」 9.29.~10.12.蘇聯赫魯雪夫訪問北京,發表「中蘇會談公報」公布兩國政府共同簽訂的有關文件. 中共成立「國防委員會」國家主席擔任該會主席,1975年該機構撤銷. 10.1.「中國人民建設銀行」成立 5日中共與挪威建交 美國主管遠東事務助理國務卿勞勃森來謁,洽談中美有關問題. 11月設置「行政院國軍退除役官兵委員會」嚴家淦任主任委員. 我海軍「太平艦」在大陳海面巡戈,遭中共魚雷快艇擊沉. 12日中共與印尼在北京舉行關于雙重國籍問題的談判 14日中華民國海軍「太平號軍艦」被中共海軍擊沉. 19日中共與荷蘭建交 12.3.中國代表葉公超與美國國務卿杜勒斯,在華盛頓簽訂「中美共同防禦條約」並與美國參謀首長聯席會議主席雷德福上將檢討軍事情勢. 中共政協第二屆第一次會議選舉周恩來為主席,毛澤東為名譽主席. 8日周恩來發表聲明「中美共同防禦協定」是非法無效的. 11~28日中共與蘇聯舉行第一次技術合作會議 25日康藏公路、和青藏公路全綫通車. 31日中共通過「公安派出所組織條例」、「城市居民委員會組織條例」、「街道居民委員會組織條例」 國立政治大學、及東吳大學相繼在台灣復校 中共成立「胡適思想批判討論工作委員會」 中共成立「中國文字改革委員會」主任委員吳玉章,副主任委員胡;愈之.1985年改名「國家語言文字工作委員會」 楊泮池(1954.2.8.)台灣大學醫學博士,曾任台大醫院院長,中央研究院研究員,院士,國立台灣大學校長.專長內科. 成龍(陳港生)(1954.4.7.-)山東臨淄人,名武打電影明星,世界聞名,自導自演「笑拳怪招」尤為人稱道. 李安(1954.10.23.-)台灣屏東人,美國伊利諾大學戲劇系畢業,所導演影片,,多獲美國奧斯卡金像獎,法國金首獎,成為世界名導演. 林青霞(1954.11.3.-)山東青島人,名演員,憑「窗外」影片走紅,尤拍抗戰「八百壯士」「滾滾紅塵」獲得亞太影展最佳女主角,金馬獎.

中華民國		中華人民共和國	紀元	干支	紀要
元首	年號				
蔣中正	**44**	毛澤東	**1955**	乙未	1.1.中共頒布「對國民黨軍起義、投誠人員的政策及獎勵辦法的通告」 解放軍軍官由供給制改為「薪金制」.士兵仍實行供給制,視情發給獎金. 5~11日聯合國秘書長哈馬紹爾德訪問;北京 10日中共以百餘架飛機,竟日在浙江大陳島投擲300餘枚炸彈,然中共有二架飛機被擊落. 政府將島上軍民全部撤退來台灣 中共與南斯拉夫建交 20日「一江山陷落」中共手中.一江山位於浙江沿海與上大陳之間,面積1.5平方公里,全島是礁岩,無淡水,無草木,也無居民.一個孤立小島,中共發動攻擊,出動戰機三百架次,海軍大小艦艇兩百艘,配合大口徑海岸炮,連續猛烈轟擊三天兩夜,一江山成為焦土時,中共旋踵採用「人海戰術」一波波渡海登岸,再用火焰噴射器,地毯式燒殺.國軍堅守陣地,抵死不退,在無增援下,1955.1..20.一江山陷落,指揮官王生明上校司令(後追升中將)飲彈自盡,參謀長王日誥,政治部主任孫剛甫等及720名官兵,慘烈犧牲,震驚國人,揚名世界.美國顧問團團長蔡斯將軍,肅然向生明夫人恭行軍禮致敬. 中共與阿汗建交 中共展開批判「胡風思想」運動. 24日美國艾森豪總統致國會諮文「授權緊急協防台灣、澎湖」 29日美國參眾兩院通過「協防台灣法案」艾森豪總統立即簽署成為法案. 31日中共公布「漢字簡化方案」正式實施 2月美國國務院宣稱：任何討論台灣問題之會議,倘無中華民國代表出席,美國決不參加. 我海空軍聯合在台山海域擊沉中共潛水艇一艘,砲艇五艘,登陸艇八艘 6日台灣撤退大陳島上軍民. 8日中共頒布「中國人民解放軍軍官服役條例」 12日蔣中正抨擊聯合國的停火建議和「兩個中國」的主張,聲稱只有一個「中華民國」國民黨絕不放棄返回大陸的權. 16日台灣省政府公布「對外貿易新辦法」 3.1.台灣開始實施全國「**全民健康保險制度**」. 15日前東北剿匪總司令衛立煌,安徽省合肥縣衛楊村人,1897年生.在大陸易手前,偕夫人離開南京寓所,在上海乘英國輪船到達香港,五年寓公後,轉道澳門,驅車直奔廣州投奔中共.下車立即發表「告台灣袍澤朋友書」. 17日毛澤東回應拍電報給衛立煌「衛俊如先生:三月十六日電報收到.先生返國,甚表歡迎,盼早日來京,藉圖良晤,如有興趣,可沿途看看情況,於月底或下月初到京也是好的.」 衛立煌於1938年4月曾訪問過延安會見毛澤東、林彪等人,參觀抗日軍政大學,接受熱情殷勤款待.衛在西安前敵指揮部,手諭批發中共十八集團軍步槍子彈百萬發,手榴彈25萬枚,牛肉罐頭180箱,這些舉措是空前的是年秋,衛立煌對蔣委員長因人事案不滿,心生異念,曾託中共某秘書要他去西安中共辦事處探詢:衛立煌能不能加入中國共產黨.這可視作衛立煌與中共關係絕妙註腳.是蔣總統對高級將領考核不實不可彌補的錯失. 21~31.中國共產黨全國代表會議在北京召開 25日「中國農業銀行」在北京成立 30日美國總統艾森豪為防中共進犯台灣,宣布協防金門、馬祖. 中共開除高崗、饒漱石黨籍,並撤銷其黨內外一切職務. 用外文出版的「北京周報」創刊 4月美國陸軍部長史蒂文茲來台協商中美有關問題 美國第七艦隊在台北設立「台灣聯絡中心」

中華民國		中華人民共和國	紀元	干支	紀要
元首	年號				
蔣中正	**44**	毛澤東	**1955**	乙未	中共周恩來率領中國代表團出席「萬隆亞非會議」 4 日中共補選鄧小平、林彪為中央政治局委員. 11 日中共出席「亞非會議」代表團飛機被炸失事,機上人員全部遇難. 18~24 日周恩來參加在印尼萬隆召開的 29 國「亞非會議」 5 月美國太平洋艦隊總司令史敦普上將來台灣訪問 13 日至 6 月 10 日毛澤東判定胡風等人是「暗藏反革命派,一個地下獨立王國」 【孫立人案】孫立人舊屬郭廷亮以「匪諜」到台灣「策反」罪名被捕,1956.9.29.被判處死刑,隨後赦免改為無期徒刑.因案受牽連被判刑者 35 人,株連受審者 120 餘人.後來出獄者多晚景淒涼. 8 日蘇聯駐旅順口地區的部隊撤回蘇俄本土.將該地設備無償移交中國 6.1.中共「中國科學院學部」成立 12 日台灣成立「石門水庫籌設委員會」陳誠任主任委員 14 日中共發出「國家機關工作人員實行工資制待遇的通知」 22 日中共公布「建立經常戶口登記制度的指示」 7.1.中共中央發出指示：在全國開展肅清反革命運動 中共發布「傳染病管理辦法」 (1955.7.17.-)李克強,安徽定遠縣人.北京大學法律系博士,曾任遼寧省委書記,行事低調鴨子划水默默耕耘,擔任國務院總理,外出巡視工作食宿簡樸. 30 日中共頒布「中華人民共和國兵役法」 8.1.美國駐烏阿歷克西斯約翰和中共大使王炳南在日內瓦舉行會談.美方企圖單方面降低會談級別,會談陷入僵局而中斷. 中共與尼泊爾建交 總統府參軍長孫立人因郭廷亮牽涉匪諜案,引疚辭職被幽禁,政府組成陳誠等九人小組調查. 20 日孫立人遭解除軍職,開始軟禁長達 33 年 25 日中共公布「市鎮糧食定量供應暫行辦法」 9.23.行政院俞鴻鈞嚴正聲明:中共蘇俄串謀「新疆自治」一切均屬無效. 27 日中華人民共和國主席以抗日戰爭、國共內戰、以及建國中功績顯著的十人頒授十大元帥,朱德、彭德懷、林彪、劉伯承、賀龍、陳毅、羅榮桓、徐向前、聶榮臻、葉劍英等十人. 10.1.中共成立「廣西、寧夏、西藏三個自治區」 3 日中國民民黨在台北召開「第七屆六中全會」強化地方自治,實施土地改革等工作方針. 4~11 日中共七屆六中全會通過「農業合作化問題的決議」興起合作高潮. 8 日中國科學家錢家森從美國回到北京 10~20 日「水土保持」工作會議在北京召開 20 日美國國務卿杜勒斯應邀訪問金門 21 日「孫立人郭廷亮匪諜案」,蔣總統以孫立人抗戰有功,特准自新,毋庸議處. 11 月美國太平洋艦隊總司令史敦譜來台商談中美軍事合作事宜. 19 日台灣實施「華僑歸國投資條例」 12 月美國眾議院委員會主席薩布勞基等人來台訪問,就當前局勢交換意見 中共掀起全國農業合作、手工業改造、資本主義工商業改造政策. 12.19.中共「中醫研究院」成立 21 日中共通過「國家機關工作人員退休、退職、病假期間待遇暫行辦法」和「工作年限計算暫行規定的命令」 「北京兒童醫院」建院

中華民國		中華人民共和國	紀元	干支	紀要
元首	年號				
蔣中正	**44**	毛澤東	**1955**	乙未	劉曉波(1955.2.28.-)吉林長春人,獲諾貝爾和平獎. 莫言(1955.2.17.-)山東高密人,獲諾貝爾文學獎. 馬友友(1955.10.7.-)浙江寧波人,華裔美人,大提琴演奏家,曾在世界巡迴演奏,尤以在美國白官演出,有艾森豪總統,及甘迺迪總統,歐巴馬總觀賞,更為榮耀.哈佛大學授予名譽博士學位.

中華民國 元首	中華民國 年號	中華人民共和國	紀元	干支	紀要
蔣中正	**45**	毛澤東	**1956**	丙申	1 月美國空軍部長鄺爾斯及參謀首長聯席會議主席雷德福上將來台,協談中美合作事宜. 美國協助我國成立九個預備師. 杜勒斯國務卿在華府指出,中共如侵金馬,即視為進犯台灣 中共中央召開「關於知識分子問題的會議」,會後全國出現「向科學進軍」新風氣. 1 日中共「解放軍報」創刊 9 日中美簽訂成立九個預備師,由美國提供裝備和訓練 2 月毛澤東提出「雙百」方針 10 日中共推廣普通話工作委員會成立. 22 日中共在北京成立「中國聾啞人福利會」 28 日旅日華僑廖文毅等人在東京成立「台灣共和國臨時政府」 3 月美國國務卿杜勒斯訪華,舉行會議. 14 日中共成立「科學規劃委員會」主任陳毅,副主任李富春、郭沫若、薄一波、李四光,秘書長張勁夫. 15 日中共在北京成立「全國掃除文盲協會」 4 月蔣經國就任「行政院國軍退除役官兵輔導委員會」主任委員,趙聚鈺為副主任委員兼秘書長 中日貿易協定簽字 9 日台灣省通令實施「都市平均地權」 10 日中共成立「航空工業委員會」 25 日毛澤東作「論十大關係」報告,探索中國社會主義設道路 28 日毛澤東提出藝術問題上的「百家齊放」、學術上的「百家爭鳴」口號,1957 年 2 月正式展開運動. 5 月政府聲明：南沙羣島為我國領土,任何人不得侵佔. 12 日中共成立「國家經濟委員會」 19 日夏鼎主持明代神宗朱翊鈞陵墓挖掘工作. 6 月美國遠東助理國務卿賽鮑爾訪台. 7 日中共運動員陳鏡開打破最輕量級挺舉世界紀錄,是中國運動員創造第一個世界紀錄. 28 日台灣東西橫貫公路開工,該路由台中縣谷關到花蓮太魯閣,全長 180 公里 7 月美國副總統尼克森來聘,面遞艾森豪總統致蔣總統函,並會談中美問題. 美遠東助卿勞勃森及太平洋艦隊總司令在美國會作證,推崇蔣總統備至. 11 日中蘇等 11 個社會主義國家在莫斯科簽訂成立「聯合原子核研究所」 12 日大陸寶成鐵路南北兩段在黃沙河接軌通車. 中共成立「北京電影學院」 8 月日本親善訪問團石井光次郎團長,親呈日首相鳩山一郎手函,致謝蔣總統於日本戰敗後,仍維護日本政體,以德報怨之德意. 10 日中共與叙利亞建交 21 日中共「科學劃委員會」在北京成召開大會 22~9.13.中共召開七屆七中全會. 24 日中共「中國醫學科學院」在北京成立,沈其震任院長.翌年 7 月將中國協和醫院併入,黃家駟任院長. 9 月三度接見美國太平洋艦隊總司令史敦普上將,會商加強中美合作問題. 1 日世界和平理事會在北京授予齊白石 1955 年國際和平獎. 8 日中共仿製米格 17 丑噴氣式飛機而成的殲 6-8 型噴氣式飛機試製成功.

中華民國		中華人民共和國	紀元	干支	紀要
元首	年號				
蔣中正	**45**	毛澤東	**1956**	丙申	15~27 日中共在北京召開「中國共產黨第八次國代表大會」選出毛澤東為中央委員會主席,劉少奇、周恩來、朱德、陳雲為副主席,鄧小平為總書記. 安志敏主持挖掘河南陝縣廟底溝、三里橋新石器時代遺址,確認仰韶文化的廟底溝類型 10.1.中華民國政府頒布「反共抗俄戰士授田證條例」 15 日中共第一汽車休團公司正式建立,開始生產. 28 日國民政府召開「全球華僑經濟會議」 31 日「自由中國」雜誌胡適、陶百川、雷震等發表向蔣中正祝壽專刊.要求保障言論自由、實行民主憲政、改革台灣經濟、國防制度等文章. 11 月美國參謀首長聯席會議主席雷德福上將來訪,就遠東局勢交換意見. 7 日周恩來、賀龍等訪問越南、柬埔寨、印度、緬甸、巴基斯坦等國家. 1956.11.~1957.1.月周恩來與達賴喇嘛在印度三次會談 12.1.蔣中正總統編著「蘇俄在中國」揭發蘇聯在中國一切陰謀詭計. 台灣省政府遷往南投中興新村辦公 美國國國議員 30 人訪華 美遠東助卿勞勃來訪 美國蓋洛普民意,選出蔣宋美齡為世界十大令人敬佩的女性之一 周恩來在 1956 年一次政治局會議之後,私下毛說:「自己無法打從裡贊成毛的某些經濟政策.」自那次受到批評後,周恩來長達 15 年的時間裡,一直小心翼翼,避免讓毛澤東找到理由懷疑他沒有全心全意貫徹毛的意圖.儘管如此,毛澤東在 1958 年 1 月還是對周恩來大發脾氣,說周恩來離右派只有 50 步遠,這一斥責,讓周恩來為退縮. 國立清華大學在台灣復校 中共執行(1956~1967)「科學技術發展遠景規劃綱要」 蔡英文(1956.8.31.-)台灣屏東枋山人,美國康乃爾大學碩士,英國倫敦政治經濟學院博士.曾任教授,民進黨執政後出任陸委會主任委員,民進黨主席.

中華民國		中華人民共和國	紀元	干支	紀要
元首	年號				
蔣中正	**46**	毛澤東	**1957**	丁酉	1 月聯合國駐遠東統帥李尼茲訪華 1. 7~2.5 周恩來、賀龍等訪問蘇聯、波蘭、匈牙利、阿富汗、尼泊爾、錫蘭等國家. 2 月美國太平洋艦隊總司令史敦普上將來台灣,協商中美軍事問題 7 日中共與錫蘭建交. 27 日毛澤東發表「關於正確處理人民內部矛盾的問題」講話.共產黨和民主黨派實行「長期共存,互相監督」在科學文化工作中實行「百花齊放,百家爭鳴」推動中共整風運動. 3 月美國陸軍參謀長泰勒上將訪華. 1 日中共「中國農業科學院」在北京成立,丁穎任院長. 20 日台灣發生「劉自然事件」 中共成立「中華全國新聞工作者協會」 4 月鷹夏鐵路建成通車 27 日中共中央發出「如何正確處理人民內部矛盾」、及「整風運動的指示」開始整風運動. 5.1.中共「人民日報」公布「黨中央整風指示」整風運動由此正式開始 7 日美國鬥牛士飛彈部隊進駐台灣. 15 日英國在太平洋聖誕島試爆氫彈 毛澤東發表「整風運動正在起變化」 北京高等學校及全國各地開始貼出「大鳴、大放大字報」,帶有鮮明尖銳政治性味,向黨和新生活的社會主義制度大肆攻擊,共產黨不應成為「黨天下」提出共產黨應退出機關學校合營企業,要求「輪流坐庄」等文字 24 日「五二四事件」美軍顧問團上士雷諾槍殺劉自然案,獲判無罪,憤怒群眾搗毀美國駐華大使館,引起台北大騷動. 中共通過「中華人民共和國水土保持暫行綱要」 6.3. 日本內閣總理岸信介來台灣訪問中華民國,交換中日有關事宜意見. 美國太平洋艦隊總司令史敦普上將來台. 6 日毛澤東指出:大鳴大放,使建設性的批評與牛鬼蛇神(破壞性批評)都可引發出來,以便分別處理,大有好處. 8 日毛澤東指示「反右運動」發表「關於正確處理人民內部矛盾的問題」講話.對「敵我矛盾」必須較「人民內部矛盾」嚴酷. 毛澤東發出「關於組織力量準備反擊右派分子進攻的指示」全國展開反右派鬥爭,「引蛇出洞」. 國民政府任命黃杰為新任總統府參軍長,王叔銘為參謀總長 美國前鋒論壇報撰文,推崇蔣中正撰著「蘇俄在中國」為崇高戰略偉論 15 日台灣第一座塑膠原料工廠、台灣塑膠工業公司高雄廠舉行開工典禮 25 日中共通過「中華人民共和國人民警察條例」 28 日台灣「蓬萊米之父」日人磯永吉自台灣省政府農林廳退休返回日本. 30 日中共發表「中共、美國大使級會談聲明」 香港英國政府強迫九龍啟德機場以北的竹圓鄉、調景嶺附近等地區居民遷移,使居民流離失所造成騷動. 7 月沈昌煥以中華民國特使訪問中南美洲各國,並宣慰僑胞. 1 日毛澤東論評整風運動,中國天空突然黑雲亂翻,民主黨派一些人物,有組織、有計劃、有綱領、有路綫,呼風喚雨,推波作浪,或策劃于密室,或點火于基層,上下串連,八方呼應,其方針整垮共產黨,造成天下大亂,以便取而代之.是反共、反人民、反社會主義的資產階級反動派.讓牛鬼神蛇出籠,好好消滅它.

中華民國		中華人民共和國	紀元	干支	紀要
元首	年號				
蔣中正	**46**	毛澤東	**1957**	丁酉	7.15.~8.2.北京成立「中國天主教友愛國會」 大陸全民整風運動開始 毛澤東提出建立中國現代化的工業和農業,10~15 年時間「超英超美」的口號 8.1.任命周至柔為台灣省政府主席 特任總統府秘書長張群兼任國防會議秘書長 「自由中國」雜誌社論,批判「反攻大陸」說 31 日馬來西亞獨立 9 月派特使張群飛日本報聘 大陸逃亡潮逾 11 萬人湧入香港. 美國副國卿赫特、太平洋艦隊總司令史敦普上將、空軍戰術司令魏蘭上將,相繼訪華,商談中美相關合作問題. 14 日中共要求「關于企業整風運動應該注意的若干事項」特別要慎重對待那些專心業務,確實有真才實學的高級工程技術人員. 中共發出「關于整頓農業生合作社的指示」 25 日武漢江大橋建成,橋長 1,155 公尺. 29 日北京天文館行開館. 10.2.中華民國特使張群訪問日本,與日本首相岸信介會談,加強中日友好,經濟合作,文化交流. 8 日宜蘭大同合作農場首先辦理「戰士授田」 10 日中國國民黨在臺北召開第八次全國代表大會. 15 日武漢長江大橋通車典禮,該橋提前二年建成. 中共對整風運動下發「強調深挖猛打,反對溫情主義,寧左勿右」指示.強調不要用對敵鬥爭的方法來處理人民內部矛盾,走上開展對敵鬥爭的大規模群眾性政治運動的熟路,把思想和言論有著某些片面性但卻是真誠地幫助黨整風的人錯當成「右派分子」來處理,把歷史轉變時期新出現的大量人民內部矛盾特別是意識形態領域的人民內部矛盾,誤判為敵我矛盾加以錯誤的處理,造成不幸的後果. 1957 年以後黨的指導思想發生向「左」的方向偏轉,就說明了這個問題.這是新中國成立以後黨歷史上的一個沉重教訓. 中共與蘇聯簽訂國防新技術協定.1957~1961 年底,蘇聯在火箭、航空技術、和原子彈提供研製等方面技術. 27 日「人民日報」提出農業和農村實現「大躍進」口號 中共開通新疆通往西藏的公路 武漢長江大橋正式通車 31 日旅美華裔學者楊振寧、李政道博士榮獲諾貝爾物理獎. 11 月蔣總統夫婦親臨美國第七艦隊航空母艦參觀. 伊拉克王儲艾布都伊拉親王代表伊王贈送蔣總統「哈斯密」大綬勳章 任命胡適為中央研究院院長 2~21.毛澤東前往莫斯科參加蘇聯十月革命勝利 40 周慶典,21 日回到北京 5 日「文星雜誌」創刊 11.6~12.4.中共軍事友好代表團訪問蘇聯 13 日「人民日報」發動全民討論四十條綱要,掀起農業生產的新高潮 中共解放軍發出「關于動員軍官家屬還鄉生產,參加社會主義建設的指示」 12.5.台灣中部橫貫公路台中縣達見至梨山段正式通車. 9 日中共成立「導彈專業訓練機構」 中共解放軍炮兵教導大隊在北京成立. 12 日「人民日報」發表「必須堅持多快好省的建設方針」 中共興起大搞農田水利建設運動

中華民國		中華人民共和國	紀元	干支	紀要
元首	年號				
蔣中正	**47**	毛澤東	**1958**	戊戌	1.1.寶成鐵路全綫通車 9日中共通過「戶口登記條例」 29日台灣中部橫貫公路霧社支線南投埔里至台中梨山正式通車. 31日美國成勁發射第一顆人造地球衛星「探險者一號」 2.9.中共公布「國務院關于工人、職工回家探親的假期、和工資待遇的暫規定」 11日中共通過「漢語拼音方案」 14日中華民國監察院提出行政院長俞鴻鈞違法失職,決定交懲弁委員會予以申戒.俞鴻鈞請辭行政院職務,獲蔣中正總統慰留. 中共成立「科學規劃委員會古籍整理出版劃小組」 3月美國國務卿杜勒斯訪問台灣,會商合作事宜,推崇蔣總統已成自由世界支柱. 美國太平洋區總司令中敦普上將宣布美駐華軍事機構合併為「美軍駐台協防軍援司令部」 6日蔣中正總統指聘王雲五、謝冠生等人組成「行政改革委員會」進行各種制度、措施制定與實施,提高辦公效率. 8日中共試行「關于工人、職員退休處理的暫規定草案」 15日中共「中國人民解放軍軍事科學院」成立.院長葉劍英 31日中共援助越南協議書在北京簽字 4月蔣偉國任國防部第五廳廳長 10日蔣中正總統親自主持胡適就任「中央研究院」院長職務儀式. 羅家倫任國史館館長 土耳其總理孟德斯訪台 蘇聯國防部長馬利諾夫斯基向中共提出共同建一座「大功率長波電台」、7.21.蘇聯駐中華人民共和國大使尤金向毛澤東提出共同建立一支共同「潛艇艦隊」,雙方為資金及所有權問題,意見分歧,發生爭執. 12日國民政府頒布「改進外滙貿易方案」、及「進口外滙審核條例」 中華民國空軍轟炸機在廣東雷州半島被中共擊中緊急迫降香港啟德機場. 5.1.中共第一座電視台「北京電視台」開播,1975年5月改名為「中央電視台」 伊朗國巴勒維國王訪問台灣 5~23日中共八大二次會議通過建設社會主義總路線.會後大躍進和農村人民公社化運動開始. 中共開始實施「農村人民公社化運動」 中共召開「大躍進」運動會議,通過「苦幹三年,基本改變面貌」口號,15年趕上和超過英國的目標,五年完成全國農業發展綱要的目標. 15日成立「台灣警備司令部」黃鎮球上將為總司令.原台北衛戍總部、台灣省防衛總部、台灣省保安司令部、民防司令部等四單位隨之撤銷. 蔣總統答復美國國家廣播特派員羅賓遜訪問「自由中國反攻大陸,無須美國直接參與」 5.27.~7.22.中共召開「中央軍委擴大會議」通過「關于改變組織體制的決議草案」反對「資產階級軍事路綫」批判「資產階級個人主義」 30日劉少奇建議「建立兩教育制度和勞動制度」 「大躍進運動」開始,直至1960年夏結束. 香港英國政府禁止香港新橋中學懸掛「中華人民共和國國旗」及唱「中華人民共和國國歌」,中共提出嚴重抗議. 6.1.中共「紅旗雜誌」創刊 3日中共通過「農業稅條例」廢除「累進稅制」實行「比例稅制」.平均稅率為常年的15.5% 5日中共公布「地方經濟建設公債條例」

中華民國		中華人民共和國	紀元	干支	紀要
元首	年號				
蔣中正	**47**	毛澤東	**1958**	戊戌	13 日中共第一座實驗性「原子核反應堆」,和「回旋加速器」在北京郊區房山建成運轉. 中共掀起全國「教育大躍進」和「教育大革命運動」 7.1.中華民國行政院長俞鴻鈞辭職,由副總統陳誠兼任行政院長,王雲五,為副院長,王世杰、薛岳、余井塘、蔣經國等任政務委員. 蔣宋美齡夫人在美國參議院外交委員會發表演說「保證中國人民,繼續與美國合作」 美國在抗日日戰爭中援華空軍飛虎隊陳納德將軍逝世 7.2.~8.16.中共政治局和八屆八中全會在蘆山舉行,會後展開反右鬥爭 16 日蔣中正總統發表談話「革命民主政黨的性質與黨員重新登記的意義」 18 日毛澤東召開軍事會議,決定再砲打金門.由福州軍區集中 30 個砲兵營,459 門大砲部署廈門、同安、蓮河一帶.另派八十餘艘戰艦,二百多架戰機助戰.封鎖金門. 31~8.3 蘇聯赫魯雪夫訪問北京,就長波電台、及潛艇艦隊問題向中國解釋. 8.1.中共「江西共產主義勞動大學總校和 30 所分校」開學. 中華民國政府在台灣實施「公務人員保險」制度 蔣緯國任命為裝甲兵司令. 黃鎮球為總統府參軍長　葉公超為駐美大使 美國國務院發表備忘錄「美國不承認中共政策」 我空軍在馬祖擊落中共米格機三架,海軍在平潭島擊沉中共戰艇三艘. 美國陸軍部長布魯克、太平洋區空軍總司令懷特上將訪問台灣 6 日香港英國政府強迫遞解「香港培橋中學校長杜伯奎」出境.26 日又強行封閉中華中學校舍.毆打學校師生、新聞記者. 17 日中共作出「關于民兵問題的決議」實行「全民皆兵」大辦「民兵師」發展到 2.2 億多人. 17-30 日中共召開「北戴河會議」大躍進運動、人民公社運動進入高潮 20 日中共與伊拉克建交 23 日中共向金門發動大規模砲戰,發射炮彈 29,200 發史稱「**八二三砲戰**」 美國支援八吋自走砲制壓對岸,威力強大,砲戰始告終止. 25 日中共提出「全民大煉鋼運動」召開全國工業的書記會議 27 日美國總統艾森豪爾重申,美國將不放棄對台灣承擔「責任」 29 日北戴河會議通過「關于在農村建立人民公社問題的決議」大括「共產風」人民公社無償征用生產隊土地,調用物資和勞動力,調用社員房屋、農具、和家具.推行「組織軍事化、行動戰鬥化、生活集體化」的勞動組織和生活方式.大辦公共食堂、托兒所、敬老院、縫紉組等公共福利事業,以便解放婦女,節省勞力,並培養社員的集體主義、共產主義精神. 中共與印度在邊境發生武裝衝突 30 日中共第一座實驗性原子反應爐回旋加速器開始運轉. 9.1.經安會併入美援會,經濟計畫及美援計畫,均由美援會統籌辦理 韓國參謀總長劉載興銜李承晚總統之命來台,保證支持我國對抗中共侵略 我空軍擊落中共米格 17 型等機: 澄海 7 架、旋又 10 架、金門東海 5 架. 3 日中共宣布暫停炮擊三天,以靜觀各方反應.金門砲戰「單打雙不打」 4 日美國務卿杜勒斯在聯合國大會演說,中共武裝侵略金門,已威脅世界安全將使用美國部隊「保護金門、馬祖」 美國太平洋區總司令費爾特,就台灣情勢及中美合作,交換意見. 美國主張重新舉行「美國、中共大使級會談」 6 日中共將與印度軍事衝突真象通報蘇聯駐華使館 7 日美國派遣軍艦進入金門海域護航.

中華民國		中華人民共和國	紀元	干支	紀要
元首	年號				
蔣中正	**47**	毛澤東	**1958**	戊戌	7~9日蘇聯赫魯雪夫分別兩次表示支持中國反對美國戰爭威脅立場,事實上,赫魯雪夫是對中國採取炮轟金門的行動很不滿意.擔心引發美蘇衝突,引起另一次世界大戰. 8日中共第三次炮擊金門,擊沉、擊傷國軍兵艦各一艘 蘇聯向中共在印度軍事衝突的做法,提出異議. 10日北戴河會議公布「農村人民公社的決議」 11日中共第四次炮擊金門,美國軍艦倉皇逃離金門海域 中共通過「工商統一稅條例草案」 13日中共為配合「美國、中共大使級會談」金門轉入零星炮戰 15日美國、中共大使級會談在波蘭華沙恢復 19日美國「勝利女神」導彈部隊進駐台灣 中共發布「教育工作的指示」強調「黨的教育方針是教育無產階級政治服務,教育與生產勞動相結合」「教育工作必須由黨來領導」. 24日國軍發射飛彈擊落中共飛機兩架,為世界空戰史上首次使用空對空飛彈 30日美國國務卿杜勒斯招待記者,聲稱美國沒有保護金門、馬祖等島嶼的任何法律義務.不考慮在那裡使用部隊. 台灣對杜勒斯談話立即有所反應,美國答復將遵守「台灣關係法」 中共製成世界第一台3000kw雙水內冷凸極式輪發電機 中共掀起「大煉鋼運動」 廣西柳江縣通天岩洞穴內發現舊石器時代人類化石. 10.1.陳誠續任第7任行政院長 美國國務卿杜勒斯、駐華大使莊萊德、國防部長麥艾樂,分別訪華,協防台、澎、金門、馬祖軍事合作等問題. 毛澤東聲稱對金門「打而不登,斷而不死」的方針 毛澤東說:我同蔣介石有共同點,都反對兩個中國.目前的情況是蔣介石無力反攻大陸,而我們在相當時期內也不可能解放台灣. 中共彭德懷發表「金門停火線」談話 中共參謀總長粟裕,因金門砲戰失敗被黜. 5日中共決定暫停炮擊金門七天 6日毛澤東起草,以國防部長彭德懷名義發布「告台灣同胞書」曉以民族大義,雙方同意「台、澎、金、馬是中國領土」「世界上只有一個中國,沒有兩個中國」再次提出舉行國共兩黨和談,以解決中國內部爭端的建議. 21日美國國務卿杜勒斯訪問台灣,與蔣中正總統會晤,23日返回美國 25日中共對「金門炮戰」宣佈「單打雙不打」 26日中共抗美援朝解放軍志願軍撤出北韓 11.1.中共與摩洛哥建交. 12日中共成立「科學技術委員會」合併國家技術委員會和科學規劃委員會 英國自由黨副總裁卡德爾來訪 蔣總統蒞臨美國第七艦隊「中途號」參觀海空軍聯合演習 蔣總統以寶鼎勛章頒授前金門防衛司令官胡璉上將,酬庸金門戰役功勳 11.28.~12.10.中共八屆六中全會在武昌召開,通過「人民公社若干問題決議」 12月蔣總統頒贈美國將領史慕德等九員勛章,酬庸其對金門戰役支援我軍貢獻 毛澤東1958~1962實施「大躍進」和「人民公社」造成許多混亂和偏差,速度上急于求成,制度上盲目求純,違背經濟和社會發展規律遭受到嚴重失敗挫折 毛澤東提出農業「八字憲法」土、肥、水、種、密、保、管、工發展農業 國立交通大學在台灣復校

中華民國		中華人民共和國	紀元	干支	紀要
元首	年號				
蔣中正	**48**	劉少奇 **1959-1969**	**1959**	己亥	1月中共「公私合營銀行」副董事長奚倫投奔自由,抵達台灣. 7日中共砲擊金門三萬二千餘發砲彈.數十天來中共砲擊金門643,000餘發. 2月台灣成立「國家長期發展科學委員會」胡適、梅貽琦分任正副主席. 美國國務卿杜勒斯在美國國會作證: 金門馬祖,關係整個遠東形勢,其重要性有如西柏林. 3月約旦國王胡笙訪問中華民國. 明令褒揚殉職金門砲戰殉職之趙家驤吉星文章傑三將領,並各予追晉一級 2日中共與蘇丹建交 10日西藏撕毀1951年5月簽訂的「中共西藏和平解放協議」悍然叛亂宣布「西藏獨立」中共武裝部隊3月20日開始鎮壓,,22日平定. 26日蔣中正總統就西藏動亂發表文告,支持西藏抗暴. 印度政府向中共政府提出大片領土要求 浙江省嘉興縣馬家濱發現新石器早期遺址,後被命名為「馬家濱文化」 4月西藏成立自治區籌備委員會 2~5日中共「八屆七中全會」在上海舉行. 4日台灣省政府公布「改善山地同胞生活計劃」 17日中華民國行政院討論「冤獄賠償法」6月2日由立法院審議通過. 18~29日「中共第二屆全國人大第一次會議」選舉劉少奇為中華人民共和國主席,宋慶齡、董必武為副主席.朱德為全國人大常委會委員長,周恩來為國務院總理.毛澤東任中華人民政府政協委員會名譽主席,周恩來為主席. 4.24.~6.13.彭德懷等「中國軍事友好代表團」訪問波蘭、德國、捷克、匈牙利、羅馬尼亞、保加利、阿爾巴尼、蒙古 5月美副助理國務卿柏森斯三度訪華. 美前海軍上將敦普來台,代表美國自由協會獻贈蔣總統「自由領袖獎」. 美國國務卿杜勒斯逝世,蔣總統去電弔唁.蔣宋美齡夫人代表參加葬禮. 15~19日中國國民黨召開8屆2中全會,通過「策動大陸反共革命案」、「光復大陸政治行動綱領」作為中興復國的要點. 17日中共指定北京大學等16所高等學校為全國重點學校,1960年增至64所 6月美國百萬人委員會秘書長李勃曼訪華. 任命顧祝同為國防會議秘書長,彭孟緝為參謀總長. 6日中共建立「北京婦產醫院」 20日達賴喇嘛逃抵印度,表示「恢復1950年中國入侵以前西藏所享有的民主和獨立地位」 中共人民解放軍駐西藏部隊對叛亂武裝發起反擊. 蘇聯單方面終止簽訂的「1957年10月15日國防新技術協定」提出「中斷向中國提供原子彈樣品;的有關技術資料等項目」 25日中共發布「統一計量制度」的命令 29日毛澤東發表「大躍進」談話. 7.2.~8.1.中共在江西廬山召開「中央政治局擴大會議」 14日中共廬山會議中,彭德懷寫信給毛澤東陳述「1958年左傾錯誤」 16日毛澤東將彭德懷給他的信印發政治局常委會討論 30日中共「軍事博物館」在北京建成,次年8月1日正式開館. 31日中共發出糧食工作的指示 7.31~8.1.日中共中央政治局常委召開兩整會議,對彭德懷進行批判,說彭德懷、黃克誠、張聞天、周小舟結成「反黨集團」進行有計劃、有組織、有準備、有目的的活動,把矛頭指向黨中央、和毛主席、和總路綫. 彭德懷國防部長職務被撤銷,由林毛接任.全國展開「反右運動」

中華民國		中華人民共和國	紀元	干支	紀要
元首	年號				
蔣中正	**48**	劉少奇 **1959-1969**	**1959**	己亥	林彪還說彭德懷是「偽君子」、「陰謀家」、「野心家 中共第一台每秒運算一萬次快速通用電子數字計算機,試製成功. 8.2.~16 日中共在廬山召開「黨的八屆八中全會」 4 日政治局會上林彪指責彭德懷想當大英雄,因此反對毛主席,小組會和大會進一步揭發彭、黃、張、周等人一貫反對毛主席,是黨的一大隱患,是「資產階級民主派」、「民主革命;的同路人」、「社會主義革命的反對派」、「混入黨內的投機分子」等等.由於彭德懷、張聞天前曾出訪蘇聯和東歐國家,被懷疑從國外取了「經」回來,批評者捕風捉影指責為「裡通外國」組織「軍事俱樂部」「要分裂黨」「逼毛主席下台」在這種氣氛包圍下,黨內民主制度遭到嚴重破壞,彭德懷等人實質上被剝奪了申辨的權利. 7 日台灣「八七水災」彰化、雲林、嘉義等中南部縣市災情慘重 11 日中共在廬山召開「黨的八中全會全體會議」將彭德懷、黃克誠、張聞天、周小舟等人調離國防、外交、和省委第一書記等工作崗位,但保留在中央委員會和政治局中原來的職務「以觀後效」 25 日在中印邊界東段「麥克馬洪綫」以北的朗久村,暴發中印邊界武裝衝突 9.1.中共「中國科學院計算技術研究所」研成功「104 計算機」每秒可運算一萬次的大型通用計算機. 16 日中共發布「關于確實表現改好了的右派分子的處理問題的決定」摘掉右派帽子共 30 餘萬人. 17 日中共任命林彪為國防部長,彭德懷國防部長被黜.任命羅瑞卿兼任解放軍總參謀長,免去黃克誠的解放軍總參謀長職務.張聞天外交部副部長被免除. 撤銷周小舟湖南省委第一書記的職務. 根據全國人大會議決議,劉少奇主席發出特赦令「已經改惡從善蔣介石集團、偽滿洲國戰爭犯、反革命罪犯、和普通刑事罪犯,實行特赦」 9.26.發現大慶油田.周恩來告稱中國所需要的石油可以自給自足了. 三年困難時期開始,大陸廣範地區出現非正常死亡, 開始三年困難時期. 發現大慶油田 10.4.中共與幾內亞建交. 美國國防部長麥艾樂、空軍參謀長懷特來台協商軍事合作問題. 21 日中印邊界西段空喀山口以南的中國領土上再次發生軍事衝突. 23 日中華民國立法院通過「公務人員退休法」 11.1.台灣省議會通過「台灣省地方自治實施綱要」 7 日中共建議中印兩國部隊立即從實際控制綫各自後撤 20 公里,印度拒絕. 12 月日前首相吉田茂來台灣訪問中華民國. 西藏、青海、西康抗暴軍九名指揮官來台灣. 26 日中共外交部照會印度駐華大使,駁斥印度政府關于中印邊界的立場.

中華民國		中華人民共和國	紀元	干支	紀要
元首	年號				
蔣中正	**49**	毛澤東	**1960**	庚子	1.9.陳誠宣布清理台灣的軍用土地,軍事上不需要的一律歸還原主,需要使用的採取三種辦法解決:(一)當局以其他土地與地主交換,(二)當局以合理價格收購,(三)當局向地主支付租金. 16日台灣省農林廳林產管理局改制為「林務局」. 土地銀行投資五千萬推行山地開發計畫 越南總統吳廷琰來台訪問 中共米格飛機一架飛台灣投誠,誤降宜蘭蘇澳河床墜毀. 美國陸軍部長魯克來華訪問 2.9.台灣省議會通過「台灣省山地保留地管理辦法覆議案」 紐西蘭總理荷黑里沃克來華訪問 巴拿馬政府贈授蔣總統特種大綬勳章 中共大肆開發大慶油田生產 17日國民政府通過「修正動員戡亂時期臨時條款,以鞏固國家領導中心」 19日中共第一枚試驗探空火箭在上海南匯縣發射成功 20日中華民國召開「第一屆三次國民代表大會」 28日台北市民抗議美軍將陽明山風景遊樂區一部份劃為禁區,迫使美軍撤出 3.8.國民大會審查會通過「動員勘亂時期臨時條款」總統得連選得連任 11日總統公布實行「動員勘亂時期臨時條款」 12日國民政府公布「加速經濟發展19項施」 14日陳誠在「國民代表大會」一屆三次會議報告:成功與失敗靠自已,自己有辦法,人助才能成功.台灣;必須自強愛國,發展經濟,通過自強,努力鞏固國際地位. 18日中共發出「加強公共食堂領導的批示」1961取消. 21日蔣中正當選第3屆總統. 3月22日陳誠當選副總統. 蔣總統參觀美國核子潛艇「劍魚號」 美國海軍部長佛蘭克來華訪問 美國新任美國第七艦隊司令葛里棻中將晉謁蔣總統 4.10.主張台灣獨立的「台灣青年」雜誌於東京創刊 周恩來赴印度與尼赫魯會談,未能為中印邊界取得任何協議. 21日中共在河北省懷來縣原子彈爆炸試驗場進行首次原子彈爆炸試驗 24日台灣第二屆省議會議員選舉,與第四屆縣市長選舉同時進行,郭國基等73人當選省議員,余登發當選高雄縣長,黃啟瑞當選台;北市長. 26日台灣中部東西橫貫公路台中東勢至花蓮太魯閣中部橫貫公路正式通車 香港派代表到深圳洽商供應食用水給香港問題.11月正式簽字. 5月菲律賓總統賈亞夫婦來華訪問 13日台灣省主席周至柔提出「土地重劃」提高土地利用率,將農田水利灌溉、農路、住宅作合理調整與規劃. 20日蔣中正就任中華民國第3任總統. 美國空軍部長夏普夫婦來台晉謁蔣總統,宣布美國將以104飛機贈送台灣 30日中華民國行政院改組,連震東任內政部長、沈昌煥任外交部長、鄭彥芬任司法部長、沈怡任交通部長、周書楷任僑務委員長、田炯錦任蒙藏委員長. 6.5.台灣李萬居、高玉樹、吳三連、郭國基、雷震等人發表聲明,團結海內外反共民主人士,與民社黨、青年黨協商組織一個新的為反共民奮鬥的黨. 19日美國艾森豪總統訪問台灣,發表聯合公報,強調兩國合作,抵禦共匪挑釁. 艾森豪總統訪華期間,中共砲擊金門六萬八千餘發. 20~25日中共代表團出席羅馬尼亞工人黨及各社會主義國家共產黨會談.

中華民國		中華人民共和國	紀元	干支	紀要
元首	年號				
蔣中正	**49**	毛澤東	**1960**	庚子	24-26日中共彭真率領中共代表團參加國際社會主義國家共產黨和工人黨布加勒斯特會議. 7.5.~8.10.中共北戴河會議「全黨動手、大辦農業、大辦糧食」 16日中共與蘇聯關係惡化,蘇聯突然照會中共,單方面決定全部召回在華蘇聯專家.在一個月內將1390名專家全部撤走回國.撕毀兩國簽訂的12項協定,和兩國科學院簽訂的一個議定書,以及343個專家合同,廢除了257個科學技術合作項目. 8月莫德惠、程天放分別任命為考試院正、副院長 日本參議院議長松野鶴晉謁蔣總統,推崇蔣總統抗日戰爭對日本的寬大 31日中華民國立法院通過「獎勵投資條例」 9.1.台灣無黨籍人士雷震、高玉樹、郭國基、吳三連等發表聲明,預備組黨「中國民主黨」這是對台灣戒嚴體制一種衝擊. 中共中央總書記鄧小平在「中蘇會談」中指出:中國共產黨永遠不會接受「父子黨、父子國」的關係.蘇聯撤退造成的損失,中國人民準備吞下這個損失苦果,決心用自己的雙手勞動彌補這個損失. 4日民主人士「雷震被捕」1949年創刊《自由中國》，胡適為發行人，雷震負實際事務，成為當時銷量最廣的政論刊物。唯雷震對國民黨的威權走向不表贊同，復因《自由中國》批評時政，引發執政者不滿，致於1955年初遭到撤銷黨籍處分；1956年10月《自由中國》出版「祝壽專號」，更引發黨政軍媒體批判。此後雷震關切保障人權、改革地方政治等議題外，更用心於促進「反對黨」成立，與大陸籍政治精英、台灣籍地方精英均保持密切聯繫。1960年發起「中國民主黨」組黨運動，同年9月4日當局以雷震「知匪不報」罪名被起訴，1判處十年徒刑，此為轟動一時的「雷震案」。 10日台灣實施「獎勵投資條例」 28日中國國民黨召開八屆三中全會,發表「黨的基本工作和發展方向」 中共古巴宣布建交 合眾國際社記者、美國生活雜誌,推崇蔣總統為創造歷史人物 10.1.中共與緬甸簽訂「中緬邊界條約」 8日「自由中國」刊物被查封 「中國民主黨」組黨失敗 11.3中共中央發出「關於農村人民公社當前政策問題的緊急指示信(12條)」 國民政府電賀美國甘廼廼當選總統 5日中共自行製造的第一枚近程地導彈發射成功. 11日李萬居之公論報訴訟案中敗訴,被迫讓出經營權 15日毛澤東起草「糾正共產風、浮跨風、強迫命令風、生產瞎指揮風、幹部特殊化風等五風」 11.10~12.1.國際八十一國共產黨和工人黨代表在莫斯科舉行會議,劉少奇、鄧小平分任正副團長. 11.27.~12.5.中共科學周培源等參加莫斯科「帕戈瓦什」國際科學家會議. 30日「中、蘇兩黨代表團」會談,希望結束爭論.會後並邀請劉少奇訪問蘇聯 12月菲律賓馬嘉柏皋夫婦來華訪問 14日中共索馬里建交 20台灣省政府設立「山地農牧局」辦理山坡地整理及水土保持. 24日中共作出「農村整風整社和若干政策問題;的討論紀要」 閻錫山逝世 中共建成「寶成鐵路」「蘭新鐵路」提出「調整、鞏固、充實、提高」八字

中華民國		中華人民共和國	紀元	干支	紀要
元首	年號				
蔣中正	**50**	劉少奇	**1961**	辛丑	1 月玻利維亞國副總統雷欽夫婦訪華. 14~18 日中共在北京舉行「八屆九中全會」 (1)成立六個中央局：華北局、東北局、華東局、東南局、中南局、西南局、西北局將經濟管理權集中到中央、中央局和(市、自治區)三級. (2)會議決定對國民經濟實行「調整、鞏固、充實、提高」方針 太平天國歷史博物館在南京建館 2 月黃國書、倪文亞當選立法院正、副院長. 9 日證券交易所正式開業. 3.2.中共軍四個師進入緬甸北部,企圖消滅國軍,無果而返. 4 日中共通過「文物保護管理暫行條例」 泰緬邊境義民返國,安置在南投清境農場附近,從事農墾及畜牧綿羊. 尼加拉瓜特使蘇慕薩夫婦、利比亞眾議員訪問團晉謁蔣總統. 我國首座原子爐開始使用 中共中央制定「農村六十條」 4.25.中共與老撾建交 5 月美國參謀首長聯席會議主席李尼茲來華訪問 6 日台灣成功發射「勝利女神飛彈」升空. 14 日蔣中正總統與美國詹森副總統發表聯合公報,維持自由亞洲完整. 秘魯總統浦多訪華 美國甘迺廸總統派遣 400 名美軍「特種作戰部隊」和 100 名軍事顧問進入越南,開始所謂「特種戰爭」. 6 月中共中央批准「文藝十條」後修改為「文藝八條」 7.1.中華民國「中央銀行」復業 中共批發「科研十四條」及「中國歷史博物館」「中國革命博物館」建成. 7.27.~8.13.陳誠出訪美國 8.2.陳誠副總統與美國總統甘迺廸在華盛頓發表聯合公報,加強中美合作. 蔣總統接見全美國各地方報紙組成之亞洲訪問團. 中共廬山會議決定「保證農產品收購,進口一定數量糧」「加強高等教育」 8 日梅蘭芳蹤 1894-1961.8.8.)名瀾,字畹華,江蘇泰州人,中國著名京劇演員, 9 月中共飛行員邵希彥、高佑宗駕機起義來歸,降落韓國境內. 中共中央批准試行「高教六十條」及試行「工業七十條」 19 日台灣發生「蘇東啓事件」 10 月美國為慶祝中華民國五十週年紀念,發行紀念郵票. 5 日中共與尼泊爾在北京簽訂「中尼邊界條約」 美國哈佛大學校長浦賽夫婦及董事凱因夫婦訪華. 聯合國安全理事國表決外蒙古入會,我常任代表蔣廷黻離席抗議不參加投票,並發表聲明「外蒙古完全無資格入會」 中共將國土 300 平方英里,包括額非爾士峯,劃歸尼泊爾 蘇共召開第 22 次代表大會.周恩來代表出席. 22 日周恩來與赫魯雪夫等蘇共領導人進行長達九小時長談, 23 日周恩來提前返國,24 日抵達北京首都機場,受到毛澤東、劉少奇等歡迎 11.12.中共制訂「民,兵工作條例」19626 月 19 日毛澤東提出「三落實」組織落實、工作落實、軍事落實. 17 日中共成立「中共中央直接領導下的 15 人專門委員會」 12.15.「藏漢大辭典」編纂完成. 聯合國大會表決通過蒙古加入聯合國,受美國施壓,中華民國未參加大會會議 雲林縣議員蘇東啟計劃號召台灣獨立而被捕,遭判處死刑.

中華民國		中華人民共和國	紀元	干支	紀要
元首	年號				
蔣中正	**50**	劉少奇	**1961**	辛丑	孟懷縈(1961.1.17.-)四川巴縣人,美國工程學院院士,領導無線網路技術發展, 劉德華(1961.9.27.-)電影名演員,歌星.香港樂壇四大天王之一,獲香十大傑出青年榮譽.香港演藝學院榮譽院士.香港太平紳士美銜,美譽一身,

中華民國		中華人民共和國	紀元	干支	紀要
元首	年號				
蔣中正	**51**	劉少奇	**1962**	壬寅	1月美國國際開發總署署長韓密爾頓來華,協調美援及我國經濟問題 台灣成立「戰地政務局」 台灣實施「農地重劃」促進經濟繁榮 1.11.~-2.7.中共在北京召開「七千人工作大會」,對大躍進的錯誤,進行了總結. 22日中央研究院長胡適逝世,享壽72歲. 2.7.「台灣證券交易所」正式開業 13日中共發出「改變農村人民公社基本核算單位問題的指示」 2.15.~3.10.中共取消科學家「資產階級知識分子的帽子」 24日胡適去世.原名洪騂,字適之.1901年赴美初入康奈爾大學農科,後入哥倫比亞大學學哲學,1917年獲博士學位回國,先後任北京大學文學院長、校長、駐美大使、中央研究院院長. 28日中共在北京建成「自然博物館」 3.3.中共飛行員劉承司駕駛米格15戰機飛抵台灣投奔自由.s 3.~26日周恩來在「論知識分問題」上講話,提出要為知識分子「脫帽加冕」 哥倫比亞共和國前總統烏坦勒達來華訪問 美國助理國務卿里曼來華會商時局. 參謀首長聯席會議主席李尼茲上將夫婦來訪. 美國史丹福大學研究所普萊特等四人訪問中華民國 19日廣東新豐江水電站庫水位達110.5公尺,誘發6.1級地震,震央烈度為8度,為中國大陸最大的水庫誘發地震. 3~5月蘇聯策動新疆伊寧、霍城、塔城等地區六萬多居民越境前往蘇聯. 4月馬拉加西共和國總統齊拉來訪,簽訂中馬兩國友好條約 中華民國與非洲11個國家展開農業技術合作 蔣中正總統任命王世杰為中央研究院院長 28日台灣電視公司成立 5月巴拉圭總統特使薩比納代表總統,以巴拉圭最高勛章「蘇乃諾元帥勛章」及巴拉圭國家功績大勛章一座,贈送蔣總統夫婦,頌揚蔣總統英勇奮鬥精神. 寮國總理歐謨親王、副總理溥彌將軍來訪. 中共中央決定大幅度調整國民經濟. 6月美國國際開發總署助理署長詹諾、物資處長華德士來台協商經援事宜 台灣「傳記文學」創刊 16日彭德懷寫「萬言書」給毛澤東,8月又寫了第二封信給毛澤東 7月任命劉鍇為駐聯合國常任代表,蔣廷黻為駐美國大使. 7.5.美國甘迺迪總統任命海軍上將柯克 Admiral Alan G. Kirk(1988~1963)為駐中華民國大使,正式呈遞國書到任.主要任務「在阻止台灣反攻大陸」.當時年中共正是「大躍進」、「三面紅旗」失敗,「全民飢餓」吃草啃樹皮,面臨自然災害生死存亡之際,蔣總統認為是反攻大陸千載難逢,機不可失良機,但美國認為台灣所擁有的軍力,不足以言反攻,如果貿然行動,會把美國拖下水,也會為台灣帶來災難,堅決反對,以不供應武器彈藥後勤物資要挾,而功敗垂成. 8.6.北戴河會議,毛澤東對「黑暗風」「單干風」「翻案風」進行了批判 15日中共黨員雷鋒因公殉職. 9月美國總統軍事特別助理泰勒上將來訪. 9日中共在南昌首次擊落中華民國空軍美製U2偵察飛機一架. 24-27日中共召開「八屆十中全會」在北京舉行,重提「階級鬥爭」 10月美國太平洋區總司令費爾特上將來訪 10日台灣電視公司開播,台灣從此進入電視化時代.

中華民國		中華人民共和國	紀元	干支	紀要
元首	年號				
蔣中正	**51**	劉少奇	**1962**	壬寅	12 日印度尼赫魯宣稱已於年中在中印邊界建立 43 個據點、24 個新哨所,並已將中國軍隊從塔格拉山脊「清除掉」 18 日中共和烏干達建交 10.20.~11.21.日中共與印度為長達 2000 公里邊境,英國殖民地主義造成的所謂「麥克馬洪綫」將中國一側的 900 平方公里土地劃入印度版圖,印度建立據點新哨所發生軍事衝突.中共掃除印度軍隊在中國境內建立的全部據點,掌控了「麥克馬洪綫」以南的大片土地. 11 月中共駐瑞典外交官趙福投奔自由 9 日毛澤東作出「撤梢中央農村工作部、任命國務院農林辦公室主任、副主任的決定」原農村工作部的業務合併于國務院農林辦公室.原農村工作部部長鄧子恢的領導職務被免職. 黃杰繼任台灣省政府主席,周至柔調任總統府參軍長. 尼日友好訪問團訪問台灣. 21 日中共宣布次日零時停火,並訂自 12.1.從 1959.11.7.雙方實際控制綫單方面後撤 20 公里.,釋回印軍官兵,歸還所有繳獲的武器和軍用物資. 12 月美國紐約區機主教史培爾曼來訪 18 日中共發出「認真提倡計劃生育的指示」 26 日中共與蒙古人民共和國在北京簽訂「中蒙邊界條約」 「台灣電視公司」為台灣第一家電視台開播

中華民國		中華人民共和國	紀元	干支	紀要
元首	年號				
蔣中正	**52**	劉少奇	**1963**	癸卯	1月毛澤東請人給台灣提出「一綱四目」訊息： 1. 台灣回歸祖國後,除外交必須統一于中央外,所有軍政大權人事安排等悉由台灣領導人全權處理. 2. 所有軍政及建設費用,不足之數,悉由中央撥付. 3. 台灣之社會改革,可以從緩,必俟條件成熟,並尊重台灣領導人意見協商決定後,然後進行. 4. 雙方互約不派人進行破壞對方團結之事. 2.11.~28.中共提出「階級鬥爭,一抓就靈」要實行： 「新五反運動」反貪污盜竊、反投機倒把、反鋪張浪費、反分散主義、反官僚主義. 「四清」清帳目、清倉庫、清財物、清工分. 21日蘇聯致函中共建議舉行兩黨高級會談. 3.3.中共作出「精簡任務的決定」 5日毛澤東「人民日報」題詞:『向雷鋒同志學習』全國展開學習雷鋒活動. 中共總參謀長羅瑞卿訪問越南. 16日中共成立「全國烟草總公司」統管原料收購和產品銷售工作 4.12.~5.16.劉少奇訪問印度尼西亞、緬甸、柬埔塞、越南. 5.12.印尼人民瘋狂排斥華人,追殺及搗毀華人財物. 中共中央發布「關於目前農村工作若干問題的決定(草案)」『前十條』 20日中共國務院通過「森林保護條例」 6.14.中共發表對蘇共中央3.30.來信復信「關于國際共主義運動總路綫的建議」 七名國民黨特勤人員在大陸沿海水域破壞活動,被中共邊防解放軍追逐,為澳葡將其搶走,拒不交給中共. 7月北越人民軍參謀長文進勇訪問中共. 5~20日鄧小平代表團赴蘇聯參加「中蘇兩黨高級會談」 6~20日中共和蘇聯舉行雙邊會談,思想上有嚴重分岐,給國際造成嚴重威脅. 31日中共就美、蘇、英三國簽訂部分禁止核;武試驗條約發表聲明. 8.11.桃園石門水庫開始蓄水. 9.1.台灣美援會改組為「經合會」 6日行政院政務委員蔣經國應美國國務院邀請訪美,會見美國總統甘廼廸國務卿魯斯克,國防部長麥納瑪拉等人,9.19.返回臺北.. 16日馬來聯合聯邦與新加坡、婆羅洲、沙撈越,合併為「馬來西亞聯邦」 中共中央制定「關於農村社會主義教育運動中一些具體政策的規定(草案)」『後十條』 劉少奇訪問朝鮮 10.8.中共「中國農業銀行」成立 1963.9月~1964.7月中共連續發表「國際共產主義運動的總路綫的論戰」全面批評蘇共的外交內政政策. 11.12.中國國民黨召開第九次全國代表大會 12.1.陳誠被任命為第8任行政院長. 2日中共已在全國遍布建立「氣象服務網」 12.13.~1964.2.5. 周恩來12月至次年2月訪問阿聯、阿爾及利亞、摩洛哥、阿爾巴尼亞、突尼斯、迦納、馬里、幾內亞、蘇丹、衣索比亞、索馬里、緬甸、巴基斯坦、錫蘭等國. 16日中共羅榮桓元帥逝世 國民政府派往大陸游擊隊死亡172人 國軍飛機赴大陸執行任務,飛機被中共擊落,飛行員葉常棣被俘.

中華民國		中華人民共和國	紀元	干支	紀要
元首	年號				
蔣中正	**53**	劉少奇	**1964**	甲辰	1.21.裝甲兵少將副司令趙志華在台灣新竹湖口基地欲率部隊前往總統府實施兵諫未果,被捕下獄. 美國名報人平克萊、芝加哥太陽報記者相繼來訪 中華民國立法院通過「都市平均地權條例」 27 日法國與中共宣布建交，我斷然與法國斷絕外交關係． 中共成立「計劃生育委員會」 2 月合眾國際社記者湯姆遜訪問台灣 9 日毛澤東批評「三和一少」不講階級鬥爭,是國際綱領「三自一包」(自留地、自由市声、自負盈虧.一包是包產到戶)目的是要解散社會主義農業集體經濟,要搞垮社會主義制度,是國內綱領. 10 日中華民國與法國斷交 2.14.~3.1.周恩來訪問緬甸、巴基斯坦、和錫蘭三國 23 日日本前首相吉田茂訪華,以池田內閣出售中共維尼龍紗廠、周鴻達投奔自由被日本遣送回大陸不友好措施，幾使中日關係頻臨破裂，專程來台晉謁蔣總統，挽救危機． 中共掀起工業學大慶,農業學大寨運動 3 月韓國特使金鍾泌訪問中華民國． 行政院政務委員蔣經國被任命兼任國防部副部長. 4 月美國甘迺廸總統咨文,指出中華民國的自由獨立,已給美國外交計劃和平勝利提出此為歷史上的一項見證紀錄. 美國前副總統尼克遜來台灣訪問 美國國務卿魯斯克來訪「今後再不會有韓戰作戰方式,將以原子彈解決戰爭」 5 日美國抗日遠東盟軍統帥麥克阿瑟將軍逝世 26 日台灣舉行第五屆縣市長選舉 5 月總統府秘書長張群訪問日本 美太平洋區總司令費爾上將訪問中華民國. 美國國務院宣布:自 1965 中期停止對台經濟援助,但軍援及農產品法案則仍繼續執行,蓋因我國經濟發展已頗具基礎. 賈蘭坡主持在陜西藍田縣公主嶺遺址發現舊口器時代人類頭骨化石,被稱為「藍田人」頭骨化石. 6 月泰國國王蒲美蓬伉儷來台灣訪問中華民國. 14 日台灣石門水庫竣工.壩高 133 公尺,積水面積 763.4 平方公里. 29 日中共成功發射自行研製的第一枚運載火箭 7 月蔣總統夫婦應邀蒞臨美海軍「星座號」航空母艦參觀、海空軍「火海」聯合演習 台灣省實施「都市平均地權」公告地價;並決定以增收之地價稅,作為推行民生主義社會福利政策財源. 依據毛澤東意見,中共中央決定彭真、陸定一、康生、周揚、吳冷西組成「文化革命五人小組」,彭真任組長. 8.5.美國飛機首次轟炸北越 6 日中共發表聲明,美國蓄謀發動對北越武裝侵略,是跨過「戰爭邊緣」 15 日蘇聯赫魯雪夫被逼下臺 美國海軍部長柯爾斯來訪 台灣石門水庫開始放水,蓄水面積 15,000 公頃. 菲律賓參議院議長馬可仕訪台 美國太平洋區新任總司令夏普訪問中華民國.

中華民國		中華人民共和國	紀元	干支	紀要
元首	年號				
蔣中正	**53**	劉少奇	**1964**	甲辰	毛澤東明確提出城市「五反」,農村「四清」由劉少奇、鄧小平、彭真協助.各地派駐「四清工作隊」 9 月蔣緯國任命為陸軍指揮參謀大學校長. 以谷鳳翔為中國國民黨中央委員會秘書長. 20 日〔台灣人民自救宣言〕事件,彭明敏、謝聰敏、魏廷朝被捕.. 10.16.中共在羅布泊實驗第一顆原子彈成功,中國成為世界第五個核武國家. 達荷美總統馬加伉儷來訪發表聯合公報,維護自由正義,始可確保人類尊嚴與世界和平. 台灣省礦業鉅子李建興兄弟,將陽明山呈獻蔣總統感念治理台灣之盛德. 韓國總理丁一權訪華 澎湖跨海大橋興工,預定五年完工. 蘇俄總理赫魯雪夫被黜,勃列日涅當選蘇共中央第一書記,柯錫金被任命為蘇聯部長會議主席.. 24 日中共發出「社會主義教育運動奪權鬥爭的指示」 1960.8~1964.10.中蘇邊境區共發衝突千餘次 11.5.~13.周恩來到莫斯科參加蘇俄十月革命 47 週年紀念活動. 7 日蘇聯十月革命 47 週年慶祝酒會上,蘇聯國防部長馬利諾夫斯基借向中方敬酒挑釁說:「我們俄國人搞掉了赫魯雪夫,你們也要搞掉毛澤東」. 周恩來提出嚴重抗議,最後柯錫金代表蘇共中央向中共中央表示道歉. 越南政變,吳廷琰總統死亡. 美國甘迺迪總統在德克薩斯州拉斯城遇刺逝世 監察院長于右任逝世 12 月陳誠副總統因病請辭兼行政院長職務,由嚴家淦繼任. 美國軍事及經濟援華研究團團長與屬員來訪. 1964.12.21~1965.1.4.中共在北京召開「第三屆全國代表大會第一次會議」 宣布要把中國建設成為具有現代化農業、現代化工業、現代化國防、和現代化科學技術的社會主義強國. 大會選舉劉少奇為「中華人民共和國主席」朱德為全國人大常委會委員長,任命周恩來為國務院總理. 中共和法國建交 「彭明敏案」1964 年中秋節，與其學生謝聰敏、魏廷朝共同起草“臺灣人自救運動宣言”被臺灣當局逮捕,由於彭的主張符合美國政府的“一中一台”政策，美國以人權為藉口進行干涉，1965 年 11 月給予彭特赦，免刑出獄， 1970 年 1 月，在美國的精心策劃下，彭明敏化妝逃出臺灣，在瑞典尋求“政治庇護”，臺灣當局以涉嫌“內亂罪”“通緝令”。在美國彭明敏與“台獨”分子合流,創立“福摩薩研究所”。隨後發起成立“台美協會” 1979 年，他又參與創立了“臺灣建國聯合陣線”，要求美國政府制定“與臺灣關係法”。 麥克阿瑟公路通車

中華民國		中華人民共和國	紀元	干支	紀要
元首	年號				
蔣中正	**54**	劉少奇	**1965**	乙巳	1.13.任命蔣經國為國防部長 24 日第二次世界大戰期間英國前首相邱吉爾病逝,享壽 90 歲. 25 日中華民國立法院通過「加工出口區設置管理條例」 2 月美國洛氏基金會洛克菲勒夫婦、美駐韓聯合國盟軍統帥郝澤上將來訪. 蘇聯柯錫金訪問越南和朝鮮途中,先後兩次在北京停留,與周恩來、陳毅、與柯錫金會談,雙方各持自己立場,中蘇分裂的局面已無法挽回. 3.5.副總統陳誠因肝癌逝世,享年 68 歲.字辭修,浙江青田人. 台灣第一個加工出口區在高雄成立. 24 日台灣鐵路萬華至新店線為都市發展計劃,停止營運. 4 月美國詹森總統特使洛奇來台訪問 8~9 日美國飛機在中國海南島上空發射飛彈 北越主席胡志明派勞動黨第一書記黎笋、國防部長武元甲訪問中共. 26 日我國與日本簽訂一億五千萬美元借款協定. 5.14.旅日多年台獨大統領廖文毅返台,宣佈放棄「台灣獨立統一陣綫」日本台獨運動繼續由郭泰成、林台元、廖明耀、辜寬敏等人主持. 我 119 艦隊在東引海域擊沉中共艦艇四艘. 澳門政府關閉台灣駐澳門「專員公署」 6 月任命彭孟緝為參軍長,黎玉璽接掌參謀總長. 9 日中共第一批中國志願部隊進入北越 29 日「美國終止對台灣經援計畫」中華民國經濟足可自給自足,美國宣佈結束對華經濟援助.16 年來總共援華金額約 14 億美元. 美、奧、紐三國聯合公報:中共對太平地區威脅日增. 7 月蔣總統接見匿居日本倡導「台灣獨立」廖文毅,懍于民族大義,幡然回國. 20 日李宗仁偕夫人郭德潔及程思遠祕密離開紐約赴蘇黎世,再專機返回大陸.毛澤東、劉少奇分別於 27 日、31 日接見李宗仁夫婦. 台灣設立「高雄加工出口區」 8.3.毛澤東、劉少奇會見法國總統特使安德烈馬爾羅. 5 日我國海軍劍門艦艦長王韞山中校、章江號艦長為李準少校，負責護送,特種部隊人員準備在福建東山附近搶灘滲透進入大陸,巡防艦隊司令胡嘉恒少將擔任此次任務作戰指揮官. 6 日零時劍門艦、和章江籃尚未跨越海峽中線,即被中共廈門青山雷達站發現釘梢. 01:50 我兩艦與中共解放軍的魚雷快艇交火,章江艦號起火沉沒,劍門艦遭中共 3 枚魚雷擊中,瞬即沉沒。王韞山與該艦 33 名官兵被共軍撈起俘虜，胡嘉恒少將殉職陣亡, 170 餘人全部藏身海中，僅一名特種部隊深諳水性潛回，被俘擄之臺籍官兵,多數傷癒後被遣送還鄉,直接逃回台灣的僅五名. 剛接任海軍總司令劉廣凱上將僅六個月,因此案引咎辭職. 9 日新加坡獨立 31 日中華民國與美國簽訂「美軍基地在台灣的地位協定」 中美簽訂「美軍在中華民國地位協定」美國太平洋區總司令夏普來台 李嗣璁任命為監察院長 9.1.西藏自治區正式成立 9 日西藏自治區成立,阿沛阿旺晉美為自治區主席 19 日國防部蔣經國部長應美國國防部邀請訪美十天. 美國原子能委員會主任委員謝博博士及眾議員一行訪問中華民國. 21 日蔣經國訪問美國 23 日毛澤東找彭德懷談話,委派彭德懷擔任西南三建設總指揮副主任.

中華民國		中華人民共和國	紀元	干支	紀要
元首	年號				
蔣中正	**54**	劉少奇	**1965**	乙巳	10月中共應越南要求派出防空、工程、鐵首、後勤保障等部隊共約32萬人赴越南工作,供應大量物資,代其培訓6,000餘軍事人員,1970年全部撤回. 11月山西省侯馬縣晉國故城遺地發掘出土春秋晚期盟誓遺址千餘件朱書. 中共空軍李顯斌、李才旺、廉保生等駕起義來歸,廉保生緊急降落時殉職 10日中共發表姚文元寫的「海瑞罷官」文章,這是『文化大革命』的導火綫. 楊尚昆被撤銷中共中央辦公廳主任職務 12日中華民國國父孫中山百年誕辰. 12月蔣宋美齡夫人接受美國衛斯理學院「拉菲特協會」頒贈自由獎章 21日毛澤東在杭州同陳伯達等人談話,「海瑞罷官」的 要害問題是「罷官」 鞏俐(1965.12.31.-)瀋陽人,中國戲劇學院畢業,演紅高粱,一炮而紅,獲得香港電影金像獎最佳女主角.

中華民國		中華人民共和國	紀元	干支	紀要
元首	年號				
蔣中正	**55**	劉少奇	**1966**	丙午	1 月美國副總統韓福瑞訪華,會談世界局勢,及中美共同問題. 9 日中共海軍吳文獻、吳珍如、吳春富駕駛登陸艇起義,至馬祖投誠,當乘飛機來台時,被中共飛機偷襲墜海遇難. 13 日中共決定增加農投入「工業交通企業支援農業的十項措施」 2.1. 中華民國設置「國家安全會議」與「國家安全局」 韓國統領朴正熙訪華 美國太空人席拉與鮑曼訪華 3 日彭真召集文化革命五人小組會議,實行「百家爭鳴,百花齊放」 8 日彭真、陸定一、康生等到武漢向毛澤東滙報,毛澤東沒有表示反對. 12 日中共中央發文全黨「照此執行」開始一場新而更嚴重的鬥爭,範圍廣泛,從意識形態領域和文教部門,擴大到政治領域和黨的高級領導到機關. 3.19.政府頒布發展經濟九項目標,包括農業工業交通旅遊行政改革等項. 蔣中正在無競爭對手參選下當選中華民國第四任總統,嚴家淦為副總統. 4.16.毛澤東批判「三家村」、「假批判,真掩護,假鬥爭,真包庇」,向反黨反社會主義黑綫開火,開始對北京市委彭真的圍剿. 24 日國防部蔣經國部長應韓國國防部邀請訪韓 6 天. 蔣總統發表聲明:「只要美國給予他所需要的工具,國民政府就可完成光復大陸的使命」並對美聯社記者說:「我們可以靠自己的部隊打回到大陸,不需要美軍作戰部隊.我們不希望把美國捲進任何戰事.上了大陸,就是我們和中共的事.我們到了大陸,就有足夠的力量.」 5 月菲律賓副總統羅培士訪華 4~26 日中共中央政治局會議,撤銷彭真北京市委及市長、楊尚昆中央書記處書記、陸定一中央宣傳部部長職務. 16 日中共中央委員會毛澤東發出「五一六通知」－「文化大革命行動綱領」 台灣星雲法師在高雄鳳山創建「佛光山」 20 日蔣中正就任中華民國第 4 任總統.嚴家淦為副總統. 25 日北京大學聶元梓等七人在校園內張貼文化大革命首張大字報 北京清華大學附中成立第一個「紅衛兵」組織.大字報聲稱「革命就是造反,毛澤東思想的靈魂就是造反」「不造反就是百分之一百的修正主義」「我們就是要火藥味搞得濃濃的」「來一場大搏鬥、大廝殺」「把舊世界打個天翻地覆,打個人仰馬翻,打個落花流水,打得亂亂的,越亂越好」 毛澤東贊揚兩張大字報,「說明對反動派造反有理」要求他們「注意取團結一可以團結的人們」 28 日中共成立「中央文化革命小組」(簡稱”中央文革”) 29 日清華大學附屬中學學生秘密組織「紅衛兵」8.1.毛澤東振不支持 8.18.毛澤東在天安門城樓會見紅衛兵,有 1,500 名紅衛兵代表受到接見開始「破四舊」受到紅衛僨衝擊,社會全面陷人全面混亂,各級機構陷入癱瘓. 6 月孫科為考試院長,程天放為副院長. 毛澤東指使江青、林彪發動「**文化大革命**」,「**紅衛兵**」作先鋒造反,造成整個大陸社會各階層十餘年來不安. 7 月以谷正綱為國民大會憲政研討會副主任委員,郭澄為秘書長. 8 日毛澤東給江青信「文化大革命是天下大亂,但可達到天下大治」 美國國務卿魯斯克訪華 中共第一次成功發射飛彈試驗 19 日中共對荷蘭宣布「中國駐荷代表為不受歡迎的人」限 24 小時內離境一事,提出強烈抗議. 29 日中共將學生依家長階級成分劃分為「紅五類」「黑五類」受到不同迫害.

中華民國		中華人民共和國	紀元	干支	紀要
元首	年號				
蔣中正	**55**	劉少奇	**1966**	丙午	8.1.~12.日中共「第八屆十一中全會」通過「無產階級文化大革命的決定」(即”十六條”)全會決定撤消彭真、羅瑞卿、陸定一、楊尚昆的職務.實施「一鬥二批三改」「鬥批改」運用”四大”「大鳴、大放、大字報、大辨論」形式揭露「牛鬼蛇神」確定「文化革命小組」為「文化革命的權力機關」 4 日中共下令停課半年,專門搞文化大革命,等到學生起來了,又鎮壓他們. 7 日出現毛澤東 8.5.寫的「炮打司令部－我的一張大字報」毛澤東還說「過去兩個月是打我的,我是還擊」「這一時期正確的是中央文革,而不是中央」.此後會議矛頭轉向劉少奇、鄧小平等主持中央日常工作的領導人.毛澤東整劉少奇時,同時也把矛頭指向鄧小平,說他是「走資本主義道路的當權派第二號人物」 24 日李達(1890~1966)去世.號鶴鳴,湖南零陵人. 15 日台灣公佈實施「九年國民教育實施綱要」 18 日毛澤東身著綠色軍裝,手背佩戴「紅衛兵」袖章,在北京天安門檢閱「大連串紅衛兵」向手持「毛主席語錄」高唱「造反有理」的紅衛兵揮手致意表示支持. 8.18~11 月下旬,毛澤東八次接見紅衛兵人數達 1100 萬人. 24 日作家老舍不堪紅衛兵批鬥,在北京太平湖投湖自盡. 9.7. 日本首相佐藤榮作訪問中華民國. 蔣宋美齡在美國林肯城魏里斯安大學接受榮譽文學博士學位.10.26.返國. 10.9.蔣中正總統發表「告中共黨人書」鼓動大陸黨政軍及知識分子,響應「三民主義國民革命」,反對「文化大革命」 9~28 日劉少奇、鄧小平作出書面檢查,對所犯「路綫錯誤」承擔責任 27 日中共導彈核武器發射試驗成功. 北京師範大學「井崗山」負損人譚厚蘭;帶人去山東曲阜縣對孔廟、孔林文物,予以打、砸、搶、毀壞石碑千餘座、文物 70 餘年. 11 月美國主管遠東事務助理國務卿彭岱訪華,陳述美、韓、越、澳、紐、泰、菲七國高層會議情形. 美國總統特別代表布萊來訪. 賴索托王國總理約拿旦來訪 8 日北京大學聶元梓等人貼出攻擊鄧小平的大字報 出現「抓叛徒」活動,發生揪「薄一波等 61 人叛徒集團」事件. 13、29 日陳毅、葉劍英、徐向前等批評「文化大革命」太極端做法,打擊面太大,影響社會安定. 18 日北京街頭出現「打倒劉少奇」的標語口號 12.1.白崇禧因心臟病病突發逝世.安葬白榕蔭堂墓園,白是 1949.12.30.由海南島海口飛到台灣. 3 日在高雄楠梓成立第一個加工出口區 26 日中國國民黨九屆四中全會在台北召開.通過「中華文化復興運動推行方案」「動員戡亂機構規劃設置案」. 27 日江青指使紅衛兵赴四川將彭德懷綁架回北京監押批鬥 30 日以王洪文為首的上海工人造反派在康平路發生暴力衝突,「工總司」在張春橋的支持下,摧毀「赤衛隊」爆發大規模奪權活動,時稱「康平事件」 美國國務卿魯斯克訪華 國民政府核准台北市為行政院直轄市 中共成立以謝富治為組長,目標指向劉少奇的王光美專案小組,對劉少奇的歷史進行審查 北部橫貫公路宜蘭至梨山段通車

中華民國		中華人民共和國	紀元	干支	紀　　要
元首	年號				
蔣中正	**56**	劉少奇	**1967**	丁未	1 月金門上空,我空軍擊落中共米格 17 型軍機二架.. 4 日打倒中央政治常委、中央文革小組顧問陶鑄為「中國最大的保皇派」.隨著王任重、劉志堅、蕭華等都被打倒. 6 日中共「全面奪權運動」從中央黨權政權財權文權、以及其他權力.劉少奇夫人王光美被騙出中南海,押至清華大學批鬥,經周恩來干預營救放回. 13 日毛澤東約見劉少奇,劉少奇表示:願承擔文化大革命中所犯「錯誤」責任,儘快把幹部放出來,並提出辭去擔任的黨和國家領導職務. 新疆石河市發生因造反派搶擊引發多起流血事件 28 日台北地方法院為參與偷盜黃豆案犯判刑其中涉及立法委員 5 人,監察委員 3 人,國大代表 1 人 2.1. 中華民國成立「國家安全會議」、「國家安全局」蔣中正兼主任委員,顧祝同任副主任委員,任命黃少谷為國家安全會議秘書長、周至柔為建設計劃委員會主任委員、蔣經國為總動員委員會主任委員、袁守謙為戰地政務委員會主任委員、吳大猷為科學發展指導委員會主任委員. 美國駐聯合國首席代表高德柏訪華 青海、西寧發生大規模流血事件 北京、成都、昆明、貴陽、長沙、南京、瀋陽等地也發生造反派衝擊駐軍領導機關,批鬥軍隊領導幹部的惡性事件. 2.15.~3.18.中共譚震林陳毅葉劍英強烈批評中央文革小組的「左」傾錯誤,被江青一伙污蔑為「二月逆流」,一批老同志到江青康生等人批鬥. 2.25~3.18.中共中央政治局連續召開七次「政治生活批評會」批判譚震林等,周恩來也被迫檢討. 3 月泰國國務院長他儂訪華 4 日中華民國外交部發表聲明「外蒙古是中華民國領土」 4 月澳大利亞總理荷特訪華　美國前副總統尼克遜訪華 秘魯副總統波拉夫婦訪華 8 日「人民日報」社論「高舉無產階級的革命批判旗幟」對劉少奇、鄧小平、陶鑄等人的著作言論進行批判. 美國前副總統尼克遜訪問台北,蔣總統告訴尼克遜,他認為美國「應該仔細考慮」協助國民政府反攻大陸,尼克遜的答覆是:「美國會支持(反攻)是無法想像的事」,「美國不可能在目前的情況下提供(國府)需要的支援.」 5.6.中華民國副總統嚴家淦訪問美國,雙方同意商討應中國大陸形勢發展,美方重申軍事台方案. 26 日中共自行設計製造的中程地導彈發射成功. 6.6.中共發出通令,要求「糾正打、砸、搶、抄、抓的歪風」 17 日中共在新疆羅布泊進行首枚「氫彈試爆」成功 蔣宋美齡夫人接受輔仁大學名譽董事長 6.20.~7.5.鄧小平寫了長達三萬字的「我的自述」給毛澤東.表達自己心意,說自己在往日曾始終如一支持毛,現在希望能夠得到改正錯誤的機會等語. 7.1.台灣臺北市改制為院轄市 中、美、日、韓四國領袖在漢城舉行非正式會議,嚴家淦副總統代表參加 行政院明令自明年秋季開始,將國民教育由六年延長至九年. 7~8 月紅衛兵組成「揪劉(少奇)火綫」數十萬人在中南海周圍安營紮寨,高分倍喇叭晝夜高喊著打倒劉少奇等人口號. 陳伯達、康生、江青還違背毛澤東關于「對劉少奇、鄧小平、陶鑄不要搞面對面鬥爭」的意見,公然在中南海組織批鬥劉、鄧、陶夫婦,肆意侮辱、抄家.

<table>
<tr><th colspan="2">中華民國</th><th rowspan="2">中華人民
共和國</th><th rowspan="2">紀元</th><th rowspan="2">干支</th><th rowspan="2">紀　　　　　　　　　要</th></tr>
<tr><th>元 首</th><th>年號</th></tr>
<tr><td>蔣中正</td><td>56</td><td>劉少奇</td><td>1967</td><td>丁未</td><td>20 日中共紅衛兵「百萬雄師」一些人衝入武昌東湖謝富治、王力住處,要求辨論,將王力打傷,強行帶走,這就是所謂「衝擊中央代表團住地」、「綁架中央代表」人稱這是〔武漢 720 事件〕
22 日文革小組數萬人,在北京西郊機場歡迎謝富治、王力回到北京.
28 日中華民國成立「中華文化復興運動委員會」蔣中正總統自任委員長,孫科、陳立夫、王雲五任副主任委員長.
8.7.中共公安部長謝富治提出「砸爛公檢法」口號,於是公安、檢察、和審判機關癱瘓.「群眾專組」盛行全國.
15 日孔祥熙在紐約病逝,享壽 86 歲,字庸之,山西太谷人.孔子第 57 代裔孫,留學美國法政、經濟.
23 日紅衛兵火燒英國在北京代辦處
9 月菲律賓政府以最高榮譽勛章贈與蔣總統,並以特種大綬勛章贈予蔣夫人.
5 日中共與坦桑尼亞、贊比亞兩國政府在北京簽訂修建「坦贊鐵路」協定
17 日清朝末代皇帝浦儀(1906~1967)在北京去世.1908.11.14.繼位,1912.2.退位,1917 年復辟失敗,1932.3.就任偽滿洲國傀儡政府執政,1934.3.改稱「滿洲國皇帝」1945.8.17.逃往日本途中被蘇聯俘擄,1950.8.移交中國,1955.12.14.獲得特赦.
我駐越南大使館被越共投擲炸彈.死一人,傷 16 人.
世界反共聯盟第一屆大會在台北召開
10 月中共成功試爆第一顆氫彈
溥儀病逝,享年 61 歲.溥儀 1924 年廢除帝號,遷出宮庭,1931 年九一八事變受日人利用建立「滿洲國」,抗日戰後為蘇俄俘虜,1950 年被遣返中國大陸,一度受任為「國立文史舘舘員」
中共香港「正午報」「晶報」副刊主編陸雁、日本大阪華僑總會副會長孫鶴年相繼投奔自由
24 日中華民國政府製定「電子工業長期發展規劃」
30 日中共與印尼斷絕外交關係.
11.12.中國國民黨第七屆五中全會.在台北召開.通過「建立过毛救國聯合陣綫方案」「加強科學研究與經濟建設方案」
18 日何應欽提出「人口政策方案」要求設立主管機,動實施「節育計劃」
27 日國防部長蔣經國部長應日本邀請訪日六天,與日本內閣大臣佐藤榮作會談.日本天皇裕仁接見表示不忘蔣總統寬大德意.東京一萬五千餘人,集會舉行感謝蔣總統大會.
毛澤東指文化大革命就是整黨、整團、整政府、整軍隊,黨要「吐故納新」,黨綱、黨章要改.文化大革命湧現「新生力量」,把叛徒、特務、自首分子、和反革命修正主義分子,統統清除出去,根除隱患.
12 月日本前首相岸信介率團訪問中華民國.
國民政府撥款九億元推行台灣九年國民教育
毛澤東把鄧小平夫婦軟禁在中南海,與外界隔絕,失掉聯繫.兩個齡較小的孩子鄧榕和鄧質方,被趕到北京擁擠的工人宿舍,不許和父母見面.後來二姊妹和鄧質方都被下放農村參加勞動.
廖麗蘭(1967.4.4.-)台灣雲林縣人,中國醫藥大學畢業,一位傑出女醫師,潛心研究醫學,虛心求教,擅長內科,針灸,婦科,皮膚科,泌尿科,尤對異位皮膚炎有獨到之處,她曾醫治好好幾位西醫認為絕望的癌症病人,其再經西醫院照 X 光、掃瞄、驗血檢查驗證,確認為奇績出現,顯現廖醫師的醫術高超.</td></tr>
</table>

中華民國		中華人民共和國	紀元	干支	紀要
元首	年號				
蔣中正	**57**		**1968**	戊申	1968~1976 中華人民共和國主席空缺 1.1. 副總統嚴家淦應泰國邀請訪泰七天. 楊亮功為考試院長 政府撥款新台幣 120 億,作為推行十年國家科學發展計劃. 台灣首位女性許世賢當選嘉義市長 9 日中華民國國家安全會議通過「科學技術研究發展指導計劃及實施綱要」及「革新當前社會風氣指導綱要」 19 日台灣開始實施「九年國民義務教育」 31 日越共在越南各大城市發動大規模春季攻勢,損失慘重,平民傷亡甚多. 2 月蔣總統接見越南駐華大使陳善謙,捐助越南食米五千噸. 我國贈送非州達荷美國 120 萬美元以上衣物. 3 月蔣總統接見美國新任第七艦隊司令布蘭中將、泰國副國務院長巴博上將、比利時前總理斯巴克. 希腊「贊德聖丹尼士騎士團」以大綬大紅十字騎士勳章贈送蔣總統 蘇聯不顧中共反對舉行各國共產黨和工人黨代表協商會晤,中共等七國家共產黨拒絕參加. 林彪、江青等聯合製造「楊(成武)、余(立金)、傅(崇碧)事件」排斥異己,「大肆進行追查」,矛頭直指陳毅、聶榮臻、葉劍英等人. 4 月蔣總統接見美國來台投自由馬思聰、及來自大陸逃亡來台牧師余摩 11 日中華民國政府提出「拓展歐洲市場方案」 16 日毛澤東發表支持「美國黑人鬥爭爭」的聲明 5.2.行政院公佈「台灣地區家庭計畫實施辦法」 6 月蔣中正總統相繼接見日本新聞編輯訪問團、西班牙軍事觀摩團、玻利維亞參議院議長波沙、雲南德宏自治州投奔自由來台副州長方化龍. 日本東京帝國大學贈與蔣總統榮譽法學博士學位 王仲殊、戶兆蔭等在河北省滿城縣陵山發掘出西漢中山靖王劉勝夫妻墓,出土兩套較為完整的「金縷玉衣」 7 月蔣總統相繼接見美國駐聯合國常任代表包爾、韓國副總理兼經濟企劃院長朴忠勛 8.6. 我國柳江艦(PC123)歐陽位少校艦長奉命執行「艱巨而且極度危險的特殊任務」赴溫州灣接送工作人員,以智取勝,圓滿達成使命,人艦均安全返航,獲得層峯獎賞. 賴比瑞亞副國務卿伊斯曼來台訪問 9.9.台灣開始實施九年國民義務教育.初級中學全面改制為國民中學 11 日中華民國財政部公布「保稅工廠管理辦法」 美國詹森總統特別顧問布萊克來訪 任命蔣緯國為三軍聯合大學副校長 16 日江青整理報送「劉少奇的罪證材料」 10.13~31 日中共在北京召開「黨的第九次全國代表大會,八屆擴大的十二中全會」指出對劉少奇「審查」報告,得到的對那些證明劉少奇沒有歷史問題的材料 2 萬 6 千餘件,但遭一概扣壓,隻字不提. 劉少奇被送往河南開封囚禁 11 月美國議員團馬爾他總理兼外交部茲奧里、甘比亞總理賈瓦拉訪問中華民國. 蔣總統接見世界中文報業協會、圍棋國手林海峰、世運選手紀政、伊朗記者訪問. 12 日中共劉少奇含冤病逝世獄中

中華民國		中華人民共和國	紀元	干支	紀要
元首	年號				
蔣中正	**57**		**1968**	戊申	12.10.「義勇軍進行曲」填詞人田漢於文化大革命中被迫害致死 美國國務卿魯斯克訪問台灣,蔣總統對反攻大陸問題上表示「你們永遠不應設想以核武器對付中國」 22日毛澤東發出「掀起知識青年上山下鄉到農村,去接受貧下中農的教育,很有必要的號召」 中共成立調查鄧小平「罪行」的「專案組」.調查他脫離紅七軍、與毛澤東批判的彭德懷繼續保持良好關係等罪行.鄧小平寫了一份自己八歲以後的履歷,一一羅列出他的全部個人交往. 江青要求把鄧小平開除黨籍,被毛澤東拒絕,毛繼續保護鄧小平,以防他受到激進派的攻擊. 鄧樸方不堪紅衛兵無休止的迫害而跳樓自盡,摔斷脊椎.雖奉准到北京第三人民醫院、北京大學附屬醫院動手術,妹妹鄧榕、鄧楠輪流看護,但仍是終身癱瘓,母親卓琳得悉哭了三天三夜,鄧小平坐在一邊一言不發,菸一支接一支地抽. 24日世界第一個載人美國太空太陽神波羅8號升空,環繞地球飛行. 蔣中正總統接見美國新聞記者訪問團 29日南京長江鐵路、公路兩用大橋通車,長6772米,公路長4588米,全長1091公里.南京大橋上層的公路橋長4,589米,車行道寬15米,可容四輛大型汽車並行,兩側有二米多寬人行道;下層鐵路橋長6,772米,寬14米,鋪有雙軌,可同時對開兩列火車,.江面上的正橋長1,577米,其餘為引橋,是當時中國之最. 中拱國務院成立「計劃生育領導小組」 四川成都至雲南昆明的成昆鐵路通車,全長820公里. 湖南株洲田心至貴州貴定的湘黔鐵路通車,全長753公里 河南焦作至湖北枝城的焦枝鐵路通車. 貴州貴陽至雲南昆明鐵路通車 北京至山西原平的京原鐵路通車 湖北漢口西至湖北丹江石的漢丹鐵路通車 江蘇南京至安徽銅陵的寧銅鐵路通車 內蒙古夕月遼至黑龍江大慶讓湖的通讓鐵路通車 中華民國正式停止空軍進入大陸地區上空執行任務 陳光標(1968.7.-)江蘇宿遷市人,他的座右銘「靠自己改變命運,一定要脫貧致富」他對災變地區,都超乎一般人以鉅款接濟.

中華民國		中華人民共和國	紀元	干支	紀要
元首	年號				
蔣中正	**58**	(主席空位)	**1969**	己酉	1 月中美兩國簽訂「中美科學技術合作協定」 31 日前代總統李宗仁自甘受辱投共後在北京逝世 2 月國防部長蔣經國赴韓國訪問.　　黃季陸繼羅家倫為國史館館長 3 月美國魏德邁將軍、太平洋區總司令馬侃上將、太平洋艦隊陸戰隊司令布茲中將、政治顧問費雷公使來台訪問. 2 日蘇俄入侵烏蘇里江主航道中國「珍珠島事件」與中共發生軍事衝突 美國前總統艾森豪逝世,派國防部長蔣經國代表赴美參加葬禮. 29 日中國國民黨在臺北召開第十次全國代表大會. 4.1.中共第九次全國代表大會在北京召開,文化大革命進入「鬥批改階段」 加彭政府以「赤道景星十字勳章」贈送蔣總統 11 日中華民國制定「人口政策綱要」推行「家庭生育計劃」 1~24 日中共第九次全國代表會在北京召開 5.1.國防部長蔣經國以特使身份應泰國國務院總理他農邀請,赴泰國訪問 馬來西亞發生華巫種族衝突,華人死傷數百人 越南總統阮文紹、獅子山國總理史蒂文斯訪問中華民國. 6 月副總統嚴家淦兼任行政院長,任命蔣經國為副院長 蘇俄在莫斯科召開「世界共產黨大會」,俄共指控中共計劃發動戰爭. 3 日台灣決在台中設第三個加工出口區 9 日賀龍大元帥因文化大革命被迫害致死,追悼會上,周恩來總理連續七次鞠躬,至 1974 年獲得平反. 7 月我海上突擊隊在福建閩江口及定海灣先後擊沉中共運輸艦二艘、砲艇一艘、另傷砲艇一艘. 中美兩國簽訂「中美科學合作計劃實施方案」 20 日美國太陽神阿波羅 11 號太空船在月球靜海登陸,太空船駕駛員阿姆斯特壯為人類首次登陸月球表面的人. 21 日美國『土星-5』號火箭於 1969.7.16.09:32 載著『阿波羅』號飛船升空飛往太空,到達月球.7.21.美國飛行員阿姆斯特壯,第一次人類首先登陸月球,停留 21 小時又 18 分鐘,採集 2 千克月球土壤和岩石標本,成功飛返地球.按『阿波羅』是古代希臘神話的太陽神,傳說它是月神的同胞弟,美國採用這個名詞命名登月飛船,意義深刻. 26 日美國宣佈「關島主義」改變亞洲政策 8 月美國國務卿羅吉斯訪華,三度晉謁蔣總統 國民政府任命蔣經國為行政院經濟發展委員會主任委員 6 日「生命線」電話在台北市馬偕醫院啟用. 9.1.柏楊因在自立晚報刊登改編大力水手漫畫有匪諜嫌疑被判處 12 年徒刑. 11 日周恩來在北京機場會見蘇聯部長會議主席柯西金. 23 日中共首次成功進行地下核子試驗 29 日中共第一台 2.5 萬瓩雙水內冷發電機組在上海製成正式發電. 10.1.中共北京第一期地鐵建成通車 尼日共和國總統狄奧尼訪問中華民國. 中共林忠兵等八人,以漁船逃抵馬祖投奔自由. 26 日鄧小平與妻子卓琳離開中南海,下放去江西南昌住在一座兩層小樓房 28 日中共林立果在空軍司令部辦公室成立林立果、周宇馳、劉沛豐、于新野五人調研小組.成為日後反革命陰謀活動的骨幹力量. 11.12.前中共國主席劉少奇因文化大革命被批鬥致死,至 1980 年 2 月中共十一屆五中全會為劉少奇平反,恢復「黨和國家領導人之一」的名譽.

中華民國		中華人民共和國	紀元	干支	紀要
元首	年號				
蔣中正	**58**	(主席空位)	**1969**	己酉	12月蔣緯國接任戰爭學院院長 3日台灣高雄楠梓加工出口區成立. 20日中華民國國大代表、立法委員選舉 24日美國第七艦隊縮小台灣海峽巡邏規模. 25日「五四運動」命名者,清華大學校長羅家倫逝世. 26日台灣第一座國際人造衛星通訊地面電台,正式對美、日、泰展開通訊

中華民國		中華人民共和國	紀元	干支	紀要
元首	年號				
蔣中正	**59**	(主席空位)	**1970**	庚戌	1.2. 台灣獨立運動人士彭明敏在美國刻意掩護協助下逃離台灣前往美國. 15 日「台灣獨立建國聯盟」在美國紐約成立 1.20~2.20 日中共與美國兩國代表在華沙舉行第 135、136 次大使級會談. 3.7.毛澤東明確表示:「憲法中不設國家主席這章,我也不當國家主席」 21 日中共收到美國通過巴基斯坦領導傳來的口信:「尼克遜準備一白宮通向北京的直接渠道」 29 日中國國民黨第十屆二中全會通過「加強組織功能,貫徹黨的革新案」和「現階段農村建綱領」 4.18.行政院副院長蔣經國訪美十天. 19 日台灣省政府劃定日月潭、阿里山為十處風景特區. 24 日中華民國行政院副院長蔣經國應邀訪問美國,會見艾森豪總統、尼克遜副總統、杜勒斯國務卿等高級軍政官員、國會議員、新聞界領袖、與卸任的胡佛總統. 我國駐美大使顧維鈞建議看望杜魯門總統,遭蔣拒絕,顧勸之再三蔣仍不採納.杜魯門擔任總統時,大陸情勢緊急,美國以國府貪腐無能拒絕援助,對老總統有極不禮貌批評,1949 年又發表「白皮書」否定中華民國;老總統父子至今仍耿耿於懷,仍屬人之常情.顧維鈞分析訪問美國領袖人物,不能有明顯差別,民主、共和兩黨都應同時爭取,待遇相同,今可看廿多年前的胡佛總統,怎可忘記忽略剛卸任一年多的杜魯門總統,授人話柄.蔣經國擇善固執,返台前夕,探訪了杜魯門,而且兩人相談甚歡.「老成謀國」「國之大成」此之謂也. 在紐約蔣經國遭到台獨分子黃文雄、鄭自才開槍刺殺未遂,子彈從耳際而過,幸未受傷. 中共第一顆人造地球衛星「東方紅一號」成功發射升空. 30 日蔣經國去美國訪問回國途中,曾訪問日本首相佐藤榮作,五月一日方返抵台灣國門. 5.11.行政院副院長蔣經國訪問越南,與阮文紹總統、陳善謙總理會談. 世界銀行總裁麥拉瑪拉夫婦來訪問中華民國. 20 日毛澤東發表「全世界人民團結起來,打敗美國侵略者及其一切走狗」 江炳興、鄭金河等五人領導發動政治 [泰源事件],遭到槍決. 22 日中華民國行政院制定「加速工業發展綱要」 24 日中共第一顆人造衛星東方紅 1 號以長征 1 號火箭在酒泉發射升空 6 月菲律賓前總統馬嘉柏臯、美國前參議員諾蘭夫婦訪華. 行政院任命錢思亮為中央研究院院長、 高魁元被任命為總統府參軍長、賴名湯為參謀總長. 7 月 副總統嚴家淦代表蔣總統赴日本訪問, 美國陸軍參謀長魏摩蘭上將訪問中華民國. 1 日大陸成昆(成都至昆明)鐵路建成通車,全長 1,085.8 公里. 16 日中華民國行政院通過「推廣貿易方案」 8 月中共政治局常委五人人,林彪墜機身亡、陳伯達因案鋃鐺入獄、康生癌症失去工作能力,剩下只有毛澤東與周恩來了. 當時周恩來面臨困難局面,不禁潸然淚下,一邊說,一邊哽咽.據說周恩來一生只哭過三次:一次是因為遲遲才聽到父親去世的消息,一次是為葉挺的犧牲,他們在 920 年代是革命戰友,還有一次就是林彪之死. 越南共和國總理陳善謙訪問中華民國 美國副總統安格紐以總統特使身份訪問中華民國.

中華民國		中華人民共和國	紀元	干支	紀要
元首	年號				
蔣中正	**59**	(主席空位)	**1970**	庚戌	21 日日本對我琉球海面之釣魚台列嶼(即尖閣羣島)海底資源主權問題提出異議.我外交部於 21 日表明我在台灣以北大陸礁層資源開採權,明示釣魚台列嶼之主權屬於中華民國. 23 日中共九屆二中全會在廬山舉行.會議議題： (一) 毛澤東提議「改變國家體制不設國家主席,起草新的憲法」 (二) 國民經濟計劃 (三) 加強戰備問題 9.10.國民政府通過「工業發展輔導措施」 10 月我國造船史上第一艘巨型油輪十萬噸「有巢氏」號,舉行命名及下水典禮 行政院正式宣布：我國所轄台灣海峽及東中國海部份之大陸礁層,已劃定五大「海域石油鑛保留區」並先開放探採海域石油鑛資源. 18 日副總統嚴家淦赴美訪問十天,參加聯合國成立 20 週年紀念大會 20 日嚴家淦副總統在聯合國發表演說 中共與加拿大建交 11 月中共相繼和意大利、土耳其、伊朗、馬來西亞、菲律賓、泰國、埃塞俄比亞、秘魯、阿,根廷、墨西哥、巴西等國建立外交關係 8 日台灣第一座核能電廠在台北縣金山動工. 12.18.毛澤東會見美國記者斯諾表示歡迎美國總統訪問中華人民共和國 25 日毛澤東決定興建「長江葛洲霸水利工程」

國事蜩螗

中華民國		中華人民共和國	紀元	干支	紀要
元首	年號				
蔣中正	**60**	毛澤東	**1971**	辛亥	1 月巴拉圭總統史托斯拉爾、巴貝多總理巴羅訪華. 7 日尼克遜派季辛吉訪問中共,中途藉口〔肚子痛〕看病為由,從巴基斯坦飛北京,與毛澤東、周恩來會談. 29 日「保衛釣魚台行動」中國留美學生在美國掀起保釣魚台島遊行示威.台灣大學、台灣師範大學等學校學生,於 4 月 14~17 日在台北、香港青年於 5、7、8 月分別舉行「保釣」集會遊行.但台灣李登輝,則認為釣魚台屬於日本領土,違反中國領土主權 3 月澎湖跨海大橋竣工通車 5 日周恩來訪問越南與范文同總理會談發表聯合公報,全力支援打敗侵略者 22~24 日林彪之子林立困會同周宇馳等人在上海擬定「五七一工程紀要」陰謀政變,企圖謀殺毛澤東奪取政權,或製造「割據局面」. 中共發射科學實驗衛星「實踐」一號 26 日台灣澎湖大橋通車 4 月剛果總統莫布杜訪華 6 日中共與美國「乒乓外交」 宋子文在舊金山逝世享壽 77 歲 13 日台灣出現「保釣魚台運動」 5 月沙烏地阿伯國王費瑟訪華 美國聖約若望大學以榮譽人文科學博士贈送蔣總統. 6 月美國國務院聲明：美國祇將琉球行政權交還日本,至於釣魚台主權,仍待中華民國與日本會商解決. 12 日政府嚴正聲明：中華民國對美國擅將琉琉交予日本,至為不滿;並堅決反對美日間轉移釣魚台列嶼. 美國百萬人委員會發表公開信：要求美國總統尼克森堅定立場,繼續反對中共進入聯合國.美國大學生在國務院前遊行示威反對美政府對中共姑息政策. 15 日蔣總統提出「莊敬自強,處變不驚,慎謀能斷」口號,穩定社會人心. 7 月外交部長周書楷對菲律賓政府請求我撤退南沙羣島駐軍事,發表談話,重申南沙羣島為我國領土. 8 日中共發出「做好計劃生育工作報告」降低生育率 9~11 日美國尼克遜總統特使季辛吉秘密訪問北京,安排尼克遜訪問中國 8 月總統府秘書長張群赴日訪問,與佐藤榮作商談中日雙邊關係. 美國眾議院院長艾伯特等 23 人訪問中華民國. 9.13.中共第一艘核子潛艇試航成功. 中共洲際火箭首次飛行試驗成功. 中共「九一三事件」林彪、葉群、林立果意圖在上海刺殺毛澤東,發動武裝政變,陰謀未果,林彪等叛變份子駕 256 號專機出逃,飛抵蒙古溫都爾汗墮機,機上八男一女身亡,反革命集團陰謀被粉碎,史稱「九一三」事件. 24 日中共成立「黃河治理領導小組」 香港實施小學免費教育

中華民國		中華人民共和國	紀元	干支	紀要
元首	年號				
蔣中正	**60**	毛澤東	**1971**	辛亥	10.20.~26.日美國季辛吉再次來到北京,為次年二月的尼克森訪中做準備 美國眾議院議員 336 人、參議院議員 69 人相繼簽署請願書及聲明,送達美國總統尼克森,支持維護中華民國在聯合國席位,強烈反對將中華民國排除於聯合國外. 旅日廖明耀、簡文介、施清香等人放棄台獨活動返回台灣. 25 日【中華民國退出聯合國】聯合國第 25 屆大會 2758 號決議,通過「中華人民共和國代替中華民國一切合法權利」中華民國駐聯合國代表周書楷於投票前發表嚴正聲明：宣布中華民國決定退出聯合國. 美國總統特使季辛吉再次訪問中國大陸 中華民國總統嚴家淦以特使身份赴西貢慶賀越南總統阮文紹就職典禮. 29 日中共「聯合國教科文組織恢復中華人民共和國權利.」「1978.10.4.中華人民共和國聯合國教科文衛全國委員會」正式成立. 11 月鄧小平寫第二封四千多字的信給毛澤東,批判林彪,另一方面懇求出來工作.這封信沒有得到毛澤東明確答覆. 25 日美國總統尼克遜在白宮接見中華民國行政院長嚴家淦,聲言「重新保證要確保國府在聯合國的席位,但亦表示將改善與北京京的關係,此種迂迴作法是希望國府接受『兩國中國』」但與蔣總統的「漢賊不兩立」大相逕庭. 12.17.中華人民共和國進入聯合國,台灣民主自決的「國是聲明」訴求民主化. 中共「四人幫」泡製「全國教育工作會議紀要」否定新中國十七年來教育成就 26 日中共針對當前農村存在的「分光吃盡」「集體增產個人不增收,超支戶多,分配不兌現,和勞動計酬上的平均主義」等問題發布「農村人民公社分配問題的指示」 30 日中共發表聲明,抗議日本把中國釣魚公島劃入日本「歸還區域」重申中國對釣魚島的主權. 在清朝乾隆皇帝陪葬墓中發掘懿德太子墓、章懷太子墓.

中華民國 元首	中華民國 年號	中華人民共和國	紀元	干支	紀要
蔣中正	**61**	代主席 董必武	**1972**	壬子	1 月美國國務院宣稱,中華民國與美國共同防禦條約無限期有效. 6 日中共大元帥陳毅去世 25 日中華民國立法院通過「考試院法」「分類職位公務人員考試法」「聘用人員聘用條例」 2.21.~28 日美國總統尼克遜訪問中國大陸 21 日美國總統尼克遜抵達北京 22 日尼克遜與周恩來同舉行會談,也與毛澤東交換意見. 28 日美國尼克遜總統與中共周恩來總理簽訂「**上海聯合公報**」 1. 中美雙方同以和平共處五項原則來處理國與國之間的關係. 2. 中美兩國關係走上正常化是符合所有國與國的利益. 3. 雙方都希望減少國際軍事衝突的危險 4. 任何一方都不應該在亞洲太平洋地區謀求霸權,每一方反對任何其他國家或國家集團建立這種霸權的努力. 5. 關于台灣問題,美方表示:美國認識到台灣海峽兩岸的所有中國人都認為只有一個中國,台灣是中國的一部分,美國政府對這一立場不提出異議.美國重申它對由中國人自己和平解決台灣問題的關心,並確認從台灣撤出全部美武裝力量和軍事設施的最終目標. 6. 雙方將逐步開展中美貿易,以及進一步發展兩國在科技、文化等領域的交流提供便利.並將通過不同渠道保持接觸,包括不定期地派遣美國高級代表前來北京,就促進兩國關係正常化進行具體磋商,並繼續對共同關心的問題交換意見. 30 日美國助理國務卿格林來台灣,說明艾國信守國的條約是美國長久以來的外交政策,並表示美國獎勵其企業來台投資,美國輸出入銀行將繼續給予台灣大量融資,以擴大美國在台的銀行業務. 3.6.中華民國國民黨召開第十屆三中全會 13 日中共與英國簽署聯合公報,雙方自即日起雙方代表升格為大使.英國決定撤銷其在台灣的官方代表機構 30 日中共發布「工商稅條例草案」改革工商稅制,簡化稅目、稅率, 4 月為紀念國父孫中山所建「國父紀念館」落成. 2 日倪文亞、劉闊才分別出任中華民國立法院正副院長. 26 日鄧小平寫信給汪東興說:由於他的兩個孩子已上學,,能炤讓他雇一個人幫他和卓琳一起照顧鄧樸方.他在信中最後說:「至於我自己,我仍然靜候主席的指示,使我能再做幾年工作.」鄧小平沒有收到直接的答覆,但是一個月之內,他和卓琳的工資便恢復到原來的水準. 5.15.美國將琉球交與日本,結束 27 年軍事統治.然琉球在我國唐宋時代,即為我國藩屬屬地. 20 日蔣中正就任中華民國第 5 任總統,嚴家淦為副總統鄭彥棻為總統府秘書長. 26 日蔣經國被任命為第 9 任行政院院長. 徐慶鐘為行政院副院長. 立法院改選,倪文亞當選院長,劉闊才當選副院長. 周恩來檢查出罹患膀胱癌 6 月任命謝東閔為台灣省政府主席, 張豐緒為台北市長 5 日美國參議院外交委員會通過對台軍事援助案,這表示美國雖然一方面想與中華人民共和國建立正常關係,另一方面,也不想放棄台灣的戰略地位

中華民國		中華人民共和國	紀元	干支	紀　要
元 首	年號				
蔣中正	**61**	代主席 董必武	**1972**	壬子	7 月美國助理國務卿葛林訪華. 行政院院長蔣經國接見日本駐華大使宇山厚,闡明我對中日關係嚴正立場 14 日周恩來會見美籍華裔科學家楊振寧 25 日日本首相田中角榮訪問中國大陸 29 日中共與日本建立外交關係,承認中華人民共和國是中國唯一合法政府. 8.3.中共鄧小平寫第三封信,委託中共中央辦公廳主任汪東興轉交給毛澤東,再次表示希望出來工作.他認可在 1968 年 6、7 月的自我檢討中所說的全部容.再次檢討 1931 年自己在廣西離開紅七軍的錯誤,另外還承認自己擔任黨總書期間工作上的缺失,有時候未徵求毛主席的意見.1960~1961 年沒有消除自己的資本主義思想.沒有效貫徹毛主席「三線工業」工作的決定,將攸關國防的建設遷至內地承認,文革揭露他的錯誤是完全應該的.他表示,他要回到主席的無產階級革命路線上. 14.日這封信很快得到毛澤東的批示,表示鄧小平在歷史上做了些好事,他不同於劉少奇,沒有投降過敵人,沒有國民黨出賣機密的嫌疑.暗示可以恢復工作.由於江青百般阻撓不讓鄧小平回來,事情一時沒有下文. 周恩來大力支持下,**1973.3.**月鄧小平正式復出,重新擔任國務院副總理等要職. 9.25.~.29.中共與日本簽訂建交聲明,中華民國政府宣布與日本斷絕外交關係. 1974.4.20.中、日兩國宣布斷航, 1975.7.10.復航. 鄧小平已可得到更寬大的自由.三年來第一次出門到瑞金 10 月台灣南部橫貫公路,全部建築竣工,正式通車. 11 日中共與德國建交 10.17.~11.21.聯合國會議通過「保護世界文化和自然遺產公約」 11 月中華民國第一部中文電腦誕生,可儲存 2,400 個中文單字.. 12.2.日本在台灣設立「交流協會」,台灣於日本開設「亞東關係協會」 台灣南部橫貫公路通車 1972.12.4.~1975.6「台灣大學哲學系事件」陳鼓應副教授在台大「大學論壇社」的「民族主義談話會」偏激評論時政,學生馮滬祥反駁,引起騷動,導致政府關切,十多名教授遭到解職,台大哲學系停止招生一年.1974 年獲得平反,教授重回台大哲學系任教,並獲得賠償. 23 日中華民國選舉增額中央民意代表. 27 日周恩來、汪東興請示毛澤東關於鄧小平的事,毛答覆鄧小平可以回北京 中共董必武(1886-1975)代主席(1972-1975) 在山東臨沂地區銀雀山發掘一座西漢墓. 在山西省臨潼縣姜寨發掘出仰韶文化遺址

中華民國		中華人民共和國	紀元	干支	紀要
元首	年號				
蔣中正	**62**	代主席 董必武	**1973**	癸丑	1.1.毛澤東發表「深挖洞、廣積糧、不稱霸」備戰指示 美國前總統杜魯門逝世. 中華民國副總統嚴家淦赴美參加追思禮拜. 9 日台灣省糧食局公佈廢止「肥料換穀辦法」 24 日我國嚴家淦副總統赴美參加美國故前總統詹森葬禮. 東加王國總理杜培勒哈克親王訪華. 美國國務卿季辛吉第四次赴大陸訪問 2.17.政府拘捕民族主義座談會不同政見解的陳鼓應、王曉波等人,翌日台灣大學學生郭譽孚抗議,在台大校門口持刀刎頸自殺,血書「和平、統一、救中國」標語 美國季辛吉與周恩來達成協議「中美互設聯絡辦事處」北京駐華盛頓的聯絡處人員還享有外交豁免權. 22 日鄧小平從江西回到北京,並沒立刻得任命,毛澤東、周恩來也沒有接見. 3 月總統提名通過余俊賢擔任監察院院長,周百鍊擔任副院院長. 10 日毛澤東指示,恢復鄧小平的組織生活,和國務院副總理職務 考古家在河南安陽小屯南,發掘出 7000 多片卜骨和卜甲,其中 4000 片有刻辭. 20 日海外一批台灣長老教會牧師黃彰輝、黃武東等人,在美國發起「台灣基督徒自決運動」 29 日毛澤東接見了鄧小平,這是六年來第一次.毛對鄧小平說:「努力工作,照顧身體」當晚,周恩來遵照毛澤東的指示,宣布讓鄧小平擔任負責外交的副總理. 4 月約旦儲王哈山親王來華訪問. 12 日鄧小平以副總理身份出席周恩來歡迎柬埔寨元首哈努克到北京訪問酒會,公開露面. 5 月行政院以國際經濟合作發展委員會,改組為「經濟設計委員會」 20~31 日中共中央工作會議,解放譚震林、李井泉、烏蘭夫等 13 名老幹部,同時決定王洪文、華國鋒、吳德列席中央政治局會議並參加政治局工作. 鄧小平正式恢復國務院副總理職務 6.28.中華民國行政院頒布「穩物價 11 項措施」 香港總警司葛柏貪污 100 萬元港幣,調查期間逃往英國,遭警方控. 7.1.美國宣布停止向中華民國政府提供軍事援助,但可繼續對台灣出售武器裝備和軍事物資. 美國魏德邁、商務部長鄧特訪華 任命黎玉璽為總統府參軍長,高魁元為國防部長 4 日毛澤東批評外交部「大事不討論,小事天天送,;此調不改動,勢必搞修正」 30 日考古學家在湖南省長沙市馬王堆漢墓中,發現一具保存完好的女尸和帛書、帛畫等文物珍品. 8 月中華民國副總統嚴家淦以特使身份赴巴拉圭祝賀史托斯拉爾總統連任就職典禮,並訪問中南美洲四國 5 日中共制定「保護和改善環境若干規定」 8 日中共江青、張春橋、遲群等人指使下,召開「批孔座會」 10 日中共十大上鄧小平當選中央委員,他在證明了自己對毛的忠誠以後,12 月鄧小平又成為政治局委員、和中央軍委委員. 中共成立「國務院國防工業辦公室」同時第三、四、五、六機械工業部,改由國務院直接領導. 11~17 日法國總統龐比杜訪問北京.

中華民國		中華人民共和國	紀元	干支	紀要
元首	年號				
蔣中正	**62**	代主席 董必武	**1973**	癸丑	13 日國父孫中山哲嗣,考試院長孫科病逝台北,曾任行政院長、考試院長 24-28 日中共中央第十次全國代表大會在北京召開,通過「中國共產黨章程」 中共永遠開除林彪、葉群、陳伯達、黃永勝、吳法憲、李作鵬、邱會作等人黨籍,撤銷黨內一切職務. 毛澤東參加中共十大因病情加劇沒有演講,這也是毛澤東出席最後一次中央全會 29 日「世界華商第九屆貿易會議」在台北舉行. 10 月提名楊亮功為監察院長,劉季洪為副院長. 1 日北京彩色電視試播成功 10 日中共頒布「森林採伐更新規程」 31 日台灣台南曾文水庫竣工 11.12.中華民國行政院長蔣經國宣佈,將在五年內完成「十大建設」:南北高速公路、台中港、石油化學工業、大鋼廠、大造船廠、北迴鐵路、蘇澳港、桃園國際機場、鐵路電氣化、核能發電廠等十項建設. 11.21~12 月初毛澤東「批周恩來」在中央政治局幾次會議矛頭指向周恩來、葉劍英. 尤其江青、姚文元說周、葉二人在中美會談上,態度軟弱,犯了「右傾錯誤」、「喪權辱國」、「投降主義」,誣陷周恩來是「第十一次錯誤路綫的頭子」毛澤東了解政治局會議情況後,先後與周恩來、王洪文等人談話,他批評江青提關于「第十一次路綫鬥爭」的提法,說「他(指周恩來)不是迫不及待,她自己(指江青)才是迫不及待」「對江青所提增補政治局常委的意見,毛澤東明確表示」「不要」周恩來案才沉寂冷卻下來. 12 日毛澤東贊成葉劍英意見,提議大軍區司令員相互調動.他說:「一個人在一個地方搞久了,不行呢!搞久了就油了呢」 毛澤東還提議,曾被錯誤地打倒、己于半年前恢復國務院副總理職的鄧小平當軍委會委員、政治委員.他又說:「政治局要議政,軍委要議軍,不僅要議軍,還要議政.軍委不議軍,政治局不議政,以後改了吧.」 14 日季辛吉再度訪問中共,與周恩來發表公報載明「中國與美國的關係正常化,只有在確認一個中國的原則基礎上才能實現」 我駐美大使沈劍虹就此一問題專程拜會季辛吉,其表示「在任何情況下,美國都不會放棄對防衛台灣所作的條約承諾」當問及雙方外交關係,季辛吉則沈默不答.顯然,美國腳踏兩條船,正式名份要給中共,對台灣則仍不放棄實質的保障. 毛澤東指責周恩來和外交部太遷就美國,使美國得以利用中國改善與蘇聯的關係他對美國與台灣的交往與中國恢復邦交上無所作為也很生氣. 22 日中共中央正式任命鄧小平為中央政治局委員、中央軍委會委員. 中共成立「五七藝術大學」江青任名譽校長.1977.12.撤銷. 鄧小平陪同周恩來參加與蘇聯談判. 11.25.~12.5.毛澤東組織政治局在人大會堂召開一系列批周的會議. 12.30.美國從台灣撤走 3,500 名軍事人員. 鄧小平遵照指示參加政治局會議.鄧小平對周恩來說:「你現在的位置離主席只有一步之遙,別人都是可望而不可即,而你卻是『可望而可即』,希望你自己能夠十分警惕這一點.」 世界發生第一次石油危機 不結盟國家首腦會議將正式建立國際經濟新秩序,作為不結盟運動的行動綱領 上海建成中國第一個河水處理廠 毛澤東罹患「葛雷克症(又稱冗萎縮側索硬化症)直起頭來都很困難,口齒不清.」1972 年二月毛澤東曾一度昏迷,但九天之後,仍會見了美國總統尼克遜.

中華民國		中華人民共和國	紀元	干支	紀　　要
元首	年號				
蔣中正	**63**	代主席 董必武	**1974**	甲寅	1 月美國助理國務卿殷格索訪華. 1.18-6 月毛澤東批准江青、王洪文等人展開批孔子、批林彪運動 15~19 日中共與越南為「取得西沙群島領土主權」發生海戰,中華人民共和國掌控了該批群島. 30 日中共頒發「防止沿海水域污染暫行規定」 2 月外交部發表嚴正聲明：開發東海海底資源,我國保留一切權利. 4 日中華人民共和國外交部就 1974.1.30.在漢城簽訂的「日韓共同開發大陸協定」問題,指出東海大陸架中國大陸自然延伸,理應由中國與有關國家協商確定如何劃分.警告日本、南韓擅自開發必須承擔後果. 15 日香港公布「廉政公署法案」成立「廉政專員公署」 毛澤東批評江青反「走後門」「形而上學猖獗」「三箭齊發」 美國總統尼克森,任命安克志為駐中華民國大使. 22 日毛澤東會見贊比亞總統卡達,提出聯合反霸權 3 月副總統嚴家淦前往美洲參加委內瑞拉及巴西兩國總統就職典禮. 4 月中共與日本簽訂「民航協定」 6 日鄧小平赴美國紐約參加聯合國會議,論述毛澤東「三錮世界」劃分思想 25 日葡萄政府承認澳門是中國領土 26 日中華民國行政院通過「勞工入股分紅辦法」 28 日考古學家在陝西臨潼縣秦始皇陵園以東坑道發現大批陶製兵馬俑,造型生動,栩栩如生,為世界奇蹟. 旋在湖南長沙馬堆,發現漢墓宮廷妃子木乃衣屍骨,及漢書等物,三號墓起出導引圖,是由呼吸、手腳、和機械運動所構成的一套健康體操,對預防疾病、和醫兩治療,有很大啟示. 5 月中華民國副總統嚴家淦前往哥斯大黎加,慶賀奧杜柏總統就職典禮,並訪問薩爾瓦多、尼加拉瓜、宏都拉斯等國. 15 日中共在華北東部濱海建成「大港油田」原油年產量達 400 萬噸 23 日中華民國行政院通過「行政機關推行人事、經費、意見、獎懲四大公開實施綱要領」 中共國務院成立「環境保護領導小組」 6.1.周恩來病情加重,六月一日住進 301 醫院.之後大多數時間都在醫院裡渡過.1976.1.去世. 河北省在平山縣發掘中山國王宮墓 7.1.台灣「十大建設」開始. 17 日毛澤東指你們(江青、王洪文、張春橋、姚文元)不要搞兩個工廠「鋼鐵工廠、帽子工廠」動不動就給人家戴大帽子,批評「四人小宗派」要實行「懲前毖後,治病救人」的方針. 8.1.中共研究成功「第一艘核動力潛艇」1970.12.26.下水 9 日美國總統尼克遜,因「水門案」辭去總統職位. 16 日日本「產經新聞」發表「中華民國蔣總統『中日關係 80 之證言』」 9 月尼加拉瓜總統當選人蘇慕薩伉儷,應邀來華訪問 29 日中共中央發出「關于為賀龍同志恢復名譽的通知」推倒了林彪等人強加在賀龍身上的「罪名」. 位於渤海灣地區「勝利油田」建成,年產量達 1,084 萬噸 10.4.毛澤東提議鄧小平擔任國務院第一副總理,遭到江青、張春橋、姚文元、王洪文等人密謀反對,次日派王洪文到長沙向毛澤東報告,周恩來等人有「廬山會議味道」妄圖阻撓鄧小平出任第一副總理,當即受到毛澤東的批評.

中華民國		中華人民共和國	紀元	干支	紀　要
元首	年號				
蔣中正	**63**	代主席 董必武	**1974**	甲寅	11 日毛澤東提到鄧小平在被錯誤地打倒後,已于 1973.2 月從下放的江西新建回到北京,恢復國務院副總理,並擔任中央政治局委員中央軍委委員.1974.4 月鄧小平率中國代團出席聯合國特別會議 14 日籌備召開四屆全國人大時,毛澤東提出由鄧小平擔任第一副總理的建議,明確對鄧小平的倚重.尤在周恩來病重的情況下,己深思熟慮考慮由鄧小平接替周恩來主持國務院的工作. 17 日中共自行設計製造的萬噸級遠洋貨輪遠洋航行成功. 18 日王洪文受江青、張春橋、姚文元委託秘密去長沙向毛澤東密告周恩來、鄧小平的狀.毛多次談話,指江青有組閣野心,王洪文寫了書面檢查. 20 日毛澤東對四屆全國人大確定由周恩來擔任國務院總理、鄧小平擔任國務院第一副總理、軍委會委員、及總參謀長三個職務,使江青等人的「組閣」陰謀,未能得逞. 28 日美國總統福特簽署廢止「台灣決議案」該法案授予總統使用美國武裝部隊保護台灣及澎湖列島的權力,由美國國會 1955.1.通過的. 11 月副總統嚴家淦赴南美參加尼加拉瓜總統蘇慕薩將軍就職典禮. 12 日毛澤東在江青給他的信上眉批:不要多露面,不要批文件,不要由你組閣 14 日中華民國行政院公布「協助中小企業突破難關措施」 19 日毛澤東一針見血指出「江青有野心」勸她三不要「不要亂批東西,二不出風頭,不要組織政府(組閣)」 24~27 日中國國民黨召開第十屆五中全會,蔣經國在會上宣讀「蔣介石日記」『忍辱負重,沉著觀變,埋頭苦幹,強固基地,一志帥氣,光復大陸,心彌堅』 29 日中共大元帥前國防部長彭德懷逝世 12. 23.周恩來抱病飛往湖南長沙會見毛澤東,王洪文也另機抵達,毛澤東對鄧小平有高度評價,稱贊他「政治思想強」「人才難得」江青的工作是「研究國際」,「讀新華社編印的參考資料」.毛澤東同周恩來、王洪文談話中說「四人幫」不要搞了,要團結,不要搞宗派,搞宗派要摔跤;的.

中華民國		中華人民共和國	紀元	干支	紀要
元首	年號				
蔣中正 嚴家淦	**64**	朱德	**1975**	乙卯	1.5.根據毛澤東建議,中共中央任命鄧小平為國務院副總理、中央軍事委員會副主席、兼解放軍總參謀長,同時任命張春橋為解放軍總政治部主任.1976年4月被免職,1977年7月恢復黨政軍領導職務. 8日鄧小平在中共十屆二中全會上被選為中共中央副主席,中央政治局常委 13~17日中共四屆全國人大會議,修改憲法,選舉： 朱德為全國人大常委會委員長,董必武、宋慶齡等22人為副委員長. 大會決定周恩來為國務院總理,鄧小平、張春橋、李先念、陳錫聯、紀登奎、華國鋒等12人為副總理. 挫敗江青等四人幫的組閣陰謀. 沒收「台灣語羅馬字聖經」 18日鄧小平提出「軍隊整頓問題」 一. 要提高黨性,消除派性. 二. 要加強紀律性. 2.1.周恩來病情加劇,主持國務院常務會議上,有全體副總理、葉劍英、郭沫若列席,他確定由鄧小平代替他主持國務院會議和呈批主要文件. 3.18.中共外交部致電越南政府,倡議舉行兩國邊界談判,解決邊界爭端. 26日美國宣布撤出在金門、馬祖工作的美國軍事小組. 4月中華民國行政院政務委員周書楷前往沙烏地阿拉伯王國,弔唁前國王費瑟之喪,並賀新王卡里德即位. 5日清明節中華民國總統**蔣中正崩逝**(1887.10.31-1975.4.5..23:50)享壽89歲. 4月16日移靈,暫厝台灣省桃園縣大溪慈湖· 蔣中正一生有四次婚配: 毛福海 1882-1939、姚怡琴(冶誠)1889-1972、陳潔如(陳鳳)1905-1971、宋美齡 1897-2003 「李宗仁回憶錄」蔣先生原名志清,保定陸軍速成學堂時,因不守堂規而被開除,後往日本進陸軍振武學校,接受軍士教育程度的訓練,回國後說他是日本士官第六期畢業生」 6日嚴家淦副總統宣誓繼任為中華民國第5任總統-. 18日鄧小平向毛澤東反映江青、張春橋等大反「經驗主義」的情況,明確表示他示同意「經驗主義是當前主要危險」的說法,毛澤東贊同他的意見 23日毛澤東批示:應提反對修正主義,反對經驗主義和教條主義不懂馬列主義的多,自以為是,動不動就訓人,這是不懂馬列的一種表現.「這顯然是針對江青說的」 27日中共中央開會傳達毛澤東批示,鄧小平指出,很明顯,這是一次是有計劃、有組織的反總理的行動. 28日蔣經國就任中國國民黨主席 30日越南西貢淪入北越共產黨手中,越戰從此結束. 5.3.毛澤東召集會議,堅持「三要三不要」 1. 要搞馬克思主義,不要搞修正主義 2. 要團結,不要分裂. 3. 要光明正大,不要搞陰謀詭計 12~18日鄧小平訪問法國 7.1.中華民國立法院通過「國民住宅條例」 大陸寶成鐵路(陝西寶鷄至四川成都)通車. 26日中共成功發射第一顆人造地球衛星. 8月「台灣政論」創刊.至12月27日停刊 18日中共鄧小平參加國務院調整工業問題討論,形成「工業二十條」 27日中共地下核子試驗爆炸成功

中華民國		中華人民共和國	紀元	干支	紀要
元首	年號				
嚴家淦	**64**	朱德	**1975**	乙卯	9.15.~10.19.中共召開「全國農業學大寨會議」鄧小平提出農業機械化,實現四個現代化,關鍵是農業現代化的看法. 17 日宋美齡赴美就醫 27 日鄧小平在農村工作談會上作了「各方面都要整頓」的講話. 10.7.中共中央任命胡耀邦為中國院心小組第一副組長. 11.3.「批鄧反擊右傾翻案風運動」開始.毛澤東指出有些人要翻案算「文化大革命」的帳,展開對鄧小的不點名批判浪潮.4 月 5 日天安門事件後,鄧小平被撤職,被誣稱為「中國的納吉」是反革命事件的幕後指揮者. 26~29 日 中共成功發射返回式遙撼人造地球衛星 12.5~18 日中共對在押國民黨軍、特人員全部被寬大釋放. 15 毛澤東與鄧小平有過一次重要談話,毛澤東肯定鄧小平對今後工作的總體思路、和對當前問題癥結的認識,表明對他的支持. 中共鄧小平主持中央工作,提出「全面整頓的思想」 16 日中共又成功發射一顆人造地球衛星. 中共第四屆全國人大會議,選舉朱德為全人大常會委員長(1975~1976)『1975~1983 中華人民共和國不設主席』,周恩來為國務院總理. 20 日台灣投票選舉中華民國增額立法委員. 「白雅燦事件」台灣增額立委選舉, 白雅燦提出 29 個問題質疑,散發傳單 1976.2.被判無期徒刑,史稱「白雅燦事件」 26 日毛澤東 81 歲生日,毛澤東、周恩來兩位國家領導人,都是年老體衰,同時都在病中贡人單獨會面,表示仍要致力繼續革命,毛澤東批准了周恩來及其北京部屬提出最有能力領導政府和管理經濟的人選. 美國福特總統走訪北京,曾向鄧小平承諾他若獲得連任,將以日本模式來解決台灣問題.所謂「日本模式」亦即和台灣當局斷交,但仍維持非官方的接觸,保持實質的經濟貿關係. 湖北省雲夢睡虎地發掘秦漢墓,並出土秦簡 上海體育舘建成,總面積 47,800 平方公尺.

中華民國		中華人民共和國	紀元	干支	紀要
元首	年號				
嚴家淦	**65**	人大委員長 朱德 華國鋒主席	**1976**	丙辰	1.8.中共國務總理周恩來(1898~1976)病逝北京醫院,享壽 78 歲.江蘇淮安人,1922 年加入共產黨.歷任要職,曾擔任外交部長、國務院總理以迄去世. 28 日毛澤東提議由華國鋒主持中央日常工作,江青等人極為不滿. 2.2.根據毛澤東建議,華國鋒被任命為國務院代總理 25 日中共召開各省、市、自治區、和各大軍區負責人捉鄧小平「打招呼」會議. 3.2.江青擅自召集 12 個省、自治區的負責人開會,攻擊鄧小平是「大漢奸」「代表買辦」「地主資產階級」「國際資本家的代理人」.張春橋誣蔑鄧小平是「壟斷資產階級」「對內搞修正主義,對外投降主義」.這些事引起毛澤東的不滿「江青干涉太多了」 26 日林語堂(1895~1976)在香港去世.林語堂原名和樂、玉堂.福建龍溪人.上海聖約翰大學、美國哈佛大學、德國殷內學和萊比;錫大學畢業,獲文學碩士、語言學博士,1923 年任教清華大學,1936.8.移居美國,在美國哥倫比亞大學任教,1966 年來台灣定居. 4.5. 「**天安門事件**」四月五日悼念周恩來,數百萬群眾聚集北京天安門,顯有抗議「四人幫」和對「文化大;革命」表示不滿性質,4 月 4 日晚,布滿廣場花圈,一夜之間被全部收走,引起數十萬群眾自發的抗議活動.數輛播放北京市革委會通知的汽車被燒毀.晚上 10 時許,軍隊、警察包圍廣場鎮壓,毆打和抓捕群眾,造成流血事件. 鄧小平再次被免職,1978.11.21.獲得平反. 7 日中共中央政治局通過兩個決議案: 1.任命華國鋒為中央第一副主席,和國務院總理. 2.鄧小平問題性質已經變為對抗性的矛盾,決定撤銷鄧小平黨內一切職務 30.紐西蘭總理馬爾登(Robert Muldoon)訪問毛澤東,華國鋒向毛滙報工作,毛澤東在報告上寫「慢慢來,不要著急,照過去方針辦,你辦事,我放心.」 5.31.台灣當局以「意圖顛覆政府罪」判處高雄非國;民黨人士顏明聖、楊金海無期徒刑和 12 年有期徒刑. 6.5.政府宣布在新竹設立「新竹科學工業園區」 7.1.中共張聞天逝世 6 日中共大元帥國防部長朱德(1886~1976)逝世,四川儀隴人,1922 年加入共產黨,中國人民解放軍十大元帥之一. 28 日河北省唐山、豐南地區凌晨 03:12 發生 7.8 級大地震,死亡 24.2 萬餘人,重傷者 16.4 萬多人,受災地區廣濶. 江青等人將鄧小平起草的「論全黨全國各項工作的總綱」、「關于加快工業發展若干問題」、「關于科技工作的幾個問題」等三個文件,誣之為『三株大毒草』趕,印分發全國組織批判. 9.9.中共國主席**毛澤東**(1893.12.26.~1976.9.9.零時 10 分)逝世,由華國鋒繼任(1976-1983).朱德任委員長(1976-1978), 趙紫陽任國務院總理(1983-1988) 18 日毛澤東逝世由王洪文主持追悼會,華國鋒在天安廣場宣讀悼詞,全國工廠、列車鳴笛三分鐘致哀. 10.4. 江青等發表偽造"按既定方針辦事"的所謂毛澤東臨終囑咐,企圖奪權。江青、張春橋、王洪文、姚文元四人幫,加緊篡黨奪權陰謀。他們以中共中央辦公廳的名義通知要求各省、市、自治區,企圖切斷中央政治局與各省、市、自治區黨委的聯系,而由他們指揮全國。私設標準像,泡制就職演說,唆使一些人寫效忠信"勸進書",並在上海突擊下發放武器彈藥,准備武裝叛亂。

中華民國		中華人民共和國	紀元	干支	紀要
元首	年號				
嚴家淦	**65**	人大委員長 朱德 華國鋒主席	**1976**	丙辰	華國鋒徵詢李先念、葉劍英、汪東興三位對「四人幫」聲稱「十月九日有好消息」情勢的意見,一致認為必採取果斷行動,搶先動手. 5日葉劍英分別與華國鋒、和汪東興商量,決定由華國鋒發出通知,藉召開中南海懷仁堂臨時政治局常委會,討論「(一)出版「毛選」第五卷、(二)籌建毛主席紀念堂、(三)研究毛主席在中南海過去住所的用途.」引誘「四人幫」前來開會採取行動. 6日晚八時許,汪東興警衛埋伏懷仁堂樓外,當王洪文、張春橋、姚文元,相繼走進會議室時,當場遭到逮捕,同時立即派人到中南海中央委員會辦公樓江青寓所,下令逮捕江青.分別宣布他們的罪行,隔離審訊. 四人幫"文化大革命"十年內亂,不廢一槍一彈,沒流一滴血,至此結束。 7日中共中央會議一致決定,華國鋒任中共中央主席、中央軍委會主席. 10日台灣省主席謝東閔收到炸藥郵包,左手被炸傷截肢,同日黃杰、李煥亦有收到同樣郵包,黃杰倖免於難,而李煥則被炸傷手指,經查出為避居美國台獨聯盟王幸男所為,1977年他回台灣被判處無期徒刑,1990年假釋出獄 12日中共胡耀邦對葉劍英、和華國鋒說:「現在我們的事業面臨著中興,這中興偉業,人心為上.要停止批鄧,人心大順,結束冤案,人心大喜;生產狠狠抓,人心樂開花.」 18日中共中央將「關于王洪文、張春橋、江青、姚文元反黨集團事件的通知」下發到縣團級黨組織,通報「四人幫」罪行.1980.11.~1981.1.經法院審判, 江青、張春橋、王洪文、姚文元四人幫,分別受到法律的制裁 21日中華民國行政院核定「台灣經濟建設六年計劃」 26日華國鋒指示:提出『兩個凡是』的主張 (1) 要集中力量揭批「四人幫」連帶「批鄧」. (2) 「四人幫」的路綫是右路綫. (3) 凡是毛主席「做出的決策都畏執行,指示的都要照辦」「講過的、點過頭的」都不要批評. (四) 天安門事件要避開不說 11.9.中共中央發出布告,立即無條件停止武鬥 中共「四五事件」後,鄧小平寫了第四封信,給當時掌握黨政軍大權的華國鋒,提出「永不翻案」並擁護華國鋒領導,在葉劍英、李先念等老幹部的支持下,鄧小平再次復出.不久, 成為中共新一代領導集體的核心. 鄧小平1967.6.20.、1971.11.、1972.3、1976四封信,展現為了個人的政治前途,軟硬兼施,迫使華國鋒下台,達到自己的意願,不無令人另有看法.但爾後對國家「改革開放」「發展經濟」使中國成為世界上強國,鄧小平功不可沒. 12日中國國民黨在臺北召開第十一次全國代表大會,蔣經國出任黨主席. 蔣經國在會上提出與大陸「不接觸、不談判、不妥協」的『三不』政策 12.10.鄧小平因前列腺疾病住進解放軍301醫院 15日中共中央發出通知: (1) 凡純屬反對四人幫的人,己拘捕的,應予釋放; (2) 己立案的,應予銷案; (3) 正在審查的,解除審查; (4) 己判刑的,取消刑期予以釋放; (5) 給予黨籍處分的應予撤銷. 28日中華民國立法院通過「所得稅法」 中共中央連續揭發「江青、王洪文、張春橋、姚文元反黨集團罪證」全國掀起批判「四人幫」的浪潮,華國鋒提出「抓綱治國」的口號. 鄭振香等在河南省安陽縣小屯發現「婦好」墓(殷墟五號墓)

中華民國		中華人民共和國	紀元	干支	紀要
元首	年號				
嚴家淦	**66**	華國鋒 **1976-1978**	**1977**	丁巳	1.18.國民政府立法院通過「平均地權條例」台、澎、金、馬全面實施. 丘宏達為文提出「一個中國,兩個政府」的主張 香港「海洋公園」落成 2.7.中共國家主席華國鋒批准「兩個凡是」的方針,是汪東興審定,報請核定的. 1.「凡是毛主席作出的決策,我們都堅決維護」. 2.「凡是毛主席的指示,我們都始終不逾地遵循的方針」 2.10.~3.22.中共中央工作會議,陳雲王震等提議要鄧小平出來工作,為「天安門事件」平反. 3.3.胡耀邦擔任中央黨校副校長. 中共國務院會議明確肯定,鄧小平1975年起草的三篇好文稿(四人幫把它們誣蔑成『三株大毒草』) (1) 關于加快工業發展的若干問題 (2) 關于科技工作的幾個問題 (3) 論全黨全國各項工作的總綱 3日中共召開「全國計工作會議」提出「十個要不要」 7日葉劍英主持中央軍委會工作 10日在北京召開「中央工作會議」華國鋒堅持「兩個凡是」的方針,把「天安門事件」為反革命事件,認為繼續「批鄧反擊右傾反案風」是正確的.會上陳雲、王震正式提議恢復鄧小平工作,為天安門事件平反,遭到華國鋒壓制. 4.10.鄧小平對「兩個凡是」提出批評.5.24.鄧小平又批評「兩個凡是」 5.12.美國總統卡特向新聞界發表他「美國與中國關係正常化的態度」時說:『美國與中國國關係正常化將不設時限,但他願看到台灣人民遭到中共的攻擊或殘害.』 10天後,卡特在聖母大學的演講中說到:『過去由我們對並產主羌的恐懼,使得我們去接受那些恐懼共產主義的法西斯獨裁者.由於我們對前途深具信心,我們現在已不再恐懼共產主義…』卡特並表示美國今後要化干戈為玉帛,他說『美國和中國的關係是美國全球政策的重要因素』. 5.24.鄧小平同王震、鄧力群談話,明確指出「兩個凡是」不符合馬克思主義. 6.10.李先念代表中共中央與越南總理范文同談判,雙方就兩黨關係及領土問題各自闡明立場. 13日中共外交部發表聲明:「東海大陸架是中國大陸領土之自然延伸」中國對該大陸架享有不容侵犯的主權. 7.6.~8.5.中共召開「全國農田基本建設會議」 9日中華民國總統嚴家淦應邀訪問沙烏地阿拉伯王國. 16~21日中共「第十屆中央委員會三中全體會議」在北京召開,決議 1. 選出華國鋒為中共共中央主席. 2. 開除反黨集團王洪文、張春橋、江青、姚文元黨籍及一切職務. 3. 恢復鄧小平被撤銷的職務:中共中央委員、中央政治局委員、中央政治局常委、中共中央副主席、中共中央軍委會副主席、國務院副總理、中國人民解放軍總參謀長. 8.8.鄧小平提出恢復高考制度 10日中共發出「調整部分職工工資的通知」調整部分低職工的工資. 12.~18日中第十一次全國代表大會在北京召開: 選出華國鋒為中央委員會主席,葉劍英、鄧小平、李先念、汪東興等四人為副主席.

中華民國		中華人民共和國	紀元	干支	紀要
元首	年號				
嚴家淦	66	華國鋒 1976-1978	1977	丁巳	「四人幫」『文化大革命』宣告結束 鄧小平撥亂反正作了有力的推動,復查平反過去冤屈錯判案件及「摘帽」. 恢復國家政治生活正常秩序,開始走上正常軌道,實現歷史上偉大轉折. 16 日美國國務卿訪問中共前夕,台灣基督長老教發表「人權宣言」堅決主張「台灣的將來應由台灣一千七百萬住民決定.」 17 日台灣掀起「鄉土文學」論戰 8.30.~9.8.南斯拉夫總統鐵托訪問北京. 9.9.北京〔毛澤東紀念堂〕落成 23 日蔣經國提出 12 大建設項,目預期 1988 年完成. 10.9.「中共中央黨校」復校,華國鋒任校長,汪東興兼副校長. 12 日「中國科學院」委托「中國科技大學」在北京創辦「研究生院」 11.8.中共自行設計研製的第一個數字制衛星通訊地面站建成. 19 日「**中壢事件**」台灣首次舉辦地方公職人員省議員、縣、市長選舉,發生不幸事件.台灣桃園縣長候選人許信良原為中國國民黨籍,在中央黨部第四組任職,未獲黨部提名違紀自行參選,而被開除黨籍.選舉日開票,傳聞投票所涉嫌舞弊,支持許信良選民,憤而包圍警局,搗毀警車,放火焚燒警局,蔣經國聞訊下令警局撤出,不准開槍殺人.開票結果許信良以 22 萬勝過國民黨提名人歐憲瑜 13 萬票,高票當選. 許信良因美麗島事件,曾逃亡國外,後來偷渡回國.爾後籌組「民主進步黨」曾任黨主席. 中共解放軍在武漢地區首次組織了「電子對抗實兵試驗演習」 12.10.中共任命胡耀邦為中央組織部部長.一年內,平反數百件冤假錯案 中共成立「中國社會科學院」院長胡喬木

中華民國		中華人民共和國	紀元	干支	紀要
元首	年號				
蔣經國	**67**	華國鋒 1976-1978 領導人 鄧小平 1978-1992	**1978**	戊午	1.4.中共中央再次審查黨的高級幹部歷史問題,陶鑄、王鶴壽等老同志解除監護接回北京 5 日中共恢復「中國人民解放軍軍事學院」、「政治學院」、「後勤學院」 13 日中共查勘證實長江源頭為唐古拉山脈主峰各拉丹冬雪山西南側的沱沱河,長江全長為 6,300 公里. 17 日台灣當局軍弗法庭以「組織人民解放陣線」煽動叛亂罪,判處戴光華無期徒刑,「戴案」其他五名員亦被判刑,或交付感化院「感化」 2 月中共與日本簽訂為期八年(1978~1985)長期貿易協定,貿易額 200 億美元,9 月又簽訂增加至 600 億美元. 18 日中國共產黨 11 屆二中全會在北京召開,通過「中華人民共和國憲法草案」 2.24～3.8.中共政協第五屆會議,鄧小平當選全國政協主席. 3.18.中共全國科學大會在北京召開,將能源、材料、電子計算機、遺傳工程等八個影響全局的課題作為重點研究項目. 21 日中華民國現任總統嚴家淦「謙沖為懷」不競選連任,蔣經國當選中華民國國民大會第一屆第六次總統,謝東閔為副總統 4.5.中共中央決定全部摘掉右派分子的帽子. 12 日台灣提倡「五每運動」(一)每天用 15 分鐘打掃衛生,(二)每家為社區環保捐 15 元錢,(三)每家建一個花圃,(四)每家種一棵樹,(五)每家捐一本書. 15 日中共徹底推倒內蒙古自治區「新內人黨」 4.22.~5.16.全國教育工作會議在北京召開 25 日中共國務院僑務辦公室譴責越南迫害華僑,並驅逐大批華僑回中國的行為. 5.20.蔣經國就任中華民國第 6 任總統,謝東閔為副總統. 孫運璿(1913.11.10~)被任命為第 10 任行政院長(1978.5.30-1984.5.15.) 24 日中共通知依據憲法,重新設置「人民檢察院」與「公安機開」 6.1.襄渝鐵路通車 9 日中共外交部發表聲明「抗議本年 4 月以來越南大規排華反華運動」 12 日郭沫若(1892~1978)去世,名開貞,號尚武,四川樂山人. 中共中央電視台第一次通過衛星轉播外國電視節目 7.3.中共政府照會越南政府,指責越南嚴重破壞兩國友好關係,中國政府被迫停.止對越南經濟助,調回尚在越南工作的中國工程技術人員. 5.~11.2.中共黃華與美國伍考克經過五次「建交談判」12.4.黃華患病改由韓念龍主談,訂定 1990.1.1.宣佈建交,因韓念龍無意中洩漏鄧小平將接見伍考克,美國總統卡特為恐消息外洩,決定提前於 1979.1.1.宣佈建交.談判中為美國「軍售台灣問題」鄧小平與伍考克發生爭執,伍考克強調「中美建交正常化以後,隨著時間,美國人民會接受台灣是中國的一部份,也會支持統一,現在第一重要的事是完成正常化」鄧小平聽後說了一聲「好」,建交問題才拍扳定案.但擱置〔軍售難題〕並未解決,至今問題依然存在. 7 日中共與阿爾巴尼亞在國際政治和社會主義革命等問題上分岐加深,導致兩國關係惡化,中國宣布終止對阿援助,並撤回援阿經濟和軍事專家 26 日世界第一個試管嬰兒露易絲布朗在英國曼徹斯特的一家醫院出生. 8.12.「中共與日本和平友好條約」簽字. 19 日中共飭令「紅衛兵組織」即行撤消 9 月香港實施 3 年初中資助計劃,全港學生一律接受 9 年免費教育. 13 日鄧小平提出「兩個凡是」是形[式主義的高舉,是假的高舉.這樣搞下去,損害毛澤東思想

中華民國		中華人民共和國	紀元	干支	紀要
元首	年號				
蔣經國	**67**	華國鋒 **1976-1978** 領導人 鄧小平 **1978-1992**	**1978**	戊午	10.10.~11.4.中共分批召開「落實知分子政策座談」平反昭雪冤、假案,充分信任,放手使用,調整用非所學,改善工作、生活條件等問題. 22 日鄧小平赴日本參加「中日友好條約」簽字 31 日台灣中山高速國道一號(南北高速公路)基隆港至高雄港通車全長 372.8 公里.1974.7.29 開工,1978.10.31 完工通車.. 葉劍英(1897-1986)任中共委員長(1978-1983) 11.14.中共領導人鄧小平首次提出「一國兩制」構想 中共批准聲討「四人幫」完全是革命行動,對于因悼念周恩來總理,反對「四人幫」而受到迫害的同志,一律平反,恢復名譽. 25 日華國鋒代表中央政治局在會上宣布 1. 天安門事件完全是革命的群眾運動,應該為天安門事件公開徹底平反. 2. 「二月逆流」受到冤屈的所有同志一律恢復名譽,受到牽連和處分的所有同志一律平反. 3. 「薄一波等 61 人案件」問題是一重大錯誤案,應為這一案件平反. 4. 彭德懷「裡通外國」經過復查,過去判他為〔叛徒〕是不對的,應予平反.. 5. 陶鑄、楊尚昆等定為〔叛徒〕是不對的,應予平反. 18~22 日中共第十一屆三中全會在北京舉行 12.13.華國鋒講話,就「兩個凡是」問題作了「自我批評」承認考慮不周全. 15 日美國卡特總統宣佈「美國與中共建交」· 1979.1.15. 丁大衛(David Dean)創建,成立美國在台協會(AIT),丁大衛任理事主席,美國國會通過「台灣關係法」TRA,卡特於 1979.4.10.簽署成為法律· 美國與中共談判「美國對台灣軍售」問題上,雙方爭論僵持良久: 美國談判代表伍考克: 「中美建交」不排除美國人民繼續同台灣人民保持一切商業、文化、和其他非官聯繫. 伍考克十二月四日對建交後對台軍售向代理外長韓念做了說明. 中共代理外交部長韓念龍確實提出: 明確反對建交後向台灣出售武器 伍考克向鄧小平表示:「明確表示,鑒於美國政治的需要,美方會繼續對台軍售」 鄧小平: 勃然大怒,克制的說,這完全不可接受.這是否意味 1980 年 1 月之後美國將繼續賣給台灣武器? 伍考克答道: 是的,我們會繼續保留這種可能性 鄧小平說:「如果是這樣,我們不同意,這實際上會阻止中國以合理的方式,通過與台灣對話解決國家統一問題.」他說,蔣經國會變得趾高你揚,「台灣問題將不可能和平解決,最終的選擇就是動用武力」. 伍考克向鄧小平保證: 美國將極其慎重地處理這個問題. 鄧小平反駁道: 中方早已明確表示不接受繼續對台軍售. 鄧小平十分惱怒說: 台灣是唯一懸而未決的問題,「我們該怎麼辦?」 伍考克答道: 他認為在關係正常化以後,隨著時間的推移,美國人會接受台灣是中國的一部份,支持中國的統一.當時很多美國官員也和中國官員一樣,認為這會在幾年內發生.伍考克說:頭等大事是完成關係正常化.鄧小平說:「好.」僵局隨之冰釋. 鄧小平在會議結束時提醒,如果卡特總統公開宣揚對台軍售,中方將不得不做出反應,任何公開爭論都將有損於中美建交的重大意義. 伍考克向鄧小平保證: 美國將襩廿力讓全世界認識到,中美建交的意義,正如雙方共同相信的那樣極其重大.

中華民國		中華人民共和國	紀元	干支	紀要
元首	年號				
蔣經國	**67**	華國鋒 **1976-1978** 領導人 鄧小平 **1978-1992**	**1978**	戊午	鄧小平說:「好吧！我們如期公布建交文件」鄧沒有再和其他任何中國官員協商,中美建交就這樣塵埃落定了. 16 日凌晨二點當時任職新聞局副局長宋楚瑜叫醒正睡夢中的蔣經國總統,告知華盛頓與北京已同時宣布,於明(1979)年 1 月 1 日起美國與〔中華人民共和國〕建交,且廢止台灣共同防禦條約. 蔣經國隨即發佈緊急命令,停辦台灣地區立法委員及國民大會代表選舉.並就美國與中共「建交」一事提出嚴正抗議. 18~22 日中共在北京召開第 11 屆三中全會,決定〔改革開放路綫〕鄧小平成為實際最高領導人. 24 日中共在北京為彭德懷、陶鑄舉行追悼大會,為他們恢復名譽. 25 日美國總統卡發表電視講話,宣布結束美台外交關係,並將終止美台「共同防禦條約」四個月內撤走一切在台軍事與外交人員. 中共確定胡耀邦為中共中央秘書長兼中央宣傳部長.胡喬木、姚依林任副秘書長.同時免去汪東興的中共中央辦公廳主任等職務. 27 日美國派遣助理國務卿克里斯多福抵達台北協商斷交善後事宜,遭到青年學生群眾投擲雞蛋、石塊示威抗議. **1979.2.15.**台灣在美國設立『北美事務協調委員會』,美國在台灣設立『美國在台協會』**(American Institute in Taiwan)**簡稱**(AIT).1979.4.**月美國國會通過【台灣關係法】**(Taiwan Rlelations Act 簡稱 TRA)**四月十日美國總統卡特簽署.溯自一月一日起生效.. 29 日蔣經國向赴台灣訪問美國副國務卿沃倫克里斯多福提出台美關系原則 (一) 持續不變 (二) 事實基礎 (三) 安全保障 (四) 妥定法律 (五) 政府關係 31 日台灣當局公布「出國觀光條例」

中華民國		中華人民共和國	紀元	干支	紀要
元首	年號				
蔣經國	**68**	領導人 鄧小平 **1978-1992**	**1979**	己未	1.1.中華人民共和國與美國建交.,中華民國與美國斷交. 1. 美國承認只有一個中國,台灣是中國的一部分,中華人民共和國政府,在此範圍內,美國人民將同台灣人民保持文化商務和其他非官方關係. 2. 美國斷絕與台灣的「外交關係」撤出美國軍事力量和軍事設施,終止共同防禦條約. 「中華人民共和國人大常委會」發表「告台灣同胞書」尊重台灣現狀,實現台灣與大陸和平統一,大陸首先實行「三通」的倡議.號召「回歸祖國」. 8 日鄧小平明確表示,將來台灣實行什麼制度,可以根據台灣人民的意志決定. 9 日台灣開放出國觀光. 11 日孫運璿就中共「告台灣同胞書」發表聲明,指責中共玩弄統戰陰謀,意在鬆馳台灣的鬥志. 中共作出「地主、富農分子摘帽問題,和地主、富農子女成份問題決定」 15 日中共發出「保護森林制止亂砍濫伐的布告」 17 日中共落實「國民黨起義、投誠人員政策」 21 日高雄地方余登發因主張台灣與大陸和平統一被捕,引發黨外人反彈,在橋頭舉辦戒嚴以來第一次政治性遊行.康寧祥等 68 人聯名表示抗議. 22 日「世界台灣同鄉會聯合會」、「台灣人民自決運動」、「台灣多數人治促進會」在美國聯合成立「台灣民主運動海外同盟」 台灣高雄余登發案發生遊行示威〔橋頭事件〕 1.28.~2.5.鄧小平正式訪問美國 2.3.中共摘掉執行「投降主義、修正主義路綫帽子」凡受到連累的同志,應一律平反,恢復名譽. 6 日中共「中央廣播電視大學」開學 8 日葡萄牙與中共在巴黎談判建交,承認澳門是中國領土 10 日中共頒布「水產資源繁殖保護條例」 15 日中華民國設立「北美事務協調委員會」負責處理中美間事宜. 17.~3.16.越南侵犯中國廣西、雲南邊境,中共予以反擊 彭真獲得平反 23 日中共通過「森林法(試行)」並定 3 月 12 日為植樹節 26 日桃園中正國際機場正式啟用. 中共徹底平反「舊文化部、帝王將相部、才子佳人部、外國死人部」 3.1.美國國會通過「台灣關係法」給予台灣「永久最惠國待遇」.北美事務協調委員會在臺北成立,繼續維持並推展與美國間各種關係.4 月 10 日生效. 15 日中共「中國社會研究會」成立,費孝通為會長. 16 日中國農村復興委員會改組為行政院「農業發展委員會」 29 日鄧小平會見香港總督麥理浩時明確提出「1997 年中華人民共和國收回香港後,香港仍可搞資本主義」 4.3.中共人大常會通過「中蘇友好同盟互助條約」不再延長 6 日中共「中國考古學會」成立,夏鼐任會長 28 日中共外交部照會美國政府,反對美國按照 4 月 10 日國會通過的「台灣關係法」、及 16 日在台灣設立「**美國在台協會(AIT**」」處理對台灣相關事宜. 30 日美國在台灣美軍顧問團解散. 香港至廣州火車恢復通車 5.9.中華民國立法院通過「國民教育法」

中華民國 元首	中華民國 年號	中華人民共和國	紀元	干支	紀要
蔣經國	**68**	領導人 鄧小平 **1978-1992**	**1979**	己未	6.1.台灣康寧祥等人創辦「八十年代」月刊 18~7.1.中共人大通過「全國人民代表大會和地方各級人民代表大會選舉法」、「中華人民共和國刑法」、「中外合資經營企業法」 22 日美國總統卡特簽署「台灣關係法」行政命令 7.1.台灣省高雄市升格為院轄市. 台灣鐵路電氣化完工 中共「國務院財政經濟委員會」成立,陳雲兼主任,李先念副主任. 6 日中共人大通過「中華人民共和國刑法」 7 日中共人大通過「中華人民共和國刑事訴訟法」 8 月黃信介等人創辦「美麗島」雜誌 14 日中共公布「標準化管理條例」 馬寅初獲得平反,並委任其為北京大學名譽校長 15 日中共第十四次全國統戰工作會議在北京召開. 25 日鄧小平追悼張聞天會上,為他獲得平反 9.11.~13 日中共人大會議決定「重新設立司法」 10.10.中共人民大學學生要求解放軍在文革時占用該校校舍上街請愿遊行罷課,13 日獲得妥善解決,學生復課. 11~22 日中國民黨革命委員會,堅持同各民主黨派,實行「長期共存,互相監督」的方針,為實現四化和統一祖國大業共同奮鬥. 14 日中共中央指示全部摘除「地方民族主義分子帽子」 15.~11.6.華國鋒訪問法國、德國、英國、意大義. 26 日中華民國立法院通過「中央銀行法」 香港石硤尾村至觀塘;地下鐵路第一期工程完工並通車,第二期 12 月完工 11 月鄧小平提出「社會主義的市場經濟」概念 6 日「中華民國國家建設研究會」193 名海內外學者與會,建議當局解除戒嚴、與大陸通商、進行人員互動、允許成立反對黨. 17~22 日中共「中國地震學會」在大連成立. 21 日中共發布「自然科學獎勵修例」 12.6.鄧小平會見日本首相大平正芳時提出「小康」的概;念. 12.10.中國國民黨十一屆四中全會,蔣經國提出「三民主義統一中國」口號. 高雄發生『美麗島事件』「黨外人士國是聲明」主張「台灣的命運應由台灣全體人民共同決定」1979.1.23.舉行「萬人護憲大會」8 月 15 日創刊「美麗島」雜誌.12 月 20 日爆發「高雄美麗島事件」遊行人士與警方發生衝突,逮捕黃信介、施明德、林義雄、張俊宏、姚嘉文、呂秀蓮、陳菊等 8 人外,查封美麗島雜誌社. 1980.4.18.台灣警備總部軍事法庭判刑的有: 施明德、黃信介、姚嘉文、張俊宏、林義雄、呂秀蓮、陳菊、林弘宜等人. 當時擔任辯護律師的有; 陳水扁、謝長廷、尤清、江鵬堅、蘇貞昌、張俊雄、李勝雄、郭吉仁等人. 31 日「中美共同防禦條約」終止. 中共國防部長徐向前宣布停止炮擊金門,海峽兩岸真正停火. 胡耀邦任中共總書記(1979~1983) 鄧小平為中共領導人(1979~1989) 章子怡(1979.2.9.-)北京人,名電影演員,立演「我的父親母」獲得百花獎最佳女演員獎,「臥虎藏龍」入圍金馬獎,金像獎,英國電影學院獎,洛杉機影評協會獎,並獲得「柏林國際影展銀熊獎」

中華民國		中華人民共和國	紀元	干支	紀要
元首	年號				
蔣經國	**69**	領導人 鄧小平 **1978-1992**	**1980**	庚申	1.16.鄧小平「目前的形勢和任務」上提出要做三件核心大事： (一)在國際事務中反對霸權主義,維護世界和平. (二)台灣回歸祖國,實現祖國統一. (三)右緊經濟建設,就是加緊四個現代;化建設 24日中共成立「政法委員會」彭真為書記,劉復之為秘書長. 27日中共第一座大型地下水庫在河北南宮縣建成 29日中共成立「中國共產黨黨史委員會」由華國鋒、葉劍英、鄧小平、李先念、陳雲、聶榮臻、胡耀邦、鄧穎超等人組成,胡喬木任主任. 2.1.台灣北迴鐵路宜蘭至花蓮、台東線81.6公里通車 12日中共公布「學位條例」規定學位為學士、碩士、博士三級. 25日習仲勛獲得平反 28日「林義雄家血案」因高雄事件被捕的台灣省議員林義雄之母親林游,及其妹與兩個女兒亭均、林亮均在家中被殺害,小女兒林免均重傷住院,震驚全台灣. 29日中共十一屆五中全會決定重新設立「中央書記處」選舉胡耀邦、趙紫陽為中央政治局常委,胡耀邦為總書記. 香港地鐵由觀塘至中環全線通車 3.12.中共「中央印刷術協會」成立,王益任理事長. 鄧小平在中央軍委會上指出要「精簡軍隊,提高戰鬥力」改革部隊體制和制度,建立軍官服役、退役制度. 17日中共成立「中央財政經領導小組」趙紫陽任組長. 19日鄧小平決定成立「關于建國以來黨的若干歷史問題決議案」小組,指示 (1) 確立毛澤東同志的歷地位,堅持和發展毛澤東思想. (2) 對建國以來歷史大事,那些是正確的,那柴是錯誤的,進行實事求是的分析,包括負責同志的功過是非,要做公正的評價. (3) 通過這個決議對過去的事情做個基的總結.這個總結宜粗不宜細. 27日中共趙紫陽擔任財經領導小組組長,胡耀邦負中央書記處全盤工作 施民德主張〔中華民國模式的台灣獨立〕 澳門總督伊芝迪應邀訪問北京. 4.1.中共中國銀行發行「外滙兌換券」 6日中共「農民日報」創刊 14日意大利共產黨總書記貝林格訪問北京,與胡耀邦舉行會談. 17日國際貨幣基金組織理事會決定恢復中華人民共和國的代表權 24日台灣基督長老教會高俊明牧師等十人被捕. 5.6.中華民國立法院通過「動員戡亂時期公職人員選舉罷免法」 15日中共恢復在「世界銀行的代表權」 台灣警備總部判處為中共宣傳洪志良、李慶榮有期徒刑五年 16日中華民國政府交通部通告,禁止外籍商船直接往返大陸和台灣的港口 18日中共遠程運載火箭向太平洋預定海域發射成功. 20日鄧小平談處理同兄黨關係:各國國情千差萬別,各國黨的方針、路綫對錯,應由該國黨和本國人民去判斷,由他門自己去尋找應走的道路、去探索、去解決問題,不能由別的黨充當老子黨.去發號施令. 26日中共「中國計劃生育協會」在北京成立,王首道任會長 27日中共中央委員會通過「關於建國以來黨的歷史問題的若干決議」『正式否定文化大革命』. 6.9.蔣經國總統提出「三民主義統一中國」 中共「中國倫理學會」成立,李奇任會長.

中華民國		中華人民共和國	紀元	干支	紀要
元首	年號				
蔣經國	69	領導人 鄧小平 1978-1992	1980	庚申	30日中共人大決定華國鋒辭去國務院總理職務,由趙紫陽接任 8.21、23日鄧小平兩次會見意大利記奧琳埃娜、法拉奇,談對毛澤東的評價,說毛澤東的功績是第一位,他是中國共產黨、中華人民共和國的主要締造者.毛澤東思想是我們黨的指導思想.他的思想不是他一個人創造,包括老一輩革命家如任弼時等都參與了毛澤東思想的建立和發展.毛澤東的錯誤是第二位的,我們要實事求是地講他後期的錯誤.要解決這些錯誤,要從制度方面解決,認真建立社會主義的民主和社會主的法則,才能解決問題 23日中華民國國貿局通令台灣所有輸出廠商及貿易商不得與大陸進行貿易. 28日「林義雄宅滅門血案」時林義雄因案被拘在新店監獄,台北市信義路自家住宅母親與七歲的胞胎女兒卻慘遭殺害,時至今日,迄未破案. 中共五屆人大常委會第十五次會議決議「在深圳、珠海、汕頭、廈門設立四個經濟特區」 9.10. 中共取消「大鳴、大放、大辯論、大字報」的規定 15日中共人大通過「個人所得稅法」 22日中共最高人民法院黨組「復查糾正【文化大革命】期間錯判死刑案」應對冤殺、錯殺案件復查.按照全錯全平、部分錯部分平的原則,予以改判 29日中共宣告胡風無罪 10.8.中國國民黨常會通過「現階段政治主張」政治民主,反對「台灣獨立」自立自強,絕不與中共談判. 19日瞿秋白獲得平反,恢復名譽. 11.1.「中華民國消費者文教基金會」成立. 10.~12.5.華國鋒辭去中共中央主席及軍委會主席職務,改由胡耀邦任中央委員會主席(1980~1987),鄧小平為軍委會主席. 20.~12.29.中共最高人民法院特別法庭公審江青、林彪等反革命十名主要罪犯,1981.1.25.宣判： 江青、張春橋死刑,緩刑二年執行，剝奪政治權利終身． 王洪文無期徒刑,剝奪政治權利終身． 判有期徒刑者分別：姚文元20年、陳伯達18年、黃永勝18年、吳法憲17年、李作鵬18年、邱會作16年、江騰蛟18年,均剝奪政治權利5年. 24日鄧小平會見西班牙共產黨書記卡里略. 12.1.雲南祿豐縣石灰壩掘出腊子古猿頭骨化石,證明人類起源在1,400萬年前. 6日台灣投票選舉中華民國立法委員、國大代表. 13日蔣彥士指出台灣農場經營規模小,效益低,農產品價格偏低,農村勞動大外流,農定所得低,;必須推動第二次土地改革. 15日台灣新竹科學工業園區揭幕 國立中山大學在高雄西子灣復校

中華民國		中華人民共和國	紀元	干支	紀要
元首	年號				
蔣經國	**70**	領導人 鄧小平 **1978-1992**	**1981**	辛酉	1.1. 中共「經濟日報」創.刊 4 日長江葛洲霸水利樞紐工程成功實現長江龍口截流.1988 年 12 月水電站全部建成.1989 年工程全部竣工. 14 日中共國務院批轉「自費出國留學的暫規定」 16 日中共國務院通過「國庫券條例」 25 日中共公開審判「江青等四人幫」及其他主犯 2.27.中共「中國人口學會」成立,許滌新為會長,馬寅初為副會長 28 日中共推行每年 3 月為「文明禮貌月」 3.6.中共成立「國家計劃生育委員會」陳慕華任主任 23 日總部設於台北的「中華奧林匹克委員會」與「國際奧委會」在瑞士洛桑簽協議,正式將英上更名為「Chinese Taipei Olympic Committee」其旗幟及標誌業經國際奧會核准,平等參與國際體育活動. 27 日茅盾(1896~1981)去世,原名沈德鴻,字雁冰,江桐鄉人. 29~4.4.中國國民黨在臺北召開第 12 次全國代表大會,修訂「黨章」寫入以「三民主義統一中國」的精神. 4.23.中共「全國少年兒童讀物基金會」成立 5.3.中共「國務院技術經濟研究中心」成立. 5~7 日中共與越南在法卡山、林山地區發生衝突,中共軍隊占領該地區高地 24 日中共國家南極考察委員會成立,武衡任主任. 29 日國父孫中山先生夫人宋慶齡逝世,廣東文昌人,1915 年 10 月與孫中山在日本東京結婚.5 月 16 日中共授予宋慶齡中華人民共和國名譽主席稱號 6.27.~29 日中共十一屆六中全會通過「關於建國以來黨的若干歷問題的決議」 7.1.實施「國家賠償法」人民權益獲得確切保障. 3 日台灣「陳文成命案」陳文成 1950.1.30.出生台北縣林口鄉,美國密西根天文學數學博士畢業.1981.5.20.回國 7.3.被人發現陳屍台灣大學研究生圖書館旁草地.其死因迄未破案. 6 日中華民國經建會提出促進工業升級辦法. 8.8.中華民國空軍第五聯隊少校飛行官黃植誠駕機叛逃投共,在福機場降落. 26 中共鄧小平會見台灣、香港知名人士傅朝樞等人,提出兩岸「一國兩制」構想,和平方式解決台灣問題,實現祖國統一,但是也不排在某種情況下,被迫使用武力. 30 日中共人大委員長葉劍英發表「台灣回歸祖國,實現和平統一的方針政策」 (一)為了盡早結束中華民族陷于分裂的不幸局面,建議舉行國共黨對等談判,實行第三次合作,共同完成祖國統一大業.雙方可先派人接觸,充分交換意見. (二)建議雙方共同為通郵、通商、通航、探親、旅遊、及開展學術、文化、體育交流,提供方便,達成有關協議. (三)國家實現統一後,台灣可作為特別行政區,享有高度;的自治權,並可保留軍隊.中央政府不干預台灣地方事務. (四)台灣現行社會、經濟制度不變,生活方式不變,同外國經濟、文化關係不變.私人財產、土地、企業所有權、合法繼承權、和外國投資不受侵犯. (五)台灣當局和各界代表人士,可擔任全國性機構的領導職務,參與國家管理. (六)台灣地方財政遇有因難時,可由中央攻府酌予補助. (七)台灣各族人民、各界人士願回祖國大陸定居者,保證妥善安排,不受歧視,來去自由.

中華民國		中華人民共和國	紀元	干支	紀要
元首	年號				
蔣經國	70	領導人 鄧小平 1978-1992	1981	辛酉	(八)歡迎台灣工商界人士回祖國大陸投資,興辦各種經事業,保證其合法權益和利潤. (九)統一祖國,人人有責.熱誠歡迎台灣各族人民、各界人士、民眾團體通過各種渠道,採取各種方式提供建議、共商國是. 9.20.中共成功一枚運載火箭發射 3 顆空間物厘測衛星. 10.9.中共舉行「辛亥革命七十週年大會」胡耀邦呼籲國共第三次合作,邀請蔣經國先生和其他各界人士來大陸看一看. 22~23.趙紫陽參加墨西哥坎昆的國際合作與發展會議. 11.3.政工幹部學校教授馬璧逃亡大陸投共 20 日 才能卓越的外交家葉公超病逝. 12.23.中共「中國投資銀行」成立. 美國太空梭可倫比亜號成功發射升空,惟 2003.2.1.返回地球進入大氣層時,在高空發生爆炸,七位太空人全部罹難殉職.

中華民國		中華人民共和國	紀元	干支	紀要
元首	年號				
蔣經國	**71**	領導人 鄧小平 **1978-1992**	**1982**	壬戌	1.1.中共指出全國農村建立了不同形式的農業生產責任制.包括小段包工定額計酬、專業承包聯產計酬、聯產到勞,包產到戶、到組、包乾到戶、到組等,都是社會主義集體經濟的生產責任制. 11日鄧小平會見美國華人協會主席李耀滋說:一個國家兩種制度是允許的. 2.20.中共頒發「建立老幹部退休制度的決定」 28日中共成立「綠化委員會」 3.23.中共「中國博;物舘學會」成立 4.1.中華民國行政院頒布「加強基層建設,提高農民所得方案綱要」 18日國民政府軍事委員會第三廳副廳長、台灣行政長官公署教育處長、台灣大學哲學系教授范壽康,從台灣經美國,轉輾到北京定居. 26日中共民航客機在廣西恭城上空失事,機上104名乘客及8名機組人員全部遇難. 5.10.馬寅初(1882~1982)去世,字元善,浙江嵊縣人,美國哥倫比亞大學經濟博士,曾任北京大學校長等職 29日中共成立「紀念宋慶齡國家名譽主席兒童科學公園基金會」 中共成立「國防科學技術工業委員會」 6.11.福出版社聯合發起台灣、香港文學學術討論會,在廣州舉行,並成立「台港文學研究會」 30日中共發布「水土保持工作條例」 7月蔣經國總統提出對中共的「不接觸、不談判、不妥協」三不政策」 12~22日中華民國政府召開「國建會」推動自動化生產. 22~27日中共「中國法學會」成立. 24日廖承志致函蔣經國先生,希望他以國家民族利益為最高準則,依時順勢,與中共談判,共商祖國統一大業. 26日中共外交部約見日本駐華公使渡邊幸治,針對日本修改教科書篡改有關「日本侵華內容」史實,表示中國態度 8.9.中共頒布「工商企業登記管理條例」 17日中共與美國對台灣問題達成「**八一七公報**」雙方聲明：「美國承認海峽兩岸只有一個中國,台灣是中國的一部份」其主要內容： 一．在美利堅合眾國政府與「中華人民共和國政府」 於一九七九年元日一日建立外交關係所簽署的聯 合公報中，美利堅合眾國承認「中華人民共和國 政府」為中國唯一的合法政府，其亦認知中國立場即只有一個中國而臺灣是中國的一部分。在此前提下，雙方同意美國人民將繼續與臺灣人民維 持文化、商業與其他非正式關係。在此一基礎上 ，美國與「中國」間關係得以正常化。 政策。「 中國」在一九八一年九月卅日所提出的九點建議 代表著在此基本政策下謀求臺灣問題和平解決的 進一步之主要努力。 二．在兩國建立外交關係之談判過程中，美國對臺軍售問題並未獲得解決。雙方曾抱持不同立場，而 「中方」宣稱其在（關係）正常化之後，將再度提出此一問題。雙方認識到此一問題將嚴重阻擾 美「中」關係之發展，其等已在自雷根總統與趙紫陽總理及海格國務卿與副總理兼外交部長黃華 於一九八一年十月所舉行的數次會談之中與會談後曾就此作進一步討論。 三．尊重彼此之主權、領土完整及不干涉彼此內政， 構成指引「中」美關係的基本原則。該原則於一 九七二年二月廿八日之上海公報中獲得確認並於 一九七九年元月一日生效的建交聯合公報中再次 予以確認。雙方明白地表示此等原則繼續地支配 其等全面關係。

中華民國		中華人民共和國	紀元	干支	紀要
元首	年號				
蔣經國	**71**	領導人 鄧小平 **1978-1992**	**1982**	壬戌	四・「中國政府」重申臺灣問題是中國的內政事務。 五・美國政府對於其與「中國」之關係極為重視，並 重申其無意侵犯「中國」之主權與領土完整或干 涉「中國」內政或採行「兩個中國」或「一中一 臺」之政策。美國政府瞭解並體諒「中國」於 1979.1.1.告臺灣同胞書及一九八一年九 月卅日「中國」提出之九點建議所顯示其致力於和平解決臺灣問題之政策。此一有關臺灣問題之 新情勢亦對解決美「中」就對臺灣武器銷售問題 之歧見提供有利之條件。 六・有鑒於前述雙方之陳述，美國政府茲聲明其並不 謀求執行一對臺銷售武器之長期政策，對臺灣武 器銷售在質或量上均不會超過美「中」兩國建立 外交關係後近年來（美對臺灣）所提供之水準， 美國意圖逐漸減少對臺灣之武器銷售，經由一段 時間而趨於一最終解決。藉此聲明，美國認知「 中國」關係此一問題徹底解決之一貫立場。 七・為促成經由一段時間後就美國對臺灣武器銷售此 一植根於歷史問題之最終解決，兩國政府將盡一 切努力採取措施並造成有利於徹底解決此一問題 之條件。 八・美「中」關係之發展不但符合兩國人民之利益， 並有助於世界之和平與安定，雙方決心基於平等 互惠之原則，加強彼此在經濟、文化、教育、科 學、技術及其他方面之聯繫，並作堅強共同努力 以繼續發展美「中」人民與政府間之關係。 九・為使美「中」關係健全發展，維持世界和平、反 對侵略及擴張，兩國政府重申上海公報及建交公 中業經雙方同意之原則。雙方將保持聯繫並就共 同興趣之雙邊及國際事務作適當磋商。 美國總統雷根在「八一七公報」上對台灣提出「六項保證」: 1. 美國無意就對台軍售設下截止日期. 2. 美國不會就對台軍售議題,事先與中華人民共和國諮商. 3. 美國不會在中華人民共和國壓力下停止對台軍售. 4. 美國不會修改台灣關係法. 5. 美國無意扮演台海兩岸的仲介者,美國不能;施壓迫使台灣與中華人民共和國展開談判. 6. 美國不支持中華人民共和國對台灣主權的主張. 先前中共美國有 1972「上海公報」、1978 中共美國「建交公報」、1979 美國會通過「台灣關係法」 9.1.~11 日中共全國代表大會,鄧小平提出「建設有中國特色的社會主義」理論.中共十二大黨報告,把「長期共存,互相監督」和「肝膽相照榮辱與共」連在一起,作為新時期統一戰線工作的方針. 英國首相撒基爾夫人訪問中共,協商關於香港途問題談判 台灣首座國家公園－墾丁國家公園成立. 12~13 日中共選出胡耀邦為中央委員會總書記,鄧小平為中央軍事委員會主席.陳雲為中央紀檢查委員會為第一書記. 13 日中共成立「中央顧問委員會」 24 日台灣黃聯富立委就組織新黨問題提出質詢,內政部長林洋港答復:大陸向台灣滲透,無所不用極,為維護國家利益,不能容許組織新黨. 英國首相瑪格麗特契其爾夫人訪問北京,鄧小平指出,香港主權問題不容討論,1997 年香港回歸後,可繼續保持香港繁榮. 最後一批因二二八事件入獄受刑人囚禁 35 年後由立委洪昭男奔走下獲得釋放 29 日台灣向美國出口 50 台機器人

中華民國		中華人民共和國	紀元	干支	紀要
元首	年號				
蔣經國	71	領導人 鄧小平 1978-1992	1982	壬戌	10.7.中共首次以潛艇從水下發射運載火箭得成功. 14~26 日中共與法國共產黨總書記喬治馬歇在北京會談. 16 日賀龍獲得平反 21 日台灣成立「三民主義統一中國大同盟」何應欽任主席 12.4.中共五屆人大五次會議,修訂「中華人民共和國憲法」」將兩岸「**一國兩制**」**寫入中華人民共和國憲法** 9 日中共簽署「聯合國海洋法公約」 12.20.~1983.1.17.趙紫陽訪問埃及等非洲 11 個國家. 22 日中共成立上海經濟特區
蔣經國	72	主席 李先稔 領導人 鄧小平 1978-1992	1983	癸亥	3.15.中共國務院批准「南水北調東線工程」長江水將京杭大運河到達山東濟寧 31 日中華民國行政院通過「復蘇經濟景氣,促進工業發展方案」 4.2.國畫大師張大千病逝台北,享壽 85 歲. 5 日中共「武裝警察部隊總部」在北京成立. 「中華民族研究會」成立,翁獨健任理事長. 22 日中華民國陸軍航空隊少校分隊長李大維駕駛 U-6A 型飛機叛逃福建. 23~5.6.印度共產黨總書記南布迪巴德訪問北京. 5.5.中共民航 296 號三乂戟客機由審陽飛上海途中.被卓長仁、姜洪軍、安衛建、王彥大、吳雲飛、高東平等六人劫機到南韓,獲允來台灣. 11 日中華民國行政院通過「企業性投資公司管理規則」 6.4~22.中共政協選舉鄧穎超為政協主席 26 日鄧小平會見美國新澤西州大學教授楊力宇時提出「台灣大陸可以實行兩種制度.在台灣可以設特別行政區,享有司法終審權,可以保留軍隊,其黨、政、軍系統均由台灣來管【一國兩制】成為中共對台方針的核心」 7.1.中共在北京成立「國家安全部」 11 日台灣鐵路地下化工程開工 8.16.中共發出「保護大熊貓通知」 26 日中共頒布「中國公民與外國人辦理婚姻登記的法規」 9 月中共黨外編輯作家聯誼會成立 11 日大陸引灤入津通水工程完工每年可供應天津 10 億立方米水. 15 日中共在北京成立「審計署」 22 日台灣「工研院」與清華大學聯合發展大規模集成電路計劃. 10.12.中共發出「實行政、社分開建立鄉政府的通知」 中共 12 屆二中全會通過「整黨的決定」產生整黨工作指導委員會,主任胡耀邦,副主任萬里、余秋里、薄一波、胡啟立、王鶴壽. 鄧小平提出「要加強田想戰線工作」展開「清污運動」 11.4.中共自 12 月 1 日市場銷售的棉布、絮棉,開始免收布券、絮棉券,敞開供應 8 日中華民國立法院通過「電影法」 9 日在廣州象崗山發掘南越王墓 18 日中共對美國參議院外交委員會通過「台灣前途決議案」提出嚴重抗議 25 日中共與日本關係調整為：和平友好、平等互利、相互依賴、長期穩定. 29 日中華民國立法院通過「國際金融業務條例」 12.3.中華民國增額立法委員選舉,選出人,其中海外人士 27 人. 5 日中共國務院決定將「軍事學正式列為國家學位的一個門類」 22 日中共國防科學研究出億次巨型計算機,命名為「銀河」 鄧小平提出「教育要面向現代化,面向世界,面向未來」指明未來教育方向 中共撤銷人農村人民公社,建立鄉、鎮人民政府

中華民國		中華人民共和國	紀元	干支	紀要
元首	年號				
蔣經國	**72**	主席 李先稔 領導人 鄧小平 **1978-1992**	**1983**	癸亥	周苡嘉(1983.-)發現「磷化鎵中的雙晶結構」影響奈米結構規律成長因素.享譽全世界 郭兆林 台灣人,他與美國四位科學家監測到宇宙 140 億年前「大爆炸」的微弱回音,為宇宙擴張微波背景輻射不均勻的極化,愛因斯坦一百年前提出的「重力波」.

中華民國		中華人民共和國	紀元	干支	紀要
元首	年號				
蔣經國	**73**	主席 李先稔 領導人 鄧小平 **1978-1992**	**1984**	甲子	1.5.台灣高雄旗津過海海底隧道完工通車. 8日中共趙紫陽訪問美國和加拿大 10日中共國務院發布「進口貨物許可制度暫行條例」 2.8.中華民國重返奧運會場,以〔中華台北〕名稱參加1984年冬季奧運. 13日中共萬里參加莫斯科蘇維埃主席安德羅葬禮 14日中國國民黨召開十二屆二中全會推選蔣經國、李登輝正副總統候選人 16日中華民國行政院提出「以廠為家,以廠為校運動實施方案」 宋美齡發表致鄧穎超公開信,稱信服三民主義中國之大道. 20~3.24.中華民國國民大會選舉蔣經國、李登輝為中華民國正、副總統. 22日鄧小平會見美國喬治城大學戰略與國際問題研究中心代表團指出,大陸與台灣統一的方式合情合理.一個統一的中國,兩種制度. 24日行政院長孫運璿因腦溢血送醫急救. 3月中共蒙古族曾旭日博士與日本科學家共同培育成世界第一隻試管羔誕生 10日中華民國政府宣布「大陸1,000多種貨物開放進口」 12日中共公布「專利法」 14日中共首次參加「國際上訴法院法官會議」 15日中共在北京成立「殘之人福利基金會」 23日中共與日本一致同意設立「中日友好廿一世紀委員會」 4月中共決定開放大連、秦皇島、天津、烟台、青島、連雲港、南通、寧波、溫州、湛江、北海等14個沿海港口城市. 16日中共成勁發射第一顆試驗通信衛星 26~5.1.美國雷根總統訪問中國大陸. 28~30.中共軍擊退越南占領老山、者陰山.7月12日越南又發動大規進攻,亦遭解放軍擊退. 5.6.中共國務院發布「中華人民共和國居民身份證試行條例」 8日中共成立「環境保護委員會」李鵬任主任 14日台灣成立「黨外公職人員公共政策研究會」.費希平任理事長,林正杰任秘書長. 15~31中共人大通過「民族區域自治法」「兵役法」「設立海南行政區」 18日中共發布試行「國營工業企業法草案」 20日蔣經國就任中華民國第7任總統.李登輝任副總統. 俞國華(1914.1.10.-2000.10.4)被任命第11任行政院長. 中共六屆全國人大二次會議通過工作報告,闡述「一國兩制」構想 25日鄧小平會港澳出席政協人士說:香港回歸後,中國有權在港駐軍,這是維護中華人民共和國領土象徵,,也是香港穩定和繁榮的保證. 31日中共公布「中華人民共和國兵役法」 6.1.俞國華被提名就任中華民國行政院院長.提出施政三大方向： (一)依據三民主義開拓奮鬥,促進社會經濟發展. (二)促進台灣邁向現代化 (三)反共復國國策絕不改變. 20日台灣台北縣土城鄉海山煤礦發生爆炸,74名礦工罹難. 30日中共國務院發布「水土保持條例」 7.7.中共成立「中國體育史學會」 10日台灣台北縣瑞芳鎮煤礦發生火警,101名礦工罹難. 19日立法院通過「勞動基準法」.保障勞工的基本生存權、工作權 20日中共頒布「人民防空條例」 31日中共發出「清理三種人通知」

中華民國		中華人民共和國	紀元	干支	紀要
元首	年號				
蔣經國	**73**	主席 李先稔 領導人 鄧小平 **1978-1992**	**1984**	甲子	8.13.中共姜洪軍、王豔大、卓長仁、安建偉、吳元飛、高東萍等六人由大連劫機來台灣,飛機油料不足,中途迫降南韓,被拘留 467 天釋放,政府接送來台,給予千兩黃金獎金.然卓長仁、王豔大兩人揮霍無度,綁架殺害國泰醫院副院長王欲明兒子王俊傑,2001 年被判死刑伏法. 9.5.中共正式成為「國際刑警組織」會員國 10 日;北京地鐵第二期工程完成運轉 22 日中共通過「藥品管理法」 26 日中共人大通過「森林法」 中共與英國在北京草簽「香港確將在 1997 年 7 月 1 日交回中華人民共和國」 國際奧運史上中國女子排球隊在洛杉磯奧運獲得冠軍首枚金牌 10.15.「江南案」江南本名劉宜良,手著「蔣經國傳」涉及蔣私密,在舊金山郊外自宅門口遭人殺害,查出兇手為竹聯幫陳啟禮、吳敦、董桂森等人.涉案的據傳尚有國防部情報局長汪希苓、副局長胡儀敏、第三處副處長陳虎門,均遭到逮捕.另傳言蔣孝武亦牽涉與本案有關. 趙紫陽任中共總書記(1984~1988) 中共召開十二屆三中全會制定「關於經濟體制改革的決定」城市經濟體制改革全面展開. 19 日中華民國立委費希平提出「大中國聯邦」的形式統一中國. 20 日中國共產黨十二屆三中全會在北京召開通過「經濟制度改革的決定」 23 日日本援助中共建立的中日友好醫院舉行開院典禮 11.2.中共完成最後一批 7.9 萬名「地主、富農、反革命、壞分子」摘帽子工作,完成二千多萬名「四類分子」進行教育改造的歷史任務己經完成. 12.1.中華民國政府發起生產率運動,提出「科學化、人性化、專業化、國際化、自由化、制度化」口號. 3 日中共作出「嚴禁黨政機關幹部經商、辦企業的決定」 5 日台灣台北縣海山煤礦發生爆炸,93 名礦工罹難. 6 日中共「中國新聞學會聯合會」在南京成立 19 日中共總理趙紫陽與英國首相柴契爾夫人在北京發表共同聲明,簽定「香港定於 1997.7.1.年交還中國」 21 日蘇聯部長會議第一副主席阿爾希波夫訪問北京. 29 日成立「台灣原住民族權利促進會」1992 年提出「原住民族條款」包含四項訴求「一「山胞」正名為「原住民」二 保障土地權三設立部會級專責機構四原住民自治等要求」1996 年行政院連戰院長口頭承諾設置設置「原住民機構」同年 11 月 1 日立法院通過「原住民委員會組織條例」 中共通訊衛星發射成功

中華民國		中華人民共和國	紀元	干支	紀要
元首	年號				
蔣經國	**74**	國家主席 李先念 領導人 鄧小平 **1978-1992**	**1985**	乙丑	1.5. 深圳大學成為全國高校改革的典型「校長治校、黨委治黨、教授治學」教職實行責任制,組織學生勤工儉學,培養「自立、自律、自強」能力,根據社會.需求組織教學,學生畢業不包分配. 10~21.中共人大通過「會計法」「每年九月十日為教師節」 25~31.中共國務院決定「長江、珠江三角洲、廈門、漳州為沿海經濟開放區」 2 月蔣經國兒子蔣孝武外放擔任駐新加坡商務副代表 3 日武漢大學實行教學改革.實行「學分制、導師制」「創造型人才」改變封閉式的傳統教育模式,實行靈活的教學制度,更新教學內容,重視學生興趣,和因才施教.疏導生動活潑的思想教育,提高教育質量. 中共將長江三角洲、珠江三角洲、閩南三角地區,開闢為沿海經濟開放地區. 7 日澳門總督高斯達訪問北京.會見了國家主席李先念. 8 日台北市爆發「第十信用合作社金融風暴案」 15 日中共探險家在南極長城站建成「南極喬治島」 3.12~15.中共國務院副總理李鵬參加蘇聯最高蘇維埃主席康烏契爾年科葬禮 19 日中華民國經濟部提出「促進投資方案」 26 日中共國務院批轉國家計劃委員會「編製國土總體規劃綱要」 中共「中國現代文學館」在北京建成開放 30 日費希平退出「公政會」(台灣民主進步黨前身) 5 月鄧小平提出教育體制改革 3 日中華民國行政院宣布成立「經濟革新委員會」 8 日中共研發成功「計算機淚光漢字編輯排版系統」. 16 日台灣省議會游錫堃、蔡介雄、陳啟吉等 14 人辭職抗議台灣省議會強行通過預算..6 月 6 日蘇貞昌、游錫堃、謝三升辭職,其餘復職. 17 日中共國務院決自 1985 年起,農業稅不再征收糧食改為折征代金. 27 日中共作出「教育體制改革」實行九年義務教育. 31 日香港地鐵港島支綫由,金鐘至柴灣段通車. 6.18.中共設「香港特別行政區基本法起草委員會」、及「國家教育委員會」 22 日中共成立「麻風福利基金會」 29 日中共國務院批准廈門經濟特區的範圍擴大到廈門全島及鼓浪嶼全島 7.19.中華民國立法院制定「動員戡亂時期檢肅流氓條例」 30 日勞動基準法公佈實施. 8.17.美國總統雷根勸告台灣實行民主. 21 日中共制定「檔案館開放檔案暫行辦法」 9.4.李登輝副總統赴中美洲友邦國家訪問. 24 日中共十二屆五中全會在北京召開. 26 日香港舉行立法局間接選舉 24 位民選議員. 10.21.~26 日中共在酒泉發射「長征二號」火箭送入太空軌道,旋順利返回地面 23 日鄧小平接見美國時代公司高級企業家表示.把計劃經濟和市場經濟結合起來,更能解放生產力,加速經濟發展. 11.16.中共海軍訪問巴基斯坦、斯里蘭卡、和孟加拉國 「中國人民解放軍國防大學」在北京成立,張震為校長,李德生為政治委員 12.9~20.中共國務院港澳辦公室主任姬鵬飛訪問香港.12 月 18 日成立「香港特別行政區基本法諮詢委員會」 張其昀逝世 中共中央宣布裁軍 100 萬人. 鄧小平作出和平與發展是當代世界兩大主題的論斷 中共在太平海域發射遠程火箭成功

中華民國		中華人民共和國	紀元	干支	紀要
元首	年號				
蔣經國	**75**	國家主席 李先念 領導人 鄧小平 **1978-1992**	**1986**	丙寅	1.28.美國太空船「桃戰者號」在發射升空72秒後爆炸,七名飛行員包括一名女教師全部罹難,釀成航行太空船史上一大悲劇. 2.1.中共成功發射實用通廣播衛星. 16日蔣經國之子蔣孝武出任駐新加坡「商務代表團」副代表. 中共成立「國家自然科學基金委員會」 3.15.中共新頒「婚姻登記辦法」 18日中華民國經建會通過「台灣地區經濟長期展望」 29.~31.日中國國民黨召開12屆三中全會通過「承先啟後,開拓國家光明前途」 4.1.台灣開始實施新制營業稅「稅率5%」 12日中共人大通過「中華人民共和國民法通則」「義務教育法、與勞動和社會保障法」「環境保護法」 13日中共通過「外資企業法」 5.1.「中華航空公司」一架波音型貨機駕駛員王[錫爵叛逃至廣州白雲機場 14日中共「中國老年基金會」在北京成立,王首道為名譽會長. 19日519綠色行動,黨外人士於台北萬華龍山寺集結,要求解除戒嚴. 6.2.彰化鹿港民間環保抗議「反杜邦興建石化工業」遊行. 9~23日中共中央總書記胡耀邦訪問英國、德國、法國、意大利. 19日蔣緯國任「中華民國國家安全會」秘書長. 28日新加坡總理李光耀抵華訪問 9.3.台北市議員林正杰因違反選罷法和誹謗罪被判刑18個月. 22日中華民國經濟部提出「經濟自由化十項措施」 28日台灣「民主進步黨」在圓山飯店成立 波蘭統一工人黨總書記雅魯澤爾斯基應邀訪問北京 中國共產黨十二屆六中全會在北京召開 10.7.劉伯承逝世 12日中共公布「鼓勵外商投資規定」 12~18日英國女王伊麗莎白二世國事訪問北京. 14日中共「中國廣播電視學會」在北京成立 中共「現代物理研究中心」在北京成立,李政道任學術委員會主任,胡光召、陳佳洱任副主任. 15日美籍華人科學家李遠哲博士獲得諾貝爾化學獎,1994年放棄美國籍回台灣擔任中央研究院院長. 21~26日德國統一社民主黨總書記昂納克訪問北京. 22日葉劍英大元帥去世,享壽90歲 27日中華民國政府將新竹市規劃為國際性科學城,分為科學園區、大學城、香山山城、歷史古城四個區. 中共成立「軍事歷史研究會」 12.2.中共正式加入「承認及執行外國仲裁裁決公約」 中共重新建立「監察部」 許信良持假護照化名黃明仁乘菲航班機到達桃園機場,被查出禁止入境,千人在機場外與軍警發生衝突,終究 許信良仍被迫離台赴菲律賓. 11日中華人民共和國聲明:印度在中印邊界設立「阿魯納恰爾邦」是非法的 17日中共在上海建立「分子生物學實驗室」

中華民國		中華人民共和國	紀元	干支	紀要
元首	年號				
蔣經國	**76**	領導人 鄧小平 **1978-1992**	**1987**	丁卯	1.13.國民政府內政部宣佈取消禁止〔一貫道〕傳教. 中共成立「新聞出版署」 14 日國民政府行政院經建會提出 13 項建設計劃,2 月 11 日又增加 3 項 16 日胡耀邦辭去中共中央總書記職務,改由趙紫陽代理. 2.6.中共與伯利茲建交 26 日中共外交部副部長劉述卿緊急約見日本大使中江要介,就「光華寮」問題出緊急交涉. 中華民國經濟部國貿局提出「全球貿易方案」 4.13.中共與葡萄牙聯合聲明,澳門治權訂於 1999 年 12 月 20 日交還中國 陝西扶風縣法門寺發現唐代塔基地宮出土大量珍貴文物和四標佛指舍利 5.6.大興安嶺發生大森林火災面積達 56 萬公頃. 15 日中共「協律」正式加入「國際協律」 19 日民進黨組織 5000 多人遊行示威,抗議戒嚴制定「國安法」 22 日中共發布「自然保護綱要」 27~31 日澳文禮治訪問北京 6.4.~21.日趙紫陽訪問波蘭、德國、捷克斯洛伐克、匈牙、保加利亞. 8 日中華民國行政院長俞國華應邀訪問新加坡 10 日中共人口福利基金會在北京成立.鄧穎超任名譽會長,王首道任會長 23 日中共「中國翻譯工作者協會」在北京成立. 29 日美國總統卡特與鄧小平會談,中共改革開放將更為擴大持續下去. 7.1.蔣經國下令頒布「動員戡亂時期國家安全法」 15 日台灣解除長達 38 年之久「戒嚴令」並開放報禁、黨禁、大陸探親.大幅放寬「外匯管制」 8.28.中共人大通過「大氣污染防治法」 9.6.洪昭男等人在台灣宣布成立「民主自由黨」 10 日中共發布「森林採伐更新管理辦法」 12 日「六一二滋擾案」民進黨 500 多人在司法部等處遊行示威 21 日中國國民當中常委審議開放赴大陸探親,提出軍公人員、民選公職人員外,每人可赴大陸一次. 26 日中共國務院決定籌建海南省 10.1.西藏拉薩發生騷亂事件,六人死亡,多人受傷. 4 日張大等人在台灣成立「中國民主正義黨」 6 日北京圖書館新館開館 15 日中華民國政府宣布「國人赴大陸探親具體辦法」,自 11 月 2 日起可向中華民國紅十字會登記. 20 日中國共產黨十二屆七中全會在北京召開,接受胡耀邦辭去中央委員會總書記職務,推選趙紫陽代理中央委員會總書記. 21 日何應欽去世 10.25.~11.1.中共第十三次全國代表大會在北京舉行 11.1.王拓等在台灣宣布成立「工黨」 2 日政府開放台灣人民前往大陸探親. 余登發宣布成立「天下為公同志會」 中共十三屆一中全會在北京召開 3 日梁實秋逝世,享年 85 歲 6 日中華民國立法院通過「動員戡亂時期人民團體組織法」 12~24 日中共人大會議決定同意趙紫陽辭去國務院總理職務,改由李鵬接任國務院代總理.

中華民國		中華人民共和國	紀元	干支	紀要
元首	年號				
蔣經國	**76**	領導人 鄧小平 **1978-1992**	**1987**	丁卯	22日「世界針灸學會聯合會」在北京成立,有28個國家和地代表區參加 27日中共中央軍委會副主席楊尚昆兼任中央軍委秘書長,洪學智、劉華清任中央軍委會秘書長. 鄧小平任命遲浩田、楊白冰、趙南起分別為總參謀長、總政治部主任、總後勤部部長. 12.1.中華民國新聞局長邵玉銘宣布從1988年1月1日起解除報禁,開報紙登記,對報紙張數不作限制. 3日中共第一架艦載直升機研製成功.

中華民國		中華人民共和國	紀元	干支	紀要
元首	年號				
蔣經國 李登輝	**77**	主席 楊尚昆 領導人 鄧小平 **1978-1992**	**1988**	戊辰	1.1.台灣解除報禁 8 日台灣前立委雷聲雜誌負責人在香港與新華社香港分社副秘書長黃文就祖國統一問題進行會談. 10 日國際金融會議決定對「亞洲四小龍」施壓,促重估貨幣匯率,設法降低貿易出超. 13 日中華民國現任總統蔣經國總統逝世,李登輝副總統繼任中華民國第 7 任總統 23 日中共公布「中華人民共和國水法」 29 日蔣經國靈柩暫厝桃園縣大溪頭寮 2.8.中共發布「森林防火條例」 25 日中國國民黨中常會通過「國民黨幹部赴大陸探親辦法」 27 日「中共中央政治體制研究室」成立 3.2.台灣「統一民主黨」成立,車轟任黨主席 6 日李登輝總統訪問新加坡 10 日中國大陸首例試管嬰兒在北京醫科大學第三醫院誕生,乳名萌珠 14 日中共海軍與越南海軍在南沙群島赤爪礁進行海戰,越南二艘軍艦被擊沉,中共在赤礁上建立了高腳屋. 中共最高法院和最高檢察院會銜公布來大陸台胞一切正當活動受法律保障 18 日中共國務院新劃入 140 個市縣經濟開放區,包括杭州、南京、瀋陽. 19 日台灣退一軍人聯誼總會成立,會長劉維斌 國民政府國防部宣布「雄風三號」中程飛彈試射成功 24~4.10.中共政協選舉李先念為全國政協主席 25.~4.13.中共第七屆全國人民代表大會在北京召開.選出: 楊尚昆為中華人民共和國主席,王震為副主席, 鄧小平為中央軍事委員會主席, 萬里為全國人大常委會委員長, 李鵬為國務院總理. 4.17.台灣民進黨通過「四一七決議」陳述「台灣為主權獨立國家,不屬於中國,其國際地位之變更需要經住民同意」 26 日　中共設立海南省,建立全國最大的海南經濟特區. 27 日中共頒布「中國人民解放軍文職幹部暫行條例」 5.20.「台灣農民運動」中南部農民在台北街頭請願遊行,訴求全面實施農保與眷保、肥料自由買賣、農地自由買賣、增加稻米保證價格與面積、之止農會總幹事遴選、廢止水利會會長遴選、成立農業部會等.演變成流血衝突.人稱「五二 0 事件」 6.7.湖南醫科大學第二附屬醫院誕生大陸首例異體試管嬰兒 7~13 日蔣經國逝世後,國民黨十三大會,「宋楚瑜臨門一腳」非具出席資格人講話,李登輝當選國民黨主席. 15 日國民政府現階段政策,准許大陸同胞直系親屬申請返台奔喪. 28 日中共通過「軍人撫恤優待條例」1988 年 8 月 1 日施行 7.22~26.中共通過「野生動物法草案」 28 日中共發布「污染源治理專項基金有償使用暫行辦法」1988.9.1.起施行 9.5.鄧小平會見克斯洛伐克總統胡薩克. 9.11.台灣「中國統一聯盟」名譽主席胡秋原,從美國舊金山飛北京,與大陸各界討論祖國統一等問題. 26~30 日中共十三屆三中全會在北京召開.

中華民國		中華人民共和國	紀元	干支	紀要
元首	年號				
蔣經國 李登輝	**77**	主席 楊尚昆 領導人 鄧小平 **1978-1992**	**1988**	戊辰	27 日中共子潛艇成功在水下發射運載火箭 10.1.中國人民解放軍施行軍銜制,設「將、校、尉」3 等 11 級 7 日鄧小平會見日本商業代表建議以和平共處原則為基礎的國際政治秩序 10.31~11.8.中共人大通過「野動物保護法」 16 日中共第一座高能加速器正負電子對撞機首次成动對撞. 11.3.中華民國行政院大陸工作會報通過「現階段大陸同胞申請來台奔喪及探病作業規定修正案」 17 日中華民國行政院通過「第一屆資深中央民意代表自願職條例草案」 20 日中共承認巴勒斯坦國 12.1.中華民國行政院公布「赴大陸參加國際學術會議或文化體育活動要點,及海外大陸學人、留學生來台灣參觀訪問規定」 19 日第一位由大陸回台北的國民黨老兵謝源拔抵台. 19~23 日印度總理吉夫甘地訪問北京 24 日中共倡導和平共處,建立國際政治新秩序,和平等互利的經濟新秩序 25 日中共「中國婦女發展基金會」在北京成立.,陳慕華任會長. 28 日大陸山西大同至秦皇島電氣化鐵路通車 29 日台灣「勞動黨」成立. 中共研制的正負電子對撞機在北京對撞成功.

中華民國		中華人民共和國	紀元	干支	紀要
元首	年號				
李登輝	**78**	領導人 鄧小平 **1978-1992**	**1989**	己巳	1.18.中共在國務院內設「台灣事務辦公室」 2.26.美國總統布希訪問北京 3.5.西藏動亂要求西藏獨立 4.7.「自由時代」週刊社長鄭南榕自焚身亡 15 日前中共中央總書記胡耀邦去世,享年 73 歲. 5.15.~18.蘇聯總書記戈巴喬夫訪問北京 20~1990.1.11.北京部份地區實施戒嚴 6 月李煥被任命為第 12 任行政院長. 3 日李登輝總統宣佈「實質外交」 4 日北京學生為紀念周恩來發生史無前例血腥「**六四天安門事件**」政府用軍隊、坦克車、機關槍殘酷鎮壓傷亡數千人,震驚全世界. 胡耀邦總書記、趙紫陽總理因「六四事件」去職. 鄧小平提出六四事件軍事鎮壓的理由:「堅持社會主義道路、堅持人民民主專政、堅持黨的領導、堅持馬列主義毛澤東思想.」 23~24.中共十三屆四中會會選舉,鄧小平提拔江澤民繼任總書記 29 日趙紫陽任中共中央軍事委員會副主席. 7.13.鴻源地下投資集團,因大量投資人擠兌,宣佈暫時停止出金.當日股市重挫 320 點. 19.中共針對「美國國會通過制裁中國的修工案」聲明.此違背中國人民感情 9.7.中共發布公告「不再追訴去台灣人員在中華人民共和國成立後當地人民政權建立前的犯罪行為」 10 月中共「共青團」推出「希望工程」 31 日鄧小平與美國總統尼克遜舉行會談 中共人大通過「集會遊行示威法」 11.6.~9.中共十三屆五中全會在北京召開.決定江澤民為中共中央軍事委員會主席,劉華清為副主席,楊白冰為秘書長. 19 日中共外交副部長劉華秋約見美國駐華大使李潔明,就美國參眾兩院通過制裁中國案,向美國提出強烈抗議. 12.10.鄧小平會見美國總統特使麥考斯基,中美關係是世界和平和稳定的需要. 30 日中共發表「多黨合作和政治協商」長期共存,互相監督,肝膽相照,榮辱與共,合作基本方針. 澳大利亞倡議下,成立 APEC(亞太經合組織)

中華民國		中華人民共和國	紀元	干支	紀要
元首	年號				
李登輝	**79**	領導人 鄧小平 **1978-1992**	**1990**	庚午	1.3.立法院通「戰士授田憑據處理條例草案」,翌年開始憑據補償發放作業. 4 日以「台灣、澎湖、金門、馬祖關稅區」名義申請重返 **GATT** 3.9.12 日中共十三屆六中全會在北京召開. 16-22 日台灣「野百合三月學運」台灣大專院校學生在中正紀念堂靜坐絕食抗議,要求廢除「法統」國會 4.4.中共頒佈「香港特別行政區基本法」 23~26 日李鵬訪問蘇聯 5.20.李登輝就任中華民國第 8 任總統. 6.1.郝柏村被任命為第 13 任行政院長(1990.6.1-1993.2.27.) 29 日台灣舉行「國是會議」 7.22.中華民國與沙烏地阿拉伯國斷交. 8.11.「大陸尋奇」首次開播大陸各地自然景物,歷史古蹟,風土人情,人文生活習俗,甚為觀眾歡迎,以迄於今. 30 日中國有名國學及歷史家錢穆去世,享壽 96 歲.他 1950 年由廣州去香港.錢穆在香港創辦「新亞書院」第一屆畢業生只有三人.1967 年遷居台北,政府助其興建「素書樓」頤養天年.逝世余英寺追悼錢先生輓聯: 一生為故國招魂,當時搗麝成塵,未學齋中香不散. 萬里曾家山入夢,此日騎鯨渡海,素書樓外月初寒. 9~10 月第十一屆亞洲運動會在大陸北京舉行. 中共紅十字會與台灣紅十字會在兩國政府正式授權之下,在金門舉行雙方首次對談,簽訂台灣、大陸之間進行海上引渡、遣反通緝犯、與偷客之協議,是為「金門協議」 10.7.台灣民進黨通過「台灣主權獨立」決議案,並設立「國家統一委員會」 23 日「亞太經合會」決定中共、香港、及台灣(中華台北)同時加入. 11.26.中共上海證券交易所成立 12.1.英吉利海峽連接英、法海底隧道通車,全長 50.45 公里. 6~12.日中共召開全國對台工作會議,爭取早日解決台灣問題,實現祖國完全統一,重申盡早接觸,實現三通. 25~30 日中共十三屆七中全會在北京召開. 屏東枋寮至台東南迴鐵路通車,完成台灣環島鐵路網. 中共在北京舉辦第十一屆亞洲運動會頗為成功,甚受各國讚賞.

中華曙光 (1991 ~ 迄今)

中華民國		中華人民共和國	紀元	干支	紀要
元首	年號				
李登輝	**80**	領導人 鄧小平 1978-1992	**1991**	辛未	1.28.~2.20.鄧小平在上海聽取朱鎔基發展經濟彙報,極為欣賞,把朱鎔基調到北京擔任國務院擔任副總理. 2.8.中華民國在台灣成立「海峽交流基金會」簡稱(海基會)以務實態度,處理兩岸民間交流間「技術性」、「事務性」的問題.首任董事長辜振甫,名譽董事長為孫運璿. 23日國家統一委員會通過「國家統一綱領」 3.16.中共重申「國家統一綱領」兩岸和平統一、一國兩制的方針.堅決反對台獨,,反對兩個中國、一國兩府 3.25.~4.9.中共人大通過「民事訴訟法」「外商投資企業所得稅法」 4.8.~21國民大會臨時會議通過五月一日零時起終止「動員戡亂時期臨時條款」 5.1.中華民國政府宣布台灣終止「戡亂時期檢肅匪諜條例」 14日中共「四人幫」江青保外就醫時上吊自殺身亡. 16~19日江澤人訪問蘇聯 17日立法院通過廢止「懲治叛亂條例」 20日台北「五二0遊行」要求廢除刑法第100條9.21.成立「100行動聯盟」 6.4.台灣高檢署公布撤銷彭明敏等七名所謂「叛亂犯」之通緝 7.1.台灣開始實施「國家建設六年計畫」 10.26.鄧小平說「中國搞社會主義,是誰也動搖不了的,我們搞的是有中國特色的社會主義」 11.5.~10.日越南武文杰訪問北京 25~29.日中共第十三屆第八次會議在北京召開 27日中共在長江葛洲垻水利樞紐水電工程竣工 12月「台灣南迴鐵路」通車,西起屏東枋寮,經瀧溪、金崙、太麻里、知本、穿越茶留凡山、巴矢山、至台東新站全長98.2公里.共有35座隧道,188座大小橋樑,最長的隧道長8,070公尺.對屏東、台東經濟發展助益最大. 11~16日中共李鵬訪問印度 16日中共在北京成立「海峽兩岸關係協會」汪道涵當選協會理事長.開創兩岸平等對話發展歷史新契機. 21日中華民國國民大會代表全面改選. 31日中華民國在台灣「老國代老立委老監委」全體退職,終結「萬年國會」 印度甘地被刺殺身亡.

中華民國		中華人民共和國	紀元	干支	紀要
元首	年號				
李登輝	**81**	領導人 鄧小平 1978-1992 主席 江澤民 1992-2004	**1992**	壬申	1.18.~2.23.中共國家領導人鄧小平南巡, 19 日起在深圳珠海為期長達 11 天視察,有感深圳經濟發展快速說:「計畫不等於社會主義,市場也不等於資本主義.資本主義也有計畫,社會主義也有市場.貧窮 不是社會主義.要走共同富裕的社會主義道路.為了達到這個目標,先富起來的地方要多繳稅,用來幫助落後地區.但各地的情況不可能很快拉平,不能搞『大鍋飯』這會打擊人們的熱情」 抓住時機,發展自己,改革開放,警惕右,防止左,打擊犯罪.發展科技,提高教育. 3.20.~4.3.中共人大通過「興建長江三峽工程」、「中華人民共和國全國人民代表大會和地方各級人民代表大會代表法」、「中華人民共和國工會法」、「中華人民共和國婦女權益保障法」. 4.15.鄧小平、江澤民、李鵬倡議「希望工程」,發展「愛心行動計劃」,使困牛學兒童享有教育的基本權利. 5.14.中共軍方十大元帥之一聶榮臻病世,享壽 93 歲 16 日中華民國立法院修正通過『中華民國刑法』第一百條.為「意圖破壞國體、竊據國土、或以非法之方法變更國憲、顛覆政府,而以暴或脅迫著手實者,七年以上有期徒刑;首謀者,處無期徒刑.預備前項之罪者,處六月以上五年以下有期徒刑.」 中共中央政治局會議通過「加快改革,擴大開放力爭經濟更好更快地上一個新台階」 6.18.中共對外開放長江沿岸蕪湖、九江、岳陽、武漢、重慶五個內陸城市. 21 日中共元老李先念去世,享壽 83 歲 7.11.中共革命元勳鄧穎超去世,享壽 88 歲. 8.14.中共長征二號 E 在西昌成功發射升空. 23 日台灣成立「外省人台灣獨立協進會」廖中山、黃秀華、郭樹人、張忠棟、陳師孟、徐馨生、鍾佳濱等約六十餘名所謂「外省人」成立『外省台灣獨立協進會』 6.9.中共江澤民講話「如何深刻領會和全面落實鄧小平經濟建設和改革開放搞得更快更好談話的精神.」 8.22.中華民國與南韓斷交、斷航. 9.22.中共發表「西藏的主權歸屬與人權狀」白皮書 10.5.環島鐵路完成,南迴鐵路正式營運. 10.5.~9.中共十三屆九中全會在北京召開,通過「中國共產黨章程」修正案 12.~18 日中共第十四次全國代表大會在北京召開.確定鄧小平「南方談話」 19 日選舉江澤民為中共中央委員會總書記、軍事委員會主席.劉華清、張震為副主席.尉健行為中央紀律檢查委員會書記. 11.7.金門馬祖解除戰地政務,回歸地方自治. 鄧小平宣布「退出政壇.」

中華民國		中華人民共和國	紀元	干支	紀要
元首	年號				
李登輝	**82**	領導人 鄧小平 主席 江澤民	**1993**	癸酉	2 月連戰在被任命第 14 任行政院長. 3.5.~7.中共十四屆二中全會在北京召開,深化經濟體制,加快社會主義現代化,改變政府職能 12 日王震在廣州逝世,享壽 85 歲. 14~27.中共第八屆全國人民代表大會,江澤民當選中華人民共和國主席,及中共中央軍事委員會主席,李瑞環當選全國政協主席.李鵬為國務院總理.美國對南盟實施猛烈空襲,誤炸中共駐南盟大使館,造成三名中共記者死亡,二十名使館人員受傷. 4.27.~4.29.「**辜汪會談**」臺灣海基會董事長辜振甫、與中共兩岸關係協會董事長汪道涵,在新加坡首次舉行中國兩岸平等對話,邁入歷史新紀元階段,建立雙方平等互惠制度化的接觸管道,首次進行民間性、經濟性、事務性、功能性會談.兩岸雙方都堅持一個中國,形成「各自表述」「**九二共識**」台灣維持現狀的認同與支持. 7.2. 中共設立「香港特別行政區籌備委員會」由國務院副總理、外交部長錢其琛擔任主任 8.10.趙少康、郁慕明、王建煊、陳癸淼、李慶華、李勝峰、周荃等七人宣布成立〔新國民黨〕簡稱〔新黨〕延續國父孫文創立中國國民黨的理念，追求民族統一、政治民主、民生均富· 朱高正所創立的「中華社會民主黨」1994 年亦與新黨合併成一黨. 31 日中共發表「台灣問題與中國統一」白皮書,闡明中共對台灣問題的原則立場和基本方針. 10.1. 中共通過「科學技術進步法」 18.~21.中共中央在北京召開「農村工作會議」 11.1.亞太經濟合作會「APEC」在西雅圖召開 11~14.中共十四屆三中全會在北京召開,建立社會主義市場經濟體制. 20 日江澤民參加美國西雅圖的亞太經濟合作組織領導人會議. 12.20.中共通過「公司法」 24 日中華民國前總統嚴家淦逝世,享壽 90 歲. 26 日毛澤東誕辰 100 週年紀念. 29 日香港在大嶼山寶蓮寺白天壇建全世界最大青銅佛像

中華民國		中華人民共和國	紀元	干支	紀要
元首	年號				
李登輝	**83**	領導人 鄧小平 主席 江澤民	**1994**	甲戌	3.4.中共再度逮捕民運人士魏京生. 31 日大陸浙江杭州淳安縣千島湖發生「千島湖火燒船事件」,船上 24 名台灣遊客,六名中國船員與名中國導遊全遭活活燒死.中共槍斃了三名歹徒,但無法釐清真正事件疑點,民眾相信真正兇手為中共軍警. 5.6.李登輝與日本司馬遼太郎對談「生為台灣人的悲哀」刊載朝日新聞. 7.5.中共通過「勞動法」 12 日中共就台灣公布「台海兩岸關係說明書」發表談話 18 日中共國務院作出「城鎮住房制度改革的決定」以按勞分配為主的貨幣工資分配方式,建立住房公積金制度. 29 日公佈施行「省縣自治法」「直轄市自治法」 9.2.~12.江澤民訪問俄羅斯、烏克蘭、法國. 18 日台灣諾貝爾獎得主李遠哲博士自海外回到台灣任中央研究院院長. 25~28 日中共十四屆四中全會在北京召開 10.5.中華民國立法院通過大專聯考廢考「三民主義」決議. 12.3.台灣舉行首屆民選台灣省長、台北市長、高雄市長選舉. 分別由宋楚瑜、陳水扁、吳敦義三人當選 14 日中共長江三峽大霸工程動工 29 日考試院宣佈.下年度起國家考試,廢考「國父遺教」與「三民主義」

中華民國		中華人民共和國	紀元	干支	紀要
元首	年號				
李登輝	**84**	領導人 鄧小平 主席江澤民	**1995**	乙亥	1.8. 中共發出「中國共產黨員權利保障條例」 30日中共國家主席江澤民為促進兩岸和平統一提出「江八點」方案 1.堅持一個中國原則是實現和平統一的基礎與前提.中國的主權和領土決　不容許分割.任何製造「台灣獨立」的言論和行動,都應堅決反對.主張「分裂分治」、「階段性兩個中國」等等,違背一個中國的原則，也應堅決反對. 2.對於台灣同外國發展民間性經濟文化關系,不持異議.但反對台灣以搞「兩個中國」、「一中一台」為目的的所謂「擴大國際生存空間」的活動。 3.進行海峽兩岸和平統一談判,是中共一貫主張.我再次鄭重建議雙方就「正式結束敵對狀態,逐步實現和平統一」進行談判.在和平統一談判的過程中,可以吸引兩岸各黨派,團體有代表性人士參加.至於政治談判的名義、地點、方式等問題,只要早日進行平等協商,總可找出雙方都可以接受解決的辦法。 4.中國人不打中國人,不承諾放棄使用武力,絕不是針對台灣同胞,而是針對外國勢力干涉中國統一和搞「台灣獨立」的圖謀。 5.大力發展兩岸經濟文化經濟交流與合作,主張不以政治分歧去影響、干擾兩岸經濟合作.將繼續長期執行鼓勵台商投資政策,貫徹《台商同胞投資保護法》應採取實際步驟加速實現直接「三通」要促進兩岸事務性商談.我們贊成在互惠互利基礎上商談, 且簽訂保護台商投資的民間性協議。 6.五千年文化是維繫全體中國人的精神紐帶,也是實現和平統一的一個重要基礎.兩岸同胞要共同繼承和發揚中華文化的優秀傳統。 7.充分尊重台灣同胞的生活方式和當家做主的願望,保護台灣同胞一切正當權益.我們歡迎台灣各黨派、各界人士,同我們交換有關兩岸關系與和平統一的意見,也歡迎他們前往參觀、訪問。 8.歡迎台灣當局的領導人以適當身分前往訪問.我們也願意接受台灣方面的邀請前往台灣.可以共商國是,也可以就某些問題交換意見,就是相互走走看看，也是有益的。中國人的事我們自己辦，不需要借助任何國際場合。海峽咫尺,殷殷相望,總要有來有往,不能「老死不相往來」。 2.28.「二二八紀念碑」落成,李登輝總統代表政府公開向受難者道歉. 李登輝訪美,在康乃爾大學演說「民之所欲,常在我心」造成中共、美國外交冷戰 3.5~18.中共人大通過「教育法」「中國人民銀行法」 4.8.李登輝總統對「江八點」提出談話予以回應： 1. 在兩岸分治的現實上追求中國統一。民國38年以來，台灣與大陸分別由兩個互不隸屬的政治實體治理，形成了海峽兩岸分裂分治的局面，也才有國家統一的問題。因此，要解決統一問題，就不能不實事求是，尊重歷史，在兩岸分治的現實上探尋國家統一的可行方式。 2. 我們相信兩岸平等參與國際組織的情形愈多，愈有利於雙方關係發展及和平統一進程，並且可以向世人展現兩岸中國人不受政治分歧影響，仍能提攜共同為國際社會奉獻的氣度，創造中華民族揚眉吐氣的新時代。 3. 我們將由政府有關部門，針對結束敵對狀態的相關議題進行研究規劃，當中共正式宣布放棄對台澎金馬使用武力後，即在最適當的時機，就雙方如何舉行結束敵對狀態的談判，進行預備性協商。

中華民國		中華人民共和國	紀元	干支	紀要
元首	年號				
李登輝	**84**	領導人 鄧小平 主席江澤民	**1995**	乙亥	4. 大陸當局應表現善意，聲明放棄對台澎金馬使用武力，以所謂「台獨勢力」或「外國干預」作為拒不承諾放棄對台用武的理由，只會加深兩岸猜忌，阻撓互信。 5.23.中共外交部強烈抗議美國允許李登輝赴美多次私人訪問 6.8. 李登輝訪問美國,於母校康乃爾大學發表演說『民之所欲,長在我心』,美國國會議員稱呼他是台灣總統. 31 日美國阿特蘭蒂斯號穿梭船與蘇俄和平號空間站在太空首次相對連接 7.21.~26.中共對李登輝訪問美國強烈反彈,猛烈批評他是「千古罪人」背叛蔣經國、背叛「統一大業」,七月起,解放軍持續在台灣外海展開一列軍事演習,並在東海海域發射飛彈,引發台海危機. 為了警告中共不得對台灣動武,美國政府再度派遣第七艦隊兩航空母艦戰鬥群前往台灣海峽,此次台海危機一直延續到 1996 年中才告平息. 9.25.~28.中共十四屆五中全會在北京召開 10.21.~25.江澤民赴美國紐約參加聯合國五十周年特別紀念會議. 11.13.~17.江澤民訪問韓國 16 日北京至九龍鐵路通車.北起北京,南至深圳,連接香港九龍,貫穿京、津、冀、魯、豫、皖、鄂、贛、粵九省市,全長 2,536 公里. 19.日江澤民出席在日本舉行的亞太經濟合作組織第三次領導人非正式會議 12 月美國伽利略號太空船繞木星軌道飛行. 中共在城鎮啟動「安居工程」

中華民國		中華人民共和國	紀元	干支	紀要
元首	年號				
李登輝	**85**	領導人 鄧小平 主席 江澤民	**1996**	丙子	3.8.~25.中共在台灣海峽進行陸海空聯合軍事演習,向台灣海面試射飛彈,引爆台海飛彈危機,美國派出尼米茲號及獨立航空母艦 CV-62 巡弋台灣海峽 23 日中華民國首次在台灣直接辦理民選總統,李登輝當選總統,連戰當選為副總統. 28 日台灣第一條捷運線台北至木柵線通車 4.24.~26.蘇聯總統葉爾欽訪問北京. 5.20.李登輝就職擔任中華民國第 9 任總統. 7 月台灣海峽〔飛彈危機〕兩岸瀕臨開啟戰爭,世界各國均相矚目,情勢緊張. 18 日中共外交部對日本在釣魚台建立灯塔,表示嚴重抗議 10.7.~10.中共十四屆六中全會在北京召開 11.21.台灣桃園縣長劉邦友官邸發生血案,包括劉邦友等八人遇害,縣議員鄧文昌身受重傷. 25 日江澤民出訪.在菲律賓海濱城鎮蘇比克舉行的亞太經濟組織領導人第四次非正式會議. 12.11.中共任命董建華為香港特別行政區第一任行政長官,於 1997.7.1.就職. 台北捷運木柵線通車 聯合國大會通過「全面禁止核子武器條約」
李登輝	**86**	江澤民	**1997**	丁丑	2 月任命連戰為第 15 任行政院長. 19 日午夜中共領導人鄧小平去世.享壽 93 歲, 按照他的遺願,遵照他的遺囑,將他的眼角膜捐供眼科研究,內臟捐供醫學研究,遺體火化.骨灰於三月二日撒入大海. 2.25.中共官員在人民大會堂舉行追悼鄧小平紀念會,江澤民總書記唸悼詞.骨灰盒上覆蓋中國共產黨黨旗. 5.15.~18.法國總統.希拉克訪問北京. 6.30.中國人民解放軍進駐香港特別行區. 7.1.英國將香港統治權交歸還中華人民共和國,即日成立「香港特別行政區」.此為鴉片戰爭中國戰敗,將香港割讓英國,1984.12.19.中共總理趙紫陽與英國首相柴吉爾夫人達成的協議訂的日期) 國民大會對「中華民國憲法」增修條文決議「凍結省級選舉並精簡省政府組織」,簡稱為「精省」或「凍省」.省級單位部份權力收歸中央政府,部分權力則下屬縣市政府.同時取消立法院對總統提名行政院長的同意權,但賦予立法院對閣揆舉不信任投票與總統解散國會的權限,總統與縣市長的職權從此大幅擴張. 9.12.~18.中共在北京召開第十五次全國代表大會 19 日中共推舉江澤民為中央委員會總書記及中央軍事委員會主席. 23 日蔣緯國逝世 10.15.華裔美籍科學家朱棣文獲諾貝爾物理獎 10.26.~11.2.江澤民赴美國作國事訪問. 11.8.三峽長江水利樞紐工程實現大江截流. 9~11 日蘇聯總統葉爾欽國事訪問北京.

中華民國		中華人民共和國	紀元	干支	紀要
元首	年號				
李登輝	**87**	江澤民	**1998**	戊寅	2月蕭萬長被任命為第16任行政院長. 16日中華航空676號班機在中正國際機場附近墜毀,202人罹難,其中包含時任中央銀行總裁許遠東,. 全台灣爆發嚴重腸病毒疫情. 23日周恩來誕辰一百週年紀念,在北京人民大會堂隆重舉行, 25~26.中共十五屆二中全會在北京召開. 3.15.~19.中共人大選舉江澤民為國家主席,及軍委會主席,李鵬為人大委員長,胡錦濤為副主.席,朱鎔基為國務院總理, 5.4.北京大學舉行百週年慶典. 5日澳門特別行政區籌備委員會在北京成立. 6.8.~10.中共和日本兩國共產黨就實現兩黨關係正常化進行商談. 25.~7.3.美國總統克林頓赴北京作國事訪問. 9.14.楊尚昆去世享壽92歲. 10.9.立法院三讀通過「台灣省功能業與組織調整暫行條例」明訂台灣省政府為行政院派出機關非地方自治團體. 12~14日中共十五屆三中全會在北京召開. 28日中共國際航空905號班機遭機長袁斌夫婦劫機飛往台灣. 11.22.~30.江澤民對俄羅斯和日本進行國事訪問 15日中共對中國人民銀行管理體制實行改革,撤銷省級分行跨省區設置九家分行. 12.21.李登輝總統想突顯「中華民國」的存在,提高國際地位,導演的「台灣省政府暫行組織規程」正式生效台灣省政府「凍省」開始. 宋楚瑜省長極力反對無效. 江澤民擔任中華人民共和國國家主席 朱鎔基(1928~)任中華人民共和國國務院總理(1998-2003) 中華民國與南非共和國斷交 大陸長江流域爆發特大洪水災害 中共第九屆全國人大常委會通過「中華人民共和國村民委員會組織法」

中華民國		中華人民共和國	紀元	干支	紀要
元首	年號				
李登輝	**88**	江澤民	**1999**	己卯	1.27.中華民國研發自製遙測「中華衛星一號」在美國佛羅裏達洲成功發射升空. 3.20.~30.江澤民訪問意大利、瑞士、奧地利三國. 30 日中華民國在台灣開始施行「地方自治法」 5.8.中共駐南非聯盟南斯拉夫大使館,遭美國北約飛機轟炸,造成使館破壞,三名人員傷亡,中共立即發表緊急聲明,表示強烈抗議. 7.9. 李登輝接受德國之聲訪問,提出『兩國論』兩岸是「國家與國家,至少是特殊的國與國的關係」震撼兩岸. 李登輝此一言論,一般觀感與影響: 民進黨認為李登輝是「民主之父」、「台灣國父」 國民黨則認為李登輝由「暗獨」走向「明獨」 中共則認為李登輝由「獨台」轉向「台獨」,違反了「一個中國原則」.片面取消了海基會、海協會兩會的對話機制.台、中之間的官方接觸與談判就此終止. 11~12 日中共國台辦等單位相繼發表談話,指責李登輝「兩個獨立政治實體」正告台灣分裂勢力,應懸崖勒馬,放棄玩火, 19 日中共發出「共產黨員不准修煉(法輪大法)」通知 9.21.「台灣九二一大地震」01:47 台灣南投埔里、集集發生芮氏模高達 7.3 級強烈大地震,搖晃時間長達 102 秒,餘震頻仍.造成「走山」自然奇景,全台灣死亡及失蹤人數 2,378 人,房屋倒塌 38,935,戶居所遭毀損 45,320 間,總損失約為 3,600 億新台幣.. 28 日中共發出「城市居民最低生活保障條例」共 17 條. 10.28. 中共「人民日報」認定「法輪功」為邪教. 31 日中共人大任命胡錦濤為中央軍委會副主席. 11.20.中共第一艘無人駕駛宇宙飛船神州一號,在酒泉成功發射升空. 12.20.「澳門回歸中國」葡萄牙統治長達 442 年之久的澳門,依據 1987.4.13.中共與葡萄牙聯合聲明,於今(1999)年 12 月 20 日交還中華人民共和國.當日隨即成立「澳門特別行政區」 中共第九屆人大將「依法治國,建設社會主義法治國家」納入中國法制內.

中華民國		中華人民共和國	紀元	干支	紀要
元首	年號				
陳水扁	**89**	江澤民	**2000**	庚辰	1.12.~14.江澤民發表「三個代表」講話： (一) 充分認識新形勢下,從嚴治黨的重大意義. (二) 堅決落實從嚴治黨的方針. (三) 堅持制度上確保從嚴治黨方針的貫徹實施. 江澤民在中央第四次全體會議講話「治國必先治黨,治黨務必從嚴」 3.4.馳名世界中國物理科學家、前中央研究院長吳大猷(1907~2000.3.4)病逝 15.~15 日中共第九屆全人大第三次會議在北京舉行. 18 日台灣進行第二次民選總統選舉,五組候選人 (一) 國民黨: 連戰、蕭萬長 (二) 民進黨: 陳水扁、呂秀蓮 (三) 新 黨: 李敖、馮滬祥, (四) 國民黨脫黨競選公民連署的: 宋楚瑜、張昭雄, (五) 民進黨脫黨競選公民連署的: 許信良、朱惠良. 國民黨總統競選失敗,黨內分裂是主因,原本宋楚瑜民意聲望達到頂峯,極盛一時,甚有當選希望,最後因「興票案」纏身,宋楚瑜前後言詞矛盾,其誠信、清廉、與處理危機,備受質疑,支持度大幅滑落,加以中共總理朱鎔基嚴詞恫嚇台灣,造成台灣民眾反感,反使民進黨的陳水扁、呂秀蓮意外以 4,977,697 票當選為中華民國第 10 屆正副總統,打破長期一黨執政的局面· 中共就台灣選舉發表聲明「世界上只有一個中國,台灣是中國領土不可分割的一部分.台灣的選舉及結果,改變不了台灣是中國領土一部分的事實」. 李登輝因失掉政權,引忌辭去中國國民黨主席 宋楚瑜脫離國民黨另組「親民黨」 5.20.中華民國史上首次政黨政府首長輪替,民進黨陳水扁、呂秀蓮出任正、副總統,國民黨籍唐飛受邀出任第 17 任行政院長. 7.22.嘉義八掌溪四名工人在眾目睽睽眼中遭暴漲溪水吞噬事件,引發台灣群情激憤,行政院副院長游錫堃引疚辭職. 8.1.屏東縣議長鄭太吉伏法,這是台灣史上首位遭槍決的地方議會首長. 27 日屏東大橋斷裂. 9.6.~8.中共國家主席江澤民出席聯合國千年首腦會議 10.4.金融專家,中華民國前行政院長俞國華(1914~2000.10.4.)病逝. 張俊雄繼任第十八任行政院長. 9.-11.中共十五屆五中全會在北京舉行,通過「中共中央關於制定國民經濟和社會發展第十個五年計劃的建議」 25 日行政院長唐飛因與陳水扁總統政見不合辭職,被陳所謂「一塊大石頭」已經搬走,踢出去了. 27 日行政院宣布停建核四廠 31 日新加坡航空公司 006 號班機在神颱風的狂風暴雨中,在桃園中正國際機場墜毀,造成 83 人死亡,79 人受傷. 12.16-17.中共全國「三講」教育工作總結會議在北京召開,胡錦濤發表重要講話

中華民國		中華人民共和國	紀元	干支	紀要
元首	年號				
陳水扁	**90**	江澤民	**2001**	辛巳	1.1.台澎金馬首次直航大陸福建福州馬尾港, 又金門料羅灣直航廈門和平碼頭「兩門對開,兩馬先行」開始「小三通」. 9 日監察院公佈「孫立人及部屬陰謀叛變事件」為孫立人及部屬郭廷亮平反. 10 日中共江澤民與全國宣傳部長會議同志座談發表重要講話「要把法制建設與道德建設緊密結合起來,把依法治國和以德治國緊結合起來」 中共在酒泉成功發射「神舟二號無人飛船」於 1 月 16 日 19:22 成功著陸 2.5.中共國務院總理朱鎔基在中南海提出「關於國民經濟和社會發展第十個五年計劃綱要報告」的建議稿,徵求各民主黨派中央及全國工商聯意見. 7 日中華民國立法院審議通過〔兩岸人民關係條例〕 8 日陳立夫(1898~2001.2.8.)病逝.享壽 103 歲,他在國民黨政壇歷久不衰,在法制教育制度上,建樹良多,又創建「中國醫學院」. 14 日行政院正式宣佈第四核能發電廠工程復工 31 日亞洲 25 個國家和澳大利亞在中國海南省瓊海市博鰲鎮召開會議,宣佈「博鰲亞洲論壇」成立. 3.24.中共中央軍委會頒佈施行「中國人民解放軍軍事科學研究條例」 28 日台北市廢娼生效. 4.1.美國一架軍用偵察機 EP-3 飛抵中國海南島東南海域上空一帶活動,撞毀中共對其跟蹤的一架殲戰機,機上飛行員王偉失蹤,中共向美國提出嚴正交涉和抗議,後經外交談判,美方代表向北京駐美大使道歉,應允賠償. 9 日前台灣省政府主席、中華民國副總統謝東閔(1908~2001)病逝. 5~17.江澤民應邀訪問智利、阿根廷、烏拉圭、古巴、委內瑞拉、巴西. 18~23.胡錦濤出席越南共產黨第九次全國代表大會. 28 日中共國務院發佈「2001-2010 年農業科技發展綱要」確定「十五」重點和目標 5.10.中共發佈「關於印發 2001-2005 年全國幹部教育培訓規劃」的通知. 31 日台灣經濟發發及財政制度建立李國鼎(1910~2001.5.31.)逝世 6.15.上海合作組織在上海成立 29 日青藏鐵路開工.西寧至拉薩全長 1,956 公里. 7.1.中共江澤民在中國共產黨成立八十週年大會上提出「**三個代表**」重要講話 11 日台灣和巴西血兒吳憶樺爭取監護權,最後由法院判歸巴西外婆養護. 13 日中共北京贏得 2008 年奧林匹克運動會主辦權. 23~26 日台灣開發會議決議投資政策:「台灣優先,全球布局,互惠雙贏,風險管理」四大原則,調整「戒急用忍」的管制措施「積極開放,有效管理,提升國際競爭力.」 29 日桃芝颱風在南投、花蓮造成嚴重災情 111 人死亡. 9.16.~19.納莉颱風襲台,造成北台灣嚴重淹水,產業損失超過新台幣 800 億,94 人死亡. 24.-26 日中共十五屆六中全會通過「中共中央加強和改進黨的作風建設」 4.~11 日朱鎔基出席文萊舉行東盟與中、日、韓領導人會議,並訪問印度尼西亞 12.1.台灣作家林海音病逝. 10 日台灣與中共獲准於 2002 年加入「世界貿易組織」 12~15.日江澤民訪問緬甸 中共加入世貿組織、亞太經合組織,成立上海合作組織.

中華民國		中華人民共和國	紀元	干支	紀要
元首	年號				
陳水扁	**91**	江澤民	**2002**	壬午	1.1.「台灣、澎湖、金門、馬祖關稅區」之名,獲准加入世界貿易組織,成為世界第 144 個會員.今後在經濟、社會、文化、乃至於法律體系,都將與世界接軌,透過參與多邊諮商會議協商、仲裁、與其他會員的貿易糾紛.不過,台灣也得對全世界開放市場,必須面臨失業率飆升、產業結構重新調整、其他國家產品傾銷的挑戰,整體而言仍利多於弊. 15 日中共「中台辦、國台辦」針對陳水扁先發表談話「四不一沒有」旋表示未放棄「台獨」不斷推行「漸進式台獨」企圖將台灣與中國分割開來.為誤判形勢一意孤行,只會加緊兩岸緊張,任何形式「台獨」絕對不允許的 2.1.張俊雄內閣總辭,遊錫堃被任命為第 19 屆行政院長. 22 日美國總統布希第二次訪問北京,發表「堅持一個中國政策,恪守三個公報,反對台獨,並堅持台灣問題和平解決,反對任何動武或威脅行為」 27~3.1.江澤民應邀訪問越南 3.25.中共研製的「神舟」三號飛船在酒泉成功發射升空. 4 月 1 日安全降落 5.2.台灣知名性格演員郎雄病逝. 25 日中華航空公司 611 號班機飛香港途中,於澎湖外海空中解體墜毀,機上 225 名乘客及機組人員全部罹難. 6.4. 江澤民出席「亞洲相互協作與信任措施會議」 8.3.陳水扁總統在世台會視訊會議上,公開表示:台灣與中國的關係是「一邊一國」表示「台灣跟對岸中國一邊一國要分清楚」 5 日中共中央台灣工作辦公室、國台辦就陳水扁「一邊一國」言論發表聲明「嚴正警告台灣分裂勢力,不要錯判形勢,立即懸崖勒馬,停止一切分裂活　動」 10.22~25.江澤民訪問美國雙方認為保持兩國高層戰略對話和交往十分重要. 11.3.-5.中共十五屆全會通過「中國共產黨章程修正案」 15 日胡錦濤當選「中國共產黨中央總書記」 8-14 日中國共產黨第十六次全國代表大會在北京召開. 12.27.中國大陸南水北調水利工程開工 「中國共產黨史」第一卷(1921~1949)出版,撰編中共共產黨建黨、國共合作、國共分裂、被國民黨圍剿、抗戰、國共內戰、建設的歷程. 中華民國加入「世界貿易組織 **WTO**」 中共十六大報告提出要把黨的領導、人民當家作主,和依法治國有機結合起來,提出全面建設小康社會的宏偉目標. 並將「三個代表」確立為黨的指導思想,寫進「中國共產黨章」 姚嘉文任考試院長 台北市長選舉馬英九連任市長,高雄市謝長廷連任市長.
陳水扁	**92**	胡錦濤	**2003**	癸未	2.24. 美國國務卿鮑威爾訪問北京,雙方同意: (一)中美雙方應從國際形勢的全局,用長遠戰略觀點看待兩國關係. (二)中美之間應不斷增進了解,發展互信. (三)要承認和尊重差異,尋求和擴大利益滙合點. (四)要恪守中美三個聯合公報,妥善處理台灣問題. 3.3.中共全國政協十屆一次會議,賈慶林當選全國政協主席 5 日中共全國人大十屆一次會議選舉通過： 胡錦濤為國家主席、江澤民為軍事委員會主席、曾慶紅為國家副主席 吳邦國為十屆人大常務委員會委員長、溫家寶為國務院總理、 胡錦濤、郭伯雄曲剛川為軍事委員會副主席.

中華民國		中華人民共和國	紀元	干支	紀要
元首	年號				
陳水扁	**92**	胡錦濤	**2003**	癸未	胡錦濤對台論述「建立互信,擱置爭議,求同存異,共創雙贏」 14日台灣證實出現第一個SARS病例,之後陸續發生,台北和平醫院爆發醫師與行政人員「群聚感染」下令封院.多達一千多人被隔離,接著台北市仁濟醫院也因發生院內感染,於四月廿九日封院.台灣隨即遭世界衛生組織評比為SARS疫情擴散最快的地區,先後於5.8.及5.21.被列入「旅遊警示區」,衛生單位經採取各項緊急措施後疫情遭到控制,7.5.台灣自SARS疫區上除名,2004年5月18日世界衛生組織宣布中國不再是疫區後,一海之隔的台灣才真正解除SARS死灰復之憂. 4.7.胡錦濤與越南總書記農德孟在北京會談 14日胡錦濤在廣東考察指示,要把防治非典型肺((SARS)炎,關係人民身體健康生活和安全的大事,切實抓緊抓好. 5.31.胡錦濤在莫斯科會見日本首相小泉純一郎,牢牢把握兩國關係發展的大方向,抓住歷史機遇,進一步發展長期稳定的睦鄰友好互利合作關係. 6.23.溫家寶與印度總理瓦杰伊在北京舉行會談. 8.4.中國在齊齊哈爾地方挖出日本抗戰失利撤退時,遺棄的化學武器,造成「化學毒劑洩漏事件」震驚世界. 5日胡錦濤在北京會見俄羅斯聯判主席米羅諾夫. 10.6.溫家寶參加印度尼西亞巴里島東盟與中日韓領導人會議. 15日中共首次載人太空飛行員楊利偉乘坐「神舟五號」載人飛船,順利在酒泉發射升空,繞地球飛行21小時,順利返回地球安全降落. 22日賴比瑞亞宣布與中華民國斷絕外交關係. 28日蔣宋美齡逝世,安葬在美國紐約芬克裏孔宋家族墓園.享壽106歲. 29日吳邦國訪問韓國. 11.2.溫家寶參加「博鰲亞洲論壇」會議 11.19.美國國務院表示:「美國不接受以武力解決台灣問題」「也反對台海兩岸任何一方企圖片面改變現狀」,美國同時敦促兩岸藉和平對話,解決岐見. 27日台灣「公投法」獲得立法院通過,引兩岸關係緊張 12.24.台灣在屏東九鵬基地用太空火箭發射「探空三號」首次從事太空觀測 兩岸分隔54年後,台灣春節包機首次降落大陸地區 台北市101大樓開幕

中華民國		中華人民共和國	紀元	干支	紀要
元首	年號				
陳水扁	**93**	胡錦濤	**2004**	甲申	1.1.中華民國在台灣開始全民健保,使用「健康IC卡」醫療看病. 4日美國火星探測漫遊「精神號」安全降落火星 2.28.泛綠、獨派團體在總統選票趨勢大幅落後之下,發動從基隆到屏東連成一線百萬「牽手護台灣」造勢活動, 聲勢浩大. 3.19.「三一九槍擊事件」台灣總統選舉投票前一星期,商人陳由豪爆料陳水扁官邸政治獻金醜聞,陳選情岌岌可危,無緣當選,三月十九日陳水扁、呂秀蓮連袂乘吉甫車在台南市掃街拜票,發生不明「三一九槍擊案」陳水扁肚皮擦傷,呂秀蓮小腿擦傷,激怒台灣社會,以致民進黨陳、呂以「無名兩顆子彈」獲選連任中華民國總統・ 20日國民黨等反對黨提出「選舉無效當選無效訴訟.」 中共國台辦就台灣舉行公民投票發表聲明,「任何把台灣從中國分割出去的企圖都注定要失敗的」 22日台北市不滿選舉結果,抗議群眾要求「立即驗票」「重選」., 4.23.歐洲火星探測船「火星快車號」發現證據顯示,證實火星上有冰水. 5.20.陳水扁宣誓就任中華民國第十一任總統 21日中華民國第一顆自製遙測衛星二號,在美國加洲范登堡空軍基地發射成功. 6.23.公佈「性別平等教育法」 8.15.中共發布「外國人在中國永久居留審批管理辦法」 26日跆拳道女選手陳詩欣於雅典奧運跆拳道女子第一量級(49公斤級)為中華民國下奧運賽中上首面金牌,隨後朱木炎也奪得第二面奧運金牌. 27日前立法院長梁肅戎病逝. 9.16.-19日中共十六屆四中全會會議同意江澤民辭去中共中央軍事委員會主席,並決定胡錦濤任中共中央軍事委員會主席. 27日台灣首富,霖園集團創辦人蔡萬霖病逝. 10.21.胡錦濤主持政治局會議,「堅持理論聯繫實際、正面教育、展開批評與自我批評、發揚黨內民主、領導幹部發揚表率作用、區別情況,分類領導.」 11.4.「2004年中華民國總統大選當選無效訴訟」宣判,連戰、宋楚瑜敗訴. 12.15.故蔣經國總統遺孀蔣方良女士病逝. 31日「臺北101大廈」啟用,現時是全世界最高的大樓 台灣、大陸兩岸都爆發「禽流感」疫情 印度洋大海嘯,死亡25萬人.

中華民國		中華人民共和國	紀元	干支	紀要
元首	年號				
陳水扁	**94**	胡錦濤	**2005**	乙酉	1.3.海峽兩岸交流協會董事長辜振甫因腎衰竭病逝,享壽 89 歲. 17 日中共前中央總書記、中國國務院總理趙紫陽逝世,生前因 1989 年「六四天安門事件」去職. 25 日游錫堃內閣總辭謝長廷被任命第 20 任行政院長 29 日兩岸分隔 56 年,首次飛機直航中間不停雙向對飛. 3.14.中華人民共和國人大會議通過「中國反分裂國家法」 中共主席胡錦濤提出「四不」原則 26 日在台北舉行「三二六護台灣大遊行」抗議中共反分裂國家法的制定 4.23.胡錦濤會見聯合國秘書長安南. 26-5.3. 中國國民黨榮譽主席連戰「破冰之旅」「和平之旅」首次在北京與中共國家主席兼總書記胡錦濤晤面,兩岸最高領導人會談,氣氛極為融洽.胡錦濤提出「構建和平,發展兩岸關係重要主張」 27 日中共人大通過「中華人民共和國公務員法」 5.5.-13.親民黨主席宋楚瑜「搭橋之旅」與中共總書記胡錦濤,在北京會晤. 8 日胡錦濤出席俄羅斯紀念保衛國家戰爭勝利 60 週年慶典. 5~9 月台灣旅美棒球投手,揚眉吐氣,刮起一股棒球大聯盟狂潮,,相繼有陳金鋒、曹錦輝、王建民、郭泓志等人,與美國著名捧球隊簽約. 14 日中華民國與諾魯建交 18 日台灣台中爆發蠻牛事件,造成一死三傷. 6.7.中華民國國民大會會議複決通過修憲案,廢除「國民大會」國民大會正式走入歷史名詞. 7.6.-13.新黨主席郁慕明「民族之旅」訪問中國大陸, 中共總書記胡錦濤接見 16 日馬英九當選中國國民黨主席 24 日教育部宣布全國國立高中職及國中小學,自九起取消髮禁. 8.2.日本通過台灣觀光客免簽證特別例法案,自月 26 日生效. 14 日「民主太平洋聯盟」在台北市圓山大飯店舉行成立大會,計有 26 個國家元首及政要參加. 10.8.~11.中共十六屆五中全會在;北京召開. 12-17 日中共研製的「神舟」六號載人太空飛行圓滿成功. 25 日中華民國與塞內加爾斷交 28~11.2.胡錦濤應邀訪問韓國、越南 11.1.中華民國國民黨主席、台北市市長馬英九的父親馬鶴凌病逝,享壽 86 歲. 18 日中共中央紀念胡耀邦誕辰 90 週年,曾慶紅稱胡耀邦為忠誠的共產黨戰士,偉大的無產階級革命家、政治家,傑出的政治工作者,黨的卓越領導人. 12.3.中華民國三合一選舉(縣市長、鄉鎮市長、縣市議員)順利完成. 4 日世界聞名「奧比斯眼科飛行醫院」的 DC-10 飛機訪問台灣,首站降落高雄小港機場. 8 日政府向美國採購的「紀德級飛彈驅逐艦『基隆艦』」、及「蘇澳艦」駛返國門,. 24 日「辜汪會談」中共海協會長汪道涵逝世.(1915~2005.12.24) 29 日中共人大通過「農業稅條例」 中華民國立法院立法委員席次減半案通過

中華民國		中華人民共和國	紀元	干支	紀要
元首	年號				
陳水扁	**95**	胡錦濤	**2006**	丙戌	1.1.實施垃圾三級分類:「資源、廚餘、一般垃圾」 中共廢止「農業稅」 中共成功完成「神舟六號」雙人多天宇航任務 6日中華民國立法院決議「廢除國民大會代表選舉法」,「國民大會」名詞就此終止 12日中共發表「中國對非洲政策」 25日謝長廷內閣總辭,蘇貞昌被任命為第21任行政院長,蔡英文為副院長. 2.15.前行政院長孫運璿急性心肌梗塞逝世.享壽93歲 27日陳水扁總統終止「國家統一委員會」與「國家統一綱領」 3.5.旅美導演李安執導「斷背山」榮獲奧斯卡最佳導演、劇本、配樂金像獎 22日馬英九訪美,強調台海兩岸維持現狀. 4.14.台灣第三顆研究衛星福衛三號於美國范登堡空軍基地順利發射升空. 15日政府向美國採購兩架E-2K空中預警機 14.~15日兩岸經貿論壇在北京舉行. 16日胡錦濤會見連戰時,提出兩岸和平發展四點建議: (一) 堅持「九二共識」是實現兩岸關係和平發展的重要基礎. (二) 為兩岸同胞謀福祉,,是實現兩岸關係和平發展的根本歸宿. (三) 深化互利雙贏的交流合作,是實現兩岸關係和平發展的有效途徑. (四) 開展平等協商,是實現兩岸關係和平發展的必由之路. 17日中共發布「大陸居民赴台灣地區旅遊管理辦法」 5.4~10日陳水扁總統訪問巴拉圭、哥斯大黎加. 10日台灣大同公司總裁林挺生逝世,享壽88歲. 20日中共長江三峽大壩竣工,壩長2309米,海拔185米設計高度. 6.16.施工長達15年五號國道台北至宜蘭「雪山雙孔隧道」通車 27日立法院投票罷免陳水扁總統表決案,結果贊成119票、無效票14票,未能通過三分之二(148票)的門檻,罷免案闖關失敗. 7.1.青藏鐵路全線通車,全長1956公里,海拔5072米,為全世界海拔最高、路線最長的高原鐵路. 6日中央研究院第26屆新科院士有夏志清等15人當選新任院士揭曉,. 16~18.胡錦濤赴俄羅斯聖彼得堡出席八國集團同發展中國家領導人會議. 20日國軍漢光演習舉行愛國者二型飛彈、魚叉飛彈試射. 9.6.中央研究院副院長賴明詔、生物醫學科學研究所長陳垣崇、數學所長劉太平、中研院院士國立中央大學校長長李權等四人,獲發展中世界科學院評議為院士,前交通大學校長張俊彥獲頒發展中世界科学006年工程科學獎. 7.9. 前民進黨主席施明德發動「紅衫軍」「百萬人民倒扁運動」 10.10.施民德發動「百萬人民反貪腐紅衫軍倒扁運動」要求陳水扁辭職下台. 17日中共政協主席賈慶林與台灣連戰連合主持的「加強兩岸農業合作,實現兩岸互利雙贏」論壇在海南島博鰲舉行. 18.~11.中共十六屆六中全會在北京召開 29日台灣高雄都會區鐵路地下化工程動工. 11.3.陳水扁、吳淑貞涉嫌國務機要費貪污及偽造文書罪,被提起公訴. 4-5日中非合作論壇在北京舉行 12.12.立法院審議通過「禁止學校體罰學生」「對學生受教權、身體自主權、人格發展權遭受侵害時」賦予救濟管道. 14~15日中共與美國在北京舉行「戰略經濟對話」 25日新任台北市長郝龍斌高雄市長陳菊及台北高雄新當選市議員就職

中華民國		中華人民共和國	紀元	干支	紀要
元首	年號				
陳水扁	**96**	胡錦濤	**2007**	丁亥	1.8.陳水扁總統訪問尼加拉瓜,參加新任奧蒂嘉新任總統就職典禮,途中過境美國舊金山、洛杉磯. 25 日台灣民主基金會舉辦「全球新興民主論壇倡議大會」,邀請蒙古國前總統奧其爾巴特、南韓前總統金泳三、南非前總統戴克拉克、波蘭前總統華勒沙、和薩爾瓦多前總統佛洛瑞斯等國的卸任元首與會,陳水扁;總統表示「結合新興國散播民主理念」. 2.13.中國國民黨主席馬英九及前台北市長辦公室秘書余文,因涉及特別費案,被認定「利用職詐取財物」依違反「貪污治罪條例」起訴.馬英九因而宣布辭去黨主席職務.8.14.馬英九獲判無罪,余文判處有期徒刑一年二個月. 28 日台北市「二二八國家紀念館」揭幕,同日並發行「二二八紀念郵票」 3.5-16 日中共十屆人大五次會議,通過「中華人民共和國物權法」和「中華人民共和國和國企業所得稅法」 香港曾蔭權當選第三屆「香港特別行政區」行政長官 4.14.中共發射「長征三號甲」運載火箭,成功將北斗導航試驗衛星送入太空. 21~22.亞洲博鰲論壇在海南島博鰲舉行 25 日宣布中華民國與聖露西恢復外交關係. 30 日中華民國與東加勒比海島國聖露西亞正式簽署建交公報.恢復大使級外交關係. 5.7.中華民國與薩爾瓦多、宏都拉斯簽署自由貿易協定. 12 日行政院長蘇貞昌請辭獲准,改由張俊雄繼任 15 日海峽兩岸端午節飛機通航,六家航空公司飛機參與台灣大陸來回飛行. 19 日陳水扁總統下令將台北市「中正紀念堂」改名為『台灣民主紀念館』 台灣跆拳道選手宋玉麒在北京世界跆拳道錦標賽男子輕量級(72 公斤級)比賽中連勝五場,奪得台灣,史上第六面世跆賽金牌. 6.6.~10.胡錦濤出席在德國舉行的八國集團同發展中國家領導人會議,會後往瑞典作國事訪問. 7 日中華民國與可斯達黎加斷交 15 日司法院大法官第 627 號解釋文,認定「總統掌有國家機密特權,並強調總統依憲法第 52 條規定享有刑事豁免權,不得拋棄」 26 日杭州灣跨海大橋通車 29 日中共通過「中華人民共和國勞動合同法」 29~7.1.胡錦濤赴香港出席慶祝香港回歸祖國 10 周年紀念 7.20.立法院通過「國民年金法」 28 日台灣發第一顆慧星,編號 C/2007N3 命名「鹿林慧星」 8.21.陳水扁總統訪問宏都拉斯、薩爾瓦多、尼加拉瓜,在阿拉斯加不下機抗議 31 日陳水扁總統提名賴英照、謝全為為司法院正副院長. 9.8.台灣獨派及民進黨主辦「908 台灣國運動」舉行萬人升旗典禮. 12 日中共國台辦針對陳水扁「台獨」分裂言論,指出「世界上只有一個中國,中國主權不容分割,圖謀分裂國家民族敗類,最終逃脫不了歷史的懲罰」 10.1.台北縣在縣長周錫瑋見證下,正式升格準直轄市 15.~21 日中國共產黨第十七屆中央委員會第一次全體大會選舉,胡錦濤為中共中央總書記,發起重建共產黨「解放」前革命時期的「紅色文化」 24 日中共第一顆月球衛星「嫦娥五號」在酒泉成功發射升空. 7 日陳水扁總統指示下將原中正紀念堂大門前「大中至正」匾額卸下,換上「自由廣場」匾牌. 14 日中共公布「職工帶薪休假條例」 22 日宋朝古南海一號沉船,在廣東省陽江市水域打撈出水.

中華民國		中華人民共和國	紀元	干支	紀要
元首	年號				
馬英九	**97**	胡錦濤	**2008**	戊子	農曆新年春節期間,大陸各地大雪、冰凍災害極為嚴重,鐵路、公路交通阻塞,不能動彈,旅客身陷途中,數日無法取得食物,飽受飢寒之苦. 1.3.跨越錢塘江、曹娥江、甬江三大水系運河全線建成.通江達海. 2.1.立法院王金平、曾永權分別當選正副院長. 2.25.~27.中共十七屆二中全在北京召開. 3.5.-18 日中共十一屆全國人大一次會議,選舉胡錦濤為國家主席、國家中央軍委會主席,吳邦國為全國人大常委會委員長習近平為國家副主席,溫家寶為國務院總理.賈慶林再次當選政協主席. 14 日中國西藏拉薩、四川、甘肅等藏胞地區騷亂發生暴動事件 19 日中華民國第七屆立法委員選舉暨第三、四案國性公民投票：中國國民黨獲得壓倒性勝利,取得 81 席,民主進步黨取得 27 席,無黨團結聯盟 3 席,親民黨 1 席,無黨籍 1 席,而公投第三、四案皆無通過. 第十二任正副總統選舉暨第五、六案全國性公民投票:馬英九、蕭萬長以 7,658,724 票當選,得票率 58.54%.謝長廷、蘇貞昌 5,445,239 票,得票率 41.55%,而公投第五、六案皆無通過. 22 日中華民國第 12 任總統選舉,馬英九、蕭萬長當選正副總統. 31 日 2008 年世界奧運會今天在北京點燃聖火傳遞. 4.12.~13.博鰲洲論壇在海南島博鰲舉行.台灣代表蕭萬長與中共主席胡錦濤在會議上有會面晤談 14 日總統當選人馬英九宣布劉兆玄出任行政院長,江丙坤出任海基會董事長 18 日馬英九宣布,五月二十日後,公立學校、公營事業機關不再懸掛元首玉照,但使館、軍事單位、及政府機關仍須續懸掛. 京滬高速鐵路(北京南站至上海虹橋站)全線開工,全長 1318 公里. 23 日台灣賽德克族正名為台灣原住民族第 14 族 25 日立法院通過「勞動基準法」勞工退休年齡由現行 60 歲延後至 65 歲. 28 日大陸膠濟鐵路發生列車相撞事故 29 日國民黨榮譽主席連戰夫婦在北京與中共國家主席胡錦濤會面,要求雙方共同努力,建立互信,擱置爭議,求同存異,共創雙贏,切實為兩岸同胞謀福祉,為台海地區謀和平,開創兩岸關係和平發展新局面. 5.1.中華民國與巴布亞紐幾內建交. 6.~10 日中共國家主席胡錦濤訪問日本 12 日 14:28 中國四川汶山縣發生 8 級大地震,傷亡 69,227 人失蹤 17,923 人.受傷逾 37 萬人,災害面積達 50 萬平方公里.僅次於唐山大地震. 20 日馬英九當選任中華民國第 12 任總統，蕭萬長為副總統.今日就職. 任命劉兆玄為中華民國第 22 任行政院長. 23 日馬英九總統夫人周美青向兆豐商銀行申請退休,投入社會慈善工作,6 月 4 日擔任中華民國紅十字會名譽會長. 28 日中國國民黨主席吳伯雄與中共主席胡錦濤在北京會面,希望落實兩岸和平,發展共同願景,以富有成效的努力,紮紮實實推動兩岸開係,不斷取得實際進展,增強廣大台灣同胞對兩岸關係和平發展的信心. 6.5.前陳水扁總統控告連戰、宋楚瑜於 2004 年總統大選敗選後發動「柔性政變」最高法院認為陳水扁所言並非「有所本」判決陳水扁敗訴定讞

中華民國		中華人民共和國	紀元	干支	紀要
元首	年號				
馬英九	**97**	胡錦濤	**2008**	戊子	10 日日籍巡邏船撞沉我國海釣船「聯合號」海釣船,並扣留船長.日本因中華民國壓力 12 日釋放船長. 11 日中華民國行政院長劉兆玄向日方表示最終將以武力解決「釣魚台」之爭議. 13 日台灣海基會董事長江炳坤、與大陸海協會會長陳雲林舉行會談,簽署兩岸週末直航包機和大陸居民赴台旅遊協議. 7.4.兩岸週末包機,大陸五個航點: 廣州、廈門、南京、北京、上海,安全直航抵達台灣,兩岸交流史上,開啟嶄新的一頁. 7.~9 日中共國主席胡錦濤參加在日本札幌舉行的「亞洲八國領導人會議」 8.8.台灣發生百年最大水災. 8.8.~24.世界第 29 界夏季奧林匹克運動會在北京舉行開幕式 20 日中共前國家主席及總書記華國鋒逝世 前中鋼董事長、前經齊部長,人稱「趙鐵頭」趙耀東逝世,享壽 92 歲. 9.27.中共翟志剛在神州七號載人太空飛船上步出太空艙,成為中國首位在太空中行走的人. 10.1.「國民年金」正式開辦,所有 5 至 65 歲、非軍公教、勞、農保者之國民均強制納保,估計納保人數約 470 萬人. 3 日美國國務院宣布對台軍售案,包括愛國者三型防空飛彈、阿帕契攻擊直昇機、魚叉潛射飛彈、標槍反裝甲飛彈、E-2T 空中預警機性能提升套件,總金額為美金 64 億 6,300 萬元,折合新台幣超過 2,000 億元. 6 日前調查局長盛成被控隱匿公文案,諭令收押禁見. 16 日台塑集團創辦人王永慶赴美考察業務,因心肺衰竭病逝,享壽 91 歲. 24.~25 日第七屆亞歐各國首腦會議在北京召開 11.3~7.中共海協會會長陳雲林訪問台灣,是海協會領導人首次訪問台灣. 6 日馬英九總統在台北賓館接見中國海協會會長陳雲林 11 日台灣前陳水扁總統因貪污國務機要費洗錢案被法院扣押.為中華民國最高元首入獄首例. 15 日胡錦濤出席美國華盛頓 20 個國家集團領導人金融市場和世界經濟迴峰會.發表「通力合作,共度時艱」談話. 12.15.海協會會長陳雲林與海基會會長江丙坤在台北達成海峽兩岸海運、空運、郵政、食品安全等四項重要協議.分別在北京、天津、上海、福州、深圳,以及台北、高雄、基隆等兩岸城市,同時舉行海、空直航,及直接通郵啟動和慶祝.兩岸「三通」邁入歷史性步伐. 23 日中共贈送台灣兩隻貓熊「團團」「圓圓」空運來臺,飼養在台北動物園 12 月 31 日中共總書記胡錦濤發表「告台灣同胞書」提出「六點」對台政策,呼籲： 1. 恪守一個中國，增進政治互信； 2. 推進經濟合作，促進共同發展； 3. 弘揚中華文化，加強精神紐帶； 4. 加強人員往來，擴大各界交流； 5. 維護國家主權，協商對外事務； 6. 結束敵對狀態，達成和平協定。

中華民國		中華人民共和國	紀元	干支	紀要
元首	年號				
馬英九	**98**	胡錦濤	**2009**	己丑	1.14.總統府爆發共諜案,總統府專門委員王仁炳、前國會助理陳品仁於 15 日凌晨遭台北地方法院裁定收押禁見. 26 日中國大陸贈予台灣大貓熊團團、圓圓在春節假期運抵台灣動物園. 1.27.~2.3.中共總理溫家寶訪問瑞士、德國、西班牙、英國、歐盟總部. 2.3.法鼓山創辦人聖嚴法師病逝,享壽 80 歲.骨灰實施「樹葬」 11 日習近平在墨西哥會見華僑代表時說:「在國際金融風暴中，中國能夠基本解決十三億人口的吃飯問題，已經是 對全人類最偉大的貢獻。」他說:「有些吃飽了沒事幹的外國 人，對我們的事情指手畫腳。中國一不輸出革命，二不輸出飢餓 和貧困，三不去折騰你們，還有 什麼好說的。」 3.26.陝西省岐山縣周公廟遺址出土七千多西周甲骨中發現刻辭者七百多片,可辨認的文字 1,600 多個. 28 日西藏舉行百萬農奴解放紀念日慶祝大會. 4.1.~2.中共國家主席胡錦濤出席在英國倫敦舉行的「20 國集團領導人金融高峰會會議」 中共在西昌衛星發射中心用「長征 3 號一丙」運載火箭升空進入軌道. 26 日海峽兩岸江丙坤、陳雲林在南京舉行第三次會談簽署「海峽兩岸金融合作協議」、「海峽兩岸空運補充協議」、「海峽兩共同打擊犯罪」、「司法互助協議」等三項協議. 5.16.首屆「海峽論壇」在福建省廈門召開.　兩岸啟動定期直航. 18 日衛生署長葉金川以觀察員身份參加瑞士日內瓦第 62 次世界衛生大會 20 日溫家寶參加在捷克布拉格舉行的「第十一次中歐領導人會議」 26 日中共總書記胡錦濤與中國國民黨主席吳伯雄在北京人民大會堂見面會談, 吳伯雄在在大陸進行八天(5.25.~6.1.)訪問,雨過天晴,達成三通協議「雙贏之旅」. 6.13.福建省廈門翔安海底隧道貫通,全長 8,695 公里,海底隧道 6.05 公里. 14.~18. 中共國家主席胡錦濤出席羅斯葉卡捷琳堡舉行;的上海合作組織成員國元首理事會 7.5.大陸新疆維吾爾族自治區首府烏魯木齊發生嚴重騷動,造成 184 人死亡,1680 人受傷. 8.8.莫拉克颱風造成八八水災.首見中華民國政府拒絕外援. 15 日兩岸百名游泳高手舉行「橫渡廈門金門海峽」打破 60 年兩岸隔絕歷史. 9.10.吳敦義被任命為中華民國第 23 任行政院長,朱立倫為副院長. 11 日陳水扁前總統及其妻子吳淑貞貪污案法院初審判處無期徒刑. 14 日中共國家主席胡錦濤和其他國家領導人,會見「100 位新中國成立以來作出突出貢獻的英雄人物,和 100 位感動中國人物」代表座談. 22.~25. 中共國家主席胡錦濤出席在美國紐約舉行的「聯合國氣候變化會」、「第 64 屆聯合國大會」、「安理會核子不擴散與核武裁軍高峰會」、及在　匹茲堡舉行的「20 國集團領導人高峰金融會」 13 日中共總理溫家寶、與蘇聯總理普京在北京會晤,增強政治互信、加強航太航空合作、確保中俄原油管道 2010 年底全線貫通等,達成共識. 31 日中共太空之父火箭之王原子彈開發人錢學森在北京逝世,享年 98 歲 11.5.中共第一條海底隧道廈門翔安海底隧道全線貫通 美國總統歐巴馬應邀訪問大陸發佈「聯合聲明」 17 日中共研製的「天和 1 號」超級電腦,速度每秒 1206 千萬億次,躋身國際 18 日中共與越南在中越邊界豎立 3200 塊界碑,訂定暫時國界. 25 日中共國務院通過「關於加快發展旅遊業意見」 26 日 9 時武漢、長沙、廣州三地同時首發國產「和諧號」高速火車.最高速度每小時 394 公里,廣州至漢口 3 小時可達. 27-28 日中共中央農村工作會議「改善農村民生作為調整國民收入分配」 31 日中共國務院發佈「推進海南國際旅遊島建設發展意見」 12.5.中共經濟工作會議,強調繼續實施積極的財政政策和穩健的貨幣政策.

中華民國		中華人民共和國	紀元	干支	紀要
元首	年號				
馬英九	**99**	胡錦濤	**2010**	庚寅	1.6.美國國防部宣佈,美國將軍售中華民國武器,引起中共強烈抗議. 12日立法院審議通過『行政院組織法』行政院所屬中央行政機關自2012.1.1.起,從37個部會減為27個部會2個總處.台南縣市、高雄縣市、台中縣市分別合併升格為三個直轄市,台北縣獨立升格為直轄市改名「新北市」 17日中共在西昌衛星發射中心,用「長征三號丙」運載火箭將第三顆「北斗」導航衛星成功送入太空預定軌道. 27日中共成立「國家能源委員會」 29日美國布對台軍售60架黑鷹直升機、114愛國者二型飛彈、2艘鶚級獵雷艦、12套魚叉反艦飛彈等,總金額約64億美元. 2.9.中共國務院設立「食品安全委員會」 11日國安會秘書長蘇起辭職,由胡為真接任. 18日美國歐巴馬總統會見西藏領袖達賴,中共強烈抗議. 23日中共發佈「國家預防腐敗局工作要點」、「中國共產黨黨員領導幹部廉潔若干準則」、「公立醫院改革指導意見」 26日中共通過「國防動員法」 28日中共國家制定「國家中長期教育改革和發展規劃綱要」 3.5.-14日中共十一屆全國人大三次會議通過「選舉法」實現「同票同權」 31日中共中央印發「黨政領導幹部選拔任用工作責任追究辦法(試行)」 4.14.青海玉樹縣發生7.1級地震,2183人罹難,失蹤84人,受傷12135人. 中共國務院指示「促進房地產市場平穩健康發展的通知」 5.1.中共「2010上海世界博覽會」開幕,10月31日閉幕,前往參觀者有242個國家,7308萬人次.中共總投資450億美元,是世界博覽會史上最大規模者. 30日中共發佈「關於審查死刑案件審查判斷證據規定」和「關於刑事案件排除非法證據規定」 6.1.中共發佈超千萬億次的超級高性能電腦－曙光「星雲」計算最高速度 3日中共首枚氣象火箭在海南成功發射 15日中共在酒泉用「長征二號丁」火箭成功將「實踐12號衛星」送入太空 16日中共情報員沈安娜1915.11.生于江蘇泰興,20歲參加革命,潛伏國民政府蔣介石委員長身旁從事秘密情報工作14年。2010.6.16.病逝北京,享年95歲6月21日舉行追悼會,安葬北京八寶山革命公墓。 21日中共中央政治局審查通過「國家中長期教育改革和發展規劃綱要」 29 日中共海峽兩岸關係協會長陳雲林,與台灣海峽交流協基金會董事長江丙坤,在重慶會談達成共識簽署「兩岸經濟合作框架協議」ECFA,實現雙贏. 7.5—6日中共召開「大陸西部大開發會議」 9日中共全國人大常委會委員長吳邦國出席「中法經貿合作論壇」會議 中共全國政協主席賈慶林,在廣州與中國國民黨榮譽主席吳伯雄晤談.7.10.舉行「第六屆兩岸經貿文化論壇」 12日中共中央總書記胡錦濤在北京釣魚台國賓館會見中國國民黨榮譽主席吳伯雄,胡錦濤強調,兩岸經濟合作框架協議是一份為民謀利、互利雙贏、影響深遠的好協議,符合兩岸同胞共同利益,符合中華民族整體利益 18日司法院長賴英照因高等法院法官集體收賄案請辭獲准 21日中共全國黨史工作會議議,習近平講話： 1. 提高對黨史工作重要性的認識. 2. 堅持實事求是,研究和宣傳黨的歷史. 3. 加強黨的歷史的學習和教育. 4. 努力提高黨史工作的科學化水準. 5. 切實加強對黨史工作的領導.

中華民國		中華人民共和國	紀元	干支	紀要
元首	年號				
馬英九	**99**	胡錦濤	**2010**	庚寅	29 日中共國務院批准,世界上最高、線路最長、施工難度最大,比喻為「天路」 8.7.甘肅甘南藏族自治州的舟曲縣發生嚴重「土石流」,約 1,300 人罹難. 9.12.台灣與大陸中國簽訂 **ECFA**「海峽兩岸經濟合作架構協議」與「海峽兩岸智慧財產權保護合作協議」今天開始生效實施,展開後續議題協商. 中國第一位在監獄監禁中的異議人士劉曉波獲得世界「諾貝爾和平獎」 18 日中日為**【釣魚台案】**主權,美國克裏斯多福(Nicholas Kristof)表示: 1. 中國的航海紀錄顯示釣魚台是中國的已有數世紀之久. 2. 日本在 1783 年印行的地圖,標明釣魚台是中國的. 3. 日本在 1884 年假裝『發現』釣魚台,1895 年馬關條約割讓台灣,自行聲稱一併取得釣魚台.  『釣魚台』在日本昭和 12 年出版古地圖中,釣魚台已明顯記載地圖上歸屬台灣.中華民國宜蘭縣政府於 2004 年 1 月底完成釣魚台列嶼地籍登記.釣魚台本島面積 390.8 公頃、黃尾嶼 121.4 公頃、南小島 45.6 公頃、北小島 38.5 公頃、赤尾嶼 15.4 公頃，合計約 612 公頃，縣府以島名為地段，劃分成 61 筆土地。 **釣魚臺主權,**歷史上,明朝初期釣魚島就已確定為中國領土,明、清兩朝均將釣魚台島劃為海防管轄範圍之內。這較 1895 年日本宣稱釣魚台為其領土更早。1880 年日本官方向中國提交的有關琉球所屬的宮古、八重山群島地理範圍資料中內，未包括釣魚島等。也就是說，當時日本官方認為釣魚臺列嶼不屬於琉球群島。1895 年日本在《馬關條約》簽訂前三個月將這些島嶼劃歸給沖繩縣管轄，這一舉措未得到當時中國政府承認。台灣日本統治時期：昭和 12 年、13 年的台灣總督府公報，公佈釣魚台漁權是屬於台灣的。 1943 年《開羅宣言》載明，日本應將中國的包括東北、台灣、澎湖列島等在內的土地歸還中國。其中，台灣係指台灣本島及其周邊島嶼，周邊島嶼自係包含釣魚台列嶼。 1944 年日本東京法院因臺北州與琉球發生釣魚臺海域漁權問題爭執，判定尖閣群島（釣魚台列嶼）屬於臺灣臺北州，東京法院承認釣魚台是臺灣的附屬島嶼，而非琉球群島的一部份，本文見諸於日本維基尖閣諸島主權問題中的年表一覽。 1945 年日本接受波茨坦公告，其中第八條公告重申開羅宣言中的內容，將日本的主權限制在本州、北海道、九州和四國以及其它由中美所決定的小島 9.24.中共國務院總理溫家寶在美國強硬聲明【釣魚台案】處理原則. 25 日日本見中共強硬態度,立即釋放中國漁船船長,. 日本清晨釋放中國漁船船長後,中共立即用飛機接運返回中國. 中共中央軍委會印發「中國共產黨軍紀查核委員會工作條例」 26 日中共宣佈實施「全國人口普查」 28 日中共召開會議研討「國民經濟和社會發展」等問題 11.12.亞洲運動會在廣東省廣州市開幕. 17 日中華民國國手楊淑君在廣州亞運跆拳道比賽場,遭南韓裁判聯手以「電子襪不符規定」為由判決,楊淑君失掉競選資格. 26 日國民黨榮譽主席連戰兒子連勝文參加助選人造勢活動,遭到近距離左臉朕槍擊險些喪命 12.2.前總統陳水扁因龍潭購地弊案、101 買官貪污等案被判刑入監,禁錮 734 天,今天正式發監執行,囚號 1020 號.為台灣第一位因罪入獄的卸任元首. 18 日中共第七顆北斗星衛星(GPS)成功發射升空. 21 日第六次江陳會議在台北圓山飯店簽署「兩岸醫藥衛生合作協議」 21-22 日中共在北京舉行「中央農村工作會議」提出「十二五」時期農業農村工作的指導思想,重點研究加快水利改革發展問題.

中華民國		中華人民共和國	紀元	干支	紀要
元首	年號				
馬英九	**100**	胡錦濤	**2011**	辛卯	1.6.海峽兩岸成立「經濟合作委員會」分由台灣高孔廉及大陸鄭立中為召集人 9日金門跨海大橋動工,連接大金門金寧鄉下、小金門烈嶼鄉後頭,全長5.4公里,跨海城的主橋長約4.8公里,主橋是五塔連續的脊背橋,五座橋塔共懸吊六跨,其中四跨跨徑長各280公尺,是目前全世界最長跨徑的脊背橋. 11日「中國共產黨歷史」第二卷(1949~1978)出版,敍述中共1949建國到1978.的中共11屆三中全會召開中間29年歷史. 「中國共產黨歷史」第一卷(1921~1949)係2002年出版撰編中共黨建黨、國共合作、國共分裂、被國民黨圍剿、抗戰、國共內戰、建設的歷史. 19日中共國家主席胡錦濤啟程赴美國作「國是會議」訪問,與歐巴瑪總統會晤,向美國採購包括波音客機200架,價值450億對元. 22日返回北京. 22日馬英九總統親臨台中「孫立人紀念館」揭匾.孫立人1944年抗日名將駐印軍前敵司令官兼新一軍軍長,1947年任陸軍訓練司令,1950年任陸軍總司令兼台灣防衛總司令,1954年解除兵權,調任總統府參軍長,1955年涉「窩藏共匪」「陰謀犯上」等罪名革除參軍長職務,1956年被軟禁台中向上路住宅,1988.5.解除長達33年長的軟禁,恢復自由,2001年監察院通過決,議稱孫案乃「被陰謀設局的假案」,2010.11.孫立人將軍紀念館揭牌,2011.1.22.馬英九總統造訪孫立人將軍紀念館揭匾. 27 日大陸善心人士陳光標首次來台灣發放善款,每人一萬元合計發出四億元 2.8.陸軍司令部通信資訊處處長羅賢哲少將涉嫌洩漏機密資料予中共,為政府遷台後最高層級共諜. 13日職業高爾夫選手曾雅妮摘下澳洲ANZ女子高球名人冠軍,LPGA積分排名躍升至世界第一,成為台灣首位奪得世界第一的職業高爾夫選手. 16日陳水扁前總統夫人吳淑珍因案判刑17年半定讞發監服刑.經培德醫院服刑評估,吳身體不適合入監,責付由其子陳致中帶回高雄回高雄住處. 3.11.日本福島發生9級大地震及海嘯,,死亡二萬多人.台灣民間捐款40億元. 3.31.新加坡前總理李光耀訪問台灣. 4.15.立法院通過「特種貨物及勞務稅條例」俗稱「奢侈稅」訂6.1.開始實施 25日聞名全世界,來自全世界各不同國家,每天人擠人,讚響不已的「台北國際花卉博覽會」在今日晚間九時閉幕,結束為期171天的展覽. 27日阿里山森林鐵路神木站附近火車翻覆,造成6人死亡,60人輕重傷. 5月台灣「東雲劑」、「塑化劑」有毒食物風波遍及全世界. 6.28.大陸客自由行正式啟動,先開放北京、上海、廈門等三地居民來台觀光 7.1.中國共產黨70週年紀念,國家主席、總書記胡錦濤發表重要談話： 關於中共成長的經驗與目標： 1. 一個基本結論：辦好中國的事情，關鍵在於黨。 2. 兩大理論成果：一大理論成果是毛澤東思想；另一大理論成果是包括鄧小平理論· 3.“三個代表”重要思想以及科學發展觀等重大戰略思想在內的中國特色社會主義理論體系。 完成三件大事：完成新民主主義革命、完成社會主義革命、進行改革開放。胡錦濤說，這三件大事，從根本上改變了中國人民和中華民族的前途命運。

中華民國		中華人民共和國	紀元	干支	紀要
元首	年號				
馬英九	**100**	胡錦濤	**2011**	辛卯	7.20.台灣成立〔廉政署〕使人〔不願、不能、不敢、沒機會〕貪瀆. 23日20時27分大陸北京至福州的D301次列車行駛至溫州市雙嶼路段時，與杭州開往福州的D3115次列車首尾相撞，造成D301次列車4節車廂從高架橋上掉落。**35**人死亡， **210**人受傷。 31日曾雅妮在英國安格斯2011年英國女子職業高爾夫公開賽中獲得冠軍,成為史上最年輕的五座大滿貫賽冠軍得主. 8.14.台灣成立『台北論壇』跨藍綠主導政治革新蘇起為發起人,參加者有美國前在台協會主席卜睿哲、洪其昌、嚴倬雲、錢復、湯曜明、程建人、陳添枝、邱進益、李必賢、張忠謀、蔡宏圖、蕭祥玲、高希均、朱雲漢等人. 23日民進黨主席蔡英文表示:「兩岸並不存在九二共識」宣示將推動「台灣共識」 9.6.中共發布『中國和平發展』白皮書: 「六項核心利益」: 1. 清楚界定拒絕外部勢力干涉「中國內政」. 2. 國家主權、國家安全、領土完整、國家統一、 3. 中共憲法確定政治制度及經濟社會可續發展的基本保障等事項. 4. 「人不犯我,我不犯人」 5. 致力和平解決國際爭端,加強國際軍事交流, 6. 反對一切形式恐怖主義. 「四要四不要原則」 1. 要和平,不要戰爭; 2. 要發展,不要停滯; 3. 要對話,不要對抗; 4.要理解,不要隔閡』為發展對外關係的基礎. 馬英九總統回應「兩岸兩會」「先經後政」務本、務實、互相相承認.不以大吃小,不盛氣凌人.建立互信,共同完成孫中山先生遺志,和平統一中國. 14日日本首相野田佳彥針對台灣在這次日本大地震中捐出巨額賑災金與各種救援物資表示「對台灣的這種友情，再度表示由衷的感謝」。 10.10.辛亥革命成功,中華民國建國百週年.中共亦舉行「辛亥革命百週年紀念」追思孫中山先生的偉大貢獻. 11.18.文建會主任委員盛治仁因建國百年音樂劇「夢想家」浪費公帑爭議陳請辭職獲准. 29日台灣台北申請獲准辦理「國際第五世界大學運動會」主辦權 12.6.台灣第一座國家自然公園「壽山國家自然公園」正式公告成立. 16日中共成立「海協會」20週年紀念,中共政協主席賈慶林發表談話: 「否定92共識,兩岸協商難以為繼,已有協商成果將難落實.」 「我們要和平不要對抗」、「要穩定不要動盪」、「要發展不要倒退.」

中華民國		中華人民共和國	紀元	干支	紀要
元首	年號				
馬英九	**101**	胡錦濤	**2012**	壬辰	1.13.中醫師李政育主持張成富、陳怡伶、何秀琴三博士,共同研發「誘導腦神經細胞增生醫藥組成物,其醫藥萃取物及其製造方法」於 100.11.22.取得美國專利證書,這個『誘導腦神經胞增生』的中藥材,是世界腦神經醫學界第一次大突破對人類最大的貢獻能治療關於腦部的所有疾病,只要關於腦部的任何細胞,都能以中藥處方促進新生、再生,治療腦細胞凋亡. 14 日中華民國第 13 任總統選舉: 馬英九、吳敦義以得票率 51.6%擊敗民進黨蔡英文、蘇嘉全 45.63%,及宋楚瑜、林 2.77%,當選總統、副總統. 2.13~24.中共國家副主席習近平訪問美國、愛爾蘭、土耳其. 3.22. 國民黨榮譽主席吳伯雄訪問大陸,提出「一國兩區論」引起諸多申論.吳伯雄與中共總書記胡錦濤進行兩黨對話,強調雙方共識: (一) 鞏固互信基礎,和平發展,穩步向前; (二) 深化經貿合作、深化文化交流. 4.3.~17.馬英九總統訪問非州國家友邦. 10 日中共中央政治局委員兼重慶市委書記薄熙來,因王立軍尋求美國大使館庇護,引發貪污、謀殺等案,遭開除黨籍,免去黨政各項職務,其妻谷開來涉嫌謀殺英籍海伍德,被留置查處. 30 日 04:50.中共在西昌衛星發射中心成功發射「北斗導航衛星」升空,發揮探測氣象、海洋、森林、電訊、水利、測繪等新功能. 5.20.馬英九、吳敦義就任中華民國第 13 任總統,演說中表示「一個中華民國,兩個地區,互不承認主權,互不否認治權」雙方放心向前走.「不統、不獨、不武」在「九二共識、一中各表」的基礎上推動和平發展,「先急後緩,先易後難,先經後政」兩岸彼此相容,相互協助,鞏固和平,擴大繁榮,深化互信,有更多的機會交流與對話,讓這個良性循環的模式發揮更大的正面效益. 6.16.中共神州九號太空船成功發射升空, 三位太空人景海鵬、劉旺、劉洋,順利完成與「天空一號」手控交會對接技術.經過 13 天有史以來來最長飛行時間於 6.29.10.:00 準時降落,安全回到地面. 19 日中共國家主席胡錦濤在墨西哥會見美國總統歐巴馬,希望美國以實際行動支持兩岸關係和平發展. 胡錦濤建議：堅持對話、增強互信;深化合作、互利共贏.共擔責任、共迎挑戰. 20 日美國聯邦眾議院通過為 1882 年「排華法案」道歉.美國參議院亦在去年 10 月通過道歉.該「排華法案」禁止華人入境.十年後修法變得更為嚴苛,除了禁止華人入境(只有官員、學生等少數例外),已入境者不准取得美國籍,不得購置房地產,不得與白人通婚、妻兒子女不准移民美國等.抗戰期間中美並肩作戰,宋美齡呼籲美國國會,終於在 1943 年廢止「排華法案」近年「美國華人協會」奔走,美國國會正視審議無異通過道歉. 24 日中共「蛟龍號」在馬里亞海溝載人四次深潛 7,062 公尺空歷史紀錄 7.1.中共國家主席胡錦濤參加香港回歸 15 週年紀念及香港行政長官梁振英就職典禮上講話:強調「一國兩制、港人治港、高度自治、促進香港長期繁榮」並勉勵： 一. 促社會和諧與穩定. 二. 維護基本法的權威. 三. 提升競爭力. 四. 加強人才培養.」

中華民國		中華人民共和國	紀元	干支	紀要
元首	年號				
馬英九	**101**	胡錦濤	**2012**	壬辰	7.7.日本首相野田佳彥就購「有關島嶼」(釣魚台)實現「國有化」綜合研究

9日中共強硬聲明「中國的神聖領土決不允許任何人拿來買賣,中國政府將繼續採取必要措施,堅決維護對釣魚島(釣魚台)及其附屬島嶼的主權」

中共海軍將自10-15日在東海海域進行實彈演習,意予警告.

日本重申釣魚台屬「日美安保條約」適用範圍,今(2012)年動作頻出頻出:

時間	詭計動作
1月16日	宣布將對39個無人島嶼進行命名
3月23日	將釣魚台附近四個島嶼中的「北小島」登記為國有財產
4月8日	首相野田佳彥稱檢討由政府出面收購釣魚台的可能性
4月17日	東京都知事石原慎太郎發表購島計劃
7月18日	日本政府著手檢討要在釣魚台進行港灣等基礎建設
7月24日	首相表示已著手籌措預算,啓動將釣魚台國有化的計畫.
7月26日	日本首相表示為保護釣魚台必要時將考慮出動「自衛隊
9月11日	日本政府以20.5億日圓買下釣魚台收歸國有

21日北京暴雨成災造成77人重大傷亡,北京市長郭金龍「引咎辭職」

24日中共在西沙、中沙、及南沙群島正式成立「三沙市」人民政府,下轄「三沙警備區」升為師級單位.維護南中國海主權.引起越南、菲律濱、與美國的關切.

25日台灣民主進步黨迫於形勢,今日宣布恢復「中國事務部」.

26日國民黨榮譽主席連戰2005.4.26.接受中共中央總書記胡錦濤邀請前往大陸作「破冰之旅」為兩岸、亞洲、和全世界帶來和平與利益,貢獻很大,國際領袖基金會(International Leadership Foundation 簡稱ILF)邀請在美國華府接受「國際領袖和平獎」並發表專題演講.包括國際巨星成龍、原美國駐聯合國大使徐西泉、及愛滋病專家何大一等人都曾獲得該項頒獎.

26~29日兩岸第八屆經貿文化論壇在黑龍江哈爾濱舉行,國民黨榮譽主席吳伯雄、與大陸政協主席賈慶林聯合主持.分別發表談話:

賈慶林強調:「確立維護和鞏固一個中國框架」基礎上【兩岸同屬一個國家】(改變先前大陸三段論中『兩岸同屬一個中國』說法)求同存異,彼此包容,和平發展深化經貿合作,加強文教交流,拓展和平發展內涵,造福兩岸同胞,匯聚和平發展力量.」

吳伯雄表示:期望兩岸盡速簽訂投保協議,並就貨品貿易、服務貿易等加速形成共識,促進兩岸經濟合作體制、與亞太地區經濟合作機制相結合;建立國際產業供應鏈分工體系,共同創造商機,分享利潤.

論壇首次觸及政治議題,「兩岸和解的制度化」應「凝聚共同價值」、「制定規範、建立機制」.從過去的「利益共享」轉向「價值共構」、「兩岸現實法治政治定位」、「和平協議與軍事互信機制」等問題.

30日陸委會針對「第八屆兩岸經貿文化論壇」發表四點聲明,表達立場:

一. 在「九二共識,一中各表」基礎上,推動兩岸制度化協商;持續秉持「先急後緩、先易後難、先經後政」原則推動兩岸關係.

二. 依據「黃金十年,和平兩岸」國家願景,推動深化兩岸交流與協商.

三. 未來將持續擴大參與國際組織及活動,並期待兩岸能在國際社會中相互尊重、友善對待.

四. 政府對於各類兩岸民間團體進行交流活動所提出的意見,只要有利於兩岸關係和平穩定,符合國家發展需要,都會參考.

中華民國		中華人民共和國	紀元	干支	紀要
元首	年號				
馬英九	**101**	胡錦濤	**2012**	壬辰	8.6.美國「好奇號」火星探測車成功登陸火星,這是一項科學偉大的成就. 馬英九總統對太平洋東海與釣魚台主權爭議,提出「主權在我,擱置爭議,和平互惠,共同開發.」聲明的嚴正立場 8~10日海基會董事長江丙坤、與大陸海協會長陳雲林,在台北圓山飯店簽署「兩岸投資保障和促進協議」與「海關合作協議」. 13~24日吳敦義副總統以特使身份出訪多明尼加、貝里斯等中美國家,過境美國紐約、洛杉機,美國在台協會主席薄瑞光隨身陪伴,熱情接待. 9.11.中華人民共和國宣布「釣魚台列嶼領海基線」 同日,連戰以領袖代表身份參加海參威APEC國際領袖元首級會議回國,曾與中國國家主席胡錦濤面談,又與美國國務卿希拉蕊舉行會議,及會見日本首相野田佳彥、及新加坡總理李顯龍,所獲成果輝煌, 13日 中國常駐聯合國代表李保東，十三日向聯合國祕書長潘基文提交中國釣魚台及其附屬島嶼領海基點基線座標表和海圖。祕書長助理發言人十四日在紐約總部的記者會表示，秘書長已經收到這些檔案，將根據《聯合國海洋法公約》公布。 11.8~14.中共十八黨代表大會,習近平當選總書記、中央軍委主席,李克強為國務.院總理,其他常委為張德江,俞正聲,劉雲山,王岐山,張高麗.共七名常委.胡錦濤裸退,只待明年三月退任國家主席,獲得一致讚揚,歷史定位. 12.26.北京至廣州〔京廣鐵路〕通車,為當前最快速鐵道· 28日武漢穿越長江地鐵通車,離長江底最深達47公尺,最淺處也有16公尺,全長28公里,只須二分鐘即可穿越.

中華民國		中華人民共和國	紀元	干支	紀要
元首	年號				
馬英九	**102**	胡錦濤 習近平	**2013**	癸巳	馬英九總統 2013 年元旦講話,強調「兩岸不應該是政權、統獨、國際空間之爭，而應努力在自由、民主、法治等核心價值，彼此激勵，相互提升」壯大台灣，振興中華． 2.5. 習見平會見連戰說〔新一屆中共中央集領導，將繼續推動兩岸和平發展，促進和平統一，再接再勵，務實進取，進一步推動兩岸發展取得新的成果。 25 日.國民黨榮譽主席連戰受中共總書記習近平邀請．今天在北京會晤：連戰提出：「一個中國，兩岸和平，互利融合，振興中華」；對政治接觸，主張「民間先行，智庫為先」,「建立一種『平衡、對等、有效』的政治架構，對兩岸未來穩定發展與和平，將極有助益」。 習近平則是：「繼續推動兩岸關係和平發展，促進兩岸和平統一．從全民族發展高度把握兩岸關係發展方向，並強調三個有充分信心．」「真誠希望台灣同大陸一道發展，兩岸同胞共同來圓『中國夢』。」 3.14.中共選出習近平為中共國家主席與中央軍事委員會主席(與 2012.11 月當選黨總書記，成為黨政軍「三位一體」最高領導人)，李克強為國務院總理，張德江為人大常委會委員長． 22~24 日中共國家主席習近平訪問蘇聯、坦尚尼亞、南非、剛果等國家． 4.26.成功發射高分二號衛星，服務國土、環境、農業等 10 餘個用戶部門和區域示範應用。 5.31.中共國家主席習近平偕夫人彭麗媛訪問拉丁美洲千里達、托巴哥、墨西哥．拓展能源，探討戰略． 6.7. 中共國家主席習近平偕夫人彭麗媛訪問美國,與美國總統歐巴馬展開二日「歐習高峯非正式會談」，回程訪哥斯大黎加． 11 日，中共神舟十號太空船在酒泉衛星發射升空，三位太空人：聶海勝、張曉光、王亞平(女)，為期 15 天，將與「天宮一號」演練對接． 6.26.八時,大陸神舟十號太空船成功降落於內蒙古四子王旗主著陸場預定區域，太空人聶海勝、張曉光、王亞平順利出艙。天宮一號也功成身退，將擇機墜毀。 12 日，國民黨副主席吳伯雄率團訪大陸． 13 日，中共中央總書記習近平在北京人民大會堂會見國民黨榮譽主席吳伯雄率領的國民黨大陸訪問團一行人： 吳伯雄提出七項主張： (一) 堅持「九二共識」「反對台獨」 (二) 強化兩岸經濟關係與經濟整合. (三) 我們希望有意參與國際活動. (四) 深化社會交流,積極促成兩岸互設領事處. (五) 加強文化交流,推動教育教育協議. (六) 早日簽署換匯協議,加強兩岸金融合作. (七) 增強民族認同,祖先無從選擇. 習近平表示,「兩岸形式的統一,更需要心靈的契合」「我們會有耐心等待」.他們有信心,隨著兩岸交流人民會更瞭解,和平發展是兩岸最大的利益.他有四個堅持： (一) 堅持從中華民族整體利益的高度把握兩岸關係大局. (二) 堅持在認清歷史發展趨勢中把握兩岸關係前途. (三) 堅持增進互信、良性互動、求同存異、務實進取. (四) 堅持穩步推進兩岸關係全面發展.

中華民國		中華人民共和國	紀元	干支	紀要
元首	年號				
馬英九	**102**	胡錦濤 習近平	**2013**	癸巳	8.11~22.馬英九總統訪加勒比海巴拉圭、海地、聖露西亞、聖文森、聖克里斯多福、尼維斯等國家.去程經過紐約,回程經過洛杉磯. 10.6.習近平在博鰲 APEC 會議上講〔兩岸政治分岐問題終歸要逐步解決，不能一代一代傳下去〕 11.3.中國國民黨三中全會通過決議「總統兼任黨主席」 12 日中共第 18 屆中委會第三次會決議設立「國家安全委員會」、和「全面深化改革領導小組」，分由國家主席習近平領銜,及總理李克強兼任. 15 日中共公布計劃生育「單獨二胎」政策,夫妻當中，有一個人是獨生子女,就能生第二胎,這是 1980 年實施「一胎化」以來新的改革政策. 23 日.中共發佈「東海航空識別區」,震撼美日韓三國 12.2. 中共成功發射登陸月球嫦娥三號衛星,玉兔號繞著嫦娥號相互拍攝照片.
馬英九	**103**	習近平	**2014**	甲午	1.20.陸委會主委王郁琦往大陸與中共國台辦主任張志軍,就兩岸軍事互信機制協商. 2.18.國民黨榮譽主席連戰與中共總書記習近平在北京釣魚台國賓館作「深化交流,共同發展」「共圖中華民族偉大復興的中國夢」會晤· 連戰拋出中華民國是兩岸關係的資產,不是負債,應務實面對,正視現實.習未曾反駁· 習近平認為「兩岸雙方要鞏固『堅持九二共識,反對台獨,』的共同基礎,深化維護一個中國框架的共同認知」提出: 一. 兩岸同胞一家親,誰也不能割斷我們的血緣. 二. 兩岸同胞命運與共,彼此沒有解不開的心結. 三. 兩岸同胞要齊心協力,持續推動兩岸關係和平發展. 四. 兩岸同胞要攜手同心,共圖中華民族偉大復興的中國夢。 3.22.~4.1. 中國國家主席習近平訪問荷法德比等國家.他表示:中國是「一頭甦醒的獅子，但它是「是一隻和平的、可親的、文明的獅子」 5.7.習近平會見宋楚瑜時表示： 一. 和平方針不會變 二. 兩岸交流不放棄. 三. 真誠熱情不會變. 四. 反台獨不動搖. 5 月中蘇於上海舉行「亞洲相互協作與信任措施會議」第 4 次峰會期間，簽署多項重大合作協議，包括為期 30 年、涉及 4000 億美元的東線天然氣輸送計畫。 6.24.中共最高對台政策國台辦主任張志軍訪台,聲稱聽取最基台灣聲音. 29 日.馬英九總統參加巴拉馬總統就職典禮,並訪問中南美國家. 7.3.習近平訪問首爾，與南韓總統朴槿惠會談，討論北韓核武計畫等議題。 習近平上任來大肆整肅貪污,尤以高層為盛,有上海市委書記陳良宇,四川省長薄熙來,中共中央紀委會主委周永康,前軍委會副主委徐才厚,中共中央政法委辦室原副主余剛,海南省前副省長冀文林等均被調查及開除公黨職務, 7.習近平在紀念八年抗日大會講話:歷史是最好的教科書,也是最好的清醒劑.任何人要否定歪曲甚至美化侵略歷史,中國人民絕不答應. 郝柏村在大陸抗日紀館內有無〔共赴國難宣言〕 13~23 日習近平二訪拉丁美洲巴西,古巴,阿根廷,委內瑞拉等國家 8.19.中國成功發射「高分二號」最高的光學衛星，順利進入軌道。 21 日中國國家主席習近平與夫人彭麗媛，展開對蒙古國是訪問。

中華民國 元首	中華民國 年號	中華人民共和國	紀元	干支	紀要
馬英九	**103**	習近平	**2014**	甲午	9.17.習近平訪問印度,強調聯合,共推國際合理秩序,建設海上絲綢之路. 19 日馬英九獲頒艾森豪國際和平獎. 26 日接受中共邀請,習近平會見台灣代表許立農、郁慕明等人講話: 一. 統一是結束政治對立,不是領土和主權再造. 二. .一國兩制實踐,會考慮台灣現質. 三. 不僅形式統一,更重心契合 四. 對任何分裂國家行徑絕不容忍.台灣前途,是由包括台灣民眾在內的全體中國人來決定. 五. 在涉及國家統一和中華民族長遠發展的重大問題上,大陸旗幟鮮明,立場堅定,不會有任何妥協和動搖.大陸將以最大誠意,盡最大努力爭取和平統一最符合包括台灣同胞在內的中華民族的整體利益. 11.29.台灣九合一選舉,藍天變綠地,國民黨慘敗,民進黨大勝.台北市長由無黨無派柯文哲當選,連勝文落選. 12.12.大陸南水北調工程,由湖北丹江口水庫,經鄭州安陽邯鄲石家莊天津直到北京房山,全長 1,432 公里,今天正啟用.
	104		**2015**	乙未	3.15. 中共總書記習近平提出「四個全面」全面建成小康社會、全面深化改革、全面推進依法治國、全面從嚴治黨。 習近平對台灣談話「堅定不移走和平發展道路；堅定不移堅持共同政治基礎；堅定不移為兩岸同胞謀福祉；堅定不移攜手實現民族復興」重要要求 23 日馬英九總統飛往新加坡弔唁前總理李光耀逝世. 24 日國際人權組織頒給中共異議人士艾未未人權獎. 4.3.台灣師範大學教授洪姮娥、台大醫院醫師邱銘章等研究團隊,開發出血清篩檢阿茲海默症技術,由檢測血液中指標蛋白的極低濃度,提前發現阿茲海默症何早期減緩症狀. 7 日中共國家主席習近平訪問 5.2.國民黨主席朱立倫參加兩岸「論壇」 4 日朱立倫與中共國家主席習近平在北京會晤,表示: 朱立倫:兩岸同屬「一中」內涵定義有所不同.從互利走向區域合作. 習近平:一.堅持「九二共識」反對台獨…二.深化兩岸融合,共創雙贏. 三.兩岸交流是人與人交流,更要深入心靈交流. 四.著眼大局,相互尊重,聚同化異. 7~12 日中共國家主席習近平訪問哈薩克、俄羅斯、和白俄羅斯,出席莫斯科舉行的「紀念衛國戰爭勝利 70 週年」慶典。
	105		**2016**	丙申	
	106		**2017**	丁酉	
	107		**2018**	戊戌	
	108		**2019**	巳亥	
	109		**2020**	庚子	
	110		**2021**	辛丑	
	111		**2022**	壬寅	
	112		**2023**	癸卯	
	113		**2024**	甲辰	
	114		**2025**	乙巳	
	115		**2026**	丙午	

參考資料

參　考　資　料	編　著　者	出　版　社	出版時間
廿五史			
蔣公中正哀思錄	蔣公哀思錄編纂小組	裕台公司中華印製廠	1965.10.31.
黃克強先生傳記	陳維綸	中華印刷廠	1973.10.25.
黃帝紀年表	何畏	聯經出版公司	1983
中國歷史演義全集	呂撫	遠流出版社	1980.7.31.
生平略敍手稿	周觀濤		1984.7.31.
中國五千年女性	劉華亭	星光出版社	1984.8.
中國通史	陳捷先葉達雄林瑞翰王會才	教育部空中教學委員會	1985
中國歷史大事年表		華世出版社	1986.3.
中國國民黨與中華民國	中國國民黨黨史委員會	國民黨黨史委員會	1988
努爾哈赤傳	閻崇年	文史哲出版社	1992.8.
李國鼎口述歷史	康綠島	黎民文化事業	1993.12.
近代中國史綱	郭廷以	曉園出版社	1994
中國現代史	張玉法	東華書局	1995
新編中外歷史大系手冊	蒯世栖	社會科學文獻出版社	1995
中國歷代帝王世系年表	杜建民		1998.4.
霧重雲深	鄧相揚	玉山出版社	1998.11.
中國歷代名人年譜總	王德毅	新文豐出版公司	1999.1.
台灣史 100 件大事	李筱峰	玉山社出版公司	1999.10.
中國帝王皇后親王公主世系錄	柏楊	星光出版社	2000
台灣史小事典	吳密察、遠流台灣館	遠流出版公司	2000.3.20.
台灣史年表和台灣史辭典	吳密察、黃盛璘、黃智偉	遠流出版事業公司	2000.9.10.
中國歷史年表	柏楊	星光出版社	2001
遼瀋戰役透視	牟啓忠	祥和彩色印刷公司	2001.1.
中國國民革命軍青年軍軍史	國防部史政編譯局	國防部史政編譯局	2001.10.12.
中國西部	溫世仁	未來書城股份有限公司	2002.10.1.
台灣史綱	黃大受	三民書局	2002.7.
間諜王一戴笠與中國特工	美國魏斐德著 梁禾譯	北京團結出版社	2004.8.
中國通史	戴逸、龔書鐸		2005
中華通史	章嶔	商務印書館	
國軍抗日戰史專輯	國防部史政編譯室	國防部史政編譯室	2005.8.
隨心集	彭聖師	世界華文作家出版社	2005.8.29.
中國百位哲學家	黎建球	三民書局	2005.10.
中華彭氏源流譜	彭建方		2006
大清私密檔案全揭秘	聖燁、郭湘齡、彭惠婧	瑞昇文化事業公司	2006.5.
抗日名將潘裕昆	晏偉權 晏歡	香港文匯出社	2006.9.

參　考　資　料	編　著　者	出　版　社	出版時間
中國歷代大事年表		益群書店	2006.10.
孫文革命思想發展史論	莊政	國立編譯館	2007
甲午海戰	鴻鳴	中國文史出版社	2007.6.
中外歷史大事年表	趙厚洪李華周蓉高振平朱廣軍	鳳凰爿版社	2007.9.
影響中國歷史的重大事件	孫鐵	大地出版社	2007.11.
自秦帝王壽夭錄	孫覺軒	商鼎文化出版社	2009.2.
少林史話	溫玉成	金城出版社	2009.2.
台灣通史	高永謀	漢宇國際文化公司	2009.3.
史記中的人物世界	林聰舜	三民書局	2009.7.
李宗仁回憶錄	李宗仁口述,唐德剛撰寫	遠流出版事業公司	2010.2.1.
中國人史綱	柏楊	遠流出版事業公司	2010.3
孫逸仙	法國人白吉爾著 溫洽溢翻譯	時報文化出版公司	2010.6.21.
找尋真實的蔣介石	楊天石	三聯書店(香港)公司	2010.10.
影響中國的 85 位名臣	高鵬	好讀出版有限公司	2010.12.1.
中國大事年表	陳慶麒		
中國歷史表解	鄭繼孟		
中國共產黨史(一、二卷)	中共中央黨史研究室	中共黨史出版社	2011.2.
歷史上的今天		北京天順鴻彩印公司	2011.4.
解讀蔣公 1945-1949 日記	郝柏村	天下文化書坊	2011.6.16
圖說民國百年	楊蓮福	台灣閱覽室	2011.9.
用年表讀通中國歷史	雷敦淵、楊士明	商周出版社	2011.12.27.
巨流河	齊邦媛	天下遠見出版公司	2012.1.15.
圖說中國通史	廖惠玲	人類智庫公司	2012.4.5.
父親與民國(白崇禧將軍身影集)	白先勇	時報文化出版公司	2012.5.21.
鄧小平改變中國	傅高義(Ezra F. Vogel) 馮克利譯	天下遠見出版公司	2012.6.1.
中國佛教史	黃懺華	國家出版社	2012.6.
中國繪畫	陳師曾	北京天來印務公司	2014.1.
中國歷史年表	中國社會科學院歷史研究所	北京市白帆印務公司	2014.7.
太平輪－亂世傳奇真相	丁雯靜 陳郁婷	遠足文化公司	2015.1.
中國近代史	陳恭祿		
中國近史綱	黃大受		
中國近百年政治史	李劍蕓		
湖南青山彭氏敦睦譜	彭伯良		
湖南文獻	湖南文獻(1970-2012)	湖南文獻出版社	
傳記文學		傳記文學出版社	
中外雜誌		中外雜誌社	
湖南瀏陽長沙平江湘陰衡山縣志			
維奇電腦網站			
湖南人與現代中國	史蒂芬.普拉特 Steogeb R. Platt	衛城出版社	

編　後　語

〔中華民族紀年表〕這是第三版，學海無涯，史料充棟，範圍太廣泛，求之不盡，取之不竭，只要你慢慢耐心去發掘，隨時都可以發現新大陸。每當找到難得一見的寶貴史料書刊，如獲至寶，彌足珍貴。只是洛陽紙貴，編幅有限，難以盡幸翔實抄錄其內容，而只能簡略摘要下載其精華。此次「中華民族紀年表」第三版，內有難得一見的史料，較之以往過去兩版，有較更深入的報導，以響讀者，並提供愛好研究中華民族歷史者參考。

各不同史料中，所記載的紀事、年代，多有出入，如人名、地點、生歿年月日、紀事等，多不盡相同，對史事，各個觀點不同，評價鑑賞不一，何者為真蹄，均待商榷，再進一步尋找史料考證，相互校對探討，方可予以辯正。

中華民族紀年表，對古今各個朝代演變，都有簡言概述，有若年鑑、大事紀、或曰中國簡史。歷史是一面鏡子，修身、齊家、治國、平天下，都可作為殷鑑。誠如唐太宗對忠烈賢臣魏徵病逝，悲慟之極，親自到魏徵靈前祭奠痛哭，並罷朝五日為魏徵舉哀，又命文武百官前往送葬，追悼時唁言「**人以銅為鏡，可以正衣冠，以古為鏡，可以知興替，以人為鏡，可以知得失。朕常保此三鏡，以防己過，今魏徵殂逝，遂亡一鏡矣！**」

此次再版，為蒐尋新資料，曾不時奔走大陸、台灣各大小書局，不時走訪各街頭巷尾新舊書攤，有若海裡撈針，找到不少珍貴新史資料，因之〔中華民族紀年表〕第三版，較之以往各版，更有可讀性。

本版之出，多蒙文史哲出版社同宗社長彭正雄宗親，不吝輔佐，再三檢閱，修飾詞藻，多所操勞，衷心銘感，其敬業精神，與書同在，懸繫千秋。

編者耋耄之年，體力精神不繼，多力不從心，為完成個矢志意願，日以繼夜，與電腦為伍，未曾稍息，今日能幸完成此作。

點滴心血，敝帚自珍，學無止境，詞不盡意，倉促成書，魯魚亥豕，疏漏錯失，在所難免，殷切期望指教，俾便修正，更求完美。

彭建方 謹識

中華民國 104 年乙未歲(2015)年 11 月 27 日
(藉茲紀念作者先父百零三歲冥誕)

國家圖書館出版品預行編目資料

中華民族紀元年表 / 彭建方編著. -- 增訂
三版. -- 臺北市：文史哲, 民 104.08
頁： 公分
ISBN 978-986-314-086-3(平裝)

1.中國史 2.年表

610.5 102002663

中華民族紀元年表

編著者：彭 建 方
郵政劃撥帳號：一九八二六五五五
E-Mail:cf.pen@msa.hinet.net
出版者：文 史 哲 出 版 社
http://www.lapen.com.tw
登記證字號：行政院新聞局版臺業字 五三三七號
發行人：彭 正 雄
印刷者：文 史 哲 出 版 社
發行所：文 史 哲 出 版 社
臺北市羅斯福路一段七十二巷四號
郵政劃撥帳號：一六一八〇一七五
電話886-2-23511028・傳真886-2-23965656

實價新臺幣一九六〇元

二〇一五年(民一〇四)八月增訂三版

ISBN 978-986-314-086-3